人民法院年鉴·1989

人 民 法 院 出 版 社

1992·北 京

▲1989年 9 月26日，全国法院模范命名授奖大会在北京隆重举行。

▲1989年10月 6 日，最高人民法院在北京召开法院系统全国先进工作者先进事迹报告会。

▲任建新院长为全国法院模范颁奖。

▲1989年10月，全国法院模范欢聚于最高人民法院。

▲1989年8月30日，最高人民法院、最高人民检察院、公安部联合举行贯彻“两高”《通告》新闻发布会。

▲1989年9月22日，任建新院长会见菲律宾最高法院首席大法官纳瓦萨先生。

▲1989年春节，最高人民法院干部、职工在游艺室进行活动。

▲湖南省法院“两庭”建设工作卓有成效。图为湘潭市易水河人民法庭。

《人民法院年鉴》编辑委员会

《人民法院年鉴》编辑部工作人员

《人民法院年鉴》通讯编辑

（排列不分先后）

陶思智　北京市高级人民法院
赵士信　天津市高级人民法院
王双衡　河北省高级人民法院
梁贡华　山西省高级人民法院
王康寒　内蒙古自治区高级人民法院
李兴禹　辽宁省高级人民法院
孙　同　吉林省高级人民法院
刘丽华　黑龙江省高级人民法院
康志娟　上海市高级人民法院
杨林泉　江苏省高级人民法院
章雨舟　浙江省高级人民法院
梁久伯　安徽省高级人民法院
林泽新　福建省高级人民法院
姚晨奕　江西省高级人民法院
姜启波　山东省高级人民法院
张贵堂　河南省高级人民法院
陈学晏　湖北省高级人民法院
蒋定三　湖南省高级人民法院
黄新伟　广东省高级人民法院
黄启国　广西壮族自治区高级人民法院
徐亚辉　海南省高级人民法院
赵　勇　四川省高级人民法院
温　杰　贵州省高级人民法院
尹德坤　云南省高级人民法院
王传清　西藏自治区高级人民法院
郭志友　陕西省高级人民法院
金剑锋　甘肃省高级人民法院
许永达　青海省高级人民法院
余金涌　宁夏回族自治区高级人民法院
陈　玮　新疆维吾尔自治区高级人民法院
黄林异　解放军军事法院

编辑说明

一、《人民法院年鉴》1989年卷的内容，分为十三个部分，主要反映1989年人民法院审判工作的基本情况及重大事件、重要活动。资料均由最高人民法院各部门和各高级人民法院、解放军军事法院提供。

二、为了使年鉴与刊登的内容在时间上取得一致，鉴于1988年卷收集了1988年人民法院向人大所作的关于1987年工作情况报告的实际情况，1989年卷收入了1989年人民法院向人大所作的关于1988年工作情况的报告和1990年向人大所作的关于1989年工作情况的报告。以后各卷收集的工作报告，均以报告的内容为准。

三、年鉴所收集的案例，除了最高人民法院公报刊登的以外，还选登了部分典型案例。

四、最高人民法院发布的文件，内容凡是涉及到其它部分的，年鉴均收集在其它部分。

五、在刊物介绍中，年鉴仅介绍了各高级人民法院的正式出版物。

六、年鉴所收集的资料，均截止至当年12月31日。

七、年鉴所收集的资料，均未包括台湾省。

八、年鉴的编辑工作，得到各高级人民法院的大力支持；最高人民法院陈肇彬、李德仁、宋健潮、杨永波、张绳祖、王靖红、邢军等同志为年鉴撰文，张维克同志为年鉴提供照片，谨表示衷心感谢。

《人民法院年鉴》编辑部

目　录

第一部分　法院工作报告

1989 年

1990年

专题报告

第二部分　各项审判工作

第三部分　法律和司法解释

法　律

司法解释

刑　事

第五部分 重要讲话

一、最高人民法院院长、副院长的讲话

第六部分　重要会议

第七部分 案 例

刑 事

第十部分　人民法院大事记

最高人民法院

高级人民法院

第十一部分　司法统计资料

第十二部分　调查研究

第十三部分　其　他

第一部分　法院工作报告

1989 年

最高人民法院工作报告

——1989 年 3 月 29 日在第七届全国人民代表大会第二次会议上

最高人民法院院长　任建新

各位代表：

一年来，最高人民法院以中国共产党第十三次全国代表大会提出的社会主义初级阶段理论和基本路线为指导，履行宪法和法律赋予的职责，努力发挥国家审判机关依法惩治犯罪、保护人民、促进改革、保障四化的职能作用。现将工作的主要情况报告如下，请予审议。

一、为维护社会安定、保障治理整顿和深化改革，大力开展各项审判工作

（一）关于刑事审判工作

1988 年，全国各级人民法院受理刑事案件 313306 件，比上年增加 8.2%；审结 312475 件，比上年增加 7%；判处被告人 368790 名，比上年增加 13%。其中，判处五年以上有期徒刑、无期徒刑和死刑（包括死缓）的有 113533 名，占 30.8%，比上年增加 14.2%；判处五年以下有期徒刑、拘役、管制和免予刑事处分的有 253218 名，占 68.7%，比上年增加 12.7%；宣告无罪的有 2039 名。全国法院对严重危害社会治安的犯罪分子，继续贯彻执行了依法从重从快惩处的方针，对有法定从轻、减轻情节的，依法从轻、减轻处罚。1988 年，全国法院依法宣告缓刑的有 27994 人；对在服刑中确有悔改、立功表现的罪犯，依法减刑、假释的有 151538 人；受理人民检察院抗诉的案件 2030 件，审结 2000 件，经过审理，认为原判确实不当而依法改判的 737 件，占 36.9%。

当前，全国社会治安基本稳定，但不安定因素增多，我们面临的形势还是相当严峻的。全国法院受理的重大刑事案件大量增加。1988 年，全国法院受理的故意杀人案件比 1987 年增加 9.1%，抢劫案件增加 43.1%，重大盗窃案件增加 63.8%。流窜犯很猖獗，在大中城市、交通干线和沿海开放地区，流窜犯作案在全部刑事案件中占很大的比重，有的地方高达 50%以上。社会丑恶现象诱发的犯罪，在一些地方相当严重。因此，人民法院对杀人犯、抢劫犯、重大盗窃犯、强奸犯等严重危害社会治安的犯罪分子，要继续贯彻依法从重从快惩处的方针，特别要注意打击犯罪集团和流窜作案的主犯、累犯、惯犯等严重犯罪分子。各级人民法院要积极参加对社会治安进行专项治理的斗争，对当地比较突出的违法犯罪活动进行集中打击和集中整顿。特别是大中城市、交通干线和沿海开放地区的人民法院要积极同有关部门配合，把社会治安搞好，以达到稳定治安大局，力争实现今年全国治安状况好于去年的目标。

近几年来在刑事案件中值得注意的一个问题是青少年犯罪不断增多。1988 年判处的罪犯中，14 岁以上不满 18 岁的未成年人占 8.9%，比上年增加 13.8%。为加强对少年犯罪的综合治理，最高人民法院推广了上海、天津等地人民法院组织未成年人刑事案件合议庭的经验。对失足少年着眼于教育、感化和挽救，实行“寓教于审”；同时，注重同家长、学校、社会结合起来，进行疏导、防范，共同矫治失足少年的不良行为。这样做的效果比较好。我们提出今年要根据需要和可能，在大、中城市及沿海开放地区的基层人民法院和一部分中级人民法院，逐步建立未成年人刑事案件合议庭。我们希望青年组织、妇女组织和教育部门以及社会各有关方面，共同参加对少年违法犯罪的综合治理工作；希望通过立法并健全审判组织和程序，逐步完善我国矫治失足少年的司法制度。

1988 年，全国法院受理的刑事案件中，有经济犯罪案件 55180 件，审结 55710 件（含上年未结案），判处被告人 74923 名。其中，判处贪污案件被告人 8248 名（贪污数额 5 万元以上不满 10 万元的有 166 人，10 万元以上的有 73 人，贪污数额最多的 1 人达 334 万元），判处受贿案件被告人 1584 名（受贿数额 5 万元以上不满 10 万元的有 9 人，10 万元以上的有 12 人）。贪污、受贿罪犯中被判处无期徒刑、死刑（包括死缓）的有 111 名。判处投机倒把案件被告人 1699 名，判处走私贩私案件被告人 198 名，判处偷税抗税案件被告人 785 名。从总体上看，全国法院对严重经济犯罪活动认真贯彻了依法从严惩处的方针，坚持了一要坚决、二要慎重、务必搞准的原则，注意严格区分工作失误同违法犯罪的界限，区分一般的违法行为同触犯刑法的犯罪行为的界限，以保证打击经济犯罪活动的斗争健康发展。

当前，经济领域内的犯罪活动猖獗，必须继续严厉打击。我们要求各级人民法院要特别注意抓好：1. 认真执行刑法和全国人大常委会《关于惩处贪污罪贿赂罪的补充规定》，把主要力量放在反贪污、反受贿上；2. 投机倒把犯罪活动，对社会经济秩序危害很大，必须坚决予以惩治。无论是个人还是企事业单位、机关、团体进行投机倒把活动，情节严重，构成犯罪的，都要依法追究刑事责任；3. 对于走私、贩毒、诈骗、偷税抗税、假冒商标、制售伪劣商品等其他经济犯罪活动，也必须依法严惩。

今年 1 月全国政法工作座谈会明确指出，对于严重破坏经济的犯罪活动，必须继续坚持依法从严惩处的方针；各执法部门应统一思想，提高认识，协调一致，严格依照法律规定办事，克服“以罚代刑”的现象。为了解决在处理企业事业单位、机关、团体投机倒把犯罪案件中，政策、法律界限不够明确的问题，最高人民法院与最高人民检察院最近共同发出了《关于当前处理企业事业单位、机关、团体投机倒把犯罪案件的规定》，就如何适用法律问题作出司法解释。希望各级人大及其常委会加强监督，使依法应当追究刑事责任的案件得以及时移送司法机关，并起诉到人民法院；人民法院一定依法严惩严重经济犯罪分子，切实做到有法必依，执法必严，违法必究。

危害社会治安和破坏经济的犯罪活动，作为一种社会现象，在我国社会主义初级阶段还会长期存在。在新旧体制交替过程中，在社会主义商品经济新秩序尚未建立、健全的情况下，诱发违法犯罪的各种社会消极因素和不安定因素增多。国内外敌对势力和敌对分子也会利用我们存在的困难和问题进行捣乱与破坏。因此，在今后一个相当长的时期里，还必须坚持“一手抓建设、一手抓法制”的方针。国家的专政职能不能丢。同犯罪作斗争，稳定社会治安，是一项长期、艰巨和复杂的任务，人民法院的刑事审判工作必须继续加强，以保障、促进改革和建设的顺利进行。

（二）关于民事审判工作

1988年，全国法院受理民事案件1455130件，比上年增加19.9%；审结1419056件，比上年增加18.6%。民事案件大幅度上升，反映了改革深化、商品经济发展后，人们生产、生活方式和观念的变化，反映了社会各方面利益的调整和民事权益的扩大。

1988年，全国法院受理离婚案件632278件，在民事案件中仍居首位，占43.5%。离婚案件突出表现了在新形势下人们婚姻、家庭观念的变化，一方面追求婚姻自由、男女平等的多了，另一方面第三者插足或轻率结婚而又轻率提出离婚的也多了。同时，在离婚涉及的财产性质的认定、财产的分割等方面出现了许多复杂情况，双方争议大，执行困难。人民法院审理离婚案件，本着有利于保护妇女、儿童合法权益和制裁违法行为的原则，保障婚姻自由，反对轻率离婚，把感情是否确已破裂作为判决离与不离的标准，以维护社会主义婚姻家庭制度。

近几年来，债务案件在民事案件中上升幅度一直最大。1988年，全国法院受理债务案件376440件，比上年增加46.8%，居民事案件的第二位。在债务案件中，出现了生产、经营性借贷多，金额大，利率高等方面的变化。人民法院依法保护民间正当的借贷关系和债权人的利益，积极扶植个体经济的发展，维护和促进资金的流转，限制和取缔高利盘剥。为了使民间借贷纳入法制的轨道，我们建议在国家制定民间借贷法律以前，由省、自治区、直辖市人大根据需要和可能，制定地方性法规。

1988年，全国法院受理房屋、土地、山林纠纷案件105541件。住房制度实行改革和土地使用权实行有偿转让后，这几类案件明显增多。人民法院审理房屋、土地、山林纠纷案件，依法保护国家、集体和个人的所有权、经营权、使用权，制裁利用房屋、土地进行非法活动和侵占、滥用国家、集体土地的行为。

民法通则实施以来，著作权、名誉权、肖像权等案件日益增多，1988年受理2775件，其中著作权案件就比上年上升61.3%。人民法院审理这几类案件，既坚持有利于保护公民的合法民事权益不受侵害，又支持正当的社会舆论监督。对构成损害名誉权、侵害著作权的，依法追究其相应的民事责任，给予必要的民事制裁。根据近年来审判实践发展的需要，我们希望早日制定著作权法和新闻法。

近两年来，我国台湾地区与大陆地区民间往来增多。据不完全统计，1988年，全国法院受理涉台民事案件246件。最高人民法院在总结审理涉台民事案件经验的基础上，依据法律规定，并充分考虑到海峡两岸人民长期隔绝的历史事实，合情合理地解决各类民事纠纷，于去年8月就审理婚姻、继承、房屋、债务等涉台民事案件作出了司法解释。涉台民事案件的正确处理，对保护海峡两岸当事人的民事权益，加强经济贸易和人员往来，起了积极的作用。台湾当局最近也就涉及海峡两岸当事人的民事诉讼中的某些问题作出了积极的反应。根据形势的发展，我们将进一步在适用法律、调查取证、送达诉讼文书等方面进行研究。

一年来，全国法院认真贯彻民法通则，提高了办案质量和效率。最高人民法院作出《关于贯彻执行〈中华人民共和国民法通则〉若干问题的意见》的司法解释后，对在审判工作中正确贯彻执行民法通则起了推动作用。与此同时，许多法院在案件受理、举证责任、开庭审理等方面进行了积极的探索与改进，促进了民事审判工作的规范化。

（三）关于经济审判工作

1988年，全国法院受理经济纠纷案件513615件，比上年增加39.9%。在经济纠纷案件中，约有90%是经济合同纠纷案件。因超越经营范围倒卖重要生产资料和紧俏消费品、利用合同骗取预付货款等引起纠纷的案件占相当比重；公司、企业间追偿拖欠货款的案件，以及公司停办后的债务清偿案件继续增多；银行诉请追回逾期贷款的案件更是大量增加，1988年受理了174445件，比上年增加了1.5倍。随着改革的深入发展，企业承包或租赁经营、企业联营纠纷和企业破产的案件，侵犯专利权或商标专用权的案件，制售伪劣商品造成损害的赔偿案件，以及技术转让合同纠纷案件等，都开始增多。

1988年，全国法院共审结经济纠纷案件485988件，比上年增加33.2%，审理争议金额118亿多元，使近100亿元的资金由死变活，重新投入运转，对维护经济秩序起了积极作用。一年来，许多法院特别是基层法院深入农村和工矿企业开展专项审判，通过审理在当时当地带普遍性的、对改革有较大影响的经济纠纷案件，就案讲法，审教结合，治防结合，效果很好。例如，有的地方法院集中审理一批借款合同案件，有力地促进了农贷回收工作的开展，仅据山西、河南、辽宁、山东等部分法院的不完全统计，通过诉讼追回逾期贷款达10亿元。许多法院加强了经济调解工作。有些地方的人民法院还就在改革、开放的新形势下如何更好地开展调解工作进行了新的探索。这不仅较快地解决了纠纷，减少了当事人的讼累，而且有利于执行，使陷于停滞的经济贸易活动及时恢复经营，促进了资金和商品的正常运转，提高了经济效益。我们将总结这方面的经验，加以推广。

一年来，全国法院审结了一批涉外经济纠纷案件，有中方当事人胜诉的，也有外国当事人胜诉的，还有各有胜负的。由于审理这些案件严格依照了我国的法律和我国参加的国际条约，并参照了国际惯例，对中外当事人一视同仁，在国际上获得了信誉与好评。同时，全国法院还依法公正地审结了一批涉港、澳、台的经济纠纷案件。今后要在总结已有经验的基础上，进一步开展涉外和涉港、澳、台经济审判工作，促进对外和对港、澳、台的经济贸易、技术合作的发展和沿海地区经济发展战略的实施。

目前经济纠纷案件的判决、裁定和调解协议执行难的问题仍非常突出。不少有关清偿债务的案件很难处理。有一些企业严重亏损，资不抵债；有些公司被清理停办后，开办单位不承担清偿债务的责任；更有一些“四无”公司将贷款或预付货款挥霍浪费殆尽。有些地方、有些部门，为了保护本地、本部门的利益，依法应当协助人民法院执行的不予协助；也有的地方法院有意袒护本地当事人一方，对外地法院委托执行的不予协助。对这些问题，人民法院今后一定要严肃执法，排除地方保护主义和本位主义的干扰，坚决依法办事。对于已经发生法律效力的判决、裁定和调解协议，经过认真细致的工作，当事人仍拒不执行的，要严格依法强制执行。

（四）关于海事审判工作

自1984年全国人大常委会决定设立海事法院以来，至1988年底，上海、广州、青岛、天津、大连、武汉等六个海事法院共受理案件1454件，审结1233件，结案诉讼标的额为45000多万元。海事法院的收案数量逐年增多，案件类型已达二十多种。

四年来，海事法院共受理涉外案件146件，外国当事人涉及亚、欧、非、南北美洲的三十多个国家，其中有些案件双方当事人都是外国人。海事法院在办理涉外案件中，坚持了实事求是，公平合理，国内外当事人在适用法律上一律平等的原则，严格依法办案，维护了我国的司法管辖权，保护了中外当事人的合法权益。

海事审判不仅涉及许多国内法律、法规，而且涉及许多国际公约和国际惯例。我国已加入有关海上避碰、海上人命安全、油污损害民事责任、防止船舶造成污染等国际公约。同时，最高人民法院还根据海事审判工作的需要，先后就有关涉外海事诉讼管辖、诉讼前扣押船舶、强制变卖被扣押船舶清偿债务等作出司法解释。为了进一步开展海事审判工作，更好地为改革、开放服务，为沿海地区经济发展战略服务，我们建议，根据需要还应参加一些有关的国际公约，同时希望正在起草的海商法早日颁布。

四年多来，海事审判工作取得了一定成绩，对维护航运秩序，保护海洋环境，促进航运事业和对外经济贸易的发展起了积极的作用。我国海岸线长，港口众多，随着形势的发展，海事审判任务会越来越重，现有的六个海事法院不能适应需要；同时，由于体制不健全，上诉案件的审理和对海事审判工作的监督都存在一些问题。因此，我们拟在某些沿海经济特区的港口城市增设海事法院；改进上诉体制，健全海事审判机构；同时，各海事法院根据需要派出巡回法庭，就地办案，便利诉讼，提高海事执法水平。

（五）关于行政审判工作

到目前为止，我国已有130多个法律和行政法规规定公民和组织不服行政机关处理可以向法院起诉，还有大量的地方法规也作了类似的规定。诉讼到人民法院的行政案件逐年增加。1986年以来，人民法院陆续建立行政审判庭，现已有26个高级法院、242个中级法院（占中级法院总数的63.5%）、1154个基层法院（占基层法院总数的39%）建立了行政审判庭。最高人民法院也于去年建立了行政审判庭。

全国法院两年来共受理行政案件14513件，涉及治安、土地、海关、食品卫生、医药、环境保护、工商、税务等许多行政管理部门。这两年内，全国法院共审结行政案件13428件，其中维持原行政决定的6698件，占49.9%；撤诉的3354件，占25%；撤销原行政决定的1321件，占9.8%；变更或部分变更原行政决定的674件，占5%。实践证明，人民法院通过对行政案件的审理，保障了公民和组织的合法权益，支持了行政机关依法行使职权，有利于促进行政管理的规范化和法制化。

由于这是一项新的诉讼制度，有些公民和组织对它还不熟悉、不习惯，甚至还不知道运用国家法律赋予的这项权利来维护自身的合法权益；有的机关不愿意出庭应诉，或者不执行法院的判决；有些法院的审判人员也还程度不同地存在着畏难情绪。这些问题，随着行政诉讼制度的不断完善和法制观念的不断增强，必将会逐步得到解决。

这次人民代表大会审议的行政诉讼法（草案），是一部重要的法律草案，是我国政治体制改革的一项重要成果，也是我国社会主义民主和法制日益完善的一个重要标志。行政诉讼法通过后，各级法院将认真学习和贯彻执行，进一步建立和健全行政审判机构，培训行政审判干部，提高执法水平。最高人民法院还将就具体贯彻实施行政诉讼法提出办法，积极、稳妥而又全面地开展行政审判工作。

（六）关于处理告诉、申诉工作

1988年，全国法院处理各类来信3570685件次，接待来访4175204人次。其中，告诉占59.4%，对历年来发生法律效力的判决提出申诉的占25.6%，不属法院管辖的占15%。人民法院依照审判监督程序进行再审的刑事案件有119315件（维持原判的74339件，改判的31134件），再审的民事、经济案件有16315件（维持原判的9040件，改判的2947件）。通过处理告诉、申诉和再审，特别是对那些确属错判案件的改判纠正，保护了公民的诉讼权利和合法权益，维护了国家法律的严肃性，促进了社会的安定团结。

一年来，全国法院还处理了一些涉台申诉案件，其中刑事申诉197件，民事申诉26件。人民法院依据法律和对台政策，本着实事求是的精神，对提出申诉的涉及去台人员的历史老案，继续认真地进行了复查，对确属错判的进行了纠正。这对于增进海峡两岸人民的相互理解和情谊，促进“三通”，早日实现祖国的统一大业，产生了积极影响。有些台胞、台属十分感激，表示要为统一祖国，振兴中华，竭尽心力，以遂夙愿。

1988年全国法院收到的告诉、申诉和非诉的来信、来访，较前几年有所下降。主要原因是：刑事审判工作方面落实政策的任务已经完成；各项审判工作的质量有不同程度的提高；处理告诉、申诉的工作进一步加强。但是，目前来信来访的数量还很大，情况复杂，面临的任务仍很繁重。所以，各级人民法院要十分重视建立和健全人民申诉制度，使宪法规定的公民权利和自由得到保障，同时依法制止滥用权利和自由的行为，坚决克服官僚主义作风，认真落实分级负责的原则，努力提高处理告诉申诉工作的质量和效率。对符合受理条件的要依法立案；对认定事实和适用法律确有错误的案件，本着实事求是、有错必纠的原则，及时予以纠正；对无理申诉的，要认真做好服判息诉的工作。

二、为适应新形势下审判任务的需要，加强了法院的改革和建设

（一）改善执法活动，提高执法水平

第十四次全国法院工作会议强调，各级法院要努力改善执法活动，全面地、准确地执行宪法和法律，进一步提高执法水平。一年来在这方面取得了明显的进展。

我国宪法规定，人民法院依照法律规定独立行使审判权。党的十三大明确提出“改善执法活动，保障司法机关依法独立行使职权”，七届全国人大常委会工作要点中提出，人大常委会通过法律监督，要保证审判机关依法独立行使职权。人民法院依法独立审判的宪法原则愈来愈多地为社会各界所认识，人民法院的执法活动得到更多的尊重和支持。但目前仍有一些人民法院主要是基层人民法院的审判工作受到干扰；也有一些审判人员不能按照法律规定，坚持原则，秉公执法。我们认为，坚持依法独立审判，关键是各级法院要敢于坚持以事实为根据，以法律为准绳的原则，独立地作出判决。下级法院在执法过程中遇到了困难，要报告上级法院，上级法院要及时给予有力的支持和帮助。我们希望各级人大及其常委会对人民法院能否坚持依法独立审判进一步加强监督。

我国宪法规定，最高人民法院监督地方各级人民法院和专门人民法院的审判工作，上级人民法院监督下级人民法院的审判工作。这几年，最高人民法院和上级法院加强了审判监督。一方面，对已经发生法律效力的判决、裁定发现确有错误时，依照审判监督程序，及时提审或者指令下级法院再审，予以纠正。另一方面，由于我国目前法律还不够 完备，审判工作中新情况、新问题很多，执法中有时还有阻力等实际情况，下级法院就一些涉及罪与非罪、政策界限不清，特别是极少数影响重大的疑难案件向最高人民法院或上级法院报告，最高人民法院或上级法院及时研究，主要就适用法律问题提出意见。对案件的具体处理则由下级法院依照法定程序，经过开庭审理，根据庭审确认的事实，严格依法作出判决。几年来的实践证明，这样做不仅不影响下级法院依法独立行使审判权，也不影响当事人依法行使诉讼权利，而且对于提高执法水平，提高办案质量是有好处的。

一年来，全国法院进一步认真执行了依法公开审判的制度，不少法院把搞好公开审判列为自身改革和业务建设的重点。过去有些审判人员包括一些法院的领导，对公开审判的重要意义认识不足，少数依法应当公开审理的案件没有公开审理，有的虽然公开审

理，但流于形式，影响严肃执法。一年来，我们强调公开审判是我国宪法规定的一项重要制度，要求各级法院要提高认识，努力克服案件数量多、办案人员不足、缺少审判法庭等困难，大力搞好公开审判。目前，一审案件基本上依法实行了公开审理，一些重要的二审案件和再审案件也依法实行了公开审理。实践证明，实行公开审理，不仅切实保障了诉讼参与人的诉讼权利，而且带动了回避、辩护（辩论）、上诉等一系列审判制度的实行，提高了庭审质量。公开审判体现了审判工作的公开性和透明度，保证了案件的依法公正处理；同时，也有利于进行生动、具体的法制宣传教育、预防和减少犯罪与纠纷的发生。

（二）充实和加强法院队伍，逐步建立具有中国特色的社会主义法官制度

1988年，全国法院根据国家批准法院系统增编的决定，按照七届全国人大一次会议批准的最高法院工作报告提出的“宁缺勿滥，统一考试，择优录用，高级法院把关”的做法，积极慎重地进行了增编进人工作。到年底，已进3万余人。总的来看，进人质量是好的。今年，还将有1万多人调进法院工作，如何把好进人关仍然是一项很重要的任务。进人质量直接关系到法院队伍的素质，我们将继续坚持上述有效的做法。我们希望各级党委、人大及其常委会和政府继续支持、帮助法院把好进人关。

党的十三大提出，审判机关的领导人员和工作人员，要建立类似国家公务员的制度进行管理，要按照党政分开，管人与管事既紧密结合又合理制约的原则，实行科学的分类管理。根据这一要求，我们正在起草法官法。制定法官法，是对现行法院审判人员管理体制的重大改革，其目的在于能更好地保证审判队伍素质的提高，更好地保障法院依法独立行使审判权。因此，我们设想从法官的资格、考试、录用、选任、考核、晋升、培训、奖惩、待遇、管理等方面，建立一套完整的、适应审判工作特点的法官管理体制，以逐步建立起一支能适应改革、开放和建设需要的高水平的法官队伍。全国人大常委会已将法官法列入今明两年的立法规划，我们将尽快起草出法官法草案，提请全国人大常委会审议。

（三）逐步建立多层次、正规化的法院干部教育培训体系

为了适应改革、开放的新形势和全面开展审判工作的需要，最高人民法院采取一系列措施，改革和加强法院干部的教育培训工作，大力提高审判人员的政治、业务素质。

1985年，最高人民法院创办了全国法院干部业余法律大学，对法院干部进行系统的高等法律专业学历教育。去年，已有29000多名首届学员毕业。这批学员的毕业，加上去年国家分配到法院系统的普通高等学校毕业生和在其他成人高等学校毕业的法院干部，使全国法院干部队伍中具有高等学校毕业学历的人数由1987年的15%增加到了30%，加速了法院干部队伍知识化、专业化的进程。

1988年2月，最高人民法院与国家教委联合创办了中国高级法官培训中心，第一期高职级的审判干部和攻读法学硕士学位的学员已于去年9月入学。一些高级法院也正在积极筹建担负岗位培训任务的法官培训中心。部分高级法院委托普通高校举办了法律专业大专起点的本科教育。从去年秋季开始，全国法院系统开展了《法律（审判）专业证书》教育，有2万多名法院干部参加学习。去年，全国法院还通过举办各类短期培训班，对3万多名法院干部进行了岗位培训。

这样，通过大专学历教育、本科学历教育、专业证书教育、大学后继续教育等多种方式、多种渠道的教育培训，预期到1995年，全国法院70%的干部，80%的审判人员，90%的正、副院长将具有大专以上法律专业水平，并将培养出一批具有双学士学位

和法学硕士、博士学位的法官。这将从整体上改变历史上形成的法院干部队伍文化、业务素质偏低的状况，为法官法的全面实施奠定基础。我们准备在现有的全国法院干部业余法律大学和中国高级法官培训中心的基础上，逐步办成类似国家行政学院的中国法官学院，以建立起正规化的法官教育培训体制。

(四)从严治院，保持人民法院的清正廉洁

根据中共中央关于“党和国家机关必须保持廉洁”的要求，一年来，我们把廉政建设作为“从严治院”的重点，主要做法是：经常进行理想教育、形势教育和职业道德教育；建立健全管理制度，严格财经纪律；进一步提高法院工作的透明度，自觉接受监督；严肃查处内部的违法违纪案件等。1988年，根据《人民法院奖惩暂行办法》的规定，法院系统受表彰奖励的集体4135个，立功受奖的个人24840人次。这些先进集体和先进个人中，有勇于顶住压力，排除干扰，坚持依法办案的；有拒腐蚀，廉洁清正，秉公执法的；有兢兢业业，不计名利，甘愿奉献，成绩卓著的。这是22万人的法院队伍的主流。但是，在法院队伍中，也确有极少数人经不起改革、开放的考验，经不起金钱的诱惑和腐朽思想的侵蚀而违法乱纪甚至犯罪，严重影响了审判机关的声誉，损害了人民法官的形象。我们对违法犯罪现象绝不姑息，一经发现，即严肃查处。据统计，1988年因违法乱纪受到纪律处分的法院干警383人(其中审判员164人)；因触犯刑法，被依法追究刑事责任的18人(其中审判员6人)。

保持人民法院的廉洁是关系到审判机关秉公执法的大问题。最高人民法院拟在今年上半年召开全国法院廉政工作会议，以进一步交流经验，表彰先进，加强纪律，健全制度，建设一支清正廉洁、秉公执法的队伍，更好地完成人民法院肩负的各项任务。

(五)加快法庭建设，改善执法条件

一年来，由于各地党委、人大常委会和政府的重视和支持，人民法院的审判法庭建设又有了新的进展。审判法庭是人民法院依法行使审判职权的重要场所，是开展审判工作必须具备的基本条件。去年10月，最高人民法院与国家计委进一步研究了各级法院审判法庭建设的情况。国务院专门发出文件，要求各地人民政府积极支持，妥善安排，尽快把当地的审判法庭建设起来。这个文件下达后，已经在许多地方得到执行。我们要求各地法院作出规划，在当地政府的支持下，使审判法庭在三年内基本建成，大中城市和沿海开放地区应再快一些。

一年来，法院的业务经费状况在有些地方有所改善，但经费短缺仍然是比较普遍存在的问题。基层法院特别是老少边困地区的法院困难更大，不能保证办案的需要，使一些案件该收的不能收，该查证的不能查证。因此希望各级政府和财政部门增加拨款，保证法院必要的办案经费；贫困县由上级财政部门给予办案经费补贴；同时，法院的应急装备、工作条件和生活条件也需要给予保障。

(六)加强基层建设，改进基层工作

现在全国有基层法院3014个，有人民法庭17273个。基层法院及其派出机构人民法庭的审判工作做好了，全国法院的审判工作就有了坚实的基础，对落实社会治安综合治理也具有重要作用。去年，我们增编的人员绝大部分充实到了基层人民法院及其人民法庭，并且对一些不健全的人民法庭进行了调整和加强，还尽可能地为人民法庭工作人员创造工作和业务学习条件，以更好地发挥人民法庭的作用。但是，我们对加强基层特别是人民法庭的工作抓得还不够，他们的工作条件仍很艰苦。我们将进一步调查研究，在适当的时候召开人民法庭工作会议，切实加强人民法庭的工作，争取今年法院的基层工作有较大的变化。

依照法律规定，人民法院应对人民调解

委员会进行业务指导。现在有些地方的人民调解委员会的组织不健全，有些基层法院对调解委员会工作的业务指导有所放松，亟待整顿和加强。最高人民法院将会同有关部门，采取有效措施、健全人民调解委员会，加强民间调处群众纠纷的工作，以及时妥善地解决大量的民间纠纷，预防和减少违法犯罪。

（七）开展与外国法院间的司法协助

我国民事诉讼法规定，"根据中华人民共和国缔结或者参加的国际条约，或者按照互惠原则，人民法院和外国法院可以互相委托，代为一定的诉讼行为。"到目前为止，我国已经承认和参加的与审判工作有关的国际条约达50多个，如《联合国国际货物买卖合同公约》、《保护工业产权巴黎公约》、《关于承认及执行外国仲裁裁决公约》等；同罗马尼亚、泰国、英国、荷兰等20多个国家签订了投资保护协定；同法国、波兰、比利时签订了司法协助协定，还正在与一些国家商签司法协助协定。去年2月，最高人民法院向全国法院发出了《关于执行司法协助协定的通知》，要求地方各级法院认真执行已签订的司法协助协定。最高人民法院将继续积极参加司法协助协定的谈判，努力做好司法协助工作。这不仅是法院审判工作的需要，而且有助于促进中外经济贸易与科学技术合作以及文化交流的发展。

各位代表，一年来，全国法院的审判工作取得了一定的成绩，法院自身的改革和建设也取得了明显的进展。这是在中国共产党的领导下，在人民代表大会及其常务委员会的监督和支持下，各级人民法院共同努力的结果。同时，最高人民法院在工作中还存在一些缺点，主要有：一是对全国法院工作面临的新情况、新问题调查研究不够深入、系统，对法院工作的宏观指导需要进一步加强；二是对下级法院审判工作的监督、检查不够，办案的质量和效率还需要进一步提高；三是对法院干部队伍的政治思想教育抓得不够有力，对一些干警中存在的纪律松弛、作风拖拉的现象，亟需进一步加强管理和教育。我们将坚决采取有效措施，努力改正。

过去一年里，最高人民法院多次向全国人大常委会汇报工作，主动地接受全国人大及其常委会的监督，并要求地方各级法院自觉地接受人大及其常委会的监督。各级人大及其常委会加强对法院的监督，使法院工作得到了极大的支持。人民法院今后面临的任务将更为繁重、艰巨，我们真诚地希望各级人大及其常委会继续加强对人民法院的监督和支持。我们将进一步努力做好审判工作，积极为治理经济环境、整顿经济秩序和全面深化改革服务，为建设社会主义物质文明和精神文明服务。

各省、自治区、直辖市高级人民法院工作报告

北京市高级人民法院工作报告

——1989年4月23日在北京市第九届人民代表大会第二次会议上

北京市高级人民法院院长　刘云峰

各位代表：

本届大会第一次会议通过的决议，要求全市各级人民法院履行审判机关的职责，加强各项审判工作，“依法惩办破坏社会秩序和经济的犯罪分子，制裁违法行为，维护国家利益和人民的合法权益”，“严肃法纪，秉公执法，促进安定团结和社会治安的稳定好转。”一年来，我们遵照大会的决议，积极地开展工作，较好地完成了任务。现在，我就1988年的主要工作和1989年的工作意见向大会汇报，请审议。

一、1988年的工作

（一）依法惩处刑事犯罪分子的破坏活动，维护首都的社会秩序

同全国一样，首都的社会治安基本上是稳定的，但杀人、抢劫、强奸等严重危害社会治安和贪污、受贿、走私、投机倒把等严重破坏经济的犯罪案件的发案数比上年增多，形势严峻。

依法惩办刑事罪犯，是我们的一项重要任务。全年共审结一审刑事案件5807件，比1987年上升了0.9%；判决已发生法律效力的共4881件，判处被告人7512名。

在刑事审判工作中，我们继续贯彻执行依法从重从快的方针，严惩了一批杀人、放火、抢劫财物、强奸妇女等严重危害社会治安的刑事犯罪分子。这些罪犯，犯罪活动嚣张，对公民的生命财产，对首都的社会秩序，危害极大。一年内，我们依法审判严重危害社会治安的刑事犯罪分子3766名，比1987年上升了6.8%，其中判处五年以上有期徒刑的1981名，占同类罪犯总数的52.6%，因罪行特别严重，依法被判处无期徒刑、死刑（含死缓）的共210名，占总数的5.58%。

继续坚持一要坚决，二要慎重，务必搞准的原则，依法严惩了一批贪污、受贿等严重破坏经济的犯罪分子。一些个人主义思想严重的人，乘改革、开放之机，损人利己、损公肥私，进行贪污、受贿、走私、投机倒把、盗窃和诈骗公共财物等犯罪活动，他们既侵犯了公共财产，破坏了经济秩序，又败坏了社会风气和党风、政风，危害十分严重，必须依法严惩。例如，原北京市交电公司交电五金批发部电讯组组长乔永洪，利用职务之便，收受贿赂人民币12万余元，给国家造成经济损失近50万元。经最高人民法院核准，乔犯被依法判处死刑。对企事业单位、集体

经济组织犯罪的案件，我们也依法追究单位主管人员和直接责任人员的刑事责任。例如，北京信达新技术开发中心在根本无供货条件、能力的情况下，以能提供成品钢材8333吨为名，骗取新疆乌鲁木齐市金属材料公司预付款人民币900万元，使新疆在经济上受到了严重的损失，信达新技术开发中心总经理李雪缘被依法判处有期徒刑七年。全年共判处经济罪犯2267名，其中有走私犯9名，投机倒把犯122名，贪污犯197名，受贿犯70名，盗窃公共财物犯1588名，诈骗公共财物犯177名，制造贩卖毒品犯24名，偷税、抗税犯13名，倒卖票证犯47名；根据犯罪的事实，犯罪的性质、情节和对于社会的危害程度，依法判处五年以上有期徒刑的690名，占经济罪犯总数的30.44%，判处无期徒刑、死刑（含死缓）的共50名，占总数的2.21%。

为保证办案质量，在刑事审判活动中，我们主要抓了以下几个方面的工作：

第一，对案件的处理，强调以确凿可靠的事实为根据。审判人员在办案中，都把查清犯罪的基本事实和其他同定罪、量刑有关的事实作为第一位的任务，用比较多的时间进行阅卷，调查，分析研究，做到了对被告人的定罪、量刑都以事实为根据。我们组织力量对5个区、县法院1988年1至8月审结的严重刑事犯罪案件进行了一次全面检查，证明判处的绝大多数案件事实清楚，证据确实充分。不服一审判决而提出上诉的共1043件，占一审结案总数的17.96%。二审发挥审判监督的职能作用，对一审判决认定的事实和适用法律进行全面审查，一审裁判正确的予以维持，错误的予以改判，事实不清、证据不足或违反程序的，发回重新审判，保证了办案质量。在二审审结的1050件上诉案件中，维持原判的849件，占80.9%；改判的150件，占14.3%；发回重新审判的33件，占3.1%；上诉人主动撤诉的18件，占1.7%。

第二，充分保障被告人行使诉讼权利。为使被告人对开庭审判有所准备，我们严格依照法律的规定，在向被告人送达起诉书副本之日起的7日后开庭。开庭时，被告人可以向法庭依法提出回避申请；被告人本人和委托或指定的辩护人可以进行无罪或者罪轻的辩护；在法庭辩论后，被告人可以作最后陈述；一审判决宣告后，被告人不服判决的可以在法定的期限内提出上诉。为保障被告人行使辩护权，一年内共有律师4057人次，近亲属、监护人和其他公民74人次，为2889件刑事案件的被告人作了无罪或者罪轻的辩护；一审判决后，有1043件的被告人提出上诉。

第三，严格依法办事，坚决执行政策。首先，我们在查清事实的基础上，注意划清罪与非罪的界限，绝不允许把无罪的当有罪加以惩处，也不允许把有罪的作无罪加以放纵。其次，确定有罪的，我们坚决执行惩办与宽大相结合的政策，对流窜犯、累犯、惯犯、教唆犯、集团首犯，以及有其他从重、加重处罚情节的，坚决依法从严惩处，而对投案自首的，送子归案的，有立功表现的，以及有未成年人犯罪等从轻、减轻或者免除处罚情节的，坚决依法从宽判处。有的罪犯论罪该判重刑，因投案自首，或检举揭发、有立功表现，都予以从轻或减轻判处，有的免予刑事处分。在严重危害社会治安的刑事罪犯中，因有投案自首等从轻、减轻或者免除处罚情节而被判处有期徒刑、拘役缓刑的就有269名，免予刑事处分的40名，两项占严重危害社会治安的刑事罪犯总数的8.2%。再次，对判处死刑的案件，我们特别慎重，严格把关。死刑判决，都须经市高级人民法院审判委员会讨论决定，有的还依法报请最高人民法院核准。经检查，依法判处死刑的，都做到了事实清楚，证据确实充分，量刑适当。

第四，结合形势，联系实际，使审判工作获得更好的社会效益。我们的刑事审判工作，除了直接依法惩处罪犯之外，还要通过审判活动，宣传法律，教育群众，起到预防犯罪的作用。我们选择典型案件，召开大会公告罪犯的犯罪事实和审判结果，配合公安部门开展同刑事犯罪的专项斗争。在办案中发现的问题，我们及时向有关方面提出司法建议。结合办案，我们就案讲法，印发布告或有关材料，进行法制宣传。

一年来，我们通过刑事审判活动，给了严重危害社会治安和严重破坏经济的犯罪分子以沉重的打击，在维护首都社会秩序和经济秩序，保护国家、集体利益以及公民生命财产安全和合法权益等方面，发挥了积极的作用。

（二）依法处理民事纠纷，保护公民、法人的合法权益

近几年来，民事案件逐年增多，数量大，情况复杂。认真做好民事审判工作，对保护公民、法人和其他组织的合法权益，对维护安定团结，对改革、开放和四化建设，都有十分重要的意义。

同审判刑事案件一样，审判民事案件也必须以事实为根据，以法律为准绳。但是，刑事案件的事实由公、检、法三机关调查，而民事案件的事实则只由法院自行调查。在处理上，不少民事案件比刑事案件也更为困难。一年来，我们做了大量工作，共审结一审民事案件24066件，其中前三位的是：离婚案件11495件，债务案件3104件，赔偿案件2770件，共占总件数的72.17%。

在民事审判活动中，我们以贯彻执行民法通则为中心，着重做了以下几项工作：

第一，尽力保证办案质量。我们的审判人员为了办好民事案件，不辞辛苦，不怕麻烦，深入实际，深入群众，进行多方面的调查，并在查清事实的基础上，反复研究，分清是非，分清责任，依法对案件作出实事求是的处理。在全年已结的一审案件中，经工作，当事人撤诉的5239件，调解结案的11396件，两项占结案总数的69.12%；判决的6944件，只占总数的28.85%。不论用什么方式结案，绝大多数案件的处理都做到了事实清楚，证据确实充分，是非责任明确，符合民法通则、民事诉讼法（试行）等有关法律的要求。我们组织力量对已结的一审案件进行检查，证明绝大部分案件的审判质量符合要求。全年审结民事上诉案件2570件，其中维持原判的896件，占34.9%；改判的478件，占18.6%；发回重审的82件，占3.2%；因当事人主动撤诉及其他方式结案的1114件，占43.3%。

第二，实行当事人举证责任制度。《中华人民共和国民事诉讼法（试行）》第五十六条规定，“当事人对自己提出的主张，有责任提供证据。”为执行民事诉讼法的这一规定，我们从1987年7月份开始，在西城区人民法院进行了实施当事人举证责任的试点工作。1988年，专门召开会议，介绍了西城区法院的经验，在民事审判工作中普遍实行了当事人举证责任制度。实践证明，这样做有利于民事诉讼法的全面实施，有利于办案质量的提高。

第三，调查新情况，研究新问题，尽力办好新类型案件。随着改革的深入，民法通则的实施，公民、法人法制观念的增强，出现了不少新的民事案件。1988年内，公民、法人依据民法通则向法院起诉的有关著作权、名誉权、肖像权等知识产权和人身权的新类型案件就有64件。这些案件如何处理，法律没有规定或者规定不够具体，我们也缺乏审判实践经验。例如，有的当事人名誉受到侵害，向法院起诉要求侵权者赔偿损失几十万元。有的为私人经商或租赁、承包而借贷，利率比银行的利率高几倍到十几倍，发生纠纷后，向法院起诉，要求保护。为了正确处理新类型案件，我们加强了调查研究工作。例如，关于私人借贷的利率，我们根据第十四次全国法院工作会议精神，经调查研究，确定不超过银行利率3倍的，依法予以保护。一年内审结新类型案件56件，其中有名誉权纠纷34件，著作权纠纷9件，肖像权纠纷8件，科技成果权纠纷1件，取得了一些经验，社

会效果较好。

第四，及时、准确掌握当事人的情况，化解矛盾，防止双方关系恶化。在民事纠纷案件中，特别是在损害赔偿、离婚等纠纷案件中，有的案件原、被告之间矛盾极为尖锐，如处理不及时或不妥当，就有可能引起自杀或发生伤害、杀人等犯罪案件。对矛盾尖锐的或双方关系可能恶化的案件，我们要求作为急案，妥善处理。由于领导重视，各有关方面密切配合，认真做了工作，不少矛盾尖锐或双方关系可能恶化的案件得到了妥善解决。1988年门头沟区法院审结民事案件876件，其中矛盾尖锐或可能恶化的71件，经工作，都较好地化解了矛盾，没有发生任何重大问题。

一年来，通过对大量民事纠纷案件的依法审判，较好地保护了当事人的合法权益，对社会主义物质文明建设和精神文明建设，对安定团结，起了保障和促进作用。

（三）依法处理经济纠纷，维护经济秩序

由于改革、开放和社会主义商品经济的发展，经济关系日趋多样化和复杂化，经济纠纷的范围扩大，数量不断增加，人民法院审判经济纠纷案件的任务进一步加重。我们遵循为改革、开放和社会主义现代化经济建设服务的原则，以积极的态度受理案件，以认真负责的精神依法进行审判，使起诉到法院的大部分经济纠纷比较及时地得到了解决。全年共审结一审经济纠纷案件3289件，相当于收案总数的95.49%，其中有购销、工程承包、加工承揽、借款、保险、技术、联营等经济合同纠纷案件2576件，铁路运输纠纷案件29件，公路运输纠纷案件65件，涉外购销合同纠纷案件1件，商标、专利、食品卫生、药品、环保等经济损害赔偿纠纷案件12件，劳动争议案件11件，其他经济纠纷案件595件。

在经济审判活动中，我们着重做了3个方面的工作：

第一，进一步发挥审判工作的职能作用。在社会主义商品经济不断发展，经济活动范围扩大，各种合同大量签订的情况下，由于当事人不诚实、不守信用或其他原因而产生经济纠纷，是不可避免的。纠纷一旦发生，如果不能得到及时、正确的处理，就有可能使合法的权益得不到保护，违法行为得不到制止和处罚，进而影响改革、开放和生产、建设的正常进行。我们在查清事实、分清是非、分清责任的基础上，秉公执法，认真处理每一件经济纠纷。在一审已审结的经济纠纷案件中，经工作，当事人双方达成协议，调解结案的共1543件，占一审结案总数的46.9%；依法判决的共784件，占结案总数的23.83%；共解决争议标的金额达3.03亿元。通过对经济纠纷案件的审判，有效地保护了当事人的合法权益，制裁了违法行为；发现属于犯罪的，及时移送有关部门立案侦查，维护了首都的经济秩序。

第二，进一步提高办案质量。经济纠纷案件，情况复杂，大多数涉及外省市，有的甚至涉及国外，还涉及很多法律、法规，涉及不少专业、技术，要做到每件案件事实清楚、证据确实充分、是非明确、责任明确、处理正确及时，是有很大难度的。我们要求对经济纠纷案件要及时审理，但必须保证质量。我们组织力量对1988年审结的一部分经济纠纷案件进行全面检查，总结经验，并专门召开会议，指出了审判工作中存在的问题，要求进一步改进工作。一年来，审判人员努力工作，深入调查研究，耐心听取有关方面的意见，审结的绝大部分案件，做到了以事实为根据，以法律为准绳，办案质量有了新的提高。一审判决后，当事人不服而提出上诉的共343件，占一审判决案件总数的43.8%；二审经审理，结案361件（内有旧存案件），维持原判178件，改判55件，撤诉等92件；因一审判决认定事实不清，证据不足，或者由于违反法定程序可能影响案件正确判决而发回重新审判的共36件，占二审结案总数的9.97%。

第三，调查新情况，研究新类型案件的处理。在经济领域中，只要有新的情况发生，就必然会有新的经济纠纷出现。例如，在城镇，因部分企业实行承包，部分商店实行租赁后，便产生了承包、租赁纠纷；在农村，因一些地方实行适度规模经营，原订承包合同变更或废止，便产生了补偿损失等纠纷；此外，还有涉外纠纷、专利纠纷、技术合同纠纷等等，这些新类型纠纷案件如何处理，有的没有法律规定，有的法律规定不够具体明确，如果不深入调查、反复研究，要想做到正确、及时处理，是不可能的。为了依法正确、及时处理农村承包合同纠纷案件，我们组织力量到顺义、大兴、房山、通县、昌平等区、县进行调查，及时总结经验，并提出了处理这类案件的原则性意见。对企业承包纠纷、联营合同纠纷、技术合同纠纷、劳动争议等，我们也进行了调查研究，并对每一件案件作了具体的研究和慎重的处理。一年内，共审结农村承包合同纠纷案件171件，技术合同纠纷案件32件，专利纠纷案件2件，劳动争议案件11件，取得了一些经验。获得了较好的效果。

一年来，通过对大量经济纠纷案件的审判，正确、及时、合法地解决了矛盾，使当事人的合法权益得到了保护，违法行为受到了制裁，使大量的资金、财物得以正常运转，维护了首都的社会主义经济秩序，保障和促进了首都改革、开放和社会主义四化建设。

（四）积极而慎重地开展行政审判工作，保护当事人的合法权益，维护行政机关的正确处理决定

公民或单位受到行政机关处理后，如果对处理不服，可以依法向人民法院起诉。开展行政审判工作，在我国是一件新事，它可以使公民和单位的合法权益得到法律的保护，使行政机关的正确处理决定得到执行，促进行政活动法制化。

在我国已制定的法律法规中，明确规定公民、法人或其他组织不服行政机关处理决定可以向人民法院起诉的，已有130多个，可以预料，随着立法的日益完备和公民法制观念的不断增强，起诉到人民法院的行政案件必然会增多。为适应形势发展和加强法制建设的需要，我们逐步建立了行政案件的审判机构。配备了审判人员。现在，市高级、中级和6个区、县人民法院已建立了行政案件审判庭，12个区、县人民法院建立了审判行政案件的合议庭，行政案件的审判人员已发展到60多名。

在建立、健全审判机构的同时，我们一边培训干部，一边积极地开展了行政案件的审判工作。审判行政案件，是一项新的工作，我们没有经验，加之立法尚不完备，被告又都是国家行政机关，而有的行政机关的领导对当被告有误解，拒绝应诉，因难是很多的。在困难的条件下，我们积极地开展工作，慎重地处理每一个案件，力求保证办案质量。全年共审结行政案件59件，其中有不服公安机关治安处罚的案件23件，不服土地、林业、外汇、城市规划等行政管理部门处罚的案件36件；经审理，确认行政机关处理正确，维持原处理决定的31件，占结案总数的52.54%；认定原处理决定依据的事实不清或者适用法律有错误，撤销原处理决定的6件，占结案总数的10.16%；原告经考虑，起诉后又主动撤诉的22件，占结案总数的37.28%。

（五）做好铁路运输审判工作，维护北京铁路局辖区内的铁路运输秩序

近几年来，铁路运输十分紧张，一些犯罪分子乘机作案，进行盗窃、抢劫、杀人等犯罪活动，严重危害铁路运输的安全，危害了乘客和货物托运单位或个人的合法权益。保障铁路运输的安全，维护铁路运输秩序，保护乘客和货物托运单位或个人的合法权益，对改革、开放和社会主义四化建设都有重要的意义。一年来，北京铁路运输中级法院，北京铁路局辖区内的北京、天津、石家庄、太原、大同、临汾铁路运输法院积极开展了审

判工作，共审结一审刑事案件 345 件，判处罪犯 584 名；审结一审经济纠纷案件 57 件，解决争议标的 128 万多元，为保障北京铁路局辖区内的铁路运输安全，维护铁路运输秩序，做出了积极的贡献。

（六）认真做好裁判的执行工作，以维护国法的威严

人民法院已经发生法律效力的裁定书、判决书，是一种重要的法律文书，有关的单位或者个人必须执行，以暴力、威胁方法拒不执行的，要以犯罪论处，“处三年以下有期徒刑、拘役、罚金或者剥夺政治权利。”

刑事裁判，被告人被判处刑罚的，由公安或劳改部门执行，一般不会发生问题；民事纠纷和经济纠纷案件裁判的执行，有的就会遇到种种困难。比如对离婚案件的裁判，大多涉及到独生子女的抚养、住房的归属、财产的分割等问题，很不容易执行；在经济纠纷案件中，对财物的返还、损失的赔偿等裁判，执行更为困难，原因是多方面的，一是有的单位已经被撤销，它的有过错的上级单位拒绝承担连带责任；二是本位主义、地方保护主义的影响；三是有的单位或个人既无钱，又无物，或者钱、物已作他用，根本无法追回，等等。

为维护法律的严肃性，我们的审判人员在作出裁判之前，就考虑到裁判的执行，对可能隐匿、转移财产的，及时采取了诉讼保全措施，为裁判的执行创造了必要的条件。但是，这只是很少一部分，大部分案件的执行，还必须做很多工作。一年来，我们共办结执行案件 7517 件，比 1987 年办结的 5875 件上升了 27.9%，占应执行案件总数 10497 件的 71.61%，其中民事案件 5551 件，占民事案件应执行总数的 77.2%；经济案件 792 件，占经济案件应执行总数的 47.14%。因当事人拒绝执行而由人民法院依法强制执行的 413 件，占已执行案件总数的 5.49%。

（七）做好告诉、申诉和审判监督工作，保障公民依法享有的诉讼权利

《中华人民共和国刑法》规定，公民的人格、名誉受到公然诽谤或者侮辱情节严重的，婚姻自由受到干涉、本人受到家庭成员虐待的，以及身体受到轻伤害的等等，受害人都可以向法院起诉，要求追究侵害人的刑事责任；《中华人民共和国民事诉讼法（试行）》规定，公民或者法人的合法权益受到侵害，可以向人民法院起诉，要求侵权方承担民事责任。对人民法院已经发生法律效力的裁判，刑事案件中的当事人、被害人及其家属或者其他公民，民事、经济纠纷案件中的当事人、法定代理人，都可以向人民法院提出申诉。

告诉、申诉，是公民享有的一种诉讼权利，我们要求全市各级人民法院切实保障公民行使诉讼权，配备专人做告诉和申诉的受理工作。对一切告诉、申诉，我们都认真地进行审查，不具备法定立案条件的，做好说服教育工作，动员撤诉；具备立案条件的，及时移送有关的审判庭进行审查。一年来，我们共接待公民来信、来访 12.3 万多人次，其中属于告诉的 9.19 万人次，属于申诉的 1.3 万多人次。进行立案审查的共 3 万多件，其中有申诉 3407 件，告诉 26846 件。在申诉案件中，经审查，按审判监督程序予以再审的共 1675 件，其中刑事 1047 件，民事 522 件，经济 106 件。经过再审，已结 1702 件，其中维持原判的 1199 件，占结案总数的 70.45%；撤诉的 161 件；改判的 201 件，占结案总数的 11.8%，其中刑事改判的 133 件，占刑事再审结案总数的 12.19%。

（八）结合审判活动，宣传社会主义法制

人民法院的重要任务之一，是用自己的全部活动“教育公民忠于社会主义祖国，自觉地遵守宪法和法律。”我们结合审判刑事、民事、经济和行政案件，采取公开审判、公告罪犯的犯罪事实和审判结果、就案讲法、新闻报道、印发材料等各种方式，广泛地进行了法制宣传。一年内，依法进行公开审判的案件就有 22915 件，其中民事、经济、行政案件 19035 件，刑事案件 3880 件。召开大会

166场，公告了956名罪犯的犯罪事实和审判结果，到会群众达16万多人。

我们在开展各项审判工作的同时，还大力加强审判业务建设和干部队伍的建设，取得了新的成绩。

我们以严格、正确执法为目标，狠抓了各项法律的贯彻执行，重点检查了刑事诉讼法的贯彻执行。市高级人民法院于5月11日发出通知，由全市各级法院的一名副院长主管，组织专门班子，对刑事诉讼法的执行情况进行了检查，市高级法院派干部到区、县法院，帮助进行检查，经过检查，发现有的案件结案不够及时，有的依法应当公开审判的没有公开审判，有的当事人的诉讼权利没有得到充分的保护等问题，及时总结了经验教训，提出了改进措施，并向市人大常委会作了专题报告。在这次检查中，不仅市人大常委会作了指导，听取了汇报，各级人大代表还进行了视察，对我们的审判工作起了很好的监督和促进作用。除重点检查刑事诉讼法的执行情况外，我们还选择一些区、县法院，对刑法、民法通则、民事诉讼法（试行）等法律的执行情况，也进行了检查，总结了经验，改进了工作。我们还加强了基层基础工作，全年新建人民法庭10个，目前共有人民法庭88个，较好地发挥了人民法庭在办案和指导人民调解委员会工作中的积极作用。我们加紧对干部进行业务培训，除办短期训练班外，还进行了有系统的教育。全国法院干部业余法律大学北京分校于1985年9月开学，去年经国家考试合格，已毕业675人。现在法院干部的文化结构发生了新的变化，具有大专以上文化的占干部总数的50%，干部的业务素质有了明显的提高。

人民法院能否秉公执法，忠诚地为人民、为社会主义事业服务，一个重要的条件，取决于干部队伍是否清正廉洁。社会上“一切向钱看”，“靠关系”，“走后门”等不正之风对我们的干部不可能不产生影响。我们的方针是“从严治院”，认真抓好对干部的思想政治教育，一旦发现问题，就抓住不放，严肃处理。我们的干部绝大多数是好的，他们经受住了行贿、送礼、讲情、吃请等不正之风的考验，忠于职守，不为名，不计利，不怕苦，不怕累，积极进取，勤勤恳恳地工作。据不完全统计，1988年内，我们的干部拒绝当事人吃请的536起，拒收当事人贿赂、送礼的297起。经不起考验的人也是有的，全年共发生违纪案21起，涉及干部23人，个别案件涉及到基层法院的领导干部。对于违法乱纪案件，我们一经发现，就一查到底，严肃处理。目前已经结案的13起违纪案件中，决定逮捕法办的1人，开除公职的1人，其余的也分别给予了党纪、政纪处分。

各位代表：

以上是我们在1988年所做的几项主要工作。这些任务的完成，不仅有力地惩办了犯罪分子的破坏活动，制裁了违法行为，宣传了法制，在维护首都的社会和经济秩序，保护公民和法人的合法权益，保障和促进改革、开放政策的顺利执行和社会主义现代化建设的顺利进行等方面，发挥了积极作用，而且还为全市各级人民法院今后更好地执法打下了一个良好的基础。

一年来，我们之所以能较好地完成上述工作，主要是由于党的方针政策的指导，上级人民法院和市人民代表大会及其常务委员会的监督，公安、检察等兄弟部门的配合和制约，全市广大人民群众的支持，同时，也是由于全市各级人民法院审判人员和其他干警的不懈努力。

在我们的工作中，成绩是主要的，但问题、缺点也不少。首先，有些案件的审判还不够及时。在已审结的5527件公诉刑事案件中，一个月以内结案的2587件，占总数的46.81%，一个半月以内结案的2585件，占46.77%；超过法定期限结案的355件，占6.42%。一些民事、经济纠纷案件审理时间拖得过长，群众是有意见的。其次，会开审判制度执行得不够好，不少应公开审判的案件只是出了公告，没有群众旁听，不是完全意义上的公开审判。第三，有少数审判人员素质较差，工作不够深入，有的案件的处理质量不够高，还有个别审判人员甚至违法乱纪。这些问题的发生，虽然有客观原因，但主要是市高级法院领导的责任，工作抓得不够紧，作风不够深入，调查研究不够。我们要认真总结经验，吸取教训，克服缺点，解决存在的问题，把今后的工作做得更好。

二、1989年的工作意见

1989年，是治理经济环境，整顿经济秩序，全面深化改革十分重要的一年。在新的一年里，反映各种社会矛盾的刑事、民事、经济、行政案件，可能会比1988年增多。全市各级人民法院的中心任务是：遵照市人民代表大会的决议，依照法律的规定，努力做好各项审判工作，充分发挥审判机关的职能作用，为首都的社会安定，为治理经济环境，整顿经济秩序，全面深化改革和社会主义经济建设服务。

审判刑事、民事、经济和行政案件，是人民法院的基本任务。1989年，我们的工作重点是：

第一，继续贯彻执行依法从重从快的方针，严惩杀人、抢劫、强奸、贩毒、行凶报复、拐卖人口、重大盗窃及强迫、引诱、容留妇女卖淫等严重危害社会治安的刑事犯罪分子，对其中的惯犯、累犯、流窜犯、教唆犯、集团首犯，以及有其他恶劣情节的，更要依法从严惩办。在严惩严重破坏社会治安的刑事犯罪分子的同时，要依法惩处其他刑事犯罪分子。要坚决执行各项政策，对有投案自首、坦白交待、立功表现等从轻、减轻和免除刑事处罚情节的，依法予以从宽处理。

第二，继续贯彻一要坚决，二要慎重，务必搞准的原则，严惩贪污、受贿、走私、投机倒把等严重破坏经济的犯罪分子。凡起诉到法院的，我们要及时审理，及时判处。对改革和经济秩序破坏严重的，屡教不改的，要从重惩办；对大案要案，领导要亲自抓，组织力量及时审判。高级人民法院建立一个由有关人员组成的临时小组，掌握全市法院打击经济犯罪的情况，研究打击经济犯罪的一些政策界限和适用法律等问题。各级法院要根据实际情况，成立专门审理经济犯罪案件的合议庭。积极与公安、检察、监察、工商行政、海关、税务、物价、审计等部门就打击经济犯罪中存在的一些问题进行研究，互通情况，交换意见，密切配合，尽力把依法打击经济犯罪的工作做好。

第三，以贯彻执行民法通则为中心，保护公民、法人的合法权益，制裁违法行为。要以促进生产力的发展，促进安定团结，促进治理、整顿和深化改革，保护公民、法人的合法权益为出发点，严格执行各种民事法律，及时审判离婚、债务等各类案件，同时要加强对新情况、新问题的调查研究，总结审理知识产权和人身权等新类型案件的经验。要依法处理好涉外和涉台民事纠纷案件。基层基础工作是做好民事审判工作的关键，要切实抓好人民法庭的建设和加强对人民调解委员会的业务指导。

在认真审理各类民事案件的同时，要组织力量，对民法通则实施两年多以来执行的情况进行一次全面的检查，总结经验，指导审判实践，并向市人民代表大会常务委员会作一次汇报。

随着治理、整顿的深入，经济纠纷案件可能有新的增长。要以积极的态度收案，以认真负责的精神审理好各类经济纠纷，运用法律武器为治理经济环境，整顿经济秩序，深化改革服务。对于改革中和商品经济发展中出现的新类型案件，如承包、联营、租赁纠纷案件，技术合同案件，企业破产或清产还债案件等，要认真审理，及时总结经验。要调查了解在治理、整顿和深化改革中出现的新情况、新问题，对有关政策、法律的适用，及时进行研究，提出解决问题的意见。要精心办好涉外经济纠纷案件。

第四，积极、慎重地开展行政审判工作。随着法制建设的加强，特别是行政诉讼法公布实施后，人民法院受理行政案件的范围进一步扩大，公民对行政机关的处理不服而向法院起诉的案件必然会增多。人民法院审判行政案件既要保护公民、法人和其他组织的合法权益不受违法处罚的侵害，又要维护行政机关作出的正确处理决定。要健全行政审判机构，争取今年内各区、县法院都建立行政审判庭。行政诉讼法公布后，要组织干部认真学习，并举办短训班对行政审判人员进行培训，为正式实施行政诉讼法创造条件。

第五，增加执行力量，保证裁判的执行。执行工作是审判工作的继续，是诉讼活动的一个重要环节，一定要认真做好。裁判不执行，裁判书就等于一纸空文，不但纠纷没有得到解决，而且影响执法的严肃性。要对去年的执行工作进行一次检查，在总结经验的基础上，召开一次执行工作会议，交流经验，对存在的问题提出解决的意见，并组织力量逐个解决。要有一名副院长负责抓执行工作，建立、健全制度，加强对执行工作的具体指导，使执行工作走上轨道。

第六，做好申诉、告诉工作，依法保障当事人的诉讼权利。要认真负责地接待告诉、申诉的当事人，符合立案条件的，要及时立案；不符合条件的，要做好说服教育工作。对当事人的申诉，要坚持实事求是、有错必纠的原则，申诉有理的，应予立案，通过审判监督程序，依法处理；申诉无理的，要有针对性地做好申诉人的息诉服判工作。

第七，认真贯彻执行《北京市未成年人保护条例》。《北京市未成年人保护条例》是本市的重要地方法规，要认真贯彻执行。要采取多种方式，把教育、感化、挽救的方针贯穿在审判未成年人刑事案件的全部活动中，并努力把工作做好；要总结经验，健全和完善程序制度，并对“少年庭”的审判人员进行一次培训。在民事审判工作中，要切实保护未成年人在受抚养、受教育以及继承、财产分配等方面的合法权益。

为保证审判任务的完成，严格依法办事，必须抓好业务建设。凡依法应当公开审判的刑、民、经、行政案件，都应当依法公开审判；不具备条件的，要积极创造条件，争取尽可能多的案件依法公开审判；条件一时无法具备的，要选择一些典型案件或有教育意义的案件依法公开进行审判。对审判工作中出现的新情况、新问题，要有计划、有重点地开展调查研究工作，对执行政策、适用法律及时进行指导。要在总结实践经验的基础上，制定一些简明扼要的、可以检查的办案规格，以进一步提高办案质量。

要在抓业务建设的同时，努力抓好干警队伍的建设。要结合实际，继续贯彻党的十三届三中全会精神，当前要着重抓好形势教育，使干部能正确认识改革十年来的成绩和存在的问题，正确认识当前的形势、问题和解决问题的方针政策，树立敌我意识和忧患意识，增强为社会主义事业奋斗的信念，自觉地执行党的路线和方针政策。要按干部标准和最高人民法院提出的“八个不准”要求干警，继续坚持“从严治院”，把廉政建设作为头等大事来抓，坚决抵制行贿送礼、吃请、说情等歪风。要对干部作风进行一次检查，对于违法乱纪的，要发现一个查一个，处理一个，绝不姑息迁就。同时要表彰清正廉洁、奉公执法的先进典型。要教育干部发扬全心全意为人民服务，为党的中心工作服务的精神，发扬联系群众、联系实际、调查研究、实事求是的作风，办一切事情，都要高标准，严要求，秉公执法，成为守法、执法的模范。要继续办好全国法院干部业余法律大学北京分校，积极筹办北京市法官培训中心，争取下半年招第一批学员，对审判员进行系统的培训。此外，在新法律颁布后，或者在有的法律经过一段时间实施后，举办专项培训班，对有关的干警进行培训。

各位代表：

1989 年全市各级人民法院的任务是繁

重的，我们要在党的路线和方针政策的指导下，在市人民代表大会及其常务委员会的监督下，在兄弟部门的配合和广大人民群众的支持下，积极工作，充分发挥审判机关的职能作用，为首都的改革、开放和社会主义现代化建设做出新的贡献。

以上报告，请审议。

天津市高级人民法院工作报告

——1989年4月23日在天津市第十一届人民代表大会第二次会议上

天津市高级人民法院院长　王永臣

各位代表：

我市各级人民法院遵照市第十一届人民代表大会第一次会议决议，大力加强和提高各项审判工作，履行宪法和法律赋予的职责，发挥国家审判机关惩治犯罪，保护人民，促进改革，服务四化的职能作用，为维护社会安定团结，巩固和发展我市大好形势，提供法律保障和法律服务。现将1988年4月至1989年3月期间的主要工作报告如下，请予审议。

一、继续依法严厉打击严重危害社会治安和严重破坏经济的犯罪活动，保障和促进改革、开放与建设的顺利进行

我市各级人民法院审结各类刑事案件3934件，比上年同期增加6.04%；判处人犯4258人，比上年同期增加9.49%。其中，判处死刑（含死缓）和无期徒刑的占2.02%；判处五年以上有期徒刑的占22.48%；判处五年以下有期徒刑、拘役、管制和免予刑事处分的占74.43%；宣告无罪的占1.08%。

“严打”战役结束后，我们无论从指导思想上，还是在工作措施上，始终坚持对严重危害社会治安的犯罪分子依法从重从快惩处的方针。重点打击那些严重危害人民生命财产安全，严重扰乱社会秩序的杀人、抢劫、强奸、重大盗窃、行凶报复企业领导人和执法人员的罪犯，以及流氓集团、人贩子、强迫引诱容留妇女卖淫和赌头、赌棍等罪犯，尤其是犯罪集团的首要分子、主犯，以及惯犯、累犯、教唆犯和流窜犯。重大案件一经起诉，迅速审判。刑事公诉案件在法定期限内审结的占97.85%。审理死刑案件的期限，一审平均16.2天，二审平均15.56天，分别比上年同期平均28.3天和28.56天减少12.1天和13天。如去年国庆节前夕，对孟兆平杀人、放火案和张金城杀人案，在检察院起诉后，市高、中级法院在5天内即两审结案，宣判2犯死刑，距案件发生或破案仅9天。

各级人民法院适时地配合有关部门积极开展反盗窃、反赌博和打击制作贩卖淫秽书刊、打击强迫引诱容留妇女卖淫、打击破坏电力设备等专项斗争和专项治理，持续不断地组织有声威的公开宣判活动。如今年来针对郊县发生破坏电力设备案件突出，严重影响农业生产的情况，依法严惩一批拆毁变压器、偷割电线的犯罪分子，对判处死刑的6人就地公开宣判。一年来，配合专项斗争先后召开不同类型的宣判会374场次，宣判各类刑事案件1770件，狠狠地打击了犯罪分子的嚣张气焰，造成对犯罪分子的高压气势，教育和鼓舞了群众。

在受理的刑事犯罪案件中，有经济犯罪案件907件，比上年同期下降1.09%；审结874件，判处各类经济犯罪分子1240人；直接为国家挽回经济损失525.5万元。判决发生法律效力的人犯中，贪污犯94人，受贿犯69人，投机倒把犯18人，盗窃公物犯998人，诈骗犯42人，偷税抗税犯9人，其他10人。各级人民法院抓紧抓好大案要案审理，坚持依法从严惩处严重经济犯罪分子的方针，认真执行全国人大常委会的有关决定，把主要力量放在惩治贪污犯和受贿犯上，同时依法严惩投机倒把以及假冒商标、制售伪劣商品等其他经济犯罪活动。这期间，判处个人非法所得万元以上的罪犯74人，其中1万元以上不满5万元的57人，5万元以上不满10万元的6人，10万元以上的11人。

在刑事审判工作中，各级人民法院坚持“以事实为根据，以法律为准绳”的原则，在“准”字上狠下功夫，尤其是在审理经济犯罪案件中，坚持一要坚决、二要慎重、务必搞准的方针，严格区分违法与合法、罪与非罪等界限，努力做到不枉不纵。审理中，发现的一些漏罪、漏犯，及时配合有关部门予以查处；对不构成犯罪的，保护其免受刑事追究，依法宣告无罪；对具有法定从轻、减轻或免除处罚情节的，依法从轻、减轻或免除处罚；对具备法律规定缓刑条件的，依法宣告缓刑，放在社会上监督改造。

各级人民法院积极参加社会治安综合治理，强调办案的社会效果，把打击犯罪与综合治理结合起来。一是通过公开审判活动就案讲法，张扬法制，开展法制宣传，增强群众法制观念。共有190多名审判人员到工厂、机关、学校、街道等处进行法制宣传521次。二是针对审理案件中发现一些单位安全防范的漏洞和管理中的薄弱环节，及时提出司法建议2369次，督促加强防范措施，堵塞漏洞，预防犯罪。三是针对近年来未成年人犯罪一直占罪犯总数的9%左右，少年犯罪出现了结伙作案，犯罪严重，趋向低龄化的倾向，中级人民法院和14个基层人民法院先后建立了少年犯合议庭，专门审理未成年人犯罪案件。坚持惩罚与教育相结合的原则，着眼于教育、感化、挽救失足少年，“寓教于审”，依靠社会和家庭力量，共同矫治失足少年的违法犯罪行为，预防和减少违法犯罪。少年犯合议庭审结的未成年犯287人，占未成年犯总数的69.49%。四是与公安、检察、劳改部门配合，对羁押人犯和劳改犯进行认罪服法教育，开展坦白、检举活动，收到羁押人犯和劳改犯坦白、检举违法犯罪线索8000余件。五是与劳改单位配合，及时审理减刑、假释案件，对确有悔改或立功表现的劳改犯依法裁定准予减刑1284人，严格依照不致再危害社会等法定条件，依法裁定准予假释49人，调动劳改犯自我改造的积极性，预防和减少重新犯罪。六是坚持配合有关部门对判处缓刑、管制罪犯的监督和改造，定期考察，共回访293人次，落实帮教措施。

危害社会治安和破坏经济的犯罪活动，作为一种社会现象，在我国社会主义初级阶段还会长期存在，同刑事犯罪作斗争是一项长期、艰巨的任务。当前，依托全市政治经济形势好的大气候，我市社会治安总的说是基本稳定的，是我国大城市中社会治安状况最好的地区之一，但是，1988年全市法院受理的刑事案件比1987年增加6.81%，其中故意杀人案增加4.1%，抢劫案增加20%，重大盗窃案增加55.56%，今年1、2月份刑事案件尤其是重大案件比上年同期仍有增加，3月份开展反盗窃斗争以来，案件虽有所下降，但潜在的不安定因素仍然不少，面临的治安形势还是严峻的。各级人民法院必须继续坚持依法从重从快的方针，严厉打击严重危害社会治安的犯罪活动，积极参加社会治安综合治理，与有关部门密切配合，为改革和建设创造稳定的社会环境，力争实现今年我市治安状况好于去年的目标。

当前，经济领域内的犯罪活动仍很严重，今年1月全国政法工作座谈会明确指出，打击经济犯罪活动，是治理经济环境、整顿经济秩序的一项重要措施，各级政法部门要继续坚持依法从严惩处的方针，对于证据确凿的经济犯罪案件，无论是个人还是企事业单位、机关、团体，要坚决查处，决不手软，防止和纠正"以罚代刑"等打击不力的现象。人民法院坚决贯彻这一精神，从严惩处严重经济犯罪分子，与有关部门密切配合，遏制腐败现象的蔓延，促进廉政工作的建设，为实现把贪污、受贿等经济犯罪的危害减少到最低限度而积极努力。

二、加强民事、经济和行政审判工作，直接为治理、整顿和改革服务

随着改革开放政策的实施，社会主义商品经济的发展，立法的不断完善，公民法律意识的增强，更多的民事关系和经济关系，要运用法律进行调整，致使民事和经济案件持续增加，涉及的范围广，案件类型增多。一年来，各级人民法院收民事案件19495件，比上年同期增加20.65%；收经济纠纷案件3954件，比上年同期增加43.52%。针对这种情况，各级人民法院不断提高对民事、经济审判工作重要性的认识，加强领导，充实审判力量，深入学习贯彻《民法通则》等各项民事、经济法律和法规，调整民事关系、经济关系，保护国家、集体和公民的合法权益，缓解人民内部矛盾，维护社会安定团结，促进社会生产力的发展。审结民事案件18899件，比上年同期增加20.82%；审结经济纠纷案件3118件，比上年同期增加13.84%，诉讼标的总金额16063.11万元，比上年同期增加26.58%。

在民事案件中，居前五位的是：离婚案件9322件，占47.82%；赔偿案件2101件，占10.78%；房屋案件1980件，占10.16%；债务案件1810件，占9.29%；赡养案件1116件，占5.73%。各级人民法院认真审理离婚案件，贯彻市人大常委会通过的《天津市保护妇女儿童合法权益的若干规定》，注意分析研究新时期婚姻家庭观念、离婚原因、夫妻财产内容等方面的变化，针对追求婚姻自由、男女平等的增多，第三者介入或轻率结婚而又轻率提出离婚的增多情况，本着维护社会主义婚姻家庭制度，保障婚姻自由，反对轻率离婚，保护妇女、儿童合法权益和制裁违法行为的原则，掌握离与不离的标准。对夫妻感情既看基础，更看发展变化，尽量做和好工作；对感情确已破裂，调解无效的，不勉强维持。这期间审结离婚案件9155件，调解和好和撤诉的占37.27%，判决准予离婚和调解离婚的占48.49%，判决不准离婚的占12.54%，其他占1.74%。审理债务案件，着眼于依法维护正当的民间借贷活动和债权人的合法权益，积极扶持个体经济，促进商品经济的发展，限制和取缔高利盘剥。审理房屋案件，依法保护国家、集体和个人的所有权、经营权和使用权，制裁利用房屋进行非法活动的行为。审理赡养案件，贯彻天津市人大常委会通过的《天津市保护老年人合法权益的若干规定》，对那些有赡养义务和能力而不愿赡养老人，甚至虐待、遗弃老人的人，进行教育或依法给予制裁，保护老人的合法权益，并选择典型案件公开审理，办一案教育一片，宣扬尊老敬老的社会风尚。

《民法通则》实施以来，名誉权、肖像权、姓名权和著作权等案件增多。仅名誉权案件就受理51件，审结44件，其中有些案件涉及报刊和知名人士。人民法院保护公民和法人对自己名誉权享有的合法权益，支持正当社会舆论监督，依法采取停止侵害、赔礼道歉和经济赔偿等方式，制裁侵权人的违法行为。

在经济审判工作中，各级人民法院扩大收案范围，增加服务内容，运用法律手段，调整和解决在生产和流通领域中发生的各种经济纠纷，维护社会主义经济秩序，保护当事人的合法权益，保护合法的经营，制裁违法行为。在继续审理好约占案件60%的购销合同案件的同时，积极慎重地处理好改革中出现的新类型案件。这期间审结联营合同案件42件，技术合同案件25件，农村承包合同案件101件，租赁合同案件81件，专利纠纷案件6件；审理了一批银行诉请追回逾期贷款案件，维护国家信贷资金的安全，使沉淀的资金得以周转；审理了一批与人民生活关系密切的产品质量纠纷案件，调解或判决生产方、销售方退换不合格产品，并赔偿消费者经济损失。

各级人民法院审理民事、经济案件坚持便利群众、便利诉讼的原则，巡回审理。调解结案率民事案件占52.43%，经济案件占55.76%。民事和经济案件大都做到3个月内审结，重大疑难案件大都在6个月内结案。

在审理民事、经济案件中，不孤立办案，不就案办案，对在办案中发现的犯罪线索，及时移送有关部门查处；进行法制宣传，开展重合同守信用教育；提供法律咨询；针对合同管理中出现的混乱现象，提出司法建议；对一些矛盾可能激化的案件，及时做好疏导工作，缓解矛盾，平息事态。

天津海事法院审结海事海商案件21件（含涉外案件11件），诉讼总标的折合人民币1551.47万元。海事法院坚持实事求是，公平合理，当事人在法律面前一律平等的原则，严格依法办案，维护了我国司法管辖权，保护了中外当事人的合法权益，体现了我国海事执法的严肃性和公正性，对维护航运秩序，保护海洋环境，促进航运事业和对外经济贸易的发展起了积极的作用。

各级人民法院积极慎重地开展行政审判工作。目前，高级法院、中级法院和17个基层法院已建立了行政审判庭，配备审判人员98人，组织学习行政法规，了解行政活动规律和特点，研究和探讨行政审判中遇到的问题，对行政诉讼的收案范围、管辖、变更权的应用、赔偿等进行调查研究，总结经济，努力搞好行政审判工作。行政审判是一项新的诉讼制度，有些公民和组织对它还不熟悉，旧观念还束缚着人们的头脑，有的法人代表不愿出庭应诉，公民不愿告"官"。一年共收行政案件79件，审结66件。涉及治安、工商、环保、食品卫生、海关、税收、金融、物价、药政和土地等方面。办案中，审判人员排除干扰，公平裁决，坚持当事人诉讼地位平等，保护公民和法人的合法权益，保障和支持行政机关依法行使职权。结案中，维持原行政决定的占60.61%，撤诉的占19.7%，撤销原行政决定的占3.03%，变更或部分变更原行政决定的占7.58%，其他占9.08%。

近年来各类执行案件大量增加，难度大，干扰多，尤其是经济案件涉及外地的约占35%。一些地区存在地方保护主义；有些人法制观念淡薄，无理且拒不执行；有的依法应当协助人民法院执行的单位，不予协助；有些被执行人资不抵债，难以执行，甚至有的被执行人煽动一些不明真相的群众围攻、辱骂、殴打、伤害执行人员，严重妨害民事诉讼活动。为了维护法律的严肃性，保护当事人合法权益，各级人民法院加强执行工作，相继健全执行机构，充实了执行力量，注意审判与执行相配合，根据需要依法采取保全措施，坚持疏导和强制相结合，把法制宣传贯穿于审判和执行全过程，耐心说服当事人自觉履行法律义务。对经反复教育仍拒不执行的，依法采取查封、冻结、扣押、变卖、划拨和强制迁出房屋等执行措施；对严重妨害民事诉讼活动的，依法采取司法拘留等措施，做到法律手续齐全完备。已执行3462件，比上年同期增加30.2%，其中执行民事案件2475件，刑事案件21件，经济案件827件，其他执行案件139件；采取强制措施执行的案件仅占9%。

我们要继续依法及时公正地审理好民事、经济和行政案件，尤其是与治理、整顿相关的案件；同时，深入学习、宣传《中华人民共和国行政诉讼法》，做好贯彻实施的准备工作。

三、加强法院自身改革和建设，不断提高队伍的政治和业务素质

各级人民法院端正执法思想，改善执法活动，提高执法水平，改变审判中存在的有悖于改革的陈旧观念和习惯作法，完善自身机制，加强科学管理和基层基础工作，提高队伍的素质。

（一）依靠党委领导、人大监督、群众监督和舆论监督，以保证严肃执法。通过向人民代表汇报工作，通报情况，邀请视察，以及召开企业家、经理、厂长、新闻工作者座谈会，使各方面人士更好地了解法院的审判情况，监督和支持法院依法行使职权，使法院了解改革和建设的情况，探索超前服务。还密切与新闻单位协作，主动通报审判情况，提供典型案例，运用报刊、广播、电视等多种形式搞好法制宣传，增强法院工作的透明度，接受社会舆论的监督。各级人民法院认真负责地对待社会各方和人民代表的意见、建议，切实改进工作。对人民代表、人大常委会、新闻等部门反映的审判中问题，我们逐一进行检查，予以答复。

同时，执行公开审判制度，置审判工作于群众监督之下。目前，一审案件大都实行了公开审判，询问、调查、调解等大量工作都放在庭审中进行，对二审和再审案件也努力创造条件实行公开审判。强调当事人举证责任，把当事人及其代理人举证与法院调查收集证据结合起来。尊重律师行使职权，保证当事人及其他诉讼参与人的诉讼权利，保证案件依法公正处理。

（二）健全制约机制，加强审判监督。改革案件审批制度，依法加强合议庭和审判委员会的职责。二审法院对上诉和抗诉的案件严格把关，对事实不清、证据不足、判处不当的案件，依法及时发回重审或改判。二审发回重审的案件占5.01%，改判的占16.99%。同时加强告诉申诉工作，认真处理群众来信来访。坚持实事求是、有错必纠的原则，对已经发生法律效力的判决裁定发现确有错误时，依照审判监督程序进行提审或者指令下级法院再审，予以纠正。再审刑事案件978件，改判111件；再审民事案件587件，改判58件；再审经济案件66件，改判5件。

今年第一季度法院系统开展了执法检查活动，采取自查和互查相结合的方法，实事求是地检查执法思想、审判作风和办案质量。共检查1988年结案的刑事、民事、经济、行政和执行案件4711件，占结案总数的14.81%。从检查结果看，正确和基本正确的案件占98.96%，有差错的占1.04%。针对存在的差错和缺点。总结经验教训，制定了整改措施。

（三）加强人民法庭的建设，改进基层工作。我们继续把人民法庭做为法院联系群众的重要纽带，做为便利群众诉讼的重要措施，做为落实社会治安综合治理的前沿阵地。目前我市已建人民法庭110个，比去年增加21个。其中农村乡镇法庭90个，城市法庭20个；配备审判人员533名，比上年同期增加15%；举办4期法庭干部培训班，培训干部180多人。郊区、县人民法庭办理的民事案件占郊县法院民事案件总数的95%，还审结了一部分简易经济纠纷和轻微刑事案件，使大量诉讼就地解决。人民法庭积极参加社会治安综合治理，指导调解组织处理大批民间纠纷，使大量矛盾解决在基层，解决在萌芽状态，缓解和防止矛盾激化。

（四）重视加强和改进思想政治工作。去年10月召开了思想政治工作座谈会，总结推广了成功的经验，根据干警的思想实际，研究在新形势下做好思想政治工作的新方法、新途径。组织干警深入学习马克思列宁主义的基础理论，学习党的社会主义初级阶段的理论和基本路线，以及党的十三届三中全会确定的治理、整顿和深化改革的方针，进行理想教育，形势教育，职业道德教育，把“一切为了人民，一切依靠人民”作为基本指导思想和基本工作方法，教育干警增强使命感、责任感，艰苦奋斗，勇于奉献。1988年法院受表彰、奖励的集体22个，立功受奖81人次。

重视廉政教育。一年来我们始终把廉洁从政当作重要大事来抓，各级法院健全纪检机构，高、中级法院建立党风评论员制度，定期不定期评论党风。从严治院，从严治警，严格纪律，加强教育，增强干警对歪风邪气的抵抗力和免疫力，好人好事不断涌现。据不完全统计，去年法院干警共拒绝吃请1816人次，拒收钱物939人次，折合人民币6.38万元，并收到不少群众表扬信和锦旗。但是，在法院队伍中，也确有极少数意志薄弱的人，经不住改革开放的考验，经不起金钱和腐朽思想的诱惑和侵蚀，违法乱纪，甚至犯罪的均有发生。对于违纪违法和犯罪的干警，我们发现一个查处一个。给予纪律处分的共20人，触犯刑律被依法追究刑事责任的4人。为了进一步严明纪律，最近市高级人民法院再次发出《法院干警必须保持廉洁》的通知，要求从高级人民法院开始到各级人民法院的干警，清正廉洁，秉公执法，做人民的忠实卫士，主动自觉地接受党委、人大和群众的监督，特别是各级领导干部要以身作则，做出表率。这个通知已通过报纸公布于众。在这里，我诚恳地希望同人民代表建立直接联系，衷心地欢迎人民代表和群众对法院干警违法乱纪、贪赃枉法的行为揭发检举。

加强干部管理，积极慎重地进行了增编进人工作。继续推行目标管理制度，引进竞争机制，健全岗位责任制，对法院干部的晋升严格考核德、能、勤、绩诸方面，奖优罚劣，择优使用人才。各级人民法院新进232人，总的来看人员质量是好的，对进入的新人，上岗前进行了专业培训或到基层实习。

（五）逐步建立多层次、正规化的法院干部队伍教育培训体系。我们不断调整和加强全国法院干部业余法律大学天津分校的力量，提高管理水平和教学质量，首届学员434名已在去年10月毕业，使法院干部中具有高等学校毕业的人数由过去占38%增加到现在的53%；经高教局批准，决定与师范大学合作进行专接本教育；去年业大又招入新生254人；开展了法律（审判）专业证书教育，有365名法院干部参加学习；4名干部考入北京高级法官培训中心学习。各级法院还通过举办各类短期培训班，对400多名法院干部进行了岗位培训，组织审判人员学习法律和政策，不断更新知识，搞好各类案件的庭审观摩活动，提高驾驭审判的能力。

各级领导重视对新形势下审判工作中出现的新情况、新问题的调查研究，注意总结交流经验，注意信息反馈。去年以来，仅市高、中级人民法院领导即对“经济犯罪”、“少年犯罪”、“离婚案件”、“改革审批制度”等进行了专题调查。高级法院先后召开了“刑事自诉”、“债务案件”、“侵犯名誉权、肖像权、著作权案件”、“法人主体资格审查”、“执行工作”等7次业务研讨会，加强了业务指导，使审判人员增强了法律意识，加深并统一对法律的理解，提高执法水平。

人民法院的各项工作取得了一定成绩，自身的改革和建设也有了新的进展。但是，从今年第一季度对1988年执法工作检查看，虽然没有发现错案，但仍有些案件质量和审判作风等方面存在不同程度的问题。一是个别刑事案件量刑偏轻，有的民事、经济纠纷案件事实查证不够清楚，适用法律不够准确；二是有些审判人员对程序法的执行重视不够，一部分案件应公开审理而未公开审理，有的案件久拖不决，办案效率不高，群众诉讼还不够方便；三是有些法律文书质量不高；四是有的干警存在审判作风生硬、方法简单和纪律松弛等现象；五是高级人民法院对面临的新情况、新问题调查研究不够深入系统，对基层法院工作指导需进一步加强。我们一定要加强自身改革和建设，进一步提高队伍的政治、业务素质，努力改正工作中的缺点。

人民法院担负的任务日益繁重和艰巨。

在这种情况下，我们更加需要在各级党委、人大常委会及人民代表和社会舆论的监督下，加强和提高各项审判工作，积极参加治理经济环境，整顿经济秩序，为建设社会主义物质文明和精神文明服务，为巩固安定团结的政治局面，维护稳定的社会环境，发展我市的大好形势，做出新的贡献。

河北省高级人民法院工作报告

——1989年4月22日在河北省第七届人民代表大会第二次会议上

河北省高级人民法院院长 李永进

各位代表：

现在，我向大会报告我省人民法院一年来的工作。

过去的一年，我省各级人民法院在各级党委的领导和人大常委会的监督下，在各级政府和各部门的支持下，认真贯彻党的十三大精神，坚持党在社会主义初级阶段的基本路线，为“一个中心、两个基本点”服务，充分发挥审判职能，全面开展审判工作，严厉打击刑事犯罪和经济犯罪，积极参加社会治安的综合治理，为治理经济环境、整顿经济秩序、全面深化改革创造安定的社会环境，保障我省经济建设的发展，发挥了积极作用。

一、关于刑事审判工作

一年来，全省各级法院受理刑事案12214件，审结11613件，判处被告人11898名。其中：死刑（包括死缓）、无期徒刑508名，有期徒刑8956名，拘役、管制等2132名，免予刑事处分213名，宣告无罪89名。在刑事审判中，着重抓了以下几个方面的工作：

一是突出打击重点，开展专项斗争。各级法院对严重危害社会治安的刑事犯罪分子，继续贯彻执行了依法从重从快惩处的方针，判处杀人、抢劫、强奸、重大盗窃、流氓等严重刑事罪犯5020名，占判处刑事罪犯总数的42.5%。对犯罪情节特别恶劣，危害特别严重的，坚决依法判处了死刑。各级法院还根据当地不同时期治安形势的特点，有计划地开展了集中打击抢劫、重大盗窃、破坏电力设备、流窜犯罪等专项斗争，维护了治安秩序，震慑了犯罪。

二是狠抓大案要案，从严惩处严重经济犯罪分子。全省法院审结贪污、受贿、投机倒把、偷税抗税和盗窃、诈骗公共财物等经济犯罪案1812件，其中个人非法所得万元以上的177件，判处经济犯罪分子2300名。为国家和集体挽回经济损失1019万余元。在处理经济犯罪案件中，各级法院对严重经济犯罪活动继续贯彻执行了依法从严惩处的方针，坚持了一要坚决、二要慎重、务必搞准的原则，严格区分罪与非罪的界限，对构成犯罪的，依法定罪量刑，并注意追缴赃款、赃物，不让犯罪分子在经济上占便宜。对犯罪数额特别巨大和给国家造成重大经济损失的严重经济罪犯，坚决依法严惩。投机倒把犯李全志等人用淀粉、黄连素、维生素等制造假人造牛黄1100多公斤，到安国等地销售，牟取暴利32万余元，给国家造成了300多万元的损失，主犯李全志被依法判处了死刑。

三是提前介入，加快办案进度。对重大、复杂、有影响的刑事案件，各级法院一般都坚持提前了解案情，起诉后及时审理，缩短了办案时间，去年审结的公诉案件有70%在一个月内结案。省法院派出合议庭157次，深入各地，就地阅卷，核对证据，提审人犯，使40%的死刑案件在半月以内办结。

四是注重一个“准”字，保证办案质量。各级法院在办案中，坚持质量第一，从一审到二审，从审判员、庭长到院长层层负责，精心审查，严格把关，切实把案件事实搞清楚，把证据搞扎实，准确定罪量刑。依法该重判的，坚决重判，对具有法定从轻、减轻或免除处罚情节的，依法从轻、减轻或免除处罚。通过狠抓办案质量，去年全省刑事案件发还率由1987年的12.6%下降到11.2%。

五是公开宣判，扩大办案效果。全省法院召开宣判大会882次，宣判3080案、4485犯，旁听群众517万多人次。霸县农民王万勇等人合伙作案30余次，偷割高、低压输电线2.1万米，拆毁变压器8台，造成1800亩农田不能播种，2200亩农作物不能及时浇灌。省法院依法核准王犯死刑后，廊坊地区中级法院就地召开了十几万人参加的宣判大会，收到了较好的效果。

当前我省社会治安形势基本稳定，但还是相当严峻的。从去年法院审理的刑事案件看，重大、恶性案件呈上升趋势，与1987年相比，杀人案上升13.7%，抢劫案上升33.5%，拐卖人口案上升56.3%，破坏电力设备等公共设施案上升23.5%。值得注意的是，因人民内部矛盾激化导致杀人、伤害案件比较突出，青少年犯罪不断增多。去年核准的杀人、伤害死刑案件中，由于婚姻、家庭、邻里纠纷等引起的占63.2%。在判处的刑事罪犯中，青少年犯占49.7%，比上年上升1.4%。

社会治安问题是社会生活各方面消极因素的综合反映，它受社会政治、经济、文化、教育、道德、法律和国际环境等诸方面因素的制约和影响。在我国，阶级斗争在一定范围内还会长期存在，危害社会治安和破坏经济的犯罪活动，作为一种社会现象，在我国社会主义初级阶段，也还会长期存在。在新旧体制交替过程中，在社会主义商品经济新秩序尚未建立、健全的新情况下，诱发违法犯罪的各种社会消极因素和不安定因素增多。国内外敌对势力、敌对分子也会进行捣乱与破坏。这是复杂的客观因素。另一方面，有的案件以罚代刑或处理偏轻，对犯罪分子打击不力，社会治安综合治理措施没有完全落到实处，有些单位内部防范机制不健全，安全责任制不够落实，基层基础工作薄弱等，都是不容忽视的原因。在今后一段时间内，社会治安形势仍是严峻的，我们一定要认识同犯罪作斗争的长期性、艰巨性、复杂性，坚持不懈地贯彻执行“严打”方针，严惩严重刑事犯罪和严重经济犯罪活动。同时，还需要动员社会各方面的力量齐抓共管，加强行政管理，加强社会治安的综合治理，加强社会主义精神文明建设，预防犯罪，减少犯罪，为解决社会治安问题共同努力。

二、关于民事审判工作

民事审判工作是人民法院一项十分重要而繁重的任务。1988年，全省各级法院受理民事案75830件，与1987年相比，上升16.8%，占法院受理案件总数的67.7%。审结71192件，比1987年多结10280件，上升16.9%。同时还出现了侵犯名誉权、著作权、肖像权等一些新类型的案件。

民事案件大幅度上升，一方面反映了人民内部矛盾、纠纷增多，另一方面说明随着社会主义民主和法制的不断发展、完善，公民、法人法律意识增强，对财产关系、人身关系要求用法律手段来调整。当前，婚姻、债务案件比较突出。1988年新收婚姻家庭案39467件，比1987年上升14.3%。其中离婚案32751件，占民事收案总数的45.6%，居第一位。离婚案件多的原因：一是，在农村一些妇女在商品经济发展中取得了经济独立的地位，不愿继续忍受包办婚姻的束缚和封建夫权思想的歧视，追求婚姻自主的幸福生活而要求离婚；二是，在城镇和一些经济比较发达的地区，一些人经济富裕后，受资产阶级腐朽思想的影响，喜新厌旧，另寻新欢，有的以“重金”买通对方答应离婚；三是，在一些地方，受封建残余思想的影响，买卖婚姻、包办婚姻、换亲转亲、早婚等仍很严重，这些婚姻缺乏感情基础，导致离婚案件增多。对于这类案件的处理，我们从保护妇女、儿童的合法权益，稳定现存的社会关系出发，该支持的积极予以支持；对封建思想残余，资产阶级腐朽思想严重的，进行严肃批评教育；对违法犯罪的，依法进行制裁。

债务案件上升幅度也比较大。去年新收17414件，比1987年上升53.3%。债务案件增多的原因，主要是商品经济的发展使民间经济活动日益活跃，民间借贷大量增多，相当一部分没有字据，没有证人，没有担保，容易发生纠纷；还有些是债务人不善经营，亏本后无力偿还，造成诉讼。此外，损害赔偿和继承案件也都有不同程度上升。对于这些案件有的依法处理，有的按照民事政策，合理解决。

为了正确处理民事案件，各级法院以贯彻执行民法通则为中心，认真执行民事诉讼法（试行），狠抓办案质量和效率，在办案中，坚持着重调解的原则，耐心细致地做好当事人的思想疏导工作，促使双方在自愿的基础上，互谅互让，使纠纷圆满解决。在去年审结的民事案件中，调解结案的54411件，占76.4%，对有矛盾激化苗头的案件，不拖不推，抓紧处理，防止恶性案件的发生。如获鹿县法院审理的冯书校与北宅造纸厂欠款纠纷一案，北宅造纸厂欠冯1300多元，多次催要未还，冯一怒之下准备了雷管、炸药，要爆炸造纸厂。法庭发现这一情况后，想方设法将冯稳住，对其进行法律教育，指出其行为的危害性，经过细致的思想工作，冯表示愿意依靠法庭解决纠纷，当场交出雷管8枚。为确保不发生意外，审判人员又骑车20余里赶到冯家，同其家属一起做疏导工作，冯又交出其余的8枚雷管和炸药。法庭及时开庭审理，双方达成调解协议，使这一纠纷迅速得到了处理，避免了一起恶性案件的发生。一年来，通过及时调处民事纠纷，使6085个濒于破裂的婚姻家庭重归于好，防止了4636起矛盾激化案件的发生，保护了当事人的合法权益，维护了社会秩序的安定，促进了经济建设的发展。

三、关于经济审判工作

去年，全省法院受理各类经济纠纷案22845件，比上年多2867件，上升14.4%。其中，新收购销合同案6181件，借款合同案6120件，分别比1987年上升5.7%、87.6%。在经济审判任务越来越繁重的情况下，各级人民法院坚持为改革开放服务，为建立社会主义商品经济新秩序服务，努力做好经济审判工作。去年共审结各类经济纠纷案20354件，比上年多结2679件，上升15.2%，诉讼标的金额由1987年的2.71亿元，增加到4.75亿元，上升75.2%。通过对经济纠纷案件的处理，调节了经济关系，维护了经济秩序，促进了经济发展。

在办好经济纠纷案件的同时，各级法院努力强化服务意识，拓宽服务领域，以减少诉讼，支持经济发展为出发点，主动地开展专项服务活动。一是积极主动同企业和有关群众对话，送法上门，传授法律知识，解答疑难问题，提供法律咨询，帮助完善经济合同；二是就案讲法，针对经济活动中容易发生纠纷的一些问题，及时提出司法建议，促使有关单位加强经营管理；三是积极配合金融部门依法回收逾期贷款。首先协同金融干部向欠贷群众宣讲有关法律、法规，讲明借款、还款的法律关系，促使他们主动归还贷款。对经过宣传教育仍然不还的，金融部门起诉后，根据不同情况，采取不同措施。对有偿还能力而拒不还款的，依法及时判决限期还贷，逾期不还强制执行；对确无还贷能力或正在发挥经济效益的资金不强索硬要，以扶促收，帮助他们安排好生产和生活，尽快发展生产脱贫致富主动还贷；对在经营活动中受骗的企业和个人，先帮助他们回收外欠资金，然后再回收贷款。据石家庄、保定、承德等12个地市不完全统计，去年为金融部门回收了20500万元的沉淀资金。

经济审判工作中一个突出的问题是判决、裁定执行难。主要原因有：一些公司被整顿、撤销后，留下的债务很多，有的资不抵债，主管机关不负责清偿；有的地方和单位存有地方保护主义和本位思想，阻挠和干扰判决的执行，也有的法院干部不敢依法办事，不坚持原则。为了切实解决执行难的问题，去年省法院召开了三次工作会议，专门研究执行工作，摸清底数，分析原因，制订措施，推广经验。对依法应协助执行判决而不协助的法院进行通报批评，由上级法院指令限期执行。对遇到的行政干预，耐心讲明情况，宣传法律，取得有关部门的支持，严格依法办事。为保证判决的顺利执行，我们注意在案件受理时就考虑到执行问题，根据需要依法采取先行给付和诉讼保全措施。对有履行能力而拒不执行的依法强制执行。经过一年的努力，执行难的问题有所缓解，去年年底仍有18.9%的判决未能执行，今后我们要进一步把这项工作抓紧抓好。

从去年新收的经济纠纷案件看，经济合同案占91.8%。其中，购销合同案占经济合同收案总数的33.1%，借款合同案占32.8%，农村承包合同案占4.6%，加工承揽合同、建设工程承包合同等其他纠纷案占29.5%。发生纠纷的原因，主要是有的公民、法人缺少经济法律知识，不知道运用法律手段进行经济活动；有的法律意识淡薄，不按照经济合同法和其他经济法规办事；有的为了追求本单位的经济利益，单方撕毁合同。农村果树承包纠纷在我省一些地方比较突出，主要是承包基数不合理造成的。有些纠纷只依靠法院处理，很难做到及时，也不容易解决，需要进一步搞好普法教育，多层次，多渠道，多方面进行疏导，才能收到更好的效果。

四、关于行政审判工作

行政审判工作是法院在新时期的一项新任务，涉及的行政法规多，案件种类多，行政部门多，办案难度大。为了做好这项工作，我们进一步抓了审判机构的建设，目前，全省18个地、市中级法院和115个基层法院建立了行政审判庭，配备了相应的审判力量。对当事人不服行政机关的处罚和其他某些处理决定引起争议的案件，做到了依法及时处理。去年全省法院审结各类行政案824件，其中，治安案242件，土地案453件，林业、食品卫生、城市规划案等129件，既保护了公民的合法权益，又支持了行政机关依法行使职权，维护了行政管理秩序。由于这项工作开展时间不长，审判干部经验不足，特别是行政诉讼法颁布以后，对行政案件的处理要求更高、更严了，我们要采取多种形式，组织审判干部认真学习行政诉讼法，有计划地进行试点，为这一法律的实施做好充分准备。同时，注意加强与有关行政部门的联系，主动走访，熟悉各类行政法律、法规，了解行政机关的执法情况，相互配合，相互支持。在办案中注重调查研究，总结经验，及时加以推广，使行政审判工作取得新的进展。

五、关于告诉申诉工作

加强审判监督，认真做好告诉申诉工作，是严肃执法，保证办案质量的一个重要方面。去年全省法院审结刑事申诉案3415件，民事、经济、行政申诉案636件，处理群众来信13万多件，接待群众来访19.8万多人次，由于各级人民法院对这项工作比较重视，经过上下协作，共同努力，使我省告诉申诉工作的被动局面有了一定扭转，群众告状难的问题得到了缓解，进京上访申诉的人员有了大幅度的下降。一年来，我省到最高法院上访的4074人次，比1987年下降了24.5%。

为了做好告诉申诉工作，我们进一步明确了申诉案件的管辖范围，调整了机构，充实了力量，制订和完善了处理告诉申诉的各项制度，实行了分级管理责任制，该哪级法院管的就切实管好。我们强调了对当事人提出的告诉认真审查，该收案的及时受理，一旦发现该收不收的，上级法院指令收案。对当事人提出的申诉，认真对待，依法处理。对判处正确的，向当事人说明判决认定的事实、证据，讲清法律依据，做好息诉工作；对原判事实有出入或适用法律明显不当的，按照有错必纠的原则，实事求是地予以纠正。一年来，各级法院通过审判监督程序改判1276起案件。其中，刑事案1142件，1789人；民事案125件；经济纠纷案9件。通过对申诉案件的正确处理，维护了法律的严肃性。

在做好各项审判工作的同时，各级法院积极参加社会治安的综合治理，大力加强基层基础工作，把人民法庭建设列入议事日程，进一步健全了制度，对设置不合理和人员不足的法庭进行了适当调整。广大法庭干警长期工作在基层，兢兢业业，不辞辛苦，坚持巡回办案，经常深入街道农村、厂矿企业，发挥与基层组织联系密切，与群众直接接触的优势，把审理案件解决纠纷同法制宣传，落实防范措施紧密结合起来，千方百计为群众排难解纷，在审理了大量的民事、经济、轻微刑事案件的同时，还处理了简易纠纷14444件，与司法行政机关密切配合，加强了对调解委员会的业务指导，解决了大量的民间纠纷。各级法院还通过对案件的公开审判，就案讲法，进行法制宣传；配合有关部门，考察被判缓刑、管制罪犯的改造表现，对劳改犯进行认罪服法教育；针对审理案件中发现的问题，主动提出司法建议，促使有关单位完善制度，堵塞漏洞，加强管理，对减少纠纷，预防犯罪起到了积极的作用。

六、关于开展执法检查，改善执法活动

去年9月，我们遵照省人大常委会《关于在全省开展执法检查的决定》，对法院系统的执法检查进行了安排部署，强调各级法院要把执法检查作为法院工作的一件大事来抓，院长亲自负责，组成专门班子，具体指导、督促、检查。各级法院主动接受人民群众和法律监督机关以及社会各界的监督，采取了召开座谈会、登门走访、发公开信、发表电视讲话等多种形式，广泛征求对法院工作的意见和建议，全省法院系统召开各种类型的座谈会1129次，有7000多人参加了座谈，发出公开信和征求意见书1927件，收到建议、批评和意见2052条。我们坚持以自查为主，自查与抽查相结合，重点检查了1986、1987两年判处的39489起案件，普遍检查了1988年1至10月判处的86684件。在各级法院自查的基础上，组织上下级法院互相抽查，各中级法院由主要领导带队，抽查了51个基层法院判处的2995起案件。去年11月，省法院邀请18个地、市中院院长、庭长抽查了省法院判处的各类案件58件。省法院领导带领检查组，抽查了邢台地区和张家口市中级法院判处的97起案件，各审判庭由庭长带队，到邯郸、承德、张家口、保定等地，边办案、边检查，发现问题与当地法院共同研究解决办法，实行面对面的监督指导。

通过检查，总的看法院的执法情况是好的，在各项审判工作中，坚持了以事实为根据，以法律为准绳的原则，所判处的案件基本上做到了事实清楚，证据确凿，定性准确，适用法律恰当，程序合法。但是，在检查中也发现审判案件中的一些问题，如：有的案件事实不清、证据不足就草率下判；有的定性不准，适用法律不当，有的刑事案件量刑失轻，打击不够有力；执行诉讼程序和制度也有不严的现象，有的民事、经济案件没有及时受理或久拖未结；个别干警政治素质差，吃请受贿，贪赃枉法，违法乱纪。还发现在

办案过程中，找关系、托人情的问题比较突出，“案子一进门，双方都托人”，甚至有的案子还没有起诉到法院，就有人超前说情，干扰法院的正常工作，有的法院干部不能坚持原则，秉公办案。尽管这些问题发生在少数案件和个别人身上，但程度不同地损害了人民法院的声誉和人民法官的形象。对检查出来的问题，我们坚持自查自纠，边查边改。对处理不当的 775 起案件，依法予以纠正；对执行程序上有缺陷的 2264 起案件，依法作了补正；对违法乱纪的干警进行了严肃处理。今年 3 月，我们召开全省中级法院院长会议，对这次执法检查情况进行了总结，研究了改善执法活动，提高执法水平的具体措施。实践证明，开展执法检查，接受监督，是严肃执法，提高办案质量的有效方法。今后，我们要采取案件评查、专项检查、剖析典型案例等多种形式，把执法检查经常化、制度化，每年至少搞一次对各类案件的全面检查。

为了提高办案质量，增强审判工作的透明度，便于群众监督，各级法院坚持了公开审判原则，对依法应公开审判的 57354 起案件，进行了公开审理。对依法不公开审理的案件进行了公开宣判。省法院和中级法院还选择了一些影响大的二审案件到发案地公开开庭审理。在公开审理案件中，认真执行各项程序和制度，保障诉讼参与人的诉讼权利，尊重律师依法行使职权，通过庭审调查、辩论，查清事实和证据，依法进行处理。但是，由于有的审判人员对公开审判的重要意义缺乏足够的认识，有的人员或经费不足，缺少审判场所，使一些案件开庭审判流于形式，没有真正起到公开审判的作用。这些问题需要认真加以解决。

为了改善执法活动，各级法院努力改进合议庭和审判委员会的工作，充分发挥审判组织的作用，进一步明确了合议庭与审判委员会的职责范围，一些地方纠正了先定后审的错误做法。庭长、院长层层把关，有的亲自担任审判长审理重大疑难案件。我们还有计划、有组织地多次开展了案件评查活动，发现问题及时研究改进措施。同时，通过召开案例分析会、法律研讨会等多种方式，研究疑难案例，探讨执法中的具体问题，以正确适用法律。

七、关于法院队伍建设

一年来，各级法院把加强队伍的建设放在重要位置，常抓不懈，组织干警认真学习十三大文件，学习党的路线、方针、政策，开展党性、党风教育，职业道德教育和纪律教育，提高了广大干警执行党的路线、方针、政策的自觉性。去年下半年，我们制订了法院干警清正廉洁的“十项守则”。号召全省法院继续开展争创文明法院、文明法庭，争当文明法官的活动。据不完全统计，全省法院干警拒贿 2474 人次，拒收款 6 万多元，拒吃请 3000 多人次，拒说情 1500 多人次。涌现出了一批公而忘私、秉公执法、为政清廉的先进单位和先进个人。有 42 个单位或集体立功受奖，有 338 人立了功，1872 人被评为先进工作者。磁县法院认真办理各类案件，通过调处经济纠纷，使 30 多家濒临破产的企业起死回生，还积极协助银行依法回收逾期贷款一千多万元。平泉县榆树林子人民法庭副庭长马占东，常年工作在山区，走乡串户，调解纠纷，一年办理 70 多起案件，被群众称为信得过的人民法官。为严肃执法，严肃执纪，对干警中的违法乱纪行为发现一件，处理一件，不姑息迁就，袒护包庇。去年有 18 人因违法乱纪受到党政纪处分，有 2 人因触犯刑律受到刑事处罚。最近，我们又对全省法院系统的廉政建设进行了部署，不少中级法院和基层法院，也结合各自的实际情况，制定了一些具体措施，强调把为政清廉作为从严治院的重要内容和干警的职业道德，坚持不懈地抓下去，教育干警正确认识形势，自觉抵制各种不正之风，增强反腐防腐能力，做到一身正气，两袖清风。

为了提高干警的业务素质，各级人民法

院继续办好业余法律大学，去年全省法院系统有1334名学员获得了法律大专毕业证书，使法院干部队伍的知识结构发生了明显变化，具有大专以上文化的由10.6%提高到24%。目前，在校坚持业余学习的法院干部还有3000多名，各级法院在坚持以学历教育为主的同时，认真抓好专业证书教育、第二学历教育，并采取以会代训，举办短训班等形式，组织学习法律专业知识，积极支持、鼓励干警自学成才。通过这些措施，使法院干警的政治素质和业务水平得到了提高，促进了审判工作的开展。

各位代表，一年来，我省法院的各项工作取得了一定进展，这些成绩是在党委领导、人大监督、政府和有关部门的支持下取得的，我代表全省法院干警表示衷心的感谢。我们工作中还有不少问题：一是在新形势下，法院工作面临着许多新情况、新问题，需要深入细致地调查研究，不断提高执法水平；二是上级法院特别是省法院要进一步加强对下级法院和人民法庭工作的监督指导；三是法院还有些实际问题需要解决，立法越来越多，案件大幅度上升，审判力量严重不足是个突出矛盾。物质建设仍是一个薄弱环节，不少地方办公用房不足，经费紧张，交通工具缺乏，希望有关部门支持帮助。目前全省还有近三分之二的法院没有建审判法庭，希望各地按照省政府三年建完审判法庭的通知精神，认真落实。

各位代表，1989年是治理经济环境、整顿经济秩序、全面深化改革的关键一年。我们要在党委领导和人大的监督下，认真贯彻党的十三届三中全会和全国、全省政法工作会议精神，积极参加治理、整顿，全面开展各项审判工作，充分发挥审判机关的职能作用，为深化改革和经济建设创造安定的社会环境和提供有力的法律保障。面对我省社会治安的严峻形势，我们一定要增强敌我意识和忧患意识，坚定不移地贯彻执行依法从重从快的方针，继续严厉打击各种严重危害社会治安的犯罪活动，积极配合公安、检察等部门，有计划地开展集中打击的统一行动和专项斗争，解决对社会治安影响大、危害大的突出问题，重点打击杀人、抢劫、强奸、贩毒、重大盗窃、行凶报复、拐卖人口、聚众赌博以及强迫、引诱、容留妇女卖淫等严重刑事犯罪分子，特别要狠狠打击流窜犯罪分子和犯罪集团的首要分子。以维护社会的安定。对于严重破坏经济的犯罪分子，继续坚持依法从严惩处的方针，对贪污、受贿、投机倒把犯罪活动要坚决予以惩治，对于走私、诈骗、偷税抗税、假冒商标和制造、销售伪劣商品等经济犯罪活动，也要依法严惩。要大力加强民事、经济、行政审判等项工作，及时处理好与治理、整顿和深化改革有关的案件，运用法律手段，调节民事、经济法律关系，制裁侵权行为，保护公民、法人的合法权益。要积极参加社会治安的综合治理，加强人民法庭建设，搞好公开审判，就案讲法，加强法制宣传，开展司法建议活动，并注意探索人民法院参加综合治理的新途径、新经验。要加强审判监督和告诉申诉工作，搞好执法检查，不断改善执法活动，提高办案质量。要以廉政建设为重点，狠抓法院队伍建设，采取有效措施，保持审判机关和审判队伍的廉洁，动员全省法院干警努力做好审判工作，严肃执法，秉公办案，为治理经济环境、整顿经济秩序和全面深化改革做出新贡献。

最后，我们衷心希望各位代表和全省人民继续对法院工作给予支持和监督。

以上报告，请审议。

山西省高级人民法院工作报告

——1989年4月17日在山西省第七届人民代表大会第二次会议上

山西省高级人民法院副院长　李玉臻

各位代表：

我完全同意王庭栋主任关于省人大常委会工作的报告和王森浩省长关于省人民政府工作的报告以及其他报告。

省第七届人民代表大会第一次会议以来，省高级人民法院在省委、省人大常委会和最高人民法院的领导和监督下，以党的十三大精神为指针，全面开展各项审判工作，严厉打击严重刑事犯罪和严重经济犯罪活动，运用法律手段调节经济关系和民事关系，为创造一个良好的、安定的社会环境，为服务于治理经济环境、整顿经济秩序和全面深化改革，做出了积极的努力。现将法院工作的主要情况报告如下：

一、继续坚持“严打”方针，依法严厉打击严重危害社会治安和严重破坏经济的犯罪活动

全省各级人民法院坚定不移地贯彻“严打”方针，在刑事审判工作中，始终以严厉打击严重刑事犯罪和严重经济犯罪活动为重点，不断取得新的成绩。去年全省各级法院新收一审刑事案件6789件，人犯10739名，分别比上年上升0.8%和4.7%；审结6798件（含旧存266件），审结率为96.4%，判处各类犯罪分子10777名，其中判处死刑（含死缓）、无期徒刑的279名，判处五年以上、二十年以下有期徒刑2152名。被判处十年以上有期徒刑、无期徒刑、死刑（包括死缓）的，绝大多数是属于杀人、抢劫、强奸、流氓、重大盗窃等严重危害社会治安的犯罪分子。特别是对那些作恶多端、民愤极大的犯罪集团的首要分子依法进行了严厉的惩处。大同市郭瑞勤等5名罪犯光天化日之下，公然挟持妇女，进行强奸和轮奸，手段十分恶劣，严重扰乱了社会秩序，经省法院核准，依法将郭瑞勤等3名主犯判处死刑，其余2名罪犯被判处十年以上有期徒刑。各级法院还依法从重从快惩处了一批拐卖妇女儿童、强迫或容留妇女卖淫、制作贩卖淫秽物品、贩卖毒品、聚众赌博等危害社会治安、败坏社会风气的犯罪分子。绛县张红卫等十名罪犯采取欺骗手段，先后将本县11名女青年骗至山东巨野县贩卖，共获赃款17300元，严重损害了妇女身心健康，经省法院核准，依法判处主犯张红卫死刑，其他罪犯被分别判处有期徒刑。针对我省社会治安方面的突出问题，各级法院参加了全省统一进行的各次专项斗争。特别是在去年6、7、8三个月开展的维护夏季治安秩序的专项斗争中，集中判处了杀人、流氓、抢劫、重大盗窃等各类严重刑事犯罪案件740件，人犯1376名，声势大、威力大、打得狠、打得准，强有力地震慑了犯罪分子，维护了全省社会治安秩序的稳定。各级法院对其他各种妨害社会管理秩序，侵犯公民人身权利、民主权利的犯罪分子也坚决给予了依法惩处。

各级法院在严厉打击严重刑事犯罪活动的同时，对贪污、受贿、投机倒把等严重经济犯罪活动进行了依法严惩。在审结的刑事

案件中，判处严重经济犯罪案件1291件，人犯2205名，其中判处十年以上有期徒刑、无期徒刑直至死刑的共93名。临汾市个体户邢安家勾结本市农业银行某营业所安小梅等5名罪犯，采取伪造单据、涂改帐目等非法手段，在一年时间内侵吞公款达81万余元，经省法院二审，以贪污罪、行贿受贿罪判处邢安家死刑，判处安小梅死刑缓期二年执行（已报最高人民法院复核），其他4名罪犯被分别判处六至十六年有期徒刑。通过依法严惩严重经济犯罪，对于保障改革开放的顺利进行，促进经济发展和推动廉政建设，都起到了一定的积极作用。

各级法院在严厉打击严重刑事犯罪和严重经济犯罪活动中的主要做法是：

（一）始终坚持了对严重刑事犯罪分子依法从重从快打击和对严重经济犯罪分子依法从严惩处的方针。全省法院干警不断克服松劲麻痹思想，充分认识新形势下坚持“严打”方针的必要性和长期性，对严重危害人民生命财产，扰乱社会秩序和经济秩序的犯罪活动，进行了不懈的斗争。特别是对那些犯罪集团的首要分子、主犯、惯犯、累犯、教唆犯，该重判的坚决重判，该判死刑的坚决判处死刑，对重大案件做到了提前介入，快审快判。省法院对去年一年中上诉或报核的289件大案要案，绝大多数都在法定期限内深入调查，核实证据，从快作出判决和裁定。震动省城的王建平盗窃铂金网特大案件，太原市中级法院和省法院提前介入，抓紧审理，从受理案件到处决罪犯仅用了20天时间，及时打击了罪犯的嚣张气焰。全省各级法院去年共召开宣判大会764次，参加人数达340多万人次，其中万人以上的宣判大会96次，保持了“严打”声威，给予了犯罪分子沉重的打击和有力的震慑。

（二）坚持严肃执法，强调一个“准”字。各级法院对所办案件都坚持以事实为根据，以法律为准绳，对事实不清，证据不足的案件，坚持查清事实，核实证据后再判处。对经济犯罪案件，坚持了“一要坚决，二要慎重，务必搞准”的原则，严格区分违法与合法、罪与非罪的界限。各级法院还全面贯彻了惩办与宽大相结合的政策，对构成犯罪而有从重加重或从轻减轻处罚情节的，依法予以从重加重或从轻减轻刑罚，该严则严，该宽则宽，基本上做到了既不放纵犯罪，也不罪及无辜。

（三）加强了对青少年犯罪案件的审理。去年全省各级法院审理的刑事案件中，青少年犯罪案件占58.9%，仅是少年犯罪案件就占9.6%。当前青少年犯罪问题非常严重，已经引起全社会的普遍关注。针对这个问题，各级法院立足于“教育、挽救、改造”，认真抓了对青少年犯罪案件的审理，并重点对少年犯罪案件的审理进行了积极探讨。在试点的基础上，省法院成立了少年犯合议庭指导组，定期深入基层进行指导。各中级法院和基层法院组成了少年犯合议庭或指定专人审理少年犯罪案件。去年全省共审理少年犯758名，初步摸索出一些审理少年犯罪案件的经验。各级法院十分注意强化审理青少年犯罪案件的效果，主动与社会有关方面密切配合，积极挽救失足青少年，努力预防和减少青少年违法犯罪现象。

（四）扩大刑事审判工作的社会效果，积极参加社会治安综合治理。围绕刑事审判工作，开展了多种形式的法制宣传，去年共印发布告和各种宣传材料5万多份，揭露犯罪分子的罪行，讲明判处罪犯的法律根据，剖析犯罪原因及其给社会造成的危害，教育群众遵纪守法并勇于与犯罪分子作斗争。全省有500多名干警担任了当地机关、厂矿和学校的普法教员，还通过举办案例发布会、座谈会，向报刊、电台、电视台提供法律宣传稿件，开展法律咨询等形式，宣传各种法律法规。针对每个时期社会治安的突出问题和审理案件中发现的新情况，及时向当地党委、政府和有关部门提出司法建议1200多条，积极帮助改进管理措施，堵塞漏洞，加强防范。

针对近年来刑满释放人员重新犯罪比较突出的问题，各级法院协同有关部门认真落实接茬帮教措施，对刑满释放人员进行了跟踪帮教，并加强了对判处缓刑、管制、免刑和假释、监外执行罪犯的考察、监督和教育改造工作，对预防犯罪，稳定社会治安，收到了一定的效果。

二、进一步加强民事、经济审判工作，积极开展行政审判工作，努力为改革和建设提供法律保障和法律服务

随着改革的深化和社会主义民主与法制建设的不断发展，纳入法律调整范围的民事、经济和行政关系日益增多。各级法院努力适应新形势的需要，开拓视野，更新观念，用了很大的精力，积极开展民事、经济和行政审判工作。

全省各级法院去年全年共受理各种民事案件 44154 件，比上年增加 26.2%；审结 42928 件，占受理案件数的 97.2%。在审结的一审民事案件中，数量居首位的是离婚案件，共 17715 件，占全部一审民事案件审结数的 46.4%，使大量的婚姻家庭纠纷依法得到妥善解决；去年还突出地抓了民事债务、私人合伙经营、土地、林木、水利等纠纷案件的审理，审结债务案件 7640 件，比上年上升 21.5%。同时，还积极受理著作权、名誉权、肖像权等有关知识产权和人身权方面的新类型案件 81 件，并审理了少量涉台民事案件。

全省各级法院去年全年共受理各类经济纠纷案件 9023 件，比上年增加 60%；审结 7160 件，占受理案件数的 79.4%，诉讼标的金额达 24306 万元。在审结的各类经济案件中，购销合同纠纷 2860 件，借款合同纠纷 1193 件，农村承包合同纠纷 443 件，建筑工程承包合同纠纷 288 件，还有交通运输经济纠纷、财产租赁、供用电、财产保险、科技协作、劳务、联营等合同纠纷。据不完全统计，通过经济审判挽回经济损失 1050 万元，帮助 350 多个企业改善了经营管理，扭转了濒临倒闭的困境。

全省各级人民法院一面抓紧建立行政审判机构，一面积极慎重地开展了行政审判工作。截止目前，省法院、10 个中级法院和 34 个基层法院相继建立了行政审判庭。其余的法院确定专人担负行政案件的审判工作。去年共审结各类行政案件 356 件，其中治安行政案件 120 件，土地行政案件 192 件，工商、城建、食品卫生、环境保护等行政案件 44 件。

各级法院通过开展民事、经济和行政审判工作，积极发挥了法律手段的调节作用，依法保护了公民和法人的合法权益，调整了社会经济关系和民事关系，疏导解决了许多的社会矛盾，促进了治理整顿和深化改革，促进了民主政治建设和社会的安定团结。主要做法是：

（一）紧紧围绕治理整顿，开展各种专项服务活动。运用民事、经济和行政审判职能，为治理经济环境，整顿经济秩序服务，是当前审判工作的重要方面。各级法院积极探索，不断开拓服务的新途径，取得了明显的成效。去年，省法院继续积极推动依法收贷专项服务活动，与省农业银行紧密配合，对全省依法收贷工作进行指导。各级法院共审结农贷合同纠纷 2009 件，依法收回逾期呆滞贷款 2056.5 万元，扩大宣传后，推动全省农行、信用社共收回逾期呆滞贷款 35819 万元。各级法院还紧密结合当地实际，创造性地开展了以完善经济合同为主要内容的专项服务，与当地政府有关部门或厂矿企业结“亲家”、定向主动服务，审查处理果园承包纠纷的专项服务，加强国土管理、制止乱占耕地的专项服务，以及配合物价、税收、财务大检查进行专项服务等。运城地区 14 个法院先后派出 52 个工作组，深入基层，帮助完善果园承包合同 1500 多份，处理果园承包纠纷 108 件。阳泉市两级法院针对该市乡镇企业和运输部门外欠货款多的问题，在全市开展了依法保护乡镇企业和交通运输业等专项服务活动，配合有关部门为乡镇企业追回外欠货款

1200多万元，清理交通运输款279万元，帮助一批企业解决了资金短缺，面临倒闭的困难。

（二）深入开展对新情况新问题的研究。《民法通则》实施以后，法院受理的民事、经济、行政案件数占法院案件总数的85%左右，不但案件数量逐年上升，而且出现了许多新类型案件，审理难度越来越大。为此，各级法院结合审判实践，加强了对新情况新问题的研究，多次有针对性地召开经验交流会、座谈会和专题讨论会，认真解决审判中遇到的疑难问题，明确各种新类型案件的受案范围、主体资格的确认、相互间的法律关系，以及适用法律的基本原则和制裁措施。省法院先后对债务、私人合伙、土地等纠纷案件进行了专题调查，提出了审理好这些案件的具体办法和对策，指导了全省法院的审判工作。

（三）强化法院的基层建设。全省法院审结的民事、经济纠纷案件中，有80%是基层法院审结的，基层法院的民事、经济纠纷案件，又有80%是在人民法庭审理的。各级法院对基层工作极为重视，突出地抓了人民法庭的建设。全省大多数法院建立了法庭工作指导组，对法庭审判力量进行了调整充实，并加强了对基层调解委员会的指导。人民法庭审判人员立足于便民利民，克服种种困难，巡回开庭，就地办案，方便群众诉讼，深受群众欢迎，为完成各项审判任务，维护经济秩序和社会安定作出了积极贡献。

（四）审执兼顾，加强了执行工作。发生法律效力的民事、经济案件的执行，是审判工作的关键环节，这项工作搞得好不好，关系到能不能树立法律的权威，及时保护当事人的合法权益。各级法院把民事、经济案件的执行问题放到突出的位置，配备了专职执行人员，对重大疑难案件的执行，院、庭领导亲自抓；对到外地去执行的案件，主动取得当地法院和有关部门的支持；对少数确有履行能力而拒不执行的当事人，进行耐心的说服教育，帮助其提高法制观念，必要时依法强制执行。去年，全省民事、经济案件虽然增加较多，但案件执行率仍比上年有提高。

三、改善执法活动，广泛接受监督，保证和促进审判工作的正确进行

改善执法活动，增强审判工作的透明度，强化各方面对审判工作的监督，既是新形势下发扬社会主义民主和加强社会主义法制的迫切需要，也是提高法院执法水平的重要措施。为此，各级法院认真抓了三个方面的工作：

（一）进一步改进和加强了告诉申诉工作。改进和加强告诉、申诉工作，是法院工作改革的一个重要课题，是认真落实党的十三大提出的关于建立人民申诉制度，使宪法和法律规定的公民权利得到保障的重要措施，也是解决群众“告状难”，缓解社会矛盾的有效途径。各级法院从转变职能入手，逐步把信访工作纳入法律诉讼轨道，认真贯彻分级负责的原则，不断提高告诉申诉工作的效率和质量。截止目前，省法院和7个中级法院、11个基层法院建立了告诉申诉审判庭，去年共处理群众告诉申诉122000多件次，并重点抓了对“诉讼老户”的接待和处理，使393名当事人息诉，解决了181名集体上访者的问题。通过审理这些案件和处理来信来访，依法解决了当事人的告诉申诉问题，消除了许多可能出现的不安定因素。

（二）坚持了各项审判工作制度。一是公开审判制度。去年，全省依法应当公开审理的一审刑事案件都进行了公开审理，大多数一审民事、经济案件进行了公开审理，有部分二审案件和少数再审案件也进行了公开审理，不仅提高了审理案件的透明度，而且增强了法院审判人员依法办案的责任感。二是坚持当事人举证责任制度。各级法院认真执行民诉法规定的“谁主张、谁举证”的原则，审理民事和经济纠纷案件，从以法院调查取证为主转到以当事人举证为主上来，法院主要搞好对证据的核实和认定，从而提高了办案质量和效率，当事人也比较服气。三是坚持案件评查制度。各级法院采取定期不定期进行自查、互查、抽查等方法，去年普遍进行了一至二次案件评查，取长补短，互相促进，防止和减少了办案中出现偏差，提高了适用法律的准确性和规范性。四是坚持搞好执法检查。各级法院对去年8月省人大常委会统一部署的执法检查极为重视，进行了精心组织、深入检查，做到了边查边改。通过检查，对238件处理不当的案件，运用法律监督程序进行了重新审理。有些法院还邀请人大代表、政协委员和当地群众进行座谈，深入基层单位广泛征求意见，从多方面找准法院审判中存在的问题和不足，进行纠正和克服，并把定期进行执法检查作为一项制度长期坚持下去。

（三）广泛接受监督，坚持有错必纠。各级法院主动接受人民代表大会及其常委会监督，并建立了与人民代表的联系制度，主动邀请人民代表视察法院工作。对人大、政协的提案，注意认真研究，及时处理。各级法院十分重视检察机关的法律监督，积极欢迎和接受广大群众和社会舆论监督。省法院建立了新闻发言人制度，发布全省法院的各项重大活动和审判工作的重要情况。长治、阳泉、晋城、晋中、大同等地、市中级法院和部分基层法院去年召开了由当地政府有关部门、厂矿企业领导和群众代表参加的对话会、座谈会、案例发布会共60多次，征求意见和建议1200多条，对合理性的建议及时研究采纳。各级法院还注意运用审判监督程序，纠正适用法律不当的案件，去年全省法院审结刑事审判监督案件2791件，其中维持原判1452件，占52%；改判加重或减轻刑罚的758件，占28.1%；改判免予刑事处分和宣告无罪的437件，占15.7%。以王宗清为首犯、刘顺远为主犯的“鲁光敢死队”集团犯罪案，在一个多月时间里，4名罪犯夜间出动，手持凶器在孝义县境内拦路抢劫15次，被分别判处十五年以下有期徒刑，群众和舆论界反映打击不力，省法院通过审判监督程序，将首犯王宗清改判为死刑，主犯刘顺远改判为无期徒刑，其他两名罪犯被分别改判为十五年有期徒刑。由于各级法院主动接受各方面的监督，积极改善执法活动，使各项法律政策都能基本上正确贯彻执行，各项审判工作得到了健康发展。

四、坚持“从严治院”，不断提高干警的思想和业务水平

坚持“从严治院”，培养一支政治素质和业务素质较高，保持清正廉洁的干警队伍，是搞好各项审判工作的关键。为此，各级法院在自身建设上认真抓了三方面的工作：

（一）抓好廉政建设。全省法院干警队伍总的来说是好的，是一支清正廉洁、经得起考验的队伍。但是，我们也看到这支队伍中存在某些不洁、腐败现象，确有少数干警徇私枉法、违法乱纪，影响了法院的声誉。针对这个问题，各级法院把廉政建设作为加强法院队伍建设的头等大事来抓，组织全体干警认真学习党中央关于保持党政机关廉洁的一系列指示，坚决执行最高人民法院规定的“八个不准”，不断使大家增强廉洁意识。明确法院承担着惩治贪污、受贿等严重经济犯罪的职责，如果自身不廉洁，就承担不起党和人民赋予的使命。执法犯法造成的后果和影响会更坏，作为法院干警，保持清正廉洁具有更加重要的意义。各级法院在廉政建设实践中，制定和总结了一些抵制不正之风侵蚀的办法和经验。有些法院制定了廉洁办案的标准，并列为岗位目标管理的重要内容，定期考核评比；有些法院实行定期公布抵制说情送礼者情况的制度，教育干警防微杜渐；有些法院建立了拒礼拒贿一日一卡制，一周一讲评，一月一小结，常敲警钟。全省法院已涌现出一批拒礼拒贿，秉公执法，清正廉洁的先进单位和个人。阳泉市中级法院刑一庭庭长崔玉堂办案坚持原则，严肃执法，在审理一件刑事案件时，一次拒贿2000元，省法院给他荣记二等功。同时，各级法院对极少数违法乱纪、贪赃枉法者不姑息迁就，去年有11名干警受到了党纪、政纪处分或法律制裁。

（二）建立和完善目标管理责任制。为了调动广大干警的工作积极性，提高工作效率，各级法院一方面经常对干警进行全心全意为人民服务的教育、形势教育、职业道德教育和纪律教育；另一方面建立健全各项规章制度，特别是认真坚持了岗位目标管理责任制，采取以案记分、逐日登记、定期考核等方法，及时掌握干警的思想、工作、纪律等方面的情况，不断完善考核奖惩办法，做到奖罚严明，重点表彰奖励审判工作中秉公执法、严守纪律、勇于开拓、埋头苦干、尽职尽责的好同志，使广大干警振奋了精神，增强了责任感，激发了工作热情和积极性。去年全省法院有125个单位被评为先进集体，11个单位和27名个人立功，455名个人被评为先进工作者和优秀党员。临汾地区中级法院杜耀登等3名干警在去年10月7日发生的空难事故中冒死抢救遇难乘客，受到最高人民法院的通令嘉奖，省法院给他们各记一等功。

（三）加强业务培训，提高干警的业务素质。各级法院把干部教育培训工作当作一项战略任务来抓，以自学和业余学习为主，建立了多层次的业务培训体系。去年，全省法院以办好法律业余大学为重点，促进干警业务素质的提高。全省首批1092名"业大"学员取得了高等法律专科毕业证书，这批大专毕业生，约占全省法院干部总数的五分之一，是建国以来分配到全省法院系统普通高校法律专业毕业生总数的5倍，改变了法院干警队伍的知识结构。还有800名干警参加了全国法院系统首批审判专业证书教育。同时，各级法院还认真抓了短期业务培训，使干警的专业知识不断得到补充和更新。

五、认清形势，振奋精神，更好地发挥法院的审判职能作用

一年来，全省法院工作取得了一定的成绩，但我们也清楚地看到，在许多地方还很不适应新形势的要求，存在的主要问题和不足是：

（一）对法院工作面临的新情况新问题缺乏深入的调查研究，审判实践中开拓和创新不够，少数干警对当前社会治安的严峻形势缺乏足够的认识，缺乏足够的敌我意识和忧患意识，影响了审判职能作用的充分发挥。

（二）审判工作中仍然存在着某些执法不严的现象。有些案件上对"说情风"和其他干扰抵制不力；有些案件办得质量不高，量刑畸轻或畸重；有些应该受理的案件不能及时受理，有推诿扯皮现象，造成当事人"告状难"；有些案件审理中没有严格遵守法定程序，有些案件应及时审结而未能及时审结，有的超过了法定审理时限；二审、再审案件目前还多数做不到依法公开审理。上级法院特别是省法院对下级法院的审判工作监督、检查不够。

（三）法院自身建设方面还存在不少问题，审判队伍的数量和素质都仍然不能适应形势与任务的需要，政治思想工作抓得不够有力，一些干警存在着纪律松驰的现象，存在着对待当事人简单粗暴的"衙门作风"，存在着某些不洁、腐败和其他违法违纪现象，在群众中造成了不良影响。

对法院工作存在的上述问题和不足，我们都将采取积极措施，努力克服和纠正。特别是对执法不严的问题，人民群众反映十分强烈，必须引起各级法院的高度重视，必须进一步强调严肃执法，坚决贯彻有法必依，执法必严，违法必究和法律面前人人平等的原则。

在治理整顿、深化改革的新形势下，人民法院担负着十分繁重而光荣的任务。从我省当前的治安形势来看，一方面要看到总的

治安状况是基本稳定的，另一方面对治安形势的严峻性又必须有足够的估计。我们必须树立长期作战的思想。当前不论是严重危害社会治安的犯罪活动，还是严重经济犯罪活动，都出现了许多新情况、新特点，给审判工作带来了相当严峻的新课题。各级法院工作的繁重和艰巨性，还表现在民事、经济和行政审判工作也都面临着新的复杂情况。近年来民事、经济和行政案件上升幅度很大，审判工作的范围不断拓宽，新类型的案件不断出现，审理的难度也明显增加。民事案件和经济纠纷案件判处后执行不了的问题非常突出，有的负有义务的单位对执行工作协助不够，有些法院干警在执行工作中受到围攻、谩骂和殴打。总之，由于面临着繁重的任务和新的复杂情况，各级法院的工作必须进一步加强。

各位代表，治理整顿、深化改革正处于关键时刻，全省各级法院面临的主要任务是：认真贯彻党的十三届三中全会精神，认真贯彻中央政治局第十五次会议和全国政法工作座谈会的精神，以治理经济环境，整顿经济秩序，全面深化改革为中心，积极开展各项审判工作，充分发挥审判机关的职能作用，为改革开放和经济建设创造安定的社会环境和提供有力的法律保障。我们要继续坚定不移地坚持依法从重从快惩处的方针，严厉打击各种严重危害社会治安的犯罪活动，并运用审判职能，全方位地参加社会治安综合治理工作，努力维护社会安定；继续严厉打击严重经济犯罪活动，要把主要力量放在反贪污、反受贿上，对投机倒把等严重危害社会经济秩序的犯罪活动也要坚决依法严惩；要进一步加强民事、经济审判工作，及时审理好与治理整顿密切相关的民事、经济案件；要做好实施行政诉讼法的充分准备，积极稳妥地全面开展行政审判工作，切实保护公民的合法权益，维护和促进行政机关依法行使行政职权；要认真改善执法活动，严格依法办事，搞好告诉申诉工作，加强执行工作，不断提高办案质量和社会效果；要大力加强人民法院的自身建设和改革，坚持“从严治院”，严肃纪律，反对腐败，保持廉洁，努力提高队伍素质，不断增强队伍的战斗力。

为了适应新形势下加强审判职能作用的需要，还应当进一步改善各级法院的执法条件，从人、财、物各方面予以切实的保证。审判法庭和人民法庭建设需要加快进行。要依法公开审理案件而没有审判法庭，这是困扰审判工作的一个很大问题。近两年来，在各级党委、人大和政府的关心和支持下，审判法庭建设已有了明显成效，在此基础上要力争两年内基本完成我省各级法院审判法庭的建设。人民法庭是法院工作的“前沿阵地”，在解决民间纠纷、防止矛盾激化和向群众宣传法制方面起着重大作用，但目前大多数人民法庭缺少办公用房，工作条件极其简陋，影响工作的正常开展。法院经费不足是目前最大的困难之一，办案经费、教育培训经费、法医技术建设及其它业务建设经费都很困难。这些问题，望能引起各有关方面的关注，对法院工作给予更多的理解和支持。

人民法院的工作必须置于党的领导之下，这既是我们的传统和优势，也是新形势的需要，各级法院都要更加自觉地接受党的领导。同时，人民法院的审判活动，必须置于人民群众的监督之下。我省各级人民代表大会及其常务委员会对审判工作进行了认真的、严肃的监督，对促使各级法院严格执法起到了显著作用。今后我们要继续主动接受监督，主动听取人民代表的意见。我们相信，在党的领导下，在各级人民代表大会及其常委会的监督下，在各有关方面和广大人民群众的监督和支持下，全省法院的各项审判工作一定会进一步搞好，为加强社会主义民主和法制建设，为保障并促进治理整顿和深化改革作出更大的贡献。

以上报告，请审议。

内蒙古自治区高级人民法院工作报告

——1989 年 4 月 24 日在内蒙古自治区第七届人民代表大会第二次会议上

内蒙古自治区高级人民法院院长　杨达赖

各位代表：

现将一年来人民法院工作的主要情况报告如下：

一、充分发挥国家审判机关的职能作用，全面开展了各项审判工作

1. 刑事审判工作

1988 年，全区法院共受理刑事案件 6099 件，比 1987 年上升 4.3%；审结 5913 件，结案率为 97%，判处罪犯 6887 人，比 1987 年上升 10%。在审判工作中，我们继续坚持依法从重从快的方针，严厉打击了杀人、抢劫、强奸、重大盗窃等严重刑事犯罪分子。判处的罪犯中，处五年以上有期徒刑、无期徒刑直至死刑的有 2315 人，比 1987 年上升了 12%，占总数的 33.8%。其中核准死刑的罪犯，比 1987 年上升 5.2%。公诉案件中，在法定审限以内结案的达 94.1%，其中在一个月内审结的占 60.4%，比 1987 年提高了 7.9%；对重大现行案件，我们采取提前介入的方法，及时派出审判人员了解案情，案件起诉到法院后，及时依法审理，大大加快了办案速度。如罪犯马海东拦路奸淫幼女两名，并将幼女面部刺伤多处，手段极为残忍。我们迅速派出审判人员，深入当地复核，从阅卷审查到审委会讨论核准判处罪犯死刑，仅用 12 天时间，体现了依法从重从快的精神。在审理刑事案件中，我们反复强调一个“准”字，坚持在事实清楚、证据充分的基础上准确地适用法律，保证了办案质量。对严重危害社会治安的犯罪分子，坚持依法从重从快惩处。对有法定从轻、减轻情节的，依法从轻、减轻处罚。去年，全区法院依法宣告缓刑的罪犯有 692 人。对服刑中确有悔改、立功表现的罪犯，依法减刑的 1974 个，假释的 133 人。

当前，我区的社会治安形势，从总体上看，基本上是稳定的，但存在的问题和不安定因素仍然不少，我们面临的治安形势是严峻的。从去年法院受理的刑事案件看，抢劫案件比 1987 年上升 38.7%，重大盗窃案件上升 41.3%，爆炸案件上升 1 倍；作案手段残忍、凶狠，甚至出现了杀人碎尸、“绑票”、使用麻醉手段抢劫等恶性案件；一些地方又出现人民群众缺乏安全感，女职工夜间上下班要人接送的不正常状况。因此，我们要求各级法院对目前的治安形势，必须有清醒的认识，绝不能掉以轻心。要坚持依法从重从快的方针，深入开展严厉打击刑事犯罪的斗争，稳定治安大局，力争今年治安状况好于去年。

近几年来，犯罪低龄化趋势更为明显，引起了社会各界的严重关切。1988 年，全区法院判处的罪犯中，青少年占总数的 55%，比 1987 年上升 16%，其中，未满 18 岁的未成年人占总数的 9.4%，比 1987 年上升了 21%。更令人关注的是，青少年罪犯在抢劫、流氓、强奸、盗窃这四类罪犯中所占比例均在 50%以上。针对这种情况，我区有的法院试办了少年犯合议庭，从教育、感化和挽救失足少年出发，实行“寓教于审”；同时，注重与家长、学校、社会结合起来，共同矫治失足少年的不良行为。希望青年、妇女组织和教育部门以及社会各界，共同参加对少年犯罪的综合治理工作。

近几年来，酒后犯罪案件不断发生，有的造成了极为严重的后果。去年，因酗酒行凶，滥杀无辜，被判处死刑的罪犯就有24名。依照法律规定，对酗酒滋事，构成犯罪的，严肃处理是完全必要的。但更重要的是，制定切实可行的办法，对在公共场合酗酒滋事的人，采取必要的强制措施，预防和减少酒后犯罪。同时，加强法制宣传工作，教育人们自觉维护社会公德。

1988年，全区法院受理的刑事案件中，有经济犯罪案件918件，审结863件，判处罪犯1190名，其中判处五年以上有期徒刑、无期徒刑直至死刑的306名，占总数的25.7%。去年，在审判经济犯罪案件中，我们把打击贪污、受贿犯罪作为重点，依法严惩了贪污、受贿犯罪分子。全区共判处贪污犯和受贿犯128名，占罪犯总数的10.8%。其中，万元以上的有26名，甚至出现了10万元以上的特大贪污案。贪污犯刘文平，系杭锦后旗农业银行三道桥营业所出纳员兼守库员，他利用职务之便，贪污13.1万多元，破案后追回12.8万多元。刘犯贪污罪行极为严重，被依法判处死刑。针对重大盗窃案件猛增和盗窃牲畜犯罪严重的情况，去年全区仅以盗窃罪判处死刑的罪犯就有11名，是近几年来最多的一年。如孟昭存等人结伙作案60起，盗窃牲畜178头（匹），价值9万多元，给当地农牧民的生产、生活造成极大损失，孟昭存等四名罪犯被依法判处死刑。

在依法严惩严重经济犯罪分子的同时，我们注意严格区分缺少经验、工作失误与玩忽职守、渎职犯罪的界限；不正之风与贪污、受贿的界限；经济合同纠纷与诈骗犯罪的界限等，坚持了“一要坚决、二要慎重、务必搞准”的原则。从总体上看，办案质量是好的。

当前，经济领域的各种犯罪活动还很严重，有些地方或有些方面，甚至相当猖獗。特别是贪污、受贿、经济诈骗、投机倒把等犯罪活动尤为突出，严重破坏经济环境和扰乱经济秩序。但从法院收到的经济犯罪案件看，却大幅度下降。1988年全区法院受理各类经济犯罪案件918件，比1987年下降17.8%。其中，贪污案件下降36.6%，受贿案件下降65.4%，投机倒把案件下降60.5%。这种现象与经济犯罪仍很严重的实际情况是不相符的。究其原因，我们认为主要有三点：一是，执法不统一，行政执法部门和政法部门对经济犯罪的起刑点掌握不一致；二是，“以罚代刑”，不少已构成犯罪的案件只作了罚没处理，没有追究刑事责任；三是，有干扰，致使有的案件查处工作进展迟缓，或不了了之。

去年，全国人大常委会颁布了关于惩治走私罪、贪污罪、贿赂罪的两个《补充规定》。最近，最高人民法院和最高人民检察院又发出了《关于当前处理企业事业单位、机关、团体投机倒把犯罪案件的规定》。我们要认真执行刑法和上述规定，继续坚持依法从严惩处的方针，深入开展严厉打击严重经济犯罪的斗争，努力为治理整顿工作服务。

2. 民事审判工作

近年来，人民法院受理的民事案件一直呈大幅度上升趋势。民事案件已占法院所受理案件总数的80%左右，是人民法院审判任务的“大头”。1988年，全区法院共受理民事案件38289件，比1987年上升了11.9%。共审结34622件，比1987年增加了10.8%。通过处理民事案件，及时正确地解决了大量民事纠纷，有效地保护了当事人的合法权益，防止、减少了矛盾激化，维护了社会的安定团结。

1988年，离婚案件仍居各类民事案件的首位，比1987年上升了10.7%，并且在财产分割、子女抚养等方面出现了许多复杂情况。我们本着有利于保护妇女、儿童合法权益和制裁违法行为的原则，坚持把感情是否确已破裂作为离与不离的标准，保障了婚姻自由。同时，积极研究新情况，解决新问题，使办案质量有了进一步的提高。

近年来，债务案件大幅度上升，在各类民事案件中居第二位。1988年全区法院受理的债务案件比1987年上升20.7%。这是社会主义商品经济迅速发展的客观反映。在债务案件中，民间借贷纠纷占较大比例。处理这类案件，我们坚持保护正当的借贷关系和债权人合法权益的原则，以促进商品经济的发展。对于私人借贷利率，在法律尚无具体规定的情况下，允许适当高于国家银行利率，坚决取缔高利盘剥。为了使处理此类案件于法有据，我们建议自治区人大在国家制定民间借贷法之前，先行制定关于民间借贷的地方性法规。

民法通则实施以来，名誉权、肖像权、著作权等新类型民事案件日益增多。去年，各级法院坚持有利于保护公民的合法权益不受侵犯，又支持正当的社会舆论监督的原则，及时处理了一批案件，收到了良好的社会效果。

3. 经济审判工作

1988年，我们根据形势的发展和有关规定，调整和扩大了经济纠纷案件的收案范围，进一步明确了审理经济纠纷案件的法律依据。全区法院去年新收的经济纠纷案件4361件，比1987年上升了2.9%。审结4290件，与1987年持平。诉讼标的总金额达13000多万元。

在受理的经济纠纷案件中，约有90%是经济合同纠纷，其中，大多数又是购销合同纠纷。因超越经营范围、倒卖重要生产资料和紧俏消费品、利用合同骗取预付款等引起的纠纷所占比重较大。企业间追偿拖欠货款、公司停办后的债务清偿及银行诉请追回逾期贷款等案件大量增加。技术转让纠纷以及企业承包或租赁经营、联营纠纷等案件也开始增多。

在审理经济纠纷案件中，我们本着支持和保障以公有制为主体的多种所有制经济的发展，促进经济体制改革顺利进行的原则，运用法律手段，调节经济关系，维护经济秩序，保护合法经营，纠正违法行为，为加强宏观调控，改变流通领域的混乱现象作出了积极的努力。通过审理经济纠纷案件，使1亿多元资金重新投入正常的经济运转，发挥出应有的效益，为治理经济环境，整顿经济秩序起到了积极的作用。

去年，全区法院在经济纠纷审判工作中，把解决“执行难”的问题作为一项重要工作来抓，针对“执行难”的不同原因，采取了进行法制教育、积极进行疏导以及依法强制执行等各种措施，使一些“老大难”案件得以执行，维护了法制的尊严。但“执行难”问题仍比较突出，除人民法院继续加强这方面的工作外，希望有关部门给予积极的支持和协助。

4. 行政审判工作

行政审判工作是新的历史时期赋予人民法院的新任务。其宗旨是依法保护公民、法人和其他组织的合法权益，维护和监督行政机关依法行使行政职权。目前，自治区高级法院、12个盟市中级法院和41个旗县（市）基层法院已经正式建立了行政审判庭，共配备审判人员140多名。

在组建机构、调配人员过程中，各级法院以积极慎重的态度办理了一批行政案件。1988年全区法院共受理行政案件155件，比1987年上升了31.4%。这些案件涉及治安、工商、税务、食品卫生、土地管理、环境保护、草原管理等许多行政部门。在已审结的143起案件中，维持行政机关处罚决定的67件，占总数的46.9%；撤销行政机关处罚决定的29件，占20.3%；申请人撤诉的24件，占16.8%；作其他处理的23件，占16%。

随着政治体制改革的深入发展，行政审判工作的地位显得越来越重要。当前存在的问题是，行政审判机构尚不健全，特别是我们还缺乏审判行政案件的经验。在社会上，人们对“民可以告官”的诉讼制度还不够了解；有些行政执法部门，还存在“与老百姓对簿公堂有失身份”的思想。我们相信，随着民主政治的发展和社会主义法制的不断完善，上述问题会逐步得以解决。

第七届全国人民代表大会第二次会议通过了《中华人民共和国行政诉讼法》，并将于明年10月1日实施。这是继刑事诉讼法、民事诉讼法（试行）之后，又一部重要的程序法。它标志着我国的社会主义法制建设又迈出了重要的一步，也为法院行政审判工作提供了程序上的法律依据。自治区高级法院将尽快培训审判人员，为贯彻执行这一重要法律做好准备。

5. 告诉申诉工作

党的十三大提出，要建立人民申诉制度，使宪法和法律规定的公民权利和自由得到保障，同时依法制止滥用权利和自由的行为。这是人民法院处理告诉申诉工作的根本指导方针。为了切实改变信访工作“谈谈转转”的状况，把信访工作纳入依法管理的轨道，最高法院要求各级法院设立告诉申诉审判庭。到去年底，自治区高级法院、12个盟市中级法院和58个基层法院完成了建庭工作，共配备干部370名。

1988年，全区法院共处理来信31456件，接待来访104575人次，两项合计共136031件次，比1987年下降1.4%。共受理各类申诉案件2419件，比1987年下降46%。在处理告诉申诉工作中，各级法院坚持实事求是，依法办事的原则，对符合法定立案条件的告诉，及时受理；对不符合法定立案条件的，做好当事人的思想工作，劝其息诉；对不属法院管辖范围的，及时转有关部门处理；认真执行分级负责的规定，提高了办理申诉工作的质量和效率。通过处理告诉、申诉和再审案件，特别对那些确属错判的案件，及时改判纠正，维护了法律的严肃性，促进了社会的安定。

1988年，全区法院收到的来信来访，较前几年有所下降；依法提起再审的案件比1987年下降了46%。主要原因是：刑事审判工作方面落实政策的任务已经基本完成；各项审判工作的质量有了不同程度的提高；处理告诉申诉的工作得到了进一步加强。

我们将继续努力做好告诉申诉工作，重点是解决“告状难”和上访老户问题，进一步提高办理申诉工作的质量和效率，争取今年有一个新的进展。

二、适应新形势的需要，努力提高执法水平

在过去的一年里，我们在突出“两打”，积极开展各项审判工作的同时，为适应新的形势，努力提高执法水平，突出抓了以下几项工作：

1. 明确指导思想

党的十三大深刻阐述了社会主义初级阶段理论，提出了党在初级阶段的基本路线。十三届三中全会又提出了治理经济环境、整顿经济秩序、全面深化改革的指导方针。这就为人民法院工作指明了方向。我们要求全区各级法院，必须进一步明确新形势下法院工作的指导思想，就是要通过全面开展审判工作，充分发挥审判机关的职能作用，为“一个中心、两个基本点”服务，为治理整顿、深化改革服务。

去年，各级法院在学习十三大和十三届三中全会文件时，都采取了“集中人员，集中时间，集中精力”的“三集中”方法，收到了很好的效果。通过学习，进一步提高了认识，统一了思想。广大干警深刻认识到，人民法院作为国家审判机关，肩负着惩治犯罪，保护人民，促进改革，保障四化的重任。为此，必须牢固树立为党的中心任务服务的思想。

指导思想明确了，行动也就更加自觉了。各级法院把深入开展“两打”斗争放在各项工作的首位，严惩严重危害社会治安的犯罪分子和严重破坏经济的犯罪分子，努力为改

革开放和经济建设创造一个安定的社会环境。同时，不断强化保护人民民主权利和其他合法权益，依法调节经济关系，促进社会生产力发展的职能，全面履行了宪法和法律赋予人民法院的神圣职责。

2. 改善执法活动

一是，认真实行公开审判制度。公开审判是法院审判活动的重心。去年，我们要求各级法院，除法律规定不公开审理的案件外，一审案件要做到一律公开审理，二审案件要尽可能地公开审理，再审案件也要创造条件公开审理。由于把审判活动置于人民群众的监督之下，提高了执法水平，提高了办案质量，增强了法院工作的透明度。

二是，改进合议庭的工作。合议庭是法院按照民主集中制原则审理案件的基本组织形式。去年，我们要求各级法院，凡是依法应组成合议庭审理的案件，不得独任审理；对合议庭可以决定的案件作出大致的划分，充分发挥其职能作用；院长、庭长要尽可能亲自办案，担任审判长。这些做法，对改善执法活动，提高办案质量起到了积极的作用。

三是，强调当事人的举证责任。法律规定，当事人对自己提出的主张，有责任提供证据。过去，法院在审理民事案件和经济纠纷案件中，往往忽略了当事人的举证责任，以致影响了办案效率。去年，有些法院在民事审判和经济纠纷案件审判工作中进行了试点，把当事人提供证据和法院调查、收集、核实证据结合起来，收到了很好的效果。这项工作我们要继续抓下去。

3. 加强基层工作

人民法庭是基层人民法院的派出机构，是人民法院的前沿阵地，处于审判工作的第一线。广大法庭干部在艰苦的工作环境和条件下，做了大量工作，承担着80%的民事案件和部分经济纠纷案件及轻微刑事案件的审判任务。近年来，中央一再强调加强基层基础工作。对人民法院来说，关键就是加强人民法庭的工作。

1987年12月，我们召开了全区人民法庭工作会议，要求各级法院按照“巩固、充实、整顿、发展、提高”的原则，大力加强人民法庭工作。1988年，各级法院都把人民法庭工作列入重要议事日程，为人民法庭办了不少实事。去年，包括新建的在内，全区人民法庭已达463个；全区法院系统增编进人的90%左右充实到人民法庭，初步改变了法院干部配备上“头重脚轻”的状况；大部分人民法庭的办公条件和交通工具有所改善；自治区高级法院在经费紧张的情况下，专门编印了《人民法庭手册》，汇集了常用的法律、法规，发给法庭干部；许多中级法院和基层法院，优先选送法庭干部进行培训和进修。通过以上措施，使人民法庭的工作和建设取得了新的进展。

4. 强化干部培训

1988年，全区法院坚持“培养人才，质量第一”的方针，从实际情况出发，以法律业大为重点，以法院干校为基地，学历教育与短期培训并重，脱产学习与在职学习相结合，形成了多层次，正规化的法院干部教育培训体系，在培养人才，提高干部业务素质方面取得了一定成绩，主要体现在以下四个方面：

一是，法律业余大学的964名学员经过三年的刻苦学习，去年经国家教委抽考验收合格，以优良的成绩获得了法律专业大专毕业证书，同时，又有494名新学员入校学习；二是，法院干校有73名大、中专学员完成学业，回到了工作岗位，又有52名新学员经过统考入校学习；三是，短期业务培训取得明显效果，举办了告诉申诉、民事和少数民族审判干部等培训，为各级法院培训了350名业务骨干；四是，根据最高法院关于实行《法律（审判）专业证书》教育制度的决定，经过文化考试，全区法院录取了专业证书学员1178人。现在，全区法院干部队伍中，具有大专以上文化程度的已占27.6%，从而在整体上初步改变了干部队伍的知识结构，为法官法的实施奠定了基础。

5. 狠抓廉政建设

我们认识到，在新的历史时期，要卓有成效地完成各项任务，必须有一支廉洁奉公、执法如山的法官队伍。去年6月，自治区高级法院向全区法院下发了《保持廉洁，严肃执法，全心全意为人民服务》的会议纪要，要求全区各级法院都要把为政清廉作为干部队伍建设的头等大事来抓，使之成为法院工作人员职业道德的重要内容。各级法院都采取有力措施加强了廉政建设，主要做法是：切实加强和改进思想政治工作，加强党的建设，增强凝聚力；领导带头，以身作则，要求广大干警做到的，自己首先要做到；学习“两公开，一监督”的经验，结合法院实际情况，建立健全各项制度，增强透明度；采取多种形式表彰先进集体和个人，严肃查处违法乱纪的干警。

1988年，受自治区高级法院表彰奖励的先进集体中，集体二等功11个，先进个人中，一等功4名，二等功16名。乌达区法院院长何德华同志，身患胃癌，仍带病坚持工作，1988年办案43件，并且多是疑难案件，工作成绩突出，荣立二等功，晋升一级工资。去年全区法院查处违法乱纪、执法犯法的干警12名，其中依法追究刑事责任的3名，给予党纪、政纪处分的9名。如扎赉特旗法院副院长金牛，多次聚众赌博，屡教不改，受到开除党籍，撤销党内外职务处分。

一年来，全区法院的审判工作取得了一定成绩，法院自身的改革和建设也取得了明显进展。这些成绩，是在自治区党委的正确领导和人大及其常委会的监督、支持下取得的，也是全区广大法院干警共同努力的结果。但是，在我们的工作中也存在一些问题：有的同志对严峻的治安形势估计不足，缺乏忧患意识；有的案件定性不够准确，或量刑失轻失重；法律规定必须公开审判的案件，虽然基本上做到了公开审判，但有的开庭质量不高，走了过场；有的地方“告状难”的问题还未能很好地解决；有的法院在办理经济纠纷案件中，还存在地方保护主义倾向；少数干警中发生违法乱纪和执法犯法行为，由于他们具有特殊的身份，在群众中影响很坏。对这些问题，我们将进一步采取有效措施，认真加以解决。此外，各级法院的办案经费严重不足，多数法院还没有合乎规格的审判法庭，多数人民法庭还没有办公用房。为此，我们已就“两庭”建设问题向人大常委会提交了议案，请人大常委会审议。

各位代表，在过去的一年里，我们主动向自治区人大常委会汇报工作，自觉地接受人大及其常委会的监督，使法院工作得到了极大的支持。今年是治理整顿和深化改革的关键一年，人民法院面临的任务将更加艰巨，更加繁重，我们真诚地希望各级人大及其常委会继续加强对人民法院的监督和支持。在今后的工作中，我们要在党的十三届三中全会精神指引下，认真贯彻全国、全区政法工作会议精神，积极参加治理经济环境，整顿经济秩序，充分发挥审判机关的职能作用，严厉打击严重刑事犯罪活动和严重经济犯罪活动，认真落实综合治理的各项措施，为稳定治安大局，力争治安状况好于去年进行不懈地努力。我们还要大力开展民事、经济、行政和告诉申诉审判工作，切实加强审判监督，运用法律手段，保障国家、集体利益和公民的合法权益，维护安定团结的政治局面，为全面深化改革和经济建设，提供有力的法律保障和及时有效的法律服务。

以上报告，请予审议。

辽宁省高级人民法院工作报告

——1989年3月11日在辽宁省第七届人民代表大会第二次会议上

辽宁省高级人民法院院长　张焕文

各位代表：

我完全同意李长春省长所作的政府工作报告和张铁军副主任所作的省人大常委会工作报告。现在，我向大会报告一年来的法院工作，请予审议。

1988年，我省各级人民法院在省委、省人大常委会和最高法院的领导与监督下，以党的十三大确立的社会主义初级阶段理论和基本路线为指导，坚持审判工作为“一个中心、两个基本点”服务的方向。根据第十四次全国法院工作会议的部署，以改革总揽全局，严肃执法，全面提高审判工作水平，依法认真开展各项审判工作。一年来，依照宪法和国家法律，全省共审判一审、二审、再审各类案件131836件，比上年增加13.3%。其中，一审公诉刑事案件15491件，占11.8%；民事案件75781件，占57.5%；经济案件16579件，占12.6%；刑事自诉、行政、执行等案件23985件，占18.1%。通过全面开展审判活动，发挥审判机关的职能，对于治理经济环境、整顿经济秩序、全面深化改革起到保证、调节、促进、服务的作用。

一、严厉打击严重危害社会治安和严重破坏经济的犯罪活动，创造良好的社会环境

1988年，是在党的领导下，坚持改革、开放的第十年。十年的改革、开放取得了举世公认的伟大成就。我省的政治、经济形势同全国一样，都是很好的。但是在一度通货膨胀、经济秩序和经济环境出现某些混乱的情况下，社会治安状况也是不平衡、不巩固的，治安形势还相当严峻。一方面，由于我国处在社会主义初级阶段，又正在进行两种经济体制交替，社会矛盾和不安定因素很多；另一方面，在改革、开放形势下，由于种种复杂原因，加上法制还不完善，抵御外来影响的机制还不健全，在一段时间内，刑事案件还会上升，治安问题也还会增多。我们要面对现实，在党的领导下，坚持人民民主专政，坚持社会主义法制原则，坚持实行强有力的措施，坚持物质文明和精神文明一起抓，坚持全社会的综合治理，努力创造良好的社会环境。

从人民法院审判的案件反映出，1988年我省的社会治安形势相当严峻，其表现：第一，严重危害社会治安的重大案件明显增加。在全省法院收案中，属于严重危害社会治安的犯罪案件6573件，上升17%。其中，重大盗窃案件上升84%；抢劫案件上升25.6%；杀人案件上升16.6%；流氓案件上升31%。第二，因婚姻、家庭、承包、租赁等人民内部矛盾引起的杀人、重大伤害案件分别比上年上升15.3%和10.6%。在判处的死刑罪犯中，杀人犯和重大伤害犯占76.5%。因经济目的、切身利益受到冲击，有的一次杀死、杀伤多人，出现了杀死企业领导人的案件。第三，由于超前消费意识的影响，人、财、物流动范围扩大，侵犯财产的犯罪十分严重。在人民法院受理的一审刑事犯罪案件中，盗窃、抢劫、敲诈勒索、诈骗等侵犯财产犯罪的占

52.5%。盗窃贵重工业原材料，卖给乡镇企业和个体收购站；盗窃外国人、港澳同胞的财物；抢劫银行和工资巨款；堵截出租车和长途客车，洗劫乘客财物；对专业户、个体户进行绑票等等。第四，青少年犯罪比重逐年增大。在人民法院判处的罪犯中，青少年所占比例是：五十年代占14%；六十年代占16%；七十年代占26%；1988年高达61.3%。防范和减少青少年的犯罪已经刻不容缓地摆在各行各业各条战线的面前，应当引起全社会的关注。第五，犯罪成员表现为四个增多：一是劳改、劳教人员又犯罪的比上年上升12.8%；二是无业闲散人员犯罪上升32.1%；三是女性犯罪上升15%；四是结伙犯罪上升25.6%。

在去年七届人大一次会议期间，人民代表就我省的社会治安问题提出许多好的意见和中肯的批评。之后，省委、省人大常委会多次召开会议，专门进行研究和部署。一年来，我省各级人民法院根据省委、省人大常委会的指示精神，把严厉打击严重刑事犯罪活动，作为人民法院的重要任务，坚定不移地贯彻执行了依法从重从快的方针。依照刑法、刑事诉讼法和全国人大常委会的有关决定，对于杀人、抢劫、强奸、重大盗窃、流氓团伙等重大刑事犯罪分子，以及犯罪集团的首要分子，共同犯罪中的主犯、累犯、惯犯、重大流窜犯、刑满释放和解除劳教后又犯罪的分子，依法从严惩处。全年共核准死刑罪犯×××名，死缓罪犯×××名，判处无期徒刑罪犯×××名。三项合计比上年增加33.5%。对严重危害社会治安的罪犯，判处五年以上较重刑罚的占63.9%，比上年增加24.6%。为了保持集中打击的势头，依照全国人大常委会关于迅速审判的决定，及时审理了重大刑事犯罪案件。省高级法院和各市中级法院审判的重大刑事犯罪案件，除少数事实不清，证据不足，需要重新调查核实证据外，多数能在半个月、20天内结案。并从形势出发，在不同时期、不同地区，特别是大中城市、交通要道和沿海地区先后召开各种类型公开宣判会2569次，全年共宣判处理刑事犯罪分子19358人。许多县区法院根据本地治安实际状况，坚持什么犯罪严重就集中打击什么犯罪，什么问题突出就集中解决什么问题，配合公安、检察机关积极开展专项斗争。选择赌博、扒窃、滥伐盗伐林木、盗杀耕畜等典型案件，到发案地区就地审理和宣判，震慑犯罪分子，鼓舞人民群众，创造良好社会治安环境。在刑事审判工作中，各级人民法院注意对审判干部进行形势教育，认清治安形势的严峻性，增强执行依法从重从快方针的紧迫感，树立长期作战的思想。审判案件坚持以事实为根据，以法律为准绳，努力提高审判工作水平，做到事实清楚，证据确凿，定罪准确，量刑适当，程序合法。在案件多，人员不足的情况下，提高了办案效率和质量，扩大了社会效果。

当前的社会治安问题，是各种社会矛盾的综合反映，必须综合治理。在过去的一年里，各级人民法院坚持一手抓打击犯罪，一手抓综合治理。一是强化公开审判。全省审判一审刑事案件，除涉及阴私和未成年人犯罪外，公开审理的达到99.7%，扩大了向社会法制宣传的效果，增强了审判工作的透明度。二是针对青少年犯罪突出，并趋于低龄化，有些市和县区法院设立少年犯罪的合议庭，专门审理未成年人犯罪案件。由于注意调查分析犯罪动机和原因，采取启发式的审理方法，注重实效，在改造、教育、挽救上下功夫，取得了初步效果。三是积极开展司法建议。人民法院通过审判活动所反映的各种社会问题，包括工作问题、制度问题和管理方面的问题，及时向有关单位和部门提出司法建议1587件，通过考查和回访，普遍受到了重视。四是广泛开展法制宣传。一年来，人民法院印发布告和典型案例、举办法制宣传栏、进行法律讲演、召开新闻发布会共计79137件次，把打击犯罪和宣传法制有机地结合起来。

打击严重的经济犯罪活动，是党和国家保障改革和建设的顺利进行，反对腐败的重要措施之一。一年来，各级人民法院认真贯彻党的十三大提出的一手抓建设和改革，一手抓法制的方针，抓紧对严重经济犯罪案件的审判工作。1988年，共审判经济犯罪案件3122件，被告人6075名，比1987年略有上升。从审判的案件看，盗窃公共财物案件占75%，比上年增加21.4%；判处五年以上刑罚严重罪犯上升30.5%；社会闲散人员犯罪上升32.2%。为了适应斗争的需要，许多法院组成专门合议庭，建立重大案件跟踪卡片，狠抓了对大案要案的处理。对于犯罪数额巨大，破坏性大，腐蚀性大的大案要案和国家机关、企事业单位内部干部犯罪案件，注意同有关部门配合，抓紧审理。在查清事实，核实证据的基础上，依法从严判处。去年，判处死刑的经济罪犯×名、死缓×名，无期徒刑××名，五年以上刑罚的共计1152名。各级法院配合税收、财务、物价大检查和群众举报活动，到发案多的系统和单位进行宣判处理，并注意追缴赃款赃物和适用罚金、没收财产等刑罚，共为国家挽回经济损失1431万元。对于不构成犯罪的，建议有关部门作党纪、政纪处理。通过打击经济犯罪，推动反腐败斗争的开展。

经济犯罪案件情况比较复杂，政策性很强。各级人民法院在审判活动中，继续坚持一要坚决，二要慎重的方针。特别注意严格区分罪与非罪、此罪与彼罪、轻罪与重罪的界限。凡是查证属实的犯罪分子，都坚决依法从严判处，坚持公民在适用法律上人人平等的原则。对于那些犯罪事实尚不够清楚，或政策界限不明确的案件，则不草率下判，坚持查清事实，明确政策、法律依据后再下结论。凡是未触犯刑律的，即使在工作中发生了某些错误或失误，仍坚持宣告无罪；对于有利改革和建设，促进生产力发展的行为，坚决予以保护。为了准确地执行政策、法律，省法院会同各市中级法院分别对承包、租赁经营中的贪污案件，属于提成、回扣的行贿受贿案件执行政策、法律情况进行了检查。通过召开研讨会、案例分析会，加强了对审判工作的具体指导。从而，既有力地打击了严重的经济犯罪活动，又保证了无罪的人不受刑事追究，避免了错判案件的发生。

二、发挥调节经济关系的职能作用，维护良好的经济环境和经济秩序

改革的深化，商品经济的发展，人民法院受理的经济纠纷案件逐年大幅度增长。1988年，全省各级法院审判经济案件16579件，比1987年上升42.3%，比1982年增加了7.9倍。在经济纠纷案件中，突出的是购销合同、借款合同、建设工程承包合同这三类案件，分别比上年增加0.4倍、4.6倍和0.38倍。而这三类案件恰恰反映了经济秩序中的流通、金融和基本建设中存在的问题。

从人民法院审判的购销合同纠纷案件看，“皮包公司”余患未除，投机、欺诈等违法经营的势头仍未减弱，买空卖空、倒卖国家计划物资等现象屡禁不止。从借款合同纠纷看，金融信贷管理一度出现失控，信贷资金投放量过大，有较大的盲目性；有些贷款户发财心切，但由于不懂经营，不了解市场，亏损负债，无法偿还贷款；有的则是以贷款搞违法经营。因而造成我省逾期贷款逐年增多。大量资金沉淀，加重了国家经济负担。从建设工程承包合同看，近年来经济发展过热，基本建设项目过多。而建筑市场的管理又比较混乱，各式各样的施工队伍参差不齐，造成工程质量不合格，延误工期等一系列问题，浪费了大量基建资金，也产生了大量纠纷。

为了维护社会主义商品经济新秩序，全省各级人民法院大力开展了经济审判工作。(1)以法律手段治理经济环境，改善国家的金融状况。针对国家资金紧张，大量资金沉淀在社会，各地法院普遍开展和参与了清收逾期贷款的活动。省法院就这项工作专门发出了通知，提出具体要求。据不完全统计，全省法院去年通过诉讼程序审理的借款合同纠纷案件，共收回逾期贷款1.5亿多元，还促使欠款户制订几亿元的还款计划，效果明显。(2)稳定经济秩序，加速经济流转。诉讼到法院的经济纠纷案件，所争议的财产和资金往往处于不稳定和封冻状态中，少则几千元、几万元，多则几十万、几百万、甚至上千万元，直接影响着经济秩序。去年法院受理的经济纠纷案件总标的额达115599万元。各级人民法院在审理经济纠纷案件中，本着有利生产，促进改革，尽量减少经济损失的原则，对直接影响生产经营活动的案件和争议标的额巨大的案件，积极安排得力人员，优先审理；对一些季节性、时间性强的案件，采取随收随办的方法，尽快解决纠纷，平均结案时间缩短了半个月。(3)促进经济体制改革，增强企业活力。随着经济体制改革的深入发展，以及所有权与经营权的分离，各种承包、租赁、股份、联营等经济组织和经营方式大量涌现，许多新类型案件相继诉讼到法院。各地法院根据有关规定，积极稳妥地审理企业承包、租赁经营、股份经营、联营合同纠纷案件，促进了我省经济体制的改革。(4)为保障辽东半岛外向型经济建设，审理好涉外纠纷和海事海商纠纷案件。一些沿海开放地区的法院对涉外案件作了优先审理的规定，培养涉外审判人才，主动调查了解“三资”企业和“三来一补”企业的经济发展情况，有效提供法律咨询和法律帮助等等。去年全省审理的涉外及海事、海商纠纷比前年上升33.3%。在涉外审判中，各地法院坚持了中外当事人在适用法律上一律平等的原则，认真依照我国法律及我国参加的国际公约，参照国际惯例，及时、公正、合法地处理对外经济贸易往来中发生的经济纠纷和海事海商纠纷，为促进辽宁经济走向世界，参与国际经济大循环提供法律保证。

三、认真贯彻民法通则，全面保护公民、法人的合法权益

1988年，是民法通则实施的第二年。随着社会主义商品经济新秩序的确立，公民和法人的民事权利和义务范围不断扩大，过去许多用行政手段解决的纠纷，现在逐步地纳入到法制的轨道，由法律来调整。因此，人民法院的民事审判工作在更大的范围内发挥更加重要的作用。去年，全省法院受理的民事纠纷案件在连年大幅度增长的基础上，又上升了24.4%，达到75781件。

在民事案件中，围绕经济利益所产生的纠纷日益增多。从婚姻家庭关系看，随着商品经济取代产品经济，财产关系在婚姻家庭中的份量愈来愈重，婚姻案件出现了重财产、轻感情的趋向；婚姻的持续与发展变化有些不是由感情好坏来决定，而是受财产状况所左右；离婚案件中，处理财产分割难度越来越大；在一些个体户、专业户中，还出现了发财致富后高价买离婚的问题。去年全省共受理离婚案件39171件，比前年上升29.8%。从人们的经济交往关系看，进入商品经济后，城乡都出现了经商热，民间金融借贷活动也很活跃和普遍。与以前的民间借贷只是用于生活困难而明显不同，现在的借贷都用于生产和经营活动中，借大钱、经大商、赢大利，同时也有不少人亏大本，导致了纠纷猛增。去年全省法院共受理债务案件10336件，比前年上升34.9%。此外，在由产品经济转变为商品经济的过程中，人们的权利更加具体，利益更加明确，更加注重自身的经济利益。尤其是农村，在处理涉及到经济利益关系时，往往因为田头地垅、房屋地界、排水通风等而寸土必争、寸利必争、分文必争，使大量民间纠纷涌向人民法院。

一年来，全省各地法院在审判工作中，主要注意从以下四个方面充分保护公民、法人的合法权益。首先，充分保护公民、法人的财产权益，对于侵害企业和公民合法财产权益的违法行为给予法律制裁。各地法院在审理民事案件中，按照商品经济的发展规律，注意保护正当的买卖关系、租赁关系、典当关系、借贷关系、财产继承关系以及婚姻家庭关系，促使各种商品经济活动和社会生活秩序依法正常进行。其次，在保护各类财产权利的同时，注意依法保护公民和法人的合法权利，包括健康权、姓名权、名称权、肖像权、名誉权、荣誉权、著作权等等。民法通则实施前，这类案件诉讼到法院的很少，去年法院受理的这些新类型案件已达7040件。再次，充分保护公民民主权利，积极开展行政审判工作。去年，全省有60%的法院建立了行政审判庭，积极稳妥地审理了一批行政案件。各级法院既注意保护公民和法人的民主权利和合法权益，又注意维护行政机关依法行使职权，并取得了初步经验，为建立社会主义民主政治和法制建设发挥了作用。第四，各级人民法院进一步加强了人民法庭建设。在各级党委、人大和政府的关怀下，人民法庭工作有了新的进展。现在，全省有人民法庭499个，配备干部1621人。广大法庭干部发扬了人民司法工作的优良传统，经常坚持在第一线。一手抓办案，一手抓对调解委员会的指导，使32万件民间纠纷通过调解组织及时就地得到解决，防止了一些矛盾扩大和激化，促进了社会安定团结。

四、严肃执法，加强审判干部队伍的廉政建设

进一步搞好廉政建设，努力提高审判干部队伍的两个素质，是提高人民法院执法水平的关键。人民法院为改革服务十年的考验证明，全省法院的干部队伍基本是好的，政治素质、业务素质在不断地提高。但是，按照深化改革和健全法制的要求，还有相当的差距。一年来，全省法院系统认真组织审判干部学习社会主义初级阶段的基本理论，学习改革、开放的总方针、总政策，开展生产力标准的讨论。教育审判干部正确处理民主与法制，坚持生产力标准与执行政策、法律，坚持党的领导与依法办案的关系，自觉地把审判工作置于改革、开放的总体布局之中，坚持为“一个中心、两个基本点”服务的正确方向。在法律允许的范围内，对审判方式、审判作风、审判制度积极进行改革尝试。为了增强审判队伍的活力，省法院和部分中级法院引入竞争机制，通过民主推荐、公开答辩、差额竞争、报人大审批来选拔审判员和院、庭两级领导干部，把一批思想解放，政治、业务素质强的中青年干部提到重要岗位。商品经济的发展，社会上某些腐败之风对审判工作干扰很大。案件一进门，双方都托人，说情送礼已经不是个别问题。为了抵制社会上各种腐败现象对审判工作的冲击，我们坚持开展反腐败斗争，加强纪律检查工作。各级法院都配有专职纪检干部，从严治院，从严治警，加强廉政建设。广大审判干部能够做到两袖清风，秉公执法，说情不准，请吃不去，送礼不收，克服地方保护主义。对极少数收受礼物，贪赃枉法的干警不姑息、不庇护，严肃法纪，有的依法判刑，有的调离法院，保持了审判队伍的纯洁性。

改革的深化，立法的加强，迫切要求提高干部的业务素质。几年来，通过边工作边建设，坚持办好法院系统业余大学。到1988年底，全省法院大专以上文化程度的干警已达3611人，占总人数的44.6%，到1990年可达63%。并选拔人员参加高级法官培训，为建设一支有中国特色的法官队伍打下了基础。

一年来，我省各级人民法院的工作取得了一定的成绩，但按照深化改革，建立社会主义商品经济新秩序的要求还是不适应的。主要是，我们领导思想还不适应形势的发展，缺乏改革、创新精神；对改革、开放中出现的新情况、新问题深入调查研究不够；极少数审判干部违法乱纪，虽然数量很小并已经作了处理，但在群众中造成了不良影响；少数案件处理不当和处理不够及时；经济、民事案件执行难的问题仍有待于解决。这些问题已经引起了我们的注意，并正在采取积极措施，努力提高和改进我们的工作。

各位代表，1989年，是举国上下深入贯彻党的十三届三中全会精神，治理经济环境、整顿经济秩序和全面深化改革的关键性一年。在新的一年里，我省各级人民法院要坚持一手抓建设和改革，一手抓法制，通过全面开展审判工作，充分发挥人民法院保护人民，惩治犯罪，促进改革，服务四化的职能作用。我们要认真贯彻最近召开的全国政法工作座谈会精神，教育广大审判干部认清社会治安形势的严峻性，坚定不移地贯彻依法从重从快的方针，采取强有力的措施，严厉打击严重刑事犯罪分子和严重经济犯罪分子，保障治理经济环境、整顿经济秩序、全面深化改革方针的实施。要深入贯彻民法通则，把经济、民事审判工作进一步纳入依法办案的轨道，运用法律手段，保护公民和法人的合法权益，制裁违法行为，维护经济秩序，促进人民内部的安定团结。要积极努力创造条件，开展行政审判工作，保证国家行政法规的实施。这次代表大会之后，我们将专门召开会议，对人民法院的工作进行全面部署和安排。

各位代表，1989年是我们伟大的社会主义祖国诞生四十周年。党中央政治局专门例会讨论政法工作。在新的一年里，我们一定不辜负党和人民对我们的期望。我们要进一步解放思想，更新观念，锐意改革，努力进取，发扬艰苦奋斗，奋发向上的革命精神，扎扎实实地进行工作，为争取社会治安的进一步稳定，保障改革和建设的顺利进行，做出新的贡献。

以上报告，不当之处，请予批评指正。

吉林省高级人民法院工作报告

——1989年3月12日在吉林省第七届人民代表大会第二次会议上

吉林省高级人民法院院长　谢安山

各位代表：

现在，我就1988年全省法院工作的基本情况，向本次会议作报告。

自我省第七届人民代表大会第一次会议以来，全省各级人民法院在各级党委的领导和人大的监督下，以党的十三大精神为指针，坚持党在社会主义初级阶段理论和基本路线，坚持为“一个中心、两个基本点”服务，为建立社会主义商品经济新秩序服务，为实现我省经济发展战略服务的方向，以改革总揽全局，严格执行宪法和法律，紧紧围绕保障、促进改革和建设，服从和服务于治理、整顿，推动生产力发展这个中心，较好地发挥了审判机关打击、保护、调节的职能，全面开展了各项审判工作。全省各级法院共受理各类案件91,234件，比上年增加28%；审结率为98.3%；初审案件81,193件，其中公诉案件占12.4%，刑事自诉案件、民事、经济纠纷案件、行政案件等非公诉案件占87.6%。通过对大量诉讼案件的审理，为“保护人民，惩治犯罪，促进改革，服务四化”做出了应有的贡献。

（一）继续贯彻“两打”方针，坚持严厉打击严重刑事犯罪和严重经济犯罪活动

当前，我省社会治安形势总的讲是基本稳定的。但形势还相当严峻，刑事案件上升，特别是重大特大案件上升幅度很猛。有的地方犯罪活动还很嚣张。针对这种治安形势，各级法院继续贯彻依法从重从快的方针，坚持不懈地开展了严厉打击严重刑事犯罪的斗争，稳、准、狠地惩处了一大批严重刑事犯罪分子。去年共审结各类刑事案件 11,321 件，比上年增加了 5.6%；判处人犯 12,917 人，比上年增加了 9.1%。其中，严重刑事犯罪案件 3,625 件，占刑事案件总数的 32%；人犯 5,344 人，占判处人犯总数的 41.4%。判处死刑（包括死刑缓期二年执行）、无期徒刑 635 人，比上年增加 23.5%；判处五年以上有期徒刑 3,816 人，比上年增加 6.9%。在斗争中，我们始终把杀人、抢劫、强奸、重大盗窃、犯罪集团等严重危害社会治安的犯罪作为打击的重点。该处死的处死，该重判的重判，狠刹了犯罪分子的嚣张气焰。同时对具有法定从轻、减轻情节的，也依法作了从轻、减轻处理，基本上做到了宽严相济。在办案中，坚持以事实为根据，以法律为准绳，认真执行审判程序制度，努力加快办案速度，年平均结案率为 98.5%，重大案件的平均审限为 20 天左右，一般案件 25 天左右。从各地检查案件的情况看，所判处的案件绝大多数质量是好的，做到了基本事实清楚，证据确实充分，定性准确，量刑适当，审判程序合法。

与此同时，各级法院认真贯彻依法从严惩处的方针，继续严厉打击严重经济犯罪活动，突出抓了大案要案的审理。特别是对改革和建设危害大、社会影响大的经济犯罪分子进行了重点打击，从严惩处。去年共受理经济犯罪案件 1,767 件，比上年减少 14.7%，审结 1,747 件，案犯 2,455 人。其中，犯罪金额在 1 万元以上 10 万元以下的 108 件，占 6.2%；10 万元以上的 12 件，占 0.7%。在办案的各个环节上，为国家、集体挽回经济损失达 25,815,132 元，平均结案率为 98.8%。针对经济犯罪案件情况复杂，政策性强，审理难度大的特点，为确保办案质量，各级法院基本做到了坚持原则，克服困难，排除干扰，严格执法；按照“一要坚决，二要慎重，务必搞准”的原则，从有利于改革和建设，有利于发展商品经济的需要出发，严格区别改革中缺乏经验造成的失误与钻改革的空子，破坏国家和人民利益的违法犯罪行为的界限；违反行政法规与触犯刑律的界限等，使正当合法的经济活动得到保护和支持，构成经济犯罪的受到应有的惩处。

在“两打”斗争中，为更加及时有力地打击犯罪，各级法院对大案要案特别是有重大影响的案件，都努力做到闻风而动，提前介入，及时审理，尽快结案，公布查处结果。同时注意选择典型案件到发案单位、系统公开审理，公开宣判，大张旗鼓地处理。全省共召开公判大会 370 次，宣判案件 2,171 件，参加旁听群众 808 万人次，震慑了犯罪，教育了群众，保持了“严打”的声威。许多法院还与有关部门密切配合，通力协作，针对社会治安的突出问题，组织了规模不等的集中打击和专项斗争，推动了“两打”斗争的深入开展。

各地林区法院认真贯彻执行了《森林法》等有关法律、法规，继续打击了盗伐、滥伐林木的犯罪活动，全年共审结破坏森林案件 154 件，判处人犯 213 人，结案率为 99.4%，为保护森林资源、促进林业建设，做出了积极的努力。

（二）全面开展各项审判工作，为改革和建设提供有效的法律服务

在改革开放不断发展的新形势下，经济活动日趋活跃，民事、经济纠纷案件大量乃至成倍上升。运用法律手段调整多种民事、经济关系的任务异常繁重。为更好地服务于改

革、建设和治理整顿，各级法院以贯彻《民法通则》为中心，充分发挥调节经济关系、保护合法权益的职能作用，大力加强了民事、经济审判工作，积极慎重地开展了行政审判工作，改进和加强了告诉申诉工作。去年全省共审结初审民事案件58,872件，比1987年增加20%，比1986年增加57%，结案率为95.2%；审结经济纠纷案件18,861件，比1987年增加107.2%，比1986年增加114.7%，结案率为93.5%，诉讼标的额达3亿多元。当前，民事纠纷案件不仅数量大幅度增加，而且具有财产和经济内容的案件显著增多。除离婚案件外，突出的是债务纠纷案，而且大部分发生在生产、流通领域，发生在农村。对这些案件，各级法院特别是人民法庭，及时收案，抓紧审理，依法调解和判决，促进了农村改革和商品经济的发展。同时加强对新形势下出现的诸如房屋商品化、土地有偿转让以及知识产权、名誉权、肖像权等新型案件的调查研究，并正确理解和运用法律规定，处理好这类案件。近几年来，因民事纠纷激化引起的凶杀案件不断增多，这是一个需要从各方面进行综合治理的社会问题。从法院来讲，在审判活动的各个环节上，都努力做好教育、疏导和调解工作，防止矛盾激化，预防和减少恶性案件的发生。通过这些工作，对理顺民事关系，保护当事人的合法权益，增进人民内部团结，维护社会秩序和经济秩序起到了积极的作用。

经济审判是人民法院为改革和建设服务的一项最直接的重要工作。各级法院更加重视和不断加强了经济审判工作，及时正确地处理了各种经济纠纷案件。凡是对改革和建设有利的行为就保护、支持，凡是不利于改革和建设的违法行为就限制和制裁。特别是对改革和建设影响较大的案件，强调了优先立案，从速处理，并尽可能地避免或减少经济损失。有些法院在审理案件中，不仅依法正确处理纠纷，而且还千方百计为企业发展创造条件，使一些濒临倒闭的企业得以复苏。在办好案件的同时，努力拓宽服务领域，配合有关部门，对经济领域中出现的突出问题实行专项治理和整顿。去年，全省各级法院依法受理了一大批农贷合同纠纷案件，同时坚持把审理案件和法制宣传结合起来，集中开展了清收农贷的工作，仅半年时间，就收回农业贷款1亿多元。这对回笼货币，活化资金，缓解贷款短缺的矛盾，起到了积极的作用。同时，还依法审理了一批民代国储粮合同纠纷案件，偿还企业周转金案件，商业贷款及购销合同纠纷等案件。通过这些案件的处理，调节了某些经济关系，推动了有关方面治理、整顿的顺利进行。许多法院还主动服务、送法上门，深入工厂、企事业单位，协助审查签定经济合同，提供法律咨询，建立经济合同管理组织，培训经济合同管理人员等，从而促使更多的企业和经济部门增强法律意识，自觉运用法律手段管理经济，把经济活动逐步纳入法制的轨道。

行政审判工作是人民法院的一项新任务。一年来，省法院按照最高法院的要求，继续抓了行政审判机构的组建工作，截止去年底，共建行政审判庭48个，有的还正在积极筹建。各级法院在行政诉讼法没有公布施行，缺少实际工作经验的情况下，边办案，边学习，边总结经验，积极慎重地开展行政审判工作。去年共受理各类行政案件148件，审结139件，其中维持行政机关裁决的76件，占54.7%，撤销或变更的13件，占9.4%，有力地支持了行政机关依法行政，保护了当事人的合法权益。为推动行政审判工作的开展，去年12月召开了第一次全省行政审判工作会议，总结交流了经验，研究了贯彻措施。

各地按照最高法院的要求，对告诉申诉工作实行了改革，把原来法院的信访接待处、室改为告诉申诉审判庭；由原来以行政方式处理信访，变为用审判程序审查起诉，处理申诉。为此，首先积极抓了告诉申诉庭的组建工作，到目前为止，全省高、中级法院普遍建立了告诉申诉庭，77个基层法院有62

个建立了告诉申诉庭。省法院还制定了《吉林省各级法院告诉申诉庭职责范围暂行规则》。这一职能的转变，加强了告诉申诉工作。去年共处理告诉、申诉信50,959件；接待当事人213,232人次。各级法院还强化了审判监督职能，完成了大量再审案件的审判任务，对一些审理难度大的案件，以及审判工作中的重要问题省法院注意及时了解情况，给予具体指导。并采取上下互查的办法，定期检查办案质量，发现问题，随时纠正，总结经验教训，改进工作。同时还积极、严肃、认真地对“严打”案件的申诉进行了慎重处理，对历史老案的复查作好收尾工作，共审结历史老案679件；“严打”申诉案件8,258件，对个别基本事实失实，基本性质搞错了的，实事求是地作了改判纠正，保护了当事人的合法权益，巩固了“严打”成果，维护了法律的严肃性。为调动在押犯人劳动改造的积极性，通过审判监督，依法对740名犯人予以减刑，对945名犯人予以假释，有力地配合了劳改工作的开展。

（三）坚持打击与预防、治标与治本相结合，认真落实社会治安综合治理各项措施

为推进我省社会治安综合治理工作的开展，各级法院在不放松对严重刑事犯罪和严重经济犯罪打击的同时，积极落实综合治理的其他各项措施，工作抓得更加扎实，效果更加明显。一是通过审判活动，扩大法制宣传，特别是注意运用典型案件就案讲法，揭露犯罪，张扬法制。二是协助公安、劳改部门对判处缓刑、管制、免予刑事处分和假释人员的考察、回访，落实帮教措施；深入劳改监队对在押犯进行认罪服法教育。有些法院不仅做犯罪分子的改造转化工作，而且还认真做好罪犯家属的思想工作，化消极因素为积极因素。有些法院几年来一直坚持这些做法，使重新犯罪逐年减少。三是在审理案件中，针对有些单位和部门由于官僚主义、管理不善和制度不严等给违法犯罪造成可乘之隙等问题，主动提出司法建议，这已成为各级法院参加综合治理的一个行之有效的做法，仅去年就提出各种司法建议近千件。促使有关单位加强了管理，完善了制度，堵塞了漏洞，消除了隐患。四是把法制宣传同普法教育结合起来，大力提高公民的法制观念。去年全省法院的法制宣传工作有了新的进展，省法院成立了专门的宣传机构，加强了同新闻宣传部门的联系和对下指导，通过新闻媒介大力宣传法律政策规定，公开大要案的处理结果和法院的重大活动，广泛接受社会各界的民主监督。五是发挥人民法庭参加综合治理的优势，进一步加强了基层基础工作。目前，全省基层法院派出的人民法庭已有425个，法庭干部占基层法院干部数的35%。这些法庭设在乡、镇（街道），活跃在基层，为群众排难解忧，及时处理了大量纠纷案件。同时积极主动地抓好对调解组织的业务指导，使更多的民间纠纷解决在基层，消除在萌芽状态。据统计，在基层法院审理的民事、经济和刑事自诉案件中，人民法庭处理的占80%左右，调解组织处理的简易纠纷是法庭受案量的三至四倍。许多人民法庭还对辖区内某些不安定因素，与有关部门搞好配合，实行专项治理，主动为农业生产和乡镇企业的发展提供法律服务，从而促进了基层的“两个文明”建设。

（四）深化法院改革，强化自身机制，改善执法活动

按照党的十三大精神和省委的部署，省法院把深化法院工作改革、改善执法活动提到重要议事日程，在深入实际、调查研究的基础上，去年4月召开了全省法院工作改革研讨会，比较系统地总结了几年来改革的成果，进一步明确了政治、经济体制改革和法院改革的关系，深化法院改革和严格执法、严肃执法的关系，办案和服务的关系，围绕如何改善执法活动进行了积极的探索和实践。一是认真执行公审、公判制度。对法律规定应公开审理的案件，特别是一审案件，基本上实行了公开审理；依法不公开审理的，也依法公开宣判；相当一部分二审案件，也依法实行了公开审理。二是重视和执行了法律规定的举证制度，尤其是民事、经济和行政案件，变庭外调查为主为庭审调查为主，既使当事人认真履行举证责任，也使审判工作由被动变主动，提高了工作效率和办案质量。三是改变过去不管案件大小一律由审判委员会讨论决定的做法，大部分法院根据本地区的受案量和审判人员的素质，强化了合议庭的责任，扩大合议庭的职权，在采取监督措施的基础上，把一部分案件交由合议庭研究决定，从而增强了审判人员的责任感，也使审判委员会有更多的时间和精力讨论重大疑难案件，处理其他有关审判工作的重要问题。四是为遏制犯罪向低龄化发展的趋势，借鉴外地经验，许多法院试办了少年犯合议庭，专门审理少年犯罪案件，把惩治改造与教育挽救结合起来，减少未成年犯罪率。五是在实行“两公开、一监督”制度方面作出了积极的努力，初步取得了一些成效。有的法院实行了向社会全员公开职责范围、工作目标、办事规则、职业道德、职业纪律等事项；有些法院试行了公开张贴判决书、裁定书、调解书，扩大法律文书的送达范围，有选择地允许死刑犯亲属接见，定期召开案例发布会或司法建议发布会，实行院长挂牌接待日制度等，并邀请人大代表、民主人士及社会各方面的代表对法院或法庭的工作进行评议等制度，这样就使人民法院的执法活动置于广泛的监督之下，增强了审判工作的透明度，对促使审判干部提高工作水平，坚持严格执法，改进审判作风起到了很好的作用。

在省人大常委会和省委组织部门的大力支持下，去年省法院在人事制度改革上也进行了有益的尝试，有组织、有领导地实行了中层领导干部考任制度，通过民主测评，业务考试、考核，集体讨论，报请审批等办法，选任了行政审判庭、告诉申诉庭、民事审判庭和刑事审判二庭庭长，把竞争机制引入干部管理工作中来，创造了平等竞争的机会，使优秀人才脱颖而出，反映和效果是比较好的。有些中级法院和基层法院在这方面也进行了一些探索，取得了一些成效。在去年各级法院增编中，认真实行公开考试、择优录用的办法，严格把好进人质量关，全省法院共招聘干警 258 名，充实了新的力量。

（五）以整顿为重点，加强了队伍的自身建设

加强队伍建设是人民法院一项经常性的任务，也是 1988 年全省法院突出抓的一项工作。省法院领导班子换届以后，不断提高对新形势下加强法院干部队伍自身建设的极端重要性的认识，坚持抓了思想、纪律、作风整顿和业务素质的提高。主要是对干警进行社会主义初级阶段理论和党的基本路线的教育，引导干部充分认识十年改革的巨大成就和改革开放的主流，增强为社会主义和法制建设而奋斗的信念，把思想和行动统一到党的十三届三中全会精神上来，在政治上与党中央保持一致。同时，以执法清廉为重点，发挥政治工作的优势，把职业责任、职业道德、职业纪律教育作为重要内容，改善和加强了思想政治工作，使之经常化、制度化。在“创先争优”中，广泛开展了向全国法院模范梨树县法院院长陈家祺同志学习的活动，使干警政治素质和精神面貌发生了新的变化，出现了学习先进、争当模范的可喜局面，涌现出一批坚持实事求是、秉公执法、清正廉洁、舍己为人、艰苦奋斗的先进集体和先进人物。1988 年有 16 个法院，54 个庭、处、科、室被评为先进单位，有 102 人被评为全省法院系统的先进工作者。在抓好正面教育调动积极因素的同时，贯彻了“从严治院”、“从严治警”的方针，认真执行《政法干部守则》和审判干部“八不准”，进一步建立、健全各项规章制度，把纪律、作风整顿的内容具体化，普遍实行了目标管理岗位责任制，不断完善，狠抓落实。严明纪律，严格要求，对个别干警的违法违纪问题强调了不姑息，不护短，认真严肃查处；触犯刑律的，坚决依法从严制裁。据初步统计，去年干警违法违纪率比上年减少0.26%，并出现了许多自觉抵制不正之风，拒腐防变的典型。据不完全统计，仅去年全省法院干警拒收贿赂2,730人次，拒收现金和物品折合人民币32.6万元。在提高干警的业务素质方面，主要是抓了办好法院干部业余法律大学和专业证书教育，1988年又有1370名干警获得了法律专科学历，从而具有大专以上专业知识水平的人员，已占全省法院干警总数的47%，提前超额完成了最高法院提出的1991年达到40%的要求，初步改变了法院干部的专业知识结构，业务素质有了相应的提高，在各项审判工作中发挥了重要的作用。

一年来，全省法院各项工作虽然取得了一定成绩，但还存在一些不可忽视的问题，主要是：在治理整顿、深化改革的新形势下，一些同志的认识还不够敏感，改革意识还不强，服务的观念树得还不牢，法院改革的步子迈得还不大，效果还不够明显；在执行政策法律上有的还不够严肃认真，有少数经济犯罪案件，审理不够及时，个别案件还有超审限的；对某些案件特别是重大盗窃案件，有的该重判的没有重判上去，确有打击不力的问题；经济、民事案件判决后有些得不到及时顺利执行。在执行程序制度方面，有的还不够严格，有些依法应公开审理的案件没有公开审理；对案件处理的总体效应注意得还不够。在队伍建设方面，尤其在廉政建设上，还缺乏强有力的措施和相互配套的制约监督机制，违法违纪的现象仍时有发生，虽然发生在个别干警身上，但性质严重，影响很坏。这些问题的存在，主要是省法院领导的思想观念还不完全适应形势发展的要求，对下监督指导工作还不够有力，在一些工作上抓得还不紧、不实，对有些问题的解决还不够及时、彻底，法院干警的政治和业务素质有的还不适应工作的需要。客观上，在某些方面还不同程度地受到一些限制，执法条件还存在不少困难和问题，审判工作还需要各方面的理解和大力支持。对于这些问题，我们主观上要做出极大的努力，同时，热切希望各级党委、人大和有关部门继续给予关注，使问题尽快得到解决。

今年是治理经济环境、整顿经济秩序关键的一年，各级法院要以党的十三届三中全会精神为指针，以服务于治理整顿、深化改革为中心，以审理大要案为突破口，全面开展各项审判工作，为改革和经济建设提供更加有力的法律保障和法律服务。当前社会治安的形势是严峻的，刑事犯罪活动仍很嚣张，这是客观存在的，也是不可避免的。我们要牢固树立人民民主专政的武器不能丢，政法工作只能加强不能削弱的思想，进一步强化专政职能，继续坚持依法从重从快和从严惩处的方针，严惩严重刑事犯罪和严重经济犯罪活动，突出打击的重点，切实保证办案质量，适时开展有声威的专项斗争和专项治理，全力维护社会的安定；密切注意社会动向，通过审判活动，积极参与突发事件的处理，严格依法办事，正确执行政策，区分不同性质的矛盾，对触犯刑律的首要分子依法予以打击和制裁；大力加强民事、经济和行政审判工作，特别要注意处理好在治理整顿中出现的各种纠纷，依法调节各种社会关系；同时，要在各级党委的领导和社会各方面的大力支持下，齐抓共管，进一步落实综合治理社会治安的各项措施，搞好社会治安综合治理工作。

为确保上述任务的完成，我们要继续深化法院改革，努力改善执法活动，完善自身机制，不断提高审判工作水平；切实加强队伍的自身建设，把执法清廉作为队伍建设的头等大事抓紧抓好，今年要在全省法院系统开展一次遵纪执法大检查，借以纯洁队伍，增强反腐蚀能力，提高战斗力。

各位代表：当前人民法院所面临的任务

是繁重而艰巨的，在前进的道路上还有不少困难和问题，但是我们坚信，只要坚决贯彻党的十三届三中全会精神，深刻理解邓小平同志提出的“两手抓”的战略思想和中央领导同志提出的“一手抓发展商品经济，一手抓思想和政治领域的工作”的重要论断，坚持中央政治局第十五次会议和全国政法工作座谈会所指明的方向，善于从改革开放、新旧体制交替、发展社会主义商品经济这个大气候和国际社会这个大环境中去正确分析我们所面临的新情况和新问题，保持清醒的头脑，自觉增强敌我意识和忧患意识，充分发挥专政机关的职能作用，“稳定治安大局，力争治安状况好于去年”的工作目标是完全能够实现的。我们一定要在各级党委的领导和人大及其常委会的监督下，认真贯彻落实这次代表大会提出的各项任务，振奋精神，开拓进取，团结一致，高效务实，努力把法院的各项工作做得更有成效，为加快振兴吉林的步伐，保障和促进治理、整顿和改革建设的顺利进行，做出新的更大的贡献！

以上报告，请审议。

黑龙江省高级人民法院工作报告

——1989年3月7日在黑龙江省第七届人民代表大会第二次会议上

黑龙江省高级人民法院院长　唐兰亭

各位代表：

现在，我向大会作人民法院工作报告，请予审议。

1988年，全省各级人民法院以党的十三大精神为指导思想，坚持一个中心、两个基本点，认真执行省第七届人民代表大会第一次会议关于省法院工作报告的决议，全面开展了各项审判工作，受理各类案件113089件，审结111380件，积极为改革、开放和经济建设服务，较好地发挥了审判机关的职能作用。

一、严厉打击严重刑事犯罪活动和严重经济犯罪活动，进一步强化了刑事审判工作

全省法院坚定地贯彻了依法从重从快惩处严重刑事犯罪分子和依法从严从重惩处严重经济犯罪分子的方针。去年受理一审刑事案件12826件，比上年上升1.6%。审结12811件，判处人犯13477人。其中死刑××人，死缓×××人，无期徒刑×××人，比上年分别上升45.2%、68.5%和22%；五年以上有期徒刑××××人，比上年上升11.4%。各地法院针对一个时期、一个地区突出的犯罪活动，配合公安、检察机关开展集中专项打击，对重特大案件提前介入，依法从重从快判处，召开有声势、震动大的宣判大会1012次，宣判案件3433件、人犯5027人。

去年受理经济犯罪案件1704件，比上年下降18.3%；非法所得万元以上的人犯181人，比上年下降11.3%。审结1726件（包括旧存案件），判处人犯2010人。其中死刑×人、死缓×人、无期徒刑××人，比上年上升5.3%。当前有些经济犯罪案件到不了法院，“以罚代刑”的问题仍然存在。

全省法院结合审判活动积极参与社会治安的综合治理，把打击犯罪与教育改造罪犯、预防犯罪结合起来。利用公开审理和公开宣

判的法定形式，进行生动实际的法制宣传；普遍开展了司法建议，帮助有关部门和单位加强管理，堵塞漏洞，增强防范能力；对判处管制、缓刑的罪犯进行考察，落实监管措施；对少年犯贯彻教育、挽救和改造的方针，依据法律规定从轻或者减轻处罚，判处五年以下有期徒刑和拘役、缓刑以及免予刑事处分的占70%。为了加强对少年犯的审判工作，一些中级法院和市、区基层法院专门成立了少年犯合议庭，针对少年犯罪的特点，“寓教于审”，动员社会力量做好帮教工作。

近年来，有些人犯被宣判死刑后，其家属到处喊冤告状，个别的煽动不明真相的人集体上访，甚至威胁收买证人，搞翻案活动。有鉴于此，我们一方面注意保护人犯家属的正当申诉权利，做好思想教育工作；另一方面对威胁收买证人搞伪证进行翻案活动或诽谤、诬陷审判人员的，依法严肃处理，使犯罪分子受到应有的惩罚。

二、认真贯彻民法通则，加强了民事审判工作

民法通则实施以来，公民、法人依法享有的财产权利和人身权利的范围扩大了，法律意识增强了，更懂得运用法律武器保护自己的合法权益，同时许多过去用行政手段调整的社会关系转由法律手段来调整。因而，法院受理的民事案件在几年来大幅度上升的基础上仍然持续上升。去年全省法院受理一审民事案件73444件，比上年上升9.6%。审结72386件，比上年多结8.5%。有以下几类案件比较突出。

一是离婚案件受理40403件，占民事案件的55%，仍居首位。随着商品经济的发展，婚姻观念、离婚原因和夫妻财产内容都发生了新的变化。我们根据具体案件的不同情况，注意掌握法律规定的离与不离的原则界限，对感情确已破裂的调解和判决离婚的占结案的62%；对感情尚未破裂的经过调解和好和判决不离的占结案的20%（其余是撤诉的）。同时，对于因为封建包办、买卖婚姻、歧视虐待妇女或者喜新厌旧、第三者插足、甚至重婚纳妾等原因引起离婚的，严肃批评教育有过错的当事人，有的建议有关部门给予必要的纪律处分，触犯刑律的依法制裁。在婚姻家庭关系上，一些人缺乏社会公德，不履行赡养（老人）、抚养（子女）和扶养（配偶）义务的案件还比较突出，受理4739件，占婚姻家庭案件的10.2%。各级法院从实际出发，依法调解或判令义务人履行义务，保护了老人、妇女、儿童的合法权益。

二是在商品经济发展过程中，借贷关系增多，对于加速社会资金流转，补充国家信贷资金不足起了积极作用，但目前处于自发状态，发生大量纠纷。全省法院受理债务纠纷案件15870件，比上年上升9.2%，占民事案件的21.6%。绝大部分是生产经营性借贷，数额大，利率高。在法律对借贷利率尚无具体规定的情况下，我们根据民法通则规定的公平原则，以有利社会生产、有利商品经济发展、有利人民生活为出发点，保护合法借贷关系。对生产经营性借贷的利率，考虑债务人的生产经营状况，盈利多的，利率相应高一些。对靠放贷进行高利盘剥的非法借贷关系，则不予保护，并给予适当制裁。

三是名誉权、肖像权、著作权等案件受理120件。我们对民法通则实施后出现的这类新型案件进行了积极地探索和实践，依据民法通则有关规定，严格掌握构成侵犯民事权利的条件，准确认定民事责任，依法制裁侵权行为，有效地保护了公民和法人的合法权益。

三、依法调节经济关系，大力开展了经济审判工作

全省法院去年受理一审经济纠纷案件17654件，比上年上升3.5%。审结17263件，解决诉讼标的金额4.23亿元。

在经济纠纷案件中，购销合同纠纷居第一位，受理6521件，占36.9%。这些纠纷标

的额大，跨省、市的多，情况复杂，涉及合同标的物的数量、质量、价款及履行期限各个方面。由于当事人在经济活动中不按经济合同法办事，致使相当多的合同不能履行。有些连环合同，一个不履行，引起一连串纠纷。使一些企业陷入困境，甚至倒闭，严重影响了商品经济的发展。我们在处理这些纠纷中，依据民法通则和经济合同法的有关规定，分清是非责任，依法保护履约守法一方，制裁违约违法一方，强化合同的约束力，保障正当的交易活动，扶持了企业特别是乡镇企业的发展，救活了一批濒临倒闭的企业。并结合办案深入到企业中去，协助理顺经济合同关系，建立健全合同签订、管理、履行等制度，用法律手段规范经济往来活动，减少合同纠纷。

各级法院认真处理了反映新的经济关系和改革发展趋势的企业承包、租赁经营、联营、技术合同纠纷和商标、环保、劳动争议等新型案件599件，比上年上升13.5%。这类案件，有的法律有规定，有的法律还没有具体规定，处理难度较大。我们坚持有法律规定的按法律规定办，没有法律规定的，依据中央、国务院有关政策，从实际情况出发，保护和支持有利于改革、开放和发展社会生产力的行为，促进了生产的发展。

一些地区长期拖欠农业贷款的现象比较严重，影响了农业信贷资金效益的发挥。“收贷难”成为农村信贷管理上的一个突出问题。为了配合农业银行整顿金融秩序，许多法院及时受理这类案件，深入村屯公开审理，依法调解或判决债务人限期偿还贷款。仅牡丹江、齐齐哈尔市和绥化地区法院统计直接为农业银行回收贷款1000多万元。并运用典型案件，就案讲法，使群众懂得信守借款合同的重要意义，增强了法制观念、信用观念，主动偿还贷款。

法院判决的案件执行不了是困扰我们多年的老大难问题。全省约有30%的案件判决后执行不了，其中大部分是经济纠纷案件。胜诉不能兑现，不仅债权人反映强烈，到法院哭诉或寻觅短见，而且助长了债务人藐视法律，逃避债务，导致经济纠纷的恶性循环。去年我们下决心着手解决这个问题。全省法院统一部署，集中力量，清理出历年执行积案10634件，加上当年新收的34905件，应执行案件共计45539件。到年底已执行38569件，占84.7%，执行金额近4亿元。我们在清理积案过程中，针对法院自身存在的重审轻执，执行机构不健全，执法不严等问题，树立审执并重、全面执法的观念，强化执行机制，健全机构，充实人员，理顺审执关系，使执行工作得到了加强。执行工作是个重大的执法问题，涉及到方方面面，为了取得人大的监督和支持，我们向省七届人大常委会六次会议作了《关于人民法院执行工作的报告》，经会议审议通过并作出《关于加强人民法院执行工作的决定》，对于强化法院的执行工作和全社会严肃执行法院的判决、裁定起了重大的推动作用。我们已于今年2月17日召开了全省法院执行工作会议，贯彻落实省人大的决定精神，力争今年走上随审结随执行的正常轨道。

四、积极开展了行政审判工作

目前，我国有130多个法律和法规，我省有20多个地方法规规定当事人不服行政机关处罚和其他处理决定的，可以向人民法院起诉。我们本着积极慎重的原则，依法受理治安、土地、渔业、食品卫生、城市规划等方面的行政案件309件，比上年增加2.3倍。审结285件，其中维持131件，撤销36件，变更10件，撤诉108件。依法保护了公民和法人的合法权益，支持了行政机关依法行使职权。

行政审判是人民法院的一项新任务，还处于边建设边办案阶段。由于我国行政法制尚不健全，缺乏审判经验，遇到许多困难和问题，案件处理的难度较大。我们在审判工作中加强调查研究，通过两年来的实践，初步取得了一些经验，就有关问题制定了一些暂行规定。

五、改进了告诉、申诉工作，加强审判监督

全省各级法院处理告诉信访 209194 件次，比上年下降 6.4%；处理申诉信访 23994 件次，比上年下降 34%。其中越级上访、重复上访的 12313 件，比上年减少 31.6%。根据最高法院的要求，省法院和大部分中级法院以及部分基层法院把信访接待室改为告诉申诉审判庭，将信访工作纳入审判系列，加强了告诉、申诉立案工作，保护了公民和法人的诉讼权利。

根据中央指示精神，经这几年的努力，历史老案落实政策工作基本结束，其中纠正错判原国民党起义、投诚人员案件 387 件，台胞、台属、民主党派等有关统战案件 434 件，在此基础上我们又认真地解决了一些遗留问题。

全省各级法院继续慎重地处理了“严打”申诉案件，受理 1763 件，比上年下降 19.2%。在审结的 1812 件（包括旧存案件）中，原判正确维持的 1213 件，基本事实、基本性质搞错了判刑不当改判的 397 件，撤诉的 202 件。在审理中坚持实事求是，严格依法办事，巩固了“严打”成果，维护了法律严肃性，取得了较好的社会效果。

一年来，为了完成日益繁重的各项审判任务，我们加强了法院自身的改革和建设，取得了明显效果。

一、改善执法活动，保证严肃执法

为了扭转审判工作中某些与法不符的陈旧观念和习惯作法，全面准确地执行各项法律规定，我们从提高审判人员法律意识，改善执法活动入手，加强了自身的检查监督。在全省法院系统采取自查与上级法院抽查相结合，查阅卷宗与走访有关部门听取意见相结合，检查与整改相结合的方法，对执行刑法、民法通则、刑诉法、民诉法的情况进行了大检查。基层法院自查了上半年审结的各类案件 34083 件，占审结案件的 81.4%；上级法院抽查 9836 件，占自查案件的 28.7%。从检查情况看，各级法院执法总的情况是好的。据 12 个中级法院统计，在检查的 3128 件一审刑事案件中，事实清楚、证据确凿、定罪准确、量刑适当的占 96.5%；程序合法的占 86.5%。在检查的 16484 件一审民事案件中，事实清楚、证据充分确实、责任分明、适用法律得当的占 84.3%；程序合法的占 80.3%。从检查出的问题看，刑事好于民事，执行实体法好于程序法。

各级法院对检查出的问题，着重从主观上查找了原因，认真抓了整改工作：一是加强了执法观念和责任心教育，并把检查案件的情况作为干警考绩的内容，同目标责任制挂上钩；二是有针对性地对审判人员进行培训，结合讨论典型案例，重新学习刑法、民法通则等基本法律；三是完善制度建设，从书记员到院长，从合议庭到审判委员会层层明确责任，使审判工作制度化；四是对发现的个别错案依法进行纠正，并认真汲取教训；五是大力表彰严格执法的先进集体和个人，严肃处理违法违纪者。

二、狠抓队伍建设，提高干警两个素质

1985 年以来，全省法院系统两次增编进人，干警队伍不断扩大，从总体上看素质比较好。但是文化水平和法律专业知识水平偏低，同所担负的审判任务不相适应。因此，我们把提高干警的业务素质作为一项战略任务来抓，加强教育培训工作。一是办好法院干部业余法律大学。全国法院自上而下，统一教材，统一考试，学制 3 年，系统学习 18 门法学课程。我省法院 1985 年入学的 1850 名干警，经毕业考试合格，领到大专文凭。使干警队伍的文化、专业知识结构发生了重大变化，具有大专以上文化程度的由占干警总数的 9%提高到 47%，其中具有法律大专以

上学历的由2%提高到32.7%。现在正在学习的干警还有1033人。二是开办法律（审判）专业证书培训教育。去年下半年，我们对超过法律业大入学规定年龄的1641名审判业务骨干，根据最高法院的部署进行法律（审判）专业证书培训教育，计划在3年内系统学完规定的8门法律课程。三是进行第二学历教育。有303名大专以上非法律专业毕业的干警参加第二学历教育，学习法律课程。此外还举办了各种短期培训班。在全省法院系统已初步形成了多层次，正规化，花钱少，见效快的教育培训体系。

在新的形势下，全省法院广大干警廉洁自律，秉公执法，经受了改革、开放的考验。但由于各种腐朽思想和不正之风的侵蚀，也确有少数人思想作风不端正，甚至有的违法乱纪，损害了法律的尊严和执法机关的权威。遵照党中央关于党政机关要为政廉洁的指示，各级法院加强思想教育，整顿审判纪律、工作纪律、财经纪律，制定和完善各项切实可行的规章制度，加强纪检、监察工作，保证廉洁执法。据17个中级法院不完全统计，一年来干警拒礼、拒贿4700人次，金额达39万元。宁安县法院坚持“从严治院”，秉公办案，成绩显著，最高法院于去年12月授予该院院长金莹晚同志全国法院模范光荣称号，并给法院记集体一等功。为严肃法纪，全省法院查处违法乱纪干警21人，其中法办4人，给予党纪、政纪处分的17人。

三、加强人民法庭建设，为乡镇改革和经济建设服务

为了适应改革、开放和民主法制建设的需要，我们狠抓了人民法庭建设。在1987年全省法院实现“三乡一庭”的基础上，我们规划在1988年和1989年两年内全省实现“二乡一庭”。现在全省共有人民法庭756个，其中乡镇法庭537个，企业法庭157个，城市街道法庭62个。去年人民法庭共审结民事、经济纠纷案件6万多件，占一审民事、经济纠纷案件总数的70%以上。各地人民法庭充分发挥了便民诉讼的作用，解决了群众“打官司难”的问题。一方面依法保护了当事人的合法权益，增强了人民内部团结，保障和促进了城乡改革和建设的发展；另一方面结合办案深入村屯、街道宣传法制，指导人民调解工作，积极参与社会治安的综合治理，取得明显效果。成为依法保障乡镇商品经济发展的一支重要力量，深受基层党政干部和群众的欢迎。

四、推行审判公开化制度，接受人民群众监督

遵照党中央关于要提高党政机关的开放程度，重大情况让人民知道的要求，我们在法律规定的范围内，积极推行审判工作公开化制度，以取得人民群众对审判工作的监督、了解和支持。首先，认真执行公开审判这一法定原则，切实搞好公开审理和公开宣判，把审判工作置于广大人民群众密切注视之下。其次，采取多种形式，广泛宣传新时期法院的任务和职能作用，宣传重大审判活动，宣传法院的自身改革和建设。一年来，举办新闻发布会27次，播发电视新闻636条，电视专题片53部，向电台、报刊投稿采用1327篇。进行法律知识讲座或者就案讲法3042场次，直接受教育的干部群众达130多万人。提高了公民的法律意识和监督意识，给法院工作提出了不少好的意见，对改进审判作风，严肃执法起了积极的作用。

五、加强调查研究，提高领导水平

为了提高全省各级法院的领导水平和决策能力，以适应形势发展的需要，我们把加强调查研究作为提高思想预见性和工作主动性的有效途径来抓。全省法院共完成调研成果1425篇，比上年增加60%，其中各级法院正副院长完成176篇。调研成果被各级党委、人大、上级法院和新闻单位采用957篇。通过调查研究开阔了领导干部的思路，增强了为改革、开放服务的自觉性，提高了处理新型、疑难案件的能力和执法水平，推动了各项审判工作和法院自身建设。

一年来，全省法院工作取得很大成绩，但也存在一些问题。从执法大检查情况看，还有执法不严，办案质量不高，少数案件超审限，法律文书不规范等问题；年终未结案件较多，达6000多件，一些民事、经济纠纷案件未能得到及时处理；法院办案经费不足，装备较差，少数法院办公用房拥挤，公开审判无处开庭等等。存在这些问题的原因，除了客观上有许多困难之外，主要是省法院领导深入基层调查研究少，指导不够有力。

各位代表，党的十三届三中全会制定了治理经济环境、整顿经济秩序、全面深化改革的指导方针，决定把今明两年改革和建设的重点突出地放到治理、整顿上来，明确提出要运用包括法律在内的多种手段"五管齐下"，搞好对经济生活的宏观调控。根据这个总的形势和全国政法工作座谈会精神，1989年全省法院的任务是：坚决贯彻党的十三届三中全会精神，全面加强各项审判工作，运用法律手段，积极参加治理、整顿，严厉打击严重刑事犯罪活动和严重经济犯罪活动，正确处理民事、经济、行政案件，调节经济关系，维护经济秩序，保护公民、法人的合法权益，为全面深化改革和经济建设创造安定的社会环境，提供法律保障和法律服务。为了实现这个任务，我们主要抓好以下几项工作：

第一，坚持不懈地贯彻依法从重从快打击严重刑事犯罪分子和依法从严从重打击严重经济犯罪分子的方针。近年来，我省社会治安形势是严峻的，去年发生刑事案件比上年上升15.6%，其中重特大案件上升42.6%。在治理、整顿和深化改革的过程中，还会出现一些新的社会矛盾，不安定因素增多。因此，各地法院要同公安、检察机关密切配合，搞好专项打击，召开有震慑威力的宣判大会，大张旗鼓地予以打击，把严重刑事犯罪分子的嚣张气焰压下去。打击的重点是杀人犯，抢劫犯，强奸犯，重大盗窃犯，行凶报复企业领导人和执法人员的罪犯，流窜犯，犯罪团伙的头子，人贩子，强迫、引诱、容留妇女卖淫犯和赌头赌棍等。当前经济领域里各种犯罪活动仍相当严重，在有些地方或有些方面，甚至还很猖獗，大案要案突出。随着打击经济犯罪斗争的加强，起诉到法院的经济犯罪案件将会增多。要把主要力量放在打击贪污、受贿犯罪上。同时依法惩治投机倒把，偷税抗税，走私倒卖黄金，盗伐滥伐林木等扰乱经济秩序的犯罪。在适用法律上全面体现宽严相济的政策原则，以事实为根据，以法律为准绳，该重判的一定要重判，该判处死刑的坚决杀掉，对有法律规定从轻或减轻情节的，一定要从轻或减轻处罚。要突出一个"准"字，稳准狠以准为重点的打击犯罪分子，处理的案件要经得起历史的检验。

第二，加强民事、经济、行政审判工作，积极参与经济、社会管理。当前，深化改革进入了关键阶段。在趋紧的经济环境和心理承受能力比较脆弱的社会环境下，改革与整治并行，新旧两种体制并存，矛盾与纠纷必然增多。各级法院要站在治理、整顿和深化改革的高度，与经济的、行政的等其他手段相配合，正确、合法、及时地处理好民事、经济和行政案件，制裁违法行为，保护公民和法人的合法权益，维护安定团结。特别是对治理、整顿和深化改革中出现的一些新的纠纷案件，要从有利于治理、整顿出发，依照有关法律、政策规定，妥善处理，促进社会主义商品经济新秩序的建立和发展。要加强人民法庭工作，把大量民事纠纷案件解决在基层，防止人民内部纠纷激化为重大刑事犯罪。要结合审判工作，多作调查研究，搞好超前服务，提出治理、整顿的建议，预防和减少纠纷的发生。

第三，改善执法活动，提高执法水平。搞好各项审判工作，必须进一步增强审判人员的法律意识，严肃执法。要在提高执法水平上下功夫，今年侧重抓好公开审判、当事人举证、合议庭评议、审判委员会讨论案件及制作法律文书等几个环节，分别建立一套制度，使审判活动规范化，提高办案效率和办案质量。要把执法大检查这一有效措施坚持下去，年年搞，形成制度。

第四，以廉政建设和改革法院干部管理体制为重点，加强队伍建设。深入贯彻中央关于党政机关必须保持廉洁的指示，加强廉政建设，把廉洁执法作为“从严治院”的重要内容。改进和加强思想政治工作，进行清正廉洁、执法如山的职业道德教育。联系实际，广泛开展向宁安县法院和金莹晚同志学习的活动。及时表彰廉洁执法的先进集体和先进个人。对徇私枉法，违法乱纪的，严肃查处，绝不姑息。中央组织部、最高法院党组确定我省为法院干部管理体制改革先行试点省份。由现行的“双重领导，以地方为主”的法院干部管理体制过渡到以上级法院管理为主的干部管理体制。我们将本着既要积极，又要慎重、稳妥的精神，选择部分中、基层法院先行试点，在取得经验的基础上全面铺开。结合改革干部管理体制考核各级法院的领导班子，个别不适应的进行调整、充实。抓紧理顺审判人员职级。善始善终完成增编进人工作，上级法院对下级法院调进的人员，要严格审查，不符合规定条件的要坚决退回，确保进人质量。今后法院进人必须经过严格考核、考试，公开择优录用，切实把好质量关。要加强正规化培训教育，坚持办好法律业大，抓好审判专业证书教育，开展各种形式的短期业务培训，省法院积极创办法官培训中心，大力提高干警两个素质。

第五，加强法制宣传，增强法院工作的公开性和透明度。搞好法院的宣传工作，不仅是社会主义民主政治和法制建设的需要，而且是完成审判任务的重要条件。我们要进一步破除长期存在的“神秘化”观念，依照法律规定，大力推行公开审判制度；省法院和各中级法院建立、完善新闻发布会制度；加强同报社、电台、电视台等新闻单位的联系和合作；把法院工作置于群众和社会舆论的监督之下，严肃、公正地执行法律。同时，通过各种渠道，采取多种形式，围绕治理、整顿和深化改革，进一步加强法制宣传教育，提高群众法律意识，自觉地遵守宪法和法律。

各位代表，在新形势下全省法院面临的任务更加繁重、更加艰巨，我们希望各级人大及其常委会加强对各级法院监督，以保证国家宪法、法律和党的方针政策的正确贯彻执行，为治理、整顿和改革做出更多的贡献。

上海市高级人民法院工作报告

——1989年4月13日在上海市第九届人民代表大会第二次会议上

上海市高级人民法院院长　顾念祖

各位代表：

市第九届人民代表大会第一次会议以来，本市各级人民法院以中国共产党第十三次全国代表大会精神为指导，依照宪法和法律赋予的职责，围绕改革、开放和治理经济环境、整顿经济秩序，积极开展各项审判工作，加强自身改革和建设，努力提高审判工作水平。现在，我向大会报告一年来的工作，请予审议。

一、严厉打击严重危害社会治安的犯罪活动，维护社会安定

去年以来，本市社会治安情况，总的来看是基本稳定的，但问题不少，形势严峻。突出表现在刑事发案率呈上升趋势，杀人、抢劫、重大盗窃等严重危害社会治安的犯罪案件上升幅度较大。本市各级法院注意经常分析社会治安形势，继续坚定不移地贯彻执行依法从重从快惩处的方针，突出打击重点，狠抓大案要案的审理，开展专项审判，对那些严重破坏社会治安，危害人民生命财产安全的犯罪分子，依法给予了严厉惩处。在1988年判处的5190件刑事案件、7388名人犯中，属于严重危害社会治安秩序的犯罪案件1280件、人犯1986名，分别占判处总数的24.7%和26.9%。判处五年以上有期徒刑、无期徒刑直至死刑（包括死缓）的，占判决发生法律效力的严重刑事罪犯总数的59.4%。一审公诉刑事案件在法定期限内审结的占97.6%；超过一个半月审结的，与上年相比，明显减少。二审刑事案件上年超审限率为14.8%，1988年下降到2%。

抢劫、杀人是严重威胁人民群众安全的暴力犯罪案件，去年以来，曾发生多起抢劫杀人灭口、用安眠药致人昏睡抢劫钱财、抢劫外国人钱财等大案，甚至还发生绑架杀死幼童勒索钱财、为抢劫钱财一次连续杀死多人的恶性案件。人民法院均抓紧审理，相对集中公开宣判，严厉打击，共判处××名抢劫犯和××名故意杀人犯死刑。中级法院在去年年底连续召开公判大会，依法宣判××名罪犯死刑，各区、县法院也分别召开规模不等的公判会，狠狠打击了抢劫杀人等暴力犯罪活动的气焰，增强了广大人民群众的安全感。

盗窃犯罪活动猖獗，这是危害本市社会治安秩序的一个突出问题。全年全市法院共受理盗窃案件2801件，占刑事案件收案总数的54%，比上年增加22.5%，其中盗窃公共财物的案件占盗窃案件的40%，比上年增加35.5%。盗窃万元以上的由上年5%上升到7.6%。各级法院依法严惩盗窃罪犯，重点惩处了大量盗窃工业原材料和重要物资的犯罪分子，以及盗窃集团的首犯、惯窃、流窜盗窃罪犯，一年来判处死刑××名、无期徒刑××名。针对盗窃公共财物犯罪大幅度增加的情况，认真分析犯罪原因，对被盗单位管理方面的漏洞，发出司法建议，要求有关部门对直接责任人员或主管领导追究必要的行政责任，堵漏建制，加强防范。市高级法院与财政、公安、检察等有关部门商定，对于已缴获的未报案单位的被盗钱物，不予发还，一律上缴国库；对于不听从政法机关的整改意见，没有及时采取防范措施，即使被盗后报过案，所缴获的赃款赃物亦上缴国库；被盗的物品和由政法、财政部门决定上缴国库的赃款赃物，企业单位应从税后留利中列支，不得以报损形式计入生产成本，行政、事业单位不得因此追加行政、事业经费。

近年来，摧残、危害青少年的犯罪和少年犯罪增多已成为社会严重关注的问题。各级法院坚决贯彻市人大颁布的《上海市青少年保护条例》，一方面严厉打击摧残、危害青少年的犯罪活动，全年共判处奸淫幼女罪犯139名，其中判处死刑、无期徒刑7人，判处制作、贩卖、传播淫秽物品罪犯51人，判处引诱、容留女青年卖淫罪犯6人。另一方面全面推广长宁区法院经验，在全市各级法院成立审理未成年人刑事案件合议庭，选定有丰富审判工作经验和社会经验的审判人员专门审理这类案件；针对少年犯心理和生理上的特点，认真贯彻“教育、感化、挽救”的方针，注意改进审判方式，注重疏导、防范，寓教于审，帮助他们分析犯罪的原因，认识犯罪的危害，指明认罪改过的前途，促使其真诚悔过。去年5月，最高人民法院在沪召开的全国法院审理未成年人刑事案件经验交流会，再次肯定了这个做法，要求全国大、中城市和沿海开放地区的法院予以推广。

人民法院还对其他触犯刑法的犯罪行为，追究相应的刑事责任。其中，有欺行霸市，恃强逞凶，扰乱集市贸易秩序，伤害市场管理和税务人员，聚众赌博或以赌博为业的赌头、赌棍，以及大量倒卖车船票非法牟利等妨害社会管理秩序的犯罪；因恋爱、邻里纠纷或打击报复等引起的故意伤害；情节恶劣的虐待妇女、儿童、老人的犯罪；严重违反交通规章制度，致人重伤、死亡等重大责任事故，为上海改革开放和经济建设顺利进行提供安定的社会环境。

从目前本市社会治安情况和发展趋势来看，不安定因素还很多，刑事案件仍呈上升的势头。同犯罪作斗争，是人民法院的一项长期、艰巨和复杂的任务，刑事审判工作必须进一步加强。我们要求各级法院的审判人员不能松懈麻痹，工作不能丝毫放松，继续依法从重从快严厉打击严重危害社会治安的犯罪活动，积极参与社会治安综合治理，为治理经济环境，整顿经济秩序，深化改革创造一个良好的治安环境。

二、严惩严重破坏经济的罪犯，保障国家和集体的财产不受侵犯

一年来，全市各级法院共审结经济犯罪案件1628件，判处人犯2706名，分别比上年增加14%和19%。判处五年以上有期徒刑、无期徒刑直至死刑的，占判决发生法律效力人犯总数的20.7%。通过审判活动，为国家、集体挽回经济损失499万元。

惩处经济犯罪，是为了清除经济建设的“蛀虫”，排除对改革开放的干扰，维护经济法制秩序。本市各级法院坚持依法从严惩处的方针，贯彻一要坚决，二要慎重，务必搞准的原则和市人大常委会关于加强社会主义民主和法制，保障治理经济环境，整顿经济秩序，全面深化改革顺利进行的决定，配合检察机关举报工作以及税收、财务、物价、信贷大检查，严格依照刑法和全国人大常委会《关于惩治贪污罪、贿赂罪的补充规定》，重点惩处了国家工作人员利用职务上的便利，侵吞、盗窃、骗取或者以其他手段非法占有公共财物情节严重的贪污罪犯；违反国家规定，索取和收受各种名义的回扣、手续费，中饱私囊的受贿罪犯；大量倒卖国家禁止自由买卖的物资或紧俏商品，扰乱市场，牟取暴利，严重破坏经济管理秩序的投机倒把罪犯；违反税收法规，情节严重的偷税抗税罪犯；伪造、倒卖票证、提单、配额、人民币、外汇兑换券的罪犯；大量套购、倒卖粮票、粮食，严重破坏国家粮食市场管理的罪犯，以及利用“卖大户”和非法提级加价出售商品，牟取暴利，中饱私囊的罪犯。至今年2月底，全市法院共受理检察机关公诉的群众举报案件141件，被告162人，审结98件，判处人犯107名。3月28日，市中级法院召开严惩严重经济犯罪公判大会，对13起重大贪污、受贿案件的17名被告人，宣布了一审判决，其中，2名被判处无期徒刑，12名被分别判处三年到十五年有期徒刑，2名被判处有期徒刑缓刑，1名免予刑事处分。这17名被告人中，有经理、科长，也有会计、出纳员、外销员、工程师，非法所得金额高达45.8万余元，其中最高的有10.5万余元，最少的也有8000元，对社会危害十分严重。通过依法严惩这批贪污受贿罪犯，狠狠打击了破坏经济建设犯罪活动的气焰，鼓舞了人民群众参与治理经济环境，整顿经济秩序的积极性。

由于经济环境，特别是流通领域秩序混乱，经济犯罪手段趋向隐蔽，出现了不少新情况，审理难度增加。由于我们调查研究不够，加之有些法律、政策规定不够明确，个别案件曾发生过定性不准，判处不当的问题。对此，我们除按审判监督程序予以纠正外，已采取措施，加强调查研究，严格分清罪与非罪的界限，严肃执法，确保办案质量。同时，我们认为，治理经济环境，整顿经济秩序，必须坚持“五管齐下”，对治理整顿中查出的犯罪分子，一定要坚决依法追究刑事责任，切实防止以罚代刑，或以党纪、政纪处分代替刑事处罚。去年，虽然法院受理案件总数有所增加，但增加的主要是盗窃公共财物案件，其他各类经济犯罪案件增加不多。随着治理整顿和举报工作的深入开展，今年以来法院受理的经济犯罪案件显著增加，我们将与有关部门密切配合，狠抓大案要案审理，依法严惩严重破坏经济的罪犯，促进治理整顿深入进行。

三、认真审理民事案件，保障合法权益，维护社会安定团结

随着社会主义商品经济的发展，民事活动趋向频繁，特别是《民法通则》施行以后，纳入法律调整范围的民事关系越来越多，民事案件继续大量增加。全年共收案24799件，比上年增加14.8%。由买卖、借贷、租赁、代理民事行为、医疗事故和因出国就读不成等引起的财物、赔偿纠纷，经营性的高额有息借贷纠纷，由物价上涨引起的抚育费、赡养费、抚养费等纠纷增长幅度都在三分之一以上。本市各级法院本着维护安定团结，保障公民和法人合法权益的要求，根据国家法律和有关政策，妥善调处，依法判决。共审结各类民事案件24695件，调解结案占55%，判决占28%，当事人撤诉占17%。其中巡回就地办结的占29%。

离婚纠纷仍居民事案件的首位，占57%，主要是因草率结婚，缺乏感情基础，“第三者”插足或喜新厌旧导致夫妻感情恶化等引起。人民法院针对夫妻不和的原因，对感情尚未破裂的，着力于改善和巩固婚姻家庭关系，依靠有关组织和当事人亲友，做细致的思想工作，使36%提起离婚诉讼的家庭重归于好；对55%感情确已破裂的家庭，在做好双方思想工作，妥善处理财产分割、子女抚养的基础上，依法调解或判决离婚；对9%原来婚姻基础较好，夫妻感情尚未破裂，或法律规定不得提出离婚的，依法判决不准离婚。

实行对外开放和一国两制，统一祖国对台方针以来，涉及港、澳、台同胞以及华侨的婚姻、继承、房屋、债务案件逐年上升。全年全市法院共受理这类案件260件，比上年增加39%，审结256件，依法保护了港、澳、台同胞和华侨的合法权益。对涉台婚姻纠纷案件，本着婚姻法的基本原则，充分考虑海峡两岸隔绝多年的历史状况，从维持婚姻关系现状出发，合法合情合理处理，一般都以调解结案。

为维护老年人的合法权益，促进尊老敬老优良传统的发扬，全市法院坚决贯彻执行市人大常委会颁布的《上海市老年人保护条例》和有关法律，积极宣传尊老爱老、家庭和睦、社会安定的重要性，依法审理了2141件涉及老年人合法权益的民事案件，妥善解决了1185名老年人的赡养、收养纠纷，保护了944名老年人的合法继承权，同时，通过刑事审判活动，惩处了5名虐待老人的罪犯，为老年人老有所养、老有所乐从法律上予以保障。

涉及公民的姓名权、名誉权、肖像权、著作权纠纷以及其它特殊侵权纠纷继续增多，其中受理名誉权纠纷119件，占人身权纠纷的85%，比上年增长43%。人民法院在查明事实，分清是非，做好当事人的思想工作，增强法制观念的基础上，依据《民法通则》的有关规定，准确地认定应当承担的民事责任，恰当地适用承担民事责任的方式和制裁措施。对于因报刊杂志上发表文章引起的名誉权纠纷，严格分清正当批评和侵权行为，报道某些情节失实和侮辱、诽谤的界限，慎重审查起诉，严格依法立案。全年向法院投诉此类纠纷58件，经过认真审查，立案21件，审结13件，其中判决构成侵权4件，依法追究其相应的民事责任，给予必要的法律制裁，不构成侵权1件，其余都经调解疏导而息诉，既依法保护公民的名誉权不受侵害，又依法支持正当的舆论监督。

由民事纠纷激化酿成刑事案件是一个值得注意的情况。全年全市法院受理故意伤害案件比上年增加 30%，其中大部分是由恋爱、家庭和邻里纠纷激化引起的。各级法院与有关组织密切配合，注意教育疏导，耐心工作，缓解矛盾激化案件 491 起，有效地防止了一些自杀、凶杀、伤害案件的发生，维护了社会安定。

一年来，民事审判工作取得了一定成绩，但也存在一些问题和困难。主要是民事案件大幅度上升，连续三年，平均每年递增 22%，审判力量严重不足，办案实践经验比较丰富的审判人员逐年有一批退休，现有干部业务素质和审判作风尚不能完全适应工作需要，少数案件办案质量和办案效率不高，未结案比较多。去年下半年，市、区、县人大法制委员会对全市法院受理一年以上未结的 610 件民事案件进行了检查，这对我们改进审判作风，提高办案质量和效率起了很大的促进作用，各级法院正在抓紧审理案件，至今年 2 月底已审结 412 件，并根据检查中所发现的问题，采取措施，加强队伍建设，提高干部素质，改进工作。同时，我们也希望各基层组织加强对民间纠纷的调解工作，继续大力开展"普法"教育，提高公民的法律意识，动员全社会力量，努力预防和减少讼争，为改革和建设创造安定团结的社会环境。

四、加强经济审判工作，维护经济法制秩序

随着社会主义商品经济向广度、深度发展和由于经济过热、通货膨胀以及不正当竞争所造成的矛盾、纠纷增多。一年来，本市各级法院经济纠纷收案数，在连续四年平均每年递增 67%的基础上，继续大幅度增加，共收案 8295 件，比上年增加 23.9%。购销货款、加工承揽、建设工程承包等合同纠纷增长幅度最大。联营合同、科技合同、居间合同、商标侵权、专利权属等案件均有所增加。企业承包、企业租赁、产权转让、票据、广告、供用电、航空货物运输、集体企业破产等纠纷陆续发生。中外合资企业、外资企业作为诉讼当事人一方的劳动争议、购销合同纠纷开始出现。各级法院紧紧围绕治理经济环境，整顿经济秩序，深化改革，强化运用法律调节经济的职能，审结各类经济纠纷案件 7236 件，结案诉讼标的总金额达 34550 万元。

人民法院在经济审判工作中，根据国家有关经济法律和国务院、市人大、市政府颁布的条例、规定，与其他行政的、经济的、纪律的、思想政治工作手段相互衔接，依法支持合法经营，制裁违法经营，维护经济法制秩序。在审理经济合同纠纷时，坚持查明事实，分清责任，维护合法权益，制裁违法行为，保障合同的有效履行。全年共向公安、检察机关移送利用签订经济合同进行诈骗、投机倒把等犯罪案件 26 件。对于从事非法经营，以及制造，销售劣质、有害物品，损害消费者利益和违反公共利益的违法行为，进行法律干预，予以严肃处理。一年来共审结有关销售劣质彩电、冰箱、收录机、食品等侵害消费者利益的案件 37 件，均依法运用返回财产、赔偿损失、收缴非法所得、销毁有害产品、罚款等方式，判令承担民事责任。并结合办案积极宣传市人大常委会颁布的《上海市保护消费者合法权益条例》以及国务院有关部门颁布的工业产品质量责任、部分国产家用电器三包等规定，推动工厂、商店端正经营作风，改进经营管理，重视生产、销售合格商品。卢湾区法院还赴杭州就地办案，将 50 台劣质"日芝"牌 155 立升双门电冰箱全部退回工厂，处以罚款，不准在市场再行销售。对于债务人可能非法转移争议标的物或其他规避债务的行为，采取冻结银行存款或查封、扣押财产等诉讼保全措施。一年来依法为企业收回被拖欠的资金 15000 余万元，保障了合法权益，增强了企业活力。对农副业承包纠纷案件，从实际出发，根据

《经济合同法》和有关政策规定，维护承包和发包双方的正当利益，以利“菜篮子”工程和农村副业生产顺利发展。南汇县法院在审理养鱼承包户起诉的鱼塘承包合同纠纷时，耐心细致地宣传履行合同的严肃性，针对鱼价上涨造成原承包指标偏低的实际情况，促成发包、承包双方实事求是地修订原承包指标，妥善解决了纠纷，稳定了当地养鱼承包生产。随着生产流通领域和技术市场竞争加剧，因商标权和科技成果被侵害而涉讼的案件明显增多，一年来仅技术、专利纠纷就受理 147 件，比上年增加 1 倍多。人民法院依照《技术合同法》、《专利法》的有关规定，从保护工业产权，维护发明创造者的合法权益，繁荣科技市场出发，对于非法窃取他人技术资料，仿冒他厂产品，侵犯他人科技成果权的行为，责令停止侵害，赔偿损失，促使科技市场竞争纳入国家法制的轨道。对于深化改革中和治理、整顿以来出现的新类型案件，加强调研，精心审理，总结经验，讲究办案效果。

认真审理好涉外、涉港澳案件，切实保护中外合资企业、外资企业合法权益，对贯彻对外开放方针，改善外商投资法律环境具有积极意义。一年来，受理涉外、涉港澳案件 30 件，比上年增加 8 件。市高级法院在审理中国技术进出口总公司诉瑞士工业资源公司侵权损害赔偿纠纷上诉案时，坚持国家主权、对等和公正的原则，依法行使司法管辖权，严格审查证据，查清案件事实，依照我国法律和我国参加的国际公约，参照国际惯例，驳回被告上诉，维护中级法院作出的由被告返还用欺诈手段骗取原告的货款和赔偿损失共 530 余万美元的判决，保护了国家财产，在国际司法界产生了积极影响。市中级法院在审理本市首起中外合资企业劳动争议案时，撤销一审判决，确认通惠——开利空调设备有限公司董事会委托代行总经理职务的外籍经理有权开除严重违反劳动纪律的中国籍职工的决定有效，国内外反映良好。

当前，经济审判工作存在的突出问题是“执行难”。由于相当数量的债务人缺乏偿还能力，特别是“四无”公司根本无财产可供执行，加之，70%的案件的被告在外省市，去外地执行和委托外地协助执行的任务十分繁重，地方保护主义和本位主义的干扰屡有发生，因此不少案件判决后难以执行，使当事人的合法权益未能得到及时保护，影响法律的严肃性。对此，我们要继续努力做好审执兼顾，依法运用诉讼保全措施和其他法定强制措施，加强执行力量，切实做好执行工作。同时，希望企事业单位增强法律意识，严格对合同的管理，提高经营管理水平，增强履约能力和自我保护能力，预防和减少纠纷的发生。

五、积极开展行政审判工作，保护合法权益，支持依法行政

随着立法工作的加强，目前已有 130 多个法律、法规和地方性法规规定当事人不服行政机关处罚或处理决定，可以向人民法院起诉。全市各级法院均已建立行政审判机构，一年来共审结涉及治安、土地、城市规划、工商、环保、税务等 12 个方面行政案件 269 件，比上年增加 66%，其中不服治安管理处罚决定案件 120 件，对公安机关决定正确，予以维持的 88 件，对认定性质错误和适用法律不当予以撤销的 5 件，对原处理有缺陷，要求公安机关补正或调整处罚内容后原告撤诉的 27 件，既维护公民的合法权益，促使公安机关提高执法水平，又积极支持公安机关秉公执法，维护了治安管理行政法规的贯彻实施。为配合市政基础建设顺利进行，一年来，共受理 117 件不服市政动迁案件，比上年增加一倍多，根据市人大常委会颁布的《上海市拆迁房屋管理办法》审结 109 件，其中经过宣传法制，耐心疏导，原告撤诉 43 件，维持了 42 件的限期搬迁正确决定，保障了市政建设工程顺利进行，变更了 17 件有缺陷的搬迁决定，撤销了 7 件有错误的决定，保护了拆迁户的合法利益。对其他行政案件，也贯彻了支持行政管理机关依法行政，保护公民和法人的合法权益的原则妥善处理。

加强行政立法，开展行政司法，建立和健全行政管理的法律调节和监督机制，是发展民主政治，加强社会主义法制的重要步骤。本市人民法院开展行政审判工作时间还不长，经验不多，我们将抓紧培训干部，深入学习、广泛宣传七届全国人大二次会议通过的《行政诉讼法》，从思想上、组织上和提高办案水平上，做好开拓行政审判工作新局面的准备。

六、加强申诉信访工作，确保办案质量，促进安定团结

一年来，全市各级法院共受理各类申诉案件3785件，与上年相比，刑事申诉案件下降59%，民事申诉案件则上升16%；刑事申诉案件中，历史老案减少，"严打"申诉案件有所上升。各级法院在妥善做好平反纠正人员的善后工作，认真处理落实政策的遗留问题的同时，从巩固"严打"成果，有利社会安定，维护社会主义法制出发，根据实事求是的原则，对"严打"申诉案件原判认定的犯罪事实、适用法律认真进行复查，对绝大多数原判正确的，坚决维持，对5件基本事实和基本证据认定错了的案件，宣告无罪，并逐件总结，吸取教训，妥善处理善后。同时，处理各类信访206811件（次）。普遍建立和健全挂牌接待、信访登记、立案审查、督促催办等各项制度，加强了对办案质量和审判作风的监督。基层法院、人民法庭的领导和审判人员，定期或巡回下地区、乡镇接待群众来访，解答法律询问，把大量的信访解决在基层，缓解了大量人民内部矛盾，处理了一大批简易纠纷，并及时向有关部门和领导提供信息，发挥了信访工作的积极作用。

目前，申诉信访工作存在的问题是，有些审判人员对来信来访中提出的问题，不做细致的调查研究，而是敷衍应付，以致本来可以解决的问题，没有解决，可以早日解决的问题，久拖不决，我们正采取措施努力纠正。同时，也有些人滥用申诉权利，对人民法院经过反复调查，多次答复后，仍然广找门路，辗转相托，纠缠不休。由于以上两方面原因，还由于落实历史老案平反纠正人员善后工作有一定难度，以致重复申诉占有一定比例。这需要有关部门继续配合和支持，更需要立法机关早日制定申诉法，使宪法规定的公民权利得到保障，并依法制止滥用权利的行为。

各位代表，一年来，本市各级法院在审判任务继续加重的情况下，注意强化法制观念，树立改革意识，把坚持四项基本原则，保障治理经济环境，整顿经济秩序，深化改革顺利进行作为严肃执法的指导思想，抓紧法院自身的改革和建设，着重从以下三个方面作了努力：

一、改善执法活动，努力提高审判水平

（一）认真执行公开审判制度，改进合议庭的工作。公开审判是我国宪法规定的一项重要原则，是法院审判活动的重心。各级法院努力改变"重实体法、轻程序法"的现象，克服案件数量多、审判力量不足、缺少审判法庭等困难，切实搞好公开审判。除法律规定不公开审理的案件外，各类大案要案和一审刑事案件都实行了公开开庭审判；二审刑事案件和一、二审民事、经济纠纷、行政案件也增加了公开开庭审理的数量。对于依法不公开审理的案件，也都认真搞好开庭审理，并依法公开宣告判决。合议庭是人民法院按照民主集中制原则审理案件的基本组织形式。各级法院切实加强合议庭的职责，充分行使法律赋予的职权，强调每个合议庭成员对所审理案件的事实和适用法律都要负责，重要审判活动由院长、庭长亲自担任审判长。

（二）依法强调当事人的举证责任，努力提高办案质量和办案效率。民事诉讼法（试行）第五十六条规定，当事人对自己提出的主张，有责任提供证据。但是，过去在审理案件时，往往由审判人员承担大量收集、调查证据的工作，这既增大了法院的工作量，影响办案效率；也没有依法充分调动当事人及其诉讼代理人举证的积极性。高级法院总结了一些基层法院的实践经验，制定了《举证须知》、《诉讼须知》，强调当事人在起诉、应诉时，对自己的主张要提出相关的证据，以便法院把审判工作的重点放在审查、判断当事人提供的证据，正确适用法律上。这样不仅提高了办案质量和办案效率，而且对促使当事人提高法律意识，增强法律责任感，减少滥诉缠讼，都产生了积极作用。

（三）加强审判监督和业务指导，改进工作方法。一是组建专门化合议庭。在普遍建立审理未成年人刑事案件合议庭的同时，不少法院建立了相对固定的专门审理涉港澳台、涉华侨、技术纠纷、名誉权纠纷和赔偿案件的合议庭，以便于集中研究新情况、新问题，总结审判经验，提高审判水平。二是实行规范化办案。在总结审判实践经验的基础上，根据法律规定制定了刑事案件开庭审理、执行死刑和刑庭书记员工作实务细则以及经济审判程序规范，其他审判工作规范正在着手制定中。三是加强调查研究。针对经济犯罪出现新情况、新问题的实际情况，从理论和实践的结合上集中研讨了刑事犯罪与经济、民事纠纷交叉的案件及其审判对策。其他各项审判工作也都针对办案中的难点，开展专题研讨。四是加强审判监督，坚持有错必纠。除认真审理上诉、抗诉案件，处理申诉外，还采取普遍自查和上级法院对下级法院抽查已发生法律效力的案件的办法，检查问题，纠错防漏。一年来共审结刑事上诉案件922件，其中维持原判占84.2%；撤诉占4.3%；改判和发回重审占11.5%，占一审判决案件总数的2.2%，比上年下降1.2%，其中宣告无罪4人，占一审判决被告总数的5.4‰。审结抗诉案件28件，其中维持原判8件，改判和发回重审10件，检察机关撤回抗诉10件。全年依法退回检察院补充侦查177件，被告283人；检察院撤回起诉55件，被告95人，两项合计分别占审结公诉案件和被告总数的4.5%和5.1%。

（四）坚持结合审判活动，积极参与社会治安综合治理。一年来各级法院召开了325次公判大会，公开宣判了1000余名严重危害社会治安、严重破坏经济的罪犯；组织了300余件涉及改革开放、国计民生、各方关注的经济、民事纠纷案件，到纠纷发生的地区、单位、行业公开审判，就案讲法。参加公判会和旁听案件审理的干部群众共20余万人次。结合办案，向有关单位发出司法建议571份。与此同时，抓住庭审、宣判、回访考察等环节，把对罪犯的认罪服判教育贯穿到案件审理的全过程。根据罪犯在劳改中的表现，对确有悔改的，依法减刑假释，对抗拒改造、构成犯罪的，依法惩处，促使罪犯分化瓦解，改恶从善。与司法行政部门配合，加强对人民调解委员会的指导，努力把纠纷解决在萌芽状态，减少或消除不安定因素。积极为企业培训管理人员，介绍法律知识，接受法律咨询，提供法律服务。目前全市有人民法庭100个，其中市区新建街道人民法庭33个，正在日益发挥其方便群众诉讼，接待来信来访，宣传法制，指导调解委员会工作，参加社会治安综合治理等多功能作用。闸北区法院在所有街道建立了人民法庭，开展了预约接待来访，上门处理来信，在当事人工余时间调处纠纷等便民活动，在全市各区、县法院民事案件大幅度上升的情况下，该区法院的民事收案数比上年减少16%。

二、增强审判工作透明度，自觉接受各方监督

人民法院接受人大及其常委会的监督，是一项重要的宪法原则。市九届人大一次会议闭幕以后，我们及时将代表们在审议法院工作报告时，提出的意见和建议整理印发各级法院，要求联系实际对照检查，提出解决

办法和改进措施。不少法院建立了与人民代表联系的制度，负责地向人大常委会报告工作，邀请人民代表来院视察工作，认真听取人民代表的意见和建议，及时处理人民代表对法院工作的提案、意见，努力改进工作。为了增强审判工作的透明度，自觉接受社会各方的监督，高、中级法院健全了新闻发布制度，及时向社会各界通报法院贯彻执行中央、最高法院、市委和市人大常委会重大决定的措施，发布重大案件的审判信息；向政协委员介绍审判工作情况，认真听取意见，主动接受监督；公布《诉讼须知》、《举证须知》，实行挂牌接待来访，严格保持廉洁的公开办事制度；开展与工、青、妇、街道办事处、经济主管部门和企业负责人的协商对话，把人民法院的工作，置于广大人民群众和社会各方面的监督之下，对于增进相互了解，改善执法活动，提高执法水平，起了重要作用。

三、坚持为政清廉，加强队伍建设

党中央关于党和国家机关必须保持廉洁的要求，对行使审判权的人民法院尤为重要。全市各级法院坚持从严治院，改进和加强思想政治工作，围绕党的基本路线，认真开展了形势教育、理想教育、纪律教育，制定了法院干警保持廉洁、秉公执法的十项规定。据不完全统计，一年来全市法院干警拒收当事人钱物达700余人次，计人民币68000余元；拒绝当事人宴请260多人次；全年评出立功、受奖干警396名，文明单位、先进集体54个。上海县法院执行庭庭长姒望山被最高人民法院授予全国法院模范称号。对11件17人违纪事件，分别给予了应有的处分。为了尽快提高干部的业务素质，我们在抓好法院干部业余法律大学学历教育，举办经济审判庭长、信访科长培训班，开展全市书记员基本功考核评比竞赛的同时，又开办了法律（审判）专业证书教育，并着手筹建上海法官培训中心。去年，经国家教委考核并验收合格，已有603名干警从“业大”毕业，相当于国家15年分配给法院大专生的总和，使全市法院干警中具有大专以上文化程度的，由1984年的17%上升到51%。目前，还有638名干警在“业大”就读，有75名干部参加大学法律专业本科学习，10名干部攻读法学硕士研究生，3名干部在中国高级法官培训中心就读，还向国外派出了留学生。法院队伍专业知识偏低的状况正逐步改变。

一年来，本市各级法院认真履行宪法和法律赋予的职责，发挥审判职能作用，为治理经济环境，整顿经济秩序，深化改革，做了大量的工作，取得了一定成绩。但是，我们也清楚地看到，本市人民法院的主观力量和客观条件与面临的形势和任务都不相适应，还存在着前面讲到的许多不足和问题，法院队伍的数量和素质，必须充实和提高。近年来，在党委、政府的关怀和支持下，法院审判工作条件和干警生活虽逐步有所改善，但困难仍然不少，特别是审判法庭用房严重不足，审判业务经费偏紧已经影响审判工作的正常开展。工作人员住房相当困难，收入较低，不少政法院系毕业生已连续三年不愿到法院工作，致使法院进人困难，编制缺额较多，审判人员严重不足。对于法院自身存在的问题，我们将通过进一步加强自身的改革和建设，认真加以解决。对法院审判力量和物质方面存在的困难还请政府和有关部门继续给予支持和帮助，以保障审判工作的正常进行。

各位代表，1989年，上海法院工作继续面临形势严峻，情况复杂，任务繁重的态势。本市各级法院将根据全国七届人大二次会议和这次大会的决议，坚决贯彻党的十三届三中全会的方针和全国政法工作座谈会精神，紧紧围绕治理经济环境，整顿经济秩序，深化改革这个党的中心任务，狠抓队伍的思想、组织和作风建设，充分发挥审判机关的职能作用，继续依法从重从快和依法从严惩处严重危害社会治安和严重破坏经济的犯罪活动，积极参加对社会治安的综合治理，加强各项审判工作，做到有法必依，执法必严，为保障经济稳定，社会安定，促进社会生产力发展，为振兴上海提供充分的法律保障和及时有力的法律服务。

江苏省高级人民法院工作报告

——1989年4月23日在江苏省第七届人民代表大会第二次会议上

江苏省高级人民法院院长　李佩佑

各位代表：

1988年，全省各级人民法院以党的十三大确定的社会主义初级阶段理论和基本路线为指导，认真贯彻第十四次全国法院工作会议精神，全面而有重点地开展了各项审判工作，努力发挥国家审判机关依法惩治犯罪，保护人民，促进改革，服务四化的职能作用，全年共审结各类案件129214件。现将工作的主要情况报告如下，请予审议。

一、关于刑事审判工作

1988年，全省各级法院共受理各类刑事初审案件16748件（含旧存886件），比上年增加9.3%；审结15668件，比上年增加19.1%；判处被告人17016名，比上年增加12.5%。其中，判处五年以上有期徒刑、无期徒刑和死刑（包括死缓）5030名，占29%，比上年增加19.8%。判处五年以下有期徒刑、拘役、管制和免予刑事处分的有11914名，占70%，比上年增加31.6%。依法宣告缓刑的有1287人；宣告无罪的72人。对服刑中确有悔改、立功表现的罪犯，依法减刑、假释的有7852人。

1988年全省法院受理的重大刑事案件大量增加。故意杀人案件比1987年增加3.7%；抢劫案件增加89.5%；盗窃案件增加39.4%；流氓案件增加27.3%；社会丑恶现象诱发的犯罪，如拐卖妇女儿童、卖淫等，在一些地方也相当严重。有些地区群众失去了安全感。面对这种形势，全省各级法院对严重危害社会治安的犯罪分子继续贯彻执行了依法从重从快惩处的方针。对特别严重的刑事犯罪，有382件提前介入，及早掌握案情，保证依法从快审判，及时打击犯罪分子。从斗争实际需要出发，配合政法其它部门开展了打击流氓、盗窃、赌博、拦路强奸、抢劫等犯罪活动的专项斗争。依法组织公开审判、宣判大会10795次，震慑了犯罪。

在刑事案件中，青少年犯罪大量增加。1988年共判处25岁以下青少年罪犯9602人，占整个刑事犯罪总数的56.7%，比1987年增加37.7%。其中，14岁以上不满18岁的未成年人占10.3%，比1987年增加0.7%，自1985年以来，第一次超过10%。主要是盗窃、抢劫、强奸、杀人、流氓等罪犯。为加强青少年犯罪的综合治理，全省各地人民法院试办了审理未成人刑事案件合议庭，对失足少年着眼于教育、感化和挽救，实行“寓教于审”；同时，注意同家长、学校、社会结合起来，进行疏导、防范，共同矫治失足少年的不良行为。到去年底，全省已有36个法院试验这样做，共审理未成年人刑事案件463件，效果均较好。我们总结了试办未成年人刑事案件合议庭的经验，省院成立了专门指导小组，省公、检、法、司共同下发了关于审理未成年人刑事案件建立互相配套工作体系的意见，对未成年人犯罪的矫治工作从羁押、预审、起诉、审判、辩护、管教等各个环节规定了区别于改造成年人犯罪的不同做法和要求。

1988年，全省法院受理的初审刑事案件中，经济犯罪案件3007件，审结2899件。判处被告人3799名。其中，判处贪污案件被告人578名，贪污金额达475万余元（贪污数额10万元以上1人，5万元以上不足10万元的9人）。贪污数额巨大，情节严重被判处十五年以上有期徒刑直至死刑的9名。判处受贿案件被告人119名（受贿数额5万元至10万元的1人，万元以上不足5万元的19人），受贿金额达81万多元。判处投机倒把被告人59名（非法所得5万元以上不足10万元的2名，1万元至3万元的10名）非法所得总计达487600多元；判处偷税、抗税被告人25名，偷、抗税额达30多万元。为了配合治理经济环境，整顿经济秩序，全面深化改革方针的顺利实行，一些法院对重大而有影响的经济犯罪案件举行了新闻发布会，将案件事实和审理结果向社会公开，宣传了法制，扩大了办案的社会效果。从总体上看，全省法院对严重经济犯罪活动认真贯彻了依法从严惩处的方针，坚持了一要坚决、二要慎重，务必搞准的原则，注意严格区分工作失误同违法犯罪的界限，区分一般的违法行为同触犯刑法的犯罪行为的界限。

当前，我省的治安形势从总体上说是基本稳定的，广大人民群众的生产、生活和工作秩序正常。同时，也存在着很多问题和不安定因素，形势相当严峻，突出的是当前各类案件特别是重大刑事案件大幅度上升；一些地方的公共场所治安秩序混乱，威胁群众的安全；拐卖人口、赌博、卖淫等丑恶现象蔓延发展，人民群众对此十分不满。因此，全省法院对杀人、抢劫、重大盗窃、强奸、贩毒、拐卖妇女儿童、聚众赌博，以及强迫、引诱、容留妇女卖淫等严重危害社会治安的犯罪分子，要坚定不移地继续贯彻执行依法从重从快惩处的方针，特别要注意打击犯罪集团和流窜作案的主犯、累犯、惯犯。积极参加专项治理斗争，为实现今年全省治安大局基本稳定，逐步改善治安环境的目标作出新的努力。

现在，经济领域内的犯罪活动很猖獗，少数党政机关工作人员贪污受贿，社会上投机倒把、走私、诈骗等经济犯罪相当严重，必须依法严厉打击。根据最近省委政法工作会议精神和最高人民法院的要求，我们要特别注意抓好：1. 认真执行刑法和全国人大常委会《关于惩处贪污罪贿赂罪的补充规定》，把主要力量放在反贪污、反受贿上；2. 认真执行最高人民法院和最高人民检察院最近共同发出的《关于当前处理企业、事业单位、机关、团体投机倒把犯罪案件的规定》，无论是个人还是企事业单位、机关、团体进行投机倒把活动，情节严重，构成犯罪的，都要依法追究刑事责任；3. 对于走私、诈骗、偷税、抗税、假冒商标、制造伪劣商品等其它犯罪活动，也必须依法严惩。

二、关于民事审判工作

1988年全省各级法院共受理各类民事初审案件82128件（含旧存8781件，）比上年增加29.7%，审结68820件，比上年增加26.2%。

随着《民法通则》的全面实施，全省民事案件继续出现了数量多、类型新、审理难度大的新情况，反映了改革深化，商品经济发展后，人们生产、生活方式和观念的变化，反映了社会各方面利益的调整和民事权益的扩大。其中增长最快的是债务案件和赔偿案件，一年中全省法院受理民事债务案件13822件，比上年增加99.9%；受理民事赔偿案件8959件，比上年增加46.2%。由于目前对民间借贷利率等问题缺乏相应的法律规定，民事赔偿缺乏具体的法律标准，在法律的具体运用和尺度的掌握上存在一定的难度。各级法院结合实际，调查研究，不断总结和积累经验，审结了大量的新类型案件和疑难复杂案件，依法保护了当事人的合法权益。

婚姻案件在民事案件中历来占一半以上，1988年虽然民事权益纠纷案件上升幅度大，但婚姻家庭纠纷仍占46.4%，达34054件。比上年增加21.4%。改革、开放以后，群众的经济状况有了较大变化，离婚案件中争高档消费品和生产资料，争住房，转移变卖财产等情况日渐增多，使财产分割难度比过去增大；经济交往的增多和婚姻家庭观念的变化，草率结婚，见异思迁，第三者介入增多等问题在离婚案件中反映明显。各级人民法院坚持以感情是否确已破裂为标准，依法办案，坚持依法保护妇女儿童的合法权益，制裁违法行为。对于当事人的正确、合法的要求坚决支持；对一些与法不符的陋习依法予以制止，发现“纳妾”重婚，触犯刑律的依法予以制裁。保证了大量婚姻案件的顺利审结。各地法院还积极、慎重地审结了62件涉台民事案件。办案中，既坚持了依法办事的原则，又充分考虑到海峡两岸长期隔绝的实际情况，切实保护海峡两岸当事人的合法权益。

在民事审判工作中，各级法院注意从改善执法活动入手，克服审判工作中存在的某些与法不符的习惯做法，促进了办案效率和质量的提高。主要是：1. 认真执行公开审判制度。在过去的审判工作中，由于受习惯做法的影响和客观条件的限制，使不少依法应当公开审理的民事案件没有公开开庭审理。在探索法院工作的改革中，各级法院把公开开庭审理作为法院改革的一项重要内容来抓，使公开开庭审理的民事案件比重逐步增多，有的法院已占到应公开审理案件的90.5%。2. 强调当事人的举证责任。过去在审理民事案件中调查取证往往由法院一揽子包，对当事人的举证责任强调不够。根据民事诉讼法的规定，近年来逐步依法强调了当事人及其诉讼代理人的举证责任，法院则把主要精力用于判断、核实证据上，必要时依法调查和收集证据。

1988年判处死刑的刑事案件中，有27.8%是由于民间纠纷激化引起的。各级法院在民事审判工作中坚持把防止矛盾激化工作作为审判工作的重要环节，一年中防止了将要激化的矛盾3100多件。但要从根本上减少民事纠纷，防止矛盾激化，还需要依靠全社会的共同努力，依靠社会各部门、各单位共同配合和协作，加强基础工作，搞好法律知识的宣传教育，提高全民的法律意识和依法办事的观念。

三、关于经济审判工作

随着经济体制改革的不断深化和社会主义商品经济的发展，经济纠纷案件的数量和种类也越来越多，出现了许多新的类型的案件，如企业承包、租赁经营和联营合同纠纷；企业破产或债务清偿纠纷、技术合同和商标、专利侵权纠纷，劳动合同纠纷等。对这些新的类型的经济纠纷案件，各级法院坚持边学习、边实践，克服调查取证难、适用法律政策难、判决裁定执行难等各种困难，从有利于促进社会生产力发展的指导思想出发，依法审理了一大批经济纠纷案件。到年底统计，共受理经济纠纷初审案件37182件，比上年增加39%。审结27675件，比上年增加29.5%。解决争议标的33500多万元，维护了社会主义经济秩序。据了解，通过经济纠纷案件的正确解决，使面临破产的企业恢复正常生产、经营的就有320多件。

在经济审判工作中，各级法院注意强化服务观念和服务职能。一是由“等案上门”变为“送法上门”，主动为有关部门和企业进行法律服务，普遍进行了帮助有关部门和企业清理债权债务的工作。二是结合办案，促进企业之间的经济联系。在经济纠纷案件中，当事人双方往往“官司了结，关系告吹”。针对这一情况，绝大多数法院在经济审判工作中注意结合办案，尽可能促进企业之间的经济联系，提高办案的社会效果。镇江市两级法院一年来共有122件经济纠纷案件经过审理后，当事人双方重新恢复或进一步发展了经济协作关系。三是建立与企业的司法联系制度，加强经济司法联络员的培训。一年来全省法院举办了经济司法联络员培训班57期，受训1680余人。目前与法院保持联系的有1887名(含以往培训的)。他们在人民法院的指导下为企业开展法律服务，在及时解决企业经济纠纷，消除纠纷隐患等方面起着重要的作用。四是积极开展司法建议活动。全省法院共提出经济司法建议5430件，这些建议均不同程度地受到重视和采纳。

受理的经济纠纷案件中，数量最多的是经济合同纠纷案件，其中尤以购销合同纠纷最为突出，占受理经济纠纷案件的59.2%。一些单位和个人在经济活动中，不依法签订合同，以致相当多的经济合同不能履行。对此，一方面，人民法院在经济审判中坚持依法办事，切实保护正当的经营活动，制止和制裁非法经营，保护社会主义商品经济的发展和商品经济秩序的建立。另一方面，我们也希望社会各方面都予以关注，加强监督，避免和抵制违法经营。

经济案件执行难比较突出。去年，应执行而未得到执行的案件达4802件，比上年增加88.1%。不执行的主要原因，有的是资不抵债；有的是当事人法制观念不强，故意拒不执行；有的是有义务协助执行的部门和单位不予协助；有的也存在地方保护主义的干扰。最近，省委办公厅批转了省高级人民法院党组《关于经济纠纷案件审结后难以执行的情况和改进意见的报告》。省法院已经建立了执行庭，将对全省法院执行工作加强指导。全省各级人民法院将更加重视执行工作，健全执行机构，充实执行人员；加强对执行人员的教育和培训，提高业务素质；强化上级法院对下级法院的业务指导，严格依法办事，注意工作方法和工作作风，以理服人，以法服人。同时，我们也请各级人大常委会和各有关部门重视和加强对法院执行工作的监督和支持，做到有法必依，执法必严，违法必究。

四、关于行政审判工作

我省的行政审判工作已经开始。到去年底，全省已有86个人民法院建立了行政审判庭。配备行政审判干部299人。1988年共受理各类初审行政案件274件，审结238件。在行政审判中，各级法院坚持以事实为根据，以法律为准绳的原则，对合法、正确的行政决定，判决维持。审结案件中，维持行政机关决定的127件，撤诉的76件，两者占85.3%；行政决定不当，依法裁定撤销或判决变更的有24件，占10.1%。

由于这是一项新的诉讼制度，有些公民和组织对它还不熟悉，不习惯，甚至还不知道运用法律赋予的这项权利来维护自身的合法权益；有的机关不愿意出庭应诉，或者不执行法院的判决；人民法院审理行政案件也缺乏经验，有的审判人员还程度不同地存在着畏难情绪。这些问题，随着行政诉讼制度的不断完善和法制观念的不断增强，必将会逐步得到解决。

七届全国人民代表大会第二次会议刚刚审议通过的行政诉讼法，是一部重要的法律。我们将认真学习和贯彻执行，进一步建立、健全行政审判机构，培训行政审判干部，继续积极慎重地审理行政案件，总结审判经验，努力提高执法水平。

五、关于告诉申诉工作

1988年全省法院共接待群众来访98306人次；处理各类告诉申诉信函84366件。各级法院依照审判监督程序进行再审的刑事案件9160件；维持原判的5494件，改判的2323件。其中包括历史老案落实政策的扫尾工作，从有利于社会安定，维护社会主义法制出发，坚持实事求是，有错必纠的原则，严格依法办事。对原判正确的，则予以维持。原判在基本事实，基本性质或适用法律上确有错误的，实事求是地予以纠正。对台胞来大陆为亲属提出的刑事申诉案件，从消除台胞疑虑，促进祖国统一大业出发，依照法律和有关政策规定，认真、妥善地进行处理。无论改判还是维持原判，都做到合情、合理、合法，既坚持依法办事，又在法律规定的范围内根据案件的不同情况进行妥善处理。1988年共处理了涉台刑事申诉案件45件。

按照审判监督程序再审的民事案件525件，维持原判的318件，改判48件；再审的经济纠纷案件41件，维持原判的14件，改判5件；复查再审行政案件28件，维持原裁定的19件，改变1件。

六、关于法院的自身建设

各级法院坚持“从严治院”，改进和加强了法院干警的思想政治工作。从职业道德教育入手抓审判作风，抓廉政建设，有针对性地建立健全了一些规章制度。一年来，法院干部的政治思想状况总的说是比较好的，有11个单位集体立功；146个基层单位被评为先进集体，1053人被评为先进工作者，还有18名干警受到晋升一级工资的奖励。据不完全统计，全省各级法院拒礼、拒贿达5400余人次，拒吃请和说情的22000余人次。去年初，我省有个别法院成立了“讨债公司”、“综合商店”，个别法院的少数在职人员担任了企事业单位的法律顾问。省法院了解情况后，立即发出了《关于法院机关、在职干部不准经商、办企业的通知》，及时予以制止。

为了改善干警的文化、专业结构，提高业务素质和办案能力，各级法院采取了学历培训与岗位专业培训相结合的方法，加强业务建设，重点办好法院干部业余法律大学，加强领导，充实师资力量，严格教学管理，正确处理工学矛盾，教学质量有了进一步提高。1988年9月，全省已有1370名首届法律业大学员毕业，加上电大、函大和自学考试的毕业生，全省法院系统大专以上文化程度的干警已达29.6%。其中法律专业占21.7%，加上法律中专533名，具有法律专业知识的已占26.2%。目前法律业大的在学人员（包括《法律（审判）专业证书》教育）有2299名，法律专业本科函授78人，在中国高级法官培训中心学习的7人。与此同时，各级法院还结合审判工作的实际需要，对部分审判人员进行了专业培训。去年，全省法院共举办各种类型的岗位专业培训班62期，受训1312人。

在审判工作中，各级法院还推行了岗位责任制和目标管理，对于转变审判工作作风，增强审判人员的责任感和进取心，提高办案效率和质量，起到了积极作用。

法院的审判工作大量在基层，人民法院承担了80%的初审民事案件和三分之一经济初审案件的审判任务。各级法院坚持一手抓审判，一手抓建设，普遍重视抓人民法庭的建设。按照“两便”的原则，新设立了人民法庭24个，全省人民法庭已达536个。新建或改建了162个人民法庭的办公用房（含上年投建1988年建成的）。各级法院都有领导分工抓法庭工作，通过检查工作，调查研究，召开业务工作研讨会和法庭工作会议，总结交流经验，使人民法庭工作有了新的进展。

1988年全省法院的审判工作得到了各级人大及其常委会的监督和支持。有的市人大常委会领导同志亲自深入到各基层法院和人民法庭。视察检查工作，了解情况，听取汇报，帮助解决困难，发现法院工作中的缺点、错误，也给予严肃的批评和帮助，发挥了监督作用。今后，我们请各级人大及其常委会继续加强对法院工作的监督和支持。各级法院要自觉主动接受监督。

各位代表，一年来，全省各级人民法院的工作取得了新的进展，但我们的工作也确实存在着不少缺点和问题，还不能完全适应新形势的要求。表现在：（一）由于民事、经济纠纷案件上升势头猛。加上省法院宏观指导不力，未审结的案件增加了62.7%，使一些案件不能得到及时审理，有些地方还存在“告状难”的问题。要解决这一矛盾，从法院本身来说，要进一步加强审判工作的改革和建设，努力提高干部素质，提高办案效率，力争减少积案。同时，也有待于法院物质建设和经费状况的改善，有一个较好的执法条件。(二)案件“执行难”的情况比较严重，影响了执法的严肃性和法制的权威。(三)干警违纪违法事件仍有发生。总的讲，全省法院系统的干部是清正廉洁，遵纪守法的，但确有极少数干警经不起改革、开放的考验，违反纪律，甚至犯罪。1988年因挪用公款，构成犯罪，受到刑事追究的1人，因违反行政、审判纪律、工作失职受到党纪、政纪处分的有22人。极少数审判人员还有吃请受礼现象。办人情案、关系案的问题还没有完全杜绝，影响很坏。因此，加强思想政治工作，坚持不懈地进行廉政教育、遵纪守法和职业道德教育，是我们的一项长期任务，丝毫也不能放松。(四)少数法院行政管理松驰，发生了法院印章、案件材料和现金财物被盗的严重事故，影响了审判工作的正常进行。对严重事故的直接责任人员，各地已作了严肃处理。

各位代表：

1989年是“治理、整顿”，全面深化改革的一年，我们要认真贯彻中央和省委召开的政法工作会议精神，按照第十四次全国法院工作会议的要求，在党的领导和人民代表大会及其常委会的监督下，通过全面开展审判工作，充分发挥审判机关的职能作用，为“治理、整顿”服务，为建立社会主义商品经济新秩序服务，为“一个中心，两个基本点”服务。一方面依法严厉打击严重刑事犯罪和严重经济犯罪活动，维护社会安定和经济秩序；另一方面依法保护人民的民主权利和合法权益，调节经济关系，更直接地为改革、开放和发展社会生产力服务。全面履行宪法和法律赋予人民法院的职责，为保护人民，惩治犯罪，促进改革，服务四化，继续努力奋斗。

浙江省高级人民法院工作报告

——1989年4月30日在浙江省第七届人民代表大会第二次会议上

浙江省高级人民法院院长　袁芳烈

各位代表：

现在，我向大会报告一年来全省法院工作，请予审议。

浙江省第七届人民代表大会第一次会议以来，各级人民法院遵照大会的决议，在各级党委的领导和各级人大及其常委会、最高人民法院的监督、指导下，认真履行宪法和法律赋予的审判职责，不断改善执法活动，努力为“一个中心，两个基本点”服务。1988年共受理各类案件108121件，办结100608件，比上年分别增长32.5%和23.4%，发挥了审判机关依法惩治犯罪，保护人民，促进改革，保障四化的职能作用。

一、严惩严重危害社会治安和严重破坏经济的犯罪分子，为治理整顿和深化改革服务

一年来，全省各级人民法院以维护社会安定为目标，正确认识治安形势，继续依法从重从快惩处严重危害社会治安的犯罪分子。去年，共办结一审刑事案件12503件，比1987年增长13.5%，判处罪犯13783名，其中杀人、抢劫、强奸等严重刑事罪犯4279名，比1987年上升25.1%。在刑事审判工作中，突出打击重点，狠抓重大恶性案件的审判，对那些犯罪情节特别恶劣、危害特别严重的罪犯和恶习很深的惯犯、累犯、教唆犯以及逃跑后重新犯罪的劳改犯、劳教人员，坚决依法从重或加重处罚。给予刑事处罚的严重刑事罪犯中，判处五年以上徒刑至死刑的占54.7%，公诉刑事案件在法定期限内办结的占96%。温州市瓯海县章华宗、周建成杀死侨眷3人、杀伤1人的特大恶性案件，从法院收案到两犯被执行死刑，依法仅用8天时间。对严重犯罪分子及时严惩，收到良好的社会效果。

去年第四季度以来，全省各级法院针对社会治安的严峻状况，根据省委的统一部署，积极投入集中打击严重刑事犯罪斗争。广大干警不怕疲劳，加班加点，连续作战，办案效率明显提高。10至12月，判处无期徒刑和死刑的人数为全年的32.7%，召开宣判大会199次，宣判罪犯1485名。不少法院召开了万人宣判大会，规模大，声势大，震动大，有力地打击了犯罪分子的嚣张气焰，改变了一度行动迟缓、打击不够有力的状况，深受广大群众拥护。

近年来，经济领域内的犯罪活动猖獗，严重危害经济建设和改革开放。为了打击经济犯罪分子的嚣张气焰，各级法院进一步抓紧了严惩严重经济犯罪的工作。去年，全省法院共审结经济犯罪案件2522件，比上年增长22%；判处经济犯罪分子3376名，其中贪污受贿罪犯662名；被判处五年以上徒刑至死刑的罪犯764名，比上年增长41%；通过判处罚金、没收财产以及追缴赃款赃物，为国家、集体挽回经济损失927万余元。在工作中，各级法院积极投入打击盗伐滥伐林木，盗掘贩卖文物、偷税抗税等专项斗争，狠抓大案要案审判。对那些在全省有较大影响，严重危害改革、破坏经济、使国家和人民财产遭受重大损失的贪污、受贿、投机倒把等严重经济罪犯，坚决依法从严惩处。

各级法院在坚持"严打"的同时，注意了宽严相济，体现政策。对未成年犯，偶而失足的初犯以及投案自首、坦白立功、确有悔改表现的，依法从轻或减轻处罚；对于罪行较轻的，特别是过失犯、偶犯、少年犯，符合宣告缓刑条件的，则判处缓刑，放在社会上监督改造。此外，去年对6115名在劳改中确有悔改、立功表现的罪犯，依法予以减刑、假释。

一年来，各级法院紧密结合审判活动，积极参加社会治安的综合治理。除通过公开审判和公开宣判，就案讲法，增强群众的法制观念外，还运用案例发布会、上法制课、印发宣传资料等多种形式，张扬法制；并就审理案件中发现的问题，积极开展司法建议活动，堵塞漏洞，预防犯罪。据不完全统计，全省各级法院去年共提出司法建议2872条。同时，针对少年犯罪不断增多的情况，有9个法院开展了审判未成年人刑事案件合议庭的试点工作，"寓教于审"，对失足少年着眼于教育、感化和挽救，同时注重同家长、社会结合起来，进行疏导、防范，共同矫治其不良行为，受到社会和家长的欢迎。

当前，我省的治安形势仍相当严峻，经济犯罪活动猖獗的势头还未得到有效的抑制。从法院受理的案件看，今年第一季度与去年同期相比，新收各类刑事案件上升42.8%，其中杀人、抢劫、重伤害、重大盗窃等严重犯罪上升34.5%；青少年犯罪比例从43%上升到62.6%。特别是走私贩私、投

机倒把、赌博违法犯罪活动情况严重，但去年起诉到法院的，走私案件只有2件、投机倒把案件只有76件、赌博案件只有250件，与这几类犯罪的实际情况不相符合。存在这些问题，有多方面的复杂原因，值得引起严重关注。

我们要充分认识当前刑事犯罪活动的严重性及斗争的长期性、艰巨性、复杂性，增强严惩严重犯罪、维护社会安定的紧迫感，坚决执行全国政法工作座谈会精神和省人大常委会《关于打击严重刑事犯罪维护社会安定的决议》，继续依法从重从快惩处杀人、抢劫、强奸、贩毒、重大盗窃、行凶报复、拐卖人口、聚众赌博及强迫、引诱、容留妇女卖淫等严重刑事犯罪分子。特别要狠狠打击流窜犯罪分子和犯罪集团的首要分子。依法严惩盗伐滥伐林木和盗窃水利电力设备，破坏农业生产的犯罪分子。在审判经济犯罪案件中，要坚决排除干扰，狠抓大案要案，认真执行刑法和全国人大常委会《关于惩处贪污罪、贿赂罪的补充规定》，把主要力量放在反贪污、反受贿上。对投机倒把犯罪活动，无论是个人还是企事业单位、机关、团体，情节严重，构成犯罪的，都要依法追究刑事责任；对走私、经济诈骗、偷税抗税、假冒商标、制售伪劣商品等其他经济罪犯，也必须依法惩处。同时要继续贯彻宽严相济政策，积极参加社会治安的综合治理。努力稳定治安大局，力争治安状况好于去年，保障和促进我省治理整顿和深化改革的顺利进行。

二、加强民事、经济审判，搞好行政审判，维护社会生活和经济生活中的法制秩序

随着改革的深化，社会主义商品经济的发展和民主与法制建设的不断加强，纳入法律调整的民事、经济、行政关系越来越多。为适应形势发展的需要，全省各级法院大力强化保护人民合法权益的职能，依法管理社会、保障社会秩序的职能，依法参与管理经济，促进社会生产力发展的职能，为社会的安定团结和经济建设服务。去年，全省法院受理一审民事、经济、行政案件84140件，比1987年增长47%，已占法院一审收案总数的86.7%。

民法通则施行以来，全省法院受理的民事案件不仅数量大幅度上升，而且涉及的范围也越来越广。1988年，共受理一审民事案件54610件，比去年上升28.1%。其中离婚案件上升22.6%，在民事案件中仍居首位，占38.5%。离婚案件突出表现了在新形势下人们婚姻家庭观念的变化，一方面是追求婚姻自由、男女平等的多了；另一方面是第三者插足或轻率结婚提出离婚的也多了。债务案件不但受理件数上升54.7%，为建国以来债务案件最多的一年，而且出现了生产经营性借贷多、金额大、利率高等变化。同时，还增加了著作权、肖像权、名誉权等新类型案件。

据此，全省各级法院认真贯彻执行民法通则和其他民事法律、法规，广大民事审判干部，特别是人民法庭干部，在艰苦的条件下辛勤工作，坚持着重调解，巡回就地办案，方便群众诉讼，依法审理了大量民事纠纷案件。去年，全省审结一审民事案件50480件，比1987年上升29.5%。在工作中，审判人员注意把审理案件与法制宣传、精神文明建设结合起来，认真做好疏导工作，缓解矛盾，增强团结，尽可能做到案结纠纷了。特别是把防止矛盾激化作为社会治安综合治理的一个重要方面，对矛盾易于激化的案件，做到随到随办，优先审理，收到了良好的社会效果。据不完全统计，去年全省法院共防止了1024起可能发生的凶杀、自杀事件。各基层法院和人民法庭，加强对人民调解委员会的业务指导，发挥其第一道防线的作用，把大量民间纠纷解决在萌芽状态。

随着人们生产、生活方式观念的变化，民事权益的扩大，民事审判的任务越来越重，遇到的新情况、新问题比以前更多。经过努力，虽然办结案件数有较大幅度的增长，但未结案仍持续上升。到1988年底，未结案达10814件，比1987年底未结案6688件，上升61.7%。我们要继续认真贯彻民法通则，抓紧清理未结案，进一步加强对新情况、新问题的调查研究和新类型案件的处理，努力提高办案质量和办案效率，切实加强基层法院，特别是人民法庭的力量和工作，及时调处纠纷，把未结案减少到最低程度。

1988年全省法院受理一审经济纠纷案件28914件，比上年增长102%。在经济纠纷案件中，有90%是经济合同纠纷案件，其中借款合同纠纷案件上升幅度最大，为上年的11.4倍。建设工程承包合同、加工承揽合同、财产租赁合同纠纷案件上升幅度都在40%以上，企业内部承包或租赁经营、企业联营纠纷和企业破产的案件、侵犯专利权或商标专用权的案件、制售伪劣商品造成损害的赔偿案件，以及技术转让合同纠纷案件等，也开始增多。

我们进一步加强了经济审判工作，坚持诉讼经济原则，讲求办案社会效益，发挥人民法庭审理简易经济纠纷案件的积极作用。各级法院克服人少案多的矛盾，努力提高办案效率。1988年，共审结一审经济纠纷案件25408件，比上年增长81.9%，使4.9亿多元呆滞资金投入运转，维护了正常的经济秩序。特别是通过审理在当地带普遍性的、对改革有较大影响的经济纠纷案件，就案讲法，审教结合，治防结合，收到了很好的效果。如通过审理一批借款合同纠纷案件，有力地促进了农贷回收工作的开展。据丽水、金华、衢州、台州4个市、地24个法院的不完全统计，去年共为有关部门收回逾期贷款5674万元。这些工作，对我省经济发展起到了积极的作用，受到党委、人大、政府和有关部门的赞扬和支持。为适应改革开放的形势，探索做好经济审判工作的新路子，扩大办案效果，更好地为经济建设服务，各级法院加强了对新情况新问题的调查研究；加强与经济部门的联系，通过召开厂长、经理座谈会，征求对法院审判工作的意见和建议；举办经营管理人员法律培训班，开展法律咨询，为企业提供法律服务。

社会主义商品市场和资金、技术、信息、房地产等市场的建立和发展，特别是治理整顿、深化改革的进展，人们对人民法院依法调节经济关系的要求越来越强烈，经济审判的任务越来越重。我们要继续加强这项工作，在继续审理好原有的各类经济合同纠纷案件，特别是量大面广的购销合同和农村承包合同纠纷的同时，积极审理好在改革过程中出现的、反映新的经济关系和改革发展趋势的新类型案件，如企业内部承包、租赁和联营合同纠纷案件，企业破产和债务清偿案件等新类型案件；努力加快办案速度，缩短办案周期，不断提高办案质量；注重经济效益，更好地为经济建设服务。

开展行政审判是发展民主政治，健全社会主义法制，实行依法治国的一个重要方面。到目前为止，我国已有130多个法律和行政法规规定，公民和组织不服行政机关处理可以向法院起诉，还有大量的地方法规也作了类似的规定。诉讼到法院的行政案件逐年增加。行政审判是人民法院一项新的任务，经验不多。为了适应形势需要，一年来，我们一方面积极组建行政审判机构，已有省法院、9个中级法院和23个基层法院建立了行政审判庭；一方面积极慎重开展行政审判工作。去年，各级法院共审结行政案件579件。对于行政执法机关作出的正确处罚和处理决定，依法予以维持；对于确有错误的，依法予以撤销或变更，保障了公民、法人和其他组织的合法权益，支持了行政机关依法行使行政职能，促进了行政管理的规范化和法制化进程。

七届全国人大二次会议通过的行政诉讼法，是一部重要的法律，是我国政治体制改革的一项成果，也是我国社会主义民主和法制日益完善的一个重要标志。各级法院要抓紧做好明年10月1日起实施行政诉讼法的准备工作。要认真学习和大力宣传行政诉讼法，进一步建立健全行政审判机构，培训行政审判干部，认真总结审判经验，提高执法水平，积极稳妥地把行政审判进一步开展起来。

三、坚持严肃执法，改善执法活动

全省各级法院认真执行省七届人大一次会议《关于省高级法院工作报告的决议》指出的"要坚持公民在'法律面前人人平等'和'以事实为根据，以法律为准绳'的原则，依法独立行使审判权，秉公执法"的要求，在改善执法活动，提高执法水平方面，取得了一定进展。

一是坚持质量第一，努力把案件搞准。各级法院在审判工作中，认真把好事实关、证据关、适用法律关。严格区分罪与非罪，认真分清民事责任，正确适用法律，对事实不清，证据不足的，决不草率下判。上级法院加强了业务指导。去年，在公诉的一审刑事案件中，经法院审查，认为主要事实不清，证据不足而退回检察机关补充侦查的有705件；对不需要判刑商请检察机关撤回起诉的有129件；法院在补充调查和审理中发现漏罪漏犯的152件；宣告无罪的72人；审结人民检察院抗诉案件123件，对29件原判确实不当的，依法作了改判，占23.6%。同时，加强了审判监督，对已经发生法律效力的错误判决、裁定，及时改判纠正。去年，共办结刑事复查案件3857件，依法改判982件，其中"文革"前的599件，"文革"以来的383件，占25.3%，民事、经济复查案件558件，改判77件，占13.8%，做到了实事求是，有错必纠。

二是搞好公开审判，努力改变与法不符的习惯做法。公开审判是宪法规定的原则。各级法院把搞好公开审判作为严肃执法、提高审判水平的重要措施来抓，努力克服人手少、时间紧、任务重、场地设备缺乏等困难，对一审刑事案件基本上做到了依法公开审理、公开宣判，一审民事、经济案件依法公开审理的明显增多。一些法院对刑事二审抗诉、再审案件和影响大、争议大的民事、经济二审案件，也进行了公开审理。许多法院从实际出发，进一步明确了审判委员会、合议庭和审判人员的职责，理顺了关系，基本上防止和纠正了公开审判流于形式、走过场的弊端。实行公开审判，不仅依法保障了诉讼参与人的诉讼权利，而且带动了回避、辩护（辩论）、上诉等一系列审判制度的实行，提高了庭审质量。公开审判活动的改善，提高了审判工作的公开性和透明度，便于接受社会监督，保证了案件的公正处理，同时，也有利于进行生动、具体的法制宣传教育、预防和减少犯罪与纠纷的发生。

三是认真解决"告状难"和"执行难"，维护法律尊严。各级法院在解决这"两难"方面作了不少努力。过去几年，全省法院平均每年来信来访41万件次，其中86.8%是民事、经济纠纷和刑事案件的起诉、申诉，且重复信访的占相当比例。为了解决群众告状难，我们一方面强调变"谈谈转转"为真正解决问题，凡符合立案条件的，及时立案，抓紧依法处理；另一方面改进机构设置和工作秩序上存在的问题，将告诉、申诉纳入法制轨道。目前，省法院和6个中级法院、28个基层法院建立了告诉申诉审判庭，使告诉、申诉工作成为审判工作的一个组成部分。为了加强法院判决和裁定的执行工作，许多法院充实了执行力量，并对一些长期执行不了的难案、老案，由院领导带队，组织力量集中执行，还组织力量到外地执行。去年全省法院共执行了当事人申请执行和审判庭移送执行的民事、经济案件14437件，比上年增长23.8%，使公民和法人的合法权益得到保护，使一些濒临倒闭的工厂企业"起死回生"，促进了社会经济生活的正常运转，维护了执法的严肃性。

四是开展执法检查工作，提高严肃执法自觉性。去年下半年，根据省委和省人大常委会的要求，各地法院认真开展了执法检查工作。各级法院采取自查、互查、抽查案件，召开座谈会、对话会征询有关部门的意见，邀请人大代表视察等多种形式，进行了认真的检查。结果表明，全省各级人民法院在严肃执法方面，总的说是好的。在审判工作中执行刑法、刑事诉讼法、民法通则、民事诉讼法等法律是认真的。据省法院对杭州、湖州、绍兴等市12个法院486件刑事案件的检查和对湖州、嘉兴、丽水等市地6个法院532件民事、经济纠纷案件的检查，办案质量好的和比较好的，刑事案件占93.7%，民事经济纠纷案件占87%。存在的问题，主要是有些案件执行审判程序制度不严格，属于错判的是极少数，发现后，及时作了纠正。通过执法检查，也发现了审判作风、干部队伍方面存在的问题和薄弱环节。对此，有关法院及时提出了改进措施，建立、健全了相应的制度。实践证明，执法检查是一次很好的严肃执法教育，对促进干警牢固地树立依法办事的思想，保障宪法和法律法规的有效贯彻落实，进一步加强社会主义民主和法制建设具有重要意义。

为了在审判工作中全面地、准确地执行宪法和法律，今后我们要继续坚持严格依法办事，改善执法活动，既认真执行实体法，又重视执行程序法，努力提高办案质量。省法院和中级法院要加强对下级法院的业务指导和审判监督，对下级法院在严肃执法中遇到的困难要给予支持帮助。各级法院都要主动争取党委的领导和支持，自觉接受人大及其常委会的监督、指导，认真听取人民群众的意见，接受社会舆论的监督，不断提高执法水平。

四、加强法院队伍建设，适应新形势下审判工作的需要

全省各级法院根据党中央“经济要繁荣，党政机关要廉洁”的要求，努力提高干警的政治素质，认真把廉政建设作为法院队伍建设的重点来抓，坚持从严治院。一方面，开展经常性的理想宗旨教育、形势教育和职业道德教育；另一方面，加强制度建设，认真执行最高法院关于法院干警不准主观臆断、不准徇情枉法、不准贪赃卖法、不准吃请受礼、不准索贿受贿、不准经商牟利、不准欺压群众、不准泄露机密的规定，并经常对照检查，提高法院工作的透明度，健全内部和外部的监督制约机制。广大法院干警在审判任务重、工作条件差的情况下，经受住考验，保证各项审判任务的完成。根据《人民法院奖惩暂行办法》的规定，去年有289个先进集体受到表彰奖励，有1467名干警立功受奖。这些先进集体和先进个人中，有刚正不阿，排除干扰，坚持依法办案的；有一身正气，两袖清风，秉公执法的；有任劳任怨，不计名利，甘愿奉献，成绩卓著的。我省法院队伍主流是好的。但是，在改革开放新的形势下，也有极少数干警经不起金钱的诱惑和腐朽思想的侵蚀，违法乱纪，甚至走上犯罪道路，严重影响审判机关的声誉，玷污了人民法官的形象。对此，有关法院一经发现，坚决予以查处，决不姑息。去年全省法院因挪用公款、赌博、泄密等违法乱纪行为受到查处的有21人。松阳县法院经济审判庭原副庭长周道匡，因挪用公款被依法判处刑罚。我们利用这些反面教材，对干警进行廉洁奉公，遵纪守法的教育。

为了调动法院干警的积极性，克服干与不干、干好干坏一个样的弊端，各级法院把加强岗位目标管理作为一项重要任务来抓，根据各自特点，普遍建立了岗位责任制。并坚持经常督促检查，定期考核，落实奖惩办法，使先进得到鼓励，后进受到鞭策，有效地调动了干警的积极性，促进了办案质量和办案效率的提高。

为了适应改革开放的新形势和全面开展审判工作的需要，全省各级法院积极采取措施，提高干警的业务素质。一是办好法院干部业余法律大学。首届“业大”学员经过三

年的系统学习，已有1398人取得了高等法律专业专科毕业证书，使全省法院具有大专以上文化程度干部的比例，由1985年的9.1%上升到现在的34%，明显改变了我省法院干部文化和法律知识结构，加速了法院干部队伍知识化、专业化的进程。现在尚有在校学员1778名。二是进行各种形式的岗位培训。去年，全省法院新增干部581名，各级法院都抓了上岗前培训。省法院举办了三期军队转业干部法律培训班，共培训了军转干部240人。同时，全省法院还派出23名干部到高级法官培训中心和高等院校接受培训。三是开展各种业务竞赛，如开展司法文书竞赛、评选优秀审判长、人民法庭庭长等活动。通过这些活动，有力地促进业务素质的提高。

当前，一个比较突出的问题是亟待提高基层人民法庭干警的政治业务素质。全省现有人民法庭干警2448人，占全省法院干警总数的三分之一，担负着约70%的审判任务。他们平时学习机会少，加上新成份多，急需培训提高。为了加强基层建设，尽快提高人民法庭干警的政治、业务水平，省法院已着手在今年内，把全省500多个人民法庭庭长轮训一遍。

一年来，由于各地党委、人大和政府的重视和支持，全省人民法院的执法物质条件有所改善，尤其是审判法庭和人民法庭（以下称“两庭”）建设，有了新的进展。为了保证宪法规定的公开审判等制度很好贯彻实施，抓紧解决“两庭”建设问题，省法院根据我省实际，制订了“两年基本完成，三年扫尾”的具体规划，省政府拨出经费予以补助。在有关部门支持下，大部分法院已落实了建设计划，我们要继续努力，争取在1990年前基本完成“两庭”建设的任务。

一年来，全省法院工作在原有的基础上取得了一些进展。这是在各级党委的领导下，在各级人大及其常委会的监督支持下，各级法院共同努力的结果。但在我们的工作中还存在不少问题。一是少数案件办案质量不高，有些案件办案周期过长，重罪轻判、打击不够有力的现象仍有存在，轻罪重判的情况尚有发生；二是执行难的状况仍未根本改变，由于当事人申请执行和审判庭移送执行的案件明显增多，加上地方保护主义等影响，执行难度越来越大，到去年底尚未执行的案件8045件；三是思想政治工作抓得不够有力，少数干警不安心法院工作，纪律松弛，作风拖拉，有的甚至违法犯罪；四是审判力量、办案经费和交通、通讯等执法条件，不能适应日益繁重的审判任务的需要，矛盾突出，收案多、结案多、未结案多的趋势仍在发展。产生这些问题，有多方面的原因，但与我们省法院对新情况新问题调查研究不够深入、系统，对下级法院审判工作监督指导不够有力，是分不开的。我们将采取有效措施，努力改进。

各位代表，人民法院面临的任务将更为繁重和艰巨。今年第一季度，全省法院受理各类案件32261件，比去年同期上升40.5%。为了更好地担负起宪法和法律赋予的审判职责，我们决心认真贯彻全国政法工作会议精神，紧紧围绕贯彻治理整顿、深化改革方针，坚持一手抓审判，一手抓法院干警队伍建设。要继续深入开展严厉打击严重刑事犯罪和严重经济犯罪的斗争，狠抓大案要案审判，一旦起诉，抓紧依法从重从严惩处，并大张旗鼓地进行宣判处理，以震慑犯罪，教育群众，维护安定团结的政治局面，更好地为治理整顿和深化改革服务；要进一步加强民事、经济审判工作，努力提高办案质量和办案效率，抓紧清理未结案，坚持为民、利民、便民原则，进一步解决告状难；要积极慎重地开展行政审判工作，加强调查研究，总结审判经验，提高审判水平；要切实加强判决执行工作，充实执行力量，搞好审、执兼顾，认真解决执行难，要通过审判活动，积极参加社会治安的综合治理。同时，坚持从严治院，大力加强思想政治工作，以廉政建设为重点，建立健全各项办事制度，完善内外监督机制，严格执行法院干警“八个不准”，努力提高干警的政治、业务素质，保证为政清廉，严肃执法。我们殷切期望各级人大及其常委会加强对法院工作的监督、支持，使我们今后的工作取得新的进展。

安徽省高级人民法院工作报告

——1989年4月24日在安徽省第七届人民代表大会第二次会议上

安徽省高级人民法院院长　王成乐

各位代表：

自1988年1月省七届人民代表大会第一次会议以来，省高级人民法院和全省各级人民法院在党委的领导和人大常委会的监督、支持下，以党的十三大和十三届三中全会精神为指导，履行宪法和法律赋予的职责，全面开展各项审判工作，努力发挥国家审判机关依法惩治犯罪，保护人民，促进改革，保障四化的职能作用。一年来，全省各级法院共受理刑事、民事、经济、行政、申诉等各类案件81260件，审结77479件；处理人民来信112274件（次），接待群众来访143624人（次）。其中由省高级法院审理的各类上诉、抗诉、复核等案件865件；处理人民来信13185件（次），接待群众来访2401人（次）。现在，我就一年来的主要工作向大会作报告。

一、关于刑事审判工作

一年来，全省各级法院共受理各类刑事案件12019件，审结11508件，分别比上年增加10.56%和9.8%；判处刑事被告人13099人，比上年增加21.41%。在刑事审判工作中，继续贯彻执行依法从重从快的方针，对那些严重破坏社会治安，危害人民生命、财产安全的杀人、抢劫、强奸、重大盗窃、流氓等严重刑事犯罪分子依法予以严惩。在判处的罪犯中，判处十年以上有期徒刑、无期徒刑的犯罪分子占判处总数的5.5%，比上年增加0.4%；判处死刑的比上年增加22.8%。同时，对严重经济犯罪分子继续坚持依法从严惩处的方针，一年来共受理经济犯罪案件1456件，比上年下降0.5%，审结1390件，比上年减少1.9%，判处人犯1944名，比上年增加7.2%。其中党政机关、企事业单位工作人员利用职权进行贪污、受贿、投机倒把而被判刑的犯罪分子102人。在判处的经济罪犯中，判处五年以上有期徒刑、无期徒刑、死刑（包括死缓）的占22.15%，比上年增加13.65%。

全省各级人民法院在坚决贯彻依法从重从快和从严惩处方针的同时，认真执行惩办与宽大相结合的政策。对于犯罪后自首的，检举重大犯罪线索经查证属实确有立功表现的，或有其他法定从轻、减轻条件的，根据具体案情和不同情节，区别对待，依法予以从轻、减轻或免除处罚。对于已判刑的犯罪分子中确有悔改或立功表现的，则依法予以减刑或假释。全年共减刑4130人，假释204人。同时对脱逃和脱逃后又犯罪而加处刑罚的有318人。

近几年来，青少年犯罪是一个比较突出的问题，不仅犯罪案件增多，而且趋向低龄化。为了认真贯彻对少年罪犯教育、挽救、改造的方针，根据最高法院的部署，省高级法院确定合肥、马鞍山、芜湖、蚌埠、安庆市和滁县地区六个法院为未成年人刑事案件合议庭的试点单位，已设立了一审和二审未成年人刑事案件合议庭18个。通过这项工作，摸索加强对少年犯罪综合治理的经验，并为完善我国矫治失足少年的司法制度提出建议。

当前，全省社会治安大局是稳定的，但存在的问题不少，不安定因素增多，我们面临的形势还是相当严峻的。今年以来，全省刑事发案数仍呈上升趋势，特别是大要案上升幅度较大，一些特大的凶杀、抢劫等恶性案件时有发生。有些地方治安秩序混乱，群众缺乏安全感。各种社会丑恶现象继续蔓延。在经济领域中，贪污、受贿、投机倒把和诈骗等犯罪活动仍相当严重。因此，坚持"严打"斗争，稳定社会治安是一个长期的、艰巨的、复杂的任务。社会治安问题是多种矛盾的综合反映，必须依靠全社会的共同努力，动员和组织各方面的力量进行综合治理，但人民法院对此负有重要的责任。我们已要求全省各级法院的干警对社会治安的严峻形势必须有清醒的认识和充分的估计，进一步加强刑事审判工作，继续坚持依法从重从快和依法从严惩处的方针，严厉打击严重刑事犯罪活动和严重经济犯罪活动。当前，要重点打击杀人、抢劫、强奸、贩毒、重大盗窃、行凶报复、拐卖人口、聚众赌博以及强迫、引诱、容留妇女卖淫等严重犯罪分子。特别要狠狠打击流窜犯罪分子和犯罪集团的首要分子。各地人民法院要针对当地突出的治安问题，积极主动地配合有关部门，继续采用集中打击、集中整顿和专项斗争、专项治理的方法，既准又狠地打击刑事犯罪活动。要狠抓大要案的审理，运用公开审判，大张旗鼓地公开宣判，把犯罪分子的嚣张气焰压下去。在严厉打击刑事犯罪活动的同时，要结合审判工作，积极参加对社会治安的综合治理，为保障治理、整顿和深化改革顺利进行创造安定的社会环境。

打击经济犯罪活动，是人民法院的一项重要任务。当前要把主要力量放在反贪污、反受贿上。对于国家工作人员中那些贪污、受贿的腐败分子，凡构成犯罪的，都要坚决依法从严惩处，决不手软。要抓紧审理重大的贪污和受贿案件，依法严惩重大的贪污和受贿犯，遏制腐败现象的蔓延。对于严重危害社会主义经济秩序，群众反映强烈的投机倒把活动，不论是个人还是企事业单位、机关、团体进行投机倒把活动，情节严重，构成犯罪的，都要依法追究刑事责任。对单位进行投机倒把活动，情节严重，构成犯罪的，要依法追究其直接负责的主管人员和其他直接责任人员的刑事责任。对于诈骗、偷税抗税、假冒商标、制售伪劣商品等其他经济犯罪活动，也要积极配合有关部门，依法从严惩处，以维护正常的经济秩序和社会秩序。

二、关于民事审判工作

一年来，全省各级法院共受理民事案件51003件，比上年增加19.66%，审结45931件，比上年增加17.5%，结案率为90.06%。民事案件大幅度上升，反映了改革深化商品经济发展后，人们生产、生活方式和观念的变化，反映了社会各方面利益的调整和民事权益的扩大。同时民事案件的结构和内容也有了新的变化。在受理的各类民事案件中，离婚案件虽仍居首位，但在民事案件中所占的比例较上年相对有所下降，占民事案件总数的40.5%；而发生在流通领域中和与改革相关的民事案件则明显增多，债务纠纷案件已上升到第二位，占24.6%；损害赔偿案件（占9.3%）、因婚约引起的财物纠纷案件（占5.1%）、房屋纠纷案件（占4%）、土地纠纷案件（占3.3%）等也都有不同程度的增多。同时，一些新型案件，如著作权、肖像权、名誉权等知识产权和人身权方面的案件（共有75件）也开始诉讼到法院。各级法院通过对民事案件的审理，依法调整了财产关系和其他民事关系，保护了当事人的合法权益，促进了建设和改革的发展。

当前在民事审判工作中值得引起重视并需要认真解决的问题：一是因山林、水利、土地、婚姻以及邻里关系等引起的纠纷，往往由于在基层得不到及时、妥善处理而导致矛盾激化，甚至酿成恶性案件。尤其是一些土地纠纷，因对政府处理或法院的判决不服，而聚众闹事和集体上访的事件不断发生，影响了社会的安定。二是基层人民法庭力量比较薄弱。人民法庭处在法院工作的第一线，在法院受理的一审民事案件中，有80%左右是人民法庭审理的。人民法庭的工作做好了，全省法院的工作就主动了。因此，必须进一步加强人民法庭的建设，充实和调整人民法庭力量，加强对人民法庭工作的领导和指导，并加强基层调解委员会的工作，使绝大多数民事纠纷在基层得到及时解决，防止矛盾激化，缓解和消除不安定因素。

三、关于经济审判工作

一年来，全省各级法院共受理各类经济纠纷案件10764件，比上年增加33.63%。审结8868件，使29000万元的资金，重新投入运转。在受理的经济纠纷案件中，经济合同纠纷占绝大多数，其中购销合同5143件，占47.8%，借款合同1593件，占14.8%。各级法院在审理经济纠纷案件时，从有利于改革、开放，增强企业活力，提高经济效益出发，对一些同改革、建设有关联的案件，对一些季节性强的案件或者诉讼标的是鲜活、易腐烂、易损坏物品的案件，都优先安排，及时审理。并设法让受损一方先恢复生产、经营，再解决纠纷，尽量把经济纠纷造成的损失减少到最小限度。从而使一些陷入困境、甚至濒临倒闭破产的企业得到新生。同时，还结合办案，注意发现签订合同和经营管理等方面的问题，及时向有关单位提出司法建议。去年上半年，许多中级法院和一些基层法院，根据《民法通则》关于“向人民法院请求保护民事权利的诉讼时效期间为二年”的规定，针对本地区巨额债款没有及时收回，而债权人又不主动主张债权的情况，向人大和政府写出报告，指出请求法律保护金融、企业债权的期限将于1988年底届满，逾期将不再受法律保护。各地党政领导对法院的建议非常重视，召开会议，布置清债工作。各金融机关和企业纷纷清理债权债务，不少企业向法院提起诉讼，请求保护其合法权益。到去年12月底，淮北市中级法院受理10万元以上的借贷案件37件，诉讼标的总金额达2900万元。

当前，经济审判工作遇到的困难和问题：一是有的地方个别领导和部门从地方和部门的狭隘利益出发，干扰法院办案，加上有些办案人员屈从压力，使得一些经济纠纷案件该判决的不能及时判决或不能依法秉公判处；也有个别领导和部门，对人民法院依法作出的判决、裁定，因不利于本地的利益，而不支持不协助，有的甚至采取各种方式刁难、阻碍法院执行。二是有关主管部门不严格依照法律认真审查，对一些不具备法人资格或开业条件的发给营业执照，对一些无效合同或假合同也予以鉴证、公证，使得“皮包公司”又重新出现，一旦产生纠纷，提起诉讼，给法院的审判和执行都带来困难。这些问题，我在省七届人大常委会第五次会议上已作过报告并提出了办法。今后，我们要继续严格依法办事，改善法院自身的工作，争取有关部门的支持和配合，切实解决上述问题。

四、关于行政审判工作

我省法院行政审判庭是从1987年开始筹建的，截至1988年底，全省124个法院已建立行政审判庭92个，成立行政审判庭筹备组16个。一年来，全省各级法院共受理行政案件396件，其中治安行政案件272件，工商、税务、土地、林业、渔政、食品卫生、环保、城市规划、计量、药品、交通、海关等行政案件124件。人民法院在行政审判工作中，对行政执法机关作出的正确处罚和处理决定，依法予以维持；对行政机关作出的行政处罚或处理决定确有错误的，依法予以撤销或变更。在审结的373件中，维持行政机关决定的234件，占62.7%；撤销的46件，占12.33%；变更的5件，占1.34%；撤诉的65件；作其他处理的23件。审理结果表明，行政机关作出的处罚或处理决定大多数是正确的。人民法院通过对这些案件的审理，保障了公民和法人的合法权益，也促进和维护了行政机关依法行使职权。由于行政审判是人民法院一项新的工作，一些单位和个人对行政诉讼还缺乏认识，对撤销行政机关处罚或处理决定还不习惯，有的甚至拒不执行法院的裁决，或在法院裁决撤销原处罚决定后，又以同样的事实和法律条款再次予以处罚。这虽属个别现象，但影响不好，有损法律的尊严。第七届全国人民代表大会第二次会议通过的《中华人民共和国行政诉讼法》，是一部重要的法律，是我国政治体制改革的一个重要成果，是我国社会主义民主和法制日益完善的一个重要标志，也使行政审判工作进入了一个有法可依的新阶段。今后行政立法还将不断健全，起诉到法院的行政案件将越来越多。为适应这一形势，我们要认真学习行政诉讼法，培训行政审判干部，抓紧建立健全行政审判机构，积极审理好各类行政案件。还要认真搞好《行政诉讼法》的试点工作，以便取得经验，为1990年10月1日正式实施《行政诉讼法》创造条件。

五、关于审判监督和告诉申诉工作

一年来，全省各级法院共受理各类申诉案件7201件，其中刑事6911件，民事264件，经济26件；审结5684件，结案率为78.93%。经过再审，认为原判事实清楚，证据确实、充分，适用法律正确而驳回申诉，维持原判的3414件，占60.06%；原判不当，改判的1705件（刑事1657件，民事44件，经济纠纷4件），占30%；作其它处理的565件，占9.94%。根据刑事申诉案件占全部申诉案件绝大多数的情况，全省各级法院继续重视和加强了刑事审判监督工作，并注意突出工作重点：一是抓了复查历史老案、落实政策的扫尾工作。对少数复杂疑难的历史老案的申诉，按照有关法律和政策的规定，认真作了处理。二是根据最高法院的部署，对刑法、刑诉法实施以来，少数基本事实、基本性质搞错了或适用法律明显错误的申诉案件进行了复查改判。三是着重解决了一批信访重点户和上访老户的申诉案件。

为了贯彻落实党的十三大提出的要建立人民申诉制度的精神，确保大量的告诉申诉案件得到及时处理，切实解决告状难的问题，有效地保护公民和法人的诉讼权利和合法权益，使人民法院的告诉申诉工作逐步纳入法制轨道。根据最高法院的部署，调整了处理告诉申诉和信访的机构及其职能，设置了告诉申诉审判庭。目前，省法院和7个中级法院以及少数基层法院已设立了告诉申诉审判庭。将审查立案与审判分开：对告诉申诉的审查立案由告诉申诉审判庭负责；立案后的审判由各有关审判庭负责，以增强内部制约机制。

当前，全省各级法院的告诉申诉案件数量虽有一定的减少，但下降幅度不大。而且在各类告诉申诉中，重复告诉申诉、越级告诉申诉的仍很多，法院的告诉申诉审判任务仍然很繁重。针对这一情况，要继续建立和健全处理告诉申诉的机构，加强处理告诉申诉的力量，完善和改进分级负责处理告诉申诉制度，提高处理告诉申诉案件的质量，努力减少重复和越级告诉申诉案件。

六、关于改善执法活动，提高审判水平

按照有法必依、执法必严的要求，全省各级法院认真执行宪法和法律规定的“以事实为根据，以法律为准绳”的原则，和依法独立审判、实行公开审判等各项审判制度、程序，执法活动和审判水平有了改善和提高。通过继续深入学习、贯彻中共中央《关于全党必须坚决维护社会主义法制的通知》，依法独

立审判的宪法原则，越来越多地为社会各界所认识，法院的审判活动得到了更多的支持和尊重，“以言代法”、“以权压法”的现象比过去有所减少。在各项审判活动中，进一步强调严格执行以公开审判为重心的各项法定程序和制度。一审案件除法律规定不公开审理的外，基本上都实行了公开审理，并采取切实措施努力提高庭审水平，保证案件质量。在去年全省执法大检查中，各级法院共调卷检查了1987年至1988年6月审理的刑事、民事、经济和行政等类案件51592件，占同期审结数的62%。经过法院组织力量互查，上级法院和人大常委抽查认为，办得正确或基本正确的，各地都达到95%以上，有的地方达到98%，比前几年办案的正确率有了进一步提高。

但是，应当看到我们的执法水平还是不高的，执法不严，执法不力的状况仍然存在，有些地方还相当严重。一是有少数案件办案质量不高，在刑事案件中，有少数案件适用法律不当，定性不准，或者事实不清，草率结案，甚至个别案件混淆了罪与非罪的界限；在民事、经济纠纷案件中，有少数案件处理不当，显失公平，甚至也有个别错案。二是少数刑事案件超过法定审理期限的问题仍然存在，有的地方还较突出。其中有些是因为案情重大、疑难、复杂，特别是一些经济犯罪案件难度大，拖长了审理时间，但也有不少是因为工作抓得不紧而超过了时限。民事、经济案件的审理，虽无法定时限的规定，但有些案件拖得时间过长，有的甚至长达一、二年。三是公开审理的质量不高。一审案件除法律规定不公开的外，虽然基本上都已实行了公开审理，但有些案件的开庭是走了过场，流于形式。二审案件，包括省高级法院受理的二审、复核案件，虽然都做到了公开宣判，但开庭审理的很少。四是经济、民事案件的判决、裁定“执行难”仍是一个很突出的问题。由于地方保护主义和本位主义的干扰，经济纠纷案件的判决、裁定仍有20%左右得不到执行。尤其是到外地区的执行阻碍更大。去年曾接连发生了四起案件的执行人员在外省、市遭到围攻、殴打、扣留等严重阻碍经济判决、裁定执行的事件。在最高人民法院干预下，有的才得以解决。

目前，我省法院在审判工作中存在的问题，原因是多方面的。从主观上来讲，主要是由于我们有些审判人员素质较差，执法水平不高或法制观念不强，执法不力，造成了一些案件审理超时限，有些案件办得质量不高。从省高级法院领导上讲，在工作中还存在一些缺点，主要是对当前新形势下审判工作中出现的新情况、新问题调查研究不够，对下级法院审判工作的检查指导和审判监督不够有力。从客观上讲，当前在执法环境和执法条件方面还存在不少困难和问题，影响了严肃执法。有不少法院因为办案经费严重不足，出不了差，开不了庭，影响了案件的及时审理。全省至今有三分之二的法院没有审判法庭，限制了审判活动的正常进行。

为了促使人民法院严格依法办事，我省各级人大及其常委会加强了对法院的监督，使法院工作得到了极大的支持。各级人民法院必须自觉接受人大及其常委会的监督，接受人民群众的监督和舆论监督，认真解决执法中存在的问题，进一步提高执法水平。坚持做到有法必依，执法必严，违法必究，以维护国家法制的尊严。

七、关于法院队伍建设

一年来，全省各级法院为了进一步加强法院队伍建设，着重抓了两个方面的工作。一是继续抓好提高干警业务素质的教育培训。省法院办的法院干部业余法律大学安徽分校，去年经国家教委考核并验收合格，有1041名法院干警取得了法律大专毕业文凭，使法院干警中具有大专以上文化程度的由1987年的14%上升到29.4%。目前全省各级法院还有1773名干警在“业大”学习，预计到1993年将有53%的干警达到大专以上文化程度。去年还开办了法律（审判）专业证书教育，招收专业证书学员973人。同时还举办了基层法院院长、军转干部及法警等多种培训班40期，培训干警1603人，其中由省法院举办的有8期，培训干警564人。通过教育培训，进一步提高了法院干警的政治素质和业务素质，初步建立起符合法院特点的教育培训体系。二是把为政清廉的廉政建设作为法院队伍建设的头等大事来抓。全省各级法院除组织干警认真学习党的十三大和十三届三中全会文件，进行形势教育和党风党纪教育外，把最高法院提出的“实事求是，依法办案，刚正不阿，铁面无私”作为新时期人民法官的应有素质，把最高法院规定的“八不准”（一、不准主观臆断；二、不准徇私枉法；三、不准贪赃卖法；四、不准吃请受礼；五、不准索贿受贿；六、不准经商牟利；七、不准欺压群众；八、不准泄露秘密）作为保持法院干警廉洁的纪律，经常教育，以提高法院干警保持廉洁、防止腐化的能力。经过去年的全省执法大检查，党政纪律检查和财经纪律的大检查，法院机关为政清廉总的情况是好的，法院干警绝大多数是能够遵纪守法，廉洁奉公，秉公执法的。并且涌现出了许多先进集体和个人。去年被授予省级劳动模范的2人，最高法院通令嘉奖的1人，省政法系统表彰的先进集体4个，先进个人38人，省法院表彰的先进集体25个，先进个人160人。但是，在法院队伍中，也确有极少数人经不起改革、开放的考验，经不起金钱的诱惑和腐朽思想的侵蚀，而违法乱纪甚至犯罪，严重影响了审判机关的声誉，损害了人民法官的形象。按照“从严治警”的要求，我们对极少数干警中发生的徇私舞弊，贪赃枉法，索贿受贿等问题认真进行了查处。去年全省法院查实并严肃处理了16名违法乱纪的干警。

各位代表：

当前，全省各级法院面临的形势是严峻的，审判工作任务是繁重的。根据中央、省委和最高法院的部署和要求，全省各级法院要在省人民代表大会及其常务委员会的监督和支持下，振奋精神，努力工作，全面开展各项审判活动，充分发挥审判机关的职能作用，为治理整顿和全面深化改革提供有力的法律保障和及时有效的法律服务，为改革、建设创造安定的社会环境，为实现“稳定治安大局，力争治安状况好于去年”的目标努力奋斗。

以上报告，请予审议。

福建省高级人民法院工作报告

——1989年4月25日在福建省第七届人民代表大会第二次会议上

福建省高级人民法院院长　陈新秀

各位代表：

省第七届人民代表大会第一次会议以来，全省各级人民法院在党委领导和人大监督下，根据党的十三大和十三届三中全会确定的路线、方针，认真贯彻第十四次全国法院工作会议精神，进一步明确新形势下法院工作的指导思想，以保障、服务治理整顿、深化改革和实施沿海经济发展战略为中心，严格执行宪法和法律，全面开展各项审判工作，为维护社会安定，保障改革开放和社会主义经济建设的顺利进行起到了积极作用。现将主要工作情况报告如下，请审议：

一、充分发挥审判机关的职能作用，积极开展各项审判工作，为治理整顿、深化改革提供有效的法律保障和法律服务

（一）依法严惩严重刑事犯罪分子和严重经济犯罪分子，维护安定的社会环境。

1988 年全省法院共受理一审刑事案件 6905 件，审结 6683 件，判处罪犯 7546 人。对于严重危害社会治安的刑事犯罪分子，全省法院继续坚定不移地贯彻依法从重从快惩处的方针，共判处杀人、抢劫、强奸、流氓、重大伤害等严重犯罪分子 2723 人，占判刑罪犯总数的 36%。其中判处五年以上有期徒刑、无期徒刑、死刑（含死缓）1483 人，有力地打击了犯罪活动，保持了“严打”声威。在打击刑事犯罪斗争中，各级法院根据社会治安的突出问题，主动配合公安、检察等部门有针对性地开展专项斗争。对危害大、影响大、群众反映强烈和流窜我省沿海开放地区作案的重大恶性案件及时了解情况，选择典型案例，进行集中打击，快审快结，依法从重判处。对其中少数罪大恶极的坚决依法判处死刑。去年春节和国庆前后，全省法院共召开宣判会 115 场，判决 666 件 2090 人，其中流窜犯 107 人，依法处决了一批故意杀人犯、抢劫犯、强奸犯、故意伤害犯、重大盗窃犯、流氓犯。对于稳定全省治安形势，保障治理整顿、深化改革和经济发展起了积极作用。

同时，对在服刑中确有悔改、立功表现的罪犯，依法减刑、假释 3490 人，并深入劳改场所进行法制教育，促进了罪犯改造。

当前，我省社会治安状况总的说是稳定的，但是问题不少，形势相当严峻。刑事案件发案数还有增加，特别是重大案件时有发生。法院受理的严重刑事犯罪案件中以图财为目的的暴力犯罪明显上升；流窜我省沿海城镇杀人越货、盗窃诈骗犯罪十分突出；一些地方流氓结伙、寻衅滋事、伤害群众的犯罪活动猖獗；人民内部矛盾激化引起的杀人伤害案件也不断发生；一些社会丑恶现象屡禁不止。这些犯罪严重危害我省社会治安，破坏改革开放的顺利进行。我们要充分认识打击刑事犯罪斗争的长期性、艰巨性和复杂性，不能没有敌我意识和忧患意识，不能不讲专政，要时刻保持清醒的头脑，继续坚定不移地抓紧抓好这项工作，为稳定治安大局，使治安状况好于去年而努力。

1988 年，全省法院受理的刑事案件中，有经济犯罪案件 1392 件，审结 1315 件，个人非法所得万元以上的有 162 人。在审结的经济犯罪案件中，判处五年以上有期徒刑直至死刑的 354 人，占经济罪犯判刑总数的 22%，为国家集体挽回经济损失 669.5 万元。

在打击严重经济犯罪斗争中，我们继续贯彻依法从严惩处的方针，坚持“一要坚决，二要慎重，务必搞准”的原则。当前一些党政干部经不起改革开放的考验，利用职权进行贪污、受贿、投机倒把等犯罪活动，破坏改革，危害经济秩序，人民群众十分不满。人民法院运用审判职能，依法严惩这些罪犯，同党政干部中的腐败现象作斗争，是促进党政机关廉洁的重要手段，也是人民法院积极参加治理经济环境，整顿经济秩序的一项重要任务。一年来全省法院共判处国家工作人员进行经济犯罪的 210 人，特别是对少数担任领导职务利用职权进行经济犯罪的坚决严惩，决不姑息迁就。各级法院还配合税务机关开展了反偷税抗税专项斗争，判处了一批偷税抗税案件。我们继续抓紧大案要案的审理工作，坚持大案要案登记立卡制度，配合治理整顿，及时掌握情况，了解办案进度，加强审判监督。在审理经济犯罪案件中，我们十分注意区分罪与非罪的界限，注意掌握政策，严格执法。既打击破坏经济的罪犯，又注意保障改革开放和促进生产的发展。

一年来，全省各级人民法院在各地党委的统一领导下，充分发挥审判机关的职能作用，积极配合有关部门更加自觉地参加社会治安的综合治理，扩大办案的社会效果。在审理各类案件和接待信访工作中，注意掌握可能引起矛盾激化的信息，及时进行教育、疏导工作，防止发生群众性械斗恶性案件316件，防止当事人自杀52人。召开各类宣判会559场，以案释法1171件，旁听群众达81万多人次。召开新闻和案例发布会34场。并结合办案，向有关部门提出司法建议744件，动员和依靠社会力量，严格制度，加强管理，堵塞漏洞，预防和减少犯罪。

（二）大力开展民事、经济、行政审判工作，切实强化依法保护公民民主权利和其他合法权益，调节经济关系，促进生产力发展的职能，为治理整顿、全面深化改革，实施沿海经济发展战略服务。

1988年全省法院共受理民事案件31241件，审结30308件。受理经济纠纷案件6989件，审结6394件。受理行政案件277件，审结259件。及时、正确地处理民事、经济、行政案件，对维护国家利益，保障公民和法人的合法权益，巩固社会安定，促进改革和建设的顺利进行，建立社会主义商品经济新秩序越来越发挥着重要作用。

在治理整顿工作中，全省各级法院积极配合有关部门收贷、收税，整顿公司等开展专项审判工作。为了保证国家银行的正常调节作用，我们选择典型案例公开审理欠贷案件，促进了银行收贷工作的顺利进行。1988年9月至年底，全省法院审结银行收贷案件535件，收回逾期贷款3626.55万元。针对流通领域混乱状况，各级法院突出重点，及时审结了购销合同纠纷2988件，解决讼争标的金额17000多万元。正确区分正当交易与因缺乏经验而出现的失误，还是故意违反国家政策、法律，给国家和集体造成严重损失的界限。针对不同情况，明确是非，分清责任，正确、公平、合法地解决纠纷。对：四无公司”依法认定不具备法人资格，建议注销营业执照予以清理；对于倒买倒卖，违法经营的，认定合同无效，并追缴非法所得；发现违法犯罪线索的依法移送有关部门审查；对于有效合同，一方因被拖欠大量货款造成资金周转困难的，依照合同积极为其追款，维护正当经营。通过处理承包合同纠纷案件，解决合同执行中存在的问题，维护双方的正当权益，促进了经济发展。还深入实际，开展与企业家直接对话活动，经济司法联络员队伍已扩大到乡镇企业和“三资”企业，加强了法院与经济部门的联系。

我省面对台湾、临近港澳，华侨、港、澳、台胞及外商来闽投资办企业，探亲旅游的增多，诉至法院的各种纠纷也增多。审理好“四涉”（即：涉外、涉侨、涉港澳、涉台）案件，对创造一个良好的投资环境，发展我省外向型经济具有重要意义。为了搞好这项工作，“四涉”案件比较集中的福、厦、漳、泉四个中级法院专门设立了“四涉”案件合议庭。福州中院先后作出关于开展为外向型经济服务的六条决定和十条措施，切实改进工作作风，及时立案，优先审理，收到了较好的效果。去年全省法院受理民事涉台案件135件。在审理涉台案件中，既坚持国家法律的基本原则，又充分考虑海峡两岸长期隔绝的实际情况，依法保护两岸当事人的合法权益，增进了台胞对大陆法律、政策的了解，促进了两岸同胞的交流。

全省各级法院审理行政案件，依法保护公民、法人和其他组织的合法权益，维护行政机关依法有效地行使职权，保障治理经济环境，整顿经济秩序的顺利进行。实践证明，行政执法机关的执法活动是严肃认真的，绝大多数处罚或处理是正确或基本正确的，人民法院依法均予维持；确有错误的约占16.6%，依法予以撤销或变更，并认真分析产生错误的原因，向行政执法机关提出建议，以提高执法水平。

我省是南方重点林区之一，法院通过林

业审判活动，打击毁林犯罪，解决大量林权和林业合同纠纷。1988年全省法院共受理林业案件1133件，审结882件，为保护森林资源，促进林业生产的发展作出了贡献。

二、严肃执法，努力提高执法水平

严肃执法是审判工作的核心。只有严肃执法才能准确地打击敌人，保护人民，促进改革，服务四化；才能维护宪法和法律的权威。

党的领导和人大监督是各级人民法院坚持严肃执法的重要保证，我省各级人民法院自觉地将法院工作置于党的领导之下，主动接受人大监督。法院工作中的重大问题及时向党委、人大汇报。对党委建议和人大议案认真办理，切实改进工作，从而保证了党的路线、方针、政策和国家法律在审判工作中准确地贯彻执行。

严肃执法的关键，是坚持“以事实为根据，以法律为准绳”和“公民在法律面前一律平等”的原则。一年多来，全省各级人民法院坚持实事求是的思想路线，在办案中认真执行宪法和法律，认真执行省人大制定的地方性法规；不仅认真执行实体法，而且认真执行程序法。对起诉到法院的案件，严格把关，在查清案件事实，核实证据基础上，正确适用法律。对刑事案件，努力做到严格区分罪与非罪的界限，构成犯罪有从重加重或从轻减轻处罚情节的，依法从重加重或从轻减轻处罚。1988年审结的刑事案件中，依法宣告无罪的34人，建议检察机关撤回起诉的117人，发现漏罪漏犯要求补充起诉的31人。对于事实不清，证据不足的案件，退回补充侦查571件。对于民事、经济、行政案件，也在查清事实，分清是非，明确责任的基础上，合情、合理、合法地解决纠纷。同时加强了审判监督，坚持实事求是，有错必纠。1988年，全省法院审结刑事上诉、抗诉案件1363件（其中抗诉77件），维持原判的1049件，改判258件，撤诉或其他处理的42件；审结历年来发生法律效力的判决再审的案件3114件，维持原判的2099件，改判704件。审结民事、经济、行政上诉案件3626件，维持原判的1852件，改判1096件，调解及其他处理678件；审结历年来发生法律效力的判决再审的案件810件，维持原判的564件，改判116件。还通过案件质量评查等方法，检查审判工作中存在的问题，不断总结经验，提高办案质量。

三、加强人民法院自身的改革和建设

随着民主法制建设的加强，经济建设的发展，人民法院的审判工作有三大变化：一是案件数量大量增加。民事案件1988年收案比上年增加8.2%，经济纠纷收案比上年增加28%，行政案件收案比上年增加73.1%。这些案件都由法院直接受理，需要做大量调查取证工作，工作量很大。二是收案范围发生了很大变化。一方面法院受理案件类型除原有的刑事、民事案件外，增加了经济、行政案件。另一方面随着刑事、民事、经济、行政立法不断完善和改革开放的发展，出现了一些新类型的案件。三是案件审理难度增大。一些案件专业技术性强，审判人员需要学习必要的知识，在实践中总结办案经验。有的政策界限不明，需要研究探索，反复讨论，以求慎重。有的案情复杂，涉及面广，调查取证费时费力。

为了适应改革开放形势的发展和社会主义法制不断完善的需要，我们努力加强法院自身的改革和建设。

（一）加强法院的队伍建设，切实提高法院干警的政治、业务素质。党中央提出：“经济要繁荣，党政机关要廉洁”。全省各级人民法院十分重视以党的基本路线统一干警的思想，加强全心全意为人民服务的宗旨教育和廉洁奉公，执法如山的职业道德教育，强调不准以国家赋予的审判权作交易，坚持“从严治院”，严格执行“八个不准”，落实“两公开一监督”和各项审判制度，提高了干警对歪风邪气的抵抗力。据不完全统计，一年来全省法院干警拒收贿赂礼品的有2725人次，拒收现金和财物总价值达32.6万元。但是，也必须看到社会上歪风邪气也会对法院队伍产生腐蚀作用。一年来全省法院有违纪或犯罪的干警共31人，有关法院都及时认真地进行调查，并分别作了党纪、政纪、法律处理，保持了队伍的纯洁。

我们继续抓好干部教育培训制度的改革，在抓好法院干部业余法律大学教育的同时，又开办法律（审判）专业证书教育，并加强短期业务培训，创办了福建省法官培训中心。去年经国家教委考核验收合格，已有1166名干警从"业大"毕业，使全省法院干警具有大专以上文化程度的比例提高到32.6%。这对于完成审判任务，进一步提高办案质量，严肃执法起到了很大的保障作用。

去年全省各级法院院长进行了换届选举。换届后的法院领导普遍实行了任期目标管理，进一步完善岗位责任制，调动了广大干警的积极性，提高了工作效率。

（二）改进和完善各项审判制度。首先认真执行公开审判制度，一年来各类一审案件基本上做到了公开审理，二审和再审案件也积极进行了尝试，坚持把提高庭审质量作为保证办案质量的中心环节来抓。其次，加强和改进合议庭工作，理顺合议庭和审判委员会的关系，落实合议庭的内部分工。依照法律规定，赋予合议庭应有的职权，提高了审判人员的责任感。第三，在民事、经济案件中强调了当事人的举证责任，认真执行"谁主张，谁举证"的原则。从审查起诉开始，就强调当事人的举证责任，法院把主要精力用于核实、认定证据上，在庭审中加强质证，摆事实，讲道理，以理服人，提高办案质量和效率。第四，试办专门合议庭，提高审判水平。针对审判工作中的特殊要求，全省已有不少法院设立了审理未成年人刑事案件的合议庭，房地产案件合议庭，"四涉"案件合议庭，集中处理一类案件，便于总结经验，收到了比较好的效果。全省法院已设立未成年人刑事案件合议庭48个，并在工、青、妇，教育部门中聘请了一批特邀陪审员，探索适合失足少年心理的审判方式，积极贯彻教育、挽救和感化的方针，进行疏导、防范，共同矫治失足少年的不良行为。第五，成立告诉申诉庭，解决群众"告状难"的问题。人民法院收到的大量群众来信和接待群众来访，大多数是有关各类案件的告诉和申诉。为了保证告诉申诉得到及时处理，进一步明确了各级法院信访机构审查立案、处理申诉的职能，变信访机构为告诉申诉庭。抓好立案审查和健全对申诉分级负责制度，增强内部制约机制，以有效地解决"告状难"，保护公民和法人的诉讼权利和合法权益。

（三）加强基层基础工作。人民法庭担负着全省80%的民事案件和部分经济纠纷案件、轻微刑事案件的审判任务。加强人民法庭建设，是法院加强基层的关键。去年以来我们采取积极稳妥的步骤，加强了对人民法庭的组织领导和业务指导。采取确定中心庭、联片协作、巡回审判等方式调整了人民法庭布局，充实了人民法庭审判力量，提高了人民法庭的工作水平，使大量的纠纷就地得到解决，方便了群众，促进了社会安定。

法院的物质条件和技术装备在各级党委、政府的重视和支持下，有了一定改善。全省法院已有三分之一有了基本符合要求的审判法庭，这对于人民法院依法开展审判活动是一个基本保证。

回顾一年来的工作，全省各级人民法院认真履行宪法和法律赋予的职责，充分发挥审判职能作用，为治理经济环境，整顿经济秩序，全面深化改革，促进社会主义现代化建设的发展做了大量的工作，取得了明显的成绩。但是，也存在一些薄弱环节和需要解决的问题。法院干部队伍的质量和数量与形势发展的需要尚不适应，关于审判人员职级的规定在一些地方还没有完全落实；物质条件差，办案经费困难，法庭建设进展缓慢，全省90个法院，尚有26个没有审判法庭，已有的64座审判法庭中，34座不符合审判工作要求，需要改建扩建；对审判工作中的新情况、新问题深入的调查研究不够，对下级法院的指导监督需要进一步加强；由于案件多，力量不足，有的案件不恰当地适用简易程序或该立不立，超审限的现象仍然存在；有的案件质量不高；特别是民事、经济一审案件改判率比较高；案件“执行难”问题还比较严重。对于法院自身存在的问题，我们将在党委领导和人大监督下，通过进一步加强法院自身的改革和建设认真加以解决。对于法院物资方面的困难，请政府和有关部门继续给予支持和帮助，保障审判工作的正常进行。

各位代表：当前我国正处于历史性转变时期。在改革开放，两种经济体制交替过程中，各种社会矛盾和不安定因素增多，社会治安问题增多，各类案件上升，这种状况在相当一个时期是难以完全避免的。党的十三届三中全会提出，今明两年要把改革和建设的重点突出地放到治理经济环境，整顿经济秩序，全面深化改革上来。治理整顿，全面深化改革需要一个稳定的社会环境，我们的事业只有在稳定中得到发展，否则，改革开放的成果就不能巩固，任何事情也办不成。稳定的社会治安环境，必须用强有力的法制手段加以保证。年初，全国政法工作座谈会提出今年政法工作的目标是稳定治安大局，力争治安状况好于去年。目前，全省各级法院正在传达贯彻全国政法工作座谈会精神。人民法院面临着艰巨的任务。1989年全省法院要在党的十三大精神指引下，贯彻“一手抓审判工作，一手抓队伍建设”的思想，以治理经济环境，整顿经济秩序，全面深化改革为中心，全面开展审判工作。继续坚定不移地贯彻“严打”方针，毫不松懈地依法从重从快打击严重危害社会治安的犯罪分子和依法从严惩处严重破坏经济的犯罪分子，突出抓好重大刑事案件的审理，各级法院领导都要亲自抓重大案件的审判工作，对于经济犯罪案件要把主要力量放在审理贪污、受贿和投机倒把案件上。全面体现宽严相济的原则，该严的一定要严，该宽的一定要宽。要切实抓好民事、经济、行政、林业等各项审判工作，保护公民和法人的合法权益，大力强化运用法律手段调节经济的职能，维护正常的生产、流通秩序，大力宣传《行政诉讼法(试行)》，为正确实施行政诉讼法作好准备。要严肃执法，提高办案质量和效率，积极参加社会治安的综合治理。进一步加强调查研究和法制宣传工作，不断提高干警的政治素质和业务素质，抓好法院干部管理体制改革的试点工作。希望各级人大和政府继续关心、支持法院的两庭建设，改善执法条件，保证各项审判任务的完成。

过去的一年里，我省各级人大及其常委会对法院工作给予了极大的关心和支持。省人大常委和人民代表多次到法院视察，听取汇报工作，对我们严肃执法起到了很大推动作用。我们真诚地希望各级人大及其常委会继续加强对人民法院的监督。我们将进一步努力做好审判工作，积极为维护社会安定，保障治理整顿、全面深化改革的顺利进行，建立社会主义商品经济新秩序，建设社会主义物质文明和精神文明服务。

江西省高级人民法院工作报告

——1989年5月10日在江西省第七届人民代表大会第二次会议上

江西省高级人民法院院长 李 迎

各位代表：

现在，我将一年来全省人民法院工作的主要情况报告如下，请予审议。

一年来，全省人民法院认真贯彻执行党的十三大精神，以社会主义初级阶段理论和基本路线为指导，全面开展和加强了各项审判工作，围绕严肃执法，进一步加强法院自身改革和建设，努力提高执法水平，较好地完成了各项审判任务，为稳定社会秩序，保障和促进深化改革发挥了应有的职能作用。

一、关于刑事审判工作

1988年，全省人民法院共受理一审刑事案件8975件，比上年增加269件，上升3.5%，其中经济犯罪案件1547件，比上年减少259件，下降14.3%；审结一审刑事案件8932件，比上年增加275件，上升3.2%，其中经济犯罪案件1554件（含上年未结案）；判处人犯11208名，比上年增加672人，上升6.4%。其中被判处五年以上有期徒刑、无期徒刑和死刑（含死缓）的3121名，占27.8%；判处五年以下有期徒刑、拘役、管制和免予刑事处分的8087名，占72.2%；宣告无罪的60名。

在审结的全部刑事案件中，属于杀人、强奸、抢劫、爆炸、流氓犯罪集团、放火、重大盗窃等七个方面的严重刑事犯罪案件2283件，占25.6%，人犯4360名，占29.4%，分别比上年上升9.9%和17.8%。对于严重刑事犯罪分子，从总体上讲，各级法院都坚决执行了依法从重从快的方针，在所有被判处无期徒刑和死刑（含死缓）的罪犯中，属于七个方面的犯罪分子占90%以上。

此外，全省各级法院与公安、检察、司法行政机关密切配合，按照刑法、刑诉法的有关规定，审理各类劳改犯减刑案件4432件，假释案件199件。

在刑事审判中，各级法院主要做了三个方面的工作：

第一，根据当地社会治安情况和需要，抓住突出问题和重点地区，配合有关部门开展专项斗争。一年来，全省各级法院采取公开审判、公开宣判等方式，与公安等部门密切配合，协同作战，先后开展了对盗窃犯罪、流窜犯罪、走私文物、盗挖古墓和拦车拦路抢劫犯罪的专项打击活动，震慑了犯罪，有效地控制了治安局势。景德镇市两级法院针对本地走私文物活动猖獗的情况，积极配合公安机关组织的专项斗争，对走私和盗运珍贵文物金额70余万元、给国家造成巨大经济损失的向冬英等11名罪犯公开审判，依法判处重刑，这对抑制此类案件的继续发生收到了较好的效果。

第二，坚持以事实为根据，以法律为准绳的原则，把提高办案质量和效率统一起来，正确贯彻依法从重从快惩处严重刑事犯罪分子和依法从严惩处严重经济犯罪分子的方针。对依法应当从重从快的，特别是对那些主犯、累犯、惯犯、教唆犯和流窜作案犯，坚决依法从重从快判处；对有法定从轻、减轻情节的依法从轻、减轻；对不构成犯罪的依法判决无罪。在打击经济犯罪活动中，坚持一要坚决，二要慎重，务必搞准的原则，注意严格区分工作失误同违法犯罪的界限，区分一般违法行为与犯罪行为的界限，切实保证办案质量，做到宽严相济，不枉不纵，从而及时发现和避免了错案的发生。检查表明，我省各级法院执法是严肃的，办案质量是好的，效率是高的，除极少数案情复杂，依法延期审理外，均在法定期限内审结。

第三，开展了未成年人犯罪合议庭试点。为了教育、挽救青少年，省院和各级法院在深入调查研究的基础上，根据当前青少年犯罪增多的情况，积极探索和改进审判工作。省院建立了审理未成年人刑事案件指导小组，一些地、市、县法院根据需要设立了未成年人刑事案件合议庭，把审判工作纳入社会综合性工作范畴，动员和组织社会各方面的力量，做好未成年犯的教育、挽救、改造、转化工作。设立未成年人刑事案件合议庭，主要是依据法律和针对未成年人的特点，在审判方式上与成年犯相区别，因人制宜，因事制宜，注重启发疏导，"寓教于审"。至年底止，全省法院共设未成年人刑事案件合议庭9个，审判未成年人犯罪案件104件。试点证明，效果良好，对预防和减少重新犯罪起了积极作用。

当前，我省总的形势是好的，但就社会治安方面来看，不安定因素增多，形势相当严峻。全省法院受理的刑事案件仍呈上升趋势，严重危害社会治安的七个方面的犯罪案件增多，特别是抢劫、重大盗窃案件大幅度上升，分别比上年上升52.8%和72.6%；法院判处"三大刑"的案件，今年第一季度与去年同期相比，上升40%。而且在我省陆续出现以绑架儿童作人质的手段敲诈勒索等新类型的犯罪。经济领域里的犯罪活动也很猖獗。从法院审理经济犯罪案件情况看，重刑犯所占的比重增大，被判处五年以上有期徒刑、无期徒刑和死刑（含死缓）的严重经济犯罪分子占22.8%，比上年上升2.3%。上述情况说明，人民法院面临的打击严重刑事犯罪和经济犯罪活动的任务仍然艰巨。我们要有敌我意识和忧患意识，决不可掉以轻心，麻木松懈。各级人民法院要继续贯彻依法从重从快的方针，特别要注意打击犯罪集团和流窜作案的主犯、累犯、惯犯和严重危害社会治安的犯罪分子。要积极参加对社会治安专项治理的斗争。对当地比较突出的犯罪活动进行集中打击和集中整顿。对经济领域内的犯罪活动的打击，要把主要力量放在反贪污、反受贿上；要坚决惩治投机倒把犯罪活动，无论是单位或个人进行投机倒把活动，情节严重，构成犯罪的，都要依法追究刑事责任。同时，要注意依法严惩走私、贩毒、诈骗、偷税抗税、假冒商标、制售伪劣商品等其他经济犯罪分子，切实做到执法必严，违法必究。

二、关于民事审判工作

1988年，我们在坚持"两打"的同时，重视民事审判工作，从保护公民的合法权益，促进社会安定团结出发，狠抓民事案件的审理，认真调处各类民事纠纷。一年来，全省法院共受理民事案件38320件，比上年增加7702件，上升25%；审结36827件，比上年增加6965件，上升23%。同时处理简易民事纠纷2668件。

随着社会主义商品经济的发展，人们的经济观念和法律意识不断增强，民事审判工作发生了较大变化，出现了一些新情况，从总体上看，社会主义民主政治的建立，公民不仅享有广泛的财产权利，同时还享有广泛的人身权利，由此带来的民事纠纷日趋增多。一是债务案件上升幅度大，1988年全省受理的债务案件7410件，比上年上升64.8%，而且出现了主体复杂，类型多样，诉讼标的金额大，借贷利率高等新特点。二是离婚案件不断增多，在民事案件总数中仍居首位。1988年全省法院受理离婚案件15926件，占41.6%。当前在婚姻案件中出现了几种新的情况，一种是事实婚姻离婚案件增多，主要发生在农村及文化较落后的边远山区。一种是个体工商户离婚案件增多，甚至不断出现以夫妻关系非法同居、“纳妾”的现象。一种是封建思想作怪，重男轻女，因生女孩而引起离婚的案件增多。一种是第三者插足引起离婚案件增多。同时在离婚案件中，争财产，争子女抚养的现象比较突出。三是损害赔偿案件增多，在民事案件中已跃居第二位，而且处理难度也大。四是著作权、名誉权等新类型的纠纷已陆续起诉到法院。这些纠纷往往比较复杂，而现行法律规定又较为原则，处理起来难以掌握。此外，因山林、宅基地、水利发生争执，引起纠纷，甚至酿成杀人、伤害、毁坏他人财物的现象也不断出现。面对民事审判工作中的新问题、新情况，全省各级法院着重抓了四项工作：

第一，提高对民事审判工作的认识。一年来，我们特别强调和加强了对民事审判新情况新问题的调查研究，通过大量实际调查，充分认识民事审判工作的重要地位和作用，从而在工作部署和力量配备上，切实加强民事审判工作，使民事审判工作不断适应新形势发展的要求，保证了民事审判任务的完成。

第二，提高执法水平，确保《民法通则》等民事法律的贯彻实施。一是通过在职培训、召开研讨会等方式，联系实际组织民事审判干部认真学习《民法通则》，深刻理解和切实掌握其基本精神和具体内容，提高依法正确处理各类民事案件的能力。二是重点抓一审民事案件的审理，提高一审审判质量，从而使大量的民事案件在一审得到解决，避免了一些不必要的讼累。三是针对重大疑难案件、新类型的案件及审判实践中遇到的带普遍性的问题，开展专题调查研究，组织座谈讨论，明确法律依据，掌握工作主动权。四是不断改进民事审判方式。一方面注意总结审判经验，研究和强调诉讼当事人举证责任，把当事人举证和法院查证有机地结合起来，把重庭审前调查轻庭审调查的做法转变过来，保证民事案件正确、合法、及时审理。省院在调查研究的基础上，制定了《关于民事诉讼举证责任若干问题的意见》下发全省各级法院，对指导办案起了一定的作用。另一方面改进合议庭工作。通过落实责任制等措施，充分发挥合议庭作用，进一步提高了办案质量和效率。此外，坚持巡回办案和建立优先审理的工作制度，对重大案件和矛盾易激化的民事案件做到优先审理，使公民的合法权益得到及时保护，预防因民间纠纷处理不及时而可能导致凶杀、伤害等事件的发生。从而保证了《民法通则》等民事法律的贯彻实施。

第三，加强了人民法庭工作。人民法庭地处最基层，担负着审判大量民事案件、简易经济纠纷案件和轻微刑事案件的职能。人民法庭工作如何，直接关系到法院整个审判任务的完成。为此，我们一方面根据需要和可能，合理增设人民法庭。全省人民法院由1987年的371个增至400个，方便了诉讼，缓解了群众“告状难”的问题。另一方面调整人民法庭的审判力量，一些法院从本机关选调了一批审判骨干加强人民法庭的工作。所有基层法院都将增编干部主要充实人民法庭，逐步改变了法庭人员少，工作难开展的状况。同时，各级法院还采取措施，帮助人民法庭干部解决工作条件和生活条件等问题，从而稳定了思想，调动了法庭干部的积极性，较好地发挥了人民法庭前沿阵地的作用。

第四，狠抓了基层调解组织的业务指导和调解人员的业务培训。各级法院都建立制度，加强与调解组织的联系，定期组织调解人员学习法律业务，交流情况，共同研究解决问题的办法，并尽可能提供机会，组织庭审观摩，提高调解人员的业务水平，充分发挥调解组织的作用，使大量的民间纠纷在基层得到及时解决。

三、关于经济审判工作

1988年，全省人民法院共受理经济纠纷案件15200件，比上年增加8446件，上升125.1%，审结12818件，比上年增加6030件，上升88.9%，解决争议标的金额达16484万元。

在经济审判工作中，全省各级法院坚持维护社会主义商品经济新秩序，以保护和促进生产力发展为目标，不断更新观念，总结经验，改进审判工作，为求使之与经济发展形势相适应。我省的经济审判工作主要突出了"三个注重"：

第一，注重提高办案质量和效率。一是通过开展案件评查活动和召开疑难案例讨论会，总结交流经验，研究制定经济审判规范化的具体措施，为保证办案质量，提高办案率开辟新途径。二是强调当事人举证责任，坚持"谁主张，谁举证"，改变过去对经济纠纷案件被动审判的局面，避免了办案的盲目性，提高了办案质量和效率。三是抓好开庭审理，各级法院都把开庭审理当作严肃执法的大事来抓。无论案情复杂还是简单，无论是调解还是判决，都坚持依法开庭审理，并选择典型案件公开审判，切实做到对作为定案依据的事实和证据的当庭审查。

第二，注重社会效益，维护经济秩序。一是贯彻了诉讼经济原则。对生产、流通领域的经济纠纷，特别是涉及乡镇企业的经济纠纷，做到快审快结。使争议的资金和物资尽快投入生产流通，加速资金周转，发挥其应有的效益，避免和减少因诉讼期限过长等原因给诉讼当事人造成新的经济损失，切实保护当事人的合法权益。二是抓住突出问题开展专项审判。近年来，经济合同拖欠货款纠纷增多，特别是公民和法人拖欠银行贷款的情况严重，一度造成信贷资金周转困难的紧张局面。为此，一些法院注意从保护国家和集体利益，稳定市场经济秩序出发，适时开展专项审判，集中力量办理信贷合同纠纷案件，收到了明显的效果，据不完全统计，仅一两个月时间，宁都、上饶两县法院就为农行和农村信用社收回逾期贷款1370余万元。三是针对案件审理中发现的问题，就地开庭进行法制宣传，并及时向有关单位提出司法建议，帮助改进工作，堵塞漏洞，防止和减少经济纠纷发生。四是把审理经济纠纷案件与治理经济环境，整顿经济秩序结合起来。对倒卖合同，签订假合同买空卖空，或者在履行合同过程中以次充好，弄虚作假等投机倒把行为，除依法解决纠纷外，情节严重的，及时移送有关部门查处。

第三，注重执行工作。从全省情况看，当前经济审判工作中最突出的问题是执行难。究其原因，一是地方保护主义和本位思想使执行工作遇到阻力；二是一些依法应予协助执行的单位不积极协助；三是不少被执行人负债累累，没有偿付能力；四是一些具有执行能力的当事人，以种种借口拒绝履行义务。为此，1988年，全省各级法院把解决"执行难"的问题，作为经济审判工作的重点之一，深入调查执行情况，总结推广好的作法。特别是注意从法院自身工作上找原因，纠正重审判轻执行的倾向，加强执行力量，依靠各方面的配合，逐步解决阻碍执行的不利因素，使执行难问题有所缓解。当然，应该看到，尽管我们做了许多工作，取得了一些成效，但执行难的状况依然存在，并且仍有继续发展的可能，需要我们长期艰苦的努力。目前，省院已建立执行工作指导小组，力争使执行难的问题得到尽快解决。

随着经济体制改革的深化，经济立法的加强，经济纠纷的种类愈来愈多，收案范围将不断扩大，经济审判的任务更为繁重。特别是由于新旧体制的交替，以及社会主义商品市场和资金、信息、房地产等市场的建立和发展，经济生活中的新情况新问题不断出现，要求人民法院大力强化运用法律手段调节经济的职能。当前经济审判工作的情况是：收案多，结案多，执行难。一是购销合同纠纷逐年上升。一些人法律意识淡薄，在经营活动中不顾他人利益，不依经济合同法办事，随意撕毁合同；不少人利用无效合同、假合同进行欺诈，使合同签订后不能履行，酿成纠纷。二是出现了很多新型案件，如联营、企业租赁、企业承包、破产、专利、商标、技术合同、劳动争议等纠纷案件，这些案件法律关系复杂，审理难度大。三是执法条件和审判力量不能适应经济审判工作的发展。这些问题，属于法院职责范围的，我们将继续采取措施加以解决。同时希望能取得各有关部门的重视和支持，使经济审判工作能更好地发挥其对改革和经济建设的保障、促进作用。

四、关于行政审判工作

行政审判是国家赋予人民法院的一项新任务。行政审判制度的建立是社会主义民主和法制的重大发展，是保护公民、法人和其他组织的合法权益，维护和监督行政机关依法行政，改进工作方法，提高办事效率以及为政清廉的重要手段。为了加强这项审判工作，各中级法院都成立了行政审判庭，省院还提出，市辖区、地辖市法院和人口较多、行政案件较多的县法院都应建立行政审判庭，配备必要的干部。目前，全省已建立行政审判庭43个，并逐步开展了一些工作。一是组织行政审判干部学习行政法规，提高对行政审判重要地位和作用的认识，明确收案范围和法律依据。二是开展调查研究。全省许多法院先后走访了有关行政部门，了解行政执法情况，统一思想，共同磋商依法处理行政案件的办法。二是依法审理了一批行政案件。1988年，全省各级法院共受理一审行政案件244件，审结237件，审结率为97.2%，在所审结的行政案件中，维持原行政决定的占71.8%。

由于我们的工作缺乏经验，当前行政审判工作还存在不少困难和问题，需要不断探索，总结提高。最近召开的七届全国人大二次会议，通过了《行政诉讼法》，这是继《刑事诉讼法》和《民事诉讼法（试行）》颁布以后的又一部重要法律，为法院审理行政案件提供了重要的法律依据和准则。我们将加强学习，并选择时机举办短期培训班，培训审判干部，使行政审判人员尽快熟悉和掌握这个法律，以适应明年《行政诉讼法》实施的需要，把行政审判工作在我省全面开展起来。

五、关于告诉申诉和审判监督工作

告诉申诉工作是人民法院一项十分繁重的工作，也是了解和反映群众意见和要求的重要途径。1988年全省各级法院依照审判监督程序进行再审的刑事案件2070件，其中维持原判的1311件；再审民事案件156件，其中维持原判的95件；再审经济纠纷案件23件，其中维持原判的10件。处理来信98620件，接待来访116981人次。在告诉申诉和审判监督工作方面我们进行了一些改革。

第一，调整了申诉信访工作机构及其职能，建立告诉申诉审判庭，把法院的申诉信访工作纳入诉讼轨道。到目前为止，全省有44个法院设立了告诉申诉审判庭，占法院总数的37.7%。省院告诉申诉庭的主要职能是，担负本院管辖范围内所有刑事、民事、经济、行政申诉案件的审理，处理群众来信，接待来访，以适应告诉申诉审判任务的需要。

第二，建立和完善告诉申诉制度，明确各级法院对案件的管辖范围和分工，确定申诉信访处理原则，从而减少了推诿、拖沓现象，提高了申诉信访工作的质量和效率。通过工作，确实发现和纠正了一些错案，解决了一些老大难问题，防止了不少恶性事件的发生。

第三，根据省人大常委会的决定，开展了执法大检查。全省各级法院以严肃执法为中心，以检查案件和查处干警违法为重点，开展了为期四个月的执法大检查，工作比较扎实，成效比较显著。一是发现并纠正了执法中存在的一些问题，促进了依法办事。全省法院共检查各类案件46207件，发现不合要求的案件862件，占1.86%。对这些案件，本着实事求是，有错必纠的原则，都一一进行了复查，其中改判或部分改判的110件。同时，对执法犯法的干警，都依法作出了严肃处理。二是增强了法院工作的透明度，密切了与人民群众的联系。在执法大检查中，各级法院都注意在自查的基础上，采取内外结合的方式，走出去，请进来，向党政部门和有关人士介绍法院执法活动情况，虚心倾听各方面的意见和建议，请他们帮助法院改进工作，使他们对法院工作有进一步的了解，从而取得了党政部门的领导以及社会各界的理解和支持，密切了与人民群众的联系。三是提高了干警执法守法的自觉性，促进了法院队伍的自身建设。在执法大检查中，各级法院紧密结合实际，对广大干警进行思想和法制教育。通过表彰先进，树立榜样，改善管理，加强监督等措施，增强了干警法制观念和廉洁意识，涌现出一批秉公执法，不徇私情，兢兢业业为人民服务的先进集体和个人，赢得了人民群众的信赖。

事实证明，执法大检查是加强审判监督、民主监督的好形式，是维护社会主义法制，改进法院工作的一项重要措施，我们将作为一项经常性工作常抓不懈。我们诚恳地希望各级人大及其常委会继续对法院的工作依法进行监督。

六、关于我省法院的改革和建设

人民法院所面临的形势和任务，要求人民法院必须搞好自身的改革和建设，努力改善执法活动，提高执法水平，保证严肃执法。在加强法院建设方面，我们主要抓了四项工作：

第一，加强和改进思想政治工作，促进廉政建设。根据“经济要繁荣，党政机关要廉洁”的要求，各级法院把廉政建设作为“从严治院”的重点，联系实际，在干警中普遍开展了社会主义初级阶段理论和党的基本路线教育，加强了理想、纪律和职业道德教育，引导干警认清形势，正视现实，牢固树立为人民服务，为“一个中心，两个基本点”服务的思想。广大干警团结一致，在人员少、任务重、条件差的情况下，严肃执法，艰苦奋斗，保证了审判工作和其他各项任务的完成。涌现出许多先进人物和模范事迹。据不完全统计，1988年，全省法院有47人立功受奖，有371个单位和1225名个人被评为先进集体、优秀党员和先进工作者。其中有不少人在执行职务中不畏强暴，不受贿赂，尽职尽责，表现突出。但是，在我们的队伍中，也确实有极少数干警经不起改革、开放的考验，违法违纪，个别干警甚至走上犯罪道路。对违法犯罪的干警，我们决不姑息，一经发现，都及时作了严肃处理。

第二，加强教育培训，提高干警业务素质。全省法院坚持把加强干部教育培训工作当作一项战略任务来抓。省院自1985年创办法律业大江西分校以来，已招生四次，学员总数为2300名，占法院总人数的32.8%。在办学中，我们坚持理论联系实际和质量第一的方针，严格管理，不断改进教学方法，教育学员明确学习目的，端正学习态度，妥善处理工学矛盾，从而保证了教学质量。八五级有800名学员经考试和国家教委验收合格，取得大学专科毕业文凭，其中不少人成为办案的骨干力量。至今，全省法院干警具有大专以上学历的，已从1985年的6.7%上升到23%。去年，我省还有6人通过考试录取进入全国高级法官培训中心学习，他们将成为我省第一批具有学历资格的高级法官。与此同时，我们还通过举办培训班，讨论会等形式，加强教育培训。据不完全统计，全省法院共举办各类培训班289期，培训干部达8280人次。为使干警专业知识不断得到充实和更新，培养一支较高水平的法官队伍，经省委常委同意，省院已建立法官培训中心，今年秋季开始招生。我们相信，经过努力，法院干部的思想政策水平和执法能力一定会不断提高。

第三，对人事管理制度进行改革试点。省院积极引入竞争机制，在全省法院系统率先对晋升审判员职务的人员进行业务考试试点，切实做到未经业务考试和考核，或考试、考核不合格的不能晋升，并实行考试公开、考核公开。目前这项改革还刚刚开始，还有待于不断探索、总结和完善。

第四，加强基础建设，努力改善执法条件。一年来，在各级党委，政府的支持下，我们重点抓了县以上法院审判庭和基层人民法庭的建设，到目前为止，全省已建审判法庭12个，在建审判法庭22个，两项合计占应建审判法庭总数的31.9%。一些基层人民法庭解决了办公用房，添制了交通工具和生活用具，法院的执法条件在一定程度上得到改善。但是，也还存在不少问题和困难。审判法庭建设与法院审判工作需要相差较远；相当数量的法院经费不足，交通工具、技术装备无法更新和添制。因此，我们将继续努力，争取党政有关部门更多的支持和帮助，以保证审判工作的开展。

总之，在省委和各级党委的领导下，在各级人大的监督和各级政府的支持下，我省的法院工作有了一些进展。但是，由于主观和客观的原因，我们的工作在许多方面还不能适应改革开放的需要，还存在一些缺点。在思想上，我们还跟不上形势的发展，就案办案等传统观念和习惯作法还没有从根本上得到克服，注意办案的社会效果还不够，法院工作的透明度还不高，以致社会各界对法院工作还不够了解和理解，审判工作的作用也没有得到充分发挥；在审判工作中，少数案件的处理还不符合严肃执法的要求，办案质量和效率还不够高，甚至有个别案件判得不准和少数案件未按法定时限结案。尤其是我们深入基层调查研究少，对下级法院的审判监督和业务指导不够有力，具体帮助不够，等等。这些缺点，我们将认真研究，采取有效措施，努力加以解决。

各位代表，从发展趋势看，人民法院今后的审判范围更加广泛，面临的任务更加繁重、艰巨。我们各级法院一定要在各级党委的领导下，在各级人大的监督和政府的支持下，进一步努力全面履行宪法和法律所赋予的职责，切实做好各项审判工作，为治理整顿，深化改革，为稳定治安大局、巩固和发展安定团结的政治局面作出贡献。我们诚恳地希望各级人大及其常委会继续对法院的工作依法进行监督。

山东省高级人民法院工作报告

——1989年3月1日在山东省第七届
人民代表大会第二次会议上

山东省高级人民法院院长　孟昭炬

各位代表：

现在，我向大会报告1988年度人民法院的工作，请审议。

1988年，我省各级人民法院在省委、省人大常委会、最高人民法院和各地党委、人大的领导、监督下，在省政府、各地政府和公安、检察、司法、安全等有关部门的大力支持与密切配合下，以党的十三大和十三届三中全会精神为指针，认真贯彻落实省七届人大一次会议精神，积极开展各项工作，完成了繁重的任务，履行了审判机关的职责。

一、全面开展各项审判工作

一年来，我省各级人民法院适应改革、开放、发展社会主义商品经济的形势要求，在充分发挥专政职能，严厉打击严重犯罪活动的同时，注意了充分发挥保护人民的合法权益，依法调节经济关系，促进生产力发展的职能，全面开展了六项审判工作。

（一）坚持“两打”方针，严厉打击严重犯罪活动。

我省各级法院把严厉打击严重犯罪活动，作为重中之重，摆在各项工作的首位来抓，坚定不移地贯彻执行了“依法从重从快”和“依法从严”的方针，继续严厉打击了严重危害社会治安和严重破坏经济的犯罪活动。1988年，全省法院共新收初审刑事案件13,782件，审结13,616件，结案率为98.8%。通过审判工作，为国家和集体挽回经济损失2,046万余元。在发生法律效力的判决中，判决有罪的15,610人。其中，判处五年以上徒刑至死刑的共5,564人，占35.6%。一年内，省高级人民法院新收二审刑事案件和无期徒刑、死刑（含死缓）复核案件525件，审结531件，结案率为101.1%。经审理，核准无期徒刑172人，比1987年的111人增加55%；核准死缓×××人。比1987年的××人增加61.1%；核准死刑×××人，比1987年的×××人增加55.4%。在判处死刑的罪犯中，杀人犯、抢劫犯、强奸犯、伤害犯、流氓犯、拐卖人口犯、重大盗窃犯占98.1%。

对危害大、影响大、罪行特别严重的犯罪分子，各级法院坚决依法严惩。如去年10月，郓城县发生的一起重大抢劫、强奸案，五名犯罪分子在光天化日之下，劫持公共汽车乘客，当场进行抢劫和轮奸妇女的犯罪活动，影响很坏，民愤极大。案经菏泽地区中级人民法院公开审判、省高级人民法院二审复核，除在逃的1名罪犯外，对其余4犯全部判处死刑，立即执行。对这一案件的果断处置，得到最高人民法院的肯定，并作为典型案例，在2月5日《人民日报》上刊载。近年来，行凶报复基层干部、厂长、经理、企业家和执法人员的犯罪案件屡有发生。我省各级法院对这类犯罪活动进行了坚决打击，去年共处决这类犯罪分子×名，有力地打击了犯罪分子的嚣张气焰，显示了人民民主专政的强大威力。

在审判工作中，各级法院环环抓紧，从人力、物力等各个方面确保对刑事犯罪案件的及时审判。对重大刑事犯罪案件，坚持“提前介入”的方法，尽可能缩短办案时间，保证及时结案。如去年12月淄博市发生的犯罪分子拒捕行凶，杀害公安干部梁学章一案，淄博市中级人民法院和省高级人民法院提前介入，昼夜工作，按照全国人大常委会《关于迅速审判严重危害社会治安的犯罪分子的程序的决定》，迅速审理，从收案到执行死刑，两级法院审理总共只用了4天。

各级法院密切结合审判活动，积极参与社会治安综合治理，配合有关部门开展专项斗争。为扩大审判工作的社会影响，一年内共召开宣判大会763次，大张旗鼓地宣判处理重大典型案件2,936件4,730人。有些法院建立了案例发布会制度。省高级人民法院选择了近期发生的5起重大刑事案件印发布告10万份，发至全省每个村庄和基层单位，有针对性地宣传法制，收到良好社会效果。

全省各级法院在坚决贯彻执行“两打”方针的过程中，十分重视办案质量。从承办人、合议庭到审判委员会层层把关，严格依法办事，努力保证审结的案件事实清楚，证据确凿，定罪准确，量刑适当，程序合法，经得起历史的检验。特别是死刑案件，“人命关天”，从一审到二审，都采取了十分谨慎的态度，慎之又慎，绝对搞准，保证一个也不杀错。在定罪量刑的掌握上，坚持区别对待的原则，该严则严，该宽则宽。对严重危害社会治安的犯罪分子，该杀的坚决杀掉，决不手软；对人民内部矛盾激化引起的某些致死人命的案件，具体案件具体分析，凡有法定从轻情节，可杀可不杀的，就不杀。在执法大检查中，各级法院对去年判处的刑事案件进行了全部检查，没有发现冤案、假案；定罪量刑失轻失重以及适用法律不准确或有这样那样问题的案件，平均不到5%，绝大多数案件的办案质量是好的和比较好的。

（二）努力做好民事审判工作，及时妥善地解决各类民事案件。

民事纠纷量大面广。做好民事审判工作，依照法律和政策正确、及时地处理好各类民事案件，解决纠纷，疏导矛盾，制裁违法侵权行为，保护合法权益，维护正常的社会生活秩序，是人民法院的重要任务。我省各级法院以贯彻执行《民法通则》为中心，进一步加强了民事审判工作。一年内共新收初审民事案件81,699件，审结79,432件，结案率为97.2%。还调解处理尚未形成诉讼的简易纠纷22,754件，指导基层调解组织调处了大量民间纠纷，调节了人际关系，增强了人民内部的团结。

近几年来，民间纠纷激化为刑事案件的问题比较突出。许多重大恶性案件，就是由婚姻家庭、财产权益、相邻关系等民间纠纷引起的。在民事审判工作中，各级法院注意了在严格执行法律，正确解决纠纷的同时，做好认真细致的思想教育和疏导工作，防止矛盾激化。一年来，共防止当事人自杀、凶杀、械斗等事件6,100余起。

（三）大力加强经济审判工作，解决经济纠纷，调节经济关系。

依法正确、及时地处理各类经济纠纷，对于疏通经济流转关系，保障正当的生产、经营活动，促进经济建设的发展和社会主义商品经济新秩序的建立，具有重要的意义。一年来，全省各级法院共新收初审经济纠纷案件56,912件，审结55,385件，解决诉讼争议标的额52807万余元，结案率为97.3%；诉讼标的额比1987年增加43.6%。一年内，省高级人民法院受理二审经济纠纷案件46件，审结35件，诉讼标的额为1,152万余元。

在审判工作中，各级法院坚持了“法律面前人人平等”的原则，不论是集体还是个人，不论是当地人还是外地人，不论是本国人还是外国人或者港、澳同胞、台湾同胞，在适用法律上一律平等、一视同仁，特别注意了防止和克服地方保护主义的影响。对各类经济纠纷案件的及时处理，保护了公民、法人的合法权益，保障、促进了经济的发展，不少濒临绝境的企业，因此获得了新生。如莱西县产芝水库管理局下属的造纸厂和纸箱厂，因为发生纠纷较多，债权债务长期得不到清理，贷款无法归还，被银行查封了帐户，被迫停产倒闭。莱西县人民法院主动到该厂帮助解决纠纷，经过两个多月的工作，采取法制教育、调解、判决等方式，解决了两个厂与12个县、市45个单位的45件纠纷，追回欠款30万余元，使这两个厂起死回生。恢复了生机和活力。

（四）进一步开展行政审判工作。

行政审判是一项新的审判任务，现在已有100多个法律、法规中规定，公民或法人不服行政机关的处罚或处理决定，可以向人民法院起诉。我省各级法院本着积极慎重的态度，逐步开展了行政审判工作。全省已有12个中级法院、73个基层法院设立了行政审判庭，未设立行政审判庭的法院也都在有关审判庭安排了专人审理行政诉讼案件。

1988年，全省各级法院共受理一审行政案件395件，审结348件，结案率为88.1%。省高级人民法院除对全省的行政审判工作进行监督指导外，在烟台大学举办培训班，对全省法院的行政审判骨干进行了业务培训。

（五）积极开展交通运输审判工作。

在我省设立的青岛海事法院，是审判海商、海损等海事案件的专门法院。海事审判工作的开展，对于维护海洋运输秩序，保护海洋环境，促进对外经济贸易的发展，发挥了积极的作用。如去年6月，青岛海事法院根据南朝鲜赛旺航运有限公司的申请，依法扣押并公开拍卖了印度尼西亚某公司的一艘轮船，获得成功，扩大了社会主义法制的国际影响，提高了中国法院的声誉。香港《南华早报》头版载文报道："国际律师认为，青岛海事法院的这一行为象征着中国法院向其专业化审判和与国际海事诉讼同步方面迈进了一大步。"

济南铁路运输中级法院和济南、青岛、徐州铁路运输法院，在审判铁路系统和铁路运输过程中发生的刑事犯罪案件和经济纠纷案件方面，做了大量工作，为维护铁路交通运输秩序，保障我国交通大动脉的畅通无阻和客、货运输安全作出了重要贡献。

（六）认真做好告诉申诉工作。

告诉申诉审判工作，是人民法院对当事人提起的告诉和申诉，进行审查和再审的工作。各级法院以对人民负责、对事实负责、对法律负责的态度，在告诉申诉方面做了大量工作。去年，全省法院共处理人民来信115,654件，接待人民来访249,794人次，新收各类申诉案件4,431件，审结4,692件，结案率为105.9%。其中经再审改判或部分改判的1,265件，占27%。一年内，省高级人民法院处理人民来信19,954件，接待人民来访2,810人次，受理各类申诉案件144件，审结126件。

在告诉申诉工作中，我们特别注意了从基层法院做起，努力解决越级信访申诉多、重复信访申诉多、上访老户多的问题。经过努力，几年来信访申诉案件连年增多的状况开始转变。1988年的信访和申诉数量分别比1987年下降了14.9%和74.2%。来省、赴京上访的数量和上访老户也开始减少。

上述各项审判工作的全面开展，打击了犯罪活动，制裁了违法行为，保护了合法权益，维护了社会正常的治安秩序、生活秩序、经济秩序和行政管理秩序，对于治理、整顿、深化改革和经济建设的发展，发挥了重要的保障、促进和服务作用。

二、改善执法活动提高执法水平保障严肃执法

一年来，我省各级法院按照党的十三大和十三届三中全会精神，坚持以改革总揽全局，为改善执法活动，保障严肃执法，更好地发挥审判机关的职能作用，进行了积极的探索和实践。

各级法院进一步树立了"审判就是服务"的观念，努力通过各项审判活动，为改革和建设服务，为人民服务，为安定团结服务。审判各类案件中，发现对改革、建设、人民生活和社会秩序影响较大的急难案件，都集中力量，优先审判处理。执行政策、适用法律时，坚持以生产力标准为指导，对有利于改革、开放、发展生产力的行为，旗帜鲜明地予以保护和支持；对不利于改革、开放、发展生产力的行为，依法予以禁止或限制；对危害改革、开放，破坏生产力的行为，坚决依法打击和制裁。工作中，注意认真分析研究各类案件产生的原因和规律，发现问题或不良倾向苗头，及时向各领导机关或有关部门报告反映，提出司法建议。一年内，全省各级法院共发出书面司法建议2,284份，提出建议4,215条，其中已被采用3,298条。

针对近几年来民事、经济纠纷大量增加的实际情况，各级法院借鉴了对社会治安综合治理、对突出的犯罪活动专项打击的经验，运用系统工程的方法，把集中处理纠纷、开展法制宣传、帮助理顺关系等工作结合在一起，配合有关部门和基层组织，对民事、经济纠纷进行了专项治理。在前几年集中解决农村承包合同、房屋宅基等民事纠纷，帮助理顺农村民事、经济法律关系的基础上，去年以来，许多法院又主动配合有关部门，对乡镇、城市企业的经济合同纠纷开展了专项治理，既成批地解决了纠纷，排除了经济流转关系中的梗塞，又提高了公民的法制观念，

预防了大量纠纷的发生。如烟台市芝罘区法院，去年9月以来，先后帮助16个系统的79个单位清理经济纠纷。几个月时间，分赴全国18个省市的117个县区，解决经济纠纷175件，为企业追回债款645万余元。

为严肃执法，保证办案质量，提高办案效率，我们围绕"一个公开、三个为主"进行了审判方式的改革。"一个公开"即公开审判，根据第十四次全国法院工作会议的部署，除涉及国家机密、个人阴私和未成年人犯罪的案件等依法不能公开审理的外，要求一审案件一律公开审理；二审案件要尽可能地公开审理；再审案件要积极创造条件公开审理。并努力解决走过场、搞形式的问题，切实提高公开审判的质量和效果，以公开审判为重心，带动各项诉讼程序制度的严格执行。"三个为主"一是庭审调查与庭外调查相结合，以庭审调查为主；二是法院收集调查证据与当事人举证相结合，以当事人举证为主；三是以充分发挥合议庭的作用为主要内容，适当下放权力，改变审判委员会包揽一切案件的做法。初步试点的情况证明，实行"一个公开、三个为主"，有利于严肃执法，有利于提高公民的法制观念和依法办事的自觉性，有利于增强审判人员的责任心，有利于提高办案质量和办案效率，保证大量案件的及时审理，更好地解决群众告状难的问题。

根据省人大常委会的决定，我省各级法院认真进行了执法大检查。全省共组织审判干部1,650余人，对1988年审结的一、二审刑事案件，判决处理的民事、经济纠纷案件进行了逐案检查，对各类申诉案件和调解处理的民事、经济纠纷案件进行了抽查。共计检查案件32000余件。同时，对法院干警学法、守法的情况进行了认真地检查。目前，各级法院执法大检查的自查工作已经基本结束，正在总结研究检查的情况，解决检查中发现的问题，制定进一步改善执法活动，提高执法水平的措施，准备迎接各级人大的抽查。

三、加强人民法庭建设强化基层基础工作

一年来，在各级党委、人大、政府的领导、关怀和大力支持下，我省派出人民法庭的建设进展很快，有效地加强了人民法院的基层基础工作。到去年底，全省已派出人民法庭2,214个，基本实现了省委提出的一乡（镇）一庭的目标。1988年，全省各人民法庭共计审结民事案件70,828件，占全省法院民事结案总数的89.2%；审结经济纠纷案件28,747件，占全省法院经济纠纷结案总数的51.9%。在指导人民调解工作、开展法制宣传、参与社会治安综合治理等方面，人民法庭都发挥了重要作用。

实践证明，省委确定一个乡镇派设一处人民法庭，是加强基层法制建设的正确决策。一乡一庭的建立，既方便了群众诉讼，在一定程度上缓解了群众告状难的问题，也有利于把大量的民间纠纷及时解决在基层、解决在萌芽之中，起到第一道防线，保一方平安的作用，有利于维护基层的法律秩序，保障改革、建设的顺利进行。

四、加强队伍建设提高两个素质

为做好改革、开放新形势下的法院工作，各级法院本着从严治院的精神，大力加强了干警队伍的自身建设。突出抓了几件事：一是加强职业道德和职业纪律建设。教育广大干警坚持党的基本路线，坚持全心全意为人民服务的宗旨，自觉抵制剥削阶级腐朽思想和各种不正之风的侵蚀，清正廉明，秉公执法。针对法院工作的特点和发生违法违纪事件的实际情况，我们在全省法院干警队伍中开展了一不贪财、二不贪色、三不滥用职权的"三不"教育活动，并进行了一次纪律作风的整顿和检查。据不完全统计，全省法院干警一年内共拒收各种礼物、贿赂9,372次，拒收现金和实物折款605，592元。二是认真贯彻《人民法院奖惩办法》，深入开展立功创

模活动。对清正廉明、秉公执法、工作成绩显著的优秀模范干警和单位,给予表彰奖励。去年有660个集体,2,873名干警,分别受到了记功、晋级、授予荣誉称号等奖励。其中,昌邑县人民法院和胶南县人民法院,经最高人民法院考核批准,荣获集体一等功。在表彰鼓励先进的同时,各级法院建立健全了纪检组织,加强了对违法违纪事件的查处工作。去年发现干警中的违法违纪事件36件40人,已查处28件30人。其中给予政纪处分的10人,给予党纪处分的11人,依法追究刑事责任的2人,免予处分7人。三是加强专业教育,提高业务素质。1988年,我省各级法院有1,500名干警通过了全国法院干部业余法律大学的毕业考试,取得大专毕业证书。又经考试录取、选拔了3,500多名干警参加业大学习,分别接受大专教育和审判专业合格证书教育,有5名同志考入最高法院举办的高级法官培训中心。各地法院普遍对新进干部和人民法庭干部进行了专业培训。

干部队伍建设的加强,不断提高了干警的政治素质和业务素质,保证了各项审判任务的完成。实践证明,我省的法院队伍从总体上来说是比较好的,是一支可以为党和人民信赖的、有战斗力的队伍。

五、加强物质装备建设,改善执法条件

一年来,在省委、省人大常委会、省政府和各级党委、人大、政府的关怀和大力支持下,我省法院的物质装备建设得到较快的发展,执法条件进一步改善。去年,省人大常委会第六次会议听取并审议了人民法院建设情况的汇报,省政府、省计委、省财政厅、省机关事务管理局和各地政府等有关部门,在财政困难的情况下,拨出资金为法院解决了办案经费、审判庭和人民法庭建设、交通、通讯工具等方面的许多困难,为保障严肃执法创造了条件。

各位代表!

一年来,我省法院的工作虽然取得了一定的成绩和进展,但也存在着不少问题和困难,今后的工作仍然面临着严峻的形势和考验。一是刑事犯罪案件仍呈上升趋势,特别是杀人、抢劫等重大恶性案件比较突出,贪污、受贿等严重经济犯罪活动也很猖獗,"两打"斗争的形势相当严峻。二是民事、经济纠纷大量存在,诉讼案件持续增加,审判任务非常繁重。三是在发展商品经济的新形势下,干警队伍中确有少数意志薄弱者,经不住改革、开放的考验,在剥削阶级腐朽思想和不正之风的侵袭下打了败仗,违法乱纪、贪污受贿、徇私舞弊、执法犯法的事件时有发生,有的情节还十分严重,在群众中造成极坏的影响。四是工作开展的不够平衡,有些地区之间法院工作和建设上差距较大。审判工作中也有些薄弱环节。民事、经济纠纷案件和申诉案件积案较多,有些案件审理不够及时,群众告状难的问题还没有从根本上解决。有的案件办案质量不高;处理不当,某些方面执法不严的现象仍然存在。五是各级法院的物质装备条件虽有改善,但由于历史的原因,法院建设基础差,底子薄,在任务和人员迅速增加的情况下,困难仍然较多等等。上述问题的存在,从主观上检查,主要是我们省高级法院领导思想上跟不上形势的发展,对新情况、新问题系统地调查研究不够,信息不灵,掌握情况不够及时,对下级法院工作的指导监督不够有力。

在新的一年里,我们将在省委、省人大、最高人民法院和各级党委、人大的领导与监督下,认真学习、贯彻党的十三大和十三届三中全会精神、省五次党代会精神、全国、全省人大会议精神和全国、全省政法工作座谈会精神,继续落实第十四次全国法院工作会议提出的各项任务和要求,紧紧围绕治理经济环境、整顿经济秩序、深化改革这个中心,全面加强六大审判工作和法院的各项建设:

继续依法从重从快严厉打击严重危害社会治安的犯罪分子。打击的重点是杀人犯,抢劫犯,强奸犯,贩毒犯,重大盗窃犯,行凶

报复企业领导人和执法人员的罪犯，流窜犯，团伙头子，人贩子，强迫、引诱、容留妇女卖淫犯，赌头赌棍等十一种严重犯罪分子。更好地发挥审判工作的职能作用，积极参与社会治安综合治理，配合有关部门，搞好集中打击和集中整顿。

继续依法从严打击严重破坏经济的犯罪分子。重点放在反贪污、反受贿上，依法及时严惩严重贪污、受贿犯，惩戒犯罪分子，教育、鼓舞群众，促进廉政建设。对流通领域的投机诈骗、制造、销售假冒伪劣商品等犯罪活动，及时打击惩办，不论是个人还是单位，构成犯罪的，一律依法追究刑事责任。

继续大力加强民事、经济、行政审判等各项审判工作，保证各类案件的正确、及时处理，制裁违法侵权行为，保护合法权益，疏导民间矛盾，调节经济关系，促进社会主义商品经济新秩序的建立。

继续积极慎重地搞好人民法院工作的改革，以提高办案质量、办案效率，提高执法水平，保证严肃执法，更好地发挥审判机关的职能作用。

以为政清廉为重点，从思想政治工作上和纪律、制度上研究采取有效措施，加强法院队伍的职业道德、职业纪律建设，保持审判机关和审判队伍的廉洁，保障秉公办案，严肃执法。

大力加强基层基础工作建设，认真总结、研究人民法庭工作的经验、规律和特点，完善法庭工作的制度，加强对法庭工作和法庭干部的管理，努力开创人民法庭工作的新局面。

以审判庭和人民法庭建设为重点，依靠各级党委、人大和政府的领导、监督与支持，进一步解决各级法院物质装备建设方面的实际困难，保证各项审判工作的顺利开展。

1989年，是治理经济环境、整顿经济秩序，全面深化改革的关键一年，人民法院工作面临着繁重的任务和严峻的考验。为保证各项任务的完成，省高级人民法院和全省各级人民法院，尤其是各级法院的主要领导干部，都将继续恪守以下四条原则：(一）更加积极、主动、自觉地服从和依靠党委的领导；(二）更加积极、主动、自觉地接受和服从人大及其常委会的监督；(三）更加积极、主动、自觉地争取政府的支持；(四）更加积极、主动、自觉地与公安、检察、司法、安全和军事法院等有关部门密切配合，努力把各项工作做得更好。我们诚恳地要求和希望，各位代表、各位委员、各有关部门、广大人民群众和新闻界的同志，对我省法院工作给予严格地监督。不论是工作上、执行法律上、纪律作风上，发现问题，都请随时给我们提出批评和意见，我们不胜欢迎之至！

以上报告，请予审议。

河南省高级人民法院工作报告

——1989年4月26日在河南省第七届人民代表大会第二次会议上

河南省高级人民法院院长　郑增茂

各位代表：

一年来，河南省高级人民法院和全省各级人民法院在中共河南省委的领导下，在省人大及其常委会的监督下，以党的十三大提出的社会主义初级阶段理论和基本路线为指导，充分发挥审判机关的职能作用，共审结各类案件20多万件，较好地服务了改革和建设。现将一年来全省法院工作的主要情况报告如下：

一、关于刑事审判工作

1988年，由于新时期各种复杂的原因，我省社会治安出现了新的情况和问题，人民法院受理的刑事案件明显增多。全年共受理各类一审刑事案件23087件，比上年增加21.22%，其中属于杀人、抢劫、强奸、重伤、重大盗窃、流氓集团等七个方面的严重刑事犯罪案件8225件，比上年增加21.15%。特别是一些城镇和交通沿线，抢劫犯罪活动嚣张，流氓滋扰和流窜犯罪猖獗，人民群众的安全受到威胁，面对严峻的治安形势，全省各级法院根据省七届人大代表提出的批评、意见和建议，认真查找了思想上和工作上存在的问题，并遵照七届人大一次会议决议精神，进一步加强了刑事审判工作。一年来，全省各级法院共审结各类一审刑事案件22366件，比上年增加22.48%，结案率为96.88%，比上年提高1.01%；审结七个方面的严重刑事犯罪案件7970件，比上年增加24.16%，结案率为96.9%，比上年提高2.35%。判决发生法律效力的被告25488人，比上年增加32.33%。其中依法判处五年以上有期徒刑、无期徒刑和死刑（包括死缓）的7760人，占30.45%，比上年增加25.18%；判处五年以下有期徒刑、拘役、管制和免予刑事处分的17620人，占69.13%，比上年增加36.45%；宣告无罪的108人，占0.42%。98.55%的公诉案件在法定时限内审结，超审限案件比上年下降38.19%。

在打击刑事犯罪的斗争中，各级法院突出抓好大案要案的审理工作，依法对严重危害人民群众生命财产安全的杀人犯、抢劫犯、强奸犯、重大盗窃犯、流氓犯等严重犯罪分子进行了严厉打击。如对夏邑县横行4个省23个县102个村庄的刘道存等14人抢劫、强奸集团案，依法判处10名主犯死刑，剥夺政治权利终身，狠狠打击了犯罪分子的嚣张气焰。在审理大案要案中，全省各级法院继续坚持提前介入的作法，加快了办案进度，保证了及时打击。如郑州火车站发生的郭兴明持刀抢劫案，省、市两级法院提前介入，仅用7天时间就审结了此案，并依法处决了罪犯。在坚持依法从重从快方针严惩严重刑事犯罪的同时，全省各级法院认真吸取历史教训，坚持质量第一的方针，在“准”字上狠下功夫。特别是死刑案件，必须保证准确无误，经得起历史的检验。1988年省法院通过二审和复核程序，纠正原判在认定事实或适用法律上确有不当的案件84件，保证了办案质量。

为了更有效地震慑犯罪，各地法院在麦收前、入冬后积极配合有关部门开展了两次规模较大的集中打击，并对拐卖人口，强迫、引诱、容留妇女卖淫，偷税抗税，盗挖古墓、盗窃文物等犯罪活动开展了专项斗争，大张旗鼓地公开审理、公开宣判了一批刑事犯罪案件，依法处决了一批死刑罪犯。不少县、市和交通沿线地区的基层法院还配合公安、检察部门，集中打击了嚣张一时的路贼路霸。同时，全省各级法院还注意选择典型案件，深入到乡村、街道、厂矿进行公开审理，组织群众旁听座谈，就案讲法，增强群众的法制观念，扩大办案的社会效果；针对审理案件中发现的问题，及时提出司法建议，堵塞漏洞，预防犯罪；配合有关部门加强对判处缓刑、管制的罪犯进行定期考察，对劳改罪犯开展认罪服法教育等，积极参与了对社会治安的综合治理。

近年来，少年犯罪不断增多。1988年判处的罪犯中，不满18岁的未成年犯2606人，比上年增加31.68%。为了做好未成年人犯罪案件的审判工作，我们根据最高人民法院的部署，在郑州、洛阳、开封等城市的6个基层法院试办了少年犯罪案件合议庭。在严格依法办案的前提下，针对少年犯的特点，改进审判方式，寓教于审，促使其悔过自新。同时，与家庭、学校、社会组织结合起来，落实防范和帮教措施。实践证明，这样做的效果很好。南阳市人民法院回访考察的结果表明，该院少年犯罪案件合议庭判处的20名少年犯都不同程度地改变了以往的恶习。我们希望全社会都来关心和支持对少年违法犯罪的综合治理工作。

1988年，全省各级法院受理各类经济犯罪案件3356件，比上年增加7.19%；审结3230件，比上年增加8.57%。判决发生法律效力的被告4073人，比上年增加17.95%。判处五年以上有期徒刑、无期徒刑、死刑（包括死缓）的1108人，比上年增加21.62%，为国家挽回经济损失1526万余元。全省各级法院在审理经济犯罪案件中，坚持贯彻执行依法从严惩处的方针和一要坚决，二要慎重，务必搞准的原则，对证据确凿的犯罪分子，依法从严惩处，决不手软；对法律政策界限一时不够明确的案件，加强调查研究，严格区分违法与合法、罪与非罪的界限，保证准确、及时、有力地打击经济犯罪活动。坚持抓紧抓好重大经济犯罪案件的审判工作，加强与工商、税务等部门的联系，对重大经济犯罪案件立卡登记，掌握情况；对起诉到法院的贪污、受贿案件，按照刑法和全国人大常委会《关于惩治贪污罪贿赂罪的补充规定》，及时审理，严厉打击。

当前，经济领域里的犯罪活动猖獗，危害很大，群众反映强烈。全省各级法院要继续贯彻执行依法从严惩处的方针，把主要精力放在反贪污，反受贿上；要认真贯彻执行最高人民法院、最高人民检察院《关于当前处理企业事业单位、机关、团体投机倒把犯罪案件的规定》，无论是个人还是企业事业单位、机关、团体进行投机倒把活动，情节严重，构成犯罪的，都要依法追究刑事责任；要继续依法严惩走私、贩毒、诈骗、偷税抗税、假冒商标、制售伪劣商品等其他经济犯罪活动，为我省的治理整顿、深化改革提供有效的法律服务。

一年来，全省各级法院在继续贯彻执行“严打”方针的同时，认真执行了惩办与宽大相结合、区别对待的政策，对有法定从轻、减轻情节的，依法从轻、减轻处罚。1988年，全省各级法院依法宣告缓刑的1632人，对在服刑期间确有悔改或立功表现的罪犯，依法予以减刑、假释的15690人，对分化瓦解犯罪分子和促使罪犯积极改造，起到了重要作用。

二、关于民事审判工作

1988年，全省各级法院受理一审民事案件105808件，比上年增加27.17%，审结96147件，比上年增加30.16%。此外，各基层法院及其派出的人民法庭还指导人民调解委员会调处了大量的民间纠纷。民事案件的大幅度上升，反映了在改革；开放和社会主义商品经济发展的新形势下，人民群众生产、生活方式和观念的变化及民事权益的扩大。在审结的一审案件中，调解结案的占74.63%，判决、裁定结案的占14.6%，作移送、撤诉和终结诉讼处理的占10.77%。大量民事纠纷的妥善处理，对于增强人民内部团结，防止矛盾激化，促进“两个文明”建设，起到了积极的作用。

1988年，全省各级人民法院受理债务案件39688件，比上年增加70.9%，占一审民事收案数的37.51%，首次在民事案件中居于第一位。在债务案件中，出现了乡、村（镇）债务案件多，生产经营性借贷多，金额大，执行难度大的情况。人民法院依法保护正当的借贷关系和债权人的合法权益，维护和促进社会资金的流转。但从已发生的债务案件看，大量民间借贷处于自发状态，缺乏必要的担保制度，极易发生纠纷，甚至激化成刑事案件。为了把民间借贷纳入法制轨道，我们建议省人大制定关于民间借贷的地方性法规。

1988年，全省法院受理离婚案件33689

件，比1987年增加13.73%。占一审民事收案数的31.84%，在民事案件中居第二位。离婚案件出现了青年人离婚的多，女方要求离婚的多，经济发达地区离婚的多，调解和好的少的变化。离婚案件已由过去的离与不离之争向经济之争转变，从而在离婚涉及的财产性质的认定、财产的分割等方面出现了许多复杂情况。有的地方还出现了高价买离婚和因生女孩而离婚的现象。人民法院审理离婚案件，严格按照婚姻法的规定进行，从有利于保护妇女、儿童合法权益和制裁违法行为的原则出发，把感情是否确已破裂作为标准，以维护社会主义婚姻家庭制度。

民法通则颁布实施后，公民、法人的法定民事权利和义务的范围扩大了，一些新类型、新内容的案件不断发生，过去没有或少有的侵犯著作权、肖像权、名誉权等知识产权和人身权方面的纠纷案件不断诉诸法院。1988年，全省法院受理这类案件101件。由于这类案件涉及面广，而有关的法律政策规定又不具体，处理起来难度较大。人民法院在缺乏实践经验的情况下，按照民法通则的基本原则，积极慎重地审理了这类案件，依法追究了侵权人相应的民事责任，保护了权利人的合法权益。

随着民法通则的实施，民事审判工作从过去的主要靠政策逐步转变为主要靠法律，也执行政策。这个带有根本性的转变，对办案质量提出了新的要求。一年来，我们通过举办培训班、讲座、观摩学习、以会代训等方式，认真抓了对民法通则等法律及有关法规、政策的学习和贯彻执行。省法院和各中级法院还组织检查组，以民法通则的有关规定为标准，对部分法院一定时期的案件质量进行了检查。从检查的情况看，绝大部分案件的处理是正确的，较好地保护了当事人的合法民事权益。

三、关于经济审判工作

1988年，全省各级法院受理一审经济纠纷案件69633件，比上年增加8.13%，审结61411件，比上年增加7.47%。已结案件的诉讼标的金额达7.5亿余元。通过对大量经济纠纷案件的审理，依法调整了经济关系，有效地保护了当事人的合法权益，巩固了改革的成果，促进了生产的发展。

人民法院审理的经济纠纷案件，大都是公民、法人之间在生产流通领域内发生的纠纷，这些纠纷处理得好坏，直接影响着改革的深化和生产的发展。因此，我们强调经济审判工作必须明确树立主动为改革、开放和生产建设服务的指导思想。一年来，全省各基层法院从当地经济建设的需要出发，抽出2713名干警，组成645个巡回法庭，深入到企、事业单位和乡镇，受理经济纠纷案件42683件，审结39185件，解决诉讼标的金额1.38亿余元，显示了人民法院运用法律手段服务经济建设的积极作用。1988年，不少法院根据当地信贷资金短缺的情况，主动送法上门，为银行、信用社依法收回大量逾期沉淀贷款，加速了信贷资金的周转，支持了当地的经济建设。如濮阳县法院得悉本县农业银行由于收贷难而影响秋季粮、棉征购和农副产品收购的情况后，及时派出10个巡回法庭，审结贷款纠纷案件2557件，收回逾期贷款132万元。在巡回法庭的影响下，群众主动归还逾期贷款231万余元。农业银行及时将收回的代款投放到各粮、棉、油收购站，缓解了收购站资金短缺的困难，保证了收购任务的完成。各地法院在审理经济纠纷案件中，还注意运用法律手段直接制裁经济违法行为或建议有关行政部门予以处罚。对发现利用经济合同进行犯罪的案件，及时移交有关政法部门追究其刑事责任，从而使经济审判工作在治理整顿中发挥了积极的作用。

随着改革的深化，社会各方面利益的调整，农村承包合同纠纷不断增多。1988年，全省法院受理这类案件1541件，比上年增加13.73%。一些人法制观念淡薄，随意毁约，甚至封锁、毁坏、哄抢果园、渔塘等，严重影响了农村承包责任制的巩固和发展。各级法院对这类纠纷都很重视，深入调查，及时处理，依法保护承包人的合法权益。同时，对不尽完善的承包合同，进行了适当调整，并及时提出司法建议，促使有关部门加强对果园承包合同的管理，减少纠纷的发生。

一年来，全省各级法院还积极受理，大胆试办了一批新类型案件，依法妥善处理了一些紧缩信贷、压缩基建后出现的借款纠纷和建筑承包纠纷案件，以及深化改革中出现的企业承包、企业破产、技术合同案件等，强化了运用法律手段调节经济的职能。

当前，执行难的问题仍很突出。截止1988年底，全省尚有7297件经济纠纷案件的判决、裁定和调解协议未能执行，占应执行数的19.26%。造成执行难的原因是多方面的，有的从本地、本部门的利益出发，对依法应协助法院执行的不予协助执行；有的偏袒本地当事人，对外地法院委托执行的不予协助；有的是企业严重亏损，资不抵债；有的是"公司"被清理后，主管单位不负责清偿债务；有的是"四无"公司把货款或贷款挥霍殆尽等。这些情况影响了严肃执法，不利于治理整顿和深化改革的顺利进行。对此，法院要继续加强和改进执行工作，排除地方保护主义和本位主义的干扰，严格依法办事。同时，也希望有关部门依法予以协助。

四、关于行政审判工作

行政审判是人民法院的一项新任务。一年来，全省各级法院从组建机构，充实队伍等方面入手，边学边干，逐步开展了行政审判工作。目前，全省已有162个法院建立了行政审判庭，配备干部442名，还有14个法院正在筹建行政审判庭。省法院在积极抓好机构设立的同时，先后对172名业务骨干进行了集中培训，保证了行政审判工作的顺利开展。

1988年，全省各级法院受理涉及治安、土地、城建、环保、工商、税务、食品卫生等方面的一审行政案件562件，比上年增加80%，审结504件，其中维持行政决定的215件，占42.66%，撤销原行政决定的60件，占11.9%，变更或部分变更原行政决定的22件，占4.37%，撤诉的165件，占32.74%，移送的27件，占5.36%，终结诉讼的15件，占2.97%。法院通过对这些案件的审理，保障了公民和组织的合法权益，支持了行政机关依法行使职权，促使行政机关提高了执法水平。

行政诉讼制度的建立，是社会主义民主政治的重要体现。到目前为止，已有130多个法律、行政法规和一些地方性法规规定当事人不服行政机关处理，可以向人民法院起诉。但由于行政审判工作开展的时间较短，宣传的不够，不少组织和公民还不知道或不敢于运用国家法律赋予的这项权利来维护自身的合法权益；一些行政机关对通过诉讼程序解决他们与公民或组织之间的争议还不习惯，因为怕当被告，怕出庭，怕败诉，出现了不按法律程序办事，不出书面裁决，不告知被处罚人有起诉权的现象。为此，我们通过举行新闻发布会，撰写宣传文章，走上街头开展咨询活动等，增进社会各界对行政审判工作的了解，不少法院还主动和有关的行政机关共同研究协调行政执法和行政诉讼的有关问题，使行政审判工作得以顺利开展。

全国七届人大二次会议通过的行政诉讼法将于1990年10月1日施行。根据最高人民法院的部署，省法院在组织行政审判干部认真学习这一重要法律的基础上，将选择少数基础较好的中级法院和基层法院先行试点，取得经验，为行政诉讼法的实施作好准备。为此，建议各级人大及其常委会督促法院和有关行政机关开展行政诉讼法的试点工作。

五、关于告诉、申诉工作

处理告诉、申诉工作是人民法院一项十分繁重的任务。全省法院根据党的十三大提出的"建立人民申诉制度，使宪法规定的公民权利和自由得到保障，同时依法制止滥用权利和自由的行为"的精神，从提高认识，健全机构，转变职能，完善工作制度等方面入手，大力加强了告诉申诉工作，把"谈谈转转"变为真正解决实际问题。1988年，全省法院审查处理各类来信129672件次，来访223599人次。审查申诉立案移交审判庭或下级法院办理的21096件，调解简易纠纷16948件次，审查申诉驳回1840件，审查告诉申诉教育撤诉的19615件，指定管辖1531件次，法律解答76394件次。

一年来，针对我省重复申诉多，越级申诉多，滞留城市的申诉老户多的情况，省法院要求各级法院要切实贯彻分级负责的原则，努力提高工作质量，重点做好初信初访和上访老户的工作。1988年，全省法院处理上访老户案件519件，省法院对申诉时间长，案情复杂，处理难度大的案件，直接立案处理，收到了很好的效果。随着落实政策任务的完成，办案质量的不断提高和处理告诉申诉工作的进一步加强，使群众来信来访分别比上年下降25.55%和10.96%，重信重访分别比上年下降84%和16%。

1988年，全省各级人民法院按照审判监督程序审结刑事申诉案件7910件，其中，维持原判的4900件，占61.95%；改判的2243件，占28.36%；撤诉和作其它处理的767件，占9.69%。审结的再审民事、经济、行政案件1180件，其中维持原判的524件，占44.41%；改判的298件，占25.25%，撤诉和作其它处理的358件，占30.34%。通过处理告诉、申诉案件，保护了公民的诉讼权利和合法权益，维护了国家法律的严肃性，促进了社会的安定团结。如洛阳风动工具厂工程师姚孝伦受贿一案，省法院通过大量的调查取证，认定姚孝伦无罪，实事求是地作了纠正，社会各界反映良好。在受理的刑事申诉案件中，绝大多数是"严打"以来的申诉案件。我们在处理这类案件中，坚持实事求是，有错必纠的原则，注意从肯定"严打"成绩，巩固"严打"成果，有利于社会安定，维护社会主义法制出发，慎重处理，并注意社会效果。对那些确属错判的案件，依法予以纠正。

随着海峡两岸关系的发展，将会出现一些涉台民事和刑事申诉案件。人民法院将依据法律和有关政策，本着实事求是的精神，从有利于祖国统一和增进两岸人民情谊出发，合情、合理、合法地处理好这类案件。

六、关于人民法院的改革和建设

为了使审判工作适应新的形势，全省各级法院都注意加强自身的改革和建设，完善法院自身的机制，革除审判工作中存在的弊端，解决长期困扰和严重影响审判工作的问题，逐步使审判工作走向规范化。一年来，全省法院普遍抓了以下几个方面的改革和建设：

（一）改善执法活动，保证严肃执法

1988年，全省各级法院在改善执法活动方面着重抓了三点：一是大力加强和完善各种监督机制。为了保证全面地、准确地执行宪法和法律，全省各级法院在主动争取党委对法院工作的领导的同时，从内部和外部两个方面加强和完善各种监督机制。首先，自觉地接受和争取人大及其常委会的监督，认真执行各级人大对法院工作的决议，定期或不定期邀请人大代表座谈，听取代表们对法院工作的批评、意见和建议，还根据省人大常委会的部署，认真进行执法检查，努力改进法院工作。其次，采取多种形式，争取社会对法院工作的监督。有的定点与学校、企事业单位联系，听取社会各界对法院工作的反映；有的主动加强与新闻单位的联系，争取舆论监督；有的发表公开信，设置意见箱，方便群众进行监督。再次，省法院和各中级法院加强了审判监督工作，依法纠正确有错误的已经发生法律效力的判决和裁定，同时，通过检查、评查案件，帮助下级法院研究疑难案件等方法，加强对下级法院的指导和监督。二是大力搞好公开审判。1988年，我们把抓好公开审判，作为法院自身改革的重点，强调一审案件要不断提高公开审判的质量，二审、再审案件要创造条件，积极进行公开审判。目前，我省一审案件基本实行了公开审判，二审、再审案件公开审判也初步摸索了一些经验。实践证明，实行公开审判，不但有利于保障诉讼参与人的诉讼权利，增强审判工作的公开性，提高办案质量，而且有利于扩大法制宣传，抵制不正之风的干扰，保证严肃执法。最近，我们决定在全省法院开展公开审判观摩和评选优秀审判长活动，把公开审判向前推进一步。三是强调当事人举证责任。1988年，我们针对民事、经济审判工作中存在的审理时间长、效率低、存案多的问题，积极进行审判方式的改革，依法强调“谁主张、谁举证”，调动了当事人及其诉讼代理人的积极性，法院则把工作重点放在核实证据和正确适用法律上，从而提高了办案质量和办案效率。目前，这项改革正在全省范围内进行。

(二)改革人事管理制度，提高干部业务素质

1988年，全省法院按照最高法院关于“宁缺勿滥，统一考试，择优录取，高级法院把关”的要求，积极慎重地进行了增编进人工作。截止1988年底，已进1594人，总的来看，新进人员质量是好的。今后，我们将继续坚持最高法院规定的进人标准，在党委、人大、政府的支持下，严格把好进人关，不断提高队伍的素质。

1988年，全省各级法院普遍建立了岗位责任制，对院长、庭长、审判人员等规定了职责范围，提出了工作要求，明确了奖惩办法。实践证明，岗位责任制有利于提高效率，增强活力，进一步开创法院工作的新局面。今后，我们要继续建立和健全法院工作人员岗位责任制，促进法院各项工作紧张而有秩序地开展。

为了尽快提高审判人员的业务素质，适应日益繁重的审判工作的需要，我们进一步加强了法院干部的教育培训工作，在继续办好法院干部业余法律大学学历教育的同时，又开办了法律专业证书教育，并着手筹建法院干部学校。1988年，全省法院有1675名干警从法律业余大学毕业，使全省法院干警中有高等学校毕业学历的人数由8%增加到23.96%。目前，还有2386名干警在法律业余大学接受学历教育和专业证书教育。同时，还举办了各种类型的短期培训班。这些措施，加速了法院干部知识化、专业化进程，为将来实施法官法奠定了基础。

(三)坚持从严治院，加强廉政建设

一年来，我们根据党中央关于“党和国家机关必须保持廉洁”的要求，狠抓了廉政建设。省法院召开专门会议，认真学习中央和省委关于廉政工作的指示精神，查摆法院队伍存在的不廉洁问题，分析出现某些腐败现象的原因，提出了保持法院队伍廉洁的措施。省法院和各中级法院加强了纪检工作，建立了立卡登记、催查催办制度。对严重违法乱纪事件，上级法院及时派人督促下级法院并协助当地党委从严查处。不少法院还结合廉洁教育，进行纪律作风整顿，开展“法官形象讨论”，落实各项管理制度，促使干警自我约束，使干警增强了拒腐蚀的能力。一年来，全省法院涌现出一大批清正廉洁、执法严明、勤奋工作、成绩显著的好干警。据统计，1988年全省法院有5766名干警拒收贿金及贿礼折款共计89万余元，共评选出先进工作者3987人，优秀共产党员990人，先进集体738个，还有118名干警立功、受奖。但是，法院队伍中也确有极少数人经不起改革、开放的考验，违法乱纪甚至犯罪，损害了人民法院在群众中的形象。对此，各级法院本着“从严治院”的精神，对违法犯罪者，一经查明，严肃处理，绝不姑息迁就。1988年，全省有22名法院干警因违法违纪受到党纪、政纪处理，有11名干警因触犯刑律被依法追

究了刑事责任。

（四）搞好“两庭”建设，改善执法条件，加强基层工作

一年来，在各级党委、人大和政府的关心、支持下，全省法院的审判法庭建设和人民法庭建设得到进一步加强。1988年，我们着重做了以下工作：一是大力宣传“两庭”建设的重要意义，主动反映“两庭”建设的情况和问题，争取党委、人大和政府的支持。不少地方在资金紧缺的情况下，为法院解决了“两庭”建设中的一些实际问题。二是狠抓“两庭”的标准化建设。省法院要求各中级法院认真作好规划，把重点放在标准化建设上来，条件具备一个，建立一个，不搞全面铺开。对已建的人民法庭进行调整、充实和加强，使其真正发挥作用。三是坚持把绝大部分增编新进人员充实到基层法院和人民法庭，加强了基层的审判力量，缓解了人员不足的矛盾。

各位代表，一年来，全省法院的各项工作都有了新的进展，取得了一定的成绩，但还存在不少缺点和问题。主要是：（1）法院队伍的业务素质和执法水平不能完全适应新形势下审判工作的需要，办案质量和办案效率还不够高，少数案件存在着适用法律不当，审判周期过长等问题；（2）政治思想工作抓得不紧，廉政建设措施还不够落实，少数法院干警纪律松弛，违法乱纪现象时有发生；（3）对法院审判工作中遇到的新情况、新问题调查研究不够，指导和帮助下级法院解决执法中遇到的困难和问题不及时。这些缺点和问题已经引起全省各级法院的高度重视，正在努力加以克服和解决。同时，我们在办案经费、办公条件和干部培训等方面仍然存在不少困难，在一定程度上影响了审判工作的顺利开展，希望各级党委、人大和政府继续给予关心和支持。

各位代表，当前我省社会治安形势仍相当严峻，影响社会安定和改革顺利进行的各种矛盾和纠纷增多，人民法院面临的任务十分繁重。全省各级法院要在党委的领导和人大及其常委会的监督下，充分发挥审判机关的职能作用，依法严厉打击各种严重危害社会治安的犯罪活动和各种严重破坏经济的犯罪活动，积极配合公安、检察、司法等部门，搞好集中打击和专项斗争，把犯罪分子的嚣张气焰打下去，使人民群众增强安全感；要结合审判活动，积极参与对社会治安的综合治理，“力争治安状况好于去年”；要大力加强民事、经济、行政和告诉申诉等各项审判工作，依法保护公民和法人的合法权益，制裁违法行为，维持正常的生产、流通秩序，增强人民内部团结，保障法律的正确实施；要进一步加强人民法院的自身改革和队伍建设，把为政清廉作为从严治院的重点抓紧抓好；要努力改善执法环境和执法条件，继续改革审判方式，顺利完成各项审判任务，为全面深化改革和经济建设创造安定的社会环境和提供多方面的有力的法律保障。

以上报告，请予审议。

湖北省高级人民法院工作报告

——1989年4月24日在湖北省第七届人民代表大会第二次会议上

湖北省高级人民法院院长　李其凡

各位代表：

现在，我向大会报告全省人民法院的工作，请予审议。

省七届人大一次会议以来，我省各级人民法院在省委的领导、省人大的监督和最高人民法院的指导下，认真贯彻党的十三大精神和省七届人大一次会议的决议，履行宪法和法律赋予的职责，发挥审判职能作用，全面开展各项审判工作，参加社会治安的综合治理，较好地完成了各项工作任务。一年来，共受理各类案件196868件，比上年的174829件上升12.6%。通过对案件的审理，惩治了犯罪，保护了公民和法人的合法权益，为我省的经济建设和改革作出了努力。

一、全面开展各项审判工作，为治理经济环境，整顿经济秩序，全面深化改革服务

（一）关于刑事审判工作

1988年，全省法院受理初审刑事案件17961件，审结17691件，结案率为98.5%。判处被告人22214名。其中判处五年以上有期徒刑、无期徒刑、死刑（包括死缓）的6382名，判处五年以下有期徒刑、拘役、管制、缓刑、免予刑事处分的15728名，宣告无罪的104人。我省的社会治安状况基本稳定，但存在的问题和不安定因素仍然不少，形势还是相当严峻的。突出的是：杀人、抢劫、强奸、重大盗窃等严重危害社会治安的刑事犯罪案件连续发生；有的地方拦截公共汽车、抢劫旅客财物的恶性案件比较严重；一些地方流氓滋扰活动抬头，人民群众缺乏安全感；贪污、受贿、投机倒把、走私、诈骗等经济犯罪活动也比较严重；卖淫、赌博等社会丑恶现象屡禁不止，诱发了许多严重犯罪。面对这种形势，各级法院教育干警增强忧患意识和敌我意识，提高对“两打”斗争长期性、艰巨性的认识，继续坚持对严重刑事犯罪依法从重从快和对严重经济犯罪依法从严惩处的方针，把打击的锋芒始终指向严重刑事犯罪分子和严重经济犯罪分子。在审判工作中，抓紧大要案的审理，及时地审结了大批案件，震慑了犯罪，鼓舞了人民群众。如仙桃市发生的肖永山、杨水仿重大恶性“绑票”案，肖、杨二犯绑架了放学回家的2名男幼童为人质，写信向其家长勒索钱财，后又杀人灭口。情节特别恶劣，罪行特别严重。省法院提前介入了解案情，在法定时限内以最快的速度依法核准了肖、杨二犯死刑，并立即执行。有力地打击了犯罪。各级法院积极配合有关部门开展专项斗争，对抢劫、重大盗窃等严重犯罪活动进行了重点打击。如抢劫犯罪的首犯王华青纠集数人在武汉开往鄂州、黄州的长途汽车上肆意殴打侮辱乘客，抢劫财物，对社会危害极大。案件侦破、起诉后，省法院依法对4名主犯核准了死刑3名，死缓1名，打击了“车匪”、“路霸”的嚣张气焰。

在去年受理的刑事案件中，有经济犯罪案件3574件，审结3513件，判处被告人4684人。其中，贪污案件497件603人（贪污数额1万元以上不满3万元的99人，3万元以上不满5万元的21人，5万元以上不满10万元的16人），受贿案件50件52人（受贿数额1万元至3万元的3人），贪污受贿罪犯中被判处无期徒刑、死刑（包括死缓）的有9名。判处投机倒把案件26件46人，偷税、抗税案件24件26人。通过依法判处罚金、没收财产、追缴赃款赃物，为国家、集体挽回经济损失1413万余元。

当前，经济犯罪活动比较严重，必须继续严厉打击。我们将认真执行刑法和全国人大常委会《关于惩治贪污罪贿赂罪的补充规定》、最高人民法院、最高人民检察院联合下发的《关于当前处理企业事业单位、机关、团体投机倒把犯罪案件的规定》，把主要力量放在反贪污、反受贿上。同时，注意严惩投机倒把、走私、诈骗、偷税、抗税、假冒商标、制售伪劣商品等其他严重经济犯罪活动。

在刑事犯罪中，少年犯罪现象是一个突出的问题。在全年判处的22110名罪犯中，不满18岁的少年犯有2276人，占罪犯总数的10.3%，呈逐年上升的趋势。这个问题，希望社会各界予以关注，共同做好对少年违法犯罪的综合治理工作。

由于我国还处在社会主义初级阶段，阶级斗争在一定范围内将长期存在，犯罪作为一种社会现象也将长期存在。在新旧体制交替过程中，在社会主义商品经济新秩序尚未建立健全的情况下，管理上也会出现一些漏洞，不法分子就会利用这种情况进行犯罪活动。目前，我国的法制还不完善，抵制外来影响的机制还不健全，特别是资本主义世界里的一些腐朽文化和道德观的渗入，毒害和腐蚀了一批青少年，诱发了许多严重犯罪。因此，加强社会主义民主和法制建设，加强社会治安的综合治理，发挥人民民主专政机关的职能作用十分必要。我们将毫不松懈地坚持"两打"斗争，继续加强刑事审判工作，为实现中央提出的"稳定治安大局，力争治安状况好于去年"的目标而努力工作。

（二）关于民事审判工作

随着经济体制改革的逐步深入，社会主义商品经济的进一步发展，民事立法日趋完善，民事法律关系发生了变化，诉讼范围扩大，案件类型增多，民事审判工作的任务更加繁重。去年，全省法院受理初审民事案件131744件，审结122563件，分别比上年上升23.9%和23.2%。主要是债务、离婚、损害赔偿案件。特别是债务案件，逐年增加，去年达到70199件，占民事案件的53%。一些新类型的案件，如以著作权、科技成果权等为内容的知识产权方面的案件，以姓名权、肖像权、名誉权、监护权等为内容的人身权方面的案件，以及各类奖券纠纷、不当得利纠纷等财产所有权方面的案件大量起诉到法院，而且涉及专门技术性的问题越来越多，办案的难度也越来越大。为了适应这种新形势，各级法院以贯彻《民法通则》为中心，注意研究解决民事审判工作中出现的新情况、新问题，总结推广民事审判工作的经验。在分清是非、保障合法权益的前提下，坚持着重调解的原则，使大量民事纠纷得到了解决。对调解无效的，依法及时作出判决，保护了当事人的合法权益。注意运用法律手段调节金融信贷关系。去年，帮助金融部门依法收回沉淀和呆滞贷款21000多万元。同时，重视审理好婚姻、赡养、抚养、继承等涉及婚姻家庭方面的民事案件。既保障婚姻自由，又反对轻率离婚，并注意保护妇女、儿童和老年人的合法权益。通过审判活动，使2133位年迈多病的老人的生活得到了安置；1500多名儿童的抚育得到了妥善处理；挽救了12796个即将破裂的家庭；依法解除了18672对感情确已破裂的夫妻关系，对巩固社会主义婚姻家庭制度，促进社会的安定团结起到了一定的作用。

民事案件的大量增加，特别是债务及一些新类型案件的大幅度上升，一个重要原因是公民法制观念增强，发生纠纷后，要求用法律手段保护自己的合法权益；城乡实行各种形式的经济责任制后，一些过去不曾为个人重视的房地产、山林、水利、边界、相邻关系等纠纷，现在因涉及个人的切身利益，往往要求诉诸法律解决。随着改革的不断深入和商品经济发展，社会主义法制不断完善，民事案件仍将是上升的趋势，我们要继续做好民事审判工作，积极为改革开放服务。

（三）关于经济审判工作

经济审判工作，是国家运用法律手段调节经济关系，规范经济活动，治理经济环境、整顿经济秩序的一个重要方面。在改革开放的新形势下，城乡经济交往空前活跃，经济联系十分广泛，经济关系日趋复杂，经济纠纷案件逐年上升。去年，受理初审经济纠纷案件27824件，审结25554件，分别比上年上升41.1％和43.4％。主要是借款、购销、农村承包合同纠纷案件。审结案件的诉讼标的总额达45000多万元，使这些资金回到生产流通领域。注意审理好在改革过程中出现的、反映了新的经济关系的案件，如企业承包、租赁经营、技术合同纠纷等案件。对有利于改革、开放和发展生产力的经济行为，依法予以保护和支持；对不利于改革、开放和发展生产力的违法行为，依法予以制裁；对破坏改革、开放和破坏生产力发展的犯罪行为，依法移送公安、检察机关侦查、起诉，坚决予以打击。一些法院在办理经济纠纷案件中，针对某些公民和法人不依照经济合同法办事，不遵循“诚实信用”原则的问题，开展了“重合同、守信用”的法制宣传。有的还为商贸企业举办了经济合同法培训班，指出在签订合同中存在的问题，促使这些企业单位增强法制观念，加强合同管理，改善经营活动。

在审判工作中还注意防止和克服地方保护主义的影响，坚持法律面前人人平等的原则，对外地法院委托执行的经济纠纷案件的判决，积极协助执行。对偏袒本地当事人的办案人员，一经发现，就严肃查处，维护国家法律的尊严。

经济审判工作的突出问题，仍然是不少案件判决后执行难。去年，全省经济纠纷案件的执行率只占75％。主要原因是，1984年至1985年间，社会上出现了一些“四无公司”，其中大部分负债累累，无力偿还，无法执行；有的企业承包、租赁更换了领导人或者个别领导因经济犯罪被判刑后，往往以“新官不理旧帐”和“打了不罚、罚了不打”为由，不履行合同规定的义务，使判决得不到执行；有些案件由于涉及当事者的利益，执行工作比较困难。解决“执行难”的问题，人民法院要进一步改进工作方法和作风，加强执行工作，要求有关部门予以支持和协助。

关于海事审判工作，武汉海事法院去年受理海事、海商案件167件，审结124件。他们针对管辖地域宽、战线长、当事人诉讼不便的特点，分别向长江上、下游地区派出巡回法庭，方便了公民和法人的诉讼，为维护长江航运的正常秩序作出了努力。

（四）关于行政审判工作

建立行政诉讼制度，是社会主义民主和法制建设的重大发展，也是维护和监督行政机关依法行使行政管理权的一个重要手段。目前已有130多个法律、法规规定公民、法人和其他组织不服行政机关处罚和处理决定的，可以向人民法院起诉。去年，继省法院成立行政审判庭后，全省有56个法院相继建立了行政审判机构。采取边组建、边工作、边实践、边学习的方法，逐步摸索经验，积极慎重地开展行政审判工作。全省共受理行政案件316件，审结305件，分别比上年上升58.8％和74.2％。主要是治安处罚案件和有关行政部门根据土地管理、食品卫生、林业、渔政、城市规划、税务、计量、环境保护等行政法规处理，当事人不服向法院起诉的行政案件。在审理这些案件中，既依法支持行政机关行使职权，又维护公民、法人和其他组织的合法权益。

行政审判是人民法院的一项新任务，涉及的行政法规多、案件种类多、行政部门多，对审判人员的业务素质要求较高，我们要组织行政审判干部认真学习《行政诉讼法》，探索行政审判的规律，正确适用法律。

（五）关于告诉申诉和审判监督工作

告诉申诉审判是法院审判工作的重要组成部分。去年，省法院建立了告诉申诉审判庭。目前，全省已有30个中级法院和基层法院成立了告诉申诉审判庭。这是法院审判工作的一项重要改革，由原来依靠行政方法处理信访申诉，转变为依法办理告诉申诉案件，实现了工作职能的转变。一年来，共处理人民来信228946件，接待来访群众235499人次。按照"归口办理、分级负责，层层落实"的原则，对符合立案条件的，予以立案，依法审理；对管辖不明的案件或不属法院受理的非诉讼来信、来访，依法指定管辖或按程序转有关部门处理；对有的人因不明法律政策界限而提起申诉的，耐心做思想工作，宣讲政策法律，使其自动撤诉息讼；对无理缠诉的依法予以驳回。由于申诉案件大部分比较复杂，在调查取证、善后工作等方面有不少困难，处理一件案件需要花费大量时间和精力。因此，有的案件审理时间长了一些。对此，我们要进一步完善告诉申诉制度，提高办案效率，努力克服困难，扎扎实实把这项工作做好。

进一步加强审判监督工作。在完成复查历史老案的基础上，抓紧对正常申诉案件的处理。各级法院还注意把上级法院对下级法院的监督等措施贯穿于审判工作的全过程。去年，共受理各级人民检察院抗诉的案件89件，审结84件。经过审理，认为原判确属不当而依法改判的32件。通过审理上诉、抗诉案件，及时发现和纠正问题。

去年，对在服刑中确有悔改或者立功表现的罪犯，依法减刑14289人，假释219人。体现了党的惩办与宽大相结合、惩罚与教育相结合的一贯政策，有利于促进和鼓励罪犯加强自我改造，悔过自新，重新做人。

全省各级法院通过审判活动，积极参加社会治安的综合治理。主要做法是：结合办案、就案讲法，开展法制宣传，扩大办案的社会效果。一年来，召开公审公判大会1140余场次，参加旁听群众3954000余人次。张扬了法制，震慑了犯罪，增强了人民群众的法制观念。在民事、经济、行政、告诉申诉审判工作中，发现闹事苗头，及时做好当事人的疏导工作，防止矛盾激化，把可能发生的刑事案件解决在萌芽阶段。针对发案单位工作中的漏洞，及时地提出司法建议，预防和减少犯罪的发生。

二、严肃执法、加强法院的改革和建设，保障审判任务的顺利完成

（一）严格执行法律，提高办案质量

坚持"以事实为根据，以法律为准绳"的原则，认真执行实体法和程序法，努力提高办案质量。审理各类案件坚持质量第一的方针，强调一个"准"字，对事实不清，证据不足的案件不草率下判。经济犯罪案件牵涉面广，政策性强，我们坚持"一要坚决、二要慎重，务必搞准"的原则。对一时拿不准的重大疑难案件，加强调查研究，就罪与非罪和政策法律界限不明确的问题，向最高法院请示汇报，防止错判。对具有法定从重、加重或从轻、减轻处罚情节的犯罪分子，均在量刑时认真考虑，依法量刑。做到宽严相济，不枉不纵。对不构成犯罪的，依法宣告无罪，保护了公民的民主权利和人身权利。审理民事、经济纠纷、行政案件，不论当事人是本地的还是外地的，是大单位还是小单位，是国营还是个体，是国家机关还是普通公民，在适用法律上一律平等。

改善执法活动，提高执法水平。一是认真执行公开审判制度。除法律规定不公开审理的案件外，对一审案件做到了一律公开审理，二审案件尽可能地公开审理，并对再审案件的公开审理进行了积极的探索，把审判活动置于人民群众和社会舆论的监督之下，提高了庭审质量。二是充分发挥了合议庭的作用。使合议庭既对案件的事实负责，又对

适用法律负责，增强了审判人员的责任感，把好办案质量关。三是强调了当事人的举证责任。根据《民事诉讼法》（试行）规定，民事、经济纠纷和行政案件的当事人向人民法院起诉、应诉或反诉，主张权利，有责任提供证据。以往，这项“谁主张、谁举证”的诉讼原则没有得到应有的重视，法院承担了全部的调查取证工作，造成审判人员疲于奔波，办案效率低，当事人也不满意。通过强调当事人的举证责任和法院在必要时调查取证，使审判人员集中精力审查核实证据，提高了办案质量和效率。四是试办了未成年人刑事案件合议庭。鉴于我省少年犯罪日趋增多的情况，我们在武汉等地法院试办了审理未成年人刑事案件合议庭。对失足少年着眼于教育、感化和挽救，实行“寓教于审”。同时，注重同家长、学校、社会结合起来，进行疏导、防范，共同矫治失足少年的不良行为，取得了较好的社会效果。五是充分运用法医科学技术手段，进一步审查判断诉讼证据，确保办案质量。

加强审判工作的业务指导。根据我省的审判工作实际，我们先后下发了“严厉打击严重危害公共安全犯罪活动”、“严惩严重经济犯罪分子”、“严惩贩毒分子”以及“配合税收、财务、物价大检查，打击偷税、抗税分子”等文件，指导审判工作的开展。在调查研究的基础上，省法院先后召开了经济审判和民事审判工作座谈会，研究如何严肃执法，提高审理经济纠纷案件的办案质量，解决实施《民法通则》以来民事审判工作中出现的若干新情况、新问题，还派出十多个调查组，就公开审判、债务案件收案范围、当事人举证责任、劳动争议和企业承包、租赁、联营合同纠纷案件的审理等问题开展专题调查，提出了解决问题的意见和办法。对指导下级法院开展审判工作，提高办案质量起到了积极作用。

（二）加强基层基础工作，改善执法条件

我省各级法院都担负着繁重的审判任务。但最艰苦、最繁重的还在基层人民法院，特别是人民法庭，是法院的“前沿阵地”，每年都担负着80%以上的民事、经济纠纷案件的审理任务。基层法院及其人民法庭的工作做好了，整个法院系统的工作就主动了。因此，我们把加强基层基础工作摆在重要位置上。首先是充实基层的审判力量。去年，法院系统增编的干部指标80%以上都分配到基层法院。并通过各种途径，调整充实人民法庭的力量。其次是改善基层的执法条件。以各级法院的审判法庭和人民法庭建设为重点，作为加强社会主义法制建设的一件大事来抓。全省现有人民法庭764个，已建设办公、审判、住房的699个，各级法院应建设的审判法庭115个，已建设105个。“两庭”建设的基本完成，为人民法院严肃执法，创造了有利条件。保证了公开审判原则的贯彻执行，便利了人民群众进行诉讼，便于人民法院及时受理和审理案件。基层法院特别是人民法庭的广大干警，长年累月地战斗在第一线，坚持巡回审理，就地办案，把大量的民事纠纷解决在基层，防止矛盾激化，避免了一些自杀、凶杀、伤害等暴力案件的发生，发挥了第一道防线的作用。我省各级法院的执法条件虽有较大改善，但从现实来看，“两庭”建设、办案经费、物质装备都还存在一些困难，这个问题在党委、人大、政府的重视及有关部门的关心和支持下，会逐步得到解决的。

（三）加强法院队伍建设，提高干部政治业务素质

第一，抓好形势教育，组织全体干警认真学习贯彻党的十三大、十三届三中全会和省委四届九次全体（扩大）会议精神，正确认识十年改革的成绩和经济生活中出现的问题，正确理解治理、整顿与全面深化改革的关系，从而把干警的思想统一到党中央决策上来。做到顾全大局，遵守纪律，艰苦奋斗，努力工作。第二，坚持为政清廉，抵制社会上不良风气的影响和侵蚀。各级法院把廉政

建设作为大事来抓，建立和健全了一些拒腐防变的制度，组织干警认真学习和贯彻《中共中央关于党和国家机关必须保持廉洁的通知》和省委《关于省直党政机关保持廉洁的若干规定》。教育干警严格遵守最高人民法院制定的“法院干部八不准”，即不准主观臆断；不准徇情枉法；不准贪赃卖法；不准吃请受礼；不准索贿受贿；不准经商牟利；不准欺压群众；不准泄露机密。并注意检查执行情况。对清正廉洁、秉公执法的先进典型，予以大力表彰，弘扬正气。去年全省法院荣立一、二、三等功的先进个人有 539 人；荣立集体二等功、三等功的单位 142 个，先进工作者 1900 人。对个别以权谋私、贪赃枉法的，发现一个就严肃处理一个，决不姑息迁就。去年全省法院系统因违法乱纪受到纪律处分的 31 人，因犯罪被判刑的 2 人。宪法和法律赋予了人民法院重要职责，能否保持廉洁，人民群众十分关注，是关系到审判机关秉公执法的大问题，直接影响党和国家机关与人民群众的关系。我们决不放松廉政教育，把清正廉洁作为职业道德的主要内容抓紧抓好。第三，强化干部业余文化教育，逐步建立多层次、正规化法院干部教育培训体系。经过三年的努力，全国法院干部业余法律大学湖北分校首届 1300 名学员取得了高等法律专科毕业证书。现在，全省法院干警中具有大专以上学历的比例由过去的 13.8%上升为 27.6%，还有 904 名干警正在“业大”学习。从去年下半年开始，全省法院又有 1168 名审判干部参加了最高人民法院统一组织的法律（审判）专业证书学习，还选送了一批业务骨干，参加最高法院举办的高级法官培训中心学习，进行高层次的培训。根据最高人民法院的要求，经省委批准，省法院正在积极筹办法官培训中心，将对所有审判干部分期分批地进行法官任职资格培训，以适应新形势下审判任务的需要。这是一项提高干部队伍素质的战略性措施，我们将坚持不懈地抓下去。希望有关部门及法律大专院校给予大力支持和帮助。

（四）坚持党的领导，接受人大监督

法院工作置于党的领导之下，这既是我们党的原则，也是传统和优势。我省各级法院注意处理好坚持党的领导与依法独立行使审判权的关系，保证了审判工作的正确方向和顺利进行。人民代表大会及其常务委员会依法对法院工作实行监督，这是宪法规定的一项重要原则，是搞好法院工作的有力保证。一年来，全省各级法院认真负责地向人大及其常委会报告工作，虚心听取人大及其常委会对法院工作的批评，不断改进工作。认真办理人大代表的建议和交办的案件。去年，在省七届人大一次会议上，人大代表审议法院工作报告时提出的意见和建议，以及在全省执法检查中指出的法院工作中的问题，我们都作了认真研究，制定措施，切实改正。从去年 10 月至今年元月，全省法院认真贯彻执行省人大常委会关于开展执法检查的决定，认真开展执法检查活动，进一步推动了法院的各项工作。注意接受社会舆论和人民群众的监督，密切了与人民群众的联系，增强了工作的透明度。

我们真诚地希望并热忱欢迎人大及其常委会、人大代表经常视察、指导法院的工作，批评我们工作中的缺点，纠正违法现象，推动和督促法院各项工作的开展。

过去的一年，我省各级法院发挥审判职能作用，为治理经济环境、整顿经济秩序、全面深化改革，维护社会的安定做了一些工作，取得了一定的成绩。但也存在一些问题，主要是：我们领导的思想认识还不适应新形势发展的要求。对审判工作中的新情况调查研究不够，对新问题解决不够及时，对下级法院审判工作的监督、指导不够得力。有的审判人员政治、业务素质不高，不适应新形势下审判工作的需要。有的案件办案质量不高。有的民事、经济纠纷案件在实体处理上体现自愿、公平、合法的原则不够。有的执行程序法不够严肃认真。如民事、经济纠纷案件立案标准把握不严，刑事公诉案件超过法定时限结案的还占结案数的2.3%。极少数干警经不起改革、开放的考验，法纪观念淡薄，违法乱纪，甚至执法犯法。法院办案力量与审判任务不相适应的矛盾依然突出，去年，虽然增加了一些人员编制，但由于案件上升的幅度远远超过了人员增加的比例，致使部分干警长期超负荷工作。对这些问题，我们将进一步采取得力措施，认真解决。

各位代表，我们决心以党的十三届三中全会精神为指导，认真贯彻全国人大七届二次会议及本次会议的各项决议，充分认识当前社会治安的严峻形势，继续坚持"两打"斗争，努力做好各项审判工作；积极参加社会治安的综合治理；认真改善执法活动，全面提高执法水平；继续加强基层基础工作，不断改善执法条件；加强干部队伍建设，从严治院；充分发挥审判职能作用，为我省的经济建设和改革作出应有的贡献。

湖南省高级人民法院工作报告

——1989年5月11日在湖南省第七届人民代表大会第二次会议上

湖南省高级人民法院院长　詹顺初

各位代表：

省七届人大一次会议以来，省高级人民法院认真执行宪法和法律，积极开展各项审判工作，努力发挥惩治犯罪、保护人民、促进改革、保障四化的职能作用。现将主要情况报告如下，请予审议。

一、深化为建设和改革服务的指导思想，认真履行宪法和法律赋予的职责

党的十三大确立了以经济建设为中心的社会主义初级阶段基本路线。在新形势下，人民法院要搞好审判工作，运用法律手段为经济建设服务，绝大部分审判人员是明确的。但有的同志认为，发展生产是经济部门的事，法院使不上劲，因而积极主动服务的自觉性还不够高。针对这种情况，在去年3月召开的中级人民法院院长会议上，我们提出了审判工作要努力跟上形势发展的需要，更好地执行法律，为改革开放和经济建设服务的指导思想。9月召开的第十三次全省人民法院工作会议，进一步全面地阐述了坚持这一指导思想的重要性，强调审判工作要为治理整顿和深化改革服务，为建立社会主义商品经济新秩序服务，为"一个中心、两个基本点"服务，并对各级人民法院提出了主动、全面、优质服务的具体要求。11月，全省法院系统开展了生产力标准讨论，召开了专题理论研讨会，加深了对生产力标准与审判标准的辩证关系的认识。通过以上活动，全省各级人民法院较好地解决了审判工作为建设和改革服务的认识问题。一是认识到作为国家审判机关，既要对敌实行专政，又要为人民服务，为现代化建设服务。这是宪法和法律赋予人民法院的职责。二是认识到人民法院的服务是通过开展审判活动，执行法律来实现的，必须以事实为根据，以法律为准绳，严格依法办案。三是认识到只有积极主动服务，才能充分发挥审判职能作用。不仅要依法严厉打击严重犯罪活动，维护社会安定和经济秩序，而且要依法保护人民的民主权利和其他合法权益，调节经济关系，更直接地为改革、开放，发展生产力服务。思想认识的不断深化，为我们做好新形势下的审判工作，奠定了良好的思想基础。

二、为维护社会治安、保障治理整顿和深化改革，全面开展各项审判工作

1988年，全省法院共审结各类一审案件154428件，比1987年上升了56.13%。

在刑事审判方面，全省受理一审案件16641件，比上年增加7.52%；审结15886件，比上年增加7.21%；判处人犯25083名，比上年增加17.4%。总的来看，对严重刑事犯罪活动的打击是及时有力的。我们强调继续坚决贯彻执行依法从重从快的方针，把杀人、抢劫、爆炸、强奸、流氓集团等严重刑事犯罪作为打击重点，全省共判处这类罪犯7396名，其中五年以上有期徒刑、无期徒刑、死刑（包括死缓）4140名，占56%。为了及时打击犯罪，省高级法院要求各地对重大案件提前了解案情，依法从快审结，并多次组织审判人员分头下去检查指导，加快了办案速度。全省在法定期限内及时审结的刑事案件，占刑事结案总数的94.3%。在做好经常性打击处理的同时，一些法院结合本地的实际情况，开展了打击抢劫、拐卖人口等专项斗争。邵阳市两级法院针对当地抢劫犯罪相当突出的情况，积极开展打击抢劫犯罪的专项斗争，共召开宣判大会14场，判处罪犯180名，对打击犯罪分子的嚣张气焰，震慑犯罪，维护社会治安，起了积极作用。各级法院坚持实事求是，严肃执法，认真贯彻惩办与宽大相结合的方针，对依法应当重判的，坚决重判；对有法定从宽处罚情节的，依法予以从轻、减轻或者免除处罚；对不构成犯罪的，依法宣告无罪。去年共宣告无罪88人，改判409件，发回重审109件。针对少年犯罪不断增多的情况，全省建立了“未成年人刑事案件合议庭”46个，采取适合于少年犯特点的审理形式与方法，立足于感化、教育，在挽救失足少年方面作了有益的尝试。

全省法院去年审结的刑事案件中，有经济犯罪案件2981件（含盗窃公共财物案件），判处人犯3931名，其中贪污461名，行贿受贿81名，投机倒把118名。按照“一要坚决，二要慎重，务必搞准”的精神，既坚决打击了那些钻改革、开放的空子，非法牟取暴利的严重经济犯罪分子，又切实保护了那些遵纪守法、锐意进取的改革者。为了搞好打击经济犯罪的斗争，省高级法院派出调查组，先后赴邵阳、郴州、益阳、株洲等地调查，发现并纠正了打击经济犯罪中存在的量刑偏轻、漏罪漏判等问题。11月，我们到常德市调查，发现经济犯罪发案多，数额大，活动猖狂。由于多方面的原因，法院收案逐年减少，案件小，审理进度慢。针对打击不力的情况，我们提出了四条对策：一是齐心协力，进一步认识经济犯罪的严重性，与经济犯罪作斗争的长期性、复杂性、艰巨性，以统一思想，统一行动，协同作战；二是讲究策略，本着保障改革、开放、搞活，促进经济发展的思想，考虑斗争策略，狠抓大案要案，对法律、政策界限明确的先搞，处理上注意宽严相济；三是革除弊端，一些地方实行罚没款提成或返回的办法，使案件的处理结果直接影响有关执法机关的经济利益，弊端很多，建议予以废除，从制度上减少“以罚代刑”；四是顶住说情，冲破各种“关系网”和“保护层”，做到严肃执法。这些意见，得到了最高人民法院和中央召开的全国政法工作座谈会的肯定，并在今年年初召开的中级法院院长会议上作了贯彻，正在实施之中。

在民事审判方面，全省共审结一审案件83516件，依法保护了当事人的合法权益，促进了社会治安的综合治理。近几年来，人民法院受理的民事纠纷案件大幅度上升。1988年的受理数为1978年的7.6倍，1983年的2.7倍，比1987年上升了48.8%。在民事案件结构中，一是婚姻、家庭纠纷案件一直居于首位。全省受理这方面的案件36960件，其

中因违法婚姻、草率结婚、第三者插足而引起纠纷的情况增多。二是债务案件发生了显著变化，共受理30009件，仅次于婚姻家庭纠纷案件。特别是民间借贷日趋活跃，由原来发生在生活领域逐步向生产、交换领域转移，数额由小到大，利息一般很高，又没有书面契约，更无担保措施，往往容易发生纠纷。三是房屋、土地、山林和继承纠纷案件明显增多，共受理这方面的案件9499件。四是精神损害赔偿案件开始诉至法院。《民法通则》实施后，当事人要求保护名誉权、肖像权、姓名权、著作权的情况增多。去年，全省受理这方面的新型案件137件。省高级法院专门就这个问题作了调查分析，并提出审理名誉权案件的意见。为了正确合法地处理民事案件，我们把贯彻《民法通则》作为重要任务，通过组织研讨会、开展审判观摩，编印典型案例等多种形式，加强了对下级法院的指导。

在经济审判方面，全省法院共审结一审案件54319件，比1987年上升了92.13%；解决诉讼标的5亿多元，挽回经济损失1亿多元。为了充分发挥经济审判调节经济关系，直接为经济建设服务的职能，我们采取了五条措施：一是适应新形势的发展，扩大收案范围，主动受理在改革过程中出现的、反映新的经济关系和改革发展趋势的案件，如企业承包、租赁、股份经营、企业破产、劳动争议等方面的案件。二是要求人民法庭积极办理经济纠纷案件，去年法庭审结的就达16504件。三是对带有普遍性、倾向性、对经济建设影响大的突出问题，采取专项审判的形式，解决了大量的同类纠纷。四是鉴于“执行难”的问题相当突出，省高级法院研究制定了《关于加强执行工作的若干意见》。各级法院更加重视执行工作。在执行中注意加强法制宣传，促使当事人自觉履行义务；对暂无履行能力的督促其作好分期偿还的安排；对有能力而拒不偿还的，坚决采取措施予以强制执行；对外地要求执行的，克服和防止地方保护主义，依法予以执行。五是对有关单位在管理制度和经营活动等方面暴露的问题，积极开展司法建议，预防和减少了纠纷的发生。

此外，全省法院还积极开展了其它审判工作。近几年来，国家颁布了大量的行政法律、法规，其中规定当事人不服行政机关处罚或处理决定，可以向人民法院起诉的已有130多个。为适应法制建设的需要，各级法院设立了行政审判庭，配备人员332名。1988年，共审理各类行政案件578件，其中维持的232件，撤销的57件，变更的32件，撤诉、移送的257件，保护了公民、法人和其他组织的合法权益，维护和促进了行政机关依法行使职权。认真搞好林业审判，审结各类破坏森林的刑事案件405件，处理山林权属纠纷937件，解决争执山林面积14万多亩，为国家挽回直接经济损失772万多元。各级法院十分重视建立健全人民申诉制度，努力提高处理告诉申诉工作的质量和效率。对符合受理条件的依法立案；对认定事实和适用法律确有错误的，本着实事求是，有错必纠的原则，及时予以纠正；对无理申诉的，认真做好服判息诉的工作。一年来，全省法院处理来信23万件次，接待来访21万人次，审结各类审判监督案件9057件，其中维持原判的5566件，改判2066件。去年，全省法院适应审判工作的需要，设立法医门诊部43个，为1.5万余起案件提供了司法鉴定。

三、积极探索审判工作的改革，普遍推行巡回办案

在新形势下，人民法院存在力量与任务、审判水平与工作要求不相适应的问题。要解决这个问题，更好地为发展生产力服务，根本办法是搞好法院自身的改革。一年来，围绕建立有利于独立审判、严肃执法、增强活力、优质高效的审判体制，各级法院积极探索和进行了审判工作的改革。一改审判委员会包揽过多为理顺内部审判组织的关系，扩

大合议庭的职权，充分发挥审判人员的作用。二改开庭“走过场”为实体审理，使查清事实、核对证据、辩论质证、裁判调解等主要工作在庭审中进行，认真解决开庭流于形式的问题。三改注重审判人员取证为主要由当事人举证。在审理民事、经济、行政案件中，根据“谁主张，谁举证”的原则，实行法院收集、调查证据与当事人举证相结合，以当事人举证为主。四改消极等案上门为主动巡回办案。

在审判工作改革中，我们突出抓了巡回办案，在全省普遍推广临湘县法院“抬起衙门就群众”，把矛盾解决在基层的经验。一年来，各级法院由院领导带队，抽调干警 8873 人次，组成巡回法庭，长年累月，深入乡镇和企业巡回办案，共处理各类案件 74746 件，在社会上产生了较好的反响，取得了明显的效果。一是提高了工作效率，初步解决了群众“告状难”的问题。巡回办案改变过去等案上门的常规办案作法，深入基层就地受理、就地调查、就地审判，不仅改变了作风，锻炼了干部，而且提高了办案的质量和效率，缓和了审判力量不足与纠纷多的矛盾。全省法院通过巡回办案审结的民事、经济纠纷案件，占同期审结的这两类案件总数的 54%。二是减少内部矛盾激化，促进社会治安的综合治理。巡回法庭及时审理各种纠纷，迅速解决矛盾，消讼息诉，起到了遏制和减少犯罪的作用。据不完全统计，全省法院在巡回办案中，避免可能发生的凶杀、自杀、械斗 2430 起。三是依法调节经济关系，促进了农村商品经济的发展。全省通过处理乡镇企业的经济纠纷，维护了经济合同的严肃性，收回各种款项 6234 万元，使 611 个濒临倒闭的企业恢复了生机，常德市鼎城区灌溪乡乡办企业近年来积压的纠纷共有 189 件，涉及资金 102 万元。乡政府每年派出三四十人讨债，收效甚微。巡回法庭进乡后，仅 20 天时间就审结经济纠纷 102 起，追回货款 49 万元，其余货款也分期分批作了偿还。四是就案讲法，促进普法工作深入开展。巡回法庭通过组织学法，就案讲法，使群众增强了法制观念，学会运用法律武器维护自己的合法权益。同时，指导基层组织调处了大量的民间纠纷，为乡镇领导排忧解难，使他们集中精力抓生产。一年来，巡回办案活动受到了各级党委、人大的重视，基层干部和群众的欢迎。最高人民法院和省委、省人大给予了充分肯定。为了进一步推动巡回办案的深入开展，去年 9 月，省法院召开了全省巡回办案经验交流总结表彰大会。经过系统总结，使巡回办案逐步形成制度，并不断向深度和广度发展。

四、以培训教育为重点，加强审判队伍建设

为了提高审判人员的政治、业务素质，以适应新形势对审判工作的需要，我们按照一手抓审判工作、一手抓教育培训的要求，采取一系列措施，重点抓了对干部的培训教育。去年 5 月，集中全省法院院长举办了为期 20 天的培训班。通过学习党的十三大和七届全国人大文件，交流审判工作经验，座谈当院长的体会，使各级法院院长的思想水平、执法水平和领导水平都有不同程度的提高。各中级法院还采取不同形式，对新进人员进行了岗前培训，对多数在职干部进行了轮训。同时，继续办好法院干部业余法律大学，开办了法律（审判）专业证书教育，并着手筹建省法官培训中心。去年，经国家教委考核并验收合格，已有 1482 名学员从“业大”毕业，加上新进的大专生，使全省法院干部队伍具有高等学校毕业学历的人数由 1985 年的 7%增加到 28%，初步改善了全省法院干警的文化结构和专业知识结构。

加强思想政治工作，尤其是把为政清廉作为队伍建设的一件大事来抓，进一步提高了干部的政治素质。各级法院坚持从严治院，认真开展“有理想、有道德、有文化、有纪律”的教育和职业道德教育，涌现出一批先进典型。去年全省法院立功的干警有 254 名。

桃源县人民法院院长陈占保同志坚决贯彻执行党的路线，坚持四项基本原则和改革、开放的方针，忠实于法律，忠实于人民利益，忠实于事实真相，廉洁奉公，尽职尽责，做出了显著成绩。最高人民法院授予陈占保同志“全国法院模范”的光荣称号，给桃源县人民法院记集体一等功，并在长沙召开了命名表彰大会。中共湖南省委作出决定，号召全省向陈占保同志和桃源县法院学习。为保证执法清廉，省高级法院制定了不徇私枉法、不以权谋私、不欺压群众、不接受当事人吃请和馈赠等《十条守则》，公之于众，要求全省法院干警特别是领导干部严格遵守，并欢迎社会各界和广大群众予以监督。各级法院也采取了一些措施，如建立健全廉洁制度、发布廉洁公告、聘请廉洁监督员等，加强了廉政建设。一年来，全省法院干警抵制说情1万余人次，拒绝吃请7100余人次，拒收财物44万多元。

各位代表，去年下半年，我们根据省七届人大常委会第三次会议《关于开展执法检查的决定》，组织全省法院重点对1987年以来执行刑法、刑事诉讼法的情况，进行了认真检查。省高级法院先后三次发文，并派出由院领导带队的检查组，深入基层法院检查督促；各中级法院召开基层法院院长会议，专门作了研究部署；各级法院都成立了由院长负责的执法检查小组，对所办案件进行了检查，并将检查结果及时向人大常委会作了汇报，针对存在的问题进行了整改。实践证明，省人大常委会组织的这次执法检查，是人大实行监督的一种好形式，对法院严肃执法是个很大的推动。

一年来，全省法院的审判工作取得了一定的成绩，法院自身的改革和建设也取得了明显的进展。这是在各级党委的领导下，在各级人大及其常委会的监督和支持下，全省各级法院共同努力的结果。同时，通过执法检查和年终总结，以及多次座谈，征求意见，发现我们的工作还存在不少亟待解决的问题：

一是宏观指导不够。对新情况、新问题缺乏深入、系统的调查研究，对在改革和建设中出现的新型案件如何适用法律指导不及时，加之纠纷多，办案力量少，工作条件有限，不少案件该收案而没有收案，法院的职能作用还未充分发挥出来。

二是监督检查不够。少数案件存在打击不力和打击不准的问题。通过执法检查，就查出适用刑法有问题的案件212件，占检查总数的1.87%。有的应当追究刑事责任而没有追究或不应追究刑事责任而追究了，有的重罪轻判或轻罪重判，有的该剥夺政治权利、判处罚金、没收财产的而没有判处。打击不力还表现在对有些案件处理不及时。去年，全省法院超期审结的刑事案件占结案总数的5.7%，有的案件甚至拖了一两年才审结。

三是对执行程序法重视不够。全省法院共查出违反刑事诉讼法的案件1225件，占检查总数的4.98%。特别是先定后审的现象较为普遍，一些案件往往还未开庭审理就已作出处理结论，使开庭审判流于形式。

四是对干部队伍的政治思想教育抓得不够。有的审判人员对来自各方面的说情干扰抵制不力，不能坚持原则，秉公执法；有的工作严重不负责任，纪律松弛，作风拖拉；有的接受当事人的吃请和馈赠，徇私枉法，执法违法的现象时有发生。去年，全省法院已发现违法乱纪的干警61名。到目前为止，已判刑的有4名，给予党纪、政纪处分的43名，其余的正在调查。

永州市法院彭剑，刚当院长不久，为实现个人欲望，徇私枉法，诬告陷害他人。省高级法院明确表态，决不护短，支持零陵中级法院依法判处彭剑有期徒刑四年。

怀化市法院审判员周光荣非法拘禁他人，被判处有期徒刑一年半。

酃县法院王家渡法庭审判员张楚文，在办理一起债务纠纷案件时，敲诈勒索当事人现金550元，实得250元，被判处拘役六个月。

这说明我们队伍总的是好的，但在廉洁方面存在问题，有的还很严重，不可低估。

各位代表：治理经济环境和整顿经济秩序，是今明两年我国建设和改革的重点。在新的一年里，我们决心在省委的领导下，在省人大及其常委会的监督和支持下，继续坚持一手抓建设、一手抓法制的方针，进一步增强人民民主专政的观念，为发展生产力服务的观念，严肃执法的观念，为政清廉的观念，加强宏观指导，努力改进工作，积极为治理整顿、深化改革服务。

第一，充分发挥人民法院的职能作用。在新形势下，人民法院要更好地为建立社会主义商品经济新秩序服务，就必须全面开展各项审判活动，充分发挥法律的打击、保护、调节三个作用，切实做到打击有力，保护及时，调节有效。当前，社会治安大局稳定，但不安定的因素仍然很多，形势相当严峻。我省去年一般刑事案件发案数比前年上升了57.49%，大案要案上升了89.37%，今年一季度仍呈上升趋势。有的地方比"严打"前还要严重。根据中央关于稳定治安大局，力争今年社会治安好于去年的要求，今后我们将继续把打击刑事犯罪放在审判工作的首位，采取切实可行的措施，做到一要态度坚决，充分认识与犯罪作斗争的艰巨性和复杂性，树立长期作战的思想；二要打击准狠，继续坚定不移地贯彻执行"严打"方针，采取集中打击、集中整顿等有力的斗争手段，坚决打击那些杀人犯、抢劫犯、重大盗窃犯、强奸犯等严重危害社会治安的犯罪分子，特别要注意打击犯罪集团和流窜作案的主犯、累犯、惯犯等严重犯罪分子；三要审理及时，尽可能缩短办案期限，省高级法院及时掌握各地办案进度，经常督促检查；四要震慑有力，大张旗鼓地进行公开审判，张扬法制，震慑犯罪，鼓舞群众，促进社会治安的综合治理。在打击经济犯罪方面，继续坚持依法从严惩处的方针，把重点放在反贪污、反受贿上。投机倒把犯罪活动，对社会经济秩序危害很大，必须坚决予以惩治。无论是个人还是企事业单位、机关、团体进行投机倒把活动，情节严重，构成犯罪的，都要依法追究刑事责任。希望各级人大及其常委会加强监督，使依法应当追究刑事责任的案件得以及时移送司法机关，并起诉到人民法院；人民法院一定依法严惩严重经济犯罪分子，切实做到有法必依，执法必严，违法必究。继续贯彻《民法通则》，认真搞好民事审判工作。在保证办案质量的前提下，力争多办案，办好案。大力加强经济审判工作，强化人民法院运用法律手段调节经济的职能。针对经济纠纷多的情况，在城市试办经济纠纷调解中心，开拓法律服务领域。进一步克服和防止地方保护主义。积极开展行政审判工作，在试办案件、认真总结的同时，创造条件，为明年实施《行政诉讼法》作好准备。抓好林业审判，维护林区的社会治安，促进依法治林。按照建立健全人民申诉制度的要求，改进告诉申诉工作，进一步加强审判监督。

第二，积极审慎地推进和深化法院工作的改革。围绕依法独立行使审判权，严肃执法，改革和改善审判活动。继续广泛开展巡回办案，并使之不断深化、规范化、制度化；继续搞好公开审判，除法律规定不公开审理的外，做到一审案件一律公开审理，二审、再审案件尽可能创造条件公开审理，切实解决先定后审、开庭流于形式的问题；继续推行当事人举证责任制度，通过试点，不断积累经验，逐步在全省法院普遍实行。同时，积极审慎地搞好干部人事制度改革，逐步试行考试制度、交流制度、培训制度，为今后实施《法官法》创造条件。

第三，大力加强人民法庭建设。人民法庭担负着60%以上民事、经济纠纷案件的审判任务。法庭工作如何，关系到法院工作全局。我们决心奋斗三年，扎扎实实加强基层，使法庭工作有一个大的起色。充实法庭干部力量，分别把基层法院40%到60%的力量放到法庭，力争做到每个法庭配齐一个合议庭。选配政治素质好、熟悉业务、具有开拓精神、年富力强的同志担任法庭庭长。充分发挥法庭多功能作用，扩大收案范围，不仅要继续办理民事案件、刑事自诉案件，而且要多办经济纠纷案件，提高办案质量和效率。按照国务院办公厅（1988）69号文件精神，加强法庭物质建设，做到每个法庭有400平方米以上的审判庭、办公室和宿舍，逐步改善执法条件。

第四，从严治院，从严治警。当前，最突出的问题是保持廉洁。这对于行使国家审判权的人民法院来说尤为重要，是关系到秉公执法的大问题。我们将继续把廉政工作作为加强审判队伍建设的头等大事来抓，把开展执法清廉教育与形势教育、宗旨教育、职业道德教育紧密结合起来，并通过制定和完善各项切实可行的规章制度，建立健全监督机制，保证执法清正廉明。对执法清廉的好典型，予以表彰。对违法乱纪的，一经发现，严肃查处，绝不姑息。我们拟在下半年召开全省法院廉政工作会议，以进一步提高认识，分析现状，交流经验，制定措施，努力把人民法院建设成为创新、务实、廉洁、高效的审判机关。

在过去的一年里，人民法院的工作得到了各级党委、人大常委会和政府的重视和支持，法院的执法条件有所改善，我们表示衷心的感谢！但经费短缺仍然是普遍存在的问题。我们恳切希望各级政府增加拨款，保证法院必要的办案经费，同时法院的应急装备、工作条件和生活条件也需要给予保障；真诚希望各级人大及其常委会继续加强对人民法院的监督和支持。

各位代表，我国政治经济形势的发展对人民法院的工作提出了愈来愈高的要求。我们决心振奋精神，增强信心，更加兢兢业业、扎扎实实地工作，进一步强化审判职能，为治理整顿和深化改革作出积极贡献。

广东省高级人民法院工作报告

——1989年3月6日在广东省第七届人民代表大会第二次会议上

广东省高级人民法院代院长 麦崇楷

各位代表：

现在，我代表省高级人民法院向大会报告一年来的工作，请予审议。

我省各级人民法院自1988年1月省第七届人民代表大会第一次会议以来，认真贯彻党的十三届三中全会精神和第十四次全国法院工作会议精神，进一步明确了在新形势下人民法院的工作任务和指导思想，坚持为“一个中心，两个基本点”服务，为治理经济环境，整顿经济秩序，全面深化改革服务。工作也抓得比较紧。年初，对全省法院的工作及早作了安排。工作部署之后，加强督促检查，及时总结交流经验，指导各项审判工作全面深入地开展。一年来，我省全体法院干警在任务重、工作条件仍然比较困难的情况下，做了大量工作，比较好地完成了各项任务，审判工作取得了新的进展。

——**审结案件的数量增加了**。去年全省办结一审、二审刑事案件 14853 件，民事案件 55005 件，经济纠纷案件 19297 件，行政案件 284 件，民事、经济纠纷执行案件15712 件，以上共 105151 件，是结案最多的一年。另外，还办结了审判监督和复查案件 4725 件，减刑、假释案件 1206 件，处理了告诉、申诉、来信来访 32 万多人（次）。省高级人民法院去年审理的案件也比往年增多，共受理各类案件 1659 件，审结 1383 件，收案比上年增加 9.6%，结案比上年增加 26%。

——**开展审判业务的范围更广了**。人民法院过去办理的案件，主要是刑事、民事、经济纠纷三大类，近几年陆续开展了海事和交通运输案件的审判，去年又开展了行政案件的审判，办理了一批行政诉讼案件。随着社会主义民主和法制的进一步健全，过去从未遇到或很少遇到的案件，如涉及公民人身权利的著作权、名誉权、肖像权案件，在经济体制改革过程中出现的企业承包、劳动争议案件，以及个体户或个人合伙雇工伤亡赔偿案件等，有不少已起诉到法院要求解决。即使过去经常受理的案件，许多也发生了新的变化。如民事案件中数量最多的离婚案件，在分割夫妻共有财产时，过去主要是分割生活资料，现在不少还要分割生产资料。债务案件中，民间借贷大量增多，除生活消费性借贷外，还出现了大量的生产经营性借贷，情况和过去有很大不同。

——**办案水平有了提高**。现在人民法院受理的案件出现了许多新情况、新问题。尤其是带专业技术性的案件越来越多，有些法规不够完备，有的政策界限不够明确，审理案件的难度更大了。广大审判人员经过刻苦学习，掌握新的知识，熟悉更多的法律、法规，在实践中不断总结经验，逐步学会处理新类型案件和解决新问题的本领，提高了办案水平，因此去年办的案件质量是好的。在执法大检查中，抽查已审结的刑事案件8200 件，事实清楚，证据确实，定罪准确，量刑适当，程序合法，质量好的和比较好的占 97.5%，一审、二审能在法定时限内结案的分别占 93.4%和 87.5%；检查已审结的民事案件 20680 件，事实清楚，责任分明，处理恰当，质量好的和比较好的占 95%。

——**进一步发挥了审判机关的职能作用**。各级人民法院通过加强刑事审判工作，依法从重从快严惩了一大批刑事犯罪分子，张扬了法制，狠狠打击了严重刑事犯罪分子的嚣张气焰，为维护我省社会治安的稳定，保障治理、整顿、深化改革的顺利进行发挥了积极的作用。在打击敌人，惩罚犯罪的同时，通过经济、民事审判，调节经济关系和其他民事法律关系，更好地发挥审判机关直接为经济建设服务的作用。去年一审结案的经济纠纷案件 17328 件，解决争议标的总额达 20.9 亿元，比 1987 年增加 1.16 亿元。这些案件的及时审结，有效地保护了国家、集体和公民的合法权益，促进了商品经济和生产力的发展。

一年来，我们主要抓了以下几项工作：

一、加强刑事审判工作，继续严厉打击严重危害社会治安的严重刑事犯罪分子，维护社会治安的基本稳定

去年，我省的社会治安形势严峻，重大恶性犯罪案件上升势头很猛，流窜犯罪很猖獗，严重危害国家经济建设和人民生命财产。继续严厉打击严重刑事犯罪活动，创造安定的治安环境，是治理整顿和改革开放的需要，也是人民群众的迫切要求。我们十分强调，各级人民法院对社会治安的严峻形势，要有清醒的认识，思想不能松，工作不能松，要继续把刑事审判放在首位，坚决贯彻依法从重从快的方针，严厉惩处严重的刑事犯罪分子。去年全省判处刑事罪犯 17571 名，比上年增加 13.7%，其中，被判处五年以上有期徒刑、无期徒刑和死刑的有 6741 人，比上年增加 15.8%。对杀人、抢劫、爆炸、强奸、重大盗窃等七个方面严重破坏社会治安的罪犯，坚决依法从重从快惩处，判处五年以上刑罚

的占65%。对流窜犯依法给予了狠狠打击。在判处死刑的罪犯中，流窜犯占23.3%。广州市发生的李健强等4名罪犯，杀死3人，抢劫近百万元巨额汇票的特大杀人、抢劫案，以及5名外省流窜犯，在广州大街上和公园里抢劫6次，伤害7人并杀害保安员黄河的重大案件，人民法院都及时审结，9名罪犯均被判处死刑，社会各界人士反映良好。

各级人民法院还通过审判活动，积极参加打击刑事犯罪活动的专项斗争和集中打击行动。去年上半年在打击盗窃自行车的专项斗争中，及时审结这类犯罪案件458件，判处罪犯710人，对其中个别长期以盗窃为业，作案数量多，情节特别严重的，依法判处了死刑。在八至十月全省开展集中打击严重刑事犯罪活动的行动中，各级人民法院抓紧审理刑事案件，判处罪犯5063名，其中判处五年以上刑罚的占40%，并依法判处了一批罪犯死刑。各级人民法院还结合办案开展了法律宣传和司法建议活动，积极参与社会治安综合治理。一年来，全省共召开各种不同形式的宣判大会1232次，宣判案件4414件，参加旁听的群众达508万人（次）；开展法制宣传8024次，受教育群众达77万多人（次）。通过办案发现问题向有关部门提出改进工作，健全制度，堵塞漏洞的建议有1084次。我们采取集中宣判与经常性的法制宣传相结合，严厉惩处与推动防范相结合的办法，既保持了严厉打击的声威，扩大了对罪犯的震慑作用，又广泛地教育了群众，调动了群众同犯罪作斗争的积极性，促进了治安防范措施的落实，使刑事审判工作收到了更好的效果。

二、抓紧对经济犯罪案件的审判，依法严惩严重经济犯罪分子，积极为治理整顿和改革开放服务

去年，各级人民法院根据党中央提出的“经济要繁荣，党政机关要廉洁”，要坚决依法惩处索贿、受贿、贪污、弄权渎职、敲诈勒索等犯罪行为的指示和治理经济环境，整顿经济秩序，全面深化改革的方针，认真加强对经济犯罪案件的审判工作。全年共受理经济犯罪案件2467件，已审结2329件，依法判处经济罪犯3564名，其中判处五年有期徒刑以上刑罚（包括无期徒刑和死刑）的1412名，占39.6%。在审判工作中，坚持了一要坚决二要慎重的方针，依法从严惩处贪污、受贿罪犯。全省受理贪污、受贿案615件，已审结571件，占92.8%；判处罪犯508名，其中判处五年以上有期徒刑的148名，判处无期徒刑和死缓的17名。对利用工作之便，进行贪污、受贿等经济犯罪活动的国家工作人员，依法惩处了419名，有效地配合了廉政建设。对流通领域中的投机倒把、重大走私、重大诈骗、偷税抗税等犯罪分子也给予有力的打击。对严重的经济犯罪分子，在依法定罪判刑的同时，依法追缴非法所得，不让其在经济上占便宜。一年来，为国家、集体挽回经济损失7000余万元。

三、充分发挥民事、经济审判的职能作用，依法保护人民民主权利和其他合法权益，更好地直接为经济建设服务

各级人民法院为了进一步发挥民事审判和经济审判的职能作用，依照法律规定，扩大了收案范围。凡是符合《民事诉讼法（试行）》起诉条件的案件，做到有告就受理，未有因为人手少、困难多而推出门不管。对于新类型的案件也积极受理。经济审判除了原来的收案范围外，还具体规定了企业承包合同纠纷、劳资纠纷、工业产权案件中的侵权、处罚等四种类型的案件必须受理。民事、经济纠纷案件数量很多，这些纠纷宜解不宜结。在处理这些案件时，我们坚持着重调解的原则，审判人员向双方当事人讲解法律规定，进行遵纪守法和社会主义道德教育，把调解和教育结合起来，寓法制教育于调解之中。调解坚持自愿的原则，做到合情、合理、合法。但也不是久调不决，片面追求调解率。去年审理的案件采取调解解决的，民事案件占65.5%，经济纠纷案件占66.6%。这不仅使大量民事纷争得以息讼，缓解了矛盾，而且有利于案件的执行。

去年受理涉及外国和香港、澳门的经济纠纷案件，数量增加，争议标的增大，范围也更广，全年共受理241件，比上年增加23.2%。这些案件有对外贸易购销合同纠纷，也有三来一补、合资、合作企业和贷款担保合同的纠纷，涉及的当事人有十几个国家和地区。对这类案件的审理，我们坚持中国当事人和外国、港、澳当事人在法律面前一律平等和一视同仁的原则，依法保护外国和港、澳当事人的诉讼权利和合法的经济利益，公正地进行处理。通过办案，消除了一些外商对中国投资环境和中国法制的疑虑，维护了国家的对外开放政策。去年我们还与香港最高法院达成了相互委托送达民事、商事诉讼文书的协议，并从去年7月起实施，解决了对香港当事人的诉讼文书无法有效送达的困难。

行政案件的审判工作，在前年试点的基础上，我们一手抓机构建设，一手抓办案。到去年底止，全省已建立行政审判庭74个，行政案件审判已逐步全面开展，共受理行政案件342件，已审结284件。其中维持行政机关决定的占62.7%，撤销的占9.2%，变更的占8.1%，起诉人撤诉的占17.7%。通过审理这些案件，依法保护了公民和法人的合法权益，支持了行政机关依法行使职权。目前我国已有160多个法律、法规规定当事人对行政机关作出的处罚决定不服的，可以向人民法院提起诉讼，我国的行政诉讼法即将由全国人大审议通过，因此，加强行政案件的审判工作，是人民法院的一项迫切任务。

四、坚持严肃执法，狠抓案件质量

随着社会主义商品经济的发展和社会主义法制的逐步健全，人民法院受理案件的数量逐年增多，新类型的案件不断出现，审理的难度增大。因此，我们十分注意抓好办案的质量，强调质量第一，严肃执法，依法办案。审理刑事案件坚持以事实为根据，以法律为准绳，务必搞准，定罪量刑要准，判处死刑更要准。在坚持依法从重从快方针的同时，注意贯彻惩办与宽大相结合的政策，全面适用法律。罪该重判的坚决予以重判；具有法定从轻、减轻或免除处罚情节的，给予从轻、减轻或免除处罚。做到该严的严，该宽的宽，严宽适度。去年对投案自首或有检举、立功等表现的人犯，给予从轻处理的有817名，免予刑事处分的有156人。对事实不清，证据不足的，决不草率下判。去年，经审查发现主要事实不清，证据不足，退回补充侦查的案件有716件，人犯1326名。在审理案件过程中，我们特别注意严格区分罪与非罪的界限，触犯刑律，构成犯罪，证据确实的，坚决依法制裁；不构成犯罪的，就作无罪判决，去年对66名尚未构成犯罪的被告人宣告了无罪。审理民事案件，认真贯彻执行民法通则，注意抓好“三个关键”，即正确区分民事法律关系，正确确认民事法律行为效力，妥善处理民事责任，使民事审判工作从过去主要依靠政策，逐步向主要依靠法律，也执行政策的方向转变。审理经济纠纷案件，在总结实践经验的基础上，提出了七条质量标准，案件的质量从一审时就抓起。同时，还加强了审判监督，上级人民法院对下级人民法院，各级人民法院院长对本院已发生法律效力的案件，发现原判基本事实不清，定性不准或适用法律明显不当的，通过审判监督程序予以提审或再审，及时作了纠正。去年，我们还按照省人大的决定，组织1000多名审判干部，开展执法大检查，重点检查刑法、民法通则和经济合同法等几个主要法律的执行情况，抽查了刑事、民事、经济纠纷案件36600多件，及时发现了在执法中存在的问题，总结了经验教训，研究了改进措施，对提高办案质量起了很好的作用。

五、认真探索，积极而又慎重地推行法院工作的改革

法院工作的改革，主要是要坚持宪法规定的依法独立行使审判权的原则，做到有法必依，执法必严，违法必究，严格依法办案，不断地提高办案效率。围绕这个总的要求，去年我们进行了一些改革。除了进一步认真执行公开审判制度外，在民事审判活动中，普遍实行了“谁主张、谁举证”的法律原则。《民事诉讼法（试行）》规定，当事人对自己提出的主张，有责任提供证据。过去，法院审理案件，往往忽略了当事人的举证责任，承担了大量的调查收集证据的工作，增大了法院的工作量，影响办案质量和效率。现在强调当事人的举证责任后，有利于调动当事人的举证积极性，人民法院可以把主要精力放在核实、认定证据上，从而普遍提高了办案效率，使案件办得更加及时了。目前经济纠纷不断增多，深圳市中级人民法院为了探索及时办结这类案件的新路子，设立了经济纠纷调解中心，遵循“自愿、公正、合法、高效、便民”的原则，不论争议标的大小，即告即收，即收即调，简化了程序，方便了群众，办案效率大大提高。调解中心成立半年来，已调处经济纠纷案件161件，解决争议标的人民币1.3亿元、港币1103万元、美元111万元。这种方式容易为当事人所接受，也便于执行，效果很好。我们将进一步总结推广这个经验。为了增加法院工作的透明度和公开性，更好地接受社会的监督，省法院去年制定了几项措施，并且通过记者招待会、情况通报会等形式，多次向法律界、新闻界和部分政协委员，通报了全省法院的工作，征询意见，对改进和推动法院工作，起了积极的作用。

六、认真抓好以廉洁为主要内容的纪律教育和干部培训工作，加强法院队伍建设

全省法院干部队伍是好的，是一支遵守纪律、秉公执法、经得起考验、有战斗力的队伍。去年以来，我们进一步从组织上、素质上加强了建设。各级人民法院通过统一招考，择优录用，或从外单位选调，新增了干警一千多名。他们经过短期培训，先后走上工作岗位，从组织上加强了人民法院的力量。在提高干警素质方面，突出抓了两方面的工作。一是坚持“从严治院”的方针，狠抓廉政建设。各级人民法院根据省委的指示，在全体干警中开展了以廉洁为主要内容的纪律教育，提高对为政清廉重要意义的认识，健全办案办事公开制度，加强政治思想工作和纪律检查工作，对违法乱纪行为严肃查处，使广大干警进一步发扬了克己奉公、艰苦奋斗、全心全意为人民服务的优良传统，提高了遵守纪律的自觉性，增强了抵制腐败风气侵蚀的能力，在工作中涌现出大批秉公执法、不徇私情、模范遵守纪律的先进集体和先进个人。在全省干警中，拒腐蚀的好人好事增多，违法乱纪的减少。去年拒受贿赂、拒收财礼的共3121人（次），人民币34.44万元，港币4.09万元。发现有违法乱纪行为的干警32人，比上年减少49.2%。二是认真抓好培训工作，提高干部的业务素质。省院和中级法院共举办了业务培训班16期，培训了各级审判干部1376名。对法院系统的法律业余大学，继续加强了教学工作，并开展了《法律（审判）专业证书》教育，在学学员人数共3000多名，去年已有1316名学员取得了高等法律专科学历。同时，各级法院还注意抓好在职干部的业务学习。通过多层次的培训教育工作，使干警的政治和业务素质有了一定的提高。

一年来，各级人民法院全面开展了各项审判工作，取得了很大成绩，但也存在不少问题和困难。第一，有少数案件办得不及时，或质量不高。一审刑事案件超过法定期限审结的占5%左右，其中多数是重大疑难的经济犯罪和玩忽职守案件。造成超时的主要原因，有的是案情复杂、涉及面广，犯罪事实

难于迅速查清；有的是政策界限不明确，需要时间研究；法院办案力量不足，有的抓得不紧也是一个原因。还有2%左右的刑事案件、5%左右的民事案件，办得比较粗糙，有的事实不够清楚就下判，有的对法律掌握和运用还不熟练，适用法律不当。第二，经济纠纷案件判决后执行难的问题还没有根本解决。去年，为了解决这个问题，我们作了一定的努力，采取了一些法律规定可以采取的措施，但都未能从根本上得到解决，目前各地仍有30%左右的经济纠纷案件判决后难以执行。有的法人本来就是“皮包公司”，有的当事人经营严重亏损，负债累累，无力偿还，属这种情况的约占60%。也有一些是受地方保护主义的干扰和影响，给执行工作设置了障碍；有的部门按照法律规定，有义务协助法院执行，但不予协助；有些案件法院在判决时对执行考虑不够，在执行中遇到困难未能想方设法解决。第三，法院办案经费不足，工作条件仍比较困难。法院的审判任务不断扩大，受理的案件逐年增多，开支也相应增加，但法院的经费与一般行政机关同等对待，因而办案经费严重不足，交通、通讯、装备很落后，影响了审判活动的正常开展。目前全省仍有32%的县（区）法院没有审判法庭。人民法庭的工作条件更差，全省有人民法庭872个，其中有673个既没有审判法庭，也没有专门办公地方，有的法庭办公、审案、住宿挤在一间小平房里，根本不像法庭的样子，这与我省经济建设的发展是很不相称的。近几年各级党委、政府对人民法院给予了很大关心和支持，使物质条件有了一些改善，我们希望继续帮助人民法院解决存在的实际困难，以利于审判工作的开展。

各位代表：

今年人民法院面临的任务将更为繁重和艰巨。当前我省的社会治安形势仍然相当严峻，诱发犯罪的因素和犯罪分子可乘之隙大量增加，刑事犯罪案件仍呈增多的趋势，特别是大案要案大幅度上升，各种社会矛盾和影响治安的问题增多。这种治安形势，短时期内不会有大的改变，治安问题不可能减少。根据党中央最近关于加强政法工作的指示精神，以及我省社会治安情况，今年人民法院的主要任务是：坚决贯彻党的十三届三中全会精神，充分发挥审判机关的职能作用，加强各项审判工作，严厉打击严重刑事犯罪活动和严重经济犯罪活动，充分运用法律手段，调节经济关系，正确处理人民内部矛盾，保障公民的合法权益，维护社会的安定，为治理经济环境，整顿经济秩序，全面深化改革和经济建设提供有力的法律保障。

要继续把打击严重危害社会、危害改革开放和经济建设的犯罪活动，稳定社会治安，作为法院工作的首要任务认真抓紧抓好。要毫不动摇地继续贯彻依法从重从快惩处的方针，依法严厉惩处杀人、抢劫、强奸、贩毒、重大盗窃、行凶报复、拐卖人口、聚众赌博以及强迫、引诱、容留妇女卖淫等严重犯罪分子。特别要狠狠打击流窜犯罪分子和犯罪集团的首要分子。在大中城市、交通干线和县城镇，对突出的犯罪活动，要有计划地开展几次集中打击，大张旗鼓地进行宣判处理，造成强大的气势和威慑力量，及时把犯罪分子的嚣张气焰打下去。对严重的经济犯罪分子，要贯彻依法从严惩处的方针，防止出现打击不力的现象。重点打击贪污犯、受贿犯以及各种经济诈骗犯、假冒名优商品坑害群众和扰乱市场的犯罪分子。对大案要案应抓紧审理，从严判处，公开宣判，张扬法制。对企业、单位进行投机倒把的犯罪案件，要依法追究主管人员和直接责任人员的刑事责任，不能不了了之。对犯罪分子的惩处，务必搞准。依法应当从严的要坚决从严，应当从宽的也要从宽，区别对待，全面体现政策，以分化瓦解犯罪分子。同时，要结合办案，积极参加社会治安综合治理，预防和减少犯罪的发生。

要高度重视并依法审理好生产、流通领域内和全面深化改革中发生的各种纠纷案件，积极为治理整顿和经济建设服务。处理经济纠纷案件，要从全局利益出发，维护国家法律的尊严，秉公办案，顶住来自任何形式的地方保护主义和来自任何方面的压力。要重视保护城乡个体经济、私营经济和外商投资企业的合法权益和正当经营活动，保护多种形式承包经营责任制，支持沿海经济发展战略的实施和外向型经济的发展。对执行难的案件，要逐案分析原因，研究具体办法，力争今年取得较大的进展。同时，要搞好涉外涉港澳经济纠纷案件的审判工作和依法处理好各类海事交通运输案件。在办理民事案件中，要认真注意办好与商品经济发展直接有关的案件。近年来，民间债务案件上升很快，由占民事案件中的第四位上升到第二位，其中不少是生产经营性的借贷，这是商品经济发展的客观反映。对民间借贷利率，目前国家法律尚没有明确规定，处理时，要着眼于保护正当的借贷活动和债权人的合法权益，促进商品经济发展。山林水利纠纷案件直接关系到生产的发展，而且容易引起群众性的纠纷，要在坚持政策法律原则的基础上，以疏导教育为主，审慎地妥善地处理，防止矛盾激化，维护社会安定团结。为了适应行政诉讼法即将通过和实施，从组织上、工作上、思想上都要作好准备，进一步开展行政审判工作，维护法人、公民的合法权益，促进行政部门的改革和严格依法行政。

要进一步开展法院工作改革，提高办案质量和效率。今年要围绕治理整顿和全面深化改革开展调查研究，系统地总结办理各类新型案件的经验；要坚持执行公开审判制度，把审判置于群众的监督之下；要坚决贯彻执行刑诉法有关办案时限的规定，提高刑事案件在法定时限内的结案率。在民事、经济纠纷案件较多的地方，要加强领导，配备足够的力量，认真抓好调解工作，保证把案件及时办好，避免案件的积压。要加强审判监督，发挥人民法院内部强有力的监督机制，使判处不当的案件能够及时纠正。

要加强基层建设。基层人民法庭处在第一线，受理案件多，任务繁重，它的工作的好坏关系到全省法院的工作。加强人民法庭的建设，刻不容缓。当前，一是要加强力量，每个法庭至少要配备干部4人，今年增编的干部，绝大部分应当充实到基层人民法庭；二是要加强人民法庭干部的培训，提高他们的政治业务素质；三是要逐步帮助他们解决实际困难，改善工作条件。人民法庭办公用房和审判法庭，是执法的必备条件，不是“楼堂馆所”，请各级政府能列入计划，抓紧落实解决。

要继续加强法院队伍的建设。特别要抓好廉政建设，在全体干警中进一步开展为人民服务的宗旨教育和清正廉洁教育，提高干警在新形势下拒腐蚀、防腐败的觉悟，自觉做廉洁的模范。继续办好法律业余大学，搞好专业合格证书教育，抓好短期培训和业务学习，提高干警的政治业务素质，把法院的队伍逐步建设成为一支廉洁奉公、执法如山、全心全意为人民服务，又具有较高业务水平的法官队伍，以适应新时期的需要。

广西壮族自治区高级人民法院工作报告

——1989年1月24日在广西壮族自治区第七届人民代表大会第二次会议上

广西壮族自治区高级人民法院院长　蒙　铎

各位代表：

现在，我就自治区七届人大一次会议以来全区法院工作的主要情况向大会报告。

（一）

1988年1月自治区七届人大一次会议以来，我区各级人民法院和铁路运输法院，在各级党委的领导、人大常委会的监督和人民政府的支持下，以党的十三大提出的社会主义初级阶段理论和基本路线为指导，认真执行自治区七届人大一次会议通过的关于自治区高级人民法院工作报告的决议，紧紧围绕为"一个中心、两个基本点"服务，为建立社会主义商品经济新秩序服务这个重心，忠实履行宪法和法律赋予的职责，积极开展各项审判工作，通过惩治犯罪，调处民事、经济和行政纠纷，为我区改革开放和经济建设服务。在这一年里，全区各级法院继续贯彻对严重危害社会治安的刑事犯罪分子从重从快惩处和对严重破坏经济的犯罪分子从严惩处的方针，严厉打击各种犯罪活动，坚决依法严惩了一批犯罪分子。全年共审结刑事案件12263件，判处人犯19507名，其中属于杀人、抢劫、强奸、爆炸、流氓集团等"七个方面"的严重刑事案件3791件，人犯6245名，分别占审结全部刑事案件、判处人犯总数的30.91%和32.01%。在判处这批罪犯中，判处五年以上有期徒刑、无期徒刑直至死刑（包括死缓）的，占51.69%。审结严重经济犯罪案件1579件，判处人犯2968名。通过审理经济犯罪案件，为国家、集体挽回经济损失786万多元。全区各级人民法院在严厉打击刑事犯罪和经济犯罪活动的同时，积极开展民事审判、经济审判、行政审判和审判监督、告诉申诉工作。全年共审结民事案件53103件，其中审结婚姻家庭纠纷案件19305件、房屋纠纷案件3082件、继承纠纷案件818件、债务纠纷案件27237件、赔偿纠纷案件3935件，结案总数比上年增加22.85%；审结经济纠纷案件17680件，其中审结购销合同纠纷案件2775件、借款合同纠纷案件10559件、建筑工程承包合同纠纷案件382件、农村承包合同纠纷案件297件，结案总数比上年增加109%；审结行政案件274件，比上年增加31.75%；同时还复查了申诉案件5315件，处理来信194669件，接待来访135197人次。

各级法院在抓好审判工作的同时，普遍加强了自身的建设。组织广大法院干警认真学习党的十三大文件，加深对社会主义初级阶段理论和党的基本路线的理解，不断清除保守陈旧、僵化落后的观念，树立以改革总揽全局的指导思想。继续调整和加强各级领导班子，选拔了一批德才兼备的优秀中青年干部充实到领导岗位。采取多种渠道、多种形式培训干部。在继续办好法律业大的同时，抓了新任院长（副院长）、军队转业干部的培训和在职干部"专业证书"教育。至1988年底，全区已有1140多名法院干部经过三年法律业余大学学习，考试及格，获得了大专学历，大大改变了我区法院干部队伍的文化知识和专业知识结构。继续抓了人民法庭的组织建设、思想建设和业务建设。从而使我区法院干部的政治素质和业务素质有了新的提高。在“两打”斗争以及其它各项工作中，各级法院涌现出一大批立场坚定、秉公执法、忠于职守、勤奋工作的先进人物。据不完全统计，我区法院干部中仅拒贿或拒收当事人礼物的就有2234人次，金额达178937元。同时，我们认真贯彻“从严治院”的方针，对少数法院干警的违法乱纪行为进行了严肃处理，其中触犯刑律的依法追究了刑事责任。1988年共计处分有违纪违法行为的干警23名。原河池地区中级人民法院书记员莫彬，酗酒后开枪杀害无辜公民，群众反映强烈，其行为已构成故意杀人罪，且严重损害了司法机关的形象和威信，我们坚决从严惩处，依法处以极刑。这一年在各级政府的支持下，一些人民法院和人民法庭的办公、住宿和交通条件得到了改善。其它各项工作也有了新的进展。所完成的上述工作任务和所取得的成绩，与各级党委的正确领导，人大的监督，以及各级政府支持和公安、检察、司法等有关部门的密切配合是分不开的。它对于维护我区安定团结的政治局面，促进我区的改革开放和建设，起了积极的作用。

（二）

回顾一年来的工作，我们的做法是：

一、深入学习和认真领会社会主义初级阶段理论，进一步解放思想，更新观念，变“自然服务”为自觉服务

党的十三大深刻地阐述了社会主义初级阶段的理论，提出了党在这个阶段的基本路线，制定了经济发展战略和深化经济体制改革、进行政治体制改革，发展社会主义民主和加强社会主义法制建设等一系列方针。这就为法院工作指明了方向，提出了要求。为了把广大法院干部的思想认识统一到“一个中心、两个基本点”上来，在各项审判工作中，自觉地贯彻落实党的十三大精神，为建立社会主义商品经济新秩序服务。自年初开始，全区各级法院就注意组织法院干部认真学习党的十三大文件，紧密联系法院工作实际，从社会主义初级阶段理论的高度来理解党的基本路线和各项改革的方针。通过学习树立和增强了审判工作为改革开放，为经济建设，为发展社会生产力服务的思想，进一步克服了就案办案的单纯业务观点和清除“重专政轻服务”的传统影响。在工作中坚持把有利于发展社会生产力作为审判工作的指导思想和检验审判工作的标准。力求使所审理的案件不仅事实清楚，定性准确，适用法律正确，判处及时恰当，而且充分考虑它对改革、开放、发展社会生产力的影响与作用。注意不断探索审判作风和活动方式的创新，拓宽服务领域。做到有利于改革开放，有利于生产力发展的，就依法加以保护和支持；不利于改革开放，不利于生产力发展的，就依法加以反对和限制；破坏改革开放，破坏生产力发展的，就依法加以打击和制裁。从而使审判工作较好地跟上改革开放的新形势，跟上国家前进的步伐。资源县人民法院领导班子围绕审判工作如何服务全局这个问题，组织全体干部学习党的十三大文件，引导大家联系本院工作实际，认真清理保守陈旧、僵化落后的传统观念，树立以改革总揽全局的指导思想，局面很快得到了改变。从院领导到一般审判人员，都认真改变作风，积极主动地为经济建设服务，各项审判工作均取得了显著成绩。该院1988年审结的刑事案件比1987年增长了28%；民事案件增长了2.8倍；经济纠纷案件增长了2.6倍。其它各项工作也有很大的进展。桂林地区法院系统在该县召开审判经验交流会，推广他们的经验。

二、充分发挥刑事审判职能，同公安、检察机关密切配合，开展专项斗争，严厉打击严重刑事犯罪分子

刑事犯罪作为一种社会现象，在长期内不可能完全消灭，这就决定了我们同刑事犯

罪的斗争是长期的、艰巨的。近年来，随着改革开放的深入，社会各方面利益的调整，某些社会矛盾和不安定的因素增多；同时，由于人财物大流动，我们的管理工作跟不上，防范控制能力不强，有时打击处理不够及时有力。刑事犯罪仍然很猖獗，特别是刑事大案要案上升幅度较大，一些被打下去的严重犯罪又重新抬头。针对这种情况，去年初，我们结合学习贯彻党的十三大精神，认真分析了全区打击刑事犯罪活动的形势，要求全区各级法院要正确认识治安形势，审时度势，继续贯彻对严重刑事犯罪分子依法从重从快惩处的方针，坚持不懈地把打击严重危害社会治安和公共安全的犯罪活动作为首要任务。各级人民法院根据这个要求，精心布置，统筹安排，在各级党委的领导下，同公安、检察等有关部门密切协作，加强对严重刑事犯罪分子的打击。去年上半年，我区一些地方抢劫犯罪严重，仅北海市辖区就发生了抢劫案近百起，社会各界反映十分强烈。面对这种情况，该地区人民法院与公安、检察机关密切配合，充分运用法律武器，重点打击了这方面的犯罪活动。对其中情节严重，罪该处以极刑的主犯坚决处以极刑。

去年七、八月间，我区不少地方连续发生电力设备、通讯设备被盗，农业生产被破坏的事件，给生产造成很大损失。为了保护国家、集体和公民的合法财产不受侵犯和农业生产的正常进行，各级人民法院十分注意运用法律武器，及时打击那些破坏电力设备、通讯设备，破坏农业生产，毁坏和盗窃公共财物的犯罪分子。对其中罪行严重的予以重判。如都安瑶族自治县罗凤伦，伙同罗孟国等七人，先后在都安、宜山等地大肆盗窃正在使用的变压器内的绝缘油、线圈以及输电铝胶线，造成直接经济损失38400余元，使10个电灌站无电抽水，3700多亩农田无法灌溉，29个加工场被迫停工，危害极为严重。河池地区中级法院经过审理，分别依法判处罗凤伦死刑；判处罗孟国等人无期徒刑和有期徒刑。高级法院及时核准。对制止此类犯罪的发生，起了积极的作用。

在严厉打击刑事犯罪活动的斗争中，各级人民法院坚持从实际出发，抓住当地治安中突出问题，与有关部门配合，因地制宜地开展专项斗争，对其中构成犯罪的坚决依法惩处。如有一段时间，一些地方盗伐、滥伐林木的现象十分严重。仅鹿寨县境内的国营三个林场就有40万亩林木遭到破坏，经济损失达2000多万元。为了制止盗伐、滥伐林木的歪风，保护国家森林资源，鹿寨县人民法院及时组织审判力量，公开审理了一批盗伐、滥伐林木的犯罪案件，并选择六件典型案件，先后在江口、导江等圩镇进行公开宣判。之后，又派出审判人员深入到竹洞、独羊、大村等山寨召开群众大会，以案讲法，使群众受到了教育，有效地遏制了该地区盗伐、滥伐林木事件的蔓延。

各级人民法院在重点打击严重危害社会治安的犯罪分子的同时，坚决依法严惩那些行凶报复积极推行改革的企事业领导干部和秉公履行公务的执法人员的犯罪分子，保障改革和建设的顺利进行。去年以来全区法院判处属于这方面类型的案件221件，判处犯罪分子309名。对其中情节特别恶劣、罪行特别严重、民愤极大的，坚决判处极刑。如平果县韦成先为逃避税收，用拖拉机撞死税务干部的案件，人民法院与公安、检察机关密切配合，及时以故意杀人罪判处韦成先死刑。打击了犯罪分子的嚣张气焰，维护了国家法律的尊严。

三、加强经济犯罪案件审判工作，严厉打击经济犯罪活动，保障和促进改革开放及“治理”、“整顿”的顺利进行

严厉打击破坏经济环境、扰乱经济秩序的各种严重经济犯罪活动，是人民法院的一项重要任务，对于保障改革开放、促进党政机关廉洁、清除腐败现象具有重要意义。全区各级人民法院进一步提高思想认识，坚定地把打击严重经济犯罪作为一项重要任务来

抓，普遍加强了对这项工作的领导。在打击严重经济犯罪斗争中，各级人民法院突出重点，狠抓大案要案的审理。对那些案情重大、特别是钻改革空子，大肆贪污、受贿、走私、偷税抗税以及投机诈骗，大量侵吞国家、集体的资财，或者给国家造成重大经济损失的案件，坚决从严惩处。如原柳州市第三棉纺厂出纳员黄月娟（女）贪污一案，黄犯自1985年至1986年间，利用职务之便，贪污公款达234400多元。法院及时开庭审理。依法判处黄犯死刑（现该案已报最高人民法院复核）。有力地推动了打击经济犯罪活动的开展。

审理经济犯罪案件情况复杂，政策性强。各级法院始终注意贯彻执行党的方针政策和国家的法律，坚持以事实为根据，以法律为准绳。做到既坚决，又慎重，务求搞准。对于事实清楚，证据确凿，构成犯罪的案件，不管牵涉到什么人、什么单位，都坚决依法制裁，决不徇情。另一方面具体案件具体分析，严格区分罪与非罪的界限。从而既打击了严重经济犯罪分子，又保护了改革者和靠合法经营致富的公民。

四、努力强化依法调节经济的职能，正确及时审理经济纠纷案件，维护经济秩序，促进社会生产力的发展

经济审判工作是国家运用法律手段通过审理经济纠纷案件，调节经济关系和经济活动，促进改革开放，维护商品经济新秩序的一个重要方面，也是人民法院直接为经济建设服务、为发展社会生产力服务的重要内容。在深化改革，扩大开放，商品经济蓬勃发展的新形势下，越来越多的经济关系需要运用法律手段来调整，反映新的经济关系和改革发展趋势的新型案件不断出现，经济审判的任务日趋繁重。为了适应这种形势的变化，各级法院进一步加强了经济审判工作。不但积极受理和审理好量大面广的购销合同、借款合同、建筑工程承包合同案件，同时也注意受理农村、企业承包合同、租赁经营和联营合同案件，以及商标、专利侵权纠纷等新型案件。并且积极执行诉讼经济原则，在保证办案质量的前提下，选择和实施适当的诉讼行为，为经济建设服务。近几年来，我区银行部门为扶持商品经济的发展，发放了一大批贷款，但由于各种原因，不少到期、逾期贷款无法收回，直接影响生产和资金流通。针对这种情况，各地法院根据银行部门的要求，依照国务院发布的《借款合同条例》的有关规定，把开展依法收贷作为直接为我区经济建设服务的重要内容来抓，及时抽调审判人员组成巡回办案组，深入乡镇农村，开展专项服务。在工作中，认真掌握和宣传政策、法律，注意工作方法，做到依法教育大多数，立案审理少数，强制执行有偿还能力而拒不还贷的赖债户。并根据债务人的经济能力，区别对待：确有能力一次偿还者，一次清偿；不能一次清偿者，分期偿还；一时确无履行能力者，订出偿还计划，为履行债务创造条件。此种寓教于审，以案讲法的效果很好。去年，经过各级人民法院广泛深入的法制宣传教育，促使欠款人自动归还到期、逾期贷款42200多万元，如贵县人民法院，从去年11月初开始，配合金融部门，在全县范围内开展依法收贷的专项服务，仅20多天时间里，全县各家银行即收回到期、逾期贷款2650多万元。玉林地委和行署对贵县人民法院的做法予以充分肯定，及时通报全地区各县市，予以推广。该地区两级法院通过依法审理借贷纠纷案件，以案讲法，在金融部门和人民法院的共同努力下，全地区银行部门收回到期、逾期贷款达23000多万元。对缓解我区资金紧张的状况，促进生产和流通，巩固和发展信贷制度，维护经济秩序，起了积极的作用。

一年来全区各级法院把为发展经济服务作为办案的宗旨，审结各类经济纠纷案件的争议标的总金额达26139万元，为当事人收回15573万元，挽救了一些濒临倒闭的企业，使一些企业实现了产品更新换代或扭亏为盈，产生了积极的经济效益和社会效益，得到当地党政机关、人民群众，及有关当事人

的好评。

五、认真做好民事、行政审判工作，依法保护公民的民主权利和合法利益，促进社会安定团结

随着改革、开放政策的深入实施，社会主义商品经济的进一步发展，民事立法的不断完善，因民事权利和义务引起的诉讼范围逐步扩大，民事审判工作直接为改革和经济建设服务的任务日益繁重。1988年全区法院受理的民事案件比1978年增加4.29倍。为适应新形势对民事审判工作提出的新要求，各级人民法院切实加强对民事审判工作的领导，不断克服不重视民事审判工作，忽视保护公民合法权益的错误认识和做法，积极调处各种民事案件。尤其注意及时调处那些对农业生产影响较大的山林、土地、水利纠纷案件。去年全区法院共审结这类案件1686件。博白县去年下半年山林、土地纠纷比较突出，对农业生产影响较大，该县法院把处理这部分案件作为直接为经济建设服务的重要内容，8月以后，抽调干部30多人，由院领导亲自带队，分片下去进行处理，仅三个多月时间就办理山林、土地纠纷案件33件。同时还及时调处了坟山纠纷案件28件(其中有械斗苗头的12件)，使一些一触即发的纠纷得到了平息，有效地预防、减少了恶性事件的发生。县委、人大、政府的领导同志赞扬县法院为本县的经济建设立了一大功。

各级人民法院在开展民事审判工作中，本着对人民高度负责的精神，努力及时处理那些易于激化的案件。如三江侗族自治县和平乡梁燕诉何家望婚姻纠纷案，因梁属父母包办成婚，夫妻没有感情，经常打闹，梁提出离婚后，何以死相威胁，乡村干部调解时，何扬言要杀干部，并砍断自己的手指进行威胁；还准备雷管、炸药和汽油声言要烧房子、烧村寨。法院了解到这一情况后，立即派出审判员会同乡村干部找何谈话，进行法制教育，经五天工作，终于说服何家望，交出了雷管、炸药、汽油，并与梁燕达成离婚协议。类似这种有矛盾激化苗头的案件，1988年全区法院就处理了967件，对及时平息事态，增强人民内部团结，起了积极作用。

在民事审判中，各级法院还注意转变作风，深入乡村、街道，巡回定点就地办案。去年巡回就地审结的民事案件有27672件，占已结民事案件的47.89%。一些地方在巡回办理民事案件时，还采取“挂牌”的做法，即巡回到乡村后就挂出县人民法院派出庭的牌子，在当地受理案件。群众对此十分满意。他们称赞道：“有了官司不用愁，法庭就在家门口，法官耐心来开导，冤家对头变好友。”

去年以来，各级人民法院按照最高法院关于积极慎重地开展行政审判工作的指示精神，进一步抓了行政审判工作。到年底，自治区高级法院、13个地市中级法院和68个基层法院已建立了行政审判庭。已依法审理了治安行政、土地、矿产资源、城市规划、工商、税务、食品卫生等各类行政案件。尚未建立行政审判庭的法院也安排有关业务庭受理了这方面的案件。通过行政案件的审理，既保护了公民、法人的合法权益，又支持了国家行政机关依法管理社会的活动，扩大了办案效果。

六、大力开展公开审判活动，加强法制宣传教育，扩大办案的社会效果

公开审判是我国审判制度的一项基本原则，是法院审判活动的重心。去年以来，各级人民法院把搞好公开审判作为改进审判工作，提高审判水平的一个中心环节来抓，不但刑事案件依法应公开审判的实行公开审判，民事案件、经济纠纷案件和行政案件也积极公开审判；不但一审案件公开审判，二审案件、再审案件也开始公开审判。去年全区法院公开审判的案件共36590件。通过公开审判，增加法院工作的“透明度”，形象而又具体地向群众宣传法律，以案释法，扩大办案的社会效果。对一些典型案件，还到发案地公开宣判，组织群众旁听，张扬法制，教育群众。1988年全区法院在刑事审判方面先

后召开了规模比较大的宣判会1054次，集中宣判罪犯7043名，参加旁听宣判的群众达215万多人次。南宁市中级人民法院根据当前抢劫犯罪活动比较猖獗，重大案件接连发生的情况，选择了凌德成抢劫案和两件故意杀人案，到发案地——南宁麻纺厂进行公开宣判，组织该厂和南宁造船厂1200多名职工参加旁听，职工群众很受教育，单位反映很好。各级法院在办案过程中，还注意分析研究犯罪和纠纷产生的主客观原因，针对发案单位在经营管理、规章制度或者安全防范等方面存在的问题，及时提出司法建议，促进有关单位改进工作，加强管理，堵塞漏洞。全区法院向有关部门提出的司法建议共有1736条。如柳州市中级人民法院在审理曾汉荣、李文贪污、诈骗案时，发现曾犯所在单位经营管理上存在着漏洞，以致曾犯在任该单位出纳期间，得以挪用和贪污公款14万多元，便及时提出司法建议。后来这个单位根据法院的建议，组织全体干部职工进行座谈讨论。在提高思想认识的基础上，对原来该单位所订的规章制度进行了修改，订出了较为完备的岗位责任制，堵塞了一些环节上的漏洞。收到了处理一案，教育一片的效果。

七、诚心接受人大和检察机关的依法监督，以及有关部门、人民群众、社会舆论的监督，认真处理申诉案件，把案件办得更准确、更扎实

人民法院是国家的审判机关，掌握着生杀予夺的特殊权力。为了保证国家法律的正确实施，把案件办得更准确、更扎实，必须接受人大及其常委会和检察机关的依法监督，把审判工作置于社会舆论和人民群众的监督之下。自治区七届人大一次会议以后，我们更注意加强这方面的工作，摆正依法独立审判和接受监督的关系，诚心接受人大和检察机关以及有关部门、人民群众、社会舆论对法院工作的监督。坚持向人大及其常委会报告工作，虚心听取代表们的审议意见，认真贯彻人民代表大会的决议。对于人大及其代表的质询，涉及到法院工作的提案、建议及转来的申诉材料，认真对待，及时给予答复，实事求是加以解决。有的法院还建立社会协商对话制度，认真听取人民群众意见，顺畅法院与群众间的双向流通，依法将审判工作置于社会舆论和人民群众的监督之下。如深入机关、厂矿、学校、农村，召开一些座谈会，征求对法院工作的意见，对一些有影响的或者重大的案件，处理前也注意听取有关部门的意见后才依法判处；对那些政策界限不很明确或上下意见分歧很大的案件不急于处理，耐心听取有关部门意见后才慎重处理；通过举行案例和审判动态发布会等形式，增加法院工作的公开性和透明度，接受社会的监督。对于检察机关的监督，也予以尊重。一年来，全区法院共受理了检察机关抗诉的案件48件，其中接受建议予以改判的24件。

依照审判监督程序，处理申诉案件，是审判工作接受监督的重要形式之一。为了加强这项工作，不少法院根据最高人民法院的要求，对信访机构职能进行了调整，建立了告诉申诉庭。告诉申诉庭不但接待来访、处理来信，而且直接复查处理案件，初步改变了过去那种“谈谈转转”的做法，减少了来信来访和重复申诉。一些中级法院、基层法院还建立院长接待来访、处理来信制度，加强对申诉工作的领导，使大量的申诉案件得到及时处理。各级法院在处理申诉案件中坚持实事求是、有错必纠的原则，对于申诉有理，原判确有错误的，依法予以纠正；对无理申诉的，则教育服判息诉。从而既保证了案件的正确处理，又消除了一些因申诉、上访出现的不安定因素。

过去的一年，我区审判机关围绕十三大和自治区七届人大一次会议精神的贯彻落实，充分发挥了职能作用，为保障改革的深化和经济建设的顺利进行，尽到了人民法院应尽的职责，工作取得一定的成绩。但由于我们的认识仍跟不上形势发展的需要，对改革中出现的新情况、新问题及时调查研究不

够，因此，工作中仍存在有被动的方面和问题。主要是一些案件办得不够细，处理不够及时；个别案件定性不准，特别是一些新型、疑难案件，由于政策和法律界限不清，把握还不够准确；案件执行难的问题也还没有得到很好解决，因而执行率仍然比较低；一些地方由于放松政治思想工作，少数干警思想比较混乱，个别干警甚至违法乱纪；法院的物质建设，尽管各级政府给了很大支持，解决了不少困难，但因欠帐太多、财力紧张，办案经费紧缺、办公用房不足的矛盾仍然很突出。对于这些问题仍需我们在今后的工作中认真注意解决。希望各位代表和各级人大及其常委会，加强对法院工作的监督，使我们不断改进工作，以适应形势不断发展的需要。

（三）

各位代表，1989年是治理经济环境、整顿经济秩序、全面深化改革的重要一年。自治区党委提出，要坚定不移地贯彻党的十三届三中全会确定的方针和党中央、国务院发布的关于治理、整顿的措施，认真治理经济环境、整顿经济秩序；要扎扎实实地把经济体制改革推向前进；要稳步发展经济，特别是大力发展粮食生产，改善和增加有效供给；要在深化经济体制改革、抓紧经济建设的同时，积极稳妥地推进政治体制改革，加强社会主义民主和社会主义法制建设，坚决维护安定团结的政治局面。这是全区各族人民的奋斗目标，也是历史赋予全区各级人民法院的重任。我们将进一步发挥审判机关的职能作用，为维护我区的社会安定和经济秩序，为全面深化改革和经济建设创造良好的社会环境和经济环境，为促进我区经济的发展而共同努力。根据这次会议精神，今后要抓好如下几项工作：

（1）深入学习、全面领会党的十三届三中全会精神，加深对贯彻落实三中全会提出的治理经济环境、整顿经济秩序、全面深化改革的指导方针的极端重要性的认识，提高贯彻执行三中全会精神的自觉性。始终把工作的着眼点和注意力放在为治理环境、整顿秩序、深化改革、发展经济服务上。充分发挥人民法院保护人民、惩治犯罪、促进改革、服务四化的职能作用，保障和促进我区治理经济环境、整顿经济秩序、深化改革和经济建设的顺利进行。

（2）坚持贯彻依法从重从快的方针，稳、准、狠地打击严重危害社会治安的刑事犯罪活动。面对当前严峻的社会治安形势，要把严厉打击严重刑事犯罪作为首要任务，加强同公安、检察等有关部门的密切配合，积极开展有声威的专项斗争，狠狠打击杀人、抢劫、强奸、流氓集团、重大盗窃等严重危害社会治安和人民群众生命财产安全的犯罪分子；严惩行凶报复积极推行改革的企事业领导干部和执法人员的犯罪分子；严惩破坏电力设备、倒卖假化肥、假农药、伪劣种子等危害农业生产的犯罪分子。在审理案件中，要严格执行法定的诉讼程序和制度，认真搞好公开审判。要坚持打防结合，治标治本并举。尤其要注意做好未成年人犯罪案件的审理工作，把刑事惩罚和教育挽救失足青少年结合起来，预防和减少犯罪。为我区治理环境、整顿秩序、深化改革和发展工农业生产提供安定的社会环境和稳定的社会秩序。

（3）继续严厉打击严重破坏经济的犯罪活动。坚持一要坚决，二要慎重，务求搞准的方针。严厉打击破坏经济环境、扰乱经济秩序的各种严重经济犯罪活动。尤其要严惩那些钻改革空子，大肆贪污、受贿和重大走私、诈骗、投机倒把等严重经济犯罪分子。对一些企事业单位和机关、团体进行严重经济犯罪活动的案件，要按照最高人民法院《关于严惩严重经济犯罪分子，及时审理经济犯罪案件的通知》办理，即使没有中饱私囊，但单位犯罪数额特别巨大，或者给国家造成重大损失，以及情节严重，构成犯罪的，也要依法追究其直接负责的主管人员和其它直接责任人员的刑事责任。在办案中，要坚持独立审判的原则，严格依法办案，排除干扰，秉公执法，不枉不纵。并注意选择典型案例，有计划有组织地进行公开判处，扩大影响，以推动我区打击严重经济犯罪斗争的深入开展。

(4)大力加强经济审判工作。认真依法审理好生产、流通领域内和全面深化改革中发生的经济纠纷案件，支持和保障以公有制为主体的多种所有制经济的发展，保护城乡个体经济、私营经济和外商投资企业的合法利益及正当经营活动；保护根据企业所有权与经营权分离原则实行的多种形式承包经营责任制的健康发展。要按照党的十三届三中全会关于“五管齐下”的要求，在党委统一领导下，与有关部门加强联系，相互配合，相互衔接，各司其职，严肃执法，保护合法经营，纠正违法行为，为加强对经济生活的宏观调控、改变流通领域的混乱现象作出努力。在办案中，要坚决克服地方保护主义的影响，坚持对本地当事人和外地当事人，中国当事人和外国当事人一视同仁，依法办案。与此同时，我们还要认真做好执行工作，以维护国家法律的尊严，保护公民和法人的合法权益。

(5)积极开展民事审判和其他审判工作。要继续贯彻执行民法通则和民事诉讼法等民事法律和政策，积极改革审判方式，认真贯彻谁主张谁举证的原则，不断提高办案质量和效率。及时恰当地处理日益增多的各种纠纷，特别是土地、水利等与农业生产直接、间接相联系的纠纷案件，调节民事关系，防止矛盾激化，增强各族人民的团结，促进社会安定和生产建设的发展。积极慎重地处理行政案件，保障公民和法人的合法权益，促进和维护行政机关依法行政。改进和加强告诉申诉工作，进一步加强审判监督，认真处理公民、法人告诉、申诉，依法保护公民、法人的诉讼权利和合法权益，防止群众“告状无门”。

(6)进一步加强法院自身建设，不断提高干警政治素质和业务素质。使广大干警在政治上同中央完全保持一致，拥护三中全会的决策，正确认识“治理”、“整顿”的必要性，正确对待当前的困难，增强全局观念，带头维护大局，增强做好本职工作的责任感。进一步开展以为政清廉为主要内容的纪律教育和职业道德教育。开展“创文明单位，做优秀法官(工作者)”活动。不断改革和完善人事管理制度，加强对干部的培训，继续办好法律业大和法律专业证书教育，不断提高干警的业务素质。进一步加强基层人民法庭工作。在加强思想建设和组织建设的同时，抓紧抓好人民法院的物质建设，以适应日益繁重的审判任务的需要。

以上报告，请大会审议。

海南省高级人民法院工作报告

——1989年4月28日在海南省人民代表会议第二次会议上

海南省高级人民法院院长　丁　果

各位代表：

现在，我代表省高级人民法院向大会报告一年来的工作，请予审议。

1988年以来，全省各级人民法院在各级党委的领导和人大的监督下，认真贯彻执行党的十三届三中全会和第十四次全国法院工作会议精神，坚持严肃执法，为“一个中心，两个基本点”服务，全年共审结各类案件8710件，较好地完成了各项工作任务，为促进改革开放的深入开展，保障我省经济建设的顺利进行，做出了积极的贡献。

一、关于省高级人民法院的组建情况

我省高级法院的组建工作于去年5月开始，9月6日正式挂牌办公，受理案件。组建中我们主要抓了三件事：

（一）省高级法院组建之始，就十分注重干部的配备，以为后来工作打下坚实的基础。一是经最高法院统一安排，从最高法院和16个省、市法院借调了一批正科级以上，具有大专以上学历，年龄在45岁以下的审判业务骨干；二是从海南当地法院调入了一部分了解情况，熟悉业务的干部；三是经过全面考核，从各省要求来海南工作的人员中，选调了一些具有大专以上法律专业知识和一定政法实践经验的干部；四是接收了一批大学法律系的应届毕业生。省高级法院现有干部96名，中共党员占83%，大专以上文化的占84%。在57名审判干部（含正副院长）中，大专以上文化的56名，占98%。提前实现了最高法院提出的，在1995年使大专以上文化程度的在全体干部中占70%、在审判人员中占80%的规划。

（二）本着边组建边工作的原则，考察了全省法院的设置，确定了案件的管辖，并及时与广东省高级人民法院办理工作交接，保证了各级法院审判工作的正常进行。

（三）为适应特区经济建设和体制改革的超前进行，从加强和完善海南法院自身的机制出发，经提请省委批准，对我省法院工作进行了一些改革：一是按照“两便”原则，不受行政区划的限制，建立了琼北、琼南两个中级法院，审判人员均提请省人大常委会任免；二是在干部管理上，实行上级法院和地方党委共同管理，以上级法院管理为主的办法，使管事和管人紧密地结合起来，以利于依法独立审判；三是省高级法院设政治部，中级法院设政治处，实行人事、党务、纪检、监察工作统一归口，进一步加强和改善思想政治工作；四是设立海南省法院干部培训中心，与全国法院干部业余法律大学海南分校共同承担全省法院干部正规化教育和岗位培训任务；五是改革法院业务经费的管理体制，将各级法院的业务经费根据实际需要，单独列入地方财政预算，经同级人大审议批准后执行。以上五项改革，在全国法院系统开创了先例，得到了最高法院的充分肯定，必将在法制建设和执法活动中显示其重要作用。

二、关于1988年的各项审判工作情况

（一）严厉打击严重危害社会治安和严重破坏经济的犯罪活动，为特区建设提供安定的社会环境。

严惩严重刑事犯罪分子，是人民法院的重要任务。一年来，全省各级法院共审结一审刑事案件1291件2265人。判决发生法律效力的有963件1683人。其中判处死刑（含死缓）、无期徒刑的67人，判处五年以上有期徒刑的439人，判处五年以下有期徒刑、拘役、缓刑、管制的1133人，免予刑事处分的28人，宣告无罪的16人。为了维护我省社会治安，省高级法院针对刑事发案率高，重大特大案件上升，侵犯财产的犯罪和侵犯人身的暴力性犯罪突出的情况，要求各级法院对社会治安的严峻形势要有清醒的认识，思想不放松，工作要抓紧，坚决贯彻依法从重从快的方针，严厉打击刑事犯罪活动。在省委的统一部署下，全省各级法院与公安、检察机关密切配合，协同作战，经过去年“十一”、“元旦”、“春节”之前的三次集中打击，依法严惩了一批严重刑事罪犯。计召开宣判大会83场，公开宣判刑事案件448件，罪犯904人，枪决恶贯满盈的死刑罪犯××人。全省有近60万人次的各族干部和群众参加了宣判大会。为扩大法制宣传，琼南、琼北中级法院印发了3万多张布告，张贴于城乡各

地。电视、广播、报社等新闻部门也大张旗鼓地进行宣传报道，从而张扬了法制，震慑了犯罪，教育了群众。在三次集中打击中，各级法院把杀人、抢劫、强奸、重大盗窃犯罪以及其中的主犯、惯犯、累犯、流窜犯作为打击的重点，该重判的坚持重判，罪该处死的，坚决判处死刑。如对流窜于琼山、澄迈两县，持凶器进行抢劫、强奸的吴春根等4名罪犯；对驾驶汽车盗窃彩电32台、甲级香烟32箱的梁镜辉等3名罪犯；对结伙流窜9个县（镇），盗窃作案达49次的符学春等4名罪犯均判处死刑，予以枪决。为了加快办案速度，对一些重大案件提前介入，了解案情，掌握证据。案件起诉到法院后抓紧审理，从而大大缩短了刑事案件的办案期限，从审判环节上保证了三次集中打击的胜利，促进了我省社会治安的稳定好转。

严惩严重破坏经济的犯罪分子，是人民法院刑事审判的另一项重要任务。一年来，全省各级法院认真贯彻"一要坚决，二要慎重"的方针，共审结经济犯罪案件153件，依法判处经济罪犯168名。其中判处五年以上有期徒刑的55名。为国家挽回经济损失69万余元。通过审判实践，我们深刻体会到，打击严重经济犯罪活动，要起到维护社会主义经济秩序，促进廉洁，促进生产力发展的作用，就务必要打"准"。如果失"准"，就会出现两大问题：一是混淆罪与非罪的界限，扩大打击面，经济就无法搞活；二是惩处不坚决，就难以有效地制止违法犯罪活动。二者实质上都阻碍了生产力的发展。因此，在执法过程中，要考虑海南特区实行有别于内地的特殊政策，严格分清缺少经验、工作失误与玩忽职守、渎职犯罪的界限，不正之风与贪污受贿的界限，正确适用法律，使每一起案件都经得起历史的检验。

（二）大力开展民事、经济审判工作，积极慎重地开展行政审判工作，依法保护公民和法人的合法权益，促进安定团结和商品经济的发展。

近年来，我省民事、经济纠纷案件持续上升，在法院总收案中的比例逐年增大，任务十分繁重。一年来，全省共受理各类民事案件5524件，审结4719件，结案率为85.4%。在工作中，要求民事审判干部，继续深入学习和执行民法通则和其他有关法律，不断提高了执法水平，改变了过去那种办案凭经验、从习惯、"和稀泥"的做法，使审结的民事案件合情、合理、合法。特别是对涉及财产权益的案件，在查清事实的基础上，调解不成就及时判决。去年审结的民事案件，调解结案的占55.5%，判决结案的占31.6%。为了促进家庭和睦、生产发展和社会安定，各级法院均把防止矛盾激化，预防纠纷，减少诉讼，作为重要环节来抓。具体做法：一是抓紧审结多发性案件。婚姻、债务案件历来是民事案件中的"大头"，去年全省共审结婚姻案件3165件，审结债务案件772件，这两类案件占民事结案总数的83.4%。由于狠抓了这个"大头"，初步扭转了民事审判工作的被动局面。二是对赡养、扶养、抚育案件优先审理，依法保护老人、妇女、儿童的合法权益。三是贯彻预防为主的方针，与有关部门密切配合，加强人民法庭对基层调解委员会的指导，把大量民间纠纷就地解决在基层，消灭在萌芽状态，发挥了第一道防线的作用。

去年全省共受理经济纠纷一审案件1012件，比上年增加44.8%，审结954件，已结案件诉讼标的额达1.29亿元。人民法院为特区经济建设服务，直接体现在通过经济审判的职能，依法调节海南多种所有制经济成份之间因生产、流通而形成的经济关系，以促进商品经济和外向型经济的发展。因此，在经济审判中，各级法院根据实际情况，不断调整收案范围。对于企业承包、租赁经营和联营合同纠纷，以合伙经营组织、私营企业或外商投资企业为诉讼主体的经济合同纠纷、经济侵权纠纷以及劳动争议纠纷等，都及时地收案处理。在审理案件时，把"三资”企业、私营企业以及个体经营户放在同国营、集体企业同等的位置上。不论是中国当事人还是外国当事人，是本省当事人还是外省当事人都坚持法律面前人人平等的原则，其合法权益都一视同仁地给予法律保护。一年来，全省各级法院通过审理经济纠纷案件，使大量积压的原材料、产品重新转入生产流通领域，为搞活经济提供了法律保障。

审理行政案件是人民法院的一项新任务。目前我国已有130多个法律、法规规定当事人对行政机关处罚和某些处理决定不服的，可以向人民法院起诉。为了适应这一需要，省高级法院和琼南、琼北两个中级法院均已成立行政审判庭。部分基层法院由于力量不足暂未建立，则指定民庭和经济庭代行职责。去年全省受理行政案件42件，主要是治安行政案件。鉴于行政诉讼法尚未颁布，行政纠纷案件涉及的法规多和行政部门多，认识和掌握行政审判工作的规律需要一段时间，全省各级法院在审理行政案件时都慎重从事，既注意依法保护公民和组织的合法权益，又支持行政机关依法行使职权。

（三）认真审理二审案件，加强审判监督，保证办案质量，维护法律尊严。

去年以来，全省各级人民法院狠抓了审判监督工作。通过二审和再审，依法纠正了一些判处不当的案件，保证了办案质量。一年来，省高级法院和中级法院共审结当事人不服一审判决提出上诉或检察院抗诉的各类二审案件930件。审理这些案件，坚持严格把关，对案件的事实、证据、适用法律和审判程序进行全面审查。在审结的167件刑事上诉和抗诉案件中，依法改判了38件58人，维持原判的121件234人；审结的763件民事、经济、行政上诉案件中，改判了265件，维持了389件。从而惩办了犯罪，保障了当事人的合法权益，维护了法律尊严。与此同时，各级法院还加强了告诉申诉工作。省高级法院、各中级法院以及部分基层法院相继成立了告诉申诉庭。一年来，全省共处理人民来信16409件，接待群众来访12620人次，处理刑事申诉案580件，民事申诉案18件；复查“文革”前的申诉案277件，“文革”中的申诉案58件，复查历史老案工作已基本完成。去年以来，几年“严打”战役中所判处的案件，提出申诉的较多，比上年增加了1.2倍。对此，各级法院坚持实事求是，不错不改，有错必纠的原则，严格依法办事。对于基本事实失实，基本性质搞错了，或适用法律明显错误的，实事求是地予以纠正；对无理缠诉的依法驳回申诉，并教育申诉人息诉服判。建省前判处的经济犯罪案件提出申诉的，也按上述原则办理。

（四）大力加强队伍建设，提高法院干警的政治、业务素质。

建省办大特区，给法院工作提出了更高的要求，审判人员的执法观念、执法水平面临着新的考验。为了解决干警队伍素质同形势与任务不相适应的矛盾，一年来，各级法院把提高干警的两个素质，作为一项重要任务来抓。在提高政治素质方面，主要是加强思想政治工作，开展清正廉洁教育。各级法院根据省委的部署，组织干警认真学习党的十三届三中全会和省委一届二次全委扩大会议文件，深入开展职业道德、职业责任、职业纪律的教育，要求做到“一身正气，两袖清风”。通过理论学习和政治教育，广大干警严肃执法，不为权势屈从，不为金钱动心，不为人情徇私，勇于同不正之风作斗争的好人好事不断涌现。在提高业务素质方面，主要是抓好业务培训。去年省高级法院建院后，成立了全国法院干部业余法律大学海南分校和海南省法院干部培训中心，并要求各基层法院尽快制定教育规划，把干部培训当作一项战略任务来抓，努力走出一条法院系统进行成人在职培训的新路子。目前，法律业大已招收在校生402名，其中专业证书生218名。这些学员毕业后，将进一步改变法院干警队伍的文化和专业知识结构。同时，全省法院还注重抓好干部的岗位培训和平时的政策业务学习，力求通过多层次的培训教育工作，使干警业务素质也有一个较大的提高。

一年来，全省各级人民法院全面开展各项审判工作，加强各项建设，取得了较大成绩。但也存在不少问题和实际困难。一是少数案件办得粗糙，质量不高，有的事实不清，证据不足，适用法律不当，造成错判；有的刑事案件结案不及时，超过法定期限。二是由于案多人少，办案力量不足或工作抓得不紧，或执法水平不高，以致一些民事、经济案件久拖未结。同时案件审结后的执行率不高，特别是相当一部分经济纠纷案件判决后难以执行，其中有的本来就是“皮包公司”；有的当事人经营严重亏损，无力偿还；有的是受地方保护主义的干扰和影响，给执法工作设置障碍；也有些案件在判决前对执行问题考虑不够或未及时采取诉讼保全措施。对这些问题，广东省高级人民法院和我省各级法院均曾采取了一些措施，但都未能从根本上得到解决。三是全国各级法院审判人员的职级配备，中央于几年前就明确规定，但我省至今尚未在基层法院落实，对人民法院的政治地位和干部的工作积极性均有一定的影响。四是法院业务经费严重不足，工作条件仍很困难，不少法院审案无法庭，出差无经费，押解罪犯无囚车。人民法庭的工作条件更差，有60%的用房是租借的，有的在危房办公，有的办公、审案挤在一间小房里，严重影响审判活动的正常进行，与我省创办特区和法制建设的形势很不相称。上述审判工作上的问题，我们将采取措施，努力改进；诸多实际困难则希望人民政府和有关部门给予更多的关注，尽快帮助解决。

三、关于1989年的工作任务

今年1月，我们召开了海南省第一次法院工作会议，传达贯彻了第十四次全国法院工作会议精神，讨论研究了如何充分发挥审判机关的职能作用，为海南特区经济腾飞服务这一中心议题。同时明确和部署了今年和今后一个时期全省各级人民法院工作的基本方针和基本任务，就是以服务、推动、保障特区建设为宗旨，充分发挥国家审判机关特有的专政、保护和调节职能，通过全面开展各项审判工作，自觉地为实现特区经济发展战略目标克尽职责。为此，我们强调了全省法院干警在宏观上必须树立为特区经济建设服务的观念，严肃执法的观念，注重办案社会效果的观念和勇于创新、勇于实践的观念，以使法院的各项工作在思想上和执法活动上适应形势和任务的要求。最近，结合对全国、全省政法工作会议精神的传达贯彻，我们进一步强调了全省法院干警要在党委领导下，振奋精神，运用法律手段，为治理经济环境、整顿经济秩序，为我省特区建设创造安定的社会环境和提供有力的法律保障。

当前我省刑事犯罪猖獗，恶性案件屡有发生，治安形势相当严峻。由于外来人员大量增加，不法分子乘隙而入，诱发犯罪的因素不少，各种社会矛盾很多，在此情况下，治理社会治安将是艰巨、复杂的任务。对此，我们必须有清醒的认识，树立长期作战的思想，加强工作，稳定治安大局，力争治安状况今年明显好于去年。根据党中央最近关于加强政法工作的指示精神，各级法院要继续把打击严重刑事犯罪活动，维护社会治安，作为首要任务切实抓紧抓好。要坚定地继续贯彻依法从重从快的方针，重点打击杀人、抢劫、强奸、诈骗、贩毒、重大盗窃、行凶报复、拐卖人口、赌头赌棍、非法制造、买卖枪支、挑动群众闹事、械斗、破坏军事通讯设施以及强迫、引诱、容留妇女卖淫等严重刑事犯罪，特别是要狠狠地打击流窜犯和犯罪集团的首要分子。要与公安、检察等有关部门密切配合，针对一个时期突出的治安问题，适时开展专项斗争，选择重大、典型案件集中公开宣判，形成强大的气势和威慑力量，将犯罪分子的嚣张气焰打下去，教育鼓舞人民群众。同时，要结合办案，积极参加社会治安的综合治理。在审判工作中，要全面体现宽严相济的原则，依法应当从严的要坚决从严，应当从宽的一定要从宽。要加强对犯罪青少年的教育、改造和挽救工作。中级法院和基层法院要试办少年犯合议庭，审理未成年人的刑事案件，并注意总结推广这方面的经验。

对于严重经济犯罪活动，必须依法从严惩处，重点打击贪污犯、受贿犯。投机倒把犯罪对经济秩序危害很大，群众反映强烈，也必须坚决惩治。对企业、单位进行投机倒把的犯罪案件，要依法追究主管人员和直接责任人员的刑事责任。处理经济犯罪案件，除对犯罪分子适用主刑处罚外，还要注意依法适用没收财产、罚金等附加刑，不能让经济犯罪分子在经济上得到便宜。经济犯罪案件情况复杂，审理时要坚持以事实为根据，以法律为准绳，重证据，重调查研究，排除一切干扰，严格依法办事。对政策、法律界限一时不够明确的，要慎重处理，务必搞准。

当前民事和经济审判工作面临的形势仍是"三多一难"，即收案多、结案多、积案多和执行难。在新的一年里，全省各级法院，要从主观方面挖潜，克服困难，改进工作，提高效率，集中时间清理积案，减少群众讼累。对执行难的案件，要分类排队，逐案分析原因，研究解决办法，力争今年取得较大的进展。民事、经济审判要十分重视和依法办好流通领域内和全面深化改革中发生的各类案件，积极为治理整顿和经济建设服务。除切实办好婚姻、债务等多发案件外，必须特别注意妥善处理涉及民族矛盾和涉及侨胞、台胞和港澳同胞的案件。山林、水利、土地纠纷案件直接关系到生产的发展，且易引起群众性的纠纷和械斗，要在坚持政策法律原则的基础上，以疏导、教育为主，审慎处理，防止矛盾激化，维护安定团结。要进一步扩大经济审判的收案范围，精心办好涉外经济纠纷案件。努力改进调解方法，更好地发挥调解在解决经济纠纷中的作用。要坚持秉公执法，顶住来自任何方面的干扰。上级法院发现下级法院有地方保护主义行为的，要坚决纠正，严肃处理；对下级法院抵制地方保护主义的正确行为，要理直气壮地给予支持。审理民事和经济纠纷案件，都要依法强调当事人的举证责任，法院则把主要精力用于核实、认定证据上。当事人提供的证据，要在开庭审理中相互质证。伪造证据的，一经查实，要依法予以制裁。

随着行政诉讼法的颁布，行政管理的不断加强，普法教育的不断深入，起诉到法院的行政争议案件必然会增多。因此，各级法院必须首先做好行政审判的各项基础工作，根据需要和可能尽快建立行政审判庭。已建庭但人员配备不足，难以正常开展工作的，要抓紧充实人员，依法审理好各类行政案件，特别是工商、税务、海关等有关整顿经济秩序方面的行政案件，及时总结审理治安、环保、土地等方面案件的专项经验，促进行政审判工作开展。

要搞好告诉申诉工作，健全审判监督。重点是要把告诉工作放到重要的位置，切实保护公民和法人的诉权。凡是法律规定应当受理的案件，都应及时受理。要认真执行分级负责的规定，提高申诉工作的质量和效率。全省各级法院都要抓重点、抓催办、抓结果，认真解决好"谈谈转转"的问题，以不断完善人民法院内部的监督机制，使判处不当的案件能够及时纠正。

要加强基层工作，加快"两庭"建设。目前，全省已建乡镇和农场人民法庭147个，担负着基层法院70%以上的案件，并指导民间调解工作，任务极其繁重。当务之急是抓好巩固、充实和提高。这次基层法院增编的大多数干部要充实加强到人民法庭。每个法庭至少要配备4名干部。要加强对人民法庭干部的培训，提高他们的政治业务素质，并注意帮助他们解决实际困难，改善工作条件。国家计委明确规定，人民法院和人民法庭办公用房和审判法庭，是执法的必备条件，不是"楼堂馆所"，提请各级人民政府列入计划，抓紧落实解决。

要在落实业经省委批准的上述五项改革措施的基础上，进一步推进法院工作的改革。一是更新观念，着眼全局，反对就案办案，孤立办案，通过审判活动和参与综合治理，更加自觉地为特区建设服务；二是增强法院工作的透明度。办案要依法公开审理、公开宣判，适时举行新闻发布会和记者招待会，只要是不涉及国家机密和个人隐私，都可将审判工作的基本情况，有影响的典型案件的审理情况，政策法律以及审判程序、工作制度等方面的规定，向社会公开，并召开不同阶层的干部和群众的座谈会，听取意见，以使社会各界和各族人民了解法院工作，支持法院严肃执法，同时也使各级法院进一步接受人民群众和社会舆论的监督；三是法院工作和经济工作一样，也要在不违背我国法律的原则下，借鉴外国和港澳地区一切有益的东西，为我所用。

为了适应新时期审判工作的要求，要进一步加强法院队伍建设。全省各级法院要坚持从严治党，从严治院，从严管理的方针，在继续办好法律业大，抓好业务培训，提高干部执法水平的同时，切实抓好形势教育和全心全意为人民服务的宗旨教育，尤其要进一步开展廉洁奉公的教育，使广大干警特别是各级领导干部自觉遵守最高法院提出的“八不准”，在纷纭复杂的环境中，保持清醒的头脑，提高拒腐防变的自觉性，并制定和完善各项切实可行的规章制度，以保持队伍的廉洁。对以权谋私、徇情枉法等违法乱纪的干警，要严肃查处，决不姑息迁就。人民的法官应该都是“清官”，海南省各级人民法院要在“清正廉洁，执法如山”的实践中显示自己的形象，树立自己的权威。

各位代表：人民代表会议及其常委会对人民法院实行法律监督和工作监督，是一项宪法原则，也是法院正确行使审判权的重要保证。我们恳切希望各位代表对法院工作上的缺点和问题提出批评和质询，以使我们更加有效地履行法定职责，更好地完成国家和人民赋予的光荣任务，为保障和促进特区建设作出新的贡献！

四川省高级人民法院工作报告

——1989 年 1 月 25 日在四川省第七届人民代表大会第二次会议上

四川省高级人民法院院长　任凌云

各位代表：

省第七届人民代表大会第一次会议以来，全省各级人民法院在中共四川省委的领导下，在省人大常委会和最高人民法院的监督下，以党的十三大和十三届三中全会精神为指导，依照宪法和法律赋予的职责，积极开展了各项审判工作，一年来，共审理各类案件 189065 件，其中刑事案件 26766 件，判处人犯 32029 名；民事案件 106220 件；经济纠纷案件 40861 件；行政案件 507 件；各类申诉案件 14711 件，处理了人民来信来访 883465 件次。通过对经济犯罪和经济纠纷案件的裁决，为国家、集体挽回经济损失 1308 万元，使因经济纠纷造成滞积的 64504 万元资金重新投入流通和生产。与此同时，进一步加强了人民法院自身改革和建设，不断改进执法活动，努力提高审判工作水平，各项工作都有新的进展。现在，我就一年来的主要工作向大会作报告，请予审议。

一、依法严厉打击严重危害社会治安和严重破坏经济的犯罪活动，为改革、开放和经济建设提供安定的社会环境

去年以来，我省社会治安情况，总的来看是稳定的，但存在的问题不少，形势还很严峻。突出表现在刑事发案率呈上升趋势，杀人、抢劫、强奸、重大盗窃、流氓滋事等严重危害社会治安秩序的犯罪案件上升幅度较大，在一些地方人民群众的安全感受到威胁。在经济领域中，犯罪活动也很严重，有的利用职权贪污、受贿；有的走私贩私，倒卖国家重要物资和紧俏商品；有的制造、销售伪劣商品，坑害国家、坑害群众，甚至制造、销售假种子、假化肥、假农药，坑害农民，破坏生产。针对这些情况，全省各级人民法院继续坚定不移地贯彻执行依法从重从快和依法从严惩处的方针，突出打击重点，狠抓大案要案的审理，带动整个刑事审判工作。对那些严重破坏社会治安，危害人民生命财产安全，严重破坏社会主义经济的犯罪分子，依法给予了严厉惩处。在全年判处的刑事案件中，属于严重危害社会治安秩序和严重破坏社会主义经济秩序的犯罪案件12583件，人犯19547名，占判处总数的47%和61%；对其中少数罪大恶极的犯罪分子坚决依法判处死刑。如震惊全国的乐山市李华、许刚（持枪拒捕被击毙）、蒋勇，刘晓琼等盗枪、杀人、抢劫银行金库巨额现金的案件，一审法院受理后及时审理，依法判处。罪犯不服，提起上诉，省高级人民法院抓紧审理和复核，依法驳回上诉，维持一审法院判处李华、蒋勇死刑，刘晓琼死刑、缓期二年执行的判决；对窝赃和窝藏、包庇许、李等犯的犯罪分子，也依法追究了刑事责任。又如蓬溪县曹海平、刘和兵、张建兵等13名罪犯，纠集成伙，流窜于蓬溪、遂宁、三台、绵阳等县、市，在公路上拦劫车辆、行人，破门入室，抢劫钱财，轮奸妇女，搞得人心不安。根据这伙犯罪分子各自的罪行，依法判处首犯曹海平、刘和兵死刑，判处主犯张建兵死刑、缓期二年执行，判处刘平、胡勇无期徒刑，其余8名罪犯分别判处了五至十五年有期徒刑。及时有力地给予了严厉的制裁，充分发挥了人民民主专政的威力。

各级人民法院在刑事审判工作中，注意分析形势，根据各地社会治安突出的问题，配合有关部门开展专项斗争，进行专项治理。不少地方的人民法院，针对抢劫、盗窃、扒窃和拐卖人口犯罪活动比较突出的情况，开展了打击抢劫、盗窃、扒窃、拐卖人口犯罪活动的专项斗争，相对集中地判处了一批盗（扒）窃、抢劫和拐卖人口的罪犯。在审判工作中，结合办案，以案讲法，开展法制宣传，扩大了办案的社会效果。同时，认真分析犯罪原因和治安管理方面的漏洞，向有关部门提出司法建议，完善制度，加强了管理。

近年来，少年犯罪增多，已成为应当引起社会严重关注的问题。如何审理好这类案件，对犯罪者依法给予应有的处罚，维护法律的尊严，又能通过审判活动，教育挽救失足者，是人民法院刑事审判工作中的一项特殊任务。为做好这项工作，我们在一些地方进行试点，确定有丰富审判实践经验和社会经验的审判人员，专门审理这类案件；在审判过程中，认真贯彻"教育、感化、挽救"的方针，针对少年犯可塑性大等心理和生理上的特点，注意改进审判方式。注重疏导、启发，寓教于审，晓之以理，动之以情，帮助他们分析犯罪的原因，认识犯罪的危害，指明认罪改过的前途，促使其消除自暴自弃的绝望心理和对抗情绪，真诚悔过；在适用刑法上坚持惩罚与教育相结合的原则，根据犯罪事实、情节和刑法的有关规定，依法从轻或减轻处罚，对偶尔失足，经过教育，能真诚悔罪，家庭、学校有管教条件，可以免除处罚的，即免予刑事处分，依靠家庭、学校和社会帮助教育。法院坚持回访考察，协助有关部门落实帮教措施，做好转化工作，使其成为新人。实践证明，这样做效果很好。有的少年犯被判刑后，表示要认真接受改造，努力复习功课，争取刑满后报考大学，成为对国家有用人材；有的被免予刑事处分或宣告缓刑，由学校收回继续读书后，遵守校规，接受教育，表现很好。我们希望全社会都来关心和帮助少年健康成长，有效地预防和减少少年犯罪。

一年来，全省各级人民法院运用法律武器，严厉打击严重危害社会治安和严重破坏经济的犯罪活动，取得了一定的成绩，对维护社会安定和经济秩序起了积极的作用。但是，从目前我省社会治安情况和发展趋势来看，不安定的因素还很多，刑事案件还会呈现上升的势头，因此，我们在思想上不能松懈麻痹，工作上不能有丝毫放松。我们将继续努力，进一步加强刑事审判工作，严厉打击严重危害社会治安和严重破坏经济的犯罪活动，为治理经济环境，整顿经济秩序，全面深化改革创造一个好的社会条件。同时，对社会治安要坚持实行综合治理，把打击与防范结合起来，做好预防工作。据了解，去年的盗窃案件，发生在机关、团体、企事业单位的占59%，重大盗窃案件中发生在机关、团体、企事业单位的占69%，其原因，主要是制度不严，管理不善，给犯罪分子以可乘之机。因此，我们将继续结合办案，向有关单位提司法建议，动员和依靠社会的力量，严格制度，加强管理，堵塞漏洞，预防和减少犯罪，争取社会治安的稳定好转。治理经济环境，整顿经济秩序，必须坚持“五管齐下”，对治理整顿中查出的情节严重构成犯罪的，坚决依法追究刑事责任，不能以罚代刑，或以党纪、政纪代替刑事处罚，以利于同经济犯罪活动作斗争。

二、加强民事、经济审判工作，促进人民内部团结，疏理生产流通领域中的紊乱和梗塞

随着改革的深化和民主与法制建设的不断发展，特别是《民法通则》施行以后，纳入法律调整范围的民事、经济关系越来越多，民事、经济纠纷案件大量增加。全省各级人民法院认真贯彻执行《民法通则》和其他民事、经济法律、法规，努力挖掘潜力，调动审判人员的积极性，多收案，快结案，办好案，推动民事、经济审判工作的全面开展。去年全省各级人民法院受理和审结的民事、经济纠纷案件比上年增加37%和35%，办案中，注意把审判工作同开展法制宣传、精神文明建设结合起来，对当事人和群众进行社会主义法制和道德风尚教育，做好思想疏导工作，缓解矛盾，增强团结；针对办案中发现的问题，提出司法建议，促进企业依法经营和加强管理，预防和减少纠纷，提高经济效益。通过办案依法制裁民事、经济违法行为，保护了公民和法人的合法权益，促进了人民内部团结和社会安定，对于治理和疏通生产、流通领域中的紊乱和梗塞，建立社会主义商品经济新秩序起了积极作用。

《民法通则》实施以后，人民法院受理民事、经济纠纷案件的范围扩大了，案件内容和结构上也有了新变化，不但发生在生产、流通领域中和与改革相关的民事、经济纠纷案件逐年上升，而且出现了许多新类型案件。如民事方面的著作权、肖像权、姓名权、名誉权等；经济方面的企业承包，租赁经营、联营、商标、专利等案件也不断起诉到法院。为了处理好这类案件，省高级人民法院在调查研究的基础上，就审理这些新类型案件的程序和如何正确适用法律做了一些相应的规定；各地法院也结合实际，制定了一些具体的办案措施，从而保证了案件的正确处理。

为了充分发挥民事、经济审判工作为改革和建设服务的作用，各地注意联系实际，对

影响改革和建设亟待解决的民事、经济纠纷案件，集中时间和力量，开展审判工作，为发展生产，搞活经济，促进流通，提供有效的法律保障。比如随着改革的深化，社会各方面利益的调整，物价上涨等因素，农村承包合同纠纷增多，一些人法制观念淡薄，单方毁约，有的甚至聚众毁坏果园、渔塘、山林、茶场等，破坏生产，造成严重经济损失，影响农村联产承包责任制的巩固和发展。各级人民法院对这类纠纷案件都十分重视，深入乡、村、庭、院，调查研究，宣传法制，讲解政策，合法、合情、合理地处理了一大批山林、土地、果园等承包合同纠纷案件，保护了承包人的合法权益。同时，对不尽合理和不尽完善的承包合同，通过调解，促使双方达成协议，对合同内容进行适当调整，使之合理和完善，并积极向有关部门提出司法建议，加强对承包合同的管理，减少了纠纷的发生。又如由于前些年信贷失控造成了大量贷款的沉淀或呆滞，逾期不能收回，资金供求矛盾突出，影响了生产和建设的发展，全省各级人民法院针对这一情况，把依法收回逾期贷款作为保障改革和建设的重要任务，积极受理贷款合同纠纷案件，为国家收回了大量资金。据不完全统计，去年共审结贷款合同纠纷案件17000余件，收回贷款18700万余元。同时结合办案开展法制宣传，促使其他欠款人自觉到金融部门还清本息，有些暂时无偿还能力的也纷纷订出还款计划。如射洪县人民法院去年八、九两个月，集中力量，集中时间，狠抓了贷款合同纠纷案件的审理，收回欠款224万余元，他们通过选择典型案件公开审理，就案讲法，开展法制宣传，促使借贷人主动归还欠款，全县共收回逾期贷款2516万余元，支持了金融部门的工作。

为了总结经验，严肃执法，提高审判工作水平，全省各级人民法院按照省高级人民法院的统一部署和要求，对贯彻执行《民法通则》的情况进行了一次普遍检查。检查的结果表明，各级人民法院贯彻执行《民法通则》是严肃认真的，效果是很好的，办案质量和办案效率都有提高，审判工作更加规范化。但是，由于《民法通则》实施的时间不长，一些审判人员对法律条文理解不深，运用不熟练，工作中也还存在一些问题。检查情况我们已向省人大常委会第六次会议作了汇报。我们根据委员们在审议中提出的意见和建议，进一步组织审判人员学习《民法通则》，加深对法律条文的理解，不断提高执法水平。

一年来，民事、经济审判工作取得了一定成绩，但也还存在一些问题和困难。主要是：民事、经济纠纷案件上升幅度较大，近几年来，每年都以20%到30%的幅度递增，全省各级人民法院受理的民事、经济纠纷案件已占收案总数的80%以上。民事方面需要保护的财产所有权、债权、知识产权、人身权利日益扩大；经济纠纷案件扩展到各个经济领域和科学技术领域。因此，尽管通过努力，审结的案件逐年增加，但由于案件上升幅度大，涉及的政策性、技术性很强，审判力量不足，审判人员的知识面窄，业务素质还不能适应工作的需要，办案质量和办案效率不高的问题还不同程度存在，未结案还比较多。经济纠纷案件判决后的执行工作，去年以来虽有所加强，但“执行难”的问题，仍很突出，使当事人的合法权益未能得到保护，影响法律的尊严。其原因主要是，这些案件不少是前些年“公司热”，贷款失控形成的，大部分债务人缺乏偿还能力，特别是“四无公司”根本无财产可供执行；有的案件跨省、跨地区，涉及当地利益，受地方保护主义的干扰，影响判决的顺利执行。对于存在的这些问题，我们将继续采取措施，加强队伍建设，提高干部素质，改进工作，逐步加以解决。同时，我们希望进一步开展“普法”教育，提高公民的法律意识，加强对企业的监督和管理，维护正常的生产和生活秩序，努力减少讼争。

三、积极慎重地开展行政审判工作，保护公民和法人的合法权益，支持和监督行政管理机关依法行政

中央领导同志在十三大报告中指出："为了巩固机构改革的成果并使行政管理走上法制化的道路，必须加强行政立法"，"要制定行政诉讼法，加强对行政工作和行政人员的监察"。加强行政立法，开展行政司法，建立健全行政管理工作的法律调节和监督机制，已成为发展民主政治，健全社会主义法制，实行依法治国的一个重要方面。近几年来，随着立法工作的加强，到目前为止，已有近二百个法律、法规和地方性法规规定当事人不服行政机关处罚或处理决定，可以向人民法院起诉。这些案件逐年上升，涉及国家行政管理的各个方面。为了适应形势需要，全省各级人民法院坚持边组建边工作，边干边学，积极慎重地开展行政审判工作。到目前为止，全省已有130个法院建立了行政审判庭，其余的法院已确定专人担负行政案件的审判工作，并积极筹建行政审判庭，为了使干部尽快熟悉业务，各地法院采取措施，对干部进行培训，学习行政审判工作必备的专业知识。省高级人民法院根据各地审理治安行政案件的经验和存在的问题，经过调查研究，广泛征求意见，制定了审理治安行政案件应用法律的具体意见，保证了工作的健康发展。去年全省各级人民法院受理和审结的行政案件比上年分别上升46%和35%，在审理这些案件中，各级人民法院本着有利于维护法律尊严，有利于保护公民、法人的合法权益，有利于依法加强行政管理的原则，对行政执法机关作出的正确处罚和处理决定，依法予以维持，并教育提起诉讼的当事人息诉，对于行政执法机关作出的处罚或处理决定确有错误的，依法予以撤销或变更。

审判实践证明，行政执法机关的执法是严肃认真的，绝大多数处罚或处理决定是正确的；确有错误的约占10%左右。法院对这些错误的处罚和处理决定，除依法予以撤销或变更外，还注意认真分析产生错误的原因，向行政执法机关提出建议，加强对行政执法人员的培训，提高执法人员的执法水平。如成都市中级人民法院通过审判活动，发现行政处罚或处理决定不当的案件，主要原因是行政执法人员不熟悉有关法律。因此他们及时向市人大常委会作了报告，建议加强对行政执法人员的培训。成都市人大常委会和市政府十分重视，由市政府作出决定，举办培训班。对提高行政执法人员的执法水平，依法加强行政管理，起了很好的作用。

四、严肃执法，改善执法活动，努力提高执法水平

一年来，全省各级人民法院认真贯彻执行有法必依、执法必严，违法必究的法制原则，严格执行国家的法律、法规，改进执法活动，努力提高执法水平，在各项审判工作中坚持了以下几点：

一是坚持"以事实为根据，以法律为准绳"的原则。对起诉到法院的各类案件，认真按照程序法和实体法的规定，在查清案件事实，核实证据的基础上，正确适用法律。使判处的刑事案件，做到严格区分罪与非罪的界限，构成犯罪有法定从重加重或从轻减轻处罚情节的，依法从重加重或从轻减轻刑罚，既不放纵罪犯，也不罪及无辜。去年审结的刑事案件中，依法宣告被告人无罪的127人，建议检察机关撤回起诉的356人，对事实不清，证据不足的案件，该自查的自查，该退回检察机关补充侦查的依法退查，坚持查清事实核实证据后再下判，保证了办案质量。民事、经济纠纷和行政案件，也在查清事实，分清是非，明确责任的基础上，合法、合情、合理的处理。二是坚持"在法律面前人人平等"的原则。对起诉到法院的案件，不管是什么人，只要触犯刑律，就依法惩处。对民事、经济纠纷和行政案件的诉讼当事人，不论是公民、法人，本地的还是外地的，不论

是国家机关还是普通老百姓，在适用法律上一律平等。三是加强审判监督，坚持有错必纠。全省各级人民法院除了通过审理上诉、抗诉案件，处理来信来访中的申诉，加强审判监督外，还采取自查或组织法院之间进行互查等办法，检查审判工作中存在的问题，发现错案及时纠正。去年全省各中级人民法院和省高级人民法院共审结刑事上诉、抗诉案件2654件，维持原判的2345件，占88.4%；事实不清，证据不足发回重审的106件，占4%；改判加重或减轻刑罚的150件，占5.6%；改判免予刑事处分和宣告无罪的53件，占2%。四是坚持结合审判活动，开展法制宣传，扩大办案的社会效果。去年以来，全省各级人民法院通过就地公开审判和公开宣判案件，以案讲法，进行法制宣传13000余次，受教育人员980余万人次；举办法制培训班1786期，协助培训基层干部和合同管理、行政执法人员等41500多人。对提高干部和群众的法律意识，预防纠纷、减少犯罪；依法加强管理，起了积极作用。

在执法中，也还存在一些问题，主要是少数审判人员，法律意识不强，执法水平不高，严肃执法坚持不够，极个别干警徇情枉法，造成不良影响。我们将进一步加强队伍建设，加强管理教育，坚持从严治院，提高干部的政治素质和业务素质，提高执法水平，维护法律尊严。

五、加强人民法院自身改革和建设，保障各项审判任务的完成

为了适应改革、开放和社会主义现代化建设的新形势的需要，更好地全面发挥人民法院的审判职能作用，我们注意抓了法院的自身改革和建设。

第一，加强队伍建设，提高干部素质。要严肃执法，执法者本身素质是一个重要因素。为了尽快提高干部的素质，去年我们继续抓了干部教育制度的改革，在抓好法院干部业余法律大学学历教育的同时，又开办了法律(审判)专业证书教育，并着手筹建四川省法官培训中心。去年，经国家教委考核并验收合格，已有1800名干警从“业大”毕业，取得高等法律专业文凭，使全省法院干警的文化结构和专业知识结构发生了可喜的变化，全省法院干警中具有大专以上文化程度的，由1984年的7%上升到23%。目前，还有4398名干警正在“业大”就读，预计到1991年将有50%以上的干警达到大专以上文化程度。通过实践，摸索了一些开展法院干部业余教育的经验，初步建立起了一套符合法院特点的干部教育体系。党中央关于党和国家机关必须保持廉洁的要求，对行使审判权的人民法院尤为重要。全省各级人民法院坚持从严治院，改进和加强思想政治工作，围绕党的基本路线，认真开展了形势教育，“四职”教育和反腐蚀教育，增强干警对歪风邪气的抵抗力和免疫力。据不完全统计，一年来全省法院干警中，拒收贿赂、礼品的有2153人次，拒收现金和实物折款22.5万余元；对干警中发生的违纪事件，进行了严肃处理，共查处违纪事件71件，73人，根据情节，分别给予了应有的处分，保持了队伍的纯洁。

第二，深化告诉申诉工作的改革，加强基层建设，努力解决“告状难”。近年来，每年都要收到群众来信和接待群众来访数十万件次，其中绝大多数是属于诉讼性质的问题，为了保证大量的告诉申诉案件得到及时处理，有效地保护公民和法人的诉讼权利和合法权益，解决告状难，我们从理顺工作关系入手，继续抓了告诉申诉工作的改革。一是抓好立案审查。对当事人的告诉和申诉认真审查，依照法律规定，凡是符合立案条件的，即行立案，并通知当事人；对不符合起诉条件，经过调解就可解决的一般纠纷，主动宣传法律，做好思想疏导工作，予以调解处理；对非诉讼性质的来信来访，按归口办理的原则，及时移送有关部门处理，并把移送的情况告诉当事人，做到“件件有交代，事事有着落”。二是建立健全分级负责处理申诉案件的制度。对已经法院判决发生法律效力的申诉案件，属于哪级法院判决的，由哪级法院负责处理；下级法院处理后不服的申诉案件，由上一级法院处理，防止上推下卸，加强审判监督，使申诉工作落到实处，提高了处理申诉案件的质量，减少了重复申诉。三是把审查立案与审判分开，增强内部制约机制。过去起诉到法院的民事、经济纠纷案件和刑事自诉案件，立案与审判由同一审判庭负责办理，制约和监督不够。为了强化内部的制约功能，确保当事人的诉讼权利和案件质量，我们把立案与审判分开，由告诉申诉审判庭和有关的审判庭分别行使，较好地克服和防止了以结代立的弊端。基层人民法院特别是人民法庭处在第一线，担负着大量各类案件的审理工作，加强基层建设，对解决群众告状难，减少越级上书上访至关重要。去年以来，我们进一步加强了基层建设，增编新进的干部绝大部分分配到人民法庭和基层法院工作，新建了一些人民法庭，同时，会同司法行政部门，加强对调解委员会的业务指导，发挥调解委员会调解纠纷，减少诉讼的作用。通过进一步改革告诉申诉工作，加强基层建设，使大量的纠纷和诉讼就地得到了解决，方便了群众，“告状难”的问题开始有所缓解，群众四处奔波，重复和越级投书、上访大幅度下降。去年省高级人民法院收到的群众来信和接待的群众上访，比上年减少 6699 件次，下降 45.3%，重复来信减少 7833 件，下降 27.2%。

第三，推行当事人举证责任制度，努力提高办案质量和办案效率。依照民诉法（试行）第五十六条，关于当事人对自己提出的主张，有责任提供证据的规定，在一些法院逐步推行当事人举证制的试点，强调当事人在起诉、应诉时，对自己的主张要提出相关的证据，把法院审判工作的重点放在审查、判断当事人提供的证据，正确适用法律上。这样不仅提高了办案质量和办案效率，而且对促使当事人学法用法，提高法律意识，增强法律责任感，减少滥诉缠诉，都产生了积极作用。德阳市市中区人民法院去年 5 月推行当事人举证责任制度以后，经济纠纷案件月结案率增长一倍以上；南充市人民法院推行当事人举证责任制度以后，民事案件结案率比上年同期提高 56%。经检查，案件质量也是好的。今年我们将继续大力推行，进一步做好这项工作。

第四，增强审判工作透明度，自觉接受人大及其常委会和社会各方面的监督。人民法院接受人大及其常委会的监督，是一项重要的宪法原则。去年，省七届人大一次会议结束以后，省高级人民法院及时将代表们在审议法院工作报告时，提出的意见和建议印发全省各级人民法院，要求各地法院联系实际对照检查，针对存在的问题，提出解决办法和改进措施，推动法院工作，不少法院在对照检查的基础上，制定了接受人大及其常委会监督的措施，建立与人民代表联系的制度，定期或不定期向人大常委会报告工作，邀请人民代表和人大常委会委员到法院进行视察，认真听取代表和委员们的意见和建议，努力改进工作。为了增强审判工作的透明度，自觉接受社会各界和舆论监督，省高级人民法院和一些中级人民法院建立了新闻发言人制度，并开展了与经济主管部门和部分企业负责人的协商对话，把人民法院的工作，置于广大人民群众和社会各方面的监督下，对于增进相互了解，改善执法活动，提高执法水平，起了重要作用。

回顾一年来的工作，全省各级人民法院认真履行宪法和法律赋予的职责，发挥审判职能作用，为改革、开放，治理经济环境，整顿经济秩序，促进社会主义现代化建设的发展，做了大量的工作，取得了一定成绩。但是，我们也清楚地看到，在新形势下，人民法院的主客观方面与形势和任务都不相适应，还存在着前面讲到的许多不足和问题，法院队伍的数量和素质，还需要进一步充实和提高。近年来，在党委、政府的关怀和支持下，法院的物质条件逐步有所改善，但困难仍不少，一些人民法院特别是基层人民法院和人民法庭，工作条件很差，办案经费严重不足，已经影响了审判工作的正常开展。对于法院自身存在的问题，我们将在党委、人大的领导和监督下，通过进一步加强法院自身改革和建设，认真加以解决。对法院物质方面存在的困难，还请政府和有关部门继续给予支持和帮助，改善执法必要的物质条件，切实解决办案经费，保障审判工作的正常进行。

各位代表：根据党的十三届三中全会关于把今明两年改革和建设的重点突出地放到治理经济环境、整顿经济秩序上来的决定，1989年全省法院的工作，就是要坚定不移地贯彻执行三中全会精神，围绕治理经济环境、整顿经济秩序，全面深化改革这个中心，统筹安排各项审判工作，继续依法从重从快和依法从严惩处严重危害社会治安和严重破坏经济的犯罪活动，积极参加对社会治安的综合治理；切实做好民事、经济、行政等项审判工作，依法制裁违法行为，保护公民和法人的合法权益，增强人民内部团结和社会安定，维护正常的生产、流通秩序，保障行政法规的正确实施；进一步加强人民法院的自身改革和建设，不断提高干部队伍素质，改善工作条件，保障各项审判任务的完成，为全面深化改革和经济建设创造安定的社会环境，提供有效的法律保障和法律服务。

贵州省高级人民法院工作报告

——1989年3月1日在贵州省第七届人民代表大会第二次会议上

贵州省高级人民法院院长　谢锦汉

各位代表：

1988年，全省各级人民法院遵循省七届人大一次会议的决议，按照第十四次全国法院工作会议的部署，继续依法从重从快打击严重危害社会治安的刑事犯罪分子，继续依法从严惩处严重破坏经济的犯罪分子，全面开展各项审判工作，积极推进法院自身的改革和建设，严肃执法，努力提高执法水平，各项工作取得了新的进展。这些工作的开展，对于巩固和发展我省安定团结的政治局面，稳定社会治安，保障和促进深化改革和经济建设事业发挥了积极的作用。现将一年来工作的主要情况报告如下：

一、关于刑事审判工作

1988年，全省各级人民法院在刑事案件持续增多的情况下，继续坚决贯彻依法从重从快的方针，及时严厉惩处了严重危害社会治安的各种刑事犯罪分子。一年来，全省法院共受理各类一审刑事案13104件，审结12834件，结案率为97.93％，判决发生法律效力的罪犯16376名，与1987年相比，收结案件数与判处罪犯数都有增多。其中，审结七个方面的严重刑事犯罪案件4113件，判处罪犯6120名，分别比上年上升30.41％和29.94％。在判处的罪犯中，被判处五年以上重刑的比例比上年上升2.33％，其中核准死刑数比上年增加 21.24%。同时，认真执行惩办与宽大相结合的政策，对于偶犯、从犯、未成年人犯罪以及有自首、立功表现等法定从轻、减轻情节的，依法从轻、减轻处罚。总的看，办案质量是好的。

在打击刑事犯罪活动的斗争中，全省各级人民法院以抓重大恶性案件为重点，采取提前介入、重点突破等有力措施，及时审结，依法从重惩处。各地法院审理的重大刑事案件 95%以上都是在一个月内审结的，有的案件在几天内就作出判处。如在平坝发生一起抢夺民警枪支，枪杀 3 名无辜群众的重大现行恶性案件后，省、地两级法院提前介入，案件起诉到法院，三天即审结，罪犯从作案到被执行枪决，仅用了 10 天时间。

在社会治安问题突出的地方，人民法院与公安 、检察等机关密切配合，因时因地制宜地组织不同形式的专项斗争，对盗窃、抢劫、拐卖人口等几类突出的犯罪开展集中打击。全年共审结盗窃案 4542 件，判处罪犯 7067 名，分别占审结案件总数和判处罪犯总数的 35.4%和 43.2%；审结抢劫案 923 件，判处罪犯 1913 名，分别比上年增加 29.81%和 47.04%；审结拐卖人口案 754 件，判处罪犯 1246 名，分别比上年增加 216.81%和 316.72%。

各地法院根据社会治安的现实状况，按照全省的统一部署，在党委的统一领导下，密切配合公安、检察、司法部门，先后在春节前，4、5 月间，国庆和元旦前开展了四次大的统一行动，大张旗鼓地宣判了一大批罪犯，狠狠打击了犯罪分子的嚣张气焰。

各地法院还运用审判职能，积极参与社会治安的综合治理。据不完全统计，一年来，全省法院共召开宣判大会 829 次，参加旁听受教育的群众达 475 万多人（次）；印发布告及宣传资料 36000 余份；针对办案中发现的问题，向有关单位提出司法建议 853 次。纳雍县法院针对当地拐卖人口犯罪严重的情况，将拐卖人口罪犯分别押到所属 11 个区镇及部分乡村、场坝召开群众大会进行公开宣判，就案讲法，宣传法制。判决发生法律效力后，又选择典型案件，将 34 名拐卖人口罪犯的犯罪事实和处刑情况印制布告 1000 份，分发到所辖区、乡、村公开张贴。天柱县阳寨乡盗伐滥伐林木严重，犯罪气焰嚣张，甚至在对此案开展调查时，犯罪分子还威胁村干部，偷袭办案人员。天柱县法院将盗伐、滥伐林木罪犯汪仕龙等人押到该乡，就地召开了有 1000 多名群众参加的宣判大会，县法院院长和乡党委书记先后在会上就案讲法，开展法制宣传，从而遏制了盗伐滥伐林木犯罪的发生。为了加强对犯人的改造，减少重新犯罪，省法院和各中级人民法院还结合宣判减刑、假释案件，到劳改单位进行法制宣传教育，对无理申诉的罪犯做服判息诉工作，促其认罪服法，接受改造。

近几年，25 岁以下的青少年犯罪比例逐年递增，少年犯罪的比重增大，出现了结伙作案多、严重犯罪多、犯罪年龄趋向低龄化等现象。从 1985 年到 1988 年，全省法院判处的青少年罪犯占判处罪犯总数的比例由 43.25%上升到 55.67%，其中不满 18 岁的未成年人由 6.02%上升到 9.67%。这是到法院的审判数据，实际发案中的这个比重还要大。这是一个值得引起重视的社会问题。去年 6 月，省法院召开了审理未成年人刑事案件座谈会，研究、探讨对未成年人犯罪的治理及审判对策，决定在全省地、州、市所在地基层法院设立审理少年犯罪合议庭。现在黔西南州中级人民法院，贵阳市的南明、云岩两城区和遵义、安顺、兴义市以及毕节、盘县等七个基层法院已设立了少年犯合议庭，专门审理未成年人犯罪案件。在工作中，认真实行“教育、感化、挽救”的方针，实行教育与惩办相结合，以教育为主的原则，促其向好的方面转化。这一工作将在试点的基础上全面开展。我们希望社会各界予以关心、协助、支持和配合。

1988 年，全省各级人民法院继续开展了严厉打击严重经济犯罪活动的斗争。全年共受理各类经济犯罪案2121件，审结2068件，判处罪犯2860名，其中，罪犯个人非法所得万元以上的161人，原是国家工作人员的275人，被判处五年以上有期徒刑、无期徒刑、死刑（包括死缓）的672人，占23.58%，所占比重比上年上升4.26%。经法院追缴赃款赃物和判处罚金、没收财产，为国家、集体挽回经济损失3608万余元。

斗争中，各级人民法院紧紧围绕治理、整顿工作，以打击贪污、受贿犯罪为重点，对其中罪行严重的，依法该重判的重判，该判处死刑的坚决判处死刑。全年共审结贪污、受贿案419件，判处罪犯493名。罪犯孟启智，原系中国农业银行贵州省平坝县支行乐平区营业所会计，利用职务之便，贪污现金6万余元，用于营利活动，罪行特别严重，情节特别恶劣，影响极坏，经报最高人民法院核准，对孟犯判处死刑。在突出打击贪污、受贿犯罪的同时，各地法院还依法惩治了一批走私、贩卖毒品，投机倒把，诈骗，假冒商标，挪用公款等犯罪分子。罪犯林镜明先后7次从境外购买鸦片53.25公斤，运到六盘水市，卖给罪犯林志秀转手出售，获赃款22010元，数额巨大，犯罪情节特别严重，经报最高人民法院核准，对该二犯判处死刑。此外，为了配合财务、税收、物价大检查，各地法院除将打击偷税抗税犯罪列入专项斗争内容外，还抓紧审结了一批销售伪劣商品，假名烟、名酒，扰乱市场，坑害消费者的案件，收到了良好效果。

各级法院在办案中继续坚持一要坚决，二要慎重，务求搞准的原则，稳、准、狠地打击严重经济犯罪分子。全省法院建立了大案要案立卡登记制度，对特别重大案件提前了解情况。大多数法院对一些重大复杂案件坚持院、庭长亲自办案，提前介入，及时核实证据。对于定性、处刑把握不准的疑难案件，省法院除及时实行审判监督外，还注意集中一些争议较大，定性量刑有分歧的以及新冒出来的犯罪类型案件召开案例讨论会，及时统一认识，指导工作的开展。一年来，省法院围绕贯彻执行全国人大常委会通过的《关于惩处贪污罪贿赂罪的补充规定》和《关于惩治走私罪的补充规定》中所遇到的有关问题，认真研究企业承包经营和乡镇企业在经济活动中的合法与违法、罪与非罪界限问题，结合审判实践，加强调查研究，划清有关法律、政策界限。在审理案件中始终把握严重社会危害性这一犯罪的本质特征，以对改革、开放、搞活、发展社会主义商品经济，发展社会生产力是否有利为标准，严格区分罪与非罪的界限，对构成犯罪的坚决依法惩处，对正当经营、合法收入，坚决给予保护。在全年审结的经济犯罪案件中，作出无罪判决的有11人。

当前，贪污、受贿、投机倒把等严重经济犯罪有增无减，扰乱社会秩序，损害党和政府的威信，但法院经济犯罪的收案却下降，1987年比1986年下降了13.11%，1988年又比上年下降了23.3%，一个很重要的原因就是“以罚代刑”，致使一部分应该追究刑事责任的经济犯罪分子没有受到追究。对此，我们要积极与有关部门加强协调，统一认识，统一政策，认真研究解决。从法院工作来说，要继续加强对经济犯罪活动的打击，防止量刑偏轻和追赃不力的现象。

二、关于民事、经济审判工作

在深化改革、扩大开放的过程中，纳入法律调整范围的民事、经济关系日益增多，人民法院受理的民事、经济纠纷案件逐年上升，遇到的新情况、新问题多。做好新形势下的民事、经济审判工作。严格依法保护公民、法人的合法权益，强化运用法律手段调节民事关系和经济关系的职能。对于防止矛盾激化、维护社会安定团结、促进社会生产力的发展，促进社会主义精神文明建设，都具有十分重要的意义。一年来，全省各级人民法院加强对民事、经济审判工作的领导，依法及时审结一审民事案35278件，与上年相比，上升15.13%；审结一审经济纠纷案8045件，解决诉讼标的10036万元，与上年相比，分别上升89.74%和28.01%。

在民事审判工作中，全省各级人民法院继续以贯彻民法通则为中心，认真执行民法通则、民事诉讼法（试行）等各项基本法律，努力适应客观形势的发展变化，在提高办案质量、效率和社会效益上下功夫。

近几年来，随着商品经济的发展，因借贷而形成的债务案件增长较快，其所形成的作用和特点，发生了很大的变化。全省各级人民法院本着保护正当的借贷关系，从有利于发展商品经济和生产力，稳定社会经济秩序的原则进行处理，审结了各类债务案件4210件。婚姻家庭纠纷案件历来是民事审判工作中的大头，其中离婚案件就占民事案件的一半左右，全年受理的有18087件。在离婚案件中，不到法定年龄结婚、结婚不登记等情况在一些农村还比较普遍地存在，重婚纳妾、高价“买”对方离婚的也有增多。各级法院注意不断探索总结这些案件发生的原因，特点，通过审理案件，反对和抵制了一些人在婚姻家庭问题上的资本主义腐朽思想和封建残余思想，维护了社会主义婚姻家庭关系。民法通则实施以来，著作权、科技成果权、姓名权、名誉权、肖像权纠纷诉来法院的增多，各级法院大胆探索，积极受理这些新型案件，对那些侮辱公民人格、毁坏名誉、侵犯他人著作等违法侵权行为，依法进行处理，全面保护了公民和法人的合法权益，对提高公民的法律意识，增强法制观念，加强精神文明建设起了积极作用。

各地法院本着便于群众诉讼，便于法院审理的“两便”原则，坚持巡回就地办案和着重调解，在分清是非、保障合法权益的前提下，多做过细的思想工作，加强疏导，启发当事人互相谅解，使争端得到合法、合情、合理的解决。据统计，在审结的民事案件中有50%，经济纠纷案件中有40%是就地审理的；70%的民事、经济纠纷是调解结案的。工作中，各级法院坚持急案先办，随到随办，有效地防止、制止了561起民间纠纷的激化。如独山县望城区人民法庭受理的一起损害赔偿案，由于被告方采矿方法不当，导致一个电灌站的引水渠滑坡下塌，使两个村民组的200多亩稻田无水灌溉，而被告方拒绝承担赔偿责任。这两个村民组每户出两个强劳力带上器械，找被告方问罪。法庭得知此事后，立即赶赴现场，边做群众的思想工作，边采取应急措施，填平了水渠的裂缝，同时通知被告方到庭，依法达成了调解协议。当地区、乡领导称赞法庭为群众办了一桩实事，既防止了矛盾激化，又促进了抗旱保丰收。

在经济审判工作中，全省各级人民法院以保障、促进深化改革为指导，配合“治理、整治”，妥善处理紧缩信贷、压缩基建后出现的借款合同纠纷和建筑承包合同纠纷案件，认真审理量大面广的购销合同纠纷案件，对于治理的疏通生产、流通领域，建立社会主义商品经济新秩序起了积极作用。同时，各级法院还积极受理在改革过程中出现的、反映新的经济关系和改革发展趋势的新型案件，及时审结了一批企业承包、租赁经营、联营合同、技术合同、合伙经营组织及合伙人对外债务、企业兼并债务纠纷等案件。为抓好企业承包案件的审理，省法院和贵阳市中级法院联合组成调查组，对贵阳市轻工系统24家全民所有制工业企业承包合同情况及有关法律问题进行了调查，并就如何正确适用法律做了相应的规定，保证了案件的正确处理。

在民事、经济审判工作中，全省各级法院还运用审判职能，主动参与理顺民事、经济法律关系，提高办案的社会效益和经济效益。主要有：配合银行信贷部门，开展依法治贷活动；与乡镇企业挂钩，提供政策法律咨询服务；深入工矿、商业供销等系统、单位，帮助理顺企业内部承包、租赁经营和横向经济交往中的法律关系。许多基层人民法院配合银行信贷部门开展“依法治贷”专项服务工作，为国家收回大量贷款。遵义县人民法院自去年5月开展“以法治贷”工作以来，审结借款纠纷案件2539件，配合县农行、工商行收回逾期呆滞贷款2400余万元。该院还主动与15个乡镇企业挂钩，由一名副院长带领审判人员，到这些乡镇企业提供政策、法律咨询服务。针对乡镇企业举步艰难，债权得不到及时清偿等问题，及时进行诉讼外调解和就地立案审理，帮助和扶持乡镇企业的发展。

目前法院审结的案件中，有25%左右的经济纠纷案件和少数民事案件难以执行，且是逐年上升趋势。造成执行难的原因是多方面的，实际工作中，最感难解决的有：1. 被执行人无财产可供执行。这种情况，约占执行难案件的60%——70%。有的是“皮包公司”，根本无资产；有的是企业经营不善或挥霍无度，资不抵债；还有的是企业撤销后，债权债务无人承担。这种情况，法院即使分清当事人之间的是非，作出判决，也因无条件执行不了。2. 负有法律义务的单位拒绝协助执行，使一些原来有条件执行的案件也执行不了。3. 地方保护主义比较普遍，干扰和阻挠法院判决的执行。

在主观方面，法院执行力量不足，有的法院对执行工作认识不足，有畏难情绪，等等，也是一些案件不能得到及时执行的重要原因。近几年来，我们一直强调要加强执行工作，要求各级法院和审判人员要敢于顶住压力，排除干扰，依法该执行的要坚决执行，并注意总结执行工作的经验。在去年九月全省法院工作会议上，我们提出要改善法院自身工作，加强执行力量，切实搞好执行工作。第一，各级法院在受理案件之初，就应注意今后执行问题，根据需要及时采取诉讼保全措施，为执行创造条件。第二，被执行人员资不抵债，又没有负连带责任的债务人，符合破产条件的，依照企业破产法（试行）的规定办理；也可以依照企业兼并的有关政策，由债权人或第三人有偿兼并被执行企业，从兼并所得中清偿债务。第三，商请有关银行，共同采取措施，解决协助执行中存在的问题。

三、关于行政审判工作

行政诉讼制度的建立，是社会主义民主政治和社会主义法制建设的重要发展，是保护公民、法人的合法权益，促进和保障行政机关依法行政的重要手段。一年来，全省各级人民法院不断提高对行政审判工作意义和作用的认识，努力适应新旧体制转换时期加强宏观调控，强化行政管理需要，继续健全行政审判机构，充实、加强行政审判人员力量，加强业务学习，大胆实践，积极办理案件。针对行政审判涉及的行政法规多、案件种类多、行政部门多，加之这项工作起步较晚，缺乏经验的情况，各地法院普遍结合办案实践，采取以会代训，组织庭审观摩；走访行政机关，了解行政执法情况等，摸索和积累经验。为加强对行政审判工作的指导，省法院先后深入全省7个中级法院、24个基层法院实地检查指导，帮助总结推广行政审判工作经验，解决存在问题。贵阳、遵义、黔南、黔东南等中级法院相继召开全地区（州）的行政审判工作座谈会，积极推动行政审判工作的开展。一年来，全省法院共审结一审行政案件358件，其中，治安行政案161件，土地行政案83件，林业行政案51件，工商、税务、食品卫生、城市规划、矿产资源等行政案63件；审结二审、复核、再审行政案183件。并结合行政审判活动，开展有关法律和行政法规的宣传，提司法建议，既促进和保障了国家行政机关依法强化行政管理，也保护了公民、法人的合法权益。不少群众反映，官可管民，民也可告官，真正体现了民主和法制的统一，体现了法律面前人人平等。

当前，行政审判工作还面临着不少问题。这当中，既有法院自身的问题，也有和行政诉讼有关的一些问题。从和行政诉讼有关的问题看，有些公民不懂得自己的合法权益被侵犯时，可依法诉予法院，或担心被打击报复等原因而不敢诉予法院；有的行政机关怕当被告，怕败诉，怕麻烦，不愿出庭参加诉讼；有的行政机关的负责干部，对行政诉讼缺乏应有的理解和支持。因此，大力加强行政法制的宣传教育，增强行政法制观念，仍是当前一项很重要的工作。

四、关于告诉申诉和审判监督工作

根据党的十三大提出的建立人民申诉制度，使宪法和法律规定的公民权利和自由得到切实保障，同时，依法制止滥用权利和自由的行为的精神，一年来，全省各级法院共处理各类告诉、申诉来信来访 147327 件（次），审结各类再审案件 3868 件。为了把告诉、申诉工作纳入法制轨道，使其成为既是法院内部监督、制约的机构，又是法院联系群众，接受群众监督，及时反映、传递信息的窗口。去年 4 月，省法院召开了告诉、申诉工作会议，提出改进和加强告诉、申诉工作的要求和设想，并开始筹建告诉、申诉庭的试点工作。

人民法院的审判监督工作是保证办案质量，总结审判经验，及时纠正偏差，确保严肃执法的一项重要工作。为了加强这项工作，去年，省法院在进行专项调查研究的基础上，对一些带有倾向性的问题及时提出处理意见；对一些重大、复杂及影响大的案件不仅在判后，而且在判前也及时监督；对一些新类型的或疑难的案件通过案例加强指导。同时，全省各级法院还建立了一系列的监督、检查制度，绝大多数法院建立了案件观摩评查和定期检查制度，把案件审理过程中的及时评查与审结后的定期检查有机地结合起来。不少法院还坚持对一些新类型的、处理难度大的案件实行“一案一总结”制度，及时总结经验，纠正偏差。去年初，根据最高人民法院《关于检查，提高办案质量问题》的通知，全省 9 个中级人民法院检查了 32 个基层人民法院 1987 年判处的五年以下刑罚的刑事案件 2821 件，从中发现在定罪量刑和程序制度上有问题的 103 件，占检查总数的 3.65%。为了统一认识，总结经验教训，省法院对上述 103 案进行调卷审查，分析研究产生问题的原因，提出了改进措施和要求，向全省法院发出通报。为了搞好专项审判工作指导，省法院还检查了纳雍等 3 个基层法院 1987 年以来审理的 41 起拐卖人口案件，总结了他们开展专项审判的经验，并对其中适用法律不当的个别案件，指令有关法院认真纠正。去年 9 月，省人大常委会《关于全省开展执法检查的决定》下达后，我们立即作了部署，要求各级人民法院以严肃认真的态度对待这次检查。各级法院对此都很重视，普遍由院长或副院长负责组织力量，对 1988 年以来审理的各类案件进行逐案检查，省法院和各中级法院还派出工作组重点抽查了一些法院的自查情况。检查结果，90%以上的案件质量是好的和基本好的，但也存在不少问题：一些法院“重实体，轻程序”的问题还未根本解决，凭经验习惯办案的现象还未完全克服；有的民事、经济纠纷该立案未立案或立案超过法定期限；少数刑事案件审理超时限；有的案件处理不当；对执行工作重视不够，措施不力；法律文书质量不高等等。对于这次执法检查中发现的问题，我们将在认真分析原因，总结教训，提出改进措施后，向省人大常委会作出报告。我们诚恳地希望各位代表和各级人大常委会多开展这样的检查，加强对人民法院的监督。

五、关于法院自身改革和建设

一年来，全省各级法院遵照党的十三大精神，努力搞好法院自身的改革和建设，在改革中强化审判职能作用，坚持审判工作为“一个中心、两个基本点”服务的指导思想。按照客观形势发展的要求和审判工作出现的新变化，突出重点，带动全面，在毫不放松严厉打击严重犯罪活动，惩治犯罪分子的同时，大力强化依法保护人民民主权利和其他合法权益的职能，大力强化依法调节经济关系，促进生产力发展的职能，全面履行宪法和法律赋予人民法院的职责，完成保护人民，惩治犯罪，促进改革，服务四化的任务。

改善执法活动，保证严肃执法。主要是改变目前审判工作中存在的与法不符的陈旧观念和习惯做法，全面地、准确地执行宪法和法律的规定，提高执法水平。针对“重实体、轻程序”的现象，各级法院认真执行公开审判制度，以此带动其他各项审判程序和制度的贯彻执行。在庭审中，注重对调取的证据进行当庭核实、质证，使案件的定案依据扎实可靠。为了切实搞好公开审判，我们在去年召开的全省法院工作会议上提出：今后除法律规定不公开审理的案件外，一审案件要一律公开审理后才能结案，二审案件要逐步改书面审理为公开审理，再审案件也要创造条件尽可能公开审理。并规定以能否熟练地搞好开庭审理作为审判员是否称职的重要考核内容，把公开审判与岗位责任制以及干部考核、晋升挂起钩来，推动了公开审判制度的落实。针对过去对当事人的举证责任重视不够，法院承担了大量的调查取证工作，致使结案周期较长，工作效率不高的问题，各级法院把强调当事人的举证责任作为审判方式改革的一项重要内容，依法相继制定了一些专门规定，把法院查证与当事人举证有机结合起来，提高了案件的结案率。针对审判委员会权力过于集中，包揽大小案件的情况，许多法院依法建立审判员对合议庭负责，合议庭集体对案件负责，合议庭审判重大、疑难案件对审判委员会负责的工作制度，发挥了办案人员和合议庭应有的作用，增强了审判工作的活力。

自觉接受监督，增强法院工作的透明度。全省各级法院坚持定期或不定期地向本级人大及其常委会报告工作或专项审判活动的重要情况，认真执行人大的决议、决定，依法及时办理人大交办的案件。一些法院还就法院工作的重大活动及时举行新闻发布会，主动邀请人大代表视察法院工作，邀请党委、人大、政府等有关部门座谈，征求对法院工作的意见，增强了人民群众和各有关方面对人民法院工作的理解和监督。

适应形势需要，加强队伍的思想建设。各级法院围绕“治理、整顿”和深化改革，以形势教育、为政清廉教育为中心，对干警深入进行社会主义初级阶段理论、基本路线和全心全意为人民服务宗旨的教育；认真落实省法院制定的《关于贯彻〈人民法院奖惩办法〉的暂行规定》，从严治院，从严治警，使广大干警正确认识面临的形势任务和自身肩负的职责，正确理解、支持改革，增强遵纪守法、廉洁奉公的自觉性。绝大多数干警勤勤恳恳、兢兢业业，坚守岗位，严肃执法，保证了各项工作任务的完成。据不完全统计，1988 年，全省法院评选出先进集体 302 个、先进工作者 1479 名；干警拒说情、拒吃请、拒礼拒贿 2885 人次，拒收现金和实物折款共达 67667 元。其中，受到省委通令嘉奖的单位有 6 个，干警 43 名。同时，对极个别违法乱纪的干警，严肃进行了处理。

积极探索人事制度的改革。重点对新增人员，由过去的“调配制”改为“选用制”，进而一律实行公开考试，贯彻鼓励竞争、机会均等、公开监督、择优录用的原则。通过统一考试，全省法院从报考的 2335 人中，择优录用了 457 人。

在法院系统建立多层次、正规化的干部教育培训体系。1985 年创办法律业余大学以后，经过各级法院 3 年的努力，全省首届 483 名学员于去年按期毕业，使全省法院干警中的大专以上文化程度由 11.52%上升到 19.46%。目前，还有三届共 391 名学员在校学习。

去年 9 月又开办了法律（审判）专业证书教育，经考试录取 634 名具有一定审判经验但尚未受到系统法律专业教育的干警参加学习。在办好业大的同时，积极支持干警通过电大、函大、自学考试等途径获得法律大专学历；鼓励法律大专毕业生通过多种渠道参加本科学习，有计划地培养高层次的法律专业人才。根据审判工作需要，各地法院还对在岗人员定项进行短训和轮训，使干警专业知识不断得到补充和更新。但是，按照形势发展的要求我们培训干部的任务仍很重。从加强法制和法院干部队伍长远建设出发，我们认为有必要在我省建立一个法官培训中心，希望得到人大、政府和有关部门的大力支持，争取在统筹安排中得到解决。

加强人民法庭建设，提高第一线的作战能力。人民法庭是基层人民法院的派出机构，是基层基础工作中的关键一环。一年来，全省各级法院把人民法庭建设列入重要议事日程，将选调和招考录用的干部的90%以上充实到人民法庭，现在，全省平均每个人民法庭有干部3.3人。许多基层法院院长抽出一年的三分之一时间，深入人民法庭加强指导、督促和检查。去年7月，我们在遵义县召开了全省人民法庭工作经验交流现场会，总结交流我省人民法庭的工作成绩和主要经验，大力推广遵义县法院狠抓人民法庭组织、思想、业务、制度、物质等五项建设的基本做法，并以全面推进人民法庭的正规化、制度化、法律化建设为目标，讨论制定了我省《人民法庭工作暂行条例》报省人大常委会审议。全省人民法庭努力克服人员、经费不足，工作条件差等困难，坚持便民利民原则，巡回办案，就地审理，承担了人民法院80%左右的民事案件和50%左右的经济纠纷案件以及相当数量的刑事案件的审判任务；同时，指导调解组织开展调解工作，把大量的民间纠纷解决在基层，对于稳定社会治安秩序，增强人民内部团结，促进生产发展，起了重要作用。但存在的实际问题还不少，一些地区将人民法庭下放给区、乡管理的问题未很好解决。有的地方指派人民法庭干部去从事某些职责以外的工作，影响到法庭工作的正常开展，我们殷切希望能够得到及时纠正。

各位代表！

当前，我省同全国各地一样，政治经济形势是好的，社会治安基本稳定。但在前进中遇到的困难和问题还不少，治安状况相当严峻，出现了社会不安定因素增多和治安问题增多的趋势，部分城镇，交通干线和农村地区社会秩序混乱。（一）刑事犯罪案件持续上升，特别是抢劫、重大盗窃案件上升势头猛，因人民内部矛盾激化引起的恶性案件在故意杀人、伤害案件中占了很高比例，有些地段哄抢铁路运输物资的犯罪活动猖獗，严重危害社会治安，群众缺乏安全感；（二）贪污、受贿、投机倒把、诈骗等经济领域的犯罪活动增多，严重扰乱经济秩序，破坏改革开放，损害党和政府的威信；（三）拐卖人口、卖淫嫖娼、传播淫秽物品、赌博、吸毒等社会丑恶现象继续蔓延；（四）一些农村基层基础工作薄弱，封建家族势力抬头，因争山林、水利、矿产等引起的群众性纠纷械斗时有发生；（五）“严打”战役中判处有期徒刑的犯罪分子，已经和将要大批释放，其中约有10%左右因为种种原因而重新犯罪，继续危害社会。这些情况说明，尽管“严打”三个战役沉重地打击了刑事犯罪活动，这两年仍在继续抓紧“严打”，但犯罪作为一种社会现象在我国社会主义初级阶段还将长期存在。改革的深化必然引起社会各方面利益关系更为广泛深刻的调整，各种矛盾的冲突增多；同时，随着对外开放和商品经济的发展，诱发犯罪的各种社会消极因素和不安定因素也在增多；国内外敌对势力和敌对分子也会利用我们的困难和一些人的不满情绪进行捣乱和破坏。我们现在不能没有敌我意识和忧患意识，不能削弱职能加强人民民主专政这个有力武器。解决大量的不安定因素和社会治安的严重情况，需要全党全社会的共同努力，搞好综合治理。我们一定要充分认识在治理、整顿、深化改革的过程中，人民法院的地位，担负的任务和作用，坚持“一个中心、两个基本点”的基本路线，坚持“一手抓建设，一手抓法制”的指导方针，认真贯彻执行全国、全省政法工作会议精神，遵循本次大会决议，充分调动广大干警的积极性，严肃执法，运用审判职能，积极参加治理、整顿工作，为深化改革和经济建设创造安定的社会环境，提供有力的法律保障和及时有效的法律服务。

第一，毫不松懈地严厉打击严重刑事犯罪活动。全省人民法院要坚定不移地继续贯彻执行依法从重从快惩处严重刑事犯罪分子的方针，把打击重点对准杀人犯，抢劫犯，强奸犯，重大盗窃犯，行凶报复企业领导人和执法人员的罪犯，流窜犯，共同犯罪头子，拐卖人口犯，强迫、引诱、容留妇女卖淫犯，赌头赌棍等严重危害社会治安的犯罪分子。集中力量抓紧重大、恶性案件的审理，在保证质量的前提下做到快审快结，从重判处。鉴于当前社会治安的严重情况，全省各级人民法院要在党委的领导下，按照统一部署，密切配合有关部门，有组织，有准备地开展类似“严打”战役那样的规模不等的集中统一行动。同时，从各地实际出发，抓住治安中的突出问题，同时因地制宜地开展专项斗争和专项治理。要把打击与整顿紧密结合起来，促使健全制度，落实综合治理措施，见到实效。

第二，严厉打击严重经济犯罪活动。这是整治经济环境、促进为政清廉的需要，也是人民法院的一项重要任务。全省法院要继续坚持“一要坚决，二要慎重，务必搞准”的原则，严格分清违法与合法、罪与非罪、此罪与彼罪、罪轻与罪重的界限。当前，要把主要力量放在反贪污、反受贿上，各级法院的领导干部要亲自抓紧重大、特大案件的审理，排除一切困难和干扰，依法予以严惩，以利于把贪污、受贿犯罪案件减少到最低限度，遏制腐败现象的蔓延。同时，对我省多发而又危害大的投机倒把、诈骗、偷税抗税、假冒商标、制售伪劣商品等其他经济犯罪活动，也要抓紧审理，依法严惩，以利于维护正常的经济秩序和社会秩序。在审判活动中，一定要针对案件中暴露出来的问题，积极向有关单位、行业提出司法建议，并组织座谈讨论，总结经验教训，促使健全制度，加强治理。

第三，继续加强民事审判、经济审判和行政审判工作，充实、健全人民法庭，正确、合法、及时地调整民事、经济法律关系，保障和促进依法行政，巩固发展安定团结的政治局面。结合审判活动，加强对调解委员会的业务指导，以利于把大量的民间纠纷解决在基层，有效地防止矛盾激化。

第四，加强队伍建设，提高干警素质。要把为政清廉作为从严治院的重要内容，使之成为全体干警的职业道德。各级法院的领导班子要保持相对稳定，在为政清廉上作出表率。每年开展一次遵纪执法大检查，形成制度，持之以恒，抓出成效。发现违法乱纪行为，及时严肃查处，决不姑息护短。

1989年人民法院面临的任务是繁重的。我们要在各级党委、人大的领导、监督下，努力工作，奋发进取，为维护我省的社会治安，保障和促进治理、整顿和全面深化改革目标的实现作出应有的贡献！

云南省高级人民法院工作报告

——1989年3月6日在云南省第七届人民代表大会第二次会议上

云南省高级人民法院院长 邱创教

各位代表：

自省第七届人民代表大会第一次会议以来，我省各级人民法院以党的十三大提出的社会主义初级阶段的理论、基本路线和十三届三中全会精神为指导，在省委的领导下，在省人民代表大会及其常务委员会的监督下，通过全面开展审判工作，加强法院自身的改革和建设，充分发挥审判机关依法打击犯罪活动，惩治犯罪分子；依法保护人民民主权利和其他合法权益；依法调节经济关系，促进社会生产力发展的三个职能作用，较好地完成了保护人民、惩治犯罪、促进改革、服务四化的任务。

现在，我就1988年全省各级人民法院的几项主要工作报告如下：

一、继续依法从重从快打击严重危害社会治安的犯罪活动，严惩严重破坏经济的犯罪分子

1988年，我省各级人民法院从我省治安实际出发，根据省委和最高人民法院的部署，继续开展了严厉打击严重危害社会治安的犯罪活动的斗争，到1988年底，受理刑事案件13938件，22118人，审结了13275件，判处人犯15994人，结案率为95.2%，已结案件的96.8%都在法定审限内审结。在被判处的全部人犯中，处五年以上有期徒刑、无期徒刑、死刑的共5143名(其中判处死刑含死缓、无期徒刑593名)，占32.2%；处不满五年有期徒刑、拘役、管制和免予刑事处分的共10851名，占67.6%；宣告无罪的共197名。在审结的全部刑事案件中，属于杀人，重伤，抢劫，强奸，贩卖毒品，重大盗窃，行凶报复，流窜作案，犯罪集团的头子，人贩子，强迫、引诱、容留妇女卖淫，赌头赌棍等严重犯罪案件5105件，占36.6%。在判处死刑(含死缓)和无期徒刑的罪犯中，属于上述十二种严重犯罪的占93.1%。在打击严重刑事犯罪和严重经济犯罪的斗争中，各级人民法院还注意运用追缴赃物、赃款和罚金、没收财产等法律手段，为国家挽回经济损失11754299元。

一年来，全省各级人民法院在打击严重危害社会治安的刑事犯罪和严惩严重经济犯罪分子的斗争中，重点抓了以下几个方面的工作：

(一)坚定不移地继续贯彻依法从重从快的方针，毫不松懈地严厉打击严重刑事犯罪活动。

坚持依法从重从快惩处严重刑事犯罪分子的方针，是政法部门的一项长期的任务。全省各级人民法院在打击严重刑事犯罪活动的斗争中，突出打击的是杀人犯，重伤犯，抢劫犯，强奸犯，重大盗窃犯，犯罪集团的头子，人贩子，强迫、引诱、容留妇女卖淫犯，赌头赌棍等严重刑事犯罪分子。对上述严重危害人民生命财产安全，严重扰乱社会治安的犯罪分子，坚持从重惩罚，该重判的重判，该杀掉的杀掉，绝不手软。对原判认定事实和适用法律正确，量刑适当的案件，坚决予以维持，不在细微末节上纠缠；对罪该处死的罪犯，原判定案证据不够充分的，在补足证据后坚决杀掉，决不姑息养奸；对罪大恶极，社会影响极坏，法不容留的，即使一审判处死缓刑，也要在查清事实之后，通过法定程序处以死刑，在依法核准死刑的×××名罪犯中，除走私贩运毒品犯×人外，故意杀人犯×人，故意重伤犯×人，抢劫犯×人，强奸犯×人，流氓犯×人，爆炸犯×人，其他×人；在依法核准死缓刑的×××名罪犯中，除走私贩运毒品犯××人外，故意杀人犯××人，抢劫犯××人，重伤犯××人，强奸犯×人，其他×人。对这些重、特大案犯予以最严厉的惩处，完全符合中央关于"打击重点"的要求，也是维护我省社会治安的迫切需要。

在突出"打击重点"的同时，各级人民法院继续坚持不懈地抓办案时限，加快工作节奏，提高工作效率，贯彻依法从快的方针。对严重危害社会治安的大案要案，坚持"提前介入"依法从速审判，其他刑事案件也努力在法定时限内审结。以省法院所审结的402件重大案件为例（提前介入的11件），在法定审限内结案的391件，占结案总数的97.2%，绝大多数死刑案件都在20至30天以内即予结案，几起破坏性特大的恶性案件10天内即予审结。如文山张家俊、张家明（已自杀）于1988年8月17日抢劫文山县工商银行"八·一"储蓄所，抢劫中杀死营业员2人，杀伤1人，抢劫人民币32917元，国库券356元。省法院提前介入，审判人员在中级法院开庭前到达文山，察看现场，了解案情，庭审时参加旁听，此案我院从收案到交付执行死刑仅用了8天时间。又如弥勒县何学云因家庭纠纷枪杀7人一案，宣威县栾培元、陈玺敬绑架人质抢劫杀人案等，我院都在一审受理后即提前介入，依照全国人大常委会《关于迅速审判严重危害社会治安的犯罪分子的程序的决定》在7天以内审结并交付执行死刑。

（二）坚持"质量第一"，以"准"字为核心，强调依法办事，在"准"和依法办事的基础上讲重讲快，在保证办案质量的前提下强调提高效率。

各级人民法院对案件的处理，坚持"以事实为根据，以法律为准绳"，严格依法办案。对犯罪的基本事实，坚持查证清楚并提取确实、充分的证据。对案件的判决和裁定，无论是有罪裁判还是无罪裁判，也无论判处何种刑罚，都要有法律依据，做到认定事实和适用法律正确，处理适当。特别是对死刑和死缓刑案件，省法院均坚持派出审判人员查看现场，提讯被告人，询问主要证人和鉴定人，全面核对证据，不仅合议庭认真进行评议，而且一律经审判委员会讨论。去年院审判委员会共召开122次会议，对625件案件的处理进行了讨论，其中大部分是死刑、死缓等重大、特大案件。做到严格把关，慎之又慎。

在审理案件中，还注意审查被告人是否具有法定从轻、减轻或者从重加重的情节，是否有立功表现，是否达到法定刑事责任年龄，是否有精神病，女被告是否怀孕等重要情节，做到严肃执法。对确有立功表现或依法可以从宽的，即使一审已宣判，二审查证属实后也从轻改判，使惩办与宽大相结合的政策得以兑现，以缓解一部分社会矛盾；对审理中发现患有精神病的被告人，严格依照《刑事诉讼法》的规定，聘请精神病专家进行鉴定，经鉴定确认作案时没有辨认和控制自己行为的责任能力的，依法宣告被告人不负刑事责任，使案件的处理经得起历史的检验。

1988年，全省各级人民法院坚持"质量第一"，在查清案件事实之后，由二审依法改判的案犯共505人，占全部刑事案犯的14.3%。省法院根据被告具有法定从轻或其他酌定从轻情节，将原判死刑改为死缓刑的共24件32人，原判死缓改为无期徒刑的共4件4人。

在审理案件中，各级人民法院还十分注

意依法保障律师行使职权，切实保障律师在诉讼活动中的各项权利，发挥律师在办案中的积极作用，认真地听取辩护意见，凡是符合事实和法律的辩护，均予以采纳；对辩护人不符合法律规定的要求，则予拒绝。做到秉公执法，维护法律尊严。

（三）根据我省社会治安的现状，积极配合公安、检察部门开展专项打击。

随着改革的深化，不可避免地会引起一些社会震动，不安定的因素有所增多。去年以来，我省社会治安不安定的因素主要是：重大刑事案件上升的势头很猛；一些地区的闹派人物经常以宗教、民族问题为幌子，借故生端，破坏法制，蓄意煽动闹事，冲击党政机关，进行“打、砸、抢”；农村因山林、水利、土地、矿产资源的利益纠纷引起的械斗频繁出现，报复伤害干部和执法人员的事件也屡有发生；个别地方还发生公然对抗人民民主专政、聚众劫狱的案件。这些情况说明，我省治安状况虽然大局稳定，但问题不少，形势严峻。去年以来，除对杀人、重伤、抢劫、强奸、盗窃、流氓等严重刑事犯罪实行重点打击外，根据省委的指示，人民法院还对下述两类犯罪实施了专项打击。

对少数闹事分子经常以民族、宗教问题为幌子，破坏法制、制造事端，搞“打、砸、抢”犯罪活动的予以坚决打击。对少数坏人煽动群众搞“打、砸、抢”的案件，如果处理不好，不仅有损于法律的严肃性，而且，还可能激化矛盾，酿成严重闹事和骚乱。对此，有关法院一方面加强请示，及时向党委和上级法院报告，采取谨慎稳妥的措施；另一方面，严格依法办事，正确执行民族、宗教政策，区分不同性质的矛盾，孤立惩办极少数，争取教育大多数，并结合审判活动，做好法制宣传教育工作。对案情复杂、影响重大的“打、砸、抢”案件，上级法院均派出审判人员，协助和指导下级法院依法审理。如“南屏事件”：1988 年 5 月 24 日，砚山县阿猛镇迷法村马向田、合锦州、合有恩等人乘坐的货车因故停在广南县南屏镇林家坝村公路上，看车人合有恩与当地围观群众张代甫、张代先等人发生口角，合有恩出手打人，在混乱中，二张被刺伤。南屏派出所民警蒙树阳令双方到南屏镇解决，并叫马向田等人先垫支治疗费 200 元。马向田顿时借故诬称，张代先女儿张登荣盗窃其现金 3200 元。在派出所侦讯过程中，25 日，合锦州回迷法村对事实进行了歪曲。27 日，迷法村 30 多个不明真相的人，身带匕首、大刀、木棒等凶器乘车到南屏，在马向田、合锦州的带领煽动下，砸了派出所，对民警非法讯问拷打。继后，又冲击镇党委、镇政府，扬言“要踏平林家坝，火烧三七园”，闹得党委、政府不能工作，林家坝 53 户中 52 户搬家，小学校被迫停课一周。当天下午，广南县政府派出干警做疏导工作，刚下车就遭到闹事者的围攻殴打，抢走机枪弹盒一盘、弹链一条、子弹 173 发，后果极其严重。事件发生后，少数人又图谋扩大事态。对此，文山州、县党委、政府认真贯彻省委指示，在群众中做了大量工作，稳定了局势。但对闹事的首要分子，能不能依法严肃处理，各方面都很关注。我们注意到，组织好这次审判，是社会秩序能否进一步稳定的大事，两次派出审判人员，协助州、县两级法院组织审判。同时，在适用法律上，宽严适度，正确处理。以伤害罪、诬陷罪、扰乱社会秩序罪，对事件的首要分子马向田判处有期徒刑五年，合锦州判刑三年零六个月。宣判后，两罪犯认罪服判。广大旁听群众认为：法庭审判是严肃公正的，真正是依法办事、定罪量刑有根有据，能以理服人，收到了很好的法制宣传效果。

坚决查禁贩毒活动，严厉惩处走私贩运毒品的犯罪分子。在我省的经济犯罪活动中，走私贩运毒品特别突出。当前走私贩运毒品的特点：一是毒品质量越发趋向精制化。过去走私贩运的是鸦片，现在是大量走私贩运海洛因、吗啡。去年查获的海洛因即比前年上升两倍多。二是走私贩运毒品的数量愈来愈大，大案要案不断上升。1988年我省缴获的鸦片、海洛因、吗啡分别占全国缴获总数的76%、86%和96%。三是国际贩毒集团和黑社会组织从我省越境贩毒日益严重。去年抓获的国际贩毒分子共604人。四是国家工作人员和内部职工参与贩毒的越来越多，去年查获国家工作人员贩毒的17人，厂矿企业职工贩毒的207人。五是外省籍贩毒犯假道我省进行贩毒活动有增无减。1988年抓获了607人，涉及全国21个省、市、自治区。更严重的是，贩毒活动开始向我国家机关内部渗透。如潞西县公安局干部王柳、王岩相所同贩毒分子勾结，从1987年4月至1988年8月，以公安干警的特殊身份作为掩护，着装持枪，先后七次从边疆护送大量海洛因到下关、昆明和砚山县平远街贩卖，得赃款数万元。贩毒严重，导致吸毒突出，目前全省吸毒者达到3万多人，特别是吸食海洛因者已达2000多人。针对毒品犯罪活动严重的情况，有关地区的人民法院把毒品案件作为审判工作的重点，与公安、检察、海关等部门密切配合，积极开展专项斗争。据统计，1988年全省各级法院共受理走私贩毒案件1225件，已审结1150件，依法判处罪犯1627名，其中判处死刑××名，死缓刑××名，无期徒刑68名，五年以上有期徒刑577名，判处五年以上有期徒刑的占了全部贩毒案犯总数的35.5%。对贩毒数额特别巨大，应当判处死刑的案件，省法院都派专人赴京向最高法院汇报，力争从快审结。严打以来，经我院审理并报请最高人民法院核准死刑的贩毒犯共××人，我院核准死缓刑的贩毒犯共××人，有力地打击了贩毒分子的嚣张气焰。

(四)坚持依法从严惩处严重破坏经济的犯罪分子。

打击经济犯罪活动，是治理经济环境、整顿经济秩序的一项重要措施，是人民法院的一项主要任务，必须切实抓好。1988年全省各级人民法院共审理经济犯罪案件3399件，判处人犯4322名，其中判处死刑、死缓和无期徒刑的153名，判处有期徒刑和其他刑罚的4169名；此外还运用罚没手段为国家挽回经济损失7528556元。在审理经济犯罪案件时，各级法院坚持：1. 认真贯彻既要坚决，又要慎重，务必搞准的原则，对于证据确凿的经济犯罪案件，坚决惩处；对于政策、法律界限一时不够明确的案件，处理时持慎重态度，并加强向党委和上级法院请示，务求定性准确，适用法律得当，经得起历史的检验。2. 狠抓大案、要案。对起诉到法院的重大经济犯罪案件，抓紧及时处理，以张扬法制，鼓舞群众，震慑犯罪。3. 严肃执法，敢于碰硬。对严重经济犯罪案件中与犯罪有牵连的人和事，不论涉及到哪一个单位和哪一级组织，都要追查到底，查清事实，全案处理。特别是对人民群众痛恨的"官倒"案件，除依法惩办直接责任者外，对构成犯罪的主管人员也要依法追究刑事责任。4. 针对经济犯罪活动中贪污、受贿突出的情况，各级法院强调把惩治贪污、受贿作为打击经济犯罪的重点。这对于促进党政机关廉洁、清除腐败现象具有重要意义。5. 对罪与非罪、此罪与彼罪的界限不易掌握的经济案件处理时注意掌握三条原则，即：对有利于改革开放，有利于发展生产力的行为，依法予以保护和支持；对不利于改革开放，不利于发展生产力的行为，依法予以反对和限制；对危害改革开放，破坏生产力的行为，依法予以打击和制裁。

二、深入贯彻民法通则，搞好民事审判工作

随着我国改革开放的逐步深入，以及商品经济的迅速发展，社会生活中的民事权益纠纷越来越多，范围越来越广，涉及法律的问题越来越复杂，民事审判工作面临的任务更加繁重艰巨。去年，全省民事案件收案仍呈上升趋势。截止12月底，全省一审民事收案达38747件，比上年增加5601件，上升率为16.9%。在所受理的案件中，离婚、债务、

赔偿案件分别居一、二、三位；房屋纠纷、山林土地纠纷亦占一定的比例；侵犯公民的著作权、名誉权、姓名权、肖像权等新类型案件也不断出现；离婚案件双方当事人争养独生子女、第三者介入、当事人以自杀要挟法院等问题仍很棘手；生产经营性的金钱、实物借贷和追索劳务报酬等债务案件明显增多，且争议标的越来越大；房屋、山林、土地权益纠纷案件涉及面广、政策性强、矛盾容易激化、处理难度较大。面对繁重的任务和复杂的问题，我省各级法院的民事审判干部，发扬全心全意为人民服务的精神，勤奋工作，依照国家法律和有关政策，审理了大批案件，依法保护了公民和法人的合法权益。据统计，1988 年全省各级人民法院共审结民事案件 39819 件（含旧存），其中，婚姻家庭纠纷 25248 件，占结案总数的 63.4%；损害赔偿纠纷 5329 件，占结案总数的 13.4%；债务纠纷 3746 件，占结案总数的 9.4%；房屋纠纷 2348 件，占结案总数的 5.9%；其他各类民事案件 3148 件，占结案总数的 7.9%；调解各类民事纠纷 25103 件。1988 年比 1987 年多审结民事案件 5957 件，结案率提高了 3.9%。

从部分中级法院交叉检查和省院民庭抽查的 1000 多件案件来看，大部分案件办案质量是好的和比较好的。存在的主要问题是：1. 民事积案仍有相当数量；2. 适用法律不准确，特别是对《民法通则》的理解和运用不清楚、不妥当；3. “重实体、轻程序”的做法尚未彻底克服，没有严格执行《民诉法（试行）》规定的程序制度。为着重解决好上述问题，各级法院抓了以下几方面的工作：

（一）采取措施，提高办案效率，清理民事积案。去年，在民事收案不断上升的情况下，由于措施得当，清案工作有了很大进展。根据省法院要求，年底时民事结案率要达到 90%以上，经过大家努力，不少法院都达到了要求。

（二）认真学习和贯彻执行《中华人民共和国民法通则》及最高人民法院《关于贯彻执行民法通则若干问题的意见》，提高执法水平，保证办案质量。《民法通则》颁布后，我省各级法院均以不同形式组织了学习，为贯彻执行《民法通则》和《意见》打下了基础。

（三）改变那种只注意保护国家和集体利益，而忽视保护公民个人合法权益的思想和做法。尤其是对婚姻案件、债务案件以及著作权、名誉权、姓名权、肖像权等纠纷案件的审理，根据第十四次全国法院工作会议提出的具体要求，各级法院大胆探索和实践，具体分析研究各类案件中的民事法律关系，明确当事人的权利和义务，以最终确定民事责任，坚决克服不分是非、责任，一味“和稀泥”的错误做法。同时，在工作中注意加强调查研究，及时总结经验，切实保护公民的各项民事权利。

（四）注意审理好涉台民事案件。对涉台民事案件的审理，既要坚持国家法律的基本原则，又要充分考虑海峡两岸长期隔离的实际情况，持积极慎重的态度。我省去台人员不少，涉台民事案件将逐步增多。各级法院碰到此类案件时，一方面及时受理，另一方面加强调查研究，总结经验，遇到问题及时请示报告，并同有关部门加强联系，把这项政策性很强的工作落到了实处。

三、大力加强经济审判工作，为改革、开放和经济建设服务

经济审判工作是新的历史时期赋予人民法院的一项新任务。随着改革开放方针的深入贯彻和社会主义商品经济的迅速发展，地区、部门、经济组织之间的经济交往日益频繁，各种经济纠纷也日渐增多。及时、正确地处理这些案件，对于保护国家、集体和公民的合法权益、调整经济关系、维护社会主义经济秩序，有着十分重要的作用。经济审判工作要支持、保障以公有制为主体的多种所有制经济的发展，保护城乡个体经济、私营经济和外商投资企业的合法权益和正当经

营活动；要保护根据企业所有权与经营权分离原则实行的多种形式承包经营责任制的健康发展；要保护横向经济联合和企业兼并的进一步发展，促进产业结构的优化组合；要强化合同的约束力，保障正当的交易活动；要保护进出口贸易和技术引进的不断扩大。

在经济审判任务十分繁重、经济审判庭成立时间较晚、经济审判力量比较薄弱的情况下，我省经济审判着重抓了以下几项工作：（一）健全经济审判机构，加强和充实经济审判力量。到1988年底，全省已有145个法院（含高、中级法院和基层法院）建立了经济审判庭，配备了623名经济审判干部。（二）跟上形势，更新观念。在经济审判工作中，全省各级法院自觉地增强为改革服务的意识，热忱地支持改革，积极地为"治理经济环境，整顿经济秩序"服务，并坚持深入调查研究，查清事实，分清是非，明确责任，对案件依法秉公处理。对待当事人，坚持"法律面前人人平等"的原则，注意排除干扰，坚决克服地方保护主义和本位主义的影响，使案件得到正确处理。（三）进一步明确审理经济纠纷案件的法律依据。依照最高法院的解释，除法律、行政法规、地方性法规、民族自治地方的自治条例、单行条例外，根据新形势的需要，国务院各部委和省级政府及国务院规定的计划单列和较大的市的政府、省会所在地的市政府，以及经济特区制定的行政规章，人民法院也可以作为审判案件的依据，但以不同有关法律和上级法规相抵触为限。（四）重视新型案件的处理，准确掌握收案范围。根据最高法院的布置和安排，我省法院在继续审理好原有的各类经济合同纠纷案件的同时，注意掌握和审理了一批企业承包、租赁经营和联营合同纠纷、债务清偿、经济侵权纠纷、劳动争议等新型案件，有力地支持和保障了我省改革的顺利进行。（五）加强执行力量，认真解决执行难的问题。法院调解、判决和裁定后的执行工作，关系到当事人的合法权益和企业的经济效益，关系到社会经济活动的正常运转。为了解决执行难的问题，我们在实践中一是充实执行力量，大多数中级法院和一部分基层法院都逐步建立了执行庭。二是在立案时就考虑到一些案件的执行问题，及时地对一些可能难以执行的案件采取诉讼保全措施。三是注意严格依法办事，讲究执行艺术，并注意调动申请执行人的积极性，让其提供被执行人的财产状况；同时，也有效地依靠和争取当地党委和有关部门的协助和支持。

1988年，全省各级人民法院边建设、边学习、边办案，共受理各类经济纠纷案件5640件，诉讼标的金额132014900元，已审结4675件，结案率为82.9％。受理的经济纠纷案件比1987年5431件多209件，已结案件比1987年的4283件多392件，结案率比1987年的78.9％提高4％。

四、改进告诉申诉审判工作，加强审判监督

处理好告诉、申诉案件和群众的来信来访，是维护安定团结的政治局面，克服官僚主义，保证办案质量的重要环节。1988年，全省各级人民法院共收申诉来信176866件次；接待来访人员127653人次；受理各类申诉案件8619件，已审结6150件，其中改判1906件。通过这项工作，确实发现并纠正了一些错判案件，解决了一些较为棘手的问题，保护了宪法和法律规定的公民对法院判决或者裁定提出申诉的权利。一年来，根据最高法院的布置和安排，我们着重抓了以下几项工作：（一）从组织机构和职能范围上逐步完成由信访到告诉申诉工作的转变，努力把告诉申诉工作抓好，使告诉申诉庭切实发挥审判庭的作用，把告诉申诉工作纳入审判轨道。据统计，到去年底止，全省已有56个法院设立了告诉申诉庭，共有告申审判干部216人。在逐步健全机构的同时，明确了职责范围，将过去一部分分散在各审判庭审查处理的申诉案件和一部分由信访接待采用行政办法处理

的诉讼请求，纳入了诉讼处理的渠道，逐步将法院信访工作运行机制从过去的行政体制中解脱、分离出来，使申诉案件的处理严格依照法律进行。(二) 认真贯彻分级负责处理申诉的原则，初步理顺了纵横关系，把申诉处理工作的指导思想确定为“分级负责，层层落实，上级带头，各方配合”，特别强调层层落实。对当事人的申诉，一般先由原终审法院审查处理；当事人对终审法院复查结论仍不服的，再由上一级法院审查处理。对公民和法人请求法院受理的案件，由告申庭根据主管、管辖范围予以处理。强调分级负责，把处理告诉、申诉的工作落到实处。(三) 进一步加强审判监督，认真处理各类刑事申诉案件。一是善始善终地完成历史老案落实政策的工作。经过全省各级人民法院的共同努力，我省落实政策的任务已基本完成。到去年底为止，全省已审结了 31015 件案件，仅剩下几十件尚待扫尾，这类案件主要是大集团案件，工作量大，案情复杂，省院已督促下级法院抓紧复查审理。上报省法院的案件，也在去年底前基本审结。二是认真处理一部分涉台刑事申诉案件。各级人民法院从促进祖国统一大业出发，对每一件案件，做到认真审查，仔细办理。三是慎重处理“严打”案件的申诉。对于“严打”申诉案件的处理原则：一方面要充分肯定和巩固“严打”成果，以有利于社会安定，有利于维护社会主义法制原则为立足点，予以慎重对待。另一方面必须坚持实事求是，有错必纠的原则，严格依法办事，原判正确的，坚决维持；原判确有错误的，应实事求是地予以纠正，并同有关方面联系，做好善后工作。(四) 加强对下指导和监督，尽量提高申诉案件的处理质量。省院在去年所召开的几次中级和基层法院院长会议上，一再强调要把提高申诉案件处理质量的问题摆在重要位置上，要把“谈谈转转”变成真正解决问题，力求在当事人第一次提出申诉时就解决问题，把当事人稳定在基层，减少重信重访和越级上访。并突出重点地抓紧了上访老户的处理，对群众的来信做到认真审查，对来访人员的陈述认真听取。对要求合理的，耐心细致地做好疏导工作；无理缠诉的，则依据政策和法律予以驳斥，教育其服判息诉；对不属于法院管辖的来信来访，也及时转交有关部门办理。对上访老户案件的处理，我们一般都采取上下结合的办法，逐件地进行研究，提出处理意见，督促下级法院尽快审理，限期解决。

五、建立健全行政审判机构，积极慎重地审理行政案件

行政审判，是在新的历史时期，党和国家赋予人民法院的一项新职能和新任务。行政审判是完善社会主义法制的重要组成部分，是社会主义民主政治的重要体现。人民法院通过审理行政诉讼案件，对行政执法实行司法监督，作出的裁判是终局裁判，具有重要地位，它对行政管理有重要影响。迄今已有 120 多个法律法规规定，公民或组织不服行政机关的处罚或其他处理决定可以向人民法院起诉。因此，人民法院开展行政审判，对于切实保护公民的合法权益，支持国家行政机关依法行使行政权力，维护社会安定，保障经济建设和改革、开放顺利进行，具有十分重要的意义。

在过去的一年中，我省各级法院根据法律规定和最高人民法院的要求，克服困难，边建庭、边学习、边办案、边总结、边探索，积极开展行政审判工作，初步打开了局面，取得了一定成绩。到 1988 年底止，全省已有 86 个法院建立了行政审判庭，占全省法院总数的 58.9%，并配备行政审判干部 206 人。已有 4 个地州两级法院全部建立了行政审判庭。尚未具备建庭条件的法院，也指定了专人负责审理行政案件，为开展行政审判提供了组织保障。各级法院积极受理了一批行政案件。据统计，1988 年共受理一、二审和申诉审行政案件 429 件，比 1987 年增加 202 件，其中受理一审案件 322 件、标的总额达

4321300元，已审结303件，结案率为94.1%。案件类型有治安、土地、林业、食品卫生、工商、税务等11种。在已审结的303件案件中，属治安案件的127件，占41.4%；其他行政案件176件，占58.1%。在已审结的行政案件中，维持原裁决的137件，占45.2%；撤销和变更原裁决的共64件，占21.2%，经法院做工作，自愿撤诉的63件，占20.8%。行政审判是一项新的业务，处在起步阶段，各级法院都比较重视，并严格依法收案、办案，社会效果比较好。但是，由于《行政诉讼法》尚未颁布，行政诉讼制度还不健全，我们现有的水平尚不适应发展了的形势，困难较多，还需要进一步探索和解决。现在，第七届全国人大常委会第六次会议已审议了《行政诉讼法（草案）》修改稿，即将提请七届全国人大二次会议审议。从发展趋势看，今后行政案件必将逐渐增多，法院的任务将越来越重，我们已有思想准备，一旦行政诉讼法公布，立即投入学习、宣传和大量受理行政案件，扎扎实实地全面开展行政审判，为改革、开放和社会主义经济建设服务。

六、进一步加强法院队伍的思想建设、组织建设和业务建设

党的十三届三中全会指出，在治理经济环境、整顿经济秩序、全面深化改革的过程中，要运用经济的、行政的、法律的、纪律的和思想政治工作的手段，进行综合治理，克服腐败现象，保持党政机关的廉洁。要卓有成效地完成新时期的审判任务，必须有一支忠于职守、廉洁奉公、执法如山的干部队伍。1988年，全省各级人民法院大力加强干部队伍的政治思想工作，并把廉政工作作为一件大事摆到重要议事日程上来，采取了有力措施：一是认真学习党的十三大和十三届三中全会以及省委四届五次全会文件，开展了生产力标准的讨论，初步进行了十年改革伟大成就的形势教育，使干警深刻理解和准确把握党在社会主义初级阶段的理论和基本路线，牢固树立审判工作为建立社会主义商品经济新秩序服务，为“一个中心、两个基本点”服务，为治理经济环境、整顿经济秩序服务的指导思想。二是对法院干警加强遵纪守法的教育，增强干警对歪风邪气的抵抗力和免疫力，纠正不正之风，树立刚直不阿、秉公执法的好形象。三是严肃法纪，查处违纪违法案件，保持干部队伍的纯洁。对于严重违法违纪的事件，对于败坏党纪党风和政纪政风的人，无论是谁，都严明党纪政纪国法，决不姑息迁就，养痈贻患。四是从严治院，加强制度和纪律建设；同时，自觉接受党委、人大的监督，接受群众的监督。用纪律和制度防止腐化，在改革和开放中接受党和人民的考验。实践证明，我省法院干部是一支遵守纪律、秉公执法有战斗力的队伍。绝大多数法院干警严以律己，做到不吃请、不受贿、拒收礼品、不为说情所动，涌现出一大批先进工作者、优秀党员和模范人物。但是，也有极少数干警经不起改革、开放的考验违纪违法，甚至犯罪。这些问题，一经发现都彻底查清，及时严肃处理，决不袒护和拖延。

为了有计划、有步骤地建立一支能适应形势要求的法院干部队伍，我省各级人民法院在干部队伍的组织建设和业务教育培训上，做了大量的工作。1987年增编进人工作开展以来，新增干警1563人，全省干警总数已达7265人，占应编人数8220人的88.4%。由于各级法院认真抓了以“法律业余大学”教学为中心的教育培训工作，到目前为止，从“业大”、“函大”、“夜大”和选送到大专院校培训学成毕业，已有935人达到了大专以上法律专业知识水平；尚在接受“业大”教育的856人，接受法律专业证书教育的1378人，加上原有法律大专以上水平的干部，总计具有法律大专以上水平的干部共计3169人，占全省法院干警总数的43.6%。现在法院干部队伍的情况，无论是从数量上、文化结构上、专业知识水平上讲，都比过去

有了很大的改观，初步扭转了长期困扰我们的"量少质弱"、文化偏低、专业人才匮乏的状况，为进一步提高审判水平打下了良好的基础。这是各级党委、政府、人大和各有关部门大力支持，全省法院自上而下、齐心协力开拓进取的结果。

在各级人民法院自身的改革和建设中，还有一项重要的任务就是抓好审判法庭和人民法庭的建设，这是完成审判任务的重要保证。审判法庭是人民法院依法行使审判职权的法定场所；人民法庭是人民法院处理大量人民内部纠纷的基层基础工作机构。"两庭"建设是人民法院最基本的建设，是最起码的工作条件，也是法官进行审判的主要活动场所。随着社会主义法制的逐步完善，审判工作也逐步走上正轨，要严格、全面地执行法律，没有必备的审判场所和必要的工作条件是很难做到的。中央、国务院、省委、省政府对人民法院建设是很关怀重视的。国务院曾专门发文，最高人民法院、财政部也联合下文，省委、省政府也有多次批示。正是如此，1983 年以来，我省各级人民法院审判法庭建设进展是较快的。截止 1988 年底，已建成审判法庭 129 个，占应建总数 145 个的 89%；尚未建成 16 个，其中，中级人民法院 7 个，基层人民法院 9 个。在我省财政比较困难的情况下取得这样的成效是非常不容易的，没有各级人民政府和有关部门的大力支持和帮助，不可能取得这样的结果。但由于刑事、民事、经济、行政等各类案件的不断增加，审判任务日益繁重，"两庭"建设的现状还很不适应工作发展的要求。当前存在的主要问题：一是未建审判法庭的人民法院至今尚没有个固定、合适的场所依法审理案件，仍然靠租、靠借。二是部分已建成的审判法庭由于当时资金不足，又急于适应审判工作的需要，建盖比较简陋，不符合标准，缺乏审判各类不同案件的配套设备。三是去年 11 月 6 日强烈地震后，有 6 个基层人民法院的审判法庭受到严重损坏，已无法进行案件审判。四是担负着 85%以上简易民事案件、经济案件和轻微刑事案件审判任务的基层人民法庭的建设还十分困难，大多数人民法庭缺乏基本的工作和生活条件，90%的人民法庭没有房，靠租、靠借，且房屋狭小、破旧，甚至是危房。这些现状和困难，使开庭审判无法依照法律的规定程序和形式进行，直接影响了严肃执法。因此，各级人民法院还必须继续坚持"一手抓审判，一手抓建设"的指导思想，继续克服畏难情绪，发扬艰苦奋斗的精神，努力抓好"两庭"建设工作。最近，国务院以国办发〔1988〕69 号文批转了最高人民法院、国家计委《关于各级人民法院审判法庭建设的意见》，明确指出，搞好人民法院审判法庭和人民法庭建设是健全和完善社会主义法制建设的需要，"两庭"不是楼堂馆所。省政府及时转发了文件。为了贯彻好国务院文件精神，根据省政府有关领导批示，我们多次与省计委、省财政厅商议，提出全省各级人民法院"两庭"建设的总原则是：坚持"两手抓"，各级人民法院积极行动，深入实际调查研究，制订规划，在三、五年内分期分批，抓紧完成审判法庭的扫尾，主攻人民法庭，实现全省法院审判法庭、人民法庭建设的总规划，在既考虑"两庭"建设的实用性、长期性和体现法律的严肃性，又强调顾全大局，从需要和可能出发的前提下，搞好设置规划和投资预算。本着这一原则和精神，省院经过平衡调整已正式向省政府报告了全省法院"两庭"建设的规划意见。我们在强调各级人民法院要充分发挥主观能动性和积极努力的同时，也要恳请各级人民政府和各有关部门对人民法院的"两庭"建设继续给予重视、支持和帮助。

各位代表！1988 年省高级人民法院还根据省人大常委会关于在全省范围内开展执法检查的决定，认真组织了全省法院系统执法大检查的自查工作。检查的重点是 1987 年和 1988 年上半年判处的发生效力的刑事、民事和经济纠纷案件。检查工作从去年 10 月份开始，截止12月份结束，历时2个月。这次检查，各级人民法院在年终繁忙、案件增多、审判力量不足的情况下，既依法及时审理案件，又将执法检查作为大事来抓。各地法院普遍成立了领导小组，院长或副院长担任组长，组织专人负责开展执法检查工作。省法院除自查外，还派出工作组对曲靖、玉溪、红河、文山等地州的中级法院和所辖的基层法院进行检查。由于各级法院对执法检查的目的明确、措施有力、工作抓得紧，全省法院系统执法检查工作达到了预期目的。检查结果表明，全省各级人民法院在各级党委的领导下，在各级人民代表大会及其常委会的监督指导下，树立了审判工作为建立社会主义商品经济新秩序服务，为“一个中心、两个基本点”服务的思想，在开展各项审判工作中，坚持抓思想、抓纪律、抓作风、抓责任制、重质量、讲效率，团结一致，振奋精神，勤奋工作，为保障社会安定，促进改革、开放，发展社会生产力作出了贡献。但是，通过检查，也发现少数案件在执法方面尚存在一些问题，主要是：

（一）刑事案件有少数办案质量不高，个别案件混淆罪与非罪、此罪与彼罪、重罪与轻罪的界限。还有3.2%的案件超过法定的审判时限。超审限尽管有某些客观原因，比如个别疑难案件需要向上级法院请示，费时较多，但主要原因还是少数审判人员责任心不强，工作没有抓紧。另外，高级人民法院和中级人民法院受理的二审案件，绝大多数只是书面审理而没有直接开庭审理。少数法律文书仍有不合逻辑、叙事不清、文理不通，甚至有错、别、漏字的现象。

（二）不善于运用现行民事、经济法规审理民事、经济案件。由于民事、经济方面的法律法规大多数是近几年颁布的，且民事、经济法规涉及面广、较为复杂，学习、掌握这些法规要有一定的时间和实践过程，加上主观上审判人员抓得不紧，学习领会不深，审判实践中仍有按常规办事、凭老经验办事的情况，以致审理民事、经济纠纷案件有时适用民事、经济法规不够准，办案质量不太高。

（三）极个别意志薄弱的干警经不住改革、开放的考验，蜕变成腐败分子，有的甚至走上犯罪道路。这些人虽然为数甚少，但严重影响着人民法院的形象。

此外，执法检查中还发现一些仅靠法院是难以解决的问题。集中的是：第一，刑事审判工作中，有个别经济犯罪案件有关部门不将赃款赃物移交人民法院；从案件中还反映出来，由于“以罚代刑”而使犯罪分子逍遥法外的事时有发生，它不仅影响了对经济犯罪分子的打击，也影响了执法队伍的廉洁。第二，有些部门在经济合同管理方面非常混乱，对签订的合同不认真审查，造成合同无效和经济纠纷日益增多，以致违法犯罪分子乘机钻空子，给国家和集体造成巨大的经济损失。第三，人民法院的判决“执行难”的问题没有得到很好的解决，有的部门不协助甚至干扰人民法院执行工作的现象相当突出，特别是地方保护主义的影响比较严重。

通过执法检查，我们进一步肯定了成绩，总结了经验，同时分析了存在的问题，找出了差距，决心在今后的执法工作中，牢固树立严格依法办事的观念，切实改进工作，进一步发挥人民法院的职能作用，更好地完成宪法和法律赋予人民法院的各项审判任务。

各位代表！党的十三届三中全会确定，今明两年改革和建设的重点，要突出地放到治理经济环境和整顿经济秩序上来。这一重大决策对于全面深化改革、发展社会主义商品经济、促进生产力的发展、维护安定团结的政治局面具有重要的意义。在新的一年里，人民法院的主要任务是：坚决贯彻党的十三届三中全会精神，强化法治手段，积极参加治理经济环境、整顿经济秩序，严厉打击刑事犯罪活动和严重经济犯罪活动，严厉打击间谍、特务的潜入活动，大力加强民事、经济和告诉、申诉审判工作，积极开展行政审判工作，保障人民群众的合法权益，正确处理人民内部矛盾，维护安定团结的政治局面，为全面深化改革和经济建设创造安定的社会环境，提供有力的法律保障和及时有效的法律服务。

全省法院干警既要充分认识人民法院在治理经济环境、整顿经济秩序、全面深化改革中担负的任务的繁重性和艰巨性，牢固树立长期斗争的思想，同时，也要树立坚定的信心。当前，党的十三届三中全会精神正在深入贯彻，各项治理整顿措施正在逐步展开，改革和建设在稳步发展，思想和政治领域的工作也在进一步加强，从而形成强大的精神力量和物质力量，我国的政治、经济形势必将越来越好，这是我们做好审判工作的最重要的有利条件。我们决心，在各级党委领导下，在各级人民代表大会及其常委会的监督下，认真贯彻全国政法工作会议和第十四次全国法院工作会议的精神，充分调动广大法院干警的积极性，全面开展各项审判工作，加强法院自身的改革、建设和为政清廉的教育，竭尽全力，忘我工作，把全省法院系统的工作推向前进，为创造我省安定团结的社会环境作出新的贡献！

以上报告，请审议。

西藏自治区高级人民法院工作报告

——1989年8月2日在西藏自治区第五届人民代表大会第二次会议上

西藏自治区高级人民法院院长　子　成

各位代表：

我们这次代表大会是在党中央采取果断措施，平息了北京反革命暴乱，在全党、全军、全国各族人民学习邓小平同志重要讲话，贯彻落实党的十三届四中全会精神的形势下召开的。党的十三届四中全会，是我们党的历史发展上的一次具有深远意义的、非常重要的会议。它解决了进一步平息动乱和稳定全国局势、巩固党的领导、维护全党的团结和党与人民的团结需要解决的紧迫问题，也解决了沿着党的十一届三中全会路线继续前进的重大问题。全区法院干警坚决拥护四中全会所作出的各项决定，坚决拥护邓小平同志的重要讲话，坚决拥护李鹏同志的报告，坚决拥护江泽民同志为中央委员会总书记，坚决拥护对赵紫阳同志所犯严重错误的处理决定，坚决拥护全会对中央领导机构部分成员进行调整的决定。目前，我区法院系统正在积极响应区党委常委扩大会议的号召，把学习贯彻四中全会精神和邓小平同志的重要讲话作为当前的首要任务来抓紧、抓好，以促进我们的工作更好地为“一个中心，两个基本点”服务。

各位代表，1988年7月自治区五届人大一次会议以来，我区各级人民法院在各级党委的领导和各级人大及其常委会、最高人民法院的监督、指导下，在西藏分裂与反分裂斗争十分尖锐、复杂的形势面前，积极地开展了各项审判工作，为维护祖国的统一和民族团结，促进改革开放和西藏的经济振兴起到了积极的作用。现就一年来法院工作的主要情况报告如下。

一、全面开展审判工作，为“一个中心，两个基本点”服务

根据第十四次全国法院工作会议提出的要求和我区的实际情况，我们主要抓了以下几项审判工作和申诉信访工作。

（一）刑事审判工作

这一年里，全区法院共受理各类一审刑事案件319件440人。其中，反革命宣传煽动案件11件13人；杀人案件17件18人；抢劫案件11件26人；强奸案件18件23人；伤害案件40件47人；盗窃案件103件166人；流氓案件7件14人；其他案件112件325人。审结309件，判处人犯419人。结案率分别为96.87%和95.23%。在判处的这批人犯中，判处五年以上有期徒刑、无期徒刑直至死刑的（包括死缓）占30.41%。受理二审刑事案件73件，审结70件，结案率为95.89%。在受理的刑事案件中，有经济犯罪案件82件115人。其中，盗窃公共财物案件42件61人；贪污案件18件18人；诈骗公共财物案件5件5人；受贿案件2件2人；投机倒把案件1件1人；其他案件14件28人。审结60件79人。

在刑事审判工作中，我们重点打击杀人、抢劫、强奸、重大盗窃等七个方面的犯罪分子和组织策划骚乱、妄图分裂祖国、推翻共产党、颠覆人民政府的反革命分子以及趁分裂主义分子骚乱之机搞打、砸、抢、烧、杀的犯罪分子，直接破坏和危害治理经济环境、整顿经济秩序和深化改革的经济犯罪分子。在严格掌握重点打击对象的同时，我们还严格掌握政策界限，坚决贯彻执行中央关于对少数民族中的犯罪分子坚持少捕少杀，处理适当从宽的政策，对判处死刑的案件，更是严格把关，慎之又慎，除罪大恶极，民愤极大，依法非杀不可的坚决杀掉外，一般不轻易适用死刑；对有法定从轻、减轻或免予处罚情节的，都依法从轻、减轻或免予处罚。

在审理经济犯罪案件时，我们特别注意区分罪与非罪、此罪与彼罪的界限。从总体上看，做到了“一要坚决，二要慎重、务必搞准”的原则，办案质量是比较好的。

（二）民事审判工作

一年来，全区法院共受理一审民事案件1059件，占法院受理一审案件总数的67.07%。审结各类民事案件1017件，结案率为96.03%。受理二审民事案件46件，审结33件，结案率为71.74%。调处简易民事纠纷465件。

各类民事案件中，离婚案件仍居首位，有597件，占民事案件总数的56.37%。拉萨市的一审离婚案件竟占到民事案件的78.7%，离婚案件突出的原因，一是因家庭日常生活琐事而致使夫妻不和提出离婚的多了；二是第三者插足造成离婚的多了；三是轻率结婚、草结草离的多了。离婚案件的突出，使家庭财产性质的认定，财产的分割和子女抚养等方面出现了许多复杂情况。在审理离婚案件中，我们本着有利于保护妇女、儿童合法权益和制裁违法行为的原则，坚持把感情是否确已破裂作为离与不离的标准，保障婚姻自由，反对轻率离婚，以维护社会主义婚姻家庭制度。

在民事案件中，债务案件居第二位，有129件。这是社会主义商品经济迅速发展的客观反映。在这类案件中，主要是借贷纠纷。处理这类案件时，总的原则是坚持保护正当的借贷关系和债权人的合法权益，以促进社会主义商品经济的发展。

在民事审判工作中，我们始终注意把审理案件与法制宣传、精神文明建设结合起来，认真做好疏导工作，缓解矛盾，增强团结，尽可能做到对矛盾易于激化的案件随到随办，优先审理，防止矛盾激化，维护社会的安定团结。

（三）经济审判工作

1988年来，我们根据形势的发展和有关规定，依法调整和扩大了经济纠纷案件的收案范围，在继续审理好原有的各类经济纠纷

案件的同时，注意审理在改革过程中出现的、反映新的经济关系和改革发展趋势以及在治理整顿中出现的新型案件，凡是告到法院的，都及时进行审理。这一年全区法院共受理一审经济纠纷案件194件，诉讼标的总金额达1017万元。审结153件，结案率为78.87%。受理二审经济纠纷案件23件，审结13件，结案率为56.52%。在这类案件中，经济合同纠纷占95%以上，其中尤以购销合同、建设工程承包合同和借款合同居多，三项占经济纠纷案件收案总数的50%。

在经济审判工作中，我们本着支持和保障以公有制为主体的多种所有制经济的发展和促进治理整顿、深化改革的原则，依法调节经济关系，保护合法权益，纠正违法行为，为发展西藏的经济作出了积极的努力。

从全区情况来看，在新形势下，经济纠纷案件在个别地区有增多的趋势。拉萨市中级人民法院今年3、4月间对曲水、达孜、堆龙德庆县的调查表明，农田水利基建合同、经营承包合同、购销合同等纠纷增多，但起诉到法院的很少。其主要原因：一是发生纠纷，又明知合法权益受侵害，不向有关部门交涉，不找法院；二是当事人不重视合同的法律效力；三是不知道在经济交往中如何使用法律来保护自己的合法权益。由此可见，在农牧区加强法制宣传尤为必要，各基层法院加强经济审判工作迫在眉睫。

（四）行政审判工作

行政审判工作是新的历史时期赋予人民法院的新任务。我区的行政审判工作刚刚迈出了第一步。一年来，我们一是积极组建行政审判机构，现高级法院和中级法院都建立了行政审判庭并配备了一定数量的干部；二是在努力学习行政法规的同时，作好舆论宣传工作，使更多的单位和群众知道运用国家法律赋予的权利，维护自身的合法权益；三是根据我区的实际情况，积极慎重地开展行政审判工作，试办了一些行政案件。从收案情况看，这方面的案件还不多。原因有三个方面：一是部分群众、社会团体在他们的权益受到不法行政行为的侵害时，还不知道可以提起行政诉讼；二是不知道怎样打行政官司，怎样向法院起诉；三是认为法院和行政机关是一回事，告了也没有用。因此，进一步向人民群众广泛的宣传行政法规十分必要。

（五）申诉信访工作

这一年里，全区法院共处理人民来信和申诉信共1230件，接待来访484人次，受理各类申诉案件28件，复查申诉案件22件。从这一年来的情况看，来信来访和提起再审的案件有所下降。主要原因是：我区各地都很重视落实政策的工作，有些问题已得到解决，因此，提出申诉的不多了；各项审判工作的质量有了不同程度的提高；各级法院处理申诉信访的工作得到了进一步的重视和加强。

二、坚持严肃执法，改善执法活动

我区各级人民法院根据去年全区法院工作会议的要求，主要抓了以下几个方面。

（一）明确指导思想

党的十三届三中全会明确地提出把改革和建设的重点放到治理经济环境、整顿经济秩序上来，区党委三届六次全委扩大会议根据我区的实际提出了八条措施，决定综合运用经济的、行政的、法律的、纪律的和思想政治工作的手段，五管齐下，切实保证我区治理、整顿的顺利进行。我们进一步明确了新形势下法院工作的指导思想，就是要通过全面开展审判工作，充分发挥职能作用，为“一个中心，两个基本点”服务，为治理整顿、深化改革服务。

在明确指导思想的基础上，我们坚持做到有利于我区形势稳定，有利于治理整顿、深化改革和社会生产力发展的，就依法加以支持和保护，否则就依法加以反对和制止，对破坏我区形势稳定，破坏治理整顿、深化改革和社会生产力发展的，就依法加以打击和制裁，为我区局势的稳定和经济的发展做出了应有的贡献。

（二）认真实行公开审判制度

去年，我们要求各级法院除法律规定不公开审理的案件外，一审案件一律公开开庭审理；二审案件应尽可能地公开开庭审理；重大的、有影响的二审案件要做到公开开庭审理。由于客观条件的限制，公开开庭审理确有实际困难的，也要坚持做到公开宣判，再审案件要创造条件公开宣判。这一年来，全区法院应公开开庭审理的案件419件，已公开开庭审理的301件，占71.84%。由于我们把审判活动置于人民群众的监督之下，提高了执法水平和办案质量，增强了法院工作的透明度。另外，应公开开庭审理而未公开开庭审理的案件占28.16%。主要原因有三点：一是相当数量的县法院人员少，组织不起合议庭；二是审判条件差，无审判法庭；三是当事人由于旧的习俗的影响，认为上法庭不光彩，不愿意开庭审理。

（三）改进合议庭的工作，加强合议庭的责任

过去我们对落实合议庭的责任和发挥合议庭的作用做得不够，去年下半年我们已强调了这方面的工作，提出凡是依法应组成合议庭审理的案件，都不得独任审判；凡是组成合议庭审理的案件，都应当提出具体意见提交审判委员会讨论，以充分发挥合议庭的作用；院长、庭长都尽可能亲自办案，并担任审判长。这些要求对改善我区法院的执法活动，提高办案质量都起到了积极的作用。

（四）强调当事人的举证责任

过去，法院在审理民事案件和经济纠纷案件中，往往忽略了当事人的举证责任，以致影响了办案效率。去年我们要求各级法院要强调当事人的举证责任，本着“谁主张谁举证”的原则，由当事人及其诉讼代理人提供证据。各地普遍重视了这项工作，把当事人及其诉讼代理人提供证据和法院调查、收集、核实证据结合起来，收到了很好的效果：一是节约了法院的人力、物力和财力，缓解了办案人员紧张的状况，提高了办案效率；二是坚持了审判工作的严肃性和原则性；三是增强了当事人及其诉讼代理人的法律意识和诉讼责任感。

（五）解决“执行难”，做好执行工作

“执行难”问题一直是法院工作中比较突出的问题。去年以来，我们把解决“执行难”的问题作为一项重要的工作来抓，首先是克服重审判、轻执行的思想，切实做到审执并重。同时，各地还针对“执行难”的情况，采取了进行法制教育、积极进行疏导以及依法强制执行等各种措施，使一些难以执行的案件得到了执行，维护了当事人的合法权益，维护了法律的尊严。去年林芝地区审结的应执行的40起经济纠纷案件，已执行的就达到38件，占应执行数的95%，应执行的民事案件全部执行完毕。

（六）搞好法院的自身建设

我区各级人民法院在抓好各项审判工作的同时，普遍加强了自身的建设。现在，全区法院干警量少质弱的状况有所改变，藏族干警已占72.87%；高中（中专）以上文化程度的占49.55%；党团员占67.71%。这表明我区法院队伍不仅人数有所增加，而且质量也有所提高，一方面是各级党委重视法院的队伍建设，选调了一批骨干力量，充实了法院队伍；二是去年8月法律业大西藏分校的53名学生学完了法律业大总校规定的24门课程，全部毕业回到了工作岗位，为各级法院增添了一批审判业务骨干；三是各地市中院都举办了各种业务短期培训班。日喀则地区中院对全地区法院系统70%的业务干部进行了轮训。今年5月，高级法院又举办了行政诉讼法培训班。目前，我们正在按照区党委办公厅藏党办发（1989）10号文件，即《关于进一步加强我区各级法院、检察院干部配备的通知》精神，配合各级组织部门，继续调整和加强中级法院、基层法院的领导班子，选拔德才兼备的优秀中青年干部充实到各级领导岗位。总的来说，我区法院队伍是

好的，是一支秉公执法，遵守纪律，经得起考验，有战斗力的队伍。

这一年来，法院系统被评为先进集体的有8个，被评为先进个人的有70人，被评为民族团结模范的有8人，有两个党支部被评为先进党支部。在表彰先进的同时，我们还认真贯彻“从严治院”、“从严治警”的方针，对少数法院干警的违法乱纪行为进行了严肃的处理，对触犯刑律的依法追究刑事责任。这一年里，受处分的干警共12人、其中受组织处分的2人，行政处分的8人，一名法警和一名驾驶员因犯盗窃罪，已分别判处有期徒刑一年和拘役六个月。

这一年，在各级政府的支持下，一些人民法院的办公、住宿和交通条件得到了改善，为这些法院更好的工作创造了条件。

三、存在的问题和今后的意见

过去的一年，我区各级法院紧紧围绕“一个中心，两个基本点”，充分发挥审判机关的职能作用，为保障治理经济环境、整顿经济秩序和全面深化改革的顺利进行，尽了人民法院应尽的职责，各项工作取得了一定的成绩。但由于形势的不断发展，而我们的认识仍跟不上形势发展的需要，对治理整顿和深化改革中出现的新情况、新问题及时调查研究不够，因此，工作中仍存在不少不足之处。主要有：1. 由于少数审判人员政治和业务素质的原因，一些案件办得不够细，处理不够及时，甚至个别案件在实体处理和程序使用方面有失误；2. 个别案件定性不准，特别是一些新型、疑难案件，由于政策和法律界限不清，把握还不够准确；3. 一些法院由于放松了思想政治工作，少数干警组织纪律性差，甚至有违法乱纪行为；4. 法院的物质建设，尽管各级政府给了很大的支持，解决了不少困难，但因欠帐太多，财力紧张，办案经费紧缺，必要的办公设备不足的矛盾仍很突出，特别是国务院要求要尽快把审判法庭建设好，可是我区却长期得不到落实。对于这些问题，仍需我们在今后的工作中认真注意克服和解决。希望各位代表和各级人大及其常委会，加强对法院工作的监督和支持，使我们不断改进工作，把各方面的工作做得更好。

各位代表，党的十三届四中全会和区党委常委扩大会议为我们指明了当前和今后一个时期的工作方向和任务，我们决心继续认真学习、全面领会这两个会议的精神和邓小平同志三次重要讲话精神，进一步提高认识，统一思想，提高贯彻十三届四中全会和区党委常委扩大会议精神的自觉性，坚持“一个中心，两个基本点”，在思想上、政治上、行动上与党中央保持一致，同时，注意抓好以下几项工作：

（一）继续贯彻执行依法从重从快打击严重刑事犯罪活动和严重经济犯罪活动的方针，狠狠打击“七个方面”的犯罪分子和贪污、受贿的犯罪分子。同时，坚决站在反分裂斗争前列，进一步发挥审判职能作用，对极少数组织策划骚乱的分裂主义分子和妄图分裂祖国、推翻共产党、颠覆人民政府的反革命分子，要坚决打击，决不手软；对前一段拉萨发生骚乱和全国一些地方发生动乱期间，散布反动谣言，书写、散发反动传单，阴谋策划和组织骚乱以及搞打、砸、抢、烧、杀的犯罪分子，要进行坚决的揭露；对已查明的“三·五”骚乱事件中的犯罪分子，凡起诉到法院的，要抓紧审理，依法从重从快惩处。

（二）大力开展民事、经济和行政审判工作，以及申诉信访工作，加强审判监督，认真履行宪法和法律赋予人民法院的职责，运用法律手段，保障国家、集体利益和公民的合法权益，维护西藏局势的稳定，为实现四中全会提出的各项任务和区党委常委扩大会议提出的各项奋斗目标尽心尽力地工作。

（三）进一步加强法院队伍建设。根据不久前召开的全国法院廉政建设工作会议的要求，进一步开展以“为政清廉”、“为警清廉”为主要内容的纪律教育和职业道德教育，同各种腐败现象作斗争。坚持四项基本原则，反对资产阶级自由化。在一手抓好审判工作的同时，一手突出抓好廉政建设，从党组抓起，从各级领导抓起。使广大干警正确认识当前国家的政治、经济形势，增强信心，坚定信念，艰苦奋斗，全心全意为人民服务，做一身正气、两袖清风、廉洁自律、执法如山的人民法官。

（四）加强干部的培训，继续办好法律业大和开办各种形式的培训班，不断提高干部队伍的业务素质，使执法水平和办案质量进一步提高，以适应形势不断发展的需要。

以上报告，请予审议。

陕西省高级人民法院工作报告

——1989 年 4 月 27 日在陕西省第七届人民代表大会第二次会议上

陕西省高级人民法院院长　焦朗亭

各位代表：

我代表省高级人民法院向大会作法院工作报告，请审议。

1988 年我省各级人民法院在党委的领导下，在人大常委会和最高人民法院的监督指导下，认真贯彻党的十三大及其三中全会和七届全国人大一次会议精神，落实第十四次全国法院工作会议的具体要求，坚持为“一个中心，两个基本点”服务，为治理经济环境，整顿经济秩序，全面深化改革服务，努力改善执法活动，全面开展了各项审判工作。全年共审结各类刑事案件和民事、经济、行政案件 72883 件。通过审判案件，继续严厉打击了严重刑事和严重经济犯罪活动，正确调整了民事关系、经济关系和行政关系，向公民广泛宣传了法制。这对于加强人民民主专政，保护公民的合法权益，维护社会治安秩序，促进改革开放和商品经济的发展，都起了积极的作用。同时抓了法院自身的改革和队伍建设，干警的政治素质和业务素质有了提高，廉洁奉公，秉公执法的自觉性进一步增强。

一、继续依法严厉惩办严重刑事和严重经济犯罪分子，维护社会治安秩序和社会主义经济秩序，保障改革和经济建设的顺利进行

1988 年我省社会治安基本稳定，但治安形势是严峻的，刑事发案出现稳中有升的趋势，特别是有些重大案件上升幅度较大。我省各级人民法院，继续坚决贯彻依法从重从快的方针，对严重危害人民生命财产安全，破坏社会秩序的犯罪分子给予了严厉惩处。全省法院共审结一审刑事案件 10066 件，判处犯罪分子 11140 名，比 1987 年判处犯罪分子数上升 5.29％。在判处的罪犯中，处五年以上有期徒刑、无期徒刑、死刑（包括死缓，下同）的 3473 人，占 31.2％。有严重犯罪分子 4678 名，占判处罪犯总数的 41.99％。对严重犯罪分子中的 54.9％的人判处了五年以上有期徒刑、无期徒刑直至死刑。

近年来，杀人、故意重伤、强奸、抢劫、重大盗窃、流氓、拐卖人口犯罪仍然是危害最为严重的犯罪。杀人案件中，虽然因人民内部矛盾激化引起的杀人案件仍占较大比

重，但图财杀人和因违法犯罪行为被检举揭发而报复杀人的案件有所增加。抢劫、流氓犯罪经过三个战役的集中打击，一度曾经大幅度减少，但近年来明显抬头，特别是抢劫案件上升幅度很大，犯罪分子的活动比较猖獗。盗窃案件中的大案也显著增多。这些严重犯罪中团伙作案和流窜作案增加。各地法院将这些危害最为严重的犯罪作为惩办的主要对象，比较集中地进行了几次打击。并根据省委、省政府的具体部署，同公安、检察机关协同作战，在全省范围内开展了对抢劫、盗窃和流氓犯罪的专项集中打击。对重大案件继续采取提前介入的办法，在检察机关审查起诉阶段，即派审判人员熟悉情况，保证在起诉后及时审判；指定得力的审判人员组成合议庭抓紧审理，依法从重判处；有组织地进行大张旗鼓的宣判处理，扩大政治影响。全省共判处以上七种犯罪分子4573名，其中判处五年以上徒刑等重刑的2543名，占总数的55.6%。专项打击判处抢劫、重大盗窃、流氓三类犯罪分子2423名。通过对严重刑事犯罪分子的严厉惩处，打击了犯罪分子的嚣张气焰，激发了群众与犯罪斗争的积极性。

去年我省破坏社会主义经济秩序的犯罪活动仍然是严重的。各级人民法院根据党中央和省委的指示，把打击严重经济犯罪活动当作保持党和国家机关廉洁，防止腐败，为改革和建设提供法律保障的一项重要任务，继续坚持依法从严的方针，开展了严厉惩办严重经济犯罪分子的斗争。各级人民法院对审判经济犯罪案件工作加强了组织领导，及时掌握情况，在有关方面配合下，对起诉到法院的案件特别是大案要案抓紧审理，依法从严判处。全省法院共受理一审经济犯罪案件1490件，比1987年的2302件减少35.2%。审结了1407件，结案率为94.4%，年终未处理的案件仅有83件。在审结的案件中，有贪污案件300件、行贿受贿38件、盗窃诈骗公共财物894件、投机倒把44件、偷税抗税24件，其他案件107件。共判处经济犯罪分子1689名，其中个人犯罪和共同犯罪非法所得金额在1万元以上不满10万元的152名，10万元以上的20名，共占9.6%。通过判处这批经济犯罪案件，共为国家、集体挽回经济损失918万余元。

在刑事审判工作中，继续注重一个"准"字，进一步提高办案质量，稳、准、狠地惩办犯罪分子。一是加强调查研究工作，对案件认真核查事实证据，将基本事实和基本证据查清查实后才进行处理。除法院补查了大量案件外，退回检察机关补充侦查的1493件，坚持做到了处理案件"以事实为根据"。二是以法律为准绳，严格区分罪与非罪、此罪与彼罪的界限，正确定罪。对经济犯罪案件的定罪，注意分清缺少经验、工作失误与玩忽职守、渎职犯罪，不正之风与贪污受贿，经济合同与诈骗犯罪等界限。对刑事案件的定罪，反复推敲，力求准确。对不构成犯罪或不应追究刑事责任的165名被告人建议检察机关撤诉，对不构成犯罪的82名被告人判决宣告无罪。三是宽严相济，全面执行党的政策。对严重刑事犯罪分子依法该重判的，坚决重判；同时对有法定从轻、减轻或者免除处罚情节的，依法给予从轻、减轻或者免除处罚，重点打击了罪恶重大的主犯、惯犯、累犯、教唆犯、流窜犯。对在服刑中确有悔改、立功表现的罪犯，依法裁决减刑、假释的3046名。从而分化了犯罪分子，促使其认罪服法，接受改造。四是认真执行以公开审判为中心的诉讼程序制度。一审案件中已公开审判的占应公开审判的95%以上，重大案件均依法进行了公开审判。

各地人民法院结合刑事审判工作，采用各种手段积极参加了社会治安的综合治理。去年先后召开宣判大会683次，公开宣判罪犯3778名，直接参加宣判大会的群众有274万人。通过印发材料、作法制讲演和司法建议等方法向人民群众和有关单位宣传了法制，提出了改进工作的意见。这对于增强公民的法制观念，教育群众遵纪守法，堵塞漏洞，预防犯罪，都产生了积极的影响。

去年我省刑事审判工作取得了成绩。但是工作中也存在一些需要认真注意解决的问题，主要是有少数重大案件处理还不够及时，极少数案件事实不清、定罪不准或量刑畸轻畸重。当前社会治安形势相当严峻，从实际情况来看，社会治安问题将是继续增多的趋势，严重刑事犯罪在某些方面还会是比较突出的。随着治理经济环境、整顿经济秩序和廉政建设的开展，起诉到人民法院的经济犯罪案件将会有较大幅度的增多。我省各级人民法院要根据党委的安排部署，与有关部门通力协作，认真贯彻执行党中央关于依法从重从快和依法从严的方针与全国人大常委会有关决定精神，继续毫不松懈地严厉打击严重刑事和严重经济犯罪活动，保障和促进治理、整顿和改革的开展。根据当前的情况，要重点打击杀人、抢劫、强奸、贩毒、重大盗窃、行凶报复和拐卖人口、聚众赌博以及强迫、引诱、容留妇女卖淫等严重犯罪分子。要采取坚决有力的措施，严厉打击制造重大恶性案件的犯罪分子。要按照党委和政府的具体部署，开展好专项斗争。打击严重经济犯罪，要把主要力量放在反贪污、反受贿上，突出抓好重大案件的审判工作。对于投机倒把犯罪，必须坚决惩治。无论是个人还是企业事业单位、机关、团体进行投机倒把活动，情节严重，构成犯罪的，都要依法追究有关人员的刑事责任。对于走私、经济诈骗、偷税抗税、假冒商标、制售伪劣商品等其他经济犯罪，也要依法从严惩处。打击严重刑事和经济犯罪要继续在快、准、狠上多作努力，以求在稳定治安大局，遏制腐败现象蔓延方面取得明显的成效。

二、进一步加强民事和经济审判工作，正确调整民事关系和经济关系，为改革开放和经济建设服务

民事、经济审判工作在调整民事和经济关系，维护安定团结，促进改革开放和经济建设，促进社会主义精神文明建设等方面，日益发挥着重要的作用。去年我省各级人民法院注意教育广大干警不断提高认识，进一步加强了这两项工作。

在民事审判工作方面，人民法院受理的案件继续大量增加，涉及的问题更加广泛复杂，任务非常繁重。全省人民法院对所受理的大量民事案件认真抓紧审理，基本上做到了正确、合法、及时地处理。去年共受理一审民事案件50734件，审结44762件，分别比1987年增长7.7%和6.96%。各地人民法院主要抓了以下几点：一是继续抓好对民法通则的学习和贯彻，提高办案质量。采取在坚持自学的基础上，组织审判人员开研讨会，通报典型案例，分析疑难案件等办法，促进了干部对法律条文精神的理解和实际运用水平的提高。二是在重视处理好关系保护国家和集体利益的案件的同时，认真注意处理好关系保护公民个人的合法权益的案件。在这方面，对数量大的婚姻、债务和民法通则实施后新出现的著作权、名誉权、姓名权、肖像权等有关知识产权和人身权方面的案件的处理给予了较多的注意。婚姻案件占民事案件的一半左右。在新的历史条件下，人们的婚姻家庭观念、离婚原因等都发生了变化。各地法院处理离婚案件，注意认真分析研究新的情况，正确掌握离与不离的标准。对夫妻感情既看基础，又看发展变化，分析感情破裂的原因和程度。对感情尚未破裂的，尽量做和好工作，稳定婚姻家庭关系；对感情确已破裂的，不简单地强调稳定婚姻家庭关系，勉强维持，当离婚的准予离婚。应当离婚而一方当事人思想不通的，对其做好思想工作，坚持依法办事，保护公民的婚姻自由权利。在审理婚姻家庭方面的案件中，还注意依法保护老人、妇女和儿童的合法权益。审理债务案件，着眼于保护正当的借贷活动和债权人的合法权益，促进商品经济的发展。对知识产权和人身权案件的处理，积极进行了探索，初步取得了一些经验。三是大力清理积案。民

事案件一直处在收案多，结案多，未结案也多的状态。去年三季度未结案曾达11000余件，压力很大。各地法院民事审判工作人员不畏艰苦，振奋精神，进行了长时间紧张的清理工作，取得了显著成效，年终未结案下降到5900余件。四是坚持着重调解解决，巡回就地办案，便利群众生产生活，力促群众团结和睦。在办结的案件中，调解解决的占62.2%。

在经济审判工作方面，随着经济体制改革的深化和社会主义商品经济的发展，经济纠纷案件不仅数量增加，而且新型案件不断出现，工作任务也很复杂繁重。全省各级人民法院继续加强经济审判庭的建设，知难而进，在经济审判工作方面取得了新的进展。全年共受理经济纠纷一审案件8869件，审结了7010件，结案比1987年增长2.32%。整个经济审判工作是以提高办案质量和办案效率，密切为经济体制改革和经济建设服务为中心进行的。在工作中着重抓了以下四点：(一)变单纯业务观念为经济效益观念，克服就案办案的思想，把经济案件的审理与改善经济环境，促进生产力的发展联系起来。克服各种困难，积极受理案件，特别是对反映新的经济关系和改革发展趋势的新型案件如企业承包、租赁经营合同纠纷、联营合同纠纷、合伙经营合同纠纷和技术合同纠纷等案件注意受理试办。对各类案件区分不同情况，分别轻重缓急，尽量抓紧审结，防止因贻误时机而造成不应有的损失。在案件处理上注意以是否有利于生产力的发展为标准来选择最佳方案，促进企业提高经济效益。(二)变“等案上门”为“上门办案”，主动帮助陷入困境的企业去淤活血，恢复生产。如铜川市郊区人民法院在去年初召开辖区内40个企业的负责人座谈会，建议他们清理债权债务，依法向人民法院起诉经济纠纷案件。会后不少企业向法院起诉了案件。仅该市三里洞煤矿就起诉了13起案件，总标的金额达18万元。法院及时审查立案，予以审结，为企业追回了一批拖欠的货款。去年10月，西安市未央区法院采取类似的做法，及时立案审结了一批经济纠纷案件，为企业的发展疏通了渠道。(三)变利益兼顾观念为经济责任观念。在处理案件中，坚持实事求是，依法办事，严格执行过错责任原则。不片面强调互谅互让，避免造成有理的让没理的，有钱的让没钱的，努力做到不论单位大小，谁的权益合法就保护谁的权益，谁有过错，谁就承担责任，赔偿损失，使案件得到合法、公平、正确的处理。(四)加强对新情况新问题的调查研究。各地法院对反映新的经济关系和改革发展趋势的新型案件的情况，做了不同程度的调查研究，总结了一些审判经验，为进一步做好审判工作创造了条件，并有利于预防、减少经济纠纷的发生。

各地法院依靠党委领导，积极采取措施，继续抓了执行工作。去年全省共有需执行的民事案件15403件，执行了13245件，占总数的85.99%；有需执行的经济纠纷案件4246件，执行了2892件，占总数的68.1%。执行工作确有一定的难度，执行工作人员在依法执行职务中被辱骂、围攻、伤害的事情时有发生。做好执行工作，需要各方面的配合与支持。

民事和经济审判工作存在的问题主要是，办案效率和办案质量同形势任务的要求还不能完全适应。任务重，未结案多，有些条件办案质量不高。民事特别是经济纠纷案件执行难的问题还严重存在。去年虽经全省各级法院积极采取措施加强执行工作，但结案率还稍低于1987年。因此，对民事、经济审判及执行工作要继续加强，要从紧密为治理经济环境，整顿经济秩序，全面深化改革服务和维护社会安定团结出发，进一步下功夫做好。要特别注意处理好治理、整顿和深化改革中出现的新型案件和与治理、整顿密切相关的案件。要努力提高办案质量和办案效率。要千方百计，抓好执行工作，维护国家法律的尊严。

三、开展行政审判与告诉申诉工作，保护人民群众的诉讼权利和合法权益，支持行政机关依法行使职权

行政审判工作是人民法院一项新的工作。人民法院行政审判工作的任务，是通过受理和审判公民、法人和组织不服行政机关的处罚或某些处理决定引起争议提起诉讼的案件，一方面保护公民、法人和组织的合法权益，使之在受到行政机关和行政机关工作人员不法侵害时，能够通过诉讼途径得到司法救济，并依法取得赔偿；另一方面维护和促进行政机关依法行使职权，制裁违法行为，改进和提高行政工作。行政审判工作去年才开始起步，主要抓了三个方面的工作。一是根据最高人民法院关于“要在最高法院、各高、中级法院和有必要有条件的基层法院中建立行政审判庭”的指示，抓了行政审判庭的建设。截至年底，省法院和7个中级、33个基层法院已建立了行政审判庭，配备了审判人员；其余三个中级法院和一些基层法院正在积极筹建行政审判庭。二是积极慎重地审理了一批行政案件，初步摸索了一些经验。全年共受理一审行政案件334件，审结了286件。在审结的案件中为数较多的是土地和治安行政案件，分别占总数的39.5%和26.5%。三是抓了行政审判队伍的培训工作。各地法院组织行政审判人员对行政法理论、国家颁布的行政法律、法规和有关行政诉讼的业务知识进行学习，提高思想水平和业务水平，为进一步开展这项工作打好基础。

告诉申诉是关系保障人民群众行使民主权利，保证公民和法人合法权益，维护安定团结的重要工作。过去人民法院是按照行政机关的办法设置信访机构来承担此项任务，工作程序也是行政性的，不是按照诉讼程序进行工作。这种作法已不符合加强法制的需要。根据最高法院的指示和要求，经过一段时间的准备，我省各级法院告诉申诉工作的进行，已开始向依照法定诉讼程序过渡。即对告诉申诉的处理逐步走向依照法律程序进行审查，作出是否立案和重新审理的决定，使告诉申诉工作真正成为审判工作的一个组成部分。工作机构也有相应的变化，省法院和8个中级法院、22个基层法院已建立了告诉申诉审判庭；还有些中级、基层法院正在积极筹建告诉申诉审判庭；不准备成立告诉申诉审判庭的法院，也正在加强相应的机构，以保证按照要求把这项工作任务承担起来。总之，告诉申诉工作的秩序正在逐步理顺，工作方法正在逐步改善。去年全省各级法院共处理告诉申诉的来信119000余件次，接待群众来访133000余人次。通过处理接待告诉申诉的来信来访，受理刑事、民事、经济纠纷、行政申诉案件4969件，依照再审程序审结了4083件，结案率为82.2%。对符合立案条件的告诉案件，依法予以立案受理，交有关审判庭审理，保护了人民群众的诉讼权利和利益。

申诉案件大部分是刑事申诉。在刑事申诉方面，由于复查历史老案落实政策的任务已经完成，办案质量逐步提高，刑事申诉案件明显减少，去年共受理3853件，其中“严打”以来判处案件的申诉占60%。对“严打”以来判处案件的申诉，各级法院从巩固“严打”成果，有利于社会安定，维护社会主义法制出发，坚持实事求是，有错必纠的原则，依法进行了处理。对绝大部分处理正确的案件维持原判，教育当事人服判息诉；对极少数处理确有错误的案件作了改判纠正。

行政审判工作要继续抓紧建立健全行政审判机构，依法审理好各类行政案件，特别是工商、税务、海关等有关整顿经济秩序方面的行政案件。我国《行政诉讼法》已经七届全国人大二次会议审议通过，将于1990年10月1日起施行，这是我国法制建设的一件大事。我省各级人民法院一定要做好有关准备工作，保证《行政诉讼法》顺利实施。告诉申诉工作存在的主要问题是，工作还比较被动，对大量的告诉、申诉和非诉信访还不

能完全做到及时妥善的处理。要继续抓好机构建设与工作方式的转变，理顺工作秩序。要把告诉工作放到重要位置，切实保护公民和法人的诉权。要提高办理申诉工作的质量和效率，加强基层法院的告诉申诉工作，争取整个工作主动。

四、加强审判监督，改善执法活动，提高执法水平

去年，我省各级人民法院根据省人大常委会和最高人民法院的安排要求，在加强审判监督，改善执法活动，提高执法水平方面采取措施，抓了几项工作，取得了积极的效果。

第一，加强了审判监督工作。去年，省法院和中级法院进一步加强了对二审案件的处理，全年共受理二审刑事、民事、经济纠纷、行政案件7790件，审结了6676件。对其中1690件初审处理有错误的案件作了改判，对982起事实不清、证据不足或违反诉讼程序的案件发回重审。去年省法院和各中级法院在对下级法院的审判工作实行监督方面，除抓好日常处理二审和申诉案件外，还主动对下级法院处理的大批案件组织进行了评查，及时发现和解决存在的问题，帮助他们提出了改进工作的措施。

第二，根据省七届人大常委会的决议，进行了执法检查。去年7月，省七届人大常委会第一次会议作出了关于在全省进行执法检查的决议。根据这个决议精神，经请示省人大常委会同意，全省各级人民法院于9、10月份对1987年和1988年上半年判处的11540件刑事一、二审和复核案件执行刑法和刑事诉讼法的情况进行了检查。所检查的案件占该时期审结的这三类刑事案件总数的89.2%。在检查期间，不少市、县（区）人大常委会的负责同志参加了检查或听取了汇报；省法院和各中级法院都派人到下级法院重点进行指导和帮助。检查的结果是：绝大部分案件的处理是正确的，执行法律是好的；极少数案件在认定事实、适用法律或审判程序上程度不同地存在一些问题。对发现的问题，我们采取边查边改，查改结合的方法，及时纠正解决，少数一时解决不了的，事后抓紧解决。省法院还根据检查中发现的问题，提出了改进执法工作的意见，供各地参考。这次执法检查工作总的来说，是比较扎实深入的，对审判人员增强法制观念，总结经验，改进工作，提高执法水平，起了积极的作用。这里应当提到的是，去年，各级人民代表大会代表和人大常委会对人民法院严肃执法给予了监督、帮助和支持，省人大常委会又于今年1月讨论通过了关于建设全省各级人民法院审判法庭的议案，这对全省法院广大干警进一步做好工作是很大的鼓舞和鞭策。

第三，从法院工作方面认真解决群众反映“告状难”的问题。由于主客观方面的原因，有些地方人民法院不同程度地存在着群众“告状难”的问题，有些案件该立不立或立案后久拖不决。为了切实保护公民的合法诉讼权利，我在省七届人民代表大会第一次会议上提出，要努力解决这个问题。会后，省法院对解决群众“告状难”的问题进行了调查。在去年9月召开的全省第十四次法院工作会议上，三级法院院长对此作了专题讨论。10月份省法院又发了通知。强调各级法院要提高认识，加强领导，把解决群众“告状难”的问题作为审判工作改革的一项重要任务来抓；要建立健全工作机构，教育审判人员树立全心全意为人民服务的思想，严格依法办事，搞好审查起诉和立案工作，防止和克服案件久拖不决的现象；并要加强基层基础工作，把大量的纠纷和案件解决在当地。接着总结推广了汉中市法院和安康地区中级法院的具体经验和作法，供各地借鉴。最高法院对此予以肯定，并连续向全国法院系统介绍了我们的通知要求和具体经验。群众“告状难”问题，已引起我省各级法院的重视，正在采取措施解决，工作有所改进。由于存在一些客观制约因素，需要作较长时间努力，才能真正解决。有少数当事人借口解决"告状难"，硬要法院受理不该它管辖的问题，或者申诉中无理纠缠，当然也是不能允许的。

第四，进行少年犯合议庭的试点工作。进入八十年代以来，25岁以下青少年犯罪在整个刑事犯罪中的比例一直处于上升趋势。为了进一步加强对青少年的教育，预防青少年犯罪，1987年6月全国法院工作会议肯定和介绍了上海市长宁区法院首创的审理未成年人刑事案件合议庭的工作经验。少年庭的审判工作方式，是根据党的方针政策和未成年刑事被告人的特点，在依法审理的前提下，将工作的着重点放在对少年犯的教育、感化、挽救上，坚持惩罚与教育相结合，在教育上多下功夫，努力使失足少年犯的违法犯罪行为得到矫治，改邪归正，以达到预防和减少重新犯罪的目的。去年5月，最高人民法院召开了全国法院审理未成年人刑事案件经验交流会。根据这次会议精神，我省已确定部署由各地、市的17个基层人民法院进行少年庭的试点，试点工作已经铺开。这项工作的开展，将为逐步创立独立而完备的具有中国特色的社会主义少年司法制度创造条件，提供经验。

五、加强队伍建设，提高干部素质，保持执法廉洁

在新的历史时期，有计划、有步骤地建立一支能适应新形势要求的法院队伍，是人民法院一项具有战略意义的重要工作。一年来，我省各级法院继续抓了干警队伍的建设。加强思想政治工作，提高干警的政治素质。组织干警认真学习十三大和三中全会文件，开展生产力标准问题的讨论，使广大干警对党在社会主义初级阶段的基本路线有了比较深刻的理解，认识到改革十年来所取得的巨大成就和治理、整顿、全面深化改革的重大意义，提高了同党中央在政治上保持一致的自觉性，树立了克服困难的信心，焕发了艰苦奋斗，积极工作的革命精神。同时，把保持廉洁，防止腐败作为一件大事提上议事日程来抓，坚持"从严治院"。强调法院干警一定要严守法纪，不贪赃枉法；秉公尽责，不以权谋私；艰苦奋斗，不奢侈浪费。要坚决遵守最高人民法院关于保持廉洁，严肃执法的"八不准"纪律。省法院还就本院干部在治理、整顿、深化改革中严格执行党的纪律作了规定，要求干警凡中央明令禁止的事情，一切违法的事情都不能做。在办理各类案件中必须秉公执法，保持廉洁，不准吃请受礼，徇情枉法，贪赃卖法。不少中级、基层法院在这方面也都作了规定。各地法院一方面坚持思想教育，一方面加强制度建设，认真实行奖惩。对积极工作，廉洁执法的先进事迹予以表彰，对违法乱纪事件严肃查处。据统计，去年全省法院干警在工作中拒受贿礼、吃请的就有3515人次。全省各级法院共对324个先进集体，1561名先进工作者进行了表彰奖励，省法院对其中7名先进个人批准给予记功、晋升了工资。对发生的违纪、违法或犯罪的29人进行了查处，已处理了18人，其中给予党纪处分的5人，行政警告、记过、降级、撤职、开除留用、拘留等处分的13人。经过这些工作，推动了廉政建设的开展。

为了提高法院队伍的业务素质，我们继续抓了干部的培训工作。在坚持办好法院业余法律大学的同时，按照最高人民法院的要求，开展了《法律（审判）专业证书》教育。1988年法律业余大学省分校首届学员三年学习期满已经考试毕业的853名，还有经补考可以毕业150名左右；录取第二届学员432名，录取《法律（审判）专业证书》学员900余名，这些新学员秋季已经开始学习。此外，还有92名干部分别接受最高人民法院举办的中国高级法官培训中心和省政法干校的培训。全省法院干部队伍的文化和专业知识水平正在发生着显著的变化。业大首届学员毕业的人数超过了建国39年来国家分配给我省法院系统大专毕业生人数的总和，使全省法院干警中具有高等学校毕业学历的人数的比例从1985年的12%上升到1988年的30%。这批业大首届学员有些是中级、基层法院的领导，还有相当一部分是业务骨干。他们坚持边学习，边工作，把学习和工作紧密地结合起来，对于改进审判工作，起了有力的促进作用。办好法律业大，是法院系统具有战略意义的一项重要改革。

各位代表，一年来我省各级人民法院履行了宪法和法律赋予的职责，审判了大量的刑事、民事、经济纠纷和行政案件，在为改革和建设服务方面发挥了国家审判机关的作用。但是，我们所作出的成绩与社会主义事业的要求还有差距，工作中还有不足之处。就省法院来说，对全省法院工作面临的新情况、新问题的调查研究不够系统；对下级法院审判工作的监督、检查不够深入；对法院干部队伍的政治思想教育工作还抓得不够经常，今后对这些方面的工作要进一步加强。1989年，在改革和建设的重点放在治理经济环境，整顿经济秩序上来的形势下，人民法院的任务更为繁重艰巨。我省各级人民法院要认真贯彻党的十三届三中全会和全国政法会议精神，充分发挥审判机关的职能作用，进一步做好各项审判工作，为改革和经济建设创造安定的社会环境和提供法律保障。要继续搞好法院队伍的建设，把廉政建设、秉公执法作为队伍建设的头等大事切实抓紧抓好。我们全省法院广大干警决心在党的领导和人大的监督下，在最高人民法院的监督指导下，团结一致，坚持改革，艰苦奋斗，严肃执法，努力完成各项工作任务，做出新的贡献。

甘肃省高级人民法院工作报告

——1989年3月2日在甘肃省第七届人民代表大会第二次会议上

甘肃省高级人民法院院长　秦　炳

各位代表：

去年1月省人大七届一次会议以来，我省各级人民法院根据会议决议和人民代表对法院工作的建议，加强了各项审判工作。6月，根据省人大常委会的决定，全省各级法院开展了执法大检查。9月，我们依照党的十三届三中全会关于治理经济环境、整顿经济秩序、全面深化改革的指导方针，传达贯彻第十四次全国法院工作会议精神，并部署了工作。总的看，各项工作正在全面展开，并且已经取得了一些成效。去年全省各级法院共受理各类刑事、民事、经济、行政、申诉案件39，554件，审结36，470件，结案率为92.2%。现在，我向大会作1988年的法院工作报告。

一、继续依法严厉打击严重刑事犯罪和严重经济犯罪活动，为深化改革和经济建设创造安定的社会环境

经过对严重刑事犯罪分子和严重经济犯罪分子的连续打击，促使了我省社会治安继续稳定，但是治安形势仍然是严峻的。主要表现是刑事案件上升，大案要案突出。1988年，全省各级法院共受理一审刑事案件6,088件，比上年增加11.8%。其中，杀人案件196件，比上年增加27%；抢劫案件438件，增

加27.9%；故意重伤案件326件，增加30.7%；重大盗窃案件239件，增加52.7%。在经济犯罪案件中，贪污、受贿案128件，占经济犯罪案的12.5%；盗窃、诈骗公共财物案占72.1%，比上年增加11.2%。收案上升，特别是大案要案上升的状况，在去年年初就显示出来了，以后逐月不降，有的还在增多。于是，在去年6月我们召开中级法院院长会议，要求各级法院密切注视各种犯罪活动的新动向，加强对审判工作的领导，坚决贯彻依法从重从快和从严惩处的方针，并且提出"防松、防轻、防慢"，对于严重危害社会治安的杀人犯、抢劫犯、强奸犯、重大盗窃犯、犯罪团伙的头子以及严重经济犯罪分子，坚决从重处罚，并大张旗鼓地公开审判。同时，我们针对不同时期社会治安中出现的突出问题，配合公安、检察等有关部门，开展了反扒窃，打击流氓滋扰，打击盗窃、倒卖、走私文物等专项斗争，也收到了较好的社会效果。

去年，全省各级法院共审结刑事案件5873件，判处各类犯罪分子9563人。在判决已经生效的7113名罪犯中，处五年以上有期徒刑、无期徒刑、死刑（包括死缓）的2191人（死刑立即执行×××人）占30.8%。其中属于杀人、抢劫、强奸、流氓集团等严重刑事犯罪案件1907件，3573人，分别占审结案件的32.5%和37.4%。全年审结的刑事案件中，有经济犯罪案件985件，1901人。在判决已经生效的1415人中，判处五年以上有期徒刑、无期徒刑、死刑（包括死缓）的337人，占判处经济罪犯总数的23.8%。在对经济犯罪分子处以刑罚的同时，我们还注意从经济上给予制裁，不让他们在经济上捞到好处。一年中，依法判处没收财产、罚金和追缴赃物为国家挽回经济损失300多万元。

在审判工作中，各级法院坚持以事实为根据，以法律为准绳，在查清事实，核实证据的基础上，正确适用法律，贯彻执行从重、从轻、减轻以及免除处罚的法律规定，并且充分考虑被告人的上诉理由和律师的辩护意见，合理的、符合事实的都予采纳，与事实不符或不符合法律规定的，不能采纳并说明道理。量刑时，当重则重，该轻则轻，应免除处罚的免除处罚，不构成犯罪的，依法宣告无罪。对人民群众的正当防卫行为，给予大力支持和保护；对防卫过当的，依法减轻处罚或免除处罚，支持人民群众同犯罪分子作斗争。总之，根据每个案件的具体情况，认真研究，反复推敲，确保判处准确。

在经济犯罪案件的审判中，严格区分罪与非罪、此罪与彼罪的界限；严格分清工作失误与渎职犯罪、不正之风与贪污受贿、合同纠纷与诈骗犯罪的界限。坚持以对改革开放和发展生产力是否有利为标准。凡是有利于改革开放和发展生产力的，都予以支持和保护；凡是危害改革开放、破坏生产力的，都予以惩治。

总的来说，我省各级法院贯彻执行对严重犯罪分子进行严厉打击的方针，态度是坚决的，办案质量也是好的。但是，由于近几年犯罪活动出现了许多新情况，加上办理新型案件经验不足，因此，在个别案件上也曾有过处刑失轻失重的。今后，我们将继续加强学习，加强调查研究，及时总结审判经验，提高案件质量和工作效率。

二、加强民事审判和经济审判，积极开展行政审判，为深化改革和经济建设服务

随着经济体制改革的深入和商品经济的发展，以及社会主义法制的不断健全，公民依法享有的财产权利和人身权利的范围扩大了，要求保护自己合法权益的民事、经济纠纷案件大量增加，行政案件也逐渐增多，人民法院的任务越来越重。

1988年全省法院受理民事案件26156件，审结23996件，结案率为91.7%。由于民法通则的颁布实施，民事法律逐步完备，民事审判工作已由过去主要依靠政策转变为主要依靠法律。过去那种忽视保护公民个人合

法权益的思想和作法正在改变。这对增进人民团结，维护社会安定起了促进作用。

以婚姻纠纷案件为例，去年受理16243件，占民事案件总数的66.2％，分别比1986年和1987年增加23％和8.9％。近几年，婚姻纠纷案件出现了许多新情况：一是离婚原因复杂，既有摆脱包办婚姻的，也有见异思迁的，还有第三者插足导致婚变的；二是随着经济的发展，群众家庭财产范围扩大，加上独生子女增多，处理夫妻财产和子女抚养问题的难度增大了。各级法院按照实事求是的原则，客观地分析夫妻感情破裂的原因和程度，慎重处理。凡是不应判离的，劝其和好，促进他们的家庭和睦；对于应该判离的，及时判决，并做好思想工作，不使矛盾激化。同时，保护男女双方对共同财产享有的平等权利，保护妇女儿童的合法权益。

民事案件中的损害赔偿案件、债务案件、宅基地纠纷案件、房屋纠纷案件和继承、赡养、抚养等案件，都有不同程度的增加。其中债务案件上升较多，去年为2632件，在民事案件中居第二位。现在，民间借贷利率都比较高，处理这类债务纠纷，尚无法律规定。我们本着有利于发展生产力，维护商品经济新秩序，以及公平合理的原则，既保护债权人的合法权益，又不使债务人不堪负担，从速调解处理，使之息诉止争。此外，有些法院受理了一些著作权、名誉权、姓名权、肖像权等纠纷案件。去年共受理32件，今后这类案件还会增多。我们将在实践中进行探索，依法认定当事人的民事责任，保护当事人的知识产权和人身权利。

去年，全省法院受理各种经济纠纷案件3760件，审结3416件，结案率为90.8％。其中一审经济纠纷案件3408件，比上年增加23.9％。增加较多的主要是建设工程承包合同纠纷案件，增加38％；借贷纠纷案件，增加114.6％；农村承包合同纠纷案件，增加36.6％。农村承包合同纠纷关系到农民的切身利益，处理不及时会影响生产或影响生活。我们按照经济合同法的规定，对原订合同合法，但由于物价上涨，原定承包费过低而显失公平的，说服承包人适当调整上缴数额，同时维持原来的承包关系。对缺乏经验，原订合同内容不完善、责权不明确的，则分别情况允许进行补充、修正。这样做，对促进农业生产的发展和群众之间的安定团结都有好处。

商品经济的发展，经济交往的增多，各级法院运用法律手段调节经济关系，维护正常经济秩序的任务越来越大。我们根据实际需要，在受理现有的各类经济纠纷案件的同时，调整扩大收案范围，受理了一批反映经济关系和改革发展趋势的新型案件，如企业承包、租赁或联营合同纠纷案件、技术合同纠纷案件和专利侵权纠纷案件。为了达到处理一案，教育一片，预防和减少经济纠纷，促进经济发展的目的，一些法院选择典型案件，开庭时邀请有关部门旁听，在公开审判中就案讲法，在力所能及的范围内普及法律知识，收到了较好的社会效果。天水市中级人民法院，多次举办经济法规培训班，帮助企业依法签订和履行经济合同，既保护了企业的合法权益，又提高了这些企业的管理水平。

当前经济审判工作的主要特点是收案多、结案多、积案更多和执行难。1985年以来收案数每年递增20％，积案去年比前年增加了14.4％。已审结的经济纠纷案件一般有20％难以按期执行，个别地区达到30—40％。有些当事人没有执行能力，有关部门配合不够，是造成“执行难”的主要原因。去年，各级法院采取措施，加强了执行工作。在受理案件时就注意运用诉讼保全的法律手段，为判决的执行打基础。判决后，晓之以法，喻之以理，说服当事人自觉执行。对无正当理由拒不执行的，依法强制执行；对暂时没有执行能力的，准予分期、延期执行，初步扭转了“执行难”的状况。1988年第三季度，我们举办了破产法培训班，培训干部90人。准备对资不抵债的单位，根据当事人的申请，按破产法规定，清产还债。

行政纠纷案件这两年也在增多。去年全省受理195件，比1987年增加67.2%。其中治安行政案件104件，占53.3%。此外还有土地、林业、交通运输、食品卫生、环保、工商、计量等行政案件。行政审判是法院的一项新任务，各级法院都没经验。我们省的行政审判工作起步也较晚，大多数法院的行政审判机构尚未建立，省法院的行政审判庭正在组建。目前我国已有120多个行政法律、法规规定，不服行政机关处理决定的，可以向人民法院起诉，我国的行政诉讼法也行将颁布。我们将抓紧行政审判机构的建设，按照最高法院和有关行政案件的收案范围的规定，积极受理，以便积累经验，把行政审判工作开展起来。

三、认真搞好执法检查，严格依法办事，切实加强审判监督

人大对法院工作的监督，其他机关、团体以及人民群众和社会舆论对法院工作的监督和上级法院对下级法院的审判监督，是保障人民法院严肃执法的有效措施。1988年，全省法院共受理检察院依法抗诉的案件39件。经法院审理认为抗诉有理，应予改判或撤销原判发回重审的有23件，占抗诉案件的58%。省法院和各中级法院受理各类二审案件3123件，审理后认为事实不清、定性不准或适用法律不当，予以改判或发回重审的有862件，占27.6%。去年7月召开的第十四次全国法院工作会议，把告诉、申诉和再审工作列为法院的六项审判任务之一，使法院自身的审判监督工作得到进一步加强。全年法院共接待来信、来访114702人次，受理各类申诉案件2149件。经审理，原判不当，改判纠正的有261件，占12.2%。在申诉案件的审理中，各级法院本着对人民负责的精神，认真执行有关政策和法律规定，实事求是地对申诉人的申诉理由进行细致审查，做到改判有据，驳回有理。

为了广泛接受群众监督和舆论监督，有些法院用案例发布会、以案讲法等形式同群众、新闻单位和有关部门对话，公布案情，宣讲法律，做法制宣传工作，增进了社会各界对法院工作的了解和支持。这项工作刚刚开始，还处于试办阶段，但已经收到了比较好的社会效果。今后，我们将向各级法院推广，进一步增加法院工作的透明度，以利于人民群众对法院审判工作的监督。

去年下半年，根据省人大常委会的决定，我省各级人民法院有步骤地对自身的执法情况进行了检查。法院系统共检查1987年1月至1988年6月审结的各类案件25890件，占同期审结案件总数的54.8%。其中，刑事案件6404件，占同期审结刑事案件数的78.7%；民事案件18298件，占同期审结民事案件数的53%；经济纠纷案件1188件，占同期审结经济纠纷案件数的27%。省法院和各中级法院先后派出39个检查组，对9个中级法院、76个基层法院的4463件案件进行了检查。从检查情况来看，各地法院能以事实为根据，能以法律为准绳，严肃执法，秉公办案，判处的案件是好的。根据检查情况，对原判是否正确尚有异议或某些情节似有不清的，又立案复查了150件刑事案件、78件民事案件和10件经济纠纷案件。年底已审结刑事案件135件，经过再审，确认原判正确，予以维持的84件，某些情节认定不妥而改判刑期的有51件。审结民事案件70件，其中原判正确，予以维持的55件，部分情节认定有误而改判的有5件。审结经济纠纷案件9件，其中维持原判的6件，改判3件。这说明少数案件还存在一些问题，主要原因是有些法院在理解和贯彻法院工作的指导思想上不够全面，特别是不善于研究新情况、新问题，个别案件办得粗糙。对执行程序法和制作法律文书方面存在的一些问题，能纠正的都作了纠正。

在改革开放、发展商品经济的新形势下，加强干警队伍的思想、作风建设，对搞好法院工作尤为重要。从 1984 年起，各级法院都把建设一支清正廉洁、秉公执法的干警队伍作为大事来抓。绝大多数干警都能自觉抵制行贿、送礼、说情歪风。据不完全统计，近两年法院干警拒贿、拒礼、拒吃请 1870 多人次，拒贿现金和实物折价 33000 余元。但是，由于我们在干部教育上做得还不够，在枪支管理和工作制度等方面还有一些漏洞，有极少数干警经不起考验，违法乱纪，甚至走上了犯罪道路。去年，全省有 14 人受到政纪处分，3 人被判处刑罚。这说明我们的干警队伍从总体上说是好的，同时也反映出社会上的不正之风对法院干警队伍的侵蚀。我们将继续用正反两方面的事实加强反腐蚀教育、纪律教育和廉政教育，不断提高干警队伍的政治素质，履行好自己的职责。

四、加强法院自身建设，积极探索法院工作的改革，进一步搞好各项审判工作

第十四次全国法院工作会议提出，今后法院工作的基本方针，就是要以党的十三大提出的社会主义初级阶段理论和基本路线为指导，在党的领导下，在人民代表大会及其常委会的监督下，通过全面开展审判工作，充分发挥审判机关的职能作用，为建立社会主义商品经济新秩序服务，为“一个中心，两个基本点”服务。要完成新时期的各项审判任务，首先必须搞好法院自身的改革和建设。人民法院自身的改革，是我国政治体制改革的一部分，根据最高法院提出的措施，各级法院都在逐步进行。今年，我们打算着重抓好以下几件事：

第一，从组织上、制度上、工作方法上努力改进法院自身的执法活动。一是抓好公开审判，除法律规定不公开审理的案件外，一审案件继续全部公开审判。二审案件和再审案件也要尽可能地创造条件公开审判。为了提高办案质量，要坚持“三公开”原则，即认定的事实和证据必须经过法庭公开调查、公开质证、公开辩论，证明属实后才能作为定案的根据。只要不涉及国家机密，不致引起不良的社会效果，都应在公开审判中使群众了解案情，使人民群众对法院的审判工作进行有效的监督。二是改进合议庭的工作，加大合议庭的权力，使合议庭既能审又能判，使审判委员会能够从讨论大量的一般案件中解脱出来，研究重大、疑难案件和总结审判经验，指导整体工作。三是在民事、经济、行政审判中实行“谁主张，谁举证”的原则，由当事人提供证据，法院主要是核实、认定证据。四是大力加强调查研究，以十三届三中全会精神为指导，对流通领域和深化改革中出现的新情况、新问题进行深入的调查，总结和积累经验，指导各项审判工作。

第二，积极参加综合治理。党的十三届三中全会提出，要运用经济的、行政的、法律的、纪律的和思想政治工作的手段，五管齐下，对经济环境和经济秩序进行综合治理。中央领导同志最近在全国政法工作座谈会的谈话中指出，建立社会主义商品经济新秩序，应该包括新形势下的社会治安综合治理问题。今年，我们在行使审判职能的同时，要发挥教育作用、疏导作用、司法建议的作用，积极参加社会治安的综合治理。根据当前社会治安的形势，今年的打击重点是杀人犯、抢劫犯、强奸犯、重大盗窃犯、贩毒犯、行凶报复企业领导人和司法人员的罪犯，以及流窜犯罪分子、犯罪团伙的头子。在打击严重经济犯罪活动中，加快对贪污、受贿案件的审理，依法严惩一批贪污犯、受贿犯。通过公开审判、公开宣判、就案讲法、回访考察和积极开展司法建议等多种形式，为治理经济环境、整顿经济秩序、全面深化改革提供有效的法律保障和法律服务，使审判工作发挥更好的社会效益。

第三，在改善执法活动中，要继续深化三个观念。一是服务观念，确立审判就是“保障”、“服务”的指导思想，提高运用审判职能为经济建设和改革开放服务的自觉性；二是法制观念，确立严格依法办事就是改革的思想，坚持有法必依，执法必严，违法必究，公民在法律面前人人平等的原则，严肃执法，提高执法水平；三是效益观念，确立讲质量，求效率的思想，进一步健全质量、效率、效果相结合的办案制度。

第四，把为政清廉作为法院队伍建设的头等大事来抓。法院是国家的重要执法机关之一，它的工作性质，要求法院干部必须廉洁。法院干部能否清正廉洁、执法如山，不仅是自身的形象问题，而且关系到国家和人民群众的利益。如果贪赃卖法，就可能枉法裁判，出入人罪，坑害人民。因此，我们要更加严格地约束自己的干部，加强思想政治工作，坚持法院干部的“八个不准”，把为政清廉作为从严治院的重要内容，作为每个干警的职业道德，增强广大干警对歪风邪气的免疫力。对表现好的，要给予表扬、奖励。对有问题的一定及时查清，严肃处理，决不袒护。今后吸收录用干部，坚决把好进人关，坚持宁缺勿滥，确保法院干部队伍的纯洁性。去年，法院系统业余法律大学经过三年学习已经毕业520人，又新收学员340人，还有780人参加专业合格证书教育，这是提高法院干警业务素质的重要途径，我们要继续抓紧抓好。同时，要进一步健全和完善以目标管理责任制为中心的各项责任制度，调动广大干警的积极性，提高工作效率，努力完成各项审判任务。

各位代表，社会主义现代化建设的发展，对人民法院的工作提出了更高的要求，审判工作的任务更加繁重。1989年，我们要以改革的精神继续加强自身建设，继续坚定不移地严厉打击严重危害社会治安和严重破坏经济的犯罪活动，全面开展各项审判工作，积极参与社会治安的综合治理，为治理经济环境、整顿经济秩序、深化改革服务，为发展社会主义民主和健全社会主义法制服务。

以上报告，请审议。

青海省高级人民法院工作报告

——1989年4月28日在青海省第七届人民代表大会第二次会议上

青海省高级人民法院院长　马有功

各位代表：

青海省第七届人民代表大会第一次会议以来，全省各级人民法院深入学习贯彻党的十三大和十三届三中全会精神，进一步明确审判工作必须坚持一个中心、两个基本点，坚持为治理整顿和全面深化改革服务的指导思想。着重抓了以下三方面的工作：第一，适应形势发展，把各项审判工作全面开展起来，为改革的深入和社会主义商品经济的发展，提供一个比较好的环境和法律保障。第二，以改革总揽全局，努力改善执法活动，提高执法水平，保证严肃执法。第三，以廉洁为中心，开展形势教育和职业道德教育，大力改进审判作风，严格审判纪律，加强干警队伍建设。由于指导思想明确，工作重点突出，努力发挥审判机关的职能作用，较好地完成了审判工作和各项工作任务，全省法院工作又前进了一步。现将一年来的主要工作情况报告如下：

一、全面开展审判工作，以强有力的法律手段，为治理整顿提供一个比较好的环境和法律保障

一年来，全省法院审判工作面临着社会治安形势严峻、情况复杂、审判任务繁重的态势，出现了三个变化：一是案件数量全面增加。去年全省法院受理的各类案件，比1987年上升5.8%，比1986年上升20.4%，连续两年超过万件。今年元、二月份又比去年同期上升10.7%，其中杀人、重大伤害等严重刑事犯罪，比去年同期上升44.8%。二是收审范围继续扩大。由前几年的刑事、民事、经济三大类，扩大为刑事、民事、经济、行政四大类。知识产权、肖像权、涉港澳和涉外案件开始出现。告诉申诉工作有少数复杂疑难的历史老案没有解决，现行申诉案件处理难度大，重复申诉的约占30%左右。三是案件审理难度增大。表现在案件专业技术性强，法院缺少必要的工作经验，有些政策、法律界限不明，难于掌握，案件涉及面广，案情复杂，调查取证费时费力。针对这种情况，全省各级法院坚持用党的十三大精神统一思想，齐心协力，团结奋斗，做了大量工作。

（一）刑事审判工作。继续贯彻“两打”方针，坚持不懈地严厉打击严重刑事犯罪和严重经济犯罪活动。1988年，全省法院受理刑事案件1784件，比上年增加4.2%；审结1792件，比上年增加3.1%，判处人犯2903人，比上年增加7.96%。在被判处的全部人犯中，处无期徒刑和死刑（包括死缓）的占4.8%；处五年以上有期徒刑的占25.9%；处五年以下有期徒刑、拘役、管制的占64.9%；免予刑事处分的占3%；宣告无罪的占1.4%。同时，全省法院对在服刑中确有悔改、立功表现的罪犯，依法减刑、假释的有1117人。

在审结的刑事案件中，属于杀人、强奸、抢劫、爆炸、流氓犯罪集团等七个方面的严重刑事犯罪案件724件，占40.4%；人犯1081名，占37.2%。我们对重点打击的严重刑事犯罪分子，坚决实行了依法从重从快的方针，属于七个方面的罪犯中，被判处无期徒刑和死刑的，占93.6%。

1988年，全省法院审结严重经济犯罪案件362件，判处人犯703人，比上年分别下降14.4%和6.6%。我们根据中央和省委的指示，按照全国和省人大常委会的决定，加强了对贪污、受贿、投机倒把、诈骗和重大盗窃等严重经济犯罪分子的打击，判处十年以上有期徒刑、无期徒刑和死缓的32名，与1987年基本持平。

过去的一年，全省各级法院注意经常分析治安形势，统一思想，提高对打击严重刑事犯罪斗争重要性、长期性的认识，继续贯彻从重从快惩处严重刑事犯罪分子和从严惩处严重经济犯罪分子的方针。切实注意防松、防轻、防慢。打击严重刑事犯罪的重点，仍然是杀人、强奸、抢劫、流氓集团等七个方面的犯罪分子。打击经济犯罪，主要是打击贪污、受贿、投机倒把等犯罪活动。同时，根据各地社会治安情况和需要，针对群众反映强烈、犯罪活动猖獗的突出问题，把集中打击与集中整顿结合起来，与公安、检察等有关部门互相配合，适时开展有声威的专项斗争。去年打击盗窃、扒窃公私财物的案件达636件，判处人犯1219人，分别占刑事案件总数的35.5%和42%。

在办案中坚持质量第一，注意一个“准”字。审理刑事犯罪案件，反复强调重证据，重调查研究，坚持基本事实清楚，基本证据确凿，以此作为基础，严肃执法。依法应当从重从快的，坚决从重从快；有法定从轻、减轻情节的，就依法从轻、减轻处罚；不构成犯罪的，依法判处无罪。对少数民族中的犯罪分子继续贯彻执行了“两少一宽”的政策，坚持宽严相济。审理经济犯罪案件，坚持一要坚决，二要慎重，务必搞准的原则。注意区分多种所有制经济成份和多种承包责任制不同情况。正确认定犯罪主体和侵害的客体，实事求是，严格区分违法与犯罪、罪与非罪、此罪与彼罪的界限。构成犯罪，证据确凿的，依法从严判处，决不手软；法律政策界限目前不够明确的，多作一些调查研究，听取各方面的意见，慎重处理。我们要求各级法院做到既要坚决，又要冷静；既要抓紧，又要稳重；严肃谨慎，把工作做的扎扎实实。对死刑案件特别要严格把关，对重大疑难案件，院庭领导亲自阅卷、调查，必要时，亲自担任审判长，严格依法办案，保证案件质量。

近年来，审理的经济犯罪特别是贪污、受贿和投机倒把等犯罪案件中，反映出几个值得注意的问题：一是犯罪数额增大，贪污、受贿万元以上的上升41.6%，投机倒把万元以上的上升300%，贪污最高数额达8万元。二是国家工作人员犯罪比重增大，占犯罪总数的37%，贪污、受贿上升15.2%，投机倒把上升100%。三是贪污、受贿和投机倒把犯罪活动猖獗，过去在单位内部隐蔽进行，现在多人勾结在单位内部公开或半公开进行的不少。四是旧社会和资本主义世界的一些丑恶现象在不少地方蔓延，混杂着并且诱发了许多严重犯罪，屡禁不止。这充分说明当前贪污、受贿等经济犯罪是很严重的。今后必须加强对严重危害社会治安和严重破坏经济的犯罪分子的打击。

（二）民事审判工作。全省法院受理民事案件数量多，涉及范围广，情况很复杂。尤其是民法通则颁布施行后，公民和法人的法定民事权利和义务的范围扩大了，过去用行政手段解决的一些问题，现已逐步纳入法制轨道，用法律来调整。因而要求民事审判工作在较大范围内发挥更加重要的作用。

一年来，我们以认真贯彻民法通则为中心，全面提高办案质量和效率。对依法应由法院受理的民事案件，及时受理，不推不拖，切实解决“告状难”的问题。案件受理后，抓紧调解查处，精心审断，严肃执法，并且通过审判工作，宣传法制，弘扬正气。1988年，全省法院受理民事案件7737件，比上年增加9.2%；审结7707件，比上年增加9.7%。此外，全省基层法院及其派出的人民法庭还指导人民调解委员会调处了近万件民间纠纷。

当前在民事案件中，因民间纠纷激化引起的杀人、伤害等恶性案件所占比重不小。据初步统计，在被判处重刑的故意杀人、故意伤害罪犯中，因民间纠纷而导致矛盾激化的约占40%左右。其中绝大多数是年轻人因恋爱、家庭或邻里纠纷，发生口角厮打，甚至捅刀子杀人。要预防和减少这类案件的发生，需要全社会从各个方面进行综合治理。从法院来说，我们强调把防止矛盾激化提到重要的议事日程上来，努力克服就案办案的单纯任务观点。对起诉到法院的案件，做到及时受理，能调解的调解结案，经调解无效的，及时判决。对法院立案受理后，正在诉讼过程中，因审理不及时而导致矛盾激化的个别案件，我们发现一件，严肃查处一件，并通报全省引以为戒。同时，把执法和宣传法制密切结合起来，通过教育、管理和法治等手段，积极参加综合治理。切实加强基层人民法院和人民法庭建设，深入群众，依靠社会支持，把工作做在前头，要求法院干警善于发现和及时把握矛盾激化苗头，加强教育疏导工作。对那些处境困难流露出轻生的当事人，进行耐心教育诱导和处理，促其自我解脱，防患于未然。

（三）经济审判工作，在深化改革、扩大开放的过程中，由于新旧体制交替，社会主义商品经济的发展，经济纠纷案件逐年增长，收案范围逐步扩大，案件种类愈来愈多。1988年全省法院受理经济纠纷案件1042件，比上年增加18.1%；审结1008件，比上年增加18.6%。

在经济纠纷案件中，经济合同纠纷仍居第一位，占80%以上。相当普遍的问题是合同当事人，不按照经济合同法的规定签订合同，或不遵循诚实信用原则，不尊重社会公德，甚至有的利用无效合同、假合同进行欺诈和诈骗，相当多的合同不能履行，致有的企业陷入困境。农村承包合同的签订、履行等方面，也存在一些问题，合同纠纷日益上升。这种经济活动中的问题，严重地损害了社会主义商品经济的发展。据此，全省人民法院除依法审理案件外，还针对企业管理人员缺乏法律知识，法制观念淡薄的情况，分期举办了由工商、企业、金融和保险等系统干部参加的《经济合同法》培训班，理论联系实际，结合咨询活动，着重讲解如何签订经济合同，合同当事人的权利义务，以及合同纠纷发生后应怎样解决等问题，收到了比较好的社会效果。

当前，经济审判工作中比较突出的问题是判决难以执行。据不完全统计，经济纠纷案件判决后未能执行的，约占30%左右，对这个问题，在全省法院工作会议上进行了讨论，强调要加强执行力量，搞好内外配合，需要采取诉讼保全措施的，要及时采取诉讼保全措施，为执行创造条件，必要时强制执行，大力扭转执行难的局面。

（四）行政审判工作。行政审判工作是人民法院的一项新任务。目前已有130多个法律和法规规定当事人不服行政机关处罚和某些处理决定的，可以向人民法院起诉。今后行政立法会不断增加，行政案件将越来越多，去年以来我省已有12个法院陆续建立行政审判庭。我们本着边建设，边办案的原则，1988年，全省法院受理一审行政案件98件。通过这些案件的审理，初步摸索了在诉讼程序和工作方法上的一些经验，保障了公民和法人的合法权益，也促进和维护了行政机关依法行使职权。

《中华人民共和国行政诉讼法》已经第七届全国人民代表大会第二次会议审议通过，它的颁布和实施，是我国社会主义民主政治建设的重大进展，对于保护公民、法人和其他组织的合法权益，维护和监督行政机关依法行使职权，促进行政管理的法制化，具有重要的意义。全省各级法院将认真学习和贯彻执行，进一步建立和健全行政审判机构，培训行政审判干部，提高执法水平，积极稳妥而又全面地开展行政审判工作。

（五）告诉申诉工作。由于过去几年，我们按照中央政策精神，复查了大量历史老案，解决了一批历史遗留问题，申诉案件开始大幅度下降。1988年全省法院审结各类申诉案件669件，比上年下降40.4%，当前申诉、信访工作的主要问题，是申诉制度有待进一步建立和完善，组织机构和人员需要调整和充实，滥用申诉权利，重复申诉、缠诉等情况仍然很多，法院进行了大量重复劳动，确实需要继续改进，以切实保障公民和组织依法行使申诉权，为治理整顿、改革开放提供一个安定的社会环境。

二、以改革总揽全局，努力改善执法活动，提高执法水平，保证严肃执法

为了适应新的形势和任务，我们在去年初就提出了改善执法活动，全面提高执法水平的要求。一年来，特别是自贯彻第十四次全国法院工作会议以来，全省法院以改革总揽全局，推行公开审判制度为重心，把改善执法活动，作为严格执行宪法原则，全面提高执法水平的一件大事来抓，切实改变审判工作中存在的与法不符的传统观念和习惯做法，全面准确地执行宪法、法律、法令和法规，使执法工作有了明显的进步。

（一）坚持执行公开审判制度。公开审判是我国宪法规定的一项重要原则，是法院审判活动的重心。它的突出特点，是法院认定的案件事实和证据，必须在开庭审理中经过公开调查、质证和辩论，只有经过法庭查证属实的事实和证据，才能作为定案的依据。公开审判，有利于查清事实，核实证据，提高办案质量和办案效率；有利于当事人依法行使诉讼权利；有利于提高审判人员的执法水平；有利于增强法院工作的透明度，把审判工作置于人民群众监督之下，检验办案的社会效果；也有利于向群众进行具体生动的法

制宣传教育。但长期以来，由于我们思想认识不足，客观条件困难，一审案件虽然公开审理，但庭审质量不高，二审案件基本上未开庭审理。去年以来，全省各级法院特别是各级领导，认真重新学习宪法和法律有关公开审判制度的规定，提高对公开审判重大意义的认识，切实改变过去“重实体、轻程序”和“先判后审”的一些习惯做法。同时，加强组织领导，努力克服人员、经费、场地等客观困难，积极创造条件，依法公开审理。省院和各中级法院坚持“四就”原则，审委会和合议庭成员深入下去，就地开庭，就地旁听，就地议决，就地宣判。并注意提高庭审质量和效果，改变图形式、走过场的现象。在审结的各类案件中，除依法不公开审理的案件外，一审案件基本上做到了公开审理；二审案件开始做到部分公开审理；对依法不公开审理的案件，也依法公开宣告判决。省法院在去年 9 月贯彻全国法院工作会议精神后，克服案件多，人员少的困难，率先对二审复核的杀人、伤害和重大盗窃案件，公开审理了 8 件。实践证明，实行公开审理，不仅切实保障了诉讼参与人的诉讼权利，而且带动了回避、辩护、上诉等一系列审判制度的实行，提高了庭审质量。今年要求做到西宁市和海东地区移送的二审死刑案件全部公开审理，其他地区移送的二审案件有选择的进行公开审理，再审案件也要积极创造条件进行公开审理。

（二）认真改进合议庭的工作。合议庭是法院按照民主集中制原则审理案件的基本组织形式。根据法律规定，合议庭不仅应对审理的案件事实负责，而且要对如何适用法律负责。但是，许多法院把一些本应由合议庭决定的，不属重大、疑难的案件，都提交审判委员会讨论。还有一些合议庭的成员实际上并未参加具体办案工作，合议庭往往流于形式，没有发挥其真正的职能作用，这都是不符合法律规定的。为了切实做到严肃执法，针对这种职责不够分明的情况，省法院研究制定了审委会、合议庭工作规范。合议庭每个成员都要阅卷，重要审判活动应由合议庭集体进行，使合议庭充分行使法律规定的职权。同时，对裁决权作了划分，一般案件由合议庭决定，重大疑难案件由审委会讨论决定。提交审委会讨论决定的案件，必须先经过开庭审理，合议庭评议，并提出处理意见。这个工作规范已得到最高人民法院的肯定，以简报转发全国各级法院，我们也印发全省法院，逐步推行。为摸索审理少年刑事案件的经验，省地市法院刑事审判庭内，还设置了审理少年刑事案件审判组，专门审理少年刑事犯罪案件。

（三）加强审判监督和指导。审判监督是法院审判工作中的一个重要组成部分。过去我们做了一些工作，通过审判监督程序改判纠正了一些案件。但是监督和业务指导脱节。为此，我们把审判监督作为改善执法活动的一个重要课题，进行了研究改进，把审判监督与业务指导有机地结合起来，充分发挥审判监督职能。省院对死刑案件，各中级法院对刑事大案要案，不仅通过二审复核实行监督，而且在起诉和审判过程中提前介入，了解情况，实行指导与监督。同时在申诉信访中，注意发现认定事实或适用法律不当的案件指令再审或提审，对一些比较重要的申诉和来访，院庭领导直接批办和接待，依照审判监督程序抓紧办理。省委、省人大常委和最高人民法院直接批办并报结果的 20 起案件，已全部办结。省院本身依照审判监督程序，经提审、指令和建议再审改判案件 21 件 34 人，其中：加重刑罚的 12 人，减轻刑罚的 10 人，宣告无罪的 4 人，改变定性的 1 人，维持原判的 7 人。社会效果较好。

（四）建立和完善法院各项工作制度。为了保证严肃执法，搞好执法的配套措施，我们紧紧围绕着为审判工作服务，提高工作效率这个中心，建立健全各项工作制度，推进和完善法院内部运转机制。目前，已经或正在着手制定院务会和审委会议事规则；法院干警廉洁措施和干部教育培训规划；接受人大及其常委会监督的十条意见。部分中院和基层法院也采取措施制定了相应的规章制度。使法院的各项工作逐步做到规范化、标准化和制度化，减少差错，防止错案，提高办事效率。

三、以廉洁为中心，开展形势教育和职业道德教育，加强法院队伍建设

根据法院面临的新的形势和任务，进一步加强人民法院队伍建设，提高干警政治业务素质十分重要。去年在全省法院系统以检查审判作风和审判纪律为重点，结合贯彻落实全省法院工作会议精神，进行过两次整顿，开展了三项工作。

（一）开展为政清廉教育。保证党和国家机关的清正廉洁是当前党和政府面临的一项重要紧迫任务，是关系到人心向背和改革成败的大问题。人民法院作为执法机关，为政清廉尤为重要。从我省法院系统干警队伍状况看，总的来说是好的。但是，不能不看到社会上不正之风对法院队伍的侵蚀，确有极少数法院干部违法乱纪，甚至犯罪。我们根据中央5号文件精神，按照省委决定和最高人民法院制定的“八个不准”，结合干警现状，加强拒腐蚀、抵歪风的职业道德教育，制定了法院和法院干警保持廉洁的十项规定，从廉政制度建设上防腐保廉。切实做到：严守法纪，不贪赃枉法；秉公尽职，不以权谋私；艰苦奋斗，不奢侈浪费。强调审判工作人员，要秉公执法，打破关系网，顶住说情风，杜绝人情案，争当清官，对极少数违法乱纪的干警，坚持发现一起，严肃查处一起，决不姑息迁就。我们希望人民代表和社会各界对人民法院和法院干警作风、纪律进行监督。

（二）加强法律业务学习。随着改革、开放深入进行和法制建设不断发展，审判工作中的新情况、新问题层出不穷，无论是老同志还是新同志，都有一个重新学习或从头学起的问题。我们强调要理论联系实际，采取多种形式进行专业培训。尤其是最高人民法院1985年创办的全国法院干部业余法律大学，从省高级法院到基层法院已建立了一套较为完整的教学管理体系，配备了专职和兼职的教师及教学辅导人员。通过正规考试招生4次，录取学员524名，去年秋季已有八五级167名学员经国家教委验收考试，并报经最高人民法院教育厅审查批准毕业，现在校学员仍有270多名。同时，还有270多名干警参加了为期三年的法律专业证书培训。目前，全省法院有四分之一以上的干部正在通过业大、电大、函大、党校、政法管理干部学院等多种途径学习，初步形成了一种奋发向上的良好风气。学以致用，边工作，边学习，不断地补充和更新知识，提高审判工作水平。当前，审判干部业务素质较低。我们将继续把干部教育培训工作真正当作一项战略任务，决心克服一切困难，坚持下去，把这个全国规模的法律业余大学办好，使法院干部的思想政治水平和执法能力不断提高。

（三）强化监督意识，自觉接受人大监督。人民法院是国家执法机关，我们的各项工作直接关系到群众的利益，是直接服务于人民的，办事制度和办案结果，都应公之于众，在群众监督之下进行。为此，我们注意拓宽和强化监督机制，扩大监督范围，完善监督办法，增加工作透明度。一年来，除依靠法院自身监督，坚持定期对干警考察评议外，还主动争取人大及其常委会民主监督，以及舆论监督和社会监督。审理重大疑难或社会影响较大的案件，一些法院能够在公开开庭审理后，作出判决前，召开不同规模的人大代表、政协委员、职工群众和新闻界的代表等多种座谈会，直接听取对案件审理和定性量刑意见。省法院邀请部分省人大代表和省政协委员专门举行座谈，坦诚欢迎对法院工作的批评和建议，对代表和委员提出的意见和建议，我们转发各级法院，认真落实，适时反馈。进一步增强干警的公仆意识，提高全心全意为人民服务的自觉性。

一年来，我们做了一些工作，履行了宪法赋予的职责。但我们的工作还有不少缺点，在一些方面还不适应改革、开放新形势的要求。第一，全省法院特别是省法院，学习党的路线、方针、政策和法律，抓得不够系统和深入，因而一些法院执法水平还不高，对一些基本的尤其是新颁布的法律的运用还不熟练，致少数案件基本事实不清，或适用法律不当，量刑失准。第二，我们对下级法院审判工作的监督与指导不够及时有力，应建的人民法庭有三分之二因经费困难未建，基层基础工作比较薄弱，群众“告状难”的问题没有得到很好的解决。第三，深入地调查研究不够，在改革、开放中对审判工作出现的问题，不能及时的有效的予以解决。第四，对全省法院干警的形势教育和职业道德教育不够深入，思想政治教育工作抓的不够有力。以上这些是我们主观上不能适应新形势的四个主要方面。我们将继续根据党的十三届三中全会和全国政法工作座谈会精神，认真贯彻落实第十四次全国法院工作会议提出的各项任务，进一步全面开展审判工作，推进和完善执法活动，提高执法水平，保证严肃执法，切实做到有法必依，执法必严，违法必纠，更好地为治理整顿和深化改革服务。

各位代表：当前我省总的形势是好的，是安定团结的。但就社会治安方面来看，形势严峻。人民法院的审判任务是十分繁重的。全省各级法院干部，特别是领导干部要正确分析社会治安中出现的问题，树立稳定社会治安的信心；坚持在省委和各级党委的领导下，在省人大和各级人大的监督下，振奋精神，努力工作，充分发挥审判机关的职能作用，为全面深化改革和经济建设创造安定的社会环境和提供有力的法律保障，更好地为发展社会生产力服务，为坚持改革开放服务。

以上报告，请予审议。

宁夏回族自治区高级人民法院工作报告

——1989年4月26日在宁夏回族自治区第六届人民代表大会第二次会议上

宁夏回族自治区高级人民法院院长　白振华

各位代表：

现在，我就1988年全区法院工作的主要情况向大会报告，请审议。

一、为维护社会安定，保障经济建设的顺利进行，全面开展了各项审判工作

一年来，我区各级人民法院在各级党委、人大和上级法院的领导、监督下，以党的十三大提出的社会主义初级阶段理论为指导，认真贯彻执行了中央关于政法工作的指示和第十四次全国法院工作会议精神，充分发挥审判机关的职能作用，全面开展了各项审判工作。全年共受理各类一审案件11163件，审结10553件，结案率为94.54%，收案比1987年上升12.73%，结案数比1987年净增14.58%；受理各类二审案件1082件，审结1035件，结案率为95.66%，收案和结案数分别比1987年上升10.75%和11.41%；受理各类审判监督案件809件，审结745件，结案率为92.09%；受理减刑、假释案件1008

件，对913名和95名在服刑中确有悔改、立功表现的罪犯分别作出了减刑和假释的裁定；受理各类申诉、控告和人民来信来访38798件次。是人民法院恢复工作以来收案和结案最多、结案率最高的一年。同时，不断进行法院自身改革和建设，结合审判工作积极参加社会治安综合治理，为保障治理经济环境，整顿经济秩序，全面深化改革的顺利进行，作出了一定贡献。

（一）关于刑事审判工作

1988年，全区各级人民法院受理刑事一审案件2006件，比1987年增加20.63％，审结1967件，比1987年增加21.05％。其中有经济犯罪案件291件，审结288件，结案率为98.97％。一年来，我区的社会治安情况，总的来看是基本稳定的，但存在的问题不少，形势相当严峻，严重影响社会安定的抢劫、重大盗窃和流氓案件分别比1987年上升84.16％、56.9％和6.36％。一些犯罪分子持枪抢劫银行，持械抢劫住户和个体户，持刀蒙面，深夜破门入室，连续作案的案件时有发生；流氓滋扰犯罪活动在一些地区有所抬头；盗窃犯罪，特别是重大盗窃有增无减；流窜犯罪猖獗，比1987年上升35.29％；赌博、卖淫、嫖宿等社会丑恶现象成为诱发犯罪的重要因素。这些犯罪对人民的生命和财产的安全造成严重损害，人民群众的安全感受到严重威胁。在经济领域中，犯罪活动也相当严重，有的利用职权贪污、受贿；有的投机倒把，倒卖国家的重要物资和紧俏商品；有的偷税漏税抗税；有的侵犯商标权，制造销售伪劣商品，坑害国家，坑害消费者。全年受理的贪污、受贿案件就有65件，占经济犯罪案件的22.34％。针对社会治安的严峻形势和经济犯罪活动猖獗的情况，我区各级人民法院采取有力的打击措施，进一步狠抓了刑事审判工作。

第一，始终坚持“两打”方针，严厉打击严重刑事犯罪和严重破坏经济的犯罪分子。针对1987年和1988年第一季度全区社会治安出现的杀人案件突出，抢劫案件上升，流氓滋扰重新抬头，盗窃犯罪上升，经济犯罪严重的状况，我区各级人民法院认真贯彻全国治安工作电话会议精神，继续坚定不移地贯彻执行依法从重从快和依法从严惩处的方针，重点打击了杀人、抢劫、强奸、重大盗窃、重大经济犯罪分子及那些累犯、惯犯、集团犯罪的首要分子和流窜作案的重大犯罪分子。积极参加自治区党委、政府部署的“严打”集中统一行动，配合有关部门开展专项斗争，进行专项治理，依法从重从快从严惩处了一大批严重犯罪分子。全年审理的公诉案件，在法定期限内审结的占99.88％，其中在一个月内审结的占78.36％。所判决的刑事案件中，属于严重危害治安秩序和严重破坏经济的犯罪案件625件，罪犯1146名，其中判处死刑的××人（包括死缓的××人），无期徒刑的17人；判处五年以上有期徒刑直至死刑的占41.45％。如全区罕见的阎军、武兰有（被现场击毙）持枪抢劫银行的特大案件，一审法院受理后及时审理，依法判处罪犯阎军死刑，自治区高级人民法院抓紧复核，很快发布了死刑执行命令；又如销售假西凤酒，非法经营额达345909元的投机倒把犯罪分子陈建民、张裕禄，分别被判处有期徒刑十五年和十二年。这些判决充分体现了人民民主专政的强大威力，对震慑犯罪，稳定治安局势，保证自治区成立三十周年庆祝活动的安全，保障改革、开放和经济建设的顺利进行，发挥了积极的作用。

第二，体现政策，重视对犯罪分子的分化瓦解和教育挽救工作。在刑事审判工作中，各级人民法院认真贯彻执行了党的刑事政策，该从重的坚决从重，决不手软；该从轻减轻的敢于从轻减轻。通过公开审理、公开宣判，对具有投案自首或立功表现的犯罪分子兑现政策，感召了一些犯罪分子主动投案自首，坦白交待，积极检举立功，争取从宽处理，对分化瓦解犯罪，发挥了重要作用。其次，针对青少年和未成年人犯罪逐年增多，去年已分别占罪犯总数的69.1%和12%的情况，认真执行“教育、感化、挽救”的方针，注意改进审判方式，注重疏导、启发，寓教于审，帮助他们分析犯罪的原因，认识犯罪的危害，指明认罪改过的光明前途。并在处理上注意惩办与宽大相结合，促使他们悔过，积极改造。同时配合家长做好失足青少年的帮教工作，收到了较好的效果。

第三，紧密结合法院的审判职能，积极参加社会治安综合治理。在“两打”斗争中，各级人民法院普遍针对当地社会治安中存在的突出问题，选择典型案件进行公开审判，或在群众较集中的时间和地点，大张旗鼓地召开公判大会，大造打击的声势，以震慑犯罪，教育群众。一年中，全区法院共召开宣判大会106场次，宣判417案725名犯罪分子，旁听群众达63万人次。这些审判活动，显示了人民民主专政的强大威力，对鼓舞人民群众同犯罪作斗争的信心和勇气，提高人民群众的法制观念起了一定作用。其次，在案件审理中，研究分析犯罪的行为特征和案件发生的原因，有针对性地提出司法建议或直接同发案单位举行司法座谈讨论会，帮助发案单位总结经验，吸取教训，堵塞漏洞，消除隐患，预防犯罪，落实综合治理措施。

（二）关于民事、经济审判工作

随着改革的深化和民主与法制建设的不断发展，特别是《民法通则》施行以后，纳入法律调整范围的民事、经济关系越来越多，民事、经济纠纷案件大量增加。为此，全区各级人民法院不断提高对民事、经济审判工作重要性的认识，切实加强领导，改革管理审判工作的制度和办法，努力挖掘潜力，调动审判人员的办案积极性和主观能动性。一年来，共受理民事一审案件7591件，比1987年增加13.83%，审结7213件，结案率达95.02%。其中婚姻案件仍居首位，占50.08%；债务案件居第二位，占23.96%；损害赔偿案件居第三位，占11.83%；有关知识产权和人身权方面的案件也已出现。共受理经济纠纷一审案件1534件，比1987年略有下降，但诉讼标的总额达6155万余元，比1987年的3745万余元上升64.36%。在民事、经济审判工作方面，我们着重抓了以下几项工作：

第一，认真解决执行难问题。去年我们进一步加强了对执行工作的领导，自治区高级人民法院在调查研究的基础上，制定了《关于做好执行工作的若干意见（试行）》，很多法院也根据当地实际情况，制定和落实执行措施，加强对执行工作的组织和管理，加强执行力量，强化强制执行的措施，执行了很多多年来难执行的案件，使我区“执行难”的情况发生了较大变化。

第二，积极为经济建设服务。在全面开展民事、经济纠纷案件审判工作的过程中，我区各级人民法院对在办案中发现的各类合同的履行和企业承包经营中出现的新情况、新问题，进行调查研究，为经济建设提出了很多合理的意见和建议。如有的法院在审判工作中对辖区内的企业经营状况进行调查研究后，向经济决策领导机关提出那些企业该及时整顿，那些企业该控制或停止投资，那些企业已濒临倒闭，该依照企业破产法的规定处理或由实力雄厚的企业实行兼并的意见。银南地区中级人民法院对商业企业内部承包情况进行调查后提出了进一步完善企业内部承包责任制的几点意见，受到国家商业部重视。

第三，克服地方保护主义影响。全区各级人民法院在办理民事、经济案件中，特别是在办理外地当事人诉及到对当地经济具有一定影响的案件时，坚持法律面前一律平等的原则，公平合理地保护当事人的合法权益，不受地方保护主义影响。很多法院对涉及外地当事人的案件和外地法院委托执行的案件，要求优先受理，优先审理，优先执行，严格依法审理和执行了大量涉及外地当事人的案件。

（三）关于行政审判工作

当前，我国已有130多个法律、法规规定公民和组织不服行政机关处罚和某些处理的，可以向人民法院起诉，我区也有一部分地方性法规作出了这样的规定。随着行政诉讼法的颁布和行政立法的不断增加，行政案件将越来越多。行政审判工作已成为人民法院的一项新的重要任务。为此，1988年自治区高级人民法院按照最高人民法院要求，报经自治区编委批准在我区各级人民法院设立行政审判庭，自治区高级人民法院、各中级人民法院和部分基层人民法院正在抓紧行政审判庭的筹建工作。同时，积极、慎重地开展了行政审判工作，审理了一批行政案件。保障了公民和法人的合法权益，支持了行政机关依法行使职权。同时也使各级人民法院在审理行政案件的程序和方法上，初步取得了一些经验。

（四）关于处理告诉、申诉工作

1988年，在全区法院处理的三万余件次的来信来访中，告诉的占54.07%。对历年来发生法律效力的判决提出申诉的10921件次，重复申诉占20.47%，其中刑事申诉7606件次，民事申诉2955件次，经济纠纷案件申诉390件次。经审查决定依照审判监督程序立案的申诉、抗诉、指令再审的刑事案件764件，民事案件35件，经济纠纷案件10件。审理后，刑事申诉案件维持原判的460件，改判的201件；民事申诉案件维持原判的12件，改判的13件；经济申诉案件维持原判的6件，改判的2件。通过处理告诉、申诉和再审案件，保护了公民的诉讼权利和合法权益，维护了国家法律的严肃性，促进了社会的安定团结。

在处理告诉、申诉工作中，我区各级人民法院，一是坚持实事求是，有错必纠，依法办案的原则。对基本事实、基本证据扎实，适用法律正确的案件，再审后坚决维持原判；对事实有出入，定性有偏差或没有体现政策的案件，则实事求是地予以改判。二是抓好立案审查。对当事人的告诉和申诉，依照法律规定，凡符合立案条件的，即行立案处理；对不符合立案条件，经过调解就可解决的一般纠纷，做好当事人思想疏导工作，予以调解处理；对非诉讼性质的来信来访，按归口办理的原则，及时移送有关部门处理。三是建立健全分级负责处理申诉案件的制度，防止上推下卸，使申诉工作的处理落到实处，减少了重复申诉。四是把审查立案与审判分开，强化了内部的制约和监督，较好地克服和防止了以结代立的弊端。

二、为适应新形势的需要，加强了法院的改革和建设

为了适应改革、开放和社会主义现代化建设新形势对人民法院提出的新要求，更好地发挥人民法院的审判职能作用，一年来，特别是在第十四次全国法院工作会议以后，我区各级人民法院进一步狠抓了法院队伍的建设、工作的改革和执法活动的改善。

（一）狠抓廉政教育，不断提高干警的政治素质。一年来，我区各级人民法院认真贯彻执行中央关于党和国家机关必须保持廉洁的要求，和自治区党委、人民政府关于我区各级党政机关保持廉洁的若干规定，从抓领导班子自身革命化建设着手，狠抓了从严治院的廉政建设工作。在干警中不断开展以廉洁执法为内容的形势教育、职业道德教育、“三文明”（文明法院、文明法庭、文明法官）活动，定期进行以反腐蚀为内容的纪律整顿，增强干警对腐败现象的抵抗力和免疫力。据不完全统计，一年来全区法院干警中，拒请吃的974人次，拒收贿赂、礼品的635人次，现金和实物折款47900余元。对这些能够在歪风邪气侵袭面前，站得稳，顶得住，廉洁执法的同志和单位，各级党政机关及法院系统通过各种形式予以表彰和奖励，一年中，共有278名干警和62个集体受到县以上各级党政机关和业务部门的表彰奖励。对违法乱纪的，则坚决处理，绝不姑息，一年中，有7名干警因违法乱纪，受党纪政纪处分。

（二）抓培训教育，不断提高干警的业务素质。去年我们继续抓了干部教育制度改革，在抓好法院干部业余法律大学学历教育的同时，又开办了审判专业证书教育。经国家教委考核并验收合格，已有145名干警从“业大”毕业，取得了高等法律专业文凭。全区法院干警中具有大专文化程度的，由1981年的11.36%上升到了26.54%。目前还有279名干警正在“业大”就读，有88名在接受专业证书教育，还有的同志在中国高级法官培训中心培训。预计1991年，全区法院干警将有40%以上达到大专以上文化程度。此外，我们还注意总结交流执法经验，提高审判人员的执法水平，自治区高级人民法院召开全区法院学习、贯彻、执行民法通则经验交流会、举办人民法庭庭长学习班和经济审判干部培训班各一次。

（三）对审判干部和审判工作的管理方面进行了大胆的改革和探索。首先，在贯彻国务院文件精神，落实审判人员职级待遇工作中，各级人民法院本着改革精神，引入竞争机制，对审判人员进行专业考试，实行民主测评，从德、能、绩、勤等多方面进行了严格的考核和考察。其次，对审判工作的管理也进行了大胆的改革，对过去制定的各种制度和岗位责任制，根据形势的变化，不断地进行修改和完善。调动了广大干警的工作积极性和主观能动性，促进了办案质量、办案效率和案件执行率的提高。

（四）自觉接受人大及其常委会与社会各方面的监督，不断增强审判工作的透明度。接受人大及其常委会的监督，是一项重要的宪法原则。去年我区各级人民法院变被动接受监督为主动接受监督，不少法院主动与人民代表联系，征求他们对法院工作的意见和建议。并定期或不定期主动向人大常委会汇报工作，邀请人大常委会委员到法院视察工作，认真听取意见，不断改进法院的工作。

为了增强审判工作的透明度，全区法院克服办案经费不足和条件较差等各种困难，依法应当公开审理的一审案件有99.66%进行了公开审理，二审和再审案件也创造条件开始了公开开庭审理。自治区高级人民法院建立了新闻发言人制度，有的中级和基层人民法院举办新闻发布会、案例发布会，自觉把人民法院的工作，置于广大人民群众和社会各界及舆论的监督之下，这对于人民群众了解法院工作，促进人民法院改善执法活动，提高执法水平以及加强廉政建设，促使法官执法清廉等方面，都起到了重要作用。

（五）狠抓了执法活动的改善。去年8月贯彻第十四次全国法院工作会议精神以来，我区各级人民法院进一步解放思想，以更新审判观念为先导，不断强化改革意识，落实改善执法活动的措施。在坚持独立审判的宪法原则方面，能够在各级人民代表大会的代表及人大常委会的监督下，排除干扰，严肃执法；在强调当事人举证责任方面，各级法院已普遍引起了重视。按照《民事诉讼法（试行）》规定，当事人对自己提出的主张，有责任提供证据。我们在依法强调当事人的举证责任同时，也注意防止从一个极端走向另一个极端，把当事人的举证责任与法院查证和收集证据的责任有机地结合起来；在改进合议庭工作，加强合议庭责任方面，多数法院的审判委员会在加强和改进自身工作的同时，赋于审判人员和合议庭应有的职权，并制定了较为严密的内部监督办法和制度。这些改革和改善措施的落实，已初见成效，推动了各项审判工作的开展。

（六）加强基层基础建设。基层人民法院特别是人民法庭处在第一线，担负着大量的各类案件的审理工作，加强基层建设，对解决人民群众告状难，减少越级上书上访至关重要。去年以来，我们进一步加强基层建设，现已派出基层人民法庭61个，增编新进的323名干部绝大部分分配到了人民法庭和基层法院工作，并加强了对基层工作的指导和监督，不断解决基层的工作和生活条件，在各级党委、人大和政府的重视支持下，基层法院的审判法庭今年年底可以全部建成。一些基层法院和人民法庭的装备、工作条件和生活条件有了改善。

回顾一年来的工作，全区各级法院认真履行宪法和法律赋予的职责，发挥审判职能作用，为改革、开放、治理经济环境，整顿经济秩序，促进社会主义现代化建设，做了大量的工作，取得了一定的成绩。但是，我们也清楚地看到，在新形势下，我区法院的工作与形势任务的要求还有许多不适应的方面，还存在一些问题，一是一些审判人员对革除弊端，依法改善执法活动，改进审判工作的必要性和紧迫性认识不足，改革的步伐还比较缓慢；二是少数案件的办案质量不高，个别案件的处理上还有失误，这说明法院队伍的业务素质，还需要进一步提高；三是个别干警有徇私舞弊、以权谋私的违法乱纪行为。出现这些缺点和问题与我们高级人民法院在指导上不够及时和有力是有关系的。对法院自身存在的问题，我们将认真采取措施，努力改正。法院物质方面存在的困难，在各级党委、人大、政府的关怀和支持下，虽逐步有所改善，但少数法院的办案经费和办公用房仍然不足，希望各级政府和财政部门给予解决。各级人民法院也应发扬艰苦奋斗的优良传统，努力节减经费和开支，以保证审判工作任务的完成。

各位代表：

根据党的十三届三中全会和七届二次全国人民代表大会关于今明两年改革和建设的重点突出地放到治理经济环境、整顿经济秩序上来的决策，1989 年全区法院的工作，就是要坚定不移地贯彻执行三中全会精神和全国人大的决议，围绕治理经济环境，整顿经济秩序，全面深化改革这个中心，统筹安排各项审判工作。面对严峻的社会治安形势，我们要强化人民法院的专政职能作用，继续贯彻对严重危害社会治安的刑事犯罪分子依法从重从快惩处的方针，严厉打击严重刑事犯罪活动，鼓励和保护应用正当防卫的手段同犯罪分子作斗争。努力为稳定治安大局，争取今年社会治安好于去年作出努力。自治区高级人民法院已研究，今年召开法院参加社会治安综合治理经验交流会，推动综合治理工作的深入开展。为保证治理、整顿工作的顺利进行，我们要继续贯彻执行对严重经济犯罪分子依法从严惩处的方针，坚持一要坚决，二要慎重，务必搞准的原则。对于起诉到人民法院的各种经济犯罪案件，特别是大案要案，要抓紧时间及时审理，依法从严判处。在继续抓紧“两打”的同时，要全面开展民事、经济、行政审判工作。为保证卓有成效地完成法院在新时期的任务，我们要把为政清廉作为加强领导班子和队伍建设的头等大事来抓，准备召开会议，进一步研究部署廉政建设问题。应当肯定，法院干警中绝大多数是好的，法院队伍是一支可以信赖的队伍，但也确实存在着一些问题。我们诚恳地希望各位代表加强对法院审判工作的监督，随时揭发人民法院工作人员的违法乱纪行为，把法院干部队伍建设成为一支廉洁奉公、秉公执法的过硬的队伍，为完成新形势下法院面临的更加艰巨、更加繁重的任务而努力奋斗。

新疆维吾尔自治区高级人民法院工作报告

——1989年2月28日在新疆维吾尔自治区第七届人民代表大会第二次会议上

新疆维吾尔自治区高级人民法院院长　库尔班·肉孜

各位代表：

我就1988年人民法院的工作，向大会报告如下：

一、全面开展各项审判工作，发挥人民法院审判职能作用

1988年，我区人民法院在党的领导下，在人民代表大会及其常委会的监督下，通过学习、贯彻第十四次全国法院工作会议提出的，以党的十三大的基本路线为指导，全面开展各项审判工作，充分发挥审判机关的职能作用，为建立社会主义商品经济新秩序服务的指导思想，加强了各项审判活动。既坚决依法严厉打击严重犯罪活动，维护社会安定和经济秩序，又依法保护人民的民主权利和其他合法权益，参与调节经济关系，直接地为改革、开放服务，为发展社会生产力服务，全面履行宪法和法律赋予人民法院的职责。

（一）关于刑事审判工作。

经过几年的“严打”斗争，我区社会治安基本稳定，但在改革关键时期，社会矛盾和各种不安定的因素很多，突出表现就是重大犯罪案件上升，社会治安形势仍很严峻。面对这种形势，我区各级人民法院进一步提高对“严打”斗争长期性的认识，继续执行对严重危害社会治安的犯罪分子依法从重从快惩处和对严重破坏经济的犯罪分子依法从严惩处的方针，从领导精力、工作部署、力量安排等方面，毫不放松地抓紧“严打”的审判工作。1988年，全区法院共受理一审刑事案件7552件，审结7327件，结案率97%。受理当事人上诉和人民检察院抗诉的二审刑事案件1809件，审结1727件，结案率95.5%。全年依法判决人犯7724人，其中死刑××人（执行××人，缓期二年执行××人），无期徒刑××人，二十年以下十五年以上徒刑××人，十五年以下五年以上徒刑××人，五年以下徒刑4128人，拘役379人，有期徒刑、拘役缓刑的713人，管制50人，免予刑事处分的174人，无罪77人，单处罚金、剥夺政治权利27人。判处有罪的占被告人数99%。各地法院结合治安形势，抓住本地区有影响的大案要案，适时召开公判大会。一年来，全区共召开公判大会426次，宣判案件989件，人犯1594人，旁听群众45万人次，并利用各种宣传工具进行法制宣传，形成强大声势，震慑违法犯罪分子，教育和鼓舞广大群众。

各地法院针对故意杀人、重伤、强奸、流氓等严重犯罪案件发案很多和侵犯财产的重大盗窃、抢劫等犯罪案件上升的情况，采取有力措施，坚决依法打击这类严重犯罪分子，并主动和其他政法机关密切配合，在重点城市和交通沿线，开展了打击盗窃犯罪的专项斗争，集中力量重判了一批民愤很大的严重犯罪分子。如伊犁地区中院审理的九人盗窃集团案，该案罪犯在牧区作案50余次，盗窃集体和牧民的牲畜163头，严重破坏牧业生产，民愤很大，法院依法判处首犯死刑。乌鲁木齐市中院审理的十人盗窃集团案，罪犯合伙作案24起，盗窃价值11万多元，首犯也依法被判处死刑。昌吉州中院审理的王福全、雷国栋、李秀文抢劫、杀人案，三人为抢劫钱财，使用火钩烙烧等残酷手段折磨、拷打被害人，并将其勒死，法院依法从重从快判处王福全、雷国栋死刑，判处李秀文死缓。再如克拉玛依市法院审理的滕新设故意杀害本单位计划生育干部李瑛的案件，滕犯被依法判处死刑。

为了维护人民民主专政的政权和自治区的政治安定，人民法院依法审理了反革命破坏和反革命宣传煽动的案件，对犯罪分子依法予以判处。

人民法院依法严厉打击严重犯罪分子，特别是处理一些重大恶性案件，决不犹豫手软。但这并不是说愈严愈好，或者只有严才好。对于那些投案自首和有其他立功表现，依法可以从轻、减轻处罚的，仍然依法从轻或减轻处罚，做到惩办与宽大相结合，以分化、瓦解、教育和争取犯罪分子，缓解社会矛盾。1988年，全区法院对319名脱逃和重新犯罪的劳改犯依法加处了刑罚，对其中又犯杀人、抢劫、重大盗窃等严重罪行的6名罪犯判处了死刑；同时，对确有悔改和立功表现的劳改犯也依法予以减刑，对调动劳改犯改造的积极性起了很大作用。

各地法院继续依法打击破坏经济环境和经济秩序的犯罪活动，抓紧审理了起诉到法院的经济犯罪案件。去年全区法院受理一审经济犯罪案件1362件，其中属于国家机关、企、事业单位工作人员贪污、受贿、投机倒把的占28.56%。审结1331件，判处人犯2204人，经判决为国家和集体挽回经济损失843万元。各级法院注意抓大案要案，依法从严惩处严重经济犯罪分子。如“新疆三马实业开发公司”董事长马培礼等人诈骗、贪污、投机倒把案，马犯等利用签订经济合同的手段，诈骗几个对方单位的货款81万元，挪用大量公款，及进行投机倒把活动，首犯马培礼被依法判处无期徒刑。对于盗窃公共财物，运输、贩卖毒品等犯罪，情节和危害严重的，也坚决地依法给予了严厉惩处。人民法院审判经济犯罪案件，认真执行政策，分清罪与非罪的界限。做到既严厉打击严重经济犯罪分子，又保护合法经营和积极进行改革的人。

（二）关于民事、经济、行政审判工作。

1988年，全区法院受理一审民事案件39159件，比1987年上升8.9%，审结35809件，结案率91.4%。审结二审民事案件2109件，处理简易纠纷8122件。一审案件中，婚姻家庭纠纷22459件，债务纠纷8067件，赔偿纠纷2459件，继承纠纷1016件，房屋宅基地纠纷1003件，其他纠纷4155件。婚姻案件绝对数很大，仍占民事案件的第一位，主要是离婚案件继续上升，并有包办、买卖、早婚、重婚等现象增多的情况，人民法院根据《婚姻法》和我区的《补充规定》，对这些案件一方面严肃处理违法行为，调解纠纷，保护双方当事人特别是妇女儿童的合法权益，另一方面进行宣传教育，提高群众的法制观念，破除落后习俗；财产关系方面的债务、继承案件上升幅度大，债务案件在整个民事案件中占了第二位，特别是因借贷形成的债务纠纷成倍上升，这是商品经济发展的客观反映。处理债务案件，我们着眼于保护正当的借贷活动和债权人的合法权益，促进商品经济发展。对私人借贷利率高的问题，在法律尚无具体规定的情况下，从实际出发，允许适当高于国家银行利率，但属于高利贷性质的则不予保护；房屋宅基地案件，涉及当事人的重大利益，争执激烈，并有的长期缠诉，得不到解决，处理难度很大，我院多次进行调查研究，明确了一些政策界限，使不少积案得到正确处理。此外，著作权、名誉权、姓名权、肖像权等有关知识产权和人身权方面的纠纷案件开始出现，给民事审判带来了许多新课题，增加了执法的难度。为提高办案质量，各地法院组织审判人员深入学习《民法通则》，转变观念，变过去主要依靠政策为主要依靠法律，也执行政策；变单纯凭经验办案为严格依法办案；把贯彻执行《民法通则》作为检验办案质量、考核执法水平的主要标准，定期评查案件。通过这些措施，提高了办案质量。

1988年，全区法院受理一审经济纠纷收案10430件，审结8702件，结案率83.4%，诉讼争议金额1亿7623万元，比上年增加4317万元。二审审结722件。在案件类型上，除主要为经济合同纠纷外，试办了联营、企业内部承包等新型案件。在经济审判工作中，各地法院继续努力提高办案质量。由于经济案件涉及经济建设、商品流通、财政金融等许多方面，一般案情复杂，适用法律法规多，故审理难度大。针对这种情况，高、中级法院举办了干部短期培训，开展了案件评查、优秀司法文书评选和疑难案件研讨等活动，审判人员业务水平进一步得到提高；同时，针对“执行难”的问题，绝大多数法院依法设立了执行庭或配备了专职执行人员，努力提高执行率。人民法院通过审理大量经济纠纷案件，查处违法行为，移送犯罪案件，为理顺经济流转关系，治理经济环境，整顿经济秩序，促进经济发展，提供了法律保障和法律服务。

根据经济的发展和改革深化的要求，人民法院担负的经济审判任务越来越重。人民法院的收案范围已经扩大，企业承包、租赁经营和联营合同纠纷案件，企业破产或债务清偿案件，技术合同纠纷和商标、专利侵权案件，以合伙经营组织、私营企业或外商投资企业为诉讼主体的经济合同案件和经济侵权案件，劳动争议案件，特别是外商投资企业和私营企业的劳动争议案件，涉外和涉港澳经济纠纷案件，依法都可由法院受理；同时，适用的法律法规日益增多，除全国人大及其常委会通过的法律外，国务院制定的行政法规，自治区人大及其常委会制定的地方性法规，只要和法律不相抵触，均可作为审理经济纠纷案件的依据。我区人民法院要继续采取得力措施，克服一切困难，进一步把经济审判工作开展好，更好地发挥人民法院依法调节经济的职能作用。

行政审判工作得到开展。行政诉讼案件，是当事人不服国家行政机关的处罚决定，依法起诉的案件。行政审判是继经济审判之后人民法院的又一项新的工作，我区从1987年起开始建立机构，试办案件，至目前已有13个人民法院设立了行政审判庭，未设庭的也安排有专人审理行政案件。1988年全区法院共受理行政案件138件，审结122件，结案率88.4%，审结二审行政案件50件。在一审案件的类型上，52%为治安行政案件即不服公安机关的治安处罚而诉讼的案件，其他的为不服工商、卫生管理处罚而诉讼的案件。通过审理这些案件，保护了公民和法人的合法权益，监督和维护了行政机关依法行使职权；而且通过公民和国家行政机关在法庭上平等地进行诉讼，有力地宣扬了社会主义民主和法制，这对于提高公民的民主和法律意识，提高国家机关尊重公民民主权利的观念和提高为人民服务的质量，有重要的意义。随着国家行政立法的不断完善，公民的法律意识不断增强，诉到人民法院的行政案件将会越来越多，行政审判的任务会越来越重。

（三）关于告诉、申诉审判工作。

1988年，全区法院处理各类申诉案件1212件，接待群众来访127496人次，处理人民来信63878件，任务十分繁重。去年我区法院对告诉、申诉工作作了改革和加强，主要是普遍建立了告诉申诉审判庭，调整了职责范围，制定了工作制度，把人民法院的信访工作纳入了诉讼轨道。对告诉有理，符合人民法院立案条件的，依法立案；对申诉有理的，依照法律程序交原审法院或上级法院复查处理，变“谈谈转转”为真正解决问题。对告诉、申诉无理的，依法有理有据有针对性地予以驳回。去年，各地法院还本着积极负责、严肃谨慎的态度，慎重查处了一批落实政策方面遗留的历史老案和“严打”以来的申诉案件。

二、改善执法活动和加强法院自身建设

为了完成新时期人民法院的审判任务，必须按照十三大提出的“改善执法活动”的要求，加强法院自身的建设，完善法院自身的机制，充分发挥宪法赋予人民法院的各项职能作用。这既包括改变审判工作中存在的与法不符的陈旧观念和习惯做法，全面、准确地执行以宪法为根本的一切法律，使审判工作正规化、规范化，又包括努力改善审判工作的条件，使法院有一个较好的执法环境。一年来，我区人民法院为此做了很大的努力。

（一）改善执法活动，提高执法水平。

第一，坚持依法独立审判的宪法原则。依法独立审判的核心，是人民法院依据事实和法律独立地对案件作出判断和决定。由于社会主义民主的发展和法制建设的加强，法院的执法活动得到了党内外和社会各界的大力支持和尊重。我区各地人民法院执行依法独立审判的原则，总的说是好的，是顺利的。不少审判人员能够排除来自社会上的干扰和阻力，坚持依法办案。各地法院自觉接受人大及其常委会的法律监督，除按规定向人大报告工作外，对人大常委会交办的事项认真办理，对人大信访部门移送的申诉案件依法作了查处。有的法院还请人大代表到法院视察和指导。同时，注意听取人民群众的意见，接受社会舆论的监督。

第二，认真执行公开审判制度。公开审判也是宪法规定的一项重要原则，开庭审理是法院审判活动的重心，是法院调查案情、核实事实证据的法定形式，也是增强审判工作的透明度，接受群众监督，宣传我国法制的需要。我们要求各级法院做到除法律规定不公开审理的以外，一审案件一律公开审判，二审案件尽可能公开审判，再审案件也要创造条件公开审判。一年来，执行情况是好的，据统计，一审案件公开审判的达到96.5%。去年高级法院举行了十几次大型公开审判活动，在社会上产生了很好的反响。

第三，改进审判委员会和合议庭的工作。审判委员会是人民法院内部行使审判权的最高组织形式，合议庭是法院内直接负责审理案件的基本组织形式，审判委员会和合议庭依法充分、正确行使职权，是人民法院正确行使审判权的组织保证。我们强调审判委员会要提高讨论、决定重大、疑难案件的质量，又要加强总结审判经验、研究审判业务等重大问题的工作，全面履行职责。许多法院为此对审判委员会工作的范围和工作方法等作了研究，提出了改进审委会工作的措施。去年底，高级法院审判委员会还对全年复核和二审的刑事案件逐个研究总结，对办案质量进行检查，总结了不少经验。我们要求合议庭真正发挥合议作用，合议庭成员都要阅卷，集体对案件事实和如何适用法律负责。各地法院按照这些要求，对合议庭的工作做了研究和改进。

第四，加强当事人的举证责任。各地法院在审理民事、经济纠纷、行政及刑事自诉案件中，贯彻“谁主张、谁举证”的原则，由当事人及其诉讼代理人提供证据，并在开庭审理中相互质证，审判人员把主要精力用于核实、认定证据上。实践证明，加强当事人举证责任，可以提高办案效率。当然，在必要时，法院有权也有责任依照法定程序收集和调查证据。

（二）改进人事管理和干部培训工作，努力提高干警素质。

党的十三大提出，审判机关的领导人员和工作人员，要建立类似国家公务员的制度进行管理，按照管人和管事既紧密结合又合理制约的原则，实行科学的分类管理。根据这一要求，去年，我们在增编进人工作中，对从社会招收的干部，一律进行公开考试，贯彻鼓励竞争，公开监督，择优录取的原则；对从党政机关调入和部队转业的干部，按照条件进行了考核和审查。在党委和政府有关部门的大力支持下，已经进了1015人，质量总的说是好的。对现有人员的提拔、晋升，要

求进行考试、考核，实行岗位竞争。作这些改进，可以加强对干部的管理并激励干警积极进取，提高业务水平和工作质量。

干部培训工作，主要是加快对法院干部的正规化教育培训，以系统的学历教育、专业教育为主，提高干部的文化、业务素质。全国法院干部业余法律大学新疆分校经过三年的艰苦办学，首批700余名学员已于1988年秋季毕业。88年招收大专生476人，其中民族大专生92人。计划89年再招民族大专生200人。最高法院提出到1991年，法院内具有大专以上法律专业知识的在全体人员中要达到40%，在审判人员中达到60%，在正副院长中达到80%。到1995年，上述比例要分别达到70%、80%、90%。根据这一要求，我们拟定了《新疆法院干部培训规划》，拟通过继续办好“法律业大”和创造条件举办“法官培训中心”，予以落实。

（三）继续加强“两庭”建设。

在各级党委和政府的大力支持下，我区法院用于开庭审判案件的法庭的建设，自1985年列入国家计划、纳入三级地方财政以来，有了较快的进展。截止去年底，全区已建审判法庭65个，在建的20个，两项合计占应建庭的59.4%。县、区基层人民法院下属的人民法庭，去年新建22个，现在全区有人民法庭225个。这些人民法庭在审判第一线，承担了一半以上简易民事纠纷、简易经济纠纷案件和轻微刑事案件的审判任务，直接参与社会治安的综合治理，为促进社会安定做出了贡献。为适应综合治理社会治安和方便群众诉讼的需要，计划再建178个人民法庭。

（四）开展了为政清廉教育。

人民法院作为国家的执法机关，保持廉洁特别重要。去年各级法院认真学习了中央关于党和国家机关必须保持廉洁的通知，进行了认真的研究，结合工作实际对干警进行了为人民服务的教育和职业道德教育，开展了向全国法院模范陈家祺同志学习的活动，制订了廉洁奉公的规章，提出了严格的要求。同时，组织干警学习马克思主义的民族理论和党的民族政策，自觉维护民族团结；进行形势教育，使干警认清形势，支持改革。一年来，涌现了许多勤恳工作、秉公执法、廉洁奉公的好人好事，按照《人民法院奖惩办法》的规定，给予个人记功奖励的8人，给予集体记功的4个单位，还评选了一批先进的集体和个人。如哈密市法院民庭审判员李金田同志虽身患绝症，但他以顽强意志和病魔斗争，带病坚持工作，超额完成办案任务，并多次拒贿，秉公执法，被评为哈密市劳动模范。同时，对干警中的违纪和违法犯罪问题进行了严肃查处，不护短，不姑息纵容。去年共查处违反党纪法纪政纪的52人，其中，给予行政开除的4人，开除党籍的2人，依法判刑1人。天山区法院刑庭副庭长魏兴川因犯徇私舞弊罪，被依法追究了刑事责任。当前，全区法院队伍的精神面貌是好的，出现了努力工作、刻苦学习、积极上进的良好风气。

（五）执法中存在的问题和改进措施。

关于刑事案件的办案期限问题。几年来，我们一直重视刑事案件的办案期限问题，但1988年仍有4.7%的案件超过了办案期限，其中主要是重大的经济犯罪案件和其他疑难的刑事犯罪的案件，久审不决，在社会上影响比较大。造成超审限的主观原因，是有的法院领导和办案人员对严格遵守办案期限的重要性认识不够，工作抓得不紧，以至延长了结案时间等。客观上是有些经济犯罪和其他复杂案件需要反复调查核实证据，有的要跨省、区进行调查；还有的政策界限不清，需要一定时间进行反复的研究等。为了解决这些问题，我们已在有关会议和文件中多次要求各地法院在保证办案质量的前提下，努力提高办案效率，最大限度地减少超审限问题。对个别重大、复杂的案件，确实不能在规定期限内办结的，需按规定经高级法院批准后方可延长审理期限。对有的被告人采取取保候审或监视居住的办法，对社会没有危险性的，可以取保候审或监视居住，这期间按全国人大常委会的有关规定不计入办案期限。

关于民事、经济纠纷案件“执行难”的问题。我们对解决民事案件、经济纠纷案件裁决后执行难的问题，虽然作了多方努力，执行率有所提高，但仍有相当数量的案件执行不了。1988年全区共计有3185起案件未执行，占应执行数的18.9%。原因是多方面的。除了主观上法院执行力量不足、法院之间相互协助办理委托执行不够和其他执行措施不力以外，在客观上，有的因当事人本身无财产可执行，特别是涉及“皮包公司”的债务案件；有的因负有法律义务的单位拒绝协助执行；还有的因当地领导从地方保护主义出发，设置障碍不让执行等。为了解决执行难问题，我们提出要加强法院自身的工作，加强执行力量，严肃执法，切实搞好执行工作。首先，法院在收案之初就应考虑执行问题，根据需要及时采取担保、诉讼保全等措施，为结案后的执行创造条件；其次，对资不抵债又没有连带债务人，符合破产条件的，按破产法（试行）的规定办理，也可由债权人或第三人对被执行企业有偿兼并，从兼并所得中清偿债务；第三，商请银行 部门，共同采取措施解决协助执行中的问题。对于地方保护主义阻挠执行的，要及时报告上级领导部门予以解决。

关于执法条件问题，首先是案件增多，依法审判的要求提高，与法院人员不足的矛盾仍然存在。去年按国家下达的进2000人的计划，实际完成一半。最高法院提出的进人一律经过考察并严格审批，保证质量，宁缺勿滥的要求，在有些地方没有严格执行，进了一些不合格的人。这种情况需要引起重视，进人质量应当保证，确属不合格的，法院应当退回。其次是办案经费不足，有的法院因经费不足从10月份起就不收民事、经济纠纷新案，有的法院因经费紧张而不能出去调查案件。办案经费，直接关系到法院能否正常行使审判权利，应该得到保证。再次是物质装备不足，全区各地尚有58个法院没有审判法庭，使一些案件不能公开审理。主要原因是自治区人民政府按计划拨款后，属地、县筹集的款项，多数没有落实。人民法庭的办公用房奇缺，据调查，全区225个人民法庭，有办公用房的只21个，占9.3%。至于干警宿舍，则更加困难。我们给自治区人民政府写了报告，计划分五年逐步解决人民法庭的用房问题。

各位代表，在过去的一年中，我区各级法院在党委、人大及其常委会领导、监督和支持下，依靠各族干警的共同努力，总共审结了各类案件57780件，调处简易纠纷8122件，办理减刑10448件，全面执行了“保护人民，惩治犯罪，促进改革，服务四化”的光荣任务。在新的一年里，我区各级法院要结合实际，深入学习和贯彻党的十三届三中全会的精神；以治理经济环境、整顿经济秩序为中心，以抓大案要案为重点，坚决依法严惩严重经济犯罪活动，依法从重从快地打击严重危害社会治安的犯罪活动；同时依法审理好流通领域和全面深化改革中发生的各类案件，积极疏导各种摩擦和冲突，防止矛盾激化，防止突发事件的发生；围绕深化改革中出现的新情况新问题开展调查研究，掌握好各种政策界限，提高审判的质量和社会效果；继续按照十三大的精神和改革的需要，搞好人民法院自身的建设和改革，加强对干警的政治思想工作。通过全面加强人民法院的工作，为治理经济环境、整顿经济秩序、深化改革，提供有效的法律保障和法律服务，为维护自治区的政治安定和促进经济发展，做出新的贡献。

以上报告，请审议。

1990年

最高人民法院工作报告

——1990年3月29日在第七届全国人民代表大会第三次会议上

最高人民法院院长　任建新

各位代表：

1989年是我国治理整顿、深化改革的第一年，是制止动乱和平息反革命暴乱取得历史性伟大胜利的一年。在这一年里，全国各级人民法院坚决贯彻中国共产党十三届四中全会和五中全会精神，依照宪法和法律，全面开展审判工作，取得了新的成绩。现将主要情况报告如下，请予审议。

一、严厉惩治严重刑事犯罪，维护社会安定

在第七届全国人民代表大会第二次会议后，最高人民法院根据会议精神，对去年刑事审判工作的重点及时作出了部署，强调对严重危害社会治安的犯罪分子继续坚持依法从重从快惩处的方针，对严重破坏经济秩序的犯罪分子继续坚持依法从严惩处的方针，要求各级人民法院采取有效措施，进一步严厉打击严重刑事犯罪活动。1989年，全国各级人民法院共受理一审刑事案件392564件，比上年上升25.3%；审结一审刑事案件389597件，比上年上升24.68%；判决发生法律效力的人犯共482658人，比上年上升30.88%。其中，判处五年以上有期徒刑、无期徒刑和死刑（包括死缓）的，占判处人犯总数的34.24%，比上年上升3.45个百分点；判处五年以下有期徒刑、拘役和管制的，占判处人犯总数的64.18%，比上年下降1.04个百分点；免予刑事处分的6035人；宣告无罪的1582人。一年来，各级人民法院对各种严重刑事犯罪活动依法进行了严厉打击，使犯罪分子受到了应得的法律制裁。

对于北京反革命暴乱和一些地方政治动乱中发生的刑事案件，人民法院在审判工作中，采取了既坚决而又慎重的方针，坚持严格依法办事，以事实为根据，以法律为准绳，严格区分罪与非罪的界限，严格区分反革命犯罪与普通刑事犯罪的界限；并认真执行惩办与宽大相结合的政策，该严的严，该宽的宽；所有案件都严格依照我国刑事诉讼法规定的程序和制度进行审判，凡是依法应当公开审理的案件都一律进行了公开审理，保证了案件的公正审判。人民法院依法判处的，只是极少数在动乱和暴乱中进行打、砸、抢、烧、杀犯罪活动，以及那些以推翻人民民主专政的政权和社会主义制度为目的，进行组织、策划、煽动、指挥政治动乱或反革命暴乱，危害国家安全，触犯刑律的犯罪分子。对于绝大多数不明真相的参与者，则采取了教育、团结的政策，不予追究。这样，既坚持了法律的严肃性，惩治了犯罪分子，又教育了群众，促进了全国局势的稳定。这一方针，得到了

我国社会各界的赞成和支持。国外敌对势力攻击我们进行“秘密审讯”、“秘密判决”，“拒绝公平的公开审判”,“对人权广泛践踏”，是蓄意制造谣言，毫无事实根据的。这完全是对我国审判机关和审判制度的恶意中伤！是对一个主权国家依法行使审判权的粗暴干涉！

近年来，不法分子卖淫嫖娼、制作贩卖传播淫秽物品、拐卖妇女儿童、私种吸食贩运毒品、聚众赌博和利用封建迷信骗财害人的违法犯罪活动相当猖獗，严重败坏社会风气，干扰了改革开放，破坏了精神文明建设，已成为广大人民群众深恶痛绝的六大“公害”。人民法院及时依法判处了一批“六害”中的犯罪案件，促进了除“六害”斗争的深入开展。各级人民法院还针对当地突出的社会治安问题，与公安、检察等有关部门密切配合，积极开展了打击流窜犯和惩治其他严重刑事犯罪的专项斗争。

近几年来，青少年犯罪在不少地区一直呈上升的趋势。1989 年，各级人民法院共判处青少年罪犯 293435 人，比上年上升 36.64%。其中，不满 18 岁的未成年犯 42766 人，比上年上升 31.79%。未成年人犯罪增多，已成为人们关注的一个严重社会问题，亟需进行综合治理。自 1988 年我院在上海召开“全国法院审理未成年人刑事案件经验交流会”以后，各地法院积极采取措施，有的省法院还制定了审理少年刑事案件合议庭工作细则。最高人民法院正着手制定《关于未成年人刑事案件审理程序的若干规定》。现在，全国法院审理少年刑事案件的合议庭已发展到四百多个。我们要求各地在总结经验的基础上，继续加以推广。这对于教育和挽救犯罪的未成年人，减少和预防青少年犯罪，促进社会治安的综合治理，有重要的作用。

人民法院在依法严惩严重危害社会治安的犯罪分子的同时，还注重依法严厉打击严重破坏经济的犯罪分子。七届全国人大二次会议批准的《最高人民法院工作报告》，曾提出各级人民法院在同经济犯罪作斗争中，要把主要力量放在反贪污、反受贿上；同时，对投机倒把、走私、贩毒、诈骗、偷税抗税等其他严重经济犯罪活动，也必须依法惩处。1989 年，全国各级人民法院受理的一审刑事案件中，经济犯罪案件有 76758 件；审结 75904 件，判处人犯 105818 人。其中，受理贪污、受贿案件 16905 件，比上年上升 44.24%；审结 16270 件，比上年上升 33.79%；判决发生法律效力的人犯 12896 人，比上年上升 31.16%。其中，判处五年以上有期徒刑、无期徒刑和死刑（包括死缓）的 3161 人，占判处贪污、受贿人犯总数的 24.51%，比上年上升 2.66 个百分点。对贪污、受贿数额特别巨大、情节特别严重，使国家、集体遭受重大损失，实属罪大恶极的重大贪污犯、受贿犯，最高人民法院依法核准死刑的有 31 名，比上年上升 55%。

为了深入开展打击严重经济犯罪活动的斗争，根据中共中央、国务院的建议，依照有关法律规定，最高人民法院会同最高人民检察院于去年 8 月 15 日发布了《关于贪污、受贿、投机倒把等犯罪分子必须在限期内自首坦白的通告》。在党的领导下，在人大的监督和政府的支持下，全国各级人民法院把贯彻执行“通告”作为一项突出的重要任务来抓，取得了明显的效果。在“通告”规定的期限内，共有 36000 多人投案自首；全国法院共受理贪污、受贿、投机倒把等经济犯罪案件 10039 件；审结案件 8250 件，判处人犯 12461 人。其中，适用“通告”从宽判处的 3715 人，从严判处的 1595 人；司（局）级干部 12 人，县（处）级干部 139 人。事实证明，“通告”充分体现了社会主义法制和惩办与宽大相结合政策的强大威力，使广大群众看到了党和国家坚决惩治腐败，搞好廉政建设的决心和行动。但是，从贯彻执行“通告”的情况看，各地工作发展不平衡，对已经取得的成绩不能估计过高。打击经济犯罪的斗争是长期的、艰巨的、复杂的，必须继续抓紧进行下去。

现在，一个值得注意的问题是，社会上经济犯罪活动仍很严重，而一些依法应当起诉到法院来的案件，却没有起诉到法院来。其中一个重要原因，是“以罚代刑”。这不仅妨碍了严肃执法，而且容易腐蚀执法队伍。对于这个问题，党中央、全国人大常委会和国务院都很重视，要求采取措施，加以解决。最近，全国政法工作会议已决定要全面、彻底解决这个问题。我们希望尽快落实。凡是构成犯罪，依法需要追究刑事责任的案件，都应当依法向人民法院起诉，由人民法院审判。

各位代表：当前，我国的政治、经济和社会是稳定的，并且朝着更加稳定的方向发展。但是，社会治安形势仍相当严峻。刑事案件大量上升。据统计，1989年，全国各级人民法院受理的严重危害社会治安的刑事案件比上年上升30.27％。其中，重大盗窃上升95.23％，抢劫上升68.08％，故意杀人上升15.29％；在一些大中城市、沿海开放地区、水陆交通沿线，犯罪分子流窜作案，有的甚至成帮结伙，公然在火车、轮船、汽车上劫掠旅客、抢劫物资；“六害”等社会丑恶现象中的犯罪活动尚未完全遏制住；某些沿海地区带有黑社会性质的犯罪集团重新抬头；社会上不安定因素增多，一些案件多发地区，群众依然缺乏安全感。特别是，国内外敌对势力和各种仇视社会主义制度的敌对分子，仍在伺机进行破坏和颠覆活动。根据以上情况，最高人民法院在今年1月召开的第十五次全国法院工作会议上，要求各级人民法院要充分认识到，在社会主义初级阶段，阶级斗争还将在一定范围内长期存在，在某种条件下还有可能激化。只要国内有敌对分子和严重刑事犯罪分子存在，国际上有对我国进行渗透、颠覆、和平演变的敌对势力存在，人民民主专政就必须坚持，决不能削弱。作为人民民主专政重要工具的人民法院，必须强化对敌专政的职能。刑事审判工作直接关系到国家的安危，社会的稳定，必须进一步加强。

二、调整民事、经济关系，维护公民、法人的合法权益

一年来，人民法院努力开展了民事审判、经济审判、海事审判和行政审判工作，为保护公民的民主权利和人身权利，保护公民、法人的合法权益，维护社会的稳定，保障和促进治理整顿、深化改革的顺利进行，起到了重要的作用。

（一）民事审判工作取得明显进展

一年来，民事案件持续大幅度上升。1989年，全国各级人民法院共受理一审民事案件1815385件，比上年上升24.76％；审结一审民事案件1808538件，比上年上升27.44％。在受理的案件中，婚姻家庭纠纷案件869872件，占47.92％，比上年上升16.37％；债务案件577121件，占31.79％，比上年上升53.31％；赔偿案件172287件，占9.49％，比上年上升14.15％。这三类案件占民事案件总数的近90％。

民事案件持续大幅度上升的主要原因是：1. 随着我国社会主义公有制为主体的多种所有制经济的发展，社会主义有计划商品经济的繁荣，公民之间、公民与法人之间的民事法律关系日趋广泛、复杂。2. 由于法制的逐步健全，特别是民法通则的颁布施行，人民法院受理的民事案件的范围日益扩大，著作权、名誉权、肖像权、姓名权等新类型案件逐渐增多。3. 法律知识的普及，公民法律意识的增强，使越来越多的人懂得如何运用法律手段保护自己的合法权益。4. 资产阶级思想的侵袭和封建意识、旧习俗活动的抬头。例如，在婚姻家庭关系上，喜新厌旧，第三者插足，不履行抚养和赡养义务，等等。

当前，民事案件的特点，一是数量大。去年全国各级人民法院受理的一审民事案件占法院全部一审收案总数的60％以上。二是涉及面广，情况复杂。涉及婚姻、家庭、土地、山林等社会生活和生产的各个领域。三是直接关系到公民的民主权利、人身权利和财产

权利，反映了多方面的利益冲突和矛盾；处理不好，容易引起矛盾激化。从去年审结的伤害、杀人等犯罪案件看，由于民事纠纷矛盾激化形成的，约占这两类案件总数的70%。一年来，人民法院以进一步贯彻执行民法通则为中心，积极开展民事审判工作。通过审理大量民事案件，特别是及时解决一些矛盾有可能激化的民事案件，为增进人民内部的安定团结，促进生产的发展，促进社会主义精神文明建设，发挥了积极的作用。

1990年，民事审判工作仍将面临案件大量增加，新情况、新问题增多的复杂形势。各级人民法院的任务是继续加强民事审判工作，更好地为治理整顿、深化改革服务；总结和推广审理婚姻、债务、赔偿案件以及著作权、名誉权、肖像权等新类型民事案件的经验；研究涉外、涉台民事案件的法律适用问题；努力用法律手段保护公民、法人的合法权益，制裁违法行为，维护社会稳定。

（二）经济审判工作有了大的发展

一年来，经济审判工作认真贯彻执行为治理整顿、深化改革和社会主义经济建设服务的方针，针对一个时期以来经济过热、经济秩序特别是流通领域秩序混乱的情况，积极受理了各类经济纠纷案件。1989年，全国各级人民法院共受理一审经济纠纷案件694907件，比上年上升35.45%；审结一审经济纠纷案件673593件，比上年上升38.6%；诉讼标的总金额达215亿元，比上年的117亿元上升83.76%。其中，审理借款合同纠纷案件251582件，比上年上升48.73%，使银行收回了大量逾期贷款，加速了资金周转；审理购销合同纠纷案件192808件，比上年上升29.5%，使大量资金和物资得以合理流动；审理建筑工程承包合同纠纷15409件，解决了压缩基本建设规模和整顿建筑行业秩序引起的不少承包、转包合同纠纷；审理农村承包合同纠纷案件29810件，特别是在问题比较集中的地区，对容易引起矛盾激化的果园、茶园、水产养殖承包纠纷等案件，开展专项审判，维护了农村承包制度；审理企业承包和租赁经营合同纠纷案件6959件，促进了企业改革的深化。

随着改革、开放的深入发展，经济审判工作中出现了不少新情况和复杂的问题：一是诉讼标的额越来越大。每个案件的平均诉讼标的额，已从三年前的1万多元增加到3万多元，其中许多案件的标的额达几百万甚至上千万元。二是清理整顿公司后，合同不能履行、资不抵债和需要破产清偿的案件大量增加。这类案件审理和执行都相当困难。三是经济纠纷案件往往与违法、犯罪交织在一起，需要有关执法机关之间更好地协调、配合。四是专利、商标侵权，技术合同、联营合同纠纷等新类型案件不断增加，情况比较复杂。五是因产品质量和假冒、伪劣商品，严重损害消费者利益而引起的纠纷明显增多。六是涉外和涉港、澳、台案件虽然总数还不多，但增长很快，1989年比1988年增加了一倍多，其中有些案件在国内外有重大影响或者涉及国际欺诈活动。七是一些诉讼标的大，对单位和地方利益关系较大的案件，往往遇到一些干扰，增加了审理的复杂性。

今年，经济审判工作的任务将更为繁重。在进一步治理整顿和深化改革的过程中，由于调整产业和产品结构、压缩基建投资规模、紧缩财政信贷和整顿流通领域秩序等措施的实施，一些新的问题和矛盾还会不断出现，与此有关的经济纠纷案件将会继续大量增加。为此，在第十五次全国法院工作会议上，我们强调各级人民法院要强化服务意识，加强调查研究，加强同有关执法机关的联系和协调，不断解决存在的问题，改善执法活动，通过审判工作，保护正当经营，制裁违法活动，调整经济关系，为克服经济秩序中的混乱现象和扩大对外开放，促进经济的稳定发展，发挥更加积极的作用。

（三）海事审判工作继续开拓前进

随着我国海运和对外经济贸易的发展，海事、海商案件有了增加。去年，全国海事法院共受理一审海事和海商案件725件，比上年上升27.42%；收案类型已达32种，诉讼当事人来自35个国家和地区；审结海事和海商案件633件，比上年上升27.88%。

一年来，我们在海事审判中着重抓了两项工作：第一，扩大收案范围。为了更好地行使我国的海事司法管辖权，根据我国有关法律规定和我国海事审判实践经验，最高人民法院于去年5月制定了《关于海事法院收案范围的规定》，在原收案范围的基础上，增加了海运欺诈、非法扣押船舶、船舶建造买卖、拆解等纠纷案件，案件类型由原来的18种增加到42种。第二，抓涉外和涉港、澳、台案件以及国内重大复杂案件的审理。通过开展海事审判工作，维护了国家主权，保护了中外当事人的合法权益，促进了对外经济贸易的发展。

为了适应海事审判工作发展的需要，今年我们准备全面总结海事审判工作开展以来的经验，解决当前海事审判工作中存在的问题，进一步理顺海事法院体制。新增设的海口海事法院和厦门海事法院已于今年3月开始受理案件。目前，海事法院的上诉审分属于所在地的高级人民法院。这种体制不能适应海事审判专业性强、涉外案件比重大和跨区域的特点。我们正在拟定设置海事高级法院的方案，报请全国人大常委会审议。

（四）行政审判工作开展较快

目前，全国已有2400多个法院建立了行政审判庭，积极慎重地审理了一批行政案件。1989年，全国各级人民法院共受理一审行政案件9934件，比上年上升15.88%；审结一审行政案件9742件，比上年上升21.33%，涉及公安、土地、工商、税务、环保、海关等许多行政管理部门。在审结的案件中，维持原行政机关决定的4135件，占42.45%；原告撤诉的2966件，占30.45%；撤销行政机关决定的1364件，占14%；变更行政机关决定的587件，占6.03%。人民法院通过对行政案件的审理，保护了公民、法人和其他组织的合法权益，维护和监督了行政机关依法行使职权，密切了政府同群众的关系，促进了安定团结。

我国行政诉讼法于去年4月颁布后，最高人民法院和部分地方人民法院相继举办了行政诉讼法和行政法培训班；最高人民法院和一些高级人民法院还开展了行政审判的试点工作；许多法院结合行政审判，积极宣传行政诉讼法和行政法知识，为行政诉讼法的实施做了大量准备工作。从今年10月1日起，我国行政诉讼法将正式施行。这是我国社会主义法制建设的一件大事，也是我国社会主义民主政治建设的重要发展，人民法院的行政审判工作将进入一个新的阶段。今后起诉到法院的行政案件将日益增多，一些专业性、技术性和政策性很强的行政案件将会出现，而法院行政审判人员的数量和质量都有待于进一步充实和提高；人们对行政诉讼还不习惯、不熟悉，要改变这种状况也还需要有一个过程。因此，今年行政审判工作的主要任务是，为贯彻执行行政诉讼法，全面开展行政审判工作，做好充分的准备。各级人民法院要认真学好行政诉讼法，大力宣传行政诉讼法；健全行政审判机构，充实行政审判人员，进一步提高行政审判人员的政治、业务素质，严格依法审理好各类行政案件。最高人民法院拟在调查研究、总结经验的基础上，提出实施行政诉讼法的具体意见。

三、加强审判监督和指导，提高执法水平

1989年，全国各级人民法院共受理各类一审案件2913515件，比1988年上升27.19%；审结各类一审案件2882103件，比1988年上升29.47%；同1984年比，五年来收案和结案都翻了一番还多。这样大量的案件，涉及国家的政治、经济和社会生活的各人方面，关系人民群众的切身利益；一些重大案件的审判，在国内外有较大的影响；许多案件案情十分复杂，新情况、新问题不断

出现。面对这种状况，最高人民法院在直接办理上诉、复核、再审等各类重大、疑难案件889件的同时，大力加强了审判监督和指导，不断改进审判工作，努力提高执法水平，以适应形势发展的需要。

（一）加强司法解释工作

根据人民法院组织法的规定和全国人大常委会《关于加强法律解释工作的决议》，1989年，最高人民法院对在审判过程中如何具体应用法律的问题，进一步加强了司法解释工作。在深入调查研究、总结经验的基础上，经审判委员会讨论决定，作出了有关刑事、民事、经济、海事等方面的司法解释31件，及时地解决了审判实践中存在的法律适用问题。例如，最高人民法院会同最高人民检察院发布的《关于执行〈关于惩治贪污罪贿赂罪的补充规定〉若干问题的解答》，对贪污罪、受贿罪的主体，共同贪污和挪用公款定罪量刑的数额标准等，作了具体的规定。在我院下发的《全国法院减刑、假释工作座谈会纪要》中，依照法律规定了减刑、假释的具体标准，对促进罪犯的改造，预防和减少重新犯罪，起了积极作用。根据刑法第七十六条规定的精神，最高人民法院会同最高人民检察院发布了《关于不再追诉去台人员在中华人民共和国成立后当地人民政权建立前的犯罪行为的公告》，并规定，“公告”对于去台湾以外其他地区和国家的人员也适用。这有利于促进祖国的和平统一，在海内外产生了良好的影响。我院发布的《关于人民法院审理离婚案件如何认定夫妻感情确已破裂的若干具体意见》和《关于人民法院审理未办结婚登记而以夫妻名义同居生活案件的若干意见》，对审理离婚案件如何适用婚姻法等法律问题作了比较全面、系统的司法解释。在我院下发的《全国沿海地区涉外、涉港澳经济审判工作座谈会纪要》中，对案件管辖、诉讼主体和诉讼代理、诉讼保全、法律适用、缺席判决等问题作出了解释，使审判实践中遇到的亟需明确的一些问题得到了解决，促进了涉外和涉港澳经济审判工作的开展。最高人民法院在作出司法解释的同时，还适时地公布了一些典型案例，以加强指导。

（二）加强审判监督工作

根据我国宪法关于“最高人民法院监督地方各级人民法院和专门人民法院的审判工作，上级人民法院监督下级人民法院的审判工作”的规定，1989年，我们对重大、复杂、疑难案件适用法律方面的问题，进行研究、指导；对审判工作经验及时总结、推广；针对审判工作中出现的新情况、新问题，进行调查研究，提出意见，发现问题，予以纠正，进一步加强了对下级人民法院审判工作的监督和指导。同时，加强了申诉和再审工作。去年，各级人民法院本着实事求是、有错必究的方针，审查处理了对历年来已发生法律效力的判决提出的申诉1074983件次；通过审判监督程序进行再审的案件109498件，其中，维持原判的68422件，占62.49%；改判的24670件，占22.53%。各级人民法院还受理人民检察院抗诉的刑事案件2014件，审结2057件（含旧存）。其中，维持原判的763件，占37.04%；认为原判确实不当而依法改判的809件，占39.33%。从而保护了当事人的合法权益，维护了法律的严肃性。

（三）以公开审判为重心，积极改进庭审工作

为了加强社会主义民主与法制建设，严格依照法定程序审理案件，1989年，全国各级人民法院进一步加强了公开审判，把法庭审理置于人民群众的监督之下。一年来，凡依法应当公开审理的案件，都努力进行了公开审理。最高人民法院在总结一些地方法院再审案件开庭经验的基础上，制定了《关于刑事再审案件开庭审理程序的意见》。在审理民事、经济纠纷案件中，各级人民法院就加强当事人的举证责任，进行了大量的试点工作，实行当事人举证和法院调查相结合，加强了庭审调查。通过公开审判，澄清了是非，辨明了责任，宣传了法制，发挥了律师在诉

讼活动中的积极作用，进一步提高了办案质量和办案效率，取得了明显的效果。为了搞好公开审判，近几年来，人民法院通过依法选举和邀请社会各界人士担任人民陪审员参加了案件的审判。今后，我们将邀请更多的人民代表、政协委员、民主党派成员和无党派人士担任人民陪审员，参加重大、疑难和有影响案件的审判，希望社会各界给予更大的支持。但是，人民法院在实行公开审判工作中，也还存在一些实际问题，主要是有些法院没有审判法庭，缺少必要的开庭场所。这已引起各级党委、人大和政府的关心和重视，希望尽快得到解决。

（四）积极开展调解工作

在民事、经济审判活动中，我们依法贯彻执行了“着重调解”的原则，强调提高调解工作的质量。去年民事、经济纠纷案件，采用调解方法解决的，占这两类案件总数的70%以上。为了适应社会主义有计划商品经济的发展，民事、经济纠纷案件大幅度上升的需要，各级人民法院加强和改进了调解工作。有的法院积极进行了由法院主持的庭前调解工作的试验。只要当事人双方自愿接受调解，争议的事实清楚，是非、责任分明，就可以依法由法院直接进行调解。这种调解具有随来随调解、方便当事人，在短期内解决大量纠纷、减少积案的优点，取得了较好的社会效果。第十五次全国法院工作会议提出，有条件的地方可以试验，进一步总结经验，加以推广。同时，我们也注意纠正有的法院单纯追求调解结案率，以致有的民事和经济纠纷案件久调不决。我们强调应当全面理解和正确执行“着重调解”的原则，对调解无效的，应当及时判决。

（五）改善执行工作

一年来，各级人民法院加强了对执行工作的领导。许多法院在执行过程中，加强了法院内外的协调，注重宣传法制，耐心细致地做好被执行人和有关方面的思想疏导工作，既坚持维护法律的严肃性，又实事求是地具体问题具体解决。去年，由于各级人民法院的努力，执行工作的效率和质量有了提高。但是，目前仍有相当一部分案件的判决执行不了，经济纠纷案件“执行难”的情况尤为突出。造成执行难的因素很多，其中主要是地方保护主义和本位主义的干扰。为了改变这一状况，我们强调各级人民法院要从自身做起，坚决站在国家的立场上，排除干扰，维护法律的统一实施；上级人民法院要加强对下级人民法院执行工作的指导、协调、帮助和监督；要认真负责地做好法院之间的委托执行工作，对依法受委托执行而拒不执行的法院，要追究有关人员的纪律责任；对妨碍执行的，要依法严肃处理。我们希望人大对法院的执行工作继续给予支持和监督，希望各有关方面依法支持法院的执行工作，以维护法律的尊严和权威。

（六）开展同外国法院间的司法协助

一年来，我国法院同外国进行司法协助的工作有了进展。去年，我国先后同民主德国、蒙古人民共和国签订了司法协助协定；同瑞士、联邦德国就送达文书的格式达成了协议。我国同法国和波兰签订的司法协助协定已生效执行，并已开始就民事、商事和刑事方面的案件相互提供了司法协助。今后，随着对外开放的不断扩大和法制的健全，我国将会同更多的国家签订司法协助协定，这方面工作必须进一步加强。

四、坚持从严治院，加强队伍建设

去年，我们继续坚持从严治院的方针，一手抓审判，一手抓队伍建设，取得了较大成绩。全国法院广大干警坚持四项基本原则，坚持改革开放，严肃执法，政治素质和业务素质都有了较大的提高。在制止政治动乱和平息北京反革命暴乱的斗争中，广大干警坚决拥护党中央的英明决策和采取的果断措施，经受住了严峻的考验。在各类案件大量上升，工作条件比较艰苦的情况下，克服困难，努力奋斗，较好地完成了各项审判任务。各地法院涌现出很多清正廉洁、秉公执法、全心全意为人民服务的先进集体和先进个人。1989年，全国法院系统受表彰奖励的先进集体3163个，立功受奖的个人14184人次；有10名法官出席了全国劳动模范、先进工作者表彰大会；有73个单位被最高人民法院授予“全国法院系统制止动乱、平息反革命暴乱先进集体”称号。实践证明，法院队伍是一支党和人民可以依赖的、有战斗力的队伍。一年来，我们在队伍建设上，着重抓了以下五个方面的工作：

（一）加强思想政治工作。这些年来，法院系统是重视思想政治工作的。但是，我们的思想政治工作抓得还不够紧，必须进一步加强和改进。我们提出全国法院干警要用党的十三届四中全会和五中全会精神进一步统一思想和行动，充分认识面临的新形势和任务；教育全体干警深刻认识国际敌对势力同我国之间的渗透与反渗透、颠覆与反颠覆、和平演变与反和平演变的斗争，国内坚持四项基本原则、反对资产阶级自由化的斗争，是长期的、尖锐的、复杂的。不管国际风云如何变幻，我们都要坚持走自己的路，坚持社会主义，坚持改革开放。

（二）认真学习马克思主义基本理论，提高干部的政治理论水平。我们要求各级人民法院要结合思想和工作实际，深入学习马克思列宁主义、毛泽东思想的基本理论，特别是哲学和国家与法的理论，学习邓小平同志的著作，重点是邓小平同志关于建设具有中国特色的社会主义的理论。我们还制定了五年内将中级人民法院院长和高级人民法院副院长轮训一遍的计划，从1987年起，委托中央党校举办了学习马克思主义基本理论的进修班。通过学习，使广大干部提高思想、政治和理论水平，提高认识问题、分析问题和解决问题的能力，提高坚持四项基本原则、反对资产阶级自由化的自觉性。

（三）加强廉政建设，严格纪律，造就一支清正廉洁、秉公执法的队伍。人民法院是国家的审判机关。搞好法院自身的廉政建设，有特殊重要的意义。1989年5月，最高人民法院召开了全国法院廉政建设工作会议，要求各级法院领导把廉政建设作为一件大事来抓。会后，各级法院向全体干警普遍进行了廉政教育，制定了加强廉政建设、惩治腐败的具体措施，取得了一定成绩。许多法院干警顶住了社会上的不正之风，拒绝吃请，拒收礼品，拒绝贿赂。但是，也发现极少数人经受不住考验，违法乱纪甚至走上了犯罪道路。据统计，去年，全国法院受到各种处分的干警有690人，占干警总人数的2.9‰。其中，受党纪、政纪处分的659人，受刑事处分的31人（内有审判员11人）。值得注意的是，有个别基层法院院长和中级法院副院长竟利用职权，贪赃枉法，成了人民的罪人。这充分说明了问题的严重性。今年，我们要坚定不移地把廉政建设继续抓下去，进一步加强纪律检查和监察工作，自觉地接受党委、人大和人民群众的广泛监督。去年在全国法院系统开展的执法大检查，今后每年要继续进行下去。对法院工作人员的徇私舞弊、贪赃枉法行为，一经发现，坚决依法从严惩处，决不姑息。

（四）认真做好干部教育培训工作，造就德才兼备的法律人才。随着法制建设的发展和审判工作的全面开展，要求法院必须拥有相当数量多层次的法律专门人才。多年来的实践表明，人才的培养尤其是高级法官及其后备人才的培养，只靠现有的政法院校还不能适应形势迅速发展的需要，法院还必须依靠自身的力量加强对干部的教育培训。1989年，全国法院干部业余法律大学又有4200多名学员毕业。最高人民法院和国家教育委员会联合创办的中国高级法官培训中心，首届学员已于去年7月结业，现在还有120名学员在继续学习，为法院系统培养高层次法律专门人才开创了一个新途径。去年，各级人民法院还举办了各种短期轮训班1215期，参加培训的人员达37900多人次。一个多形式、多层次的法院干部培训网络正在形成。今后我们要继续把干部教育培训工作搞好，加快创办省、自治区、直辖市法官培训中心的步伐，并为筹办中国法官学院努力创造条件。

（五）坚持群众路线，深入基层，改进审判作风和工作作风。一年来，广大审判人员依靠群众，方便群众，就地调查，就地审理，及时解决纠纷，做了大量艰苦细致的工作；接待人民群众有关诉讼和非诉的来信来访4538954人次，密切了法院同人民群众的联系，保障了公民和法人的诉讼权利；同时，结合办案，向群众进行法制宣传教育，审判作风有了改进。但做得还是很不够的，与党的十三届六中全会通过的《关于加强党同人民群众联系的决定》提出的要求还有很大差距。全国法院干警都要认真学习六中全会精神，牢固树立全心全意为人民服务的思想，继承和发扬人民司法工作的优良传统。各级人民法院领导要组织并带领审判人员深入基层，深入群众，深入实际，结合法院工作中的重要问题认真进行调查研究，努力解决基层工作中存在的问题，把党的路线、方针、政策落到实处；要进一步坚持院长亲自办案的制度和接待群众来访的制度，密切法院和群众的联系，接受人民群众的监督，不断改进审判工作。

回顾过去一年，人民法院的各项工作虽然取得了一定成绩，但同党和国家对法院的要求还有差距。主要是：我们的思想和工作还跟不上我国政治、经济发展的新形势；在宏观指导上，面向基层、深入基层、加强基层基础工作还不够；对工作中的一些新情况、新问题系统地调查研究，及时提出解决的办法和意见也不够。这些都需要在今后的工作中认真加以改进。另一方面，我们在工作中也存在一些困难。人民法院所面临的任务同人民法院现有的审判力量之间的矛盾，案件的大量增加同业务经费不足和必要的装备紧缺的矛盾，十分突出，长期影响着审判工作的开展。对这些困难，党中央、全国人大常委会和国务院都很重视。我们希望在今年能得到适当解决。

各位代表：今年是我国治理整顿和深化改革的关键性的一年。当前，压倒一切的是稳定。就是要保持国家的政治稳定、经济稳定和社会稳定。这是人民法院面临的最重要的任务。人民法院是人民民主专政国家机器的重要组成部分，各项审判工作都同保障社会稳定有直接的关系。全国各级人民法院必须坚持“一个中心、两个基本点”的基本路线，贯彻执行实事求是的思想路线和群众路线，牢固树立一切审判工作都要为保障和促进国家的政治、经济和社会进一步稳定服务的观念，在中国共产党十三届四中全会、五中全会和六中全会精神指引下，在人大及其常委会的监督和支持下，全面开展审判工作，充分发挥审判职能作用，保障和促进治理整顿、深化改革的顺利进行，为实现国民经济长期持续、稳定、协调发展服务，为社会主义现代化建设服务。

各省、自治区、直辖市高级人民法院、解放军军事法院工作报告

北京市高级人民法院工作报告

——1990年3月6日在北京市第九届人民代表大会第三次会议上

北京市高级人民法院院长　刘云峰

各位代表：

现在，我就本市各级人民法院1989年所做的主要工作和1990年的工作意见作一汇报，请审议。

一、1989年工作概况

1989年，全市各级人民法院遵照本届大会第二次会议关于人民法院、人民检察院工作报告的决议，在党的路线、方针和政策的指导下，在市人大常委会、上级法院的监督和各方面配合、支持下，严格执法，积极开展各项审判工作，共审结各种案件54646件，较好地完成了任务，对首都的社会稳定，治理整顿、改革开放和四化建设的顺利进行，起了保障和促进的作用。我们主要做了以下工作：

（一）审判刑事案件，依法惩办刑事犯罪分子

1989年，全市各级人民法院新收一审刑事案件7327件，比上年上升27.7%；已审结7118件；在判决已经发生法律效力的9442名罪犯中，判处五年以上有期徒刑、无期徒刑和死刑的3695名，占罪犯总数的39.1%。在刑事审判工作中，我们的工作重点是：

第一，把打击的矛头对准严重危害社会的犯罪分子。

首先，我们继续贯彻执行从重从快的方针，依法严惩严重破坏社会治安的刑事犯罪分子。1989年新收严重危害社会治安的犯罪案件3590件，比上年上升54.2%，其中流氓案件数上升49%，抢劫案件数上升72.4%，重大盗窃案件数上升80.8%；已审结3459件；在判决已经发生法律效力的5317名罪犯中，依法判处五年以上有期徒刑、无期徒刑和死刑的3169名，占同类罪犯总数的59.6%。

其次，坚持一要坚决，二要慎重，务必搞准的方针，严惩严重破坏经济的犯罪分子。1989年新收一审经济犯罪案件2168件，比上年上升39.2%，其中贪污案件数上升13.6%，受贿案件数上升88%；已审结经济犯罪案件2115件；在判决已经发生法律效力的3212名罪犯中，依法判处五年以上有期徒刑、无期徒刑和死刑的1198名，占同类罪犯总数的37.3%；共挽回经济损失1620多万元，其中判决没收财产7.28万元，处罚金5.57万元。

再次，依法从严惩处反革命暴乱中的犯罪分子。反革命暴乱给我们党、国家和人民造成了严重的损失。最高人民法院要求我们，

对反革命暴乱案件的审判，要做到“严、快、准”。我们采取慎重的态度，坚持实事求是的原则，在查清事实的基础上，划清罪与非罪、此罪与彼罪的界限，对构成犯罪，有明显反革命目的的定反革命罪，没有明显反革命目的的，该定什么罪就定什么罪，并根据“坦白从宽、抗拒从严”和“惩办与宽大相结合”的原则，及时进行了处理。到年底，占收案总数84%的反革命暴乱中的案件已审理完毕。

此外，我们依法从严惩办铁路运输中的罪犯，以维护铁路运输的安全。北京铁路局在全国铁路运输中处于中心的地位，辖区包括北京、天津、石家庄、太原、大同、临汾，承担着繁重的客、货运任务。1989年铁路运输法院新收一审刑事犯罪案件422件；已审结410件；判处罪犯666名，其中有盗窃犯500名，抢劫犯34名，投机倒把犯30名，伪造、倒卖票证犯22名，故意伤害犯19名，强奸犯10名；在判决已经发生法律效力的617名罪犯中，依法判处五年以上有期徒刑、无期徒刑和死刑的214名，占罪犯总数的34.7%。

第二，坚决执行“坦白从宽、抗拒从严”和“惩办与宽大相结合”的政策。对屡教不改的，教唆他人犯罪的，集团或结伙犯罪中的主犯以及具有其他法定从重或加重处罚情节的，坚决依法予以从严惩处；同时，对犯罪后投案自首的、坦白交待的、有立功表现的，犯罪中止、未遂的，未成年犯罪的以及具有其他从轻、减轻处罚或者免除处罚情节的，坚决依法予以从宽处理。

第三，坚持以事实为根据、以法律为准绳，做到一个“准”字，切实保证办案质量。尽管审判刑事案件的任务很重，工作很多，我们要求判决的每件案件，都要做到基本的事实清楚，基本的证据确实充分。经审查，因主要事实不清或主要证据不足而退回补充侦查的共673件，占同期公诉案件总件数的9.8%；一审判决后被告人提出上诉，二审经审理认为原判事实不清或证据不足而撤销原判、发回重新审判的共41件，占上诉案件总数的3.2%，占一审已结刑事案件总数的0.7%。在查清事实的基础上，我们依照法律的规定，认真分析研究，严格划清罪与非罪、此罪与彼罪的界限，然后，根据犯罪的事实、性质、情节和对于社会的危害程度，依法予以处罚。

第四，严格依法办事，充分保障被告人行使法定的诉讼权利。在刑事审判活动中，我们坚决执行了刑事诉讼法关于公开审判、回避、辩护、最后陈述、合议、上诉、申诉、死刑复核、审判监督等规定，以保证准确、及时地查明事实，正确适用法律，使犯罪分子受到应有的法律制裁，使无罪的人不受刑事责任的追究。全年进行公开审判的案件4954件；除轻微刑事案件实行独任审判外，实行合议庭审判的共6211件；有辩护人出庭为被告人辩护的3481件；一审判决后被告人提出上诉的1273件，人民检察院抗诉的20件，两项共占一审判决结案总数的21%。各级法院都能抓紧做工作，在法定审限内结案的6178件，占一审公诉案件结案总数的90.1%。

第五，结合形势，选择一些典型案件召开大会，宣告犯罪分子的犯罪事实和对罪犯的审判结果，以震慑罪犯，体现政策，积极参加社会治安的综合治理和专项斗争。例如，为配合落实最高人民法院、最高人民检察院1989年8月15日发布的《关于贪污、受贿、投机倒把等犯罪分子必须在限期内自首坦白的通告》，在《通告》的期限内，市中级人民法院召开大会3场，东城、西城、宣武、崇文、海淀、丰台、通县、昌平、房山等区、县法院先后召开大会21场，共宣告了87名罪犯的犯罪事实和审判结果，依法从重判处的61名，依法宽大处理的26名。

第六，坚决贯彻执行市人民代表大会常务委员会制定的市未成年人保护条例。市中级人民法院和各区、县人民法院都建立了专门审判未成年人刑事案件的合议庭，把教育、感化、挽救的方针贯穿在审判工作之中，收到了很好的效果。宣武区人民法院判处徒刑宣告缓刑或已刑满释放的14名未成年人，在动乱和反革命暴乱中都表现较好，没有一人参加动乱和暴乱。据北京市少年犯管教所调查，在该所的少年犯中，1989年提出申诉的只占0.5%，而在1988年提出申诉的则占30%。

一年来，全市各级人民法院通过审判活动，通过对刑事犯罪分子的依法惩处，有力地打击了犯罪分子，对保护首都公民的人身、财产和生命安全，保护国家和集体利益，维护社会治安，起了重要的作用。

（二）审判民事案件，正确、及时地处理民事纠纷

在社会生活中，公民、法人在婚姻、家庭、财产，债务等方面常常发生利益冲突，形成纠纷；这些纠纷如果不能正确、及时解决，不仅影响到公民、法人的合法权益能否得到保护，而且还影响到社会的稳定，影响到改革开放以及社会主义物质文明和精神文明建设能否顺利进行。

近几年来，随着改革开放的深入发展，民事案件连年上升。1989年新收一审民事案件27147件，比1988年上升16.3%。在民事案件中，数量上占首位的仍然是离婚案件，一审共新收13063件，比上年上升13.5%，占全年新收民事案件总数的48.1%；其次为借贷、抵押、劳动报酬、承揽加工等债务案件，共4306件，占16.1%；第三位为损害赔偿案件，共3423件，占12.6%；第四位为房屋案件，共1685件，占6.2%。此外，随着民法通则的贯彻，还出现了不少新类型的民事案件，如著作权、肖像权和名誉权等案件。

一年来，全市各级人民法院认真贯彻执行民法通则和其他法律、法规，本着为人民服务、对人民负责的精神，深入实际，深入群众，调查研究，分清是非责任，耐心进行说服教育，做了大量的工作，共审结一审民事案件27522件。在民事审判工作中，我们着重抓了以下几点：

第一，依法保障公民、法人的诉讼权利。公民、法人向人民法院提出的诉讼，具备法定起诉条件的，及时予以立案；不具备条件的，根据不同情况，或要求其补充材料，或向其说明找有关部门处理。

第二，依法保护公民、法人的合法权益，批评错误，制裁违法行为。对立案的每一件民事诉讼，我们都进行了认真的调查，以事实为依据，以民法通则、婚姻法和继承法等法律为准绳，分清是非，分清责任，依法作出处理。

第三，为群众着想，尽力方便群众。为此，全市已建立人民法庭89个；不少案件由审判人员携卷下街道、下乡就地审理。全年巡回就地办结案件12214件，占结案总数的44.4%。

第四，坚持在查清事实、分清是非责任的基础上，做好思想工作，着重调解，使纠纷得到正确处理。一年内，一审经工作，以调解方式结案的达13043件，起诉人撤诉的5979件，两项占结案总数的69.1%；判决的只有7961件，占结案总数的28.9%；以其他方式结案的539件，占结案总数的2%。

一年来，全市各级人民法院通过审判活动，通过大量民事纠纷的解决，较好地保护了公民、法人的合法权益，制裁了违法行为，对于维护社会的稳定，预防犯罪，促进改革开放和四化建设的顺利进行，起了积极的作用。如，安某与张某结婚后，生有一个小孩，一审法院认定双方感情确已破裂，无和好可能，判决离婚，孩子归男方抚养。女方上诉，带了敌敌畏，准备二审维持原判时当庭自杀；男方脾气暴躁，表示：如二审孩子判归女方抚养，要“3人同归于尽”。审判人员先后10多次到当事人的单位、家中做工作，20多次同当事人谈话，耐心进行说服教育，尖锐的矛盾终于得到了解决：双方达成协议，以调解方式结案，男方表示一定要改正错误，把孩子抚养教育好。

（三）审判经济纠纷案件，正确、及时地处理经济纠纷

随着改革开放和社会主义商品经济的发展，经济纠纷大量增加，既有购销、工程承包、加工承揽、仓储保管、财产租赁、科技合作、农村承包等合同纠纷，又有补偿贸易、中外合资与合作、外商独资等涉外和涉港、澳、台经济纠纷；既有商标、专利、药品、食品、环保等损害赔偿纠纷，又有劳动争议等纠纷。这些纠纷如果不能正确、及时解决，就可能影响治理整顿、改革开放和四化建设的顺利进行。

全年新收一审经济纠纷案件4491件，比1988年上升30.4%，其中加工承揽合同纠纷案件上升39.2%，经济损害赔偿纠纷案件上升58.8%，联营合同纠纷案件上升97%，借款合同纠纷案件上升120.8%，科技合作合同纠纷案件上升143.9%，涉外和涉港、澳、台经济纠纷案件上升100%。经济纠纷案件不仅上升幅度大，而且还具有以下特点：一是原、被告系部、局级单位的高层次纠纷案件增多；二是争议标的数额大的增多，标的总额达4.8亿多元，比上年上升59.5%；三是涉及面广，约占总数46%的案件涉及外省、自治区、直辖市，有的涉及国外；四是新类型案件如技术合同纠纷、劳动争议纠纷、联营纠纷，中外合资、合作企业纠纷，与同我国无外交关系的国家的经济纠纷，专利确权纠纷等案件增多；五是纠纷难度大不易解决的案件增多。

在案件数量增多，处理难度增大，办案经费不足等困难条件下，全市各级人民法院积极克服困难，做了大量的工作，共审结一审经济纠纷案件4277件，其中调解结案的1897件，占结案总数的44.4%；判决结案的1171件，占27.4%。大量经济纠纷的正确、及时解决，有效地保护了当事人的合法权益，批评了错误，制裁了违法行为，使争议标的达4.8亿多元的财产得以运转，对首都经济秩序的治理整顿以及改革开放和四化建设起了保障和促进的作用。

（四）积极慎重地开展行政审判工作，为行政诉讼法的实施做好准备

审判行政案件，是一项新的工作。1989年一审新收行政案件60件，数量上比1988年下降15%，类型上由治安、土地等7类扩展为11类。已审结54件，维持行政机关具体行政行为的14件，占25.9%；由于行政机关改变原处理决定等原因而原告要求撤诉，经审查准予撤诉的38件，占70.4%；变更行政机关处理决定的1件，占1.9%；移送有关部门处理的1件。

我们审判行政案件，程序上主要依据民事诉讼法（试行）和最高人民法院的有关司法解释，实体上依据有关的法律、行政法规和地方性法规。我们严格依法办事，既重视保护公民、法人和其他组织的合法权益，又注意维护行政机关依法行使行政管理职权。如，大兴县青云店乡人民政府作出决定，限令农民罗某退出擅自多占的建房土地，罗不服，向法院起诉。大兴县法院公开审理了此案。旁听审判的，有市土地管理局、大兴县委政法委、县人大常委会、县政府、县农业局等有关单位的负责人200余人。法院经审理后认为，原告未按乡政府批准的用地建自住楼房，擅自多占了土地，乡政府对原告的处理决定，事实清楚，适用法律适当。法院当庭作出判决，维持了青云店乡人民政府对原告的行政处罚决定，限令原告自判决生效之日起一个月内退出多占土地，清除多占土地上的附着物，并承担全部诉讼费。

行政诉讼法将于1990年10月1日起施行，这是我国法制建设中的一件大事。我们在审判行政案件的同时，抓了对干部的培训、执行行政诉讼法的试点、建立和健全审判机构等工作，为行政诉讼法的生效施行准备了必要的条件。到1989年底，市高级法院、中级法院和东城、宣武、石景山、门头沟、顺义、房山等17个区、县法院已先后建立了行政审判庭，现已配备行政审判人员100余名。

（五）办好二审、申诉案件，进行审判监督

市高、中级人民法院和北京铁路运输中级法院除了审判由它管辖的一审案件之外，还要对辖区内的下级法院的审判活动进行监督。一年内，在一审刑事判决中，被告人提出上诉的1273件，人民检察院抗诉的20件。对当事人的上诉和人民检察院的抗诉，二审法院依法进行了审理，除准许撤诉的22件以外，分别情况作出了裁判，其中维持原判的1039件，占上诉、抗诉案件结案总数的81.9％；因主要事实不清或主要证据不足而发回重新审判的41件，占3.23％；因一审适用法律不当而予以改判的167件，占13.2％。在改判案件的234人中，减轻处罚的183人，免除处罚的8人，宣告无罪的9人，作其他处理的27人；抗诉后加重处罚的7人。在一审民事、经济案件的判决中，当事人提出上诉的比较多，共3827件，占一审判决总数9132件的41.9％。民事、经济纠纷案件上诉后，二审可以改判，也可以进行调解。二审依法审结的3694件中，当事人要求撤诉而准予撤诉的608件，占结案总数的16.5％；因事实不清而发回重新审判的85件，占2.3％；部分或全部改判的660件，占17.9％；维持原判的1350件，占36.6％；作其他处理的991件，占26.8％。通过对案件的二审，维护了一审的正确判决，纠正了一审裁判中的错误，进一步提高了办案质量。

对判决已经发生法律效力的刑事、民事、经济和行政案件，我们有计划、有重点地进行了检查，肯定成绩，纠正错误，总结经验。为了有力地打击贪污、受贿等经济犯罪，我们组织部分审判人员集中力量对1989年1至7月判决的187件贪污、受贿案件进行了检查。通过检查，发现有1件应定盗窃罪的定了贪污罪，1件属于不正之风的定了受贿罪，4件不该宣告缓刑的宣告了缓刑。为了提高审判人员的执法水平，我们把有错误的判决整理成案例，发到全市各级法院，组织刑事审判人员进行讨论，提高认识，对确属错判的案件通过审判监督程序作了纠正。

对当事人或其他公民提出的申诉，我们都认真对待，负责地进行审查，原判确有错误的，依照审判监督程序予以纠正。一年内，对刑事判决不服提出申诉立案再审的共724件，比上年1047件下降了四分之一，申诉的问题属于“文化大革命”前的91件，属于“文化大革命”中的19件，属于1977年后的598件。已审结776件，原判正确予以维持的517件，占结案总数的66.6％；准予撤诉或转有关部门处理的159件，占20.5％；因原判适用法律不当而予以改判的100件，占12.9％。在改判的100件115人中，减轻处罚的55人，免除处罚的11人，宣告无罪的28人，加重处罚的1人，作其他处理的20人。对民事、经济纠纷判决不服提出申诉立案再审的共756件。已审结731件，其中准予撤诉的135件，占结案总数的18.5％；原判正确，予以维持的451件，占61.7％；因适用法律不当，予以改判或当事人达成新的调解协议的66件，占9％；作其他处理的79件，占10.8％。

（六）对公民进行爱国守法教育

人民法院组织法规定，人民法院要“用它的全部活动教育公民忠于社会主义祖国，自觉遵守宪法和法律。”

在审判工作中，我们十分注意审判活动对公民的法制教育作用。我们通过对案件的公开审判，对公民进行法制教育，并结合审判活动进行法制讲演，以扩大审判活动的社会效果。此外，我们还通过报刊、广播、电视，结合办案做了大量的宣传工作，在教育公民爱国守法方面发挥了一定的作用。

各位代表，以上是全市各级人民法院1989年所做的主要工作。在开展各项审判工作的同时，我们还加紧进行了人民法院的自身建设。各项工作制度，有了进一步的完善。审判活动所必须的物质条件，有了进一步改善。继续贯彻了从严治院的方针，做了大量的思想政治工作，对干警进行了清正廉明、秉公执法、全心全意为人民服务的教育。大力表彰了一批先进人物，严肃处理了少数违法乱纪人员。我们还坚持理论与实践相结合，培训与工作相结合，继续抓好法院业余法律大学北京分校的教学工作，并筹建了市法官培训中心，为有计划地培训、轮训干部创造了条件。

1989年我们所以能较好地完成任务，主要是由于市委的正确领导和上级人民法院的指导，市人大常委会的监督，各兄弟部门的配合与支持，法院全体干警自觉地坚持四项基本原则，积极努力工作，艰苦奋斗。

我们的工作中也存在不少问题和缺点，主要是：审理的案件，有的不够及时，有的质量不够高；极少数干警违法乱纪，一年内因索贿受贿、道德品质败坏等受纪律处分的共11人。这与我们对思想政治工作抓得不够紧，工作不够深入，有密切的关系，说明了我们队伍的政治、业务素质不够高，与形势、任务的要求还不适应。我们要认真总结经验，吸取教训，努力把今后的工作做得更好。

二、1990年的主要工作

1990年初，最高人民法院召开了第十五次全国法院工作会议，确定1990年法院的中心任务是，努力做好审判工作，以维护、保障和促进政治稳定、经济稳定和社会稳定。我们认为，第十五次全国法院工作会议确定的任务，完全适合北京的情况。北京是我们国家的政治和文化中心，它的稳定，有利于全国的稳定。

我们审判的各种案件，都反映了社会矛盾或不安定因素，把这一部分工作做好了，有力地惩办了罪犯，正确地解决了人民内部纠纷，就能保障和促进政治、经济和社会的稳定，有利于治理整顿、改革开放和四化建设的顺利进行。作为人民民主专政工具重要组成部分的人民法院，我们在新的一年里，要以党的十三届四中、五中全会精神为指导，认真贯彻第十五次全国法院工作会议精神，全力以赴把各项审判工作做好，充分发挥审判机关的职能作用，为维护、保障和促进首都政治、经济和社会的稳定服务，为治理整顿、改革开放和四化建设服务。1990年的主要工作是：

（一）运用法律武器严惩严重刑事犯罪分子。要继续坚决、慎重地审判好反革命暴乱中的犯罪案件，严格依照法律惩办反革命罪犯和打、砸、抢、烧、杀的刑事罪犯。要继续贯彻依法从重从快的方针，坚决严惩严重危害社会治安的刑事犯罪分子。积极参加反腐败的斗争，继续贯彻一要坚决，二要慎重，务必搞准的方针，严惩贪污、受贿、投机倒把等严重破坏经济的犯罪分子。《通告》期间投案自首的，要按照《通告》的精神，依法予以从宽处理。拐卖人口等“六害”中危害严重的犯罪分子，要依法予以严惩。进一步贯彻市未成年人保护条例和教育、感化、挽救的方针，审判好未成年人刑事案件。

（二）继续贯彻民法通则，依法正确处理民事纠纷。正确、及时地处理民事纠纷，不仅是保护公民、法人合法权益的需要，也是正确处理人民内部矛盾，促进社会安定团结和精神文明建设的需要。要提高干警对民事审判工作重要性的认识。要抓好对离婚、债务等案件的审判。要调查研究，总结经验，在做好充分准备的基础上，召开一次民事审判工作会议，总结交流经验，以促进民事审判工作水平的提高。

（三）进一步开展经济审判工作，保障和促进治理整顿与改革开放的顺利进行。要深入实际进行调查，对审判工作中遇到的政策性问题，进行研究；要发挥国家干预的作用，依法制裁违法行为，对发现与腐败、犯罪有关的问题，要及时提交有关部门处理；要研究如何提高审理经济纠纷案件的效率，并采取切实措施，解决“执行难”的问题；要总结实践经验，研究新问题，召开一次经济审判工作会议，以解决经济审判工作中的一些主要问题。

(四)积极、慎重地开展行政审判工作，并为行政诉讼法的实施，做好必要的准备。要建立、健全行政审判制度；对审判人员进行培训；进行调查研究，采取措施，切实贯彻执行行政诉讼法。

(五)做好对铁路运输中发生的刑事案件和经济纠纷案件的审判工作，重点打击路盗、路劫犯罪活动，以维护铁路运输秩序，保障铁路运输安全。

(六)市高、中级法院和北京铁路运输中级法院除了要做好一、二审审判工作和申诉、信访工作之外，要面向基层，深入实际，调查研究，总结经验，做好审判监督和业务指导工作。

(七)要通过审判活动，结合办案，采取多种形式进行法制宣传，以教育公民热爱祖国，遵纪守法，同违法犯罪行为作斗争。

在积极开展审判工作的同时，要加紧进行法院自身的建设。要严格纪律，坚持"从严治院"，加强廉政建设。上半年内，要对市高、中级法院庭、处、室负责人进行集中轮训，联系实际学习马克思主义哲学；要加强思想政治工作，对审判人员着重进行党的基本路线和反对资产阶级自由化的教育，增强阶级斗争观念和专政观念。同时，要加强党的优良传统的教育，从根本上提高干警队伍的政治素质。要教育干警牢固树立为人民服务、对人民负责、自力更生和艰苦奋斗的思想，自觉地执行党的路线、方针和政策，秉公执法，为社会主义事业的胜利而奋斗。

同时，要继续加强对审判人员的业务培训，改善办案条件和物质装备，以保障审判任务的完成。

以上报告，请审议。

天津市高级人民法院工作报告

——1990年4月24日在天津市第十一届人民代表大会第四次会议上

天津市高级人民法院院长 王永臣

各位代表：

1989年4月至1990年3月，我市各级人民法院遵照本届大会第二次会议关于人民法院工作报告的决议，紧密围绕治理整顿、深化改革和稳定大局这个中心，坚决贯彻党的十三届四中全会、五中全会和六中全会精神，认真履行宪法和法律赋予的职责，积极开展各项审判工作。在此期间，共受理刑事、民事、经济、行政、执行等各类案件38873件，比上年同期上升12.21%；审结37927件，比上年同期提高16%。通过审判工作，为稳定我市的社会治安和经济秩序，保护人民群众的合法权益，保障治理整顿、深化改革的顺利进行，促进社会主义民主与法制建设，发挥了积极作用。现将我市各级人民法院在本届大会第二次会议闭幕期间的主要工作报告如下：

一、严惩刑事犯罪分子，维护社会秩序的稳定

一年来，全市各级人民法院受理一审刑事案件4727件，比上年同期上升19.61%，

审结4643件，比上年同期提高18.02%。在判决发生法律效力的5304名人犯中，判处五年以上有期徒刑、无期徒刑和死刑（含死缓）的占28.19%；判处五年以下有期徒刑、拘役、管制和免予刑事处分的占71%；宣告无罪的占0.81%。全市各级人民法院对各种严重刑事犯罪活动的打击是有力的，效果是好的。

第一，针对我市刑事犯罪发案率上升和杀人、抢劫、重大盗窃等重大恶性案件上升幅度较大的情况，各级人民法院继续坚决贯彻执行依法从重从快的方针，严惩严重危害社会治安的刑事犯罪分子。一是从严从重惩处。在判决发生法律效力的5261名罪犯中，判处五年以上有期徒刑、无期徒刑和死刑（含死缓）的比上年同期提高3.92%；二是快审快判。在审结的4108件公诉案件中，一个半月以内审结的占96.67%，其中，一个月内审结的占60.35%。判处的死刑（含死缓）犯，绝大部分是在一个月内审结的。如在全市引起强烈反响的田玉发、田芝义绑架儿童勒索财物的案件，从法院收案到执行死刑完毕，仅用了13天。王洪亮入户抢劫、杀人案，法院一、二两审只用了12天即将王犯处决。三是公开审判扩大声势。各级人民法院持续不断地组织有声势的公开审理和宣判活动，共召开各种类型的宣判会530场次，宣判各类刑事案件1682件，参加旁听群众33.6万人次，同时，与公安、检察等部门密切配合，积极开展了打击破坏电力设备的犯罪活动和除“六害”、“扫黄”、打击盗窃等专项斗争。

第二，依法审判在北京反革命暴乱和政治动乱期间的反革命案件。我们把审理这类案件作为关系到社会稳定和国家安危的一件大事来抓，采取既坚决又慎重的方针，坚持严格依法办事，严格区分罪与非罪的界限，严格区别反革命犯罪与普通刑事犯罪的界限。在受理的13件案件中，审结8件。其中，以反革命宣传煽动罪定罪判刑的有6案6人，以组织领导反革命集团罪和积极参加反革命集团罪定罪判刑的有2案11人。在判处的17名人犯中，判处五年以上有期徒刑的8人；五年以下有期徒刑的6人；管制的3人，并全部附加剥夺政治权利一至四年。

第三，坚持“一要坚决、二要慎重、务必搞准”的原则，继续依法从严惩处严重的经济犯罪分子。一年来，共受理经济犯罪案件1158件，比上年同期上升27.67%；审结1162件（含旧存），判处人犯1614名，结案比上年同期提高32.95%。其中，受理贪污案197件，比上年同期上升61.48%；受理受贿案188件，比上年同期上升97.89%。审结贪污受贿案367件，比上年同期提高72.3%，其中，贪污受贿16.2万元的邓云良被依法判处死刑。通过审判工作，为国家、集体挽回经济损失755.56万元。为了深入开展打击严重经济犯罪斗争，去年8月5日，我院与市人民检察院根据市委的部署，发布了《敦促贪污受贿违法犯罪人员坦白自首的通告》。8月15日，“两高”《通告》发布后，我院提出了深入学习《通告》，抓紧抓好大案要案的审理，坚决贯彻惩办与宽大相结合的政策等6条贯彻措施，要求各级人民法院立即行动，在全市范围内大张旗鼓地开展打击贪污、受贿等严重经济犯罪分子的专项斗争。在“两高”《通告》期间，共受理各类经济犯罪案件284件，其中，贪污案66件，受贿案53件，投机倒把案4件；审结331件（含旧存），判处人犯408名，其中，审结贪污案72件（含旧存），受贿案49件，投机倒把案4件。贪污、受贿、投机倒把数额不满1万元的36人；1万元以上不满5万元的23人；5万元以上的2人。为了兑现坦白从宽、抗拒从严的政策，各级人民法院召开了9次宽严处理大会，公开宣判贪污、受贿等经济犯罪案件37件，从严处理人犯13名，从宽处理人犯26名。通过打击严重经济犯罪活动，使广大人民群众看到了党和国家坚决惩治腐败、搞好廉政建设的决心和行动。

第四，积极参加社会治安综合治理，注

意扩大办案的社会效果。一是为了落实教育、感化、挽救的方针，预防和减少犯罪，加强对未成年犯罪的审判和研究工作，我院召开了第二次审理未成年人刑事案件合议庭工作会议，总结交流了两年来审理未成年人犯罪的经验，主要是坚持惩罚与教育相结合的原则，依照刑法比照成年犯从轻判处的原则，采取不同于审理成年罪犯的方式、方法审理未成年人犯罪案件，依靠社会和失足少年家庭的力量，预防和减少少年犯罪，加强对少年犯的改造工作，收到了较好的社会效果。二是通过审理案件，针对发案单位在管理上的薄弱环节，提出司法建议 645 件。三是配合劳改部门加强对劳改犯的思想改造，依法及时审结减刑和假释案件 1255 件。四是对判处缓刑和管制的罪犯，进行回访考察，配合有关部门落实帮教措施。五是结合审理案件，开展法制宣传 1512 场次，参加旁听群众达 40.21 万人。

二、正确、及时地处理民事纠纷，依法保护公民和法人的合法权益

各级人民法院不断深化对民事审判工作重要性的认识，以贯彻《民法通则》为中心，正确、及时地处理民事案件。一年来，受理一审民事案件 21110 件，比上年同期上升 8.28%，审结 21177 件（含旧存），比上年同期提高 12.32%。

第一，认真贯彻《婚姻法》、《继承法》和市人大常委会通过的《天津市保护妇女儿童合法权益的若干规定》、《天津市保护老年人合法权益的若干规定》，积极审理离婚、赡养、抚育、扶养和继承等婚姻家庭纠纷，一年来，共受理此类纠纷 12267 件，占全部民事案件的 58.11%。其中，离婚案件 10028 件，审结 10149 件（含旧存），调解和好的与撤诉的占 37.05%，判决准予离婚和调解离婚的占 49.63%，判决不准离婚的占 11.75%，其它占 1.57%。受理一审赡养、抚育和扶养案件 1794 件，审结 1798 件（含旧存）；受理一审继承案件 445 件，审结 499 件（含旧存）。各级人民法院本着维护社会公德，加强社会主义精神文明建设的指导思想，通过审理这些案件，维护了社会主义的婚姻家庭关系，依法保护妇女、儿童和老年人的合法权益，弘扬了团结和睦、男女平等、尊老爱幼的社会风尚。

第二，依法审理债务、损害赔偿和房屋案件，促进社会安定团结。一年来，受理一审债务案件 2244 件，审结 2083 件，维护了借贷双方当事人的合法权益，促进了民间借贷活动的正常进行。受理一审损害赔偿案件 2362 件，审结 2326 件，使这类极易引起矛盾激化，可能酿成恶果的民事纠纷，得到合情、合理、合法的解决。受理一审房屋案件 2042 件，审结 2043 件（含旧存），既维护了房屋产权人和使用人的合法权益，又维护了房屋管理秩序。与此同时，依法积极受理著作权、名誉权、姓名权、肖像权等新类型民事纠纷案件 61 件，审结 58 件，保护了当事人的正当权益。

第三，在审理民事案件中，注重深入实际，调查研究，在查清事实、分清是非的基础上，批评错误，制裁违法行为；着重调解，做好双方当事人的思想工作，在审结的一审案件中，调解结案和撤诉的占 70.41%。对矛盾有可能激化的民事纠纷，认真做好疏导工作，缓解矛盾，促进人民内部团结。广大审判人员想群众所想，急群众所急，携卷下乡、下厂、下街道审理民事纠纷。一年来就地巡回审理案件占全部结案的 26.06%。

第四，加强基层基础工作。为方便群众诉讼，及时把纠纷解决在基层，加快了人民法庭的建设。全市现有人民法庭 119 个，南郊、西郊区法院实现了一个乡（镇）一庭，市区街道法庭已由原来的 4 个试点法庭发展到 23 个。去年 10 月，召开了我市人民法庭工作会议，总结交流了三年来人民法庭工作经验，并就加强人民法庭领导、提高法庭人员素质、改善法庭工作条件等方面，提出了人民法庭建设的10条意见。主动协助有关部门搞好基层调解组织的建设，指导他们积极开展调解活动，尽量把人民群众中的矛盾解决在萌芽状态，预防和减少了纠纷。

三、依法审判经济纠纷案件，为治理整顿和改革开放服务

随着治理整顿、改革开放的深入进行和社会主义商品经济的发展，经济纠纷案件大量上升。一年来，各级人民法院受理一审经济纠纷案件4230件，比上年同期上升7.14%；审结4186件，比上年同期提高34.68%，诉讼标的总金额达25874.71万元。

在经济审判工作中，各级人民法院一是着重抓了与治理整顿、深化改革密切相关的经济合同纠纷案件，主要是拖欠货款的购销合同纠纷和借款纠纷案件的审理，共审结一审购销合同纠纷案件2417件，借款纠纷案件178件，维护了合同纪律，加快了资金和物资的流通，促进了生产的发展。仅静海县人民法院去年通过审理经济纠纷案件，就挽回货款300多万元，使30多个因资金困难而面临破产的企业起死回生，恢复了正常的生产。二是强化服务意识，积极受理联营合同、技术合同、农村承包、加工承揽、租赁经营、劳动争议等新类型经济纠纷案件。审结此类案件836件，用法律手段调整了新的经济关系，促进了经济改革的深化。为了促进我市经济开发区的法制建设，不断完善投资环境，中级人民法院在经济开发区成立了经济审判庭，在不到半年的时间内，审结各类经济纠纷案件16件，挽回经济损失229万元。同时，积极开展法律咨询，受到开发区企业的好评。三是注重依法制裁各种经济违法行为，维护正常的经济秩序。如河西区人民法院在审理一起购销合同纠纷案件中，发现被告某联合商行在经营活动中有国务院明令禁止的就地转手倒卖行为，据此，依法将被告的9900元非法所得予以没收，上缴国库。四是重视审判案件的社会总体效益，在执法中服务，在服务中执法，针对办案中发现的有关国营企业、区街企业和乡镇企业在经营管理中存在的问题，采取召开座谈会、法制宣传会、经验交流会等形式，主动向有关单位提供法律咨询服务，促使有关单位改进管理，完善措施，堵塞漏洞，减少和预防纠纷的发生。有的法院为解决一些企业相互拖欠货款的问题，召开保护债权经验交流会，推广企业依法维护债权的经验，受到了企业的欢迎。

为进一步提高经济审判工作在促进治理整顿、深化改革和维护正常的经济秩序中的作用，去年11月，召开了我市经济审判工作经验交流会，总结了我市十年来开展经济审判工作的经验，为今后提高经济审判工作水平创造了条件。

天津海事法院认真总结五年来开展海事审判工作的经验，依法扩大海事、海商案件受理范围，积极审理案件，公正执法，坚持中外当事人在适用法律上一律平等的原则，依法制裁涉外案件中的违法行为。一年来，受理海事、海商等纠纷案件44件，审结39件，维护了国家主权，保护了中外当事人的合法权益，在国际上赢得了信誉。如一名英国律师称赞说："中国法院是十分公正的。"香港华通公司在公海发生海事纠纷后，可以选择有关国家的法院投诉，但该公司副总经理认为天津海事法院审判案件公正，因此，恳求到该院起诉。

四、积极、慎重地审理行政案件，为贯彻《行政诉讼法》作好准备

各级人民法院注重对行政审判工作的领导，建立健全行政审判机构，充实审判力量，积极、慎重地受理一审行政案件97件，比上年同期上升22.78%。审结100件（含旧存），比上年同期提高51.52%。在审结的一审行政案件中，维持行政机关处理决定的占61%；撤诉的占31%；撤销的占6%；其它占2%。通过审理这些案件，既支持和监督了国家行政机关依法行政，依法保护了公民、法人和其它组织的合法权益，也密切了政府同群众的关系，促进了安定团结。

我国行政诉讼法于去年4月颁布后，最高人民法院确定我院作为全国4个试点法院之一。据此，我院报请市人大常委会同意，选择4个基层人民法院作为试点单位，摸索和总结实施行政诉讼法的经验。在试点工作中，先后研究制定了试点工作计划；与市、区、县政府的有关部门协商试点工作的具体意见；围绕案件起诉与受理、开庭程序及适用法律等问题起草了五份指导性材料；召开行政审判工作座谈会，整理了《行政案例选编》；与11个省（市）法院交流了试点工作情况；与有关行政管理部门加强工作联系，开展行政诉讼法的咨询；为本市部分地方性行政规章的制订，提出修改和补充的参考意见；举办行政诉讼法培训班。从而，为我国行政诉讼法在今年10月1日的实施，作了必要的准备。

五、加强告诉申诉工作，依法保护当事人的诉讼权利

各级人民法院十分重视告诉申诉工作，高、中两院和14个基层人民法院相继成立了告诉申诉庭，使告诉申诉工作逐步走上正轨。各级人民法院在告诉申诉工作中，一是认真负责地处理人民群众的来信来访，坚持领导干部定期接待制度，特别注意解决人民群众告状难的问题。一年来，接待来信来访48876件次，审查处理42953件。其中立案处理15329件，说服息诉5761件，驳回3326件，调处简易纠纷1297件，转其他部门503件，作其它处理的16737件。从而，保障了公民和法人的诉讼权利，防止了矛盾激化，减少了民间纠纷。二是运用审判监督程序，认真处理各类申诉案件。一年来，受理刑事申诉案件508件，审结635件（含旧存），其中，维持原判的占68.5%，改判的占14.65%，撤诉的占3.62%，其它占13.23%。受理民事申诉案件614件，审结512件，其中维持原判的占71.68%，改判的占5.66%，撤诉的占15.63%，其它占7.03%。受理经济申诉案件105件，审结107件（含旧存），其中维持原判的占62.62%，改判的占8.41%，撤诉的占4.67%，其它占24.3%。由于坚持实事求是，有错必纠的原则，积极慎重、严肃认真地审理各类申诉案件，既保护了当事人的正当权益，也维护了人民法院生效判决的严肃性。

六、认真搞好执行工作，维护法律的严肃性

执行工作是人民法院审判工作的最后一道程序，体现着法律的严肃性。各级人民法院在认真搞好案件审理的同时，十分重视案件的执行，面对执行案件数量多、难度大、干扰多和地方保护主义严重等问题，不断采取有力措施，健全执行庭（组），充实干部，积极做好执行工作。一年来，受理执行案件4719件，比上年同期上升24.32%。其中民事执行案件占63.72%，经济纠纷执行案件占29.5%，行政执行案件占4.62%，其它占2.16%。审结执行案件4153件，比上年同期提高19.96%。

各级人民法院在执行工作中，加强内外协调，依靠当地党的领导、有关部门和人民群众作好执行工作，同时，采取疏导与强制相结合的方法，有针对性地对被执行人进行法制教育，促使其自觉履行；根据被执行人的偿还能力，区别情况，实事求是，恰当处理；从促进经济发展出发，尽力帮助被执行人恢复生产和改善经营，为其偿还债务创造条件；对债台高筑，名存实亡的企业和公司，依法清产还债，避免国家和集体财产继续遭受损失；对经说服教育，在限期内仍拒不执行的，依法采取查封、扣押、冻结银行账户、强行划拨等强制执行措施，使生效的法律文书得以落实；对执行中严重妨害民事诉讼活动的，经教育无效，依法采取罚款、拘留等强制措施。通过执行工作，维护了法律尊严

和当事人的合法权益。去年4月，召开了全市执行工作会议，交流了执行工作经验，修订了《执行工作细则》，促进了执行工作的健康发展。

七、全面加强法院建设，不断提高审判队伍的政治和业务素质

各级人民法院在加强法院建设中，主要抓了以下三个方面的工作：

第一，大力加强队伍建设。一是坚持党的领导和人大的监督，正确处理党的领导与依法独立行使审判权的关系，坚决执行党的方针、政策；认真听取人大、政协、人民团体和广大人民群众对人民法院工作的批评、建议，不断改进和提高审判工作；加强党的组织建设和领导班子建设，提高各级领导的管理水平，积极发挥各级党组织的战斗堡垒作用和党员的先锋模范作用；正确处理法律、政策与形势的关系，自觉地为党的中心工作服务。广大干警在去年制止动乱和平息反革命暴乱的斗争中经受了严峻的考验。中级人民法院刑一庭三组被最高人民法院评为全国法院系统制止动乱、平息反革命暴乱先进集体。二是加强和改进思想工作，经常进行党的方针、政策教育；马列主义基本理论教育；形势和国情教育；社会主义和爱国主义教育；独立自主、自力更生和艰苦奋斗的教育，坚持市委一贯倡导的“一切为了人民、一切依靠人民”的基本工作思路，继承和发扬思想政治工作的优良传统，努力解决广大干警在工作和生活中的实际困难与问题，从而激发了广大干警的工作热情，工作效率和质量逐步提高。去年，全市法院系统有1个先进集体和5名先进工作者荣立二等功；7个先进集体和58名同志荣立三等功。三是从严治院，加强廉政建设。去年4月我院党组发出了《关于法院干警必须保持廉洁》的通知，提出了廉政建设的4条要求；6月份召开了全市法院系统廉政工作会议；10月份，我院又制定了《关于法院干警秉公执法，保持廉洁的规定》，各级法院领导成员均制定了廉洁自律的措施。去年，我市法院系统在普遍建立纪检组织或专职纪检人员的基础上，又设立了监察室或专职监察人员，完善了机构，抓紧了廉政工作的制度建设；查处违纪案件11件，比上年减少26.7%。由于狠抓了廉政建设，送礼不要、请吃不到、秉公执法的好人好事不断涌现。据不完全统计，去年4月至今年2月份，全市各级人民法院拒绝当事人吃请3319人次；拒收当事人人民币和礼物折款18.79万元，收到当事人感谢信600封，锦旗238面，镜匾172块。

第二，努力搞好业务建设。一是办好法律业大教育与专业理论培训班。去年，在抓好法律业大教育的同时，成立了我市法官培训中心；举办了10期培训班，培训了420名干部；开展了庭审观摩、疑难案例分析、书记员练兵等多种形式的以提高业务水平为主旨的活动。二是适时召开专业性、专题性会议。一年来，先后召开9次各类审判工作专题研讨会，总结交流审判工作经验，及时地解决了审判工作中的一些新课题。三是开展执法大检查。今年2、3月份，各级人民法院采取自查和高、中两院抽查相结合的方法，对去年审结的刑事、民事、经济、行政等案件，进行了执法大检查。高、中两院的领导深入全市基层法院，重点抽查了10个区、县法院去年审结的1791件案件。被评定为正确的案件1457件，占81.35%；基本正确的332件，占18.54%；错案2件（正在纠正中），占0.11%。通过执法大检查，总结了经验，纠正了错误，促进了执法水平的提高。四是高、中两院重视发挥审判监督和指导的作用。一年来，高、中级法院受理二审刑事、民事、经济和行政案件3885件，比上年同期上升18.48%，审结3570件，双上年同期提高11.95%。通过审判，针对发回重审、改判的案件以及复查改判、指令再审的案件，进行综合分析，找出存在问题的原因，提出改进意见；加强上下级法院之间的联系，认真听

取基层法院的意见，及时研究答复基层法院请示的有关审判工作的问题；定期召开部分领导碰头会,就审判工作中的问题统一认识，统一执法；领导干部转变作风，深入基层法院调查研究，就地协助解决疑难案件或超审限较长的案件；注重发挥典型案例在指导审判工作中的作用。由于采取以上做法，从而提高了广大审判人员的业务水平，确保了审理案件的质量与效率。

第三，不断加强制度建设。各级人民法院主要抓了与审判工作和干部管理密切相关的制度建设：一是健全各级领导干部的管理和民主评议制度，建立健全岗位责任制，高、中两院重新修订了“目标管理岗位责任制”。同时还制订了“关于处、科级领导干部的管理办法（试行）”；二是建立健全审判人员和行政干部的管理制度，高、中两院在去年制定了“关于各类各级工作人员的管理办法”，各级人民法院还就政治工作、业务建设、行政管理等，制定了一些相应的制度，如“两公开一监督”等制度，形成了互相衔接与配套的制度体系。为把各项制度落到实处，不断加强检查与监督，使之逐步成为广大干警的自觉行动。

我市各级人民法院一年来的工作虽然取得了新的成绩，但仍存在一些问题和困难，主要是一些干警的思想和工作还不适应我国政治、经济形势发展的需要，思想政治工作须进一步抓紧、抓细，审理案件的质量和效率需要进一步提高，审判作风和工作方法有待改进；法院，特别是部分人民法庭的工作条件和物质装备尚需进一步改善。

今年，是我国治理整顿和深化改革的关键一年。我们工作的指导思想是把稳定作为法院工作的出发点，牢固树立稳定意识，强化专政意识和服务意识，深入贯彻党的十三届四中全会、五中全会和六中全会精神，贯彻市委五届五次全体（扩大）会议精神，全面落实第十五次全国法院工作会议提出的各项任务，充分发挥审判机关的人民民主专政的职能作用，全面开展审判工作，不断提高执法水平，提高办案质量和效率，扩大办案的社会总体效益。各级人民法院要运用法律武器，严惩严重危害社会治安的犯罪分子和严重破坏经济秩序的犯罪分子；继续深入贯彻《民法通则》，依法正确处理民事纠纷，保护公民和法人的合法权益；进一步开展经济审判工作，促进治理整顿和改革开放的顺利进行；积极慎重地开展行政审判工作，保证行政诉讼法的正确实施；不断加强执行工作，以维护当事人的合法权益和法律的尊严；认真作好告诉申诉工作，面向基层，调查研究，总结经验，搞好审判监督和业务指导；结合审判案件，广泛开展法制宣传活动，积极参加社会治安的综合治理，以教育公民遵纪守法，同违法犯罪行为作斗争；努力加强法院的干部队伍建设、业务建设和制度建设，严格纪律，从严治院，进一步提高审判队伍的政治素质和业务素质，牢固树立为人民服务，对人民负责，自力更生，艰苦奋斗的思想，坚持四项基本原则，自觉执行党的路线、方针和政策，秉公执法，扎扎实实地做好审判工作，以保障我市政治、经济和社会的稳定，促进治理整顿和深化改革的顺利进行。

以上报告，请予审议。

河北省高级人民法院工作报告

——1990年4月22日在河北省第七届人民代表大会第三次会议上

河北省高级人民法院院长 李永进

各位代表：

现在，我向大会报告人民法院的工作。

1989年是我国治理整顿、深化改革的第一年，是制止动乱和平息反革命暴乱取得伟大胜利的一年。在这一年里，全省各级人民法院在党委领导和人大监督下，在政府和各部门支持下，坚决贯彻中国共产党十三届四中全会和五中全会精神，全面开展各项审判工作，取得了新的成绩。全省法院共受理各类一审案件141250件，比上年增长26.4%；审结一审案件130740件，比上年增长25.7%。为维护我省社会秩序的稳定，保护公民、法人和其他组织的合法权益，保障和促进治理整顿、深化改革的顺利进行，做出了积极贡献。

一、严厉打击严重刑事犯罪，维护了社会的安定

去年，全省各级人民法院面对严峻的社会治安形势，进一步加强了刑事审判工作，依法惩处了严重危害社会治安的犯罪分子。全省法院共受理一审刑事案16082件，比上年增长31.7%，审结15449件，比上年增长33%；共判处人犯17075人，比上年增长44.3%。其中，判处死刑（包括死缓）、无期徒刑634人，比上年增长24.8%；判处五年以上有期徒刑5167人，比上年增长62.8%；判处五年以下有期徒刑、拘役和管制10951人，比上年下降2.4%；免予刑事处分286人，宣告无罪的37人。

1. 依法审理了动乱和暴乱中的犯罪案件。在制止动乱、平息反革命暴乱取得了决定性胜利后，全省各级人民法院按照最高人民法院和省委的部署，充分发挥人民法院的专政职能，始终把审理动乱和暴乱中的犯罪案件作为一件大事来抓。省法院及时召开了中级法院刑庭庭长座谈会，就定罪量刑问题进行了专门研究。各有关法院在审判工作中，采取了既坚决而又慎重的方针，坚持严格依法办事，严格区分罪与非罪的界限，严格区分反革命犯罪与普通刑事犯罪的界限，认真执行了惩办与宽大相结合的政策。对于以反革命为目的进行犯罪活动的，以反革命罪从严惩处；对于不具有反革命目的，借动乱和暴乱之机进行其他犯罪活动的，依照刑法规定构成什么罪就定什么罪；对于绝大多数不明真相的参与者，则采取了教育、团结的政策，不予追究。截止今年3月底，全省法院共受理检察机关公诉的这类案件18件24人，审结13件19人。通过审判，既惩治了犯罪分子，又教育了群众。

2.对严重危害社会治安的犯罪分子坚持了依法从重从快惩处的方针。各级法院始终把杀人、抢劫、强奸、流氓、重大盗窃等严重危害社会治安的犯罪分子，作为打击重点，该重判的坚决重判，罪大恶极的坚决依法判处死刑。去年全省法院共判处这类罪犯7750人。其中，判处五年以上有期徒刑4127人，比上年增长66.5%；判处死刑（包括死缓）、无期徒刑598人，比上年增长22%。

为了加快办案进度，对重大、复杂、群众反映强烈的案件，各级法院坚持提前介入，抓紧审判，省法院及时派出合议庭，分赴各地，就地办案，有效地提高了办案效率。去年审结的公诉案件，在一个月以内审结的10287件，比上年增加3011件。在法定审限一个半月以内结案的占97.6%，有的重大恶性案件仅十几天就依法审结，及时打击了刑事犯罪。

3. 针对突出的治安问题，及时开展了专项斗争。全省各级人民法院与公安、检察等有关部门密切配合，根据不同时期、不同地区的治安形势，积极适时地开展了打击拐卖妇女儿童、破坏电力设备、破坏通讯设备、偷税、抗税、流窜犯罪、“六害”犯罪等六个方面的专项斗争，共判处犯罪分子931人，其中判处死刑××人。并选择典型案件在案发地召开公判大会，打击了犯罪分子的嚣张气焰，促进了社会治安的好转。

4. 坚决惩治腐败，严厉打击了严重经济犯罪活动。全省各级人民法院在打击严重经济犯罪的斗争中，坚持了依法从严惩处的方针，对贪污、受贿数额特别巨大，情节特别严重，使国家和集体遭受重大损失，实属罪大恶极的，坚决判处死刑。去年共受理经济犯罪案2688件，审结2580件，结案率为96%，判处经济犯罪分子3242人。其中判处五年以上有期徒刑906人，比上年增长67.5%；判处死刑（包括死缓）、无期徒刑35人，比上年增长84.2%。非法所得万元以上的269人，10万元以上的32人。为国家和集体挽回经济损失1605万元。最高人民法院、最高人民检察院《关于贪污、受贿、投机倒把等犯罪分子必须在限期内自首坦白的通告》发布后，我们和省检察院联合召开电话会议进行部署，各级法院利用广播、电视、印发张贴布告等多种形式，广泛宣传《通告》精神。在《通告》规定的期限内，全省法院共受理检察机关公诉的贪污、受贿、投机倒把等经济犯罪案505件，审结389件，判处人犯649人。其中适用《通告》从宽判处的78人，从严判处的47人。通过贯彻《通告》，打击了犯罪，分化了罪犯，使广大群众看到了党和国家惩治腐败，搞好廉政建设的决心和行动。但是，对已经取得的成绩不能估计过高。打击经济犯罪的斗争是长期的、艰巨的，必须继续坚持下去。

5. 坚持公开宣判，弘扬法制，震慑犯罪，扩大办案效果。去年全省各级法院共召开宣判大会1031次，宣判案件3071件、5358犯，旁听群众达1019万多人。破坏电力设备犯程文华、郭锁乱被核准死刑后，沧州地区中级法院在任邱市召开了公判大会，并在16个乡镇设立分会场，参加群众10多万人，打击了犯罪分子的嚣张气焰，使群众受到了法制教育。“两高”《通告》期间，省法院、省检察院联合召开了处理贪污、受贿案件大会，公开处理了14名犯罪分子，在会上对投案自首，坦白交待犯罪事实，积极退赃的，依法给予了从宽处理；对拒不投案自首，坦白交待问题的，给予严厉制裁，造成了打击经济犯罪的强大声势，敦促了犯罪分子投案自首。在《通告》规定的期限内，共有948人到政法机关投案自首。

6. 积极开展了未成年人犯罪案件的审判工作。近几年来，青少年犯罪一直呈上升趋势。去年，全省法院判处青少年罪犯8937人，比上年增长52.2%。其中18—25岁的7496人，增长51.8%，18岁以下的未成年人1441人，增长54.3%。为了加强对未成年人犯罪案件的审判工作，有些法院建立了审理未成年犯合议庭。在审理案件中，注意查明犯罪根源，了解成长过程、家庭环境等情况，帮助他们分析失足的原因，有针对性地做好认罪服法教育。并与家长及社会有关方面密切配合，共同做好被告人的转化工作，努力使这些失足青少年的违法犯罪行为得以矫治，改邪归正。为了巩固教育成果，对已判决的未成年犯，还不定期地进行回访，掌握其思想改造情况，发现问题及时进行疏导和教育。

有的法院还配合厂矿企业，建立了青少年法制教育中心，针对青少年的特点开展法制宣传，收到了较好的效果。

二、加强经济审判工作，积极为治理整顿服务

1989年，全省法院共受理一审经济纠纷案33676件，比上年增长47.4%；审结29586件，比上年增长45.4%。诉讼标的金额7.73亿元，比上年增长62.8%。在审判工作中，认真贯彻执行为治理整顿、深化改革和社会主义经济建设服务的方针，注重经济效益和社会效益。全年共审结借款合同纠纷案10612件，比上年增长75.5%；审结购销合同纠纷案8486件，比上年增长37.5%；审结农村承包合同纠纷案1454件，比上年增长65%；审结企业承包、联营合同纠纷案269件。保护了当事人的合法权益，制裁了违法行为，对维护经济秩序，促进经济建设，发挥了积极作用。

去年，各级人民法院还协同有关部门积极开展了回收贷款的专项服务活动。一方面主动配合金融部门进行法制宣传，动员欠贷当事人自动归还逾期贷款；一方面发挥审判职能作用，加强借款合同纠纷案件的审理工作，有的派出巡回法庭，有的组成信贷合议庭，专门审理这类案件，共回收逾期贷款1.85亿元，使呆滞的资金投入了有效运行。

为了解决经济纠纷案件的判决、裁定执行难的问题，在严肃执法的前提下，各级法院坚持了有利于经济发展，有利于安定团结的原则，对暂时无偿付能力，而企业有发展条件的，尽量使当事人相互谅解，达成偿付协议；对故意拖欠，拒不执行法院判决、裁定的，果断采取强制措施。去年，全省法院共受理经济纠纷执行案17960件，执行14487件，占80.7%。

三、认真审理民事案件，促进社会的安定团结

去年，全省法院共受理一审民事案90758件，比上年增长19.7%；审结一审民事案85014件，比上年增长19.4%。民事案件有三个特点：一是数量大，去年全省法院受理的一审民事案件占收案总数的64.5%，是1987年实施《民法通则》以来收案最多的一年；二是涉及范围广，情况复杂，涉及到了婚姻、家庭、财产、债务、赔偿、土地、山林等生产和生活的各个方面；三是直接关系到公民的民主权利、人身权利和财产权利，处理难度大。各级法院从增强人民内部团结，维护社会安定出发，认真贯彻执行《民法通则》，积极开展了民事审判工作。一是抓重点案件。把婚姻家庭、债务、赔偿案件做为重点，合理安排力量，及时立案，抓紧审理。去年审结婚姻家庭案44588件，债务案23355件，赔偿案7069件。这三类案件占民事结案总数的88.2%。二是坚持着重调解的原则。在坚持严格依法办事的前提下，努力做思想疏导工作，促使双方当事人在平等协商、互谅互让、和睦团结的基础上达成协议，解决纠纷。去年，全省各级法院共调解解决民事案件63118件，占结案总数的74.2%，此外还调解解决简易民事纠纷9306件。在审理离婚案件中，通过调解，挽救了7180个濒临破裂的家庭。三是坚持就地审理，巡回办案。去年各级法院发扬马锡五办案精神，依靠群众，深入基层，就地调查取证，就地公开审理民事案41887件，方便了群众诉讼，及时解决了纠纷。四是加强了人民法庭建设。一审民事案件绝大部分由人民法庭审理。各级人民法院从实际情况出发，调整和充实了人民法庭。晋县、新乐、武强等县根据需要，在镇和较大的乡试建了乡、镇法庭，有的县采取从县直超编单位选调干部的办法，充实了法庭的审判力量，有的县对辖区较小，办案力量不足的法庭，作了适当调整，使人民法庭

的布局逐渐趋于合理。这样既方便了群众诉讼，也便于开展审判活动。

近几年，人身权、名誉权、肖像权等新类型案件逐年增多，各级人民法院对这类案件正确适用法律，妥善予以处理。去年共审结知识产权、人身权案110件，比上年增长12.2%。对于涉及新闻、出版单位损害名誉权的案件，本着积极慎重的精神，严格区分正当舆论监督和损害名誉权的界限，区分内容虽有失实但尚不构成损害名誉权与内容失实确已构成损害名誉权的界限。既要依法保护公民的名誉权，又要支持正当的舆论监督。对于无明显损害事实，后果不严重的，着重做好当事人的息诉工作，减少不必要的诉争，促进安定团结。对于确有侵权事实，应承担民事责任的，依法进行了处理。

四、积极慎重地开展了行政审判工作

行政审判工作是法律赋予人民法院的一项新任务，它对于保护公民、法人和其他组织的合法权益，维护和监督行政机关依法行使职权，密切政府同群众的关系，促进安定团结起着十分重要的作用。去年4月，行政诉讼法颁布后，各级人民法院狠抓了行政审判机构的建设。截止年底，全省除18个基层法院外都设立了行政审判庭。省法院和中级法院普遍举办了行政诉讼法和行政法规培训班，共培训干部674名，提高了审判人员的业务素质。省法院制定了行政诉讼法试点计划，确定秦皇岛市等5个中级法院和14个基层法院作为试点单位。各地法院还通过印发"公告"、召开座谈会、就案讲法等形式，利用电视、广播、报纸等工具，广泛宣传了行政诉讼法。去年全省法院共受理一审行政案734件，审结691件。其中，治安行政案206件，土地案358件，食品卫生、药品、计量、城市规划、林业、税务、矿产资源、工商、环保、交通运输等127件。法院维持行政机关决定的304件，撤销和变更行政机关决定的149件，当事人撤诉的207件，作其他处理的31件。为了帮助、支持行政机关依法行政，注重提出司法建议，扩大了办案的社会效果。邯郸市两级法院向行政机关提出司法建议84条，受到了行政机关的欢迎，其中被采纳的65条。今年10月1日，行政诉讼法正式施行后，将有大量的行政案件起诉到法院。我们希望更多的行政机关提高认识，转变观念，正确对待行政诉讼，同时也要求各级法院通过开展行政审判工作，更好地保护公民、法人和其他组织的合法权益，支持和促进行政机关依法行政。

五、改进告诉申诉工作，保护公民的合法权益

为了进一步加强告诉申诉工作，各级人民法院调整和完善了告诉申诉机构，健全了制度。对告诉的案件，凡符合法律规定的，做到了及时立案审理。为避免该收案不收案或收案后久拖不结，在全省法院推行了接受当事人诉状开具收据的办法。对申诉案件，按照实事求是原则认真予以处理。去年全省法院共审查各类申诉案38117件，立案再审4602件。其中维持原判2618件，改判992件，保护了当事人的合法权益。对于长期上访申诉的案件，采取"两级会审"、"三级会审"的方法，共同研究解决。有些法院院长亲自接待，亲自办理。由于各级法院的共同努力，全省法院受理的来信比上年下降50.8%，接待来访的人次比上年下降53.2%。

六、改善执法活动，提高执法水平

公开审判不仅仅是个法律程序问题，而且是提高审判水平，改进审判作风，保证办案质量的重要措施。去年，我们把公开审判做为自身改革和建设的突破口，进一步加强了开庭审理工作。凡依照法律规定应当公开开庭审理的案件，在一审时都进行了公开审理，省法院和中级法院在办理二审案件时，也有计划地选择了一些典型案件，进行了公开

开庭审理。通过公开审判，把审判活动置于群众的监督之下，增强了法院工作透明度。

在经济、民事审判工作中，依法强调了当事人的举证责任。按照“谁主张，谁举证”的原则，要求当事人及其诉讼代理人提供证据，法庭把主要精力用于核实、认定证据上，有效地提高了办案效率。为了推动公开审判和加强当事人举证责任，我们及时总结了康保县法院等6个单位的经验，组织巡回报告团，到全省各地、市讲演，历时20天，报告12场，听讲人员达2980多名。

去年，还加强了对下业务指导工作。省法院通过调查研究，制定下发了《关于当前办理刑事附带民事诉讼案件的具体意见》、《关于审理经济案件程序方面的几项要求》、《关于人民法院办理重大刑事案件提前介入几点意见》、《关于人民法庭办案暂行规定》等15个指导性文件。

七、加强队伍建设，保证严肃执法

去年，全省各级人民法院进一步加强了以坚持四项基本原则、反对资产阶级自由化为中心内容的思想政治工作，开展了共产主义理想教育和职业道德教育，并切实抓了法院系统的廉政建设。广大干警兢兢业业、努力工作，涌现出一大批清正廉洁、严肃执法的先进集体和模范法官。1989年，全省法院受表彰奖励的先进集体406个，先进个人2604名，立功受奖的集体149个，立功受奖的个人529名。在政治动乱和反革命暴乱期间，全省法院干警坚决拥护、坚决贯彻执行党中央的正确决策，旗帜鲜明地制止动乱、反对暴乱，表现了高度的政治觉悟，经受了斗争的考验。石家庄市、保定市中级人民法院还被最高人民法院授予“制止动乱，平息反革命暴乱先进单位”。

为了搞好法院的廉政建设，去年全省各级人民法院从7月份开始，利用3个月的时间，按计划、分步骤地开展了廉政检查。在自查的基础上，广泛接受社会各界的监督，向人大代表、政协委员等发出征求意见书、公开信51933件，召开各种类型的座谈会1608次，聘请执法监督员1804名，多数法院设立了举报箱，公布了举报电话。在这次检查中发现干警违纪事件133起，处理不公的案件134件。各地法院对检查出来的案件作了认真纠正，对违法乱纪的干警进行了严肃处理，构成犯罪的，依法追究刑事责任。通过廉政检查，提高了对廉政建设重要意义的认识，增强了严格依法办事的自觉性；制定和完善了廉政考核、执法公开、财物管理等项制度。广大干警廉洁自律，秉公办案，从廉政检查开始到年底，共拒吃请8880人次、拒礼拒贿4553人次。

为了加强纪检、监察工作，省法院和13个中级法院设立了监察室，部分基层法院配备了专职或兼职的纪检、监察干部。去年，对38名违法违纪的干警进行了严肃处理。其中，给予党纪处分的12人、行政处分的18人、追究刑事责任的8人。

为了加强组织建设，省法院由领导带队，对中级法院的领导班子进行了全面考察，及时向当地党委提出了调整建议。各中级法院对基层法院的领导班子也进行了全面考察，提出了在今年换届选举时的院长人选意见及班子调整的建议。

过去的一年，全省法院的各项工作都取得了新的成绩。但是，同党和人民的要求还有相当差距，一是抓基层不够。省法院和有的中级法院忙于自己办案，深入基层少，调查研究少，对下指导工作不够有力；二是办案质量和效率还有待进一步提高。刑事公诉案件还有一定数量不能在法定审限内审结，有的民事、经济纠纷案件还存在立案后久拖不结和判决后难以执行的问题，有些案件在诉讼程序、适用法律等方面还存在一定问题；三是有的干警徇情枉法，吃请受礼，违法乱纪，损害了法院与群众的关系；四是法院的审判力量与所担负的任务不相适应；五是法院的物质建设较差，办公用房紧张，经费不足，还有不少基层法院没有建立审判法庭。

各位代表，1990年是我国治理整顿、深化改革的关键性一年，当前维护社会稳定是压倒一切的政治任务，人民法院要竭尽全力为维护社会稳定做出新贡献。我们一定要在党委的领导和人大的监督下，认真贯彻执行党的十三届四中、五中、六中全会决定和全国、全省政法工作会议精神，按照第十五次全国法院工作会议的要求，全面开展各项审判工作，充分发挥审判职能作用，为维护社会的稳定，保障治理整顿和深化改革的顺利进行，为实现我省经济持续、稳定、协调地发展努力奋斗。

当前，我省的政治、经济和社会是稳定的。但是，由于种种原因治安形势仍相当严峻。从去年受理的重大刑事案件看，杀人案增长13.7%，抢劫案增长89.3%，强奸案增长7.2%，流氓案增长36%，重大盗窃案增长173.3%。一些城市及交通沿线的城镇，犯罪分子流窜作案，有的结伙偷盗，有的公然在汽车上劫掠旅客、抢劫财物。各种刑事犯罪活动还很猖獗，国内外敌对势力和各种仇视社会主义制度的敌对分子，仍在进行破坏和颠覆活动。这些情况充分说明，在现阶段，阶级斗争虽不是我国的主要矛盾，但仍在一定范围内长期存在，在某种条件下还相当激烈。广大人民同敌对分子、敌对势力之间的斗争，渗透与反渗透、颠覆与反颠覆、破坏与反破坏、和平演变与反和平演变的斗争，思想文化和经济领域的某些腐蚀和反腐蚀的斗争还是很尖锐的。因此，作为人民民主专政工具的人民法院，要强化专政职能，增强敌我意识和忧患意识，继续坚持对严重危害社会治安的犯罪分子依法从重从快惩处的方针。严厉打击反革命犯罪。对杀人、强奸、抢劫、流氓、重大盗窃等重大刑事案犯，坚决依法重判，罪大恶极的坚决判处死刑。要在党委的领导下，与公安、检察机关密切配合，发动群众，依靠群众，适时开展专项斗争，集中打击比较突出的犯罪活动。继续坚持提前介入的方法，加快办案速度，要选择典型案件，召开公判大会，造成强大声势，狠狠打击犯罪分子的嚣张气焰。要积极参加社会治安的综合治理，预防和减少犯罪。对于贪污、受贿、投机倒把、诈骗、偷税、抗税等严重破坏经济秩序的犯罪分子，要继续坚持从严惩处的方针，抓好大案要案的审理，为治理整顿、深化改革扫除障碍。经济审判工作要为治理整顿服务，要审理好因清理整顿公司、紧缩财政信贷、企业关停并转等引起的借贷合同纠纷、拖欠货款纠纷、企业承包合同纠纷、农村承包合同纠纷以及其它与治理整顿关系密切急待解决的案件。继续开展专项服务，促进我省经济的发展。民事审判工作要围绕缓解矛盾，减少社会不安定因素，依法及时妥善地处理好民间纠纷，特别是对涉及多数人权益，有闹事迹象的案件，要认真对待，防止矛盾激化。今年10月1日起行政诉讼法正式施行，我们要抓紧健全机构，充实人员。搞好试点，及时总结和推广经验。要采取多种形式，广泛深入地学习和宣传行政诉讼法，为全面开展行政审判工作做好充分准备。要下大力抓好告诉申诉工作，总的要求是上访申诉老户、进京来省上访人员要有较大幅度的下降，为维护首都和省会的社会安定做出贡献。

为了保证完成今年的审判工作任务，还要做好下列工作：

（一）抓好队伍建设，进一步提高干警的政治、业务素质。要组织干警认真学习中共中央四中、五中、六中全会文件，学习马列主义、毛泽东思想，学习邓小平同志的著作。通过学习，要坚定社会主义信念，树立共产主义世界观；要提高革命警惕，强化专政意识，增强阶级斗争观念；要胸怀全局，树立审判工作为改革开放服务，为经济建设服务的思想；要密切联系群众，树立全心全意为人民服务的思想，发扬雷锋同志无私奉献的精神，努力为民排难解忧；要坚持党的领导，树立在党的领导下依法独立行使审判权的思想。要进一步认真抓好法院的廉政建设。今年下半年我们要继续开展廉政大检查，重点解决行业不正之风，以后每年都要进行一次，并形成制度。除自身检查外，还要主动听取人大代表、有关部门和群众的意见。对于反映和检查的问题，一经查实，坚决从严处理。今年要进一步做好干部培训工作，对新当选的基层法院院长普遍轮训一遍，对现有的法庭庭长今明两年轮训一遍，还要继续办好业余法律大学和各种形式的短期培训班，提高干警的政策法律水平。

（二）大力加强基层工作。加强基层人民法院特别是人民法庭的建设，是搞好法院工作的基础。今年我们一定要把这项工作作为改进审判作风，加强自身建设的一件大事来抓。第一、加强领导。省法院、中级法院成立“法庭工作指导小组”，明确一名副院长主管，基层法院院长要亲自抓法庭建设；第二，今年上半年对全省法庭的设置情况进行一次全面的调查摸底，根据工作需要，该调整的调整，该增加的增加。以方便群众诉讼，方便法院办案；第三，实行领导干部联系法庭制度。省法院的正副院长、各庭处室、中级法院的正副院长至少明确一个法庭作为联系点，了解和掌握法庭的工作情况，总结经验，发现问题，及时解决；第四，加强对法庭工作的指导。省法院《工作简报》要不定期反映法庭的工作情况，介绍法庭的工作经验；第五，狠抓人民法庭的思想建设。今年，要在人民法庭开展全心全意为人民服务的教育活动，增强审判人员的群众观念。省法院准备在上半年召开全省法庭工作经验交流会，推广先进经验，树立模范典型，促进法庭各项工作的开展。

（三）改善执法活动，提高执法水平。在民事、经济审判工作中，要继续搞好公开审判，强调当事人的举证责任，积极开展由法院主持的庭前调解的试验。针对当前案件执行难的状况，省法院和未建立执行庭的中级法院成立“执行工作指导小组”，明确一名副院长主管，研究执行中的问题，总结执行工作的经验。全省法院的领导干部要改进工作作风，每年要拿出两个月的时间深入基层、蹲点调查，听取群众意见，针对审判实践中出现的新情况、新问题，通过调查研究，制定解决办法，加强对下指导。

各位代表，在新的一年里，我们决不辜负各位代表和全省人民的殷切期望，力争把工作做得更好。

以上报告，请审议。

山西省高级人民法院工作报告

——1990年3月7日在山西省第七届人民代表大会第三次会议上

山西省高级人民法院院长　赵耀仁

各位代表：

现在，我就省七届人大二次会议以来全省法院工作的主要情况，向大会作报告，请予审议。

1989年是党中央决定治理整顿、深化改革的第一年，也是不平常的一年。在这一年里，由于国际大气候的影响和国内小气候的因素，我国的政治形势出现了异常复杂的新情况，发生了建国以来从未有过的政治动乱和北京反革命暴乱。全省法院广大干警坚定不移地同党中央保持高度一致，旗帜鲜明地反对动乱和暴乱，坚决贯彻党的十三届四中全会、五中全会精神，坚持四项基本原则，坚持改革开放，经受住了严峻的考验。在各类案件大量上升、审判任务十分繁重的情况下，全省各级人民法院在省委和省人大常委会、最高人民法院的领导和监督下，克服困难，艰苦奋斗，严格执法，全面开展审判工作，通过审判活动，严厉打击犯罪分子，依法调节经济关系，保护公民和法人的合法权益，对维护我省社会稳定，保障和促进治理整顿、深化改革和经济建设的顺利进行，起到了积极的作用。

一、严惩严重刑事犯罪活动，维护社会治安秩序

去年以来，全省各级人民法院面对刑事犯罪案件上升，社会治安形势严峻的情况，同公安、检察机关密切配合，继续依法从重从快地惩处了各种严重危害社会治安的犯罪分子。1989 年，全省共受理一审刑事案件 8156 件，比上年上升 15.6%；审结 7913 件，比上年上升 16.4%；判决发生法律效力的人犯 9509 人，比上年上升 19.4%。其中，判处五年以上有期徒刑、无期徒刑、死刑（包括死缓）的 3069 人，占判处人犯总数的 32.2%。同时，有关人民法院还依法审判了在我省动乱中发生的反革命案件和其它刑事犯罪案件，沉重打击了犯罪分子的嚣张气焰。各级人民法院开展打击严重危害社会治安犯罪活动的主要特点是：

1. 积极开展专项斗争。1989 年，按照省委、省政府的统一部署，同公安、检察机关紧密配合，先后开展了以打击杀人、抢劫、盗窃、扒窃、流氓滋扰犯罪活动为重点的专项斗争以及打击流窜犯罪，打击破坏电力、通讯设备犯罪，打击拐卖妇女犯罪，扫除“六害”等专项斗争。在这些专项斗争中，全省各级人民法院精心组织，及时有力地严惩严重危害社会治安的刑事犯罪分子，共判处杀人、抢劫、重大盗窃、强奸、爆炸、拐卖妇女等严重刑事犯罪分子 4430 人，占判处人犯总数的 46.6%。并依法处决了一批罪行特别严重，情节特别恶劣，民愤极大，非杀不可的严重刑事犯罪分子。例如襄垣县岳中华故意杀人一案，岳犯曾因盗窃罪被判刑，刑满释放后，继续进行盗窃、抢劫等犯罪活动。当岳犯得知该村党支部书记常金芳协助公安机关捕捉他时，便怀恨在心，于 1989 年 6 月 22 日凌晨，将常金芳同志骗出残杀。长治市中级法院依法判处岳犯死刑，剥夺政治权利终身。再如，浑源县拐卖妇女的犯罪分子王忠、王宏、王宪三兄弟，从 1986 年 6 月至 1988 年 5 月，与四川人贩子勾结，先后拐卖妇女 59 人，危害极大。经雁北地区中级法院一审判决，省法院二审裁定，依法判处王忠、王宏死刑，立即执行，判处王宪无期徒刑。这些案件的判处，在社会上引起很大的震动，震慑了犯罪，教育了群众。

2. 严格依法办案。各级人民法院坚持以事实为根据，以法律为准绳的原则，严格依法办案，保证案件质量。每判一案，都力求做到事实清楚，证据确凿，定性准确，量刑适当，程序合法。对主要事实不清，证据不足的案件，及时退回检察机关补充侦查，对重要情节不清的案件，坚持深入调查，决不轻率下判。如平遥县邓学前、耿其明等 21 名罪犯结伙抢劫、强奸一案，晋中地区中级法院一审依法判处邓、耿二犯死刑后，邓犯及其父亲以邓犯不满 18 周岁为由提起上诉。为了弄清事实真相，省法院审判人员三下平遥，做了大量深入细致的调查，终于查清了邓犯父亲为包庇儿子而出具伪证的事实，依法核准了对邓学前、耿其明的死刑判决。

3. 积极参加社会治安综合治理。一是适时召开宣判大会。全省各级法院结合本地实际，选择典型案例，适时召开宣判大会 751 次，宣判罪犯 3772 人，旁听群众达 500 多万人次，扩大了办案效果。二是通过印发布告和各种宣传材料、开展法律咨询、举办新闻发布会等多种形式，充分利用报刊、电台、电视等各种宣传工具，以案讲法，广泛进行法制宣传。三是针对办案中发现的问题，主动向有关单位提出司法建议1500余条，帮助这些单位建立健全了治安防范措施。四是协同有关单位加强对判处缓刑、管制和免刑人员的管理，定期进行回访考查，促使他们自觉改造，减少了重新犯罪。

二、以贯彻“两高”《通告》为重点，从严惩处严重经济犯罪分子

1989年，全省各级法院认真贯彻执行中发（1989）1号文件和最高人民法院、最高人民检察院《关于贪污、受贿、投机倒把等犯罪分子必须在限期内自首坦白的通告》精神，把惩治腐败，打击经济领域中的犯罪活动作为人民法院的一项重要任务，集中力量，快审快判，及时从严惩处各种经济犯罪分子。全省共审结贪污、受贿、投机倒把等经济犯罪案件1624件，占审结刑事案件总数的20.5%；判决人犯2181人，占判决刑事人犯总数的22.9%。其中，依法从宽判处443人，从严判处604人。通过严厉打击严重经济犯罪活动，使人民群众看到了党和国家惩治腐败，搞好廉政建设的决心和行动，为进一步清除破坏社会主义经济建设的蛀虫打下了良好的基础。各级法院打击经济犯罪活动的主要做法是：

1. 狠抓大案要案，严厉打击严重经济犯罪分子。在打击经济犯罪活动的斗争中，各级法院注重抓好对大案要案的审判，坚持提前介入，及时掌握案情，案件一经起诉到法院，即快审快判。全省共判处非法所得在万元以上的大案154件，判处涉及县处级以上干部的要案15件。对这些大案要案，人民法院在开庭审理后，及时召开宣判大会，扩大宣传，收到了良好的社会效果。例如，原孝柳铁路工程建设总指挥部总指挥孙孟喜，利用职务之便，通过介绍承包工程项目，收受贿赂人民币86400元，以及电冰箱、彩电、银元宝、银元、自行车、汾酒等实物折款16400余元，总金额达102800余元。孙犯被捕后坦白认罪较好，吕梁地区中级人民法院依法从轻判处孙犯无期徒刑，剥夺政治权利终身。再如原晋城矿务局机电处配件科科长延富，去年3月，家中巨款被盗后，在矿区引起了强烈反应，经检察机关立案侦查，查明延富全家从1980年至1989年3月，包括生活费支出和现有财产共114000余元，与其合法收入出现63500余元的巨大差额。晋城市城区人民法院经过开庭审理，延富不能说明其合法来源。依照全国人大常委会《关于惩治贪污罪贿赂罪的补充规定》，以非法所得罪判处延富有期徒刑四年。这些案件公开宣判后，在社会上引起很大反响。群众普遍反映：人民法院依法严惩这些腐败分子，大得人心，国家要兴旺发达，不挖掉这些蛀虫是不行的。

2. 认真贯彻“两高”《通告》，敦促犯罪分子投案自首。《通告》发布后，全省各级法院普遍设立了“经济犯罪分子投案自首处”和“经济犯罪举报中心”，公告举报电话，组织专人昼夜值班，积极做好自首举报接待工作。在《通告》规定的期限内，全省法院共收到群众举报贪污、受贿、投机倒把等经济犯罪线索182条，被举报人255名，并有一些经济犯罪分子到法院投案自首。同时，依照法律和《通告》规定，及时审理案件，及时召开宽严大会，及时兑现政策。各级法院在《通告》规定的期限内，判处贪污、受贿、投机倒把等经济犯罪分子129名。神头二电厂筹备处副主任赵洪大、备件科科长卢育兴，利用联系运输进口设备之机，索贿22000多元。慑于法律的威严，两犯主动投案自首，并退出全部赃款。朔州市朔城区法院依法从宽判处赵洪大、卢育兴免予刑事处分。此案公开宣判后，进行了广泛宣传，对分化瓦解经济犯罪分子，深入贯彻《通告》起了积极作用。

3. 严肃执法，确保办案质量。在审理经

济犯罪案件中，各级法院严格依法办事，认真区分罪与非罪、此罪与彼罪的界限，尤其注意区分利用改革开放进行犯罪和改革开放中出现某些失误的界限，通过审判经济犯罪案件，促进治理整顿、深化改革的深入进行。同时，注意严格掌握宽严幅度，对有法定从轻减轻情节的，依法从宽处理；对于抗拒法律，拒不认罪的，坚决从严惩处。芮城县南卫乡工农产品购销经理部会计张瑛，1982年以来，利用职务之便，采取虚报冒领等手段，共贪污22800余元，骗取他人现金20000元。在事实和证据面前，张瑛拒不坦白交代，运城地区中级人民法院依法从严判处其有期徒刑十七年。

三、依法审理经济、民事和行政案件，积极调节经济关系，保护公民和法人的合法权益

随着改革的深化和社会主义民主与法制建设的不断发展，经济、民事、行政案件逐年增多。从人民法院近几年受理案件来看，经济、民事、行政案件已占法院全部受理案件的80%以上。同时，这些案件往往情况复杂，涉及面广，审理难度较大。审理好这些案件，对于保障和促进社会主义有计划商品经济的发展，保护公民和法人的合法权益，维护社会稳定，具有十分重要的意义。一年来，经济审判、民事审判和行政审判工作，都有明显进展。全省法院共受理一审经济纠纷案件15160件，比上年上升62%；审结12504件，比上年上升91.5%；诉讼标的总金额达7.9亿多元。受理一审民事案件48186件，比上年上升15.3%；审结44851件，比上年上升17.4%。受理一审行政案384件，审结338件。同时，还依照审判监督程序，审结各类申诉案件2572件。通过开展告诉申诉审判工作，接待群众来访28093人次，处理群众来信27664件次，缓解了群众“告状难”的问题。通过这些案件的审理，及时、有效地调节了公民之间、法人之间、公民与法人之间的经济、民事关系，制裁了违法行为，维护了正常的经济秩序，保护了公民与法人的合法权益。

1. 围绕治理整顿，深入开展依法收贷等专项审判服务。为了把专项审判服务活动不断引向深入，去年初，省法院和省农行联合召开了依法收贷经验交流会，对进一步搞好这项工作提出了新的要求。在此基础上，各级法院紧密结合当地实际，不断扩大专项审判服务范围，先后开展了审理农村果园承包合同纠纷案件、补偿贸易合同纠纷案件和整顿公司中出现的经济纠纷案件等专项审判服务活动，主动受理、及时审理各种经济纠纷案件，直接为治理整顿和发展社会主义商品经济服务。在依法收贷专项服务中，全省法院共审理银行起诉的借款合同纠纷案件4164件，诉讼标的金额达1.75亿元。通过审理案件，扩大法制宣传，协助银行收回逾期呆滞贷款9.88亿元，使呆滞资金得以合理流转，投入有效运行。翼城县法院与87个金融、财贸、工矿企事业单位建立联系，主动上门服务，及时调解经济纠纷案件985件，帮助有关单位收回贷款、欠款173万元，受到了这些单位领导和职工的好评。各级法院还认真依法审理了联营合同、财产保险、科技协作、劳动争议等新类型经济纠纷案件，积极促进经济的发展。

2. 改进审判方式，不断提高工作效率。针对经济、民事案件大幅度增长，审判力量严重不足的状况，为了改变经济、民事审判工作的被动局面，及时、正确、合法地解决各种经济、民事纠纷，各级法院积极探索、努力改进审判方式，收到了较好的效果。一是积极推行当事人举证责任制度。去年10月，省法院召开全省法院民事审判方式改革试点会议，总结交流了实行当事人举证责任制度的经验，并研究提出了《关于民事审判方式改革的意见》，使举证责任逐步制度化、法律化。过去，经济、民事纠纷案一起诉到法院，当事人则坐等判决，一切调查取证全由法院包揽，既浪费人力财力，又拖延结案时间，往往是审判人员忙得团团转，当事人还不满意。去年以来，各级法院强调当事人的举证责任，当事人对起诉或反诉的事实，都要依法进行举证。对既举不出任何证据，又不提供证据线索的当事人，则劝其息诉。这样做，使人民法院从大量的调查取证工作中摆脱出来，以主要精力搞好证据的查证核实，从而大大提高了办案效率。二是初步总结和推广了建立经济纠纷调解处的经验。为了及时调解处理经济纠纷，以适应社会主义商品经济发展的要求，阳泉市中级法院根据本地区经济纠纷案件成倍增长的实际状况，借鉴外地经验，大胆探索，率先建立了经济纠纷调解处。只要当事人双方自愿接受法院调解，事实清楚，是非、责任分明，就由法院经济纠纷调解处主持依法进行庭前调解，这种调解处理经济纠纷案件的优点是，随来随调解，方便当事人，在短期内解决大量纠纷，减少积案，深受双方当事人的欢迎。该调解处成立不到一年，已调解各类经济纠纷案件 670 件，诉讼标的金额达 1350 万元，80％的案件经调解后当事人都能自觉执行。省法院及时总结推广了他们的经验。目前，全省已有 4 个中级法院建立了经济纠纷调解处，积极开展了工作。

3. 积极做好《行政诉讼法》实施前的准备工作。各级法院在积极稳妥地开展行政审判工作的同时，认真抓紧做好《行政诉讼法》实施前的准备工作。一是抓紧建立行政审判机构。目前，全省 131 个法院，已有 69 个法院建立了行政审判庭，占 52.7％。二是采取召开座谈会、开展法律咨询、印发宣传材料、举办讲座等多种形式广泛宣传《行政诉讼法》，增强公民及行政机关的行政法律意识。三是加紧对法院行政审判人员的业务培训。去年，全省法院除选派一部分干部到中央政法管理干部学院学习外，省法院还组织举办了两期《行政诉讼法》培训班，共培训行政审判骨干 196 人。同时，还确定太原市、晋中、吕梁地区三个中级法院和太原市河西区、清徐县和晋中地区的太谷、榆次、平遥等 5 个基层法院为《行政诉讼法》实施试点单位。目前，试点工作正在进行中。

4. 努力加强执行工作，认真解决“执行难”的问题。执行工作是经济、民事、行政诉讼活动的终端环节，执行工作搞得好不好，直接关系到能否树立法律权威，及时保护当事人合法权益的问题。为了解决“执行难”的问题，各级法院在各级党委、人大、政府的大力支持下，积极组建执行机构，加强执行力量。目前，12 个中级法院和部分基层法院已建立了执行庭，全体执行人员严肃执法，努力工作，注意认真做好当事人的思想教育工作，积极争取各方面的支持和配合，使执行工作有了较大起色。省法院还多次组织人员深入基层调查研究，总结经验，解决难点，并下发了《关于执行工作若干问题的参考意见》，指导各级法院搞好执行工作。去年全省法院共执行各类案件 16316 件，占应执行案件的 78％。“执行难”问题初步得到缓解。

四、认真开展执法检查，积极改善执法活动，不断提高执法水平

1989 年，全省各级法院积极改善执法活动，有效地推动了各项审判工作的开展。

1. 通过执法检查，总结经验教训，提高执法水平。按照省人大的部署，全省各级法院从去年 8 月至 11 月，集中时间，集中力量，采取自查、互查、抽查等方法，以刑事审判和廉政建设为主要内容，集中对去年 1—8 月审结的刑事案件进行了全面检查。共检查各类刑事案件 5372 件，占审结案件总数的 89.6％；其中事实清楚、证据确凿、定性准确、量刑适当、程序合法的 5266 件，占检查案件数的 98％。同时，对民事、经济、行政案件也有重点地进行了评查。我们在自查、评查的基础上，还采取“走出去、请进来”的办法，普遍征求了人大、政协、公安、检察、司法部门的意见，主动接受法律监督和社会监督。各级法院还向人大代表和有关部门发出征求意见信3100余件，征得各种意见和建议1500余条。省人大常委会法工委还组织省人大代表对晋中地区中级法院的刑事审判工作进行了评查，收到了好的效果。对全省执法检查和评查中发现的106件处理不当的案件，依照审判监督程序，及时予以纠正。通过检查和评查，各级法院认真总结经验教训，并针对执法中存在的问题，制定改进措施，从而有效地推动了人民法院执法水平的提高。

2. 认真实行公开审判制度，不断改进合议庭工作。各级法院努力克服案件多、审判力量不足、缺少审判法庭等困难，因陋就简，积极创造条件搞好公开审判。为了提高公开审判的质量，去年5月，省法院在太原召开了二审刑事案件公开审理现场观摩会。许多法院联系本单位实际，开展了各类案件公开审判观摩评议活动，不断总结搞好公开审判的经验，推动了公开审判制度的落实。1989年，全省法院一审刑事、民事、经济案件的公开审判率均达到80%以上，二审和再审案件的公开审判率也比上年有所提高。同时，各级法院不断改进合议庭工作，增强合议庭的责任，扩大合议庭的权力，合议庭成员一般都能做到共同阅卷，共同核查证据，共同开庭、合议，共同对案件负责，使合议庭充分行使法律规定的职权，从而保证了案件质量。

3. 搞好调查研究，加强宏观指导。为了及时发现并研究解决审判工作中出现的新情况、新问题，去年各级法院普遍加强了调查研究工作，做到边办案、边调查、边研究，不断发现问题，不断解决问题。上级法院注意搞好对下级法院审判工作的宏观指导和具体监督，省法院先后派出30多个工作组共110多人次深入基层，具体指导。同时还撰写调查报告、审判研究及各种经验材料160多篇，有力地推动了各项审判工作的开展。

五、坚持从严治院，不断加强自身建设

1. 进一步加强了思想政治工作。各级法院在实践中认识到，思想政治工作是我们党的优良传统，也是加强法院队伍建设，做好审判工作的重要保证。在改革开放的新形势下，特别是制止动乱和平息暴乱之后，更加认识到加强思想政治工作的重要性，对思想政治工作抓得更加自觉。晋城、临汾等地、市中级法院先后召开思想政治工作研讨会、经验交流会，分析形势，总结经验，制定措施，促进了思想政治工作的深入开展。同时，按照中央(1989)3号文件精神和省委的统一部署，各级法院认真开展了清查清理工作，有计划、有步骤地组织干警对动乱以来的表现进行了回顾和深刻的反思，认真检查几年来资产阶级自由化在法院干警中的影响和表现，并结合清查清理工作对各级法院领导班子和中层干部进行了重点考察。实践证明，全省法院队伍是一支坚强的、有战斗力的、秉公执法的队伍，在动乱期间，广大干警坚决拥护党中央的英明决策和采取的果断措施，表现了高度的政治觉悟。通过清查清理工作，使广大干警受到了一次现实的、深刻的思想政治教育，进一步增强了坚持四项基本原则，反对资产阶级自由化的自觉性。此外，各级法院还以办好"业余法律大学"为中心，大力培养法律人才，不断提高法院干警的政治、业务素质，促进了执法水平的提高。

2. 认真抓好廉政建设。全省各级法院认真贯彻党中央关于为政清廉的指示和全国法院廉政建设工作会议精神，把廉政建设作为法院队伍建设的一件大事，努力抓紧抓好。一是抓组织领导。去年4月，省法院召开了全省法院廉政建设工作汇报会，6月份又召开了全省中级法院院长会议，在传达贯彻全国法院廉政建设工作会议精神的基础上，专门研究了我省法院的廉政建设工作，并联系春夏之交发生的动乱和反革命暴乱的实际，认真总结交流经验，提出了加强廉政建设的具体措施。之后，各地、市中级法院先后召开了专门会议，对廉政建设进行了研究部署，很快在全省各级法院形成了大抓廉政建设的"小气候"。二是抓廉政教育。针对社会上

“说情”、“吃请”、“收礼受贿”等不正之风不断向法院侵袭的实际，各级法院狠抓了对干警的廉洁执法教育。运城地区两级法院为了从根本上提高广大干警拒腐防变的能力，年初用一个多月的时间在全区法院干警中开展了自下而上的清正廉洁大讨论，大大提高了干警的廉政意识，推动了全区法院的廉政建设。三是抓廉政制度。各级法院按照中央的有关规定和最高法院的“八个不准”，联系本单位的实际情况，逐步建立健全了一系列行之有效的廉政规章制度和措施，使廉政建设制度化、规范化。四是抓廉政监督。各级法院采取许多有效措施，把法院廉政建设置于各方面监督之下。通过定期过组织生活会，认真开展批评和自我批评，实行党内监督；普遍设立“举报箱”，主动接受群众监督；向人大常委会报告法院廉政建设情况和走访人大代表，接受权力机关监督。许多法院还把清正廉洁规定印成材料公布社会，广泛接受社会监督，收到了较好的效果。五是抓违纪违法案件的查处。对有违法乱纪行为的干警，一经发现，即从严查处，决不姑息迁就。去年全省法院共查处违法违纪干警10名，其中给予党团纪处分和行政处分的6名，追究刑事责任的4名。通过狠抓廉政建设，法院队伍的精神面貌发生了显著变化，好人好事不断涌现。据不完全统计，一年中，全省法院干警共拒贿1725人次，拒收现金和各种实物折款达30余万元，有119个单位被评为先进集体，743名干警被评为先进工作者和优秀党员。

3.审判法庭和人民法庭建设有了新的进展。各级法院坚持“一手抓审判，一手抓建设”的方针，狠抓“两庭”建设，取得了明显成效。全省131个法院，已建成和正建的审判法庭88个，占67.2%；563个人民法庭中已解决办公用房的117个，占21%。为了进一步推进“两庭”建设，去年11月，省法院和省计委、省财政厅联合召开了全省“两庭”建设工作会议，提出1990年全省新建23个审判法庭和300个人民法庭办公用房的计划，制定了加强“两庭”建设的具体措施。此外，法院法医技术工作也有了新的发展。

一年来，全省法院各项工作取得了明显的成绩。但是也存在着不少困难和问题。主要是：

(1)对新形势下审判工作遇到的新情况、新问题调查、研究不够，指导不够有力，特别是省法院对全省法院各项工作在宏观上还缺乏及时有效的指导和监督。(2)执法不严现象仍然存在。通过执法检查发现，一些案件质量不高，有的刑事案件定性不准，在量刑上有畸轻畸重问题，超时限审结的案件还占一定的比例。(3)“执行难”的问题尚未彻底解决。近年来，人民法院判决需要执行和行政机关依法申请执行的案件越来越多，执行难度越来越大。相当一部分案件在判决生效后长期未得到执行，造成了不良影响。(4)由于受资产阶级自由化思想和社会上不正之风的影响，个别干警违法违纪现象时有发生，严重影响了严肃执法和人民法院的声誉。(5)人民法院的繁重工作任务和人员、经费不足的矛盾仍十分突出，影响着审判工作的开展。对上述问题和困难，我们将采取积极措施，在今后工作中努力加以克服和纠正。同时，也希望得到各级党委、人大和政府的大力支持和帮助。

各位代表，1990年是进入九十年代的第一年，也是治理整顿、深化改革关键的一年。当前，稳定是压倒一切的大局，但是，我们面临的治安形势仍然是相当严峻的，不安定因素仍然很多。刑事、民事、经济、行政案件逐年增多，今年仍然是上升的趋势。人民法院面临的任务是十分艰巨和繁重的。最近，我们召开了第十五次全省法院工作会议，传达贯彻了第十五次全国法院工作会议精神。在新的一年里，全省各级人民法院要在党的十三届四中全会、五中全会精神指引下，全面开展审判工作，充分发挥审判职能作用，为进一步搞好治理整顿和深化改革服务，为实现我省政治稳定、经济稳定和社会稳定服务，为社会主义现代化建设服务。要继续抓紧抓好刑事审判工作，坚决、慎重地审理好动乱和暴乱中的犯罪案件，继续贯彻“严打”方针，严厉打击各种严重经济犯罪活动和严重刑事犯罪活动。当前要审理好“六害”案件，以净化社会风气，促进社会主义精神文明建设。要进一步加强经济审判工作，通过审判活动，调节各种经济关系，特别要审理好与治理整顿和农业生产关系密切的经济纠纷案件，直接为治理整顿、深化改革和经济建设服务。要积极开展民事审判工作，及时处理民间纠纷，促进安定团结。要努力开展行政审判工作，为《行政诉讼法》的正式实施做好充分准备。要继续加强法院的队伍建设、基层建设和物质建设，继续搞好廉政教育，搞好领导班子建设，加强思想政治工作，把法院队伍建设成为一支政治上坚强、业务上精通、作风上过硬的干警队伍。要更加自觉地接受党的领导，接受人民代表大会及其常委会的监督，认真听取人民群众的意见，全面搞好各项审判工作，为治理整顿、深化改革和社会主义经济建设做出新的贡献。

内蒙古自治区高级人民法院工作报告

——1990 年 4 月 23 日在内蒙古自治区第七届人民代表大会第三次会议上

内蒙古自治区高级人民法院副院长　张　杰

各位代表：

现在，我受杨达赖院长的委托，将一年来人民法院工作的主要情况报告如下，请予审议。

1989 年是很不寻常的一年。在春夏之交，发生了建国以来从未有过的政治动乱和北京反革命暴乱。全区法院广大干警在这场关系到党和国家生死存亡、社会主义事业前途命运的严重政治斗争中，立场坚定，旗帜鲜明，经受住了严峻的考验。在党委的领导和人大的监督下，各级法院全面开展审判工作，努力提高执法水平，完成了各项审判任务。去年，全区法院共受理刑事、民事、经济、行政等各类一审案件 62044 件，审结 56218 件，分别比 1988 年上升 25%，是历史上收案和结案最多的一年。通过审判活动，为维护社会安定，保护公民和法人的合法权益，调节经济关系，保障和促进治理整顿、深化改革和社会主义现代化建设的顺利进行，做出了积极的贡献。

一、严惩严重刑事犯罪，全力维护社会安定

1989 年，全区法院共受理一审刑事案件 7326 件，比 1988 年上升 20%。面对严峻的社会治安形势，全区各级法院坚持依法从重从快的方针，秉公执法，突出打击重点，严惩了杀人、抢劫、强奸、重大盗窃等严重危害社会治安的犯罪分子。共审结一审刑事案件 7178 件，比 1988 年上升 21%，判处罪犯 8249 人，上升 22%。在上述罪犯中，判处五年以上有期徒刑、无期徒刑、死刑的 2993 人，上升 29%，其中，核准死刑的罪犯，比 1988 年上升 15%。

坚决慎重地依法审判了暴乱和动乱中的犯罪案件。去年春夏之交发生的动乱和暴乱，

是由国内外敌对势力挑起和制造的一场旨在推翻中国共产党的领导、颠覆社会主义制度的政治动乱和反革命暴乱。在审理这类案件中，我们坚持严格依法办事，严格区分罪与非罪的界限，严格区分反革命犯罪与普通刑事犯罪的界限，严格依照法律规定的程序和制度进行审判，既惩治了犯罪分子，又教育了人民群众，促进了局势的稳定。

依法严惩了"六害"中的犯罪分子。"六害"活动的蔓延，败坏社会风气，损害群众特别是青少年的身心健康，干扰改革开放和精神文明建设，严重影响社会治安。各级法院认真贯彻最高法院"关于配合公安机关开展除'六害'工作的通知"精神，对"六害"活动中构成犯罪的案件，依法及时进行审理并大张旗鼓地进行公开宣判。去年，全区法院审结的制造贩卖毒品案件比1988年上升96%，拐卖人口案件上升31%，还判处了一批引诱容留妇女卖淫以及聚众赌博等案件，有力地配合了全区除"六害"工作的开展。

近几年来，破坏电力、水力和通讯设备的犯罪活动日趋严重，对工农牧业生产和人民生活造成严重危害。去年，各级法院把打击这类犯罪活动作为一项重要任务，严厉惩治了一批犯罪分子。如吴凤申因对社会不满，于1989年5月，采用锯铁塔拉线和爆炸水泥墩的手段，致使元宝山至巴林右旗大板镇的22万伏输电线路102号铁塔倒塌，造成赤峰北部五个旗县停电30小时，经济损失72万余元。吴犯被依法判处死刑，剥夺政治权利终身。

去年，全区法院判处已满14岁、未满18岁的少年罪犯773人，比1988年上升22.7%。少年罪犯占全部刑事罪犯总数的9.2%，已超过了"严打"初期1983年的比例。未成年人犯罪结伙作案多，严重犯罪多，已成为一个十分严重的社会问题。近两年来，有的法院试办了少年犯合议庭，专门审理未成年人的刑事案件，针对未成年人的特点，寓教于审，注重查清犯罪原因，注重启发疏导，注重做好家长工作，注重惩办与宽大相结合，注重回访考察，收到了很好的社会效果。去年，自治区人大常委会七届六次会议通过了《内蒙古自治区未成年人保护条例》，希望青年、妇女组织和教育部门以及社会各界，共同参加对未成年人违法犯罪的综合治理，保护未成年人健康成长。

1989年，全区法院受理的刑事案件中，有各类经济犯罪案件1099件，比1988年上升23%。其中，贪污案件上升5%；受贿案件上升167%；挪用公款案件上升209%；投机倒把案件上升7%；偷税抗税案件上升117%。上述情况表明我区经济领域犯罪仍很严重，同时也说明，我区打击经济犯罪的斗争出现了好的势头。

各级法院坚持依法从严惩处的方针和"一要坚决，二要慎重，务必搞准"的原则，严惩了严重经济犯罪分子。共审结1075件，比1988年上升25%，判处罪犯1383人，上升26%。其中判处五年以上有期徒刑、无期徒刑、直至死刑的390人，上升35%。在上述案件中，非法所得万元以上的131人，占已审结案件罪犯总数的9.5%。各级法院通过审判活动，为国家、集体挽回经济损失659万元。

为了更加深入地开展严厉打击严重经济犯罪的斗争，最高人民法院和最高人民检察院依照有关法律规定，发布了《关于贪污、受贿、投机倒把等犯罪分子必须在限期内自首坦白的通告》。在《通告》规定的期限内，我区有316人投案自首。在此期间，全区法院共受理贪污、受贿、投机倒把等经济犯罪案件82件111人，审结49件78人。其中从严惩处的15人，从宽处理的11人。有些法院还选择从宽从严的典型案件，适时召开公判大会，震慑犯罪分子，鼓舞人民群众，显示了党和国家坚决惩治腐败，搞好廉政建设的决心，收到了很好的社会效果。两高《通告》规定的期限界满后，我们对下一步工作及时进行了部署，要求各级法院认真审理好《通告》限期内自首坦白的案件；对《通告》限期内拒不投案自首的，要坚决依法从严惩处；对《通告》限期界满后投案自首的，按照刑法有关规定，可以从轻、减轻处罚，有的也可以免予刑事处分，但从宽的幅度不能再像《通告》规定的那样大。

近几年来，金融系统重大经济犯罪案件增多。去年，竟发生了银行内部职工盗窃库款110万元的特大案件。人民银行乌海市乌达区支行保卫股副股长王永其与稽核股副股长吴占平相互勾结，于1989年12月7日上午盗窃库款110万元。吴犯分得21万元，王犯携89万元畏罪潜逃。此案破获后，共计追回赃款107万多元。最近，经自治区高级法院核准，依法判处王、吴二犯死刑，剥夺政治权利终身。

当前，一个值得注意的问题是，“以罚代刑”的问题还未能有效地加以解决。这不仅妨碍了严肃执法，而且容易腐蚀执法队伍。最近，全国、全区政法工作会议已经决定要全面、彻底解决这个问题。我们希望尽快落实。凡是构成犯罪，依法需要追究刑事责任的案件，都应依法向人民法院起诉，由人民法院审判。

各位代表：当前，我区的政治、经济和社会是稳定的，并且朝着更加稳定的方向发展。但是，社会治安形势仍相当严峻。刑事案件大量上升，据统计，1989年与1988年相比，强奸案件上升11%，故意杀人案件上升18%，抢劫案件上升64%，重大盗窃案件上升122%；一些城镇地区、交通沿线，流窜犯罪活动猖獗，甚至公然在火车、汽车上进行抢劫；“六害”等社会丑恶现象中的犯罪活动尚未完全遏制住；社会上不安定因素增多，一些案件多发地区，群众依然缺乏安全感。特别是，国内外敌对势力和各种敌视社会主义制度的敌对分子，仍在伺机进行破坏和颠覆活动。根据以上情况，自治区高级法院在刚刚结束的第十五次全区法院工作会议上，要求各级法院要充分认识到，在社会主义初级阶段，阶级斗争还将在一定范围内长期存在，在某种条件下还有可能激化。只要国内有敌对分子和严重刑事犯罪分子存在，国际上有对我国进行渗透、颠覆、和平演变的敌对势力存在，人民民主专政就必须坚持，决不能削弱。作为人民民主专政工具的人民法院，必须强化对敌专政职能。刑事审判工作直接关系到国家的安危，社会的稳定，必须进一步加强。

二、大力加强民事、经济、行政审判工作，依法保护公民、法人的合法权益

1. 积极开展了民事审判工作

1989年，全区法院共受理一审民事案件47177件，审结42666件，分别比1988年上升23%。各级法院以贯彻民法通则为中心，积极研究、解决新情况、新问题，努力提高办案质量和效率，使民事审判工作取得了新的进展。通过审判活动，正确处理人民内部矛盾，防止和减少矛盾激化，维护了社会的安定团结。

婚姻家庭案件是民事审判工作的“大头”，去年占民事案件总数的50%。其中离婚案件占绝大多数，并且在财产分割、子女抚养等方面出现了许多复杂情况。我们本着有利于保护妇女、儿童合法权益和制裁违法行为的原则，坚持把感情是否确已破裂作为离与不离的标准，保障了婚姻自由，保证了办案质量。我们在办案过程中发现，未婚同居现象在许多地区程度不同地存在，借婚姻关系索要“彩礼”的数量有增无减，成为潜在的不安定因素。因此，大力加强婚姻法的宣传教育仍然是今后一项十分重要的工作。

债务案件继续大幅度上升，去年占民事案件总数的28%。在债务案件中，民间借贷占较大比例，并出现了许多新的情况和问题。主要是：由“生活消费型”向“生产经营型”发展；由数额较小向数额较大发展；由无息向有息发展并出现高利贷现象。处理这

类案件，我们坚持保护正当的借贷关系和债权人合法权益的原则，以促进社会主义商品经济的发展。最近，我们召开了“全区法院审理债务案件座谈会”，总结交流了审理债务案件的经验。关于民间借贷利率，在法律尚无具体规定的情况下，允许适当高于国家银行利率，坚决取缔高利盘剥。我们建议自治区人大适时制定关于民间借贷的地方性法规。

随着民法通则的实施，名誉权、肖像权、著作权等新类型案件不断增多。特别是名誉权案件，往往社会影响较大。各级法院坚持有利于保护公民的合法权益不受侵犯，又要支持正当的社会舆论监督的原则，及时合法地处理了一批案件，收到了较好的社会效果，也积累了有益的经验。

1990年，民事审判工作仍将面临案件大量增加，新情况、新问题增多的复杂形势。我们要求各级法院继续以贯彻民法通则为中心，进一步提高办案质量和效率，运用法律手段保护公民、法人的合法权益，制裁违法行为，努力维护社会的稳定。

2. 大力加强了经济审判工作

1989年，全区法院共受理一审经济纠纷案件7315件，比1988年上升42%；审结6165件，上升44%；诉讼标的总金额达22000万元，上升66%。

去年，是治理整顿、深化改革的第一年。各级法院积极开展经济审判工作，运用法律手段，调节经济关系，为治理整顿作出了积极贡献。在已审结的案件中，购销合同纠纷案件2720件，比1988年上升23%，通过对这些案件的及时审判，促进了对流通领域混乱秩序的治理；借款合同纠纷案件1071件，上升292%，许多法院与银行部门密切配合，集中时间，集中人力，开展“依法收贷”专项审判，回收了大量逾期银行贷款，使呆滞资金投入了有效运行；建筑工程承包合同纠纷案件417件，上升14%，依法解决了一大批因压缩基本建设规模而产生的纠纷，维护了国家利益和当事人的合法权益。

随着改革、开放的深入发展，经济审判工作中出现了不少新的情况和问题：一是诉讼标的额越来越大。去年审结的经济合同纠纷案件，标的额平均35000多元，比1988年上升10%。其中，标的额最大的达六百多万元。二是清理整顿公司后，合同不能履行、资不抵债和需要破产清偿的案件增加，这类案件判决后的执行相当困难。三是经济纠纷案件往往与违法、犯罪交织在一起，增加了审理案件的难度。四是因产品质量和假冒、伪劣商品，严重损害消费者利益而引起的纠纷增多。五是由于地方保护主义的影响，有些对单位和地方利益关系较大的案件，往往遇到来自各方面的干扰。

1990年，经济审判工作的任务将更加繁重。在进一步治理整顿和深化改革的过程中，由于调整产业和产品结构、压缩基建投资规模、紧缩财政信贷和整顿流通领域秩序等措施的实施，一些新的问题和矛盾还会不断出现，与此有关的经济纠纷案件将会大量增加。我们要求各级法院进一步增强为治理整顿、深化改革服务，为国民经济长期持续、稳定、协调发展服务的观念，通过审判活动，调整经济关系，保护正当经营，制裁违法活动，在治理整顿、深化改革中发挥更加积极的作用，促进经济的稳定发展。

3. 努力开展了行政审判工作

行政审判工作是新的历史时期赋予人民法院的一项新任务。其宗旨是依法保护公民、法人和其他组织的合法权益，维护和监督行政机关依法行使行政职权。1989年，全区法院共受理一审行政案件226件，比1988年上升46%；审结209件，上升47%。其中，治安行政案件94件，占已结案件的45%；土地行政案件49件，占23%；工商、税务、城建、环保、林业、草原、食品卫生等共66件，占32%。在已审结的案件中，维持行政机关处理决定的95件，占46%；撤销行政机关处理决定的32件，占15%；作其他处理的82件，占39%。各级法院通过积极、慎重地开展行政审判工作，保护了公民、法人和其他组织的合法权益，维护了行政机关依法行使职权。

到去年年底，全区113个法院（不含铁路法院）共建立行政审判庭89个，占79%，配备行政审判人员209人。去年8月份，高级法院举办了行政审判干部培训班，培训了中级法院和基层法院的行政庭长和业务骨干120人。根据最高人民法院《关于〈行政诉讼法〉实施前行政审判试点工作的通知》精神，决定在赤峰市、呼盟、巴盟三个中级法院进行试点。到去年年底，试点工作准备阶段的任务已经完成，进入了实施阶段。上述几项工作的开展，为1990年10月1日实施行政诉讼法打下了良好的基础。

《中华人民共和国行政诉讼法》是继刑事诉讼法、民事诉讼法之后，又一部重要的程序法。它标志着我国的社会主义法制建设又迈出了重要的一步，也为法院全面开展行政审判工作提供了程序上的法律依据。在今后的几个月里，大力宣传行政诉讼法是各级法院和行政执法部门一项十分重要的工作。通过广泛的宣传，使人民群众正确认识这一“民可以告官”的诉讼制度，消除某些行政执法部门认为“当被告有失身份”的思想，为实施行政诉讼法做好充分准备。

三、加强告诉申诉和审判监督工作，努力提高执法水平

1. 抓好立案审查工作

为了把人民法院信访工作纳入法制化管理的轨道，近几年来，我们按照最高法院的要求，狠抓了各级法院告诉申诉审判庭的建设。去年，这项工作已基本完成，使告诉申诉工作得到了进一步加强。1989年，全区法院共处理来信来访94028件次，比1988年下降31%。其中处理各类告诉信访48062件次，经审查依法立案27314件；对不符合立案条件的，做好当事人的思想工作，劝其息诉；对不属于法院管辖范围的，及时转主管部门处理。通过以上措施，保障了公民和法人的诉讼权利。

2. 加强审判监督工作

根据我国宪法关于“上级人民法院监督下级人民法院的审判工作”的规定，1989年，我们通过对审判工作的新情况新问题进行调查研究、评查下级法院已审结的案件、审查下级法院报送的判决书副本等方法，加强了审判监督和对下指导。同时，加强了申诉和再审工作。去年，全区法院本着实事求是、有错必究的方针，审查了对历年来已经发生法律效力的判决提出的申诉14373件次，依照审判监督程序再审1741件，审结1460件。其中，维持原判的839件，认为原判不当而改判的402件，做其他处理的219件。从而保护了当事人的合法权益，维护了法律的严肃性。

1989年，根据自治区人大常委会《关于在全区开展执法检查的决定》精神，全区法院从6月份开始，历时5个多月，有计划、有步骤地开展了执法检查工作。共检查了1988年审结的各类案件15501件，占当年审结案件数的35%；对1989年上半年审结的20854件案件，基本上逐案进行了检查。从总体上看，各级法院的办案质量是好的。同时，也发现了在审判工作中存在的一些问题，主要是：有的案件定性不准或处理失当；有的案件应公开审判而没有公开审判；有的案件超过了法律规定的审限；有的案件法律手续不完备、法律文书质量不高；有的民事、经济纠纷案件判决后长期执行不了，有损法律的严肃性。各级法院针对执法工作中存在的问题，认真总结了经验教训，制定了改进措施。这次执法检查，对提高干部队伍的执法水平，切实加强审判监督工作，起到了十分重要的作用。

3. 搞好公开审判

公开审判是法院审判活动的重心。去年，各级法院都把搞好公开审判作为提高执法水平的重要标志，不仅十分重视一审案件的公

开审判，不少法院还对二审案件和再审案件进行了公开审判试点。由于把审判活动置于人民群众的监督之下，通过庭审调查、质证、辩论，有助于澄清是非，分清责任，进一步提高了办案质量和效率。不少法院院长、庭长亲自担任审判长，开庭审理重大、疑难案件，对提高公开审判的质量，起到了很大的促进作用。但是，人民法院在实行公开审判工作中，也还存在一些实际困难。如全区有80多个旗县法院没有审判法庭，在一定程度上影响了公开审判的开展。这已引起各级党委、人大和政府的关心和重视，希望尽快得到解决。

4. 积极开展调解工作

民事和经济纠纷案件占法院受理案件总数的80%以上，去年达5万多件。各级法院认真贯彻执行"着重调解"的原则，去年，有三分之二的民事和经济纠纷案件通过调解结案。只要当事人双方自愿接受调解，争议的事实清楚，是非、责任分明，法院就依法直接进行调解。调解具有方便当事人、在短期内解决大量纠纷、减少积案的优点，取得了较好的社会效果。我们要求各级法院积极开展调解工作，并注意总结经验，不断完善。同时强调要正确掌握"着重调解"的原则，不能"和稀泥"，不能久调不决，对调解无效的，应依法及时判决。

5. 加强执行工作

去年，各级法院普遍加强了执行工作，还有不少法院为解决"执行难"的问题，进行了积极而有益的探索，总结了一些好的经验和作法。到去年年底，全区未执行的经济纠纷案件1081件，占应执行案件的33.5%，比1988年的38%下降了四点五个百分点。这一情况说明，执行工作确实有所加强，但解决"执行难"的问题还须付出极大的努力。如内蒙古第二毛纺厂诉呼和浩特昭君大酒店代购羊毛合同返还货款纠纷案和工商银行呼市车站办事处诉昭君大酒店借款合同偿还贷款纠纷案，分别经最高法院和自治区高级法院审理结案。在这两起案件中，被告昭君大酒店应返还货款和偿还贷款共计1000多万元。但由于被告无力支付等原因，至今大部分款项难以执行，严重影响国家和企业资金的周转，也有损于执法的严肃性。为了切实解决"执行难"的问题，我们要求各级法院继续加强执行机构，充实执行人员，同时希望各有关方面依法支持法院的执行工作，以维护法律的严肃性。

四、坚持从严治院，努力加强干部队伍建设

1989年，我们继续坚持从严治院的方针，一手抓审判，一手抓队伍建设，广大干警的政治素质和业务素质有了进一步提高。在制止政治动乱、平息北京反革命暴乱的斗争中，广大干警坚决拥护党中央的英明决策和采取的果断措施，经受住了严峻的考验。在各类案件大量上升，工作条件比较艰苦的情况下，克服困难，努力工作，较好地完成了各项审判任务。实践证明，法院队伍是一支党和人民可以信赖的、有战斗力的队伍。去年，有13个单位、120名干警被评为全区政法系统先进单位和先进工作者。还有27个单位荣立集体二等功、10名干警荣立一等功，37名干警荣立二等功。一年来，我们在队伍建设方面，着重抓了以下几方面的工作：

一是加强思想政治工作。去年，各级法院把加强思想政治工作做为加强队伍建设的重要内容，经常对广大干警进行坚持四项基本原则、反对资产阶级自由化的教育、全心全意为人民服务的教育、保持廉洁和秉公执法的职业道德教育等，进一步提高了广大干警的政治素质。在去年的政治动乱中，全区法院干警坚决与党中央保持一致，无一人上街参与游行等活动，始终坚守工作岗位。去年四、五、六三个月，全区法院审结的案件，比1988年同期上升18%。在取得了制止政治动乱和平息北京反革命暴乱的决定性胜利之后，我们及时召开了全区中级法院院长会

议，要求全区法院用党的十三届四中全会、五中全会精神统一思想，使广大干警进一步认清了国际敌对势力同我国之间渗透与反渗透、颠覆与反颠覆、和平演变与反和平演变斗争的长期性、尖锐性和复杂性，提高了在政治上、思想上和行动上与党中央保持高度一致的自觉性。

二是认真学习马克思主义基本理论。我们要求各级法院结合思想和工作实际，深入学习马克思列宁主义、毛泽东思想的基本理论，学习邓小平同志关于建设具有中国特色的社会主义的理论。中级法院院长陆续选送中央党校进行系统学习；全区2000多名法律业大和专业证书学员都把马克思主义哲学和国家与法的理论作为重要课程；各级法院普遍制定了学习规划，充分利用每周的政治学习时间，组织学习和讨论。通过学习，进一步提高了广大干警的思想、政治和理论水平，提高了认识问题、分析问题和解决问题的能力。

三是大力加强廉政建设。人民法院是国家审判机关，肩负着法律赋予的神圣职责。社会活动中大量民事、经济、行政和刑事犯罪案件，是非曲直，生杀予夺，最终由法院依法裁判。因此，搞好法院自身的廉政建设，有着特殊的意义。去年7月份，我们召开了“全区法院廉政建设工作会议”，制定了《关于保持廉洁秉公执法的若干规定》。各级法院进一步完善了有关的规章制度，促进了法院自身的廉政建设。同时，加强了法院纪检、监察机构的建设，狠抓了对干警中严重违法乱纪案件的查处。去年，全区法院受到各种处分和正在立案查处的干警20人。这在全区法院7000多名干警中虽然只是极少数，但由于他们特殊的身份，在群众中造成的影响很坏。对上述问题，我们进行了严肃认真的查处，有的追究了刑事责任，有的给予了党纪政纪处分。今后，我们要继续大力加强法院的廉政建设，对法院工作人员的贪赃枉法行为，一经发现，坚决从严惩处，决不姑息。

四是认真做好干部教育培训工作。随着法制建设的发展和审判工作的需要，急需大量各种层次的法律专门人才，仅靠学院式的教育远不能适应迅速发展的形势。为此，我们采取抗大式的教育方法，大力加强了干部培训工作。除高级法院副院长和中级法院院长分期分批到中央党校学习外，陆续选送符合条件的高级法院正副庭长、正处级审判员和中级法院副院长到高级法官培训中心进修。同时，积极筹建自治区法官培训中心，培训基层法院正副院长和中级法院业务庭室负责人。目前，在法律业大和专业证书班学习的干警有1471人。去年，高级法院还举办了少数民族审判干部（蒙古语）刑法培训班，与内蒙古法学会联合举办了行政诉讼法培训班。一个多形式、多层次的法院干部培训网络正在形成。今后我们要继续采取抗大式的教育方法，加强干部培训工作，以适应社会主义法制建设迅速发展的需要。

五是坚持群众路线，改进工作作风。一年来，广大审判人员依靠群众，方便群众，就地调查，就地审理，及时解决纠纷，做了大量艰苦细致的工作。各级法院注意克服“孤立办案”的倾向，改进审判作风，经常深入到发案地，就地开庭，就地宣判，结合典型案例，就案讲法，进行生动具体的法制宣传教育，受到人民群众的称赞。党的十三届六中全会通过了《关于加强党同人民群众的联系的决定》，这是一个极其重要的马克思主义文件。我们要求各级法院认真学习贯彻六中全会精神，牢固树立全心全意为人民服务的思想，继承和发扬人民司法工作的优良传统，坚持专门工作与群众路线相结合，进一步改进工作作风，努力造就一支人民信赖、敌人惧怕、秉公执法的人民法官队伍。

回顾一年来的工作，虽然取得了一定成绩，但距离党和国家对法院要求还有差距。除了上述在执法检查中发现的审判工作中存在的问题外，我们的思想和工作还跟不上政治、经济发展的新形势；在宏观指导上，面向基层、深入基层，加强基层基础工作还不够；对工作中的一些新情况、新问题缺乏系统的调查研究，加之信息不灵，因而及时提出解决的办法和意见也不够；干部队伍的政治素质和业务素质还不适应形势的发展和审判工作的需要，亟待提高。在今后的工作中我们要认真加以改进。另一方面，我们在工作中也存在一些困难。人民法院所面临的任务同现有审判力量之间的矛盾，案件大量增加同业务经费不足和必要的装备紧缺的矛盾十分突出，长期影响着审判工作的开展。对这些困难，自治区党委、人大和政府都很重视，希望在今年能得到适当解决。

各位代表：今年是我国治理整顿和深化改革的关键性一年。当前，压倒一切的是稳定。这也是全区法院面临的最重要的任务。我们要在自治区党委的领导和人大的监督下，以党的十三届四中全会、五中全会、六中全会精神为指针，全面开展各项审判工作，充分发挥审判职能作用，竭尽全力维护社会稳定，保障和促进治理整顿、深化改革的顺利进行，为实现国民经济长期持续、稳定、协调发展服务，为建设团结、富裕、文明的内蒙古作出新的贡献！

辽宁省高级人民法院工作报告

——1990年3月9日在辽宁省第七届人民代表大会第三次会议上

辽宁省高级人民法院院长　张焕文

各位代表：

我完全同意李长春省长所作的政府工作报告和张铁军副主任所作的省人大常委会工作报告。现在，我向大会报告一年来的法院工作，请予审议。

1989年，我省各级人民法院在省委、省人大常委会和最高人民法院的领导与监督下，认真贯彻党的十三届四中全会、五中全会精神，坚持审判工作为“一个中心、两个基本点”服务的方向。继续坚持“两打”，严惩严重的刑事犯罪和经济犯罪；全面发挥审判机关的职能作用，为治理整顿和深化改革服务；以公开审判为重心，严肃执法，千方百计提高办案质量，提高办案效率，提高办案的社会效益。去年，全省共受理各类案件192172件，比上年增加30.5%。依照宪法和法律，审结各类案件173194件，比上年增加31.3%。其中，一审公诉刑事案件19654件，占11.3%；民事案件94245件，占54.4%；经济纠纷案件29921件，占17.3%；刑事自诉、申诉、行政、执行等案件29374件，占17%。通过全面开展审判活动，发挥审判机关的职能，为维护社会安定，保护公民和法人的合法权益，调节经济关系，促进治理整顿和改革开放的顺利进行，起到了重要的作用。

一、严厉打击反革命和严重危害社会治安的犯罪活动，维护社会的稳定

1989年是党和国家决定治理整顿和深化改革的第一年，也是不平常的一年。去年春夏之交发生了建国以来从未有过的政治动乱和北京反革命暴乱。我省有的城市也发生了动乱。一度出现交通中断，工人上班受阻，学校停课。极少数反革命分子与北京反革命暴乱相呼应，有的成立反革命组织，有的进

行反革命宣传煽动，有的拦截军车，社会上的一些不法分子也趁机进行打、砸、抢犯罪活动。反革命犯罪虽然在刑事犯罪中的数量不大，但目的是要推翻中国共产党的领导，改变社会主义制度，危害中华人民共和国的安全。依法审判好暴乱和动乱中的犯罪案件，直接关系到社会稳定和国家安全。平息北京反革命暴乱后，省法院和大中城市的中级法院，把审判反革命犯罪作为一项紧迫的政治任务，精心组织，周密安排，对起诉到法院的反革命案件和打、砸、抢案件及时进行了审判。由于反革命犯罪同政治错误，以及打、砸、抢等刑事犯罪混杂在一起，情况复杂，政策性强，我们在审判工作中坚持以事实为根据，以法律为准绳，严格区分两类不同性质的矛盾，严格区分罪与非罪的界限，严格区分反革命犯罪与普通刑事犯罪的界限。对以反革命为目的进行犯罪的，定反革命罪；对不具有反革命目的，构成什么罪就依法定什么罪。通过及时审结一批动乱、暴乱期间的反革命案件和打、砸、抢案件，为稳定社会，稳定治安，维护国家政权发挥了积极作用。

1989年，我省的社会治安形势仍相当严峻。去年法院收一审刑事案件21302件，比上年增加27%。严重危害社会治安的犯罪案件上升28%；属于妨害社会风化的“六害”犯罪案件上升46%；在农村和企业中破坏电力设备和生产设施，危害工农业生产的案件上升3倍；社会闲散人员犯罪上升42.4%。面对严峻的治安形势，根据省委、省人大常委会的指示精神，我们在刑事审判工作中，继续坚持依法从重从快的方针，坚持集中打击的有效方法，坚持突出打击重点，坚持专项斗争和综合治理。依照刑法、刑事诉讼法和全国人大常委会的有关决定，重点打击了杀人犯、抢劫犯、强奸犯、重大盗窃犯、重大伤害犯、流氓犯。对于犯罪集团的首要分子、共同犯罪中的主犯、累犯、惯犯、教唆犯，以及劳改、劳教人员又犯罪的，坚决依法严惩。全年共判处刑事犯罪分子25105人，其中判处五年以上刑罚的8667人，比上年增加35.6%；判处死刑×××人，死缓×××人，无期徒刑×××人，三项合计比上年增加13.3%。为了适应斗争的需要，各级法院配合扫黄活动，积极开展了打击“六害”的专项斗争。对拐卖妇女、儿童，强迫、引诱、容留妇女卖淫，制造、贩卖、传播淫秽物品，赌博等犯罪分子，根据犯罪事实、情节和危害，依法定罪判刑。针对我省一些地方盗窃、破坏电力设备突出的问题，许多法院配合公安、检察机关，积极开展了打击破坏电力设备的专项斗争。为了扩大办案的社会效果，一年来，各级法院先后召开不同规模的公判大会1528次，印发布告和典型案例等宣传材料近百万份，进行法律讲演2000多场次，广泛地开展了法制宣传，加强了对社会治安的综合治理。

二、严惩严重的经济犯罪分子，深入开展反腐败斗争

严厉打击严重的经济犯罪活动，是党和国家惩治腐败，加强廉政建设的根本措施之一。过去一年我省经济犯罪仍然十分突出。其特点：第一，案件大幅度上升。去年法院收一审经济犯罪案件4539件，比上年增加48%。其中，贪污、受贿、盗窃公共财物三类犯罪占89.6%。第二，大案要案增多。犯罪金额在万元以上的大案有479件，比上年上升一倍多。第三，权钱交易，内外勾结。受贿案件比1988年增加一倍，超过以往任何一年。

党的十三届四中全会、五中全会之后，党中央和省委进一步加强了对打击经济犯罪的领导，使斗争不断向深入发展。一年来，我省各级法院依照刑法、刑事诉讼法、全国人大常委会《关于严惩严重破坏经济的罪犯的决定》、《关于惩治贪污罪贿赂罪的补充规定》，严厉打击了严重经济犯罪活动。去年共判处经济犯罪分子6599名，比上年增加41%。对于犯罪数额巨大、危害性大、腐蚀性大的严重经济犯罪分子，体现了从严惩处的方针。判处死刑×名，死缓×名，无期徒刑××名，五年以上刑罚的1519名。

去年8月15日，最高人民法院和最高人民检察院根据中央政治局的建议，发布了《关于贪污、受贿、投机倒把等犯罪分子必须在期限内自首坦白的通告》。通告发布后，人民法院在认真学习、广泛宣传的基础上，同公安、检察机关密切配合，抓紧了对经济犯罪案件的审判工作。在审判活动中，我们一方面对严重的经济犯罪从严惩处，决不手软；另一方面又切实做到惩办与宽大相结合。从通告发布到1989年底三个半月的时间，根据刑法和通告精神，对主动投案自首、坦白交待犯罪事实、检举揭发其他犯罪的140多名罪犯，予以从轻、减轻处罚。对通告发布后拒不坦白交待罪行，或订立攻守同盟，毁灭犯罪证据的14名经济犯罪分子依法从重处罚。如鞍山市民生食品厂出纳员金娜贪污公款24万多元，案发后不认罪，拒不交待10万余元赃款的下落，被依法判处死刑。在通告精神的感召下，有1373人投案自首，进一步打开了斗争的局面。在审判工作中，人民法院注意把打击经济犯罪与开展反腐败斗争，促进廉政建设有机地结合起来。许多法院针对审判案件反映出的问题，到发案较多的单位开展司法建议，帮助他们健全廉政措施和制度，举办打击经济犯罪罪证展览。总之，通过审判活动，使人民群众看到了党和国家坚决惩治腐败，搞好廉政建设的决心和行动。

三、大力加强经济审判工作，为治理整顿和深化改革服务

随着有计划社会主义商品经济的发展，改革、开放特别是治理、整顿的深化，需要用法律手段调整的经济关系和经济活动越来越广泛，经济案件与过去相比发生了一些变化。法院受理的经济案件连年大幅度上升，1989年全省法院受理经济案件29921件，比1988年上升一倍，特别是与治理、整顿紧密相关的案件上升的幅度更大；经济案件的法律关系越来越复杂，诉讼主体呈多元化；大量的租赁、承包、联营、破产、科技转让等新类型案件明显增多；案件争议的标的额越来越大，从几万元到高达数千万元，1989年全省受理经济案件的总标的额为12亿；而且跨行业、跨市县、跨省区的案件不断增多，审理起来费工费时，加重了审判工作任务。

面对经济审判工作出现的新情况、新问题，为了使经济审判工作更好地为治理、整顿服务，省法院由领导亲自带队，对人民法院如何依法参与治理经济环境，整顿经济秩序的问题进行了专项调查，提出了具体意见。接着，召开了经济审判为治理、整顿服务座谈会，对全省的经济审判工作进行了部署。各级法院在全面开展经济审判的同时，明确工作重点，采取得力措施，抓紧审理了与治理、整顿紧密相关的重点案件。一是，通过审理借款合同纠纷，为整顿金融秩序服务。1989年审结借款合同纠纷9000多件，依法清收逾期贷款45000万元，并帮助金融部门理顺法律关系，提高法律意识，使依法清贷逐步转变为依法管贷。二是，通过审理购销合同纠纷，为整顿流通秩序服务。全年审结的购销合同纠纷12425件。在审理中，严格执行国家政策，确立社会主义公有制经济的主导地位，保护合法的买卖关系，并体现国家干预原则，对违法行为坚决予以制裁，严格防止个别人、个别单位钻改革开放的空子。并根据国家关于清理整顿公司的决定，结合办案，认真查处一些公司的违法问题。三是，通过审理建筑工程承包合同纠纷，为整顿基本建设秩序服务。根据国家政策的调整，兼顾国家、集体、个人的利益，一般允许发包方终止合同，尽量减少损失。对使用非法手段获取利益的工程队，建议有关部门依法进行清理整顿。四是，通过公正审理涉外经济纠纷案件，保障辽东半岛外向型经济的发展，维护国家主权和外贸声誉。

经济纠纷案件争议的标的额大，直接关

系到生产和建设。为了有利生产，减少经济损失，加速资金周转，增加企业活力，全省法院在人员少、任务重的情况下，发扬拚搏精神，提高办案效率。同时，改革审判方式，把法院查证和当事人举证相结合，强调公开审判，充分发挥律师在诉讼中的作用，进一步提高了工作效率。许多法院从经济建设的大局出发，把保持国民经济持续稳定协调发展作为着眼点，主动为企事业单位和社会团体提供法律服务，结合办案帮助企业审查合同，理顺法律关系，在企事业单位设立经济司法联络员，收到较好效果。

四、积极开展民事和行政审判工作，保护公民、法人的合法权益

1989 年，民事审判工作面临着案件继续上升，新情况、新问题增多的形势。党的十一届三中全会以前，全省民事案件收案不足 1 万件，实施民法通则的 1987 年，民事案件达到了 5 万件，1989 年全省民事案件上升到 93788 件，占法院收案总数的 53%，是建国以来法院受理民事案件最多的一年。民事案件大幅度增加，主要是新旧体制交替和商品经济的发展，民主与法制逐步健全以及公民法律意识增强的表现，同时在一定程度上也反映出资产阶级思想的侵袭，封建迷信活动抬头的影响。

一年来，各级人民法院认真贯彻民法通则，全面开展了民事审判工作。全年审结民事案件 85366 件，比 1988 年增加 24%。通过审判活动，保护公民、法人的合法权益，制裁民事违法行为，维护安定团结，促进社会主义精神文明建设。第一，依法正确处理婚姻家庭、债务和赔偿案件。1989 年，法院受理这三类案件 78863 件，占一审民事案件的 92.8%。当前，在婚姻案件中，结婚不登记，草率结婚，草率离婚，比较普遍，个别人致富后重婚、纳妾和高价买离婚也开始出现；在债务案件中，为生产经营借债比较普遍，利率越来越高，甚至有的乘人之危，通过债务关系高利盘剥。法院在审判工作中，认真执行民法通则和有关政策，维护社会主义的婚姻家庭制度，抵制封建主义、资产阶级的婚姻家庭观；保护合法的借贷关系，判决有关当事人高利盘剥为无效民事行为；保障公民的人身权利，教育侵权人依照法律赔偿损失，有利于人民群众的安居乐业。第二，及时处理与生产有关的案件。各级法院通过及时妥善地处理土地、水利、山林、滩涂等纠纷，坚决制止非法占用和滥用土地，保护水利设施和水利资源的合理使用，防止群众性的闹事。第三，注意依法保护公民和法人的合法权利，积极处理一批涉及姓名权、名称权、肖像权、名誉权、荣誉权、著作权等新类型案件。由于这些案件类型新、难度大，有的法律规定不明确，省、市两级法院加强了调查研究和对下的具体指导，进一步保证了办案质量。

面向基层，进一步加强人民法庭的建设。人民法庭是人民法院的派出机构，是审判工作的第一线。几年来，在各级党委、人大、政府的关怀和支持下，我省的人民法庭工作取得了很大进展，三年迈出了三步。1987 年，我们采取精简上层，充实基层的作法，把一批干部派到人民法庭去工作，健全了法庭机构，使布局更加合理。1988 年，在发扬人民司法工作优良传统前提下，把驻庭审判与巡回审判、方便诉讼与方便群众有机地结合起来，改进了法庭的工作方法。1989 年，根据最高法院的要求，从实际出发，建立了一批规范化人民法庭。现在，全省已有人民法庭 468 个，配备干部 1784 名。广大法庭干部依靠群众，调查研究，着重调解，驻庭和巡回办案，全心全意为人民群众排忧解难，加强对基层调解委员会的指导，把大量纠纷解决在基层，发挥了第一道防线的作用。

行政诉讼法将于今年 10 月 1 日开始实施，这是我国社会主义法制建设的一个实际步骤，是民主政治建设的重大进展。它对于保证行政机关严格依法行政，保护公民的合法权益，具有十分重要的意义。为了做好行政诉讼法实施的准备工作，我们着重抓了以下四个方面的工作：一是认真学习和宣传行政诉讼法。一年来，全省各级法院组织行政审判干部对行政诉讼法及有关的法律知识进行了认真学习，提高了业务水平。同时，通过新闻媒介、举办讲座、培训班等多种形式，广泛深入地宣传了行政诉讼法律知识。二是建立健全机构。为了适应开展行政审判工作的需要，全省各级法院比较重视行政审判机构的建设，采取得力措施，加强这方面工作。目前，全省103个法院建立了行政审判机构。三是认真做好试点工作。按照最高法院的部署，1989年我省在3个中级法院和6个基层法院进行行政诉讼法试点工作，取得了一些经验。四是正确处理行政案件。1989年，全省受理一审行政案件191件，审结176件，结案率在90%以上。各级法院审判行政案件，严格依法办事，对行政机关处罚正确的，坚决依法予以维持，维护行政机关依法行政，但对于违反行政法规，显失公正，处罚不当的裁决，依法纠正和变更。

五、严肃执法，加强法院干部队伍建设

建设一支政治上坚强、组织上纯洁、具有法律专业知识的审判干部队伍，是完成新时期审判工作任务的关键。经过十年改革开放特别是制止动乱和平息反革命暴乱的考验证明，全省法院干部队伍基本是好的，政治素质、业务素质在不断提高。但是，按照改革开放形势发展的要求，还有相当差距。一年来，全省各级人民法院坚持为“一个中心、两个基本点”服务的方向，加强思想政治工作，认真组织广大干部学习贯彻党的十三届四中全会和五中全会精神，学习马列主义、毛泽东思想的基本原理，增强执行党的十一届三中全会以来路线、方针、政策的自觉性。不断增强阶级斗争观念、人民民主专政观念、以公有制为主体的社会主义商品经济观念。广大审判干部在政治动乱和反革命暴乱期间，立场坚定，旗帜鲜明，坚守岗位，坚决拥护党中央制止动乱和平息反革命暴乱的英明决策，坚决打击反革命分子和打、砸、抢等各种刑事犯罪分子的破坏活动，捍卫社会主义制度，巩固人民民主专政的国家政权。大连市中级人民法院第一刑事审判庭和沈阳市新城子区法院刑事审判庭，被授予全国法院系统制止动乱、平息反革命暴乱的先进集体称号。去年，我们专门召开了法院系统的廉政工作会议，根据中央和省委的要求，制定了加强廉政建设，惩治腐败的七项措施，涌现出一批坚持原则，严肃执法的先进单位和审判干部。同时，坚持从严治院，加强纪检、监察工作，对39名违法违纪的干部严肃处理，保持法院干部队伍的纯洁性。

为了逐步建立一支专业化的法官队伍，我们继续办好法院系统的业余大学和抓紧法律专业证书教育。到1989年底，全省法院干警已经法律大专毕业和正在参加学习的占56%。许多法院坚持把专业学习和在职提高相结合，有计划地进行短期轮训，岗位练兵，案例研讨，定期进行执法检查。去年，省市两级法院先后对30多个法院所办的五万多件案件办案质量进行检查，纠正工作中的错误，进一步提高执法水平。此外，我们还主动接受人大代表、政协委员和各界群众的监督，广泛征求对法院工作的意见，既密切了法院同人民群众的联系，又增强了法院工作的透明度。

总之，一年来，在省委、省人大和最高人民法院的领导与监督下，经过广大干警的艰苦努力，我省法院工作取得了一定的成绩。但是，同党和国家对我们的要求还有相当的差距。主要是我们法院领导的思想和作风还不能完全适应国家政治、经济发展的新形势，对治理整顿中出现的新情况、新问题，缺乏细致的调查和具体的指导；由于法院受理的案件大幅度上升，加上审判力量不足，使一些经济、民事案件审理得不够及时；群众告状难的问题虽然有所缓解，还需进一步解决；有的案件量刑失轻失重，有的审判作风不扎

实，办案粗糙；由于前几年经济秩序混乱等原因，导致有些经济案件判决后难以执行；极少数干警经受不住改革开放的考验，违法乱纪，在群众中造成了不良影响。对于工作中的问题，我们诚恳欢迎和接受各位代表及来自各方面的批评和监督，积极采取措施，努力提高和改进我们的工作。

各位代表，1990年，是举国上下深入学习贯彻党的十三届四中全会和五中全会精神，使我国的政治、经济形势朝着更加稳定方向发展的一年，也是治理整顿和深化改革的关键性一年。当前，压倒一切的是稳定。政治稳定是前提，经济稳定是基础，社会稳定是保障。在新的一年里，我们要自觉地把法院工作置于稳定的大局之下，各项审判工作都要服务于国家政治、经济和社会稳定。要深入学习贯彻党的十三届四中全会、五中全会精神，坚持党在社会主义初级阶段的基本路线，全面开展审判工作，充分发挥审判机关的职能作用，为维护国家稳定，实现国民经济长期持续、稳定、协调发展服务，为社会主义现代化建设服务。我们要认真贯彻最近召开的第十五次全国法院工作会议精神，教育广大审判干部进一步认清形势，坚定不移地贯彻执行依法从重从快的方针，严厉打击反革命分子、严重危害社会治安的刑事犯罪分子和严重的经济犯罪分子，巩固人民民主专政的国家政权，维护社会稳定，促进反腐败斗争的深入开展。要大力加强经济和民事审判工作，强化服务意识，抓紧审理与治理整顿有关的案件，调节经济、民事关系，制裁违法行为，为治理整顿和深化改革提供法律服务和法律保障。要进一步认真学习、宣传行政诉讼法，抓紧健全机构，培训干部，试办案件，为今年10月1日实施行政诉讼法做好准备。

各位代表，党的十三届四中全会和五中全会为我们制定了稳定政局，发展经济的指导方针。在今年1月召开的第十五次全国法院工作会议上，江泽民总书记、李鹏总理对人民法院工作提出了新的要求和希望，使我们广大干警受到极大的鼓舞。在新的一年里，我们要在省委、省人大和最高人民法院的领导与监督下，励精图治，振奋精神，艰苦奋斗，努力进取，全面开展各项审判工作，充分发挥国家审判机关的职能作用，搞好法院自身的改革和建设，为保障社会稳定和促进经济发展作出新的贡献。

以上报告，不当之处，请予批评指正。

吉林省高级人民法院工作报告

——1990年3月6日在吉林省第七届人民代表大会第三次会议上

吉林省高级人民法院院长　谢安山

各位代表：

现在，我就1989年全省法院工作情况，向本次大会报告如下，请予审议。

自省第七届人民代表大会第二次会议以来，全省各级人民法院在省委的领导和人大及其常委会的监督下，认真贯彻党的四中全会、五中全会和省委五届四次全会精神，按照年初中央政法工作座谈会确定的方针、任务，积极履行宪法和法律赋予的职责，全面开展了各项审判工作。全省法院毫不松懈地继续贯彻“两打”方针，严厉打击了严重刑事犯罪和严重经济犯罪分子；依法调节经济、民事、行政法律关系和其他有关社会关系，维护了社会秩序，保护了人民民主权利和其他合法权益，增强了人民内部团结，促进社会主义“两个文明”建设；进一步加强法院自身建设，改善执法活动，提高执法水平，为保障我省的政治稳定、经济稳定、社会稳定，促进治理整顿和深化改革的顺利进行做了大量工作，较好地发挥了人民法院的职能作用。

一、全面开展各项审判工作，维护社会安定，促进治理整顿和深化改革

1989 年，全省法院共受理各类案件 112753 件，其中新收案件 108022 件，比上年增加 18.4%，审结 107366 件，结案率为 95.2%。其中公诉案件占 12.1%，法院自行受理的刑事自诉案件、民事、经济纠纷案件和行政案件占 87.9%。总的看，案件质量是好的，执行法律政策也是较为稳妥的，没有出现大的偏差。

(一)依法严惩各种严重刑事犯罪分子和严重经济犯罪分子，为维护全省的社会安定做出了积极的努力

1989 年，全省法院按照中央和省委的部署，坚定不移地贯彻执行依法从重从快和从严惩处的方针，对严重刑事犯罪分子和严重经济犯罪分子给予了坚决有力的打击。去年，在经济上实行治理整顿和社会上出现政治风波之后，各种社会矛盾突出，不安定因素甚多，刑事案件大幅度上升，特别是重大恶性案件上升很猛，局部地区的治安形势出现反复。针对这种复杂严峻的治安形势，省委采取果断措施，先后在全省范围内开展了打、查、整集中统一行动；部署了打击乘动乱之机进行反革命破坏活动和刑事犯罪活动的斗争；开展了扫黄除“六害”等专项治理。全省法院在各个不同时期以不同对象为内容的专项治理和专项斗争中，狠抓统一认识，注意紧密配合，主动提前介入，积极落实行动，稳、准、狠地惩处了一大批严重刑事犯罪分子。全年共受理一审刑事案件 13615 件，比上年增加 2125 件，上升 18.8%。其中，严重刑事犯罪案件 3702 件，占刑事案件总数的 27.2%，比上年增加 742 件，上升 25.1%。上升幅度较大的几类案件同上年相比，杀人案件上升 19.2%，抢劫案件上升 33.5%，重大盗窃案件上升 116%，流氓、强奸、爆炸案件也均有上升。全年审结各类刑事案件 13438 件，比上年增加 7.7%；判处案犯 15355 人，比上年增加 18.9%。其中，严重刑事犯罪案犯 6528 人，占判处案犯总数的 42.5% 。判处五年以上有期徒刑的比上年增加 34.8%；判处十年以上有期徒刑的比上年增加 25.6%；判处无期徒刑、死缓、死刑的比上年增加 15.4%。重大案件的平均审限为 15 天，一般案件 28 天左右(法定最长审限为 45 天)。在斗争中，各级人民法院针对本地情况，突出打击重点，把锋芒指向杀人、抢劫、强奸、重大盗窃、爆炸、流氓等十一种严重刑事犯罪分子；在动乱和暴乱中进行捣乱破坏、严重危害社会稳定的反革命分子；行凶报复厂长、经理，敲诈勒索个体户、专业户的犯罪分子；尤其注意了打击犯罪集团的首要分子、主犯、惯犯、累犯和流窜犯。

全省各级人民法院在制止动乱和平息反革命暴乱的政治斗争中，一方面切实加强思想政治工作，严明组织纪律，确保自身的稳定，一方面对审理动乱、暴乱期间发生的反革命案件和严重刑事犯罪案件作了周密部署。省法院和各级法院都组织了相当的力量，深入到发生动乱的地区和单位调查了解情况，研究斗争对策，使发生在这一期间的刑事案件及时审结，有力地配合形势，打击了在这场严峻的政治斗争中进行捣乱和破坏的各种刑事犯罪分子，为稳定我省局势，防止发生严重打、砸、抢、烧、杀案件，起了一定的作用。据统计，在打、查、整集中统一

行动和制止动乱、平息反革命暴乱期间，全省各级法院共受理各类刑事案件4520件，比上年同期增加3.8%；召开公判大会235次，判处案犯5086人，比上年增加30.8%。其中，判处死刑××人，有期徒刑4057人。进入第三季度以后，全国性的扫黄除“六害”斗争相继展开。省院按照中央的部署和省委、省政府11月1日召开的除“六害”统一行动电话会议的要求，迅速向全省法院下发了《关于切实抓紧抓好“扫黄”工作的通知》。要求各级法院要同政法各部门紧密配合，通力协作，迅速展开这一专项斗争。11月中旬，长春市中级法院公开处理了以孙青玉为首的有14名罪犯参加的投机倒把、制作、贩卖淫书、淫画的团伙犯罪案件，将首犯孙青玉从重判处了无期徒刑，得到了广大人民群众的拥护。

在严厉打击严重刑事犯罪的同时，全省各级法院还把打击经济犯罪活动作为审判工作的重要任务之一，以贯彻两院《通告》为中心，以惩处贪污、受贿犯罪分子为重点，坚定不移地贯彻执行从严惩处的方针，正确运用刑罚武器同经济犯罪活动和腐败行为进行了坚决的斗争，依法惩处了一批经济犯罪分子。1989年全省法院共受理各类经济犯罪案件2320件，比上年增加38.7%，审结2297件，结案率为99%。判处案犯3191人。其中，死刑××人，无期徒刑××人，有期徒刑2421人，平均审限为35天。通过办案为国家和集体挽回经济损失达2000多万元。

8月15日，最高人民法院、最高人民检察院《关于贪污、受贿、投机倒把等犯罪分子必须在限期内自首坦白的通告》下达后，全省法院积极投入了这一斗争。省院及时下发了《关于以贯彻落实〈通告〉为中心，深入开展打击经济犯罪活动的通知》。各地法院立即制订行动方案，采取多种形式大张旗鼓地宣传《通告》。在此期间，共抽出869名审判干部走上街头、深入重点单位宣讲《通告》，并接待了群众举报，咨询2581人次。各级法院院长在电台、电视台发表讲话，组织干警给报刊撰写宣传文章，到“三所一队”向在押人犯讲解《通告》精神，进行政策攻心，还印发了各种宣传材料在社会上广为散发。通过这一系列的宣传活动，对教育群众，震慑犯罪，起到了积极作用。三级法院还普遍建立了接待自首举报人员制度，设置了接待室，昼夜值班。有10人到法院投案自首，群众举报犯罪线索154件，其中万元以上的96件。吉林市中级法院宣传《通告》的广播电视讲话播出后，就有一名重大贪污犯携款46000元到中级法院投案自首。为确保这场斗争的顺利进行，全省法院在案件全面上升、工作全线紧张的情况下，调整充实了刑事审判力量，指定专人审理大要案。从1989年8月15日至10月31日，共受理各类经济犯罪案件157件、189人，审结110件、130人，结案率为70.1%，其中贪污案61件，65人，受贿案38件、38人；挪用公款案6件，6人。召开公判大会44次，宣判典型案件110件，判处死刑和无期徒刑3人，有期徒刑93人。在判处的案犯中，县团级干部11人，一般干部41人，为国家挽回经济损失204万元。各地严格执行《通告》规定和有关法律，全面体现政策，准确掌握宽严幅度，仅在《通告》下发的一个多月时间里，就从宽判处了51人，从严判处了13人。发挥了政策威力，对犯罪分子起到了一定的分化瓦解作用。

（二）依法处理经济纠纷案件，调节社会经济关系，维护经济秩序，为治理整顿和深化改革提供法律服务

全省法院从有利于保护社会生产力发展的原则出发，依法调节经济关系，维护经济秩序，使经济审判直接服务于治理整顿和深化改革，及时审理了大量经济纠纷案件。一年来，共受理一审经济纠纷案件18627件，其中新收案17309件，审结16851件，结案率为90.5%，诉讼标的额达7亿多元。去年，各级法院注意强化服务意识，积极运用法律手段，限制、制裁各种违法经营活动，支持保护有利于治理整顿的行为，对经济领域中影

响治理整顿的一些突出问题进行了专项治理。通过清理债权债务，为金融部门清收逾期拖欠款94100多万元；通过审理建筑承包合同、购销合同纠纷，清理流通性公司解体的债务纠纷，使近四亿元的资金得以活化，投入有效运行。同时，还审理了一批农业联产承包、企业承包、租赁经营、劳务争议、技术市场、专利、商标侵权和涉外经济纠纷案件。为了正确处理治理整顿期间发生的经济纠纷案件，各级法院在审理案件时，既注意妥善处理国家、集体、个人三者利益关系，巩固社会主义公有制和城乡经济体制改革的成果，保护承包经营人的合法权益，又注意疏导各种经济矛盾，防止对现有生产力发展的消极限制。在清收农村逾期贷款，清理企业拖欠债务，采取民事制裁强制措施等活动中都注意了留有再生产资金，维持正常的生产经营活动。对于因经营管理不善和受欺诈合同影响发生亏损、濒临倒闭的企业，凡有复苏可能的，都千方百计采取诉讼保全措施，帮助渡过难关；对于涉及国家产业结构调整而出现的经济纠纷，则优先受理，从速审结，从而有效地保护了国家重点调整计划的实现。全省法院通过审理经济纠纷案件，使相当一批陷入停滞的经营贸易公司恢复经营活动，使处于倒闭的企业重新开工生产，使濒于倒闭的企业转而复苏。全省各级法院在改善经济执法活动方面都进行了积极的探索，普遍建立了与企业之间的司法联系制度，为企事业单位培训经济司法联络员，为厂长、经理举办经济法培训班，帮助企事业单位审查经济合同，建立经济合同管理组织，这对提高企事业经营管理人员的法律意识和法律素质，促进运用法律手段管理经济、预防纠纷、减少诉讼、稳定经济秩序都起到了积极作用，有效地克服和扭转了法院就案办案、孤立办案的现象。

（三）依法审理民事案件，减少社会矛盾，增进人民内部团结，促进社会主义精神文明建设

民事审判工作涉及千家万户的利益，依法及时妥善处理好大量民事案件，防止矛盾激化，使广大人民群众安居乐业，是保持社会稳定的重要因素。1989年全省法院共受理各类初审民事案件70791件，其中新收68204件，比上年增加31.6%，审结68142件，比上年增加33.9%，结案率为96.2%。随着《民法通则》的全面实施和治理整顿期间社会矛盾的增多，全省民事案件数量大、类型新、审理难的情况继续发展。上升幅度较大的有婚姻、债务和赔偿案件。其中婚姻案件比上年增加34.7%，债务案件比上年增加47.8%，赔偿案件比上年增加19.2%，其他民事案件也继续上升。改革开放以后，特别是近几年来，由于商品经济的发展和资产阶级婚姻观对社会主义婚姻家庭关系的影响，使婚姻案件出现了许多新情况。草率结婚、见异思迁、第三者介入、高价离婚等问题明显增多；争高档消费品和生产资料、争住房、转移变卖财产、遗弃子女等情况也不断出现，处理难度加大。各地法院坚持严格依法办案，对婚姻纠纷，努力做说服教育工作，促其和好；对"纳妾"、重婚，触犯刑律的依法予以制裁。大力倡导社会主义道德风尚，对维护社会主义婚姻家庭关系和社会主义伦理道德，起到了积极作用。在32456件离婚案件中，调解结案的22686件，占69.9%，判决的3217件占30.1%。债务案件在民事案件中一直居高不下，出现了生产、经营型借贷多、经营亏本拖欠债务多的情况。在审理这类案件中，注意依法保护正当的债务关系和借贷关系，维护国家、集体和个人的经济利益，保护当事人的合法权益，对加速资金流转、限制取缔高利盘剥起到了积极作用。在处理损害赔偿、房屋租赁、山林水土纠纷及其他民事案件中，注意坚持了分清是非责任，坚持以事实为根据，以法律为准绳，基本做到了有法必依，执法必严。同时注意了对新形势下出现的著作权、名誉权、肖像权、姓名权等新型案件的审理和研究指导，总结了一些初步的经验。各

级法院在审理民事案件中，认真贯彻“着重调解”的原则，结合办案进行耐心细致的思想政治工作，教育当事人互让互谅，努力增进当事人之间的团结，对久调不决的民事案件，坚决依法予以判决；对于有可能发生激化的民事案件，采取有效措施加以疏导和防范。

切实加强基层基础工作，积极推进了人民法庭的标准化建设。截至去年底，全省各基层法院已派出人民法庭410个，干警达1690人，基本上达到了最高人民法院规定的二、三个乡镇或5万人口左右建一个人民法庭的要求。一年来，人民法庭共审结了民事案件、简易经济纠纷案件和刑事自诉案件54553件，约占全省法院受理案件总数的50.5%。人民法庭一手抓办案，一手抓基层基础工作，通过办案指导人民调解组织调处了234415件民间纠纷，为辖区经济发展、社会安定做了大量艰苦细致、富有成效的工作，受到了当地党政组织和广大人民群众的普遍欢迎。

(四)其他各项审判工作都取得了新的进展

一年来，积极稳妥地开展了行政审判工作，保护公民和法人的合法权益，支持行政部门依法行政。全省法院一边抓行政审判庭的组建，一边抓案件审理。全年共受理涉及公安、工商、税务、卫生、物价、海关等行政管理部门的行政案件192件，审结188件。其中维持行政裁决的72件，撤销原行政决定的28件，变更或部分变更的8件，撤诉或移送做其他处理的80件。通过审理行政案件，对改善干群关系，克服官僚主义，提高行政工作效率和管理水平起到了一定的推动作用。

林业审判工作在过去的一年里取得了较好的成效。各林区法院坚持为林区治理整顿、深化改革服务，严厉打击破坏森林资源的犯罪活动，全年共受理各类案件3211件，比上年增加897件，审结3141件，结案率为97.8%。清收拖欠林木货款1385万元，维护了林区生产秩序和治安秩序，有效地促进了林区建设和经济发展。

告诉申诉工作得到了进一步加强，扭转了谈谈转转的状况。全年共接待来访101767人次，来信26889件。各级法院领导切实转变作风，普遍建立了接待日制度，直接听取群众意见，亲自动手或指导办案，使一些久拖未结的疑难案件得到迅速处理。仅省法院院长接待日就接待257人次，使“告状难”问题有了较大改变。刑事申诉工作本着有错必纠的原则，对2482件案子，进行了复查审理，依法改判550件；对确有悔改立功表现的11251名劳改罪犯依法给予了减刑、假释，效果比较好。

大力推进了社会治安的综合治理。各级法院在认真做好各项审判工作的同时，把社会治安综合治理工作作为自己责无旁贷的任务，纳入了本部门工作的总体规划，放在重要的位置上，同岗位责任制挂钩，同各项审判业务工作同部署，同落实，同总结，切实担负起法院应尽的社会责任。各地都采取了一些行之有效的做法，认真抓紧抓好。通过公开审判、公告犯罪事实和审判结果、就案讲法、张贴大字判决书和宣传材料、新闻报道等多种形式，弘扬法制，震慑犯罪，教育群众。同时，注意积极配合有关部门落实管制、缓刑、假释、免予刑事处分人员的教育改造工作。据不完全统计，1989年召开公判大会427次，刊发各种宣传文章5000多篇，提出司法建议7000多份，对近3000多名投入劳动改造的罪犯进行了回访考查，扩大了办案社会效果，对预防犯罪，减少犯罪，稳定治安秩序起到了促进作用。

(五)改善执法活动，提高执法水平

一年来，全省法院不断改进审判方式，在完善法律程序制度、扩大办案效果、提高办案效率、保证办案质量方面都有了较大的改进，取得了一定的成果。各级法院积极实行依法公开审理案件的制度，把公开审判、强调当事人举证责任作为自身改革和审判业务建设的重点。许多法院克服没有审判法庭等困难，创造条件坚持了公开审判。目前，全省法院一审案件基本上实行了依法公开审理，一部分二审案件和再审案件，也依法实行了公开审判。吉林市再审开庭率已达到86%。他们的经验得到了最高人民法院的重视和肯定。通过庭审调查、质证、宣判，把事实真象、双方当事人的是非责任、适用法律等,公开在诉讼参与人和旁听群众面前,这样不仅提高了审判质量和办案效率，增强了案件审理的透明度，也有利于进行生动具体的法制宣传教育。全省法院还不断加强和改进合议庭、审判委员会的工作，在坚持其基本组织形式的前提下，试办了41个少年犯合议庭和一定数量的专业性合议庭。各地在总结审判经验的基础上，将法律规定的办案程序和办案质量标准具体化，并通过开展不定期的业务考试、评选最佳审判长和每年一次的执法大检查活动，促进了案件质量的提高。去年，全省法院依靠各级党委的领导和人大的支持，排除地方保护主义、本位主义等干扰，正确运用各种强制措施，较好地解决了近几年来愈发突出的“执行难”问题，切实强化了人民法院的职能。

二、大力加强队伍的自身建设，提高干警的政治和业务素质，增强整体战斗力

在过去的一年里，全省各级法院在抓紧做好各项审判工作的同时，大力加强了队伍自身建设，努力提高政治业务素质和廉政建设水平，增强了队伍的整体战斗力，保证了各项审判工作任务的顺利完成。

（一）加强廉政建设，保持清正廉洁

一年来，我们按照中央、省委廉政座谈会和最高法院廉政纪检监察会议精神及吉林省第七届人民代表大会第二次会议《关于国家机关廉政建设的议案》的要求，从法院的实际出发，有计划、有组织、有步骤地在全省法院开展了廉政教育和廉政制度建设。普遍进行了秉公办案、廉洁执法教育、全心全意为人民服务的宗旨教育和职业责任、职业纪律、职业道德教育，努力清除社会腐败现象对法院干警的消极影响。在此基础上，省法院于1989年4月20日在梨树县法院召开了全省法院系统廉政建设座谈会，分析了反腐败斗争的形势和法院队伍的现状，研究落实了廉政建设的总体方案，突出抓了以“两公开一监督”为核心的廉政制度建设。省法院围绕群众关注的“告状难”、“执行难”等热点问题，抓住钱权交易这个要害，制订了以九项六十条为基本内容、以“三层次，三原则，六监督”为总体结构的廉政制度体系，打破了长期以来法院在审判活动上的封闭型和神秘化，对外起到了面向社会的公开作用，对内起到了从严治院的约束作用。这些廉政制度同审判程序制度有机结合，对执法活动实行双轨制约，有力地促进了法院的廉洁执法。目前，全省法院普遍建立了廉政制度，许多法院的廉政工作开展得较有声色，已成为当地廉政建设的点。为保证廉政制度的贯彻执行，我们从领导机关和领导干部做起，狠抓违纪违法案件的处理，使廉政建设收到了实效。据统计，全年表彰奖励廉政先进集体72个、先进个人108名。全国法院模范、梨树县法院院长陈家祺同志，被国务院授予先进工作者称号，出席了全国表彰大会。辽源市中级法院和省法院刑事审判一庭还被授予制止动乱平息反革命暴乱先进集体光荣称号，参加了最高人民法院的表彰奖励大会。去年查处违法违纪干警40名，其中行政处分20名，党纪处分14名，刑事处分6名。全省法院干警拒请、拒情、拒贿近3万人次，使法院内部风纪有所整肃，外部形象有所改观，整体战斗力有所增强。

（二）狠抓队伍建设，提高政治业务素质

人民法院要完成繁重艰巨的审判任务，必须有一支政治上靠得住，业务上信得过，作风上过得硬的干警队伍。为此，我们按照省委和最高法院的要求，在年初召开的全省中级法院院长座谈会上研究确定了提高干警政治和业务素质的目标，开展了多方面的工作。在组织建设上，同地方党委一起对基层法院院长和中级法院正副院长进行了重点考察，坚持进人要通过考试，晋级提职实行考试、考核相结合的办法，贯彻公开、平等、竞争、择优的原则，选拔一批德才兼备的干部走上了领导岗位，健全了全省法院领导班子，激励了法院队伍中蓬勃向上、奋发进取的革命精神。在政治思想上，积极开展了社会主义、爱国主义、集体主义、自力更生、艰苦奋斗教育、形势政策教育、为人民服务的宗旨教育和坚持四项基本原则教育，大兴理论学习之风，努力提高干警的政治思想水平。在业务建设上，进一步加强了培训和教育工作。到1989年底，法院干警中达到大专以上文化程度的约占干警总数的57%，审判人员中具有大专以上文化程度的占干部总数的73.6%。通过学历、专业证书和本科函授教育及大学后教育等多种方式和多种渠道的培训，改变了历史上形成的法院干警队伍文化素质偏低的状况，审判人员的业务素质有了一定程度的提高。

(三)积极主动地取得党委的领导，自觉接受人大的监督

一年来，全省各级人民法院紧紧围绕党的中心工作开展了各项审判业务，坚决贯彻党的路线、方针、政策，认真执行党委和人大的决议、指示。在审判活动中，积极主动地向党委和人大请示报告工作，对审判工作中出现的新问题及执行政策法律的新情况及时汇报反映，在处理一些重大的有影响的案件时主动取得领导和支持。对接受人大监督，各级法院更加主动自觉。除定期向各级人民代表大会及其常委会报告工作外，对人大及其常委会的议案、质询都严肃认真地进行办理。去年，我们除在人大七届二次会议上报告工作外，还向人大常委会报告了“两院”《通告》的贯彻情况和一号议案的办理情况，向法制委员会专题汇报了法院一些专项治理和阶段性重大审判活动情况。对人民代表的质询和人大常委会转办的信件、交办的案件，也基本做到信访有回音，案件有结果，严肃认真、一丝不苟地加以落实。通过这些方面的工作，党委领导的观念，人大监督的观念，在各级法院领导思想中树立得越来越牢固。同时，人民法院的独立审判活动也得到了社会各方面的理解与支持。

一年来，全省法院的工作成绩虽然是主要的，但也存在不少问题。主要是有些领导同志特别是省院领导的思想作风还不完全适应新形势发展的要求，对工作中遇到的新情况、新问题及时调查研究切实加强指导，注意认真总结不够，致使在具体审判工作中出现了以下几个值得注意的问题：一是有些案件办得还粗糙，个别也有事实不清、证据不足、草率下判、量刑失当的；二是有的案件只重视执行实体法，忽视执行程序法。去年各类案件发回更审、改判的1158件，占全部案件的1.1%；民事、经济案件依法公开审判的只有78.9%，二审、再审公开审判的比例不到50%。三是有些法院刑事案件办结时间过长，超审限的案件有330件，占刑事案件的2.4%；一些民事、经济案件拖得时间较长，有些疑难案件久调不决。四是群众“告状难”、法院“执行难”的问题仍未彻底解决。全省大约有近4000件发生法律效力的判决尚未执行。五是少数审判人员政治业务素质差，工作作风不深入，执法意识不强，办案质量不高。个别审判干部违纪违法，败坏了法院的声誉和形象。六是各级法院办案经费普遍不足，执法条件亟待改善。干警一些实际生活困难长期未得解决，在一定程度上影响了队伍的稳定和干警的情绪。

从社会方面看，执法的客观环境在有的方面还不够优化，需要有关方面给予关注和支持。一是在某些方面“以罚代刑”的问题还比较突出。二是地方保护主义和本位主义问题仍未很好解决。三是有些方面立法还不协调、不配套，给法院执法带来一些困难。这

些都有待于同有关方面共同努力加以解决。

三、1990年全省法院工作任务及安排意见

1990年是深入贯彻党的十三届四中全会、五中全会精神，推进治理整顿和深化改革的关键一年。李鹏总理在接见第十五次全国法院工作会议代表时指出：总的方针是把重点放在稳定上，压倒一切的是稳定。党中央提出的维护安定团结的政治局面，保持国民经济持续稳定、协调发展的方针和省委确定的促进政治稳定，经济稳定、社会稳定的目标，给人民法院审判工作提出了新的更高的要求。为此，1990年全省法院工作总的指导思想是：全面贯彻党的十三届四中、五中全会和省委五届四次全会及本次人代会精神，坚持党在社会主义初级阶段的基本路线，通过全面开展各项审判工作，充分发挥职能作用，为稳定大局服务，为治理整顿和深化改革服务，为实现我省国民经济持续、稳定、协调发展服务，以维护社会的安定团结，保障社会主义改革和建设事业的顺利进行。

基于这个指导思想，我们今年的工作主要是：

（一）强化人民法院专政职能，严厉打击危害社会安定，破坏治理整顿深化改革的各种刑事犯罪活动

要牢固树立一切审判工作都要为社会稳定服务的观念，继续贯彻执行依法从重从快打击的方针，严惩严重危害社会治安、破坏社会安定的刑事犯罪分子，尤其要突出打击危害国家安全的反革命犯罪分子和“六害”中的犯罪分子。继续贯彻依法从严惩处的方针和“一要坚决，二要慎重，务必搞准”的原则，严惩严重破坏经济的犯罪分子，促进反腐败斗争的深入。要针对治安的突出问题，采取集中打击和专项治理的方式，提高打击效能。要严格依法办事，充分体现宽严相济的政策，努力提高办案效率和办案质量，通过审判活动积极促进社会治安的综合治理。

（二）大力加强经济、民事、行政、林业和告诉申诉审判工作，依法调节经济关系和其他法律关系，维护社会秩序

经济、民事、行政等各项审判工作同保障社会稳定，促进经济发展关系十分密切。要通过审判活动调节社会的各种法律关系，维护社会秩序，保护公民和法人的合法权益，支持行政机关依法行政，制裁经济、民事、行政违法行为，有效地疏导人民内部矛盾，增进人民内部团结，维护经济秩序，保障社会稳定。要继续搞好公开审判，努力改善执法活动，进一步提高执法水平，采取切实有力措施解决人民群众“告状难”和法院“执行难”问题。

（三）大力加强队伍建设，确保各项审判任务的全面完成

1990年的审判任务是十分繁重的，去年案件已突破了10万件，今年各类案件仍将继续上升。据此，必须一手抓审判、一手抓政治思想建设，以保证各项审判任务的完成。要大力加强法院队伍的政治思想建设、廉政建设和业务建设，进一步提高各级法院领导和干警的马列主义理论水平，坚定共产主义信念，提高坚持四项基本原则、反对资产阶级自由化的自觉性，做到在任何政治风浪中都能同党中央保持高度一致。要坚持从严治院，巩固完善廉政制度，加强执法检查和违法违纪案件的查处，确保队伍的纯洁。要继续抓好业务培训，不断提高业务素质和审判水平，以适应新时期审判工作的需要。

（四）加强人民法院物质装备建设，逐步改善执法条件

目前，各级法院的工作条件仍然较差，与其承担的任务极不适应。以“两庭”建设为重点的物质基础建设是改善执法活动、提高执法水平的必要条件。我们要在党委的重视人大的关注和政府的支持下，努力使之逐步改善，以适应形势和任务的需要。

（五）坚持群众路线，加强调查研究

调查研究是唯物主义思想路线和党的群

众路线对各项工作的基本要求。在治理整顿深化改革的新形势下，许多新情况、新问题都要靠我们大兴调查研究之风去解决。今年初，省法院遵照省委的部署，制定了组织干部下基层方案，成立了干部下基层领导小组，由院长负责，院机关抽调35名干部，占干部总数的15%。分成9个工作服务组，确定了任务和要求，紧密结合法院实际，深入基层积极开展各项服务工作。在新的一年里，我们一定进一步发扬党的优良传统和作风，要以调查研究作为审判工作的先导，全面改善执法活动，提高执法水平。

1990年是充满希望的一年，也是我们面临严峻形势和繁重任务的一年。我们一定要在各级党委领导下，在人民代表大会及其常务委员会的监督下，发扬成绩，克服缺点，振奋精神，团结一致，艰苦奋斗，加倍努力，为促进治理整顿和深化改革目标的实现，为保障我省政治稳定、经济稳定和社会稳定，做出新的更大的贡献。

黑龙江省高级人民法院工作报告

——1990年3月4日在黑龙江省第七届人民代表大会第三次会议上

黑龙江省高级人民法院院长　唐兰亭

各位代表：

1989年是党中央决定治理整顿、深化改革的第一年。全省各级人民法院认真贯彻党的四中全会、五中全会和省委六届四次全会、省七届二次人代会关于法院工作报告的决议精神，在党委的领导和人大的监督下，认真履行了宪法和法律赋予人民法院的职责。一年来，共受理各类案件152389件，比上年上升34.8%；共审结153016件（含上年旧存），上升37.4%。通过审判活动，依法严厉打击了严重刑事犯罪和严重经济犯罪，保护了公民和法人的合法权益，为维护社会安定，保障和促进治理整顿、深化改革的顺利进行，起到了积极作用。

一、全面加强了各项审判工作

1989年全省各级法院在各类案件继续大幅度上升，新情况、新问题增多，执法要求越来越高的复杂形势下，严肃执法，努力改进各项审判工作，办案质量和效率都有很大提高，较好地完成了各项审判任务。

（一）严惩严重刑事犯罪，维护社会安定。全省各级法院从严峻的社会治安形势出发，依法从重从快惩处了严重危害社会治安的犯罪分子。受理一审刑事案件15624件，比上年上升21.8%；审结15598件，上升21.8%。判决发生法律效力的有罪人犯16552人，上升23.8%。其中，死刑×××人，死缓×××人，无期徒刑×××人，比上年分别上升30.3%、25.3%和15.6%；处五年以上有期徒刑5616人。重刑面为40.4%，是1984年（“严打”第二年）以来最高的一年，判处的死刑数是“严打”以后最多的一年。各级法院在省委和当地党委统一领导下，配合公安、检察机关，对杀人、抢劫、强奸、重大盗窃等多发性犯罪和团伙犯、流窜犯进行了五次集中打击，并在一些地区开展了对盗窃耕畜、破坏电力通讯设备、制作贩卖传播淫秽物品、拐卖妇女儿童等犯罪的专项斗争。共召开宣判大会1159次，宣判案件4694件、人犯

8849人。

依法严厉打击了严重经济犯罪活动，促进反腐败斗争的深入进行。受理贪污、受贿、投机倒把等经济犯罪案件2311件，比上年上升35.6%；审结2289件，上升32.6%。判决发生法律效力的有罪人犯2576人，上升28.2%。其中，判处死刑×人，死缓×人，无期徒刑××人，五年以上有期徒刑706人。最高人民法院、最高人民检察院《关于贪污、受贿、投机倒把等犯罪分子必须在限期内自首坦白的通告》发布后，省法院立即印发了通知，并两次召开会议部署落实。各级法院通过新闻发布会、电视讲话、印发张贴宣传材料，大张旗鼓地宣传《通告》。向196名在押人犯宣讲《通告》和有关法律政策，促使他们坦白余罪和检举揭发犯罪线索35件，其中万元以上的7件。在两个月的时间里，以抓大要案为重点，审结经济犯罪案件213件。召开兑现政策宣判大会22次，宣判案件50件、66人，其中局级干部4人；从宽判处的30件、43人；从严判处的9件、12人。

在党中央采取果断措施，取得了制止动乱、平息北京反革命暴乱的决定性胜利后，依法审判我省动乱中的犯罪案件，是关系到社会稳定的一件大事，我们及时作了部署。对已经起诉到法院的这类犯罪案件，依法进行了公开审理，按照刑法有关规定和"两高"司法解释，严格区分罪与非罪、反革命犯罪与普通刑事犯罪的界限，坚决依法惩治。

（二）运用法律手段调节经济关系，保障和促进经济稳定发展。治理整顿、深化改革措施的实施，以及社会各方面利益的调整，诉讼到法院的经济纠纷案件大量增加。受理一审经济纠纷案件29842件，比上年上升69%，上升幅度高于全国28.9个百分点；审结29839件，上升72.8%。诉讼标的金额达8.9亿元。其中，审理借款合同纠纷案件5518件，上升4倍，回收了逾期贷款1.1亿元，使呆滞资金得以合理使用，投入有效运行；审理购销合同纠纷案件10259件，上升57.3%，依法收回货款4.3亿元，促进了对流通领域混乱秩序的治理；审理农村承包、企业承包和租赁经营合同纠纷案件1179件，上升93.3%，维护了农村联产承包责任制和企业经营责任制。通过经济审判活动，制裁了违法行为，保护了当事人的合法权益，促进了物资、资金的合理流动和使用，维护了经济秩序。

（三）审理大量民事案件，依法保护了人民民主权利和各项合法权益。随着社会主义商品经济的发展，民事交往活动日趋增多，民事纠纷增长势头持续不衰。受理一审民事案件96252件，比上年上升31.1%；审结96841件（含旧存），上升33.8%，收、结案上升幅度分别高于全国6.9和6.2个百分点。在审理的案件中，婚姻家庭案件57870件，债务案件25067件，赔偿案件7111件。这三类案件占民事案件总数的93.6%。由于认真贯彻民法通则，改进审判方式、方法，推行当事人举证制度，依法及时妥善地处理民事案件，保护了公民、法人的合法权益，制裁了民事违法行为，对于防止矛盾激化，维护安定团结，保障人民群众安居乐业，促进社会主义精神文明建设起了重要作用。

（四）努力开展行政审判工作，为实施行政诉讼法作准备。受理一审行政案件430件，比上年上升39.2%；审结437件（含旧存），上升53.3%。其中，维持行政机关裁决的167件，变更或撤销的97件，当事人撤诉的56件。既保护了公民、法人和其他组织的合法权益，又维护了行政机关依法行使职权。行政诉讼法颁布后，认真抓了施行前的各项准备工作。举办了2期培训班，把全省320名行政审判人员轮训了一遍；加速了行政审判机构建设，已有150多个中、基层法院建立了行政审判庭；通过各种形式宣传行政诉讼法；在两个中级法院进行了试点，为今年10月1日正式实施行政诉讼法摸索了一些经验。

（五）加强告诉申诉工作，切实搞好审判

监督。受理告诉申诉和非诉来信来访26万多件次，比上年下降7%。其中，处理各类告诉信访12.5万件次，申诉信访1.9万件次。加强了立案审查工作，认真解决“打官司”难问题，保障了公民、法人依法行使诉讼权利。并本着实事求是、有错必纠的方针，按照审判监督程序提起再审案件3229件，维持原判的1932件，改判的670件，使错判案件得到纠正，维护了法律的严肃性。

二、加强了队伍建设和基层建设

一年来，坚持一手抓审判，一手抓建设，大力加强队伍建设和基层建设，保证了各项审判工作的开展。

（一）加强了思想政治工作。去年，我们在干警的思想政治教育工作中，重点围绕制止动乱、平息反革命暴乱的斗争，深入进行了坚持四项基本原则，反对资产阶级自由化的教育和组织纪律教育，坚定政治立场，做到了在思想上、行动上同党中央保持一致。动乱期间，广大干警旗帜鲜明，严守纪律，坚守岗位，尽职尽责，审判工作不仅没有受到影响，而且比往年办案多。实践证明，法院广大干警是一支党和人民可以信赖的、坚强的、有战斗力的队伍。并涌现出一批先进集体和个人。宁安县法院院长金莹晚在1988年被最高法院授予全国法院模范称号后，1989年又被国务院授予全国模范工作者；省法院刑事审判一庭、哈尔滨市中级法院被评为全国法院系统制止动乱、平息反革命暴乱先进集体，受到表彰。

几年来，全省各级法院以建设一支“政治坚强，业务精通，品德高尚，作风严谨”的人民法官队伍和树立“团结勤奋，公正廉洁，执法如山，服务人民”的优良院风为内容，广泛深入地开展了精神文明建设活动。在广大干警的积极努力下，1989年末，省委、省政府授予全省法院为文明单位建设先进系统。

（二）狠抓了廉政建设。法院是国家审判机关，反映各种人际关系、财产关系、行政管理关系的大量民事、经济、行政和刑事案件，最终由它裁决，所担负的惩治贪污、受贿等严重经济犯罪的任务，是国家廉政建设的重要一环。因此，搞好法院的廉政建设更具有特殊重要意义。在商品交换存在的条件下，滋生各种腐败现象和不正之风的土壤尚未彻底铲除，随着法院在国家活动中地位逐步提高，到法院送礼行贿，企图用钱买法，用钱赎罪，甚至用钱买命的现象增多。“说情风”、“关系网”的干扰也屡有发生。据不完全统计，一年来，各级法院干警拒礼拒贿6734人次，金额达102万元，拒吃请1.6万人次，拒说情1.4万人次。这个情况说明社会上不正之风和腐败现象对法院干警的侵袭是相当严重的，也说明了法院绝大多数干警是清正廉洁、秉公执法的。但有个别人经不起考验，贪污受贿、徇私枉法，有26名干警受到党纪、政纪和刑事处分，占干警总数的0.25%。1989年6月，为了贯彻省委指示和全国法院廉政建设会议精神，我们召开了全省法院廉政建设会议，从加强廉政教育、严肃执法、健全监督机制、自觉接受广泛监督、特别是接受人大及其常委会的监督、强化纪检监察工作入手，认真开展廉政建设工作，取得了较好的成效。

（三）坚持搞好干警的教育培训工作。干警教育培训工作是法院一项具有长远意义的战略措施。全省各级法院统筹兼顾，合理安排工作和学习，坚持办好法律业大，认真组织法律大专、专业证书和各项短期培训教育。到去年年底，取得法律大专学历的干警由上年的1850名增加到2066名，占干警总数的49.2%，其中具有法律大专以上学历的占34.9%。还有2399人正在参加业大和专业证书的学习。举办不同层次、不同规模的短期业务培训班190期，培训2801人次，使审判人员的专业知识得到了补充和更新。

（四）进行了法院干部党内管理体制改革的试点工作。1988年11月，中央组织部、最高法院党组下达了法院干部党内管理体制改革试点的通知,“实行上级法院党组和地方党委共同管理，以法院党组管理为主的干部管理制度”。并确定我省为四个试点省份之一。我们本着积极、稳妥的精神，会同省委组织部，于1989年4月在牡丹江、鸡西市和绥化地区中级法院及所辖32个基层法院先行试点。省法院和试点中、基层法院成立了政治机构，并就法院编制、干部任免、调动、考核、提拔、奖惩等建立了一套比较可行的管理制度和办法，现已按改革后的党内干部管理体制管理干部，为在全省法院铺开摸索了经验。最高法院对我省的试点工作给予充分肯定。为了适应新形势下队伍建设的需要，对各级法院的领导班子普遍进行了考核，个别不适应的，协助地方党委进行了必要调整。

（五）人民法庭建设有了较大进展。我们用两年时间在“三乡一庭”的基础上，实现了“二乡一庭”的目标。全省现已建法庭811个。其中，乡镇法庭568个，企业法庭175个，街道法庭68个。各级法院都加强了对法庭的领导，法庭的优越性和作用得到了充分发挥。1989年各地法庭审理的案件，占全省法院受理案件总数的40%多，其中受理的民事案件占70%。由于法庭扎根于群众之中，对各种纠纷起到了治早、治小、治了的作用，有效地防止了2000多起矛盾可能激化的案件，维护了农村治安秩序；缓解了群众“打官司”难问题，及时保护了当事人的合法权益；为促进乡镇企业的发展，加强基层政权建设起到了重要作用。

三、大力加强执法工作，保证各项法律和省人大及其常委会决议、决定的贯彻实施

（一）认真贯彻落实省人大常委会《关于加强人民法院执行工作的决定》，强化执行工作。法院的执行工作是保障体现国家意志的法律裁决付诸实现的严肃执法活动，但几年来“执行难”问题一直比较突出。1988年12月，省人大常委会听取审议了省法院执行工作的报告，并作出了《关于加强人民法院执行工作的决定》。为贯彻落实这个《决定》，我们强化了内部执行机制，全省18个中级法院、139个基层法院建立了执行庭，已配备执行人员561人。制定下发了执行工作的有关规定。许多法院采取召开新闻发布会、答记者问等多种形式，宣传《决定》和有关法律，召开银行、工商、财政等有关部门参加的座谈会、联席会，互通情况，研究协助法院执行的具体措施，积极创造有利于执行工作的良好环境。经过统一部署，对历年来未执行的积案进行了大清理，现已执行旧存和新收的未执行案件66825件，占应执行案件总数的92%，执行金额达6.8亿元。在执行过程中，通过耐心的思想教育和宣传法律，促使大多数被执行人自动履行了法律裁决。对少数有偿付能力而藐视法律拒不履行的，依法采取查封、扣押、冻结、变卖财产和强行迁退等强制措施。从而使债权人的合法权益得到了切实有效的保护，违法者受到制裁。促进了物资、资金的正常流通，维护了法律的权威。经过一年多的不懈努力，“执行难”的被动局面在很大程度上得到扭转，多数法院已走上了随审结随执行的正常轨道。

（二）改善执法活动，严格依法办事。改善执法活动是严肃执法、提高办案质量的根本途径，也是审判工作改革的重要内容。一年多来，我们主要抓了四个方面：一是强调凡依法应当开庭审理的案件必须坚持开庭审理，通过公开调查、公开质证、公开辩论、公开宣判处理结果，把审判活动置于公众的监督之下，保证准确地适用法律。二是依照民事诉讼法的规定，积极推行当事人举证制度，变以往法院包揽调查取证为当事人举证与法院查证相结合，既增强了当事人的法制观念，也减少了法院不必要的重复劳动，提高了办案效率。据对8个地市两级法院审结的民事、经济纠纷案件的典型调查，平均结案时间比过去缩短了9.45天。三是依据人民法院组织法的规定，把一部分非重大疑难案件的审判权放到合议庭，同时加强院长对本院已经发

生法律效力的判决和裁定的监督，增强了审判人员的责任感，议案定案水平得到提高。四是审判委员会减少了对一般案件的讨论，抽出一定时间总结审判经验，组织政策法律的学习，加强对审判工作的检查指导，全面发挥了作用。

（三）认真进行执法大检查，提高执法水平。几年来，法院系统的执法大检查已形成制度，并逐步深化，不断完善。去年根据省人大常委会“一府两院”第十次联席会议决定和省法院年初部署，各级法院从5月到9月，普遍由主管院长牵头，抽调2000余名审判人员查阅审结的各类案件近5万件。总的看，执法情况是好的，比上年有新的进步。在检查的6436件刑事案件中，执行实体法和程序法的准确率，分别比上年提高1个和4.7个百分点。在检查的33018件民事案件中，执行实体法和程序法的准确率，分别比上年提高13.3个和9.4个百分点。在检查的9273件经济纠纷案件中，执行实体法和程序法的准确率，也有较大提高，分别为97.3%和90.9%。通过检查，对个别错判案件依法改判纠正；对违法乱纪、枉法裁判的严肃查处；对执法不严的问题件件落实到人，从办案人到合议庭、审判委员会层层汲取教训，进一步完善岗位责任制；加强上级法院对下级法院、本院院长对本院案件的审判监督，搞好指导。

（四）加强调查研究，及时解决执法中遇到的问题。治理整顿、深化改革给审判工作带来许多新情况、新问题。为了适应客观形势的发展变化，正确执行政策法律，一年来由领导带头，组织审判人员，围绕执法情况进行专题调查研究，共完成调研成果2836篇，超过前两年的总和。在调查研究的基础上，各级法院召开专题研讨会196次，交流调研成果1325篇，总结了执法经验，探讨和解决了执法中遇到的一些新问题，对指导各项审判工作起了积极的作用。

（五）大力开展法制宣传，树立法律的权威。随着法院审判职能的扩展，越来越需要全社会对法院工作的了解、支持和监督。但由于种种社会和历史原因，广大人民群众对法院工作知道得很少，给执法带来困难。为了改变这种状况，我们加强了对全省法院宣传工作的组织领导，省法院和7个中级法院建立了电视台、电台、报社驻法院记者站；配备专兼职记者64人、通讯员860人；多数法院在当地广播、报刊开辟了“以案讲法”、“法律信箱”、“法制园地”宣传栏目。一年来，各级法院举行新闻发布会58次，录制电视专题片14部，在报刊、电台、电视台发稿6759篇，办法制宣传栏2131期，编印各种宣传材料4万余份，举办法律讲座和法律咨询5840场次。提高了群众的法制观念，增强了法院工作的透明度，有利于社会各界对法院执法的了解、监督，推动了审判工作，维护了法律的尊严。

一年来，在各级党委领导和人大及其常委会的监督支持下，全省法院审判工作和自身建设取得了一定成绩，但还存在一些问题。突出的是案件年年大幅度增加同审判力量严重不足的矛盾，严格执法同执法难的矛盾，干警素质同繁重的审判任务不相适应的矛盾。这些问题的存在，程度不同的制约着审判职能作用的发挥。其原因既有人员编制严重不足和法院建设上存在许多实际困难等客观原因，也有主观上的原因。从主观上检查，一是某些审判人员执法观念不强，仍然存在重实体法轻程序法的思想，从执法大检查中查出的问题看，无论执行实体法还是执行程序法都存在一些问题，尤其是执行程序法的问题多些；二是有的法院工作抓得不紧，作风拖拉，致使少数案件审理时间长，结案慢，甚至超审限；三是个别干警违法乱纪，在社会上造成了不良的影响，损害了法院的执法形象；四是这些问题的存在同省法院领导深入实际少、调查研究不够、监督不严、指导不力有直接关系，使有些应当及时解决的问题未能及时解决。

各位代表，党的十三届五中全会作出了《关于进一步治理整顿和深化改革的决定》。省委六届四次全会为贯彻五中全会决定制定了实施方案，提出了一系列重大措施。今年，是治理整顿、深化改革的关键性一年。邓小平同志多次指出，没有安定团结的政治局面，没有一个稳定的局势，任何事情都干不成。稳定压倒一切。四中全会以来，全党、全国人民团结在以江泽民同志为核心的党中央领导集体的周围，认真贯彻执行四中全会、五中全会确定的任务，各项工作有了新的进展。当前，无论是全国还是我省政治经济局面总的是稳定的。但是，要看到，在国际上，敌对势力亡我之心不死，加紧推行“和平演变”的战略。最近东欧一些社会主义国家发生的急剧变化和严重动荡，不可能不对我国产生一定影响。在国内，顽固坚持资产阶级自由化立场的人和敌视我国社会主义制度的反革命分子，还会继续进行破坏和颠覆活动；各种严重危害社会治安的犯罪活动仍很猖獗，“六害”等败坏社会风气的丑恶现象蔓延，还会产生新的腐败分子；治理整顿、深化改革措施的进一步实施，也将带来许多矛盾和纠纷，还可能出现一些新的不安定因素。法院作为人民民主专政国家机器的重要组成部分，通过审判活动，运用法律武器，保障国家的长治久安，还需要做出长期艰苦的努力。根据第十五次全国法院工作会议精神，今年法院工作总的任务是保障社会稳定，促进经济发展，加强队伍建设，提高执法水平，为治理整顿、深化改革和实现国民经济长期持续、稳定、协调发展服务。为了实现这个任务，我们主要抓好以下几项工作：

第一，把四中全会、五中全会和省委六届四次全会精神落实到各项审判工作中去。要从保障社会稳定这个大局出发开展各项审判工作。

刑事审判工作要认真落实省委、省政府整治社会治安总体作战方案。各级法院在整治社会治安的斗争中，坚持依法从重从快方针，严厉打击杀人、抢劫、强奸、重大盗窃等严重刑事犯罪分子，依法严惩“六害”中的犯罪分子及时召开宣判大会，搞好集中、专项打击，保持“严打”声威；要认真贯彻惩办与宽大相结合，坦白从宽、抗拒从严的一贯政策，根据省公、检、法三机关《关于限令刑事犯罪分子投案自首的通告》，该从宽的要依法予以从宽处理，该从严的要坚决依法从严惩处。各地法院要选择宽严典型，及时公开宣判处理，以体现政策，分化瓦解犯罪分子；要结合审判活动，搞好对失足青少年的教育、感化、挽救工作。继续严厉打击经济领域里的严重犯罪活动，促进反腐败斗争的深入进行。坚持依法从严惩处贪污、受贿、投机倒把、偷税、抗税等严重破坏经济秩序的犯罪分子。对在“两高”《通告》期限内投案自首和查获的贪污、受贿等经济犯罪分子，继续适用《通告》规定，该宽则宽，该严则严。“两高”《通告》期满后，对于拒不自首坦白、顶风作案的，要从严惩处。搞好对动乱中犯罪案件的审判工作。省法院和有关中级法院要精心组织，严格把关，依照刑法和“两高”司法解释，审判好这批案件。

民事审判工作要紧紧围绕治理整顿、深化改革，进一步全面贯彻民法通则，正确处理婚姻家庭、债务、赔偿、房屋、土地、水利、林木、宅基地等纠纷，以及著作权、名誉权、肖像权等新型案件，依法保护公民、法人合法权益，制裁违法行为。在分清是非明确责任的基础上，努力做好调解疏导工作，缓解矛盾，促进团结。要继续发挥人民法庭作用，加强对人民调解组织的业务指导，把大量民间纠纷解决在基层，防止转化为恶性案件。

经济审判工作要从有利于经济的稳定和发展出发，依照法律、政策规定，重点审理好与治理整顿、深化改革关系密切的清理整顿公司的债务清偿案件，企业破产案件；因财政信贷紧缩而出现的回收逾期贷款案件；因压缩基建项目整顿基建市场带来的建筑工程承包合同纠纷案件；因调整产业和产品结构而引起的变更合同纠纷案件；制造贩卖伪劣商品，扰乱市场秩序损害消费者利益的案件；侵犯他人专利权、商标权或以不正当竞争行为损害其他生产经营者利益的案件；以及农村承包合同、企业承包、租赁经营合同纠纷案件。对于那些借改革之机利用合同骗占资金、违法经营、见利忘义、毁约赖帐，导致资金缠结、经济纠纷恶性循环、扰乱正常生产流通秩序的，坚决依法予以制裁。构成犯罪的，依法追究刑事责任。

行政审判工作在抓紧审理各种行政诉讼案件的同时，进一步从思想、组织和审判工作上为今年实施行政诉讼法做好充分准备。审判人员不足的，抓紧调整、充实审判力量；办好不同层次的行政审判干部培训班；会同有关部门，广泛宣传行政诉讼法，为行政审判工作的发展创造良好的环境和条件。

告诉申诉工作要从稳定大局出发，为群众排忧解纷，对于当事人的告诉、申诉，凡符合受案条件的及时立案审理。重点解决上访老户案件，减少进京上访人员。对无理申诉的，加强说服教育工作，以法服人，劝其息诉。

第二，进一步加强队伍建设，提高干警政治业务素质。要强化思想政治工作，组织干警认真学习马克思主义哲学和国家与法的理论，提高政治理论水平，增强坚持四项基本原则，反对资产阶级自由化的自觉性，坚持与党中央保持一致。确保不论在什么政治风浪中，任何时候、任何情况下都不迷失方向。高度重视并切实抓好廉政建设，要按省委的指示，在短期内把法院建成群众认为是最讲理、最公正、最廉洁的地方。为此，要坚持从严治院，严格执行最高法院和省法院两个“八不准”，教育干警廉洁自律，秉公执法。大力表彰严格执法的模范干警，严肃查处违法乱纪事件。要抓好全系统的精神文明建设，开展文明法院、文明法庭、文明干警的评比活动。继续办好法律业大，抓好法律大专、专业证书和各种短期业务培训教育，并积极创办我省法官培训中心，努力培养一大批法律专业人才。在法院干部管理体制改革试点工作初步取得成功的基础上，抓紧总结经验，今年4月份全面铺开。结合今年基层法院院长换届，协助地方党委做好考核和向人大推荐工作。

第三，坚持严肃执法，提高执法水平。为了搞好各项审判工作，要不断增强审判人员的法律意识，严格执行法律，切实纠正重实体法轻程序法的偏向，做到有法必依，执法必严，违法必究；坚持以事实为根据，以法律为准绳的原则；以党的方针、政策为指导，正确理解和全面地执行法律。今年要进一步解决“执行难”问题，使全省执行工作走上随审结随执行的轨道；在执法大检查已形成制度的基础上，继续坚持下去，不断深化；对执法的调查研究和法制宣传工作，要向深度和广度发展；要认真执行公开审判制度，凡依法应当公开审理的案件都要公开审理，发挥庭审功能，强调合议庭作为审理案件基本组织形式的作用，全面推行当事人举证制度，搞好庭审调查、质证、辩论、宣判“四公开”，提高公开审判的质量。

第四，自觉接受人大及其常委会的监督。人民法院接受人大及其常委会的监督，是宪法规定的法律义务，是法院正确履行宪法和法律赋予的职责的重要保证。当前，法院面临的任务相当繁重，对法院执法工作的要求也越来越高，尤其需要人大及其常委会加强对法院的监督，以保障正确实施国家法律、法规，排除干扰，秉公办案。根据省人大监督工作暂行条例的规定和近几年的实践，各级法院从以下几个方面接受人大及其常委会的监督。一是每年向人民代表大会报告工作，接受全面监督；二是向人大常委会作专题报告，接受对执行单项法律、法规的监督；三是认真办理代表提案、批评、建议和人大交办的案件，接受经常性的监督；四是向深入法院视察的代表和人大领导汇报工作，接受面对面的监督。

各位代表，新的一年是治理整顿、深化改革关键的一年，我们要在各级党委的领导和人大的监督下，团结奋斗，励精图治，全面开展各项审判工作，充分发挥国家审判机关的职能作用，为落实党的十三届四中全会、五中全会提出的各项任务，保障社会的稳定，促进治理整顿、深化改革的顺利进行，为实现国民经济长期持续、稳定、协调发展，作出更大的努力！

以上报告，请予审议。

上海市高级人民法院工作报告

——1990年4月26日在上海市第九届人民代表大会第三次会议上

上海市高级人民法院院长　顾念祖

各位代表：

现在，我就上海市第九届人民代表大会第二次会议以来的法院工作向大会报告，请予审议。

1989年是很不寻常的一年。在这一年里，治理整顿、深化改革有了比较明显的成效，制止动乱和平息反革命暴乱取得了历史性的伟大胜利，社会主义民主和法制建设得到了进一步加强。本市各级人民法院在中共上海市委的领导下，在市人大及其常委会和最高人民法院的监督下，坚决贯彻执行党的十三届四中、五中全会精神，全面开展审判工作，努力提高审判水平，完成了各项审判任务。全年共受理各类案件71319件，比上年增加31.8%，其中一审案件50798件，增加31.6%；审结68422件，比上年增加32.2%。对维护社会稳定，保护公民和法人的合法权益，调节经济关系，保障和促进治理整顿、改革开放的顺利进行，发挥了积极作用。

一、强化对敌专政的职能，严惩严重刑事犯罪，维护社会安定

一年来，全市各级法院共受理一审刑事案件8767件，人犯13454名，分别比上年增加68.3%和81%；审结8503件，判处人犯12963名，分别比上年增加63.8%和75.5%。判决发生法律效力的人犯共11378人，比上年增加77.6%。其中，判处五年以上有期徒刑、无期徒刑直至死刑（包括死缓）的占25.32%；判处不满五年有期徒刑、拘役、管制的占73.1%；免予刑事处分171名，宣告无罪10名。在审结的刑事案件中，反革命、杀人、强奸、抢劫、流氓、重大盗窃等严重刑事犯罪案件2141件，占25.2%，人犯3993名，占审结人犯总数的33.4%。人民法院对这类严重危害社会治安的犯罪分子坚决执行了依法从重从快惩处的方针，判处五年以上有期徒刑、无期徒刑直至死刑（包括死缓）的占61.6%。

1989年春夏之交，极少数不法分子乘北京地区发生反革命暴乱之机，在本市竭力制造动乱和光新路铁路道口严重骚乱事件，妄图搞乱上海。人民法院依法及时、准确地审判了一批在动乱中发生的严重刑事案件。截至今年3月底，共受理这类案件114件，被告151名，其中反革命案件5件8人。按照以事实为根据，以法律为准绳的原则，在掌

握确凿、充分的证据，查明事实的基础上，严格区分罪与非罪、反革命罪与普通刑事犯罪的界限，并认真执行惩办与宽大相结合的政策，严格依照我国刑事诉讼法规定的程序和制度进行审判。共审结109件41人；其中，作有罪判决的99件130人；退回检察机关补充侦查的9件10人；依法宣告无罪的1件1人。在判决发生法律效力的124名人犯中，判处五年以上有期徒刑、无期徒刑、死刑（包括死缓）的54名，占43.5%。人民法院在审判这类案件时，多次召开了宣判大会，广泛进行宣传，既体现了法律的严肃性，惩治了犯罪分子，又教育了群众，促进了社会的稳定。

盗窃犯罪仍然是危害本市社会治安秩序的一个突出问题。1989年法院受理的刑事案件中，盗窃案件占60%，比1987年上升了1倍多，重大盗窃案件上升2.13倍，盗窃公共财物的案件上升近2倍。为了遏制盗窃案件大幅度上升的势头，各级法院与公安、检察机关密切配合，开展了反盗窃的专项审判斗争，重点惩处了大量盗窃工业原材料和重要物资的犯罪分子，以及盗窃集团的首犯、惯犯、流窜犯。全年判处盗窃犯无期徒刑、死刑（包括死缓）的共××名，占判处这两种刑罚总数的41.5%。通过公开审判、以案讲法、召开被盗单位负责人座谈会和发出司法建议书等方法，加强综合治理，扩大办案社会效果。

抢劫犯罪是严重危害社会的暴力犯罪，近年来呈增多趋势，去年受理221件，被告521名，分别比上年增加72.7%和74.8%。尤其是抢劫出租汽车司机钱财犯罪，增长更快。1986年发生8起，1987年12起，1988年16起，1989年猛增到36起。这类罪犯冒险心理很强，不计后果，不择手段，往往携带凶器，以租乘车辆为名，将司机骗至偏僻地段杀人劫财。对这类案件，人民法院均及时审理，严惩不贷。今年3月，市中级法院对杀害3人、杀伤6人、抢劫37名司机钱财的8件案件的20名罪犯，集中审理公开宣判，判处死刑×名、死缓×名、无期徒刑×名、十年以上有期徒刑3名，严厉打击了这类暴力犯罪活动的嚣张气焰。

卖淫嫖娼、制作贩卖传播淫秽物品、拐卖妇女儿童、私种吸食贩运毒品、聚众赌博和利用封建迷信骗钱害人等社会丑恶现象和犯罪活动的蔓延，严重败坏社会风气，破坏了精神文明建设，已成为广大人民群众深恶痛绝的六大“公害”。1989年本市因赌博引起严重犯罪被判处死刑的就有××人。根据党中央、国务院的部署，本市各级法院开展了审判“六害”犯罪案件的专项斗争，全年审结这类案件255件，判处人犯449名，震慑和分化了犯罪分子，促进了除“六害”斗争的深入开展。

青少年犯罪增多，是值得严重注意的社会问题。1989年在法院判处的人犯中，18岁至25岁的青少年占51.1%，不满18岁的未成年犯罪占6.6%，绝对数分别比上年增加92.2%和85.2%。本市各级法院在严厉打击摧残、危害青少年的犯罪的同时，认真贯彻《上海市青少年保护条例》，进一步加强审理少年刑事案件合议庭工作，搞好对失足少年犯的教育、感化、挽救，把依法惩处同特殊矫治有机结合起来，为他们经过改造后变为有用之材打下良好基础。全年审结少年犯750名，经回访考查，绝大多数表现较好。一些法院还结合审判活动，举办“少年家长学校”，深入中小学校上法制教育课，开展“热爱子女，尊重父母”演讲活动、“法在我心中”征文竞赛，以及编写小故事，编排文艺节目，广泛宣传《条例》精神，促进社会、学校、家庭对青少年的全方位教育，提高青少年的自我保护能力。

近年来，铁路治安形势十分严峻，一些地方车匪路霸活动猖獗。有的在列车上寻衅滋事，殴打旅客、民警，有的成帮结伙盗窃铁路运输物资，抢劫旅客钱物，严重威胁着旅客的生命财产安全，破坏了铁路运输秩序。

上海铁路运输中级法院和上海、南京、蚌埠、杭州、福州、南昌等铁路运输法院运用审判武器，严厉惩处了这类犯罪分子。一年来，审结一审刑事案件634件，判处人犯1228名，分别比上年增加45.8%和89.8%。其中判处五年以上有期徒刑、无期徒刑、死刑（包括死缓）445名，占判决发生法律效力总人数的41.4%，对维护铁路运输秩序，保障旅客安全，起到了积极作用。

当前，我国的政治、经济和社会是稳定的，并且朝着更加稳定的方向发展。但是，社会上还存在一些不安定因素，治安形势仍相当严峻，刑事案件大量上升，特别是国内外敌对势力和各种仇视社会主义制度的敌对分子，仍在伺机进行破坏和颠覆活动。作为人民民主专政重要工具的人民法院，必须强化对敌专政的职能，务必把刑事审判工作抓得很紧很紧，通过严惩严重刑事犯罪活动，为经济的稳定发展和人民的安居乐业创造良好的社会环境。

二、严惩严重破坏经济犯罪活动，惩治腐败，促进廉政建设

党的十三届四中全会把坚决惩治腐败，促进廉政建设作为一项重要任务提到全党面前，有力地推动了打击严重经济犯罪的斗争。一年来，全市各级法院审结经济犯罪案件3475件，判处人犯6050名，分别比上年增加113.5%和123.6%，是1982年开展“经打”斗争以来最多的一年。经济犯罪案件中反映出的突出情况：一是犯罪金额大，非法所得金额达2445.69万元，比上年增加2.14倍。在审结的829件贪污、受贿案中，犯罪金额在1万元以上的240件，占29%，比1988年上升了17.7个百分点。二是国家工作人员犯罪的明显增多，达507名，比上年增加3倍。其中，处级干部16名，增加4.3倍。三是犯罪涉及面广。基建行业工作人员利用工程招标、发包和批发、经销工业原材料的职权进行贪污、受贿犯罪相当突出；医院药库负责人、药品采购员在采购和推销药品中，收受贿赂情况也较严重；外贸工作人员利用职务便利，境内外勾结贪污国家外汇的案件也有发生；甚至金融系统和司法机关，也接连发生工作人员利用职务便利，贪污公款、收受贿赂的犯罪案件。

为了深入开展打击严重经济犯罪活动的斗争，本市各级法院认真贯彻执行最高人民法院、最高人民检察院于去年8月15日发布的《关于贪污、受贿、投机倒把等犯罪分子必须在限期内自首坦白的通告》。在“通告”规定的期限内，全市共有1759人投案自首，法院受理各种经济犯罪案件343件408人，连同“通告”发布以前受理未结的案件161件210人，共计504件618人。法院在审理这类案件时，坚持“一要坚决，二要慎重”的方针和务必搞准的原则，注意把基本案情事实搞清楚，把基本证据搞扎实，查清案发经过，尤其认真查清投案自首、坦白交代、立功表现和退赃情况。在具体处理时，按照法律和《通告》的规定，该从严的坚决从严，该从宽的坚决从宽。审结各类经济案件365件443人，其中因投案自首，坦白全部罪行，积极退赃或者有检举立功表现，而从宽判处的255人；因拒不投案自首、坦白交代问题，或者转移赃款赃物，或者顶风作案，从严判处的20人；县（处）级干部4人。在给予刑事处分的人犯中，判处五年以上有期徒刑直至死刑的占21.9%；判处不满五年有期徒刑、拘役、管制的占78.1%。因主要事实不清，证据不实或定性不当等情况，退回检察机关补充侦查或撤回起诉的共有21件29人。在“通告”期间，本市各级法院通过举行新闻发布会、记者招待会，印发宣传资料，制作法制宣传画板，上街进行法律咨询和选择典型案件公开宣判等多种方式，广泛宣传“通告”精神，敦促有贪污、受贿、投机倒把等行为的人投案自首，鼓励广大干部、群众积极检举揭发。事实证明，贯彻执行两高“通告”，是落实党的十三届四中全会提出的坚决惩治腐败，搞好廉政建设任务的具体行动，对坚持改革开放，增强人民群众同经济犯罪斗争的决心和信心，是完全必要的。

两高“通告”期限届满以后，本市各级法院继续坚持对严重破坏经济的犯罪分子实行从严惩处的方针，继续坚持惩办与宽大相结合，坦白从宽、抗拒从严的政策。今年4月11日，市中级法院对6件严重经济犯罪的10名被告人宣布了一审判决。这批案件，都是本市近年来发生的大案。他们利用职务便利，有的内外勾结，大肆侵吞公款；有的将外商支付的巨额违约赔款占为己有；有的利用签订合同的便利，收受贿赂；还有的竟然在两高“通告”公布后，顶风作案，继续犯罪。他们贪污、受贿的总金额高达129万余元，其中贪污最多的达42.3万余元，最少的也有1万余元。法院在依法从严判处郭金福等4名被告人死刑的同时，根据两高“通告”的有关规定，对陈慧娟等4名被告人判处无期徒刑，对蔡宝勤等2名被告人分别判处有期徒刑5年和3年，震慑了经济犯罪分子，鼓舞了广大人民群众同经济犯罪分子斗争的信心。

一年来，本市打击经济犯罪取得了明显效果，但是，我们清醒地认识到，社会上经济犯罪活动仍很严重，与经济犯罪和腐败现象作斗争，不仅是经济领域内的一场严峻斗争，而且是一场关系到国家生死存亡的政治斗争，为此，要树立长期作战的思想，依靠广大群众，充分发挥审判机关的职能作用，把惩治腐败、打击经济犯罪活动的斗争坚持下去。同时，我们希望按照最近召开的全国政法工作会议的要求，尽快解决“以罚代刑”问题，凡是构成犯罪，依法需要追究刑事责任的案件，都应当向人民法院起诉，由人民法院审判，以促使这场斗争进一步深入进行。

三、加强经济审判工作，积极调节经济关系，为治理整顿、深化改革服务

经济纠纷案件收案数在持续五年递增的基础上，1989年又继续大幅度增长，共受理12233件，比上年增加47.5%。其主要原因，一是由于紧缩财政信贷，企业资金周转困难，急于收回拖欠款；二是在前几年“经商热”中，一些盲目开办的公司、中心，不具备生产经营条件或无力履约，有的已濒临歇业，纠纷增多；三是随着市场供求关系变化，一些紧俏商品滞销，影响合同的正常履行；四是一些单位以供应紧俏商品或提供加工业务为名，大量收取预付款、居间介绍费等，移作他用牟利，既不履约又不退款，造成纠纷；五是在前年“抢购风”中，伪劣商品乘虚而入，质量纠纷及侵害消费者利益的案件增多。

本市各级法院坚持为治理整顿、深化改革服务的指导思想，强化依法调节经济关系、促进社会生产力发展的职能，全年共审结各类经济纠纷案件11134件，比上年增加53.9%；诉讼标的总金额达42450万余元，比上年增加58.7%。在审判工作中，根据国家法律、地方法规和政府规章，注意强化国家干预职能，对违法经营的1300件合同纠纷依法确认无效；对其中非法倒卖、居间介绍重要生产资料、紧俏耐用消费品，以及生产、销售假冒伪劣商品等严重违反国家、社会公共利益，扰乱经济秩序的违法行为，依法实行必要的民事制裁。全年采用训诫、责令具结悔过、收缴非法所得、罚款等民事制裁措施的案件达170件，收缴非法所得21万余元，罚款金额30万余元，被制裁对象涉及企业单位、法人的法定代表人和有关责任人员。《上海市保护消费者合法权益条例》施行半年来，徐汇、卢湾、嘉定等区县法院对15个生产和销售假冒劣质电冰箱、自行车等产品的工厂、商店，依法实施了经济制裁，收缴非法所得51000余元，罚款34000余元。各级法院还注意在经济审判中发现经济犯罪活动，全年向公安、检察机关移送经济犯罪案件和线索118件，比上年增加3.5倍。

上海作为我国最大的经济中心和对外开放城市，自十一届三中全会以来共制定了50

多个涉外经济、行政地方法规和规章，它们与国家制定的一系列涉外法律、法规，组成了外资投资的法律保障体系，这对吸引外资投资具有重要意义。治理整顿以来，我们要求各级法院在审理好国内经济纠纷案件的同时，严肃公正地依法审理涉外和涉港、澳、台经济纠纷案件，切实保障中外和港、澳、台当事人的合法权益。市中级法院在审理香港戎氏工程有限公司诉上海远洋宾馆有限公司货款纠纷案时，查明被告在对原告依约提供的工程材料铜棍验收完毕后，以有关部门不同意用作接地材料为由拒付货款。确认被告违约拒付货款无理、依法支持原告的诉讼请求。原告来函认为法院对此案的公正判决证明港商在内地发展业务是有法律保障的。

目前经济审判工作的主要问题是执行难。有45%左右的案件审结后，当事人提出申请执行，其中60%的案件的执行标的在外地。由于有的企业资不抵债；有的当事人故意拒不履行；有的部门不履行协助执行的义务；有的存在地方保护主义的干扰，因此执行工作难度增大。为此，市高级法院召开了第三次上海市执行工作会议，要求各级法院进一步加强对执行工作的领导，依靠当地党委，争取人大常委会和政府的支持，排除地方保护主义和本位主义的干扰，坚决依法办事。对于已经发生法律效力判决、裁定和调解协议，经过认真细致的工作后，当事人仍拒不履行的，要严格依法强制执行。

四、认真审理民事、行政和申诉案件，依法保护公民的民主权利和其他合法权益，保障社会稳定

1989年是民事审判工作取得明显成绩的一年。全市法院共受理一审民事案件29537件，经上年增加19.1%。其中，婚姻家庭纠纷案件19682件，占66.7%，比上年上升14.6%；债务案件4061件，占13.8%，比上年上升66.8%；赔偿案件2380件，占8.1%；比上年上升6.3%。这三类案件占民事案件总数的88.6%。涉外、涉港澳台民事案件202件，当事人涉及的国家和地区由前几年的五、六个，扩展到二十七个，民事案件持续大幅度上升，反映了随着治理整顿、深化改革和有计划商品经济发展后，公民之间、公民与法人之间的民事法律关系日趋广泛、复杂，反映了由于法制的健全，特别是民法通则的颁布施行，人民法院受理的民事案件范围日益扩大和随着法律知识的普及，公民的法律意识增强，越来越多的人懂得如何运用法律手段保护自己的合法权益。与此同时，也反映了资产阶级思想的侵袭和封建意识、旧习俗活动的抬头。面对繁重的民事审判任务，市高级法院召开了第九次上海市民事审判工作会议，认真研究了工作中出现的新情况新问题，总结了经验，从加强队伍建设，强化对民事审判工作的地位、作用和宗旨的认识，改进审判作风着手，要求广大民事审判干部坚持全心全意为人民服务的宗旨，发扬群众路线的优良传统，以公正、合法、廉洁、高效为目标，忠实履行审判职责，严肃执法。各级法院普遍加强了目标管理，实行规范化办案；认真组织学习、贯彻民法通则和民事诉讼法（试行）等各项民事法律法规，提高审判水平；改进审判方式，强调当事人举证责任；加强审判监督和业务指导，调动了审判人员的积极性。全年共审结一审民事案件29510件，比上年增加19.5%。其中，调解结案占52.8%，判决结案占28.3%，当事人撤诉占18.9%。及时妥善处理了矛盾趋于激化的案件701件，比上年增加42.8%。需要特别提出的是，广大民事审判干部贯彻执行地方法规的自觉性有了进一步增强。按照《上海市老年人保护条例》和有关法律，全年共受理涉及老年人权益的各类民事案件2559件，审结2361件，使2000多名老年人的受赡养权、居住权和财产权得到保护，侵害老年人人身权的行为受到法律制裁。由于各级法院积极贯彻民法通则，改进审判方式，解决了一批严重影响群众生产、生活和矛盾可能激化的案件，保护了公民、法人的合法权益，制裁了民事违法行为，对促进社会的安定，增强人民群众的法律意识，树立新的社会道德风尚，起了积极作用。

1989年是行政审判工作继续探索前进的一年。目前，全市各级法院均已建立了行政审判庭。全年共受理一审行政案件271件，其中，城市规划案件109件，治安行政案件83件，土地纠纷46件，这三类案件共占收案数的88%。连同存案共审结279件。其中，依法维持原处罚决定的占45.9%；撤销原决定的占6.1%；变更原决定的占7.2%；撤诉的占35.1%；移送其他部门处理和审理终结的占5.7%。通过对这些案件的审理，保护了公民、法人和其他组织的合法权益，维护和监督了行政机关依法行使职权。去年4月，我国行政诉讼法颁布以后，市高级法院举办了行政诉讼法培训班，培训了分管院长、行政审判干部和部分信访告诉干部，在长宁和南汇两区、县法院开展了贯彻实施行政诉讼法的试点工作，许多法院结合行政审判，积极宣传行政诉讼法和行政法知识，为今年10月1日行政诉讼法的施行作了准备。

1989年，告诉申诉工作继续取得进展。全年共处理告诉、申诉和非诉来信来访131621件次，比上年下降36.4%。其中，处理各类告诉信访75005件次，保障了公民和法人的诉讼权利。根据实事求是、有错必纠的方针，审查了对历年来已发生法律效力的判决提出的申诉14806件次，并按照审判监督程序再审2435件，其中维持原判1741件，改判461件，当事人撤诉233件，维护了当事人的合法权益和国家法律的严肃性，促进了社会的安定团结。

各位代表，一年来，本市各级法院为适应新形势的要求，围绕党的中心任务，全面开展审判工作，加强了法院的改革和建设。

(一) 坚持四项基本原则，保持坚定正确的政治方向

人民法院是人民民主专政的重要工具，人民法官是国家和社会主义制度的忠诚卫士。我们认真总结历史经验并吸取去年春夏之交发生的政治动乱的教训，要求法院干警必须牢固地树立和强化五个基本观念：一是专政观念。充分认识，在社会主义初级阶段，阶级斗争还将在一定范围内长期存在，在某种条件下还有可能激化。在国内有敌对分子和严重刑事犯罪分子存在，在国际上有敌对势力存在的情况下，人民民主专政必须坚持，人民法院必须强化对敌专政的职能，任何时候都不能放松对反革命分子和其他严重刑事犯罪分子的斗争，要善于运用法律武器，保卫人民民主专政的政权和社会主义制度。二是党的领导观念。党对法院的领导，是人民法院完成审判任务的根本保证。坚持党对法院工作的领导，最重要的是要在党的领导下，依法独立行使审判权，保证法律的正确实施。为此，我们要求广大法院干警在思想上、政治上与党中央保持高度一致，充分认识坚持党的领导与依法独立行使审判权的一致性，坚决揭露和抵制鼓吹“三权分立”，反对党对司法工作领导的资产阶级自由化思想。三是为党的中心工作服务的观念。在社会主义阶段，党和国家的根本任务是以经济建设为中心，大力发展社会生产力。这也就是人民法院开展各项审判工作的重心。当前，各级法院必须认真搞好审判工作，为保障国家政治、经济和社会稳定服务。四是严肃执法观念。坚持以事实为根据，以法律为准绳的原则；切实做到有法必依，执法必严，违法必究；坚持以党的方针、政策为指导。注意防止那种把法律与政策对立起来，认为有了法律，执法就可以不以政策为指导，或者认为执行政策可以不顾法律等错误思想。五是全心全意为人民服务的观念。坚持全心全意为人民服务，是人民司法工作的根本宗旨和优良传统。要求各级法院通过审判活动，充分发挥保护公民的人身权利、民主权利和其他合法权益的职能；通过公开审判、巡回审判，开展法制宣传，做好信访工作，深入基层加强调查

研究，密切联系群众，主动接受社会监督，继承和发扬人民司法工作实事求是，群众路线的优良传统和作风。

（二）改善执法活动，提高审判工作水平

各级法院努力克服案件数量多、办案人员不足、缺少审判法庭等困难，认真执行公开审判制度。目前，一审案件基本上依法实行了公开审理，一些二审和再审的大要案也依法实行了公开审理。实践证明，实行公开审理，既有利于切实保障诉讼参与人的诉讼权利，也带动了回避、辩护、合议、上诉等一系列审判程序制度的全面实施，对于提高办案质量和办案效率，主动接受社会各方监督，加强法制宣传教育，预防和减少犯罪与纠纷的发生，都有重要作用。

加强审判监督和业务指导，是提高审判工作水平的又一重要环节。市高级法院对死刑案件，中级法院对各类大案要案，通过二审、复核进行指导与监督。同时，通过普遍自查和上级法院抽查下级法院已发生法律效力的案件，以及在处理申诉信访中，注意发现认定事实或适用法律不当的案件，由院长提交审判委员会讨论，依照审判监督程序抓紧审理。全年共审结刑事上诉案件1147件，其中维持原判的占83.7%；改判和发回重审的占10.4%，占一审判决人犯总数的1.5%，比上年下降0.7%；撤诉的占5.9%。在死刑复核中，决定由死刑改判为死缓的×名。受理抗诉案件23件，占结案总数的0.27%，已全部审结，其中维持原判8件，改判和发回重审9件，撤回抗诉5件，其他1件。全年依法退回检察机关补充侦查295件，被告482人。法院依法自行决定逮捕61人。

（三）强化监督意识，自觉接受监督

一年来，本市各级法院增强监督意识，定期或不定期地向本级人民代表大会及其常委会报告工作102次，听取审议意见，制定落实改进措施；认真负责地处理人民代表的提案、意见和建议；邀请人民代表、政协委员来法院视察评议工作74次；凡依法公开审理的案件，人民代表、政协委员均可凭代表证或委员证，旁听审理案件；不少法院建立了与人民代表、政协委员的固定联系制度，聘请人大代表担任执法监督员；还认真贯彻执行市人大及其常委会制定的有关地方法规，并报告执行情况，及时向人大常委会报送法院工作有关文件和材料，主动听取人大常委会对重大疑难案件的意见。与此同时，认真审理抗诉案件，邀请检察长列席审判委员会会议，主动接受检察机关的法律监督，并通过公开审判，召开座谈会等，把审判工作置于人民群众的监督之下，取得社会各界对法院工作的了解、监督和支持。

（四）坚持群众路线，改进审判作风

一年来，广大审判人员依靠群众，方便群众，就地调查，就地审理，及时解决纠纷，做了大量艰苦细致的工作。除了接待处理了数以十万计的人民群众有关诉讼和非诉的来信来访外，还通过实行公开办事制度，推行《诉讼须知》、《举证须知》，坚持院、庭领导挂牌接待群众来访和人民法庭巡回就地审理案件等办法，方便群众诉讼，密切了法院同人民群众的联系，保障了公民和法人的诉讼权利。同时，结合办案，向群众进行法制宣传教育，审判作风有了改进。全年开展以案讲法活动2506场（次），受教育人数达31万余人（次）；进行法律咨询5715场（次），接待咨询群众6万余人（次）；举办法制宣传栏280期，制作宣传画版2000多块，具体形象地宣传了1500余件典型案件，印发法制宣传资料近40万份；举行新闻发布会36次。这既有利于提高人民群众的法制观念，也有利于人民群众对法院工作的了解、支持和监督，对改善执法活动，提高审判水平，起了积极作用。

（五）加强思想政治工作，抓好法院队伍建设

去年年初，我们组织广大干警深入学习全国法院模范姒望山同志模范事迹，认真进行了形势、理想、职业道德教育。在制止动

乱和平息北京地区反革命暴乱的斗争中，组织干警认真学习《人民日报》“4·26”社论和中央领导同志的重要讲话，进行坚持四项基本原则、反对资产阶级自由化的教育。1989年9月，召开了全市法院系统思想政治工作会议，总结了法院队伍建设的经验教训，再次强调了思想政治工作是法院工作的生命线，提出了提高队伍政治和业务素质的要求和措施。实践证明，从总体上说本市法院队伍是一支忠于党忠于人民的有战斗力的队伍。广大干警立场坚定，旗帜鲜明，积极参加制止动乱的斗争，坚决、合法、及时地审判了一批动乱中的严重刑事犯罪案件。黄浦区法院、市中级法院刑一庭被最高人民法院授予“全国法院系统制止动乱、平息反革命暴乱先进集体”称号。各级法院向全体干警普遍进行了廉政教育，贯彻执行了加强廉政建设的具体措施，取得较为明显的成绩。据统计，全市法院干警全年拒收贿赂759人次，总金额为50800余元；拒绝当事人吃请289人次。全年评出立功、受奖干警477名，先进集体77个。对24名违法违纪人员，分别给予了处分。与此同时，全年参加各类学历教育和法律专业证书教育的干部达667人，有320名干部参加了上海法官培训中心的各类业务培训，有55.7%的干警达到大专文化程度，法院队伍的业务素质有了新的提高。

一年来，本市法院工作取得了一定的成绩，履行了宪法和法律赋予的职责。但是我们的工作还有不少缺点，在一些方面还不适应治理整顿、深化改革形势的要求。主要是：对治理整顿和深化改革中涉及审判工作的新情况、新问题缺乏系统的调查研究和总结；对审判工作走群众路线强调不够，少数干部审判作风不够端正，“告状难”未完全解决；有的案件办案质量不高，一些民事、经济纠纷案件审理时间拖得过长；极少数干警素质较差，队伍建设尚需进一步加强等。我们要认真总结经验，克服缺点，解决存在的问题，把今后的工作做得更好。

各位代表，今年是我国贯彻治理整顿、深化改革方针的关键性一年。当前，压倒一切的是稳定。政治和社会稳定是前提，经济稳定发展是基础。本市各级人民法院的中心任务是：坚持以党的十三届四中、五中、六中全会精神为指针，贯彻落实全国政法工作会议和第十五次全国法院工作会议提出的各项任务，全面开展审判工作，充分发挥审判职能作用，为保障和促进治理整顿、深化改革的顺利进行，为维护国家的政治、经济和社会的进一步稳定服务。

第一，继续抓紧抓好刑事审判工作。要坚决、慎重地审理好动乱中的刑事案件，在查明事实的基础上，严格区分罪与非罪的界限，严格区分反革命犯罪与普通刑事犯罪的界限，把案件精心审判好。要继续严惩严重破坏经济的犯罪活动，促进反腐败斗争的深入进行。对在两高《通告》期间自首坦白的贪污、受贿、投机倒把等犯罪案件，要抓紧审判，兑现政策；对于拒不自首坦白、顶风作案继续犯罪的，要坚决依法从严惩处。要继续依法从重从快严惩严重刑事犯罪活动，狠狠打击杀人、抢劫、强奸、流氓、诈骗、重大盗窃等严重刑事犯罪分子，并积极协同有关部门，依法及时严惩“六害”中的犯罪分子，积极参与社会治安的综合治理。

第二，大力加强经济审判工作。要审理好与治理整顿、深化改革和对外开放关系密切的经济纠纷案件，依法调节各种经济关系，制裁违法经营活动，为克服流通领域经济秩序混乱的状况发挥更加积极的作用。

第三，积极开展民事审判工作。在依法及时妥善审理好各类民事案件的同时，要加强对新情况、新问题的调查研究，继续精心审理并认真总结审理涉及公民的姓名权、名誉权、肖像权、著作权纠纷以及其他特殊侵权等新类型案件的经验。切实抓好人民法庭的建设，加强对人民调解委员会的业务指导，防止矛盾激化，维护安定团结，促进社会主义精神文明建设。

第四，努力开展行政审判工作。要严格依法办案，保护公民、法人和其他组织的合法权益，维护和监督行政机关依法行使职权，树立社会主义法制的权威。要继续抓好对行政审判干部培训，做好贯彻实施行政诉讼法的试点，积极开展行政诉讼法的宣传，为今年10月1日行政诉讼法的施行做好准备。

第五，继续加强告诉申诉工作，切实搞好审判监督。要做好告诉立案和审查工作，建立和健全制度，切实解决“告状难”，依法保护公民、法人的诉讼权利和合法权益。对判决已经生效的案件要有重点地进行检查，总结经验，发现错误，主动纠正，发现问题，及时指导。

第六，认真做好执行工作，维护法律的严肃性。要加强领导，提高效率，敢于排除干扰，严肃执法。对必须采取诉讼保全措施的案件，应适时依法予以保全；对于阻挠、妨碍执行的，要依法严肃处理。

第七，坚持群众路线，深入基层，改进审判作风。要认真贯彻执行党的十三届六中全会通过的《关于加强党同人民群众的联系的决定》，各级法院领导要组织并带领审判人员深入基层，深入群众，深入实际，结合法院工作中的重要问题认真进行调查研究，努力解决工作中存在的问题。要进一步建立和健全方便群众诉讼的制度，大力加强接待群众来信来访和法制宣传教育工作，密切法院和群众的联系，接受人民群众的监督，不断改进审判工作。

第八，努力抓好法院队伍建设，保证审判任务的完成。重点是搞好思想、组织和廉政建设，要对干警抓紧进行坚持四项基本原则和反对资产阶级自由化的教育，认真组织学习马克思主义基本理论，做到在任何时候、任何情况下都能在政治上、思想上、行动上同党中央保持高度一致，忠实履行宪法赋予的保卫国家和人民利益的崇高职责。与此同时，要继续办好全国法院干部业余法律大学上海分校和法官培训中心，提高审判干部的政治业务水平。

各位代表，我国政治经济形势的发展对人民法院的工作提出了更高的要求，人民法院面临的任务将更为繁重、艰巨。我们要在中共上海市委的领导下，在市人民代表大会及其常委会和最高人民法院的监督下，在兄弟部门的配合和广大人民群众的支持下，积极工作，充分发挥审判职能作用，为保障政治、经济和社会的稳定，促进治理整顿、深化改革和振兴上海做出新的贡献。

江苏省高级人民法院工作报告

——1990年2月25日在江苏省第七届人民代表大会第三次会议上

江苏省高级人民法院院长　李佩佑

各位代表：

1989年，全省各级法院在党委领导和人大监督下，坚决贯彻执行党的基本路线，积极为治理整顿、深化改革服务。在制止动乱和平息北京反革命暴乱的斗争中，立场坚定，旗帜鲜明。运用审判职能，依法打击犯罪活动，保护人民民主权利和其他合法权益；调节经济关系，促进生产力发展。较好地完成了各项审判任务。

现将工作的主要情况报告如下，请予审议。

一、大力开展各项审判工作，维护社会治安稳定，促进治理整顿和深化改革的顺利进行

一年来，全省各级人民法院受理的各类案件大幅度上升，共受理213518件。刑事案件占19.68%，民事案件占51.89%，经济案件占28.18%，行政案件占0.25%。总数比上年上升29.66%。共审结180515件，占受理数的84.5%，比上年上升30.7%。

（一）关于刑事审判工作

1989年，全省社会治安基本稳定，但是，形势较为严峻。根据省委4月召开的政法会议精神和最高人民法院“决心再大些，行动再快些，声势再猛些，把严重刑事犯罪分子的嚣张气焰坚决打下去”的要求，全省法院继续坚持从重从快的方针，依法惩处严重危害社会治安的犯罪分子；对有法定从轻条件的犯罪分子则依法予以从轻判处。共受理各类一审刑事案件21936件(含旧存1080件)，比上年上升30.97%。审结20397件，比上年上升30.18%；判处被告人25603人，比上年上升50.46%。判处五年以上有期徒刑、无期徒刑、死刑（含死缓）的8556人，占判处被告人数的33.42%，比上年所占29.56%上升3.8个百分点；判处五年以下有期徒刑、拘役、管制、缓刑的16748人，占65.41%，比上年所占68.84%下降3.43个百分点；免予刑事处分的231人；依法宣告无罪的68人。在法定期限内审结的案件占98%以上，其中在一个月以内审结的占62%。对重大案件坚持提前了解案情，依法从快审判。召开宣判大会1462场，宣判罪犯12359人，旁听群众达683762人。震慑了犯罪，扩大了办案的社会效果。

刑事案件中升幅最大的主要是侵犯财产罪。共收案13091件，占刑事案件总数的59.68%，比上年上升57.76%；被告21610人，占刑事案犯总数的84.4%，比上年上升73.1%。其中，重大盗窃案上升106%；抢劫案上升85.3%；诈骗案上升21.9%。这类案件，共同犯罪多，危害特别大。各级法院坚持依法从重惩处。如抢劫案，被判处十年以上直至死刑的罪犯人数是上年的2.7倍，在抢劫犯中所占比例比上年上升4.76个百分点。重大盗窃案，被判处十年以上直至死刑的罪犯人数是上年的2.89倍，所占比例上升1.75个百分点。

各地人民法院还与公安、检察等有关部门密切配合，开展了打击流窜犯、除“六害”和惩治其他严重刑事犯罪的专项斗争。新收拐卖人口，强迫和引诱、容留妇女卖淫，制作、贩卖、传播淫秽物品案148件，317人，比上年分别上升65.56%和105.84%。多年没有的贩卖、运输毒品案件，也受理了3件12人。对于这些败坏社会风气，严重危害社会治安的犯罪分子，在查清事实、证据确凿充分的基础上，依法快审、严惩、公判。徐州市韩端荣等17人犯罪集团，采用暴力、胁迫、欺骗等手段，拐卖妇女49起，65人，得赃款124000余元，在查清事实后，对7名主犯都依法判处极刑。

受理的刑事案件中贪污、受贿、行贿、投机倒把等经济犯罪案件1078件（含旧存38件)，比上年上升28.33%，被告1360人，比上年上升33.6%。判决生效的945名罪犯，非法所得总金额达10975000多元。其中，2000元以上不足5000元的237人；5000元以上不足1万元的257人；1万元以上不足3万元的251人；3万元以上的85人。最高人民法院、最高人民检察院《关于贪污、受贿、投机倒把等犯罪分子必须在限期内自首坦白的通告》发布后，各级法院在党委、人大的领导、监督支持下，采用各种形式，广泛宣传，遵循一要坚决，二要慎重，务求搞准的原则，抓紧大案要案的审理，选择宽严典型，召开了81次公判会，共宣判各类经济犯罪案

件222件，被告239人。在《通告》规定的两个半月内，新收各类一审经济犯罪案件437件，被告608人；审结293件，被告425人。其中贪污125件，176人；受贿51件，60人；投机倒把9件，17人。按照《通告》规定，147名被告受到了从宽处理。其中缓刑25人，免予刑事处分24人；从严判处的116人。江都县油料保管员李荣芳利用职务之便先后勾结多人作案60多次，贪污食用油8万多斤，价值人民币14万余元，个人得赃款7万余元。他应对全案承担罪责，处以极刑。鉴于其能投案自首，退清全部赃款，并揭发同案罪犯，人民法院按照"两高"《通告》的规定，减轻判处其有期徒刑十年。无锡县一中心小学会计孙树琪利用职务之便，八年间贪污全乡16所小学学杂费、课簿本费、维修费、设备费及教师工资等教育经费和公款计62328.31元，仅1988年就侵吞31944.91元，将其大部分用于建造私宅。案发后，只退赃8368元。依法被从重判处死刑缓期二年执行，剥夺政治权利终身。在审理各类经济犯罪案件中，人民法院在依法追究刑事责任的同时，还注意依法运用罚金、判令退赔、追缴非法所得、没收犯罪分子个人财产等法律手段，为国家、集体挽回经济损失。

有关法院依法及时受理了动乱中发生的反革命案件和其他刑事犯罪案件16件16人，审结13件，其中反革命宣传煽动罪4件。审理中受理法院认真执行党的有关政策，严格区分两类不同性质的矛盾，严格区分罪与非罪、反革命罪与其他普通刑事犯罪的界限，坚持实事求是，该定什么罪就定什么罪，依法准确定罪量刑。

近年来，我省未成年人犯罪持续上升，1989年达2256人，比上年上升40.6%。审理这类案件，各地法院继续坚持寓教于审，立足于教育、感化、挽救。在1988年36个审理未成年人刑事案件合议庭的基础上，1989年又新成立了23个，共审理926件未成年人刑事案件，继续摸索和总结了一些经验。这些合议庭和公安、检察、劳改工作部门已逐步建立了互相协作、齐抓共管的管教体系，取得了比较明显的效果。

（二）关于民事审判工作

1989年的民事审判工作，继续以贯彻《民法通则》为中心，努力提高办案质量，及时解决纠纷，减少不安定因素，促进精神文明建设。全年共受理一审民事案件103749件（含旧存13303件），比上年上升26.3%。其中，婚姻、债务、赔偿案件占民事案件的79%。审结89141件，结案率为85.93%，结案数比上年增加29.5%。民事案件大幅度上升的主要原因是：《民法通则》实施后，依法扩大了收案范围；经过普法宣传，公民、法人的法律意识增强，知道运用法律武器保护自己的合法权益；社会主义有计划商品经济的发展，公民、公民与法人之间经济交往纠纷增多；一些公民受资产阶级腐朽生活方式影响和某些地方封建迷信思想抬头，引起纠纷增多。

全省法院共受理一审离婚案件37450件，比上年上升9.97%，在民事案件中仍占首位。当前引起离婚的主要原因：一是家庭内部因经济开支、婆媳关系、赡养老人等矛盾；二是第三者介入；三是性格不合，互相猜疑；四是草率结合，婚姻基础不好等。全年审结的37382件离婚案件中，调解离婚的16400件，判决离婚的3602件，调解和好或判决不准离婚的10233件，其余为撤诉或其他处理。调解、判决离婚数占审结案件的53.51%。

全省共受理民间债务案件23856件，在整个民事案件中居第二位。当前债务纠纷的种类主要是因借贷、买卖、劳动报酬、承揽加工、抵押、合伙、退伙、返还不当得利、无因管理、公民欠银行贷款等所引起的纠纷。其特点是：近期债务多，为生产经营而借贷的多，借贷的数额大，利率高，诉讼主体除了工人、农民外，更多的则是个体工商户、承包经营户、合伙组织等。审理这类案件法律规定不明确，难度比较大。

各级法院在民事审判工作中，继续坚持依法着重调解的原则。在审结的民事案件中，调解结案的占70%左右，判决结案的占17%左右。对那些矛盾易于激化的案件，做到及时审理，并与基层组织共同采取防范措施，加强疏导，钝化矛盾。据不完全统计，全年共处理这类案件3339件。对及时平息事态，增强人民内部团结，起了积极作用。

针对民事案件继续大幅度上升的实际情况，各级法院在审判中，强调依法公开开庭审理，建立健全各项审判制度，把当事人举证、庭审质证和法院查证有机结合起来，提高了办案效率和质量。为解决《民法通则》施行以来出现的新情况、新问题和房屋、宅基地案件审理中的难点，在不违反现行法律的前提下，省法院通过调查研究，并与各地法院取得一致意见，印发了《关于贯彻执行〈民法通则〉的一些具体问题》、《关于审理房屋宅基地案件的一些具体问题》两个会议纪要，统一了做法，防止和减少审判人员在执法中对一些规定比较原则的法律条款理解和执行的随意性，改善了执法活动，提高了执法水平。

（三）关于经济审判工作

1989年全省经济审判工作发展很快。共受理一审经济案件58202件（含旧存的9507件），比上年上升56.53%，审结45144件，比上年上升63.1%，结案率为77.56%，结案标的总额122700余万元，比上年上升266.27%。受理案件中，购销合同纠纷达27395件，占受理案件数的47%，仍为各类经济纠纷案件之首。升幅最大的是借款合同，由上年的1956件猛增至9391件，上升3.8倍。经济案件之所以大幅度上升，一是商品经济的不断发展，各种经济纠纷相应增加。二是宣传法制，增强了公民和法人的法律意识，许多新类型案件陆续诉至法院。三是治理整顿中，债务清偿等经济纠纷增多，特别是金融部门为收回宕欠款而起诉的增多。

各级法院在经济审判工作中，从抓大案、要案、难案和新型案件入手，严肃对待，认真审理，努力调节经济关系。尤其对那些可能引起矛盾激化、影响社会安定的案件，急案急办，钝化矛盾，努力减少不安定因素。根据当地的突出问题，积极开展专项审理，促进综合治理。淮阴、南京、连云港等市法院支持金融部门依法收贷，审理了一批宕欠贷款案，收回12000多万元逾期贷款，使呆滞资金进入有效运行。各地法院还积极办理了一批联营、商标、专利、劳动争议等新型案件。南京市中级人民法院审理专利纠纷案件，为全省提供了经验。依法审理这些案件，制裁了违法行为，保护了当事人的合法权益。

1989年是我省开展经济审判工作的第十年。十年来，经济审判工作从无到有，大胆实践，开拓进取，取得了显著成绩。各地法院认真总结了十年来的经验，省院召开了全省法院经济审判工作经验交流会，进一步明确了经济审判为社会主义经济建设，为治理整顿、改革开放服务的指导思想，针对经济活动中出现的新情况、新问题，采取了相应的措施，更加自觉地发挥依法调节经济关系、促进社会生产力发展的职能作用。

（四）关于行政审判工作

行政审判工作是我国民主政治建设中法院承担的一项新任务。1989年，全省法院一方面积极、慎重地办理行政案件，另一方面为全面开展行政审判工作进一步作准备。全年共受理各类一审行政案件403件（含旧存36件），比上年上升47%，主要是土地、治安、工商管理等行政案件。审结359件，比上年上升50%。其中依法撤销或变更的45件，占12.53%；撤诉的132件，占百36.76%，维持行政机关裁决的164件，占45.68%。保护了公民、法人和其他组织的合法权益，支持了政府机关依法行使职权。汇编了《江苏省1977年至1989年地方行政法规》和行政审判案例，进行业务指导。进一步建立健全了行政审判机构，新建行政审判庭32个，目前全省已建庭112个，占应建庭数的95%，并配备了相应的审判人员。按照最高人民法院的要求，结合我省实际，经省人大常委会批准，做好开展行政诉讼法试点的准备工作，从今年1月1日起在南京、南通两市进行的试点工作已经开始。为今年10月1日起我国行政诉讼法的稳妥实施摸索经验。

（五）关于告诉、申诉、执行工作

1989年，告诉申诉工作有了较大改观。全省法院共受理告诉、申诉和非诉的来信来访195053件次，比上年下降47.1%。并且处理了6587件简易纠纷，促进了社会的稳定。来信来访明显下降的主要原因是，刑事审判方面落实政策的任务基本完成，基层告诉、申诉工作得到加强，告诉申诉庭已建立114个，大量问题在基层得到解决，减少了重信重访和越级上访。

按照审判监督程序进行再审的刑事案件，受理8291（含旧存2373件），审结6670件，结案率为80.44%。其中改判的1711件，占25.65%，改判中减轻刑罚的1671人，免予刑事处分的171人，宣告无罪的333人，加重刑罚的24人。重点抓了"严打"申诉案件的处理和历史老案的查处。在处理"严打"申诉案件中，各级法院坚持实事求是，依法办事，该立案的立案，该维持的维持，该改正的改正。在查处历史老案中，优先、妥善处理了涉台案件和老上访户案件。受理民事申诉案件1010件（含旧存187件），审结740件，结案率为73.27%，改判72件。受理经济申诉案件147件（含旧存25件），审结103件，结案率为70.1%，改判11件。行政申诉案件受理25件，审结24件。

全年依法审结减刑案件8362件，假释案件519件，调动了罪犯改造的积极性，促进了监管秩序的稳定。

执行工作已经由以往比较单一的民事案件执行，转向了民事、经济、行政、刑事附带民事案件的执行以及行政机关、仲裁机关对发生法律效力的裁决申请强制执行，这是法院审判工作的重要组成部分。1989年由于当事人不自觉履行生效的法律文书而移送或申请执行的案件达43684件，比上年增加57.4%，已经执行30792件，执行率为70.49%，比上年提高51.87%。为加强执行工作，省法院成立了执行庭，从主观和客观两个方面深入调查了执行难的原因，提出了相应的解决办法，并召开了全省法院第一次执行工作专题会议，总结交流了坚持严肃执法的经验，对"执行难"的状况作了分析，重点研究了坚决克服地方保护主义的措施，加强了法院之间的协作关系，使一些多年难以执行的案件也得到顺利执行。

二、努力加强法院建设，保证完成审判任务

1989年审判任务是繁重的，各级法院始终坚持一手抓审判，一手抓队伍和物质建设，为严肃执法和完成各项审判任务，提供了重要保证。

（一）加强和改进思想政治工作

全省各级法院是比较重视思想政治工作的，特别是去年春夏之交发生的动乱、北京反革命暴乱，更使我们认识到，加强思想政治工作的重要性和紧迫性；更加自觉地把思想政治工作作为法院工作的头等大事认真抓好。突出地进行了坚持四项基本原则，反对资产阶级自由化的教育。学习、贯彻四中、五中全会精神，坚持贯彻社会主义初级阶段阶级斗争的理论，坚定地贯彻执行党的"一个中心、两个基本点"的基本路线，发挥人民法院的人民民主专政和为社会主义建设服务的职能作用，为国家的政治稳定、社会稳定和经济稳定发展服务。针对法院工作的特点，注意将经常性的思想政治工作渗透到具体的审判活动中去。广泛开展学习全国先进工作者、全国法院模范无锡市郊区法院审判员何同甫同志的活动，继承和发扬司法工作的优良传统和作风，激励干警艰苦奋斗，全心全

意为人民服务。在组织、制度上，全省法院已先后配备了一批专、兼职政工干部，建立和逐步建立了纪检、监察机构，建立了思想政治工作制度。去年动乱期间，全省法院干警经受住了考验。坚决制止动乱，拥护中央平息北京反革命暴乱的英明决策，坚守岗位。4、5、6三个月审理各类案件比上年同期增长38.9%。南京和徐州两市中级人民法院被评为全国法院系统制止动乱、平息反革命暴乱的先进集体，受到最高人民法院的表彰。

（二）从严治院，保持人民法院的清正廉洁

各级法院结合本单位实际情况，制定了加强廉政建设，惩治腐败的具体措施，推动了廉政建设的健康发展。在经常性的廉政教育方面，重点围绕秉公执法，在“八不准”为主要内容的职业道德和办案纪律教育，使广大干警树立忠于职守、秉公办案、清正廉洁、勤政务实的高尚品德和办案作风，涌现出一大批不为金钱所动的好干部。据不完全统计，拒礼、拒贿的7300多人次，金额122万余元；拒吃请、说情的33700余人次。在廉政制度建设方面，除了健全完善已有的制度，使之具有明确的可操作性外，去年主要抓公开办事制度。大多数法院都把立案标准、诉讼费收取标准、举证须知、廉政纪律等公之于众，接受监督。有些法院邀请人大、政协等派员参加法院执法检查，听取意见。对违法乱纪行为，一经发现，严肃查处，决不姑息。共处理违法违纪干警23人，占干警总人数的2‰，其中受党纪处分的9名、政纪处分的16名（有4名受政纪党纪双重处分），受刑事处分的2人。

（三）多层次培训干部，努力提高业务素质

各级法院把提高干警业务素质作为一项具有长远意义的战略措施来抓。坚持在职学习，逐步建立了多层次的教育培训体系。加强了法律业余大学的领导、管理，进一步提高教学质量。去年又有421人从业大毕业。对一些年龄偏大、文化偏低的审判人员，或非法律专业的大专生，通过专业（法律）证书学习，提高业务水平。目前在学的有2084人，还有135人参加法律专业（大专）函授、自学考试的学习。干警的文化和专业结构有了明显改变，法律专业毕业的干警，已由1988年占总人数的29.6%上升到33%。各基层法院都有了法律专业的大学生。此外，去年省法院举办各种短训班六期，培训504人。为加强基层领导班子的建设，在省委党校举办了全省基层法院院长读书班，学习马列主义、党的四中、五中全会文件、行政管理和业务知识。

（四）改进执法活动，不断提高执法水平

为了充分发挥宪法和法律赋予法院的审判职能作用，去年全省法院继续进行改善执法活动的探索，革除审判工作中存在的与法不符的陈旧观念和习惯做法。认真执行依法公开审判制度，一审案件应公开审理的96.4%，都坚持了公开开庭审判，特别是民事案件，改变过去习惯于庭外调解的做法，切实搞好公开开庭审理，推进民事审判活动的规范化、制度化。在审理民事、经济纠纷案件中，强调当事人举证，变法院包揽调查取证为强调当事人举证与法院依法查证相结合，提高了办案效率。针对过去对合议庭的作用发挥不够的情况，改进了合议庭工作，充分发挥其职能作用。进一步加强和完善了法院自身机制，提高执法水平。

（五）“两庭”建设有所发展，执法条件有所改善

各级法院在党委、人大常委会和政府的关怀、支持下，重点抓了人民法庭和审判法庭的建设。新建审判法庭11个，在建21个。新建人民法庭26个，在建36个，办公用房和执法的物质条件有所改善。截至目前，审判法庭建设接近完成60%。

各位代表：一年来，全省法院各项审判工作取得了新的成绩，法院自身建设也取得新的进展。但是，同党和人民对法院的要求

相比，还有一定的差距。主要是我们的思想认识和工作还不能完全适应我国政治、经济发展的新形势，对新情况、新问题及时发现、调查、研究、总结不够；思想政治工作还存在某些薄弱环节，极个别人还有违法乱纪现象；执行法律上有的审判人员严格依照法定程序办案不够，办案质量和效率尚需进一步提高；“执行难”仍然存在，地方保护主义还没有从根本上解决，影响执法的严肃性。

1990年是我国治理整顿、深化改革的关键性一年，当前，压倒一切的是稳定，政治稳定是前提，经济稳定是基础。法院的各项审判工作对维护国家政治、经济和社会的稳定有重要作用。在新的一年里，全省各级人民法院要坚持党在社会主义初级阶段的基本路线，在四中全会、五中全会精神指导下，全面开展审判工作，充分发挥审判职能作用，以维护社会的安定团结，保障治理整顿和深化改革的顺利进行，为实现我省国民经济长期、持续、稳定、协调发展服务，为社会主义现代化建设服务。要坚决、慎重地依法审理好动乱中的犯罪案件，巩固制止动乱、平息反革命暴乱的伟大胜利成果，发展安定团结的政治局面；继续依法严惩经济领域里的严重犯罪分子，促进反腐败斗争的深入进行；继续坚持从重从快的方针，依法惩处严重危害社会治安的刑事犯罪分子；依法严厉打击“六害”中的犯罪分子，遏制社会丑恶现象，促进社会主义精神文明建设；大力加强经济审判工作，为进一步治理整顿、深化改革服务；认真审理好民事、行政案件，做好执行、告诉申诉工作，减少社会不安定因素；大力加强基层基础建设，努力发挥审判工作在社会治安综合治理中的作用。进一步加强法院的自身建设，强化思想政治工作，搞好廉政建设，大力弘扬先进人物、先进事迹，坚决查处违法乱纪行为；继续抓紧“两庭”建设和其他物质装备，努力改善执法条件。

各位代表：1990年，法院的工作任务是繁重的。我坚信，全省法院广大干警在党委的领导下，在人大的监督支持下，团结一致，艰苦奋斗，严肃执法，尽职尽力，一定能够完成各项任务！

浙江省高级人民法院工作报告

——1990年3月11日在浙江省第七届人民代表大会第三次会议上

浙江省高级人民法院院长　袁芳烈

各位代表：

现在，我向大会报告全省法院1989年的工作，请予审议。

1989年是极不平常的一年。在这一年里，发生了政治动乱和北京的反革命暴乱。全省各级法院在各级党委的领导和各级人大及其常委会、最高法院的监督、指导下，坚决执行党中央的指示，立场坚定地反对和抵制政治动乱，按照省七届人大二次会议《关于法院工作报告的决议》提出的要求，认真履行宪法和法律赋予的职责，积极主动地开展工作，共受理各类案件124772件，办结120761件，比上年分别上升15.4%和20%，审判职能作用得到进一步发挥，各项工作都有明显进展。

一、及时依法审判动乱中的犯罪案件，为稳定大局作出努力

6月中旬，在北京平息暴乱以后，我们及时召开了第二十一次全省法院工作会议，组织全省各级法院院长认真学习党中央、省委关于制止动乱、平息反革命暴乱的指示，统一思想，提高认识，要求全省法院干警自觉地同党中央保持一致。同时，研究部署了进一步加强刑事审判工作，及时审判动乱案件，坚决依法严厉打击制造动乱的反革命分子和打砸抢烧杀严重刑事犯罪分子。

各级法院根据会议的部署和最高法院的指示，把审理好动乱案件作为严肃的政治任务，与公安、检察机关密切配合，加强领导。主要负责同志亲自抓，抽调政治上强、有经验的审判人员组成合议庭，专门审理动乱案件。在办案中，坚决贯彻"除恶务尽，不留后患"的方针，正确执行政策和法律，严格区分两类不同性质的矛盾，严格区分罪与非罪，反革命罪与普通刑事犯罪的界限，稳、准、狠地惩处了极少数严重犯罪分子。在被判刑的罪犯中，有向"美国之音"打电话造谣省政府下半旗向学生致哀，进行反革命宣传煽动的浙江美院学生张伟平；有在杭州动乱期间，聚众扰乱交通秩序，迫使铁路中断运行的浙江农大学生徐南南；有"杭州工人自治会"、"杭州市民自发声援团"的头头高锦堂、王九红等；有乘动乱之机在宁波、萧山市区拦截、掀翻汽车，起哄、堵塞交通，抢劫财物的流氓犯姚宇杰、丁建岗等；还有在监狱内涂写反动标语，进行反革命煽动的劳改犯郑根顺。通过对这批罪犯的公开审理和公开宣判，揭露了极少数人制造动乱的真相和目的，教育了广大群众，对稳定局势、稳定人心起到了积极作用，巩固了平息反革命暴乱，制止动乱斗争的胜利成果。杭州市、宁波市中级法院，由于在审理动乱案件，维护政治稳定和社会安定方面作出了突出贡献，今年1月被最高人民法院授予全国法院系统制止动乱、平息北京反革命暴乱先进集体的称号。

二、决心大、行动快、声势猛，严厉打击严重刑事犯罪，维护社会的稳定

去年年初，针对我省严重刑事犯罪案件大幅度上升，大案要案明显增加，社会治安相当严峻的状况，省法院及时召开了全省刑事审判工作会议，对贯彻"严打"方针的情况进行检查和部署。去年春节前，各地普遍召开了宣判大会，依法杀了一批，重判了一批，有力地打击了严重刑事犯罪。接着，全省各级法院又认真贯彻去年五月全国高级法院院长会议提出"决心再大些，行动再快些，声势再猛些，把严重刑事犯罪分子的嚣张气焰坚决打下去"的精神，继续坚定不移地依法从重从快惩处严重刑事犯罪分子。全年共办结刑事案件17016件，比上年上升36.1%，判处罪犯21385人，比上年上升55.2%。对于杀人、抢劫、重大盗窃、拐卖人口、贩毒等11种打击重点和犯罪集团的首要分子、主犯、惯犯、累犯和流窜犯，依法适用全国人大常委会《决定》，坚决予以狠狠打击，共判处严重危害社会治安的犯罪分子6635人，比上年上升53%，其中处五年以上有期徒刑、无期徒刑、死刑的占56.7%，比上年增加2.6个百分点。

对于在全省或当地有较大影响的案件，各级法院都派人提前介入，了解案情，起诉后及时开庭审理，从快审结，从严惩处。如温州市水产个体户景旭暴力抗税，打死税务稽征站站长蒋柏青一案，温州市中级法院提前了解案情，去年11月3日受理后，适用全国人大常委会《决定》的特别程序，于次日即开庭审理并作出一审判决，判处景旭死刑。景犯上诉后，省法院立即指派正在温州开会和办案的审判人员组成合议庭审理，承办人员加班加点审阅案卷，提审罪犯，核对证据，查清了案情。省法院审判委员会成员在温州就地办公，于8日凌晨依法作出裁定，驳回上诉，维持并核准判处景旭死刑。当天上午，景犯被执行枪决。该案从案发至景犯伏法共11天，两级法院从受理至执行死刑仅6天。又如瓯海县林仁弟报复杀害县基本路线教育工作队队员翁厉养一案，公、检、法按法律程序抓紧审理，从发案到林犯被执行死刑，前后才6天。这些案件的从重从快审理，在当地引起强烈的震动和反响，有力地震慑了罪犯，鼓舞了广大群众同罪犯作斗争的勇气，显示了"严打"方针的强大威力。

去年以来，我省有些地方破坏农用电力设备的犯罪活动十分猖獗，给农业生产造成很大损失。为了落实中央关于发展农业的指示，有关法院及时审结了一批案件，集中进行公开宣判，对严重破坏农用电力设施的犯罪分子依法予以严厉制裁，收到了显著的效果。一年来，全省法院共受理破坏生产设施案（主要是破坏农用输电设备案）179件，比上年增加9.5倍，办结170件，判处犯罪分子394名。对于3名罪行特别严重，危害特别大的罪犯，依法判处了死刑。如罪犯张善田，刑满释放后不久，就伙同他人于1988年7月至1989年4月间，在诸暨县的10个乡村，深夜作案10多次，偷割正在使用的农用电线2.15万米，使4个乡镇10个村的农用输电线路中断，严重影响了农业生产，被法院依法判处死刑，当地群众拍手称快。

以"扫黄"为突破口，带动除"六害"斗争的全面开展。在党委统一领导部署下，法院与有关部门配合，深入全国"黄货"泛滥的重灾区之一的温州市，通过发动群众，宣传政策，敦促有问题的人坦白交代，检举揭发，很快形成了扫除"黄害"的人民战争。为了解决好对有些情节严重的制黄、贩黄犯罪分子量刑太轻、打击不力的问题，省法院和省检察院在温州市通过调查研究，提出了《关于在"扫黄"斗争中适用法律条款如何掌握数额问题的意见》，解决了严不起来、打不下去的问题。同时，省法院、省检察院、省公安厅联合发布了《关于制作、传播、贩卖淫秽物品的违法犯罪分子必须在限期内自首坦白的通告》。10月和11月，乐清县、苍南县和鹿城区法院分别召开了万人宣判大会，大张旗鼓地惩处了一批复制、贩卖淫秽录像片、淫书淫画的犯罪分子。其中，有30名制贩"黄货"情节严重或非法经营、获利数额巨大的犯罪分子，被以投机倒把罪判了重刑，在当地震动很大，基本上刹住了这股歪风，受到广大群众的热烈拥护。"扫黄"带动了除"六害"斗争的全面开展，截至去年底，全省法院判处强迫引诱容留妇女卖淫、制作贩卖传播淫秽物品、拐卖妇女儿童、私种吸食贩运毒品、聚众赌博等犯罪分子436名。

三、贯彻两高《通告》显示强大威力，打击严重经济犯罪取得明显进展

党的十三届四中全会把坚决惩治腐败，同经济领域内的严重犯罪作斗争，作为一项重要任务提到全党面前。最高人民法院和最高人民检察院发布了《关于贪污、受贿、投机倒把等犯罪分子必须在限期内自首坦白的通告》，有力地促进了打击严重经济犯罪斗争的深入开展。去年，全省法院共受理经济犯罪案件4298件，是1982年开展"经打"斗争以来最多的一年；办结4131件，比上年增加63.8%；判处经济罪犯6257人，比上年上升85.3%。

两高《通告》发布后，全省各级法院在党委的统一部署下，配合有关部门，采用召开新闻发布会等多种形式，广泛宣传《通告》，大造舆论，发起强大的政治攻势，敦促有经济犯罪行为的人，自首坦白，争取宽大处理。各级法院一手抓宣传发动，一手抓审判，依照法律和《通告》的规定，宽严相济判处经济罪犯，共宣判宽严典型案件395件。由于严得有威力，宽得有震动，兑现了政策，大大发挥了《通告》的感召力和震慑力，扩大了办案的社会影响。

在严惩严重经济犯罪活动的斗争中，各级法院紧紧抓住那些影响大、危害大的大案要案，及时审理，依法惩处。一年来，共判处非法所得在万元以上的严重经济罪犯 693 人（其中 5 万元以上不满 10 万的 81 人，10 万元以上 36 人），比上年上升 95.5%。如乐清县“抬会”大会主李启峰，以“抬会”的形式大肆进行金融投机倒把，“抬会”总发生额 2.76 亿元，造成直接损失 180 余万元，经最高法院核准，已执行死刑。海宁床上用品厂会计金银忠，采取偷开支票等手段，贪污 12.3 万元，案发后又潜逃，被一审判处死刑。特大诈骗犯张坤荣，采取欺骗和行贿、请客、送礼等手段，骗取青田县政府有关人员的信任，然后以租赁公司为名，诈骗了 200 万元贷款，大肆赌博挥霍，被判处无期徒刑。接受张犯贿赂的原青田县商业局长叶品华和原县政府办公室副主任吴大忠，也分别被判处有期徒刑。对领导干部、执法人员犯贪污受贿罪的，坚持在法律面前人人平等的原则，坚决予以惩处。去年，共判处县处级干部 6 名。如临海市委常委、人武部政委邬岳明，在为本单位非法购买“蓝鸟”、“丰田”牌轿车车壳、发动机的业务中，利用开假发票等手段贪污 3.5 万元，被判处有期徒刑九年。慈溪市公安局党委委员、治安科长胡千清，利用办理“农转非”的职务之便，收受当事人贿赂 200 余人次，价值 4.6 万元，被判处无期徒刑，没收财产 2 万元。去年 7 月省检察院排出的 29 件大要案中，到去年底已起诉至法院的 25 件，一审审结 21 件，其中判处死刑和死缓刑 4 件，判处无期徒刑 1 件，判处五年以上有期徒刑 14 件。如北京华农贸易公司聘用人员李田民，利用职务之便，将为本单位联系的业务转让给他人，以信息费等名义收受现金、财物 18 万余元，为获取非法利益又向国家经委进出口局工作人员行贿 1.33 万余元。由于认罪态度好，能积极退赃，被以受贿罪、行贿罪判处死缓刑。

总之，一年来，全省各级法院无论是对动乱中的犯罪分子，还是对严重危害社会治安的罪犯和严重经济罪犯，打击是有力的，声势是比较大的，共召开宣判大会 641 次，宣判罪犯 3856 名，参加旁听群众达 139 万人次。在狠狠打击严重刑事罪犯的同时，认真执行“惩办与宽大相结合”的方针，对于有法定从轻、减轻或者免除处罚情节的，则依法予以从轻、减轻或者免除处罚，并突出“准”字，严格区分罪与非罪的界限，共判处免予刑事处分 204 人，宣告无罪 107 人，对不需要判刑的，商请检察机关撤回起诉 136 件。办案质量有了提高。据去年底省法院对衢州、金华市中级法院和永康县、江山市法院 418 件刑事案件的检查，办案质量好的和比较好的占 96%。

四、大力开展经济审判，为治理整顿、深化改革提供有效服务

为了适应治理整顿、深化改革的需要，各级法院积极依法受理各类经济纠纷案件，调处纠纷。去年，全省法院共受理经济纠纷案件 30673 件，比去年上升 6.1%；办结各类经济纠纷案件 28389 件，比上年上升 11.7%，诉讼标的额 7.6 亿元，比上年上升 55.1%。

各级法院通过审理各类经济纠纷，理顺和调节了当事人之间权利义务关系，维护了正常的经济秩序。如浙江省汽车工业公司，1986 年以分期付款的方式向省内外出售大批汽车，合同到期后，有大批买主未按约付清货款，欠款达 600 多万元，严重影响该企业资金周转和经营发展。为此，省汽车工业公司向省法院递交了起诉状。该案被告分布在 4 个省 41 个县共 186 家。省法院根据具体情况，决定分案审理，及时召开了有关中级人民法院参加的协调会，分别由 19 个法院审理，加快了办案速度，已审结 140 件，收回欠款 350 多万元，维护了该企业的合法利益。

随着治理整顿方针的贯彻落实，生产、建设、流通、金融等领域内的混乱现象逐步得到整治，一批企业承包、租赁经营合同纠纷和债务清偿等新的经济纠纷，起诉到了法院。各级法院对于在治理整顿过程中出现的需要

运用法律手段解决的经济纠纷，凡是符合立案条件的，都及时立案审理。对于在审理中遇到的新情况、新问题，依照有关政策法律，实事求是地予以处理。

一年来，各级法院结合全省开展的清理整顿公司、清理基建项目、清仓清贷、整顿乡镇企业等工作，针对当地突出问题，开展了各种专项审判，直接为治理整顿服务。例如，许多法院派出法庭到乡村巡回办案，及时受理银行、信用社起诉的要求收回逾期贷款的案件，就地立案，就地审理，就地执行，方便了诉讼，促进了收贷工作的开展。一年来，共受理借款合同纠纷案件7779件，办结6986件，通过诉讼为农业银行收回逾期贷款1亿余元，使大量呆滞资金重新得到合理流转。

五、认真审理民事、行政和申诉案件，保护公民、法人的合法权益

在全省法院受理的各类案件中，民事案件占了一半以上。去年，共新收民事案件63147件，比上年上升15.6%。其中突出的是离婚案件和债务案件。离婚案件新收23395件，比上年上升11.4%；债务案件新收19544件，比上年上升50.6%。这两类案件已占民事收案总数的三分之二以上。全年共办结民事案件61990件，比上年增长22.8%，使大量民事纠纷得到正确妥善处理，一些极易激化的矛盾得到及时解决，保护了公民、法人的合法权益，对维护社会的安定团结，搞好社会治安的综合治理，树立新的社会道德风尚，起了重要的作用。在民事审判中，各级法院把贯彻民法通则及其他民事政策法律，全面提高办案质量放在重要位置。对涉外和涉港、澳、台民事案件以及名誉权、著作权等新类型案件注重调查研究，总结了一些好的经验。同时，在改革审判方式，强调当事人的举证责任，发挥律师的作用等方面，作了一些积极的探索。民事案件的办案质量有了提高。据去年底省法院对义乌市、武义县法院443件民事案件的检查，绝大多数案件办案质量是好的和比较好的。

行政审判是法院的一项新任务。全省已有62个法院建立了行政审判庭。一年来，共受理行政案件659件，比上年上升7.2%。增长的主要是土地行政案件，共新收214件，比上年上升74%；治安行政案件则略有减少，新收362件，比上年下降11%。已办结638件，比上年上升10.2%。在办结的354件治安行政案件中，维持公安机关裁决的占61.6%，撤销的占13.6%，作其他处理的占24.8%。通过这些案件的审理，保障了公民和法人的合法权益，促进和维护了行政机关依法行使职权。各级法院在办好行政案件的同时，还抓了《行政诉讼法》的学习、宣传和试点工作，为今年10月1日起正式施行《行政诉讼法》做了准备。根据最高法院的要求，从去年10月1日起，我省确定金华市中级法院和义乌、东阳市法院，为行政诉讼试点单位，已经审理了一批案件，取得了一些初步经验。

告诉申诉工作开始纳入法制轨道，成为审判工作的一个组成部分，并逐步走向制度化、规范化。一年来，共办理申诉案件3714件，其中刑事申诉案件2837件，民事、经济、行政申诉案件877件；处理人民来信129329件，接待来访101765人次，缓解了群众告状难的矛盾，保障了公民的诉讼权利。

六、法院队伍在斗争中经受了锻炼和考验，各项建设取得明显成效

在过去的一年里，全省法院干警经受住了严峻政治斗争和繁重工作任务的考验。在去年发生的动乱和北京的反革命暴乱期间，全省广大干警坚持四项基本原则，旗帜鲜明地反对动乱，坚守岗位，排除干扰，努力工作，做到了“思想不乱，纪律不松，干劲不减”。4至6月，全省法院办结各类案件31860件，比第一季度多办10225件，比上年同期多办29.7%。事实证明，全省法院绝大多数

干警具有较高的政治觉悟，是忠于党，忠于社会主义制度，忠于人民的，是维护社会安定的一支重要力量。

一年来，思想政治工作和廉政建设有了加强。特别是平息动乱和反革命暴乱后，各级法院抓紧了反对资产阶级自由化和反腐败的教育，提高了广大干警的政治思想觉悟和拒腐蚀的能力，增强了组织纪律性和工作积极性，党的优良作风得到了继承和发扬。同时，进一步健全以法院干警“八个不准”为主要内容的内部监督机制，加强了纪检、监察工作，省法院和6个中级法院建立了监察室。这些措施，有效地促进了廉政建设。全省法院干警绝大多数是清正廉洁的，拒礼拒贿、秉公执法的好人好事大量涌现。有58个单位，105人荣获立功奖励。对少数违法乱纪、贪赃枉法的干警，一经发现，坚决及时查处，绝不护短。全年共发现和处理法院干警违法乱纪案件46件48人。其中受党纪处分12人、政纪处分20人，判刑2人，因贪污受贿已逮捕的4人，其中包括台州地区中级法院副院长项兆天、丽水地区中级法院森林庭副庭长陈克忠。

干部教育培训工作有了新的进展。为了加强法院的基础工作，提高人民法庭干部的素质，省法院采取分期分批轮流培训的办法，举办了9期培训班，把全省533名人民法庭庭长培训了一遍。培训以政治学习为主，业务学习为辅，着重提高政治水平和反腐蚀能力，为做好人民法庭的工作打下了基础。

为了加快培养法律人才，除选送一批干部到高级法官培训中心和高等院校进行专业培训外，继续办好业余法律大学。全省有1656名在职干警参加业大的学历证书或专业（法律）证书的学习。广大业大学员边工作边学习，妥善处理工学矛盾，取得了工作、学习双丰收。

在各级党委、人大和政府的大力支持下，全省法院审判法庭和人民法庭的建设，有了较大进展。年初，全省计划建设18个审判法庭，已全部得到安排落实；计划建设89个人民法庭，实际落实达104个，超额完成了任务。

一年来，全省法院的各项工作都取得了进展，但也存在一些问题，主要是：

1. 少数案件办案质量不高。对有些严重刑事犯罪案件，该重判的没有重判。如对有的杀人、流氓、抢劫案件，考虑从轻情节和直接危害结果较多，而对主观恶性和社会危害性考虑不够，以致有的该适用全国人大常委会《决定》予以严惩的，没有适用《决定》予以严惩。也有少数案件依法应该处以轻刑的，量刑上过重。一些地方二审刑事案件超审理期限的增多。有的案件，二审改判一审判决不慎重，有的甚至改错了。

2. 群众“告状难”的问题在一些地方尚未解决，“执行难”问题突出。去年年底，全省法院尚有民事、经济、行政等未执行案件11705件，比上年上升45.5%，引起一些当事人的不满，影响了法律的严肃性和法院的威信。

3. 资产阶级自由化思潮对法院队伍有一定影响。有些同志阶级斗争和人民民主专政观念淡薄了。少数干警纪律松弛，作风不正，甚至走上腐化堕落、贪污受贿、徇私舞弊、枉法裁判的违法犯罪道路。

4. 人少案多的矛盾日益突出。近几年来，法院收案持续大幅度上升，而审判人员基本没有增加，尽管办案效率不断提高，但到去年年底未结案已达24865件，比上年上升19.2%。

总之，我们的思想、工作和队伍还不能适应政治、经济发展的新形势，这些问题都必须引起我们的足够重视，在今后工作中切实予以改进。

回顾一年来的法院工作，特别是在经历了制止动乱、平息反革命暴乱的斗争之后，我们体会到，要全面履行宪法和法律赋予人民法院的职能，必须做到“五个坚持”：

坚持在党的领导和人大的监督、指导下

依法独立行使审判权。全省各级党委的领导和各级人大及其常委会的监督、指导，是全省法院完成审判任务的根本保证。法院在任何时候都要把自己的工作置于党的领导之下，坚决抵制和驳斥反对党对法院工作的领导、鼓吹“司法独立”的错误言行。同时，要自觉接受各级人大及其常委会的监督和指导，认真贯彻执行《浙江省地方各级人民代表大会常务委员会监督司法工作的规定》，保证法院依法独立行使审判权，保证宪法、法律的正确实施。

坚持人民民主专政，强化法院的专政职能。坚持对人民实行民主和对敌人实行专政是我们一贯的指导思想。只要在国内有敌对分子和严重刑事犯罪分子存在，在国际上有进行渗透、颠覆、和平演变的敌对势力存在，人民民主专政就必须坚持，决不能削弱。作为人民民主专政重要工具之一的人民法院，必须强化对敌专政职能，任何时候都不能放松对反革命分子和其他严重刑事犯罪分子的斗争。

坚持审判工作为保障社会稳定服务，为治理整顿、深化改革服务。要自觉地把各项审判工作摆到保障社会稳定和治理整顿、深化改革这个大局中来考虑，对一切有利于社会稳定和治理整顿、深化改革的行为，都要依法予以保护和支持；对一切不利于社会稳定和治理整顿、深化改革的行为，都要依法予以约束和限制；对一切危害社会稳定和治理整顿、深化改革的犯罪行为，都要依法予以制裁和打击。

坚持严肃执法，正确执行政策。在各项审判活动中，必须严格执行法律，维护法律的权威。这是人民法院的神圣职责，任何时候都不能动摇。在我国执行国家的法律与执行党的方针、政策是一致的。那种把法律与政策对立起来，脱离形势，孤立办案，是错误的；同样，认为执行政策可以不顾法律，不严肃执法，也是错误的。

坚持全心全意为人民服务，继承和发扬人民司法工作的优良传统。在新的历史时期，审判工作需要改革和进一步完善，但人民司法工作实事求是、调查研究、群众路线的优良传统和全心全意为人民服务的精神永远不能丢。要善于结合新的形势，提高执法水平，努力改进审判工作，使我们的优良传统在新的形势下不断得到发展。

1990年，是治理整顿、深化改革的关键性的一年。在新的一年里，全省各级法院要坚持党在社会主义初级阶段的基本路线，在四中全会和五中全会精神指导下，全面开展审判工作，充分发挥审判职能作用，维护社会的安定团结，保障治理整顿和深化改革的顺利进行，为实现国民经济持续、稳定、协调发展服务，为社会主义两个文明建设服务。

一、认真学习，认清形势，进一步明确指导思想

当前，最重要的、压倒一切的是稳定。政治稳定是前提、经济稳定是基础。要组织干警认真学习党的四中全会、五中全会和第十五次全国法院工作会议精神，充分认识在当前的形势下，强调稳定有其特殊的意义，牢固地树立为政治稳定和发展经济服务的指导思想。

总的讲，当前我国的政治形势是稳定的，经济形势也是稳定的，但潜伏着许多不稳定的因素。国际上，敌对势力亡我之心不死。颠覆和反颠覆，渗透与反渗透，“和平演变”与反“和平演变”的斗争是长期的，有时甚至是很激烈的。国内，顽固坚持资产阶级自由化的人和反革命分子，还不甘心他们的失败，一有机会就会兴风作浪。社会治安形势相当严峻，去年我省刑事发案数和杀人、抢劫等重特大案件，都比上年增加一倍左右。“六害”丑恶现象屡禁不止，有的地方还在蔓延。治理整顿和深化改革中，新的社会矛盾和纠纷增多。作为人民民主专政工具之一的人民法院，必须认清形势，保持高度警惕，加强阶级斗争和人民民主专政观念，增强责任感，

不管发生什么风波，都要坚持四项基本原则，自觉地维护安定团结。

要充分认识各项审判工作与保障政治稳定和发展经济的关系，密切关心大局，十分关注和高度重视政治、经济形势和社会动向，增强思想的敏锐性和工作的主动性，注重办案的社会效果，使审判工作更好地为社会稳定和发展经济服务。

二、突出重点，进一步加强各项审判工作，确保办案质量

刑事审判仍然是第一位的任务，务必抓得很紧很紧，不能有丝毫的松懈和麻痹。要继续坚决慎重地审理好动乱案件，把这项工作善始善终完成好。对经济领域里的严重犯罪，特别是对贪污、受贿、走私、投机倒把、诈骗、偷税抗税等严重破坏经济秩序的犯罪分子，以及两高《通告》期满后，拒不自首坦白，顶风作案继续犯罪的，要坚决依法从严惩处。对杀人、抢劫、流氓、重大盗窃、拐卖人口、强迫容留妇女卖淫等严重危害社会治安的犯罪分子，以及破坏水利电力设施的犯罪分子，必须继续坚持依法从重从快惩处的方针。要在党委的领导下，结合当地的实际情况，与公安、检察等部门配合，积极投入除“六害”的斗争。为了遏制犯罪上升的势头，要结合审判活动，积极参与社会治安的综合治理，特别是搞好对失足青少年的教育、感化、挽救工作，预防和减少青少年犯罪。前一段，有些法院积极推广建立审理少年刑事案件合议庭的经验，收到了好的效果。这是法院参与社会治安综合治理的一个新的成功经验，要认真总结，大力推广。搞好社会治安的综合治理是一项艰巨、繁重而又紧迫的重要任务，我们呼吁全社会、党政各部门都引起高度重视，一齐动手来搞，以保障社会稳定和长治久安。

在抓紧抓好刑事审判工作的同时，要积极开展民事审判工作，大力加强经济审判工作，努力开展行政审判工作，继续加强告诉申诉审判工作。要着重抓好三件事：一是要把依法收回银行逾期贷款，作为一项重要任务，突出地抓好。推广天台等法院的经验，主动与银行、信用社联系，组织巡回法庭，积极依法收贷。二是要为今年10月1日实施《行政诉讼法》积极作好准备。行政审判，处理“民告官”的案件，情况复杂，难度较大，加上行政审判开展不久，经验不足，《行政诉讼法》一旦实施，遇到的问题必然很多。省法院和金华市中级法院要抓紧总结试点经验，其他各中级法院都要开展试点，没有建立行政审判庭的法院要抓紧建立。各级法院都要在党委、人大统一部署下，积极配合有关部门做好《行政诉讼法》的宣传工作。三是认真解决“告状难”、“执行难”的问题。要进一步健全告诉的立案和审查制度，并将立案的条件、要求和程序向群众公开，使群众告状有门。要大力加强执行工作，各级法院都要确定一名副院长主管执行工作，没有建立执行机构的基层法院，要根据需要把执行庭建起来，并充实执行力量。各级法院都要防止和克服地方保护主义，积极做好外地法院委托协助执行工作。同时，要加强调查研究，认真摸索和总结解决“告状难”和“执行难”的经验。

三、转变作风，大力加强法院建设

中央最近关于组织党政机关干部下基层的指示，对于密切党和群众的关系，转变作风，克服官僚主义，具有重要的意义。各级法院要把贯彻中央指示，转变作风，作为加强队伍建设，完成繁重审判任务的重要措施，把为民、便民、利民的原则，贯彻审判活动全过程，决不摆官架子，决不要威风，做人民爱戴的好法官。各级法院特别是上级法院，都要树立为基层服务的思想。把深入基层，深入群众，调查研究，解决实际问题，列入重要的议事日程，使全省法院队伍的作风建设有一个明显的进步。

要进一步重视和改进思想政治工作，切

实加强廉政建设。法院干警特别是领导干部，要认真学习马克思主义基本原理，理论联系实际，不断提高政治理论、政策思想和执法水平，增强分析问题、解决问题的能力。要继续开展立功创优活动，对坚持原则，秉公办案，清正廉洁，作出突出成绩的干部，要大力表彰，激励斗志，弘扬正气。同时，坚持从严治院，严格管理，严肃纪律，坚决防止和纠正管理松懈，作风松散，纪律松弛的现象。一经发现违法乱纪事件，要敢抓敢管，坚决严肃查处，决不姑息。继续加强纪检监察工作，切实推进廉政建设。

要进一步花力气抓好干部的培训和教育。除继续办好业余法律大学外，积极创造条件创办法官培训中心，以抗大式的教育，培养大批合格法律人才。

要继续抓好“两庭”建设和其他物质装备建设。审判法庭是人民法院依法行使审判职权的法定场所。现在，全省还有 8 个法院的审判庭和 133 个人民法庭的建设有待落实。去年批准建设的“两庭”，还有 30%左右因资金不足尚未开工，要按照国务院有关文件和省委指示精神，按规划建设好。要逐步改善法院、法院干警必要的工作条件和生活条件，以保证审判工作的顺利开展。

在新的一年里，我们要进一步振奋精神，艰苦奋斗，励精图治，在党委领导和人大的监督下，全面开展各项审判工作，搞好法院的自身改革和建设，充分发挥国家审判机关的作用，为落实党的十三届四中全会、五中全会提出的各项任务，作出新的贡献！

安徽省高级人民法院工作报告

——1990 年 4 月 21 日在安徽省第七届人民代表大会第三次会议上

安徽省高级人民法院院长　王成乐

各位代表：

1989 年是治理整顿、深化改革的第一年，是不平常的一年。全省各级人民法院和广大干警在党委的领导和人大的监督下，依照宪法和法律，认真执行省七届人大二次会议关于法院工作的决议。在制止动乱和平息北京反革命暴乱的斗争中，坚决拥护党中央的英明决策和采取的果断措施，立场坚定，旗帜鲜明，经受住了严峻考验。在各类案件大量上升的情况下，振奋精神，艰苦奋斗，努力完成各项审判任务。现将 1989 年法院工作的主要情况报告如下：

一年来，全省各级法院坚持为“一个中心，两个基本点”服务，为治理整顿、深化改革服务，全面开展各项审判工作，取得了新的成绩。全年共受理各类一审案件 99732 件，比 1988 年上升 34.7%，审结 87619 件，比 1988 年上升 31.6%；审结再审案件3840 件。同时，还处理了告诉申诉和非诉来信来访 150351 件（次）。省高级法院审理的各类二审、再审案件和死刑复核案件 1147 件，处理来信来访 10099 件（次）。通过对刑事、民事、经济纠纷、行政以及告诉申诉等各类案件的审判，对维护社会安定，保护公民和法人的合法权益，调节经济关系，保障和促进治理整顿、改革开放的顺利进行，起了积极作用。

一、刑事审判工作 继续贯彻依法从重从快的方针，严惩严重危害社会治安的刑事犯罪活动。1989年，全省法院共受理一审刑事案件15450件，比1988年上升28.6%；审结14993件，比1988年上升30.3%；共判处罪犯17506人，比1988年上升34.75%。其中，属于“七个方面”的严重刑事罪犯7085人，占判处罪犯总数的40.5%；处以死刑(包括死缓)、无期徒刑的492人，比1988年上升44.7%。全省各级法院还针对当地社会治安中的突出问题，积极配合公安、检察等有关部门开展了打击流窜犯、除“六害”等专项斗争。全年共判处拐卖妇女儿童，引诱、容留、强迫妇女卖淫，制作、贩卖、传播淫秽物品等“六害”犯罪分子399人。对于严重危害社会治安，危害人民群众生命财产安全的严重刑事犯罪分子，依法罪该处死的坚决处以死刑，决不手软，并通过大张旗鼓的公开审判和公开宣判，保持“严打”声威。对一些特别重大恶性案件，省法院和有关中级法院的领导亲自办案，凡符合全国人大常委会《关于迅速审判严重危害社会治安的犯罪分子的程序的决定》的案件，集中力量，抓紧审理，从快判处。在审理案件中，坚持以事实为根据，以法律为准绳，对每一起案件，坚持做到事实清楚，证据确凿，定性准确，量刑适当，程序合法，特别是对死刑案件，坚持质量第一，确保案件质量，经得起历史的检验。在审理案件中，认真执行惩办与宽大相结合的刑事政策，依法应当从重、加重的，坚决予以从重、加重惩处；有法定从轻、减轻情节的，依法给予从轻、减轻处罚；对93名不构成犯罪的被告人，依法予以宣告无罪。

在依法严惩严重危害社会治安的犯罪分子的同时，全省各级法院还注重依法严厉打击严重破坏经济的犯罪分子。1989年，全省各级法院受理的一审刑事案件中，经济犯罪案件有2113件，审结2058件，比1988年审结的上升44.9%。其中贪污案件412件，上升38.7%；受贿案件84件，上升320%；投机倒把案件65件，上升10.2%。共判处经济罪犯2794人，其中万元以上的244人；县处级干部6人，地、厅级干部2人。在判处的罪犯中，处以十年以上有期徒刑的97人，比1988年上升169%；无期徒刑×人，上升100%；死刑（包括死缓）×人，上升216%，贯彻了依法从严惩处的精神。

去年8月15日，最高人民法院、最高人民检察院发布《关于贪污、受贿、投机倒把等犯罪分子必须在限期内自首坦白的通告》后，全省各级法院在党委领导、人大监督和政府的支持下，把贯彻“通告”作为一项突出的重要任务来抓，与有关部门紧密配合，广泛深入地开展了宣传发动工作。依照“通告”规定，对坦白自首、检举立功被从宽处理和拒不坦白交待被从严判处的案件，大张旗鼓地进行公开宣判，以案讲法，兑现政策。在“通告”规定的期限内，全省法院审判贪污、受贿、投机倒把等案件116件160人，其中适用“通告”从宽判处的93人；召开宽严宣判大会21次。通过对严重经济犯罪活动的打击，人民群众看到了党和国家坚决惩治腐败，搞好廉政建设的决心，从而增强了信心。

依法审理好动乱中的犯罪案件，是关系到社会稳定和国家安危的一件大事。我省有关法院依照政策和法律，坚决、审慎地对这类案件进行了审理。鉴于这类案件特别是反革命案件，情况复杂，政策性强，省法院加强了研究和指导，按照政策和法律，严格区分两类不同性质的矛盾，严格区分罪与非罪、反革命罪与其他刑事犯罪的界限，实事求是地处理。

二、民事审判工作 继续以贯彻执行《民法通则》为中心，依法审理好各类民事案件。全年共受理一审民事案件62041件，比1988年上升21.7%；审结57175件，比1988年上升24.5%。在审结的案件中，婚姻家庭案件28417件，占总数的49.7%；债务案件18344件，比1988年上升60%，这类案件的上升，主要是生产经营活动中个人之间的借贷纠纷大量增多；赔偿案件5084件，比1988年上升12.1%。对于占民事案件90%的这三类案件，全省各级法院在审理中加强了指导，努力改进审判方式和方法，办案质量有了进一步提高。同时，对房屋、宅基地案件和名誉权、著作权、肖像权等新型案件以及过去极少发生的涉外、涉港澳台的民事案件，注意加强调查研究，总结了一些好的经验。通过对各类民事案件的审理，特别是注意解决了一批严重影响群众生产、生活和可能矛盾激化的案件，制裁了民事违法行为，保护了公民、法人的合法权益，对促进社会的安定，增强人民群众的法律意识，树立新的社会道德风尚，起了重要的作用。

三、经济审判工作　坚持为治理整顿、深化改革服务，审理好各类经济纠纷案件，积极调节经济关系，促进社会主义经济发展。全年共受理一审经济纠纷案件17391件，比1988年上升61.6%；审结15152件，比1988年上升70.9%，诉讼标的金额5亿6千多万元。其中，审理借款合同纠纷案件5050件，比1988年上升264.4%，收回逾期银行贷款1亿1千多万元，加速了资金周转；审理购销合同纠纷案件5149件，比1988年上升21.2%；审理农村承包合同纠纷案件和企业承包、租赁经营合同纠纷案件273件，比1988年上升40%。通过对这些案件的审理，制裁违法行为，保护当事人的合法权益，对促进物资、资金的合理流动和使用，维护经济秩序，保障和促进经济稳定、健康地发展，起了积极的作用。

四、行政审判工作　主要是继续抓了行政审判庭的组建，为今年《行政诉讼法》的正式施行作好准备。全省16个中级法院和95%的基层法院，已建立行政审判庭或行政审判庭筹备组，配备行政审判干部372人。在去年4月《行政诉讼法》颁布后，省法院先后举办了3期培训班，轮训行政审判人员310人。经报请省人大常委会批准后，省高级法院在一个中级法院和两个基层法院进行了实施《行政诉讼法》的试点；各地、市中级法院也都各自确定了一、两个基层法院开展了试点工作。同时，全省各级法院都积极慎重地审理了一批行政案件。1989年，全省共受理各类一审行政案件312件，其中，治安案件171件，土地案件77件，城市规划案件20件，林业、食品卫生、矿产资源、渔业、药品、环保、工商管理、税务等行政案件44件。审结299件，其中，维持行政机关决定的153件，占51.2%；原告撤诉的78件，占26.1%；撤销或变更行政机关决定的59件，占19.7%；作其他处理的9件，占3%。通过对这些案件的审理，保护了公民、法人和其他组织的合法权益，维护了行政机关依法行使职权。

五、告诉、申诉和审判监督工作　1989年共处理告诉、申诉和非诉来信来访154191件（次）。对非诉来信来访，依照有关规定认真地作了处理；对告诉的，依法应立案的及时立案，保障公民和法人的诉讼权利；对提出申诉的，经审查后按照审判监督程序再审的3840件（包括历史老案和历年来申诉的案件），其中维持原判的2344件，改判的1164件，作其他处理的332件，使错判的案件得到了纠正，维护了当事人的合法权益。为使告诉申诉工作逐步走向制度化、规范化，根据最高法院的部署，全省各级法院积极进行了告诉申诉庭的组建工作。为进一步加强审判监督工作，去年我省不少法院对刑法、刑诉法实施以来的刑事申诉复查情况进行了调查，认真总结经验，对发现的问题，及时纠正。根据省法院的部署，马鞍山、阜阳、合肥、滁县、黄山等地法院先后进行了刑事再审案件公开审理的试点工作。各地还集中力量抓了一批重点申诉案件，解决了一批上访老户的问题，越级上访的已有所减少，申诉的重复率也有了下降。

六、法院队伍建设　各级法院一直把队伍建设作为一件大事来抓，重视提高政治业务素质。全省各级法院认真做好干部教育培训工作，继续办好法律业余大学和审判专业培训工作，造就德才兼备的法律专门人才。根据最高法院和省委的部署和要求，加强了廉政建设，省法院召开了全省廉政工作会议，制定了加强廉政建设和惩治腐败的措施，取得了一定的成绩。在队伍建设中，各级法院特别注意加强思想政治工作，认真抓了坚持四项基本原则，反对资产阶级自由化的教育，增强专政意识，从而使队伍的素质不断提高。因此，在去年发生的政治风波中，全省广大法院干警与党中央保持高度的一致，坚守工作岗位，表现出了高度的政治觉悟。同时，在工作、生活条件比较艰苦，装备较差的情况下，艰苦奋斗，努力工作，认真贯彻执行党的路线、方针、政策，严肃执法，圆满地完成了各项审判任务。在政治斗争和审判实践中，涌现出不少先进集体和个人。合肥、马鞍山市中级法院和芜湖市中级法院刑一庭受到全国法院系统制止动乱、平息反革命暴乱先进集体表彰大会的表彰；有4个单位和38名干警被评为全省政法系统的先进单位和先进工作者；有27个单位和159名干警被评为全省法院系统先进集体和先进工作者；有29名干警获得晋升一级工资的奖励。

总之，一年来，法院的工作取得了一定的成绩。但是，同党和国家对法院的要求还有相当差距，同审判任务的要求有许多不相适应的地方。主要是我们的思想、工作和队伍还不能完全适应政治、经济发展的新形势。首先是省高级法院在领导上，深入群众，深入基层不够，对工作中遇到的新情况、新问题及时掌握，调查研究，总结指导不够。二是我们各级法院干部，包括省高级法院干部，对理论、政策的学习还不深入，对一些法律的掌握和运用还不够熟练。加之有的同志工作作风不认真负责、深入扎实，有少数案件办得质量不高。个别刑事案件有量刑失轻失重甚至混淆罪与非罪界限而错判的；有少数刑事案件办得不及时，有超期羁押的现象；有的羁押时间较长，群众很有意见；少数民事、经济纠纷案件未能严格按照《民诉法》、《民法通则》和《经济合同法》的规定公正处理，致使当事人的合法权益未能得到切实保护。三是我们的干警队伍虽然总的是好的，是依法办事的，但在少数干警中仍存在有法不依，执法不严，甚至执法犯法的问题。去年因索贿受贿、贪污、徇私枉法等受到党纪、政纪和刑事处罚的干警13人，占干警总数的0.15％。这些问题虽然发生在极少数人身上，但严重影响了人民法院的形象，损害了与群众的关系。四是近几年来，各级政府和计委、财政等有关部门，在财政困难情况下，从财力物力上给法院以很大支持，使法院的工作、生活条件有了一定的改善。但是，不少基层法院办案经费不足，没有审判法庭、缺少办公用房等困难，仍比较严重，直接影响了审判工作的开展。

各位代表：今年3月召开的全省法院工作会议，联系改革开放十年来人民法院的工作，联系坚持四项基本原则、反对资产阶级自由化的斗争，对过去的工作特别是去年以来的工作进行了总结，主要有以下五条基本经验：

一、坚持人民民主专政，强化人民法院的专政职能。坚持对人民实行民主和对敌人实行专政是我们一贯的指导思想。历史的和现实的经验告诉我们，既要摒弃“以阶级斗争为纲”的错误观念，又必须清醒地看到，国际反动势力加紧了对我国进行“和平演变”的战略，和平演变与反和平演变的斗争将一直长期存在。同时，国内不安定因素也在增多，阶级斗争还将在一定范围内长期存在，而且在一定条件下还有可能激化。去年春夏之交发生的政治动乱和反革命暴乱就是这种激化的表现。因此，人民民主专政必须坚持，决不能削弱。作为人民民主专政重要工具的人民法院，必须增强专政意识，强化对敌专职的职能，任何时候都不能放松对反革命分子和其他严重刑事犯罪分子的斗争。

二、坚持审判工作为改革开放服务，为社会主义经济建设服务。以经济建设为中心，大力发展社会生产力是我们国家的根本任务。人民法院必须充分发挥调节经济关系，维护经济秩序的职能作用，为改革开放服务，为发展社会生产力服务，为国民经济长期持续、稳定、协调发展服务。当前，人民法院的各项审判工作，必须服务于治理整顿、深化改革这个大局，以保证治理整顿和深化改革的顺利进行。对一切有利于治理整顿、深化改革的行为，都应依法予以保护和支持；对一切不利于治理整顿、深化改革的行为，都应依法予以约束和限制；对一切危害治理整顿、深化改革，破坏经济建设的违法犯罪行为，都应依法予以制裁和打击。

三、坚持严肃执法，维护法律尊严。人民法院在各项审判活动中，必须以党的方针、路线为指导，严格执行法律，坚持以事实为根据，以法律为准绳的原则，不断改善执法活动，提高执法水平，全面地、准确地执行宪法和法律的规定，做到有法必依，执法必严，违法必究。

四、坚持在党的领导和人大的监督下依法独立行使审判权。宪法规定，中国共产党是领导中国人民建设社会主义的坚强核心。人民法院依照法律独立行使审判权必须在党的领导下进行。这同资产阶级国家的“司法独立”有着本质的区别。坚持党对法院工作的领导，就是要监督和支持人民法院依法独立行使审判权，保证法律的正确实施。法律是党领导国家立法机关集中全国人民的意志制定的，人民法院依照法律独立审判案件，正是服从党的领导的具体体现。那些打着“司法独立”的旗号，鼓吹资产阶级的“三权分立”的人，实质是反对中国共产党对司法工作的领导，必须坚决予以抵制和驳斥。

服从党的领导与接受人大及其常委会的监督是一致的。人民法院必须自觉地接受人大及其常委会的监督。实践证明，人民法院只有在党的领导和人大及其常委会的监督和支持下，才能更好地独立行使审判权，严格依法办事。

五、坚持全心全意为人民服务，继承和发扬人民司法工作的优良传统。为人民服务是人民法院的根本宗旨。人民法院是人民民主专政的重要机关，首要职能是保障人民民主权利，保护广大人民的合法利益。在各项工作中，必须继承和发扬实事求是、调查研究、群众路线的优良传统和作风。在新的历史时期，特别要警觉和克服严重脱离群众的现象，坚持相信群众，依靠群众，从群众中来到群众中去的群众路线。只有这样，才能更好地为人民服务，才能做好人民法院的各项审判工作。

各位代表：1990年是治理整顿、深化改革的关键性一年。当前，压倒一切的是稳定。政治稳定、社会稳定是前提，经济稳定是基础。人民法院对保障政治、经济和社会的稳定有着重要作用。通过审判活动，运用法律武器，保障社会稳定，这是人民法院一项长期的、艰巨的任务。最近召开的全省法院工作会议，根据第十五次全国法院工作会议的要求，对1990年我省法院的工作作了部署，要求把保障社会稳定作为基本指导方针，全面开展审判工作。

一是抓紧抓好刑事审判工作。刑事审判工作直接关系到国家的安危、社会的稳定，务必抓得很紧很紧，不能有丝毫的松懈和麻痹。当前，我省社会治安形势基本稳定，但仍相当严峻，刑事犯罪案件大量上升，不安定因素增多。有的地方杀人、爆炸、抢劫、强奸、流氓、重大盗窃等严重危害社会治安的犯罪活动仍很猖獗，严重危害群众的生命财产安全；有的地方“六害”等败坏社会风气的丑恶现象仍大量存在；有的地方贪污、贿赂、投机倒把等经济犯罪活动仍很严重。因此，必须继续贯彻依法从重从快惩处的方针，坚持不懈地打击严重危害社会治安的犯罪活动，重点打击杀人、抢劫、强奸、重大盗窃、拐卖人口、聚众赌博以及强迫、引诱、容留妇女卖淫等严重刑事犯罪，特别要狠狠打击流窜犯罪分子和犯罪集团的首要分子；继续贯彻依法从严惩处的方针，严厉打击贪污、贿赂、投机倒把等严重经济犯罪活动；依照政策和法律，坚决、审慎地审理好动乱中的犯罪案件。

二是积极开展民事审判工作。依法及时妥善处理好大量的民间纠纷，防止矛盾激化，也是保持社会安定的重要因素。认真审理好婚姻家庭和债务、赔偿等几类突出的民事案件，维护社会主义的婚姻家庭制度，保护合法借贷关系，保障人民安居乐业；及时妥善审理好土地、水利、林木以及宅基地等纠纷，制止非法占用和滥用土地，保护水利设施和水利资源的合理使用，防止群众性闹事；积极开展对著作权、名誉权、姓名权、肖像权等有关知识产权和人身权方面的新型案件的审理；慎重妥善地处理好涉外和涉港澳台的民事案件。

三是大力加强经济审判工作。依法审理经济纠纷案件，直接关系到国民经济持续、稳定、协调地发展。当前着重是要审理好清理整顿公司中的债务清偿案件，因财政信贷紧缩而出现的回收逾期贷款案件，因压缩基建项目、整顿基建市场带来的建筑工程承包合同纠纷案件，因调整产业和产品结构而引起的变更合同纠纷的案件等与治理整顿关系密切、亟待解决的经济纠纷案件。在审理经济纠纷案件中，对经济违法行为，应依法给予制裁；发现犯罪问题，应依法移送有关部门处理。

四是努力开展行政审判工作。《行政诉讼法》将于今年10月1日起施行，这是我国社会主义民主与法制建设中的一件大事，标志着行政审判工作将进入一个新阶段。鉴于行政审判涉及的法律和行政法规多达数百个，涉及许多行政部门，又是人民法院一项新的审判工作，今年主要是为贯彻实施《行政诉讼法》，全面开展行政审判工作做好准备。继续建立和健全行政审判庭，继续抓好《行政诉讼法》的试点工作和宣传工作。努力办好行政诉讼案件，解决国家行政机关同公民、法人之间的矛盾与纠纷，密切政府与人民群众的关系，促进安定团结。

五是继续加强告诉申诉工作，切实搞好审判监督。着重是要大力加强告诉的立案和审查工作，建立和健全制度，切实解决有些地方"告状难"的问题；继续提高处理申诉的质量，进一步解决好一些上访老户的问题；加强审判监督，认真执行省人大常委会制定的关于监督司法工作的若干规定，对判决已经生效的各类案件，有重点地进行检查，发现错误，主动纠正，发现问题，及时解决。

六是加强法院队伍建设。这是完成审判任务的重要保证。要大力加强和改进思想政治工作，组织广大法院干警，认真学习马克思列宁主义、毛泽东思想，学习邓小平同志的著作，继续抓好干部业务培训工作，办好法院的业余法律大学。通过学习提高政治理论、政策思想和审判业务水平，提高坚持四项基本原则，反对资产阶级自由化的自觉性。要从严治院，加强纪律和廉政建设，坚持"八个不准"；自觉接受党委、人大及其常委会和人民群众的监督；大力表彰坚持原则、铁面无私、清正廉洁、秉公办案的好人好事，对法院工作人员的违法乱纪行为，一经发现，坚持从严惩处，决不姑息。要坚决克服官僚主义、主观主义等严重脱离群众的现象，进一步密切联系群众，深入基层，深入群众，扎扎实实地为群众办实事，为群众排忧解难。

各位代表：在新的一年里，全省各级法院要在党的领导和人大的监督下，认真贯彻落实党的十三届四中、五中、六中全会和省第五次党代会精神，全面开展各项审判工作，搞好法院的自身改革和建设，充分发挥国家审判机关的职能作用，以维护社会的安定团结，保障治理整顿和深化改革的顺利进行，为实现国民经济长期持续、稳定、协调发展，为社会主义现代化建设的顺利进行，作出新的贡献！

以上报告，请审议。

福建省高级人民法院工作报告

——1990年4月25日在福建省第七届人民代表大会第三次会议上

福建省高级人民法院院长　陈新秀

各位代表：

省第七届人民代表大会第二次会议以来，全省各级人民法院在党委领导和人大监督下，坚持党的十三大确定的基本路线，认真贯彻党的十三届三中、四中、五中全会精神，按照第十四次全国法院工作会议确定的各项工作任务，以稳定政治、稳定社会和服务治理整顿、深化改革、扩大开放为中心，严格执行宪法和法律，全面开展各项审判工作，发挥惩罚犯罪、保护人民、调节经济关系的职能作用，为维护社会安定，促进社会主义两个文明建设的顺利进行，起到了积极作用。现将主要工作情况报告如下，请审议：

一、发挥审判机关职能作用，保障政治、社会稳定，促进经济稳定发展

1989年，全省各级人民法院在各类案件大幅度上升和新情况、新问题不断出现的形势下，克服困难，艰苦奋斗，发扬人民司法工作的优良传统，努力完成各项审判任务，共受理各类案件74491件，审结66082件，分别比上年上升24.75%和26.07%，取得了较好的成绩。

（一）依法惩处各种刑事犯罪分子，为政治稳定和社会稳定服务。1989年，我省社会治安状况总的说是稳定的，但由于社会不安定因素仍然存在，敌对分子伺机进行破坏，严重刑事犯罪活动相当猖獗，刑事发案数有增无减，社会治安形势相当严峻和复杂。全省各级法院根据各地的治安形势，在党委的统一领导下，加强与公安、检察机关紧密配合，继续贯彻执行依法从重从快惩处严重危害社会治安的犯罪分子的方针，严厉打击各种犯罪活动。一年来，全省法院共受理的一审刑事案件8564件，审结8173件，分别比上年上升24.03%和22.28%。判决发生法律效力7378件，判处犯罪分子9950人，其中判处五年以上有期徒刑、无期徒刑、死刑（包括死缓）的，占判决罪犯的25.27%，比上年上升6.23%，对各种严重刑事犯罪活动的打击是有力的、及时的。在打击刑事犯罪斗争中，依法判处反革命分子18人，其中有些是敌特机关派遣特务或者我内部敌对分子趁动乱之机收集情报，进行破坏的犯罪分子。有关法院采取了既坚决又慎重的方针，坚持以事实为根据，以法律为准绳，认真执行惩办与宽大相结合的政策，依照我国刑事诉讼法规定的程序和制度进行了审判，既坚持了法律的严肃性，惩治了犯罪分子，又教育了群众。全省各级法院还根据各个时期社会治安的突出问题，密切配合公安、检察机关开展了打击流窜犯、反盗窃、“扫黄”、除“六害”等专项斗争，依法判处流窜犯罪分子400人、“六害”犯罪分子356人，对其中罪行特别严重的判处了死刑。晋江县的蔡宗镖、蔡建设等人引诱、容留20多名妇女卖淫，播放淫秽录像100多场，贩卖淫秽录像带20多盒，共非法营利1.9万余元，犯罪手段特别恶劣，情节特别严重，二蔡被依法从重判处死刑。9月份全省法院开展集中打击，审结严重危害社会治安的犯罪案件924件，召开宣判大会94场，依法严惩了一批罪行特别严重的罪犯，弘扬了法制，震慑了犯罪。对于重大刑事犯罪案件，各级法院继续坚持提前介入了解案情，依法快审快结，及时打击。例如："1·29"福州温泉大厦发生的抢劫杀人案、"3·6"漳州市发生的抢劫杀人碎尸案、福州东街口百货大楼总经理冯依森被害案等，有关中级法院受理后，均在10天内审结，对罪犯处以死刑。一年来，全省法院共依法从重判处杀人、抢劫、强奸、重大盗窃等严重犯罪分子3646人。通过对这些案件的及时审判，对维护我省社会安定，巩固制止动乱的成果和遏制社会丑恶现象的蔓延，起到了积极作用。

（二）惩治腐败，严厉打击严重经济犯罪活动。全省各级法院继续坚持对严重破坏经济秩序的犯罪分子依法严惩的方针，积极开展严厉打击贪污、受贿、投机倒把、走私、诈骗、偷税抗税等严重经济犯罪活动的斗争。去年，全省法院受理的刑事案件中有经济犯罪案件1688件，比上年上升23.57%；审结1609件，判处经济犯罪分子1896人，其中判处五年以上有期徒刑、无期徒刑、死刑（包括死缓）的，占20.46%；判处重大经济犯罪分子294人，为国家、集体挽回经济损失1158.6万元。各级法院在审理经济犯罪案件中，坚持"一要坚决，二要慎重，务必搞准"的原则，坚持对大要案登记立卡制度，及时掌握情况，抓好对大要案的审理工作，加强审判监督，保证办案质量。同时，注意运用法律武器，惩治腐败，促进廉政勤政。一年来，依法严惩了贪污、受贿、投机倒把等经济犯罪分子518人，其中有县处级干部5人、科局级干部26人。"两高"《通告》发布后，各级法院认真组织干警学习，统一思想，提高认识，明确法律政策界限，并在党委统一领导下，与检察机关紧密配合，采取召开新闻发布会，印发《通告》，及时审判宽严处理的典型案件，兑现政策等一系列措施，迅速形成了强大声势。《通告》期间，各地法院集中力量，狠抓审理工作，共审结300件，判处经济犯罪分子455人，根据《通告》规定，从宽判处117人，从严判处34人。如厦门的蔡长满，收受贿赂近8万元，数额特别巨大，其归案后能如实坦白交代，退出全部赃款赃物，并且检举重大犯罪线索经查证属实，被依法减轻判处有期徒刑三年，缓刑五年。福州的刘用垒利用职便贪污本单位货款近16万元，归案后拒不彻底交代罪行，拒不退赃；莆田的陈明华利用职便盗卖国家粮食（面粉）17万多公斤，价值14万4千余元，大部分赃款用于赌博挥霍，给国家造成巨大经济损失，经最高法院核准，刘、陈二犯被从严判处死刑。各地法院还结合多种形式的宣传活动，精心选择一批宽严判处的案件进行公开宣判，以案释法，分化瓦解犯罪分子，使人民群众看到了党和国家坚决惩治腐败、搞好廉政建设的决心和行动，鼓舞了群众同经济犯罪作斗争的信心。

（三）强化调节经济关系的职能，为治理整顿、深化改革、扩大开放和促进经济建设服务。随着改革、开放的深入开展，经济纠纷案件大量上升，去年全省法院共受理各类经济纠纷13550件，比上年上升80.18%；诉讼标的额越来越大；企业间的经济合同不能履行，资不抵债或需要破产的案件不断发生，联营、承包、技术合同、劳动争议等新类型案件明显增多，情况复杂；涉外和涉港澳台案件增长也很快，有些经济纠纷往往与违法、犯罪交织在一起，审理和执行工作都相当困难。面对这些新情况和复杂问题，全省各级法院努力排除干扰，严格依法办事，大力开展经济审判工作。一年来，共审结一审经济纠纷11178件，比上年上升91%，解决诉讼标的额达53022.57万元。其中，针对紧缩银根，维护金融秩序，审结借款合同纠纷案件3867件，收回逾期银行贷款10573.52万元；配合治理整顿流通领域的秩序，扶持困难企业经营生产，及时审结购销合同纠纷案件3599件，解决讼争标的额达22682.9万元；为维护农村改革成果，促进企业完善各种经营责任制和发展外向型经济，积极审结租赁、承包、联营、技术转让合同纠纷等新类型案件972件，以及涉外和涉港澳台的经济纠纷案件19件。通过对这些案件的审理，依法保障了国家金融资金的周转，促使大量资金和物资得以合理流动，保护了当事人的合法权益，制裁了各种违法经营活动，并对其中触犯国家刑律的诈骗、投机倒把、贪污等犯罪案件及时移送有关部门侦查，追究责任人员的刑事责任。各地法院还结合办案深入实际，开展与企业家直接对话等活动，宣传法制，主动为他们解决纠纷。在制止动乱之后，开放地区的有关法院主动邀集三资企业的经理、厂长进行座谈，宣传我国的改革开放政策不变，人民法院依法继续保护他们的合法权益，对稳定外资企业，鼓励他们继续投资经营起到了积极作用。不少法院进一步巩固和发展经济司法联络员队伍，加强法律知识培训，充分发挥了经济司法联络员为治理整顿、深化改革服务的作用。去年10月，最高法院正式批准在厦门设置海事法院，省法院按照要求积极做好筹建工作，在省委、省人大、省政府和厦门市委、人大、政府的关心、支持下，厦门海事法院于今年3月21日正式成立，管辖福建、台湾两省海域的海事、海商案件。这对及时审理发生在我省的海事、海商案件，保护中外当事人的合法权益，促进我省对外经济贸易的发展将会起到促进作用。

（四）依法保护公民合法权益，为民排忧解难，促进社会安定。1989年，全省民事案件大幅度持续上升，全省法院发扬依靠人民、便利人民、全心全意为人民服务的精神，认真执行《民法通则》，改进审判方式、方法；加强对人民法庭工作的指导，进一步调整人民法庭布局，开展连片协作，巡回办案，发扬深入实际，主动服务的审判作风；推广龙海等县法院切实解决群众“告状难”的审判经验，精心组织、统筹安排，调动审判人员的积极性，提高办案效率和办案质量，及时审结了大量民事案件。去年，共审结一审民事案件33688件，比上年上升23.47%。其中，审结婚姻家庭案件15295件、债务案件8799件、房屋及宅基地案件5242件、赔偿案件1905件，四项合占审结一审民事案件的92.74%；还审结名誉权、著作权、肖像权、姓名权等“四权”案件53件。通过对这些案件的审理，解决了一批严重影响群众生产、生活的纠纷，缓解了一些可能激化的矛盾，制裁了民事违法行为，保护了公民的民主权利和其他合法权益，促进了社会的安定团结，并对人民群众增强法律意识，树立社会主义道德风尚，起到了重要作用。各级法院还认真研讨、总结审理“四涉”（即涉外、涉侨、涉港澳、涉台）案件，尤其是审理涉台案件的经验，继续采取及时立案、优先审理等办法，积极审结“四涉”案件446件，其中涉台案件105件，既依法保障港澳台侨胞当事人的合法权益，也增进了中外及海峡两岸人民的团结和友好往来，激励了港澳台侨同胞为家乡捐资兴办公益事业，来闽投资的积极性。同时，为有效地保障公民、法人的诉讼权利，各级法院进一步加强了信访工作，建立了告诉申诉机构，充实审判力量。一年来共处理人民来信83251件次、接待群众来访52818人次，群众“告状难”的状况有所缓和。

（五）坚持“积极、稳妥”方针，开展行政审判工作，去年全省各级法院共受理一审行政案件360件，审结333件，分别比上年上升24.57%和28.57%，这些案件系不服治安、土地、城建、环保、工商、税务、海关、药品卫生、林业、矿产、计量等行政处罚决定，涉及行政管理部门多，适用法律、法规广。各级法院坚持严格依法办案，坚持依法保护公民、法人和其他组织的合法权益，维护行政机关依法有效地行使职权的原则，认真审理案件，其中依法维持原行政机关处理决定的134件，占40.24%；通过法制教育，原告撤诉120件，占36.04%；依法撤销、变更原行政机关处理决定的79件，占23.72%。各地法院配合税务部门依法治税，办结税务部门申请强制执行的税政案件149件，收回国家税款41万余元。一些法院认真执行《福建省计划生育条例》，受理抗缴计划外生育费案件，推动了计划生育工作的依法开展。今年10月1日起，我国《行政诉讼法》将全面施行，这是我国社会主义法制建设的一件大事，也是我国社会主义民主政治建设的重要发展。去年，《行政诉讼法》颁布后，全省各级法院通过举办培训班等形式，认真组织行政审判人员学习；结合办案，开展调查研究，总结审判实践经验；加强同政府执法部门的联系，联合举办培训班，开展行政法制宣传；经省人大批准，在福清县、永安市、厦门开元区法院开展《行政诉讼法》施行工作的试点，为全面实施行政诉讼法，搞好行政审判做了大量准备工作。

（六）积极开展林业审判工作，深入林区及时办理各类林业案件。一年来共审结盗伐滥伐、毁坏林木等刑事案件341件，判处犯罪分子507人；审结山林纠纷，林业承包、木材购销合同纠纷以及林业行政等案件631件，调处山林纠纷面积4.3万余亩，收回货款112万余元，挽回经济损失20余万元，缓解了矛盾，维护了林区的经济秩序和社会安定，促进林业生产的发展。

（七）结合审判活动，积极参与社会治安综合治理，既抓打击，也抓预防。一年来，全省各级法院针对社会治安状况，共召开宣判大会649场，以案释法1659件，开展法制宣传教育活动，扩大了办案的社会效果；认真贯彻《福建省未成年人保护条例》，积极探讨、总结“未成年人犯罪案件合议庭”的审判经验，积极开展回访、考察工作，配合有关部门努力搞好对青少年罪犯的教育、感化、挽救工作，并制定了《福建省人民法院少年庭工作细则》，得到最高法院肯定；有关法院还深入劳改场所对服刑罪犯进行认罪服法教育，受教育罪犯18775人次，依法对在服刑中确有悔改、立功表现的罪犯，给予减刑、假释3628人，增强了服刑罪犯的改造信心，促进了改造工作。在审理各类案件和信访工作中，注意掌握可能引发矛盾激化的信息，认真做好教育、疏导工作，积极防止群众性械斗和恶性案件的发生；通过办案发现问题，提出司法建议321件，促进了有关单位和部门建立健全制度，堵塞漏洞，加强管理，对预防和减少犯罪起到了促进作用。

二、自觉接受监督，坚持严肃执法，提高执法水平

国家法律是人民法院审判工作必须严格遵循的准绳。人民法院在审判工作中只有自觉接受监督，才能更好地严肃执法，有效地打击敌人、保护人民、促进改革、服务四化，维护宪法和法律的权威。

（一）自觉接受人大监督，坚持依法办案。全省各级法院主动接受人大及其常委会的监督，实事求是地向人大及其常委会报告工作情况和遇到的突出问题，接受审议；及时认真地办理并答复各级人大代表的议案、意见和咨询，以及人大交办的案件。去年全省法院共办结答复236件；积极配合或主动邀请各级人大常委会及人大代表到法院视察和检查工作，虚心听取人大代表对法院工作的意见和建议，切实改进工作，提高执法水平。全省各级法院在党委领导和人大监督下坚持了依法审判，独立负责，保证了党的路线、方针、政策和国家法律在审判工作中的贯彻执行。

（二）坚持严肃执法，保证办案质量。全省各级法院坚持实事求是、调查研究、群众路线的审判作风，在办案中严格执行国家法律和省人大制定的地方性法规，审理各类案件严格把关，努力做到一个“准”字；在查清案件事实，核实证据基础上，正确地适用法律。刑事案件，在坚决贯彻依法从重从快和从严惩处方针的同时，严格区分罪与非罪

的界限，既不放纵罪犯，也不罪及无辜。去年全省各级法院审结的刑事案件中，对事实不清、证据不足的退回检察机关补充侦查694件，发现漏罪漏犯要求补充起诉39人，依法宣告无罪16人，建议撤回起诉140人。对民事、经济、行政案件，也在查清事实，分清是非，明确责任的基础上，合法、合情、合理地解决纠纷，保障各方当事人的合法权益。各级法院认真执行程序法，坚持公开审判制度，提高办案效率，去年审结的各类一审案件审结率，刑事案件达95.42%、民事案件达89.3%、经济纠纷案件达82.5%、行政案件达92.5%；一审刑事案件在法定审限内审结的达96.09%，民、经案件大部分也在省法院规定的审限内审结。同时，各级法院还经常开展案件质量评查，检查审判工作中存在的问题，去年全省法院共组织200余次的评查活动，检查各类案件21358件，有力地促进了办案质量的提高。各级法院还加强了执行工作，大部分的中级法院和基层法院建立了执行机构，充实执行力量，积极办理执行案件，去年全省法院共办结各类执行案件9924件，占受理数的72.8%，保障了执法的严肃性。

(三)加强审判监督，提高执法水平。为了保证办案质量，上级法院认真审理二审案件，加强审判过程中的监督，对于下级法院审判工作中遇到的疑难问题和新情况，及时研究指导，促进提高执法水平。去年全省法院根据实事求是，有错必纠的原则，认真审结历年来发生法律效力的判决再审案件3097件，其中对因事实不清、证据不足或适用法律不当的，依法改判576件，保障了当事人的合法权益，保证了严格执法。

三、加强法院队伍建设，提高干警两个素质，保证审判任务的完成

1989年，全省各级法院继续坚持一手抓审判，一手抓建设的方针，切实加强队伍建设，为严肃执法和较好地完成审判任务，起到了重要的保证作用。

(一)加强思想政治工作，提高干警的政治素质。全省各级法院根据我国政治、经济形势的发展，按照最高法院的部署，组织干警深入学习党的十三届三中、四中和五中全会精神，认真学习党中央、国务院关于制止动乱，平息暴乱的一系列文件，以及江泽民总书记的国庆讲话精神，采取多种方式，加强形势与任务、全心全意为人民服务的宗旨以及廉洁奉公、严肃执法的职业道德等教育。引导广大干警，坚定地与党中央保持一致，增强忧患意识和做好审判工作的责任感，提高保持廉洁的自觉性，从而使全省法院干警经受了政治斗争和审判实践的考验和锻炼，涌现出一批政治立场坚定、勤奋工作、清正廉洁、秉公执法的先进典型。全省法院共有198个单位和657名干警，分别被评为各级的先进集体和先进个人。顺昌县法院大历人民法庭庭长欧金淡同志被授予“全国法院模范”和“全国先进工作者”的光荣称号。全省法院表彰了12个制止动乱先进集体，福州、三明两中院被最高人民法院授予“全国法院系统制止动乱、平息反革命暴乱先进集体”。

(二)坚持从严治院，加强廉政建设。全省各级法院坚决贯彻“从严治院”方针，严明纪律，严格执行最高法院的“八个不准”，加强对干警的廉政意识教育，认真贯彻中央5号文件以及全国法院廉政建设工作会议和各级党委关于廉政工作的一系列指示精神，结合各地的实际情况，进一步建立健全了各项廉政制度，实行“两公开一监督”。一些法院聘请人大代表、政协委员、老干部等担任法院廉政建设监督员，设立了举报电话和举报箱，自觉接受社会各方面的监督。通过教育和制度的约束，广大干警增强了秉公执法的自觉性，去年全省法院共有1553名干警拒贿拒礼达41万余元，受到了广大群众的好评。但是，极少数干警经不起考验，违犯党纪政纪和法律的事件也有发生。对此，各级法院加强了查处工作，省法院和各中级法院

健全了纪检、监察机构，各基层法院配备了专职或兼职的纪检员和监察员，去年共查处了违法违纪的干警61人，其中作政纪处理的28人、党纪处理的12人、追究刑事责任的5人、查实待处理的16人。并从中选择违纪违法的典型案例，教育干警遵纪守法、廉洁奉公，保持法院队伍的纯洁。

（三）加强作风建设，密切与人民群众的联系。去年，全省法院坚持深入基层，深入实际，开展调查研究，密切与人民群众联系的优良传统。坚持院长接待日制度，接待处理群众信访，听取反映，解决纠纷。有的法院领导带头，开展巡回审判，深入基层及时调处各类纠纷，缓解矛盾，为民排忧解难。许多法院的领导还根据治安形势的需要和审判工作中的突出问题，深入基层开展调查研究，分析矛盾，提出切实可行的工作意见。省法院对石狮、连江两地开展“扫黄”斗争情况的调查，针对存在的问题，提出了意见，受到最高人民法院的重视，向中央作了反映；省法院与省公安厅、省检察院联合下达了文件，对指导法院的审判工作，推动“扫黄”、除“六害”斗争起到了积极作用。

（四）加强业务建设，提高法院干警的执法水平。全省各级法院坚持长期办学的思想，在继续办好法律业大和专业证书教育的同时，努力办好法官培训中心，积极举办了各种业务培训班、研讨会，加强对干警的业务培训。去年，全省法院共举办171期业务培训班，受培训人员达5438人次，举办各种研讨会842次，使广大干警的业务素质有了进一步的提高，对促进严肃执法，保证审判任务的完成起到了重要作用。同时，还注意加强各项审判制度建设，省法院制定的《福建省各级人民法院民事审判工作制度》，对全省法院民事审判工作起到了积极的指导作用。

回顾一年来的工作，全省各级人民法院认真贯彻执行党的路线、方针、政策，履行宪法和法律赋予的职责，各项审判工作都有新的进展。法院的“两庭”建设和物资装备，在各级党委、人大、政府的关心和支持下，也得到了进一步的改善。但是，也还存在一些薄弱环节和需要解决的问题。主要是：随着形势的发展和我国民主法制的不断健全，法院的收案范围不断扩大，在刑事、民事、经济、行政、林业等各类案件中，不仅数量大量增加，而且出现许多新情况、新问题，对审判人员的要求越来越高。各级法院的审判力量，审判人员的政治业务素质同法院全面开展审判工作的繁重任务不适应的状况越来越突出；去年，全省法院仍有未结案8409件，占受理案件数的11.3%，比上年上升15.25%。少数案件办案质量不高；一些案件审理不及时或者判决后执行不了的现象仍然存在。对审判工作中的新情况、新问题，进行系统的调查研究不够。办案经费不足、物资装备差以及“两庭”建设进展缓慢等困难，仍需要各级人大、政府及有关部门继续给予支持和帮助解决。

各位代表：今年是我国进一步治理整顿、深入改革的关键性一年，维护稳定尤为重要和紧迫，这是全党全国人民压倒一切的政治任务。人民法院在维护社会稳定中负有重要的职责。全省各级法院要继续坚持党在社会主义初级阶段的基本路线，在党的十三届四中、五中和六中全会精神指导下，认真贯彻第十五次全国法院工作会议和全国政法工作会议精神，全面开展审判工作，充分发挥审判职能作用，为保障社会稳定和促进国民经济长期持续、稳定、协调发展服务。要进一步强化专政职能，抓紧抓好刑事审判工作，继续坚持依法从重从快的方针，严厉打击反革命犯罪和其他严重危害社会治安的刑事犯罪，及时严惩“六害”中的犯罪分子，遏制各种社会丑恶现象的蔓延，注意结合审判活动，搞好对失足青少年的教育、感化、挽救工作；继续严惩经济领域里的严重犯罪活动，严厉打击贪污、受贿、投机倒把、走私、贩毒等严重经济犯罪，促进反腐败斗争的深入进行。要大力加强经济审判工作，审理好与治理整顿关系密切、亟待解决的，以及涉外和涉港澳台的经济纠纷案件，通过审判活动，调节各种经济关系，制裁违法经营活动，为整顿经济秩序和发展外向型经济服务。厦门海事法院要积极开展工作，依法审理海事、海商案件，维护国家主权，保护中外当事人的合法权益，促进对外经济贸易的发展。要积极开展民事审判工作，全面准确地贯彻执行《民法通则》及其他民事法律法规，改进审判方式、方法，坚持着重调解的原则，把依法办案与做过细的思想教育工作有机地结合起来，着重审理好婚姻家庭和债务、房屋等三类量大面广的案件，缓解矛盾、平息纠纷；依法及时妥善审理好土地、水利、林木以及宅基地、滩涂等纠纷案件，制止非法占有和滥用土地，保护水利设施和水利资源的合理使用，发现有激化的苗头，要积极采取措施，把矛盾及时解决在萌芽状态；注意研究、总结审理“四涉”、“四权”案件的法律适用问题和经验。要努力开展行政审判工作，继续认真学好行政诉讼法，严格依法审理好各类行政案件；抓好行政诉讼法施行的试点工作，总结推广经验，加强与行政执法机关的联系，大力宣传行政诉讼法，为贯彻实施《行政诉讼法》，全面开展行政审判工作做好充分准备。要继续加强告诉的立案和审查工作，切实解决一些地方的“告状难”问题；提高处理申诉的质量。要进一步加强调查研究工作，坚持严肃执法，提高办案质量和效率。切实加强法院队伍建设，特别要搞好法院领导班子的建设；深入学习贯彻六中全会精神，不断提高干警的政治业务素质，积极开展岗位学雷锋活动，深入实际、深入基层，密切与人民群众的联系，充分发挥干警的积极性；进一步加强基层基础建设，改善法院的执法条件，保证各项审判工作的完成。全省各级法院和全体干警要在党委领导和人大及其常委会的监督下，牢固树立一切审判工作都要为保障和促进国家的政治、经济和社会进一步稳定服务的观念，发扬艰苦奋斗、清正廉洁、秉公执法，全心全意为人民服务的精神，为保障社会稳定，促进治理整顿、深化改革、扩大开放和经济建设的顺利进行，作出新的贡献。

江西省高级人民法院工作报告

——1990年4月23日在江西省第七届人民代表大会第三次会议上

江西省高级人民法院院长　李　迎

各位代表：

我代表江西省高级人民法院报告工作，请予审议。

一、关于刑事审判工作

1989年，全省各级人民法院受理一审刑事案件11471件，比上年增加27.8%；审结11410件，比上年增加27.7%；判处人犯15712名，比上年增加39.4%。其中，判处五年以上有期徒刑、无期徒刑和死刑（含死缓）的有4938名，占判处人犯总数的31.4%，比上年增加63.4%；判处五年以下有期徒刑、拘役、管制和免予刑事处分的有10714名，占69.1%，比上年的8196名占

73.8%，分别上升30.7%和下降4.7%；宣告无罪的有60名。在刑事审判中，各级人民法院主要做了四个方面的工作：

第一，坚决依法审判了动乱和暴乱中的犯罪案件。依法审判动乱和暴乱中的犯罪案件，是关系到社会稳定和国家安全的一件大事。全省各级人民法院对此非常重视，把它作为一项紧迫的审判任务来抓。为了审理好这批案件，做到严、准、快地惩办犯罪分子，我们加强了学习，统一思想认识；加强了领导，周密组织审理；同时注意研究政策、法律界限，准确定罪量刑。各地法院坚持了既坚决又慎重的方针，严格依法办事，坚决执行政策，严格区分罪与非罪、反革命犯罪与普通刑事犯罪的界限；并认真执行惩办与宽大相结合的政策，做到宽严相济。所有案件都严格依照我国刑事诉讼法规定的程序和制度进行审判，保证了案件的公正审判。总的看，全省各级人民法院审判动乱、暴乱案件工作抓的是紧的，办案质量和效果是好的，有力地打击了动乱、暴乱中的犯罪分子，促进了全省局势的稳定。

第二，惩治腐败、严厉打击了严重经济犯罪活动。1989年，全省各级人民法院受理经济犯罪案件2068件，占刑事案件总数的18%，比上年1547件占17.8%，分别上升34.5%和0.8%；审结2041件；判处人犯2805名，其中，判处贪污案犯347名（贪污数额1万元以上的81人，最多的高达21万元），判处受贿案犯92名（受贿数额1万元以上的17人，最多的达10万元）。贪污、受贿案犯中，被判处十年以上有期徒刑、无期徒刑和死缓的有25名。判处投机倒把案犯43名，判处偷税抗税案犯35名。全省各级人民法院对严重经济犯罪活动认真贯彻了依法从严惩处的方针，坚持了一要坚决、二要慎重、务必搞准的原则，从而保证了打击经济犯罪斗争的健康发展。

在打击经济领域的犯罪活动中，各级人民法院突出重点，把主要力量放在打击贪污、受贿犯罪上；同时，加强了同投机倒把、诈骗、偷税抗税等其他经济犯罪活动的斗争。去年8月15日，最高人民法院、最高人民检察院发布了《关于贪污、受贿、投机倒把等犯罪分子必须在限期内自首坦白的通告》。我省各级人民法院十分重视“通告”的贯彻工作，与有关部门紧密配合，通过各种形式和宣传媒介，广泛宣传，大造声势。各级法院都设立了自首举报接待室，昼夜值班接待。在“通告”规定的期限内，全省法院共收到各种举报线索423条；共受理贪污、受贿、投机倒把等经济犯罪案件234件；审结171件，判处人犯205人。其中，适用“通告”从宽判处的83人（从轻、减轻处罚的74人，免予刑事处分的9人），从严判处的41人；召开宣判大会20余次。通过对严重经济犯罪活动的打击，人民群众看到了党和国家坚决惩治腐败、搞好廉政建设的决心和行动，为今后进一步同经济领域的犯罪作斗争打下了良好的基础。

第三，严惩了严重危害社会治安的犯罪活动。1983年“严打”以来，我们一直坚持依法严厉打击严重危害社会治安的犯罪分子，但这类犯罪仍很猖獗。从省法院二审案件的情况看，刑事案件大量上升，重大盗窃、抢劫案件居高不下，绑票勒索杀人和特大恶性杀人案件屡有发生，有的地方车匪路霸活动气焰极为嚣张。面对这种形势，全省各级人民法院的领导和全体干警始终保持清醒的头脑，增强阶级斗争观念和人民民主专政意识，继续坚决贯彻执行了依法从重从快的方针，严厉打击严重危害社会治安的犯罪活动。主要做法：一是抓大案要案的审理，强调一个“快”字。对大案要案，法院实行优先审判制度，在审判力量和交通工具等方面优先保证，从而做到在确保案件质量的前提下快审快结，及时打击犯罪，保护人民。二是抓专项斗争，强调一个“狠”字。一年来各级人民法院与公安、检察等有关部门密切配合，积极开展了打击流窜犯罪、盗窃、抢劫犯罪、破坏电力、通讯设备犯罪和除“六害”等专项斗争，狠狠打击了这些危害甚烈的、突出的犯罪活动，维护了社会秩序。三是搞好少年犯罪案件的审判，强调一个“防”字。我们继续抓了少年刑事案件合议庭试点工作，并积极推广审判经验。目前，全省有29个法院开展了试点。去年，全省法院审判少年犯1508人，占刑事案犯总数的9.6%。从审判效果看，试点是成功的，不仅有利于对犯罪少年的教育、感化和挽救，鼓励失足少年走自新之路，降低少年重复犯罪率，而且带动了社会各界共同关心少年的教育和成长。

第四，加强了减刑、假释和抗诉审判工作。审理减刑、假释案件，是人民法院刑事审判工作中的一项经常性工作。近几年来，全省各级人民法院普遍重视和加强了减刑、假释审判工作，与劳改、公安等部门密切配合，办理了大量减刑、假释案件。去年，全省法院审理减刑、假释案件2503件，其中减刑案件2236件，假释案件267件。通过对确有悔改或立功表现的罪犯给予减刑、假释，对于稳定监管秩序，促进犯罪分子的改造，加强社会治安的综合治理发挥了重要作用。

同期，全省各级人民法院还审理检察机关抗诉的案件48件，其中依法改判的22件，占46%。

当前，我国的政治、经济和社会是稳定的，并且朝着更加稳定的方向发展。但是，由于阶级斗争在一定范围内将长期存在，在某种条件下还相当激烈，我们同敌对分子、敌对势力之间的斗争，渗透与反渗透，颠覆与反颠覆、和平演变与反和平演变的斗争仍很尖锐复杂；同时，带有黑社会性质的流氓团伙犯罪以及封建迷信、宗族势力有抬头的趋势。因此，还须不断强化国家的专政职能，进一步加强刑事审判工作，以保障、促进改革和建设的顺利进行。

二、关于民事审判工作

1989年，全省各级人民法院受理一审民事案件47538件，比上年增加24.1%；审结47552件（含旧存数），比上年增加29.1%。在审结的案件中，婚姻案件20977件，债务案件14667件，赔偿案件7052件。审结的这三类案件占民事案件审结数的89.8%，仍呈上升趋势。同时，水利、林木、宅基地案件以及名誉权、著作权等新类型案件继续增多。

一年来，各级人民法院着重抓了以下五项工作：

第一，加强指导，提高办案质量。面对民事案件不断上升，新情况、新问题增多的复杂形势，各级人民法院加强了对民事审判工作的研究和指导，全面、正确贯彻民法通则。通过开展专题调查研究，组织经常性的研讨活动等形式，解决审判实践中遇到的带普遍性的问题，指导办案，不断提高民事审判干部的政策、法律水平，保证办案质量。

第二，完善举证责任制度，提高办案效率。各地法院从抓当事人的举证责任入手，提高工作效率。法院注意改变以往包揽调查取证的做法，强调当事人的举证责任，把当事人举证与法院调查收集证据结合起来，同时改进审判方式、方法，简化诉讼手续，从而提高了办案效率。由于强调了当事人的举证责任，使审判人员有可能把主要精力放在开庭审理上，注重法庭调查，使法庭真正成为查明事实、解决纠纷的主要场所，促进了民事审判工作的规范化。

第三，坚持“两便”原则，健全服务机制。各级人民法院坚持巡回审判，方便群众诉讼，切实解决有的地方群众“告状难”的问题。绝大多数人民法庭继续贯彻巡回办案与驻庭审理相结合，以巡回办案为主的便民原则，通过巡回审判，把大量的纠纷调处在基层，解决于萌芽状态。

第四，努力防止民事纠纷矛盾激化，促进社会的稳定。各地法院对矛盾易激化的民事案件做到了优先审理，及时为群众排难解纷。许多基层法院，特别是人民法庭通过巡回审理和信访等途径，及时发现矛盾可能激化的苗头，积极做好疏导、防范工作，并快速调处。据不完全统计，1989年我省各级人民法院通过及时审理民事案件，防止民事纠纷矛盾激化4000多起，为促进生产的发展和社会稳定发挥了积极作用。

第五，正确执行着重调解原则。近几年来，各级人民法院审理民事案件继续坚持了着重调解的原则，调解解决的民事案件占审结案件数的80%以上。随着社会主义商品经济的发展，民事案件大幅度上升，新情况增多。去年11月，省法院召开了全省民事审判技能研讨会，着重研究了在新的历史条件下，如何进一步发扬人民司法工作的优良传统，发挥调解的作用问题，并就调解工作的方式、方法等交流了经验。

三、关于经济审判工作

1989年，全省各级人民法院受理一审经济纠纷案件46869件，比上年增加208%，其中，有88.6%是经济合同纠纷案件；审结45894件，比上年增加258%，结案率为98%；标的金额3.6亿多元，通过审判活动，使近2亿元的资金由死变活，重新投入运转，对维护经济秩序起了积极作用。

在治理整顿和深化改革的过程中，由于调整产业结构、压缩投资规模、控制消费需求过快增长、紧缩财政信贷、整顿流通领域秩序等措施的逐步实施，经济审判工作出现了一些新情况，一是追偿拖欠货款、借款合同纠纷大幅度上升，1989年受理了28407件，比上年增加了6倍多；二是农村承包合同、企业承包经营、租赁经营和联营合同纠纷案件继续增加。此外，制造、贩卖伪劣商品，扰乱市场秩序和损害消费者利益的案件、侵犯他人注册商标专用权或以虚假广告等不正当竞争手段损害其他生产经营者利益的案件也日趋增多。面对经济审判工作的新形势，全省各级人民法院主要采取了以下几项措施：

第一，调整审判力量，强化经济审判。为了适应急剧增多的经济纠纷案件的审判需要，许多人民法院调整充实了经济审判人员，挖掘潜力，从而较好地完成了审判任务，基本实现经济审判无积案。

第二，积极开展专项审判，为治理整顿提供法律服务。很多法院深入农村和工矿企业开展专项审判活动，通过审理在当时、当地带普遍性的、有较大影响的经济纠纷案件，就案讲法，治防结合，以稳定社会经济秩序，效果很好。例如，许多法院集中审理一批借款合同案件，使金融组织通过诉讼程序收回大量贷款，缓解和改善了国家信贷资金紧张状况。一年来，仅吉安地区两级法院就为农业银行收回逾期贷款2300多万元，有力地促进了农贷回收工作的开展，维护了经济秩序。有些地方的人民法院集中审理了一批农村承包合同纠纷案件，及时解决纠纷，并帮助农村基层组织和有关部门健全合同制度，稳定了农村联产承包责任制，保障了农村经济的健康发展。各级人民法院还配合清理整顿公司，审理了一批公司债务清偿案件和企业破产案件，为整顿流通领域经济秩序发挥了积极作用。

第三，注重社会经济效益。各级人民法院积极改革经济审判方式，抓住案件受理、举证责任、开庭审理等环节，努力提高办案效率。不少法院在依法办理清收逾期贷款案件时，大量采取简易诉讼程序，简化诉讼手续，对很多案件做到了及时受理、及时调处、及时制发法律文书，缩短了诉讼期间，加速了资金周转，提高了社会经济效益。

第四，提高办案质量。在经济纠纷案件成倍上升，新类型、疑难案件不断增多，人员与任务的矛盾日益尖锐的情况下，各级人民法院始终注重办案质量，领导深入基层调查研究，检查、指导经济审判工作。各地法院在抓当事人举证责任和简化诉讼手续的同时，注意依法保护当事人的诉权和严格遵守诉讼程序，以保证办案质量。对新类型、疑难案件，我们强调了“积极受案，精心审理”。省法院先后召开了审判新类型经济纠纷案件专题讨论会和疑难案件研讨会，并于去年3月举办了第2期企业破产法学习班，加强了对审理新类型、疑难经济纠纷案件的理论学习和研讨，指导了审判实践，促进了依法办案。

四、关于行政审判工作

我省自1987年开始建立行政审判机构以来，行政审判工作取得了一定进展。至1989年底，已有73个人民法院设立了行政审判庭，占法院总数的65%，各中级法院和赣州地区、萍乡市的基层法院已全部建庭。1989年，全省共受理一审行政案件181件，其中，治安行政案件58件，土地行政案件56件；审结177件，其中，维持原行政决定的占58%，撤诉的占27.1%，撤销、变更原行政决定的占10.2%。通过对这些案件的审理，既维护了公民、法人的合法权益，也维护了行政机关依法行使职权。

行政诉讼法于去年4月公布以后，各级人民法院都进行了认真的学习和宣传。省法院去年10月、11月举办了两期行政诉讼法培训班，培训审判干部110人，有的中级法院也组织了培训或以会代训。各级法院都认真抓了行政审判业务学习，要求审判人员深刻领会和切实掌握行政诉讼法的基本精神和具体规定。许多法院还主动向有关行政机关了解行政执法情况，同时接受行政机关的咨询，互相学习，共同摸索，以尽快适应行政诉讼这一新的诉讼制度。通过学习和宣传，为今年10月1日行政诉讼法的正式施行作了准备。

由于行政诉讼是一项新的诉讼制度，有些法院的审判人员存在畏难情绪；法院在行政审判机构的建立和人员配备方面也还有不少困难。这些问题影响和制约了行政审判工作的发展。我们将在积极开展审判工作，严格依法办案的同时，进一步加强行政诉讼法的学习和宣传，努力提高各有关方面对行政诉讼法重要意义的认识，为行政诉讼法的顺利实施创造条件。

五、关于告诉、申诉和再审工作

1989年，全省各级人民法院处理各类来信71628件次，比上年下降27.5%，接待来访68840人次，比上年下降41.2%。来信来访中，告诉的占61.2%，申诉的占37%，不属法院管辖的占1.8%。各级人民法院根据实事求是，有错必纠的方针，审查了对历年来已发生法律效力的判决提出的申诉2128件，并按照审判监督程序再审2191件（含旧存数），其中，再审刑事案件1612件（历史老案292件，占18%），维持原判1035件，改判432件（历史老案159件，占37%），改判案件中涉及被告人719人，加重处罚的10人，减轻处罚的462人，免刑的66人，宣告无罪的121人（历史老案被告人92人，占76%），其他处理的60人；再审民事、经济案件575件，维持原判388件，改判75件。通过再审，特别是对那些确属错判案件的改判纠正，保护了当事人的合法权益，维护了国家法律的严肃性，促进了社会的安定团结。

一年来，各级人民法院注意加强告诉申诉审判力量，进一步健全信访机构，提高处理告诉申诉工作的质量和效率。各级法院还认真贯彻执行了最高人民法院关于处理刑事申诉和处理民事、经济纠纷案件申诉的两个《暂行规定》，并集中力量抓了一批重点案件，越级上访和重复申诉有所减少，申诉工作开始走向制度化和规范化。

六、关于执行工作

民事、经济纠纷案件执行难是多年困扰人民法院的突出问题。为了扭转执行难的被动局面，各级人民法院都重视和加强了执行工作。一年来，全省各级人民法院普遍加强了对执行工作的领导，并根据需要建立执行机构，增加执行力量。上级人民法院加强了对下级人民法院执行工作的指导。有些中级法院通过制定在本辖区内适用的“执行规则”来规范基层法院的执行工作，加强监督与协作，以维护法律的统一实施。在执行工作中，我们强调严肃执法、文明执法、善于执法，一方面要认真做好当事人的思想教育工作，另一方面要善于依法运用诉讼保全和强制执行手段。同时，积极争取党委、人大和政府的支持。由于全省各级人民法院的努力，执行工作有所改进。

目前，执行难的问题仍很突出，主要原因是有些企业严重亏损，资不抵债；有些地方、部门为了保护本地、本部门的利益，依法应当协助人民法院执行而不予协助；有些公民法律意识淡薄，不协助执行，甚至支持、参与被执行人阻挠人民法院执行。法院干警在依法执行过程中被围攻、侮辱、殴打的事件时有发生。去年，仅奉新县法院执行中受到百人以上围攻、阻拦事件即发生 4 起，先后有 7 名执行公务的干警被打伤，占在编干警总数的 15%。人民法院的执行力量薄弱，执行手段落后，远不能适应日益繁重的执行工作的需要。我们将继续采取措施，强化执行工作，以维护法律的权威。

七、关于法院的改革和建设

1989 年我省法院的审判任务是十分繁重的。为了保证审判任务的完成，各级人民法院加强了自身的改革和建设，主要抓了四项工作：

第一，改善执法活动，提高执法水平。第 14 次全国法院工作会议强调，各级人民法院要努力改善执法活动，全面地、准确地执行宪法和法律，进一步提高执法水平。一年来，全省各级人民法院在这方面做了许多努力，取得了较大进展。具体做法：一是自觉接受人大及其常委会的监督，倾听群众意见。各级人民法院通过主动报告工作和邀请人大代表视察法院工作等方式，自觉接受监督。省法院和一些中院、县（区）法院除向同级人大报告工作外，还向同级人大常委会分别报告了法院的经济审判、少年合议庭试点、贯彻两高“通告”和廉政建设等方面的工作情况，使国家权力机关更多地了解了人民法院的工作，支持人民法院依法独立行使审判权。同时，各级人民法院还认真办理人大代表提出的有关法院工作的议案，并虚心接受批评、意见和建议，认真改进工作。去年省法院收到人大代表所提议案 2 项，建议、批评和意见 6 项。对这些议案、批评、意见和建议，我们都本着认真负责，实事求是的精神，认真办理并及时答复。二是坚持执法大检查制度。去年年底，全省各级人民法院采取上下结合，自查与互查相结合的方法，全面检查了 1989 年审判工作和廉政建设等方面的情况，发现、纠正了少数案件处理不当和执法不严的问题或错误。省法院和各中级人民法院还采取座谈、走访等形式，广泛听取当地党委、政府、人大、政协、纪检、公安、检察、司法、监察等部门对法院工作的意见，坚持严要求，努力改进各项工作。三是继续搞好公开审判，增强审判工作透明度。各级人民法院努力创造条件，克服案件多，人员不足，缺少审判庭等困难，积极搞好公开审判。目前，一审案件基本上依法实行了公开审理，一些重大的二审案件也依法实行了公开审理。实行公开审理是法律的要求，实践也证明，认真抓好开庭审判，不仅切实保障了诉讼参与人的诉讼权利，提高了办案质量，而且增强了审判工作的公开性和透明度，保证了案件的依法公正处理。今后，我们要在开庭审判这个环节上多下功夫，努力提高公开审判的质量，使审判工作早日实现正规化。

第二，加强思想政治工作和廉政建设，提高干警的政治素质。各级人民法院党组把政治思想工作列入重要议事日程，注意经常研究干警思想动态，加强对思想政治工作的领导。各级人民法院都坚持了政治学习制度，注重联系法院工作实际和干警思想状况，加强了马列主义理论学习和理想、纪律、形势任务、职业道德教育。在去年制止动乱和平息反革命暴乱的斗争中，全省法院干警坚决拥护党中央的英明决策和采取的果断措施，坚守岗位，积极工作，表现出了高度的政治觉悟。赣州市法院和南昌市西湖区、东湖区法院在这场斗争中表现突出，被评为全国法院系统制乱平暴先进集体，受到最高法院的表彰。一年来，全省各级人民法院还认真执行中央关于廉政建设的指示，贯彻全国、全省法院廉政建设工作会议精神，采取有效措施，加强廉政建设。首先是在干警中大力开展廉政教育，注意以教养廉，引导干警树立全心全意为人民服务的思想，做廉洁奉公的人民法官；其次是狠抓了以“秉公执法、公开审判”为主要内容的各项廉政制度建设，强化监督机制，充实纪检队伍，建立监察机构，从组织制度上保证廉政建设工作的落实；三是通过树立廉政建设的先进典型，严肃查处违法违纪案件来推动廉政建设向前发展。

由于加强了思想政治工作和廉政建设，我省法院干警的思想面貌和工作作风发生了可喜变化，政治素质有了较大提高。广大干警认真贯彻执行党的路线、方针、政策，严格依法办事，在艰苦的条件下，完成了审判任务。实践证明，法院队伍是一支忠于党、忠于人民、忠于社会主义事业的秉公执法的队伍。去年，全省法院有 42 个单位和 196 名干警被评为先进集体、先进工作者（其中廉政建设先进典型 49 个），有 24 个先进单位和个人出席了全省政法系统廉政建设经验交流会，受到表彰。全省法院队伍的主流是好的，但也确实有极少数干警经不起改革开放的考验，违法违纪，甚至走上犯罪道路。去年全省法院干警中有 23 人受到党纪、政纪、法纪处分，这说明我们的队伍的确还不够纯洁，需要整肃。

第三，加强教育培训，提高业务素质。法律业大经过四年多的艰苦努力，培养了一大批法律专门人才，使全省法院干部的文化和专业结构有了明显改观。全省法院已有 22% 的干部取得法律大专以上文凭。去年，我们创办了江西省法官培训中心，与江西大学联合办学，重点培训有大专学历的基层法院副院长以上、中级法院副庭长以上、高级法院审判员以上的审判干部，首批招生 48 名，为系统培训法院干部开辟了一条新途径。此外，各级人民法院还举办了各种短期培训班 7 期，培训干部 1063 人。

今年年初，江泽民、李鹏同志在接见第 15 次全国法院工作会议代表时反复强调了干部培训的重要性，指出核心的问题是要培养人才，充分肯定了法律业大的办学方向，阐明了培养高水平法律人才与社会稳定、国家安全的关系。这些指示更进一步坚定了我们继续搞好干部教育培训的决心和信心。今后，我们将继续采取法律业大、法官培训、岗位短训三管齐下的做法，大力搞好法院干部的教育培训工作，加速干部队伍知识化、专业化的进程。

第四，加强基层基础工作，努力改善执法条件。

加强基层人民法院特别是人民法庭的工作，是搞好人民法院各项工作的基础。人民法庭是社会治安综合治理，稳定社会、服务群众的一支重要力量，必须重视和加强。审判庭是人民法院依法行使审判职权的法定场所，作为人民法院最基本的物质基础设施，它是不可缺少的。一年来，在各级党委、人大和政府的关怀和支持下，经过各级人民法院的努力，“两庭”建设取得了一定进展，新建了 7 个审判庭，一些人民法庭得到了巩固和完善。但是，我省法院的物质基础建设还是落后的，困难很多。全省 112 个人民法院，没有审判庭的占 63%；428 个人民法庭中，具备基本工作生活条件的只占四分之一，还有 6% 的法庭没有固定办公地点和审判场所；各级人民法院的办案经费依然很紧张。我们将继续积极主动争取有关部门的支持，努力搞好法院的物质建设，以保证审判工作的顺利开展。

各位代表，一年来，全省法院的审判工

作取得了一定的成绩，法院自身的改革和建设也取得了一些进展。这是在省委和各级党委的领导下，在各级人大的监督和支持下，各级人民法院共同努力的结果。同时，省法院在工作中还存在一些缺点，主要有：一是对全省法院工作面临的新情况、新问题调查研究不够深入、系统，综合调研信息渠道不够畅通，对下级法院工作的指导需要进一步加强；二是对下级法院审判工作的监督、检查不够，办案的质量和效率还需要进一步提高；三是基层基础工作抓的不够，“两庭”建设处于全国落后的状态，亟待加强；四是对法院干部队伍的思想政治教育抓得不够有力。我们将采取有效措施，努力改正。

今年，是我国治理整顿、深化改革的关键性一年。当前，压倒一切的是稳定。法院的各项审判工作都对保障国家政治、经济和社会的稳定有重要作用。在新的一年里，全省各级人民法院要坚持四项基本原则，紧紧围绕保障社会稳定、促进经济发展这个中心来开展各项审判工作，为经济的稳定发展创造良好的社会环境，为保障人民群众安居乐业，促进改革提供及时有效的法律服务。可以预见，人民法院今后面临的任务将更为繁重和艰巨，我们将竭尽全力，不负党和人民的重托，充分发挥审判职能作用，为治理整顿、改革开放服务。

山东省高级人民法院工作报告

——1990年3月1日在山东省第七届人民代表大会第三次会议上

山东省高级人民法院代院长　宇培杲

各位代表：

现在，我代表山东省高级人民法院报告1989年的工作，请审议。

1989年是很不平常的一年，春夏之交，发生了建国以来从未有过的政治动乱和北京反革命暴乱。在这一年里，人民法院的审判任务大量增加。全省法院受理各类初审案件总数达205718件，比1988年增加34.6%。我省各级法院在省委、省人大、省政府、最高人民法院和各地党委、人大、政府的坚强领导、有效监督和大力支持下，坚持四项基本原则，坚持改革开放，坚决贯彻执行党的十三届四中全会、五中全会精神，严格执行宪法和法律，克服困难，艰苦奋斗，努力开展各项工作，履行审判机关职责，完成了繁重的任务，经受了严峻的考验。为维护社会安定，保护公民和法人的合法权益，调节经济关系，保障和促进治理整顿、改革开放的顺利进行作出了积极的贡献。

一、严厉打击了严重刑事犯罪活动

1989年，我省各级法院继续把发挥专政职能，惩办犯罪，维护社会安定作为首要任务来抓，及时有力地打击了严重危害社会的各类犯罪活动。一年内，全省法院共受理初审刑事案件17991件，比1988年增加30.5%；审结17813件，比1988年增加30.8%；结案率为99%，比1988年提高0.2%。1989年发生法律效力的判决中，共判处刑事被告22777人，其中，判处五年以上徒刑至死刑的8888人，判处不满五年徒刑及拘役、管制或其他刑罚的13562人，免予刑事处分的293人，判决无罪的34人。省高级人民法院受理二审和死刑、死缓复核案件1191件，审结1137件。

1989年刑事审判工作中比较突出的特点，一是受理了一批在政治动乱和北京反革命暴乱中发生的犯罪案件；二是随着惩治腐败斗争的逐步开展和“两院”通告的贯彻，起诉的经济犯罪案件增加较多；三是杀人、抢劫、强奸、重大盗窃等严重危害社会治安的犯罪案件上升幅度较大。适应这一客观情况的要求，我省各级法院着重加强了对这几类犯罪案件的审判工作。

去年在政治动乱和北京的反革命暴乱期间，我省各地特别是济南、青岛两市，发生了一批反革命犯罪案件和聚众打砸抢烧、破坏公共场所秩序、破坏交通秩序、乘机进行流氓滋扰等犯罪案件。对这类案件，我们本着既坚决、又慎重的态度，依法及时、准确地进行了审判。这批案件起诉以前，省法院在认真调查研究的基础上，提出了掌握的原则和适用法律方面的意见，并向省人大常委会作了报告。判决以前，又选择一批有代表性的案件，由省法院对定罪量刑统一研究平衡后，分别向省委、省人大常委会和最高人民法院作了请示。在案件事实、适用法律、定罪量刑各方面都搞清搞准以后，按照省委和各地党委选定的时机，大张旗鼓地进行了宣判处理。到1989年底，全省各地已判处这类犯罪分子81人。其中，判处死刑×人，死缓×人，五年以上徒刑46人，有力地打击了制造动乱的犯罪分子，促进了我省局势的稳定，也推动了清查工作的开展。

在配合反腐败斗争的开展，各级法院普遍加强了对经济犯罪案件的审判工作。许多法院设立了专门审判经济犯罪案件的合议庭。省法院与中级法院、中级法院与区县法院建立了审判经济犯罪案件情况报告和大案要案的平衡制度。特别是最高人民法院和最高人民检察院发布《关于贪污、受贿、投机倒把等犯罪分子必须在限期内自首坦白的通告》后，我省各级法院积极宣传，认真贯彻落实了《通告》的各项规定。先后印发了宣传材料30万余份，召开新闻发布会、发表电视讲话65次，办宣传栏100余期，出动宣传车80多台次，到有关部门和场所宣讲860多场次。并于《通告》规定的期限内，选择典型案件168案247犯，召开了48次宽严大会，通过对具体案件的宣判处理，宣传《通告》，兑现政策，推动了反腐败斗争的开展。一年内，全省各级法院共受理各类经济犯罪案件3437件，比1988年增加43%；审结3378件，比1988年增加39.9%；判处各类经济犯罪分子5036名，比1988年增加62.8%，其中有县处级以上干部8名。这些案犯中，被判处死刑××人，死缓××人，无期徒刑××人，五年以上有期徒刑1600人，不满五年徒刑及拘役、管制或其他刑罚3261人，免刑96人。对经济犯罪活动的打击，使人民群众看到了党和国家惩治腐败的实际行动，在一定程度上遏制了腐败现象的蔓延，也为国家和人民挽回了大量的经济损失。

近几年来，严重危害社会治安的犯罪活动一直比较突出。1989年我省各级法院受理这类犯罪案件7225件12809人，收案件数比1988年增加40.8%，人数增加63.3%。其中反革命案件增加5.8倍，重大盗窃案件增加1.3倍，抢劫案件增加79.1%，拐卖人口案件增加41.5%。杀人、放火、强奸、流氓等严重刑事犯罪案件也都比上年增多。面对严峻的社会治安形势，各级法院继续坚决贯彻执行了依法从重从快的方针。1989年内，审结严重危害社会治安的犯罪案件7130件，绝大多数在20天内结案。判处严重危害社会治安的犯罪分子11167人，其中，判处五年以上徒刑至死刑的6598人，占59%。

二、妥善处理了大量民事案件

1989年，是我省民事审判工作取得较大进展的一年。一年来，我省各级法院按照上次人大会议决议的要求和不少代表提出的意见。在民事审判工作中，围绕保证办案质量，提高办案效率，解决“不结不收”、“以结代收”、搞“帐外案件”，以及群众诉讼难的问题，付出了很大的努力，收到了明显的效果。一年内，全省各级人民法院共受理初审民事案件129192件，比1988年的81699件增加58.1%。共审结各类初审民事案件130029件，比1988年的79432件，增加63.7%，结案率为100.7%，比1988年的97.2%提高3.5%，未结案件比1988年底减少10.4%，是十几年来结案率最高的一年。另外，还在工作中调解处理尚未形成诉讼的简易纠纷27688件。多年来存在的“不结不收”、“帐外案件”的现象，在多数法院基本解决，群众诉讼难的问题有所缓解。

1989年审结的民事案件中，有婚姻家庭案件44788件，债务案件59873件，赔偿案件11649件，这三类案件占民事案件总数的89.4%。著作权、科技成果权、肖像权、名誉权、不当得利、无因管理、宣告失踪人死亡等新型民事案件虽然数量不多，但一直保持较大幅度的上升趋势。大量民事纠纷案件的及时、妥善处理，制裁了民事违法行为，保护了公民、法人的合法权益，对于调节民事关系，增强人民群众的法律意识，树立社会主义的道德风尚，防止民间矛盾激化，促进社会的安定团结，起了重要的作用。

三、及时解决了大批经济纠纷

根据治理整顿、深化改革的客观形势要求，我省各级法院进一步加强了经济审判工作，并把工作的重点放在审理生产、流通、金融领域的经济纠纷案件上面。一年来，全省法院共受理初审经济纠纷案件57698件，比1988年增加2.5%；审结57540件，比1988年增加5.1%；结案率为99.7%，比1988年提高2.4%。结案标的额为90076万余元，比1988年增加72.3%。1989年的经济审判工作，虽然收案、结案数量增加不多，但结案标的额上升幅度较大。这标志着我省各级法院受理大案要案、解决重大、复杂经济纠纷问题的能力增强，经济审判工作的水平有了新的提高。

去年审结的经济纠纷案件中，有借款合同纠纷20291件，占结案总数的35.3%；购销合同纠纷17532件，占30.5%；农村承包合同、联营合同、财产租赁合同纠纷6679件，占12.3%。大批经济纠纷案件的及时正确处理，制裁了生产流通领域的经济违法行为，保护了当事人的合法权益，促进了对经济环境和经济秩序的治理与整顿，维护了农村联产承包责任制和各种企业经营责任制的正常实施，也广泛宣传了国家的经济法律和政策，提高了生产经营者依法办事的自觉性。

四、进一步开展了行政审判工作

1989年，我省各级法院的行政审判工作进一步开展起来，全省各中级人民法院和基层人民法院普遍设立了行政审判庭，并积极慎重地审理了一批行政诉讼案件。一年内，共受理一审行政案件414件，比1988年增加4.8%。其中，治安行政案件107件，土地行政案件205件，城市规划、林业、工商、税务、环保、计量、矿产资源、计划生育等行政案件102件。共审结426件，结案率为102.9%，比1988年提高14.8%。结案中，维持行政机关处理（处罚）决定的184件，占43.2%；撤销或变更行政机关决定的56件，占13.1%；撤诉、终结、移送处理的186件，占43.7%。还依法受理行政机关申请执行的土地、城市规划、计划生育等行政执行案件973件，已执行905件。对这些案件的审判处理，既保护了公民、法人或其他组织的合法权益，也保障了行政机关依法行使职权。

为做好今年全面实施行政诉讼法的准备，省法院分两期对全省的行政审判干部全部培训了一遍。经省人大常委会批准，在泰安、青岛市的两级法院和其他市地的15个基层法院进行了实施行政诉讼法的试点，并于去年9月份，配合试点工作在全省开展了一次宣传月活动，对行政诉讼法进行了较为广泛的宣传。这些工作，都为今年10月正式实施行政诉讼法打下了基础。

五、审判了一批交通运输纠纷案件

一年来，青岛海事法院、济南铁路运输中级法院及各地法院，进一步加强了对交通运输纠纷案件的审判工作。共受理交通运输纠纷案件423件，审结450件，结案率为106.4%，比1988年提高12.5%。其中，海事、海商纠纷案件41件，包括涉外案件6件；铁路运输纠纷案件52件；公路运输纠纷案件357件。对这些案件的及时审判处理，维护了交通运输秩序，保障促进了交通运输事业的发展，对于维护我国的主权，促进对外贸易也发挥了积极的作用。

六、告诉申诉审判工作出现新的局面

1989年，全省各中级法院和多数基层法院设立了告诉申诉审判庭，使人民法院的信访工作由行政职能转变为审判职能，走上了严格按法律程序办事的轨道。由于几年来多方面的努力，告诉申诉工作出现了新的局面。一年内，全省各级法院共处理告诉、申诉来信来访82958件次，比1988年下降74.1%；受理各类申诉案件3521件，比1988年下降20.5%；审结各类申诉案件3808件，结案率为108.2%，比1988年提高2.3%。其中，经再审改判或部分改判的975件，占25.6%。前些年长期存在的信访申诉连年增多，未结案件大量积压的被动局面，已经开始扭转。

各位代表！

1989年是我省各级法院的审判工作取得较大成绩和进展的一年。这首先是党委领导、人大监督、政府支持和兄弟部门密切配合的结果。一年来，省委常委会及省委领导同志多次听取省法院的工作汇报，多次到法院召开的会议上讲话，对法院工作提出明确要求，作了许多重要指示；省人大常委会也多次听取和讨论法院有关工作的报告，讨论研究和监督法院解决了许多重大疑难案件，人大代表对我省法院工作提出了许多很好的意见和建议，法院召开的每次重要会议，省人大常委会的领导同志和有关同志都到会指导；省政府在工作上和财力、物力上给予了很多照顾和帮助，保证了法院工作的开展。人民法院参与社会治安综合治理，打击经济犯罪，理顺民事、经济法律关系等许多工作，都是在党委的统一组织领导和人大监督、政府支持、各有关部门的密切配合下进行的。没有这些条件，就谈不上人民法院工作的成绩和进展。作为人民法院自身来说，也付出了积极的努力，在工作中突出抓了以下几点：

第一，大力加强了干警队伍建设

为提高干警队伍的政治、业务素质，保证各项审判任务的完成，我省各级法院进一步重视和加强了干警队伍建设。

一是深入进行了党的十三届四中全会、五中全会精神和坚持四项基本原则、反对资产阶级自由化的教育，提高了广大干警的政治觉悟和辨别是非的能力。去年发生的政治动乱期间，全省13000余名干警全部坚守在自己的工作岗位上，没有一个人参与游行、请愿、罢工等非法活动，法院的各项工作正常进行，经受住了严峻的考验。

二是加强了职业道德、职业纪律建设，教育干警自觉抵制资产阶级腐朽思想的侵蚀和商品交换原则的冲击，廉洁勤政，秉公执法，全心全意为人民服务。

三是广泛开展了立功创模活动，对优秀模范干警及时给予表彰奖励。一年内，全省法院有2887名干警、848个集体受到记功、晋级、授予荣誉称号等奖励。新泰市法院院长李万田同志被最高人民法院授予全国法院模范称号，光荣地出席了全国劳动模范和先进工作者表彰大会。

四是加强了纪律、制度建设。省法院和中级法院普遍建立了纪检、监察机构，基层法院配备了纪检、监察干部，并建立、制定了一系列的制度和工作纪律，增强了干警队伍的自我约束能力。1989 年内，共发现并查处干警中的违法违纪事件 40 件 44 人，已处理 33 件 35 人，其中给予党纪处分的 17 人，给予行政处分的 14 人，追究刑事责任的 2 人，免予刑事处分的 2 人。

第二，坚持审判就是服务的方向

各级法院进一步克服了就案办案、孤立办案的思想和作风，通过各项工作的开展，努力为安定团结服务，为治理整顿、深化改革和经济建设服务，为人民服务。比较突出的做法：

一是注意了扩大办案的社会效果。一年来，各级法院配合对犯罪活动的专项打击和社会治安综合治理，先后召开公开宣判大会 947 次，宣判重大典型案件 4294 件 7682 犯，有 655 万多名干部群众参加了旁听。巡回就地公开审判、公开宣判各类案件 25722 件，还印发了大量布告和法制宣传材料。

二是对于影响社会安定，影响治理整顿、影响生产建设和群众生活的案件，坚持优先收案审理，及时妥善解决。对比较突出的民事、经济纠纷问题，继续采取专项治理、理顺关系的方法集中解决、处理。1989 年内，许多法院开展了主动帮助企业清理经济合同纠纷，帮助银行、信贷部门清理贷款纠纷的工作，取得明显效果。据统计，全省法院在去年的经济审判工作中，共为银行和企业收回逾期贷款和欠款 68000 万余元，还帮助修订完善了大量经济合同，有效地保障促进了生产、建设和流通的顺利进行。

三是进一步加强了对发案原因的分析研究，针对发现的问题向有关部门、有关方面提出司法建议。据不完全统计，1989 年内，全省法院共发出书面司法建议 2903 份，提出建议 4814 条，其中有 3625 条已被采纳。

第三，进行审判方式的改革

一年来，我省各级法院在总结试点经验的基础上，普遍进行了以“一个公开、三个为主”为重点的审判方式改革，取得明显效果。一审案件中依法应当公开审判的基本上都进行了公开审判。二审和再审案件的公开审判也初步开展起来。许多法院印制了各类纠纷案件的举证要点和《诉讼须知》，并进行了广泛的宣传，当事人举证为主的原则逐步体现出来。对民事、经济纠纷案件的处理，也开始由原来的庭外调查、背靠背做工作为主转变为庭审调查、在开庭中面对面调解处理为主。各级法院普遍明确了审判委员会讨论案件的范围，适当下放了权力，加强了合议庭的责任。

1989 年，我省法院各项审判工作的办案效率普遍提高，尤其是民事审判工作，在人员基本没有增加的情况下，比 1988 年多办了 5 万多起案件。在办案质量上也有明显进步。济南市中级法院组织力量对 8 个县区法院 1989 年审结的刑、民、经一审案件进行了检查，在抽查的 1920 起案件中，认为合格和基本合格的平均占 98.4%，在适用法律、执行程序等方面，都明显好于往年。这与审判方式的改革是有密切关系的。

第四，加强人民法庭建设

1989 年，我省各级法院在基本实现一个乡镇设立一处人民法庭的基础上，大力加强了对法庭工作的管理和指导，使人民法庭工作全面开展起来。一年内，全省 2338 处人民法庭共审结民事、经济纠纷案件和轻微刑事案件 156916 件，占全省法院结案总数的 76.6%。还调处简易纠纷 24608 件，通过工作防止矛盾激化可能引起的凶杀、自杀等恶性事件 2535 起，在指导调解、法制宣传、参与乡镇社会治安综合治理等方面，都做了大量工作。法庭建设的作用，在 1989 的法院工作中，开始显示出来。

第五，加强对工作的管理和指导

为完成日益繁重的审判任务，各级法院

切实加强了工作管理和业务指导。一是比较普遍地实行了目标管理责任制，将各项工作的任务、目标层层分解，落实到每个干警，定期考核，奖优罚劣。二是建立了定期评查、抽查案件的制度。多数区县法院对人民法庭审结的案件，定期逐件评查，中级法院对区县法院审结的案件定期抽样检查。三是根据法律规定和实践经验，对各项审判工作的办案质量，从案件事实、适用法律、执行程序、法律文书到卷宗装订等各个环节都提出具体的标准和要求，使审判工作逐步规范化。四是加强业务指导。上级法院除通过审判监督指导下级法院的工作外，还加强了对新情况、新问题的调查研究，通过总结推广典型经验，批复解答、帮助讨论研究疑难案件、印发案例、召开专业会、研讨会等方式，及时研究解决工作中遇到的疑难问题。科学的管理和业务指导的加强，对于保证各项审判任务的完成，也起了重要的作用。

各位代表！

在过去的一年里，我省法院的工作虽然有成绩、有进展，但是也还存在着不少问题和困难。干警队伍中新成份较多，政治、业务素质与客观形势和任务的要求还不相适应；审判工作中少数案件审理不够及时，主要事实不清，定性处理不当，执法不严的现象仍然存在；部分民事、经济判决没有如期执行，“执行难”的问题比较突出；群众告状难的现象尚未从根本上解决；在发挥审判职能为治理整顿和经济建设服务方面，有些同志还不够自觉，而且也缺乏经验；有的审判人员缺乏职业道德修养，工作作风简单、粗暴，个别干警滥用职权，违法乱纪，甚至执法犯法的事件仍时有发生；在审判任务大量增加的情况下，各级法院特别是基层法院的干警力量不足，物质装备方面困难仍然较多等等。上述问题的存在，主要是我们省高级法院从领导思想上跟不上客观形势的发展，作风还不够深入，发现问题、解决问题不够及时，对全省法院工作的指导、监督不够有力。

今年是九十年代的第一年，也是治理整顿、深化改革的关键性一年。我省各级人民法院将继续以党的十三届四中全会、五中全会精神为指针，认真贯彻本次人大会议精神，紧紧围绕“稳定”这个中心，全面开展各项审判工作，充分发挥审判机关的职能作用，为稳定政治、稳定经济、稳定社会、稳定人心服务，维护社会的安定团结，保障治理整顿、深化改革和社会主义现代化建设的顺利进行。对今年的工作主要设想是：

进一步增强专政意识，抓紧抓好刑事审判工作，继续坚决慎重地审理好动乱和暴乱中的犯罪案件；继续严厉打击经济领域里的严重犯罪活动，依法从严惩处贪污、受贿、投机倒把、诈骗、偷税抗税等严重经济犯罪分子；继续执行依法从重从快的方针，严惩杀人、抢劫、强奸、流氓、车匪路霸、重大盗窃等严重危害社会治安的犯罪分子；严惩“六害”中的犯罪分子，遏制各种社会丑恶现象的蔓延；并配合有关部门搞好专项斗争，以充分发挥专政职能，维护社会的安定。

全面加强民事、经济、行政、交通运输、告诉申诉等各项审判工作，正确、合法、及时、妥善地处理各类纠纷案件和信访申诉，制裁违法侵权行为，保护合法权益，调节民事、经济关系，维护正常的经济秩序、社会生活秩序和行政管理秩序，疏导人民内部矛盾，为安定团结、稳定大局服务。

努力提高干警队伍的政治素质和业务素质，搞好自身建设。在全面加强思想政治教育和专业教育的前提下，今年普遍开展以马克思主义哲学为重点的学习马列主义、毛泽东思想的活动，努力从根本上提高干警队伍的政治觉悟和分析问题认识问题的能力；深入进行党的路线、方针、政策的教育，教育广大干警更好地坚持四项基本原则，从思想上、政治上、行动上同党中央保持一致；结合职业道德、职业纪律教育，普遍进行审判作风、审判纪律的整顿；积极协助地方党委建设好各级法院的领导班子。

继续大力加强对派出人民法庭的指导和管理，认真总结推广法庭工作的经验，提高法庭工作的水平和质量，及时解决法庭工作中遇到的问题和困难，使人民法庭在我省的法院工作和两个文明建设中发挥更大的作用。

进一步改善执法活动，提高执法水平。主要是继续搞好审判方式的改革；继续总结经验，加快审判工作规范化的步伐；努力解决判决执行难的问题；认真探讨、研究和总结推广审判工作为经济建设服务的经验。

努力加强物质装备建设，解决迫切需要解决的实际困难，为严肃执法创造必要的条件。

在新的一年里，我们一定要在党委、人大、政府的领导、监督和大力支持下，与公安、检察、司法、安全等兄弟部门密切配合，努力把各项工作做得更好，为党和人民做出更大的贡献！

河南省高级人民法院工作报告

——1990 年 4 月 23 日在河南省第七届人民代表大会第三次会议上

河南省高级人民法院院长　郑增茂

各位代表：

1989 年，全省各级法院在中共河南省委的领导和省人大及其常委会的监督下，坚持四中全会、五中全会精神，坚持四项基本原则，坚持改革开放，不仅在制止政治动乱和平息反革命暴乱的斗争中，立场坚定，旗帜鲜明，经受住了严峻的考验，而且在案件数量上升、难度增大的情况下，克服困难，艰苦奋斗，胜利完成了各项审判任务。全年共受理各类一审案件 205896 件，比 1988 年上升 3.41%；共审结各类一审案件 186459 件，比 1988 年上升 3.34%。通过审判活动，对维护我省政治稳定、经济稳定、社会稳定，保障和促进治理整顿、深化改革的顺利进行，起到了积极的作用。现在，我向大会报告全省法院 1989 年的工作，请予审议。

一、坚持人民民主专政，依法严惩严重刑事犯罪，维护社会安定

1989 年，我省的社会治安形势仍然相当严峻。全省法院受理的严重刑事犯罪案件比 1988 年上升 24.87%。其中抢劫案上升 61.41%，重大盗窃案上升 83.03%，故意杀人案上升 12.02%，拐卖人口案上升 6.71%。一年来，省法院根据省七届人大二次会议精神，要求全省各级法院采取有效措施，进一步加强刑事审判工作，继续坚持依法从重从快和依法从重从严的方针，严厉打击严重刑事犯罪和严重经济犯罪活动。1989 年，全省法院共受理各类一审刑事案件 27893 件 47438 人，审结 27073 件 45905 人，结案率为 97%，结案数比 1988 年上升 21.04%；未结案比 1988 年下降 13.73%。99%以上的公诉案件在法定时限内审结。在已生效的判决中，作有罪判决的 33349 人，占 99.8%，其中，判处无期徒刑至死刑的 1171 人，比 1988 年上升 65.16%；判处五年以上有期徒刑的 10612 人，比 1988 年上升 50.5%；判处不满五年有期徒刑的 17345 人；判处拘役、管制等其他刑罚的 3836 人；依法免予刑事处分的 385

人。总的看来，各级法院对严重刑事犯罪活动的打击是及时的、有力的。

1. 坚决、慎重地审判了动乱和暴乱中的犯罪案件。1989年春夏之交发生的政治动乱和反革命暴乱，是一场关系到党和国家生死存亡的严重政治斗争。在我们党取得制止动乱和平息反革命暴乱的决定性胜利之后，依法审理好动乱和暴乱中的犯罪案件，是关系到社会稳定和国家安危的一件大事。根据中央和省委的指示精神，我们要求全省各级法院，从稳定国家大局出发，认真审理好这类案件。强调对极少数策划、组织、煽动反革命暴乱和政治动乱的犯罪分子，进行反革命宣传煽动的首要分子和骨干分子，猖狂进行打、砸、抢、烧、杀的各种严重刑事犯罪分子，要依法严惩，决不能有丝毫的仁慈。指出这类案件情况复杂，政策性强，一定要在查明事实的基础上，严格区分两类不同性质的矛盾，严格区分罪与非罪、反革命犯罪与普通刑事犯罪的界限。同时，省法院加强了指导和监督，保证正确适用法律。目前，全省法院共受理动乱中的反革命案件14件20人，已审结5件5人，反映较好。我们要继续精心组织，适时处理，善始善终地把这批案件审判好。

2. 坚持依法从重从严方针，严厉打击了贪污、受贿、投机倒把等严重破坏经济的犯罪活动。一年来，全省法院共受理经济犯罪案件3965年，比1988年上升18.14%；共审结3814件，比1988年上升18.08%。已结案件中，贪污302件358人，投机倒把43件75人，行贿受贿55件63人。判处个人非法所得在万元以上的大、要案犯391人，挽回经济损失1537万余元，依法判处无期徒刑至死刑的，比1988年上升82.6%，判处五年以上有期徒刑的1619人，比1988年上升52.45%。通过从重从严惩处严重破坏经济的犯罪活动，维护了社会主义经济秩序，促进了反腐败斗争的深入发展。

为了深入开展打击严重经济犯罪的斗争，全省各级法院密切配合政法兄弟部门，认真宣传、贯彻、执行最高人民法院、最高人民检察院《关于贪污、受贿、投机倒把等犯罪分子必须在限期内自首坦白的通告》。各地法院通过召开新闻发布会，发表电视广播讲话，组织干警走上街头，或深入企业事业单位、看守所、劳教劳改场所宣讲《通告》等形式，大张旗鼓地宣传《通告》精神，造成强大声势，敦促有经济犯罪行为的人，自首坦白，争取宽大处理。各地法院还依照《通告》规定，及时审结了一批宽严典型案件，充分发挥政策的威力。省法院在沈丘县和武汉铁路分局召开了宽严处理大会，对贪污公款85700余元的原中国工商银行沈丘支行东风路储蓄所会计兼负责人刘俊峰，因其罪行被察觉后，继续骗取库款，携款外逃，拒不投案自首，依法从重判处其死刑，剥夺政治权利终身。对挪用公款21万余元"不退还"，已构成贪污罪的原武汉铁路分局蒲圻火车站进款员王建敏（女），因其能投案自首，依法从轻判处其无期徒刑，剥夺政治权利终身。在宣传贯彻《通告》期间，全省法院共召开宣判大会112次，宣判案件717件1382人。

"两院"《通告》的贯彻执行，得到了广大干部群众的广泛支持，使打击经济犯罪的斗争有了好的势头。目前，贯彻《通告》期间的经济犯罪案件大部分还没有起诉到法院，全省法院要继续按照《通告》规定审理好这些案件，保持政策的连续性和法律的统一性，以取信于民。

3. 严惩了严重危害社会治安的犯罪活动。1989年，严重危害社会治安的犯罪活动猖獗，大案要案大量增加，人民群众的生命财产安全受到严重威胁。全省各级法院针锋相对，坚决依法从重从快地惩处那些杀人、抢劫、强奸、盗窃、流氓等严重刑事犯罪分子。1989年，省法院共受理重大刑事犯罪案件894件，审结853件，分别比1988年上升47.2%和51.5%，并采取提前介入的作法，使24.85%的案件在半个月内作出终审判决并交付执行。例如，许昌市丁爱民持枪杀人案，从一审收案到执行死刑仅用了7天时间；信阳王国强等7名被告抢劫案，余丙东等6名被告抢劫案，刘康体故意杀人案，省法院都在8天内作出终审判决。对罪大恶极，不杀不足以平民愤的犯罪分子，坚决依法判处死刑，决不手软。例如许德强等6人抢劫案，在一个月内，罪犯流窜于淮商、淮郸、淮太三条主要公路干线上，冒充公安、税务等工作人员，采取暴力手段，抢劫作案17起28人次，打伤8人，抢劫财物价值2800余元，严重威胁人民群众生命财产安全，4名主犯被依法判处死刑。有的中级法院还对因管辖不当造成轻判的案件，依法提审，使犯罪分子受到了应有的惩罚。在坚持严厉打击的同时，省法院还注意加强审判监督和指导，通过二审、复核程序，纠正原审有误的案件，确保办案质量。

为了更加有效地打击严重刑事犯罪活动，维护社会安定，全省各级法院密切配合有关部门，适时开展集中打击和专项斗争。上半年，全省集中打击了抢劫、盗窃和流氓滋扰犯罪活动，并开展了打击流窜犯的专项斗争。人民法院大张旗鼓地公开审判、公开宣判了一大批犯罪分子，打击了犯罪气焰，对于维护社会大局稳定，抑制和平息政治动乱，发挥了积极作用。下半年，全省法院积极配合“扫黄”和除“六害”斗争，严厉打击触犯刑律的犯罪分子，遏制丑恶现象蔓延。对其中罪大恶极、不杀不足以平民愤的犯罪分子，坚决依法判处死刑。如濮阳市付士军、王玉朝、张学坤等5人，于1987年5月至1988年5月，先后从郑州、新乡等地拐卖妇女18名，其中强奸、轮奸14名，严重危害了社会治安。人民法院依法对3名主犯从重判处死刑，剥夺政治权利终身，其他两名罪犯也受到了应得的惩罚。省法院在发案地进行了公开宣判，有力地配合了当地除“六害”斗争。新乡、信阳、商丘等地法院，针对当地农用电线被盗割严重的情况，配合有关部门进行专项打击，及时依法判处了一批破坏电力设备的犯罪案件。省法院及时依法核准了一批破坏电力设备的死刑罪犯，并在当地进行了公开宣判，严厉打击了犯罪活动，维护了正常的生产秩序。

在刑事审判工作中，全省法院始终认真贯彻执行党的惩办与宽大相结合，区别对待的政策，做到宽严相济。对有从重、加重情节的，坚决依法从重、加重处罚；对有从轻、减轻情节的，依法从轻、减轻处罚，以分化瓦解犯罪分子。同时，对失足青少年犯罪的审判，我们着眼于教育、感化、挽救，促使其向好的方向转化。全省法院试办少年犯罪案件合议庭的工作已由6个基层法院发展到25个基层法院，依法审结了一批案件，取得了良好的社会效果。我们要求各地法院在总结经验的基础上，继续加以推广。

二、及时妥善处理民事纠纷，增强人民内部团结，为社会主义精神文明建设服务

1989年，民事审判工作有较大发展。全省法院共受理各类一审民事案件118047件，审结107511件，分别比1988年上升11.56%和11.82%。已结案中，债务纠纷案件44889件，离婚案件34724件，损害赔偿纠纷案件9314件，赡养、抚养等其他婚姻家庭纠纷案件7097件，土地、林木、水利纠纷案件4247件，房产宅基纠纷案件2550件，继承纠纷案件1161件，知识产权、人身权方面的纠纷案件121件，其他民事纠纷案件4283件。依法调解结案76298件，占结案数的70.96%，判决结案18147件，占结案数的16.87%，作撤诉、移送等方式结案的13066件。通过对大量民事案件的及时妥善处理，保护了公民、法人的合法权益，制裁了民事违法行为，防止了矛盾激化，增强了人民内部团结，促进了社会主义精神文明建设。

近年来，民事案件持续大量上升，尤其是民间债务纠纷案件和婚姻家庭纠纷案件突出，这两类案件占全部民事案件总数的80%

以上。这种情况，一方面说明了社会主义商品经济的发展，社会主义法制建设逐步完善和公民法律意识的增强；另一方面也说明在改革开放过程中，由于放松了社会主义思想和道德风尚的宣传教育，金钱至上、自私自利、贪图享乐、个人主义等资产阶级思想意识和封建迷信观念，侵袭了城乡社会主义思想文化阵地，给社会主义的民间借贷、婚姻家庭等民事法律关系带来了不稳定因素。针对这种情况，全省法院把民事审判工作的重点，放在审理好婚姻家庭和民间债务纠纷案件上，坚决维护社会主义的婚姻家庭制度，切实保护妇女、儿童和老人的合法权益，维护正当合法的借贷关系。同时，通过审判案件，揭露批判资产阶级思想意识，大力宣传倡导团结友爱，尊老爱幼，助人为乐，遵纪守法，艰苦奋斗等社会主义新风尚，抵制、清除资产阶级腐朽思想的侵袭。

在民事纠纷案件中，土地、林木、水利等纠纷案件虽然数量较少，但这类案件涉及面广，案情复杂，容易引起群众性的闹事。为了及时妥善审理这类案件，省法院专门召开了土地案件研讨会，总结审判经验，加强审判指导。各地法院在审理这类案件中，本着分清是非，稳定大局的原则，坚持多做调查研究和艰苦细致的群众工作，收到了好的效果。例如，杞县平城乡高柴村民委员会与杞县平城乡综合场土地纠纷一案，高柴村民委员会不服一、二审法院判决，出动百余人赴郑上访。省法院及时立案，主管副院长亲自带领审判人员，深入发案地，调查研究，在查清事实、分清是非责任的基础上，依法作出了判决，并在当地党委和政府的大力支持下，保证了判决的顺利执行，防止了矛盾激化。

1989年，全省各级法院根据民事案件日益增多，审判力量与审判任务的矛盾更加突出的新情况，大力加强基层工作，特别是注意加强对人民法庭工作的指导。省法院和部分中级法院成立了人民法庭工作指导小组，着力于提高人民法庭的干部素质，改善办公条件和审判方式，提高办案质量和办案效率。省法院和各地法院还结合审判著作权、名誉权、肖像权、姓名权以及涉外、涉港、澳、台民事纠纷案件，加强对新型民事案件和疑难民事案件的调查研究，总结审判经验，对于保证民事审判工作的顺利进行发挥了积极作用。

三、积极调节经济关系，保障治理整顿、深化改革顺利进行，促进社会主义有计划商品经济的发展

1989年，全省法院在为治理整顿、深化改革服务的思想指导下，审判了大量经济纠纷案件。全年共受理各类经济纠纷案件59115件，审结51128件。调解结案的占76.66%，判决结案的占11.96%，诉讼标的金额达11.43亿元。通过经济审判活动，制裁了违法行为，保护了当事人的合法权益，对经济的稳定和发展，起到了积极作用。

在经济审判工作中，全省各级法院针对一个时期以来经济过热，经济秩序特别是流通领域秩序混乱的情况，积极受理各类经济纠纷案件，突出办好与治理整顿关系密切、亟待解决的经济纠纷案件。主要是：(一）搞好借款案件的专项审判，服务财政信贷双紧方针。各地法院采取组织专项审判合议庭，派出巡回法庭等形式，共审结借款合同纠纷案件24672件，为国家收回了大量逾期银行贷款，使呆滞资金得以合理流动。(二）积极审理农村承包合同纠纷和企业承包经营、租赁经营合同纠纷案件，共审结1646件。人民法院审理这些案件，着眼于国家政策的连续性和稳定性，促进各种承包经营责任制的完善和发展。(三）积极审理购销合同纠纷案件，共审结13249件，促进了对流通领域混乱秩序的治理。(四）积极受理并审判了一批清理整顿公司发生的债务清偿案件和企业破产案件，因压缩基建项目、整顿基建市场带来的建筑工程承包合同纠纷案件，因调整产业、产品结构而引起的变更合同纠纷案件，技术市场发展带来的技术开发转让服务合同纠纷案件和涉外、涉港、澳经济纠纷案件。通过审判实践，研究总结审判这些新型案件的经验，加强对经济审判工作的指导。

为使经济审判更加有效地服务于经济建设，全省各级法院在保证办案质量的基础上，积极探索经济审判方式的改革，努力提高办案效率。商城县法院以公开审判为重心，坚持主要审判活动在庭审中进行，充分发挥合议庭职能作用；坚持当事人举证与法院调查收集证据相结合；坚持调解贯穿于庭审全过程，该调则调，当判则判，收到了连续5年无积案，调解无翻悔，判决能执行，上诉无改判的良好效果。省法院在商城县召开了全省经济审判工作会议，总结推广了他们的经验。还有些法院进一步发挥调解的作用，在大力加强庭审调解的同时，积极开展了由法院主持的庭前调解工作的试验。对于那些事实清楚，是非责任分明，当事人双方自愿接受调解的案件，由法院主持依法直接进行调解。这种庭前调解，具有随来随收随调解，方便当事人，缩短办案周期，提高办案效率的优点。例如，安阳市中级法院对52起经济纠纷案件进行庭前调解，结案时间平均为14天，受到企业的欢迎和好评。省法院还针对经济纠纷未结案较多的情况，研究制订了《经济纠纷案件审理期限的规定（试行）》，对一、二审案件审结时间提出了具体要求。在新的一年里，我们要进一步探索总结审判方式改革的经验，争取在办案质量、办案效率上有个较大的提高，为促进经济的稳定发展，发挥更加积极的作用。

四、努力开展行政审判工作，保障公民、法人和其他组织的合法权益，维护和监督行政机关依法行使职权

1989年，全省行政审判工作发展较快。到目前为止，全省法院已建立行政审判庭165个，占法院总数的94%，居全国的第六位。一年里，省法院举办了两期培训班，把各级法院行政审判干部全部轮训了一遍，行政审判队伍的业务素质有了明显提高。1989年，全省各级法院在行政诉讼法没有实施和审判经验不足的情况下，积极慎重地审理了一批行政案件。全年共受理各类行政案件841件，审结747件，收、结案数分别比1988年上升49.6%和48.21%。审理的案件数量虽然不多，但类型多，涉及面广，审理难度大。目前，已涉及治安、土地、工商、税务、计量、海关、环保、渔业、标准化、矿产资源、城市规划、交通运输等近20种类型的案件。由于历史的原因，一些行政部门的负责人不愿出庭应诉，有的上级行政执法机关还出面干预，给审判工作造成了一定的困难。但在党委、人大的支持和监督下，在各级政府和有关部门的积极配合下，经过共同努力，多数问题都得到了解决，保证了法律的正确实施。在已审结的案件中，维持行政执法机关裁决和撤诉的占71.6%，撤销和变更行政执法机关裁决的占22.8%，较好地维护了公民、法人和其他组织的合法权益，支持了行政机关依法行政，增强了社会主义法制的权威。

1989年，省法院和部分中、基层法院突出抓了行政诉讼法实施前的审判试点工作。省法院根据最高法院指示精神，拟定并报请省人大常委会批准了试点工作计划，在郑州、信阳、南阳、驻马店4个中级法院和所辖的8个基层法院开展了试点工作。试点单位在党委、人大、政府的重视支持下，大力开展行政诉讼法的宣传、行政审判干部的培训和行政执法情况的调查研究等工作，按照行政诉讼法规定的程序制度，试办了一批案件，摸索总结了一些审判经验。目前，试点工作正在继续进行，省法院将进一步加强对试点工作的指导，积极反映和解决试点工作中遇到的问题和困难，争取试点工作达到预期目的。

我国行政诉讼法将于今年10月1日起正式施行。这是我国社会主义法制建设的一件大事。目前应切实做好实施行政诉讼法的各项准备工作。但是，从审判工作反映出来的情况看，有些地方，有些行政执法机关对准备工作重视不够，或者没有引起重视。我们认为，实施行政诉讼法的准备工作，需要党委、人大、政府的统一部署领导，需要行政执法机关与审判机关的密切配合，需要社会各界的大力支持和广泛宣传。建议各级人大及其常委会加强对实施行政诉讼法的准备工作的监督检查。

五、加强告诉申诉工作，搞好审判监督，切实解决群众"告状难"问题

1989年，全省法院告诉申诉工作有较大进步。全年共处理告诉、申诉和非诉来信来访272360件次，使我省赴京上访人数下降45.86%，有效地防止了矛盾激化，减少了不安定因素。我们突出抓了三个方面的工作：

一是狠抓上访老户的处理。各地法院在彻底澄清上访老户底数的基础上，组织人力，逐案落实。坚持携卷到发案地，深入群众，调查研究，解决实际问题。1989年，省法院组织审判人员深入基层，帮助工作，使105个上访老户息诉。

二是认真做好初信初访工作。1989年，全省法院在处理初信初访中，说服息诉9976人次，说服撤诉5515人次，解答法律咨询20080人次。对不属于法院管辖的，及时转有关部门处理。对于符合法院立案条件的，及时立案受理。改变过去受理纠纷案件要介绍信或者需要经过基层组织处理的习惯作法。为了保证受理的案件能够及时审结，省法院和各中级法院坚持了案件交办、催办和通报制度，不少基层法院对经济、民事申诉案件，规定了审理时限，各级法院都实行了院长接待日制度，加强对告诉申诉工作的监督和指导。

三是加强申诉案件审判工作。各级法院坚持实事求是，有错必纠的原则，按照审判监督程序再审了已经发生法律效力的刑事申诉案件4913件，其中，维持原判的3016件，占61.38%，改判的1298件，占26.4%，撤诉的111件，占2.25%，作其他处理的488件，占9.93%。还处理民事申诉案件7773件，经济申诉案件3573件，行政申诉案件132件。通过审判活动，维护了公民的合法权益，促进了安定团结。例如，秦道安申诉一案。经过唐河县人民法院、南阳地区中级人民法院、省高级人民法院深入细致的调查，依法撤销原判，宣告秦道安无罪。其弟很受感动，来信表示："我只是书信上要求对我大哥的案件进行复查，对各级法官都没有见过面，更不知姓名，社会上流传'不送礼不办事'的说法不对，说明我们政法干警大多数是忠诚于党，对人民负责，是很廉洁的。今后我要更加努力工作报答党。"

六、加强法院自身建设，保证胜利完成审判任务

1989年，全省各级法院坚持一手抓审判，一手抓建设的方针，认真抓了法院的自身建设。

(一)大力加强法院队伍建设。建设一支政治强、业务精、纪律严、作风硬、有战斗力的法官队伍，是人民民主专政的需要，是社会主义法制建设和经济发展的需要。一年来，全省各级法院在各级党委的领导下，下大力气抓了队伍建设，广大干警的政治素质和业务素质有了一定的提高，经受住了严峻政治斗争和繁重工作的考验。各地着重抓了四项工作：

1. 思想政治工作。一年来，特别是经历去年春夏之交的政治动乱以后，全省法院更加清醒地认识到加强法院思想政治工作的重要性，把思想政治工作作为法院干部队伍建设的头等大事来抓。动乱期间，各地法院及时组织全体干警认真学习中央"四·二六"社论、学习邓小平同志的重要讲话，教育干警认清动乱、暴乱的性质和危害，旗帜鲜明地反对动乱，拥护中央平暴决策和措施。制止

动乱、平息反革命暴乱之后，全省法院结合法院工作实际，认真学习党的十三届四中全会、五中全会精神，学习江泽民总书记国庆讲话，对广大干警进行党的基本路线教育，进行坚持四项基本原则，反对资产阶级自由化的教育，进行爱国主义、社会主义教育，把广大干警的思想统一到党中央的精神上来，把中央的精神贯彻落实到各项审判工作中去。同时，号召广大干警学习马克思列宁主义，毛泽东思想，增强辨别是非的能力。通过强有力的思想政治工作，使全省法院的广大干警在制止政治动乱的斗争中，表现出了高度的政治觉悟和严格的组织纪律性，恪尽职守，为保障社会大局稳定，发挥了应有的作用。

2. 廉政建设。1989 年 6 月，省法院召开了全省法院廉政建设工作会议，认真总结了法院系统廉政建设工作经验，提出了进一步搞好廉政建设的措施和要求。10 月份，省法院组织廉政工作检查团，对全省 18 个中级法院和 35 个基层法院进行了检查。结果表明，全省法院廉政建设已初见成效。第一、各级法院都把廉政建设工作摆到了重要议事日程，各级法院的领导不仅亲自动手抓，而且从我做起，率先垂范。第二、深入进行了党的全心全意为人民服务的宗旨教育，进行了作风纪律和职业道德教育，进行了艰苦奋斗的革命传统教育，普遍开展了“学雷锋，争当人民好卫士”活动，提高干警保持廉洁的自觉性，涌现出了一大批先进集体、先进工作者和优秀共产党员。1989 年全省法院有 48 人立功受奖，评选表彰了先进集体 807 个，先进工作者 4275 人，优秀共产党员 978 人。第三、及时查处法院干警违法乱纪案件。1989 年全省法院发生的 49 起违法乱纪案件，已全部得到查处。对触犯刑律的坚决依法惩处，决不姑息迁就。第四、各级法院针对群众反映比较强烈的问题，制订了廉政措施和规章制度，并把这些规章制度公布于众。第五、强化监督机制。各级法院建立了纪检、监督机构或配备专职纪检、监察人员。全省法院普遍实行了“八公开”制度，广泛接受社会各界的监督。伊川县法院受理案件时，就将《当事人意见卡》发给当事人，使审判人员的工作情况从一开始就置于当事人的监督之下。汝阳县法院两次召开拒贿退礼大会，将所送的现金、物品当场退给送礼说情人，一位当事人接过退回的物品感动地说:“社会上都象你们法院这样，俺老百姓就放心了”。各地法院在加强内部监督机制的同时，自觉接受人大及其常委会的监督，接受新闻舆论的监督，发表《公开信》、《廉政公告》，恳请广大人民群众监督，帮助法院搞好廉政建设。

从总体上看，法院廉政建设取得了一定成绩，但还只是刚刚起步，工作发展很不平衡。特别是原郑州市中原区法院院长刘士荣受贿案的发生，更使我们清醒地看到法院廉政建设的紧迫性和艰巨性。我们将继续努力，把法院廉政建设深入持久地搞下去。

3. 领导班子建设。一是根据党委的统一部署，对处级以上干部在政治动乱中的表现进行了认真考察。二是协助党委做好法院领导班子考核工作。省法院积极协助党委对部分中级法院院长进行了考核，并两次召开会议，研究基层法院换届问题。各中级法院积极主动地协助当地党委，对基层法院的领导班子进行考核，做好基层法院院长换届的准备工作，坚持人选的政治标准和业务标准，确保人选质量。

4. 干部教育培训。1989 年，全省各级法院继续加强对法律业大的领导，加强了对学员的思想政治教育，认真抓了教学质量，下大力气狠抓学风考纪，并重点解决了稳定专业证书学员队伍问题，完成了 88 级 7 门课程的教学任务。目前，全省共有在校学员 2300 余人，他们一面工作，一面学习，理论联系实际，学以致用。在办好法律业大的同时，省法院举办了 6 期培训班，培训了 647 名审判干部。近年来，我们一直重视干部培训，取得了一些成绩。但是，目前我省法院干部培训工作，远远不能适应审判工作的需要。江泽民总书记、李鹏总理在接见第十五次全国法院工作会议代表时，指出“核心的问题是培养人才”。当前，我省法院干部培训工作，除继续办好业大和积极进行短期培训外，当务之急是积极创造条件，创办法官培训中心，加快培训基地的建设步伐。

（二）搞好人民法庭、审判法庭建设，加强基层基础工作。目前，全省158个基层法院有人民法庭1201个，其中，相当一部分法庭由于人、财、物的困难较大，其作用没有得到充分发挥。一年来，全省法院认真抓了调整、巩固、提高现有人民法庭的工作，开展标准化人民法庭建设。1989年，原计划建标准化人民法庭34个，现已建成46个。这是各地党委、政府大力支持的结果。例如，唐河县是个大县，财政比较困难，但是县、乡两级党委、政府重视支持人民法庭建设，现已建成桐寨铺等8个标准化人民法庭，为法院运用审判职能服务经济建设提供了良好的条件。

1989年，标准化审判法庭建设有了新的发展。现已有16个基层法院的标准化审判法庭动工兴建，4个中级法院的标准化审判法庭建设在加紧进行，省法院审判法庭也在抓紧筹建。目前，全省还有8个中级法院和39个基层法院没有审判法庭，多数基层法院的审判法庭不符合最高法院规定的最低标准，审判法庭是人民法院依法行使审判职权的法定场所，不是“楼堂馆所”。没有审判法庭，公开审理案件的宪法原则就不能很好的贯彻落实，这是关系到严肃执法的大事。建议省人大和各级人大及其常委会加强对人民法院执行公开审判原则的监督，督促和支持各级法院尽快把审判法庭建设好。

各位代表，1989年，全省法院的工作虽然取得了一些成绩，但是与党和人民的要求还有很大差距，我们的工作还存在不少缺点和问题，需要在今后的工作中努力克服。一是审判工作质量和效率还不够高。例如，少数案件在适用法律政策上有不够准确甚至错误的情况；部分民事、经济案件审理周期过长，未结案较多；“告状难”的问题在有的地方仍然存在。二是执行难的问题还未得到有效解决。截止1989年底，全省尚有2.9万件经济、民事案件没有执行，使部分公民、法人的合法权益未能得到及时有效的保护。这些问题的存在，一方面是我们努力不够，另一方面也反映了全省法院审判力量和干警素质与日益繁重的审判任务不适应，法院交通、通讯、经费等基本工作条件与日益繁重的审判任务不适应这样两个尖锐的矛盾。我们要充分发挥主观能动性，努力克服困难，也希望人大加强监督，给法院以更大的支持。三是法院廉政建设措施还不够落实，干警违法乱纪的事件仍不断发生。少数干警工作方法简单，审判作风不扎实，伤害了群众的感情。需要进一步加强思想政治工作，教育干警密切联系群众，全心全意为人民服务。进一步加强廉政建设，坚持从严治院，预防和减少违法乱纪事件的发生。四是各级法院的领导深入基层对审判工作中的新情况、新问题调查研究不够，对工作中的突出问题解决得不够及时，对下级法院审判工作的监督和指导有待进一步加强。

各位代表，1990年是九十年代的第一年，是我国治理整顿、深化改革的关键性一年。当前，压倒一切的是稳定。人民法院的各项审判工作对保障国家政治、经济、社会稳定有重要作用。全省各级法院要坚持党的基本路线，在党的领导和人大的监督下，全面开展各项审判工作，搞好法院自身建设。当前，要认真学习贯彻党的十三届六中全会精神，结合法院工作实际，采取切实可行措施，加强同人民群众的联系，振奋精神，艰苦奋斗，群策群力，为落实党的十三届四中全会、五中全会、六中全会提出的各项任务，为保障社会稳定、促进经济发展而努力奋斗。

湖北省高级人民法院工作报告

——1990年4月29日在湖北省第七届人民代表大会第三次会议上

湖北省高级人民法院院长　李其凡

各位代表：

现在，我向大会报告全省法院的工作，请予审议。

1989年是不寻常的一年。全省各级人民法院在省委的领导和省人大、最高法院的监督指导下，坚持四项基本原则，反对资产阶级自由化，经受住了动乱和北京发生的反革命暴乱斗争的严峻考验。坚决贯彻党的十三届四中全会、五中全会精神，认真执行省七届人大二次会议的决议，根据宪法和法律，充分发挥审判职能作用，全面开展审判工作，较好地完成了各项任务。全年共受理各类案件255301件，审结239665件，分别比上年上升29.6%和33.1%。通过对各类案件的审理，为维护社会稳定，巩固人民民主专政，保护国家、集体和公民的合法权益，促进治理整顿、深化改革和社会主义经济建设，做出了贡献。

一

1989年全省法院审判工作的基本情况：

（一）关于刑事审判工作

1989年，各级人民法院坚持依法从重从快和从严从重的方针，严厉打击严重刑事犯罪和严重经济犯罪活动。

全年共受理初审刑事案件22276件，审结21841件。分别比上年上升24%和23.5%。依法判处被告人28624名。其中，判处死刑（含死缓）、无期徒刑674名；五年以上有期徒刑8357名；不满五年有期徒刑15847名；判处拘役、管制等其他刑罚的3657名；宣告无罪89名。

各级法院依法及时审判了一批动乱中的反革命案件和打、砸、抢、烧、杀案件。这类犯罪对国家和社会危害大，案件的情况复杂，政策性强，影响面广，难度较大。人民法院在查明事实的基础上，采取坚决、慎重的方针，坚持严格依法办事，严格区分两类不同性质的矛盾，严格区分罪与非罪、反革命罪与普通刑事犯罪的界限，认真执行惩办与宽大相结合的政策，严格按照刑事诉讼法规定的程序和制度进行审判，坚持实事求是依法定罪处刑。人民法院依法判处的，只是极少数在动乱中进行打、砸、抢、烧、杀犯罪活动，以及以推翻人民民主专政的政权和社会主义制度为目的，进行组织、策划、煽动、指挥政治动乱，触犯刑事的犯罪分子。全省共受理动乱中的案件86件，已全部审结。依法判处死刑（含死缓）、无期徒刑×名，五年以上有期徒刑26名，不满五年有期徒刑26名，免予刑事处分3名，判处拘役、管制等其他刑事处分14名。如罪犯余春庭、郭振华，在动乱期间，残杀武警战士，抢劫财物，罪行特别严重。案件起诉到法院后，及时依法公开审理，判处余、郭二犯死刑，剥夺政治权利终身，社会反映很好。通过审判，惩处了犯罪分子，教育了群众，促进了社会的稳定。

深入开展反贪污、反受贿斗争，依法严惩严重经济犯罪活动，促进廉政建设。全省各级法院把认真贯彻执行“两高”《通告》，作为一项突出的重要政治任务。《通告》发布后，我们采取多种形式大力开展宣传，造成强大声势，敦促犯罪分子走自首坦白的从宽之路。

认真做好接待工作，及时向有关部门移送了一批经济犯罪线索。同时，组织力量，抓紧审理了一批经济犯罪案件，依照《通告》规定，依法判处，扩大社会效果。如在《通告》发布后，省法院对武汉市冶金研究所所长桂广庆倒卖镍板、收受贿赂计416000元的重大案件，论罪应依法判处死刑，但鉴于桂犯在《通告》发布前投案自首并退回全部赃款的情节，依照《通告》规定，从宽判处桂广庆有期徒刑十五年，剥夺政治权利三年。此案在最高人民法院、最高人民检察院、公安部召开的新闻发布会上被作为从宽典型。又如贪污犯邓辉荣、熊桃安利用职务之便，盗卖汽油、柴油，获赃款24万余元，拒不投案自首，一、二审法院按照《通告》规定，依法判处邓、熊二犯死刑，并已报请最高人民法院审核。全省各级法院都利用本地的一些重大典型案例，召开宽严案例发布会，大张旗鼓地公开宣判，推动了斗争的深入。截止去年底，各级法院受理起诉在《通告》规定的期限内投案自首的案件226件，目前已全部审结。在抓住反贪污、反受贿这个重点案件审理的同时，对投机倒把、走私、贩毒、诈骗、制售伪劣商品、偷税抗税等其它严重经济犯罪活动也予以严厉打击。全年共受理各类经济犯罪案件5064件，审结4975件，判处死刑（含死缓）、无期徒刑49名，五年以上徒刑1867名，为国家，集体挽回经济损失6074万余元。通过对严重经济犯罪活动的打击，从这个侧面使人民群众看到了党和国家坚决惩治腐败，搞好廉政建设的决心和行动，提高了党和政府的威信。

各地打击经济犯罪斗争的工作发展还不平衡，对有的隐蔽较深的犯罪分子还没有揭露出来，有的还在“顶风作案”以身试法。因此，对已经取得的成绩不能估计过高，要继续把反贪污受贿的斗争作为今后工作的重点，作为一项长期的任务，抓紧抓好。

坚持依法“从重从快”的方针，严厉打击各种严重刑事犯罪活动。总的来看，我省的社会治安基本是稳定的，但不安定因素很多，形势仍然相当严峻。1989年，全省法院受理的重大刑事案件比上年上升18%，其中，抢劫上升83.3%，故意杀人上升15.9%，盗窃上升1.5倍。值得注意的是一些绝迹多年的犯罪现象，如绑票勒赎、“丢票喊款”等现象又重新出现，有的犯罪团伙带有明显的黑社会性质。“车匪路霸”犯罪活动比较猖獗，流氓滋扰在一些地方重新抬头，严重威胁人民群众的生命、财产安全，致使一些地方群众缺乏安全感。各级人民法院对杀人犯、抢劫犯、强奸犯、重大盗窃犯、犯罪集团和流窜作案的主犯、累犯、惯犯等严重犯罪分子依法从重从快严厉打击，凡罪该处死的，坚决依法判处死刑。全省法院共判处严重危害社会治安的犯罪案件5576件，10727人，判处死刑（含死缓）、无期徒刑640名，比上年上升24%，判处五年以上有期徒刑5410名，比上年上升36.3%，如残酷杀害潘星兰、杨大兰的凶手杨启林、卓相波抢劫案，法院提前介入了解案情，在法律规定的时限内，以最快的速度判处杨、卓二犯死刑。张扬了法制，伸张了正义，鼓舞了人民群众。近几年来，卖淫嫖娼，制作贩卖、传播淫秽物品，拐卖妇女，私种、吸食、贩运鸦片，聚众赌博和利用封建迷信骗财害人等“六害”犯罪现象愈演愈烈，严重危害社会治安，污染了社会风气，败坏了社会主义道德，毒害了一批人。全省法院密切配合有关部门，积极参加“除六害”等专项斗争，及时依法判处了一批“六害”中的犯罪案件，严惩了一批罪大恶极的犯罪分子。如向毓轩、王夫明、王道秀等五名犯罪分子，从1986年9月至1989年6月间，先后15次从宜昌市将23名妇女骗到广东珠海市，传授淫乱方法，威逼、引诱她们进行卖淫活动，获赃款19000余元。犯罪情节特别恶劣，罪行特别严重，法院依法判处主犯向毓轩、王夫明死刑，王道秀死缓。另二名从犯分别判处十年和六年有期徒刑。通过严惩这些犯罪分子，对维护社会治安的稳定起到了积极作用。

近几年来，少年犯罪呈上升趋势。在去年判处的28535名犯罪分子中，不满18岁的少年犯有2608名，占9.1%，比上年增加329名。根据最高法院的要求，我们在武汉、襄樊、沙市等地试办了审理未成年犯刑事案件合议庭，对教育和挽救犯罪少年的工作进行了探索。希望社会各界都来关心青少年的健康成长，共同做好失足少年的转化、挽救工作，减少和预防青少年犯罪，促进社会治安的综合治理。

当前，严重刑事犯罪仍呈上升趋势。主要原因，由于在现阶段，阶级斗争还在一定范围内长期存在，在某种条件下还可能激化，特别是西方资本主义对我国的渗透、“和平演变”加剧，出现了许多新的犯罪。前几年对青少年的思想教育工作薄弱了，受“黄害”的毒化，诱发了许多严重犯罪。社会面的控制和社会配套管理工作也存在一些漏洞和薄弱环节，给各种犯罪留下可乘之机。社会治安是一项社会的系统工程，需要社会各方面齐抓共管，综合治理。我们相信，只要全社会共同努力，打防并举，坚持不懈，就一定能够扭转社会治安的严峻局面。社会治安的好坏，直接影响社会的稳定，直接影响治理整顿、深化改革的进行，直接影响千家万户的安危，是人民群众和社会各界十分关注的问题。维护社会治安是人民法院义不容辞的责任。人民法院作为人民民主专政的工具，必须强化专政职能，大力加强刑事审判工作，严厉打击各种严重刑事犯罪活动，保障人民生命财产安全，维护国家和社会的稳定。

（二）关于民事审判工作

民事审判工作是人民法院一项十分繁重的工作。1989年全省民事案件大幅度上升，法院共受理初审民事案件175325件，审结166601件。分别比上年上升33.3%和35.9%。在受理的案件中，婚姻家庭纠纷案件40740件，占27%，比上年上升15.2%；债务案件107458件，占61.3%，比上年上升53.1%；赔偿案件11534件，占6.6%，比上年上升2.8%，这三类案件占民事案件总数的94.9%。各级法院深入贯彻《民法通则》，保护公民、法人的合法权益，制裁民事违法行为，防止矛盾激化，促进社会主义精神文明建设。认真审理好债务案件，保护合法借贷关系，依法为国家收回沉淀和呆滞贷款21000余万元，维护了国家的利益。妥善处理土地、水利、林木以及宅基地等纠纷，防止群众性纷争和械斗。加强对著作权、名誉权、肖像权、姓名权等新类型案件的审理和研究，不断总结经验。重视审理好婚姻家庭方面的案件，保护妇女、儿童和老人的合法权益，妥善解决了2284名儿童的抚育问题，使2023位年迈多病的老人的生活得到安置，挽救了19340个即将破裂的家庭，依法解除了21913对感情确已破裂的夫妻关系，对巩固社会主义婚姻家庭制度起到了积极作用。各级法院在审判工作中，坚持着重调解的原则，对依法调解无效的，及时判决，保护了当事人的合法权益。坚持巡回审理，就地办案，把矛盾解决在基层。

随着我国社会主义公有制为主体的多种所有制经济的发展，社会主义有计划商品经济的繁荣，公民之间，公民与法人之间的民事法律关系日趋广泛、复杂，由于我国法制的逐步健全，法律知识的普及，公民法律意识的增强，越来越多的人懂得如何运用法律手段保护自己的合法权益。民法通则的颁布实行，一些新类型的案件大量起诉到法院。债务案件增多，约占民事案件的三分之二。民事案件直接关系到公民的人身权利和财产权利，反映了社会多方面的利益冲突和矛盾，处理不好，容易引起矛盾激化。因此，民事审判工作必须继续加强。

（三）关于经济审判工作

一年来，全省各级法院贯彻为治理整顿、深化改革服务的指导思想，积极受理了各类经济纠纷案件，运用法律手段，调节经济关系。1989年，共受理初审经济纠纷案件40177

件，审结37367件，分别比上年上升46.5%和48.2%，审结案标的总额为73868万余元。其中，受理借款合同纠纷案件17978件，比上年上升78%；购销合同案件10303件，比上年上升16.8%。通过对这些案件的审理，使沉淀资金正常周转，合理流通，对维护经济秩序，促进经济发展起了积极作用。各级法院重视依法审理好与治理整顿关系密切的案件。主要是：整顿商品流通秩序中出现的购销合同纠纷案件；紧缩银根后出现的信贷案件；清理整顿公司中出现的债务清偿案件；增强企业内部机制出现的企业承包、租赁经营案件；压缩基建规模后出现的建筑承包案件；农村实行联产承包责任制后出现的农村承包合同纠纷案件等。在审理这些案件中，既严格依法办事，又考虑国家政策的调整，正确地适用法律和政策，进一步促进治理整顿、深化改革工作的顺利进行。

关于海事审判工作。武汉海事法院积极主动地开展海事审判工作，采取巡回和定点办案的办法，依法扩大收案范围，积极受理案件，全年共受理海损、海商案件317件，审结242件，维护了长江水上运输秩序。

随着治理整顿、深化改革的进行，国家采取了调整产业和产品结构，压缩基建投资规模，紧缩财政信贷和整顿流通领域秩序等一系列的措施。经济审判工作中出现不少新情况和复杂问题，其中一个突出问题就是经济纠纷案件“执行难”。虽然全省各级人民法院为扭转经济纠纷案件执行难的状况做了许多努力，但仍未能改变这种情况。造成执行难的因素很多，有的是由于国家为消除经济过热，进行了一些政策性的调整，一些企业面临暂时的困难，执行能力下降；有的企业严重亏损，资不抵债；许多企业、单位之间，存在一些“三角债”“连环债”，执行工作艰难；有的公司被清理停办后，负有清偿债务责任的有关单位不愿履行义务；还有一些“四无公司”将贷款或预付货款挥霍浪费殆尽；有的为了保护本地、本部门的利益，不执行生效判决。对此，我们强调，各级法院一定要严肃执法，排除干扰，认真做好细致的思想工作，分清不同情况，依法执行。对干扰、妨碍执行工作的，要依法严肃处理。我们请求人大对法院执行工作继续给予支持和监督，也请有关部门予以支持和协助，以维护法律的严肃性。

1990年，经济审判工作的任务将更加繁重，我们要求各级法院强化服务意识，不断改善执法活动。保护正当经营，制裁违法活动，调整经济关系，为促进经济的稳定发展发挥更大的作用。

（四）关于行政审判工作

行政审判工作是法律赋予人民法院一项新的任务。它负有依法保护公民、法人和其他组织合法权益，维护和监督国家行政机关依法行政的职责，对于促进社会主义民主制度化、法律化具有重要意义。去年，全省法院坚持边抓机构建设，边抓审判工作。全省应建行政审判庭116个，已建97个，已配备300名行政审判干部。同时，我们在武汉、襄樊、荆州等地开展了实施《行政诉讼法》的试点工作，探索和总结了一些有益的经验。各级法院积极慎重地开展行政审判工作，全年共受理各类行政案件482件，审结416件，涉及公安、土地、工商、税务、环保、海关等许多行政管理部门。在审结的案件中，维持原行政机关决定的192件，占46.2%；撤诉的119件，占28.6%；撤销行政机关决定的48件；变更行政机关决定的18件。人民法院通过对行政案件的审理，依法保护了公民、法人和其他组织的合法权益，对维护和监督国家行政机关依法行政起了一定的作用。

《行政诉讼法》将于今年10月1日起正式实施，我们正在努力完成机构建设，充实人员，培训干部，做好准备工作，以保证行政审判工作的顺利开展。

今年，行政审判工作的主要任务，就是组织行政审判干部，认真学习行政诉讼法，大力宣传行政诉讼法，进一步提高干部的政治、业务素质，严格依法审理好各类行政案件。

（五）关于告诉申诉和审判监督工作

各级法院积极建立了告诉申诉审判庭，围绕解决群众“告状难”、“申诉难”这个重点，认真贯彻分级负责，层层落实的原则，就地解决问题，减少上访；抓好初信初访的处理，减少重信重访；抓好对告诉申诉的审查，符合立案条件的，及时立案受理；不具备立案条件的，认真做好解释、息诉工作，取得了一定的成效，来信来访均有较大幅度的下降。全年共处理人民来信137897件次，接待来访151493人次，分别比上年下降29.8%和31.5%。各级法院重视做好审判监督工作，坚持实事求是，有错必纠的原则，做到认定有理，否定有据。去年，立案审理各类申诉案件10053件，审结7011件。办理减刑、假释案件8566件。受理人民检察院提起二审和再审抗诉的刑事案件104件，审结101件，维持原判的45件，原判确属不当而依法改判的34件。保护了当事人的合法权益，维护了法律的严肃性。告诉申诉和审判监督工作的加强，对于保证法院的办案质量，缓解人民群众的“告状难”，密切党和政府与人民群众的联系，发挥了作用。

二

为了保障各项审判任务的完成，一年来，我们主要做了以下几项工作。

（一）加强法院队伍建设，提高干部政治、业务素质

加强思想政治工作，教育干警保持坚定正确的政治方向。在制止动乱和平息北京发生的反革命暴乱的斗争中，省法院多次发出通知，要求各级法院组织干警认真学习党中央和省委的指示，学习邓小平等中央领导同志的重要讲话，深刻认识这场斗争的性质。认真学习贯彻党的十三届四中全会、五中全会精神，坚决拥护以江泽民同志为核心的党中央领导，在政治上与党中央保持高度一致。广大干警坚决拥护中央的英明决策和采取的果断措施，做到思想不乱，工作不松，坚守岗位，严守纪律，尽职尽责。在动乱的4、5、6三个月中，全省法院共审结各类案件56400余件，比上年同期多审结13000余件。以实际行动反对动乱和北京发生的反革命暴乱，经受了锻炼和考验。各级法院对干警进行经常性的坚持四项基本原则、反对资产阶级自由化的教育，为人民服务的宗旨教育和艰苦奋斗的教育，不断提高政治觉悟，抵制资产阶级思想的侵袭和不良风气的影响。当前广大人民群众同敌对分子、敌对势力之间的斗争，渗透与反渗透、颠覆与反颠覆、和平演变与反和平演变的斗争，思想文化领域的腐蚀与反腐蚀的斗争，已经成为我国现阶段阶级斗争的焦点。我们强调法院干部必须保持清醒头脑，增强阶级斗争观点和专政意识，无论国际上风云如何变幻，都要坚持党的领导、坚持社会主义制度、坚持人民民主专政。在今后一个时期，法院工作的任务仍是艰巨繁重的，我们要发扬全心全意为人民服务、艰苦奋斗等优良传统，进一步坚定信心，做好本职工作。

坚持从严治院，狠抓廉政建设。保持法院队伍的清正廉洁，是有法必依，执法必严、违法必究和完成各项审判任务、密切联系群众，改进机关作风的重要条件。全省各级法院把加强廉政建设作为大事来抓。省法院在去年专门召开了廉政建设会议，对加强全省法院系统的廉政建设进行了研究和部署。发动干警经常对照检查最高法院制定的法院干部“八不准”和廉政建设七项措施，省委关于廉政建设一系列规定的执行情况。建立和健全了以公开审判制度为重点的公开办事制度，接受人大和人民群众的监督。各级法院的政工部门、纪检组、监察室发挥职能作用，经常督促检查，堵塞发生不廉洁的漏洞。广大干警继续开展了立功创模学先进活动。全省有542名干警立功，2000名干警被评为先进工作者，361个单位被评为先进集体。神农架林区法院党支部被中组部授予“全国先进

基层党组织”的光荣称号。对少数干警的违法乱纪行为，一经发现，坚决查清，严肃处理，决不姑息。去年共查处干警违法乱纪案件58件66人。有3名干警触犯刑律被判处徒刑，严肃了党纪国法。

加强教育训练，提高干部的业务水平。几年来，全省法院干警有3500余人参加最高法院举办的法律业余大学学习，有1630人已经毕业。湖北法官培训中心成立后，委托武汉大学、中南政法学院举办了两个法官培训班，对一批业务骨干进行了培训。选送了部分中级法院院长和省法院庭长到中央党校和中国高级法官培训中心学习。还有1100余名干部参加了最高法院组织的《法律（审判）专业证书》教育。各级法院通过举办各类短期培训班，对干部进行岗位培训。一个多形式、多层次的法院干部培训网络正在形成，法院干部的文化和专业知识结构有了明显改变，业务素质有了很大提高。

（二）严肃执法，提高办案质量

一年来，我们把提高执法水平作为审判工作的重点来抓。一是坚持以事实为根据，以法律为准绳的原则和质量第一的方针。审理各类案件，必须把事实搞清楚，证据搞扎实，准确适用法律。强调既严格执行实体法，又严格执行程序法，做到实体法与程序法并重。要求每个审判人员必须忠实于党，忠实于人民，忠实于法律，忠实于事实真相。办案中，正确的必须坚持，错了的敢于纠正，使刑事审判做到不枉不纵，防止错漏，使民事、经济、行政审判做到合法、合情、合理的处理。二是坚持公开审判和当事人的举证责任制度。一审案件依法应当公开审判的一律进行了公开审判，二审案件尽可能地公开审判，对再审案件也争取公开审判，把法庭审理活动置于人民群众的监督之下，有利于提高办案质量。“谁主张、谁举证”是民事诉讼法规定的一项重要的诉讼原则。去年，我们强调实行当事人举证和法院调查取证相结合，审判人员把主要精力放在审查核实证据上，对保证办案质量和提高办案效率收到了明显效果。三是狠抓民事、经济审判工作的规范化。省法院依照有关法律规定，下发了一些规范性文件，使立案到审理的各个环节更加规范化。四是建立和健全了案件检查制度。除了省人大统一组织的执法大检查外，要求基层法院每季度对审结的案件检查一次，中级法院每半年对所辖基层法院审结的案件检查一次，省法院不定期地对中级法院和基层法院的案件进行抽查。通过自查、互相评查和上级法院的抽查，发现问题，及时纠正。五是加强业务指导，不断研究新情况，解决新问题，总结新经验。通过召开各种专业会或专题讨论会，研究审判工作中带有全局性的问题，进行宏观指导；通过深入基层调查研究，了解法院审判工作中带有倾向性的问题，进行具体指导；通过执法检查、案件评查，进行面对面的指导。通过审理上诉、抗诉、申诉案件和加强政策法律请示解答，进行监督指导；通过内部刊物、简报，选登典型案例，推广先进经验，进行书面指导，改善执法活动，提高办案质量和效率。

（三）坚持群众路线，搞好基层建设和基础工作

基层人民法院，特别是人民法庭，与人民群众联系密切，担负着大量的民事、经济纠纷案件和部分刑事自诉案件的审理任务。基层的工作做好了，人民法院的工作就主动了。近几年来，我们注意加强基层基础工作。在各级党委、人大、政府的关怀以及有关部门的支持下，通过干警的艰苦努力，全省审判庭和人民法庭建设基本完成，执法条件和干警的工作、生活条件有了明显改善。各级法院注意充实第一线的办案力量。目前，全省基层法院和人民法庭共有干警7859名，占法院系统总人数的80.1%。广大审判人员依靠群众，方便群众，不断改进审判作风和工作方法，把专门工作与群众工作有机地结合起来，把审判工作植根于人民群众之中，取得了人民群众的信任和支持，保证了审判工

作任务的完成。

依法保障人民民主权利，保护广大人民的合法利益，是人民法院的首要任务。我们强调，各级法院干警必须有强烈的社会主义民主意识和依靠群众、服务群众的观点。今后，我们要按照党中央和省委关于加强与人民群众联系的要求，面向基层、深入基层、了解基层、帮助基层解决实际问题，切实加强法院的基层基础工作，进一步密切与人民群众的联系。

（四）坚持党的领导，接受人大监督

中国共产党是领导中国人民建设社会主义的坚强核心。我国的法律是党领导国家立法机关集中全国人民的意志制定的，人民法院依照法律独立审判案件，正是服从党的领导的具体体现。我们把法院工作置于党的领导之下，保证了审判工作的正确方向和顺利开展。人民代表大会及其常务委员会和人大代表对法院工作实行监督，是一项重要的宪法原则，是做好法院工作的重要保证。各级法院严肃对待人大常委会和人大代表对法院工作的监督，积极办理人大代表的建议和交办的案件，主动汇报法院工作。根据省人大常委会的统一部署，全省法院从去年9月到今年1月，认真开展了执法大检查活动，进一步推动了法院的各项工作。

一年来，各级人大常委会和人大代表十分关心法院的工作和建设，加强监督，帮助法院排忧解难，解决实际问题。我们热忱欢迎人大及其常委会和人大代表经常视察、指导法院的工作，督促各级法院严格地执行法律。

全省法院的工作虽然取得了一定成绩，但还存在一些问题。主要有：一是我们对审判工作中出现的一些新情况、新问题调查研究及时解决做得不够。二是少数案件的办案质量不高，有少数民事、经济纠纷案件定性不准，适用法律不当。刑事案件中，因定性不准量刑不当而上诉、申诉被二审、再审改判的案件还占有一定比例。少数案件还有违反程序法的现象。三是干部的政治、业务素质不能完全适应新形势下审判工作的需要，有待进一步提高。极少数干部经不起改革开放的考验，违法乱纪，还有极少数干警群众观念不强，个别的耍特权，逞威风，在群众中造成极坏的影响。四是审判任务与力量不相适应，执法条件还存在一些困难，有待进一步改善。对这些问题我们将在今后的工作中认真加以改进。

各位代表，今年是我国治理整顿和深化改革的关键性一年。当前，我国的政治、经济和社会是稳定的。随着党的十三届四中全会、五中全会、六中全会精神的贯彻落实和改革的深化，必将朝着更加稳定的方向发展。但是，当前社会治安形势仍然相当严峻。国内少数长期坚持资产阶级自由化立场的顽固分子还会伺机兴风作浪，严重刑事犯罪十分猖獗，潜伏着许多不安定因素。反贪污、反受贿斗争还在进一步深入。法院面临的任务是十分艰巨和繁重的。当前，压倒一切的是稳定，竭尽全力维护社会稳定，是今年和今后一个时期人民法院工作的基本指导方针，法院的各项审判工作都必须服务和服从于这个大局。我们已于今年2月下旬召开了第十五次全省法院工作会议，要求各级法院牢固树立一切审判工作都要为保障和促进国家的政治、经济和社会进一步稳定服务的观念。在党委的领导下，在人大及其常委会的监督支持下，全面开展审判工作，充分发挥审判职能作用，为我省的政治、经济和社会的进一步稳定发展做出最大的努力。要通过刑事审判，发挥对敌专政的职能，打击敌人，惩罚犯罪，坚决贯彻落实中央政法工作会议精神和省委的指示，配合有关部门，在今年开展几次大规模的严厉打击严重危害社会治安和群众安全的杀人、抢劫、车匪路霸、重大盗窃、流氓集团、强奸、黑社会性质的犯罪组织等严重刑事犯罪活动，坚持从重从快的方针，对依法该重判的坚决重判，依法该判处死刑的坚决判处死刑，形成打击犯罪的强大攻势。坚决把严重刑事犯罪分子的嚣张气焰打下去，维护社会治安的稳定。通过民事审判工作，依法及时妥善处理好大量民事案件，防止矛盾的激化，使广大人民安居乐业；通过经济审判，及时依法处理经济纠纷，调节经济关系；积极开展行政审判工作，运用国家审判职能，消除国家行政机关同公民、法人之间的矛盾与纠纷，密切政府与人民群众的关系，促进社会安定团结；做好告诉申诉工作，切实保障人民群众诉讼权利和反映问题渠道畅通，为稳定社会发挥积极的作用。坚持从严治院，狠抓廉政建设，造就一支清正廉洁、秉公执法的干部队伍。要坚持群众路线，密切联系群众，大力加强基层建设和基础工作。我们决心进一步提高队伍素质，克服一切困难，确保完成任务，保证办案质量。为保障社会稳定和促进我省经济建设作出新贡献！

湖南省高级人民法院工作报告

——1990年4月26日在湖南省第七届人民代表大会第三次会议上

湖南省高级人民法院院长　詹顺初

各位代表：

现在，我向大会报告1989年我省人民法院的工作，请予审议。

1989年，是我国治理整顿、深化改革的第一年，是制止政治动乱和平息反革命暴乱取得历史性伟大胜利的一年。在这一年里，省高级人民法院在中共湖南省委的领导和省人大及其常委会的监督支持下，坚决贯彻中共中央十三届四中、五中全会精神、依照宪法和法律的规定，指导全省人民法院全面开展审判活动，为维护社会稳定、保障改革开放、促进经济发展作了积极的努力。

一、全面开展审判工作

省七届人大二次会议后，我们根据会议精神，对去年的审判工作及时作了部署。一年来，全省各级人民法院认真开展刑事、民事、经济、行政、林业等审判工作，共审结各类案件277815件，其中一审案件247613件，比1988年上升60.39%。省法院在加强审判监督和指导的同时，直接办理上诉、复核、再审等各类重大、疑难案件1260件。

严厉惩治严重刑事犯罪，维护社会安定。社会治安直接关系到国家的政治稳定和社会稳定，直接影响人民群众的生命财产安全。全省各级人民法院继续坚持对严重危害社会治安的犯罪分子依法从重从快惩处的方针和对严重破坏经济秩序的犯罪分子依法从严惩处的方针，采取有力措施，进一步开展了严厉打击严重刑事犯罪的活动。1989年，共审结一审刑事案件20781件，判处罪犯27062人，分别比1988年上升31.4%和39.6%。其中判处五年以上有期徒刑、无期徒刑、死刑的9635名，比1988年上升73.8%。延期审理的案件由1988年的6.8%下降到2.9%。在刑事审判活动中，我们主要抓了三项工作：一是坚决慎重审理政治动乱中的犯罪案件。去年春夏之交发生的政治动乱和反革命暴乱，是一场严重的阶级斗争。斗争的焦点是要不要中国共产党的领导，要不要坚持社会主义道路，归根到底还是政权问题。我省部分地区也发生了动乱。一些不法分子大肆进行反革命宣传煽动和打砸抢烧等犯罪活动，气焰十分嚣张。针对这种严峻的局势，省法院5次发出电报通知，要求各级法院充分发挥专政职能，坚决打击制造动乱的反革命分子和严重刑事犯罪分子，以实际行动捍卫社会主义国家政权，维护法制尊严；在斗争中既要态度坚决，毫不手软，又要实事求是，控制打击面，严格依照法律和政策办案；打击的重点是极少数在动乱中实施打砸抢烧犯罪活动，以及那些以推翻人民民主专政的政权和社会主义制度为目的，组织、策划、煽动、指挥政治动乱，危害国家安全，触犯刑律的犯罪分子；对绝大多数不明真象的参与者，采取教育、团结的政策，不予追究。去年，全省法院共审判动乱中发生的犯罪案件101件141人。长沙市"4·22"事件发生后，市区两级法院及时组织力量，加班加点，不到20天就对首批27名罪犯作出了判决，有力地打击了犯罪分子的嚣张气焰。由于人民法院采取坚决、慎重的方针，严格掌握政策，坚持依法办案，既惩治了犯罪，又教育了群众，促进了局势的稳定。二是严厉打击严重危害社会治安的犯罪活动。我们要求全省各级法院充分认识继续坚持依法从重从快方针的重要性，把刑事审判工作摆在首位，做到既打击有力，又准确及时。去年共审理杀人、抢劫、爆炸、强奸、流氓、重大盗窃等严重刑事犯罪分子12367名，比1988年上升67.21%，判处五年以上刑罚的占64.1%。如株洲陈跃文抢劫案。陈犯把5岁儿童彭超骗走，并将其捆绑，装入麻袋丢在山上，再打电话、写匿名信，向其家长索要赎金2万元，绑架长达6天之久，致使彭超身上多处受伤，身心受到极大摧残。对陈跃文这样凶残的犯罪分子，不从重惩处就不能有效地保护公民的生命和财产安全，就不能维护正常的生产生活秩序。省、市两级法院依法判处陈犯死刑。对社会危害大、群众反映强烈的案件，各级法院及时组织力量，查清事实，核实证据，力争依法快审快结。为了充分发挥刑事审判的威力，全省各级法院配合公安等部门先后开展了打击抢劫、盗窃、破坏电力设备和扫除"六害"等专项斗争。一些地方还针对本地的实际开展了不同形式、不同类型的专项审判。在这些专项斗争中，全省各级法院共召开宣判大会943场，宣判罪犯6202人，震慑了犯罪，鼓舞了群众，扩大了办案效果。三是从严惩处经济犯罪分子。坚决惩治腐败，同贪污、受贿、投机倒把等经济领域内的严重犯罪作斗争，是人民群众普遍关心的事情。一年来，全省各级人民法院加强对经济犯罪的打击，共审结这类案件3095件5377人，分别比1988年上升32.72%和36.78%。对那些贪污、受贿数额特别巨大，情节特别严重，实属罪大恶极的罪犯，坚决依法判处死刑。原邵阳市农业银行干部滕文高与原邵阳市工商银行营业部计划员熊桂柳，纠集孙湘、马小波等人，利用"密押"，伪造汇款凭证，贪污银行巨款100万元。这是我省近年来最大的一起贪污案。经邵阳市中级法院和省法院审理，并报最高人民法院核准，对滕文高、熊桂柳、孙湘、马小波执行了死刑。最高人民法院、最高人民检察院《关于贪污、受贿、投机倒把等犯罪分子必须在限期内自首坦白的通告》发布后，全省各级法院与检察、公安、监察等有关部门密切配合，广泛开展宣传，先后组织3456名审判人员，深入2058个重点单位，宣讲《通告》，召开宣判大会117场，举行新闻发布会34场，促使一大批犯罪分子自首坦白，找按照法律和《通告》规定审判经济犯罪案件711件1172人，其中从宽处理330人，从严惩处137人。岳阳市南区城市信用社清交员刘文胜，采取虚设帐户，凭空划帐的手段，贪污公款189764元，数额特别巨大，罪该处死。但刘犯在亲友的规劝下，主动投案自首，退出了全部赃款。根据《通告》的精神，岳阳市中级法院从宽判处刘文胜有期徒刑六年。新晃侗族自治县工商银行营业部原复核员胡启林与工人吴文波勾结，贪污公款28万元。犯罪后，二犯拒不投案自首，携带巨额赃款潜逃。经最高人民法院核准，依法从严判处胡启林、吴文波死刑，立即执行。实践证明，按照《通告》处理经济犯罪案件，发挥了政策的威力，分化瓦解了犯罪分子，促进了反腐败斗争。

调整民事、经济关系，维护公民、法人的合法权益。近几年来，民事、经济纠纷案件持续大幅度上升。去年全省法院共审结一审民事案件124655件，比1988年上升49.26%；一审经济纠纷案件101386件，比1988年上升86.65%。为了维护安定团结，促进经济发展，“多办案，办好案”，我们一方面继续开展了巡回办案活动，共抽调审判人员8073人次，组成巡回法庭，走出机关，就地审案，处理了一大批纠纷案件。另一方面，加强了基层法庭的工作，把它作为法院工作的重点，采取加力量、定任务、改方法、创条件等措施，完成了80%以上的民事、经济审判任务。在经济审判活动中，全省法院坚持为经济建设服务的指导思想，发挥法律调节经济关系的优势，通过积极办理经济纠纷案件，共解决诉讼标的11.23亿元，其中，配合整顿信贷秩序，审结借款合同纠纷51298件，为国家银行、信贷部门收回逾期贷款1.64亿元；理顺流通领域的经济关系，审结购销合同纠纷10995件，追回货款5.57亿元；审结工程承包、加工承揽、科技协作、合伙联营等合同纠纷1892件，为国营、集体企业挽回经济损失0.88亿元；审结农村承包合同纠纷702件，使378个乡镇企业恢复正常生产；审结商标、专利、食品卫生、环保等经济损害赔偿纠纷88件。为了适应形势的需要，长沙、岳阳、邵阳、株洲等城区法院试办了经济纠纷调解中心；运用庭前调解的手段，调处了一大批经济纠纷。在民事审判活动中，各级法院注意抓早抓小，优先处理矛盾易于激化的案件，共防止自杀、凶杀、械斗10792起。对于影响农业生产和社会稳定的土地、山林、水利权属纠纷，各级法院主动及时审理，制止非法占用土地，保护水利设施和水利资源的合理使用，为农业升温服务。对于名誉权、荣誉权、姓名权、肖像权等新型案件，各级法院积极妥善处理，保护当事人的合法权益，调动他们建设社会主义的积极性。对于因资产阶级腐朽思想引起的喜新厌旧、第三者插足的离婚纠纷，损公肥私、损人利己的财产纠纷，以及子女不赡养父母的案件，在依法处理的过程中，注意扩大社会效果，弘扬社会主义公德。

积极审理行政案件，保护公民、法人和其他组织的合法权益，维护和监督行政机关依法行使职权。现在，全省140个法院全部建立了行政审判庭，配备了行政审判人员364人。去年全省法院共审理各类一审行政案件701件，其中维持行政机关决定的249件，占35.5%；撤销行政机关决定的86件，占12.3%；变更行政机关决定的67件，占9.6%。作其他处理的299件。通过对行政案件的审理，不仅保护了公民、法人和其他组织的合法权益，维护和监督了行政机关依法行使职权，而且密切了政府同群众的关系，促进了安定团结。与此同时，我们还举办了两期行政诉讼法培训班，集中轮训了全省行政审判人员。各级法院积极宣讲行政诉讼法，共召开座谈会、报告会50余场，印制宣传资料33000余份。一些法院还协助政府培训了行政执法人员。

我们工作中存在的主要问题是：各项审判工作开展得不平衡，有的法院审判职能作用还没有充分发挥，行政审判还是一个薄弱环节；各级法院办了不少案件，花了很大的气力解决群众“告状难”的问题，但还有部分案件应予受理而未受理，有些案件没有及时审结，拖的时间较长；尽管我们采取了一些措施提高水平，但仍有部分审判人员的业务素质与审判要求不相适应，少数案件办得粗糙，甚至来回折腾。等等。

二、注重严肃执法

去年，省法院和各中级法院对办案质量

进行了检查，结果表明，全省法院的执法情况基本上是好的，处理正确的刑事案件占总数的97%以上，民事、经济、行政、林业案件占总数的95%以上。为保证严肃执法，我们采取了如下一些措施：

严把案件质量关。各级法院坚持以事实为根据，以法律为准绳的原则，强调在“准”字上狠下功夫，努力做到依法收案、依法审案、依法裁判、依法执行。人民法院掌握着生杀予夺的权力，处理刑事案件更要慎重。为了把好案件质量关，各级法院在审查、审理公诉案件中，依法退回检察机关补充侦查的1413件，宣告无罪的41人。各级法院自觉接受检察机关的监督，在160件抗诉案件中，抗诉有理、予以改判的78件。省法院和各中级法院加强对下级法院的指导和监督，严格按照第二审程序，就一审判决、裁定在认定事实和适用法律上是否正确，进行全面审查。通过审理上诉案件，发回重审的148件，改判的429件。特别是审理和复核死刑案件，我们严格实行合议庭、审判委员会层层负责的制度，一丝不苟，严把犯罪事实关、证据关、定性关、量刑关。为了严格执行死刑复核程序，省法院坚持反复核实关键证据，先后确认两名被告人犯罪时未满18岁，一名系精神病患者，依法改判了一审的死刑判决，避免了错杀。各级法院普遍设立了法医机构或配备了法医，去年进行法医学鉴定达4万例，为案件的审理提供了科学依据。针对审理经济犯罪案件阻力大、干扰多的问题，我们坚决贯彻法律面前人人平等的原则，强调不管什么人犯了罪，都应受到应有的惩罚。在去年判处的罪犯中，有国家工作人员735人，其中县团级干部10人，地师级干部有瞿湘民、石福元2人。湘潭市国营5712厂原副厂长瞿湘民；利用主管器材、调拨物资的便利，受贿19504元；倒卖计划钢材，个人得赃款12800元。省法院坚决支持湘潭市中级法院排除干扰，依法从严判处瞿湘民受贿罪有期徒刑八年，投机倒把罪有期徒刑四年，决定执行有期徒刑十一年。

改善审判活动。各级法院把改进和完善审判工作制度作为严肃执法的重要措施，改变了以往一些不符合诉讼法规定的习惯作法，逐步实现了审判工作制度化、规范化。为了改变先定后审、开庭走过场的状况，我们反复强调要坚持公开审判制度，判决前必须先开庭、合议。除法律规定不公开审理的外，都做到了公开审理。在民事、经济审判中，大力推行当事人举证责任制度，强调把当事人举证与法院查证有机结合起来。去年4月，省法院专门制定下发了《关于审理民事案件推行“当事人举证责任”若干问题的意见》为了改变办案层层审批的习惯作法，增强审判人员和合议庭的责任感，省法院还制定试行了《关于办案审批权限的暂行规定》，从立案、审理到裁判，对合议庭、审判委员会和庭长、院长的职权都作出了明确规定。

加强业务指导。各级法院积极开展对审判实践中的新情况、新问题的调查，加强了政策法律研究和对下级法院的业务指导。去年省法院召开两次中级法院院长会议和多次业务工作会议，对审判工作进行全面安排和指导。省法院派出调查组，重点检查了一些中级法院和基层法院审理经济犯罪案件的质量，对定罪量刑中存在的对主犯的地位和作用考虑不够、认定法定从轻情节不严、不善于运用附加刑等问题，提出改进意见，并通报全省法院。我们还通过考察判处缓刑的情况，提出了严格按照刑法规定的缓刑条件，建立健全缓刑执行制度的建议。赃物折价的问题，是审判实践中的一个难点。经济犯罪的金额是定罪量刑的主要依据，直接关系到办案质量。近年来由于商品价格多样化，给赃物折价带来了困难。为了解决这一问题，我们开展专题调查，提出了赃物折价的意见，在全省法院试行，效果较好。

自觉接受监督。将审判活动置于人大及其常委会的监督之下，是人民法院纠正失误，改进工作，严肃执法的重要保证。各级法院认真执行本级人大及其常委会的决议、决定，主动落实交办事项，积极办理代表提案，自觉接受法律监督。去年，我们先后就打击刑事犯罪、贯彻两高《通告》、实施行政诉讼法、打击经济犯罪、执法检查等，向省人大常委会作了认真汇报，并依法处理人大交办的案件 61 件，办理提案 200 余件。《湖南省县以上人民代表大会常务委员会监督本级人民法院、人民检察院工作的规定》公布后，省法院立即发出通知，要求各级法院认真组织学习，坚决贯彻执行。审判监督是保证严肃执法、纠正错误的重要措施。根据宪法和法律的规定，下级法院的审判工作必须接受上级法院的监督。1989 年，全省各级法院本着实事求是、有错必纠的方针，按照审判监督程序再审或提审各类案件 6723 件，其中维持原判 4378 件，占 65.1%；改判 1472 件，占 21.9%，保护了当事人的合法权益，维护了法律的严肃性。搞好来信来访，是接受人民群众监督，密切法院与人民群众联系的渠道。全省各级法院加强告诉申诉工作，去年共处理来信 154441 件次，接待来访 132440 人次。其中，省法院处理来信 19656 件次，接待来访 3894 人次。对认定事实、适用法律有错误的案件，依法予以改判；对判决正确的案件申诉人，进行耐心的说服疏导工作。

我省法院的执法情况总的是好的，但也存在一些问题。一是少数案件质量不高。去年全省法院审理的 11115 件二审案件，改判和发回重审的 2735 件，占 24.6%。刑事案件主要是经济犯罪案件量刑偏轻和定性不准。民事、经济案件主要是事实不清、责任不明，一些法院还不同程度地存在追求办案数量，忽视办案质量的现象。二是地方保护主义严重。特别是在经济审判中，有的法院受地方观念影响或屈服于各方面的压力，为本地利益争案件管辖权，作不公正裁判，消极对待外地法院的执行委托，损害了当事人的合法权益，损害了法律的严肃性、公正性和统一性。三是执行难度大。目前，全省有 7526 件已发生法律效力的案件没有执行。其原因有的是被执行人没有清偿能力，有的是被执行人采取各种方式抗拒执行。从人民法院自身来讲，重判决轻执行、执行力量弱也是导致“执行难”的因素。现在，一个值得注意的问题是，打击经济犯罪虽然取得了较大的成绩，但不能估计过高，社会上经济犯罪活动仍很严重，而一些依法应由法院审判的案件却没有移送到法院来。其中一个重要原因是“以罚代刑”。这不仅妨碍了严肃执法，放纵了犯罪，而且容易腐蚀执法队伍，严重影响党群关系。对这个问题，党中央、全国人大常委会和国务院都很重视，要求采取措施加以解决。最近，全国政法工作会议和我省政法工作会议已决定要全面彻底解决这个问题。我们希望尽快落实。凡是构成犯罪，需要追究刑事责任的案件，都应当依法向人民法院起诉，由人民法院审判。

三、加强自身建设

全省各级法院坚持一手抓审判，一手抓队伍建设，在工作、生活条件比较艰苦，装备比较差的情况下，较好地完成了审判任务。在去年春夏之交的政治动乱中，广大干警坚持四项基本原则，立场坚定，旗帜鲜明，坚决拥护党中央关于制止政治动乱、平息反革命暴乱的英明决策，夜以继日地坚守岗位，出色地完成了各项审判任务。在“全国法院系统制止动乱、平息反革命暴乱先进集体表彰大会”上，长沙、湘潭、岳阳市中级法院受到了最高人民法院的表彰。省法院也召开了表彰大会，表彰邵阳市东区法院等 5 个在制止动乱斗争中涌现的先进单位。实践证明，法院干警队伍是一支党和人民可以信赖的、有战斗力的队伍。去年 6 月，我们召开全省法院廉政建设工作会议，制定了廉政手则，作出了十条规定，发至全省法院干警，要求大家严格遵守，并广为张贴，接受群众监督。去年年底，我们召开了全省法院第五次政治工作会议，进一步解决“一手硬一手软”的问题，提出把政治思想工作作为审判工作的生命线，加强马列主义、毛泽东思想的理论学习和政治思想教育，并制定了一系列加强政治机构和队伍建设的措施。全省各级法院广泛开展了向全国法院系统模范陈占保、荣立集体一等功的桃源县法院学习的活动，涌现了一批清正廉明、严肃执法的先进典型。同时，各级法院按照从严治院、从严治警的要求，对循私枉法、贪赃卖法的违法违纪人员进行了严肃查处。全省法院的干部业务培训工作也有所进展，法律专业的大专生已增加到了 2123 名，占干警总数的 21%；选送了一批骨干到高级法官培训中心和武汉大学法官培训班学习；举办各种类型的培训班 30 期，培训干部 2367 人次。在各级党委、人大常委会和政府的关怀、支持下，全省各级人民法院的工作条件有所改善。人民法庭建设也出现了好的势头。

经过对动乱的反思，我们认识到，近几年对马克思主义基本理论的学习有所忽视，放松了政治思想工作，讲理想奉献少了。全省法院发生的违法违纪案件逐年增多，去年已达 98 件 104 人，现已查处 63 人，正在查处的 41 人。在这些人员中，有一般干部，也有领导干部，有的问题还相当严重。如原湘阴县法院院长刘绍明，滥用职权，枉法裁判，轻纵罪犯，检察机关正在立案审查。又如怀化市法院刑二庭书记员张勇，趁一抢劫犯的母亲申诉之机，向其索要所谓调查费 300 元，尔后私自伪造刑事判决书，偷盖院印，将原判有期徒刑七年改为五年，致使罪犯被提前二年释放。张勇已因私放罪犯被判处有期徒刑五年。这一事实，充分说明了加强法院干警队伍建设的紧迫性。

各位代表：

今年是九十年代的头一年，是治理整顿、深化改革的关键一年。做好今年的工作，对于我们坚定不移地坚持四项基本原则，继续沿着社会主义道路前进，对于巩固人民民主专政的国家制度和建立在人民代表大会基础之上的政治制度，对于稳定大局，维护安定团结，促进国民经济持续稳定协调发展，都有着重要意义。为此，我们决心抓好以下几个方面的工作。

（一）统一对形势的认识。目前，国家的整个形势是好的，大局是稳定的，正在朝着更加稳定的方向发展。但是我们也要看到，国际上敌对势力亡我之心不死，对我国加紧了颠覆活动。东欧的剧变，也带来了消极影响。国内的反革命分子和刑事犯罪分子的犯罪活动在一些地方还十分猖獗。从近几年我省的治安情况看，尽管我们坚持贯彻“严打”方针，没有放松打击犯罪的工作，但犯罪活动仍未得到有效遏制。刑事案件逐年上升，特别是严重影响社会治安的大要案件上升幅度很大。去年全省发生刑事大要案件 22085 件，比 1988 年上升 103.8%。犯罪分子的作案手段不断翻新，出现了暴力性犯罪公开化、流窜犯罪群体化、团伙犯罪带有黑社会性质等特点。这说明我们面临的治安形势是相当严峻的，任务是十分艰巨的。我们要继续认真学习中共中央十三届四中、五中、六中全会精神，统一全省法院干警的认识，增强阶级斗争意识、敌我斗争意识和忧患意识，在法院工作中做到“五个坚持”：即坚持人民民主专政，强化人民法院的专政职能；坚持审判工作为改革开放服务，为社会主义经济建设服务；坚持严肃执法，正确执行政策法律；坚持在党的领导下依法独立行使审判权；坚持全心全意为人民服务，继承和发扬人民司法工作的优良传统。

（二）充分发挥审判职能。维护社会稳定是全党和全国人民的共同任务。人民法院对此负有重要责任，各项工作都要纳入为稳定服务的轨道，要竭尽全力维护政治、经济和社会稳定。在工作部署上，要突出刑事审判，狠抓经济审判，积极开展民事、行政、林业等各项审判。一要强化专政职能，坚决打击反革命、特务间谍、反动会道门以及仇视社会主义的敌对分子；坚决打击杀人、放火、抢劫、爆炸、强奸、流氓、重大盗窃等严重破坏社会治安的犯罪分子；坚决打击贪污、受贿、走私、投机倒把等严重破坏经济秩序的犯罪分子；坚决打击“六害”中的犯罪分子。二要强化保护职能，认真审理民事、行政和申诉案件，依法保护公民的人身权利、民主权利和其他合法权益；优先审理严重影响群众生产、生活和矛盾易于激化的案件，做好稳定社会的基础工作；注重做耐心细致的思想工作，增强人民群众的法律意识。从今年10月1日起，我国行政诉讼法将正式实行。这是我国社会主义法制建设的一件大事，是社会主义民主政治建设的重大发展，也是克服“衙门”作风、反对官僚主义、密切政府与群众关系的重要措施。在这方面，全省各级法院今年的主要任务是，认真学习宣传行政诉讼法，充实行政审判力量，继续办好试点，积极审理案件，为全面实施行政诉讼法作好充分准备。三要强化调节职能，通过审理大量的经济纠纷，疏通流通渠道，调节经济关系，促进物资、资金的合理流动和生产的正常进行，消除经济生活中的不稳定因素。

（三）大力提高水平。今年将进一步采取措施，使全省法院干警的政治思想水平、业务水平和管理水平有一个大的提高，保证审判工作坚持正确的政治方向，办案的数量更多、质量更高、效果更好。为此，要大力加强和改进思想政治工作，在全省法院系统掀起学习马克思主义、毛泽东思想和邓小平著作的热潮，坚定不移地坚持四项基本原则，反对资产阶级自由化。要深入开展向雷锋同志学习的活动，加强廉政建设，坚持从严治院、从严治警，从“两公开一监督”入手，强化监督机制，防止营私舞弊、枉法裁判。要努力提高业务水平，保证严肃执法，经常检查办案质量，下半年进行一次执法大检查，发现问题，及时纠正。要继续轮训干部，拟在5月开办培训基层法院党组书记和刑一庭庭长两个培训班。中级法院普遍培训法庭庭长，基层法院培训干部。要继续办好法律业余大学，积极创办法官培训中心，改善法院干警的专业知识结构。要认真总结交流经验，开展审判观摩和评比“优秀审判员”、“优秀书记员”、“十佳法庭”等活动，形成比、学、赶、帮的良好风气。要继续健全岗位责任制和各项审判工作制度，做到科学管理机关，优化工作方案，合理安排时间，使法院工作逐步走上科学化、规范化的轨道。

（四）努力改进作风。要认真学习六中全会精神，按照《关于加强党同人民群众联系的决定》提出的要求，牢固树立全心全意为人民服务的思想，围绕一切为了人民，一切依靠人民，切实改进工作作风和审判作风。人民法院的重大决策，要执行党的群众路线，坚持从群众中来，到群众中去。各级法院领导要有三分之一的时间，深入法庭，深入群众，认真进行调查研究，努力解决法院基层工作中存在的问题，把党的路线、方针、政策落实到审判工作中去。要继续坚持院长亲自办案和接待群众来访的制度，密切法院和群众的联系，接受人民群众的监督。要加强与人民代表的联系。我们诚恳地希望各级人大代表继续关心和支持人民法院的工作，欢迎你们到各级法院检查和指导，对我们的执法活动和工作作风予以监督。我们决心，在中共湖南省委的领导下，在省人大及其常委会的监督下，在省人民政府的支持下，坚持社会主义初级阶段的基本路线，全面开展审判工作，充分发挥审判职能作用，依靠全省法院干警的共同努力，振奋精神，严肃执法，艰苦奋斗，开拓前进，力争为稳定大局、发展经济作出更大的贡献！

广东省高级人民法院工作报告

——1990年5月13日在广东省第七届人民代表大会第三次会议上

广东省高级人民法院院长 麦崇楷

各位代表：

我代表省高级人民法院向大会报告一年来的工作，请予审议。

1989年是国际风云变幻和国内阶级斗争相当激烈的一年。在这很不平常的一年，全省法院广大干警，面对紧张的斗争形势，认真贯彻党的十三届四中全会、五中全会精神，坚持四项基本原则，坚持为改革开放服务，根据省七届人大二次会议关于批准我院工作报告的决议，全面开展各项审判工作，及时办结了大批案件，较好地完成了审判工作任务。1989年，全省法院共受理各类案件164302件，办结133116件，比1988年分别增加19.6%和21.2%，是历年来办案数量最多的一年。各项审判工作取得了新的进展，人民民主专政得到进一步的加强，有力地维护了社会的安定，保护了公民和法人的合法权益，保障、促进了治理整顿和经济建设的顺利进行。现将各项工作的主要情况报告如下：

一、刑事审判工作

有一个安定的社会环境，是治理整顿和深化改革的需要，也是人民群众的迫切要求。针对我省刑事犯罪活动增多的严重情况，各级人民法院始终把打击刑事犯罪放在首位，按照最高人民法院提出的“决心再大些，行动再快些，声势再猛些”的要求，及时把刑事案件办好。1989年共受理一审刑事案件16276件，审结15590件，比1988年分别上升20.7%和21.9%。判决发生法律效力的人犯共21128人，比1988年增加21.3%；其中，判处五年以上有期徒刑、无期徒刑和死刑（含死缓）的占43.6%。我省判处人犯数量增多，判处重刑的比例也比较高，这是完全符合我省刑事犯罪活动比较严重这一实际情况的。去年办案的效率也有提高。全年办结的一审刑事案件在一个半月内结案的占94.8%，比上年提高1.7%。对特别重大的刑事案件，检察机关一经起诉，依法及时审理，尽快作出判决。由于坚决贯彻了依法从重从快的方针，严惩了严重危害社会治安的犯罪分子，有力地维护了社会治安的稳定。

对动乱中发生的刑事犯罪案件的审理，我们采取了既坚决而又慎重的方针。这类案件数量不多，但情况比较复杂，政策性强，影响大，直接关系到稳定大局，各有关法院十分重视，领导亲自抓，指定审判人员组成合议庭专门进行审理。省法院对如何正确适用法律也进行了精心研究，严格区分罪与非罪的界限，严格区分反革命犯罪与普通刑事犯罪的界限，坚持以事实为根据，对照刑法规定的有关条款，具体案件进行具体分析，有明显反革命目的的，按反革命罪惩处；没有反革命目的的，构成什么罪就定什么罪。由于工作抓得紧，政策思想明确，因而处理的这类案件做到认定事实清楚，证据充分，适用法律准确，量刑适当。1989年共受理动乱中发生的刑事案件10件12人，审结9件10人，其中定反革命罪的4件4人，定危害公共安全、抢劫、流氓等罪的5件6人；判处五年以上二十年以下有期徒刑的8人。由于对这些案件的定罪量刑准确，其中有3件被最高人民法院选为典型案例转发全国各级法院参考。

对严重危害社会治安的刑事犯罪分子，我们坚决依法从重从快惩处。罪该重判的坚决重判，罪该判处死刑的坚决判处死刑，决不宽容。1989 年判处了严重危害社会治安的故意杀人、重伤害、抢劫、流氓、强奸、拐卖人口和重大盗窃等人犯 9504 人，其中判处五年以上有期徒刑、无期徒刑和死刑（含死缓）的 7066 人，占 74.35%。我省流窜犯罪十分突出，对社会治安和人民生命财产安全危害很大，各级人民法院都把流窜作案的犯罪分子作为重点打击对象，依法予以严惩。凡是长期流窜作案，已构成累犯、惯犯的，均按照刑法的规定从重或加重处罚。各级人民法院在去年全省开展的清查、打击流窜犯罪的斗争中，共判处流窜作案的人犯1,035人，其中有一批罪行特别严重的被依法判处死刑。如浙江省嘉善县劳改犯张友林，逃跑流窜到广州，纠合黑龙江、辽宁、上海等省、市 10 名流窜犯，持刀抢劫 14 次，罪大恶极，人民法院依法对张友林等 4 名犯罪情节特别严重的罪犯判处了死刑，对其余 6 名分别判处了无期徒刑和有期徒刑。又如惠来县李宝邻等 4 人，长期在广汕公路上流窜作案，连续 7 次持刀抢劫公共汽车旅客财物，先后被抢劫的旅客有 30 多名，被刺伤的 6 名，情节特别严重，罪大恶极，人民法院依法对这 4 名“车匪”判处了死刑。

在刑事审判工作中，还积极配合“扫黄”、除“七害”斗争，依法及时审结了一批这类犯罪案件。在全国、全省开展的扫除卖淫嫖娼、制作贩卖传播淫秽物品、拐卖妇女儿童、贩运毒品、聚众赌博、利用封建迷信骗财害人、黑社会组织的统一行动中，各级人民法院从反对资产阶级自由化和防止“和平演变”的高度来认识这场斗争的重要意义，认真抓好这类犯罪案件的审理，依法惩处了一批犯罪分子。去年判处的强迫、引诱、容留妇女卖淫，制作、贩卖、传播淫秽物品，拐卖妇女儿童，制造、贩卖毒品，聚众赌博的人犯就有 444 人，对其中罪行特别严重的××名罪犯依法判处了死刑（含死缓）。

在刑事审判工作中，我们认真注意抓好办案质量，强调打击刑事犯罪既要依法从重从快，又要搞准。对具有法定从重情节的，坚决依法予以从重判处；具有法定从轻、减轻或免除处罚情节的，依法从轻、减轻或免除处罚；对情节轻微，不认为是犯罪或不构成犯罪的，依法宣告无罪；案件主要犯罪事实不清、证据不足的，该退查的退查，不轻率下判。1989 年检察机关起诉的刑事案件，经审理宣告无罪的 49 人，免予刑事处分的 118 人，主要事实不清、证据不足退回检察机关补充侦查的 802 件 1515 人。同时，对被告人上诉的案件和检察机关抗诉的案件认真进行了审理。共受理上诉案件 2372 件，审结2179 件，其中维持原判的 1791 件，改判减轻从轻处罚的 266 件 443 人；受理检察机关抗诉案件 88 件，审结 80 件，其中维持原判的 27 件，改判加重刑罚或减轻刑罚和作其他处理的 33 件 49 人。各级法院还坚持了执法大检查制度，发现问题及时解决，更好地保证了案件的质量。

为了保持“严打”的声威，除了坚持公开审判制度以外，还适时地召开群众公开宣判大会。通过公开宣判，宣传社会主义法制，扩大审判工作的社会效果。去年全省法院共召开宣判大会 1352 场（次），宣判罪犯10764 人，参加旁听群众达 659 万人。这样，既教育了群众，又震慑了犯罪分子，有力地遏制了刑事犯罪分子的嚣张气焰。

当前，我省和全国一样，政治稳定、经济稳定、社会治安基本上也是稳定的。但是，潜在的社会不安定因素大大多于往年，形势相当复杂和严峻。国内外敌对势力和各种仇视社会主义制度的敌对分子仍在加紧进行破坏活动，反革命案件增加，社会丑恶现象继续蔓延，刑事犯罪活动仍然相当猖獗。有的持枪抢劫杀人，有的交通线上“车匪路霸”横行，团伙犯罪的危害性明显升级，在一些地方人民群众仍然缺乏安全感。人民法院对社会稳定负有重要责任。省法院根据当前的斗争形势，在今年2月召开了全省中级法院院长会议，对今年的工作及早作了部署。在这次会议上，我们强调各级法院要教育干警，保持清醒的头脑，要坚持阶级斗争观念，增强反渗透、反颠覆、反和平演变意识；强化对敌专政的职能，对各种敌对分子、反革命分子和严重刑事犯罪分子必须实行专政，决不能心慈手软；要继续贯彻依法"从重从快"的方针，依法严惩严重危害社会治安和群众安全的犯罪分子。为了进一步维护社会、政治稳定，中央和省政法机关最近决定，要集中一段时间，开展一场严厉打击严重刑事犯罪活动的斗争。全省各级法院要在党委领导下，与有关部门协调行动，加强刑事审判工作，按照我国刑法、刑事诉讼法以及1983年全国人大常委会关于严惩严重危害社会治安的犯罪分子的决定，坚决贯彻依法"从重从快"的方针，严厉惩处行凶杀人、盗抢枪支、持枪作案、"车匪路霸"、爆炸报复、重大盗窃、流氓团伙、黑社会性质的犯罪组织以及惯犯、累犯、流窜犯等恶性犯罪分子。罪该重判的坚决重判，罪该判处死刑的要判处死刑，把刑事犯罪的嚣张气焰打下去，使广大群众的安全得到有效保障。在"严打"斗争中，要坚持稳、准、狠的原则，既要有声威、有气势、又要搞准，严格依法办案，打出实效。要在战役行动的不同阶段，组织好宣判大会，兑现宽严政策。打击严重刑事犯罪活动做到决心更大，行动更快，声势更猛，社会效果更好。

这几年来，严厉惩处了一大批刑事犯罪分子，但是刑事犯罪活动依然继续发展，这说明，要搞好社会治安，光靠打击这一手是不够的。社会治安和犯罪问题是社会各种消极因素的综合反映，要搞好社会治安，减少和预防犯罪的发生，必须在各级党委和政府的统一领导下，实行全党动手，各部门、各单位齐抓共管，采取打击、整顿、取缔、管理、教育等多管齐下，进行综合治理，才能奏效。当前，尤其是要加强对青少年的教育。从我省的情况看，青少年犯罪不仅人数增多，而且作大案的多。在1989年判处给予刑事处分的罪犯中，25岁以下的青少年占65.25%，比1988年上升3.14%。在故意杀人、抢劫等11种严重刑事犯罪案件中，属青少年作案的占71.67%，比1988年上升6.31%。青少年犯罪增多，已成为人们十分关切的问题，我们希望全社会都重视加强对青少年的教育，各部门各单位以至每个家庭，都来关心青少年的健康成长。各级人民法院也要结合审判工作，积极参加社会治安综合治理，宣传社会主义法制，加强对未成年人的教育、挽救工作，推动社会防范措施的落实，减少犯罪案件的发生。

二、经济犯罪审判工作

严厉打击严重的经济犯罪，反对腐败，是经济领域里的一场政治斗争。为了推进反腐败斗争和廉政建设，去年各级人民法院把经济犯罪的审判工作，作为一项重要任务来抓，对严重经济犯罪分子依法予以从严惩处。1989年全省法院受理一审经济犯罪案件3194件，审结3024件，判决发生法律效力的人犯4332人，比1988年增加29.66%，其中判处五年以上有期徒刑、无期徒刑和死刑（含死缓）的1956人，比1988年增加37.46%。

去年8月间，最高人民法院、最高人民检察院发布了《关于贪污、受贿、投机倒把等犯罪分子必须在限期内自首坦白的通告》，各级法院在党委的统一领导下，在人大的监督和政府的支持下，与有关部门紧密配合，做了大量的工作。通过新闻发布会、印发宣传资料、到内部单位宣讲等多种形式，广泛宣传《通告》的精神，敦促犯罪分子投案自首。各级法院还设立了自首坦白接待室，接待投案自首的犯罪分子。为了体现"坦白从宽，抗拒从严"的政策，各级法院集中力量及时审结了一批体现宽严政策的案件。在《通告》期限的两个半月内共判处贪污、受贿等犯罪案件348件508人。其中自首坦白、积极退赃或有立功表现，按照《通告》的规定，给予从轻、减轻或免予刑事处分的244人；对拒不坦白交代，依法从重处罚的80人。原湛江市土产进出口公司加工员甘润花，利用负责验收木薯干入库的便利，贪污公款14万多元，数额特别巨大，情节特别严重，论罪该判处死刑，鉴于其能自首坦白，退清赃款，依法减轻判处有期徒刑四年。原东莞市工商银行石龙办事处金融服务部记账员林德新，勾结个体户黎锡洪，贪污公款127万余元，作案后，拒不交代，畏罪潜逃，在准备逃往境外时被我公安机关人赃俱获，对林、黎两犯予以从重处罚依法判处死刑。两院《通告》期满后，我们对继续作案的犯罪分子，又依法从严惩处了一批。各级法院对这些案件，及时召开宣判大会，公开处理，兑现政策，使经济犯罪分子看清自己的前途出路。全省法院先后召开了宣判大会103场，参加大会的干部职工达38万多人。这次打击经济犯罪的声势大，效果好，促使3400多名经济犯罪分子投案自首，把全省的反腐败斗争向前推进了一步，使广大群众看到了党和政府惩治腐败，加强廉政建设的决心和行动。

目前，贪污、贿赂、投机倒把等经济犯罪活动仍很严重。同严重经济犯罪作斗争，是一项长期的艰巨的任务。我们要求各级法院对打击严重经济犯罪的重要性、复杂性和长期性要有充分认识，思想不能放松，工作不能松，要继续抓紧进行下去，为治理整顿、深化改革扫除障碍。对严重的经济犯罪案件，要及时进行审理，特别是群众反映强烈的大案要案，要坚决排除干扰，依法严厉惩处，大张旗鼓地公开宣判，并选择典型案件宣传报道，进一步鼓舞人民群众积极同腐败现象作斗争。当前要注意抓紧处理《通告》期间投案自首的案件。对这类案件的处理要坚决贯彻《通告》的有关规定。《通告》是个大政策，总的精神是要比平常更宽，处理案件时一定要兑现。凡能自首坦白，积极退赃，有立功表现的，都要根据不同情节给予从轻、减轻或免予刑事处分；对拒不自首坦白，不退赃，造成国家严重损失的要依法从严惩处。经济犯罪案件涉及面广，情况复杂，要坚持“一要坚决，二要慎重，务必搞准”的方针，严格依法办案，切实保证办案质量。要做到基本事实清楚，基本证据确凿充分才下判。对于已判决的经济犯罪案件，要开好宣判大会，并且做好司法建议工作，扩大办案的社会效果，推动反腐败斗争和廉政建设的深入开展。

三、经济审判工作

由于一个时期以来经济过热积累下来的问题进一步暴露，经济秩序特别是流通领域秩序混乱，去年各级法院受理的经济纠纷案件继续大量增加。为了更好地为治理整顿和开放改革服务，各级法院进一步加强对经济审判工作的领导，充实力量，较好地完成了经济审判任务。全年共受理一审经济纠纷案件27742件，审结26615件，比上年分别增加58.4%和53.6%，解决诉讼标的总金额40.75亿元，比上年增加92.6%。

各级法院为了把大量的经济纠纷案件及时办好，一是贯彻着重调解的原则，充分发挥调解的作用。考虑到很多经济纠纷的产生，与国家的经济计划调整、政策调整和物价调整等有很大的关系，因此，在照顾双方当事人合法权益的前提下，充分利用协商的办法，解决他们之间的争议。在去年一审审结的经济纠纷案件中，通过调解解决的占69%。大批经济纠纷案件通过调解解决，有利于当事人自觉履行法律义务，促进了经济的流通和发展。二是积极开展专项审判、专项服务。去年突出抓了回收逾期银行贷款案件的审判工作。全年共受理逾期贷款纠纷案件8345件，诉讼标的总金额10.84亿元，审结6952件，解决7.69亿元。对一些有偿还能力而拒不还贷的欠款户，依法采取了强制措施，并利用典型案件进行宣传，促使大批欠款户及时主动清还了贷款，收到了办理一案，推动一片的良好效果。三是抓好新类型案件的审判。联营、承包、租赁、商标、专利、保险纠纷等新类型案件越来越多，人民法院审理这些案件时，注意抓典型案例的研究，总结经验，加强指导，使这些案件得到依法及时的处理。去年共审结了这几类案件2818件，解决诉讼标的4.2亿元，保护了当事人的合法权益，制裁了民事违法行为。四是继续改进经济审判方法，探索提高办案质量和办案效率的新路子。去年我们总结推广了深圳市中级人民法院设立“经济纠纷调解中心”的经验，现在珠海、肇庆、湛江、惠州、韶关、梅州等中级法院及一些区县法院也相继设立了“经济纠纷调解中心”，并且调解了一大批案件，结案率有了较大的提高。五是加强了涉外、涉港澳台的经济纠纷案件的审判。去年全省法院一审审结的涉外、涉港澳台经济纠纷案222件，解决诉讼标的总金额2.2亿元，比上年分别增加59.7%和127%。通过对这些案件的依法公正及时审理，维护了中外当事人的合法权益，促进了外向型经济的发展。

我省的经济审判工作，今年面临的任务更为艰巨。去年全省经济纠纷案件增加1万多件，今年收案仍有增加的趋势，而且新类型案件不断出现，审理的难度增大。今年是治理整顿、深化改革关键的一年，办好经济纠纷案件，对促进治理整顿和经济建设的顺利进行有着重要的意义。我们要求各级法院要强化服务意识，及时审理好与治理整顿关系密切的案件，如撤并公司的债务清偿案件、企业破产案件、因财政信贷紧缩而出现的回收逾期贷款案件、因压缩基建项目带来的建筑工程承包合同纠纷案件、因调整产业结构和产品结构而引起的变更合同纠纷案件以及涉外、涉港澳台的经济纠纷案件等等。审理经济纠纷案件要进一步贯彻着重调解的原则，继续完善“经济纠纷调解中心”的经验，大力开展专项审判、专项服务，改进审判方法，进一步提高办案的质量和效率。

根据省政府的部署，清理整顿公司的工作正在深入进行。人民法院要积极配合，及时把这方面的案件办好。同时，我们也希望有关部门在清理整顿公司中，要认真妥善做好被撤并公司的债权债务的清理工作。现在有不少公司被撤销后，人员调走了，债务无人负责清偿，损害了债权人的权益。希望有关主管部门认真贯彻国务院和省政府的有关指示，对撤并公司的债权债务要认真负责地进行清理，以减少经济纠纷案件的发生。

海事审判工作是经济审判工作的重要组成部分，1989年审结了一审海事、海商案件70件，其中涉外、涉港澳台的12件，解决诉讼标的4500多万元，取得了很大的成绩。为了适应我国海运事业和对外经济贸易的发展，海事审判工作必须进一步加强。我们要求，今年认真总结开展海事审判五年来的经验，解决当前存在的问题，进一步提高海事审判工作水平。

四、民事审判工作

1989年，民事审判工作取得了明显的进展，全省法院共受理一审民事案件57848件，审结57738件，比1988年分别增加14.3%和15.1%。民事案件涉及到千家万户的利益，许多案件又与治理整顿密切相关，及时审理好民事案件，对增进人民内部的安定团结，促进生产的发展，加强社会主义精神文明建设，起着重要的积极作用。

为了把大量的民事案件审理好，各级法院采取了一些切实的措施：一是建立专门合议庭或者专门的审判机构。在民事案件中，离婚、债务、房屋纠纷案件最多，这三类案件占民事案件的82.2%。各地法院以案件分类组成专门的合议庭，有的还建立了专门审判庭，负责审理这几类案件，使办案效率有较大的提高。一年来共审结这三类案件47921件，占受理数的90%。二是抓好治理整顿中出现的新情况新问题的调查研究，加强办案指导。近年来，公民之间借贷纠纷案件不断上升，1989年一审受理5771件，比1988年上升43.27%，而法律对这类案件的处理特别是对利率没有明确具体规定。我们根据民法通则的有关原则精神，在调查研究的基础上，经征求有关部门的意见，制定了一个处理试行办法，从而使这类案件98%都得到及时处理。三是认真抓好新类型案件的审理。1989年一审受理著作权、科技成果权、肖像权、名誉权等有关知识产权和人身权方面的纠纷案件68件，对这类案件由于不断总结经验，提高了审判水平，到年终已办结63件，占92.65%。四是探索改进民事审判方法。去年我们开始逐步推行“谁主张，谁举证”的原则，即当事人对自己提出的诉讼请求，都要提供证据，法院作必要的调查核实。采取当事人举证与法院必要的调查相结合，不但提高了办案效率，而且可以更好地保证办案质量。

民事案件的数量大，涉及面广，情况复杂。今年以来收案仍继续上升。为了完成繁重的民事审判工作任务，我们要求各级法院要牢固树立为社会稳定服务，为治理整顿和深化改革服务的观念，及时处理民事纠纷，依法保护公民、法人的合法权益，制裁民事违法行为，防止矛盾激化，维护社会的安定团结。

对容易引起矛盾激化，影响安定团结的案件，如山林、水利、滩涂等纠纷案件，因基建下马而引起的征用土地、房屋拆迁回迁纠纷案件，以及在治理整顿和深化改革中出现的其他案件，要组织力量及时办好，妥善处理，防止因办理拖延或处理不当而产生事端。要进一步加强对审理著作权、名誉权、姓名权等新型案件的总结和指导，继续研究、解决民事审判工作的新情况、新问题。

当前民事案件数量多与审判干部不足是一个非常突出的矛盾。为了进一步提高办案质量和效率，我们拟在今年突出抓好推行“谁主张，谁举证”的原则，改变过去忽视当事人举证的积极性、法院包调查的做法，把民事审判工作提高到一个新水平。

五、行政审判工作

行政审判工作自1987年开展以来，已经取得了较大的进展。现在85%的法院已建立了行政审判庭，配备干部370多名，并办结了一批案件，初步积累了一些经验。1989年共受理一审行政案件470件，审结419件，比1988年分别增加90.3%和1倍。在审结的案件中，维持原行政机关决定的204件，占48.7%；撤销、变更原行政机关决定的106件，占25.3%；当事人撤诉或作其他处理的109件，占26%。人民法院通过审判行政案件，既维护了行政机关依法行使职权，又保护了公民、法人和其他组织的合法权益，密切了党和群众的联系。

我国行政诉讼法将于今年10月1日起施行。颁布和实施行政诉讼法，是加强社会主义法制建设的重要措施，也是我国社会主义民主政治建设的重要步骤，要认真做好实施的准备工作。我们要求各级人民法院要在今年上半年全部建立行政审判庭，配备相应的审判力量，加强干部的培训，继续办好试行行政诉讼法的试点，认真总结经验。同时，要根据积极慎重的方针，逐步地将行政审判工作开展起来，行政诉讼法是一项新的法律制度，行政诉讼是一项新的工作，群众还不太了解，要广泛进行宣传工作，教育公民正确行使和保护自己的合法权利。同时，行政机关也要组织干部认真学习行政诉讼法和有关法律、法规，增强法制观念，完善行政处罚程序，做到依法行政。目前法院要全面担负起行政案件的审判，条件还有差距，我们要克服困难，创造条件，完成法律赋予的任务。

六、申诉和再审工作

处理公民的申诉是人民法院的一项重要任务。1989年全省法院共受理公民的来信来访215932件（人）次，本着对人民负责的精神，基本上都已作了处理。对其中符合立案条件的申诉，积极依法立案审查，经过审查需要再审的案件，按照审判监督程序进行再审。发现原判认定事实和适用法律确有错误的，坚决予以纠正。去年按照审判监督程序确定再审的刑事案件有3055件，审结2428件，其中维持原判的1567件，改判的757件968人（绝大部分都是“文革”前和“文革”中的案件）。确定再审的民事、经济纠纷案件1900件，审结1372件，其中维持原判的949件，改判的224件，使那些确属错判的案件得到了纠正，更好地维护了国家法律的正确实施和当事人的合法权益。对于不符合立案条件或经审查后原判处理正确的，认真做好当事人的思想工作，教育他们息诉服判；对于矛盾易于激化的，及时做好疏导工作，消除不安定因素，维护社会的稳定。

做好申诉工作，对促进社会的稳定有着重大意义，今年要进一步加强。要大力加强立案和审查工作，建立和健全制度，提高处理申诉工作的质量。特别是对那些确实处理不当，长期未获解决，当事人又不断申诉的案件，以及容易引起矛盾激化的案件，要抓紧处理。对认定事实和适用法律确有错误的，要按照实事求是，有错必纠的原则，及时予以纠正。

七、执行工作

对已发生法律效力的民事、经济、行政案件的判决、裁定和调解协议的执行，是关系到维护社会主义法制权威的一项重要工作。1989年，各级法院在案件多、难度大、人员少的情况下，执行了大批案件，取得了很大成绩。1989年共受理执行案件32639件，比1988年增加21.2%；已执行18603件，比1988年增加18.4%，使依法确认的当事人的合法权益得到了实现。当前“执行难”的问题十分突出，至去年底，未结的执行案件14036件，数量不少。造成“执行难”的原因主要是：有些公民和法人法制观念不强，无视法院的判决，有履行能力而不履行；有些是资不抵债，没有或者暂时没有履行能力；有些地方的地方保护主义和本位主义比较突出，干扰法院判决的执行。执行工作不仅难度大，而且案件数量还有继续上升的趋势，因此，加强执行工作，是法院一项很紧迫的任务。今年要进一步研究有效措施，努力扭转执行案件越积越多的局面，使执行工作有较大的改变。一是要加强宣传工作。通过宣传使当事人和群众懂得法院已经发生法律效力的判决和裁定，是依照法律确定当事人承担某项责任的法律文件，执行人民法院的判决和裁定，就是执行国家的法律，从而增强法制观念，自觉履行法院的判决和裁定。二是要明确申请人的责任。申请执行人必须提供被执行人可供执行的财产依据，法院可以根据申请人的申请查封或冻结财产。三是对有履行能力的要坚决执行。对无视法院判决，有履行能力经教育拒不执行的，要依法采取强制措施，直至依照刑法的有关规定，追究刑事责任。四是要提高执行工作水平。对执行的财产要做好调查研究，摸清情况，取得有关部门的支持，做到依法执行，文明执行。五是要坚决反对地方保护主义和本位主义。法院作出的判决或裁定，特别是对外地法院委托执行的判决或裁定，有关单位和个人不得进行干扰或阻挠。法院要站在国家的立场上敢于排除干扰，坚决执行，保障当事人的合法权益。

八、乡镇人民法庭工作

人民法庭是人民法院的基层组织，是人民法院在乡镇行使审判权的工作部门和基层政权的组成部分。在全省1630多个乡镇中，现已设立人民法庭921个。人民法庭的广大干部，在工作和生活都比较困难的条件下，做了大量的工作，审结了5万多件的一审民事案件、经济纠纷案件和轻微刑事案件，调解了大批民间简易纠纷，对保护公民、法人的合法权益，维护社会的安定团结，保障农村经济体制改革和经济建设的顺利进行，发挥了积极的作用。

随着形势的发展，人民法庭的地位和作用将越来越重要。为了使人民法庭能够更好地完成面临的繁重任务，加强基层政权建设和维护社会的安定，乡镇人民法庭的建设还需要进一步加强。省法院去年在调查研究的基础上,召开了全省人民法庭工作座谈会,研究了加强人民法庭建设的方针和任务。要进一步建立健全机构，根据需要和条件逐步按一镇一庭来设立人民法庭，3 万人口以上的乡也可以单独设庭。乡镇人民法庭要充实审判力量，加强业务培训，提高审判水平。要积极改善人民法庭的执法条件。现在大部分人民法庭的工作条件和生活条件比较差，全省人民法庭 70％没有审判庭，50％没有办公用房，装备和办案经费都比较缺乏。希望各级党委和政府对人民法庭的建设继续给予重视和支持，使人民法庭开展工作有起码的条件。

九、法院队伍建设

1989 年，全省法院干警认真贯彻执行党的路线、方针、政策，秉公执法，全面开展审判工作，比较好地完成了各项任务。在制止动乱和平息反革命暴乱的斗争中，全省法院广大干警立场坚定，旗帜鲜明，严守纪律，坚守岗位，加倍努力工作。在去年发生动乱的 4、5、6 三个月，不但工作没有受影响，而且办案效率大大提高，办结的案件还比前三个月增加 49.5％，表现了较高的政治觉悟和良好的组织纪律性。在斗争中涌现了许多先进集体和先进个人。广州市中级人民法院刑事审判第一庭等 3 个单位被最高人民法院授予“全国法院系统制止动乱、平息反革命暴乱先进集体”的光荣称号。全省法院系统有 468 个单位、2277 名干警在工作中取得显著成绩，被评为先进集体和先进工作者。事实说明：法院广大干警是一支忠于党，忠于人民，经得起政治风浪考验的队伍。

去年以来，我们主要抓了以下三个方面：

一是加强思想政治工作。组织广大干警认真学习党中央关于制止动乱、平息反革命暴乱的指示，学习党的十三届四中、五中全会的精神，使大家在思想上、政治上、行动上同党中央保持高度一致；在广大干警中开展了形势教育，使广大干警深刻认识国际敌对势力同我国之间的斗争是渗透与反渗透、颠覆与反颠覆、和平演变与反和平演变的斗争，自觉地坚持四项基本原则，反对资产阶级自由化；经常组织干警学习马克思主义、毛泽东思想，树立坚定的社会主义、共产主义信念，掌握马克思主义的立场、观点、方法，提高观察、分析、解决问题的能力，使干警在国际国内的政治风浪中经得起考验。

二是加强廉政建设。绝大多数干警能遵守纪律，秉公执法，廉洁勤政。去年全省法院干警拒贿、拒礼的 3977 人次，总值人民币 49 万多元。但从另一角度也说明了资产阶级思想对法院干警腐蚀是很严重的，而且确有极少数干警经不起考验。据统计，去年全省法院系统干警发生违法乱纪、以权谋私建房、贪污受贿的 44 起，其中也有个别基层法院和中级法院的领导干部。这种情况已引起了我们严重注意，进一步加强了遵纪守法教育，建立了监察机构，充实了纪检力量，抓了廉政制度建设，开展了执法大检查，加强了监督机制，并且对有违法乱纪行为的干警及时作了严肃处理。已给予党纪、政纪处分的有 36 人，占全省法院干警总数的千分之三点一。

三是加强干部的培训工作。去年全省法院有 2170 人参加学历证书或专业（法律）证书的学习。省法院还举办了法官培训班，加强审判骨干的培训，第一期已经开学，今后要继续办下去，不断提高法院中层干部的审判水平。

去年法院队伍建设取得了较大的成绩，但是，我们还抓得不够，在队伍中还存在一些严重脱离群众的消极腐败现象，必须认真解决。我们要求各级法院，要把贯彻党的十三届六中全会通过的《关于加强党同人民群众联系的决定》作为队伍建设的一件大事来抓，在全体干警中深入进行马克思主义群众观点和党的群众路线再教育，结合法院工作的特点和当前存在的问题，制定具体措施，突出地抓好秉公执法，进一步加强廉政建设，认真整顿纪律和作风，自觉接受人大及其常委会和人民群众的监督，改进审判工作方法，提高办案效率，密切同人民群众的联系，发扬人民司法工作的优良传统，造就一支清正廉洁、秉公执法的队伍，使人民法院更好地担负起新时期的审判任务。

当前法院执法条件较差，办案经费不足，交通、通讯等装备落后，影响了工作的开展和队伍稳定。对此，各级党委、人大和政府是重视的，我们希望能够尽快得到改善，以保障审判工作的正常进行。

各位代表：

当前我们国家最重要的、压倒一切的是稳定。人民法院的各项审判工作，都同保障社会稳定有直接的关系。竭尽全力维护社会稳定，是今后一个时期法院工作的基本指导方针。根据第十五次全国法院工作会议的精神，全省法院要把保障社会稳定作为根本任务，大力强化审判职能，严厉打击刑事犯罪活动，及时处理民事纠纷，为保障和促进治理整顿和深化改革的顺利进行，为国民经济持续、稳定、协调发展创造一个安定的环境，作出更大的贡献！

广西壮族自治区高级人民法院工作报告

——1990年4月25日在广西壮族自治区第七届人民代表大会第三次会议上

广西壮族自治区高级人民法院院长　蒙　铎

各位代表：

现在，我就1989年全区各级人民法院贯彻执行自治区七届人大二次会议决议，开展审判工作的主要情况向大会作以下报告。

1989年是中共中央决定治理整顿、深化改革的第一年。在这一年里，我国发生了严重的政治动乱和北京反革命暴乱，各种不安定因素增多，社会治安形势相当严峻，审判任务十分繁重。全区各级人民法院和柳州铁路运输各级法院在自治区党委和各地党委的领导下，在人大的监督和政府的支持下，坚决贯彻执行党的十三届四中全会、五中全会精神，坚持四项基本原则，坚持改革开放方针，进一步强化人民法院的专政、服务、调节职能，全面开展审判工作。在斗争尖锐复杂，案件全面增加，工作全线紧张，审判力量严重不足，工作条件较差的情况下，全区法院干警立场坚定，旗帜鲜明，顽强拼搏，忘我工作，克服重重困难，积极参加了制止动乱的斗争和清理清查工作，及时依法审判了那些煽动、制造政治动乱的反革命犯罪分子，继续严厉打击了严重危害社会治安的刑事犯罪和严重破坏经济的犯罪活动，正确、合法、及时地审理了民事、经济、行政、告诉申诉等各类案件。同时认真抓了自身的改革和建设。各项工作都有新的进展，取得了较好的成绩。全年共受理各类一审案件98569件，比1988年增长8.91%，审结91534件，比1988

年增长 9.91%。结案率达 92.86%。其中审结一审刑事案件 15260 件，比 1988 年增长 24.44%；审结一审民事案件 62276 件，比 1988 年增长 17.3%；审结一审经济纠纷案件 13714 件，审结的经济纠纷案件除借款合同纠纷案件比上年略有减少外，其他经济纠纷案件均有不同程度的增长；审结一审行政案件 284 件，比 1988 年增长 15.92%。受理各类二审案件和审判监督案件 13419 件，比 1988 年增长 1.84%，审结 11629 件，比 1988 年增长 3.79%。通过全面开展审判工作，严惩了反革命犯罪和严重刑事犯罪、严重经济犯罪，依法调整了民事法律关系、经济关系和行政关系，对于维护社会安定和经济秩序，保护公民、法人的合法权益和国家利益，促进经济的发展，保障治理整顿和改革开放的顺利进行，发挥了重要的作用。

1989 年我区人民法院的工作有下面几个特点：

(一)始终围绕维护社会安定来开展刑事审判工作。1989 年，我区犯罪案件上升的势头很猛，不安定的因素明显增多，治安形势相当严峻。这一年全区法院受理的反革命案件比上年上升 109.9%，杀人案件上升 29.77%，重伤害案件上升 101.26%，抢劫案件上升 50.94%，爆炸案件上升 30.77%，强奸案件上升 10.36%，流氓案件上升 9.6%，重大盗窃案件上升 121.09%，非法制造、贩卖枪支案件上升 178.95%。相当一部分地方治安情况不好，犯罪分子气焰十分嚣张。钦州市一个犯罪分子一次杀死 16 人，杀伤 2 人，桂林市两个犯罪分子进行抢劫时杀死被害者全家 4 口人。在有些铁路、公路沿线，犯罪分子公然成帮结伙地拦车、爬车抢劫、盗窃乘客和运输物资。边境一些地区非法买卖枪支、拐卖人口、贩毒等犯罪活动异常猖獗。特别是在春夏之交，国内外敌对势力在北京等地挑起和制造一场旨在推翻中国共产党的领导、颠覆社会主义制度的政治动乱之后，极少数人为了推翻人民民主专政政权和社会主义制度，乘机在一些地方散布谣言，蛊惑人心，煽动闹事，妄图制造动乱，对党和政府施加压力；一些无法无天的无知妄为之徒和社会渣滓也乘机寻衅滋事，进行破坏和捣乱，同北京的动乱、暴乱遥相呼应，形势更为严峻。

社会治安存在的这些突出问题，严重影响着社会的稳定和治理整顿、深化改革、经济建设的顺利进行，威胁着人民民主专政政权的巩固和人民群众生命财产的安全。我区各级人民法院正确分析和认识社会治安的严峻形势，进一步强化对敌专政的职能，坚持把打击反革命犯罪和严重刑事犯罪作为人民法院的首要任务，遵照中央和最高人民法院提出的打击刑事犯罪活动要“决心再大一些，行动再快一些，声势再猛一些”的要求，与公安、检察等有关部门密切配合，先后在全区范围内开展了三次集中打击，及时杀了一批、重判了一大批严重刑事犯罪分子。全年共计判处了各类刑事犯罪分子 19673 名，比 1988 年增长 17.97%。其中判处五年以上有期徒刑、无期徒刑、直至死刑的 6282 名，占判处罪犯总数的 31.93%，绝对数比 1988 年上升 22%，给各种刑事犯罪分子以沉重地打击，充分发挥了人民民主专政的威力。

在斗争中，各级人民法院针对本地的治安状况，突出了打击重点，狠狠抓了对当地社会治安危害大的重大恶性案件的审判，特别是依法严惩那些持枪抢劫、车匪路霸、报复杀人、图财害命等严重危害社会治安和人民生命财产安全的严重刑事犯罪分子，以及那些情节特别恶劣、危害特别严重的罪犯和恶习很深的惯犯、累犯、流窜犯，犯罪集团的为首分子。据统计，在已判处的刑事罪犯中，属于这些方面的罪犯有 8108 名，占 41.21%，其中少数罪大恶极、法不容留的，坚决依法判处了极刑。如全州县吴光云和兴安县蒋镇主纠集 7 名犯罪分子，先后 9 次持械在桂林到黄沙河的公路上抢劫过往汽车案件，以及流窜犯王春华、张育林公然在桂林市华侨大厦持枪抢劫游客和台胞财物价值5万余元案件，该两案的四名主犯，人民法院依法判处极刑，给予最严厉的惩罚。各级人民法院还与有关部门配合，积极开展了声势浩大的“扫黄”和除“六害”的斗争，依法惩处了一批这类犯罪分子。

在党中央采取果断措施，取得了制止政治动乱、平息反革命暴乱的决定性胜利之后，各有关人民法院坚决贯彻党中央“除恶务尽，不留后患”的指示精神，及时依法审判了在动乱期间发生的反革命案件。截至1989年12月底，共受理了反革命犯罪案件13件，审结了9件，判处了反革命罪犯9名，对其中危害特别严重，情节特别恶劣的，坚决依法从重惩处。如黄家才反革命案。该犯（曾因犯叛国投敌罪被判刑三年）出于憎恨中国共产党和社会主义制度，在动乱、暴乱前后，多次印刷、散发反革命传单，极力诬蔑中国共产党和社会主义制度，“号召”人民起来拿起刀枪消灭共产党。在我平息北京反革命暴乱取得决定性胜利之后，非法购买了短砂枪和匕首，制造了炸药，并秘密将炸药安装在从黎塘开往南宁的315次旅客列车上，妄图制造爆炸列车事件，人民法院经过审理，坚决依法判处重刑。

各级人民法院在集中打击严重刑事犯罪和反革命犯罪的同时，认真抓了对经济犯罪案件的审理，使我区打击经济犯罪的斗争取得了突破性的进展。全年共受理各类经济犯罪案件2121件，审结2004件，分别比1988年增长32.15%和26.92%。共判处罪犯2618名，比1988年增长14.12%。其中判处死刑的××名，死缓的××名，无期徒刑的××名，五年以上有期徒刑的683名，不满五年徒刑的1507名，判处其他刑罚的304名。在判处的罪犯中，属于国家工作人员的267名，其中处级干部3名，通过审理经济犯罪案件，为国家和集体挽回经济损失8049000多元。有力地打击了曾经嚣张一时的经济犯罪活动，对保障和促进治理整顿、改革开放和经济建设的顺利进行起了积极作用。

在开展打击经济犯罪斗争中，各级人民法院认真贯彻了中共中央〔1989〕1号文件的指示精神，把打击的重点放在贪污、受贿等犯罪上，尤其注意抓了大案要案的审理。全年共审结贪污、受贿案件428件，判处罪犯564名。其中贪污、受贿1万元以上5万元以下的123名，5万元以上10万元以下的31名，10万元以上的7名。对这些贪污、受贿犯，坚决按照全国人大及其常委会通过的《刑法》和《关于惩治贪污罪贿赂罪的补充规定》以及其他有关法律的规定予以从严惩处。对其中罪行特别严重，依法应判处死刑的，坚决依法判处死刑。如胡学贪污案，胡学原系柳州市力风塑料成型厂出纳员，利用职务之便，在不到三个月时间内，贪污公款376169元，然后携带赃款潜逃，流窜于广州、南昌等地大肆挥霍，情节特别严重，人民法院经过审理，依法判处其死刑，剥夺政治权利终身。经报最高人民法院核准，已于1989年6月29日在柳州市执行枪决。对那些个人非法所得金额不大，但身居要职，依仗权势进行经济犯罪活动，给国家在政治上、经济上造成严重损失的犯罪分子，亦依法从严惩处。区党委直接抓的18个经济大案要案，年内已有6个起诉到法院，法院都依法作了有罪判决。

为了更有效地深入开展打击贪污、受贿、投机倒把等严重经济犯罪活动，各级法院在最高人民法院和最高人民检察院去年8月15日发布《关于贪污、受贿、投机倒把等犯罪分子必须在限期内自首坦白的通告》之后，积极与检察、监察、宣传部门配合，广泛深入地宣传贯彻了《通告》精神。对适用《通告》处理的案件，及时根据《通告》规定的精神进行了处理，兑现政策。共计审结贪污、受贿、投机倒把等经济犯罪案件331件，判处罪犯508人。其中，依法从宽判处的211人，从严判处的135人。凡在《通告》规定的期限内，投案自首，积极退赃的，或者在被采取强制措施后坦白全部罪行，积极退赃的，或者有检举立功表现的，均酌情予以从宽处理。如原南宁市复合肥料厂厂长李林贪污、受贿、投机倒把案，李林与该厂副厂长吴川等4人，利用职务上的便利，贪污公款772514元，本人分得赃款275630元。此外还收受贿赂13000元，倒卖外汇45000元，共获赃款332630元，论罪应处以死刑。但李林归案后能坦白交代全部罪行，退出全部赃款，有悔罪表现，具有从轻处罚情节。人民法院根据两高《通告》规定，依法判处其无期徒刑，剥夺政治权利终身。在这段时间里，各级人民法院召开了宣判大会111次，宣判了能够体现宽严政策的案件289件，475人。对于激励广大干部群众同经济犯罪作斗争，促使违法犯罪分子放弃侥幸心理，争取走从宽之路起了很大作用。据统计，在《通告》规定的期限内，全区有1526名经济违法犯罪分子投案自首，其中县处级干部57人，高级工程师2人。收到较好的效果。

（二）始终把保护农业生产的发展作为审判工作的重要任务。“农业是国民经济的基础，粮食是基础的基础”。搞好农业生产特别是粮食生产，对于平衡市场，稳定大局至关重要，对于治理整顿、深化改革具有重大意义。各级人民法院通过学习和贯彻党的十三届三中全会和区党委五届五次会议精神，对农业的重要战略地位有了比较深刻的认识，自觉把贯彻区党委、区人民政府关于把发展农业放在经济工作的首位的指示精神，为发展农业生产创造一个良好的治安环境和社会环境，作为审判工作的重要任务，主动运用法律武器，为农业生产的发展保驾护航。

1989年上半年，我区一些地方破坏农业生产的案件不断发生，特别是破坏电力设备和农田水利设施、盗窃耕牛等犯罪案件十分突出，给发展农业生产造成严重的影响。针对这些情况，各级人民法院及时与公安、检察等部门配合，开展了打击破坏电力设备、破坏农田水利设施、盗窃耕牛等犯罪活动的专项斗争，全年共审结破坏电力设备的犯罪案件415件，判处罪犯866名。对其中情节恶劣，造成严重后果罪该处死的6名破坏电力设备的罪犯处以极刑。如来宾县蒙源谊、韦昭年纠集4名犯罪分子，先后3次盗割、破坏我区能源重点工程来宾电厂的高压动力电缆43米，导致两条电缆报废913米，造成直接经济损失18.2万多元，少发、供电6205000多度，大大影响了农村抽水抗旱。桂平县以蒋昆伦为首的4名罪犯，先后27次盗窃、破坏农村电力排灌设备，毁坏了电灌站25个，造成直接经济损失43万多元，3000多亩农田不能抽水灌溉。对这两案的3名首犯，人民法院依法判处极刑，效果很好。经过这样严厉打击，有效地遏制了这类犯罪的上升势头。宾阳县在1988年冬至1989年春，破坏电力设备的犯罪案频繁发生，危害十分严重。仅据85起案件统计，就被剪掉正在输电中的铝线76020米，造成35个电灌站不能抽水，239个村庄的照明受到影响，人民群众十分愤慨。后来这个县的人民法院与公安、检察机关配合，及时依法严惩了44名破坏电力设备的犯罪分子。同时将案例印发全县，广泛宣传，扩大办案效果。结果此类犯罪活动大力收敛。对那些破坏农田水利设施、盗窃耕牛、盗伐滥伐林木等直接影响农业生产发展的犯罪活动，各地法院也及时予以打击。全年共判处破坏集体生产的罪犯260名，判处盗窃耕牛的罪犯707名，判处盗伐、滥伐林木的罪犯168名。对于保护公民的合法财产，维护农业生产秩序，促进农业增产丰收起到了积极作用。

民事、经济审判工作，也围绕着为发展农业生产服务的方向去开展。1989年我区部分地区遭受严重干旱，农田水利纠纷不断发生，在不同程度上影响到农业生产。为了及时扫除发展农业生产的障碍，许多基层人民法院认真地抓了农田水利纠纷案件的审理。如桂林地区各县针对秋旱严重，农田普遍缺水，一些地方村与村、队与队、户与户之间争水灌田的纠纷接连不断发生的情况，及时组织干警深入农村，夜以继日地走村串户做调处工作，前后共处理水利纠纷 347 件，既及时平息了纠纷，防止了械斗，又妥善解决了农田用水问题。容县人民法院针对该县部分农户长期拖欠水费，严重影响了抽水抗旱等项工作的开展，抽出审判人员 44 人，组成巡回办案组，深入五个水利工程灌区专项审理这方面的案件，依法追回历年拖欠的水费 66000 多元，使有关部门得以资金周转，从而保证了 5 万多亩农田能够及时抽水抗旱。一些县人民法院还针对近年来由于改革的深化，社会各方面利益的调整，物价上涨等因素，农村承包合同纠纷增多，有的甚至聚众毁坏果园、鱼塘、山林、茶场等，破坏生产，造成严重经济损失，影响到农村联产承包责任制的巩固和发展的情况，主动深入乡村，调查研究，宣传法制，讲解政策，合法、合情、合理地处理好有关山林、土地、果园等承包合同纠纷案件。对不尽合理和不尽完善的承包合同，通过调解，促使双方达成协议，对合同内容进行适当调整，使之合理和完善。并积极向有关部门提出司法建议，加强对承包合同的管理，减少了纠纷的发生。据不完全统计，去年共审理了山林、水利、土地纠纷案件 2237 件，比上年增长 31.9%；农村承包合同纠纷案件 314 件，比上年增长 18.94%；各种毁坏生产的损害赔偿案件 597 件。所有这些工作，对维护农村经济秩序，稳定农村联产承包责任制，发展农业生产起了一定的作用，为 1989 年我区在大灾之年夺得粮食丰收作出了贡献。

（三）充分发挥人民法院调整民事法律关系，调节经济关系，促进生产力发展的职能作用，为治理整顿、深化改革、发展经济服务。近几年来，随着改革的深化和民主与法制建设的不断发展，纳入法律调整范围的民事、经济关系越来越多，民事、经济纠纷案件大量增加。据统计，1989 年全区法院受理的民事案件比改革开放前的 1977 年增长了 5.75 倍；受理的经济纠纷案件比刚建立经济审判制度的 1980 年增长了 200 多倍。为了适应这种情况，1989 年全区各级人民法院按照党中央关于治理整顿、深化改革的决策，和第十四次全国法院工作会议提出的大力加强民事、经济审判工作，为治理整顿、深化改革、发展经济服务的要求，进一步深化对民事、经济审判的地位和作用的认识；切实加强了这两个方面的审判工作，努力挖掘潜力，调动审判人员的积极性，多收案，快结案，办好案，推动了民事、经济审判工作的全面开展。在办案中，坚持把保护当事人的合法权益，促进生产力的发展作为办案的根本出发点和立足点，不仅认真查清事实，核实证据，判定当事人的过错和责任，正确处理，而且想方设法提高办案效率，缩短办案期限，使案件及时审结，尽量发挥办案的经济效益和社会效益。特别是注意及时审理好各种生产、流通领域内和改革开放中发生的民事、经济纠纷案件。如对治理整顿、深化改革有直接影响的借贷合同、企业承包、租赁经营和联营合同纠纷案件；由于紧缩信贷，压缩基建，整顿公司发生的纠纷案件等。1989 年共处理了这几个方面的案件 2713 件。通过审判活动，调整了生产和流通领域的各种经济关系，维护了社会主义经济秩序，保护了公民和法人的合法利益，促进了人民内部团结和社会安定，对于治理整顿，深化改革、发展生产起了积极作用。

为了充分发挥民事、经济审判工作为治理整顿、深化改革和发展经济服务的作用，各地人民法院对审理民事、经济纠纷案件还普遍采取了积极措施：一是以法律手段稳定经济秩序，加速经济流转，发挥经济效益。鉴于诉讼到法院的每一件经济案件，当事人所争议的财产和资金，往往处于不稳定和冻结状态中，少则几千元，几万元，多则几十万、几百万元，甚至上千万元，同时直接影响着经济秩序和经济关系的稳定。各级法院在办案中积极执行诉讼经济原则，对直接影响到生产、经营活动的案件和争议金额巨大的案件，优先审理，努力用最短的时间，以最少的诉讼耗费，完成诉讼的全过程，尽快解决纠纷，把封冻的资金和财物解脱出来，投入到生产、流通领域，促进经济的发展。据统计，1989年全区法院仅通过审理经济纠纷案件就为当事人解决了争议的财产和资金达45870多万元。使之在生产和流通领域发挥了应有的经济效益；二是以法律手段治理经济环境，改善国家的金融状况。1989年，各地人民法院针对国家紧缩银根，资金紧张，影响到生产和建设发展的情况，继续协助金融部门依法开展了清收逾期贷款活动。许多基层人民法院组成巡回法庭，深入乡村，巡回审理借款合同纠纷案件，并注意开展法制宣传，促使欠款户主动还款。据不完全统计，通过诉讼程序回收的逾期贷款共9794万元。这不仅在一定程度上缓解了金融部门资金紧张的矛盾，更重要的是这笔资金能及时投放于支工支农，促进了工农业生产的发展；三是贯彻综合治理精神，直接为保护和促进生产服务。各级人民法院在办案中，十分注意从维护和发展生产的大局出发，对那些直接影响群众切身利益，容易引起矛盾激化，有碍生产秩序的民事、经济纠纷案件，力求通过审判活动，缓解矛盾，将导致激化的苗头消灭在孕育时期，以免影响和挫伤群众搞好生产的积极性。对因经营管理不善，发生亏损，趋于倒闭的企业，通过审理，发现凡有复苏可能的，想方设法扶持其恢复生机，帮助其渡过难关，等等。如柳州市龙城化工厂第二分厂拖欠沙塘信用社贷款一案，因该厂长期经营不善负债累累，工人因得不到工资而自谋职业，工厂被迫停工，濒临倒闭。案件起诉到柳州市郊区法院后，经过调查认为该厂是有发展前途的，只要恢复生产，偿还贷款也完全有可能。于是通过调解，促使双方达成了分期还清贷款的协议。同时积极与该厂的主管部门商议，由他们从资金等方面扶持工厂生产。由于采取这些措施，该厂恢复了生产，加强了管理，提高了产品质量，不仅按期偿还了所欠贷款，而且发展了生产。职工们称赞说："法院处理了一起纠纷，救活了我们一个企业"。

在审判工作中，各级法院还注意坚持法律面前一律平等的原则，从全局出发，严格依法办案，既维护当事人的合法权益，又不搞地方保护主义，做到对本地当事人、外地当事人，国内当事人、国外当事人，一视同仁，谁的权益合法就保护谁。如桂林花园酒店（中外合作经营企业）与广西国际信托投资公司借款担保合同纠纷案，1985年，桂林花园酒店与广西国际信托投资公司协商，由国际信托投资公司担保，花园酒店向荷兰商业银行等贷款1000多万美元。由于花园酒店违反信贷合同规定，致使担保人为其归还贷款，遭受损失。案件起诉后，桂林市中级人民法院依法判决拍卖花园酒店全部资产偿还广西国际信托投资公司。外商一方不服判决，提出上诉。自治区高级法院经过审理认为，桂林市中级法院的判决是正确的，驳回了上诉，维持一审判决，依法保护了广西国际信托投资公司的合法权益。通过审判活动，为创造良好的投资环境，促进我区的经济建设，提供了法律保障。

（四）狠抓对干警的思想政治教育，提高了队伍的战斗力。近年来，由于资产阶级腐朽思想的影响和腐蚀，"一切向钱看"错误思潮在我们法院队伍中也有反映，去年春夏之交的政治动乱和反革命暴乱中，在我们法院队伍中也暴露出一些问题。通过反思，使我们进一步认识到"改革十年最大的失误是教育"这个论断的正确性，使我们深深懂得了近年来淡化思想政治工作的危害，增强了抓干警思想政治教育的紧迫感。为了加强这项工作，一年来我们突出抓了以下几个重点：一、认真进行坚持四项基本原则、反对资产阶级自由化的教育。反复组织全体干警学习中央领导同志有关制止政治动乱和平息反革命暴乱的重要讲话，学习党的十三届四中全会文件，使广大干警增强政治免疫力，自觉抵制资产阶级自由化思潮的侵蚀，坚定正确的政治方向，在政治上与党中央保持一致。从而保证了全区法院在去年春夏之交出现的政治风波时，阵脚不乱，方向不偏，斗志不减，审判工作正常进行。绝大多数干警立场坚定，是非分明，坚决拥护党中央、国务院制止动乱、平息反革命暴乱的重大决策，同心协力，排除干扰，完成了各项工作任务，为稳定我区政治局势和社会秩序作出了贡献。其中桂林市中级人民法院和博白县人民法院由于事迹突出，完成任务出色，被最高人民法院授予“全国法院系统制止动乱、平息反革命暴乱先进集体”的光荣称号。二、加强对干警的廉洁教育。自治区高级法院专门召开了全区法院廉政建设会议。根据会议布置，各级人民法院都把培养干警的职业道德摆 在重要的位置上，不断对干警进行为政清廉的教育，提高自身反腐蚀的能力，使干警能自觉抵制各种不正之风，努力做到一身正气，两袖清风，刚直不阿，秉公执法。同时严肃纪律，对个别贪赃枉法、徇私舞弊、违法乱纪的干警，进行严肃处理。年内共查处了违纪、违法事件 48 起 48 人，分别给予了应得的处分（其中依法追究刑事责任的 7 人）。因而在全区法院系统逐步形成了一个廉洁自律、勤奋向上的良好风气。据不完全统计，1989 年全区法院干警拒贿退礼的有 3919 人（次），金额达 306173 元；拒吃请的 4198 人（次）；拒说情的 8111 人（次）。在办案经费短缺的情况下，共有 5408 人（次），用自己的工资先垫支办案经费 466000 多元，这点如果没有崇高的革命事业心和责任感是办不到的。三、广泛开展“创文明单位，做优秀法官”活动。自治区高级人民法院作出了向全国法院劳动模范马灿芳（百色地区中级法院副院长）学习的决定，要求通过学习马灿芳同志的先进事迹及其优良思想品德，进一步推动全区法院系统“创先争优”活动深入开展，开创法院工作新局面。各地法院采取不同形式，认真抓了这项工作，并把“创先争优”活动和学雷锋活动紧密结合起来。从而进一步激发了广大法院干警的工作热情和进取精神，各级法院都涌现了一批坚持四项基本原则，忠于职守，勤奋工作，秉公执法，在工作中做出了显著成绩的先进集体和先进个人。据各地汇报，1989 年共有 187 个先进集体和 899 名先进工作者受到了表彰。

回顾一年来的工作，全区各级人民法院认真履行宪法和法律赋予的职责，发挥审判职能作用，为我区局势稳定和治理整顿、深化改革、发展经济，做了大量的工作，取得了一定的成绩。这是在各级党委的领导下，在各级人大的监督和政府的支持下，各级人民法院和广大干警共同努力的结果。但是，我们也注意到，在新形势下，人民法院的主客观方面与形势和任务都还不相适应，还存在一些亟待解决的问题。一是有的法院在处理案件时，脱离形势，就案办案，对发挥办案的社会效果注意不够；二是有些审判人员严肃执法的意识还不够强，不能严格依法办事，致使少数案件办案质量不高。据去年 10 月执法大检查，尚有百分之五的案件质量不高，还有的案件办得不够及时；三是执行难的状况仍未根本改变，到 1989 年底全区尚有近四分之一的民事、经济纠纷案件判决未能执行，究其原因，除人民法院主观努力不够以外，既有地方保护主义和本位主义的干扰，也有一些当事人的确没有执行能力；四是审判力量、办案经费和交通、通讯等执法条件，不能适应日益繁重的审判任务的需要，收案多、结案多、未结案多的趋势仍在发展。产生这些问题，有多方面的原因，但与我们自治区高级人民法院对新情况新问题调查研究不够深入、系统，对下级法院审判工作监督指导不够有力，是分不开的。我们决心采取有效措施。努力改进。

各位代表，今年是进入九十年代的第一年，也是我国治理整顿、深化改革关键性的一年。保持国家的政治稳定、经济稳定和社会稳定，是全党和全国各族人民面临的最重要的任务。中共中央最近强调指出，政法战线各部门对维护社会稳定负有重要责任。竭尽全力维护社会稳定，是今年和今后一个时期政法工作的基本指导方针。作为人民民主专政重要工具之一的人民法院，今年要担负的稳定局势，惩治犯罪，促进改革的工作任务将是十分繁重的。人民法院不仅负有审判国家公诉机关起诉的刑事案件的繁重任务，而且要自行承担占受理案件总数80%以上的民事、经济、行政和告诉、申诉案件的审判工作。这就要求全区各级法院不但要继续强化专政的职能，而且要强化保护人民民主权利和其他合法权益的职能，强化调节经济关系，促进生产力发展的职能。这是宪法和法律赋予的神圣职责。我们要遵照中央的指示和这次人民代表大会的精神，以党的十三届四中全会、五中全会、六中全会精神为指针，认真贯彻落实最近召开的全国政法工作会议和第十五次全国法院工作会议精神，全面开展各项审判工作，不断提高执法水平，为维护我区的政治稳定、经济稳定、社会稳定服务，为治理整顿、深化改革服务，为发展农业生产、繁荣国民经济服务。为此，在今年内，我们要突出抓好如下几项工作：

（一）坚持人民民主专政，深入地开展打击仇视社会主义制度、破坏人民民主专政的反革命犯罪和其他各种严重刑事犯罪的斗争。针对当前社会治安形势仍然相当严峻，刑事案件大量上升，不安定因素增多；国内外敌对势力和各种仇视社会主义制度的敌对分子仍在伺机进行破坏活动，反革命案件增加；社会丑恶现象滋生的犯罪继续蔓延等情况，继续依法严惩严重危害国家安全和社会稳定的反革命分子和刑事犯罪分子，以及破坏电力设备、破坏农田水利设施等严重危害工农业生产和打击报复基层干部的犯罪分子，以保障我区政治局势的稳定，促进经济建设的发展。继续严厉打击贪污、贿赂、投机倒把、走私等严重破坏经济的犯罪活动，为治理整顿、深化改革扫除障碍。同时要审理好“六害”中的犯罪案件，为遏制社会丑恶现象发生，转变社会风气做出贡献。

（二）紧紧围绕保障社会稳定和治理整顿、深化改革这个中心，积极开展民事、经济、告诉申诉等项审判工作，正确、合法、及时地处理民事、经济纠纷和其他纠纷案件，特别是优先处理那些影响社会安定，影响生产建设和治理整顿、深化改革中发生的案件，依法制裁违法行为，保护公民和法人的合法权益，增强人民内部团结，维护正常的生产、流通秩序，保障国民经济持续、稳定、协调地发展。随着改革开放，国际交往和“三资”企业的增多，涉外和涉港、澳、台的民事、经济纠纷案件也逐年增多，人民法院要按照规定，依法及时受理和审理，以促进我区经济繁荣，促进改革开放。

（三）积极开展行政审判工作，保护公民和法人的合法权益，支持和监督行政管理机关依法行政。开展行政审判是发展民主政治，健全社会主义法制，实行依法治国的一个重要方面。到目前为止，我国已有130多个法律和行政法规规定，公民、法人和其他组织不服行政管理机关处理可以向法院起诉，还有大量的地方法规也作了类似的规定。今年10月1日起实施《行政诉讼法》，以“民告官”的形式出现，诉讼到法院的行政案件将越来越多。这是人民法院的一项新任务。我们要继续搞好试点，抓紧做好全面实施行政诉讼法的准备工作。要进一步建立健全行政审判机构，培训行政审判干部，认真总结审判经验，积极稳妥地把行政审判工作进一步开展起来。

（四）认真做好执行工作，维护法律的严肃性。目前执行难的问题仍很突出。我们要采取措施，切实加强这方面的工作，坚决排除地方保护主义和本位主义，把执行工作做好，使有执行内容的经济、民事、行政等案件的判决、裁定和调解协议得以执行，对有执行条件而拒不执行的案件，人民法院必要时采取强制执行措施，以保护当事人的合法权益，维护法律的尊严。

（五）加强审判队伍建设，努力提高干警的政治、业务素质。要大力改进和加强思想政治工作，不断对法院干警进行坚持四项基本原则、反对资产阶级自由化的教育、共产主义信念教育和全心全意为人民服务的宗旨教育，使广大干警更加坚定共产主义信念，增强阶级斗争观念和专政意识，始终保持坚定正确的政治方向，坚决反对和抵制资产阶级自由化，勤勤恳恳，兢兢业业把本职工作做好。坚持不懈地对干警进行廉洁教育，以廉政建设为重点，建立健全各项办事制度，完善内外监督机制，使法院干警“八不准”得到严格执行。要继续办好业余法律大学和抓好业务培训，不断提高干警的业务素质。努力建设一支忠于党，忠于人民，忠于宪法和法律，清政廉政，执法如山的法院干警队伍。要加强组织建设，协助党委抓好今年基层法院和市中级法院院长换届选举工作，保证法院的领导权掌握在忠于马克思主义的人手里；各级法院的领导要转变作风，深入基层，深入群众调查研究，倾听群众对法院工作的意见、建议和批评；要采取措施，加强人民法庭的组织建设、业务建设和物质建设，充分发挥人民法庭第一道防线的作用和联系群众的桥梁作用。

（六）抓紧人民法院的物质建设，创造执法必要的物质条件。人民法院要全面开展审判工作，需要相应的物质条件作保证。近年来由于各级党委、人大、政府的重视和支持，人民法院的执法物质条件已有所改善。但终因欠债太多，许多法院在这方面的困难仍然很大，特别是人民法庭普遍缺乏办公用房、干部宿舍和业务经费，已在不同程度上影响到审判工作的正常开展。我们要继续努力，争取把这项工作做好。同时请各级政府和有关部门继续给予支持和帮助，以确保执法必要的物质条件，切实解决办案经费，保障审判工作的正常进行。

我们殷切期望各级人大及其常委会，以及各界人士、人民群众和新闻舆论等加强对法院工作的监督、支持，使我们今后的工作取得新的更大的进展。

以上报告，请大会审议。

海南省高级人民法院工作报告

——1990年4月26日在海南省人民代表会议第四次会议上

海南省高级人民法院院长　丁　果

各位代表：

1989年，我省各级人民法院在党委的领导和人大的监督下，认真贯彻执行党的十三届四中、五中全会精神，以服务、推动和保障特区建设为宗旨，履行宪 法和法律赋予的职责，广大干警在制止政治动乱和平息北京发生的反革命暴乱的斗争中，立场坚定，旗帜鲜明，经受住了考验；在任务繁重，条件艰苦的情况下，做了大量的工作，较好地完成了各项任务，审判工作取得了新的进展。现将全省法院的主要工作报告如下，请予审议。

一年来，全省各级人民法院共受理各类

案件14745件，比上年上升18.7%；审结12074件，比上年上升25%。其中受理一审案件9696件，比上年上升18.3%，审结8483件，比上年上升21.2%；受理二审案件1686件，比上年上升29.6%，审结1422件，比上年上升52.9%；受理申诉案件767件，比上年下降10.9%，审结543件，比上年下降9.4%，通过对上述案件的及时审理，发挥了国家审判机关惩治犯罪，保护人民，促进改革，保障四化的职能作用。

一、依法严惩刑事和经济犯罪分子，维护社会秩序，促进廉政建设

海南建省初期，刑事犯罪猖獗，暴力、恶性案件突出，社会治安形势十分严峻，严重危害特区建设和人民生命财产的安全。针对这种情况，1989年各级人民法院在刑事审判工作中，坚定不移地贯彻依法从重从快的方针，在党委的统一领导下，与政法各部门密切配合，精心组织，周密安排，在全省范围内先后开展了四次较大规模的集中打击行动。重点打击了杀人、抢劫、重大盗窃、制造贩卖枪支弹药等严重危害社会治安的刑事犯罪分子。对其中的主犯、惯犯、累犯、流窜作案的罪犯，坚决予以重判。对罪大恶极，群众最为痛恨，法不容留的罪犯坚决判处死刑。去年各级人民法院共受理一审刑事案件1827件，比上年增加35.4%；审结1730件，比上年增加34%。受理二审刑事案件418件；审结350件，分别比上年增加79.4%和109.6%。其中，判处五年以上有期徒刑、无期徒刑和死刑（含死缓）的722名，重刑面占判处人犯总数的36.3%。在已决犯中，杀人犯76名，占2.7%；抢劫犯388名，占14.1%；重大盗窃犯251名，占9.1%。在这三类犯罪中，有103名罪犯被判处无期徒刑直到死刑，有力地打击了犯罪分子的嚣张气焰。与此同时，各级人民法院还针对不同地区、不同时期的治安形势，配合有关部门积极开展打击嫖娼卖淫、制造贩卖传播淫秽物品等"六害"犯罪的专项斗争和打击破坏电力通讯设备、制造贩卖枪支弹药等犯罪活动的专项斗争，并结合专项斗争，选择典型案例，及时召开大会，大张旗鼓地宣判处理。据统计，全省共召开宣判大会86场，宣判案件335件，罪犯689人。全省有85.17万人（次）参加了大会，从而弘扬了法制，震慑了犯罪，教育了群众，扩大了办案的社会效果。

在严厉打击严重破坏社会治安犯罪活动的同时，全省法院还加强了同经济领域内严重犯罪活动的斗争，认真贯彻执行"一要坚决，二要慎重，务必搞准"的方针，严格依照我国《刑法》和全国人大常委会《关于惩处贪污罪贿赂罪的补充规定》、《关于严惩严重破坏经济的罪犯的决定》以及"两高"《关于当前处理企业、事业单位、机关、团体投机倒把犯罪案件的规定》，坚持对经济犯罪分子从严惩处。在重点打击贪污、贿赂和投机倒把犯罪活动的同时，加强了同走私、贩毒、诈骗、偷税抗税、假冒商标、制造伪劣商品等其它严重经济犯罪的斗争。全年受理经济犯罪案件168件，287人。判处五年以上有期徒刑、无期徒刑的74人，其中属重点打击的贪污、贿赂、投机倒把罪犯23人，占判处重刑罪犯人数的31.1%。与此同时，各级法院还注意适用附加刑，通过判处罚金、没收财产以及追缴赃款赃物等法律手段，为国家和集体挽回经济损失281.9万多元。"两高"《通告》发布以后，各级法院主动配合有关机关，利用新闻媒介，采取召开新闻发布会、记者招待会、答记者问等多种形式，积极运用《通告》的有关规定，对犯罪分子展开强大的政治攻势，促进了斗争的深入进行。

在刑事审判工作中，各级人民法院坚持以事实为根据，以法律为准绳的基本原则，严肃执法，确保案件质量。全省受理的一审案件中，因主要事实不清、证据不足，依法退回检察机关补充侦查的137件，宣告无罪的19人。二审程序中，发回原审法院重审的28件，改判的72件。经执法检查，全省法院绝大部分案件的判决是正确的，做到了事实清楚，证据确凿，定性准确，量刑适当。

二、积极调节经济关系，维护特区经济的正常运转

一年来，在治理整顿和深化改革的形势下，我省经济纠纷案件大幅度上升，诉讼标的额也不断加大，并出现许多新情况、新问题。全年共受理经济纠纷一审案件 1793 件，比上年增加 511 件，上升 39.9%；审结 1293 件，比上年多审结 341 件，上升 35.8%。受理二审经济纠纷案件 329 件，审结 215 件，分别比上年增加 89.1%和 117.2%。已结案的诉讼标的总金额达 4.33 亿元，比上年增加 235.4%。同时，随着改革开放和特区建设的发展，企业承包、租赁经营、企业联营纠纷、侵犯专利权的案件和制造伪劣商品造成赔偿的案件等，也都大幅度上升。在审结的 1293 件经济纠纷案件中，仅购销合同纠纷案件就有 459 件，比上年增加 39.5%；借贷合同纠纷案件 356 件，比上年增加 103.4%；各种联营合同纠纷、建筑承包合同纠纷和租赁合同纠纷案件 200 件，比上年上升 57.5%。面对这种局面，各级人民法院加强了对经济审判工作的领导，调整和扩大了收案范围。在审理案件中，坚持岛内岛外、国内国外当事人适用法律一律平等的原则，注意防止地方保护主义的干扰；坚持分清是非责任，划清违约和违法的政策界限，严格依法办事，办案质量有了提高。通过对经济纠纷案件的审判，促进了国家对流通领域的治理整顿，维护、完善了城乡各种承包责任制和企业经营责任制，制裁了各种经济违法行为，促进了外引、内联和物资资金的正常运行，为搞活经济提供了法律保障。

为了适应我省对外贸易和海运事业的发展，经最高人民法院批准，在省委和有关部门的大力支持和关怀下，省高级人民法院从 1989 年 11 月开始筹建海口海事法院，经过三个多月的努力，海口海事法院已于 3 月 10 日正式成立，挂牌办公。并在成立的当天，在海口市举行了新闻发布会，向全省人民公布了海事法院的职能、任务和案件管辖范围。海口海事法院内设海事庭、海商庭、研究室和办公室四个机构，管辖海南省所属港口和水域包括西沙、中沙、南沙、黄岩岛等岛屿和水域内发生的一审海事、海商案件。不服海口海事法院一审判决的上诉案件，由海南省高级人民法院管辖。海口海事法院对海口市人大常委会负责，审判工作受省高级人民法院指导和监督。

三、妥善解决民事纠纷，增强人民内部团结

1989 年，全省法院受理一审民事案件 6044 件，比上年增加 9.4%；审结 5428 件，比上年增加 15%。受理二审民事案件 923 件，审结 845 件，比上年分别增加 3.82%和 27.8%。民事案件大幅度上升，反映了特区人们在深化改革，发展商品经济中，生产、生活方式和观念的变化，反映了社会各方面利益的调整和民事权益的扩大。全年各级法院受理婚姻家庭纠纷案件 3273 件，居民事案件的首位，占 54.2%。离婚案件突出表现了在新形势下人们婚姻、家庭观念的变化。一方面追求婚姻自由、男女平等的多了，另一方面轻率结婚而又轻率离婚的也多了。同时，在离婚涉及的财产性质的认定、财产的分割等方面出现了许多复杂情况，双方争议大，执行困难多。在审理离婚案件中，各级人民法院本着既保护结婚自由和离婚自由，又反对轻率结婚和轻率离婚以及制裁违法行为的原则，把感情是否确已破裂作为判决离婚与不离的标准，有效地维护社会主义婚姻家庭制度。

债务案件在民事案件中占第二位，全年受理债务案件 1418 件，占 23.5%，比上年增加 49.4%。在债务案件中，出现了生产、经营性借贷多、金额大、利率高等方面的变化。各级人民法院依法保护民间正当的借贷关系

和债权人的利益，积极扶植个体经济的发展，维护和促进资金的流转，限制和取缔高利盘剥。

全省还受理房屋、土地、山林等纠纷案件818件。这类案件虽为数不多，但是，处理不当往往容易引起矛盾激化，形成群众性的闹事或械斗事件，危害社会的安定团结。各级人民法院在审理这类案件时，都特别慎重，注意调解、疏导，通过审判活动，坚决依法保护国家、集体和个人的所有权、经营权、使用权，制裁违法行为，严肃慎重地处理利用纠纷制造事端的犯罪分子，维护社会的安定团结。

近年来，我省与东南亚和港、澳、台的民间往来逐步增多。1989年法院受理涉外和涉港澳台民事案件24件，比上年增加33.3%。各级人民法院依照最高法院的有关规定，予以慎重处理，收到了良好效果。

在审判民事案件的同时，各基层人民法院还与司法行政部门密切配合，贯彻预防为主的方针，加强基层人民法庭对调解委员会的指导，把大量的民间纠纷解决在基层和萌芽状态，发挥了第一道防线的作用。

四、加强告诉申诉工作，开展行政审判，维护公民和法人的合法权益

告诉申诉和行政审判工作，在我省起步较晚。建省后截止目前，省高级法院、各中级法院和绝大多数基层法院已分别建立了告诉申诉庭和行政审判庭。告诉申诉工作在一手抓建庭，一手抓审判的情况下，全年共受理申诉案件767件，比上年减少10.9%；审结543件，比上年减少9.3%。收到群众来信10415件，接待来访3258人（次），基本上做到件件有回音，事事有交待。在一定程度上缓解了群众“告状难”、“申诉难”的问题。同时，各级法院普遍发挥审判监督职能，严肃处理每一件申诉案件。在复查中，坚持实事求是，不错不改，有错必纠的原则，改判了138件。为了适应告诉申诉工作的需要，省法院组织制订了《告诉申诉审判庭办理刑事申诉案件暂行规定》、《告诉申诉庭办理民事、行政、经济纠纷申诉案件暂行规定》、《告诉申诉审判庭告诉工作暂行规定》、《告诉申诉审判庭职责范围》等一批理顺内部关系，明确职责任务的规范性文件，使全省告诉申诉工作向制度化、规范化方面迈进了一步。

一年来，全省各级人民法院积极为行政诉讼法的实施作了准备。省法院在琼北中级法院和海口市法院就实施行政诉讼法进行了试点，并加强对行政审判人员的学习和培训，积极慎重地审理了一批行政案件。全省法院共受理一审行政案件32件，涉及治安、土地、海关、食品卫生、医药、环保、工商、税务等诸多行政管理部门。审结32件，其中维持原行政决定的11件，占34.4%；撤诉9件，占28.1%；撤销原行政决定的10件，占31.3%。人民法院通过对行政案件的审理，保障了公民、法人和其他组织的合法权益，支持和促进了行政机关依法行使职权，维护了行政管理秩序，社会效果很好，并为今年10月1日起正式施行行政诉讼法积累了经验，打下基础。

五、从严治院，努力提高干警的政治素质和业务素质

1989年，全省各级法院认真贯彻省委和全国法院廉政工作会议精神，把加强新时期的政治思想工作做为大事来抓，坚持从严治院，从严治党，从严管理的方针，依照最高法院制定的《法院干警守则》中的“八不准”和省法院《关于改进领导作风廉洁从政的规定》精神，认真抓好对法院干警理想前途和全心全意为人民服务宗旨的教育；党纪、政纪和职业道德、职业责任、职业纪律的教育；大力提倡经济开放，法官廉洁，一身正气，两袖清风，涌现出一批秉公执法，不屈权势，廉洁从政的好干警。一年来，全省法院干警拒礼拒贿146人次，总金额（含物品折价）4.45万余元；拒绝吃请168人次；不徇私情93人次，受到人民群众的赞扬。对于这些廉洁从政的干警，我们均予大力表彰和奖励。对极少数利用职务之便以权谋私，徇情枉法，办“人情案”、“关系案”及其它违纪违法行为，则坚决严肃处理。一年中，全省法院共处理违法违纪干警13人，其中受刑事处分2人，党纪、政纪处分5人，通报批评及其它处理6人，从而进一步纯洁了队伍，严肃了法纪，教育了广大干警。

海南原有法院干部1196人，大专以上文化程度的306人，占25.6%。其中，法律专业大专以上的162人，占13.6%。这个基数，与最高法院规划目标相差甚远，与建省办大特区也极不相称。为了有计划、有步骤地建立和培养一支能适应特区形势和任务要求的审判队伍，一年来共有291名审判人员到全国法院干部业余法律大学海南分校就读。与此同时，省法院还先后举办了三期短训班，培训审判人员181人。力争经过几年的努力，通过多层次的培训教育工作，使我省法院干警的执法水平和业务能力有一个较大的提高。

一年来，全省人民法院的各项审判工作和其它工作，都取得了很大成绩。但是同党和国家对法院的要求还有一定的差距，主要是我们的思想、工作和队伍还不能完全适应政治经济发展的新形势，对工作中遇到的新情况、新问题及时调查、研究不够。执法水平还不够高，有些案件处理不及时，有的案件办理粗糙，执行政策和适用法律不够得当。许多工作仍处在起步阶段。人力、物力、装备等均面临严重困难，有待党委、人大和政府大力支持，帮助解决。

一年多的审判实践，我们深深体会到，特区的法院处在改革开放和沿海经济战略的前沿阵地，必须坚定不移地贯彻党在社会主义初级阶段的基本路线和四项基本原则；必须坚持人民民主专政，强化人民法院的专政职能；必须坚持审判工作为改革开放服务，为特区经济建设服务；必须坚持严肃执法，正确执行政策；必须坚持在党的领导和人大监督下依法独立行使审判权；必须坚持全心全意为人民服务，继承和发扬司法审判工作的优良传统和作风。只有这样，才能全面履行宪法和法律赋予的职责，更好地完成人民法院肩负的各项任务。

各位代表：今年是我国治理整顿、深化改革的关键性一年，也是我省建设大特区至关重要的一年。中央一再指出，当前压倒一切的是稳定，政治稳定是前提，经济稳定是基础。在新的一年里，我省各级法院的各项审判工作都要以保障我省政治、经济稳定和社会稳定为出发点，以促进特区建设为落脚点。

当前我省各种社会矛盾很多，治安形势仍然相当严峻，依法严厉惩处严重危害社会治安的犯罪分子，是稳定社会的一种极为重要的法律手段。各级人民法院对此要有清醒的认识，坚决反对和克服任何松劲厌战情绪，树立长期作战的思想，切实加强工作。一是继续把严惩严重刑事犯罪活动放在首位，坚定不移地贯彻依法从重从快的方针。对严重刑事犯罪的打击决心要大，行动要快，声势要猛，效果要好。特别是对持械抢劫、行凶报复、重大盗窃、流氓强奸以及流窜、团伙作案等重大犯罪，要狠狠打击，该重判的重判，罪该处死刑的坚决判处死刑；具有法定从轻情节的，也要敢于从宽处理。对于在当地影响大的重大案件，要提前介入，从快审理，及时判决。二是在党委统一领导下，与各政法部门密切配合，适时开展专项斗争，进行综合治理。三是大造打击声势，保持严打声威，震慑犯罪，教育和鼓舞群众。今年1月份已经公开处决一批重大盗窃和抢劫罪犯，以后要根据斗争形势的需要和除“六害”中侦破案件的情况，适时组织几次集中打击行动，促进我省治安的稳定好转。对严重的经济犯罪分子，要贯彻依法从严惩处的方针，实行区别对待，防止打击不力的现象。重点抓好大案要案，特别是要及时审理群众关注的贪污、贿赂和“官倒”案件，以实际行动惩治腐败，取信于民。

各级法院要着眼安定团结，发展特区经济，精心办好各类纠纷案件。民事案件占法院各类案件的首位，及时办好民事案件，对增强人民内部团结，促进社会稳定有着重要的意义。今年要下功夫进一步提高办案质量和效率，使民事审判工作有一个较大的改观。首先要抓住婚姻家庭和债务纠纷这个大头，解决群众讼累。土地、水利、山林以及滩涂等纠纷案件要及时妥善处理，防止矛盾激化，产生事端。审理民事案件要坚持“着重调解”的原则，注重社会效果，多做疏导工作。经济审判工作，要着重抓好与治理整顿、外引内联关系密切的纠纷案件，特别是贷款清偿、逾期贷款以及承包、租赁纠纷等新型案件和各类侵权案件，调节经济关系，维护经济秩序。违法犯罪往往与经济纠纷交织在一起。要严格掌握政策界限，既不能“以罚代刑”也不能“以刑代罚”。海事法院要边工作边建设，积极审理各类海事、海商案件，注意总结实践经验，尽快打开工作局面。为了适应即将实施的行政诉讼法，各级法院要从组织上、工作上、思想上作好准备，进一步开展行政审判，维护公民、法人和其他组织的合法权益，促进行政机关严格依法行政。

我省法院办案质量总的来说是好的，但执法不严的问题也不同程度地存在。有的事实没有查清就草率下判，有的定性不准、适用法律不当，有的违反审判程序影响了案件的准确处理。造成以上问题的原因是多方面的，主要是一些审判人员基础差，审判作风不正，执法不严，主观随意性大。为此，除加强对法院干部培训之外，各级法院的领导和审判人员都要把严格执法，努力提高执法水平，确保办案质量作为今年审判工作的主攻方向。上级法院要加强对下级法院审判活动的指导和监督，组织执法检查，有针对性的制定一些开展审判活动的细则和实施办法。各法院都要建立健全审判工作的岗位责任制，明确要求，严明奖惩，并切实搞好公开审判，进一步总结推广调查、质证、辩论、宣判“四公开”的经验，不断改善执法活动。

我们建省不久，法院许多方面的工作刚刚起步，机构不完善，审判骨干不足，各种关系尚未完全理顺，经费短缺，工作和生活条件极差。因此，在新的一年里，必须继续坚持一手抓审判，一手抓建设的方针，大力加强队伍建设、基层建设和物质装备建设。队伍建设除增编进人外，要突出抓好经常的政治思想工作，抓好廉政建设，继续办好法律业余大学，抓好短期培训工作。加强基层建设主要是加强人民法庭建设。人民法庭建在乡镇和农场，承担基层人民法院80%以上的民事案件和相当数量经济纠纷案件并负责指导调解委员会的工作，任务十分繁重。当前主要是抓好巩固、充实、提高。这次基层法院增编的人员主要充实到人民法庭，每个法庭至少配备四名干部。要加强对法庭干部的培训，提高他们的政治业务素质，加强各项业务建设。要关心法庭干部的生活疾苦，采取有效措施，帮助他们解决实际困难，改善工作和生活条件。法院物质建设上的紧迫问题，一是办案经费严重紧缺，不少法院无钱办案，该查证的无钱出差查证，“业大”学员无钱到讲授点上课，甚至有的连电话费也交不起。二是技术装备与繁重的工作任务极不相适应。三是不少法院和人民法庭没有审判法庭。国家计委早已明确规定，审判法庭是人民法院依法行使审判职权的法定场所，不属于“楼堂馆所”。我们希望人大和各级政府给予大力支持，帮助法院解决上述实际问题，以使法院的各项审判工作得以正常运转。

各位代表：新的一年里，党和全省人民对于法院的工作寄予很大希望，我们决心在党委的领导和人大的监督下，振奋精神，艰苦奋斗，励精图治，肩负起保障特区社会稳定，促进经济发展的重任，为落实党的十三届四中、五中和六中全会和这次省人代会提出的各项任务作出新的贡献。

四川省高级人民法院工作报告

——1990 年 2 月 14 日在四川省第七届人民代表大会第三次会议上

四川省高级人民法院院长　任凌云

各位代表：

1989 年是治理经济环境、整顿经济秩序、进一步深化改革的一年，也是不平常的一年。在这一年里，发生了建国以来从未有过的政治动乱和反革命暴乱。省高级人民法院在中共四川省委的领导下，在省人大常委会和最高人民法院的监督下，认真贯彻党的十三届四中全会、五中全会精神和省人大七届二次会议关于省高级人民法院工作报告的决议，指导全省各级人民法院大力开展各项审判工作，狠狠打击制造政治动乱的反革命分子和打、砸、抢、烧的犯罪分子，严惩严重危害社会治安和严重破坏经济的犯罪分子，调整民事、经济和行政关系，保护公民和法人的合法权益，制裁违法行为，为维护社会安定，保障治理整顿和深化改革的顺利进行作出了贡献。现在，我就一年来法院工作的主要情况报告如下，请予审议。

一、严惩刑事犯罪，维护社会安定

去年，严重危害社会治安的犯罪活动比较猖獗。全省各级人民法院进一步加强刑事审判工作，狠狠打击犯罪分子的嚣张气焰。工作中，注意根据全省和不同地区、不同时期犯罪的实际情况，突出重点，与有关部门配合，适时开展了专项斗争和专项治理。先后在全省范围内对抢劫、重大盗窃和流窜犯罪活动进行了集中打击；配合有关部门，开展了“扫黄”、扫除“六害”的活动，依法严惩了犯罪分子；部分地方的人民法院还开展了打击破坏通讯设备、猎杀大熊猫、倒卖大熊猫皮等犯罪活动的专项斗争。全年共受理刑事案件 35893 件，比上年增加 26.2%，已审结 33690 件，比上年增加 25.9%，共判处罪犯 43236 名，比上年增加 34.8%。对犯罪分子的判处，坚持了依法从重从快的方针和惩办与宽大相结合的政策。对那些严重危害社会治安的犯罪分子，依法从重从快判处，其中少数罪行特别严重的，依法坚决判处死刑，震慑了犯罪；对具有法定从轻、减轻情节的，依法予以从轻、减轻处罚，分化瓦解了犯罪分子。

去年春夏之交，发生的政治动乱和反革命暴乱，是一场关系到党和国家生死存亡的政治斗争，也是一场严重的阶级斗争。我省部分城市也发生了不同程度的政治动乱，成都还发生了打、砸、抢、烧的严重骚乱事件。依法严惩煽动、制造政治动乱和进行打、砸、抢、烧的犯罪分子，是人民法院一项紧迫的重要任务。为了审理好这类案件，省高级人民法院成立了指导小组，做好对下级人民法院的业务指导，有关人民法院加强了调查研究，坚持实事求是，依法办案，严格区分两类不同性质的矛盾和罪与非罪的界限，使一些重大疑难案件得以及时正确处理。全省各级人民法院共受理政治动乱中的犯罪案件 184 件 255 人，已审结 146 件 208 人，其中判处五年以上有期徒刑、无期徒刑、死刑的 111 人，占判处人数的 53.4%，打击了犯罪分子的嚣张气焰。对一些影响大、群众关注的典型案件，人民法院认真组织好公开审理和公开宣判，并通过新闻媒介，揭露犯罪分子的阴谋活动和罪恶目的，使广大群众从中受到教育和启迪，自觉维护安定团结的政治局面，扩大了办案的社会效果。

惩治腐败，打击经济犯罪。去年全省各级人民法院判处的刑事案件中，有经济犯罪案件5797件10370人，比上年分别增加40.7%和51.7%，为国家挽回经济损失2313万余元。最高人民法院、最高人民检察院于去年8月15日发布《关于贪污、受贿、投机倒把等经济犯罪分子必须在限期内自首坦白的通告》后，各级人民法院积极行动，认真贯彻落实，与有关部门配合，采取多种形式，广泛宣传，大造声势，普遍建立了经济犯罪自首、举报接待室，认真做好接待工作。为了严格执行《通告》规定，发挥《通告》的感召和震慑作用，省高级人民法院及时召开会议进行部署，研究政策，加强指导，提出了执行《通告》的具体意见和从宽从严的政策界限，对各地法院正确审理这类案件，起了较好的作用。《通告》发布以后，到10月31日止，全省各级人民法院受理经济犯罪案件1195件1795人，已审结839件1287人，其中贪污281件386人，受贿92件124人，投机倒把30件57人，其他经济犯罪436件720人。犯罪金额个人非法所得1万元以上不满5万元的有246人，5万元以上不满10万元的有31人，10万元以上的有26人。对自首坦白，积极退赃和检举犯罪的，给予从宽处理；对犯罪后拒不自首坦白，又不具备其他法定从轻情节的，依法给予从严惩处，做到宽严相济，政策兑现。为了扩大影响，推动斗争的深入，全省各级人民法院适时召开宣判大会196次，从宽判处318件422人，从严判处118件152人，参加旁听的干部群众达80余万人次。通过对严重经济犯罪的打击，人民群众看到了党和国家坚决惩治腐败，搞好廉政建设的决心和行动，增强了进一步同经济领域里的犯罪和腐败现象作斗争的信心。

去年，全省各级人民法院还积极参加对社会治安的综合治理。继续推广了重庆市沙坪坝区等地人民法院审理未成年人刑事案件的经验，对失足少年着眼于教育、感化和挽救，“寓教于审”，同家长、学校、社会结合起来，共同矫治失足少年。通过审判活动，以案讲法，开展法制宣传，受教育群众452万余人次。针对办案中发现的问题，向有关单位提出加强管理，做好防范工作的司法建议6123条，促进有关部门进一步落实了社会治安综合治理的措施。

二、调节经济关系，为治理整顿和深化改革服务

1989年，全省各级人民法院受理经济纠纷案件57223件，比上年增加17.8%。这些案件不少是前几年经济秩序方面出现的混乱现象，在人民法院经济审判工作中的反映。正确、及时予以处理，直接关系到经济秩序的稳定和生产的发展。全省各级人民法院在办理经济纠纷案件中，进一步强化服务意识和诉讼效益观念，积极运用审判职能，调节经济关系，疏通流通渠道，维护经济秩序，为治理整顿和深化改革服务。在保证办案质量的前提下，提高办案效率，尽量减少和防止在诉讼期间加重经济损失，对直接影响到生产经营活动的案件和争议金额巨大的案件，对与治理整顿和深化改革有直接关系的案件，优先审理，尽快结案。去年，全省各级人民法院审结各类经济纠纷案件46085件，比上年增加12.8%，使大量陷于停滞的经贸活动和商品及时恢复了经营和运转，使96840余万元因争议处于不稳定状态和冻结的资金解脱出来，投入到生产、流通领域，促进了生产的发展。

在受理的经济纠纷案件中，突出的是借款合同案件和购销合同案件。去年共受理这两类案件37165件，占受理经济纠纷案件总数65%，比上年增加35.8%。这两类案件增

多是近年来信贷和流通领域里矛盾突出的反映。一段时间信贷失控，信贷资金的投量和投向不尽合理，对其用途、偿还能力缺乏严格审查和监督，使大量的资金投放后逾期不能收回；流通领域里除一些因市场变化、经营管理不善等原因引起纠纷外，“皮包公司”的余患依然存在，投机倒把、欺诈、骗取预付货款等违法经营和以次充好、以假充真等不注重产品质量、不讲商业道德的现象还比较严重。为了缓解资金紧缺的状况，治理金融环境、疏通流通渠道，各级人民法院把审理好这两类案件作为经济审判工作的重点，依法及时审理，全年审结借款合同案件23657件，收回逾期借款15000余万元；审结购销合同案件12303件，诉讼标的金额45295万元。对办案中发现在经营和管理上存在的问题提出司法建议，帮助企业提高经营管理水平；对发现利用经济合同进行投机倒把、欺诈等犯罪线索，及时移送有关部门依法处理，使一些乘机进行违法犯罪活动、破坏改革的犯罪分子受到法律制裁。

随着经济体制改革的深入，所有权与经营权的分离，反映这些新的经济关系的经营承包、租赁经营、联营合同和企业破产、商标侵权等新型案件逐渐增多。为了审理好这些案件，各级人民法院注意调查研究，制定了一些相应的办案措施。去年5月，省高级人民法院针对近年来假冒名优产品商标侵权的违法活动严重，特别是假冒我省名优酒商标侵权现象突出的情况，在宜宾召开会议，专门研究了审理假冒名优酒商标侵权案件的问题，对维护川酒声誉，促进我省名优酒生产的发展，起到了积极作用。

三、加强民事审判工作，维护社会生活秩序

1989年全省各级人民法院受理民事案件161159件，比上年增加24.3%，审结133630件，比上年增加25.8%。大批民事案件得到依法处理，对于保护公民和法人的合法权益，发扬社会主义的道德风尚，促进人民内部的团结，维护社会安定，起了积极作用。

离婚案件历来居民事案件的首位。去年，全省各级人民法院受理离婚案件73771件，比上年增加24.6%，突出地反映了近几年来人们的婚姻家庭观念在发生变化，一方面追求婚姻自由、男女平等的多了，另一方面受资产阶级婚姻观的影响，导致婚姻家庭破裂，以及轻率结婚、轻率离婚的也多了。针对这种情况，各级人民法院在审理离婚案件中，坚持《婚姻法》规定的结婚自由和离婚自由的原则，注意保护妇女、儿童合法权益，制裁违法行为，抵制资产阶级腐朽思想和封建主义残余思想在婚姻家庭上的影响，保障离婚自由，反对轻率离婚，维护了社会主义婚姻家庭制度。

债务案件近年来上升幅度最大。1989年全省各级人民法院受理债务案件20118件，比上年增加45.4%，居民事案件的第二位。随着商品经济的发展，民间借贷活动日益活跃，这对发挥社会闲散资金用于生产经营活动，促进商品经济的发展，有重要作用。但由于一些人不具备生产经营条件，不了解市场情况，盲目生产经营，造成亏损，以及一些债权人借机高利盘剥，债务人无力偿还或借钱不还，引起纠纷付诸诉讼。目前，国家尚未制定有关民间借贷法律，私人借贷利息多少为合理，没有具体规定，审理这类案件有一定难度，省高级人民法院在反复调查研究的基础上提出了处理原则和具体意见，使各级人民法院在审理债务案件时有所遵循，做到既保护民间的正当借贷关系和当事人的合法权益，又限制高利盘剥，制裁欺诈行为，促进了民间的借贷关系向有利于社会生产的方向发展。

一年来，全省各级人民法院在开展民事审判工作的同时，配合有关部门加强对调解委员会干部的培训和业务指导，发挥他们的作用，使大量的民事纠纷解决在基层和诉讼之前。全省各级人民法院还把办案与思想政治工作、精神文明建设和综合治理社会治安相结合，对当事人进行法制宣传和社会主义道德风尚教育，做好思想疏导工作，缓解矛盾，避免了械斗、伤害等重大事件的发生，防止和减少了犯罪。

四、开展行政审判工作，维护和监督行政机关依法行使职权

1989年，全省各级人民法院的行政审判工作，根据“积极、稳妥”的原则，在继续抓好对行政案件的审理和行政审判机构的组建的同时，大力开展了实施《行政诉讼法》的准备工作。

全省各级人民法院受理治安、国土、渔政、工商、税务、交通、环保、林业等行政案件716件，比上年增加24.9%，审结613件，比上年增加20.9%。审理行政案件中，对行政机关处罚正确的，依法予以维持，支持行政机关依法行使职权。对行政机关处罚确有错误的行政案件，依法予以撤销或变更，维护了公民、法人和其他组织的合法权益。被撤销或变更的行政案件，主要是有些行政机关做出的处罚不符合法定处理程序或适用法律、法规不当，也有个别的是行政执法人员滥用职权作出的错误处罚。对这些问题，人民法院除依法纠正外，还主动向有关行政执法机关通报了情况，提出了建议，引起了有关行政机关的重视和改进。

全省各级人民法院去年新建行政审判庭72个，目前省高级人民法院和各中级人民法院均已建立行政审判庭，基层人民法院已建立行政审判庭178个，因条件暂时不具备，尚未建立的，正积极创造条件筹建。

1989年4月4日，第七届全国人民代表大会第二次会议通过了《中华人民共和国行政诉讼法》，并于今年10月1日正式施行。这是我国政治体制改革的一项重要成果，也是我国社会主义民主和法制日益完善的重要标志。它对于贯彻宪法关于保护公民合法权益的原则，维护和监督行政机关依法行使职权，加强廉政建设，具有重要意义。为了保证《行政诉讼法》的贯彻实施，全省各级人民法院认真抓了对干部的培训，举办了《行政诉讼法》培训班，并按照最高人民法院的要求，在成都、重庆、宜宾、内江、泸州等5个中级人民法院和成都市东城区、重庆市市中区、合川县、简阳县、宜宾市等16个基层人民法院，开展施行《行政诉讼法》的试点工作。省高级人民法院成立了试点工作指导小组，加强对试点工作的指导，制定了《试点工作中在程序上应注意的几个问题》等有关规定，使试点工作有章可循；各试点人民法院主动与行政机关联系配合，加强对《行政诉讼法》的宣传，促进了试点工作的开展。目前，全省各级人民法院正积极准备，加紧工作，为《行政诉讼法》的正式施行，打好基础。

五、做好告诉申诉和审判监督工作，保护当事人的诉讼权利和合法权益

1989年，全省各级人民法院处理各类来信468637件，接待来访248233人次。在处理这些来信来访中，对具有诉讼性质的告诉认真进行审查，符合立案条件的，按照分级负责的原则，由有管辖权的人民法院立案办理；对不需要立案纳入诉讼程序处理的一般简易纠纷，及时予以调解处理；不属法院管辖的非诉讼性质的来信来访，转请有关部门处理，并通知当事人。在处理申诉案件中，对无理申诉，依法予以驳回，并注意摆事实，讲法律，进行法制教育，使其服判息诉；对申诉有理的，依照审判监督程序进行再审，本着实事求是、有错必纠的原则，予以改判，保护了当事人的诉讼权利和合法权益，维护了法律的严肃性。

为了进一步加强告诉申诉工作，去年，我们着重抓了基层人民法院告诉申诉机构的组织建设和制度建设。全省各中级人民法院和绝大多数基层人民法院建立了告诉申诉审判庭，承担起对公民和法人告诉申诉的立案审

查和再审的工作，加强了审判监督。省高级人民法院在调查研究的基础上制定了《四川省各级人民法院告诉申诉工作暂行办法（试行）》，各级人民法院结合本地实际，制定了一些相应的实施细则，使告诉申诉工作逐步制度化、规范化、严格按照分级负责的原则，审查立案和处理申诉，提高了告诉申诉工作的质量和效率，方便了群众，保护了当事人的诉讼权利，使上访、申诉大幅度下降。去年全省各级人民法院处理的来信和接待的来访，比上年下降了31.7%。当事人越级告诉和重复申诉的明显减少，省高级人民法院受理的越级告诉和重复申诉，比上年下降了29.4%。

六、加强法院自身建设，努力提高执法水平

去年，全省各级人民法院继续坚持“一手抓审判，一手抓建设”的方针，在自身建设上主要抓了思想建设、廉政建设、业务建设和基层建设。干部的政治素质、业务素质有所提高，工作、生活条件也有所改善。

在思想建设方面，以社会主义初级阶段的理论为指导，进一步加强思想政治工作，着重抓了党的基本路线教育、形势教育、坚持四项基本原则和反对资产阶级自由化的教育。特别是在发生政治动乱之后，及时组织干警认真学习邓小平、江泽民、李鹏等中央领导的重要讲话和党的十三届四中全会、五中全会文件，加强思想教育，严格组织纪律，广大干警立场坚定，旗帜鲜明，自觉与党中央保持一致，严守纪律，坚守岗位，表现了高度的政治觉悟，经受了严峻的考验。制止政治动乱、平息反革命暴乱取得决定性胜利后，广大干警以更高的政治热情投入到工作中，加倍努力，为彻底制止政治动乱、平息反革命暴乱，稳定四川局势，做出了积极的贡献。

清政廉明，严肃执法，秉公办案，这是人民法院廉政建设的根本要求，是人民法院廉政工作的重点。我们从抓公开审判着手，向社会公开人民法院办案的受案原则、立案条件、审判程序、诉讼收费标准等，把审判的全过程置于群众的监督之下，这对于审判人员严肃执法是一种有效的监督，对那些意图行贿和说情的也是一种有效的抵制。为了加强人民法院的廉政建设，去年6月，我们召开全省法院廉政工作会议，对廉政工作进行了研究和部署，并决定各级人民法院每年必须以廉政为中心，进行一次执法大检查。全省各级人民法院根据会议要求，坚持从严治院，进一步加强廉政工作，结合实际，加强了廉政教育，制定了相应的规章制度，公诸于众，接受群众监督；省高级人民法院和各中级人民法院先后建立了监察机构，基层人民法院也确定人员负责这项工作，加强了制约机制。广大干警严格执行《法院干警严守职业纪律的“八不准”》的规定和各项制度，增强了执法清廉、秉公办案的自觉性。一年来，全省各级人民法院干警中，拒收贿礼3000余人次，拒收贿金和礼物折价80余万元。同时对极少数徇私舞弊，违法乱纪的干警，给予了严肃处理，并选择典型案件，通报各地，教育干警吸取教训，增强免疫力。

1989年，我们进一步做好法院干部业余法律大学和法律（审判）专业证书教育的工作。继1988年毕业首届“业大”学员1800名之后，去年又有960名法院干警从“业大”毕业，取得法律专业大专文凭，目前，还有3021名法院干警正在“业大”学习和接受法律（审判）专业证书教育。去年省高级人民法院又和省教育委员会联合创办了“四川法官培训中心”。培训中心作为大学后的继续教育基地，其任务主要是培训现职法官及后备人才，并担负法院干部的短期业务培训，首批学员已于去年12月入学接受培训教育。现在，全省法院已逐步建立起了多层次、正规化的干部教育培训体系，为适应审判工作发展的需要，打下了一个良好的基础。

去年，我们继续抓了基层建设，新设了

一些人民法庭，充实了人民法庭的审判力量。目前，全省已有人民法庭1510个，大多数基层人民法院把50%左右的干部调整充实到人民法庭去工作，并采取措施加强了对人民法庭工作的领导和管理。人民法庭的审判人员深入乡、村，巡回办案，方便了群众诉讼，减轻了群众远途奔波投诉的负担，也便于人民法院联系群众，依靠群众，调查核实证据，提高办案质量和办案效率。各地在抓基层组织建设、思想建设和业务建设的同时，物质建设也有一定进展。在各级人大、政府和有关部门的支持下，新建和改建了一些审判庭和办公用房，一些人民法院和人民法庭的办公、生活条件得到了改善。

各位代表，过去的一年里，全省各级人民法院认真履行宪法赋予的职责，各项工作都取得了一定的成绩。但是，也存在一些问题，主要是我们主客观方面还不能完全适应形势和任务的需要。我们对新情况、新问题调查研究不够，对下级人民法院审判工作的监督、指导不够及时有力；执法不够严格的情况，在一些地方依然存在，有的案件办理质量不高或办得不及时；由于人力不足，经费欠缺，收案上升幅度较大，未结案件增多，工作还比较被动；干警中的违法乱纪现象，虽然是极少数，仍需高度重视。总结过去，思考未来，联系改革开放十年来人民法院的工作，联系近几年坚持四项基本原则，反对资产阶级自由化的斗争，我们深深感到，要进一步做好人民法院的工作，必须坚持以下几点：

一是坚持人民民主专政，强化人民法院的专政职能。十年的斗争实践，特别是去年春夏之交发生的政治动乱和反革命暴乱告诉我们，在社会主义历史阶段，阶级斗争已不是主要矛盾。以“阶级斗争为纲”是错误的，但是看不到阶级斗争还将在一定范围内长期存在，同样是错误的。在国内有敌对分子和严重刑事犯罪分子存在，在国际上有进行渗透、颠覆、和平演变的敌对势力存在，人民民主专政必须坚持，决不能削弱。作为人民民主专政重要工具的人民法院，必须强化对敌专政的职能，任何时候都不能放松对反革命分子和其他严重刑事犯罪分子的斗争。

二是坚持审判工作为改革开放服务、为社会主义经济建设服务。在社会主义阶段，国家的根本任务是以经济建设为中心，大力发展社会生产力。人民法院必须充分发挥调节经济关系，维护经济秩序的职能。对有利于经济建设和改革开放的行为，依法予以保护和支持；对不利于经济建设和改革开放的行为，依法予以约束和限制；对一切危害改革开放、破坏经济建设的违法犯罪行为，依法予以制裁和打击。当前，要特别注意，通过审判活动，为治理整顿和深化改革服务，保障国民经济持续、稳定、协调发展。

三是坚持严肃执法，正确执行政策。人民法院是国家的执法机关，在各项审判活动中，严格执行法律，维护法律的尊严，任何时候都不能动摇。但是，必须坚持以党的方针、政策为指导，只有这样，才能正确地理解和执行法律。严格执行国家法律与执行党的方针、政策是一致的，把法律与政策对立起来，认为有了法律，执法就可不以政策为指导，脱离形势，孤立办案是错误的。同样，认为执行政策，可以不顾法律，也是错误的。

四是坚持在党的领导下依法独立行使审判权。坚持党对法院工作的领导，是人民法院完成审判任务的根本保证。法律是党领导国家立法机关集中全国人民的意志制定的。人民法院依照法律独立审判案件，是服从党的领导的具体体现。只有坚持党对法院工作的领导，才能更好地独立行使审判权，保证法律的正确实施。

五是坚持接受人大及其常委会的监督。人大及其常委会对人民法院工作进行监督，是一项重要的宪法原则。对于保证人民法院严格依法办事，充分发挥人民法院保护人民，惩治犯罪，促进改革，服务四化的职能作用，极其重要。人民法院必须依法自觉接受监督。

六是坚持全心全意为人民服务，继承和发扬人民法院工作的优良传统。人民法院通过审判活动，保护公民的人身权利、民主权利和其他合法权益，必须继承和发扬实事求是，调查研究，群众路线的司法工作优良传统和作风。在新的历史时期，审判工作需要进行改革，但是，具有中国特色的人民司法工作的优良传统和作风，全心全意为人民服务的精神，永远也不能丢。

目前，我省形势很好，随着党的十三届四中全会、五中全会精神的深入贯彻，治理整顿和深化改革的深入进行，我省的政治、经济形势将更加稳定。但是不安定的因素还很多，社会治安形势仍十分严峻，重大刑事案件呈上升趋势，经济领域里的犯罪活动仍很突出，国内外敌对势力也不会停止捣乱和破坏；治理整顿中的新情况、新问题很多，需要通过审判活动依法调整的民事、经济和行政关系，还会大量增加，人民法院面临的任务十分繁重。在新的一年里，全省各级人民法院要深入学习和贯彻党的十三届四中全会、五中全会精神，紧紧围绕稳定大局这个中心，进一步加强刑事审判工作，强化专政职能，坚决镇压一切进行颠覆和破坏活动的敌对分子，严惩严重危害社会治安和严重破坏经济犯罪的活动，巩固和发展安定团结的政治局面，维护社会安定。大力开展民事、经济审判工作，制裁违法行为，增进人民内部团结，维护经济秩序，促进各种生产和经营活动的顺利进行。积极开展行政审判工作，进一步做好告诉申诉和审判监督工作，保护公民、法人的诉讼权利和其他合法权益，维护和监督行政机关依法行使职权。继续加强法院自身改革和建设，不断提高执法水平。充分发挥审判机关的职能作用，为保障政治稳定、经济稳定、社会稳定，保障治理整顿和深化改革的顺利进行，促进国民经济持续、稳定、协调发展，做出新的贡献。

贵州省高级人民法院工作报告

——1990年2月23日在贵州省第七届人民代表大会第三次会议上

贵州省高级人民法院院长　谢锦汉

各位代表：

1989年是治理整顿、深化改革的一年，也是不平常的一年。全省各级人民法院在中共贵州省委的领导下，在省人大及其常委会的监督下，坚持一个中心，两个基本点，在制止春夏之交的动乱中，立场坚定，旗帜鲜明，广大干警经受住了严峻的考验。遵照党的十三届四中、五中全会精神，依法严厉打击严重刑事犯罪分子，全面开展各项审判工作，大力加强法院干部队伍建设，不断提高执法水平，经过全省上下的共同努力，完成了繁重的审判任务，各项工作取得了较大进展。一年来，全省各级人民法院共受理各类一审案72919件，审结72605件，比1988年分别上升26.43%和28.55%，是近十年来结案最高的一年。通过审判活动，对于维护我省的社会安定，保护公民和法人的合法权益，调节经济关系，保障和促进治理整顿、改革开放的顺利进行，起到了积极的作用。

现将一年来全省法院工作的主要情况和

今后意见报告如下，请予审议。

一、继续依法严惩严重刑事犯罪分子，维护社会稳定

依法审判政治动乱中的犯罪案件。1989年春夏之交发生的动乱和北京反革命暴乱，是由国内外敌对势力挑起和制造的一场旨在推翻中国共产党的领导、颠覆社会主义制度的严重政治斗争。在党中央采取果断措施，取得了制止动乱、平息反革命暴乱的决定性胜利后，依法审判好动乱中的犯罪案件，是关系到社会稳定和国家安危的一件大事。全省各级法院把审理这类犯罪案件，当作一项重要任务，依法予以严惩。贵阳市中级人民法院为抓好对制造动乱犯罪案件的审理，先后召开各区法院院长、中院庭、室负责人和干警会议，用党的十三届四中全会精神统一思想，明确职责，组织足够的审判力量，提前了解掌握案件的基本事实和证据，使这类案件起诉到法院后，快审快结，并进行集中公判处理，对于揭露极少数人乘机在我省制造动乱的真相，教育人民群众，促进清查工作的开展，保障局势的稳定，发挥了积极作用。

依法严厉惩处严重经济犯罪分子。一年来，全省法院共受理各类经济犯罪案2574件，审结2346件，与上年相比，受理数、结案数分别上升15.95%和13.44%；判决发生法律效力的案犯共3390名，比上年上升18.53%。在给予刑事处分的3322名罪犯中，判处五年以上刑罚的占29.77%，其中判处死刑（已执行）、死缓和无期徒刑的57名，比上年上升66.86%。经法院追缴赃款赃物和判处罚金、没收财产，为国家、集体挽回经济损失4694866元。在打击严重破坏经济的犯罪活动的斗争中，全省各级人民法院突出地抓了贪污、受贿、投机倒把大要案件的审理。在贯彻执行两高《通告》期间，各级人民法院努力发挥审判机关的职能作用，通过各种形式和手段，扩大对《通告》的宣传，造成政策攻势，加强办案力量，狠抓案件的审理；选择典型案件召开兑现宽严政策的公判大会，体现政策的感召力和法律的威慑力。在此期间，全省法院共召开兑现宽严政策宣判大会44次，宣判案犯136人，其中，从宽处理87人，从严处理49人（含被判处死刑的重大贪污犯4人）。如原中国农业银行贵阳中心支行白云区沙文营业所主办会计邓安薇与白云区个体户宋顺文内外勾结，共同贪污银行资金143328元，使国家遭受重大经济损失。邓、宋二犯在罪行即将暴露时，携款畏罪潜逃，偷越国境（被引渡回国），罪大恶极，均被依法从严判处死刑；原思南县汽车站出纳员阳述周贪污公款53380元，论罪该杀，但能坦白认罪，积极退清赃款，被依法从宽判处，这些大要案件依法及时地予以从宽从严处理，在社会上产生的影响和震动都很大。在《通告》规定的期限内，全省有1300余名经济违法犯罪分子到司法机关投案自首。

面对我省刑事案件持续增多，社会治安形势严峻的情况，各级人民法院继续坚决贯彻依法从重从快的方针，严厉打击了严重危害社会治安的犯罪活动。1989年，全省各级法院共受理一审刑事案15115件，审结14896件，与上年相比，分别上升15.35%和16.07%。在审结的案件中，判决发生法律效力的案犯19948名，比上年上升21.81%。在给予刑事处分的19528名罪犯中，判处五年以上重刑的占35.4%，所占比重比上年上升5.89%。在这些判处重刑的案犯中，被判处死刑（已执行）、死缓和无期徒刑的有635名，比上年上升30.4%。在斗争中，各级人民法院按照中央、省委的统一部署，本着决心要大，行动要快，声势要猛的精神，密切配合公安、检察等部门在3月下旬到5月上旬、5月下旬至6月和重大节日前后开展了对重大现行刑事犯罪集中打击的统一行动，同时开展了对流窜犯，重大盗窃犯，破坏电力、水利、通讯设施以及扫除“六害”的专项斗争。全省各级人民法院全力以赴，夜以继日的工作，抓紧重大刑事案件的审理。共审结杀人、重伤害、抢劫、强奸、重大盗窃、拐卖人口、流氓等严重刑事犯罪案件5347件，比上年上升35.92%。这些严重危害社会治安的大要案，有95%以上都是在一个月内审结的，有些案件从罪犯作案到被依法处决，前后仅10天。被判处五年以上重刑的，绝大多数是严重危害社会治安的犯罪分子。与此同时，全省各级人民法院把在城市、城镇、铁路交通干线的集中公判处理和深入到发案地、以及治安问题多的农村进行宣判处理结合起来，把对重大现行恶性案件的及时审判，与有计划地相对集中公判处理案件结合起来，造成声势，震慑了犯罪，鼓舞、教育了群众。仅去年9月中、下旬，为保卫国庆40周年的安全，各地法院就召开宣判大会107次，宣判处理各类犯罪分子1096名，其中由省法院直接到发案地进行二审宣判的重大刑事案犯就有22名。纳雍县人民法院于去年4月27日，将邓忠友、卢凤举等5名抢劫、盗窃罪犯押到发案多，治安秩序混乱的纳雍、织金两县结合部的张家坝就地宣判处理，参加旁听的群众受到鼓舞、教育，当即有当地一农民向主持宣判的审判人员报案，该院及时派出干警配合张家坝派出所，一举抓获了张志金等4名流窜抢劫的犯罪分子。

在开展专项斗争中，各级法院通过公开审判，组织座谈，提司法建议等多种形式，促使有关部门、单位健全、完善规章制度，落实专项治理措施，取得了一定实效。如黔东南州中级人民法院通过处理杨昌海、杨明方等20人盗窃铁路运输物资一案，发现被告所在村农民，偷盗铁路运输物资成风，他们除对该案就地宣判处理，还与当地乡、村组织共同座谈，研究落实治理措施。该村村民委员会一个村民组一个村民组的召开群众会，开展法制宣传，修改村规民约，有效地预防了这类案件的发生。

二、大力加强民事审判工作，依法保护公民、法人的合法权益，增强人民内部的团结

1989年，民事案件大幅度上升，民事审判工作取得了明显进展。全省各级人民法院共受理一审民事案43234件，审结一审民事案43219件，比上年分别上升19.35%和22.51%。此外还处理民事简易纠纷23373件。在审结的民事案件中，婚姻家庭25043件，债务6524件，赔偿3808件，这三类案件分别占民事收案总数的第一、二、三位，合占总数的80%以上。各级人民法院对审理这三类案件加强了指导，提高了办案质量。同时，重视了房屋、土地和林木纠纷案件的审理，依法保护国家、集体和个人的所有权、经营权、使用权，对利用土地、房屋进行非法活动和侵占、滥用国家、集体土地的行为予以制裁。民法通则实施以来，著作权、科技成果权、肖像权、名誉权等新型案件诉来法院的增多，名级人民法院大胆探索，积极受理，加强监督、指导，认真研究解决适用政策、法律的有关问题。一年来，省法院采取走下去请上来的办法，先后同中级、基层人民法院共同研究疑难案35件次，选择有代表性的案件10件，在“全省法院民事疑难案例研讨会”上进行讨论，之后又编成《民事案例选》印发全省民事审判干部，从而保证了这些新型、疑难案件的及时审结。

为了便民利民，把大量的民间纠纷解决在基层，消灭在萌芽时期，全省各级人民法院继续加强了以人民法庭建设为重点的基层基础工作。现在，全省已有人民法庭699个(含厂矿法庭18个)，配备法庭干部2380名。其中，1989年全省新增法庭干部308名。为了使人民法庭工作走上制度化、法律化的轨道，省法院在调查研究的基础上，起草了《贵州省人民法庭工作条例》，于1989年5月19日经省七届人大常委会第七次会议通过，公布施行。在加强人民法庭建设的同时，不

少基层法院主动配合有关部门，加强了对基层调解组织的业务指导，尽力发挥基层调解组织的第一道防线作用。1989年，仅遵义县各人民法庭就协助司法部门共同培训调解人员3978人次，该县由调解组织调解的民间纠纷达10864件。

三、大力加强经济审判工作，积极调节经济关系，促进社会主义有计划商品经济的发展

1989年，我省经济审判工作有了很大进展。全省各级人民法院共受理一审经济纠纷案14182件，比上年上升70.68%；共审结一审经济纠纷案13893件，比上年上升73.4%，解决诉讼标的金额达23651.04万元，对调节经济关系，维护经济秩序，促进社会主义有计划商品经济的发展，起了积极作用。

在经济审判工作中，全省各级人民法院加强了对与治理整顿和深化改革密切相关的经济纠纷案件的审理。为配合银行、信贷部门开展“依法治贷”活动，省法院和省农行于1989年1月3日联合下发了“关于依法清收农村信贷资金的联合通知”，各地法院根据文件精神，运用审判职能，积极开展此项工作。据不完全统计，各级人民法院共审理借款合同案8584件，为国家追回逾期贷款资金8262.39万元，使不少因资金收不回来、濒于关门的信用社恢复了正常的信贷活动。在审结的2104件购销合同纠纷中，因超越经营范围，公司、企业间追偿拖欠货款的以及一些公司停办后的债务清偿等占相当比重，通过依法审理，促进了对流通领域混乱秩序的治理。随着改革的深化，农村承包合同纠纷、联营合同纠纷、财产租赁纠纷相应增多，1989年，共审结这几类经济纠纷案1057件，比上年上升61.89%，从而维护了农村联产承包责任制和企业承包经营责任制。

四、积极、慎重、全面地开展行政审判工作，保护公民、法人和其他组织的合法权益，促进和保障行政机关依法行使职权

1989年，是我省行政审判工作开展较快的一年。全省各级人民法院按照1989年3月全省行政审判工作座谈会的部署，进一步完善、健全了行政审判庭，积极、慎重、全面地开展行政审判工作。一年来，共受理一审行政案662件，比上年上升69.31%；共审结一审行政案598件，比上年上升67.51%。

从受理的行政案件看，已由过去主要是受理治安行政案件，逐步扩大到受理土地、林业、矿产资源、交通运输、城市规划、食品卫生和环保、工商、税务、物价、计量等各类行政案件。在审结的行政案件中，治安行政案241件，占总数的40.30%，其他各类行政案357件，占59.70%。为了审理好与治理整顿密切相关的行政案件，各级人民法院注意总结经验，加强指导。1989年3月，省法院在“全省法院行政审判工作座谈会”上，推广了余庆县人民法院依法审理一起物价行政案的经验。余庆县糖业烟酒公司将国家计划的平价食糖提高单价出售，受到物价检查所处罚后不服，向法院提起诉讼。余庆县人民法院依法判决维持了物价检查所的处罚决定。在开庭审理此案时，组织了有关的行政单位、个体商贩和群众参加旁听，就案讲法，一些被物价检查所处罚的单位和个人从中受到教育，自觉接受了物价检查所的处罚，通过处理一案，教育了一片。

我国的《行政诉讼法》于去年4月公布后，省法院和各中级人民法院相继举办了行政诉讼法和行政法培训班，培训行政审判骨干。许多法院派出干部到机关厂矿、学校宣讲，上街开展法律咨询服务等多种形式，宣传《行政诉讼法》。在各级党委、人大的关怀和支持下，确定遵义市、遵义县人民法院和贵阳市南明区人民法院为实施《行政诉讼法》的试点单位。经过认真准备，报经当地人大批准，这3个基层人民法院已正式按照《行政诉讼法》的规定受理案件。截止89年年底，这3个基层人民法院共受理一审行政案37件，审结36件。1989年12月26日，南明区人民法院公开审理两起越权、损害赔偿的行政案，由于案件影响较大，开庭审理时，参加旁听的行政机关工作人员、大专院校师生达500多人。省法院及时组织全省各中级人民法院和准备进行《行政诉讼法》试点的基层人民法院的行政审判干部47人，到庭观摩学习，进行座谈、评议和总结，为今年《行政诉讼法》的正式实施摸索经验。

五、加强、改进告诉申诉和审判监督工作，依法保护公民的合法权益

1989年，我省告诉申诉工作有了很大改观。一年来，全省各级人民法院共处理告诉、申诉和非诉讼来信来访114092件次，比上年下降61.61%。其中，处理各类告诉信访57630件次，保障了公民和法人的诉讼权利。各级人民法院根据实事求是、有错必纠的方针，对已发生法律效力的判决的各类申诉案件，按照审判监督程序予以再审3617件，其中维持原判2141件，改判650件。在改判的案件中，刑事申诉案490件，多数是属于“文革”中和“文革”前的历史老案。

为了适应形势和法制建设的需要，一年来，全省绝大多数人民法院建立了告诉申诉审判庭，加强和改进了告诉申诉工作，实现信访工作由行政管理纳入审判业务的职能转变。对人民群众的来信来访，按照分级负责的原则，及时妥善地处理，力求把问题解决在基层和初信初访阶段，使宪法和法律规定的公民权利和自由得到保障，同时，依法制止滥用权利和自由的行为。遵义县人民法院经过一年的实践，总结了加强、改进告诉申诉工作，并将其落实到人民法庭，解决在基层的经验，于1989年10月下旬在贵阳召开的“云、贵、川三省第三届法院信访工作联席座谈会”上，作了介绍，受到与会者的好评。

全省各级人民法院还认真贯彻执行最高人民法院关于处理刑事申诉和处理民事、经济纠纷案件申诉的两个“暂行规定”，以及省法院制定的《关于告诉申诉审判工作制度化、规范化的意见（试行）》，集中力量，抓了一批重点案件，使越级上访有所减少，重复申诉率下降，申诉工作开始走向制度化和规范化。

六、严肃执法，努力提高执法水平

一年来，全省各级人民法院不断深化对严肃执法的认识，把严肃执法与自身改革和建设联系起来，在各项审判活动中，坚持“以事实为根据，以法律为准绳”的原则；坚持以党的方针、政策为指导，力求办案质量、效率和社会效果“三统一”，进一步改变了审判工作存在的与法不符的陈旧观念和习惯做法，在全面准确地执行宪法和法律规定，推行办案的标准化、规范化，提高执法水平方面，有了新的进展。这主要表现在：

（一）既认真执行实体法，又重视执行程序法，切实防止和纠正重实体、轻程序的现象。各级人民法院进一步认真执行以公开审判为中心的各项程序制度，强调发挥庭审功能；强调合议庭作为审理案件基本组织形式的作用；强调庭审调查、质证、辩论、当事人举证的作用；依法保护律师在诉讼活动中的权利，发挥律师的积极作用。对依法应当公开审理的一审刑事、民事、经济纠纷和行政诉讼案件，基本做到公开审理而且积极创造条件，克服困难，对一部份二审、再审案件也进行了公开审理。

（二）改进审判方式，依法强调当事人的举证责任。在民事、经济审判工作中，各级法院转变过去片面强调法院在诉讼中的地位和责任，忽视当事人在诉讼活动中应有地位和举证义务的现象，注意把当事人的举证责任和法院的查证有机结合起来。贵阳市南明区人民法院将常见的11类32种民事、经济

纠纷案件的特点加以归纳，制订出《民事、经济纠纷案件举证须知》，公告张贴，向群众进行宣传，便于当事人诉讼举证。这对严肃执法，提高办案效率、保证办案质量，起了积极作用。

（三）加强对各类案件适用政策，法律的学习、应用与指导。在刑事审判方面，省法院通过二审，死刑复核和实地检查案件，审查备案判决等，就审判实践中如何正确区分正当防卫与防卫过当的界限，鼓励、支持人民群众同犯罪分子作斗争；区分拐卖人口案中的罪与非罪、一罪与数罪的界限；以及流氓犯罪的数罪并罚问题作了分析研究，加强了业务指导。遵义、安顺等地区中级人民法院针对有的基层人民法院的审判人员在处理有的刑事案件时，过分强调犯罪结果而忽略犯罪情节、手段和社会危害性。导致这些案件量刑失轻的情况，加强了检查、指导，依法有效地保证了“从重从快”方针的贯彻执行。为了贯彻执行好全国人大常委会《关于惩治贪污、贿赂罪的补充规定》，省法院刑二庭于1989年3月会同省检察院有关业务处，联合召开了有省、贵阳市、区三级法院、检察院有关业务部门人员参加的“案例讨论会”，集中对一批贪污、挪用公款中罪与非罪、此罪与彼罪界限问题上认识有分歧的案件进行讨论分析，同时，对民事、经济和行政审判方面的新型、疑难案件也加强了分析研究和指导，从而使这些案件的处理基本能做到准确、合法、及时。经重点检查，审结的刑事案件中事实清楚，证据确凿，定性准确，量刑适当的占97.5%；民事、经济纠纷案件中事实清楚，证据确实充分，是非责任分明，应用法律得当的分别占95.4%和97.5%；行政案件中事实清楚，是非责任分明，应用法律得当的占95%。总的看，办案质量是好的。

（四）加强执行工作，维护法律的权威。一年来，全省各级人民法院把解决“执行难”的问题作为严肃执法的一个重要环节来抓，省法院设立了执行工作领导小组，协调、指导全省法院的执行工作，并制定下发《关于加强执行工作的试行意见》，把执行工作纳入规范化、标准化的轨道。各地法院相继建立、健全执行机构，充实执行人员力量。加强业务指导，探索、总结经验；采取教育疏导为主，强制执行为辅的方针，对已经发生法律效力的判决，坚决依法执行，以取信于民。1989年，全省各级人民法院共有应执行的民事案件12756件，已执行10649件，执行率为83.48%，比1988年执行的8700件增多1949件；应执行的经济纠纷案件为6818件，已执行5448件，执行率为79.91%，比1988年多执行3235件。

七、加强审判队伍建设，适应形势任务需要

1989年，全省各级人民法院继续坚持一手抓审判，一手抓队伍建设的方针，不断提高干警的政治素质和业务素质。在制止政治动乱和平息北京反革命暴乱的斗争中，认真学习贯彻中央、省委和上级有关部门一系列指示精神，同党中央在思想上、政治上保持一致，全省法院系统，除1名干部在省政法干院学习，参加过一次游行外，其余干警均未参加过动乱中的违法活动，大家恪尽职守，努力工作，在发生动乱的第二季度，全省法院共审结各类案件17939件，比同年第一季度审结的8613件上升108.28%，比上年第二季度审结的14545件上升23.3%。实践证明我省法院队伍是一支忠于党和人民的，有战斗力的，秉公执法的队伍。

为确保严肃执法，加强廉政建设，省法院先后于1989年6月和12月，两次召开了全省法院系统廉政建设工作会议，在检查总结的基础上，从组织、制度、纪律建设等方面采取了进一步的措施。绝大多数干警在情与法、钱与法的面前能够摆正天平位置，表现出人民法官一身正气、两袖清风、廉洁自律的气节。据不完全统计，1989年1至11月，全省法院拒吃请1583人次，拒礼拒贿

849人次。还出现了不少对坏人坏事敢管敢斗；对国家、集体财产奋力保护；对群众疾苦热忱关心的动人事迹。全省法院评选出出席全省法院系统制止动乱表彰大会的先进集体有36个、先进工作者136名。其中，贵阳市中级人民法院和黔南自治州中级人民法院被最高人民法院授予全国法院系统制止动乱、平息反革命暴乱先进集体的称号。与此同时，各级人民法院严格党纪、政纪和法纪，全年共查处干警中违法违纪以及犯罪的共43人，其中给予党纪、政纪和其他处理的39人，依法追究刑事责任的4人。

逐步建立多层次、正规化的法院干部教育培训体系，大力提高审判队伍的政治、业务素质。各级人民法院坚持不懈地努力办好全国法院干部业余法律大学贵州分校。1988年至1989年，已有696名学员毕业。目前，还有321名业大学员和634名审判干部参加了法律（审判）专业证书的学习。此外，还积极支持法院干部通过电大、函大、成人高等教育自学考试等途径，系统学习、掌握法律专业知识。省院和中级法院还积极鼓励副庭长、副院长以上的审判干部经过考试，分期进入最高人民法院与国家教委联合创办的“高级法官培训中心”学习。各地法院对招考进法院工作的1200余名人员进行了各种形式的岗前教育和培训。根据近年来国家不断颁布新的法律法规，各地法院结合审判实践，采取上下结合，分层次地对审判人员进行各种短期培训。通过以上措施，加速了我省法院干部专业化、知识化的进程。

加强领导班子建设。本着法院领导权必须掌握在忠于马克思主义的人手里这一指导思想，全省各级人民法院依靠各级党委、人大，把加强领导班子的思想建设、组织建设和作风建设作为队伍建设的重要内容来抓。各中级人民法院为配合做好基层人民法院院长换届选举工作，在同级党委、人大的领导和指导下，坚持“基本稳定、完善结构、提高素质”的原则，对基层法院领导班子的考察、调整做了大量的工作，为进一步做好法院工作提供了组织保证。

为尽快改变我省审判工作条件落后于法制建设的状况，各级法院把“两庭”建设列入重要议事日程，由于各级党委、人大、政府及有关部门的重视、关心、支持，“两庭”建设取得了进展，但与实际需要仍有较大差距，我们殷切期望各级党委、人大、政府及有关部门，继续予以关心和支持。

一年来，全省各级人民法院和各项工作都取得了很大成绩。但是，同党和国家对人民法院的要求还有相当差距，主要是我们的思想和工作还不能完全适应政治、经济发展的新形势，对工作中遇到的新情况、新问题及时调查、研究、总结不够；有些案件处理不及时，质量不高；当事人“告状难”的问题在有的地方没有很好解决；在当前社会治安形势严峻的情况下，如何运用审判职能更好地促进社会治安综合治理存在的薄弱环节；少数干警的思想、作风不纯，甚至违法乱纪，思想政治工作有待加强。联系改革开放十年来人民法院的工作，联系坚持四项基本原则、反对资产阶级自由化的斗争，总结过去，我们有以下几点体会：（一）必须坚持人民民主专政，强化人民法院的专政职能；（二）必须坚持审判工作为改革开放服务，为社会主义经济建设服务；（三）必须坚持严肃执法，正确执行政策；（四）必须坚持在党的领导下依法独立行使审判权；（五）必须坚持全心全意为人民服务，继承和发扬人民司法工作的优良传统；（六）必须加强队伍建设，提高队伍的战斗力；（七）必须抓好法院自身的改革，增强适应新形势的能力，只有这样，才能全面履行宪法和法律赋予人民法院的职责，保证完成保护人民，惩治犯罪，维护社会稳定，促进改革，服务四化的任务。

各位代表：

今年，是我们国家治理整顿、深化改革的关键性的一年。当前首要的任务就是要保持稳定。人民法院的各项审判工作对保障国家政治、经济和社会的稳定都有重要作用。最近，最高人民法院召开的第十五次全国法院工作会议确定，全国各级人民法院要在党的十三届四中、五中全会精神指引下，全面开展审判工作，充分发挥审判职能作用，以维护社会的安定团结，保障治理整顿和深化改革的顺利进行，为实现国民经济长期持续、稳定、协调发展服务，为社会主义现代化建设服务。我们于2月12日至17日召开了全省法院工作会议进行了传达贯彻，在检查总结1989年工作的基础上安排部署了1990年的工作。这里，我着重报告今年全省法院工作的主要任务和要求。

一、进一步加强各项审判工作，保障社会的稳定

当前，总的看来，我省同全国各地一样，在党的十三届四中全会和五中全会精神指引下，各项工作都有新的进展，政治、经济形势稳定。但是，也清楚地看到，我们正面临一个复杂的国际国内环境，不安定因素增多，社会治安形势仍然严峻。这主要是：国内外敌对势力和各种仇视社会主义制度的敌对分子仍在伺机进行破坏活动；少数蜕化变质分子进行贪污、受贿等犯罪活动，严重危害党和人民的事业；一些人在资产阶级思想腐蚀下，贪婪和享受欲望恶性膨胀，“六害”等社会丑恶现象屡禁不止，以图财营利为目的的抢劫、盗窃、拐卖人口等犯罪案件突出；由于新旧体制交替和商品经济的发展，民事纠纷案件仍在继续增多，由此激化引起的杀人、伤害、械斗、毁坏公私财物等刑事案件也可能相对增多。同时，治理整顿和深化改革过程中不可避免地会遇到一些困难，出现一些新的不安定因素。对此，我们要求全省各级法院和广大干警保持高度警惕，居安思危，增强责任感，无论发生什么风波，都要坚持四项基本原则，牢固树立审判工作为社会稳定服务的观念，坚定不移地把打击敌人、惩治犯罪放在各项审判工作的首位，全面开展审判工作，充分发挥审判职能作用，更好地为政治、经济和社会稳定服务。

（一）务必把刑事审判工作抓得很紧很紧，不能有丝毫的松懈和麻痹。各级人民法院要继续从指导思想、领导精力、工作部署和力量组织方面突出刑事审判工作这个重点，进一步采取措施，切实加强领导。在具体工作中，做到：1. 继续坚决有力地审理好反革命案件和动乱中犯罪案件。所谓“坚决”，就是在思想观念上不要单纯以案件多少衡量任务的轻重，要以对国家和社会的危害程度衡量任务的轻重，即使是少数案件，也要视为头等重要案件，抓紧审结。所谓“有力”，就是要打得准，打得狠，严格区分两类不同性质矛盾，切实划清罪与非罪，罪轻与罪重，仇视社会主义制度的反革命犯与乘机进行打砸抢烧的普通刑事犯罪界限，做到罚当其罪，经得起时间的检验。2. 继续严惩严重的经济犯罪分子，促进反腐败斗争的深入进行。对严重破坏经济秩序的犯罪分子，必须继续坚持依法从严惩处的方针。两高《通告》期满后，对于拒不自首坦白，顶风作案继续犯罪的，要坚决依法从严惩处，对两高《通告》期限内投案自首和查获的经济犯罪分子，继续适用《通告》的规定，该从宽的坚决依法从宽，该从严的坚决依法从严。充分发挥政策法律的感召力和威慑力。3. 严惩严重危害社会治安的犯罪分子。当前，重大盗窃、抢劫、杀人等恶性案件突出。一些案件多发区域，群众失去安全感。对于这类严重刑事犯罪分子，必须继续贯彻执行依法从重从快的方针，予以严惩，决不手软。结合审判活动，针对当地社会治安的突出问题，配合有关部门，大力开展专项斗争，对那些严重突出的犯罪活动予以不停顿的集中打击，以张扬法制，推动对社会治安的综合治理。4. 严惩“六害”中的犯罪分子。“六害”活动的蔓延，败坏社会风气，损害了群众特别是青少年的身心健康，干扰了改革开放和精神文明建设，严重影响了社会治安。因此，要把

正确、及时地审理好“六害”中的犯罪案件，视为净化社会环境、清除滋生犯罪温床的重要组成部分，积极配合、大造声势，集中打击，以震慑和分化犯罪分子，遏制各种社会丑恶现象的蔓延。5.结合审判活动，积极参加对社会治安的综合治理。近年来，青少年犯罪一直呈上升趋势。减少和预防青少年犯罪，是综合治理的一个重要方面。我们要贯彻党的一贯方针，寓教于审，搞好对失足青少年的教育、感化、挽救工作。

（二）积极开展民事审判工作。民事审判工作涉及千家万户的切身利益，依法及时、正确地审理好大量的民事纠纷，防止矛盾激化，使广大人民安居乐业，同样是保持社会安定的重要因素。当前，我省民事审判工作仍将面临着案件继续上升，新情况、新问题增多的复杂形势。人民法庭承担着85%以上的审判任务。为了适应形势需要，我们决心进一步充实健全人民法庭，一方面积极开展民事审判工作，全面贯彻民法通则，运用法律手段保护公民、法人的合法权益，制裁民事违法行为，维护安定团结，促进社会主义精神文明建设；另一方面加强对人民调解委员会的业务指导，促使把大量的民间纠纷解决在基层，消灭在萌芽状态，更有效地防止矛盾激化。

（三）继续抓好行政诉讼法的试点工作，有准备地迎接行政审判工作的新阶段。行政审判工作，是运用审判职能，消除国家行政机关同公民、法人之间的矛盾与纠纷，密切政府与人民群众的关系，它的最终目的同样是促进安定团结，保证国家的长治久安。我国行政诉讼法将于今年10月1日起施行，行政审判工作将进行一个新阶段。目前，行政审判工作面临的任务，主要是：一方面积极开展行政审判工作，严格依法办案，切实树立社会主义法制的权威；另一方面继续抓好行政诉讼法实施前的试点工作，为全面开展行政审判工作做好准备。

二、充分运用审判职能，为治理整顿和深化改革提供有效的法律保障和法律服务

人民法院是国家的审判机关，不仅要打击敌人，惩治犯罪，保护公民和法人的合法权益，为国家的稳定服务，还有调节经济关系，维护经济秩序的职能作用。随着治理整顿和深化改革的深入，凡有利于治理整顿和深化改革的行为，都要依法予以保护和支持；不利于治理整顿、深化改革的行为，都要依法予以约束和限制；一切危害治理整顿和深化改革，破坏经济建设的违法犯罪行为，都要依法予以制裁和打击。经济审判工作面临着一个十分繁重而复杂的局面。因此，我们要求全省法院强化对治理整顿、深化改革的服务意识，大力加强经济审判工作，依法及时审理好与治理整顿密切相关的经济纠纷案件。通过审判活动，调节好各种经济关系，为克服流通领域经济秩序混乱的状况发挥更加积极的作用。

三、加强队伍建设

法院队伍状况如何，关健在于各级法院的领导是否认真抓。我们要求各级人民法院的领导，特别是一把手，必须予以高度重视，对法院队伍提出更加严格的要求。特别是各级法院领导要以身作则，带头为政清廉，一级抓一级，层层作表率。

大力加强和改进政治思想工作，组织法院干警认真学习马克思列宁主义、毛泽东思想，特别是要学习好马克思主义哲学和国家与法的论述，毛主席《关于正确处理人民内部矛盾的问题》，邓小平同志关于坚持四项基本原则、反对资产阶级自由化的论述，江泽民同志在庆祝建国四十周年大会上的讲话，以及中共中央《关于进一步治理整顿和深化改革的决定》。通过学习，掌握马克思主义的立场、观点和方法，提高政治理论水平和观察、分析、解决问题的能力。充分认识国际敌对势力同社会主义国家之间的渗透与反渗

透、颠覆与反颠覆、“和平演变”与反“和平演变”斗争的长期性、复杂性，站稳立场，坚定信心，做到在任何政治风浪中都能在政治上、思想上、行动上同党中央保持高度一致。

从严治院，加强纪律和廉政建设。要教育法院干警坚持“八个不准”，进一步落实全国法院廉政建设工作会议提出的七项措施。要自觉接受党委的领导、人大常委会和人民群众的监督。对法院工作人员中出现的违法乱纪行为，一经发现，就要抓紧查实从严惩处，决不姑息。每年一次的执法大检查要形成制度，以确保法院队伍的纯洁性。

坚持不懈地抓好以法律业大为主体的多渠道多层次的专业培训工作，下决心，花功夫，大力培养一大批合格的人民法官，以适应形势、任务的需要。

面向基层，发扬党的群众路线的优良传统，密切法院与人民群众的联系，加强调查研究。遵照中央和省委关于组织党政机关干部下基层的指示精神，认真组织优秀的中青年干部，深入基层，倾听群众意见，调查研究审判工作面临的新情况新问题，帮助人民法庭解决实际存在的困难。

各位代表：1990年人民法院面临的任务是很艰巨繁重的，但做好工作的有利条件也很多。我们决心振奋精神，艰苦奋斗，励精图治，在省委的领导下和省人大的监督下，全面开展各项审判工作，加强自身的改革和建设，充分发挥审判机关的职能作用，为落实党的十三届四中全会、五中全会和省委六届二次、三次全会提出的各项任务，保障社会的稳定，促进经济发展，作出更大的贡献！

云南省高级人民法院工作报告

——1990年3月2日在云南省第七届人民代表大会第三次会议上

云南省高级人民法院院长　邱创教

各位代表：

1989年是我国实行治理整顿、深化改革取得明显成效的一年，也是反对资产阶级自由化，制止动乱，平息北京发生的反革命暴乱，迅速恢复首都和全国正常秩序的斗争取得决定性胜利的一年。在这一年里，全省法院干警坚决贯彻党的十三届四中全会、五中全会精神，坚持四项基本原则，坚持改革开放，在制止动乱和平息反革命暴乱的斗争中，立场坚定、旗帜鲜明，经受住了严峻的考验。在各类案件大量上升的情况下，各级法院在党委领导和人大的监督下，克服困难，艰苦奋斗，全面开展各项审判工作，继续抓紧队伍建设，顺利地完成了各项审判任务，充分发挥了审判机关的职能作用，为巩固人民民主专政，维护安定团结政治局面，促进治理整顿、深化改革和经济的发展作出了应有的贡献。现将一年来的主要情况和今年的工作重点报告如下：

一、严格依法办事，提高办案效率，全面开展各项审判工作

1989年全省各级人民法院共受理各类案件89446件，比1988年上升3.38％；已审结82732件，比1988年上升6.79％，结案率为92.49％。在开展刑事、民事、经济、行政

和告诉申诉等各项审判工作中，我们遵循的宗旨是“保护人民，打击敌人，惩治犯罪，促进改革，服务四化”；坚持的原则是围绕中心，确保重点，统筹兼顾，全面安排。

（一）充分发挥审判机关的专政职能，继续贯彻依法从重从快的方针，严厉惩治了反革命、严重危害社会治安和严重破坏经济的犯罪活动

1989年我省治安形势相当严峻。在维护社会、政治安定方面，遇到了敌对势力的挑战。去年春夏之交，在北京发生的政治动乱和反革命暴乱的波及和影响下，我省极少数顽固坚持资产阶级自由化和敌视社会主义制度的人，借机制造谣言，呼喊反动口号，恶毒攻击党和国家领导人，蛊惑群众，组织游行示威，冲击党政领导机关，并图谋制造打、砸、抢、烧事件。与此相呼应，国外、境外敌对势力也加紧向我进行渗透和颠覆破坏活动。杀人、抢劫、强奸、重大盗窃等重大刑事案件增多；贪污、受贿、投机倒把突出；走私贩毒、拐卖人口、制作贩卖淫秽物品、聚众赌博、嫖娼卖淫、封建迷信骗财害人等“六害”活动猖獗。据统计，1989年全省共发生各种刑事案件36797起，比1988年增加11752起，上升46.9%。其中，大案要案发生12100起，比1988年增加4218起，上升53.5%。面对严峻的治安形势，各级人民法院在刑事审判工作中坚持做到：

第一，坚决打击制造动乱的反革命分子和刑事犯罪分子。制止动乱、平息反革命暴乱的斗争取得决定性胜利后，依法及时审理这类案件就成为人民法院第一位的政治任务。在1989年6月下旬召开的全省中级法院暨部分基层法院院长会议上，进行了重点部署。强调依法审判制造动乱的反革命分子和刑事犯罪分子，是一场严肃的政治斗争，关系到国家的长治久安。昆明等有关法院认真组织审判力量，审查事实，核实证据，严格区分两类不同性质的矛盾和罪与非罪、反革命罪与普通刑事犯罪的界限，依法及时、正确地进行了审理。截至1989年底，有关法院共受理这类犯罪案件17件19人，已审结15件17人。通过严正的审判，不仅使这些犯罪分子受到应得的惩罚，而且向广大人民群众进一步揭露了他们制造社会动乱的真相及目的，收到了良好的社会效果。

第二，严惩严重危害社会治安的刑事犯罪分子。根据全国政法工作会议确定的重点，各级法院始终把打击的锋芒指向故意杀人、重伤、抢劫、强奸、拐卖人口、重大盗窃、聚众赌博以及强迫、引诱、容留妇女卖淫等严重刑事犯罪分子。对那些打家劫舍，滥杀无辜；抗拒逮捕，报复杀害我公安干警；结伙成帮，四处流窜，大肆进行各种严重危害人民群众生命财产和社会治安的严重刑事犯罪分子，尤予严惩不贷，罪该重判的坚决重判，法不容留的坚决处决。对那些犯罪情节特别恶劣，社会影响极坏的案件，我们坚持提前介入，抓紧审结，给犯罪分子以及时有力的打击。如富源县犯罪分子叶小建等人，为劫取钱财，去年10月9日凌晨惨无人道地杀死了被害人一家老小及亲戚共10人。案发后，曲靖中院和省院提前深入现场，了解案情，核实证据，案件起诉、上诉后抓紧审理，在18天内即审结了此案，对罪大恶极的叶小建等五名罪犯处以死刑，为民平了愤。截止1989年底，全省各级法院共受理一审刑事案15958件，比1988年上升14.45%；审结15417件，结案率为96.6%；依法判处人犯19754人，比1988年增加22%。其中，依法判处死刑（含死缓）、无期徒刑××人，五年以上有期徒刑5975人。狠狠打击了犯罪分子的嚣张气焰。

第三，严厉打击严重经济犯罪活动。一年来，针对我省贪污、受贿、盗窃公共财物、投机倒把等几类经济犯罪案件突出的状况，各级人民法院始终注意把打击严重经济犯罪活动放在审判工作的重要位置上。尤其是党的十三届四中全会召开后，更进一步抓紧了严厉打击这几类犯罪的审判工作，以惩治腐

败，促进廉政建设。在具体做法上，一是抓紧抓好大案要案的审判，特别是对那些盗窃、贪污数额巨大，社会影响恶劣的案件，坚决体现从严惩处的精神。原临沧地区医药公司干部高学波两次盗窃珍贵药材价值达27万元；原思茅孟连县林业局会计肖明星为满足腐化奢糜的物质需求，先后将21笔公款计115400元贪污挥霍；原省政府接待处车队服务公司电器经营部负责人刘杰，利用职务之便，先后贪污公款105920元，除大肆挥霍外，还进行嫖娼，并携款潜逃。对这些肆无忌惮鲸吞国家财产的严重经济犯罪分子，一、二审法院在搞准的前提下，坚决依法从重从快审理，并报经最高人民法院核准死刑。在公开处决这些罪大恶极的犯罪分子时，有关法院组织了规模较大的公判大会，并广贴布告，同时，报纸、电台、电视台等新闻媒介积极配合报导宣传，形成了较大的声势，震慑了犯罪，为正在进行的惩治腐败、狠狠打击经济犯罪的斗争起到了积极的推动作用。二是坚决贯彻执行最高人民法院、最高人民检察院《关于贪污、受贿、投机倒把等犯罪分子必须在限期内自首坦白的通告》。省院迅即提出五条措施，部署到全省法院，即：一是加强领导，确定专人负责抓好落实《通告》的贯彻执行；二是组织审判干部学习《通告》，掌握宽严政策，严格依法办事；三是调整审判力量，对《通告》发布后起诉到法院的案件要求优先办理，抓紧审结；四是大张旗鼓宣传宽严典型案例，扩大办案效果；五是与省检察院联合印制两高《通告》发至全省城乡，广为宣传。各级法院按此精神，一方面组织力量走上街头，深入机关、厂矿、农村直至看守所、监狱宣讲《通告》，敦促犯罪分子投案自首，走坦白从宽道路；另一方面加强与检察机关的联系，做好准备，对起诉的案件抓紧阅卷审查，及时开庭审理。据统计，自8月15日至10月31日贯彻《通告》期间，全省共受理贪污、受贿、投机倒把案件381件519人，已审结282件354人。其中，从宽判处98人，从严判处80人，召开宣判大会177次。通过对严重经济犯罪活动的打击，使人民群众看到了党和政府坚决惩治腐败，搞好廉政建设的决心和行动，为今后进一步同经济领域的犯罪和腐败现象作斗争打下了良好的基础。

第四，毫不松懈地严厉打击走私、贩卖毒品犯罪活动。去年，我省毒品犯罪更加猖獗。全年共查获走私、贩卖毒品案件3028件，比1988年上升18.4%；抓获走私贩毒分子4760人，比1988年上升17.6%；缴获的海洛英、吗啡、黄皮等精制毒品大幅度增加；查获毒资达3972560元。针对当前毒品犯罪数量巨额化、精制品化和手段多样化的特点，各级法院进一步加强了对毒品犯罪案件的审判工作。在具体措施上，一是坚持依照刑法和全国人大常委会决定及经过最高人民法院认可的量刑意见，对贩毒数额巨大，贩毒集团首犯，贩毒的惯犯、累犯、劳改逃跑和劳改释放重新犯罪，武装贩运毒品，开设地下烟馆和抗拒逮捕的犯罪分子，坚决从严惩处，罪大恶极的坚决处以死刑。二是结合审判实践加强调查研究，针对毒品犯罪的新情况、新问题总结带规律性的经验指导办案，不断提高办案质量；三是克服各种困难，加快毒品案件的审判进度。从而取得了明显效果。1989年全省法院共受理毒品犯罪案件1320件2364人，已审结1295件2311人，结案率为98.1%。在判处的人犯中已发生法律效力的1715人。其中，判处死刑××人（是历年来处决毒品犯最多的一年），死缓××人，无期徒刑68人。

（二）继续贯彻执行《民法通则》，正确、及时审理民事案件，依法保护当事人的合法权益

1989年，是民事审判工作取得明显进展的一年。各级法院共受理一审民事案件45841件，占各类案件受理总数的51.25%，审判任务极其繁重。经过广大民事审判人员的积极努力，已审结43421件，结案率为

94.72%，结案数比1988年上升9.04%。根据民事案件数量大，涉及面广，情况复杂，政策性强的特点，各级人民法院的民事审判工作重点抓了三个方面：一是继续采取多种方式，结合办案实践，组织民事审判人员进一步深入学习《民法通则》，以熟练运用民法通则原理研究分析案件中的民事法律关系，明确当事人的权利义务，确定当事人的民事责任，提高执法水平，保证办案质量。二是认真执行公开审判制度。把开庭审理作为法院调查、收集证据、查明事实、分清是非、说服教育当事人的主要方式。特别是注意强调当事人的举证责任，注意正确处理当事人举证和法院收集证据的关系，通过法庭辩论、质证，使法律事实得以当庭认定，从而正确、及时地审结案件。三是重视对占民事案件多数的婚姻家庭案件、债务案件、赔偿案件及赡养、抚养、扶养等“三养”案件的审理，加强了指导；对名誉权、著作权等新型案件注重调查研究，不断总结经验，提高办案质量。由于各级人民法院积极贯彻《民法通则》，改进审判方式，及时审结了一批严重影响群众生产、生活和矛盾可能激化的案件，制裁了民事违法行为，对促进社会的安定，增强人民群众的法律意识，树立新的社会道德风尚，起了重要的作用。

(三)加强经济审判工作，调节经济关系，促进经济发展

1989年全省经济审判工作有了较大进展。各级法院共受理一审经济纠纷案件6855件，比1988年上升21.5%；审结5752件，比1988年上升23.56%，结案率为83.9%。诉讼标的总额达24000多万元。一年来，各级法院坚持了依法扩大收案范围，在人力、财力不足的情况下，克服困难，积极受理改革开放中出现的联营承包、环境保护、专利侵权、科技协作、技术合同等新型案件；认真处理治理整顿中出现的倒闭、破产企业拖欠贷款纠纷，建筑工程下马引起的建筑工程承包合同纠纷和银行收回逾期贷款的借贷合同纠纷等案件；针对人少案件多，难度大的特点，强调严格审查起诉，依法把好立案关，要求当事人举证，正确处理判决与调解的关系，确定审判岗位职责，提高办案效率和质量；重视抓好执行工作，注意向被执行人宣传法制，教育当事人自觉执行法院发生法律效力的裁判，对有执行能力而拒不执行的当事人依法强制执行，对需要采取诉讼保全措施的，及时作出决定，以保证判决的顺利执行。通过审理各类经济纠纷案件，制裁了违法行为，保护了公民和法人的合法权益，对依法保护改革中的新事物，促进物资、资金的合理流动和使用，整顿流通领域的混乱秩序，维护社会主义经济秩序，起了积极作用。

(四)积极慎重地开展行政审判，保护公民和法人的合法权益，维护行政机关依法行使职权

1989年各级法院本着边组建、边学习、边办案、边总结的原则，积极慎重地开展了行政审判工作，是步子迈得较快的一年。目前，全省已有97个法院建立了行政审判庭，配备了263名行政审判干部。全年共受理一审行政案件410件，比1988年上升27.32%；审结390件，比1988年上升28.71%，结案率为95.12%。通过对这些案件的审理，保护了公民、法人和其他组织的合法权益，维护了行政机关依法行使职权。去年4月，《中华人民共和国行政诉讼法》颁布以后，各级法院在抓紧办案的同时，认真组织行政审判人员学习行政诉讼法，同时利用多种渠道向社会宣传行政诉讼法，增强了人民群众的行政诉讼意识。根据最高人民法院关于行政诉讼法实施前要搞好行政审判试点的通知，确定昆明、大理、红河3个中级人民法院和宜良等10个基层法院为我省试点单位，在党委和人大的重视支持下，按计划进行了试点工作，有了较好的开端。

(五)努力改进告诉申诉工作，提高处理申诉信访质量，加强审判监督

搞好人民法院的告诉申诉工作，是维护

安定团结的政治局面，加强联系群众，克服官僚主义，保证严肃执法的重要一环。1989年全省法院告诉申诉工作主要抓了四个方面：一是从组织机构和职能范围上进一步完成由信访到告诉申诉工作的转变。目前全省已有96个法院建立了告诉申诉庭，配备审判人员429人。根据最高人民法院的要求，明确了职责范围，理顺了工作关系，逐步加快了告诉申诉审判工作的进度。二是按照分级管理的原则，认真办理告诉申诉和非诉讼信访。在处理中，坚持合理调配力量，强调认真细致的工作作风，努力做到当日信件当日处理，发现问题按立案程序报批，特别是对初信初访，抓紧落实办理。1989年，全省各级法院共处理告诉、申诉、非诉讼来信171365件次，与1988年相比下降了11.7%，特别是重复来信大量减少，再审案件的结案率和上级要求呈报结果的回报率有所提高。三是热忱接待群众来访，注意树立人民法官良好形象，做到耐心听取陈述，对合理要求，积极予以解决；对不合理要求，认真进行疏导劝解，有针对性地摆事实，讲道理，宣传法律和政策，教育其服判息诉；对不属法院管辖的来访事由，及时转有关部门办理；对上访老户，坚持上下结合，抓紧研究，认真解决。四是认真审理好各类申诉案件。全省共审结历年来对原判决不服的刑事、民事、经济、行政申诉案4580件，其中，维持原判2711件，改判1291件，作其他处理578件。通过审理申诉案件，贯彻了实事求是，有错必纠原则，发挥了审判监督的作用。

二、努力改进审判工作，加强法院自身建设，不断提高执法水平

人民法院是国家的审判机关，能否正确执法、严肃执法，直接关系到法制权威的树立。一年来，我们强调要求各级法院必须努力改进审判工作，加强法院自身建设，使队伍具备良好的政治和业务素质，以不断提高执法水平。

在努力改进审判工作方面，我们抓的重点，一是继续坚持搞好公开审判。强调发挥庭审功能，强调合议庭作为审理案件基本组织形式的作用，强调庭审调查、质证，当事人举证的作用，依法保护律师在诉讼活动中的权利。1989年，各级法院对各类一审案件，依照法律规定，凡应公开审理的，基本做到了实行公开审理；二审和再审案件也按照第十四次全国法院工作会议提出的“应尽可能公开审理”的精神，凡有条件的，也逐步实行公开审理。特别是对重大经济犯罪和刑事犯罪案件及情况复杂、社会影响面大的民事和经济纠纷案件，通过二审或再审的公开审理，更有利于准确地查明犯罪事实，更有效地向社会和群众宣传了法制。二是坚持严格依法办事，确保办案质量。在指导思想上和实际工作中，我们始终坚持“质量第一”的方针。在刑事审判工作中，无论是审理反革命案件还是普通刑事案件，都坚持办案规格，严格区分罪与非罪、此罪与彼罪、重罪与轻罪的界限；做到事实清楚，适用法律正确，量刑适当。特别是对死刑案件，省院始终坚持执行认真阅卷、吃透案情、就地复核、查看现场、提讯被告、集体合议、审判委员会讨论，层层把关等办案制度，切实做到慎之又慎，保证不发生失误。对论罪该判处死刑，经过努力，收集的证据仍不过硬的案件，处理时坚持留有余地。在民事、经济审判工作中，对判决审结的案件，要做到事实清楚，是非分明，责任明确，适用法律正确，处理恰当；对用调解方式审结的案件，也必须合法，决不能不分是非，放弃原则；对当事人滥用处分权而达成的损害国家、集体利益和他人利益的调解协议，不予认可。对行政诉讼案件绝不能因为系“民告官”而偏袒，处理不公。三是加强调查研究。一年来，针对刑事、民事、经济审判工作中遇到的新情况和突出问题，开展了各项专题调查研究，总结了新经验，提出了解决问题的具体措施，较好地指导了面上工作。四是主动积极地接受人大监督。一年来，各级法院通过报告工作，邀请或接受人大代表视察，承办人大代表提案和人大交办案件，开展执法检查等方式，自觉地接受国家权力机关的监督，使审判机关进一步增强了法制观念，同时在履行宪法和法律赋予的审判职责中，也得到了国家权力机关的有力支持，从而使人民法院的各项工作能够在法制的轨道上更好地前进。

在加强自身建设方面，针对去年春夏之交发生的政治动乱和反革命暴乱，各级法院首先抓紧了对干警进行反对资产阶级自由化，坚持四项基本原则，坚定正确的政治方向的教育。在动乱初期，省院和各级法院领导就保持清醒头脑，通过组织学习中央省委指示和《人民日报》“4·26”等重要社论，统一干警的思想。在社会上谣言频传，舆论导向出现混乱的情况下，省院党组在各种场合和会议上都明确指出：人民法院是我国人民民主专政的重要工具，全体干警一定要明辨是非，坚决拥护党中央对动乱性质的判断和作出的决策，用实际行动维护社会的稳定。5月19日李鹏同志代表党中央作了重要讲话，宣布对北京部分地区实行戒严后，省院党组即于5月20日通电全省各级法院，重申法院干警不准以任何形式参加“声援活动”，要求所有干警一定要站在制止动乱斗争的前列，坚守岗位，忠于职守，积极完成各项审判任务，用搞好审判工作的实际行动维护社会安定。在近两个月的动乱期间，全省145个法院，7000余名干警，没有一个单位，没有一个人参加社会上的动乱活动。广大干警克服了动乱带来的各种困难和干扰，积极工作，较好地完成了各项审判任务。据统计，去年4月至6月，全省各级法院共审结各类案件19497件，比1988年同期多审结1399件，上升7.7%。第二，狠抓廉政建设，从严治院，我们深知，人民法院担负着打击各种刑事犯罪，依法调整社会生活中大量民事、经济、行政法律关系的繁重任务，生杀予夺，是非曲直，最终要由法院依法裁判。法院依法惩治贪污、走私、受贿等严重经济犯罪，本身就是国家廉政建设的重要一环。如果执法者自身不廉洁，就谈不上严肃执法，也就不能履行同腐败行为作斗争的职责，而如果执法犯法造成的后果和影响就更坏。在过去的一年中，我们在抓紧抓好审判工作的同时对全省法院廉政建设作了认真部署，提出了全省法院系统加强廉政建设的六项措施，规定了六条办案纪律，重申了最高法院“八不准”的规定。各级法院从思想上提高了加强自身廉政建设重要性、紧迫性的认识，从行动上积极予以贯彻落实。按照最高法院要求，全省已有110个法院成立了监察室或设置了专职监察员，从组织上加强了监督检查；一些人民法院相继向社会和人民群众发出公开信，公布法院办案制度和办案纪律，主动接受群众监督；广大干警在任务繁重，而工作和生活条件又较差的情况下，坚持廉洁奉公，艰苦奋斗，办案中做到吃请不到，送礼不要，拒贿财物达数万元，全省涌现出一大批先进模范人物和先进集体，有1000余名干警、120余个单位受到各级党委、政府的表彰，最近在全省法院系统先进集体表彰会上，又嘉奖了33个先进集体，4个立功个人；与此同时，对极少数经不起考验，违法违纪甚至走上犯罪道路的人员，严肃地进行查处，至去年年底全省有46名违法违纪人员分别受到了党纪、政纪直至追究刑事责任的处分。第三，继续抓好以“业大”办学为中心的干部教育，不断提高干警业务素质。我省法院系统开办法律业余大学以来，经过四年的努力，现已培养出具有法律大专水平的学员792人，明显地改善了我省法院干部队伍的文化和专业知识结构。去年，在坚持大专学历教育的同时，又开展了《法律（审判）专业证书》教育，扩大了办学层次和规模。目前在校学员有2000余人，加上通过其他渠道培养的人才，至1991年，全省法院系统达到大专法律毕业的人员将占总人数的40%左右。实践证明，创办业大是培养和造就法律专业人才的成功途径。许多毕业学员在审判实践中努力运用所学知识已成为熟悉业务的办案骨干。此外，我们还采取以会代训、组织业务讨论、鼓励支持报考中国高级法官培训中心等多种途径，千方百计为干警学习法律专业知识，提高审判业务水平创造条件，收到了较为明显的成效。

三、几点体会和今年工作重点

回顾1989年的工作，在各级党委的领导和人大的监督下，经过广大法院干警的积极努力，法院的各项工作取得了一定成绩。但也还存在着差距和问题。主要的是：我们的思想、工作和队伍还不能完全适应形势发展的需要；我们的执法水平还不高，极少数案件的处理还存在定性不准，适用法律不当的问题；我们的工作作风还有拖拉现象，有的案件审理不够及时；二审、再审案件公开开庭审理的还不多；对在改革开放新形势下审判实践中遇到的新情况、新问题探索研究也不够，这些都有待于在今后的工作中努力加强和改进。联系改革开放十年来人民法院的工作，联系去年发生的动乱直至暴乱的斗争实际，结合一年来的工作，我们有如下几点体会：

第一，必须始终不渝地坚持人民民主专政，强化人民法院的专政职能。在社会主义初级阶段，阶级斗争还将在一定范围内长期存在，在某种条件下还有可能激化。去年春夏之交发生的政治动乱和反革命暴乱，就是一场关系到党和国家生死存亡的政治斗争，也是一场严重的阶级斗争。历史和现实的经验告诉我们，在生产资料所有制的社会主义改造基本完成以后“以阶级斗争为纲”是错误的，但看不到阶级斗争还将在一定范围内长期存在同样也是错误的。只要在国内有敌对分子和严重刑事犯罪分子存在，国际上有进行渗透、颠覆、和平演变的敌对势力存在，国家机器就不能削弱，人民民主专政就必须坚持，作为国家审判机关的人民法院，就必须强化对敌专政的职能，对反革命反子和其他严重刑事犯罪分子就必须坚决贯彻执行依法从重从快打击的方针。

第二，必须坚持审判工作为改革开放和经济建设服务，充分发挥审判机关在治理整顿和深化改革中的职能作用。党的十一届三中全会以来，国家的根本任务就是要以经济建设为中心，发展社会生产力。人民法院应通过审判活动，进一步发挥调节经济关系，维护经济秩序的职能。在审判工作中，对一切有利于治理整顿、深化改革的行为，都要依法予以保护和支持；对一切不利于治理整顿、深化改革的行为都要依法予以约束和限制；对一切危害治理整顿、深化改革，破坏经济建设的违法犯罪行为，都要依法予以制裁和打击。只有这样，才能使人民法院的各项审判工作切实起到为改革开放服务，为发展社会生产力服务，为国民经济长期持续、稳定、协调发展服务的作用。

第三，必须坚持严肃执法，正确执行政策。在我国，法律和政策都体现了工人阶级和广大人民的意志和利益。根据我国宪法规定，人民法院的职责就是要在各项审判活动中，严格执行法律，维护法律的权威，任何时候都不能动摇。严肃执法，就是要做到有法必依，执法必严，违法必究；坚持以事实为根据，以法律为准绳。正确执行政策，就是要以党的方针、政策为指导，把党的惩办与宽大相结合的政策，把整顿社会治安采取的依法从重从快方针，把党在新时期制定的各项经济、民事政策，以及党的民族政策、对外政策和统战政策等都要全面贯穿到各项审判工作中去。不能把法律与政策对立起来。否则，就会使人民法院的办案质量和社会效果受到严重削弱和影响。

第四，必须坚持宪法规定的在党领导下依法独立行使审判权。党对法院的领导，包括政治领导、组织领导和思想领导，是人民法院完成审判任务的根本保证。法律是党领导国家立法机关集中全国人民的意志制定的。人民法院在党的领导下依照法律独立审判案件，才是真正的执行宪法原则。在去年发生的政治动乱中，有人打出“司法独立”旗号，鼓吹资产阶级的“三权分立”。反对党对司法工作的领导，必须坚决予以抵制和驳斥。

第五，必须继承和发扬人民司法工作的优良传统，坚持全心全意为人民服务的宗旨。在当前强调国家机关必须改进作风，增强与人民群众血肉联系的形势下，更需要人民法院通过审判活动，充分发挥保护公民人身权利、民主权利和其他合法权益的职能；继承和发扬司法机关实事求是，调查研究，群众路线等优良传统和作风；使人民法院依靠人民，便利人民，全心全意为人民服务的精神落到实处。

我们深深感到，只有坚持这些基本观点和基本做法，才能全面履行宪法和法律赋予人民法院的职责，完成保护人民，打击敌人，惩治犯罪，促进改革，服务四化的任务。

各位代表：1990 年是治理整顿、深化改革的关键性一年。当前，压倒一切的是稳定。政治稳定是前提，经济稳定是基础。人民法院的各项审判工作对保障政治、经济和社会的稳定有着重要的作用。面对更加艰巨、繁重的任务，全省各级人民法院要继续发扬成绩，克服缺点，再接再厉，把各项工作向前推进一步。根据第十五次全国法院工作会议精神，结合我省实际，1990 年全省人民法院工作的重点是：

(一) 全面开展好各项审判工作，维护安定团结的政治局面，保证国家的长治久安

首先，抓紧抓好刑事审判工作。当前社会治安形势仍然相当严峻，刑事案件大量上升，不安定因素增多。国内外敌对势力仍在伺机进行破坏活动；反革命案件增加；各种社会丑恶现象尚未刹住；随着反腐败斗争的深入开展，将揭露出大量经济犯罪案件；两高《通告》期间投案自首和查获的案件亦将陆续起诉到法院。面对这种形势，人民法院的刑事审判工作必须抓得很紧很紧，毫不松懈。一是继续坚决、慎重地审理好动乱中的犯罪案件，各有关法院要精心组织，善始善终地把这批案件审判好。二是狠狠打击反革命、间谍特务活动，保卫国家安全，维护边疆稳定。三是继续严惩严重经济犯罪分子，促进反腐败斗争的深入进行。四是坚决打击走私、贩运毒品的犯罪活动，维护我国的崇高声誉，保护人民群众的身心健康。五是坚持贯彻依法从重从快方针，继续开展专项斗争，集中打击严重危害社会治安的刑事犯罪。六是抓紧审理好“六害”案件，大造声势，震慑犯罪，铲除丑恶现象，净化社会风气。

在抓紧抓好刑事审判工作的同时，要统筹兼顾，全面安排，积极开展民事审判工作；大力加强经济审判工作，努力开展行政审判工作，继续加强告诉申诉工作，切实搞好审判监督。民事审判工作涉及千家万户的利益，依法及时妥善处理好大量的民间纠纷，防止矛盾激化，使广大人民安居乐业，同样是保持社会安定的重要因素。经济审判工作，依法处理大量的经济纠纷，调节经济关系，整顿经济秩序，保障和促进经济稳定、健康的发展，而经济的稳定和发展，又是政治稳定的基础。行政审判工作，是运用审判职能解决国家行政机关同公民、法人之间的矛盾与纠纷，密切政府与人民群众的关系，促进安定团结。告诉申诉工作，是人民法院密切联系群众，贯彻党的实事求是、有错必纠方针，正确处理社会矛盾，化消极因素为积极因素的一项重要工作。各级法院必须牢固树立一切审判工作都要为保障社会稳定服务的观念，扎扎实实地把各项审判工作做好。

(二) 大力加强法院自身建设，保证审判任务的完成

各级法院必须坚持一手抓审判，一手抓建设，这是完成繁重审判任务的重要保证。抓好法院自身建设，首先是大力加强和改进思想政治工作，这是当前形势下人民法院工作的一件大事。要组织干警认真学习马克思主义理论和国家学说，掌握辩证唯物主义和历

史唯物主义的立场、观点和方法，坚持社会主义必胜的信念，提高坚持四项基本原则，反对资产阶级自由化的自觉性。二是要继续加强纪律和廉政建设。执法机关公则明、廉则威。各级法院要进一步贯彻落实加强廉政建设的各项措施，特别是要自觉接受党委、人大和人民群众的监督，每年坚持进行一次执法检查，对法院工作人员的违法乱纪行为，一经发现，坚决从严惩处，决不姑息。三是要加强组织建设。高级法院应设立政治部，中级法院设政治处，基层法院设政工科，并配备同级法院副职一级的干部担任政工部门的领导工作，以适应加强思想政治工作的需要。四是继续搞好干部教育培训，要进一步办好法律业大。同时，积极努力办好各种培训班、轮训班，鼓励有条件的干部报考法律专业研究生、外语速成培训及中国高级法官培训中心。通过多渠道、多途径提高干警的业务素质。五是加强基层工作。当前面临基层法院院长依法进行换届选举，要把这项工作作为加强基层建设的重点，上级法院要抓紧对基层法院院长和整个班子进行考察，主动协助党委做好向人大推荐院长人选的工作。必须坚持德才兼备和四化条件，确保人选质量。同时还要进一步加强对人民法庭工作的组织领导和业务指导，充分发挥人民法庭在第一线及时调处案件，防止矛盾激化的重要作用。六是加强法院的物质建设。重点是抓好审判法庭和人民法庭的建设。近几年来，由于各级党委、人大常委会和政府的关怀支持，各级法院的工作条件有了一定改善。但存在的困难仍然很多，全省还有七个中级法院、九个基层法院没有审判法庭；百分之八十的人民法庭还缺乏必要的审判场所和基本的办公条件；不少法院的办案经费仍然相当紧缺。我们要在提倡艰苦奋斗的同时，继续积极努力，按照国务院国办发（1988）69号文件关于审判法庭是人民法院依法行使审判权的法定场所，不属于“楼、堂、馆、所”的指示精神，主动抓紧与政府有关部门的联系，认真落实好省人民政府《关于加快我省人民法院“两庭”建设的会议纪要》提出的措施，以加快全省“两庭”建设的步伐，逐步适应日益繁重的审判任务的需要。

各位代表！我国政治、经济形势的发展对人民法院的工作提出了愈来愈高的要求。当前，“压倒一切的是稳定”。全省法院系统要在党的十三届四中、五中全会精神指引下，在省委的领导和省人大及其常委会的监督下，艰苦奋斗，团结一致，振奋精神，忠实履行宪法和法律赋予人民法院的职责，全面开展各项审判工作，切实加强自身建设，为保障社会稳定，促进治理整顿、深化改革和经济发展作出新的贡献！

以上报告，请审议！

西藏自治区高级人民法院工作报告

——1990年5月26日在西藏自治区第五届人民代表大会第三次会议上

西藏自治区高级人民法院院长　子　成

各位代表：

现在我向大会报告人民法院一年多来的工作。

1989年以来，我区各级人民法院在各级党委的领导和各级人大及其常委会、最高人民法院的监督、指导下，坚决贯彻中国共产党十三届四中全会和五中全会以及不久前召开的六中全会精神，认真贯彻区党委三届八次全委扩大会提出的一手抓稳定局势，积极开展反分裂斗争；一手抓经济建设，搞好改革开放的方针，依照宪法和法律，全面开展各项审判工作，为维护西藏的社会稳定，保护公民和法人的合法权益，调节经济关系，保障和促进治理整顿、改革开放的顺利进行起了重要作用。

一、依法打击各种刑事犯罪活动，维护社会安定

根据第十四次全国法院工作会议和自治区五届人大第二次会议精神，自治区高级人民法院对刑事审判工作及时作出部署，强调对严重危害社会治安的犯罪分子继续坚持依法从重从快惩处的方针，对严重破坏经济秩序的犯罪分子继续坚持依法从严惩处的方针，要求我区各级人民法院抓紧刑事审判工作，进一步严厉打击严重刑事犯罪活动。1989年，全区各级人民法院共受理一审刑事案件376件，审结339件，结案率90.16%；受理二审刑事案件117件，审结115件，结案率98.29%。今年第一季度，共受理一审刑事案件81件，审结59件，结案率72.84%，受理二审刑事案件30件，审结22件，结案率73.33%。由于近年来社会治安形势严峻，人民法院受理的一审刑事案件持续上升，1989年比上年上升10.26%，今年第一季度比去年同期上升19.12%。尤其是重大刑事案件上升幅度较大，1989年，全区故意杀人案件比上年上升47.62%，拉萨市的故意杀人、故意重伤、抢劫、重大盗窃等重大刑事案件占案件总数的56.2%；全区反革命案件增加3倍多。针对这种情况，人民法院认真执行刑法和全国人大常委会关于严惩严重危害社会治安的犯罪分子的补充规定以及党在我区的刑事政策，坚决依法从重从快地惩处严重刑事犯罪分子。1989年判处人犯486人，比上年上升9.03%，其中，判处五年以上有期徒刑、无期徒刑和死刑（包括死缓）的203人，占判处人犯总数的41.77%，判处五年以下有期徒刑的252人，占判处人犯总数的51.85%，其他处理的31人，占判处人犯总数的6.38%，使犯罪分子受到了应得的法律制裁。各地法院根据本地治安情况，与公安、检察等部门密切配合，对当地突出的犯罪活动开展专项打击，召开公判大会，大造声势，震慑了犯罪分子，鼓舞和支持了广大群众与违法犯罪活动进行斗争。

对于拉萨骚乱中发生的刑事案件，人民法院在审判工作中，坚持一要坚决，二要慎重的原则，坚持严格依法办事，以事实为根据，以法律为准绳，严格区分罪与非罪的界

限；严格区分反革命犯罪与普通刑事犯罪的界限；并认真执行惩办与宽大相结合的政策，该严的严，改宽的宽；办案中严格依照我国刑事诉讼法规定的程序和制度进行，依法应当公开审理的案件都一律进行了公开审理，使所判处的案件事实清楚、证据确凿、程序合法、量刑适当。人民法院依法判处的只是极少数以分裂祖国、搞“西藏独立”、推翻人民民主专政的政权和社会主义制度为目的，进行组织策划骚乱，触犯刑律的犯罪分子，以及在骚乱中进行打、砸、抢、烧、杀的犯罪分子。对于一般的参与者，罪行不大，有悔改表现的，则执行教育、挽救的政策，不予追究。这样，既坚持了法律的严肃性，惩治了犯罪分子，又教育了群众，得到了社会各界的赞成和支持，促进了西藏局势的稳定。在这场反分裂斗争中，国外敌对势力攻击我们“在西藏侵犯人权”、“审判不同政见者”，这是蓄意造谣，恶意中伤，是对我们主权国家依法行使审判权的粗暴干涉。

在依法严惩严重危害社会治安的犯罪分子的同时，依法严厉打击严重经济犯罪活动。1989年，全区法院受理的一审刑事案件中，有经济犯罪案件85件124人，占一审刑事案件总数的22.6%，占刑事案件总人数的23.35%。审结80件119人，结案率94.12%。犯罪总金额1543000余元，经判决为国家和集体挽回经济损失576000余元。今年第一季度受理一审经济犯罪案件21件，比去年同期上升3.21%，审结18件，结案率85.7%。经济犯罪的大案要案突出，出现了诈骗55万元，挪用公款25万元，受贿76500元的大案。经济犯罪案件中，属于国家机关、企事业单位工作人员贪污、受贿、投机倒把犯罪的29件，占经济犯罪案件总数的34.12%。去年8月15日，最高人民法院、最高人民检察院《关于贪污、受贿、投机倒把等犯罪分子必须在限期内自首坦白的通告》发布后，为了推动打击经济犯罪斗争的深入开展，自治区高级人民法院和自治区人民检察院联合发出了贯彻两高《通告》的通知，各级人民法院采取多种形式宣传《通告》精神，鼓励经济违法犯罪分子自首坦白，号召人民群众检举揭发。在《通告》规定期限内，我区法院共受理贪污、受贿等经济犯罪案件12件21人。审结7件16人。按照《通告》精神，从轻判处的3人，减轻判处的3人，从重判处的2人。宽严分明，宽的有震动，严的有威力，取得较好的社会效果。人民法院依法审理贪污、受贿、投机倒把等经济犯罪案件，打击了经济领域中犯罪分子的气焰，对党和国家坚决惩治腐败，加强廉政建设是一个有力的促进。

二、认真审理民事案件，保护公民的合法权益

民事案件，是我区人民法院受理的各类案件中数量最多的一类，并且一直处于逐年增加的趋势。1989年，全区法院共受理一审民事案件1209件，占法院受理各类一审案件总数的70%，比上年增加5.13%。审结1104件，结案率91.34%；受理二审民事案件79件，比上年增加一倍，审结65件，结案率82.28%，基层法院还用简易程序调处民事纠纷634件，同时，加强了对调解委员会的指导和业务培训，发挥调委会作用，调处了大量的民间纠纷。今年第一季度，受理一审民事案件192件，比上年同期增加7.26%，审结133件，结案率69.27%；受理二审民事案件30件，审结7件，结案率23.33%。受理的民事案件中，离婚案件仍居首位。1989年离婚案件703件，比上年增加5.56%，占民事案件总数的58.2%。大多数离婚的原因是由于资产阶级思想的侵袭和封建意识、旧习俗活动的抬头，早婚重婚、包办婚姻、门第观念、喜新厌旧、第三者插足等等。在社会主义有计划的商品经济日益发展的情况下，公民的民事法律关系日趋广泛，纠纷也随之增多；同时，随着普法教育的深入，公民法律意识的增强，人民群众敢于提起诉讼，运用法律手段保护自己的合法权益，因此，债务、赔偿、非婚生子女抚养等案件，都有较大幅度的增加。1989年，债务案件比上年增加28.34％，赔偿案件比上年增加8.78％，非婚生子女抚养案件比上年增加11.22％。《民法通则》颁布施行后，还受理了名誉权、肖像权、不当得利等新型案件以及境外回归藏胞的民事纠纷案件。

在审理民事案件中，全区各级人民法院认真执行民法通则、婚姻法等民事法律和党在我区的民事政策，坚持着重调解和方便生产、方便群众的原则，改进审判方式和方法，深入调查研究，做好思想疏导工作，提高办案质量，坚持社会主义婚姻家庭制度的原则，保护妇女儿童的合法权益，保护正当的借贷活动和债权人的合法权益，保护公民的合法财产权、人身权和其他合法权益，依法制裁了民事违法行为，化解了大量可能激化的矛盾，促进了社会安定。

三、依法调整经济关系，促进社会主义有计划商品经济的稳定发展

1989年，我区各级人民法院共受理一审经济纠纷案件126件，诉讼标的总金额900余万元。审结108件，结案率85.71％；受理二审经济纠纷案件16件，审结13件，结案率为81.25％。在各类经济纠纷案件中，经济合同纠纷占95％以上，其中尤以购销合同、建筑工程承包合同、加工承揽合同纠纷居多，三项占经济纠纷案件总数的54.76％。今年第一季度，受理一审经济纠纷案件15件，比去年同期下降20％，审结4件，结案率26.66％；受理二审经济纠纷案件1件，未结。1989年以来，人民法院受理的经济纠纷案件，除个别地区外，案件数量比上年同期有所下降，日喀则下降36.6％，拉萨下降一倍半。初步分析下降原因：一是整顿经济秩序、治理经济环境的各项措施得到落实，各项经济工作逐步走上正轨，减少了漏洞；二是压缩了基建规模和投资，基建项目减少，纠纷也相应减少；三是公民和法人的法律意识有所提高，增强了履行合同的自觉性，减少了纠纷。案件数量虽有所下降，但是案件的诉讼标的额越来越大，达几十万元到上百万元；还出现了一些劳动争议、企业破产、联营合同的新型案件，情况比较复杂，一方当事人属外省市的多，审理和执行难度都比较大，涉及对单位和地方利益关系较大的案件遇到的干扰多，增加了审理的复杂性；一些经济纠纷案件往往与违法、犯罪交织在一起，需要有关执法机关之间更好地协调、配合。为了做好经济审判工作，我区各级人民法院坚持贯彻为治理整顿、深化改革服务的指导思想，严格依法办事，积极改进庭审工作，加强当事人的举证责任，实行当事人举证和法院调查相结合，发挥律师在诉讼活动中的积极作用，进一步提高办案质量。通过经济审判活动，保护了公民、法人的合法权益和正当经营，制裁了违法行为，维护了经济秩序，为促进我区经济的稳定发展，发挥了积极的作用。

四、积极开展行政审判工作，监督和支持行政机关依法行使行政职权

我区开展行政审判工作时间不久，一年多来，各级法院在继续做好健全行政审判机构、充实人员、学习行政法规、向社会作舆论宣传的同时，积极慎重地审理了起诉到法院的行政案件。建立行政审判庭以来，共受理一审行政案件17件和二审3件。尚有1件外均已审结，其中维持处罚决定的10件，撤销处罚决定的5件，作变更处理的2件。昌都、山南中院公开审判了两起个体商业户不服工商部门处罚裁决的行政案件，在社会上反响很大，保护了公民、法人和其他组织的合法权益，维护和监督了行政机关依法行使职权，密切了政府同群众的关系，促进了安定团结。

去年四月颁布了《中华人民共和国行政诉讼法》，将于今年10月1日实施。我区各级法院组织审判人员认真学习、宣传这一法律，多次培训审判骨干，为届时贯彻实施作了准备。

五、做好申诉信访工作，解决落实政策遗留问题

一年多来，全区法院共处理申诉、来信来访1796件。对不属法院管辖的，及时转有关部门处理，对不服法院发生法律效力的判决裁定的申诉，按“分级负责”的规定，由最后作出裁决的法院复查处理。共审理各类申诉案件16件，维持原判11件，改判5件，保障了公民和法人的诉讼权利，使部分原判不当的案件得到纠正，维护了当事人的合法权益。

根据区党委三届八次全委扩大会议精神和全区稳定局势综合治理暨解决落实政策遗留问题工作会议的部署，自治区高级人民法院和各地市中级人民法院都成立了解决落实政策遗留问题工作领导小组，各县法院也抽了专人，在党委统一领导下，按照藏党发(1989)18号文件规定的复查范围，认真抓紧了属于法院复查处理、解决遗留问题的工作。59、69年原按叛乱判处的案件，我区各级法院在1980年前已全部进行了复查，被判处的除年老因病死亡外，绝大多数都已释放。这次主要是复查处理属于解决遗留问题的案件471件，其中有些需经济补偿的有待党委和政府统一解决外，这项工作已基本完成，取得了良好的效果。

六、加强法院自身建设，以适应各项审判工作的需要

我区各级人民法院在搞好各项审判工作的同时，还认真抓了法院队伍的自身建设。

1. 开展清查清理工作。在学习文件，提高思想认识的基础上，进行了清查清理，未发现队伍内部有需要清查的七种人和清理的四种对象。全区法院干警在制止动乱、平息反革命暴乱和反分裂斗争中，立场坚定，旗帜鲜明，经受住了斗争的严峻考验，在思想上、政治上与党中央保持了一致。

2. 加强思想政治工作。在干警中经常性地进行坚持四项基本原则、反对资产阶级自由化的教育和共产主义的理想教育，进行爱国主义和民族团结的教育，进行全心全意为人民服务宗旨的教育，提高了广大干警的政治觉悟和思想水平，激发了工作热情，努力完成了各项任务。

3. 搞好法院的廉政建设。各级法院继续坚持“从严治院”、“从严治警”，以“八个不准”严格要求和教育法院干警。根据全国法院廉政建设工作会议提出的七项要求，结合本地法院实际，制订了具体的廉政措施。进一步加强了法院系统的纪检、监察工作，去年12月开始在全区法院系统开展了执法大检查，自治区高级人民法院还向全区人民和广大职工发出公开信，要求大家对我们工作给予监督，目前这项工作已告一段落，推进了我区法院的廉政建设和严肃执法。广大干警拒礼拒贿，拒请拒情，自觉抵制各种腐朽思想的侵蚀和金钱物质的诱惑。据不完全统计，一年多来，拒礼拒贿150多人次，钱物折合人民币9400余元。1989年全区法院系统有6个单位被评为先进集体，有42人被评为先进个人。今年又有3个单位受到最高法院的表彰，有4个单位和12名个人受到各地市和自治区直属机关党委的表彰。今年2月全区法院系统平息骚乱、稳定局势先进集体先进个人表彰大会上，又有21个单位评为先进集体，有73人评为先进个人。在表彰先进的同时，对法院干警中违法违纪问题也进行了严肃处理。1989年有4人因打架、赌博给予政纪处分。

4. 加强干部培训工作。1989年，各地市中级人民法院和自治区高级法院都举办了各种审判业务培训班，培训了214名审判干部。日喀则中级法院对本地区法院系统70%的业务干部进行了轮训，山南地区中级法院去年被评为重教单位，受到表彰。法律业大西藏分校在1989年又录取了44名正式生和20名免试生，脱产学习两年，这将进一步提高我区法院队伍的素质。

总之，一年多来，我区人民法院的各项工作取得了一定的成绩。但是也存在着不少问题，主要是：我们的思想和工作还跟不上政治、经济发展的新形势；深入基层，加强基层基础工作，加强审判监督和指导工作做得还不够；对在反分裂斗争中和改革开放以来所遇到的新情况、新问题进行系统调查研究，提出解决的办法和意见也做得不够；少数案件办案质量不高；民事、经济案件执行难的问题仍未得到很好解决等等。对这些问题，我们要继续认真研究，采取措施加以克服和改进。另一方面，我们工作中也存在一些困难，基层法院一般只有六七个人，除了司机、行政人员加上休假、治病和学习，审判人员不足组成一个合议庭；除五个县外都没有审判法庭，受理的案件难以依法开庭审判，法院的办案经费不足，交通、通讯和其他物质装备紧缺，长期影响审判工作的开展。对这些困难区党委、区人大和区人民政府是重视的，我们希望继续给予大力支持，得到适当解决，为法院创造一个较好的执法环境。

各位代表，今年是治理整顿，深化改革关键性的一年。为了做好今年的法院工作，在2月份召开了全区法院工作会议进行了部署，对各项审判工作提出了具体要求。当前压倒一切的是稳定，保持稳定是全国人民面临的最重要任务，也是人民法院的最重要任务。人民法院要通过审判活动，运用法律武器，保障政治稳定、经济稳定和社会稳定。现在，我区的政治、经济形势是稳定的，但是不安全的因素仍然存在，国际敌对势力亡我之心不死，加紧推行“和平演变”战略，对我国进行渗透和颠覆活动，把支持分裂主义分子搞“西藏独立”作为他们进行渗透颠覆和“和平演变”战略的组成部分和重要步骤；一小撮分裂主义分子的破坏活动加剧，他们内外勾结，进行分裂祖国的活动；一些顽固坚持资产阶级自由化的人和敌视社会主义制度的犯罪分子，不甘心失败，妄图再次挑起事端，制造动乱；各种刑事犯罪案件持续上升，社会治安形势仍很严峻。面对这种情况，我区各级法院必须牢固树立各项审判工作都要为保障社会稳定服务的观念；牢固树立坚持人民民主专政，强化人民法院对敌专政职能的观念；牢固树立阶级斗争在一定范围内长期存在的观念。在党委的领导和人大及其常委会的监督下，坚持党在社会主义初级阶段的基本路线，继续认真贯彻党的十三届四中全会、五中全会和六中全会精神，贯彻区党委三届八次全委扩大会议和第十五次全国法院工作会议精神，全面开展各项审判工作。要继续抓紧刑事审判工作，坚决依法从重从快打击严重危害社会治安的犯罪分子，打击制造骚乱、暴乱和进行打、砸、抢、烧、杀的犯罪分子，从严惩处严重经济犯罪分子，依法惩处“六害”中的犯罪分子，遏制社会丑恶现象，继续开展好民事、经济、行政审判工作，进一步加强法院队伍建设。我们要振奋精神，努力工作，充分发挥审判机关的职能作用，为保障西藏局势的稳定，促进西藏经济的发展，作出更大的贡献！

以上报告，请予审议。

陕西省高级人民法院工作报告

——1990年4月23日在陕西省第七届人民代表大会第三次会议上

陕西省高级人民法院院长　焦朗亭

各位代表：

现在，我将全省人民法院1989年的工作情况报告如下，请审议。

一、关于审判工作

1989年，我省各级人民法院在省委的领导和省人大、最高人民法院的监督下，坚持党的基本路线，坚决贯彻四中全会、五中全会精神，在制止政治动乱和平息反革命暴乱的斗争中，立场坚定，旗帜鲜明，作出了积极的贡献。在各类案件大量上升，物质条件困难的情况下，努力开展各项审判工作，完成了繁重的任务。共受理刑事、民事、经济、行政各类案件97389件，比1988年上升16%；审结85545件，比1988年上升16.8%。办理减刑、假释案件4520件，处理告诉申诉和非诉来信来访159340件次。通过审判案件，发挥职能作用，努力为社会稳定和经济发展服务。

(一)积极开展刑事审判工作，继续依法从重从快严惩严重刑事和严重经济犯罪分子。

1989年全省人民法院面对严峻的治安形势，从巩固人民民主专政，维护社会稳定出发，加强了刑事审判工作，有力地惩办了严重刑事犯罪分子。共受理一审刑事案件12588件，比1988年增加23.98%。审结了11824件，比1988年增加17.46%。共判处犯罪分子12810名，比1988年增加14.15%。其中严重危害社会治安的犯罪分子5893名，占判处罪犯总数的46.18%。对杀人、抢劫、强奸、重伤、重大盗窃等严重危害人民生命、健康和财产安全的犯罪分子，作为最主要的惩办对象，给予了坚决、及时、沉重的打击。共判处以上五种犯罪分子5175名，比1988年增加46.1%；其中判处五年以上有期徒刑、无期徒刑、死刑3687名，比1988年增加41.75%。各级法院还开展了打击破坏电力设备犯罪和“除六害”等专项斗争。这几年来，破坏电力设备犯罪活动比较猖獗，犯罪分子大肆破坏工农业生产、铁路运输用电的输电线路设施和电线，严重危害公共安全，给工农业生产造成重大损失。人民法院在去年5至9月对破坏电力设备犯罪分子给予了集中打击。咸阳市王家文、张敬中，渭南市马建芳，长安县滑来民、田安奇3起破坏电力设备案，共破坏输电线路铁塔16座、盗割电线116900余米，使22800余亩农田不能灌溉，造成经济损失202400余元。人民法院对以上5名主犯判处了极刑，有力地震慑了犯罪分子，人民群众非常拥护。近年来，卖淫嫖娼、制作贩卖传播淫秽物品、拐卖妇女儿童、私种吸食贩运毒品、聚众赌博和利用封建迷信骗财害人等六类社会丑恶现象和犯罪活动的蔓延，严重败坏了社会风气，干扰了改革开放和精神文明建设，摧残广大群众特别是青少年的身心健康，已成为影响社会治安的严重不安定因素。人民法院对审判这方面的犯罪案件是重视的，全年共审结“六害”犯罪案件270件，占受理数的

95.4%，判处犯罪分子463名。去年11、12两月，根据党中央、国务院和我省关于开展扫除“六害”的统一行动部署，全省人民法院抓紧审判这类案件，给犯罪分子以狠狠打击，推动了扫除“六害”的斗争深入发展。

坚决、审慎地依法审判了动乱中的犯罪案件。去年春夏之交发生的政治动乱和北京地区的反革命暴乱，是由国内外敌对势力挑起和制造的一场旨在推翻中国共产党的领导，颠覆社会主义制度的严重阶级斗争。这场斗争波及全国不少地方，我省也先后发生了西安“4·22”等政治动乱事件。在取得制止政治动乱和平息反革命暴乱的决定性胜利后，依法审判好“两乱”中的犯罪案件，对社会的稳定和国家的安危关系极大。省法院和有关地、市人民法院遵照上级的部署，对“两乱”中的犯罪案件依法及时进行了审判。截止去年年底，受理的案件90%以上已经审结，打、砸、抢、烧、流氓、扰乱公共秩序等刑事犯罪案件已基本处理完毕。在审判这类案件中，省法院和有关地、市人民法院认真执行党的政策和国家法律，严格区分两类不同性质的矛盾和罪与非罪、此罪与彼罪的界限，使案件得到了正确处理，有力地促进了清查工作的开展，促进了我省局势的稳定。

认真贯彻党中央关于惩治腐败的指示，严厉打击了严重经济犯罪活动。1989年人民法院打击经济犯罪活动，把重点放在反贪污、反受贿上，同时加强了同投机倒把、走私、贩毒、诈骗、偷税抗税等其他严重经济犯罪活动的斗争。在工作中坚决执行依法从严的方针，共审结经济犯罪案件1842件，判处经济犯罪分子2098名，比1988年分别增加30.92%和24.16%。在审判经济犯罪案件中，直接为国家和集体挽回经济损失779.6万元。为了贯彻党的十三届四中全会精神，更有效地开展打击严重经济犯罪活动，最高人民法院和最高人民检察院发布了《关于贪污、受贿、投机倒把等犯罪分子必须在限期内自首坦白的通告》。各地法院把贯彻《通告》作为一项重要任务来抓，与检察、公安、监察等有关部门密切协作，做了大量工作。运用各种形式广泛宣传《通告》，形成敦促犯罪分子自首坦白的政治攻势。认真贯彻《通告》精神，坚决实行惩办与宽大相结合，坦白从宽，抗拒从严的政策，选择典型案件，适时召开公判大会，促使犯罪分子走自首坦白的道路。在贯彻《通告》的8、9、10三个月内，全省法院受理经济犯罪案件521件，审结510件，比1988年同期分别增加91.5%和84.1%。各地人民法院还结合审判案件，积极开展了司法建议活动。兴平县化肥厂供应科计划员覃正亚在一年多时间内，伙同他人采取销毁原始发票、加价倒开发票、虚报冒领等手段作案28次，贪污公款达30余万元。对覃犯依法判处死刑后，咸阳市中级法院根据该案暴露出兴平县化肥厂财务管理工作中的问题，向该厂发了司法建议书，帮助其总结了经验教训，改进了管理工作，并使该厂职工受到了一次生动的法制教育。通过审判经济犯罪案件，使人民群众看到了党和国家坚决惩治腐败、清廉执政的决心和行动，增强了同经济犯罪作斗争，搞好改革和建设的信心。

（二）认真做好民事审判工作，合法、合理地处理民事案件。

1989年的民事审判工作任务更加繁重。共受理一审民事案件59456件，比1988年上升17.19%；审结52975件，比1988年上升18.35%。在受理的案件中，婚姻家庭案件仍居首位，占54.1%，债务和赔偿案件上升幅度较大，分别占18.25%和11.92%。依照党的政策和国家法律处理好日益增多的民事案件，不仅关系到改革和建设的顺利进行，而且关系到社会的安定团结和精神文明建设。一年来全省人民法院在做好民事审判工作方面抓了以下几点：

（1）重点抓好婚姻家庭、债务、赔偿案件的处理，同时及时解决一些可能引起矛盾激化和对群众生产生活影响较大的案件。全年共审结婚姻家庭案件29666件，债务案件

9414件，赔偿案件6211件，三项共45291件，占结案总数的85.49%。这三类案件得到妥善处理，及时处理可能引起矛盾激化和对群众生产生活影响较大的案件，就保证了不致因人民内部纠纷而影响社会的安定，为生产建设创造了有利的条件。

（2）积极处理著作权、科技成果权、肖像权、名誉权等新型案件，总结办案经验。去年共受理以上知识产权和人身权案件86件，审结了67件，分别比1988年增加56%和109%。审判人员边学习，边办案，在适用法律政策和处理案件方式方面进行了积极的探索，取得了有益的经验，有些案件办理后效果很好。如我省游览胜地华清池内《杨玉环奉诏温泉宫》大型壁画署名纠纷案，作者与壁画使用单位为壁画署名发生纠纷。省法院办案人员经过认真审理，调解处理了该案，维护了壁画的最佳艺术效果，双方当事人满意，社会反映很好。最高人民法院公报将该案作为案例介绍推广。

（3）切实采取措施，提高办案效率和质量。民事审判工作案件多，人员少，压力大，提高办案效率和质量问题越来越突出。去年各地人民法院增强了改革意识，采取有力措施，解决提高办案效率和质量问题。主要是：搞好案件的公开审理，依法加强当事人的举证责任，实行“谁主张，谁举证”，避免取证工作由办案人员大包大揽的作法；加强办案人员的岗位责任制；进一步贯彻《民法通则》，认真依法办案；加强组织领导和审判监督工作。有的案件适用《民法通则》正确处理，使群众受到深刻的法制教育。例如千阳县马学智家属诉县公路管理段赔偿案。去年7月一天，工人马学智骑自行车回家途经宝平公路千阳县电力局门前路段时，被大风刮断的公路边的大树砸中头部死亡。死者家属要求赔偿损失。千阳县公路管理段以树被风吹倒是自然灾害为由，拒绝赔偿。千阳县法院查明该路段行道树早已虫蛀腐朽，两年前上级就命令采伐更新，千阳县公路管理段未更新，也未采取其他安全措施，以致发生病树遇风折断砸死行人事件，有不可推卸的过错责任。根据《民法通则》第一百二十六条的规定，判处千阳县公路管理段承担民事责任，赔偿损失。群众反映，这起案件办得好，处理了一案，教育了一片。

（4）认真做好当事人的思想工作，促进精神文明建设。审判人员既注意依法正确处理案件，保护当事人的合法权益，又着眼于移风易俗，坚持做当事人的思想疏导和教育工作，力争达到使当事人谅解和睦，树立团结、互助、友爱和爱国家、爱集体的新的社会主义道德风尚。

（三）努力做好经济审判工作，积极调整经济关系。

1989年全省各级人民法院从切实为治理整顿、深化改革和经济建设服务出发，克服各种困难，积极挖掘潜力，努力开展审判活动，使这项工作有了较大的发展。全省法院共受理一审经济纠纷案件11363件，比1988年上升26.53%；审结8940件，比1988年上升27.53%，诉讼标的总金额达2.7亿余元，比1988年上升14.17%。在去年的经济审判工作中，各级人民法院主要采取了以下措施：

（1）突出工作重点，抓紧抓好与治理整顿关系密切的案件的审理工作。各地人民法院积极配合财政、信贷紧缩方针的实施，审理借款合同纠纷案件，审结了1405件，比1988年增加277%，收回了大量逾期银行贷款，使呆滞资金得以合理流动，投入有效运行；审结建筑工程承包合同纠纷案件430件，比1988年增加7.2%，妥善处理了因压缩基建项目、整顿基建市场带来的建筑工程承包合同纠纷，制止了非法承包、转包的行为；审结购销合同纠纷案件3734件，比1988年增加9.69%，促进了流通领域混乱秩序的治理；审结农村承包合同纠纷和企业承包、租赁经营合同纠纷案件662件，与1988年基本持平，促进了农村联产承包责任制和各种企业经营责任制的巩固、完善和健康发展。通过对这些案件的审理，制裁了违法行为，保护了当事人的合法权益，对促进物资、资金的合理流动和使用，维护经济秩序，起了积极的作用。

（2）从发展生产的实际需要出发，因地制宜地开展专项审判活动。不少地方人民法院都根据生产建设的实际需要，在一段时间内，开展了专项审判活动，解决当地的突出问题。例如一些果园区的人民法院集中开展了解决果园承包合同纠纷案件的专项审判活动；煤炭生产地区的人民法院集中开展了解决小煤窑承包合同纠纷案件的专项审判活动，等等。近年来，企业及农村拖欠的逾期贷款数额巨大，严重影响信贷资金效益的发挥和生产的发展。为了帮助金融部门解决这个问题，省法院和省人民银行联合于去年7月底发出了《关于依法清收银行到逾期贷款的通知》。各地人民法院派出巡回法庭，在全省范围内开展了解决到逾期借款合同纠纷案件的专项审判活动，收到了很好的效果。据省银行统计，这次依法收贷，共收回到逾期贷款12.8亿元，其中有法院通过审判案件和向贷户宣传法制，收回3亿余元。从而缓解了一些地区资金紧缺的矛盾。

（3）主动帮助企业解决经济活动中的法律问题，预防和减少经济纠纷案件的发生。全省有不少人民法院在办好案件的同时，主动登门向企业厂长、经理和业务人员宣传经济法律，促其增强依法经营的思想；开展法律咨询服务，对企业重大的经济活动或签订经济合同，从法律方面给予建议和帮助；及时发现和解决纠纷问题。这些作法都有效地促进了企业改善经营管理，预防和减少了经济纠纷的发生。

（4）积极调查研究，加强业务指导。在经济纠纷案件情况日益复杂，审判任务繁重的情况下，各级人民法院普遍重视做好调查研究，加强业务指导工作。积极研究新情况，解决新问题，总结新经验，保证依法办案，提高审判案件的效果。

（四）进一步加强行政审判和告诉申诉工作，保护公民的民主权利和合法权益。

我国行政诉讼制度的建立，是社会主义民主政治建设的一个重要步骤，在协调行政机关与人民群众的关系，保护公民的合法权益，保障行政机关依法行政，保证国家长治久安方面，具有非常重要的作用。我省人民法院的行政审判工作，1988年开始起步，1989年有了明显的发展。主要表现在四个方面：一是为我国《行政诉讼法》的实施做了一些准备工作。各级人民法院都及时组织行政审判人员认真学习了行政诉讼法和有关行政法律，进行了业务培训，从提高审判人员的素质方面，为行政诉讼法的实施打好基础。省法院还于去年11月召开了全省行政审判工作座谈会，对实施《行政诉讼法》的试点等有关工作做了部署安排。会后西安市中级法院、莲湖区和汉中市法院即着手进行试点工作。二是继续抓了行政审判庭的建设。截止去年年底，全省已有10个中级法院、48个基层法院建立起行政审判庭，占中级、基层人民法院总数的49.57%。三是积极受理和慎重审判行政案件，保护公民、法人和其他组织的合法权益，维护行政机关依法行使职权。1989年全省法院共受理行政一审案件456件，比1988年增加36.56%；审结了408件，比1988年增加42.66%。审结的案件中，数量较多的有土地、治安、城市规划、林业行政案件等。四是运用各种形式广泛宣传了行政法制，使人民群众增强行政法制观念，遵规守法，维护行政法律秩序。

1989年全省人民法院的告诉申诉审判工作有较大改进，群众“告状难”的问题得到了缓解。共处理告诉、申诉和非诉来信来访159340件次，比1988年下降48.68%。其中告诉信访89886件次，申诉信访39907件次。各地法院对告诉来信来访进行了认真的审查，凡是依法符合立案条件的，都能积极给予立案受理；不属人民法院管辖的问题，及时转交有关部门处理。通过处理申诉来信来访，共受理刑事、民事、经济、行政申诉案件4298件，审结了3569件，结案率为83%。适用再审程序审结的申诉案件中，维持原判的2168件，改判了692件，作其他处理709件。通过处理告诉申诉案件，保护了人民群众的诉讼权利和合法利益。一年来，全省各级人民法院主要采取了以下措施加强和改进告诉申诉工作：

(1)继续抓好告诉申诉审判庭的建设，提高审判人员的业务水平。目前全省三级法院已成立告诉申诉审判庭67个，占法院总数的56.8%，没有成立告诉申诉审判庭的法院也加强了相应的机构。各地法院根据告申工作涉及面广，工作难度大的特点，普遍认真抓了干部的业务学习，把系统学习和就案学法结合起来，使审判人员的业务水平得以提高。

(2)继续抓好职能转变和分级负责制的落实，理顺工作秩序，加速对处理告诉申诉案件由行政工作方式向按照法定诉讼程序进行的过渡。根据最高人民法院关于处理告诉申诉案件的程序规定，三级法院实行分级负责制，该由那一级法院处理的案件就归那一级法院处理，坚持依法办事。同时，各级法院又注意突出工作重点，基层法院特别注意加强对告诉案件的审查处理，中级法院在做好审查告诉的同时，着力搞好对各类申诉案件的审查处理。我国法律对有些案件没有规定办理期限，为了保证案件及时审结，不少中级、基层法院自己内部规定了办理期限，受到群众欢迎。由于职能转变和分级负责制的落实，当事人越级上访和重复申诉的现象显著减少。去年全省人民法院接受和处理的告诉申诉来信来访比1988年大幅度下降，这是一个重要原因。

(3)深入实际，调查研究。为了推动告诉申诉审判工作不断改进和完善，各级法院都重视加强调查研究工作，省法院先后对八个地、市的中级、基层法院的告诉申诉工作情况进行了调查了解。通过调查研究，解决了一些实际问题，加速了工作的改进。

二、关于法院建设

截止1989年底，全省人民法院共有干警7732人。一年来，各级人民法院加强了队伍建设和其它建设。

首先是抓了法院队伍的政治思想、组织和业务建设，进一步提高干警队伍的政治和业务素质。在干警的政治思想建设方面主要抓了三点。(1)组织干警认真学习党的路线和方针政策，提高坚持四项基本原则，反对资产阶级自由化的自觉性。在制止政治动乱和平息反革命暴乱的斗争中，广大干警坚决拥护党中央的英明决策，表现了高度的政治觉悟，没有一个人参与和支持动乱。大家坚守岗位，积极工作，完成了艰巨的审判任务。西安、咸阳两个中级法院和省法院办公室被评为全国法院系统制止动乱平息反革命暴乱的先进集体，受到了表彰。(2)加强廉政建设，教育干警清廉执法，全心全意为人民服务。去年7月省法院召开了全省法院廉政建设工作会议，传达贯彻了党中央关于保持廉洁、反对腐败的指示和全国法院廉政建设工作会议精神，对这项工作作了安排部署。各地法院组织干部学习文件，提高认识，建立健全廉政制度，坚持从严治院，要求干警务必做到“实事求是，秉公执法，清正廉洁，无私奉献”，坚决同以权谋私，贪赃枉法，徇私舞弊，渎职失职等违法乱纪行为作斗争，把廉政建设推进了一步。干警中涌现了许多清廉执法，秉公办案的好人好事。据统计，在办案工作中拒绝当事人吃请的有4124人次，拒绝收受当事人送礼行贿的有4570人次，贿礼折合总金额达30.9万余元。各地人民法院对工作成绩显著、廉政建设做得好的386个先进集体和清廉为政、秉公执法的1683个先进个人进行了表彰，省法院批准其中8个先进集体记二等功，先进个人11名记二等功并晋升工资，37名记三等功。同时严肃查处了一些违法乱纪事件，去年共揭露干警中违法乱纪案件 26 案 29 人，连同以前遗留案件共处理了 28 件 32 人。通过表彰先进，严肃查处违法乱纪，发扬了正气，清除了腐败，纯洁了法院队伍。(3) 改进作风，接受监督，加强同人民群众的联系。为了恢复和发扬党的密切联系人民群众的优良传统，各地人民法院遵照党中央的有关指示，普遍对干警进行了党风党纪教育。在工作中坚持实行了“两公开一监督”的制度，许多中级、基层人民法院都向全县、区群众发了公开信或张贴公告，将法院受理各类案件的范围、审判程序制度、办案期限、收取诉讼费标准和廉政建设要求等向社会公开，请求人民群众对法院审判工作进行监督。并且通过设立意见箱，坚持院长接待日制度，走访当事人等途径，广泛听取群众对法院工作的批评意见和建议。各级人民法院都注意主动向人民代表、人大常委会汇报工作。这样做的结果，对于人民法院干警养成优良的思想作风，密切联系群众，不断改进工作，起了良好的作用。

在组织建设方面，主要是抓了领导班子的建设。省法院和各中级法院根据组织工作的要求，协助党委对处、科级干部进行了全面考察，对一些法院领导班子进行了调整，并为今年基层人民法院院长的换届选举做了准备，以保证各级法院的领导权掌握在忠于马克思主义的德才兼备的人手里。法医机构建设也有进展。去年全省各级法院法医人员共对 768 件刑事、民事、行政案件做了技术鉴定，为依法正确处理案件提供了科学依据。

在业务建设方面，主要是继续抓了办好法院系统的业余法律大学，使干部接受系统的法律专业知识的教育，提高法律知识水平。我省业大分校第一届学员 1026 名毕业后，招收了第二届学员 300 余名及审判专业证书生 700 余名。全省各级法院上下配合，加强了对业大工作的领导，健全了办学机构，稳定了教师队伍，进一步改进了教学管理工作。全省还有 573 名干警参加了各级法院举办的短期训练班、成人大专学校和中国高级法官培训中心的学习。

第二是抓了基层基础工作建设。主要是抓了基层人民法庭的建设和对基层调解组织的业务指导工作。各地基层人民法院对人民法庭进行了巩固、充实、提高工作，选择了一些骨干力量和青年干部充实到人民法庭，建立健全了工作制度。去年底，全省基层人民法院共有人民法庭 648 个，法庭干部 2292 人，已成为做好审判工作的一支重要力量。各地基层人民法院在对人民调解委员会人员的培训和业务指导方面也做了大量工作。

第三是抓了人民法院的物质建设。主要是抓了人民法院审判法庭的建设。去年 1 月省人大常委会第四次会议作出了由省、地、县三级投资，从 1989 年起，用 5 年时间，将全省尚未建设的基层人民法院的审判法庭分批建成的决议。省高级法院和有关中级、基层人民法院，在政府有关部门的协助下，进行了积极的工作，去年已安排建设基层人民法院审判法庭 20 个，现正在建设。今年已决定再安排建设 20 个，有关问题正在落实解决。

三、关于工作中的问题和 1990 年的任务

各位代表，一年来我省法院审判了大量的案件，发挥了国家审判机关应有的作用。广大干警埋头苦干，相当多的干部由于任务重而超负荷运行，工作确实很辛苦。但是我们的工作还存在一些问题。主要是：(一) 对工作中遇到的新情况、新问题及时调查研究，总结经验还做得不够。(二) 有极少数案件办案质量不高，事实不清或适用法律不当，处理不够正确。(三) 由于任务大，办案力量不足，民事、经济纠纷未结案件较多，年底一审未结案分别有 6481 件和 2282 件。(四) 由于种种原因，案件执行难的问题还严重存在，去年全省法院共有各类执行案件 26846 件，执行了 22255 件，结案率为 82.69%；经济纠纷案件执行率较低，仅占 67.9%，没有执行的多是诉讼标的金额比较大的案件。(五) 法院经费紧缺，人民法庭用房、交通、通讯等物

质建设仍然是薄弱环节。全省 648 个人民法庭中有 430 个没有自己的办公和住宿用房。很多基层人民法院缺乏办案经费，交通工具远不能适应工作需要。这个问题影响了审判工作的开展和法院队伍的稳定。我们要认真研究，努力解决这些问题。

1990 年是我国治理整顿、深化改革的关键性一年。当前压倒一切的是稳定。根据党的十三届四中全会、五中全会、六中全会精神和今年初召开的第十五次全国法院工作会议精神，在新的一年里，我省各级人民法院的任务是，坚持党在社会主义初级阶段的基本路线，全面开展审判工作，充分发挥审判职能作用，竭尽全力维护安定团结，保障治理整顿和深化改革的顺利进行，为实现国民经济长期持续、稳定、协调发展服务，为社会主义现代化建设服务。为此，我们要做好以下几项具体工作：

第一，要坚持不懈地抓好刑事审判工作，严厉打击严重刑事和严重经济犯罪分子，维护好社会治安秩序和经济秩序。发挥强有力的专政职能，完成好审判动乱和暴乱中的犯罪案件的任务。继续坚持依法从重从快的方针，全面开展打击杀人、伤害、抢劫、强奸、爆炸、重大盗窃等严重刑事犯罪的工作，并搞好扫除“六害”等专项斗争。坚持依法从严的方针，继续严厉打击严重经济犯罪分子，抓好大案要案的审判，促进反腐败斗争深入发展。同时，要积极参与综合治理，为社会治安明显好转做出贡献。

第二，努力做好民事审判工作，及时妥善处理人民内部纠纷，增强群众团结。要坚持依靠群众，调查研究，着重调解，就地办案的方针，进一步提高办案效率和质量。特别要加强基层法院及其人民法庭的工作，保证正确、及时地处理案件。继续坚持抓好基层调解组织的业务指导工作，发挥其处理民间纠纷的重要作用，使法院民事审判工作取得主动。

第三，进一步加强经济审判工作，密切为治理整顿、深化改革和发展经济服务。要强化服务意识，改善执法活动，及时审理好清理整顿公司的债务清偿、企业破产、回收逾期贷款和企业承包、租赁等与治理整顿关系密切的案件。继续因地制宜开展专项审判活动。加强法律咨询工作，主动为企业排难解纷。通过审判案件，保护正当经营，制裁违法活动，为克服经济秩序中的混乱现象和扩大对外开放，促进经济的稳定发展，发挥更大的作用。

第四，认真开展行政审判工作，保护公民、法人的合法权益，维护行政机关依法行使职权。我国行政诉讼法将于今年 10 月 1 日起正式施行，这是我国社会主义法制建设的一件大事。今年行政审判工作的任务，主要是为贯彻实施行政诉讼法，全面开展行政审判工作做好准备。要迅速建立健全机构，抓好干部培训，大力宣传行政诉讼法，积极大胆地依法审理好各类行政案件，使这项工作进入一个新的阶段。

第五，继续加强告诉申诉工作，依法保护公民、法人的诉讼权利和权益，维护社会的安定。要继续抓好机构和制度建设，进一步解决群众“告状难”的问题，认真负责地处理好申诉案件，及时消除影响社会安定的因素。

第六，以队伍建设为中心，认真搞好法院建设。要大力加强思想政治工作，对干警进行马列主义基本理论教育、形势教育、为人民服务和艰苦奋斗的教育，使干警进一步提高坚持四项基本原则，反对资产阶级自由化的觉悟，在政治上思想上行动上同党中央保持高度一致，在工作中充分发扬革命积极性。要继续把廉政工作作为队伍建设的重要任务抓紧抓好，以维护人民法官的良好形象。继续抓好干警业务培训，搞好领导班子的建设。同时，也要解决审判工作急需的物质建设问题。

第七，严肃执法，努力恢复和发扬党的密切联系群众的优良作风。要把严肃执法作为密切联系群众的中心环节来抓，加强执法检查。全体审判人员在工作中都要做到实事求是，依法办案，清廉勤政，铁面无私。要加强领导，克服地方保护主义和本位主义的影响，排除各种干扰，努力解决案件执行难问题，使法人和人民群众的合法权益切实得到保护。

各位代表，我们全省法院广大干警决心在各级党委的领导和人大的监督下，振奋精神，艰苦奋斗，出色地完成各项审判工作任务，为贯彻党的十三届四中全会、五中全会、六中全会精神和全国人大七届三次会议精神，保障我省形势的稳定和经济的发展而努力奋斗！

甘肃省高级人民法院工作报告

——1990年3月3日在甘肃省第七届人民代表大会第三次会议上

甘肃省高级人民法院院长　秦　炳

各位代表：

1989年是不平常的一年。这一年的春夏之交发生了政治动乱和北京反革命暴乱。我省各级人民法院在党委的领导下，根据省七届人大二次会议的决议，坚持四项基本原则，反对资产阶级自由化，坚持审判工作为“一个中心，两个基本点”服务，立场坚定，忠于职守，严守纪律，经受住了严峻的考验，各项工作都得到了新的发展。现在，我向大会报告1989年法院工作的主要情况。

一、努力克服困难，全面开展审判工作，为治理整顿和深化改革服务

1989年，我省各级人民法院受理的各类案件仍然呈上升趋势。在任务繁重、人员不足的情况下，全体干警艰苦奋斗，克服困难，积极工作，认真贯彻执行了全国、全省政法工作会议精神，较好地完成了各项审判任务。全年共受理各类刑事、民事、经济、行政、申诉案件45840件，比上年增加16.1%；审结42178件，比上年增加15.7%，结案率为92%。对强化人民民主专政，维护社会安定，保护公民和法人的合法权益，调节经济关系，保障和促进治理整顿、深化改革的顺利进行，起了积极作用。

（一）关于刑事审判工作。去年，全省各级人民法院继续贯彻执行从重从快和从严惩处的方针，严厉打击了严重刑事犯罪和严重经济犯罪分子。全年共受理各类一审刑事案件7985件，比上年增加31.2%；审结7645件，比上年增加30.2%。在判决已经发生法律效力的10111名罪犯中，判处五年以上有期徒刑、无期徒刑、死刑（包括死缓）的3379人，占33.4%，比上年增加了54.2%。

北京平息反革命暴乱和各地制止动乱的斗争，是关系到我们党和国家生死存亡的政治斗争。依法审理好暴乱和动乱期间的犯罪案件，是关系到社会稳定和国家安危的大事。我们要求各级法院充分认识这场斗争的重大意义，坚持以事实为根据，以法律为准绳，严格区分两类不同性质的矛盾，区分罪与非罪、反革命罪与普通刑事犯罪的界限，具体案件具体分析，准确、及时地审理好每一个案件。目前，这项工作还在进行中。

去年，最高人民法院和最高人民检察院发布了《关于贪污、受贿、投机倒把等犯罪

分子必须在限期内自首坦白的通告》，有效地促进了惩治腐败、打击严重经济犯罪的斗争。我省各级法院在审判工作中，继续坚持“一要坚决，二要慎重，务必搞准”的原则，贯彻执行《通告》的规定，对自首坦白的，从宽判处；对拒不自首坦白或顶风作案的，从严判处，依法惩治了一批贪污、受贿、投机倒把、走私、贩毒等严重经济犯罪分子。全年受理经济犯罪案件1078件，比上年增加9.7%；审结1069件，比上年增加8.5%。在判决已经发生法律效力的1526名罪犯中，判处五年以上有期徒刑、无期徒刑、死刑（包括死缓）的346人，占22.7%。其中制贩运毒品案140件，比上年增加了164.2%，判处五年以上有期徒刑、无期徒刑的占32.6%。另外，还有中级法院一审判处死刑的5件××人，目前正在审核中。

在刑事案件中，杀人、抢劫、强奸、故意重伤害、重大盗窃等严重危害社会治安的犯罪案件仍很突出，占受理案件数的33.1%，比上年增加了33.5%。其中杀人案207件，上升9.5%；抢劫案585件，上升35.7%；强奸案416件，上升7.5%；故意重伤案327件，上升3.5%；重大盗窃案545件，上升130.9%。这些情况说明，我省的社会治安形势仍然是严峻的。各级法院坚决执行依法从重从快的方针，予以严厉惩处，判处的无期徒刑、死刑（包括死缓）罪犯中，90%以上是这些严重犯罪分子。与此同时，我们还与公安、检察等有关部门密切配合，开展了打击流窜犯和扫除“六害”等专项斗争，积极维护了社会秩序。

（二）关于经济审判工作。1989年，各种经济纠纷案件大量上升。全省各级法院共受理一审经济纠纷案件4705件，比上年增加38.1%；审结4180件，比上年增加35.1%；诉讼标的金额为2.04亿元。其中借贷纠纷案件增加136.4%。当前经济活动中，企业之间互欠货款，企业、个人拖欠银行贷款问题比较突出，造成资金沉淀，影响流通秩序和金融秩序。我们针对这种情况，积极依法审理各种借贷纠纷案件，回收了大量逾期银行贷款，使呆滞资金得以合理流动，投入正常运行。同时，还受理了一批与治理经济环境、整顿经济秩序相关联的案件，如紧缩信贷、压缩基建后出现的建筑工程承包合同纠纷案件；企业承包、租赁经营合同纠纷案件；因调整产业和产品结构而引起的变更合同纠纷案件；农村承包合同纠纷案件等。通过对这些案件的审理，依法调节了经济关系，维护了国家、集体利益和当事人的合法权益，制裁了违法行为，对维护社会主义经济秩序起了积极作用。

（三）关于民事审判工作。这几年民事案件持续上升，民事审判任务越来越重。去年全省各级法院共受理一审民事案件27886件，比上年增加13.6%；审结25592件，比上年增加13.5%。其中婚姻家庭案件、债务案件和赔偿案件占89.4%。各地法院进一步加强了对这三类案件的审理工作，在把握离与不离的标准，认定和分割家庭共同财产，处理子女抚养问题以及清偿债务、确定赔偿责任等方面，坚持按《民法通则》和党的有关政策办事，公平合理地予以解决。在房屋、宅基地、林木等纠纷案件的审理中，坚持就案讲法，做耐心细致的思想工作，防止矛盾激化，增强了人民群众的法律意识，促进了精神文明建设。

（四）关于行政审判和申诉信访工作。在行政审判工作方面，去年我们主要做了建立机构、培训干部和进行试点的工作。现在全省已有46个人民法院建立了行政审判庭，去年共受理一审行政案件195件，比上年增加25%，已审结177件。通过审理案件，依法保护了公民、法人和其他组织的合法权益，维护了行政机关依法行使职权。另外，我们还举办了行政诉讼法培训班，为行政诉讼法的实施作了准备。

去年，各地法院建立了申诉信访和申诉再审工作的分级负责制，使人民法院的申诉信访工作逐步走上了制度化。全年共处理各类来信65406件，比上年下降43%。本着实事求是、有错必纠的原则，各地法院按照审判监督程序立案再审了1798件，在已审结的1019件中，维持原判的790件，占77.5%；因原判不当，改判纠正的176件204人；其中改判无罪的58人。此外，根据省人大常委会关于1989年度重点检查几个法律执行情况的决定，全省各级人民法院对全国人大常委会《关于严惩严重危害社会治安的犯罪分子的决定》和《关于严惩严重破坏经济的罪犯的决定》，以及《婚姻法》、《继承法》的执行情况进行了检查。共检查去年审结的刑事案件2485件，婚姻案件4836件，继承案件82件，分别占同期审结案件数的66.9%、66.5%和53.5%。通过检查，发现了一些影响严肃执法和办案质量的问题，都及时作了纠正，并总结了经验教训，提出了改进措施。

二、认真总结经验，不断提高执法水平，保障深化改革和经济建设的顺利进行

一年来，我省各级人民法院根据宪法和法律赋予的职能，坚持以事实为根据，以法律为准绳的原则，坚持实事求是、严肃执法，在全面开展各项审判工作，为改革开放和四化建设服务，为精神文明建设服务方面，取得了一些成绩。回顾和总结过去，我们的主要做法和体会是：

（一）坚持人民民主专政，强化审判机关的专政职能。去年春夏之交发生的政治动乱和北京反革命暴乱，深刻地说明，在我国社会主义初级阶段，剥削阶级作为一个阶级虽然被消灭了，但是阶级斗争还将在一定范围内长期存在，在一定条件下，还可能激化。历史的和现实的经验告诉我们，"以阶级斗争为纲"是错误的，但看不到"阶级斗争还将在一定范围内长期存在"同样是错误的。为了使全省法院干警在复杂的国际、国内环境中，增强忧患意识、敌我意识，增强阶级斗争观念，我们采取了两点做法：

第一，及时传达贯彻中央、省委和最高人民法院的指示，进行形势教育、党性教育、纪律教育和社会主义教育，要求干警认清形势，站稳立场，坚持四项基本原则，旗帜鲜明地反对资产阶级自由化，抵制动乱和反革命暴乱，坚持在政治上、思想上同党中央保持一致。全省法院干警在动乱期间没有一个上街游行参加动乱的，表现出了高度的政治觉悟和坚强的组织纪律性。兰州市中级人民法院和武威地区中级人民法院被评为全国法院系统制止动乱、平息暴乱先进集体，受到最高人民法院的表彰。经过动乱，广大干警认识到，当前国内外敌对分子和敌对势力加紧了对我们党和社会主义国家的颠覆和渗透活动，我们必须正视阶级斗争的客观现实，时刻警惕"和平演变"。作为人民民主专政工具之一的人民法院，一定要强化对敌专政的职能，坚决打击敌人，保护人民，保卫社会主义制度。

第二，严守岗位，忠于职守，排除干扰，坚持工作。动乱中，各级法院既要保持正常的工作秩序，有的还要守护机关，又要完成繁重的审判任务。广大干警服从命令，听从指挥，齐心协力，勤奋工作，在4～6月份，审结各类案件11646件，比上年同期多结2169件，上升了22.9%。事实证明，我省法院干警队伍是坚强的，有战斗力的，是党和人民可以信赖的。

（二）强化服务观念，坚持为改革开放和经济建设服务。在社会主义初级阶段，我们国家的根本任务是以经济建设为中心，大力发展社会生产力。全省各级人民法院紧紧围绕这个中心，坚持审判工作直接为发展社会生产力和经济建设服务，为当前的治理整顿、深化改革服务，确立了搞好审判就是服务的观念。在审判工作中，对一切有利于治理整顿、深化改革的行为，都依法予以保护和支持；对一切不利于治理整顿、深化改革的行为，都依法予以约束或限制；对一切危害治理整顿、深化改革、破坏经济建设的违法犯罪行为，都依法予以制裁或打击。

在刑事审判工作中，我们坚决贯彻依法从重从快的方针，严厉打击严重危害社会治安的犯罪分子。打击的重点始终是杀人、抢劫、强奸、制贩运毒品、重大盗窃、行凶报复、拐卖人口、聚众赌博以及强迫、引诱、容留妇女卖淫等严重犯罪分子，特别是狠狠打击流窜作案和犯罪集团的主犯、惯犯、累犯。去年7月，我们召开中级法院院长会议，结合我省实际，专门研究了疑难案件适用法律的问题，强调要突出打击那些拦路抢劫和在公共场所猖狂作案的车匪路霸，以及情节恶劣，影响大，危害严重的犯罪分子。如天水市田喜泉等7人强奸、抢劫案。罪犯公然闯入医院病房，轮奸病妇，抢劫财物，罪行十分严重，引起社会各界的义愤。为了及时打击，严厉惩处，省法院派人提前介入，审判委员会又赶往天水审理此案，判处死刑3人，死缓1人，收到了较好的效果。去年9月为了配合扫除"六害"的斗争，针对我省制贩运毒品活动严重的情况，我们会同检察院研究制定了我省惩治制贩运毒品犯罪分子的量刑标准。这个量刑标准经最高人民法院和最高人民检察院审核批准，已在试行，为打击这类犯罪提供了法律依据。

在经济审判工作中，各地法院坚持保护合法经营，制裁违法行为，调节经济关系，维护经济秩序，既反对地方保护主义，又积极地为本地区的经济发展服务。这些做法已经收到了好的效果。如武威、庆阳等地法院通过审理借贷纠纷案件，协助银行收回了大量逾期贷款，促进了资金流通。天水等地法院帮助企业举办培训班，为他们提供法律服务，受到了欢迎。同时，不少法院都着力抓了执行工作，"执行难"的状况有所改变。

在民事审判工作中，能否坚持全心全意为人民服务，急群众之所急，想群众之所想，满腔热情地为群众排难解纷，是能否搞好民事审判工作的关键。因此，在审理婚姻家庭纠纷和债务、赔偿纠纷以及山林、水利、房屋、宅基地等案件时，许多法院和从事民事审判工作的同志，都非常重视了解新情况，总结新经验，力求妥善解决，以维护社会安定，促进社会主义精神文明建设。

在行政审判工作中，既支持国家行政机关依法行政，又维护公民和法人的合法权益，消除国家行政机关与公民、法人之间的纠纷与矛盾，密切了同人民群众的关系。

总之，以上这些做法和措施，都是为经济建设这个中心服务，为治理整顿、深化改革服务，对政治的稳定、社会的稳定和经济的发展起了促进作用。

（三）坚持严格依法办事，正确执行党和国家的方针政策。有法必依，执法必严，违法必究，是司法工作的基本原则。人民法院的各项审判活动必须严格执行法律，维护法律的权威。法律是党领导国家立法机关，集中全国人民的意志制定的，执行党的方针、政策与执行法律是一致的。只有以党的方针、政策为指导，才能正确地理解和全面地执行法律。在审判工作中，我们注意克服那种把法律与政策对立起来，脱离形势，孤立办案，或者只顾执行政策，不顾严肃执法的错误认识，力求把二者统一起来。去年9月以来，各级人民法院贯彻执行最高人民法院和最高人民检察院《关于贪污、受贿、投机倒把等犯罪分子必须在限期内自首坦白的通告》，对破坏经济的犯罪分子依照《通告》的规定，该宽就宽，该严就严，宽严相济，就是在党的方针、政策指导下严肃执法的实际运用。实践证明，这样做会使审判工作发挥更好的社会效益。

（四）加强检查指导，改进审判作风，提高办案质量和效率。改革开放以来，新情况、新问题不断涌现，法院受理的案件大量增加，难度增大，审判任务日益繁重，人民对法院的要求也越来越高。人民法院必须不断改进自身的工作，使审判工作发挥更大的社会效益。为此，我们一是加强了上级法院对下级法院的审判监督，通过检查案件，举行案件讨论会等形式，总结经验，进行业务指导。二是改进了合议庭的工作，加大了合议庭的权力，使合议庭既能审又能判，真正发挥一级审判组织的作用，使审判委员会能够腾出时间研究重大、疑难案件，总结审判经验，指导全面工作。三是为了保证办案质量，制定了从立案、审理到结案的一系列制度和措施。在讨论案件时，反复推敲，严格把关，确保案件质量。四是深入基层，调查研究，转变工作作风。不少法院都坚持巡回审理，为群众打官司提供方便，遇到重大疑难案件，审判委员会到当地研究，加快了审理进度。有些法院坚持对服刑犯和减刑犯回访考察，到服刑单位座谈，与每个减刑犯直接见面，既保证了减刑案件的质量，又帮助罪犯认罪服法，接受改造。

（五）狠抓廉政建设，保证秉公执法。建设一支政治素质和业务素质优良的法院干部队伍，是严肃执法，搞好各项审判工作的保证。近年来，我省各级法院都把廉政建设放在队伍建设的首要位置，加强思想政治工作，加强思想教育、形势教育和纪律教育，引导广大干警坚定共产主义信念，保持艰苦奋斗的优良传统，做一身正气、两袖清风、廉洁自律的人民法官。各地法院在坚持“八个不准”的同时，普遍制定了廉政措施，完善了以岗位责任制为中心的各项规章制度。如审判事务一律在法庭或办公室进行；接待当事人必须两名干部同在，家里拒绝接待；对送礼者予以曝光；建立举报制度等等。这些都对防止社会上不正之风对干警的侵袭起了有益的作用。从总体上说，我省法院队伍是遵纪守法、廉洁奉公的，涌现出许多拒礼、拒贿的先进事迹和刚正不阿、秉公执法的先进人物。山丹县法院院长李兴茂同志，去年被最高人民法院授予全国法院模范称号，并光荣出席了全国劳动模范、先进工作者表彰大会。但是，也有个别干警经受不住考验，违纪违法，甚至走上犯罪道路。陇南中级法院刑一庭副庭长王志强与一个书记员在办理一起诈骗案去外地追赃过程中，受贿 3 万元，每人分得 15000 元。此案正在审理中。这说明我们的思想教育工作还很不够，制度建设还有漏洞，也说明社会上不正之风对法院干警队伍侵蚀的严重性。我们一定认真总结经验，吸取教训，下大气力抓好队伍建设。同时，对发现的问题，严肃处理，决不姑息迁就。

三、改进审判工作，充分发挥职能作用，为保障政治、经济、社会的稳定而努力

今年 1 月，中央领导同志在接见第十五次全国法院工作会议代表时的讲话中指出，当前压倒一切的是稳定，特别是今年上半年，如果政治稳定了，经济稳定了，那我们就可以赢得全年的主动权，赢得了全年的主动权，我们就可以说治理整顿最困难的时期就过去了。任建新院长在第十五次全国法院工作会议的报告中，对人民法院的刑事、民事、经济、海事、行政和告诉、申诉等各项审判工作及队伍建设作了具体的部署，并要求全国各级人民法院和专门人民法院要坚持党在社会主义初级阶段的基本路线，在四中全会和五中全会精神指引下，全面开展审判工作，充分发挥审判职能作用，以维护社会的安定团结，保障治理整顿和深化改革的顺利进行，为实现国民经济长期持续、稳定、协调发展服务，为社会主义现代化建设服务。我们已于今年 2 月 12 日至 16 日召开了中级法院院长工作会议，结合我省实际，讨论提出了贯彻执行的具体措施。为了保证完成各项审判任务，我们要着重抓好以下几件事：

（一）大力加强和改进思想政治工作。思想政治工作是我党的优良传统，是做好审判工作的保证。抓紧抓好思想政治工作，是我们当前面临的一项紧迫任务。一是突出抓好坚持四项基本原则，反对资产阶级自由化的教育，认清当前的形势和任务，在复杂的国际国内环境中保持清醒的头脑，站稳立场，警惕“和平演变”。二是认真抓好马克思主义基本理论的学习，组织干警认真学习马列主义、毛

泽东思想和邓小平同志的著作，提高政治理论水平和识别能力，做到在任何政治风浪中都能同党中央保持高度一致。三是进行艰苦奋斗，廉洁奉公的教育，教育干警励精图治，清正廉洁，执法如山，尽职尽责地完成肩负的任务。

（二）继续改进审判工作，不断提高执法水平。一是要继续抓好公开审判，充分发挥庭审职能和合议庭的作用。凡是依法应当公开审理的案件，一审案件都要公开审理，二审、再审案件也要创造条件，逐步公开审理；依法应当由当事人举证的，由当事人举证；依法应当由法院调查取证的，由法院主动取证。通过公开调查、公开质证、公开辩论，查明事实，分清是非，明确责任，认定罪与非罪，依法作出裁判，保证案件质量。二是在审理民事和经济纠纷案件中坚持着重调解的原则，对当事人双方自愿接受法院调解，事实清楚，是非、责任分明的，由法院依法直接进行庭前调解，使纠纷尽快得到解决。三是加强基层工作，特别是加强人民法庭的工作。各级法院领导要努力为基层办实事，帮助解决问题。四是加强执行工作，维护法律的权威。法院判决和裁定的执行，直接关系到当事人的合法权益，关系到企业的经济效益和社会经济活动的正常运转，关系到法律的尊严。近年来由于各级人民法院的努力，执行工作有所改进，但执行难的问题仍很突出。我们要树立审执并重的观念，发挥国家强制力的作用，排除地方保护主义和本位主义的干扰，主动加强与有关部门的协调配合，争取他们对执行工作的支持，努力改变执行难的状况。

（三）大兴调查研究之风。随着改革、开放的逐步深化，将会有更多新情况、新问题反映到审判工作中来，社会主义民主与法制的不断发展、完善，也会对办案质量提出越来越高的要求。因此，只有不断研究新情况，总结新经验，才能搞好各项审判工作。今年，我们要把调查研究当作一件大事来抓，尽可能多地抽时间到基层去，虚心听取群众意见，改善执法活动，提高执法水平，提出有情况、有问题、有建议、有措施的调查报告，掌握第一手材料，更好地加强对审判工作的指导。

以上报告，请各位代表审议。

青海省高级人民法院工作报告

——1990年4月27日在青海省第七届人民代表大会第三次会议上

青海省高级人民法院院长　马有功

各位代表：

1989年，是中央决定治理整顿、深化改革的第一年，也是很不寻常的一年。在这一年里发生了政治动乱和北京反革命暴乱。在面临关系党和国家前途命运的紧要关头，全省各级人民法院在省委和各级党委领导下，坚决贯彻省委提出的“拥护中央，稳定青海”的方针，在制止动乱和平息反革命暴乱的斗争中，立场坚定、旗帜鲜明，在政治上、思想上、行动上同党中央保持一致。广大干警严格组织纪律，坚守岗位，努力工作，经受了严峻考验。在社会治安形势严峻，各类案件全面上升，任务繁重的情况下，全省各级法院贯彻党的十三届四中全会、五中全会精神，依照宪法和法律，根据青海省第七届人民代表大会第二次会议的决议，全面开展审判工作，大力提高执法水平，维护了我省社会安定，保障和促进了治理整顿、深化改革和社会主义现代化建设的顺利进行。

一、全面开展审判工作，充分发挥审判职能作用，更好地为社会稳定和治理整顿、深化改革服务

（一）刑事审判工作。面对严峻的社会治安形势，根据全国政法工作座谈会精神，我们在1989年初召开了全省刑事审判工作会议，分析了我省社会治安形势，统一了思想认识，采取有效措施，切实注意防松、防轻、防慢，强调对严重危害社会治安的犯罪分子继续坚持依法从重从快惩处的方针，对严重破坏经济秩序的犯罪分子继续坚持依法从严惩处的方针，要求各级人民法院采取有效措施进一步严厉打击严重刑事犯罪活动。一年来，受理各类刑事案件2212件，比上年上升19.76%；审结各类刑事案件2155件，比上年上升20.26%。判决发生法律效力的人犯2191人，比上年上升12.82%。其中，处五年以上有期徒刑、无期徒刑和死刑（包括死缓）的占30.53%；判处五年以下有期徒刑、拘役、管制、有期徒刑缓刑的占66.64%；免予刑事处分的42人，宣告无罪的9人。在审结的刑事案件中，属于杀人、抢劫、强奸、重大盗窃、流氓犯罪集团等七个方面的严重刑事犯罪862件，占40%；判处人犯784人，占35.78%。我们对这些严重刑事犯罪分子进行了严厉打击，在被判处无期徒刑和死刑的罪犯中，全部是以上七个方面的严重刑事罪犯。尤其是针对一个时期刑事犯罪活动猖獗，大案要案突出的情况，我们审时度势，及时调整工作部署，连续开庭，集中审理，大张旗鼓地公开宣判，该依法从重的坚决予以重判，决不手软。对杀害3人、潜逃两年之久的曲乃斌，杀人碎尸、隐藏六年的吕仁涛，一次连续杀害4人的王伟等罪大恶极的杀人犯，坚决及时依法判处极刑。对社会危害极大、罪行极其严重、抢劫10万元巨款、杀人灭口的张立，从一审到核准死刑，仅用了9天时间。在社会上引起了很大震动，充分显示了人民民主专政的强大威力，打击了犯罪分子的嚣张气焰，鼓舞了人民群众的斗志。同时，针对各地社会治安中的突出问题，配合公安、检察机关，积极开展了打击流窜犯、除“六害”等专项斗争，严惩了罪犯，有力地遏制各种社会丑恶现象的蔓延，净化社会风气。

对动乱期间发生的刑事案件，我们采取了既坚决又慎重的方针，严格区分罪与非罪、反革命罪与普通刑事犯罪的界限，严格按照法律规定的程序进行审判。对动乱中公然进行反革命宣传煽动、组织领导反革命集团，妄图推翻人民民主专政和社会主义制度的余振斌，及时公开审理，依法惩处。坚持了法律的严肃性，惩治了罪犯，教育了群众，对促进局势的稳定起了积极作用。

依法严厉打击严重破坏经济的犯罪分子。一年来，审理了贪污、受贿、投机倒把等各类经济犯罪案件114件，判处人犯140人，比上年分别上升16.16%和8.66%。其中，受理贪污、受贿案件104件，比上年上升14.25%；审结101件，比上年上升34.67%；判决发生法律效力的人犯48人。其中，判处五年以上有期徒刑的9人，占18.75%。按《通告》规定从轻、减轻和免除处罚的6件6人。原青海省石油管理局炼油厂会计鲍正英，贪污公款40500元。《通告》发布后携带赃款自首，被减轻处罚，判处有期徒刑两年，缓刑三年。体现了党的坦白从宽的政策，发挥了国家法律的威力，推动反贪污、受贿、投机倒把等经济犯罪斗争的深入开展。

在审理案件中，我们始终坚持质量第一，注意一个“准”字。审理刑事犯罪案件，反复强调重证据，重调查研究，坚持基本事实清楚，基本证据确凿，严肃执法，依法应当从重从快的，坚决从重从快；有法定从轻、减轻情节的，依法从轻、减轻处罚；不构成犯罪的，依法宣告无罪。审理经济犯罪案件，坚持一要坚决，二要慎重，务必搞准的原则。严格区分违法与犯罪，罪与非罪，此罪与彼罪的界限。严格执法，不枉不纵。

（二）民事审判工作。一年来，民事审判工作面临案件大量增加，新情况、新问题增多的复杂形势。全省各级人民法院认真贯彻《民法通则》，积极改进审判方式，民事审判工作取得了明显进展。受理各类民事案件9870件，比上年上升16.83％；审结各类民事案件8712件，比上年上升13.04％。在审结的案件中，婚姻家庭、债务和赔偿三类案件8168件，占民事案件总数的82.77％。我们对审理这三类案件加强指导，总结推广经验，从而保证和提高了办案质量。对农村、牧区的婚姻家庭纠纷案件，根据婚姻法的基本精神，既尊重民族习惯，又依法切实保护妇女儿童的合法权益。对土地、水利、草原、山林等群众性纠纷案件，慎重对待，精心审断。属于所有权或使用权权属争议的，由行政主管部门依法处理。对权属明确，因侵权发生的纠纷，向人民法院起诉的，也依靠当地政府妥善处理。着重调解，多做疏导工作，预防了械斗、闹事等事件的发生。对著作权、名誉权、肖像权、姓名权等新型案件的审理，注重调查研究，加强指导，慎重处理。去年10月，我们召开了全省民事审判工作座谈会，对近年来民事审判工作进行了全面总结，交流经验，研究了民事审判工作的新情况、新问题，明确了任务，提出了措施，把民事审判工作推进到新的阶段。通过民事审判活动，缓解矛盾，化解纠纷，解决了一批严重影响群众生产、生活和矛盾可能激化的案件，制裁了民事违法行为，保护了公民、法人的合法权益，对促进社会安定，增强人民群众的法律意识，树立新的社会道德风尚，起了重要作用。

（三）经济审判工作。各级人民法院把贯彻治理整顿和深化改革方针作为经济审判工作的中心任务来抓。重点是整顿经济秩序，主要是整顿流通领域的秩序。强化服务意识，积极审理经济纠纷案件。一年来受理各类经济纠纷案件1641件，比上年上升33.88％；审结各类经济纠纷案件1347件，比上年上升33.63％；诉讼标的金额达5448万元。在经济纠纷案件中，经济合同纠纷占80％以上，仍居第一位。其中审理借款合同纠纷191件，比上年上升218％，积极配合银行等金融部门回收逾期贷款660万元，加速了资金周转；审理购销合同纠纷363件，比上年上升38.02％，促进了对流通领域混乱秩序的治理；审理农村、牧区承包合同纠纷和企业承包、租赁经营合同纠纷216件，比上年上升60％，维护了农村、牧区联产承包责任制和企业经营责任制，健全和完善各种承包合同，稳定政策，调动了农牧民群众和企业职工的积极性。我们在审理经济纠纷案件中，发现有违法问题的，依法予以制裁，构成犯罪的，依法追究刑事责任。为了提高企业管理人员的法律知识，增强法制观念，由省法院和省财经委共同举办了全省经济审判人员、部分大中型企业法律顾问及管理干部参加的《企业法》、《破产法》短期培训班，就如何运用法律手段为治理整顿和深化改革服务进行了探讨，增强了学法、守法、用法、执法的自觉性。总之，通过审判活动，充分运用法律手段，调节各种经济关系，保护正当经营，制裁违法活动，为克服流通领域经济秩序混乱的情况，发挥了积极的作用。

（四）行政审判工作。行政审判工作是人民法院的一项新工作。我们本着边学习、边建设、边办案的原则，积极而稳妥地开展工作。目前，全省已有23个法院建立了行政审判庭，配备干部69人，审结行政案件80件。通过这些案件的审理，保护了公民、法人和其他组织的合法权益，维护了行政机关依法行使职权，密切了政府和群众的联系，促进了安定团结。

行政诉讼法去年4月颁布后，省法院举办行政诉讼法培训班，培训了行政审判人员。行政诉讼法实施前的试点工作正在进行。我国行政诉讼法将于今年10月1日正式施行，这是我国法制建设的一件大事，也是我国社会主义民主政治建设的重要发展，行政审判工作将进入一个新阶段。各级人民法院要大力宣传行政诉讼法，建立健全组织机构，充实培训审判人员，严格依法审理行政案件，总结经验，为贯彻执行行政诉讼法，全面开展行政审判工作，做好充分准备。

（五）告诉申诉工作。由于过去几年按照中央政策精神，复查了大量历史老案，解决了一批历史遗留问题，申诉案件收案有所下降，申诉案件类型有了较大变化。在审理申诉案件中，坚持实事求是，有错必纠的原则，全部错的全部纠正，部分错的部分纠正，原判正确的，予以维持。全年审结各类刑事申诉案件469件。其中，维持原判的324件，占69.83%；改判的85件，占18.12%。处理人民来信4217件，接待来访5123人次。从而保护了当事人的合法权益，维持了法律的严肃性。为了配合劳改单位加强对劳改罪犯的改造工作，我们对在服刑中确有悔改或立功表现的罪犯，依法减刑、假释1768人。还深入劳改场所公开宣布减刑裁定，宣传政策，讲解法律，促进了罪犯的改造。

二、改善执法活动，提高执法水平，保证严肃执法

一年来，全省各级人民法院在全面开展审判工作的过程中，为适应发展社会主义民主和加强社会主义法制的新形势，积极创新，勇于开拓，努力改善执法活动，保证严肃执法，进行了有效的工作。

（一）大力推行公开审判制度，提高执法水平。公开审判是重要的宪法原则，是审判活动的重心。自第十四次全国法院工作会议以来，我们以改革的精神，围绕公开审判这个重心，大力改善执法活动，提高执法水平。各级法院特别是领导干部，重新学习宪法、法律有关公开审判的规定，提高对公开审判制度重大意义的认识，加强组织领导，健全审委会、合议庭工作规范，明确各自的工作范围、职责和程序。克服案件数量多、人力不够、经费不足、缺少审判法庭等困难，由点到面，由一审到二审，由二审到再审，逐步推进。省法院从自身做起，首先对案情重大的死刑案件公开审理，在1988年公开审理八件的基础上，1989年又公开审理21件，以此作为全面推行二审案件公开审理的突破口，带动了民事、经济二审和再审案件的公开审理。各级法院刑事一审案件基本上进行了公开审理，二审案件部分进行了公开审理，民事、经济案件的公开审理也有了新的进展。对依法不公开审理的案件，也依法公开宣告判决。由于大力推行公开审理制度，严格依法办案，改变以往“重实体，轻程序”等与法不符的传统观念和习惯做法，增强了审判人员严肃执法的观念，保证了案件的公正处理，保障刑事被告人和民事当事人充分行使诉讼权利，提高了办案质量、效率和案件审理的透明度，扩大了办案的社会效果。

（二）切实改进审判作风。为了发扬人民法院密切联系群众的优良传统，坚持从实际出发，实事求是，保证严肃执法，各级人民法院大力转变工作作风，改进审判方式，走出机关，面向基层，深入实际，就地办案。省法院、各中级法院审委会和合议庭成员，坚持深入下去就地开庭，就地旁听，就地议决，就地宣判。针对农村、牧区群众居住分散，交通不便的实际情况，很多基层法院和法庭领导带头，坚持巡回审理，就地调查，就地解决。方便了群众，缓解了告状难的问题。在审理民事和经济纠纷案件中，我们贯彻执行了“着重调解”的原则，调解解决的占69.82%。继承和发扬了实事求是、依靠群众的司法工作优良传统和作风，体现了人民法院依靠人民、便利人民、全心全意为人民服务的精神。但我们做的还很不够，与党的十三届六中全会通过的《关于加强党同人民群众的联系的决定》提出的要求有很大差距。全省法院干警都要认真学习六中全会精神，继

承和发扬人民司法工作的优良传统，进一步密切人民法院和群众的联系，接受人民群众的监督，不断改进审判工作。

（三）加强审判监督和指导。审判监督是人民法院审判工作的重要组成部分。我们把审判监督作为改善执法活动的一个重大课题，进行研究改进，把审判监督与业务指导有机地结合起来，充分发挥审判监督职能。省法院对死刑案件，各中级法院对刑事大案要案，不仅通过二审、复核进行监督，而且在调查研究和执法检查中，在办理申诉信访中，注意发现认定事实或适用法律不当的案件，指令再审或提审。对省人大和最高人民法院直接批办的17件29人进行了认真复查。已审结15件23人，其中宣告无罪的3件11人，不予追究刑事责任的2件2人，减轻刑罚的2件2人，维持原判的8件8人。正在审理的2件6人。从而维护了公民的人身权利和合法权益，保证了案件质量。全省法院对1989年审结的7140件案件进行了检查。从总的情况看，绝大多数案件质量是好的。但是有一些案件质量不高。民事和经济案件中，适用普通程序和适用简易程序界限不够明确；应公开审理的案件未公开审理。刑事案件中，事实不清，证据不足，定性不准，量刑畸轻畸重的11件18人。根据边查边纠的精神，已按审判监督程序做了改判，其中依法改判无罪的5件12人，减轻刑罚的4件4人，原宣告无罪改为有罪追究刑事责任的1件1人，加重刑罚的1件1人。通过执法检查，增强了法院干警的执法意识，提高了办案质量和效率，也是人大和人民群众对人民法院审判工作实行监督的有效方法。今后要每年检查一次，形成制度。

（四）深入实际，调查研究。改革开放以来，审判工作出现了一系列新情况和新问题。为了适应新的形势，全省各级法院经常深入基层，调查研究，把审判工作与当前社会情况联系起来，分析刑事案件类型、特点、原因等变化情况，研究与民事和经济纠纷案件发展变化有关的社会经济情况，分析预测案件的发展趋势，加深对审判工作中一些带规律性、普遍性和特殊性问题的认识。同时结合我省地处边远，多民族聚居或杂居的特点，对保障各民族使用本民族语言、文字进行诉讼进行了检查，对“两少一宽”政策执行情况进行了调查和探讨。省法院和各中级法院认真贯彻执行党的四中、五中全会和“两高”《通告》精神，有组织、有计划的派出工作组，进行调查研究和检查指导工作。同时，围绕党的中心工作，组织力量，深入基层，在当地党委领导下，宣传党的路线、方针、政策，开展普法教育，为群众办实事，密切人民法院与人民群众的联系。

三、坚持从严治院，加强队伍建设

为了适应新的形势和任务，全省各级人民法院坚定不移地贯彻一手抓审判，一手抓建设的方针，加强自身建设的工作，抓好思想、组织、纪律、作风的整顿，使全省法院干警的精神面貌发生了变化，队伍建设出现了新的局面。

（一）加强思想政治工作。一年来，我们突出地抓了坚持四项基本原则，反对资产阶级自由化的教育。着重引导法院干警从我国发生的动乱、暴乱和国际敌对势力对我国进行渗透、颠覆、和平演变中，充分认识阶级斗争在一定范围内还将长期存在，在某种条件下还会激化，教育法院干警牢固树立阶级斗争观念和人民民主专政观念。作为人民民主专政重要工具的人民法院必须强化对敌专政的职能。同时，针对法院审判工作实际和干警状况，强调加强政治纪律、组织纪律、群众纪律和审判纪律。教育干警坚持学习马克思主义基本理论，特别是学习马克思主义哲学，掌握辩证唯物主义和历史唯物主义的立场、观点和方法，坚持理论联系实际。通过学习提高思想、政治和理论水平，坚定共产主义信念，坚持社会主义道路，提高坚持四项基本原则，反对资产阶级自由化的自觉性。

（二）从严治院，切实抓好廉政建设。去年全国法院廉政建设工作会议以来，我省各级人民法院结合本地区的实际情况，制定了加强廉政建设、惩治腐败的具体措施，加强了纪检、监察工作，取得了比较明显的效果。全省法院涌现了一批廉政建设的先进单位和清正廉洁、秉公执法、全心全意为人民服务的优秀法官。去年，全省法院系统有1人荣立二等功，有3人分别被评选为全省劳动模范、全省廉政建设先进个人、民族团结先进个人；有两个单位被最高人民法院授予“全国法院系统制止动乱、平息反革命暴乱先进集体”称号。不少同志被评选为州、地、市、县先进工作者。最近召开的第二十次全省法院工作会议上又有11个先进集体和60名先进工作者受到表彰和奖励。实践证明，我省法院队伍是一支党和人民可以信赖的有战斗力的队伍。但是在法院干警中有极少数人经受不住考验，违法乱纪，甚至走上犯罪道路，我们对这些问题进行了严肃认真地查处，根据错误事实，分别给予党纪政纪处分，构成犯罪的依法作了处理。去年共查处违法违纪干警37人，给予党纪政纪处分的29人，法纪处分1人。这些问题虽然发生在极少数人身上，但问题是严重的，影响是很坏的。今后，我们要坚定不移地把廉政建设继续抓下去。教育干警充分认识廉政工作的重要意义，坚持最高人民法院提出的“八个不准”和我院制定的“十项廉政措施”，严格管理、严格纪律，增强搞好廉政建设的自觉性。进一步加强纪律检查和监察工作，拓宽和强化监督机制，扩大监督范围，完善监督办法。我们要自觉接受党委、人大和人民群众的广泛监督，保证人民法院队伍的纯洁性。

（三）加强基层基础工作。加强基层人民法院特别是人民法庭的工作，是搞好人民法院各项工作的基础。我们把做好这项工作，作为改进领导作风和审判作风，加强法院自身建设的一件大事来抓。一年来，省法院和中级法院面向基层，深入基层，服务基层，加强基层工作，着重抓了三件事：一是，加强对基层人民法院的指导和监督，采取多种渠道，多种方式，帮助基层法院加强业务建设，提高政策法律水平，采取有力措施，逐步解决存在的实际困难。二是，抓好人民法庭建设。人民法庭是人民法院联系人民群众的纽带，是人民法院的前沿阵地，不仅担负着大量的民事、经济和轻微刑事案件的审判任务，而且承担了大量的民间调解工作任务，是人民法院基层基础建设的重要环节。对已建立的人民法庭，注意巩固、完善，对应建而未建的人民法庭，主动与有关部门联系，尽快建立起来，开展工作。三是，按照干部“四化”方针和德才兼备的标准，协助基层法院选配、充实审判人员，注意大力培养选拔少数民族审判人员和女法官。

（四）认真做好干部培训教育工作，造就德才兼备的法律人才。我省法院干部法律业大分校自1985年创建以来，经过五年的勤奋努力，有了较大发展，取得了很好成绩。五年来，共招收学历生689人，法律专业证书学员263人。85、86两届共有272名学员获得法律大专毕业证书。这个数字，大大超过了1949年至1985年36年间，国家分配给全省法院系统的高等院校法律专业毕业生的总和。现在全省法院大专以上文化程度的干部，在全体干警中所占比例，已由1985年的13.2%提高到33.5%。法院干部的文化和专业结构有了明显改变。

干部教育培训是人民法院一项具有长远意义的战略措施。我们在继续办好业大的同时，采取多种形式、多种渠道狠抓干部培训。几年来，有6名处级干部经考试录取到中国高级法官培训中心学习。由于省委、省政府重视，有关单位的支持，我省法官培训中心近期将要创办起来，先以短期培训为主，逐步摸索经验。一个多形式、多层次的法院干部培训网络正在形成，以加速培训全省各级审判业务骨干，培养更多的合格法律人才。

一年来，我们履行了宪法赋予的职责，各

项审判工作取得了一定成绩。但是，同党和国家对法院工作的要求还有差距，主要是我们思想、工作和队伍还不能完全适应政治、经济发展的新形势；对工作中遇到的新情况、新问题及时调查研究、总结不够；面向基层，深入基层，同群众联系不够；一些地区“告状难”、“申诉难”的状况还未完全改变。这些问题都需要在今后工作中加以改进。

各位代表：1990年是跨入九十年代的第一年，是治理整顿、深化改革的关键性一年。当前压倒一切的是稳定。最近我们召开了第二十次全省法院工作会议，认真学习了全国政法工作会议和第十五次全国法院工作会议精神，明确了竭尽全力维护社会稳定，是今年和今后一个时期人民法院工作的基本指导方针。安排部署了今后任务。全省人民法院要继续深入学习贯彻四中、五中、六中全会精神，牢固树立一切审判工作都要为保障社会稳定服务的观念，坚持党在社会主义初级阶段的基本路线，在省委和各级党委领导下，在省人大和各级人大的监督下，振奋精神，艰苦奋斗，励精图治，全面开展审判工作，充分发挥审判职能作用，加强同人民群众的联系，维护社会安定，保障治理整顿和深化改革的顺利进行，为促进我省国民经济持续、稳定、协调发展而努力奋斗。

以上报告，请审议。

宁夏回族自治区高级人民法院工作报告

——1990年4月25日在宁夏回族自治区第六届人民代表大会第三次会议上

宁夏回族自治区高级人民法院院长　白振华

各位代表：

1989年，全区人民法院以党的十三届四中全会、五中全会精神和江泽民总书记在中华人民共和国成立四十周年庆祝大会上的讲话为指导，在自治区党委的领导和人大常委会的监督支持下，以稳定大局为前提，坚持四项基本原则，在发生动乱和北京反革命暴乱，以及各类案件大幅度增加的情况下，广大干警增强阶级斗争观念，强化专政意识，发扬艰苦奋斗、团结一致的精神，较好地履行了《宪法》和法律赋予的职责，发挥了国家审判机关惩治犯罪、保护人民、促进改革、服务四化的职能作用。现将工作的主要情况报告如下，请予审议。

一、为保障社会稳定和促进经济发展，大力开展了各项审判工作

一年来，全区各级人民法院共受理刑事、民事、经济纠纷、行政一审案件13850件，比1988年上升24.07%；共审结13003件，比1988年上升23.22%，结案率为93.89%；受理各类二审案件1202件，比1988年上升11%，结案率为94.26%；受理各类再审案件635件，比1988年下降21.51%，结案率为91.97%。

(一) 关于刑事审判工作

全区各级人民法院共受理一审刑事案件2582件、4148人，比1988年分别上升28.72%和36.36%，结案率为97.99%。受

理二审、复核案件 422 件，比 1988 年上升 6.84%，结案率为 96.96%。受理刑事审判监督案件 563 件，比 1988 年下降 26.31%，结案率为 93.79%。在刑事审判工作中继续执行了依法从重从快的方针，该严惩的依法从重判处，对实属罪大恶极的罪犯，坚决依法处以死刑。一年来，判决发生法律效力的 1670 件、2657 人，给予刑事处分的 2589 人，占 97.44%。其中判处五年以上有期徒刑、无期徒刑和死刑（含死缓）的 701 人，占 27.08%，比前年增加 1.38 个百分点；免予刑事处分和宣告无罪的 68 人，只占 2.56%。一年来，各级人民法院对各种严重刑事犯罪活动的打击总的说是有力的，社会效果是好的。根据自治区党委和人民政府的统一部署，各级法院积极配合反撬盗、反窃车、打流窜、除“六害”的专项斗争，及时审理了“六害”中的犯罪案件，促进了除“六害”斗争的深入开展。在依法从重从快严厉打击各种严重危害社会治安的犯罪分子的同时，认真执行了党的惩办与宽大相结合的刑事政策，利用从重和从宽的典型案件，召开宣判大会，开展政策攻心，分化瓦解犯罪分子，号召和启发人犯交待余罪，检举揭发，争取走从宽之路；以案讲法，宣传法制，发动群众，检举揭发犯罪分子和犯罪线索。全年共召开宣判大会 93 场次，宣判案件 376 件，宣判案犯 689 人，参加大会的群众近 50 万人次。造成了声势，震慑了犯罪分子。在去年上半年开展的反撬盗专项斗争中，由于人民法院在审判工作中认真兑现“坦白从宽，抗拒从严”的政策，大力宣传从宽从严判处的典型案件，使不少在押人犯和有犯罪行为的人，在有力的打击和政策的感召下，主动投案自首、检举揭发、交待余罪。如特大惯窃犯马占林作案 51 起，盗窃总价值 45000 余元，论罪该杀。但自治区高级人民法院考虑到马犯归案后，除交待自己罪行外，还能够检举揭发其他罪犯的重大罪行，并协助公安机关将罪犯缉拿归案，有重大立功表现，予以体现政策，依法将一审判其死刑改判为死缓。自治区公、检、法、司部门利用该案例联合下文，在全区发动了政策攻势，收到了较好的效果。据不完全统计，这次从 3 月到 6 月中旬的政策攻势中，有 91 名犯罪分子投案自首，群众和在押人犯检举揭发犯罪线索 1072 条，其中重大案件的线索 118 件，人犯交待余罪的 62 条，经查证落实，及时兑现政策 79 人。有效地促进了反撬盗斗争的开展。

当前，我区的社会治安基本稳定，但社会上不安定的因素增多，社会治安形势仍然相当严峻。1989 年，全区法院受理的重大刑事案件大量增加，其中杀人案件比 1988 年上升 38.24%，抢劫案件上升 23.62%，强奸案件上升 24.35%，重大盗窃案件上升 40.11%。社会丑恶现象诱发的犯罪在一些地方相当严重，涉及“六害”的犯罪案件增加。因此，我们对杀人犯、抢劫犯、强奸犯、重大盗窃犯等严重危害社会治安的犯罪分子，将坚决继续贯彻依法从重从快惩处的方针，特别对犯罪集团和流窜作案的主犯、累犯、惯犯等严重犯罪分子，予以严厉的打击。同时，要积极参加对社会治安进行专项治理，对当地比较突出的违法犯罪活动进行集中打击和集中整顿，认真做好刑事审判工作，惩罚犯罪，维护社会的安定。

由于青少年犯罪逐年增多，去年已占整个刑事犯罪的近 70%，比 1988 年增加 2.07 个百分点，在校学生犯罪的增加 0.12 个百分点。未成年人犯罪增多，已成为人们关注的一个严重社会问题，亟需进行综合治理。我们要求各级人民法院通过审判活动加强对失足少年的教育、感化和挽救，实行“寓教于审”。注重同家庭、学校、社会结合起来，进行疏导、防范，共同矫治失足少年的不良行为。根据最高人民法院的指示精神，我区已有 4 个基层人民法院建立起了审理未成年人刑事案件合议庭，并开展了工作，积累了一些经验，进行了一些专题研究。

在依法严惩严重危害社会治安的犯罪分

子的同时，还注重依法严厉打击严重破坏经济的犯罪分子。一年中，共受理各类经济犯罪案件404件，占整个刑事案件总数的15.65%，比1988年上升38.84%，结案率为98.77%。判决发生法律效力的263件、476人，给国家挽回经济损失154万余元。依法被判处刑罚的472人，其中判处无期徒刑至死刑的6人。除盗窃、诈骗公共财物案件外，以贪污罪、受贿罪、投机倒把罪和偷税、抗税罪等判处刑罚的共74人，其中贪污、受贿万元以上大案有19人。在打击经济犯罪的斗争中，全区各级人民法院认真贯彻了依法从严惩处的方针，坚持了一要坚决，二要慎重，务必搞准的原则。同时，认真贯彻“两高”《通告》精神，开展了广泛深入的宣传，促使不少有经济犯罪行为的人向司法机关投案自首，坦白交待问题，人民法院依照《通告》规定，严格区分了一般违法行为与触犯刑律的界限，正确执行了坦白从宽、抗拒从严的政策。保证了打击经济犯罪斗争的健康发展，使广大人民群众看到了党和国家坚决惩治腐败、搞好廉政建设的决心和行动。

各位代表：犯罪作为一种社会现象，在我国社会主义初级阶段还会长期存在，我们同国内外敌对势力和仇视社会主义的敌对分子的斗争将会长期存在，社会治安问题是社会各种消极因素的综合反映。因此，同犯罪作斗争和进行社会治安的综合治理是一项长期的、艰巨的和复杂的任务，作为人民民主专政重要工具的人民法院，必须增强敌我意识和专政意识，强化对敌专政职能，加强刑事审判工作，以保障社会稳定和治理整顿、深化改革的顺利进行。

（二）关于民事审判工作

1989年，全区各级人民法院共受理一审民事案件9024件，比1988年上升18.88%；审结8515件，比1988年多结1302件，结案率为94.36%。受理二审民事案件592件，比1988年上升15.4%，结案率为96.46%。受理民事审判监督案件41件，比1988年上升17.15%，结案率为90.25%。民事案件大幅度上升，反映了改革的深化和商品经济的发展，社会各方面利益结构、经济关系的调整和民事权益的扩大，使人们生产、生活方式和观念发生变化，法律意识不断增加。但另一方面，也反映了一个不容忽视的问题，即资产阶级思想的侵袭和封建意识、旧习俗活动抬头所造成的后果。针对这种情况，全区各级人民法院在一年来的民事审判工作中，及时受理和处理、调解各种民事纠纷，防止矛盾激化，促进社会的安定团结。依法保护当事人的合法权益，制裁民事违法行为，促进社会主义民主与法制建设和社会主义精神文明建设的健康发展。

人民法院受理的民事案件，离婚、债务、赔偿案件占近90%，其中离婚案件4553件，仍居首位，占50.46%，比1988年上升18.11%。离婚案件突出的原因比较复杂，有追求婚姻自由、追求男女平等的健康的一面，也有草率结婚、草率离婚、喜新厌旧、第三者插足和资产阶级婚姻家庭观念的影响以及“六害”的危害等不健康的一面。为此，一年来，我区人民法院在审理离婚案件时，依法保障公民的婚姻自主权，把感情是否确已破裂作为判决离与不离的主要标准。在处理案件时，坚持维护妇女儿童的合法权益，制裁违反婚姻法和违反社会主义道德准则的行为，教育人们树立社会主义家庭道德观念，以维护社会主义婚姻家庭关系的稳定。债务与赔偿案件分别居民事案件的第二位和第三位，比1988年分别上升16.79%和26.28%。在债务纠纷案件中，出现了私人之间生产、经营性借贷较多，金额较大，利率过高的新情况。人民法院通过对这类案件的审理，依法保护民间正当的借贷关系和债权人的利益，促进了资金流转，限制了高利盘剥。《民法通则》实施以来，各级人民法院也审理了一些侵犯公民名誉权、著作权等新型案件。但目前这类案件还不多，民事审判人员还缺乏审理这类案件的经验，需要加强调查研究，加强业务指导和审判监督，不断总结经验，提高审理新类型案件的水平。

（三）关于经济审判工作

1989年，全区各级人民法院共受理经济纠纷一审案件2200件，二审案件192件，审判监督案件21件，比1988年分别上升43.42%、18.52%和110%，结案率分别为86.91%、82.30%和80.96%。在经济纠纷案件中，收案较多的是购销、借款和建设工程承包合同纠纷，占经济纠纷案件总数的65.98%。全区各级人民法院对经济纠纷案件中出现的新情况、新问题和新特点注意进行案例分析和专题研究。高级人民法院还邀请各银行的负责同志进行座谈，听取意见，并及时发出了依法治贷的通知，收到了较好的社会效果。据不完全统计，通过诉讼追回逾期贷款达1398.53万元。一年来，审结经济纠纷案件共处理争议金额达7581万余元，比1988年上升22.52%，对维护经济秩序，促进经济的稳定发展，发挥了积极作用。特别是一些基层人民法院，深入农村和工矿企业开展专项审判，通过审理当时当地带有普遍性的、对治理整顿和深化改革有较大影响的经济纠纷案件，就案讲法，审教结合，防治结合，效果很好。

几年来，民事、经济纠纷案件的判决、裁定和调解协议执行难的问题一直比较突出。1989年经过努力虽比1988年多执行1200余件，但随着民事、经济案件的增多，应执行而未能执行的案件还比1988年上升30%多。经济审判工作出现了不少新情况和复杂问题。因此，搞好执行工作仍然是个不容忽视的问题。

（四）关于行政审判工作

1989年，我区各级人民法院陆续建立了行政审判庭，为我国《行政诉讼法》的实施作了必要的准备工作，并受理一审行政案件44件，较1988年上升37.5%，审结36件，结案率为81.82%。其中维持原行政决定的14件，占38.89%；撤销原行政决定的6件，占16.67%；变更原行政决定的1件，占2.78%；撤诉、移送、终结的15件，占41.67%。通过审理行政案件，保护了公民、法人和其他组织的合法权益，维护和监督了国家行政机关以法行使职权，密切了政府同群众的关系，促进了安定团结。今年10月1日起行政诉讼法将正式施行，起诉到人民法院的行政案件将会不断增加。为了完成法律赋予的行政审判任务，我们已对全区行政审判干部进行了培训，确定了四个中、基层法院进行试点，并配合有关部门积极宣传行政诉讼法和行政法知识，为行政诉讼法的实施做了大量准备工作。

（五）关于告诉、申诉和审判监督工作

近几年来，全区各级人民法院告诉、申诉庭已陆续建立，积极开展工作，使告诉、申诉工作逐步走上制度化和规范化。1989年共接收告诉、申诉和非诉讼来信来访28039件（次），作了处理的28025件（次）；在处理中涉及案件的信访22169件（次）。对历年来已发生法律效力的刑事、民事、经济案件的判决提出申诉以审判监督程序提起再审的635件，审结的529件，结案率为93.23%；其中维持原判的411件，占69.43%；改判的141件，占23.82%。受理人民检察院抗诉和上级人民法院指令再审的案件17件，审结16件，维持4件，改判8件，发回重审和撤诉的4件。保护了公民的诉讼权利与合法权益，维护了国家法律的严肃性，促进了社会治安的稳定。在人大常委会和社会各界的监督下，进一步加强了内部的审判监督工作，及时纠正正在办理的执法有错误的案件，如有的人民法院把不应当由法院管辖的问题作为侵犯名誉权收案审理，在社会上造成了不良影响。我们会同中级法院及时帮助其依法作了纠正，认真总结经验教训，使之在思想上和业务上都得到提高。

全区各级人民法院接收的告诉、申诉和非诉讼来信来访，虽比1988年下降25.49%，但目前来信来访的数量还很大，情况复杂，面临的任务仍然很繁重。因此，我们要继续加强这一工作，改进工作作风，提高工作效率。对符合受理条件的要依法立案，对认定事实和适用法律确有错误的案件，应本着实事求是、有错必纠的原则，及时予以纠正；对无理申诉的，要认真做好服判息诉工作。

二、为适应新形势下审判工作任务繁重的需要，大力加强了人民法院自身的改革和建设

（一）坚持改进审判工作，提高执法水平

为了提高办案效率和办案质量，更好地完成逐年增加的审判任务，根据第十四次全国法院工作会议精神，我们认真抓了改善执法活动，不断改进审判工作。

一是进一步坚持了依法独立审判的《宪法》原则。我们在指导各级人民法院的审判工作中，强调了人民法院的审判工作要坚持依法独立审判。要敢于坚持以事实为根据，以法律为准绳的原则，对事实不清、证据不足的，不能下判；对一些涉及到罪与非罪、政策界限不清、或者极少数有重大影响的疑难案件，要求及时逐级请示报告。但对案件的具体处理则由各级人民法院依照法律程序、经过开庭审理，根据庭审确认的事实，依法作出判决。这样做，不仅不影响下级人民法院依法独立行使审判权，而且有利于提高执法水平和办案质量。

二是进一步认真执行了依法公开审判制度。去年，我们要求各级人民法院把公开审判列为自身改革和业务建设的重点，努力克服案件数量多，办案人员不足，缺少审判法庭等困难，进一步加强公开审判，把法庭审理置于人民群众的监督之下。去年应公开审理的一审刑事案件依法实行了公开审理的已占99%；少数重要的二审案件和再审案件也依法实行了公开审理。从而保障了诉讼参与人的诉讼权利，促进了回避、辩护（辩论）、上诉等一系列审判制度的实行，发挥了律师在诉讼活动中的积极作用，进一步提高了庭审质量和办案效率，保证了案件的依法公正处理。

三是加强了合议庭的职责。根据法律规定，合议庭不仅应对审理的案件的事实负责，而且要对如何运用法律负责。在贯彻第十四次全国法院工作会议精神过程中，自治区高级人民法院批转了平罗县人民法院《关于充分发挥合议庭的职能作用》的经验，同时强调，要切实加强合议庭的责任，使合议庭充分行使法律规定的职权。合议庭的每个成员对所审理的案件都要负责，重要审判活动应由合议庭集体进行；应当适用普通程序组成合议庭审理的案件，不得适用简易程序独任审理。目前，全区绝大多数人民法院根据实际情况，对哪些案件合议庭可以决定，哪些案件应依法提交审判委员会讨论，都有个大致的划分，加强了合议庭的职责，调动了审判人员的积极性，改变了“先定后审”的作法。

四是强调了当事人的举证责任。我国《民事诉讼法（试行）》规定，当事人对自己提出的主张，有责任提供证据。去年初，自治区高级人民法院印发了兄弟省市人民法院强调当事人举证责任试点的经验，推广了永宁县人民法院关于《当事人的举证责任及其举证范围》的做法，引起了各级人民法院的重视，同时，我们也强调了人民法院依照法律程序收集和调查证据的责任。这样使人民法院把审判活动的主要精力放在核查事实、审查证据上，加强了审判人员的责任感；调动了当事人及其诉讼代理人搜集、提供证据的积极性，加快了办案速度，节约了国家的费用开支；当事人也易于接受调解，便于执行。

（二）加强队伍建设，不断提高法院干警的政治、业务素质

一是加强了思想政治工作。近年来，特别是去年以来，全区人民法院始终把思想政治工作列为重要议事日程来抓，坚持四项基

本原则教育，反对资产阶级自由化，坚定社会主义、共产主义信念，提高政治觉悟；坚持社会主义精神文明建设，开展“三文明”、“三优秀”教育，即：文明法院、文明法庭、文明法官，优秀合议庭、审判员、书记员；坚持党风党纪教育和艰苦奋斗教育，教育全体党员起模范带头作用，教育全体干警提高遵纪守法和遵守规章制度的自觉性，发扬党的优良传统。特别是在去年春夏之交，发生动乱和北京反革命暴乱期间及以后的大半年中，全区各级人民法院从实际出发，采取多种形式，坚持了形势教育，反复认真地组织全体干警学习了《人民日报》“4·26”社论、党的十三届四中全会、五中全会文件和邓小平同志的重要讲话、江泽民总书记在中华人民共和国成立四十周年庆祝大会上的讲话，密切联系实际，引导全体干警正确分析和认识形势，在政治上、思想上、行动上与党中央保持一致。通过教育，全体干警坚决拥护党中央、国务院为制止动乱、平息反革命暴乱所采取的一系列决策和措施，立场坚定，旗帜鲜明，团结一致，行动统一，坚守岗位，克尽职守。经清查清理，全区法院没有人上街游行或以其他方式参加与支持动乱的。同时，也增强了抵制国内外敌对势力颠覆、渗透与和平演变的自觉性。

二是加强了领导班子的建设和审判人员的业务培训。使各级人民法院的领导权掌握在忠于马克思主义的人手里。1989年，自治区高级人民法院在抓好自身班子建设的同时，首先，协助各地、市、县（区）党委考核了各中、基层人民法院的正、副院长，对好的领导班子进行了总结，并推广了他们的工作经验；对个别有问题的班子帮助整顿提高。第二，自治区高级人民法院召开了全区刑事执法研讨会，举办了民事、经济、行政等各类审判人员短期业务培训班，提高了审判人员的业务素质，增强了做好工作的信心。第三，全区各级人民法院狠抓了干部业余法律大学的教学工作，比较合理地解决了工学矛盾，又有95名学员完成了学业，取得了法律大专学历毕业证书，进一步改善了我区人民法院干部的文化和法律知识结构。

三是加强了廉政建设。遵照中共中央关于“党和国家机关必须保持廉洁”的指示，我区各级人民法院把廉政建设作为从严治院的重点，认真贯彻执行了最高人民法院关于廉政工作会议精神。主要做法是：经常进行“八个不准”教育和职业道德教育；建立健全廉政管理制度，严格财经纪律；实行人民法院工作三公开（公开审理、公开宣判、公开办事制度），自觉接受监督；在全区法院开展了执法大检查，采取互查、自查和抽查与边查边改相结合的办法对1988年至1989年上半年审理的各类案件10450件进行了检查。自治区高级人民法院还以正、副院长的名义向全区干部、群众和法院干警发出公开信，恳请广大干部、群众对法院的审判工作给予支持和监督，检举揭发法院干警在执法中存在的问题，严肃查处了内部的违法违纪案件。依照《人民法院奖惩暂行办法》的规定，一年来，全区人民法院受表彰奖励的集体49个，立功受奖的个人365名。在这些先进集体和个人中，有勇于顶住压力、排除干扰、坚持依法办案的；有拒腐蚀、廉洁清正、秉公执法的；有兢兢业业、不计名利、甘愿奉献、成绩显著的。这是我区人民法院队伍的主流。同时，对违法乱纪绝不姑息，一经发现，即严肃查处。一年来因违法乱纪受到开除公职、撤职和其他党纪、政纪处分的干警13人。

（三）加强基层基础建设，改善执法条件

一是加强了基础设施建设。1989年初，我们遵照国务院关于各地人民政府应积极支持、妥善安排、尽快把当地审判法庭建设起来的要求，依靠各级党委、人大和人民政府的领导和支持，积极协助各级人民法院加快了审判法庭建设的步伐，先后落实了五个基层人民法院审判法庭的建设工程；督促完成了6个县、市（区）审判法庭的收尾工程。目前，全区计划建设的29个审判法庭已基本建成24个，改善了执法条件。

二是加强了对人民法庭工作的指导。据调查，目前全区已派出的58个人民法庭，审结的案件占全区一审案件的58%左右，对落实社会治安综合治理具有重要作用。为进一步加强对人民法庭工作的指导，高级法院成立了由一名副院长负责的法庭工作指导小组，增编的人员绝大部分充实到基层，并对一些不健全的人民法庭进行了调整，加强了对人民法庭的管理和思想政治工作。此外，还对人民法庭庭长进行了专门培训，进一步发挥了人民法庭的作用。

三是加强了对人民调解委员会的业务指导。依照法律规定，人民法院应对人民调解委员会进行业务指导。1989年，多数基层人民法院同当地人民政府的司法行政部门密切配合，结合人民法院的职能和工作特点，通过对调解人员进行业务培训，组织调解人员观摩人民法院的调解和审判，帮助调解人员研究对具体案件的调解等，提高了调解人员的业务水平。

各位代表：回顾过去一年的工作，全区各级人民法院的审判工作取得了一定成绩，人民法院自身的改革和建设也取得了明显的进展。这是在党委领导下，在人民代表大会及其常委会的监督和人民政府、人民政协以及广大人民群众的关心、支持下，各级人民法院共同努力的结果。但是，人民法院的审判工作同党和国家以及广大人民群众的要求还有很大差距，工作中还存在一些缺点，主要是：我们的思想和工作还跟不上政治、经济发展的新形势；对法院工作面临的新情况、新问题调查研究还不够深入、系统；审判监督和业务指导还不够有力，极少数案件在定性处理上还存在某些问题；特别是对个别刑事犯罪分子量刑偏轻，打击不力，处理的慢；对少数民事、经济案件以及对于在改革中出现的新型案件，在受理和处理上还缺乏经验；由于种种原因，办理某些案件拖的时间较长；执行工作存在着不少困难和不能严格依法办事的问题；在少数干警中还存在着自身法制观念不强、纪律松弛、作风拖拉的现象。这些问题，都需要在今后的工作中认真对待，加以改进。另一方面，法院工作中也还存在一些困难，主要是人力不足，办案经费严重不足，必要的办公用房和装备紧缺，不能适应工作需要，对这些困难，自治区党委、人大、政府是重视的，一方面我们要发扬艰苦奋斗精神去克服困难，同时希望继续给予解决。

各位代表：今年是我国治理整顿和深化改革的关键性一年，当前压倒一切的是稳定。这是人民法院面临的最重要的任务。我们要认真贯彻党的十三届四中、五中、六中全会、全国政法工作会议以及七届三次全国人民代表大会和第十五次全国法院工作会议精神，把维护社会稳定作为法院工作的指导方针，必须坚持"一个中心，两个基本点"的基本路线，贯彻实事求是的思想路线和群众路线，牢固树立各项审判工作都要为保障和促进国家的政治、经济和社会进一步稳定服务的观念，在人大及其常委会的监督和支持下，发扬人民司法工作的优良传统，努力做好各项审判工作，充分发挥审判职能作用，保障和促进治理整顿和深化改革的顺利进行，为实现国民经济长期持续、稳定、协调发展服务，为社会主义的物质文明和精神文明建设服务。

新疆维吾尔自治区高级人民法院工作报告

——1990年3月9日在新疆维吾尔自治区第七届人民代表大会第三次会议上

新疆维吾尔自治区高级人民法院院长 库尔班·肉孜

各位代表：

现在我向大会报告人民法院一年来的工作。1989年，是不平常的一年。在这一年里，发生了建国以来从未有过的政治动乱和北京反革命暴乱，乌鲁木齐发生了冲击自治区首脑机关的"5.19"严重打砸抢骚乱事件。我区各族法院干警坚决贯彻中国共产党四中全会、五中全会精神，坚持四项基本原则，坚持改革开放政策，拥护中央制止动乱和平息反革命暴乱的英明决策。在各类案件大量上升的情况下，各级法院认真贯彻为"一个中心，两个基本点"服务的指导思想，紧紧依靠党委的领导和人大的监督、支持，按照自治区七届人大上次会议批准的我院工作报告和第十四次全国法院工作会议提出的任务，克服困难，艰苦奋斗，全面开展审判工作。1989年，全区人民法院共受理各类案件80697件，比上年上升26.09%，审结72944件，比上年上升25.95%；并处理简易纠纷7237件，办理减刑9769件、假释205件。这些审判活动，为维护自治区的社会稳定，保护公民和法人合法权益，调节经济关系，保障和促进治理整顿、改革开放的顺利进行，起了重要作用。

一、依法打击各种刑事犯罪活动，维护社会安定

1989年，我区各级法院认真贯彻一月份召开的全国政法工作座谈会精神，按照"决心再大些，行动再快些，声势再猛些"的要求，坚定不移地严厉打击各种严重危害社会的刑事犯罪分子和各种严重破坏经济的犯罪分子。全年共受理一审刑事案件8875件，比上年上升17.52%，审结8640件，比上年上升17.92%，结案率97.35%。受理当事人上诉和人民检察院抗诉的二审案件3121件，审结2053件，结案率65.78%。由于近年来社会治安的形势比较严峻，在人民法院受理的一审刑事案件中，重大案件比1988年有较大的上升，其中故意杀人上升41.77%，故意重伤上升41.45%，抢劫上升54.75%，重大盗窃上升82.54%。针对这种情况，人民法院认真执行刑法和全国人大常委会关于严惩严重危害社会治安的犯罪分子的补充规定，坚决依法从重从快地惩处严重犯罪分子。全年判处刑事被告人9111人，比上年上升18.23%。判处无期徒刑、死刑（包括死缓）338人，上升46.32%，判处五年以上有期徒刑2478人，上升28.59%，判处五年以下有期徒刑和其他刑事处分6031人，上升14.40%，免予刑事处分179人，判决无罪的68人，给予其他处理32人。判处有罪的占被告人数的99.40%。各地法院根据本地治安情况，与公安、检察等部门密切配合，开展了打击流窜犯和当地其他突出犯罪活动的统一行动。并抓紧审理本地区有影响的大案要案，及时地召开公判大会。一年来，全区召开公判大会586次，保持了"严打"斗争的声势。如乌鲁木齐市中级法院召开公判大会，对雇用杀手杀人碎尸案件的罪犯韩利、潘新

民，对偷割大量电话线，严重破坏通讯设备的罪犯王占文、方得能执行死刑，和田地区中级法院召开公判大会对盗窃价值10万余元珠宝工艺品的肖家斌执行死刑，震动都很大。依法进行的严厉打击，震慑了犯罪分子，也警告了企图违法犯法的分子，鼓舞和支持了广大群众与违法犯罪活动进行斗争。

依法严厉打击严重经济犯罪活动。在1989年全区法院受理的一审刑事案件中，经济犯罪案件1425件，审结1384件，结案率97.12%，判决人犯1642人，个人非法所得万元以上的177人。其中属于国家机关、企事业单位工作人员贪污、受贿、投机倒把犯罪的占11.45%。经判决为国家和集体挽回经济损失954.75万元。最高人民法院、最高人民检察院《关于贪污、受贿、投机倒把等犯罪分子必须在限期内自首坦白的通告》发布后，为推动打击经济犯罪斗争的深入开展，高级法院与区检察院联合发出了贯彻两高《通告》的通知。召开了新闻发布会，积极进行宣传，号召人民群众检举揭发，鼓励经济违法犯罪分子自首坦白。在《通告》规定期限内，人民法院受理贪污、受贿等案件145件，审结102件，判处人犯117人。按《通告》精神给予从宽处理38人，从严判处22人，召开政策兑现公判大会21次。审理经济犯罪案件中，继续贯彻对严重经济犯罪分子从严惩处的方针，如利用担任银行出纳职务之便贪污公款22万元用于赌博的吐尔逊·阿不都热依木，依法判处了死刑，喀什地区中级法院召开了有4万人参加的公判大会，对吐犯宣判执行，受到各界的热烈拥护。人民法院对贪污、受贿、投机倒把等严重经济犯罪活动的依法审判，打击了经济领域犯罪分子的气焰，对党和国家坚决惩治腐败、加强廉政建设是有力的促进。

我区人民法院对各种反革命犯罪分子和制造社会动乱以及打砸抢的严重刑事犯罪分子，组织力量及时审理，坚决依法予以惩处。如乌鲁木齐市中级法院和天山区法院对“5.19”严重打砸抢骚乱事件中的犯罪案件及时进行了公开审理，依法对23名被告进行了判处，首犯被判处无期徒刑，对维护社会稳定起了重要作用。去年我区法院还审理了主要以散发标语传单，煽动推翻无产阶级专政和分裂祖国的反革命案件16件，判处被告27人，打击了反革命分子的嚣张气焰。

针对劳改犯脱逃和重新犯罪以及刑满、解教后又犯罪案件增多的情况，我区法院在刑事审判中加强了对此类案件的审理。1989年，全区法院对326名脱逃和重新犯罪的分子依法从严惩处，加处了刑罚，对其中罪行特别严重的×名罪犯依法判处了死刑。同时，对确有悔改和立功表现的劳改犯予以减刑、假释，调动了劳改犯接受改造的积极性。

近几年来，犯罪低龄化趋势更加明显，引起了社会各界的严重关切。1989年，全区法院判处的罪犯中，25岁以下的青少年占总数的62.55%，其中不满18岁的未成年人占总数的9.9%。更令人关注的是，青少年罪犯在故意杀人、抢劫、重大盗窃、流氓、强奸五类重罪犯中所占的比例均在50%以上。针对这种情况，我区部分法院根据最高人民法院推广的经验，挑选有办案经验的审判人员组成专门审理未成年人犯罪的合议庭，贯彻“教育、感化、挽救”的方针，针对未成年人的特点进行审判；同时，审判人员走出法院，与学校、家长、社会有关方面积极联系，研究教育、改造的办法，共同矫治失足少年的不良行为，已经收到好的效果。

二、积极参与调节经济关系，促进经济活动沿着社会主义轨道依法运行

1989年，我区人民法院的经济审判工作在原有的基础上又有很大发展。全年共受理一审经济纠纷案件14266件，比上年上升36.79%，审结12069件，结案率84.60%。结案标的总计28，558万元，比上年上升61.34%，受理二审案件974件，审结871件，结案率89.43%。在审结的一审案件中，审理

购销合同案件3490件，比上年上升24.02%，为治理流通领域的经济秩序起了促进作用；审理借贷合同案件2119件，比上年上升149.88%，主要是回收大量银行逾期贷款的案件，使3000余万元的呆滞资金得以合理流通。发挥经济效益；审理建筑工程承包合同案件707件，比上年上升15.33%，有力地配合了国家紧缩基本建设政策的实施；审理农村承包合同案件800件，联营合同案件114件以及大量企业承包案件，维护了农村联产承包责任制和企业经营责任制，促进经济管理体制改革和生产发展。此外，人民法院还受理了技术合同、商标侵权、劳动争议、企业破产等新型案件。去年，经济案件数量和诉讼标的上升幅度之大，是前所没有的。主要原因：一是治理整顿方针的贯彻实施，大量经济关系需要运用法律手段来调整；二是商品经济发展，经济往来中纠纷相应增加；三是公民和法人的法律意识提高，知道了通过依法诉讼是保护自己合法权益的有效途径；四是人民法院加强了经济审判工作，办案质量和办案效率有较大提高。

治理整顿是党中央、国务院为消除经济领域里各种混乱现象所采取的重要步骤，人民法院的经济审判工作是国家运用法律手段进行治理整顿的重要方面。我区人民法院在经济审判中，坚持贯彻为治理整顿服务的指导思想，对经济活动实行国家干预的职能。对违反国家法规签订的合同依法确认无效；对严重违反国家和社会公共利益，扰乱经济秩序的违法行为，除依法确认无效外，还给予必要的经济制裁，对发现的经济犯罪线索，依法移送有管辖权的司法机关查处；对发现的制度不健全、管理混乱的单位，及时发出司法建议书，促使主管部门进行整顿。人民法院通过自己的经济审判活动，使大量资金和物资得以合理流动、使用、发挥经济效益，有力地保护了合法经营，维护了经济秩序，促进了经济发展。

三、认真审理民事案件，依法保护公民的民主权利和其他合法权益

民事纠纷案件继续上升。1989年全区法院共计受理一审民事案件48903件，比上年上升24.88%，审结45195件，比上年上升26.21%，结案率92.42%。受理二审民事案件2757件，审结2534件，结案率91.91%。一审案件中，婚姻家庭案件27331件，比上年上升21.69%，在全部民事案件中占55.89%。其他几种主要民事案件也大幅度上升；债务案件13687件，上升68.62%；损害赔偿案件3669件，上升49.21%；房屋、宅基地、土地案件1326件，上升16.42%；继承案件1240件，上升22.05%。此外，还受理人身权，知识产权案件91件，涉外民事案件17件。

民事案件大幅度上升，一方面反映在商品经济日益发展的情况下，公民之间的民事、经济往来增加，导致纠纷增多，另一方面说明随着社会主义民主和法制的不断发展、完善，使越来越多的财产关系、人身关系纳入了法律调整的范围，并使公民的法律意识增强，寻求以法律保护自己的合法权益。同时也反映出城乡基层社会组织调处人民内部纠纷的职能还没有充分发挥，大量的民间纠纷涌向了法院。为了及时调处纠纷，缓解社会矛盾，维护社会安定，人民法院努力加强民事审判工作。依照婚姻法的规定认真处理离婚、抚养赡养、家庭财产、收养关系等婚姻家庭方面的案件，实行婚姻自由、男女平等、保护妇女儿童和老人合法权益等社会主义婚姻家庭制度的原则，反对早婚、重婚、包办买卖婚姻和其他落后习俗；认真执行民法通则、继承法等民事法律，保护正当的借贷活动和债权人的合法权益，打击高利盘剥，保护继承人的合法继承权利，保护公民的合法财产权、人身权、名誉权和其他合法权利，制裁各种民事侵权行为。为了及时处理案件，方便群众诉讼，人民法院在办案中坚持着重调

解的原则，深入实地，调查研究，宣传法律，做细致的思想疏导工作，使大量纠纷圆满解决。去年审结的民事案件中，调解结案的33549件，占74.23%，及时地化解了社会矛盾，维护了社会安定。

四、开展行政审判工作，依法保护公民和法人的合法权益，监督和支持行政机关依法行使行政职权

行政审判工作在1989年里有一定的发展。各级法院在组建行政审判机构、充实人员、学习行政法规的同时，积极而认真地办理了案件。全年受理一审行政案件210件，比上年上升52.17%，审结195件，结案率92.86%。审结二审行政案件77件。这些案件涉及治安、工商、税务、食品卫生、土地管理、渔业、林业等许多行政部门。在审结的195案中，维持行政机关处罚决定的91件，占总数的46.67%；撤销处罚决定的41件，占21.03%；申请人撤诉的37件，占18.93%；法院判决作变更处理的12件，占6.15%；作其他处理的14件，占7.18%。

随着政治体制改革的深入发展，行政审判工作的地位显得越来越重要。第七届全国人大第二次会议通过的《中华人民共和国行政诉讼法》，将于1990年10月1日实施。这是继刑事诉讼法、民事诉讼法（试行）之后，又一部重要的程序法，它标志着我国的社会主义法制建设又迈出了重要的一步，为法院行政审判工作提供了程序上的法律依据。它的制定，对于贯彻执行宪法，保障公民合法权益，维护和促进行政机关依法行使行政职权，改进和提高行政工作，都有重要的积极的意义，对于治理经济环境、整顿经济秩序和廉政建设也有积极的促进作用。我区各级法院组织审判人员认真学习这一法律，培训审判骨干，做好贯彻实施的试点工作，并广泛进行法制宣传，为届时贯彻实施做好了准备工作。

五、做好告诉申诉审判工作，促进告诉申诉工作走向制度化和规范化

1989年，我区法院的告诉申诉审判工作有了较大改观，告诉申诉庭成立后，把接待信访、审查告诉和申诉纳入了诉讼轨道。对符合法定立案条件的告诉，及时收案审理；对不符合立案条件的，做好当事人的思想工作，劝其息诉；对不属法院管辖的，及时转有关部门处理。对于不服人民法院发生法律效力的判决、裁定而申诉的，认真执行最高人民法院关于“分级负责”的规定，一般由最后作出裁决的法院复查处理，当事人仍不服的，由上级人民法院复查处理。全年共接待来访68810人次，比上年下降46.03%；处理来信34628件，比上年下降45.79%。来信来访明显下降的主要原因是：刑事审判工作方面落实政策的任务已经基本完成；各项审判工作的质量有了不同程度的提高；处理告诉申诉的工作得到了进一步加强。全年按审判监督程序立案的各类申诉案件1510件。审结1307件，结案率86.56%，维持原判663件，改判374件，使部分原判不当的案件得到纠正，一部分上访“老户”的问题得到解决。

六、加强法院自身建设，保证审判任务的完成

1989年，我区各级法院认真贯彻“一手抓审判，一手抓建设”的方针，为适应形势发展的需要，继续加强法院的队伍建设、基层建设和物质建设。

加强思想政治工作。大力加强和改进思想政治工作，是关系到社会主义事业成败与否的头等大事，各级法院把它摆在队伍建设的首位，认真抓紧抓好。一年来，在干警中深入进行了坚持四项基本原则、反对资产阶级自由化的教育和共产主义的理想教育，进行了爱国主义和民族团结的教育，进行了全心全意为人民服务宗旨的教育，提高了广大干警的政治觉悟和思想水平。在发生政治动乱、暴乱期间，及时地向干警传达中央的政策精神，党的四中、五中全会之后，又立即组织学习会议文件，学习邓小平、江泽民同志的重要讲话，深入讨论，统一思想认识。通过正面教育，各族干警激发了工作热情，增强了组织纪律观念，完成了各项任务；在制止动乱、平息反革命暴乱的斗争中，立场坚定，旗帜鲜明，经受住了严峻考验，在政治上和中央保持了一致。

加强廉政建设。去年各级法院继续贯彻“从严治院”的精神，根据全国法院廉政建设工作会议提出的七项要求，结合本地法院实际，制定了廉政规章，加强了法院系统的纪检、监察工作。10月份，高级法院召开了全区法院廉政工作会议，交流了廉政建设的情况和经验，研究了改革开放新形势下如何保持廉洁的问题，推进了我区法院的廉政建设。一年来，廉政建设取得了明显效果，全区法院涌现出了一批坚持四项基本原则、清正廉洁、秉公办案、工作成绩突出、坚持民族团结的单位和个人。经过评比，有206个单位被各级法院评为先进集体，1366人被评为先进工作者。最近，在高级法院召开的全区法院系统表彰大会上，有20个单位被评为全区法院系统的先进单位，47人被评为先进工作者。在表彰先进的同时，对法院干警中的违法违纪问题也进行了严肃查处。据统计，全年查处违法违纪线索93条，经查实给予党纪政纪处分的34人，保证法院队伍的纯洁性。

加强干部培训工作。各级法院下大力气，抓干部培训工作并取得了新的进展，主要是继续办好法律业大。去年，在法律业大开办了民族班，招收民族学员477人，目前业大的在册学员为938人。同时，还向中央民族学院选送了30名学员。短期培训的形式继续受到重视，自治区高院开办了行政诉讼法培训班，许多中院、基层法院也开办了各种短期培训班。通过各种形式的培训，法院队伍的文化结构发生了变化，干警的业务素质有一定的提高。

加强基层工作。加强基层人民法院特别是人民法庭的工作，是搞好法院各项工作的基础。去年，各级法院把做好此项工作，作为改进领导作风和审判作风，加强法院自身建设的大事来抓，新增人员百分之八十分配到基层，使基层人民法院包括人民法庭的力量得到加强；新建人民法庭95个，使全区人民法庭达到了325个；高、中级法院成立了人民法庭工作指导小组，加强了对人民法庭的日常指导。人民法庭作为法院审判工作的前沿阵地，承担了大部分简易民事案件、部分简易经济案件以及轻微刑事案件的审判任务，直接参与社会治安的综合治理，为社会稳定做出了贡献。

加强物质建设。在各级党委、人大常委会和政府的关怀、支持下，法院审判工作条件有一定改善。作为人民法院开庭审判案件的法定场所的审判法庭，截止去年底，地方各级法院已建91个，占应建数的84%；办案交通工具、技术设备有一定加强。

总之，1989年我区人民法院的工作取得了很大的成绩。这些成绩的取得，我们的主要体会是：坚持人民民主专政，强化人民法院的专政职能。审判工作中坚决贯彻对人民实行民主和对敌人实行专政的指导思想；坚持审判工作为改革开放服务、为社会主义经济建设服务。自觉地把各项审判工作摆到治理经济环境、整顿经济秩序、全面深化改革这个大局中来考虑，服从这个大局，服务于这个大局；坚持严肃执法，正确执行政策。把执行国家法律和执行党的政策统一起来，在党的政策的指导下，按照事实和法律处理案件；坚持在党的领导和人大的监督下依法独立行使审判权。工作中主动向党委和人大汇报，自觉接受领导和监督；坚持全心全意为人民服务，继承和发扬人民司法的优良传统。实行实事求是、调查研究、群众路线的工作方法，方便群众诉讼，为群众排难解忧。

在我们肯定成绩的同时，也要看到缺点和不足。主要是我们的思想、工作和队伍还不能完全适应当前我国政治、经济发展的新形势；对审判工作中遇到的新情况、新问题缺乏深入的调查研究；少数案件审判质量还不够高；一些案件办案期限超过法律规定的问题还没有完全解决；民事、经济案件执行难的问题仍然突出，经努力执行率虽有所提高，但仍有相当数量的案件没有得到执行；等等。对这些问题，我们要认真研究，采取措施加以克服。此外，法院物质困难仍然不少，办案经费依然紧张，大多数人民法庭没有办公用房和干警宿舍，少数基层人民法院没有自己的办公用房和审判法庭，法院的交通、通讯和其他物质装备与繁重的审判任务不相适应。希望各地继续给予大力支持，帮助法院解决物质困难，为法院创造一个较好的执法环境。

各位代表，1990年，是治理整顿、深化改革关键性的一年。当前我国的政治经济形势是稳定的，自治区的形势也是稳定的。但是，不安定的因素仍然存在。我们要清醒地看到：国际敌对势力亡我之心不死，加紧推行“和平演变”战略，更加猖狂地对我国进行渗透和颠覆活动；在世界风云多变的时候，国内顽固坚持资产阶级自由化的人和敌视社会主义制度的反革命分子，不甘心失败，妄图再次挑起事端，制造动乱；同时，一小撮民族分裂主义分子破坏活动加剧，他们内外勾结，进行分裂祖国的活动，各种刑事犯罪案件持续上升，社会治安形势仍然严峻。面对这种情况，我们必须牢固树立“稳定压倒一切”的思想。保持稳定是全国人民面临的最重要的任务，也是我们法院最重要的任务。人民法院作为人民民主专政国家机器的重要组成部分，要通过审判活动，运用法律武器，保障社会的稳定。在新的一年里，我区各级法院要在党的领导和人大及其常委会的监督下，坚持党在社会主义初级阶段的基本路线，认真贯彻党的四中全会、五中全会精神，全面开展各项审判工作。要继续抓紧刑事审判工作，坚决依法打击阴谋推翻无产阶级专政、颠覆社会主义制度、分裂祖国统一的反革命犯罪活动，依法打击制造动乱、暴乱和进行打砸抢的犯罪分子；继续抓紧审判严重破坏经济的犯罪案件，特别是对大案要案的审理，从严惩处严重经济犯罪分子；对我区发案多、危害大的凶杀、重伤、重大盗窃、抢劫、强奸等严重犯罪案件，继续贯彻“依法从重从快”惩处的方针；依法惩处“六害”中的犯罪分子，遏制社会丑恶现象。要继续开展好民事、经济、行政审判工作。进一步加强法院队伍建设，特别是搞好领导班子的建设。我们要振奋精神，再接再厉，努力工作，为完成第十五次全国法院工作会议提出的“保障社会稳定，促进经济发展，加强队伍建设，提高执法水平”的任务而奋斗，为自治区的社会稳定，治理整顿、深化改革和社会主义现代化建设的顺利进行，作出更大的贡献！

以上报告，请审议。

解放军军事法院工作报告

1989年，各级军事法院在党委和政治机关的领导下，充分发挥职能作用，紧紧围绕军队的高度稳定和集中统一，做了大量工作，取得了新的成绩。

一、积极参加了制止政治动乱和平息反革命暴乱的斗争。在制止政治动乱和平息北京发生的反革命暴乱的斗争中，广大军法干部立场坚定，旗帜鲜明，坚决拥护四项基本原则，反对资产阶级自由化，在斗争中经受了锻炼和考验。有些军事法院还派军法干部到平暴第一线，经受了生与死的考验，被评为全国法院系统制止动乱、平息反革命暴乱先进集体。许多军事法院编印宣传教育材料，派人深入部队宣讲，运用事实和法律，有理有据地揭露动乱和暴乱的实质，宣传戒严平暴的正确性、合法性。平息反革命暴乱后，依法判处了一批与动乱、暴乱有关的犯罪案件。

二、继续严厉打击了严重刑事犯罪活动。全军共受理一审刑事案件 892 起，案犯 1209 名，审结 846 起，判处罪犯 1151 名。其中，杀人、放火、强奸、流氓、抢劫、重伤害、盗窃武器装备等严重刑事犯罪和危害国家安全的犯罪案件 301 起，罪犯 385 名，对上述严重刑事犯罪分子，判处五年以上有期徒刑、无期徒刑、死刑的 280 名。这些案件的审结时间平均为 21 天。

三、依法严厉打击了严重经济犯罪活动。审结经济犯罪案件 382 起，判处罪犯 565 名。其中严重经济犯罪案件 102 起，罪犯 162 名。对这些严重经济犯罪分子判处五年以上有期徒刑、无期徒刑、死刑共 135 名。通过审判经济犯罪案件，追缴罚没赃款 423.2 万元。

此外，审理二审刑事案件 80 起，再审刑事案件 142 起，减刑、假释案件 398 起；接待来访 1062 人次，处理来信 5275 件。

在审判工作中，各级军事法院都十分重视提高执法水平，办案质量总的是好的。一年来，解放军军事法院和各大单位军事法院帮助下级法院研究复杂疑难案件 185 起；对 278 起案件的办案质量进行了检查；研究解决了执行刑事政策中遇到的一些问题。许多法院重视了建立健全审判工作规章制度。制定了办理一审、二审、再审刑事案件的工作细则和合议庭、审判委员会议案规则等，使审判工作逐步走向正规化、制度化。

四、通过各项业务活动，大力为部队建设服务

1. 围绕审判活动进行法制教育。各级军事法院深入发案单位公审、公判 473 场，参加旁听人数 414661 人次；就案讲法和举行案例发布会 189 次，听众 18734 人次；向发案单位提司法建议 268 份；有的还帮助发案单位进行整顿，总结经验教训；还有的回访在押劳改犯和刑满释放人员，鼓励他们弃旧图新，重新做人。

2. 帮助部队搞好经常性的法制教育。全军各级法院为部队讲法制课 797 场，受教育人数 367319 人次。编印法制教育材料和印发判决书、布告 1235630 份。北京、沈阳军区军事法院还积极协助有关部门对团以上干部进行法律轮训，增强了领导干部依法决策和依法管理部队的能力。

3. 综合研究犯罪原因和规律。许多军事法院对青年战士犯罪、性犯罪、盗窃武器装备犯罪、经济犯罪以及团以上领导干部犯罪的特点、原因进行剖析，找出犯罪规律，总结教训，提出预防对策，对综合治理工作的落实起到了促进作用。

4. 为部队和干部、战士提供法律服务。据统计，各级法院的审判人员通过下部队开展法律咨询和处理信函，解答了 2891 名干部、战士提出的有关继承、婚姻、房产等涉法问题 4365 件。许多法院还主动帮助部队的生产经营单位审查经济合同，进行生产经营的可行性论证，对经济纠纷进行非诉讼调解等，有效地保护了部队的合法权益。仅据北京、沈阳、广州、成都四个军区法院的不完全统计，就为部队挽回或避免经济损失 883.5 万元。

5. 帮助部队广泛开展法律咨询活动。截止去年底，各级军事法院已帮助军以上单位的政治部门成立了 75 个法律顾问处，现有法律顾问和法律工作者 452 人，他们为 236 家企业担任常年法律顾问。近几年来，共为生产经营单位挽回经济损失 5041.38 万元，避免经济损失 7142.4 万元；担任刑事、民事辩护和民事代理 972 件，代写法律文书 976 份，办理非诉讼案件 689 件，为领导决策提供法律依据 107 件。许多法院还帮助师以下单位建立健全法律咨询组织。目前，已在部队建

立了1682个法律咨询站和9089个法律咨询组，共有法律咨询员32233名。同时，对2641名法律咨询员进行了培训，总结推广了开展群众性法律咨询活动的经验。

军事法院工作中存在的主要问题是：对全军法院的工作情况调查不够，对执法中遇到的问题有的没有很好地研究解决；有的在办案中执行诉讼程序制度不够严格；极少数案件定罪不准，量刑不当；为部队服务的工作开展得还不平衡。

专题报告

关于人民法院贯彻执行两院“通告”的情况报告

最高人民法院院长　　任建新

委员长、各位副委员长、各位委员：

今年8月15日，最高人民法院、最高人民检察院发布了《关于贪污、受贿、投机倒把等犯罪分子必须在限期内自首坦白的通告》。现在，我就全国各级人民法院贯彻执行的情况汇报如下，请予审议。

（一）

当前，坚决惩治腐败，加强廉政建设，同贪污、受贿、投机倒把等经济领域内的严重犯罪作斗争，是党的十三届四中全会确定的一项重要任务，是人民群众普遍关心的事情。我国自实行改革开放的政策以来，党和国家一直十分重视同经济领域内的犯罪活动作斗争。邓小平同志曾经指出：“我们要有两手，一手就是坚持对外开放和对内搞活经济的政策，一手就是坚决打击经济犯罪活动。”1982年以后，全国各级人民法院坚决执行全国人大常委会《关于严惩严重破坏经济的罪犯的决定》，依法从严惩处了一大批严重破坏经济的犯罪分子，至1988年底，共受理一审经济犯罪案件36万件，判处罪犯46万名，其中贪污犯81433名，受贿犯13026名，投机倒把犯14949名，走私犯2454名。今年3月，第七届全国人民代表大会第二次会议批准的《最高人民法院工作报告》中，提出各级人民法院要把主要力量放在反贪污、反受贿上；同时，对投机倒把、走私、贩毒、诈骗、偷税抗税等其他严重经济犯罪活动，也必须依法严惩。今年1至8月，全国各级法院共受理一审经济犯罪案件47339件，判处罪犯63387名，其中贪污犯4756名，受贿犯1262名，投机倒把犯966名，走私犯241名。但是，当前经济领域的犯罪活动，不仅在社会上蔓延，而且渗透到国家机关，特别是少数国家工作人员贪污、受贿和少数单位的投机倒把犯罪活动仍很猖獗。这些腐败现象，引起了广大干部、群众的不满。

为了深入开展打击严重经济犯罪活动的斗争，在社会上和国家机关中对腐败现象进行一次“大扫除”，给犯有贪污、受贿、投机倒把等罪行的人一个悔过自新的机会，严惩那些拒不悔罪的犯罪分子，以加强廉政建设，振奋全国人民的精神，保障改革开放和现代化建设事业的顺利进行。根据今年7月举行的中共中央政治局全体会议的建议和有关法律规定，最高人民法院与最高人民检察院共同制定、发布了《关于贪污、受贿、投机倒把等犯罪分子必须在限期内自首坦白的通告》。

“通告”是依照法律的有关规定制定的。我国刑法第一条确定的“惩办与宽大相结合的政策”，是刑法的重要指导思想之一，是我们党和国家同刑事犯罪作斗争的行之有效的一项基本刑事政策。我国刑法和有关刑事法律都充分体现了这一政策思想。刑法第六十三条规定：“犯罪以后自首的，可以从轻处罚。其中，犯罪较轻的，可以减轻或者免除处罚；犯罪较重的，如果有立功表现，也可以减轻或者免除处罚。”刑法第五十九条第一款规定：“犯罪分子具有本法规定的减轻处罚情节的，应当在法定刑以下判处刑罚”。第二款规定：“犯罪分子虽然不具有本法规定的减轻处罚情节，如果根据案件的具体情况，判处法定刑的最低刑还是过重的，经人民法院审判委员会决定，也可以在法定刑以下判处刑罚。”

根据以上法律规定，“通告”的指导思想和它的显著特点，是坚决贯彻惩办与宽大相结合的方针，实行“坦白从宽、抗拒从严”的政策。一方面，“通告”第二条第一款规定：从8月15日起到10月31日止，凡在此期限内“投案自首，积极退赃的，或者有检举立功表现的，依照刑法第六十三条、第五十九条的规定，一律从宽处理。其中，犯罪特别严重，依法应判处死刑的，可以从轻或者减轻处罚，不判处死刑；犯罪较重，依法应判处重刑的，可以从轻、减轻处罚或者免除处罚；犯罪较轻，依法应判处轻刑的，可以减轻处罚或者免除处罚。”第二款规定：“被采取强制措施后坦白全部罪行，积极退赃的，或者有检举立功表现的，参照前款规定，酌情予以从宽处理。”另一方面，在第三条中规定：“凡在规定期限内，拒不投案自首、坦白交代问题的；销毁证据，转移赃款赃物的；互相串通，订立攻守同盟的；或者畏罪潜逃，拒不投案的，坚决依法从严惩处。”“通告”适用的对象，主要是贪污、受贿、投机倒把等犯罪分子，以便治理党和政府内部的腐败现象。但是，对于走私、行贿、诈骗、偷税抗税等经济犯罪分子也可以适用。

“通告”的发布，体现了党和国家惩治腐败、打击经济犯罪活动，加强廉政建设的决心和行动，反映了广大人民群众的强烈愿望和要求。群众给人民法院来信说：“中央动真格的，我们对惩治腐败、搞好廉政建设充满信心。”

（二）

两个多月来，各级人民法院把贯彻执行“通告”作为一项突出的重要任务来抓。在审判工作任务繁重、人员紧张的情况下，切实加强领导，周密安排部署，抓得紧，行动快，取得了较好的效果，有力地推动了这场斗争健康地、顺利地向前发展。

一、在党委的领导下，在人大及其常委会的监督和政府的支持下，各极人民法院与检察、公安、司法、监察等有关部门密切配合，协调行动。“通告”发布后，各级人民法院组织全体干警结合党中央和邓小平同志关于惩治腐败的一系列重要指示，认真学习，进一步提高了对惩治腐败的重要性和必要性的认识。各级人民法院的主要负责同志会同检察院领导及时向党委作了汇报，取得党委、人大和政府的重视和支持。惩治腐败，同经济犯罪作斗争，单靠法院和检察院自身的力量是不够的，必须在党委领导下，动员广大群众和社会各界力量来进行。因此，各级人民法院普遍加强了与新闻、宣传等部门的配合，通过举行新闻发布会、记者招待会，在电台、电视台、报纸上发表讲话和文章，大量印发、张贴“通告”和有关“通告”的宣传资料，组织广大法院干警走上街头进行宣传、咨询等形式，广泛宣传“通告”，大造舆论，努力做到家喻户晓，尽人皆知。许多法院还深入看守所、监狱宣讲“通告”，动员在押未决人犯和劳改罪犯坦白余罪，并进行检举揭发。在此期间，最高人民法院和最高人民检察院与公安部、司法部先后于8月30日、9月19日和10月16日联合召开了三次贯彻两院“通告”的新闻发布会，最高法院负责人在会上及时通报了法院贯彻执行“通告”的进展情况；着重介绍了人民法院按照刑法和“通告”的规定从宽或者从严判处的典型案例；敦促一切有经济犯罪行为的人及早自首、坦白，争取宽大处理。通过宣传发动，增强了社会各界的信心，动摇了经济犯罪分子，收到了明显的效果：一批经济犯罪分子投案自首，群众检举揭发经济违法犯罪行为的线索也大幅度上升。这次宣传贯彻“通告”声势较大，范围较广，形式也多样化。

二、全国各级人民法院依照法律和“通告”的规定，及时审结了一批宽严典型案件。

从8月11日“通告”发布到10月15日止，全国各级人民法院共新收检察机关起诉的贪污、受贿、投机倒把等经济犯罪案件6755件。这些案件，虽然绝大部分是“通告”以前侦查立案的，由于“通告”中宣布：在“通告”发布后正在办理的贪污、受贿、投机倒把等经济犯罪案件，也适用“通告”的规定，因此，法院适用“通告”判处了经济犯罪案件5167件。其中，贪污1831件，受贿830件；投机倒把181件；判处案犯7913人，其中，从宽判处的2249人，从严判处的989人；从宽中，从轻1295人，减轻737人，免予刑事处分217人。在判处的案犯中，已发生法律效力的4406人。其中，死刑（包括死缓）××人，无期徒刑××人，十年以上有期徒刑××人，五年以上十年以下有期徒刑××人，五年以下有期徒刑3166人；司（局）级干部8人，县（处）级干部91人。

各级人民法院在适用“通告”审理经济犯罪案件中，严格依法办事，坚持以事实为根据、以法律为准绳和对于一切公民在适用法律上一律平等的原则，切实保证“通告”的各项规定得到落实。主要做法是：

1. 抓大案要案的审理。万元以上的大案和处级以上干部犯罪的要案影响大、危害大。抓好大案要案的审理，可以让群众看到我们惩治腐败的决心和行动。在这期间人民法院判处的经济犯罪案件中，大案要案占了相当比例，其中有贪污几十万元、上百万元以至几百万元的大案；也有司（局）级和县（处）级干部贪污、受贿被判刑的要案。比如，原广州市白云区竹料信用社会计陈章源，利用职务之便，挪用公款达321万余元。最近，广东省广州市中级人民法院依照全国人大常委会《关于惩治贪污罪贿赂罪的补充规定》中“挪用公款数额较大不退还的，以贪污论处”的规定，以贪污罪，判处陈章源死刑，剥夺政治权利终身。又如，黑龙江省大庆石化总厂老年服务公司经理、副厅级干部关文彬，任职期间，共收受贿赂27000元。由于关能够主动投案自首，并退出全部赃款，大庆市中级人民法院根据刑法和“通告”的规定，于9月12日以受贿罪，判决关文彬免予刑事处分。

2. 依法严格掌握宽严幅度，该从宽的坚决从宽，该从严的坚决从严。从宽、从严都要依照法律，并按照“通告”的规定，充分体现政策。从宽是在法律范围内的从宽，不是宽大无边。“通告”期间，各级法院适用“通告”规定从宽处理的案件，一般有以下几种情况：（1）投案自首，并交出全部赃款的，依法从轻处罚。如桂广庆投机倒把、受贿案。桂广庆原是湖北省武汉冶金研究所所长。他利用职权，将冶金部拨给该所计划内的5吨镍板私下倒卖，非法获利40余万元，还受贿13000余元。桂广庆所犯的罪行，论罪应该判处死刑。但鉴于他主动投案自首，并退出全部赃款，武汉市中级法院依照“通告”的规定，数罪并罚，从轻判处桂广庆无期徒刑，剥夺政治权利终身。被告不服，提出上诉。湖北省高级人民法院经审理认为，根据此案的具体情节和“通告”的精神，从轻的幅度还应当再大一些。因此，终审判决，改判他有期徒刑十五年，剥夺政治权利三年。（2）既投案自首，积极退赃，又有立功表现的，依法可以减轻处罚或者免除处罚。如朱希亮贪污、受贿案。朱原是黑龙江省大庆石油管理局天然气公司器材供应组计划员。他从1988年7月至1989年6月间，利用职务之便，贪污公款8万余元，实得4万余元，同时受贿3万余元。朱希亮在“通告”的感召下，于9月30日携赃款4万余元到吉林市中级法院投案自首，次日又向检察机关交代了全部罪行，退还赃款7万余元和彩电、录像机等赃物，还检举了两名犯罪分子的犯罪事实，均查证属实，予以逮捕，有立功表现，吉林市中级法院依照刑法和“通告”的规定，数罪并罚，减轻判处朱希亮有期徒刑三年，缓刑五年。（3）对于已被采取强制措施或者在押未决人犯能主动坦白交代全部罪行或者余罪，真诚悔罪，积极退赃或检举立功的，根据不同情节，依法也予以从宽处理。如杨义海受贿案。杨系湖北省秭归县航运公司经理兼党总支书记。他利用职务之便，收受贿赂12000余元。杨义海归案后，除如实坦白交代自己罪行，退出全部赃款外，还检举揭发了11人的经济犯罪行为，其中10人的罪行已查证属实，一名副厅级干部已被逮捕。秭归县法院认为，杨义海不仅能坦白交代犯罪事实，积极退赃，而且有重大立功表现，依照“通告”的规定，判决免予刑事处分。

对于那些负隅顽抗、拒不交代、隐瞒犯罪、转移赃款赃物或者毁灭证据，或者互相串供，订立攻守同盟，或者畏罪潜逃，企图逃避法律制裁的犯罪分子，则坚决从严惩处，罪该判处死刑的坚决判处死刑，罪该重判的坚决重判。在“通告”规定的期间，最高人民法院依法审理了一批严重经济犯罪案件。从8月15日至10月20日，共核准了××名严重经济犯罪分子死刑。其中，贪污犯××名，投机倒把犯×名，走私犯×名。这些被核准死刑的罪犯，主要有以下几种情况：（1）罪行被察觉后，不坦白交代，而是继续犯罪。例如，刘俊峰贪污案。刘俊峰利用担任河南省工商银行沈丘县支行东风路储蓄所会计兼负责人的职务之便，贪污公款8万余元。当其罪行败露后，不仅不坦白交代，反而骗取公款1万元潜逃。一、二审法院依法判处其死刑。最高法院核准了对他的死刑判决。（2）隐瞒犯罪，畏罪潜逃，企图逃避法律制裁。如广东省东莞市工商银行石龙办事处金融服务部记帐员林德新，勾结个体户黎锡洪，贪污公款127万余元。作案后，在准备逃往香港时被我公安机关人赃俱获；再如，湖南省工商银行新晃侗族自治县支行营业部复核员胡启林与工人吴文波勾结，贪污公款28万余元。胡启林在犯贪污罪期间，又多次挪用公款10万余元，填补帐上亏空，以掩盖贪污罪行。胡、吴自感罪行严重，携带巨额赃款潜逃，先后流窜湖北、四川、甘肃、新疆、贵州、海南等地，后被抓获。最高法院依法核准了上述罪犯死刑。（3）将犯罪所得巨款任意挥霍，给国家造成重大损失。如福建省仙游县郊尾粮站梅塘糖点副食品实物负责人兼门市部付货员陈明华，于1987年12月至1988年5月，利用职务之便，盗卖面粉17万多公斤，价值14万余元，销赃后得款13万余元，大部分用于赌博、挥霍，案发后仅追回赃款4万余元；又如，原北京市皮件三厂副厂长武克强，从1981年至1987年6月，利用职务之便，贪污公款34万余元，实得赃款23万余元，赃款大部分被用于挥霍、行贿，并给北京市皮件三厂造成20万元的经济损失，罪恶累累。上述罪犯，均被最高法院依法核准死刑。

各地人民法院在适用“通告”审理经济犯罪案件中，坚持“一要坚决，二要慎重，务必搞准”的方针，始终坚持把事实搞清楚，把证据搞扎实，并注意查明案发经过和退赃、检举立功等情况，以确保办案质量。从而防止误把不是从轻、减轻情节当作从轻、减轻判处，或者误把假自首、假坦白作从宽处理；同时，也防止依法应该从宽的不敢从宽。

三、大张旗鼓地宣判一批宽严典型案件。各地人民法院在结合宣传贯彻“通告”的同时，及时选择一批自首坦白、检举立功被从宽判处和拒不坦白交代被从严判处的典型案件，大张旗鼓地进行宣判。从8月15日到10月15日，各地人民法院共召开公开宣判大会1044次，宣判宽严典型案件2614件。其中，贪污576件，受贿283件，投机倒把53件；判处案犯4320人。其中，从宽判处772人，从严判处287人；从宽中，从轻判处351人，减轻判处251人，免予刑事处分170人。由于兑现了政策，大大发挥了“通告”的感召力和震慑力，扩大了办案的社会影响，对于敦促犯罪分子自首坦白，取得了明显的效果。如辽宁省丹东市中级法院9月8日召开政策兑现的宣判大会之后不到4天，投案自首人员就增加了一倍多。

各地人民法院在选择典型案件大张旗鼓地公开宣判时，注意选择那些有利于体现“通告”精神，有利于分化、瓦解犯罪分子，有利于改革开放和促进廉政建设的宽严典型案件，就案讲法，全面体现党的政策和国家法律的尊严，造成“兵临城下”的态势，促使犯罪分子放弃侥幸心理，争取走从宽之路，同时，也鼓舞了广大人民群众同经济犯罪作斗争的意志，得到了社会各界群众的支持和拥护。

四、及时指导，使贯彻“通告”的工作健康、深入地向前发展。“通告”是当前打击经济犯罪的一项临时大政策，时间性和政策性强，各地人民法院都加强了对这项工作的指导。最高人民法院针对各地人民法院在贯彻“通告”中遇到的具体适用法律的问题，及时与最高人民检察院作出司法解释下发。比如，在贯彻“通告”中，就如何具体掌握从宽幅度的问题，于8月22日下发了《关于执行“通告”第二条有关规定的具体意见》。9月14日，又发出《关于执行“通告”若干问题的答复》，主要针对如何掌握好免予起诉或者免予刑事处分作了明确规定：个人贪污、受贿数额在5万元以上，个人投机倒把非法经营数额在20万元以上，或者非法获利10万元以上，应当判处重刑的，只有在“通告”规定的期限内，主动投案自首，退出全部赃款，没有给国家或者集体利益造成重大损失，并有立功表现，具备这四个条件的，方可以考虑免予起诉或者免予刑事处分，并应逐级报请最高人民检察院或者最高人民法院审查。为了加强对全国法院贯彻“通告”工作的指导，最高人民法院于10月7日至11日召开了全国部分省、市法院刑事审判工作会议，交流了各地法院贯彻执行“通告”的情况和经验，研究了当前存在的问题和解决问题的意见。会议认为，审理在限期内投案自首、坦白交代和拒不投案、顽抗到底的经济犯罪分子，既要敢于依法从宽，也要敢于依法从严；宽不能宽大无边，严要严而有度；并对如何掌握政策、法律界限提出了具体意见。此外，还通过二审和审判监督程序，对下级人民法院适用“通告”规定审理经济犯罪案件加强指导。从而对各地法院正确执行“通告”起到了积极的作用。

（三）

这次贯彻执行“通告”取得了很大成绩，收到了很好的效果。事实说明，从总体上讲，我们国家工作人员绝大多数是好的，是清正廉洁、秉公办事的，这是主流。但也确有少数人受金钱的诱惑和资产阶级思想的腐蚀，以权谋私，贪污受贿，投机倒把，走私诈骗。他们的违法犯罪行为，给国家、集体造成重大经济损失，使党和政府的形象受到损害，必须给予法律制裁。

“通告”规定的限期，到10月31日为止，不再延长。但是，打击严重经济犯罪、惩治腐败的斗争决不能放松。从人民法院贯彻执行“通告”的情况看，各地工作发展不平衡。一些法院对于这场斗争的重要性和长期性认识不足，重视不够；宣传“通告”的声势不够大，群众发动得也不够广泛、深入。一些隐藏较深的经济犯罪分子还没有被挖出来；有些县（区）甚至无一人投案自首。在投案自首的人员中，投机倒把特别是单位投机倒把和走私、行贿的也较少。这表明，这场斗争还需要进一步深入进行下去。

邓小平同志在最近指出，惩治腐败不是搞一天两天、一月两月，整个改革开放过程中都要反对腐败。江泽民同志在庆祝中华人民共和国成立四十周年大会上的讲话中，也指出：贪污盗窃、行贿受贿、投机倒把牟取暴利的现象，在我国已经产生扰乱经济秩序，败坏社会风气，影响社会安定的严重后果。我们与经济犯罪和腐败现象作斗争，不仅是经济领域内的一场严峻斗争，而且是一场关系到国家生死存亡的政治斗争。只要改革开放继续，并且最终要获得成功，严惩经济领域中严重犯罪的斗争就不能停止。因此，这是一场长期的、艰巨的、复杂的斗争，必须坚决克服急于求成或者只搞一阵子的错误认识，树立长期作战的思想，增强阶级斗争观念，加强人民民主专政，充分发挥审判机关的职能作用，把打击严重经济犯罪作为人民法院的一项长期的重要任务抓紧抓好。

各级人民法院要在各级党委的领导下，在人大及其常委会的监督下，继续与检察、公安、司法、监察等有关部门密切配合，抓住目前的有利时机，继续深入发动群众，动员社会力量，形成打击经济犯罪分子的天罗地网，扫除死角，把惩治腐败、打击经济犯罪活动的斗争进行到底。

打击经济犯罪是否有力，关键在于能否严格执法，依法办事。当前，“以罚代刑”的问题仍然相当严重，以致不少严重经济犯罪案件本应移送人民法院追究刑事责任，但有关部门只作行政处罚或经济处罚了事。这种“以罚代刑”的现象，在查获的企事业单位、机关、团体投机倒把案件中，尤为突出。一方面有关部门查获的投机倒把案件在上升，另一方面移送到法院的案件却在减少。从我们掌握的一些情况看，有许多地方法院甚至几年没有收到一起投机倒把案件和走私案件。这种“以罚代刑”的结果，造成了对一些严重经济犯罪活动打击不力，也导致依法惩治单位投机倒把进展不大，已引起广大群众的强烈不满。对于这个问题，党中央、国务院都很重视。今年年初召开的全国政法工作座谈会明确提出要解决“以罚代刑”的问题。最近，国务院领导又指示国务院办公厅采取措施予以落实。我们认为，凡构成犯罪，依法需要追究刑事责任的案件，都应当依法向人民法院起诉，由人民法院审判，任何机关无权擅自处理，不得以罚代刑。希望全国人大常委会在这方面加强监督，给予支持；有的还涉及到法律的修改问题，建议及时予以解决。

“通告”期限届满以后，各级人民法院将继续坚持对严重破坏经济的犯罪分子实行从严惩处的方针，继续坚持惩办与宽大相结合，坦白从宽、抗拒从严的政策。坦白从宽的大门始终是敞开的。对于投案自首和立功者，只要符合刑法第六十三条规定的条件，仍将依法从轻、减轻处罚，有的还要依法免予刑事处分。但是，从宽的幅度不会再象“通告”规定的那么大了。现在离“通告”到期只有几天的时间了，我们还要正告那些犯有贪污、受贿、投机倒把等罪行的经济犯罪分子，要抓紧时机，自首坦白，立功赎罪，争取走从宽的道路。

在“通告”期间投案自首的和查获的贪污、受贿、投机倒把等经济犯罪案件，今后将大量起诉到法院。及时、正确审理这些案件，是人民法院今冬和明年上半年的重要任务。人民法院审理这些案件，将继续适用“通告”的规定，依法处理。我们在最近召开的部分省、市法院刑事审判工作会议上，对今后工作作了部署，强调在“通告”到期后，各级人民法院仍要加强领导，总结经验，克服缺点，统筹安排，继续把严惩严重经济犯罪分子的斗争抓紧抓好。现将这次会议纪要同时送请各位委员一并审议。

人民法院决心在党的领导和人大及其常委会的监督下，与有关部门密切配合，把这场斗争深入持久地进行下去，坚决依法从严惩处严重经济犯罪分子，坚决惩治腐败，夺取更大的胜利！为治理整顿、改革开放和社会主义现代化建设作出更大的贡献！

北京市高级人民法院关于贯彻《北京市未成年人保护条例》工作情况的汇报

（1989年11月）

去年10月市人大常委会颁布《北京市未成年人保护条例》，自1989年1月1日起正式施行。我院按照《条例》的规定，结合法院审判工作的实际情况，于今年3月14日向各区、县法院下发了关于贯彻执行《北京市未成年人保护条例》的六条措施，按照《条例》第六、七条的规定，要求各区、县法院都确定一名院级领导干部参加各区、县未成年人保护委员会，并派员参加委员会办公室工作。根据《条例》第六章对违法犯罪未成年人的司法保护的有关规定，一年来，我们做了一些工作，现将工作情况，向各位委员作一汇报：

一、建立专门审理未成年人犯罪案件的合议庭

截止到去年年底，全市18个区、县法院和市中级法院刑二庭都设立了专门审理未成年人刑事案件合议庭（简称少年庭）。今年10月，我们对少年庭工作进行了一次检查，认为总的情况是比较好的。多数法院少年庭的组织、人员已经落实，工作进展较快，取得了明显成绩。自建庭至1989年8月底，共审理少年犯1218人，82％的少年犯是由少年庭审理的。在审判活动中，还积累了一些经验。但是，我们也发现个别县法院少年庭组成人员还未落实，只由刑庭庭长兼办少年犯案件；在发生动、暴乱的过程中，一部分法院的少年庭工作一度受到影响；有的法院刑事审判任务重，暴乱案件和经济犯罪案件收案增多，审判力量不足，一些少年庭抽出部分力量兼做审理成年人犯罪案件的工作。这些问题亟待解决，我们拟于下月中旬专门召开会议，总结前一段工作，交流经验，推动少年庭工作进一步开展。

各级法院对少年庭工作是比较重视的，选配了政治、业务素质较强，具有做好少年犯思想教育工作能力的干部，做少年庭工作。近一年来，少年庭在审判工作中始终贯彻对失足未成年人实行教育、感化、挽救的方针，坚持惩罚与教育相结合；在指导思想上，既注意防止把建立少年庭单纯理解为对少年犯量刑上的轻判，又注意分析导致其犯罪的主、客观原因；在定罪量刑时，既要看其行为的性质、情节和对社会的危害程度，又要看导致其犯罪的诸方面因素，本着有利改造、促其悔罪服法的精神，实事求是地作出决定。

少年庭严格按照法律规定，对14周岁以上不满16周岁未成年人犯罪案件的审理，一律不公开，对16周岁以上不满18周岁未成年人犯罪案件的审理，一般也不公开；未成年被告人没有委托辩护人的，依法为其指定辩护人；提讯、开庭审判时，一般都通知未成年人的法定代理人到场；对未成年犯罪案

件的新闻报导，严格按照《条例》第四十五条的规定，不得公开未成年犯的姓名、住址和照片。

我市少年庭工作的发展不平衡，贯彻教育、感化、挽救方针的程度和效果也有所不同，但多数少年庭的工作都抓了以下四个环节：

(一)做好开庭前调查准备工作，为教育、感化、挽救少年犯打下基础

少年庭除阅卷、发起诉书、请辩护人、办理诉讼程序规定的具体事宜外，为了使教育、挽救工作更有针对性，做到一把钥匙开一把锁，在受理案件后及时与家长取得联系，了解被告人的成长、教育、性格特点及家庭情况，向家长提出协助法院做被告人工作的要求，同时还到被告人所在学校、单位、街道、派出所了解被告人犯罪的具体原因，并在开庭前对被告人提讯一、二次，了解其思想状况（包括羁押后对犯罪的认识、犯罪的具体原因等）。如曾多次被评为区、市三好学生的某重点中学17岁少年盗窃犯张某，一次在同学家玩，趁室内无人之机，窃得美元、港币、日元等折合人民币2700元。是什么原因促使这个优等生走上犯罪的道路？这个少年如实交代了犯罪事实，但不谈犯罪原因。少年庭审判长与张反复谈心，以他曾在学习上取得好成绩启发他的良知。经教育，他终于恢复了荣誉感与自信心。被捕后他害怕，觉得没脸见人、前途无望，经审判长教育，他认识到审判员也有一颗慈母的心，便倾诉了内心的秘密。他家庭环境优越，父母都是干部，本人天资聪颖，学习不吃力，课余时间踢球、画画、搞音乐、爱好广泛，但严父望子成龙，又怕他学坏，把他的正当爱好看成不务正业，只准他看课内书，对他经济上卡得很紧。儿子买了一副墨镜，父亲夺过来摔在地上；儿子犯了错误，父亲不仅辱骂，甚至让儿子跪在地上交代"罪行"。而儿子同学中的父母多在外贸、旅游部门工作，常将外币、洋货拿到他面前炫耀。父亲的粗暴干涉，枯燥的说教使他产生了逆反心理："你不让我做的事，我偏要做！"外界环境的刺激，使他萌发了追求享乐的欲望和虚荣心。为了证明自己也有外汇券，他就实施了盗窃他人财产的犯罪行为。审判长向其父母转达了孩子的苦衷，父母改变了以往失败的教育方法，儿子重新获得了父母之爱。开庭时，他表示："在哪里摔倒，从哪里爬起来！"学校也扭转了将他推出去了事的想法，提出对该生判刑后仍留校就读的建议。少年庭根据他犯罪事实，悔罪表现，对其减轻处罚，判处其有期徒刑二年缓刑二年。学校、家长分别对其制订了帮教协议书，他回校后精神振作，奋发努力，学习成绩逐渐升入前十名。

（二）庭审中注意用启发、疏导式的教育方法，促其从思想上认罪服法

少年庭开庭时除核对事实证据，主持法庭辩论外，对审判方式方法做了一些改进，法官提问注意语气平和、语言通俗，被告人可以坐着陈述事实或回答问题，注意找准少年犯本身所具有的积极因素，进行启发教育，根据调查掌握的情况，帮助其分析犯罪根源。如少年盗窃犯高某，审判员在庭审时充分肯定了他前几年由于及时报警，避免了一起列车事故从而受到嘉奖的事实，用他自身的积极因素唤起他对美好往事的回忆，激发他对所犯罪行的悔恨，收到了较好的效果。有的少年犯狡辩其盗窃目的是为了解决家庭生活困难，由于审判员详细掌握了其家庭经济状况，当即摆事实、讲道理，耐心帮助其分析犯罪原因，使该少年在事实面前不得不如实交代了分赃挥霍赃款赃物的事实，从而达到促其认罪的目的。

（三）以事实为根据，以法律为准绳，立足于挽救，结合少年犯罪的诸因素，依法从轻或减轻处罚

1. 根据法律规定，对已满14岁不满18岁的未成年人犯罪，应当从轻或减轻处罚。所以，对少年犯罪一般都从宽处罚。对少数恶习深、罪行严重、社会危害性大的少年犯，在

从严打击的原则下，依法从轻处罚。如 17 岁的少年吴某，以其为主，分别伙同李某、马某先后两次在本市海淀区公主坟街心公园，由同伙用持刀威胁或纠缠等方法拦截一名幼女和一名妇女，共同进行轮奸。犯罪性质恶劣，情节特别严重。吴系主犯，但考虑其犯罪时未成年，从轻判处其有期徒刑十四年。今年 1—10 月，全市判处十年以上有期徒刑至死缓的少年犯 38 人。

2. 对多数罪行较轻，偶尔失足或虽然犯罪性质严重，但情节、后果一般的少年犯，一般可以减轻处罚。特别是年龄小的 14—16 岁的少年犯，一般都减轻处罚。今年 1—10 月全市判处不满五年刑罚的占少年犯的 53.5%，与去年同期相比，比例上升了 2.7%。

3. 对符合缓刑条件，同时又有较好的家庭或其他监督教育环境的少年犯，一般都宣告缓刑。今年 1—10 月，全市判处三年以下有期徒刑、拘役，宣告缓刑的少年犯 173 人，占未成年人犯的 20.8%，与去年同期相比，增加了 80 人，比例上升了 6.5%。

4. 对依法可以免刑或可不按犯罪处理的，则不判处刑罚或不认定犯罪，以达到教育、挽救的目的。今年 1—10 月，全市免予刑事处分的 10 人，占未成年人犯的 1.2%。

（四）注意做好宣判前后的帮教工作，巩固教育效果

针对未成年人思想不稳定、容易反复、可塑性大的特点，少年犯在宣判前因不明今后去向，心里忐忑不安；宣判后，又易产生种种顾虑，悲观失望；有的担心家人或社会瞧不起自己；有的则感到松了一口气……。审判人员利用宣判前，一般是休庭阶段，以及宣判后的机会，抓紧时间做好思想工作，以巩固教育成果，防止前功尽弃。在宣判前，一般根据情况安排少年犯与家长、老师、领导或律师见面，通过他们配合法院再次对其进行教育。宣判后，对于判处实刑的，让其向家长、老师、有关领导表示今后认真改造的决心，有的还要求少年犯写出学习、改造计划。各有关人员除对少年犯进行教育、鼓励外，还要对少年犯刑满释放后，如何进行帮助、安置等问题表态，从而消除少年犯的思想顾虑，使其有重新做人的勇气。对判处徒刑、拘役，宣告缓刑的，审判人员督促、帮助家长和单位制订帮教计划，如没有单位，则及时与街道、派出所联系，委托他们做好监督、帮教和管理工作。

各少年庭还制订了判决后的考察和“跟踪教育”制度，即：对判徒刑的半年考察一次，判缓刑、免刑、管制、拘役的三个月考察一次。有的法院少年庭还建立了教育挽救少年犯“跟踪教育”档案卷。如昌平县法院少年庭，对 16 名判处徒刑的少年犯进行“跟踪教育”，效果很好，其中 3 名在少管所中被评为劳改积极分子；有 1 名因表现突出、改造好，被减刑；有 4 名通过努力学习取得了初中毕业证书；有 2 名通过钻研取得了无线电修理等专业的结业证书。

二、按照《条例》第二十四条的规定，法院在审理刑事案件时依法保护未成年人的合法权益不受侵犯

如被告人秦虎（男，26 岁），于 1987 年 12 月 26 日夜，在其家中与本村少女王××（时年 15 岁）发生不正当的两性关系。次日凌晨，两人发生口角，王声称要告发秦虎，后从其家出走。秦唯恐事情败露，即起意杀人灭口，遂身藏木工凿子跟随，途中先对王劝说，后见王执意要告发，便将王诱至本市怀柔县桥梓乡岐庄村北路旁一倒洪吸井口处，乘王不备，用木工凿子朝王的颈部猛刺两下，然后将王推入倒洪吸井中，又搬石块投入井内，当场将王杀死。秦作案后逃离现场，后被查获归案。

秦曾因故意伤害、赌博被判刑和行政拘留，但不思悔改，身为有妇之夫，竟非法与少女发生两性关系，又杀人灭口，其行为已构成故意杀人罪，犯罪性质极为恶劣，情节、

后果特别严重，手段残酷，社会危害大，必须依法严惩。一、二审法院均认定秦虎犯故意杀人罪，判处其死刑，剥夺政治权利终身。

又如被告人王金水（男，35 岁），自 1988 年 7 月至 1989 年 3 月，利用教养关系，在家中等处，多次对其生女王×（时年 7 岁）进行奸淫。其间，当生女不堪忍受，被迫反抗，或亲属发觉制止时，王还以打骂、威胁的手段，继续对该女进行奸淫，直到被揭发归案。王犯无视国法，淫恶成性，曾因奸淫幼女等不法行为被劳动教养，仍不知悔改，又在犯盗窃罪被判刑宣告缓刑的考验期间，竟利用教养关系实施暴力手段，长期奸淫年仅 7 岁的亲生幼女，严重损害了幼女的身心健康，其行为已构成奸淫幼女罪，犯罪性质极为恶劣，情节特别严重，为保护幼女人身权利不受侵犯，严惩严重刑事犯罪分子，一审法院认定被告人王金水犯奸淫幼女罪，判处其死刑，剥夺政治权利终身。

三、在民事审判工作中切实保护未成年人的合法权益

审理离婚案件，在确定未成年子女由谁抚养以及抚养费的负担时，从有利于未成年人的身心健康成长出发，对未成年子女的利益，依法予以充分的保护。审理继承案件时，认真保护未成年子女的继承权，对其继承份额予以适当的照顾。近年来，人民法院受理的离婚案件占全部民事案件的 50%左右，而在离婚诉讼中又有 70-80%的案件涉及到子女的抚养问题。子女由谁抚养，对这一问题处理的正确与否，直接关系到未成年子女的切身利益。因此，法院在确定未成年子女抚养人时，必须严格遵循“有利于子女身心健康成长”的原则，根据男女双方各方面条件，作出正确的判决，使被抚养人能够在一个比较好的环境中健康成长。

（一）离婚后的未成年子女由谁抚养，一般掌握以下原则

1. 哺乳期内的子女原则上由女方抚养，对个别男方具备较好条件，而由女方抚养有损于子女的健康成长的，可由男方抚养。女方为再婚而拒绝抚养哺乳期子女，而男方又不具备抚养条件的，对女方不予抚养的请求，法院一般不予支持。

2. 哺乳期后的子女由谁抚养，不仅考虑双方的经济状况，而且也要考虑双方抚养子女的其他条件，酌情确定。如韩某诉张某离婚案，张某（女方）因智力有缺陷，生活难以自理，抚养年幼的女儿确有困难，而男方经济条件优越，虽在外做生意，但其母亲和妹妹可帮助抚养照顾孩子，故判决孩子由男方抚养。又如，李某（女）诉许某离婚案，男女双方争要 5 岁的独生子。经查，女方作风一贯不检点，已对孩子幼小的心灵造成了一定的不良影响，尽管女方经济条件明显优于男方，但为了孩子身心的健康成长，法院还是将孩子判归男方抚养。

3. 对于已有一定识别能力和相应的表达能力的未成年子女，如父母对离婚后抚养子女有争议时，应征求并尊重子女本人的意见。如刘某（男）诉王某离婚案。虽王某平时不关心女儿，但离婚时却争着要抚养女儿。审判员征求 7 岁孩子的意见，孩子哭着说：“妈妈把我都忘了，爸爸对我可好了，我要和爸爸在一起。”法院尊重孩子的选择，将孩子判归男方抚养。

4. 如抚养子女的一方继续抚养有损于子女的健康成长，另一方有权提出变更子女的抚养关系。法院经审理属实后，可支持其变更抚养关系的请求。

5. 根据婚姻法的规定，离婚后一方抚养子女的，另一方应负担子女必要的生活费和教育费的一部或全部。抚养子女，是父母应尽的义务，无特殊情况，一方不得无故或借故拒付抚养费。

6. 对于有给付抚养费能力而不履行义务的父母，未成年或不能独立生活的子女，有要求父母给付抚养费的权利。父母有共同抚养教育未成年子女的法定义务，这种义务不能

因其婚配状况的变化而解除或变更。如被告李某丧夫改嫁后，正在中学读书的生女刘某的学费和生活费全部由其年仅22岁的哥哥担负。刘某诉至法院，要求李某每月给付抚养费40元。法院经审理认为，被告李某拒绝抚养亲生女儿是没有道理的，故依法判决李某每月给付原告抚养费15元。

7.近几年随着物价上涨，开支增大，法院判决每月给付子女的抚养、教育费数额一般偏低，不少法院已经根据客观情况的变化和子女的实际需要，适当提高了子女抚养、教育费数额。

（二）在审理继承案件中，注意保护未成年人的继承权

法律保护未成年人继承权，并且规定在继承财产的份额上适当照顾未成年人。如原告刘云升叔侄等13人诉称他们是被继承人全部遗产的合法继承人。受诉法院在调查中发现，在河南还有两个未成年的法定继承人，于是将其列为合法的继承人，不仅使两名未成年人的继承权得到了保护，而且在分割遗产时还给予了照顾。

当前，我们工作中遇到的困难和问题有以下几点：

1.按照《条例》规定，公、检、法、司应分别成立专门审理未成年人犯罪案件的羁押、预审、起诉、审判、辩护、管教等司法保护"一条龙"工作体系，但目前由于种种原因，全市及多数区县尚未形成这种司法保护"一条龙"工作体系。尽快建立和完善司法保护"一条龙"工作体系，并建立起社会团体、学校、家庭、文化宣传等部门紧密配合的教育挽救网络，才能使教育挽救少年犯的工作全面落到实处。

2.1989年1—10月审理未成年人犯中，工人、学生共290人，占未成年人犯的35%。对这些原来就业就学的少年犯，往往在拘留或逮捕之后，单位、学校就将其开除了，其中罪行较轻可以宣告缓刑的，因学校和有关单位不收，不能就业就学，有的家庭无经济来源，生活没有保障，有的甚至陷入绝境，又重操犯罪的旧业。对此，希望各有关部门重视。

3.今年1—10月判处的少年犯中，社会闲散人员和农民527人，占未成年人犯的63.3%。这些自我控制能力差的少年犯，又是社会闲散人员和农民，对他们刑满释放或判处徒刑、宣告缓刑回到社会后，帮教工作的落实极为困难。

（注：此文系北京市高级人民法院副院长孙常立向市人大常委会作的专题工作报告）

关于审判经济犯罪案件的工作报告

——1989年12月25日在北京市第九届人民代表大会常务委员会第十六次会议上

北京市高级人民法院院长　刘云峰

主任，各位副主任，各位委员：

现在，我就全市各级人民法院今年1月以来审判经济犯罪案件的工作做一汇报，请审议。

当前，经济犯罪分子的破坏活动，还是严重的。今年1月至10月，全市各级人民法院新收一审经济犯罪案件1785件，比去年同期上升44.88%，其中贪污案件上升

12.87%，受贿案件上升74.13%。经济犯罪分子的破坏活动，不仅严重侵犯了公共财产，破坏了治理整顿、改革开放和四化建设，而且还败坏了社会风气，腐蚀了党和国家机关的肌体，造成了严重的危害。

在今年审判经济犯罪案件的工作中，我们遵照市第九届人民代表大会第二次会议关于人民法院、人民检察院工作报告的决议，坚决贯彻执行一要坚决，二要慎重，务必搞准的方针，运用法律武器，给了贪污、受贿、投机倒把等经济犯罪分子以有力的打击，较好地发挥了人民法院的职能作用。我们着重抓了以下四项工作：

一、坚决贯彻执行依法从严的方针

早在1982年，党中央、国务院和全国人大常委会就作出了严厉打击贪污受贿、投机倒把、走私贩私、盗窃和诈骗公共财物等经济犯罪的决定。邓小平同志在1982年4月10日的一次讲话中明确指出，“我们要有两手，一手就是坚持对外开放和对内搞活经济的政策，一手就是坚决打击经济犯罪活动。”在审判经济犯罪案件的工作中，我们坚决执行了中央和全国人大常委会的决定。我们在确定1989年工作任务的时候，把从严打击经济犯罪，作为全市各级人民法院的一项重要任务。除了用召开会议、总结工作等方式对干部进行教育之外，我们于今年3月中旬专门召开审判经济犯罪案件的工作会议，贯彻最高人民法院在浙江宁波召开的审判经济犯罪案件座谈会的精神，学习、讨论我们与市检察院等共同拟定的《关于处理企业事业单位、机关、团体投机倒把案件的暂行规定》，我们自己根据法律规定拟定的《关于处理投机倒把案件的几个问题及意见》和《贯彻执行〈关于惩治贪污罪贿赂罪的补充规定〉中遇到的若干问题及意见》和20个案例。会后，市院各单位，各区、县人民法院，各铁路运输法院，都结合检查、总结工作，认真贯彻了会议精神，使依法从严的方针，得到了更好的贯彻。今年1至10月，全市各级人民法院一审共审结经济犯罪案件1692件，判处刑罚的经济犯罪分子2734名，比去年同期上升49.04%，其中判处五年以上有期徒刑、无期徒刑和死刑的1006名。在以上罪犯中，有贪污犯144名，受贿犯63名，投机倒把犯93名；其中有国家干部170名。例如，北京市皮件三厂副厂长武克强，在1981年至1987年6月的6年多时间内，利用职务之便，贪污人民币达34万多元。武克强原来只是一个普通工人，他为了当“官”以便弄到更多的钱，几年内先后向厂长、党总支书记王有知一个人就行贿电冰箱5台，彩电6台，收录机4台，各式手表11块，电风扇4台，照相机2架，还有洗衣机、黑白电视机、换气扇、自行车、金戒指、摩托车、美金等大量财物，总价值人民币2.7万多元。市中级人民法院以受贿罪，判处王有知无期徒刑；以贪污罪，判处武克强死刑，立即执行。

二、认真审判单位经济犯罪案件，依法惩办有关责任人员

全民或集体所有制企业事业单位、机关、团体进行非法的危害社会的活动，什么样的行为构成犯罪，什么人应当承担刑事责任以及如何承担刑事责任，是一个新的问题。今年3月，我们在充分调查研究的基础上，根据法律和最高人民法院、最高人民检察院的规定，结合本市的情况，与公安、检察等部门一起，拟定了一个《关于处理企业事业单位、机关、团体投机倒把案件的暂行规定》，为处理“官倒”即单位投机倒把案件提供了依据。依照《暂行规定》，单位投机倒把“非法经营额30万元以上或者非法获利数额10万元以上的”，“一般应当依法追究其主管人员和直接责任人员的刑事责任”；非法经营额不足30万元或非法获利数额不足10万元，有严重情节的，也可追究单位主管人员和直接责任人员的刑事责任。我们坚决执行了“两高”的规定，在今年1月至10月，共审

结了单位经济犯罪案件16件，对26名主管人员和直接责任人员依法追究了刑事责任。在26名罪犯中，单位盗窃1名、单位诈骗8名，单位投机倒把17名。例如，“信达新技术开发中心”总经理李雪缘，一无资金，二无货源，三无供货能力，为弄到钱，以欺骗的手段与新疆乌鲁木齐市金属材料公司签订合同，答应提供钢材8300吨骗取了预付货款达900万元，使新疆受到重大的经济损失。市中级人民法院以诈骗罪，判处单位主管人员和直接责任者李雪缘有期徒刑七年。又如，“北京农村能源技术开发公司”是一个开发农村能源的单位，无权经营彩色电视机。广东省有些公司可以经营彩电，但是没有办法买到彩电。1988年2月，“能源技术开发公司”与广东省“粤利有限公司”签订合同，联合经营彩电。“能源技术开发公司”总经理宋学良，业务部主任原东升利用同事、上级等关系，用行贿送礼的手段，与北京电视机厂签订了以美元购买51厘米彩电1.5万台，47厘米彩电5000台的合同，总价款人民币3700多万元。宋、原以销售彩电为名，同几十个单位签订合同，收取预付款，然后以5.7比1的价格从中信兴业公司换取美金650多万元，用来购买彩电。到1988年5月案件被揭发时为止，“能源技术开发公司”已倒卖成彩电2350台，经营额477万元，获利32万元。西城区人民法院认定“农村能源技术开发公司”购销彩电的行为违反了工商管理法规，属于单位投机倒把，应当追究主管人员和直接责任人员的刑事责任，依法判处宋学良有期徒刑三年，原东升有期徒刑二年。

三、充分发挥审判工作的积极作用，推动《通告》的落实

北京发生的反革命暴乱被平息之后不久，党的十三届四中全会在部署当前要抓好4件大事时，特别提出要坚决惩治腐败。接着，中央政治局又通过了关于近期做几件群众关心的事的决定，强调要严肃认真地查处贪污、受贿、投机倒把等犯罪案件，特别要抓紧查处大案要案，并建议“两高”联合发布司法解释，促使经济犯罪分子在规定的期限内投案自首，给予从宽处理。最高人民法院、最高人民检察院根据党的十三届四中全会精神和中央政治局建议，于今年8月15日发布了《关于贪污、受贿、投机倒把等犯罪分子必须在限期内自首坦白的通告》，明确规定，“对严重经济犯罪活动，必须予以严厉打击”；“凡触犯刑律、构成犯罪的，均应予以追究；凡在10月31日前投案自首、坦白、立功的，均应予以从宽处理”。“两高”发布《通告》，表达了我们国家清除腐败、同经济犯罪作斗争的坚强决心，给了一切经济犯罪分子一个走向光明、重作新人的极好机会。但是，绝大多数犯有经济罪行的人往往顾虑重重或有侥幸心理，他们是不可能在没有任何压力的情况下，投案自首，彻底坦白交代罪行的。在落实《通告》的工作中，全市各级人民法院除了配合有关部门采取讲演、印发材料、张贴北京市关于执行《通告》和《通知》等多种形式积极进行宣传之外，还召开全市的或区、县规模的大会，及时宣告对一批批经济犯罪案件的审判结果，为犯罪分子树立严宽的样板，促其投案自首。为了形成强大的政治攻势，《通告》发布后的第27天，市法院便在月坛体育馆召开大会，宣告了6名罪犯的犯罪事实和审判结果，其中贪污公款34万多元的武克强，贪污公款39万元的原中国科学院微电子中心器材处采购员沈晓平被市中级人民法院依法判处死刑，剥夺政治权利终身；贪污24万多元，受贿2万多元的北京新型建筑材料总厂深圳金龙新型建筑材料公司经营部经理王怀颖，论罪该判死刑，因能投案自首，赃款全部退清，并主动提供了部分罪证，依据《通告》的精神予以宽大处理：受贿罪免予刑事处罚，贪污罪判处有期徒刑三年，缓刑五年。在《通告》限期内，市法院召开打击经济犯罪大会3场，东城、西城、宣武、崇文、海淀、丰台、通县、昌平、房山等区、县法院先后召开大会 21 场，旁听群众达 3 万多人，共宣告了 87 名罪犯（其中有贪污犯 61 名，受贿犯 14 名）的犯罪事实和审判结果，被依法从重判处的 61 名（其中判处十年以上有期徒刑 18 名、无期徒刑 3 名、死刑×名），遵照《通告》的精神，依法宽大处理的 26 名。

在市委的领导下，经各方面的积极努力工作，在《通告》规定的期限内，共有 907 人投案自首，其中交代贪污的 249 人，交代受贿的 438 人；有处级干部 28 人，局级干部 1 人；坦白贪污、受贿赃款赃物达 664.2 万元，已退赃款赃物折价合计 203.7 万元；检举揭发贪污、受贿等犯罪线索达 5200 余件，目前正在查证，有的已经查实。如石景山区有 1 名在押犯听了法院干部对《通告》的宣讲后，揭发犯罪线索 3 起，已经公安机关查实的一起，收审案犯 9 名，追回赃款赃物计 9 万多元。大会的召开，政策的及时兑现，对于打击犯罪，宣传法制，推动《通告》的落实，起了积极的作用。

四、狠抓办案质量，落实“务必搞准”的方针

我们要求办案人员审判经济犯罪案件必须从严，但务必搞准，准是严的基础、前提；只有打得准，才能打得狠，才会有好的社会效果。什么叫“准”？我们规定了“准”的标准，要求裁判的案件必须做到：（一）基本事实清楚，基本证据确实充分；（二）在查清事实的基础上，划清罪与非罪、此罪与彼罪的界限，定性正确；（三）结合形势，全面衡量，处理符合法律的规定和政策精神；（四）严格依法办事，一丝不苟地依照诉讼程序、制度进行审判，充分保障诉讼参与人行使应享有的法定诉讼权利。

我们的审判人员严格按照“准”的要求，认真审理人民检察院提起公诉的每一件经济犯罪案件。经济犯罪案件情况复杂，涉及面广，取证困难，政策性强，要做到一个“准”字，是很不容易的。我们审判人员做到认真阅卷，认真审查每一个证据，并在必要的时候深入实际进行调查，在查清了基本的事实，有了可靠、充分的证据之后，才依法开庭审判；主要事实不清或者主要证据不足，自己查证有困难的，依法退回检察院补充侦查。今年 1 月至 10 月受理的经济犯罪案件，经审查认为主要事实不清或主要证据不足而退回补充侦查的共 233 件，占同期提起公诉的经济犯罪案件总数的 13.05%。事实查清之后，有的行为是否属于犯罪，犯的是什么罪，界限也很难划清。例如，收取“好处费”、“劳务费”、“回扣”等等，是否都属于“受贿”、构成犯罪？明知亲属收取他人送的钱财，而本人没有制止，是否属于受贿？这些问题，在实践中往往认识不一、意见分歧。前面提到过的李雪缘骗款 900 万元一案，对李的行为是否属于犯罪，就有过不同的意见。有的同志认为，李雪缘同新疆订了合同，而且是经过公证机关公证的，应当认为收取预付货款 900 万元合法，不是诈骗，不构成犯罪；有的同志认为，李雪缘没有资金、没有货源、没有供货能力，订合同只是骗取钱财的一种手段，完全属于诈骗行为，不能认为是合法的，应定诈骗罪。经过多次开会讨论，听取各有关方面的意见，最后才统一认识，追究了李雪缘的刑事责任。

我们组织力量，对今年 1 月至 7 月判处的经济犯罪案件进行了一次检查，结果证明，对绝大多数案件的处理，做到了基本事实清楚，基本证据确实充分，定性正确、量刑适当，程序合法，符合“准”的要求。但是，工作中存在的问题和缺点也不少，主要是：第一，对有些案件的审判，抓得不够紧，处理不够及时。今年 1 月至 10 月，一审审结经济犯罪案件，超过审限的共 163 件，占经济犯罪案件结案总数的 9.63%。客观上的困难很多，这是事实，但如果我们抓得紧一些，有的案件是可以提早结案的。第二，有少数案件，定性不够准确，此罪与彼罪，甚至罪与非罪的界限没有划清。1月至7月对187名贪污、受贿被告人的判决中，对3人的判决混淆了此罪与彼罪的界限；对1人的判决混淆了罪与非罪的界限，把搞不正之风的行为定为受贿罪，判了有期徒刑一年，缓刑二年。第三，有极少数案件量刑不适当，判刑偏轻偏重，有的不该宣告缓刑的宣告了缓刑。在检查的对187名贪污、受贿犯的判决中，有3人不该宣告缓刑的，却宣告了缓刑。

以上，是我们今年以来审判经济犯罪案件的主要工作情况。我们要很好地总结经验，吸取教训，以便把审判经济犯罪案件的工作做得更好。今后的工作，我们的意见是：

第一，继续贯彻执行从严的方针，坚决依法严惩严重的经济犯罪分子。坚持在法律面前人人平等，不管什么人，凡犯了罪的，只要起诉到法院，必须给予法律制裁。《通告》规定经济犯罪分子投案自首期限已经过去了，但我们同经济犯罪行为的斗争，并没有结束。有经济犯罪行为的人，在《通告》规定的期限过后投案自首的，我们仍将依法予以宽大处理，只是宽大的幅度比《通告》期限内投案自首的要小一些。拒不投案自首的或在《通告》期间和《通告》期限过后继续进行贪污、受贿、投机倒把等犯罪活动的，必须依法从重惩处。我们一定要认真做好审判经济犯罪案件的工作，充分发挥人民法院的职能作用，运用法律武器严惩贪污、受贿、投机倒把等给国家造成严重危害的犯罪分子，惩治腐败现象，为廉政建设作出贡献。

第二，继续审理《通告》期间的案件。对《通告》期间投案自首，积极退赃或者检举立功，应由人民法院审判而尚未审判的经济罪犯，全市各级人民法院都要认真做好审判工作，坚决贯彻《通告》的精神，分别不同情况，依法予以宽大处理；在《通告》期间有破坏活动、构成犯罪的，或者顶风作案、依法应当从严惩处的，坚决依法予以从严惩处。

第三，召开一次审判经济犯罪案件的工作会议，总结经验。我们要针对经济犯罪审判工作中存在的问题，结合对已下发的案例的讨论，认真总结审判经验，并深入讨论人民法院应当如何执行对经济罪犯依法从严的方针等问题，以求达到思想认识上的一致，为进一步全面做好审判经济犯罪案件的工作，打下一个良好的思想基础。

第四，抓好对大案要案的审判。贪污、受贿、投机倒把、走私等犯罪中数额特别巨大的案件，或者县、处级以上干部犯贪污、受贿、投机倒把、走私等罪行的案件，牵涉高级机关各部门及所属公司、单位的重大案件或者情节恶劣、有重大社会影响的案件，全市各级法院都要用主要的力量，认真把工作做好，并选择典型案件召开大会公开宣告犯罪分子的犯罪事实和审判结果，以打击犯罪，惩治腐败，支持动员群众同经济犯罪作斗争。

第五，排除干扰，坚持在法律面前人人平等的原则，严格依法办事。经济犯罪案件，特别是干部中的经济犯罪案件和"官倒"等单位犯罪案件，说话、讲情的人多，我们的审判人员要忠于法律和制度，忠于人民利益、忠于事实真相，坚持原则，排除困难和干扰，不辜负人民的重托，努力把工作做好。为了更加有力地运用法律武器同经济犯罪作斗争，我们要努力抓好法院自身的队伍建设，要加强坚持四项基本原则、反对资产阶级自由化的教育，进一步加强思想政治工作，增强干警的阶级斗争观念，提高同腐败现象作斗争的自觉性。同时，严格组织纪律，对有贪污、受贿、投机倒把等行为的，要发现一个，从严处理一个，绝不手软。欢迎各位委员、人大代表和广大群众对我们的工作进行监督，发现违法乱纪的，及时揭发。我们决心不断提高干部队伍的政治与业务素质，清正廉明，在同经济犯罪、同腐败现象作斗争中发挥更大的作用。

此外，在审判经济犯罪案件的工作中，我们深深感到，对经济犯罪，必须坚决打击，同时又要做好预防工作。现在，打击和预防两方面的工作都存在一些问题，其中突出的是，以罚代刑的问题至今没有彻底解决；各单位在制度上、工作上漏洞很多，综合治理的工作没有很好落实。我们希望同各有关方面密切配合，在打击和预防经济犯罪的工作中做出共同的努力，在惩治腐败，打击经济犯罪的斗争中作出新的贡献！

以上报告，请审议。

北京市高级人民法院关于检查适用《中华人民共和国民法通则》审理民事案件情况的报告

（1989 年 12 月 29 日）

《中华人民共和国民法通则》是人民法院审理民事纠纷案件的基本准绳和主要法律依据。全面、正确地贯彻执行民法通则，对于做好民事审判工作，切实保护公民、法人的合法民事权利，促进社会主义商品经济的发展，维护社会稳定具有重要的意义。

为了更好地贯彻执行民法通则，促进全市各级法院办案质量和执法水平的提高，市人大常委会指示我们对贯彻执行民法通则的情况进行一次全面检查。据此，我院于 1989 年 2 月 28 日向全市各级人民法院发出通知，要求各级法院对民法通则施行以来，重点是 1988 年适用民法通则审理民事案件的情况进行一次检查，着重检查适用民法通则关于民事主体、民事行为、民事权利、民事责任有关规定的情况。检查的方法以各法院自查为主，要求各法院由一名主管院长负责这项工作，5 月底将检查情况写出书面报告。随后，各级法院结合实际情况作出了安排。有的法院抽调业务骨干组成检查小组统一检查；有的法院采取审判人员自查与专人抽查相结合的方法进行检查。各法院对民法通则实施以来，重点是 1988 年引用民法通则条文审理的民事案件进行了检查，并向我院写出了报告。同时，我院还组成检查小组到一些区县法院抽查、指导自查工作，并对崇文、朝阳、房山法院 1988 年引用民法通则条文审理的案件逐件进行了检查。6 月底，检查工作基本结束。各法院通过检查，总结了适用民法通则审理民事案件的成绩和经验，找出了存在的问题，分析了原因，提出了改进措施。

下面，就这次检查案件的基本情况、存在的问题和今后改进意见作一汇报。

一、基本情况

民法通则实施后，全市各级法院以贯彻执行民法通则为中心，开展民事审判工作，1987、1988 年两年共审结一审民事案件 46389 件。民法通则的基本原则和总的精神对所有民事案件都是适用的，但大部分案件如婚姻、继承、抚育、扶养、赡养等是引用《婚姻法》、《继承法》等法律处理的，引用民法通则条文审理的民事案件共 16000 多件，占全部民事案件的 36%。1988 年审理一审民事案件 24066 件，其中有离婚案件 11495 件，占 47.7%，“三费”案件 2142 件，占 8.9%，继承案件 606 件，占 2.5%。引用民法通则条文审理的 8089 件，主要是债务、赔偿和房屋案件，占 33.6%，其中判决结案的 2465 件，占 30.5%，调解结案的 4077 件，占 50.4%，撤诉等其他方式结案的 1547 件，占 19.1%。在这 8089 件中，债务纠纷 3104 件，占

38.4%；赔偿纠纷2770件，占34.2%；房屋纠纷1260件，占15.6%；知识产权和人身权纠纷56件，占0.7%；其他民事纠纷899件，占11.1%。

从检查的情况看，对大多数案件的审判，做到了事实清楚，是非分明，责任明确，适用法律正确，处理适当。凡判决结案的，判决书都引用了民法通则的有关条款；调解结案的，也能够按照民法通则的规定，分清是非责任，促使当事人依法达成调解协议。在这些案件的审理过程中，各法院都注意依照民法通则的有关规定，切实保护公民和法人的民事权益。

（一）对所有权和其他有关财产权益的保护

财产所有权和与财产所有权有关的财产权是一项重要的民事权利，正确确认其归属，是人民法院审理财产权益纠纷的基础。在检查的案件中，单纯对所有权归属发生争议的案件不是很多，比较多的主要是涉及与财产所有权有关的相邻关系、房屋租赁、宅基地使用等纠纷。

相邻关系纠纷数量较大，如处理不好最容易激化矛盾，影响安定团结。过去对这些问题缺乏具体的法律规定，处理时感到很棘手。现在民法通则有了明确规定，使我们处理这类纠纷有了基本的准则。我们依照民法通则第八十三条的规定，从有利生产、方便生活、团结互助、公平合理的精神出发，妥善审理了一批因截水、排水、通行、采光而发生的相邻关系纠纷案件，对给相邻方造成妨碍或损失的，令其承担停止侵害、排除妨碍、赔偿损失的民事责任。例如，北京化工八厂因砌墙盖房将与之相邻的两个农民承包的养鱼塘的自然水道阻塞，致使排水不畅，鱼塘跑鱼，损失数千元。法院在审理中依照民法通则中相邻一方应给他方提供便利的精神进行了调解，由化工八厂赔偿了两个农民的经济损失，并疏通了水道。再如，1988年2月，门头沟区环卫局经有关部门批准，在某地建设一座密闭式垃圾楼，遭到周围一些居民的反对，先后4次施工都被一些人拔掉线桩，聚众阻拦，致使工程半年内无法上马。为此，诉至法院。区法院经调查了解到，密闭式垃圾楼是全国目前最先进、最卫生的清运垃圾的一种方法，是为了改善卫生条件、美化环境建造的。它低于居民楼，不存在影响采光问题。此项工程已经有关部门批准，取得了合法的建造权利，应予保护和支持。一些人聚众阻拦施工是违法的，是对他人合法权利的侵害。在开庭时，法院经过耐心细致地宣传和疏导，3名阻拦施工的被告人承认了错误，表示支持施工，并排除了妨碍，广大居民也受到了教育。环卫局撤回了起诉，仅用6天时间就妥善解决了这起矛盾易于激化的纠纷案件。

民法通则还规定了对因特殊侵权行为造成损害的受害人的保护。这些案件主要是因高度危险作业，产品质量不合格，在公共场所、道旁或通道上挖坑而未设置明显标志和采取安全措施，建筑物或建筑物上的搁置物、悬挂物倒塌、脱落以及饲养的动物伤人等而造成的人身和财产损害。例如，郭某花112元从供销社购买一个电视机柜，该柜是个体户李某生产的，制作的木头本身有裂痕，用后不久，电视柜左前腿横木折断后向前倾倒，将郭某放置柜内的18英寸夏普牌彩电及茶具等物摔坏，修理费等共损失1550.02元。民法通则一百二十二条规定“因产品质量不合格造成他人财产、人身损害的，产品制造者、销售者应当依法承担民事责任。”据此，法院将李某和供销社列为被告，判决二被告赔偿郭的经济损失，电视柜按退货处理，保护了消费者的合法权益。

（二）对债权的保护

近年来，随着改革、开放和社会主义商品经济的发展，商品流通领域的经济活动日趋频繁，法院审理的债务案件逐年递增，1987年债务收案较1986年上升13.8%，1988年又比1987年上升13.06%。

债务纠纷案件在检查的案件中占第一位，其中包括借贷、买卖、代购代销、承揽加工、抵押、合伙、追索劳动报酬等类型的纠纷案件。对于借贷纠纷，各级法院根据民法通则第一百零八条的规定，着眼于保护合法的借贷关系，对无理拒绝返还借款的，甚至借贷后挥霍赖账不还的，不让他们在经济上占便宜，即使暂时无力偿还，也要责令其分期或延期偿还，当事人双方没有约定利息的，原告要求偿还逾期借贷利息的，均予以支持，并依照国家银行的利率标准计算。对于少数高利贷，则不予保护。如高某借给某贸易公司2万元，20天后即还款2.5万元，月息高达37.5%。法院认为高某收取高额利息属于高利贷行为，对其利息不予保护（月息不超过三分的予以保护）。对于买卖纠纷，依照民法通则及其他有关法律规定，对当事人的主体资格、民事行为是否有效进行认真审查，对合法买卖行为予以保护，对违法的行为不予保护。例如，房山区农民刘某将未孕牛冒充已孕牛卖给他人。法院根据民法通则第五十八条关于一方以欺诈手段使对方在违背真实意思的情况下所为的民事行为无效的规定，判决刘某退还牛款并赔偿对方饲养费用。

对不当得利和无因管理纠纷，依据民法通则第九十二条、第九十三条的规定，使不当得利者返还其不当所得利益，无因管理的管理人得到适当补偿，并注意宣传拾金不昧，助人为乐的社会主义道德风尚。例如，大兴县一粮管所在收购稻谷时，误将农民袁某交的960斤稻谷写成9600斤，多支付2800多元。法院受理这一纠纷后，依法对袁进行教育，使他返还了全部多得的钱款。昌平镇一大队的一头骡子走失跑到另一大队农民王某承包的农田，王将骡子带回家中喂养，后王某与大队因饲料费发生纠纷，法院对他们宣传法律，促成协议，王将骡子归还大队，大队给付王必要的饲养管理费。

（三）对人身权的保护

人身权的保护体现在两个方面。一是对生命健康权的保护。我们在处理因打架、误伤及交通、医疗事故等引起的纠纷时，根据案件的具体情况，依照民法通则的有关规定，分析确定当事人应承担的民事责任。对只是一方有过错的适用过错责任原则；对双方均有过错的适用混合过错责任原则；对双方都没有过错的适用公平责任原则；对无民事行为能力人、限制民事行为能力人致人伤害的，适用由监护人承担责任的原则；然后，依照民法通则第一百一十九条的规定，确定赔偿的数额。二是对名誉权、肖像权、姓名权、名称权的保护。这类案件目前虽然还不多，但往往当事人的知名度较高，社会影响大，各级法院都十分重视对这些新类型案件的审理。两年多来，初步总结出如何适用民法通则有关条款，掌握构成这类侵仅的要件和确认当事人的民事责任的经验，保护了公民、法人的合法权利。

在审理侵犯肖像权案件中，注意侵权与合理使用肖像的界限。主要把握二个方面，一是使用肖像是否征得本人同意，双方对使用方式、使用范围有约定的，是否超越约定；二是侵权人是否以营利为目的，凡是以营利为目的未经本人同意或者超越约定的使用方式和范围的，均属于侵犯肖像权的行为。对于侵犯肖像权的行为，依法作出处理，保护肖像权人的合法权益。如北京市广告艺术公司和群众出版社在电影演员杨在葆毫不知情的情况下，擅自从挂历上翻拍了杨的照片制成广告刊登在《啄木鸟》杂志1986年第5期的封底上。市中级人民法院经审理，认定两被告的行为侵犯了杨在葆的肖像权，应在相应的范围内向杨在葆赔礼道歉。经调解，两被告在《啄木鸟》杂志1988年第2期的封底上分别刊登启示，公开向杨在葆赔礼道歉。此案审结后，在社会上引起很大反响。

在审理侵害名誉权案件中，对于用侮辱、诽谤、捏造事实、散布流言蜚语、宣扬他人隐私等方式，损害公民的名誉，使其遭受精神上的痛苦和其他不利后果的，依法确认为侵害公民名誉权的行为，保护被侵害人的名誉权。例如：小说《林海雪原》的作者曲波在《中国法制文学》上写的文章中和对《文艺报》记者的谈话中，对当年同一部队的团参谋长连城的品德、才能、以至人身进行侮辱，不真实地说连城“行骗”、“从未剿过匪”，说连城“大言不惭、身高体肥、行动拙笨、弄虚作假”、“无指挥才能”等等，致使连城精神受到很大刺激而病倒。法院经审理促使曲波和有关报刊、记者承认错误，向连城赔礼道歉，并登报公开为连城恢复名誉、消除影响。我们在处理这类纠纷时，注意区别报刊、杂志的正当舆论监督与侵害名誉权的界限。1988 年 7 月《北京晚报》刊登出一篇批评信远斋饮料厂卫生工作差，被卫生防疫部门罚款的报道后，饮料厂向法院起诉，说报道严重失实，侵害了该厂的名誉权。法院经审理认为，《北京晚报》报道虽有个别言词不够确切，但从整体上说，这一批评是有客观事实根据的，属于正当的舆论批评，遂驳回了饮料厂的诉讼请求。

（四）对知识产权的保护

主要是涉及著作权方面的纠纷案件。对于著作权纠纷，注意分清是职务作品还是非职务作品，是合作作品，还是个人作品，严格区分侵犯著作权的行为与合理使用他人作品的界限。凡是剽窃他人作品以自己的名义发表的，或者不经合作作者同意，把合作作品当成自己的作品发表的，或者作品使用者拒绝支付报酬以及将别人的已发表的作品改头换面发表的，均属于侵犯著作权的行为。对于侵犯著作权的行为，我们依法保护作者的合法权益。如李勤诉丁洁侵犯著作权纠纷案。丁洁未征得李勤同意，将二人合编的英语教材进行增改，以个人名义出版，并领取了全部稿酬。市中级法院认为，丁洁的行为侵犯了李勤所享有的那部分著作权，依照民法通则第一百一十八条的规定，判决丁洁在报刊上公开向李勤赔礼道歉，并给付李勤应得的稿酬。此案公开宣判时，旁听群众长时间热烈鼓掌，首都的一些报纸及电视台作了详细报道。

由于各级法院在办案过程中注意认真贯彻执行民法通则的各项民事法律制度，执法水平不断提高，在适用民法通则处理的案件中，好的和比较好的占 93%，保护了公民、法人合法的民事权益。

二、存在的问题

检查中也发现了一些问题，主要是：

（一）认定事实方面的问题

事实是处理案件的基础。事实未查清必然造成适用法律不当，就不能保护当事人的合法权益。

这次检查中发现少数案件事实不清。情况大致有 4 种：1. 案件涉及的民事权利和义务的主体不清。这在房屋、赔偿案件中比较突出，有的把应当承担民事责任的实际占房人和损害人遗漏。2. 案件的基本事实不清。如赔偿案件的赔偿范围不清，合伙、联营案件各方投资额、支取额及营利额不清等。3. 案件涉及的适用法律的关键性事实不清。如确权案件确定产权归属的事实不清，买卖纠纷案件确认买卖有效与无效的事实依据不充分，宅基案件划定宅基界线的事实根据不足等。4. 案件涉及的其他有关事实不清。如房屋拆迁案件对房屋折价问题不注意核查，伤害赔偿案件涉及今后的治疗费用应经过鉴定的却没有鉴定等。例如，朝阳区一妇女孙某因临产过程中并发胎盘早剥症状在妇产医院进行剖腹产手术治疗，手术后瘫痪，生活不能自理。为此，孙向法院起诉，要求医院赔偿损失。医院辩称：孙瘫痪与手术无直接关系，要求孙给付住院期间所欠全部医疗费用。一审法院在审理时，未对医疗事故问题进行细致调查，只根据市医疗事故鉴定委员会“不属医疗事故”的鉴定，判孙某败诉，承担全部治疗费用。后来查明，鉴定委员会的鉴定所依据的化验单、手术麻醉报告以及病历的部分内容，被医院做了手脚，有的是后填的，有的是重新整理过的，根本不是原始材料，原始材料已无从查找，鉴定时也没有病人参加。该鉴定失去了真实性，不能作为定案的根据。此案经二审法院审理后改判，认定医院有过错应当承担民事责任，并对医院的错误进行了批评，由医院自行负担孙某全部医疗费用，并补助孙一笔赔偿费。

（二）适用法律方面的问题

适用法律方面存在的问题，主要表现在：

1. 对民法通则等有关法律理解不深，掌握不准，错误地确认法律关系。例如：高某有房两间，长期借给张某，后提出将房收回自用，张某不同意并提出要买下这两间房，亦遭高某拒绝。一审法院忽视了高某对房屋享有产权，武断地将房屋判归张某所有，由张给付高某房价款 700 元。这样判等于强迫高某卖房，明显违背了民法通则第四条规定的民事活动应当遵循自愿、公平、等价有偿的原则，对没有违法行为的高某来讲，是不公平的。二审法院经多次调解，双方自愿达成了房屋买卖协议。再如，韩某原在薛某家当保姆，后双方协商建立了收养关系，以父女相称共同生活。薛为韩买了缝纫机，提供学费学习缝纫。3 年多后薛妻去世，薛提出解除收养关系，韩某起诉要求追索劳动报酬 1000 多元。一审没有正确确认收养双方的权利义务关系。相互之间的抚养、照顾应当是无偿的，一审认定双方为雇佣关系，错判薛某给付韩某劳动报酬。此案二审已改判。

2. 引用民法通则条文不适当、不准确，甚至错引、漏引。如在赔偿案件中，双方都有过错或都无过错或者两人以上共同侵权，处理时却忽视民法通则中有关归责的条款，而只简单引用第一百一十九条的规定，使损害赔偿费用的处理缺乏法律依据。还有的只引用条不引用款，或只引用一般原则条款，而漏引具体条款等等。

（三）在确认当事人责任方面的问题

从检查的情况看，各级法院在查清事实的基础上，都比较重视对责任性质的分析，按照民法通则的规定，明确当事人应当承担违反合同的民事责任，还是合同无效的民事责任，或者是侵权的民事责任，对于有过错的，注意分清是一方过错责任，还是双方或多方混合过错责任。但是，个别案件也存在一些问题。例如，有的案件对行为无效的责任不加区分，就判归一方承担。程某与他人共有房产一所，因阎某对程的晚年有所照顾，程欲将房屋全部赠予阎，在办理公证中，公证机关发现该房涉及他人产权，故不予办理，二人就以买卖形式将房屋产权转移到阎名下，房管部门收取房屋买卖手续费和税金 2400 元。后二人关系不好，程要求把房子收回来。原审法院判决买卖无效，2400 元全部由程某负担。实际上是二人串通共同欺骗房管部门，把并非程一人所有的房产转移到阎名下。民法通则第五十八条规定：恶意串通，损害第三人利益的民事行为无效。第六十一条规定：民事行为被确认无效后，双方都有过错的应当各自承担相应的责任。因此，对这种无效的民事行为所带来的法律后果，应由二人负担，而不应只由程一人负担。此案二审法院改判 2400 元由双方各自承担一半。有的案件错误地确定民事责任。例如，娄某受王某委托销售螃蟹，因购买的人少，便按照王的要求将螃蟹暂存某单位食堂，后因天热，螃蟹全部变质。王某起诉。原审法院判决娄赔偿王损失。在这个案子中，娄某在代销和代运期间，并未发生任何损失，谈不上承担责任。螃蟹变质的原因一是天气炎热，二是保管不善，娄并没有过错，让他承担损失是不对的。二审调解，王某放弃了让娄赔偿损失的请求。

（四）诉讼主体方面的问题

诉讼当事人的主体资格，不仅关系到当事人在民事诉讼中的地位，而且也关系到当事人是否享有民事权利，应否承担民事义务。在检查的案件中，绝大多数都注意查清当事人是否具有与其行为相适应的民事权利能力和民事行为能力。对不符合主体资格的当事人及时变更，对应该参加诉讼而没有参加的，追加为诉讼当事人。但是，也发现有少数案件存在错列、漏列当事人的情况。有的把未成年人的家长或受害人、侵害人的家属错列为原告、被告。如温某与邻居王某发生争吵，一气之下，将王家院墙拆了一个豁口，王某起诉要求赔偿。审理中温某的丈夫在没有委托手续的情况下出庭代理，后又被不适当地追加为被告。温的丈夫并没有实施侵权行为，列为被告没有理由。此案准备再审纠正。有的案件错把法人的法定代表人列为第三人或原、被告，把已故的人仍列为被告，还有的让案外人承担民事责任。例如，有两个农民因相邻关系打官司，一方要求另一方把切断的自来水管接通。审理后依法作出了排除妨碍，赔偿损失的处理，但在调解书主文中却让不是本案当事人的村委会负责接通被告家的自来水管。村委会与原、被告争议的事实无法律关系，不具有本案的主体资格。

（五）在调查研究方面的问题

近几年，随着改革、开放的深入，社会主义商品生产的发展，民事审判中不断出现一些新情况、新问题，这就要求我们在审判实践中加强调查研究，及时加以解决。在这方面我们虽然做了一些努力，摸索了一些新类型案件的审判规律，总结了一些经验，但是还很不够，对审判工作中遇到的新情况，新问题缺乏深入的调查研究，不能及时拿出有效的解决办法。例如，名誉权、肖像权案件中涉及精神损害赔偿的标准问题，有的当事人一开口就要赔几万元。精神上的损害与物质上的损失不同，看不见，摸不着，赔多少合适，法律上没有规定，需要研究出一个具体标准。对一般身体损害的赔偿，民法通则规定了一个大致的范围，但是确定具体的赔偿费用还需要较为详细的标准，如人体损伤后劳动能力的评定标准等，在承包、租赁、合伙、联营等纠纷以及街道居民委员会是否具有民事主体资格等问题中，也有不少亟待研究解决的问题。在检查中，我们深感调查研究工作落后于审判实践的需要。

另外，民法通则中的有些规定过于原则、笼统，有的还没有规定，以致在适用和引用法律条款时有一定困难。例如，民法通则只有企、事业法人间联营的规定，而实践中已出现公民个人与企、事业法人之间的联营，发生纠纷后处理就缺乏法律依据。在审理土地、宅基地纠纷时，在民法通则中找不到可以适用的相应条款，引用第八十三条也不准确，这条是处理截水、排水等相邻关系的，与土地、宅基地纠纷不一样。在审理追索劳动报酬等案件时，也没有可适用的相应条款。

上述问题的存在，一方面有客观的原因，如民事案件逐年增多，审判力量严重不足，审判人员处于超负荷工作状态；再加上办案经费不足，一些需要外调的案件无法调查等。另一方面有主观原因，有的审判人员政治业务素质不高，对民法通则理解不深不透；有的审判人员办案作风粗糙，不做细致的调查，有不重法律办案而重经验办案的倾向。

三、改进意见

（一）对检查中发现的问题，要求各法院采取措施及时纠正、解决

1. 对案件处理确有错误的，及时纠正。通过二审改判的47件；发回原审法院重新审理的5件，已生效的判决按照审判监督程序进行再审改判的5件。

2. 对于实体处理没有错误，但引用法律条款不妥当、不准确以及法律文书有毛病的，在内部进行总结、通报，吸取经验教训，在今后的工作中注意改正。

（二）拟在明年第一季度召开一次全市民事审判工作会议，将这次检查中发现的问题和改进意见作为一项重要内容，认真进行讨论和研究

（三）提高审判人员的业务素质和执法水平

教育审判人员进一步提高对全面贯彻执行民法通则重要性的认识，增强严格依法办

案的法律意识，树立全心全意为人民服务的思想和深入实际、深入群众的办案作风，重证据、重调查研究，改变单凭经验、习惯办案的做法，并通过业余法律大学、法官培训中心和各种类型的业务学习、培训，加强对民法通则和各项民事法律、政策的学习，不断提高审判人员的业务素质和执法水平。

（四）加强对民事审判工作的领导，适当增加民事审判力量

分管民事审判的院领导要用主要精力抓民法通则的贯彻执行和新类型案件及疑难案件的研究，把一批业务骨干充实到承担大量民事案件审理任务的人民法庭，并不断改善人民法庭的物质条件。

（五）进一步加强对民事审判工作的监督指导

除依法加强上级法院对下级法院的审判监督外，还要自觉接受人大的监督，接受社会各界、人民群众的监督。坚持定期检查案件的制度，发现问题，及时纠正。

（六）制定民事一审办案规格，促进办案规范化

从案件的受理到结案直至移送上诉，整个诉讼活动的各个阶段、各个环节，都要提出明确、具体的要求，使每个审判人员都能有所遵循，从制度上保证审理民事案件的质量。

（七）注意研究民事审判中的新情况、新问题，加强专题研究和对新类型案件的业务指导，切实有效地解决疑难问题

以上报告当否，请指正。

（注：此文系高级人民法院副院长孙常立向市人大常委会作的专题报告）

吉林省高级人民法院关于贯彻执行两院“通告”的情况报告

——1989年11月17日在吉林省第七届人民代表大会常务委员会第十二次会议上

吉林省高级人民法院院长　谢安山

主任、副主任、各位委员：

最高人民法院、最高人民检察院《关于贪污、受贿、投机倒把等犯罪分子必须在限期内自首坦白的通告》从发布到限期结束的两个半月时间内，全省各级人民法院按照最高人民法院和省委的部署，一边组织干警认真学习；一边采取多种行之有效的具体措施贯彻落实《通告》，做了大量艰苦细致、较有成效的工作。尤其是连续不断召开的各种规模的打击经济犯罪宽严政策兑现公判大会，体现了政策，昭彰了国法，震慑了犯罪，教育鼓舞了人民群众，掀起了全省范围的打击经济犯罪，惩治腐败的高潮，在社会上引起了很大反响。从而促进了这场斗争健康地深入发展，党委是满意的。在贯彻《通告》的两个半月里，我们突出地抓了以下四个方面：

一、抓学习贯彻，提高认识，采取有效措施落实《通告》

两院《通告》公布后，全省各级人民法

院雷厉风行，动作迅速，立即分别召开了党组会、审判委员会会议、全体干警大会，组织干警学习《通告》精神，结合实际进行讨论，加深理解，端正思想认识，解决了部分同志中存在的畏难情绪和不正确思想认识，使干警摆正了执行《通告》与打击经济犯罪的关系；打击经济犯罪与为治理整顿的中心服务的关系；执行《通告》与惩治腐败加强廉政建设的关系；打击经济犯罪与贯彻中央四中全会精神及江泽民同志讲话的关系。认识到《通告》是实现中央确定的惩治腐败，加强廉政建设近期要做几件实事的重要措施，是贯彻落实江泽民同志国庆讲话的实际步骤，人民法院要充分发挥专政职能作用，运用法律手段，狠狠打击经济犯罪活动。从而统一了干警的思想认识，激发干警投入这场斗争的责任感和紧迫感。各级人民法院都把贯彻落实《通告》作为刑事审判的首要任务，精心部署。省法院下发了《关于以贯彻落实〈通告〉为中心，深入开展打击经济犯罪活动的通知》，各地法院也紧急行动起来，吉林、四平、辽源等中级法院召开专门会议研究向党委提出建议和行动方案，给党委当好参谋。各基层法院都制定了具体行动措施，普遍建立了接待自首、举报人员制度，设置了接待室，昼夜值班，设立了举报箱和举报电话，随时接待和处理投案和举报事宜。

二、抓宣传发动，大造声势，采取多种形式扩大《通告》宣传效果

全省法院把宣传《通告》做为一项重要任务和关键步骤重视起来，领导亲自抓落实，带头搞宣传。各地法院集中审判力量，集中时间利用各种宣传工具，以多种形式大张旗鼓地宣传。有的法院组织干警上街宣传，到重点系统单位讲解；有的院长通过电台、电视台报纸发表讲话文章；有的到“三所一队”进行政策教育；有的办板报、贴标语广泛宣传；有的还培训了宣传员和宣传骨干。据不完全统计，全省法院共抽出869名审判干部宣传《通告》，其中院长、庭长有364人次；组织上街宣传113次；接待群众咨询2581人次；各级法院院长在电台、电视台发表专题讲话45次；深入重点系统单位宣传329次；直接受教育群众达44．8万人；到“三所一队”向在押人犯宣传49次；出动宣传车到街头巷尾宣传17辆次；在报刊发表宣传文章54篇；印发各种宣传材料7万余张。在宣传中，注意以典型案例深入浅出地讲解政策和法律，从而造成了强大的声势，发挥了《通告》的威力。有10人到法院投案自首，接待群众举报犯罪线索154件，万元以上的有96件。吉林、辽源、浑江、公主岭市法院在宣讲《通告》后，当即就有犯罪分子到法院坦白自首。吉林市中院宣传《通告》的电视讲话播出后，大庆石油管理局干部朱喜堂携款46000元，到中级法院投案自首。

三、抓案件审理，快审快判，按《通告》规定体现宽严政策

各级法院在抓好《通告》宣传的同时，为确保这场斗争的顺利进行，克服案件全面上升，工作全线紧张的困难，调整、充实了刑事审判力量，指定专人负责审理经济犯罪案件，广大干警全力拼博，昼夜奋战，抓紧对贪污、受贿等大要案的审理。从8月15日到10月31日止，全省各级人民法院共受理检察机关起诉的各类经济犯罪案件157件、189人。到10月末已审结110件、130人。其中贪污61件、65人，受贿38件、38人，行贿1件、1人，挪用公款6件、6人，其他4件、20人。判刑处理情况：判处死刑×人，无期徒刑2人，有期徒刑93人，缓刑23人，拘役1人，免予刑事处分的10人。在判处的案犯中，县团级干部11人，一般干部41人。为国家挽回经济损失204万元。在案件审理上主要采取了四项措施：一是主动到公安、检察等部门了解经济案件情况，摸清立案底数和侦查进展情况，对一些大案要案适时提前介入，掌握案情，及时补充有关证据，防止

起诉后再出现问题退卷补证。在审结的110件案件中，有45件提前介入，占41%。二是对起诉到法院的案件，组织精干力量，落实专人负责，组成合议庭，抓紧查证核实，及时开庭审理，坚决做到快审快判。《通告》期限内所审理的案件都在15天左右结案，个别典型案件在10天左右就审结了，许多法院主管院长亲自办案，担任大案要案和疑难案件的审判长，保证了及时公判。三是注意严格执行《通告》和有关法律，全面体现政策，对符合《通告》规定有利于斗争形势发展，依法可以从宽判处的，充分考虑情节从轻、减轻或免除处罚。对应当从严判处的绝不手软，从严惩处，做到正确掌握宽严的幅度，发挥政策威力，分化瓦解犯罪分子。在所判处的罪犯中，从宽判处的有51人，从严判处的有13人。如罪犯金石贪污公款209，400元，一审法院审理中发现有投案自首情节，认罪态度较好，适用《通告》规定，判处其无期徒刑，省法院审理认为应当充分体现政策，改判为有期徒刑十五年。罪犯许安贪污公款92000余元，拒不认罪，依《通告》和刑法规定，从严判处了死刑。四是注意案件质量，坚持“两个基本”，强调案件的事实证据要经得起历史检验。对事实不清，证据没有完全查清楚，不单纯为了赶公判大会进度或其他什么原因而草率审理或公开宣判。工作一丝不苟，不迁就，不草率从事，切实保证案件的质量。

为发挥《通告》威力，促使更多的贪污、受贿、投机倒把犯罪分子投案自首，全省法院注意选择宽严典型，配合形势，进行公开审判和公开宣判，大张旗鼓地处理，充分显示政策法律的威力，震慑犯罪分子尽快投案自首。《通告》期限内全省共召开公判大会44次，宣判典型案件110件。辽源市中级法院在《通告》下发仅半个月时间就准备了一批公判处理案件。全省大多数法院在《通告》下发不到一个月陆续公判了一批典型案件。省法院在9月18日和省检察院配合，召开了全省公开处理经济犯罪分子大会，公开处理8件、9名罪犯。省电台、电视台等新闻单位做了实况转播报导，教育面覆盖了全省，引起了较大震动和反响。双辽县在法院公开宣判前全县只有3人投案自首，公开宣判大会处理一起从宽典型案件后，有45人投案坦白自首，对深入贯彻《通告》起了有力的推动作用。

四、抓检查指导，总结经验，推动《通告》的贯彻和斗争的深入发展

在贯彻落实《通告》中，省市两级法院注意发挥上级法院监督指导作用。省法院除及时发文件对下进行指导外，还专门召开各中级法院主管经打工作的院长和刑庭庭长会议，研究部署落实《通告》的工作措施和有关政策、法律适用问题。特别是8月23日中央召开贯彻《通告》电话会议后，省法院和各中级法院又再次召开会议，分析斗争形势，总结工作经验，研究深入措施。同时，与省检察院、公安厅一起召开了深入宣传贯彻两院《通告》新闻发布会扩大政治攻势。全省各级法院的领导都把主要精力投入到贯彻《通告》精神上来，下到重点单位调查研究，宣传《通告》精神，发动群众揭发检举，检查指导工作。省法院四位院长分别带领工作组下基层督促落实《通告》，分工包片，各负其责，都直接深入到县、市、区和重点基层单位具体检查指导，了解掌握第一手材料，认真总结经验，及时交流推广，注意发现问题逐一帮助研究解决。主管刑事的副院长冯守理同志先后两次到6个地区了解情况，布置案件审理和公判大会准备工作，逐个案件进行指导。各中级法院也由领导带队，深入基层了解情况，部署工作，检查指导，对具体案件帮助基层院把关。8月中旬以后，全省大部分中级法院已准备了一批公判案件，省院及时抽调专人组成指导组，深入到各中院和基层院把关，保证准确适用法律政策。对做为宽严典型的案件质量进行检查，保证了在

《通告》期限内所审结的大量案件没出现偏差。

总的看，全省法院贯彻《通告》是坚决认真的，措施是有力的，效果是显著的。但也存在一些问题：就法院来说一是对《通告》宣传工作还不深入，注意了社会面上的宣传，对重点系统单位的宣传不够；注意了《通告》内容的宣传，有关政策法律知识的宣传没有跟上去，宣讲的针对性还不强，宣传声势还不够大。二是对《通告》规定的宽严政策在行动初期理解得还不够深刻，个别案件从重从轻情节考虑得还不够充分，宽严幅度掌握得还不十分准确。三是忙于审理案件，集中打击宣判，对分析发案原因和发案单位工作上的漏洞，及时向有关单位提司法建议，健全章制，堵塞漏洞，有效地预防经济犯罪的综合治理工作还做得不够深入细致。就整个社会而言，一些地方、单位部门的领导对贯彻《通告》的重大政治意义认识不足，重视不够，对反腐败斗争的严重性、复杂性、艰巨性缺乏足够的重视，工作中也没有采取具体切实有力的措施，个别地区或系统还有死角，有些机关、单位和部门还触动不大，有的犯罪分子还没有受到震动。这说明，今后反贪污、受贿、投机倒把等经济犯罪斗争的任务仍十分艰巨。

通过宣传落实《通告》，有许多犯罪分子投案自首，一大批经济犯罪分子被检举揭发出来绳之以法。这说明经济犯罪和腐败现象是触目惊心的。不适时开展这场严肃的政治斗争，腐败现象将难以铲除，改革、开放将难以顺利进行，甚至直接危害我国的社会主义现代化建设事业。由此可见，邓小平同志提出的“一手抓改革开放，一手抓惩治腐败”的决策是十分英明的，两院《通告》的发布是及时、正确的。人民法院必须在党委领导和人大及其常委会的监督下，坚定不移地贯彻执行这一方针，充分发挥人民民主专政职能，运用法律武器，同各种经济犯罪活动和腐败行为进行不懈斗争，为维护社会主义经济秩序，搞好治理整顿，繁荣经济提供更有力的法律保障和法律服务。

《通告》规定的期限到10月31日止，不再延长。但是打击严重经济犯罪活动，惩治腐败的斗争并不是到此为止。与经济犯罪和腐败现象作斗争，不仅是经济领域内的一场严峻斗争，而且是关系到党和国家生死存亡的政治斗争。只要改革开放继续，严惩严重经济犯罪的斗争就不能停止。对此，我们要继续努力做好以下几项工作：

一、认清形势，明确任务，树立同经济犯罪、腐败现象长期作战的思想。各级法院对前一段贯彻执行《通告》要进行全面的总结，肯定成功的做法，找出不足，研究今后应采取的对策措施，特别是要加强对形势的预测分析。应该指出《通告》发布以来，全省已有一大批经济犯罪分子被揭发检举出来，随着斗争的深入开展，还会有大量的犯罪分子被检举侦查出来。即使有些犯罪分子被检察机关免予起诉或做其他处理消化掉，今冬明春也会有相当数量的案件起诉到法院。特别是两院《通告》发布后，经济犯罪案件长期滑坡的局面已有所改变。最高检察院对免于起诉又做了一些限制，各地检察机关正在抓紧自首坦白案件的查证工作，抓紧向人民法院起诉案件。这说明，今冬明春打击经济犯罪审判任务是相当繁重的。因此，我们一定要教育广大干警进一步认清形势，明确任务，树立长期作战的思想，切实纠正个别同志中存在的那种认为宣传贯彻《通告》工作结束了，斗争 告一段落了，可以松口气的糊涂观念，以江泽民同志讲话精神为指导，从思想上、组织上、审判力量上、行动上继续不懈地抓好这项工作，不能有丝毫放松。争取在今冬明春把检察机关起诉到法院的案件及时审判完毕。

《通告》规定的期限届满后，人民法院将仍然执行“坦白从宽、抗拒从严”、“惩办与宽大相结合”的一贯政策，对自首、坦白、积极退赃或有立功表现的，仍要从轻、减轻处罚，有的还要免予刑事处分。但是掌握从宽处理的幅度不能再象《通告》规定的那样大。

二、抓紧对大要案件的审理。前一段贯彻《通告》的工作发展不平衡，从法院已受理的案件看，中、小案件多，大要案少；内部掌握了犯罪线索的投案多，尚未掌握线索、主动投案少；犯贪污、受贿投案的多，犯投机倒把罪，尤其是企事业单位、机关、团体进行投机倒把犯罪的投案少。这反映了当前严厉打击经济领域严重犯罪，坚决惩治腐败的斗争很艰巨、很复杂。我们要求全省各级法院要关注公安、检察机关对大要案的侦破工作，有必要时提前介入，主动了解案情。对移送起诉到法院的大要案，要认真查清事实，核对证据，坚持“两个基本”，判决的案件一定要基本事实清楚，基本证据确凿，确保案件质量。要严格执法，全面体现政策，对于不符合《通告》规定的，要严格按刑法和全国人大有关补充规定相应判处，对经济犯罪要注意追缴赃款赃物，为国家挽回经济损失，不能让经济犯罪分子在经济上占便宜。对赃款赃物的处理必须在判决后，依法按有关规定严肃执行。

三、选择典型案件，公开宣判处理，连续不断地开展打击。全省各级法院要根据案件情况，结合《通告》后期的宣传、政策兑现工作，尽可能地召开一次或几次兑现宽严政策的宣判大会，以使这场斗争取得更大的成效。案件选择在注意宽的方面的同时，更要注意严的典型，让人民群众看到党和国家反贪倡廉、整治清除腐败的决心，让经济犯罪分子感受到法律的威慑力量。处理典型案件，一定要注意公开审判、集中公判，扩大办案的社会效果。要继续利用各种法律形式，大张旗鼓地宣传，特别要注意对重点单位、重点部门的宣传，以便更加有效的鼓舞群众斗志，打击、分化、瓦解犯罪分子。

四、积极促进经济领域里的综合治理。经济犯罪活动的遏制最根本的取决于经济环境的改善和经济秩序的好转，依赖于宏观调控机制的完善。要在审理经济犯罪案件过程中，注意分析经济犯罪和各种腐败行为产生的根源，促进“三清四查”工作，发现宏观经济调控和经济体制管理的弊端以及管理制度上的漏洞，向有关部门和单位提出司法建议，促其改善经营管理、健全章制，预防和减少经济犯罪的发生，更好地为治理、整顿和改革、开放服务。

五、在党委统一领导和人大监督下，密切与有关部门的配合、调协，更好地执行政策、法律。经济犯罪案件情况复杂，政策性较强，单靠法院自身是解决不了的，必须在党委统一领导下，取得各部门的配合、支持。各级人民法院要把打击经济犯罪活动中遇到的重大问题和重要情况及时向党委人大反映、汇报，以使党委掌握工作全局，准确了解斗争形势，正确做出决策。各级法院也要认真开展调查研究，研究解决经济犯罪出现的新情况、新问题，努力解决执行政策法律中存在的新问题，指导工作，不断提高审判水平和战斗力。

特此报告。

吉林省高级人民法院对《关于国家机关廉政建设的议案》办理情况的报告

（1989 年 12 月 24 日）

主任、副主任、各位委员：

我们就吉林省第七届人民代表大会第二次会议第一号议案《关于国家机关廉政建设的议案》的办理情况，向本次常委会简要报告如下：

《关于国家机关廉政建设的议案》在今年 3 月 14 日下达后，省法院党组进行了传达、讨论。我们认为，议案对我省腐败问题的估计和加强廉政建设重大意义的认识是准确的、客观的，是符合我省实际情况的；议案针对国家机关存在的腐败现象提出的开展以反贪污受贿为重点的反腐败斗争，加强廉政建设的四条“解决办法”是切中时弊、切实可行的。根据议案的要求，我们从法院工作实际出发，结合 1989 年中央和省委关于打击经济犯罪和廉政建设的部署，研究了贯彻落实议案的措施，有计划、有组织、有步骤地在全省法院系统开展了廉政建设和及时有力的反腐败斗争。

一、加强组织领导，消除思想障碍，强化干警的思想认识

为保证一号议案的贯彻落实，在全省法院上下广泛深入地开展廉政建设和强有力的反腐败斗争，省法院加强组织领导，于 4 月 3 日在梨树县召开了全省法院廉政建设工作座谈会，贯彻了一号议案精神；总结交流了廉政建设的经验；分析了当前反腐败斗争的形势和法院队伍的状况；研究制定了全省法院廉政建设的总体方案。决定分三个步骤开展廉政建设和反腐败斗争：首先，以思想教育领先，排除法院队伍的思想障碍；其次，结合本地审判工作实际，研究制定并公开办案办事制度；第三，开展全省法院系统普遍性的廉政建设大检查，检查、督促廉政建设落实情况，查处违法违纪现象，保证反腐败斗争的顺利进行。各级法院把廉政建设作为一件大事来抓，按着会议提出的三个步骤，以排除思想障碍开路，针对法院队伍存在的“三无四满”思想，开展了“三摆三看”的思想教育。所谓三无思想：就是无关、无用、无碍的思想，认为法院是清水衙门，消除腐败现象主要是管钱、管物部门的事，与法院无关或关系不大；消极的认为腐败现象已成顽症，法院再清廉也无用；认为法院队伍整体是好的，有点问题是个别的，无碍大局。所谓“四满”：就是满足于已制定的规章制度；已采取的制约监督措施；现有的政治思想工作和整纪刹风、拒腐倡廉的成效。针对这些思想障碍，我们摆法院的职能，看存在权钱交易的条件；摆法院干警违法违纪的事实，看给社会造成的危害；摆整纪刹风的现状，看拒腐倡廉的成效。通过一个阶段的“三摆三看”，使全省法院干警认识到，审判机关抓廉政建设具有双重任务：既要充分发挥审判机关打击、保护、调节的职能作用，及时准确地打击经济犯罪活动，正确调整各种经济关系，引导经济活动遵循法制的原则，遏制腐

败现象的发生和蔓延。又要保证法院自身廉洁，而且后者是前者的保证和前提。在此基础上，各级法院结合审判工作实际，先后都研究制定了不同形式和内容的公开办案、办事制度，得到了党委和有关部门的好评。

二、充分发挥审判机关的职能，坚持不懈地打击以贪污受贿为重点的经济犯罪活动

腐败现象是国家机关工作人员中的腐败分子与社会各个经济领域中的腐败行为交织在一起且相互利用的综合反映。贪污受贿是腐败现象的突出表现。因此，必须充分发挥人民民主专政的职能，狠狠打击以贪污受贿为重点的经济犯罪活动。今年以来，全省各级法院把打击经济犯罪活动作为审判工作的中心任务之一，坚定不移地贯彻执行依法从严惩处的方针，坚持不懈地严厉打击严重经济犯罪活动。今年1至10月，全省共受理经济犯罪案件1899件。其中，贪污案264件，占14%；受贿案75件，占4%；投机倒把案8件，占0.4%；盗公案件1195件，占63%；偷税抗税案38件，占2%；其他案319件。审结1811件，结案率为95.4%，判处人犯2494人。其中，死刑××人，无期徒刑××人，有期徒刑1936人，其他524人；宣告无罪1人。通过审判活动，依法从严惩处了一批经济领域中的严重经济犯罪分子。特别是8月15日两高《通告》下发后，省法院迅速起草下发了《关于以贯彻落实〈通告〉为中心，深入开展打击经济犯罪活动的通知》。全省各级法院在《通告》下发后，立即展开了大张旗鼓的宣传教育活动，在不到半个月的时间里，就有10人到法院投案自首，并接到群众举报犯罪线索154件，其中万元以上的有96件。为确保这场斗争的顺利进行，迅速审结起诉到法院的案件，各级法院调整充实了审判力量，并指定一名院长专心组织审理经济犯罪案件。广大干警全力拼搏，昼夜奋战，抓紧对贪污、受贿等大要案件的审理。从8月15日到10月31日止，全省各级法院共受理各类经济犯罪案件157件、189人，到10月底已审结110件、130人。其中贪污案61件、65人，受贿案38件，38人，行贿案1件、1人，挪用公款案6件，6人，其他4件、20人。对于罪犯的判处情况是：死刑×人，无期徒刑××人，有期徒刑93人，其他34人。在判处的案犯中，县团级干部11人，一般干部41人。为国家挽回经济损失204万元。在斗争中，各级法院主动到公安、检察机关了解案情，对一些大案要案，闻风而动，主动出击，掌握案情，抓紧查证核实，及时开庭审理，做到快审快判。使所受理的案件都在15天左右结案，个别典型案件10天左右就审结了。省市两级法院积极发挥监督指导作用，省法院四名院长分别深入基层，进行督促、检查和指导，还专门召开了中级法院院长和刑庭庭长会议，研究部署落实《通告》精神的有关政策、法律适用问题，保证了在《通告》期限内所审结的大量案件没出偏差，稳、准、狠地打击了经济犯罪活动。在保证办案质量的同时，各级人民法院积极配合形势，选择宽严典型案例，进行公开审判和公开宣判，充分显示了政策、法律的威力，震慑了犯罪分子。《通告》期限内，全省共召开公判大会44次，对审结的110件案件都做到了公开宣判，保证了斗争的深入开展。

三、以“两公开一监督”为核心，加强廉政制度建设，保证反腐败斗争的顺利进行

人民法院要很好地行使自己反腐败斗争的职能。必须以自身的廉洁为保证。因此，在落实一号议案的过程中，我们突出抓了以“两公开一监督”为核心的廉政制度建设。概括起来就是以“九项六十条”为基本内容的“三层次、三原则、六监督”制度体系。

“九项六十条”是今年四月份法院系统廉政建设工作座谈会以后形成的廉政制度建设总体方案的基本内容。九项制度具体是：（一）法院机构设置和职责；（二）法院的领导分工和职责；（三）立案和审理程序；

（四）干警纪律守则；（五）适用的法律、法规和政策；（六）案件的收费标准；（七）当事人的权利和义务；（八）监督机构和违法违纪行为的处理；（九）党务、政务和干部考核制度。

九项制度共有六十条具体条款。这九项六十条是针对三级法院的共性要求制定的，在座谈会上做为院一级的整体层次落实下去以后，6月份我们又在此基础上结合各业务庭处室和个人岗位责任制的特点，将“九项六十条”进一步分解落实到部门和个人，使廉政制度更加具体化、目标化、数量化、图表化。至8月中旬，初步形成了以“九项六十条”为基本内容的，包括整体、部门、个人三个层次相配套的制度体系。前二个层次的制度条文，我们各级法院采取厨窗和揭示板的方式在办公楼内宽阔显眼之处张帖上墙；个人层次的制度条文在办公室内上墙。这样，就打破了长期以来法院在体系上的封闭性和审判工作的神秘性，对外起到了面向社会的公开作用，对内起到了从严治院的约束作用。

三个层次的九项六十条制度体现了三个原则：即热点原则，核心原则和要害原则。就是在制定和公开这些制度的时候，首先考虑了群众关心的“告状难”、“申诉难”、“执行难”等“热点”问题，始终突出了防止枉法裁判这个法院执法活动中的核心问题，紧紧抓住了钱权交易这个干警个人行为上的要害，培养执法清廉的客观条件，铲除自身腐败的温床。

为了使廉政制度能够切实地贯彻执行下去，我们还制定了以“六监督”为具体内容的保证措施。具体说，就是我们在进一步加强了原来已有的党委、人大、检察等部门的职能监督和法院内部，审判监督的同时，我们还以设立举报箱和举报电话，实行院长接待日制度，发出3000多封征求意见公开信，召开600多次讲评合议庭联席会等方式，加强了对法院的监督；以新闻报道、新闻发布会和支持新闻部门揭露法院腐败现象的方式，加强了舆论监督，由此形成了内外制约的、较为完整的监督保证机制，保证制度落到实处。一年来，省法院自身查处了违法违纪干警7名，下级法院查处了16名，全省法院干警拒请、拒贿、拒情总计达3万多人次，拒贿现金（包括实物折合人民币）达50多万元。通过廉政制度的建设和落实，法院内部的风纪得到整肃，外部形象得到了改观，保证了人民法院社会职能的行使和反腐败斗争的顺利进行。

应该说，全省法院的廉政建设和反腐败斗争取得了很大成绩。但是我们感到还存在许多簿弱环节，还有许多综合性的、涉及国家机关和社会诸方面的问题没有解决好，与形势的要求和人民群众的愿望还有很大差距。

从法院本身来看，队伍中的一些畏难情绪和模糊认识还没有完全清除；廉政制度建设还有流于形式和走过场的现象；已经制订的制度有些还缺乏科学性、规范性和系统性，制约机制还不够有力；个别违法违纪现象还时有发生，给社会造成了不良影响和危害。

从社会方面看，整体控制机制虽有所加强，但还有许多漏洞和簿弱环节：一是“以罚代刑”和查处不力问题突出。经济执法部门以行政处罚结案的约占经济犯罪案件的70%左右，构成犯罪的也不移送政法机关处理，许多案件只是罚款了事。二是政法部门之间也存在配合不力问题，案件移送难，处理不及时。三是经济犯罪的主管单位和领导存在本位主义思想，有些案件该报不报，袒护犯罪分子，导致一些“官倒”继续进行投机倒把活动，而不能受到法律制裁。今年全省法院1至8月受理的案件，投机倒把案件下降36.3%，而属于“官倒”的案件一件也没有。四是法不配套，各司法机关和行政执法机关对法律政策的理解不一致，工作不协调。

由于以上原因，经济犯罪案件起诉到法

院的少，特别是87、88年两年连续下降，使一些该打击的犯罪因未受到惩罚，犯罪气焰更加嚣张。有鉴于此，提出以下建议：

第一，建议抓好配套立法，进一步协调司法与行政执法部门之间的工作，尽快解决行政立法和刑事立法不协调、不配套、导致政出多门，各持己见，相互扯皮，放纵犯罪的问题。

第二，建议严肃执法纪律，从根本上解决“以罚代刑”的问题，对于该报的案件不报，包庇犯罪的领导和个人，一经发现，就要严肃处理，保证严肃执法。

第三，建议人大常委会成员和人大代表更多地深入有关部门视察工作，了解打击经济犯罪的具体情况，及时采取有力措施，推动斗争的开展。

为了使廉政建设向深层次发展和反腐败斗争的继续深入，全省各级法院要继续组织干警学习五中全会决议、江泽民同志讲话和省委五届四次全委会议精神，统一思想，统一认识，统一步调，坚决贯彻执行中央的方针政策和省委的具体部署，认真研究治理整顿和深化改革形势下的经济犯罪和腐败现象的新特点，充分发挥审判职能作用，积极开展好当前的“扫六害”斗争，把打击经济犯罪和惩治腐败的斗争深入下去。

要大力加强政治思想教育，不断提高法院干警对廉政建设的重大意义的认识，进一步完善以“两公开一监督”为主要内容的廉政制度建设，按整体、分层次、分系统完成监督措施，保证各项制度的落实。

要定期开展廉政大检查，监督检查各级法院落实廉政制度和监督保证措施的情况，及时查处队伍中的违法违纪行为和执法活动中的腐败现象。查实一个，处理一个，并做为现实教材，教育广大干警。

要加强调查研究和指导，注意抓好典型，扩大影响，创造一个肃贪倡廉的健康环境，使廉政建设扎扎实实地发展起来。

以上报告当否，请审议。

关于全省部分法院开展“少年合议庭”试点工作的情况汇报

——在1989年12月22日第七届人大常委会第十二次会议上

江西省高级人民法院院长 李 迎

主任、各位副主任、各位委员：

我就全省部分法院开展“少年合议庭”试点工作的情况，向会议作专题汇报，请予审议。

一、少年犯罪突出，引起了社会普遍关注

我国的少年犯罪在五、六十年代是很少的，七十年代后期有了增加，八十年代初期进入高峰，经过1983年“严打”第一战役的斗争，出现了连续二年下降的好形势，但到了1986年又开始回升。从我省的情况看，1989年1至10月全省各级人民法院审结的已满14岁未满18岁的少年犯罪1200人，占刑事罪犯总人数11976人的10.02%，比

1988年的948人，占刑事罪犯总人数的8.5%，绝对数上升26.6%，比例数上升1.7%；比1987年的762人，占刑事罪犯总人数10536人的7.3%，绝对数上升57.5%，比例数上升2.9%；比1986年的703人，占刑事罪犯总人数9823人的7.2%，绝对数上升70.7%。比例数上升3%。值得注意的是，这仅仅是今年头十个月的数字与近几年的全年数相比，要是全年数相比，上升的幅度还要大。

近年来少年犯罪出现了以下新特点：

1. 由过去的顽劣、好奇心而进行一般违法活动，发展为实施对社会造成严重危害的暴力性犯罪；

2. 由过去的一般小偷小摸发展为重大盗窃，结伙盗窃，流窜作案。

3. 由过去的一般性打架斗殴发展成行凶杀人，抢劫、强奸等恶性犯罪。

4. 由过去跟随成年人进行犯罪活动，发展为独立犯罪或结成纯少年的共同犯罪团伙。

5. 犯罪的主体趋向低龄化、犯罪的手段趋向成人化，智能化，犯罪的社会危害越来越大，后果越来越严重。

少年犯罪的迅猛增多，危害越来越大已经成为社会治安的一个突出问题，引起了社会各界的普遍关注。早在1978年党中央就转发了中宣部等八个单位《关于提请全党重视解决青少年违法犯罪问题的报告》。1985年又发出了《关于进一步加强青少年教育，预防青少年违法犯罪的通知》。在解决社会治安的问题上，中央领导多次强调必须加强综合治理，预防和减少少年犯罪。全国人大也正在着手制定适合我国国情的《未成年人保护条例》。

应该说，在少年法制方面，我国比起世界许多国家来，都还是比较落后的，在审理少年犯罪案件方面，我国虽然有了一些法律规定和政策，但是，还很不完善，很不系统，还没有形成一套具有中国特色，适合我国国情的少年法律体系、审判制度和审判组织形式。世界上许多国家都建立有独立的少年法制体系，特殊的审判制度和审判组织形式。如日本、意大利、丹麦、西班牙、美国等的《少年法》，联邦德国的《青少年刑法》、英国的《青少年法》，美国的少年审判制度，日本的家庭裁判所，马来西亚的少年法院等等。

随着少年犯罪率的增长，建立具有我国特色，适合我国国情的少年法制体系已刻不容缓。

二、为了有效地协同解决少年犯罪问题，我们在全省部分法院进行了“少年合议庭”试点

最高人民法院1988年5月在上海召开了全国法院审理未成年人刑事案件工作会议，会上推广了上海市长宁区法院开展少年合议庭的经验，并决定在全国有条件的法院开展少年合议试点工作。根据会议精神，省法院党组决定在我省的南昌市中级法院及其所属的东湖、西湖、青云谱区法院、九江市浔阳区法院、赣州市法院、上饶市法院、景德镇市珠山区法院和丰城市法院等九个法院首批开展“少年合议庭”试点工作，省法院成立了由阙贵善副院长任组长的少年合议庭指导小组，指导和协调全省少年合议庭工作。于同年6月召开了全省第一次少年合议庭工作会议，省法院下发了《关于在全省部分法院开展少年合议庭试点工作的意见》文件，供各试点法院执行。未列入试点的法院，在审理少年犯罪案件时也要参照执行。

经过半年的试点，各地反映很好，取得了一定的成效，省法院于今年2月在南昌召开了第二次少年合议庭工作会议，决定扩大试点面。即将全省各中级人民法院，地、市所辖市、区法院以及百万人口以上的县法院都列入试点范围。扩大的法院有：九江市、萍乡市、景德镇市、鹰潭市、新余市、宜春地区、上饶地区、抚州地区、吉安地区、赣州地区中级法院和南昌市的郊区、九江市的庐山区、萍乡市的城关区、新余市的渝水区、鹰潭市的月湖区、吉安市、抚州市、宜春市、樟树市、波阳县等基层法院。加上原有的9个试点，共计29个试点法院。除月湖区法院因种种原因未设立少年合议庭外，其他28个试点法院都在刑事审判庭内设立了少年合议庭，并积极地开展了工作。南昌市中级人民法院已在其所辖的基层法院全面铺开少年合议庭工作，其他中级法院也建立了自己的试点法院。

（一）少年合议庭的基本情况

少年合议庭是在刑事审判庭内部设立的审理少年刑事犯罪案件专门合议庭。省法院试点少年合议庭28个，共有审判人员151人。其中，庭长、副庭长11人，审判员36人，助审员21人，书记员31人，陪审员28人。陪审员有学校教师2人，共青团干部6人，妇联干部6人，离退休干部6人，国家干部1人，其他3人。

1988年6月以来，共审结少年犯罪案件411件，647人。其中，判处死缓×人，无期徒刑4人，十至十五年徒刑26人，五至十年徒刑88人，五年以下徒刑251人，拘役26人，缓刑39人，免刑5人，无罪1人，撤诉7人，退回补充调查6人。

（二）明确了少年合议庭工作的指导思想

通过一年半的试点，全省各级人民法院、特别是各试点法院充分认识到少年犯罪与成年人犯罪有很大的不同。一般说来，少年犯还处在生理、心理发育阶段，各方面都还很不成熟，思想幼稚单纯，缺乏辨别是非的能力，自我控制力较差，对客观环境具有易感性等等。这些起着两个方面的作用，一方面，少年人容易受到社会不良因素的引诱和影响，走上犯罪道路；另一方面，少年人主观恶性不深，可塑性较大，犯了罪也比较容易接受教育和改造。

针对少年犯的这些特点，全省各级人民法院，特别是各试点法院总结出一套少年合议庭工作的指导思想。这就是：在依法审理的前提下，把工作的着眼点放在对少年犯的教育、感化、挽救上。坚持惩罚与教育相结合，努力使这些失足少年的违法犯罪心理和行为得以矫治，改邪归正，以达到预防犯罪和减少犯罪的目的。

（三）采取了适合少年犯特点的审理方式和方法

我国刑事诉讼法根据未成年人的特点，在审判程序上做了一些特殊规定。例如，14岁以上不满16岁未成年人犯罪的案件，一律不公开审理；16岁以上不满18岁的未成年人犯罪的案件，一般也不公开审理；对于已满14岁不满18岁的未成年人犯罪的案件，在讯问和审判时，可以通知被告人的法定代理人到场；被告人没有委托辩护人的，人民法院应当为他们指定辩护人等等。全省各级人民法院、特别是各少年合议庭，严格执行了刑诉法的上述规定。

在审判方式方法上，已总结出一些经验，归纳起来，主要是：

1. 做好开庭前的调查。实践证明，审理少年犯罪案件比审理成年犯罪案件，要更加细致，周密，不仅要搞清犯罪事实，收集足够的证据，还要了解被告人所处的环境，查明他们犯罪的原因，做好开庭前的思想教育工作。因此，少年合议庭成员在搞好阅卷的基础上，还要走出法院，到少年被告人生活、学习、工作过的地方，向他们的家长、亲属、老师、同学、师傅、邻居、朋友、地段民警等，了解少年被告人的生活环境，成长过程，个性特点，品行优劣，犯罪的原因与动机，以及对被告人的看法和处理意见。这样，审判人员才能做到心中有数，有针对性地对少年被告人进行教育。特别注意查明少年被告人第一次失足的原因和经过，选择最能使少年被告人感动，最能引起被告人的共鸣，最能唤起他们尚未泯灭的良知的事例，作为“感化点”，对被告人进行庭前教育，为开庭审判打下基础。

2. 做好法定代理人的思想工作

刑诉法规定“对于不满18岁的未成年人犯罪的案件，在讯问和审判时，可以通知被告人的法定代理人到场。”被告人的法定代理人，对被告人的合法权益负有保护责任，对被告人的行为负有监护义务。法定代理人参加诉讼，可以履行对被告人的保护和监护义务。因此，少年合议庭特别注意，一方面依法保护法定代理人的诉讼权利，详细告诉他们享有的诉讼权利，使他们能正当合法地行使诉讼权利，切实保护少年被告人的合法权益；另一方面，又认真地对他们进行法制教育，提高他们对依照法律对他们的被代理人进行惩罚的必要性的认识，做好他们的思想工作，端正他们的态度，争取他们配合法庭做好少年被告人的认罪服法工作。例如，在开庭前通过向法定代理人介绍案情，说明他的被代理人的犯罪行为给社会造成的危害后果，并向他们讲解有关的政策、法律，使他们认识到人民法院不光是代表国家对他们的子女的犯罪行为进行审判，更主要的是为了教育、感化、挽救他们的子女，希望他们密切配合。从而端正他们不管不问，推卸责任的消极态度，消除他们怕牵连的顾虑或对立情绪，变阻力为助力。向法定代理人了解被代理人与家庭的关系和家庭的教育方法，针对被代理人的犯罪原因，帮助法定代理人总结教育方法的经验教训。开庭审理时安排他们从亲属的角度发言，对少年被告人进行认罪服法教育。宣判后，要求法定代理人继续承担对被代理人的教育责任，对送少管所改造的，动员法定代理人常去探视，使少年犯重新获得家庭的温暖，增强少年犯的改造信心，对判缓刑放回社会改造的，促使法定代理人承担起教养义务，不歧视他们，使少年犯有个良好的家庭环境，得到重新做人的条件。

3. 耐心细致地做好开庭前教育。

针对少年犯可教育的特点，我们把教育、感化、挽救工作尽量做深、做细。开庭审判之前，一般都先开一个预备庭，预备庭不采取坐堂问案的形式，而是采取便于创造良好气氛、减轻被告人心理压力的坐着对话方式，以诚恳的态度，温和的语气，疏导的方法，启发被告人敞开思想，很自然地把犯罪事实讲清楚，审判人员在适当的“火候”，严肃地指出被告人的犯罪行为给社会造成的危害后果，继续这样走下去的危险性。帮助他们分析陷入犯罪泥坑的主观原因。交代政策，指明前途，使他们不仅知道为什么不能再这样走下去，还知道今后应该怎么做。从而使他们真切感到人民法院不光是代表国家对他们的犯罪行为进行处罚，更主要的是为了教育，挽救他们，从内心悔悟起来。

4. 采取不同于成年人的开庭方式方法

对少年犯的开庭审理除前面讲的严格执行刑诉法规定的不公开审理等外，还采取了以下不同于成年人的审理方法：

（1）不搞法警站庭，以免增加少年被告人的精神压力。

（2）让少年被告人坐着受审。

（3）“寓教于审”，注意语气平和，耐心教育疏导，以消除被告人对法庭的恐惧、疑虑和对立情绪，在查明犯罪事实、犯罪原因的基础上，找准“感化点”，有针对性地在审理的全过程中进行教育、感化和挽救，使他们真正认罪服法。

（4）充分利用法定代理人配合法庭做好被告人的思想工作。

（5）聘请热爱少年、熟悉少年、理解少年的学校教师，妇联、共青团和离退休干部担任特邀陪审员，充分发挥他们了解少年思想变化，便于因人施教这些法院不易起到的作用。

（四）准确定罪，适当量刑

人民法院审理任何案件，都要以事实为根据，以法律为准绳，实事求是，依法判处，对少年犯罪案件也是一样。人民法院的判决，对少年犯，尤其是对初犯、偶犯来说，是关系到他们一生的大事，所以我们特别慎重。能拉一把的尽量拉一把，立足于教育、感化、挽救。我国刑法在制定的过程中，已经充分考虑了对未成年人犯罪实行教育、感化、挽救的方针和惩办与教育相结合的原则。刑法第十四条规定，已满 14 岁不满 18 岁的人，只有犯杀人、重伤、抢劫、放火、惯窃罪或其他严重破坏社会秩序罪的，才负刑事责任，对已满 14 岁不满 18 岁的人犯罪，应当从轻或者减轻处罚。我们严格地执行了这些规定，对已构成犯罪，依照法律该追究刑事责任的，该定什么罪就定什么罪，该判什么刑就判什么刑。在具体量刑时，根据法定情节和酌定情节，具体案件具体分析，对该从重的敢于从重，该从轻、减轻的，敢于从轻、减轻，对属于七个方面的严重刑事犯罪的少年犯，先把它放到七个方面的案件中去考虑，从这个基础上，再考虑从轻、减轻的情节。在具体做法上，既防止了对少年犯量刑与成年人犯的量刑不加区别一律从重，又防止了对少年犯不加区别一律从轻、减轻处罚的两种偏向。做到了该严则严，该宽则宽，注意处罚的社会效果。如对罪行严重，情节恶劣，恶习较深，认罪态度差的少年犯，对惯犯、累犯，共同犯罪的主犯等具有法定从重情节的，或具有主观恶性大、犯罪手段恶劣、悔罪态度较差等酌定从重情节的，量刑时在法定幅度内适当从重处罚；对投案自首或者有立功表现、未遂等法定从轻、减轻情节的，或者一惯表现较好，罪行较轻，恶习不深，认罪悔罪态度好等酌定从轻情节的，对偶犯、从犯、初犯或跟随成年人犯罪能主动坦白交待的，则依法从轻、减轻处罚。在处理方法上，比成年人犯罪也较灵活多样，对罪行并不重，或情节轻微的少年犯，能不收监的就不收监，如判缓刑、管制或者免予刑事处分。还根据具体情况，采取训诫、责令具结悔过、赔礼道歉、赔偿损失，或者由主管部门给予行政处分等等。

(五) 创造条件，做好延伸教育

各试点法院在做好延伸教育方面，做了大量工作。

向前延伸，即做好少年儿童的早期教育和早期预防。而少年儿童的早期教育和早期预防主要是靠少年儿童的家长来做的。不少试点法院参照上海市长宁区法院的经验，与当地妇联和居委会密切配合，开办少年家长学校，讲解家庭教育在少年儿童的教育中的地位和作用。聘请教育有方的家长谈教子成材的经验，组织少年家长看法院审理少年犯罪案件的录像片，并进行座谈讨论，提高家长对教育子女的急迫感和责任感。实践证明，这对提高家长素质，抓好少年的早期教育，早期预防大有好处。

向后延伸，主要是做到不是一判了之，而是在自己积极范围内尽量做一些延伸教育、挽救工作。主要抓了以下几项工作：一是对判缓刑和管制的少年犯，配合有关部门联系继续上学或安置就业，并协助公安机关，配合家庭、学校或单位落实帮教措施，签订帮教合同，定期回访考察教育。二是对已判刑关押改造的少年犯，建立档案卡片制，掌握少年犯判刑后的去向，及时与少管所或劳改单位取得联系，并保持这种联系，定期或不定期地到改造单位进行考察、了解他们的思想表现，或给他们写信，鼓励他们好好改造，重新做人，继续做好他们的思想转化工作。有些试点法院已与管教、改造单位建立了联系，共同配合做好少年犯的改造转化工作，效果很好，不少试点单位经常收到少年犯的来信，主动汇报他们的思想和改造情况，少年合议庭的同志们都一一给他们回信，给予他们热切鼓励，大大增强了他们的改造信心，加速了思想转化。三是对解除劳教或刑满释放的少年，配合有关部门帮助解决就学、劳动安置问题，做好接茬教育“再送一程路”，以巩固矫治成果。四是通过办案中发现的问题，向有关单位或部门提出司法建议，要求堵塞漏洞，健全制度，加强管理，抓好对少年的思想教育工作。

(六) 争取有关方面的支持和配合，力求形成“一条龙”工作体系

关心和教育少年，对少年犯进行教育、感

化、挽救，既然是一项综合治理的系统工程，仅仅靠人民法院靠少年合议庭是远远不够的。景德镇市珠山区法院和南昌市青云谱区法院通过区人大、区政法领导小组牵头与公安、检察、司法、妇联等单位共同配合，形成了从羁押到预审、起诉、审判、辩护、管教"一条龙"工作体系。公安成立了少年犯预审组，检察院成立了少年犯起诉组，相对固定了了解少年特点的辩护律师，与管教单位建立了密切联系等等。

三、试点效果

(一)带动了社会各界共同关心少年的成长和教育、感化、挽救失足少年的工作

如前所述，景德镇市珠山区法院和青云谱区法院已通过区人大和政法领导小组牵头，组织公、检、法、司、工、青、妇、教育、居委会等政法部门和社会各界形成了对少年的早期教育、诉讼过程中的教育、感化、挽救一条龙工作体系，以及判决后的帮教体系，使社会各界都来共同关心少年儿童的健康成长和使已经失足的少年得到矫治，重新做人。南昌市西湖区等不少试点法院也已向当地人大打了报告，正在形成一条龙工作体系。现在，不少试点法院与当地的学校居委会、工会、妇联、共青团组织及劳教所等单位建立了密切的联系，为搞好少年的教育、感化、挽救工作建立了网络，提高了社会各界对教育、感化、挽救失足少年和做好少年儿童的早期教育和预防紧迫感和责任感，取得了良好的效果。

(二)审判效果好

由于少年合议庭针对少年犯的特点，采取了一套不同于成年人罪犯的审判方式方法，在查明犯罪事实的基础上，还着重查明了犯罪原因，找准了"感化点"和做好了法定代理人的思想政治工作，提高了他们的法律意识，使少年罪犯的认罪服法率大大提高，大大减少了重新犯罪率。如珠山区法院在审理陈文军等六人抢劫案时，通过深入调查，发现陈文军在读小学时曾是一个好学上进的好孩子，曾奋不顾身跳入河中抢救一落水小孩，事后，受到落水小孩家长和群众的表扬及受到学校的奖励。这是陈文军在学校时的"闪光点"，审判人员抓住这个"闪光点"，引导他回忆往昔，激发他对美好往事的回忆，再引导他对照今朝，启迪他的荣辱感，以唤起他对现在所犯罪行的悔恨，开庭时请被救小孩的家长表示对他的感激之情及寄予他彻底悔改的殷切期望，陈听后十分感动，热泪盈眶地表示："今后一定要认罪服法，好好改造，争取成为社会有用之才。"

利用少年最信赖、最有感情的人做说服教育工作。如南昌市西湖区法院少年合议庭在审理万建新盗窃一案时，发现其母亲智弱，父亲是运输单位的汽车司机，经常在外，以往关心他成长的姐姐又已出嫁，其母经常给他钱，由他乱花，养成了在外与坏朋友吃喝玩乐的坏习气，走上犯罪道路，审判人员选择他与姐姐感情深厚为感化点，用他姐姐在怀孕期间，为了教育、挽救他忙碌奔波而险些流产的事实，对他进行感化，使他触动很深泪流满面，表示一定要好好改造，重新做人。赣州市法院少年合议庭审判李友红案件时，调查中发现李母40多岁才生下李犯，不久父亲就去世了，母亲靠做临时工，加捡破烂维持生活，历尽千辛万苦把被告拉扯大，开庭时，请他的母亲到庭对其进行教育，其母亲一把鼻涕一把眼泪的诉说，使在场人听了都很感动，被告人更是泣不成声，哽咽着说："我错了，我决心改过自新，好好改造重新做人，争取减刑，早日回来与母亲团聚。"

法定代理人和少年犯都表示悔改。景德镇市珠山区法院少年合议庭在审理章新明盗窃一案时，经过深入调查，发现章走上犯罪道路的主要原因是父亲的教育方面不当，章的父亲脾气暴躁，对章动辄打骂，赶出家门，致使章经常离家出走，到社会上与一些不三不四的人厮混，走上了犯罪道路。审判人员在做好章父亲的思想工作的前提下，开庭时，请他父亲到场，他父亲在法庭上引咎自责，主

动向儿子检讨了自己过去教育方法不当，动辄打骂的错误，同时指出儿子的罪行给社会造成的危害，给家庭带来的极大痛苦，教育章认罪服法，弃旧图新好好改造，重新做人。章犯听后，声泪俱下地说："我一定要痛改前非，用实际行动来感谢法院对我的挽救，决不辜负父母的期望，一定好好改造，争取减刑，早日回家与亲人团聚。"

四、存在的问题

1. 羁押方面，按要求少年犯与成年人犯应分管分押，但各地均强调拘留所、看守所房子不够，无法达到要求。

2. 不少基层教育组织不健全，不能很好地起到帮教作用。急需加以整顿。

3. 多数试点区县尚未形成"一条龙"工作体系。

4. 搞好延伸教育工作，法院的工作量很大，范围很广，要花费大量的时间、人力和经费，但目前大多数法院任务重人员少，经费困难，致使一些该延伸教育的无法延伸。

五、一点建议

从羁押、预审、起诉、审判、辩护、改造"一条龙"工作体系是做好对失足少年的教育、感化、挽救工作的重要措施。希望各级人大牵头做好公、检、法、司以及工、青、妇等部门的协调工作，尽快形成一条龙工作体系。"一条龙"工作体系的要求是：

——羁押。看守所根据少年人犯的特点，实行区别于成年人的管教措施。一是建立少年人犯监房，将少年人犯与成年人犯分押分管，二是生活上关心爱护，每天适当增加饭菜量，以适应少年人生长发育的需要。允许、动员家长寄送健康读物，以适应少年人犯文化生活需要。三是多教育、少惩罚。管教人员要经常找少年人犯谈话，了解、掌握其思想动态，正确引导指明出路，促其交待罪行，并及时与预审、起诉、审判承办人员通气。当少年犯违反监规时，着重批评、疏导。

——预审。公安预审部门设立少年犯预审组，有少年犯罪案件办少年犯罪案，没少年犯罪案件办其他案。预审时，采取耐心细致的态度，进行摆事实讲道理，讲法律，启发教育，以消除少年犯的恐惧心理和抵触情绪，促使少年犯主动交待问题，把事实与证据搞扎实，并把视野扩展到少年犯的作案背景与原因方面。

——起诉。检察部门成立少年犯起诉组。在公诉前进行必要的社会调查，有针对性地进行提审对症下药。公诉时，在指控少年犯犯罪事实的同时，认真分析犯罪的主客观原因，阐明其犯罪对社会造成的危害，指明出路，提出法定与酌定从轻、减轻情节，从国家公诉人的角度，将惩罚犯罪与矫治犯罪心理结合起来，做到威严中不失可亲，揭露犯罪时不失循循教导。

——审判。前面已经讲了，不重复。

——辩护。除少年犯及他的法定代理人进行辩护外，律师事务所应相对固定几位律师，最好是女律师负责为少年犯辩护，依法维护少年犯的合法权益，充分利用律师身份，取得少年犯的信任，怀着"慈母心肠"多做教育感化工作。辩护时，不是简单依据《刑法》第十四条作从轻、减轻辩护，而是要针对案情、犯罪原因和少年犯的思想，作全面地、实事求是地分析辩护，使少年犯受到感动，悔罪自新。

——改造。少管所根据法院提供的少年犯的犯罪原因、性格特点特长和爱好等情况，因人施教，继续做好教育、感化、挽救工作，以巩固前一阶段的成果。定期对少年犯的思想、改造进行小结，并反馈到公、检、法几家的少年犯工作部门。少年犯刑满后，配合有关部门做好安置就学、就业工作。

总之，公、检、法、司几家配套成龙后，各家充分发挥自己的职能作用，从不同的角度对少年犯进行教育、感化、挽救工作，一环套一环，环环扣紧，前一环为后一环创造条件，后一环巩固并发展前一环的成果。

以上汇报，请予审议！

关于贯彻两高“通告”，审理经济犯罪案件情况的报告

——在福建省七届人大常委会第十一次会议上

福建省高级人民法院院长 陈新秀

8月15日，最高人民法院、最高人民检察院发布了《关于贪污、受贿、投机倒把等犯罪分子必须在限期内自首坦白的通告》，在省委统一领导和省人大监督下，全省法院认真宣传贯彻《通告》，积极开展打击贪污、受贿、投机倒把等犯罪活动的斗争，取得了较好的成效。现将主要情况报告如下：

一、认真学习、大力宣传《通告》。省法院收到最高法院电传《通告》和关于认真贯彻《通告》的电报后，即向省委汇报，并组织审判委员会委员和部分庭、处、室领导学习讨论。召开全省中级法院院长会议，研究涉及法律政策的问题，部署落实贯彻《通告》的措施。全省法院认真组织干警学习《通告》及有关法律规定，深刻领会精神实质，明确法律政策界限，掌握和运用好这个武器。同时，各地法院还与有关部门密切配合，印发《通告》广为张贴散发，运用广播电视、报刊杂志、法律咨询、公开宣判等多种形式，宣传《通告》精神。省法院院长发表电视讲话，许多法院领导也进行了广播讲话，宣传讲解《通告》，敦促经济犯罪分子自首坦白，号召知情的群众检举揭发。并专门设立接待机构，加强值班制度，认真落实罪犯来法院投案自首的接待工作，设立举报箱，公布举报地址和电话，采取一系列措施，迅速形成强大声势。

二、抓紧审理经济犯罪案件。各地法院把惩治腐败、打击经济犯罪作为当前审判工作的重要任务，加强刑事审判力量，抓紧审理，尽快结案。各级法院领导亲自抓大案要案，主动向公安、检察机关了解情况，法院内部也加强了上下联系通报制度。从《通告》发布至10月31日，全省法院共新收经济犯罪案件316件472人，审结282件429人。其中，省法院登记立卡大要案153件，已审结100件。审结的大要案中，贪污40件，受贿29件，贪污兼受贿14件，挪用公款10件，投机倒把4件，诈骗3件。涉及县处级干部4人，科局级干部26人。判处死刑×人，无期徒刑1人，十年以上有期徒刑14人，五年以上不满十年有期徒刑21人，五年以下有期徒刑41人，有期徒刑宣告缓刑32人，免予刑事处分8人，发回重审或退回补充侦查8件10人，因有投案自首、坦白交待、积极退赃、检举立功情节的，根据《通告》精神分别受到从宽处理的30人，对拒不交罪，给国家集体财产造成重大损失依法予以从严判处的14人。

三、精心选择宽严案例，公开宣判。各地法院在《通告》规定期限两个半月时间内，召开宣判经济犯罪分子大会61场，宣判123件187人。尤其精心选择一些典型案件进行公开宣判 的同时，以案释法，宣传《通告》精神，兑现政策，收到了很好的社会效果，推动了惩治腐败、打击经济犯罪斗争的深入开展。福州中院9月在市看守所召开一场宽严宣判会，依法从宽处理了两名投案自首、坦

白交待，积极退赃，有检举立功的经济犯罪分子，从严判处了一名侵吞公款数额特别巨大，且拒不认罪的贪污犯。及时兑现政策，发挥了《通告》的强大威力，在短短20天时间内，促使62名在押犯坦白检举了103起违法犯罪材料，其中有25人坦白交待余罪53起，37人揭发检举他人违法犯罪线索50起。

四、结合《通告》的学习，清查法院自身存在的问题，促进法院的廉政建设，确保审判机关廉洁奉公，严肃执法。为此，作出四条规定：（一）干警中有个人贪污、受贿、投机倒把等经济违法犯罪问题的，必须在《通告》规定期限内向组织或有关部门主动投案，坦白交待问题，争取宽大处理。（二）凡知情者都有义务揭发举报，对举报人给予保密和保护。（三）在各级法院党组领导下，机关党委、人事、纪检、监察以及各部门领导要协调分工，切实负责，对机关反映较多较大的问题，开展调查，切实解决，对违法违纪以至构成犯罪的要从严处理。（四）加强领导，沟通信息。各级法院要有一名领导负责抓机关内部贯彻《通告》的工作，发现问题要及时上报，及时处理。

贯彻两高《通告》，打击经济犯罪工作取得了一定成绩，我们的主要做法是：

一、紧紧依靠党委领导，积极发挥职能部门的作用，主动报告情况，提出建议。惩治腐败，打击贪污、受贿、投机倒把等犯罪，是党的十三届四中全会提出的重要任务。《通告》发布后，省委极为重视，陈光毅书记亲自主持会议，研究贯彻措施，向全省发了通知并召开了深入学习贯彻两高《通告》动员大会，推动了斗争的深入进行。在省委统一领导下，各个职能部门统一协调，各司其职。省法院编发了打击贪污、受贿、投机倒把等犯罪专刊，及时向省委、最高人民法院报告全省法院审理经济犯罪案件的工作情况。各地法院也就宣传贯彻《通告》积极提出意见，做好党委参谋。福州中院康英院长就深入宣传贯彻两高《通告》向市委提出六条建议，被市委采纳。

二、把惩治腐败，打击经济犯罪作为当前审判工作的首要任务来抓。首先在思想上提高认识。惩治腐败，打击经济犯罪是贯彻落实党的十三届四中全会提出的四件大事和党中央、国务院决定近期内要做七件大事的一项重要措施，是人民法院的一项重要任务。各级法院领导都十分重视，亲自抓大要案的审理工作，上足力量，精心安排，保证审判工作需要。有的中院成立了贯彻执行两高《通告》领导小组，统一协调打击经济犯罪工作，有的中院组织专门合议庭，负责审理经济犯罪案件。第二，加强经济犯罪案件审理过程中的审判监督。《通告》发布后，省法院即发出通知，要求各地加强上下联系，及时传递信息，以便掌握情况，指导工作。省法院对全省法院受理的大案要案登记立卡，提出要求，了解审理进度，加强指导，行使审判监督，把握工作的主动权。

三、严格依法办事，做到宽严适当。各地法院在办案中，切实掌握两高《通告》和两高关于执行《通告》第二条规定的具体意见以及关于执行《通告》的若干问题的答复。正确运用好中央的临时大政策，严格把握宽严幅度，该宽的宽，该严的严。省法院加强面上的指导工作，采取走下去或者请上来的方法进行座谈讨论，掌握情况，及时研究涉及法律政策的重大问题。我们根据《通告》精神向全省法院提出对于个人贪污、受贿、投机倒把情节特别严重，罪该判处死刑的，具有《通告》规定的从宽条件的，一律不判处死刑，包括不判处死缓刑。但一律不得判处免刑；对个人贪污、受贿5万元以上，个人投机倒把非法经营额在20万以上，或者非法获利额在10万元以上，应当判处重刑的，自首坦白，积极退赃，同时具有立功表现的，才可考虑减轻处罚，判处免刑更要严格控制；对于个人贪污、受贿2000元以上不满5000元的，虽具有自首坦白，积极退赃等从宽条件，可减轻或免除刑罚，但不能宣告无罪。并规定了凡论罪应当判处死刑，根据《通告》规定不判处死刑的，论罪应当判处重刑，根据《通告》规定拟予减轻处罚或者免予刑事处分的，以及县处级以上干部经济犯罪案件，判决前应逐级层报审查的制度。对一些重大、典型的案件加强研究指导，要求把工作做细，注重一个"准"字。做到依法定罪，准确量刑。两个月来，各地法院审结的案件质量是好的，及时的。特别是在掌握从宽从严的幅度上基本是适当的。认真贯彻了《通告》的精神，体现了宽严政策。

当前贯彻执行两高《通告》中存在的一些问题是：

一、全省各地在《通告》期间投案自首的经济犯罪分子，沿海地区少，山区的多；机关的少，基层单位的多；大案少，小案多。一部分有经济犯罪问题的人，心存疑虑，等待观望。还有的自恃手段隐蔽，存侥幸心理，企图蒙混过关。

二、查证处理工作跟不上。有的案件起诉到法院，对罪犯的检举揭发查证尚未落实，影响案件及时、准确的处理。

三、少数案件宽严幅度掌握不够好，有的适用缓刑不当。如福州一个区工商局局长刘××受贿案。刘任职期间，为陈某安排工程给予照顾，先后四次收受陈某现金8000元和水泥、砖等物资价值2000元。归案后虽坦白了受贿事实，退出了全部赃款，但在庭审中又否认犯罪。一审法院判处刘××有期徒刑三年，缓刑三年。我们认为刘犯受贿数额巨大，在被揭发后虽坦白交待了罪行，退出了赃款，但认罪态度反复，从宽幅度不能太大，判处缓刑是不适宜的。

打击严重经济犯罪活动，是人民法院的一项长期的重要任务，对于惩治腐败、促进廉洁，推动治理整顿，深化改革开放具有重要意义。我们将继续贯彻过去一贯采取的从严惩处的方针。现在两高《通告》规定限期已经届满，在《通告》期间投案自首和查获的贪污、受贿、投机倒把等犯罪案件，将陆续大量起诉到法院，及时、正确地审理这些案件，是人民法院今冬和明年上半年的重要任务。各地法院要按照部署，继续抓紧抓好，一抓到底。对于在《通告》规定限期内投案自首、坦白交待，积极退赃，检举立功的，《通告》期限届满后起诉到法院，将继续执行《通告》规定，依法从宽判处。对于《通告》规定限期届满后投案自首的案件，只要符合《刑法》第六十三条规定的，仍要依法从轻、减轻处罚，有的还要依法免予刑事处分。但掌握从宽处理的幅度不能再像《通告》规定的那样大。对于拒不投案自首，坦白交待的经济犯罪分子，将依法予以从严制裁。

河南省高级人民法院关于在行政审判中开展实施《行政诉讼法》试点工作计划的报告

（1989年8月20日）

河南省人大常委会：

《中华人民共和国行政诉讼法》已于1989年4月4日由第七届全国人民代表大会第二次会议通过并予以公布。1989年5月6日最高人民法院发出了《关于〈行政诉讼法〉实施前行政审判试点工作的通知》，《通知》说："为了给全国各级法院1990年10月1日全面贯彻执行行政诉讼法创造条件，积累经验，最高人民法院要求，在行政诉讼法实施前的一年半准备时间里，各高级人民法院除了组织认真学习和掌握行政诉讼法的基本原则和具体条文外，还要适当选择若干个法院进行实施行政诉讼法的试点。”“最高人民法院拟选择广东、四川、河南、天津四个省、市高级人民法院作为试点单位。被选作试点单位的高级法院应当再选择若干基层法院和中级法院进行试点，同时应就如何进行试点工作编制计划，报告同级人民代表大会常务委员会和最高人民法院行政审判庭，以便最高人民法院掌握情况和取得同级人民代表大会常务委员会的支持。根据这一要求，制定我省试点工作计划如下：

一、经协商，我省选择郑州、信阳、南阳、驻马店四个中级人民法院和新郑县、光山县、上蔡县、方城县、南阳市、泌阳县及郑州市二七区、中原区等八个基层人民法院为试点单位，各试点单位应对试点工作作出具体计划，并将试点工作计划报告同级人大常委会，以便取得人大常委会的监督和支持。同时建议由试点市、县、区人大常委会主持召开一次有关行政机关领导干部会议，使他们对试点工作有所了解，并积极给予配合。

二、各试点人民法院首先应组织审判干部认真学习行政诉讼法，领会和掌握行政诉讼法的立法宗旨、基本原则和具体条文，使干部牢固地树立按照法定程序、制度办案的思想，为在试点中正确参照适用行政诉讼法的有关规定，打下基础。学习要紧密结合试点的实践，研究解决试点中提出的问题，使学习和试点工作互相促进，逐步深入。

三、在试点单位的行政审判工作中，对行政诉讼法的具体条文，应区别不同情况有选择地参照试行。总的原则是：1. 行政诉讼法的规定与民事诉讼法等现行法律、法规的规定和最高人民法院的司法解释相一致的，应予执行。2. 行政诉讼法中关于审理案件的程序性规定，可以试行。3. 行政诉讼法中规定的非程序性的做法和案件的裁判方式以及治安行政案件的审级制度等，仍按现行法律、法规的规定和最高人民法院的司法解释执行。具体意见是：

1. 在受案范围上，仍应坚持以法律、法规明文规定可以向人民法院起诉为受案原则。对行政诉讼法规定的受案范围原则上不进行试点。对于现行法律、法规没有规定可以向人民法院起诉，但属于行政诉讼法规定的受案范围，如果行政机关主动要求根据行政诉讼法规定的受案范围进行试点，有关人民法院认为具备审理条件，是否受理，报高级人民法院决定。

2. 行政诉讼法“管辖”一章中，除第十八条外，其余各条均可参照试行。

3.“诉讼参加人”一章中，除第二十五条第二款外，其他各条均可参照试行。对于复议机关维持了原具体行政行为的行政案件，试点中仍应以复议机关为被告，而不宜将作出原具体行政行为的行政机关为被告。

4.“证据”一章的各项规定均可参照试行。尤其是要重视第三十二条、第三十三条的规定，即强调被告对作出的具体行政行为负举证责任，应当提供作出该具体行政行为的证据和所依据的规范性文件；在诉讼过程中，被告不得自行向原告和证人收集证据。

5.“起诉和受理”一章中，除第三十九条外，其余各条可参照试行。人民法院接到起诉状，应当在七日内立案或作出裁定不予受理。原告对裁定不服的，可以上诉。关于起诉期限，仍应执行现行法律、法规的规定。

6.“审理和判决”一章中，除第五十四条第（三）项因受案范围限制现在不需执行，第六十四条不属人民法院执行外，第四十五条、第四十七条、第四十八条、第四十九条、第五十八条、第五十九条、第六十二条、第六十三条的规定与民事诉讼法相一致，应予执行；但第四十九条中对妨害诉讼行为的罚款的数额仍应按民事诉讼法的规定执行。第四十三条关于人民法院应将答辩状副本发送原告的规定，第四十四条关于诉讼期间具体行政行为执行的规定，第四十六条关于审理行政案件必须组成合议庭的规定，第五十条关于审理行政案件不适用调解的规定，第五十一条关于原告撤诉的规定，第五十二条、第五十三条关于审理行政案件适用法律、法规，参照规章的规定，第五十四条第(一)、(二)、(四)项关于判决原则的规定，第五十六条关于移送材料的规定，第五十七条、第六十条关于审限的规定(即审理行政案件，应在三个月内作出第一审判决，审理上诉案件应在二个月内作出终审判决)，第六十一条处理上诉案件的原则的规定，均属人民法院审理案件的程序性规定，可以参照试行。但是，治安行政案件的裁判方式、审级制度、审理期限等仍应按最高人民法院的规定执行。

7."执行"一章中，除第六十五条第三款第(二)项关于罚款的规定不宜执行外，其余各条可以参照试行。

8."侵权赔偿责任"一章中，除第六十七条第二款、第六十八条第二款和第六十九条外，其余规定可以参照试行。

9.参照适用的《行政诉讼法》有关条款，在法律文书中不得引用。

四、各试点单位应积极宣传行政诉讼法，努力改变目前收案甚少的状况，为开展试点工作创造条件。当前，不少公民和组织对行政诉讼不了解，不懂得运用行政诉讼手段维护自己的合法权益；有些人不敢行使诉讼权利或者对行政诉讼缺乏信心。有些行政机关的同志存有怕当被告、怕出庭、怕败诉的思想顾虑。有的人民法院尚未建立行政审判庭，有些应该受理的行政案件没有受理。由于这些原因，所以当前诉诸法院的行政案件不多，这是影响试点工作开展的困难之一。为了改变这种状况，我们建议在试点的市、县、区，由人大常委会主持，人民法院和有关行政机关密切配合，对行政诉讼的目的、意义、基本原则，以及行政诉讼法对受案范围、起诉条件、审判程序、侵权赔偿等的具体规定，集中一段时间开展宣传，以增强公民的法制观念，提高人民法院和行政机关依法办事的自觉性，为顺利地开展试点工作创造条件。

五、各试点单位在积极稳妥地开展试点工作的基础上，要针对法律规定和审判实践中存在的问题开展调查研究，注意总结审理各类行政案件的专项经验。上级法院要加强对下级试点单位的指导，支持他们正确、合法、及时地处理行政案件，搞好试点工作。点上开庭审理典型案件时，应组织面上的行政审判干部旁听观摩。对试点工作中成功的经验和做法，以及存在的问题，各试点人民法院要及时向上级人民法院报告。省法院拟于明春召开试点工作会议，以交流情况，总结经验。

以上报告妥否，请指示。

河南省高级人民法院关于刑事审判工作的报告

——1989年8月25日在河南省七届人大常委会第十一次会议上

河南省高级人民法院院长　郑增茂

主任、各位副主任、各位委员：

现在，我就全省各级法院今年以来刑事审判工作的主要情况作如下汇报，请审议。

今年以来，全省各级法院在中共河南省

委的领导和省七届人大及其常委会的监督下，以党的十三大确定的基本路线为指导，坚持四项基本原则，坚持改革开放，充分发挥审判机关的职能作用，依法严厉打击反革命分子、严重刑事犯罪分子和严重经济犯罪分子，为制止动乱，争取治安状况好于去年，作出了应有的贡献。今年元月至7月份，全省各级法院共受理各类一审刑事案件16142件，比去年同期的13123件上升22.99%；审结14228件，比去年同期审结的11694件上升21.61%。其中，杀人、抢劫、强奸、拐卖人口、重大盗窃、流氓等严重刑事犯罪案件共有5054件，比去年同期的4243件上升19.11%。在判决发生法律效力的10958件18034人中，依法判处无期徒刑直至死刑的564人，十年以上有期徒刑1070人，五年以上不满十年有期徒刑4412人，不满五年有期徒刑9616人，判处管制、拘役等其他刑罚的2145人。依法判处死刑的人数比去年同期上升47.28%，死缓上升107.8%，无期徒刑上升56.86%，五年以上有期徒刑上升54%。免予刑事处分的197人，比去年同期下降40.1%。宣告无罪的30人。99%的案件在法定时限内审结。从总体上看，全省法院对严重刑事犯罪分子的审判是及时的，打击是有力的，社会效果是好的。

一、及时依法审判进行反革命暴乱和制造政治动乱的反革命分子和严重刑事犯罪分子

今年4月份以后，在首都由学潮到动乱以至发展到反革命暴乱的影响下，我省一些城市也发生了政治动乱。在这场关系到保卫社会主义的人民共和国的重大政治斗争中，全省法院广大干警，在中共河南省委和各级党委的领导下，始终保持清醒的头脑，坚守岗位，努力工作，旗帜鲜明地反对和制止动乱。在动乱严重的4、5两个月内，全省法院集中力量，更加严厉地打击严重刑事犯罪分子，共审结一审刑事案件4900余件，是第一季度的1.13倍，省法院审判委员会核准死刑罪犯人数，是第一季度的1.12倍。同时，还审结了一大批民事、经济纠纷案件等。审判工作的加强，打击了敌人，震慑了犯罪、解决了人民内部纠纷，对抑制我省动乱的发展和预防、减少坏人乘机进行破坏活动起到了积极的作用。

在首都平息反革命暴乱的斗争取得初步胜利之后，我院遵照党中央、省委和最高人民法院的指示，多次向全省法院发出通知，要求各级法院必须以四中全会和中央（1989）3号文件精神为指导，充分发挥审判机关的职能作用，依法严惩进行暴乱、制造政治动乱的反革命分子和严重刑事犯罪分子，为夺取平息反革命暴乱和制止动乱的彻底胜利作出贡献。省法院及时掌握情况，对郑州、开封中级法院提前介入的部分反革命案件进行研究，加强指导，并及时向省委、最高法院汇报请示。郑州、开封等中级法院及时组织强有力的审判力量，提前介入，了解案情，核对证据，为依法从重从快惩处作好准备。目前，开封中级法院已受理动乱中发生的反革命案件2件8人。如杨涛等3人反革命宣传煽动案，8月8日一审已公开开庭审判。郑州市中级法院也正在抓紧工作。

二、集中打击抢劫、盗窃、流氓滋扰等严重犯罪活动，促进社会治安大局稳定

今年以来，全省各级法院针对社会治安形势相当严峻的情况，遵照省七届人大二次会议的精神，按照省委、省政府的统一部署，积极参加了以打击抢劫、盗窃、流氓滋扰为重点的严重刑事犯罪分子的统一行动。省法院和各级法院加强领导，调整充实力量，领导同志深入基层，调查研究，指导工作，保证了集中打击顺利进行。据统计，3至5月份，全省法院共受理一审刑事案件7143件11973人，审结6693件11255人。收、结案分别比去年同期上升35.73%和26.07%。在已审结的案件中，有抢劫543件1471人，盗

窃3061件5499人，流氓195件364人。共占结案总件数的56.76%。

在集中打击中，全省法院坚决贯彻执行了依法从重从快的方针，把集中打击抢劫、盗窃、流氓滋扰的斗争同严厉打击其他严重刑事犯罪分子的斗争有机地结合起来，把重点打击的锋芒始终对准中央确定的重点打击对象。对于杀人、抢劫、强奸、重大盗窃、流氓集团等严重危害人民生命财产安全，严重扰乱社会治安的犯罪分子，坚决依法从重从快惩处，对主犯、惯犯、累犯、教唆犯、流窜犯和集团犯罪的首要分子，依法严厉打击，该重判的重判，该杀掉的坚决杀掉，决不手软。如曹合松、曹合有等七人结伙盗窃一案。主犯曹合松虽有坦白交待、揭发同伙等从轻情节，但他在两年内单独或结伙盗窃55次，盗窃款物价值4万余元，又是累犯、惯犯，故被依法判处死刑，剥夺政治权利终身。又如，罪犯许德强为首纠集许述洪、许述景、许述伟等6人，在一个月之内，流窜于淮商、淮郸、淮太三条主要公路干线上，冒充公安、税务等国家工作人员，采取暴力手段，抢劫作案17起，抢劫行人28人次，殴打8人，抢劫款物总价值2840余元，严重威胁人民群众的生命财产安全。四名主犯均被依法从重判处死刑。4、5、6三个月，省法院审判委员会集中精力讨论死刑案件134件，其中有抢劫案28件，重大盗窃案12件。核准死刑人数、比第一季度上升46.93%，其中抢劫、盗窃犯占核准死刑人数的35.42%。在集中打击中，各地法院继续坚持了提前介入的作法，加快了办案进度，99.03%的公诉案件在法定时限内审结。

在集中打击抢劫、盗窃、流氓滋扰犯罪活动的同时，各地法院对那些在局部地区活动猖獗，群众反映强烈的犯罪活动，配合公安、检察机关开展专项斗争。如前一个时期，我省一些地方的农村连续发生农用电线被盗割案件，严重影响了工农业生产。有关法院及时组织审判力量，依法从重从快审判了一批盗割农用电线案件，新乡、信阳、商丘有6名结伙盗割农用电线的主犯被以破坏电力设备罪判处死刑，并在当地公开宣判，就地处决，严厉打击了犯罪分子的嚣张气焰。

在集中打击中，各地法院密切配合当地斗争，适当集中一批案件，适时召开群众大会进行公开宣判。对影响大、社会危害大的典型案件，坚持到发案地公开审理，公开宣判，就案讲法。有的法院选择有教育意义的案件，有针对性地到学校、厂矿、看守所进行宣判，收到了很好的社会效果。上蔡县法院两次到县看守所公开宣判，组织在押人犯旁听，促使在押人犯主动检举揭发出犯罪线索69条45人，揭发出赃款67000余元。据统计，3至5月份，全省共召开大型宣判会451场次，宣判罪犯5110人。通过公开审判、公开宣判，保持了严打声威，震慑了犯罪，宣传了法制，教育了群众，有力地配合了集中打击行动。

今年前7个月，抢劫、重大盗窃案件上升幅度较大，全省法院已审结抢劫案1149件3050人，比去年同期的624件1550人，分别上升84.13%和96.77%，在省法院审结的46件抢劫案件中，团伙抢劫案件21件，占45.65%；已审结重大盗窃案件1069件2466人，分别比去年同期的548件1366人上升95%和80.5%。这说明，抢劫和重大盗窃犯罪活动仍很猖獗。在审理这些案件中，我们发现一些值得注意的问题：一是罪犯是农民的多。省法院核准的死刑抢劫犯中，农民占84%；死刑盗窃犯中，农民占80%。二是罪犯是青年的多。抢劫犯年龄在18至25岁的占86%，重大盗窃犯年龄在18至25岁的占58%。这些情况说明，抢劫和重大盗窃犯罪增多，与放松对农民和青年的法制教育，农村基层组织力量薄弱有极大的关系。因此，我们建议，在继续加强严厉打击的同时，必须认真做好青年农民的法制教育，健全农村基层组织，加强农村思想政治工作，才能取得更好的社会效果。

三、继续依法从严惩处严重经济犯罪活动

今年以来，全省法院受理的经济犯罪案件明显上升。元至7月，新收各类一审经济犯罪案件2212件，比去年同期上升13.49%。其中，盗窃公物1365件，上升42.18%，受贿48件，上升77.7%，贪污277件，下降19.4%，投机倒把53件，下降22%。截止7月底，共审结1949件，结案率为88.11%。判决生效1460件2747人。在给予刑事处分的2703人中，依法判处无期徒刑至死刑的45人，十年以上有期徒刑102人，五年以上不满十年有期徒刑738人，不满五年有期徒刑1358人，判处管制、拘役等刑罚的499人。为国家挽回经济损失880余万元。

今年年初，省法院根据最高法院去年召开的审判经济犯罪案件座谈会精神，要求各级法院进一步明确严厉打击经济犯罪的指导思想，强调审理经济犯罪案件要为治理、整顿服务，要与惩治腐败联系起来，坚决依法严惩贪污、受贿、投机倒把等严重破坏经济的犯罪活动，为全面深化改革创造良好的经济环境。各级法院根据这一指导思想，在审判经济犯罪案件中，认真贯彻执行了依法从严惩处的方针。据统计，判处无期徒刑至死刑的罪犯人数比去年同期上升221%，判处十年以上有期徒刑上升37.83%。同时，各级法院注意抓好大、要案的审判工作。在已审结的案件中，个人非法所得在万元以上的312人，比去年同期上升56.78%。对于起诉到法院的重大经济犯罪案件，有关法院在查清事实，核实证据后，及时依法开庭审判，从严惩处。如沈丘县工商银行东风路储蓄所刘俊峰贪污一案。省法院二审维持一审死刑判决，已报最高人民法院核准。近期起诉到法院的10万元以上或县（团）级以上干部犯罪的7起重大经济犯罪案件，省法院立卡登记，督促检查审判情况。其中有3起案件最高法院立卡登记。这些案件有关法院正在抓紧审理。

为了认真贯彻执行最高人民法院、最高人民检察院《关于当前处理企业事业单位、机关、团体投机倒把犯罪案件的规定》，省法院组织各中级法院，对近年来单位投机倒把犯罪情况进行调查，分析研究了40余起单位投机倒把案例。根据调查的情况和“两高”《规定》的精神，并征求了有关部门的意见，提出了我省贯彻落实“两高”《规定》的具体意见，已报告省委。对目前已移送司法机关处理的4起单位投机倒把案件，做好了审判的准备工作，保证正确及时打击这类犯罪活动。

四、严肃执法，保证办案质量

今年以来，全省各级法院坚持以事实为根据，以法律为准绳的办案原则，坚持“两个基本”，在“准”字上狠下功夫，采取切实措施，不断提高办案质量。从省法院和部分中级法院、基层法院对刑事案件的检查、评查情况看，95%以上的案件处理正确，办案质量是好的。为了保证严肃执法，不断提高办案质量，省法院着重抓了三点。

1. 认真执行公开审判制度。全省各级法院把坚持公开审判制度作为改善执法活动，提高办案质量的重要措施来抓。除法律规定不公开审理的案件外，一审案件一律做到了公开开庭审理。为了保证公开审判制度正确有效地贯彻执行，我们在全省范围内开展了庭审观摩，评选优秀审判长、优秀书记员活动。目前，各地法院正在积极进行。通过这一活动，对提高公开开庭审判的水平，提高办案质量和办案效率，起到了很好的作用。

2. 主动接受监督，虚心听取各方面意见。为了改进刑事审判工作，省法院于6月初邀请省会所在地的部分律师和律师管理部门的负责同志进行了座谈。参加座谈的律师对我省刑事审判工作中执行诉讼程序制度、适用法律、审判作风等方面存在的问题，提出了中肯的意见。我们把律师们提出的批评意见整理成文，印发全省各级法院，要求引起重

视，不断提高执法水平。

3. 落实廉政措施，保证审判队伍秉公办案，严肃执法。今年以来，全省各级法院认真贯彻全国法院廉政建设会议精神，在大力加强思想政治工作的同时，推广“两公开、一监督”的经验，建立健全廉政制度，增强自我约束机制。各地法院针对群众比较关心、意见较多的问题，在法律规定的原则基础上，制定具体的办事制度，公布于众。省法院发表了致全省干部群众的公开信，公布了法院的纪律和各项办事制度，制定了有关诉讼细则，建立了院长接待日制度。各中级法院还逐步做到了内部机构设置公开；受案范围、起诉条件公开；诉讼程序、诉讼权利义务公开；法定审限和结案时间要求公开；审判人员职业纪律和行为规范公开；监督部门和举报电话公开；院长接待日制度公开等。有的法院还建立了廉政档案。如汝阳县法院今年3月以来，建立廉政档案，已记入拒贿22人次，现金2450元，各种物品26件。该院邀请送礼的当事人座谈，并当场如数退回所送财物，当事人深受感动。由于全省法院大力加强廉政建设，狠抓廉政措施的落实，有效地抵御了不正之风的干扰，保证了办案质量。

五、通过审判活动，积极参加对社会治安的综合治理

今年以来，全省各级法院通过审判活动，积极参加对社会治安的综合治理。除继续坚持结合公开审判、公开宣判，扩大法制宣传；针对审判案件中发现的问题，及时提出司法建议；对被判管制、缓刑的罪犯进行回访考察；对劳改犯进行认罪服法教育等行之有效的作法外，着重抓了两点：一是配合公安、检察部门突出打击在某一地区猖獗一时的犯罪活动，进行区域综合治理。二是继续抓好开展少年犯合议庭的工作，为综合治理社会治安发挥了应有的作用。

今年以来，全省各级法院在刑事审判工作方面取得了一定成绩，但是工作中还存在不少缺点和问题，主要是：开展集中打击以来，由于案件大量增多，而且比较集中，法院审判力量跟不上，未结案件上升，结案率不高，在审判环节上尚有大量的案件急待处理；一些经济犯罪案件情况复杂，政策性强，涉及面广，审理难度大，超了审限；少数案件定罪量刑和适用法律仍有不准确的现象，主要反映在经济犯罪案件上，个别案件由于级别管辖不当，造成量刑失轻；少数法院在退回补充侦查问题上与兄弟部门协调得不够好，或把握得不够准，影响了一些案件的及时处理等。针对上述问题，我们已于8月初发出紧急通知，要求各级法院采取有效措施，调整充实力量，抓紧审判环节上的消化处理工作，为下一次集中打击做好准备，并注意克服影响正确执行依法从重从快方针的其他问题。

当前，全省的社会治安大局是平稳的，但治安形势仍然相当严峻，人民法院的刑事审判任务十分繁重。我们要以四中全会精神为指导，增强敌情观念，振奋干警精神，充分发挥审判机关的职能作用，继续抓好对在我省制造动乱的反革命分子的审判工作，依法及时予以严惩，起到进一步稳定局势，稳定人心的作用；要继续坚决贯彻执行依法从重从快严厉打击严重刑事犯罪活动的方针，与公安、检察等部门密切配合，积极开展严厉打击流窜犯和其他严重危害社会治安的犯罪分子的专项斗争，努力提高办案质量和办案效率，使严厉打击更为有效；要继续坚持依法从严惩处严重经济犯罪活动的方针，重点抓好大案、要案的审判工作，特别是起诉到法院的贪污、受贿和单位投机倒把案件，要及时开庭审判，公开宣判，促进反腐败斗争的开展；要继续坚持惩办与宽大相结合的方针，正确执行法律和政策，分化瓦解犯罪分子；我们要在重点抓好刑事审判工作的同时，统筹兼顾，全面安排，抓好民事、经济、行政、申诉等各项审判工作和法院廉政建设、物质建设等其他工作，为争取“治安状况好于

去年”，为保障和促进改革和建设做出更大的贡献。

关于今年以来经济犯罪审判工作的情况汇报

——1989年8月31日在省七届人大常委会第九次会议上

广东省高级人民法院院长 麦宗楷

主任、副主任、各位委员：

根据党中央关于惩治腐败的指示精神，为了更紧密地配合加强廉政建设，今年以来，全省各级人民法院都把审判经济犯罪案件，严厉打击严重的经济犯罪分子，作为一项重要任务来抓。党的十三届四中全会以后，我们把审判贪污、受贿、投机倒把等经济犯罪案件，提到落实四中全会精神和《中共中央、国务院关于近期做几件群众关心的事的决定》的高度来认识，更加自觉地把审判经济犯罪案件的工作做好，严惩经济犯罪分子，以体现党和政府反对腐败、加强廉政建设的决心。现将今年以来经济犯罪案件的审判工作报告如下：

今年以来全省各级人民法院共受理各种经济犯罪案件687件（数字统计到7月底止，除另有说明的外，以下均同），其中贪污262件，受贿96件，走私82件，投机倒把29件，诈骗公共财物86件，其他经济犯罪案件132件。已审结555件，占受理数的80.78%。今年以来受理经济犯罪案件总数比去年同期减少117件，下降20.52%，其中减少最多的是贪污案件，减少68件，比去年同期下降25.95%；其次是投机倒把案件，减少20件，比去年同期下降68.96%。也有部分案件略有增加，如受贿案件增加12件，走私案件增加8件，分别比去年同期上升12.5%和9.75%。

从今年全省法院受理案件的情况看，虽然我们这几年来判处了一大批经济犯罪分子，但是，当前经济领域的犯罪活动，特别是少数国家工作人员的经济犯罪活动仍很猖獗。大案要案占的比例很大，有的犯罪所得超过百万元。据对走私、投机倒把70件案件统计，犯罪活动总金额在30万元以上的有40件，占57%。又据对贪污、受贿、走私、投机倒把四种案件426名罪犯统计，个人犯罪所得在万元以上的有145人，占34%，其中10万元以上的有25人，还有几十万元、甚至出现了罕见的侵吞公款达数百万元的案件，如深圳市文锦渡海关干部曾兆强、陈鹏辉、胡少坤、刘兵、陈学儒、林锋，利用职务之便，与不法港商互相勾结，将大批物品走私出境，接受贿赂人民币45万元、港币80万元。又如广州市白云区竹料信用社会计陈章源，利用职务之便，挪用公款人民币达321万元。金融、商业、建筑行业和一些执法部门的贪污、受贿案件十分突出。据对65件经济犯罪大案要案统计，发生在金融、商业、建筑行业的就有30件，占46%。他们利用掌权、掌物、掌钱的有利条件，大肆索贿受贿。从犯罪分子身份来看，基层领导干部很突出。据对今年已审结的97名大案要案的罪犯统计，原任处长、科长、厂长、经理、主任的就有49人，占50%。有的还上下串通、内外勾结，共同进行犯罪活动。如省特需商品供应公司总经理刘世成、科长蔡佳玲、副科长王晓放和该公司发展部副经理郭江、王政以及发展部迎宾商场业务主办科员何劲等6人，先后单独或共同接受贿赂27万5千多元。其中王政受贿最多共16.1万多元，其他各被告人受贿数额少的几千元，多的4万多元。广州市中级法院一审以受贿罪判处王政死刑，对其他5名受贿罪犯分别判处有期徒刑。此案正在省法院二审。有些犯罪分子还将赃款存放境外，准备潜逃之用。

为了进一步把经济犯罪案件的审判工作做好，根据打击经济犯罪一要坚决、二要慎重的方针，今年以来我们采取了以下措施：

第一，加强领导，集中力量，抓好大案要案的审判工作。我们多次强调，各级人民法院对大案要案，要提前介入，主动了解情况，以便在检察机关起诉后，能尽快审理结案，并要逐案将案情上报省法院，以便加强对审判工作的监督。省法院还对犯罪数额特别巨大的，逐案研究，具体帮助下级法院做好审判工作。为了适应办好大案要案的要求，省法院还先后抽调了十名熟悉审判业务的同志到刑三庭支援办案，加强经济犯罪案件的审判工作，从而加快了办案进度。今年以来，省法院办结二审和复核的经济犯罪大案要案30件，罪犯41人。这些案件，除个别因事实不清需要退查外，绝大多数都在法定时间内办结。如东莞市工商银行石龙办事处金融服务部记帐员林德新同个体户黎锡洪，因赌博输了钱，合谋采用假凭证等手段贪污人民币120多万元，企图换成港币逃往香港一案，省法院收案后即组织审判人员加班阅卷，深入发案地核实罪证，及时依法判处两犯死刑，上报最高人民法院复核。

第二，对严重的经济犯罪分子坚决依法从严惩处，决不手软。今年以来判处各种罪犯658名，其中有贪污犯181名，受贿犯42名，走私犯162名，投机倒把犯37名；判处死刑、死缓、无期徒刑的27名，五年以上有期徒刑的250名，以上合计共占判处罪犯总数的42%。量刑的幅度高于普通刑事犯罪分子。今年以来贪污、受贿罪犯被判处五年有期徒刑以上刑罚的比去年同期分别提高5%和10%，判处走私罪、投机倒把罪的人数分别比去年同期增加100%和60.86%。对严重的贪污、受贿、走私、投机倒把罪犯，不管什么人，在适用法律上一律平等，罪该重判的坚决重判，罪该判处死刑的坚决判处死刑。原珠海市经济特区海鹏贸易公司总经理俞秀英，利用职务之便，收受港商贿赂人民币5万多元、港币7万多元，贪污公款人民币7000多元、港币1.8万多元，指使工作人员走私货物进口偷逃国家税款193万多元。一审以受贿罪判处死刑，剥夺政治权利终身；以贪污罪判处有期徒刑十年；以走私罪判处有期徒刑五年，决定执行死刑，剥夺政治权利终身。被告人不服上诉，二审驳回上诉，维持原判，现已报最高人民法院复核。在依法从严惩处的同时，对有从轻、减轻情节的，也依法从轻、减轻处罚，全面体现党的政策。

第三，加强领导，及时解决在运用法律方面遇到的问题。在处理经济犯罪案件中，有些走私罪和投机倒把罪法律规定需追究刑事责任的数额起点不够明确，影响了对犯罪责任的追究，对此，我们根据刑法和全国人大常委会的有关规定以及“两院”的司法解释，结合我省的实际情况，经和检察等有关部门研究，确定了数额较大、巨大的起点数：个人走私物品价额达××万元以上，或××万元以上，情节严重的要依法追究刑事责任；企业事业单位、机关、团体走私物品额达××万元以上的，或××万元以上，情节严重的，对其直接负责的主管人员和其他直接责任人员要依法追究刑事责任；对海上走私案件，除依法追究货主的刑事责任外，对运送货物起主要作用的船主、船工或联络的“马仔”，也要追究刑事责任。对于企业事业单位、机关、团体进行投机倒把非法经营数额××万元至××万元以上，或者非法获利数额××万元至××万元以上的，要依法追究有关人员的刑事责任。有了统一的规定，在处理走私、投机倒把案件时，适用法律就有所遵循。

第四，大张旗鼓地集中宣判案件，表明党和政府惩治腐败的决心和行动。今年省法院同省检察院，曾联合发出通知，要求各地都要抓紧办好贪污、受贿案件，集中公开宣判处理一批重大贪污受贿的犯罪分子。不少地方已开过了宣判处理大会，有的还开了两次。省法院和广州市中级法院在今年3月联合召开5000人参加的宣判大会，对10名贪污、受贿罪犯进行公开宣判，其中有1名宣布执行死刑。今年7月广州市中级法院又对原广东省特需商品供应公司总经理刘世成等6人单独或共同受贿27万多元的大要案进行公开宣判，省、市商业系统600多名干部到庭旁听。罪犯原所在单位在宣判后还组织干部职工进行认真讨论，收到了很好的教育效果。深圳市中级法院和检察、监察部门在8月8日共同召开有6000名干部参加的宣判处理大会，对挪用公款176万元的罪犯陆燕梅判处有期徒刑十五年，剥夺政治权利五年，还对3名受贿罪犯进行公开宣判处理，有力地震慑了犯罪分子。现在，一个有声势的宣判活动正在全省普遍展开。

最高人民法院、最高人民检察院根据中共中央政治局全体会议的建议和有关法律的规定，于8月15日发布了《关于贪污、受贿、投机倒把等犯罪分子必须在限期内自首坦白的通告》。“两院”的《通告》，是根据邓小平同志关于抓紧惩治腐败的指示制定的一个限期坦白、自首的临时大政策，是贯彻落实《中共中央、国务院关于近期做几件群众关心的事的决定》的具体行动，是鼓舞群众，震慑、分化瓦解犯罪分子的强大武器，完全符合我省进一步开展打击经济犯罪斗争的需要。《通告》给犯罪分子以悔过自新的机会，规定凡是在限期内投案自首、坦白、立功的均予以从宽处理，拒不悔罪的，依法从严惩处，全面体现惩办与宽大相结合，坦白从宽，抗拒从严的政策。只要我们认真地贯彻执行《通告》，必将在全省形成一次有声势的打击贪污、受贿、投机倒把等严重经济犯罪的斗争。为了把这场斗争迅速开展起来，我们已通知各级人民法院，要在党委的统一领导下，把贯彻执行《通告》作为当前的一项突出任务来抓，并且具体要做好如下几项工作：

1.做好宣传发动工作，造成强大的声势，促使经济犯罪分子在限期内投案自首。宣传发动工作，在党委的领导下，各有关部门都要做，各级人民法院也要通过各种形式抓住机会去做。在《通告》发布后，省法院即召开了记者招待会，驻广州地区10个新闻单位的记者到会，由院长就如何贯彻执行《通告》发表了谈话。此后，又就贯彻执行《通告》中的具体政策法律问题回答了电视台记者的提问。在《通告》规定的期间内，都要抓紧做好宣传工作，紧密结合斗争实际，利用典型案件的宣判处理，不失时机地通过各种宣传舆论工具，宣传中央的指示精神，讲明犯罪的严重性、危害性以及开展这场斗争的重大意义，讲清政策、法律，为犯罪分子指明前途出路，打消顾虑，走自首坦白之路，动员群众同犯罪作斗争，敢于检举揭发犯罪，同犯罪分子作斗争。

2. 在《通告》规定的期间内，有计划地组织宣判活动，体现惩办与宽大相结合，坦白从宽、抗拒从严的政策。我们要求各级人民法院都要在《通告》规定的期间内，根据斗争形势的需要，选择体现从宽和从严的案件，普遍地召开一到二次宣判大会，有案件的地方在8月下旬就要开，以后根据斗争需要随时开。省法院已同广州市中级法院一起，拟在9月1日，联合在广州召开一次规模较大的宣判大会，这次大会公开宣判一、二审的经济犯罪案件9件14人，其中处级干部3人、科级干部1人；认定被告人有自首、坦白交代罪行、退清赃款或有立功表现，依法从轻或减轻处罚5人，认定其罪行严重，又没有从轻处罚情节，从重处罚的5人，内有×人被判处死刑，剥夺政治权利终身。通过典型案件的宣判，极其鲜明、严肃地体现政策，对犯罪分子发动一次强大的攻势。我们要求各级人民法院对案件的处理，要坚决贯彻《通告》的精神，凡在《通告》规定的限期内，能投案自首，坦白交代，积极退赃的或者有检举立功表现的犯罪分子，应给予比平常更宽更轻的处罚；论罪依法该判处死刑的，不但可以不判处死刑，而且可以根据不同情节给予较大幅度地从轻或减轻处罚；罪该判处重刑的，可以判短期徒刑或者免除处罚；罪行较轻的，便可以免除处罚。对其他的经济犯罪分子，只要他们在限期内自首坦白，检举立功，都将依照《通告》的规定得到从宽处理。对《通告》发布后，正在人民法院或其他政法机关审理的经济犯罪案件，在押人犯能坦白全部犯罪事实，积极退赃，或者检举立功的，我们将根据上述精神，酌情从轻处理，对凡在规定期限内，拒不投案自首，坦白交代问题，或者有其他抗拒行为的犯罪分子，不管是什么人，不管职务多高，我们都坚决依法予以从严惩处，决不手软，罪该判处死刑的，坚决判处死刑，罪该判处重刑的坚决判处重刑。不仅要科刑，有的还要判处罚金或者没收财产，在经济上给予狠狠打击，不让他们占便宜。

3. 突出重点，继续大力抓好经济犯罪大案要案的审理。目前，全省各级人民法院正在审理的国家工作人员犯贪污罪、受贿罪、投机倒把罪和企业事业单位犯投机倒把罪，以及其他经济犯罪的大案要案共有65件。对于这些大案要案，各级人民法院领导都亲自抓，安排审判力量进行审理，并且继续采取提前介入的方法，在案件起诉到法院之前，就与公安、检察等有关部门联系，了解案情，核实证据，做好审理准备。对于事实不够清楚，证据不够扎实的，及时提出意见，供侦查、起诉机关进一步查证，使这些重大案件起诉到法院后能够快审理快结案。在办理大案要案中，做到坚持原则，秉公执法，无论什么人，依法应追究刑事责任的，坚决依法惩处，决不放纵。同时，要公开宣判处理，鼓舞群众，震慑犯罪分子，扩大办案的效果。

4. 要依法办案，确保案件质量。以事实为根据，以法律为准绳，是我们办案的一个基本原则。对坦白自首和群众举报的案件，更要认真地贯彻这一原则。即要抓紧审理，尽快结案，又要做到定案的事实清楚，证据确凿，定性准确，处理恰当，经得起历史的检验。对于事实不清，证据不充分，定性没有把握的，不要急于处理。办案要严格遵守法定程序。各级人民法院要认真履行自已的职责，充分发挥自已的职能作用。按照分工该法院办的案件，要及时主动办理，不拖延，不推诿，认真负责地办好，确保案件的质量。

此外，各级人民法院为了执行《通告》的有关规定，都建立了犯罪分子自首坦白接待室，指定专人，建立制度，负责做好前来自首坦白的犯罪分子的接待工作。

主任、副主任、各位委员：严厉打击经济犯罪活动，贯彻执行“两院”的《通告》，各级人民法院的工作繁重，任务艰巨，我们希望各级人大常委会对各级人民法院的经济犯罪审判工作加强监督，支持他们更好地完成任务。同时也希望各级政府、各机关、团体、企事业单位，广泛地宣传“两院”的《通告》，加强思想政治工作，动员广大群众行动起来检举揭发犯罪，促使犯罪分子投案自首，共同努力把《通告》贯彻好，把打击经济犯罪的斗争搞好。以上汇报，请予审议。

全省法院贯彻执行两高“通告”情况的报告

——1989年11月8日在四川省七届人大常委会第十二次会议上

四川省高级人民法院副院长 敬瑞祥

主任、副主任、各位委员：

我受任凌云院长委托，现在就全省法院贯彻执行最高人民法院、最高人民检察院《关于贪污、受贿、投机倒把等犯罪分子必须在限期内自首坦白的通告》的情况向省人大常委会作汇报，请予审议。

今年8月15日，最高人民法院、最高人民检察院发布了《关于贪污、受贿、投机倒把等犯罪分子必须在限期内自首坦白的通告》。“两高”《通告》，是根据7月28日中共中央政治局全会的建议和有关法律规定制定并报经政治局常委批准后发布的，这是贯彻落实四中全会精神和中共中央、国务院《关于近期做几件群众关心的事的决定》的一项重大措施，是同严重经济犯罪活动作斗争、分化瓦解犯罪分子的有力武器。《通告》反映了全体党员和全国人民的共同愿望和要求，深得党心、民心。认真学习和贯彻执行《通告》，对于清除腐败，促进廉政建设，促进改革开放的深入进行，进一步增强党在人民群众中的威信，都具有十分重要的意义。《通告》发布以来，全省各级法院在各级党委、人大常委和最高人民法院的领导、监督和指导下，认真贯彻执行《通告》，充分运用法律武器，依法严惩和宽大了一批经济犯罪分子，收到了较好的社会效果。其主要情况是：

一、迅速传达贯彻，提高思想认识。“两高”《通告》发布后，省法院党组立刻召开会议，进行学习讨论，研究了具体贯彻执行的意见。8月17日与省检察院联合召开了电话会议，就贯彻执行《通告》向全省法院作了安排部署。18日向省委汇报了贯彻《通告》的部署情况后，省委书记杨汝岱同志作了四点指示，要求把这项工作抓紧抓好。29日省委办公厅批转了省法院、省检察院党组贯彻“两高”《通告》的报告。各地法院积极行动，认真贯彻落实，及时将《通告》精神和有关工作情况向当地党委汇报，听取党委对这项工作的指示。同时，积极组织干警结合四中全会精神和小平同志的重要讲话，认真学习《通告》，提高思想认识。通过学习，广大干警普遍加深了对《通告》重大意义的认识，一致认为，惩治腐败、加强廉政建设是关系到党心、民心，关系到改革、开放和社会主义现代化建设事业成败的大问题，《通告》反映了广大人民群众的愿望和要求，深受人民群众的拥护和支持。从而增强了贯彻执行《通告》的责任感、紧迫感和自觉性。各级法院的领导对这项工作都十分重视，把贯彻落实《通告》作为当前人民法院工作的一件大事，摆在重要议事日程，组织了专门力量审理贯彻执行《通告》案件。成都市中级法院及其所属的东城、西城、金牛区法院在审理严重骚乱事件中的打、砸、抢、烧案件任务十分繁重的情况下，挖掘潜力，建立了专门审理这类案件的合议庭。一些法院还抽调有审判经验的同志组成指导小组，负责对这类案件的指导、平衡和审查工作。使贯彻执行《通告》工作从思想上得到了足够重视、从组织上得到了保证。

二、采取多种形式，广泛深入地宣传《通告》。在全社会广泛深入地宣传《通告》，充分发动干部群众，积极行动起来检举揭发经济犯罪分子，给经济犯罪分子以兵临城下之势，促使犯罪分子走自首坦白、争取从宽的道路，是保证贯彻落实《通告》的重要环节。全省各级法院在党委的统一领导下，加强了与宣传、纪检、公安、司法、监察、工商、海关等部门的协作配合，采用多种形式，运用各种宣传工具，大张旗鼓地宣传《通告》，形成了强大的政治攻势，敦促违法犯罪分子自首坦白、悔过自新。据不完全统计，各地法院翻印《通告》及其宣传资料10万余份；不少法院出动宣传车深入城乡进行宣传，并通过报纸、电台、电视台等新闻媒介，以专版、专栏、专题节目的形式，广泛宣传《通告》。德阳、绵阳、遂宁、内江、南充、达县、甘孜等地法院，将有关法律、法规和典型案例编辑成册，广为散发，并深入到机关、厂矿、企事业单位进行专题报告，宣传《通告》和有关法律；成都、重庆、广元、自贡等地法院还到看守所、监狱和劳改农场，向在押人犯和服刑罪犯宣讲《通告》，动员他们坦白余罪和检举犯罪。各地法院在宣传工作中，着重宣传了两条大的政策杠子：一是经济犯罪情节特别严重，罪该判处死刑的，只要在《通告》规定的限期内投案自首、积极退赃或有立功表现的，一律不判处死刑；二是经济犯罪较轻的，只要在限期内投案自首、积极退赃或有立功表现的，可以从轻、减轻或者免除处罚。对在限期内拒不自首坦白的，将依照法律严厉惩处。通过开展上述宣传活动，鼓舞了群众斗志，震慑、分化了犯罪分子，打消了一些犯罪分子的侥幸心理，促使他们主动到司法机关投案自首，推动了《通告》的贯彻执行。

三、认真做好自首举报的接待工作。按照省法院的部署，各地法院普遍设立了经济犯罪自首、举报接待室和举报信箱，公布了举报电话，建立了值班接待制度。为了切实做好这项工作，各地法院挑选了政策水平、业务水平较高的同志担负接待工作，领导带头昼夜值班，使任何时候来人来信检举揭发、自首坦白都有人接待、处理，并做好登记、询问工作。对投案自首者和收到的检举揭发、自首坦白的材料，按照管辖分工，及时地转送有关部门查处。据不完全统计，截至10月31日止，全省法院共收到举报信863件，接待举报人487人；举报经济犯罪线索738件，涉及767人，其中厅局级干部6人，县团级干部31人；接待投案自首的经济犯罪分子22人，收缴赃款23．59万元。

四、严格执行《通告》规定，切实体现宽严政策。《通告》发布以来，全省各级法院认真贯彻落实《通告》，对主动投案自首、积极退赃和检举犯罪，符合《通告》规定的经济犯罪分子从宽处理，对犯罪后拒不投案自首的经济犯罪分子依照《刑法》和全国人大常委会《关于严惩严重破坏经济的罪犯的决定》和《关于惩治贪污罪贿赂罪的补充规定》予以从严判处，并选择宽严典型案件召开一定规模的宣判大会，取得了好的社会效果。截至10月31日止，全省各级法院共受理各类经济犯罪案件1195件1795人（包括《通告》发布前受理的411件623人），其中贪污421件570人，受贿131件174人，投机倒把49件83人，其他经济犯罪案件594件968人。已审结839件1287人，其中贪污281件386人，受贿92件124人，投机倒把30件57人，其他经济犯罪436件720人。在这些罪犯中，判处死刑的×人，判处无期徒刑的12人，判处五年以上有期徒刑的399人，判处五年以下有期徒刑、拘役、缓刑和免予刑事处分以及作其他处理的873人。在判处的罪犯中，个人非法所得1万元以上不满5万元的有246人，个人非法所得5万元以上不满10万元的有31人，10万元以上的有26人，为国家挽回经济损失824.89万元。全省各级法院共召开兑现宽严政策宣判大会196次，公开宣判处理经济犯罪案件436件

574人，其中从宽判处318件422人，从严判处118件152人。在从宽判处的罪犯中，从轻判处273人，减轻判处96人，免予刑事处分53人；在从严判处的罪犯中，从重判处139人，加重判处13人。参加宣判大会的干部群众达80多万人，普遍反映法院的公开宣判搞得好，宽严对比鲜明，体现了党的坦白从宽、抗拒从严的政策，体现了《通告》精神。如成都市崇庆县苟家乡岩风村村办企业出纳员陈少明贪污案。陈少明听了《通告》的宣传后，坦白交代了其贪污12300余元的犯罪事实，积极退清了赃款。法院按照《通告》精神，从宽判处陈少明有期徒刑三年，缓刑三年。并将此案以宣传资料、录像的方式，在全县进行广泛的宣传。该县看守所在押犯听了宣传后，第二天就有3人检举揭发了五起犯罪线索，犯罪金额达67万多元。又如都江堰市纤维板厂出纳员肖琴贪污案。肖琴利用职务之便贪污公款10万余元，犯罪后拒不投案自首，归案后不悔罪，不积极退赃。法院依法从严判处肖琴死刑，缓期二年执行。

五、及时研究政策，加强业务指导。为了正确执行《通告》，准确掌握宽严界限，省法院于9月5日至7日召开了全省中级法院院长座谈会，着重研究了在贯彻《通告》中如何正确执行政策法律的问题。在有利于打击经济犯罪斗争，有利于分化瓦解犯罪分子，有利于这场斗争的深入开展的前提下，提出了适用从宽的五个区别和执行《通告》有关规定的五点意见，报经省委政法领导小组同意后，以会议《纪要》的形式，下发全省各级法院执行。为各地法院正确审理好《通告》案件，起到了较好的指导作用。

总之，《通告》发布以来，全省各级法院在任务繁重、力量与任务不相适应，工作条件和生活条件困难较大的情况下，任劳任怨，勤奋工作，认真贯彻执行《通告》，取得了一定的成绩。但工作中也存在着一些问题，主要表现在：一是贯彻《通告》的深度和广度还不够，各地发展也不平衡，宣传工作做得好的地区投案自首的多，宣传跟不上的地区投案自首的则少；二是个别地方对《通告》的精神理解不深，个别按照《通告》规定该宽的案件宽得不够；三是由于查证核实需要一定的时间，目前《通告》期间自首坦白的案件，起诉到法院来的很少，这段时间法院判处的案件，大多数是《通告》前起诉的。因而充分运用审判武器，体现宽严政策，有力地打击和分化瓦解犯罪分子的工作还不够。

主任、副主任、各位委员：

严厉打击严重破坏经济的犯罪活动，是人民法院的一项长期任务，我们一定认真抓紧抓好。"两高"《通告》规定的期限虽已届满，但打击经济犯罪、惩治腐败的工作是长期的。当前经济犯罪活动仍没有得到有力的遏制，人民法院所面临的任务还相当艰巨。为了进一步加强人民法院打击经济犯罪的工作，维护社会主义经济秩序，促进改革开放的发展，今后我们将继续抓好以下工作：

1. 进一步提高认识，把打击经济犯罪的工作抓紧抓好。惩治腐败、打击经济犯罪是关系到改革开放和现代化建设事业成败的大问题，要从巩固人民民主政权，维护社会主义制度，加强廉政建设和实现长治久安的高度，提高对打击经济犯罪重要性的认识，充分运用审判武器，同经济犯罪作坚决有效的斗争。我们国家审判机关要牢固树立一手抓建设，一手抓法制；一手抓改革开放，一手抓打击严重经济犯罪的战略思想。充分认识这项斗争的长期性、复杂性和艰巨性，增加自觉性和紧迫感，在贯彻执行《通告》取得胜利的基础上，把打击经济犯罪的斗争引向深入，把这项工作作为一项长期任务常抓不懈、抓出成效。

2. 坚持惩办与宽大相结合的方针，做好经济犯罪案件的审判工作。当前在《通告》期限内检举揭发和投案自首的经济犯罪案件，经过前段时间检察机关的侦查后，将陆续起诉到法院来。各级法院要精心组织审判力量，及时审结，尽快判处。对这批案件，要按照

《通告》的规定，坚持宽严相济的政策，区分情况，分别对待。该从轻、减轻的，要从轻、减轻判处，该免刑的要免刑。对在《通告》期限内，拒不投案自首、销毁证据、转移赃款赃物、互相串通订立攻守同盟或打击报复检举人的，要坚决依法从严惩处，该重判的要从重判处，罪该判处死刑的要坚决判处死刑。要注意抓好大案要案，选择从宽、从严典型，大张旗鼓地公开处理，宽严兑现、体现政策，震慑和分化犯罪分子，促使更多的违法犯罪分子走自首坦白从宽的道路。

3. 加强与有关部门的配合。各级法院要密切与公安、检察、监察、工商、海关等部门的联系，加强配合协作，互通信息、了解情况，大要案件在检察机关审查起诉阶段，就要派出审判人员提前介入，审查材料、核实证据，案件起诉到法院后，抓紧审理，及时判处。

4. 积极开展司法建议，参加综合治理。经济犯罪是一个复杂的社会现象，近年来出现的各种经济犯罪，客观上与我们的思想政治工作、管理制度等方面存在的漏洞有一定的联系。各级法院要根据审理经济犯罪案件发现的管理部门存在的一些问题，有针对性地提出司法建议，堵塞漏洞，预防和减少经济犯罪的发生。

主任、副主任、各位委员：

惩治腐败、严厉打击经济犯罪活动，是人民法院的一项繁重而艰巨的任务。我们一定要不断加强自身的廉政建设，从严治院，努力建设一支清政廉明，克己奉公，艰苦奋斗，严肃执法，秉公办案，有较高的政策水平和业务水平的法院干警队伍，以适应打击经济犯罪形势的需要。同时，也希望各级人大常委会监督、支持和帮助人民法院的审判工作，以稳、准、狠地打击严重破坏经济的犯罪活动，为改革开放和社会主义现代化建设服务。

以上报告，请予审议。

关于《贵州省人民法庭工作试行条例》（草案）的说明

——1989年5月15日在贵州省七届人大常委会第七次会议上

贵州省高级人民法院院长　谢锦汉

主任、副主任、各位委员：

《贵州省人民法庭工作试行条例》（草案）是在开展调查研究的基础上，结合我省人民法庭工作实际，于1988年上半年开始起草的。同年7月和9月，曾分别将初稿拿到“全省人民法庭工作经验交流现场会”和“全省法院工作会议”上征求意见，并先后进行了几次修改。修改稿已经省高级人民法院审判委员会讨论通过。现在，我对《条例》（草案）中的几个主要问题，作如下说明：

一、制定本《条例》的必要性

1954年和1979年颁行的两部《中华人民共和国人民法院组织法》，对人民法庭的性质。设置和工作任务都作了原则性的规定。1983年，全国人大常委会对1979年颁行的人民法院组织法所作的修改，未涉及有关人民法庭的条文。最高人民法院曾于1963年制定了《人民法庭工作试行办法（草案）》，用以指导人民法庭工作的开展，这个试行条例（草案）是从当时实际出发制定的，对于推动和促进人民法庭建设发挥了积极作用。党的十一届三中全会以来，客观情况发生了很大变化，这个试行办法（草案）的有些条款同当前的现实需要已不够适应。随着我们党和国家工作重点的转移，社会主义民主与法制建设的不断加强，不论是客观形势、任务对人民法庭的要求，还是人民法庭工作的实际开展，都发生了较深刻的变化。加强人民法庭建设，既是加强人民法院的基层基础，加强基层的民主与法制建设的重要环节，也是使社会治安综合治理措施落实到基层的重要组成部分。人民法庭工作开展得怎样，对于整个法院工作，对于能否及时为人民群众排忧解难，防止民间纠纷激化，维护社会安定，保障和促进商品经济的发展，都是很重要的。就我省人民法庭的发展情况看，从1980年至今，全省人民法庭由589个增加到679个，增加了15.28%；法庭审判干部由1153人增加到2000人，增加了73.46%；当前，全省人民法庭担负了法院80%的民事案件、50%左右的经济纠纷案件和部分轻微刑事案件以及一些行政诉讼案件的审判任务。同时，人民法庭在对人民调解组织进行业务指导，开展法制宣传教育，运用审判职能参与社会治安综合治理，为改革和建设服务等方面，都做了大量工作，发挥了不可忽视的作用。通过长期工作实践，已积累了不少如何从组织上、思想上、业务上、制度上、物质上全面加强人民法庭建设的经验，这些经验带有一定指导性。但是，由于对人民法庭工作还缺乏具体明确的法律规定，我省人民法庭建设还存在发展不平衡的情况。这当中，既有法院自身的一些问题，也有一些问题不是法院自身所能解决的。为了使我省人民法庭工作能够制度化、法律化，适应已经发展了的形势任务的要求，根据《中华人民共和国人民法院组织法》和有关法律的规定，结合我省人民法庭的工作经验和实际情况，通过地方立法，制定这个条例，是很有必要的。

二、条例中需要说明的几个问题

（一）关于人民法庭的设置和人员配备

《中华人民共和国人民法院组织法》第二十条规定："基层人民法院根据地区、人口和案件情况可以设立若干人民法庭。"我省人民法庭建设的现状来看，县以下的区或者区级镇，都已经设立了人民法庭。在体制改革中，我省有的县正在进行取消区一级行政区划，县以下直接设乡的试点。这样，今后若干个乡的地域、人口，发案率将同现今一个区的大致相同；在城市，由于人口居住集中，交通便利，一个人民法庭一般可以承担数个街道办事处辖区内的审判任务。考虑到上述情况，条例中规定："设区的县，一个区，（或区级镇）设立一个人民法庭。不设区的县、市和县级区，根据需要和可能，以乡、镇、和街道办事处为基础，单独或者联合划分片区，设立人民法庭"。我们认为，这比较切合我省实际，是可行的。

森林，历来是发展国民经济的重要资源。依法保护森林资源，对于保持生态平衡，促进经济建设，具有极其重要的作用。但是，由于种种原因，我省境内活林木储积量正在持续下降，林权纠纷不断增多，盗伐、滥伐以及哄抢林木的案件常有发生，有一些县区的林业资源遭到毁灭性破坏。为了及时调处林权纠纷，预防盗伐、滥伐、哄抢林木案件的发生，使林区综合治理措施进一步落到实处，设置林区人民法庭，已是势在必行。据此《条例》（草案）中作了设置林区人民法庭的规定。

我省的一些大、中型厂矿企业，由于职工、家属人数较多，职工生活区就是一个不小的社区，各类权益纠纷案件相对较多，如不及时进行调处，必然会影响正常的生产、生活秩序。所以，法院先后在省内16个厂矿设立了人民法庭。

从发展趋势看，根据实际需要，还会在一些大、中型厂矿内设立人民法庭。条例(草案)对此也作了相应规定。为了确保重点林区和厂矿人民法庭须利开展工作，这些法庭的业务活动经费，分别由林业部门、厂矿提供。

由审判人员组成合议庭，开庭审理案件，是人民法庭经常的、主要的审判活动方式。为了严肃执法，保证办案的质量和效率，一个人民法庭至少应当配备4名审判人员，但同时考虑到我省有的县份人口较少，基层人民法院干部编制有限，其所属人民法庭都配足4人以上，确有困难。对此，《条例》(草案)作了有一定灵活性的变通规定："确因编制所限，不能配足4人的，可以组织巡回庭"。

人民法庭的审判人员，是由基层人民法院派出，其职级待遇与基层人民法院审判人员不应有区别，但有少数地方把人民法庭审判人员的职级降格，这既不利于调动工作积极性，也不符合中央有关文件精神。还有的地方，忽视了审判工作专业性强的特点，经常抽调人民法庭审判干部去承担行政性质的工作，影响了审判工作的正常开展。针对上述情况，《条例》(草案)重申："人民法庭的庭长、副庭长、审判员，与基层人民法院的庭长、副庭长、审判员职级相同"。"人民法庭的审判人中系专职审判干部，原则上不做审判职责以外的工作"。

对于林区、厂矿人民法庭审判人员的配备，根据以往的经验作法，基层人民法院主要选派有审判实践经验的审判员到林区、厂矿人民法庭担任庭长或副庭长，其他审判人员，则分别由林业部门、厂矿选派合乎条件的干部，并通过法定程序取得审判职称后担任。实践表明，这样办既有利于基层人民法院对林区、厂矿人民法庭的业务领导，保障其依法行使审判职权，同时又照顾了林区、厂矿人民法庭自身的特点，便于密切联系所在地群众，顺利开展工作。由于林业部门、厂矿选派来的审判干部不占基层人民法院编制，其工资、福利仍然由原所在单位承担。至于审判制服，可以通过价拨的方式解决。

(二)关于人民法庭的性质和任务

人民法庭是基层人民法院的组成部分，在基层人民法院的直接领导下开展工作，这是人民法院组织法所明确规定了的。现在有的地方在进行财政体制改革时，把人民法庭作为行政部门，下放给区、乡管理。这样做的结果，对人民法庭审判工作的正常开展带来了不良影响。1988年，省七届人大常委会第二次会议审议通过了省法院关于"两院"建设报告的决议后，人民法庭下放问题在一些地方得到了纠正，但有一些地方至今仍将人民法庭下放。为了纠正和防止类似情况的发生，《条例》(草案)重申了人民法院组织法关于人民法庭性质的规定。

十一届三中全会前，人民法庭只限于审理一般的民事案件和轻微刑事案件。随着改革、开放的深入，人民法庭所承担的审判任务不断扩大。现在，不仅审理一般民事案件、轻微刑事案件，还扩大到审理经济纠纷案件和行政诉讼案件；不仅指导人民调解组织调处民间纠纷，还通过审判职能的发挥，参与理顺民事、经济法律关系，参与社会治安的综合治理，为发展社会主义商品经济和社会生产力服务。由此可见，人民法庭在新的历史时期，其工作任务的深度和广度，都大大超过了以往。《条例》(草案)对人民法庭的工作任务，用法规条文形式加以明确，是客观形势要求的反映。同时，对人民法庭如何运用审判职能，参与社会治安综合治理，也作了较为明确、具体的规定。

(三)关于人民法庭的内外关系

人民法庭建设要得到切实加强，进一步发挥其应有的作用，离不开当地党政部门的领导与支持，离不开广大群众的监督和支持，也离不开各级人民法院的自身努力，处理好人民法庭与各个方面的关系，是十分重要的。

首先，人民法庭在工作中与所在地党政部门存在着密切联系，任何时候，都要自觉依靠当地党委的领导，主动向党委汇报工作，并且加强同当地政府及有关部门，如公安派出所、司法、民政等有关方面的联系，相互配合，而又各司其责从当地党政部门这一方面来说，应当尊重、保障和支持人民法庭依法独立行使审判职权，对人民法庭建设予以关注，能够象县委、县政府对待县法院那样，帮助人民法庭解决一些实际困难，在力所能及的范围内，改善人民法庭的办公用房、审判场所等必要的工作条件。

贯彻执行群众路线，密切依靠群众开展工作，是人民法庭的优良传统和作风，应当继续保持发扬。要坚持专门机关与群众路线相结合的原则，深入群众之中，依法调查、收集证据，认真查清案件事实。为了使案件得到正确、及时的处理，还需要倾听群众意见。另一方面，为了增强审判工作的公开性和透明度，人民法庭要将审判活动和对审判人员的纪律作风要求，置于人民群众监督之下，通过召开群众座谈会，征求群众对人民法庭工作的意见和建议，不断改进工作，防止和减少工作中的失误，对于以上这些，在《条例》(草案)中都作了相应规定，使之制度化、法律化。

由于人民法庭同基层人民法院之间是一种直接的隶属关系，《条例》(草案)强调了基层人民法院从组织、工作等方面对人民法庭的领导和管理，基层人民法院应当切实履行职责，更好地推动人民法庭建设，中、高级人民法院同样负有对人民法庭工作实行领导和管理的职责，因此，《条例》(草案)规定了中、高级人民法院对人民法庭工作要经常检查和指导，要督促基层人民法院抓好人民法庭工作，并且协调有关部门，解决人民法庭的实际困难，做好人民法庭建设。

我的说明完了，请审议。

第二部分 各项审判工作

1989年全国法院的刑事审判工作

最高人民法院刑事审判第一庭庭长 王永成

1989年是我国治理整顿、深化改革的第一年，是制止动乱和平息反革命暴乱取得历史性胜利的一年。在这一年里，全国各级人民法院共受理一审刑事案件392564件，比上年上升25.3%；审结一审刑事案件389597件，比上年上升24.68%；判决发生法律效力的人犯共482658人，比上年上升30.88%。其中，判处五年以上有期徒刑、无期徒刑和死刑（包括死缓）的，占判处人犯总数的34.24%，比上年上升3.45%；判处五年以下有期徒刑、拘役和管制的，占判处人犯总数的64.18%，比上年下降1.04%；免予刑事处分的6035人；宣告无罪的1582人。这一年，人民法院的刑事审判主要抓了以下工作：

依法从重从快惩处严重危害社会治安的犯罪分子。5月，最高人民法院在北京召开了全国高级人民法院院长参加的刑事审判工作座谈会，分析了社会治安形势，研究了进一步加强刑事审判工作，强调对严重危害社会治安的犯罪分子继续坚持依法从重从快惩处的方针。8月，最高人民法院会同最高人民检察院、公安部和邮电部联合召开了严厉打击破坏通信线路犯罪活动电话会议，要求各级法院积极参加专项斗争，集中力量打击破坏通信线路的犯罪活动，造成强大的声势。10月，最高人民法院又召开全国部分省、市法院刑事审判工作会议，总结、交流了打击严重刑事犯罪的情况和经验，强调必须毫不放松地继续严厉打击严重刑事犯罪活动。11月，最高人民法院下发了《关于配合公安机关开展除“六害”工作的通知》，要求各级人民法院充分发挥审判机关的职能作用，积极参加和主动配合除“六害”统一行动。人民法院及时依法判处了一批“六害”中的犯罪案件，促进了除“六害”斗争的深入开展。各级人民法院还针对当地突出的社会治安问题，与公安、检察等有关部门密切配合，积极开展了打击流窜犯和惩治其他严重刑事犯罪的专项斗争，维护了社会秩序。

依法审判了一批反革命暴乱和政治动乱中的犯罪案件。1989年夏，在党中央采取果断措施，取得制止政治动乱、平息反革命暴乱的决定性胜利后，最高人民法院和最高人民检察院发出《关于办理反革命暴乱和政治动乱中犯罪案件具体应用法律的若干问题的意见》的通知，要求各级有关法院及时依法审判好在“两乱”中的极少数打、砸、抢、烧、杀的严重刑事犯罪分子和那些以推翻人民民主专政的政权和社会主义制度为目的、进行反革命暴乱和制造政治动乱的反革命分子。在审判工作中，人民法院始终坚持重证据、重调查研究，不轻信口供；坚持严格依法办事，正确执行政策，做到了严格区分两类不同性质的矛盾，严格区分罪与非罪的界限，严格区分反革命犯罪与普通刑事犯罪的界限；坚持惩办与宽大相结合。既坚决又慎重，严格依法办案，从而保证了办案质量，有力地促进了清查工作的开展，促进了全国局势的稳定。

惩治腐败，严厉打击了严重经济犯罪活动。各级人民法院在同经济犯罪作斗争中，把主要力量放在反贪污、反受贿上；同时，加强了同投机倒把、走私、贩毒、诈骗、偷税抗税等其他严重经济犯罪活动的斗争。为了解决经济领域特别是流通领域中投机倒把活动十分猖獗的现象，3月，最高人民法院发出了《关于当前处理企业事业单位、机关、团体投机倒把犯罪案件的规定》的通知，强调对企业事业单位、机关、团体利用手中的权力和雄厚的资金进行倒买倒卖，牟取暴利，情节严重，构成犯罪的，就要追究其直接负责的主管人员和其他直接责任人员的刑事责任。为了更有效地深入开展打击严重经济犯罪活动，8月15日，最高人民法院和最高人民检察院依照有关法律规定，发布了《关于贪污、受贿、投机倒把等犯罪分子必须在限期内自首坦白的通告》。全国各级人民法院把贯彻执行《通告》作为一项突出的重要任务来抓，取得了明显的效果。在《通告》规定的期限内，共有36000多人投案自首；全国法院共受理贪污、受贿、投机倒把等经济犯罪案件10039件；审结8250件，判处人犯12461人。其中，适用《通告》从宽判处的3715人，从严判处1595人；司（局）级干部12人，县（处）级干部139人；召开宣判大会1504次。通过对严重经济犯罪活动的打击，使广大人民群众看到了党和国家坚决惩治腐败，搞好廉政建设的决心和行动，为今后进一步同经济领域里的犯罪和腐败现象作斗争打下了良好的基础。

1989年，最高人民法院还对在刑事审判过程中如何具体应用法律的问题，进一步加强了司法解释工作，使审判实践中遇到的急需明确的一些问题得到了解决。同时，还适时地公布了一些典型案例，以加强指导，促进了审判工作的开展，提高了执法水平。

1989年全国法院的民事审判工作

最高人民法院民事审判庭庭长　梁书文

1989年，全国民事审判工作取得了明显的进展。一年来，全国各级人民法院以进一步贯彻执行民法通则为中心，积极开展民事审判工作。通过审理大量的民事案件，为维护公民、法人和其他组织的合法民事权益，加强人民内部的安定团结，促进生产的发展和社会主义精神文明建设，发挥了积极的作用。

民事案件从1983年以来一直逐年持续上升，而1989年是上升幅度最大的一年，因而也是民事审判工作最繁重的一年。全年各级人民法院新收一审民事案件1815385件，比1988年上升24.76%。其中上升幅度最大的是债务案件，收577121件，上升53.31%。其次是婚姻家庭纠纷案件，收869872件，上升16.37%。再次是赔偿案件，收172287件，上升14.15%。上述三类案件占民事案件收案总数的89.20%。民事案件持续大幅度上升的原因是多方面的，其主要原因有以下几个方面：第一，随着我国社会主义公有制为主体的多种所有制经济和社会主义有计划商品经济的迅速发展，公民之间、法人之间以及公民与法人之间的民事法律关系不断扩大，因此，他们相互之间因各种纠纷而引起的民事诉讼也相应增多。例如，由于个体、私营经济的发展，个人合伙纠纷和借贷纠纷大量增加。第二，随着我国社会主义法制和立法工作的不断加强，人民法院受理民事案件的范围不断扩大，一些新类型的民事案件逐渐增多。第三，我国对外开放日益扩大，对外经济贸易关系和其他往来迅速发展，因而涉外民事案件以及涉港、澳、台民事案件也急剧增加。第四，由于我国社会主义民主的不断加强和普法教育的深入开展，公民的民主意识和法律意识逐渐增强，所以越来越多的公民乃至法人运用诉讼手段来维护自己的合法民事权益。第五，由于资产阶级思想的侵袭和封建残余思想的影响，以及旧的落后习俗和封建迷信等活动而引起的一些纠纷也显著增多。

民事案件不仅逐年大幅度上升，而且在其他方面也发生了一些变化。一是案件种类增多，内容越来越广泛。民事案件涉及到人们生产和 生活的各个方面，内容本来就比较广泛，种类本来就比较多。随着我国改革开放和经济建设的迅速发展，以及社会主义民主和法制的不断加强，民事案件的内容和种类不断增加。特别是在继承法、民法通则等民事法律颁布实行后，诸如遗赠扶养、劳动争议、姓名权、名誉权、肖像权、荣誉权、著作权等案件陆续出现。目前，从收案情况来看，民事案件已达60余种。在案件内容日益扩大的同时，案件的结构也发生了很大的变化。例如，婚姻家庭纠纷案件，过去占民事案件的80%左右，现在下降为不到50%。1989年，婚姻家庭纠纷案件仅占民事案件的47.92%。二是案件的财产标的额越来越大。在民事案件中，涉及财产的，其标的额越来越大。过去讼争的标的额，一般多是几十元、几百元，上千上万元的不多。现在增加到几千元、几万元，以至几十万元。目前，债务案件的标的额在万元以上的屡见不鲜。赔偿案件，有的不仅要求赔偿直接损失，而且还要求赔偿间接损失，这样数额就更大。同时，民事案件涉及财产的，其财产也发生了变化。例如，离婚案件涉及的财产，过去大多是木箱、木柜、木床等生活资料之类，现在随着生产的发展和人民生活水平的提高，以及生活方式的变化，讼争的财产也发生了很大变化，不少离婚案件涉及到高档物品，有些案件还涉及到拖拉机、汽车和大型生产设备等。三是当事人众多的案件增加。随着社会主义商品经济的发展，不少合伙纠纷、承包纠纷、赔偿纠纷等诉讼到人民法院。这些案件的一方当事人，已不再是过去的一人或二人，而大部分是多个当事人，有的多达十几人，甚至几十人。有的案件多达上千人。

前面已经谈到，在民事案件的急剧增长中，债务案件是增长最快、上升幅度最大的案件。不仅如此，债务案件在其他方面也发生了很大的变化：(1) 债务主体的范围扩大。过去债务的主体比较单一，一般是发生在农民、工人等公民之间，现在发展到个体户、承包经营户、合伙组织、联营经济组织，乃至法人等等。据内蒙古自治区大仆寺旗人民法院统计，1989年该院受理债务案件41件，其中公民为债务主体的有18件，占案件总数的44%，法人和其他组织等为主体的有28件，占案件总数的56%。(2) 债务的用途发生了变化，由生活消费型向生产经营型发展。过去债务主要是发生在因生活困难、生老病死、婚丧嫁娶等原因而借贷方面，属于生活消费性质。现在发展到生产领域和商品流通领域，用于解决生产、经营资金不足的困难。据有的法院统计，属于生产经营的债务占80%左右。(3) 诉讼标的额由小向大发展。由于债务用途的变化，商品生产的发展和经营范围的扩大，以及城乡人民收入的增加，债务案件的诉讼标的额，由过去的几十元、几百元、上升到几千元、几万元、几十万元。现在万元借贷户、万元欠款户屡见不鲜。(4) 债务案件中的借贷利息由低向高发展。过去借贷多发生在亲朋好友之间，互相帮助，解决困难，一般不要利息。随着借贷用途多用于生产经营的变化，可以盈利孳息，因此，现在附息借贷极为普遍，而且利息由低向高发展。许多人出借目的就是为了获得高额利息，甚至在出借时就将利息打入本金计算复息，放高利贷。有的利率超过国家银行利率的几倍、十几倍，甚至几十倍。

上述情况说明，民事案件不仅数量大，而且涉及面广，情况越来越复杂，处理不好，容易引起矛盾激化，这是民事审判工作面临的繁重而艰巨的任务。

在民事案件数量大，任务繁重的情况下，各级人民法院采取积极措施，狠抓对婚姻、债务、赔偿三类案件和著作权、名誉权等新类型案件以及容易引起矛盾激化的案件的审理，提高办案质量，审结了大量的民事案件。1989 年，全国各级人民法院共审结一审民事案件 1808538 件。其中，以调解方式结案的 1253895 件，占审结案件总数的 69.33％；以判决方式结案的 297999 件，占 16.48％；撤诉的 215055 件，占 11.89％；移送有关单位的 17455 件，占 0.97％；以裁定方式结案的 15484 件，占 0.86％；终结结案的 8650 件，占 0.47％。上述数字表明，以调解方式结案的占相当大的比例。而且在撤诉的案件中还有一部分是在做了大量调解工作的基础上，原告自愿撤诉的。可见，调解在民事审判工作中具有极其重要的地位和作用。

为了提高办案质量和办案效率，完成繁重的审判工作任务，各级人民法院在积极做好各类民事案件审理工作的同时，还着重抓了以下几个方面的工作：一是结合本地实际情况，按照民事诉讼法（试行）的规定，不断改进审判方式、方法，特别是在强调当事人的举证责任、搞好开庭审理、充分发挥庭审职能方面，做了大量工作。为了做好这项工作，许多人民法院积极进行试点，总结经验，推广好的做法。不少人民法院还举办庭审现场观摩会，互相学习，交流经验。二是面向基层，大力加强人民法庭工作，不断建立和健全人民法庭，积极配备审判人员。到 1989 年底，全国共建立人民法庭 17500 个，配备审判人员 7 万多人。人民法庭的审判人员，在条件差、任务重的情况下，克服种种困难，充分发挥人民法庭的作用，做了大量工作，使 80％以上的民事案件解决在基层。三是注重调查研究，加强指导，对审理婚姻家庭、债务、赔偿、房屋、名誉权等类案件中遇到的一些问题和疑难案件，举办各种形式的座谈会，进行研讨，总结经验。在广泛开展调查研究，总结经验的基础上，对审理有关案件适用法律问题作出司法解释。

为了解决民事审判工作中遇到的一些问题，推动民事审判工作的开展，最高人民法院采用各种形式，广泛进行调查研究，草拟了一系列司法解释性质的若干意见，加强对下指导，做了大量的工作。首先，1989 年 4 月 19 日至 25 日在江西省九江市召开了民事审判专题研讨会。参加会议的有江西、江苏、安徽、四川、湖南、湖北、广西、海南、上海等省、自治区、直辖市高级人民法院和部分中级、基层人民法院的副院长或民庭庭长以及最高人民法院民庭的部分同志共 30 多人。会议就最高人民法院草拟的关于审理借贷案件、名誉权案件、未办结婚登记而以夫妻名义同居生活案件、离婚案件如何认定夫妻感情确已破裂以及举证责任等五个若干问题意见的文稿，进行了讨论、研究，交流了经验，提出了修改意见。其次，接着又于 9 月在北京召开了由中央有关部门、大专院校和研究部门法学专家参加的民事审判业务座谈会，专门讨论了《关于人民法院审理离婚案件如何认定夫妻感情确已破裂的若干具体意见》和《关于人民法院审理未办结婚登记而以夫妻名义同居生活案件的若干意见》两个文件。后经最高人民法院审判委员会讨论通过，印发各地人民法院。这两个文件对审理离婚案件如何适用《中华人民共和国婚姻法》等法律问题作了比较全面、系统的司法解释，对各地人民法院及时正确地审理离婚案件具有重要的指导意义。再次，10 月最高人民法院同国家版权局、联合国世界知识产权组织在北京举办了亚太地区版权审判培训班，15个国家、地区的法官、律师、版权专家和学者参加了培训。这对于加强我国的版权审判工作，扩大我国在国际上的影响，具有重要的意义。最后，11月4日至6日，最高人民法院在北京召开了全国民事审判工作座谈会，28个省、自治区、直辖市高级人民法院和部分中级人民法院的民庭庭长、副庭长以及最高人民法院有关庭、室的审判人员和研究人员参加了座谈会，就民事审判工作交流了情况，介绍了经验，研究了存在的问题，讨论了1990年民事审判工作的任务。会议认为民事审判工作的主要经验，一是坚持民事审判工作为“一个中心、两个基本点”服务的方向；二是坚持不断完善民事诉讼制度，改进审判方式方法，努力提高办案质量和办案效率；三是坚持抓好基层基础工作，加强人民法庭建设，把好一审办案质量关；四是坚持努力提高民事审判人员的政治、业务素质。会议还座谈了民事审判工作中需要解决的八个方面的关系问题。一是关于保证办案质量和提高办案效率的关系问题；二是关于加强当事人举证责任和法院办案查证的关系问题；三是关于判决和调解的关系问题；四是关于便利群众进行诉讼和便利法院办案的关系问题；五是关于一审法院对案件的裁决权和上级法院的指导、监督的关系问题；六是关于适用实体法和适用程序法的关系问题；七是关于合议庭行使权力和庭长履行职责的关系问题；八是关于人民法院独立进行审判和兼听各种意见的关系问题。通过座谈，总结了经验，提高了认识，促进了民事审判工作的开展。

1989年全国法院的经济审判工作

最高人民法院经济审判庭庭长　孙宗灏

1989年，全国各级人民法院共受理一审经济纠纷案件694907件，比1988年受理案件数上升35.45%；审结一审经济纠纷案件673593件，比1988年审结数上升38.6%；审结案件诉讼标的总金额达215亿元，比1988年上升83.76%。各级人民法院通过审理各种经济纠纷案件，尤其是与治理经济环境，整顿经济秩序密切相关的案件，正确调整了各种各样的经济关系，保护了当事人的合法权益，依法制裁了经济领域的违法行为，维护了农村承包制度，促进了企业改革的深化和资金的合理流动，维护了正常的经济秩序。

全国各级人民法院1989年认真贯彻执行为治理整顿、深化改革和社会主义经济建设服务的方针，经济审判着重抓了以下两个方面的工作：

一、改进审判方式，提高执法水平。广东省各级法院在普遍实行岗位责任制的同时，狠抓了调解工作，强调当事人的举证责任。为了解决人力与任务的突出矛盾，省高级法院总结推广了深圳市中级法院经济纠纷调解中心的经验，只要事实清楚，当事人对此没有争议，愿意接受调解，案件随来随调，方便了当事人，减少了积案，大大提高了工作效率。辽宁省各级法院为减少当事人的诉讼损耗，提高经济审判的社会效益，全面推行经济审判方式改革，严把立案关，充分发挥律师在诉讼中的地位和作用，当庭举证质证调解与判决有机结合。河南省各级法院在保证办案质量的基础上，积极探索经济审判方式的改革，认真推广商城县法院的经验，以公开审判为重点，充分发挥合议庭的作用，坚持当事人举证与法院查证相结合，调解贯穿于庭审全过程，五年无积案，调解无翻悔，判决能执行。山西省高级法院狠抓经济纠纷的调解，在阳泉市中级法院进行经济纠纷庭前调解试点，建立经济纠纷调解处，该处坚持自愿、合法、高效、便民原则，适用简易程序，获得成功，该省有4个中级法院在1989年建立了经济纠纷调解处。浙江、黑龙江、山西、江西、陕西等省的法院还开展专项审判活动，成效显著。

二、深入调查研究，强化业务指导。1989年1月，最高法院经济庭向全国法院印发了《关于建立经济纠纷大案要案报告制度的通知》，要求各高级法院及时向最高法院报告大案要案的收案和审结情况。10月，最高法院经济庭会同国家专利局、国家工商行政管理局、商标局、工业产权研究会联合举办了第二届全国工业产权诉讼研讨会，形成了会议纪要。该纪要对国内和涉外商标、专利诉讼问题作了初步的阐述。1989年12月11日至15日，最高人民法院经济审判庭在郑州市召开经济审判工作座谈会，参加会议的有各省、自治区、直辖市高级人民法院和计划单列市、经济特区中级法院的经济庭庭长。这次会议的中心议题是以党的十三届五中全会精神为指导，研究在治理整顿过程中急需明确的一些具体问题。与会同志还对最高人民法院经济庭起草的《关于贯彻执行〈中华人民共和国企业破产法〉（试行）若干问题的意见》、《关于审理联营合同纠纷案件若干问题的意见》、《关于审理专利纠纷案件若干问题的意见》、《关于审理商标侵权案件若干问题的意见》和《关于审理企业承包、租赁经营合同纠纷案件若干问题的意见》进行了讨论，并对这些征求意见稿或初稿提出了修改意见。在调查研究的基础上，最高人民法院针对单位负责人被追究刑事责任与单位的民事责任承担的关系问题、经济纠纷案件复查期间执行问题、当事人的口头上诉问题、执行过程中当事人双方和解与执行的关系问题发布了司法解释，用以指导各级法院的审判业务。地方部分法院也自发组织一些研讨会，如东北、中南八省区，部分中级法院组织的研讨会。各高级法院也按照最高法院的要求，充实了调研力量，加强了调研工作。

1989年全国法院的行政审判工作

最高人民法院行政审判庭庭长　黄　杰

1989年，全国各级人民法院根据第十五次全国高级法院院长会议的精神，积极慎重地开展行政审判工作，主要抓了以下几个方面的工作，并取得了一定的成绩。

（一）抓行政审判机构的建设

人民法院设行政审判庭审理行政案件是从1986年下半年开始的。当年，湖南省汨罗县人民法院、武汉市中级人民法院、重庆市中级人民法院、宜昌市中级人民法院经当地权力机关同意并在人民政府的支持下，率先建立了行政审判庭。1987年1月，最高人民法院发出了《关于建立行政审判庭的通知》，规定各级人民法院在试点并总结经验的基础上可以根据实际需要建立行政审判庭。但由于种种原因，建庭工作进展不大。

1989年4月，全国七届人大二次会议通过了《中华人民共和国行政诉讼法》。行政诉讼法第三条第二款规定："人民法院设行政审判庭，审理行政案件。"根据这一规定，各级人民法院加快了建庭步伐。到1989年底，全国各级人民法院共建立行政审判庭2400多个，占应建庭的74%。其中，30个高级法院和绝大多数中级法院都已建立了行政审判庭。贵州、上海、天津三省、市的三级法院已全部建立了行政审判庭，湖南、福建、河南、广西、江苏、辽宁等省、自治区的法院建庭率已达80%以上。行政审判庭的建立为人民法院审理行政案件、开展行政审判工作创造了条件。

各地人民法院建立行政审判庭时，对行政审判干部的选配比较重视，主要通过内部调剂的办法积极为行政审判庭配备干部。到1989年底，全国各级法院共配备行政审判干部近7000人，平均每庭约2.92人。其中，上海、天津、江苏、青海、海南、河北、广东、北京、安徽、西藏等省、市、自治区的法院平均每庭超过3人。

从各地法院反映的情况看，凡是行政审判庭的组建工作和行政审判干部的配备工作都取得明显进展的法院，一般都做到了三条：一是把行政审判工作同民主和法制建设的大局联系起来，同我国改革开放的大局联系起来，破除了等、靠、要的思想；二是积极主动地同有关部门联系，争取党委、权力机关以及行政机关的支持；三是上级法院积极制订建庭计划，并协助下级法院解决某些实际问题。

（二）抓业务建设和行政审判人员的培训

各地法院的行政审判庭建立之后，大多数法院都十分重视自身的业务建设，采取多种方式提高行政审判人员的业务素质。1989年8月，最高人民法院举办了全国法院系统行政诉讼法培训班，对各高级人民法院、省会市中级人民法院、计划单列市中级人民法院的行政审判庭庭长等进行了培训。其后，各省、市、自治区高级法院和部分中级法院都举办了行政诉讼法培训班，对行政审判干部进行培训。各地法院还结合办案实际，召开行政审判工作经验交流会或组织庭审观摩，汇编有关的法律、法规，整理案例，等等，努力提高行政审判干部的业务素质。

（三）抓行政案件的审理工作

1989年，全国各级法院共受理一、二审行政案件13977件（含旧存），比1988年上升22.73%。其中新受理一审行政案件9934件，比1988年增加15.88%，新受理二审行政案件2908件，比1988年增加23.43%。在新受理的一审行政案件中，治安行政案件3336件，占33.58%；土地行政案件3347件，占33.69%；城市规划行政案件584件，占5.88%；林业行政案件507件，占5.1%；工商行政案件343件，占3.45%；其他各类行政案件共占18.3%。

1989年全国各级法院共审结一、二审行政案件12630件，比1988年增加23.26%，其中审结一审行政案件9742件，比1988年增加21.33%。审结的一审行政案件中，维持行政机关处理决定的4135件，占42.45%；撤销行政机关处理决定的1364件，占14%；变更行政机关处理决定的587年，占6.03%；原告申请撤诉的2966件，占30.45%；作移送和终结诉讼处理的690件，占7.08%。

从案件所涉及的范围来看，已涉及到治安、土地、林业、渔业、食品卫生、工商、烟草专卖、城市规划、环保、税务、计量、物价、交通运输、矿产资源、内河航道管理、港务监督、海关、药品、外汇管理等20余类，涉及20多个行政管理部门。从受理案件的覆盖面看，除了极少数法院刚建庭尚未受理案件外，绝大多数法院都已受理了行政案件。

在办理行政案件的过程中，各地法院根据行政诉讼与民事诉讼的区别，针对行政审判的特点，着重在起诉与受理条件、举证责任、地域管辖、开庭审理、行政审判的社会效果等方面进行了大胆的尝试和积极的探索，并在如何确定受案范围，如何在行政诉讼中贯彻当事人地位平等的原则，如何处理审判权与行政权的关系等方面积累了一定的经验。

为了提高行政审判的质量和效率，一些省、自治区、直辖市的高级法院都结合本地区的实际拟定了一些程序性的规定，有的省、市还拟定了公开审判行政案件的《庭审细则》；福建、河南等省法院还组织了全省范围内的案件质量评查活动；福建省各级法院还建立了行政案件卡片，做到了一案一总结。

(四)抓协助权力机关或行政机关的有关立法工作

在全国人大草拟制定行政诉讼法的过程中，绝大多数省、自治区、直辖市的高级法院组织了对行政诉讼法试拟稿、征求意见稿和草案的讨论并提出了修改意见。有的法院积极向权力机关反映行政审判工作的实际问题，提供有关行政诉讼的情况和典型案例，并对有些重大问题和某些细节提出了详细的修改意见。

此外，各级法院的行政审判庭，大多数不同程度地承担了本级权力机关和行政机关制订的规范性文件（草案）提出修改意见的工作，一些法院在行政审判的过程中，发现地方性法规和地方政府的规章和规范性文件与法律和行政法规相抵触，或者有不尽完善或不合理的地方，积极主动地向权力机关或行政机关提出修改、补充的建议，帮助有关机关做好法律、法规和规章等规范的制定、修改和解释工作。

(五)抓法制宣传和改善执法环境的工作

各地法院在进行行政审判工作的同时，采取印发宣传资料、举办电视讲座、播放庭审录像，在电台报刊上开辟专栏、组织旁听审判、开展法律咨询等多种形式进行了较为广泛的行政法制宣传活动，有的法院派行政审判干部到公安、工商、税务等有关行政部门跟踪学习和调查，全面了解行政机关的行政执法情况，并针对行政执法中存在的问题向有关部门提出改进的建议；还有的地方的法院，为了提高行政执法人员的法制观念和应诉能力，协助各级政府举办执法人员培训班，讲解执法和应诉中应当注意的问题，受到行政机关的欢迎。通过这些活动，不仅提高了宣传对象的法制观念，而且也改善了行政诉讼的执法环境，为顺利开展行政审判工作创造了有利条件。

经过1989年的实践，各地法院对如何做好行政审判工作总结出了一些带有规律性的经验，概括起来，有以下四个方面：

第一，搞好行政审判工作，必须坚持积极慎重的方针。积极慎重是开创新的工作的基本方针，它符合客观事物发展的规律，也与人们认识世界、改造世界的能力相适应。所谓积极，就是要以高度的责任感和使命感，积极创造开展行政审判工作必须具备的各种条件，努力学习，勇于实践。所谓慎重，就是具体案件的处理要稳妥。积极和慎重是相辅相成，相互制约的，只有既积极又慎重，才能把行政审判工作扎扎实实地开展起来，并取得良好的社会效果。

第二，搞好行政审判工作，必须树立行政审判是既保护公民、法人和其他组织的合法权益，又维护和监督行政机关依法行政的指导思想。即在具体的审判实践中，既要注意保护公民、法人和其他组织的合法权益，又要注意教育和引导他们自觉遵守法律，自觉履行行政法上的义务；既要依法对行政机关进行司法监督，又要维护行政机关依法行使行政职权；既要留心行政管理相对人一方的实际状况和 要求，又要注意国家行政管理的大局；既要严肃执法，刚正不阿，又要注意协调与行政机关的关系；既要严格依法办案，又要注意审判艺术。

第三，为了保证行政审判工作的质量，必须把好案件的事实关和法律关。行政审判中不仅要贯彻被告负举证责任的原则，通过法庭调查和辩论查明案情的全部事实情节，而且行政审判人员要熟悉与具体行政行为相关的全部现行的法律规范，准确把握法律条文的含义，切实做到以事实为根据、以法律为准绳，对具体行政行为的合法性作出实事求是的评价与裁判。

第四，为了充分发挥行政审判的社会效果，必须做到法庭内与法庭外的工作相配合。即行政审判除了要抓好开庭审判这一中心环节外，还要配合开庭审判抓好开庭前法定的准备工作，行政法制的宣传教育工作，与有关部门和机关的沟通协调工作，对行政管理相对人的疏导工作，排除来自不同方面的阻力的工作，合议庭、审判委员会的研究工作，向上级法院的请示汇报工作，等等。抓好这些工作，就可以直接地或间接地为庭审活动创造条件，奠定基础，可以使行政审判发挥更好的社会效果。

从总体上说，1989 年的行政审判工作成绩是较大的，积累和摸索了一定的经验，为贯彻实施行政诉讼法准备了较好的条件。但是，行政审判工作还刚刚开始，还处于探索阶段，行政审判工作中还存在以下几个主要问题。

一是行政审判力量和行政审判人员的素质与行政审判所面临的任务还不相适应。即从数量上说，全国还有将近 30％的法院没有建立行政审判庭，这些地方的行政审判工作虽然在名义上由经济庭或民庭兼管，但有些法院实际上无人负责，不仅受案的数量少，而且工作局面还没有打开。从干部的素质上说，行政审判庭的干部多数是从法院内部调剂的，还缺少对行政诉讼法和行政法系统的学习和研究，有的还缺乏审理行政案件和行政执法方面的经验，等等。

二是某些法院对开展行政审判工作的方针和指导思想的理解和执行有片面性。即贯彻行政审判工作“积极慎重”的方针是积极不够、慎重有余，害怕得罪行政机关，害怕案子多了承受不了，对行政案件能推则推，能不受理的则尽量不予受理，能勉强维持的则勉强维持，能动员撤诉的尽量动员撤诉。

三是有些行政诉讼程序问题和行政实体法方面的问题还没有得到妥善解决。即适用民事诉讼程序审理行政案件，客观上还有许多不适应和缺乏明确规定的地方，有些行政案件所涉及的实体法律规范还需要进一步的健全和完善，最高法院还需要加强有关的司法解释工作，等等。这些问题，都是行政审判工作前进和发展中的问题，可望在今后的工作中得到研究解决。

1989 年全国法院的交通运输审判工作

最高人民法院交通运输审判庭副庭长　傅旭梅

1989 年，全国六个海事法院和铁路运输中级基层法院坚持“一个中心，两个基本点”，树立交通运输审判为交通运输经济服务，为改革开放服务的思想，运用法律手段调整水上运输关系、船舶关系和铁路运输经营中的经济法律关系，在维护运输经济秩序中发挥专门法院的职能作用，取得了明显的成绩。

一、海事审判工作

1989 年，全国六个海事法院共收案 703 件，比 1988 年增长了 75％。其中，海事案件 177 件，海商案件 403 件。涉外案件比 1988 年增长 73％，达 65 件。诉前申请扣船 25 条。大连、青岛、上海海事法院收案数分别创历史最高纪录，广州、武汉海事法院分别比 1988 年同期增长 143％、94.6％，天津海事法院收案数与 1988 年基本持平，但涉外、涉港澳案件占收案数的比例达33%。全年结案572件，其中，海事案件112件，海商案件327件，涉外案件36件，结案率为81%。有的法院结案率达103%（含上年的积案），出现了结案数多于收案数的好势头。结案标的总额为16000多万元，比1988年增长21%。1989年，不仅收案数量明显增加，还出现了许多新类型的案件。海事法院通过审判活动，维护了我国海事司法管辖权，保护了中外当事人的合法权益，促进了对外贸易及航运事业的发展。各海事法院围绕提高办案质量和办案效率，主要做了以下工作：

（一）制定切实有效的措施，提高办案质量和效率。针对案件数量迅速增长的情况，各海事法院制定了一些行之有效的措施：一是坚持目标管理，狠抓案件审理质量。有的法院年初制定了"办案定额奖惩方案"确定全年立案数、结案数，并将此目标层层分解，落实到人，较好地调动了广大干警的工作积极性。如武汉海事法院提出全年立案150件，结案125件的基本目标和双超200件的奋斗目标。广大干警团结一致，克服各种困难，分别提前97天和32天实现立案、结案双超200件。二是积极改进审判方式。各海事法院认真执行《中华人民共和国民事诉讼法（试行）》第五十六条"谁主张，谁举证"的规定，强调当事人的举证责任，初步改变了以往由法院单一取证的做法，把强调举证与注意查证有机结合起来，对当事人自己不便举证或无法、无力查证而提供证据线索，或是最终将对案件审理结果起决定作用的证据，法院都下大力气去查证。三是注重公开审理。公开审理案件是我国民事诉讼制度的一项基本原则和要求。公开审理案件，不仅能接受人民群众的直接监督，还有利于宣传法制，教育人民，也有助于提高办案人员的责任心及业务水平，提高案件质量。四是围绕提高审判质量，做到以下几点：加强合议庭工作责任感，充分发挥审判人员的集体智慧；加强审判委员会的审判监督和业务指导；加强审判人员的责任心；认真总结经验，加强执法检查，严把质量关。各海事法院通过开展对案件的自查和抽查，使办案质量上了一个新的台阶。

（二）抓好大案要案及疑难案件的审理，依法保护中外当事人的合法权益。海事法院审理的大案要案经常会遇到许多国际、国内海事处理中有争议的问题，加之中国的海事审判起步较晚，海事审判制度尚不完备，有关的法律法规也不健全，因此案件审理起来难度较大。各海事法院针对涉外案件比重大、大案要案增多的实际情况，高度重视对大要案的审理，工作认真、细致，作风深入，各院领导亲自抓落实，选调精兵强将组成合议庭。1989年依法扣船25条，都是在较短的时间完成的，高效率的工作及公正的审理，赢得了中外当事人的赞誉。

（三）开拓创新，积极探索海事审判新路子。为了适应海事海商案件日益增多、新类型案件不断出现的新情况，各海事法院积极探索，大胆实践，正确运用法律和参照国际惯例处理，如提单批注纠纷、无提单付货纠纷、旅客行李损害赔偿纠纷、提单欺诈损害赔偿纠纷等案件。广州海事法院审理的一起国内某公司诉香港某有限公司的连环案，在审理过程中，根据承运人无提单交货、收货人无提单提货违反国际航运惯例的行为，认定承运人以保函付货造成托运人的损失，承运人应承担赔偿责任。收货人以保函提货造成承运人的损失，收货人应承担赔偿责任。判决连环案中的两个被告赔偿原告的全部经济损失99万多美元。这一案件判决后，几方当事人均服判，在社会上引起积极反响。又如上海海事法院审理的外轮代理公司上海分公司和黄根福诉日本国第一海运服务有限公司的理货员黄建强死亡损害赔偿案中，在当时国内对涉外人身伤亡损害赔偿纠纷，没有可资遵循的法规和判例的情况下，对确定诉讼主体、索赔范围、索赔项目的计算原则，给付赔偿金的贴现率以及设置安抚费和确定受偿对象等问题，认真、大胆探索，大胆创新。成功地为我国海事审判工作提供了涉外人身伤亡损害赔偿纠纷的第一个案例，在国内外引起了强烈反响。

在新形势下，海事法院还注重加强法律理论研究，提高干警队伍的业务素质。各海事法院普遍就船舶优先权、海事人身伤亡的损害赔偿，扣船案件的担保以及海事案件案由的确立原则等问题积极进行专题研究探讨。许多研究文章、论文在全国有关报刊杂志上发表，有的论文在全国法院系统理论讨论会上获奖。由于注重对新情况、新问题的理论研究，活跃了学术空气，给审判工作向更高层次发展注入了新的活力。

(四) 坚持审执兼顾，确保当事人合法权益的实现。在经济案件的处理中，执行难一直是一个老大难问题。法院代表国家依法作出的裁判如果得不到执行，不仅使当事人的合法权益得不到实现，而且损害了法律的尊严。为解决裁判后海事案件执行难的问题，各海事法院把执行工作列入重要日程。武汉、广州海事法院分别成立了执行庭，上海海事法院成立了执行组，其他海事法院的执行工作也得到了加强。各海事法院在加强执行工作的同时，注意在审判过程中为执行工作创造有利条件。业务庭在审理案件时，根据实际情况，依法及时采取保全措施，为裁判后顺利执行打下良好基础。如广州远洋运输公司与越阜企业有限公司海上货运保函提货纠纷一案，因被告是境外的一家企业，财产难以控制。为保证将来判决能够得以执行。经原告申请，裁定查封被告在大连市中国成套设备出口公司大连分公司仓库的 294.411 吨锌锭及 2000 吨铅精矿，依法保全原告的请求权，该案审结后，顺利地执行了判决。又如大连海事法院通过扣押被告土耳其某航运公司的一条姐妹船，执行了该案已经生效的判决。通过一系列的强制执行，有效地维护了当事人的合法权益。海事法院还通过调查研究，认真分析海事海商案件执行难的原因，制定了一些有效措施，使海事案件的执行工作有了一个良好的开端。

二、铁路运输经济审判工作

1989 年，全国两级铁路法院共受理经济纠纷案件 2499 件，审结 2297 件，与 1988 年相比，分别上升 70%、42.1%。结案标的总金额 1.38 亿元，比 1988 年增加 2.81 倍。其中，旅客行包及货物运输合同纠纷案件 355 件，铁路企业内部之间及铁路企业为被告的购销合同纠纷案件 887 件，运输设施工程承包合同纠纷案件 66 件，加工承揽运输设备纠纷案件 69 件，铁路委外装卸、设备租赁、维修、侵权等方面的经济纠纷案件 1122 件。全国两级铁路法院认真贯彻十四次全国法院工作会议精神，强化法律为经济建设服务的手段，主要做了以下几方面的工作。

(一)开辟案源，积极受理经济纠纷案件。随着改革、开放和商品经济的发展，经济纠纷不断增多，要求人民法院强化运用法律手段调节经济关系的职能。铁路法院适应形势发展的要求，进一步明确了铁路经济审判为铁路运输经济服务的指导思想，努力探索铁路法院经济审判工作的新路子。扭转“等案上门”的被动局面，积极开辟案源。一是深入铁路基层站段、多种经营、集体经济组织开展合同调查，在调查中及时发现纠纷，及时立案，及时处理。有的法院与铁路企业的法律顾问室加强联系，主动了解企业管内经济环境，掌握纠纷线索；二是通过接待当事人来信来访及法律咨询中发现案源；三是通过巡回办案发现案源；四是通过法制宣传、扩大铁路法院的知名度，使当事人告状上门。

(二) 注重办案质量，提高执法水平。铁路法院通过审判实践认识到，要树立执法威信，必须在审理经济纠纷案件质量上下功夫，使每一件案件都经得起历史的检验。坚持以事实为根据，以法律为准绳，法律面前人人平等的原则，正确适用法律、法规和规章，坚决抵制行业保护主义，努力提高案件质量。首先，从提高自身素质入手，积极鼓励支持审判人员参加法律“业大”学习，提高理论水平。其次，注意把好收案、审理、结案三关，做到案件事实不清的不认定，证据不实的不定论，行政规章与法律法规相冲突的不适用。尤其是在审理运输合同纠纷案中，不怕麻烦，对纠纷原因细致查证，沿铁路车站收集证据，为正确认定事实，依法裁判打好了基础；审理中，注重发挥合议庭作用的同时，庭领导把关；从稳定大局出发，坚持着重调解的原则，全年调解结案的占总结案数的60%以上。第三，坚持每年进行案件质量大检查，以自查、互查、抽查等方式，防止和纠正错案的发生，切实保证了案件质量。部分省、直辖市高级法院还对铁路运输合同纠纷案件进行了检查，普遍认为铁路法院办案质量是好的。

（三）努力解决执行难问题。1989年，全国两级铁路法院多数仍为审执合一。在经济纠纷案件逐年上升的情况下，他们把审理案件与执行工作密切结合，维护了法律的严肃性。全年共受理执行案件363件，执行278件，执结率76.6%。面对目前“执行难”状况，他们采取了一套行之有效的措施：一是在收案时就考虑执行把住收案关。立案前，针对当事人提出的诉讼请求，摸清当事人的资金状况，及时采取保全措施；二是在诉讼过程中，做好教育疏导工作，争取双方达成调解协议，促使债务人自动履行；三是对被执行人以资金偿付有困难的，征得申请执行人同意，可以物抵债，无实物抵债的，为维护债权人的实际利益，根据债务人的经济状况，由双方商定一个分期还款的和解协议；四是主动取得被执行人当地法院的支持，保证执行工作顺利进行。

（四）搞好法律服务，扩大办案效果。铁路法院在审理好经济纠纷案件的同时，从预防纠纷的目的出发，以求实服务的精神，积极参与用法律手段调节经济关系的活动，为铁路运输经济提供超前法律服务。他们深入铁路基层站段等单位，开展法律咨询和法制宣传，向企业提出司法建议，帮助企业建立健全合同管理制度，定期培训企业的兼职经济合同管理员和经济司法联络员，并与之建立密切联系，共同把好经济合同签订、履行关，预防经济纠纷的发生。一些法院还开展了专项法律咨询服务，对影响和阻碍铁路多种经营正常发展的问题提供法律帮助，完善合同管理，理顺经济关系，堵塞漏洞，为企业排忧解难，促进了铁路企业的依法管理；针对铁路企业内部承包中存在的不严格履行合同的情况，主动为企业完善承包机制，提出司法建议，增强了企业在经济活动中的法律意识。此外，有的铁路法院利用非诉讼方式调解经济纠纷，为企业和个人挽回大量经济损失，深受企业和群众欢迎。

1989年全国法院的告诉申诉审判工作

最高人民法院告诉申诉审判庭庭长　陈嘉宾

1989年是不平凡的一年。一年中，全国各级人民法院以党的十三届三中全会和四中全会精神为指针，认真贯彻落实第十四次全国法院工作会议关于告诉申诉工作的部署，最高人民法院和各地高、中级法院进一步加强了审判监督和对下级法院告诉申诉工作的业务指导，全国法院系统万余名告诉申诉审判干部做了大量卓有成效的工作，圆满完成了各项工作任务，全国法院的告申工作有了很大改观，告诉申诉工作的被动局面有了明显好转，法院系统接受的告诉申诉及非诉来信来访又有了大幅度下降。

据统计，1989年全国各级人民法院共接受和处理告诉申诉及非诉来信来访5601143件次，比1988年7745889件次下降27.5%，(其中来信2523804件，比1988年下降29.3%，来访3090133人次，比1988年下降26%)。在上述来信来访中，刑事申诉931179件次，占告诉申诉及非诉信访总数的16.6%，比上一年下降34.2%；民事申诉579546件次，占10.3%，比上一年上升21.8%；经济纠纷申诉123213件次，占2.2%，比上一年上升30.5%；告诉3322489件次，占59.3%，比上一年下降27.8%；非诉644716件次，占11.6%，比上一年下降44%。下降幅度最大的是山东省法院系统，比上一年下降63.7%。

告诉申诉工作之所以出现这样好的局面，主要是由于全国各级法院领导重视，列入重要议事日程和全体告诉申诉干部不辞辛苦、严肃执法、共同努力的结果。一年来，全国各级人民法院主要做了以下几项工作：

一、不断提高认识，切实加强领导

一年来，全国各级人民法院认真贯彻第十四次全国法院工作会议关于改进和加强告诉申诉工作的部署和1988年底最高人民法院在成都召开的部分高、中级法院告诉申诉工作座谈会精神，把改进和加强告诉申诉工作作为人民法院工作改革的一个重要课题来抓，经过学习、讨论和大量告诉申诉工作的审判实践，从下到上不断地逐步地提高对告诉申诉工作的性质、地位和作用的认识，从而用正确的思想方法来抓好或从事告诉申诉审判工作。多数领导同志和告诉申诉工作干部，在实践中深深体会到：告诉申诉工作是审判工作的有机组成部分，是审判监督工作的组成部分。只要有审判工作，就有告诉申诉工作。最高人民法院于1988年决定设置告诉申诉审判庭，这本身就是一项改革，把原来行政性质的信访机构改成了审判机构，把原来行政性的工作程序改成了诉讼程序，把原来用行政方法处理信访改成了运用审判职能处理各类案件的告诉申诉工作，从而把这项工作真正纳入了审判工作运行机制之中。告诉是一项诉讼权利，申诉也是一项诉讼权利，公民或法人向法院提起告诉或提出申诉，是行使法律赋予他们的诉讼权利。人民法院首先要保护公民的诉权，才能通过审判活动来保护公民和法人的实体权利即各种合法权益，同时也要依法制止那些企望获取非法利益的当事人。人民法院对告诉申诉工作的不断改革和加强，更加有利于广大人民群众和法人及其他组织行使法定的诉讼权利，实质上保护了广大公民、法人的合法权益，保障了国家法律的正确实施。这对于调动广大人民群众大干社会主义的积极性和创造性，消除不安定因素，促进现代化强国的建设，都具有积极意义。因此，告诉申诉工作不是可有可无，而是必不可少的；不是无关紧要，而是十分重要的。

全国各级法院在不断提高认识的基础上，切实加强了对告诉申诉工作的领导。

首先，各级法院党组重视，院长或主管副院长亲自抓，把告诉申诉工作列入法院工作重要议事日程。最高人民法院任建新院长和祝铭山副院长经常部署、安排和检查告诉申诉工作，最高法院告诉申诉审判庭坚持每季度向全国各高级法院通报一次告诉申诉工作情况，并要求各高级法院每半年向最高法院报送一次工作总结，并选送一定数量的典型经验材料和案例选编。全国许多高、中级直至基层法院出现了对告诉申诉工作院长亲自抓、主管副院长经常抓、其他副院长配合抓的可喜局面。如四川省高级法院任凌云院长、刘家琛副院长、河北省高级法院李永进院长、吉林省高级法院谢安山院长、魏进发副院长、江苏省高级法院华加松、宋宝林副院长以及山西省高级法院李玉臻、王世荣副院长等领导同志都十分重视告申工作，在召开全省告申工作座谈会时，亲自总结、部署，并把对告申工作重要性、地位及作用的感性认识上升到理性认识，赢得广大告申干部的信任和支持。

其次是各级法院领导以身作则，亲自处理疑难告诉申诉案件，许多中级、基层法院包括一部分高级法院还建立并坚持了院长接待日制度。最高人民法院院长任建新在抓全国法院全面工作的同时，亲自阅批重要告诉申诉来信75件，亲自交办督促处理了不少重大疑难告申案件。如安徽省凤阳县顾台乡桃柳小学教师致信投诉，控告某学生家长蔡士林行凶打死教师，要求严惩凶手。任建新院长审查后批示要求安徽省高院过问，依法从重从快惩处并做好公开审理和宣传报导工作。经省法院二审认为，蔡士林乘人不备，持木棍猛击被害人柳之武头部致其死亡，已构成故意杀人罪，依法判决并核准蔡士林死刑，剥夺政治权利终身。收到了良好的社会效果。全国各省、市、区从基层法院直至中、高级法院，许多领导同志都能坚持亲自接待、处理群众投诉的制度，直接解决了不少疑难案件，现场指导，率先垂范，影响着周围的干警，密切了法院同人民群众之间的关系。仅据黑龙江省法院系统统计，1989年各级法院正副院长共接待群众告诉申诉26781人次，对提高审判工作质量起到了很好作用。再如，四川省简阳县杨永昌院长、山东省栖霞县牟志南院长等经常同投诉群众见面，为他们解难题，办实事，受到人民群众的好评。

二、分级负责，层层落实

最高人民法院在1979年9月下达《关于来信来访中不服人民法院判决的申诉案件应按审级处理的通知》和1987年制定下达的《关于各级人民法院处理刑事案件申诉的暂行规定》的基础上，又于1989年制定下达了《关于各级人民法院处理民事和经济纠纷案件申诉的暂行规定》，对处理各类申诉案件的管辖和审级作出了具体明确的司法解释性规定。全国各级法院认真贯彻落实上述两个暂行规定，严格执行分级负责处理申诉的原则，按照最高人民法院关于“分级负责、层层落实，上级带头、各方配合”的要求，该哪一级法院审查处理的，就由那一级法院切实认真地负起责任来，不推不拖，一办到底。四川、河南、陕西、江苏等高级法院规定，凡由哪一级哪一个法院判决（裁定或调解）发生法律效力的案件的申诉，即由那一级那个法院负责审查处理直至结案；原作出生效判决（裁定或调解）的法院审查处理后，申诉人不服再申诉的，由其上一级法院负责审查处理；上级人民法院对下级人民法院发生法律效力判决、裁定或调解的案件，必要时有权提审或指令下级人民法院审查。这样，高级法院带头贯彻执行，使分级负责处理申诉制度层层贯彻下去，申诉的重复率不断下降，越级申诉的有所减少。如四川的重复申诉率比上一年下降30.2%。

三、加强审判监督，抓好宏观指导

一年来，全国各级法院告诉申诉审判庭共审查各类申诉案件1074983件，经审查认为原判决可能有错误决定立案再审由告申庭或有关审判庭审理的案件277942件，当年审结的109498件，其中维持原判的68422件，占62.49%；改判的24670件，占22.53%；其余作其他处理。各级人民法院还受理人民检察院依照审判监督程序抗诉的刑事案件2014件，当年审结2057件（含上一年旧存数），其中维持原判的763件，占37.04%；认为原判确有错误而依法改判的809件，占39.33%。如贵州省高级法院1989年4月成立告申庭并正式开展工作，从成立起就狠抓了全省法院告申庭转变职能工作，有效地实行审判监督，仅1989年1月至10月，新收刑事申诉案件1708件，上年旧存的1207件，共计2915件，至10月底已审结2088件，结案数远远超过了新收案件数，比上一年同期结案率提高了6%。同期审结民经申诉案件590件，出现比上年同期结案数多、结案率高的可喜现象。再如，仅湖南省10个中级法院告诉申诉审判庭在一年中就直接再审或提审了各类申诉案件3427件，其中依法改判1037件(刑事申诉案件改判583件，民事、经济纠纷案再审改判或部分变更109件)，调处144件，其余的维持了原判。通过监督审，把党的实事求是、有错必纠的政策落到实处，纠正了一些错判错处的案件。同时依法维护正确裁判，制止那些滥用诉讼权利的行为，从而维护了确定判决的严肃性和法律的尊严。

从全国各高、中级法院到最高人民法院，还采取多种形式积极开展对所属下级法院尤其是对基层法院的业务指导。各地分别采取召开会议、编发告申工作简报（情况或信息等)、调查研究、解答请示、案例分析、疑难问题研讨等多种方式指导所属下级法院告申工作不断向纵深发展。最高人民法院告申庭在数次派员深入基层调查研究，随时掌握各级法院告申工作动态的基础上，坚持每季度向各高级法院通报一次告诉申诉工作情况，还于1989年3月初向各高院发出《关于对交办的告诉申诉案件应当认真查处及时回报的通知》，要求各高级法院及时组织力量认真查处交办案件，限期结案，严格按函件要求的期限上报。同时，对高级法院请示的有关告诉申诉的问题，亦及时研究给予答复。山东省高级法院告申庭一年中不断强化对全省中级、基层法院告申工作的指导，确定了7个中级法院、26个基层法院为告申工作联系点，许多中院告申庭又建立自己的联系点，上下左右互通信息，烟台、潍坊、荷泽、淄博4个中院坚持每月一次告申情况通报。省法院告申庭一年中编写告申简报、专报34期，通知、通报、电报27件，总结推广先进告申工作经验15个，发挥了业务指导的主渠道作用。河北省高级法院告诉申诉审判庭庭长、副庭长带队，先后10次分别深入到该省13个地、市中院和8个基层法院、8个法庭调查研究，督促检查贯彻落实最高法院关于告申工作部署和该省法院告申工作会议精神情况，同时推广典型经验，指导面上的工作。河南省高级法院配合上蔡县等20余个法院总结了经验，以书面材料加以推广，编发告申工作简讯19期，对于表彰先进，推动全省法院告申工作全面发展起了积极作用。四川省高级人民法院把告申工作向下延伸，狠抓基层人民法院的告诉申诉工作，尤其狠抓了人民法庭的告诉工作，在调查研究的同时，还请了9位基层法院主管告申工作的院长和庭长到省里介绍情况，又专门召开告申会议交流先进经验，在上报下发的大量告申工作简报中，有20期是专门推广基层告申工作典型经验的，促使全省法院告申工作不断深入持久地向前迈进。海南建省较晚，虽然法院工作基础薄弱，但自1988年底省高院成立告申庭到1989年底一年之间，迅速打开了局面，各级法院告申庭纷纷成立，省法院告申庭经常派人下去督促检查告申工作，5月份组织人员到告申工作成效显著的四川省高院、简阳县法院和武汉市中院观摩学习，注意树立典型，在基层法院告申庭建立联系点，年底又召开全省法院告申工作会议，丁果院长亲自主持会议并讲了话，聂志云副院长代表党组作了“提高认识，明确职责，努力开创告申工作新局面”的讲话，推动了全省法院告申工作进一步发展。江苏省高级法院告申庭一年中对该省所有11个中级法院以及近30个县、区法院多次调查研究，先后10多次召开座谈会，对告申工作进行全面指导，该省苏州、镇江、南通、常州等中级法院也做到了有计划、有组织、有目的地深入基层，帮助总结经验，解决问题，指导工作。

四、抓重点，抓催办，抓老户，抓结果

首先是抓好重点案件、重点地区的告申工作及重点地区的案件。一年中，最高人民法院告申庭共向有关高、中级法院交办查处重点申诉案件568件，收到这些查报函的法院十分重视，组织力量及时审查处理，已全部上报了处理结果，其中维持原判的464件，占交办案件数的81.7%；改判的104件，占18.3%。河南省高级法院告申庭一年内破了两项记录，一项是狠下功夫落实了重点案件

1104件，破历史处理重点案件记录；另一项是组织审判人员，深入发案地，先后会同17个中院、58个区县法院，采取多种办法，协调解决重点疑难案件100余件，破告申庭成立以来下乡办案的最高记录。河北省高级法院根据上访多、重信重访多和告申工作实际情况，确定把石家庄、邢台、保定、邯郸4个地区和石家庄市作为重点来抓，这5个地市上半年到省院上访人次占全省到该院上访总数的78%，省高院告申庭长多次带队深入到这些地、市中院和部分基层法院，帮助他们分析原因，会诊案件，研究改进措施，并与这些中院领导多次沟通情况交换意见，使这些地方很快有了明显改变。如石家庄地区两级法院告申庭及时清理出各类告诉申诉积案559件，依法加速审查处理，当年审结431件，从而使下半年越级上访人数比上半年下降28%。在河北省院告申庭不断检查督促下，在各中级、基层法院积极努力下，该省各中级、基层法院一年中共清理积案7445件(告诉3267件，申诉4178件)，审结6180件(告诉3029件，申诉3151件)，占83%。全省越级告诉申诉人数随之明显下降。内蒙古赤峰市中级法院在年初建立告申庭即狠抓办案，首先排出39件重点申诉案件，落实到各个办案组，各组分别深入到发案地或申诉人住地做艰苦细致的调查工作，半年以内即全部办结，其中申诉有理的依法改判了5件，申诉无理依法书面驳回的16件，做思想工作申诉人息诉的18件。该院告申庭成立前接待室2个人应接不暇，时常被申诉人缠住不能下班；成立后仅半年只需一个同志接待还觉得案子吃不饱，建庭前后抓重点与不抓重点形成了鲜明对比。

其次是重点抓好处理、落实上访老户的工作。各级法院认识到：上访老户是告申中的不正常现象。认真解决上访老户问题，是改变告申工作被动局面的重要环节。最高人民法院十分重视解决进京上访老户的问题，继1988年分别召开7省刑事申诉上访老户工作座谈会和8省民经申诉工作座谈会以后，于1989年在丹东召开了8省刑事申诉上访老户工作座谈会，汇报和交流处理老户案件的情况，向到会各法院交办了一批上访老户案件，并共同研究了处理办法和落实措施，不断引起各级法院对处理上访老户工作的重视。山东省高级人民法院采取了3项得力措施：一是逐月将赴省进京上访人员名单下发各地，要求一件一件地落实，其中向下级法院交办进京上访名单353人，到年底改判息诉的17人，服判息诉的49人，其它息诉的15人，正在审理之中的39件，决定再审的5件，原判正确继续做息诉工作的92人，查无下落的17人。二是召开专门会议，交办上访老户案件，先后于5月和9月两次召开专门会议，部署抓紧对上访老户案件的处理工作，交办了两批上访老户案件，落实了领导包干、专人负责的措施。三是对有违法行为、无理缠诉的老户采取坚决措施。省院告申庭为此向省委写了专门报告，省委常委会十分重视，专门研究后决定把对劳教的审批权下放给地、市，同时扩建整修济南西郊农场，根据有关法规对无理缠诉上访人收管进行劳动教育。法院系统的几个无理缠诉且有一定违法行为的上访老户李瑞英、张文书、卢荣和、杨兰青、贾印学、范健成等被分别决定予以劳动教养或首批收管劳动教育。各级法院亦多渠道、多层次全方位开展工作，集中力量解决老户问题，初步遏制了上访老户继续增多的势头，使山东到最高法院上访人数从1988年的5490人次下降为1989年的1543人次，下降28.1%，减少了社会不安定因素，减轻了对首都安全的压力，收到了较好效果。河南省高级法院告申庭在有关庭室和部分下级法院协同下，一年内解决了106个上访老户的息诉停访工作，当年赴京上访人数由上一年全国第一位降至第三位，基本扭转了告申工作的被动局面。内蒙古高级法院告申庭先后派出14人次边调研、边解决上访老户问题，共19名缠诉、上访老户经做工作，有的改判纠正，有的息诉。如巴盟乌拉特中旗海宝珍申诉案，海因流氓罪于1987年被该旗法院判处免予刑事处分，上诉后又经巴盟中院二审驳回，之后一直越级上访申诉，经内蒙高院告申庭调卷审查认为，海的流氓行为存在但情节轻微不构成犯罪，故依照审判监督程序对海宣告无罪，这不仅使海本人十分感激，而且在当地收到很好的社会效果。江苏省高院告申庭专门召开上访老户专题会，对50多个老户一一分析研究，经定人定时间定任务，当年息诉的占31%，亚运会期间该省赴京上诉人数是历年来最少的，被省政府评为先进集体。该省常州、南通、镇江中院十分注意初信初访工作，对第一次告诉申诉均做到事事有回音，案案有答复，坚持回函制度，明显减少了重访上访，常州全年无一赴京上访人员，到省上访人数也是全省最少的。贵州省高级法院对13名缠诉上访的当事人，做了大量艰苦细致的工作，争取多方协作，上下左右一齐做思想工作，问题大多解决，如钱隆兵杀人一案，其家属以定性不准、量刑过重为由，少则1人多则4人，20多次上访，上找院长，下找办案人员纠缠不休，省高院告申庭组织专人审查，认为原判正确，遂派人到其原单位、监狱及各有关部门直至他们的亲属联系统一认识，上下一起做息诉工作近半年坚持不懈，其家属终于服判息诉，未再赴省进京上访。吉林省长春市中级人民法院在1988年有上访老户224人，1989年成立告申庭后，对上访老户进行分类排队，区别不同情况，一件一件处理，经过依法做过细的工作使216人的问题得到解决。

五、重视告诉工作，提上重要日程

全国各级人民法院针对群众中反映较大的“告状难”问题，把告诉工作提上了重要日程，作为告申工作的一个十分重要的组成部分来抓。

最高人民法院告申庭根据院党组要求精神，在处理好越级告诉工作的同时，加强了对告诉工作的专题调查研究，先后派出9人分赴陕西、河南、广东、广西、四川、湖北、上海、浙江等省市，深入当地中级、基层法院，就如何解决“告状难”这一专题进行了大量调查研究，了解了“告状难”的种种表现及其形成原因，帮助下级法院总结了一些加强告诉工作、缓解“告状难”的好经验、好做法，基本上摸清了底数，为监督和指导全国地方各级法院的告诉工作提供了有价值的第一手资料，任建新院长和祝铭山副院长对此予以肯定并且在告申庭关于告诉工作的调查报告上作了重要批示，一个进一步开展调研并在适当时机召开告诉工作专题会议的设想在此时已经形成。

一年来，各级法院特别是基层法院的告诉申诉审判庭，切实加强了对民事、经济、行政和刑事自诉案件起诉的立案审查，共审查各类案件的起诉2354616件，经审查决定立案移送审判庭审理的1164428件，为了方便群众诉讼作为简易纠纷处理的184334件，经做工作撤诉或者息诉的307708件，指定或移送管辖的72178件。由于各级法院对告诉工作的重视和加强，告诉申诉庭的辛勤劳动和努力，第一次起诉即解决问题的显著增多，重复起诉下降幅度很大，1989年各类案件起诉重复率比1988年下降73.2%，从而减少了群众诉累，群众“告状难”的状况有所缓和。各地的主要经验及好的做法有：

(1) 严格依法审查，实行敞开收案。为有效保护当事人的诉讼权利和合法权益，全国绝大多数法院对人民群众和法人、其他组织的诉讼，严格依照各有关诉讼法的规定进行审查，凡是符合法定受理条件的，及时在法定期限内立案，逐步改变某些地方收案先有乡村、街道介绍或当地基层组织调解的条条框框，同时改变了为提高结案率月底、年底不愿收案的不良现象。使法律赋予公民和法人的诉权切实得到了法律保障。如山东省荷泽地区中级法院告申庭坚持严肃执法，排除地方保护观念，坚持外地人告诉与本地人告诉同等对待；排除特权思想，坚持国家机关为被告与一般单位或公民为被告同等对待；破除人情观念，坚持一般公民告诉与亲朋好友告诉同等对待，把法律作为唯一的准绳来衡量每一件案件的告诉。1989年该地区两级法院共受理各类告诉17086件，经审查依法立案的16318件，立案率为96%。再如，浙江绍兴市越城区法院告申庭对当事人向该院提起的各类起诉，统一严格依法审查，1989年立案移送各类案件521件，比1988年分散在各庭由于标准难掌握共立案434件增加了20%，彻底改变了以往部分案件该立不立、少数群众告状无门的现象，同时对依法不应立案的亦发了不予受理通知书，合法合理，避免了以往“政出多门”可能导致的人情案、关系案。

(2) 告申庭统一立案，统一标准。以往不少法院实行各庭分头立案，随意性较大，存在易案即收、难案就推、或以结代立、不结不立等不利于保护群众诉权的状况。告申庭成立后，大多数法院尤其是基层法院实行了告申庭统一审查、统一标准、统一立案、统一审批的措施，使群众“告状难”呼声明显下降。四川省简阳县法院自1987年5月下旬成立告申庭至1989年底，共审查各类案件的起诉2708件，其中符合立案条件依法立案后移送主管庭审理的871件，告申庭作为简易纠纷调解的794件，做工作撤诉或息诉的1043件。此外，解答法律咨询4429人次。该院呈现出受诉立案多，黑案隐案少，协调立案多，相互扯皮少，息诉撤诉多、无理缠诉少，基层解决多、上告上访少的可喜局面。群众到市以上部门上告的由1986年的30人(件)减少到1988年、1989年仅1人到省上访，无1人上访北京，该院告申庭先后收到当事人赠送的锦旗2面、感谢信43件，还有152人专程到庭致谢。江苏省镇江市中级人民法院党组给告申庭配备了得力审判干部，审委会专门研究了告诉工作并作出三条规定：第一条，各类告诉统一由告申庭受理，依法审查立案；第二条，有关业务庭接受告申庭立案后移送的案件，经审查认为不应立案的，不得相互推诿，提交主管院长决定；第三条，对基层法院发生争议的告诉案件，由告申庭依法指定管辖。1989年，该院告申庭共审查各类案件的告诉304件，立案后移送民庭1件，经济庭114件；移送管辖4件，说服息诉19件，指定基层法院立案（或转处）166件，经基层法院审查后驳回当事人起诉3件，立案审理163件，立案率为98.2%。从而为公民告状大开方便之门。如严红梅为追索借款一案，从基层法院到中级法院投诉近三年一直未能受理。告申庭接受后及时审查，及时指定基层法院立案，很快调解结案，当事人的合法权益得以实现。为房产纠纷在解放前和近几年打官司的严仲美深有体会地说：解放前有理无处讲，结果倾家荡产；现在法院大门敞开，合法权益有保障，赢官司受到教育，输官司也学了法律知识。

(3)大力加强人民法庭的告诉审查工作。大量民间纠纷诉至人民法庭，法庭承受着大量的告诉工作。四川、河北、湖北、山东、江苏、浙江等高级人民法院都十分重视和大力加强人民法庭的告诉工作，要求各级法院把这部分工作抓紧抓好。四川省高级法院专门召开会议，及时总结推广了几个人民法庭实行专人统一审查告诉立案的经验；河北省许多法庭不仅设专人负责立案工作，而且十分重视对民调组织的指导，从根本上解决群众告状难。如遵化县马兰峪人民法庭以往每年收案六七十件，但在他们着力抓了对民调组织的建设和业务指导以后，诉讼案件大幅度下降，1989年发生民间纠纷1908起，民调组织调处1874起，且无一件反悔，法庭收案34件，占1.8%，使法庭工作赢得了主动权。

(4) 建立和健全审查起诉工作制度。在诉讼法对立案审查规定比较笼统的情况下，许多法院为方便当事人诉讼，为立案工作走向规范化，根据法律规定结合审判实践，制定了立案规范。上海市高级人民法院、南京市玄武区人民法院、四川新都县人民法院、江苏无锡市中级人民法院、北京崇文区人民法院等许多法院分别制定了《诉讼须知》、《举证须知》、《审查告诉立案标准》等制度，将这些规定张贴于宣传窗、接待室墙上或分发给来院告诉的当事人，给当事人起了指导、帮助作用，深受当事人欢迎，也给审判人员审查立案提供了具体标准，促进了告诉立案工作。吉林省高级人民法院还在全省范围内实行一审案件立案通知书和不予受理通知书制度，对保证立案质量，保护群众诉权均有很大好处，受到人民群众的赞扬。

六、加强队伍建设，建立健全规章制度

全国越来越多的法院认识到：建立和健全告诉申诉审判庭更有利于开展告申工作，这是改变告申工作被动局面的组织保证。据不完全统计，至1989年底，全国已有24个高级法院、296个中级法院和1818个基层法院成立了告申庭，分别占同级法院总数的80％、84.3％和68.4％，比1988年分别增加20％、36％和47.1％。其中四川、山东等14个省、区、直辖市的所有中级法院均已成立告申庭。山东、江苏、河南、内蒙、吉林等高级人民法院，从本省实际情况出发，把成立告申庭作为各级法院的一项重要任务，全省（区）三级法院中90％以上成立了告申庭。在抓好机构建设的同时，狠抓了告申干部的配备和选调工作。据四川、河南、山东、内蒙、辽宁等24个省（区、市）统计，至1989年底已配备告申干部9071名（不含信访干部），其中审判员和助审员有6837名，占告申干部数的75.4％。

鉴于告申工作机构新、人员新、任务重、涉及业务范围广的实际情况，全国各级法院边开展告申工作，边抓紧进行业务建设和思想建设。为尽快步入正轨，首先建立和健全各项规章制度，较普遍制定了告诉申诉机构职责范围，明确与各有关审判庭的业务分工关系，河南、贵州、四川、内蒙、吉林等省、区高级法院在总结近两年告申工作实践经验的基础上，制定了全省、全区各级法院告诉申诉工作暂行规定，统一本地告申工作的职责范围、规章制度、审查程序等制度，进一步理顺告申工作的纵横关系，对告申工作不断进展起到了积极作用。武汉市中级法院分别制定了办理刑事、民事和经济纠纷等各类申诉案件的规定，并向当事人公开接待办法、举证责任、立案条件、管辖范围、审查程序、收费标准等，还制定了全市两级法院告申工作职责范围，使两级法院告申工作逐步走向规范化。江苏高邮、沛县、海门、苏州沧浪区、南京栖霞区等大多数基层法院以及多数中级法院告申庭从案件诉讼、举证、登记、回函、审查、审理直到结案以及两级法院的职责范围及审查、审理的具体程序等都建立了全套规章制度，使告申工作制度日臻完善。山东、黑龙江等地许多法院还实行告申工作岗位责任制和目标管理制，规定了工作目标和考核奖惩办法，对激发告申干部的工作热情和提高告申工作效率和质量均产生积极的作用。

其次，各级法院初步开展了对告申干部的业务培训。四川、河南、内蒙、江苏等高级法院专门举办了告申干部业务培训班，帮助中级、基层法院告申干部进一步提高了业务素质；为便于地方各级法院的培训工作和告申工作的开展，最高人民法院告申庭组织几个高、中级法院的5位同志一起着手编写告申干部培训教材，并会同武汉市中级法院编辑了《告诉工作手册》；同时还汇编了最高人民法院领导关于告申工作的讲话及有关文件以及告申工作经验选编两本小册子等业务学习材料；大多数法院还注重在举办各种审判专业培训时给予告申干部一定的名额，增加他们学习、提高的机会，平时注意关心他们的业务学习，配发必要的学习文件和学习资料，对于广大告申干部尽快熟悉和掌握告诉申诉工作业务知识，增长才干起到了很好作用。

第三，各级法院还重视并加强了告申干部队伍的思想建设工作。平时经常开展严肃执法和清正廉洁教育，全国法院告申干部在1989年春夏之交发生的政治风波中，立场坚定，旗帜鲜明，坚守岗位，搞好本职工作，维持良好的工作秩序，同时坚持廉洁奉公，严肃执法，树立和维护了人民法官的崇高形象。仅据上海、辽宁、河南、内蒙4省、区、市法院告申部门和最高法院告申庭的不完全统计，这部分告申干部拒礼拒贿244人次，折合人民币37300多元，河南、辽宁等高级法院和各省部分中级、基层法院的告诉申诉庭被评为先进单位（集体），分别受到上级法院或当地党政部门的表扬和嘉奖。

综上所述，1989年告诉申诉工作成绩很大，比以往有了很大进展。但是，告申工作还存在一些问题和困难。主要是：有的法院对告申工作认识不足，尚未列入重要日程；部分法院对告申工作抓得不紧，那里的群众告状难、申诉难的状况改变不大；少数法院告申庭职能尚未转变，仍停留在“谈谈转转”的信访职能上；一些法院告诉申诉庭与其他审判庭的业务分工尚需进一步理顺，以不断减少重复劳动提高工作效率；部分告申工作干部的政治、业务素质尚待进一步提高；上访老户仍然不少，解决了部分老户又产生了少数新的老户，还作为一个难题在困扰着我们的工作，需要各级法院坚持不懈地抓下去。所有这些，都需要在新的一年中作出新的努力，取得新的突破。

第三部分　法律和司法解释

法　　律

中华人民共和国进出口商品检验法

（1989年2月21日第七届全国人民代表大会常务委员会第六次会议通过
1989年2月21日中华人民共和国主席令第十四号公布
自1989年8月1日起施行）

第一章　总　　则

第一条　为了加强进出口商品检验工作，保证进出口商品的质量，维护对外贸易有关各方的合法权益，促进对外经济贸易关系的顺利发展，制定本法。

第二条　国务院设立进出口商品检验部门（以下简称国家商检部门），主管全国进出口商品检验工作。国家商检部门设在各地的进出口商品检验机构（以下简称商检机构）管理所辖地区的进出口商品检验工作。

第三条　商检机构和国家商检部门、商检机构指定的检验机构，依法对进出口商品实施检验。

第四条　国家商检部门根据对外贸易发展的需要，制定、调整并公布《商检机构实施检验的进出口商品种类表》（以下简称《种类表》）。

第五条　列入《种类表》的进出口商品和其他法律、行政法规规定须经商检机构检验的进出口商品，必须经过商检机构或者国家商检部门、商检机构指定的检验机构检验。

前款规定的进口商品未经检验的，不准销售、使用；前款规定的出口商品未经检验合格的，不准出口。

本条第一款规定的进出口商品，经收货人、发货人申请，国家商检部门审查批准，可以免予检验。

第六条　商检机构实施进出口商品检验的内容，包括商品的质量、规格、数量、重量、包装以及是否符合安全、卫生要求。

法律、行政法规规定有强制性标准或者其他必须执行的检验标准的进出口商品，依照法律、行政法规规定的检验标准检验；法律、行政法规未规定有强制性标准或者其他必须执行的检验标准的，依照对外贸易合同约定的检验标准检验。

第七条　法律、行政法规规定由其他检验机构实施检验的进出口商品或者检验项目，依照有关法律、行政法规的规定办理。

第八条　国家商检部门和商检机构应当收集和向有关方面提供进出口商品检验方面的信息。

第二章　进口商品的检验

第九条　本法规定必须经商检机构检验的进口商品的收货人，必须向卸货口岸或者到达站的商检机构办理进口商品登记。对列入《种类表》的进口商品，海关凭商检机构在报关单上加盖的印章验放。

第十条　本法规定必须经商检机构检验的进口商品的收货人，应当在商检机构规定的地点和期限内，向商检机构报验。商检机构应当在对外贸易合同约定的索赔期限内检验完毕，并出具证明。

第十一条　本法规定必须经商检机构检验的进口商品以外的进口商品的收货人，发现进口商品质量不合格或者残损短缺，需要由商检机构出证索赔的，应当向商检机构申请检验出证。

第十二条　对重要的进口商品和大型的成套设备，收货人应当依据对外贸易合同约定在出口国装运前进行预检验、监造或者监装，主管部门应当加强监督；商检机构根据需要可以派出检验人员参加。

第三章　出口商品的检验

第十三条　本法规定必须经商检机构检验的出口商品的发货人，应当在商检机构规定的地点和期限内，向商检机构报验。商检机构应当在不延误装运的期限内检验完毕，并出具证明。

对列入《种类表》的出口商品，海关凭商检机构签发的检验证书、放行单或者在报关单上加盖的印章验放。

第十四条　经商检机构检验合格发给检验证书或者放行单的出口商品，应当在商检机构规定的期限内报运出口；超过期限的，应当重新报验。

第十五条　为出口危险货物生产包装容器的企业，必须申请商检机构进行包装容器的性能鉴定。生产出口危险货物的企业，必须申请商检机构进行包装容器的使用鉴定。使用未经鉴定合格的包装容器的危险货物，不准出口。

第十六条　对装运出口易腐烂变质食品的船舱和集装箱，承运人或者装箱单位必须在装货前申请检验。未经检验合格的，不准装运。

第四章　监督管理

第十七条　商检机构对本法规定必须经商检机构检验的进出口商品以外的进出口商品，可以抽查检验。出口商品经抽查检验不合格的，不准出口。

第十八条　商检机构根据检验工作的需要，可以向列入《种类表》的出口商品的生产企业派出检验人员，参与监督出口商品出厂前的质量检验工作。

第十九条　商检机构可以根据国家商检部门同外国有关机构签订的协议或者接受外国有关机构的委托进行进出口商品质量认证工作，准许在认证合格的进出口商品上使用质量认证标志。

第二十条　国家商检部门和商检机构根据检验工作的需要，通过考核，认可符合条件的国内外检验机构承担委托的进出口商品检验工作。

第二十一条　国家商检部门和商检机构对其指定或者认可的检验机构的进出口商品检验工作进行监督，可以对其检验的商品抽查检验。

第二十二条　国家根据需要，对重要的进出口商品及其生产企业实行质量许可制度，具体办法由国家商检部门会同国务院有关主管部门制定。

第二十三条　商检机构根据需要，对检验合格的进出口商品，可以加施商检标志或者封识。

第二十四条　进出口商品的报验人对商检机构作出的检验结果有异议的，可以向原商检机构或者其上级商检机构以至国家商检部门申请复验，由受理复验的商检机构或者国家商检部门作出复验结论。

第二十五条　商检机构和其指定的检验机构以及经国家商检部门批准的其他检验机构，可以接受对外贸易关系人或者外国检验机构的委托，办理进出口商品鉴定业务。

进出口商品鉴定业务的范围包括：进出口商品的质量、数量、重量、包装鉴定，海损鉴定，集装箱检验，进口商品的残损鉴定，出口商品的装运技术条件鉴定、货载衡量、产地证明、价值证明以及其他业务。

第五章　法律责任

第二十六条　违反本法规定，对列入《种类表》的和其他法律、行政法规规定必须经商检机构检验的进口商品未报经检验而擅自销售或者使用的，对列入《种类表》的和其他法律、行政法规规定必须经商检机构检验的出口商品未报经检验合格而擅自出口的，由商检机构处以罚款；情节严重，造成重大经济损失的，对直接责任人员比照刑法第一百八十七条的规定追究刑事责任。

违反本法第十七条的规定，对经商检机构抽查检验不合格的出口商品擅自出口的，依照前款的规定处罚。

第二十七条　伪造、变造商检单证、印章、标志、封识、质量认证标志，构成犯罪的，对直接责任人员比照刑法第一百六十七条的规定追究刑事责任；情节轻微的，由商检机构处以罚款。

第二十八条　当事人对商检机构的处罚决定不服的，可以自收到处罚通知之日起三十天内，向作出处罚决定的商检机构或者其上级商检机构或者国家商检部门申请复议；对复议决定不服的，可以自收到复议决定书之日起三十天内，向法院起诉。当事人逾期不申请复议或者不起诉又拒不履行的，由作出处罚决定的商检机构申请法院强制执行。

第二十九条　国家商检部门、商检机构的工作人员和国家商检部门、商检机构指定的检验机构的检验人员，滥用职权，徇私舞弊，伪造检验结果的，或者玩忽职守，延误检验出证的，根据情节轻重，给予行政处分或者依法追究刑事责任。

第六章　附　　则

第三十条　商检机构和其他检验机构依照本法的规定实施检验和办理鉴定业务，依照规定收费。收费办法由国家商检部门会同国务院有关主管部门制定。

第三十一条　国家商检部门根据本法制定实施办法，报国务院批准后施行。

第三十二条　本法自1989年8月1日起施行。1984年1月28日国务院发布的《中华人民共和国进出口商品检验条例》同时废止。

附：刑法有关条文

第一百八十七条　国家工作人员由于玩忽职守，致使公共财产、国家和人民利益遭受重大损失的，处五年以下有期徒刑或者拘役。

第一百六十七条　伪造、变造或者盗窃、抢夺、毁灭国家机关、企业、事业单位、人民团体的公文、证件、印章的，处三年以下有期徒刑、拘役、管制或者剥夺政治权利；情节严重的，处三年以上十年以下有期徒刑。

中华人民共和国传染病防治法

（1989年2月21日第七届全国人民代表大会常务委员会第六次会议通过
1989年2月21日中华人民共和国主席令第十五号公布
自1989年9月1日起施行）

第一章　总　　则

第一条　为了预防、控制和消除传染病的发生与流行，保障人体健康，制定本法。

第二条　国家对传染病实行预防为主的方针，防治结合，分类管理。

第三条　本法规定管理的传染病分为甲类、乙类和丙类。

甲类传染病是指：鼠疫、霍乱。

乙类传染病是指：病毒性肝炎、细菌性和阿米巴性痢疾、伤寒和副伤寒、艾滋病、淋病、梅毒、脊髓灰质炎、麻疹、百日咳、白喉、流行性脑脊髓膜炎、猩红热、流行性出血热、狂犬病、钩端螺旋体病、布鲁氏菌病、炭疽、流行性和地方性斑疹伤寒、流行性乙型脑炎、黑热病、疟疾、登革热。

丙类传染病是指：肺结核、血吸虫病、丝虫病、包虫病、麻风病、流行性感冒、流行性腮腺炎、风疹、新生儿破伤风、急性出血性结膜炎、除霍乱、痢疾、伤寒和副伤寒以外的感染性腹泻病。

国务院可以根据情况，增加或者减少甲类传染病病种，并予公布；国务院卫生行政部门可以根据情况，增加或者减少乙类、丙类传染病病种，并予公布。

第四条　各级政府领导传染病防治工作，制定传染病防治规划，并组织实施。

第五条　各级政府卫生行政部门对传染病防治工作实施统一监督管理。

各级各类卫生防疫机构按照专业分工承担责任范围内的传染病监测管理工作。

各级各类医疗保健机构承担责任范围内的传染病防治管理任务，并接受有关卫生防疫机构的业务指导。

军队的传染病防治工作，依照本法和国家有关规定办理，由中国人民解放军卫生主管部门实施监督管理。

第六条　同防治传染病有关的食品、药品和水的管理以及国境卫生检疫，分别依照有关法律规定办理。

第七条　在中华人民共和国领域内的一切单位和个人，必须接受医疗保健机构、卫生防疫机构有关传染病的查询、检验、调查取证以及预防、控制措施，并有权检举、控告违反本法的行为。

第八条　对预防、控制传染病做出显著成绩和贡献的单位和个人，给予奖励。

第二章　预　　防

第九条　各级政府应当开展预防传染病的卫生健康教育，组织力量消除鼠害和蚊、蝇等病媒昆虫以及其他传播传染病的或者患有人畜共患传染病的动物的危害。

第十条　地方各级政府应当有计划地建设和改造公共卫生设施，对污水、污物、粪便进行无害化处理，改善饮用水卫生条件。

第十一条　各级各类医疗保健机构应当设立预防保健组织或者人员，承担本单位和责任地段的传染病预防、控制和疫情管理工作。

市、市辖区、县设立传染病医院或者指

定医院设立传染病门诊和传染病病房。

第十二条　国家实行有计划的预防接种制度。

国家对儿童实行预防接种证制度。

第十三条　供水单位供应的饮用水必须符合国家规定的卫生标准。

第十四条　传染病病人，病原携带者和疑似传染病病人，在治愈或者排除传染病嫌疑前，不得从事国务院卫生行政部门规定禁止从事的易使该传染病扩散的工作。

第十五条　医疗保健机构、卫生防疫机构和从事致病性微生物实验的单位，必须严格执行国务院卫生行政部门规定的管理制度、操作规程，防止传染病的医源性感染、医院内感染、实验室感染和致病性微生物的扩散。

第十六条　传染病菌种、毒种的保藏、携带、运输，必须按照国务院卫生行政部门的规定严格管理。

第十七条　被甲类传染病病原体污染的污水、污物、粪便，有关单位和个人必须在卫生防疫机构的指导监督下进行严密消毒后处理；拒绝消毒处理的，当地政府可以采取强制措施。

被乙类、丙类传染病病原体污染的污水、污物、粪便，有关单位和个人必须按照卫生防疫机构提出的卫生要求进行处理。

第十八条　同人畜共患传染病有关的家畜家禽的传染病防治管理工作，由各级政府畜牧兽医部门负责。

同人畜共患传染病有关的野生动物，未经当地或者接收地的政府畜牧兽医部门检疫，禁止出售或者运输。

狂犬病防治管理工作，由各级政府畜牧兽医、卫生、公安部门按照国务院的规定分工负责。

第十九条　在自然疫源地和可能是自然疫源地的地区兴办的大型建设项目开工前，建设单位应当申请当地卫生防疫机构对施工环境进行卫生调查，并根据卫生防疫机构的意见，采取必要的卫生防疫措施。施工期间，建设单位应当设立专人负责工地上的卫生防疫工作。

第二十条　对从事传染病预防、医疗、科研、教学的人员，现场处理疫情的人员，以及在生产、工作中接触传染病病原体的其他人员，有关单位应当根据国家规定，采取有效的防护措施和医疗保健措施。

第三章　疫情的报告和公布

第二十一条　任何人发现传染病病人或者疑似传染病病人时，都应当及时向附近的医疗保健机构或者卫生防疫机构报告。

执行职务的医疗保健人员、卫生防疫人员发现甲类、乙类和监测区域内的丙类传染病病人、病原携带者或者疑似传染病病人，必须按照国务院卫生行政部门规定的时限向当地卫生防疫机构报告疫情。卫生防疫机构发现传染病流行或者接到甲类传染病和乙类传染病中的艾滋病、炭疽中的肺炭疽的疫情报告，应当立即报告当地卫生行政部门，由当地卫生行政部门立即报告当地政府，同时报告上级卫生行政部门和国务院卫生行政部门。

第二十二条　各级政府有关主管人员和从事传染病的医疗保健、卫生防疫、监督管理的人员，不得隐瞒、谎报或者授意他人隐瞒、谎报疫情。

第二十三条　国务院卫生行政部门应当及时地如实通报和公布疫情，并可以授权省、自治区、直辖市政府卫生行政部门及时地如实通报和公布本行政区域的疫情。

第四章　控　　制

第二十四条　医疗保健机构、卫生防疫机构发现传染病时，应当及时采取下列控制措施：

（一）对甲类传染病病人和病原携带者，

乙类传染病中的艾滋病病人，炭疽中的肺炭疽病人，予以隔离治疗。隔离期限根据医学检查结果确定。拒绝隔离治疗或者隔离期未满擅自脱离隔离治疗的，可以由公安部门协助治疗单位采取强制隔离治疗措施；

（二）对除艾滋病病人、炭疽中的肺炭疽病人以外的乙类、丙类传染病病人，根据病情，采取必要的治疗和控制传播措施；

（三）对疑似甲类传染病病人，在明确诊断前，在指定场所进行医学观察；

（四）对传染病病人、病原携带者、疑似传染病病人污染的场所、物品和密切接触的人员，实施必要的卫生处理和预防措施。

传染病病人及其亲属和有关单位以及居民或者村民组织应当配合实施前款所列措施。

第二十五条 传染病暴发、流行时，当地政府应当立即组织力量进行防治，切断传染病的传播途径；必要时，报经上一级地方政府决定，可以采取下列紧急措施：

（一）限制或者停止集市、集会、影剧院演出或者其他人群聚集的活动；

（二）停工、停业、停课；

（三）临时征用房屋、交通工具；

（四）封闭被传染病病原体污染的公共饮用水源。

县级以上地方政府接到下一级政府关于采取前款所列紧急措施的报告时，应当在规定的时限内作出决定。

紧急措施的解除，由原决定机关宣布。

第二十六条 甲类、乙类传染病暴发、流行时，县级以上地方政府报经上一级地方政府决定，可以宣布疫区，在疫区内采取本法第二十五条规定的紧急措施，并可以对出入疫区的人员、物资和交通工具实施卫生检疫。经省、自治区、直辖市政府决定，可以对甲类传染病疫区实施封锁；封锁大、中城市的疫区或者跨省、自治区、直辖市的疫区，以及封锁疫区导致中断干线交通或者封锁国境的，由国务院决定。

疫区封锁的解除，由原决定机关宣布。

第二十七条 发生重大传染病疫情时，国务院卫生行政部门有权在全国范围或者跨省、自治区、直辖市范围内，地方各级政府卫生行政部门有权在本行政区域内，调集各级各类医疗保健人员、卫生防疫人员参加疫情控制工作。

第二十八条 患鼠疫、霍乱和炭疽死亡的，必须将尸体立即消毒，就近火化。患其他传染病死亡的，必要时，应当将尸体消毒后火化或者按照规定深埋。

医疗保健机构、卫生防疫机构必要时可以对传染病病人尸体或者疑似传染病病人尸体进行解剖查验。

省、自治区人民代表大会常务委员会对民族自治地方执行前两款的规定，必要时可以作出变通的规定。

第二十九条 医药部门和其他有关部门应当及时供应预防和治疗传染病的药品和器械。生物制品生产单位应当及时供应预防和治疗传染病的生物制品。预防和治疗传染病的药品、生物制品和器械应当有适量的储备。

第三十条 铁路、交通、民航部门必须优先运送卫生行政部门批准的处理疫情的人员、防治药品、生物制品和器械。

第三十一条 以控制传染病传播为目的的交通卫生检疫的具体办法，由国务院卫生行政部门会同有关部门制定，报国务院批准后施行。

第五章 监 督

第三十二条 各级政府卫生行政部门对传染病防治工作行使下列监督管理职权：

（一）对传染病的预防、治疗、监测、控制和疫情管理措施进行监督、检查；

（二）责令被检查单位或者个人限期改进传染病防治管理工作；

（三）依照本法规定，对违反本法的行为给予行政处罚。

国务院卫生行政部门可以委托其他有关部门卫生主管机构，在本系统内行使前款所列职权。

第三十三条　各级政府卫生行政部门和受国务院卫生行政部门委托的其他有关部门卫生主管机构以及各级各类卫生防疫机构内设立传染病管理监督员，执行卫生行政部门或者其他有关部门卫生主管机构交付的传染病监督管理任务。

传染病管理监督员由合格的卫生专业人员担任，由省级以上政府卫生行政部门聘任并发给证件。

第三十四条　各级各类医疗保健机构设立传染病管理检查员，负责检查本单位及责任地段的传染病防治管理工作，并向有关卫生防疫机构报告检查结果。

传染病管理检查员由县级以上地方政府卫生行政部门批准并发给证件。

第六章　法律责任

第三十五条　违反本法规定，有下列行为之一的，由县级以上政府卫生行政部门责令限期改正，可以处以罚款；有造成传染病流行危险的，由卫生行政部门报请同级政府采取强制措施：

(一)供水单位供应的饮用水不符合国家规定的卫生标准的；

(二)拒绝按照卫生防疫机构提出的卫生要求，对传染病病原体污染的污水、污物、粪便进行消毒处理的；

(三)准许或者纵容传染病病人、病原携带者和疑似传染病病人从事国务院卫生行政部门规定禁止从事的易使该传染病扩散的工作的；

(四)拒绝执行卫生防疫机构依照本法提出的其他预防、控制措施的。

第三十六条　当事人对罚款决定不服的，可以自收到处罚决定通知书之日起十五日内向上一级卫生行政部门申请复议；对复议决定仍然不服的，可以自收到复议决定通知书之日起十五日内向法院提起诉讼。当事人也可以自收到处罚决定通知书之日起十五日内，直接向法院提起诉讼。逾期不申请复议或者不提起诉讼又不履行的，做出处罚决定的卫生行政部门可以申请法院强制执行。

第三十七条　有本法第三十五条所列行为之一，引起甲类传染病传播或者有传播严重危险的，比照刑法第一百七十八条的规定追究刑事责任。

第三十八条　从事实验、保藏、携带、运输传染病菌种、毒种的人员，违反国务院卫生行政部门的有关规定，造成传染病菌种、毒种扩散，后果严重的，依照刑法第一百一十五条的规定追究刑事责任；情节轻微的，给予行政处分。

第三十九条　从事传染病的医疗保健、卫生防疫、监督管理的人员和政府有关主管人员玩忽职守，造成传染病传播或者流行的，给予行政处分；情节严重、构成犯罪的，依照刑法第一百八十七条的规定追究刑事责任。

第七章　附　　则

第四十条　国务院卫生行政部门根据本法制定实施办法，报国务院批准后施行。

第四十一条　本法自1989年9月1日起施行。

附：刑法有关条文

第一百七十八条　违反国境卫生检疫规定，引起检疫传染病的传播，或者有引起检疫传染病传播严重危险的，处三年以下有期徒刑或者拘役，可以并处或者单处罚金。

第一百一十五条　违反爆炸性、易燃性、放射性、毒害性、腐蚀性物品的管理规定，在生产、储存、运输、使用中发生重大事故，造成严重后果的，处三年以下有期徒刑或者拘役；后果特别严重的，处三年以上七年以下有期徒刑。

第一百八十七条　国家工作人员由于玩忽职守，致使公共财产、国家和人民利益遭受重大损失的，处五年以下有期徒刑或者拘役。

中华人民共和国行政诉讼法

（1989年4月4日第七届全国人民代表大会第二次会议通过
1989年4月4日中华人民共和国主席令第十六号公布
自1990年10月1日起施行）

第一章　总　　则

第一条　为保证人民法院正确、及时审理行政案件，保护公民、法人和其他组织的合法权益，维护和监督行政机关依法行使行政职权，根据宪法制定本法。

第二条　公民、法人或者其他组织认为行政机关和行政机关工作人员的具体行政行为侵犯其合法权益，有权依照本法向人民法院提起诉讼。

第三条　人民法院依法对行政案件独立行使审判权，不受行政机关、社会团体和个人的干涉。

人民法院设行政审判庭，审理行政案件。

第四条　人民法院审理行政案件，以事实为根据，以法律为准绳。

第五条　人民法院审理行政案件，对具体行政行为是否合法进行审查。

第六条　人民法院审理行政案件，依法实行合议、回避、公开审判和两审终审制度。

第七条　当事人在行政诉讼中的法律地位平等。

第八条　各民族公民都有用本民族语言、文字进行行政诉讼的权利。

在少数民族聚居或者多民族共同居住的地区，人民法院应当用当地民族通用的语言、文字进行审理和发布法律文书。

人民法院应当对不通晓当地民族通用的语言、文字的诉讼参与人提供翻译。

第九条　当事人在行政诉讼中有权进行辩论。

第十条　人民检察院有权对行政诉讼实行法律监督。

第二章　受案范围

第十一条　人民法院受理公民、法人和其他组织对下列具体行政行为不服提起的诉讼：

（一）对拘留、罚款、吊销许可证和执照、责令停产停业、没收财物等行政处罚不服的；

（二）对限制人身自由或者对财产的查封、扣押、冻结等行政强制措施不服的；

（三）认为行政机关侵犯法律规定的经营自主权的；

（四）认为符合法定条件申请行政机关颁发许可证和执照，行政机关拒绝颁发或者不予答复的；

（五）申请行政机关履行保护人身权、财产权的法定职责，行政机关拒绝履行或者不予答复的；

（六）认为行政机关没有依法发给抚恤金的；

（七）认为行政机关违法要求履行义务

的；

（八）认为行政机关侵犯其他人身权、财产权的。

除前款规定外，人民法院受理法律、法规规定可以提起诉讼的其他行政案件。

第十二条　人民法院不受理公民、法人或者其他组织对下列事项提起的诉讼：

（一）国防、外交等国家行为；

（二）行政法规、规章或者行政机关制定、发布的具有普遍约束力的决定、命令；

（三）行政机关对行政机关工作人员的奖惩、任免等决定；

（四）法律规定由行政机关最终裁决的具体行政行为。

第三章　管　　辖

第十三条　基层人民法院管辖第一审行政案件。

第十四条　中级人民法院管辖下列第一审行政案件：

（一）确认发明专利权的案件、海关处理的案件；

（二）对国务院各部门或者省、自治区、直辖市人民政府所作的具体行政行为提起诉讼的案件；

（三）本辖区内重大、复杂的案件。

第十五条　高级人民法院管辖本辖区内重大、复杂的第一审行政案件。

第十六条　最高人民法院管辖全国范围内重大、复杂的第一审行政案件。

第十七条　行政案件由最初作出具体行政行为的行政机关所在地人民法院管辖。经复议的案件，复议机关改变原具体行政行为的，也可以由复议机关所在地人民法院管辖。

第十八条　对限制人身自由的行政强制措施不服提起的诉讼，由被告所在地或者原告所在地人民法院管辖。

第十九条　因不动产提起的行政诉讼，由不动产所在地人民法院管辖。

第二十条　两个以上人民法院都有管辖权的案件，原告可以选择其中一个人民法院提起诉讼。原告向两个以上有管辖权的人民法院提起诉讼的，由最先收到起诉状的人民法院管辖。

第二十一条　人民法院发现受理的案件不属于自己管辖时，应当移送有管辖权的人民法院。受移送的人民法院不得自行移送。

第二十二条　有管辖权的人民法院由于特殊原因不能行使管辖权的，由上级人民法院指定管辖。

人民法院对管辖权发生争议，由争议双方协商解决。协商不成的，报它们的共同上级人民法院指定管辖。

第二十三条　上级人民法院有权审判下级人民法院管辖的第一审行政案件，也可以把自己管辖的第一审行政案件移交下级人民法院审判。

下级人民法院对其管辖的第一审行政案件，认为需要由上级人民法院审判的，可以报请上级人民法院决定。

第四章　诉讼参加人

第二十四条　依照本法提起诉讼的公民、法人或者其他组织是原告。

有权提起诉讼的公民死亡，其近亲属可以提起诉讼。

有权提起诉讼的法人或者其他组织终止，承受其权利的法人或者其他组织可以提起诉讼。

第二十五条　公民、法人或者其他组织直接向人民法院提起诉讼的，作出具体行政行为的行政机关是被告。

经复议的案件，复议机关决定维持原具体行政行为的，作出原具体行政行为的行政机关是被告；复议机关改变原具体行政行为的，复议机关是被告。

两个以上行政机关作出同一具体行政行为的，共同作出具体行政行为的行政机关是共同被告。

由法律、法规授权的组织所作的具体行政行为，该组织是被告。由行政机关委托的组织所作的具体行政行为，委托的行政机关是被告。

行政机关被撤销的，继续行使其职权的行政机关是被告。

第二十六条　当事人一方或者双方为二人以上，因同一具体行政行为发生的行政案件，或者因同样的具体行政行为发生的行政案件、人民法院认为可以合并审理的，为共同诉讼。

第二十七条　同提起诉讼的具体行政行为有利害关系的其他公民、法人或者其他组织，可以作为第三人申请参加诉讼，或者由人民法院通知参加诉讼。

第二十八条　没有诉讼行为能力的公民，由其法定代理人代为诉讼，法定代理人互相推诿代理责任的，由人民法院指定其中一人代为诉讼。

第二十九条　当事人、法定代理人，可以委托一至二人代为诉讼。

律师、社会团体、提起诉讼的公民的近亲属或者所在单位推荐的人，以及经人民法院许可的其他公民，可以受委托为诉讼代理人。

第三十条　代理诉讼的律师，可以依照规定查阅本案有关材料，可以向有关组织和公民调查，收集证据。对涉及国家秘密和个人隐私的材料，应当依照法律规定保密。

经人民法院许可，当事人和其他诉讼代理人可以查阅本案庭审材料，但涉及国家秘密和个人稳私的除外。

第五章　证　　据

第三十一条　证据有以下几种：

（一）书证；

（二）物证；

（三）视听资料；

（四）证人证言；

（五）当事人的陈述；

（六）鉴定结论；

（七）勘验笔录、现场笔录。

以上证据经法庭审查属实，才能作为定案的根据。

第三十二条　被告对作出的具体行政行为负有举证责任，应当提供作出该具体行政行为的证据和所依据的规范性文件。

第三十三条　在诉讼过程中，被告不得自行向原告和证人收集证据。

第三十四条　人民法院有权要求当事人提供或者补充证据。

人民法院有权向有关行政机关以及其他组织、公民调取证据。

第三十五条　在诉讼过程中，人民法院认为对专门性问题需要鉴定的，应当交由法定鉴定部门鉴定；没有法定鉴定部门的，由人民法院指定的鉴定部门鉴定。

第三十六条　在证据可能灭失或者以后难以取得的情况下，诉讼参加人可以向人民法院申请保全证据，人民法院也可以主动采取保全措施。

第六章　起诉和受理

第三十七条　对属于人民法院受案范围的行政案件，公民、法人或者其他组织可以先向上一级行政机关或者法律、法规规定的行政机关申请复议，对复议不服的，再向人民法院提起诉讼；也可以直接向人民法院提起诉讼。

法律、法规规定应当先向行政机关申请复议，对复议不服再向人民法院提起诉讼的，依照法律、法规的规定。

第三十八条　公民、法人或者其他组织向行政机关申请复议的，复议机关应当在收到申请书之日起两个月内作出决定。法律、法规另有规定的除外。

申请人不服复议决定的，可以在收到复

议决定书之日起十五日内向人民法院提起诉讼。复议机关逾期不作决定的，申请人可以在复议期满之日起十五日内向人民法院提起诉讼。法律另有规定的除外。

第三十九条　公民、法人或者其他组织直接向人民法院提起诉讼的，应当在知道作出具体行政行为之日起三个月内提出。法律另有规定的除外。

第四十条　公民、法人或者其他组织因不可抗力或者其他特殊情况耽误法定期限的，在障碍消除后的十日内，可以申请延长期限，由人民法院决定。

第四十一条　提起诉讼应当符合下列条件：

(一)原告是认为具体行政行为侵犯其合法权益的公民、法人或者其他组织；

(二) 有明确的被告；

(三) 有具体的诉讼请求和事实根据；

(四)属于人民法院受案范围和受诉人民法院管辖。

第四十二条　人民法院接到起诉状，经审查，应当在7日内立案或者作出裁定不予受理。原告对裁定不服的，可以提起上诉。

第七章　审理和判决

第四十三条　人民法院应当在立案之日起5日内，将起诉状副本发送被告。被告应当在收到起诉状副本之日起10日内向人民法院提交作出具体行政行为的有关材料，并提出答辩状。人民法院应当在收到答辩状之日起5日内，将答辩状副本发送原告。

被告不提出答辩状的，不影响人民法院审理。

第四十四条　诉讼期间，不停止具体行政行为的执行。但有下列情形之一的，停止具体行政行为的执行：

(一) 被告认为需要停止执行的；

(二)原告申请停止执行，人民法院认为该具体行政行为的执行会造成难以弥补的损失，并且停止执行不损害社会公共利益，裁定停止执行的；

(三) 法律、法规规定停止执行的。

第四十五条　人民法院公开审理行政案件，但涉及国家秘密、个人隐私和法律另有规定的除外。

第四十六条　人民法院审理行政案件，由审判员组成合议庭，或者由审判员、陪审员组成合议庭。合议庭的成员，应当是三人以上的单数。

第四十七条　当事人认为审判人员与本案有利害关系或者有其他关系可能影响公正审判，有权申请审判人员回避。

审判人员认为自己与本案有利害关系或者有其他关系，应当申请回避。

前两款规定，适用于书记员、翻译人员、鉴定人、勘验人。

院长担任审判长时的回避，由审判委员会决定；审判人员的回避，由院长决定；其他人员的回避，由审判长决定。当事人对决定不服的，可以申请复议。

第四十八条　经人民法院两次合法传唤，原告无正当理由拒不到庭的，视为申请撤诉；被告无正当理由拒不到庭的，可以缺席判决。

第四十九条　诉讼参与人或者其他人有下列行为之一的，人民法院可以根据情节轻重，予以训诫、责令具结悔过或者处1000元以下的罚款、十五日以下的拘留；构成犯罪的，依法追究刑事责任：

(一) 有义务协助执行的人，对人民法院的协助执行通知书，无故推拖、拒绝或者妨碍执行的；

(二) 伪造、隐藏、毁灭证据的；

(三) 指使、贿买、胁迫他人作伪证或者威胁、阻止证人作证的；

(四) 隐藏、转移、变卖、毁损已被查封、扣押、冻结的财产的；

(五) 以暴力、威胁或者其他方法阻碍人民法院工作人员执行职务或者扰乱人民法院工作秩序的；

（六）对人民法院工作人员、诉讼参与人、协助执行人侮辱、诽谤、诬陷、殴打或者打击报复的。

罚款、拘留须经人民法院院长批准。当事人不服的，可以申请复议。

第五十条　人民法院审理行政案件，不适用调解。

第五十一条　人民法院对行政案件宣告判决或者裁定前，原告申请撤诉的，或者被告改变其所作的具体行政行为，原告同意并申请撤诉的，是否准许，由人民法院裁定。

第五十二条　人民法院审理行政案件，以法律和行政法规、地方性法规为依据。地方性法规适用于本行政区域内发生的行政案件。

人民法院审理民族自治地方的行政案件，并以该民族自治地方的自治条例和单行条例为依据。

第五十三条　人民法院审理行政案件，参照国务院部、委根据法律和国务院的行政法规、决定、命令制定、发布的规章以及省、自治区、直辖市和省、自治区的人民政府所在地的市和经国务院批准的较大的市的人民政府根据法律和国务院的行政法规制定、发布的规章。

人民法院认为地方人民政府制定、发布的规章与国务院部、委制定、发布的规章不一致的，以及国务院部、委制定、发布的规章之间不一致的，由最高人民法院送请国务院作出解释或者裁决。

第五十四条　人民法院经过审理，根据不同情况，分别作出以下判决：

（一）具体行政行为证据确凿，适用法律、法规正确，符合法定程序的，判决维持。

（二）具体行政行为有下列情形之一的，判决撤销或者部分撤销，并可以判决被告重新作出具体行政行为：

1. 主要证据不足的；
2. 适用法律、法规错误的；
3. 违反法定程序的；
4. 超越职权的；
5. 滥用职权的。

（三）被告不履行或者拖延履行法定职责的，判决其在一定期限内履行。

（四）行政处罚显失公正的，可以判决变更。

第五十五条　人民法院判决被告重新作出具体行政行为的，被告不得以同一的事实和理由作出与原具体行政行为基本相同的具体行政行为。

第五十六条　人民法院在审理行政案件中，认为行政机关的主管人员、直接责任人员违反政纪的，应当将有关材料移送该行政机关或者其上一级行政机关或者监察、人事机关；认为有犯罪行为的，应当将有关材料移送公安、检察机关。

第五十七条　人民法院应当在立案之日起三个月内作出第一审判决。有特殊情况需要延长的，由高级人民法院批准，高级人民法院审理第一审案件需要延长的，由最高人民法院批准。

第五十八条　当事人不服人民法院第一审判决的，有权在判决书送达之日起十五日内向上一级人民法院提起上诉。当事人不服人民法院第一审裁定的，有权在裁定书送达之日起十日内向上一级人民法院提起上诉。逾期不提起上诉的，人民法院的第一审判决或者裁定发生法律效力。

第五十九条　人民法院对上诉案件，认为事实清楚的，可以实行书面审理。

第六十条　人民法院审理上诉案件，应当在收到上诉状之日起两个月内作出终审判决。有特殊情况需要延长的，由高级人民法院批准，高级人民法院审理上诉案件需要延长的，由最高人民法院批准。

第六十一条　人民法院审理上诉案件，按照下列情形，分别处理：

（一）原判决认定事实清楚，适用法律、法规正确的，判决驳回上诉，维持原判；

(二)原判决认定事实清楚,但适用法律、法规错误的，依法改判；

(三) 原判决认定事实不清，证据不足，或者由于违反法定程序可能影响案件正确判决的，裁定撤销原判，发回原审人民法院重审，也可以查清事实后改判。当事人对重审案件的判决、裁定，可以上诉。

第六十二条　当事人对已经发生法律效力的判决、裁定，认为确有错误的，可以向原审人民法院或者上一级人民法院提出申诉，但判决、裁定不停止执行。

第六十三条　人民法院院长对本院已经发生法律效力的判决、裁定，发现违反法律、法规规定认为需要再审的，应当提交审判委员会决定是否再审。

上级人民法院对下级人民法院已经发生法律效力的判决、裁定，发现违反法律、法规规定的，有权提审或者指令下级人民法院再审。

第六十四条　人民检察院对人民法院已经发生法律效力的判决、裁定，发现违反法律、法规规定的，有权按照审判监督程序提出抗诉。

第八章　执　　行

第六十五条　当事人必须履行人民法院发生法律效力的判决、裁定。

公民、法人或者其他组织拒绝履行判决、裁定的，行政机关可以向第一审人民法院申请强制执行，或者依法强制执行。

行政机关拒绝履行判决、裁定的，第一审人民法院可以采取以下措施：

(一)对应当归还的罚款或者应当给付的赔偿金，通知银行从该行政机关的帐户内划拨；

(二) 在规定期限内不履行的，从期满之日起，对该行政机关按日处50元至100元的罚款；

(三)向该行政机关的上一级行政机关或者监察、人事机关提出司法建议。接受司法建议的机关，根据有关规定进行处理，并将处理情况告知人民法院；

(四) 拒不履行判决、裁定，情节严重构成犯罪的，依法追究主管人员和直接责任人员的刑事责任。

第六十六条　公民、法人或者其他组织对具体行政行为在法定期限内不提起诉讼又不履行的，行政机关可以申请人民法院强制执行，或者依法强制执行。

第九章　侵权赔偿责任

第六十七条　公民、法人或者其他组织的合法权益受到行政机关或者行政机关工作人员作出的具体行政行为侵犯造成损害的，有权请求赔偿。

公民、法人或者其他组织单独就损害赔偿提出请求，应当先由行政机关解决。对行政机关的处理不服，可以向人民法院提起诉讼。

赔偿诉讼可以适用调解。

第六十八条　行政机关或者行政机关工作人员作出的具体行政行为侵犯公民、法人或者其他组织的合法权益造成损害的，由该行政机关或者该行政机关工作人员所在的行政机关负责赔偿。

行政机关赔偿损失后，应当责令有故意或者重大过失的行政机关工作人员承担部分或者全部赔偿费用。

第六十九条　赔偿费用，从各级财政列支。各级人民政府可以责令有责任的行政机关支付部分或者全部赔偿费用。具体办法由国务院规定。

第十章　涉外行政诉讼

第七十条　外国人、无国籍人、外国组织在中华人民共和国进行行政诉讼，适用本法。法律另有规定的除外。

第七十一条 外国人、无国籍人、外国组织在中华人民共和国进行行政诉讼，同中华人民共和国公民、组织有同等的诉讼权利和义务。

外国法院对中华人民共和国公民、组织的行政诉讼权利加以限制的，人民法院对该国公民、组织的行政诉讼权利，实行对等原则。

第七十二条 中华人民共和国缔结或者参加的国际条约同本法有不同规定的，适用该国际条约的规定。中华人民共和国声明保留的条款除外。

第七十三条 外国人、无国籍人、外国组织在中华人民共和国进行行政诉讼，委托律师代理诉讼的，应当委托中华人民共和国律师机构的律师。

第十一章 附 则

第七十四条 人民法院审理行政案件，应当收取诉讼费用。诉讼费用由败诉方承担，双方都有责任的由双方分担。收取诉讼费用的具体办法另行规定。

第七十五条 本法自1990年10月1日起施行。

中华人民共和国集会游行示威法

（1989年10月31日第七届全国人民代表大会常务委员会第十次会议通过
1989年10月31日中华人民共和国主席令第二十号公布
自公布之日起施行）

第一章 总 则

第一条 为了保障公民依法行使集会、游行、示威的权利，维护社会安定和公共秩序，根据宪法，制定本法。

第二条 在中华人民共和国境内举行集会、游行、示威、均适用本法。

本法所称集会，是指聚集于露天公共场所，发表意见、表达意愿的活动。

本法所称游行，是指在公共道路、露天公共场所列队行进、表达共同意愿的活动。

本法所称示威，是指在露天公共场所或者公共道路上以集会、游行、静坐等方式，表达要求、抗议或者支持、声援等共同意愿的活动。

文娱、体育活动，正常的宗教活动，传统的民间习俗活动，不适用本法。

第三条 公民行使集会、游行、示威的权利，各级人民政府应当依照本法规定，予以保障。

第四条 公民在行使集会、游行、示威的权利的时候，必须遵守宪法和法律，不得反对宪法所确定的基本原则，不得损害国家的、社会的、集体的利益和其他公民的合法的自由和权利。

第五条 集会、游行、示威应当和平地进行，不得携带武器、管制刀具和爆炸物，不得使用暴力或者煽动使用暴力。

第六条 集会、游行、示威的主管机关，是集会、游行、示威举行地的市、县公安局、城市公安分局；游行、示威路线经过两个以上区、县的，主管机关为所经过区、县的公安机关的共同上一级公安机关。

第二章 集会游行示威的申请和许可

第七条 举行集会、游行、示威，必须依照本法规定向主管机关提出申请并获得许可。

下列活动不需申请：

(一)国家举行或者根据国家决定举行的庆祝、纪念等活动；

(二)国家机关、政党、社会团体、企业事业组织依照法律、组织章程举行的集会。

第八条 举行集会、游行、示威，必须有负责人。

依照本法规定需要申请的集会、游行、示威，其负责人必须在举行日期的五日前向主管机关递交书面申请。申请书中应当载明集会、游行、示威的目的、方式、标语、口号、人数、车辆数、使用音响设备的种类与数量、起止时间、地点（包括集合地和解散地）、路线和负责人的姓名、职业、住址。

第九条 主管机关接到集会、游行、示威申请书后，应当在申请举行日期的二日前，将许可或者不许可的决定书面通知其负责人。不许可的，应当说明理由。逾期不通知的，视为许可。

确因突然发生的事件临时要求举行集会、游行、示威的，必须立即报告主管机关；主管机关接到报告后，应当立即审查决定许可或者不许可。

第十条 申请举行集会、游行、示威要求解决具体问题的，主管机关接到申请书后，可以通知有关机关或者单位同集会、游行、示威的负责人协商解决问题，并可以将申请举行的时间推迟五日。

第十一条 主管机关认为按照申请的时间、地点、路线举行集会、游行、示威，将对交通秩序和社会秩序造成严重影响的，在决定许可时或者决定许可后，可以变更举行集会、游行、示威的时间、地点、路线，并及时通知其负责人。

第十二条 申请举行的集会、游行、示威，有下列情形之一的，不予许可：

（一）反对宪法所确定的基本原则的；

（二）危害国家统一、主权和领土完整的；

（三）煽动民族分裂的；

（四）有充分根据认定申请举行的集会、游行、示威将直接危害公共安全或者严重破坏社会秩序的。

第十三条 集会、游行、示威的负责人对主管机关不许可的决定不服的，可以自接到决定通知之日起三日内，向同级人民政府申请复议，人民政府应当自接到申请复议书之日起三日内作出决定。

第十四条 集会、游行、示威的负责人在提出申请后接到主管机关通知前，可以撤回申请；接到主管机关许可的通知后，决定不举行集会、游行、示威的，应当及时告知主管机关，参加人已经集合的，应当负责解散。

第十五条 公民不得在其居住地以外的城市发动、组织、参加当地公民的集会、游行、示威。

第十六条 国家机关工作人员不得组织或者参加违背有关法律、法规规定的国家机关工作人员职责、义务的集会、游行、示威。

第十七条 以国家机关、社会团体、企业事业组织的名义组织或者参加集会、游行、示威，必须经本单位负责人批准。

第三章 集会游行示威的举行

第十八条 对于依法举行的集会、游行、示威，主管机关应当派出人民警察维持交通秩序和社会秩序，保障集会、游行、示威的顺利进行。

第十九条 依法举行的集会、游行、示威，任何人不得以暴力、胁迫或者其他非法手段进行扰乱、冲击和破坏。

第二十条 为了保障依法举行的游行的

行进，负责维持交通秩序的人民警察可以临时变通执行交通规则的有关规定。

第二十一条　游行在行进中遇有不可预料的情况，不能按照许可的路线行进时，人民警察现场负责人有权改变游行队伍的行进路线。

第二十二条　集会、游行、示威在国家机关、军事机关、广播电台、电视台、外国驻华使馆领馆等单位所在地举行或者经过的，主管机关为了维持秩序，可以在附近设置临时警戒线，未经人民警察许可，不得逾越。

第二十三条　在下列场所周边距离10米至300米内，不得举行集会、游行、示威，经国务院或者省、自治区、直辖市的人民政府批准的除外：

(一)全国人民代表大会常务委员会、国务院、中央军事委员会、最高人民法院、最高人民检察院的所在地；

(二)国宾下榻处；

(三)重要军事设施；

(四)航空港、火车站和港口。

前款所列场所的具体周边距离，由省、自治区、直辖市的人民政府规定。

第二十四条　举行集会、游行、示威的时间限于早6时至晚10时，经当地人民政府决定或者批准的除外。

第二十五条　集会、游行、示威应当按照许可的目的、方式、标语、口号、起止时间、地点、路线及其他事项进行。

集会、游行、示威的负责人必须负责维持集会、游行、示威的秩序，并严格防止其他人加入。

集会、游行、示威的负责人在必要时，应当指定专人协助人民警察维持秩序。负责维持秩序的人员应当佩戴标志。

第二十六条　举行集会、游行、示威，不得违反治安管理法规，不得进行犯罪活动或者煽动犯罪。

第二十七条　举行集会、游行、示威，有下列情形之一的，人民警察应当予以制止：

(一)未依照本法规定申请或者申请未获许可的；

(二)未按照主管机关许可的目的、方式、标语、口号、起止时间、地点、路线进行的；

(三)在进行中出现危害公共安全或者严重破坏社会秩序情况的。

有前款所列情形之一，不听制止的，人民警察现场负责人有权命令解散；拒不解散的，人民警察现场负责人有权依照国家有关规定决定采取必要手段强行驱散，并对拒不服从的人员强行带离现场或者立即予以拘留。

参加集会、游行、示威的人员越过依照本法第二十二条规定设置的临时警戒线、进入本法第二十三条所列不得举行集会、游行、示威的特定场所周边一定范围或者有其他违法犯罪行为的，人民警察可以将其强行带离现场或者立即予以拘留。

第四章　法律责任

第二十八条　举行集会、游行、示威，有违反治安管理行为的，依照治安管理处罚条例有关规定予以处罚。

举行集会、游行、示威，有下列情形之一的，公安机关可以对其负责人和直接责任人员处以警告或者15日以下拘留：

(一)未依照本法规定申请或者申请未获许可的；

(二)未按照主管机关许可的目的、方式、标语、口号、起止时间、地点、路线进行，不听制止的。

第二十九条　举行集会、游行、示威，有犯罪行为的，依照刑法有关规定追究刑事责任。

携带武器、管制刀具或者爆炸物的，比照刑法第一百六十三条的规定追究刑事责任。

未依照本法规定申请或者申请未获许

可，或者未按照主管机关许可的起止时间、地点、路线进行，又拒不服从解散命令，严重破坏社会秩序的，对集会、游行、示威的负责人和直接责任人员依照刑法第一百五十八条的规定追究刑事责任。

包围、冲击国家机关，致使国家机关的公务活动或者国事活动不能正常进行的，对集会、游行、示威的负责人和直接责任人员依照刑法第一百五十八条的规定追究刑事责任。

占领公共场所、拦截车辆行人或者聚众堵塞交通，严重破坏公共场所秩序、交通秩序的，对集会、游行、示威的负责人和直接责任人员依照刑法第一百五十九条的规定追究刑事责任。

第三十条　扰乱、冲击或者以其他方法破坏依法举行的集会、游行、示威的，公安机关可以处以警告或者十五日以下拘留；情节严重，构成犯罪的，依照刑法有关规定追究刑事责任。

第三十一条　当事人对公安机关依照本法第二十八条第二款或者第三十条的规定给予的拘留处罚决定不服的，可以自接到处罚决定通知之日起5日内，向上一级公安机关提出申诉，上一级公安机关应当自接到申诉之日起5日内作出裁决；对上一级公安机关裁决不服的，可以自接到裁决通知之日起五日内，向人民法院提起诉讼。

第三十二条　在举行集会、游行、示威过程中，破坏公私财物或者侵害他人身体造成伤亡的，除依照刑法或者治安管理处罚条例的有关规定可以予以处罚外，还应当依法承担赔偿责任。

第三十三条　公民在本人居住地以外的城市发动、组织当地公民的集会、游行、示威的，公安机关有权予以拘留或者强行遣回原地。

第五章　附　则

第三十四条　外国人在中国境内举行集会、游行、示威，适用本法规定。

外国人在中国境内未经主管机关批准不得参加中国公民举行的集会、游行、示威。

第三十五条　国务院公安部门可以根据本法制定实施条例，报国务院批准施行。

省、自治区、直辖市的人民代表大会常务委员会可以根据本法制定实施办法。

第三十六条　本法自公布之日起施行。

附：刑法有关条款

第一百五十八条　禁止任何人利用任何手段扰乱社会秩序。扰乱社会秩序情节严重，致使工作、生产、营业和教学、科研无法进行，国家和社会遭受严重损失的，对首要分子处五年以下有期徒刑、拘役、管制或者剥夺政治权利。

第一百五十九条　聚众扰乱车站、码头、民用航空站、商场、公园、影剧院、展览会、运动场或者其他公共场所秩序，聚众堵塞交通或者破坏交通秩序，抗拒、阻碍国家治安管理工作人员依法执行职务，情节严重的，对首要分子处五年以下有期徒刑、拘役、管制或者剥夺政治权利。

第一百六十三条　违反枪支管理规定，私藏枪支、弹药，拒不交出的，处二年以下有期徒刑或者拘役。

中华人民共和国城市居民委员会组织法

（1989年12月26日第七届全国人民代表大会常务委员会第十一次会议通过
1989年12月26日中华人民共和国主席令第二十一号公布
自1990年1月1日起施行）

第一条　为了加强城市居民委员会的建设，由城市居民群众依法办理群众自己的事情，促进城市基层社会主义民主和城市社会主义物质文明、精神文明建设的发展，根据宪法，制定本法。

第二条　居民委员会是居民自我管理、自我教育、自我服务的基层群众性自治组织。

不设区的市、市辖区的人民政府或者它的派出机关对居民委员会的工作给予指导、支持和帮助。居民委员会协助不设区的市、市辖区的人民政府或者它的派出机关开展工作。

第三条　居民委员会的任务：

（一）宣传宪法、法律、法规和国家的政策，维护居民的合法权益，教育居民履行依法应尽的义务，爱护公共财产，开展多种形式的社会主义精神文明建设活动；

（二）办理本居住地区居民的公共事务和公益事业；

（三）调解民间纠纷；

（四）协助维护社会治安；

（五）协助人民政府或者它的派出机关做好与居民利益有关的公共卫生、计划生育、优抚救济、青少年教育等项工作；

（六）向人民政府或者它的派出机关反映居民的意见、要求和提出建议。

第四条　居民委员会应当开展便民利民的社区服务活动，可以兴办有关的服务事业。

居民委员会管理本居民委员会的财产，任何部门和单位不得侵犯居民委员会的财产所有权。

第五条　多民族居住地区的居民委员会，应当教育居民互相帮助，互相尊重，加强民族团结。

第六条　居民委员会根据居民居住状况，按照便于居民自治的原则，一般在100户至700户的范围内设立。

居民委员会的设立、撤销、规模调整，由不设区的市、市辖区的人民政府决定。

第七条　居民委员会由主任、副主任和委员共5至9人组成。多民族居住地区，居民委员会中应当有人数较少的民族的成员。

第八条　居民委员会主任、副主任和委员，由本居住地区全体有选举权的居民或者由每户派代表选举产生；根据居民意见，也可以由每个居民小组选举代表2至3人选举产生。居民委员会每届任期三年，其成员可以连选连任。

年满18周岁的本居住地区居民，不分民族、种族、性别、职业、家庭出身、宗教信仰、教育程度、财产状况、居住期限，都有选举权和被选举权；但是，依照法律被剥夺政治权利的人除外。

第九条　居民会议由18周岁以上的居民组成。

居民会议可以由全体18周岁以上的居民或者每户派代表参加，也可以由每个居民小组选举代表2至3人参加。

居民会议必须有全体18周岁以上的居民、户的代表或者居民小组选举的代表的过半数出席，才能举行。会议的决定，由出席人的过半数通过。

第十条 居民委员会向居民会议负责并报告工作。

居民会议由居民委员会召集和主持。有1/5以上的18周岁以上的居民、1/5以上的户或者1/3以上的居民小组提议，应当召集居民会议。涉及全体居民利益的重要问题，居民委员会必须提请居民会议讨论决定。

居民会议有权撤换和补选居民委员会成员。

第十一条 居民委员会决定问题，采取少数服从多数的原则。

居民委员会进行工作，应当采取民主的方法，不得强迫命令。

第十二条 居民委员会成员应当遵守宪法、法律、法规和国家的政策，办事公道，热心为居民服务。

第十三条 居民委员会根据需要设人民调解、治安保卫、公共卫生等委员会。居民委员会成员可以兼任下属的委员会的成员。居民较少的居民委员会可以不设下属的委员会，由居民委员会的成员分工负责有关工作。

第十四条 居民委员会可以分设若干居民小组，小组长由居民小组推选。

第十五条 居民公约由居民会议讨论制定，报不设区的市、市辖区的人民政府或者它的派出机关备案，由居民委员会监督执行。居民应当遵守居民会议的决议和居民公约。

居民公约的内容不得与宪法、法律、法规和国家的政策相抵触。

第十六条 居民委员会办理本居住地区公益事业所需的费用，经居民会议讨论决定，可以根据自愿原则向居民筹集，也可以向本居住地区的受益单位筹集，但是必须经受益单位同意；收支帐目应当及时公布，接受居民监督。

第十七条 居民委员会的工作经费和来源，居民委员会成员的生活补贴费的范围、标准和来源，由不设区的市、市辖区的人民政府或者上级人民政府规定并拨付；经居民会议同意，可以从居民委员会的经济收入中给予适当补助。

居民委员会的办公用房，由当地人民政府统筹解决。

第十八条 依照法律被剥夺政治权利的人编入居民小组，居民委员会应当对他们进行监督和教育。

第十九条 机关、团体、部队、企业事业组织，不参加所在地的居民委员会，但是应当支持所在地的居民委员会的工作。所在地的居民委员会讨论同这些单位有关的问题，需要他们参加会议时，他们应当派代表参加，并且遵守居民委员会的有关决定和居民公约。

前款所列单位的职工及家属、军人及随军家属，参加居住地区的居民委员会；其家属聚居区可以单独成立家属委员会，承担居民委员会的工作，在不设区的市、市辖区的人民政府或者它的派出机关和本单位的指导下进行工作。家属委员会的工作经费和家属委员会成员的生活补贴费、办公用房，由所属单位解决。

第二十条 市、市辖区的人民政府有关部门，需要居民委员会或者它的下属委员会协助进行的工作，应当经市、市辖区的人民政府或者它的派出机关同意并统一安排。市、市辖区的人民政府的有关部门，可以对居民委员会有关的下属委员会进行业务指导。

第二十一条 本法适用于乡、民族乡、镇的人民政府所在地设立的居民委员会。

第二十二条 省、自治区、直辖市的人民代表大会常务委员会可以根据本法制定实施办法。

第二十三条 本法自1990年1月1日起施行。1954年12月31日全国人民代表大会常务委员会通过的《城市居民委员会组织条例》同时废止。

中华人民共和国环境保护法

(1989年12月26日第七届全国人民代表大会常务委员会第十一次会议通过
1989年12月26日中华人民共和国主席令第二十二号公布
自公布之日起施行)

第一章　总　　则

第一条　为保护和改善生活环境与生态环境，防治污染和其他公害，保障人体健康，促进社会主义现代化建设的发展，制定本法。

第二条　本法所称环境，是指影响人类生存和发展的各种天然的和经过人工改造的自然因素的总体，包括大气、水、海洋、土地、矿藏、森林、草原、野生生物、自然遗迹、人文遗迹、自然保护区、风景名胜区、城市和乡村等。

第三条　本法适用于中华人民共和国领域和中华人民共和国管辖的其他海域。

第四条　国家制定的环境保护规划必须纳入国民经济和社会发展计划，国家采取有利于环境保护的经济、技术政策和措施，使环境保护工作同经济建设和社会发展相协调。

第五条　国家鼓励环境保护科学教育事业的发展，加强环境保护科学技术的研究和开发，提高环境保护科学技术水平，普及环境保护的科学知识。

第六条　一切单位和个人都有保护环境的义务，并有权对污染和破坏环境的单位和个人进行检举和控告。

第七条　国务院环境保护行政主管部门，对全国环境保护工作实施统一监督管理。

县级以上地方人民政府环境保护行政主管部门，对本辖区的环境保护工作实施统一监督管理。

国家海洋行政主管部门、港务监督、渔政渔港监督、军队环境保护部门和各级公安、交通、铁道、民航管理部门，依照有关法律的规定对环境污染防治实施监督管理。

县级以上人民政府的土地、矿产、林业、农业、水利行政主管部门，依照有关法律的规定对资源的保护实施监督管理。

第八条　对保护和改善环境有显著成绩的单位和个人，由人民政府给予奖励。

第二章　环境监督管理

第九条　国务院环境保护行政主管部门制定国家环境质量标准。

省、自治区、直辖市人民政府对国家环境质量标准中未作规定的项目，可以制定地方环境质量标准，并报国务院环境保护行政主管部门备案。

第十条　国务院环境保护行政主管部门根据国家环境质量标准和国家经济、技术条件，制定国家污染物排放标准。

省、自治区、直辖市人民政府对国家污染物排放标准中未作规定的项目，可以制定地方污染物排放标准；对国家污染物排放标准中已作规定的项目，可以制定严于国家污染物排放标准的地方污染物排放标准。地方污染物排放标准须报国务院环境保护行政主管部门备案。

凡是向已有地方污染物排放标准的区域排放污染物的，应当执行地方污染物排放标准。

第十一条　国务院环境保护行政主管部

门建立监测制度，制定监测规范，会同有关部门组织监测网络，加强对环境监测的管理。

国务院和省、自治区、直辖市人民政府的环境保护行政主管部门，应当定期发布环境状况公报。

第十二条　县级以上人民政府环境保护行政主管部门，应当会同有关部门对管辖范围内的环境状况进行调查和评价，拟订环境保护规划，经计划部门综合平衡后，报同级人民政府批准实施。

第十三条　建设污染环境的项目，必须遵守国家有关建设项目环境保护管理的规定。

建设项目的环境影响报告书，必须对建设项目产生的污染和对环境的影响作出评价，规定防治措施，经项目主管部门预审并依照规定的程序报环境保护行政主管部门批准。环境影响报告书经批准后，计划部门方可批准建设项目设计任务书。

第十四条　县级以上人民政府环境保护行政主管部门或者其他依照法律规定行使环境监督管理权的部门，有权对管辖范围内的排污单位进行现场检查。被检查的单位应当如实反映情况，提供必要的资料。检查机关应当为被检查的单位保守技术秘密和业务秘密。

第十五条　跨行政区的环境污染和环境破坏的防治工作，由有关地方人民政府协商解决，或者由上级人民政府协调解决，作出决定。

第三章　保护和改善环境

第十六条　地方各级人民政府，应当对本辖区的环境质量负责，采取措施改善环境质量。

第十七条　各级人民政府对具有代表性的各种类型的自然生态系统区域，珍稀、濒危的野生动植物自然分布区域，重要的水源涵养区域，具有重大科学文化价值的地质构造、著名溶洞和化石分布区、冰川、火山、温泉等自然遗迹，以及人文遗迹、古树名木，应当采取措施加以保护，严禁破坏。

第十八条　在国务院、国务院有关主管部门和省、自治区、直辖市人民政府划定的风景名胜区、自然保护区和其他需要特别保护的区域内，不得建设污染环境的工业生产设施；建设其他设施，其污染物排放不得超过规定的排放标准。已经建成的设施，其污染物排放超过规定的排放标准的，限期治理。

第十九条　开发利用自然资源，必须采取措施保护生态环境。

第二十条　各级人民政府应当加强对农业环境的保护，防止土壤污染、土地沙化、盐渍化、贫瘠化、沼泽化、地面沉降和防治植被破坏、水土流失、水源枯竭、种源灭绝以及其他生态失调现象的发生和发展，推广植物病虫害的综合防治，合理使用化肥、农药及植物生长激素。

第二十一条　国务院和沿海地方各级人民政府应当加强对海洋环境的保护。向海洋排放污染物、倾倒废弃物，进行海岸工程建设和海洋石油勘探开发，必须依照法律的规定，防止对海洋环境的污染损害。

第二十二条　制定城市规划，应当确定保护和改善环境的目标和任务。

第二十三条　城乡建设应当结合当地自然环境的特点，保护植被、水域和自然景观，加强城市园林、绿地和风景名胜区的建设。

第四章　防治环境污染和其他公害

第二十四条　产生环境污染和其他公害的单位，必须把环境保护工作纳入计划，建立环境保护责任制度；采取有效措施，防治在生产建设或者其他活动中产生的废气、废水、废渣、粉尘、恶臭气体、放射性物质以及噪声、振动、电磁波辐射等对环境的污染和危害。

第二十五条 新建工业企业和现有工业企业的技术改造，应当采用资源利用率高、污染物排放量少的设备和工艺，采用经济合理的废弃物综合利用技术和污染物处理技术。

第二十六条 建设项目中防治污染的设施，必须与主体工程同时设计、同时施工、同时投产使用。防治污染的设施必须经原审批环境影响报告书的环境保护行政主管部门验收合格后，该建设项目方可投入生产或者使用。

防治污染的设施不得擅自拆除或者闲置，确有必要拆除或者闲置的，必须征得所在地的环境保护行政主管部门同意。

第二十七条 排放污染物的企业事业单位，必须依照国务院环境保护行政主管部门的规定申报登记。

第二十八条 排放污染物超过国家或者地方规定的污染物排放标准的企业事业单位，依照国家规定缴纳超标准排污费，并负责治理。水污染防治法另有规定的，依照水污染防治法的规定执行。

征收的超标准排污费必须用于污染的防治，不得挪作他用，具体使用办法由国务院规定。

第二十九条 对造成环境严重污染的企业事业单位，限期治理。中央或者省、自治区、直辖市人民政府直接管辖的企业事业单位的限期治理，由省、自治区、直辖市人民政府决定。市、县或者市、县以下人民政府管辖的企业事业单位的限期治理，由市、县人民政府决定。被限期治理的企业事业单位必须如期完成治理任务。

第三十条 禁止引进不符合我国环境保护规定要求的技术和设备。

第三十一条 因发生事故或者其他突然性事件，造成或者可能造成污染事故的单位，必须立即采取措施处理，及时通报可能受到污染危害的单位和居民，并向当地环境保护行政主管部门和有关部门报告，接受调查处理。

可能发生重大污染事故的企业事业单位，应当采取措施，加强防范。

第三十二条 县级以上地方人民政府环境保护行政主管部门，在环境受到严重污染威胁居民生命财产安全时，必须立即向当地人民政府报告，由人民政府采取有效措施，解除或者减轻危害。

第三十三条 生产、储存、运输、销售、使用有毒化学物品和含有放射性物质的物品，必须遵守国家有关规定，防止污染环境。

第三十四条 任何单位不得将产生严重污染的生产设备转移给没有污染防治能力的单位使用。

第五章　法律责任

第三十五条 违反本法规定，有下列行为之一的，环境保护行政主管部门或者其他依照法律规定行使环境监督管理权的部门可以根据不同情节，给予警告或者处以罚款：

(一)拒绝环境保护行政主管部门或者其他依照法律规定行使环境监督管理权的部门现场检查或者在被检查时弄虚作假的。

(二)拒报或者谎报国务院环境保护行政主管部门规定的有关污染物排放申报事项的。

(三)不按国家规定缴纳超标准排污费的。

(四)引进不符合我国环境保护规定要求的技术和设备的。

(五)将产生严重污染的生产设备转移给没有污染防治能力的单位使用的。

第三十六条 建设项目的防治污染设施没有建成或者没有达到国家规定的要求，投入生产或者使用的，由批准该建设项目的环境影响报告书的环境保护行政主管部门责令停止生产或者使用，可以并处罚款。

第三十七条 未经环境保护行政主管部门同意，擅自拆除或者闲置防治污染的设施，污染物排放超过规定的排放标准的，由环境保护行政主管部门责令重新安装使用，并处罚款。

第三十八条　对违反本法规定，造成环境污染事故的企业事业单位，由环境保护行政主管部门或者其他依照法律规定行使环境监督管理权的部门根据所造成的危害后果处以罚款；情节较重的，对有关责任人员由其所在单位或者政府主管机关给予行政处分。

第三十九条　对经限期治理逾期未完成治理任务的企业事业单位，除依照国家规定加收超标准排污费外，可以根据所造成的危害后果处以罚款，或者责令停业、关闭。

前款规定的罚款由环境保护行政主管部门决定。责令停业、关闭，由作出限期治理决定的人民政府决定；责令中央直接管辖的企业事业单位停业、关闭，须报国务院批准。

第四十条　当事人对行政处罚决定不服的，可以在接到处罚通知之日起十五日内，向作出处罚决定的机关的上一级机关申请复议；对复议决定不服的，可以在接到复议决定之日起十五日内，向人民法院起诉。当事人也可以在接到处罚通知之日起十五日内，直接向人民法院起诉。当事人逾期不申请复议、也不向人民法院起诉、又不履行处罚决定的，由作出处罚决定的机关申请人民法院强制执行。

第四十一条　造成环境污染危害的，有责任排除危害，并对直接受到损害的单位或者个人赔偿损失。

赔偿责任和赔偿金额的纠纷，可以根据当事人的请求，由环境保护行政主管部门或者其他依照法律规定行使环境监督管理权的部门处理；当事人对处理决定不服的，可以向人民法院起诉。当事人也可以直接向人民法院起诉。

完全由于不可抗拒的自然灾害，并经及时采取合理措施，仍然不能避免造成环境污染损害的，免予承担责任。

第四十二条　因环境污染损害赔偿提起诉讼的时效期间为三年，从当事人知道或者应当知道受到污染损害时起计算。

第四十三条　违反本法规定，造成重大环境污染事故，导致公私财产重大损失或者人身伤亡的严重后果的，对直接责任人员依法追究刑事责任。

第四十四条　违反本法规定，造成土地、森林、草原、水、矿产、渔业、野生动植物等资源的破坏的，依照有关法律的规定承担法律责任。

第四十五条　环境保护监督管理人员滥用职权、玩忽职守、徇私舞弊的，由其所在单位或者上级主管机关给予行政处分；构成犯罪的，依法追究刑事责任。

第六章　附　　则

第四十六条　中华人民共和国缔结或者参加的与环境保护有关的国际条约，同中华人民共和国的法律有不同规定的，适用国际条约的规定，但中华人民共和国声明保留的条款除外。

第四十七条　本法自公布之日起施行。《中华人民共和国环境保护法（试行）》同时废止。

中华人民共和国城市规划法

（1989年12月26日第七届全国人民代表大会常务委员会第十一次会议通过
1989年12月26日中华人民共和国主席令第二十三号公布
自1990年4月1日起施行）

第一章　总　　则

第一条　为了确定城市的规模和发展方向，实现城市的经济和社会发展目标，合理地制定城市规划和进行城市建设，适应社会主义现代化建设的需要，制定本法。

第二条　制定和实施城市规划，在城市规划区内进行建设，必须遵守本法。

第三条　本法所称城市，是指国家按行政建制设立的直辖市、市、镇。

本法所称城市规划区，是指城市市区、近郊区以及城市行政区域内因城市建设和发展需要实行规划控制的区域。城市规划区的具体范围，由城市人民政府在编制的城市总体规划中划定。

第四条　国家实行严格控制大城市规模、合理发展中等城市和小城市的方针，促进生产力和人口的合理布局。

大城市是指市区和近郊区非农业人口50万以上的城市。

中等城市是指市区和近郊区非农业人口20万以上、不满50万的城市。

小城市是指市区和近郊区非农业人口不满20万的城市。

第五条　城市规划必须符合我国国情，正确处理近期建设和远景发展的关系。

在城市规划区内进行建设，必须坚持适用、经济的原则，贯彻勤俭建国的方针。

第六条　城市规划的编制应当依据国民经济和社会发展规划以及当地的自然环境、资源条件、历史情况、现状特点，统筹兼顾，综合部署。

城市规划确定的城市基础设施建设项目，应当按照国家基本建设程序的规定纳入国民经济和社会发展计划，按计划分步实施。

第七条　城市总体规划应当和国土规划、区域规划、江河流域规划、土地利用总体规划相协调。

第八条　国家鼓励城市规划科学技术研究，推广先进技术，提高城市规划科学技术水平。

第九条　国务院城市规划行政主管部门主管全国的城市规划工作。

县级以上地方人民政府城市规划行政主管部门主管本行政区域内的城市规划工作。

第十条　任何单位和个人都有遵守城市规划的义务，并有权对违反城市规划的行为进行检举和控告。

第二章　城市规划的制定

第十一条　国务院城市规划行政主管部门和省、自治区、直辖市人民政府应当分别组织编制全国和省、自治区、直辖市的城镇体系规划，用以指导城市规划的编制。

第十二条　城市人民政府负责组织编制城市规划。县级人民政府所在地镇的城市规划，由县级人民政府负责组织编制。

第十三条　编制城市规划必须从实际出发，科学预测城市远景发展的需要；应当使城市的发展规模、各项建设标准、定额指标、开发程序同国家和地方的经济技术发展水平相适应。

第十四条 编制城市规划应当注意保护和改善城市生态环境，防止污染和其他公害，加强城市绿化建设和市容环境卫生建设，保护历史文化遗产、城市传统风貌、地方特色和自然景观。

编制民族自治地方的城市规划，应当注意保持民族传统和地方特色。

第十五条 编制城市规划应当贯彻有利生产、方便生活、促进流通、繁荣经济、促进科学技术文化教育事业的原则。

编制城市规划应当符合城市防火、防爆、抗震、防洪、防泥石流和治安、交通管理、人民防空建设等要求；在可能发生强烈地震和严重洪水灾害的地区，必须在规划中采取相应的抗震、防洪措施。

第十六条 编制城市规划应当贯彻合理用地、节约用地的原则。

第十七条 编制城市规划应当具备勘察、测量及其他必要的基础资料。

第十八条 编制城市规划一般分总体规划和详细规划两个阶段进行。大城市、中等城市为了进一步控制和确定不同地段的土地用途、范围和容量，协调各项基础设施和公共设施的建设，在总体规划基础上，可以编制分区规划。

第十九条 城市总体规划应当包括：城市的性质、发展目标和发展规模，城市主要建设标准和定额指标，城市建设用地布局、功能分区和各项建设的总体部署，城市综合交通体系和河湖、绿地系统，各项专业规划，近期建设规划。

设市城市和县级人民政府所在地镇的总体规划，应当包括市或者县的行政区域的城镇体系规划。

第二十条 城市详细规划应当在城市总体规划或者分区规划的基础上，对城市近期建设区域内各项建设作出具体规划。

城市详细规划应当包括：规划地段各项建设的具体用地范围，建筑密度和高度等控制指标，总平面布置、工程管线综合规划和竖向规划。

第二十一条 城市规划实行分级审批。

直辖市的城市总体规划，由直辖市人民政府报国务院审批。

省和自治区人民政府所在地城市、城市人口在100万以上的城市及国务院指定的其他城市的总体规划，由省、自治区人民政府审查同意后，报国务院审批。

本条第二款和第三款规定以外的设市城市和县级人民政府所在地镇的总体规划，报省、自治区、直辖市人民政府审批，其中市管辖的县级人民政府所在地镇的总体规划，报市人民政府审批。

前款规定以外的其他建制镇的总体规划，报县级人民政府审批。

城市人民政府和县级人民政府在向上级人民政府报请审批城市总体规划前，须经同级人民代表大会或者其常务委员会审查同意。

城市分区规划由城市人民政府审批。

城市详细规划由城市人民政府审批；编制分区规划的城市的详细规划，除重要的详细规划由城市人民政府审批外，由城市人民政府城市规划行政主管部门审批。

第二十二条 城市人民政府可以根据城市经济和社会发展需要，对城市总体规划进行局部调整，报同级人民代表大会常务委员会和原批准机关备案；但涉及城市性质、规模、发展方向和总体布局重大变更的，须经同级人民代表大会或者其常务委员会审查同意后报原批准机关审批。

第三章 城市新区开发和旧区改建

第二十三条 城市新区开发和旧区改建必须坚持统一规划、合理布局、因地制宜、综合开发、配套建设的原则。各项建设工程的选址、定点，不得妨碍城市的发展，危害城市的安全，污染和破坏城市环境，影响城市各项功能的协调。

第二十四条　新建铁路编组站、铁路货运干线、过境公路、机场和重要军事设施等应当避开市区。

港口建设应当兼顾城市岸线的合理分配和利用，保障城市生活岸线用地。

第二十五条　城市新区开发应当具备水资源、能源、交通、防灾等建设条件，并应当避开地下矿藏、地下文物古迹。

第二十六条　城市新区开发应当合理利用城市现有设施。

第二十七条　城市旧区改建应当遵循加强维护、合理利用、调整布局、逐步改善的原则，统一规划，分期实施，并逐步改善居住和交通运输条件，加强基础设施和公共设施建设，提高城市的综合功能。

第四章　城市规划的实施

第二十八条　城市规划经批准后，城市人民政府应当公布。

第二十九条　城市规划区内的土地利用和各项建设必须符合城市规划，服从规划管理。

第三十条　城市规划区内的建设工程的选址和布局必须符合城市规划。设计任务书报请批准时，必须附有城市规划行政主管部门的选址意见书。

第三十一条　在城市规划区内进行建设需要申请用地的，必须持国家批准建设项目的有关文件，向城市规划行政主管部门申请定点，由城市规划行政主管部门核定其用地位置和界限，提供规划设计条件，核发建设用地规划许可证。建设单位或者个人在取得建设用地规划许可证后，方可向县级以上地方人民政府土地管理部门申请用地，经县级以上人民政府审查批准后，由土地管理部门划拨土地。

第三十二条　在城市规划区内新建、扩建和改建建筑物、构筑物、道路、管线和其他工程设施，必须持有关批准文件向城市规划行政主管部门提出申请，由城市规划行政主管部门根据城市规划提出的规划设计要求，核发建设工程规划许可证件。建设单位或者个人在取得建设工程规划许可证件和其他有关批准文件后，方可申请办理开工手续。

第三十三条　在城市规划区内进行临时建设，必须在批准的使用期限内拆除。临时建设和临时用地的具体规划管理办法由省、自治区、直辖市人民政府制定。

禁止在批准临时使用的土地上建设永久性建筑物、构筑物和其他设施。

第三十四条　任何单位和个人必须服从城市人民政府根据城市规划作出的调整用地决定。

第三十五条　任何单位和个人不得占用道路、广场、绿地、高压供电走廊和压占地下管线进行建设。

第三十六条　在城市规划区内进行挖取砂石、土方等活动，须经有关主管部门批准，不得破坏城市环境，影响城市规划的实施。

第三十七条　城市规划行政主管部门有权对城市规划区内的建设工程是否符合规划要求进行检查。被检查者应当如实提供情况和必要的资料，检查者有责任为被检查者保守技术秘密和业务秘密。

第三十八条　城市规划行政主管部门可以参加城市规划区内重要建设工程的竣工验收。城市规划区内的建设工程，建设单位应当在竣工验收后六个月内向城市规划行政主管部门报送有关竣工资料。

第五章　法律责任

第三十九条　在城市规划区内，未取得建设用地规划许可证而取得建设用地批准文件、占用土地的，批准文件无效，占用的土地由县级以上人民政府责令退回。

第四十条　在城市规划区内，未取得建设工程规划许可证件或者违反建设工程规划许可证件的规定进行建设，严重影响城市规划的，由县级以上地方人民政府城市规划行政主管部门责令停止建设，限期拆除或者没收违法建筑物、构筑物或者其他设施；影响城市规划，尚可采取改正措施的，由县级以上地方人民政府城市规划行政主管部门责令限期改正，并处罚款。

第四十一条　对未取得建设工程规划许可证件或者违反建设工程规划许可证件的规定进行建设的单位的有关责任人员，可以由其所在单位或者上级主管机关给予行政处分。

第四十二条　当事人对行政处罚决定不服的，可以在接到处罚通知之日起十五日内，向作出处罚决定的机关的上一级机关申请复议；对复议决定不服的，可以在接到复议决定之日起十五日内，向人民法院起诉。当事人也可以在接到处罚通知之日起十五日内，直接向人民法院起诉。当事人逾期不申请复议、也不向人民法院起诉、又不履行处罚决定的，由作出处罚决定的机关申请人民法院强制执行。

第四十三条　城市规划行政主管部门工作人员玩忽职守、滥用职权、徇私舞弊的，由其所在单位或者上级主管机关给予行政处分；构成犯罪的，依法追究刑事责任。

第六章　附　　则

第四十四条　未设镇建制的工矿区的居民点，参照本法执行。

第四十五条　国务院城市规划行政主管部门根据本法制定实施条例，报国务院批准后施行。

省、自治区、直辖市人民代表大会常务委员会可以根据本法制定实施办法。

第四十六条　本法自1990年4月1日起施行。国务院发布的《城市规划条例》同时废止。

司法解释

刑　　事

最高人民法院
关于对无期徒刑犯减刑后原审法院发现原判决确有错误予以改判，原减刑裁定应否撤销问题的批复

1989年1月3日　　法（研）复〔1989〕2号

江西省高级人民法院：

你院（88）赣法研二字第3号请示报告收悉。经研究，答复如下：

被判处无期徒刑的罪犯由服刑地的高级人民法院依法裁定减刑后，原审人民法院发现原判决确有错误，并按照审判监督程序改判为有期徒刑的，应当将改判的判决书送达罪犯所在的劳改部门和罪犯服刑地的高级人民法院，根据改判的刑期执行，并由罪犯服刑地的高级人民法院裁定撤销原减刑裁定。如果罪犯在原判执行期间确有悔改或者立功表现，还需要依法减刑的，应当依照法定程序另行作出裁定。

最高人民法院
关于印发《全国法院减刑假释工作座谈会纪要》的通知

1989年2月14日　　法（办）发〔1989〕3号

全国地方各级人民法院、各级军事法院、各铁路运输中级法院和基层法院、各海事法院：

现将《全国法院减刑、假释工作座谈会纪要》发给你们，望认真研究、贯彻执行。

附：

全国法院减刑假释工作座谈会纪要

全国法院减刑、假释工作座谈会于1988年11月25日至29日在北京召开。参加这次座谈会的有各省、自治区、直辖市高级人民法院、解放军军事法院负责减刑、假释工作的审判庭庭长或副庭长，部分中级、基层人民法院的院长或庭长。最高人民检察院监所检察厅、司法部劳改局、公安部预审局应邀派员参加了座谈会。座谈会回顾了前几年减刑、假释工作的情况，总结、交流了工作经验，研究了如何正确执行法律和政策，健全和完善办案程序制度等问题。现纪要如下：

一

会议认为，近几年来，全国各级人民法院与各级公安、检察、司法行政机关密切配合，按照刑法、刑事诉讼法的有关规定，审理了大量减刑、假释案件。自1985年至1988年上半年，共减刑、假释罪犯50多万人次，工作是有成绩的。不少法院还深入劳改单位，结合宣告减刑、假释的裁定，对罪犯进行了法制教育。通过减刑、假释，对调动罪犯改造的积极性，稳定监管秩序，促进社会治安的综合治理等方面都收到了明显效果。当前减刑、假释工作存在的主要问题是：少数案件的办案质量不高；有些法院执行办案程序制度不够严格等。这些问题需要认真解决。

二

会议认为，审理减刑、假释案件，必须严格依据国家法律和政策。会议根据有关规定和审判实践，对如何具体执行法律、政策问题提出以下意见：

（一）关于减刑、假释的条件

1. 减刑的条件

被判处管制、拘役、有期徒刑、无期徒刑的犯罪分子，在执行期间，如果确有悔改或者立功表现，可以减刑。被判处拘役或者三年以下有期徒刑、宣告缓刑的犯罪分子，如果在缓刑考验期间确有突出的悔改表现或者立功表现，可以对原判刑罚予以减刑，同时相应地缩减其缓刑考验期限。

确有悔改表现，主要是指罪犯认罪服法；一贯遵守监规纪律；积极参加政治、文化、技术学习；积极参加劳动，爱护公物，完成劳动任务。以上四个方面同时具备的，应认为是确有悔改表现。对罪犯在执行期间提出申诉的，要具体情况具体分析，不要一概认为不认罪服法。

确有立功表现，是指揭发、检举监内外犯罪分子的犯罪活动，经查证属实；制止他犯逃跑、行凶、破坏等犯罪活动；在生产中有发明创造、重大技术革新；在日常生产生活中舍已救人；在抢险救灾中有突出贡献；其他有利于国家和人民利益的突出事迹。有上述表现之一的，应认为是确有立功表现。

2. 假释的条件

被判处有期徒刑的犯罪分子，执行原判刑期二分之一以上，被判处无期徒刑的犯罪分子，实际执行十年以上，如果确有悔改表现，不致再危害社会，可以假释。如果有特殊情节，可以不受上述执行刑期的限制。

不致再危害社会，是指罪犯确已悔罪，劳改期间一贯表现好，不致重新犯罪；老弱病残丧失作案能力的。特殊情节，一般是指：原工作单位因生产、重大科研的特殊需要，请求保释的；或者有其他特殊情况的。

（二）关于死缓犯的减刑

死缓犯的减刑不同于刑法第七十一条规定的减刑。按照刑法第四十六条的规定，死缓犯在执行期间，如果确有悔改，二年期满以后，减为无期徒刑；如果确有悔改并有立功表现，二年期满以后，减为十五年以上二十年以下有期徒刑。上述规定，必须严格执行。根据立法精神和审判实践经验，死缓犯在执行期间，没有抗拒改造恶劣情节的，二年期满以后，也应减为无期徒刑。

（三）关于减刑的幅度

对于无期徒刑犯在执行期间，如果确有悔改或立功表现，服刑二年以后，应及时予以减刑。为使无期徒刑犯的减刑，与死缓犯、有期徒刑长刑犯的减刑相照应，对确有悔改表现的，一般可以减为十八年以上二十年以下有期徒刑；确有悔改并有立功表现的，可以减为十三年以上十八年以下有期徒刑。

对于有期徒刑犯，在执行期间，确有悔改或者立功表现的，一般一次可减一年以下有期徒刑；确有悔改并有立功表现的，一般一次可减二年以下有期徒刑；有重大立功表现的，可不受上述减刑幅度的限制。

对于判处管制、拘役和判处拘役或者三年以下有期徒刑而宣告缓刑的犯罪分子，确有悔改或者立功表现的，可适当减刑。

对于经过一次或者几次减刑以后实际执行的刑期，判处管制、拘役、有期徒刑的，不能少于原判刑期的二分之一；判处无期徒刑的，不能少于十年；判处拘役缓刑的考验期限不能少于一个月，判处有期徒刑缓刑的考验期限不能少于一年。

原判附加剥夺政治权利的，减刑时可根据不同情况分别处理。由死缓减为无期徒刑的，附加剥夺政治权利终身不变；由死缓、无期徒刑减为有期徒刑的，应当把附加剥夺政治权利的期限改为三年以上十年以下；有期徒刑减刑时，附加剥夺政治权利可予酌减或者不减；管制减刑时，附加剥夺政治权利按刑法第五十一条第二款的规定处理。

（四）关于有期徒刑犯减刑的起始和间隔时间

五年以上有期徒刑犯，一般在执行一年半以上方可减刑；两次减刑之间一般以间隔一年以上为宜。五年以下有期徒刑犯，可以比照上述规定的时间适当缩短。对有立功表现的，可不受上述时间的限制。

（五）关于对几种罪犯的减刑、假释

审理减刑、假释案件，主要是根据罪犯的改造表现，同时也要考虑原判的情况。对罪行严重的反革命分子，犯罪集团的首犯、主犯、累犯、惯犯的减刑、假释，要特别慎重，严格掌握。

三

会议认为，对减刑、假释案件的管辖和审理程序，需要进一步明确并认真执行。会议提出以下意见：

（一）关于减刑、假释案件的管辖

几年以来，最高人民法院和有关部门联合发了一些文件，对减刑、假释案件的管辖作了明确规定，即：死缓犯的减刑和无期徒刑犯的减刑、假释，由服刑地高级人民法院管辖；有期徒刑犯（包括原判死缓、无期徒刑已减为有期徒刑的罪犯）的减刑、假释，以及判处三年以下有期徒刑宣告缓刑的罪犯的减刑，由服刑地中级人民法院管辖；拘役（包括判处拘役宣告缓刑）、管制犯的减刑，由当地基层人民法院管辖；在看守所服刑的罪犯（判处有期徒刑一年以下和判决生效后经折抵刑期余刑不足一年的罪犯，以及个别余刑一年以上，因特殊需要经有关部门批准的罪犯）的减刑、假释，由当地同级人民法院管辖。这些规定，仍应认真执行。

（二）关于审理减刑、假释案件的程序制度

1. 在立案时，要审查执行机关申报的材料、手续是否齐全、完备。申报的材料包括提请减刑、假释意见书，罪犯评审鉴定表、奖惩审批表、终审法院判决书、裁定书、历次减刑裁定书的复制件，以及罪犯悔改或者立功表现具体事实的证明材料。经审查，认为材料不齐和手续不全的，应通知执行机关补充材料或退回补查。

2. 审理减刑、假释案件，要认真审查罪犯确有悔改或者立功表现的具体事实。要有重点地选择一些案件，深入劳改单位核实，了解罪犯在执行期间的改造情况。

3. 审理减刑、假释案件，应当组成合议庭进行。

4. 减刑、假释裁定书，应扼要写明罪犯确有悔改或者立功表现的事实，引用刑法、刑事诉讼法有关条款。准予减刑的案件，要注明刑期的起止日期；准予假释的案件，要注明假释考验期的起止日期。

5. 减刑、假释裁定书，由庭长或主管院长审核签发。

6. 减刑、假释裁定书，可以由人民法院直接宣告，也可以委托执行机关代为宣告。人民法院应将裁定书副本同时送达原判法院和担负对该劳改单位检察任务的人民检察院。

7. 对减刑、假释的裁定，本院院长或上级人民法院发现确有错误的，或人民检察院提出抗诉的，按审判监督程序处理。

四

会议认为，要进一步做好减刑、假释工作，必须提高对减刑、假释工作的认识。审理减刑、假释案件，是法律赋予人民法院审判权的一部分，是人民法院刑事审判工作中的一项经常性工作。做好减刑、假释工作，对于加强社会主义法制，维护法律和人民法院判决的严肃性，促进犯罪分子的改造，加强社会治安的综合治理，有着重要的意义。各级法院都要严格按照刑法、刑事诉讼法的有关规定，坚持以事实为根据，以法律为准绳的原则，积极认真审理好每一件减刑、假释案件，确保办案质量。

各级人民法院要把减刑、假释工作作为刑事审判方面的一项重要工作，列为议事日程。主管院长要经常督促、检查，研究解决工作中的问题和实际困难，对一些重大、疑难案件要亲自过问。上级法院要加强调查研究，掌握工作情况，总结推广好的经验，及时帮助下级法院研究工作中的问题，发挥监督、指导作用。

各级法院要统筹兼顾，适当调整和充实减刑、假释工作的办案力量，高、中级法院，由于案件数量多，工作任务大，要配备与任务相适应的干部，基层法院要有专人负责，并保持稳定。

人民法院要加强与劳改等部门的密切配合，经常互通情况，交换意见；对执行机关报送的减刑、假释案件，人民法院要及时审理，作出裁定；要结合执行机关的奖惩活动，在宣告裁定时，对罪犯进行法制宣传教育，以扩大办案效果。

最高人民法院 最高人民检察院
关于印发《关于当前处理企业事业单位、机关、团体投机倒把犯罪案件的规定》的通知

1989年3月15日 法（研）发〔1989〕5号

全国地方各级人民法院、人民检察院，各级军事法院、军事检察院，各铁路运输法院、铁路运输检察院，各海事法院：

现将《关于当前处理企业事业单位、机关、团体投机倒把犯罪案件的规定》印发给你们，请遵照执行。

附：

关于当前处理企业事业单位、机关、团体投机倒把犯罪案件的规定

近几年来，一些企业事业单位、机关、团体违反国家有关法律法规，以及国务院有关规定和政策，通过各种手段进行投机倒把活动，为本单位牟取非法利益，特别是有些机关、单位利用手中掌握的权力从事投机倒把活动，严重地破坏了正常的经济秩序和经济环境，妨害了改革和建设事业的顺利进行。对此，除一般应由国家行政主管部门依照国务院《投机倒把行政处罚暂行条例》及其他行政法规予以行政处罚外，其中情节严重，构成犯罪的，必须依法惩处，追究其直接负责的主管人员和其他直接责任人员的刑事责任。根据刑法的有关规定、全国人大常委会的有关补充规定，并参照最高人民法院、最高人民检察院（85）高检会（研）字第3号《关于当前办理经济犯罪案件中具体应用法律的若干问题的解答（试行）》中，关于如何处理国家机关、企业事业单位投机倒把罪的几个问题的司法解释，特作如下规定：

一、企业事业单位、机关、团体违反国家有关法律、法规，以及国务院有关规定和政策，进行投机倒把活动，为本单位牟取非法利益，数额特别巨大，并且手段恶劣，严重破坏社会主义经济秩序或者严重危害国家、集体和人民群众利益的，除按照行政法规予以处罚外，对直接负责的主管人员和其他直接责任人员应依法追究刑事责任。单位投机倒把所得的一切财物，应予追缴。

企业事业单位、机关、团体进行投机倒把活动，一般以非法经营数额达到30万元至60万元，或者非法获利数额达到10万元至20万元为“数额特别巨大”的起点。各省、自治区、直辖市高级人民法院、人民检察院可以根据本地区经济发展状况以及经济犯罪情况，会同有关部门，参照上列数额意见，提出本地区具体数额标准。并在办理案件中，将本地区确定的数额标准和单位投机倒把的其他构成条件结合起来考虑，决定是否追究有关人员的刑事责任。

企业事业单位、机关、团体进行投机倒把活动手段恶劣，是指上述单位与其他单位或个人内外勾结进行投机倒把活动，或者把国家计划内物资、指标转为计划外物资、指标，加价倒卖牟取暴利等。

企业事业单位、机关、团体的投机倒把活动虽未达到规定的数额标准，但有其他特别严重情节的，如生产、推销、倒卖假农药、假种子、假化肥、以及假药、假酒等伪劣商品，破坏工农业生产或者危害人民生命和健康；以救灾抢险等有特殊重要用途的款物进行投机倒把；以及倒卖重要农用物资、粮食等影响国计民生和重要生产、生活资料等，亦应依法追究直接负责的主管人员和其他责任人员的刑事责任。如果法律或司法解释对犯罪性质、数额标准另有规定的，依照该规定办理。

二、企业事业单位、机关、团体为牟取非法利益，与投机倒把单位（包括相互有隶属关系的单位）通谋，为其提供批件、货源、资金、帐号、发票、证明，或者为其提供运输、保管、组织劳务或者给其他方便，情节严重的，对其直接负责的主管人员和其他直接责任人员，以投机倒把的共犯依法追究刑事责任。

三、企业事业单位、机关、团体进行投机倒把犯罪，符合本规定第一条标准的，对其直接负责的主管人员和其他直接责任人员，依照刑法第一百一十七条的规定处罚；对

于少数情节特别严重的，依照刑法第一百一十八条的规定处罚。对于直接负责的主管人员和其他直接责任人员中饱私囊的，分别不同情况，如果属于个人投机倒把，依法从重处罚；如果属于贪污或者受贿等犯罪，依法实行数罪并罚。

国家工作人员利用职务上的便利个人或伙同他人犯投机倒把罪的，依照刑法第一百一十九条和全国人大常委会《关于严惩严重破坏经济的罪犯的决定》中的有关规定，从重处罚。

私营企业或者个人非法成立的经济组织投机倒把构成犯罪的，应按个人投机倒把认定。

四、本规定下发以前，按照最高人民法院、最高人民检察院《关于当前办理经济犯罪案件中具体应用法律的若干问题的解答（试行）》中的有关规定处理过的案件，不再变动。本规定下发以后尚未办理或者正在办理的案件，依照本规定办。

最高人民法院
关于取保候审的被告人逃匿如何追究保证人责任问题的批复

1989年7月3日　　法（研）复〔1989〕4号

北京市高级人民法院：

你院（1988）京高法字第173号《关于取保候审的被告人逃匿如何追究保证人责任问题的请示》收悉。经研究，现答复如下：

对刑事被告人采取取保候审，保证人应当负哪些法律责任，刑事诉讼法没有具体规定，在目前情况下，应根据不同情况分别处理：

一、根据案件事实，取保候审的被告人确系犯罪分子，如保证人与被告人串通，协助被告人逃匿，视其情节，已构成犯罪的，可根据刑法第一百六十二条规定的窝藏罪，追究保证人的刑事责任。

二、在刑事附带民事诉讼中，取保候审的被告人逃匿，如保证人明知其逃匿下落，但拒绝提供被告人去处或者拒绝将被告人找回，以及与被告人串通，协助被告人逃匿的，可由保证人承担应由被告人承担的民事赔偿责任。

最高人民法院
关于拐卖人口案件中婴儿幼儿儿童年龄界限如何划分问题的批复

1989年7月7日　　法（研）复〔1989〕5号

福建省高级人民法院：

你院闽法研字〔1988〕第45号《关于拐卖人口中婴儿、幼儿、儿童年龄界限如何划分的请示》收悉。经研究，现答复如下：

最高人民法院、最高人民检察院、公安部1984年3月31日《关于当前办理拐卖人口案件中具体应用法律的若干问题的解答》中，关于婴儿、幼儿、儿童的年龄划分，应以不满1岁的为婴儿，1岁以上不满6岁的为幼儿，6岁以上不满14岁的为儿童。

在办理奸淫幼女案件中，幼女的年龄按刑法第一百三十九条的规定执行，不满14岁的均为幼女。

最高人民法院　最高人民检察院
关于贪污受贿投机倒把等犯罪分子必须在限期内自首坦白的通告

1989年8月15日　　法（研）发〔1989〕21号

坚决惩治腐败，同贪污、受贿、投机倒把等经济领域内的严重犯罪活动作斗争，是党的十三届四中全会确定的一项重要任务，是人民群众普遍关心的事情。对于严重经济犯罪活动，必须予以严厉打击。查处这类犯罪案件，要坚持以事实为根据，以法律为准绳和公民在法律面前一律平等的原则，坚决贯彻惩办与宽大相结合，坦白从宽、抗拒从严的政策。凡触犯刑律，构成犯罪的，均应予以追究；凡在限期内投案自首、坦白、立功的，均应予以从宽处理。为了给犯罪分子一个悔过自新的机会，严惩那些拒不悔罪的犯罪分子，根据1989年7月27日和28日举行的中共中央政治局全体会议的建议和有关法律规定，特作如下通告：

一、国家工作人员犯贪污罪、受贿罪、投机倒把罪的，企业事业单位、机关、团体犯投机倒把罪、受贿罪的直接负责的主管人员和其他直接责任人员，自本通告发布之日起，至1989年10月31日，必须向检察机关、公安机关、人民法院或者其他有关部门或本单位投案自首，坦白交代犯罪事实，争取从宽处理。

二、在上述期限内，凡投案自首，积极退赃的，或者有检举立功表现的，依照刑法第六十三条、第五十九条的规定，一律从宽处理。其中，犯罪特别严重，依法应判处死刑的，可以从轻或者减轻处罚，不判处死刑；犯罪较重，依法应判处重刑的，可以从轻、减轻处罚或者免除处罚；犯罪较轻，依法应判处轻刑的，可以减轻处罚或者免除处罚。

被采取强制措施后坦白全部罪行，积极退赃的，或者有检举立功表现的，参照前款规定，酌情予以从宽处理。

三、凡在规定期限内，拒不投案自首，坦白交代问题的；销毁证据，转移赃款赃物的；互相串通，订立攻守同盟的；或者畏罪潜逃，拒不归案的，坚决依法从严惩处。

四、凡掌握、了解犯罪情况的人，都有义务向司法机关或者有关部门进行检举揭发。对于检举揭发人，应依法予以保护。对检举揭发有功人员，应给予奖励。

对执法人员和检举揭发作证人员进行阻挠、威胁、打击报复的，按刑法第一百五十七条妨害公务罪或者第一百四十六条报复陷害罪的规定从重处罚。

对乘机捏造事实诬告陷害他人的，按刑法第一百三十八条诬告陷害罪的规定从重处罚。

五、严禁对违法犯罪分子说情袒护、徇私包庇。包庇、窝藏犯罪分子的，按刑法第一百六十二条包庇罪、窝藏罪的规定从重处罚；为犯罪分子隐匿、销毁罪证，出具或者制造伪证的，按刑法第一百四十八条伪证罪的规定从重处罚。

六、本通告第一条规定以外的其他经济犯罪分子，在通告规定的期限内自首坦白、检举立功的，也适用本通告第二条的规定。

七、本通告发布后，正在办理的贪污、受贿、投机倒把等经济犯罪案件，犯罪分子有自首坦白、检举立功情节的，适用本通告第二条的规定。

附：有关法律条文

一、有关从宽处理的法律规定

刑法第六十三条　犯罪以后自首的，可以从轻处罚。其中，犯罪较轻的，可以减轻或者免除处罚；犯罪较重的，如果有立功表现，也可以减轻或者免除处罚。

第五十九条　犯罪分子具有本法规定的减轻处罚情节的，应当在法定刑以下判处刑罚。

犯罪分子虽然不具有本法规定的减轻处罚情节，如果根据案件的具体情况，判处法定刑的最低刑还是过重的，经人民法院审判委员会决定，也可以在法定刑以下判处刑罚。

刑事诉讼法第一百零一条　依照刑法规定不需要判处刑罚或者免除刑罚的，人民检察院可以免予起诉。

二、关于妨害公务罪、报复陷害罪等罪的规定

妨害公务罪：

刑法第一百五十七条　以暴力、威胁方法阻碍国家工作人员依法执行职务的，或者拒不执行人民法院已经发生法律效力的判决、裁定的，处三年以下有期徒刑、拘役、罚金或者剥夺政治权利。

报复陷害罪：

刑法第一百四十六条　国家工作人员滥用职权、假公济私，对控告人、申诉人、批评人实行报复陷害的，处二年以下有期徒刑或者拘役；情节严重的，处二年以上七年以下有期徒刑。

诬告陷害罪：

刑法第一百三十八条　严禁用任何方法、手段诬告陷害干部、群众。凡捏造事实诬告陷害他人（包括犯人）的，参照所诬陷的罪行的性质、情节、后果和量刑标准给予

刑事处分。国家工作人员犯诬陷罪的，从重处罚。

不是有意诬陷，而是错告，或者检举失实的，不适用前款规定。

窝藏罪、包庇罪：

刑法第一百六十二条 窝藏或者作假证明包庇反革命分子的，处三年以下有期徒刑、拘役或者管制；情节严重的，处三年以上十年以下有期徒刑。

窝藏或者作假证明包庇其他犯罪分子的，处二年以下有期徒刑、拘役或者管制；情节严重的，处二年以上七年以下有期徒刑。

伪证罪：

刑法第一百四十八条 在侦查、审判中、证人、鉴定人、记录人、翻译人对与案件有重要关系的情节，故意作虚假证明、鉴定、记录、翻译，意图陷害他人或者隐匿罪证的，处二年以下有期徒刑或者拘役；情节严重的，处二年以上七年以下有期徒刑。

最高人民法院和最高人民检察院负责人就发布《关于贪污受贿投机倒把等犯罪分子必须在限期内自首坦白的通告》答新华社记者问

(1989年8月18日)

日前，本社记者就最高人民法院、最高人民检察院于8月15日发布的《关于贪污、受贿、投机倒把等犯罪分子必须在限期内自首坦白的通告》(以下简称“通告”)中的有关问题，采访了最高人民法院和最高人民检察院的负责人。

问：最高人民法院和最高人民检察院“通告”在8月15日全文公布后，社会各界很关注。现在请先讲讲当前为什么要发布这个“通告”？

答：自党的十一届三中全会决定实行改革开放的政策以来，党和国家一直十分重视同经济领域内的犯罪活动作斗争。早在1982年，邓小平同志就明确指出：“我们要有两手，一手就是坚持对外开放和对内搞活经济的政策，一手就是坚决打击经济犯罪活动。”1982年3月，全国人大常委会通过了《关于严惩严重破坏经济的罪犯的决定》。近几年来，全国各级人民检察院和人民法院依法批捕、起诉和判处了一大批严重经济犯罪分子。但是，当前经济领域内的犯罪活动，特别是少数国家工作人员贪污、受贿等犯罪活动和少数单位的投机倒把等犯罪活动仍很猖獗。“坚决惩治腐败”，是党的十三届四中全会提出的一项重要任务。为了深入开展打击严重经济犯罪活动的斗争，分化瓦解犯罪分子，给犯有贪污、受贿、投机倒把等犯罪行为的人一个悔过自新的机会，严惩拒不悔罪和仍在进行犯罪的少数犯罪分子，鼓舞广大群众同犯罪作斗争，根据《中共中央、国务院关于近期要做几件群众关心的事的决定》中的建议和有关法律规定，现在制定和公布了《关于贪污、受贿、投机倒把等犯罪分子必须在限期内自首坦白的通告》。

问：为什么“通告”规定的自首坦白的期限是两个半月？

答：“通告”规定犯罪分子自首坦白的期限，自“通告”发布之日，也就是1989年8月15日起，至1989年10月31日止，共计两个半月的时间。确定这个期限，一是为了广泛宣传，发动群众，积极进行检举揭发；二是为了给犯罪分子一个考虑的时间。因此，

"通告"确定自首坦白的时间为两个半月是适宜的。

问："通告"规定在限期内自首坦白的均应从宽处理，这与对于严重经济犯罪分子实行从严惩处的方针是否有矛盾？

答：不矛盾。总的讲，我们对严重经济犯罪分子实行从严惩处的方针。但是具体贯彻执行这一方针时，要讲究政策，区别对待。"惩办与宽大相结合"，是我们党和国家同犯罪作斗争的基本政策，是刑法的重要指导思想之一。"坦白从宽，抗拒从严"，就是这一政策的重要内容。为了发挥"通告"的威力，在法律规定的范围内，对在限期内自首坦白的犯罪分子，均应从宽处理。对在规定期限内不投案自首坦白交代问题的；为隐瞒犯罪销毁证据、转移赃款赃物的；以及互相串通、订立攻守同盟或者畏罪潜逃、拒不归案的，均应依法受到从严惩处。这就全面体现了党和国家的政策。"通告"作出的从宽处理的规定，正是为了更好地开展严厉打击严重经济犯罪的斗争。

问：为什么"通告"规定对徇私包庇、打击报复等犯罪行为要从重处罚？

答：当前经济犯罪活动所以很猖獗，一个重要原因，就是在处理经济犯罪案件中，各种各样的阻力很大，其中有些就是说情袒护、徇私包庇或者打击报复的。为了排除阻力，"通告"专门对构成犯罪的作出了必须依法从重处罚的规定。

问："通告"第六条规定的"其他经济犯罪分子"，具体指的是什么？

答：一是指国家工作人员以外的犯贪污罪、受贿罪、投机倒把罪的人员。如按照法律规定，集体经济组织工作人员；或者其他经手、管理公共财物的人员犯贪污罪的；集体经济组织工作人员或者其他从事公务的人员犯受贿罪的；以及与国家工作人员和上述人员勾结，伙同贪污、受贿，成为共犯的。依照法律规定，任何人都可以构成投机倒把罪的主体，而不仅仅限于国家工作人员。二是指贪污犯、受贿犯、投机倒把犯以外的经济犯罪分子，如走私犯、诈骗犯，等等。可以说，任何人从事任何经济犯罪活动，只要在限期内自首坦白、检举立功的，都将依照"通告"的规定得到从宽处理。

问：目前司法机关正在办理的贪污、受贿、投机倒把等经济犯罪案件，是否适用"通告"的规定？

答：适用。按照"通告"第七条的规定，"通告"发布后，司法机关正在办理的经济犯罪案件，犯罪分子有自首坦白、检举立功情节的，也将依照"通告"的规定，得到从宽处理。

问：最后，请谈谈怎样才能贯彻执行好这个"通告"？

答：贯彻执行好"通告"，必须在各级党委的统一领导下，放手发动群众，进行举报揭发，积极同经济犯罪活动作斗争，以形成强大的声势。"通告"发布后，一些地方已经采取多种形式，进行了动员，深入发动群众，促进了这一斗争的开展。现在有些贪污、受贿、投机倒把等犯罪分子，在政策的感召下，已经向司法机关和有关部门投案自首，一个强大的同严重经济犯罪活动作斗争的声势正在形成。我们希望犯罪分子的亲友，做好规劝工作，促使犯罪分子向司法机关和有关部门自首坦白，彻底交代犯罪事实，争取从宽处理。在此，我们再次敦促有各种经济犯罪行为的人，必须认请当前的形势，在规定的期限内，不失时机地向司法机关和有关部门自首坦白，走悔过自新之路。最后，我们还要正告那些负隅顽抗或者企图蒙混过关的犯罪分子，顽抗到底，是没有出路的，必将受到法律的严厉惩罚！

最高人民法院　最高人民检察院
关于印发《关于执行“通告”第二条有关规定的具体意见》的通知

1989年8月22日　(89)高检会(研)字第9号

全国地方各级人民法院、人民检察院，各级军事法院、军事检察院，各铁路运输法院、铁路运输检察院，各海事法院：

现将《关于执行“通告”第二条有关规定的具体意见》印发给你们，请参照执行。执行中有什么情况和问题，请及时报告我们。

附：

最高人民法院　最高人民检察院
关于执行“通告”第二条有关规定的具体意见

(1989年8月22日)

为了便于各地更好地贯彻执行最高人民法院、最高人民检察院《关于贪污、受贿、投机倒把等犯罪分子必须在限期内自首坦白的通告》第二条的有关规定，现提出如下具体意见：

一、个人贪污、受贿、投机倒把情节特别严重，罪该判处死刑的，在“通告”规定的期限内投案自首，积极退赃的，或者有立功表现的，不论数额多大，一律不判处死刑。

二、个人贪污、受贿数额在5万元以上，个人投机倒把非法经营数额在20万元以上，或者非法获利数额在10万元以上，应当判处重刑的，在“通告”规定的期限内投案自首，积极退赃的，或者有立功表现的，可以从轻、减轻处罚，也可以免予起诉或者免予刑事处分。

三、个人贪污、受贿数额在1万元以上不满5万元，个人投机倒把非法经营数额在5万元以上不满20万元，或者非法获利数额在3万元以上不满10万元的，在“通告”规定的期限内投案自首，积极退赃的，或者有立功表现的，可以从轻、减轻处罚、免予起诉或者免予刑事处分。

四、个人贪污数额不满1万元的，个人投机倒把非法经营数额不满5万元的，或者非法获利数额不满3万元的，在“通告”规定的期限内投案自首，积极退赃的，或者有立功表现的，可以免予起诉或者免予刑事处分。

五、个人受贿使国家利益或者集体利益遭受重大损失的，在“通告”规定的期限内投案自首，积极退赃的，或者有立功表现的，在决定从宽处理时，应当从严掌握。

六、个人贪污、受贿、投机倒把构成犯罪的，在“通告”规定的期限内，被采取强制措施后坦白全部罪行，并且积极退赃的，或者有立功表现的，可以参照上述规定，适当从轻、减轻处罚，也可以免予起诉或者免予刑事处分。

七、企业事业单位、机关、团体犯投机倒把罪、受贿罪的，直接负责的主管人员和其他直接责任人员，在“通告”规定的期限内投案自首，积极组织退赃的，可以从轻、减轻处罚、免予起诉或者免予刑事处分。

最高人民法院　最高人民检察院　公安部　司法部
关于依法加强对管制剥夺政治权利缓刑假释和暂予监外执行罪犯监督考察工作的通知

1989年8月30日　　(89) 高检会（监）字第7号

各省、自治区、直辖市高级人民法院、人民检察院、公安厅（局）、司法厅（局）：

对于在监外执行刑事判决、裁定的管制、剥夺政治权利、缓刑、假释和暂予监外执行（含保外就医）的犯罪分子（以下统称监外罪犯），依照法律规定，加强监督考察工作，是综合治理社会治安，预防、减少监外罪犯重新犯罪的重要措施。近年来，这项工作取得了一定成效。但是仍存在不少亟待解决的问题，突出表现在交接脱节、法律文书不全、监督考察措施不力、管理失控等方面，致使一些监外罪犯逍遥法外，甚至继续危害社会。为此，特重申和补充规定如下：

一、担负对监外罪犯执行刑事判决、裁定的机关，是县（市）公安局、城市公安分局以及相当于这一级的公安机关。

二、人民检察院对于监外罪犯的刑事判决、裁定是否得到依法执行和执行活动是否合法，实行监督；如果发现有违法的情况，应当通知有关机关纠正。

三、审判或批准机关交付执行的监外罪犯的法律文书、手续，必须合法、完备。

（一）人民法院对构成犯罪的刑事被告人，判处管制、单独判处剥夺政治权利或判处拘役、三年以下有期徒刑宣告缓刑后，应将生效的判决（裁定）书副本和执行通知书，一并及时送达执行地的县级公安机关和人民检察院。

（二）人民法院对在押的服刑罪犯裁定假释后，应将裁定书副本四份送达提请假释的劳动改造机关或公安机关；然后由在押犯所在的劳动改造机关或公安机关看守所，在办理释放手续的同时，将原判法律文书（或抄件、复印件）、执行通知书（或抄件、复印件）、假释裁定书副本和犯人出监（所）鉴定表，一并及时送交执行地的县级公安机关和人民检察院。

（三）人民法院对未被羁押的刑事被告人，判处无期徒刑、有期徒刑或拘役的同时，决定暂予监外执行的，应在执行通知书上注明“暂予监外执行”，连同生效的判决（裁定）书副本、结案登记表，一并及时送达执行地的县级公安机关和人民检察院。暂予监外执行的条件消失后，判处无期徒刑和判处有期徒刑余刑一年以上的，由公安机关将罪犯交付劳动改造机关收监执行；判处有期徒刑余刑不足一年的，交公安机关看守所执行。

（四）省（自治区、直辖市）劳改局或县级以上公安机关对在押的服刑罪犯，批准暂予监外执行后，应将审批表副本三份送达报请暂予监外执行的劳动改造机关或公安机关看守所；然后由押犯单位在办理出监（所）手续的同时，将原判法律文书（或抄件、复印件）、执行通知书（或抄件、复印件）、审批表副本和犯人出监（所）鉴定表，一并及时送交执行地的县级公安机关和人民检察院。

（五）劳动改造机关或公安机关看守所对刑满释放后仍需执行附加剥夺政治权利的罪犯，在办理释放手续的同时，应将原判法律文书（或抄件、复印件）和犯人出监（所）鉴定表，一并及时送交执行地的县级公安机关和人民检察院。

执行地的县级公安机关和人民检察院发现法律文书、手续不全或罪犯不符合在监外执行的法定条件等问题，应向审判或批准机关提出纠正意见，审判或批准机关应予复议。

四、执行地的县级公安机关，应把监外罪犯列为重点人口依法进行管理，防止漏管和失控。

在工作中，县级公安机关可以指定监外罪犯居住地的公安派出所、驻乡人民警察或者交罪犯所在单位、基层组织，作为具体负责监督考察的执行单位。

要依靠群众对监外罪犯逐个建立监督考察小组，切实落实监督考察措施，并严格按照《刑法》、《刑事诉讼法》和公安部印发的《公安机关办理刑事案件程序规定》（1987年）、《重点人口管理工作规定》（1985年）、《关于管制、拘役、缓刑、假释、监外执行、监视居住的具体执行办法》（1979年）的有关规定，对监外罪犯进行经常性的监督考察。

五、监外罪犯在被监督考察期间，并未消除罪犯身份。在此期间，应限制其活动范围并界定其所在地域，明确宣布：

（一）被管制、假释和暂予监外执行的罪犯，不允许离开所在地域外出经商；被剥夺政治权利和宣告缓刑的罪犯，如外出经商，需事先经县级公安机关允许。

被管制、缓刑、假释和暂予监外执行的罪犯，未经执行机关或执行单位批准，不得组织、发动和参加公民组织的集会、游行、示威活动。

（二）监外罪犯确因医病、探亲等特殊情况需要离开所在地域到本县、市以外地方的，必须经过县级公安机关批准；离开居住地到本县、市内其他地方的，由具体负责监督考察的执行单位批准。

经过批准外出的监外罪犯，其被许可外出的期间，应计入执行期，但超过许可的时间不计入执行期；对于未经批准而擅自离开所在地域的监外罪犯，其外出期间，不得计入执行期。扣除的执行期，由县级公安机关在其法律文书上注明，并加盖公章，通知本人。

六、执行地的县级公安机关对于监外罪犯被扣除刑期，或出现迁居、死亡、暂予监外执行条件消失（包括表现不好应予收监执行）的变动情况，应书面（格式附后）通知同级人民检察院和原审判或批准机关。

七、为了加强对监外罪犯的依法监督考察工作，县级公安、检察、法院、司法行政等部门，应各司其职，各负其责，密切配合，相互协作。为了及时发现和解决在监外执行刑事判决、裁定中的问题，各地应根据具体情况，每年组织一至两次联合检查。检查结果应以书面形式逐级上报。

八、各地公安、检察、法院和司法行政部门要结合目前清查反革命暴乱分子，对监外罪犯进行一次全面清理、整顿，对有重新违法犯罪活动的要坚决依法严惩。在清理、整顿中要注意了解执行情况、存在的问题并提出今后加强这项工作的做法，要求写出有分析、有数据和典型案例的报告，于年底前分别报各主管部门并抄送有关部门。

以上规定，请各地结合实际遵照执行。

最高人民法院　最高人民检察院
关于不再追诉去台人员在中华人民共和国成立后当地人民政权建立前的犯罪行为的公告

（1989年9月7日）

最高人民法院、最高人民检察院1988年3月14日《关于不再追诉去台人员在中华人民共和国成立前的犯罪行为的公告》发布以后，引起各方面的积极反响。为了进一步发展祖国大陆与台湾地区的经济、文化交流和人员往来，促进祖国和平统一大业，现根据《中华人民共和国刑法》的规定，再次公告如下：

一、对去台人员在中华人民共和国成立后、犯罪地地方人民政权建立前所犯罪行，不再追诉。

二、去台人员在中华人民共和国成立后、犯罪地地方人民政权建立前犯有罪行；并连续或继续到当地人民政权建立后的；追诉期限从犯罪行为终了之日起计算。凡符合《中华人民共和国刑法》第七十六条规定的，不再追诉。其中法定最高刑为无期徒刑、死刑的，经过二十年，也不再追诉。如果认为必须追诉的，由最高人民检察院核准。

三、对于去台湾以外其他地区和国家的人员在中华人民共和国成立前，或者在中华人民共和国成立后、犯罪地地方人民政权建立前所犯的罪行，分别按照最高人民法院、最高人民检察院《关于不再追诉去台人员在中华人民共和国成立前的犯罪行为的公告》精神和本公告第一条、第二条的规定办理。

最高人民法院　最高人民检察院
关于印发《关于执行〈通告〉的若干问题的答复》的通知

1989年9月14日　〔89〕高检会（研）字第14号

各省、自治区、直辖市高级人民法院、人民检察院，军事法院、军事检察院：

现将《关于执行〈通告〉的若干问题的答复》印发给你们，请参照执行。执行中有什么情况和问题，请及时报告我们。

附：

最高人民法院　最高人民检察院
关于执行《通告》的若干问题的答复

最高人民法院、最高人民检察院《关于贪污、受贿、投机倒把等犯罪分子必须在限期内自首坦白的通告》和《关于执行〈通告〉第二条有关规定的具体意见》(以下简称《具体意见》)公布、下发后，各地人民法院和人民检察院在执行中提出一些具体问题，现就有关问题答复如下：

一、问：《具体意见》第一条规定的“一律不判处死刑”，是否包括一律不判处死刑缓期二年执行？

答：死刑缓期二年执行，不是一个独立的刑种，“一律不判处死刑”，包括一律不判处死刑缓期二年执行。

二、问：《具体意见》第二条规定的“也可以免予起诉或者免予刑事处分”，具体执行中，应当怎样掌握？

答：符合《具体意见》第二条规定的犯罪分子，一般只能从轻、减轻处罚，不能免予起诉或者免予刑事处分。只有在《通告》规定的期限内，主动投案自首，退出全部赃款，没有给国家或者集体利益造成重大损失，并有立功表现的，才可以考虑免予起诉或者免予刑事处分。

对于上述决定免予起诉或者免予刑事处分的案件，应当分别逐级报请最高人民检察院或者最高人民法院审查。

三、问：个人贪污、受贿数额在2000元以上不满5000元的，在《通告》规定的期限内投案自首，积极退赃的，或者有立功表现的，可否不作犯罪处理？

答：不可以。按照全国人大常委会《关于惩治贪污罪贿赂罪的补充规定》第二条第一款第三项和第五条的有关规定，个人贪污、受贿在2000元以上不满5000元的已构成犯罪。因此，这些犯罪分子虽在《通告》规定的期限内投案自首，积极退赃，或者有立功表现，也不应作无罪处理，可以免予起诉或者免予刑事处分。

四、问：司法文书中可否直接引用《通告》规定，作为定罪处罚的依据？

答：司法文书中，应当写明被告人在《通告》规定的期限内投案自首、坦白交代罪行等事实和情节。在司法文书对被告人定罪量刑或者免予起诉、免予刑事处分的部分，可以写明鉴于被告人能在最高人民法院、最高人民检察院《关于贪污、受贿、投机倒把等犯罪分子必须在限期内自首坦白的通告》规定的期限内投案自首或坦白交代罪行，根据刑法和刑事诉讼法的有关规定，对被告人作出从宽处理的决定。

最高人民法院
关于一审判决宣告无罪的
公诉案件如何适用法律问题的批复

1989年11月4日　　　　　　　　法（研）复〔1989〕9号

广东省高级人民法院：

你院关于一审判决宣告无罪的公诉案件如何适用法律问题的请示收悉。经研究，答复如下：

一、对被告人有违法行为，但情节显著轻微，危害不大，不认为是犯罪的，可在宣告无罪判决的法律文书中，同时引用刑法第十条和刑事诉讼法第十一条第一项的规定作为法律根据。

二、对被告人没有违法行为，可在判决书中说明事实、理由后，直接宣告无罪。

三、对于因主要事实不清、证据不足，经多次退查后，检察院仍未查清犯罪事实，法院自己调查也无法查证清楚，不能认定被告人有罪的，可在判决书中说明情况后，直接宣告无罪；如根据已查清的犯罪事实和证据，认为虽已构成犯罪，但不需要判处刑罚的，可以根据刑事诉讼法第一百零八条的规定，要求人民检察院撤回起诉，也可以根据刑法第三十二条的规定，依法作出判决。

最高人民法院　最高人民检察院
关于执行《关于惩治贪污罪贿赂罪的补充规定》若干问题的解答

1989年11月6日　　　　　　　　法（研）发〔1989〕35号

一、关于贪污罪的几个问题

（一）关于贪污罪主体中，“集体经济组织工作人员”和“其他经手、管理公共财物的人员”应如何理解的问题

全国人民代表大会常务委员会《关于惩治贪污罪贿赂罪的补充规定》（以下简称《补充规定》）第一条规定：贪污罪的主体是“国家工作人员、集体经济组织工作人员或者其他经手、管理公共财物的人员”。

1. 集体经济组织，即社会主义劳动群众集体所有制的经济组织，是指在政府主管部门管理之下，按照一定的组织章程建立起来的，财产所有权属于全体组织成员，公共积累为集体公有，并以按劳分配为主要分配形式的经济组织。

集体经济组织工作人员是指在集体经济组织中从事公务的人员。

个人投资、家庭投资、合伙人投资的私人经营的工商户不属于集体经济组织，其人员不能成为贪污罪主体。经济组织的所有制性质不明确或者上述私人经营的工商户持有集体营业执照的，应请工商行政管理部门重新核定。

2.“其他经手、管理公共财物的人员”包括：刑法第一百五十五条中规定的“受国家机关、企业、事业单位、人民团体委托从事公务的人员”；基层群众性自治组织（如居民委员会、村民委员会）中经手、管理公共财物的人员；全民所有制企业、集体所有制企业的承包经营者；以全民所有制和集体所有制企业为基础的股份制企业中经手、管理财物的人员；中方是全民所有制或集体所有制企业性质的中外合资经营企业、中外合作经营企业中经手、管理财物的人员。

直接从事生产、运输劳动的工人、农民，机关勤杂人员，个体劳动者，部队战士，经手公共财物的，如果他们所从事的仅仅是劳务，不能成为贪污罪的主体。

(二)关于共同贪污个人所得数额不大或尚未分赃的处罚问题

《补充规定》第二条第二款规定：“二人以上共同贪污的，按照个人所得数额及其在犯罪中的作用，分别处罚。……对其他共同贪污犯罪中的主犯，情节严重的，按照共同贪污的总数额处罚”。

共同贪污犯罪中，各共犯基于共同的犯罪故意，实施共同的犯罪行为，因此，各共犯均应对共同贪污犯罪行为所造成的危害后果负责。

对于共同贪污中主犯情节严重的，按照共同贪污的总数额处罚。共同贪污尚未分赃的案件，处罚时应根据犯罪分子在共同贪污犯罪中的地位、作用，并参照贪污总数额和共犯成员间的平均数额确定犯罪分子个人应承担的刑事责任。

对于共同贪污个人所得数额虽未达到2000元，但共同贪污数额超过2000元的，主要责任者应予处罚，其中情节较轻的，由其所在单位或者上级主管机关酌情给予行政处分。

(三)关于多次贪污未经处理，按照累计贪污数额处罚的问题

《补充规定》第二条第三款规定：“对多次贪污未经处理的，按照累计贪污数额处罚”。

多次贪污未经处理，是指两次以上（含两次）的贪污行为，既没有受过刑事处罚（包括免予起诉、免予刑事处分），也没有受过行政处理。

累计贪污数额时，应按刑法有关追诉时效的规定执行，在追诉时效期限内的贪污数额应累计计算，已过追诉时效期限的贪污数额不予计算。

二、关于挪用公款罪的几个问题

（一）关于挪用公款罪如何处理的问题

《补充规定》第三条规定的“挪用公款归个人使用”，包括挪用者本人使用或者给其他个人使用。挪用公款后，为私利以个人名义将挪用的公款给企业事业单位、机关、团体使用的，应视为挪用公款归个人使用。

挪用公款罪有三种不同的情况，在处理时应当注意：

1. 挪用公款归个人使用，数额较大，超过三个月未还的，构成挪用公款罪。“未还”是指案发前（被司法机关、主管部门或者有关单位发现前）未还。如果挪用公款数额较大，超过三个月后在案发前已全部归还本息的，可不认为是犯罪，由主管部门按政纪处理；挪用公款在5万元以上，超过三个月后，虽在案发前已全部归还本息，只要属于依法应予追诉的，仍应按挪用公款罪追究刑事责任，可以视不同情况，从轻或者减轻处罚。

2. 挪用公款数额较大，归个人进行营利活动的，构成挪用公款罪，不受三个月的时间和是否归还的限制。在案发前已部分或者全部归还本息，可以分别情节，从轻或者减轻处罚，情节轻微的，也可以免除处罚。

3. 挪用公款归个人进行投机倒把、走私、赌博等非法活动的，构成挪用公款罪，不受上述“数额较大”、“超过三个月未还”的限制。挪用人不知使用人利用公款进行非法活动的，按照上列第1或者2项的规定处罚。

挪用公款归个人进行非法活动或者营利活动，挪用人和使用人的获利均属非法所得。依照《补充规定》第十二条的规定，应予以没收。

（二）关于挪用公款罪的数额标准问题

对挪用公款罪的数额标准，在办案中可以分别情况掌握：

挪用公款归个人使用，“数额较大，进行营利活动的”，或者“数额较大，超过三个月未还的”，以挪用5000元至1万元为“数额较大”的起点，以挪用5万元为“情节严重”的数额起点。

各省、自治区、直辖市高级人民法院、人民检察院，可以参照上述意见，结合本地区的实际情况，在“数额较大”的幅度内，规定本地区具体掌握的“数额较大”的标准。

“挪用公款归个人使用，进行非法活动的”，比照《补充规定》第二条中对贪污罪的数额规定，以2000元为挪用公款归个人进行非法活动的数额起点，以1万元为“情节严重”的数额起点。

挪用国家救灾、抢险、防汛、优抚、救济款物归个人使用的数额标准，参照挪用公款归个人进行非法活动的数额标准掌握。

挪用虽未达到规定的“情节严重”的数额标准，但给国家或集体造成政治上、经济上的恶劣影响或重大损失的，也可以按“情节严重”处罚。

（三）关于“挪用公款数额较大不退还的，以贪污论处”的问题

《补充规定》第三条规定，“挪用公款数额较大不退还的，以贪污论处”。退还是指挪用人或其家属在司法机关立案后将挪用款交还。不退还，既包括主观上不想还的，也包括客观上不能还的。不退还，使被挪用的这部分公款遭到不可弥补的损失，这种行为应“以贪污论处”，定为贪污罪。

在适用《补充规定》第三条时，应按照以下界限掌握：

1. 挪用公款案发后，侦查终结前退还的，以挪用公款罪认定处罚。

2. 挪用公款后，有退还能力而拒不退还的，或者将挪用的公款用掉，实际上已无退还能力的，以贪污罪认定处罚。

3. 在一案中，挪用的公款一部分已退还，另一部分未退还的，如果二者均已达到犯罪数额，前者定挪用公款罪，后者定贪污罪，按数罪并罚的原则处罚。不退还的数额未达到追究贪污罪起刑数额的，不定贪污罪，以挪用公款罪从重处罚。退还的数额未达到追究挪用公款罪起刑数额的，不定挪用公款罪，只在定贪污罪时作为一个情节考虑。

（四）“挪用公款数额较大不退还，以贪污论处”的数额标准如何掌握的问题

对于“挪用公款数额较大不退还，以贪污论处”的案件，应当依照《补充规定》第二条的规定，与贪污罪适用同一数额标准。

（五）关于挪用公物案件如何处理的问题

挪用公物归个人使用，一般应由主管部门按政纪处理，情节严重，需要追究刑事责任的，可以折价按挪用公款罪处罚。

（六）关于内外勾结挪用公款的共犯如何处理的问题

在挪用公款给其他个人使用的案件中，使用人与挪用人共谋，指使或者参与策划取得挪用款的，是共同犯罪。这个原则，也适用于“挪用公款数额较大不退还的，以贪污论处”的案件。

三、关于贿赂罪的几个问题

（一）关于受贿罪的主体问题

《补充规定》第四条规定的受贿罪主体，是指国家工作人员、集体经济组织工作人员或者其他从事公务的人员。

“其他从事公务的人员”，是指国家工作人员、集体经济组织工作人员以外的依照法律从事公务或者受委托从事公务的人员。

（二）关于受贿罪中“利用职务上的便利”如何理解的问题

受贿罪中“利用职务上的便利”，是指利

用职权或者与职务有关的便利条件。“职权”是指本人职务范围内的权力。“与职务有关”，是指虽然不是直接利用职权，但利用了本人的职权或地位形成的便利条件。

国家工作人员不是直接利用本人职权，而是利用本人职权或地位形成的便利条件，通过其他国家工作人员职务上的行为，为请托人谋取利益，而本人从中向请托人索取或者非法收受财物的，应以受贿论处。对于单纯利用亲友关系，为请托人办事，从中收受财物的，不应以受贿论处。

（三）已离、退休的国家工作人员的受贿问题

已离、退休的国家工作人员，利用本人原有职权或地位形成的便利条件，通过在职的国家工作人员职务上的行为，为请托人谋取利益，而本人从中向请托人索取或者非法收受财物的，以受贿论处。

（四）关于构成受贿罪的行为如何掌握的问题

根据《补充规定》第四条第一款的规定，认定受贿罪的行为应当掌握：

1. 索取他人财物的，不论是否“为他人谋取利益”，均可构成受贿罪。

2. 非法收受他人财物，同时具备“为他人谋取利益”的，才能构成受贿罪。为他人谋取的利益是否正当，为他人谋取的利益是否实现，不影响受贿罪的成立。

公安部 最高人民法院 最高人民检察院 司法部
关于办理流窜犯罪案件中一些问题的意见的通知

1989 年 12 月 13 日　　（89）公发 27 号

各省、自治区、直辖市公安厅、局，高级人民法院，人民检察院，司法厅、局：

流窜犯罪是当前严重危害社会治安的一个突出问题，必须依法予以严厉打击。流窜犯罪具有易地作案，骚扰面广，社会危害大等特点。这类案件，一般抓获难、查证更难，往往给侦查、批捕、起诉、审判工作带来诸多困难。为了及时有效地惩处流窜犯罪分子，现对办理流窜犯罪案件中的一些具体问题，提出以下意见：

一、关于流窜犯的认定

流窜犯是指跨市、县管辖范围作案的犯罪分子。

凡构成犯罪且符合下列条件之一的，属于流窜犯罪分子：

1. 跨市、县管辖范围连续作案的；

2. 在居住地作案后，逃跑到外省、市、县继续作案的。

有下列情形之一的，不视为流窜犯罪分子：

1. 确属到外市、县旅游、经商、做工等，在当地偶尔犯罪的；

2. 在其居住地与外市、县的交界边沿结合部进行犯罪的。

二、关于流窜犯罪团伙案件的认定和处理

凡三人以上经常纠结在一起进行流窜犯罪活动的，为流窜犯罪团伙。对流窜犯罪团伙案件，只要符合犯罪集团基本特征的按犯罪集团处理，不符合犯罪集团特征的按共同犯罪处理。对于只抓获了流窜犯罪团伙的一部分案犯，短期内不能将全部案犯抓获归案的案件，可根据已查清的犯罪事实、证据，分清罪责，对已抓获的罪该逮捕、起诉、判刑

的案犯，要先行批捕、起诉、审判。对在逃的案犯，待抓获后再依法另行处理。

三、关于流窜犯罪案件的定案处理

1. 对流窜犯罪事实和证据材料，公安机关要认真调查核实，对其主要犯罪事实应做到证据充分、确凿。在人民检察院批捕、起诉，人民法院审判以及律师辩护过程中，均应考虑到流窜犯罪分子易地作案，查证十分困难的实际情况，只要基本事实清楚和基本证据确凿，应及时批捕、起诉、审判。对抓获的案犯，如有个别犯罪事实一时难以查清的，可暂不认定，就已经查证核实的事实，依法及时作出处理。对于共同犯罪案件，原则上应一案处理。如果有的同案犯在短期内不能追捕归案的，可对已抓获的案犯就已查清的犯罪事实依法处理，不能久拖不决。

2. 涉及刑事责任年龄界限的案件，必须查清核实被告人的出生年月日。经调查，确实无法查清的，可先按被告人交代的年龄收审、批捕，但是需要定罪量刑的，必须查证清楚。

3. 流窜犯因盗窃或扒窃被抓获后，赃款赃物虽未查获，但其供述的事实、情节与被害人的陈述（包括报案登记）、同案人的供述相一致的，或者其供述与被害人的陈述（包括报案登记）和其他间接证据相一致的，应予认定。

4. 被查获的流窜犯供述的盗窃或扒窃事实、情节与缴获的赃款赃物、同案人的供述相一致，或者被告人的供述与缴获的赃款赃物和其他间接证据相一致，如果找不到被害人和报案登记的，也应予以认定。

5. 流窜犯在盗窃或扒窃时被当场抓获，除缴获当次作案的赃款赃物外，还从其身上或其临时落脚点搜获的其他数额较大的款物，被告人否认系作案所得，但不能说明其合法来源的，只要这些款物在名称、品种、特征、数量等方面均与被害人的陈述或报案登记、同案人的供述相吻合，亦应认定为赃款赃物。

6. 流窜犯作案虽未被当场抓获，但同案人的供述，被害人的陈述、其他间接证据能相互吻合，确能证实其作案的时间、地点、情节、手段、次数和作案所得的赃款赃物数额的，也应予以认定。

7. 对于需要判处死刑的案犯，在查证核实时，应当特别慎重，务必把事实和证据搞清、搞准、搞扎实。

四、关于认定流窜犯罪赃款赃物的数额起点

在办理流窜盗窃或者扒窃案件时，既要看其作案所得的数额，又应看其作案的手段、情节及社会危害程度。对那些抓获时作案所得的款物数额虽略低于当地非流窜犯罪的同类案件的数额标准，但情节恶劣，构成犯罪的，也要依法定罪判刑；对多次作案，属惯犯、累犯的，亦应依法从重惩处。

五、关于流窜犯罪案件的管辖范围

根据《刑事诉讼法》有关规定，对罪该逮捕、判刑的流窜犯罪分子，原则上由抓获地处理。流出地和其他犯罪地公安机关应负责向抓获地公安机关提供有关违法犯罪证据材料。在逃劳改犯、劳教人员流窜多处进行犯罪被抓获后，可由主罪地公安、司法机关处理，处理后原则上仍送回原劳改、劳教单位执行。抓获的在逃未决犯、通缉案犯，已批准逮捕、刑事拘留和收容审查潜逃的案犯，除重新犯罪罪行特别严重者由抓获地处理外，原则上由原办案单位公安机关提回处理。案件管辖不明的，由最先发现的公安机关或上级指定的公安机关办理。

最高人民检察院　最高人民法院
关于如何计算单位投机倒把犯罪案件获利数额的批复

1989年12月26日　(89)高检会(研)字第19号

四川省人民检察院、高级人民法院：

你们《关于办理单位投机倒把案件中非法获利数额问题的请示》收悉。经我们共同研究，现答复如下：

按照最高人民法院、最高人民检察院《关于当前办理企业事业单位、机关、团体投机倒把犯罪案件的规定》，认定企业事业单位、机关、团体投机倒把犯罪非法获利数额时，应将企业事业单位、机关、团体投机倒把全部非法所得计算在内；在确定追缴非法所得数额时，对已经作为税金上缴财政的部分，可以不再计入应追缴的数额。

民　事

最高人民法院
关于通过外交途径向日本国民送达传票期限的通知

1989年1月16日　法(民)函〔1989〕6号

各省、自治区、直辖市高级人民法院：

日本国外务省对我国法院通过外交途径向其国民送达出庭传票，常以收到时距出庭时间不足两个月为由退回。鉴此，并考虑到向我驻外使、领馆转递文件的时间，我外交部建议，我国法院今后通过外交途径向日本国民送达传票，于传票指定日期四个月前送至领事司为宜。今后人民法院送达这种传票，请按外交部要求的时间办理。同时，对日本国裁判所通过外交途径向我国公民送达出庭传票，送至我外交部时，距传票指定日期不足两个月者，不予送达，并说明理由予以退回。

最高人民法院
关于典当房屋被视为绝卖以后确认产权程序问题的批复

1989年7月24日　〔1989〕法民字第17号

山西省高级人民法院：

你院（1989）晋法民报字第3号《关于典当房屋被视为绝卖以后产权确认问题的请示》收悉。经研究，现答复如下：

出典的房屋已超过规定的回赎期限，承典人提起确认房屋产权归己的诉讼时，人民法院应分别情况适用不同程序：对出典人或者其继承人提出异议的，应按照民事诉讼法（试行）规定的普通程序或简易程序进行审理；对出典人或者其继承人无异议的，或者出典人已经死亡又无继承人的，可以比照民事诉讼法（试行）特别程序的有关规定进行审理。经审理，如确认房屋产权归承典人所有，承典人即可持法院判决书向房管部门申请办理产权登记手续。

最高人民法院
关于对一方当事人下落不明未满两年的离婚案件是否受理和公告送达问题的批复

1989年8月22日　〔1989〕法民字第20号

辽宁省高级人民法院：

你院辽法（88）民请字第1号请示收悉。已研究，现答复如下：

对于夫妻一方下落不明，另一方诉至法院，只要求离婚，不申请宣告下落不明人死亡的案件，不论下落不明人出走时间的长短，法院均应受理，并应依照《中华人民共和国民事诉讼法（试行）》规定的普通程序进行审理；法律文书的送达依照民事诉讼法（试行）第七十五条的规定进行。

最高人民法院
印发《关于人民法院审理离婚案件如何认定夫妻感情确已破裂的若干具体意见》、《关于人民法院审理未办结婚登记而以夫妻名义同居生活案件的若干意见》的通知

1989年12月13日　　法（民）发〔1989〕38号

全国地方各级人民法院、各级军事法院，各铁路运输中级法院和基层法院，各海事法院：

现将《关于人民法院审理离婚案件如何认定夫妻感情确已破裂的若干具体意见》、《关于人民法院审理未办结婚登记而以夫妻名义同居生活案件的若干意见》发给你们，请依照执行，并请在执行中注意总结经验，有何意见和问题，请及时报告我院。

附一：

关于人民法院审理离婚案件如何认定夫妻感情确已破裂的若干具体意见

（1989年11月21日）

人民法院审理离婚案件，准予或不准离婚应以夫妻感情是否确已破裂作为区分的界限。判断夫妻感情是否确已破裂，应当从婚姻基础、婚后感情、离婚原因、夫妻关系的现状和有无和好的可能等方面综合分析。根据婚姻法的有关规定和审判实践经验，凡属下列情形之一的，视为夫妻感情确已破裂。一方坚决要求离婚，经调解无效，可依法判决准予离婚。

1. 一方患有法定禁止结婚疾病的，或一方有生理缺陷，或其它原因不能发生性行为，且难以治愈的。

2. 婚前缺乏了解，草率结婚，婚后未建立起夫妻感情，难以共同生活的。

3. 婚前隐瞒了精神病，婚后经治不愈，或者婚前知道对方患有精神病而与其结婚，或一方在夫妻共同生活期间患精神病，久治不愈的。

4. 一方欺骗对方，或者在结婚登记时弄虚作假，骗取《结婚证》的。

5. 双方办理结婚登记后，未同居生活，无和好可能的。

6. 包办、买卖婚姻，婚后一方随即提出离婚，或者虽共同生活多年，但确未建立起夫妻感情的。

7. 因感情不和分居已满三年，确无和好可能的，或者经人民法院判决不准离婚后又分居满1年，互不履行夫妻义务的。

8. 一方与他人通奸、非法同居，经教育仍无悔改表现，无过错一方起诉离婚，或者过错方起诉离婚，对方不同意离婚，经批评教育、处分，或在人民法院判决不准离婚后，过错方又起诉离婚，确无和好可能的。

9. 一方重婚，对方提出离婚的。

10. 一方好逸恶劳、有赌博等恶习，不履行家庭义务，屡教不改，夫妻难以共同生活的。

11. 一方被依法判处长期徒刑，或其违法、犯罪行为严重伤害夫妻感情的。

12. 一方下落不明满二年，对方起诉离婚，经公告查找确无下落的。

13. 受对方的虐待、遗弃，或者受对方亲属虐待，或虐待对方亲属，经教育不改，另一方不谅解的。

14. 因其他原因导致夫妻感情确已破裂的。

附二：

关于人民法院审理未办结婚登记而以夫妻名义同居生活案件的若干意见

（1989 年 11 月 21 日）

人民法院审理未办结婚登记而以夫妻名义同居生活的案件，应首先向双方当事人严肃指出其行为的违法性和危害性，并视其违法情节给予批评教育或民事制裁。但基于这类“婚姻”关系形成的原因和案件的具体情况复杂，为保护妇女和儿童的合法权益，有利于婚姻家庭关系的稳定，维护安定团结，在一定时期内，有条件的承认其事实婚姻关系，是符合实际的。为此，我们根据法律规定和审判实践经验，对此类案件的审理提出以下意见：

1. 1986 年 3 月 15 日《婚姻登记办法》施行之前，未办结婚登记手续即以夫妻名义同居生活，群众也认为是夫妻关系的，一方向人民法院起诉“离婚”，如起诉时双方均符合结婚的法定条件，可认定为事实婚姻关系；如起诉时一方或双方不符合结婚的法定条件，应认定为非法同居关系。

2. 1986 年 3 月 15 日《婚姻登记办法》施行之后，未办结婚登记手续即以夫妻名义同居生活，群众也认为是夫妻关系的，一方向人民法院起诉“离婚”，如同居时双方均符合结婚的法定条件，可认定为事实婚姻关系；如同居时一方或双方不符合结婚的法定条件，应认定为非法同居关系。

3. 自民政部新的婚姻登记管理条例施行之日起，未办结婚登记即以夫妻名义同居生活，按非法同居关系对待。

4. 离婚后双方未再婚，未履行复婚登记手续，又以夫妻名义共同生活，一方起诉“离婚”的，一般应解除其非法同居关系。

5. 已登记结婚的一方又与第三人形成事实婚姻关系，或事实婚姻关系的一方又与第三人登记结婚，或事实婚姻关系的一方又与第三人形成新的事实婚姻关系，凡前一个婚姻关系的一方要求追究重婚罪的，无论其行为是否构成重婚罪，均应解除后一个婚姻关系，前一个婚姻关系的一方如要求处理离婚问题，应根据其婚姻关系的具体情况进行调解或者作出判决。

6. 审理事实婚姻关系的离婚案件，应当先进行调解。经调解和好或撤诉的，确认婚姻关系有效，发给调解书或裁定书；经调解不能和好的，应调解或判决准予离婚。

7. 未办结婚登记而以夫妻名义同居生活的男女，一方要求“离婚”或解除同居关系，经查确属非法同居关系的，应一律判决予以解除。

8. 人民法院审理非法同居关系的案件，如涉及非婚生子女抚养和财产分割问题，应一并予以解决。具体分割财产时，应照顾妇女、儿童的利益，考虑财产的实际情况和双方的过错程度，妥善分割。

9. 解除非法同居关系时，双方所生的非

婚生子女，由哪一方抚养，双方协商；协商不成时，应根据子女的利益和双方的具体情况判决。哺乳期内的子女，原则上应由母方抚养，如父方条件好，母方同意，也可由父方抚养。子女为限制民事行为能力人的，应征求子女本人的意见。一方将未成年的子女送他人收养，须征得另一方的同意。

10. 解除非法同居关系时，同居生活期间双方共同所得的收入和购置的财产，按一般共有财产处理。同居生活前，一方自愿赠送给对方的财物可比照赠与关系处理；一方向另一方索取的财物，可参照最高人民法院(84)法办字第112号《关于贯彻执行民事政策法律若干问题的意见》第（18）条规定的精神处理。

11. 解除非法同居关系时，同居期间为共同生产、生活而形成的债权、债务，可按共同债权、债务处理。

12. 解除非法同居关系时，一方在共同生活期间患有严重疾病未治愈的，分割财产时，应予适当照顾，或者由另一方给予一次性的经济帮助。

13. 同居生活期间一方死亡，另一方要求继承死者遗产，如认定为事实婚姻关系的，可以配偶身份按继承法的有关规定处理；如认定为非法同居关系，而又符合继承法第十四条规定的，可根据相互扶助的具体情况处理。

14. 人民法院在审理未办结婚登记而以夫妻名义同居生活的案件时，对违法情节严重的，应按照婚姻法、民法通则、《关于贯彻执行〈民法通则〉若干问题的意见》和其他法律、法规的有关规定，给予适当的民事制裁。

15. 本意见自颁布之日起施行。凡最高人民法院过去的规定与本意见相抵触的，均按本意见执行。

经　济

最高人民法院
关于银行擅自划拨法院已冻结的款项
如何处理问题的函

1989年3月26日　　法（经）函〔1989〕10号

江西省高级人民法院：

你院赣法经（1986）第03号关于对银行擅自划拨已冻结款项如何处理的请示收悉，经研究答复如下：

根据《民事诉讼法（试行）》第一百六十四条和最高人民法院、中国人民银行《关于查询、冻结和扣划企业事业单位、机关、团体的银行存款的联合通知》的规定，银行有义务协助人民法院冻结企业事业单位、机关、团体的银行存款，已被冻结款项的解冻，应以人民法院的通知为凭，银行不得自行解冻，只有超过六个月冻结期限，法院未办理继续冻结手续的才视为自动撤销冻结。南宁市常乐贸易公司的银行存款于1985年6月27日被法院依法冻结。据你院来文所述，九江市中级人民法院的执行人员于1985年12月

18日到工商银行南宁市支行民生路信用部要求划拨被冻结的款项时，该款已被民生路信用部扣划抵还其贷款。民生路信用部的行为，显属违反《民事诉讼法（试行）》和最高人民法院、中国人民银行联合通知的规定，应责成信用部将款追回并可依据《民事诉讼法（试行）》第七十七条的规定对直接人员追究责任。

最高人民法院
关于印发《全国沿海地区涉外、涉港澳经济审判工作座谈会纪要》的通知

1989年6月12日　　法（经）发〔1989〕12号

各省、自治区、直辖市高级人民法院、中级人民法院、各海事法院：

现将《全国沿海地区涉外、涉港澳经济审判工作座谈会纪要》印发给你们，望遵照执行。

附：

全国沿海地区涉外、涉港澳经济审判工作座谈会纪要

全国沿海地区涉外、涉港澳经济审判工作座谈会于1988年12月12日至16日在广东省佛山市召开。参加这次座谈会的有沿海和边疆开放地区部分高、中级人民法院经济庭有关同志。会议期间，最高人民法院院长任建新同志到会作了讲话。

会议总结交流了涉外、涉港澳经济审判工作的经验，研究了审判实践中急需明确的一些问题，讨论了加强涉外、涉港澳经济审判工作，为搞好治理整顿和扩大对外开放服务的具体措施。现纪要如下：

一

会议认为，党的十三届三中全会提出的“治理经济环境，整顿经济秩序，全面深化改革”的方针，对我国今后的改革、开放具有重要的意义。治理经济环境、整顿经济秩序的目的在于为发展我国的社会主义商品经济和扩大对外开放创造良好的条件和提供必要的保证。人民法院的涉外、涉港澳经济审判工作要紧紧围绕治理整顿，依法保护和支持有利于改革开放、有利于发展对外经济贸易和技术合作的活动；依法限制和制裁不利于改革开放、不利于发展对外经济贸易和技术合作的行为，为全国的改革开放创造一个良好的环境。

近十年来，人民法院的涉外、涉港澳经济审判工作有了初步开展，也积累了一些经验，但是同我国对外经济贸易和技术合作交流的发展情况相比，仍然很不相称，离对外开放的要求还有很大差距。今后，在改革开放的新形势下，涉外、涉港澳经济审判工作的任务将越来越繁重，各级人民法院对这种发展趋势应有足够的思想准备，要注意研究新情况，解决新问题，不断总结经验，把涉外、涉港澳经济审判工作向前推进一步。

二

根据我国民事诉讼法和民法通则的规定和各地的经验，涉外、涉港澳经济审判工作应当坚持以下三项基本原则：

（一）维护国家主权的原则。根据我国法律和国际条约的规定，凡是应当由我国法院管辖的案件，人民法院都必须行使司法管辖权。人民法院在审理涉外经济纠纷案件时，应当适用我国的程序法，按照《中华人民共和国民事诉讼法（试行）》第五编关于涉外民事诉讼程序的特别规定审理；第五编中未作规定的，根据该法第一百八十五条的规定，适用该法其他编的有关规定。在实体法方面，如果当事人协议选择适用的法律或者人民法院确定适用的法律为外国法时，不得违反我国的社会公共利益，否则不予适用。外国法院作出的生效判决，需要在中国境内执行的，须经我国人民法院裁定认可，才能执行。

（二）平等互惠的原则。外国人、外国企业和组织在我国人民法院起诉、应诉，同中国公民、企业和组织有同等的诉讼权利和义务。但是，如果某一外国法院对中国公民、企业和组织的民事诉讼权利加以限制，我国人民法院实行对等原则，对该国公民、企业和组织的民事诉讼权利给予相应的限制。人民法院在审判工作中对中外当事人一律依法办事，公正审判，绝不偏袒任何一方。

（三）遵守国际条约，尊重国际贯例。凡是我国缔结或者参加并已对我国生效的国际条约，与我国法律就同一事项有不同规定时，优先适应国际条约的规定。但是，我国声明保留的条款除外。涉外、涉港澳经济纠纷案件的双方当事人在合同中选择适用的国际惯例，只要不违背我国的社会公共利益，就应当作为解决当事人间纠纷的依据。

三

会议就涉外、涉港澳经济审判工作中遇到的亟待解决的一些问题进行了探讨，并提出了以下意见：

（一）管辖问题

1. 涉外、涉港澳经济诉讼，主要有三类：因经济合同纠纷提起的诉讼，因物权纠纷提起的诉讼和因侵权行为提起的诉讼。凡是合同履行地或合同签订地在我国境内的，或者双方争议的财产在我国境内的，或者侵权行为发生地或侵权结果发生地在我国境内的，我国人民法院有管辖权。此外，根据审判实践，凡是被告在我国境内有住所、营业所或设有常驻代表机构的，或者被告在我国境内有非争议财产的，我国人民法院亦可管辖。

对于发生在境外的我国法院没有管辖权的经济纠纷案件，除涉及不动产物权的纠纷外，只要双方当事人有书面协议，约定到中国法院进行诉讼的，我国人民法院依据当事人提交的书面协议，取得对该项诉讼的管辖权。在没有协议的情况下，一方当事人向我国人民法院起诉，另一方当事人应诉并就实体问题进行答辩的，视为双方当事人承认我国人民法院对该项诉讼的管辖权。

涉外、涉港澳经济合同的当事人书面协议提交仲裁的，如果该仲裁协议无效，或者内容不明确以致无法执行，一方当事人向我国人民法院起诉的，只要中国法院对该项诉讼具有管辖权，人民法院应予受理。

凡是中国法院享有管辖权的涉外、涉港澳经济纠纷案件，外国法院或者港澳地区法院对该案的受理，并不影响当事人就同一案件在我国人民法院起诉，但是否受理，应当根据案件的具体情况决定。

2. 凡是我国民事诉讼法和其他法律规定由中国法院专属管辖的经济纠纷案件，包括因不动产提起的诉讼、港口作业中发生的诉讼、因登记发生的诉讼，以及在我国境内履行的中外合资经营企业合同纠纷，中外合作经营企业合同纠纷和中外合作勘探开发自然资源合同纠纷引起的诉讼，外国法院或者港澳地区法院无权管辖，当事人也不得约定由我国境外的法院管辖。但是根据我国民事诉讼法第一百九十二条和涉外经济合同法第三十七条、第三十八条的规定，如果涉外经济合同中订有仲裁条款或者当事人另有仲裁协议，约定将合同争议提交中国涉外仲裁机构或者其他国家的仲裁机构仲裁的，只要该仲裁条款或仲裁协议合法有效，当事人因合同争议向我国法院提起诉讼时，我国人民法院应不予受理，当事人坚持起诉的，应当依法裁定驳回起诉，不能以属于我国法院专属管辖为由对抗或者否定当事人间仲裁条款或仲裁协议的效力。

3. 涉外经济纠纷案件，由中级人民法院作第一审，省、自治区、直辖市高级人民法院作第二审。涉港澳经济纠纷案件，当前一般仍应由中级人民法院作第一审，在有条件的地方，中级人民法院可以将案情比较简单、争讼标的较小的案件交由基层人民法院受理。

（二）案件受理问题

1. 两个诉因并存的案件的受理问题。一个法律事实或法律行为有时可以同时产生两个法律关系，最常见的是债权关系与物权关系并存，或者被告的行为同时构成破坏合同和民事侵害。原告可以选择两者之中有利于自己的一种诉因提起诉讼，有管辖权的受诉法院不应以存在其他诉因为由拒绝受理。但当事人不得就同一法律事实或法律行为，分别以不同的诉因提起两个诉讼。

2. 无效合同中解决争议条款的效力的问题。涉外、涉港澳经济合同中解决争议条款，包括仲裁条款、司法管辖条款和法律适用条款等，不因合同本身无效而失去效力。我国参加的《联合国国际货物销售合同公约》第八十一条就规定，宣告合同无效，解除了双方在合同中的义务，但不影响合同中关于解决争端的任何规定。在合同宣告无效后，当事人之间需要解决的善后问题，例如损害赔偿，返还价款或货物等，仍应按照当事人在合同中约定的解决争议条款加以处理。

（三）诉讼主体和诉讼代理问题

1. 外国和港澳地区非法人企业的诉讼主体的确定问题。非法人企业（包括个体企业和合伙企业）的实体权利和义务最终是由个体业主或合伙人享有和承担，其诉讼权利和义务也相应地应由他们享有和承担。法律文书上应将个体企业的业主和合伙企业的合伙人作为诉讼主体并列为：某某人，某某企业业主；某某人，某某企业合伙人。合伙企业有负责人的，可将其列为诉讼代表人。遇到个体企业、合伙企业关闭或合伙人退伙的情况，则分别写为：某某人，某某企业前业主或某某企业前合伙人。

2. 港澳律师能否代理诉讼问题。我国民事诉讼法规定："外国人、无国籍人、外国企业和组织在人民法院起诉、应诉，委托律师代理诉讼的，必须委托中华人民共和国律师。"司法部、外交部和外国专家局《关于外国律师不得在我国开业的联合通知》也明确规定，外国律师不得以律师的名义在我国代理诉讼和出庭。目前，香港、澳门地区的律师尚不具有中华人民共和国的律师资格，所以他们不能作为当事人的诉讼代理人到内地参与诉讼。

（四）诉讼保全问题

诉讼保全的目的在于能使以后的生效判决得到执行。但是，采取诉讼保全措施既不能违反我国法律规定，也不能违反我国缔结或参加的国际条约和国际上通行的惯例。

1. 诉讼保全的适用范围问题。实行诉讼保全的财物的价值不应超过诉讼请求的数额，而且必须是被申请人的财物或者债权，对于被申请人租赁使用的他人财物，不得实行诉讼保全。被申请人财物已为第三人设置抵押权的，不得就抵押物价值已设置抵押部分实行诉讼保全。

在涉外、涉港澳经济纠纷案件审理过程中，需对外国或港澳地区当事人在我国境内的财产实行诉讼保全而涉及在中国的合资企业时，一般只能对其在合资企业中分得的利润进行冻结，而不能对其在合资企业中的股金进行冻结，以免影响合资企业的正常活动。但是，如果外国或港澳地区当事人在诉讼期间转让其在合资企业的股权时，法院可以应他方当事人的申请，冻结其股权。

2. 关于冻结信用证项下货款的问题。根据在国际上长期广泛适用的《跟单信用证统一惯例》的规定，银行信用证是银行以自身信誉向卖方提供付款保证的一种凭证，是国际货物买卖中常用的付款方式，也是我国对外贸易中常用的付款方式。信用证是独立于买卖合同的单据交易，只要卖方所提交的单据表面上符合信用证的要求，开证银行就负有在规定的期限内付款的义务。如果单证不符，开证银行有权拒付，无需由法院采取诉讼保全措施。信用证交易和买卖合同属于两个不同的法律关系，在一般情况下不要因为涉外买卖合同发生纠纷，轻易冻结中国银行所开信用证项下货款，否则，会影响中国银行的信誉。根据国际国内的实践经验，如有充分证据证明卖方是利用签订合同进行欺诈，且中国银行在合理的时间内尚未对外付款，在这种情况下，人民法院可以根据买方的请求，冻结信用证项下货款。在远期信用证情况下，如中国银行已承兑了汇票，中国银行在信用证上的责任已变为票据上的无条件付款责任，人民法院就不应加以冻结。所以，采用这项保全措施一定要慎重，要事先与中国银行取得联系，必要时应向上级人民法院请示。对于中国涉外仲裁机构提交的冻结信用证项下货款的申请，人民法院也应照此办理。

（五）法律适用问题

审理涉外、涉港澳经济纠纷案件，必须按照民法通则、民事诉讼法和涉外经济合同法的规定，正确地解决法律适用问题。当前，需要明确以下各点：

1. 在程序法方面，包括司法管辖权、诉讼过程中的文书送达、调查取证，以及判决的承认和执行等，应当按照我国民事诉讼法和其他法律中的程序规定办理。但是我国缔结或者参加的国际条约（例如《承认和执行外国仲裁裁决公约》和中外司法协助协定）与我国法律有不同规定的，除我国声明保留的条款外，应当优先适用国际条约的规定。

2. 在实体法方面，首先，鉴于我国已加入1980年《联合国国际货物销售合同公约》，承担了执行该以约的义务，自1988年1月1日起，我国公司同该公约的其他批准国（如美国、法国、意大利、南斯拉夫、埃及、叙利亚、阿根廷、赞比亚、莱索托等国）的公司订立的合同，如未另行选择所适用的法律，将自动直接适用该公约的有关规定。法院应当按该公约规定处理它们之间的合同纠纷。其次，凡是当事人在合同中引用的国际惯例，例如离岸价格（F. O. B）、成本加运费价格（C&F）、到岸价格（C. I. F）等国际贸易价格条件，以及托收、信用证付款等国际贸易支付方式，对当事人有约束力，法院应当尊重当事人的这种选择，予以适用。第三，对于外国或者港澳地区的公司、企业或其他经济组织是否具有法人资格，是承担有限责任还是无限责任的问题，应当根据该公司、企业或者其它经济组织成立地的法律确定。它们在中国境内进行经营活动的能力，还应当根据中国的法律予以确定。外国或港澳地区的公司、企业、其他经济组织或者个人之间在中国境外设立代理关系的，代理合同是否成立及其效力如何，应依代理人住所地或其营业所所在地的法律确定。

（六）缺席判决问题

作为被告或者无独立请求权的第三人的外国或者港澳地区的当事人及其委托代理人既不答辩，又经两次合法传唤，无正当理由拒不到庭的，应视为自动放弃抗辩的权利，人民法院可以根据原告的诉讼请求、查明的事实和经过审查的证据，作出公正的缺席判决。

（七）公告送达、答辩和上诉期限的问题

对于在港澳地区的当事人公告送达的期限可以适用民事诉讼法第七十五条的规定。港澳地区的被告提出答辩状的期限适用民事诉讼法第八十六条的规定；向第二审法院上诉或提交答辩状的期限分别适用民事诉讼法（试行）第一百四十五条和第一百四十八条的规定。

四

会议要求各地高、中级人民法院把搞好涉外、涉港澳经济审判工作放到应有的位置，提高思想认识，克服畏难情绪，增强主动精神，密切同对外经济贸易、审计、监察等有关部门的联系，在加强调查研究的基础上，高质量地办好几个涉外、涉港澳经济纠纷案件，以取得经验。上级法院要加强对下级法院的指导，要建立涉外、涉港澳经济纠纷案件的大案、要案登记制度。

各地高、中级人民法院要从长远考虑，根据需要选择和配备适当的力量专门从事涉外、涉港澳经济审判工作，人员要相对稳定。要加强对他们的培养，不断提高他们的业务素质。

有条件的高、中级人民法院可以逐步开展对某些外国和港澳地区经济法律的研究，做到分工各有侧重，材料综合利用，这对于提高我国涉外、涉港澳经济审判工作的水平是十分有益的。

最高人民法院
关于经济纠纷案件复查期间执行问题的批复

1989年8月8日 法（经）复〔1989〕6号

广东省高级人民法院：

你院（88）粤法经行字第144号《关于经济纠纷案件复查期间执行问题的请示》收悉。经研究，现答复如下：

人民法院对已经发生法律效力的判决、裁定的申诉，经过复查，发现原判决、裁定确有错误的，应按审判监督程序依法及时裁定再审或者提审。在复查期间，不停止生效判决、裁定的执行。但是，案情复杂，一时难以决定是否再审而继续执行又有可能造成再审后执行回转困难或不能执行回转的，可根据《中华人民共和国民事诉讼法（试行）》第一百八十二条第一款第（五）项的规定，裁定中止执行。经复查决定不予再审的案件，则恢复执行。

最高人民法院
关于如何确定加工承揽合同履行地问题的函

1989年8月8日 (89)法经(函)字第22号

上海市高级人民法院：

你院(89)沪高经核字第3号请示报告收悉。关于如何确定加工承揽合同履行地问题，经研究答复如下：

合同履行地应为合同规定义务履行的地点。加工承揽合同主要是以承揽方按照定作方的特定要求完成加工生产任务为履约内容的，承揽方履约又是以使用自己的设备、技术，人力为前提条件的。因此，加工承揽方所在地应为合同规定义务履行的地点，即合同履行地。但是，本案合同签订地在你市虹口区，合同承揽方所在地在你市松江县，松江县应为合同履行地。故，虹口区法院和松江县法院对本案均有管辖权。现两院在管辖上发生争议，根据民事诉讼法(试行)第三十三条规定，应由上海市中级法院指定管辖。

最高人民法院
对劳动部《关于人民法院审理劳动争议案件几个问题的函》的答复

1989年8月10日 法(经)函〔1989〕53号

劳动部：

你部劳力函字〔1988〕1号《关于人民法院审理劳动争议案件几个问题的函》收悉。经研究，答复如下：

一、下列劳动争议案件，当事人一方或者双方对劳动争议仲裁委员会的仲裁决定不服，在收到仲裁决定书之日起15日内向人民法院起诉，符合《中华人民共和国民事诉讼法(试行)》第八十一条规定的起诉条件的，人民法院应予受理：

1. 国务院《国营企业劳动争议处理暂行规定》第二条、第三十条和第三十二条规定的劳动争议案件；

2. 国务院《私营企业暂行条例》第二十九条规定的劳动争议案件；

3. 其他法律、法规规定应由人民法院审理的劳动争议案件。

二、劳动争议当事人对仲裁决定不服，向人民法院起诉的，人民法院仍应以争议的双方为诉讼当事人，不应将劳动争议仲裁委员会列为被告或者第三人。在判决书、裁定书、调解书中也不应含有撤销或者维持仲裁决定的内容。

三、劳动争议当事人按规定申请执行人民法院的判决、裁定、调解协议或者仲裁机关的仲裁决定的，人民法院应当依照民事诉讼法(试行)规定的执行程序办理。在执行中，对于企业拒绝给职工安排工作并且不发工资或者不给福利待遇的，人民法院可按民事诉讼法(试行)第一百七十九条的规定，通知银行或者信用社扣划应付的工资和应享受的福利待遇，必要时可责令企业赔偿该职工的实际损失。

最高人民法院
关于当事人虽表示上诉但未在法定期限内提交上诉状是否作为上诉案件受理问题的批复

1989年8月21日　　　　　　法（经）复〔1989〕7号

江苏省高级人民法院：

你院苏法经（1988）173号请示收悉。关于当事人在法定上诉期限内虽表示上诉，但未提交上诉状，人民法院是否按上诉案件受理的问题，经研究，现答复如下：

一、当事人在法定上诉期限内虽表示要上诉，但未递交上诉状的，原审人民法院应当告知其须在法定期限内按照《中华人民共和国民事诉讼法（试行）》第一百四十六条、第一百四十七条第一款规定的要求，提出上诉状及副本。

二、当事人在法定上诉期限内表示上诉的同时，请求延期递交上诉状的，人民法院经审查认为理由正当，可以酌情准许适当延长。

三、当事人在法定上诉期限内仅表示上诉，既未递交上诉状，又未请求延期的；或者请求延期，但未获人民法院准许，而且在法定上诉期限内又未递交上诉状的；或者请求延期获准后，在延长的期限内仍未递交上诉状的，原审判决或者裁定在法定上诉期限或准许延长期限届满后即发生法律效力。当事人不服该判决或者裁定的，人民法院应当作为申诉处理，而不应作为上诉案件受理。

最高人民法院
关于在经济纠纷案件执行过程中当事人自愿达成和解协议后，一方当事人不履行或者翻悔，可否按原生效法律文书执行问题的批复

1989年9月16日　　　　　　法（经）复〔1989〕8号

广东省高级人民法院：

你院(89)粤法经行字第55号请示收悉。关于在经济纠纷案件执行过程中，当事人自愿达成和解协议后，一方当事人不履行该协议或者翻悔的，可否申请按原生效的法律文书执行的问题，经研究，答复如下：

在经济纠纷案件执行过程中，当事人自行和解达成协议，是当事人对自己权利的处分，只要确系出于自愿，且不违反法律或者损害国家、集体、第三人的合法权益，人民法院应按民事诉讼法（试行）第一百八十一条的规定处理。如果一方当事人不履行和解

协议或者翻悔，对方当事人申请执行的，人民法院应按原生效的法律文书执行。但是和解协议已经履行完毕，当事人又申请按原生效法律文书执行的，人民法院不予准许。

最高人民法院
关于上海市嘉定县法院的裁定遭行政干预执行继续受阻如何处理的函

1989年11月4日　　法（经）函〔1989〕69号

上海市高级人民法院，辽宁省高级人民法院：

上海市高级人民法院“关于本市嘉定县法院的裁定遭行政干预执行继续受阻的请示报告”收悉。经研究，答复如下：

上海市嘉定县人民法院审结的嘉定县工业供销公司诉辽宁省阜新市华光信托贸易公司购销合同贷款纠纷一案，在执行中裁定变更阜新市第二轻工业局为被执行人并无不当，案外人不得无理干预。为保证已生效的法律文书得以执行，请上海、辽宁两地有关人民法院继续密切协作配合，向被执行人讲明道理，促其自动履行应承担的义务。如果被执行人仍无理拒不履行，则应当依法排除非法干预，强制执行。

海 事 海 商

最高人民法院
关于印发《关于海事法院收案范围的规定》的通知

1989年5月13日　　法（交）发〔1989〕6号

全国地方各级人民法院、各级军事法院、各铁路运输中级法院和基层法院、各海事法院：

现将《关于海事法院收案范围的规定》印发给你们，望认真贯彻执行。

附：

关于海事法院收案范围的规定

为了更好地行使我国的海事司法管辖权，充分发挥海事法院的审判职能作用，根据《中华人民共和国民法通则》、《中华人民共和国民事诉讼法（试行）》以及我国参加的有关国际公约，参照国际习惯做法，在总结我国海事审判实践的基础上，现将海事法院的收案范围规定如下：

海事法院受理我国法人、公民之间，我国法人、公民同外国或地区法人、公民之间，外国或者地区法人、公民之间的下列案件：

一、海事侵权纠纷案件

1. 船舶碰撞损害赔偿案件，包括浪损等间接碰撞的损害赔偿案件；

2. 船舶触碰海上、通海水域、港口的建筑物和设施的损害赔偿案件，其中包括船舶触碰码头、防波堤、栈桥、船闸、桥梁，以及触碰航标等助航设施和其他海上设施的损害赔偿案件；

3. 船舶损坏在空中架设或者在海底、水下敷设的设施损害赔偿案件；

4. 船舶排放、泄漏有害物质或者污水，造成水域污染或者他船及货物损害的损害赔偿案件；

5. 海上或港口建设、作业以及拆船造成水域污染或他船及货物损害的损害赔偿案件；

6. 船舶航行、作业损坏渔网、其他捕鱼设施和水产养殖的赔偿案件；

7. 航道中的沉船、废弃物、海上作业设施不当影响船舶航行造成损失的损害赔偿案件；

8. 海上运输或海上、通海水域、港口作业过程中的人身伤亡事故引起的损害赔偿案件；

9. 非法留置船舶和船载货物案件；

10. 其他海事侵权纠纷案件。

二、海商合同纠纷案件

1. 水上货物运输合同纠纷案件，其中包括远洋运输、含有海运区段的国际多式联运、沿海和内河运输，以及水水联运、水陆联运等水上货物运输合同纠纷案件；

2. 水上旅客和行李运输合同纠纷案件；

3. 船舶的建造、买卖、修理和拆解合同纠纷案件；

4. 以船舶作抵押或以船舶营运收入作低押的借贷合同纠纷；

5. 租船合同纠纷案件，其中包括海船的光船租赁、定期租船、航次租船合同，沿海、内河运输船舶的租赁、承包合同纠纷案件；

6. 船舶代理合同纠纷案件；

7. 货运代理合同纠纷案件；

8. 供应船舶营运或者日常所需物品等合同纠纷案件；

9. 海员劳务合同纠纷案件；

10. 海上救助、打捞合同纠纷案件；

11. 拖航合同纠纷案件；

12. 海上保险合同纠纷案件，其中包括海运货物保险、船舶保险、油污和其他保赔责任险、人身保险等保险合同纠纷案件；

13. 海上运输联营合同纠纷案件；

14. 其他海商合同纠纷案件。

三、其他海事海商案件

1. 海运、海上作业（含捕捞作业）中重大责任事故案件；

2. 港口作业纠纷案件，其中包括在港区内进行的测量、勘探、建港、疏浚、爆破、打捞、救助、拖带、水上水下施工、港口装卸

(装卸、驳运、保管)和理货作业等纠纷案件;

3. 共同海损纠纷案件;

4. 装卸设备、属具、集装箱灭失赔偿纠纷案件;

5. 海洋开发利用纠纷案件,其中包括对大陆架的开发和利用(如海洋石油、天然气的开采),海岸带的开发和利用(如围垦、滩涂、采矿、工程建筑等),海洋渔业和水产品的养殖的开发和利用,海水淡化和综合利用、海洋水下工程、海洋科学考察等纠纷案件;

6. 船舶共有人之间的船舶经营、收益、分配纠纷案件;

7. 船舶所有权、占有权、抵押权、或者海事优先请求权的纠纷案件;

8. 认定船舶及其他海上无主财产的案件;

9. 涉及海洋、内河主管机关的行政案件;

10. 海运欺诈案件;

11. 法律规定由海事法院受理的和上级人民法院交办的其他案件;

四、海事执行案件

1. 海洋、内河主管机关依法申请强制执行的案件;

2. 海事仲裁机构作出裁决,一方当事人逾期不履行,对方当事人申请执行的案件;

3. 申请执行与船舶和船舶营运有关的公证机关确认的债权文书的案件;

4. 依据1958年在纽约通过的《承认及执行外国仲裁裁决公约》的规定,申请我国海事法院承认、执行外国或者地区的仲裁机构仲裁裁决的案件;

5. 依照我国与外国签订的司法协助协定,或者按照互惠原则协助执行外国法院裁决的案件。

五、海事请求保全案件

1. 海事请求权人为保全其海事请求权,在诉前申请扣押船舶的案件;

2. 海事请求权人依合同规定,在诉前申请扣押船载货物或者船用燃油的案件。

本规定自颁布之日起施行。1984年11月28日《最高人民法院关于设立海事法院几个问题的决定》中关于海事法院收案范围的规定同时废止。

最高人民法院
关于保险货物发生损失引起运输合同赔偿纠纷如何适用法律问题的批复

1989年5月30日　　法(交)复〔1989〕3号

辽宁省高级人民法院:

你院辽法(经)请〔1988〕127号函收悉。经研究并征求了有关部门的意见,现答复如下:

对已投保货物运输险的货物,由于承运人的责任造成损失的,应当依照《中华人民共和国经济合同法》第四十一条的规定,由承运人按货物的实际损失赔偿。如果保险公司根据保险合同先予赔偿的,由于投保额不足,保险赔款与实际损失的差额部分,则由承运人赔偿。

最高人民法院
关于进一步贯彻执行海事法院收案范围的通知

1989年12月23日　　法（交）发〔1989〕39号

各省、自治区、直辖市高级人民法院，各海事法院：

我院《关于海事法院收案范围的规定》颁布实施已有半年，有些地方中级和基层人民法院仍在受理应由海事法院管辖的案件，应予纠正。现通知如下：

一、各海事法院及其上诉审法院应认真贯彻执行我院新规定的收案范围，积极受理所辖水域内发生的案件。

二、除海事法院及其上诉审法院外，地方各级人民法院不得继续受理海事法院管辖范围内的案件。

三、在海事法院辖域内，远离海事法院所在地发生的简易的、争议标的不大的国内海事海商案件，当事人向地方人民法院起诉的，地方人民法院可在征得有管辖权的海事法院同意后予以受理。

四、海事法院与地方人民法院对案件管辖发生争议，应当协商解决，协商解决不了的，报其共同上级人民法院指定管辖。

五、地方人民法院对于当事人起诉的案件是否应由海事法院管辖难以确定时，应同有关海事法院进行商定，或向上级人民法院请示，待管辖权明确后再决定是否受理。

六、根据我院划定的海事法院管辖区域，长江干线分别由武汉、上海海事法院管辖，鸭绿江水域由大连海事法院管辖。发生在上述水域以外的内河水域的海事海商案件，仍由地方人民法院管辖。

望有关省、自治区、直辖市高级人民法院依法监督《关于海事法院收案范围的规定》在本地区贯彻执行。

行　政

最高人民法院　中国人民银行
关于法院对行政机关依法申请强制执行需要银行协助执行的案件应如何办理问题的联合通知

1989年1月11日　　法（行）发〔1989〕2号

各省、自治区、直辖市高级人民法院；中国人民银行各省、自治区、直辖市分行，计划单列城市分行；中国工商银行，中国农业银行，中国银行，中国人民建设银行，交通银行：

关于人民法院对行政机关依法申请强制执行，需要银行协助执行的案件应如何办理的问题，现联合通知如下：

根据《中华人民共和国民事诉讼法（试行）》第一百六十一条第二款、第一百七十条和第一百七十九条的规定，人民法院对管辖范围内的行政机关依法申请强制执行的案件，应当全面了解案情。如果申请强制执行的行政处罚决定或者其他行政处理决定正确，人民法院需要银行协助扣划被执行人存款的，应向银行发出协助执行通知书，并附行政机关的行政处罚决定或者其他行政处理决定书副本，银行应当协助执行，不得妨碍执行。

最高人民法院
关于行政案件受理问题的函

1989年1月23日　　法（行）函〔1989〕11号

湖南省高级人民法院：

你院湘法发字(1988)第90号请示收悉。经研究，仅就案件是否受理答复如下：

人民法院审理行政案件，由于新的行政法规取代旧的行政法规，旧法规未规定当事人不服行政机关的处罚和其他处理决定可以向人民法院起诉，新法规规定可以向人民法院起诉。如果当事人的行为发生在新法规实施之前，行政机关的处罚或处理决定又在新法规实施之后，当事人不服行政机关的处罚或处理决定，在法定诉讼时效内向人民法院起诉的，按照新的程序法规范生效之后必须遵循的原则，为保护公民、组织的诉权，人民法院应予受理。

最高人民法院
关于对医疗事故争议案件人民法院应否受理的复函

1989年10月10日　　法（行）函〔1989〕63号

四川省高级人民法院：

你院川法研〔1989〕23号的请示经研究并征求有关部门意见，答复如下：

医疗事故技术鉴定委员会所作的医疗事故鉴定结论，系卫生行政部门认定和处理医疗事故的依据。病员及其亲属如果对医疗事故鉴定结论有异议，可以向上一级医疗事故技术鉴定委员会申请重新鉴定，如因对鉴定结论有异议向人民法院起诉的，人民法院不予受理。如果当事人对卫生行政机关做出的医疗事故处理决定不服依法向人民法院提起行政诉讼的，人民法院应当受理。当事人仅要求医疗单位赔偿经济损失向人民法院提起诉讼的，应依照《中华人民共和国民事诉讼法（试行）》的规定，按民事案件立案受理。

第四部分　最高人民法院文件

最高人民法院　最高人民检察院 公安部　司法部　卫生部 关于颁发《精神疾病司法鉴定暂行规定》的通知

1989年7月11日　　卫医字（89）第17号

各省、自治区、直辖市、人民法院、人民检察院、公安厅（局）、司法厅（局）、卫生厅（局）：

现将《精神疾病司法鉴定暂行规定》发给你们，请结合当地实际情况参照执行。执行中遇到的问题请及时向我们反映。

附：

精神疾病司法鉴定暂行规定

第一章　总　　则

第一条　根据《中华人民共和国刑法》、《中华人民共和国刑事诉讼法》、《中华人民共和国民法通则》、《中华人民共和国民事诉讼法》（试行）、《中华人民共和国治安管理处罚条例》及其他有关法规，为司法机关依法正确处理案件，保护精神疾病患者的合法权益，特制定本规定。

第二条　精神疾病的司法鉴定，根据案件事实和被鉴定人的精神状态，作出鉴定结论，为委托鉴定机关提供有关法定能力的科学证据。

第二章　司法鉴定机构

第三条　为开展精神疾病的司法鉴定工作，各省、自治区、直辖市、地区、地级市，应当成立精神疾病司法鉴定委员会，负责审查、批准鉴定人，组织技术鉴定组，协调、开展鉴定工作。

第四条　鉴定委员会由人民法院、人民检察院和公安、司法、卫生机关的有关负责干部和专家若干人组成，人选由上述机关协商确定。

第五条　鉴定委员会根据需要，可以设置若干个技术鉴定组，承担具体鉴定工作，其成员由鉴定委员会聘请、指派。技术鉴定组不得少于两名成员参加鉴定。

第六条　对疑难案件，在省、自治区、直辖市内难以鉴定的，可以由委托鉴定机关重新委托其他省、自治区、直辖市鉴定委员会进行鉴定。

第三章　鉴定内容

第七条　对可能患有精神疾病的下列人员应当进行鉴定：

（一）刑事案件的被告人、被害人；

（二）民事案件的当事人；

（三）行政案件的原告人（自然人）；

（四）违反治安管理应当受拘留处罚的人员；

（五）劳动改造的罪犯；

（六）劳动教养人员；

（七）收容审查人员；

（八）与案件有关需要鉴定的其他人员。

第八条　鉴定委员会根据情况可以接受被鉴定人补充鉴定、重新鉴定、复核鉴定的要求。

第九条　刑事案件中，精神疾病司法鉴定包括：

（一）确定被鉴定人是否患有精神疾病，患何种精神疾病，实施危害行为时的精神状态，精神疾病和所实施的危害行为之间的关系，以及有无刑事责任能力。

（二）确定被鉴定人在诉讼过程中的精神状态以及有无诉讼能力。

（三）确定被鉴定人在服刑期间的精神状态以及对应当采取的法律措施的建议。

第十条　民事案件中精神疾病司法鉴定任务如下：

（一）确定被鉴定人是否患有精神疾病，患何种精神疾病，在进行民事活动时的精神状态，精神疾病对其意思表达能力的影响，以及有无民事行为能力。

（二）确定被鉴定人在调解或审理阶段期间的精神状态，以及有无诉讼能力。

第十一条　确定各类案件的被害人等，在其人身、财产等合法权益遭受侵害时的精神状态，以及对侵犯行为有无辨认能力或者自我防卫、保护能力。

第十二条　确定案件中有关证人的精神状态，以及有无作证能力。

第四章　鉴定人

第十三条　具有下列资格之一的，可以担任鉴定人：

（一）具有五年以上精神科临床经验并具有司法精神病学知识的主治医师以上人员。

（二）具有司法精神病学知识、经验和工作能力的主检法医师以上人员。

第十四条　鉴定人权利

（一）被鉴定人案件材料不充分时，可以要求委托鉴定机关提供所需要的案件材料。

（二）鉴定人有权通过委托鉴定机关，向被鉴定人的工作单位和亲属以及有关证人了解情况。

（三）鉴定人根据需要有权要求委托鉴定机关将被鉴定人移送至收治精神病人的医院住院检查和鉴定。

（四）鉴定机构可以向委托鉴定机关了解鉴定后的处理情况。

第十五条　鉴定人义务

（一）进行鉴定时，应当履行职责，正确、及时地作出鉴定结论。

（二）解答委托鉴定机关提出的与鉴定结论有关的问题。

（三）保守案件秘密。

（四）遵守有关回避的法律规定。

第十六条　鉴定人在鉴定过程中徇私舞弊、故意作虚假鉴定的，应当追究法律责任。

第五章　委托鉴定和鉴定书

第十七条　司法机关委托鉴定时，需有

《委托鉴定书》，说明鉴定的要求和目的，并应当提供下列材料：

（一）被鉴定人及其家庭情况；

（二）案件的有关材料；

（三）工作单位提供的有关材料；

（四）知情人对被鉴定人精神状态的有关证言；

（五）医疗记录和其他有关检查结果。

第十八条　鉴定结束后，应当制作《鉴定书》。

《鉴定书》包括以下内容：

（一）委托鉴定机关的名称；

（二）案由、案号，鉴定书号；

（三）鉴定的目的和要求；

（四）鉴定的日期、场所、在场人；

（五）案情摘要；

（六）被鉴定人的一般情况；

（七）被鉴定人发案时和发案前后各阶段的精神状态；

（八）被鉴定人精神状态检查和其他检查所见；

（九）分析说明；

（十）鉴定结论；

（十一）鉴定人员签名，并加盖鉴定专用章；

（十二）有关医疗或监护的建议。

第六章　责任能力和行为能力的评定

第十九条　刑事案件被鉴定人责任能力的评定：

被鉴定人实施危害行为时，经鉴定患有精神疾病，由于严重的精神活动障碍，致使不能辨认或者不能控制自己行为的，为无刑事责任能力。

被鉴定人实施危害行为时，经鉴定属于下列情况之一的，为具有责任能力：

1、具有精神疾病的既往史，但实施危害行为时并无精神异常；

2、精神疾病的间歇期，精神症状已经完全消失。

第二十条　民事案件被鉴定人行为能力的评定：

（一）被鉴定人在进行民事活动时，经鉴定患有精神疾病，由于严重的精神活动障碍致使不能辨认或者不能保护自己合法权益的，为无民事行为能力。

（二）被鉴定人在进行民事活动时，经鉴定患有精神疾病，由于精神活动障碍，致使不能完全辨认、不能控制或者不能完全保护自己合法权益的，为限制民事行为能力。

（三）被鉴定人在进行民事活动时，经鉴定属于下列情况之一的，为具有民事行为能力：

1、具有精神疾病既往史，但在民事活动时并无精神异常；

2、精神疾病的间歇期，精神症状已经消失；

3、虽患有精神疾病，但其病理性精神活动具有明显局限性，并对他所进行的民事活动具有辨认能力和能保护自己合法权益的；

4、智能低下，但对自己的合法权益仍具有辨认能力和保护能力的。

第二十一条　诉讼过程中有关法定能力的评定

（一）被鉴定人为刑事案件的被告人，在诉讼过程中，经鉴定患有精神疾病，致使不能行使诉讼权利的，为无诉讼能力。

（二）被鉴定人为民事案件的当事人或者是刑事案件的自诉人，在诉讼过程中经鉴定患有精神疾病，致使不能行使诉讼权利的，为无诉讼能力。

（三）控告人、检举人、证人等提供不符合事实的证言，经鉴定患有精神疾病，致使缺乏对客观事实的理解力或判断力的，为无作证能力。

第二十二条　其他有关法定能力的评定

（一）被鉴定人是女性，经鉴定患有精神疾病，在她的性不可侵犯权遭到侵害时，对自身所受的侵害或严重后果缺乏实质性理解能力的，为无自我防卫能力。

（二）被鉴定人在服刑、劳动教养或者被裁决受治安处罚中，经鉴定患有精神疾病，由于严重的精神活动障碍，致使其无辨认能力或控制能力，为无服刑、受劳动教养能力或者无受处罚能力。

第七章 附 则

第二十三条 本规定自1989年8月1日起施行。

最高人民法院
关于设立最高人民法院教育厅的通知

1989年1月7日　　法（教）发〔1989〕1号

各省、自治区、直辖市高级人民法院、解放军军事法院，计划单列市中级人民法院、各铁路运输中级法院，各海事法院：

为加强全国法院系统干部教育工作，经研究决定并报中央有关部门备案，最高人民法院教育厅业已成立，于1988年12月23日起开始办公。其主要任务是：

（一）贯彻执行党和国家的教育方针、政策，制定法院系统各类人员和各种层次的教育培训发展规划；

（二）组织编写和审定适应法院干部教育、培训需要的各类教材；

（三）管理最高人民法院直属教育培训机构，组织和指导法院系统开展学历教育、专业证书教育、岗位培训以及各种短期专业培训工作；

（四）编制和申报教育经费预算，管理监督国家拨给法院的教育经费的使用；

（五）总结交流干部教育、培训经验，研究法院干部教育、培训的特点和规律，不断提高干部教育、培训的质量。

最高人民法院
关于贯彻中央政治局第十五次会议和
全国政法工作座谈会精神的通知

1989年2月20日　　法（办）发〔1989〕4号

全国地方各级人民法院，各级军事法院，各铁路运输中级法院和基层法院，各海事法院：

1989年1月12日至19日，中央政法领导小组召开了全国政法工作座谈会。会议期间，中央领导同志作了重要讲话。1月27日，中央政治局召开第十五次会议，专门讨论了在改革开放的新形势下加强政法工作，稳定社会治安问题，并批转了《全国政法工作座谈会纪要》。中央领导同志在会上再次作了重要讲话，指出在和平建设时期，在治理经济环境、整顿经济秩序、全面深化改革的过程中，在“实现四化、振兴中华”的宏伟大业中，政法部门处于十分重要的地位，担负十分繁重而光荣的任务，必须加强；强调社会治安是多种社会矛盾的综合反映，解决社会治安问题必须在党的领导下，依靠全社会的力量进行综合治理；要把综合治理和集中打击、集中整顿结合起来；强调必须继续加强政法队伍的建设，提高广大政法干警的政治素质和业务素质。中央领导同志的两次讲话，对当前政法工作指明了方向。

全国各级法院干部特别是领导干部要认真学习中央政治局会议、全国政法工作座谈会和中央领导同志讲话精神。要认清当前的治安形势，一方面要看到总的治安状况是基本稳定的，另一方面对于治安形势的严峻性又必须有足够的估计，我们的头脑中一定要有敌我意识和忧患意识；要从社会主义初级阶段这个历史背景下，从改革开放、新旧体制交替、发展社会主义商品经济这个大气候和国际社会这个大环境中，去正确分析社会治安中出现的问题；深刻领会小平同志提出的“两手抓”的战略思想和中央领导同志提出的“一手抓发展商品经济，一手抓思想和政治领域的工作”的重要论断，进一步明确人民民主专政的武器不能丢，政法工作只能加强，不能削弱；要充分认识社会主义制度的优越性，发挥我们政治上的优势，树立稳定社会治安的信心。各级法院干部要在党委领导下，振奋精神，积极参加治理经济环境、整顿经济秩序，全面开展审判工作，充分发挥审判机关的职能作用，为全面深化改革和经济建设创造安定的社会环境和提供有力的法律保障。

为了更好地贯彻全国政法工作座谈会的精神，结合法院实际情况，对今年的法院工作，作如下安排：

一、继续严厉打击各种严重危害社会治安的犯罪活动。目前，重大刑事犯罪案件上升势头很猛。对于严重危害社会治安的犯罪活动，必须坚持依法从重从快惩处的方针。1. 明确打击重点。根据当前形势，打击的重点，就是全国政法工作座谈会纪要中规定的严重犯罪分子，特别要狠狠打击流窜犯罪分子和犯罪集团的首要分子。要突出一个“准”字，切实保证办案质量。2. 针对当地突出的治安问题，与公安、检察等有关部门互相配合，通过审判活动，适时开展有声威的专项斗争，把集中打击和集中整顿结合起来；要注意首先把大中城市、交通要道干线、沿海开放地区的社会治安搞好。3. 密切注意社会动向。一旦发生突发事件，法院要在党政统一领导下，通过审判活动，及时依法惩处确已构成犯罪的蓄意煽动闹事的为首分子和骨干分子，以震慑犯罪，教育群众。4. 全面贯彻惩办与宽大相结合的政策。有法定从重、加重处罚情节的，一定要从重、加重处罚；有法定从轻、减轻或者免除处罚情节的，则要从轻、减轻或者免除处罚。对于判处三年以下有期徒刑而又具备刑法第六十七条规定条件的犯罪分子，在城市基层工作较强的地方，可以适当多判一些缓刑，放在社会上监督改造。5. 采取各种措施，积极参加对社会治安的综合治理，不断总结、完善试办少年犯合议庭的经验，并在大中城市推广。

二、继续严厉打击各种严重经济犯罪活动。对于严重经济犯罪活动，必须坚持依法从严惩处的方针。当前，要特别注意抓好：1. 认真执行刑法和全国人大常委会《关于惩治贪污罪贿赂罪的补充规定》，把主要力量放在反贪污、反受贿上。2. 投机倒把犯罪活动，对社会经济秩序危害很大，群众反映强烈，必须坚决予以惩治。无论是个人还是企事业单位、机关、团体进行投机倒把活动，情节严重，构成犯罪的，都要依法追究刑事责任。3. 对于走私、贩毒、诈骗、偷税抗税、假冒商标、制售伪劣商品等其他经济犯罪活动，也要依法严惩。

打击经济犯罪活动，要继续坚持一要坚决，二要慎重，务必搞准的原则，严格区分违法与合法、罪与非罪的界限。证据确凿的，要依法从严判处，决不手软；法律、政策界限一时不够明确的，则要进行调查研究，必要时由最高法院作出司法解释，慎重处理。各级法院的领导要亲自抓重大、特大案件的审判工作，排除一切困难，依法严惩一批民愤很大的贪污、受贿等严重经济犯罪分子。

三、进一步加强民事审判工作。民事案件连年大幅度增加，审判任务十分艰巨。1. 继续以贯彻民法通则为中心，及时审理好婚姻、债务等各类案件，尤其是与治理环境、整顿秩序密切相关的案件。2. 加强对新情况、新问题的调查研究，重点是：在发展商品经济情况下出现的事实婚姻、离婚、子女抚养案件，和著作权、名誉权、债务等案件如何适用法律、政策问题，以及房屋商品化、土地有偿转让中的情况和问题。3. 认真贯彻最高法院关于处理涉台民事案件座谈会纪要，依法合情合理地处理涉台民事纠纷，注意了解涉台民事纠纷的新情况，及时总结经验。4. 审理好涉外民事案件。

四、大力加强经济审判工作。重点是：1. 对债务清偿、违法处罚等问题进行调查研究。有些企业负责人因犯罪被判刑，其法人单位应负的民事清偿责任仍应按经济纠纷处理，不能"以刑代偿"。2. 妥善处理紧缩信贷、压缩基建后出现的借款纠纷和建筑承包纠纷案件；对于深化改革中出现的企业承包、租赁经营或者联营经营的合同纠纷案件，企业破产或者清产还债案件、技术合同案件和以合伙组织、私营企业或者外资企业为诉讼主体的经济合同案件以及工业产权侵权案件等新型案件，要注意总结经验。3. 精心办好一批涉外经济纠纷案件。最高法院和有关高级法院都要有重点地指导审理几个典型案件，进行宣传，扩大影响。4. 研究如何更好地发挥调解在解决经济纠纷中的作用，并改进调解方法。5. 进一步克服地方保护主义的影响，敢于排除各种干扰，严格依法办事。上级法院发现下级法院有地方保护主义行为的，要坚决纠正，严肃处理；对下级法院抵制地方保护主义的正确行为，要理直气壮地给予支持。

五、努力开展海事审判工作。重点是：1. 认真贯彻最高法院新近下发的《关于海事法院收案范围的规定》，积极受理案件，要抓好重大、疑难案件特别是涉外案件的审判，进一步提高办案质量，以适应发展沿海经济战略的需要。2. 完善海事法院的设置，抓紧研究在厦门、海口增设海事法院，适当解决现有海事法院管辖区域过大、审理不便的问题。3. 着手研究海事法院的上诉体制和设立派出巡回法庭问题。

六、积极、慎重、全面地开展行政审判工作。重点是：1. 行政诉讼法颁布后，最高法院和各高级法院都要选择少数基础较好的中级法院和基层法院先行试点，以便取得经验，为1990年正式实施行政诉讼法创造条件。2. 抓紧建立、健全行政审判机构。凡没有建立行政审判庭的高级法院和中级法院，年内原则上都要建立，基层法院也要根据需要和可能建立；已建庭但人员配备不足，难以正常开展工作的，要尽快充实人员。3. 依法审理好各类行政案件，特别是工商、税务、海关等有关整顿经济秩序方面的行政案件，并及时总结审理治安、环保、土地等方面案件的专项经验。4. 上级法院要选择重大、典型、难办的案件，有重点地加强对下级法院的业务指导。

七、搞好告诉、申诉工作，健全审判监督。重点是：1. 把告诉工作放到重要的位置，切实保护公民和法人的诉权。凡是法律规定应当受理的案件，都应及时受理；不符合法定受理条件的，要向当事人解释清楚；有些当事人确有纠纷又不够立案条件的，可作简易纠纷进行调解。2. 认真执行分级负责的规定，提高申诉工作的质量和效率。各级法院都要抓重点、抓催办、抓结果，认真解决好"谈谈转转"的问题。3. 要按照第十四次全国法院工作会议提出的原则，处理好"严打”申诉案件。4. 对于具备刑法第七十一条和第七十三条规定条件的劳改犯，根据劳改部门的建议，要及时依法予以减刑或者假释，以调动罪犯自我改造的积极性。5. 对涉台刑事申诉案件，要按照第十四次全国法院工作会议的精神和最高法院关于处理涉台刑事申诉案件座谈会纪要的规定，抓紧处理。

八、切实加强人民法庭和执行工作。最高法院决定成立由一名副院长担任组长，由民庭、经济庭、司法行政厅、人事厅等部门参加的人民法庭工作指导小组，专门负责研究和协调人民法庭的工作。地方各级人民法院也可成立类似的指导小组。当前应把加强人民法庭工作的重点，放在整顿、巩固现有的人民法庭，使其真正发挥作用上来。要认真研究和总结如何保证和提高人民法庭办案质量的措施和经验，建立相应的规章制度。

按照民事诉讼法（试行）关于审执分离的原则，中级法院和基层法院都应建立专门执行机构。为了加强对执行工作的指导，最高人民法院和高级法院可成立执行工作指导小组，专门负责研究和协调执行工作。组长由一名副院长担任，有关庭、室参加。

九、进一步加强队伍建设。着重抓好以下几项工作：1. 加强廉政建设。必须把为政清廉作为加强队伍建设的头等大事来抓，使之成为从严治院和法院工作人员的职业道德的重要内容。各级法院领导要切实加强和改进思想政治工作，教育干部充分认识十年改革的巨大成就和改革开放的主流，增强为社会主义和法制建设而奋斗的信念，自觉抵制不正之风的侵蚀。对法院工作人员中坚持清正廉洁、秉公执法的典型事例，要予以表彰、宣传。要严肃纪律，坚持“八个不准”；要结合法院情况，学习“两公开，一监督”的经验，进一步建立和健全各项制度；年内开展一次遵纪执法大检查。对少数违法违纪的干警，要严肃查处，决不姑息。最高法院决定今年四月召开全国法院廉政工作会议，望各高级法院作好准备。2. 认真抓好增编进人工作。今年，省、地（市）机构改革，将陆续开展。各级法院对增编进人工作要予以高度重视，按照第十四次全国法院工作会议关于队伍建设的要求，切实把好进人关。3. 大力加强各级法院领导班子建设和后备干部的选拔、培养工作。4. 进一步搞好干部教育培训。继续选送高级法院副院长和中级法院院长到中央党校培训；继续办好业余法律大学和高级法官培训中心；搞好专业证书教育；办好各种类型的短期培训班等。最高法院、各高级法院都要着手研究、制定一九八九年至一九九五年干部教育培训发展七年规划。有条件的地方，高级法院应当建立法官培训中心，形成全国培训网络。

十、认真搞好法院人事制度改革和机构改革。1. 最高法院抓紧起草法官法（草案），并着手修改人民法院组织法，草拟法官资格考试条例等配套法规。2. 中央组织部和最高法院已联合下达通知，在黑龙江、浙江、福建、内蒙古四省、区实行法院干部以上级法院党组管理为主的体制改革试点。四省、区高级法院要列入重要议事日程，精心研究，精心组织。最高法院准备在适当的时候召开会议，总结经验，逐步推行。3. 今年，各省、自治区、直辖市将进行机构改革。最高法院要在完成机关机构调整和“三定”方案的基础上，对各高级法院的机构改革进行必要的指导，理顺法院内部和上下级法院之间的关系，提高工作效率。

十一、加快“两庭”建设，努力解决法院业务经费单列。国务院国办发〔1988〕69号文件，转发了最高法院、国家计委关于各级人民法院审判法庭建设的意见。各级法院要按照文件的要求，抓紧与同级人民政府及有关部门联系，编制审判法庭和人民法庭建设规划，经同级人民政府批准后逐个落实。人民法庭办公用房建设也要抓紧。

法院经费尤其是办案经费严重不足，是目前最大的实际困难之一。根据全国政法工作座谈会精神，尽早争取法院的业务经费从行政经费序列中单列出来，单独列入国家和地方的财政预算，经各级人民代表大会审议通过后执行。

十二、加强信息联系和法制宣传工作。为改变目前上下级法院之间信息量少，时间慢，质量差的状况，要建立法院系统信息网络和信息联络制度；加快最高法院综合信息管理系统建设；在保密传真通讯网的基础上，建设最高法院同各省、自治区、直辖市高级法院间的微机—保密传真通讯网；各级法院要把受理的或者判决的刑事、民事、经济、海事、行政、申诉等方面的大要案和具有典型意义的案件（对最高法院从宏观上指导需要了解的和对中央决策有参考价值的）和重要情况，及时一事、一案地逐级上报。

各级法院要认真贯彻最高法院于去年12月召开的部分高级法院法制宣传工作座谈会的精神，进一步加强宣传工作，争取年内有一个大的起色。

《人民司法》公开发行后，要大力办好，充分发挥其指导作用和对外宣传作用。

十三、积极开展司法协助和对外交流活动。1. 认真执行我院于去年下发的《关于执行中外司法协助协定的通知》。2. 根据中央进一步压缩因公临时出国团组的精神，以考察了解外国司法制度和法官制度为重点，认真做好出国访问和接待来访工作。3. 开展国际司法交流，有计划、有目的地收集、整理外国法院典型案例等有关审判工作的资料。4. 着手筹备建立研究外国司法制度的机构。

最高人民法院
关于印发任建新院长讲话和
全国高级人民法院院长座谈会纪要的通知*

1989年5月16日　　法（办）发〔1989〕8号

全国地方各级人民法院、各级军事法院、各铁路运输中级法院和基层法院、各海事法院：

现将任建新院长在全国高级人民法院院长座谈会上的讲话和全国高级人民法院院长座谈会纪要发给你们，望认真研究执行。

附：

全国高级人民法院院长座谈会纪要

1989年5月8日至11日，最高人民法院在北京召开了全国高级人民法院院长关于刑事审判工作的座谈会。林准副院长主持了会议。任建新院长在会上讲了话，传达了中央领导同志关于打击刑事犯罪的重要指示。会议回顾和检查了前一阶段刑事审判工作的情况，分析了当前社会治安形势；交流了经验；研究了进一步加强刑事审判工作，继续依法严厉打击严重刑事犯罪活动的问题。大家认为，这次会议是及时的，必要的，开得是好的。现将会议讨论的问题纪要如下：

* 任建新院长讲话见本书第五部分。

（一）

今年一月全国政法工作座谈会后，各高级人民法院及时传达贯彻了会议精神，统一了思想认识，部署了工作。各地法院在党委的统一领导下，积极参加了打击抢劫、重大盗窃、拐卖人口、走私、贩毒等犯罪活动的专项斗争，严厉打击了一批严重危害社会治安和严重破坏经济的犯罪分子。由于重大刑事案件增多，第一季度判处的死刑、死缓、无期徒刑的罪犯比去年同期增长16.94％，判处十年以上有期徒刑的增长9.80％，判处五年以上十年以下有期徒刑的增长24.08％。各级人民法院认真贯彻了中共中央（1989）1号文件批转的《全国政法工作座谈会纪要》精神，坚决执行了对严重刑事犯罪分子依法从重从快惩处的方针。从总体上看，打击是有力的，案件的处理也是及时的。但在检查中也发现，有些地区有极少数案件判得轻了，也有的判重了，还有少数案件处理得不够及时。这应当引起我们的重视。

（二）

会议认为，当前社会治安形势确实相当严峻。一些大中城市、沿海开放地区、水陆交通沿线犯罪活动猖獗，犯罪分子成帮结伙，流窜作案；在火车、公共汽车、轮船上洗劫杀伤旅客的恶性案件屡有发生；重大盗窃、抢劫、故意杀人的恶性案件明显增长；拐卖妇女儿童的犯罪活动日趋严重；聚众赌博、卖淫嫖娼、贩卖毒品等社会丑恶现象继续蔓延；近一个时期，突发事件明显增多，不法分子乘机进行打砸抢烧犯罪活动，对政治安定和社会治安危害极大。今年第一季度全国法院受理的一审刑事案件比去年同期上升14.75％，其中重大盗窃案件上升78.70％，抢劫案件上升59.98％，故意杀人案件上升13.05％，有的地区上升的幅度更大。根据现实发案上升情况和诱发犯罪的不安定因素的大量存在，预计今后一定时期内，人民法院受理的刑事案件，特别是重大刑事案件将有可能继续上升。人民法院同刑事犯罪作斗争的任务将更为艰巨、更为复杂。

会议要求，各级人民法院领导和全体工作人员对当前社会治安状况和今后的发展趋势应有清醒的认识，增强敌我观念和忧患意识，丝毫也不能麻痹、松劲。最近，邓小平同志强调指出，搞四化，搞改革开放，关键是稳定。压倒一切的是稳定。四个坚持不能丢，没有四个坚持，中国就乱了。中央领导同志还指出：“全国政法会议后，行动如何，效果如何?！人们对此问题的反映仍十分强烈。我想根治固然不易，但狠刹一下风还是有可能做到的。是否需要把决心下大些。”乔石同志就社会治安问题也作了多次批示，要求对严重危害社会治安的犯罪分子“应依法严惩”。我们要深刻领会中央领导同志的指示精神，打击刑事犯罪的决心再大一些，行动再快一些，声势再猛一些，把严重刑事犯罪活动的嚣张气焰打下去。

（三）

会议强调，为了稳定治安大局，力争实现治安状况好于去年的目标，全国法院要充分发挥人民民主专政的职能作用，坚定不移地继续贯彻依法从重从快的方针，严厉打击严重危害社会治安的犯罪分子，更好地为治理整顿和深化改革服务。各级人民法院要在党委的统一领导下，与检察、公安等有关部门密切配合，针对当地社会治安中的突出问题，通过审判活动，积极适时地开展有声威的专项斗争，进行集中打击和集中整顿。对重点打击对象一定要依法从重从快惩处；对在当地危害大的那些杀人、抢劫、重大盗窃、拐卖人口、贩毒等严重犯罪分子，以及犯罪集团的首要分子、主犯、惯犯、累犯和流窜犯一定要狠狠打击；要积极参加全国范围内集中打击流窜犯的统一行动；铁路法院和地方法院还要依法严惩在列车、公共汽车、轮船上抢劫杀害旅客的严重犯罪分子，以保障旅客的生命财产安全和交通运输秩序。大中城市、交通干线和沿海开放地区的社会治安关系全局，这些地方的人民法院要把刑事审判工作抓得很紧很紧。

当前，经济领域内的犯罪活动也很猖獗。反对贪污、受贿关系到为政清廉，投机倒把、走私等犯罪对社会经济秩序危害很大。各级法院要根据刑法和全国人大常委会关于惩治贪污罪、受贿罪和走私罪的补充规定，以及最高人民法院、最高人民检察院《关于当前处理企业事业单位、机关、团体投机倒把犯罪案件的规定》，继续依法严惩严重经济犯罪活动。

（四）

会议指出，各级人民法院要加强对刑事审判工作的领导，组织好力量，主要领导要亲自动手。要继续抓好大案要案的审判，对有的案件要提前介入了解案情，一旦起诉到法院就及时审理，适时宣判。要坚持实事求是，依法办案，一定要把工作做细，注重一个"准"字。对依法应当判处死刑的要坚决判处死刑，对依法应当判处重刑的要坚决判处重刑；对有法定从轻、减轻或者免除处罚情节的，可以从轻、减轻或者免除处罚。要进一步搞好公开审判；对一些重大、典型案件，要开好规模不等的公开宣判大会；通过多种形式扩大宣传，以利于对群众进行法制教育，震慑犯罪分子，保持严打的声威。

（五）

会议要求，上级人民法院要加强对下级人民法院刑事审判工作的监督和业务指导。检查下级人民法院办案的质量，要形成制度。应注重检查那些严重危害社会治安的案件和多发案件，以及迅速增长的案件。发现问题应及时提出改进意见。努力提高办案质量，自觉接受人民代表大会及其常务委员会的监督，接受广大人民群众和社会舆论的监督。下级人民法院审理重大、疑难案件遇有困难时，要及时报告上级法院，上级法院要及时给予答复和指导。各级法院要加强调查研究，掌握情况，发现问题，及时提出解决的办法和意见。办案力量、办案经费和物资装备有困难的，要及时提请党委和政府有关部门予以解决。

社会治安是社会矛盾的综合反映，各级人民法院在严厉打击严重刑事犯罪的同时，要积极参加对社会治安的综合治理。

最高人民法院
关于印发项华同志在全国法院纪检、监察工作座谈会上的讲话的通知

1989 年 5 月 13 日　　法（办）发〔1989〕10 号

全国地方各级人民法院、各级军事法院、各铁路运输中级法院和基层法院、各海事法院：

现将最高人民法院党组纪检组组长项华同志 1989 年 5 月 8 日在全国法院纪检、监察工作座谈会上所作的《加强纪检、监察工作促进法院廉政建设》的讲话印发给你们，望认真贯彻执行。

附：

加强纪检、监察工作　促进法院廉政建设

——1989年5月8日在全国法院纪检、监察工作座谈会上的讲话

项　华

同志们：

这次全国法院廉政建设工作会议十分重要。今天 我们接着开一个法院纪检、监察工作座谈会，根据法院廉政建设工作会议精神，着重研究如何抓好今后的纪检、监察工作。下面我先讲几点意见，供大家讨论。

一、以廉政建设为中心，加强纪检、监察部门的监督、检查工作

当前，廉政建设是法院建设的一件大事，是我们从严治党、从严治院的重要内容。任建新院长在全国法院廉政建设工作会议上的讲话中，根据中央的指示精神，结合法院实际，提出法院廉政建设也必须五管齐下，综合治理，并提出了各项具体措施。要贯彻落实好这些措施，无疑要靠各级法院领导高度重视，真正把廉政建设作为一件大事摆到重要日程来抓，要靠法院各部门通力协作，共同做好工作。我们纪检、监察部门是法院廉政建设的一支重要力量，在法院廉政建设中担负着重大责任，有着十分重要的作用。纪检组作为法院党的纪律检查的专门机构，其职责已经明确，就是负责监督、检查法院党组织和党员执行党的路线、方针、政策和国家法律的情况，配合进行党性、党风、党纪教育，协助查处法院党组织和党员违反党规党纪和国家法律的行为，保证党有关司法工作的方针、政策和决议在法院审判工作和其他工作中得到贯彻落实。根据党的十三大关于政治体制改革的精神，为了适应党政职能分开的需要，法院系统有必要成立监察机构，加强政纪监督。监察机构作为法院行政监察工作的专门机构，其职责就是负责监督、检查人民法院及其工作人员执行国家法律、政策和秉公办理各类案件的情况，查处以权谋私、贪赃卖法等各种违法违纪行为。保证人民法院及其工作人员严肃执法、廉洁执法，保障国家审判权得到正确行使。

各级法院纪检机构成立以来，做了大量工作，取得了一定成绩，特别是去年以来，不少法院纪检部门为配合廉政建设，在抓监督、检查工作方面取得了一些初步经验，有不少好的做法。根据全国法院廉政建设工作会议的精神，纪检、监察部门要认真总结以往经验，以廉政建设为中心，紧密联系审判工作实际，在全面开展各项纪检、监察工作的基础上，重点结合一年一度的执法大检查活动，对法院及其审判人员是否严格执行法律规定、秉公办理各类案件的情况进行监督、检查。纪检、监察部门还要认真处理好人民来信来访。协助院领导做好接受社会监督的工作。要通过我们扎扎实实的工作，充分发挥监督、检查的作用，促进和加强法院的廉政建设。

二、严肃认真查处违法违纪案件

查处违法违纪案件，是纪检、监察部门的一项经常性任务，也是目前廉政建设中应该突出抓好的一项重要工作。当前，在查处案件工作中存在着一定程度的不力的问题，正如任院长讲话中指出的：有的问题就发生在身边，却视而不见，充耳不闻；有的有明

显的线索，却不认真追查；有的问题已很清楚，仍拖拖拉拉，不及时处理；有的对严重问题处理心慈手软，失之过宽。同时，我们要看到，过去纪检部门多是协助地方党委查处违法违纪案件，成立监察机构以后，更多地要直接办案，任务将是很重的，因此，我们必须增强办案的意识。突出查处法院工作人员利用职权索贿受贿、徇私枉法、贪赃卖法的行为以及其他严重违法违纪行为，尤其是抓好重大案件的查处。第一是要抓紧案件的调查处理。对违法违纪现象，一经发现一定要抓紧查处，不能久拖不查或者久拖不处理。查办案件一般不应超过六个月，因特殊情况，在规定期限内不能结案的，应报告上级法院的纪检、监察部门，说明情况。第二是要坚持原则，严肃执行党政纪律。查处案件要在查清事实的基础上，作出恰当结论和处理，是什么性质的问题就定什么性质，该如何处理就如何处理，绝不能姑息迁就。纪检、监察部门要敢于坚持原则，不要怕得罪人，不要怕打击报复。第三是要做好案件上报工作。为了沟通信息，便于上级法院及时掌握了解情况，指导办案，要建立案件层层报告制度。各级法院对违法违纪的重大情况和重要问题，以及检举揭发院领导的线索，要随时单件上报，并及时报告初步调查的情况，调查一件，报告一件。如何上报，我们已草拟一个向最高法院上报重要案件的具体办法，请大家讨论提出意见，修改下发后，希望各地法院严格执行。高、中级法院也可以制定自己的具体办法。

目前发生的索贿受贿等违法违纪行为，手法一般比较隐蔽，揭露和查证都比较困难。这就要求我们努力提高办案水平，并通过各种渠道，扩大线索来源。一是通过群众来信来访检举揭发和舆论披露的情况，掌握各种违法违纪线索；二是通过参加执法大检查活动，发现有明显不应当办错而办错了的案件，在业务部门复查案件的同时，我们要认真调查分析办错案件的原因，注意发现违法违纪线索；三是通过经常性监督、检查工作，随时发现线索。对于各种线索，尤其问题比较严重的线索，不能轻易放过，要坚决地认真地深入调查，查出结果。

查处案件，要坚持实事求是，注意掌握政策界限，严格按党纪、政纪和国家法律处理，做到“事实清楚，证据确凿，定性准确，处理恰当，手续完备”，经得起历史的检验。对检举揭发问题不实或基本事实失实的，要及时予以澄清，保护法院干部。对确属检举揭发人蓄意捏造事实，进行诬告陷害的，将情况转告检举揭发人所在单位；其中，情节后果严重，构成犯罪的移送有关部门处理。

各级法院纪检、监察部门要防止孤立办案，注意通过办案从中发现剖析工作上制度上的漏洞，提出建议，有针对性地建立健全制度，加强管理。

三、与有关部门密切配合，开展多种形式的廉政教育

对法院党员和工作人员进行教育，是纪检、监察部门的职能之一。各级法院纪检、监察部门要密切配合有关部门，深入开展形势教育、理想宗旨教育，使广大党员和干警牢固树立全心全意为人民服务的信念。同时，要把以保持廉洁、反对腐败为主要内容的法纪教育，做为纪检、监察部门的重要任务认真抓好。要继续抓好“八个不准”的教育和实施，使广大党员和工作人员认识加强党政纪律的重要性，增强为政清廉、遵纪守法的观念，鼓励大家积极同腐败行为作斗争。要加强思想教育工作的针对性，克服方法上的简单化、一般化，注重实际效果。几年来，各级法院采取上党课、报告会、专题讨论、演讲会、通报典型事例等多种形式开展教育活动，收到了较好的效果。对各种行之有效的经验做法，要注意总结提高，继续坚持和推广。

开展纪律教育，一要充分利用纪检、监察部门办案的有利条件，利用正反两个方面

的典型事例，以通报、组织讨论等形式，对广大党员、干部进行生动形象的教育。凡法院发生的每一个严重违法违纪案件都要在本单位党员群众中组织讨论，分析发生问题的原因，认识危害，从中吸取教训。对于上级转发的通报，要组织传达讨论，起到通过一个案例，教育一大片的作用。要积极宣传遵纪守法，积极同腐败行为作斗争的先进事迹，对突出的先进集体、个人，纪检、监察部门应提出建议给予表彰、奖励，把纪律教育同学习先进集体、个人结合起来，使大家学有榜样。二要联系本地区、本单位带有倾向性、苗头性的问题，对广大党员和工作人员进行纪律教育，防微杜渐，把违法违纪消灭在萌芽状态。三要把学习教育与整顿纪律结合起来。一些法院在开展纪律教育的同时，检查执行纪律的情况，查问题、找差距，总结经验，制定整改措施。各级法院今后每半年要结合学习教育，对“八个不准”的执行情况进行检查，不断提高大家的纪律观念，增强自我约束力。要根据人民法庭干部分散的情况，研究如何加强法庭人员思想教育的方法。有的基层法院采取每个月用几天时间集中法庭干部学习的方法，效果较好，各基层法院可以借鉴。

四、建立健全纪检、监察机构，加强自身建设

要完成好上述任务，非得有健全的纪检、监察机构和一支过硬的纪检、监察队伍不行，这是加强和保证法院廉政建设有力的组织措施。

自1987年底以来，由于某些客观原因，法院纪检机构的建设曾经有过一段时间的犹豫和徘徊，各级法院建立健全纪检机构工作处于停 顿状态，机构、人员不落实，有的甚至撤销了纪检机构。根据中央关于保留法院党组的精神，必须进一步健全法院党组纪检机构，充实纪检人员。已撤销了纪检机构的，要尽快恢复。任建新院长提出，在加强党的纪律检查工作的同时，还要建立法院系统的监察机构，加强政纪监督。最高法院关于建立各级法院监察机构的文件下发后，各高、中级法院纪检组在抓好业务工作的同时，要主动地督促检查法院监察机构的组建情况，发现问题及时向院领导报告，并提出解决问题的建议；对下级法院监察机构组建工作中遇到的困难和问题，要积极地帮助解决。监察机构成立后，由于任务的增加，各地可根据实际情况，在原纪检机构编制的基础上，适当增加部分编制。

为了有利于开展监察工作，人民法院监察机构实行双重领导体制。最高法院监察部门在本院领导下进行工作；地方各级人民法院监察部门受所在法院和上级法院监察部门的领导，对本级法院和上级法院监察部门负责并报告工作；监察业务以上级法院监察部门的领导为主。下级法院监察部门在查处案件及其他工作中遇到困难和疑难问题可向上级法院监察部门汇报。上级法院监察部门要加强领导，对因秉公查处违法违纪案件而遇到困难、阻力的同志、要给予支持和保护。

法院纪检、监察工作要制度化、规范化。要逐步建立健全法院纪检、监察工作的各项办事制度和办事程序。究竟建立哪些制度，我们将做些调查研究，也希望各级法院 在这些方面做些研究探讨，并且注意总结经验。

各级法院纪检、监察部门要不断改进工作作风和工作方法，要深入基层，深入第一线，多做些调查研究工作，研究探讨在建立社会主义商品经济新秩序过程中如何加强法院党风党纪、院风院纪建设和如何加强法院的廉政建设等问题；分析研究法院干警发生各种违法违纪现象的特点和规律，提出相应对策；探索保证人民法院及其干警廉洁执法的有效途径；总结推广法院廉政建设的好经验，好做法；调查研究如何开展法院纪检、监察工作的新路子，以适应形势和任务对我们提出的新的要求。

随着机构的建立健全，队伍不断扩大，要

有计划有步骤地搞好纪检、监察干部的政治和业务培训。要鼓励纪检、监察干部热爱和安心本职工作，提倡和组织大家刻苦学习，钻研业务；有条件的要举办一些培训班，使纪检、监察工作适应形势发展的需要。最高法院拟在今年第四季度举办一次培训班，培训各高级法院部分纪检、监察干部。

同志们，任建新院长在讲话中特别强调，各级法院的第一把手要亲自抓廉政建设，要加强对纪检、监察工作的领导。这给我们开展工作创造了重要条件。希望纪检、监察部门的同志们在各级法院及其党组的领导下，振奋精神，团结协作，克服困难，共同努力，为法院党风建设和廉政建设作出应有的贡献。

最高人民法院
关于着手做好1990年基层人民法院院长换届选举工作的几个问题的通知

1989年5月16日　　法（人）发〔1989〕9号

各省、自治区、直辖市高级人民法院、中级人民法院，各大单位军事法院、各铁路运输中级法院，各海事法院：

1987年，全国绝大多数地方依法进行了基层人民法院院长的换届选举，一批政治上坚定，富有审判工作经验，敢于坚持原则，秉公执法的同志担任了院长，加强了基层人民法院的审判工作。到1990年，这些基层人民法院院长将任届期满。为了使明年的换届选举工作能顺利进行，今年就要积极主动地做好各项准备工作。为此，现就有关问题通知如下：

一、各高、中级人民法院要把基层人民法院院长换届选举的准备工作列入今年法院队伍建设的工作重点。任建新院长在七届全国人大二次会议上所作的工作报告中强调要切实加强基层建设。基层人民法院的审判工作做好了，全国法院的审判工作就有了坚实的基础。为此，必须加强基层人民法院的领导班子建设，首先要搞好院长的配备。各高、中级人民法院务必高度重视明年基层人民法院院长的换届选举工作，精心部署，认真落实。

二、各高、中级人民法院要抓紧对基层人民法院院长进行考察，对称职的，要支持其连任；需要更换的，应从法院的后备干部中准备人选。要注意保持院长及领导班子的相对稳定。关于院长人选，要主动与党委协商，并协助党委做好向人大推荐的准备工作。还要通过这次换届选举的准备工作，认真总结经验，为逐步推行法院干部管理体制的改革打下工作基础。已经开展改革试点的，要按照中央组织部、最高人民法院党组1988年11月24日《关于开展地方各级人民法院干部管理体制改革试点工作的通知》的具体规定，做好明年院长换届选举的准备工作。

三、坚持条件，确保人选质量。1987年4月中组部转发的两高《对各地法院、检察院关于基层人民法院院长和县（市、市辖区）人民检察院检察长换届选举中几个问题请示的答复意见》，对基层人民法院院长的任届、候选人条件和提名、职级配备等问题作了明确规定，继续适用于明年的换届选举工作，请严格遵照执行。要坚持原则，不搞照顾性、安排性提名。个别确因法院系统一时找不到合适人选，需从其他部门调任的，要坚持人民法院组织法规定的条件，必须具备法律专业知识。酝酿院长人选时，还要考虑到领导班子的群体结构，以提高班子的整体效应。

四、加强基层人民法院的后备干部工作。1987年基层人民法院院长换届选举时，一些地方因无后备干部，在确定院长候选人时比较被动，各地应吸取教训。基层人民法院院长法定任期短，换届比较频繁，后备干部工作任务很重，必须抓紧抓好。要挑选和培养足够的后备干部，做到备用结合，形成制度。

年底前，各省、自治区、直辖市高级人民法院要将基层人民法院院长换届选举的准备工作情况，书面报告我院。

最高人民法院
关于印发《人民法院诉讼收费办法》的通知

1989年7月12日　法（司）发〔1989〕14号

各省、自治区、直辖市高级人民法院，各计划单列市中级人民法院：

现将《人民法院诉讼收费办法》印发给你们，望遵照执行。

一、《办法》中所规定的收费标准，已经国家各有关方面同意，各级法院必须严格执行。收费标准中有幅度规定的，由各高级法院制定具体标准，一并下达执行。海事海商案件的各项收费标准中有幅度规定的，由各海事法院根据案件的具体情况在幅度内自行决定。其他任何单位都不得另行制订收费标准。

二、本办法自1989年9月1日起实行。8月31日以前所受理的案件，仍按原《民事诉讼收费办法（试行）》的规定执行。

三、各高级人民法院所制定的具体收费标准，报最高人民法院备案。

附：

人民法院诉讼收费办法

（1989年6月29日最高人民法院
审判委员会第四百一十一次会议通过）

根据《中华人民共和国民事诉讼法（试行）》第三条、第八十条、第一百七十八条、第一百九十条、第二百条的规定，制定本办法。

第一章　诉讼费用的收费范围

第一条　当事人进行民事、经济、海事和行政诉讼，应当向人民法院交纳案件受理费。

当事人依法复制本案庭审材料和法律文书的，应当向人民法院交纳所需的费用。

第二条　财产案件、行政案件的当事人，除向人民法院交纳案件受理费外，还应当交纳下列费用：

（一）勘验、鉴定、公告、翻译（当地通用的民族语言、文字除外）费；

（二）证人、鉴定人、翻译人员在人民法

院决定日期出庭的交通费、住宿费、生活费和误工补贴费；

(三)采取诉讼保全措施的申请费和实际支出的费用；

(四)执行判决、裁定或者调解协议所实际支出的费用。

第三条 依法向人民法院申请执行仲裁机构的裁决、公证机关依法赋予强制执行效力的债权文书和行政机关的处理或处罚决定的，应当交纳申请执行费和执行中实际支出的费用。

第四条 人民法院认为应当由当事人负担的其他诉讼费用。

第二章 诉讼费用的收费标准

第五条 案件受理费

(一)离婚案件，每件交纳10元至50元。涉及财产分割的，财产总额不超过1万元的，不另收费；超过1万元的，超过部分按1%交纳；

(二)侵害姓名权、名称权、肖像权、名誉权、荣誉权的案件，每件交纳50元至100元；

(三)其他非财产案件，每件交纳10元至50元；

(四)财产案件，按争议的价额或金额，照下列比例交纳：

1. 不满1000元的，每件交50元；

2. 超过1000元至5万元的部分，按4%交纳；

3. 超过5万元至10万元的部分，按3%交纳；

4. 超过10万元至20万元的部分，按2%交纳；

5. 超过20万元至50万元的部分，按1.5%交纳；

6. 超过50万元至100万元的部分，按1%交纳；

7. 超过100万元的部分，按0.5%交纳。

(五)侵害专利权、著作权、商标权的案件，每件交50元至100元，有争议金额的，按财产案件的收费标准交纳。

(六)行政案件按下列标准交纳：

1. 治安行政案件，每件交纳5元至30元；

2. 专利行政案件，每件交纳50元至400元；

3. 其他行政案件，每件交纳30元至100元。有争议金额的，按财产案件收费标准交纳。

(七)劳动争议案件，每件交纳30元至50元。

(八)破产案件，按破产企业财产总值，依照财产案件收费标准交纳。

第六条 原告提出两个以上诉讼请求、被告提出反诉、第三人提出与本案有关的诉讼请求，人民法院需要合并审理的，案件受理费根据不同的诉讼请求分别计算收取。

第七条 财产案件中请求数额与实际不符的，案件受理费按人民法院核定的实际争议数额计算收取。

第八条 申请执行等费用按下列标准交纳：

(一)申请执行案件，执行金额或者价额在1万元以下的，每件交纳50元，超过1万元至50万元的部分，按0.5%交纳；超过50万元的部分，按0.1%交纳。

(二)申请诉讼保全措施，保全财产的金额或者价额不满1000元的，每件交纳30元；超过1000元至10万元的部分，按1%交纳；超过10万元的部分，按0.5%交纳。

(三)海事海商案件，申请扣押船舶的，每件交纳1000元至5000元；申请债权登记的，每件交纳500元，申请留置货物、燃料的，每件交纳500元；申请船东责任限制的，按申请限制数额的0.1%交纳，但最低不少于500元。

第九条 勘验费、鉴定费、公告费、翻译费的金额，根据国家有关部门的收费标准计算交纳。

第十条　复制庭审记录或者法律文书，按实际成本收费。

第十一条　当事人应当交纳的其他诉讼费用的金额，由人民法院根据国家的有关规定和实际情况决定。

第三章　诉讼费用的预交

第十二条　诉讼费用由原告预交。被告提出反诉的，根据反诉金额或者价额计算案件受理费，由被告预交。

申请执行费，由申请人预交。

案件受理费，按第五条规定的标准预交；其他诉讼费用，由人民法院根据案件的具体情况决定预交的金额。

第十三条　原告自接到人民法院预交诉讼费用通知的次日起7日内预交；反诉案件，由反诉当事人在提出反诉的同时预交案件受理费。预交确有困难的，可以预交期内向人民法院申请缓交。当事人在预交期内未预交又不提出缓交申请的，按自动撤回起诉处理。

上诉案件的诉讼费用，由上诉人向人民法院提交上诉状时预交。双方当事人都提出上诉的，由上诉的双方当事人分别预交。上诉人在上诉期内未预交诉讼费用的，人民法院应当通知其预交。上诉人在接到人民法院预交诉讼费用的通知后七日内仍未预交又不提出缓交申请的，按自动撤回上诉处理。

申请执行等费用由申请人在提出申请时预交。

第十四条　依照《民事诉讼法（试行）》第三十二条、第三十三条、第三十四条规定移送、移交的案件，原受理的人民法院应将预收的诉讼费用随案移交接受案件的人民法院。

第十五条　审理经济纠纷案件过程中，发现本案属于刑事犯罪，全案移送有关部门处理的，预交的案件受理费予以退还；移送后经济纠纷需要继续审理的，预交的案件受理费不予退还。

第十六条　中止诉讼的案件，预交的案件受理费不予退还。中止诉讼原因消除后，恢复诉讼时，不再预交案件受理费。

第十七条　第二审人民法院发回重审的案件，预交的上诉案件受理费，不予退还；重审后又上诉的，不再预交案件受理费。

第十八条　终结诉讼的案件，预交的案件受理费不予退还 。

第四章　诉讼费用的负担

第十九条　案件受理费由败诉的当事人负担。双方都有责任的由双方分担。

共同诉讼当事人败诉，由人民法院根据他们各自对诉讼标的利害关系，决定各自应负担的金额。其中如有专为自己利益的诉讼行为所支出的费用，由该当事人负担。

其他诉讼费用由人民法院根据具体情况，决定当事人双方应负担的金额。

第二十条　第二审人民法院对第一审人民法院的判决作了改判的，除了应当确定当事人对第二审诉讼费用的负担外，还应当相应地变更第一审人民法院对诉讼费用负担的决定。

第二审人民法院驳回上诉的案件，上诉的案件受理费由上诉人负担，双方都提出上诉的，由双方分担。

第二十一条　经人民法院调解达成协议的案件，诉讼费用的负担，由双方协商解决；协商不成的，由人民法院决定。

第二审人民法院审理上诉案件，经调解达成协议的，第一审和第二审全部诉讼费用的负担，由双方协商解决，协商不成的，由第二审人民法院决定。

第二十二条　离婚案件诉讼费用的负担，由人民法院决定。

第二十三条　撤诉的案件，案件受理费由原告负担，减半收取；其他诉讼费用按实际支出收取。

驳回起诉的案件，案件受理费由起诉的当事人负担。

第二十四条　申请执行费和执行中实际支出的费用，由被申请人负担。

申请诉讼保全措施的申请费和海事海商案件中申请扣押船舶，申请留置货物、燃料的申请费，由败诉方负担。

申请船东责任限制的申请费由申请人负担。

第二十五条　由于当事人不正当的诉讼行为所支出的费用，由该当事人负担。

第二十六条　追索赡养费、扶养费、扶育费、抚恤金和劳动报酬的案件，原告可不预交案件受理费；案件审结时，由败诉方负担。

第二十七条　当事人交纳诉讼费用确有困难的，可向人民法院申请缓交、减交或者免交。是否缓、减、免，由人民法院审查决定。

第二十八条　下列案件免交案件受理费：

（一）依照民事诉讼法（试行）规定的特别程序审理的案件；

（二）依照审判监督程序进行提审、再审的案件。

第二十九条　当事人不得单独就人民法院关于诉讼费用的决定提出上诉。

第五章　诉讼费用的交纳和管理

第三十条　当事人凭人民法院的通知书，到法院预交诉讼费用。

第三十一条　案件审结时，人民法院应将诉讼费用的详细清单和当事人应负担的数额，用书面通知本人。同时，在判决书、裁定书或者调解书中写明当事人各方应负担的诉讼费用。当事人凭交款收据和判决书、裁定书或者调解书，向人民法院结算诉讼费用，多退少补。

第三十二条　当事人对人民法院决定的诉讼费用计算有异议的，可向人民法院请求复核。如果计算上确有错误，人民法院应当用裁定更正。

第三十三条　各级人民法院应建立、健全严格的收费制度。收费要使用法定的、统一的收据。

第三十四条　人民法院对诉讼费用的管理应严格遵循国家的财政制度，接受财政、审计部门的监督。

第六章　附　　则

第三十五条　外国人、无国籍人、外国企业和组织在人民法院进行诉讼，适用本办法。但外国法院对我国公民、企业和组织的诉讼费用负担，与其本国公民、企业和组织不同等对待的，人民法院按对等原则处理。

第三十六条　本办法自 1989 年 9 月 1 日起执行，原《民事诉讼收费办法（试行）》同时废止。

最高人民法院
关于审判法庭建设问题的通知

1989 年 7 月 15 日　　法（司）发〔1989〕16 号

各省、自治区、直辖市高级人民法院、计划单列市中级人民法院：

今年 1 月 28 日国清字〔1989〕1 号、计投资〔1989〕67 号《关于严格控制 1989 年新开工项目的通知》和 6 月 3 日国清字〔1989〕10 号《关于继续严格控制 1989 年新开工项目的通知》陆续下发后，由于所列允许开工项目中没有提到人民法院的审判法庭，一些地方计委便把审判法庭列入缓建、停建项目中，使此项建设受到一些影响。为此，经征得国家计委、国务院清理项目领导小组同意，就有关问题通知如下：

1. 审判法庭是人民法院依法行使审判职权的法定场所。由于历史原因，没有得到应有重视，欠帐较多。为适应社会主义法制建设需要，审判法庭今年可以安排开工。同时，要继续按照国办发〔1988〕69 号文件的精神，妥善安排，分期分批地解决好审判法庭的建设问题。

2. 项目的审批程序按国清字〔1989〕1 号文件办理。

经商议，国务院清理项目领导小组、国家计委不另行文（此件经国家计委投资司海峰、国务院清理项目办公室刘振峨会签）。

最高人民法院
关于印发《关于各级人民法院处理民事和经济纠纷案件申诉的暂行规定》的通知

1989 年 7 月 21 日　　法（申）发〔1989〕17 号

全国地方各级人民法院，各级军事法院，各铁路运输中级法院和基层法院，各海事法院：

现将《关于各级人民法院处理民事和经济纠纷案件申诉的暂行规定》印发给你们，望遵照执行。执行中有何意见，请及时书面报告我院。

附：

关于各级人民法院处理民事和经济纠纷案件申诉的暂行规定

（1989年7月12日最高人民法院审判委员会第414次会议通过）

为了进一步做好处理民事和经济纠纷案件申诉工作，加强审判监督，根据《中华人民共和国人民法院组织法》，《中华人民共和国民事诉讼法（试行）》的有关规定和审判实践经验，特制定以下暂行规定。

第一条　当事人、法定代理人对已经发生法律效力的判决、裁定，认为确有错误的，可以向人民法院申诉。

第二条　各级人民法院处理申诉，实行分级负责的原则。对申诉人的申诉，一般由作出生效判决、裁定的人民法院审查处理。上级人民法院认为必要时，可以直接审查处理。

第二审人民法院对不服本院维持第一审人民法院判决、裁定的申诉需要复查处理的，可以交由第一审人民法院复查。第一审人民法院复查后写出书面报告，提出处理意见，报第二审人民法院处理。

申诉无理被通知驳回后，申诉人无新的事实和理由又提出申诉，人民法院应告知申诉人不再处理。

第三条　基层人民法院负责审查处理不服本院已经发生法律效力的判决、裁定的申诉。

第四条　中级人民法院负责审查处理下列申诉：

（一）不服本院已经发生法律效力的第一审判决、裁定的；

（二）不服本院第二审判决、裁定的；

（三）不服基层人民法院发生法律效力的判决、裁定的申诉，经基层人民法院审查处理后，申诉人仍不服，以新的事实和理由向中级人民法院提出申诉的；

（四）不服基层法院已经发生法律效力的判决、裁定的申诉，本院认为需要直接审查处理的。

第五条　高级人民法院负责审查处理下列申诉：

（一）不服本院已经发生法律效力的第一审判决、裁定的；

（二）不服本院第二审判决、裁定的；

（三）不服中级人民法院已经发生法律效力的判决、裁定的申诉，经中级人民法院审查处理后，申诉人仍不服，以新的事实和理由向高级人民法院提出申诉的；

（四）不服中级人民法院和基层人民法院已经发生法律效力的判决、裁定的申诉，本院认为需要直接审查处理的。

第六条　最高人民法院负责审查处理下列申诉：

（一）不服本院（含原大区分院）判决、裁定的；

（二）不服高级人民法院已经发生法律效力的判决、裁定的申诉，经高级人民法院审查处理后，申诉人仍不服，以新的事实和理由向最高人民法院提出申诉的；

（三）不服地方各级人民法院已经发生法律效力的判决、裁定的申诉，本院认为需要直接审查处理的。

第七条　人民法院审查处理申诉，均应登记，认真审阅申诉材料，仔细听取申诉人的陈述。对应由下级人民法院或其他人民法院审查处理的申诉，应及时转交，并通知申诉人直接与有关人民法院联系。

原终审人民法院审查处理申诉，均立申诉卷。原终审的上级人民法院直接审查处理和转由下级人民法院审查处理的申诉，也要立申诉卷。

第八条　申诉经人民法院审查，认为原判决、裁定正确，应当说服申诉人服判息诉，撤回申诉。对其中坚持无理申诉的，针对申诉理由，依法书面通知驳回。如果发现原判决、裁定确有错误，由审查处理该案的人民法院的院长依法提交审判委员会讨论决定。

第九条　终审判决正确，在执行中发生新情况，当事人以新的事实和理由，要求法院处理的，不属于申诉，应告知当事人到第一审人民法院另行起诉。

第十条　上级人民法院审查处理的申诉，可以调卷审查；可以派人会同下级人民法院调查核实，下级人民法院应积极配合。

第十一条　上级人民法院需要了解原判处理情况的，可以责成下级人民法院写出报告。报告应当写明当事人的基本情况、原判认定事实、处理结果及其它需要说明的问题。

第十二条　上级人民法院对不服下级人民法院判决、裁定的申诉，经审查认为可能有错误的，可提出问题函转下级人民法院查处并报告处理结果。下级人民法院应当针对函中所提问题认真进行复查，并在三个月内报送复查结果。逾期不报的，上级人民法院应当及时催报。上级人民法院收到下级人民法院复查报告后，应当进行审查。如认为下级人民法院复查处理仍有错误，可以依照审判监督程序指令下级人民法院再审或者提审。

第十三条　对于确属无理取闹的申诉人，要进行严肃的批评教育，使其服判息诉。对不接受教育，纠缠不走的，可以收容遣送回原地。经多次收容屡教不改，情节严重或触犯刑律的，根据治安管理处罚条例、刑法的有关规定，整理材料，移交当地公安机关依法处理。

第十四条　负责处理申诉的审判人员，要恪尽职守，遵纪守法，秉公办事，正确执行党的政策和国家的法律，热情宣传社会主义法制，努力做好工作。

第十五条　处理对调解协议的申诉，适用本暂行规定。

第十六条　处理海事、海商案件申诉，适用本暂行规定。

最高人民法院
关于转发国家档案局《关于为公、检、法部门办案调阅档案实行无偿服务的通知》的通知

1989年7月22日　　法（办）发〔1989〕18号

全国地方各级人民法院，各级军事法院，各铁路运输中级法院和基层法院，各海事法院：

国家档案局于7月14日发出了《关于为公、检、法部门办案调阅档案实行无偿服务的通知》。现转发给你们，以后到有关单位查档应依照该“通知”规定办理。

附：

国家档案局
关于为公、检、法部门办案调阅档案实行无偿服务的通知

国档发（1989）19号

各省、自治区、直辖市档案局，计划单列市档案局，中央档案馆，中国第一历史档案馆，中国第二历史档案馆，中国照片档案馆，中国人民解放军档案馆，中央国家机关档案部门：

最近，我局收到最高人民法院来文，反映一些地方档案馆对前去查阅档案的法院办案人员实行有偿服务，并收费太高，影响了办案工作的正常进行。为了保证公安、检察、司法部门办案工作的顺利进行，凡公、检、法部门直接办理案件需要利用档案，应实行无偿服务（复制工本费除外），各级档案馆应积极配合，大力支持，不得以任何理由拒绝提供。

建议各机关、团体、企业事业单位和档案部门，在公、检、法直接办理案件需要利用档案时，也能参照上述精神办理。

1989年7月14日

最高人民法院　国家机构编制委员会
关于设立各级人民法院监察机构的通知

1989年7月28日　法（纪）发〔1989〕20号　国机地编（1989）4号

各省、自治区、直辖市高级人民法院、编制委员会：

根据中央关于加强廉政建设的指示精神，为了适应法院廉政建设的需要，加强政纪监督，决定在最高人民法院设立监察室，地方各级人民法院亦相应设立监察机构，各高、中级人民法院设监察室；基层人民法院设专职监察员，其中，直辖市的基层法院如确实需要也可设立监察室。监察室作为法院的内设机构与纪检组一套班子、两块牌子。所需编制和人员，从各法院编制中调剂解决。

最高人民法院
关于印发《关于建立法院系统监察机构若干问题的暂行规定》的通知

1989年8月15日　　法（纪）发〔1989〕22号

全国地方各级人民法院，各级军事法院，各铁路运输中级法院和基层法院，各海事法院：

现将《关于建立法院系统监察机构若干问题的暂行规定》印发给你们，请遵照执行。

附：

关于建立法院系统监察机构若干问题的暂行规定

（1989年8月15日）

根据党中央关于加强廉政建设的指示精神，为了适应法院廉政建设的需要，加强政纪监督，经我们研究，并商得中组部、国家编委同意，决定建立人民法院监察机构。

一、人民法院监察机构的性质及其监察对象

各级人民法院监察部门是负责行政监察工作的专门机构。

人民法院监察工作实行分级监察管辖。各级人民法院监察部门监察所在法院各部门及其工作人员，上一级人民法院监察部门监察下一级人民法院及其院长、副院长。上级人民法院监察部门必要时可以受理下级人民法院监察部门管辖范围的案件。

监察部门通过对监察对象进行行政监督、检查，维护和严肃行政纪律，以利于正确执行国家的法律、政策。

二、人民法院监察部门的主要任务和职权

各级人民法院监察部门的主要任务是：监督、检查监察对象在执行国家法律、法规、政策过程中有无违犯行政纪律的情况；受理对监察对象违纪行为的检举、控告；查处违法违纪行为；受理监察对象不服政纪处分的申诉；开展纪律教育，建议表彰模范遵纪守法、积极同违纪行为作斗争的个人和集体。

监察部门具有检查权、调查权、建议权和一定的行政处分权。对违纪案件，依照《人民法院奖惩暂行办法》的规定；实行干部管理体制改革试点的法院，还要结合《地方人民法院干部管理体制改革的暂行办法》的规定，作出行政处分决定，或者提出行政处分的建议。

三、人民法院监察机构的领导体制

人民法院监察机构实行双重领导。最高人民法院监察部门受最高人民法院院长领导；地方各级人民法院监察部门受所在法院院长和上级法院监察部门的双重领导，监察业务以上级法院监察部门领导为主。其领导干部的任免，应征得上一级法院监察部门的同意。

四、各级人民法院监察机构的设置和编制

各级人民法院监察机构与党组纪检组一

套班子，两块牌子，人员编制在原纪检编制基础上适当增加，从现有法院编制中调剂解决。最高人民法院和各高、中级人民法院设监察室。法院总编制人数在5000人以下的省、自治区高级人民法院监察室（纪检组）的编制一般为5人；5000人以上为7人；中级法院监察室（纪检组）的编制为3至5人；基层法院编制在50人以下的一般设兼职监察员（纪检员）；50人以上的设专职监察员1至2人。直辖市的基层法院如确实需要，也可设监察室。

监察员应配备与本级法院审判员级别相同的干部。要严格掌握标准，选调原则性强，作风正派，政策水平较高，懂得审判业务，身体健康的同志担任监察干部，同时要注意年龄的合理结构。

最高人民法院
关于印发《关于颁发人民法院工作人员荣誉证书和奖章的试行办法》的通知

1989年8月30日　　法（人）发〔1989〕23号

全国地方各级人民法院，各级军事法院，各铁路运输中级法院和基层法院，各海事法院：

为表彰长期献身司法事业的法院工作人员，鼓励法院工作人员热爱和做好法院工作，增强荣誉感，我们制定了《关于颁发人民法院工作人员荣誉证书和奖章的试行办法》，现印发给你们，请认真贯彻执行。

附：

关于颁发人民法院工作人员荣誉证书和奖章的试行办法

（1989年8月30日）

第一条　为鼓励法院工作人员热爱和做好法院工作，增强从事法院工作的荣誉感，表彰他们献身司法事业，为社会主义法制建设做出的贡献，特制定本办法。

第二条　各级人民法院和专门法院从事法院工作满30年的在编工作人员以及退（离）休人员，均属颁发范围。

第三条　在边远山区工作的法院工作人员的工作年限，可适当放宽，但不得少于20年，具体办法由高级人民法院参照原劳动人事部劳人科局（1983）064号《关于边远地区范围的通知》，结合本地区的实际情况制定，并报请最高人民法院备案。

第四条　对正在接受行政审查和有犯罪嫌疑，有关部门正在对其进行刑事侦查的人员，暂不发给荣誉证书和奖章。

第五条　受过行政记大过以上处分的人员，在工作中表现好并做出成绩的，由所在法院报经高级人民法院批准，最高人民法院的，由最高人民法院批准，颁发荣誉证书和奖章。

第六条　受过刑事处罚的一般不颁发荣誉证书和奖章，特殊情况需要颁发荣誉证书和奖章的，须报经最高人民法院批准。

第七条　从事法院工作年限的起止时间，是指建国前在革命根据地或人民军队内从事司法工作或建国后参加法院工作时起，至发证年度12月底或退（离）休时的累计周年数。

第八条　属下列情况，后又回到法院工作或是由于落实政策在法院办理退（离）休手续的，法院工龄可以连续计算：

凡在法院工作期间，因错误处理或被株连而调离法院的；

经组织动员，回乡务农的；

“文革”期间，下放劳动或被改做其它工作的；

经组织批准脱产学习的。

这里的工龄计算方法只限于颁发荣誉证书和奖章。

第九条　荣誉证书和奖章由最高人民法院统一制做，以最高人民法院名义授予。

第十条　凡属授予荣誉证书和奖章范围的人员，基层人民法院、中级人民法院和专门人民法院的须逐级报经高级人民法院审核后批准颁发；高级人民法院以上的工作人员，由所在法院审批颁发；军事法院的，由解放军军事法院审批颁发。

第十一条　荣誉证书和奖章每年颁发一次。

第十二条　对被授予荣誉证书和奖章的人员，各地法院可在休假、疗养等方面给予照顾，并可给予一次性的物质奖励。

第十三条　颁发荣誉证书和奖章要严肃认真，严禁弄虚作假。发现骗取荣誉者，收回其荣誉证书和奖章，并按《人民法院奖惩暂行办法》追究有关人员的责任。

第十四条　本办法由最高人民法院解释。

第十五条　本办法自印发之日起实施。

最高人民法院
关于配合和协助1989年
税收、财务、物价大检查的通知

1989年9月16日　　法（办）发〔1989〕24号

全国地方各级人民法院，各级军事法院，各铁路运输中级法院和基层法院，各海事法院：

8月31日，国务院发出通知，决定1989年继续在全国范围内开展税收、财务、物价大检查。这是贯彻落实党的十三届四中全会精神，治理经济环境、整顿经济秩序的一项重大措施。为配合、协助有关部门搞好这次大检查，特作如下通知，望认真贯彻执行。

一、各级法院要充分认识搞好这次大检查，对于严明法纪、惩治腐败，增加国家财政收入，稳定市场物价，促进经济持续、稳定、协调发展的重要意义，积极支持和配合税收、财政、物价等有关部门，同心协力，把保证今年的税收、财务、物价大检查的顺利进行作为今年下半年的一项重要工作切实抓好。

二、惩治腐败，打击经济犯罪，是党的十三届四中全会提出的重要任务之一。随着大检查的深入，将会查出一些构成犯罪，应当由司法机关依法追究刑事责任的贪污、挪用公款、行贿受贿、偷税抗税、投机倒把等经济犯罪案件。这类案件起诉到法院后，要严格依照刑法和全国人大常委会的决定、补充规定的有关条款及时地严肃地进行处理，绝不姑息。对于查出的单位投机倒把案件，要严格依照“两高”《关于当前处理企业事业单

位、机关、团体投机倒把犯罪案件的规定》审理。构成犯罪的，要依法追究直接负责的主管人员和其他责任人员的刑事责任。既要注意防止“以罚代刑”、处理不严、打击不力的情况，也要注意正确区分罪与非罪、此罪与彼罪的界限，严肃执法。对于在“两高”发布的《关于贪污、受贿、投机倒把等犯罪分子必须在限期内自首坦白的通告》规定的期限内投案自首、坦白、立功的，均应予以从宽处理，对那些拒不悔罪的犯罪分子，坚决严惩不贷。

三、为切实保障大检查的顺利开展，各级法院要同公安、检察机关紧密配合，对那些以暴力、威胁等方法阻碍税收、财政、物价等有关部门工作人员执行检查职务、触犯刑律的人，要及时依法严惩。

四、各地法院要加强同有关部门联系，及时了解掌握大检查的情况和有关政策、法律问题，并注意适时地选择一些检查出来的重大、典型案件，通过召开宣判大会、新闻报道或者其他方式，以案讲法，进行法制宣传，扩大办案效果。

五、各级法院要按照国务院通知的规定，认真进行自查和接受检查，严肃财经法纪，完善财经制度，发现违纪问题，要严肃处理，及时纠正，并主动报告有关主管部门和上级法院。

六、上级法院要进一步加强对下级法院的监督和指导，注意加强上下级法院之间的信息交流，对重大情况和起诉到法院的大案要案以及工作中遇到的困难、问题，要及时层报最高人民法院。

最高人民法院　财政部
关于加强诉讼费用管理的暂行规定

1989 年 9 月 18 日　　法（司）发〔1989〕25 号

各省、自治区、直辖市高级人民法院、财政厅（局），各计划单列市中级人民法院、财政局：

《人民法院诉讼收费办法》已于 9 月 1 日开始实行。为了加强诉讼费用的管理工作，特作以下规定：

一、各级人民法院依法收取的诉讼费用属于国家规费。考虑到目前财政困难，拨给法院的业务经费还不能完全满足审判工作的需要，法院依法收取的诉讼费用暂不上交财政，以弥补法院业务经费的不足。

二、各级人民法院应按照最高人民法院和财政部“法（司）发〔1985〕23 号”文件的规定，掌握使用所收的诉讼费用。

三、地方各级人民法院所收的诉讼费用，可按一定比例上交给高级人民法院，用以统一购置必需的业务设备和适当补助其它困难地区法院的业务经费。

四、各级人民法院对于诉讼费用的收支，应接受财政、审计部门的监督。并定期向上级人民法院和同级财政部门报送诉讼费用收支等情况。

五、各省、自治区、直辖市高级人民法院和计划单列市中级人民法院，根据本规定的精神，结合当地的实际情况，商同级财政部门，制定具体实施办法，一并下达执行，并将实施办法报最高人民法院和财政部备案。

六、本规定自 10 月 1 日起执行。

最高人民法院
关于开展向荣获全国先进工作者称号的
陈家祺等十位同志学习的通知

1989年10月5日　　法（人）发〔1989〕26号

全国地方各级人民法院，各级军事法院，各铁路运输中级法院和基层法院，各海事法院：

在热烈庆祝中华人民共和国建国四十周年之际，我们法院系统的陈家祺、金莹晚、姒望山、陈占保、何同甫、欧金淡、李万田、马灿芳、李兴茂、晁秉荣十位同志荣获全国先进工作者称号，参加了全国劳动模范和先进工作者表彰大会。这是党和人民给予他们的崇高荣誉，也是全国22万法院工作人员的莫大光荣。这十位同志是法院队伍中涌现出来的大批优秀人物的典型代表，是我们的先进榜样。最高人民法院号召全国法院工作人员认真地向这十位同志学习。

我们要学习他们坚决贯彻执行党的十一届三中全会以来的路线、方针和政策，坚持四项基本原则，反对资产阶级自由化，在政治上、思想上、行动上和党中央保持一致的坚定的无产阶级立场；学习他们全心全意为人民服务，艰苦奋斗，尽职尽责，无私奉献的共产主义觉悟；学习他们一身正气，秉公执法，刚正不阿，铁面无私的高尚品质；学习他们对工作高度认真负责，一丝不苟，实事求是，依法办案，严谨踏实的作风；学习他们勤奋好学，钻研业务，调查研究，不断开拓的精神；学习他们严于律已，以身作则，遵守纪律，清正廉洁的优秀品德。

各级人民法院要以江泽民总书记在建国四十周年庆祝大会上的重要讲话为指导思想，把学习、宣传十位全国先进工作者的活动，作为全面贯彻落实党的十三届四中全会提出的各项任务，进一步加强和改进法院系统思想政治工作的一项重要内容，认真抓紧抓好。通过学习宣传活动，在法院系统掀起学先进、创先进的新高潮，以进一步激发全国法院工作人员的积极性和创造性，提高广大干警的革命事业心和政治责任感，把人民法院的各项工作继续推向前进，为保障和促进社会主义现代化建设的顺利进行，作出更大的贡献！

附：

法院系统十位全国先进工作者事迹简介

吉林省梨树县人民法院院长**陈家祺**同志，坚持四项基本原则和改革、开放的方针，在工作中忠实于法律，忠实于人民利益，忠实于事实真相，秉公执法，尽职尽责，做出了显著成绩。1988年最高人民法院决定授予陈家祺同志全国法院模范称号。

黑龙江省宁安县人民法院院长**金莹晚**同志，坚持四项基本原则和改革、开放的方针，忠实于法律，忠实于人民利益，忠实于事实真相，工作中注重调查研究，积极主动地为农村经济建设服务；坚持从严治院，加强队伍建设，成绩显著。1988年最高人民法院决定授予金莹晚同志全国法院模范称号。

上海市上海县人民法院执行庭庭长**姒望**

山同志，勤奋工作，秉公执法，清正廉洁，忠实地履行人民法官的职责，成绩显著。1988年最高人民法院决定授予姒望山同志全国法院模范称号。

湖南省桃源县人民法院院长**陈占保**同志，坚持四项基本原则和改革、开放的方针，几十年来，任劳任怨，尽职尽责，忠实于法律，忠实于人民利益，忠实于事实真相，秉公执法，铁面无私，工作做出了显著成绩。1988年最高人民法院决定授予陈占保同志全国法院模范称号。

江苏省无锡市郊区人民法院审判员**何同甫**同志，坚持十一届三中全会以来党的路线、方针和政策，秉公执法，刚正不阿，清正廉洁，全心全意献身审判事业，体现了共产党员无私奉献精神和人民法官的高尚情操；他忠于职守，勤奋工作，不图名利，任劳任怨，在民事审判工作中取得了显著成绩。1989年最高人民法院决定授予何同甫同志全国法院模范称号。

福建省顺昌县大历人民法庭庭长**欧金淡**同志，拥护党的十一届三中全会以来的路线、方针、政策，带领全庭人员积极主动地开展审判工作，严肃执法，秉公办案，清正廉洁，公而忘私，献身山区，艰苦创业，为加强山区人民法庭建设作出了突出贡献。1989年最高人民法院决定授予欧金淡同志全国法院模范称号。

山东省新泰市人民法院院长**李万田**同志，坚持四项基本原则，勇于改革，大胆创新，带领全院工作人员全面开展各项审判工作，不断加强和改进思想政治工作，从严治院，努力加强法院队伍建设，做出了显著成绩；他一身正气，不徇私情，清正廉洁，秉公办案，体现了共产党员的无私奉献精神和人民法官的高尚情操。1989年最高人民法院决定授予李万田同志全国法院模范称号。

广西百色地区中级人民法院副院长**马灿芳**同志，坚持四项基本原则，坚持改革开放，在政治上同党中央保持一致，近三十年来，她忠诚党的事业，克服重重困难，秉公执法，刚正不阿，兢兢业业，勤奋工作，表现出归国华侨的赤子之心，在审判工作的岗位上做出显著成绩，被群众誉为“人民信得过的女法官”。1989年最高人民法院决定授予马灿芳同志全国法院模范称号。

甘肃省山丹县人民法院院长**李兴茂**同志，拥护党的十一届三中全会以来的路线、方针、政策，忠于党的事业，热爱审判工作，刻苦钻研业务，全心全意为人民服务；他从严治院，开拓进取，调动全院工作人员的积极性，各项审判工作取得了好的成绩；他秉公执法，廉洁奉公，严以律已，率先垂范，表现了人民法官的高贵品质。1989年最高人民法院决定授予李兴茂同志全国法院模范称号。

北京市门头沟区法院院长**晁秉荣**同志，坚决贯彻执行党的路线、方针、政策，坚持四项基本原则和改革开放的方针；坚持原则，秉公执法，严以律已，忘我工作；在抓好各项审判工作的同时，注重领导班子和法院队伍的建设，重视思想政治工作，富有开拓求实精神，为开创人民法院工作的新局面，做出突出贡献。1989年最高人民法院决定授予晁秉荣同志全国法院模范称号。

最高人民法院
关于印发全国部分省、市法院刑事审判工作会议纪要的通知

1989年7月14日　　法（研）发〔1989〕29号

全国地方各级人民法院、各级军事法院、各铁路运输中级法院和基层法院、各海事法院：

现将全国部分省、市法院刑事审判工作会议纪要发给你们，望认真研究执行。执行中有何问题，望及时报告我院。

附：

全国部分省、市法院刑事审判工作会议纪要

1989年10月7日至11日，最高人民法院在河北省涿州市召开了全国部分省、市法院刑事审判工作会议。参加会议的有北京、上海、天津、河北、山东、湖南、湖北、广东、浙江、江苏、河南、四川、辽宁、黑龙江、陕西等十五个省、市高级法院主管刑事审判工作的院长、副院长，最高人民法院刑一庭、刑二庭和研究室的负责同志。会议由林准副院长主持。会议结束时，任建新院长到会作了讲话；林准副院长作了总结。

这次会议是在北京平息反革命暴乱和各地制止动乱取得决定性胜利，法院正在或将要审判一批暴乱和动乱案件，“两高”《通告》正在贯彻执行，法院刑事审判工作面临时间紧、任务重，有不少新情况、新问题需要认真研究、解决的情况下召开的。

会议首先学习了江泽民总书记在首都各界群众庆祝中华人民共和国成立四十周年大会上的重要讲话，传达了中央政法领导小组最近召开的部分省、市清查工作座谈会的精神；交流贯彻了执行“两高”《通告》、审理反革命暴乱和政治动乱中犯罪案件的情况和经验，同时，讨论研究了面对当前严峻的治安形势，如何进一步贯彻依法从重从快的方针，继续严厉打击严重危害社会治安的犯罪分子的问题。会议还认真讨论了最高人民法院、最高人民检察院《对具体执行〈关于惩治贪污罪贿赂罪的补充规定〉中若干问题的解答》（征求意见稿）、“两高”和公安部《对各地提出的有关处理暴乱、动乱的一些政策法律问题的意见》（征求意见稿），以及“两高”《关于办理反革命暴乱和政治动乱中犯罪案件具体应用法律的若干问题的补充意见》（二稿）等适用法律的文件。另外还选编了一批暴乱和动乱的案例。

这次会议时间虽短，但是由于会前作了大量调查研究，作了比较充分的准备；会上大家畅所欲言，交流了许多情况和经验，也提出了不少问题和建议。与会同志一致认为，这次会议开得是适时的，必要的，达到了预期的目的。

一、会议回顾了前一段的刑事审判工作

会议认为，今年的刑事审判工作任务是非常繁重的。五月份在北京召开的全国高级法院院长座谈会上，就分析了当时社会治安的形势是相当严峻的。任建新同志提出了打击刑事犯罪分子，决心再大些，行动再快些，

声势再猛些的要求。各地法院都采取了许多措施，认真进行了贯彻，打击是及时的、有力的，并取得了一定成效。

北京平息反革命暴乱、各地制止动乱以后，人民法院又承担起审理暴乱和动乱中犯罪案件的任务。根据中央要求和工作需要，“两高”起草并印发了《关于办理反革命暴乱和政治动乱中犯罪案件具体应用法律的若干问题的意见》，供各地遵照执行。审理暴乱和动乱案件，工作中的难度较大，各地法院都把它当作一个首要任务全力以赴。在短短时间内，全国法院共审理暴乱、动乱中的打、砸、抢、烧、杀案件和反革命案件近千件，判处罪犯一千多名，有力地促进了各地清查工作的深入开展。

为了贯彻小平同志关于惩治腐败要搞一个临时“大政策”的指示精神，根据7月27日和28日举行的中共中央政治局全体会议的建议和有关法律规定，最高人民法院、最高人民检察院于8月15日发布了《关于贪污、受贿、投机倒把等犯罪分子必须在限期内自首坦白的通告》。各级人民法院对贯彻《通告》很重视，在当地党委的统一领导下，与有关部门紧密配合，通过各种形式和各种宣传媒介，广泛宣传，大造声势。据参加会议的14个省、市法院的不完全统计，从8月15日《通告》发布到9月30日为止，共受理检察机关起诉的经济犯罪案件1284件。同时，各级法院根据刑法和《通告》的规定，抓紧审判了一批贪污、受贿等经济犯罪案件。并召开公开宣判大会，兑现宽严政策。据参加会议的十四个省、市不完全的统计，到9月30日为止，共召开不同规模的宣判大会279次，宣判案件497件，案犯601人。其中，从宽判处262人，从严判处136人。可以说，这次宣传贯彻《通告》的声势之大、范围之广、做法之多样化、工作之紧张，是我们法院近年来工作中所没有过的。

总之，前一段，各级法院的同志做了大量的工作，取得了很大的成绩。

二、会议分析了今冬明春刑事审判工作面临的形势和任务

今冬明春刑事审判工作面临的任务仍是十分繁重的，而且面临许多新情况、新问题。

“两高”《通告》发布以来，已经有一万余名贪污、受贿、投机倒把等经济犯罪分子投案自首。即使会有相当一部分投案自首的贪污、受贿等经济犯罪分子，在检察机关将被免予起诉或者作其他处理消化掉，今冬明春也将会有相当数量的案件起诉到法院。特别是一些地方自今年四月份以来，经济犯罪案件长期滑坡的局面开始有所改变，法院受理的案件已有了增加。10月5日，最高人民检察院已经向各省、自治区、直辖市人民检察院发出了《关于抓紧向人民法院起诉一批自首坦白案件的紧急通知》，要求各地检察机关加快对自首坦白案件的查证工作，抓紧向人民法院起诉一批自首坦白的重大案件，由法院公开审理，扩大办案的政治效果和社会效果。为此，最高法院于10月6日也向各高级法院发出了“通知”，要求各级法院对检察院起诉的案件，要抓紧判处一批，并及时报告最高法院。有些重大、典型案件，可以提前介入，以加快办案的速度。10月8日，高检又发了《关于对〈通告〉期限内自首坦白案件免予起诉的具体规定的通知》，对免于起诉做了一些限制。这说明，今冬明春经济犯罪审判工作任务将是极其繁重的。

暴乱、动乱犯罪案件，特别是其中的反革命案件，经过公安、检察机关几个月来的加紧审查，也将陆续起诉到法院来。这部分案件多集中在一些发生动乱、暴乱的大中城市法院，任务也将极其艰巨。考虑到这部分案件情况十分复杂，影响大，政策性很强，审理这部分案件要花费的力量无疑是相当大的。

当前，治安形势仍然相当严峻。各地严重刑事犯罪案件大幅度上升，杀人、抢劫、流氓、拐卖人口等犯罪案件成倍增长。据公安

部统计，今年上半年，全国公安机关共立重大刑事犯罪案件17万多起，比去年同期上升1.36倍。这些案件有的已经或者将陆续会起诉到各级人民法院。因此，继续依法从重从快审理严重危害社会治安的犯罪案件，一丝一毫也不能放松。

时间非常紧迫，任务非常繁重，这就是今冬明春我们刑事审判工作面临的形势和任务的特点。

三、会议要求继续贯彻执行好"两高"《通告》

会议指出，现在离《通告》规定的到10月31日为止的限期还有半个多月，时间确实很紧。为了能在这段时间内，促使更多的贪污、受贿、投机倒把等经济犯罪分子投案自首；在审判工作中正确掌握从宽处理的幅度；在《通告》到期后，继续把严惩严重经济犯罪分子的斗争进行到底，林准同志在10月6日中央政法领导小组召开的电话会议上，代表最高法院已作了布署。会议根据代表们的意见，再提出了以下几项具体工作要求：

(一)抓紧召开一次或几次体现政策的宣判大会。各地法院要结合在贯彻《通告》后期的宣传工作，根据本地区的情况，在未来十几天里，尽可能地召开一次或几次兑现宽严政策的宣判大会。目的就是要使这场斗争取得更大的成效。

(二)抓大案要案。会议认为，前一段各地贯彻《通告》的工作发展不平衡。有些地方投案自首的尚属空白。从已受理的自首案件看，也是中、小案件多，大案要案少；内部掌握了犯罪线索的投案多，尚未掌握线索、主动投案的少；犯贪污罪、受贿罪的投案的多，犯投机倒把罪，尤其是企事业单位、机关、团体进行投机倒把犯罪的投案少。这表明，当前这场打击经济领域严重犯罪、坚决惩治腐败的斗争很艰巨，很复杂。当前，要按照《通告》规定的精神，对一些有代表性的、能够在一地或者某一方面引起震动的大案要案提前介入，主动了解案情，争取在10月中、下旬及时审结一批大案要案和从宽从严的典型案件；特别是那些已经受理的企业事业单位、机关、团体进行投机倒把的案件。

(三)正确掌握《通告》从宽处理幅度应明确的几个政策界限。

1. 按照《关于惩治贪污罪贿赂罪的补充规定》第二条第(1)项的规定，对个人贪污、受贿情节特别严重，罪该判处死刑的，在《通告》规定的期限内投案自首，积极退赃或者有立功表现的，不论数额多大，均可从轻或者减轻处罚，一律不判处死刑(包括死缓)。但是，也一律不能判处免予刑事处分。

个人贪污、受贿数额在10万元以上的，即使投案自首、全部退赃或者有立功表现，也一律不能判处免予刑事处分。

2. 个人贪污、受贿数额在5万元以上，应当判处重刑的，符合《通告》第二条规定的条件，一般只能从轻、减轻处罚，不能免予刑事处分。只有在限期内主动投案自首，退出全部赃款，没有给国家或者集体利益造成重大损失，同时有立功表现的，才可以考虑免予刑事处分，并要逐级报请最高法院审查。

3. 个人贪污、受贿数额在1万元以上不满5万元，符合《通告》第二条规定条件的，可以从轻、减轻处罚或者免予刑事处分。

4. 个人贪污、受贿数额在2000元以上的，已构成犯罪。个人贪污、受贿数额在2000元以上不满1万元的，即使被告人在《通告》规定的期限内投案自首，积极退赃或者有立功表现，也不能作无罪处理。符合条件的，可以免予刑事处分。

5. 从宽处理上述案件，掌握从宽幅度时，要注意把确属主动投案自首的，与采取强制措施后坦白交待罪行的加以区别；把积极退赃的与不积极退赃的、全部退赃的与部分退赃的加以区别；把有立功表现的与没有立功表现的以及立功的大与小加以区别；把是否给国家、集体利益造成损失和造成损失的小与大等加以区别。前者，从宽的幅度可以大一些；后者，从宽的幅度就要小一些。

6. 按照《通告》规定的精神，可以多适用一些缓刑，但必须符合刑法规定的条件。对以下情况，判处缓刑需要加以控制：（1）犯罪数额在5万元以上，情节特别严重，罪该判处死刑的，不能判处缓刑；（2）犯罪数额在5万元以上10万元以下，属于采取强制措施后坦白交待的，不宜判处缓刑；（3）犯罪数额在10万元以上，虽主动投案自首，一般也不能判处缓刑；（4）贪污、受贿给国家、集体利益造成重大损失的，判处缓刑应当从严掌握。

7. 对于重大贪污、受贿、投机倒把等犯罪分子，特别是他们当中不积极退赃的，虽然在主刑上可以从宽判处，但只要法律规定了并处没收财产的附加刑的，就应当判处没收部分或者全部财产的附加刑。

对于犯罪分子利用贪污、受贿款物从事经营、牟利活动的，在判决时，还要注意依法追缴非法所得，不能让犯罪分子在经济上占到便宜。

（四）必须保证办案质量。人民法院办理每一起案件，都要经得起历史的检验。这次集中审理大批经济犯罪案件，时间紧，更要强调办案质量。如果案件事实、证据没有完全查证清楚，不能单纯为了赶宣判大会进度或者别的什么原因而草率审理或公开宣判。那样可能造成失误，社会效果反倒不好。

（五）《通告》到期后的工作。《通告》规定的限期，到10月31日为止，不再延长。

但是，坚决打击严重经济犯罪活动，惩治腐败的斗争并不是到此为止。与经济犯罪和腐败现象作斗争，不仅是经济领域内的一场严峻斗争，而且是一场关系到党和国家生死存亡的政治斗争。只要改革开放继续，并要最终获得成功，严惩经济领域中严重犯罪的斗争就不会停止。这场斗争的意义十分重大，我们必须要有长期作战的思想准备。

《通告》规定的限期届满后，司法机关受理的经济犯罪案件，要继续贯彻过去一贯采取的从严惩处的方针。当然，对投案自首的案件，只要符合刑法第六十三条规定的，仍要依法从轻、减轻处罚，有的还要依法免予刑事处分。但是，掌握从宽处理的幅度不能再像《通告》规定的那样大。

四、会议强调要认真、慎重审理好暴乱和动乱案件

会议认为，审理好涉及暴乱和动乱的犯罪案件，关系到能否把平息暴乱和制止动乱的斗争坚决进行到底的问题，必须认真、慎重地抓紧、抓好。各级法院除要认真贯彻前不久中央政法领导小组召开的“全国部分省、市清查工作座谈会”精神外，根据与会同志谈到的情况，会议提出了当前办理暴乱和动乱犯罪案件中两个值得注意的问题。

（一）慎重办理反革命犯罪案件。前一阶段，人民法院主要是审理暴乱和动乱中的打、砸、抢、烧、杀案件，这比较好办一些。下一步要更多地接触反革命犯罪案件。这部分案件政策性更强、难度更大。审理这部分案件，要特别注意严格区分两类不同性质的矛盾，严格区别罪与非罪的界限，严格区别反革命犯罪与普通刑事犯罪的界限。坚持实事求是的原则，以事实为根据，以法律为准绳，严格依法办事。也就是，依法构成反革命罪的，就定反革命罪，以反革命罪判处；不构成反革命罪的，比如，由于因一时一事不满，而发表错误言论或者过激言词的，就不定反革命宣传煽动罪。认定未成年人犯反革命罪，要很慎重，一般不宜定反革命罪。审理暴乱和动乱中的犯罪案件，尤其要经得起历史的检验。

（二）开庭审理必须精心组织，慎重对待。人民法院审理暴乱和动乱中的案件，不仅在法律上，而且在政治上是一场严肃的斗争，只能搞好，不能出任何差错。这一点，一定要向全体做审判工作的同志讲清楚。凡依法应当公开审理的案件，开庭前一定要精心组织、精心准备。复杂情况、不利因素要事先考虑到，作好应付发生各种事件的准备；并要根据被告人的犯罪行为，在当地的影响，适当确定旁听人员的范围。确有必要开大庭的，更要特别慎重。通过开庭审理，真正达到揭露被告人制造动乱和进行反革命暴乱的本质，使犯罪分子认罪服法，广大群众受到教育的目的。同时，对于庭审中任何违犯法庭规则的现象，都要及时、坚决予以制止。

五、会议强调必须毫不放松地继续严厉打击严重刑事犯罪活动

会议分析了今年法院受理的刑事犯罪案件，有以下共同特点：一是刑事犯罪案件猛增，特别是重大刑事犯罪案件上升幅度更大。如黑龙江省，今年1—8月重大刑事犯罪案件比去年同期上升121.2%。二是杀人、重大盗窃、抢劫、破坏电力、通讯设备、投毒、爆炸等严重犯罪案件持续上升。三是不少地方出现特别重大的恶性犯罪案件。四是青少年犯罪绝对数大幅度上升，在罪犯总数中所占比重继续增加，等等。这表明，当前社会治安形势仍然相当严峻，必须坚决继续贯彻依法从重从快惩处的方针，给严重危害社会治安的犯罪分子以更有力的打击。

会议根据公安部门拟在10月下旬至明年春节前后，在全国开展一次全面扫除“六害”，即卖淫嫖娼、制作贩卖传播淫秽物品、拐卖妇女儿童、私种吸食贩运毒品、聚众赌博和利用封建迷信骗财害人等六种社会丑恶现象的统一行动，要求各级人民法院对于扫“六害”的统一行动，要积极加以配合。对于查获的构成犯罪的案件，起诉以后，要及时审理，尽快公开宣判一批，以推动统一行动的深入开展。

会议指出，到今年年底还有不到三个月的时间。根据当前重大刑事案件不断增长的情况，人民法院应在思想上、力量调配上和工作安排上都做好充分准备、统筹兼顾，继续发扬连续作战和不怕困难的顽强作风，按照中央的统一部署，坚决打好维护和稳定社会治安秩序这场硬仗。

六、会议强调必须抓好学习，加强对刑事审判工作的领导

会议认为，今冬明春，法院刑事审判工作要完成贯彻《通告》、审理暴乱和动乱案件、严厉打击严重刑事犯罪活动的繁重任务，首先应该抓好学习。当前，政治思想工作的首要任务，是组织全体干警认真学习好江泽民总书记在首都各界群众庆祝中华人民共和国成立四十周年大会上的重要讲话。用讲话统一我们的思想认识，统一我们的行动，振奋精神，坚定信心。学习中，要紧密联系法院审判工作实际，认真抓好当前各项工作的贯彻落实。

会议最后要求，在工作任务十分繁重的情况下，各级法院特别是高级法院要切实加强对刑事审判的领导。刑事审判力量不足的地方，要适当调整充实力量，大力加强和改进思想政治工作，进一步调动广大干警的积极性，群策群力，共同为完成好刑事审判工作任务而努力奋斗。

最高人民法院 国家保密局
关于印发《人民法院工作中国家秘密及其密级具体范围的规定》的通知

1989年10月24日 法（办）发〔1989〕30号

全国地方各级人民法院、各级军事法院、各铁路运输中级法院和基层法院、各海事法院，各级保密局（含计划单列市保密局）：

根据《中华人民共和国保守国家秘密法》第十条规定，国家保密局会同最高人民法院制定了《人民法院工作中国家秘密及其密级具体范围的规定》，现予下发。请认真组织学习并予执行。

附：

人民法院工作中国家秘密及其密级具体范围的规定

第一条 人民法院工作中国家秘密的具体范围如下：

（一）有关审判工作的内部重要部署、计划、总结、报告以及对重要案件内部研究的处理意见、审判方案；

（二）审判委员会、合议庭讨论案件的情况和记录；

（三）内部审理阶段形成的各类案件诉讼案卷、材料及其声像制品；

（四）中级及其以上人民法院各类刑事案件的统计报表；

（五）如泄露可能导致被告人逃跑、报复、串供、毁证、匿赃等妨害审判活动正常进行的有关事项和材料；

（六）外国司法界要员来访的内部请示、报告、接待计划；

（七）通信保密机、密钥及其加密方法；

（八）涉及国家秘密的计算机应用程序、数据安全措施及磁介质；

（九）武器弹药集中存放地点和押运、提取情况。

第二条 人民法院工作中国家秘密的密级具体范围如下：

（一）绝密级事项

1. 审理对社会安定、国家统一、民族团结和对外关系有特别重大影响案件的内部部署、方案和尚在研究的处理意见、请示、报告；

2. 全国核准、执行死刑案犯的统计数字及综合材料；

3. 涉及"绝密"事项的计算机应用程序、数据安全措施及磁介质；

4. 通信保密机、密钥及其加密方法。

（二）机密级事项

1. 最高人民法院和高级人民法院有关打击刑事犯罪、经济犯罪的内部重大行动部署和情况报告；

2. 中级及其以上人民法院审判委员会、合议庭讨论具有重大影响案件的情况和记录；

3. 审理对社会安定、国家统一、民族团结、对外关系有重大影响案件的内部部署和方案及尚在研究的处理意见、请示、报告；

4. 各省、自治区、直辖市和全军核准、执行死刑案犯的统计数字及其综合材料，对死刑案犯执行死刑的方案；

5. 涉及“机密”事项的计算机应用程序、数据安全措施及磁介质。

（三）秘密级事项

1. 审判委员会、合议庭讨论一般案件的具体情况和记录；

2. 中级和基层人民法院有关打击刑事犯罪、经济犯罪的内部行动计划、安排、总结和情况报告；

3. 审理对社会安定、国家统一、民族团结、对外关系有较大影响案件的内部安排、方案和尚在研究的处理意见、请示、报告；

4. 中级人民法院判处和执行死刑案犯统计数字及其综合材料；

5. 中级及其以上人民法院除死刑外的各类刑事案件的统计报表；

6. 外国首席大法官及其他司法界要员来访的内部请示、报告和接待计划；

7. 人民法院武器弹药集中存放地点及押运、提取枪支弹药的时间、路线；

8. 涉及“秘密”事项的计算机应用程序、数据安全措施及磁介质。

第三条 审理案件中涉及的公安、国家安全、检察等部门的情报来源、侦察手段、特情耳目及国家其他秘密的事项和材料，其密级按所涉部门的规定执行。

第四条 对虽不属于国家秘密，但一经公开会造成不良影响的事项，亦应注意保密，不得随意扩散或公开。如：法律规定不公开审理的阴私和未成年人犯罪案件的案情；有关被害人声誉和当事人隐私的情况、材料；案件中的反动、淫秽赃证物品；内部工作文件、参阅资料；处理法院工作人员违纪案件的讨论情况；尚未公布的一般人事任免事项等。

第五条 本规定自1989年10月24日起施行。

最高人民法院
关于人民法院大力支持税收征管工作的通知

1989年11月4日　　法（行）发〔1989〕31号

各省、自治区、直辖市高级人民法院：

随着经济体制改革的深入和社会主义商品经济的发展，税收在国民经济中的地位显得越来越重要，它对确保国家财政收入，促进国民经济协调发展，起着极为重要的作用。但是，目前偷税漏税现象十分严重，暴力抗税时有发生。据不完全统计，目前全国国营、集体企业偷税面约占50%，个体户偷漏税面约占80%，1986年以来，全国发生冲击税务机关、围攻殴打税务人员案件共8017件，打死11人，致残26人，重伤713人。这些违法犯罪行为，不仅严重干扰了税务人员依法执行公务，破坏了国家税法的贯彻执行，减少了国家的财政收入，加剧了社会分配不公的矛盾，破坏了正常的经济秩序，影响了社会的安定。因此，整顿税收秩序，是当前国家治理整顿的一项十分重要的任务。各级人民法院应当充分运用审判职能，大力支持、积极配合税务机关依法加强税收的征管工作，坚决有效地制止漏税、欠税、偷税、抗税的违法犯罪行为。

（一）依法严厉打击偷税、抗税以及以暴力、威胁方法阻碍国家税务人员依法执行职务的犯罪分子。

各级法院都要主动加强与税务机关和检察机关的联系，对大案、要案提前了解情况。对检察机关提起公诉的偷税、抗税，阻碍国家税务人员依法执行职务，以及税务人员玩忽职守、索取收受贿赂的案件，在基本事实清楚，基本证据确凿的前提下要及时审理，从严惩处，并选择典型案件，进行公开审判或公开宣判，打击偷税、抗税分子的嚣张气焰，造成以法治税的强大声势。

（二）依法审理好税务行政案件，支持国家税务机关依法行使税收征管职权。

对纳税人、代征人或其他当事人对税务机关纳税或者违章处理的决定不服向人民法院起诉的案件，人民法院应当严格审查提起诉讼的法定条件，不符合的不予受理。对于事实清楚，适用法律、法规正确的税务处理决定，应予维持；对于实体上处理正确，但程序上有缺陷的税务机关的处理决定，在税务机关补正后，也要维持税务机关有关征税和处罚的决定。对于税务机关根据纳税人（个体工商户）的申报，经过典型调查、测算和民主评议以后，合理确定纳税人应纳税额和缴纳期限，并书面通知纳税人依照执行，纳税人不服向人民法院起诉的，人民法院一般应予维持。

（三）强化执行工作，及时处理税务机关申请人民法院强制执行的案件。

对税务机关根据《中华人民共和国税收征收管理暂行条例》第三十八条的规定，申请人民法院强制执行的拖欠税款、滞纳金、罚款案件，人民法院应当依法及时处理。税务机关的决定没有错误的，应及时依法执行；确有错误或手续不全的，应当及时通知税务机关予以纠正或补正。人民法院的执行工作，应主动与有关部门加强联系，取得支持。

（四）人民法院在审理经济纠纷和其他案件中，要注意发现当事人或其他人有无偷税、漏税或违法减免税等违法行为，积极向税务机关提供有关情况或提出司法建议，并将有关材料移送税务机关依法处理。如发现犯罪线索，应及时将有关材料移送检察机关处理。

以上通知，请遵照执行。

最高人民法院
关于启用最高人民法院监察室印章的通知

1989年11月13日　　法（纪）发〔1989〕32号

各省、自治区、直辖市高级人民法院：

根据最高人民法院、国家机构编制委员会法（纪）发〔1989〕20号、国机地编〔1989〕4号文件，以及最高人民法院法（纪）发〔1989〕22号文件的精神，最高人民法院监察室已正式成立。自1989年12月1日起启用“中华人民共和国最高人民法院监察室”印章。

特此通知

最高人民法院关于深入学习贯彻落实十三届五中全会精神的通知

1989年11月13日　法（办）发〔1989〕33号

各省、自治区、直辖市高级人民法院、解放军军事法院：

具有深远意义的五中全会现已胜利闭幕，这是一次非常重要的会议，对巩固和发展全国的稳定局面，克服经济方面的暂时困难，使社会主义建设事业和社会主义改革事业健康发展，必将产生重大的影响。为了深入学习、贯彻落实五中全会精神，特作如下通知：

一、要按照中央和省、自治区、直辖市党委的部署，有步骤地认真传达和学习五中全会通过的《中共中央关于进一步治理整顿和深化改革的决定》，以及江泽民、李鹏同志在全会和工作会议上的重要讲话，使各级法院的党组织及全体党员和群众深刻领会文件精神，牢固树立实现国民经济长期持续、稳定、协调发展的指导思想，统一认识，统一行动，更加自觉地为党的基本路线“一个中心、两个基本点”服务。

二、要认真学习五中全会关于同意邓小平同志辞去中共中央军事委员会主席的决定，学习邓小平同志九月四日的重要讲话。邓小平同志在几十年的革命实践中，为党和国家建立了不可磨灭的卓著功勋。他不愧为杰出的马克思主义者，坚定的共产主义者，卓越的无产阶级革命家、政治家、军事家，我们党和国家久经考验的领导人。他历来重视民主和法制的健全。现在他从领导岗位上退下来了，但他的讲话、著作仍然是指导我们继续前进的有力武器。我们一定要认真学习邓小平同志的著作，用以指导我们的各项工作。

三、要认清形势，增强信心，坚定不移地贯彻治理整顿和深化改革的方针。五中全会对我国当前的经济形势作了科学的透彻的分析，深刻总结了经济工作经验，如实估计了目前面临的困难和克服困难的有利条件，提出了解决问题的一系列措施。要引导各级法院的党员和群众，认清形势，增强信心，鼓舞干劲，艰苦奋斗，积极投身于治理整顿和深化改革中去。

四、要努力加强各项审判工作，以保证国家的稳定，保障和促进治理整顿、深化改革的健康发展。没有安定团结的政治局面，没有一个稳定的局势，任何事情都干不成，稳定压倒一切。各级法院要为此作出极大的努力，进一步搞好各项审判工作。一定要把清查清理工作搞到底，巩固和发展安定团结的政治局面；一定要严惩严重经济犯罪，保障治理整顿和深化改革的顺利进行；一定要继续依法从重从快严厉打击严重危害社会治安的犯罪分子，当前要着重抓好除“六害”的斗争，扫除社会丑恶现象，为社会主义物质文明和精神文明建设提供良好的社会环境；一定要认真依法处理经济纠纷，为改革、开放服好务。与此同时，各级法院要根据五中全会的精神，认真总结今年工作的经验教训，并作好明年的工作安排。

五、大力加强思想政治工作，把坚持四项基本原则、反对资产阶级自由化的教育和斗争长期地进行下去。当前要特别强调学习马克思主义的基本理论，尤其是要学好马克思主义哲学，不断提高思想理论水平。要注意对全体法院同志进行爱国主义、集体主义、社会主义的思想教育，坚持全心全意为人民服务的宗旨，从严治院，严肃执法，加强组织性和纪律性，坚决克服腐败现象，大力加强廉政建设，把法院各项工作做得更好。

最高人民法院
关于配合公安机关开展除“六害”工作的通知

1989年11月13日　　法（办）发〔1989〕34号

各省、自治区、直辖市高级人民法院，解放军军事法院：

中央决定于10月下旬至明年春节前后，在全国开展一次扫除“六害”的统一行动。1989年11月13日，国务院召开了电话会议，对这次统一行动做了部署。各级人民法院要按照这次电话会议的部署，充分发挥审判机关的职能作用，积极参加和主动配合这次统一行动。

近年来，各级人民法院在党委的领导下，依法审理了一大批“六害”犯罪案件，严厉惩办了犯罪分子。但这类犯罪蔓延发展的势头仍未得到有效的控制。例如，今年1至8月，全国法院共受理制造、贩运和走私毒品案1294件，比去年同期上升18.11％；受理制作、贩卖、传播淫秽物品案325件，比去年同期上升34.3％。这六类社会丑恶现象和犯罪活动的蔓延，严重败坏了社会风气，干扰了改革开放和精神文明建设，摧残广大群众特别是青少年的身心健康，已成为影响社会治安的不安定因素，是广大人民群众深恶痛绝的六大“公害”，必须采取坚决有力的措施加以解决。为了搞好这一斗争，特提出以下要求：

一、要加强领导，精心组织。这次统一行动，各地将成立由公安为主，检察、法院等部门负责人参加的专门领导班子。各地法院要在专门班子的统一部署下，与各有关部门密切配合，积极参加扫除“六害”的专项斗争，把审理好“六害”犯罪案件作为今冬明春刑事审判工作的一项重要任务抓紧抓好。各地法院的主要领导同志要亲自抓这项工作，要注意统筹兼顾，精心组织，充实、调配办案力量，确保这次统一行动的顺利进行。

二、集中力量，打击重点。这次统一行动打击的九种重点对象是：1. 引诱（包括介绍）、容留、强迫妇女卖淫的；2. 卖淫或者嫖娼屡教不改的；3. 走私、制作、贩卖、组织传播淫秽物品数量较大的；4. 利用淫秽物品教唆、引诱他人犯罪或向不满18岁的未成年人传播淫秽物品的；5. 采取拐骗和暴力手段拐卖妇女儿童的；6. 聚众赌博的赌头和以赌博为业的赌棍，屡教不改的惯赌分子；7. 利用封建迷信手段奸污妇女、残害人命的；8. 反动会道门的为首分子和骨干分子；9. 走私贩卖、偷运毒品，私自种植大量罂粟或非法加工毒品以及吸食毒品屡教不改的。各地法院要在除“六害”专门领导班子的统一部署下，根据本地区的实际情况，明确打击重点，确定审判方针。

三、抓紧及时审理“六害”犯罪案件。对于已经起诉到法院的案件，各地人民法院要在确保办案质量的前提下，尽可能提高办案效率。对于影响较大的大案要案，可以提前介入了解案情，案件起诉到法院后，要抓紧审理，只要基本事实清楚，基本证据确凿，能够认定犯罪的，就应及时依法判处，不要纠缠那些不影响定罪量刑的枝节问题。

四、充分运用法律武器，严厉打击犯罪分子。各地法院在审理这类案件时，既要态度坚决，又要注意政策，严格区分罪与非罪的界限。近年来，最高人民法院和最高人民检察院做出了一系列的司法解释，解决了包括“六害”犯罪案件在内的一些适用法律定罪量刑的突出问题。各地法院在审理“六害”犯罪案件时，要注意认真研究执行这些司法解释，准确适用法律，有力惩处“六害”犯罪分子。同时，还要注意研究在审判中遇到的新情况，新问题，对其中属于如何适用法律定罪量刑的问题，要及时提出意见，逐级报告最高法院，以便进一步作出司法解释，更好地适应除“六害”斗争的需要。

五、紧密配合统一行动，不失时机地搞好公开审理和公开宣判。各地法院要在这次统一行动的不同阶段，尽可能在“六害”案件多发地区多开几次宣判大会，以震慑和分化犯罪分子，鼓舞和教育人民群众，扩大统一行动的声势，遏制“六害”继续蔓延的势头。

六、注意斗争动向，抓好信息工作。这次统一行动，范围广，情况复杂。各地法院要密切注意，及时向上级法院反映审理“六害”案件的情况、适用法律遇到的问题，以及典型案例的分析处理。信息工作一定要做到高质量、高速度，不失时机。

七、结合审判工作，积极参与扫除“六害”的综合治理。各地人民法院在依法审理“六害”犯罪案件的同时，要针对案件中暴露出来的问题，及时向有关单位提出司法建议，促使发案地和发案单位加强管理，堵塞漏洞，清除死角，预防、减少“六害”犯罪和丑恶现象的发生。

第五部分　重要讲话

一、最高人民法院院长、副院长的讲话

任建新院长关于加强最高人民法院审判委员会工作的意见

（1989年4月29日）

一、最高法院审判委员会是国家最高审判机关中的最高审判组织。依照法律规定，最高法院审判委员会除了要总结审判经验，讨论和决定重大的或者疑难的案件和其他有关审判工作的问题外，还要对在审判过程中如何具体应用法律的问题，作出司法解释。最近，中央领导同志在谈到我国民主和法制建设问题时，多次表示应充分发挥法院的作用，希望最高法院充分发挥国家最高审判机关的作用；多做司法解释，特别是在当前法制不健全、法律不完备的情况下，更应多做一些；同时要更多地搞点案例，尽管我们不是判例法国家，但它对下级法院审判工作的指导作用、参照作用是很需要的，而发布案例只能由最高法院来做。这些任务都是要由最高法院审判委员会来决定的。因此，最高法院审判委员会以及每一位委员都肩负着宪法和法律赋予的重任。为了依法正确、有效地行使审判委员会的权力，必须保证审判委员会工作的正常进行。因此，各位委员除特殊情况经请假外，都要积极、主动、负责地参加审判委员会会议。

二、为了保证审判委员会依法、及时地行使职权，要建立、健全审判委员会例会制度。审判委员会原则上每周至少要召开一次会议，并把每周到会的时间固定下来。各位委员在这个时间里，除特殊情况外，不要安排别的活动，以保证会议能按时召开；必要时，也可每周开两次。现在需要提交审判委员会讨论的案件已有39件，下面很有意见，应当“突击”一下。造成案件积压的原因是多方面的：从客观上看，有的案情复杂，如何处理，一下子定不下来；有的还需要进行调查，听取各方面的意见；有的涉及法律规定，而法律规定又不完备。这些都需要时间，这方面的原因是可以原谅的。从主观上看，是院里抓得不紧，这首先是我的责任。属于主观上的原因一定要努力克服，不要因工作拖拉，抓得不紧而使案件积压。

三、充分发挥专职委员的作用。我院审判委员会的委员，以前都是由正、副院长，正、副庭长兼任的。随着情况的变化和形势发展的需要，现在有了专职委员，即不担任其他审判职务的委员。这个问题我已经向中央和人大常委领导同志以及中央有关方面领导同志报告并得到同意。最高法院需要保留一批

有较高法律理论水平、经验丰富、资历较深、身体健康的高级法官，担任最高法院审判委员会的专职委员。如何充分发挥这些专职委员的作用，是个新课题。初步设想有三个方面：(一) 参加审判委员会会议，在讨论各项议题中，认真听取他们的意见；(二) 协助正、副院长分管、指导某一方面的审判工作；(三) 根据院领导的决定，负责完成某一专项任务，如代表院里去下级法院协助处理重大、疑难案件，参加某一法律的起草，等等。

四、起草审判委员会工作规则。参照国务院和人大常委会议事规则，根据法律关于审判委员会职权规定的精神，结合我院的实际情况，抓紧起草我院审判委员会工作规则，使我院审判委员会的工作规范化、制度化。

五、重申请假制度。审委会委员和各庭、厅、室的第一把手，无论因公或因私，凡需离京外出的，经主管副院长同意后，还要报院长同意。各庭、厅、室的副职要离京外出的，要经庭（厅）长、主任同意，并报主管副院长批准。组长、审判员等需外出的，由各庭、厅、室同意即可；但如有特殊情况也可报主管副院长审批。

加强廉政建设　保证严肃执法

——1989 年 5 月 6 日任建新院长在全国法院廉政建设工作会议上的讲话

同志们：

这次会议，着重研究法院的廉政建设问题。

我们党历来重视党风建设，要求党政干部廉洁奉公，全心全意为人民服务。从去年党的十三届二中全会以来，中央多次指出，党政机关保持廉洁是当前的一项紧迫任务。中央书记处于去年底专门召开会议讨论党和国家机关在新形势下保持廉洁的问题，提出了廉政建设的基本方针和具体措施。今年 2 月，中央政治体制改革研究室又召开了廉政制度建设座谈会，再次强调指出，廉政制度建设是整个治国安民和政权建设的一件大事，是治理经济环境、整顿经济秩序、全面深化改革的重要内容，也是社会主义民主政治建设的重要内容。我们要认真领会和贯彻中央的这些重要精神。

当前，在改革过程中新旧体制转变尚未完成，社会主义商品经济新秩序还有待确立，各种社会活动尚未通过法制形式达到严密规范的程度，国家监督系统和社会监督机制还不严密，留有不少漏洞。在这种情况下，很容易滋生蔓延掌管权力的部门与经营主体之间以钱买权、以权换钱的腐败现象，也必然会反映到法院的审判工作上来。近年来，社会上不正之风对法院的侵蚀越来越严重，到法院送礼行贿的逐年增加，数额越来越大。有的是案件尚未到法院，“说情”的已找上门来。这种情况使法院廉政建设的任务复杂了，艰巨了，紧迫了。

还应看到，法院是国家审判机关，社会活动中大量民事、经济、行政和刑事犯罪的案件，是非曲直，生杀予夺，最终由它依法裁判；它所担负的依法惩治贪污、受贿等严重犯罪的任务，是国家廉政建设的重要一环。法院的审判活动体现着国家的民主和法制，直接影响着群众的利益、社会经济秩序和改革建设的进程，也影响着人民群众对党和国家的信任。这就决定了法院在廉政建设上，应当坚持高标准，严要求。法院自身不廉洁，就不能严肃执法，也就不能完成同不廉洁行为作斗争的职责和使命。执法犯法，造成的后果和影响更坏更大。

几年来，为了保证严肃执法，我们一直强调“从严治院”。1985年2月，我们提出“实事求是，依法办案，刚正不阿，铁面无私”作为人民法官应有的品质。1986年4月，我们以清正廉明、依法办案为主要内容，提出法院干警“八个不准”。党的十三大以后，我们又多次强调把廉政建设作为“从严治院”的重要内容。从总体上说，当前法院队伍是遵纪守法、克己奉公、清正廉明、艰苦奋斗的，是经得起改革、开放考验的。各级法院在人员、经费、设备以至生活条件等方面普遍存在困难的情况下，很好地完成了繁重的审判任务，涌现出一批秉公执法、拒礼拒贿的先进集体和个人。据广东、山东、四川、江苏等八省1988年的不完全统计，各级法院拒礼拒贿共24000多人次，总值人民币214万多元。至于拒吃请、拒说情的，数量还要大得多。自1987年建立法院系统奖惩制度以来，各级法院立功受奖的先进个人共46523人次；受集体奖励的共4135个。这些先进集体和个人主要的共同的特点，是不谋私利，甘愿奉献，清正廉洁，秉公执法。这充分显示了法院广大干警良好的政治素质，与近几年来各级法院一直比较重视廉政建设是分不开的。这是法院队伍的主流，我们应当实事求是地肯定这个主流。

但是，也应该清醒地看到，法院确有少数人经不起考验，走上了违法犯罪的道路。据统计，1988年因违法违纪受到纪律处分的法院干警383人，依法追究刑事责任的18人。可以肯定地说，还有一些违法违纪问题没被发现。从被查处的违法违纪问题来看，社会上形形色色的腐败丑恶现象，几乎在法院队伍中都有反映。有吃请受礼，索贿受贿，贪赃枉法的；有贪污挪用公款、私分诉讼费的；有投机倒把，倒卖汽车、钢材、假酒、彩电的；有抢劫、诈骗、敲诈勒索的；有赌博、观看淫秽录相、嫖娼、奸淫女当事人的，等等。去年以来，违法违纪问题的性质和情节趋向严重。如内蒙古卓资县法院两名法警，身着警服，与犯罪分子勾结，以收买黄金为诱饵，两次抢劫沙金200多克（两法警各被判处有期徒刑八年）。贵州习水县法院一审判员将两离婚案中的两名女当事人拐骗出卖，并强奸了其中一名当事人（已被判处有期徒刑十年）。河南临颍县法院经济庭正副庭长私自处理诉讼标的物，共向买主索贿4万元（检察机关正在处理中）。更为严重的是，有的公然徇私舞弊、枉法裁判。如江苏省滨海县法院院长，受射阳县法院院长的托情，私自指使刑二庭庭长将被判有期徒刑二年的该院长之弟改判无罪（正在查处）。改判一不经收结案登记，二不组成合议庭审理、合议，三不按法律文书顺序编号而用重复号，四不将改判材料并卷存档，五不列入统计上报，使改判的案件成为“黑案”。这些腐败行为尽管发生在少数人身上，但它败坏了法院的声誉，破坏了国家的法制，玷污了党和国家的形象，直接损害了人民群众的利益。我们绝不能容许这些腐败行为继续蔓延，必须高度重视并采取强有力的措施加以解决。

中央指示，保持廉洁，反对腐败，必须实行综合治理，要采取法律的、行政的、制度的、纪律的、教育的手段，五管齐下，相互补充。根据我们法院的实际情况，今后廉政建设要着重狠抓以下措施：

第一，各级领导要把廉政建设作为一件大事摆到重要日程上来

中央要求，各级党政机关的领导必须把廉政建设作为保证改革开放的一项重要任务摆上议事日程，主要领导同志要亲自动手抓。

事实证明，对廉政建设问题，领导是否重视，抓与不抓大不一样。从我们目前了解的情况看，有些法院对廉政建设抓得紧，措施得力，效果明显；比较多的法院虽然重视，但措施还不够落实；少数法院则抓得很不够，问题较多。为此要特别强调，各级法院的领导，特别是第一把手，要坚决贯彻党中央一贯强调的“两手抓”的方针，在一手抓好审判工作的同时，一手突出抓好廉政建设。

各级法院领导首先要以身作则，率先垂范，带头遵守法律和制度，依法办事；带头抵制不正之风，不吃请受礼，不以权谋私，切实作到自身廉洁。

各级法院领导对本法院和下级法院的廉政建设，要经常进行督促检查，抓措施、抓落实。今后每年要进行一次执法大检查。大检查要把廉政问题作为重要内容。这次会后，结合传达贯彻会议精神，即开展今年的大检查。各高级法院要认真组织好。各地的执法大检查活动，根据实际情况，可与评议党员、评议干部工作结合进行。检查结果要报最高法院。

上级法院的领导要切实协助党委抓好下级法院领导班子的建设，要一级抓一级，层层负责。院长、副院长每年都应亲自考察两三个下级法院的领导班子，努力把各级法院的领导班子建设成为清正廉洁、秉公执法的表率。

要切实把好进人关。在查处的违法违纪干警中，有的调进法院以前就有这样那样的问题。今后进人，尤其要注意防止这种情况。各级法院领导要亲自负责，要坚持“宁缺勿滥”的原则，新增人员，不仅要一律公开考试，择优录用；更要注意考察本人的品德，品德不良的不予录用。

第二，加强思想政治教育，提高保持廉洁的自觉性

保持清正廉洁问题，对于广大法院干部来说，主要是个教育问题。当前，要把廉政教育作为思想政治工作的重要内容。各级法院要通过深入的形势教育、理想教育、宗旨教育，引导广大干警正确认识当前国家的政治、经济形势，增强信心，坚定信念，艰苦奋斗，立志于全心全意为人民服务，做一身正气、两袖清风、廉洁自律的人民法官。

思想政治工作不仅要抓，而且要不断创新改进工作方法，使思想政治工作做到真正入耳、入脑。各级法院这几年有不少好的经验，如开展“怎样做一个新时期的好法官”、“法官如何抵制不正之风”等专题讨论，组织以廉政为主题的“天平在我心中”演讲会等多种形式的教育活动。这类教育活动，针对性强，有深度，能实际解决思想问题。各级法院要不断总结探索思想政治教育的新经验、新方法，提高广大干警保持廉洁的自觉性。对保持清正廉洁的先进典型，要通过报纸、广播、电视等多种形式，大张旗鼓地进行表彰、宣传。

抓法院廉政建设，要特别注意抓好各级法院党的建设。在全国法院干部中，党员占63%。只要广大党员保持坚强的党性，保持严格的纪律，保持坚定的社会主义信念，搞好队伍建设就有了可靠的保证。各级法院党组织要围绕如何发挥党的领导作用、党组织的战斗堡垒作用、党员的模范带头作用，从思想上和组织上切实加强党的建设，加强党的凝聚力和吸引力。当前，要注意加强党委或政治部门的工作，人员、组织不适应工作需要的，要尽快充实和加强。

第三，严格依法办事，认真执行公开审判制度

人民法院的审判工作，既有各种实体法为办案依据，在程序上又有刑诉法、民诉法（试行）等法律的明确规定，从而使法院工作规范化、程序化。严格依法办事，本身就是保持清正廉洁的一个重要保证。这是法院工作的固有的优势。各级法院必须充分发挥这个优势。

中央提出党政机关要办事公开，并且总结推广了廉政制度建设的“两公开、一监督”（即公开办事制度，公开办事结果，依靠群众监督）的经验，认为这是解决廉政问题的一个重要方法。“两公开、一监督”的实质，是建立和依靠社会制约机制，形成广泛的社会监督力量，以保证国家机关正确行使权力，防止和减少腐败现象的发生。人民法院依照宪法和法律执行的公开审判制度，完全体现了“两公开、一监督”的精神。公开审判要求对案件的事实和证据，要在庭审中公开调查、公开质证、公开辩论，最后还要公开宣告审判结果。这样做，不仅有利于查清事实，核实证据，提高办案质量和办案效率，而且对保证清正廉洁、秉公执法也有重要的作用。由于审判活动完整地公开地置于人民群众的直接监督之下，最大程度地提高了审判工作的透明度，因而能有效地防止徇私舞弊、枉法裁判行为的发生。过去的实践也证明，凡认真坚持公开审判制度的，确实极少发生徇私枉法的问题。因此，各级法院在廉政制度建设上，首要的就是严格依法办事，并抓住公开审判这个重心，切实做到第十四次全国法院工作会议提出的关于依法公开审判的各项要求，以此带动其他廉政制度的建设。

第四，进一步健全法院办事制度

中央指出，抓廉政建设，不能靠搞运动，重点是加强规章制度的建设。虽然审判工作程序有诉讼法律规定，但法律对许多具体环节还没有或者还不可能详尽规定，因而在某些方面，尚需要制定相应的办事制度加以规范。最高法院正在研究、起草刑事、民事诉讼法的实施细则和刑事再审案件的公开审判程序。根据当前的需要，各级法院要着重围绕审判工作中因法律规定不具体而存在随意性，又为群众比较关心或者意见较多的几个环节，研究和拟制一些办事制度。

在案件立案受理环节上，对民事、经济纠纷和刑事自诉案件，群众常有“告状难”、“人情案”的反映；有的法院也确实存在该收的案不收、不该收的案收了的问题。这有主观上的原因。在客观上，立案受理制度不尽完善也是一个重要原因。为此，可以考虑根据法律有关规定和当地实际情况，作一些具体规定，把案件该收不该收的条件进一步明确起来，使立案受理工作制度化、具体化。

在审理环节上，民诉法（试行）没有规定审理民事和经济纠纷案件的时限。审判人员可以早办、快办，也可以晚办、慢办，随意性比较大。这不仅容易造成案件久拖不决，也容易发生徇私舞弊，以权谋私的问题。为此，可以考虑根据当地受理案件的多少以及案情的繁简情况，对各类民事、经济纠纷案件规定一个大致的审理时限。这样做，不仅不违背民诉法（试行）的精神，而且对增强审判人员的责任心，完善管理，具有积极作用。

对各类案件的再审改判，包括刑事案件的减刑、假释，要有严格的审查、监督制度。目前，发现有的刑事被告人及其家属和民事、经济纠纷案件的当事人，为达到改判目的，向审判人员送礼行贿。因此，对案件的再审改判，除了要严格执行有关法律规定外，还可对案件审理、审核的具体程序作出规定，以堵塞可能发生的不廉洁问题的漏洞。

当前，各级法院在廉政制度建设中，都有一些成功的经验，制定了一些具体制度和规定。例如，许多法院规定：审判人员不准在家里接待当事人；不准委托当事人办私事；不准替人打听案情和帮人查阅卷宗等。今后各级法院还应加强调查研究，不断总结经验，进一步完善工作制度，切实做到用法律和制度保证法院的高度廉洁。

有了制度，关键还在于切实执行。当前，在审判工作中确实存在着对已有的制度不严格执行的情况。为此，对制度的执行要有行之有效的检查监督办法。凡是与群众关系重大的办事制度都应当公开，以通过群众的监督来保证制度的执行。对不严格执行制度的，要订出必要的制裁措施。

第五，自觉接受广泛的监督，推动法院的廉政建设

自觉地接受广泛的监督，对法院保持清

正廉洁，依法履行职责有十分重要的作用。各级法院要把积极主动地接受监督，作为推动审判工作和搞好廉政建设的动力。首先，要经常地向党委和人大及其常委会报告工作，听取意见，接受监督；第二，欢迎人大代表、政协委员到法院视察工作，认真办理他们对法院工作提出的建议和提案，作到件件有答复；第三，自觉接受检察机关的法律监督，严格执行有关的法律规定；第四，加强同新闻部门的联系，进一步搞好新闻报导工作，把法院工作的重要情况和决定及时向社会公布；第五，欢迎人大代表、政协委员、民主党派、人民团体、新闻舆论和群众检举揭发法院消极腐败的问题。对检举揭发的问题，要认真查处。重大问题，院领导要亲自过问，处理结果要作出交待。总之，要采取多种形式，最大可能地接受各方面的监督。

第六，从严治院，严肃查处法院干警违法违纪案件

加强法院廉政建设，必须及时、严肃地查处法院干警违法违纪案件，有一件查一件，形成对违法违纪行为的威慑力。当前，对违法违纪问题，在一定程度上存在查处不力的现象。有的问题就发生在身边，却视而不见，充耳不闻；有的有明显的线索，却不认真追查；有的问题已很清楚，仍拖拖拉拉，不及时处理；有的对严重问题处理心慈手软，失之于宽。前面讲的滨海县法院院长枉法裁判问题，去年3月发生，至今尚未处理。这种现象，必须引起高度重视。要强调对案件的查处，一要认真，二要严肃。各级法院首先要从思想上重视起来，认真对待，发现线索，绝不轻易放过，查个水落石出。对那些明显不应当办错而办错的案件，应当注意查一查办错案件的原因，查一查是否有不廉洁的问题。

对查实确有违法违纪问题的，一定要严肃处理，尤其对利用职权徇私枉法、贪赃卖法的，要严惩不贷，依照党纪国法，该处分的处分，该开除的开除，该追究刑事责任的追究刑事责任，决不姑息迁就。我们要看到，姑息迁就一个人，就会影响法院这个整体，就会给廉政建设带来不可估量的破坏。纪律就是纪律，法律就是法律，必须严格执行。各级领导必须有坚决的态度，不能不负责任，听之任之，更不得偏袒违法违纪行为。有偏袒的，一定要追究责任。

在查处工作中，还要注意保护干警，对受到诬陷的，要支持他们严肃执法，秉公办案。

第七，建立法院监察系统，加强政纪监督

法院现有的纪检部门，由于党政分开，主要是管党内纪律的执行。为了加强廉政建设，法院系统有必要建立监察机构。最高法院成立监察厅；高级法院和中级法院成立监察室；基层法院配备专职监察员。监察机构与纪检机构为一套班子，两块牌子。各级法院的监察机构，应当抓紧筹建，大体要在今年内建成。

纪检、监察部门是同各种违纪违法行为作斗争的一支重要力量。各级法院要加强领导，要挑选清正廉洁、秉公办事的干部充任。纪检、监察干部要严格执行党的纪律和国家法律，无私无畏地同各种违法违纪行为作斗争。

同志们，第十四次全国法院工作会议提出了法院在新形势下，“要通过全面开展审判工作，充分发挥审判机关的职能作用，为建立社会主义商品经济新秩序服务，为‘一个中心，两个基本点’服务”。当前就是要为治理整顿和深化改革服务。为完成这个任务，必须突出地抓好法院的廉政建设，保持法院队伍清正廉洁。我们相信，只要各级法院的领导高度重视，采取有力措施；只要法院的全体干警发扬全心全意为人民服务、艰苦奋斗的优良传统，我们完全能够建设一支坚强的秉公执法的法院队伍。

任建新院长在全国高级法院院长座谈会上的讲话

（1989年5月8日）

同志们：

全国法院廉政建设工作会议今天上午结束了。下午，我们继续开一个高级法院院长座谈会，专门研究法院如何在党的统一领导下，进一步加强刑事审判工作，依法严厉打击严重刑事犯罪活动的问题。现在，我就这个问题先讲一点意见，然后请大家发言。

（一）

今年1月，《全国政法工作座谈会纪要》针对当前政法战线面临的相当严峻的治安形势，明确提出必须继续坚持依法从重从快惩处严重危害社会治安的犯罪分子的方针，并明确提出了打击的重点。最高法院及时发出了关于贯彻全国政法工作座谈会精神的通知，对今年法院工作进行了部署，提出当前首要的任务就是要继续严厉打击各种严重危害社会治安的犯罪活动。要求各级法院根据全国政法工作座谈会纪要中确定的打击重点，针对当地突出的治安问题，与公安、检察等有关部门互相配合，通过审判活动，适时开展有声威的专项斗争，并把集中打击和集中整顿结合起来；同时指出，要密切注意社会动向，一旦发生突发事件，法院要在党的统一领导下，通过审判活动，及时依法惩处确已构成犯罪的蓄意煽动闹事的为首分子和骨干分子，以震慑犯罪，教育人民。在前不久召开的全国人大七届二次会议上，我代表最高法院所作的工作报告中，针对当前的社会治安情况，要求各级人民法院对杀人犯、抢劫犯、重大盗窃犯、强奸犯等严重危害社会治安的犯罪分子，要继续贯彻依法从重从快惩处的方针，特别要注意打击犯罪集团和流窜作案的主犯、累犯、惯犯等严重犯罪分子。从这一段的情况看，各级法院认真地贯彻了文件的精神，许多法院专门召开会议或发出通知，进行了具体部署。不少法院在党委领导下，按照文件确定的打击重点，根据本地区的社会治安情况，与有关部门密切配合，开展了一些专项斗争和集中打击，取得了成效。总的看，各地贯彻依法从重从快方针的情况是好的。

（二）

当前，全国社会治安形势相当严峻。在有的地方，有些方面，甚至愈来愈严峻。今年头几个月，重大刑事犯罪案件继续大幅度上升。第一季度与去年同期相比，全国各级人民法院共收一审刑事案件81532件，上升14.75%，其中重大盗窃案件上升78.70%，抢劫案件上升59.98%，故意杀人案件上升13.05%。判决发生法律效力的人犯共94837人，比去年同期增加14.34%，其中判处死刑、死缓、无期徒刑三大刑的上升16.94%；判处十年以上有期徒刑的上升9.80%；判处五年以上十年以下有期徒刑的上升24.08%。统计数字表明，第一季度一审刑事案件收案上升，一些重大刑事案件上升幅度更大、势头更猛。人民法院依法判处死刑和其他重刑的人犯也相应有较大幅度上升，体现了人民法院对严重刑事犯罪分子坚决打击、从重判处的精神。

现在，严重危害社会治安的突出重大刑事犯罪案件，一是重大盗窃、抢劫和故意杀人案件不断发生。特别是重大盗窃和抢劫犯罪分子，往往结伙共同犯罪，有的明显带有黑社会的性质，偷不成就抢，抢不成就杀人越货。其中不少犯罪分子是多次作案，集数罪于一身。二是有些地方铁路沿线犯罪活动十分猖獗。一些犯罪分子成帮结伙地在列车上洗劫旅客，甚至殴打民警，在铁路沿线安置爆炸物，致使旅客缺乏安全感。三是拐卖妇女、儿童的犯罪活动日趋严重，犯罪手段更为狡猾、残忍。四是聚众赌博、卖淫嫖娼、贩卖毒品等社会丑恶现象继续蔓延，今年第一季度又有新的发展。五是流窜犯罪活动危害越来越大，不少地方发生的恶性犯罪，抓获的重大案犯，流窜犯罪分子占了很大比例。此外，近几年，突发事件明显增多，对政治安定和社会治安影响极大。前些日子，西藏发生了骚乱事件；最近，西安、长沙两市又发生了一些暴徒打、砸、抢、烧的严重犯罪事件。

上述情况，已引起社会各方面的广泛关注和强烈反映。全国人大七届二次会议期间，社会治安问题成为代表们讨论的热点之一。在讨论最高法院工作报告时，代表们对我们法院的工作和报告总的是肯定的。但是，大家普遍为治安状况感到忧虑。比较集中的意见，是认为我们的报告对当前社会治安的严峻形势估计不足，担心我们的忧患意识不够，强烈要求采取有效措施和严厉手段，狠狠打击犯罪分子，扭转治安局势。这应当引起我们的严重注意。各级法院的领导应当充分认清当前治安形势的严重性、复杂性和斗争的长期性，在政治上牢固树立敌我意识和忧患意识，进一步增强人民民主专政的观念。治理经济环境，整顿经济秩序，全面深化改革，需要良好的、稳定的治安环境。在党的统一领导下，只要我们高度重视，正视现实，坚决贯彻落实中央一号文件，我们法院就一定能对保持社会治安基本稳定，并力争使今年的治安状况好于去年起到我们应起的作用。

（三）

根据当前形势和中央的要求，这次座谈会的主要任务，就是集中研究各级法院如何在党的领导下，进一步加强刑事审判工作，坚决贯彻依法从重从快的方针，继续严厉打击严重危害社会治安的犯罪活动，以实现今年的社会治安好于去年的奋斗目标，更好地保障治理整顿、深化改革的顺利进行。为此，请大家在座谈中着重谈：(1) 贯彻落实中央一号文件的主要情况；(2) 重点检查刑事案件，特别是今年全国政法工作座谈会列为重点打击对象的案件中，有无重罪轻判、打击不力的现象？如有，具体表现在哪些方面？原因是什么？(3) 今后打算采取什么措施，进一步加强刑事审判工作，配合公安、检察等机关，搞好社会治安？

我就先讲以上几点意见。请大家在座谈中，集思广益，抓住重点，把这次会开好。会后，准备形成一个纪要，以便认真贯彻，落到实处，完成好中央交给我们的任务。

任建新院长在北京市法院系统制止动乱、平息暴乱先进事迹表彰会上的讲话

（1989 年 7 月 15 日）

同志们：

首先，我代表最高人民法院，向这次大会上受到表彰的先进集体和先进个人，以及立功的单位和同志们表示热烈的祝贺！向在制止动乱、平息暴乱的斗争中，立场坚定，旗帜鲜明，坚守岗位，努力工作，为党为人民做出突出贡献的北京市各级法院广大干警表示亲切的慰问！

在这短短的两个月中，大家亲身经历了一场关系到党和国家生死存亡的动乱与反动乱、暴乱与反暴乱的严重政治斗争。在这些惊心动魄的日子里，你们在北京市委的领导下，坚定地站在党和人民一边，团结广大干警，坚守岗位，积极地参加了这场斗争。不少同志理直气壮地宣传中央决策，驳斥谣言，举报坏人，与极少数制造动乱的人进行了针锋相对的斗争。一些同志冒着生命危险，保护失散的解放军，为戒严部队送水送饭、修车，以各种方式进行亲切慰问。许多法院派出了维持首都社会秩序工作队，疏导交通，为平息暴乱，恢复正常秩序做出了贡献。很多同志在交通阻塞、险象环生的情况下，克服各种困难，骑自行车甚至步行几个小时到法院上班。为了保护机关的安全，许多同志不顾个人和家庭的安危，吃在法院，睡在法院；在暴乱刚刚平息不久，又不顾连续工作、值班、值勤的疲劳，不顾各种威胁和恐吓，毅然投入了审判反革命暴乱案件的紧张工作，并成功地审结了一批案件。

大量事实证明，在这场严峻的政治斗争中，北京市法院系统绝大多数同志都经受住了考验，在这场不考试的考试中向党向人民交了合格的答卷。我相信，经过这次战斗洗礼，全市法院队伍将会更加坚强！

前不久召开的党的十三届四中全会，确定了当前要特别注意抓好的四件大事：一是彻底制止动乱、平息反革命暴乱，进一步稳定全国局势；二是继续搞好治理整顿，更好地坚持改革开放，促进经济持续、稳定、协调地发展；三是认真加强思想政治工作，努力开展爱国主义、社会主义、独立自主、艰苦奋斗的教育，切实反对资产阶级自由化；四是大力加强党的建设，大力加强民主与法制建设，坚决惩治腐败，切实做好几件人民普遍关心的事情。这四件大事都与法院的工作有着密切的关系。人民法院如何贯彻执行四中全会提出的当前要抓好的四件大事呢？我想借这个机会，讲几点意见。

第一，要认真联系实际，继续深入学习四中全会文件。四中全会是一次有重大历史意义的会议。小平同志的三次重要讲话，是指导全党和全国工作的具有深远意义的纲领性文件。各级法院领导和全体干警，都要认真学习小平同志的讲话和四中全会文件，把我们的思想和行动真正统一到四中全会精神上来。在学习中，一定要注意联系个人实际、联系机关的实际。这次发生的全国性动乱和北京反革命暴乱，对每一个人都是一次极其严峻的考验，也是我们考察和识别干部的一次极好机会。从目前掌握的情况看，如同北京市法院一样，全国法院系统绝大多数同志都经受住了考验，能够遵守纪律，顾全大局，同中央保持一致。但也暴露了不少问题，很有必要从思想上、组织上、作风上进行一次认真的整顿。比如，最高法院、北京市法院和有的区法院就有少数人举着标语上街游行、“声援”，在社会上以至国际上都造成了极坏的影响。希望大家在学习中要认真思考一下，为什么会发生这样的事情？好好总结，端正思想，提高认识，转变立场，吸取教训，这样才能在思想上真正解决问题，在行动上真正同党中央保持一致。

第二，要依法严惩进行暴乱、制造动乱的反革命分子和严重刑事犯罪分子。目前，首都平息暴乱和各地制止动乱的斗争已经取得决定性胜利，但局势尚未完全平定。一些进行暴乱和制造动乱的反革命分子和严重刑事犯罪分子尚未缉拿归案；其中许多人不甘心失败，妄图进行各种破坏活动，猖狂报复。全体干警要增强敌情观念，充分认识这场斗争的长期性、艰巨性和复杂性。当前的任务，就是要乘胜前进，充分发动和依靠群众，把那些策划、组织、指挥动乱和暴乱的阴谋分子，参与暴乱的反革命分子和进行打、砸、抢、烧、杀的各种严重刑事犯罪分子，坚决、彻底、干净、全部地清查出来，依法严惩，不留后患，以进一步稳定全国局势。北京直接负有审判反革命暴乱案件的重担。因此，你们的担子是很重的，要很好地组织力量，加强领导，胜利完成这项任务。鉴于这场斗争的复杂性，人民法院在审判工作中，必须特别注意正确执行政策，严格依法办事，做到严格区分两类不同性质的矛盾；严格区分罪与非罪的界限；严格区分反革命犯罪与普通刑事犯罪的界限。对这类案件如何定罪，应当实事求是，具体案件，具体分析，依照刑法规定，构成什么罪，就定什么罪。要认真贯彻惩办与宽大相结合，坦白从宽、抗拒从严的政策，该严的一定要严，该宽的一定要宽。对极少数罪大恶极、不杀不足以平民愤的，必须坚决杀掉；对有从轻情节、可杀可不杀的，尽量不杀，以全面体现党和国家的政策。

第三，要把彻底平息暴乱、制止动乱的斗争同严厉打击严重刑事犯罪活动紧密结合起来。今年1月至5月，全国各级人民法院共受理一审刑事案件144099件，比去年同期上升18.73%。其中，重大盗窃案件上升97.22%，抢劫案件上升67.22%，故意杀人案件上升16.11%。统计数字表明，当前社会治安形势仍相当严峻。各级人民法院要认真落实今年五月召开的全国高级人民法院院长座谈会精神，抓住当前平息暴乱、制止动乱这个有利时机，与公安、检察等部门密切配合，积极开展严厉打击流窜犯和其他严重危害社会治安的犯罪分子的专项斗争，依法严惩各种严重刑事犯罪分子，为继续搞好治理整顿，更好地坚持改革开放，创造安定的社会环境。

第四，要坚决惩治腐败，继续依法严厉打击严重经济犯罪活动。邓小平同志说："惩治腐败，要真抓几件事，用事实体现出来，取信于民。腐败、贪污、受贿、倒卖，抓一二十件，有的是省里的，有的是全国范围的。要雷厉风行地抓，要公布于众，要按照法律办事。该受惩罚的，不管是谁，一律受惩罚。"各级人民法院要坚决贯彻邓小平同志的指示精神，认真执行刑法和全国人大常委会《关于惩治贪污罪受贿罪的补充规定》，坚定不移地同贪污、受贿的犯罪行为作斗争；坚决惩治投机倒把，特别是"官倒"。为了落实"两高"《关于当前处理企业事业单位、机关、团体投机倒把犯罪案件的规定》，有的省经过调查研究，提出了贯彻执行"规定"的意见，希望北京和其他尚未提出贯彻执行的地方都能这样做。各级法院要集中力量抓一些大案要案，适时地开庭审判，并及时总结经验，选择典型案例报送最高法院，以指导和推动打击严重经济犯罪活动的开展。

各级人民法院在同党政机关内部和社会上的腐败现象作斗争的同时，要特别注意抓好自身的廉政建设，认真落实今年五月召开的全国法院廉政建设工作会议精神，以建设一支清正廉洁、执法如山的法院干部队伍。

第五，要大力加强思想政治工作。这次动乱和暴乱发生的一个严重教训，就是近几年来我们的思想政治工作削弱了，资产阶级自由化思潮泛滥。无组织、无纪律，资产阶级"民主"、"自由"的思想等，在我们法院队伍中也不同程度地存在着。有的法院极少数同志所以上街游行、声援，一个重要原因，就是受了资产阶级自由化思想的影响。四项基本原则是立国之本。小平同志一针见血地指出："这次事件的性质，就是资产阶级自由化与四个坚持的对立。"人民法院是人民民主专政的重要组成部分，是要害部门，任何时候都必须旗帜鲜明地坚持四项基本原则，反对资产阶级自由化，任何时候都必须听从党中央的号令。因此，各级法院要大力加强思想政治工作，充分利用动乱和暴乱这个反面教材，深入进行坚持四项基本原则、反对资产阶级自由化的教育；进行爱国主义、社会主义、独立自主、艰苦奋斗的教育和纪律教育，不断提高法院干部的政治素质。思想政治工作是我们党的优良传统。各级法院要发挥我们政治上的这一优势，以创新的精神，积极研究、探索在新形势下思想政治工作的内容和方法，改进思想政治工作，以收到更好的成效。

第六，要全面完成今年法院工作的各项任务。目前，法院工作十分繁重。各级法院领导要突出重点，统筹兼顾，全面安排。在重点抓好刑事审判工作的同时，抓好民事、经济、行政、海事、申诉等各项审判工作和其他各项工作，努力完成四中全会确定的和经七届人大二次会议批准的《最高人民法院工作报告》中提出的各项任务。

我的讲话完了，谢谢大家。

任建新院长在中国高级法官培训中心和全国法院干部业余法律大学首届学术讨论会上的讲话

（1989年8月28日）

同志们：

这次由中国高级法官培训中心和全国法院干部业余法律大学联合举办的首届学术讨论会，今天就要结束了。举办这次学术讨论会的目的在于：促进法学理论同审判实践相结合，深入研究人民法院在改革开放的形势下面临的新情况和新问题，总结实践经验，推动学术研究的开展，培养理论人才，进一步提高审判人员的政治和业务水平，更好地完成审判任务。几天来，经过大家的共同努力，会议开得很好，达到了预期的目的。现在，我代表最高人民法院，向全体与会代表及工作人员表示热烈的祝贺！向所有支持这次学术讨论会的有关院校和研究机构的专家、教授以及地方法院的同志们表示衷心的谢意！

当前，全国正在深入学习、宣传、贯彻党的十三届四中全会精神和邓小平同志的重要讲话，统一全党和全国人民的思想认识，深入进行坚持四项基本原则，坚持改革开放，反对资产阶级自由化的教育，努力完成党中央提出的四项任务。最近，中共中央政治局全体会议又作出决定，坚决惩治腐败，带头廉洁奉公，近期要做好人民群众普遍关心的七件大事，这是振奋党心民心的重大措施。在这样的形势下，我们召开这次学术讨论会，就有着更加重要的特殊的意义。

在法院系统举办学术讨论会，建国以来还是第一次，也是四十年来的第一次。近几年来，在党中央的关怀下，在国家教委和有关部门的支持下，我们先后创办了全国法院干部业余法律大学和中国高级法官培训中心，初步建设了一支理论与实践相结合的教师队伍，并和普通高校的一些教授、专家建立了良好的合作关系。我们的学员经过刻苦学习，首届已经毕业，他们的政治素质和业务素质都有了很大的提高。与此同时，各级人民法院还举办了各种短期培训班。法院干部这些年结合审判工作，学习法学理论，总结审判经验，探讨问题的自觉性和主动性也普遍增强。所有这些，都为我们举办这次学术讨论会打下了良好的基础。为了开好这次学术讨论会，各地法院领导很重视，积极落实论文的撰写工作，审判、教学、研究人员提交了一批具有相当水平的论文，为开好这次学术讨论会准备了充分的条件。

这次学术讨论会具有四个突出特点：

一是，在坚持四项基本原则的基础上，体现了改革开放的精神。大家运用马克思主义的立场、观点和方法，对法学理论和司法实践中提出的一些问题进行了研究和阐述。有的针对当前严重影响和干扰人民法院依法独立行使审判权的种种现象进行了深刻剖析，并对在坚持党的领导的前提下，如何完善依法独立审判的问题提出了自己的见解；有的对新形势下人民法院如何通过审判活动更好地为社会主义商品经济服务阐明了自己的看法；特别是对于人民法院如何加强审判监督职能，进一步完善公开审判等问题展开了热烈的讨论。这对改进和加强人民法院的审判工作是有益的。

二是，认真地贯彻了理论联系实际的原则。许多论文结合我国立法、司法工作中的现状及其发展、完善的需要，针对审判和教学实践中亟待解决的一些问题进行了深入的分析论证。有的从立法和司法的角度对改革开放的形势下发生的新情况、新问题，作了分析与探讨；有的把一个时期处理的大批案件进行了集中的分析和研究，从中找出规律性的问题，提出切合实际的结论；有的通过对典型案例的剖析，阐明基本原理，深入浅出，对定罪量刑作出了具有实用性的研究；有的把办学实践中的一些具体做法、体会给予理论的概括，使之条理化、系统化。这些论文从理论与实践的结合上讲清了一些问题，既有一定的理论深度，又有较大的实用价值。

三是，立足开拓，具有探索、创新的精神。不少论文课题新、内容新，勇于探讨审判工作中提出的新课题；还有相当一部分论文，是在深入总结正反两方面经验的基础上，突破了传统的研究范围与方法，提出了一些富有新意，言之有理，论之有据的新见解、新观点，富有生气，充满活力。这些论文，无论对于我国的立法、司法和法学研究的发展和完善，都具有一定的参考价值。

四是，贯彻“双百”方针，坚持学术民主。这次学术讨论会，在坚持四项基本原则的前提下，自始至终坚决贯彻了党的“双百”方针，鼓励大家敢于在学术观点上有所创新，在经验总结上有所突破，会上各种不同的学术观点都得到了平等发表的机会。讨论会中各抒己见，充分体现了学术民主和科学探讨的精神。从而调动了大家结合审判实践探讨学术问题的主动性和积极性。

这次学术讨论会，可以说是一次丰收的会议，出了一批科研成果，涌现出一批既有理论研究能力，又有丰富的审判实践经验和教学经验的人才，活跃了法院系统的理论研究风气。这对我们今后的审判工作、培训中心和业大的教学工作以及法学理论研究工作，都将起到一定的积极作用。

同志们，这次学术讨论会是业余大学、培训中心全面开展以教学、办案、科研三结合为内容的学术研讨活动的一个良好的开端。今后，我们要继续坚持下去，不断总结提高，把科研工作开展得更好。现在，我想借此机会，讲几点希望和意见：

第一，坚持四项基本原则，旗帜鲜明地批判资产阶级自由化在法学领域里的错误观点，为进一步繁荣我国的社会主义法学而努力。党的十一届三中全会以来，我国法制建设取得了很大成绩，无论在立法方面还是在司法方面，都有了很大的发展，对促进社会主义民主与法制建设和社会主义现代化建设都起了积极的作用。但是，也存在不少问题，特别是经过这次学潮、动乱和反革命暴乱，暴露出了资产阶级自由化思潮在法学领域里确有影响，甚至在某些问题上还很严重。例如，有的只讲法的社会性，不讲法的阶级性；有的只讲法律管理社会的功能，不讲法律对敌专政的作用；有的把人民民主与专政对立起来，把社会主义民主与社会主义法制对立起来；有的否定依法从重从快的方针；有的鼓吹资产阶级的司法独立，否定党对司法工作的领导，等等。所有这些都需要我们用党的四中全会的精神去很好地清理和反思，要把这些年被资产阶级自由化思潮搞乱了的法学思想和法学理论问题纠正过来。

第二，要继续坚持理论联系实际的原则，加强对新问题、新情况的研究。随着改革开放的发展，特别是随着治理整顿和惩治腐败斗争的深入，人民法院承担的任务日益繁重，审判工作将面临许多新的课题。这就需要我们加强调查研究，努力学习，自觉地运用马克思主义法学理论和法律专业知识，研究和解决审判工作中遇到的实际问题，写出更多更好的学术论文，不断提高执法水平，推动审判工作的发展。

第三，要通过办案、教学、科研三结合的途径，积极培养造就一批用马克思主义思想武装，具有一定法律理论知识和丰富的审判经验的人才，建设法院系统的理论队伍。这对于进一步提高整个法院队伍的政治素质和业务素质，提高人民法院的执法水平，都具有重要意义。一个合格的人民法官，只有审判实践经验是不够的，还必须具有较高的理论政策水平和法律专业知识，才能正确地运用法律，真正做到严肃执法。

第四，要大力贯彻“双百”方针，积极开展多种形式的科研活动。在科研活动中，坚持在真理面前人人平等。提倡不同学派、不同学术观点的自由争论。今后，我们既要搞多学科的综合性的学术讨论会，更要举办小型的专题性的学术讨论会。各地法院可以根据自己的条件，有计划、有组织地举办这类学术活动。通过学术讨论会的开展，注意发现人才，积极培养，且特别注意加强对业大和培训中心教师的培养锻炼，逐步使他们成为能教学、会办案、又善于进行科学研究的人才。

同志们：让我们共同努力，为进一步促进法学理论与司法实践相结合，繁荣我国社会主义法学作出新的贡献！为治理整顿、改革开放和社会主义现代化建设作出应有的贡献！

任建新院长在全国法院模范命名授奖大会上的讲话

（1989 年 9 月 26 日）

同志们：

今天，我们在这里隆重集会，授予何同甫、欧金淡、李万田，马灿芳、李兴茂、晁秉荣 6 位同志全国法院模范称号。在制止动乱、平息反革命暴乱取得决定性胜利以后，在国庆 40 周年前夕、全国劳动模范和先进工作者表彰大会即将召开之际，我们举行这次大会，意义更加重大。我代表最高人民法院向这六位同志表示衷心的祝贺，向全国法院干警表示亲切的问候，向参加大会的各位来宾表示热烈的欢迎。

建国四十年来，特别是党的十一届三中全会以后，在党的领导、关怀和有关部门的支持下，法院队伍建设取得了显著的进展，广大法院干部的政治素质和业务素质有了较大程度的提高。法院队伍已经锻炼成长为一支党和人民可以信赖的、坚强的、有战斗力的、秉公执法的队伍，保证了法院审判工作和其他各项任务的完成。在这场关系到党和国家生死存亡的动乱与反动乱、暴乱与反暴乱的严重政治斗争中，绝大多数法院干警立场坚定，旗帜鲜明，经受住了严峻的考验。通过政治斗争和审判实践的长期锻炼，先进集体和先进个人不断涌现。这次受奖的何同甫等 6 位同志就是其中的优秀典型，是我们法院干部学习的楷模。

这几位模范和以前表彰的法院模范有着许多共同的优秀品质。他们坚持四项基本原则，立场坚定，在思想上、行动上同党中央保持高度一致，认真贯彻执行党的十一届三中全会以来的路线、方针、政策；他们牢固地树立了全心全意为人民服务的思想，对人民群众感情深厚，在艰苦的条件下，无私奉献；他们对审判工作极端负责，一丝不苟，实是求事，依法办案，刚正不阿，铁面无私；他们勤奋好学，努力钻研业务，经常调查研究新情况、新问题，勇于开拓，不断进取；他们严以律己，以身作则，带头严守纪律，保持清正廉洁。他们在人民法院这个重要的执法岗位上做出了显著的成绩，发挥了共产党员的先锋模范作用，树立了人民法官公正廉明的形象。我们要大力宣传他们的十分感人的先进事迹，大力推广他们的宝贵工作经验。全体法院干警应该以他们为榜样，努力学习他们的优秀品德和高尚情操，把法院队伍的政治、业务素质提高到一个新的高度。

经过层层推举、优中选优，何同甫等6位同志和去年被授予全国法院模范称号的陈家祺、陈占保、金莹晚、姒望山共10位同志已被批准作为正式代表参加本月28日召开的全国劳动模范和先进工作者表彰大会，这是党和人民给予这10位同志的崇高荣誉，也是全国法院干警的光荣。我在这里代表最高人民法院向他们表示热烈的祝贺。并希望他们在这次全国群英荟萃的大会上，展现新形势下人民法官的新风貌，更重要的是，要虚心学习各条战线英雄模范人物的高尚品质和先进经验，带回来在法院系统结合我们的实际传播推广。

同志们：建国40周年即将来临。新中国的40年，是中国历史上发生翻天覆地变化的40年，是经历艰难曲折、不断发展进步的40年。人民法院作为人民民主专政的重要工具，国家的审判机关，在新中国的建设和发展过程中，发挥了重要的作用，作出了应有的贡献。人民法院在前进的道路上，虽然经历了一些曲折，但是成绩是主要的，对社会主义改造和社会主义建设的顺利进行，起到了重要的保障和促进作用。特别是党的十一届三中全会以来，人民法院认真拨乱反正，端正思想路线、沿着实事求是、依法办案的正确轨道大步向前发展。宪法、人民法院组织法和刑事、民事诉讼法规定的“人民法院依法独立行使审判权”、“一切公民在适用法律上一律平等”、“以事实为根据、以法律为准绳”等项基本原则得到了全面的实施，公开审判、辩护、合议、两审终审、审判监督等项基本制度得到了认真的贯彻执行。法院的组织机构逐步得到了健全，基层建设也进一步有了加强，法院干部队伍不断壮大，文化、专业结构发生了很大的变化。刑事、民事、经济、海事、行政、告诉申诉等各项审判工作全面开展，为改革、开放和四化建设服务，取得了显著的成绩。人民法院四十年的历史，是在党的领导下，适应保障社会主义建设事业的需要不断发展的历史，是在曲折中前进、不断克服困难取得巨大成绩的历史。40年来，全国各级人民法院共审判了4000余万件刑事、民事和经济纠纷等各类案件，运用法律手段调整各类社会关系，使之沿着社会主义的方向发展，对于国家政权的巩固、社会的安定、经济的繁荣、改革的进行，作出了积极的贡献。经过40年特别是近10年的建设，一个具有中国特色的社会主义审判制度已初步建立起来，人民法院在国家的政治生活、经济生活和社会生活中的重要地位和作用，越来越明显地表现出来。

40年人民法院工作的丰富实践，从正反两方面积累了宝贵的经验，概括起来，主要是：必须坚持人民民主专政，全面开展各项审判工作，充分发挥人民法院保护人民、打击敌人、促进改革、服务四化的职能作用。必须在党的领导下，依法独立行使审判权，根据事实和法律对案件独立负责地作出处理，不受行政机关、社会团体和个人的干涉。必须坚持实事求是、依法办事的根本原则，严格依照诉讼法进行审判，重证据，重调查研究，查清事实，核实证据，然后依照有关的实体法进行判决处理。必须坚持“一手抓审判工作，一手抓队伍建设”和“一手抓政治思想教育，一手抓业务培训”的两手抓的方针，加强干部队伍建设。必须继承和发扬人民司法工作的优良传统，并且适应形势的发展，不断研究审判工作中出现的新情况，总结、推广审判实践中的新经验。此外，还要注意学习借鉴外国司法实践中适合中国国情的有益的经验。

同志们！人民法院40年取得的成就是巨大的，经验是丰富的。这是我们的宝贵财富，也是我们继续前进的坚实基础。我们应当在这个基础上，在党的十一届三中全会以来确定的“一个中心、两个基本点”的基本路线指引下，把法院工作继续大力推向前进。当前，要全面贯彻落实党的十三届四中全会提出的各项任务，搞好各项审判工作，继续加强法院建设。要继续深入学习四中全会文件，提高思想认识，增强坚持四项基本原则、反对资产阶级自由化的自觉性。要坚持依法严惩进行反革命暴乱、制造动乱的反革命分子和进行打、砸、抢、烧、杀的严重刑事犯罪分子；依法严惩严重危害社会治安的犯罪分子，为治理整顿、改革开放创造安定的社会环境；要坚决惩治腐败，继续依法打击严重经济犯罪活动。要继续大力加强民事和经济审判工作，积极开展海事和行政审判工作，抓紧告诉申诉工作，调整民事法律关系，调节生产和流通领域的经济关系，保护国家、集体和公民的合法权益，为治理经济环境，整顿经济秩序，深化改革服务。为促进生产力发展服务。在各项审判活动中，要严肃执法，努力提高办案质量和执法水平。要进一步加强干部队伍建设，抓紧制定法官法，在党的领导下，建立一套完整的具有中国特色的社会主义法官制度，使队伍建设法律化、制度化。

同志们，这次大会是表彰先进、树立榜样的大会。我们希望，通过这次大会，在法院系统形成学先进、赶先进，争作贡献、争当模范的良好风气。希望受表彰的同志谦虚谨慎、戒骄戒躁，继续前进，在思想上不断进步，在业务上精益求精，在工作上取得更大的成绩。让我们在党的领导下，在人民代表大会的监督下，共同努力，把人民法院的各项工作继续推向前进，对社会主义现代化建设作出更大的贡献，以实际行动庆祝伟大的中华人民共和国成立四十周年！

任建新院长在最高法院首次颁发荣誉证书、奖章大会上的祝辞

（1989年9月29日）

同志们！

今天，在我们首都平息反革命暴乱取得决定性胜利，全国人民欢欣鼓舞，热烈庆祝伟大的中华人民共和国成立四十周年的时候，我们最高人民法院的全体干部、职工，在这里举行第一次为从事法院工作满30年的100位同志颁发荣誉证书和奖章的大会，这是一件很有意义的事情，它在我们最高法院的历史上，也是值得大书特书的。为此，我代表最高法院领导，谨向荣获荣誉证书和奖章的全体同志，致以热烈的祝贺！

几十年来，我们人民法院有许许多多的同志，其中包括在各个不同历史时期参加革命工作的老干部，他们不仅在战火纷飞、白色恐怖的年代里，为革命不怕牺牲，英勇战斗；而且在解放后，服从党的需要，转入政法战线，为法院工作再立新功；同时也包括我院第一批荣获荣誉证书、奖章的老同志，他

们长期在政法战线上，为了社会主义的法制建设，勤勤恳恳，尽心尽职，呕心沥血，艰苦奋斗，几十年如一日，自觉地把自己宝贵的青春年华和全部精力，奉献给人民法院的建设和国家的审判工作。他们的工作成绩和优良品德，受到人们的表扬、奖励和尊重，这是理所当然的。我们应当向他们表示敬意，并且认真地向他们学习！

人民法院是国家的审判机关，是人民民主专政的国家机器的一个组成部分。它担负着打击敌人、惩治犯罪、保护人民、促进四化的重任；我们的岗位是神圣而光荣的。我们人民法院的每一个工作人员，都必须自觉维护党的领导，都必须坚持社会主义的方向，都必须牢记为人民服务的宗旨。无论是肩扛天平，从事审判工作，还是从事法院的行政和其他工作，都应该具有强烈的责任感和荣誉感。建国以来，人民法院经历了风风雨雨的艰难历程。在这几十年里，人民法院为祖国的社会主义革命和建设事业做了大量工作，这里面凝聚着长期献身法院工作的老同志们多少心血和汗水！从这个意义上说，许多已经离休、退休的老干部，许多荣获证书、奖章的老同志，都是我们法院的有功之臣。我想这些赞誉，他们是当之无愧的。

最高法院为了表彰长期献身法院工作的同志，激励法院工作人员热爱本职工作，增强荣誉感，最近制定和颁布了《最高人民法院关于颁发人民法院工作人员荣誉证书和奖章的试行办法》的通知，在全国法院系统贯彻执行。这是全国法院队伍建设上的一件大事。今后，我们每年都将颁发一次荣誉证书和奖章。在我们的法院队伍中，还有一些老同志，曾经从事过公安、检察等工作，这次没有颁发荣誉证书和奖章。他们同样是在政法战线上，为加强社会主义法制，为巩固人民民主专政而辛勤工作，同样应当受到我们的敬重。

同志们！回顾过去，展望未来，我们满怀激情，充满信心，同时，深感任重道远。毛泽东同志曾经说过："一个人做点好事并不难，难的是一辈子做好事。……艰苦奋斗，几十年如一日，这才是最难最难的呵！"让我们用毛泽东同志的这句话来共勉。希望我们最高法院的全体老同志和新同志，共同携起手来，为加强我国的社会主义法制建设，进一步搞好法院工作，更好地为"一个中心，两个基本点"服务，作出更大的贡献！

任建新院长在全国部分省、市高级法院刑事审判工作会议上的讲话

（1989年10月11日）

同志们：

今天我主要是来看望大家。今年刑事审判工作任务很重，时间要求急，质量要求高。在这样的情况下，能比较好地完成任务，做这么多工作，同志们辛苦了！我借此机会向大家表示问候，也通过你们，向全国各级法院搞刑事审判工作的同志们表示问候！

这个会开得很好。人很少，时间很短，效率很高，收获很大。看来每年在适当时候开这么一次小型会议，专题研究解决几个问题，很有必要。会议开得好，主要是各级法院在党委领导下，在同志们的努力下，做了大量的工作，总结了经验，准备了大量的材料，如果没有这个基础，会是开不好的，在此我向同志们表示感谢！

刚才林准同志已作了会议总结，我都同

意。今天既然来了，我就讲五点意见，供大家参考。

一、认真学习贯彻江泽民同志在庆祝建国40周年大会上的重要讲话。江泽民同志的讲话，是一个十分重要的政治报告。它以马列主义、毛泽东思想总结了我们党和国家40年的工作经验，明确了今后的方向，并对今后全国各方面的工作都作了全面的部署。现在全国都在学习、讨论江泽民同志的讲话，都认为这是一个纲领性文件，具有重大的历史意义和现实意义。讲话对全国法院系统的工作也具有重大指导意义，所以法院系统一定要认真学习、深刻领会、认真贯彻、坚决执行。江泽民同志在讲话中总结出四个基本结论，意义非常重大。我们党总结了新民主主义革命时期的经验，即三大法宝；到五十年代毛泽东同志在处理人民内部矛盾的报告中又总结出区分香花、毒草的六条标准；在十一届三中全会以后，小平同志及时提出四个坚持；制止动乱、平息反革命暴乱后，江泽民同志又根据四个坚持，结合现实情况，总结出四个基本结论，同时又根据这四个基本结论，对今后全面工作作了深刻的阐述。我觉得这四个基本结论、十个问题的阐述可以用四句话概括：总结了40年的经验，特别是近10年改革开放的经验；排除了干扰，即排除了前总书记赵紫阳对贯彻十一届三中全会路线、方针、政策的干扰；明确了今后的基本方针；讲清了今后的各项政策。这个文件对做好法院工作来说，十分重要。几年来，特别是经过十四次法院工作会议以后，我们明确提出全面开展法院各项审判工作，而各项审判工作和国家的政治、经济、文化等各方面有着密切关系，因此，全面学习领会、贯彻执行江泽民同志的讲话精神，对今后改进、提高我们法院的各项审判工作，更好地发挥审判职能作用，为“一个中心、两个基本点”服好务，从当前来说，为治理、整顿、改革、开放、建设服好务，在国家的政治生活、社会生活、经济生活、文化生活各方面发挥积极的促进、保障作用，具有重大意义。最高法院、高级法院首先要带头学好，在学习江泽民同志讲话的同时，学习小平同志最近会见李政道夫妇时的谈话，并带动全国法院贯彻好。我希望同志们在领会文件精神的基础上，很好的联系实际，总结法院的经验，研究近几年来在改革开放和治理、整顿中遇到的新情况、新问题，提出今后如何更好地发挥审判职能作用的意见和建议。下次开法院工作会议，应根据小平同志提出的四个坚持、江泽民同志提出的四个基本结论、十个问题这个总的指导思想，把法院的基本经验加以总结，提出法院工作如何更好的发挥审判职能作用的意见。希望同志们齐心协力、大家共同努力完成这项任务；也希望同志们回去后向党组传达，在认真学习的基础上大家一起总结，争取10月底左右，把你们的主要意见用电报形式告诉我们，我们准备在今年底、明年初开一次法院工作会议。

二、认真贯彻最近中央政法领导小组召开的部分省市清查工作座谈会的精神和指示。这次会议的内容，主要是会议结束时乔石同志的重要讲话，已经给同志们传达了，今天我就不多讲了，希望认真贯彻执行。我只讲一点，同志们一定要下决心，把清查清理工作搞彻底，彻底查清一切反革命的阴谋活动，对触犯刑律的严格依法予以惩处。这场斗争一定要搞彻底，不留后患，只有这样才能粉碎国外敌对势力妄图把中国变为资本主义附庸国的阴谋，粉碎国内敌对势力企图对动乱、暴乱搞翻案的幻想。他们是不会甘心失败的。这是关系到党和国家生死存亡的政治斗争。所以同志们一定要在党的领导下，运用法律武器，通过审判活动发挥人民法院的作用。另一方面，我再强调一下，这场斗争是长期的、复杂的、艰巨的，是同国内外敌对势力的渗透与反渗透、颠覆与反颠覆、演变与反演变、搞资产阶级自由化与反资产阶级自由化的长期斗争，要一直坚持到建成社会主义直至实现共产主义。在这整个期间，都不能忘记阶级斗争还在一定范围内存在的现实。为了使同志们在这方面有更深刻的了解，我介绍一些情况：

美国从朝鲜战场、越南战场失败后，感到用武力征服中国不可能了，从五十年代起就采取策略上的转变，即和平演变，最近听说他们准备同社会主义国家、同中国进行一场无硝烟的第三次世界大战。因此这次天安门广场的斗争，正是同美国和平演变无硝烟战争的一场较量。当然，这次斗争，我们取得了胜利，国内外敌对分子、势力失败了，但是同志们不要忘记，人家还准备和我们进行第二次、第三次较量。当前国际上社会主义国家中出现的一些情况，例如，波、匈最近的形势，就值得引起我们的注意。我们准备迎接国际上敌对势力的再次进攻，如有新的进攻，要让他们象以前的进攻一样彻底破产，应该有这样的决心。但是光有决心还不行，必须在思想上，组织上做认真的工作才行。他们为了达到目的，从四个方面同我们进行斗争：一是宣扬所谓的民主、自由、人权；二是用“黄毒”腐蚀我们干部、群众的精神；三是在我们留学生里做工作，搞离心倾向、搞策反；四是制造谣言，不惜采取恐怖、暗杀手段。尽管我们取得了第一场斗争的胜利，但思想上丝毫不能放松、麻痹，随时迎接他们的下一次进攻。我最近看了一本书《西方要人谈和平演变》，可以清楚地看出国际敌对势力妄图颠覆社会主义国家，实现和平演变的企图，同志们可以找来看看，以加深认识。

另一方面，国内敌对势力活动，我只想讲一点，大家便可以看出问题的严重性。这次天安门广场事件不是偶然的，国内搞自由化的人早有预谋，从去年北戴河会议后就开始了。于浩成1988年9月12日在首届全国现代化理论研讨会、政治学座谈会上大力鼓吹：明年是法国大革命200周年、我国五四运动70周年、建国40周年，我们应该大力鼓吹民主，社会“精英”就应该代表人民利益搞民主。1988年11月，严家其在世界经济导报上发表谈话，要人们放弃坚持四项基本原则，放弃对资产阶级自由化的斗争，发展私有制，取消公有制。1988年12月，严家其和温元凯的对话在香港杂志上发表，矛头直接指向邓小平。1989年元旦方励之在台湾联合报上发表文章《中国的失望与希望》，提出在今年纪念法国革命200周年、五四运动70周年、建国40周年之际，开展多种对官方的活动，对当局进行公开的批判，以逐步接受政治民主，实行多党制，建立私有制。他们的这种宣传正好同国际上反动宣传一致，遥相呼应，相互配合。因此我们必须继续树立阶级斗争的观念，必须加强人民民主专政，而作为人民民主专政机关之一的人民法院，作为法院重要职能的刑事审判工作，必须加强，不能削弱。

三、结合清查工作严厉打击严重刑事犯罪。据统计，今年1月至8月，全国各级法院共新收刑事一审案件247264件，比去年多48104件，上升24．15％，特别是七、八两月收案猛增，共收68322件，比去年同期多收15813件，上升30．11％。反革命案件上升突出，危害社会治安案件有所上升，经济犯罪案件总体上也是上升，但不同地区有升有降。严重危害社会治安的犯罪仍很猖獗。昨天我刚来这里就听说，保定地区“十·一”前后连续发生6件重大恶性大案，因此，我们抓清查工作的同时，对打击刑事犯罪决不能放松。当然，时间紧张一些，工作很繁忙，但为了保卫社会主义制度，保卫四化建设顺利进行，我们应该担当起这个重任来。

专项斗争绝对不能放松。中央将部署除“六害”工作，现在六害案件（卖淫嫖娼、制作贩卖传播淫秽物品、拐卖妇女、私种吸食贩运鸦片、聚众赌博和利用封建迷信骗财害人）很严重。在中央最近召开的南方4省座谈会上，李瑞环同志有个讲话，讲了扫黄问题，说过去我们扫黄工作收效不明显，主要原因就是手软，该处理的没处理，该法办的没法办，或者该重处的没重处，该判刑的以经济处罚代替刑罚，犯罪分子的气焰没有打下去。这次要强调抓典型案例，坚决扭转这种局面，坚决把犯罪分子的气焰打下去。不这样，群众不可能真正的发动起来；不这样，就不能刹住这股歪风。对罪大恶极、不杀不足以平民愤的犯罪分子，按照法律规定从重从快惩处，使犯罪分子一想起来就胆颤心惊，要借助电台、电视台、报纸配合大力宣传，造成强大社会舆论，推动除“六害”斗争。

综合治理方面工作要跟上，回去后向当地党委汇报一下。今年1号文件强调了综合治理，这次乔石同志又强调了综合治理，现在的问题还是如何真正落实。基层工作有不少处于瘫痪或半瘫痪状态，如果要彻底解决社会治安、解决刑事犯罪问题，首先严打是必须的，但仅靠一手不够，必须综合治理，一手抓严打，一手抓综合治理，要不断宣传，认真贯彻中央部署，在党委统一领导下，认真抓好这项工作。

四、大力贯彻两高《通告》问题。两高《通告》是8月15日发布的，一个多月来取得了一定成效，但还发展不平衡。一是各地发展不平衡，地区之间不平衡，省与省之间不平衡，部门之间也不平衡。二是案件类型不平衡，贪污、受贿、投机倒把案件少，“官倒”案几乎是空白，一般案件多，大案要案少，这是个大问题。回去后，政法部门要全力动员，协同作战，全面发动，形成一个强大攻势，使反贪污、受贿、投机倒把的斗争有所推动。现在还不能估计过高，要实事求是。乔石同志指示过了国庆节再促一下，尽可能收获更大一些，这必须在当地党委统一领导下进行。哪个地区成绩大、投案自首多，都是与党委的坚强领导分不开的。三是量刑不平衡，从宽从严要很好掌握，宽要有边，严要有度。四是“官倒”问题，单位投机倒把案件没有大的成效。之所以没有突破，原因是重视不够，决心不大，措施不力，如果进一步从思想上重视，措施具体一些就会好一些。今天我很高兴听到北京市准备搞七个“官倒”案件，这很好。同志们，咱们下点决心好不好，每省搞出一件、两件、三件……，我看每个省都会有一些的，我们要下决心搞。我听说黑龙江省有一个倒卖木材的案件，这个案是“官倒”没有问题吧？如果看准了，就要抓到底。你们有困难，可以报告党委和最高法院。

我再强调一下：第一，关于解决“以罚代刑”问题，我曾向中央领导同志汇报过，他们都支持我们的意见。本来要在今年1号文件里彻底解决这个问题，后来因为受到赵紫阳同志的影响而没有彻底解决。作为共产党员，要坚持原则，如果这个问题看准了，就要坚持向中央反映。这个问题我是下决心要彻底解决的。第二，抓“官倒”案件问题。有些“官倒”案件该处理的不处理，你们实在推动不了的话，拿出案子向党委和最高法院汇报。这次回去后，希望你们每个省拿出一两个“官倒”案抓一抓，如果抓不动，报到北京来，我向中央反映，中央会支持我们的。你们要把情况及时汇报，不及时汇报责任就不在我们了。既然党让我们做这项工作，我们就要向11亿人民负责。第三，各地法院判决的典型案例，要及时给我们送来。现在我们法院的信息不够灵，高检受理贪污受贿案1万元以上的只要一立案就报到高检来，当然法院收案多，不需要报那么详细，但是典型的案件要及时报来，报的时候不要通过邮件报，要用电传，要利用新技术和现代化的手段，我们法院有现代化的设备，为什么不用呢？现在各高级法院报来的材料有些慢，有的路上走十几天，到我这里就更晚了，如果能及时报告，对各方面都有好处，对法院工作有好处，对中央及时了解社会各方面情况有好处；如果时过境迁、马后炮还起什么作用，经济工作信息要灵，政法工作信息也要灵。第四，关于《通告》的贯彻问题，我们希望争取在10月31日前取得更大的成果。当然也不是一劳永逸的，这项斗争是长期的、复杂的、艰巨的。我觉得小平同志在会见李政道时讲的一段话很好，我在这里再念一下："惩治腐败，我们在认真地搞，一直搞到高级干部头上，不是搞一天两天，一月两月，整个改革开放过程中，都要反对腐败，搞改革开放有两只手，不要只用一只手，改革是一只手，反对资产阶级自由化又是一只手。"到10月31日结束之后，只能说为今后更好的工作打下一个基础，今后我们更要认真的抓这项工作，不是说我们到31日就可以松口气了，而是31日后继续总结经验，继续战斗。

五、刑事审判任务艰巨而光荣。国际阶级斗争、国内阶级斗争在一定时期内仍然存在着，因此，人民民主专政决不能放松，决不能削弱，相反，人民民主专政要加强，政法工作要加强，法院工作要加强，而作为法院里面直接搞专政的刑事审判工作更要加强。法院的刑事审判关系到保卫共和国、保卫社会主义制度、保卫改革开放、保卫社会主义四化建设。任何轻视、放松刑事审判的观点都是错误的，起码是不全面的，片面的。刚才听说有的同志不愿搞刑事审判工作，愿意搞经济审判，说得重一点，这是不是在阶级斗争观念上认识不够？应该加深认识，思想认识提高了，认识到刑事审判工作的重要意义以后，我相信，这些同志会将刑事审判工作搞得更好的。我们法院的工作可以用十六个字概括：保护人民，惩治犯罪，促进改革，服务四化。完成这个任务没有刑事审判是不行的，刑事审判工作放松也不行。我知道不少刑庭现在案多人少，这方面的问题我们已向中央报告，今明两年有可能根据中央3号文件的精神在人员方面给以适当的加强，增加一些人。同志们，我们要尽量争取各方面理解法院的工作。为什么我要求大家多报一些典型案例、典型情况，我们也可以将信息向中央汇报，这也是宣传，向上下左右进行宣传，只有这样才能被人理解，也才能支持我们，否则人家不知道人民法院现在正干什么，不知道法院工作量有多大，怎么支持我们呢？我希望全国法院搞刑事审判工作的同志，为保卫社会主义制度，保卫中华人民共和国，保障治理整顿的顺利进行，保障改革开放的顺利进行，进一步加强对刑事审判工作重要性的认识，增强搞好刑事审判工作的信心，安心从事刑事审判工作，为更多的、更好的完成党和国家、广大人民对刑事审判工作所提出的要求和任务，做出更大的贡献。

今天我临时发个言，对的供参考，不对的不算数。

中华人民共和国有关提高审判效率的立法和实践

——1989年11月28日任建新院长在马尼拉亚太地区首席大法官会议上的发言

主席先生，各位首席大法官先生：

女士们，先生们：

今天，我有机会同亚太地区的首席大法官先生们聚首一堂，探讨我们这一地区法院审判工作中的共同问题，感到非常高兴。我愿借此机会，对菲律宾最高法院首席大法官费尔南先生阁下友好盛情的邀请，表示由衷的谢意；对东道国以及有关组织和人士在费尔南阁下主持下，为筹备本届会议而做的努力和周到的安排，表示高度赞赏；同时向出席会议的各位首席大法官先生致以友好的问候。我相信，亚太地区首席大法官们的这种直接接触和交流，有利于相互学习，取长补短，也一定会增进相互的了解和友谊。

当前，中国人民正在坚定不移地执行“一个中心，两个基本点”的基本路线，即以经济建设为中心，坚持四项基本原则，坚持改革开放，自力更生，艰苦创业，为把我国建设成富强、民主、文明的社会主义现代化国家而奋斗。中华人民共和国人民法院，也正在遵循这一基本路线，全面开展审判工作，充分发挥国家审判机关的职能作用，保护人民，惩治犯罪，促进改革，保障四个现代化建设。为了完成这些任务，我们需要不断总结和发扬我国法院在依法审判中积累的好经验，克服和纠正工作中的缺点和失误，同时我们也重视参考和借鉴外国法院的有益的经验。这次，我正是本着交流与借鉴的精神来到马尼拉的。

这次大会的主题——如何解决法院审判的拖延问题，对各国法院都是一个十分重要的课题。在这里，我向各位先生介绍一下中国法院在这方面的一些情况和作法。

一

中华人民共和国人民法院历来十分重视提高各类案件的审判效率，把及时审结案件，减轻当事人的讼累，作为审判工作的一项重要的指导原则，依照法律的规定，采取一切积极措施，在保证办案质量的前提下，努力提高办案效率，最大限度地减少审判拖延和案件积压现象。

中国法院审判刑事、民事、经济纠纷等类案件，在程序上分别适用《中华人民共和国刑事诉讼法》或《中华人民共和国民事诉讼法（试行）》。刑事诉讼法明确规定了人民法院审判刑事案件的期限。各级人民法院审判刑事案件，绝大多数都能依照法律规定的审理期限审结案件。例如，1985年至1988年全国法院审判的一审刑事案件，在法定审理期限内审结的占95%，1989年1月至8月在法定审理期限内审结的占96.8%。人民法院在审判民事、经济纠纷、海事、海商等类案件时，虽然法律对审理期限没有明确规定，但也努力提高工作效率，做到大多数案件受理后3个月内结案。

总的来看，中国法院在执行法律关于审理期限的规定和审判实践中提高办案效率的情况是好的，基本上做到了及时地审判各类案件。但是，由于法律调整的社会关系是各式各样的，起诉到人民法院的案件，也有一些是比较复杂的，甚至是相当疑难的。审判这类案件，无论是事实的认定、证据的核实，还是法律的适用，都需要花费相当的时间和精力，加上审判人员力量不足，因而造成少数案件积压的现象。例如，刑事案件超过法定审理期限结案的，1985年至1988年，占审结案件总数的5%，1989年1月至8月占3.2%，其中绝大多数案件在超过审理期限一两个月内审结。民事和经济纠纷案件有少数需6个月左右结案，个别案件需一年甚至更长一些时间才结案。这些积案虽然在人民法院受理的案件中所占比例甚小，但我们始终给以高度的重视，采取了各种有效措施来解决这些问题，并取得了显著效果。

二

中国法院之所以能够比较及时有效地审判各类案件，使得审判拖延现象比较少见，是因为我们国家对提高审判效率规定了一系列行之有效的法律制度，并且在长期的审判实践中取得了一些行之有效的经验。

（一）审判案件，实行两审终审制。中国法院分为四级，即基层人民法院、中级人民法院、高级人民法院和最高人民法院。对于地方各级人民法院审理的第一审案件所作的判决和裁定，当事人如果不服，可以向上一级人民法院提出上诉；人民检察院认为刑事案件的第一审判决和裁定确有错误，可以向上一级人民法院提出抗诉。第二审人民法院对上诉、抗诉的案件，按照第二审程序进行审理后作出的判决和裁定，就是终审的判决和裁定，除应当依法报请最高人民法院核准的判处死刑的案件和适用法律类推判处的案件外，也就是立即发生法律效力的判决和裁定。根据法律规定，最高人民法院审理的第一审案件，基层人民法院依照特别程序审理的选民名单案件、宣告失踪人死亡案件、认定公民无行为能力案件和认定财产无主案件，实行一审终审。这两种情况，是两审终审制度的例外。

中国幅员辽阔，许多地方交通不便，案件的审级过多，势必影响及时结案，既增加当事人的讼累，又使人民法院花费更多的人力、物力。实行两审终审制度，可以避免诉讼拖延，节省人力、物力和财力，便利法院办案，便利公民诉讼。

根据法律规定，第二审人民法院在审理上诉、抗诉案件时，不仅必须从法律的适用上对第一审判决进行全面的审查，而且必须对事实的认定进行全面的审查，不受上诉、抗诉范围和理由的限制。第二审是法律审和事实审的统一，这是中国法院第二审程序的一个重要特点，它有利于及时、准确地发现和纠正一审判决的错误，保证办案质量。

为了防止终审判决可能出现的错误，中国法律还规定，对于终审的判决和裁定，当事人如果不服，还可以向原审法院或者向上级法院直至最高法院提出申诉，但不能停止判决、裁定的执行。原审法院、上级法院或最高人民法院经过审查，发现原判确有错误的，可以通过审判监督程序予以改判。

（二）明确规定审理期限。由于刑事审判要对被告人的定罪判刑以及采取的强制措施作出决定，因此我国对审理刑事案件的期限特别重视，要求严格。《中华人民共和国刑事诉讼法》规定，人民法院审理刑事公诉案件，应当在受理后一个月内宣判，至迟不得超过一个半月。第二审人民法院受理上诉、抗诉案件后，应当在一个月以内审结，至迟不得超过一个半月。此外，根据 1984 年 7 月第六届全国人民代表大会常务委员会第六次会议通过的《关于刑事案件办案期限的补充规定》，重大的犯罪集团案件和流窜作案的重大复杂案件，交通十分不便的边远地区重大复杂案件，在刑事诉讼法规定的期限内不能审结的，一审、二审期限经省、自治区、直辖市高级人民法院批准或者决定，可以延长 1 个月。今年 4 月第七届全国人民代表大会第二次会议通过的并将于 1990 年 11 月 1 日起施行的《中华人民共和国行政诉讼法》也对审理行政案件的期限作了明确规定，即人民法院应当在立案之日起 3 个月内作出一审判决。人民法院审理上诉的行政案件，应当在收到上诉状之日起，两个月内做出终审判决。有特殊情况需要延长的，由高级人民法院批准，高级人民法院审理的第一审案件和上诉案件需要延长的，由最高人民法院批准。上述规定，对于防止人民法院审理刑事和行政案件的拖延，切实保证诉讼当事人的合法权益，提供了法律上的保证。

审理民事、经济纠纷、海事、海商等类案件，虽然法律没有专门作出明确的审理期限的规定，但经过长期的审判实践，各级人民法院基本上都有一个类似期限的时间要求。大多数法院规定，一般民事案件在 3 个月以内审结；少数疑难、复杂的案件在 6 个月以内审结；如有特殊情况需要延长的，由院长批准。这些实践中的具体做法，同样起到了督促办案人员及时审结案件，减少案件积压的作用。

（三）审理民事案件和经济纠纷案件，坚持便利当事人诉讼，便利法院办案的原则。这主要表现在人民法庭的设立，巡回审理、就地办案和审理简单的民事和经济纠纷案件适用简易程序等方面。

《中华人民共和国人民法院组织法》规定："基层人民法院根据地区、人口和案件的情况，可以设立若干人民法庭。人民法庭是基层人民法院的组成部分，它的判决和裁定就是基层人民法院的判决和裁定。"设立人民法庭，是从中国地域辽阔，特别是广大农村交通不很发达的实际出发，为了便利当事人诉讼，便利法院办案而作出的重要的法律规定。从几十年的审判实践来看，人民法庭确实发挥了很大的积极作用。目前，遍布全国的17000多个人民法庭承担了全国基层人民法院受理的80%的民事案件和一部分经济纠纷案件的审判任务，这就大大地减轻了基层人民法院收案的压力，使它们能够集中人力、时间去审理比较复杂、疑难的案件。人民法庭方便群众，就地办案，避免了当事人往返奔波，减少了诉讼拖延，提高了办案效率。事实证明：人民法庭的工作做好了，全国法院的工作就主动了，案件积压的现象就会大大减少。

《中华人民共和国民事诉讼法(试行)》规定："人民法院审理民事案件，应当根据需要和可能，派出法庭巡回审理，就地办案。"巡回审理、就地办案，是中国民事诉讼的一项重要原则，也是中国人民法院便利群众诉讼的一个优良传统。它不仅适用于基层人民法院，而且适用于中级人民法院、高级人民法院以至最高人民法院；不仅适用于第一审程序，也适用于第二审程序和审判监督程序。各级人民法院组织巡回法庭深入群众，就地办案，有利于及时查明案情，分清是非责任，正确处理民事和经济纠纷案件，提高办案效率。

根据我国民事诉讼法(试行)的规定，基层人民法院和它派出的人民法庭审理简单的民事、经济纠纷案件，可以适用简易程序。按照简易程序的规定，原告起诉，被告应诉，人民法院受理和审理案件，都简化了程序，由审判员一人独任审判，手续简便，方式灵活，减轻了当事人的讼累，避免了当事人和法院在诉讼中费工、费时，有利于及时审结案件。目前，全国法院审结的民事案件和经济纠纷案件，适用简易程序的都超过了50%。

(四)调解被广泛地运用到民事和经济纠纷的诉讼中。"协商调解"、"排难解纷"是中国历史上民间解决争议的传统方法。这一方法在消除人民之间的纠纷，促进乡邻和家庭的和睦相处等方面起了积极的作用。由于调解具有许多优点，它也被运用于诉讼之中。这是中国审判制度的一个显著特色。《中华人民共和国民事诉讼法（试行)》规定："人民法院审理民事案件，应当着重进行调解；调解无效的，应当及时判决。"还规定，人民法院调解案件，应当在查明事实、分清是非的基础上进行；调解达成协议，必须双方自愿，必须符合法律、政策。中国法院在处理民事、经济纠纷案件时，依照上述规定，努力把调解与判决有机地结合起来，取得了良好的成效。1989年1月至8月，各级人民法院调解结案的民事案件724938件，占审结案件1011375件的71.68%；调解结案的经济纠纷案件271729件，占审结案件348595件的77.95%。大量的案件通过调解结案，双方当事人自愿达成协议，自动履行协议，可以使纠纷及时得到妥善解决，也避免了上诉，既节省了当事人的时间和财力，也减轻了人民法院的负担，从而为减少案件积压，克服审判拖延，创造了良好的条件。

(五)加强审判监督和人民法院之间的联系协作，促进办案效率的提高。根据法律规定，上级人民法院监督下级人民法院的审判工作，最高人民法院监督地方各级人民法院和专门人民法院的审判工作。审判监督包括对审判具体案件的监督，也包括对审判工作的检查和指导。审判监督的目的，主要是为了正确适用法律，保证办案质量，纠正下级法院可能发生的错误判决，也是为了检查下级法院的办案效率，发现案件积压现象，及时给以指导，督促和帮助下级法院提高办案效率，尽快审结案件。

《中华人民共和国民事诉讼法(试行)》规定，人民法院在必要时可以委托外地人民法院调查。受委托人民法院收到委托书后，应当在30日内完成调查。人民法院之间的联系协作、相互委托调查，使不少情况复杂、涉及不同地区的案件得到了及时的审判。

(六)人民法院内部的一些工作制度，也在一定程度上保证了案件的及时审理。例如，审判人员审理案件，可以交叉进行，就是说，承办的案件尚未审结之前，也可以承办其他案件。因为审理案件往往在审理的各个阶段之间，会出现空闲；有些案件特别是离婚案件，还需要有意识地等待双方冷静下来，才能取得更好的处理效果。在这些情况下，充分地合理地利用时间去审理其他案件，可以提高审判工作效率。又如，许多人民法院建立了审判人员定期的自查和互查制度，以检查督促案件的审结。有的法院院长、庭长，不仅作一般的检查督促，而且同审判人员逐件研究，订出审结计划；对久拖不决的个别案件，进行重点检查，帮助分析积压的原因，研究适用法律的疑难问题，督促审判人员尽快审结。

三

尽管我们在提高审判效率方面做了许多工作，取得了很大的成效，但是，随着我国社会主义现代化建设的迅速发展和改革开放的深入进行，人民法院担负的审判工作任务日益繁重，起诉到法院来的各类案件，特别是民事、经济纠纷、海事、海商和行政诉讼等类案件大量增加。为了更好地发挥人民法院保护人民、惩治犯罪、促进改革、保障四化的职能作用，从根本上解决审判拖延问题，仍然是我们的一个重要课题。我们正在从以下几个方面着手，进一步提高审判效率。

（一）增加审判力量，努力提高审判人员的执法水平。审判力量不足，是影响及时审结案件的一个重要因素。近几年来，法院收案大幅度上升，而审判人员却没有得到相应的增加。因此，需要增加审判人员，加强审判力量。要提高审判效率，还要不断提高审判人员的执法水平。因为，在改革开放过程中，新情况、新问题层出不穷，调整各种社会关系的新的法律逐渐增多，这就要求审判人员不断更新知识，提高执法水平。为了适应这个新的形势，我们有计划有步骤地对审判人员进行了教育培训，不仅创办了中国高级法官培训中心，还开展了其他多种形式的教育培训。我们将进一步完善对审判人员的教育培训体系，培养造就大批精通业务、执法严明的法官。这是保证办案质量，提高审判效率的一个重要途径。

（二）全面地执行当事人举证和法院调查取证相结合的原则。当事人举证和法院调查取证相结合，是中国审判制度的一个特点，也是我们的一个优良传统。过去，我国法院在审理民事和经济纠纷案件的过程中，往往过份地强调了法院调查取证，忽略了当事人的举证责任，而由自己过多地承担了调查、收集证据的工作。这样做，不能适应案件大量增加的新形势，影响了办案效率。我们正在采取积极措施，进一步依法搞好开庭审理，对案件的事实和证据，当庭进行公开调查，公开质证，公开辩论。依法强调当事人的举证责任，在必要时，法院有权也有责任依照法定程序收集和调查证据。

（三）逐步实现办案条件现代化。我国最高法院已经着手实施将以电子计算机为核心的现代化技术应用到全国法院工作中，以改善审判工作条件，目前已在部分法院取得了初步的明显的效果。我们正努力逐步推广应用到各级人民法院，以期大大改善办案条件，提高审判效率。

各位法官先生，中国法院将在已有的成功的经验的基础上，依照法律规定，进一步努力克服少数案件的审判拖延现象，提高办案质量和办案效率。在这方面，我们也愿意同外国法院进行友好的交流，借鉴外国的适合中国国情的有益的经验，改进我们的工作。

主席先生，女士们，先生们：

我来到马尼拉只有几天，却已深深感受到以费尔南首席大法官为首的菲律宾司法界朋友们以及与会的首席大法官先生们对我们的友好感情。中国人民同亚太地区各国人民的友好往来源远流长。近些年来，中菲两国关系发展是好的。我希望，中菲两国司法界以及整个亚太地区司法界的朋友们进一步发展友好往来，增进了解和友谊，为亚太地区的和平与稳定、发展与繁荣做出积极的努力。

在这里，我想通报一个消息：由“通过法律维护世界和平中心”主办的第十四届世界法律大会定于明年4月22日至27日在北京举行。维护世界和平、促进共同发展，是世界各国人民的利益所在，也是各国法律界的神圣职责。北京世界法律大会将以“法律为世界和平与发展服务”为主题，进行广泛的讨论和交流。作为大会的中国组织委员会主席、“通过法律维护世界和平中心”的执委和亚洲主席，我热诚地欢迎菲律宾以及亚太地区的法律界朋友们届时与会，以加强我们之间以及世界各国法律界的友好合作，共同为世界的和平与发展作出贡献。

谢谢诸位。

打击与防范并举　促进廉政建设

——1989年2月16日林准副院长在廉政建设座谈会上的发言

保持廉洁，反对腐败，当前必须在抓紧查处打击贪污、受贿等严重经济犯罪的同时，抓好加强廉政制度建设。就是说，查处、打击和建设、防范并举，这两方面要相互配合，同时进行。

关于廉政制度建设这方面，的确是一件关系到党和国家机关能否保持廉洁的大事。这几天听了许多同志的发言，很受启发。我们做法院工作，近年来在依法严惩贪污、受贿等严重经济犯罪分子的工作中，也深有体会：只讲打击，不讲防范是不行的，现在是到了应该狠抓廉政建设的时候了。当然，打击也是重要的，是不可缺少的，还需要加强。

打击，这些年，应该说是打的不少。自1982年3月全国人大常委会颁布《关于严惩严重破坏经济的罪犯的决定》以来，全国法院坚决贯彻对严重破坏经济的犯罪分子从严惩处的方针，依法严惩了一大批贪污、受贿等严重经济犯罪分子。从1982年至1988年，全国法院共判处贪污、受贿犯罪分子94389人（贪污81366人，受贿13023人）。大体上是这样一个概念：即全国法院每年要判处1万多名贪污、2000名左右索贿、受贿犯。

处刑也是比较严厉的。在这7年判处的94389名贪污、受贿犯罪分子中，被判处十年以上有期徒刑的17289人，占18.32%；被判处无期徒刑、死缓、死刑三大刑的116人。

有人说，你们只打苍蝇，不打老虎，因而解决不了问题。此话不见得正确。从1982年到1988年，县团级以上干部有375人被法院判了刑，包括原安徽省委常委、省委秘书长洪清源，因受贿，被判处十年徒刑；原上海市委办公厅副主任余铁民因受贿被判处无期徒刑等等。人民法院是依照宪法规定的公民在法律面前一律平等的原则判处的。

有的说，要像五十年代“三反五反”时杀刘青山、张子善那样杀几个就能把贪污、受贿等腐败现象制止住。该杀的要杀，但光靠杀人是制止不住的。这7年我们杀了一些大贪污和大受贿犯，其中包括原广东汕头地委政法委副书记王仲（贪污）；原广西贺县县委副书记黄裕辉（贪污）；原广东海丰县委副书记叶玛坎（走私等）；原广州市卷烟二厂副厂长张英（贪污）；原广西侨务办公室正处级干部周华光（受贿）；原广东普宁县公安局教导员林绍义（受贿）；原共青团湖北省委组织部副部长齐同恩（贪污）。虽然杀了这些大贪污、大受贿犯，也公告了，但是，有些人还是要钱不要命。况且不够死罪的，我们一个也不能杀，杀了就是犯错误，甚至是犯罪。

所以说，打击要与防范并举，才有希望解决问题。我以为，前些年我们对强调防范，也就是重视廉政制度建设是不够的。这次会议，我感到很好，坚持下去，推广开来，一定会有成效。我们相信廉政制度建设加强了，定会预防或减少贪污、受贿等经济犯罪案件的发生。

廉政制度的建设和不断完善，"两公开一监督"（公开办事制度、公开办事结果，依靠群众监督）的实施和推广，对制止、减少腐败现象的发生，会起到十分重要的作用。从我们审理的大量贪污、受贿案件看，这些贪污、受贿犯罪分子的作案动机和手段虽然有多种多样，但钻我们官僚主义，规章制度不健全、不公开，管理混乱的空子则是共同的。有的利用新旧体制交替、缺乏规章制度可循，进行贪污犯罪活动；有的利用职权，擅自挪用公款，进行非法经营活动，出现亏空后，进而贪污公款；还有的人大肆进行赌博活动，输了钱就贪污，甚至携巨款外逃。犯受贿罪的则多是一些负有一定责任并掌握财物或行政实权的人。有的利用掌握紧俏商品和物资的权力，以平价批发出售给他人，从中索贿、受贿；有的利用主管审批基建工程的权力索贿、受贿；有的利用掌管贷款或掌握办理户口、签证、执照、收税的权力，从中索贿、受贿。如果我们廉政制度建设得好，向民主化、公开化、制度化迈进，犯罪分子就没有空子可钻，钻了也容易被群众识破。那么，许多不廉洁的状况就会改观。

这是我想发言的第一个问题。

第二，法院是办案的，三句话不离本行，想进一步讲讲当前查处、打击贪污、受贿等经济犯罪的问题。这与廉政制度建设也是密切相关的。通过几年来审理贪污、受贿案件的实践，对今后进一步反贪污、受贿，促进廉政建设，我们有以下几点看法：

（一）要继续加强同贪污、受贿等腐败现象作斗争。反贪污、反受贿的斗争这几年虽然取得了一定成绩，严厉打击了严重的贪污、受贿犯罪分子，但当前此类犯罪活动仍十分猖獗，尤其近二、三年来出现了一些值得严重注意的情况：

——贪污、受贿活动相当严重，犯罪数额增大。从法院判处的人犯看，贪污数额5万元以上的1982年仅27人，1988年上升为234人（包括挪用公款以贪污罪论处的）；受贿数额5万元以上的1983年仅4人，1988年上升为21人。1986年最高法院核准死刑的贪污犯中，有两个贪污金额达百万元以上的大案，一个是江苏盐城郊区农业银行营业所孙永祥与袁长高共同贪污193万余元，另一个是中国银行广东珠海拱北支行林承刚贪污232万余元。1988年2月又核准了吉林市大兴有限公司总经理张奎安贪污金额达334万元的大案。

——贪污、受贿多是单独、隐蔽进行，现在多人勾结在单位内部公开或半公开进行的不少。有的单位"拔出萝卜带出泥"，突破一人，带出一串。如北京市海淀区查获的市城建一公司材料科刘承银一伙贪污、受贿案，全案涉及37人，贪污、受贿金额达13万5千余元。刘承银个人非法所得约8万元。目前已逮捕8人。此案中非法所得1万元以上5万元以下的5人，2000元至1万元的20人，2000元以下的12人。违法犯罪人员中党员17人，占46%，团员8人。

——犯罪手段现代化，并且更加狡猾。开始出现利用计算机、电脑、信用卡进行贪污巨款的，最近我们已受理此类案件4件。例如原中国农业银行成都市德胜街营业部微机操作室操作员谢文忠，勾结李秋生，利用微机进行贪污，金额达87万元。在受贿案件中，行贿的与受贿的，往往只在两人中进行，取证很困难。

——受理涉外的贪污、受贿案件增多。一些人在与外商、港商谈判项目或经济往来中，进行索贿、受贿，而且数额巨大。1986年北京市审理的大索贿、受贿犯张常胜，向外商、港商索贿、受贿金额达港币198万余元、美金2000元，还有录相机、照相机等。

这说明，在当前治理经济环境、整顿经济秩序、全面深化改革中，我们需要充分认识贪污、受贿等经济犯罪活动的严重性和危害性，同贪污、受贿等经济犯罪作斗争的必要性和紧迫性，从而采取有力措施，加强各方面工作，推动反贪污、受贿斗争的深入开展。

(二)继续贯彻对严重破坏经济的罪犯从严惩处的方针。对于那些罪行严重、民愤很大的贪污、受贿罪犯，坚决依照《关于惩治贪污罪贿赂罪的补充规定》，从严惩处，该重判的坚决重判，该杀掉的坚决杀掉，决不姑息养奸。有法定从轻、减轻情节的，例如有自首、立功等表现的，可以依法从轻、减轻处罚。

由于经济犯罪的情况比较复杂，我们认为，坚持实事求是，坚持一要坚决、二要慎重，务必搞准的原则十分重要。在办案中，要注意分清在改革中缺乏经验造成的失误与钻改革空子、破坏国家和人民利益的违法犯罪行为的界限；分清违反行政法规与触犯刑律的界限。法律、政策界限搞不清楚，一时定不下来的，可以继续调查研究，搞清后再处理。

(三)狠抓大案要案。对揭露出来的贪污、受贿等重大经济犯罪案件，起诉到法院的，我们一定及时抓紧审理，来一个处理一个。大案要案影响大，处理得好，能够鼓舞广大干部、群众同各种违法犯罪行为作斗争的信心和勇气，推动整个反贪污、反受贿斗争的开展。过去我们严肃处理了一些负有一定责任干部的贪污、受贿等案件，体现了法律面前一律平等的原则，群众反映很好。今后仍然要这样，不管涉及到那个层次的干部，构成犯罪的，都要坚决依法处理。为了办好大案要案，我们提倡领导要亲自办案。各级法院的院长、庭长一年都要亲自办几件案子，以提高办案质量，并取得实践经验，指导、推动工作。

(四)坚持依法独立进行审判，排除各种干扰，严肃执法。重大经济犯罪案件往往涉及面广，有的还涉及到当地的个别领导干部。因此，办案中往往会遇到各种困难，甚至阻力，审理难度大。对这种情况，我们自己要有决心，要有勇气，敢于坚持原则，严肃执法；遇到困难，多向党委请示汇报，同时，也希望各级党委多关心、帮助法院的工作，鼓励、支持法院排除阻力，依法独立进行审判。

(五)加强调查研究，注意分清罪与非罪的政策界限。改革、开放以来，我国经济发展很快，变化很大，出现很多新情况、新问题。在发生的经济案件中，怎样正确区分罪与非罪的界限，是当前打击经济犯罪活动中亟待解决的一个问题。由于这个问题现在还没有妥善解决，使得有些案件久拖不决。就拿贪污罪来说，党政机关工作人员进行贪污的定罪界限是清楚的，但是受委托从事公务人员的贪污定罪问题就比较复杂了。例如，企业承包、租赁以后，如何确定其所侵占财产的所有权性质问题，以及个体挂靠集体的企业，如何确定其犯罪主体问题。我们认为，前者，主要看他是否履行了合同规定的义务，如果履行了，尽管他赚了很多钱，或者由于他对政策有疑虑，采取了某种隐瞒或弄虚作假的手法占有了本来就属于本人所有的财物，都不应以贪污罪论处。后者，则要看他的实质，是集体还是个体。如果实质上是个体经营，那就不能成为贪污罪主体，不构成贪污罪。关于受贿罪，如何正确理解受贿罪中“利用职务之便”的问题，要不要扩大解释，是有争议的，这就需要加强调查研究，我们打算同高检院一起，在调查研究的基础上，尽可能地作些司法解释，以便有所遵循。

(六)加强配套立法，完备法制。随着改革、开放的深入，商品经济的发展，出现了一些新的问题，原有的法律，有的因情况变化而不大适用了或者不够用了，有的要根据出现的新情况进一步立法，成龙配套，完备法制建设。比如，去年1月21日全国人大常委会颁布的《关于惩治贪污罪贿赂罪的补充规定》第十一条规定："国家工作人员的财产或者支出明显超过合法收入，差额巨大的，可以责令说明来源。本人不能说明其来源是合法的，差额部分以非法所得论，处五年以下有期徒刑或者拘役，并处或者单处没收其财产的差额部分。"这个规定实行至今已1年多了，可是全国法院只有新疆乌鲁木齐市法院办了一件非法所得案。犯罪分子是新疆自治区老干部局基建财务处副处长南剡锋，无法说明他26000元来源的合法性，并制造伪证，根据上述规定，以非法所得罪，被判处二年徒刑。现实生活中这种情况还不少，但由于没有建立个人财产申报制度，这类事情很难查处。为了执行人大常委会的这一条规定，就应该有配套的立法，制定出关于公职人员个人财产申报制度的法律。

（七）要解决"以罚代刑"问题，严肃执法，保持执法队伍廉洁。"以罚代刑"的问题不仅影响了严厉打击经济犯罪，也影响了执法队伍的廉洁。这个问题长期解决不了，原因很多，其中之一同赃款赃物的处理问题长期没有得到合理解决有很大关系。中央早已明确规定，执法机关罚没的赃款赃物一律上缴国库，不许提成。但目前实际上变相提成的问题仍普遍存在，只是名义上将"提成"、"退库"改叫"办案补助费"，还是从上缴的赃款赃物中提出30%退还上缴部门。因此，有的行政机关为了得到这个30%的利益，把应移送司法机关追究刑事责任的案件也不移送，而是罚没结案了事。我们认为，今后收缴的赃款赃物应当严格执行一律上缴、不准提成的规定，需要的办案经费由国家拨付，将两条线真正分清楚。这样有利于防止"以罚代刑"，也有利于严肃执法，保证队伍廉洁。

（八）积极参加综合治理，开展司法建议活动。从法院审理的严重经济犯罪案件看，发案的客观原因一般都与该单位或者其主管部门存在官僚主义，政治思想工作薄弱，规章制度不健全，管理混乱，办事制度不公开、办事结果不公开，缺乏群众监督有密切关系。我们在审理案件过程中，要防止就案办案，注意分析发案原因，如发现存在上述问题或漏洞，积极地及时地向有关部门、单位提出有针对性的司法建议，或者向当地党委、政府提出报告，请批转有关方面加以防范。促进有关部门、单位及时总结教训，积极采取措施，克服制度不严，管理混乱的现象，公开办事制度，公开办事结果，建立群众监督机制，堵塞漏洞，不给犯罪分子以可乘之机，避免或者减少犯罪的发生。

（九）坚持搞好依法公开审判。公开审判是人民法院进行审判活动必须遵循的一项基本原则。实行公开审判，有利于保证办案质量，带动整个审判工作水平的提高；有利于就案讲法，张扬法制，扩大办案的社会效果。同时也是增强审判工作的透明度，接受群众和舆论监督的一种好形式。当前，要选择一些重大、典型的贪污、受贿或其他严重经济犯罪案件，大张旗鼓地公开宣判处理，造成声势，增强人民群众同严重经济犯罪作斗争的信心，推动反贪污、受贿斗争的深入开展。

（十）在党委领导下，加强有关执法部门的互相配合，协调行动，统一执法。处理经济违法犯罪案件，要根据不同事实、情节，分别采用行政罚没或党纪政纪处理，情节严重构成犯罪的，就应追究刑事责任。要"罚当其罪"、"罪刑相适应"，该罚没处理的就罚没处理，该党纪政纪处理的就党纪政纪处理，该刑罚处理的就必须用刑罚处理。如果该适用刑罚处理的，只用罚没或其他行政处罚，则放纵了罪犯，不足以惩前毖后。现在存在的问题，从思想认识上来说，需要统一认识、统一口径，把认识口径统一到党中央的方针、政策上来，如果同有关规定不一致的话，应该以立法机关通过的法律和具有法律效力的司法解释为准；从制度上来说，还要制定一些具体贯彻办法和案件移送的具体程序等。这都需要在党委的统一领导下，各有关执法部门密切联系，互相配合，互相协调，妥善解决。如果认识不统一，各自为政，各搞各的，不衔接，不协调，就形不成拳头，打击就不会有力。

第三，我想讲讲抓好人民法院自身的廉政建设问题。

我们司法机关承担着惩治贪污、受贿等严重经济犯罪的职责，这一特殊地位要求我们必须保持廉洁。如果自身不廉洁，怎么能要求别人廉洁，怎么能承担得起同不廉洁行为作斗争的职责和使命呢。执法犯法，造成的后果和影响会更坏。因此，我们坚持"从严治院"，把为政清廉作为法院加强队伍建设的头等大事来抓。现在全国法院干警约21万5千人，其中审判人员约占74%；1985年2月，最高法院提出把实事求是，依法办案，刚正不阿，铁面无私作为新时期人民法官的应有素质。1986年4月，我们进一步提出为保持法院干警廉洁的"八个不准"（即：一不准主观臆断；二不准徇私枉法；三不准贪赃卖法；四不准吃请受礼；五不准索贿受贿；六不准经商牟利；七不准欺压群众；八不准泄露机密）。党的十三大以后，根据中央提出"从严治党"和关于保持党政机关廉洁的要求精神，各级法院把廉政建设作为"从严治院"的重点来抓，并创造、积累了许多办法、经验，主要有：（1）经常进行理想、形势教育和职业道德、纪律教育；（2）组织开展"怎样做一个新时期好法官"、"人民法官职业道德"、"人民法院光荣传统"等专题讨论；（3）建立健全有关制度，纳入目标管理；（4）严格财经纪律；（5）拓宽、强化监督机制，欢迎并自觉接受广泛监督；（6）严肃查处内部的违法乱纪案件，等等。现在，全国法院干部队伍总的来说是好的，是一支遵守纪律、清正廉洁、秉公执法、经得起考验、有战斗力的队伍。但是，我们也清醒地看到，法院队伍中也存在某些不廉洁、腐败和其他违法违纪现象。我们的态度是，一经发现，坚决查处，绝不姑息。据统计，1988年，全国法院工作人员中因违法乱纪而受到党纪政纪法律处分的有611人，约占全国法院总人数的千分之二点九。这些违法乱纪的人员，有许多是在办案中，利用当事人不懂得怎样打官司或急于求助的心理索贿、受贿。这次座谈会，听到河北藁城县同志介绍该县法院为便于民事诉讼，把有关法律条文归纳为立案条件、审理程序、收费标准和干警纪律四项内容，并用公告的形式广为张贴，使群众一见就知道。许多地方实行"两公开一监督"的制度建设，成效显著。我们也打算在法院系统逐步试点推广，进一步加强自身队伍的廉政建设，并坚持不懈地抓紧、抓好。

坚决惩治企业事业单位、机关、团体投机倒把犯罪活动

——1989年3月16日林准副院长在新闻发布会上的讲话

同志们：

最高人民法院、最高人民检察院共同发出了《关于当前处理企业事业单位、机关、团体投机倒把犯罪案件的规定》，这是今年"两高"做出的一个重要的司法解释。在今天的新闻发布会上，我就这个规定制定的目的、主要内容以及如何贯彻执行等问题，向大家介绍一下。

中共中央十三届三中全会确定了治理经济环境、整顿经济秩序和全面深化改革的方

针。解决经济领域特别是流通领域中的混乱现象，是治理、整顿的一项重要内容。流通领域的混乱现象，突出的表现是投机倒把活动十分猖獗。尤其是一些企业事业单位、机关、团体利用手中的权力和雄厚的资金进行倒买倒卖，牟取暴利，对社会经济秩序危害很大，群众反映强烈，要求坚决惩治。单位进行投机倒把活动情况比较复杂，大量的要通过经济的、行政的手段处理，但是，依照法律，情节严重、构成犯罪的，就要追究其直接负责的主管人员和其他直接责任人员的刑事责任。什么是“情节严重，构成犯罪”，各地方或有关部门理解不一样，因此有些应当追究刑事责任的没有得到追究，或者已经查出的案件处理不下去，久拖不决，以致出现了打击不力的现象，许多地方和部门要求制定一个标准，以便有所遵循。现在，“两高”制定的这个“规定”就是为了解决这个问题。

为了制定这个规定，去年底，“两高”组织专人进行调查研究，起草了“规定”的草稿。接着征求了中纪委、全国人大常委会法制工作委员会、公安部、监察部、国务院法制局、国家工商行政管理局、审计署、国务院清理整顿公司办公室、国务院税收、财务、物价检查办公室等部门及一些省、自治区、直辖市的意见。大家一致认为，目前由“两高”做出这样的司法解释很需要，现在有些地方清理整顿公司已告一段落，进入了处理阶段，有这样一个“规定”就好办了。我们根据广泛征求的意见，认真研究后进行了修改，最后形成了这个“规定”。

这个“规定”的主要内容有四点。

第一点是讲单位投机倒把构成犯罪的条件。首先是“违反国家有关法律、法规，以及国务院有关规定和政策进行投机倒把活动，为本单位牟取非法利益”。这里主要是指国务院 1987 年 9 月 17 日发布的《投机倒把行政处罚暂行条例》中所列的属于投机倒把的十一种行为。其次是“数额特别巨大”。“一般以非法经营数额达到 30 万元至 60 万元，或者非法获利数额达到 10 万元至 20 万元为‘数额特别巨大’的起点”。这样规定是考虑到我国各地区经济发展状况不同，所以必须有一个幅度。各省、自治区、直辖市可参照这个幅度，提出本地区具体执行的数额标准。第三是“手段恶劣”。这里主要是指投机倒把单位与其他单位或者个人为了共同的非法利益、相互勾结进行投机倒把活动，或者把国家计划内物资、指标转为计划外物资、指标，加价倒卖牟取暴利等。第四是“严重破坏社会主义经济秩序，或者严重危害国家、集体和人民群众利益”。一般地说，具备了前面的三个条件，势必给国家、集体和人民群众的利益造成重大损失。所以这四条是互相联系的。决定是否追究有关人员的刑事责任，要把上述四个条件结合起来考虑。

当前，对工农业生产、人民生命和健康危害严重、为广大群众所痛恨的，是少数单位生产、推销、倒卖假农药、假种子、假化肥、假药、假酒等伪劣商品和以救灾抢险等的特殊重要用途的款物进行投机倒把，以及倒卖重要农用物资、粮食等影响国计民生等重要生产、生活资料的，对此，“规定”强调，虽未达到“数额特别巨大”的标准，也应依法追究有关责任人员的刑事责任。这样规定是必要的。

第二点是讲共同犯罪的问题。对一些单位虽然没有直接进行投机倒把活动，但是与投机倒把单位通谋，提供各种方便，情节严重的，对有关责任人员应当作为共同犯罪对待，依法追究其刑事责任。

第三点是如何适用法律条款进行处罚的问题。单位投机倒把构成犯罪的，对于直接负责的主管人员和其他直接责任人员，要依照刑法第 117 条的规定处罚，判处三年以下有期徒刑或者拘役，可以并处、单处罚金或者没收财产。对于少数情节特别严重的，可以适用刑法第 118 条的规定处罚，判处三年以上十年以下有期徒刑，可以并处没收财产。

上述人员在单位投机倒把活动中中饱私囊的，如果属于个人投机倒把，依法从重处罚；如果属于贪污或者受贿等犯罪，依法实行数罪并罚。

刑法第119条和全国人大常委会《关于严惩严重破坏经济的罪犯的决定》都规定：国家工作人员利用职务上的便利，犯投机倒把罪的，从重处罚。"规定"对此也做了强调。

第四点是讲这个"规定"从何时开始执行的问题。"规定"自发布之日起执行。以前按照"两高"《关于当前办理经济犯罪案件中具体应用法律的若干问题的解答（试行）》中的有关规定处理过的案件，不再变动；现在司法机关尚未处理或者正在处理的案件，一律按这个"规定"执行。

如何贯彻执行这个"规定"，这是需要各个方面共同努力的问题。打击投机倒把犯罪活动，过去几年司法机关做了许多工作，严惩了一批投机倒把犯罪分子，去年一年法院就判处了投机倒把罪犯1665名，其中也包括因单位投机倒把被追究刑事责任的犯罪分子。但司法机关收到的投机倒把案件与实际存在的还有很大差距，相当一部分犯罪分子并没有受到应得的刑事处罚。原因是多方面的。有干扰多、阻力大的原因，也有政策界限不清，规定不够明确，存在"以罚代刑"的现象。现在有了这个"规定"，就要上下一致，统一认识，统一口径，互相配合，严肃执法。无论行政执法部门还是各级司法机关，都要严格依照国家法律和"两高"的司法解释办事，克服各自为政，各搞各的，不衔接，不协调，形不成拳头，打击不力的现象。要将应当移送司法机关查处的单位投机倒把案件一律及时移送司法机关。案件移送到检察机关和人民法院以后，特别是对大案要案，要排除各种干扰和阻力，严肃执法，该定什么罪，就定什么罪，该判什么刑，就判什么刑。决不手软，决不放纵。

我们相信，这个"规定"的贯彻执行，必将使当前的各种投机倒把活动受到有力打击，为治理经济环境，整顿经济秩序，全面深化改革作出贡献。

拿出有份量的学术成果
重视学术成果的运用

——1989年3月29日林准副院长在中国青少年犯罪研究学会常务理事扩大会议上的讲话（摘要）

首先，谢谢同志们对我的信任，邀请我担任中国青少年犯罪研究学会的名誉会长。我们法院的工作和青少年犯罪研究工作有很密切的关系。所以，我也很想和同志们一起，能在这方面多做一点工作。

我们的研究学会从1982年正式宣告成立以来，做了大量的工作，为推动和发展青少年犯罪的研究，促进青少年犯罪的治理，取得了显著的成果，受到社会各界和立法、司法等实际部门的重视；有些研究成果，在实践中被采纳运用。我国的青少年犯罪研究虽然起步较晚，但能够取得这样的进展和影响，实在是值得庆贺的。

这次学会在北京召开常务理事扩大会议，黎群同志要我来说几句话。我就讲一两点看法，可能不对。因为我在这个学会里还是一个新兵。

第一，讲点青少年犯罪的情况。根据司

法部门掌握的材料，这几年青少年犯罪一直呈上升趋势，情况是相当严重的。1988年，全国各级法院判处刑事犯罪分子366751人，其中青少年犯214747人，占全部刑事罪犯的58.55%（公安部门掌握的材料青少年犯罪占的比例更大，因为有些轻微的犯罪，没送到法院），比1987年上升18.21%，其中不满18周岁的少年犯32449人，比1987年上升13.79%。当前发生的抢劫、重大盗窃等侵犯财产的犯罪案件，数量多，增加快，而作案者主要是青少年犯。青少年在抢劫罪犯中占81.61%，在盗窃罪犯中占67.85%；在流氓罪犯中占75.6%。而且出现了严重犯罪多、结伙犯罪多、犯罪手段成人化的趋势。这究竟是什么原因？当然，原因是多方面的，复杂的，但主要原因又是什么？看来，我们在开放、改革、发展社会主义商品经济的过程中，对于可能出现的各种社会消极因素和不安定因素，以及各种矛盾、冲突估计不足，研究不够，综合治理没有全面落实。在抓社会主义物质文明建设的同时，抓社会主义精神文明建设、民主与法制建设不够。小平同志3月23日在接见乌干达总统时说，我们在十年中最大的失误是在教育方面发展不够。最重要的是在发展和提高人民生活水平的情况下，没有告诉人民和共产党员要保持艰苦奋斗的传统。听说，今年学会准备在青海省西宁市召开全国青少年犯罪研究学术讨论会，着重探讨发展社会主义商品经济同青少年犯罪的关系问题。这很好。不过，我想，这个探讨不会得出社会主义商品经济越发展，青少年犯罪就必然越严重这个结论。但是会发现，发展社会主义商品经济与过去搞产品经济的时候，大不一样，可以说是复杂得多，各种诱发犯罪的因素大大增多。对此，如果我们认识不足，估计不够，各项政治、思想、教育工作抓得不紧，防范措施不力，管理工作跟不上，必然会导致青少年犯罪率上升。但是，如果上述问题解决得好，有可能向好的方向发展。事实也正是如此；同样是发展社会主义商品经济，有的地方治安情况就好，有的地方不好，甚至很坏。我们实际工作部门，十分希望理论研究单位能拿出有材料、有观点、有说服力的切合实际的研究成果，回答当前出现的青少年犯罪上升的原因，从而找出规律性的东西，找出防范、治理、矫正的措施和办法。总之，我想，情况在不断变化，尤其是当前新、旧体制交替时刻，变化更大，研究工作是没有止境的。希望我们的研究人员，多研究新情况、新问题，大胆探索，不断开拓，及时拿出有份量的学术成果。

第二，要重视学术成果的运用，使它在实际工作中发挥作用。这就需要理论研究人员与实际工作者加强联系，密切合作。合作的方式很多，比如实际工作部门可以邀请科研人员去讲课，介绍国内外有关开展青少年犯罪的研究情况和重要成果，以增加知识，开阔眼界；还可以邀请学会成员参加一些实际工作，比如法院系统去年五月在上海召开全国法院审理未成年人刑事案件经验交流会后，全国少年庭的建立从100多个发展到400多个。少年庭要配备陪审员，如果青少年犯罪研究学会能推荐一些同志担任陪审员，对法院的审判和研究人员参加实践都有益处。公安、检察、法院、司法行政机关可以向专门研究人员提供资料，为研究工作提供方便；学会也可以组织做实际工作的同志搞些科研活动，撰写学术文章或调查报告。总之，理论研究要与实践相结合，在提高学术成果水平和将学术成果转化为应用方面，走出新的路子，做出新的成绩。

第三，加强宣传，促进全社会对青少年犯罪的综合治理。我认为，广泛地宣传和介绍科研成果，进一步普及法律知识教育，非常重要。这是因为，预防和治理青少年犯罪的问题，不是我们少数人所能做到的事，而是要动员全社会的力量，才能奏效。有些人并不了解这个问题的重要性，这就要进行宣传，扩大影响。你们今年准备搞科研成果评奖活动，这很好，可以扩大影响，使学术成果转化为社会效用。还可以与电视台联系，共同来主持这个活动，利用宣传工具，扩大宣传。总之，要使全社会都关心这件事情，重视这个事情。

第四，健全组织机构，扩大组织，发展会员。我国正处在社会主义初级阶段，要坚持改革、开放、发展社会主义商品经济。当前，我国历史正处在一个重大的转折时期。我国是一个将近十亿人口的大国。青少年犯罪存在的长期性决定了研究工作的艰巨性和持久性。所以，我赞成学会在健全组织机构、发展会员方面有新的进展。成立基金会，筹建民间的研究所，都有必要。当前，我国已有一些省、直辖市、自治区建立了青少年犯罪研究学会，还有些省、市、自治区正在筹建学会。无论是全国学会还是地方学会，都应积极地开展工作。要注意吸收一些做实际工作的同志参加研究，吸收一些热心的而又有研究成就的同志参加学会，以增加研究力量。我建议学会对缓刑问题进行一些研究，为进一步执行综合治理、预防为主和教育、感化、挽救的方针作出新的贡献。

林准副院长在打击拐卖妇女儿童犯罪查禁取缔卖淫嫖娼活动座谈会上的讲话

（1989年4月12日）

召开这次座谈会，是很重要的。我们各级人民法院应当积极参加、配合、发挥审判职能，严厉打击这些违法犯罪活动。

一、必须严厉打击拐卖妇女儿童的犯罪活动

依法严惩拐卖人口，主要是拐卖妇女儿童的犯罪活动，是这几年人民法院刑事审判工作中的一项重要任务。“严打”战役期间，拐卖妇女儿童的犯罪就是被列为七个方面的打击重点之一。“严打”战役结束后，仍然把这类犯罪做为打击的重点对象。从1983年至1988年，全国法院共受理拐卖人口案件36242件，判处拐卖人口罪犯48311人。其中判处死刑、死缓和无期徒刑三大刑的罪犯共1892人。

从法院收案的情况来看，拐卖妇女儿童的犯罪活动，受到“严打”第一、第二战役的有力打击，一度曾有所收敛。但近两三年来，这种犯罪活动又开始猖獗起来，法院收案逐年成倍增加。1987年，全国法院受理拐卖人口案件2828件，判处案犯3372人，分别比1986年上升128.8%和118.96%；1988年受理拐卖人口案件5943件，判处案犯9599人，分别比1987年上升110.15%184.67%；全国许多省、自治区、直辖市均有这类案件发生，有的地方这种犯罪活动尤为突出。一些犯罪分子成帮结伙进行拐卖妇女儿童的犯罪活动，在拐骗、接送、窝藏、中转、出卖等环节有具体分工，有的已经发展成为拐卖人口的职业性犯罪集团。在有的地方还发生了在车站、码头劫持、绑架妇女和窜入民宅、托儿所强抢婴幼儿童的案件，犯罪气焰十分嚣张。

拐卖妇女儿童的犯罪活动，严重侵害了妇女儿童的合法权益和身心健康，引起了严重的社会问题。被拐骗的妇女往往被人贩子强奸、猥亵、侮辱、虐待，失去人身自由，卖出后也备受折磨摧残，有的被迫害致残、致死，有的被逼自尽，被害者的亲属，为寻找妻儿，背井离乡、家破人亡，有的思念成疾、精神失常，酿成了许多家庭悲剧。在一些少数民族地区，这种犯罪活动还伤害了民族感情，影响了民族团结。这种犯罪活动已经严重地败坏了社会风气，扰乱了社会治安，破

坏了安定团结和精神文明建设，必须予以严厉打击。

今年1月全国政法工作座谈会，把拐卖人口犯罪分子作为当前打击的重点对象之一。今年3月，国务院发出了《关于坚决打击拐卖妇女儿童犯罪活动的通知》。各级人民法院要认真贯彻全国政法工作座谈会精神、充分认识拐卖妇女儿童的犯罪活动对人民群众和社会治安的严重危害，依法认真履行打击拐卖妇女儿童的犯罪分子、保障妇女儿童合法权益的职责，继续把依法及时严厉惩处拐卖妇女儿童的犯罪分子作为当前人民法院刑事审判工作的一项重要任务抓紧抓好，不能放松。

在一些拐卖妇女儿童活动突出的地方、司法机关和有关部门因地制宜，适时开展集中打击的专项斗争，实践证明是行之有效的。各地法院要充分发挥审判机关的职能作用，运用法律武器，与有关部门密切配合、协同作战，积极参与和支持打击拐卖妇女儿童的专项斗争。

要继续贯彻对严重危害社会治安的犯罪分子依法从重从快惩处的方针，对起诉到法院的拐卖妇女儿童的严重犯罪分子，坚决依法从重从快严厉惩处。对于拐卖人口的惯犯、累犯和犯罪集团的首要分子，对用暴力、胁迫等手段劫持、绑架或用药物麻醉等方法拐卖妇女儿童的犯罪分子，对盗卖婴儿、幼儿以及摧残、虐待被拐卖妇女儿童的犯罪分子，对拐卖现役军人妻子、精神病患者或痴呆妇女的犯罪分子，以及其他情节严重的犯罪分子，要依照刑法和全国人大常委会《关于严惩严重危害社会治安的犯罪分子的决定》，可以在刑法规定的最高刑以上处刑，直至判处死刑。对于在拐卖妇女儿童犯罪中，兼犯有强奸妇女、奸淫幼女、非法拘禁、故意伤害、强迫妇女卖淫等罪行的犯罪分子，要依法实行数罪并罚；对于合谋、参与拐骗、接送、中转、窝藏、出卖、转卖妇女儿童犯罪活动的，要以拐卖人口共犯或犯罪集团成员论处，对于不是为了出卖牟利，拐骗或者偷走不满14岁的儿童脱离家庭或监护人的，构成犯罪的，应以拐骗儿童罪判处。

各级人民法院要积极支持解救被拐卖妇女儿童的工作。对于围攻、殴打前往解救的工作人员或亲属，情节严重，构成妨害公务罪或故意伤害罪的，要依法判处。

拐卖妇女儿童的犯罪，都是以营利为目的的。犯罪分子有利可图，“无本万利”，在依法严惩拐卖人口犯罪分子的同时，还要注意追缴拐卖人口所得赃款赃物，不能让人贩子在经济上占便宜。

打击拐卖妇女儿童的犯罪活动，既要态度坚决，不能姑息放纵；对于那些基本犯罪事实清楚、基本证据确凿的犯罪分子，要依法从重从快惩处。对于跨地区、跨省、市流窜作案的人贩子，如有个别犯罪事实一时难以查清，可以暂时挂起来。已经查证核实的事实，构成犯罪的，应当依法及时审理判决；有些同案犯难以追捕归案的共同犯罪案件，可先对抓获的案犯就已查清的犯罪事实依法处理，不能久拖不决。同时，也要注意政策界限，严格区分妇女外流同被拐骗的界限，区别收受少量财礼同人贩子的界限，实事求是，依法处理。对于构成犯罪，并具有法定从轻、减轻情节的罪犯，还要依法从轻、减轻处罚。

二、在查禁取缔卖淫嫖娼活动中，要着重打击引诱、容留或强迫妇女卖淫的犯罪分子

卖淫、嫖娼是近几年重新出现的社会丑恶现象。各地在查禁取缔这种违法活动方面做了很多工作，取得了一定成效，但在相当多的地方尚未得到有效控制，并有从沿海向内地、从城市向农村继续发展蔓延的趋势。

卖淫、嫖娼活动给社会治安带来一系列问题。随着卖淫、嫖娼增多，绝迹多年的性病也开始复生并蔓延；群奸群宿，制造、贩卖、传播淫秽物品等犯罪活动也随之增多。卖淫妇女结帮成伙，活动于旅馆、饭店、有的借卖淫偷窃财物，有的与流氓勾结，敲诈勒索，有的用药物麻醉嫖客进行抢劫，还有的嫖客因争风吃醋，殴打伤人，甚至行凶杀人。在一些卖淫、嫖娼活动猖獗的地方，这种丑恶现象已经成为诱发犯罪，影响治安的社会不安定因素。严重地败坏了社会风化，污染了社会环境，损害了我国改革开放和精神文明建设的国际声誉和国际形象。必须坚决取缔、制止。

在查禁取缔卖淫嫖娼活动中，要着重打击那些引诱、容留、强迫妇女卖淫的犯罪分子。从这几年人民法院审理的引诱、容留和强迫妇女卖淫案件的情况来看，当前卖淫、嫖娼的蔓延同这些犯罪分子活动猖獗有很大关系。1985 年全国法院受理引诱、容留和强迫妇女卖淫案件 227 件，判处罪犯 337 人，1986 年受理 469 件，判处 482 人，比 1985 年分别上升 106.61%和 43.03%；1987 年受理 914 件，判处 824 人，又分别比 1986 年上升 94.88%和 70.95%；1988 年受理 552 件，判处 863 人，受理案件数虽然比 1987 年下降 39.61%，但判处罪犯数却上升了 4.73%，这些犯罪分子贪图不义之财，以私人旅社、路边饭店、咖啡厅、舞厅、按摩院等作为窝点，引诱、容留甚至强迫一些外流妇女进行卖淫，有的窝主、老板和皮条客还在车站、码头公开或半公开地以提供嫖宿招徕顾客、招揽生意。这些犯罪活动为卖淫、嫖娼提供了隐蔽和活动的场所和条件，成为卖淫嫖娼活动得以诱发和蔓延的重要原因。因此，查禁取缔卖淫嫖娼这种社会丑恶现象，在依法严厉处置卖淫、嫖娼人员的同时，对于卖淫窝点必须发现一个，取缔一个，对于引诱、容留、强迫妇女卖淫的窝主、皮条客和旅馆、饭店等的负责人，挖出一个，打击一个，决不能让这种丑恶现象蔓延泛滥，发展成为一种行业。

在查禁取缔卖淫、嫖娼工作中、各级人民法院应当与有关部门密切配合、积极参加当地开展的集中取缔、专项治理、严厉打击的斗争。对于斗争中查获的引诱、容留或强迫妇女卖淫的犯罪分子，起诉到法院后，要抓紧及时审理，依法从重判处。对于情节特别严重的犯罪分子，根据全国人大常委会《关于严惩严重危害社会治安的犯罪分子的决定》，可以在刑法规定的最高刑以上处刑，直至判处死刑。同时，对于嫖宿不满 14 岁幼女的嫖客，应当按照刑法第一百三十九条的规定，以奸淫幼女罪论处；对于那些不是以营利为目的，介绍、引诱、容留妇女卖淫的或者利用卖淫、嫖娼进行流氓活动，情节严重，构成犯罪的，要依照刑法第一百六十条关于流氓罪的规定，定罪判刑。司法实践中还遇到不少新的情况和问题，我们认为需要通过修改刑法或加强司法解释，做出规定，以便更加有效、有力地打击和取缔卖淫、嫖娼这种社会丑恶现象。

三、打击拐卖妇女儿童犯罪和查禁取缔卖淫嫖娼活动，必须把集中打击、专项整顿同综合治理结合起来

拐卖妇女儿童犯罪猖獗和卖淫嫖娼活动蔓延，已经引起了广大人民群众的强烈不满。这几年来，中央有关部门为此发过十几个专门文件，许多地方也搞了多次规模不等的集中打击、专项整顿，虽然取得一定成效，但这些社会丑恶现象并没有被遏制住，反而趋于严重。原因是多方面的。从我们工作上来看，除了“严打”战役结束以后，有些地方对这几类违法犯罪活动的打击有些放松之外，经常性的行政管理和综合治理的各项措施没有得到具体落实是一个重要原因。例如部分农村基层干部和群众法制观念淡薄，有些地方买卖婚姻的封建残余重新抬头，对婚姻登记和外流人口管理不严，对旅馆、饭店、私人出租房屋和汽车等行业缺乏监督检查，客观上都为拐卖妇女儿童犯罪和卖淫、嫖娼活动提供了可乘之机。因此，打击拐卖妇女儿童犯罪和查禁取缔卖淫嫖娼活动，光靠政法机关是不够的，只有发动全社会的力量，各个职能部门加强工作，齐抓共管，综合治理才能奏效。

打击是必要的。依法严惩那些拐卖妇女

儿童和引诱容留强迫妇女卖淫的犯罪分子，本身就是综合治理的重要组成部分。各地各级人民法院要在依法从重从快惩处拐卖人口和引诱、容留、强迫妇女卖淫的犯罪分子的同时，结合审判工作，积极配合当地开展的集中打击和专项治理，参与落实综合治理的各项具体措施。在这方面，各地法院已经创造了一些经验和做法。当前，在拐卖人口犯罪和卖淫、嫖娼活动比较突出的地方，人民法院要注意认真抓好公开审理和公开审判工作，对于查获的罪证确凿、罪行严重的人贩子老鸨、皮条客等犯罪分子，起诉到法院的，要抓紧及时公开审理，依法从重惩处，并选择典型案件通过召开宣判大会等形式，大造舆论，形成声势，教育人民群众，震慑犯罪分子，使人们认清这些犯罪活动的严重危害，自觉地与之做坚决的斗争，扩大办案的社会效果。今年1月底，山东省德州地区中级法院在夏津县召开了万人宣判大会，依法处决了田子忠、高佃生等6名拐卖人口主犯。同时印发了布告在全区张贴，省广播电台也及时播发了消息。规模大、声势大、效果也大。公判会后，当地社会治安明显好转，至今尚未再有拐卖人口案件发生。

各级人民法院在审理拐卖人口和引诱、容留、强迫妇女卖淫案件的时候，还要注意研究和发现有些地区、有些部门和有些环节在管理上的漏洞和死角，针对案件中暴露出来的问题及时向有关单位提出司法建议，促使发案地和发案单位加强管理、堵塞漏洞，清除死角，预防和减少此类犯罪的发生。

依法严惩拐卖妇女儿童和引诱、容留、强迫妇女卖淫的犯罪分子，保障妇女儿童的合法权益，维护社会治安，是人民法院义不容辞的职责。我们人民法院将继续贯彻对严重危害社会治安的犯罪分子依法从重从快惩处的方针，严厉惩办那些拐卖人口和引诱、容留、强迫妇女卖淫的犯罪分子，积极配合和支持当前打击拐卖妇女儿童犯罪和查禁取缔卖淫嫖娼活动的专项斗争，为坚决遏制住这两种社会丑恶现象的继续蔓延做出努力。

林准副院长在全国开展集中打击流窜犯罪统一行动部署电话会议上的讲话

（1989年4月24日）

王芳同志已经谈了在全国组织开展集中打击流窜犯罪统一行动的部署方案。现在，我就人民法院在这次集中统一行动中要注意的问题，讲几点意见。

一、要提高认识，加强领导，积极参加这次集中打击流窜犯罪的统一行动。当前社会治安的形势仍很严峻，问题很多。流窜犯罪活动猖獗是其中一个突出的问题。特别是在一些大中城市、交通干线和沿海开放地区，流窜犯罪活动尤为嚣张。这些流窜犯罪分子到处寻机作案，大肆进行盗窃、扒窃、诈骗、流氓、拐卖人口等犯罪活动；有的甚至成帮结伙，打家劫舍，杀人越货。这些人有的是长期流窜作案的惯犯、累犯，有的是在逃的劳改犯和劳教人员，还有的是脱逃未决犯和被通缉的案犯。他们四处潜逃，流窜作案，胆大手黑，不计后果，危害极大。流窜犯罪已经成为严重危害社会治安、威胁群众安全，破坏社会主义经济秩序的一大“公害”。

这次集中打击的统一行动，是坚决严厉地惩处流窜犯罪活动，搞好当前社会治安的一项重大措施。各级法院的同志要有足够的认识和充分的准备。特别是法院的主要领导同志，在当前治安形势十分严峻的情况下，要亲自来抓严惩严重刑事犯罪的工作，高度重视这次统一行动。要加强组织领导，集中强有力的办案力量投入这场斗争。要动员和教育我们的广大干警，继续保持和发扬“严打”战役中吃苦耐劳、顽强拚搏和连续作战的作风，振作精神，齐心协力，努力工作，圆满地完成依法严惩流窜犯罪分子的审判任务。

二、这次集中统一行动，是在各地党委、政府的统一领导、统一部署、统一指挥、精心组织下进行的。发挥审判机关的职能作用，依法及时严厉惩处各类流窜犯罪分子，是这次统一行动的重要组成部分。各级人民法院要坚决按照这次集中打击的行动部署，与公安、检察机关和司法行政部门密切配合，通力协作，各司其职，在审判这一环节上，确保集中打击统一行动的顺利进行。

三、审判严重危害社会治安的流窜犯罪分子，要继续坚决贯彻依法从重从快惩处的方针。对于这次集中统一行动中查获的各类流窜 犯罪分子，起诉到法院后，都要以事实为根据，以法律为准绳，严肃予以判处。对于采取流窜作案方式的重大盗窃、抢劫、走私、贩卖毒品、拐卖妇女儿童、引诱、容留、强迫妇女卖淫、盗窃、抢夺枪支、弹药等犯罪分子，要依照全国人大常委会《关于严惩严重破坏经济的罪犯的决定》和《关于严惩严重危害社会治安的犯罪分子的决定》，给以严厉打击；情节严重的，要重判；情节特别严重依法该判死刑的，要坚决判处死刑；有法定从轻情节的，可以从轻判处。对于从劳改、劳教场所逃跑或者期满释放后不久又重新流窜作案，继续犯罪的，要依照全国人大常委会《关于处理逃跑或者重新犯罪的劳改犯和劳教人员的决定》，从重或者加重处罚；对于长期、多次流窜作案，屡教不改，构成惯犯、累犯的和流窜犯罪集团的首犯、主犯，要依法从重判处。流窜作案构成数罪的，要依法实行数罪并罚。对于曾因盗窃，几次受过行政或刑事处罚，又流窜进行偷窃、扒窃的，虽然抓获时查出的盗窃数额不是很多，不够较大，也要按照最高人民法院和最高人民检察院1986年9月17日发出的《关于当前办理盗窃案件中适用法律问题的补充通知》，对其中个别情节恶劣，构成犯罪的，要依法定罪判刑。对于为流窜犯罪分子提供落脚点或为流窜犯窝赃、销赃，构成窝藏罪或窝赃、销赃罪的，要依法追究其刑事责任。总之，对那些作恶多端的流窜犯罪分子，必须依法狠狠打击，绝不可轻纵。

四、在这次集中统一行动中，各级人民法院必须按照行动部署对法院提出的任务和要求，对起诉到法院的流窜犯罪案件及时审判。流窜犯罪分子多处、流动作案，犯罪时间一般较长，难免给查证、核实有关犯罪事实带来一些困难。因此，人民法院在审判这类案件时，既要防止凭估计、不凭证据来定罪判刑，也要避免在认定犯罪事实、适用法律定罪判刑中纠缠那些不影响定罪量刑的枝节问题。起诉到法院的案件，基本犯罪事实清楚，基本证据确凿的，就应当依法及时审理宣判。有些流窜犯的个别犯罪事实一时难以查清，可以暂时挂起来，已经查证核实的事实，构成犯罪的，即应依法做出判决。对于同案犯在逃的共同犯罪案件，如果在逃犯一时难以追捕归案，要按照1982年4月5日最高人民法院、最高人民检察院和公安部《关于如何处理有同案犯在逃的共同犯罪案件的通知》办理，即：同案犯在逃，对在押犯的犯罪事实已查清并有确实、充分证据的，该定罪判刑的就要定罪判刑，不能推来推去、久拖不决。对于这次行动中查获的杀人、强奸、抢劫、爆炸和其他严重危害公共安全应当判处死刑的重大流窜犯罪分子，应当按照全国人大常委会《关于迅速审判严重危害社会治安的犯罪分子和程序的决定》，迅速及时审判。但在查证和核实时，应当特别慎重，务必把事实和证据搞清、搞准、搞扎实。

审理流窜犯罪案件，要严格依法办事。无论是定罪量刑，还是审判程序，都要严格依法进行。既要注意提高办案效率，又要确实保证办案质量，经得起历史检验。

五、要注意扩大办案社会效果。各地人民法院审判各类流窜犯罪案件，要紧密配合这次统一行动的进行。在集中打击的不同阶段，要有组织地、适时地筹划开好规模不同的公开审理和公开宣判大会。公判大会既要选择那些罪行严重、屡教不改，被依法从重惩办的流窜犯罪案件，又要注意选择一些具有投案自首、检举揭发等情节，被依法从轻处理的典型案件，进行生动的法制宣传，以震慑和分化犯罪分子，鼓舞和教育人民群众，扩大办案的社会效果。同时，各地法院要结合这次统一行动，针对办案中发现的问题及时提出司法建议，促使发案单位健全制度，堵塞漏洞，预防和减少犯罪案件的发生。在集中打击的过程中，各级人民法院要与有关部门配合，积极参与社会治安的综合治理，落实综合治理的各项具体措施，为预防犯罪，维护社会治安，稳定社会秩序，做出贡献。

林准副院长在贯彻“两高”《通告》新闻发布会上的讲话

（1989 年 9 月 19 日）

同志们！

“两高”《通告》发布已经一个多月了。现在，我向各位介绍一下这段期间人民法院在审判工作中按照《通告》规定判处案件的情况。

自《通告》发布以来，各地人民法院在党委的领导下，一方面与检察机关等有关部门密切配合，采取各种形式，广泛宣传《通告》，大造声势；另一方面，严格按照《通告》的规定，加紧审理已起诉到法院的经济犯罪案件，及时选择一批从宽和从严判处的典型案件，大张旗鼓地进行宣判，兑现政策，大大增强了《通告》的感召力和震慑力，对于进一步敦促经济犯罪分子自首坦白，取得了明显的效果。

从 8 月 15 日《通告》发布到 9 月 15 日止这一个月的时间里，各地人民法院陆续受理了一批贪污、受贿、投机倒把等经济犯罪案件。其中，有 141 件是属于投案自首、坦白交代全部罪行并且积极退赃的；也有一些是拒不投案自首、坦白交代问题甚至外逃而被查获归案的。这些案件，有的已经按照《通告》规定进行了审理，有的正在抓紧审理。各地法院及时选择了一批有自首坦白、检举立功情节和拒不交代罪行的案件作为兑现宽严政策的典型案例，进行了公开宣判。从 8 月 15 日至 9 月 15 日，仅北京、上海、黑龙江、广东、山西、宁夏、广西、安徽、湖南、山东、江苏、辽宁、天津、河北、云南、浙江、福建、贵州、河南等 19 个省、自治区、直辖市的各级法院分别召开了兑现宽严政策的宣判大会 61 次，宣判案件 174 件，其中，贪污 53 件，受贿 21 件，投机倒把 5 件，行贿、挪用公款、诈骗等其他经济犯罪案件 95 件，案犯 234 名，其中，除少数拒不自首坦白作了从严判处外，其余自首坦白、积极退赃或者有立功表现的，都作了从宽判处。这些罪犯中，有的是厅（局）级干部、县（处）级干部；有的贪污公款十几万元、二十几万元、三十几万元，有的挪用公款四十余万元，有的投机倒把金额八十余万元、个人获利三十余万元，还有企事业单位犯受贿罪，直接负责的主管人员和其他直接责任人员被判刑的。

各地法院在审理这类案件中，坚持了以事实为根据，以法律为准绳，严格执行了《通告》的规定。体现在每一起案件中，对于有投案自首、检举立功、主动坦白交代罪行且积极退赃的，按照《通告》规定坚决依法予以从宽判处；拒不坦白交代甚至外逃的，坚决依法从重判处。下面，我举几个案例：

第一个案例：投案自首，交出全部赃款，得到从宽处理的。如关文彬受贿案。关文彬原是黑龙江省大庆石化总厂副厂长，是个副厅级干部。他在任总厂老年服务公司经理期间，共收受贿赂2.7万余元。关文彬主动向大庆石化总厂交代了受贿犯罪事实，并交出了全部赃款。最近，大庆市中级法院经审理认为，关文彬能主动投案自首，按照刑法和《通告》的规定，应依法从宽判处，决定免予刑事处分。

第二个案例：采取强制措施后，坦白全部罪行，并且积极退赃，也得到了从宽处理。如李洪孝贪污、受贿案。李洪孝在担任厦门市东区联合开发公司施工处工程师、东区供电服务公司副经理期间，利用职务上的便利，以“好处费”、“回扣”等名义，向17个单位和个人非法收受财物计6万余元，贪污公款4000多元。他在部分问题被揭发，检察机关决定对其监视居住的第二天，即主动坦白交代了受贿、贪污的全部犯罪事实，并退出了全部赃款赃物，还检举揭发了本公司施工处副处长蔡长满受贿等犯罪线索19条。在《通告》发布前，厦门市中级法院一审数罪并罚，从轻判处其有期徒刑十年六个月。李洪孝不服，提出上诉。福建省高级法院二审认为，李洪孝受贿数额特别巨大、贪污数额较大，应予严惩。但鉴于其在被采取强制措施后能主动坦白交代，积极退出全部赃款，并且检举他人重大犯罪经查证属实，确有立功表现，按照《通告》规定，决定数罪并罚减轻判处其有期徒刑三年，缓刑三年。被李洪孝检举揭发的受贿犯蔡长满归案后，即如实坦白交代了利用职务之便，收受贿赂7.8万余元的犯罪事实，退出了全部赃款，并检举揭发了2起受贿大案，经查证属实，厦门市中级法院一审从轻判处蔡长满有期徒刑十一年。蔡长满不服，提出上诉。福建省高级法院二审按照《通告》规定，依法减轻判处蔡长满有期徒刑三年，缓刑三年。

第三个案例：有检举立功表现的，可以减轻或者免除处罚。如陆勇贪污案。陆勇是湖南省妇女儿童福利中心恩庆实业公司八一路汽车配件门市部经理。1988年2月至10月，他利用职务之便，先后10次以收款不入帐、开假发票等手段，贪污公款4万余元。1989年3月案发后，他退出了全部赃款，并在关押期间，主动检举6名犯罪分子贪污、受贿等犯罪事实，经检察机关查证属实，已逮捕1人，取保候审3人。投案自首2人。长沙市北区法院审理认为，陆勇贪污数额巨大，本应从重处罚，但案发后能坦白交代，积极退赃，并检举6人犯罪事实，有立功表现，根据《通告》有关规定，决定对陆勇免予刑事处分。

第四个案例：有的投机倒把罪犯，在《通告》感召下，走上了坦白从宽的道路。如邸卫星投机倒把案。邸卫星于1988年7月下旬伙同吴建国，采用掺杂使假等手段，在硅铁中掺废钢渣，进行投机倒把犯罪活动，非法经营额达86万余元，从中牟取暴利55万元，邸卫星个人非法获利39.5万元。一审法院根据邸卫星所犯罪行，以投机倒把罪，判处无期徒刑，剥夺政治权利终身。在二审法院审理期间，看守所于8月24日召开全体犯人大会，宣读《通告》，并进行动员，邸卫星在《通告》政策精神的感召和威慑下，会后即向管教干部交代其曾隐瞒非法获利9万元赃款的问题，并协助司法机关追回和退回了全部赃款；同时，还揭发他人犯罪线索5条。为了充分体现“坦白从宽，抗拒从严”的政策，根据《通告》有关规定，宁夏自治区高级法院决定对邸卫星减轻处罚，改判他有期徒刑十年。

第五个案例：负隅顽抗的，坚决依法严惩。如最近最高法院复核的刘俊峰贪污案。刘俊峰原是中国工商银行河南省沈丘县支行东风路储蓄所会计兼负责人。他从1987年6月至1988年3月，利用职务之便，贪污公款8.5万余元。当其罪行被察觉后，不仅不坦白交代，反而以代交款为由，骗走现金1万元潜逃，后被抓获。河南省周口地区中级法院一审以贪污罪判处刘俊峰死刑，剥夺政治权利终身。宣判后，刘俊峰不服，提出上诉。河南省高级法院审理后作出裁定，驳回上诉，维持原判，并依法报请最高法院复核。最高法院经复核认为，刘俊峰贪污公款8.5万余元，贪污数额巨大。当其罪行被察觉后，不仅不停止犯罪活动，反而继续骗取库款潜逃，在外地流窜达四个多月，犯罪情节特别严重，根据刑法和《通告》规定，应依法严惩，于1989年9月8日依法核准了对刘俊峰的死刑判决。

各地法院在按照《通告》审理案件时，坚持严格依法办案，坚持法律面前人人平等的原则，无论级别、职务高低，该从宽的一定从宽，该从严的一定从严。比如，上面所举的黑龙江省大庆市中级法院判处的关文彬受贿案。关文彬收受贿赂2.7万元，但他能主动投案自首，大庆市中级法院按照《通告》规定，依法从宽判处免予刑事处分。拒不坦白交代的，如原广州市建材总公司副总经理兼中国新型建筑材料公司砌块技术开发研究中心主任翟伯深（副局级干部）、副主任谢智忠（副处级干部）、基建主任林来（副处级干部）三人非法收受贿赂4.2万余元，用于单位请客等非法开支。该案经群众检举揭发，司法机关查证属实，按照全国人大常委《关于惩治贪污罪贿赂罪的补充规定》，翟、谢、林三人负有单位收受贿赂的直接责任，构成受贿罪，广州市中级法院分别判处这3人有期徒刑二年、三年、三年。

在《通告》规定的期限内，审理经济犯罪案件，既要敢于从严，也要敢于从宽。凡能主动投案自首、坦白交代犯罪事实，积极退赃或者有立功表现的犯罪分子，依照《通告》规定，均应从宽处理；而犯罪后拒不投案自首或拒不坦白交代的，必须受到从严处罚。人民法院是不折不扣地坚决执行《通告》的。各地法院按照《通告》有关规定判处的这批案件，广大群众反映很好。我们法院收到了群众的大量来信，认为各地召开体现《通告》精神的公开宣判大会是及时的，充分体现了党的惩办与宽大相结合的政策。如北京市昌平县一位纪委书记说：法院依法从宽、从严判处的经济犯罪案件，从宽的幅度大，法律的感召力大，这样有利于分化、瓦解犯罪分子，促进他们投案自首，走从宽的道路。有不少党员、干部、工人和农民在当地法院召开的座谈会上表示，从总体上看，广大党员、干部大多数是好的，是清正廉洁、秉公办事的，这是主流，是党、政干部状况的主要方面。但也确有少数人，受金钱的诱惑，资产阶级思想的腐蚀，以权谋私，贪污受贿，投机倒把、走私诈骗。他们的违法犯罪行为，给国家、集体造成重大经济损失，使我们党和政府的形象受到损害。法院对那些拒不投案自首、坦白交代问题或畏罪潜逃的，依法从严惩处，表明了执法的严肃性，也表明我们党和政府有决心、有能力惩治腐败。许多群众说：中央动真格的，我们对惩治腐败，搞好廉政建设充满信心。

我在这里再一次向有贪污、受贿、投机倒把等犯罪行为的人，讲几句话。希望你们认真学习《通告》，学习中央的政策。《通告》的限期是10月31日为止。因此，剩下的时间不多了，不要再犹豫动摇，更不要存侥幸心理，要赶快下决心，尽早投案自首，坦白交代自己罪行，争取走从宽处理的道路，这是你们的唯一出路！给了你们机会，希望你们珍惜，如果负隅顽抗，必将自食其果！

林准副院长在中央政法领导小组召开的电话会议上的讲话

(1989年10月6日)

同志们：

"两高"《通告》发布已有50多天，还有20多天，即这个月的31日，《通告》规定的限期就到了。如何在剩下不多的时间内，再把工作突出抓一抓，促一促，使斗争进一步深入下去，收到更大的效果，这是当前贯彻执行《通告》很重要、很迫切的问题。今天，中央政法领导小组召开这个电话会议，着重谈这个问题，是很适时的。我们各级人民法院都要认真研究落实这次电话会议的精神。

这一个多月来，各级人民法院对贯彻执行"两高"《关于贪污、受贿、投机倒把等犯罪分子必须在限期内自首坦白的通告》都很重视，及时采取了许多具体贯彻措施，在党委的领导下，与检察机关和公安、司法、监察等有关部门密切配合，协调行动，利用各种宣传工具和宣传形式，广泛宣传《通告》，大造舆论声势，做了很多工作，许多法院印发了大量《通告》广为张贴，派出宣传车巡回播放《通告》；组织干部上街宣传咨询，或到重点单位帮助宣传发动；还有的深入监所宣讲《通告》，动员在押未决人犯和劳改罪犯坦白余罪，检举揭发；各地法院普遍设立了自首坦白和检举揭发接待站，昼夜值班，接待自首坦白和检举揭发者。与此同时，各级人民法院严格按照《通告》的规定，抓紧办理已经起诉到法院的经济犯罪案件，及时选择了一批自首坦白、检举立功被从宽处理和拒不交代罪行被从严判处的典型案件，大张旗鼓地进行公开审理宣判，兑现政策，就案说法，大大增强了《通告》的政策感召力和震慑力。据广东、上海、山东、山西、黑龙江等21个省、自治区、直辖市法院不完全统计：从8月15日至9月30日，各地法院分别召开了兑现宽严政策的宣判大会70次，宣判案件283件，其中贪污112件，受贿59件，投机倒把5件，行贿、挪用公款、诈骗等其他经济犯罪案件107件。处理案犯371名，其中，从宽判处的207人，从严判处的100人。这些罪犯中，有的是厅（局）级干部、县（处）级干部；有的贪污公款几十万元，有的投机倒把金额80余万元、个人获利30余万元，还有企事业单位犯受贿罪，直接负责的主管人员和其他直接责任人员被判刑的。总的看，前一段时间，各地法院学习、宣传、贯彻《通告》的工作抓得是紧的，行动是快的，效果是好的，有力地推动了反腐败斗争的深入进行，在社会上引起了很大反响。

根据各地反映，前一阶段贯彻执行"两高"《通告》中也存在一些亟待解决的问题：(一）一些地方宣传《通告》的声势还不够大，群众发动的还不够充分、广泛。工作发展不够平衡，有些地方至今还没有掀起宣传贯彻《通告》的高潮，没有形成"兵临城下"的态势，少数地方工作一般化，甚至是空白，效果不甚明显；(二）查证处理工作跟不上，兑现政策不及时，《通告》的威力未能及时有力的得到发挥，一些有经济犯罪问题的人，心存疑虑，还在等待观望；(三）一些地方自首坦白和检举揭发出来的经济犯罪案件中，小案多，大案不多，特别是属于"官倒"性质的投机倒把案件少；(四）少数案件宽严幅度掌握的不够好，有失轻失重的情况。

现在离《通告》规定的限期已经不多了，

时间紧迫。为了充分发挥《通告》的政策威力，敦促更多的经济犯罪分子在期限内自首坦白，积极退赃，检举立功，争取从宽处理，我们提出以下几点意见：

一、在党委领导下，协同有关部门，继续深入地进行宣传发动工作。各级人民法院要善始善终地加强领导，抓紧工作，在《通告》限期的最后二十多天时间里，要继续通过一切宣传工具大造舆论，并且结合已经做出处理的宽严典型案例进行宣传，形成更加强大的政策攻势，把宣传贯彻“两高”《通告》的工作进一步引向深入，推向高潮。尤其是在工作发展不平衡的地区，更应当大力宣传《通告》，广泛发动群众，做到家喻户晓，人人皆知。促使经济犯罪分子尽快下定决心，珍惜最后的机会，在限期内投案自首、坦白交代，积极退赃，检举立功，争取宽大处理。不要错过时机。我们同经济犯罪活动的斗争是长期的，一贯的，不会因为《通告》限期到了就放松下来。一切经济犯罪分子如不及早醒悟，错过时机，必将受到法律的严厉惩处。何去何从，要尽快做出选择。

二、已经受理的经济犯罪案件要抓紧审理，尽快结案。特别是要按照《通告》的精神，及时审结一批大案要案和从宽、从严的典型案件，包括企事业单位、机关、团体进行投机倒把的“官倒”案件。必要时，可提前介入，主动了解案情，以加快办案速度。对自首坦白、检举立功的，依法从宽处理；对负隅顽抗、拒不交代、互相串供、订立攻首同盟或者畏罪潜逃，逃避法律制裁的，坚决依法从严惩处；对有检举揭发经济犯罪等立功表现的劳改人员，也要按照《通告》精神，依法及时作出减刑或假释的裁决；以兑现政策、取信于民，分化和瓦解犯罪分子，扩大办案的社会效果。

三、要选择一批从宽、从严判处的典型案件，继续召开宽严大会，大张旗鼓地公开宣判。前一段，多数地方都这样做了，对于进一步敦促经济犯罪分子自首坦白，有明显的效果。在《通告》规定的最后二十多天限期内，各地法院都要根据本地情况尽可能地再组织召开一次或几次兑现宽严政策的宣判大会，以配合这场斗争的深入开展，取得更大成效。

四、贯彻《通告》精神，正确执行政策法律，保证办案质量。人民法院要不折不扣地坚决执行《通告》规定，在规定的期限内，审理经济犯罪案件，既要敢于从严，也要敢于从宽，凡能主动投案自首，坦白交代犯罪事实，积极退赃或者有立功表现的犯罪分子，均应依照《通告》从宽处理；对犯罪后拒不投案自首或者拒不坦白交代的，必须受到从严处罚。当然，宽，也不能宽大无边，严，也不能严而无度。既要正确执行政策，又要准确适用法律，严格依法办事。最近，“两高”又发出了《关于执行“通告”若干问题的答复》，希望各地法院认真注意研究掌握。比如，个人贪污、受贿数额在5万元以上，依法应当判处重刑的，犯罪分子在《通告》规定的期限内投案自首，符合《通告》第二条规定的条件，一般只能从轻、减轻处罚，不能免予起诉或者免予刑事处分。只有在期限内主动投案自首、退出全部赃款，没有给国家或者集体利益造成重大损失，并有立功表现的，这四条同时具备的，才可以考虑免予起诉或者免予刑事处分，并要分别逐级报请“两高”审查。对于贪污、受贿数额在10万元以上的，不能做免诉或免刑处理。另外，对那些在不掌握其犯罪事实的情况下主动投案自首的和在被检举揭发或采取强制措施后才坦白交代罪行的，在处理上要加以区别，前者可以考虑判处缓刑，后者则一般不宜判处缓刑。总之宽严要适度。

五、对包庇、窝藏经济罪犯和打击报复举报人的犯罪分子要从严惩处。随着《通告》的深入贯彻，最近一些地方陆续揭露出一些包庇、窝藏经济罪犯，或者替罪犯隐匿、销毁罪证，转移赃款、赃物的犯罪分子。打击报复举报人的事件也屡有发生。有的地方还发生了阻拦同伙自首，进而杀人灭口的严重事件。乔石同志最近批示："这样的犯罪分子，应依法重办。"各地法院在办理上述犯罪案件时，一定要抓紧从严惩处，决不宽贷。不排除这些"障碍"，就无法保护广大群众同经济犯罪分子做斗争的积极性，也无法保证这场斗争得以顺利进行。

同志们，"两高"《通告》是贯彻四中全会精神和小平同志讲话的一项重要措施。前段时间，我们贯彻"两高"《通告》，已经取得了很大成绩。我们还要再接再厉，乘胜追击，取得更大的成绩。应当看到，从总体上说，我们的广大党员、干部大多数是好的，是清正廉洁、秉公办事的，这是主流，是党政干部状况的主要方面。但也确有少数人，受金钱的诱惑，资产阶级思想的腐蚀，以权谋私，贪污受贿，投机倒把，走私诈骗。他们的违法犯罪行为，给国家、集体造成重大经济损失，使我们党和政府的形象受到损害。这些人，有的已在政策感召下走上了自首坦白的道路，有的仍在犹豫、观望；还有的自恃手段隐蔽，继续负隅顽抗，企图蒙混过关。只要我们工作做到家了，这些人还会继续发生分化，还会有一部分转化过来，自首坦白。我们要有信心、有决心，把这场斗争进行到底，为惩治腐败，搞好廉政建设做出贡献。

我就讲这些，谢谢大家。

林准副院长在最高人民法院、最高人民检察院、公安部、司法部联合召开的新闻发布会上的讲话

（1989年10月16日）

同志们：

两个月来，各级人民法院对贯彻执行"两高"《通告》都很重视，在党委的领导下，与检察、公安、司法、监察等有关部门密切配合，协调行动，采取了许多具体贯彻措施，利用各种宣传工具和宣传形式，广泛宣传《通告》，大造舆论声势，做了很多工作。许多法院召开了新闻发布会、记者招待会，不少法院院长在电台、电视台发表讲话；大量印发《通告》，广为张贴，派出宣传车巡回播放《通告》；组织法院干警上街宣传咨询，或到重点单位帮助宣传发动；还有的深入监所宣讲《通告》，动员在押未决人犯和劳改罪犯坦白余罪，检举揭发；各地法院普遍设立了自首坦白和检举揭发接待站，昼夜值班，接待自首坦白和检举揭发者。

与此同时，各级人民法院严格按照刑法和《通告》的规定，抓紧审理已经起诉到法院的经济犯罪案件，并及时选择了一批自首坦白、检举立功被从宽处理和拒不交代罪行被从严判处的典型案件，大张旗鼓地进行公开审判，兑现政策，就案说法，大大增强了《通告》的政策感召力和震慑力。据广东、上海、山东、山西、黑龙江等23个省、自治区、直辖市法院不完全统计：从8月15日至10月10日，各地法院分别召开了兑现宽严政策的宣判大会286次，宣判案件523件，其中贪污176件，受贿155件，投机倒把、行贿、挪用公款、诈骗等其他经济犯罪案件192件。处理案犯632名，其中，从宽判处的285人，从严判处的142人。总的看，前一段时间，各地法院学习、宣传、贯彻《通告》的工作抓得是紧的，行动是快的，效果是好的，有力地推动了反腐败斗争的深入进行，在社会上引起了很大反响。

现在离《通告》规定的限期仅剩15天了，

时间紧迫。如何在剩下不多的时间内，再把工作突出抓一抓，促一促，使斗争进一步深入下去，收到更大效果，这是当前贯彻执行《通告》很重要、很迫切的问题，为了充分发挥《通告》的政策威力，敦促更多的经济犯罪分子在期限内自首坦白，积极退赃，检举立功，争取从宽处理，我们已经对各级法院当前贯彻执行《通告》的工作做了以下部署：

一、继续深入地进行宣传发动工作。在《通告》限期的最后时间里，要继续通过一切宣传工具大造舆论，并且结合已经做出处理的宽严典型案例进行宣传，保持强大的政策攻势，把宣传贯彻“两高”《通告》的工作进一步引向深入，推向高潮。促使经济犯罪分子尽快下定决心，珍惜最后的机会，在限期内投案自首、坦白交代，积极退赃，检举立功，争取宽大处理，不要错过时机。

二、抓紧审理已经受理的经济犯罪案件，尽快结案。特别是按照《通告》的精神，及时审结一批大案要案和从宽、从严的典型案件，包括企事业单位、机关、团体进行投机倒把的案件。对自首坦白、检举立功的，依法从宽处理；对负隅顽抗、拒不交代、互相串供、订立攻首同盟或者畏罪潜逃，逃避法律制裁的，坚决依法从严惩处；对有检举揭发经济犯罪等立功表现的劳改人员，也要按照《通告》精神，依法及时作出减刑或假释的裁决；以兑现政策，分化和瓦解犯罪分子，扩大办案的社会效果。

三、选择一批从宽、从严判处的典型案件，继续召开宽严大会，大张旗鼓地公开宣判。前一段，多数地方都这样做了，对于进一步敦促经济犯罪分子自首坦白，有明显的效果。在《通告》规定的最后限期内，各地法院还要根据本地情况尽可能地再组织召开一次或几次兑现宽严政策的宣判大会，以配合这场斗争的深入开展，取得更大成效。

四、从严惩处那些包庇、窝藏经济罪犯和打击报复举报人的犯罪分子。随着《通告》的深入贯彻，最近一些地方陆续揭露出一些包庇、窝藏经济罪犯，或者替罪犯隐匿、销毁罪证，转移赃款、赃物的犯罪分子；打击报复举报人的事件也屡有发生；有的地方还发生了阻拦同伙自首，进而杀人灭口的严重事件。我们要求各地法院在办理上述犯罪案件时，一定要抓紧从严惩处，决不宽贷。不排除这些“障碍”，就无法保护广大群众同经济犯罪分子做斗争的积极性，也无法保证这场斗争得以顺利进行。

我还想借此机会，通过新闻媒介向有经济犯罪行为的人讲几句话。“两高”《通告》发布两个月来，在政策的感召和威慑下，经济犯罪分子已经开始分化。现在，一些经济犯罪分子，有的已经走上了自首坦白的道路，其中已有相当一批人被依法从宽处理。有的仍在犹豫、观望；还有的自恃手段隐蔽，继续负隅顽抗，企图蒙混过关。在此，我们正告经济犯罪分子：自首坦白，是你们的唯一出路。现在，离《通告》规定的期限很近了。希望你们丢掉幻想，下定决心，尽快走坦白从宽的道路；如不及早醒悟，错过时机，必将受到法律的严厉制裁！何去何从，要尽快作出选择！

最后，我想说明，《通告》规定的期限，到10月31日为止，不再延长。但是，坚决打击严重经济犯罪活动，惩治腐败的斗争并不是到此为止。与经济犯罪和腐败现象作斗争，不仅是经济领域内的一场严峻斗争，而且是一场关系到党和国家生死存亡的政治斗争。我们同严重经济犯罪活动作斗争是长期的、艰巨的任务。只要改革开放继续，并要最终获得成功，严惩经济领域中严重犯罪的斗争就不会停止。这场斗争的意义十分重大，我们必须要有长期作战的思想准备。《通告》规定的限期届满后，人民法院再受理的经济犯罪案件，仍要贯彻我们过去一贯采取的坚决从严惩处的方针。当然，对于投案自首的案件，只要符合刑法第63条规定的，仍要依法从轻、减轻处罚，有的还要依法免予刑事处分。但是，这时掌握从宽处理的幅度就不会、也不应再像《通告》规定的那么大了。

我就讲这些，谢谢大家。

林准副院长在最高法院、最高检察院、监察部联合召开的新闻发布会上的讲话

（1989年11月10日）

同志们：

今天，我向各位介绍一下人民法院从8月15日两高“通告”发布到10月底贯彻执行的情况以及下一步如何开展惩治腐败，打击严重经济犯罪斗争的打算。

两高“通告”规定的期限，到10月31日为止。在这两个半月的时间里，全国各级人民法院坚决贯彻执行“通告”，受理和判处了一批贪污、受贿、投机倒把等经济犯罪案件。据统计，在此期间，共新收检察机关起诉的贪污、受贿、投机倒把等经济犯罪案件10039件。这些案件，虽然绝大多数是“通告”以前侦查立案的，但由于“通告”规定在“通告”发布后正在审理的贪污、受贿、投机倒把等经济犯罪案件也适用“通告”规定，因此，法院适用“通告”共判处了这类经济犯罪案件8250件。其中，贪污2655件，受贿1219件，投机倒把266件。判处案犯12461人。其中，从宽判处的3715人。从严判处的1595人；从宽中，从轻2560人，减轻741人，免予刑事处分414人。在判处的案犯中，已发生法律效力的7024人。其中，被判处死刑、死缓和无期徒刑的共127人；十年以上有期徒刑427人；五年以上十年以下有期徒刑1395人；五年以下有期徒刑5075人。司（局）级干部12人，县（处）级干部139人。在判处的这批经济犯罪案件中，有一批大要案。比如，原广东省广州市白云区竹料信用社会计陈章源，利用职务之便，挪用公款达321万余元不退还。最近，广州市中级人民法院以贪污罪判处他死刑。又如，黑龙江省四个司局级干部受贿、投机倒把案件，一个是大庆石化总厂老年服务公司经理、副厅级干部关文彬受贿27000元；另一个是大庆石化总厂实业开发公司经理、副厅级干部李克祥受贿12000元；还有一个是东北内蒙古煤炭工业联合公司基本建设局副局长姚志武受贿2万元；再一个就是黑龙江省建委离休干部、原省环保局局长王立中参与倒卖化工产品，非法获利36000余元，分得15000余元，并参与行贿2万元，对这四人，法院均依法作了判处。

这次贯彻执行两高“通告”，人民法院与人民检察院在党委的领导下，在人大及其常委会的监督和政府的支持下，与宣传等有关部门密切配合，声势大，范围广，受到了广大群众和社会各界的热烈拥护和支持，取得了很大成绩。各地人民法院在结合宣传贯彻“通告”的同时，及时选择了一批自首坦白、检举立功被从宽判处和拒不坦白被从严判处的典型案件，大张旗鼓地进行宣传。从8月15日至10月底，据不完全统计，共召开宣判大会1504次，宣判宽严典型案件4596件。其中，贪污933件，受贿433件，投机倒把90件；判处案犯7518人。其中，从宽判处1154人，从严判处537人；从宽中，从轻判处637人，减轻判处309人，免予刑事处分208人，收到了很好的效果。广大群众看到了党和国家惩治腐败，打击严重经济犯罪，搞好廉政建设的决心和行动，受到了深刻的教育，增强了信心，同时，也震慑和动摇了经济犯罪分子。一大批贪污、受贿、投机倒把等经济

犯罪分子投案自首，群众检举揭发经济违法犯罪行为的线索也大幅度上升。比如，中国出口商品基地建设公司四川分公司审计员吴继驯，在担任会计期间，以伪造单据，收款不入帐等手段，贪污公款308000元。两高“通告”发布后，在党的政策感召下，吴继驯于8月31日和9月2日向本公司领导坦白交代了贪污事实；9月14日，他向成都市人民检察院投案自首，退出全部赃款和利息，并检举揭发了他人的重大犯罪行为。10月25日，成都市中级人民法院对吴继驯特大贪污案依法进行公开审理，从宽减轻判处他有期徒刑三年，缓刑四年。

这次贯彻执行“通告”，对于今后进一步开展反腐败斗争打下了良好的基础。但从贯彻执行“通告”的情况看，存在的问题，主要是工作发展不平衡。有些地方对这场斗争的长期性和艰巨性还认识不足，重视不够，群众发动得不够广泛、深入，声势不够大；一些隐藏较深的经济犯罪分子还没有被挖出来，有的区（县）甚至无一人投案自首。而且在投案自首的人员中，投机倒把特别是单位投机倒把和走私、行贿的较少。因此，对于这场斗争中取得的成绩，我们不能估计过高，要保持清醒的头脑，还要把这场斗争进一步深入地进行下去。要认识到：惩治腐败不是搞一天两天、一月两月，整个改革开放过程中都要反对腐败。惩治腐败和同经济犯罪作斗争，不仅是经济领域内的一场严峻斗争，而且也是一场关系到国家生死存亡的政治斗争，只要改革开放继续进行，并且最终要获得成功，严惩经济领域中严重犯罪的斗争就不能停止。这是一场长期的、艰巨的、复杂的斗争，不是只搞一阵子，急于求成也不行。因此，要有长期作战的思想准备。虽然“通告”已经到期了，但我们不能有丝毫的松懈。各级人民法院决心在各级党委的领导下，在人大及其常委会的监督下，继续与检察、公安、司法等有关部门密切配合，抓住当前的有利时机，进一步发动群众，动员社会力量，采取措施，扫除死角，把这场惩治腐败，打击经济犯罪活动的斗争深入地进行下去。

“通告”到期以后，人民法院将加强同经济犯罪活动作斗争，继续坚持对严重破坏经济的犯罪分子实行从严惩处的方针。当前，贪污盗窃、行贿受贿、投机倒把牟取暴利等经济领域里的犯罪活动，特别是少数国家工作人员贪污受贿和少数单位的投机倒把犯罪活动仍很猖獗，给国家、集体造成重大经济损失，严重损害了党和国家的形象，扰乱了经济秩序，败坏了社会风气，影响社会安定。因此，对这些犯罪活动必须依法严惩。同时，我们将继续坚持惩办与宽大相结合，坦白从宽、抗拒从严的政策，始终不变。坦白从宽的大门始终是敞开的。在“通告”期间犹豫不决没有自首坦白的经济犯罪分子，以后可以继续自首坦白。对于投案自首和立功者，人民法院仍将依法从宽处理。从宽是根据刑法的规定，刑法第六十三条规定：“犯罪以后自首的，可以从轻处罚。其中，犯罪较轻的，可以减轻或者免除处罚；犯罪较重的，如果有立功表现，也可以减轻或者免除处罚。”人民法院将依法从轻、减轻处罚，有的还要依法免予刑事处分。为支持和保护广大群众同经济犯罪作斗争，人民法院将坚决打击包庇、窝藏经济犯罪和打击报复举报人的犯罪分子。

在“通告”期间投案自首和被检察等机关查获的贪污、受贿、投机倒把等经济犯罪案件，现在，已经有一些起诉到法院；今冬和明年上半年，将会大量起诉到法院。我们法院下一步的重要任务之一，就是依照刑法并继续适用“通告”的规定，及时、正确地审理这些案件。该从宽的坚决依法从宽，该从严的坚决依法从严。我们已于10月初召开了全国部分省、市法院刑事审判工作会议，专门作了部署。要求各级人民法院加强领导，总结经验，克服缺点，统筹安排。对检察机关起诉的案件，各地人民法院将抓紧进行审理，要继续抓大要案，对重大、典型案件，可以提前介入，以加快办案速度；并适时召开公开宣判大会，大张旗鼓地宣判一批宽严典型案件，扩大办案的政治效果和社会效果，继续保持声威，夺取更大的胜利。

林准副院长在国务院召开的除“六害”电话会议上的讲话

（1989年11月13日）

同志们：

国务院召开这次电话会议，部署在全国开展一次扫除“六害”的统一行动，是很重要，很适时的。刚才，王芳同志代表国务院讲了开展除“六害”统一行动的有关问题，我们完全同意。各级人民法院要按照扫除“六害”工作的行动部署，充分发挥审判机关的职能作用，积极参加和主动配合这次统一行动。

近年来，各级人民法院在党委的领导下，与检察机关和政府有关部门密切配合，依法审理了一大批属于社会丑恶现象的犯罪案件，严厉惩办了一大批这类犯罪分子。据统计，自1983年8月至1989年8月，全国法院判处拐卖人口，制造、贩卖、运输和走私毒品，制作、贩卖、传播淫秽物品，引诱、容留和强迫妇女卖淫，赌博等几种犯罪分子共89535人，其中判处死刑（包括死缓）和无期徒刑的就有3142人。这些社会丑恶现象和犯罪活动，虽然受到“严打”战役和以后持续不断的专项斗争的打击，一度有所收敛，但近来仍在蔓延、发展，有些地方蔓延、发展得相当严重。今年1至8月，全国法院共受理制造、贩卖、运输和走私毒品案1294件，比去年同期上升18.11%；受理制作、贩卖、传播淫秽物品案325件，比去年同期上升34.3%。这六类社会丑恶现象和犯罪活动的蔓延，严重败坏了社会风气，干扰了改革开放和精神文明建设，摧残了广大群众特别是青少年的身心健康，已成为诱发各种犯罪、扰乱社会治安的不安定因素。这些为人民群众所深恶痛绝的六大“公害”，确实到了必须采取坚决有力的措施加以扫除的时候了。当前，各地都在认真贯彻落实党的十三届四中全会、五中全会精神，反对资产阶级自由化，大力加强社会主义精神文明建设。国务院决定抓住这个有利时机，在全国开展一次扫除“六害”的统一行动，集中进行打击和查禁取缔，遏制丑恶现象蔓延的势头，促进社会秩序和社会风气的好转，这是一项十分重要的部署。

下面，我就人民法院如何积极、主动配合这次统一行动谈几点意见：

一、要切实加强领导。这次统一行动，各地将成立由公安为主，检察、法院等部门负责人参加的专门领导班子。各地法院要在专门班子的统一部署下，与各有关部门密切配合，积极参加扫除“六害”的专项斗争，把审理好“六害”犯罪案件作为今冬明春刑事审判工作的一项重要任务，抓紧抓好。在当前刑事审判任务已经很重的情况下，要注意统筹兼顾，精心组织，调配、充实办案力量。各地法院的主要领导同志要亲自抓这项工作，切实加强领导，在审判环节上，确保这次统一行动的顺利进行。

二、抓紧及时审理起诉到法院的“六害”犯罪案件。这次统一行动打击的九种重点对象，有一批构成犯罪需要依法追究刑事责任的犯罪分子，将会起诉到法院定罪判刑。各地人民法院要随时掌握斗争的进程，在确保办案质量的前提下，尽可能提高办案效率。对于影响较大的大案要案，可以在审查起诉过程中提前介入，了解案情，熟悉证据；案件起诉到法院后，要抓紧审理，只要基本事实清楚，基本证据确凿，构成犯罪的，就应及时依法判处，不要纠缠那些不影响定罪量刑的枝节问题。

三、充分运用法律武器，严厉惩办犯罪分子。这次扫除“六害”的统一行动，涉及面广、人多。各地法院在审理这类案件时，既要态度坚决，又要注意政策，严格区分罪与非罪的界限，把打击的重点放在那些触犯刑律，依法应当追究刑事责任的严重犯罪分子方面。对于那些引诱、容留、强迫妇女卖淫，制造、贩卖、传播淫秽物品，拐卖妇女、儿童，制造、贩卖、运输和走私毒品，聚众赌博和利用封建迷信诈骗钱财的犯罪分子，要坚决依法严厉惩处。其中，有些属于全国人大常委会《关于严惩严重危害社会治安的犯罪分子的决定》和《关于迅速审判严重危害社会治安的犯罪分子的程序的决定》中规定的犯罪分子，要坚决依照刑法和这两个“决定”，从重从快予以惩处，不能手软，不能拖延。

近年来，根据司法实践中遇到的一些新情况、新问题，最高人民法院和最高人民检察院做出了一系列的司法解释，解决了包括“六害”犯罪案件在内的一些适用法律定罪量刑的突出问题。例如，1987年11月27日，“两高”《关于依法严惩非法出版犯罪活动的通知》规定：“以牟取暴利为目的，从事非法出版物的出版、印刷、发行、销售活动，非法经营或者非法获利的数额较大，情节严重的，以刑法第一百一十七条投机倒把罪论处；数额巨大的，适用刑法第一百一十八条；情节特别严重的，适用《全国人民代表大会常务委员会关于严惩严重破坏经济的罪犯的决定》第一条第（一）项的规定。以营利为目的，从事淫书淫画、淫秽音像的出版、印刷、发行、销售活动的，以刑法第一百七十条制作、贩卖淫书淫画罪论处；其中非法经营或者非法获利的数额巨大或情节严重的，不仅触犯了制作、贩卖淫书淫画罪，也触犯了投机倒把罪，应以投机倒把罪论处”。再如“两高”1984年11月2日《关于当前办理流氓案件中具体应用法律的若干问题的解答》中规定：利用淫秽物品教唆、引诱青少年进行流氓犯罪活动的，或者在社会上经常传播淫秽物品危害严重的，以及不以营利为目的，引诱、容留妇女卖淫，情节严重的，等等，均应以流氓罪论处。各地法院在审理“六害”犯罪案件时，要注意认真研究执行这些司法解释，准确适用法律，有力打击“六害”犯罪活动。同时，还要注意继续研究在审判中遇到的新情况、新问题，对其中属于如何适用法律定罪量刑的问题，要及时提出意见，逐级报告最高法院，以便进一步作出司法解释，更好地适应除“六害”斗争的需要。

四、要紧密配合这次统一行动的进展，不失时机地搞好公开审理和开好宣判大会。最近，浙江、福建等地法院选择重大、典型的制造、贩卖淫秽物品等案件，在温州、石狮等丑恶现象比较严重的地区召开宣判大会，大张旗鼓地判处了一批犯罪分子，有力地配合了“扫黄”、“打丑”斗争的进行，效果和影响都很好。各地法院也要在这次统一行动的不同阶段，尽可能在“六害”案件多发地区多开几次宣判大会，以震慑和分化犯罪分子，鼓舞和教育人民群众，扩大统一行动的声势，遏制“六害”继续蔓延的势头。

五、结合审判工作，积极参与扫除“六害”的综合治理。扫除“六害”的工作，光靠政法机关的打击是不够的，只有发动全社会的力量，各职能部门加强管理，综合治理，才能奏效。因此，各地人民法院在依法审理“六害”犯罪案件的同时，还要注意研究和发现有些地区、有些行业和有些环节在管理上的漏洞和死角，针对案件中暴露出来的问题，及时向有关单位提出司法建议，促使发案地和发案单位加强管理，堵塞漏洞，清除死角，预防和减少“六害”犯罪和丑恶现象的发生。

我就讲这些，谢谢大家。

祝铭山副院长在加强防范、严厉打击处理盗窃破坏通信线路犯罪活动电话会议上的讲话

（1989年8月22日）

同志们：

今天，邮电部、公安部、高检、高法联合召开电话会议，统一部署严厉打击破坏通信线路犯罪活动的工作，以保障通信线路的安全，确保国内外的通信畅通，适应改革开放和社会主义现代化的需要，这是非常必要和适合的。人民法院作为国家的审判机关，应当运用法律武器，积极参与严厉打击破坏通信线路的犯罪活动。下面，我主要从审判工作的角度，讲几点意见：

第一，充分认识确保通信线路安全、畅通的重要性和严厉打击破坏通信线路犯罪活动的迫切性。大家知道，邮电通信线路是国家政治经济活动的基础设施，是国家通信网的重要组成部分，它担负着国内、国际通信任务，在社会主义现代化建设、巩固国防、保障国家安全中都起着极其重要的作用。如果不能确保通信线路的安全、畅通，各种各样的重要信息就无法传递，社会生活秩序也就难以维持，甚至连我们今天这样的会议都无法顺利进行。通信线路一旦遭受破坏，所造成的损失往往是无法用经济价值来衡量的。从邮电部门和公安部门通报的情况看，近年来，通信线路遭受破坏的情况确实是相当严重的。发案率大幅度上升，而且案件分布范围很广。仅今年上半年，全国发生的破坏通信线路案件，就比去年同期增加了3倍，被盗电线、电缆增加了3.5倍，阻断通信路分增加了9.9倍。犯罪分子的作案手段很狡猾，气焰十分嚣张。他们把通信线路比作“露天银行”，有的连续作案，有的成群结伙开着摩托车、吉普车、赶着马车大肆作案。其结果不仅使局部地区的通信被阻断，而且使通往一个省或一个大区的通信阻断，甚至使一些十分重要的通信和国际通信被阻断，致使卫星发射、军用飞机的起飞，党中央、国务院、中央军委与各地的通信受到威胁。这些情况充分说明，严厉打击破坏通信线路的犯罪活动，已经成为刻不容缓的一项重要工作了。

第二，积极参加专项斗争，集中力量打击破坏通信线路的犯罪活动，造成强大的声势。这次会议以后，将在党委统一领导下，开展专项斗争。各级人民法院从现在起就要做好审理这类案件的准备工作。要配备比较强的审判力量，处理这类案件。对少数重大案件可以提前介入，了解案情，以便起诉后能够及时审判。一俟案件起诉后，即抓紧时间审理，依法严厉判处。凡是构成犯罪的，都必须坚决追究刑事责任，不能以经济处罚或行政拘留代替刑事处罚；凡是罪该重判的，都应依法重判，以震慑其他犯罪分子，警诫有可能走上犯罪道路的人。

为了有效地打击和遏制犯罪分子的嚣张气焰，教育群众，张扬法制，扩大办案效果，各地法院应选择典型案例公开审理或召开公开宣判大会，组织群众旁听和印发宣传材料。公判大会既要选择罪行严重，依法从重判处的案件，也要注意选择具有投案自首、检举揭发等情节，依法从轻处理的案件，以充分发挥政策和法律的威力。

第三，严格依法办案，有力打击犯罪分子。人民法院审判案件必须以事实为根据，以

法律为准绳。在严厉打击破坏通信线路犯罪活动中，各级法院同样必须严格遵循这一原则。国务院、中央军委于1982年做出的《关于保护通信线路的规定》第五条指出："偷盗电杆、电线、电缆等通信线路设备或利用技术手段危害通信安全的，都是犯罪行为。公安、司法机关对反革命分子和其他刑事犯罪分子破坏通信线路的案件，应及时组织侦破，依法进行处理"。我国刑法在有关条款中明确规定了对破坏通信线路犯罪活动应认定的罪名和判处的刑罚。最高人民检察院和最高人民法院曾就处理这类案件作过司法解释。这就为人民法院审判此类案件提供了明确的法律依据，我们必须认真执行。对以反革命为目的，采取各种方法破坏通信线路的，均应以反革命破坏罪从严惩处。由于反革命破坏罪所侵害的客体是人民民主专政的政权和社会主义制度，其主观恶性和客观危害都很大，所以，在适用刑罚时必须依法从严惩处。对并非出于反革命目的，偷割或以其他手段破坏明知是使用中的通信线路的，均应以破坏通讯设备罪论处。司法实践中遇到的多数犯罪分子，都是为谋取非法利益，大肆偷割电线，再拿到市场上去销赃的。对于这些犯罪分子，绝不能因为其主观上的直接故意是偷窃，就以盗窃罪论处，认定构成盗窃罪的重要条件就是必须达到"盗窃数额较大"，而认定构成破坏通讯设备罪，则并不要求罪犯所窃电线的价值达到数额较大。判断破坏通讯设备犯罪行为的危害性，确定犯罪分子应承担的刑事责任，不能根据其所窃电线价值的大小，而应该根据其危害通信安全的程度和造成的后果。即使罪犯偷割的电线价值很小，但只要危害了通信安全，构成犯罪，就应依法追究其刑事责任。对于那些出于对个人的报复或发泄对一时一事的不满情绪等动机，而故意剪割、捆扎正在使用中的通信线路的犯罪分子，也应以破坏通讯设备罪论处。对由于过失使通信线路遭受破坏，造成严重后果的，应按过失破坏通讯设备罪予以惩处。对盗窃库存的或者废置的通信线路上的电线，所窃电线价值达到数额较大的，应以盗窃罪论处。破坏通讯设备罪属于危害公共安全罪。库存的或者废置的线路上的电线并不是正在使用的通信线路，盗窃这种电线不会阻断通信而危害通信安全，所以不应该定为破坏通讯设备罪，而只能定为盗窃罪。对为破坏通信线路的犯罪分子出谋划策或为犯罪分子销赃提供方便，构成犯罪的，也应该依法追究其刑事责任。其中构成共同犯罪的，按破坏通讯设备罪的共犯论处；构成窝赃罪、销赃罪的，按窝赃罪、销赃罪论处。对明知是赃物仍收购的，均应将赃物无偿追缴，以示惩诫。

总之，人民法院一定要充分发挥审判职能作用，为严厉打击破坏通信线路的犯罪活动，确保通信线路的安全和畅通尽职尽责，贡献力量。

祝铭山副院长在贯彻"两高"《通告》新闻发布会上的讲话

（1989年8月30日）

我完全同意冯锦汶副检察长刚才的讲话。现在，我着重向各位介绍一下人民法院执行《通告》规定的有关情况。

正如大家所了解的，自党的十一届三中全会决定实行改革开放政策以来，我们党和政府一直十分重视同经济领域内的犯罪活动作斗争。近几年来，全国各级人民法院依法判处了一大批严重经济犯罪分子。今年上半年，全国各级人民法院共审结经济犯罪案件30453件，比去年同期上升19.74%；判处人犯45604人，比去年同期上升27.06%其中，判处贪污犯3343名，判处受贿犯816名，判处投机倒把犯716名。在判处的人犯中，被判处五年以上有期徒刑、无期徒刑直至死刑（包括死缓）的13493人，比去年同期上升4.14%。但是，当前经济领域内的犯罪活动，特别是少数国家工作人员贪污、受贿等犯罪活动和少数单位的投机倒把等犯罪活动仍很猖獗。从各地法院受理的经济犯罪案件来看，有以下四个特点：一是经济犯罪案件呈上升趋势，重大、特大案件仍很突出；二是国家工作人员犯罪占一定比例；三是贪污、受贿案件中企业干部居多，多是掌握财物批准权的厂长、经理与直接管理财物的会计、出纳、管理员以及经手财物的推销员、采购员等；四是共同作案，内外勾结作案严重。

"坚决惩治腐败"，是党的十三届四中全会提出的一项重要任务。为了深入开展打击严重经济犯罪活动的斗争，分化瓦解犯罪分子，给犯有贪污、受贿、投机倒把等犯罪行为的人一个悔过自新的机会，最高人民法院、最高人民检察院根据《中共中央、国务院关于近期要做几件群众关心的事的决定》中的建议和有关法律规定，制定和公布了《关于贪污、受贿、投机倒把等犯罪分子必须在限期内自首坦白的通告》。

这一《通告》充分体现了党和国家一贯坚持的"惩办与宽大相结合"、"坦白从宽、抗拒从严"的政策。《通告》依照有关法律，作出规定：凡在限期内自首坦白的犯罪分子，均予以从宽处理；凡在规定期限内拒不投案自首坦白交代问题的；为隐瞒犯罪销毁证据、转移赃款赃物的；以及互相串通，订立攻守同盟或者畏罪潜逃、拒不归案的犯罪分子，均坚决依法从严惩处。这就全面体现了党和国家的政策。

自《通告》发布以来，一些贪污、受贿、投机倒把等犯罪分子在党的政策的感召下向人民法院和其他有关部门投案自首。目前，各级人民法院正严格按照《通告》的规定审理案件，务必使《通告》的各项规定得到落实，兑现政策。现在，一些人民法院已及时判处了一批案件。这里我向大家介绍法院按照《通告》规定处理的一宽一严的两个案例：

第一个，是桂广庆投机倒把、受贿案。这个案子的一审情况，前不久新闻媒介已作过报道。桂广庆原是武汉冶金研究所所长。1988年7月，他利用所长职权，将冶金部拨给武汉市冶金研究所计划内的30吨镍板中的5吨，私下倒卖给长沙通用电器公司2吨，非法获利4.5万元；将余下的3吨，倒卖给武汉市无业人员陶某，非法获利35.8万余元。两项共获赃款40.3万余元。同年7月，桂广庆还批准将5吨镍板给湖北省汉川县分水镇某厂职工倒卖，非法收受周某等人的贿赂款1.3万元。1988年11月24日，桂广庆自动到武汉市检察分院投案自首，如实地交代了罪行，并退回了全部赃款。桂广庆的所犯罪行，论罪应该判处死刑，但鉴于他主动投案自首、积极退赃，武汉市中级人民法院根据刑法和"两高"《通告》的规定，数罪并罚，对桂广庆判处无期徒刑，剥夺政治权利终身。桂广庆不服，提出上诉。湖北省高级人民法院经审理认为，一审判决对此案适用"两高"《通告》的有关规定，从轻判处是应当的。但根据本案被告人主动投案自首，并退回全部赃款的具体情况，按照《通告》的精神，还应当判得轻一些。因此，湖北省高级人民法院于昨天对此案做出终审判决，数罪并罚，改判桂广庆有期徒刑十五年，剥夺政治权利三年。

第二个，是邓安薇、宋顺文贪污案。邓安薇原是中国农业银行贵阳支行某营业所主办会计，宋顺文是个体工商户。1986年11月2日至1987年3月10日，邓安薇与宋顺文互相勾结，由宋顺文虚构汇款单位，提供汇款单位账户，填写假信汇赁证，由邓安薇利用银行主办会计的职务之便，先后七次将14.3万余元公款，信汇到宋顺文的账户上，由宋顺文用以偿还债务和进行个体经营活动。在此之前，宋顺文还有诈骗犯罪行为。1987年3月10日，邓安薇与宋顺文的通奸行为败露后，唯恐贪污罪行被发现，便用赃款购买小货车一部，偷越国境，逃往国外。1988年10月被引渡回国。

1989年6月26日，贵阳市中级人民法院以贪污罪，判处邓安薇、宋顺文死刑，剥夺政治权利终身；对二人的偷越国境罪和宋顺文的诈骗罪，也判处了刑罚。数罪并罚，对邓安薇、宋顺文决定执行死刑，剥夺政治权利终身。邓、宋不服一审判决，提出上诉。贵州省高级人民法院于1989年7月做出二审判决，驳回上诉，维持原判，并依法报送最高法院复核。

1989年8月24日，经最高人民法院审判委员会讨论，一致认为，被告人邓安薇、宋顺文，共同窃取银行公款14万余元，贪污数额巨大，且作案后畏罪潜逃国外，犯罪情节特别严重，应予严惩。依法核准了对邓安薇、宋顺文的死刑判决。

以上两个案件，论罪都应判处死刑，但由于被告人犯罪后态度不同，一个是投案自首，一个是畏罪逃往国外，处理的结果也就不同。这就说明，人民法院执行“两高”《通告》的规定，是坚决的，认真的。一切有经济犯罪行为的人，应当从这两个案件得到启发，不要错过时机，要在《通告》规定的时间内自首坦白，争取从宽处理。如若执迷不悟，抱着侥幸心理，企图掩盖罪行，蒙混过关，人民法院必将依照法律，严惩不贷。

在这里我还要说一下，为了进一步推动这一斗争的深入发展，最高人民法院于前几天向各高级人民法院发出了《关于进一步贯彻执行最高人民法院、最高人民检察院〈通告〉的通知》。要求各级人民法院坚决贯彻执行《通告》的各项规定。对适用《通告》第二条从宽判处的案件，在法律规定的范围内，从宽的幅度可以更大一些，以有利于分化、瓦解犯罪分子；要充分利用各种形式，特别是新闻媒介，广泛宣传，大造舆论，对犯罪分子形成“老鼠过街，人人喊打”的声势，特别要选择从宽从严处理的典型案例进行报道，以增强“两高”《通告》的感召力和震慑力。

我们相信，在各地党委的统一领导和部署下，深入发动群众，人民法院与有关部门密切配合，贯彻“两高”《通告》一定会取得好的社会效果，严惩经济领域严重犯罪这场斗争一定会取得胜利！

祝铭山副院长兼法律业大常务副校长在第四次法律业大工作会议上的讲话

（1989年9月1日）

我们这次专职副校长会议的中心议题是什么？我想应该是：认真贯彻中发〔1989〕4号文件，加强领导，全面提高办学水平，把业大进一步办成培养人民法官的坚强阵地。

中发4号文件主要是针对普通高校讲的，对成人高校也适用。我们学校从上到下都应认真学习、坚决贯彻中发4号文件。这是当前我们办学中的一件大事，是学校建设中的关键问题。围绕贯彻中发4号文件，我讲下面几个问题。

一、一定要坚持社会主义的办学方向

中发 4 号文件中有这样一段话:“培养什么样的人始终是教育战线的根本问题。各级党委、政府和教育部门要切实加强对高等学校工作的领导，把坚定正确的政治方向放在教育工作的第一位，坚持社会主义方向，坚持马克思列宁主义、毛泽东思想的教育，加强思想政治工作，严格校纪、校风管理，搞好教育改革，真正把高等学校办成培养社会主义接班人的坚强阵地。”这个极端重要的问题，我们业大是否明确！大家可以回顾一下，1985 年业大开办时，最高法院就明确提出要培养“四有”人才，即培养德才兼备的人才，培养合格的人民法官。要通过三年的学习，使学员能够成为具有高度的政治觉悟，高尚的职业道德，具有一定的专业知识水平的司法干部。可以说，对办学方向问题，我们学校是明确的，而且是一直坚持这样做的。我校的一切工作都是为了达到培养“四有”人才这个根本目的来安排的。我校总体上不存在办学方向不端正的问题，这一点应该肯定。但是，也存在一些问题，突出地表现为少数学员学习目的不够端正，出于各种各样的个人目的来上业大；少数办学人员，包括领导同志不重视对学员的思想教育，思想政治工作比较薄弱；有些学员和教师只重视专业课，轻视政治理论课；少数地方管理松弛，对违纪现象姑息迁就，等等。这些问题都同培养什么样人这个根本问题紧密相关。几年来，我们也一直为纠正这些不正确的现象而努力，各级领导和办学人员做了许多工作，效果是好的。

发生动乱和反革命暴乱之后，培养什么样人的问题更加尖锐地摆在我们的面前。但在这场动乱、暴乱中，我们学校没有发生大的问题。一些普通高校发生的问题，给我们敲起了警钟，提醒我们在这个重大问题上不能掉以轻心。实际上我们学校也不是一点问题没有，总校和个别分校的极少数青年教师、学员参加了游行等活动。今天在坐的各分校的领导，都应该十分明确：只有始终坚持社会主义的方向，业大才能越办越好。在这里，我想提出几个问题，请大家考虑。

第一，做好新生入学的政治审查。招生不仅仅看考试分数是否达到录取分数线，还要看政治条件。资产阶级自由化观点严重，在这次动乱、暴乱中犯有严重错误又拒不改正的人，不能录取为学员。

第二，加强学员的思想政治工作。这是我们一贯坚持的，几乎每次开校长会都强调这个问题。教育学员正确对待学习和工作，牢固树立为四化建设而奋发学习的观念，克服单纯捞文凭等不正确思想；做到学习好，工作也好；学习应当刻苦，多付出一点代价。注意抓学员中不正确的思想苗头，及时加以教育和引导。不要以为学校就是管教学，不管思想工作。学员到业大学习，思想工作原单位要管，学校也要管。做思想政治工作，学校党支部要发挥战斗堡垒作用。

第三，重视政治理论课的教学。我们在教学指导思想上对政治理论课要高度重视。从学校领导到教师都应重视政治理论课的教学，而且要把政治理论课搞好，有些政治理论课的内容要加以改革。有少数学员对政治理论课不大感兴趣，似乎学专业知识是学真本事，学习政治理论课不是学真本事，这是一种不正确的认识。中发 4 号文件特别强调：“必须认真纠正只重视智育、轻视德育的现象。所以，要提高对政治理论课重要性的认识，加强和改革政治理论课的教学，对资产阶级自由化思潮展开有理有据的批判。”我们学校这几年讲的政治理论课内容中有没有资产阶级自由化的观点？要认真检查一下。今后，通过政治理论课的教学，用马克思主义的基本理论武装学员。要使学员明白，政治理论课学好了，功底才能扎实，遇到大事大非问题，立场才能坚定。只有政治理论课学好了，专业课才能真正发挥作用。

坚持社会主义的办学方向，要从各个环

节上做细致的工作。这些方面的工作做好了，我们就可以达到培养四有人才的目的。

二、加强教师队伍的建设

业大创建时最高法院就提出，要下大力气建设一支理论联系实际的教师队伍。几年来，我们一直把这件事摆在重要议事日程上。应该说，在这个问题上，我们的认识是清楚的，工作也是有成效的。中发4号文件提出：坚决依靠走社会主义道路、业务素质优良的教师，是办好具有中国特色的社会主义大学的关键。教师队伍的建设要从两个方向入手。一个是思想建设，一个是业务建设。1988年最高法院发了27号文件，对教师数量、质量提出了全面的要求。但在实际工作中，有时对教师队伍的思想建设重视不够。当前，教师队伍建设要着重抓以下几点：

(一)选配教师，特别是理论课教师一定要按照27号文件的要求，首先要政治素质好，能为人师表。政治素质好，最重要的内容就是坚持四项基本原则，能自觉抵制和反对资产阶级自由化，拥护党中央的改革开放政策。如果教师本身对马列主义怀疑，怎么能教育别人呢？那是误人子弟。不是有个大学文凭就可以当教师。当教师除了在专业上有一定的学识之外，还必须政治上过硬，品德优良。对青年教师的思想政治工作要加强，尤其是日常的思想工作不能放松。当前主要是学习中央四中全会文件和小平同志的讲话，对平息反革命暴乱这场关系党和国家命运的政治斗争要有正确认识。中发4号文件指出："各校都有相当多的教师经受住了考验，他们立场坚定，是我们今后办学的骨干力量。但也有一些教师，由于不明事实真相，缺乏政治经验等各种因素，一时在认识上模糊，甚至不同程度地卷入了动乱。这部分教师是我们开展教育、团结的重点。要热情帮助他们提高认识、划清是非界限，放下包袱，轻装前进。只要他们转变了认识，端正了立场，就仍然要依靠他们教书育人，办好学校。"少数青年教师缺乏政治经验，由于不明事实真相，一时糊涂，不同程度地卷入动乱、暴乱。对他们要加强教育，帮助他们提高认识，总结教训。但是"个别教师资产阶级自由化思想严重，较深地参与了动乱。他们的思想观点和立场在短期内难以改变，对经过教育坚持不改的人要解除其教学职务，另行安置。"这就是说自由化思想严重，又较深的参与动乱的人就不能再当老师了。

(二)坚持教学、审判、科研三结合。总校、分校要创造条件，使教师有一定时间到审判庭办案。通过教学加深理论修养，提高办案能力，通过办案积累经验，发现审判工作中的新问题、新情况，提高教学水平。在教学、办案中结合实际进行学术研究。实行三结合，可以达到理论联系实际的目的，保持、发扬我校的理论联系实际的特色。同时，也便于解决教师的审判职称问题，稳定教师队伍。这一点大家要努力去做。

三、加强教学行政人员队伍建设

中发4号文件特别提到学校领导班子问题，"整顿党的组织，加强领导班子"。我校领导班子和其他学校不一样。校长、常务副校长是院长、副院长兼任的。主要是专职副校长、分部专职副主任要选配好，要求他们不仅业务要强，政治上也要强。头脑清醒，议大事抓大问题，善于做思想政治工作，办学人员要配得整齐精干，以保障办事高效率。到底办学人员要配多少，总校拟个征求意见稿，很不成熟，抛砖引玉，供大家讨论。各地情况不同，地理环境不同，学员多少不同，担任的任务也不太一样。有的分校还担负其他工作，如短期培训等等。因此，规定得很死，恐怕行不通。总的要求是，根据实际需要，按着少而精的原则配备。

对办学人员的作用不能小看，他们是教学、行政工作的组织者和执行人，又是思想政治工作者，很多思想工作要他们去做。这些同志很劳累、很辛苦，起早贪黑地干，却默默无闻。他们的勇于奉献的精神，为人民服务的思想是十分可贵的。对这些同志，我们要在政治上、工作上、生活上关心他们，帮助他们。要根据工作的需要，对他们进行培训，使他们能有学习提高的机会。这样，我们不仅有一支很好的教师队伍，而且还有一支能干的行政人员队伍。这两支队伍缺一不可。

四、加强管理

管理问题是办学的一个重要问题。我们要一如既往地强调从严办学，应当肯定，我们学校从整体上来说，管理是比较严的，获得了有关方面的赞许。从一定意义上讲，业大取得的成果归功于一个“严”字。一所学校不狠抓管理不可能办好。新建的学校如管理工作跟不上，能否存在下去都成问题。在我们学校内部对这个问题的认识并不一致，“差不多”的思想确实存在。总校强调管理从严，下面的少数同志不一定接受，实际上有的地方确实管理不够严格。

中发 4 号文件指出：“要严格教学管理和学籍管理，整顿学校秩序，端正学风、校风，形成有利于学生健康成长的良好道德风尚和政治环境。”管理问题、风气问题关系到学员能否健康成长、能否达到培养四有人才的目的，不能轻视，要抓得很紧很紧。

管理是多方面的，这里只谈两个问题：一个是学籍管理。我们学校很大，层次多，总校制定的文件，各地都要执行。有什么问题请及时提出来，对请示的问题，以正式书面的答复为准。不然就会造成混乱和产生矛盾。对学籍问题一定要照章办事，不可随意变通，不然会留下难以处理的后遗症。对这个问题我们是有教训的。再一个是考场纪律。对这个问题，我们多次强调要严格，并发过多次通报。发通报并不是批评分校。有的分校对违纪学员发现一个处理一个，有的分校则比较马虎，个别地方甚至姑息。处理是教育本人，更重要的是教育其他人。

关于对专业证书学员管理问题，要重申几句：专业证书学员和学历生不同，是否参加入学考试和学多少门功课不一样，年龄结构不一样，证书效力也不一样，但入学后的管理是一样的，同样要严格管理。如果对他们不严加管理就会产生两种不良后果：一是他们自己学不好；二是影响学历生，所以不能对这些学员放松管理。专业证书学员第一学期注册 2.8 万，第二学期 2.4 万，流失 4000 人，多数属正常流失，也有的是非正常流失。对这部分学员要关心、帮助，多鼓励。有些同志认为三年学制太长，这有道理。本来不必学三年，但由于和学历生一起开课，没有足够的师资和其他条件单为他们开课，同时也考虑到，这样安排每学期学的课程少，学员压力不大，有利于解决工学矛盾。这一届只好如此，请大家多做些解释工作。

五、加强领导

业大办了几年，进入正常发展的成熟期了，国家教委考核验收已经通过，评价不低；已有两届毕业生，共 3.5 万余名；教师队伍初具规模，已有了百余名教授和副教授；开展了一些科研活动，与培训中心联合召开了首届法院系统学术讨论会，有些分校也开展了形式多样的科研活动；学校还承担专业证书教育、短期培训，等等。这些都是我校成熟的标志。也正因为如此，又产生了一些新的问题，集中表现在少数地方出现了松的现象。有些领导同志认为办学的最困难阶段过去了，可以松口气了，对学校工作过问少了，抓得不紧了。特别是分部这一层的问题比较大，有的出现滑坡。再有一个松的表现是少数学员的学风存在问题，社会上的一些不好的风气，如读书无用论、厌学风等对部分学员有影响。这届学员与上届不同，多为青年同志，有些人学习劲头不太足，有混文凭的思想。我们要很好利用贯彻中发 4 号文件的机会，加强对学员的思想教育。管理工作也有一些松的表现，日常教学、行政工作抓得不紧，甚至拖沓、混乱。

这些问题虽然是局部的，但要不重视，不及时解决，就可能扩展、蔓延。解决松的问题关键在领导。领导思想上不松，各项工作就都抓起来了。请各分校认真检查一下，有没有松的问题，有的话表现在什么地方，并研究一下解决的办法，向领导汇报，使问题及早解决。

有的同志问，长期办学长到什么时候？准确的时间不大好说，但有一点可以肯定，在相当长的时期内，业余大学要办下去。大家担心生源问题，生源是客观存在，现在生源确实比过去少了，但还有生源，而且法院还要增编，随之而来的是生源的扩大。增编后，一部分人要接受学历教育，一部分要接受专业证书教育，只要生源不枯竭，业余大学就有存在的客观要求。即使有一天完成了学历教育的使命，专业证书教育和短期培训的任务还要继续完成。今后，业大要进一步向多功能转化，在搞学历教育的同时，搞专业证书教育，搞经常性短训等。将来办学内容和形式会随着法院干部队伍的变化和审判工作的客观需要有所变化，但学校这个教育培训干部的实体依然要存在。有法院有法官队伍，就要有法官培训工作，就要有培训机构。有些青年教师担心学校能办多久，实际是担心自己的前途，这是可以理解的。这首先要做思想工作，要教育他们以党和人民的利益为重，以大局为重。个人出路组织会替他们考虑的。我想各级法院院长会关心这些同志的。我们要对青年人负责，为他们今后的发展铺路。关心青年同志的前途，就是关心我们事业的发展。国家四化建设需要青年人施展自己的才能，多做贡献。

祝铭山副院长在刑事再审案件开庭审理程序座谈会上的讲话

（1989年11月17日）

这次会议是讨论刑事再审案件的开庭程序问题。大家对征求意见稿提了很多好的修改意见，对某些问题展开了相当热烈的讨论，会议气氛很好。我们将根据大家的意见再作修改，争取早一点把这个文件发下去。这个文件中有些内容涉及到检察、司法、公安机关，我们还要与这几个部门进行商量，比如说刑事再审案件开庭的时候，检察院要派员出庭，那么他的法律地位是什么？以什么名义出庭？就需要与检察部门研究。这个稿子定下来后，各地在试行或执行中，还会遇到一些问题，需要进一步解决。这次会议还就刑事申诉问题、刑事再审案件的处理问题，谈了一些情况和意见，这些意见都是很好的。现在我就刑事再审案件开庭程序和有关问题，讲些个人意见，供同志们参考。

关于刑事再审案件开庭问题，最高法院和最高检察院在1988年4月30日发出了《关于公开审理再审案件的通知》，以后，任建新院长分别在第十四次全国法院工作会议、全国人大七届二次会议上和全国法院廉政会议上的工作报告中，都一再加以强调。一年多来，许多法院积极开展了这项工作，公开审判了一些刑事再审案件，积累了一些经验，也发现了一些要解决的问题。四川、吉林、广西、福建、山东等省、区的法院还召开了刑事再审案件开庭审理的观摩会、现场会，以期推动这项工作的开展。有些高级人民法院根据刑事再审案件的特点，制定了开庭审理程序的意见或暂行办法下发试行，有的高级法院会同公、检、司等部门联合下发了关于再审案件中的被告人提审羁押、检察人员出庭、再审判决的执行以及对改判无罪的当事人的善后工作等问题的通知，为公开审理再审案件创造了一些条件。总的看来，这项工作已经有了一个良好的开端。但是各地情况不一样，起步有早有晚，开庭审判的案件有多有少，各自掌握的情况和取得的经验也就不同，也有的地方由于主观、客观上的原因，还没有开展这项工作。再审案件开庭审判确实比较复杂，需要具备一定的条件，一是主观认识上的条件，就是认识它的重要性和必要性，克服重实体、轻程序的思想，严肃执法；二是法律制度上要提供保证；三是客观物质条件。所以，这件事情不可能一提出来马上全面铺开、遍地开花。应该说，我们现在做到这种程度，已经取得了可喜的成果，但问题还不少，还需要继续努力。

一、现在为什么强调刑事再审案件要开庭审理

1. 前几年我们没有提这个问题，去年初才把它提到日程上来，主要是考虑到当前刑事再审工作客观上有这个要求，而且具备了一定的条件。这是根据客观实际情况提出来的，并不是主观臆想出来的。刑事再审案件结构，现在发生了很大的变化。前几年主要是查处建国后各历史时期的老案，处理那些案子要适用过去的一些政策、法律，要根据十一届三中全会以来党的方针、政策精神；从程序上来讲，是用过去的方法，不是用刑事诉讼法规定的程序，当然，刑事诉讼法规定的一些基本原则过去也有。处理历史老案我们没有提出要求开庭审理，因为处理那些案子开庭审理，既无必要，也不可能，几十年前的老案，证人有的去世了，有的找不到了，当时有些案件处理得比较粗糙，证据也不齐全，现在怎么开庭？而且案子是大量的，要在比较短的时间里把这些案子办出去，我们也没有那么多人力去一个一个开庭判。复查历史老案的任务在党的十三大之前已经完成了。现在再审的案件大部分是“两法”实施以后的案件，这些案件原判的时候就是依照刑事诉讼法开庭审判的。现在再审，也要依照刑事诉讼法开庭审判。现在要求再审开庭，实际上有这个可能，应逐步地把这项工作抓起来。所谓可能，主要是这些案子都是最近几年判的，证人还在，证据也没有灭失，能够开庭，从审判力量上讲也能办到。所以，现在强调这个问题，既有这个需要，也有这个可能。

2. 刑事再审案件开庭审判也是加强社会主义法制的需要。十一届三中全会以来，我国社会主义民主和社会主义法制建设已经取得很大成绩，在国家和社会生活主要方面，已经基本有法可依。在刑事诉讼方面有两部基本法，即刑法和刑事诉讼法，有若干个特别法，在经济、行政法律法规中有相当多的刑事条款，还有一系列司法解释。我认为在刑事诉讼方面的立法要比其他方面更健全、更完善。程序法的一个基本原则就是公开审判。公开审判不仅仅是刑事审判的基本原则，也是民事、经济、行政审判的基本原则。无论是一审、二审、还是审判监督程序的再审案件，都要贯彻公开审判这个基本原则。依法办案就要做到依法公开审判。而公开审判的基本活动方式是开庭，只有开庭审理才能很好贯彻公开审判的原则。所以，我们要从加强法制建设的高度来认识，来抓这件事。

3. 刑事再审案件开庭审理，也是法院自身建设和改革的需要。法院的审判工作要为治理整顿服务，为改革开放服务，因此，自身的改革和建设必须搞好，否则就不可能完成其审判任务。在法院自身建设和改革当中，要抓好的工作重点之一，就是搞好公开审判。所以说开展再审案件开庭审理，不仅是法制建设和审判工作的客观要求，也是法院自身建设和改革的要求，是法院自身建设和改革要达到的一个重要目标。

二、刑事再审案件开庭审理的好处

审判监督程序是特殊程序，与一、二审程序不完全一样，有它的特殊性，可不可以不搞开庭审理？开庭审理有什么好处？前面说过，公开审判是刑事诉讼的普遍原则，它对于一、二审程序和审判监督程序都是适用的。对于涉及国家机密的、个人隐私的、未成年人犯罪的案件不公开审理，但也要公开宣判。一审时开庭审理的目的主要是为了查明案件事实，确定罪责。查明事实，就要开展法庭调查。法庭调查是人民法院查明案件事实的主要手段。按照刑事诉讼法的规定，证据都要拿到法庭上来出示，证人要出庭作证或者宣读证言并经过质证，才能作为定案的依据。这一规定，也适用刑事再审案件的审理。通过法庭调查、辩论等程序明确被告人是有罪还是无罪，犯什么罪，应该适用什么法律，以决定是改判的还是维持原判。再审案件，过去主要是搞书面审，基本不开庭，这样在大家的思想认识上，慢慢形成一种看法，好象书面审就可以解决问题，就可以把案件搞清楚。有些案件书面审可以解决问题，有些就不一定能解决问题。我说这些，在于说明刑事再审案件开庭审理的根本目的在于查明案件事实，确定原审被告人的罪责。这个问题不明确，就容易产生把开庭审理看成是可有可无、多此一举的，或者认为是自找麻烦，因而做起来不认真，走过场。

开庭审理可以接受社会各界的监督，保证判决的公正。公开审判的开庭是对社会的公开，是最大限度的透明度。开庭审理的本身不是目的，它是通过一定程序保证判决的公正。有些案子社会上有反映，说你们法院判的有什么名堂，不公正，包庇了罪犯，冤枉了好人，偏袒了某某人，甚至谁写了条子，谁吃请受贿，这种议论相当多。在我们接触的申诉书中、上访人中，有好多提到这个问题，他怀疑你不公正，徇私枉法、徇情枉法了。这类怀疑有的可能是有根据的，有的可能是望风捕影甚至是臆想的。如果开庭审理就可以避免和打消种种怀疑和猜测。确实有这样的例子，开庭审理搞得比较成功，社会各界反映很好，当事人的亲属、朋友信服，认为法院是依法办事，是实事求是的。

开庭审理有利于对公民进行社会主义法制教育。人民法院职能之一就是通过审判活动，教育公民懂法、守法、增强法律意识。法院可以通过多种形式对公民进行法制教育，公开审判是最好的形式，最好的场合、最好的手段，可以达到最佳的效果。对当事人与其亲属来讲，开庭审理可以使他息诉服判，比我们苦口婆心去说服要好一些。有些上访老户问题长期解决不了，经过开庭审理，在确凿的证据面前，上访人和原来支持他申诉的人无话可说了，使旁听人也受到了教育。有的地方有意识找这样案子来开庭，实践证明效果都是好的。

三、刑事再审案件开庭审理工作要积极认真，实事求是，讲究质量，总结经验

刑事案件再审开庭是件很严肃的事情，不积极、不认真搞不好。当前，这一工作仅仅是开始，有些地方甚至没有开始，不采取积极的态度，这个工作就推不开、打不开局面。我们希望各地都能认真对待这件事，采取积极的态度，把再审开庭工作抓起来。

再审案件比较复杂，牵涉的问题比较多，有些案件具备开庭的条件，有些案件不具备，有些地方条件比较好，有些地方条件差一些，所以要从实际出发，量力而行，逐步开展，不作硬性要求今年达到百分之多少，明年达到百分之多少，那样不切合实际。我们提出有条件的要积极开庭，没条件的要努力创造条件，没有作一刀切的要求。希望各省、市、自治区高级法院能有个打算，你那里哪几个地方开展试点，选择几个案件先搞；采取什么形式来推动，逐渐展开；大体用多长时间能普遍搞起来。有些案件实际不具备开庭的条件也不要勉强去开庭，不要为了开庭而开庭。

再审开庭要讲究规范化，即严格依照刑诉法的规定进行。不要凑数，不要搞形式主义，那样开庭没什么意思。开庭就要达到开庭的目的。通过开庭要解决的问题，能够确实加以解决，千万不能搞花架子，追求百分比。要开一个就开好一个，达到预期效果。

再审开庭审理，各地经过试点，要通过开观摩会、现场会、讨论会等形式，总结经验，看看庭怎么能够开好，为了开好庭还有哪些问题需要解决，自己能够解决哪些，哪些是必须由上级法院帮助解决的。如果有的庭没有开好那也没有关系，但应认真总结经验教训。总之，我们要上下共同努力把刑事再审案件的开庭审理工作搞好。

中华人民共和国的行政诉讼程序

——1989年6月23日马原副院长在芬兰赫尔辛基第三届国际商业行政法院会议上的讲话

一、行政诉讼发展概况

中华人民共和国的行政诉讼是在大力发展社会主义民主和健全社会主义法制，以及改革、开放的过程中产生并逐步发展起来的。

中华人民共和国宪法规定：中华人民共和国公民对于任何国家机关和国家工作人员，有提出批评和建议的权利；对于任何国家机关和国家工作人员的违法失职行为，有向有关国家机关提出申诉、控告或者检举的权利。对于公民的申诉、控告或者检举，有关国家机关必须查清事实，负责处理。任何人不得压制和打击报复。

长期以来，我国的行政纠纷一般是由行政机关通过行政程序来解决的，没有设立专门的行政法院审理行政案件。从1980年起，立法机关在制定的一些法律中，开始授权人民法院主管行政诉讼案件，即规定当事人不服行政机关的决定可以直接或经过行政机关的复议之后向人民法院起诉。从此，人民法院开始受理行政案件，并由民事审判庭和经济审判庭分别审理。

1982年，《中华人民共和国民事诉讼法(试行)》公布实施，该法第三条第二款规定："法律规定由人民法院受理的行政案件，适用本法规定。"据此，我国各级人民法院审理行政案件适用《中华人民共和国民事诉讼法(试行)》。此后，法律和法规陆续授权人民法院审理行政案件。到目前为止，已有130多个法律、法规作了类似规定，涉及治安、海关、资源、专利、金融、交通、邮电、卫生、环保、市政、工商、统计、计量、税务等方面的行政管理工作。

随着行政诉讼范围逐步扩大，行政案件的日益增多，客观上有必要在人民法院内设立专门的行政审判机构。从1986年下半年开始，一些地方法院相继设立了行政审判庭。由它专门负责审理行政案件。到目前为止，全国高级法院和中级法院都已设立了行政审判庭。基层法院根据需要和可能，也陆续设立了行政审判庭。最高人民法院的行政审判庭，是于1988年9月5日正式建立并开展工作的。

随着社会主义民主的发展以及经济体制改革和政治体制改革的不断深入，中国共产党第十三次全国代表大会提出了使行政管理走上法制化道路的任务，并指出"要制定行政诉讼法，加强对行政工作和行政人员的监察，追究一切行政人员的失职、渎职和其他违法违纪行为。"本着这一精神，我国立法机关从 1987 年开始着手制定行政诉讼法。随着行政诉讼法的公布，我国行政诉讼必将走向一个新的阶段。

二、行政诉讼活动的基本原则和制度

行政诉讼活动的一般原则是由宪法、人民法院组织法以及有关行政诉讼的法律加以规定的。其主要内容是：

（一）一切行政违法行为必须予以追究的原则。

我国宪法规定，一切国家机关和武装力量，各政党和各社会团体、各企业事业单位组织都必须遵守宪法和法律，一切违反宪法和法律的行为，必须予以追究。这是人民法院追究行政机关违法责任的基础。

（二）保障公民申诉权的原则。

我国宪法规定，对于任何国家机关和国家工作人员的违法失职行为，有向有关国家机关提出申诉、控告或者检举的权利。对于公民的申诉、控告或者检举，有关国家机关必须查清事实，负责处理。人民法院依法负有切实保障公民申诉权的责任，处理公民对行政机关的申诉。

（三）人民法院依法独立审判原则。

在我国，只有人民法院才能行使行政诉讼案件的审判权，其他任何机关、团体和个人都无权行使这个权力。人民法院对行政案件独立进行审判，不受行政机关、团体和个人的干涉。

（四）司法最终裁判原则。

在我国，解决行政争议的步骤不尽统一，有的法律规定，当事人不服行政机关的决定，可以直接向人民法院起诉；有的规定当事人不服行政机关的决定，必须先经过行政机关复议，经复议之后当事人仍然不服才能向人民法院起诉；有的则规定当事人不服行政机关的决定，既可以向人民法院起诉，也可以向行政机关申请复议。但是，当事人对行政机关的复议决定不服的，均可以依法向人民法院起诉；对同一行政争议案件的行政机关的行政裁决，最终必须服从人民法院的裁决。

（五）保障诉讼当事人平等地行使诉讼权利的原则。

在我国，无论是公民或法人，还是行政机关，在诉讼中的地位一律平等。不能把行政管理中的不平等关系，移植到行政诉讼中来。在诉讼中，原、被告双方的权利平等，都必须依法履行诉讼义务。拒绝履行诉讼义务的，人民法院可以给予制裁。

（六）以事实为根据，以法律为准绳的原则。

审判人员在行政诉讼中必须忠实于事实真相，全面客观地掌握案情，在查清案件事实的基础上，根据法律或者法律的一般原则和精神进行裁判。行政机关的规范性文件，只有在它不与宪法和法律相抵触的情况下，才能作为裁判的依据。

（七）公开审判、合议、回避和两审终审制度。

人民法院审理行政案件，必须实行法律所规定的公开审判的制度，除了涉及国家机密和个人隐私及法律另有规定的以外，一律公开进行。在诉讼过程中，当事人有权依法申请审判人员、书记员、鉴定人、翻译人员回避。行政案件的审理应当由合议庭进行。当事人有权就案件事实和争议的问题各自陈述自己的主张和根据，互相进行反驳和答辩。人民法院应当保障各民族公民用本民族语言文字进行诉讼。人民法院审理行政案件实行两审终审。

实行以上这些基本原则和制度，都是为了确保人民法院的公正审判。

三、行政诉讼的形式

人民法院审理行政案件采取以下方式进行：一是开庭审理；二是根据书面材料和调查材料迳行判决。其中开庭审理是采取口头形式进行的，迳行判决是二审法院通过阅卷调查和询问当事人，在事实核对清楚之后，合议庭认为不需要开庭审理时，而采取的一种诉讼形式。可见迳行判决只是简化了开庭审理的程序，而不是纯粹的书面审理。但是，不管哪 种诉讼形式，当事人的诉讼请求必须以文字形式提交法庭，或者由当事人书写诉状，或由当事人口述，由审判人员记入笔录。法院接到起诉状或口头起诉后，经审查，符合受理条件的，应当立案。立案后组成合议庭开始审理。如果起诉手续不完备。起诉状内容不明确，人民法院可以限期让起诉人补正。原告在诉讼过程中可以增加或放弃请求诉讼，也可以提出新的事实根据和理由。被告在人民法院作出判决之前，可以依照法律的规定撤销或改变其原来所作的处理决定。人民法院审理行政案件一般不采用调解方式。

人民法院审理行政案件，除涉及国家机密、个人隐私或法律另有规定的以外，一律公开进行，公众可以旁听。代理诉讼的律师可依照有关规定，查阅本案有关材料，但对涉及国家机密或者个人隐私的材料，必须对当事人和其他人保密。经人民法院许可，其他诉讼代理人可以查阅本案庭审材料，但涉及国家机密或者个人隐私的材料除外。当事人可以了解合议庭组成人员，并可以依法申请他们回避。

行政案件一般不实行独任审判，而是由审判员、陪审员或者由审判员组成合议庭进行审理。合议庭拥有审理和裁判的权力。合议庭人数必须是单数，其数量的多少与案件的大小和审级并无直接关系。上诉审法院发回重审的案件原审人民法院应当按照第一审程序另行组成合议庭。

四、行政诉讼的审理阶段

行政诉讼案件的审理通常要经过以下三个阶段：

第一个阶段是起诉与受理。公民或组织向人民法院起诉之后，人民法院应当审查起诉是否符合法定条件。符合受理条件的，人民法院应当在法定期间内立案；不符合受理条件的，人民法院应当在法定期间内通知原告不予受理，并说明理由；依法应当由其他行政机关处理的争议，告知原告向有关行政机关申请解决。

第二个阶段是准备审理。准备审理阶段的主要任务是：1. 在受理后的法定期间内，将起诉状的副本发送给被诉行政机关；被告在收到起诉状后，须依法提出答辩状。2. 审阅诉讼材料，必要时进行调查研究，收集证据。3. 更换不符合条件的当事人。4. 决定是否在诉讼期间停止或延缓行政机关决定的执行；除了法律所规定的涉及公共安全的紧急情况以外，当事人的起诉一般具有停止行政决定执行的效力。5. 决定开庭审理的时间，并在法定期间内，通知当事人和其他诉讼参与人，公开审理的，应当公告当事人姓名、案由和开庭的时间、地点。

第三个阶段是开庭审理。开庭审理时，由审判长核对当事人，宣布合议庭成员、书记员名单，告知当事人的诉讼权利义务，询问当事人是否申请回避。

行政诉讼原则上由行政机关承担举证责任。当事人在法庭上可以提出新的证据，经法庭许可，可以向证人、鉴定人、勘验人发问，也可以要求重新进行鉴定、调查或者勘验。是否准许，由人民法院决定。

在庭审中，原告可以增加诉讼请求，第三人提出与本案有关的诉讼请求，可以合并审理。

辩论是庭审的必经程序。当事人双方可以相互质证。法庭辩论结束，由审判长按原告、被告的先后顺序，征询双方最后意见。

由于法律要求“人民法院应当按照法定程序全面地、客观地收集和调查证据”，因此，人民法院合议庭成员在庭审调查中处于比较主动的地位。法庭除了主持诉讼进程，维持诉讼秩序，揭示争议焦点之外，还有收集、调查证据之责。

五、行政诉讼中的裁判

在我国，行政诉讼与民事诉讼不同，它

不以调解的方式结案。但是原告人在诉讼中可以改变自己的诉讼请求，经人民法院批准，在宣判之前还可以撤诉。

由于审判人员有责任全面地、客观地收集和调查证据，由于人民法院审理案件必须以事实为根据，故合议庭在进行裁判时，可以超出起诉的范围，而不受诉讼请求的限制。

合诉庭经过审理，可以依法判决驳回原告人诉讼请求或者维持行政机关的决定、宣告行政行为无效或撤销行政机关的决定、变更行政机关的决定，以及责令行政机关履行法定义务。必要时，人民法院还可以裁定撤销行政机关的决定，将案件发回行政机关重新进行裁决。对不具备起诉条件的，裁定驳回起诉。

合议庭裁判案件，必须以法律为依据。在法律规定不具体或不明确的情况下，地方法院可以要求最高法院作出司法解释。最高法院的判决没有法律上的先例拘束力，但在实践中，往往成为地方法院裁决时的重要参考因素。

行政诉讼的裁判，由合议庭集体作出。法庭调查和辩论结束之后即告休庭。由主持庭审的同一审判组织即合议庭根据少数服从多数的原则，进行评议裁判，从而对案件作出判决。由于合议庭成员是单数，故不存在表决双方意见各占一半的情况。评议应当制作笔录，由合议庭成员签名。评议中的不同意见，必须如实记入笔录。重大疑难案件，提交院审判委员会讨论决定。审判委员会的决定，合议庭必须执行。

人民法院的裁判作出之后，一律公开宣判。宣判可以在合议之后当庭进行，也可以在指定的期日开庭进行。当庭宣判的，应当在法定期间内发送判决书，定期宣判的，宣判后立即发给判决书。宣告判决时，必须告知当事人上诉权利、上诉期限和上诉审法院等事项。

当事人对判决或驳回起诉的裁定不服，可在法定期间内，通过原审法院，或直接向上一级法院提起上诉。但最高法院的判决是终审判决，对之不能提出上诉。第二审人民法院必须组织合议庭，全面审查第一审人民法院认定的事实和适用的法律，不受上诉范围的限制。第二审人民法院经过审理，可以分别作出维持、撤销或改变第一审人民法院判决的决定。

对于发生法律效力的判决或裁定，包括最高人民法院的，超过上诉期没有上诉的第一审法院的以及第二审法院的判决或裁定，原则上由第一审人民法院负责执行。当事人包括被告行政机关如果拒不执行人民法院发生法律效力的判决或裁定，人民法院除依法采取强制执行措施以外，还可以对拒不执行判决、裁定的直接责任人员包括行政机关的法定代表人给予罚款等处罚，构成犯罪的，依照刑法的有关条款追究刑事责任。

对于发生法律效力的判决或裁定，当事人认为确有错误，可以依法向原审人民法院，或上级人民法院提出申诉。原审人民法院或上级法院，可以依照审判监督程序进行再审。根据审判监督程序再审的案件，在裁判被改变之前，不停止判决和裁定的执行。

马原副院长在全国法院系统《行政诉讼法》培训班开学典礼上的讲话

（1989年8月4日）

同志们：

全国法院系统《行政诉讼法》培训班今天开学了。参加这个培训班的，有来自全国30个省、自治区、直辖市高级人民法院和部分中级法院、基层法院的行政审判干部，还有高级法院主管行政审判工作的领导同志，在繁忙的工作中，同志们抽出时间来参加培训班学习。在这里，我对来自全国各地参加学习的同志表示热烈的欢迎；对将为我们培训班授课的领导、专家和教授表示感谢。

《中华人民共和国行政诉讼法》已由第七届全国人民代表大会第二次全体会议通过，将于1990年10月1日起施行。这是我国政治生活中的一件大事，是大力发展社会主义民主、健全社会主义法制的重要步骤。

行政诉讼法，是我国社会主义法律体系中与刑事诉讼法、民事诉讼法（试行）相并列的又一重要基本法。它规定了人民法院审理行政案件的任务、基本原则和程序，是人民法院审理行政案件的重要"操作规程"。随着行政诉讼法的制定、颁布和实施，我国行政审判工作将进入一个新阶段。因此，认真学习、宣传和贯彻行政诉讼法，积极稳妥地全面开展行政审判工作，为治理经济环境，整顿经济秩序，全面深化改革服务，开创行政审判工作的新局面，是行政审判工作当前和今后一个时期的中心任务。为了适应新形势、新任务的要求，学习好、宣传好、贯彻执行好《行政诉讼法》是人民法院严格依法办案的迫切需要。

最高人民法院这次举办《行政诉讼法》培训班，就是为了学好和适用好《行政诉讼法》所采取的一项重要措施。希望大家共同努力，把这个培训班办好，为各地培训干部摸索一些经验，树立一个良好的榜样，为贯彻执行《行政诉讼法》打下一个坚实基础。这次来参加培训的同志们普遍有一种紧迫感，学习情绪也非常高涨，这是办好培训班很重要的思想基础。下面我想就如何学好《行政诉讼法》提几点看法和希望：

一、进一步提高对人民法院开展行政审判工作重要意义的认识。

人民法院开展行政审判工作，是法律赋予人民法院一项新的任务，是贯彻和执行宪法和党的十三大报告提出的保障公民合法权益原则的具体体现。我国宪法规定，公民"对于任何国家机关和国家工作人员的违法失职行为，有向有关国家机关提出申诉、控告或者检举的权利"，"由于国家机关和国家工作人员侵犯公民权利而受到损失的人，有依照法律规定取得赔偿的权利"。宪法的这条规定，是我国公民民主权利的具体体现，反映了我国社会主义民主的性质。《行政诉讼法》规定了"人民法院设行政审判庭，审理行政案件。"这是法律赋予人民法院的一项新任务。人民法院开展行政审判工作，运用审判手段，发挥审判职能，通过审理行政案件，保护公民的合法权益，维护和监督行政机关依法行使职权，是一项光荣的任务。但是，行政审判工作涉及的面广、业务种类繁多、问题也较复杂，从各地反映的情况来看，从案件的受理、审判到执行，各个阶段都会遇到一些困难和问题。因此，人民法院开展行政审判工作又是一项艰巨的任务。

同志们，在首都平息反革命暴乱之后，有的人担心、甚至怀疑行政审判工作的前途。同志们，我认为这种担心是完全不必要的。我们过去这样认为，现在也这样认为，建立行政诉讼制度是我国社会主义民主和法制建设的一个重要步骤，要不要建立和发展行政诉讼制度，要不要开展和加强行政审判工作是关系到要不要社会主义民主和法制的问题。最近党中央召开了四中全会，决定要特别注意抓好四件大事，其中一件大事就是“要大力加强民主和法制建设。”这就是说，平息反革命暴乱之后，民主和法制不仅不会削弱而是要加强，而且不是一般的加强，而是要大力加强。我们都知道，行政诉讼制度是民主的一种重要形式，但是，这种民主是在法制规范下的民主，是有纪律有秩序的民主，是真正有正当秩序保障的民主；行政讼诉制度又是法制建设的一个重要组成部分，“官”与民的各自的权利义务，“官”、民之间矛盾的正确解决，这是社会主义法制不可缺少的组成部分。我们国家建立的这种行政诉讼制度是协调官民关系的一种重要制度，它是既体现民主又体现法制的法律制度，因此，它的发展前途是远大的。

几年来的行政审判实践说明，行政诉讼制度对于创造改革开放的稳定的政治环境具有十分重要的意义。邓小平同志今年2月指出：“中国的问题，压倒一切的是需要稳定。没有稳定的环境，什么都吹了，已经取得的成果，也会失掉。我们国家要改革，要改革就一定要有稳定的政治环境，离开这一点，什么都搞不成。”在所有影响国家稳定的因素当中，政府同人民的关系是举足轻重的。行政诉讼制度的建立和行政审判工作的开展，可以谋求“官民关系”的协调和稳定。在这方面，我们从事行政审判工作的同志已经有了深刻的体会。有些地方的行政争议，比如山林、土地等等纠纷，有的一拖就是几年，闹得县无宁日，市无宁日，甚至使行政机关无法开展正常工作。但是，一经纳入行政诉讼的轨道，有的争议就很快得到解决。实践证明，行政诉讼制度是我国安定团结的政治局面的一种重要保障。

惩治腐败是我国人民普遍关心的问题。实践证明，实行行政诉讼制度，开展行政审判工作，是防止腐败的一剂良方。因为，它不仅通过赋予行政管理相对人的诉权，使行政权的行使受到整个社会的监督，而且通过事后救济的方式使滥用职权或违法渎职行为得到了纠正，这就在客观上增强了行政机关及其工作人员的自我约束机制。所以，实行行政诉讼制度是防止腐败现象的一个重要的措施。

党的十三届四中全会指出，要“继续搞好治理整顿，更好地坚持改革开放，促进经济持续、稳定、协调地发展”。治理整顿，深化改革的一个基本方向就是要使政府与各种经济实体的关系科学化、规范化。理顺这种关系，最终要由行政法加以调整。可见，开展行政诉讼制度是治理整顿经济秩序的不可缺少的重要条件。

同志们，从以上几个方面我们可以看出，建立行政诉讼制度，开展行政审判工作，与十三届四中全会的精神是完全一致的，而且是贯彻执行四中全会精神的一个重要方面。因此，行政审判工作是我们人民法院的一项重要的审判工作，是法律赋予人民法院的一项光荣的、艰巨的任务。

二、认真领会行政诉讼法的立法精神，正确、及时地审理行政案件。

行政诉讼法第三条规定：“人民法院依法对行政案件独立行使审判权，不受行政机关、社会团体和个人干涉。人民法院设行政审判庭，审理行政案件。”根据这一规定，人民法院具有了行使行政审判权的依据。也就是说，法律赋予了人民法院审理行政案件的职权。但是，人民法院如何正确及时地审理行政案件，很好地完成全国人民的重托，这是我们行政审判工作必须解决的重要问题。

行政审判工作与其他审判工作的一个共

同目的，就是为了保护公民、法人或其他组织的合法权益。但是，行政审判工作与其他审判工作的不同点在于它是通过行政审判活动纠正行政机关的违法行政行为来达到保护公民、法人或者其他组织的合法权益的目的。这就是说，行政审判的中心环节是审查行政行为的合法性。因此，行政机关是行政诉讼的必备主体。我们人民法院之所以能够承担这一重任，是不是因为我们审判机关比行政机关、我们的审判人员比行政机关的工作人员高明呢？我的回答都不是。我认为，我们人民法院能够承担行政审判的任务，主要是由于我们国家已经确立了比较完善的行政诉讼制度。所以，人民法院要做到正确、及时地审理好行政案件，重要的一条就是要熟练地、准确地适用行政诉讼法。当然，要做到这一点，首先就是要认真学习行政诉讼法，吃透立法精神。我们必须清醒地认识到不很好学习，就不能胜任行政审判工作，就不能当一个合格的行政法官。

最高人民法院这次办培训班，目的就是为行政审判人员提供一个学习行政诉讼法的机会，力求在短期内使同志们对行政诉讼法规定的内容以至具体条文有一个比较全面的准确的理解，从而为全国行政审判人员培训一支骨干队伍。我们希望同志们在学习中注重结合实际，深刻理解讲座的内容，准确地把握条文的基本含义。同时，密切结合审判实践，认真研究法律的适用问题。在学习中要善于运用我们遇到的各种典型案例，就案说法，就案论法，我还希望大家在学习中，把已经发生的问题和贯彻执行行政诉讼法中可能出现的问题整理出来，并结合我们的审判实践提出解决这些问题的意见，为最高人民法院拟定贯彻意见和进行司法解释打下基础。

当然，对于行政法官来说，仅仅掌握行政诉讼法还是远远不够的。因此，这次学习也只能是一个学习的起点。我们还必须学习有关法律、法规，而且要向实践学习，特别要注意向技术专家、管理专家学习，力争在适用法律上成为专家，在有关专业上不当外行。我想，我们只有虚怀若谷，持之以恒，我们就能正确及时地审理好行政案件。

最后我讲一点希望，在座的都是我们国家第一批行政法官，可以说是行政审判工作的创业者和开拓者，我们肩负的是时代的重任，我们勇于战胜困难。在大胆、积极开展行政审判工作的同时，我们一定要严格依法办案；一定要摆正法院在行政审判工作中的适当位置，在处理具体案件时，一定要慎重、稳妥，力争每一件案件都能经得起检察机关的抗诉，经得起权力机关的质询，经得起历史的检验。我们应当以高度的责任感，严肃的使命感来对待行政审判工作。只要我们坚持正确的方向，勇于克服前进道路上的困难，我们一定能在行政审判工作方面有所创新，有所建树。

紧张的学习就要开始了。

预祝同志们身体健康，学业卓著！

马原副院长在国务院法制局召开的行政诉讼法研讨会上的讲话

（1989 年 12 月 12 日）

同志们：

《中华人民共和国行政诉讼法》已经由七届全国人大二次会议通过，将于 1990 年 10 月 1 日起施行。这是我国加强社会主义民主和法制的重要体现，是民主政治建设的一个重要步骤。国务院法制局举办行政诉讼法研讨会，这说明行政机关对执行《行政诉讼法》是十分重视的。通过这些活动将进一步促进和推进行政机关更好地依法行使自己的管理职能，因此，我衷心祝愿和希望这次培训班取得圆满成功。

应国务院法制局领导的要求，我主要向同志们介绍以下几个问题：一、人民法院开展行政审判工作的概况；二、对行政审判工作的几点认识；三、行政机关如何在行政诉讼法中立于不败之地。

一、人民法院开展行政审判工作的概况

在这个问题中，我主要介绍四个方面的情况

(一) 行政审判工作的发展概况。

早在建国初期颁布的《最高人民法院组织条例》中就规定人民法院设立行政审判庭审理行政案件，但这一规定由于种种原因一直没有实现。党的十一届三中全会关于完善社会主义民主和加强社会主义法制的方针的确定为开展行政审判工作创造了重要前题。我国行政审判工作的发展大体上分以下几个阶段：

从 1980 年至 1982 年民事诉讼法（试行）公布以前是开展行政审判工作的第一阶段。在这一阶段中，一些行政管理法规开始规定当事人不服行政机关的决定可以向人民法院起诉。也就是说，从这一时期，法律开始赋予人民法院以行政审判职能。最早作这样规定的是 1980 年 9 月 10 日第五届全国人民代表大会第三次会议通过的《中华人民共和国中外合资经营企业所得税法》。在这一阶段，当事人可以提起行政诉讼的范围十分狭小，实际上，人民法院也很少审理行政案件。

从 1982 年 3 月到 1986 年下半年为第二阶段。1982 年 3 月，全国人大常委会公布了《中华人民共和国民事诉讼法（试行）》，并于同年 10 月施行，该法第三条第二款规定：法律规定由人民法院审理的行政案件，适用本法规定。这一规定初步解决了人民法院审理行政案件程序上的法律依据问题。在这一阶段，规定可以向人民法院提起行政诉讼的法律行政法规和部门规章计 90 多个。行政诉讼案件分别由民事审判庭和经济审判庭受理。全国法院在这一阶段共受理行政案件 3180 件。可以说，为制定行政诉讼法提供了一定的经验。

从 1986 年底到 1989 年 4 月行政诉讼法公布之前是第三阶段。

1986 年 9 月，新的《中华人民共和国治安管理处罚条例》公布，该条例第 39 条规定当事人不服公安机关裁决的，经复议后，可以向人民法院起诉。当时普遍认为，这一规定将会把大量的行政案件提交到法院。因此从 1986 年下半年开始，一些法院开始成立行政审判庭。最早成立行政审判庭的是湖南省汨罗县法院，武汉市中院、重庆市中院、湖北宜昌市中院等法院经同级权力机关的同意，并在当地人民政府的支持下，率先建立了行政审判庭。到 1988 年底全国已有近 140 个法律、法规规定行政管理相对人可以向法院提起行政诉讼。为了适应这个形势，最高法院要求各地试建行政审判机构。到 1989 年初，全国已有 26 个高级法院、242 个中级法院（占中级法院总数的 63.5%）、1，154 个基层法院（占基层法院总数的 39%）建立了行政审判庭。1987、1988 两年全国共受理行政案件 14,513 件，审理行政案件 13,428 件，涉及治安、土地、海关、食品卫生、医药、环境保护、工商、税务等诸多行政管理部门。在审结的案件中，维持原行政决定的 6,698 件；撤诉的 3，354 件，撤销原行政决定的 1，321 件；变更或部分变更原行政决定的 674 件。

从 1989 年 4 月到行政诉讼法实施之前，将是第四阶段。1989 年 4 月，第七届全国人大第二次会议审议通过了《中华人民共和国行政诉讼法》，并将于 1990 年 10 月施行。行政诉讼法的公布，极大地推动了我国行政审

判工作的发展。行政诉讼法明确规定人民法院设立行政审判庭审理行政案件，截止今年九月，全国各级法院共建行政审判庭2，400多个；30个高级法院和绝大部分中级法院，已都建立了行政审判庭。贵州、上海、天津3省市的三级法院已全部建立了行政审判庭。建庭已达80％以上的有湖南、福建、河南、广西、江苏、辽宁等省、自治区。绝大多数法院在各项审判工作都十分繁重的情况下，用内部调剂的办法配备了一定数量的行政审判干部。各级法院在建庭的同时，也很重视对行政审判人员培训，提高执法水平。

从以上发展情况来看，人民法院的行政审判工作是改革开放的一个重要成果，是完善社会主义民主加强社会主义法制的一个重要组成部分。作为我们法院来讲，对行政审判工作无论从组织建设和业务建设，我们都持积极、慎重的态度。

(二)人民法院受理和审理行政案件的情况。

法院有关行政案件的统计是从1983年开始的，从1983年到1988年底，全国共受理一审行政案件16，940余件，二审行政案件3，570余件，两项合计20，510件。今年1—9月，全国法院新收一审行政案件7，259件，比去年同期的6,216件上升16.78％。在新收的行政案件中，治安行政案件2,448，占33.72％；土地行政案件2,435，占33.54％；城市规划433件，占5.97％；林业383件，占5.28％；工商244件，占3.36％；渔业129件，占1.78％；矿产资源106件，占1.46％；食品卫生93件，占1.28％；计量87件，占1.20％；药品74件，占1.02％；税务62件，占0.85％；环保52件，占0.72％；交通运输34件，占0.47％；邮电24件，占0.33％；海关17件，占0.23％；其他63件，占8.79％。

从收案情况看，几年来一直是上升的趋势；从类型看无所不有、相当复杂，从目前看大头是治安，占33％，土地也占33％。但应当指出的是，行政诉讼案件的多少，并不是检验行政执法水平的唯一或主要的尺度。从前几年的情况看，凡是执法活动开展得经常一些的，案件就多一些。因此，不能单纯以诉讼案件的多少来衡量某一个执法部门的执法水平的高低。

今年1月至9月，全国共审结一审行政案件6,252件，比去年同期上升19.70％。在审结的行政案件中，其中维持被诉行政决定的2，714件，占审结案件数的43.41％；撤销被诉行政决定的823件，占13.16％；变更被诉行政决定的359件，占5.74％；原告撤诉或按撤诉处理的1,885件，占30.15％；终结案件的212件，占3.39％；移送其他机关处理的254件，占4.14％。

从人民法院受理的行政案件所涉及的范围来看，已涉及到治安、土地、林业、渔业、草原、医疗、卫生、工商、烟草专卖、城市规划、税务、物价、标准计量、环境保护、交通运输、矿产资源、内河航道管理、港监、海关、药品、外汇、检疫等二十余类，涉及二十多个行政管理部门。从管理案件的覆盖面看，除了极个别刚建或未建庭的法院尚未受理一件行政案件外，绝大多数法院都已审理或受理过行政案件。

从总体上来说，我国的行政审判工作起步较晚，但是步子迈得较快。尽管与一些法治发达国家相比，我国的行政诉讼法规定的收案范围还比较狭窄，行政审判制度还不健全，但是，我们用不到10年的时间走完了一些国家几十年甚至近百年的道路。可以设想，随着《行政诉讼法》的公布和实施，我国行政审判工作和行政法制工作必将以更快的速度向前发展。

(三)当前行政审判工作面临的主要困难和障碍。

行政审判工作虽然经过了几个发展时期，但从总体上说，行政审判仍然处于开创阶段和摸索阶段，因而不可避免地存在一些问题。就全国而言，行政审判工作面临的主要问题是：

1. 行政审判力量和行政审判人员的素质与行政审判所面临的任务不相适应。

从数量方面来说，全国目前尚有960多个法院尚未建立行政审判庭，约占28%。在没有建立行政审判庭的地方，行政审判工作由经济庭或者民庭分管，但有些法院实际上无人负责。有的法院虽然挂起了行政审判庭的牌子，但配备的人员不足，人员处于不稳定状态。

从业务素质方面来说，由于行政审判是人民法院一项新的职能，相当一部分行政审判人员没有进行过专业培训。抽调的一些同志中，或缺少行政法、行政诉讼法方面的专业知识，或缺少专业技术方面的知识，或缺少行政管理或行政执法方面的经验。

显然，这种状况与繁重的行政审判任务是不相适应的。

2. 行政诉讼"告状难"的问题在一些地方还严重存在。

从法院这方面看，有的法院的领导和审判人员仍然存在怕得罪行政机关，怕触犯地方政府的行政权威，怕案子多了承受不了，怕办不好两头倒霉的"四怕思想"，因此，有的法院案子来了能推则推，能不受理的尽量不受理，能动员撤诉的尽量动员撤诉。有的人批评这是牺牲老百姓的利益来求得自己的保险，是以不作为的方式来支持有的执法人员违法乱纪，滥用职权。

从目前的情况看，行政案件的数量从总体上说还不算多，但据我们调查了解，一些地方并非没有行政争议存在，而是，有的行政机关工作人员怕应诉、怕当被告、更怕败诉，不告知诉权或不发裁决书甚至威吓当事人"埋了"一批；行政管理相对人不懂法或对胜诉没有把握"认了"一批；个别领导同志害怕影响全局，影响政府威信"拦了"一批。

武汉市中级人民法院行政庭于1988年7、8两个月，对本市公安、工商、物价、税务、环保、卫生等12个行政执法部管理的行政纠纷情况进行了一次调查。查阅了183例行政案件的卷宗、材料；对100例受行政处罚的公民或组织进行了问卷调查和跟踪访问，其中单位33个、公民67人。问卷调查的100例中，明确交待诉权的只有28例；未明确交待诉权只是说"你如果不服，就去告吧"的18例；根本未交待诉权的有54例。

在问卷的100例中，没有一例向法院起诉的，其中认为起诉也解决不了问题的有31例；不知道起诉的有23例，不敢告、不愿告的有46例。

一个县处理违法占地8，689起，作出书面处罚决定的只有12件。

从1987年8月至今年5月，一个城区公安分局先后有5起治安行政案件不应诉，致使案件长期无法审理。当然，这是过去的情况，随着行政诉讼法的实施，这些问题逐步得到解决的。

3. 个别地方存在执法不严的情况。

从各地评查案件所反映的情况来看，有的法院在裁判行政案件时，不敢严肃执法，或者缺乏严肃慎重的态度。据我们调查了解，在有问题的案件中，勉强维持被诉行政决定的占有相当比例。这种情况的出现，有其复杂的原因，其中最主要的原因是，由于缺乏必要的行政审判环境而使个别法院领导或审判人员害怕承担责任、害怕得罪行政机关而造成的。由于上述原因，一些法院维持了一些不应维持的行政案件，行政审判庭被称为"形式庭"或"维持庭"，损害了人民法院的声誉，损害了法律的尊严，给人民群众造成了"官官相护"的印象。

4. 一些行政诉讼程序和行政实体法的问题还没有妥善的解决。

由于行政审判工作是一项新的工作，由于行政审判工作不仅牵涉到司法权与行政权的关系，而且牵涉到司法权与立法权的关系，也由于我院在这方面调查研究不够，许多审判实践中存在的问题，没有得到及时妥善的解决。这在客观上给各地法院的行政审判工作增加了困难。

以上所讲的四个方面的问题，从总体上说，是前进中的问题，也是行政审判初创阶段所不可能完全避免的。把这些问题讲出来，目的在于希望在座各位协助支持人民法院创造一个严肃执法的环境，共同促进我国的行政审判工作向前发展。

（四）行政诉讼法试点工作情况。

大家知道，行政诉讼法到明年10月1日才开始施行。在施行之前为什么要在一定范围内进行试点呢？

首先，开展行政诉讼法的试点，可以使人民法院的审判干部能尽快地“进入角色”，更快地结合实例学习业务，学习专业技术知识，以提高行政审判人员的素质。

其次，开展行政诉讼法的试点，可以强化行政机关及其工作人员的“被告意识”。使他们有一个精神准备和业务准备，作充分的应诉准备。

再次，开展行政诉讼法的试点，可以使大量的行政诉讼的程序问题和实体问题，尽早地暴露出来，从而使立法机关和司法机关以及 行政机关尽快地研究对策。

最后，开展行政诉讼法的试点，有利于总结行政审判的经验教训，从而使行政审判工作少走弯路，全面正确地贯彻执行行政诉讼法。

为了在行政诉讼法实施后，人民法院能全面贯彻执行《行政诉讼法》，能够正确地履行行政审判职能，我院于1989年5月6日发出《关于〈行政诉讼法〉实施前行政审判试点工作的通知》，最高法院选择广东、四川、河南、天津四个省、市的高级人民法院作为试点单位。被选作试点单位的高级法院已选择了若干个中级法院和基层法院进行试点。

被选择为试点单位的法院原则上可以参照行政诉讼法进行审判。但有下列例外。一是受案范围只能有条件地扩大，即是说，要适当扩大收案范围，必须取得同级行政机关和权力机关的同意。如果一些地方的人大常委会作出决定要求法院按照行政诉讼法规定的受案范围进行试点，法院当然应该执行。二是试点不能影响当事人的实体权利，即是说，凡是行政诉讼法中直接涉及当事人实体权利的部分，例如对妨碍诉讼行为的罚款金额、对治安行政案件中显失公正决定的变更、对被告一方拒不执行法院判决的处罚措施等，在行政诉讼法生效之前，原则上不能适用。

二、谈谈对行政审判工作的几点初浅看法

（一）对行政审判工作有一个再认识。

行政审判工作、行政诉讼制度对于保障公民、法人或其他组织的合法权益不受行政行为的侵犯，维护和监督行政机关依法行使职权，所具有的重要意义学术界已多有论述，这里我就不多讲了。我想提出来讨论的问题是，一是建立行政诉讼制度与健全社会主义民主和法制的关系；二是行政审判与党的四中全会精神的关系；三是开展行政审判与提高行政管理效能的关系。

1.建立行政诉讼制度与健全社会主义民主和法制的关系。

在当代，行政诉讼与刑事诉讼、民事诉讼并列为三大诉讼。一个国家是否建立行政诉讼制度，是衡量这个国家民主和法制一个重要标志。从行政诉讼的发展情况来看，行政诉讼制度是西方资本主义国家先建立起来的。但是，能不能就此得出结论只有资本主义国家才能实行行政诉讼制度，社会主义国家就不能实行这个制度。我认为这个结论是错误的。

首先，在西方创立行政诉讼制度，在很大程度上可以说是无产阶级同资产阶级斗争的结果。因此行政诉讼法制度与其说是资产阶级革命的产物，不如说是无产阶级的斗争果实；其次，行政诉讼制度是协调管理者与被管理者关系的一种方式。从来不是资产阶级的专利，在社会主义国家中有许多国家都

设立了行政诉讼制度。再次，行政诉讼和行政审判与资产阶级“三权分立”没有必然联系。行政诉讼制度是人民法院维护和监督行政依法行使职权的一种形式，这种监督并不以“三权分立”为基础，实行三权分立不一定建立行政诉讼制度，而非三权分立的国家不一定就不能建立行政诉讼制度，这一点，已为行政诉讼的发展历史所证明。基于以上理由，我认为，不能简单地把行政诉讼制度和行政审判制度同资产阶级的三权分立和社会制度联系起来。最重要的一点也就是我们社会主义民主是最高类型民主，这种“民主”之所以是最高的，就在于这种民主是人民当家作主，行政诉讼和行政审判则是人民民主的一个基本体现，是民主的一种重要形式。也可以说是社会主义民主与法制建设进一步发展必然采取的重要步骤。

2.行政审判与党的十三届四中全会精神的关系。

前不久，党中央召开了十三届四中全会，决定要特别注意抓好四件大事。我认为，行政审判工作与这四件大事都是紧密相关的，应当坚决贯彻。

四中全会提出，“要大力加强民主和法制建设”。这就是说，平息发生在北京的反革命暴乱之后，民主和法制不是要削弱，而是要加强；不是一般的加强，而是要大力加强。我们知道，行政诉讼法制度既是民主的一种重要形式，又是依法治国的重要体现和主要标志之一。人民群众通过行政诉讼的方式来保障自己的合法权益，不属于所谓“大民主”的范畴，相反是预防“大民主”的重要措施。因为，这种民主是法制规范下的民主，是有纪律、有秩序的民主，是真正有正当程序积极的民主。这种民主同资产阶级的自由化是有本质区别的。

四中全会决定要下决心惩治腐败。实践证明，实行行政诉讼制度，开展行政审判工作，是防止腐败的重要措施。因为，它通过赋予行政管理相对人以诉讼权的方式，使行政权的行使受到整个社会的监督；它通过公开审判的方式增加了行政过程的透明度；它通过事后救济的方式使滥用职权或违法渎职行为得到了纠正；它通过使行政机关承担违法赔偿责任的方式增强了行政机关及其工作人员的自我约束机制。

四中全会要求“继续搞好治理整顿，更好地坚持改革开放，促进经济持续、稳定、协调地发展”。治理整顿、深化改革的一个基本方向就是要政府与各种经济实体的关系的合理化、规范化。理顺并确认这种关系，是行政法的一个重要任务。而行政审判工作的展开，对于实现行政管理的法制化、规范化，具有十分重要的意义。

综上所述，开展行政审判工作是贯彻四中全会以来党的方针、政策的精神是完全一致的，是贯彻决定的有力措施。

3.开展行政审判工作与提高行政管理效能的关系。

建立行政诉讼制度，开展行政审判工作从形式上看增加了行政机关的应诉负担，对行政执法活动提出了更高的要求，似乎是影响了行政管理的效能。但是，从根本上来说，开展行政审判工作与提高行政管理效能是一致的：

首先，行政机关为行政行为，特别是影响行政管理相对人的权益的行为必须有充分事实根据和可靠的法律依据，过去有的行政机关那种草率从事，不尊重当事人权利的作法或迟或早都将被“革”掉。因为尊重行政管理相对人的合法权益，这是民主的起码要求，是行政管理工作文明化和法制化的必然趋势。

其次，开展行政审判工作，建立行政诉讼制度，有利于良好的行政管理秩序的形成。因为，在所有影响国家稳定的因素当中，政府同人民的关系是举足轻重的。行政诉讼制度的建立和行政审判工作的开展，可以使“下情”得以及时“上达”，使人们对政府的意见有正常的渠道得以提出，从而使“官”民关系得以协调和稳定。而“官”民关系的协调和稳定是提高行政管理效能的必要前提。

再次，开展行政审判工作有利于排除行政管理的障碍。在这方面，从事实际工作的同志可能感受更为深刻。有些地方的行政争议，比如山林、土地等纠纷，有的一拖就是几年，闹得县无宁日，市无宁日，甚至使行政机关无法开展正常工作。一经纳入行政审判的轨道，争议就有可能很快得到解决。这倒不是法院的审判人员比行政机关的工作人员高明，而是由于法院的超然地位，特别是行政诉讼程序的公正性所决定的。

最后，开展行政审判工作有利于提高行政执法人员的工作水平。由于行政诉讼是一种事后的监督，是一种可以直接确定违法责任和法律后果的监督，作为一个执法人员，要使自己的工作经得起“过堂”检验，就不能不认真负责。

（二）对行政机关当被告的认识。

行政审判工作开展之后，有的行政机关的工作人员想不通，不愿意当被告，或不提交答辩状，或不应诉，或不出庭，或不执行法院的生效判决。这种种表现，与一些行政执法人员认为当被告不光彩的观念不无联系。事实上，诉讼中的被告只表明参加诉讼的一方在诉讼中的特定身份和法律地位，行政诉讼的被告是行政机关为了解决行政争议而必须承担的一个角色。行政诉讼与刑事诉讼不同，被告并不是一个“丑角”。而且从行政诉讼法的结果来看绝大部分情况下是被告胜诉。因此，那种认为一当被告就不光彩的想法是没有根据的。

有人认为，把行政机关置于被告席上，让被管理者与管理者对簿公堂，有失行政执法人员的尊严。的确，让争议双方处于平等地位，给争议双方以平等权利和义务，是诉讼的基本制度。因为只有这样，才有可能防止不公正的裁判，才有可能防止强权决定诉讼结果。这样做会不会有失行政机关的尊严呢？不会，因为我国是社会主义国家，在社会主义国家，人民的利益应当高于一切，管理者与被管理者之间的关系不是建立在等级制的基础上的。相反，人民是国家的主人，而国家机关工作人员是人民的公仆，从这个意义来讲，主人与公仆在平等的地位上来解决行政争议，怎么会有失“公仆”的尊严呢？

有人认为，让行政机关当被告，如果行政机关败诉，将会损坏行政机关的威信。勿庸讳言，行政机关败诉，是会造成一些不良影响。但问题是：是纠正错误的行政行为更有利于维护行政机关的威信，还是文过饰非更有利于维护行政机关政府的威信，当然是前者，而不是后者。

有人说，让法院的审判人员来“审”行政机关的工作员，难道审判人员比行政执法人员高明？这是一种误解。行政审判和行政诉讼制度并不是建立在审判人员比行政执法人员高明的基础之上的，正如任何监督制度并不是建立在监督者比被监督者高明的基础上一样。之所以要通过行政诉讼的方式来解决行政争议，我认为，第一，因为在解决行政争议问题上，法院的地位比较超然；第二，要公正的解决争议，必须有实现公正的司法程序作保障。第三，由第三者来解决争议，容易使争诉双方产生对公正的内心确信，比行政机关自己处理更容易息诉止争；第四，让一个国家机关解决另一个国家机关业已陷入的争议，有利于形成一定的制约机制，可以防止权力的腐化。

总之，行政机关在行政诉讼中当被告，是实现公平正义的需要，是健全社会主义民主和加强社会主义法制的需要，它既不意味着审判人员比行政执法人员高明，也不意味着是降低行政机关的地位。

（三）对行政审判工作指导思想的认识。

凡打官司的都希望自己胜诉，对方败诉。行政机关的执法人员也不例外。在行政诉讼中，一些行政机关的领导同志总希望人民法院维持行政机关的决定，一旦败诉，就认为法院没有支持行政机关行使职权，或者认为法院拆了行政机关的台。这种想法是完全可以理解的。但问题是，法院的行政审判工作不能搞“倾斜政策”，否则就丧失了行政审判工作的意义和价值。

行政诉讼法第一条开宗明义地规定：“为保证人民法院正确及时审理行政案件，保护公民法人和其他组织的合法权益，维护和监督行政机关依法行使行政职权，根据宪法制定本法。”这一规定，确定了行政审判的基本宗旨。也是行政审判工作的指导思想。

当然，在行政诉讼中，客观地存在行政机关代表的公共利益和相对人代表个人权益两种利益。但这两种利益不是根本对立的，而是相互联系、相互依存的。它们之间的法律冲突不能用否定一方利益来换取他方利益的方法来消除，而应当根据法律的规定应用平衡的方法来解决。因为法律是人民意志的体现，也是国家的根本利益之所在。损害了行政管理相对人的权益事实上也就损害了国家利益，同样，损害行政机关所代表的公共利益也损害了行政管理相对人的利益。因此，追究行政违法责任和救济相对人权利的必要限度是并不妨碍国家行政职能的正常实施；维护行政机关合法职权的限度是不得侵犯相对人的合法利益和自由权利。正是在这种意义上，我们说，不能认为维持行政机关的决定就是支持了行政机关，也不能笼统地讲撤销或变了行政决定就是损害国家利益或公共利益。我们行政审判工作要在这两个似乎对立的因素中把握同一。

三、对行政机关提出几点建议或希望

行政机关作出决定之后，总希望能经得起法院的审查，经得起历史的检验，总之，希望能在行政诉讼中立于不败之地。我们也希望如此。

要想使行政行为立于不败之地，诉讼这一环节固然很重要，但最根本 的是业已作出的行政行为本身能站得住。

我们有一个省对 1987 年初至 1989 年 2 月两年间的行政案件作了一个分析。该省各级法院行政庭这两年间共受理各类行政案件 476 件，在已审结的 434 件中，人民法院作出撤销及变更（包括部分撤销及部分变更）行政行为的裁判的有 61 件，两项共占结案总数的 14%。从撤销及变更的原因看，事实不清，证据不足的 19 件，占撤销及变更总数的 31%；处理不当或显失公正的 13 件，占撤销及变更行政决定案件的 21.3%；程序违法的 9 件，占撤销及变更行政决定案件的 14.8%；适用法律错误或定性不准的 7 件，占 11.48%；计算失误的 6 件，占 9.84%；处罚立文不明或无实际内容的 3 件，占 4.92%；处理于法无据的事件，占 4.92%；处罚主体错误的 1 件，占 1.64%。

基于这一分析和行政审判工作中所遇到的问题，我从审判的角度提几点建议供大家参考。

第一，行政机关为任何具体的影响相对人权利和义务的行政行为，必须有充分的事实根据。所谓充分的事实根据是指：①任何一个行政行为必须有法律规定的事实要件为基础；②每一个事实要件必须有相应的事实佐证；③每一个事实佐证必须经得起法院的审查，经得起对方的反驳和质证；④行政机关提供的证据要比原告一方提出的反证占有优势。常见的事实不清证据不足的表现是：对当事人的陈述不作认真核实；只听一方的意见，不听另一方的意见，只有执法人员的记录，没有旁证等等。

第二，行政机关进行任何具体的影响相对人权利和义务的行政行为，必须有充分的法律依据。所谓充分的法律依据主要是指：①行政行为所援引的规范性文件必须是合法有效的文件，不得与更高层次的规范相抵触；②行政机关行使该种职权具有法律的明确授权；③行政行为的各个方面（如处罚的种类、幅度等）都要在法律所规定的范围之内；④对相对人行为的认定和对事件性质的判断应符合法律所确定的要件等等。

第三，行政机关进行具体行为时，应当遵循正当程序规则。

我国目前还没有《行政程序法》，也就是说正当程序规则尚未建立起来，一些行政机关自己搞了一些执法程序规则或内部办事规则。这些规则对于提高行政执法的规范程度和行政执法的质量发挥了十分重要的作用。但这些规则大都有一个缺陷，即一般都没有规定当事人的“听证程序”。在法治健全或发达的国家“听证”程序是行政程序的中心环节。所谓听证程序就是要求行政机关在作出行政决定之前，应当给当事人听取证词和答辩的机会，这一程序尽管可能增加一些工作量，但可以避免或减少错误，大量的问题可以在行政程序中得以暴露，从而使行政机关处于主动地位。有了听证程序，处理不当或显失公正、计算失误、定性不准等问题也容易得到克服。

当然，我国目前已有一些法律、法规规定了行政机关进行某种行政行为时必须遵守的程序，这些程序当然应当遵守。有些法律虽然无明文规定，但作为行政行为成立要件的必要程序也必须遵守，否则将会影响行政行为的效力。例如，处罚当事人不制作处罚书，或不向当事人送达；制作送达处罚决定书而不交代诉权和诉讼时效等等。这些程序如果不完成要么行政行为就不能成立，要么就会推迟行政行为的生效时间，最终对行政机关不利。所以，希望行政立法部门加强行政程序的立法，从而加速解决我国行政实体法与行政程序法不相适应的局面。

第四，行政机关在作具体行政行为时，一定要注意自己的权限范围。

越权无效是行政法的一项基本原则。这一原则应当得到遵守。特别是在法律已经划定各机关各部门的权限范围，而行为又直接影响相对人权利和义务时，行政机关就应恪守自己的权限范围，而不能超越自己的权限范围去越俎代庖。遇到具体案件，当移送其他机关的要移送其他机关，当送批的要送批，当审核的要审核。

第五，希望行政机关在行政诉讼法过程中，积极主动应诉，配合、支持人民法院审查行政行为的合法性。

在行政诉讼法中，人民法院不能搞倾斜政策。因此，行政机关要在诉讼中争取主动，还得靠自己积极应诉。

所谓积极应诉，就是全面提供行政机关作出决定的事实根据和法律根据，就是认真地实事求是地提出有针对性的答辩状，就是勇敢地参与庭审活动，就是自觉地遵守诉讼程序和法庭纪律，就是积极正确地行使诉讼权利，履行其诉讼义务。在诉讼过程中，如果发现被诉决定有错误或证据不足，可以依法撤销或改变被诉决定，也可以经法院批准重新搜集和调查证据。

积极应诉是行政机关的法定代表人或工作人员对人民对国家高度负责的表现，是尊重宪法和法律、法制观念强的表现，是敢于坚持真理，有了这种态度，行政机关就能立于不败之地，即使败诉了，也是勇于修正错误的表现。

最后，我预祝这次培训班圆满成功！并衷心希望我们每一个行政机关能在行政诉讼中立于不败之地！

二、部分省、自治区、直辖市领导同志有关法院工作的讲话

山西省人大副主任、省委政法委书记张健民在全省中级法院院长会议上的讲话

（1989年10月18日）

同志们：

这次全省中级法院院长会议以江泽民总书记的国庆重要讲话为指针，传达了中央政法领导小组最近召开的部分省市清查工作座谈会议精神，部署了抓紧审理清查中的案件，研究讨论了进一步贯彻"两高"《通告》精神，运用法律手段惩治腐败，促进廉政建设，以及搞好执法检查等有关问题。我认为在当前形势下召开这个会议是很重要的，对于进一步发挥法院的审判职能，更好地为党的"一个中心、两个基本点"服务，具有重要意义。今年春夏之交，首都发生了动乱和反革命暴乱，并很快波及到省城太原，太原发生了动乱。在制止动乱和配合首都平息反革命暴乱斗争中，我省法院系统的全体干警在党委的领导下，旗帜鲜明，立场坚定，坚守岗位，辛勤工作。平息反革命暴乱取得决定性胜利之后，法院系统立即投入了清查工作，同时严厉打击严重刑事犯罪活动，及时判处了一批刑事犯罪分子，尤其是今年9月通过判处一批犯罪分子，对稳定国庆期间治安秩序起了积极作用。今年是国庆40周年，而且正当平息反革命暴乱和制止动乱之后，中央再三强调要确保今年国庆节的安全，我们在这点上配合得很好，使广大群众能欢度国庆40周年，受到了省委的称赞。同时各级法院还开展了执法检查，重视了廉政建设和队伍建设。总之，法院今年的各项工作都取得了很大的成绩。下面我讲几点意见：

一、要认真学习江泽民同志的重要讲话，用《讲话》精神指导法院的各项工作。江泽民同志在庆祝中华人民共和国成立40周年大会上的讲话，凝聚了党和人民的智慧，体现了邓小平同志的重要讲话精神，坚持了马列主义毛泽东思想，科学地总结了建国40年来社会主义革命和建设的实践经验，正确地回答了当前急需解决的理论和实践问题，充分肯定了建国40年，特别是改革开放10年来经济建设所取得的伟大成就，深刻地总结了历史的经验和教训，提出了"四个基本结论"和统一思想的十个重大问题，是一个纲领性的重要文献。对于全党全国人民统一思想、统一行动，坚持"一个中心，两个基本点"，建设具有中国特色的社会主义，有极其重要的现实意义和深远的历史意义。人民法院是国家的专政机关，在执行国家法律，维护社会安定，保障经济建设顺利进行等方面有着十分重要的作用，因此，希望各级法院在党委的统一部署下，组织全体干警认真学好江泽民同志的重要讲话。前一段已经开始学了，现在主要是深入学习的问题。同时，还要继续认真学习、深刻领会邓小平同志的重要讲话。学习中不但要解决当前存在的一些思想认识问题，而且要解决思想深层的问题。领导应该要求高一点，学的更好一点。学习讲话要联系实际，用讲话精神指导法院的各项工作，清除资产阶级自由化的影响，坚持四项基本原则，严肃执法，充分发挥审判职

能作用，更好地为改革开放和建设有中国特色的社会主义服务。

二、要切实搞好清查工作。搞好清查工作是巩固制止动乱、平息反革命暴乱所取得的胜利成果，严惩组织策划动乱、参与暴乱的反革命分子和刑事犯罪分子的一项重大措施，对于巩固人民民主专政和社会安定具有重要意义。清查工作是制止动乱、平息反革命暴乱的继续，是对各级领导干部的又一次考验。在发生动乱和暴乱期间，法院干警表现是好的，立场是坚定的。随着清查工作的发展，我们必须不断提高认识，统一思想，排除阻力，消除各种不正确的认识和思想顾虑，坚决贯彻中央精神，把清查工作进行到底。对清查出来的动乱中的主要策划者、组织者和指挥者，对恶毒攻击诽谤中央主要领导人，妄图推翻共产党领导，妄图推翻社会主义制度，构成反革命罪的，以及对动乱中严重刑事犯罪分子，要依法坚决惩处。最近中央政法领导小组召开了部分省市清查工作座谈会，乔石同志作了重要讲话，任建新同志在会上讲了话，总结了前一段清查工作，对认真贯彻中央三号文件，彻底完成清查工作做了部署。茂林同志就如何搞好重点单位重点人的清查工作在会上作了发言。这个会开得很及时。省委抓得很紧，准备近日内召开第二次清查工作会议，贯彻中央清查工作座谈会议精神。全省的清查工作进展较快，贯彻了中央十三届四中全会和中央三号文件精神，做了大量的工作，取得了较大的进展，基本查清了一部分重大事件的来龙去脉以及重点单位、重点人的主要问题。解散了各种非法组织，收审、逮捕了一批非法组织头头和骨干分子，侦破了一批特务、反革命案件。这一段的成绩是很大的，当前的主要任务是必须把清查工作引向深入，有些重点单位阻力比较大，还有一批在逃的重大案犯尚未抓获，动乱暴乱案件比较复杂，有不少的政策和法律界限还需要进一步明确。总之，这项工作任务很重，各级领导要把工作抓紧，集中力量、集中时间，争取尽快地完成这项政治任务。必须以搞彻底为原则，不搞彻底决不罢休。凡是有清查任务的地方，党政主要负责同志都要亲自过问，亲自抓。清查工作要抓重点，包括重点单位、重点事件、重点人。对已经抓获的人要搞清楚，抓紧处理。要注意研究政策法律界限，严格按照中央的指示精神办事。要把清查工作和清理工作很好地结合起来，从法院讲，对清查中的案件应该提前介入，已起诉的要依法及时审判，要稳、准、狠地打击严重犯罪分子。要认真执行政策，严格依法办事，对“两高”的有关法律解释，还有我省提出的有关清查工作的具体政策意见，都要认真贯彻执行。该严的必须严，但要严格区分两类不同性质的矛盾，打击的还是极少数，当前要防止“差不多”的思想和畏难情绪。党政机关和要害部门，包括我们政法部门，一定要把内部清理工作搞好，要求要严一点，不适合在政法部门工作的，发现参与动乱的，要及时清理，该处理的就处理，该调走的就调走，从组织上保证法院干警队伍的纯洁。

三、进一步贯彻“两高”《通告》，有效地运用法律武器同经济犯罪作斗争。“两高”《通告》是根据中央政治局的决定发布的，是贯彻中央关于惩治腐败、促进廉政建设的重要措施，省里连续召开了几次有关会议，进行了全面部署，要求各级党委、政府把贯彻《通告》作为当前的一件大事抓紧抓好。全省各级法院对贯彻落实“两高”《通告》十分重视，积极行动，做了大量卓有成效的工作。在做法上，一是宣传工作抓得好。从省法院到基层法院都充分利用各种形式广泛宣传《通告》精神，通过公开审判典型案件、印发宣传品，使《通告》精神家喻户晓，提高了人民群众同犯罪分子作斗争的积极性。二是接待工作做的好，各级法院成立了“经济犯罪举报中心”，“经济犯罪分子投案自首接待处”，昼夜有人值班，及时接受犯罪分子的投案自首和群众的举报。三是重大案件及时介入，按照《通告》精神快审快判。太原、临汾、阳泉等地市和部分基层法院召开了宽严兑现大会，选择典型案件进行宣判，收到了比较好的社会效果。两个多月来，各级法院虽然做了不少工作，但案件大部分还在侦查起诉过程中，下一步将有大量的案件起诉到法院，各级法院要从思想上力量上做好充分准备，在各级党委的领导下，与检察机关密切合作，起诉的案件不仅要快审快判，而且要按照《通告》精神和有关法律规定，该宽就宽，该严就严，做到宽严兑现，搞好公开审判，大造声势，取信于民。四是惩治腐败，打击经济犯罪是我党长期艰巨的任务，"坦白从宽、抗拒从严"是我们一贯坚持的政策。因此，在《通告》规定的期限结束以后，绝不能有松一口气的思想，一定要牢固地树立长期作战的观念，充分发挥人民法院专政机关的职能作用，有效地运用法律武器同腐败现象和各种经济犯罪分子作斗争，巩固人民民主专政，保卫社会主义制度和改革开放的顺利进行。在贯彻《通告》精神的基础上，要继续抓紧开展反贪肃贿斗争，对贪污受贿案件要严格查处，使反贪肃贿斗争有一个新的发展。要认真执行"坦白从宽、抗拒从严"的政策。这项工作无论如何要抓紧。

四、要充分发挥人民法院在稳定社会治安上的职能作用。乔石同志指出要在清查的同时，严厉打击严重刑事犯罪分子，要保证有一个安定的社会环境。平息暴乱制止动乱的斗争取得了决定性的胜利，但是不安定的因素很多，预防和制止动乱的斗争是艰巨的，长期的。各级法院和公安、检察等有关部门很好地配合，注意掌握和了解社会动向，做好应付突发性事件的准备工作，把闹事、动乱的苗头消灭在萌芽阶段。要坚决打击各种严重刑事犯罪活动，维护社会治安秩序。今年以来的刑事案件明显增多，特别是重大刑事案件大幅度上升，全国比去年同期上升了一倍多，因为今年出现了动乱和暴乱，一些社会渣滓、刑事犯罪分子乘机会搞破坏活动。中央提出要遏制重大案件大幅度上升的势头，根据中央的要求，我们要坚定不移地贯彻依法从重从快的方针把犯罪分子的嚣张气焰打下去，稳定全省的治安大局，保证我省社会主义各项事业的顺利进行。法院要运用审判职能，积极参加社会治安综合治理。要采取各项有效措施，教育挽救失足青少年；选择典型案件及时公开宣判，加强法制宣传，扩大办案效果，震慑犯罪，教育群众；要帮助有关单位堵塞漏洞，建立健全规章制度，避免和减少犯罪；还要及时调处各类民事案件，尽量避免矛盾激化，消除可能产生的不安定因素。省委、省政府根据中央指示精神，决定 11 月至明年 2 月开展扫"六害"斗争，在当前"扫黄"的基础上，查禁取缔和坚决打击卖淫嫖娼、制作贩卖传播淫秽物品、拐卖妇女儿童、私种吸食贩运毒品、聚众赌博和利用封建迷信骗财害人等各种违法行为。这对于转变社会风气，加强精神文明建设具有重要作用，这是全党全社会的一项重要任务，今年抓了"扫黄"，效果很明显，打击拐卖妇女犯罪活动已见成效，茂林同志亲自抓这项斗争，省里准备开一次这一方面的经验交流会。贩毒、吸毒在我省也值得注意。卖淫嫖娼不容忽视。查禁赌博的问题连续进行了打击，但仍有蔓延的趋势，我省"扫黄"有了突破性的进展。正在深入发展，要趁有利时机，抓紧抓好除"六害"的斗争，打击严重犯罪分子，保持一个稳定的社会环境。

五、要重视法院的队伍建设。要通过学习，提高法院干警的思想和业务素质。要建立必要的规章制度，提高工作效率。要通过清查清理，纯洁法院干警队伍。要下功夫加强党的思想和组织建设。

就讲这五点意见，供同志们参考。

山西省委常委张邦应在全省中级人民法院院长会议上的讲话

（1989年6月28日）

同志们：

这次全省中级法院院长会议，是在平息北京反革命暴乱取得决定性胜利以后，在党的十三届四中全会刚刚胜利闭幕之际召开的。会议以小平同志在接见首都戒严部队军以上干部时的讲话为指针，根据四中全会的精神来研究加强各级法院专政职能的作用，以进一步强化人民民主专政。部署刑事审判和廉政建设工作，我们认为这次会议开得很重要。

（一）

同志们知道，近两个月来，极少数人利用学潮，掀起了一场有计划、有组织、有预谋的政治动乱，进而在北京发展成了反革命暴乱。他们策化动乱和暴乱的目的，就是要推翻共产党的领导，颠覆社会主义的中华人民共和国。在这场关系到党的命运、国家的命运、人民命运的惊心动魄的斗争中，我们的党坚决抵制和克服了赵紫阳同志支持动乱和分裂党的错误，采取了正确的方针、决策和一系列果断措施，夺取了斗争的胜利。在这场斗争中，我们党经受了一次严峻的考验。以邓小平同志为代表的老一辈无产阶级革命家在这场斗争中发挥了重大作用，在平息首都反革命暴乱中，中国人民解放军、武警部队和公安干警作出了巨大贡献。最近，党的十三届四中全会的胜利召开，标志着我们党在这场斗争中已经取得了决定性的胜利。这次全会分析了近两个月来全国的政治形势，审议并通过了李鹏同志代表党中央政治局提出的《关于赵紫阳同志在反党反社会主义的动乱中所犯错误的报告》，决定撤销他的中央委员会总书记、中央政治局常务委员会委员、中央政治局委员、中央委员会委员和中共中央军事委员会第一副主席的职务，对他的问题继续审查。赵紫阳同志在很长一个时期，把改革和开放同四项基本原则对立起来，实际上是背离和放弃了四项基本原则，怂恿和助长资产阶级自由化的泛滥，酿成这次动乱和反革命暴乱。他又在这场反党反社会主义动乱中，支持了动乱，分裂了党，给党和国家带来了巨大的损失。党给他的处理是完全正确的。全会选举出了以江泽民同志为核心的新的中央领导集体，标志着我党第三代领导集体的形成，它是我们党兴旺发达的象征。全会对邓小平同志接见首都戒严部队军以上干部的重要讲话作了高度评价，他对全党今后的工作具有现实的指导意义和深远的历史意义，是指导我们工作的一个纲领性文件。全会强调，要继续坚决执行党的十一届三中全会以来的路线、方针和政策，继续坚决执行党的十三大确定的“一个中心、两个基本点”的基本路线。指出四项基本原则是立国之本，必须毫不动摇始终一贯地加以坚持；改革开放是强国之路，必须坚定不移，一如既往地贯彻执行，决不回到闭关锁国的老路上去。这次全会是在党和国家面临生死存亡的关键时刻召开的一次胜利的大会，将作为党的一个重要历程载入史册。

对邓小平同志的重要讲话和党的十三届四中全会精神，我们要很好学习，深刻领会和认真传达贯彻，以此精神统一我们的思想和行动，在坚持四项基本原则，反对资产阶级自由化这个大是大非问题上，一定要做到立场坚定，旗帜鲜明与党中央保持高度一致。人民法院是无产阶级专政机关，肩负着“惩治犯罪，打击敌人，保护人民”的重任，我们一定不辜负党和人民的希望，完成这一光荣任务。我省各级法院过去是发挥了专政职能作用的，在维护社会治安，严惩严重刑事犯罪分子和严重经济犯罪分子，保障人民的合法权益，保证改革开放的顺利进行做了大量工作。在这次全国政治动乱和首都反革命暴乱中，我省法院系统的各级领导和广大干警经受住了考验，没有一个人擅离工作岗位，参加游行、声援和围观活动，大家以严格的组织纪律，坚守工作岗位，维护机关的正常工作秩序，以实际行动积极反对了这场动乱和反革命暴乱。事实说明，我们这支队伍是一支坚强的、可以信赖的队伍。对此，省委是满意的。我代表省委向同志们表示衷心的致谢！同时也希望大家要积极响应十三届四中全会的号召，把今后各项工作做得更好。

（二）

关于当前法院工作讲三点意见：

一、用小平同志讲话和四中全会精神，统一思想和行动，切实做好刑事审判工作

第一，学习小平同志的讲话和四中全会精神，首先要树立起一个专政意识。这次动乱、暴乱血的经验告诉我们，人民民主专政这个武器不能丢。小平同志讲，无产阶级专政不必多讲，但不能不讲。在实际工作中我们就是要多干少说，在惩治反革命刑事犯罪中必须牢牢树立从严打击的思想，决不能心慈手软。

其次，一定要贯彻依法严厉惩处在这次动乱、暴乱中的犯罪分子的精神，把这项工作作为当前审判工作的重点。对极少数策划、组织、煽动反革命暴乱和社会动乱的犯罪分子；对进行反革命宣传煽动的首要分子和骨干分子；对猖狂进行打、砸、抢、烧、杀的各种严重刑事犯罪分子，各级法院一定要和公检部门密切配合，提前介入，加快办案步伐，快审快判，及时给予打击处理。同时要注意贯彻惩办和宽大相结合的政策，缩小打击面，扩大教育面和团结面。

第三，要继续贯彻从重从快、从严惩处刑事犯罪和经济犯罪的方针，严厉打击刑事犯罪和经济犯罪分子。应该认识，这一段制止动乱期间，在省委、省政府的正确领导下，公安干警、武警和政法部门的广大干警发挥了极其重要的作用，在常委的正确领导下，我省发生的动乱处理是比较好的。同时，各地公安、政法部门结合对流窜犯罪分子进行了集中打击，全省当前形势是稳定的。但是我们还必须看到形势的严重性，决不能麻痹大意，对各种刑事犯罪和严重经济犯罪分子一定要保持严打的声威，贯彻严打的方针，不失时机地开展各种专项斗争，把犯罪分子的嚣张气焰坚决打下去。要求各级法院依法分期分批地公开处理一批犯罪分子，我们一定要在加强社会治安，审理大案要案方面办几件好事，办一批大案，要雷厉风行地抓一批罪犯，要公布于众，该受惩罚的不管是谁，一定要受到惩罚。从而提高党和国家在人民群众中的威望。让广大群众看到我们党完全有能力治理好社会秩序，能力惩治腐败现象。

二、加强廉政建设，保证严肃执法

这次动乱中所以有那么多人被阴谋分子煽动起来，一个重要原因，是一些党员干部，特别是极少数领导干部中存在严重腐败现象。所以加强廉政建设，惩治腐败是关系到党生死存亡的一件大事，一定要认真抓下去。

我们省法院系统的廉政建设抓得是比较早的，效果也是比较好的。近几年来，全省各级法院根据省委和最高法院的要求，在抓审判工作的同时，一直坚持了“从严治院”的方针，认真落实“八个不准”的要求，把“实事求是，依法办案，刚正不阿，铁面无私”作为人民法官的应有品质，使广大干警基本上保持了“清正廉洁”的革命本色。在全省涌现出了一批廉政建设搞得好的典型，

重刑事犯罪分子。当前，从全区刑事案件发案率上升、特别是重大案件上升幅度较大的情况看，我们面临的形势仍然是严峻的。不仅在一些大中城市和交通沿线犯罪活动猖獗，农村、牧区重大案件也时有发生，对社会治安危害极大。由于反革命暴乱对社会治安的影响，必然会出现一些新的情况和问题。因此，各级法院要认真贯彻这次全区政法电视电话会议精神和法院院长座谈会精神，抓住当前平息暴乱、制止动乱这个有利时机，与公安、检察等部门密切配合，积极开展严厉打击流窜犯和其他严重危害社会治安的犯罪分子的专项斗争。要坚决贯彻今年中央1号文件精神，突出打击重点，行动及时迅速，搞好公审和公判，要做到决心再大些，声势再猛些，以扩大办案的社会效果。

三、继续严厉打击严重经济犯罪活动，推进反腐败斗争。坚决贯彻邓小平同志的指示精神，坚定不移地同贪污、受贿的犯罪行为作斗争，坚决惩治投机倒把，严厉打击严重经济犯罪活动，是反腐败的重要措施，也是各级法院的重要职责。要集中力量抓一批大案要案公布于众，以配合反腐败斗争，促进廉政建设。在查处经济犯罪案件中，各级法院要敢于排除干扰，坚持原则，秉公执法，该受惩罚的，不管是谁，一律坚决严厉打击。为维护经济秩序和遏制经济犯罪，提供法律服务。

四、切实抓好廉政建设工作，此次召开院长座谈会的同时，召开了全区法院廉政建设工作会议，这项工作法院党组抓得很及时。从这次动乱和反革命暴乱的政治斗争中看，进一步证明了全区法院系统的广大干警是经得起考验的，是可以信赖的。但是，也不得不看到，长期以来，思想政治工作薄弱和社会上的腐败现象比较严重，在法院干警当中也必然受到不同程度的影响和侵蚀，极个别的干警发生了违法犯罪的问题。这就说明，我们必须加强廉政建设的重要性和紧迫性。因此，人民法院在同党政机关内部和社会上的腐败现象作斗争的同时，要特别注意抓好自身的廉政建设。尤其是领导干部，要把自身的廉政建设问题摆在重要的议事日程上来，当作一件大事认真抓好。在廉政建设中，一是把好干部关。要把廉洁奉公作为干部“德”的一个重要内容来考查，不廉洁的干部绝对不能提拔和信用。二是要把好党纪关。对党员中的贪污受贿和有其他不廉洁行为的人，必须按照党纪严肃处理，直至开除其党籍，对那些触犯刑律的党员，还必须依法惩处。三是把好党内监督关。加强党内监督，疏通党内监督渠道，完善党内监督制度。当前要完善党内上级对下级、下级对上级以及同级特别是领导班子内部的监督，还要加强党员履行党内监督的权利和义务。我们如果从这三个方面加强监督，就能在很大程度上保证党员干部为政清廉，从而使各级法院的党组织在廉政建设中起到应有的领导作用、监督作用、表率作用和战斗堡垒作用，为巩固和发展廉政建设，建设一支清正廉洁、执法如山的法院干警队伍提供根本保证。

同志们，为了完成我们今年下半年的工作任务，希望各级法院的全体干警，在党的十三届四中全会精神指引下，齐心协力，团结奋斗，为继续搞好治理整顿，更好地坚持改革开放，创造安定的社会环境做出新的贡献。

内蒙古自治区人大常委会副主任白俊卿在全区中级人民法院院长座谈会和全区法院廉政建设工作会议结束时的讲话

（1989年7月19日）

同志们：

这次全区中级人民法院院长座谈会和全区法院廉政建设工作会议开得很好，很及时，很成功。会议学习贯彻了党的十三届四中全会和自治区党委四届八次全委（扩大）会议精神，同时传达贯彻了全国法院廉政建设工作会议和全国法院纪检、监察工作座谈会精神。会议以党的十三届四中全会精神为指导，研究、部署了今后一个时期的全区法院工作，内容比较集中，重点也很突出，是一次很重要的会议。通过这次会议，使同志们进一步统一了思想，提高了认识，明确了工作任务。达到了预期的目的。在这次会议上，还表彰了1988年全区法院系统的先进集体和先进个人，向在这次会议上受到表彰的先进集体和先进个人，表示热烈的祝贺！会上，杨达赖同志讲了两次话，讲得很好，我完全支持。现在，我再讲几点意见。

一、认真学习、深刻领会党的十三届四中全会精神，把我们的思想认识统一到四中全会精神上来

党的十三届四中全会，是在北京平息反革命暴乱取得决定性胜利的情况下召开的，我党历史发展上的一次非常重要的会议。四中全会对进一步稳定全国的局势，巩固党的领导，维护全党和全国的安定团结，继续坚定不移地贯彻执行党的十一届三中全会以来的路线、方针和政策，具有重大的现实意义和深远的历史意义。我们一定要认真学习、深刻领会四中全会文件和小平同志重要讲话精神。在学习中，一定要联系实际，联系全区的实际，联系全区法院的实际，很好地思考过去，考虑未来。斗争的实践告诉我们，任何时候都不能只抓经济，不抓政治，必须二者一起抓。否则，就会使党的事业遭受损失。这场政治斗争的深刻教训又充分证明了这一点。我国宪法充分肯定了四项基本原则，我们必须坚持，过去坚持，现在坚持，今后更要坚持。宪法规定四项基本原则是立国之本，我们必须时刻牢记，一刻也不能忘记。如果不坚持四项基本原则，资产阶级自由化思潮就会泛滥。反对四项基本原则，搞资产阶级自由化，是违反我国宪法的，是我们社会主义法制所不允许的。任何组织和个人都必须自觉地严格遵守宪法和法律，在宪法和法律规定的范围内活动，决不允许有超越宪法和法律的特殊组织和特殊公民，一切违反宪法和法律的行为，都要受到法律的严厉制裁。不然的话，就会助长动乱和暴乱，妨碍社会主义民主和法制建设，妨碍四个现代化的进行。发扬社会主义民主，健全社会主义法制，是我党坚定不移的方针。我们学习四中全会文件，不是一般的学习，而是通过学习，一定要把我们的认识统一到四中全会精神上来，一定要把我们的思想统一到小平同志的重要讲话上来。在今后工作中，我们一定要扎扎实实地坚持四项基本原则，认认真真地反对资产阶级自由化，把这两条作为一项重要的政治任务，贯穿到我们的司法审判工作中，长期坚持，久抓不懈。

二、及时依法审判进行反革命暴乱和制造动乱的严重犯罪分子

现在，北京平息反革命暴乱和各地制止动乱的斗争已经取得决定性胜利，但局势尚未完全平定，斗争是长期的、艰巨的、复杂的。一些反革命暴乱分子和制造动乱的严重犯罪分子尚未缉拿归案，如果让他们逍遥法外，必将后患无穷。必须下定决心，把平息暴乱和制止动乱的斗争坚决进行到底。要下决心把那些制造暴乱、动乱的策划者、组织者和幕后指挥者，各种非法组织的骨干分子和进行打、砸、抢、烧、杀等严重危害社会治安的犯罪分子，彻底清查出来，及时依法惩处。对已经查获的上述严重犯罪分子，法院要与公安、检察部门密切配合，提前介入，各司其职，及时依法审判。在清查和处理中，既要态度坚决，毫不手软，又要实事求是，严格区分两类不同性质的矛盾；既要既准又狠地严厉打击极少数严重犯罪分子，又要注意多做分化瓦解工作，最大限度地争取和团结一切可以团结的人，挽救一切可以挽救的人。要以事实为根据，以法律为准绳，划清罪与非罪的界限，该定什么罪就定什么罪，严格依法办事；要坚持文明执法，严禁搞逼供信。要坚持宽严结合的原则，贯彻执行党的坦白从宽、抗拒从严的政策，对主动投案自首，坦白交待，检举揭发的，要从宽处理；对执迷不悟，继续顽抗的，要依法从严惩处。

三、继续严厉打击其他严重刑事犯罪和严重经济犯罪活动

今年上半年我区打击刑事犯罪和经济犯罪的工作，取得了一定的成绩，这一点必须肯定。但从我区今年上半年的社会治安情况来看，刑事犯罪案件继续呈上升趋势，重大案件上升幅度更大。目前，不仅在一些城市刑事犯罪活动猖獗，而且在一些农村、牧区重大案件也时有发生，对我区社会治安危害极大。全区在六月份开展了一次以打击流窜犯罪为重点的集中统一行动，破获了一批案件，抓获了一大批流窜犯和其他严重刑事犯罪分子，取得了明显的成效。这次集中行动，震慑了犯罪，鼓舞了群众，对有力地制止动乱、稳定全区治安，起到了重要的作用。但是，我们的工作决不能有丝毫的放松，要乘胜追击，把“严打”斗争与平息暴乱和制止动乱有机地结合起来，集中力量，抓住重点，尽快审判，坚决把犯罪分子的嚣张气焰打下去。

当前，全区打击经济犯罪活动的斗争出现了好的势头。根据四中全会关于坚决惩治腐败的精神，要继续同贪污、受贿、投机倒把等经济领域的严重犯罪活动作斗争。各级人民法院要突出惩治贪污腐败，这是一场艰苦复杂的斗争，大家都应有一个使命感、责任感，切实有效地清除腐败现象，促进廉政建设，保证改革开放的顺利进行。

四、坚决惩治腐败，促进廉政建设

十年改革，我们国家的面貌发生了很大的变化。改革开放，给广大的人民群众带来了众多的实惠。但在改革开放的同时，我们的一些制度和措施还不完善，再加上我们在思想教育方面的失误，让社会上的一些人钻了改革开放的空子，他们违法乱纪，“一切向钱看”，为了钱不择手段，腐败现象日趋严重，逐渐扩大，逐步渗透到我们党内和我们的干部队伍内，对我们政法队伍的侵蚀也越来越严重。我们少数干警由于缺乏对腐败现象的免疫力，经不起改革开放的考验，利用职权索贿受贿，贪赃枉法，走上了违法犯罪的道路，成了人民的罪人，极大地损害了政法干警的形象。为此，各级人民法院的领导，一定要把廉政建设提到重要议事日程上来，加强思想政治工作，增强干警保持廉洁的自觉性，同时要制定和完善各项切实可行的规章制度，从制度上铲除腐败现象产生的温床。要大力宣传那些廉洁奉公、秉公执法的先进事迹，形成一种良好的风气。对那些违反纪律和制度的，要批评教育；对违法犯罪的，要严肃处理，绝不姑息。只有扶正祛邪，才能建设一支廉洁奉公、执法如山的干部队伍，彻底清除腐败现象，促进廉政建设。

五、加强审判监督工作

杨达赖同志对这个问题讲了一些很好的意见，我很支持。在这里，我再重复几句。这次会上印发了满洲里市人民法院实行“两公开一监督”制度的材料，这个材料很好。人民法院在行使审判职能的时候，必须接受人民群众和社会舆论的监督，借助社会舆论监督的力量，为我们顺利执法、秉公执法服务，这是适应我国社会主义民主和法制建设的需要，也是适应信息社会大趋势的需要。在当前新形势和社会环境下，显得尤为重要。刑事诉讼法规定，除有关国家机密或个人隐私案件，以及十四岁以上不满十六岁未成年人犯罪案件一律不公开审理外，法院审判案件应当公开进行。又规定，宣告判决，一律公开进行。全国第十四次法院工作会议上又突出地强调了这个问题。法院办案制度公开，让群众监督执法，这是增加司法工作透明度，提高办案质量，对群众进行普法教育的一项重要措施。同时也是让群众监督执法的一项重要措施。把公开审判与舆论监督工作搞好了，对正确树立法院形象，提高法院的社会地位，是十分重要的。

我们社会主义法制的公开性、民主性，应该在实际工作中把它实实在在地体现出来。法院的活动，要让广大人民群众知道。让人民知道是有好处的，一是可以使法院的工作受到社会的监督，受到人民的监督，有利于法院公正执法；二是通过公开来进行法制教育，人民法院要通过自己的活动来教育公民忠于祖国，遵守国家法律。

各级人民法院一定要把舆论监督看成是一种群众的声音，看成是一种动力，应该欢迎舆论监督。但是，在监督的时候不能干扰法院的审判工作，审判独立是我国法制的重要原则。人民法院的活动公开，一定要做到有利于普法教育，有利于改革开放，有利于社会主义民主和法制建设，有利于治理经济环境、整顿经济秩序，为全社会的安定团结服务，为发展社会生产力服务，为建立社会主义商品经济新秩序服务。

各级人民法院要认真地向同级人民代表大会及其常委会报告工作，人大及人大常委会要积极支持法院的工作，为法院排忧解难，解决一些实际问题，促进法院的工作。

六、认真做好执法检查工作

今年年初，自治区党委发出了关于开展执法检查的通知；自治区人大常委会作出了关于在全区开展执法检查的决定，召开了全区执法检查工作会议，巴图巴根同志部署了执法检查工作。全区各地各系统都及时传达了会议精神，落实了执法检查组织领导，制定了工作方案，召开了各种会议，作了具体安排部署。现在，全区执法检查工作已经陆续展开。一个多月来，做了大量工作，初步取得了一些效果。为了把执法检查进一步引向深入，做到经常化、制度化，提高学法、守法、执法的自觉性，我再强调一下：一是要加强执法检查的组织领导，在同级党委的领导下，分级负责，有组织有领导地进行；二是执法要注重实效，防止走过场；三是执法检查要抓住重点。

同志们，摆在我们面前的任务是十分艰巨的，我们要认真学习贯彻十三届四中全会精神，在党中央新的领导集体带领下，坚定不移地沿着十一届三中全会以来党的路线、方针和政策继续前进，为做好十三届四中全会提出的“四件大事”而努力奋斗！

上海市委副书记倪鸿福在第九次上海市民事审判工作会议上的讲话

（1989年11月18日）

同志们：

这次第九次上海市民事审判工作会议，是在大家认真学习贯彻落实党的十三届四中全会五中全会和江泽民总书记国庆讲话精神的情况下召开的。会议回顾了三年多来民事审判工作的情况，交流了经验，分析了存在问题，明确了新形势下如何开创民事审判工作新局面的奋斗目标，会议开得很好，很成功。我代表市委表示祝贺，并借此机会，向全市法院的干警尤其要向长年累月地战斗在民事审判工作战线的同志，表示衷心地感谢和亲切地慰问。三年多来，你们在任务十分繁重、条件非常艰苦、干部力量严重不足的情况下，正确审理了各类一审民事案件8.6万余件，最近高院负责同志谈到今年1月至10月受理的民事案件2.5万多件，比去年同期上升18.8%，审结了2.29万多件，上升21.5%，数量增加很多。他们辛勤的工作，为维护公民、法人的各项民事权利，为稳定社会秩序，促进社会主义经济发展和社会主义精神文明建设，作出了重要贡献。刚才顾念祖同志讲了民事审判工作的方向、宗旨、方法等都讲的很好，我完全同意。下面我想谈几点意见，供同志们参考。

第一，认真学习领会党的十三届五中全会精神，认清形势，进一步深化对民事审判工作重要性的认识。切实加强对民事审判工作的领导，使民事审判工作在促进治理整顿、深化改革，促进社会主义精神文明建设中发挥更大作用。

这些年来，通过法制宣传教育，许多同志对民事审判工作重要性的认识，有所提高，不再把民事审判工作看作为一般的“婆婆妈妈”的小事。但是，还有些同志，甚至有些领导同志，对于在新形势下民事审判工作的地位和作用认识仍然不足，还没有深刻认识到，随着社会主义经济建设和国家民主政治的发展，在公民民事权利进一步扩大，广大群众日益懂得依靠法律来保护自己的合法权益，解决各种纠纷争端，民事纠纷逐年大幅度地上升的情况下，做好民事审判工作对防止矛盾激化，维护社会安定团结，促进社会生产力的发展，促进社会主义精神文明建设所具有的重要意义。

最近，邓小平同志在接见尼克松时指出：稳定是压倒一切的。在中国，人这么多，底子这么薄，没有安定团结的政治环境，没有稳定的社会秩序，什么事也干不成。可见，社会安定团结，是实现新时期总任务，加速四个现代化的必要条件。没有安定团结的社会，就无法实现我国社会主义现代化经济建设的战略目标。稳定是我国人民的最高利益。人民法院所审理的各类民事案件，处理得好坏，都会对社会的安定产生影响，有些看起来是一件小小的纠纷，也存在着程度不同的不安定因素。如得不到及时、妥善地解决，不仅要影响一家，还要影响一片，搞得不能安居乐业。民事案件涉及到社会生活的各方面，与广大人民群众的切身利益，与千家万户的生活、与社会的治安秩序，与各机关、团体、厂矿、企业的生产、工作紧密联系，直接或间接地与国民经济建设发展、社会主义精神文明建设相联。因此，正确、及时地处理好这些案件，调处好各种民事法律关系，就能消除由于这些方面带来的不安定因素，为生产、工作排除障碍，为当事人排难解忧，提高人们的思想觉悟和法律意识，从而调动起人们的积极性，促进社会主义精神文明建设和经济建设的发展。相反，对一些民事纠纷如果不能及时解决，或者处理不当，矛盾就可能激化，以至造成自杀、凶杀、斗殴等严重危害社会秩序，影响生产、生活的恶性案件。因此，各部门的各级领导必须提高认识，把协助法院搞好民事审判工作同加强思想政治工作结合起来，加强对调解委员会的指导，发现纠纷，及时调处，把纠纷解决于基层，消灭于萌芽状态。我们上海从解放以来，一直很重视基层群防群治组织的建设，包括里弄、街道的治保委员会、调解委员会、以及工纠队、联防队等。这些组织都在社会治安综合治理，为社会的安定团结发挥重要作用，这是我们的政治优势。在民事审判工作中，也有一个发挥调解委员会作用的问题，使一些矛盾纠纷解决在基层，因为有一些恶性案件是从民事纠纷发生引起的。据有关资料，1982年在基层调解的纠纷达12.4万件，比当年法院审结的民事案件多6.2倍，1988年下降到7.23万件，但数量仍是很大的。我参加过一次司法局召开的民事调解工作交流会，一些单位的工作很有成效，使一些矛盾能在基层得到及时解决，说明基层调解组织的重要性。因此各区、县委、各级法院的领导，要重视调解委员会的组织建设，充分发挥它的作用，要重视民事审判工作，切实加强对民事审判工作的领导。我这里所讲的党要加强对包括民事审判工作在内的全部司法工作的领导，主要是指方针、政策的领导，而不是要过问每一个具体案件，是要帮助司法机关排除各种干扰和阻力，保证党的方针、政策和国家法律的贯彻执行。对法院工作中遇到的困难和问题，要及时协调，尽快帮助解决。最近法院的情况信息上看到崇明县县长到法院帮助解决实际问题。要关心、爱护、培养民事审判人员，对他们一方面要严格要求，加强教育和监督，另方面对他们在工作、生活中的困难要尽可能帮助解决，使他们安心民事审判工作，使民事审判工作在更大的范围内发挥更加重要的作用。

第二，强化法制观念，增强社会主义法律意识和自觉性，切实维护公民、法人的合法民事权益，调整好各种民事法律关系。

近几年来，随着各项法律、法规的逐步完善，普法教育的逐步深入，公民的法律意识有所增强。但从整体上看，法制观念仍比较淡薄，有法不依，执法不严的现象仍然存在。有的党政部门、领导干部，习惯于论职务，以权代法。有的单位搞地方保护主义、本位主义，胳膊向里拐，对自己单位、自己职工有利的裁决，就支持；反之，就消极对待，甚至为当事人通风报信，为执法设置障碍。在法院内部，个别审判人员也存在执法不严的情况，通路子、开后门，办“关系案”、“人情案”的情况也时有发生。这些问题尽管是少数，但影响很坏，它使公民、法人的合法权益得不到及时、有效的保护，民事违法行为得不到及时、有力的制裁，影响了人民法院运用法律武器调节经济活动和其他社会活动，影响到国家法律的权威。江泽民总书记在国庆讲话中曾尖锐地指出：“保证广大人民意志、利益在国家政治生活、社会生活中得到切实的体现，这同经济的发展一样，是我们国家长治久安，繁荣昌盛的重要保证。”因此必须重视运用法律武器，确保公民、法人的合法权益的实现。

要做到这点，首先得增强法律意识，提高严格依法办事的自觉性、维护法律不可侵犯的尊严。各政府机关、社会团体、企事业单位，要维护人民法院依法独立行使审判权的权威。法院作出的判决、裁定，是宪法和其他法律精神的具体体现，具有普遍的约束力和国家的强制力，任何机关、团体和公民，在法律面前人人平等，都必须坚决执行。如果对于法院的裁决有意见，可以依照法定程序提出，但决不允许进行干扰，拒不执行。在这中间，首先是我们各级领导干部要做出好的榜样，要学习法律，自觉守法，做遵法、执法的带头人。在法律活动中不要搞“长官意志”，要有法律意识，学会用法律手段来管理经济，调处经济生活和社会生活中的各种矛盾。

作为国家审判机关的人民法院，也必须严格依法办事，自觉地、主动地接受党委领导，接受人大的监督、接受社会各界以及广大人民群众包括当事人在内的监督，增加审判工作的透明度。对于审判工作中出现的新情况、新问题以及执行政策法律的情况，要主动地向党委、向人大报告，对于有重大影响的案件和问题，要主动向党委、人大汇报、争取监督和支持。要做到既敢于执法、又善于执法，不断地提高执法的水平。对于当前一部分人存在着只要民主，不讲法制；只要权利，不尽义务的思想，要结合审判工作加强对他们遵法、守法的教育，并选择典型，通过新闻媒介向社会广泛宣传，使广大群众懂得民主与法制、权利与义务是统一的，社会主义法制是社会主义民主的体现和保障，民主必须在法制的轨道上进行，权利必须与义务相一致。

第三，努力提高法院干部自身的政治、业务素质，做一名党和人民信得过的审判人员。

在今年春末夏初制止动乱、平息反革命暴乱的斗争中，上海法院系统广大司法干部表现是好的，不仅在行动上没有一个人参加声援游行等非法活动，而且在政治态度上，绝大多数人也是鲜明的。同志们坚守岗位、忠于职守、兢兢业业、出色地完成了各项审判工作，交了一份使党、使人民满意的答卷。但是，也要看到，这几年资产阶级自由化把人们的思想搞乱了，要彻底澄清思想，统一认识，还要做许多细致的工作。法院也不是真空区域，各种思潮对法院审判人员不可能不产生一些影响。要为人民执好法，就必须努力提高自身的政治素质和业务素质。

当前，首先要认真学习好四中、五中全会文件，学习好邓小平同志的著作，学习好江泽民同志的国庆讲话以提高马列主义、毛泽东思想水平。作为法院干部来说，要特别注意在学习马克思列宁主义基本原理的同时，结合审判工作，学习好马列主义的国家与法的理论，划清社会主义法学与资产阶级法学的界限，加强马列主义法学理论修养。

不仅要学习，要重要的是行动。在当前尤其要注意加强廉政建设。江泽民同志说：“腐败的核心问题是金钱和权力的交易”。法院是国家的审判机关，是以国家的强制力作后盾，掌握着生杀予夺的审判大权。如果审判机关也不能保持清正廉洁、秉公执法，而要用审判权去同金钱作交易，徇私枉法，那么人民有冤就无处可伸，整个社会也就没什么公正可言！在这次动乱中，就有极少数人利用了我们一些干部以权谋私等不廉洁问题，进行煽风点火，蛊惑人心。因此，反对腐败，加强廉政建设是当前一项十分重要而紧迫的任务，作为肩负着同违法犯罪行为作斗争的人民法院，保持清正廉洁尤为重要。当然，我也知道，同志们的收入是比较低，生活也比较清苦，但这要靠国家安定、生产发展逐步解决。人民法官应当有“一身正气，两袖清风”全心全意为人民服务的气慨。在市总工会、市公安局召开的工纠队成立十周年大会上，我传达了朱市长在企业思想政治工作会议上引的一句古语，就是“民不畏吾严而畏吾廉，廉则威；吏不服我能而服我公，公则明”。对于今天我们党政干部的廉洁、秉公的重要性，仍然是有意义的，我们的党员干部、我们的人民法官应该一身正气，这方面的例子是很多的，要很好的加以发扬，树立正气。

还要注意，仅仅“为官清”还不够，还得为官“勤”，当了官无所事事，庸庸碌碌，能推则推，能拖则拖，仍然是不受党和人民欢迎的。作为人民法官，特别是民事审判人员，更要时时、处处、事事把人民的利益，人民的合理要求、烦恼、困难、放在心上，我们要善于理解人民群众发生纠纷后，到法院打官司时的复杂心情，彻底改变“门难进，脸难看，话难听，事难办”的状况。对当事人不训斥、不歧视、不敷衍、不刁难，用春风化雨般的工作态度晓之以法，动之以情，喻之以理，做当事人的知心人，为人民群众多办实事，把“爱民、为民、便民、利民”的措施落到实处。在司法局召开的民事调解经验交流会上，闸北区法院介绍了开设“夜门诊”接待群众的制度，帮助群众解决一些实际问题。这是便民、利民措施的一个方面，很受人民群众的欢迎称赞。

当然，光有一个为人民服务的良好愿望而无为人民服务的本事，也是不行的，这就要大家努力学习法律科学，熟练掌握民事法律，做一个有德有才、文武兼备的优秀民事审判人员。这是党的希望，国家的希望，人民的希望。以上讲的几点我与大家共勉。

最后，希望大家在贯彻这次民事审判工作会议的基础上，使我们上海的民事审判工作和民事审判人员的政治、业务素质提高到一个新的水平，为上海的经济建设和社会安定作出新的贡献。谢谢大家。

江苏省委副书记曹鸿鸣在全省法院廉政建设工作会议上的讲话

（1989年6月23日）

同志们：

全省法院廉政建设工作会议今天就要结束了。几天来，大家听取了全国法院廉政建设工作会议和省廉政制度建设座谈会议精神的传达，交流和总结了我省法院系统进行廉政建设的典型经验，并就下一步的工作进行了讨论和具体部署。我认为，这个会议的召开很重要、很必要，将会对全省法院系统的整个工作起到很大的推动作用。近几年来，我省各级法院在改革开放和发展社会主义商品经济的新形势下，在案件大量增加，人员不足，经费紧张，物质条件较差的情况下，依靠中央和地方党委的领导，依靠全体同志的共同努力，作了大量的工作，比较出色地完成了审判任务。我今天来，主要是看望参加会议的各位同志，并通过大家向在各个岗位上辛勤工作的广大法院干警表示亲切的问候。下面，我想借这个机会，就法院系统的廉政建设讲几点意见，和同志们一起研究讨论这个问题，如有讲得不够准确的地方，请大家批评指正。

第一点意见，进一步统一思想认识，提高抓好廉政工作的自觉性。去年6月，中共中央5号文件指出了党和国家机关保持廉洁的重要性、必要性和紧迫性。经过这一段时间的学习和教育，广大干部的认识都有了不同程度的提高。但思想认识上的问题是不是都解决了，恐怕还不能这样说。比如繁荣经济与保持廉洁、“大环境”与“小气候”、清廉与“清贫”、廉政与勤政等等，都需要通过进一步的学习，来澄清模糊认识，统一思想。大家都知道，近两个月里，北京城里的事态，由学潮发展到动乱，最后发展到反革命暴乱。现在回过头来看，在这次反革命暴乱中，极少数人阴谋活动最主要的政治策略，就是千方百计地挑拨人民群众与党、政府、人民军队之间的关系，不择手段地破坏全党、全军和全国人民的团结。他们打着惩治腐败、要求民主的幌子，利用党和政府工作中的某些失误，利用青年学生的爱国热情，挑动学生上街游行，鼓动学生在天安门广场绝食，蒙蔽不明真相的市民声援支持，竭力煽动青年学生、市民对党和政府的不满，妄图借用群众的力量，迫使党和政府就范，实现其打倒共产党，推翻社会主义制度的目的。当然，他们的这个罪恶阴谋没有得逞，也决不可能得逞的。但这个事件也深刻地提醒和告诫我们，党和国家机关能否保持廉洁、事关重大，必须采取有力的措施予以解决。正如小平同志最近所说：“人民要求反腐败，我们当然接受。”解决好这个问题，我们就能够在发展社会主义商品经济的条件下，做到既坚持改革开放的总方针、总政策，繁荣经济、发展生产力；又保持党政机关廉洁，防止腐败现象的蔓延，增强党的凝聚力和吸引力，更好地坚持四项基本原则，领导全国人民始终沿着正确的方向前进，搞好社会主义现代化建设。

对廉政建设的重要性，既要从党和国家全局的高度去认识，还要联系本部门、本单位的工作性质和实际情况来看待这个问题。人民法院是人民民主专政的国家机关，担负着惩罚犯罪、打击敌人、保护人民的任务。法院的审判活动体现着国家的民主与法制，每个案件的审理，都直接影响到人民群众对党和国家的信任。这就决定了法院的廉政建设必须坚持高标准、严要求，这是完成法律赋予的神圣职责和光荣使命的一项最基本的要求。应当肯定，我省法院这几年来坚持从严治院的方针，加强审判纪律和职业道德建设，自身建设取得了成效，绝大多数干警是清正廉明、秉公执法的，是艰苦奋斗、兢兢业业的，是经得起改革开放考验的。但也应该看到，在新旧体制交替、法律不完备、制度不健全的情况下，确有极少数人在执行公务过程中，吃请受礼、办人情案、关系案，甚至接受贿赂，徇私枉法，走上犯罪的道路。这些问题尽管发生在极少数人身上，但影响坏，危害大，损害了人民法院的形象和声誉，玷污了法律的尊严，特别是人民法院，掌握着大量的民事、经济、行政和刑事犯罪案件的审判权，工作范围涉及到社会各个领域、各个阶层，秉公执法就显得更为重要，稍有不慎，就会引起人民群众对党和政府的不满。因此，我们要从法院所处的特殊地位和作用来认识廉政建设的重要性、必要性和紧迫性，不断提高抓紧廉政工作的自觉性。

第二点意见，把廉政建设摆上重要议事日程，真正作为一件大事来抓。当前，法院的案件审判任务很重，在工作中正确处理好审判与廉政的关系，十分重要。审判工作要依靠广大干警去做，因此，必须建立一支“实事求是、依法办案、刚正不阿、铁面无私”的过硬的队伍，不为金钱所动，不为人情所惑，不为权势所屈。这样，才能顶得住来自各个方面的压力，排除各种干扰，严肃秉公执法，可以说，廉政建设是法院一项最基本的建设，是做好审判工作的重要保证。审判工作与廉政建设在法院的日常工作应当也可以很好地统一起来。你们这次会上许多单位介绍了经验，也说明了这一点。各级法院领导对本部门廉政工作要定期作出部署和检查，坚持两手抓。注意克服过去不同程度存在的一般号召多、扎实抓得少的现象，切切实实把本部门的廉政建设抓好。我省许多地方和部门都有这样的体会，廉政工作迟抓不如早抓，被动抓不如主动抓，一般抓不如认真抓。抓廉政，首先要抓领导。今后对领导干部的考核，要将考绩与考廉结合起来，如一个部门出现严重的腐败行为，确与领导抓廉政工作不力有关，要追究有关领导的责任。

第三点意见，重视制度建设，搞好“两公开一监督”，强化内部制约机制。廉政工作既要抓好当前，又要着眼于长远，搞好制度建设十分重要。制度建设带有根本性、长期性、稳定性，健全了各项制度，我们的机关就能形成一种正常的自我调节功能，采取事前防范、堵漏的积极办法，同各种腐败现象作斗争。

当前，抓制度建设要从两个方面入手，一是搞好“两公开一监督”（公开办事制度，公开办事结果，依靠群众监督），二是建立内部制约机制。“两公开一监督”从我省灌云、扬中和南京建邺区以及其他地方的试点情况看，只要认认真真、扎扎实实地搞，是会取得好的效果的，人民群众也是欢迎的。作为法院来讲，在审判工作中，既要依照宪法和法律的规定依法审判，独立办案，又要认真实行公开审判制度、接受社会的监督。公开审判，就是要对案件的事实和证据在庭审中公开调查、公开质疑对证、公开辩论、公开宣告审判结果。实行公开审判是法院工作的一项重要改革，这样做不仅可以使长期积压的各种案件的状况得到改变，提高办案质量和效率，而且也有助于增强审判工作的透明度、堵塞个别审判人员徇私枉法的漏洞，促进人民法院清正廉明风气的形成。在法院工作中，究竟还有哪一些办事制度和办事结果可以进一步公开，请你们从法院的工作实际出发，在法律允许的范围内，积极地、稳妥地进行探索，认真总结经验，不断巩固和拓展。同时，要注意接受人大、检察机关的法律监督，注意听取政协的意见，接受新闻单位舆论监督。

在法院内部如何建立和强化制约机制，值得认真研究。不少单位通过建章立制，加强管理，规范权力的行使，防止了权力的滥用，使以权谋私者无可乘之机，堵塞了漏洞。如有的单位采取权力分解的办法，将集中于一人的权力分解为几人共同行使，或者将某一级的权力分解为几级负责；有的采取管理交叉的办法；有的采取岗位轮换的办法；有的采取以责制权的办法，等等。要有一套制约、监督的办法，防止徇私舞弊。这要从本部门的实际出发，不能过于繁琐，廉政要同简政结合起来。李佩佑同志在报告中提出，你们法院搞廉政制度建设的重点，主要是围绕审判工作中因法律规定不具体而存在随意性，又为群众比较关心或者意见较多的环节和问题，我认为是对的。只有从这方面入手，一项一项地建立起具体的制度，明确办事程序，严格监督管理，才能取得实效。这样，由单项到多项，逐步延伸和完善，就有了工作基础。这里特别要强调的是，订出的各种制度，操作性要强，要切实可行。制度一经确立，就必须严格执行，凡有违反，立即严肃处理。对于法院干警的违法案件，必须严肃查处，不能手软。只有这样，才能保证法院队伍的纯洁，维护人民法院的权威。

第四点意见，坚持从严治党的方针，把廉政工作和党的建设结合起来。现在，全省法院干部中，共产党员占到63.6%，很多党员又处在领导岗位上，可以说，法院系统的廉政建设如何，他们起着决定性的作用。廉洁问题，是党风建设的一个重要方面，抓党风首先要抓廉政。廉政建设搞好了，我们党才有战斗力，才能发挥我们的政治优势。将党的建设同廉政工作结合起来，当前一是要进行理想、宗旨教育和纪律教育，要通过学习邓小平同志接见首都戒严部队军以上干部时发表的重要讲话，深刻认识这场反革命暴乱的性质，明辨是非，在思想上和行动上同党中央保持高度的一致，坚决维护党中央、国务院的权威。每个党员都要坚持以共产党员的标准要求自己，进一步坚定共产主义的远大理想，牢固树立全心全意为人民服务的思想，在工作中贯彻执行党的基本路线，坚持四项基本原则，坚持改革开放的总方针、总政策，发挥共产党员的先锋模范带头作用。二是要进行反腐蚀的教育。在改革开放、发展商品经济的条件下，每个党员都要发扬艰苦奋斗的创业精神，切实做到严守法纪，不贪赃枉法；秉公尽责，不以权谋私；艰苦奋斗，不奢侈浪费，并敢于同各种腐败现象和不正之风作斗争，提高讲廉洁、拒腐蚀的自觉性和“免疫力”。三是要根据省委的要求，在“七.一”前后过好党的组织生活。各级领导干部要带头学习和讨论，紧密联系本单位的实际情况，结合自己的思想实际，就政治纪律、工作作风和思想作风开展批评和自我批评，不要走过场。要把从严治党、制度建设和思想教育紧密结合起来，充分发挥党组织的战斗堡垒作用，加强思想政治工作。今后，机关党风建设要大大加强，从严治党要落到实处。

同志们，前两天，最高人民法院已发出通知，要求各级人民法院及时依法审判进行反革命暴乱和制造社会动乱的反革命分子和严重刑事犯罪分子。你们的任务十分光荣而又繁重，希望你们坚持以事实为依据，以法律为准绳，根据对一切公民在适用法律上一律平等的原则，严肃执法。要选择重大、典型案件，适时通过广播、电视、报刊等各种新闻媒介，广泛进行宣传，扩大办案的社会效果，以震摄犯罪分子，鼓舞人民群众同反革命分子和严重刑事犯罪分子作斗争。希望你们通过自己的努力工作，为稳定江苏，稳定大局，发展经济，搞好整治，作出新的更大的贡献。

江苏省人大常委会副主任邢白在全省法院廉政建设工作会议上的讲话

（1989年6月23日）

这次全省法院系统廉政工作会议开得很好。与会同志认真学习了邓小平同志的重要讲话，交流了各级法院廉政建设的经验，并对今后法院系统的廉政工作作了具体的部署。借此机会，我讲几点意见，供同志们参考。

一、要充分认识目前腐败现象的严重性和加强廉政建设的必要性和迫切性

党的十一届三中全会以来，我国的改革开放取得了举世瞩目的成就。在这一过程中，我们各级党组织，各级国家机关，包括司法机关，总的来说是比较廉洁的，绝大多数党员干部奉公守法，清正廉洁，经受住了改革开放的考验，这是必须充分肯定的。法院系统的情况如何呢？我同意李佩佑同志讲话中对全省法院队伍的估计，全省法院队伍是好的，你们抓廉政建设是有成绩的，绝大多数干警是遵纪守法、清正廉洁、克己奉公的，确实是经受住了改革开放的考验，并取得了很多抓廉政建设的好经验，这是应该充分肯定的。但是，我们也应清醒地看到，党和国家机关中，包括我们国家审判机关中确实有少数人经不住改革开放的考验，在权力和金钱面前，在糖衣炮弹面前打了败仗。有的官僚主义，渎职失职；有的以权谋私，假公济私；有的索贿受贿，徇私舞弊；有的挥霍公款，奢侈浪费。据了解，在我们的法院系统，也有的审判人员贪赃枉法，徇私枉法，执法犯法，人数虽然不多，性质是严重的。说明腐败现象在蔓延滋长。产生这种状况的原因是多方面的。一是改革的新旧体制转换过程中，法律制度尚不完善，没有完全纳入法制的轨道，社会主义商品经济的新秩序有待确立，一些投机钻营者趁机从中渔利，大发横财；二是改革开放环境下，西方先进的科技管理经验和资本主义腐朽的东西一并涌入，鱼龙混杂，良莠并生，使一些人迷失了方向；三是受社会上一切向钱看，一味追逐个人经济实惠的风气的影响，我们队伍中不坚定的分子或者蜕化分子，将职权当作摇钱树，当作谋取私利的手段，想方设法中饱私囊；四是一些单位对违反党纪国法的行为，执纪、执法不严，惩处不力，姑息迁就，罚不当罪，助长了腐败现象；五是这几年在改革开放中放松了思想政治工作，放松了坚持四项基本原则的教育，放松了反对资产阶级自由化的斗争，放松了党的工作而形成的一些党组织缺乏战斗性和党员思想上混乱与各种错误倾向的斗争不力。腐败行为虽然是少数人，却严重损害了党和国家机关的形象，败坏党风，败坏社会风气，败坏了改革开放的声誉，干扰和阻碍了改革和建设的顺利进行。严重破坏了党与群众的关系，削弱了党在群众中的威信，人民群众对此意见很大，近几年来，历次人民代表大会和人大常委会的会议，反映最强烈的问题之一，就是少数国家机关工作人员的腐败，人民代表、人大常委会委员多次提出加强廉政建设的各种意见和建议。人民群众对少数干部的腐败行为已经是深恶痛绝，再不下大决心抓好廉政建设，我们的党、我们的政府就会脱离群众，就不可能获得人民同心同德的拥护和支持。这次学潮发展为动乱，继而发展为反革命暴乱，为什么能吸引那么多人参加，为什么那么多人受蒙蔽，受骗上当？其中一个原因就是利用了群众对这些腐败现象的深刻不满。

当代世界，国家机关的廉洁问题，已是各个国家普遍面临的一个重大问题，廉政成了一个世界性的热门话题。现在，不管是社会主义国家，还是资本主义国家，都在研究如何加强廉政建设，保持国家机关的廉洁和公正。美国国会制定了《廉政法》、《政府道德法》；英国制定了《防止腐化法》；联邦德国制定了《联邦公务员法》；新加坡、阿根廷建立了公务员申报财产的制度；苏联、东欧一些国家采取有效措施加强了国家权力机关对政府行为的监督；日本的竹下登因里库路特贿赂案的牵连，不得不引咎辞职；非洲的津巴布韦总统亲自惩办倒卖汽车的国务部长、国防部长，从而避免了一场社会政治危机，等等。这些情况说明，“肃贪倡廉”已引起各个国家的高度重视，廉政建设已成为一种世界潮流，成为各国人民普遍关心的问题。在这样的形势下，我们作为社会主义制度的国家，作为正在进行改革开放的国家，加强廉政建设更显得重要，也更为迫切。不清除国家机关的腐败现象，党和国家的权威就不能树立起来，社会主义制度的优越性也不能充分地显示和发挥出来，人民群众的巨大创造力、积极性就会受到挫伤，改革难以深化，“四化”难以实现。因此，我们对加强廉政建设重要意义必须有足够的认识，要有一种紧迫感。

二、司法机关要把廉政建设作为大事来抓，从严执法

中央提出治理整顿，也包括了对腐败现象的治理整顿，并且多次发出文件，三令五申，也收到了一定效果。去年全国有158个城市设立举报中心，全国各级法院审理结案的经济案件达到5.5万件，判决的人数达到7.4万人，这里包括了国家机关工作人员的违法犯罪案件。但是，一些地方和单位的腐败现象依然比较严重。群众中有这样一种带有普遍性的情绪，就是对腐败现象满腹牢骚，对惩治腐败缺乏信心。这种情绪，固然有认识上和界限上的原因，但是有一些地方和单位反腐败的实际行动和效果不能令人满意，讲得多，做得少，具体案件处理不能严格执法，这也是一个很重要的原因。广大群众迫切希望反腐败斗争敢于动真碰硬，严格依法办事。

现在，有的地方反腐败斗争不大敢于动真碰硬，主要表现在这样几个方面：一是涉及领导干部及其亲属经商办企业、办公司、各种“官倒”“私倒”和以权谋私行为；二是对经济单位经济活动所谓“产供销”协作关系中而进行的所谓回扣、好处费及行贿受贿相当普遍；三是比较普遍地用公款滥发实物，大吃大喝；四是一些领导机关、经济监督部门以至执法部门及掌握人财物大权的部门及工作人员，利用自己的权力索取或变相索取好处才给办事，有的比较隐蔽，不易被揭发，有的因利害关系不敢揭发，不敢处理，有的揭露了，受到人情风、关系网包围，处理过程阻力很大。因此，抓廉政建设确实是阻力很大，难度很大，对可能遇到的困难要有足够的估计。

抓廉政建设，就要针对目前这种状况，严明党纪国法，认真查处，不管是行贿、受贿也好，贪污也好，挥霍浪费也好，官倒也好，都要敢于顶住说情风，冲破关系网，不管涉及到哪一级机关、哪一级干部，都不能含糊，一定要追查到底，该处理的处理，该法办的法办。在这里，我想特别提一下，各级法院在反腐败斗争中责任重大，能不能动真碰硬，依法惩治腐败，人民群众对司法机关寄予厚望。因此，对各种经济犯罪，特别是国家机关及其工作人员包括领导干部的经济犯罪活动，要理直气壮地以事实为依据，以法律为准绳，运用法律武器，坚决依法处理，同时可以选择一些重大案件，公布罪行和查处结果，形成对违纪违法者的威慑力量，并起到法制教育的作用。

三、加强立法工作和制度建设，使廉政建设法制化

解决廉政问题，从根本上来说要靠法制。要逐步建立一整套法律、制度，使廉政建设制度化、法律化。小平同志讲过，要“一手抓建设，一手抓法制”，“制度好，可以使坏人无法干坏事，制度不好，好人也无法做好事”。有了廉政的法律和制度，廉政建设才有保证。近几年来，国务院为了严肃法纪，保持国家机关工作人员的廉洁，制定了不少行政法规，起到了积极作用。全国人大常委会正在研究廉政方面的立法，准备在将要制定的《国家公务员法》中设立有关廉政条款，并酝酿制定我国的《从政廉洁法》等专门法律，用法制来保证国家机关的廉洁。我们省人大及其常委会也要根据国家的法律法规，对本省的情况进行调查研究，制定有关地方性法规，保证我省改革和建设的顺利发展。地方行政机关、审判机关、检察机关，都应该从实际出发，相应地完善、健全廉政制度，堵塞各种漏洞，防止少数人以权谋私。同时，要根据各个机关的特点，不断提高工作的透明度，使国家机关一些重要的权力行为置于法规、制度的约束之下，置于人民群众的监督之下。李佩佑同志在讲话中强调要进一步健全法院办事制度，增强廉政工作的内部制约机制，这是很有必要的。人民法院是国家审判机关，人民法院的廉洁关键是看能否廉洁执法，能否秉公执法，要通过廉政制度建设，建立一支清正廉洁、秉公执法的队伍，更好地完成宪法与法律赋予的神圣职责。

我们省人大常委会作为地方国家权力机关，负有对政府、法院、检察院实行监督的职权。过去，在这方面我们做得很不够，人大代表、人民群众对我们的监督工作不满意，提出了尖锐的批评。今后，我们将采取措施切实加强监督，并且把廉政监督作为一个重点，认真检查监督国家机关及其工作人员的廉洁奉公情况，尤其是对我们省人大及其常委会选举、任命的工作人员，将加强考核和检查，并且根据需要，运用询问、质询、对特定问题组织调查等法定手段，使监督收到更好的效果。同时，我们也要强调，我们权力机关、行政机关和审判、检察机关的根本目标是完全一致的，在廉政建设这一点上，目标也是一致的，我们从不同的角度行使各自的法定职权，目的都是为了使党和国家机关更加廉洁，更好地为人民服务。我们省人大常委会也欢迎各级法院的同志以及其他机关的同志对我们的工作、对我们机关的廉政建设提出意见。

谢谢！

浙江省委书记李泽民在全省中级法院院长会议上的讲话（节录）

（1989年2月22日）

关于法院工作，总的看法，全省法院在中央、省委领导下，在人大及其常委会的监督下，工作取得了很大成绩。在刑事审判方面，和公、检配合，坚持“两打”，依法惩治犯罪，为经济建设、改革开放提供安定的社会环境。在民事、经济等审判方面，运用法律手段，保障公民的合法权益和民主权利，调节社会矛盾，调节经济关系，做了大量工作。这几年，在抓法院自身的改革和建设方面，也取得很大成绩。特别是在进一步明确和端正法院工作的指导思想上，惩治犯罪、为改革开放服务的思想很明确。坚持了公开审判，这个路子和方向是对的，和中央关于党政机关工作要增加透明度，依靠群众监督的指导思想是一致的。芳烈同志抓得自觉，很有成效。法院干部队伍建设也很有成效。应该说，法院干警和政法部门其他干警一样，是忠于职守、秉公执法、经得起改革、开放考验的好的队伍，是可以信赖的队伍。全省法院干警去年拒贿几十万元，这是了不起的。

这次中级法院院长会议传达了全国政法工作会议精神，总结了1988年工作，对1989年工作作了部署，我完全同意。这里强调一下各级党委要重视和关心法院工作。作为我来讲，新一届省委要象上一届省委一样，继续重视和关心法院工作。小平同志讲专政不必多讲，但是不能丢。这个话很深刻，也很辩证。专政不必多讲，是因为现在阶级斗争已经不是主要矛盾，要以经济建设为中心，不必整天在报纸上讲专政。从发展趋势来看，专政职能要逐步缩小，民主的职能要逐步扩大，但这是一个长期的历史过程，只要国内还存在着一定范围内的阶级斗争，存在着犯罪和犯罪的根源，国际上有敌对势力渗透和破坏，专政就不能削弱，专政职能在相当长的历史时期内还要存在，所以专政不能丢。法院是专政机关，既执行专政职能，依法打击、惩治犯罪，同时又要依法调解社会矛盾，保护人民合法利益和民主权利。特别是当前贯彻“两手抓”，加强政法工作，加强民主与法制中，法院担负的任务很繁重，各级党委要非常重视、关心法院工作。当前政法工作第一位的任务是通过执法、审判，打击严重刑事犯罪和严重经济犯罪，这是很重要的方面。对杀人、抢劫、强奸等严重刑事犯罪，要依法从重从快惩处；打击严重经济犯罪，重点是打击贪污、受贿。这几年，法院与公、检配合，打击犯罪，做了大量工作。打击势头，要继续保持“严打”的声威，我赞成这个指导思想。当前治安形势基本稳定，但又相当严峻，起伏、波动大，稍有放松，案件就多起来，这是个规律。我们目前控制犯罪的手段很有限，打击不能削弱，法院要与公、检配合，继续抓好。其他审判也要继续做好，特别是民事、经济审判。现在，人民内部矛盾激化酿成的恶性案件不少，随着商品经济的发展，经济纠纷大量增加，做好这两项工作很重要。法院工作，坚持惩治犯罪，坚持为改革开放、经济建设服务，实际上是为党在现阶段的政治路线服务。这几年法院为改革开放提供法律服务，做了大量工作。这项工作有很大的社会效益，又有很大的经济效益。要继续贯彻这一指导思想。还有公开审判，这是增强透明度，接受监督，体现廉政建设的制度，要继续认真抓好。要化大力气抓好基层建设，加强队伍自身廉政建设。加强自身建设，提高干部素质，廉政很重要。法院队伍绝大多数是好的，廉洁的，秉公执法的。也有个别的经不起考验，执法犯法，这要引起重视，这次会议已经提出来了，这很好。目前，法院的工作条件，特别是法庭、办案经费很困难，政府要支持解决。

江西省省长吴官正在全省法院工作会议暨1989年度先进集体先进工作者表彰大会上的讲话

同志们：

今天，省高级人民法院召开工作会议暨1989年全省法院系统先进集体、先进工作者表彰大会。我代表中共江西省委、省人民政府，向全省法院系统立功受奖的先进集体、先进工作者表示热烈的祝贺！向全省各级人民法院全体干警致以亲切的慰问！

1989年，全省各级人民法院在各级党委的领导下，在人大和最高人民法院的监督下，坚定不移地贯彻执行党的基本路线，坚持以经济建设为中心，坚持四项基本原则，坚持改革开放，反对资产阶级自由化，全面开展各项审判工作，加强廉政建设，做了许多卓有成效的工作，取得了可喜的成绩。在去年发生的动乱和平息反革命暴乱的斗争中，你们立场坚定、旗帜鲜明，在政治上、思想上和行动上同党中央保持一致。按照省委的要求，积极投入到制止动乱的斗争中，为稳定江西，维护大局，巩固和发展安定团结的政治局面，作出了重要贡献。以实际行动经受住了严峻的考验。这充分说明我省法院队伍是一支可以信赖的队伍，是坚强有力的战斗队伍。过去的一年，你们继续坚持“严打”方针，认真贯彻执行“两高”《通告》，坚持以事实为根据，以法律为准绳，依法严厉打击了严重刑事犯罪活动和严重危害社会治安的犯罪分子，开展了打击贪污、受贿和投机倒把等严重经济犯罪的斗争。及时审理了大批民事、经济纠纷案件，为我省社会治安的基本稳定，为治理整顿，深化改革，惩治腐败，为经济建设保驾护航，发挥了重要作用，作出了积极的贡献。与此同时，全省各级人民法院大力加强自身建设，加强了思想政治工作和廉政建设，法院队伍的政治、业务素质进一步提高。涌现了一大批先进典型。有的先进集体和先进工作者受到了最高人民法院的表彰奖励。这次全省又有一批先进集体、先进工作者受到了省法院的表彰。这些先进集体和先进人物，是我省各级人民法院和人民法官的优秀代表。他们坚定的政治立场，全心全意为人民服务的精神；严于律己、清正廉洁、无私奉献的优秀品德；刚正不阿、秉公执法的高尚品质；认真负责、一丝不苟的工作作风，值得我们全体法院干警学习。

历史已经跨入了九十年代第一春。在新的一年里，要全面贯彻落实党的十三届四中、五中全会提出的各项任务，保持稳定的政治局面，是至关重要的大事，是压倒一切的政治任务。人民法院是人民民主专政的工具之一，是国家的审判机关，肩负着艰巨的重任。要充分发挥人民法院的职能作用，为保持政治的稳定，经济的繁荣、协调发展，稳定江西，维护大局作出新的贡献。要继续搞好各项审判工作，依法严厉打击严重危害社会治安的严重刑事犯罪分子和其他犯罪分子；要坚决惩治腐败，继续依法打击严重经济犯罪活动，大力加强民事、经济审判工作，为治理整顿、深化改革创造一个良好的社会环境。

要大力加强思想政治工作，充分认识我们当前面临着的新形势和任务。充分认识到国际敌对势力同社会主义国家之间的渗透与反渗透、颠覆与反颠覆、“和平演变”与反“和平演变”的斗争，以及围绕坚持四项基本原则，反对资产阶级自由化斗争的尖锐性、复杂性和长期性。要认真学习马克思主义基本理论，学习马列主义、毛泽东思想，学习邓小平同志的著作，坚持理论联系实际，运用辩证唯物主义和历史唯物主义的立场、观点和方法，指导我们的行动，解决我们工作中的实际问题。要加强队伍建设，加强廉政建设和纪律教育，广泛开展向雷锋同志学习的活动，自觉以雷锋为榜样，努力实践雷锋精神，使我省法院系统涌现出更多的雷锋式的好干警，把法院真正建设成为一支政治上永远合格的队伍。

各级党委要切实加强对法院工作的领导，大力支持人民法院依法独立行使审判权，对法院在办案中遇到的干扰和阻力，要坚决排除；对法院遇到的各种困难和实际问题，要尽力给予解决。为人民法院开展工作创造必要的条件。

同志们，在新的一年里，法院和其他各条战线一样，面临的任务是繁重而艰巨的。希望全省各级人民法院在各级党委的领导下，在人大和最高人民法院的监督下，深入贯彻第十五次全国法院工作会议提出的任务和要求，把我省的法院工作推向一个新的高度！

山东省省长赵志浩在胶南、昌邑县人民法院荣获全国法院集体一等功授奖仪式上的讲话

（1989 年 3 月 15 日）

同志们：

今天，我们在这里隆重集会，向荣获全国法院集体一等功的胶南县、昌邑县人民法院授奖。最高人民法院副院长马原同志亲自到会宣布了最高人民法院给胶南县、昌邑县人民法院记集体一等功的决定。这是胶南县、昌邑县人民法院的光荣，也是全省政法战线同志们的光荣。在此，我代表山东省委、省人大、省政府，向胶南县、昌邑县人民法院的全体干警表示热烈的祝贺！向始终关怀、精心指导我省法院工作的最高人民法院表示衷心地感谢！

人民法院是代表国家和人民行使审判权的机关，担负着正确适用法律，打击制裁违法犯罪活动，保护人民的合法权益，维护社会主义法律秩序，服务经济建设的重大职责。在改革、开放、发展社会主义商品经济的新形势下，我省各级法院的广大干警，以党的社会主义初级阶段的基本路线和有关改革、开放的一系列方针、政策为指导，严格执行宪法和法律，坚决有效地打击惩办了严重危害社会治安、严重破坏经济的犯罪分子，运用法律手段，及时妥善地解决了改革过程中出现的大量民事、经济纠纷和行政诉讼案件，维护了社会治安秩序和行政管理秩序，为党的路线、方针、政策和国家法律的贯彻实施，为巩固和发展我省安定团结的政治局面，为改革和建设的顺利进行发挥了应有的作用。近些年来，人民法院的审判任务大量增加，广大法院干警克服困难，不计名利，恪尽职守，任劳任怨，勤奋工作，廉洁清正，秉公执法，表现了忠于党、忠于人民、无私奉献的精神。胶南县人民法院和昌邑县人民法院就是其中的优秀代表。他们是全省法院和机关团体学

习的榜样。

省委要求，在全省各级人民法院大力推广胶南、昌邑县人民法院的先进经验，广泛深入地开展学习胶南、昌邑县法院的活动，把我省法院的工作提高到一个新水平。政法各部门也要结合各自的实际，学习胶南、昌邑县人民法院的先进经验。在此，我讲几点意见，供同志们参考。

一、认真学习、贯彻党的十三大、十三届三中全会和省第五次党代会及省人大七届二次会议精神，用党的路线、方针和政策统一广大干警的思想，指导各项工作的开展，并通过卓有成效的工作，保障党的路线、方针、政策和人民代表大会决议的贯彻执行。目前，我国的改革正处在新旧体制交替的过程中，各种矛盾错综复杂，加上去年物价上涨幅度过大、社会上存在某些分配不公和腐败现象等，人民群众产生了一些埋怨、牢骚情绪。怀疑社会主义制度，怀疑改革、开放方针的两股错误思潮同时存在，社会上少部分人中思想比较混乱。在这关键时期，作为国家机器重要组成部分的人民法院和各级政法部门，必须有坚定正确的立场。要认真学习党的十三大和十三届三中全会精神，学习省第五次党代会和省七届人大二次会议精神，用党的路线、方针、政策把广大干警的思想统一起来，使广大干警自觉地从思想上、政治上同党中央保持一致，坚定不移地坚持四项基本原则，坚持改革、开放的总方针、总政策，切实履行好各自的职责，全面有效地发挥政法机关的职能作用，保障党的路线、方针、政策的贯彻执行。学习胶南、昌邑县人民法院，首先要解决好这个问题。

二、严肃执法、努力做好各项工作。党和人民对人民法院工作的基本要求，就是严肃执法，坚持法律面前人人平等的原则，对一切违法、犯罪行为，及时地、毫不例外地予以追究和制裁，对一切合法的权益，及时有效地给予法律的保护，做到有法必依，执法必严，违法必究。

目前，我省总的形势是好的，但也存在不少问题和困难。从政法战线来说，严重危害社会治安、严重破坏经济的犯罪活动仍然比较猖獗，重大恶性案件不断发生，民事、经济纠纷大量存在，不安定因素比较多。人民法院要继续坚持依法从重从快从严的方针，坚决有效地打击严重危害社会治安和严重破坏经济建设的犯罪分子。要按照中央的要求，集中力量抓好对大案、要案、恶性案件的及时处理；积极配合有关部门搞好集中打击和集中整顿，做好预防和妥善处理突发事件的工作；大力加强民事、经济、行政等各项审判工作，运用法律手段解决纠纷，疏导矛盾，制裁违法侵权行为，保护合法权益，调节好经济关系和民事关系，稳定社会秩序，为治理整顿、深化改革创造一个良好的安定团结的环境。几年来，人民法院和政法各部门已为此付出了很大的努力，作出了很大的贡献。希望同志们继续努力，更好地履行自己的职责，以保障我们的改革闯过难关，夺取全面的胜利。

三、加强廉政建设，保持审判机关的清正廉洁。所有国家机关工作人员，都要保持清正廉洁。人民法院保持清正廉洁尤为重要。因为，人民法院是审判机关，以国家的强制力作后盾，对大量的案件和纷争依照法律行使最终裁决权。如果审判机关不能保持清廉，徇私舞弊，贪赃枉法，合法的不保护，违法的不追究，社会上就没有公正可言了。

我省的法院队伍，在总体来说是清正廉洁的。但必须看到，在商品经济条件下，各级法院都面临着严峻的考验。省法院统计，1988 年，全省法院干警拒礼拒贿 9000 多次，拒收现金和实物折款共 60 多万元。这一方面说明了人民法院的干警队伍保持了清正廉洁，同时，也反映出企图拿金钱、财物与法律作交易的现象确实存在，我们决不能掉以轻心。各级人民法院应当充分认识加强廉政建设的重要性和紧迫性，从思想、政治上，纪律、制度上采取有效措施，严格教育，严格管理，严格纪律，使广大干警保持和发扬我们党的优良传统，坚持全心全意为人民服务的宗旨，树立无私奉献的精神，经受住改革、开放的考验，永远保持审判机关的廉洁与公正。这是党的希望，国家的希望，人民的希望。

祝胶南、昌邑县人民法院和全省各级人民法院取得新的成绩，做出新的贡献。

河南省委常委、省委政法委书记张志刚在全省中级法院院长会议上的讲话

（1989 年 3 月 27 日）

同志们：

这次全省中级法院院长会议，开得是好的。时机掌握得比较好，问题解决得也很集中。会上学习了中央〔1989〕1 号文件，传达了省委政法工作座谈会精神，要解决的问题基本上都解决了，达到了会议预期的目的。省委政法工作座谈会刚刚开过，敏学同志和我都讲了话。这次主要是与同志们见见面，没有准备讲话，同时也没有多少话可讲了。但增茂同志再三让我讲一下，我只好讲几点个人的看法和想法，供大家参考。

一、要实事求是地评价全省法院的工作

无论什么工作，都有个正确分析形势的问题。对形势的估计和判断，不仅关系到能否正确地提出任务，作出决策，制定方针政策，而且是关系到能否统一思想、振奋精神、坚定信心的大问题。只有看清所取得的成绩，看到所遇到的问题，才能使今后的工作在一个比较实事求是的科学的基础上迈出新的步伐。总的来讲，过去的一年，全省各级法院是认真执行党的路线、方针、政策，严格依法办事的，工作搞得是好的，取得了很大成绩，省委是满意的。这是基本方面，应当充分肯定。特别是在当前治安形势相当严峻的情况下，对法院乃至整个政法战线的工作给予充分的肯定，这不仅仅是我们实际工作的客观反映，而且有助于统一思想，增强信心，振奋精神，进一步做好工作。1988 年，全省各级法院在审结一审刑事、民事、经济纠纷和行政案件等方面做了大量工作，与上年比较有以下几个特点：一是各项审判工作的工作量增加；二是杀人、抢劫、强奸、重大流氓、重大盗窃等七个方面的案件，结案数上升，结案率提高，处理比较及时；三是判处较重刑罚的罪犯人数上升。去年，尽管工作任务繁重艰巨，但通过各级法院的积极努力，基本上达到了有效地打击敌人，惩治犯罪，保护人民，促进改革，服务四化这样一个总的要求，为治理整顿创造了一个比较好的社会环境，提供了有效的法律保障和法律服务。

当然，也应清醒地看到，目前我们还面临着不少新的问题和矛盾，在工作中也有某些失误的地方，存在着一些值得引起我们注意的问题。但这毕竟是次要的。有些问题，譬如某个案件处理得不够适当，对某一问题的处理有疏忽的地方，这些都是难以完全避免的。不能因为这些问题，就否定我们各级法院的工作。特别是我们作领导工作的同志，在这个问题上应当有一个一致的看法。但作为我们做法院工作的同志，不能因为我们成绩是主导方面，主流是好的而忽视应该引起我们注意的问题。这样看待我们的工作，才是一个实事求是的态度，才有利于发扬成绩，弥补不足，改进工作，继续前进。

这里我顺便说一个问题。去年 12 月下旬我去法院了解情况，法院的同志给我反映一

个问题，后来在其他场合也听到这方面的反映，就是巩县那个错案发现、解决以后，在法院少数同志中间产生了一些不正确的想法，好象今后对死刑案件不能判那么多了，该判死刑的判个死缓，该判死缓的判个无期，留点余地。少数同志的这个想法是可以理解的，但它是不正确的。我觉得不应该因为这个问题影响我们的情绪。魏清安的问题毕竟是极个别的现象，不能为此影响我们正常办案，依法办案。对案件的处理采取十分慎重、谨慎的态度是对的。但是，谨慎不等于犹柔寡断，更不能理解为该重判的轻判。魏清安的问题是在当时严打第一仗那种特殊情况下发生的，在处理这类问题的时候，要考虑到当时的历史背景。当然有办案人的错误，但也有其他方面的因素，还有一些很难处理的问题。譬如说离婚，有的腰里别着炸药包，手里掂着敌敌畏，遇到这种事审判员就很作难，老怕出事。对这种事慎重点，工作做得周到一点是必要的。但是也不能因为他掂着炸药包该依法的就不依法了，该办的就不办了。我说的意思是，不管在多么复杂，多么困难的条件下，我们都要理直气壮地排除干扰，坚持依法办案。特别是在当前"人情风"、"关系网"比较严重的情况下，我们更要强调排除干扰，依法办事。

二、坚定不移地贯彻"严打"方针，努力搞好对严重刑事犯罪活动的集中打击和专项斗争

当前我省整个大局是比较稳定的，但治安形势仍然相当严峻。去年，按我们自己的统计，整个刑事案件上升52%，其中大案上升56%。这个数字尽管相当惊人，但与群众心理上的感受还有相当大的距离。也就是说群众感受到所发生的刑事案件包括治安案件，要远远超过我们统计的数字。去年案件究竟上升多少，现在还难以说准。但我觉得已经上升到群众难以容忍的程度。

社会治安问题，在社会四大"热点"问题中已上升到首位。目前仍然居高不下，还在"看涨"。今年春节前后这一段，稍微平稳点，但进入3月份以后，刑事案件大幅度上升，大案要案不断出现。就以郑州市来说，汽车爆炸、烟厂失火、银行被盗、凶杀等案件接连不断的发生；因为土地纠纷酿成大规模械斗，造成伤亡的事件也时有发生；对社会治安这种越来越突出，越来越严重的趋势，我们做政法工作的同志，不能不引起高度的重视。保护人民，打击罪犯，为治理整顿和全面深化改革创造一个安定的环境，这是我们的重要职责。我们必须采取一切得力措施，遏制社会治安继续恶化的势头，尽最大努力保持社会的稳定。不然的话，一切工作都无从谈起。如果群众连起码的安全感都没有，连正常的生产、生活、工作秩序都没有，群众的生产积极性怎么能够调动起来，治理、整顿、改革怎么能够照常进行！这不能不说是一个非常严重的政治问题和社会问题。如果让目前的社会治安状况继续下去而不能解决的话，就会严重影响党和国家在人民群众当中的形象，严重损害党和国家与群众的关系，也会严重妨碍党中央提出的治理、整顿方针的贯彻执行。我们现在不能不从这样的高度来看待社会治安问题。现在之所以要讲增强敌我意识、忧患意识，我觉得根本道理也在于此。我们作政法工作的同志包括作法院工作的同志，宁肯把社会治安形势估计得足一点，也不要估计不足。如果这个问题长期得不到解决，我们各级党委和政府就没法向群众交待，我们的专政机关更无法向群众交待。尽管你有千条理由，万条理由，但是你不能保持一个稳定的局势，不能使群众有安全感，不能保证群众正常工作，正常生产，正常生活，理由再多也难以说通。我这话不仅是给法院同志讲的，整个政法部门，各地党、政领导同志，都应当看到治安形势严峻的一面。另一方面，如果我们经过艰苦的努力，把政法战线各个方面的工作都搞上去，包括集中打击、专项斗争、综合治理等等，我认为保持社会稳定是能够作到的。我们是执政党，政权在我们手里，专政工具在我们手里，广大群众信任和支持我们，有这么多优势，社会治安问题是完全能够解决的。我们应该有这个信心，特别是作政法工作的同志，应当有这个信心。

要解决好社会治安问题，尽管需要做的工作是多方面的，但我觉得最主要的有两个方面。一方面是搞好集中打击和专项斗争，一方面是搞好综合治理。根据中央〔1989〕1号文件精神，根据省委讨论的意见和省委政法工作座谈会精神，我们今年要搞几次集中打击和专项斗争。搞集中打击和专项斗争，是形势发展的需要，也是广大群众的迫切要求。所谓形势的需要，一个是治安形势本身的需要，不能不如此；一个是治理整顿的需要，不能没有一个好的社会环境。所谓广大群众的迫切要求，就是说社会治安状况不好已经到了群众难已容忍的程度。我们应该在实际工作中反映广大群众的意愿，顺乎潮流。如果对群众的呼声置若罔闻，不听不理，这与我们执政党的宗旨是相违背的。鉴于此，才提出今年要搞几次集中打击和专项斗争。对集中打击的问题，中央〔1989〕1号文件提到了九类对象。根据我省的实际情况，除对中央1号文件规定的九类对象要依法严厉打击之外，重点要严厉打击三类对象。一是抢劫、二是盗窃，三是流氓滋扰。群众对这三类对象反映最强烈，意见最大，而且发案也比较多。我们从3月份开始做准备工作，进入4月初就搞第一次集中打击。各级法院要为第一次集中行动作好充分的准备工作，重点要处理好积案，把手头上的案件清理清理。在4月15日左右全省要判处一批，这个要抓紧进行。在省人代会之前行动一次，给代表们一个信心，使代表们看到我们政法部门的决心，看到各级党政组织对社会治安的关注。通过这次集中行动，争取起到稳定局势，振奋人心，威慑罪犯的作用。在每次集中打击的间歇期间，一方面要为下一次集中打击作好准备工作，一方面要把综合治理搞上去。今年的集中打击也好，专项斗争也好，都要汲取严打初期的教训。严打有很多经验，需要我们继续发扬。譬如说党政领导同志亲自动手，公、检、法、司各个部门密切配合，机关、团体、企业、学校积极支持，充分发动和依靠群众，这些经验，都要继续发扬，在新情况下，进一步完善。由于当时任务重，时间短，要求急，有些材料搞得比较粗糙，给以后的处理工作带来一些麻烦，增加了一些不必要的工作量，这个教训要汲取。在专门会议上我们一再强调，这次捕起来的人，包括收容，必须得有材料，而且必须是能够构成犯罪的材料，没有材料不行，先抓后搞材料也不行。不定指标，不定任务。没有材料不能捕人，捕一个人起码要够劳教的条件。重大案件检察院、法院要提前介入。正常工作，还是按照分工，各司其职，依法办案。公、检、法、司这几家要密切配合，也要互相制约。但互相制约是在法律规定范围内的互相制约，制约的目的也是为了更好的依法办事。在社会治安不好的形势下，我们既要坚持互相制约的原则，又要强调密切配合，互相理解。要依法办事，不要办感情案。办案切忌掺杂个人的感情色彩，如果感情用事，就容易扯皮，给工作造成损失。如果一些重大案件处理得不当，就会造成不好的政治影响和社会后果。公、检、法、司各家都要顾全大局，要在各级党委、政府的统一领导下，密切配合，社会上有关部门积极支持，依靠群众，依靠我们的专政工具，搞好集中打击。通过今年的几次集中打击和地区性的专项斗争，再加上综合治理工作，使今年的社会治安形势有所好转。中央指出今年要明显好于去年。啥叫明显好于去年？起码有两条：一条是群众感觉今年比去年好；再一条就是犯罪分子的气焰有所收敛。这两条做到了就叫作明显好于去年。这句话说起来容易，作起来是相当难的。要让群众去评论，去鉴别，去作结论。

今年集中打击与过去不同的地方，就是不等到统一行动的那一天再行动，而是随时批捕。法院判案有个法定时限，在法定时限内要尽量快一点。有些案件因为处理时间的不同而会产生不同的社会效果。同样是法定时限内依法处理，但时机选择得当，处理效果就可能大一点。在集中打击中还有个顶格处理和不顶格处理的问题，据说对此有不同的看法。由于我们刑法规定的量刑幅度比较大，要做到量刑适当，我有个想法请同志们考虑。在当前社会治安形势不好，群众意见很大，某些地方存在着打击不力的情况下，为了更好地运用法律武器，保护人民，惩治犯罪，促进改革和建设，在法律规定的量刑幅度内，应该强调从严惩处，根据罪犯犯罪的事实、情节、手段、后果及悔罪表现等，该顶格的就顶格，决不能心慈手软。但是确属不该顶格的也不要硬顶格。如果大家都按照这样的指导思想去对待具体案件，公、检、法几家的认识就容易一致，与群众的想法也容易一致。从法院量刑情况看，这方面我们去年做的是比较好的。在治安形势相当严峻的情况下，今年更要注意把握这一点。至于中央1号文件提出有条件的地方适当判些缓刑，让群众监督的问题，原则上按照增茂同志讲的意见去办，今年可先选择若干点进行试验。增茂同志讲了四个条件，我觉得最主要的条件是基层党组织有战斗力，群众觉悟比较高，有监督能力。确定在什么地方搞试验，不仅要同省院打招呼，还要事先与当地党、政组织和群众商量，取得同意。希望大家注意这个问题。

三、结合各项审判工作，积极参与对社会治安的综合治理

社会治安综合治理，是一项系统工程，需要依靠全党全社会的力量去做。参与社会治安综合治理，是人民法院义不容辞的责任。在当前社会治安形势严峻的情况下，我们必须把严厉打击各种犯罪活动作为社会治安综合治理的首要一环来抓。人民法院在抓紧抓好刑事审判工作的同时，绝不能忽视民事、经济、行政审判工作在社会治安综合治理中的作用。统计资料表明，人民法院受理的全部案件中，80%是民事、经济、行政案件。这些案件涉及千家万户、各行各业，与人民群众的切身利益相联系。如果得不到及时妥善的处理，就会成为影响社会治安的一个重要因素。调查材料证明，在杀人、故意伤害等案件中，60%到70%是因民间纠纷没有及时得到疏导或处理不当，导致矛盾激化而造成的。一次杀死杀伤多人，甚至一杀全家的重大恶性案件，绝大多数是因宅基地、婚姻、邻里纠纷等问题激化所致。实践证明，哪里的民事、经济审判工作做得好，做得主动，哪里的民间纠纷激化成刑事案件的就少，社会治安秩序也就相对好一些。因此，要大力加强民事、经济、行政审判工作，依法及时解决好各种矛盾和纠纷，调整和稳定民事、经济、行政法律关系，维护正常的社会秩序。这既是人民法院参与社会治安综合治理的重要内容，也是社会治安综合治理中行之有效的法律手段。及时调处疏导民间纠纷，防止矛盾激化，减少犯罪，防患于未然，这对于维护社会安定，稳定治安秩序具有很大的作用。各级法院要突出重点，全面安排，在保证做好刑事审判工作的同时，大力强化民事、经济、行政审判工作，通过审判活动，促进社会治安的综合治理。

抓好社会治安的综合治理，这是我们解决社会治安问题的根本途径。要想实现社会治安秩序的根本好转，除了搞好集中打击、专项斗争外，还必须在社会治安综合治理上下大功夫。集中打击是必要的，但仅仅靠这一手是不能完全解决问题的。刑事案件上升是社会各种矛盾、各种不安定因素的一种综合反映。因此，我们必须采取综合治理的办法，从各个方面去做工作，这样才能从根本上解决问题。综合治理的问题，政法各个部门都负有重要责任，但这决不是政法战线一家的事情，是全社会的工作。不仅各级党政组织要切实抓好，机关、团体、企业、学校、农村、街道等都要抓。如果大家一齐动手，都重视抓好这项工作，社会治安形势才会有根本性的变化。譬如，民事审判工作和基层调解工作做好了，就可以缓解矛盾，避免很多可能出现的严重后果。没有严打不行，光靠严打也不行。有个问题同志们可以研究。从83年以来每年都打击，抓的也不少，判的也不少，杀的也不少，为什么现在的案件越来越多？这到底是什么问题？原因可以说是很多条，但症结在哪里，很需要研究。现在起码有两条是清楚的，一条是综合治理，不抓不行；一条是集中打击，不打不行。其他一些问题，比如思想政治工作问题，需要各个方面都重视，都去做，包括从幼儿教育开始。要首先把自己管好，把自己的单位管好，把自己的家庭管好。今年省委政法工作要点里确定了一条，如果哪个单位由于防范不力发生重大案件，要追究主管领导的责任。如果光埋怨、光发牢骚是不能解决问题的，形势也不会好转。工作还要靠大家来做，维护社会治安人人有责，都有一份义务，都要尽这个责任。当然我们作政法工作的同志，尤其要恪尽职守。

四、要把执法清廉作为法院队伍建设的头等大事来抓

据统计，去年全省法院干警有5766名同志拒收现金和物资折款共计89万余元。这种情况一方面说明各级法院在为政清廉方面作了大量的工作，我省法院干部队伍是一支经得住考验和可以信赖的优秀的队伍。广大干警用自己的实际行动维护了人民法院的形象，维护了党和国家的威信。另一方面也说明人民法院在执法廉洁方面面临着严重挑战，队伍建设的任务十分繁重。各级法院对不正之风侵蚀干部队伍的严重性一定要有足够的认识，切实把为政清廉工作摆到法院党组织的重要议事日程上来，作为队伍建设的头等大事来抓。要坚持不懈地对干警进行执法廉洁教育，大力表彰先进典型，充分发挥法院纪检部门在廉政建设方面的作用，严肃查处违法乱纪的人和事。今后法院进人，要认真坚持公开考试，择优录用的原则，确保进人质量。搞好法院队伍建设，主要从两方面去努力：一方面建立和健全法院内部的自我约束机制，要有必要的规章制度作保证；另一方面，要结合审判工作的特点，逐步推行"两公开，一监督"的制度，提高法院工作的透明度。除了涉及国家机密，可能造成不良社会后果以及个有隐私这一类案件以外，要坚持公开审判制度。靠内部的自我约束，外部的监督这两个方面来保证我们法院队伍廉洁执法，避免发生贪赃枉法、违法乱纪问题。一旦发生这类问题，要认真查处。对我们整个队伍要爱护，要关心，要支持，但对个别违法分子不要放纵。要搞好法院干警的培训和轮训工作，进一步提高这支队伍的政治、思想和业务素质，更好地适应当前形势发展的需要。

五、进一步加强党对法院的领导

这个问题在政法工作座谈会上已经讲了，有几个问题再强调一下。各级党委要重视法院工作，要经常听取法院工作的汇报，帮助各级法院解决必须解决的困难和问题。要关心支持各级法院的建设，包括政治思想建设和业务建设以及经济方面的支持。这个问题中央〔1989〕1号文件和省委政法工作要点里面都有具体要求，应按照文件精神，尽快地进行落实。各级党委要支持法院依法独立行使审判权，不要干预法院的正常工作。重大问题包括重大案件，各级党的政法领导部门可以进行必要的协调，但绝不是处理具体案件。具体案件的处理要按照诉讼程序去办。作为法院的同志来讲，在法律规定的范围内，也要考虑党政组织的意见，考虑政法其他部门的意见，妥善处理好各方面的关系。总之，应该积极主动地争取党委的领导，经常汇报工作，反映重大问题，提出建议，以取得党政组织的支持。法院还要自觉地接受人大的监督，主动地反映情况，汇报工作，争取人大的监督和支持。如果发生了自身难以解决的问题，可以通过党委来加以协调。人大的监督是对于执法情况的监督，是对于工作的监督。党委也好，人大也好，都不要从事具体案件的处理。人民法院还要注意和公、检、司保持一个协调融洽的关系，这有利于法院工作的开展，有利于完成各项审判工作任务。今年整个政法战线上的任务很重，法院工作自然也是很重的。希望同志们进一步统一思想，增强信心，振奋精神，努力工作，把今年法院的工作做得更好一些。

湖南省委副书记孙文盛在全省法院基层基础工作会议上的讲话

（1989年10月24日）

同志们：

今天，我代表省委来看望大家，首先，向在法院基层基础工作中做出成绩的同志表示亲切慰问和感谢！对这次会议我有两点感受：一是会议在安排上讲求实效，会议放在机关院里开，体现了艰苦奋斗、勤俭节约的精神；二是内容上抓住研究加强基层基础这个问题，抓到点子上了。刚才，顺初同志在讲话中总结了这方面的经验，提出了下步任务，各地还将介绍好的经验、作法，我相信会议会开得成功，希望各级法院认真贯彻好这次会议精神。借此机会，谈几点意见：

一、应该进一步提高对搞好基层基础工作的认识

一、湖南省人民法院是1949年8月23日军事接管后成立的。以后几经变迁，1973年7月1日，恢复了省高级人民法院，建国40年来，我省人民法院工作有了很大发展，有了相当的基础，现在全省已有989个人民法庭，3020名法庭干部。基层基础工作过去抓了，现在又进一步加强，这说明这项工作十分重要。法院的基层基础工作，就主要方面而言，包括基层法院和人民法庭的业务建设、队伍建设、物质建设，也包括班子建设和党的建设。加强法院的基层基础工作，既是基层政权建设的重要内容，又是基层党的建设的重要组成部分，也是贯彻落实十三届四中全会精神、邓小平同志讲话精神和江泽民同志国庆讲话精神的具体内容，这些文件、讲话，都强调了加强民主与法制建设问题，强调了党的建设问题。切实加强这方面的工作，是我们这支队伍自身建设的需要，是保持安定团结的需要，是贯彻党的基本路线的需要，也是防止和平演变的需要。关于防止和平演变的问题，这几年有的同志思想上总觉得这不会成为现实，这次政治动乱和反革命暴乱教育了我们，动乱、暴乱再搞一个月，真可能演变过去，波兰、匈牙利不是已经变了吗!?如果不要共产党的领导，不搞社会主义，我们马上就会吃二茬苦，受二遍罪。这不是危言耸听，我说这个话，是希望大家从这个高度来认识加强基层基础工作的重要意义。我认为，省法院党组的工作思路是对头的，搞好工作，要有正确的思路，要有一个坚强团结的班子，当然，也离不开一定的物质基础。从全心全意为人民服务的宗旨和从群众中来到群众中去的工作方法来看，抓基层基础工作既是我们工作的出发点，也是落脚点，省法院把抓基层基础工作作为工作的重点，见事早，抓得实，尤其是今年注意充实基层、面向基层、支持基层、服务基层，切实为基层解决了加力量、压任务、改方法、创条件的问题，取得了明显的成效，法庭物质建设有了突破性进展。今年以来的工作实践，证明了抓基层基础工作的重要性，省法院按照这个思路抓下去，必将大大促进本系统的工作，而且也将给全省其他部门、单位以启示、以推动。我盼望同志们坚持抓下去，进一步边抓基层建设，边丰富、提高这方面的认识，干出新的成绩，总结出更多的经验。各级法院在抓基层的同时，还要注意抓好机关本身的基础工作。

二、应该进一步抓紧队伍建设

法院的同志，对自己的任务和职责应该说是明确的。我翻阅了《中华人民共和国人民法院组织法》，组织法规定："人民法院的任务是审判刑事案件和民事案件，并且通过审判活动，惩办一切犯罪分子，解决民事纠纷，以保卫无产阶级专政制度，维护社会主义法制和社会秩序，保护社会主义的全民所有的财产、劳动群众集体所有的财产，保护公民私人所有的合法财产，保护公民的人身权利，民主权利和其他权利，保障国家的社会主义革命和社会主义建设事业的顺利进行。"这是最基本的提法。（詹顺初院长：现在总的原则没有变，内容增加了，还有经济审判、行政审判等等）组织法中还规定："人民法院要用它的全部活动教育公民忠于社会主义祖国，自觉地遵守宪法和法律。"这一点我是作为职责理解的，其中，用它的全部活动 教育公民这句话很重要，对法院要求很高，法院的全部活动，我想既应包括审判业务工作，又包括自身建设。人民法院要教育好别人，法院的干部就应明确自己的任务和职责，对自己首先要有个严格的要求。因此，要特别重视抓队伍建设，我们这支队伍长期战斗在审判工作第一线，是任劳任怨，尽职尽责的，特别是在制止动乱的斗争中，表现出了坚定的政治立场和高度的工作积极性，是一支可以信赖的队伍。但是，也还有经不起考验、违法违纪的，还有腐化等不廉洁的问题，这与我们所肩负的教育公民的职责不相适应，应当认真加以解决，要真正肩负起我们这支队伍的教育职责。从整体上讲，就是要抓好队伍建设，抓好基层队伍的思想、组织、纪律、作风建设。作为我们每一个法院干部，都要在提高政治、业务素质上下功夫，要加强马列主义、毛泽东思想基本理论的学习，要加强党性锻炼，坚持秉公执法、秉公办案，努力提高这支队伍的思想政策水平，为实现党的基本路线服好务。

三、应该进一步加强领导

加强领导主要是指加强党的领导，党的领导是坚持四项基本原则的核心，近几年被赵紫阳同志淡化了，党的领导包括政治领导、思想领导、组织领导，党的领导体现在党的路线、方针、政策的正确性上，体现在党的基层组织的战斗堡垒作用上，也体现在每个党员的先锋模范作用上。顺初同志在讲话中强调，在有条件的地方，把党支部、党小组建在法庭上，我很赞成，建立起来后，要真正发挥支部的战斗堡垒作用，党员的先锋模范作用。加强领导，还要求各级党委、政府对法院的基层基础工作要多关心、多理解、多支持，包括思想方面的支持和物质方面的支持。各级党政领导不但不能搞以言代法，以权压法，而且要积极为法院排除干扰，支持法院依法独立行使审判权，组织、协调好法院与有关部门的工作。当前，法庭条件很艰苦，各级党政部门帮助法庭解决实际困难，这也是加强领导的题内之意。对加强法庭建设，省政府今年发了文件，据反映，常德、湘潭、邵阳等地市很重视，各地应当结合实际，因地制宜，采取措施，每年办一件或几件具体事，解决一些具体问题。加强领导也包括从政治上生活上关心法庭的同志，从感情上加强联络，为基层办实事，调动大家的工作积极性。当然，要求领导重视支持，还有赖于我们自己的工作，一般来说，哪个部门工作得越好，哪里领导就越支持，希望同志们克服困难，积极工作，做出新的成绩，努力使我省人民法院系统的工作真正适应新形势的要求。

湖南省委副书记、省人大常委会主任刘夫生在湖南省全国法院模范集体一等功命名表彰大会上的讲话

（1989年3月6日）

同志们：

受最高人民法院的委托，今天我们隆重举行对陈占保同志授予“全国法院模范”光荣称号，并给桃源县法院记集体一等功的命名表彰大会。刚才，最高人民法院副院长祝铭山同志宣布了最高人民法院的命名表彰决定。这是陈占保同志和桃源县法院全体干警的光荣，也是我省法院系统和全省政法干部的光荣。借此机会，我代表省委、省人大常委会、省人民政府，向陈占保同志和桃源县法院的全体干警表示热烈的祝贺，并致以崇高的敬意！

十年来，在党的十一届三中全会的路线、方针、政策指引下我省人民坚持改革，开拓进取，取得了重大成就，各条战线涌现出一大批模范人物和先进单位。我省政法战线广大干警胸怀全局，立足本职，努力工作，为稳定社会治安，维护安定团结的政治局面，依法治理经济环境，整顿经济秩序，保障经济建设的顺利进行，做出了积极贡献。陈占保同志和桃源县法院就是其中的突出代表。

陈占保同志从事政法工作33年，工作始终如一，任劳任怨，尽职尽责。特别是担任桃源县法院院长后，思想敏锐，勇于进取，带领全体干警团结奋斗，工作卓有成效。他自1981年以来，8次立功，并受到晋升一级工资的奖励。桃源县法院认真执行党的路线、方针、政策和国家的法律，坚持为改革、开放和发展农村商品经济服务，坚持从严治院、执法如山，受到人民群众的赞扬。1985年被评为全国法院先进集体，1988年荣立集体二等功。他们的先进思想和模范事迹充分表现了人民法官和执法机关高度的政治觉悟和高尚的思想情操。在当前，开展学习陈占保同志和桃源县法院的活动，对于治理经济环境，整顿经济秩序，全面深化改革，对于繁荣经济、廉洁机关、加强法制都具有特别重要的意义。全省各级政法机关，特别是全省法院的干警，都要向他们学习。通过这一学习活动，进一步推动全省政法工作，加速我省物质文明和精神文明建设，为深化改革、振兴湖南贡献力量！

首先，要把学习先进的活动同牢固树立为社会主义建设服务的思想结合起来。社会主义经济建设要靠健全的民主和法制来保障。在新形势下，复杂案件不断出现，要严肃执法，准确办案，就要不断提高政法干部的思想水平和业务水平。政法战线的同志们，要象陈占保同志和桃源县法院那样，深刻理解党的十三大关于“一手抓建设，一手抓法制”的战略方针，树立政法工作、审判工作为社会主义现代化建设服务的指导思想，开阔宏观思路，提高自觉性，运用法律手段，为我省的改革和建设提供有力的法律保障和及时有效的法律服务。

第二，要把学习活动同做好当前工作结合起来。应当看到，我省目前社会治安形势仍然是严峻的，特别是重大刑事犯罪和严重经济犯罪案件呈上升趋势。因此，学习陈占保同志和桃源县法院，要坚定不移地贯彻执

行"两打"方针，严厉打击严重刑事犯罪和经济犯罪活动，巩固和发展严打斗争的成果。各级政法部门的领导干部要进一步提高对"两打"长期性、艰巨性和复杂性的认识，决不能有丝毫的松懈。政法部门之间要密切配合，抓好对重大、特大案件的侦破和审判工作。要继续开展专项斗争和区域治理，主动与社会各界通力合作，着重抓好城市、交通沿线的社会治安工作，为治理、整顿和全面深化改革创造安定的社会环境。今明两年我们的工作重点是治理经济环境，整顿经济秩序，深化改革。政法部门要积极参与经济运行的法律调控，要支持国家管理机关依法行政。各级人民法院要充分发挥职能作用，继续深入巡回办案，及时依法调处民事、经济、行政等纠纷，支持合法利益和行为，打击违法行为，保护和促进商品经济的发展。各级党政领导都要重视人民法庭建设，支持、关心法庭工作，使他们充分发挥在农村经济建设中的法律"保驾"、"护航"作用，以及为群众排忧解纷的作用。

第三，要把学习活动同严肃执法结合起来。健全法制是建设民主政治的重要内容。政法机关要做执法的模范。要对照陈占保同志和桃源县法院的事迹，加强对政法干警的思想、纪律和职业道德教育，增强责任感，牢固树立严肃执法的观念。各级法院担负着国家赋予的审判职权，要以对党和人民高度负责的精神，遵循各项审判工作原则，排除干扰，一丝不苟，严格依法办事，及时、正确、合法审理案件，确保办案质量。各级党政领导要切实保证人民法院，独立行使审判权。

第四，要把学习活动同廉政建设结合起来。我们党是执政党，我们国家机关和全体工作人员是全心全意为人民服务的。在改革、开放的新形势下，保持党和国家机关的廉洁，是我们能否密切联系人民群众并为人民群众支持和拥护的基本条件。陈占保同志和桃源县法院在这方面做出了榜样。他们心里装着群众，时刻想着党和国家的利益，清正廉明，忘我工作作出了榜样。希望全省各条战线都象他们那样，认真抓好廉政建设。各级政法部门要把为政清廉列为从严治院、从严治警的重要内容，加强思想政治工作并且严格纪律，及时、严肃查处违法乱纪案件。我们还应该提高政法工作的透明度，健全监督机制，防止和克服腐败现象的发生。

同志们，政法战线的任务是光荣而艰巨的，各级党政领导要进一步重视关心和支持政法工作，加强政治领导并切实帮助解决一些实际困难。我们相信只要全体干警加倍努力，一定会涌现出更多的象陈占保同志和桃源县法院这样的模范人物和先进集体，对全省政法系统的工作，以至全省的改革和建设事业，将会产生不可估量的作用。

湖南省人大常委会副主任罗秋月在全省法院第五次政治工作会议上的讲话

（1989年12月18日）

刚才听了志文同志、处琪同志的讲话很受启发。这次会议，李鸿群同志作了报告，还有八名同志介绍了经验，会议内容很丰富。法院召开这次会议是非常必要的，说明我们省法院的同志看问题比较敏锐，符合中央强调加强思想政治工作的精神，与党中央保持了一致。这几年这样的会议开得少，法院87年开过一次，还是不错的。

法院的工作很重要，作为专政工具之一，本身就要坚持四项基本原则，首先就应该有正确的政治方向，否则，专政就显得软弱无力。法院掌握刀把子，掌握生杀予夺的大权，它本身的地位和作用决定了非加强思想政治工作不可，这有着突出的意义。处琪同志刚才提出了一个很重要的观点，中央领导同志，江泽民、李鹏等同志的讲话我们听了觉得很痛快、很舒服。过去多年听不到的话现在听到了。党中央根据小平同志的建议总结了前几年的教训，提出了加强思想政治工作。思想政治工作丢不得，丢了就是丢了我们的灵魂，丢了我们的武器。十年改革最大的失误是教育，是削弱了思想政治工作。近几年，阶级斗争、阶级意识、观点提得很少。我认为，如果搞过去那种阶级斗争扩大化，以阶级斗争为纲，那是不对的，但如果走向另一个极端，搞阶级斗争熄灭论那也是不对的。根本不提阶级斗争，根本不提阶级观念，那还行吗？法院办案，虽然坚持“以事实为根据，以法律为准绳”，但对问题还需要阶级分析。在思想教育方面，我们从事政治工作的干部负有重任。资产阶级自由化思想的反映，“动乱”、“反革命暴乱”对我们党内造成的思想混乱现在还没有完全理顺。思想问题的澄清不是一朝一夕、一个回合就能解决的。同时思想教育有所放松，有所忽视，还会腐蚀我们的队伍。因此，现在加强思想政治工作有它的必要性和紧迫性。我党靠强有力的思想政治工作取得了新民主主义革命胜利，今天搞四化建设，不靠思想政治工作，那就是丢了我党的政治优势，丢了灵魂，就会导致精神崩溃。人如果只追求享受，追求个人的所谓幸福，而不追求真理就完蛋了。只靠物质利益就会迷失政治方向，没有精神支柱不行。所以，我们一定要用十三届五中全会精神统一全党的思想，我们做思想政治工作，就是要树立精神支柱。这个精神支柱就是为共产主义奋斗，为社会主义建设出力，为人民服务，就是坚持四项基本原则。法院的思想政治工作做得比较好，但需要有恒心，坚持不懈地抓。办案不抓思想政治工作不行。现在农村有反映，“打官司”很难。过去旧社会是“八字衙门朝南开，有理无钱莫进来”。我们政权性质不同，是为人民服务的，如果以权谋私、贪赃卖法等现象发生在政法机关，那是非常危险的。政法机关总的来说是好的，绝大多数同志“两袖清风”。如果我们的队伍中出现贪赃卖法，徇私枉法，有一个就处理一个，这样，我们的队伍才有战斗力，才能保持正确的政治方向，完成肩负的人民民主专政的任务。所以，召开这次政治工作会议很有必要。我就讲这些。

湖南省常务副省长董志文在全省法院第五次政治工作会议上的讲话

（1989年12月18日）

同志们：

省法院召开的这次政治工作会议，是一次很重要的会议。会议期间，大家根据十三届四中、五中全会决议，江泽民同志国庆重要讲话和中央、省委组织工作会议精神，以及最高法院的有关指示，全面回顾了近几年来政治工作的情况，交流了经验，研究了今后的任务和措施。通过学习和讨论，同志们进一步认清了形势，统一了思想，找到了差距，明确了任务。会议开得很好很及时。我相信，这次会议以后，全省法院的政治工作一定会出现新的局面。

近几年来，在省委和各级党委的领导下，在各级人大的监督和政府的支持下，我省法院的政治思想工作取得了显著成绩，保证了审判职能作用的发挥。全省法院广大干警长期战斗在审判工作的第一线，勤勤恳恳，任劳任怨，尽职尽责，忘我工作，为稳定秩序，发展经济，加强精神文明建设作出了应有的贡献。特别是在制止动乱的斗争中，经受住了严峻的考验。实践证明，这支队伍是一支立场坚定、工作积极、执法严明、作风清廉的队伍，是一支党和人民可以信赖的队伍。当然，在我们的队伍中，也有极少数人经受不住考验，有的政治方向不明，革命意志衰退；有的违法违纪、腐化堕落等等。对这些问题决不可忽视，必须切实加强思想政治工作，采取有力措施加以解决。至于怎样加强今后的政治工作，省法院党组已作了部署和安排，希望大家认真贯彻落实。下面，我讲三点意见：

一、进一步认识加强政治工作的重要性

加强政治工作是夺取一切工作胜利的重要保证。但这些年来，由于对邓小平同志关于加强精神文明建设、加强思想政治工作等一系列指示，没有很好地贯彻，四项基本原则坚持不够一贯，使思想政治工作的地位降低了，政工队伍建设被忽视了，有些思想政治工作的好传统丢掉了。这就助长了资产阶级自由化的严重泛滥，也是导致动乱和反革命暴乱发生的重要原因。这个严重的教训，从反面告诫我们，一定要坚持党性原则，大力加强政治工作和思想教育工作。

党的十三届四中全会以后，以江泽民同志为核心的党中央，对政治工作非常重视。在总结前几年思想政治工作失误的基础上，强调指出：要加强和改进思想政治工作。当前，全党都在认真贯彻中央指示，大力加强政治工作，我们政法机关要抓住这个有利时机，进一步提高认识，采取有效的措施，努力开创政治工作的新局面。

过去，我们政法机关在开展政治工作中，从调动积极性，完成工作任务的角度考虑较多，而对于如何通过思想政治工作，加强干警队伍的思想建设，坚定正确的政治方向研究得不够。在今年春夏之交的动乱和反革命暴乱的严重政治斗争中，就出现了极个别的政法干部认识模糊、立场不坚定的问题。这些问题虽然只发生在个别人身上，但影响极坏。这也提醒我们要认真解决队伍中思想不纯、组织不纯的问题，必须大力加强思想政治工作，否则，队伍就不可能有战斗力，甚至会偏离社会主义方向。对此，要有十分清醒的认识。邓小平同志说："政治工作已到了必须引起认真重视，采取切实措施加以解决的时候了，不抓不行了。"政法部门要认真贯彻这个指示，切实做好思想政治工作。人民法院是国家的审判机关，其阶级性、政治性、政策性很强。它的性质和任务决定了它更需要注重思想政治工作。只有这样，才能充分发挥人民法院捍卫社会主义制度、巩固人民民主专政的职能作用。

二、进一步明确政治工作的重点

思想政治工作必须结合本部门的实际，抓住主要问题来进行，这样才能取得好的效果。人民法院是社会主义国家的审判机关，这一性质决定了我们的执法必须为巩固人民民主专政服务，为社会主义建设事业服务。也就是，要打击敌人，惩治犯罪，保护人民，服务四化。这就决定了法院政治工作的重点是保证审判工作正确的政治方向，增强干警严格执法、秉公办案的自觉性，提高办案质量。各级法院要紧紧围绕充分发挥审判机关的职能作用开展政治工作。首先是要坚定不移地坚持四项基本原则，旗帜鲜明地反对资产阶级自由化。为此要组织干警学习马列主义、毛泽东思想的基本理论；学习邓小平同志关于坚持四项基本原则、反对资产阶级自由化、建设有中国特色的社会主义的重要论述；学习党的十三届四中全会、五中全会文献和江泽民同志的国庆讲话。在当前和今后一个时期

内，要按照党中央对干部理论学习的要求，组织广大干警学习马克思主义哲学，并把它作为明年政治工作的重要内容，有组织、有计划地抓紧抓好。要通过学习，使广大干警逐步掌握辩证唯物主义和历史唯物主义的基本观点和基本方法，坚定坚持四项基本原则的信念，提高辨别大是大非的能力，增强工作中的原则性、系统性、预见性和创造性，学会运用马克思主义的立场、观点、方法，观察、分析、解决实际工作中的问题。省法院决定明年对基层法院院长进行以学哲学为主要内容的专门培训，这个办法很好。同志们工作忙，很辛苦，尽管这样，还是要分期分批地进行专门学习，这是很必要的。各地也可以用这个办法重点对各级领导和业务骨干进行专门的政治素质培训，以利于提高整个队伍的政治素质。二是要明确审判工作的服务方向。当前，全党全国的中心任务是进一步治理整顿和深化改革。人民法院的审判工作必须紧密围绕这个中心开展，思想政治工作也要围绕这一中心来进行。要使广大干警牢固树立为治理整顿和深化改革服务的指导思想，提高服务的自觉性、主动性。要注意办案效果，提高办案效率，克服就案办案、被动办案的现象，真正把服务的思想贯穿到办案的全过程。三是从严治院，从严治警。法院干警是否廉洁，直接关系到人民法院能否严肃执法、秉公办案的问题，直接关系到党和国家在人民群众中的威望问题。应当肯定，我省法院绝大多数干警执法是廉洁的，涌现了不少像陈占保同志那样一身正气、两袖清风、秉公执法、刚正不阿的先进模范人物，在人民群众中树立了人民法官的高大形象，赢得了广大群众的信赖和称赞。但我们的队伍中，还有极少数意志薄弱者，经不起资本主义腐朽思想的侵袭，见利忘义、徇私枉法、贪赃卖法。对这些腐败现象要坚决清除。对这些问题不要袒护，不要迁就，否则就会给党和国家造成损失，影响很坏，而且也害了干部。各级法院要加强对广大干警的思想教育，特别要加强法院党的组织建设和对党员的教育。法院系统70%是党员，从政治环境来说，优势是很大的，只要党组织的作用、党员的作用发挥得好，这个系统的政治工作肯定会搞得好。只要继续把从严治党、从严治院、从严治警、反腐倡廉作为一项突出的、长期的政治任务来抓，就能增强干警的廉政意识和拒腐防变能力，养成廉洁执法的好风气。

三、进一步加强政治工作的组织领导

思想政治工作任务艰巨，难度比较大，而且是一项长期的、细致的工作，因此必须切实加强组织领导。各级法院的领导同志也要注意克服“一手硬，一手软”的倾向，在抓好各项业务工作的同时，对政治工作要切实加强领导，把它列入重要议事日程，常议常抓。法院的主要负责同志要经常深入实际，进行调查研究，摸索做好思想政治工作的方法，注意总结和推广先进典型，及时发现问题，解决问题。要制订出几条切实可行的措施，件件抓落实，使思想政治工作走上制度化、经常化的轨道。还要建立一支强有力的政工干部队伍，要有一个政治工作的机构。省委已原则同意省检察院、省法院、省司法厅设立政治部，现在主要是要作好这方面准备，选调好人员。各级法院要选派政治素质好、责任心强、经验丰富的同志做思想政治工作。领导要支持政工干部的工作，经常为他们撑腰打气，排忧解难，形成做政治工作光荣的良好环境。

各级党委要加强对法院工作的领导，政府和各有关部门要大力支持法院的工作，帮助解决一些实际困难，以保证审判职能作用的充分发挥。政法系统选配干部，要贯彻宋平同志的讲话精神，特别注重革命化，坚持德才兼备。对于抽干部下乡的问题，政法部门办案任务重，法院办案的干部不要抽出来搞其他工作，否则，不利于审判工作的正常开展。法院前不久召开的基层基础工作会议很重要，而且请了各地政法委书记参加，这样很好，很有必要。法庭建设也要一步步来，

希望大家根据各自的情况抓落实。

同志们：当前法院担负的审判任务十分繁重，希望大家充分发扬我党思想政治工作的优良传统，发挥政治工作的优势，把我省审判队伍建设得更加坚强有力，更好地完成审判任务，在九十年代的第一年里，开创法院工作的更新局面。

海南省委副书记刘剑锋在全省第一次法院工作会议上的讲话

（1989 年 1 月 6 日）

同志们：

这次全省法院工作会议，是海南建省后，省法院系统召开的第一次工作会议。会议在传达贯彻全国第十四次法院工作会议精神的基础上，根据海南特区经济建设的实际，部署省法院系统今后一个时期的工作任务，是非常必要的。在这里，我代表省委和省政府向到会的同志和全省法院干警致以亲切的问候。下面，就如何做好法院工作讲几点意见。

一、充分认识人民法院在特区经济建设中的地位和作用

党的十一届三中全会以来，随着我国社会主义商品经济的不断发展，改革开放的不断深入，社会主义民主与法制的不断加强，作为上层建筑领域重要组成部分的人民法院的地位和作用也越来越突出。人民法院紧紧围绕党的中心工作，通过开展各项审判活动，既有力地打击了严重的刑事犯罪和严重的经济犯罪，又处理了大量的民事、经济纠纷和申诉案件，在保护人民，惩治犯罪，促进改革，服务四化方面取得了很大成绩。党的十三大和七届全国人大之后召开的第十四次全国法院工作会议，根据党在社会主义初级阶段的理论和基本路线，以改革总揽全局，明确提出了今后人民法院工作的基本方针和任务，必将使各级人民法院更加自觉地为发展社会主义商品经济服务。

海南是我国最大的经济特区。海南省各级人民法院在特区的开发建设中，在特区政治体制改革和经济体制改革的超前试验中，负有光荣而又艰巨的历史使命，责任十分重大。大家知道，海南建省办大特区，是党中央、国务院作出的具有深远历史意义的英明决策，其目的是采用国际国内行之有效的具体制度和管理方法，大力发展生产力，充分发挥海南的资源地理优势，使海南在当今中国的改革开放和实现“一国两制”中发挥重要的作用。我们正在抓投资环境的改善，除了要改善能源、电力、通讯、交通等基础设施建设的“硬环境”，还要致力于改善包括法制建设在内的“软环境”。只有通过这两方面的协调和配套建设，才能保证外向型经济的顺利发展。因此，我们一开始就要把法制建设作为海南大特区建设不可分割的重要组成部分，把“以法治省”作为重要目标，一手抓开发建设，一手抓法制建设。而人民法院又在法制建设中处于举足轻重的地位。根据我省实际，省委要求全省各级人民法院一定要从服务、推动、保障特区建设的宗旨出发，全面开展审判工作，全面履行宪法和法律所赋予的职责，全面发挥国家审判机关特有的专政、保护和调节的职能，即不但要依法严厉打击严重犯罪活动，维护社会安定和经济秩序，而且要依法保护人民的民主权利和其他合法权益，依法调节经济关系。为什么要提出这个要求呢？首先这是特区治安形势的需要。当前我省社会治安形势是很严峻的，重大刑事犯罪呈上升趋势，侵犯财产的犯罪尤为突出，在很大程度上阻碍了特区建设的正常发展，影响了引进外资和对外开放。省委对社会治安形势是十分关注的，常委会专门研究了这一问题，并且作出了全省在一年内实现社会治安基本好转的决定。现在我省严打第一、二仗取得很大的成绩，一批犯罪分子落入法网，并相继被起诉到法院。省委希望各级人民法院充分认识这场斗争的必要性和重要性，采取更加坚决有力的措施对严重危害社会治安的犯罪分子，该重判的重判，罪该处死的坚决杀掉。其次，社会主义商品经济新秩序的建立，也需要法律的保障。最近中央提出了明后两年工作重点是治理经济环境，整顿经济秩序，全面深化改革，从而加快推进社会主义商品经济新秩序的建立。从海南情况看，建省不到一年，各方面工作一下子铺开，也不可能建立起一整套行之有效的经济宏观控制办法，新旧体制并存产生了不少摩擦、矛盾和漏洞。由此而引起的各类诉讼，也都要由法院来依法裁决。再次，海南特区为了发展外向型经济，建立的是以国际市场为导向、按照国际惯例办事的、更加开放的市场经济新体制。政府主要运用经济的、法律的手段实行间接控制。人民法院就要强化运用法律手段调节经济的职能，支持和保障各种所有制经济在平等条件下的竞争和协作，保护产权的转让和兼并，维护合同的约束力，保障正当的交易活动。总之，我省对外吸引力的大小，不仅取决于是否建立起一套具有海南特色的法律体系，还取决于我们各级法院能否严格依法办事，能否充分发挥审判机关的职能作用。这一点务请各级法院的同志们记取。

二、大力抓好各级法院队伍自身建设，适应特区经济建设需要

海南建省办大特区，给人民法院的审判工作带来许多新情况、新问题。审判人员的执法观念、执法水平正面临新的考验。要完成历史赋予的使命，完成日益繁重的审判任务，向"内涵"要效益，搞好队伍的自身建设是至关重要的。这里我想强调三个问题：

一是加强学习，提高研究新情况，解决新问题的能力。党的十一届三中全会以来，人民法院在法制建设中不断改革、探索，积累了许多审判工作的好经验、好作法，审判人员的思想水平、业务能力也不断提高。但也应当看到，改革已进入了新旧体制转换和全面深化的关键时期，新的经济秩序的建立必然向人民法院提出更高的要求。特区固有的政治、经济和社会生活结构也决定了审判人员审理案件、处理问题必须从特区实际出发，并且要通过自身改革，摸索出一条适合特区需要的审判工作新路子。这里除了必要的思想准备工作之外，必须加强学习，提高我们的理论水平和认识能力。一方面要认真领会党在社会主义初级阶段理论和基本路线，当前尤其要学习好党的十三届三中全会文件，开展好形势教育，全面、深刻地领会三中全会精神；一方面要认真学习有关海南经济发展战略和主要是"三十条"在内的一系列特殊政策，从本质上把握以"特"字为基本内容的建设特区的思想，增强为特区经济建设服务的自觉性。作为执法机关，还必须了解海南地方立法的特点，将世界各国的一些适应市场经济发展的经济法规为我所用。因此，要开拓视野，有重点地超前掌握一些有关国家和地区的立法，为即将颁布的特区立法的执行作必要的准备。此外，还要注意结合审判实践研究新情况、新问题，从社会主义法律意识和法律精神方面，提出立法工作新建议，促进海南一套完整的法律体系的早日形成。

二是为政清廉，秉公执法。实践证明，法院系统的干部队伍总的来说是好的，是经得起执政和改革开放两个考验的，是有战斗力的。但也不可否认，法院干警工资待遇不高，生活清苦，在一定程度上影响了部分同志的工作热情；也确有极少数违法乱纪现象发生。

我们要在力所能及的情况下，认真地、逐步地解决干警实际生活中存在的问题，如按照有关规定落实好职级等等。还要进一步改进和加强思想政治工作，深入开展为政清廉教育。人民法院是执法机关，保持廉洁意义重大。商品经济的交换原则决不能渗透到执法活动中来。政策、法律不是商品，绝对不能用来作交易。所办一切案件，都要坚持严肃执法，不准徇私枉法，不准贪赃枉法。对极少数干警违法乱纪、索贿受贿问题，必须予以高度重视，严肃处理，发现一个处理一个，决不姑息迁就。要切实加强监督措施，建立健全各种制约机制，以保持政法队伍纯洁。全体法院干警要增强人民法官的光荣感、责任感，顾大局，识大体，振奋精神，努力工作。

三是要用生产力标准检验法院工作。办经济大特区，必须打破一切妨碍生产力发展的条条框框，放胆发展生产力。因此，凡是对生产力发展有促进作用的办法，不论是国内的还是国外的，都应当认真汲取，大胆使用。政策有明文规定的积极主动干好，政策没有明文规定的，只要符合宪法原则，对发展生产力有好处，也应该大胆实践，勇于探索。一个市，一个县，一个部门，一个单位，工作做得好不好，都要以发展生产力标准来衡量、来评价。法院工作当然也不例外。法院工作如何坚持以生产力为标准？这就是要求我们的审判人员在严格依法办案的前提下，所审结的每一起案件要体现保护和促进生产力的发展。我国法制建设正日臻完善，现行的用于规范社会生活的法律、法规都是保护和促进生产力发展的。严格地依照具体、明确的法律条文去裁判是非，确定责任，当然就坚持了生产力标准，二者是协调一致的。海南正处于创业阶段，又是全国经济、政治体制改革的超前试验省，在审判工作中一方面要制裁违法行为，打击经济犯罪；另一方面要注意支持、保护和鼓励那些为了放胆发展生产力而勇于开拓、积极工作、正确运用政策的干部群众，严格区分缺少经验、工作失误与玩忽职守、渎职犯罪的界限，不正之风与贪污、受贿的界限，经济合同纠纷与诈骗犯罪的界限。

三、加强党对法院工作的领导，关心和支持法院工作

党的领导、人大监督同依法办案是一致的。我们要根据形势的变化，加强和改善对政法工作的领导。主要是按照党政分开、增强活力、提高效率的原则，对全省政法工作实行宏观指导，支持和保证政法部门依法行使自己的职权。对法院来说，则是通过审定法院工作的任务和重大决策，检查监督法院执行法律、政策的情况等来保证人民法院独立行使审判权，使之有一个较好的执法环境。各级领导干部要改变与法不符的陈旧观念和习惯作法，不仅不能以言代法，以权压法，而且要在宪法和法律的范围内积极支持、帮助人民法院排除执法上的各种干扰和阻力，保证国家法律的贯彻执行。不管部门多大，职位多高，被告必须应诉，传唤必须到庭，判决必须执行。对具体案件则由政法各部门按司法程序办理，审判权也只能由人民法院行使。当然，对重大争议的疑难案件必要时也可以提交政法领导小组讨论协调，但在办案程序上仍须各司其职，依法办事。此外，各级党委和政府，要切实帮助法院解决人财物方面存在的困难。从我省法院情况看，办案经费严重不足，物质、技术装备也很差，不少法院至今仍没有审判法庭。特别是基层人民法庭困难更多一些。这些都与海南办经济特区很不适应，应当引起党委和政府的高度注意，想尽办法，统筹考虑解决。

党政职能分开后，法院依法独立审判的责任更大了。为了更好地依法独立行使审判权，法院要主动争取党委的领导和支持。在执行方针、政策和法律方面的重大问题、对有重大影响案件的处理，要向党委报告，并且及时向党委反映审判工作中出现的新情况、新问题，给党委当好法制建设的参谋。

同志们，我们相信，通过这次全省法院

工作会议，我省的法院工作必将会出现一个新的局面，法院将在巩固人民民主专政，保护特区建设，保护社会主义商品经济，保障人民生命财产的安全以及维护社会治安等方面做出新的更大的贡献！

海南省人大常委会副主任曹文华在全省第一次法院工作会议上的讲话

（1989年1月6日）

同志们：

我们刚刚送走1988年迎来1989年，很快春节也来临了，请允许我在这里代表省人代常委会和常委会机关的全体同志，向战斗在执法工作第一线的全省法院干警致以节日的问候，祝愿你们新春愉快，身体健康，工作顺利，全家幸福！

海南建省，已经走过了筹备和开始的组建阶段。去年八月下旬召开的省人民代表会议第一次会议和随后召开的三次省人代常委会议，陆续为全省政权建设做了大量的工作，包括依照宪法和人民法院组织法，相继任命了省高级人民法院和琼北、琼南两个中级人民法院的重要干部，为全省国家审判机关的建立和正常运转提供了必要的条件。这次召开的全省法院工作会议，是我省建省以后的第一次，也是在我省办经济特区，各项建设事业相继展开，以及全国上下正在深入贯彻党的十三届三中全会关于治理经济环境、整顿经济秩序、全面深化改革的方针的情况下召开的，主要是传达贯彻第十四次全国法院工作会议精神，结合海南经济特区建设的实际情况，进一步明确我省法院系统在新形势下开展工作的指导思想，安排和布署今后一个时期的工作任务。因此，显得更加及时，更加重要，更加有意义。在这里，我代表省人代常委会，预祝这次会议获得圆满的成功，同时，借此机会，对全省法院工作谈点意见和希望，与同志们商榷。

一、充分发挥审判机关的职能作用，更好地为开发建设海南服务

当前，海南省的开发建设，已进入了一个新的历史时期，伴随着各项事业的开展，一方面必然带来经济的繁荣；另一方面，又不可避免地遇到一系列新情况、新问题，以及对审判工作的新要求。海南省各级人民法院作为上层建筑的组成部分，是人民民主专政的审判机关，肩负着十分繁重而艰巨的任务。近年来，我省的刑事案件比以往有所增加，突出的是盗窃、抢劫、抢夺和流窜作案，以及一些社会危害性大、影响面广的暴力犯罪，流氓滋扰等直接危及群众安全感的多发性犯罪活动增多，社会各界反映十分强烈。在经济领域，由于新旧体制交替，以及社会主义商品市场和资金、技术、房地产、信息等市场的建立和发展，要求人民法院运用法律手段调节经济的职能增强了，在经济组织中出现的贪污、受贿、投机倒把、走私贩私以及偷税漏税等经济犯罪也呈上升趋势。同时，随着民法通则、行政诉讼法的执行，民事审判和行政审判的任务越来越重。所有这些，都说明法院工作，不仅从数量上，而且在深度方面，都比以往更繁重、更艰巨了。我看过最高人民法院院长任建新在第十四次全国法院工作会议上的报告，报告提出了“全国开展审判工作”的要求，指出，“人民法院作为人民民主专政的审判机关，不仅要依法严厉打击严重犯罪活动，维护社会安定和经济秩序，而且要依法保护人民的民主权利和其他合法权益，调节经济关系，更直接地为改革开放服务，为发展社会生产力服务。”这是对法院工作面临形势、要求、任务所作的极为全面、准确的概括，同样完全符合我省的实际情况。贯彻落实最高法院提出的要求和任务，我认为，主要是从认识上解决好两个问题：一是充分认识继续严厉打击严重危害社会治安和严重破坏经济的犯罪活动的必要性和重要性，充分认识“两打”斗争的长期性、复杂性和艰巨性，采取坚决有力的措施，同公安、检察机关密切配合，对严重刑事犯罪分子，依法从重从快惩处，对于破坏经济秩序的经济犯罪分子，依法予以严惩，绝不能心慈手软，重罪轻判，该判的一定要判，该重判的一定要重判，从而遏制刑事、经济犯罪的上升势头，确保社会治安的稳定好转。二是及时、正确、合法地做好人民群众的告诉、申诉和民事审判工作，该调解的及时调解，该制裁的及时制裁，千方百计防止人民内部中这样或那样的纠纷和矛盾激化，迅速改变一些地方存在“有冤无处申，有苦无人管”的不正常情况，真正保护法人的合法权益和公民的正当利益。这两条做好了，我们的人民法院，肯定会在人民中树立起一种崇高的形象，也肯定能为全省的加速发展建设发挥越来越重要的作用。

二、深化法院工作改革，努力提高执法水平

深化法院工作改革，改善执法活动，是加强和完善审判工作的基本保证。在这方面，海南省法院系统根据实际情况，在机构设置、干部管理和业务经费管理方面正在采用一些不同于内地的做法，我本人赞成和支持这种探索和实践。这里要强调的是，改革的目的，是为了充分发挥宪法和法律赋予审判机关的职能作用，更好地保护人民，惩治犯罪，服务四化。坚持严肃执法，而不可能是其他。这一点，务请同志们紧紧把握好。要把坚持依法独立审判的宪法原则，执行公开审判制度，改进审判委员会和合议庭工作，强调当事人的举证责任等等，作为不断提高执法水平，全面完成宪法赋予人民法院任务的高度来抓。对此，有些同志开始时可能会不习惯，甚至会有阻力，但是，只要认真坚持下去，肯定对于改进法院的工作是有好处的。这里我还想强调的一点是，提高执法水平，同法院工作人员的清正廉洁有极大的关系，必须把开展清正廉洁教育同提高执法水平结合起来抓。赵紫阳同志在中央政治局第九次会议上的讲话和中央关于国家机关必须保持廉洁的通知中指出，必须把保持廉洁的问题尖锐地提到党和国家机关全体共产党员和工作人员面前。党和国家机关保持廉洁的基本要求是，党和国家机关人员要正确运用人民赋予的权力来为人民办事，切实做到：严守法纪，不贪赃枉法；秉公尽职，不以权谋私；艰苦奋斗，不奢侈浪费。这一要求，对人民法院来说尤为重要。因此，全省各级人民法院要坚持从严治党、从严治院、从严管理的方针，切实加强全省法院干部队伍的思想和作风建设，抓好反腐蚀、防腐败的清正廉洁教育，使全省法院干警自觉遵守“八不准”，在纷纭复杂的社会环境中保持清醒的头脑，自觉养成清正廉洁、执法如山的好作风。对极少数干警以权谋私、徇情枉法，办“人情案”、“关系案”等违法乱纪行为，要严肃查处，决不姑息迁就，以保证法院队伍的纯洁性。各级法院要加强领导班子建设；领导干部要以身作则，做清正廉洁的模范，对歪风邪气和违法行为要敢抓敢管。这样，才能建设一支坚强过硬的执法队伍，完成新形势下法院面临的更加艰巨、更加繁重的任务。

三、自觉接受人大及其常委会的法律监督和工作监督

《中华人民共和国地方各级人民代表大会和地方各级人民政府组织法》第三十条规定，县级以上的各级人民代表大会常务委员会行使职权共十四项，其中有两项职权：一是“保证宪法、法律、行政法规和上级人民代表大会及其常务委员会决议的遵守和执行”。我们简称法律监督；二是“监督本级人民政府、人民法院和人民检察院的工作”，“受理人民群众对上述机关和国家工作人员的申诉和意见。”我们简称工作监督。法律监督和工作监督，是组织法赋予人大及其常委会的重要职权。人大对行政、审判、检察机关依法进行监督，既是一种制约，也是一种支持和促进。它有利于国家决策机制的健全，有利于国家政治、经济生活的民主化、法律化，也有利于国家各项法律的正确实施和执行。因此，各级人民法院必须自觉地接受人大及其常务委员会的法律监督和工作监督。关于这一点，我想强调三个问题：

1. 认清这种监督的性质。在整个国家机关的监督体制中，人大及其常委会的监督是属于最高层次的监督，监督中包含着支持和促进，当然也包含着必要的制约。而这种制约，是防止国家工作人员滥用权力的一种必不可少的机制。当然，对于法律规定由审判机关行使的职权，人大绝不越俎代庖，以保证人民法院独立行使审判权。

2. 人大对审判工作行使其监督权，主要体现在四个方面：一是对审判机关在处理案件中的违法行为，要向有关法院及时提出意见，督促其严肃执法；二是听取法院的工作报告，全面了解和监督人民法院各项审判工作的开展；三是通过人民群众的来信来访，及时了解和监督人民法院的申诉告诉工作；四是定期检查法院的执法情况，并对法院的工作进行监督。

3. 监督工作要形成制度化、规范化。为此，省人代常委会要制定有关监督方面的法规，明确监督的内容、方式、程序，使监督工作不断臻于完善。

总之，对人大及其常委会来讲，通过监督，既是制约，又是支持、促进，对执法机关来讲，也要增强接受监督的自觉性。按照法律规定，及时向人大报告工作，对人大作出的决定和决议要认真贯彻执行，在执行中遇到问题，要及时向人大反映，提出意见和建议。平时，要加强联系，搞好工作的协调，通过共同努力，把全省各级人民法院的审判工作切实纳入严格依法办事的轨道，从而加快我省社会主义民主与法制建设的进程。

此外，目前法院在物质装备条件上还有不少实际困难，特别是审判法庭和人民法庭的建设问题还需要提请有关部门给予关注。各地人大常委会，也要积极提出建议，以求得尽快解决。

以上是我对全省法院工作的一点意见和希望，供参加会议的同志们在讨论时参考。

四川省委副书记顾金池
在四川省第五次民事审判工作会议上的讲话

同志们：

四川省第五次民事审判工作会议以党的十三届四中全会和五中全会精神为指导，研究如何开创我省民事审判工作新局面，更好地为一个中心，两个基本点服务，为治理整顿、深化改革服务的问题，很有必要。这是我省法院系统一次十分重要的会议。本来汝岱同志要来的，因为临时有其他重要事情不能来，让我代表他，代表省委来看望大家，并通过你们向为振兴四川、发展四川经济，为我省民主与法制建设作出贡献的全省法院干警和他们的家属表示慰问和感谢。

1984年我省召开了全省第四次民事审判工作会议。这五年来，政治、经济形势都发生了很大的变化。社会主义商品经济有了较大的发展,法制建设也有了长足的进步。人们的法制观念和法律意识也有了较大的提高。我省的民事审判工作也出现了新的局面。民事案件的收案和结案都有大幅度上升。民事审判队伍有较大的增加。人民法庭建设也有较大的发展。更为重要的是，全社会对民事审判工作重要地位和作用的认识有所提高。这不仅是这几年民事审判工作取得较大成绩的重要客观条件，也为今后民事审判工作的发展奠定了良好的基础，同时，还为发展安定团结的政治局面，为经济建设的顺利进行创造了有利的条件。这几年全省民事审判工作有许多好的经验可以总结推广，有许多模范人物和先进事迹值得宣传。也有许多新的情况、新的问题需要认真研究。省委相信，我省第五次民事审判工作会议必将对全省民事审判工作的发展产生积极的影响。

下面我代表省委提几点希望和要求：

一、认真学好十三届四中全会和五中全会的精神，坚定不移地搞好治理整顿和深化改革

当前全党、全国人民有一个共同的任务，就是要认真学习贯彻四中全会和五中全会的精神，在坚持四项基本原则，坚持“一个中心，两个基本点”的前提下，更加坚定不移地贯彻治理整顿和深化改革的方针，保证国民经济能够持续、稳定、协调发展。

在深入学习和贯彻四中全会和五中全会精神的问题上。我想特别强调，要切实加强党的思想政治工作，用四中全会和五中全会的精神统一全体干警的认识。在政治思想战线上，有两个方面的情况不容忽视。一是近几年来,以美国为首的国际资本主义势力,凭借其经济优势，利用国际的缓和形势和社会主义国家实行改革、发展经济方面遇到的困难，采取经济的、思想的、政治的各种手段，加强了对社会主义国家实施“和平演变”的攻势，打一场没有硝烟的新的世界战争，扬言要在本世纪末看到社会主义制度的消亡。近来波兰、匈牙利的政局已发生了急剧的变化。这两个国家的共产党实际上已经失去了政权，社会主义制度面临着蜕变的危险。国际反动势力也加紧对我国进行渗透，施加影响，支持、收买所谓“持不同政见者”，培养对于西方的盲目崇拜。传播西方资本主义的政治模式、经济模式、价值观念以及腐朽的思想和生活方式，策划动乱，进行颠覆活动。二是由于过去较长时期赵紫阳同志以资产阶级自由化的态度对待我们党，对待党的思想政治工作，坚持四项基本原则不坚决，造成资产阶级自由化思潮泛滥，使党的思想政治工作受到削弱，在理论上、思想上造成了一些混乱。面对上述这些复杂的问题，我们特别需要通过对四中全会和五中全会精神的学习和宣传，在全党和全国人民中开展坚持四项基本原则、坚持改革开放和两个基本点的教育，使大家从理论和思想上弄清楚四项基本原则是立国之本,改革开放是强国之路,两者缺一不可，旗帜鲜明地反对资产阶级自由化。只有这样，才能有安定团结的政治局面，搞好经济建设。与此同时，我们还要依靠群众加强廉政建设，同群众一起同党内和社会上的不正之风、腐败现象进行坚决斗争。对干部群众最关心的切身利益和实际困难，凡是能办到的，一定要千方百计帮助解决。省委希望各级人民法院的干警做廉政的表率。民事案件关系到人民群众的切身利益，关系到人民群众对党和政府是否信任的问题。各级人民法院一定要依法严肃认真地审理、公正地执法。

二、正确认识民事审判工作的重要地位和作用，把我省民事审判工作推向新水平

党的十一届三中全会以后，随着党的工作重心的转移，社会经济生活和政治生活都发生了很大的变化,民事案件大幅度上升,民事审判工作在社会生活中的重要作用大大提高，民事审判干部也有较大增长。这从一个侧面反映了我国民主与法制建设的进步。但是,轻视民事审判工作的旧观念并没有绝迹。

各级党政领导、社会各界，包括法院从事民事审判工作的干部都还需要进一步提高对民事审判工作重要性的认识。我们说进一步提高认识。是基于认识不足的现状而言的。准确地说，则是要正确认识民事审判工作的重要地位和作用。因为其重要地位和作用是客观存在的，不是主观赋予的。对此我想谈这样几点看法：

第一，民事审判工作对促进社会主义精神文明建设，促进社会主义民主政治的建设有着重要作用。民事审判工作与社会的文明进步是紧紧联系在一起的。民事审判工作对社会进步的推进不是以轰轰烈烈、惊心动魄的方式完成的，而是以潜在的，以润物细无声的方式实现的。1986年我国颁布了第一部民法通则。民法通则不仅反映了商品经济发展的内在要求，也体现了社会主义精神文明和道德规范的要求，包含着以法律形式所确认的社会主义道德规范。它不仅是民事活动所必须遵循的，也是社会主义商品经济活动所必须遵循的。它的全面正确实施必将对社会生活产生久远的影响，它将不断地推动社会主义物质文明和精神文明的发展。随着时间的推移，民法在摒弃一些落后习惯势力的影响，推动社会进步方面的作用，越是时间长远越能看得清楚。如1950年我国颁布了第一部婚姻法，四十年以后，我们回过头去看它在推进社会主义民主政治、反对封建主义、争取妇女解放、建立新型婚姻家庭关系、建立新的道德观念上所起的十分重要的作用就十分明显。

第二，民事审判工作对维护和促进社会主义商品经济的健康发展有着积极的作用。近几年来，我省人民法院每年仅债务案件就要受理上万件。这些案件的处理，对理顺经济关系，保证生产和流通的正常秩序发挥了积极的作用。目前企业遇到的困难比较多，产品积压，开工不足，企业收入减少，职工情绪不稳，劳动纠纷增多，企业、银行、财政之间互相拖欠债款的情况十分严重。党的十三届五中全会关于进一步治理整顿和深化改革的决定提出了“认真整顿经济秩序特别是流通秩序”的问题。这就要求民事审判工作要更好地发挥职能作用，更好地为治理整顿和深化改革服务。同时，人民法院在审理民事案件中所遵循和强调的一些基本民法原则，对发展社会主义商品经济和提高公民素质的影响都是深层次的，民法的一些基本原则是建立社会主义经济秩序的重要法律原则，把民事活动纳入法制的轨道，将培养和造就一代适应社会主义商品经济发展的新型企业家和管理人才，这将促进社会的面貌逐步地发生深刻变化。

第三，民事审判工作与国家的安定、社会的和谐、人民的幸福紧密相关。没有任何一个社会能够在长期动荡和大面积社会冲突的情况下获得较快的发展。小平同志把稳定作为当前中国的最高利益和压倒一切的需要来强调。这是十分正确的。有些民事纠纷从形式上看。确属几句不逊之言、几寸争执之地的小事。但有些小事也会造成严重的后果。中国有许多俗语，如“堤溃于一穴”、“针眼大的洞透进斗大的风”等等，都说明了大与小的关系。《史记》中还有楚吴边邑两女子争桑相攻，导致两国举兵相伐的记载。现在我们也有不少刑事案件、社会矛盾是因民事纠纷而引起的。诸如一些杀人、放火或家族械斗、民族纠纷等。所以不要把民事纠纷看成婆婆妈妈、鸡毛蒜皮的小事，不要忽视它对社会安定、人民幸福的影响。一定要把审理好民事案件与国泰民安的大局联系在一起，把这些“小事”当成大事认真抓好。

在这一方面，我感受很深的是，通过民事案件的审理，如何推动我们整个社会风气好转的问题。这是一个很重要的问题。比如前一段，离婚率很高。我总觉得这和西方生活方式的渗透，和一些淫秽录相、淫秽书刊的影响，以及和一部分人追求所谓美满、自由方面的思想相联系。因此，在审理这些案件中支持什么，制止什么，引导他们向什么方向发展，这就是非常重要的问题。经济上的问题也一样。比如说，许多案件都有一个共同点，就是不讲信用，破坏合同，不按法律办事。通过法院的审理、判决，可以促使他们依法办事，促使他们讲信用、讲质量，这就推动了经济的发展。所以我认为，民事审判工作对整个社会风气的扭转，作用是很大的，是我们整个精神文明建设的一个重要的方面。审理好民事案件对整个精神文明建设必将起到很大的推动作用。总之，民事审判工作是十分重要，十分光荣的工作。它通过严肃的审判活动和人民法官艰辛的工作，通过依法办事、宣传法律和十分耐心细致的思想教育工作，通过支持正确、批评错误、制裁违法，在建设高度社会主义民主和完备的社会主义法制，在提高公民素质，改变社会风气等方面，发挥着独到的重要的作用。建设高度的社会主义民主和完备的社会主义法制，这是一个长期的任务，是我国社会主义现代化建设的一个重要目标和任务，是党和人民群众的共同愿望。今后民事审判工作还要继续在这方面发挥审判职能作用，为我省的治理整顿和深化改革服务，为两个文明建设作出新的贡献。

三，各级党委要加强对人民法院工作的领导，社会各界要支持人民法院的民事审判工作

党的领导是我国社会主义法制建设的重要决定力量。加强党对法院工作的领导，这是搞好法院工作的重要政治保证。各级人民法院要自觉地接受各级党委的领导，把法院工作置于党的监督之下。各级党委要加强对人民法院工作的领导，各级党委的领导同志要充分认识和支持法院的工作，支持民事审判工作，关心法院的队伍建设和廉政建设。

要加强党委对各级法院工作的领导，我认为无论对法院的同志来讲，还是对各级党委的领导同志来讲，都还有一个在新形势下摸索经验的问题。比如说，各级党委的领导同志往往把领导和干预分不清楚，一说加强领导，好象他就可以具体地过问一些具体的案件，甚至对一些具体案件发表意见，这是不正常的情况。这个问题不仅存在于对法院工作领导方面。比方说企业的领导体制，过去为什么老争论呢？也是这个问题。一强调党委领导，党委对行政业务的事情就往往产生包揽而放松政治思想工作。一说要发挥厂长的中心地位作用，党委就觉得无事干了。这就有个摸索经验的问题。对法院的领导同志来讲，也有一个既独立行使审判权，又如何在党委的领导下工作的问题。这也要摸索经验。当然，总的来说这方面的情况是好的，各级党委对法院工作是很支持的，法院的同志也很注意尊重党委领导。我这是从高一步的要求上提出这样一个问题的，提出还需要我们摸索总结经验。做到党委既要领导，又不干预，也不包办。法院既要独立行使审判权，又要尊重党委在重大原则、方针、政策以及指导思想方面的领导。

为了适应客观形势的要求，民事审判工作队伍不仅要在力量配备上与繁重的任务相适应，在思想建设和业务建设上也应有较高的要求，民事审判人员生活在群众之中，接触社会各个方面。这必须是一支政治上强、业务上精、严肃执法、廉洁奉公的新一代的法官队伍。应当说我省人民法院这几年没有放松思想政治工作，法官队伍也是一支优秀的队伍，是忠实于党、忠实于人民、忠实于法律、全心全意为人民服务的队伍。但是我们也还不能忽视这些年来由于党的建设和思想政治工作的削弱而造成的党内和干部队伍内思想、作风、纪律方面存在的问题。这些也会程度不同地反映到法院队伍中来。我们应当按照十三届四中全会和五中全会的要求，按照江泽民同志的“采取坚决有力的措施，痛下决心，排除阻力，克服各种腐败现象，恢复和发展党和人民群众的血肉联系”的要求，高标准的搞好法院队伍建设和廉政建设，法院廉政建设的重心是严格依法办事。要坚决杜绝办人情案、关系案和办案中的吃请受贿，在广大人民群众中树立起清正廉明、秉公执法的人民法官形象。

各级人民法院肩负着十分繁重的任务，法院干部在工作条件较差的情况下长期超负荷工作。各级党委、各级政府不仅要从政治上多关心，也要在物质上为他们创造一定的条件，使法院干警有正常的工作和生活环境，现在有的地方，基层人民法院和人民法院缺少起码的工作条件和生活条件，这不利于法院队伍的稳定，影响严肃执法，希望各级党政领导把为法院创造必要的工作条件和生活环境作为法制建设的一项重要内容，在财政不富裕的情况下，尽可能为他们解决一些迫切需要解决的问题。

全省各地，社会各部门都要支持法院的工作，自觉履行法院的判决，为法院取证提供方便，党委和政府不仅不要插手具体案件的处理，而且还要帮助法院克服工作中的阻力，支持法院独立行使审判权。各级人民法院也要正确对待来自各方面的批评和建议，努力改进自己的工作。

同志们：

全省第五次民事审判工作会议开得很好，大会提出了提高执法水平，提高办案质量和效率，大力推进民事审判工作规范化的要求，我相信，经过全省民事审判干部的一致努力，这一目标一定能实现，我省的民事审判工作一定能够迈上一个新台阶。

四川省人大常委会副主任、省委政法领导小组组长白尚武在全省法院廉政建设、纪检、思想政治工作和中级法院院长座谈会上的讲话

同志们：

这次全省法院廉政建设、纪检、思想政治工作和中级法院院长座谈会召开之前，任凌云同志向省委政法领导小组和杨汝岱同志汇报了全国法院廉政建设、纪检、政治思想工作和高级法院院长座谈会的精神，以及贯彻这次会议的意见。杨汝岱同志和我们都非常赞成。这次会议很重要，开得很及时。同志们回去以后，要按照会议的布置和要求，结合本地区的实际情况，抓紧贯彻落实。我在这里简要地讲三点意见：

一、关于当前的形势

第一，谈一下北京发生的反革命暴乱事件。大家知道，6 月 3 日首都北京发生了严重的反革命暴乱，这是建国以来从未有过的，是极少数人阴谋制造动乱的恶性发展。在当前形势下，人民法院干警要充分认识到动乱的实质和这场反革命暴乱的严重性，要坚决地旗帜鲜明地拥护党中央、国务院制止动乱、平息反革命暴乱的决策，组织干警深入学习李鹏、杨尚昆同志 5 月 19 日在首都党政军干部大会上的讲话，学习陈云、李先念、彭真等领导同志的重要讲话以及“4·26”社论和党中央、国务院告全体共产党员和全国人民书，统一思想认识，同党中央在思想上和行动上保持高度一致。

最近北京发生的反革命暴乱和各地出现的动乱，是一场严肃的政治斗争，关系到改革、开放和社会主义事业的成败，关系到党和国家的前途与命运。党中央对这场反革命暴乱采取了坚决果断的措施，这是十分正确和及时的。现在平息反革命暴乱已经取得了初步的胜利，尽管目前形势还很严峻，困难还很多，但是，我们相信一定会取得更大的

胜利。在平息暴乱、制止动乱过程中，作为一名政法干部，特别是领导干部，一定要立场坚定、态度鲜明，给广大群众做个好榜样，这点至关重要。

目前，流传在社会上的各种谣言、谣传很多，法院干警要增强鉴别是非的能力，要坚决抵制。要看清造谣分子造谣的罪恶目的，做到不听谣、不传谣，及时有力地用事实揭露谣言，澄清各种糊涂观念，消除人们的疑惑和误解，以正视听。

第二，谈一下成都这几天发生的打、砸、抢、烧犯罪事件。最近一个时期，成都各大专院校的学生纷纷走上街头，举行游行、示威、静坐、绝食等活动。他们提出许多口号，诸如要求清除腐败现象、惩治官倒，健全民主与法制，反对官僚主义等。我认为这些要求都是合理的，也是我们党和政府正在采取积极措施解决的问题。当然，对学生们采取的一些错误作法我们是不同意的，必须引导到民主与法制的轨道上来。然而，从6月4日起，一些地痞、社会渣滓与首都发生的反革命暴乱遥相呼应，乘机跳出来肆无忌惮地大搞打、砸、抢、烧犯罪活动，他们冲击省、市党政机关，抢劫、砸烂、烧毁商店、宾馆和过往汽车，打骂武警战士和公安干警，侮辱妇女等，给国家和人民的生命、财产带来了巨大的损失，造成了严重后果。全省军民对这帮歹徒义愤填膺，一致要求给予严惩。这伙歹徒的犯罪活动一出现，武警和公安干警立即采取了果断的措施，现已抓获了一批。人民法院广大干警必须积极行动起来，充分发挥审判机关的职能作用，对一小撮打、砸、抢、烧犯罪歹徒，坚决依法从重从快惩处，把他们的嚣张气焰打下去，切实保护国家和人民生命、财产安全，迅速恢复正常秩序。

这次成都市打、砸、抢、烧犯罪事件发生后，省、市政法机关的干警积极行动，表现了高度觉悟和良好的战斗精神，这是难能可贵的。目前一些歹徒的犯罪气焰仍很嚣张，政法部门还应作好长期战斗的思想准备。当然，无论歹徒的犯罪气焰多么嚣张，都只能是暂时的。但是面临复杂的情况，我们必须保持清醒的头脑，把工作做细，不要出现失误。

人民法院处理这类问题，一定要从实际情况出发，在弄清事实的基础上，正确判定性质。要把青年学生的过激的或者错误的言行同一小撮歹徒的反革命宣传煽动，搞打、砸、抢、烧犯罪行为区别开来。在党委的统一领导下，依靠广大人民群众同打、砸、抢、烧犯罪分子作斗争。处理问题的措施一定要果断、得力，方法得当，行动慎重。

总的来讲，面对当前的形势，全省各级法院干警一定要处处以身作则，带头坚守岗位，努力做好本职工作，严守政治纪律，识大体、顾大局，团结一致，维护好当前社会秩序。

二、关于廉政建设

如何在今后抓好全省法院自身廉政建设，是这次会议研究的一个重要问题。最高人民法院于5月上旬召开了全国高级法院院长座谈会，任建新等领导同志对廉政建设问题作了重要讲话，我已看过文件，讲得很好。关键问题是各级法院要结合实际认真贯彻落实。

廉政建设是我们党历来重视的重要工作。党章要求每个党员都要廉洁奉公、不谋私利，全心全意为人民服务。党的十三届二中全会以来，党中央把党和国家机关如何更好保持廉洁作为一项十分重要的任务来抓。从这几年的情况看，我省各级政法机关都相应地制定了保持廉洁的具体措施，工作取得了一定成效。强调抓好廉政建设，首先必须对自身队伍有一个基本估价。从我省人民法院队伍的现状看，我们这支队伍是遵纪守法、廉洁奉公、严格执法、艰苦奋斗的，是一支经得起改革、开放考验的，具有战斗力的队伍，也就是说，绝大多数干警是廉洁的，他们克己奉公，勤勤恳恳为党为人民努力工作，对改革和建设作出了积极的贡献。这一点必须充分肯定。但是，也要看到，在我们的队伍中，确实也有极少数人存在着以权谋私、贪污受贿等腐败现象。这些腐败现象虽然发生在极少数人身上，但影响和危害很大，不仅损害人民法院的形象，而且败坏党和国家的声誉。抓好廉政建设是全党的共同任务，作为上层建筑重要组成部分的人民法院，代表国家行使审判权，进一步加强自身的廉政建设，具有更加重要的意义。近几年来，一些意志薄弱的干部，受资产阶级腐朽思想的侵袭，受"一切向钱看"的不正之风影响，经不起考验，出现腐败现象。只有加强为政清廉的经常化教育，才能增强广大干警拒腐蚀的能力，起到防微杜渐的作用。人民法院担负着审判刑事犯罪案件和大量民事、经济、行政案件，依法惩治贪污、受贿等严重经济犯罪的任务，廉政建设搞得好与不好，直接关系到治国安民和政权建设的大事。如果法院干警不廉洁，就不能做到严肃执法，秉公办案，必然影响国家法律的正确实施，损害党和人民的利益。对人民法官必须高标准、严要求，坚决杜绝腐败现象。

各级法院院长要看到社会上一些腐败现象、不正之风对人民法院的腐蚀和影响越来越严重，必须引起高度重视，我们务必把廉政建设作为队伍建设的一项重要内容来抓，要一手抓审判工作，一手抓廉政建设。要把审判活动置于人民群众的监督之下，接受人大、舆论监督，接受检察机关的法律监督，进一步提高审判工作的透明度，防止徇私舞弊、枉法裁判的发生。对法院内部出现的不廉洁的问题，要及时严肃查处，对构成犯罪的人，要依法追究刑事责任，不能姑息迁就。同时，我们要加强对法院干警好人好事的宣传，表彰先进，采用一切有效措施推动廉政建设的深入开展。

三、关于当前社会治安问题

今年以来，全省各级政法部门贯彻全国、全省政法工作座谈会精神，态度是坚决的，措施也是有力的。近几个月来，全省各级政法部门在党委的统一领导下，开展了以打击抢劫、重大盗窃为重点的专项斗争，进行了集中打击和集中整顿，人民法院依法从重从快判处了一批杀人、抢劫、重大盗窃、强奸等严重刑事犯罪分子。总的来看，打击是及时的、有力的。各地在集中打击中，注意把打击和整顿结合起来，把专项斗争和专项治理结合起来，把打击和防范结合起来，对打击犯罪分子的嚣张气焰，遏制重大恶性案件的上升，促进社会治安的综合治理，都起了一定作用，取得了一定成效。有的地方案件有所下降，一些治安问题比较突出的地方有所好转。但是，从总的情况看，犯罪分子的嚣张气焰还未完全压下去，重大案件还未得到有效控制，特别是成都地区，近日来，打砸抢烧活动十分猖獗，全省治安形势仍然很严峻，抢劫盗窃案件还很突出；杀人、强奸、重伤案件明显增多；拐卖妇女儿童的案件在一些地方十分严重；聚众赌博、卖淫嫖娼等社会丑恶现象还未得到有效制止；突发性事件明显增多，诱发犯罪的因素大量存在。全体法院干警特别是各级领导对当前的治安状况和今后发展趋势要有一个清醒的认识，保持清醒的头脑，增强敌我意识和忧患意识，不能有任何松懈麻痹，要根据全国、全省政法工作会议的要求，根据全国、全省法院院长会议的部署，进一步加强刑事审判工作，突出打击重点，严厉打击严重危害社会治安的犯罪分子，严惩打砸抢烧的犯罪分子，严厉惩处贪污、受贿、投机倒把等严重经济犯罪分子。把严厉打击打砸抢烧犯罪、打击现行犯和打击流窜犯结合起来。认真执行中央领导同志的指示，打击刑事犯罪决心再大些，行动再快些，声势再猛些，坚决把犯罪分子的嚣张气焰打下去。按照中央1号文件、省委6号文件的要求，努力实现今年社会治安好于去年的目标。

希望同志们通过这次会议的贯彻落实，进一步发挥审判职能作用，为稳定局势维护安定团结的政治局面，保障改革和建设的顺利进行作出更大的贡献。

青海省委副书记田成平在全省部分法院院长座谈会结束时的讲话

（1989年8月25日）

省高级法院召开的全省中级法院和部分基层法院院长座谈会今天就要结束了。会议认真贯彻党的十三届四中全会和省委七届三次全委（扩大）会议精神，学习全国高级人民法院院长座谈会文件，检查总结了前一段的工作，进一步研究部署了法院工作。会议开得是成功的。马有功同志在会上的讲话很全面、很好。希望大家回去后认真贯彻执行会议精神，使我省各级法院工作取得新的进步。

一年来，全省各级法院在省委和各级党委的领导下，在各级人大及其常委会的监督下，认真贯彻全国政法会议精神，坚持四项基本原则，坚持改革开放的方针，克服种种困难，努力改善执法活动，推进公开审判制度，全面开展审判业务，保证严肃执法，较好地完成了各项任务。特别是在今年春夏之交发生动乱进而在北京发展成反革命暴乱期间，全省法院广大干警立场坚定，旗帜鲜明，在政治上、思想上和行动上同党中央保持一致，坚决反对和抵制动乱，坚守岗位，严守纪律，始终坚持正常的工作秩序，为稳定全省局势，做了大量工作，表现了法院干警良好的政治素质。在基层法院工作的同志们，兢兢业业，艰苦奋斗，埋头苦干，为维护社会安定、促进改革建设事业作出了贡献。在此，我代表省委向全省法院系统的广大干警表示衷心地感谢和诚挚的问候。

下面，我讲几点意见。

一、继续深人学习贯彻中央四中全会精神，认真搞好清查、清理工作

在具有重要历史意义的十三届四中全会上，党中央根据当前的形势，提出了要抓好四件大事，其中第一条就是要彻底制止动乱、平息暴乱、稳定局势。而要做到一点，必须认真搞好清查清理工作。几个月来，我省的清查清理工作已经有了一定的进展，各地区、各单位在制止动乱、稳定局势方面做了大量的工作，查获了一些制造动乱的犯罪分子，取缔了各种非法组织，查清了一些与动乱有关的人和事。但是，这项工作还仅仅是开始，任务还很艰巨。一些在幕后策划动乱、隐藏很深的坏人还没有揭露出来，有些反革命分子还没有缉拿归案，其中一些人还不甘心失败，妄图进行各种破坏活动。因此，我们必须认真贯彻四中全会精神，彻底搞好清查清理，把制止动乱、稳定局面的斗争进行到底。

搞好清查清理，是全党当前一项重要的政治任务，也是政法部门的一项重要工作。各级人民法院一定要充分认识自己肩负的重大责任，下定除恶务尽的决心，按照党中央、国务院和省委、省政府的部署，用足够的时间，投入很大的力量，充分发挥审判机关的职能作用，依法严惩制造动乱的反革命分子和其他犯罪分子。全体干警要提高警惕，增强敌情观念，强化专政意识，充分认识这场斗争的长期性、艰巨性和复杂性，与有关部门密切配合，依靠和发动群众，把那些策划、组织、指挥动乱的阴谋分子，进行反革命宣传煽动的首要分子和骨干分子，参与暴乱的反革命分子和各种严重刑事犯罪分子，坚决、彻底、干净、全面地清查出来。对起诉到法院的这类案件要抓紧审理，公开审判，依法严惩，不留后患，以进一步稳定全省局势。

各级法院都要认真清理内部，整顿队伍。我省法院干警队伍总的是好的。但也应当看到，由于资产阶级自由化的影响，思想不纯、组织不纯、队伍不纯的问题，在我们法院队伍中也不同程度地存在着。法院是人民民主专政的国家机关，是要害部门，要保证它的纯洁，清理工作就要更加严格。要坚决清理与动乱有关的人和事。处理时要严于一般机关单位，不适合搞政法工作的要坚决调离；不适合担任领导工作的要坚决调整；犯有严重错误的要分别给以党纪、政纪处分。要把清理工作与干部考核结合起来。同时，把那些立场坚定、旗帜鲜明地反对动乱，在思想上行动上与党中央保持一致、政治业务素质好的干警，及时选拔到各级领导班子里来，以保证法院领导班子与队伍的纯洁和坚强。要结合清理内部，认真清理思想，反思工作，明辨是非，正本清源。要通过认真学习四中全会文件，学习邓小平同志的几次重要讲话，批判宣扬资产阶级法律观的种种奇谈怪论，把这几年由于资产阶级自由化思潮的影响而搞乱的思想、理论端正过来，从而在司法实践和法学理论研究中自觉地坚持四项基本原则，抵制和反对资产阶级自由化，促进社会主义民主与法制建设的健康发展。

二、认真贯彻“两院”《通告》精神，深入开展惩治贪污、受贿、投机倒把等犯罪分子的斗争

最近，经中央批准，最高人民法院、最高人民检察院发布《贪污受贿投机倒把等犯罪分子必须在限期内自首坦白的通告》，这是落实党的十三届四中全会提出的四件大事和党中央、国务院决定近期要做好的七件事的一项重要措施，是当前惩治腐败的一项重要任务。为了大张旗鼓地开展这一斗争，深挖严重经济犯罪分子，省委作了紧急部署，要求各级公安、法院、检察、监察、工商行政和纪检等有关部门，积极行动起来，在党委的领导下，密切配合、协同作战，广泛深入宣传《通告》和有关政策法律，造成强大声势，并且做好接待投案自首的工作，把这场斗争迅速开展起来。两院《通告》发布之后，省法院已经作了安排和部署。省委希望你们集中当前力量抓好这项工作。要充分发动和依靠群众，认真对待群众检举揭发的问题；要集中力量查处大案要案，并及时选择一些坦白从宽、抗拒从严的典型案件，公开审理，公开宣判，以分化瓦解犯罪分子，敦促有贪污、受贿、投机倒把问题的人主动坦白自首，争取从宽处理。惩治贪污、受贿、投机倒把等犯罪分子，要贯彻依法办事、宽严相济的精神，切实兑现党的政策，凡能在限期内自首坦白、积极退赃并有检举揭发立功赎罪表现的，要依法从轻、减轻或免于处罚；对那些拒不自首坦白，销毁、伪造证据、窝藏转移赃款赃物的，相互串通、订立攻守同盟的，要依法从严惩处。同时要严厉打击那些对检举揭发人打击报复，干扰、破坏案件查处的坏人，以保证这场斗争的顺利进行。

在认真抓紧抓好惩治贪污、受贿、投机倒把犯罪分子斗争的同时，要继续坚持依法从重从快的方针，严厉打击严重刑事犯罪活动。当前，我省特别是西宁地区社会治安问题十分突出，总的发案数增加，重特大刑事发案率明显上升，广大人民群众对此反映强烈，很不满意。因此，各级法院要进一步认识继续坚持严打的重要性和艰巨性，克服松劲厌战情绪，与公安、检察等部门密切配合，采取更加坚决有力的措施，积极开展严厉打击流窜犯罪和其他严重危害社会治安的犯罪分子的专项斗争，依法严惩各种严重刑事犯罪活动。同时，要动员社会各方面的力量，依靠广大群众，同各种犯罪分子作斗争，切实搞好社会治安的综合治理，努力创造一个安定的社会环境，保证社会主义现代化建设和改革开放的顺利进行。

三、切实抓好党的建设，加强党对政法工作的领导

在新的形势下，各级人民法院肩负着艰巨而光荣的任务。要完成好这些任务，当然有大量的工作要做，但关键的一条，就是要切实抓好党的建设，充分发挥党组织的核心领导作用和党员的先锋模范作用，加强党对政法工作的领导。近几年来，由于赵紫阳同志消极对待坚持四项基本原则、反对资产阶级自由化的斗争，淡化党的领导，实际上是取消党的领导，在党的建设问题上造成了极大的思想混乱，带来了十分有害的影响。我们不可低估资产阶级自由化泛滥对党的建设的破坏，不可低估赵紫阳同志的错误在党内造成的混乱和对实际工作的损失。要在学习惯彻四中全会精神过程中，结合法院实际，认真总结和反思近几年在党的建设问题上的经验教训，采取切实有效的措施，大力抓好法院系统各级党组织的思想、组织和作风建设。当前，党的思想建设要围绕全面、准确地宣传和贯彻执行党的基本路线来展开，突出地进行坚持四项基本原则、反对资产阶级自由化的教育，把被资产阶级自由化搞乱了的思想理论问题纠正过来，真正用四中全会和邓小平同志的重要讲话精神统一广大党员和干部的思想。要根据中央和省委的有关指示，结合清查清理工作，对法院系统的各级领导干部在动乱和暴乱中的表现，对他们这些年来在坚持四项基本原则、反对资产阶级自由化这个大是大非问题上的立场、态度作一次认真的考察，作出实事求是的评价，并进行必要的调整，保证法院的领导权牢牢掌握在坚持四项基本原则、忠于党、忠于人民的人手中。要重视法院系统的廉政建设。人民法院作为国家的审判机关，拥有很大的权力。从事这一工作的党员和干部，必须十分重视发扬我们党的优良传统和作风，严格依法办事，刚正不阿，清正廉洁，同一切消极腐败现象作斗争，密切党和人民群众的联系。总之，通过这场惊心动魄的政治斗争，痛定思痛我们深切感到抓好党的建设、加强党的领导的重要性和紧迫性。正如邓小平同志说的：要聚精会神地抓好党的建设，这个党该抓了，不抓不行了。省委希望各级党委包括各级法院的党组织，认真学习和贯彻最近中央领导同志关于加强党的建设的一系列重要指示，真正把这项工作作为自己第一位的重要任务，扎扎实实地抓下去，把我们的各级党组织建设好，这样我们就能克服前进中的困难，夺取各项事业的新胜利。

政法工作是党的工作的重要组成部分，党的领导是搞好政法工作的根本保证。在党的领导下，依法独立行使审判权，是我们的优良传统。也只有在党的领导下，才能保证人民法院严格依照宪法和法律独立行使好审判权。必须明确，党对政法工作的领导，主要是政治思想领导和方针政策的领导。党委原则上不要去直接过问政法部门办理的具体案件。但对一些影响重大的疑难案件，要关心，要了解情况，并提出原则性的指导意见，由司法部门依法办理。我们要把加强党对政法工作的政治领导同政法部门依法独立行使审判权、检察权二者有机地统一起来。在党对政法工作的领导上，要防止和纠正两种倾向：一种是习惯于老的工作方法，具体干预司法机关办案或对这些部门职权范围内的事管得过多过细；一种是怕被指责“以党代政”、“以言代法”，该管的不敢管，甚至放松党的领导。

当前，审判工作面临许多新问题，案件增加，情况复杂，调查取证困难，工作质量要求也高。各级法院特别是基层法院在交通、办案经费、工作生活条件、技术装备等方面都存在一些亟待解决的困难。这些问题，省委是知道的，正在积极设法，逐步解决。各级党委和政府都要关心和支持法院的工作，帮助法院解决一些实际困难，给他们创造较好的工作条件，保证审判工作的顺利进行。我省财政比较困难，有些问题的解决，需要一个过程。这些也请大家体谅。

最后，预祝同志们在审判工作和法院的自身建设上取得更好的成绩。

第六部分　重要会议

全国法院廉政建设工作会议

1989年5月6日至8日，最高人民法院在北京召开了全国法院廉政建设工作会议。出席会议的有全国各高级人民法院院长和党组纪检组组长，还邀请了中纪委、中组部、中央政法领导小组、高检院、监察部等有关部门代表和首都新闻单位记者参加，与会共98人。林准副院长主持了会议，任建新院长作了题为《加强廉政建设保证严肃执法》的讲话。

这次会议的召开是为了认真贯彻党中央“关于党和国家机关必须保持廉洁”的指示，进一步交流法院系统廉政建设的经验，以建设一支清正廉洁、秉公执法的法院队伍。

会议认为，几年来，为了保证严肃执法，人民法院一直强调“从严治院”。从总体上说，当前法院队伍是遵纪守法、克己奉公、清正廉洁、艰苦奋斗的，是经得起改革开放考验的。各级法院在人员、经费、设备以至生活条件等方面普遍存在困难的情况下，很好地完成了繁重的审判任务，涌现出一批清正廉洁、秉公执法的先进集体和个人。这是法院队伍的主流。但是也应该清醒地看到，法院队伍中确有少数人经不起考验，走上了违法犯罪的道路。社会上形形色色的腐败丑恶现象，几乎在法院队伍中都有程度不同的反映。尽管这些腐败行为发生在极少数人身上，但它败坏了法院的声誉，破坏了国家的法制，玷污了党和国家的形象，直接损害了人民群众的利益，必须高度重视并采取强有力措施制止这些腐败行为的蔓延。

在会上，浙江、吉林、河北、天津、黑龙江、宁夏、北京、湖南等省、自治区、直辖市的高级法院介绍了各自在廉政建设方面的经验，这些经验归纳起来主要是：（一）通过多种形式的教育活动，提高对廉政建设重要意义的认识。如各地开展的“怎样做一个新时期的好法官”、“法官如何抵制不正之风”等专题讨论，以廉政为主题的“天平在我心中”演讲会等。这些教育活动，增强了广大干警秉公执法、廉洁自律的自觉性。（二）抓住公开审判这个重心，公开办事制度，接受广泛的监督，推动法院廉政建设。有的法院采取张贴廉政公告，聘请监督员等办法，建立健全法院内外监督制度，增强干警自我约束能力。（三）加强规章制度建设，防止徇私枉法，保证秉公执法。许多法院在严格依法办事的同时，还结合本地的实际情况，制定了从收案到判决、从合议庭评议到审判委员会讨论，以及诉讼费管理等方面的一系列具体制度，形成了一套比较完整的保持法院廉洁的措施。（四）严肃查处在干警中发生的违法乱纪行为，表彰廉政建设中的先进典型。

会议强调指出，人民法院是国家的审判机关，大量民事、经济、行政和刑事案件，是非曲直，生杀予夺，最终由它依法裁判，抓廉政建设更有其特殊的意义。人民法院所担负的依法惩治贪污、受贿等严重犯罪的任务，是国家廉政建设的重要一环。人民法院的审判活动体现着国家的民主和法制，直接影响着群众的利益，社会经济秩序和改革建设的进程，也影响着人民群众对党和国家的信任。这就决定了人民法院在廉政建设上，应当坚持高标准、严要求。法院自身不廉洁，就不能严肃执法，也就不能完成同不廉洁行为作斗争的职责和使命。因此，会议根据法院的实际情况，提出了今后廉政建设要着重抓以下七条措施：第一，法院各级领导要把廉政建设作为一件大事摆到重要日程上来，在一手抓好审判工作的同时，一手突出抓好廉政建设。第二，各级法院要加强以廉政教育为重要内容的思想政治教育，提高干警保持廉洁的自觉性。第三，严格依法办事，认真执行公开审判制度，并以此带动其他廉政制度的建设。第四，进一步健全法院办事制度，切实做到利用法律和制度保证法院的高度廉洁。第五，采取多种形式，最大可能地接受广泛的监督，推动法院的廉政建设。第六，从严治院，严肃查处法院干警违法违纪案件。第七，建立法院监察系统，加强政纪监督。

全国法院纪检、监察工作座谈会

全国法院纪检、监察工作座谈会于1989年5月8日至5月11日在北京召开。这次会议的宗旨是根据全国法院廉政建设工作会议精神，部署建立法院系统监察机构研究抓好全国法院系统的纪检、监察工作，促进法院廉政建设。参加会议的有各省、自治区、直辖市高级人民法院、解放军军事法院的纪检组长，中共中央纪委、中共中央组织部、国家监察部的有关人员。首都新闻单位的记者也应邀参加了会议。中共中央纪律检查委员会委员、中共最高人民法院党组纪律检查组组长项华出席会议并讲了话。

会议认为，廉政建设是法院建设的一件大事，是从严治党，从严治院的重要内容。纪检、监察部门是法院廉政建设的一支主要力量。纪检组作为法院党的纪律检查的专门机构，其职责已经明确。监察部门的职责则是监督、检查法院及其工作人员执行国家法律、政策和秉公办案的情况，查处各种违法违纪行为。纪检、监察部门要以廉政建设为中心，重点是对法院及其审判人员是否严格执法的情况进行监督、检查，促进和加强法院的廉政工作。

会议认为，严肃认真查处违法违纪案件是纪检、监察部门的一项经常性任务。查处违法违纪案件，要坚持实事求是，注意掌握政策界限，严格按党纪、政纪和国家法律处理，要做到“事实清楚，证据确凿，定性准确，处理恰当，手续完备”，经得起历史的检验。因此，纪检、监察部门必须努力提高办案水平，并通过各种渠道发现和扩大调查线索。

会议明确了法院监察部门的领导体制为：法院监察部门实行双重领导体制。地方各级人民法院监察部门对本级法院和上级法院监察部门负责并报告工作，监察业务以上级法院监察部门的领导为主；最高法院监察部门在本院院长领导下进行工作；下级法院监察主任、副主任的任免，必须事先征得上级法院监察部门的同意。这与法院组织法规定上下级法院之间审判工作的监督关系是不同的。

会议认为，要做好法院的纪检、监察工作，应该抓好以下工作。一是加强纪检、监察部门的自身建设。各级法院要在继续建立健全纪检机构的同时，立即着手抓好监察机构的组建工作。要采取一级抓一级的办法，上级法院要主动督促检查下级法院监察机构的组建工作，根据实际情况，适当解决编制问题。

二是抓紧建立纪检、监察工作的各项规章制度。受理立案、调查取证、作出结论和处理决定以及量纪标准等，都要逐步建立起一套具体的办法和制度，使工作制度化、规范化。

三是与有关部门密切配合，开展多种形式的廉政教育，使广大党员和干警牢固树立全心全意为人民服务的思想。要继续贯彻实施前院长郑天翔同志在六届全国人大四次会议上提出的“八个不准”（即一不准主观臆断，二不准徇情枉法，三不准贪赃卖法，四不准吃请受礼，五不准索贿受贿，六不准经商牟利，七不准欺压群众，八不准泄露机密），使广大党员和干警增强为政清廉、遵纪守法的观念。要鼓励大家积极同腐败行为作斗争，对突出的先进集体和个人，纪检、监察部门应提出建议给予表彰、奖励。

四是克服困难，积极主动地开展工作。纪检、监察部门是同各种违法违纪行为作斗争的一支重要力量。纪检、监察干部要敢于碰硬，不辜负组织和群众的期望，振奋精神，以奉献的精神，积极主动地、扎扎实实地做好工作，为法院的廉政建设作出应有的贡献。

全国高级人民法院院长座谈会

1989年5月8日至11日，最高人民法院在北京召开了全国高级人民法院院长关于刑事审判工作的座谈会。林准副院长主持了会议。任建新院长在会上讲了话，传达了中央关于打击刑事犯罪的重要指示。会议回顾了前一段刑事审判工作的情况，分析了当前社会治安形势，交流了经验，研究了进一步加强刑事审判工作，继续依法严厉打击严重刑事犯罪活动的问题。

会议认为，1989年1月全国政法工作座谈会后，各高级人民法院及时传达贯彻了会议精神，统一了思想认识，部署了工作。各地法院在党委的统一领导下，积极参加了打击抢劫、重大盗窃、拐卖人口、走私、贩毒等犯罪活动的专项斗争，严厉打击了一批严重危害社会治安和严重破坏经济的犯罪分子。由于重大刑事案件增多，第一季度判处的死刑（包括死缓）、无期徒刑的罪犯比上年同期增长16.94%，判处十年以上有期徒刑的增长9.8%，判处五年以上十年以下有期徒刑的增长24.08%。各级人民法院认真贯彻了《全国政法工作座谈会纪要》精神，坚决执行了对严重危害社会治安的犯罪分子依法从重从快惩处的方针。从总体上看，打击是有力的，案件的处理也是及时的。但在检查中也发现有些地区有极少数案件判轻了，也有的判重了，还有少数案件处理得不够及时，这应当引起我们的重视。

会议认为，当前社会治安形势确实相当严峻。一些大中城市、沿海开放地区、水陆交通沿线犯罪活动猖獗，犯罪分子成帮结伙流窜作案；在火车、公共汽车、轮船上洗劫、杀伤旅客的恶性案件屡有发生；重大盗窃、抢劫、故意杀人的恶性案件明显增多；拐卖妇女儿童的犯罪活动日趋严重；聚众赌博、卖淫嫖娼、贩卖毒品等社会丑恶现象继续蔓延；近一个时期突发事件明显增多，不法分子乘机进行打砸抢烧犯罪活动，对政治安定和社会治安危害极大。1989年第一季度全国法院受理的一审刑事案件比1988年同期上升14.75%，其中重大盗窃案件上升78.7%，抢劫案件上升59.98%，故意杀人案件上升13.05%，有的地区上升的幅度更大。根据发案上升情况和诱发犯罪的不安定因素的大量存在，预计今后一定时期内，人民法院受理的刑事案件，特别是重大刑事案件将有可能继续上升。人民法院同刑事犯罪作斗争的任务将更为艰巨，更为复杂。

会议要求，各级人民法院领导和全体工作人员对当前社会治安状况和今后的发展趋势应有清醒的认识，增强敌我观念和忧患意识，丝毫也不能麻痹、松劲。我们打击刑事犯罪的决心要再大一些，行动要再快一些，声势再猛一些，把严重刑事犯罪活动的嚣张气焰打下去。

会议强调，为了稳定治安大局，力争实现治安状况好于上年的目标，全国法院要充分发挥人民民主专政的职能作用，坚定不移的继续贯彻依法从重从快的方针，严厉打击严重危害社会治安的犯罪分子，更好地为治理整顿和深化改革服务。各级人民法院要在党委的统一领导下，与检察、公安等有关部门密切配合，针对当地社会治安中的突出问题，通过审判活动，适时地开展专项斗争，进行集中打击和集中整顿。对重点打击对象一定要依法从重从快惩处；对在当地危害大的那些杀人、抢劫、重大盗窃、拐卖人口、贩毒等严重犯罪分子，以及犯罪集团的首要分子、主犯、惯犯、累犯和流窜犯一定要狠狠打击；要积极参加全国范围内集中打击流窜犯的统一行动；铁路法院和地方法院还要依法严惩在列车、公共汽车、轮船上抢劫、杀害旅客的严重犯罪分子，以保障旅客的生命财产安全和交通运输秩序。大中城市、交通干线和沿海开放地区的社会治安关系全局，这些地方的人民法院要把刑事审判工作抓得很紧很紧。

当前经济领域内的犯罪活动也很猖獗，对社会经济秩序危害很大。惩治贪污、受贿关系到为政清廉。各级法院要根据刑法和全国人大常委会关于惩治贪污罪、受贿罪和走私罪的补充规定，以及最高人民法院、最高人民检察院《关于当前处理企业、事业单位、机关、团体投机倒把犯罪案件的规定》，继续依法严惩严重经济犯罪活动。

会议指出，各级人民法院要加强对刑事审判工作的领导，组织好力量，主要领导要亲自动手。要继续抓好大案要案的审判，对有的案件要提前介入了解案情，一旦起诉到法院就及时审理，适时宣判。要坚持实事求是，依法办案，一定要把工作做细，注重一个“准”字。对依法应当判处死刑的要坚决判处死刑，对依法应当判处重刑的要坚决判处重刑，对有法定从轻、减轻或者免除处罚情节的，应该从轻、减轻或者免除处罚。要进一步搞好公开审判，对一些重大、典型案件，要开好规模不等的公开宣判大会。通过多种形式扩大宣传，以利于对群众进行法制教育，震慑犯罪分子，保持严打的声威。

会议还要求，上级人民法院要加强对下级人民法院刑事审判工作的监督和业务指导，检查下级人民法院办案的质量，要形成制度。应注重检查那些严重危害社会治安的案件、多发案件和迅速增长的案件，发现问题应及时提出改进意见，努力提高办案质量，自觉接受人民代表大会及其常委会的监督，接受广大人民群众和社会舆论的监督。下级人民法院审理重大、疑难案件遇有困难时，要及时报告上级法院，上级法院要及时给予答复和指导。各级法院要加强调查研究，掌握情况，发现问题，及时提出解决的办法和意见。在严厉打击严重刑事犯罪的同时，要积极参加对社会治安的综合治理。

全国法院行政审判工作研讨会

全国法院行政审判工作研讨会于1989年7月24日至8月15日在山东威海召开。这是建国以来法院系统第一次召开的行政审判研讨会。会议的中心议题是：认真学习《中华人民共和国行政诉讼法》，进一步明确开展行政审判工作的指导思想，共同探讨行政诉讼法学中的一些学术理论问题和审判实践中存在的一些实际问题，以及开展《行政诉讼法》试点工作的措施，为全面贯彻实施《行政诉讼法》做好准备。参加这次研讨会的，有来自全国30个高级人民法院和部分中级法院、基层法院的行政审判干部，以及部分高级法院主管行政审判工作的负责人共179人。会议期间，最高人民法院副院长马原到会并讲了话，最高人民法院行政审判庭庭长黄杰作了总结报告。全国人大常委会法工委、最高法院以及部分政法院系的专家、教授还应邀讲授了《行政诉讼法》的有关问题。

会议认为，行政审判工作是宪法和法律赋予人民法院的一项新的职能。建立行政诉讼制度，是我国社会主义民主和法制建设的一个重要步骤。要不要建立和发展行政诉讼制度，要不要开展和加强行政审判工作，是关系到要不要发展社会主义民主和健全社会主义法制的问题；它对于保障改革开放所需要的稳定的政治环境，协调"官"民关系，维护安定团结的政治局面，保护公民、法人和其他组织的合法权益，监督和维护行政机关依法行使行政职权，消除腐败现象，促进政府行政行为的规范化，都具有十分深远的意义。

会议认为，经过各级法院的努力，我国的行政审判工作已经取得了重要进展。有67.6%的法院已经建立了行政审判庭，并配备了数千名行政审判人员。各地法院在行政审判业务建设和行政审判人员的培训，行政案件的审判，协助行政机关和权力机关拟定行政性的规范文件，加强同行政机关的联系，促进行政机关改善执法工作，开展行政法制宣传等方面作了大量工作，为贯彻实施行政诉讼法打下了一定的基础。实践证明：要开创行政审判工作的局面，必须坚持积极慎重的方针。要使行政审判工作发挥其应有的作用，必须坚持"两点论"，即既要注意保护公民、法人或其他组织的合法权益，又要注意教育和引导他们自觉遵守法律，自觉履行行政法上的义务；既要依法对行政机关进行司法监督，又要维护行政机关依法行使行政职权，既要留心行政管理相对人一方的实际状况和要求，又要注意国家行政管理的大局；既要严肃执法，刚正不阿，又要注意协调与行政机关的关系；既要坚持独立审判，敢于排除干扰，又要充分利用有利于严肃执法的各方面的积极因素；既要严格依法办案，又要注意审判艺术。要使裁判经得起历史的检验，必须在事实和法律上狠下功夫。要充分发挥行政审判的社会效果，必须正确处理法庭内的工作和法庭外的工作的关系。

会议认为，当前行政审判面临的主要问题是：行政审判力量和行政审判人员的素质与行政审判所面临的任务不相适应；人们对行政诉讼还不熟悉、不习惯，告状难的问题在一些地方严重存在；个别地方存在执法不严的情况；有些行政诉讼程序问题和行政实体法方面的问题还没有得到妥善解决。在《行政诉讼法》实施前的这一阶段，人民法院行政审判工作的中心任务是：在积极、稳妥地开展行政审判工作的同时，为全面贯彻《行政诉讼法》作好充分准备。会议要求，各级法院要增强行政审判工作的责任感和使命感；加快建庭步伐，充实审判人员；加强业务建设，提高审判人员的素质；认真开展实施《行政诉讼法》的试点工作；开展多侧面的工作，创造全面贯彻《行政诉讼法》的良好的外部环境。

会议还重点讨论了实施《行政诉讼法》试点问题。会议要求：被选择作为最高法院试点单位的广东、四川、河南、天津四个省、市高级法院作为试点单位以外，应当再选择若干个中级法院和基层法院进行试点。未被确定为最高人民法院试点单位的各高级人民法院，也可以在本辖区内选择少数基础较好的基层法院和中级法院作为本院的试点单位。在权力机关、行政机关、法院三方面的意见一致时，可以按照《行政诉讼法》所规定的受案范围试点。开展实施《行政诉讼法》的试点，不能影响当事人的实体权利，凡是《行政诉讼法》中直接涉及当事人实体权利的部分，在《行政诉讼法》生效前，原则上不能适用。一定要处理好审判机关同其他国家机关的职权关系；要注意及时发现问题，揭露矛盾，总结经验；要注意处理好点与面的关系，注意争取各方面的协作和支持。

全国八省处理刑事申诉上访老户工作座谈会

最高人民法院于1989年8月6日至10日在辽宁省丹东市召开八省处理刑事申诉上访老户工作座谈会。参加会议的有辽宁、吉林、黑龙江、河北、河南、山东、安徽、江苏八省高级人民法院告诉申诉庭、刑二（三）庭庭长（或副庭长）。辽宁省高级人民法院张焕文院长、丹东市中级人民法院李凌奎院长也参加了会议。最高人民法院告诉申诉庭李玉成庭长和刑二庭宋雅亭庭长主持会议，并分别就上访老户工作情况、存在的问题、今后工作意见以及如何进一步做好刑事申诉工作等问题发了言，最高人民法院祝铭山副院长到会讲了话。

这次会议交流了近年来处理刑事上访老户和加强刑事申诉工作的经验，对八省当年滞留在北京或经常赴京上访的刑事申诉老户逐案进行了研究，交换、协商了处理意见，同时还讨论了最高人民法院起草的《关于刑事再审案件开庭审理程序的意见（稿）》。会上最高人民法院向八省交办了72件赴京刑事上访老户案件，并要求各地力争在三个月内结案，至迟必须在年底处理完毕。与会代表纷纷表示：一定要按规定期限及时把交办的老户案件查处上报，把会议精神认真贯彻落实到所属各级法院。这次会议的主要收获是：

一、总结了八省法院系统几年来处理刑事申诉工作的主要成绩

会议一致认为：处理刑事申诉及上访老户工作，八省法院的领导是重视的，有的省高级法院领导亲自抓案子，带着案子下基层，不少中级、基层法院领导亲自处理疑难案件，真正把处理刑事申诉作为刑事审判的一项重要工作来抓，有研究，有部署，有检查。由于各级人民法院的共同努力，处理刑事申诉及上访老户工作，取得了明显成绩，刑事申诉中的上访老户人数逐年下降。1985年8月最高人民法院召开八省、区处理上访老户座谈会时，进京上访老户是152户，到这次会议时已降为72户，减少了一半以上。

二、分析了上访老户形成的原因，明确了进一步做好刑事申诉工作的现实意义及其长期性

会议认为：当前刑事申诉中的上访老户虽有减少，但仍有相当数量老户的问题没有解决，八省进京上访老户人数仍占全国的大多数，据1989年上半年统计，八省进京刑事

上访老户的人数，占赴京上访老户总人数的70%，其他22个省、区、市仅占30%。这些老户中，有的申诉多年，牵涉的问题较多，涉及的范围也宽，工作难度很大；即使现有的老户解决了，还可能产生新的老户。会议认为，上访多少，原因很复杂，是多种因素决定的。人口多、案子多的大省，上访自然就多；交通方便的地方到京上访就很容易；还和历史状况有关系，有些地方历史遗留问题很多，尚未完全解决，就引起上访相应增多；另外，上访人数多少，同经济、文化的发展程度和民风民俗也有一定关系。上述这些都是客观原因。此外，有一点也应当承认：这就是上访人数多少，同当地法院的主观努力也有关系，与原判的质量和现在处理申诉的工作质量都有一定的关系。如果原判的质量很高，工作做得很细，申诉上访自然会少；如果对申诉处理很及时，很妥善，就不会形成老户。会议指出有少数同志在落实政策的任务完成以后，认为刑事申诉、再审案件少了，任务不那么艰巨繁重了，对这项工作过问少了，出现了削弱力量的现象。

针对上述现象，会议重申并明确了刑事申诉工作的重要性和长期性。强调刑事申诉工作是刑事审判工作的一个重要组成部分，只要有刑事审判工作，肯定就有刑事申诉，肯定就有刑事再审，这是一项长期的不可缺少的重要工作。所认要解决刑事申诉多的问题，必须经过长期的努力。当前直至今后很长时期内，对刑事申诉工作一点也不能放松，不然，一批老户解决了，还会出现更多的新的老户，就难以摆脱被动状态。

三、重申、强调了分级负责处理刑事申诉的原则以及“抓案件、抓结果、抓落实”的要求

最高人民法院已经发了两个文件：一是1987年发的关于处理刑事案件申诉的暂行规定，一是1989年下发的关于处理民事、经济纠纷案件申诉的暂行规定。对这两个文件，各级人民法院都要认真贯彻执行，上级法院要起好带头作用和监督、指导作用。会议认为：分级负责哪一级都重要，而其中基层法院这一级最重要。提出刑事申诉的案件，大量的是基层法院判处的，基层法院真正负起责任来，把申诉人稳定在当地，把问题解决在基层，就解决了越级上访申诉的问题。有的基层法院工作特别认真负责，凡本院判处的案件的申诉，一律采取一包到底的办法，并向申诉人宣布，这个案子我院负责审查，在一定时期内答复，长期坚持这样做，那里多年没有上访申诉的。有的申诉人对有些基层法院有不信任感，如果基层法院都能采取包下来的办法，并及时答复当事人，他们的不信任感就会消除。中级法院这一层也很重要，因为中级法院处理三大刑事案件，基层法院一审判决后的上诉、抗诉案件。高级法院告申庭、刑二庭抓案子是对的，同时要花相当多的精力抓好对下级法院刑事申诉工作的监督和指导。

会议认为，处理刑事申诉要抓案件，抓结果，抓落实。从审查情况看，刑事上访老户少数有理，多数无理。抓案件，尤其要强调狠抓申诉无理维持原判的案件，这是刑事申诉案件的多数。实际工作中对这部分案件往往不够重视，处理上往往简单、草率、出个驳回通知书或者口头驳回就算完成了任务。实际上恰恰是这部分案件的当事人长期困扰、纠缠着我们法院。对这些案件，要强调一件件做息诉服判工作，如果这部分刑事申诉解决了，就解决了大多数。抓结果，就是要求从法律上、从根本上解决实体问题，把当事人问题解决在基层。该改判的案件一定要改，不该留尾巴的一定不留。有时改判判决书中几句话表达不合适，申诉人就长期缠着、拖着我们。还有改判案子要慎重，不该改的坚决不改，有些案子就是由于改得不慎重，改了以后引起另一方长期申诉，有的不得已又改回去。抓落实，就是不仅要真正彻底解决实际问题，还要有好的社会效果，依法改判的也好，维持原判的也好，都要做好

善后工作和息诉服判工作，并注重扩大社会效果，做到处理一件，影响一片。

四、要完善和坚持有关处理刑事申诉的各项制度

各地都相继制定了一些制度，有多有少，有成功的，也有效果不够理想的。会议认为，应当根据近年来刑事申诉工作的实践经验，注意总结，不断加工、完善和提高已经制定的制度，使处理刑事申诉工作制度化、完善化，只有完善起来，才便于执行，便于检查，便于落实。有的地方实行领导带头、专人包案，高级、中级、基层法院领导包上访老户案件，限期完成任务，这是个行之有效的好方法。有的法院对处理刑事申诉的办案时限作了规定，还有新访当天接待，新信一周内办出等制度，执行起来也很有成效。对几年来形成的交办案件查报制度、定期催办制度要继续坚持下去。最高人民法院一直坚持这么做，对一些重点申诉案件，发函要求有关高、中级法院查处并在三个月内报告结果，而且按期催办，这个办法执行得好，效果也不错，从而起到一定的监督、督促作用。对已经建立的好的刑事申诉制度，一方面要认真执行，一方面要不断补充和完善，以提高刑事申诉工作的效率和质量。

五、要抓好治本，提高一、二审案件的办案质量

会议认为：解决刑事申诉多、上访老户多的根本出路，在于提高一、二审的办案质量。各级法院在审理现行一、二审案件时就要想到今后的申诉及再审问题。本来，案子经过一审、二审（即终审）应该结束了，因为工作没做好，确实在认定事实上、适用法律上有错误，或者未向当事人摆事实，讲理由，讲法律，申诉、再审量就会增多，工作量即增加了一、两倍甚至还多，在时间、人力和精力上是一个很大的浪费。如果我们把一二审案件处理得好，以事实、理由和法律政策将当事人的答辩理由或上诉理由驳倒，解决他们的服判息诉问题，再加上初信初访工作做得好，减少重信重访，刑事申诉自然就少了，上访老户也会随之下降。所以釜底抽薪的办法即治本的办法就是把一二审质量真正搞上去。

与会代表一致认为，这次会议开得很成功，给大家增强了信心，鼓足了干劲，一定要再接再厉，把处理刑事申诉及上访老户工作一如既往、卓有成效地抓下去，抓出更大成效来。

全国法院系统首届学术讨论会

中国高级法官培训中心和全国法院干部业余法律大学联合举办的首届学术讨论会，于1989年8月26日至28日在京举行。来自全国各级法院的90多名干部和一些高校的教授、副教授、博士生、硕士生济济一堂，共同探讨人民法院在坚持四项基本原则和改革开放的形势下面临的新情况、新问题。

法院系统举办学术讨论会，建国40年以来还是首次，它对于全面深入学习、贯彻党的十三届四中全会精神和邓小平同志的重要讲话，肃清资产阶级自由化在法学领域和司法工作中的影响；深入研究法院在改革开放形势下面临的新情况、新问题；倡导在法院内开展理论研究的风气；激发业大教师、学员进行教学、办案、科研三结合，提高审判人员的法学理论和专业知识水平，都具有重大的现实意义。各级法院领导都很重视这次讨论会，积极落实论文的撰写工作，闽、沪、广、京、辽等省市还先行召开了本地区的学术讨论会，并选送了一批具有较高水平的论

文。与此同时，各法律业大也组织教师和学员写出了一批论文。中国高级法官培训中心进修部首届学员结合学习和调查研究，写出了不少具有相当水平的论文。据统计，参加这次学术讨论会的论文作者五分之二是业大各级办学机构的专、兼职教师或曾任过课的法院干部。更令人高兴的是，有11名85级、86级学员也参加了讨论会。这证明，业大辅导教师队伍通过教学、办案、科研三结合，已初见成效。学员们通过学习法学理论，总结经验，探讨问题的自觉性和主动性也普遍增强。

这次讨论会收到各类论文共332篇，经过论文评选委员会的民主审定，从中评选出99篇作为这次学术讨论会的论文，其中，优秀论文17篇。

在讨论会上，与会同志畅谈了如何坚持四项基本原则，旗帜鲜明地批判资产阶级自由化在法学领域的错误观点。大家提出，这几年法学界有的只讲法的社会性，不讲法的阶级性；只讲法律管理社会的功能，不讲法律对敌专政的作用；把人民民主专政对立起来，把社会主义民主与社会主义法制对立起来，否定依法从重从快方针；鼓吹资产阶级的司法独立，否定党对司法工作的领导；等等。大家认为，所有这一切都需要用党的四中全会精神去很好地清理和反思。

这次学术讨论会开得紧凑、热烈。在坚持四项基本原则的前提下，自始至终贯彻党的“双百”方针，鼓励大家敢于在学术观点上有所创新，在经验总结上有所突破。会上各种不同的学术观点都得到了平等发表的机会，充分体现了学术民主和科学探讨的精神。一些应邀与会的法学教授高度评价这次学术讨论会。他们认为，这批论文认真贯彻了理论联系实际的原则，从理论与实践的结合上阐明了一些问题，有一定的理论深度，又有较大的实用价值。不少论文课题新，勇于探讨审判工作中提出的新情况、新问题，有的提出了一些言之成理、论之成据的新观点，使理论富有生气，充满活力，无论对于我国的立法，司法还是法学的研究的发展、完善方面，都具有一定的参考价值。

最高人民法院院长任建新、副院长华联奎、祝铭山出席了学术讨论会的闭幕式。任院长在会上作了重要讲话。中国法学会常务副会长朱剑明，中国检察学会副会长梁国庆，中国社科院法学所所长王家福，最高人民法院咨委会主任王怀安和法学教授鲁明健、高铭暄、佟柔、孙国华、赵震江等应邀参加了会议。

法律业大第四次工作会议

法律业大第四次工作会议于1989年8月29日至9月1日在京举行。参加会议的有各省、自治区、直辖市法律业大分校和中国人民解放军法律业大分校的专职副校长。会议由最高人民法院教育厅厅长、法律业大副校长陈肇彬主持。最高人民法院副院长兼法律业大常务副校长祝铭山、中国高级法官培训中心委员兼法律业大副校长单长宗、法律业大教务长方光成、副秘书长王世民、最高人民法院教育厅李德仁副厅长等出席了会议。北京市成人教育局高教处何祥生处长应邀参加了会议并讲了话。

这次会议的中心议题是：认真贯彻中发(1989)4号文件，加强领导，全面提高办学水平，把业大进一步办成培养人民法官的坚强阵地。

与会同志回顾了从1985年以来四年办学的历程，认为从办学伊始最高人民法院领导就明确提出必须坚持四项基本原则，把坚持"质量第一"和"理论紧密联系中国实际""培养四有人才"等列为办学宗旨，我校的办学方向、办学指导思想是符合中央4号文件精神的。在这次学潮、动乱、反革命暴乱中，我校广大教职员和学员立场坚定，旗帜鲜明，坚持学习、坚守工作岗位和职责，是经受住了严峻的考验，表现是好的。大家对照中央指示的要求也反思了工作中的不足，总结了经验教训，普遍感到，近一个时期以来政治思想工作有所放松，特别是对青年教师的政治思想教育和学员的政治理论课的学习抓得不够有力，存在着重业务课，轻政治理论课的倾向。大家认为，88年以来学员成份有了新的变化，年轻人大量增加，但对他们进行明确学习目的、端正学习态度等教育针对性不够，抓得不紧。少数地方的法院领导对办学有松动情绪……这些都需要认真加以解决。

会上交流了上海、北京、安徽、江苏、福建、四川等分校在贯彻中央4号文件、加强教师队伍建设、加强学校教学行政人员队伍建设、加强专业证书教育管理和加强学员学籍管理工作等方面的经验。会议就法律业大总校提出的《关于学员学籍管理规定》（修订草案）和《关于加强教学行政人员队伍建设若干问题的规定》（征求意见稿）认真进行了讨论，提出了许多重要修改建议。

会议最后由祝铭山同志做了总结。

部分省、市法院刑事审判工作会议

1989年10月7日至11日，最高人民法院在河北省涿州市召开了部分省、市法院刑事审判工作会议。参加会议的有北京、上海、天津、河北、山东、湖南、湖北、广东、浙江、江苏、河南、四川、辽宁、黑龙江、陕西等15个省、市高级人民法院主管刑事审判工作的院长或副院长、最高人民法院刑一庭、刑二庭和研究室的负责人。会议由最高人民法院林准副院长主持。会议结束时，最高人民法院任建新院长到会讲了话。

这次会议是在北京平息反革命暴乱和各地制止政治动乱取得决定性胜利，人民法院正在或将要审判一批在"暴乱"和"动乱"中发生的案件，各地正在贯彻执行"两高《通告》，人民法院的刑事审判工作面临时间紧、任务重，有不少新情况、新问题需要认真研究、解决的情况下召开的。

会议学习了中共中央总书记江泽民在首都各界群众庆祝中华人民共和国成立四十周年大会上的重要讲话；传达了中央政法领导小组召开的清查工作座谈会的精神；交流了贯彻执行"两高"《通告》、审理反革命暴乱和政治动乱中犯罪案件的情况和经验；研究了面对当前严峻的治安形势，如何进一步贯彻依法从重从快的方针，继续严厉打击严重危害社会治安的犯罪分子的问题。同时，会议还讨论了最高人民法院、最高人民检察院《对具体执行〈关于惩治贪污罪贿赂罪的补充规定〉中若干问题的解答》、"两高"和公安部《对各地提出的有关处理暴乱、动乱的一些政策法律问题的意见》，以及"两高"《关于办理反革命暴乱和政治动乱中犯罪案件具体应用法律的若干问题的补充意见》等适用法律的文件的征求意见稿。

会议主要研究了以下问题：

一、回顾了前一段的刑事审判工作。会议认为，1989年的刑事审判工作任务是非常繁重的。在北京平息反革命暴乱、各地制止动乱以后，人民法院又承担起审理暴乱和动乱中犯罪案件的任务。审理暴乱和动乱的案件难度比较大，各地人民法院都把它当作一项重大任务全力以赴地办好。全国法院审理了一批在暴乱和动乱中犯有打砸抢烧杀的罪犯，有力地促进了清查工作的开展。8月15日，最高人民法院、最高人民检察院发布了《关于贪污、受贿、投机倒把等犯罪分子必须在限期内自首坦白的通告》之后，各级人民法院积极贯彻《通告》精神，通过各种宣传媒介，进行广泛宣传，促使经济犯罪分子投案自首。据参加会议的14个省、市高级人民法院的统计，从《通告》发布到9月30日，已经受理检察机关起诉的经济犯罪案件1284件，召开不同规模的宣判大会279次，宣判案件497件，判处案犯601人。其中，从宽判处262人；从严判处136人。有力地推动了反贪污、反贿赂的斗争。

二、会议分析了今冬明春刑事审判工作的形势和任务。"两高"《通告》发布以来，全国各地已经有1万余名贪污、受贿、投机倒把等经济犯罪分子投案自首。人民法院受理的经济犯罪案件比以往有了大幅度的上升。今冬明春的经济审判工作任务将是极其繁重的。

在北京反革命暴乱和各地政治动乱期间发生的犯罪案件，特别是其中的反革命案件，经过公安、检察机关几个月来的加紧审查，也将陆续起诉到人民法院。由于这部分案件的情况十分复杂，社会影响大，政策性很强，审理这部分案件也要花费很大的力量。

当前，治安形势仍然相当严峻。各地严重刑事犯罪案件大幅度上升，杀人、抢劫、流氓、拐卖人口等犯罪案件成倍增长。这些案件有的已经或者将陆续起诉到各级人民法院，可以预见，审判任务将十分繁重。

三、会议要求继续贯彻执行"两高"《通告》。会议指出，现在离《通告》规定的到10月31日为止的限期还有半个多月。为了能在这段时间内，促使更多的贪污、受贿、投机倒把等经济犯罪分子投案自首，在审判工作中正确掌握从宽处理的幅度，急需做好以下几项工作：

(一)抓紧召开一次或几次体现宽严政策的宣判大会。

(二)抓紧审判大案要案。对一些有代表性的、能够在一地或者某一方面引起震动的大案要案，主动了解案情，争取在10月中、下旬及时审结一批大案要案和从宽从严的典型案件，特别是那些已经受理的企事业单位、机关、团体进行投机倒把的案件。

(三)正确掌握《通告》从宽处理的幅度，应明确的几个政策界限。

1. 对个人贪污、受贿情节特别严重，罪该判处死刑的，在《通告》规定的期限内投案自首，积极退赃或者有立功表现的，不论数额多大，均可以从轻或者减轻处罚，一律不判处死刑(包括死缓)。但是，也一律不能判处免予刑事处分。

个人贪污、受贿数额在10万元以上的，即使投案自首、全部退赃或者有立功表现，也一律不能判处免予刑事处分。

2. 个人贪污、受贿数额有5万元以上，应当判处重刑的，符合《通告》第二条规定的条件，一般只能从轻、减轻处罚，不能免予刑事处分。只有在限期内主动投案自首，退出全部赃款，没有给国家或者集体利益造成重大损失，同时有立功表现的，才可以考虑免予刑事处分。

3. 个人贪污、受贿数额在1万元以上不满5万元，符合《通告》第二条规定条件的，可以从轻、减轻处罚或者免予刑事处分。

4. 个人贪污、受贿数额在2000元以上的，已构成犯罪。个人贪污、受贿数额在2000元以上不满1万元的，即使被告人在《通告》规定的期限内投案自首，积极退赃或者有立功表现，也不能作无罪处理。符合条件的，可以免予刑事处分。

5. 从宽处理上述案件，掌握从宽幅度时，要注意把确属主动投案自首的，与采取强制措施后坦白交待罪行的加以区别；把积极退赃的与不积极退赃的、全部退赃的与部分退赃的加以区别；把有立功表现的与没有立功表现的以及立功的大与小加以区别；把是否给国家、集体利益造成损失和造成损失的小与大等加以区别。前者，从宽的幅度可以大一些；后者，从宽的幅度就要小一些。

6. 按照《通告》规定的精神，可以多适用一些缓刑，但必须符合刑法规定的条件。对以下情况，判处缓刑需要加以控制：(1) 犯罪数额在5万元以上，情节特别严重，罪该判处死刑的，不能判处缓刑；(2) 犯罪数额在5万元以上10万元以下，属于采取强制措施后坦白交待的，不宜判处缓刑；(3) 犯罪数额在10万元以上，虽主动投案自首，一般也不能判处缓刑；(4) 贪污、受贿给国家、集体利益造成重大损失的，判处缓刑应当从严掌握。

7. 对于重大贪污、受贿、投机倒把等犯罪分子，特别是他们当中不积极退赃的，虽然在主刑上可以从宽判处，但只要法律规定了并处没收财产的附加刑的，就应当判处没收部分或者全部财产的附加刑。

对于犯罪分子利用贪污、受贿款物从事经营、牟利活动的，在判决时，还要注意依法追缴非法所得，不能让犯罪分子在经济上占到便宜。

(四) 必须保证办案质量。人民法院办理每一起案件，都要经得起历史的检验。如果案件的事实、证据没有完全查证清楚，不能单纯为了赶宣判大会进度或者别的什么原因而草率审理或公开宣判，那样可能会造成失误，社会效果反倒不好。

(五)《通告》的期限不再延长。《通告》规定的期限届满后，司法机关受理的经济犯罪案件，要继续贯彻过去一贯采取的从严惩处的方针。当然，对投案自首的案件，只要符合刑法第63条规定的，仍然要依法从轻、减轻处罚，有的还要依法免予刑事处分。但是，掌握从宽处理的幅度不能再像《通告》规定的那样大。

四、会议强调要认真、慎重地审理好暴乱和动乱案件。会议提出了两个值得注意的问题。

(一) 慎重办理反革命犯罪案件。要特别注意严格区分两类不同性质的矛盾，严格区别罪与非罪的界限，严格区别反革命犯罪与普通刑事犯罪的界限。坚持实事求是的原则，依法构成反革命罪的，就定反革命罪，以反革命罪判处；不构成反革命罪的，比如由于因一时一事不满，而发表错误言论或者过激言词的，就不定反革命宣传煽动罪。认定未成年人犯反革命罪，要十分慎重，一般不宜定反革命罪。审理暴乱和动乱中的犯罪案件，尤其要经得起历史的检验。

(二) 凡依法应当公开审理的案件，开庭前一定精心组织，精心准备。通过开庭审理，真正达到揭露被告人制造动乱和进行反革命暴乱的本质，使犯罪分子认罪服法，广大群众受到教育的目的。同时，对于庭审中任何违犯法庭规则的现象，都要及时、坚决地予以制止。

五、会议强调必须毫不放松地继续严厉打击严重刑事犯罪活动。会议分析了今年法院受理的刑事犯罪案件，有以下共同特点：一是刑事犯罪案件猛增，特别是重大刑事犯罪案件上升幅度更大；二是杀人、重大盗窃、抢劫、破坏电力、通讯设备、投毒、爆炸等严重犯罪案件持续上升；三是不少地方出现特别重大的恶性犯罪案件；四是青少年犯罪绝对数大幅度上升，在罪犯总数中所占比重继续增加，等等。因此，必须继续坚决贯彻依法从重从快惩处的方针，给严重危害社会治安的犯罪分子更有力的打击。

会议根据10月下旬至明年春节前后，在全国开展一次全面扫除“六害”的统一行动，要求各级人民法院积极配合。对于查获的构成犯罪的案件，起诉以后，要及时审理，尽快公开宣判一批，以推动统一行动的深入开展。

亚太地区版权审判培训班

1989年10月30日至11月3日，最高人民法院、国家版权局和联合国世界知识产权组织，在北京联合举办了“亚太地区版权审判培训班”。

参加这次地区版权审判培训班的中外学员共计150余人。其中，来自孟加拉国、朝鲜民主主义人民共和国、斐济、印度、印度尼西亚、马来西亚、蒙古、巴基斯坦、菲律宾、南朝鲜、新加坡、斯里兰卡、泰国、越南14个国家和地区的法官、律师和版权专家等17人；来自全国各省、自治区、直辖市（除西藏、青海）法院系统的学员69人，版权系统的学员45人；来自国家有关部委、在京法律院系、科研单位以及最高人民法院部分庭室的人员共20余人。

10月30日上午，培训班在国家版权局宋木文局长主持下举行了简短的开幕式。最高人民法院院长任建新、联合国世界知识产权组织总干事鲍格胥博士出席了开幕式并先后讲了话。出席开幕式的还有：最高人民法院副院长马原、全国人大法律委员会副主任顾明、国务院法制局局长孙琬钟等。任建新院长在讲话中说，通过这次版权审判培训班，必将进一步发展我国审判和版权机关同世界知识产权组织的友好合作关系，加强亚太国家和地区版权审判工作经验的相互交流，推动各国版权审判工作的进一步向前发展。任建新院长在谈到我国人民法院的版权审判工作情况时强调指出，随着我国社会主义法制的逐步完备，尤其是在《中华人民共和国民法通则》颁布实施后，版权审判又有了新的发展，版权纠纷和案件也逐年有所上升。通过对这些纠纷和案件的合理解决和公正处理，保护了版权所有人的合法权益，促进了科学文化事业的发展，也积累了一些有益的经验。鲍格胥总干事对我国多方面的合作，对培训班的良好组织工作表示感谢。他认为，中国政府在几个方面为未来版权法的实施做好准备，让中国的法官为法院处理版权案件做好准备，显示了中国的远见和谨慎。

10月30日和31日的两天授课中，WIPO版权和公共信息部主任亨利·奥尔松先生作了题为《国内法与国际法对版权的保护》的专题报告。瑞典斯德哥尔摩斯维上诉法院院长本特·尼尔松先生、律师皮特·达诺斯基先生、克里斯蒂娜·斯滕·桑德伯格检察长和美国费城地区法官罗伯特·高司罗普先生、华盛顿美利坚大学教授皮特·詹西先生、芬尼根·亨德森律师事务所亚瑟·列文先生，分别介绍了瑞典和美国的司法制度、版权保护、法院版权诉讼程序，并针对中外学员提出的问题进行了认真的解答。11月2日至3日，瑞典和美国的版权专家还选取了两个版权案例，进行了两场模拟审判和讲解。

培训班于3日下午举行了闭幕式。最高人民法院副院长马原作了总结发言。她指出，这次版权审判培训班取得了预期的效果，获得了圆满的成功。

这次地区版权审判培训班，是继1982年5月北京版权培训班和1985年11月南京版权培训班之后，由世界知识产权组织支持在我国举办的第三个版权培训班。这次培训班是由最高人民法院参加联合主办，并以版权审判为中心内容。培训的对象主要是国内外的法官、律师和版权管理干部；培训的方式采取了理论讲授与实际示范相结合，既有专题报告，又有模拟审判；既讲法律，又讲案例；既按课文讲授，又即席答问。内容丰富，形式多样，在广度和深度方面，都有所创新和发展。

通过培训，学员们对版权保护的一般原理有了进一步的理解；较为全面、系统地了解了美国、瑞典的司法制度、版权保护和版权诉讼程序的一般情况；交流了经验，探讨了问题，开阔了眼界，增长了知识，加深了友谊。普遍反映，这次培训对于加强我国的版权保护和审判实践，有一定的参考价值。

特别应当指出的是，这次培训班是我国平息北京发生的反革命暴乱之后，在北京举行的一次有较多国家参加的国际性活动。通过培训班的活动，不仅不同国家的同行之间交流了经验，探讨了问题，更重要的是通过实地观察，外国朋友们亲眼目睹了我国安定团结、改革开放的新形势。许多外国朋友反映："这次培训班办得很成功"，是"世界知识产权组织在许多国家举办类似培训班中组织得最好的一次"，这次培训班的接待工作"热情、友好"。有的外国朋友还称赞"中国的社会稳定，比美国的社会安全多了"。有的还表示，"下次要带更多的人和资料到中国来"。这次培训班的意义和政治影响是深远的。

全国民事审判工作座谈会

1989年11月4日至6日，最高人民法院在北京召开了全国民事审判工作座谈会。出席会的有：全国27个省、自治区、直辖市高级人民法院和部分中级人民法院的民庭庭长、副庭长和最高人民法院部分庭、室的审判人员和研究人员。会议主要是交流民事审判工作的经验，研究存在的问题，安排1990年民事审判工作任务。会议期间最高人民法院任建新院长、马原副院长讲了话。

会议认为，自1984年第四次全国民事审判工作会议以来，全国民事审判工作有了很大发展，尤其是在贯彻民法通则，贯彻民事诉讼法，改进审判方式，完善诉讼制度方面，取得了很大成绩，积累了丰富的经验，审判作风和办案质量都有明显改进和提高。整个民事审判工作正朝着正规化、规范化的方向发展。

会议总结了民事审判工作的经验有四条：一是坚持民事审判工作为"一个中心、两个基本点"服务的方向。会议认为，为了更好地坚持这个方向，审判人员必须增强改革意识，对民事审判工作中出现的新情况、新问题进行深入的调查研究，不断总结新经验，解决新问题，充分认识和发挥民事审判工作对稳定社会、调节社会各种利益冲突，保护民事合法权益，促进经济建设的作用。二是坚持不断完善民事诉讼制度，改进审判方式方法，努力提高办案质量和办案效率。会议充分肯定了近年来不少法院在加强当事人举证责任，搞好公开审判，建立一些新的诉讼制度，对提高办案质量和办案效率，实现民事审判工作正规化、规范化，扭转民事审判工作被动局面等方面所起的积极作用。要求各级法院对这些经验要认真总结、推广，使其不断丰富和完善。三是坚持抓好基层基础工作，加强人民法庭建设，把好办案质量关。会议认为，第一审民事案件80%是人民法庭审理的，只有人民法庭的审判工作做好了，一审案件办好了，民事审判工作才有扎实的基础，才能争取主动，打开新的局面。因此，各级人民法院都要注意切实抓好人民法庭建设，努力为人民法庭创造一个良好的执法环境。四是坚持努力提高民事审判干部的政治、业务素质。会议强调指出，只有审判人员政治素质好，业务素质高，才能高质量、高效率地完成日益繁重的审判任务。会议认为，民事审判工作涉及面广，政策性强，案件数量多，上升幅度大，情况复杂，因此要求每一个民事审判人员不但要熟悉法律、懂得法理，还要有相应的社会知识，并会做群众工作和思想工作，特别要有全心全意为人民服务的思想。现在这样一支队伍正在形成。

会议还提出了要解决 民事审判工作中八个方面的关系问题

一、关于保证办案质量和提高办案效率的关系问题。会议认为，第四次全国民事审判工作会议提出的衡量办案质量的标准，是符合实际的，应当继续坚持。近年来，各地法院对进一步提高办案质量和办案效率提出了不少改进措施，比如对办案质量进行评查的制度，对重大疑难案件开研讨会，以及搞好岗位责任制度等等，是好的，应当坚持下去，并认真总结，不断完善。今后还要从完善诉讼制度，改进审判方式方法，调配好审判力量，提高人员素质等方面去创造保证办案质量，提高办案效率的条件。会议指出，在提高办案效率方面，应注意不要把办案数量绝对化，甚至不切实际地规定办案指标，并以此作为衡量工作好坏的唯一标准。只有把办案质量和办案效率统一起来，民事审判工作才能沿着法制的轨道健康发展。

二、关于加强当事人举证责任和办案查证的关系问题。会议认为，近两年来，各地法院都注意了加强当事人的举证责任，有的已经在辖区内普遍推广，有的还在试点，发展虽不平衡，但都已积累了一定经验，取得了好的效果，应当继续坚持下去，不断完善，使之制度化、法律化。会议认为，当前需要注意的问题是：在强调当事人负有举证责任的同时，不能放弃甚至否定人民法院对证据的调查收集工作，要防止把加强当事人的举证责任，作为减少法院收案的“关卡”，甚至作为解决案件多，审判力量不足的唯一途径，致使该受理的案件不受理，造成当事人投诉无门。在加强当事人的举证责任的同时，还要注意把原告有无起诉权和能否胜诉区别开来，把起诉时应当由原告提供的证据和原告为了胜诉而应当提供的证据区别开来。原告起诉时不是非提交直接证据，或者非有书证、物证法院才予受理。加强当事人的举证责任，虽然是对当事人滥用诉权和乱告状的一种限制，但不是否定人民法院对证据的调查和收集，比如对那些当事人取证有困难的重要证据，对双方当事人之间所提证据相互有矛盾的，对某些重要的证据线索，以及现场勘验等，法院都应当进行调查收集。

三、关于判决与调解的关系问题。会议认为，经过人民法院审理的民事案件，是以调解方式结案，还是以判决方式结案，要根据案件的具体情况，能调解解决的，要争取调解解决，需要判决的就用判决方式结案，从实际出发，依法办案。但由于民事案件是当事人之间的权益之争，当事人对自已的民事权利和诉讼权利有权依法自由处分，而调解结案可以简化诉讼程序，有利于团结和社会安定，有利于解决某些实际问题。因此，要提倡多做思想工作、法制宣传工作和群众工作，促进当事人在平等协商，互谅互让，和睦团结的基础上达成调解协议。对于那些能够用调解方式结案的案件，应当尽可能调解解决。不能把在调解过程中或调解解决的案件，出现某些偏差或失误，都归结为调解制度上的问题，从而从根本上否定调解制度的必要性和可行性，因此，一方面要防止以调解结案率的高低来作为衡量办案质量好坏的唯一标准，久调不决，甚至违法，强迫调解；另一方面也要防止否定着重调解的诉讼法原则，不做细致的工作，简单从事，一判了之。

四、关于便利群众进行诉讼和便利法院办案的关系问题。会议认为，“两便”原则是民事诉讼法（试行）的基本原则，必须坚持。从法院审判工作来说，要不断改进审判作风，完善诉讼制度，制定一些便利群众进行诉讼的规章制度，以解决当事人投诉无门，案件久拖不决，增加群众诉累等问题。但是，“两便”原则不只是“官就民”，也不能把巡回就地办案看作是便利群众进行诉讼的唯一途径。人民法庭的建立本身就是为了便利群众进行诉讼，现在不少地方已经建立一批合格的人民法庭，如果审判人员对所有起诉到人民法庭的案件，都要走出法庭去就地巡回审理，弄得法庭“有庙无神”，结果当事人找不到法官，法官又找不到当事人、证人，这就既不便群众诉讼，也不便法院办案，费时费事、徒劳往返，对民事审判工作的正规化、规范化，严格依法办案，对树立民事审判工作的权威性、严肃性均不利。因此，需要在法庭审理的案件，要在法庭审理，需要传唤到庭的当事人、证人，要依法传唤到庭。

五、关于一审法院对案件的裁决权和上级法院的指导、监督关系问题。会议认为，各级人民法院对依法由自己审理的案件，都有权依照法定程序作出裁决，都有责任正确、合法、及时地把案件处理好。但是这不能与上级法院对下级法院的指导监督，对立起来，更不是相互排斥。上级法院可以通过派人下去调查蹲点，共同研究重大疑难案件，举办多种形式的培训班、专题座谈会，开展对案件的评查工作，进行指导。上级法院对下级法院请示的具体案件作出答复，发现确有错误的案件，通过审判监督程序指令再审或提审。上级法院要提高指导、监督的水平，下级法院要依法接受监督。各高级人民法院和最高人民法院要把对下级法院的指导、监督工作作为工作的重点，努力做好。

六、关于运用实体法和运用程序法的关系问题。会议认为，人民法院审判民事案件，必须正确地运用实体法和程序法。程序法是保障实体法正确贯彻实施的。如果在审理案件中不能正确地运用程序法，或者不按诉讼程序办案，就不可能保证案件的正确处理。会议指出，当前有不少审判人员“重实体，轻程序”，甚至错误地认为，诉讼程序只是形式，适用不适用无关紧要，因此，不认真学习、研究和贯彻执行。各地法院评查案件中发现许多案件处理错误，就是没有严格按诉讼法程序办案，这是当前影响办案质量的一个十分突出的问题，必须认真对待和解决。

七、关于合议庭行使权力和庭长履行职责的关系问题。会议认为，合议制是民事诉讼法（试行）的一项基本原则，也是一项基本的诉讼制度。合议庭是合议制的具体审判组织形式，对具体案件行使审判权，根据少数服从多数的原则，对所审理的案件从认定事实，运用法律到最后作出裁决，都应当独立地进行。庭长主管全庭的审判工作，不但有权在审判员中指定合议庭的审判长，和自己参加审判的案件自己担任审判长，履行职责，把案件办好；而且要对全庭审判的所有案件把好质量关，对会议庭决定处理的案件，如有不同意见可以提请合议庭复议，或报请院长提交审判委员会讨论决定。庭长既无权擅自改变合议庭的决定，但也不能把合议庭行使审判权和庭长履行职责对立起来，不能因为加强合议庭的职权而否定或放弃庭长履行职责。

八、关于人民法院独立进行审判和兼听各种意见的关系问题。会议认为，依照法律规定，民事案件的审判权由人民法院统一行使，人民法院对民事案件独立进行审判，不受任何行政机关、团体和个人的干涉。这不仅是一条诉讼法原则，也是一条宪法原则，必须坚持。因此，对来自社会上以及有关部门的各种干扰，必须坚决抵制，不能屈服于任何权势和压力。但是人民法院的审判工作同样要接受各方面的监督，倾听各种意见，有的案件还要主动征求有关方面的意见，取得他们的协助和支持，不能把人民法院独立行使审判权与兼听各种意见对立起来。

刑事再审案件开庭审理程序座谈会

最高人民法院于1989年11月15日至17日在北京召开了有辽宁、吉林、山东、江苏、福建、湖南、四川、广东、广西、宁夏、北京等11个省、自治区、直辖市高级人民法院和部分中级人民法院、基层人民法院有关负责人参加的刑事再审案件开庭审理程序座谈会。会议总结、交流了自1988年4月最高人民法院、最高人民检察院发出《关于公开审理再审案件的通知》以来，刑事再审案件开庭审理的经验，讨论了最高人民法院刑二庭草拟的《关于刑事再审案件开庭审理程序的意见（征求意见稿）》。会议还就刑事申诉问题、刑事再审案件的处理问题交流了情况，交换了意见。祝铭山副院长参加了会议并讲了话。

祝副院长在讲话中充分肯定了一年多来各地人民法院积极开展刑事再审案件公开审理所取得的成绩，着重阐述了刑事再审案件公开审理的重要意义，他指出，刑事再审案件开庭审判是加强社会主义法制的需要。无论是一审、二审、还是按照审判监督程序的再审案件，都要贯彻公开审判这个基本原则。依法办案就要做到依法公开审判。而公开审判的基本活动方式是开庭，只有开庭审理才能很好贯彻公开审判的原则；刑事再审案件开庭审理，也是法院自身建设和改革的需要。开展再审案件开庭审理，不仅是法制建设和审判工作的客观要件，也要法院自身建设和改革要达到的一个重要目标。

会议指出，刑事再审案件开庭审理根本目的在于查明案件事实，确定原审被告人的罪责。开庭审理不是可有可无，也不是自找麻烦。开庭审理便于接受社会各界的监督，保证判决的公正。公开审判的开庭是对社会的公开，是最大限度的透明度；开庭审理有利于对公民进行社会主义法制教育。

会议强调指出，刑事再审案件开庭审理是件很严肃的事情，而且再审案件比较复杂，牵涉的问题比较多，要从实际出发，量力而行，逐步开展。有条件的要积极开庭，没有条件的要努力创造条件。再审开庭要讲究规范化，即严格依照刑诉法的规定进行。不要凑数，不要搞形式主义。同时，要认真总结经验教训，上下共同努力把刑事再审案件的开庭审理工作搞好。

全国经济审判工作座谈会

最高人民法院经济审判庭于1989年12月11日至15日在郑州市召开经济审判工作座谈会。参加会议的有各省、自治区、直辖市高级人民法院和计划单列市、经济特区中级人民法院经济审判庭庭长。这次会议的中心议题是以党的十三届五中全会精神为指导，研究在贯彻执行治理整顿和深化改革方针中急需明确的一些具体问题。与会同志围绕这些问题进行了讨论，并对最高人民法院草拟的《关于贯彻执行企业破产法（试行）若干问题的意见》、《关于审理联营合同纠纷案件若干问题的意见》、《关于审理专利纠纷案件若干问题的意见》、《关于审理商标侵权案件若干问题的意见》和《关于审理企业承包、租赁经营合同纠纷案件若干问题的意见》稿提出了修改意见。会议由最高人民法院经济审判庭庭长孙宗颢主持。最高人民法院审判委员会委员费宗祎参加了会议。最高人民法院副院长华联奎在会议结束时讲了话。

这次会议研究讨论并初步明确了以下问题：

一、关于贯彻执行治理整顿和深化改革方针中急需明确的一些问题的意见

会议认为，为经济建设服务，为改革开放服务，为发展生产力服务，过去是，现在和今后仍然是经济审判工作的指导思想。在近两三年内，要把贯彻执行治理整顿和深化改革的方针作为经济审判工作的重要内容。

(一)关于被清理整顿公司的债务清偿问题。清理整顿公司是整顿经济秩序的重要一环。被清理整顿公司的债权债务，主要应由其上级单位负责清理。但是也会有相当数量的皮包公司或者因为从事违法经营或经营不善、导致严重亏损、资不抵债的公司，被债权人以追索合同欠款等为由提起诉讼。人民法院审理这类案件，应以《民法通则》等法律、政策为依据，审查被诉的公司在实质上是否具备企业法人的条件。按照不同情况，分别适用法律和有关政策。

(二）关于集体所有制公司、企业破产的法律适用问题。《中华人民共和国企业破产法(试行)》规定仅适用于全民所有制企业。但在治理整顿期间，还有相当数量的集体所有制公司，特别是乡镇企业需要用破产办法清偿债务，却无法可依。为此，会议认为，最高法院应向全国人大常委会提出议案，解决集体所有制企业破产的法律适用问题。在全国人大常委会作出决定以前，集体所有制的公司、企业的破产案件，可以参照企业破产法（试行）的规定试办。

(三）关于借款合同案件的处理问题。在治理整顿期间，各地法院要积极审理逾期贷款的借款合同纠纷案件。但是不应同银行成立联合收贷办公室，或者联合发布催收贷款的公告，或者同银行信贷人员一起挨门挨户收贷。对于乡镇企业的贷款，凡是被私人挪用的，应当在审理有关借款合同案件时将挪用人列为第三人予以追回，如果挪用的情节严重，构成犯罪的，应当移送检察机关查处。

(四）关于商标、专利侵权以及生产、销售假冒、伪劣商品，作虚假广告等不正当竞争行为引起的损害赔偿问题。各地人民法院要同专利、商标管理部门，工商行政管理机关以及其他主管机关密切配合，通力协作，大张旗鼓地严肃处理，不能让侵权人在经济上占到便宜。要选择一些典型案例，公之于众，消除社会影响。

(五）关于审理联营合同和企业承包、租赁经营合同纠纷的有关问题。审理联营合同纠纷要根据联营的不同形式（法人型、合伙型和协作型）加以区别对待。审理企业承包、租赁经营合同案件，应以坚持和完善企业承包经营责任制，保障合同双方的合法权益，兼顾国家、企业和承包人、承租人三者的利益为出发点，予以妥善处理。承包、租赁经营期间发生的对外债务，应以企业的财产承担清偿责任。

(六)关于经济纠纷与经济违法犯罪并存或交织时的协调处理问题。在审理经济纠纷案件中发现利用经济合同进行诈骗、投机倒把等经济犯罪的，应将有关犯罪的线索和材料正式行文及时移送公安机关或者检察机关查处。公安、检察机关拒绝接受的，可以提请政法委员会会议商定，或将公安、检察机关的意见附卷备查，经济纠纷继续审理。向公安、检察机关移送有关材料后，如果诈骗、投机倒把等犯罪行为与经济纠纷有直接联系，必须等待刑事处理结果的，经济纠纷部分可以中止审理，待中止原因消除以后再恢复审理。对于与诈骗、投机倒把等犯罪行为没有直接联系的经济纠纷，人民法院可以继续审理，不必等待经济犯罪案件的审理结果。

(七）关于诉讼保全问题。经人民法院依

法裁定冻结的当事人的银行存款，其他人民法院如需冻结或执行，应向裁定冻结的法院提出，协商解决，不得就该笔银行存款再行冻结。

（八）关于执行工作的几个问题

1.根据判决应由党政机关承担经济责任的，执行的标的应以国家拨给的经费和由其管理的资产为限，不得影响其正常工作。

2.被执行人为军队单位的，其特种企业存款帐户内的款项可以冻结和划拨，其他存款帐户内的存款一般不得冻结和划拨。但是，如果部队机关或其企业事业单位以其他帐户中的资金从事生产经营活动、生产借贷或者为他人提供担保的，法院有权对有关帐户中动用的资金予以冻结和划拨。

3.多个债权人根据不同人民法院的生效判决书、调解书要求执行同一债务人的财产的，应由债务人所在地的人民法院主持，将该债务人可供执行的财产比照破产清偿顺序在债权人之间按比例清偿。

4.当事人开立的专用拨款的帐户，如与诉讼无关的，不应冻结和扣划。对于当事人帐户内的存款，银行不得因有未到期贷款，而不予协助执行。对于被人民法院冻结的银行存款，银行有到期贷款要求归还的，应当向法院提出，由法院全面审查后按清偿顺序偿还。

5.公司、企业的法定代表人或经办人，因为经济犯罪被追究刑事责任，并没收其赃款赃物和非法所得时，并不能免除公司、企业在正常经济往来中应负的债务清偿责任。

6.经济合同不是一般的债权文书，因经济合同引起的债务纠纷应经人民法院依法审理，不能因为经过公证机关公证，就申请人民法院予以强制执行。

二、在保证办案质量的前提下，提高办案效率的问题

全国经济纠纷案件的数量，已经连续几年大幅度上升，必须在保证办案质量的前提下，提高办案效率。

（一）积极实行公开审判，强调当事人的举证责任，发挥庭审功能，变主要由法院调查为当事人举证与法院调查取证相结合，注重庭审调查和当庭举证与质证。

（二）充分发挥调解的作用。调解可以作为开庭审理前一个独立的阶段进行。凡是双方当事人对案情事实没有分歧，权利义务关系明确，事实清楚，是非责任分明，当事人自愿接受法院调解的，法院可以不拘泥于程式，随来随收。随收随调，随调随结。

（三）由人民法庭办理经济案件。各地人民法院应当在提高法庭人员业务素质的基础上，放手让它们办理“简、近、小”的经济纠纷案件。

（四）实行各种形式的责任制，开展审理案件的保质保量竞赛，提高审判人员的责任心和积极性。

（五）加强审判人员的业务学习。各级法院特别是高、中级法院要在干部培训上下大功夫，要采取各种方式提高干部的业务水平和办案能力。

山西省依法收贷经验交流会

1989年1月26日至28日，山西省法院、省农行在太原联合召开了依法收贷经验交流会。各地市中级法院、农行和部分县法院、县农行的同志参加了会议，共80余人。会议对依法收贷成绩显著的4个中级法院和27个基层法院进行了表彰。山西省副省长郭裕怀到会给先进单位发了奖。

这次会议共收到农行、法院31个单位的

先进经验材料，18个单位在大会上介绍了经验。各地介绍的情况表明：自1987年10月代县依法收贷现场会议以来，全省各级法院在党委、政府领导的支持下，对农行起诉的农贷纠纷案件普遍引起了重视，做到了优先立案，优先审理，及时审结，及时执行，依法收贷专项服务取得了显著成绩。据统计，1988年全省法院共受理农行起诉的农贷纠纷案件2897件，标的达3705.52万元；审结了2009件，标的2056.5万元，已执行1916.5万元。同时，法院通过公开审判典型案件和配合农行进行形势教育和法制宣传教育，促使贷户主动归还贷款35819万余元。

在依法收贷专项服务中，各级法院创造了许多好的经验：一是更新观念，增强服务意识，切实把运用法律手段调节经济关系，维护经济秩序当作人民法院的一项重要任务，保障依法收贷工作的顺利进行。二是选择典型案件，依法公开审判，就案讲法，扩大办案效果。同时，与农行密切配合，大张旗鼓地宣传法制，造成依法收贷的强大声势。三是严格依法办事，正确运用法律关于担保、抵押、合伙、借款人死亡、企业关停并转等情况下债务如何承担的规定，依法确定债务的承担者或连带责任者，确保国家贷款的回收。四是依法正确运用诉讼保全和其他强制措施，碰“硬”的，治“赖”的，带动一般的，确保案件审结后得到迅速执行。五是克服就案办案思想，依法保护贷户的合法权益。认真分析贷户不还贷款的原因，帮助解决实际困难，增强其还款能力。六是把治标与治本结合起来，在办案的同时，通过发司法建议书和举办信贷干部培训班等形式，帮助农行整顿信贷秩序，提高信贷干部的法制观念，使农行的信贷管理逐步走向法制化、正规化的轨道。

省法院王世荣副院长在会上作了总结讲话。她对全省法院代县会议以来在依法收贷专项服务方面所取得的成绩和经验给予了充分的肯定，并对全省1989年的经济审判工作提出了三点要求：

第一，以“治理、整顿”为中心，进一步拓宽专项服务领域。开展依法收贷是人民法院经济审判工作为经济建设服务的一个良好开端，完全符合党的十三届三中全会精神。1989年，全省法院的经济审判工作要在继续搞好依法收贷的基础上，开拓新的服务领域。各级法院要主动与各大厂矿、企业和商业、金融等部门取得联系，及时为他们提供法律服务。通过开展各种专项服务，达到为“治理、整顿，深化改革”服务的目的。

第二，大力开展调查研究，及时解决审判中出现的新情况、新问题。随着商品经济的迅速发展，经济审判工作遇到的新情况、新问题越来越多。从我省当前的情况看，晋城、长治、临汾等地市的生铁补偿贸易纠纷比较多，运城地区果园承包合同纠纷案件突出，这些都要求我们通过调查研究，尽快予以解决。只有搞好调查研究，才能掌握经济审判的主动权。因此，各级法院一定要重视调查研究工作，做到一手抓审判，一手抓调查研究。

第三，加强业务指导工作。根据第14次全国、全省法院工作会议精神，省法院和各中院经济庭要把工作重点放在业务指导上，要彻底改变重办案、轻指导的错误思想，每年抽出三分之一的时间来调查研究和指导基层法院的经济审判工作，切实提高办案质量，使经济审判工作更好地为治理经济环境，整顿经济秩序，全面深化改革服务。

山西省第三次全省人民法庭工作会议暨人民法庭“双先”表彰会

1989年5月15日至17日，山西第三次全省人民法庭工作会议暨人民法庭“双先”表彰会在壶关县召开。各中级法院院长（副院长）、民庭庭长（副庭长），人民法庭先进集体、先进个人代表，长治市各县区法院院长参加了会议。长治市委、市人大和壶关县委、县政府等负责人应邀出席了会议并讲了话。省法院副院长李玉臻、王世荣和有关庭、处、室负责人出席了会议。会议共110人。

会上，省法院给壶关县城关人民法庭等13个单位记集体二等功，给王全管等10名长期工作在人民法庭的同志记个人二等功，表彰太谷县城南人民法庭等10个先进集体，并向从事人民法庭工作满10年的226名同志颁发了荣誉证书。壶关县城关人民法庭等18个先进集体和先进个人在会上介绍了经验。

李玉臻副院长在会上作了题为《全面开展人民法庭工作，积极为保障社会稳定促进经济发展服务》的报告。他首先回顾了两年来全省人民法庭的工作情况：(一)依法及时审理民事、经济和轻微刑事案件，为维护社会秩序作出了贡献。1988、1989两年，全省人民法庭共审结各类案件69898件，其中民事案件64699件，占全省一审民事案件的78.1%；经济案件3941件，占全省一审经济案件的31.9%；轻微刑事案件1258件。同时还处理简易民事纠纷22163起。(二)积极开展了依法收贷等各种专项服务。1989年全省人民法院协助农行收回逾期呆滞呆帐贷款9.88亿元，人民法庭在其中做了大量工作，有效地促进了全省农贷资金的周转。(三)运用审判职能，积极参加社会治安综合治理成效明显。(四)狠抓了基层基础工作，不断加强了对调解组织的业务指导。(五)进一步加强了人民法庭的思想、组织建设和业务建设。针对人民法庭工作存在的问题，提出了今后加强人民法庭建设的具体意见。(一)进一步认识新时期人民法庭的地位和作用，全面开展各项审判工作。人民法庭处在基层，与人民群众息息相处，在认真贯彻六中全会《决定》精神中具有很大优势。要不断加强和改善与人民群众的关系，充分发挥好人民法庭联系群众的桥梁作用。同时，要积极发挥人民法庭熟悉群众、收案迅速、结案及时的优势，迅速审理各类案件，防止矛盾激化，把纠纷解决在基层，努力为维护社会和经济稳定服务。人民法庭要发挥主观能动性，不要有等、靠思想，努力克服困难，创造条件开展各项审判工作。(二)积极改进审判方式，不断提高执法水平。要搞好公开审理，抓好当事人举证责任工作，处理好当事人举证和人民法庭调查取证的关系。(三)积极参加“严打”斗争和社会治安综合治理，巩固“严打”斗争成果，为维护社会秩序作贡献。(四)大力加强人民法庭自身建设，保证审判任务的顺利完成。要认真贯彻执行最高法院规定的“八个不准”和“七项措施”，坚持严肃执法。对新到人民法庭工作的审判人员要进行业务培训，省法院计划今年底到明年初对全省人民法庭庭长进行一次轮训。今年要按期完成新建300个人民法庭的任务，逐步改善人民法庭的办公条件。对长期在人民法庭工作的审判人员要进行适当补助。

王世荣副院长在会议结束时讲了话。

大家一致认为，这次会议开得比较及时，

解决了一些新形势下加强人民法庭建设的问题，对加强全省人民法庭建设将起到一定的促进作用。一致表示，要按照这次会议提出的要求，振奋精神，努力工作，不断开创人民法庭工作的新局面。

山西省民事审判方式改革试点会议

1989年10月28日至31日，山西省高级人民法院在原平县召开了全省法院民事审判方式改革试点会议。参加会议的有全省各中级法院的分管副院长、民一庭庭长（副庭长）和部分试点（基层）法院的院长共40余人。省法院王世荣副院长出席了会议。

会议组织大家认真学习了最高法院咨询委员会主任、原副院长王怀安同志关于民事审判工作公开审理问题的重要讲话，交流了各试点单位民事审判方式改革的经验，讨论并修改了省法院《关于民事审判方式改革的意见》。在此基础上，形成了《山西省高级人民法院关于改进民事审判方式的意见》。

会议结束时，省法院王世荣副院长讲了话。她要求大家要进一步明确民事审判方式改革的方向，充分认识改革民事审判方式的重要性和紧迫性，要彻底改变民事审判工作中一切与法不符的旧的传统观念、传统审判方式、传统审判作风，使民事审判工作规范化、法制化，确认和保护民事诉讼当事人的民事权利。然后，她着重讲了三个问题：

一、强调当事人举证责任是改革民事审判方式的重要环节

民诉法颁布以来，由于对“方便群众诉讼、方便法院办案”和“谁主张、谁举证”的辩证关系缺乏正确的理解，因而片面地强调了前者而忽略了后者，以致形成了当事人写状子、法院包揽调查取证、开庭流于形式的习惯性做法，有的案件因取证困难而影响办案效率和质量，当事人对审判人员缺少信任感，也影响人民法院的威信。进行民事审判方式的改革就应从强调当事人举证责任入手，克服过去庭审前忙于调查取证、庭审走过场的做法，充分调动当事人及其诉讼代理人举证和运用证据依法保护自身合法权益两个积极性，充实庭审调查的实质内容，把“查”案变为“审案”。这样做，既可以提高办案效率，又能保证办案质量。由此可见，认真执行当事人举证责任原则，是牵一发而动全身的主要环节，也是破除旧的传统审判观念，改善执法活动，坚持依法办案的重大措施，对于我们贯彻执行民诉法的各项制度和规定，增强民事审判工作的透明度，提高办案效率和质量，具有十分重要的意义。

二、正确理解举证责任的科学含义是实现民事审判方式改革的基础

民事诉讼中的举证责任，是指当事人对自己提出的主张，有责任提供证据加以说明，它包括两方面的含义，即：当事人对自己主张的事实和理由，应承担举证责任；如果举不出证据或所举证据不充分，人民法院经依法调查也未能取得确凿证据证明其主张成立时，当事人就要承担不利于自己的法律后果。

正确理解举证责任的科学含义，必须正确处理举证起诉与起诉条件和当事人举证与人民法院收集、调查证据的关系。

首先，当事人举不出证据或举证不力，不足以证明其主张的，并非当事人不具有程序意义上的诉权。当事人起诉时，只要就以下四个方面向人民法院提供证据或证据线索的，就应立案。一是证明损害事实存在的证据；二是证明侵权人实施侵权行为的证据；三是证明侵权行为与损害后果之间有因果关系的证据；四是证明侵权人有主观过错的证据。这四方面的举证内容在不同类型的案件中表现不一，但只要能证明原、被告之间存在民事法律关系，发生了纠纷或原告的权利受到侵犯就行了。

其次，强调当事人举证，并非人民法院坐堂问案。要把当事人举证和人民法院收集调查证据有机地结合起来，充分调动和发挥法院、当事人及其诉讼代理人的积极性，防止和克服当事人对审判人员的对立和误解，增强当事人对审判人员的信任感，扭转多年来存在的“取证难”的被动局面。

再次，坚持当事人举证，是坚持有法必依，严肃执法的体现。多年来，举证责任等审判制度未能全面贯彻执行，其主要原因就是对程序法的重要性缺乏足够的认识，存在“重实体、轻程序”的偏向。正确坚持举证责任制度，就必须正确掌握举证责任的分担和免除，将举证责任贯穿诉讼活动的全过程，保护当事人和证人依法行使自己的权利和义务。

三、认真搞好公开审理是改革民事审判方式的重要方面

首先，必须充分认识公开审理是一项宪法原则。必须从坚持宪法原则的高度出发，切实搞好民事案件的公开审理。

其次，要正确处理公开审理和法院调解的关系。调解作为一项基本原则贯穿于民事诉讼全过程。把审理案件的程序和调解的程序互为一体，也是一种结案方式。而开庭审理是诉讼程序中对案件进行实质性审查的一个特定阶段。那种认为能调解的就不开庭的做法是与民诉法的精神相悖的。

最后，要充分发挥合议庭的作用。合议制是集体审判制度，是民主集中制原则在审判工作中的体现。合议庭在审理案件的各个阶段，都应在审判长的组织领导下集体进行活动，所有成员都应对本案的审理负全部责任。目前少数单位存在的合而不议、陪而不审的问题必须予以纠正。

吉林省法院系统廉政制度建设座谈会

吉林省法院于 1989 年 4 月 18 日至 22 日在梨树县召开了全省法院系统廉政制度建设座谈会。参加会议的人员有全省各中级法院、分院主管纪检工作的副院长、纪检组长和部分基层法院的同志共 36 人。省委纪检委、省委直属机关工委、省政法领导小组派员参加了会议。

会议由省法院副院长李作善主持。与会同志认真学习了中央和省委廉政制度建议座谈会文件，梨树县法院、长春市中级法院和汪清林区基层法院等 8 个中、基层法院在会上作了经验介绍，实地参观了梨树县法院廉政制度建设的做法。

会议根据中央和省委廉政制度建设座谈会精神，从全局到局部，从宏观到微观，分析研究了全省法院廉政制度建设现状，围绕“两公开一监督”这个核心问题，就如何适应发挥发展社会主义商品经济的需要，提高法院工作的规范程度和透明程度，遏制权力与金钱的交易，进行了广泛座谈讨论。提出了许多建设性意见。会议期间，省法院院长谢安山、省委政法领导小组办公室主任李景学同大家进行了座谈。

会议强调，要制订总体方案，统筹安排，保证严肃执法，秉公办案。要教育干警端正态度，提高认识。要突出重点，科学安排，务求实效。要强化检查监督机制，保证制度的落实。第一，领导态度要坚决，敢抓敢管，善抓善管。第二，要开展经常性的思想教育，增强干警执行制度的自觉性。第三，要严肃查处干警违纪违法案件。

这次会议为全面贯彻中央和省委关于廉政制度建设座谈会精神，在全省法院系统开展廉政制度建设奠定了良好的思想基础，从总体上形成了制订廉政制度的基本轮廓和保证实施的办法。

吉林省法院法医工作座谈会

1989年5月30日至31日，吉林省法院法医工作座谈会在桦甸市召开。省法院副院长冯守理参加并主持了会议，全省各级法院的法医和技术人员及部分法院的主管院长共30余人参加了会议。

座谈会上，桦甸市法院院长朱常山、四平市中级法院法医室主任刘长琦、吉林市中级法院法医室主任高英华和桦甸市法院法医徐明亮等分别介绍了他们开展法医工作的经验。

目前，全省法院有法医室11个，法医技术人员34名，已处理案件4500余件，还做了大量法医门诊和治疗工作，初步建立了法医技术工作各项规章制度，积累了一些经验。会议对今后的法医工作提出了具体意见和要求。

吉林省法院再审刑事案件公开审理现场经验交流会

吉林省法院刑事审判二庭于5月24日至27日在吉林市召开了再审刑事案件公开审理现场经验交流会，全省各中级法院审监庭庭长和吉林市部分区法院院长参加了会议，最高人民法院刑二庭沈健庭长到会指导。会议听取了吉林市两级法院关于积极开展再审刑事案件开庭审理方面的经验介绍，观摩了吉林市龙潭区法院再审案件的开庭，省法院魏进发副院长作了会议总结发言。这次经验交流会是刑法、刑诉法实施以来，吉林省召开的第一次有关再审开庭方面的会议。

公开审判是宪法规定的人民法院审判工作的重要原则之一。任建新院长在第十四次全国法院工作会议上提出："一审案件要做到一律公开审理，二审案件要尽可能地公开审理，再审案件也要创造条件公开审理。吉林市两级法院是从1982年开始对再审刑事案件实行公开审判的。到目前为止，共受理再审刑事案件380件，其中开庭审理327件，开庭审结率达到86%；开庭审理的案件中，检察院派员出庭106件，占开庭案件的32%，辩护人出庭辩护的50件，占开庭案件的15%。开庭审理的再审案件，既有减轻刑罚的，也有加重刑罚的，到目前为止均没有提出申诉的。实践证明，开庭审理再审案件，既能保证案件质量，又能取得较好的社会效果。

魏进发副院长分析了全省刑事再审案件开庭审理方面的情况，指出当前还存在着畏难情绪大，规定不健全，人力经费不足，交通工具短缺等问题，他强调搞好刑事再审案件的公开审理，是保障公民依法行使申诉权的重要手段，它有利于核实证据，查清案件事实，提高办案质量和效率，有利于提高审判人员的政治业务素质，有利于实行"两公开、一监督"，促进法院的廉政制度建设，有利于进行法制宣传教育，各级法院一定要提高认识，加强领导，不断增强再审开庭意识，坚持严格执法，要根据各地区不同情况，制定工作目标，使再审案件开庭审理工作逐步展开。

吉林省法院刑事诉讼证据研讨会

1989年8月21日至24日，吉林省法院在辽源市召开全省刑事诉讼证据理论与实践研讨会。参加会议的有各中级法院研究室主任、论文作者计40人，还邀请了吉林大学法学院任振铎副教授、闵春雷老师到会指导。省法院研究室主任孙权主持会议，副院长张建国作了会议总结。

这次研讨会共收到全省各地有关刑事诉讼证据的论文31篇，其中发言交流15篇，其余作了书面交流。

这次会议有四个特点：一是坚持了理论与实践紧密结合。二是总结了全省刑事审判干部在收案、审查，判断和使用证据上的基本经验和做法。三是研讨会具有开拓性和创新精神，突破了以往单纯讨论案例的习惯，使审判经验上升为理论总结。四是研讨会争论自由、充分，充分发扬了学术民主。这次研讨会对于保证办案质量，提高办案效率和审判业务水平，起到积极的推动作用。

吉林省法院宣传工作会议

1989年7月10日至14日，吉林省高级人民法院在浑江市召开全省法院宣传工作会议。这是吉林省法院自恢复重建以来，第一次专题研究法院宣传工作的会议。省法院院长谢安山、副院长张建国、各中级法院主管院长、研究室主任、部分基层法院宣传骨干参加了会议，最高人民法院出版社、《人民司法》编辑部、吉林日报、吉林电视台、吉林人民广播电台、吉林法制报社的代表也应邀参加了会议。会议的主要任务是，交流全省各地开展法院宣传工作的情况和经验，研究在新形势下如何加强法院系统的宣传工作，提高审判工作效能，提高执法水平，增强法院审判工作的公开性和透明度，取得广大群众乃至整个社会对法院工作的了解、监督和支持，以利于严格公正地执行法律政策，树立人民法院的权威，使人民法院更好地完成所肩负的任务。

会议对全省法院的宣传工作作了回顾和总结。目前，全省法院有专兼职宣传人员150余人，两年来，全省法院组织宣传稿件和调研文章3000多篇，其中被中央级新闻单位采用40多篇，被省级新闻单位采用600多篇，被市级新闻单位采用1100多篇，较好地宣传了法制，收到了明显的社会效果。

谢安山院长就如何加强全省法院的宣传工作讲了话，他指出，加强法院的宣传工作，一是要认清新形势下人民法院宣传工作的必要性；二是要积极向社会反映人民法院丰富的审判内容和工作特点；三是要注意法院宣传工作的多种形式，多种体裁；四是要密切与新闻单位的联系，取得他们的支持和配合；五是要建立法院宣传报道网络，加强宣传基础建设；六是要加强对宣传工作的领导和指导。张建国副院长作了总结讲话，具体部署了今后全省法院宣传工作的任务。参加会议的新闻工作者和大家共同探讨了如何加强法院宣传工作问题，提出了许多有益的建议。

东北、中南八省（区）经济审判专题（延吉）讨论会

东北、中南八省（区）经济审判专题讨论会，于1989年7月在吉林省延边朝鲜族自治州首府延吉市召开。参加会议的有发起单位黑龙江、吉林、辽宁、河南、湖北、湖南、广东、广西等省区高级人民法院的代表；河北、天津、山东、山西、江苏、江西、陕西、内蒙、新疆等9个省、市（区）法院应邀派代表参加。图们铁路法院和吉林省体制改革研究所也派人参加会议。最高人民法院审判委员会委员费宗祎，最高人民法院经济庭孙泊生、曹守晔、《人民司法》编辑部刘光贤等同志到会指导，与会代表共76人。

这次会议以为改革、开放和治理整顿服务为指导思想，着重探讨和研究涉及企业承包、租赁经营合同的概念、性质、效力、担保，以及案件的管辖、诉讼主体、法律适用和承包、租赁经营企业的债及有关当事人的法律责任等问题。讨论会共收到论文38篇，会上宣读了20篇。这次讨论会通过论文的交流和观点的争论，开阔了视野，启迪了思想，对于正确认识企业承包、租赁经营合同的有关法律问题，对合法、及时地审理企业承包、租赁经营纠纷案件，都具有一定的实际意义。

黑龙江省法院执行工作会议

1989年2月17日至20日，黑龙江省高级人民法院首次召开全省执行工作会议。全省各中级人民法院院长、部分基层人民法院院长及省法院各庭、处、室负责同志参加了会议。最高人民法院派员莅会指导。省法院副院长姚炳珠同志作了题为《树立审执并重全面执法观念，开创执行工作新局面》的报告。大庆市、哈尔滨市、绥化地区中级法院和齐齐哈尔市富拉尔基区、德都县、桦南县法院分别介绍了做好执行工作的经验体会。

会议认为，几年来，全省各级法院在人员紧张、任务繁重的情况下，积极努力，克服困难，依法执行了一大批案件，取得了一定的成效。特别是1988年，全省法院把解决“执行难”的问题做为一项重要任务，集中时间，集中力量，对历年来执行积案进行大检查，大清理。经过广大干警的辛勤工作，共执行各类案件38569件，占应执行案件84.7%，执行标的金额为3.94亿元。其中1987年以前的积案已清理执行了8043件，占积案数的75.6%。执行工作的被动局面在全省法院有了很大扭转。但是，“执行难”的问题还没有从根本上得到解决，全省尚有未执行案件6970件，金额1.01亿元，其中大多是难度较大的“骨头”案件。而且，随着治理整顿的深入，将会有更多的案件进入执行程序。执行工作面临的任务相当繁重和艰巨。

会议要求，全省各级法院要在治理整顿、深化改革方针的指导下，认真贯彻落实省委指示和省人大常委会《关于加强人民法院执行工作的决定》，努力开创执行工作的新局面。

第一，树立审执并重、全面执法的观念。

执行是诉讼活动不可缺少的终端阶段，审判是执行的根据，执行是审判的落实。两者是完整的不可分割的统一体，不存在孰轻孰重的问题。为此要树立三个观念：一是树立审执并重的观念，执行与审判在程序法的天平上衡量，其份额是等量的。我们必须把执行提到与审判同等重要的位置上来，象抓审判工作那样抓执行工作，二者不可偏颇；二是树立全面执法的观念，要把执行纳入执法的视线之内，形成全方位的执法机制，要与审判同样制定出一套执行的目标责任制，同样进行督促检查；三是树立执行效应的观念，财产案件的审判要讲究经济效益和社会效果，其最终体现只能是执行。执行效应还反映出宏观意义的法律尊严和法院声誉。一起案件只有彻底执行了，它在各方面的效应才能实实在在的发挥出来。

第二，理顺审执关系，强化执行机制。当前在民事、经济案件不断增长，行政审判展开，行政执法部门申请执行逐渐增多，执行任务日益繁重的情况下，实行审执分立是严肃执法的需要，是全面提高审判水平的需要。而且审执分立的原则已为我国诉讼立法所确立。为了搞好审执分立，首先要求组织机构分设。中级、基层人民法院今年上半年要建立、健全执行庭，少数不具备条件的法院可以设置专职执行员。省院已成立执行指导组，作为省院对全省执行工作进行监督指导的办事机构。其次是划清执行庭与审判庭的业务分工。裁决发生法律效力后，在规定的履行期限内，应由审判庭负责及时督促当事人自动履行；逾期不履行，另一方当事人申请执行的，或者民事“三费”案件和刑事附带民事案件当事人逾期不履行的，即进入了执行程序，不论是判决还是调解，均由审判庭移送执行庭负责执行。执行庭力量不足暂时承担不了全部执行任务的，可以分步骤定期过渡。人民法庭审结的案件原则上由法庭自行执行，再次是强化内部协调制约机制。审执分立不是审执割裂，而是在审执一盘棋的前提下实行科学分工、有机配合和互相制约。在审判过程中要为执行创造条件打好基础，做到诉讼主体要搞准，该诉讼保全的要依法及时采取诉讼保全措施。裁决要合法公正，法律文书主文准确、具体，执行标的清楚。同时，在执行过程中，要注意了解案情，审查裁决的正确性，发现错误或疏漏及时向审判庭反馈意见。总之，审执两个环节要拧成一股绳，协调配合，及时通气，互相支持，避免互相埋怨扯皮，共同努力，各司其职，提高全面执法水平。

第三，统一业务口径，规范执行工作制度。为了准确掌握全省执行工作基本数据，去年11月省院下达了《关于统一案件执行情况统计口径问题的通知》，要求从1989年起按统一口径认真准确地进行统计，各中院领导和执行庭要重视这项工作，把基本数据和逐月进度搞准，以便据以指导执行工作。执行工作是民事诉讼程序中的重要组成部分，有不同于审判程序的许多特定程序和工作制度，应当逐步做到执行工作规范化。目前全省执行工作基础比较薄弱，制定一个全省统一适用的执行工作细则，条件还不成熟，为了有所遵循，针对执行工作中经常遇到的一些问题，省法院依据有关法律、法规和省人大的《决定》印发了《关于执行工作若干问题的暂行规定》(讨论稿)，经这次会议讨论修改后，报请省法院审判委员会审议批准下达试行。

第四，善于执法，因案制宜地运用多种强制措施，加速扫清执行积案。执行工作必须遵循强制与教育相结合的原则，既要敢于碰硬，又要善于执法，多做思想教育工作，严格按法定执行程序办事。对重大的执行案件，要周密地制订执行方案，采取强制措施既要敢于运用，用之必胜，又要慎用，用之必准，防止执法违法现象的发生。在适用人身强制措施的同时，不可忽视查封、扣押、冻结、变卖财产和强制交付财物、票证及强制迁出房屋或退出土地等其他行之有效的强制执行措施。强制执行措施必须严格依照法定程序进行，只要尚有一线可能，就不放弃说服教育，把对抗缩小到最低限度，钝化矛盾，取得案件执行的最佳效果。要在强化执行机制的基础上，千方百计多执行一些案件，争取上半年积案基本上清理完，下半年开始转上随审结随执行的正常轨道。

第五，加强与有关部门的联系，正确贯彻法定的协助执行原则。人民法院的执行工作，离不开有关部门的协助与支持，因而我国诉讼立法确定了有关部门协助法院执行的原则。在执行实践中，涉及有义务协助执行的部门较多，一方面，要坚持原则，严肃执法，该扣划的必须扣划，严格按照最高人民法院、中国人民银行联合通知和省人大《决定》办案，另一方面，应当坚持以多作宣传、协调联系，谋求合作为主，争取有关部门对执行工作的支持与协助。

第六，优化执行队伍，改善执行装备。执行工作是一项思想性、政策性较强，执法要求很高的任务，必须配备法律知识比较全面、政策水平较高、有群众工作经验、敢于大胆负责、作风稳重、公正廉明的干警来担任。对现有的执行人员，要加强培训、提高政治和业务素质，个别不适合的人员应当调整，充实一批条件合格的干警，逐步优化执行队伍。执行员与审判员是同等职级，可报请同级人大常委会任免，助理执行员由法院自行任免，也可以由审判员兼任执行员（不必另行报任）。执行庭应当配备法警。今年内，省法院统一培训基层法院执行庭长以上的执行人员，中院有条件的可以组织培训基层法院执行干警。执行工作任务繁重艰巨，有一定的特殊性，需要在装备上予以改善，有条件的法院可以单配车辆、摩托，解决警服、警棍、戒具等，执行庭也可以在银行建立执行账户，以保证执行任务的顺利完成。依法收取的执行费可以优先用于执行庭的业务装备。

第七，主动依靠党委和人大对法院执行工作的监督与支持。执行工作涉及面比较广，难度大，常常遇到来自行政机关、社会团体和某些领导干部的干涉，要想排除法外干扰，单靠法院本身的努力有时难以奏效。各级法院应当主动依靠党委和人大的监督与支持，借以解决各种干扰，化阻力为助力，保障执行任务的完成。各级法院还应就执行问题向同级人大常委会提出专题报告，取得人大对执行工作的经常监督。

黑龙江省法院调研成果交流会

1989年12月23日至27日，黑龙江省高级人民法院召开了全省法院系统调研成果交流会。全省各中级法院主管调研工作的院长、研究室主任及部分中、基层法院调研员参加会议。会上交流了69篇调研成果，评选出优秀调研成果38篇，并表彰奖励了调研工作先进单位和优秀个人。

会议对一年来的调研工作作了基本估计：

一、完成调研题目数量大幅度增长，涉及法院工作的各个方面。全省各级法院共完成调研成果2836篇，比上年翻了一番，超过前三年的总和。其中，调查审判实践中遇到新情况、新问题的590篇；研究探讨疑难问题的278篇；总结审判工作经验的537篇；分析新型疑难案例283篇；在法学理论上探讨研究的277篇；专题调查研究的340篇；围绕搞好执法大检查的调研分析142篇；属于队伍、廉政和精神文明建设的389篇。

二、调研成果质量高，应用性、服务指导作用明显增强。在全部调研成果中有1606篇被采纳和利用，占总数的56.6%。由于许多调研成果都是审判人员结合办案中遇到的问题完成的，一旦完成和推广应用就对审判工作直接发挥了作用。许多调研成果都是紧紧围绕治、整、改和发展商品经济给审判工作带来的新情况和新问题进行的，为党政领导机关决策及时提供了服务。一些调研成果及时捕捉了审判实践中遇到的带有规律性和方向性的问题，为上级法院指导审判工作提供服务。

三、召开各类专题研讨会，及时交流推广和应用调研成果，促进了调研水平的提高和调研作用的发挥。全省各级法院共召开各类专题研讨会196次，交流文章1325篇，其中省法院组织17次，交流216篇；中院组织50次，交流657篇；基层法院组织129次，交流452篇。这些专题研讨会涉及刑事、民事、经济、行政、申诉、执行、队伍建设等各个方面工作，研究问题集中，从不同角度对专项问题进行不同层次的分析研究，促进了调研成果质量的提高，增强了调研成果的应用价值。

四、各级法院领导带头与审判人员共同动手，调查研究蔚然成风。在完成的调研成果中，各级法院正副院长完成330篇；占11.64%；调研人员完成847篇，占29.9%；业务庭审判人员完成1394篇，占49.1%；法庭人员完成249篇，占8.8%。在全省法院已初步形成了领导带头、审判人员人人动手搞调研的局面。

会议指出，全省法院今后一个时期开展调研工作的指导思想是以党的十三届四中、五中全会精神为指导，坚持实事求是的思想路线，面向治、整、改，面向审判实际，注重开展调研工作的多样化，以提高调研成果质量和服务作用为重点，全面开展调研工作。

第一，加强新形势下对调研工作重要性的认识，要认清改革开放以来法院工作在受案数量上有很大变化，党对法院工作更加重视，各项建设有很大加强，执法环境和条件得到改善的同时，在审判人员的思想观念、两个素质审判方式等许多方面还存在一些矛盾和问题需要解决。必须坚持不懈地进行调查研究，认清新形势，研究新问题，探索途径。按照江泽民总书记在党的十三届五中全会上讲的“要经常到基层去，虚心听取群众意见，认真进行调查研究”的精神，开展调查研究，不断提高调研水平。

第二，进一步提高调研成果的质量，突出调研成果对审判工作的应用性和服务效果。围绕提高执法水平，提高办案质量，开展多样的调研活动，使调研成果发挥更大的指导作用。

第三，进一步加强调研队伍建设。要选调热爱调研工作，熟悉审判业务，思想端正，工作勤奋，文笔功底深厚，知识面广，有一定理论、政策水平和法律知识的人员搞调研，保证调研队伍的连续性和稳定性。要采取各种方式搞好调研人员的培训，尽快地提高调研人员的业务素质。要保证调研人员必要的业务学习书籍和资料，阅读有关文件，开阔视野，适应工作需要。

支持正当的新闻舆论监督
保护公民、法人的名誉权

——上海市高级人民法院召开新闻单位负责人座谈会

1989年4月5日，上海市高级人民法院邀请人民日报、光明日报上海记者站、新华社上海分社和本市20多家主要报刊、电台、电视台的总编来院，就支持正当的新闻舆论监督，保护公民和法人名誉权问题进行座谈。会议由顾念祖院长主持，沈宗汉、李国光副院长出席了会议。中共中央宣传部新闻局副局长刘祖禹、市委宣传部新闻出版处处长柴之豪、市政府新闻处处长敬元勋、市记者协会主席王维应邀到会。

座谈会上，市高级法院民事审判庭庭长蒋福元、研究室主任刘同乐分别通报了法院审理因报刊杂志登载文章引起的侵害名誉权案件的情况、审理的原则和做法，并向新闻单位提出了建议。自1987年1月《民法通则》施行至1988年底，本市法院共受理涉及新闻侵害名誉权案件27件，已审结14件。这些案件具有以下特点：(一)原告为群众和一般干部的多。(二)报刊杂志社和作者为共同被告的多。(三)文章内容以道德评价为主。(四)文章体载呈多样化。有批评性报道、报告文学、调查报告、杂文评论、新闻报道及读者来信、来电等。

新闻侵害名誉权纠纷是新类型的案件，本市各级法院在审理这类案件时，紧紧抓住以下三个环节：

一、认真审查起诉，把好立案受理关。既不是不分情况一概受理，也不未经审查将所有的告诉拒之门外，而是针对这类纠纷的特点，严格依照《民事诉讼法（试行）》的规定，认真审查起诉，慎重立案。

二、坚持以事实为根据，以法律为准绳，正确认定是否构成侵害名誉权。一是查明侵害名誉权的事实是否存在。确认损害名誉权的事实是否存在，不是简单地以报道是否失实为依据，而是严格分清内容失实同侵害名誉权之间的界限。对于报道内容属实，批评正当的判决，则驳回原告的诉讼请求。仅在部分事实情节上有出入或用词略有夸张，但整体事实属实的，确认不构成侵害名誉权。对于报道内容虽是事实，但使用了侮辱性、诽谤性文字，损害原告名誉的，确认构成侵害名誉权。对于作者（记者）将未经核实的消息投稿发表，或采访中偏听偏信，报道内容基本失实，损害原告名誉权的，也确认构成侵害名誉权。二是查明被告主观上有无过错。从审判实践看，作者在报刊杂志登载文章而侵害他人名誉权的，都存在一定的过错。有的是想通过文章发表以贬低他人的社会声誉，或想通过文章的渲染，产生轰动的社会反应。较多的则是在采访或审稿中主观臆断、偏听偏信、马虎大意所致。三是查明有无损害后果。由于报刊杂志具有传播信息快、覆盖面广、影响大、保存久的特点，因此一旦发表侵害他人名誉权文章，损害的后果一般较为严重。不仅损害他人人格尊严和社会信誉，而且有的还造成他人财产损失。

三、正确适用民事责任方式，注意办案效果。按照《民法通则》的规定，公民和法人的名誉权受到侵害的，"有权要求停止侵害，恢复名誉，消除影响，赔礼道歉，并可以要求赔偿损失。"本市各级法院在处理此类纠纷时，着重适用为被侵权人恢复名誉，消除影响的民事责任方式，由侵权人在报刊杂志上登载更正启事，向被侵权人赔礼道歉。由于适用消除影响、恢复名誉这一民事责任方式已体现对原告名誉权的保护，且被告侵权是过失所致的多，故除双方协商被告自愿承担一定的经济责任外，一般不判决被告承担赔偿责任。至于被告的侵权行为导致原告经济损失的，则判决被告酌情赔偿。

根据本市法院已经处理的新闻侵害名誉纠纷的情况，建议：（一）新闻报道要真实。作者在采访时尽可能深入到事件的现场，不要主观臆断，偏听偏信，不要将公民的隐私、阴私公诸于报端。（二）报道要公正。注意从社会公众利益出发，做到公允、真诚、有分寸，防止感情用事。（三）要依法办事。撰写新闻报道，进行舆论监督是法律赋予新闻工作者的权利，但在发表文章时，必须依法保护公民的人格、名誉不受侵犯，这也是新闻工作者应尽的法定义务。这就要求新闻工作者增强法律意识，用法律规范自己的行动，也运用法律保护自己的合法权益。（四）要严格审稿。不但要审查所报道事实的准确性，而且要重视文章发表后的社会效果，避免可能会产生不良后果的文章见之于报端。（五）要提高自我保护能力。对于企图通过诉讼来抵制正当舆论批评的人，新闻界的同志应坚持真理，提出确凿的证据，参加诉讼，用事实和法律理直气壮地予以反驳，以维护自己的合法权益，发挥舆论监督的作用。

《解放日报》总编丁锡满、《文汇报》前任总编马达、《上海法制报》总编沈沉、《青年报》总编李智平、《联合时报》总编闵孝思、市记者协会主席王维等在座谈中认为，新闻媒介在法律允许的范围内开展舆论监督，揭露党和国家机关工作人员的违法乱纪行为，批评各种不正之风和社会腐败现象，应该受到法律保护，法院对新闻纠纷案立案要审慎；审理中要充分考虑新闻工作的特点，严格依法办事；审理重大新闻纠纷案最好征求新闻界人士的意见。新闻工作者要提高素质，增强法律意识，遵守职业道德和纪律，并注意运用法律武器保护自己。中宣部新闻局副局长刘祖禹说："今天这个会开得很好，司法界和新闻界同志一起讨论新闻侵权案，这在全国是首创。从会上发言的情况看，法院和新闻界在对发挥舆论监督作用这个问题上，目标是一致的。一方面，法院既要保障舆论监督，又要保障公民和法人的名誉权不受侵犯；另一方面，舆论监督也要在法律允许的范围内进行，新闻单位的从业人员应该提高自身的法律意识和素质。像今天这样的沟通希望继续下去，我们要把这种方法带回去，加以推广。"

市高级法院院长顾念祖在座谈结束时说，法院和新闻单位的目标是一致的，法院支持和保护正当的舆论监督，也要接受对法院工作的舆论监督。新闻单位要在法律允许的范围内进行舆论监督，要依法承担保护公民、法人名誉权不受侵犯的义务。法院要进一步为新闻单位提供方便。今后公开审理案件，新闻记者凭记者证就可以旁听；对新闻纠纷案件，法院立案要慎重，有些案件在审理时要向新闻单位的负责人征求意见；要成立专门的合议庭审理这方面的案件，并邀请新闻界的老同志担任陪审员；法院干部要提高素质，扩大知识面，为了增强对新闻工作的理解，将邀请新闻界的同志向我们审判干部讲授新闻学知识。

江苏省高级人民法院著作权案例研讨会

1990年5月30日至6月3日，江苏省高级人民法院在南京召开了著作权案例研讨会。全省11个中级法院及部分基层法院的民庭庭长参加了会议。最高人民法院民庭、江苏省新闻出版局版权处的同志也应邀出席了会议。

与会同志学习了《中华人民共和国著作权法》(草案)的有关精神，对全省自1984年首次受理《十六号病房》著作权案以来审理的18起著作权案的案例逐一进行了分析、研究和讨论。在讨论的案例中，有在全国造成一定影响的“金陵十二钗”烟标著作权案、《南明演义》著作权案、《郑板桥全集》著作权案，范曾诉盛林虎著作权纠纷案等案例。会后，省院民庭将会议讨论中提出的26个问题进行了归纳并作了解答，形成了《关于审理著作权案件若干问题的纪要》。

江苏省法院廉政建设工作会议

1989年6月20日至23日，江苏省法院在南京召开了全省法院廉政建设工作会议。全省各中级法院院长、纪检组长，部分县区法院代表，共计40余人出席了会议。会议的中心议题是贯彻最高法院廉政建设工作会议精神，结合我省实际、研究加强全省法院的廉政建设问题。会议期间，13个法院介绍了廉政工作经验，还有6个单位提交了书面发言材料。省高级法院院长李佩佑作了题为《狠抓廉政建设，保证严肃执法，建设一支清正廉洁、纪律严明、克己奉公的法院干部队伍》的报告。省委副书记曹鸿鸣、省人大副主任邢白，省纪委副书记张品华以及省政法委秘书长张寿柏等领导同志参加了会议，并作了重要讲话。

会议肯定了几年来江苏省各级法院根据中央、省委和最高法院的要求，重视抓党风、院风建设、以“八不准”为重点的审判纪律和审判职业道德建设，特别是去年以来，认真贯彻执行党中央《关于党和国家机关必须保持廉洁的通知》、《中央书记处讨论廉政建设会议纪要》等文件及省委有关为政清廉的指示精神，在从严治院，保持队伍廉洁方面所取得的成绩和基本经验。全省法院队伍从总体上说，是遵纪守法、清正廉洁、克己奉公的，是经受得住考验的，据不完全统计，1988年全省各级法院拒礼、拒贿的有5400余人次，拒吃请和说情的有22000余人次。广大干警克服人员不足、任务繁重、物质条件艰苦等困难，任劳任怨，出色地完成了繁重而艰巨的审判任务。1988年全省法院受到县级以上表彰和获得各种荣誉称号的先进集体有211个，荣立集体三等功25个，先进个人1999人，荣立个人一等功1人，二等功10人，三等功152人。

会议指出，应该清醒地看到，在廉政建设方面我们同客观形势的要求还存在很大差距，社会上的腐败现象、不正之风在我们队伍中也有反映，办“人情案”、“关系案”还没有完全杜绝，极少数干警甚至违法犯罪。这些虽为极少数，但必须切实引起我们足够的重视，采取有效措施，坚决予以杜绝。当前，各级法院廉政建设的任务仍十分紧迫而艰巨复杂，应把它作为一项长期的工作，摆到重要位置，坚持和发展我们在实践中总结出来的一系列行之有效的工作经验，抓出实绩，抓出实效来。

会议指出，今后我省法院队伍的廉政建设必须抓紧六个方面工作：

一、进一步提高对廉政工作认识，把廉政建设作为一件大事摆到工作的重要日程上来。各级法院领导要消除抓廉政建设的思想障碍，在一手抓好审判工作的同时，一手抓好廉政建设。要以身作则，带头遵守法律和制度，依法办事，带头抵制不正之风，切实做为政清廉的表率。上级法院对下级法院的廉政建设，要经常督促检查。这次会议结束后，各地要进行一次廉政情况检查。今后评查案件，既要检查案件质量，也要检查廉洁办案。

二、切实加强思想政治工作和党的建设，发挥党员在廉政建设中的整体模范作用。保持队伍廉洁，最重要的是要坚持不懈地抓思想教育。各级法院要继续通过深入的形势教育，艰苦奋斗教育，理想、宗旨、职业道德教育等，引导干警经受住执政和改革、开放的考验。全省法院干警中，党员占63.6%，要发挥全体党员的先锋模范作用，做廉洁奉公的模范。今后党的组织生活要以廉政为重点，经常检查执行党的纪律的情况。

三、进一步健全法院办事制度，增强廉政工作的内部制约机制。抓好法院的廉政工作，必须从健全制度入手。虽然法院审判工作的程序有诉讼法和其他一些法律的规定，但法律对许多具体问题和具体环节没有或者不可能规定得很详尽，因而需要制定相应的办事制度来加以规范。许多法院结合本单位的具体情况已制定了一些制度和规定，如廉政岗位责任制，案件审查立案制度，接待当事人制度，拒礼拒贿登记制度等等，这些制度要进一步坚持下去，并不断改进，不断完善。有了制度，更重要的还在于切实执行，不然会流于形式。各地对已订立的制度，要有检查监督的办法。凡是与群众关系密切的制度，都应当公开，通过群众的监督来保证执行。对违反制度的，要有必要的制裁措施。

四、增强审判工作透明度，自觉接受广泛的监督。审判工作坚持“两公开一监督”，主要体现就是认真执行公开审判制度，即对案件的事实和证据在庭审中公开调查、公开质证、公开辩论，最后公开宣告审判结果，实行公开审判。这不仅有利于提高办案质量和效率，而且使人民法院的审判活动完整、公开地置于人民群众的直接监督之下，能够有效地防止徇私舞弊和枉法裁判的发生。各级法院要自觉接受人大、检察机关的法律监督和广泛的社会监督，以此作为推进审判工作和廉政建设的动力。

五、坚持从严治院，严肃查处干警违法违纪案件。对发生的违法违纪案件，不管涉及到什么人，决不心慈手软，姑息迁就。对有关部门和群众检举揭发的干警违法乱纪问题，要认真对待，重大问题领导要亲自过问，查实有违法乱纪行为的，要严肃处理，尤其对利用职权徇私枉法、贪赃卖法的，要严惩不贷，该处分的处分，该开除的开除，构成犯罪的，依法追究刑事责任。

六、建立健全法院纪检、监察机构，加强党纪、政纪监督。根据最高法院要求，在法院系统要建立监察机构，省高院和中级法院成立监察室，基层法院配备专职监察员。监察机构与纪检机构为一套班子，两块牌子。党的纪检部门主要任务是集中力量管好党纪，协助党委管好党风。监察机构负责监督检查法院机关及工作人员执法情况，查处各种违法违纪行为。人员配备，高级法院要求5至9人，中级法院3至7人，基层法院1至2人（均含兼职干部，但比例应是少数）。各级法院要在今年内将监察机构建立起来，从现有编制中，尽快将人员配齐。

李佩佑院长在会议小结时进一步强调，廉政建设一定要抓得很紧，一点不能松劲；要在深入上下功夫；建立廉政制度要从本单位实际出发，简便易行，切合实际；廉政建设要抓班子，纪检、监察和抓思想政治工作都要有人去做；要注意抓典型，正反两方面典型都要抓，树立正气，发扬先进。

参加会议的代表一致表示，这次会议虽然时间不长，规模不大，但内容丰富，开得十分及时，十分必要。一定要结合本单位实际认真贯彻好。要结合进行廉政检查，提问题，找原因，学先进，订措施，把廉政建设在每个人、每个庭室落实下去。为建设一支更加清正廉洁、克己奉公、严肃执法的坚强法院干部队伍而努力。

江苏省高级法院、江苏省法学会房地产疑难案件研讨会

1989 年 6 月 27 日至 30 日，江苏省高级人民法院和江苏省法学会联合在南京召开了房地产疑难案件专题研讨会。来自全省法院系统和省人大、省法学会、南京大学等单位的代表 50 余人参加了会议。

与会同志交流了 20 个法院的专题报告、论文及经验介绍，讨论了各地法院近期审理的 30 个房屋、宅基地疑难案件的案例，着重围绕房屋、宅基地案件的起诉和受理、房屋确权、房屋买卖、房屋租赁、房屋典当、房屋赠与、房屋委托代管、换房纠纷、房屋迁址、土改遗留房产问题、私房改造和宅基地使用权、相邻权等 12 个专题展开了研究、讨论，提出了许多行之有效的意见和建议。会后，江苏省高院民庭将这次会议的倾向性意见进行了综合整理，形成了 120 条具体意见，在报院审判委员会讨论通过后，作为《江苏省民事审判业务讨论会纪要——关于审理房屋、宅基地案件的一些具体意见》，印发全省各级法院参照执行。

江苏省高级人民法院民事审判工作改革经验交流会

1989 年 10 月 17 日至 20 日，江苏省高级人民法院在连云港市召开了有 11 个中级法院和部分基层法院分管民事的副院长、民庭 庭长计 70 余人参加的全省民事审判工作改革经验交流会。天津、山东等省市法院的同志应邀参加了会议。

会上，有 27 位代表发言交流了经验。各地经验集中体现在“五个优先”、“五个转变”和“四个公开”上。“五个优先”是：“三养”案件、追索劳动报酬和抚恤金的案件优先；矛盾可能激化的案件优先；影响社会主义商品生产、商品交换、经济建设的重大案件优先；年老、体弱、残废或有其他特殊情况的当事人的案件优先；党委、人大、上级法院要求报结果的案件优先。“五个转变”是：把庭前调查为主转变为开庭调查、收集、核实证据为主；把法院调查取证为主转变为当事人举证为主；把庭前调解转变为庭审中调解；把先定后审转变为先审后定；把二审迳行判决转变为因案而异，开庭审理与书面审理相结合。“四个公开”是指调查公开、质证公开、辩论公开、宣判公开。

与会同志一致认为，民事审判活动的改革，最终目标是为了加强和健全社会主义法制，使民事审判工作不断趋向正规化、规范化、制度化、更好地促进社会的安定团结，促进社会主义经济建设。

江苏省法院首次执行工作会议

1989年11月22日至25日，江苏省法院在南京召开了全省法院第一次执行工作会议。参加会议的有各市中级法院分管执行工作的副院长、中院和部分基层法院执行庭负责人共60余人，最高法院也派员到会指导。会议主要议程是：

1. 总结交流几年来开展执行工作的经验。省法院副院长宋宝林同志在会议开始时作了《团结奋斗，克服困难，努力开创执行工作新局面》的报告，报告从5个方面总结了基本经验：(1) 正确处理好审执关系，共同对案件负责，既能保证裁判或调解正确合法，又能为案件的顺利执行创造条件；(2) 坚持教育疏导和强制执行相结合是搞好执行工作的基本原则；(3) 坚持依靠党委、人大的领导和监督，主动争取多方面的支持和配合，协同一致，才能保证顺利执行；(4) 讲究工作方法，根据不同案件采取相应措施，解开各种疙瘩，促进案件执行；(5) 克服地方保护主义，认真搞好委托执行和协助执行工作。会议还收到全省各地法院报来的经验材料26份，其中17个法院的代表作了大会发言，介绍了他们在实践中努力探索、维护国家法律的严肃性、克服地方保护主义、解决"执行难"等方面的一些初步经验。

2. 与会代表对省法院草拟的《执行工作实施细则》(讨论稿) 进行了认真的讨论。到会同志认为，为了使执行工作规范化，把各种法律、法规有关执行的条款，结合实际加以系统化是十分必要的，这样有利于严肃执法，提高办案质量。讨论中，对于如何修改好《细则》提出了许多中肯的意见。同时，就执行工作中所遇到的政策、法律问题进行了研究和探讨。通过相互交流、相互启发，为一些疑难案件的执行找到了途径。

3. 兄弟法院之间协调了一批案件。会议期间，一些法院的代表就相互间的委托执行和协助执行问题作了协商，对一些原来有分歧的案件取得了一致意见，为这些案件的顺利执行奠定了良好的基础。

与会代表普遍认为，近年来，随着改革的深入，我国的社会主义商品经济不断发展，社会主义法制逐步健全，人民法院审理的民事、经济、行政等案件大幅度上升，进入执行程序的案件也随之不断增加。而执行工作又是审判工作的重要组成部分，直接关系到当事人的合法权益能否得到法律保护，关系到企业的经济效益和社会经济活动的正常运转，关系到法律的尊严，对稳定大局、维护安定团结起着十分重要的作用。自1984年以来，我省各级人民法院陆续成立了专门的执行机构，逐步理顺了审执关系。广大执行人员从实践中学习、从实践中提高，依法、及时执行了一大批案件，维护了法律的尊严，保障和促进了社会主义经济建设的发展。据统计，至今年5月底，全省各级法院的执行庭共立案受理了各类执行案件27833件，已执行完毕17931件，结案率为59.12%。经过全省各级人民法院的共同努力，执行工作的被动局面已有所扭转，在人员少、装备差、经费短缺、经验不足的艰苦条件下，我省执行工作已经取得了可喜的成就。但是，我们也要看到，执行难的状况并没有从根本上得到解决，至今仍有大批案件审结后没有能及时、有效地执行。执行机构尚未健全，审执关系尚未完全理顺，执行人员的业务素质远不能适应工作的需要，人员、装备、经费都十分紧张……在这种情况下，召开全省执行工作会议，尤其是将克服地方保护主义作为中心议题是非常及时和必要的。谈到地方保护主义，与会代表感触颇深，大家说，地方保护主义是困扰执行工作的大敌，是造成“执行难”的重要原因之一。它渗透到法院内部，具有极其严重的危害性，它不仅侵害了当事人的合法权益，而且严重损害了社会主义法制的统一和尊严。随着经济建设的不断发展，经济交往日益频繁，牵涉到外地当事人和外地法院委托执行和协助执行的案件将会愈来愈多。大家表示，要学习一些法院的先进经验，努力克服地方保护主义，从自身做起。首先，在思想上提高认识，树立全局观念；其次，严格依法办事，认真办理外地当事人申请执行和外地法院委托执行和协助执行的案件。与会代表还希望省法院和最高法院搞好全省乃至全国执行工作的协调、指导，在执行工作中形成“一盘棋”的好气候，彻底摒弃地方保护主义，从根本上解决“执行难”的问题。

会议结束时，宋宝林副院长作了会议小结，李佩佑院长到会讲了话。他们对今后的工作分别提出了要求，主要是：

一、提高认识、加强领导，进一步强化执行机制。全体执行人员，尤其是各级法院的领导，对执行工作的重要性必须有充分的认识，从各方面切实加强执行工作。要彻底摒弃“重审轻执”的观念。执行是审判工作的一个重要程序，是体现审判社会效果的重要标志，因此，要把执行工作放到重要位置上，经常研究、及时解决执行工作中存在的实际问题。有的法院执行人员配备不足或业务骨干少的要调整充实，至今尚未建庭的中级法院应尽早建庭。由于执行工作任务繁重、艰巨而且有时易产生矛盾激化，有一定的特殊性，需要改善装备。有条件的法院，执行庭可以配备车辆，解决警棍、戒具等。

二、加强队伍建设，切实提高执行人员的政治素质和业务素质。执行工作是一项思想性、政策性较强、执法要求很高的任务，要高质量、高效率地做好这项工作，就需要有一支政治素质好、业务能力强的执行干部队伍。因此，首先要加强思想政治工作，组织广大干警学好马列主义、毛泽东思想的基本理论，坚定正确的政治方向。学习全国法院模范何同甫同志“艰苦奋斗、无私奉献、尽职尽责、忘我工作”的革命精神，提倡“廉政、勤政”培养出一支组织纪律严、思想作风硬的执行干部队伍。其次，要采取有效措施，通过各种途径，迅速提高执行人员的业务素质。当前，执行工作相当艰巨，人员不足与案件数量上升的矛盾日益突出。如不采取强有力的措施，对稳定社会很不利。因此，除了加强执行力量，充实执行队伍以外，要提高现有人员的素质，通过培训班、经验交流会、疑难案例研讨会、定期组织业务学习等多种途径加速提高执行人员的执法水平。每个执行人员也要自觉地刻苦钻研业务，注意研究工作方法和执行艺术，补充和丰富有关知识，提高执行的业务水平，以适应繁重、复杂的工作需要。

三、坚持依法办案，讲究文明执法。依法办案就是要根据事实、依照法律认真办理各类案件；文明执法就是在依法的前提下，讲究工作方法，注意社会效果。执行案件绝大多数是人民内部矛盾，更需要讲究文明执法。我省前几年在执行中方法简单，态度粗暴的现象时有发生，被执行人产生抵触情绪，甚至抗拒执行，造成少数案件执行效果不好。因此，不仅要严肃执法，也要提倡文明办案。在强化执行措施的基础上，注意做过细的思想疏导工作，减少被执行人的抵触情绪，促使其自觉履行义务，以收到良好的执行效果。同时，还必须贯彻教育疏导和强制执行相结合的原则，对拒不自觉履行义务的被执行人，要依法、果断、稳妥地搞好强制执行。强制执行一定要查清事实，弄清执行对象、标的物、执行依据、适用的法律是否准确无误；要制定周密的执行方案，充分考虑执行中可能发生的各种突然事件，制定各种防范措施。并组织好执行班子，分工明确，各司其职；执行中要完善各种手续，采取的措施要依法有据；决定强制措施后，不论遇到什么困难，都要坚决依法执行到底，不能迁就。执行的步子要稳，处事果断，切不可凭感情用事；执行完毕，要及时总结经验教训，逐步提高执行工作的水平。

江苏省法院刑事审判工作会议

1989年11月27日至30日，江苏省法院在南京召开了全省刑事审判工作会议，参加会议的有各市中级法院分管刑事审判工作的院长、刑一庭庭长。省人大法制委员会主任李伯韩参加了会议。

会议传达了全国部分省、市高级人民法院刑事审判工作会议精神；交流了审理严重危害社会治安的刑事案件和政治动乱中的犯罪案件的经验，以及贯彻执行“两高”《通告》的情况和经验；针对当前严峻的治安形势，讨论研究了如何进一步贯彻依法从重从快的方针，坚决打击各种犯罪活动，保证政治稳定，保障和促进治理整顿、深化改革的顺利进行的问题。

会议期间，华加松副院长代表院党组作了关于《强化人民民主专政职能，切实加强刑事审判工作》的讲话。他在讲话中首先总结和分析了全省1月至10月的刑事审判工作情况和特点。接着对今冬明春全省刑事审判面临的任务提出了要求：一是要继续依法从重从快打击严重危害社会治安的重大刑事犯罪；二是各地法院要积极配合扫“六害”的统一行动，及时审理，依法严惩，尽快公判一批，以推动斗争的深入开展；三是依法审理经济犯罪案件；四是审理好动乱犯罪案件。

在谈到如何切实加强刑事审判工作，更好地完成今冬明春的刑事审判任务时，华加松同志提出以下六点意见：

一、提高认识，加强领导。他要求，全省各级法院的领导要亲自抓刑事审判工作。组织刑事审判人员认真学习十三届五中全会精神，用全会精神统一思想，统一行动。要从阶级斗争的客观性、长期性和复杂性看加强刑事审判工作的重要性，从人民法院的专政职能看加强刑事审判工作的必要性，从保障治理整顿和深化改革的需要看加强刑事审判工作的迫切性，从严峻的治安形势看加强刑事审判工作的紧迫性，从而把刑事审判工作放到首要位置上。要根据刑事审判工作政策性强、程序严格、时限紧的特点，采取切实措施，充实和加强刑事审判队伍，以适应当前斗争的需要。

二、继续坚定地贯彻执行依法从重从快方针。首先明确当前全省刑事审判的打击重点是：杀人、放火、强奸、爆炸等严重暴力性犯罪和抢劫、重大盗窃等严重侵犯财产的犯罪；严重破坏经济秩序的贪污、受贿、投机倒把等经济犯罪。积极配合公安部门除“六害”，我省确定今冬明春侧重打击制作、传播淫秽物品和赌博这两类；地区性一时期形成气候或大幅度上升并呈蔓延趋势的某些犯罪，尤其是“两拦一捅”案件。对于上述打击重点，要坚持依法从重量刑、从严处罚。坚持对重大案件提前介入，加快办案速度，积极配合专项斗争，促进“严打”深入开展。

三、严格把好案件事实关，确保办案质量。为防止造成错案或错杀，必须全面、正确地理解“两个基本”，防止偏听一方的证词、辩解，或者满足于某些主要证据而忽略其他证据和疑点，酿成错案。要通过认真阅卷、三人办案集体“会诊”、院、庭长把关等方法，把好事实关，特别要把好死刑案件的事实关。

四、严肃执法，准确定罪。首先要组织全体刑事审判人员认真、反复地学习有关法律、法规和政策。定罪量刑要从法理高度出发，讲究犯罪构成。在审理经济犯罪案件中，要正确地理解党的现行政策，客观全面地分析行为的社会危害性。根据十三届五中全会确定的治理整顿和深化改革的基本方针，判断行为有无社会危害性，要特别注意弄清是否影响和危害社会主义商品经济的正常秩序，是否影响和危害全局利益，是否影响和危害治理整顿和深化改革。在此基础上，正确地运用犯罪构成理论，认定行为的法律性质。重视和严格依照法律程序办案，必须进一步树立严格依程序法办案的观念，克服重实体轻程序的倾向。

五、区别对待，恰当量刑。量刑是否适当，要看处刑和犯罪的性质、情节和社会危害性是否相适应。一方面对于罪行严重、社会危害性大的案件应当从重判处，罪该处死的罪犯坚决判处死刑。另一方面，也要防止脱离实际危害，片面地夸大社会影响。要全面分析，综合权衡案件的各种情节。在对经济犯罪分子量刑时，要注意依法适用没收财产或罚金。在适用缓刑时仍应坚持刑法的有关规定，从严掌握，不宜任意扩大。

六、加强调查，开展业务指导。院长、庭长要重视调研工作，亲自抓调查研究和总结经验，以便从宏观上、全局上把握审判工作，实现较高层次的领导。要选定和培养一批调研人员，中院刑一庭应有一、二名具有一定政治业务水平和文字工作能力的同志，在庭长领导下侧重担负这项工作，结合实际，抓住重点，开展调查研究。进一步搞好业务指导工作，同时要注意对少年庭工作的指导。

会议结束时，李佩佑院长作了关于《认真学习、切实贯彻十三届五中全会精神，为稳定大局，充分发挥人民法院的审判职能》的讲话。他首先指出，华加松同志代表省法院所作的关于今冬明春刑事审判工作部署是明年、至少是明年上半年刑事审判工作的安排，要认真贯彻，落到实处。接着他要求全省各级法院要在地方党委的领导下，及时认真学习贯彻十三届五中全会的各项方针，用全会精神统一广大干警的思想和行动，充分发挥人民法院的审判职能，自觉地为治理整顿和深化改革服务。通过学习，要在三个方面统一认识：一是要正确认识经济形势，进一步提高为治理整顿和深化改革服务的自觉性和坚定性；二是要充分认识治理整顿的艰巨性和复杂性，坚定不移地贯彻中央《决定》，坚决克服急于求成的思想和作法；三是要正确认识全局和局部的关系，坚持局部服从全局。为了顺利贯彻治理整顿、深化改革的方针，必须把稳定放在突出的位置，这是压倒一切的大局，这也应当成为我们法院工作必须坚持的指导思想。

切实抓好刑事审判工作是人民法院在稳定大局中的首要任务。要正确理解和坚决坚持现阶段阶级斗争的理论观点，分析和处理现实的阶级斗争问题。对恶毒攻击党的领导、攻击社会主义制度的少数敌对分子，构成犯罪的，必须毫不手软地依法给予打击。同时通过打击刑事犯罪，促进社会安定，为治理整顿、深化改革的顺利进行，提供稳定的社会环境。他指出，尽管从案件数量上对比，刑事案件比经济、民事案件少得多，但就其本身的社会危害性、社会影响却是很大的，党委、政府关心，群众也关心。因此，刑事审判应当成为人民法院保障社会稳定的首要任务。主要领导同志应当过问，要防止“向钱看”而忽视了刑事审判工作。

同时，要继续抓紧审理民事、经济、行政案件，为改革开放服务，保障和促进社会、经济稳定。处理民事、经济、行政案件，也要从稳定大局的角度出发，认真抓紧抓好。首要的是审理经济纠纷和经济犯罪案件，要认真学习好十三届五中全会《决定》，认真贯彻党和国家的各项现行政策，把严格执法与执行党的政策统一起来。要防止和克服就案办案的倾向，注意办案的社会效果，特别是在处理一些带有群众性的经济、民事案件时，更要注意工作方法，加强宣传、疏导，防止激化矛盾，以维护社会安定。

李佩佑同志还指出：严肃执法、保证办案质量是人民法院在审判工作中促进社会稳定的根本保证。

要坚持严肃执法，关键就是依照事实，依照法律。法院审判有没有力量，能不能站得住，主要看事实是否搞准，执法是否严肃，要排除各种干扰，顶住来自各方面的压力、说情等。同时还要充分发挥审判委员会的职能作用，实行民主集中制，防止一人说了算。

要加强队伍建设，保证自身队伍的稳定。人民法院要为稳定大局充分发挥职能作用，也必须把自身的稳定提到议事日程。首先要正确处理好政治学习和业务学习的关系。现在有必要特别强调学习和研究马列主义、毛泽东思想的基本理论，要认真学习马克思主义哲学，掌握辩证唯物主义和历史唯物主义的基本观点、基本方法。领导干部要带头学，同时还要组织干警一起学。其次，要强化思想政治工作，解决好共性和个性的思想问题。三是要加强业务骨干的培养。要保证用人质量，坚持德才兼备的标准。四是要做好县（区）法院院长换届选举的考察工作。各市中级法院要和当地党委、组织部门把县（区）法院的班子考察好、选择好，把那些政治强、业务精、群众信得过的同志选上来。

在会议上，还对省法院起草的《关于几类案件的处理意见》和《关于当前处理盗窃案件中几个问题》进行了讨论。这两个材料将根据大家讨论中提出的意见，经修改后下发，供全省各级法院在审判实践中参照。

浙江省法院“两打”刑事审判工作座谈会

1988 年 11 月，浙江省委部署在全省范围内开展的严厉打击严重刑事犯罪和严重经济犯罪的斗争。1989 年元旦之前，已经形成了第一个高潮。为了交流两个月来刑事审判工作的情况，总结经验，研究、部署下一阶段的工作，省法院于元月 7 日至 8 日在杭州召开了全省法院“两打”刑事审判工作座谈会。袁芳烈院长主持了会议。各中级法院分管刑事审判的副院长出席了会议。

座谈会认为：两个月来，全省各级法院认真贯彻省政法工作会议精神，在党委的重视和领导下，与公、检部门密切配合，思想统一，行动迅速，措施有力，从重从快惩处了一批严重刑事罪犯和严重经济罪犯。11、12 两个月，全省共办结一审刑事案件 3115 件，占全年办结一审刑事案件总数的 24.9%，被告人 4782 名，占全年被告总人数的 31.5%。元旦前夕，各地普遍召开了宣判大会，杀了一批，判了一批，规模大、声势大、震动大、改变了前段对刑事犯罪打击迟缓的现象，有力地打击了犯罪分子的嚣张气焰。党委满意，群众拥护，收到了较好的社会效果。

这两个月审判工作的主要特点是：

一、抓得紧、审得快

为了保证“严打”斗争的进行，各地法院都进行了全面发动，从人力、物力上作了充分准备，通过内部挖潜充实刑事审判力量，保证案件一到法院，就能够及时审理。省法院从刑二庭、办公室、研究室、人事处等部门抽调了力量，充实到刑事审判第一线。省法院还组成了合议庭到温州、丽水、金华、衢州等地巡回办案。

对于大案要案，各级法院都派人，了解

情况，熟悉案情，为尽快审理作好准备。台州地区各法院对40余件大案，在保证质量的前提下，做到快审快结。大大缩短了办案周期。该地区玉环县的一些犯罪分子利用聚"互助会"的手段诈骗巨额钱财案，涉及面广，牵连人员多，情况复杂，政策性强，玉环县法院派员对案情和定案证据作了全面了解，去年12月上旬检察机关起诉了3个案件，由于熟悉案情，仅用20余天就办结了，并在元旦前夕在坎门镇召开宣判大会，对3个案件的4名罪犯进行了宣判，及时打击了当地扰乱金融市场的犯罪活动。台州地区中级法院刑一庭去年11月至12月共办结一审刑事案件10件。丽水地区中级法院在12月22日至24日3天内，连续公开审理了四件重大案件，从检察起诉到一审宣判，平均结案时间为12天。收到很好的社会效果。

为了做到快审快判，各级法院从事刑事审判工作的干警，不分白天黑夜，加班加点，放弃休息，不怕辛苦和疲劳，连续作战，审判委员会经常夜间讨论案子。台州地区中级法院刑一庭17名干警，自去年11月下旬起，加夜班172人次，13个有年休假的干警，有9人放弃了休假。

二、突出重点，打得狠、打得准

各地法院根据全省政法工作会议精神，把打击重点放在抢劫、杀人、强奸、爆炸、流氓犯罪团伙、强迫容留妇女卖淫、重大盗窃、诈骗、贪污、索贿受贿等严重犯罪上。丽水地区两级法院，集中宣判的76件144名罪犯中，属于上述打击重点的有69件、134人，占总宣判人数的93%。温州市两级法院宣判的107件177名罪犯中，属上述打击重点的案犯占87.6%。

对于重点打击的犯罪分子，各地法院都依法予以严厉打击。温州市两级法院宣判的177名罪犯中，有123名被判处五年以上有期徒刑直至死刑，占69.49%。

对于严重危害社会治安的犯罪分子，罪该处死的，决不手软，依法判处了死刑。温州市瓯海区郑祥舞等4名罪犯，为抢劫，特地购买杀猪尖刀4把，于1988年7月7日，流窜至瑞安市拦路抢劫一过路青年后，当天返回瓯海，再次持刀拦路抢劫，当受害人呼救时，4犯将受害人连刺11刀致死，手段十分残忍。针对当地的治安形势差、杀人案件多的实际情况，温州市中级法院依法判处3名罪犯死刑，充分体现了从重精神。

只有打得准，才能打得狠。各级法院十分注重搞"准"。从承办人、合议庭到审判委员会层层把关，在基本事实和基本证据没有搞清楚之前，决不草率下判。在突出"准"字上，比1983年"严打"第一战役有很大的进步。有的案子，尽管原来初步决定要杀，但法院在审理之后，认为不该杀或可以不杀的，坚持实事求是，依法处理。温州市有四个案子，市中级法院审理后，根据案情实际，分别依法判处了死缓或无期徒刑。如金利民抢劫案，抢劫作案17次，劫得财物500多元，逮捕时才18周岁多几个月，庭审后发现其父亲已死亡，母亲有精神病，本人浪迹街头，无人管教，判处死刑社会效果不好，温州市中级法院复议后依法判处死缓。

三、体现了"宽严相济"的政策

各法院对于该重判的坚决重判，该从宽的就从宽，对有从轻、减轻或免除处罚情节的，则依照法律规定处理，体现政策。衢州市衢县叶根庆犯故意伤害罪，被一审判决有期徒刑七年。叶犯不服提出上诉，衢州市中级法院审理后，认定叶犯在公安局看守所里曾检举揭发衢州市闻名的烂柯山强奸、杀人一案，使该案得以侦破，两名凶手均被依法判处死刑，有重大立功表现，因此，对叶根庆改判免予刑事处分。同一时期，衢州市中级法院对因犯强奸罪被判处有期徒刑十年，在劳改场所不服管教、横行霸道的"牢头狱霸"许新有依法以流氓罪从重判处死刑。一轻一重，宽严相济，这两件案件在当地宣判后，反映强烈，效果很好，群众说这是党的政策的生动体现。

四、宣判大会次数多，规模大、声势大、震动大、效果好

去年1至10月，全省各法院共召开宣判大会368次，判处罪犯1642名，参加群众78万人，而11、12两个月就召开宣判大会129场次，判处罪犯1259名，参加宣判大会的达65万人次。不少地方开了万人大会，丽水地区中级法院和丽水市法院联合召开的一次宣判大会，参加群众达3万多人。许多单位由领导带队集体参加宣判大会。电视、广播、报纸等新闻媒介和宣传单位对宣判大会进行了详细报道，各法院也张贴和发放了大量布告，大造了声势。永康县法院同公安、检察联合召开了由县机关干部和企事业单位保卫干部200多人参加的“严打”斗争新闻发布会。湖州市中级法院院长，在湖州市电视台就“严打”问题发表了电视讲话。安吉、德清县法院院长到看守所给犯人上了课。这些宣判大会和宣传活动，使犯罪分子受到震慑，人民群众受到鼓舞和教育。群众普遍反映，法院的宣判大会开得好，开得及时。温州市的群众说，近期治安秩序不如以前，外出缺乏安全感，这次法院为民除害，为我们壮胆助威，希望今后宣判会要常开。党政部门领导反映，这次法院行动快，判得重，表示满意。

通过座谈，大家一致认为，元旦前夕开展的“严打”第一个高潮，初步打击了犯罪分子的嚣张气焰，取得了一定的成效。法院的“严打”斗争，在各级党委的领导下，是有成绩的，发展是健康的，没有出现大的问题，但也有一些需要研究解决的问题。与会同志针对前段工作中存在的一些问题，提出了意见。温州市中级法院的同志提出，温州地区目前流氓捅刀子的不少，但法院判的却不多，主要原因，一是许多主犯外逃，等待追捕归案；二是流氓捅刀子事件往往发生很突然，又是结伙犯罪，致命的一刀是谁捅的，查证比较困难，法院难以下判，这个问题，要研究解决。与会同志普遍感到，现在我们抓了“打”的这一头，通过审判抓综合治理的落实不够，提出司法建议不多，须引起高度重视。

袁芳烈院长在讲话中指出，前段“严打”斗争，党委重视，认识比较统一，行动快，声势大，发展是健康的，效果是好的。目前“严打”斗争还在深入，春节前要再形成一个高潮，各法院要再接再厉，继续抓紧工作。法院在任何时候都要坚持严格依法办事，保证办案质量，使所办案件经得起历史的检验。在“严打”中，要注意“宽严相济”，该严则严，决不手软，该宽则宽，体现政策。要全面运用各种法律手段，区别案件不同情况，正确适用重刑、轻刑、实刑、缓刑。在“严打”已经造成声势的情况下，特别要加强对社会治安的综合治理。法院要结合审判工作，积极参加综合治理。他说：“业大”考试在即，要通过内部挖潜，调整人员，解决好工学矛盾，做到“严打”、读书两不误。

浙江省法院和省少管所少年犯接茬帮教工作座谈会

1989年3月15日，浙江省高级法院少年庭指导小组和省少年犯管教所召开了由杭州市上城区、余姚市、海宁市3个少年庭试点法院副院长、少管所领导同志参加的少年犯接茬帮教工作座谈会。省法学会名誉会长刘子正同志到会并讲了话。会议认为：为了加强联系，互通情况，共同施教，进一步做好少年犯的审理、改造、矫治工作，积极参加社会治安的综合治理，努力做到审理一个，改造好一个，很有必要订立接茬帮教协议。在充分酝酿的基础上，省少管所与这3个法院达成协议如下：

一、三个法院少年庭对审结的少年犯罪案件，要把少年犯的基本面貌、家庭状况、犯罪动机原因、认罪态度和法院有针对性的帮教工作情况，写成书面材料提供给少管所。

二、少管所每年1月、7月定期将这3个法院判决的少年犯在服刑期间的改造表现，写成书面材料提供给3个法院。

三、对确有悔改、立功表现的少年犯，在少管所提出试工、试读、试学意见后，原审法院应积极配合做好工作。

四、少年犯释放前，少管所应主动与法院联系，共同帮助做好他们的就业，就学安置和帮教工作。

五、少年犯刑满释放后3年内，法院少年庭与少管所共同做好考察回访工作，互通信息，总结经验，努力提高改造和审判工作水平。

六、协议自1989年4月1日生效，有效期三年。到期如双方无异议，则延期三年。

江西省刑事审判工作研讨会

1989年3月21日至26日，江西省高级人民法院在新余市召开了第一次全省刑事审判工作研讨会。会议由省高院刑一庭庭长沈德咏主持。全省各中级法院刑一庭庭长及十三个县、市、区法院主管刑事审判的院长或刑庭庭长参加了会议。省高院副院长阙贵善在会议结束时讲了话。

这次研讨会就全省法院在执行刑法、刑事诉讼法中遇到的一些具体问题进行了深入地研讨，这些问题是，刑法方面：对一般共同盗窃案件的处理；已满14岁不满16岁的人犯重大盗窃罪的构成要件；被盗物金额的计算；抢劫杀人行为的定罪；掳人勒赎（绑架）行为的定罪；哄抢行为的定罪；挪用公款行为的定罪及其数额标准；伤害致死与故意杀人罪的区别；自首的认定及处理。刑事诉讼法方面：自诉案件的处理；刑事附带民事诉讼案件的处理；漏罪漏犯的追诉；赃款赃物的移送；案件的内部请示；公开审判；司法文书及案情报告的制作以及卷宗的管理。以往全省法院的刑事审判工作在上述方面存在一些不尽统一、不合规范的做法。通过研讨，明确了具体的、一体遵行的操作规范。如对一般共同盗窃案件的处理，要求：

1. 对于一般共同盗窃犯，应按照共同盗窃的总额适用刑法条文。在量刑时，可按照个人参与盗窃的总额，参考其分赃数额及其在犯罪中的地位与作用，予以处罚。2. 共同盗窃总额较大的，适用刑法第一百五十一条。对分赃数额已达较大的，结合其他情节处罚；对分赃数额未达较大的，结合其他情节依法分别处罚；情节显著轻微、危害不大的，不按盗窃罪处罚；情节轻微的，可免予刑事处分；情节严重的，应按盗窃罪处罚。情节严重的情形主要是：主犯、累犯、教唆犯、流窜犯、劳改逃跑犯；盗窃生产、生活、医疗急需款物，造成后果的；盗窃外国人、华侨、港澳台胞财物，造成较坏影响的等等。3. 共同盗窃总额巨大的，适用刑法第一百五十二条，并结合分赃数额等其他情节依法分别处罚。对少数虽然不具有刑法规定的减轻处罚情节，但按照刑法第一百五十二条规定的最低刑判处还是过重的，可依照刑法第五十九条第二款的规定办理。4. 交叉进行共同盗窃的，可按各人参与盗窃的总额分别适用刑法条文，并结合分赃数额等其他情节依法分别处罚。5. 对于一般共同盗窃的主犯，应当从重处罚。对于从犯，应当比照主犯从轻、减轻或者免除处罚。对于从犯在认定其盗窃数额的刑事责任时，一般应高于分赃数额的刑事责任。对于主、从关系难以划分的，可在分赃数额以上，个人参与盗窃总额以下，结合其他情节依法分别处罚。6. 对于案发后尚未分赃或者已经共同挥霍掉的，能够分清主犯、从犯的，可在参与盗窃总额以下，平均数额以上，主犯从重处罚，从犯比照主犯从轻、减轻或者免除处罚；没有主犯、从犯之分的，可在平均数额以上，个人参与盗窃总额以下，结合其他情节依法分别处罚。又如对自诉案件的处理，规定：1. 关于自诉案件举证责任的问题。自诉案件的举证责任应由自诉人承担。缺乏罪证的自诉案件，如果自诉人无法补充证据，经人民法院调查又未能收集到必要的证据的，应当说服自诉人撤回自诉，或者裁定驳回。2. 关于构成犯罪的自诉案件的撤诉问题。人民法院对自诉案件进行审查后，如果认为被告人的行为构成犯罪，对于必须由人民检察院提起公诉的，应按刑事诉讼法第一百二十六条第（二）项的规定，将案件移送人民检察院，不允许自诉人撤诉了结；对于其他的轻微刑事案件，根据刑事诉讼法第一百二十七条的规定，自诉人在一审判决宣告之前提出撤诉的，法院应当进行审查，只要不是因为被告人的威胁，而是出于自诉人自愿的，应当准许其撤诉。若发现被告人有威胁恐吓自诉人等行为，法院应及时予以制止，情节严重构成犯罪的，要依法论处。自诉人在上诉期间及二审程序中提出撤诉的，法院一般不予准许；而可以依法进行调解。3. 关于自诉案件司法文书的制作问题。对于自诉案件经调解达成协议的，一般应根据需要制作调解书；仅有刑事部分的，制作刑事调解书；同时附带民事诉讼的，经调解对刑事部分和附带民事部分均达成协议的，制作刑事附带民事调解书，仅就刑事部分达成协议，附带民事部分未达成协议需作出判决的，分别制作刑事调解书和民事判决书；刑事部分未达成协议需作出判决，而附带民事部分达成协议的，分别制作刑事判决书和民事调解书。

会后，形成了《第一次全省法院刑事审判工作研讨会纪要》，并经省高院审判委员会讨论通过，下发全省各级法院指导工作。

江西省第三次民事审判业务研讨会

1989 年 3 月 15 日至 21 日，江西省高级人民法院在宜春市召开了第三次全省民事审判业务研讨会。出席会议的有全省各中级人民法院和丰城、波阳、上饶、赣州、九江、南昌市西湖区、宜春市等 10 个县（市、区）人民法院的民事审判庭庭长。主要就民事诉讼举证责任的若干问题进行了探讨，评查了宜春市人民法院 1988 年审结的婚姻、房屋、损害赔偿、债务四类民事案件，交流实行当事人举证责任制度、审理离婚案件争独生子女抚养的经验。

会议认为，过去法院对民事诉讼当事人的举证责任强调不够，民事审判工作中出现了“当事人一张嘴、法官跑断腿”的被动局面，随着民事案件的增多，需要就传统的民事审判方式进行反思，积极探索变更民事审判工作方式，理顺民事诉讼当事人举证与人民法院主动查证的关系，逐步形成一种新型的民事审判格局，这对于提高办案效率和办案质量，从根本上摆脱民事审判工作中的被动局面，具有积极意义。基于这种认识，会议就举证责任中举证责任的分担、举证责任的转移、举证责任的免除、举证与查证的内在机制等问题作了具体探讨。

会议认为，强调当事人举证并不排斥人民法院主动查证，举证必须与查证结合起来，举证与查证是一个问题的两个方面。强调举证，并非要坐堂办案，不去调查。人民法院依职权主动调查和收集证据，这不仅是基于法律的规定，而且也是办案的需要。总之，把强调举证与主动查证结合起来，从根本上变革和更新陈旧的调查取证模式，必将提高办案效率和办案质量，有利于提高民事审判的执法水平。

会议还就离婚、赔偿、债务、房屋、继承这几类在整个民事案件中占有很大比例的民事案件的举证责任的范围作了具体规定。

江西省高级人民法院副院长阙贵善在会议结束时讲了话。

江西省经济审判方式改革经验交流会

1988年下半年以来，江西省各级人民法院面对成倍增长的经济纠纷案件，为适应商品经济发展的客观需要，大胆改革传统的审判方式，改善执法活动，大大提高了办案效率，初步扭转了经济审判工作的被动局面。为总结实践经验，使这一活动健康发展，1989年4月11日至14日，省高级人民法院在宜春地区高安县召开了全省经济审判改革方式改革经验交流会。各中院和部分基层法院经济庭庭长参加了会议。会上共交流经验材料15份，宜春、南昌、景德镇、九江等中院和高安、宁都、上饶等县法院在会上介绍了改革经济审判方式的做法和经验。省高院阙贵善副院长到会讲了话。

与会同志结合各地实际，围绕经济审判工作如何适应新形势发展的需要，怎样进行审判方式改革，充分发表意见，交流看法，对一些带普遍性的问题取得了共识。集中各地改革的做法，主要有以下几个方面：一、简化诉讼手续，提高办案效率；二、重视当事人举证责任，坚持举证、查证、质证相结合；三、搞好开庭审判，重视庭审调查；四、明确分工权限，充分发挥各类审判组织的作用。其中宜春地区中级法院《简化诉讼手续，提高办案效率》和高安县法院《简化诉讼手续审理简易经济纠纷案件》的经验材料被最高法院编印的《经济审判工作参考资料》(1989年第三辑)刊登，向全国法院推广。

江西省新类型经济纠纷案件审判专题讨论会

联营、企业承包、企业租赁合同纠纷是经济体制改革中出现的新类型经济纠纷案件，依法、公正、及时审理这些案件，保障经济体制改革的顺利进行，是人民法院经济审判的任务。为此，江西省高级人民法院于1989年9月5日至9日，在庐山召开了全省新类型经济纠纷案件审判专题讨论会，各中级法院经济庭庭长和部分论文作者到会。会议共收到联营、承包、经济审判在治理整顿中的作用等方面的论文13篇。会上，除了宣读论文外，还结合经济审判实际，对审理联营、企业承包、租赁合同纠纷案件的有关问题进行了认真的讨论。如联营合同的法律特征、主体资格、合同内容、实体处理、企业承包、企业租赁合同的法律特征、法律效力的认定、企业承包、企业租赁合同纠纷的处理等问题。在广泛讨论的基础上，省高院经济审判庭起草了《关于审理联营、企业承包、企业租赁合同纠纷案件若干问题的意见之二》，经省高院审判委员会讨论通过，以正式文件下发全省各级法院。会后，选送了《如何审查联营合同的法律效力》(赣州地区中级法院经济庭)、《谈谈联营纠纷的审理及法律对策》(吉安地区中级法院邹峰阳)、《联营合同的法律特征及审理原则》(萍乡市中级法院朱磊) 3篇论文参加华东地区经济审判工作研讨会。

江西省第二次经济纠纷疑难案例讨论会

继1988年12月在新余市召开第一次经济纠纷疑难案件讨论会之后，1989年12月5日至9日，江西省高级人民法院在赣州市召开了第二次经济纠纷疑难案例讨论会。会上对35个疑难案件的立案、审理、处理原则和法律适用等问题进行了深入讨论，提出了倾向性意见，供全省各级法院在经济审判中参考。

会议主要就下列四个方面的问题，提出了倾向性意见：一、关于立案和合并审理问题，如不应将民事案件作为经济纠纷案件立案受理；不应把行政处罚引起的审议与经济纠纷合并审理；对不符合《民事诉讼法（试行)》第四十七条规定的，不应作为共同诉讼并案审理。二、关于诉讼主体的问题，主要有：企业承包人在承包经营期间对外发生债务的诉讼，应当将承包人列为第三人参加诉讼；合同主体不具备法人资格，如何确定诉讼主体；因代办购销业务发生纠纷，应如何确定诉讼主体；连环购销合同中间环节当事人依三方协议变更为居间关系的，诉讼主体如何确定等；三、关于合同效力的认定；四、实体处理。

会上省高院郑臣镇副院长讲了话。该篇讲话和会议纪要均被最高法院《经济审判工作参考资料》(1990年第一辑）全文转载。

山东省法院改革民事审判方式座谈会

为了进一步贯彻落实全国、全省第十四次法院工作会议精神，改革不适应形势的审判方式，山东省法院于1989年5月3日在青岛召开了由各中院分管院长、民庭庭长等参加的全省法院改革民事审判方式座谈会。

与会同志一致认为：

一、改革民事审判方式要以当事人举证为突破口，以公开审判为重心。

在民事案件大幅度上升的形势下，人民法院要把主要精力放在审查、判断证据上，除鉴定结论、勘验笔录、档案材料、纳税单据等证据需要法院收集外，大量的证据要由当事人提供，改变过去“当事人一张纸，办案人跑断腿”的做法，新的办案方式要求审判人员要把好受理关。当事人起诉，应当提供具备当事人资格的证据，提供与本案有直接关系的证据，明确的被告、具体的诉讼请求和事实根据。如果当事人提供证据不够充分，法院应让其补充证据，坚持起诉的、可以受理，经调查仍无充足证据，可当庭判决败诉。

对一审案件，除涉及国家机密、个人隐私和离婚案件当事人申请不公开审理的以外，其他均应公开审理；二审案件、再审案件公开审理的比率要逐步提高；要改变过去只是“背靠背”调解、调解不开庭的习惯做法，增强审判工作的透明度。

二、要充分发挥合议庭的审判职能作用。

对于一般的民事案件，合议庭认为案件事实清楚，证据充分，适用法律正确的，可当庭结案；调解不成的，经过合议庭合议，及时做出判决，合议庭成员对案件事实和适用法律负责，不必经审判委员会讨论决定。改变过去办案人员对事实负责、合议庭对适用法律负责、每案均由审委会讨论决定的习惯做法，从而提高办案效率，缩短办案期限，使大多数民事案件的审期不超过三个月，离婚案件，重大、疑难案件的审期相对缩短，扭转当前民事审判工作的被动局面。

三、改革民事审判方式的核心在于提高办案效率，使民事审判走向正规。对改革中出现的问题必须引起重视。如：过去审判人员习惯于“背靠背”调解结案的方式，对“面对面”的开庭调解很不适应，突出表现在：一是法律条文不能运用自如；二是调解语言不够规范；三是法庭调查多，做当事人思想工作少。审判人员的业务素质急需提高。又如过去当事人不举证，审判人员对当事人提供的证据不信任。现在强调当事人举证，举不出充足的证据就有败诉的可能。但人民群众对举证问题并不了解，如何举证？举哪些证？人民法院必须做好宣传工作，落后地区更要重视。

另外，与会者还认为，改革民事审判方式是一项系统工程，在抓好办案效率的同时，还要重视办案质量，要做好当事人的思想工作，从而减少案件的上诉、申诉率，提高整个民事审判的办案效率。

强调当事人的举证责任，是为了更好的贯彻实施我国的民事诉讼法，它不同于“坐堂问案”，也有别于“马锡五审判方式”，是民事审判历史性的变革，将对全省民事审判工作产生巨大的影响。

山东省法院系统首届审判理论与实践研讨会

1989年12月26、27日，山东省法院系统首届审判理论与实践研讨会在章丘县召开。参加会议的有研讨会入选论文的全体作者，各市地中级法院、济南铁路运输中院、青岛海事法院研究室主任和业大分部主任共70余人。省法院蒋永昶、孟昭科副院长参加会议并讲了话。

研讨会得到了全省各地法院的积极响应。各地法院对这次研讨会十分重视，积极组织力量，认真选题，撰写论文，许多领导同志亲自动手，写出了一些有一定理论深度和一定参考价值的好论文。经各中院评选，省法院共收到各地法院选送的论文91篇。其中，刑事方面的18篇，民事方面的24篇，经济方面的10篇，程序法方面的11篇。改革改善法院工作方面的10篇，其他18篇。对收到的论文，省法院组织专门人员，逐篇进行了认真分析研究，在初步选出44篇论文的基础上，又逐篇进行了评议。在坚持高标准的前提下，适当照顾面，经反复筛选，共选出参加会议交流的论文28篇，其中会上宣读的13篇，小组交流的15篇。

孟昭科副院长在讲话中简要介绍了研讨会的筹备情况，高度评价了这次会议。他要求论文作者，要根据这次研讨会上提出的意见和要求，对论文进行认真修改，于1990年2月底报省院，省院拟将本次研讨会的论文出《审判理论与实践论文》专辑，推广这些研讨成果，以指导审判工作的开展。

研讨会结束时，蒋永昶副院长代表省院党组作了总结讲话。

他说，研讨会入选的论文有着自己的突出特点：一是理论联系实际，有很强的实践性和一定的理论深度。所有论文课题都来源于审判实践，从理论高度进行分析研究，具有一定的见解、份量和价值。二是课题新颖。论文的内容都是在当前改革、开放和发展社会主义商品经济的新形势下，在立法或司法方面亟待深入研究和探讨的新问题。三是范围广泛，涉及审判工作的各个方面。这些论文既有对实体法方面的探讨，也有对程序法方面的研究；既有对审判实践中出现的新情况、新问题的思考，也有针对新情况、新问题提出的立法上的建议；既有对审判经验的总结，也有对法院改革的意见。

他指出，近几年来，山东省法院系统审判理论与实践的研究工作，在各级法院的重视下，取得了一些成绩。但是，应当看到，在较长一个时期里，由于人民法院任务繁重，力量不足，审判人员忙于埋头办案，致使我省法院审判理论与实践研究工作还处在起步阶段。这种情况与全省法院审判工作面临的新形势很不适应。召开这次审判理论与实践研讨会，对于把审判工作置于党的领导之下，坚持马列主义的法学观点，充分发挥审判机关的职能作用，进一步深化审判就是服务的观念；对于总结审判工作经验，把感性认识提高到理性认识的高度，提高执法水平，推动全省法院各项审判工作的全面开展；对于法院干警开拓视野，积极探索研究改革改善法院工作，适应新形势的要求，使各级法院成为精简、务实、高效的审判机关、完成日趋繁重的审判任务；对于提高全省法院干警的政治、业务素质，促进审判干部由经验型向理论、实践型转变，多出法律专业人才；对于加强立法，促进我国法制建设的进程，都将起到积极的推动作用。

蒋副院长要求与会人员，要认清新形势下加强法院系统理论与实践研究工作的重要意义。他指出，目前，我国正处在改革的关键时刻，作为国家审判机关的人民法院，面临着一系列的新情况、新问题需要研究和探讨。首先，随着法制建设的日益加强，人民法院运用法律手段调节的各种社会关系的范围不断扩大。在治理整顿和改革开放的新形势下，人民法院如何通过审判活动为经济建设服务，如何运用法律手段调节各种社会矛盾，为社会治安的综合治理服务等等，都需要通过调查研究，拿出解决的措施和办法来。第二，传统的审判制度与审判方式需要不断改革和完善。人民法院如何进行改革，使办案质量、效率与新时期繁重的任务相适应，也需要进行深入的实际调查，从理论和实践的结合上提出可行性的科学论证。第三，随着法制的逐步建立健全，一些重要的基本法律，如民法通则、行政诉讼法及各类行政法规相继颁布实施，刑事、民事、经济、行政等案件，都出现了一批新型案件。如何处理这些新型案件，也要求人民法院必须通过调查研究，不断加以解决。

蒋永昶副院长在简要分析了搞好审判理论与实践研究工作的重要意义后，对今后如何加强这方面的工作提出了意见。

他强调指出，今后一段时间全省法院审判理论与实践研究工作的指导思想，要以党的十三届四中、五中全会和省委五届三次全委（扩大）会议精神为指针，围绕新形势下加强社会主义法制，强化人民民主专政，实现社会治安长治久安，以及审判工作如何更好地为治理、整顿和深化改革服务这个总课题，进一步开展审判理论与实践的研究工作，并把这一工作推向一个新阶段。他提出了以下几点具体要求：

第一，审判理论与实践研究工作必须坚持四项基本原则，反对资产阶级自由化。资产阶级自由化的影响涉及到各个方面，法学研究领域也不例外。要充分认识法学界反对资产阶级自由化的长期性和艰巨性，认识学习马列主义、毛泽东思想，掌握思想武器，更加自觉地坚持四项基本原则，以革命的理论指导审判理论与实践的研究工作。

第二，提高认识，加强领导。必须看到，目前法院工作面临着许多新情况、新问题，亟待加强审判理论与实践的研究，增强工作的预见性、主动性和科学性，提高审判水平，以适应客观形势发展的要求。越是任务重、要求高，越要加强调查研究，指导实践。因此，各级法院的领导同志务必把调查研究工作摆到议事日程上来，作为一项重要任务，切实抓紧抓好。各级法院的领导都要亲自参加调研活动，拿出成果来。

第三，充分发挥主观能动作用，走出一条审判理论与实践研究工作的新路子。今后，研究工作应当立足现实，以完成研究课题，解决审判实践中遇到的亟待解决的问题为目标。各级法院都要密切结合实际，选准课题，改进方法，搞好“五个结合”，即：领导、专职研究人员与审判人员相结合；调查研究与领导指导工作相结合；研究工作与党的中心工作相结合；上下级法院相结合；专职研究人员与经济、行政、司法等有关部门相结合，充分调动各方面的积极性，切实把审判理论与实践的研讨工作开展起来。

第四，改进方法，提高素质，进一步提高我省法院审判理论与实践研究工作的质量和水平。当前，全省法院调查研究工作中存在的主要问题是质量还不够高。为了解决这一问题，一是要不断提高研究人员的业务素质，各级法院要根据自己的实际，采取多种方式搞好培训；二是选题要有针对性，主要选择审判实践具有普遍性，又亟须解决的问题，进行调查研究，以指导各项审判工作的深入发展；三是调查研究要有科学性，从调查材料中找出内部固有的规律，实行由感性认识到理性认识的飞跃，把审判理论与实践的研究工作提高到一个新的水平。

与会人员一致认为，这次会议是山东省法院系统首届审判理论与实践研讨会，也是对全省法院队伍素质和研究成果的一次大检阅，它标志着我省法院系统审判理论与实践研究工作进入了新的阶段，对于全省法院进一步开展审判理论与实践研究工作，具有积极的推动作用。

广东省经济纠纷调解中心现场会

广东省高级人民法院于1989年6月20至24日在深圳市召开了全省中级法院院长会议。会议后两天，以现场会的形式，总结、推广了深圳市中级法院“经济纠纷调解中心”的经验。

深圳市中级人民法院的“经济纠纷调解中心”是1988年7月初试办的，至1989年6月已十个月，取得了显著的成绩，共受理经济纠纷案件486件，已调解结案337件，平均结案时间16天，最快的只有2小时。调解结案的争议标的达人民币2.8亿元，港币1，928万元，美元358万元，为当事人挽回了巨大损失。及时解决这些经济纠纷，保护了当事人的合法权益，疏通了人为阻塞的资金，加快了生产（或经营）资金的流转，收到了为经济建设服务的显著效果。

深圳市中院“经济纠纷调解中心”是根据经济纠纷不断增多的情况而设立的。1987年市区两级法院受理的经济纠纷案件为1983年的15倍。至成立调解中心前，积存经济纠纷案件233件，其中有的已立案两三年，最长的将近六年，当事人意见很多。深圳市中院根据民诉法关于着重调解的原则，设立了“经济纠纷调解中心”，大大加快了办案进度，提高了办案效率，使经济纠纷案件长期大量积压这个难题得到了较好的解决。由于案件是经过调解解决的，双方当事人自愿，因而执行起来也比较容易，90%的案件当事人自动履行，比较好地解决了“执行难”的问题。

深圳中院“经济纠纷调解中心”的经验和做法主要是：（1）根据民诉法“着重调解”的原则，采取即告即收、即收即调、尽快结案的办法，不受一般诉讼程序和时限（7天内决定是否立案、被告有15天的答辩期、开庭前3天通知当事人）的限制，简化了审理案件的程序和缩短了审理案件的时间。（2）调解时坚持自愿、公正、合法的原则，依法充分尊重当事人的意志，调解协议一经达成，不但解决了纠纷，而且消除了双方当事人的对立情绪，增加了对法院的亲切感和信赖感，收到了两方面的社会效果。（3）方法灵活，方便群众，起诉不拘形式，书面、口头、来信来函都可以；传唤当事人可用传票，也可以用电话、电传和信函；调解根据具体情况不同，有的正式开庭调解，有的在法院当即调解，有的到当事人所在地调解，还有的采取信函调解。（4）推行“谁主张，谁举证”的原则，把过去法院调查为主，变为以双方当事人的举证为主，使调解过程成为举证、论证、分清责任的过程，增加了办案的透明度，避免了找关系说情的现象。（5）加强领导。深圳市委对成立调解中心非常重视和支持，专门给法院增加了17名编制。为了办好调解中心，深圳中院抽调了一批熟悉业务，有一定办案经验的干部到调解中心工作。对工作中遇到的问题，中院领导及时研究解决，使调解中心的工作不断改进，不断完善。会议认为，深圳中院的经验很好，对推动全省经济审判工作的改革有着重大的意义，决定在全省中院推广，有计划地逐步设立经济纠纷调解中心，并提出了在推广中需明确的几个问题。

一、性质和任务。“经济纠纷调解中心”是人民法院的职能机构，专门负责经济纠纷案件的调解工作。所作的调解是诉讼调解。调解成立后形成的调解协议或调解书，是人民法院的调解书，具有法律的强制约束力。经调解不成或一个月内调解不成的案件，移送审判庭判处。

二、受案范围。按照《民事诉讼法（试行）》有关地域管辖的规定执行。经济行政案件，确定合同无效的案件，以及有违法行为需要处罚的案件，不能受理。对于涉外、涉港澳地区的案件，应由中级法院调解中心受理；双方当事人均为港澳地区的企业和其他经济组织或者个人，法律事实发生在港澳地区，一方当事人在内地法院起诉后，另一方当事人表示接受调解的，即视为承认内地法院的管辖，调解中心可以调解。

三、办案原则。坚持自愿、公正、依法的原则。允许债权人自愿放弃自己民事权利，调解协议应为双方当事人自愿达成。调解中心办案，要立足于快结案，方便当事人诉讼，有利生产和经营。要把法律教育寓于调解的全过程。对于口头起诉、答辩、当席进行调解的案件，要认真做好笔录。除少数当席调解即时清结债务的案件外，均应制作调解书。

四、诉讼保全措施。调解中心调解的案件是诉讼调解，依法可采取保全措施，但申请人必须向法院提供担保。如果申请人败诉，则要赔偿被申请人的损失。为了有利于和解的气氛，在一般情况下少使用诉讼保全措施。

五、机构人员。中级法院都可以设立“经济纠纷调解中心”，但不搞一刀切。经济发达、经济纠纷比较多的中级法院先行设立（如广州、珠海、佛山、惠州、江门、湛江、肇庆、韶关、茂名等）。县、区暂时一般不设，个别经济发达的县如需设立的，应征得中级法院的同意。

“经济纠纷调解中心”是审判庭一级的机构，要有专门的班子，要配备有一定政策、法律水平和办案经验的审判干部。个别编制较少的法院，可与经济审判庭一套人马、两块牌子，但内部一定要有明确分工。

广东省高级人民法院人民法庭工作座谈会

1989年9月21日至24日，广东省高级人民法院在开平县召开了全省人民法庭工作座谈会。参加座谈会的有中级人民法院和部分基层人民法院的负责同志。会议根据当前人民法庭的情况和形势发展的要求，讨论了大力加强人民法庭建设的问题，进一步明确了加强人民法庭工作的方向。

会议回顾了全省人民法庭的工作。近几年来，人民法庭的广大干部做了大量的工作，取得了很大的成绩。人民法庭办结的案件，占所属基层人民法院办结案件总数的80%以上。通过民事、经济、行政和轻微刑事案件的审判以及其他各项工作，为促进社会的安定团结，为保障农村经济体制改革和经济建设的顺利进行，发挥了重要的作用。人民法庭在审判实践中也不断前进，组织机构和审判业务都有了新的发展。现在全省有人民法庭921个，干部3196人。受案的范围扩大了，审判的职能发展了，不仅处理一般的民事案件，还要处理经济纠纷等案件；办案水平提高了，所办案件的质量基本上是好的。

但是，从当前人民法庭的现状和面临的形势来看，还很不适应，必须进一步大力加强人民法庭的建设。加强人民法庭的建设要贯彻“积极发展、巩固提高”的方针，总的要求是：健全机构，加强审判，提高水平，改善条件。为此，会议要求各级人民法院必须①充分认识加强人民法庭建设的重要性和必要性。②进一步建立健全人民法庭的机构，充实法庭干部。必须按镇建制来设立人民法庭，即一个镇设一个人民法庭。每个人民法庭一般配4人。人民法庭的干部至少应达到基层人民法院干部总数的50%。编制不足的，可以由镇、乡配备符合审判工作人员条件的集体所有制和合同制干部，但必须经基层人民法院审查同意。③人民法庭的管理体制，应实行基层人民法院和当地党委的双重领导，以法院领导为主的管理体制。④进一步明确人民法庭的职权。在当前，人民法庭受理的案件主要是：民事案件；诉讼标的小，不需进行技术鉴定的经济纠纷案件；基层人民法院交办的不服辖区内镇乡行政机关处理决定的行政案件；轻微刑事案件；本庭办结的需要执行的案件。对本庭办结的案件的申诉复查工作和处理非诉讼纠纷的工作也必须做好。为了使人民法庭适应当前工作的需要，人民法庭庭长可以签发调解书和先行给付裁定书；在紧急情况下需要采取拘传、诉讼保全及强制执行措施的，人民法庭可先行实施后报基层人民法院院长批准。⑤狠抓提高办案水平。人民法庭要坚决实行审判工作规范化，强调认真执行审判程序，严格依法办案。人民法庭受理的案件，要坚持着重调解的原则。对需要开庭审判的案件，要依法进行公开审理。增加审判工作的透明度，接受群众的监督。审判案件要强调谁主张谁举证，当庭公开出示证据、核实证据，在搞清事实的基础上，依法正确作出判决或裁定。⑥尽快提高人民法庭干部的政治素质和业务素质。所有人民法庭的干部必须坚持四项基本原则，为政清廉，全心全意为人民服务，熟悉经常运用的法律、法规，能够独立处理案件或完成其他工作任务，制作符合要求的法律文书。人民法庭的庭长应是思想政治水平较高，经过正规的专业训练，熟悉审判业务，并有一定领导能力的县科级干部。要采取分级负责的办法，加强对人民法庭干部的培训。当前还要特别注意抓好人民法庭的廉政建设。⑦积极改善人民法庭的工作条件和干部生活条件。要坚决按照最高人民法院的要求和标准，力争在三年内完成人民法庭的基本建设任务，争取每年完成三分之一左右。每个人民法庭要有一部电话，每个干部要配一部自行车，经济条件比较好的镇，应配业务用的摩托车或汽车，以便使他们有最基本的工作条件。⑧各级人民法院都要把人民法庭工作作为一件大事来抓。要实行分级负责的办法，一级抓一级，层层抓落实。各级人民法院都要成立人民法庭工作指导小组，协调本院各部门，加强对人民法庭工作和建设的指导。争取到1990年底，用一年多一点的时间，抓出明显的成效来，使人民法庭的思想建设、组织建设和审判水平都跨上一个新台阶。

贵州省高级法院行政审判工作座谈会

1989年3月7日至10日，贵州省高级法院在遵义市召开了全省行政审判工作座谈会。参加会议的有各中级法院分管行政审判工作的院长（副院长）、行政庭庭长，部分基层法院行政庭庭长以及省法院行政庭全体同志共56人。会议根据全国第十四次法院工作会议精神，回顾全省法院开展行政审判工作两年来的基本情况，总结交流经验，讨论面临的问题和疑难案例，并对行政案件法律文书的制作进行探讨。省法院副院长张林春到会作了讲话。

座谈会在回顾全省法院开展行政审判工作的基本情况时一致认为，两年来主要抓了以下工作：积极建立健全行政审判庭。全省97个法院都建立了行政庭，配备行政审判干部226人。各级法院采取多种形式培训行政审判干部，开展行政法制宣传，积极、稳妥地审理行政案件。两年来全省共受理一审行政案723件，办案质量和效果是好的；开展调查研究，及时解决审判实践中遇到的新问题，不断提高执法水平。座谈会指出了工作中存在的问题：人员配备不足，有的地区受理案件较少，局面尚未打开及时总结审判经验不够；在适用实体法和程序法以及法律文书质量方面不同程度地存在一些问题。

座谈会要求全省法院在今后行政审判工作中，明确指导思想，加强领导，健全机构，积极、慎重、全面开展行政审判工作，及时研究审判实践中的新情况新问题，总结和推广好的经验，把行政审判工作向前推进一步，为行政诉讼法的正式实施作好思想、组织和工作上的准备。

贵州省调查研究与统计信息工作座谈会

1989年5月16日至17日，贵州省法院在贵阳召开了调查研究与统计信息工作座谈会。各中级法院研究室（办公室）主任和统计人员以及省法院研究室、办公室负责人共26人参加会议。省法院院长谢锦汉、副院长张林春、李太荣到会分别讲话。会议回顾近年来全省法院调查研究与统计信息工作的基本情况，着重研究进一步加强调研工作和办好省法院研究室主办的《调查与研究》刊物的措施。会议要求各级法院进一步端正调查研究为审判工作服务的指导思想，切实加强领导，尽快在全省法院建立起一支专职调研队伍。在此基础上，以解决审判工作中遇到的现实问题为目标，采取“三结合”的办法，有计划地推进全省法院调查研究工作。即：实现本院范围内的领导、专职研究人员与业务庭审判人员的结合，定纲目、定力量、定时间完成既定调研课题；实现法院与同级经济部门的横向结合，共同组织力量，深入“整顿、治理”第一线调查研究，提出对策，提供法律咨询服务；实现上下级法院之间的纵向结合，加强协调，有选择地派员协助完成重点调研课题。从而确保各中级法院的调研机构，在本地范围内，每年负责组织完成 2 至 4 个调研课题和 3 至 5 个新类型或疑难案例，卓有成效地为审判工作服务。

贵州省全省法院执行工作会议

为进一步加强和改进执行工作，1989 年 9 月 6 日至 11 日，贵州省法院在贵阳召开了全省法院执行工作会议。各中级法院分管副院长，民庭、经济庭、执行庭庭长，部分基层法院分管院长（副院长）共 48 人参加会议。省法院院长谢锦汉、副院长张林春、冉茂元到会作了讲话。会议回顾近年来执行工作的基本情况、总结交流执行工作经验。针对近年来全省执行率有所下降的情况，讨论省法院《关于加强执行工作的试行意见》。会议要求各级法院今后要把执行率的高低作为检验严肃执法和办案质量的一个重要标准，切实从四个方面作出努力：一、建立健全机构。各中级、基层法院都要建立健全执行庭或者配备专职执行人员，执行人员要符合懂得各项审判工作，有一定群众工作经验，会做思想工作，能对案件进行审查的要求。省法院成立执行工作指导小组，指导全省法院执行工作；二、搞好审执配合。案件从受理时就应考虑执行，适时采取必要的诉讼保全措施，保证案件审结后能顺利执行；三、把好执行案件立案关。超过执行申请期限的不予受理，没有法律根据的不予受理，对有关机关和个人依法申请执行的行政处罚、仲裁决定，要认真审查，不盲目执行；四、严格依法办事，把做耐心细致的说服教育工作与依法强制执行（包括采取强制措施）结合起来。

云贵川三省第三届法院信访工作联席座谈会议

1989 年 10 月 24 日至 28 日，云贵川三省第三届法院信访工作联席座谈会在贵阳召开。云南、贵州、四川、湖南、湖北、广西六省（区）高级法院告诉申诉审判庭的负责同志，17 个中级法院和 6 个基层法院主管告申工作的院、庭负责同志共 37 人参加会议。会议由贵州省高级法院副院长张林春主持。贵州省高级法院院长谢锦汉到会作了讲话。会议根据形势的发展和告申庭的普遍建立，围绕加强和改进告申工作进行座谈，六省（区）高级法院告申庭和云南的昆明市、昭通地区，四川的成都市、重庆市等中级法院，以及四川的简阳、贵州的遵义等县法院在会上作了发言交流。

会议对目前各省法院在划分告申庭的职责范围上不尽一致而出现的多种模式进行了认真研究和比较，认为实践结果表明，告申工作采取“大包干”的形式（或叫“统管型”即统揽告诉、非讼、刑事、民事、经济、行政案件的申诉，减刑假释案件，指定管辖案件等）较之其他形式更为符合实际。一是有利于改变过去存在的告诉案件多头立案或该立案不立案，申诉案件因原审判庭忙于一、二审案件，无暇顾及申诉或由于重一、二审案件，轻申诉案件造成积压或久拖不决的现象，解决群众“告状难”问题，保护公民的诉讼权利和合法权益。二是有利解决因工作职责范围不一、上下级法院之间存在的一口对多口或多口对一口的矛盾，理顺纵横关系，提高工作效率。三是有利于健全内部机制，形成法院内部各庭之间互相监督、互相制约的局面，加强对各项审判工作的全面监督。

会议还就告申工作的制度化、标准化；法院信访工作职能的转化；将信访工作纳入审判轨道；如何解决好群众“告状难”等问题进行了研究和探讨。

贵州省刑事审判工作会议

1989年11月21日至24日，贵州省刑事审判工作会议在贵阳召开。各中级法院院长（副院长）、刑庭庭长和部分基层法院院长以及省法院有关庭、室负责人共40人参加会议。省法院院长谢锦汉、副院长吴开荣、李太荣到会并分别作了讲话。会议认真学习贯彻最高法院召开的全国部分省、市法院刑事审判工作会议精神，在回顾小结今年以来全省法院刑事审判工作的基础上，分析研究刑事审判工作面临的形势和任务，安排部署了今冬明春的工作。

会议分析面临的形势时认为，当前，全省社会治安形势相当严峻，刑事案件上升幅度较大，抢劫、杀人、爆炸等严重暴力性犯罪明显增多；“六害”仍在蔓延。同时，反革命活动和境外敌对势力、反动组织渗透活动加剧。为此要求各地法院增强敌情观念和专政意识，首先要依法慎重地审理涉及制造政治动乱的犯罪案件。同时，针对严重刑事犯罪新动向，坚定不移地贯彻依法从重从快方针，加强对突出刑事犯罪案件的审判，严惩各种严重刑事犯罪分子，遏制重大现行恶性案件的上升势头。

会议要求各级法院认真贯彻落实两高《通告》，并在《通告》限期届满后，继续严厉打击严重破坏经济的犯罪。对有影响的大案要案，坚持快审快结，牢牢掌握审判工作主动权。要正确掌握从宽处理幅度，注意把确属主动投案自首与采取强制措施后坦白交待的加以区别；把积极退赃与不积极退赃，全部退赃与部分退赃的加以区别；把有立功表现与没有立功表现以及立功大小加以区别；把是否给国家、集体利益造成损失和损失大小加以区别，防止片面从宽或片面从严的现象。对于重大贪污、受贿、投机倒把等犯罪分子，尤其是他们当中不积极退赃的，依法并处没收财产或罚金等附加刑。对于犯罪分子利用贪污、受贿、诈骗、挪用公款等从事经营、牟利活动的，依法追缴其非法所得，不能让其在经济上占便宜，以维护法律尊严和《通告》的威力。

贵州省高级法院廉政建设工作会议

1989年6月和12月，贵州省高级法院在贵阳两次召开了全省法院廉政建设工作会议，深入贯彻全国法院廉政建设工作会议精神。各中级法院院长（副院长）和政工科负责人以及省法院政治处负责人参加会议。省法院常务副院长吴开荣主持会议并讲话，会议结束时，省高级法院院长谢锦汉到会作了讲话。

会议对近几年来全省法院廉政工作作了回顾，认为，全省法院坚持对政治思想工作常抓不懈，从严治院，从严治警，廉政建设取得显著成绩。一是通过马列主义的基本理论的学习的教育和形势的教育，广大干警坚持四项基本原则，在春夏之交的政治动乱中立场坚定，忠于职守，与党中央保持高度一致，表现出良好的政治、思想素质。二是在各类案件收案上升，案件结构、内容发生变化，审理案件难度增大，工作、生活条件艰苦的情况下，广大干警克服困难，奋发工作，完成了各项审判任务。三是面对办案中说情、送礼、行贿等不正之风的挑战，广大干警恪守职业道德，坚持原则，秉公执法，维护法律尊严和人民法院的声誉，涌现出一批先进集体和个人。

会议针对存在的问题，研究了进一步加强廉政建设，保持队伍廉洁的措施：第一，统一认识，加强领导，把廉政建设作为法院建设一件大事，一级抓一级，扎扎实实抓出成效。第二，充分发挥政治优势，加强政治思想工作，着重抓好形势教育，坚持四项基本原则、反对资产阶级自由化教育、革命传统教育和职业道德等教育，不断提高干警的思想政治素质。第三，改善执法活动，在提高公开审判质量，加强对独任审判案件的检查指导，制定处理向法院干警行贿、送礼、说情和法院干警受贿受礼的规定，保证严肃执法。第四，加强人事制度（包括进人、干部的考核使用和晋升）、审判工作中的办事制度、财务管理制度、“两公开一监督”制度建设。第五，加强领导班子建设，保证各级法院的领导权掌握在忠于马克思主义的人手中。第六，加强纪检、监察队伍建设，完善内部监督机制。

在12月召开的会议上，省法院还听取了九个中级人民法院对基层人民法院院长换届选举工作准备情况的汇报，并就如何进一步依靠党委，主动与组织部门配合，协助党委做好向人大推荐基层法院院长的工作作了具体部署。

贵州省高级法院办理挪用公款案件专题讨论会

为了认真贯彻执行全国人大常委会《关于惩治贪污罪贿赂罪的补充规定》，正确理解和积极探讨新增设的挪用公款罪的有关法律问题，提高办案水平，贵州省高级人民法院与省人民检察院联合于1989年3月24日至25日在贵阳召开了“办理挪用公款案件专题讨论会”。省高级人民法院刑二庭和省人民检察院刑检二处的同志，贵阳市中级人民法院、基层人民法院的主管院长、刑事审判庭庭长和贵阳市市、区人民检察院的主管检察长和起诉处（科）长共32人参加讨论会。省高级人民法院副院长李太荣、省人民检察院副检察长卢泰山到会并讲了话。

讨论会围绕办理挪用公款案件反映出来的新情况新问题和收集的10个典型案例，着重就如何正确理解和掌握《补充规定》，依法办好挪用公款案件展开充分讨论，形成以下共识：一是严格区分挪用公款罪与贪污罪的界限。二者在犯罪主体、侵犯客观和主观故意方面相同，但是犯罪的目的、手段和后果不同。挪用公款罪是否转化为贪污罪，应根据是否退还公款的具体不同情况来决定；二是确定相对统一的挪用公款罪的数额标准。鉴于《补充规定》对此没有规定，最高人民法院尚未作出新的司法解释，为了保证办案有一个较一致的数额标准，参照过去的有关司法解释，结合本省实际，对于挪用公款进行营利活动，或者挪用公款三个月未还的，暂以5000元作为“数额较大”的起点，5万元作为“情节严重”的起点；对于挪用公款供本人或他人进行赌博、投机倒把等非法活动的，暂以2000元作为挪用公款罪的数额起点，1万元作为“情节严重”的起点；三是正确理解关于“挪用公款数额较大，超过三个月未还的”规定。尤其是实践中对于挪用公款时间超过三个月，但在案发前已自动归还，或者在被发现后及时主动归还的，是否追究刑事责任，需要从挪用公款的动机、手段、数额、次数、用途、挪用时间、危害后果、退赃情况等情节具体分析，区别对待；四是办理挪用公款案件要注意划清挪用公款罪与一般挪用公款行为的界限，挪用公款罪与违纪违法行为的界限。

与会同志认为，省高级人民法院与省人民检察院对办案中共同面临的实际问题联合组织专题研讨，在共同学习、交流、讨论中统一思想，增进共识的尝试效果很好，对加强司法机关互相配合、互相制约，提高办案质量和办案效果，共同完成打击经济犯罪，促进经济建设的光荣任务起到了积极作用。

贵州省高级法院民事疑难案件研讨会

为了正确理解和适用《民法通则》，贵州省高级人民法院在先后与中级、基层人民法院共同研究疑难案件35件次的基础上，于9月10日至11日在贵阳召开了“全省法院民事疑难案件研讨会”。各中级人民法院分管民事审判的副院长、民庭庭长及部分基层人民法院分管院长共25人到会。省高级人民法院副院长冉茂元主持研讨会并讲话。会议专门选择《民法通则》颁布以来，各级法院在审判实践中遇到的涉及事实婚姻、房屋纠纷、坟山纠纷、损害赔偿、侵害名誉权等类型的10个疑难案例进行研讨。与会同志各抒己见，畅所欲言，开展认真讨论和激烈争论。在此基础上，统一思想认识，统一政策法律界线，统一处理原则，达到讨论一个案件，解决一类实际问题。会后，省院把其中认识和处理意见一致的6个案例编印5000余册，发至全省民事审判人员学习借鉴，对提高民事审判人员尤其是人民法庭审判人员的业务素质和执法水平发挥了积极作用。

云南省中级法院暨部分基层法院院长会议

6月26日至7月2日，云南省高级人民法院在昆明召开了全省中级法院暨部分基层法院院长会议。会议的任务是以邓小平同志的3次重要讲话和四中全会精神为指导，统一思想，讨论研究抓紧抓好对制造社会动乱的反革命分子和严重危害社会治安的刑事犯罪分子的审判，认真部署全省法院系统的廉政建设工作。参加会议的有全省17个地、州、市中级人民法院暨25个基层人民法院院长、中院刑庭庭长和政工、纪检干部，以及省法院庭、处、室负责人共100余人。省委政法领导小组、省人大法制委、省检察院、省公安厅、成都军区昆明军事法院以及云南日报、云南广播电台、云南电视台应邀出席了会议。

会议开始，适逢党的十三届四中全会胜利闭幕。中共云南省委常委、省高级人民法院院长邱创教及时传达了中共云南省委常委会及省级部委办厅局以上领导干部会议关于认真学习和讨论党的十三届四中全会精神的部署，全文传达了邓小平同志的重要讲话，李鹏同志的报告和江泽民同志在四中全会闭幕时的讲话。在认真学习讨论的基础上，会议传达了最高人民法院召开的全国高级法院院长会议和全国法院廉政工作会议的精神。邱创教院长作了题为《统一思想，认清形势，依法严厉打击反革命分子和严重刑事犯罪分子的破坏活动》的报告；李春林副院长作了题为《加强廉政建设，保证执法清廉》的讲话。各中级人民法院院长也围绕学习四中全会精神和小平同志的重要讲话，并结合各地治安实际就搞好法院的刑事审判和廉政建设工作作了大会发言。

会议期间，中共云南省委副书记、省委政法领导小组组长尹俊同志专程到会看望了与会人员，并代表省委对辛勤工作在审判工作岗位上的全省法院干警表示慰问。他转告与会同志，省委对法院工作是满意的。

云南省民事审判工作座谈会

8月21日至26日，云南省高级人民法院在玉溪市召开了全省民事审判工作座谈会。这次会议的目的是总结1987年民事审判工作座谈会以来全省法院系统民事审判工作的基本经验，研究和解决当前民事审判工作中出现的新情况、新问题，特别是债务、损害赔偿、赡养、抚养、扶养等案件中出现的新情况和新问题。省高级法院党组对这次会议十分重视，省高级法院党组书记、院长邱创教和李春林副院长到会作了重要讲话。

全省17个地、州、市中级人民法院暨部分基层人民法院民事审判庭、人民法庭负责同志共78人参加了会议。玉溪地委副书记文元有、行署副专员马友良、市人大主任何家珠、市委副书记许愿坚、玉溪中院赵贵荣院长、卢伍光副院长、张荣光副院长等应邀出席了会议。

会议期间，与会同志认真讨论修改了省高级法院民庭起草的《关于审理债务纠纷案件应注意解决的几个问题》、《当前损害赔偿案件的特点和审理时应注意解决的几个问题》、《我省赡养、抚养、扶养案件情况分析及应注意解决的几个问题》等3个专题材料，并由11个单位作了大会交流发言，介绍了从事民事审判工作的经验。

云南省经济审判工作座谈会

11月1至7日，云南省高级人民法院在昆明召开了全省经济审判工作座谈会。17个地、州、市中级人民法院暨26个县、市、区基层人民法院的经济庭长和主管院长参加了会议。省人大法制委应邀派员参加了会议。这次会议受到了省法院党组的高度重视，邱创教院长离昆前对开好这次会议作了重要指示，李树科、李春林两位副院长到会作了重要讲话。

会议期间，与会同志认真学习了江泽民总书记在国庆40周年庆祝大会上的讲话，讨论修改了省法院经济庭起草的《关于适用普通程序审理经济纠纷案件的基本工作方法》(征求意见稿)、《云南省边境贸易经济纠纷案件审理若干意见》和《在审理经济纠纷案件中碰到的若干问题的处理意见》等3个专题材料。昆明、红河、曲靖等3个中级法院和盘龙、五华、腾冲、玉溪、畹町、西畴等6个基层法院在大会上作了交流发言，介绍了他们从事经济审判工作的经验。

四川省法院审理未成年人刑事案件经验交流会

1989年4月7日至10日，四川省法院在重庆市沙坪坝区召开了全省法院审理未成年人刑事案件经验交流会。参加会议的有各市、地、州中级人民法院、成都铁路运输中级法院刑一庭庭长，部分基层法院主管刑事审判工作的院长或刑一庭庭长，省法院有关庭、室同志，省级有关部门、政法院校、新闻单位以及重庆市有关方面的负责同志应邀出席了会议，最高人民法院派了代表到会指导。会议期间，省法院院长任凌云同志讲了话，中国青少年犯罪研究会副秘书长、省法学会副会长邓又天介绍了国内外有关对未成年人犯罪特点、审判制度的研究情况，省法院副院长刘家琛同志主持会议并作了总结讲话。

会议以中共中央〔1989〕1号文件、四川省委〔1989〕6号文件为指针，根据全国、全省法院工作会议精神，总结交流了全省各级法院贯彻最高法院在上海召开的审理未成年人刑事案件经验交流会的情况和经验。在深入学习、提高认识，进一步明确做好审理未成年人刑事案件的工作，对逐步完善具有中国特色的少年司法制度，推动全社会都来关心青少年的健康成长的重要意义的基础上，联系实际，研究部署了进一步做好审理未成年人刑事案件的工作。

一

会议认为：当前，未成年人违法犯罪已成为全社会乃至世界各国极为关注的一个突出问题，建立专门的审理未成年人刑事案件的审判组织，改进审判方式，加强和完善社会主义法制，这是客观形势发展的需要。近几年来，四川省未成年人犯罪增多，25岁以下青少年犯罪占整个刑事犯罪的50%以上，其中，未满18岁的未成年人犯罪比例一直处于上升趋势。1986年全省法院判处各类刑事犯罪分子中，25岁以下的青少年犯罪占判处罪犯总数的一半以上，其中未满18岁的少年犯，占青少年犯罪总数的15%；1987年判处未成年犯比1986年判处的未成年犯上升了18．8%；1988年判处未成年犯，又比1987年判处的未成年犯上升了10%。未成年人犯罪出现“两多”“两化”，即结伙作案多——互相串通结成团伙，进行违法犯罪活动；严重犯罪多——多是进行拦路抢劫、奸淫幼女、强奸、流氓、重大盗窃等严重刑事犯罪活动。犯罪手段趋于成人化——采用蒙面、麻醉、色情、捆绑和持械等手段实施犯罪；年龄趋于低龄化。预防和减少未成年人犯罪关系到祖国下一代的健康成长，是全社会一项十分重要的社会职责。因此，建立与未成年人犯罪特点相适应的刑事审判制度，专门审理未成年人刑事案件，既是人民法院刑事审判工作的一项重要任务，也是刑事审判工作的一项改革，必须认真抓好。

二

会议认为，全省各级法院贯彻落实“上海会议”精神是认真的，已取得初步成效，到目前为止，全省已建立审理少年犯合议庭40个，有105个法院指定了专人负责审理未成年人刑事案件，积极进行试点，工作有了新的进展。省法院、重庆市中级法院在沙坪坝区法院的试点以及其他试点单位已摸索积累了一些经验。

一是领导重视，机构落实。沙坪坝区法院领导认识到，抓好未成年犯罪案件的审判工作，对于培养一代新人，实现社会长治久安具有重要战略意义。他们注意克服对少年犯“只管审不管教”、“寓教于审无能为力”以及“从轻、减轻处罚，实行教育挽救的方针与从重从快相矛盾”等等错误思想，从而增强了教育、感化、挽救失足少年的自觉性和积极性。他们从分析本地区青少年犯罪的现状、预测发展趋势入手、强调建立审理少年犯合议庭的必要性和重要性，得到了党委、人大、政府的大力支持。他们挑选了政策法律水平较高、审判经济较丰富的一名副庭长和三名女审判人员成立了审理少年犯合议庭，由一名副院长具体分管，院审判委员会定期开会研究。法院领导还从办公用具、订阅学习资料、传阅文件等方面为“少年庭”创造工作条件。在办理未成年人刑事案件中逐步创建了一套工作制度，做到了制度化、规范化。

二是协调配套，形成对未成年犯从羁押、预审、起诉、审判、管教“一条龙”的办案制度。沙坪坝区法院“少年庭”建立后，在实践中认识到，审理未成年人刑事案件，做好未成年犯的教育、感化、矫正、挽救工作，是一项系统的工程，单靠法院是不够的，必须依靠社会各方面的力量，才能实现。区法院依靠党委、人大，邀请了人大法制科、公安、检察、司法、共青团、妇联等部门召开联席会议，着重讨论分析未成年人犯罪的特点和对社会的危害，就各部门实行专人负责，加强协调配合等问题，取得一致的认识。办案的各个环节都设立专门机构或专职人员，从公安的羁押和预审、检察机关审查起诉、人民法院审判到送少管所监管改造，都做到了专门办理，配套成龙，各个环节互相衔接，互通情况，形成科学有效的办案制度，使未成年人刑事案件的审理工作和对未成年犯的教育、挽救工作从组织制度上落到了实处。

三是针对未成年犯特点，采取适宜的审判方式。未成年人犯罪同成年人犯罪一样，都是危害社会的犯罪者，对其犯罪行为必须依照国家法律予以惩罚。但是，未成年人犯罪毕竟是一个特殊的社会现象，国家对此在审判程序和适用刑罚上均作了特殊规定。审理未成年人犯罪案件必须严格依法办事。审理中，应着眼于教育、矫正、感化、挽救，努力促使失足者改邪归正，重新做人。审理方式上注意把握了五个环节：(1)通过家长、学校、单位，查明少年犯罪的主客观原因，弄清未成年人走上犯罪道路的失足过程，了解未成年犯过去的一贯表现、道德品行及家庭社会环境的影响，做好庭审前准备工作。(2)摸清未成年犯的心理状态。从社会学、心理学的角度，剖析未成年人犯罪后的思想发展状况，有的放矢地进行疏导、启发教育，使未成年犯消除破罐破摔，自暴自弃思想和逆反心理，使其认识到所犯罪行给社会造成的危害，帮助他深挖犯罪根源，使他诚心接受审判和改造，树立起重新生活的勇气。(3)讲究开庭审理方式，严格执行刑诉法对14岁以上不满16岁的未成年人犯罪案件，一律不公开审理；16岁以上不满18岁的未成年人犯罪案件，一般也不公开审理的规定，为其指定辩护律师，通知法定代理人到庭，配合做工作。整个审理过程坚持"寓教于审"。法庭组成人员中人民陪审员一般由年长的女性担任，提问语气平和，启发良知。(4)对未成年犯量刑要适当。要充分体现惩办与宽大相结合的原则，适用刑罚时依法从轻、减轻处罚，对案件性质、情节、后果及悔改程度等作全面分析考虑，区别对待。对偶尔失足、初次犯一般罪行的，坚持拉一把，可以不收监的未成年犯尽可能判处缓刑、管制、免予刑事处分。(5)公开宣判在小范围内进行。根据未成年犯生理、心理尚未成型易受环境影响，比较脆弱的特点，依法公开宣判在小范围内进行，使未成年犯不至于因宣判"亮相"感到无脸见人，而产生对立情绪，从而有利于巩固审理效果和继续做好教育改造工作。

三

会议认为，全省法院审理未成年人刑事案件的工作有了良好的开端，但还不能适应形势的需要，必须努力加强这项工作。会议对进一步做好审理未成年人刑事案件工作提出了以下意见。

一、进一步提高认识，切实加强领导

审理好未成年人刑事案件，对于预防和减少未成年人犯罪，促进社会的安定和下一代的健康成长具有十分重要的作用，是社会治安综合治理的重要组成部分，是贯彻落实党和国家对失足青少年实行教育、挽救、改造方针的重要措施。审理这类案件，要加强与社会各方面的配合，坚持三个延伸，做好教育、感化、挽救工作。建立专门合议庭或指定专人审理未成年人犯罪案件，是审理好这类案件的重要组织措施，是法院审判工作改革的重要内容，有利于更好地执行刑法、刑诉法的有关规定，有利于总结经验，提高办案质量，扩大办案的社会效果。各级法院领导要高度重视，把审理未成年人刑事案件作为刑事审判工作的一项重要任务，摆到重要议事日程上，切实加强领导，抓出成效。

二、抓紧组建审理少年犯合议庭或固定审判人员办理未成年人刑事案件

全省第十三次法院工作会议提出，各级法院要确定审判人员专门办理未成年人刑事案件；有条件的地方，应当组建专门审理少年犯的合议庭。各级法院要按省法院川法刑一〔1989〕1号文件的要求，市辖区和地辖市法院以及未成年犯罪案件比较多的县法院，应尽快建立审理未成年犯合议庭；不具备建庭条件的，亦应指定专人办理这类案件。各中级法院也应建立二审少年犯合议庭。少年犯合议庭的组成形式可以多种多样，除全由审判人员组成外，还可以由一名审判员和几名熟悉青少年工作、了解青少年心理特点的人民陪审员组成。这既可以解决审判力量不足的困难，也便于提高审理这类案件的质量。审理未成年人刑事案件合议庭的职责，除负责审理这类案件外，要注意抓好对未成年犯的回访考察工作，总结审判经验，不断提高审判水平，取得良好的社会效果。

三、准确适用法律，正确掌握"从轻"、"减轻"的法定原则

(一)我国《刑法》第十四条三款规定：已满14岁不满18岁的人犯罪，应当从轻或者减轻处罚。执行这一规定应注意把从轻与

减轻的法定条件掌握好。

适用减轻的有：(1) 犯罪情节较轻的；(2) 恶习不深或偶尔犯罪的；(3) 已满14岁不满16岁的人犯罪的；(4) 罪行虽然严重，但确有悔改或立功表现的。

适用从轻的有：(1) 罪行比较严重的；(2) 恶习较深、或多次作案、或屡教不改的；(3) 犯罪情节虽不十分恶劣，但认罪较差的。

(二)对14岁以上不满16岁的少年犯的定罪量刑。《刑法》第十四条二款规定：已满14岁不满16岁的人，犯杀人、重伤、抢劫、放火、惯窃罪或者其他严重破坏社会秩序罪，应当负刑事责任。对适用这一法律规定，应注意掌握好以下几个问题：

1. "其他严重破坏社会秩序罪"，是指出于故意而实施了相当于前五种罪的严重危害社会的其他犯罪。一般掌握是：犯强奸妇女、奸淫幼女、爆炸、投毒、重大盗窃等罪，且情节恶劣或者后果严重的。

2. 适用法律和量刑，根据《刑法》第十四条二款的规定，对已满14岁不满16岁的人犯上述几种严重罪行按犯罪论处的，应先按其所犯罪行适用相应的法律条款，如惯窃或重大盗窃还是适用《刑法》第一百五十二条，然后再适用《刑法》第十四条三款，对这类未成年犯，原则上都适用减轻处罚。

(三)对未成年人犯严重罪行的，先按所犯罪行适用法律条款，然后依照《刑法》第十四条的规定，根据所犯罪行轻重和认罪好坏，以及不同的法定年龄段确定适当的从轻或减轻幅度。

对犯有死罪的未成年犯，根据《刑法》第四十四条规定，不适用死刑；已满16岁不满18岁的，如果所犯罪行特别严重，可以判处死缓。已满14岁不满16岁的，只能判处无期徒刑。

(四)对未成年犯另还具备其他一个或数个法定从轻、减轻处罚情节的，如自首，从犯、预备犯、未遂犯、中止犯、胁从犯等法定从轻、减轻或免除处罚情节的，除罪行特别严重的以外，一般应适用减轻或免除处罚，也可拉大减轻的幅度。

(五)对兼有从轻、减轻、从重、加重情节的少年犯，在适用法律上对从轻、减轻、从重、加重的条款都要引用。在确定具体刑种和刑期时，如是在两方面的条件基本对等情况下，一般可在幅度内的中间段掌握；如从轻、减轻情节大于从重、加重情节的，可适当从轻处罚；如从重、加重情节大于从轻、减轻情节，可适当从重处罚。

(六)对未成年时所犯的数罪均应在分罪量刑时逐罪体现从轻或减轻处罚，然后按数罪并罚原则决定执行的刑期。

(七)对判处短刑的少年犯应多适用缓刑。

根据《刑法》第六十七条规定的适用缓刑的条件和中央(89)1号文件的精神，结合未成年犯的特点，从教育挽救出发，对未成年犯应多适用缓刑。对判处三年以下徒刑或拘役的未成年犯。具有下列情形之一的，均可适用缓刑：(1) 家长，学校、街道或单位有管教条件的；(2) 恶习不深或偶尔犯罪的；(3) 恶习虽然较深、作案次数较多，但审理时确有认罪悔改表现，确实不致再危害社会的；(4) 16岁以上不满18岁的人过失犯罪的；

(八)对犯罪情节轻微的未成年犯，应多体现按《刑法》第三十二条规定的多种方法处理。即：可宣告免于刑事处分，还可根据案件的不同情况，予以训诫或者责令具结悔过、赔礼道德、赔偿损失，或者由主管部门予以行政处分。

四、依法采取特殊的审理方式和方法

根据《刑诉法》对审理少年犯在程序上所作的特殊规定，应注意掌握以下几点：

1. 严格掌握不公开审理的案件，《刑诉法》第一百一十一条二款规定，14岁以上不满16岁未成年人犯罪的案件，一律不公开审理。16岁以上不满18岁未成年人犯罪的案件，一般也不公开审理。最高人民法院《关于审判严重刑事犯罪案件中具体应用法律的若干问题的答复》中规定："对有的共同犯罪案件的被告人中既有成年人又有未成年人，全案是一律不公开审理，还是一般不公开审理，也应按审理时未成年被告人的年龄来定"。即已满14岁未满16岁的，全案一律不公开审理，已满16岁不满18岁的，全案一般不公开审理。年龄是指审理时被告人的年龄。对"一般不公开审理"的案件应理解为多数不宜公开审理。

2. 审判时一定要为其指定辩护人，切实保障少年犯的辩护权。《刑诉法》第二十七条二款规定：被告人是未成年人而没有委托辩护人的，人民法院应当为他指定辩护人。最高人民法院《关于审判严重刑事犯罪案件中具体应用法律的若干问题的答复》明确指出：如果被告人犯罪时不满18岁，而开庭审理时已满18岁，虽然自已能够行使辩护权，但是，如果他自己没有委托辩护人，人民法院也应为他指定辩护人。个别法院对犯罪时未满18岁审理时已满18岁的未成年犯没有指定辩护人的现象，必须纠正。不能把指定辩护人理解为只能指定律师，被告人的近亲属、监护人，人民团体或者被告人所在单位推荐的，或者经人民法院许可的公民也可以担任辩护人。

3. 争取未成年犯的法定代理人出庭，配合法院做好教育和挽救未成年犯的工作。《刑诉法》第十条一款规定，对于不满18岁的未成年人犯罪的案件，在讯问和审判时，可以通知被告人的法定代理人到庭。争取未成年犯的法定代理人出庭，既保障了诉讼参与人依法享有诉讼权利，也便于他们配合法院教育未成年犯认罪服法，审理这类案件，应尽量动员法定代理人出庭。

五、加强协作，积极配合，搞好延伸，注重效果

审理未成年人刑事案件，应当注意动员全社会各方面的力量，互相配合，共同努力。不能采取封闭式的就案办案的方法，要积极与公安、检察、司法和管教部门配合，形成对未成年犯的羁押、预审、起诉、审判、辩护、管教"一条龙"的办案体系，要搞好"三个延伸"，即：一是向犯罪前延伸，了解未成年犯的成长过程，犯罪原因，便于帮助未成年犯分析犯罪根源；二是向社会延伸，走出法院，动员家长、学校、街道、单位等社会力量共同做好未成年犯的转化工作；三是审判后的延伸，做好未成年犯投入劳改或重返社会的有关工作，为未成年犯的转化打下良好的基础。

四川省名优酒商标专用权司法保护专题研讨会

1989年5月29日至6月1日，四川省高级人民法院在宜宾市召开了四川省名优酒商标专用权司法保护专题研讨会。参加会议的有宜宾、南充、内江、泸州、重庆、万县、德阳、成都等8个中级人民法院，绵竹县、西充县、邛崃县和成都市东城区等4个基层人民法院的经济庭庭长或副庭长，省高级人民法院经济庭、行政庭和研究室的同志，省工商行政管理局、省酒类专卖局、省专利局、省政府法制局、省社会科学院法学研究所及宜宾地区有关单位的代表，共50人。宜宾地委、地区人大联络工作委员会和行署的领导同志以及宜宾地区名优酒生产厂家的负责人到会表示祝贺。会议收到论文和专题调查报告12份。省高级人民法院副院长魏彬、经济庭庭长胡廷中分别主持了会议并讲了话。宜宾、南充、德阳、邛崃、西充、绵竹等6个法院作了大会发言。省工商行政管理局的同志介绍

了四川省名优酒商标侵权的情况和工商行政管理部门与商标侵权行为作斗争的经验。与会同志联系实际进行了讨论，研究了运用经济司法手段，保护名优酒商标专用权的具体意见和措施。会议认为，四川是我国名优酒的主要产地，一些产酒企业和不法分子为了牟取暴利，大肆进行假冒名优酒的违法犯罪活动，严重败坏了川酒的声誉，侵犯了名优酒生产厂家的商标专用权，损害了广大消费者的合法权益，扰乱了社会主义商品经济秩序。会议强调，在进行经济体制改革、发展商品经济的新形势下，强化商标司法，打击假冒活动，制止名优酒商标侵权行为，是人民法院经济审判工作的一项主要任务，各级法院要与有关部门密切配合，切实把这项工作抓紧抓好。

一

会议回顾了全省过去处理名优酒商标侵权案件的情况。从全省前一两年的实际情况看，绝大多数名优酒商标侵权案件是由工商行政管理部门处理的，主要是对侵权人给予没收或罚款的行政处罚，其中责令侵权人赔偿被侵权人经济损失的甚少。对构成犯罪，作为投机倒把罪科处刑罚的，一般均未责令其赔偿被侵权人的经济损失。也有个别案件，工商行政管理部门已责令侵权人赔偿了被侵权人的经济损失。而被侵权人又向人民法院起诉，人民法院作为商标侵权索赔纠纷案件判决侵权人重复赔偿。总的情况是，四川名优酒商标侵权严重，而有关部门配合不力，未使侵权人在行政上、经济上、法律上受到严厉制裁。针对上述情况，会议认为，根据商标法的规定，对于侵犯名优酒商标专用权的违法行为，被侵权人可以直接向人民法院提起请求停止侵害、赔偿损失的诉讼；工商行政管理部门查获假冒名优酒的行为，只作了行政处罚而未责令侵权人赔偿被侵权人经济损失的，商标专用权人在民法通则规定的诉讼时效内可以向人民法院提起商标侵权索赔诉讼。以上两种情况均应由人民法院经济庭受理。

根据我国刑法、商标法及其实施细则的规定和最高人民法院的有关批复，假冒商标罪是指违反商标法规，假冒他人注册商标，包括非法制造或者销售他人注册商标标识，情节严重的行为。假冒商标罪是严重的商标侵权行为，必然给被侵权人造成损害后果。处理这类案件应当采取刑事责任、民事责任并用的原则，即对于假冒商标构成犯罪的，在科刑的同时，应作出赔偿被侵权人经济损失的决定。根据诉讼法的有关规定如假冒商标罪的主体是自然人，其经济索赔应由刑庭以刑事附带民事诉讼一并处理；如法人单位假冒商标，情节严重，应依法追究其直接责任人员刑事责任的，刑事处罚由刑庭审理。如被侵权人提起经济索赔诉讼，则应以该法人单位为被告，由经济庭作为独立的商标侵权索赔纠纷案件另行立案审理。总之，要防止“打了不赔”或“赔了不打”的倾向。

会议就目前存在的对一个商标侵权行为给予多重处理现象进行了讨论。会议认为，对商标侵权情节严重，构成犯罪的，有关行政机关应移送司法机关依法追究其刑事责任，并责令其依法承担民事责任，而不应在作出罚款、没收等行政处罚后才移送司法机关审理；对未构成犯罪的商标侵权行为，被工商行政管理部门查获后，在作出行政处罚的同时，应责令其赔偿被侵权人所受到的经济损失。侵权人直接向人民法院起诉的，如果工商行政管理部门未对侵权人给予经济处罚，人民法院在作出经济赔偿判决的同时，还可以根据《民法通则》第一百三十四条第三款的规定对侵权人作出收缴非法所得以及罚款的处理。会议呼吁，为了维护法律的尊严，各行政执法部门和有关司法机关，应严格分工、密切配合，以有力地打击假冒名优酒的违法犯罪活动。

二

会议认为，最高人民法院转发的四川省高级人民法院关于第一审经济纠纷案件级别管辖的暂行规定，原则上也适用于名优酒商标侵权纠纷案件。但考虑到商标侵权是使商标专用权人难以量化的无形财产受到侵害，原告在起诉时往往难以提出有依据的具体赔偿数额，在这种情况下，按照诉讼争议标的金额的大小来划分级别管辖，客观上有一定的困难。如原告起诉时能够提出具体索赔数额的，应按四川省高级人民法院关于第一审经济纠纷案件级别管辖的暂行规定确定级别管辖；如原告起诉时，不能提出具体索赔数额的，可根据名优酒商标侵权的具体类型、影响范围、争议大小以及其他重要因素确定级别管辖。总之，凡情节简单、争议不大的第一审一般的商标侵权案件，一般应由基层人民法院管辖，但其中以使用近似商标形式侵权的，由于目前我国法律对划分近似商标的标准尚未作出明确规定，双方当事人对是否构成近似商标侵权往往争议较大，审理难度也相应较大，对该类纠纷争议较大的第一审案件，可酌情由中级人民法院管辖。

会议强调，在级别管辖问题上，下级人民法院遇到不便审理的案件时，可报请上一级人民法院审理；上一级人民法院根据情况，从两便原则出发，也可以将自己管辖的第一审案件交由或指定下一级人民法院审理。

会议对名优酒商标侵权纠纷案件的地域管辖问题进行了热烈的讨论。会议认为，根据《民事诉讼法（试行）》第二十二条的规定和最高人民法院法（经）发〔1987〕17号《关于专利侵权纠纷案件地域管辖问题的通知》的精神，商标侵权行为地应理解为商标侵权行为实施地和商标侵权损害结果发生地，这些地区的人民法院对商标侵权纠纷案件都有地域管辖权。针对过去审理全省名优酒商标侵权案件的实际情况，会议认为，在目前，由侵权人所在地的人民法院管辖名优酒商标侵权案件，特别是涉及侵权主体是当地的重要经济支柱的商标侵权纠纷案件，往往遇到地方保护主义的严重干扰，审理多有不便，不利于有效地保护被侵权人的合法权益；由既不是侵权人所在地，又不是被侵权人所在地的第三地的人民法院管辖名优酒商标侵权纠纷案件，因原、被告均不在当地，且有的名优酒商标侵权续发于流转环节，其侵权行为实施之后，在当地并无标的物存在，故由该地人民法院审理有许多不便。因此，为了有效地制裁商标侵权行为，充分保护商标专用权人的合法权益，便于被侵权人提起诉讼，有利于判决的执行，应根据具体的案件情况，尽可能由侵权人和侵权标的物两者所在地，或者被侵权人所在地的人民法院管辖较为适宜。

三

会议针对名优酒商标侵权主体具有多元性和相关性的特征，从理论上和实践上分析研究了有关当事人的诉讼地位。

会议认为，商标权作为一种工业产权，具有专用、排他的属性，这就决定了除商标专用权人以外，不特定的任何公民或法人为商标专用权的义务人。该义务就是：未经商标专用权人许可，不得在相同或类似的商品上使用与注册商标相同或近似的商标；不得擅自制造或销售他人已注册的商标标识；不得经销侵犯他人商标专用权的商品；不得在同一种或者类似商品上，将与他人注册商标相同或者近似的文字、图形或其组合作为商品名称或者商品装璜使用；不得故意为侵权行为提供仓储、运输、邮寄、隐匿等便利条件。当义务人不履行其法定的不作为的义务时，就导致了商标侵权。在四川省发现的名优酒商标侵权活动中，侵权主体为公民的，主要是个体工商户、农民、城镇无业人员以及企、事业单位和国家机关的职工；侵权主体为法人的，主要是酒类生产和经销企业，以及印刷厂、纸箱厂和装璜厂等单位。商标侵权行为的实施多受到工艺、技术条件的限制，其侵权过程又往往涉及到生产制造、仓储、运输、销售等多个环节，特别是在生产制造环节上的假冒行为，都处于地下活动的秘密状态。因此，在名优酒商标侵权主体之间形成一种群体与个体交叉、公开与秘密相伴、既相互连结又彼此独立的侵权网络。这种侵权主体的多元性和相关性决定了商标诉讼中有关当事人的多样性和复杂性。

会议认为，根据商标侵权主体的这一特征，名优酒商标侵权的受害人是特定的，即名优酒生产厂家，因其注册商标专用权被不法侵害，在商标侵权诉讼中处于原告的地位；而侵权人，按其实施的具体商标侵权行为，可能是酒类生产或者经销的企业单位或个人，也可能是从事制版或者印刷、装璜的企业单位或个人，以及其他故意为商标侵权提供各种方便或者直接参与商标侵权的单位或个人。这些单位或个人在商标侵权诉讼中处于被告或共同被告的地位。

会议联系审判实践，强调指出：

(1) 凡符合法人条件，具备法人资格的企业实施商标侵权行为的，应以法人作为被告，而该企业的负责人（或者承包人）则作为被告的法定代表人参加诉讼。

(2) 严格区分法人侵权与法人单位内部职工侵权，特别是在故意为侵犯名优酒商标专用权行为提供仓储、运输、邮寄、隐匿等便利条件的侵权形式中，两者的界限容易混淆。一般地讲，法人单位明示或默示同意(如明知而放任不管)其职工利用本单位的名义或库房、车辆等物资设施实施名优酒商标侵权行为的，应视为法人侵权，由法人作为被告；否则，应视为职工个人侵权，由职工个人作为被告。

(3) 以作为的形式帮助侵权人实施侵权行为的，或者积极参与侵权活动，以及倒买倒卖名优酒商标标识的各方当事人，均应作为共同被告，而不应列为第三人。

(4) 审理案件中，发现被告同时侵犯两个或两个以上名优酒商标专用权人的利益，根据民事诉讼两便原则，适于合并审理的，应当及时通知尚未起诉的被侵权人作为原告参加诉讼，并作为同一种类的名优酒商标侵权诉讼合并审理，特别是当被告为法人单位，只承担有限的民事责任，而其现有财产及债权不足以清偿若干被侵权人的经济损失时，更应合并审理，按比例清偿。如合并审理反而不便，或者其他被侵权人明确表示不愿合并审理，而要求另行起诉单独审理的，人民法院则不应合并审理。对于侵犯名优酒商标专用权的行为，被侵权人不愿起诉的，人民法院可以司法建议的形式移交有关工商行政管理部门查处，同时告知被侵权人。

四

会议对名优酒商标侵权责任的认定和处理进行了研究。会议认为，名优酒商标侵权责任的认定，适用知识产权的侵权理论原则，需注意全面理解名优酒商标侵权的损害后果的内容。由于商标专用权是一种无形财产权，其客体是注册商标，即商品的标记，是商品生产者或经营者用以标明自己商品区别于他人生产或经营同一商品的标记，起着保证商品质量的作用，体现了商品生产者的信誉，因此，商标专用权又具有企业名誉权的性质。就名优酒注册商标所体现的民事权利而言，实施名优酒商标侵权行为，会使名优酒厂家的注册商标专用权，即无形财产权利遭受损害，同时也会使名优酒厂家的信誉受到损害。这样损害后果可能是有形的，也可能是无形的，虽然难以量化，但都是客观存在的。它的存在并不以侵权人是否获得已经量化的利润为转移。因此，行为人无论在生产、仓储、运输以及销售的任何一个环节，以任何一种方式实施了名优酒商标侵权行为，就必然会在客观上给名优酒厂家造成损害，其法律责任也就不能免除。

会议指出，在名优酒商标侵权中，有故意侵权，也有过失侵权，甚至还可能出现无过错经销他人侵犯注册商标专用权商品的侵权；无论哪种性质和形式的侵权，人民法院都应在查明具体的侵权事实后，根据法律规定，责令被告承担停止侵害、消除影响、赔礼道歉、赔偿损失等民事责任。在具体处理时，对故意侵权的，除责令其承担以上民事责任外，还应视其具体情节，根据《民法通则》第一百三十四条第三款的规定和《最高人民法院关于贯彻执行〈中华人民共和国民法通则〉若干问题的意见（试行）》第一百六十三、第一百六十四条规定，由院长批准，另行制作民事制裁决定书，对侵权人给予收缴、罚款、拘留等民事制裁；构成犯罪的，应依法追究其刑事责任。

会议讨论了名优酒商标侵权纠纷案件中被告应承担的几种具体的民事责任方式。会议认为，停止侵害是一种制止继续实施侵权行为的有效措施，按照《最高人民法院关于贯彻执行〈中华人民共和国民法通则〉若干问题的意见（试行）》第一百六十二条第一款规定，人民法院在商标侵权诉讼中可以根据当事人的申请或者依职权适时作出责令停止侵权的裁定。消除影响、赔礼道歉，是针对商标侵权具有损害注册商标专用权的市场信誉，造成不良社会影响的特点而采取的法律补救措施。它包括责令被告在原告和有关部门的监督下，销毁侵权的商标标识，消除现存侵权商品和包装上的商标，对正在销售的侵权商品进行换标处理，在相应的范围内公开登报检讨，向被侵权人道歉认错等。凡责令被告承担消除影响、赔礼道歉的民事责任的判决书或调解书，都可在公开出版物上刊登，以利消除侵权的影响，也利于公众对被告进行有效地监督，其费用由被告承担。

会议对名优酒商标侵权的赔偿数额问题进行了研究。根据商标法第三十九条的规定，赔偿额为侵权人在侵权期间因侵权所获得的利润或者被侵权人在被侵权期间因被侵权所受到的损失。由于名优酒在市场上销路好，实践中很少见到因商标侵权而立即导致名优酒滞销的情况，加之名优酒的销量往往还受到价格和其他政策因素的影响，名优酒商标专用权人因商标侵权所遭受的损失又是难以量化的无形财产损失，因此可着重考虑将侵权人因侵权而已经获得的非法利润数额或者可获得的非法利润数额作为赔偿数额。在审判实践中如何确定其具体的赔偿数额的问题，应注意以下几点：（1）假冒商标罪的追赃和经济赔偿问题。在处理假冒商标罪案件时，应收缴赃物赃款，并同时以刑事附带民事的形式确定赔偿责任。犯罪分子用以进行假冒商标犯罪活动的财物，应作为赃物赃款予以收缴；而通过假冒商标犯罪活动所获取的非法利润或可获得的非法利润，则视为被侵权人因犯罪分子实施假冒商标行为所遭受的经济损失。该部分财产不宜作为赃款予以收缴，应赔偿给被侵权人。（2）未构成犯罪的商标侵权案件，侵权人为实施违法行为支出的费用，如购买假冒商标标识，印有侵权商标标识的包装箱，换贴商标的手工费、“保密费”，以及仓储、运输等费用，应作为从事违法活动的财物予以收缴，而不应计入利润作为赔偿数额。（3）侵权人尚未实施经营行为，或者虽有经营行为但尚未获得利润的，应根据侵权人所侵犯的名优酒注册商标的知名度、数量和当时市场价格等因素，以及危害后果的程度等侵权情节，在侵权人可得非法利润额以下，确定合理的赔偿数额。

此外，根据《民法通则》第四十九条第（六）项和第一百三十四条第三款的规定，法人实施名优酒商标侵权行为，情节恶劣，但尚未构成犯罪，除法人承担民事责任外，还需对其法定代表人给予罚款处罚的，应按照《最高人民法院关于贯彻执行〈中华人民共和国民法通则〉若干问题的意见（试行）》第六十一条、第六十二条、第六十三条的规定，由院长批准，另行制作民事制裁决定书，可对该企业的法定代表人给予2000元以下的罚款处罚。

会议最后强调，全省各级人民法院应加

强调查研究，掌握动向，分析问题，制订措施，积极审理名优酒商标侵权案件，选择典型案件公开审判，扩大法制影响，努力预防和制止名优酒商标侵权行为的发生和蔓延，积极为治理经济环境、整顿经济秩序服务。

四川省高级法院关于进一步落实“两高”《通告》座谈会议

1989年9月5日至6日，四川省高级人民法院在成都召开了有全省中级法院院长参加的进一步贯彻落实“两高”《通告》座谈会，会议回顾了全省各级法院贯彻执行“两高”《通告》的情况，分析了当前工作中存在的问题，着重讨论了正确执行“两高”《通告》的一些政策法律问题，对进一步贯彻执行“两高”《通告》作了部署安排。省委政法领导小组、省人大政法委员会，省纪委、省检察院、省公安厅、省司法厅等有关省级机关的负责同志应邀出席了会议。省人大常委会副主任、省委政法领导小组组长白尚武同志，副组长欧阳绍铭同志到会讲了话。

与会同志在回顾前段工作时，一致认为：“两高”《关于贪污、受贿、投机倒把等犯罪分子必须在限期内自首坦白的通告》发布后，全省各级人民法院立即行动起来，在党委的统一领导下，根据“两高”《通告》的精神和省委对贯彻“两高”《通告》的指示以及省法院、省检察院贯彻“两高”《通告》电话会议的部署，组织干警学习统一思想认识，广泛宣传《通告》，与有关部门配合，做好投案自首和举报的接待工作，加强向党委请示报告等几个方面作了具体研究和安排，采取了一系列有效措施。为贯彻执行“两高”《通告》作出了积极的努力。在《通告》感召下，已有一批经济犯罪分子陆续向政法机关投案自首，有些在押犯和经过处理的案犯也进一步坦白了自己的罪行，斗争取得了初步成效。当前存在的主要问题是对贯彻《通告》的重要意义认识不足，重视不够，宣传《通告》的声势还不够大，尚未形成一个强大的政治攻势，运用审判武器，体现《通告》政策的大案、要案，特别是从宽处理的典型案件的工作还没有跟上。

会议针对前段工作存在的问题，就进一步贯彻执行好“两高”《通告》，提出了以下意见：

一、深入学习《通告》，进一步统一思想认识

与会同志一致认为“两高”发布的《通告》是贯彻十三届四中全会精神和邓小平同志讲话，做好四中全会提出的四件大事和党中央、国务院决定近期要做的七件事的一项重要措施。反映了全国人民的共同愿望和要求，深得党心、民心。深入学习《通告》，进一步统一思想提高认识，是我们掌握和运用好这个法律武器，搞好这场斗争的重要前提。《通告》限定一个期限，给犯罪分子一个悔过自新的机会，从宽幅度大一些，这样更有利于分化瓦解犯罪分子，打击极少数顽固分子，挽救、教育一批人，这对纯洁干部队伍，清除腐败现象，加强廉政建设大有好处，各级人民法院要通过深入学习《通告》，进一步增强执行《通告》的责任感、紧迫感和自觉性。要把贯彻执行《通告》，作为当前人民法院的一件大事摆在重要议事日程上来，加强具体指导，把这场斗争不断引向深入，努力作出成效。

二、采取积极有效的措施，广泛深入宣传《通告》

各级法院要把宣传《通告》作为一项重要任务来抓，要与有关部门密切配合，力求在近期内形成高潮，造成强大的政治声势。只有广泛深入地宣传《通告》，充分发动干部、群众，积极行动起来，检举揭发经济犯罪分子，对犯罪分子形成“兵临城下”之势，才能打掉犯罪分子的侥幸心理，促使更多的犯罪分子走坦白自首、争取从宽处理的道路。各级人民法院一定要在党委的统一领导下，加强与检察、纪检、公安、司法、监察、工商行政、海关等部门的配合协作和新闻单位的联系，采取多种形式和有效的措施，利用各种新闻媒介和舆论宣传工具，大张旗鼓地宣传。要积极组织消息报道，举办法制专栏，深入到机关、企事业单位、学校、农村、特别是一些重点单位宣讲《通告》，按行业按系统层层发动群众，广泛进行动员，使《通告》家喻户晓，人人皆知。要做好家属子女、知情人的思想动员工作，使他们规劝有犯罪行为的亲属投案自首。在审判活动中要注意向犯罪分子宣传《通告》，敦促他们彻底坦白交待、检举立功。充分发挥《通告》动员群众、鼓舞群众和震慑分化犯罪分子的作用。

三、正确执行《通告》的规定，切实体现宽严结合的政策

执行《通告》必须树立政策策略思想，该宽的必须宽，该严的必须严，宽严结合，政策兑现，《通告》发布前，已被采取强制措施，《通告》发布后尚未终审的案件，无论是《通告》发布前还是发布后，坦白交待了全部罪行，并积极退赃或者有立功表现的，均适用《通告》规定的精神。在押犯、已决犯坦白交待余罪，检举立功的对所交待的新罪同样也适用《通告》的规定。对适用《通告》处理的案件，总的精神是：要有利于整个斗争的需要，有利于分化瓦解犯罪分子，有利于斗争的深入开展，宽、严兑现。

(一) 在具体办理案件中，应当根据数额大小，情节轻重、危害后果以及认罪态度等情况综合考虑处罚。对从宽处理的案件，其从宽的幅度，应当注意有所区别：

1. 在《通告》规定的期限内，投案自首的案件与采取强制措施后坦白交待的案件，应有所区别；

2. 在《通告》规定的期限内投案自首、坦白交待，并积极退赃的案件与虽投案自首坦白交待但不积极退赃的案件应有所区别；

3. 在《通告》规定的期限内投案自首，积极退出全部赃款的与退出部分赃款的案件应有所区别；

4. 犯罪行为给国家集体造成经济损失的大小应有所区别；

5. 立功的大小应有所区别。

(二) 在执行《通告》第二条及有关规定时，应注意掌握：

1. 个人贪污、受贿、投机倒把等经济犯罪分子，情节特别严重，罪该判处死刑的在《通告》规定的期限内投案自首，积极退赃的，或者有立功表现的，不论数额多大，一律不判处死刑，包括一律不判死刑缓期二年执行。

2. 个人贪污受贿数额在5万元以上，个人投机倒把非法经营额在20万元以上，或者非法获利额在10万元以上，应当判处重刑的，在《通告》规定的期限内，投案自首，积极退赃，或者有立功表现的，一般只能从轻、减轻处罚，不能免予刑事处分。只有在《通告》规定的期限内，主动投案自首，退出全部赃款，没有给国家或者集体利益造成重大损失，并有立功表现的，才可以考虑免予刑事处分。

3. 个人贪污、受贿数额在1万元以上不满5万元，个人投机倒把非法经营额在5万元以上不满20万元或者非法获利数额在3万元以上不满10万元的，在《通告》规定的期限内投案自首，积极退出全部赃款，并有立功表现的，可以免予刑事处分。

4. 个人贪污、受贿数额在2000元以上不满1万元的，个人投机倒把不满5万元的，或者非法获利不满3万元的，在《通告》规定的期限内，投案自首，积极退赃，或者有立功表现的，可以免予刑事处分。

5. 个人贪污、受贿、投机倒把构成犯罪的，在《通告》规定的期限内，被采取强制措施后，坦白全部罪行，积极退出全部赃款的或者有立功表现的，可以参照上述原则掌握。但从宽的幅度应小于自首坦白的犯罪分子。

（三）对在《通告》规定的期限内拒不投案自首，或者被采取强制措施后仍不彻底坦白的，依照刑法和全国人大常委会《关于严惩严重破坏经济的罪犯的决定》及有关法律规定从严惩处。

四、突出重点，抓好大案要案的公开审判

狠抓大案要案，不失时机地选择宽严案件特别是从宽判处的典型案件，公开宣判处理，是分化犯罪分子，鼓舞群众斗志，深入开展斗争的重要方法。各级法院对大案要案要抓住不放，一抓到底。各级领导要亲自动手，在近期内，抓紧审理一批宽严典型案件，大张旗鼓地宣判处理，政策兑现。要十分注意抓好公开审判这一环节，组织干部群众旁听，加强新闻报道，以案宣讲《通告》，发挥《通告》的威力，敦促更多的犯罪分子投案自首，走悔过自新之路。号召干部群众、知情人员检举揭发。依法保护检举人，对报复，陷害检举人的犯罪分子，坚决依法重判。对检举、揭发犯罪的有功人员，对动员有犯罪行为的亲属或其他犯罪分子投案自首的人员，对动员他人举报犯罪，作出贡献的干部群众，要及时给予表彰，或者给予适当奖励。

五、加强请示报告，注意抓好协调配合

贯彻执行《通告》是摆在我们面前的一项十分紧迫而又重要的任务。各级人民法院一定要在党委的统一领导下，与检察等有关部门密切配合，协调行动，共同把这项斗争引向深入。同时，要切实加强请示报告制度和信息反馈工作。上级法院必须加强对下级法院的指导，及时帮助解决工作中遇到的问题。对贯彻执行《通告》的进展情况和宽严典型案件，以及工作中遇到的新情况，新问题要及时上报，以便上级法院及时了解情况，统一指导、协调工作。对重大案件处理有分歧意见的，应逐级上报，及时研究解决；对按照刑法及全国人大常委会有关规定应判处死刑或重刑，而按《通告》从宽处理的经济犯罪案件，处理前要将案情材料及处理意见报告省院，以便统一上报最高人民法院。

四川省第五次民事审判工作会议

1989年12月21日至25日，四川省第五次民事审判工作会议在成都召开。参加会议的有各中级法院主管民事工作的院长和民庭庭长。有关单位的负责同志也应邀出席了会议。这次会议的主要内容是：根据党的十三届四中全会、五中全会精神，回顾、总结全省第四次民事审判工作会议以来的工作，交流经验，研究、解决民事审判工作面临的新情况、新问题，认清形势，开拓前进，改革与现行法律不相符合的审判方式，大力推进民事审判工作规范化、制度化的进程，提高执法水平，提高办案质量和效率，充分发挥民事审判工作在治理整顿，深化改革中的职能作用，促进社会主义物质文明和精神文明建设，更好地为“一个中心，两个基本点”服务。

一

会议回顾了第四次全省民事审判工作会议以来的主要成绩和基本经验。会议认为，全省第四次民事审判工作会议以来，全省各级人民法院在各级党委、人大常委会、政府和最高人民法院的领导、监督和支持下，坚持四项基本原则和改革、开放的方针，正确执行《婚姻法》、《继承法》、《民法通则》以及《民事诉讼法(试行)》等民事法律和政策，依法审结了大量的民事案件，为保护公民、法人的合法权益，维护社会的安定团结，促进四化建设和顺利进行，做出了积极贡献，全省的民事审判工作有了新的发展。这些成绩主要表现在：

1. 正确、合法、及时地审结了大量民事案件。据统计，从1984年10月至1989年9月，全省各级人民法院共审结一审民事案件436136件，相当于1979年10月至1984年9月审结的一审民事案件281611件的1. 55倍；审结上诉案件19130件，相当于前五年的1. 7倍；还处理简易民事纠纷82724件。通过对大量的民事案件的处理，调整了各种民事关系，对于保护公民、法人的合法权益，发挥社会主义道德风尚，维护社会的安定团结，促进改革、开放和经济建设的顺利进行，促进社会主义物质文明和精神文明建设，发挥了重要作用。

2. 认真学习、宣传和贯彻执行《民法通则》，提高了执法水平。《民法通则》颁布后，全省各级人民法院把学习、宣传和贯彻执行《民法通则》作为一件大事来抓，收到的显著成效。省法院于1986年5月为全省各级法院集中培训民事审判工作的业务骨干240余人。各中、基层法院普遍采取办学习班以会代训和个人自学、集中辅导等多种形式，组织干警深入学习《民法通则》。据不完全统计，全省各级法院举办培训班1000期，培训干部12400多人次。同时，各级法院还采取多种形式，向社会广泛宣传《民法通则》。

3. 基层基础工作有了进一步加强。全省各级人民法院普遍重视和加强了法庭工作。截至1989年9月的统计，全省已建立人民法庭1510个、比1984年增加了215个，法庭干部总数达5591人，比1984年增加了2448人，每个法庭平均3. 7人。除3个民族自治洲和少数边远地区外，绝大多数基层法院，把50%左右的审判力量和业务骨干充实到人民法院，人民法庭干部量少质弱的状况有所改变。全省现已新建、改建人民法庭200多个，建筑面积达6600平方米，总投资600余万元。

4. 严格执法，积极慎重地改革与法律不相符合的审判方式和习惯作法，推进了民事审判工作规范化、制度化的进程。全省广大民事审判干部和人民法庭干部解放思想，转变观念，针对过去一些影响办案质量和效率与现行法律不合的审判方式与习惯作法，严格依照法律的规定，积极慎重地进行改革，从而提高了办案质量和效率；一是健全了案件收、结制度，克服和防止了过去“以结代收”，该立不立、不该立而立，办“人情案”、“关系案”的弊端，也缓解了群众告状难的问题；二是推行了当事人举证责任，实行当事人举证与法院调查取证相结合，改变了“当事人动嘴，审判员跑腿”，调查取证由法院大包大揽的习惯作法；三是切实执行公开审判制度广泛接受群众监督，增加了法院的透明度，维护了法制的尊严，四是加强了合议庭负责制，使合议庭对案件事实、证据、适用政策法律、制作法律文书等方面严格把关，增强了审判人员的责任心，简化了案件审批程序；五是普遍健全岗位责任制。

5. 加强了监督和业务指导工作。全省各级人民法院对民事审判监督工作有所加强。五年来，处理了申诉案件3887件，妥善解决了2000多件上访老户的问题，同时还处理和接待了大量的来信来访。全省各级人民法院十分注意从调查研究入手，解决审判实践中的新问题，指导民事审判工作不断地向前发展。针对房屋、债务、人身权案件以及适用诉讼时效中出现的新情况、新问题，省法院通过调查研究，印发了《审理房屋案件座谈会议纪要》、《关于审理债务、人身权及适用诉讼时效等问题的座谈纪要》，指导全省的民事审判工作。会议回顾五年多来全省民事审判工作所走过的历程，认为有以下经验是值得很好总结和发挥的：(1) 坚持民事审判工作为改革开放，发展社会主义商品经济服务的正确方向。(2) 坚持经常性的思想政治工作，不断加强对于干警进行全心全意为人民服务的宗旨教育。(3) 坚持改革，创造性地开展工作。(4) 坚持面向基层，指导民间调解。会议认为工作中也存在一些薄弱环节和不足之处：一是少数同志，甚至个别领导同志对新时期民事审判工作在国家政治、经济生活中的地位作用认识不够；二是民事审判干部的业务素质与形势发展要求还不适应；三是执行程序法不够严肃；四是不少法院，尤其是基层法院办案经费不足，个别县甚至将法庭的包干经费下放到区财政所，更增加了办案经费的困难程度。

二

会议分析了民事审判工作面临的形式和出现的新情况、新问题。会议认为，随着党的改革开放政策的深入实施，社会主义有计划的商品经济蓬勃发展，民主与法制建设的逐步加强，一批民事法律、法规的颁布实施，公民、法人依法享有的财产权利和人身权利的范围更加广泛，公民的法律意识不断增强，懂得了运用法律武器来维护自已的民事权利，诉讼到人民法院的案件数目不断增多，收案范围逐步扩大。主要表现：(1) 治理整顿和深化改革，对民事审判工作提出了更高要求。(2) 民事案件大幅度上升，出现了收案多、结案多、未结案多的特点。(3) 民事案件的内容、结构发生了新的变化，处理难度增大。(4) 执法环境有待于进一步改善，案件审理和执行仍有阻力。

三

会议要求进一步加强民事审判工作，为“一个中心，两个基本点”服务。会议认为，根据民事审判工作所面临的形势和出现的新情况、新问题，民事审判工作的任务，就是要为“一个中心，两个基本点”服务，为治理整顿和深化改革服务，促进“两个文明”的建设，依法保护国家、集体和公民的合法权益，促进社会的稳定和经济的繁荣，进一步提高执法水平，提高办案质量和效率，提高办案的社会效果，在严格执行国家法律的前提下，改革审判方式，摒弃旧观念和与法律不相符合的习惯作法，使民事审判工作制度化、规范化，充分发挥民事审判工作的职能作用，促进社会主义民主和法制的建设，促进社会主义现代化建设的顺利进行。要求各级法院：(1) 加强学习、进一步提高民事审判干部和法庭干部的执法水平，民事审判工作为治理整顿，深化改革服务，促进社会主义物质文明和精神文明建设，是通过审判人员的审判活动来实现的。审判人员的政治、理论修养，法律、政策水平的高低，决定着办案质量的好坏。近几年来，民事审判干部、法庭干部中新成分在不断增加，一些老同志将陆续退休。民事审判干部和法庭干部要加强学习，努力提高政治和业务素质，以便更好的担负起国家赋予的执法重任。(2) 严肃执法，进一步提高办案质量和效率，扩大办案的社会效果。严格执行国家各种民事法律和政策是提高办案质量和效率的关键。严格执法，既要严格执行实体法，又要严格执行程序法。努力克服和防止轻视程序法的偏向。在贯彻执行民事法律政策时，必须坚持有利于维护社会主义制度；有利于治理整顿和深化改革；有利于促进社会主义物质文明和精神文明建设；有利于社会风气好转和社会稳定。当前，在严肃执法，进一步提高办案质量和提高办案效率方面，要着重处理好以下几个关系：一是要处理好办案质量和办案效率的关系。二是处理好适用实体法和程序法的关系。三是要处理好调解和判决的关系。四是处理好便利当事人诉讼和便利人民法院审判的关系。五是处理好下级人民法院裁决与上级人民法院监督的关系。六是处理好依法独立审判和接受有关部门的监督的关系。(3)以公开审判为重心，认真执行民事诉讼制度。公开审判是宪法规定的一项基本原则，是人民法院审判活动的重心，也是人民法院公开性和透明度的主要形式。各级人民法院要增强改革意识，围绕公开审判积极慎重地改革某些与法律不相符合的审判方式和习惯作法。当前要着重搞好以下工作：一是搞好公开审判。二是进一步推行当事人举证责任制度。三是进一步、加强合议庭负责制。四是要加强完善岗位责任制，实行目标管理。(4)加强调查研究和业务指导工作。一是各类案件中出现的新问题、新情况；二是执行法律政策中遇到的情况和问题；三是新类型案件和疑难案件的剖析。在业务指导上，高、中级人民法院民事审判工作重点放在对基层人民法院的业务指导上，基层人民法院要搞好对人民法庭工作的指导。(5)加强对人民法庭工作的管理。各级人民法院要有一名院领导分管人民法庭的工作，要加强人民法庭的政治思想工作和业务指导，不断提高人民法庭干部的政治、业务素质。要加强廉政建设。帮助人民法庭解决人、财、物等方面的困难，改善工作生活条件。对人民法庭的管理要制度化。

宁夏回族自治区高级法院刑事执法研讨会

1989年4月11日至14日，宁夏回族自治区高级人民法院召开了首次刑事执法研讨会。全区各级人民法院主管刑事审判工作的院长、副院长和刑事审判庭庭长、研究室负责人以及宁夏军区军事法院、自治区人民检察院等有关部门的负责同志等60余人参加了会议。会议共收到全区各级人民法院报送的有关改善执法活动的研讨论文和刑事审判工作经验材料25篇，在会上进行交流。会议着重就改善执法活动，提高刑事审判工作水平，保证办案质量，扩大办案效果，进行了研究讨论。会议认为，当前全区人民法院在改善执法活动方面应当重视和加强的问题是：

一、认真执行公开审判制度

一是要充分认识公开审判的重要意义，牢固树立公开审判的意识。我国《宪法》、《人民法院组织法》、《刑事诉讼法》都规定除涉及国家机密、个人隐私和未成年人犯罪外，一律进行公开审判。这是一项重要审判制度和诉讼制度。它体现了社会主义民主法制的原则，是社会主义民主制度化、法律化的重要形式。通过公开审判把审理案件的活动全部公开，以避免秘密审讯的种种弊端，有利于查清事实真相，有利于当事人依法行使诉讼权利，有利于提高审判人员的执法水平，有利于提高办案质量和办案的社会效果，也有利于向公民进行具体的、生动的法制宣传教育。因此，它不仅是审判工作的重心，也是整个诉讼制度的中心环节，我们要努力克服案件多、审判力量不足、缺少审判法庭等困难，切实搞好公开审判。除法律规定不公开审判的案件外，一审案件要做到一律公开审判；二审案件要尽可能地公开审判；再审案件也要创造条件公开审判。二是要不断总结公开审判经验，提高庭审水平。全区各级人民法院受理的一审案件绝大部分都进行公开审判，庭审质量和庭审水平逐步有所提高。但对部分案件的审理，还存在“先定后审”、“重实体轻程序”、“摆形式走过场”、“公开审判而不公开宣判”等情况。根据前几年的实践，要做好公开审判工作，必须认真做好开庭前的准备工作，它包括认真仔细地阅卷；讯问被告人，核对案情事实；询问证人、查对物证、该实证据；访问被害人及其亲属和有关群众；拟好开庭提纲；切实执行民主集中制原则，注意发挥合议庭的作用；合议庭成员要明确分工，各司其职、齐心协力，有条不紊地完成庭审任务。同时，要正确处理审判长、公诉人、辩护人的关系，充分发挥诉、辩双方在庭审中的作用，保证客观全面地审查判断案情，正确适用法律和作出公正的裁判。在确立审判长中心地位的同时，要注意改变目前存在的审判长“独揽”审判权，其他审判人员只作“陪衬”的现象。其次，要突出抓好法庭调查这一中心环节。法庭调查要突出重点；先易后难；先查事实后查动机、目的；层次分明、有条有理；正确使用和核对证据；发问简短明确；明确分工、互相配合；尊重和维护被告人的合法权利；沉着冷静，边审边研究；庭审讯问要因人而宜，通俗易懂，准确清楚，合乎逻辑，掌握火候，对策适宜，以取得好的效果。

二、充分发挥合议庭和审判委员会的职能作用

长期以来，一些人民法院往往把一些本应由合议庭决定的，不属于重大、疑难的案件，提交审判委员会讨论；还有一些合议庭的成员实际上并未参加具体办案，合议制流于形式等，这都是不符合法律规定的。今后要切实加强合议庭的责任，使合议庭充分行使法律规定的职权；合议庭每个成员对所审理的案件都要负责，重要审判活动应由合议庭集体进行。根据第十四次全国法院工作会议精神，我区各级人民法院结合实际，对哪些案件由合议庭决定，哪些案件应提交审判委员会讨论决定，都分别作了大致的划分，要不断总结经验，加以改进完善。当前，要切实加强院长、庭长对合议庭的领导和监督作用；要严格合议庭工作制度，使合议庭审理案件规范化。

要加强和充分发挥审判委员会的职能作用。要明确院党组会、审委会、院务会、院长办公会的职权范围，不能互相混同，开“一揽子”会；院长主持审判委员会要充分发扬民主、善于调动全体委员的积极性，创造民主争论问题的气氛，发挥集体智慧，增强每个委员的责任感，坚持少数服从多数的原则；要建立健全审委会的各项工作制度，严格审委会讨论案件的范围。为了纠正“先定后审”或“先判后审”的问题，审委会讨论案件应当在开庭审理并经合议庭评议以后进行。

三、认真审理好刑事附带民事案件

要审理好刑事附带民事案件，首先，要正确理解和解决以下几个问题：一是要搞清附带民事诉讼的性质；二是要搞清什么时候可以提起附带民事诉讼；三是要搞清哪些人可以作为提起附带民事诉讼的原告；四是要搞清附带民事诉讼中的赔偿范围，以及其他几个具体问题。会议对上述这些问题都进行比较具体深入的研究讨论，并取得了共同的理解和认识。

四、努力提高审理刑事自诉案件的质量和效率

随着普法教育的深入开展，公民法律意识不断增强，刑事自诉案件越来越多。据不完全统计，全区基层人民法院受理的自诉案件逐年上升，有些法院已占刑事收案总数的30％以上，因此，努力提高自诉案件的审判质量和效率，是值得我们高度重视和认真研究的问题，针对自诉案件中，绝大多数是伤害案件的情况，大家认为从维护社会秩序、促进安定团结和保障经济建设出发，人民法院应主动受理和积极审理好自诉案件。凡是自诉人到人民法院（人民法庭）告状的，都要积极主动的受理，以实际行动解决群众告状难的问题，决不能互相推诿，更不能不理不睬，拒之门外。法律虽未明确规定审理自诉案件的期限，但也不能久拖不结。有的法院在改善执法活动中自已规定了办理自诉案件的期限，可以继续试行，不断探索，提高办案效率。

会议期间，与会同志还对高院研究室、刑一庭起草的《有关改善刑事执法活动的几点意见》，进行 了认真讨论，提出了一些修改意见。

第七部分　案　例

刑　　事

李全志、魏端方、谢学忠投机倒把、窝藏案

被告人：李全志，男，33岁，河南省郸城县虎岗乡李牌坊村人，无职业。1987年10月16日被逮捕。

被告人：魏端方，男，52岁，河南省太康县魏庄村农民。1987年11月2日被逮捕。

被告人：谢学忠，男，28岁，河南省郸城县城关镇吴庄村农民。1987年10月31日被逮捕。

被告人李全志、魏端方、谢学忠，因犯投机倒把罪、窝藏罪，河北省人民检察院保定分院向保定地区中级人民法院提起公诉。该院依法组成合议庭，经公开审理，查明：

被告人李全志于1984年春至1987年4月期间，与吕长友（系同案犯，已判刑）共同策划并勾结张传波、钱立堂（均系同案犯，已判刑）伪造了“河南省商丘地区冷冻厂附属生物化学制药厂人造牛黄”商标，在其兄李全忠、李全孝及其妻赵平（均系同案犯，已判刑）等人的参与下，用淀粉、盐酸黄连素、维生素B_2等为原料，非法制造了假人造牛黄。然后以每销售1公斤假人造牛黄给5元好处费为条件，由李全忠、李全孝先后多次卖给吕长友、尹俊起、王立杰（尹、王均系同案犯，已判刑）等人。吕长友、尹俊起、王立杰把买的假人造牛黄，加价后在河北省安国县中药材市场倒卖，又几经转手销售到辽宁、吉林、山东、河北、山西、河南等地的中药材经销单位和制药厂，计1168公斤，总经营额达96万余元，非法获利32万余元，给国家造成直接经济损失达300万元。其中，被告人李全志非法经营额达27万余元，非法获利20万余元，严重扰乱了中药材市场管理，破坏了社会主义经济秩序。

案发后，被告人李全志又指使李全忠、李全孝将部分假人造牛黄和装盐酸黄连素、维生素B_2的瓶子等物扔到郸城县革新河内，销毁了假人造牛黄商标版和已印刷好的假商标，毁灭了罪证。被告人李全志还伙同赵平将16万元赃款转移到内侄赵国志（同案犯，已判刑）家藏匿后，李全志即潜逃到安徽、上海、河南省太康县等地，并指使同案被告人魏端方到西安给我公安机关发信，企图转移侦查视线。

被告人魏端方和张金山（在逃）明知被告人李全志是犯罪分子，自1987年5月至9月间，多次为其提供住所，予以窝藏。魏端方得赃款880元。

被告人谢学忠在被告人李全志的指使下，于1987年6月中旬的一天晚上，与张金山从赵国志家院内挖取了赃款；次日晚，被告人谢学忠驾驶汽车将被告人李全志和赃款送到淮阳县老冢乡公路，帮助李全志继续潜

逃。谢学忠得赃款 3000 元。

上述犯罪事实，有作案工具、赃物、追缴的赃款及药检、卫生行政部门的证明、证人证言和同案被告人的供述证实，三被告人均供认不讳，证据确实、充分，足以认定。

保定地区中级人民法院经审理认为：被告人李全志与安国县人民法院 1987 年 10 月 9 日以投机倒把罪、窝赃罪、窝藏罪分别判处的李全忠、李全孝等 16 名被告人同属一案，且系本案主犯。当时因李全志在逃，未能一案审理。被告人李全志以牟取暴利为目的，违反工商管理法规，无生产经营执照，非法制造、倒卖假人造牛黄，严重扰乱了中药材的市场管理，破坏了社会主义经济秩序，其行为已构成《中华人民共和国刑法》第一百一十八条规定的投机倒把罪。李全志非法经营额和获利额均属特别巨大，情节特别严重，根据全国人大常委会《关于严惩严重破坏经济的罪犯的决定》第一条第（一）项的规定，应予严惩。被告人魏端方明知被告人李全志是犯罪分子而予以窝藏；被告人谢学忠明知埋藏在赵国志家的巨款系被告人李全志犯罪所得而予以提取转移，并用汽车帮助李全志继续潜逃，其行为均构成刑法第一百六十二条第二款规定的窝藏罪。依照刑法第六十条的规定，对李全志、魏端方、谢学忠违法所得的财物和供犯罪所用的个人财物应当予以追缴和没收。据此，保定地区中级人民法院于 1988 年 5 月 13 日以投机倒把罪，判处李全志死刑，并依照刑法第五十三条第一款的规定，剥夺政治权利终身，追缴赃款 140400 元；以窝藏罪，分别判处魏端方有期徒刑六年，追缴赃款 880 元；判处谢学忠有期徒刑三年，追缴赃款 3000 元，没收南京嘎斯汽车 1 辆。

宣判后，李全志、魏端方不服一审判决，分别向河北省高级人民法院提出上诉。

河北省高级人民法院经审理认为：上诉人李全志伪造他人注册商标，非法制造、倒卖假人造牛黄，其行为已构成投机倒把罪，且非法经营额和获利额均属特别巨大，情节特别严重，应予严惩。李全志上诉称，制造假人造牛黄是与他人合伙所为。经查，已判刑的同案犯李全忠、李全孝等人仅以加工 1 公斤假人造牛黄的原料获取 0.1 元报酬为目的，参与为李全志加工假人造牛黄原料数次，并参与装袋和倒卖，并非合伙制造。李全志之妻赵平亦否认吕长友、李全忠、李全孝与李全志合伙经营。因此，李全志的上诉，显系推卸罪责。上诉人魏端方在自己家窝藏李全志 40 余天，为李全志去西安发信，转移侦查视线，并为李全志保存巨额赃款，实属情节严重，无法定从轻条件，其上诉理由不能成立。据此，该院依照刑事诉讼法第一百三十六条第（一）项的规定，于 1988 年 11 月 10 日裁定驳回李全志、魏端方的上诉，维持原判。并依照刑事诉讼法第一百四十五条第二款的规定，将维持一审判处李全志死刑，剥夺政治权利终身的裁定，报请最高人民法院核准。

最高人民法院依照刑事诉讼法规定的死刑复核程序，对该案进行了复核。认为：原审认定被告人李全志的犯罪事实清楚，证据确实、充分，定罪准确，量刑适当，审判程序合法。经最高人民法院审判委员会决定，于 1988 年 12 月 21 日裁定核准河北省高级人民法院维持原审以投机倒把罪判处李全志死刑，剥夺政治权利终身的刑事裁定。

穆罕默德·伊玛米诈骗案

被告人：穆罕默德·伊玛米，男，25岁，伊朗伊斯兰共和国国籍，1988年5月23日被逮捕。

辩护人：于北平，北京市第五律师事务所律师。

中华人民共和国北京市人民检察院分院以被告人穆罕默德·伊玛米犯诈骗罪，向北京市中级人民法院提起公诉。北京市中级人民法院于1988年9月24日，对该案进行了公开审理，查明：

被告人穆罕默德·伊玛米自1987年11月至1988年3月期间，先后4次持变造的巴基斯坦伊斯兰共和国护照（护照号码：B346131，护照原持有人名字是穆罕默德·阿里·易卜拉欣）和沙特阿拉伯王国护照（护照号码：100719115601，护照原持有人名字是瓦伊伯·阿布兹瓦达）非法进入中华人民共和国境内。穆罕默德·伊玛米于1987年12月12日至14日，在中国银行北京市建国门外币兑换所，采取摹仿旅行支票上原所有人签字的手段，先后5次用已挂失的28张美国运通国际股份有限公司发行的旅行支票（总计面额2300英镑），骗兑人民币外汇兑换券15552.16元。

1988年1月7日至9日，被告人穆罕默德·伊玛米在北京市"昆仑"、"西苑"、"长城"、"北京"等10多家饭店的外汇兑换处，采取同样手段，先后30次用已挂失的300张巴林麦纳麦阿拉伯金融服务公司代售的"VSA"旅行支票（总计面额3万美元），骗兑人民币外汇兑换券110543.58元。

1988年1月8日，被告人穆罕默德·伊玛米采取同样手段，在北京饭店外汇代兑处，用已挂失的15张瑞士银行发行的旅行支票（总计面额2000瑞士法郎），骗兑人民币外汇兑换券5490.51元。

1988年3月18日，被告人穆罕默德·伊玛米在北京国际饭店外汇代兑处，仍采取上述手段，用已挂失的15张美国运通国际股份有限公司发行的旅行支票（总计面额1500美元），骗兑人民币外汇兑换券时，被当场查获。

综上，被告人穆罕默德·伊玛米在北京市10多家饭店的外汇兑换处和中国银行北京市建国门外币兑换所，先后37次用已挂失的旅行支票，骗兑人民币外汇兑换券共计131586.25元。赃款大部分被挥霍。

案发后，公安机关还从穆罕默德·伊玛米的行李包中，搜出有美国、澳大利亚等国家的公司、银行发行的已挂失的旅行支票115张，总计面额为9300美元。

上述事实，有物证、书证、证人证言、刑事科学技术鉴定结论等在案佐证。事实清楚，证据确实、充分，足以认定。

北京市中级人民法院根据《中华人民共和国刑法》第三条第一款关于凡在中华人民共和国领域内犯罪的，除法律有特别规定的以外，都适用中国刑法的规定，认为被告人穆罕默德·伊玛米无视中国法律，多次非法进入中国境内，大肆进行诈骗活动，其行为已构成《中华人民共和国刑法》第一百五十二条规定的诈骗罪。依照刑法第三十条的规定，对穆罕默德·伊玛米可以附加适用驱逐出境。依照刑法第六十条的规定，穆罕默德·伊玛米犯罪所用的本人财物及违法所得，应当予以没收和追缴。

据此，北京市中级人民法院于1988年11月2日判决如下：

被告人穆罕默德·伊玛米犯诈骗罪，判处有期徒刑八年，并附加驱逐出境；查获被告人犯罪所使用的财物予以没收，追缴违法所得外币1000余元。

被告人穆罕默德·伊玛米不服一审判决，以原判决认定的诈骗犯罪事实不是他一人所为、量刑过重为由，向北京市高级人民法院提出上诉。

北京市高级人民法院于1989年1月14日对该案依法进行了公开审理，认为：上诉人穆罕默德·伊玛米多次非法进入中国国境，在中国领域内持变造的护照和已挂失的旅行支票进行诈骗活动，诈骗数额巨大，其行为已构成诈骗罪，依照中国刑法，应予惩处。穆罕默德·伊玛米归案后，为逃避罪责，多次编造谎言，欺骗中国司法机关，甚至上诉称所犯诈骗罪非他一人所为。经查，原判认定穆罕默德·伊玛米所犯诈骗罪的事实清楚，有证人指控，有本人填写的出入境登记卡、住宿登记表、外汇兑换证明单上的姓名、国籍、护照号码等字迹及旅行支票上复签字迹的笔迹鉴定结论，有所持经变造的巴基斯坦伊斯兰共和国护照、沙特阿拉伯王国护照，以及在携带的行李包中查获的已挂失的旅行支票等物证证实，其上诉理由不能成立，要求从轻处罚不予采纳。原审判决对上诉人穆罕默德·伊玛米的定罪准确，量刑适当，审判程序合法。该院于1989年1月30日，依照《中华人民共和国刑事诉讼法》第一百三十六条第（一）项的规定，裁定驳回上诉人穆罕默德·伊玛米的上诉，维持原判。

桂广庆投机倒把、受贿案

被告人桂广庆，男，51岁，原系湖北省武汉冶金研究所所长。

被告人桂广庆因投机倒把、受贿案，由湖北省武汉市人民检察院向武汉市中级人民法院提起公诉。该院依法组成合议庭，经公开审理查明：

1988年7月，冶金部分配给武汉冶金研究所30吨镍板的供货合同，每吨价格人民币22100元。被告人桂广庆收到这份镍板合同后，向本所谎称，经冶金部有关人员同意，其中有5吨拨给长沙通用电器公司，并指派工作人员到发货单位办理了合同变更手续，将5吨镍板指标控制在自己手中。之后，桂广庆将其中2吨镍板以每吨82500元的价格，倒卖给长沙通用电器公司。该公司按桂广庆的授意，交给桂广庆现金4.5万元，其余12万元汇往发货单位，将5吨镍板的货款全部付清。此后，桂广庆又将3吨（实为3.114吨）镍板，以每吨11.5万元，倒卖给武汉市无业人员陶某某，获取非法收入35.8110万元。

1988年7月，桂广庆还批准将本所用于生产的5.004吨镍板，卖给汉川县的周某某等人倒卖。周某某等人就地加价转手倒卖后，获非法收入6万元，桂广庆收受周某某等人的贿赂款1.3万元。案发后，桂广庆将该项受贿款退还给周某某等人。1988年11月24日，桂广庆慑于法律的威力，主动向武汉市人民检察院投案自首，并退还了全部赃款。

上述事实，有书证、证人证言证实，被告人亦供认不讳。

武汉市中级人民法院审理认为：被告人桂广庆违反国家有关法律，倒卖国家计划分配物资，非法经营数额52.3110万元，非法获利40.3110万元，其行为已构成《中华人民共和国刑法》第一百一十八条规定的投机倒把罪；桂广庆系国家工作人员，利用职务上的便利，进行投机倒把犯罪活动，依照刑法第一百一十九条的规定，应从重处罚；桂广庆还利用职务上的便利，收受贿赂，已构成刑法第一百八十五条第一款规定的受贿罪。鉴于桂广庆投机倒把数额特别巨大，情节特别严重，根据全国人大常委会《关于严惩严重破坏经济的罪犯的决定》第一条第一项的规定，应从严惩处。根据桂广庆的受贿数额及情节，依照全国人大常委会《关于惩治贪污罪贿赂罪的补充规定》第五条的规定，应按第二条第（2）项的规定处罚。桂广庆一人犯数罪，依照刑法第六十四条第一款的规定，应当实行数罪并罚。依照刑法第六十条的规定，桂广庆违法所得一切财物，应当予以追缴。根据桂广庆的犯罪事实和情节，依法应当判处死刑。但是，桂广庆在犯罪后，投案自首，全部退清了赃款，认罪态度好，依照刑法第六十三条和最高人民法院、最高人民检察院《关于贪污、受贿、投机倒把等犯罪分子必须在限期内自首坦白的通告》第七条关于“本通告发布后，正在办理的贪污、受贿、投机倒把等经济犯罪案件，犯罪分子有自首坦白、检举立功情节的，适用本通告第二条的规定”的规定，可以从轻处罚。据此，武汉市中级人民法院于1989年8月19日判决如下：

被告人桂广庆犯投机倒把罪，判处无期徒刑，并依照刑法第五十三条第一款的规定，剥夺政治权利终身；犯受贿罪，判处有期徒刑五年；决定执行无期徒刑，剥夺政治权利终身。

查获桂广庆的赃款336174.78元及药材贝母2吨，予以追缴。

一审宣判后，被告人桂广庆以他是“主动投案，全部退赃，要求从宽处罚”为由，向湖北省高级人民法院提出上诉。

湖北省高级人民法院审理认为：原判认定上诉人桂广庆的犯罪事实清楚，证据确实、充分，定罪准确，审判程序合法。桂广庆利用职权，非法倒卖国家计划分配物资，其行为已构成投机倒把罪。桂广庆投机倒把数额特别巨大，情节特别严重，且系国家工作人员，具有法定从重处罚情节。桂广庆还利用职务上的便利，为他人谋 取利益，收受贿赂，已构成受贿罪。论罪应当判处桂广庆死刑，原审法院根据桂广庆投案自首、积极退赃的情节，依法从轻处罚是应当的。但是，根据本案的具体情况和最高人民法院、最高人民检察院《关于贪污、受贿、投机倒把等犯罪分子必须在限期内自首坦白的通告》的精神，对桂广庆还可依法从轻处罚。依照刑法第五十二条的规定，对桂广庆还应附加剥夺政治权利。经该院审判委员会讨论，依照《中华人民共和国刑事诉讼法》第一百三十六条第（二）项的规定，于1989年8月29日改判如下：

撤销武汉市中级人民法院判决对上诉人桂广庆的量刑部分；以投机倒把罪，判处桂广庆有期徒刑十五年，剥夺政治权利三年；以受贿罪，判处有期徒刑二年；决定执行有期徒刑十五年，剥夺政治权利三年；桂广庆退出的赃款、赃物依法上缴国库。

邓安薇、宋顺文贪污、偷越国境、诈骗案

被告人邓安薇，女，37岁，原系中国农业银行贵阳市支行白云区沙文营业所主办会计。1989年3月7日被逮捕。

被告人宋顺文，男，55岁，云南省镇雄县人，原系个体工商户，1961年因犯反革命罪被判处有期徒刑五年。1989年3月7日被逮捕。

被告人邓安薇、宋顺文因贪污、偷越国境、诈骗案，由贵州省贵阳市人民检察院向贵阳市中级人民法院提起公诉。贵阳市中级

人民法院依法组成合议庭，经公开审理，查明：

1986 年 3 月，被告人宋顺文在贵阳开办个体企业“顺文服务部”时，经他人介绍，结识了被告人邓安薇。二人来往密切，勾搭成奸。此后，1986 年 11 月 2 日至 1987 年 3 月 10 日，邓安薇与宋顺文互相勾结，由宋顺文虚构汇款单位，提供汇款单位帐户，填写假信汇凭证；邓安薇利用银行主办会计的职务之便，以盗用县辖联行资金，凭空支付，截留客户往来款暂不入收款单位帐户，掩盖已动用的联行资金等手段，先后 7 次将 143328.22 元公款，信汇到宋顺文的帐户上。宋顺文利用该款偿还债务和进行个体经营活动。1987 年 3 月 10 日，邓安薇与宋顺文的通奸行为败露后，唯恐贪污行为被发现，即用赃款购买小货车 1 部，于同年 8 月 1 日偷越国境，潜逃国外，1988 年 10 月 18 日被引渡回国。

1985 年 1 月 8 日，宋顺文与其子宋德林以出售钢材为名，以宋顺文开设的贵阳顺文股份有限公司为供方，与需方修文县乡镇企业局供销公司，签订了 100 吨钢材的购销合同。宋顺文将合同签订时间推迟 7 天，将 10 万元预付货款改为“借款”进入其帐户。宋顺文得到此款后，并无钢材可供，而动用 5.5 万元进行营利活动。

上述事实，有书证、物证、证人证言及司法会计鉴定为证，二被告人也供认不讳，足以认定。

贵阳市中级人民法院审理认为：被告人邓安薇身为国家工作人员，与被告人宋顺文勾结，共同窃取银行公款 14 万余元，其行为已构成《中华人民共和国刑法》第一百五十五条第一款规定的贪污罪。邓安薇和宋顺文贪污数额巨大，犯罪情节特别严重，依法应予严惩。邓安薇、宋顺文犯罪后，为逃避惩罚，违反出入国境管理法规，非法偷越国境，已构成刑法第一百七十六条规定的偷越国境罪。宋顺文以签订供销合同为名，诈骗财物，已构成刑法第一百五十二条规定的诈骗罪。邓安薇和宋顺文二人均犯数罪，依照刑法第六十四条的规定，应实行数罪并罚。据此，贵阳市中级人民法院于 1989 年 6 月 26 日判决如下：

被告人邓安薇犯贪污罪，判处死刑，并依照刑法第五十三条第一款的规定，剥夺政治权利终身；犯偷越国境罪，判处有期徒刑一年；决定执行死刑，剥夺政治权利终身。

被告人宋顺文犯贪污罪，判处死刑，并依照刑法第五十三条第一款的规定，剥夺政治权利终身；犯诈骗罪，判处有期徒刑八年；犯偷越国境罪，判处有期徒刑一年；决定执行死刑，剥夺政治权利终身。

一审宣判后，被告人邓安薇、宋顺文不服，分别以“原判决认定部分事实有出入，定性不准和量刑过重”为由，向贵州省高级人民法院提出上诉。

贵州省高级人民法院审理认为：原审判决认定事实清楚，证据确实，定罪准确，量刑适当，上诉人邓安薇、宋顺文的上诉理由不能成立。据此，1989 年 7 月 7 日，该院依照《中华人民共和国刑事诉讼法》第一百三十六条第（一）项的规定，裁定驳回上诉人邓安薇、宋顺文的上诉，维持原判。并依照刑事诉讼法第一百四十五条第二款的规定，将本案报请最高人民法院核准。

最高人民法院复核认为：被告人邓安薇、宋顺文互相勾结，共同窃取银行公款，贪污数额巨大，犯罪情节特别严重，已构成贪污罪，应予严惩。二被告人非法偷越国境，已构成偷越国境罪。宋顺文以签订购销合同为名，诈骗财物，已构成诈骗罪。一、二审人民法院认定的犯罪事实清楚，证据确凿、充分，定罪准确，量刑适当，审判程序合法。经审判委员会讨论决定，于 1989 年 8 月 24 日裁定如下：

核准贵州省高级人民法院（89）刑经上字第 33 号维持原审以贪污罪判处被告人邓安薇死刑，剥夺政治权利终身，以偷越国境罪判处有期徒刑一年，决定执行死刑，剥夺政治权利终身；以贪污罪判处宋顺文死刑，剥夺政治权利终身，以偷越国境罪判处有期徒刑一年，以诈骗罪判处有期徒刑八年，决定执行死刑，剥夺政治权利终身的刑事判决。

张玛云、陈惠莲、张建军受贿案

被告人：张玛云，女，42岁，原系广东省广州市公安局越秀区分局大南街派出所户籍内勤民警，1988年6月24日被逮捕。

被告人：陈惠莲，女，34岁，原系广东省广州市越秀区糖烟酒副食品公司丰富糖烟酒店职工，1988年8月8日被逮捕。

被告人：张建军，男，27岁，原系广东省广州市公安局越秀区分局解放南街派出所民警，1988年9月28日被逮捕。

被告人张玛云、陈惠莲、张建军收受贿赂一案，由广东省广州市人民检察院向广州市中级人民法院提起公诉。广州市中级人民法院依法组成合议庭，经公开审理查明：

被告人张玛云、陈惠莲从1984年起至1988年6月，互相勾结，由陈惠莲物色欲入广州市户口的人员，由张玛云利用担任派出所户籍民警职务的便利，非法为他人办理广州市的户籍和粮油关系，向要求入户的人索取贿赂。陈惠莲先后亲自或通过蔡坚荣、郑燕霞、陈柏新（均已判刑）等人介绍60名无广州市户口的人员，交由张玛云办理了广州户口50人。陈惠莲和蔡坚荣、郑燕霞、陈柏新等人向要求入户的人每人索取2500元至6500元，共索贿28.0550万元。蔡坚荣、郑燕霞和陈柏新从中留下“介绍费”6.9450万元外，其余21.1100万元交给陈惠莲，由张玛云和陈惠莲二人分赃、挥霍。

被告人张建军与曾在解放南街派出所工作的张玛云熟识，当其知悉张玛云和陈惠莲合谋为他人非法办理入广州市户口从中收受贿赂后，积极参与犯罪活动。1987年6月，张玛云调离解放南街派出所时，私下交给张建军5本未启用的户口簿和保管户口专用章的抽屉钥匙，并让张建军配了1把，以便日后作案。1987年7、8月间，张建军受张玛云、陈惠莲的指使，先后3次为10人非法办理了广州户口。为此，张建军向张玛云索要人民币1400元、港币1000元、旧电冰箱1台等物，还收了陈惠莲给的5条万宝路牌香烟。1988年6月12日晚，张建军得知陈惠莲被公安机关抓获审查后，即用摩托车将张玛云从家中接出，共谋对策。

上述事实，有证人证言，书证和查获的部分赃款证实，被告人张建军供认不讳；被告人张玛云、陈惠莲供认大部分事实。

广州市中级人民法院审理认为：被告人陈惠莲与国家工作人员张玛云、张建军勾结，共同收受贿赂，根据全国人大常委会《关于惩治贪污罪贿赂罪的补充规定》第四条第二款的规定，以共犯论处。故上述被告人的行为，属《中华人民共和国刑法》第二十二条第一款规定的共同故意犯罪。张玛云与陈惠莲在共同犯罪中起主要作用，依照刑法第二十三条的规定均属受贿罪的主犯，应从重处罚。张建军在受贿犯罪中起次要作用，属刑法第二十四条规定的从犯，应比照主犯从轻处罚。张玛云身为人民警察，竟然为牟取私利，无视国家法律，利用职务之便，与陈惠莲互相勾结，共同收受贿赂；张建军身为人民警察，竟参与非法为他人办理入广州市户口的活动，并先后从张玛云、陈惠莲处接受财物，其行为均已构成刑法第一百八十五条规定的受贿罪。张玛云、陈惠莲犯罪情节特别严重，受贿数额特别巨大，应依照全国人大常委会关于“补充规定”第五条、第二条第一项的规定处罚。根据张玛云、陈惠莲的犯罪事实和情节，依照刑法第五十三条第一款的规定，应当剥夺政治权利终身。依照刑法第六十条的规定，犯罪分子违法所得的一切财物，应当予以追缴。

据此，广州市中级人民法院于1989年6月19日判决如下：

被告人张玛云、陈惠莲犯受贿罪，分别判处死刑，剥夺政治权利终身。

被告人张建军犯受贿罪，判处有期徒刑五年。

被告人张玛云、陈惠莲、张建军的违法所得，予以追缴，上缴国库。

一审宣判后，被告人张玛云、陈惠莲、张建军分别向广东省高级人民法院提出上诉。被告人张玛云的上诉理由是：她与陈惠莲合谋非法办理入户人数没有那么多，事前并未商议向每个入户者要多少钱，不能与陈惠莲对全部受贿数额负责，要求从轻处罚；被告人陈惠莲的上诉理由是：她是受张玛云指使物色介绍为他人非法办理入户的，共收21万多元属实，她没有得那么多钱，不能与张玛云对全部受贿数额负责，要求从轻处罚；被告人张建军的上诉理由是：帮助陈惠莲为他人办理入户，不知陈惠莲为此收受他人钱财；向张玛云要钱、要物，是基于多年的友好关系，不知道张玛云的钱是受贿来的，要求从轻处罚。

广东省高级人民法院依照《中华人民共和国刑事诉讼法》规定的第二审程序，组成合议庭，经审理认为：上诉人张玛云、陈惠莲共同非法为他人办理入户和索取收受他人钱财21万多元的事实清楚，证据确凿。根据“补充规定”第二条第二款关于对共同贪污犯罪中的主犯，情节严重的，按照共同贪污的总数额处罚的规定，二上诉人应共同对收受贿赂21万多元负刑事责任。张玛云、陈惠莲互相推卸分赃数额的事实，说明其认罪态度恶劣，妄图逃避法律的严厉惩罚。张玛云、陈惠莲的上诉理由不能成立。上诉人张建军明知张玛云、陈惠莲非法为他人办理入广州市户口而积极参与，并接受张玛云、陈惠莲给的钱物，上诉无理。据此，该院依照刑事诉讼法第一百三十六条第一项的规定，于1989年11月6日，裁定驳回上诉人张玛云、陈惠莲、张建军的上诉，维持原判。

广东省高级人民法院依照刑事诉讼法第一百四十五条第二款的规定，对以受贿罪判处死刑，剥夺政治权利终身的被告人张玛云、陈惠莲的裁定，报请最高人民法院核准。

最高人民法院复核认为：被告人张玛云身为国家工作人员，利用担任户籍民警的职务之便，与被告人陈惠莲互相勾结，非法为他人办理广州市户籍，索取收受巨额贿赂，其行为均已构成受贿罪。张玛云、陈惠莲罪行特别严重，情节特别恶劣，使国家利益遭受重大损失，应予严惩，一、二审人民法院认定张玛云、陈惠莲的犯罪事实清楚，证据确实、充分，量刑适当，审判程序合法。1989年11月8日，最高人民法院裁定核准广东省高级人民法院维持原审以受贿罪判处被告人张玛云、陈惠莲死刑，剥夺政治权利终身的刑事裁定。

刘文胜贪污案

被告人：刘文胜，男，19岁，原系湖南省岳阳市南区城市信用社清交员，1989年7月17日被逮捕。

湖南省岳阳市人民检察院以被告人刘文胜犯贪污罪，向岳阳市中级人民法院提起公诉。岳阳市中级人民法院依法组成合议庭，经公开审理查明：

被告人刘文胜，在任岳阳市南区城市信用社清交员期间，于1989年6月24日至29日，采取虚设帐户，凭空划帐的手段，先后3次从本单位帐上划款18.9764万元，以"张晓明"、"刘文胜"的名义存入该市德胜路、东茅岭、先锋路等3个银行储蓄所，据为已有。同年6月26日至7月3日，刘文胜先后9次从银行储蓄所支取现金10.7000万元。

1989年6月29日，刘文胜看到岳阳市人民银行下达了银行要实行新结算办法的文件，唯恐罪行败露，分别向父母、姐弟、单位写了3封信，放在办公桌抽屉里，遂于7月1日携带现金10万余元，住进岳阳宾馆，伺机潜逃。7月3日下午，城市信用社发现刘文胜写的3封信，察觉刘文胜妄图携款潜逃，便派人告知刘文胜的母亲和二姐刘爱丽。当刘爱丽得知刘文胜住在岳阳宾馆后，当晚6时即赶到宾馆，规劝刘文胜交出赃款，向本单位投案。刘文胜当场交出赃款94440元。随后，刘文胜在刘爱丽等人的陪同下，来到城市信用社交代了贪污公款的全部犯罪事实及其余赃款的去向。刘文胜的亲属也随之将所差赃款8000元交齐。

以上事实，证据确实、充分，被告人刘文胜亦供认不讳。

岳阳市中级人民法院审理认为：被告人刘文胜身为国家工作人员，利用职务之便，贪污公款18.9700万余元，其行为构成《中华人民共和国刑法》第一百五十五条第一款规定的贪污罪。根据全国人大常委会《关于惩治贪污罪贿赂罪的补充规定》第二条第（1）项的规定，应当严惩。刘文胜犯罪后，在亲属的规劝下，向本单位交代了全部贪污事实，全部退还赃款，应视为投案自首。根据最高人民法院、最高人民检察院《关于贪污、受贿、投机倒把等犯罪分子必须在限期内自首坦白的通告》第七条"本通告发布后，正在办理的贪污、受贿、投机倒把等经济犯罪案件，犯罪分子有自首坦白、检举立功情节的，适用本通告第二条的规定"和刑法第六十三条的规定，可以减轻处罚，应依照刑法第五十九条第一款的规定，对刘文胜在法定刑以下判处刑罚。依照刑法第六十条的规定，犯罪分子违法所得的一切财物，应当予以追缴。据此，岳阳市中级人民法院于1989年9月22日判决如下：

被告人刘文胜犯贪污罪，判处有期徒刑六年。

刘文胜非法所得财物予以追缴。

一审宣判后，被告人刘文胜没有上诉。

陈爱连投机倒把案

被告人：陈爱连，女，37岁，浙江省乐清县北白象镇市民。

浙江省乐清县人民检察院以被告人陈爱连复制、倒卖淫秽录像带，犯投机倒把罪，向乐清县人民法院提起公诉。乐清县人民法院依法组成合议庭，经公开审理查明：

被告人陈爱连与丈夫陈福东（现在逃）为牟取私利，于1989年5月下旬购置了复制录像的设备，在租用的北白象镇友谊路30号房间里，进行复制、倒卖录像带的活动。复制的录像带除少量售出外，被公安机关在住所当场查获695盒。还查获复制用的录像机10台、电视机1台、空白录像带90盒。经浙江省公安厅鉴定，有370盒64种属国家规定查禁的淫秽录像带。

上述事实有查获的淫秽录像带为证，被告人亦供认不讳。

乐清县人民法院审理认为：被告人陈爱

连以营利为目的，从事制作、倒卖淫秽录像带的非法活动，其行为已构成《中华人民共和国刑法》第一百一十八条规定的投机倒把罪。陈爱连的行为对国家社会主义建设事业和人民利益危害严重，根据全国人大常委会《关于严惩严重破坏经济的罪犯的决定》第一条第一项的规定，应予严惩。依照刑法第五十二条的规定，陈爱连属于严重破坏社会主义秩序的犯罪分子，应当附加剥夺政治权利。依照刑法第六十条的规定，供犯罪所用的本人财物，应当予以没收。据此，乐清县人民法院于1989年10月6日判决：被告人陈爱连犯投机倒把罪，判处有期徒刑十五年，附加剥夺政治权利五年。查获供陈爱连犯罪所用的录像机、电视机和录像带予以没收。

一审宣判后，被告人陈爱连以原判定罪不当，量刑过重为由，向温州市中级人民法院提出上诉。

温州市中级人民法院二审认为：上诉人陈爱连以营利为目的，大量进行制作和倒卖淫秽录像带的非法活动，应以刑法第一百七十条制作、贩卖淫书淫画罪论处。陈爱连制作、倒卖淫秽录像带，情节严重，不仅触犯了制作、贩卖淫书淫画罪，也触犯了投机倒把罪，应以投机倒把罪论处（注）。原审对上诉人陈爱连以投机倒把定罪正确，量刑适当，其上诉理由不能成立。据此，该院于1989年10月16日依照《中华人民共和国刑事诉讼法》第一百三十六条第一项的规定，裁定驳回上诉，维持原判。

纳朝良、冯道海走私毒品案

被告人纳朝良，男，51岁，系云南省砚山县平远街田心乡田心村农民。1988年6月18日被逮捕。

被告人冯道海，男，20岁，系云南省西畴县鸡街区牛场坝乡龙拉村农民。1988年6月18日被逮捕。

云南省西双版纳傣族自治州人民检察院以被告人纳朝良、冯道海犯走私毒品罪，向西双版纳傣族自治州中级人民法院提起公诉。西双版纳傣族自治州中级人民法院经公开审理，查明：

被告人纳朝良于1988年6月12日携带人民币1.8万元，与被告人冯道海一起外出购买毒品。6月15日到达勐海县，16日到景洪购得日产铃木100型摩托车一辆，作为运输毒品的交通工具。当天，二被告人骑摩托车返回勐海，与前来勐海贩毒的纳朝良的儿子纳泽兵、儿媳马惠莲（均另案处理）相遇。当晚，冯道海、纳泽兵骑摩托车到打洛镇，纳泽兵一人出境到缅甸联系毒品。17日上午，纳泽兵返回勐海，经策划，当天下午四人同车到打洛镇，晚上分两伙先后出境至缅甸勐拉一烟贩家中。纳朝良、冯道海以人民币1万余元购得鸦片668两。18日凌晨，纳朝良与冯道海携带鸦片入境时，被公安机关查获，当场缴获纳朝良携带的鸦片488两，冯道海携带的鸦片180两。冯道海畏罪逃跑后，于当天上午被公安机关抓获归案。

上述事实，有证人证言及缴获的鸦片证实，被告人纳朝良、冯道海亦供认不讳。

云南省西双版纳傣族自治州中级人民法院认为：被告人纳朝良、冯道海合伙走私鸦

注：《中华人民共和国最高人民法院公报》1987年第4期公布的最高人民法院、最高人民检察院《关于依法严惩非法出版犯罪活动的通知》第二条规定："以营利为目的，从事淫书淫画、淫秽音像的出版、印刷、发行、销售活动的，以刑法第一百七十条制作、贩卖淫书淫画罪论处；其中非法经营或者非法获利的数额巨大或情节严重的，不仅触犯了制作、贩卖淫书淫画罪，也触犯了投机倒把罪，应以投机倒把罪论处。"

片，其行为均已构成走私毒品罪，且数量巨大，情节特别严重。纳朝良出资勾结他人走私鸦片，系本案主犯，依法应予从重处罚。冯道海积极参与走私鸦片，系本案从犯，比照主犯应当从轻处罚。1988年9月20日，该院依照《中华人民共和国刑法》第一百一十八条、第五十三条第一款、第二十三条、第二十四条和全国人民代表大会常务委员会《关于惩治走私罪的补充规定》第一条的规定，判决如下：

一、被告人纳朝良犯走私毒品罪，判处死刑，剥夺政治权利终身。

二、被告人冯道海犯走私毒品罪，判处有期徒刑十五年。

宣判后，二被告人均不服，纳朝良以“冯道海约我，毒资1.8万元是冯道海的，我不是主犯”；冯道海以“受蒙蔽上当，不知是买鸦片，处刑过重”为理由，分别向云南省高级人民法院提出上诉。

云南省高级人民法院经审理认为：上诉人纳朝良与冯道海合谋后，由纳朝良出资，二人一起到境外购买鸦片，偷运回国，其行为均已构成走私毒品罪，且数量巨大，情节特别严重，均应予严惩。原判认定的犯罪事实清楚，证据确实、充分，定罪准确，量刑适当，审判程序合法。纳朝良、冯道海的上诉理由均不能成立。据此，该院依照《中华人民共和国刑事诉讼法》第一百三十六条第（一）项的规定，于1988年12月21日作出裁定：驳回上诉人纳朝良、冯道海的上诉，维持原判。并依照死刑复核程序对纳朝良判处死刑的裁定，报请最高人民法院核准。

最高人民法院经复核认为：一审判决和二审裁定认定的犯罪事实清楚，证据确凿，定罪准确，量刑适当，审判程序合法。1989年3月11日依法裁定：核准云南省高级人民法院维持原判以走私毒品罪判处被告人纳朝良死刑，剥夺政治权利终身的刑事裁定。

武克强贪污、受贿、行贿、重婚案

被告人武克强，男，38岁，原系北京市皮件三厂副厂长。1987年7月21日被逮捕。

北京市人民检察院分院以被告人武克强犯贪污罪、受贿罪、行贿罪、重婚罪，向北京市中级人民法院提起公诉。北京市中级人民法院经公开审理，查明：

1981年至1987年6月，被告人武克强在担任北京市皮件三厂供销股业务员、供销科副科长、科长、厂长助理、副厂长期间，利用负责该厂原材料采购、加工调配等便利条件，先后13次采用将该厂钢材直接调出或先将钢材调到该厂外加工点再转手调出等手段，共将该厂价值17.3万余元的121.8吨钢材调出交由他人变卖，共得赃款128720元；还十多次将该厂价值15.8万余元的尼龙革、五金件等物品廉价变卖，将所获货款90003.50元占为已有。1986年4月，武克强以伪造的发货票，从该厂骗取购货款12400元，用于归还其私人欠款。以上武克强贪污公共财物总价值人民币34.3万余元，实得赃款231123.50元。除案发后追缴少部分赃款赃物外，大部分赃款被武克强挥霍，给北京市皮件三厂造成20余万元的经济损失。

1982年5月至1987年5月，被告人武克强利用负责北京市皮件三厂外加工业务之便，先后收受与该厂有业务联系的单位或个人贿赂的人民币2.9万余元及其他价值1000余元的物品。

1982年至1987年6月，被告人武克强为了得到提拔重用和便于进行犯罪活动，先后用贪污的赃款3.3万余元购买高档商品，向北京市皮件三厂厂长王有知、保管员刘增奇、侯明超（均另案处理）等人行贿。

被告人武克强系有妇之夫，竟隐瞒婚姻状况，自1983年起与未婚妇女曹××公开以夫妻名义同居，并生一子。

上述事实，有证人证言、物证、书证、同案人供述及查获的赃款、赃物等证实，被告人武克强亦供认不讳。

北京市中级人民法院认为：被告人武克强身为集体经济组织工作人员，利用职务之便，大肆侵吞公共财物，其行为已构成贪污罪；武克强利用职务上的便利，收受贿赂，其行为已构成受贿罪；武克强为谋取不正当利益，向该单位领导和有关工作人员进行贿赂，其行为已构成行贿罪；武克强系有妇之夫，又公开以夫妻名义与一妇女长期非法同居，其行为已构成重婚罪。武克强贪污公共财物，数额特别巨大，情节特别严重，依法应予严惩。1989年4月21日，该院依照《中华人民共和国刑法》第一百五十五条、第一百八十五条、第一百八十条、第六十四条、第五十三条第一款、第六十条及全国人民代表大会常务委员会《关于严惩严重破坏经济的罪犯的决定》第一条第（二）项的规定，判决如下：

一、被告人武克强犯贪污罪，判处死刑，剥夺政治权利终身；犯受贿罪，判处无期徒刑，剥夺政治权利终身；犯行贿罪，判处有期徒刑三年；犯重婚罪，判处有期徒刑一年；决定执行死刑，剥夺政治权利终身。

二、在案扣押之赃款、赃物及扣押物品变价后发还北京市皮件三厂。

三、被告人武克强所挥霍的赃款，不足部分继续追缴。

宣判后，被告人武克强不服，以“没有贪污的故意和原判认定部分事实与实际不符”为理由，向北京市高级人民法院提出上诉。

北京市高级人民法院经审理认为：上诉人武克强身为集体经济组织工作人员，利用职务之便，贪污公共财物，收受贿赂，其行为已分别构成贪污罪和受贿罪，且数额巨大，情节特别严重，给集体利益造成重大损失，依法应予严惩。武克强贪污的大部分赃款被其挥霍，没有贪污公共财物故意的上诉理由不能成立；其上诉所称原判认定的部分事实不符，经查没有根据，不予采纳。武克强还犯有行贿罪、重婚罪，根据其犯罪的事实和情节，依法亦应惩处。原判认定的事实清楚，证据确实、充分。定罪准确，量刑适当。但根据全国人民代表大会常务委员会《关于惩治贪污罪贿赂罪的补充规定》第十二条“贿赂财物及其他违法所得一律没收”的规定，原判对武克强受贿赃款赃物发还北京市皮件三厂不妥，应予纠正。据此，该院依照《中华人民共和国刑事诉讼法》第一百三十六条第（一）、（二）项的规定，于1989年6月30日判决：

一、驳回上诉人武克强的上诉，维持原审判决中第一、三项部分。

二、撤销原审判决中第二项部分，改判为，在案扣押的赃款、赃物及扣押物品变价后分别没收或发还北京市皮件三厂。

北京市高级人民法院依照《中华人民共和国刑事诉讼法》第一百四十四条的规定，对判处武克强死刑，剥夺政治权利终身的判决，报请最高人民法院核准。

最高人民法院经复核认为：一、二审法院认定被告人武克强的犯罪事实清楚，证据确实、充分，定罪准确，量刑适当，审判程序合法。于1989年9月6日依法作出裁定：核准北京市高级人民法院维持原审以贪污罪判处被告人武克强死刑，剥夺政治权利终身；以受贿罪判处无期徒刑，剥夺政治权利终身；以行贿罪判处有期徒刑三年；以重婚罪判处有期徒刑一年；决定执行死刑，剥夺政治权利终身的刑事判决。

黄月娟贪污案

被告人黄月娟，女，47岁，原系广西壮族自治区柳州市第三棉纺织厂财务科出纳员。1988年3月14日被逮捕。

广西壮族自治区柳州市人民检察院以被告人黄月娟犯贪污罪，向柳州市中级人民法院提起公诉。柳州市中级人民法院经公开审理，查明：

被告人黄月娟在广西壮族自治区柳州市第三棉纺织厂财务科任出纳员期间，于1985年2月至1987年11月，利用职务之便，分别采取伪造临时工工资表、虚报冒领、涂改加大厂工资汇总表工资数额等手段，先后贪污公款共计人民币23.4万余元。案发后追缴赃款人民币14.8万余元。同时，黄月娟检举揭发龙春燕盗窃第三棉纺织厂食堂粮票3.76万斤、人民币250元和该厂漏税32万元。经查属实。

上述事实，有证人证言、物证、书证和技术鉴定结论等证实，被告人黄月娟亦供认不讳。

广西壮族自治区柳州市中级人民法院认为：被告人黄月娟身为国家工作人员，竟无视国家法律，利用职务之便，贪污公款人民币23万余元，其行为已构成贪污罪，且贪污数额巨大，情节特别严重，依法应予从严惩处。黄月娟归案后虽有一般立功表现，但罪大恶极，法不容恕。1988年9月10日，该院依照《中华人民共和国刑法》第一百五十五条、第五十三条第一款的规定，判决如下：

被告人黄月娟犯贪污罪，判处死刑，剥夺政治权利终身。

被告人黄月娟的个人财产，予以没收。

宣判后，被告人黄月娟不服，以"原判认定的贪污数额有误，归案后有立功表现"为理由，提出上诉，要求从轻处罚。

广西壮族自治区高级人民法院经审理认为：一审判决认定上诉人黄月娟的犯罪事实清楚，证据确实、充分。黄月娟贪污犯罪时间长、次数多、数额巨大，罪行败露后，畏罪自杀（未逞），归案后拒不退出全部赃款，给国家造成8万余元的重大损失。黄月娟上诉辩称原判认定的贪污数额有误，没有事实根据，不能采信。黄月娟归案后能够检举揭发他人犯罪，属一般立功表现，功罪相比，其罪行特别严重，情节特别恶劣，功不抵死罪，法不容留，其上诉要求从轻处罚，纯属无理狡辩，不予支持。据此，该院依照《中华人民共和国刑事诉讼法》第一百三十六条第（一）项的规定，于1988年12月23日作出裁定：驳回上诉人黄月娟的上诉，维持原判。并依照死刑复核程序报请最高人民法院核准。

最高人民法院经复核认为：被告人黄月娟目无国法，竟利用职务之便，贪污巨额公款，其行为已构成贪污罪，且情节特别严重，论罪应当判处死刑。鉴于黄月娟归案后有立功表现，依法可以从轻处罚。原审认定黄月娟的犯罪事实清楚，证据确实、充分，定罪准确，审判程序合法，唯量刑失当。据此，最高人民法院依照《中华人民共和国刑法》第一百五十五条、第四十三条第一款和第五十三条第一款的规定，于1989年9月7日判决如下：

一、撤销广西壮族自治区柳州市中级人民法院刑事判决和广西壮族自治区高级人民法院刑事裁定中对被告人黄月娟的处刑部分；维持其余部分。

二、对被告人黄月娟以贪污罪判处死刑，缓期二年执行，剥夺政治权利终身。

何桂武、陈锐群、范泽祥投机倒把案

被告人何桂武，又名何静，男，49岁，原系福建省东山县东隆水产公司工人。1987年12月23日被逮捕。

被告人陈锐群，男，23岁，系广东省澄海县上华镇华富村农民。1987年12月23日被逮捕。

被告人范泽祥，男，31岁，系四川省西充县双凤镇五栋碑村农民。1987年12月24日被逮捕。

被告人何桂武、陈锐群、范泽祥投机倒把一案，由广东省广州市人民检察院向广州市中级人民法院提起公诉。广州市中级人民法院经公开审理，查明：

1986年间，被告人何桂武接到何光海（另案处理）从四川带到福建让其帮助倒卖的大熊猫皮两张，因物色不到买主，便找到被告人陈锐群商议倒卖，并于1987年4月将大熊猫皮两张交给陈锐群。陈锐群通过杨宝胜（已免诉）的介绍，将大熊猫皮两张倒卖给香港不法分子，共得赃款人民币8.9万元。何桂武将赃款分给陈锐群5000元、何光海2.8万元，自己独得5.6万元。

1987年4月间，被告人范泽祥在四川以人民币5000元的价格向李国书（另案处理）购买大熊猫皮一张，偷运到福建交给被告人何桂武倒卖，何给范人民币2万元作为押金。因案发倒卖未成，被公安机关从何桂武处将这张大熊猫皮缴获。

1987年6月间，被告人陈锐群接到何光海从四川带到广东让其帮助倒卖的大熊猫皮一张，陈因物色不到买主，便由何光海将此大熊猫皮偷运到福建交给被告人何桂武伺机倒卖。因案发倒卖未成，被公安机关从何桂武处缴获。

1987年6月间，被告人陈锐群在四川接到郑宗清（另案处理）等人让其帮助倒卖的大熊猫皮一张，并带回广东伺机倒卖。因案发倒卖未成，被公安机关从陈锐群处缴获。

1987年7月间，被告人何桂武接到陈国勇（另案处理）从四川带到福建让其帮助倒卖的大熊猫皮一张。因物色不到买主，何桂武便介绍陈国勇去广东找被告人陈锐群倒卖。因案发倒卖未成，被公安机关从陈锐群处将此大熊猫皮缴获。

1987年7月间，被告人范泽祥在四川以人民币7000元的价格向李国书购买大熊猫皮一张，偷运到广东省澄海县交给被告人陈锐群伺机倒卖。陈锐群因物色不到买主，便于同年11月，与范泽祥等人一起将此大熊猫皮带到广州市倒卖。11月22日，当范泽祥在广州市群英旅店附近倒卖时，被保安人员人赃俱获。

综上所述，被告人何桂武共经手倒卖大熊猫皮四张，介绍他人倒卖大熊猫皮一张，已卖出二张，得赃款人民币5.6万元。被告人陈锐群共经手倒卖大熊猫皮五张，已卖出二张，分得赃款人民币5000元。被告人范泽祥经手倒卖大熊猫皮二张，得赃款人民币2万元。

上述事实，有证人证言、同案人供词、查获的物证和鉴定结论等证实，被告人何桂武、陈锐群、范泽祥亦供认不讳。

广东省广州市中级人民法院认为：被告人何桂武、陈锐群、范泽祥为谋取暴利，竟无视国家法律，相互勾结出售倒卖国家重点保护的珍稀野生动物大熊猫皮，其行为均已构成投机倒把罪。范泽祥积极组织货源，何桂武、陈锐群积极销售倒卖大熊猫皮的数量多，获利数额巨大，犯罪情节特别严重，依法均应予严惩。鉴于范泽祥归案后能够坦白交待罪行，检举他人犯罪，有悔罪、立功表现，对其依法可从轻处罚。1989年2月13日，该院依照《中华人民共和国刑法》第一百一十八条、第五十三条第一款、第四十三条第一款、第五十二条、第六十三条、第二十三条和全国人民代表大会常务委员会《关于严惩严重破坏经济的罪犯的决定》第一条第（一）项的规定，判决如下：

被告人何桂武犯投机倒把罪，判处死刑，剥夺政治权利终身。

被告人陈锐群犯投机倒把罪，判处死刑，缓期二年执行，剥夺政治权利终身。

被告人范泽祥犯投机倒把罪，判处有期徒刑十五年，剥夺政治权利五年。

宣判后，被告人何桂武、范泽祥不服，分别向广东省高级人民法院提出上诉。

广东省高级人民法院经审理认为：上诉人何桂武、范泽祥与同案被告人陈锐群相互勾结，大肆倒卖国家重点保护的珍贵稀少野生动物大熊猫皮，其行为均已构成投机倒把罪，且犯罪情节特别严重，依法应予严惩。何桂武上诉以其不是货主，只参与转手倒卖，否认系本案主犯；以所倒卖的大熊猫皮款大部分被何光海要去，否认部分犯罪所得款。经查，何桂武与他人相互勾结，从中接取和为首倒卖大熊猫皮，并主持分赃，系本案的主犯，其上诉无理，要求从轻处罚，不予采纳。范泽祥上诉以其有检举立功表现，要求从宽处理。经查，范泽祥归案后能够检举他人的犯罪事实，确属有立功表现，但一审法院已依法对其作出从轻处罚，不能再予从轻，其上诉无理，不予支持。据此，该院依照《中华人民共和国刑事诉讼法》第一百三十六条第（一）项的规定，于1989年8月26日作出裁定：驳回上诉人何桂武、范泽祥的上诉，维持原判。并依照死刑复核程序将维持何桂武死刑的刑事裁定报请最高人民法院核准。

最高人民法院经复核认为：被告人何桂武无视国法，倒卖国家重点保护的珍贵稀少的野生动物大熊猫皮，其行为已构成投机倒把罪，且犯罪情节特别严重，依法应予从严惩处。一、二审法院认定的犯罪事实清楚，证据确实、充分，定罪准确，量刑适当，审判程序合法。最高人民法院于1989年9月20日依法裁定：核准广东省高级人民法院维持原判以投机倒把罪判处被告人何桂武死刑，剥夺政治权利终身的刑事裁定。

刘春涛贪污案

被告人刘春涛，男，22岁，原系吉林省长春市城市信用联社铁北信用社兴业街储蓄所负责人。1988年11月2日被逮捕。

吉林省长春市人民检察院以被告人刘春涛犯贪污罪，向长春市中级人民法院提起公诉。长春市中级人民法院经公开审理，查明：

被告人刘春涛在担任吉林省长春市城市信用联社铁北信用社兴业街储蓄所负责人期间，于1988年10月15日，利用职务之便，盗用本所备用金200元。同年10月17日下午，刘春涛利用职务之便，将本所当天提取的备用金3万元、原有备用金31320元、当天储蓄收入款29955.48元及储蓄存单4400元全部盗出。以上共计贪污公款95877.48元。刘春涛在作案过程中，撕毁储蓄凭证，在储蓄所内洒上白酒，企图焚毁犯罪现场。10月17日晚9时许，当刘春涛的母亲得知刘准备携款外逃时，积极配合单位领导，协助公安机关在长春市火车站将刘春涛捕获。在押解途中，刘春涛畏罪撞树自杀未逞。案发后，赃款全部被追缴。

上述事实，有证人证言、书证及追缴的

赃款证实，被告人刘春涛亦供认不讳。

吉林省长春市中级人民法院认为：被告人刘春涛身为储蓄所工作人员，竟无视国法，利用职务之便，监守自盗巨额公款，其行为已构成贪污罪，且情节特别严重，依法应予严惩。1989年4月20日，该院依照《中华人民共和国刑法》第一百五十五条第一款、第五十三条第一款及全国人民代表大会常务委员会《关于惩治贪污罪贿赂罪的补充规定》第二条第（1）项的规定，判决如下：

被告人刘春涛犯贪污罪，判处死刑，剥夺政治权利终身。

宣判后，被告人刘春涛不服，以“原判量刑过重”为理由，向吉林省高级人民法院提出上诉。

吉林省高级人民法院经审理认为：上诉人刘春涛利用职务上的便利，监守自盗巨额公款，其行为已构成贪污罪。作案后，刘春涛企图焚毁现场，携款潜逃，被抓获后又畏罪自杀（未逞），其犯罪气焰嚣张，实属情节特别严重，依法应予从严惩处。刘春涛上诉原判量刑过重的理由，不能成立。据此，该院依照《中华人民共和国刑事诉讼法》第一百三十六条第（一）项的规定，于1989年6月26日作出裁定：驳回上诉人刘春涛的上诉，维持原判。并依照死刑复核程序报请最高人民法院核准。

最高人民法院经复核认为：被告人刘春涛利用职务之便，贪污公款9万余元，并撕毁储蓄凭证，企图焚毁现场，并携款潜逃，被抓获后又畏罪自杀（未遂），其罪行特别严重，依法应予严惩。鉴于刘春涛的家长积极配合信用社领导和公安机关将其及时捕获归案，国家财产未受到损失，刘春涛归案后尚能坦白认罪，有悔罪表现，故对刘春涛还不是必须立即执行死刑的罪犯。1989年10月28日，最高人民法院依照《中华人民共和国刑法》第一百五十五条、第四十三条第一款、第五十三条第一款和全国人民代表大会常务委员会《关于惩治贪污罪贿赂罪的补充规定》第二条第（1）项的规定，判决如下：

一、撤销吉林省长春市中级人民法院刑事判决和吉林省高级人民法院刑事裁定中对被告人刘春涛的量刑部分；维持定罪部分。

二、对被告人刘春涛以贪污罪判处死刑，缓期二年执行，剥夺政治权利终身。

张明、朱静贪污案

被告人张明，男，24岁，系个体户。1988年12月18日被逮捕。

被告人朱静，女，19岁，原系四川省绵阳市市中区城郊信用社平政分社复核员。1988年11月25日被逮捕。

四川省绵阳市人民检察院以被告人张明、朱静犯贪污罪，向绵阳市中级人民法院提起公诉。绵阳市中级人民法院经公开审理查明：

被告人张明于1988年3月在四川省绵阳市一舞厅跳舞时与被告人朱静相识，后得知朱是绵阳市市中区城郊信用社平政分社工作人员。张明为达到获取信用社库款的目的，便以“耍朋友”为手段，经常邀请朱静吃喝、跳舞、看电影等，进行腐蚀、引诱，进而唆使朱从信用社提款后出走。同年5月21日，二人共谋后，张明买了装赃款用的皮箱和背包，与朱约定地点接应。朱静利用在信用社当班临时代理会计的职务之便，私开现金支票三张，于当日分别到中国农业银行绵阳市市中区锦江路营业部和城郊信用社绵江路分社共提出现金7万元，交给张明。张明带朱静携巨额赃款连夜潜逃到四川省峨眉山市燕岗童恒清家，将其中赃款5万元装入密码箱交童保管。尔后，张明带朱静到云南省昆明市租房非法同居。同年6月，张明单独去童恒清处取走寄存的赃款，回昆明后对朱静谎称钱已在途中丢失，将5万元赃款独自占有，并用于赌博，嫖娼挥霍。破案后仅追回赃款7600余元。

上述事实，有物证、书证、证人证言证实，被告人张明、朱静亦供认不讳。

四川省绵阳市中级人民法院认为：被告人张明与信用社工作人员朱静勾结，共同贪污巨额公款，二被告人的行为均已构成贪污罪。张明腐蚀、拉拢朱静，唆使窃款，带朱携款潜逃，控制、藏匿赃款，个人占有和挥霍赃款达5万元之多，情节特别严重，依法应予严惩。朱静身为信用社工作人员，在张明的引诱、指使下，利用职务之便，直接窃取公款，与张携款潜逃，共同挥霍，情节特别恶劣，依法亦应予严惩。鉴于朱静归案后能够坦白交待犯罪事实，有悔罪表现，且从全案情节看，朱静的罪责小于张明，故对朱静可从轻处罚。1989年7月1日，该院依照《中华人民共和国刑法》第一百五十五条第一款、第二十三条、第五十三条第一款、第五十九条第二款、第六十条和全国人民代表大会常务委员会《关于惩治贪污罪贿赂罪的补充规定》第二条第（1）项、第二条第二款的规定，判决如下：

被告人张明犯贪污罪，判处死刑，剥夺政治权利终身。

被告人朱静犯贪污罪，判处无期徒刑，剥夺政治权利终身。

被告人张明、朱静作案所用的皮箱、密码箱各一个，链锁一把，予以没收。

宣判后，被告人张明不服，以“没有参加共谋，量刑过重”为理由，向四川省高级人民法院提出上诉。

四川省高级人民法院经审理认为：上诉人张明勾结被告人朱静，共同贪污信用社的巨额公款，犯罪事实清楚，证据确凿。在共同犯罪中，张明多次策动、唆使朱静窃取公款，积极接应配合，领路携款潜逃，控制全部赃款，大肆挥霍。其上诉辩称没有参加共谋不能成立。张明罪行特别严重，情节特别恶劣，使国家利益遭受重大损失，其要求从轻处罚，不予支持。据此，该院依照《中华人民共和国刑事诉讼法》第一百三十六条第（一）项的规定，于1989年8月7日作出裁定：驳回上诉人张明的上诉，维持原判。并依照死刑复核程序将维持张明死刑的刑事裁定报请最高人民法院核准。

最高人民法院经复核认为：被告人张明勾结信用社工作人员共同贪污巨额公款，其行为已构成贪污罪，且情节特别严重，应予严惩。一、二审人民法院认定张明的犯罪事实清楚，证据确实、充分，定罪准确，量刑适当，审判程序合法。最高人民法院于1989年12月4日依法裁定：核准四川省高级人民法院维持原审以贪污罪判处被告人张明死刑，剥夺政治权利终身的刑事裁定。

民 事

张连起、张国莉诉张学珍损害赔偿纠纷案

原告：张连起，男，56岁，天津港第二港埠公司工人。

委托代理人：刘勇，天津市塘沽区法律顾问处律师。

原告：张国莉（张连起之女），22岁，无职业，住天津市塘沽区新港新开里16栋35号。

被告：张学珍，女，53岁，天津市塘沽工人新村青年合作服务站业主。

委托代理人：徐广秋（被告张学珍之夫），天津市塘沽工人新村青年合作服务站经营活动代理人。

委托代理人：杨金亭，天津市第四律师事务所律师。

原告张连起、张国莉诉被告张学珍损害赔偿纠纷案，经天津市塘沽区人民法院审理，查明：

天津市塘沽区生产服务管理局建筑工程公司第七施工队承包的天津碱厂除钙塔厂房拆除工程，于1986年10月转包给本案被告、个体工商户业主张学珍组织领导的工人新村青年合作服务站，并签订了承包合同。1986年11月17日，由服务站经营活动全权代理人、被告张学珍之夫徐广秋组织、指挥施工，并亲自带领雇佣的临时工张国胜等人，拆除混泥土大梁。在拆除1至4根大梁时，起吊后梁身出现裂缝；起吊第五根时，梁身中间折裂（塌腰）。对此，并未引起徐广秋的重视。当拆除第6根时，梁身从中折断，站在大梁上的徐广秋和原告张连起之子张国胜（均未系安全带）滑落坠地，张国胜受伤，急送天津碱厂医院检查，左下踝关节内侧血肿压痛，活动障碍，湿片未见骨折。经医院治疗后，开具证明：左踝关节挫伤，休息两天。11月21日，张国胜住进港口医院，治疗无效，于12月7日死亡。经天津市法医鉴定，结论是：张国胜系左内踝外伤后，引起局部组织感染、坏死，致脓毒败血症死亡。后又经塘沽区医疗事故鉴定委员会鉴定认为：张国胜系外伤所致脓毒败血症，感染性休克，多脏器衰竭死亡，医院治疗无误。张国胜的死亡与其他因素无关。

张国胜工伤后，服务站及时送往医院检查、治疗；死后出资给予殡葬。除此，原告为给张国胜治病借支医疗费用、误工工资等费用共损失17600.40元。

张国胜死亡后，由谁承担因此而造成的经济损失，双方共同要求塘沽区劳动局予以裁决。劳动局经过调查，提出如下处理意见：一是张国胜住院期间的医疗费用，由服务站负担；服务站一次性付给张国胜家属抚恤金2000元，不再承担其他义务或责任。张连起、张国莉接受上述意见，张学珍拒绝。随后，张连起、张国莉向塘沽区人民法院提起诉讼，请求被告赔偿全部经济损失，并解决原告张国莉的住房问题。

被告辩称：原告张连起之子张国胜入站签写登记表时，同意“工伤概不负责”的说明；张国胜死因不明。据此，无法满足原告的要求，只能根据实际情况，给予张国胜家属一定的生活补助；解决张国莉住房问题，服务站无此义务。

塘沽区人民法院审理认为，被告张学珍的经营活动全权代理人徐广秋在组织、指挥施工中，不仅不按操作规程办事，带领工人违章作业，而且在发现事故隐患后，不采取预防措施，具有知道或者应当知道可能发生事故而忽视或者轻信能够避免发生事故的心理特征。因此，这起事故，是过失责任事故。经鉴定，张国胜死亡是工伤后引起的死亡，与其他因素无关。我国宪法明文规定，对劳动者实行劳动保护。这是劳动者所享有的权利，受国家法律保护，任何个人和组织都不得任意侵犯。被告张学珍身为雇主，对雇员理应依法给予劳动保护。但她却在招工登记表中注明："工伤概不负责"。这是违反宪法和有关劳动法规的，也严重违反了社会主义公德，属无效民事行为。依照《中华人民共和国民法通则》第一百零六条第二款的规定，被告由于过错侵害了张国胜的人身安全，应当承担民事责任。依照民法通则第一百一十九条的规定，被告应承担赔偿张国胜死亡前的医疗费、家属误工减少的收入和死者生前抚养的人的生活费等费用。

在查明事实，分清是非、责任的基础上，塘沽区人民法院依照《中华人民共和国民事诉讼法（试行）》第九十七条的规定，于1988年12月24日主持双方当事人进行调解，达成如下协议：

一、被告张学珍赔偿原告张连起、张国莉18000元，从1989年1月至1989年12月10日，分6次付清，每次付给3000元。

二、鉴定费120元，由被告承担。

本案受理费170元，由被告负担。

王发英诉刘真及《女子文学》等四家杂志侵害名誉权纠纷案

上诉人（原审被告）：刘真，女，58岁，河北省文联作家。

委托代理人：张林安，河南省安阳市郊区律师事务所律师。

上诉人（原审被告）：《女子文学》编辑部。

法定代表人：萧振荣，《女子文学》主编。

委托代理人：胡开谋，河北省石家庄市律师事务所律师。

委托代理人：刘章，河北省石家庄市文联作家。

原审被告：《法制文学选刊》编辑部。

法定代表人：耿龙祥，《法制文学选刊》主编。

委托代理人：王玉林，安徽省安庆市经济律师事务所律师。

委托代理人：张健初，《法制文学选刊》编辑。

原审被告：中国水利电力文学艺术协会（原《江河文学》主管单位）。

法定代表人：李伯宁，中国水利电力文学艺术协会主席。

原审被告：《文汇月刊》编辑部。

法定代表人：肖关鸿，《文汇月刊》副主编。

委托代理人：鲍培伦、陈敏涛，上海市卢湾区律师事务所律师。

被上诉人（原审原告）：王发英，女，43岁，河北省秦皇岛市科学技术情报研究所干部。

委托代理人：刘春田、龙翼飞，北京市第十律师事务所律师。

上诉人刘真、《女子文学》编辑部，因侵害名誉权一案，不服河北省石家庄市中级人民法院(88)石法民判字第1号民事判决，向河北省高级人民法院提起上诉。

河北省高级人民法院依法组成合议庭，经审理，查明：1985年1月18日，河北省《秦皇岛日报》发表了长篇通讯《蔷薇怨》(该文《人民日报》于1985年3月2日予以转载)，对原抚宁县农机公司统计员王发英与不正之风斗争的事作了报道。之后，上诉人刘真根据一些人的反映，认为该文失实。刘真自称"为正视听，挽回《蔷薇怨》给抚宁带来的严重困难"，于1985年9月撰写了"及时纪实小说"——《特号产品王发英》。文章声称"要展览一下王发英"，并使用"小妖精"、"大妖怪"、"流氓"、"疯狗"、"政治骗子"、"扒手"、"造反派"、"江西出产的特号产品"、"一贯的恶霸"、"小辣椒"、"专门的营私者"、"南方怪味鸡"、"打斗演员"等语言，侮辱王发英的人格，并一稿多投，扩大不良影响，使王发英在精神上遭受极大痛苦，在经济上受到损失。

刘真将她的作品，投送几家杂志编辑部。《女子文学》以《好一朵蔷薇花——"特号产品王发英"》为题，发表在该刊1985年第12期上，发行50835册，付给刘真稿酬220元。《法制文学选刊》以《好一朵蔷薇花》为题，全文转载了上述作品；发行478000册，付给《女子文学》编辑部编辑费80元，付给刘真稿酬159元。《江河文学》编辑部将刘真作品原稿内容作了某些删节后，以《特号产品王发英》为题，发表在该刊1986年第1期上，发行1000册，付给刘真稿酬130元。《文汇月刊》编辑部将刘真原稿中王发英的姓名和地名作了更改，对部分侮辱性语言作了删节，以《黄桂英浮沉记》为题，发表在该刊1986年第1期上，发行12万余册，付给刘真稿酬192元。为此，原告王发英向石家庄市中级人民法院提出诉讼，认为刘真和发表、转载刘真作品的《女子文学》等四家杂志编辑部，侮辱了她的人格，侵害了名誉权，并造成了严重后果，要求刘真及四家杂志编辑部承担法律责任，停止侵害，赔礼道歉，消除影响，赔偿损失。

刘真答辩认为，她的作品内容系采访而来，如实报道了王发英的真实情况，并未侵害原告的名誉权。

《女子文学》编辑部答辩认为，他们在刊登刘真作品前，对作品内容进行了核实，根据文责自负精神，不应承担民事责任。

《文汇月刊》编辑部答辩认为，采用刘真作品时，已将原题改为《黄桂英浮沉记》，对作品中的人名、地名、部分侮辱性语言、内容进行了删改，以艺术虚构的小说形式发表，没有侵害王发英的名誉权，不应承担法律责任。

《法制文学选刊》编辑部、中国水利电力文学艺术协会均未作答辩，经两次合法传唤亦未到庭。

根据上述事实，石家庄市中级人民法院认定：被告刘真利用自己的作品侮辱原告王发英的人格，侵害她的名誉权；而且将作品投给几家杂志编辑部发表，进一步扩散侵害原告名誉权的影响。刘真的上述行为，给原告及其家属在精神、工作和生活上造成严重后果，在本案中应负主要责任。

被告《女子文学》编辑部在发表刘真作品时，对文中侮辱性内容不仅未予删节，而且增配贬损原告名誉的标题和插图，扩大了不良影响，其行为侵害了原告的名誉权，造成了严重后果，在本案中应负主要责任。

被告《法制文学选刊》编辑部，转载了刘真的上述作品，发行数量较大，影响面较广，侵害了原告王发英的名誉权，应负相应的责任。

被告中国水利电力文学艺术协会所属的《江河文学》编辑部，发表了刘真的上述作品，侵害了原告王发英的名誉权；但发行数量较小，并向原告进行了赔礼道歉，应负一定责任。

被告《文汇月刊》编辑部，发表了刘真的上述作品，侵害了王发英的名誉权；但发表时更改了作品的题目和原告的姓名，删去了部分侮辱性语言，影响较小，应负一定责任。

根据上述事实和各被告的责任，原告王发英依照《中华人民共和国民法通则》第一百二十条第一款的规定，要求停止侵害，恢复名誉，消除影响，赔偿损失，是合理的，应予支持。依照民法通则第一百三十四条的规定，各被告应分别承担民事责任。

据此，石家庄市中级人民法院于1988年10月27日判决：

被告刘真、《女子文学》、《法制文学选刊》、《文汇月刊》编辑部及中国水利电力文学艺术协会应承担侵害原告王发英名誉权的责任，停止侵害，并在原发表侵害原告名誉权作品的刊物上，刊登道歉声明（道歉声明须经法院审核），为王发英恢复名誉、消除影响。鉴于《江河文学》已经停刊，可免除中国水利电力文学艺术协会此项责任。

被告刘真赔偿王发英1400元；被告《女子文学》编辑部赔偿1000元；被告《法制文学选刊》编辑部赔偿500元；被告中国水利电力文学艺术协会赔偿400元。

一审宣判后，被告刘真、《女子文学》编辑部不服一审判决，以他们没有侵害王发英的名誉权，不承担侵害名誉权的法律责任为理由，向河北省高级人民法院提出上诉。

河北省高级人民法院审理认为：根据宪法和民法通则第一百零一条规定，公民的名誉权受法律保护。禁止用侮辱、诽谤等方式损害公民的名誉。上诉人刘真撰写的《特号产品王发英》一文，多处使用侮辱性语言，侮辱王发英的人格，并一稿多投，在社会上扩大了不良影响，侵害了王发英的名誉权。上诉人《女子文学》编辑部和原审被告《江河文学》编辑部、《文汇月刊》编辑部、《法制文学选刊》编辑部，分别发表、转载了刘真的上述作品，侵害了王发英的名誉权，依法应当承担民事责任。原审判决认定事实清楚，适用法律并无不当。刘真及《女子文学》编辑部的上诉理由不能成立。据此，该院依照《中华人民共和国民事诉讼法（试行）》第一百五十一条第一款第（一）项的规定，于1989年6月5日判决：驳回上诉，维持原判。

后营子供销社诉铁三中冷冻食品机械经销部产品责任纠纷案

原告：内蒙古自治区包头市郊区后营子供销社。

法定代表人：刘玉，供销社主任。

委托代理人：王嘉礼、王文江，包头市东河区律师事务所律师。

被告：包头市铁路第三中学冷冻食品机械经销部。

法定代表人：孟志远，经销部经理。

委托代理人：王纬、乌兰察布盟律师事务所律师。

委托代理人：梁德清，包头市律师事务所律师。

原告内蒙古自治区包头市郊区后营子供销社诉被告包头市铁路第三中学冷冻食品机械经销部产品责任纠纷案，向内蒙古自治区包头市东河区人民法院提起诉讼。该院依法组成合议庭，经公开审理，查明：

原告内蒙古自治区包头市郊区后营子供销社（以下简称后营子供销社）于1988年7月13日，从被告包头市铁路第三中学冷冻食品机械经销部（以下简称铁三中机械经销部）购买苏北冷冻机厂生产的“白塔”牌冷藏柜1台。同年8月8日，被告派人调试后投入使用。8月31日6时许，原告单位职工王文海手握冷藏柜把手开箱取食物时，因箱体带电触电身亡。经内蒙古自治区标准局鉴定：冷藏柜在运行中，由于磁力起动器中接触回进线端有一相接触不良，造成该相断路，引起电机两相运行，电流增大。此时，热继电器本应在主回路电流增大的情况下动作，切断电源。但是，由于该机本应安装3.5安培的磁力起动器，错装成8安培的磁力起动器，在主回路中又未装螺旋式溶断器。在控制回路中也未装螺旋式熔断器和中间继电器，这样，在机器发生故障时，使电机得不到保护，继续运行，直至电机被烧毁，造成电机外壳及冷藏柜外壳带电，加之未接地线，致使王文海手搬金属柜手把开启冷藏柜门时触电死亡。因此，原告要求被告退还不合格的产品；赔偿停业损失和承担王文海的抚恤费用等。被告答辩认为，他们出售的冷藏柜，是经江苏省标准局检验确认的合格产品；8月8日经他们派技术人员调试使用后，运转正常；况且原告使用了23天均性能良好。王文海之所以触电身亡，是由于原告违章安装所致，故他们不承担经济责任。

东河区人民法院审理认为：被告所销售的苏北冷冻机厂生产的“白塔”牌冷藏柜，虽有江苏省标准局发给的产品质量合格证书，但经有关部门鉴定，被告销售给原告的这台冷藏柜，确属不合格产品。由于该冷藏柜错装了磁力起动器，电流增大，致电机得不到保护被烧毁，使电机和冷藏柜外壳带电。至于冷藏柜在使用23天后才发生故障问题，因为在正常情况下，尽管错装了磁力起动器，电机在一定时间仍可正常运行。电机一旦发生故障，即会出现上述情况。至于安装地线问题，即使原告在冷藏柜上接装地线，在电机和冷藏柜外壳带电后，电流过大，也会造成严重后果。上述情况，是造成王文海触电身亡的原因。《中华人民共和国民法通则》第一百二十二条关于“因产品质量不合格造成他人财产、人身损害的，产品制造者、销售者应当依法承担民事责任”的规定，被告应承担产品不合格造成王文海死亡的责任。民法通则第一百一十九条规定：“侵害公民身体造成伤害的，应当赔偿医疗费、因误工减少的收入，残废者生活补助费等费用；造成死亡的，并应当支付丧葬费、死者生前扶养的人必要的生活费等费用。”国务院颁布的《工业产品质量责任条例》第十五条规定，经销企业售出的产品不合格，应由经销企业负责对用户实行包修、包换、包退、承担赔偿实际经济损失的责任。因此，原告要求被告赔偿经济损失和支付死者丧葬费等费用的理由是正当的，应予支持。据此，该院于1989年2月24日判决如下：

一、原告退还购买被告的冷藏柜，被告退还原告货款、运费和赔偿原告停业损失共计7900元；

二、被告付给原告安葬死者的丧葬费、死者生前扶养的人生活费、抚恤费共计13986.90元；

三、被告支付死者亲属误工损失、交通费等4152.03元。

鉴定费800元由被告支付。

诉讼费290元，被告负担232元，原告负担58元。

宣判后，原告和被告均未上诉。

张义潜诉临潼县华清池管理处署名纠纷上诉案

上诉人（原审被告）：陕西省临潼县华清池管理处。

法定代表人：关志忠，华清池管理处主任。

委托代理人：郭建勋，临潼县律师事务所律师。

委托代理人：皎福仁，渭南地区律师事务所律师。

被上诉人（原审原告）：张义潜，男，52岁，陕西省艺术研究所副研究员。

委托代理人：李振荣、荆斌学，西安市第二律师事务所律师。

第三人：史国霖，男，50岁，光华出版社西安分社美术编辑。

第三人：王权，男，45岁，陕西华山床单厂工艺美术师。

第三人：陕西省艺术研究所。

法定代表人：陈孝英，艺术研究所所长。

委托代理人：叶涛，艺术研究所调研员。

上诉人陕西省临潼县华清池管理处与被上诉人张义潜关于署名纠纷一案，不服陕西省西安市中级人民法院1988年6月4日的民事判决，向陕西省高级人民法院提出上诉：

陕西省高级人民法院依照二审程序，依法组成合议庭，经审理查明：

1986年1月27日，陕西省临潼县华清池管理处（简称华清池管理处）与陕西省艺术研究所（简称省艺研所）签订了壁画创作协议书，后又续签了两份补充协议。协议主要内容是：华清池管理处委托省艺研所创作题为《杨玉环奉诏温泉宫》大型壁画，由华清池管理处给付省艺研所3.3万元。完成时间为6个月，华清池管理处审稿时间除外。协议签订后，省艺研所指派本单位画家张义潜创作。张义潜经过8个月工作，完成了壁画创作任务，并由史国霖、王权协助放大为9.15×3.6平方米画稿。1986年10月中旬，华清池管理处组织有关部门人员和专家，对该画稿进行了审定。经审定后，华清池管理处决定采用。在将壁画稿送长安县大理石装饰工艺美术厂进行腐蚀工艺制作过程中，张义潜经省艺研所许可，但未征求华清池管理处的意见，在壁画右端署了"丙寅秋张义潜作于骊山，史国霖、王权协助制作"19个字。在署名的旁边，还有张义潜印章、衔章各1枚和史国霖、王权的印章。在壁画下端有画名章1枚。1987年1月，大型壁画《杨玉环奉诏温泉宫》在华清池落成。之后，华清池管理处对壁画上的署名提出异议，并召集省艺研所、张义潜等协商，但未取得一致意见。1987年9月10日，华清池管理处将壁画上的署名及三枚印章铲除，仅留张义潜名章和画名章各1枚。以后，三方就署名问题多次协商，未达成协议。张义潜以华清池管理处侵犯其版权为由，向西安市中级人民法院提起诉讼。该院在审理过程中，经调解无效，遂判决：一、华清池管理处应于本判决生效后30日内，恢复《杨玉环奉诏温泉宫》的署名原状；二、华清池管理处应在判决生效后，向张义潜赔礼道歉；三、华清池管理处应在判决生效后，赔偿张义潜精神损失1000元。宣判后，华清池管理处不服，以壁画属华清池管理处委托省艺研所按华清池管理处的要求绘制的，并非张义潜的自由创作为由提出上诉。张义潜以署名是作者的权利，不容他人干涉为由进行了答辩。

陕西省高级人民法院审理认为：上诉人华清池管理处与第三人省艺研所签订的壁画创作合同，是一种委托关系，其壁画属委托作品，因此，双方都享有法律赋予的权利并承担相应的义务。张义潜作为大型壁画的创作者，依照《中华人民共和国民法通则》第九十四条的规定，拥有版权，其署名权受法律保护。华清池管理处作为壁画使用单位，对该壁画在其议定范围内的正当使用权利，应受法律保护。但是，华清池管理处擅自将作者署名铲除是不妥的。史国霖、王权不是该壁画的版权所有人，他们只是在壁画的放大过程中付出了劳动，理应得到社会的承认，但这种劳动不属于创作，无权作为版权所有者署名。壁画稿经华清池管理处审定成为双方所确认的作品，华清池管理处、省艺研所和作者张义潜都有维护作品完整性的责任。三方未经互相协商而在署名问题上的不适当做法，都是违反原协议的行为。

在陕西省高级人民法院对本案审理中，上诉人与被上诉人互相表示歉意，取得了谅解，愿意调解解决。该院在查明事实、分清责任的基础上，依照《中华人民共和国民事诉讼法（试行）》第一百五十三条关于“第二审人民法院审理上诉案件，可以进行调解”的规定，于1989年7月31日，经调解，双方自愿达成如下协议：

一、双方对未经协商各自在壁画署名问题上不适当的做法表示谅解。

二、在壁画右端画面线条空白位置处，重新署上“丙寅秋张义潜作”，字体不小于4×4平方厘米。

三、壁画修复工作由华清池管理处承担，并须在调解书生效之日起三个月内完成。

四、为了共同维护壁画画面的整体艺术效果，张义潜承担修复费三百元，其余费用由华清池管理处负担。

五、壁画右上端位置的张义潜名章一枚，左下端位置的画名章一枚，维护原状。

六、华清池管理处在本调解书生效之日起三个月内，在壁画一侧适当位置上，修建一座说明碑，碑文除记载有关内容外，必须载明陕西省艺术研究所、作者张义潜及王权、史国霖所作的工作。

案件受理费30元，双方各负担15元。

陆培基诉华德装饰工程有限公司返还保险赔偿金纠纷案

原告：陆陪基，男，42岁，住江苏省无锡市南尖32号。

被告：江苏省无锡市华德装饰工程有限公司。

法定代理人：施田荣，华德装饰工程有限公司代董事长。

委托代理人：徐雁清，无锡市对外经济律师事务所律师。

原告陆培基诉华德装饰工程有限公司返还保险赔偿金纠纷案，向江苏省无锡市中级人民法院提起诉讼。该院依法组成合议庭，经公开审理，查明：

原告陆培基原是被告华德装饰工程有限公司的干部。被告与中国人民保险公司无锡分公司签订了团体人身意外伤害保险合同。合同规定：保险期自1986年12月5日起至1987年12月4日止；陆培基是被保险人之一，保险金额8000元。人身意外险保单上载明，发生保险赔偿金事项时，保险赔偿金由投保人转交被保险人或受益人。1987年9月4日，原告陆培基因私事在他人家中跌伤，经诊断为右尺骨鹰嘴撕脱性骨折，为此休病假88天。在此期间，被告为陆培基发了工资、劳保待遇（未发奖金）。1987年12月19日，中国人民保险公司无锡分公司按协议付给被告保险赔偿金 704 元。此款是按陆培基停工天数核定的。被告未将此款转交陆培基。为此，陆培基向法院提起诉讼，要求被告返还被侵吞的人身保险赔偿金，并按银行 1 年期存款的利率计算赔偿损失。

被告答辩称：公司为了防止职工在工作中发生意外，减轻为此产生的经济损失而投保。原告陆培基因私事受伤停工期间，享受了工资、福利、医疗等待遇，公司支付了投保费不仅没有得到补偿，反而增加了支出，造成新的分配不公，故公司享有该项保险赔偿金的权利。

无锡市中级人民法院审理认为：被告华德装饰工程有限公司为本单位职工投团体人身意外伤害保险，是对职工人身保护的一种福利措施。《团体人身意外伤害保险条款》第四条规定：被保险人在保险单有效期间，因意外伤害事故以致死亡或残废的”，“给付全部或部分保险金额”。陆培基意外伤害后，虽然享受了法律规定的病假期间的工资和医疗劳保待遇，但不能因此剥夺根据人身保险合同享受的权益。被告拒不给付陆培基应享受的保险金，侵犯了原告的合法权益。依照民法通则第一百一十七条第一款的规定，被告应负返还保险公司给付原告的保险赔偿金的责任。据此，该院于 1989 年 8 月 30 日判决如下：

被告华德装饰工程有限公司返还原告陆培基保险赔偿金 704 元，利息 107.17 元。此款在判决生效后立即给付。

本案诉讼费 30 元，由被告负担。

一审宣判后，原告和被告均未上诉。

经　济

中国技术进出口总公司诉瑞士工业资源公司侵权损害赔偿纠纷上诉案

上诉人(原审被告)：瑞士工业资源公司。

法定代理人：曼·考赫，瑞士工业资源公司董事。

委托代理人：刘桂荣，上海市第七律师事务所律师。

委托代理人：戴国荣，上海市第七律师事务所律师。

被上诉人(原审原告)：中国技术进出口总公司。

法定代表人：许德恩，中国技术进出口总公司总经理。

委托代理人：曹宪志，中国技术进出口总公司法律事务部主任。

委托代理人：蒋鸿礼，上海市对外经济律师事务所律师。

上诉人瑞士工业资源公司因被上诉人中国技术进出口总公司诉其侵权损害赔偿纠纷一案，不服中华人民共和国上海市中级人民法院 1988 年 5 月 11 日 (86) 沪中经字第 30 号民事判决，向上海市高级人民法院提出上诉。该院依法组成合议庭，于 1988 年 8 月 30 日进行了公开审理，查明：

被上诉人中国技术进出口总公司受浙江省温州市金属材料公司的委托，于 1984 年

12月28日与美国旭日开发公司签订购买9000吨钢材的合同。之后，旭日开发公司因无力履约，请求中国技术进出口总公司同意将卖方变更为上诉人瑞士工业资源公司。瑞士工业资源公司随即于1985年3月14日向被上诉人发出电传称："货物已在装船港备妥待运"，"装船日期为1985年3月31日"，要求被上诉人"将信用证开给挪威信贷银行（在卢森堡），以瑞士工业资源公司为受益人"。同年3月26日，上诉人又向被上诉人发出电传称，"所供钢材可能由我们的意大利生产厂或西班牙生产厂交货"，并告知了钢材的价格条款、交货日期等。1985年4月1日，上诉人的法定代表人考赫授权旭日开发公司董事长孙道隆，代表上诉人与被上诉人在上海就旭日开发公司与被上诉人所订立的原合同签订了《合同修改协议书》，约定将钢材数量由原定的9000吨增至9180吨，价款为229.5万美元不变，上诉人应在接受信用证后两周内装船待运。

1985年4月19日，被上诉人通知中国银行上海分行开出以上诉人为受益人、金额为229.5万美元的不可撤销的信用证。信用证载明：钢材"从意大利拉斯佩扎装运到温州，最迟期限为1985年5月5日。不允许分批装运，不允许转船运输"，"受益人必须保证所发的每件货物都与合同中的约定完全一致"。随后，上诉人将全套单据通过银行提交被上诉人。提单签发的日期为1985年5月4日，载明装运人为上诉人，并由其在提单上背书。由上诉人开具的销货发票，载明钢材数量为9161吨，货款2290250美元。同年6月1日，中国银行上海分行将上述货款汇付上诉人。货款汇付后，被上诉人因未收到上述钢材，从1985年7月起连续10余次以电传、函件向上诉人催询和交涉。但上诉人或拒不答复，或以种种托词进行搪塞。经被上诉人一再催促，上诉人才于同年9月5日回电称："中国港口拥挤，船舶将改变航线"，"最迟抵达日期预计为1985年10月20日"。届时，被上诉人仍未收到钢材，去电指责上诉人的欺诈行为，并声言要"将此事公诸于众"时，上诉人于同年10月30日致电被上诉人，全盘推卸自己作为合同卖方和货款受益人的责任。

根据双方提供的证据证实，上诉人在意大利和西班牙既无钢厂，也无钢材；向被上诉人提交的意大利卡里奥托钢厂的钢材质量检验证书、重量证书和装箱单均系伪造。以上诉人为托运人并经其背书的提单上载明的装运船"阿基罗拉"号，在1985年内并未在该提单所载明的装运港意大利拉斯佩扎停泊过，从而证明上诉人并未将钢材托运装船，所提交的提单是伪造的。上诉人在答复被上诉人催问的电函中所称"中国港口拥挤"和"船舶将改变航线"的情况也纯属虚构。

为此，被上诉人于1986年3月24日向上海市中级人民法院提起诉讼，要求上诉人返还货款2290250美元，赔偿银行贷款利息951032.66美元，经营损失2048033.16美元，其他费用（包括律师费、调查费、佣金费等）301928.39美元，合计5591244.21美元，并申请诉讼保全。上海市中级人民法院准许被上诉人的诉讼保全申请，裁定冻结上诉人在中国银行上海分行的托收货款4408249美元，查封了上述托收项下的全套单据。上诉人在答辩的同时提起反诉，要求被上诉人赔偿因申请冻结其在中国银行上海分行的托收货款而造成其需向银行支付利息的损失以及本案诉讼的律师费用。

上海市中级人民法院经审理后判决：一、瑞士工业资源公司应偿还中国技术进出口总公司的钢材货款2290250美元，并赔偿钢材货款的银行贷款利息873784.58美元，经营损失1943588.25美元，国外公证和认证费、国内律师费29045.77美元，共计5136668.6美元。二、驳回瑞士工业资源公司的反诉。

诉讼费13311美元，中国技术进出口总公司承担1082.18美元，瑞士工业资源公司承担12228.82美元。反诉费4540美元，由瑞士工业资源公司承担。

上诉人不服一审判决，向上海市高级人民法院提出上诉称：双方签订的购销钢材合同中有仲裁条款，原审法院对本案无管辖权；原审法院裁定准许被上诉人诉讼保全申请，冻结上诉人的与本案无关的货款不当；上诉人被诉有欺诈行为并无事实依据；被上诉人在不同的法院对上诉人提出重复的诉讼不当；根据《中华人民共和国涉外经济合同法》的规定，禁止间接损失，原判损害赔偿数额过高，并无事实和依据的支持，请求撤销原判。上诉人并在二审时对其反诉被原审判决驳回表示不服。被上诉人就上诉人的反诉作了答辩。

上海市高级人民法院经公开审理确认：上诉人瑞士工业资源公司在无钢材的情况下，谎称“货物已在装运港备妥待运”，“装船日期为1985年3月31日”，“在我方银行收到信用证二周内交货”，诱使被上诉人与其签订合同。这证明，上诉人在签订《合同修改议定书》时，就使用了欺诈手段。上诉人在收到被上诉人指示中国银行上海分行开出的信用证后，在货物没有装船的情况下，向被上诉人提交了包括提单在内的全套伪造单据，以骗取被上诉人的巨额货款。上诉人利用合同形式，进行欺诈，已超出履行合同的范围，不仅破坏了合同，而且构成了侵权。双方当事人的纠纷，已非合同权利义务的争议，而是侵权损害赔偿纠纷。被上诉人有权向法院提起侵权之诉，而不受双方所订立的仲裁条款的约束。因本案侵权行为地在上海，依照民事诉讼法（试行）第二十二条关于“因侵权行为提起诉讼的，由侵权行为地人民法院管辖”的规定，以及该法第一百八十五条、第一百五十六条的规定，上海市中级人民法院对本案具有管辖权。上诉人提出的中国已加入《承认及执行外国仲裁裁决公约》，当事人签订的合同又有仲裁条款，中国法院无管辖权，其理由不能成立。被上诉人并未在其他法院对上诉人提出过侵权损害赔偿的诉讼，因此，也不存在重复诉讼的问题。原审法院准许被上诉人的诉讼保全申请，冻结上诉人在中国银行上海分行的托收货款，符合民事诉讼法（试行）第九十二条第一款和第九十三条第一款、第二款的规定，应予认可。本案是因欺诈行为引起的侵权损害赔偿纠纷，侵权人除应当返还受害人的货款外，对于受害人因被欺诈遭受的其他重大损失，亦应当赔偿。原审法院判决上诉人返还被上诉人的钢材货款，赔偿被上诉人的钢材货款的银行贷款利息、经营损失以及其他费用，并无不当。上诉人反诉要求被上诉人赔偿因申请冻结其4408249美元而造成上诉人需向银行支付利息，以及支付本案的诉讼费、保证金、律师费用等，共计1157819.6美元的损失，没有理由，不予支持。鉴于在原审法院判决后钢材货款的银行贷款利息继续孳生，赔偿金额亦应增加。

据此，上海市高级人民法院于1988年10月11日，判决如下：

一、驳回上诉人瑞士工业资源公司的上诉，维持原判；

二、上诉人应增加赔偿被上诉人中国技术进出口总公司自原审法院判决后至本判决宣判之日的钢材货款的银行贷款利息163338.71美元，自宣判之日起十日内一次付清。逾期按《中国人民银行结算办法》处理。

本案二审诉讼费由上诉人承担。

刘秉正诉北京市康达汽车装修厂专利实施许可合同纠纷案

原告(转让方):刘秉正,男,51岁,北京市供电局助理工程师(现停薪留职)。

委托代理人:史治清,北京市第二律师事务所律师。

委托代理人:程勇,矿冶研究院分析室化验员。

被告(受让方):北京市康达汽车装修厂(原北京市第二福利院汽车修理厂)。

法定代表人:赵福贵,厂长。

委托代理人:贾小梅,北京市第三律师事务所律师。

原告刘秉正诉被告北京市康达汽车装修厂专利实施许可合同纠纷案,北京市中级人民法院依法组成合议庭,经公开审理查明:

1987年4月28日,原告刘秉正与被告康达汽车装修厂签订了“蜂窝煤采暖炉”专利实施许可合同(专利号:85201863.0),合同规定,原告负责提供技术图纸和技术交底,并尽快帮助被告能独立生产蜂窝煤采暖炉;被告负责投资、生产设备、材料运输和出售产品,每月给付原告入门费400元,从合同生效之日起3年为止;原告在被告厂帮助工作期间,由被告发给适当工资;产品销售后,提取销售额的4%作为专利技术实施费支付给原告;被告不得将该项技术转让给他方;合同当事人如有一方违反合同的有关条款,由违约方偿付对方违约金2万元。

合同签订后,原告即带着该项技术的专利资料、技术图纸到被告厂进行技术指导,并直接参与蜂窝煤采暖炉的制造。1987年5月9日,原告用废旧材料组装出第1台样炉;6月5日又组装出第2台样炉。在此期间,由原告直接领导,在原技术图纸、样炉的基础上,被告绘制出新的技术图纸。此时,被告已完全掌握了制造蜂窝煤采暖炉的专利技术。但合同规定给付原告的入门费,被告却分文未付,只给了100元工资。同年7月份,双方发生争执。从此,原告再未到被告厂进行技术指导。1987年11月10日,在委托代理人的参与下,经协商,双方又签订了一份补充协议,内容主要是:双方商定继续履行合同;原告提出放弃5至8月份4个月的入门费1600元,被告主动提出支付9至11月份3个月的入门费1200元。同时明确议定每月5日被告照付原告入门费400元;原告收到1200元入门费的同时,交给被告最新图纸一套,并送一台样板炉供被告制造时参考。双方口头约定11月12日去北京市专利事务所对上述协议办理正式登记手续。原告按约带图纸前去,但被告未去,也未支付1200元入门费。为此,原告于1988年1月向北京市中级人民法院起诉,要求法院判令被告给付5至11月份入门费2800元;按合同规定偿付违约金2万元;并要求解除合同。被告答辩认为,合同签订至今,原告未向被告出示过该产品的技术图纸,只是临时画些草图示意,使已生产出来的样炉无法检验,技术、质量是否合格亦无标准。因此,未向原告支付入门费。合同没有全面履行的原因是双方造成的,而且原告责任大于被告,故要求原告偿付违约金和5000元经济损失。

北京市中级人民法院审理认为:原告和被告就“蜂窝煤采暖炉”技术签订的专利实施许可合同和补充协议,是在平等互利、协商一致的基础上签订的,内容符合有关的法律规定。因“补充协议”签订时,《中华人民共和国技术合同法》已经生效，依照该法第十六条关于“技术合同依法成立，即具有法律约束力”的规定，该合同是有效合同。根据有关证据证明，原告在履行合同的过程中，多次到被告厂指导生产、组装样炉。在此基础上，原告又指导被告绘制出新的技术图纸，并晒成蓝图，且有专利文件作为依据。该技术图纸、专利文件均可作为检验产品技术质量的标准。被告在掌握了该项技术后，未能批量生产“蜂窝煤采暖炉”，是因为缺少原料等，并非技术原因。因此，原告履行了合同规定的全部义务，被告答辩的理由不能成立。被告未按照合同规定支付入门费是违约行为，依照技术合同法第二十四条关于由于另一方违反合同，致使技术合同的履行成为不必要或者不可能的，当事人一方有权通知另一方解除合同的规定，原告提出解除与被告签订的合同的理由是正当的，应予支持。依照技术合同法第四十一条第一款的规定，因被告未按合同规定支付使用费用，应按照合同规定支付违约金。据此，该院于 1988 年 6 月 30 日判决如下：

一、被告康达汽车装修厂给付原告刘秉正自 1987 年 5 月至 11 月份的入门费 2800 元；

二、被告康达汽车装修厂给付原告刘秉正违约金 2 万元；

三、解除原告和被告签订的专利实施许可合同；

四、驳回被告的其他诉讼请求。

以上一、二项共计 22800 元，被告应自本判决生效后 10 日内付给原告。

诉讼费 252 元，由被告负担。

一审判决后，被告康达汽车装修厂不服，以“原告刘秉正没有提供技术图纸违约在先”为由，向北京市高级人民法院提出上诉。

北京市高级人民法院审理认为：被上诉人刘秉正在履行合同中，带着专利资料和技术图纸到上诉人康达汽车装修厂，亲自指导实施该项专利技术，指导生产出两台样炉，并指导上诉人绘制出新的图纸，使受让方掌握了生产蜂窝煤采暖炉的专利技术。同时，经询问国家有关标准部门认为，个人的技术发明，缺乏晒制图纸的条件，只要有详尽铅笔绘图，应视为正式图纸。上述事实说明，被上诉人已经按合同规定履行了应尽的义务。上诉人的上诉理由不能成立。1987 年 11 月 10 日双方签订的补充协议是在平等互利、协商一致的基础上签订的。该协议虽未履行，但已经成立，并且是有效协议。原审判决将刘秉正在补充协议中已主动放弃的 1600 元入门费仍判归被上诉人不当。

1989 年 5 月 25 日，北京市高级人民法院依照《中华人民共和国民事诉讼法（试行）》第一百五十一条第一款第一、二项的规定，判决如下：

一、维持原审判决第二、三、四项；

二、撤销原判决第一项，改判上诉人北京市康达汽车装修厂给付被上诉人刘秉正三个月入门费共计 1200 元。

一、二审诉讼费各 252 元，均由康达汽车装修厂负担。

海事　海商

美国梯·捷·斯蒂文逊公司与欧文信托公司诉利比里亚詹尼斯运输公司追索垫付船员工资、船舶费用纠纷及行使船舶抵押权纠纷案

原告：美国梯·捷·斯蒂文逊公司。

地址：美利坚合众国纽约市约翰街15号。

法定代表人：小托马斯·斯蒂文逊，公司总经理。

委托代理人：沈震国，上海国际经济贸易律师事务所律师。

委托代理人；唐一麟，上海国际经济贸易律师事务所律师。

原告：美国欧文信托公司。

地址：美利坚合众国纽约市华尔街1号。

法定代表人：里蒙·吉邦，公司副总裁。

委托代理人：尹东年，上海市海事律师事务所律师。

委托代理人：陶勇，上海海运学院研究生。

被告：詹尼斯运输公司。

地址：利比里亚共和国蒙罗维亚市卜劳特街80号。

法定代表人：李辅平，公司总裁。

委托代理人：唐祖谦，上海市海事律师事务所律师。

1985年11月4日，原告梯·捷·斯蒂文逊公司以被告詹尼斯运输公司不履行船东义务，未偿付原告垫付被告所属“奥帕尔城”轮（以下简称奥轮）船员工资和其他费用为由，向上海海事法院提起诉讼。原告诉称：为奥轮垫付船员工资以及该轮在澳大利亚怀阿拉港滞留期间所发生的各项船舶费用计396134.25美元，具有优先请求权，请求强制变卖奥轮，以偿还上述债务。

1985年12月12日，原告欧文信托公司以被告不履行船舶抵押合同，拖欠贷款本息680万美元为由，向上海海事法院提起诉讼，请求变卖被告所属抵押船舶奥轮，优先受偿被告所欠的抵押债务。

在诉讼期间，被告未作答辩，后于1986年5月31日致函上海海事法院，明确表示对原告欧文信托公司主张的680万美元债权的真实性和完整性不予抗辩。

上海海事法院受理该案后，经审查认为，两原告的诉讼标的是共同的，应为共同诉讼，依照民事诉讼法（试行）第四十七条第一款的规定，可以合并审理。

上海海事法院依法组成合议庭，经公开审理，查明：1981年2月27日，利比里亚派里昂·格莱特运输公司以其所属的利比里亚籍“奥帕尔星”轮作为抵押物，在美国纽约向欧文信托公司贷款815万美元。同日，双方向设在美国纽约的利比里亚海事委员会办公室进行了登记，并就达成的船舶优先抵押协议，制作了相应的抵押文书。该抵押文书载明：派里昂·格莱特运输公司违反抵押合同时，欧文信托公司有权宣布所有尚未偿还的贷款本金均已到期，要求一并偿还本金和应付利息，并行使利比里亚海商法或任何其

他准据法赋于欧文信托公司抵押债权人的权利。其后，“奥帕尔星”轮更名为“奥帕尔城”轮。

1984年10月4日，欧文信托公司、派利昂·格莱特运输公司将奥轮及船舶优先抵押的权利和义务转让给被告詹尼斯运输公司，并签订了转让合同。合同载明：欧文信托公司作为奥轮的抵押债权人，同意派利昂·格莱特运输公司将该轮及船舶优先抵押的权利、义务全部转让给詹尼斯运输公司。詹尼斯运输公司在取得该轮所有权的同时，取代派利昂·格莱特运输公司成为该轮的抵押债务人，并享受和承担抵押债务人的一切权利和义务。同日，奥轮船舶登记证书所载抵押事项，由设在美国纽约的利比里亚海事委员会办公室作了相应修改，并予以登记。

之后，丹麦东亚有限公司与被告签订了租用奥轮24个月的期租船合同。合同载明东亚有限公司有权在租船期间将奥轮转租。1985年7月3日，东亚有限公司与原告斯蒂文逊公司签订约60天的租船合同。当月12日，奥轮驶抵澳大利亚怀阿拉港。

1985年3月，中国五金矿产进出口公司（简称中国五矿）与澳大利亚的宝勤山有限公司签订购销2万吨钢坯合同。中国五矿委托美国矿产有限公司向斯蒂文逊公司承租了奥轮。奥轮于当年7月15日在怀阿拉港装钢坯19999.527吨。24日，奥轮签发了提单。该轮装货后，由于被告拖欠船员工资，船员拒绝开航，致使奥轮长期滞留。在此期间，奥轮船长与被告多次联系，均未得到实质性答复，因而转向斯蒂文逊公司，请求帮助。为了完成该轮原定航次，斯蒂文逊公司于同年9月27日与奥轮船员达成协议：愿垫付船员工资和船员遣返费229653美元，时间至同年10月31日止。奥轮船长和船员同时将海事请求和其他权益，转让给斯蒂文逊公司。

此外，斯蒂文逊公司还声称，曾为被告垫付奥轮因滞留而产生的其他费用166481.2美元，但未提供有效证据。

1985年9月5日，欧文信托公司因被告未尽抵押债务人的义务，致函被告立即偿还已到期的贷款本息680万美元，但被告未予偿还。

奥轮于1985年9月29日离开澳大利亚怀阿拉港，10月中旬驶抵中国上海港。

以上事实，有船舶抵押文书、抵押转让合同、贷款合同、船舶登记证书、船长报告、船员权益转让协议等证据证明，原告、被告对此均无异议。

同年10月30日奥轮全体船员以原告垫付的船员工资只到10月31日为由，向上海海事法院提出离船申请。上海海事法院于11月1日依法准予船员离船申请，并委派专人看管该轮。奥轮船长离船时，向上海海事法院提交了该轮备用的现金2630.50美元和658.20澳元。

原告斯蒂文逊公司于1985年10月19日提出诉前保全申请后，上海海事法院于10月30日依法裁定责令被告在5日内提供48万美元的现金担保；逾期不提供担保，将扣押奥轮。5日过后，被告没有提供担保，上海海事法院于11月5日依裁定扣船，同时发布扣船命令，对奥轮在上海港予以扣押。之后，被告仍未提供担保。该院于12月11日裁定变卖奥轮，并发布拍卖该轮的公告。

1986年1月17日，上海海事法院依法公开拍卖奥轮，由叫价最高的欧文信托公司以1301000美元购得，并当场交付定金40万美元。上海海事法院发布变卖奥轮公告后，澳大利亚宝勤山有限公司以奥轮滞留使其付出额外移泊费、占泊费计43430澳元为由；美国矿产金属公司以被告延期到货造成贷款利息损失及奥轮占泊等额外费用299603.52美元为由；美国船级社以奥轮欠船检费23166美元为由，分别提出债权登记申请。当这些债权申请人获悉依清偿顺序实际得不到清偿后，又撤回债权申请。

上海海事法院审理认为：被告系奥轮所有人，由于不尽职责，长期拖欠船员工资，致使该轮在怀阿拉港发生滞留。原告梯·捷·斯蒂文逊公司为使该轮完成原定航次，将已装船货物运抵目的港，垫付船员工资和遣返费用229653美元所提出的请求，属优先请求权，按照国际通常做法，应从被告所属奥轮变卖款中优先偿还。梯·捷·斯蒂文逊公司请求偿还为被告垫付奥轮因滞留而产生的其他费用一节，因未提出有效证据，不予支持。

原告欧文信托公司与被告签订的船舶抵押合同，根据利比里亚共和国法律向有关机关进行了登记，即具有法律效力。被告违反抵押合同规定，长期拖欠原告贷款本息680万美元，应负全部偿还责任。参照国际惯例，应执行船籍国的法律。依照利比里亚共和国法律规定，抵押权在船舶所担保的债权范围内，构成对抵押船舶的优先请求权。

上海海事法院为扣押和变卖奥轮所发生的费用计143725.02美元，应首先从变卖船舶所得价款中先行扣除。

综上所述，两原告均有权从变卖奥轮所得价款和利息中，扣除法院的诉讼费用和为扣押和变卖该轮所付费用后所余款项中，优先得到偿还。奥轮备用现金也应用以清偿。

上海海事法院在查明事实、分清责任的基础上，依照《中华人民共和国民事诉讼法(试行)》第九十七条的规定，于1987年10月7日主持进行了调解，两原告与被告经协商达成如下协议：

变卖奥轮所得价款1301000美元及船舶买主交付的定金的孳息12815.92美元，另有奥轮备用现金2630.50美元和658.20澳元，扣除扣押和变卖该轮各种费用143725.02美元外，所余1172721.40美元和658.20澳元，原告梯·捷·斯蒂文逊公司分得29.2万美元和658.20澳元，原告欧文信托公司分得880721.40美元。

案件受理费人民币31631.45元和其他费用人民币1553元，由原告梯·捷·斯蒂文逊公司负担人民币7345元，原告欧文信托公司负担人民币25839.45元。

中国船舶燃料供应公司天津分公司与香港大顺航运有限公司船舶碰撞损害赔偿纠纷案

原告：中国船舶燃料供应公司天津分公司。

法定代表人：张瑞福，公司经理。

委托代理人：魏立先，公司副经理。

委托代理人：刘桐年，天津经济技术开发区律师事务所律师。

被告：香港大顺航运有限公司。

法定代表人：陈武博，公司总经理。

委托代理人：叶伟膺、高移风，中国环球律师事务所律师。

原告中国船舶燃料供应公司天津分公司因与香港大顺航运有限公司船舶碰撞损害赔偿纠纷案，向天津海事法院提起诉讼。天津海事法院依法组成合议庭，经公开审理查明：

1987年2月8日20时22分，大连港锚地东南风2级，有雾。雾自东南向西北扩散，浓度逐渐增大。中国船舶燃料供应公司天津分公司（简称天津分公司）所属“津油六号”轮（船长94.4米，型宽14.2米，型深7.1米，主机为柴油机3200马力）于当日20时45分许，满载4000吨轻柴油，驶离大连甘井子码头返航天津新港。该轮两部雷达工作正常，目视距离约1—2海里，驶入航道罗经航向90°，航速约每小时10海里。20时52分许，左正横大连港6号灯浮。21时04分许，左正横4号灯浮。“津油六号”轮又航行

8分钟后，改驶罗经航向180°，自北向南穿越第一货轮检疫锚地航行，能见距离仅100—200米。在这种情况下，"津油六号"轮未派员了望，未使用雷达持续观察，仍以每小时约10海里的速度航行。此时，"津油六号"轮凭视觉发现前方约200米处香港大顺航运有限公司（简称大顺有限公司）所经营的"红宝石"轮，立即采取右满舵停车的措施，但是，因两船距离较近，不足一分钟，"津油六号"轮船首偏右部位与"红宝石"轮左舷第一舱相撞。事故发生后，经当地主管机关调解未成，天津分公司向法院提起诉讼。认为："红宝石"轮锚泊位置不当，且在雾中雷达疏于戒备，了望疏忽，未按规定施放雾号，请求大顺有限公司按责任比例承担两轮修理费、船检费和"津油六号"营运损失、洗舱费等共计人民币1729444.10元。

大顺有限公司所经营的"红宝石"轮（总长146.44米，型宽22.6米，型深12米，总吨位12087吨），案发时停泊在大连港第一货轮检疫锚地，锚位为测黄白咀灯塔真方位193°，距离1.5海里处。当日20时至24时，该轮值班人员发现海面起雾，能见距离为100米。虽然"红宝石"轮航行日志记载按规则行动，但未注明具体怎样行动。船长称，在21时08分时，三副鸣过1次雾号（一长声）。但三副称，21时05分时，遵照船长命令，立即鸣了汽笛，一长一短。答辩状中又称："在雾中已敲锣号，未来得及敲钟"。显然，未按规定施放零号。大顺有限公司答辩称："红宝石"轮的锚泊位置未超出规定的锚泊范围；雾起时，雷达已开启；了望并无疏忽；雾中锚泊，虽未敲钟，但不是造成碰撞的原因。并反诉"津油六号"轮违反规定，穿越锚地，雾天高速航行，不善于使用雷达，疏于了望，未鸣放雾号，避碰措施不当，造成碰撞，该公司应承担全部碰撞责任。要求天津分公司承担"红宝石"轮营运损失费、额外消耗的燃料费等共计117075.66美元。

天津海事法院审理认为："津油六号"轮系在航机动船舶。出港时，未按照《大连港大三山水道通航分割制》规定的航线航行；在距离H2灯浮2海里处提前转向，由北向南穿越锚地航行，属于严重违章航行。该轮在能见度极不良的条件下航行，既未派员了望，又未使用雷达持续观测，仅凭视觉航行。进入雾区后，在航舶通航密度较大的环境中航行。航速过快，也未鸣放雾钟声号。上述情况，是导致碰撞事故的主要原因。综上，"津油六号"轮违背了《中华人民共和国海上安全交通法》第十四条和《1972年国际海上避碰规则》第五条、第六条、第七条第二款、第十九条第二款和第三十五条第一项的规定，应承担船舶碰撞的主要责任。

"红宝石"轮在碰撞时系雾中锚泊，其锚位未超越规定锚泊范围，但在能见度不良的情况中锚泊，未按规定施放雾号，致使"津油六号"轮未能获得碰撞危险的早期警报。"红宝石"轮有疏于职责的过失，违背了《1972年国际海上避碰规则》第三十五条第六项的规定，也应承担一定的碰撞责任。

原告和被告所提赔偿项目及数额，依照《中华人民共和国民法通则》第一百一十七条第二款和第三款关于"损害国家的、集体的财产或者他人财产的，应当恢复原状或者折价赔偿"，"受害人因此遭受其他重大损失的，侵害人并应当赔偿损失"的规定，中国人民银行《关于计息办法和贷款利率的规定》，并参照国际航运惯例，经核实和计算，认定天津分公司经济损失和利息为387588.30美元；大顺有限公司经济损失和利息为66318.51美元。

天津海事法院在查明事实、分清责任的基础上，依照《中华人民共和国民事诉讼法（试行）》第九十七条的规定，主持调解，双方于1988年4月29日达成协议如下：

原告中国船舶燃料供应公司天津分公司愿意承担此次海损的90%的责任，即负担双方经济损失408516.13美元；香港大顺航运有限公司愿意承担10%的责任，即负担双方经济损失45390.68美元。

福建省宁德地区经济技术协作公司诉日本国日欧集装箱运输公司预借提单侵权损害赔偿纠纷上诉案

上诉人（原审被告）：日本国日欧集装箱运输公司。

法定代表人：宫本敬，董事长。

委托代理人：森山三郎，日欧集装箱运输公司涉外部部长。

委托代理人：魏友宏，上海市第四律师事务所律师。

被上诉人（原审原告）：福建省宁德地区经济技术协作公司。

法定代表人：金辉，经理。

委托代理人：李伟民、郭国订，福建省东方律师事务所律师。

原审第三人：福建省福安县企业供销公司。

法定代表人：王谭生，经理。

委托代理人：林文庆，福建省福安县第二律师事务所律师。

委托代理人：尚伟兴，上海市虹口区第二律师事务所律师。

上诉人日本国日欧集装箱运输公司因被上诉人福建省宁德地区经济技术协作公司诉其预借提单侵权损害赔偿纠纷一案，不服中华人民共和国上海海事法院1988年10月24日（86）沪海法商字第13号民事判决，向上海市高级人民法院提起上诉。该院依法组成合议庭，经公开审理，查明：

1985年3月29日，被上诉人福建省宁德地区经济技术协作公司作为买方，通过福建省富兴工业进出口公司，与日本国三明通商株式会社签订了进口日产东芝牌RAC-30JE型窗式空调机3000台的买卖合同。合同约定：价格条件为成本加运费，到达港为福州，总计16950万日元；卖方应于1985年6月30日前和7月30日前各交货1500台；付款条件是买方于接到卖方出口许可证号码和装船的电报通知后，在货物装船前30天期间，由中国银行福州分行开立不可撤销的、以卖方为受益人的即期信用证。卖方凭合同规定的各项单据，按信用证规定转开证行议付货款，信用证有效期延至装船后15天。付款单据中包括已装船的空白背书、空白抬头、清洁无疵的提单。

依据上述合同，日本国三明通商株式会社与上诉人办理托运事宜。上诉人于1985年6月30日向托运人三明通商株式会社签发了WO15CO90号联运提单。该提单项下的1496台空调机，于同年7月1日在日本横滨港装船。被上诉人收货后与先期收到的4台样机一并进行销售。

1985年7月22日、23日，上诉人在日本横滨大黑码头的集装箱堆集场地收取了三明通商株式会社托运的1500台空调机。上诉人在办理封箱、通关手续后，于7月25日在日本东京向托运人签发了WO15CO97号联运提单。该提单载明承运人为日欧集装箱运输公司，承运船舶为福建省轮船公司所属的“大仓山”轮，启运港为日本横滨的集装箱堆集场地，到达港为中国福州的集装箱堆集场地。上诉人在该提单“PLACE AND DATE OF ISSUE”（签署的时间和地点）栏内签署了“日本东京1985年7月25日”，又在“THIS IS SHIPPED ON BOARD B/L

WHEN VALIDATED”（本提单生效后为装船提单）栏内签署了“1985年7月25日”。1985年8月20日，“大仓山”轮在日本横滨大黑码头装载WO15CO97号提单项下的货物，并于次日由福建省轮船公司在日本的代理人日立物流株式会社签发了海运提单。该轮于8月28日抵达福州。

在第二批空调机启运前，被上诉人对收到的样机只能制冷、不能制热持有异议，多次向三明通商株式会社提出停止进口第二批空调机1500台的要求，但未被接受。1985年7月27日，福建省富兴工业进出口公司接到日本三明通商株式会社的电传通知称，WO15CO97号提单项下的1500台空调机已于1985年7月25日付运“大仓山”轮。被上诉人获悉后，即于同月29日与原审第三人福建省福安县企业供销公司签订购销合同，将WO15CO97号提单项下的1500台空调机以每台价格人民币2000元售与原审第三人。该合同规定，交货期限为同年8月20日前；逾期交货，供方须承担不能交货部分的货物总值20%的违约金，并且需方有权解除合同。被上诉人由于没有收到空调机而未能如期交货。原审第三人遂于1985年8月26日通知被上诉人解除合同，并要求被上诉人按约支付违约金。事后，被上诉人即向国内数十家单位联系此批货物的销售，因市场滞销，均未成交。为减少损失，被上诉人于1987年2月10日以每台1700港元福州的离岸价格条件，将该批货物向香港云丝顿影音有限公司复出口。

1986年3月17日，被上诉人向上海海事法院起诉，请求判令上诉人赔偿因预借提单行为而造成的经济损失，包括货款损失及利息共计4846.06万日元，应支付给第三人的违约金人民币60万元，营业利润损失人民币75万元，律师、会计师咨询费人民币17000元，以及邮电、差旅费人民币5万元。同年6月30日，上诉人在答辩中提起反诉，要求被上诉人赔偿租箱费14728美元和搬运费576美元。

1987年11月20日，原审法院认为第三人与原、被告之间有直接利害关系，通知第三人参加诉讼。

上海海事法院经审理认为：集装箱运输中的承运人在集装箱堆集场地只能签发待运提单。被告日欧集装箱运输公司却在货物装船前即签发已装船提单，是对原告福建省宁德地区经济技术协作公司的侵权行为，应对由此产生的后果承担责任。同时，由于第三人在合同规定期限内未收到空调机，在依照合同规定解除了合同后，该批货物业已发生堆存、保管费用，因此，被告要求原告赔偿因拒收货物而发生的租箱费、搬运费的反诉请求理由不足。据此，原审判决由被告向原告赔偿WO15CO97号提单项下的货款及因复出口的垫支费用损失3972.32万日元、货款利息损失人民币340401元、原告应支付第三人的违约金及利息人民币158550元、营业利润损失6133.87万日元；原告的其他诉讼请求不予支持。驳回被告的反诉。本诉诉讼费人民币16700.17元，由原告负担2881元，被告负担13819.17元；其他诉讼费人民币9350元，反诉诉讼费150美元，由被告负担。

上诉人日欧集装箱运输公司于1989年1月6日上诉称：被上诉人福建省宁德地区经济技术公司与日本国三明通商株式会社因空调机买卖合同发生纠纷而造成的损失，不能转嫁于运输承运人；上诉人收货后签发的提单，依照国际集装箱运输业务的惯例及日本国和中国对集装箱收货的惯常作法，是“待运提单”；上诉人在提单两个栏目内分别签署了日期，并不能说明该提单是“已装船提单”，只有自货物实际装载、上诉人履行了承运人装船的应尽职责后，该提单才成为“已装船提单”；对于台风、压港等不可抗拒和不可预见的原因而造成装运迟延的后果，上诉人不能承担责任；托运人持待运提单向银行结汇所引起被上诉人的货款损失与上诉人无关；被上诉人明知货物已运抵目的港而拒不提货，责任在被上诉人，因而无权提出“营业利润损失”的要求；被上诉人擅自削价出售货物，其损失应自负。被上诉人的各项损失与上诉人的行为缺乏因果关系，不应向上诉人追索。原审第三人在本案中无独立请求权，也未依附于一方当事人承担任何义务，不具有诉讼资格；而与本案有利害关系的恰是应承担连带责任的实际承运人福建省轮船公司。此外，上诉人还对其反诉被驳回表示不服。

被上诉人福建省宁德地区经济技术协作公司答辩称：上诉人签发的 WO15CO97 号提单是已装船提单，构成预借提单的侵权行为，应赔偿由此造成被上诉人的一切损失。

原审第三人福建省福安县企业供销公司答辩称：原审法院已对被上诉人和原审第三人签订的合同无法履行所承担的责任作了判决，故第三人依法享有独立请求权。

上海市高级人民法院经审理认为：当事人双方的民事法律关系是由海上货物运输合同所引起。上诉人所签发的 WO15CO97 号提单的性质，参照 1924 年《统一提单的若干法律规定的国际公约》第三条第七款的规定，并注意到日本国 1957 年《国际海上货物运输法》第六条、第七条的规定，应确认为已装船提单，银行据此予以结汇，符合《跟单信用证统一惯例》的规定。上诉人在货物尚未装船前签发已装船提单，是预借提单的侵权行为。这一侵权行为的结果地在福州，根据《中华人民共和国民事诉讼法（试行）》第二十二条和中华人民共和国最高人民法院《关于设立海事法院的几个问题的规定》第四条第二款之规定，原审法院对本案有管辖权。该批货物由“大仓山”轮装运是由上诉人与福建省轮船公司在日本国的代理人日立物流株式会社所确定，且上诉人并未受“大仓山”轮船东或其代理人的指示签发 WO15CO97 号提单，故“大仓山”轮在 1985 年第 12、13 航次中虽遇有台风、压港以致发生迟期的情况，但不能作为上诉人实施预借提单行为的理由。因此，对上诉人提出追加福建省轮船公司为本案第三人的上诉请求不予采纳。被上诉人要求三明通商株式会社终止合同未被同意并得悉上诉人已签发 WO15CO97 号提单后，与原审第三人签订合同，但因上诉人早在货物实际装船前 20 余天就签发了提单，使被上诉人无法依照约定的日期向原审第三人交货，从而导致原审第三人按约解除合同。其后，被上诉人在空调机已逾销售季节、内地市场难以销售的情况下，才不得已向香港云丝顿影音有限公司复出口。由于当时市场行情的变化，被上诉人复出口的价格不仅未能取得原与原审第三人签订合同所应得的利润，且低于买入价。上诉人实施预借提单的行为，造成了被上诉人的经营损失，其中包括可得利润损失、进口货价与复出口货价之间差额的损失，以及向原审第三人支付违约金的损失。对此，上诉人应承担赔偿责任。被上诉人与三明通商株式会社在履行合同过程中，一方虽曾有解除合同的要求，但双方最终均依合同履行，各自亦未使对方造成经济损失，因而不存在被上诉人将损失转嫁于上诉人的事实。对于本案诉讼结果，福建省福安县企业供销公司有法律上的利害关系，原审法院依照《中华人民共和国民事诉讼法（试行）》第四十八条的规定，将其列为本案第三人并无不当。惟原审判决在核算上诉人的赔偿货款损失中，将被上诉人进口 WO15CO97 号提单项下货物所产生的代办进口手续费、进口港务费、进口银行手续费和拆箱费合计人民币 41955.46 元，既纳入成本又作为垫支费用，重复计算，是不合理的，应予剔除。被上诉人与原审第三人交易中的利润应按双方约定的货款以人民币计算，原审判决以被上诉人应向原审第三人交付货物之日的日元兑换率折算成日元赔付不当，应予纠正。原审判决对被上诉人利润损失的利息未予计算不妥，应按中国人民银行规定的企业活期存款利率计算。鉴于在原审法院判决后，被上诉人货款损失的银行贷款利息继续孳生，上诉人对此项的赔偿金额应相应增加。依照《中华人民共和国经济合同法》的有关规定，被上诉人应向原审第三人支付违约金。由于被上诉人对原审第三人违约行为是因上诉人预借提单的侵权行为所致，故上诉人对被上诉人因支付原审第三人的违约金而蒙受的损失应负赔偿责任。本案标的物为通用产品，依照《中华人民共和国工矿产品购销合同条例》的规定，被上诉人与原审第三人所订购销合同的违约金的幅度应是货款总值的1%到5%，原审判定违约金为5%偏高，应改为货款总值的3%；同时，原审法院既已对当事人一方的违约行为判令支付违约金，对该项违约金再行计息则属不当。此外，上诉人预借提单的行为，并不必然引起集装箱的长期堆放，上诉人就租箱费提出的反诉请求合理，应予支持。至于上诉人反诉请求由被上诉人承担搬运费一节，因未能申述反诉理由并提供证据，故不予支持。据此，依照《中华人民共和国经济合同法》第三十八条第一款第一项、《中华人民共和国工矿产品购销合同条例》第三十五条第一项、《中华人民共和国民事诉讼法（试行）》第一百四十九条、第一百五十一条第一款第（三）项规定，并参照国际惯例，判决如下：

一、撤销上海海事法院（86）沪海法商字第13号民事判决；

二、上诉人应赔偿被上诉人在WO15CO97号提单中所载货物的货款损失38019618.5日元；

三、上诉人应赔偿被上诉人货款损失的银行贷款利息计人民币362671.1元；

四、被上诉人应支付原审第三人违约金人民币9万元；

五、上诉人应赔偿被上诉人所须支付原审第三人的违约金人民币9万元；

六、上诉人应赔偿被上诉人的营业利润及其利息损失计人民币810538.36元；

七、被上诉人应支付上诉人集装箱租箱费14728美元；

上述第二、三、四、五、六、七项，上诉人和被上诉人须在接到本判决书的次日起十日内履行。逾期按照《中国人民银行结算办法》处理。

八、本案一、二两审案件受理费共计人民币13555.5元，由上诉人负担人民币10166.63元，被上诉人负担人民币3388.87元；本案一、二两审案件反诉受理费320美元，由上诉人负担20美元，被上诉人负担300美元；本案其他诉讼费人民币6000元由上诉人负担。

行　　政

区成不服九龙海关行政处罚决定案

原告：区成，男，69岁，现住香港九龙观塘祥和苑和健阁29楼4室。

被告：中华人民共和国九龙海关。

法定代表人：刘文杰，九龙海关关长。

委托代理人：周伟航、李国，均为九龙海关干部。

原告区成不服中华人民共和国九龙海关复议处罚决定一案，向广东省深圳市中级人民法院提出诉讼。该院依法组成合议庭，公开进行了审理，查明：

原告区成于 1987 年 12 月 4 日经罗湖海关入境时，未带任何玉石器用品。12 月 6 日，原告携带玉石器 317 件，放在行李中，未向海关申报，经罗湖口岸“绿色通道”（即无申报物品通道）出境，通过行李机时被查获。经广东省文物管理部门鉴定，原告所带玉石器中，有玉龙带钩 1 件，属清初文物，禁止出境；玉带钩、白玉猴各 1 件，属清末文物范畴；其余 314 件，属现代各式特种玉石工艺品。这些玉石器，估价总值人民币 9580 元。

1988 年 2 月 27 日，罗湖海关作出处罚决定，认定区成违反了《中华人民共和国海关法》第二十九条第一款关于“进出境物品的所有人应当向海关如实申报，并接受海关查验”的规定。根据《中华人民共和国海关法行政处罚实施细则》第三条第（二）项的规定，区成经过设立海关的地点，以藏匿、伪装、瞒报的手法，逃避海关监管，携带国家禁止出境的物品，走“绿色通道”出境，而且携带物品的数量和价值，大大超过国家关于《来往港澳的旅客免税和征税物品限量表》规定的限量，属走私行为。依照海关法行政处罚实施细则第五条第（二）项的规定，决定给区成以没收所携带玉石器的处罚。

原告不服罗湖海关的处罚决定，于 1988 年 3 月 3 日向九龙海关申请复议。九龙海关复议认为，罗湖海关对区成的处罚决定是适当的，其申请复议的理由不能成立，决定维持原处罚决定。原告不服九龙海关的复议决定，以他所携带的玉石器都是工艺品，不是出土文物，也不是翡翠玉石，而是用山石刻制的工艺品，应当准予出境，罗湖海关没收这些物品不当为由，于 1988 年 7 月 1 日，向深圳市中级人民法院起诉，要求维护他的合法权益，退还被没收的原物。

深圳市中级人民法院审理认为：原告区成出境去香港时，携带的是国家禁止出境的文物和国家有数量限制出境的特种玉石工艺品，不是用山石刻制的工艺品，且混放于行李中，未向海关申报，在选走“绿色通道”时被查获，其行为违反了海关法第二十九条第一款和第四十八条的规定，属走私行为。被告九龙海关依照海关法行政处罚实施细则第三条第（二）项和第五条第（二）项的规定，作出没收原告携带的玉石器的复议决定，是正确的。综上，该院于 1988 年 11 月 15 日判决：

维持九龙海关作出的没收原告区成玉石器的复议决定。

本案诉讼费港币 200 元，由原告负担。

郑太发不服土地管理行政处罚案

原告：郑太发，男，35 岁，四川省长寿县云台乡利民村农民。

委托代理人：郑金堂，长寿县律师事务所特邀律师。

被告：四川省长寿县城乡建设委员会。

法定代表人：冉开祥，长寿县城乡建设委员会主任。

委托代理人：陈志和，长寿县律师事务所律师。

委托代理人：李晓蓉，长寿县律师事务所兼职律师工作者。

原告郑太发不服长寿县城乡建设委员会行政处罚一案，向长寿县人民法院提起诉讼。该院依法组成合议庭，经公开审理，查明：

原告郑太发全家 5 口人，原在云台乡利民村四组，有砖木结构瓦房 74 平方米。1987 年 3 月，郑太发以“兄弟两家人口增多，无法居住，将原房转让给兄郑和清使用”为由，申请在自己承包的耕地上占地 180 平方米，建造 4 间一楼一底住房。村组签字后，报云台乡政府。乡政府因郑太发申请所占的地段，不是农房建设规划点，没有同意。郑太发既未经土地管理部门审核批准，又未领取建房许可证，便擅自在承包耕地上兴建住房。在建房过程中，乡政府工作人员多次到现场进行制止，郑太发不予理睬。之后，乡政府工作人员在制止中收缴了部分施工工具，乡政府并于1987年10月15日向郑太发发出了《违章建筑通知书》，限令其在10天内自行拆除已建工程还耕。对此，郑太发非但不听，反而强行加紧施工，于1987年11月，建成砖混结构、具有前后4个阳台、外观装饰全部马赛克的两楼一底五间共计464.1平方米住房，占耕地227.2平方米。对此，云台乡政府于1987年12月20日向长寿县城乡建设委员会写了《关于对郑太发强行占用良田熟地建房的处理报告》。长寿县城乡建设委员会经过调查核实，认为郑太发擅自在耕地上建房，违反了《中华人民共和国土地管理法》第三十八条第一款关于农村居民建住宅“使用耕地的，经乡级人民政府审核后，报县级人民政府批准”的规定，于1988年9月2日作出郑太发拆除在耕地上修建的房屋的处罚决定。郑太发不服，以“我建房是经群众讨论通过的”为由，向长寿县人民法院提出诉讼。

长寿县人民法院依法立案后，经审理认为：郑太发在耕地上建房，依法本应根据《四川省土地管理实施办法》第二十一条关于农村居民修建住宅，事先应由本人提出申请，乡人民政府同意，村镇规划部门许可，土地管理部门审核，报县级人民政府批准。但是，郑太发在没有经县人民政府批准和取得建房许可证的情况下，非法在耕地上建造住宅。在施工期间，虽经乡政府有关人员多次前往现场劝阻制止，并发出《违章建筑通知书》，限期将正在兴建的房屋拆除还耕，但郑太发强行继续施工，将房建成，其行为违反了土地管理法第三十八条第一款的规定，长寿县城乡建设委员会的处罚决定是正确的。依照土地管理法第四十五条关于“农村居民未经批准或者采取欺骗手段骗取批准，非法占用土地建住宅的，责令退还非法占用的土地，限期拆除或者没收在非法占用的土地上新建的房屋”的规定，于1988年11月27日判决：维持长寿县城乡建设委员会作出的拆除郑太发在非法占用的耕地上修建的住房的处罚决定。

郑太发不服长寿县人民法院的判决，以“乡政府工作人员曾口头表态同意建房”为由，向重庆市中级人民法院提出上诉。该院经审理认为：原审人民法院对郑太发不服土地管理行政处罚案，认定事实清楚，证据充分，适用法律正确，程序合法。乡政府工作人员虽口头同意建房，但郑太发在没有取得有权批准机关批准和建房许可证的情况下，动工兴建住宅，是违反土地管理法的，其上诉理由不能成立。据此，该院于1989年1月10日依照《中华人民共和国民事诉讼法（试行）》第一百五十一条第一款第（一）项的规定，判决：驳回上诉，维持原判。

支国祥不服税务行政处罚案

上诉人（原审原告）：支国祥，男，56岁，河南省泌阳县尚店乡农民。

委托代理人：张平安、陈靖祥，河南省驻马店地区经济律师事务所律师。

被上诉人（原审被告）：河南省驻马店地区税务局。

法定代表人：孙定方，驻马店地区税务局局长。

委托代理人：杨明新，河南泌阳县税务局副股长。

委托代理人：毕献星，南阳地区律师事务所律师。

上诉人支国祥因税务争议一案，不服河南省泌阳县人民法院〔1988〕泌法行字第01号判决，向河南省驻马店地区中级人民法院提起上诉。河南省驻马店地区中级人民法院依法组成合议庭，经公开审理，查明：

河南省泌阳县象河乡有一座16门砖瓦窑场，系乡办集体所有制企业。1984年由该乡农民付新村与乡人民政府签订了承包经营合同。合同规定：乡政府为甲方，付新村为乙方。甲方将砖瓦窑场发包给乙方，并提供场房场地、制砖机械；乙方负责经营管理，承担企业应缴纳的税金，向甲方上缴承包金额5500元；承包期一年，自1984年1月起至当年12月底止。付新村承包后，又以发包方的身份，与尚店乡农民支国祥签订了制砖技术承包合同。合同规定：付新村为甲方，支国祥为乙方；承包期限一年；甲方提供场房、机械等设备和投资，乙方为甲方生产成品砖200万块，每块出售价按0.05元计算，甲方每块提取0.015元（含上缴税金、购置架子车和覆盖物），乙方分取0.035元（含购置柴油、煤等燃料、工人工资、工具修理费用）。乙方生产低于200万块，甲方按每块提取0.018元，低于150万块，甲方按每块提取0.02元。乙方生产超过200万块，甲方对超产部分每块提取0.012元等。合同生效后，支国祥即进行生产。合同履行了8个月，支国祥生产成品砖68万块，折合人民币3.4万元，其中支国祥领取了3200元，其余由甲方收存。

1984年11月，象河乡税务所通知支国祥缴纳制砖产品税。支国祥申明合同规定由甲方负担税金。但是，税务所认为税款应由支国祥缴纳，坚持向其征收，为此发生争议。因支国祥坚持税金应由甲方缴纳，税务所便派人要将支国祥生产的砖拉去6万块以物折抵税款，因受工人阻拦未拉出。税务所当即宣布冻结支国祥生产的砖，待缴了税款后再卖。之后，支国祥即以其不应纳税和乡税务所阻碍其生产、售砖为由到泌阳县税务局上访，问题未得到解决。1986年8月7日，泌阳县税务局作出书面处罚决定：1. 支国祥是机砖生产者，是纳税义务人，应当依法缴纳产品税3400元；2. 支国祥未按规定办理税务登记，处以罚款500元。支国祥对该决定不服，向上一级税务机关申请复议。驻马店地区税务局复议后，仍认为支国祥属纳税义务人。支国祥对驻马店地区税务局复议决定不服，向泌阳县人民法院起诉。

原审法院认为，支国祥承包象河砖瓦窑场后，招雇工人，组织生产，是生产者，根据《中华人民共和国产品税条例（草案）》第一条、第二条之规定，支国祥是纳税义务人，应当纳税。判决：维持河南省驻马店地区税务局的复议决定，驳回原告起诉。

支国祥对一审判决不服，向驻马店地区中级人民法院提起上诉，称：我与甲方签订的合同中规定，为甲方生产成品砖200万块，按比例提取酬金。砖瓦场承包人付新村行使对企业的计划生产、经营管理权，负担企业一切税金。因此，我不是纳税人。由于税务机关违法行使权力，使我与甲方的合同不能履行，造成经济损失，应予赔偿。一审判决认定事实有误，要求撤销。

驻马店地区中级人民法院审理认为：产品税条例（草案）第一条规定的纳税人包括自然人和法人。象河乡砖瓦窑场属集体所有制性质的乡镇企业。该企业实行承包后，明确规定由承包人负担税金。后来，承包人虽将制砖生产指标又转包给支国祥，但合同中仍言明由砖瓦窑场的承包人负担税金。支国祥在制砖期间，承包人付新村对窑场的产品销售、财务收支等行使生产经营管理权，故1984年砖瓦窑场的产品税应由该企业缴纳，原审判决认定支国祥为纳税义务人，是错误的。由于税务机关错误认定纳税人，并采取了冻结售砖、停止生产的措施，致使支国祥遭受一定的经济损失，根据《中华人民共和国民法通则》第一百二十一条关于“国家机关或者国家机关工作人员在执行职务中，侵犯公民、法人的合法权益，应当承担民事责任”和《中华人民共和国民事诉讼法（试行)》第一百五十一条第一款第（二）项的规定，驻马店地区中级人民法院于1988年11月23日判决：

一、撤销泌阳县人民法院〔1988〕泌法行字第01号判决；

二、撤销驻马店地区税务局对支国祥的处理决定；

三、驻马店地区税务局赔偿支国祥的经济损失1000元。

上海环球生物工程公司不服药品管理行政处罚案

上诉人（原审原告)：上海环球生物工程公司。

法定代表人：吕宋章，上海环球生物工程公司总经理。

委托代理人：张晋衡，上海环球生物工程公司清理整顿小组副组长。

委托代理人：朱洪超，上海市联合律师事务所律师。

被上诉人（原审被告)：上海市徐汇区卫生局。

法定代表人：翁佩玲，上海市徐汇区卫生局代局长。

委托代理人：陆晓平，上海市徐汇区卫生局干部。

委托代理人：武延年，上海市徐汇区律师事务所律师。

被上诉人（原审被告)：上海市徐汇区工商行政管理局。

法定代表人：李健玉，上海市徐汇区工商行政管理局局长。

委托代理人：赵珂，上海市徐汇区工商行政管理局局长助理。

上诉人上海环球生物工程公司不服上海市徐汇区人民法院的行政判决，向上海市中级人民法院提出上诉。该院依法组成合议庭，经审理。查明：

上诉人与江苏省宜兴市和桥医院于1985年9月18日、1986年12月11日两次签订了联合试制“人α—干扰素”合同。合同规定：上诉人提供试生产“人α—干扰素”的全部技术资料，培训操作人员，提供产品标志，承担产品质量检查和销售；和桥医院提供场地、资金、产品原材料；盈利分成为：上诉人55%，和桥医院45%。1987年初开始试生产。1988年2月25日被无锡市卫生局责令停产。试生产期间，共生产“人α—干扰素”23777瓶。1988年4月，被上诉人上海市徐汇区卫生局在徐汇区中心医院药制科发现该科存放有无批准文号的“人α—干扰素”。经查，该药系上诉人与和桥医院在未取得药品生产企业许可证的情况下擅自生产的，而且在该药既未取得批准号又未取得试制号的情况下，进行批量销售、治疗使用，直接注射人体。截止查获时，上诉人以每瓶10元的价格销售自产的“人α—干扰素”23716瓶，共获利237160元，剩余61瓶被查扣。其中上诉人分得利润51353.04元。被上诉人上海市徐汇区卫生局认为，上诉人与和桥医院在未获得许可证的情况下，擅自生产“人α—干扰素”的行为，违反了《中华人民共和国药品管理法》的有关规定，于1989年2月24日以上海市徐汇区卫生局、上海市徐汇区工商行政管理局的名义，对上诉人作出处罚决定（和桥医院已另行处理)：责令上诉人停止生产“人α—干扰素”；没收已查获的“人α—干扰素”61瓶，由卫生行政机关监督销毁；没收非法所得51353.04元；罚款356655元。上诉人对处罚决定不服，向上海市徐汇区人民法院提出起诉。

上诉人诉称：其与和桥医院联合试生产的“人α—干扰素”仅作为临床试用，没有进入流通领域，并且准备在试制成功后再申请许可证，并非是未经批准非法生产，请求撤销对上诉人作出的行政处罚决定。被上诉人答辩称：上诉人与和桥医院均无药品生产企业许可证、药品生产批准文号和试制号，擅自生产“人α—干扰素”，并直接用于人体，违反了药品管理法的规定，应予处罚。根据《中华人民共和国药品管理法实施办法》第五十一条关于未取得药品生产企业许可证、药品经营企业许可证而生产、经营药品的，卫生行政部门除责令其立即停产、停业外，没收全部药品和违法所得，并根据情节，处以其生产、经营药品正品价格的5倍以下的罚款的规定，对上诉人处以罚金是正确的，其作出的处罚决定应予维持。

一审法院在审理中，上诉人又提出“人α—干扰素”生产地在江苏宜兴市，被上诉人无管辖权。被上诉人上海市徐汇区卫生局辩称，上诉人销售药品的行为发生在上海市徐汇区，按照行政区划及行政管理的权限，有权对上诉人的行为实施监督。被上诉人上海市徐汇区工商行政管理局辩称，上诉人除违反药品管理法外，还违反了其他有关行政法规的规定，有权对上诉人进行查处。

一审法院认为：上诉人与和桥医院在药品管理法颁布实施后，未经卫生行政部门审核批准，擅自生产“人α—干扰素”，违反了药品管理法第四条关于开办药品生产企业必须经审核批准的规定，其行为是违法的，上诉人将未取得批准文号生产的“人α—干扰素”批量销售，违反了药品管理法第三十三条关于禁止销售未取得批准文号生产的药品的规定，其生产、销售的“人α—干扰素”依法按假药处理。被上诉人上海市徐汇区卫生局作为药品监督管理部门，依照药品管理法第四十五条第一款的规定，对该案有管辖权；依照药品管理法第五十条关于“生产、销售假药的，没收假药和违法所得，处以罚款”的规定和该法第五十二条关于未取得药品生产企业许可证生产药品、经营药品的，责令停产，没收全部药品和违法所得，可以并处罚款的规定，对上诉人作出的处罚决定，事实清楚，证据确实，适用法律正确，处罚恰当。上诉人请求撤销被上诉人作出的处罚决定的理由不能成立。被上诉人上海市徐汇区工商行政管理局，非药品监督部门，不具备实施处罚的主体资格，在对上诉人行使处罚时，违背了药品管理法第四十五条第一款关于卫生行政部门行使药品监督权的规定，属越权行政，上诉人的起诉理由是正确的，但不影响行政处罚的正确性。据此判决：维持被上诉人上海市徐汇区卫生局的行政处罚决定中对上诉人处以责令停产；没收非法所得51353.04元；罚款356655元；对已查扣的61瓶“人α—干扰素”监督销毁部分。撤销被上诉人上海市徐汇区工商行政管理局在该行政处罚决定中的处罚主体资格。

上诉人对一审判决不服，向上海市中级人民法院提出上诉。上诉期间，上诉人通过学习药品管理法和有关药品管理方面的法规、规章，认识到擅自生产、销售“人α—干扰素”的行为违反了法律规定，表示接受监督机关的处罚，于1989年11月5日向上海市中级人民法院申请撤诉。二审法院根据《中华人民共和国民事诉讼法（试行）》第三条第二款、第一百一十四条关于宣判前，原告申请撤诉的，是否准许，由人民法院裁定的规定，经审查，该院于1989年11月13日裁定准予上诉人撤回上诉，按一审判决执行。

第八部分　法院建设

一、人民法院及其机构设置

一、截至1989年底，全国共有各级人民法院3427个（1988年为3418个）。包括最高人民法院；地方各级人民法院3294个，其中省、自治区、直辖市高级人民法院30个，直辖市、省辖市、自治州、地区、盟中级人民法院346个，县、自治县、旗、自治旗、县级市、市辖区等基层人民法院2918个；军事法院56个；海事法院6个；铁路运输法院70个。

1989年的法院设置主要包括：(一)根据国家行政区划的调整，设立、撤销、更名人民法院。年内共批准设立中级人民法院4个，基层人民法院39个；撤销中级人民法院2个、基层人民法院32个；更名法院10个。(二)为了适应审判工作的特殊需要，经过调查研究并经最高人民法院批准，在一些没有设区的地级市设置了两级人民法院，即中级人民法院和基层人民法院（如浙江省湖州市、山东省日照市）。(三)进行了海口海事法院、厦门海事法院建院的筹建工作。经最高人民法院批准，同意在海南省海口市设立海口海事法院、在福建省厦门市设立厦门海事法院。这样，我国的海事法院将增加到8个。(四)继续对经济技术开发区法院设置进行调查研究。1984年以来，国务院先后批准设立了一些经济技术开发区。由于开发区不是一级行政区划，没有相应的国家机构，这些地方要不要设立审判机构，如何设置，在过去调查研究的基础上，年内又进行了大量调查研究，并提出了在经济技术开发区进行设置法院试点的意见。

二、1989年4月，《行政诉讼法》颁布后，各级人民法院行政审判庭的设置有了法律依据。为了贯彻好行政诉讼法，全面开展行政审判工作，最高人民法院要求各级人民法院，健全行政审判机构，充实行政审判人员。1989年，全国的行政审判机构已由1988年的1400余个发展到2400余个。

为了适应法院廉政建设的需要，加强政纪监督，1989年最高人民法院和国家编制委员会决定在最高人民法院和地方各级人民法院设立监察机构，即最高人民法院、高级人民法院和中级人民法院设立监察室；基层人民法院设立专职监察员，其中直辖市基层法院如确实需要也可以设立监察室。

二、人民法院的司法行政工作

1989年各级人民法院的“两庭”建设，主要是落实“国办发〔1988〕69号”文件的精神和推广湖北省“两庭”建设的经验。同年，国家经济建设进行调整，国务院于年初发出

《关于严格控制1989年新开工项目的通知》，6月又发出《关于继续严格控制1989年新开工项目的通知》。由于两个"通知"中所列允许开工项目没有人民法院的审判法庭，因此，一些地方把审判法庭列入缓建、停建项目之中，使此项建设受到一定影响。为了尽快解决这个问题，最高人民法院征得国家计委和国务院清理项目领导小组的同意，发出《关于审判法庭建设问题的通知》，明确：为适应社会主义法制建设的需要，审判法庭可以安排开工，同时要继续按照"国办发〔1988〕69号"文件的精神，妥善安排，分期分批地解决好审判法庭的建设问题。到1989年底，全国法院已建成和正在建的审判法庭已达到法院总数的60%，为审判工作的顺利进行提供了有利的条件，为下一步的建设工作打下了坚实的基础。

为了摸清法院系统办案经费与审判工作实际需要之间的矛盾，寻找解决矛盾的途径，最高人民法院与财政部组成联合调查组，对苏、赣、陕、甘四省的地方各级人民法院进行了历时46天的调查。调查结果表明，地方各级人民法院普遍存在着经费不足的问题，办案经费短缺导致了群众告状难和法院严肃执法难，影响了法院队伍的稳定。为了履行宪法赋予人民法院的神圣职责，广大法院干警克服重重困难，任劳任怨，想方设法地做好自己的工作。调查组在充分了解经费紧张的基本状况后，对产生这种状况的原因做了认真剖析，提出了解决问题的途径，报请有关部门参阅。如，调查组提出，在目前财政尚无能力全部解决法院经费的情况下，应明确规定法院所收取的诉讼费全部作为法院业务经费不足的补充，由法院掌握使用，各级财政不得以此来抵顶财政应给法院的预算业务经费；诉讼费作为国家规费，应免交一切税收；法院按规定使用诉讼费，接受同级财政和审计部门的监督。调查组还建议：在今后的5年里，中央财政应每年拨专款3000万元，帮助贫困地区的法院改善装备，等等。调查组所提建议有一部分被有关部门采纳。

1982年《民事诉讼法（试行）》施行以后，最高人民法院曾于1984年制定了《人民法院民事诉讼收费办法（试行）》下发各地实行。到1989年，由于改革开放的逐步深入，审判工作有了很大的发展，各级法院所受理案件的数量和涉及的领域不断扩大，原来的收费办法已不能适应审判工作的需要。根据这种情况，最高人民法院在广泛征求各级法院和有关部门的意见后，本着"合法、合理、合情"原则并注意保护当事人的合法权益，对原收费办法进行了修改，制定了《人民法院诉讼收费办法》，经最高人民法院第411次审委会会议通过，于当年9月1日实行。

为了加强对诉讼费的管理，最高人民法院和财政部于1989年9月联合下发了《关于加强诉讼费用管理的暂行规定》（法司发〔1989〕25号）。"规定"明确："各级人民法院依法收取的诉讼费用属于国家规费。考虑到目前财政困难，拨给法院的业务经费还不能完全满足审判工作的需要，法院依法收取的诉讼费用暂不上交财政，以弥补法院业务经费的不足"。同时还规定："各级人民法院对于诉讼费用的收支，应接受财政、审计部门的监督。并定期向上级人民法院和同级财政部门报送诉讼费用收支等情况。"

囚车是地方各级人民法院押解、提审人犯和执行死刑必备的交通工具。1989年以前是按照高级法院1辆、中级法院2辆、基层法院1辆的标准，逐年由中央财政拨专款给各级法院配发囚车。到1988年底第一轮配发还缺少300多辆。因中央财政困难，1989年初财政部决定不再拨囚车专项经费。最高人民法院积极向财政部反映，实现中央财政拨专款完成第一轮配发任务。同时，考虑到第一轮配发时间长最初配发的大部分囚车已需要更新，且原配发标准也远远满足不了不断增加的审判业务的需要。由最高法院统一向生产厂家订购囚车然后分配给下级法院的办法已不适用。所以，改革囚车订购办法势在必行。在征得多数法院同意的基础上，最高法院对订购囚车、摩托车的办法进行了改革，把由最高法院统一订购改为由最高法院组织生产厂家，由各省、自治区、直辖市高级法院和计划单列市中级法院直接向厂家订货。这一改革，调动和发挥了地方各级法院自筹资金购买囚车的积极性；各地法院可以结合实际选择自已满意的车型；囚车、摩托车发生质量问题，用户可直接与厂家联系解决，减少了中间环节。同时引入竞争机制，择优汰劣，促使厂家提高车辆质量，改进售后服务，价格日趋合理。1989 年 1 月，最高法院在南京组织召开了全国法院第一次囚车订货会；各级法院自筹资金订购囚车 2011 辆。

根据“最高人民法院综合信息管理系统”总体设计，申请专项经费 330 万元，购置超级小型机 MV—15000。从此，最高人民法院办公现代化由论证、探索阶段进入实施阶段。

三、人民法院的奖励工作

1989 年 2 月 17 日，最高人民法院在上海市隆重召开全国法院模范姒望山命名授奖大会，最高人民法院副院长华联奎出席大会，并给全国法院模范姒望山同志授奖。

姒望山同志是上海县人民法院执行庭副庭长，他勤奋工作，秉公执法，清正廉洁，努力完成执行任务，忠实地履行人民法官的职责，工作成绩突出。他的事迹被各报刊、电台、电视台传颂。

1989 年 2 月 22 日，最高人民法院在黑龙江省哈尔滨市隆重召开全国法院模范、集体一等功命名授奖大会，最高人民法院副院长马原出席大会，并给全国法院模范金莹晚、荣立集体一等功的宁安县法院颁奖。

宁安县人民法院院长金莹晚同志坚持四项基本原则和改革开放，忠实于法律，忠实于人民利益，忠实于事实真相，工作中注重调查研究，积极主动地为农村经济建设服务；坚持从严治院、加强法院队伍建设，在各项工作中成绩显著。

宁安县人民法院在金莹晚院长的领导下，在改革开放中，积极主动地为发展农村商品经济服务，在审判工作中严肃执法，秉公办案，不断扩大办案的社会效果；法院的各项工作成绩突出，堪称基层法院的一面旗帜。

1989 年 3 月 6 日，最高人民法院在湖南省长沙市隆重召开全国法院模范、集体一等功命名授奖大会。最高人民法院院长任建新题词：“祝贺桃源县法院荣立一等功，保持荣誉，继续前进。”最高人民法院副院长祝铭山出席了授奖大会，并给荣获全国法院模范光荣称号的陈占保同志和荣立集体一等功的桃源县人民法院授奖。

陈占保同志是桃源县人民法院的院长，他几十年来，任劳任怨，尽职尽责，秉公执法，铁面无私，他领导的桃源县人民法院在新的形势下，加强调查研究，努力探索和解决人民法院工作面临的新情况、新问题，坚定不移地为改革开放和发展商品经济服务，从严治院，成绩显著。

1989 年 3 月 15 日，最高人民法院在山东省济南市隆重召开集体一等功命名授奖大会。最高人民法院副院长马原出席了大会，并给荣立集体一等功的胶南县人民法院和昌邑县人民法院颁奖。

胶南县人民法院和昌邑县人民法院在新形势下全面开展审判工作，努力为“一个中心，两个基本点”服务，为建立商品经济新秩序服务，积极参加社会治安的综合治理；在队伍建设上，敢于管理，善于管理，大力加强思想政治工作，加强领导班子建设，不断提高队伍的政治素质和业务素质。

《人民日报》、《法制日报》及各地方报纸、电台、电视台都报道了获得全国法院模范光荣称号的法官和荣立集体一等功的法院的先进事迹。

1989年8月4日，最高人民法院决定授予何同甫、欧金淡、李万田、马灿芳、李兴茂、晁秉荣六位同志全国法院模范称号。

何同甫同志是江苏省无锡市郊区人民法院审判员，他坚持十一届三中全会以来党的路线、方针和政策，秉公执法，刚正不阿，清正廉洁，全心全意献身审判事业，体现了共产党员无私奉献精神和人民法官的高尚情操；他忠于职守，勤奋工作，不图名利，任劳任怨，在民事审判工作中取得了显著成绩。

欧金淡同志是福建省顺昌县大历人民法庭庭长，他拥护党的十一届三中全会以来的路线、方针和政策，带领全庭人员积极主动地开展审判工作，严肃执法，秉公办案，清正廉洁，公而忘私，献身山区，艰苦创业，为加强山区人民法庭建设作出了突出贡献。

李万田同志是山东省新泰市人民法院院长，他坚持四项基本原则，勇于改革，大胆创新，带领全院工作人员全面开展各项审判工作，不断加强和改进思想政治工作，从严治院，努力加强法院队伍建设，作出了显著成绩；他一身正气，不徇私情，清正廉洁，秉公办案，体现了共产党员的无私奉献精神和人民法官的高尚情操。

马灿芳同志是广西百色地区中级人民法院副院长，她坚持四项基本原则，坚持改革开放，在政治上同党中央保持一致，近三十年来，她忠诚党的事业，克服重重困难，秉公执法，刚正不阿，兢兢业业，勤奋工作，表现出归国华侨的赤子之心，在审判工作的岗位上做出了显著成绩，被群众誉为“人民信得过的女法官”。

李兴茂同志是甘肃省山丹县人民法院院长，他拥护党的十一届三中全会以来的路线、方针和政策，忠诚于党的事业，热爱审判工作，刻苦钻研业务，全心全意为人民服务；他从严治院，开拓进取，调动全院工作人员的积极性，各项审判工作都取得了好的成绩；他秉公执法，廉洁奉公，严以律己，率先垂范，表现了人民法官的高贵品质。

晁秉荣同志是北京市门头沟区人民法院院长，他坚决贯彻执行党的路线、方针和政策，支持四项基本原则和改革开放的方针；坚持原则，秉公执法，严以律己，忘我工作；在搞好各项审判工作的同时，注重领导班子和法院队伍建设，重视思想政治工作，富有开拓求实精神，为开创人民法院工作的新局面，做出了突出贡献。

1989年9月26日最高人民法院在北京隆重召开全国法院模范命名授奖大会。最高人民法院院长任建新在大会作了重要讲话。

任建新院长说：“在制止动乱、平息反革命暴乱取得决定性胜利以后，在国庆40周年前夕，全国劳动模范和先进工作者表彰大会即将召开之际，我们举行这次大会，意义更加重大。”

“建国40年来……法院队伍已经锻炼成长为一支党和人民可以信赖的、坚强的、有战斗力的、秉公执法的队伍，保证了法院审判工作和其他各项任务的完成。”

“人民法院40年的历史，是在党的领导下，适应保障社会主义建设事业的需要不断发展的历史，是在曲折中前进，不断克服困难取得巨大成就的历史。40年来，全国各级人民法院共审结4000余万件刑事、民事和经济纠纷等各类案件，运用法律手段调整各类社会关系，使之沿着社会主义的方向发展，对于国家政权的巩固，社会的安定，经济的繁荣，改革的进行，作出了积极的贡献。经过40年，特别是近10年的建设，一个具有中国特色的社会主义审判制度已初步建立起来。人民法院在国家的政治生活、经济生活和社会生活中的重要地位和作用，越来越明显地表现出来。”

任建新院长说，我们“必须坚持‘一手抓审判工作，一手抓队伍建设’和‘一手抓政治思想教育，一手抓业务培训’的两手抓的方针，加强干部队伍建设。”我们“要进一步加强干部队伍建设，抓紧制定法官法，在党的领导下，建立一套完整的具有中国特色的社会主义法官制度，使队伍建设法律化、制度化。”

他最后讲道：“我们希望通过这次大会，在法院系统形成一股学先进、赶先进，争作贡献，争当模范的良好风气。”

在热烈庆祝中华人民共和国建国40周年之际，全国法院系统的10位同志作为正式代表荣幸地参加了在北京召开的全国劳动模范和全国先进工作者表彰大会。他们是：

陈家祺	吉林省梨树县人民法院院长
金莹晚	黑龙江省宁安县人民法院院长
姒望山	上海市上海县人民法院执行庭庭长
陈占保	湖南省桃源县人民法院院长
何同甫	江苏省无锡市郊区人民法院审判员
欧金淡	福建省顺昌县人民法院大历人民法庭庭长
李万田	山东省新泰市人民法院院长
马灿芳	广西自治区百色地区中级人民法院副院长
李兴茂	甘肃省山丹县人民法院院长
晁秉荣	北京市门头沟区人民法院院长

1989年9月28日，法院的10位代表和来自全国的各界代表受到了党和国家领导人的接见，同日在人民大会堂隆重召开了全国劳动模范和全国先进工作者表彰大会，马灿芳同志作为法院代表坐在主席台上。法院的10位代表荣获全国先进工作者称号。这是党和人民给予他们的崇高荣誉，也是全国22万法院工作人员的莫大光荣。这是法院系统建国以来第一次推选出的10位全国先进工作者。

1989年10月4日，最高人民法院院长任建新、副院长华联奎、林准、马原、祝铭山将10位代表接到最高人民法院，与他们亲切交谈，并与他们合影留念。

1989年10月5日，最高人民法院发出《关于开展向荣获全国先进工作者称号的陈家祺等10位同志学习的通知》。通知指出“这10位同志是法院队伍中涌现出来的大批优秀人物的典型代表，是我们的先进榜样。最高人民法院号召全国法院工作人员认真地向这10位同志学习。”“我们要学习他们坚决贯彻执行党的十一届三中全会以来的路线、方针和政策，坚持四项基本原则，反对资产阶级自由化，在政治上、思想上、行动上和党中央保持一致的坚定的无产阶级立场；学习他们全心全意为人民服务，艰苦奋斗，尽职尽责，无私奉献的共产主义觉悟；学习他们一身正气，秉公执法，刚正不阿，铁面无私的高尚品质；学习他们对工作高度认真负责，一丝不苟，实事求是，依法办案，严谨踏实的作风；学习他们勤奋好学，钻研业务，调查研究，不断开拓的精神；学习他们严于律己，以身作则，遵守纪律，清正廉洁的优秀品德。”

1989年10月6日，最高人民法院在北京召开“法院系统全国先进工作者先进事迹报告会”。

1989年春夏之交，极少数人蓄意制造政治动乱，在北京发展成了反革命暴乱。在这场关系到党和国家前途命运的严重政治斗争中，全国各级法院和广大法院工作人员坚决拥护党中央、国务院、中央军委的英明决策，认真贯彻执行中央关于制止动乱、平息反革命暴乱、稳定大局的一系列方针、政策和指示，自觉地在思想上和政治上与党中央保持一致，立场坚定，旗帜鲜明，服从命令，听从指挥，严守纪律，恪尽职守，同动乱分子和反革命暴乱分子进行坚决斗争，保护人民群众，保护国家财产并依法、坚决、及时地惩办了反革命分子和打、砸、抢、烧、杀等严重刑事犯罪分子，为捍卫中国共产党的领导，捍卫社会主义制度和人民共和国，制止动乱和平息反革命暴乱，做出了积极的贡献，斗争中涌现出一大批先进集体。为表彰他们在严峻的政治斗争中所建立的功绩，弘扬革命精神，树立学习的榜样，最高人民法院于1989年12月31日发出《关于表彰全国法院系统制止动乱、平息反革命暴乱先进集体的决定》。最高人民法院决定授予下列73个单位为“全国法院系统制止动乱、平息反革命暴乱先进集体”称号：

北京市宣武区人民法院
北京市高级人民法院办公室保卫组
北京市中级人民法院执行庭法警队
北京铁路运输中级法院
北京市石景山区人民法院
北京市海淀区人民法院复兴路人民法庭
天津市中级人民法院刑事审判第一庭三组
河北省石家庄市中级人民法院
河北省保定市中级人民法院
山西省高级人民法院刑事审判第一庭
山西省太原市南城区人民法院
内蒙古自治区包头市郊区人民法院
内蒙古自治区赤峰市中级人民法院刑事审判第一庭
辽宁省沈阳市新城子区人民法院刑事审判庭
辽宁省大连市中级人民法院刑事审判第一庭
吉林省高级人民法院刑事审判第一庭
吉林省辽源市中级人民法院
黑龙江省高级人民法院刑事审判第一庭
黑龙江省哈尔滨市中级人民法院
上海市中级人民法院刑事审判第一庭
上海市黄浦区人民法院
江苏省徐州市中级人民法院
江苏省南京市中级人民法院
浙江省宁波市中级人民法院
浙江省杭州市中级人民法院
安徽省合肥市中级人民法院
安徽省马鞍山市中级人民法院
安徽省芜湖市中级人民法院刑事审判第一庭
福建省三明市中级人民法院
福建省福州市中级人民法院
江西省赣州市人民法院
江西省南昌市东湖区人民法院
江西省南昌市西湖区人民法院
山东省济南市历下区人民法院
山东省青岛市台东区人民法院
河南省郑州市中级人民法院
郑州铁路运输中级法院
河南省焦作市解放区人民法院
湖北省高级人民法院刑事审判第一庭
湖北省武汉市中级人民法院
湖北省武汉市武昌区人民法院
湖南省长沙市中级人民法院
湖南省湘潭市中级人民法院
湖南省岳阳市中级人民法院
广东省广州市中级人民法院刑事审判第一庭
广东省深圳市中级人民法院
长沙铁路运输法院
广西壮族自治区桂林市中级人民法院
广西壮族自治区博白县人民法院
海南省琼北中级人民法院刑事审判庭
海南省三亚市人民法院刑事审判庭
四川省成都市西城区人民法院
四川省重庆市沙坪坝区人民法院
四川省内江市中级人民法院
贵州省贵阳市中级人民法院
贵州省黔南布依族苗族自治州中级人民法院
云南省昆明市中级人民法院
西藏自治区高级人民法院刑事审判庭
西藏自治区拉萨市中级人民法院
西藏自治区拉萨市城关区人民法院
陕西省西安市中级人民法院
陕西省高级人民法院办公室
陕西省咸阳市中级人民法院
甘肃省兰州市中级人民法院
甘肃省武威地区中级人民法院
青海省高级人民法院刑事审判第一庭
青海省西宁市中级人民法院
宁夏回族自治区高级人民法院人事处
宁夏回族自治区银川市城区人民法院

新疆维吾尔族自治区乌鲁木齐市中级人民法院

北京军区张家口军事法院

最高人民法院办公厅保卫处

最高人民法院管理局膳食科

1989年，最高人民法院继续坚持从严治院的方针，一手抓审判工作，一手抓队伍建设，取得了较大成绩。全国法院广大干警坚持四项基本原则，坚持改革开放，严肃执法，政治素质和业务素质都有了较大的提高。在制止政治动乱和平息反革命暴乱的斗争中，广大干警坚决拥护党中央的英明决策和采取的果断措施，经受住了严峻的考验。在各类案件大量上升，工作条件比较艰苦的情况下，克服困难，努力奋斗，较好地完成了各项审判任务。各地法院涌现出很多清正廉洁、秉公执法、全心全意为人民服务的先进集体和先进个人。1989年全国法院系统受表彰奖励的先进集体3163个，立功受奖的个人14184人次。

为表彰长期献身司法事业的法院工作人员，鼓励法院工作人员热爱和做好法院工作，增强从事法院工作的荣誉感，1989年8月30日下发了《最高人民法院关于颁发人民法院工作人员荣誉证书和奖章的试行办法》，对各级人民法院和专门法院从事法院工作满30年的在编工作人员及退（离）休人员，颁发荣誉证书和奖章。在国庆40周年前夕最高人民法院召开大会，任建新等院领导向本院从事法院工作满30年的102位老同志首批颁发了荣誉证书。各级人民法院和专门法院也先后颁发了首批荣誉证书。

四、人民法院的干部教育培训工作

按照第十四次全国法院工作会议的部署，最高人民法院和全国地方各级人民法院为使法院系统干部的教育培训工作逐步正规化、制度化、经常化，形成一个覆盖面广、多种类型、多种渠道的干部教育培训工作的新格局。1989年抓了以下几个方面的工作：

一、切实加强了对法院领导干部的马克思主义基本理论教育

在取得制止动乱和平息反革命暴乱决定性胜利以后，各级人民法院结合学习贯彻党的十三届四中全会、五中全会文件，普遍举办了领导干部培训班、研讨班，选派领导干部到党校脱产学习。据黑龙江、福建、北京等10个省市高级人民法院统计，有1112名院、庭两级干部到省、地、县党校学习。全国的中级法院院长、高级法院副院长64名，参加了中央党校法院系统第四期、第五期进修班。重点学习马克思主义哲学和科学社会主义理论。此外，还紧密联系实际，就刑事、民事、经济审判工作、法院人事制度改革、装备、干部教育培训等方面的新情况、新问题，组织了专题讨论，听取了最高法院有关庭、室领导人作的审判业务专题讲座。

二、探求中国高级法官及后备力量的培养途径，培养应用型高层次审判专业人才

为适应我国社会主义经济建设和法制建设的需要，建立具有中国特色的法官制度，1988年2月，最高人民法院与国家教委联合创办了中国高级法官培训中心，下设进修部、研究生部。首届学员于1989年7月结业。第二期学员招收120名，其中刑事法律专业班60名、行政法律专业班60名，于1989年9月入学。

在教材建设方面，中国高级法官培训中心组织25位法官和研究人员，分别组成民事、经济、刑事和行政法律4个教材编写组。

一年来，已编写出：《经济法律专业教学案例选》6辑，共100个案例；《民事法律专业教学案例选》4辑，共100个案例；《刑事法律专业教学案例选》100个案例；《行政法律专业案例选》96个案例；《经济法律专业教学参阅材料》1辑共6个专题；《民事法律专业教学参阅材料》2辑，8个专题；《行政法律专业教学参阅材料》9个专题；《刑事法律专业教学参阅材料》12个专题。为编写适合于培训法官的专题教材奠定了基础。

1989年全国各级法院干部脱产攻读代培研究生的有23名，定向培养硕士学位研究生93名（其中在北京大学、中国人民大学43名列为中国高级法官培训中心研究生部学员）。1989年录取为定向培养硕士学位研究生89名（其中53名列为中国高级法官培训中心研究生部学员）。上述205名研究生就读于北京大学、中国人民大学、中国政法大学、武汉大学、中山大学、厦门大学、吉林大学等高等院校，分别攻读的法律专业10个学科。1989年下半年，高级法官培训中心，从研究生部学员中选拔5人，以单位公派出国学者的身份，赴美、法等国进修民法、国际法、国际经济法专业，一年期满再回研究生部学习和撰写毕业论文。

中国高级法官培训中心委托北京大学和中国人民大学举办硕士学位研究生考前外语短训班3期，每期1年。开设语种有英语、日语、俄语。短训内容包括外语强化训练和有关法律专业课，政治理论课补习。1989年结业的第二期外语短训班学员80名，考取研究生的57名，考取率达71%。1989年录取了第三期外语短训班学员69名。

1989年全国各级法院选派的19名审判干部，以国家公派出国人员普访学者或高访学者的身份，在美、苏、日、德等9个国家进修法律专业。还组织了法院系统具有中级专业职务的60余人，参加了1989年12月30日举行的出国留学人员外语水平统一考试（EPT）。

三、重视法院干部的大专学历、本科学历教育和专业证书教育，大力提高审判干部队伍的政治业务素质

（一）全国法院干部业余法律大学除1988年、1989年毕业的两届学员35680人外，1989年在校学历生为19000余人。其中包括1989年在新疆业大分校、分部增设少数民族语言班新招收的514名少数民族学员。

1989年业大总校组织部分分校、分部对首届毕业生的质量跟踪调查。普遍反映，业大毕业生在审判工作中起到业务骨干作用，政治、业务素质显著提高。据统计，业大办学前的1985年，全国法院干部18万人中，大专以上学历的占9.5%。1989年初，法院干部增加到21万，大专以上学历的已占干部总数的30%，提高20.5个百分点。

为巩固提高业大学员学习质量，业大总校按照中央提出的各高等院校“要严格教学管理和学籍管理，整顿学校秩序，整顿学风、校风”的要求，作出了部署，不少分校进行了整顿，使业大的管理进一步走上规范化。

业大教师队伍建设迈出新步伐。1989年全国19个业大分校进行职称评定工作，已评定教授、副教授74名，讲师163名，业大专兼职教师已有2300多人，其中专职教师占半数以上。

业大教材编写工作取得新成绩。从1988年起，根据教学实践和立法、司法及法学研究的新情况、新经验、新成果，对业大19种系列教材进行补充修订。1989年内已完成修订任务的有中国司法制度、中国刑法、中国刑事诉讼法、中国民法、国际私法、海商法等10种。与这套系列教程教学配套的教学参考资料，共编辑出版中国司法制度参考资料和刑法、民法、婚姻法等案例选编9种。

（二）全国法院具有大专学历的1186名干部（占大专生2.4%），1989年在中国政法大学、复旦大学等6所高等院校法律系函授或夜大学就读，接受大专起点的本科教育。此外，浙江、山东、宁夏、河北等12个省市的法院干部2893人，1989年在社会办的业余成人高等学校法律系（夜大、电大、函大）大专班学习。

1989年，全国统一成人高等考试，委托中央民族学院举办新疆少数民族审判干部法律大专班，学员30名；委托北京航空航天大学举办计算机专业大专班，招收法院18名学员。

（三）自1988年秋季开始，法院系统试行了“法律（审判）专业证书”教育制度。依照国家教委的有关规定，1989年参加专业证书学习的各级法院干部计有25000人。学员将经过3年业余学习，学完法律专业大学专科8门主课，并经考试合格，取得专业证书，成为具有审判工作岗位要求的大专层次法律专业知识水平的审判人员。“法律（审判）专业证书”教学班的教学和管理工作由全国法院干部业余法律大学承担。同时，对不能组织教学班的内蒙古部分地区的学员，实行委托高等院校举办脱产1年制专业证书教学班。

四、加强对法院审判人员、其他专业人员和管理人员的岗位培训

（一）最高人民法院成立教育厅，作为法院系统的干部培训工作的教育行政管理机构。加强干部短期培训的组织、计划、经验总结交流等宏观管理和指导。

（二）1989年加快了以干部短期培训为主要任务的省级法官培训中心的创办步伐，截至1989年10月，建立法官培训中心的有福建、江西、湖北、海南、天津、北京等8个省市高级法院，并已分期分批、有计划地举办了各类人员岗位短期培训班。

（三）最高人民法院在1989年组织的全国法院干部短期培训班，主要有：

1. 与国家版权局、联合国世界知识产权组织，在北京联合举办“地区版权审判培训班”。有中外学员150余人参加。其中来自亚洲14个国家和地区的法官、律师和版权专家17人。培训方式采取理论讲授与实际示范相结合，内容丰富，形式多样，对于加强我国的版权保护和审判实践，将发挥一定的作用。

2. 举办全国法院声像技术培训班，有24个省市高级法院及计划单列市中级法院专业人员参加。培训期间既讲授了录相机、摄像机、特技及电视片的前期、后期制作课程，又交流评比各地制作的“新闻”、“专题”、“小品”和电视剧作品。

3. 举办人事档案计算机管理人员培训班、诉讼档案专业人员培训班。

4. 举办了延边朝鲜族、内蒙古少数民族审判干部培训班；筹资安排了宁夏、广西两地的最高法院少数民族审判干部（回族、壮族）培训班。

（四）地方各级人民法院结合当地审判工作及队伍建设的实际，举办民事审判业务培训班118期，培训4172人次，经济审判业务培训班81期，2368人次，书记员培训班41期，1013人次，新吸收人员岗前培训班96期，2757人次，以及司法统计、法医、法警、纪检、师资等培训班，总计1215期，培训总人数为37935人。

五、为审判工作服务，深化法院干部教育改革

（一）为深入研究人民法院在改革开放形势下的新情况、新问题；清理资产阶级自由化思潮在法学领域中的影响；促进干部教育与审判实际相结合；推动教学人员教学、办案、科研三结合，1989年8月，法律业大和中国高级法官培训中心联合举办法院系统首届学术讨论会，在97篇论文中，经反复筛选，民主评定，评出优秀论文17篇，并从中发现一批既有法学理论研究能力，又有丰富审判经验、教学经验的人才。

（二）由最高法院教育厅、法律业大、法官培训中心办公室、人事厅、研究室的领导及有关人员组成“中国审判专业人员合理结

构及培养措施”课题研究小组，拟定了开展课题研究的3年阶段计划。该课题作为国家教委主持的教育科学国家级研究项目“1989—2000年中国教育发展战略研究”总课题的子课题，将对法院审判人员的合理结构、人才需求，法院干部教育培训工作中期、长期规划和发展规模、速度以及培养措施、手段，提出报告和实施方案。目前，已拟定课题调查提纲。

五、人民法院的纪检、监察工作

1988年底，中央把廉政建设列入重要议事日程，提出要突出抓查处大案和廉政制度建设。根据中央指示的精神，1989年5月6日，最高人民法院召开了全国法院廉政建设工作会议。目的是进一步交流法院系统廉政建设的经验，加强廉政制度建设，以建设一支清正廉洁、秉公执法的法院队伍。最高人民法院院长任建新在会上作了题为《加强廉政建设，保证严肃执法》的讲话。任院长在讲话中指出，近年来，社会上不正之风对法院的侵蚀越来越严重，到法院送礼行贿的逐年增加，数额越来越大。有的是案件尚未到法院，“说情”的已找上门来。这种情况使法院廉政建设的任务复杂了，艰巨了，紧迫了。法院是国家审判机关，它的审判活动体现着国家的民主和法制，直接影响着群众的利益、社会经济秩序和改革建设的进程，也影响着人民群众对党和国家的信任，这就决定了法院在廉政建设上，应当坚持高标准，严要求。法院自身不廉洁，就不能严肃执法，也就不能完成同不廉洁行为作斗争的职责和使命。执法犯法，造成的后果和影响更大。任院长还根据法院的实际情况，提出了今后廉政建设要着重抓好的几项措施。第一，各级领导要把廉政建设作为一件大事摆到重要日程上来。第二，加强思想政治教育，提高保持廉洁的自觉性。第三，严格依法办事，认真执行公开审判制度。第四，进一步健全法院办事制度。第五，自觉接受广泛的监督，推动法院的廉政建设。第六，从严治院，严肃查处干警违法违纪案件。第七，建立法院系统监察机构，加强政纪监督。

全国法院纪检、监察工作座谈会也于1989年5月8日在北京召开。会议提出今后法院系统纪检、监察工作应主要抓好以下工作。一是以廉政建设为中心，加强纪检、监察部门的监督、检查工作。法院的纪检、监察部门要认真总结以往经验，以廉政建设为中心，紧密联系审判工作实际，在全面开展各项纪检、监察工作的基础上，重点结合一年一度的执法大检查活动，对法院及其审判人员是否严格执行法律规定、秉公办理各类案件的情况进行监督、检查。纪检、监察部门还要认真处理好人民来信来访，协助院领导做好接受社会监督的工作。二是严肃认真查处违法违纪案件。查处违法违纪案件，是纪检、监察部门的一项经常性任务，也是目前廉政建设中应该突出抓好的一项重要工作。要突出查处法院工作人员利用职权索贿受贿、徇私枉法、贪赃卖法的行为以及其他严重违法违纪行为，尤其是抓好重大案件的查处。查处案件，要坚持实事求是，注意掌握政策界限，严格按党纪、政纪和国家法律处理，做到“事实清楚，证据确凿，定性准确，处理恰当，手续完备”，经得起历史的检验。三是与有关部门密切配合，开展多种形式的廉政教育。各级法院纪检、监察部门要密切配合有关部门，深入开展形势教育、理想、宗旨教育，使广大党员和干警牢固树立全心全意为人民服务的信念。同时，要把以保持廉洁、反对腐败为主要内容的法纪教育，做为纪检、监察部门的重要任务认真抓好。要完成上述任务，必须有健全的纪检、监察机构和一支过硬的纪检、监察队伍。会议提出要建立人民法院的监察机构。人民法院的监察机构实行双重领导体制。最高人民法院监察部门在本院领导下进行工作；地方各级人民法院监察部门受所在法院和上级法院监察部门的领导，对本级法院和上级法院监察部门负责并报告工作；监察业务以上级法院监察部门的领导为主。

7月28日，最高人民法院和国家机构编制委员会下发了《关于设立各级人民法院监察机构的通知》。8月15日，最高人民法院又下发了《关于建立法院系统监察机构若干问题的暂行规定》，明确了各级法院监察部门是负责行政监察工作的专门机构。其主要任务是：监督、检查监察对象在执行国家法律、法规、政策过程中有无违犯行政纪律的情况；受理对监察对象违纪行为的检举、控告；查处违法违纪行为；受理监察对象不服政纪处分的申诉；开展纪律教育，建议表彰模范遵纪守法、积极同违纪作斗争的个人和集体。监察部门具有检查权、调查权、建议权和一定的行政处分权。

在全国法院廉政建设工作会议和全国法院纪检、监察工作座谈会后，各级法院的纪检、监察部门在院党组的领导下，密切配合有关部门，积极认真地采取了一系列有力措施，加强廉政建设，取得了一定成效，使法院廉政建设有了一个好的开端。主要表现在：

（一）积极协助党组和院领导抓党风党纪和廉政建设。各级法院纪检、监察部门相继召开了纪检、监察工作座谈会，制定了一系列党风党纪和廉政建设的制度，与有关部门配合，对党员和干警进行坚持四项基本原则、反对资产阶级自由化的政治纪律教育，用专题讨论、演讲会、报告会、知识竞赛等多种形式开展廉政教育，并用正反两方面的典型事例对党员和干警进行纪律教育，提高他们对党风党纪和廉政建设重要性的认识，促进党风党纪和廉政建设的开展。1989年，最高人民法院纪检组配合党风党纪和廉政教育、纪律教育，共下发通报七份，向全国法院系统通报了化公为私、索贿受贿、制造假案以及失职造成人犯脱逃和杀人等违法违纪案件，反复强调各级法院要加强对党员和干警进行教育，建立健全各项规章制度，做到有章可循，违章必究。

（二）严肃认真地查处了一批违法违纪案件。1989年，各级法院纪检、监察部门坚持从严治党、从严治院的方针，把查处违法违纪案件作为廉政建设的一项重要工作突出抓。共查处党员、干警违法违纪案件1066件，其中涉及中、基层法院正、副院长58人；结案处理690人，其中受党纪、政纪处分的659人，被判处刑罚的31人。在严肃认真查处违法违纪案件的同时，各级法院纪检、监察部门还注意发挥保护职能作用，对于反映失实的，向反映人说明情况；对于编造事实、诬告陷害法院干部的，除对其进行批评教育外，建议其所在单位予以处理，构成犯罪的，依法追究其法律责任。既做到惩处违法违纪者不手软，又排除了诬告陷害的干扰，保护严肃执法的好干部。

（三）认真地履行了监督职能。各级法院的纪检、监察部门认真履行监督职能，监督、检查各级法院及法院干警执行国家法律、法规、政策的情况。一些法院纪检、监察部门的负责人还参加或列席本院党组的民主生活会和审判委员会，变被动的检查为主动的监督。同时，各级法院的纪检、监察部门还通过召开座谈会、向当事人发调查函、认真处理人民群众的来信来访等形式，拓宽监督渠道，通过履行监督职能作用，保障了法院各项工作的顺利进行。一些法院的纪检、监察部门还积极参加了执法执纪检查工作，对检查中发现的违法违纪线索认真查处，并对执法执纪和廉政建设的经验进行了认真地总结。

（四）各级法院的纪检、监察组织建设得到了加强。各级法院的纪检、监察部门在做好日常工作的同时，还采取上级抓下级、一级抓一级的办法，加强纪检、监察组织建设和干部的配备。有的高中级法院纪检、监察机构已全部建立起来，并按要求配齐了干部，基层法院的纪检、监察员也配备得力的干部；有的高、中级法院在抓好组织建设的同时，还抓了干部的培训工作，提高干部的业务素质，为以后的工作打下了坚实的基础。

（五）逐步建立了一些廉政制度和工作制度。1989年，一些法院根据中央关于廉政建设的精神，结合本地区、本法院的实际，制定了廉政建设的有关规定。最高人民法院纪检组在全国法院重点总结推广了公开办案制度、公开办案结果、依靠群众监督的“两公开一监督”制度。最高人民法院监察室针对不断发生的向法院干部行贿的情况，下发了《对向法院干部行贿者的处理意见》，除要求各级法院监察部门要加强对法院干部进行廉洁执法、秉公办案的教育外，提出了对向法院干部行贿者进行坚决有效地惩罚。此外，最高人民法院监察室还起草了《人民法院监察工作暂行规定》、《人民法院监察部门查处违纪案件的暂行办法》、《对人民法院工作人员给予行政纪律处分的若干规定（试行）》三个文件的征求意见稿，下发各高级法院监察室征求意见，反复修改，以便使各级法院的监察工作逐步制度化、规范化。

第九部分　外事活动

最高人民法院

1989年最高人民法院共接待6个团组，计28人，派出2个团组，计8人。接待有关部门邀请来华外宾56人。

来　　访

卢旺达最高法院院长卡瓦鲁冈达·约瑟夫访华　应最高人民法院邀请，卢旺达最高法院院长卡瓦鲁冈达·约瑟夫一行3人，于1989年4月17日至5月1日，在最高人民法院前副院长宋光陪同下，访问了北京、南京、杭州和上海。全国人大常委会副委员长彭冲、最高人民法院院长任建新、司法部部长蔡诚、最高人民检察院副检察长张思卿分别会见了代表团成员。此外，中联部部长朱良也同卡瓦鲁冈达院长进行了会见。访问中，卡瓦鲁冈达院长高度赞扬我国的司法制度是真正的人民的司法制度，表示要学习中国的经验，特别是中国的调解工作经验，监狱管理经验。他说，希望两国在这方面能不断加强合作，交流经验，增进了解。

美国联邦上诉法院大法官纳尔逊女士访华　应最高人民法院邀请，美国联邦上诉法院大法官纳尔逊一行2人，于1989年10月21日至11月6日来华访问。最高人民法院院长任建新、司法部部长蔡诚、中国法学会会长王仲方、国务院宗教事务管理局局长任务之、全国妇联副主席张帼英分别会见纳尔逊一行。在华期间，纳尔逊大法官先后访问北京、大连和广州，并在大连和广州分别旁听刑事案件和经济案件审判。纳认为我国审判程序完善，庭前调解办法可取，是一种解决经济纠纷，减少诉讼时间的有效办法。

亚洲和太平洋地区版权审判培训班在北京举行　1989年10月30日至11月3日，最高人民法院、国家版权局、联合国世界知识产权组织在北京联合举办亚洲及太平洋地区版权审判培训班。最高人民法院院长任建新、联合国世界知识产权组织总干事鲍格胥为培训班致开幕词。来自瑞典和美国的6位法官、律师和教授分别介绍了他们的司法制度、版权保护及版权案件诉讼程序，并根据美国和瑞典的版权法分别进行了模拟审判。参加这次培训班的学员有中国、朝鲜、越南、蒙古、印度、印度尼西亚、巴基斯坦、菲律宾、斐济、新加坡、南朝鲜、斯里兰卡、孟加拉、马来西亚和泰国等15个国家和地区的法官、检察官及版权局的官员共130多人。最高人民法院副院长马原和联合国世界知识产权组织版权与公共信息局局长奥尔森为培训班致闭幕词。

这次培训班重点是交流法院审理版权纠

纷案件，即文学作品和艺术作品版权侵权案件。版权是知识产权中一个重要组成部份，法律保护版权人的权益，对鼓励优秀作品的创作和传播，促进科学文化繁荣和发展是很重要的。版权审判是版权所有者通过诉讼寻求法律保护的重要途径，在版权受到侵害时，对侵权行为予以法律制裁是保护版权最有效的手段。培训班通过讲座和讨论，特别是通过实际案例表演，使参加者获得许多有益的知识。

附一：

在亚太地区版权审判培训班开幕式上的讲话

中华人民共和国最高人民法院院长　任建新

（1989年10月30日）

尊敬的鲍格胥博士，

女士们、先生们、朋友们、同志们：

由中华人民共和国最高人民法院、国家版权局和联合国世界知识产权组织联合举办的“地区版权审判培训班”，今天开幕了！首先请允许我代表中华人民共和国最高人民法院、国家版权局，并以我个人的名义，对总干事鲍格胥先生为首的世界知识产权组织的朋友们，对联合国开发计划署驻北京的代表，对前来为培训班讲学的瑞典、美国的版权专家，对来自亚太地区参加培训班的十四个国家和地区的人士，对出席今天开幕式的来宾表示热烈的欢迎！

我们这次版权审判培训班，是继1982年5月北京版权培训班和1985年11月南京版权培训班之后，由世界知识产权组织支持在我国举办的第三个版权培训班。这次培训班的特点是：以版权审判为中心内容，由中华人民共和国最高人民法院参加联合举办，有十多个国家和地区的法官、律师和版权专家参加。培训的形式也有新的发展，既有专题报告，也有模拟审判；既讲法律，又讲案例，有理论，有实践，内容丰富，形式多样，充分说明了这次培训班从内容到形式，在深度和广度方面都有创新和发展。我深信，通过这次版权审判培训班，必将进一步发展我国审判和版权机关同世界知识产权组织的友好合作关系，加强亚太国家和地区版权审判工作经验的相互交流，推动各国版权审判工作的进一步向前发展。

在这次版权审判培训班上，我们将高兴地看到许多版权专家不辞辛劳、热心为我们讲学，他们是WIPO版权与公众信息局局长享利·奥尔森先生，瑞典斯德哥尔摩斯维上诉法院庭长本特·尼尔松先生、检察长克里斯蒂娜·斯滕·桑德帕格女士、律师皮特·达诺斯基先生和美国费城地区法官罗伯特·高司罗普先生、华盛顿美利坚大学教授詹西先生、芬尼根·享德森律师事务所律师亚瑟·列文先生。我们对为培训班讲学的法官、检察官、律师、教授、专家，表示敬意，对所有支持这次培训班的国际组织和朋友表示衷心的感谢！

我国人民法院的版权审判工作，随着我国社会主义法制的逐步完备，尤其是在《中华人民共和国民法通则》颁布实施后，有了新的发展，版权纠纷和案件也逐年有所上升。近三年多来，人民法院受理的一审版权案件已达四百多件，还有大量的版权纠纷经国家版权部门作了调处。通过这些纠纷和案件的合理解决和公正处理，保护了版权所有人的合法权益，促进了科学文化事业的发展，也积累了一些有益的经验，当前我国立法部门正抓紧制定版权法，并努力争取早日颁布，人民法院根据《中华人民共和国民法通则》及有关法律，结合版权审判中遇到的新情况、新问题及时地作了一些司法解释，积极地受理了一些版权案件，公正地作出裁决。这次版权审判培训班在我国举办，不仅加深了我国法院和版权局同联合国世界知识产权组织的友谊与合作，促进了同亚太各国版权方面的法官、律师、专家之间的相互了解和友谊，而且对我国版权法的制定，版权审判工作的开展，都是有益的。

朋友们，和平与发展是当今世界上的两大主题，也是国际形势发展的总趋势。我们历来主张在和平共处五项原则的基础上建立国际政治、经济新秩序。社会制度、意识形态或其他方面的不同，不应当成为国与国之间发展友好关系和进行经济、文化、科学往来和交流的障碍。我们十分重视同世界各国进行科学与文化的相互交流，十分珍惜同世界各国之间相互友好往来与合作。因为这对世界的和平与发展有利。我们高度赞赏联合国世界知识产权组织在鲍格胥总干事的主持下在这方面所作的努力。这次在我国举办版权审判培训班，就是努力的结果，我们希望今后能不断发展和扩大这种友好合作关系。

今年是我们国家建国四十周年。四十年来，中国发生了举世瞩目的巨大变化。我们总结过去，展望未来，对我们的事业充满信心。我们将坚定不移地把我们的社会主义的改革开放继续推向前进。更加重视与各国发展和扩大科学、文化、技术交流和友好合作，以进一步为我国的社会主义现代化建设，为世界的和平与发展作出新的贡献！

预祝培训班圆满成功！

附二：

在亚太地区版权审判培训班开幕式上的致词

世界知识产权组织总干事　鲍格胥

（1989年10月30日）

中华人民共和国最高人民法院院长任建新先生，

中国国家版权局局长宋木文先生，

全国人民代表大会法律委员会副主任顾明先生，

女士们、先生们：

我高兴而又荣幸地代表世界知识产权组织对各位光临地区版权审判培训班开幕式表示欢迎。

组织知识产权方面培训班是世界知识产权组织最重要的任务之一。10年以前，世界知识产权组织在中国举办了第一个培训班，这个培训班是第19个。

中国现在还没有一个专门的版权法，但是民法通则中已经有关于版权的原则性条款。版权法正在准备当中。

中国政府在几个方面为未来版权法的实施做准备，其中包括，让中国的法官为法院处理版权纠纷做好准备。进行这方面的准备，显示了中国的远见和谨慎。因为，如果法院不能对可能的侵权者进行处理，那么一部法律就没有多大用处了。

在这个培训班上将进行两场模拟法庭审判，一场是根据瑞典的体制进行，另一场是根据美国体制进行。这两场模拟审判将在星期四和星期五举行。今、明两天主要是讲课，介绍瑞典和美国的版权法和司法制度。

讲课和模拟法庭将分别由上述两个国家的著名专家进行。他们是：瑞典的本特·尼尔松庭长、克里斯蒂娜·斯滕·桑德帕格检察长和达诺斯基律师，美国的高司罗普法官、詹西教授和列文律师。我诚挚地感谢他们接受了世界知识产权组织的邀请，感谢他们准备了书面讲稿，也感谢他们来到北京。

我还要感谢外国的学员，并对他们表示特别的欢迎。他们来自孟加拉国、朝鲜民主主义人民共和国、斐济、印度、印度尼西亚、马来西亚、蒙古、巴基斯坦、菲律宾、大韩民国、新加坡、斯里兰卡、泰国和越南。

我也对100来个中国学员表示特别的欢迎，他们当中有一半是法官。中国学员不仅来自北京，而且来自中国的各个省份。在中国的参加者当中，我要特别感谢中华人民共和国最高人民法院外事局局长肖永真先生和副局长籍树理先生。他们和世界知识产权组织的工作人员一起做了这个培训班的组织工作。

世界知识产权组织参加组织工作的有：法律顾问雷大济先生、版权部门的奥尔森先生和弗南德兹·巴利斯特罗斯先生、我的特别助理余先生和开发与合作部门的李家浩先生。

我感谢黄学启先生代表的联合国开发署。联合国开发署慷慨地为亚洲国家的16位学员提供了资助。

我特别欢迎曾经担任最高人民法院的法官，现任国务院法制局局长孙琬钟先生的光临，他对中国版权法草案的形成具有决定性的作用。

尽管由于时间关系，我不能一一列举了，但是，我必须还要感谢两个重要的人物，因为正是由于他们对版权问题的关心，才有了今天这个培训班。他们是：国家版权局局长宋木文先生和最高人民法院院长任建新先生。

任先生是中国与世界知识产权组织之间关系的发起者和主要保护人。他还是中国知识产权立法的推动者。

我对他的远见卓识表示钦佩。并对他长期以来给予世界知识产权组织的友谊表示感谢。

附三：

在亚太地区版权审判培训班闭幕式上的讲话

最高人民法院副院长　马　原

尊敬的奥尔森先生和巴利斯特罗斯先生，
女士们、先生们、同志们：

历时五天的亚太地区版权审判培训班，今天就要结束了，在大家的共同努力下，这次培训班取得了圆满成功，达到了预期效果，在此，请允许我代表中华人民共和国最高人民法院、国家版权局，再次对以鲍格胥先生为首的世界知识产权组织来参加这次培训班的朋友，对辛勤为这次培训班讲课、进行模拟审判的各位专家、教授、法官、律师，对所有支持和参加这次培训班的来宾，表示衷心的感谢，并致以崇高的敬意！

这次版权审判培训班，内容丰富，形式多样，通过专家们的讲课、答疑、模拟审判，使参加培训班的朋友们、同志们，较为全面、系统地了解有关国家的版权审判情况，交流了经验，探讨了问题，增长了知识，加深了友谊，为亚太地区国家与联合国世界知识产权组织相互之间在版权审判方面的友好合作，架设了新的桥梁，开拓了新的途径。

朋友们、同志们，随着现代科学、技术、文化的不断发展，通过版权审判维护版权所有人的合法权益，促进科学、技术、文化的顺利发展，这是各国版权审判工作者的共同愿望和神圣职责，在这方面我们之间的友好合作与交流有着广泛的前景。我深信，并且希望这次版权审判培训班以后，能够通过更多、更有效的方式，建立更广泛的联系，以进一步促进和发展各国之间版权审判方面的友好合作。

谢谢。

附四：

在亚太地区版权审判培训班闭幕式上的讲话

世界知识产权组织版权与公共信息局局长

亨利·奥尔森　先生

中华人民共和国最高人民法院副院长马原女士，

中华人民共和国国家版权局局长宋木文先生，

各位专家、各位与会代表，

女士们、先生们：

经过一周的紧张而有趣的活动，地区版权审判培训班现在结束了。在这一周期间，我们十分佩服地感受到中国的热情好客，而且我们的专家和与会代表们都在版权问题的法庭审判这一非常复杂的领域获取了新的经验和新的知识。由于专家们出色的讲演以及听课代表们积极参加讨论，这使我们能够交流思想和意见并且增加了我们对这类审判中出现的有时是十分错综复杂的问题的理解。让我代表 WIPO 总干事阿帕德·鲍格胥博士向专家们表示最诚挚的谢意，感谢他们对各种问题的讲演以及他们所进行的非常有趣而生动的摸拟审判，向中国政府表示最诚挚的谢意，感谢他们在培训班开始前后所作的出色的组织工作，这一工作极大地促成了这一重要活动的成功。谢谢大家。

出　访

马原副院长一行 3 人出席国际最高行政法院协会会议　应国际最高行政法院协会主席、芬兰最高行政法院院长苏维朗达的邀请，最高人民法院副院长马原和最高人民法院行政审判庭庭长黄杰等一行 3 人出席了国际最高行政法院协会于 1989 年 6 月 19 日至 21 日在芬兰举行的国际最高行政法院协会会议。马原副院长向大会提交了《中华人民共和国行政诉讼程序》的报告并在第一小组会议上作了发言。会议期间，马原副院长与该协会理事、希腊最高行政法院院长库鲁斯浦路斯、奥地利行政法院院长皮特里克女士、巴基斯坦首席大法官哈里姆、塞浦路斯最高法院院长蒂姆亚特里斯、瑞士最高法院大法官、芬兰司法部长等进行了友好交谈。芬兰最高行政法院院长苏维朗达、最高法院院长奥尔森热情地会见了马副院长一行。这次会议对了解国外行政审判情况、交流行政审判经验取得一定成效。

任建新院长率团出席在菲律宾举行的第三届亚太地区首席大法官会议　应亚太法协司法委员会主席、菲律宾最高法院首席大法官费尔南的邀请，最高人民法院院长任建新一行 5 人，出席了 1989 年 11 月 27 日至 12 月 1 日在菲律宾首都马尼拉举行的第三届亚洲及西太平洋地区首席大法官会议。菲律宾总统阿基诺在开幕式上讲了话并宴请了全体代表。任院长在会上作了《中华人民共和国有关提高审判效率的立法和实践》的发言。任院长说：中国十分重视审判效率，刑诉法明确规定了刑事案件审判期限；民事、经济案件虽未规定期限，大多数也都在3个月左右结案。另外，我国实行四级两审终审制，有的案子还采取特别程序，即一审终审、法庭调解等办法。这些规定，对提高审判效率都起到明显作用。任院长的发言受到与会大法官们称赞。会议期间，任院长一行在我驻菲大使陪同下，拜会了菲最高法院首席法官费尔南和司法部长奥都尼斯。

高级人民法院

北京市高级人民法院

北京市高、中级人民法院1989年接待来院旁听、座谈、参观的美、英、苏、德、泰等10个国家和地区的外宾共23批183名。主要有：

3月22日 参加中国——欧洲共同体国家贸易、投资法律讨论会的84名欧洲共同体国家的律师、法官、法学家和工商企业界人士在大法庭旁听了中级人民法院经济审判庭审理的一起购销合同纠纷案，并与有关人员进行了座谈。高级人民法院副院长孙常立，中级人民法院副院长王永源接待了这批客人。

3月23日 以英国总检察长帕特里克·梅休爵士为首的英国皇家检察院代表团一行4人，在最高人民检察院法纪检察厅厅长张穹陪同下，上午来院旁听中级人民法院公开审理张明臣抢劫案，并与有关人员进行了座谈。高级人民法院刘云峰院长、唐占蕴副院长，中级人民法院纪树翰院长、杨庭椿副院长等接待了英国贵宾。

4月19日 卢旺达最高法院院长卡瓦鲁冈达一行4人，在最高人民法院前副院长宋光陪同下，来院旁听中级人民法院刑一庭审理的沙忠贤故意伤害案，并与有关人员进行了座谈。高级人民法院院长刘云峰，中级人民法院副院长杨庭椿等出面接待了贵宾。

4月21日 下午，德意志民主共和国总检察长京德·文德兰特率领德意志民主共和国总检察院代表团一行4人，来院旁听中级人民法院审理彭忠云盗窃上诉案，并与有关人员进行了座谈。

高级人民法院院长刘云峰、中级人民法院院长纪树翰、副院长王永源等接待了贵宾。

5月31日 上午，高级人民法院副院长唐占蕴、中级人民法院副院长王静等接待了美国女律师访华团一行23人，并陪同客人参观了大法庭。

10月26日 美国联邦上诉巡回法院大法官纳尔逊夫人及其丈夫来院参观座谈。高级人民法院院长刘云峰、副院长唐占蕴、中级人民法院副院长王静等接待了客人。

纳尔逊夫人对我国态度友好，对我平息在北京发生的反革命暴乱有比较客观的认识。

10月27日 苏联检察院副检察长阿·谢·波别日莫夫率领的苏联检察院代表团一行8人，上午访问了北京市中级人民法院。院长纪树翰、副院长杨庭椿等热情地欢迎客人来访。纪院长高兴地说："这是我近几年来首次接待来我院访问的苏联朋友。"

11月9日　以泰国司法部长詹拉·芒卡拉腊京中将为团长的泰国司法代表团一行10人，在我国司法部外事司司长徐景锋陪同下，今日上午来院进行座谈参观。高级人民法院副院长唐占蕴等出面接待了客人。

福建省高级人民法院

1月13日　波兰刑法学教授库比茨基来访，了解福建在改革条件下，刑事犯罪和刑法方面的变化情况。

广东省高级人民法院

8月8日至15日　省高级人民法院副院长张耀威、广州市中级人民法院院长邓国骥、湛江市中级人民法院院长曾敏、茂名市中级人民法院院长林青，省高级人民法院刑事审判第二庭庭长吴则民、研究室主任黄新伟、司法行政处处长林立松等一行7人，应邀赴香港，了解香港经济法律和审判等问题。

10月23日至27日　省高级人民法院副院长彭春庭，翻译施博林一行2人，应邀赴澳门参加国际法官协会第七届大会。

11月3日至6日　省高级人民法院接待了美国联邦巡回上诉法院大法官纳尔逊夫人及其丈夫一行2人。

12月4日至8日　应香港最高法院首席按察司杨铁樑的邀请，省院院长麦崇楷、副院长周统平一行四人前往香港进行了友好访问。这次访问是在新华社香港分社的协助下进行的。

这次出访，是对香港最高法院两次访问广东的回访，同时考察香港的司法制度，探讨今后进一步加强粤港两地的司法协作问题。根据粤港政府政治顾问处安排的日程，先后访问了香港最高法院、律政司署和廉政公署，参观了香港最高法院和北九龙裁判司署的审判法庭和羁押人犯场所，旁听了开庭审判。同时还参观了廉政公署的一些侦查设备和香港惩教署管理的壁屋监狱。

我们这次访问，香港司法部门比较重视，香港最高法院首席按察司杨铁樑，廉政公署专员谢法新、律政司署专员马福善等亲自会见，并进行了友好、坦率的会谈。在会谈中，对广东省高级人民法院和香港最高法院达成互相委托送达民、商事诉讼文书的协议及执行情况表示满意，双方都认为进一步加强司法方面的联系和协作是非常必要的。首席按察司杨铁樑认为，相互交流是应该的，不交流就会陌生，陌生就产生疑虑，疑虑就产生敌意。在座谈过程中，对刑、民事案件调查核实证据，民事、经济案件裁判后的执行等问题也用探讨性的方式交换了意见。

通过参观访问，对香港的司法制度和审判工作的管理有了进一步的了解。主要是：一是香港法院审判案件有较为具体的分工。如刑事案件，由律政司署负责提起诉讼，兼有举证责任，并分3个档次向不同级别的法院起诉，按法律规定应判三年以下徒刑的向裁判司署起诉，七年以下向地方法院起诉，应判七年以上的向最高法院原诉庭起诉。法院之间不存在提审审判或案件移交下级法院审理的问题。他们对简易刑事案件的处理比较快，但他们认为构成简易刑事案件的与我们有很大的不同，它将很多我们认为属于治安行政部门按有关法规调整的纠纷，如乱丢垃圾、违反交通规则等，都作刑事案件交由法庭裁判。这些案件由特别法官独任处理，特别法官不需要具备法律专科文凭，主要是聘请在政府部门工作时间长，有较丰富工作经验的职员担任。这类案件，先由警方整理简单犯罪事实材料，由指控告官（律师）向法庭起诉，法官作出应罚款多少的判决。香港政府这种处理违法行为（他们也视为犯罪），增加了处理违法行为的公开性，使之纳入法律程序轨道，对公民行为是一种有效的约束。同时，利于防止滥罚，或从中侵吞受贿。二是审判案件强调举证责任，当事人的举证是案件处理结果的关键。无论刑事案件，还是民、商事案件，法庭都要当面听取证人的陈述，对案件的处理实行原、被告代理人围绕诉讼争议的问题进行举证，在法庭上进行申辩，抗辩。法院的判决是法官根据诉讼双方在法庭上提交的证据和提出申辩抗辩的主要观点而作出的判断。法官的判决实质上是法庭活动的总结，当事人依法院的裁判来取得权利和履行义务。三是各级法院的设备和装备比较完善。无论是香港的最高法院或最基层的裁判司署，办公设施颇为齐备，工作条件与审判业务相适应。最高法院首席按察司有专用审判法庭，每个法官也有固定审判法庭，而且每个审判法庭都设有扩音录音设备。香港法院的经费按实际开支每年由财政司按年度实拨。据他们介绍，不存在办案经费不足的问题。四是法院押解人犯的警力充足。香港各级法院没有配备专门的法警，从法院外围的安全保卫到维持法庭秩序、押解人犯均由香港警务署负责，凡法院每天要审判的人犯，在24小时前将名单交警务署派驻法院的押解组。五是香港的监狱设备先进、管理较为严格。壁屋监狱负责收押轻刑犯，设有木工、洗衣、裁缝等工场，犯人主要是劳动，工作时间由早上7时至晚上7时，若完不成任务则延长至晚上9时。犯人劳动可以得到小量报酬，熟练工每月可得报酬一百多港元。

四川省高级人民法院

四川省高级法院、成都市中级法院审判人员同美中关系全国委员会、美国国际领导人培训中心访华代表团进行友好座谈 1989年4月12日，以白莉娟女士为团长、布朗女士为副团长的美中关系全国委员会与美国国际领导人培训中心访华代表团一行12人，同四川省高级法院、成都市中级法院的审判人员就青少年犯罪及预防问题进行了座谈。座谈会由成都市中级法院黄泽林副院长主持。

座谈开始，省法院研究室张必佑副主任就我国青少年的法律保护，当前青少年犯罪情况及预防、处理青少年犯罪等问题向美国客人作了简要介绍。他说，我们党和国家对保护青少年、预防青少年犯罪的问题历来十分重视，党和国家领导人对此作过很多重要指示；建国以来，我们制定了一系列保护青少年的法规，我国刑法、刑事诉讼法、治安管理处罚条例等法律、法规，对违法犯罪青少年的处罚均有特殊规定，给予从轻、减轻处罚。目前正在制定青少年保护法，近几年来，我国青少年犯罪率有所上升，已引起全社会的关注，党和政府加强了对预防工作的领导。预防青少年犯罪的工作是一项综合治理系统工程，我们实行在党和政府统一领导下，动员社会各方面的力量，分工负责，齐抓共管，我国对失足青少年实行教育、挽救、感化的方针，受到了各方面的欢迎。

为了探索未成年犯罪的规律特点，总结

审判经验，有针对性地做好教育、挽救、感化工作，我们正在抓紧建立审理未成年犯罪案件合议庭，专门审理未成年犯罪案件。在审理工作中，坚持寓教于审，分析犯罪原因，掌握心理状态，进行疏导，以唤起良知，使他们鼓起追求美好未来的勇气，同时，依靠单位、学校、家长和社会力量共同做好管理教育工作，促使有违法犯罪的青少年向好的方面转化，预防和减少犯罪。

美国客人也对美国青少年犯罪现象及预防青少年犯罪问题作了介绍。主要内容是：美国青少年犯罪现象越来越严重，引起社会关注。犯罪原因，很多人认为与吸毒有关。现在监狱人满为患，应把重点放在预防上。预防青少年犯罪主要是让有犯罪倾向的人改变形象。预防青少年犯罪主要从中小学生抓起，考察有无外界环境影响可能导致犯罪的情况，发现有犯罪的迹象就与心理学专家、家长共同研究帮助解决，预防犯罪。代表团一位成员自我介绍说，他17岁时曾蹲过监狱，主要是父母酗酒后打架，根本不教育孩子，自己没有受到良好的家庭教育和文化教育，不懂得对社会负责，15岁就在外流浪，糊里糊涂进了监狱。

交谈充满友好气氛，互相还提出回答了一些有关保护青少年和预防青少年犯罪的问题。美国客人对我们的介绍和回答表示满意。

第十部分　人民法院大事记

最高人民法院

1月

3日　最高人民法院作出《关于对无期徒刑犯减刑后原审法院发现原判决确有错误予以改判，原减刑裁定应否撤销问题的批复》。

同日　最高人民法院作出《关于单位负责人被追究刑事责任后，单位应否承担返还其预收货款的责任问题的批复》。

4日　任建新院长、华联奎、林准、祝铭山、马原副院长和纪检组组长项华同志会见了正在中央党校学习的法院干部和下级法院来我院交流的干部。

6日　华联奎副院长主持召开了审判委员会第392次会议。讨论了：(1)关于国内水路货物运输受损赔偿的两个问题的批复稿；(2)关于各级人民法院处理民事和经济申诉的暂行规定稿。

6日至8日　最高人民法院召开了由北京、天津、上海、辽宁、山东、江苏、广东7省市高级人民法院刑庭庭长参加的刑事审判工作汇报会。林准副院长出席了会议。

6日　.马原副院长召集民庭庭长唐德华等，研究检察院如何监督法院民事、行政审判活动的问题；修改《关于处理未登记而以夫妻名义同居生活问题的若干意见（稿）》。

11日　最高人民法院、中国人民银行发出《关于法院对行政机关依法申请强制执行需要协助执行的案件应如何办理问题的联合通知》。

12日至19日　任建新院长、华联奎、林准副院长参加全国政法工作座谈会。

16日　最高人民法院发出《关于通过外交途径向日本国民送达传票期限的通知》。

23日　任建新院长主持召开第十四届世界法律大会中国组委会第二次主席办公会。

26日　祝铭山副院长召集刑二庭庭长宋雅亭、告申庭庭长李玉成，研究两庭的职能分工问题，确定：凡不服高级法院判决、裁定和书面驳回的刑事申诉(包括来信来访)均由刑二庭审查处理；凡不服中级、基层法院判决、裁定的刑事申诉均由告申庭审查处理。

28日　林准副院长主持召开了审判委员会第393次会议，讨论了5件刑事案件。

31日　最高人民法院发出《关于建立经济纠纷大案要案报告制度的通知》。

同日　任建新院长、林准、祝铭山、马原副院长出席《人民司法》编辑部为纪念该刊发行300期而举行的会议。任建新院长在会上作了讲话。

2月

1日　任建新院长出席中国国际贸易仲裁委员会和海事仲裁委员会代表会。

2日　任建新院长出席西德驻华领事馆

为我国原专利局长黄坤益举行的授勋仪式。

3日　林准副院长主持召开了审判委员会第394次会议，讨论了4件刑事案件。

10日　最高人民法院给湖北省高级人民法院发出了《对〈关于武汉市硚口区人民法院设立环保法庭的情况报告〉的答复》。主要内容有：①环保法庭与人民法庭性质不同，目前在基层人民法院设立环保法庭尚无法律根据。为适应实际需要，可在武汉市硚口区人民法院有关审判庭内设立专门审理环保案件的合议庭进行试点，并注意总结经验。②国家审判机关的审判职能与国家行政机关的行政管理职能不应混淆，人民法院不要在法院以外同行政管理部门联合（或共同）另行设立专业法庭。③人民法院在审理专业性较强的案件时，视案情需要，可请有关专家作为陪审员参加合议庭。

11日　林准副院长主持召开了审判委员会第395次会议，讨论了全国法院减刑、假释工作座谈会纪要（稿），最高人民法院、最高人民检察院对《关于当前办理盗窃案件中具体应用法律的若干问题的解答》的补充解释（稿）；还讨论了1件刑事案件。

13日　祝铭山副院长参加全国人民代表大会内务司法委员会召开的听取戴晓钟案件的调查报告的会议。

14日　最高人民法院向全国各级人民法院发出了《关于印发〈全国法院减刑、假释工作座谈会纪要〉的通知》。

20日　马原副院长在黑龙江省，参加全国法院先进集体宁安县人民法院、全国法院模范金莹晚同志表彰命名大会。会上，马原副院长宣读了最高人民法院给宁安县人民法院记集体一等功的决定，最高人民法院授予金莹晚同志全国法院模范称号的决定。

同日　最高人民法院向全国各级人民法院发出了《关于贯彻中央政治局第十五次会议和全国政法工作座谈会精神的通知》。

24日　第十四届世界法律大会中国组委会成立，任建新院长主持了成立大会，并作了讲话。

25日　祝铭山副院长主持召开高级法官培训中心、法律业大学术讨论会论文评选委员会会议，部署论文评选工作。

3月

1日、3日　任建新院长主持召开审判委员会第396次会议，专题讨论并确定《最高人民法院公报》总第十七号刊登的材料。

3日　祝铭山副院长同国家教委专职委员郝克明同志，商谈计划筹建中国法官学院的有关事宜。

4日　祝铭山副院长赴湖南省，参加最高人民法院给桃源县人民法院记集体一等功和授予桃源县人民法院院长陈占保全国法院模范称号的表彰命名大会。会上，祝铭山副院长宣读了最高人民法院给桃源县人民法院记集体一等功的决定和授予桃源县人民法院院长陈占保同志全国法院模范称号的决定。

9日　林准副院长主持召开审判委员会第397次会议，讨论了3件刑事案件。

14日　林准副院长主持召开审判委员会第398次会议，讨论了5件刑事案件。

15日　最高人民法院和最高人民检察院联合发出了《关于当前处理企业事业单位、机关、团体投机倒把案件的规定》。

16日　最高人民法院和最高人民检察院联合举行了新闻发布会。林准副院长作了题为《坚决惩治企业事业单位、机关、团体投机倒把犯罪活动》的讲话，向首都新闻界通报了《关于当前处理企业事业单位、机关、团体投机倒把犯罪案件的规定》的有关情况，并回答了记者们提出的问题。最高人民检察院副检察长张思卿参加了会议。

同日　祝铭山副院长召集刑二庭宋雅亭、张志刚、杨克佃和告申庭李玉成、张玉民同志共同研究了对香港和海外人士就我国海关处理走私问题来我院投诉、申诉时的处理预案。

17日　最高人民法院"三定"工作小组正式成立，并召开第一次会议，研究机关的"三定"工作。该工作小组由华联奎副院长任组长，纪检组组长、人事厅长项华同志任副组长，人事厅胡健华同志任办公室主任。

19日　任建新院长出席全国政协七届二次会议开幕式。

19日至25日　林准副院长出席全国政协七届二次会议。林准是全国政协委员。

21日、22日　祝铭山副院长约请最高人民检察院、公安部和司法部的有关负责同志，共同研究与非法组织、非法刊物有关的罪犯的服刑处理问题。

26日　最高人民法院就江西省高级人民法院的请示，发出了《关于银行擅自划拨法院已冻结的款项如何处理问题的复函》。

27日　任建新院长出席全国政协七届二次会议闭幕会。

29日　任建新院长在七届全国人大二次会议上作最高人民法院工作报告。

31日　最高人民法院院长、副院长，审判委员会委员，各审判庭领导及部分司局级审判员共63人，列席了七届全国人大二次会议各代表团的全体会议，听取代表们审议最高人民法院工作报告的意见。

4月

1日　最高人民法院党组汇总七届全国人大二次会议各代表团对最高人民法院工作报告的意见，并进行了研究。

2日　任建新院长、华联奎、林准、祝铭山、马原副院长和各庭、厅、室、局负责同志共60余人，参加机关植树活动。

4日　七届全国人大二次会议通过关于批准最高人民法院工作报告的决议。

5日　林准副院长主持召开审判委员会第399次会议，讨论了2件刑事案件和1件民事案件。

同日　祝铭山副院长出席国家教委和北京市成人教育局对全国法院干部业余法律大学的考核与验收会议，并在会上讲了话。

12日　最高人民法院就天津市高级人民法院的请示，发出《关于死亡人的名誉权应受法律保护的函》。

同日　林准副院长出席公安部和全国妇联召开的15省市打击拐卖妇女儿童犯罪，查禁、取缔卖淫嫖娼活动座谈会，并在会上讲了话。

14日　祝铭山副院长出席由首都法学界、新闻界、政治学界举办的庆祝张友渔从事学术活动70周年大会，并代表中国高级法官培训中心讲了话。

同日　祝铭山副院长主持召开最高人民法院保密委员会会议，讨论并原则通过《关于人民法院工作中国家秘密范围及其密级划分的规定》。

15日　林准副院长主持召开审判委员会第400次会议，讨论了5件刑事案件和1件经济纠纷案件。

17日　最高人民法院向各省、自治区、直辖市高级人民法院院长发出通知，要求各地法院对今年受理的刑事案件，特别是全国政法工作座谈会列为重点打击对象的案件的审理情况，有重点地进行检查：依法从重从快的方针坚持得如何？有无重罪轻判、打击不力的现象？

22日　任建新院长，林准、祝铭山副院长和项华同志以及部分老同志、党团员代表，参加了胡耀邦同志的追悼会和遗体告别仪式。

24日　任建新院长主持最高人民法院、最高人民检察院、公安部、司法部联合召开的关于在全国开展打击流窜犯罪统一行动的电话会议。林准副院长出席了会议并讲了话。

26日　祝铭山副院长出席由中华台湾同胞联谊会和中国人民大学台湾法律问题研究所共同举办的《台湾地区与大陆地区人民关系暂行条例〈草案〉》研讨会。

29日　任建新院长和林准副院长先后

主持召开审判委员会第401次会议，讨论了5件刑事案件。

5月

5日 林准副院长主持召开了审判委员会第402次会议，讨论并原则同意最高人民法院和卫生部等五单位关于《精神疾病司法鉴定暂行规定》的会签稿；讨论了4件刑事案件。

6日至8日 全国法院廉政建设工作会议在北京召开。任建新院长作了题为《加强廉政建设，保证严肃执法》的讲话。全国各高级法院院长和党组纪检组组长，中宣部、中纪委、中央政法领导小组、最高人民检察院、监察部等单位的代表参加了会议。

6日 祝铭山副院长会见并宴请了参加中国、民主德国司法协助协定谈判的中、德双方代表团全体成员。

8日至11日 全国高级人民法院院长座谈会在北京召开。会议专门就法院如何在党的统一领导下，进一步加强刑事审判工作，依法严厉打击严重刑事犯罪活动的问题进行了研究。林准副院长主持了会议。任建新院长在会上讲了话，传达了中央领导同志关于打击刑事犯罪的重要指示。会议形成了《全国高级人民法院院长座谈会纪要》。

8日至11日 全国法院纪检、监察工作座谈会在北京召开。项华同志主持会议并作了题为《加强纪检、监察工作，促进法院廉政建设》的讲话。各高级法院纪检组长和中纪委、中组部、监察部的代表参加了会议。

13日 任建新院长出席国际法学会举行的“周鲠生同志诞辰一百周年纪念会”。

同日 最高人民法院向全国地方各级人民法院、各级军事法院、各铁路运输中级法院和基层法院、各海事法院发出了《关于印发〈关于海事法院收案范围的规定〉的通知》。

16日 林准副院长主持召开了审判委员会第403次会议，讨论了司法部等四机关《关于共同做好改造工作“向前延伸”的若干规定》（草稿）和关于一审判决刑期表述方式的问题；讨论了2件刑事案件。

同日 最高人民法院向全国地方各级人民法院、各级军事法院、各铁路运输中级法院和基层法院、各海事法院发出了《关于印发任建新院长在全国法院廉政建设工作会议上的讲话的通知》和《关于印发任建新院长讲话和全国高级法院院长座谈会纪要的通知》。

同日 最高人民法院向各省、自治区、直辖市高级人民法院，各中级人民法院，各大单位军事法院，各铁路运输中级法院，各海事法院发出了《关于着手做好1990年基层人民法院院长换届选举工作的几个问题的通知》。

18日 任建新院长、马原副院长与最高人民法院机关部分干部、职工进行了紧急对话，指出：我们是国家最高审判机关，作为法官要特别保持理智和冷静。明确宣布：对一些不明真相而准备上街游行的同志，要加以劝阻和制止。

23日 最高人民法院向全国地方各级人民法院、各级军事法院、各铁路运输中级法院和基层法院、各海事法院发出了《关于印发项华同志在全国法院纪检监察工作座谈会上的讲话的通知》。

24日 林准副院长主持召开了审判委员会第404次会议，讨论了关于对再审改判前因犯新罪被加刑的罪犯，再审时应如何确定执行的刑罚问题和关于财产犯罪的受害人，在赃物无法追回的情况下，能否提出民事诉讼的问题，讨论了1件刑事案件和2件民事案件。

25日 最高人民法院向全国地方各级人民法院、各级军事法院、各铁路运输法院和基层法院、各海事法院发出了《关于1988年法院涉枪事故情况的通报》。

26日 林准副院长及刑一庭负责同志，

听取了北京市高级人民法院院长刘云峰关于近期北京市发生的抢银行、抢汽车、殴打解放军、摩托车队扰乱社会秩序、污损天安门城楼毛主席画像等案件的情况通报。

27日　任建新院长主持召开了审判委员会第405次会议，讨论了《全国沿海地区涉外、涉港澳经济审判工作座谈会纪要（稿）》和关于对不足额保险引起货物运输合同赔偿纠纷如何适用法律的问题。

30日　最高人民法院就山东省高级人民法院的请示，作出了《关于经工商行政管理部门查处后人民法院对购销伪劣假冒商品合同纠纷是否受理的问题的复函》。

同日　最高人民法院就辽宁省高级人民法院的请示，作出了《关于保险货物发生损失引起运输合同赔偿纠纷如何适用法律问题的批复》。

6月

2日　任建新同志主持党组会，讨论《关于最高人民法院从地方法院选拔优秀审判人员的意见（稿）》，研究《关于建立法院系统监察机构的规定（稿）》，听取对《中华人民共和国法官法（征求意见稿）》修改情况的汇报。

3日　林准副院长主持召开了审判委员会第407次会议，讨论了最高人民法院、最高人民检察院《对具体执行〈关于惩治贪污罪、贿赂罪的补充规定〉中若干问题的解答（稿）》，讨论了1件刑事案件。

6日　林准、祝铭山副院长召集刑一庭负责同志，对北京市高级人民法院《情况反映》（第25、27期）反映的石景山区法院受理的易京瑶等三人驾汽车冲击首钢妄图煽动工人“罢工”的扰乱社会秩序一案进行了研究。

9日　任建新院长、项华同志看望了住在我院的解放军戒严部队某部全体官兵，对他们表示欢迎、感谢、支持和慰问。

同日　林准副院长主持召开了审判委员会第408次会议，讨论了2件刑事案件。

12日　最高人民法院向各省、自治区、直辖市高级人民法院发出《关于印发〈全国沿海地区涉外、涉港澳经济审判工作座谈会纪要〉的通知》。

13日　任建新院长同吴学谦副总理谈第十四届世界法律大会是否如期举行的问题。

14日　任建新院长主持召开机关全体党员、干部大会，传达邓小平同志在接见首都戒严部队军以上干部时的讲话和李鹏、姚依林同志在中央各部门负责人会议上的讲话，对机关如何深入学习邓小平同志讲话作了布置。

16日　林准副院长主持召开了审判委员会第409次会议，讨论了关于取保候审的被告人逃匿能否处理保证人的问题；关于经工商行政管理机关鉴证的合同造成重大经济损失，应追究工商行政管理机关直接责任人员责任的问题；关于一审判决宣告无罪的案件如何适用法律的问题；关于被告人给受害人的“赎罪定金”是否没收的问题；还讨论了1件刑事案件。

17日　马原副院长应芬兰最高行政法院院长安蒂·苏维朗达的邀请，离京赴赫尔辛基参加第三届国际高等行政法院会议。

20日　最高人民法院向各省、自治区、直辖市高级人民法院，解放军军事法院发出《关于及时依法审判进行反革命暴乱和制造社会动乱的反革命分子和严重刑事犯罪分子的通知》。

21日　林准副院长主持召开了审判委员会第410次会议，讨论了关于盗窃小口径枪支是否构成盗窃枪支罪的问题；公安部拟以最高人民法院、最高人民检察院、公安部联合下发的《关于当前处理扒窃的几点意见（稿）》；讨论了3件刑事案件。

22日　任建新院长主持召开第十四届世界法律大会中国组委会主席会。

26日　任建新院长主持召开最高人民法院机关全体党员、干部大会，传达邓小平同志讲话和党的十三届四中全会的精神，并对联系实际学习好邓小平同志讲话和四中全会的精神进行了部署。

29日　林准副院长主持召开了审判委员会第411次会议，讨论了最高人民法院、最高人民检察院《关于不再追诉去台人员在中华人民共和国成立后当地人民政权建立前的犯罪行为的公告（稿）》;《人民法院诉讼收费办法（稿）》，还讨论了2件刑事案件。

7月

3日　最高人民法院就北京市高级人民法院的请示，作出《关于取保候审的被告人逃匿如何追究保证人责任问题的批复》。

4日　最高人民法院向各省、自治区、直辖市高级人民法院发出《关于严厉打击破坏铁路交通犯罪活动的通知》。

同日　最高人民法院就贵州省高级人民法院的请示，作出《关于由省级人民政府确定单独编制城市规划的矿区行政管理部门有权对拆迁纠纷作出处理决定并可向人民法院申请强制执行的函》。

5日　林准副院长主持召开审判委员会第412次会议，讨论了《关于拐卖人口案件中婴儿、幼儿和儿童年龄界限如何划分问题的批复（稿）》和关于当事人虽表示上诉但未在法定期限内提交上诉状的，不作上诉案件受理的问题，还讨论了3件刑事案件。

7日　最高人民法院就福建省高级人民法院的请示，向各省、自治区、直辖市高级人民法院，解放军军事法院作出《关于拐卖人口案件中婴儿、幼儿、儿童年龄界限如何划分问题的批复》。

8日　林准副院长主持召开审判委员会第413次会议，讨论了3件刑事案件。

同日　任建新院长会见“通过法律维护世界和平中心”主席赖恩先生，并就延期召开第十四次世界法律大会问题进行了协商。

10日和12日　任建新院长主持党组会议，研究进一步指导各级法院认真贯彻执行中央有关文件精神，充分发挥审判机关的职能作用，把平息反革命暴乱和制止社会动乱的斗争坚决进行到底的问题。

11日　任建新院长、祝铭山副院长出席中国高级法官培训中心进修部第一期学员结业典礼。任建新院长在会上讲了话。

同日　最高人民法院、最高人民检察院、公安部、司法部、卫生部联合发出《关于精神疾病司法鉴定暂行规定》。

12日　林准副院长主持召开审判委员会第414次会议，讨论了《关于各级法院处理民事和经济案件申诉的暂行规定（稿）》和3件刑事案件。

同日　最高人民法院向各省、自治区、直辖市高级人民法院，各计划单列市中级人民法院发出《关于印发〈人民法院诉讼收费办法〉的通知》。

15日　任建新院长出席北京市法院系统制止动乱、平息暴乱先进事迹表彰会，并作了重要讲话。

同日　最高人民法院向各省、自治区、直辖市高级人民法院，各计划单列市中级人民法院发出《关于审判法庭建设问题的通知》。

18日　林准副院长出席全国人大法委召集最高人民法院、最高人民检察院、公安部有关同志和刑法专家参加的座谈会，讨论研究11位七届全国人大常委会委员提出的将贩毒案件死刑核准权下放到高级人民法院的议案。

20日　林准副院长主持召开审判委员会第415次会议，讨论了3件刑事案件。

21日　最高人民法院向全国地方各级人民法院、各级军事法院、各铁路运输中级法院和基层法院、各海事法院发出《关于印发〈最高人民法院关于各级人民法院处理民事和经济纠纷案件申诉的暂行规定〉的通知》。

同日　最高人民法院经济审判庭邀请全国人大法工委、国务院法制局、中国政法大学、国家体改委、国家工商行政管理局等单位，对《最高人民法院关于贯彻执行〈中华人民共和国企业破产法（试行）〉若干问题的意见（修改稿）》进行座谈讨论。马原副院长出席了会议，并讲了话。

22日　最高人民法院向全国地方各级法院、各级军事法院、各铁路运输中级法院和基层法院、各海事法院发出《关于转发国家档案局〈关于公检法部门办案调阅档案实行无偿服务的通知〉的通知》。

24日　最高人民法院就山西省高级人民法院的请示，作出《关于典当房屋被视为绝卖以后确认产权程序问题的批复》。

26日　林准副院长主持召开审判委员会第416次会议，讨论了关于在执行中双方当事人自愿和解，但义务人不履行和解协议或翻悔的，可否按原生效的法律文书执行的问题；关于法院审理劳动争议案件几个问题给劳动部的复函（稿）；关于审理经济纠纷案件中，作为被告方的法人单位已被撤销，应如何处理的问题；关于当事人虽表示上诉，但未在法定期限内提交上诉状，是否作为上诉案件受理的问题；关于经济纠纷案件复查期间执行的问题和1件刑事案件。

28日　任建新院长主持召开审判委员会第417次会议，讨论并原则通过了以最高人民法院和最高人民检察院名义联合下发的《关于办理反革命暴乱和政治动乱中犯罪案件具体应用法律的若干问题的意见（稿）》。

同日　最高人民法院、国家机构编制委员会给各省、自治区、直辖市高级人民法院、编制委员会联合发出《关于设立各级人民法院监察机构的通知》。

8月

2日　全国法院系统《行政诉讼法》培训班在山东省威海市开学。马原副院长在开学典礼上讲了话。各省、自治区、直辖市高级人民法院行政审判庭的负责同志参加了培训班。

5日　任建新院长主持召开审判委员会第418次会议，讨论了5件刑事案件。

8日　最高人民法院就广东省高级人民法院的请示作出《关于经济纠纷案件复查期间执行问题的批复》。

9日　林准副院长主持召开审判委员会第419次会议。讨论了最高人民法院、最高人民检察院《关于贪污、受贿、投机倒把等犯罪分子必须在限期内自首坦白的通告（稿）》和4件刑事案件。

10日　最高人民法院就劳动部《关于人民法院审理劳动争议案件几个问题的函》作出了答复。

12日　祝铭山副院长赴辽宁省丹东市参加八省处理刑事申诉上访老户工作会议。

13日　项华同志赴黑龙江省牡丹江市参加法院干部管理体制改革试点工作座谈会。

14日　最高人民法院办公厅向各省、自治区、直辖市高级人民法院，解放军军事法院发出《关于转发国家工商行政管理局〈关于立即停止对法院办案取证收费的函〉的通知》。

15日　最高人民法院、最高人民检察院联合发出《关于贪污、受贿、投机倒把等犯罪分子必须在限期内自首坦白的通告》。

同日　最高人民法院、最高人民检察院联合举行新闻发布会。林准副院长、冯锦汶副检察长向首都新闻界通报了《关于贪污、受贿、投机倒把等犯罪分子必须在限期内自首坦白的通告》的内容，提出了《通告》发布后如何搞好宣传的意见，并回答了记者提出的问题。

同日　最高人民法院向全国地方各级人民法院、各级军事法院、各铁路运输中级法院和基层法院、各海事法院发出《关于建立法院系统监察机构若干问题的暂行规定》。

同日 最高人民法院就贵州省高级人民法院的请示，作出《关于对民事诉讼法（试行）施行前已经申请执行而至今尚未执行的案件是否应予执行的复函》。

18日 华联奎副院长主持召开审判委员会第420次会议，讨论了2件刑事案件和1件经济纠纷案件。

21日 最高人民法院就江苏省高级人民法院的请示，向各省、自治区、直辖市高级人民法院作出《关于当事人虽表示上诉但未在法定期限内提交上诉状，是否作为上诉案件受理问题的批复》。

同日 最高人民法院就陕西省、河南省高级人民法院的请示，作出《关于法人型联营合同纠纷案管辖问题的复函》。

22日 最高人民法院、最高人民检察院向全国地方各级人民法院、人民检察院，各级军事法院、军事检察院，各铁路运输法院、铁路运输检察院，各海事法院发出《关于印发〈关于执行“通告”第二条有关规定的具体意见〉的通知》。

同日 最高人民法院就辽宁省高级人民法院的请示，作出《关于对一方当事人下落不明未满两年的离婚案件是否受理和公告送达问题的批复》。

同日 最高人民法院、最高人民检察院、公安部和邮电部联合召开“严厉打击破坏通信线路犯罪活动电话会议”。祝铭山副院长参加会议并讲了话。

23日 任建新院长会见并宴请尼日利亚高等法院大法官苏鲁蒂。

24日 华联奎副院长主持召开审判委员会第421次会议，讨论了3件刑事案件。

26日 最高人民法院向各省、自治区、直辖市高级人民法院发出《关于进一步贯彻执行最高人民法院、最高人民检察院“通告”的通知》。

26日至28日 中国高级法官培训中心和全国法院干部业余法律大学联合召开法院系统首届学术讨论会。祝铭山副院长主持会议并在开幕式上讲了话。会议期间，任建新院长、华联奎副院长出席会议，任院长作了重要讲话。

30日 最高人民法院向全国地方各级人民法院、各级军事法院、各铁路运输中级法院和基层法院、各海事法院发出《关于颁发人民法院工作人员荣誉证书和奖章的试行办法》。

同日 最高人民法院、最高人民检察院、公安部、司法部联合发出《关于依法加强对管制剥夺政治权利缓刑假释和暂予监外执行罪犯监督考察工作的通知》。

同日 最高人民法院、最高人民检察院和公安部联合召开贯彻两高“通告”新闻发布会。祝铭山副院长在会上讲了话。

31日 华联奎副院长主持召开审判委员会第422次会议，讨论了由公安部起草，拟以最高人民法院、最高人民检察院、公安部、司法部联合下发的《关于办理流窜犯罪案件若干问题的规定（稿）》和《关于对流窜作案人员实行劳动教养若干问题的规定(稿)》；还讨论了1件刑事案件。

9月

4日 华联奎副院长主持召开审判委员会第423次会议，讨论了2件刑事案件。

5日 任建新同志主持党组会议，讨论通过“关于加强最高人民法院机关廉政建设的几项规定”。

6日 任建新院长主持召开审判委员会第424次会议，讨论了《最高人民法院公报》第3期刊登的材料和1件刑事案件。

7日 最高人民法院、最高人民检察院发布《关于不再追诉去台人员在中华人民共和国成立后当地人民政权建立前的犯罪行为的公告》。

9日 任建新院长、林准、祝铭山、马原副院长出席教育厅、全国法院干部业余法律大学、中国高级法官培训中心共同为庆祝教师节举行的座谈会。任建新院长、祝铭山副院长就如何坚定正确的政治方向，努力发展法院系统的教育事业提出了希望和要求。

同日　最高人民法院、最高人民检察院联合召开《关于不再追诉去台人员在中华人民共和国成立后、当地人民政权建立前的犯罪行为的公告》的新闻发布会。祝铭山副院长主持会议并回答了记者提出的问题。

12日　最高人民法院民事审判庭召开《关于处理未登记而以夫妻名义同居生活纠纷的若干意见》和《关于准予离婚的若干具体规定》两个文稿的征求意见座谈会。马原副院长出席了会议，全国人大常委法工委、民政部婚姻司、国家计划生育委员会、全国妇联、中国社会科学院法学研究所、北京大学、中国人民大学、中国政法大学等单位的专家、学者参加了座谈会，提出了宝贵意见。

14日　华联奎副院长主持召开审判委员会第425次会议，讨论了《关于在经济纠纷案件执行过程中，当事人达成和解协议后，一方当事人不履行该协议或者翻悔的，可按原生效法律文书执行问题的批复（稿）》、《关于被判处有期徒刑的罪犯在服刑中又犯新罪并被判处有期徒刑的，判决的刑期应如何起算和折抵问题的批复（稿）》和2件刑事案件。

同日　最高人民法院、最高人民检察院联合发出《关于执行〈通告〉的若干问题的答复》，对各地人民法院、人民检察院在执行"两高"《关于贪污、受贿、投机倒把等犯罪分子必须在限期内自首坦白的通告》中提出的问题作出了解答。

15日　马原副院长会见了"联合国消除对妇女歧视委员会"前主席、圭亚那最高法院大法官伯纳德一行。

16日　最高人民法院就广东省高级人民法院的请示，向各省、自治区、直辖市高级人民法院作出《关于在经济纠纷案件执行过程中，当事人自愿达成和解协议后，一方当事人不履行或者翻悔，可按原生效法律文书执行的批复》。

18日　中国高级法官培训中心进修部开学典礼在北京举行。祝铭山副院长出席典礼并讲了话。

同日　最高人民法院和财政部联合向各省、自治区、直辖市高级人民法院、财政厅（局），各计划单列市中级人民法院、财政局发出《关于加强诉讼费用管理的暂行规定》。

19日　最高人民法院和最高人民检察院联合举行新闻发布会，林准副院长和张思卿副检察长向首都新闻界通报了全国各级人民法院和人民检察院贯彻"两高"《关于贪污、受贿、投机倒把等犯罪分子必须在限期内自首坦白的通告》一个月以来的情况和收到的效果。

21日　华联奎副院长主持召开了审判委员会第426次会议。讨论了最高人民法院和最高人民检察院《对具体执行〈关于惩治贪污罪贿赂罪的补充规定〉中若干问题的解答（稿）》和3件刑事案件。

26日　任建新院长、华联奎、林准、祝铭山、马原副院长出席全国法院模范命名授奖大会。任建新院长向被授予全国法院模范的何同甫等6名同志颁发了奖章和证书，并在大会上作了重要讲话。

29日　最高人民法院机关召开向在法院工作三十年以上的工作人员颁发荣誉证书、奖章大会。任建新院长、华联奎副院长出席会议并颁发荣誉证书和奖章。

10月

4日　任建新院长、华联奎、林准、祝铭山、马原副院长会见法院系统出席全国劳动模范、先进工作者表彰大会的10位全国先进工作者代表，并同他们进行了座谈，任建新院长着重就法院系统如何认真学习、领会、贯彻、执行江泽民总书记在庆祝中华人民共和国成立40周年大会上的讲话问题作了重要讲话。

5日　最高人民法院向各省、自治区、直辖市高级人民法院，解放军军事法院发出《关于认真学习坚决贯彻江泽民总书记讲话的通知》。

同日 最高人民法院向全国地方各级人民法院、各级军事法院、各铁路运输中级法院和基层法院、各海事法院发出《最高人民法院关于开展向荣获全国先进工作者称号的陈家祺等十位同志学习的通知》

6日 华联奎副院长主持召开了法院系统全国先进工作者事迹报告会。

同日 最高人民法院向各省、自治区、直辖市高级人民法院发出《关于抓紧审理检察机关起诉的自首坦白案件的紧急通知》。

7日至11日 最高人民法院在河北省涿州市召开了全国部分省、市法院刑事审判工作会议。林准副院长主持会议，任建新院长在会议结束时讲了话。

10日 最高人民法院就四川省高级人民法院的请示，作出了《关于对医疗事故争议案件人民法院应否受理的复函》

11日 华联奎副院长主持召开了审判委员会第427次会议，讨论了2件经济案件。

13日 任建新院长主持召开第十四次世界法律大会中国组委会主席办公会议，华联奎副院长参加了会议。

14日 任建新院长会见并宴请了日本国际贸易促进协会理事长森田尧丸。

同日 林准副院长主持召开了审判委员会第428次会议，讨论了2件刑事案件。

16日 最高人民法院、最高人民检察院、公安部、司法部联合召开新闻发布会。林准副院长通报了两个月来全国法院贯彻“两高”《关于贪污、受贿、投机倒把等犯罪分子必须在限期内自首坦白的通告》的情况，并宣布该《通告》规定的自首坦白限期至10月31日为止，不再延长。

18日 华联奎副院长主持召开了审判委员会第429次会议。讨论了对集会游行示威法（草案）的修改意见和最高人民法院、最高人民检察院《对具体执行〈关于惩治贪污罪贿赂罪的补充规定〉中若干问题的解答（稿）》，还讨论了2件刑事案件。

19日至21日 祝铭山副院长在天津召集京、津、沪三市高级人民法院分管告诉申诉工作的负责同志，共同研究当前告诉申诉工作的特点及制定相应的工作对策。

21日 华联奎副院长主持召开了审判委员会第430次会议。讨论了关于有期徒刑缓刑期满三年内又犯应处有期徒刑以上刑罚之罪是否构成累犯的问题和关于重婚罪自诉人为寻找妻子、儿女的花费可否附带民事诉讼的问题，还讨论了3件刑事案件。

23日 任建新院长会见并宴请美国纳尔逊法官一行。

24日 最高人民法院和国家保密局联合向全国地方各级人民法院、各级军事法院、各铁路运输中级法院和基层法院、各海事法院，各级保密局发出《人民法院工作中国家秘密及其密级具体范围的规定》。

25日 任建新院长在七届全国人大常委会第十次会议上作《关于人民法院贯彻执行两院“通告”的情况报告》。

27日 华联奎副院长主持召开了审判委员会第431次会议，讨论了《对各地清查工作中提出的一些政策法律问题的意见（稿）》和1件刑事案件。

30日至11月3日 最高人民法院、国家版权局和联合国世界知识产权组织联合举办“地区版权审判培训班”。任建新院长出席培训班开幕式并讲了话，马原副院长出席培训班闭幕式并讲了话。

11月

2日 华联奎副院长主持召开了审判委员会第432次会议，讨论了4件刑事案件。

4日 最高人民法院向各省、自治区、直辖市高级人民法院发出《关于人民法院大力支持税收征管工作的通知》。

同日 最高人民法院就广东省高级人民

法院的请示，向各省、自治区、直辖市高级人民法院作出《关于一审判决宣告无罪的公诉案件如何适用法律问题的批复》。

4日至6日　最高人民法院民庭召开了民事审判工作座谈会。会议讨论了《关于审理债务纠纷若干意见（稿）》《关于审理名誉权纠纷若干意见（稿）》《关于举证责任若干意见（稿）》。任建新院长、华联奎、林准、祝铭山、马原副院长接见了出席会议的全体同志并合影留念。

6日　最高人民法院和最高人民检察院联合向全国地方各级人民法院、人民检察院，各级军事法院、军事检察院，各铁路运输法院、铁路运输检察院，各海事法院发出《关于执行〈关于惩治贪污罪贿赂罪的补充规定〉若干问题的解答》。

8日　华联奎副院长主持召开了审判委员会第433次会议，讨论了4件刑事案件和有关政治动乱和反革命暴乱中犯罪的案例。

9日　华联奎副院长主持召开了审判委员会第434次会议，讨论2件刑事案件和甘肃地区处理毒品案犯的量刑标准。

10日　最高人民法院、最高人民检察院、监察部联合举行新闻发布会，林准副院长向首都新闻界介绍人民法院贯彻两高“通告”的情况以及下一步如何开展惩治腐败、打击严重经济犯罪斗争的打算。

11日　最高人民法院和最高人民检察院联合向各省、自治区、直辖市高级人民法院、人民检察院发出《对各地处理政治动乱和反革命暴乱案件中提出的一些政策法律问题的意见》。

13日　林准副院长出席国务院召开的部署在全国范围内开展扫除卖淫嫖娼、制作贩卖传播淫秽物品、拐卖妇女儿童、私种吸食贩运毒品、聚众赌博和利用封建迷信骗财害人等“六害”统一行动的电话会议，并在会上讲了话。

同日　最高人民法院向各省、自治区、直辖市高级人民法院、解放军军事法院发出《关于配合公安机关开展除“六害”工作的通知》。

15日至19日　最高人民法院刑二庭召开了刑事再审案件开庭审理程序座谈会，十二个高级人民法院刑二庭负责同志参加了会议。祝铭山副院长出席会议并讲了话。

18日　最高人民法院向各省、自治区、直辖市高级人民法院发出《关于继续抓紧严惩严重经济犯罪分子的通知》。

21日　华联奎副院长主持召开了审判委员会第435次会议，讨论了《关于判决离婚的若干具体规定（稿）》《关于处理未办结婚登记而以夫妻名义同居生活的纠纷的若干意见（稿）》和2件刑事案件。

22日　任建新院长会见并宴请了出席保护和促进儿童权利国际讨论会的联合国儿童基金会的官员、有关国际组织及世界十多个国家和地区的代表。马原副院长参加了会见和宴请。

25日至12月4日　任建新院长应菲律宾最高法院首席大法官费尔南邀请，前往马尼拉参加亚太地区第三届首席大法官会议。会议期间，任建新院长以“中华人民共和国有关提高审判效率的立法和实践”为题作了发言，受到与会代表的热烈欢迎和普遍重视。

27日　华联奎副院长会见并宴请了秘鲁利马高等法院法官贝尔加拉和穆纳斯及其随行人员。

28日　华联奎副院长主持召开了审判委员会第436次会议，讨论了《关于第三人能否对管辖权提出异议问题的批复（稿）》《关于确认和处理无效经济合同采用何种法律文书形式的问题的批复（稿）》和刑事、民事案件各1件。

12月

2日　华联奎副院长主持召开了审判委员会第437次会议，讨论并确定最高人民法院公报总第20期刊登的文件及案例。

5日 华联奎副院长主持召开了审判委员会第438次会议，讨论了《关于倒卖粮票案件可否以投机倒把处理的问题》和有关政治动乱、反革命暴乱中犯罪的案例及2件刑事案件。

10日至15日 全国法院经济审判工作会议在郑州市召开。华联奎副院长出席会议并讲了话。

12日 林准副院长主持召开了审判委员会第439次会议，讨论了《关于应否对刑事案件被告人进行病理性醉酒鉴定问题的答复（稿）》和5件刑事案件。

13日 最高人民法院向各省、自治区、直辖市高级人民法院发出《关于人民法院审理离婚案件如何认定夫妻感情确已破裂的若干具体意见》、《关于人民法院审理未办结婚登记而以夫妻名义同居生活案件的若干意见》。

16日 林准副院长主持召开了审判委员会第440次会议，讨论了3件刑事案件。

19日 任建新院长，华联奎、林准、祝铭山、马原副院长会见在中央党校学习的法院系统学员，并听取了他们对第十五次全国法院工作会议报告（稿）的意见。

20日 林准副院长主持召开了审判委员会第441次会议，讨论了7件刑事案件。

21日 最高人民法院召开人体重伤、轻伤鉴定标准研讨会。林准副院长出席了开幕式。

23日 最高人民法院向各省、自治区、直辖市高级人民法院，各海事法院发出了《关于进一步贯彻执行海事法院收案范围的通知》。

25日 任建新院长、华联奎、林准、祝铭山、马原副院长出席《最高人民法院公报》编辑部为庆祝《公报》创刊5周年举行的座谈会（《公报》创刊日为1985年1月5日）。

26日 任建新院长、华联奎副院长出席第十四届世界法律大会专题研讨会。

27日 任建新院长、林准副院长分别主持召开了审判委员会第442次会议，讨论了《关于人民法庭工作的规定（稿）》、《关于地方性法规与国家法律相抵触如何执行问题的批复（稿）》和1件刑事案件。

30日 任建新院长主持第十四届世界法律大会中方组委会秘书长会议。华联奎副院长出席了会议。

高级人民法院

北京市高级人民法院

1月26日 北京市中级人民法院在大法庭召开打击经济犯罪专场宣判会，纪树翰院长宣布了3案14名罪犯的犯罪事实和判决结果。贪污17万余元的大贪污犯朱建国（原海龙贸易商行经理）报经最高人民法院核准死刑；与海关工作人员内外勾结的走私集团主犯阎建国（停薪留职人员）、康铁城（原北京海关业务一处干部）分别被判处死刑和死缓；利用签订经济合同诈骗公共财物的诈骗犯李雪缘（原信达技术开发中心总经理）被判处有期徒刑七年。300多名群众参加了旁听。首都十几家新闻单位的记者对这次宣判会作了采访和报道。

2月20日 全国人民代表暨北京市人大代表王叔文、黄自强、徐光等10人，来院视察行政审判工作，并旁听了中级人民法院开庭审理北京市城市规划管理局不服门头沟区人民法院一审判决的一起行政争议上诉案。高级人民法院院长刘云峰、副院长孙常立，中级人民法院院长纪树翰、副院长王永源等出面接待，并向代表汇报了有关工作。

3月16日　市高级人民法院在市院大法庭召开全市各级法院院长会议。市高级人民法院院长刘云峰发表了题为《抓好思想，抓好落实，完成好1989年的工作任务》的重要讲话。他通过对政治形势的分析，要求全市各级法院领导干部提高认识，维护四项基本原则，坚定正确的政治方向，稳坐泰山，做好审判工作。

3月22日　高级人民法院副院长唐占蕴接受记者采访，发表关于审理魏京生反革命案的谈话。香港《大公报》于1989年3月18日以"知情人谈魏京生"为题予以发表。新华社主办的《参考消息》于同月21日、22日分期转载，以事实和法律驳斥了国内外反动势力借魏案对我党和社会主义制度进行的恶毒攻击。

4月21日　中级人民法院在大法庭召开宣判大会，宣布对武克强、王有知的一审判处结果。犯有贪污、受贿、行贿、重婚罪的原北京市皮件三厂副厂长武克强被判处死刑，剥夺政治权利终身（报经最高人民法院核准于9月11日执行枪决）；犯有受贿罪的原北京市皮件三厂党总支书记、厂长王有知被判处无期徒刑，剥夺政治权利终身。此消息见报后，在群众中引起强烈反响。最高人民法院前任院长郑天翔为此给刘云峰、纪树翰两院长写信称赞："在此案中，你们依法办事，准确地量刑，实属可嘉可贺。"

5月24日　石景山区人民法院受理易京瑶、汤名陆等人驾汽车冲击首钢妄图煽动工人"罢工"的扰乱社会秩序案。这是我市各级法院受理的第一起动乱中的犯罪案件。

6月1日　上午8时，30余名大学生举着"拥抱你，勇士!""反对秋后算帐"等横幅、标语牌，乘车到石景山区人民法院门口，要求旁听易京瑶等人扰乱社会秩序案的开庭审理，欲寻衅滋事。此案当天并未开庭，法院干警与学生进行了有理有节的对话，最终使学生离去，未酿成事端。

6月4日　虽是公休日，因发生了反革命暴乱，刘云峰、唐占蕴、傅志人等院领导步行或骑车赶至法院机关值班，不少干警亦赶到法院参加保卫机关的工作。

下午，傅志人副院长向值班院长传达市委政法委副书记朱一农传达的反革命暴乱被平息经过。

6月5日　传达市领导6月4日凌晨的讲话，后召开高、中级法院庭、处、室负责人会议，传达、学习市委关于反革命暴乱情况的通报。高、中级法院相当一部分干警职工克服种种困难，坚持上班，忠于职守。

6月6日至8日　院长全员值班，60多人的护院队协同武警、法警、保卫科人员坚守岗位，以防不测。

6月9日　传达市委扩大会议精神，要求全院干警职工恢复正常工作秩序，按时上班，院长全员值班改为2人值班。

6月10日　下午，召开全院干警职工大会，刘云峰院长讲话，通报平息反革命暴乱前后全市法院系统的情况，要求全体人员6月12日上班到岗。自今日起，高、中级法院的工作秩序已恢复正常。

同日　根据高级人民法院院长签发的执行死刑命令，中级人民法院上午将抢劫银行的金文成、张晶、李龙押赴刑场，执行枪决。这是平息反革命暴乱取得决定性胜利后第一次执行死刑。

6月12日　高、中级法院抽调得力的审判人员分别组成8个合议庭，由高级人民法院副院长唐占蕴、中级人民法院副院长杨庭椿带队分审级审理反革命暴乱案件。

6月22日　上午，林昭荣等7名在反革命暴乱中犯有打、砸、抢、烧的严重刑事犯罪分子被押赴刑场执行枪决。这是高、中级法院审理的第一批反革命暴乱案件，做到了依法严、快、准地进行审理。

7月15日　北京市法院系统制止动乱、平息暴乱先进事迹表彰大会上午在大法庭隆重召开。全市各级法院院长及干警代表600余人参加了大会。最高人民法院院长任建新，北京市人大常委会副主任黎光，北京市委政法委副书记、副市长苏仲祥等领导同志出席了大会。高级人民法院院长刘云峰作了题为《充分发挥审判机关的职能作用，为彻底平息反革命暴乱作贡献》的报告。任建新院长发表了重要讲话，苏仲祥副市长代表市委、市政府向大会表示祝贺。在这次表彰大会上宣布：6个单位荣立集体三等功，1人荣立二等功；25人荣立三等功；12个集体、109人受到表扬。

9月11日　中级人民法院院长纪树翰在全市打击经济犯罪宽严政策兑现大会上宣布一审判处结果：贪污39万余元的原中国科学院微电子中心器材处采购员沈晓平因贪污数额巨大，依法被判处死刑，剥夺政治权利终身；与沈犯合谋贪污15.3万元、挪用公款9万元的原北京市西城区银燕服务公司摄影器材部经理李玉才被依法判处无期徒刑，剥夺政治权利终身；原银燕服务公司摄影器材部副经理王子龙贪污4900元，被依法判处有期徒刑四年。

9月11日　北京市委、市政府在月坛体育馆召开首次北京市打击经济犯罪宽严政策兑现大会。大会由高级人民法院院长刘云峰主持。中级人民法院院长纪树翰宣布了对武克强、沈晓平、翟义、王怀颖等4案6犯的判决；市检察院分院检察长曾岫萍宣布了对在《通告》发布后主动到检察机关投案自首或坦白交代罪行的李淮芸、张燕仙、刘利3名经济犯罪分子从宽处理，免予起诉的决定。会后将武克强押赴刑场，执行枪决。中共中央政治局委员、北京市委书记李锡铭在大会上作了重要讲话。他要求各级领导干部要以身作则，宣传和执行党的政策和国家法律，落实"两高"《通告》；有问题的要坦白交代，争取主动；号召全市人民，共同努力，推动反对腐败、打击经济犯罪斗争深入进行，夺取彻底胜利。最高人民法院副院长林准，最高人民检察院副检察长冯锦汶，公安部副部长胡之光及中直机关、国家机关、市委、市人大、市政府、市政协的领导同志出席了大会。首都各界群众代表2400多人参加大会。

9月20日　上午，西城区人民法院对造成3人死亡、1人重伤的重大交通肇事案开庭审理，罪犯陈福玉被判处有期徒刑7年。各界群众200多人旁听了审理此案的全过程。极少数坏人曾造谣将这起重大交通肇事案说成是戒严部队的开道车故意轧死大学生，以煽动群众对党和政府的不满，为煽动反革命暴乱制造借口。此案的公开审理，使群众了解了事实真相，彻底戳穿了造谣者的谎言。

9月26日　全国法院模范命名授奖大会在本院大法庭隆重举行。北京市门头沟区人民法院院长晁秉荣被授予全国法院模范称号。此前，经全国劳动模范和先进工作者表彰大会筹备委员会批准，晁秉荣同志已于9月15日被授予全国先进工作者称号。大会由最高人民法院副院长华联奎主持。林准副院长宣读了最高人民法院关于授予晁秉荣等6名同志全国法院模范称号的决定；最高人民法院院长任建新向晁秉荣等6名同志颁发证书和奖章，并发表了重要讲话，他说："在制止动乱、平息反革命暴乱取得决定性胜利以后，在国庆四十周年前夕，全国劳动模范和先进工作者表彰大会即将召开之际，我们举行这次大会，意义更加重大"，他号召"全体法院干警应该以他们为榜样，努力学习他们的优秀品德和高尚情操，把法院队伍的政治、业务素质提高到一个新的高度。"高、中级法院的领导刘云峰、孙常立、纪树翰以及最高人民法院和市法院系统的干警代表400多人参加了大会。

10月6日　法院系统全国先进工作者先进事迹报告会，上午在本院大法庭举行。最高人民法院党组副书记、副院长华联奎，北京市高、中级法院党组副书记、高级人民法院副院长孙常立陪同晁秉荣等10位全国法院模范在主席台前就座。大会由华联奎主持。吉林省黎树县人民法院院长陈家祺，广西壮族自治区百色地区中级人民法院副院长马灿芳，山东省新泰市人民法院院长李万田，福建省顺昌县大厉人民法庭庭长欧金淡分别介绍了各自的先进事迹。最高人民法院、北京市高、中级法院及区、县法院的干警代表400余人倾听了他们动人的报告。

10月17日　北京市打击经济犯罪第二次宽严政策兑现大会，上午在北京展览馆剧场举行。最高人民法院副院长林准，最高人民检察院副检察长梁国庆，公安部副部长俞雷，国家机关、中直机关、北京市委、市人大、市政府、市政协的领导及市公、检、法、工商等单位的负责人出席了大会。首都各界群众2000多人参加大会。大会由高级人民法院院长刘云峰主持。这次大会，突出惩治"官倒"，打击投机倒把犯罪活动。北京市工商行政管理局副局长郭振钢对4起倒卖重要生产资料的投机倒把案件宣布了行政处理决定；北京市公安局副局长何瑛对5名投机倒把犯罪分子宣布逮捕；北京市人民检察院分院检察长曾岫萍对2名投机倒把犯、1名受贿犯宣布免予起诉；北京市中级人民法院院长纪树翰对犯有诬告陷害、盗窃、泄露国家重要机密、投机倒把罪的蔡巨虹宣布判处其有期徒刑二十年，剥夺政治权利五年。市委常委、常务副市长张健民作了重要讲话。

10月26日　北京市打击经济犯罪第三次宽严政策兑现大会今日上午在北京展览馆剧场举行。会上，宣布对犯有贪污、受贿罪的5名局级干部从严处理，予以逮捕的决定；对特大走私犯阎建国宣布执行死刑；对2名罪犯从宽处理，免予起诉。这次大会宽严分明，社会反响很大，推动了全市贯彻"两高"《通告》、深入打击经济犯罪工作的开展。最高人民法院副院长林准，最高人民检察院副检察长冯锦汶，公安部、中直机关、国家机关、市委、市政府、市人大、市政协及市公、检、法等单位的领导出席大会，首都各界群众2000余人参加大会。大会由高级人民法院院长刘云峰主持。市委常委、市纪委书记孟志元讲了话。

10月31日　最高人民法院、最高人民检察院联合发出《关于贪污、受贿、投机倒把等犯罪分子必须在限期内自首坦白的通告》的从宽期限今日到期。在《通告》规定的两个半月里，全市有907名经济犯罪分子投案自首，其中，局级干部1人、处级干部24人，党员239人。全市及各区、县召开宽严政策兑现大会24场，宣布了对56案87人的处理结果，其中，从重判处61人，从轻处理26人。这56案中，贪污35件61人；受贿12件14人；诈骗6件7人；盗窃1件3人；走私、诬陷各1件1人。从犯罪数额上看，万元以上者43人，其中，10万元以上者9人。从量刑上看，判处死刑的4人，无期徒刑的3人，有期徒刑的75人（其中缓刑的15人），免予刑事处分的5人。

12月11日至13日　全市法院审理未成年人刑事案件经验交流会在怀柔县北京市法官培训中心召开。市高、中级法院领导孙常立、纪树翰、傅志人及有关庭、室负责人、铁路中院刑庭负责人、各基层法院主管少年庭审判工作的院长或庭长和少年合议庭的审判人员参加了会议，最高人民法院，市人大常委会、未成年人保护委员会、妇联、团市委，市公安局、检察院、司法局、劳改局的有关同志应邀出席了会议。会议由高级人民法院副院长唐占蕴主持，刘云峰院长在会议结束时作了重要讲话。

12月14日至16日　全市法院审理经济犯罪和动乱、暴乱案件总结汇报会在怀柔县北京市法官培训中心召开。高、中级法院正、副院长，北京铁路运输中级法院、各区、县法院和铁路运输基层法院院长、刑庭庭长及高、中级法院有关庭、室的负责人60余人参加了会议。最高人民法院刑一庭亦派员出席了总结汇报会。会议由高级人民法院副院长唐占蕴主持，高级人民法院院长刘云峰作了总结讲话。

天津市高级人民法院

3月14日　中级人民法院在本院大法庭公开审理李祺祖、刘振芳受贿、投机倒把案。李祺祖曾任天津市自行车二厂厂长，全国人大代表，被授予全国劳动模范，七次劳模称号，全国“五一”劳动奖章。开庭时，能容纳640余人的大法庭座无虚席，站立者上百人。

6月20日至22日　市高级人民法院召开第二次未成年人案件合议庭工作会议。市各级人民法院院长，刑庭庭长、少年庭审判员60余人参加。最高人民法院派员出席。市高级法院院长王永臣对少年犯适用刑罚问题作了讲话。中院刑二庭、武清县、河北区、河西区法院的少年庭分别介绍了经验。

10月16日　天津市高级人民法院在经济技术开发区召开新闻发布会，宣布天津市中级人民法院经济技术开发区经济审判庭正式成立。

10月21日至23日　天津市人民法院工作会议在蓟县召开。全市人民法庭庭长或负责人，各区县法院院长或副院长和民庭庭长等180余人参加了会议。最高人民法院副院长马原，市委常委、市委政法委书记鲁学政、市人大副主任李原及市人大政法委、司法局领导等应邀出席了会议。

11月17日至19日　天津市法院系统经济审判工作经验交流会在市法院召开。

11月29日至30日　天津市高级人民法院召开关于审理盗窃案件研讨会。我市各级人民法院刑庭庭长和高级人民法院有关部门负责同志共28人参加。

河北省高级人民法院

1月24日　省法院向各中级人民法院发出《关于进一步加强和改进调研工作的通知》。通知中称：近几年来，我省法院系统的调研工作不断得到改进和加强，为指导审判改善执法活动，作出了有益的探索和尝试，但也存在一些问题，为使调研工作更加适应新的形势需要，提出几点意见：①转变调研室的职能，围绕法院的中心工作当好参谋助手，抓住事关全局的、带有倾向性、指导性或审判实践中亟待解决的问题进行调查研究。②全省法院的调查研究，要围绕着为治理、整顿和深化改革服务，努力搞出一批有价值的成果来。③建立目标岗位责任制，今年省法院要最少完成3个调研题目，每个中院至少要完成2个调研题目，每个干部要完成1份较好的调查报告，有条件的基层法院也可以完成一个调研题目。④加强对调研工作的领导。

3月11日　省法院发出《关于严厉打击破坏电力设备罪犯的通知》通知，对破坏电力设备的犯罪案件，要到发案地进行公开审理，公开宣判，就案讲法，震慑犯罪，教育群众，扩大办案的社会效果。

3月22日至25日　省法院召开各中级

法院院长会议。会上传达学习了全国、全省政法工作会议精神。李永进院长讲了贯彻全国、全省政法工作会议精神的意见。讨论通过了省法院向河北省“人大”的工作报告。

4月5日　河北省高级人民法院、中国人民银行河北省分行发出《关于依法收贷的联合通知》。通知要求各级人民法院：①采取积极措施最大限度地收回现有到期、逾期贷款及搞活呆滞贷款；②人民法院要主动为银行依法收贷提供法律服务；③要严肃执法，密切配合。

4月14日至16日　河北省法院系统庆功表彰大会在石家庄召开，省院李永进院长、省委书记吕传赞到会并讲了话，各中级、基层法院的代表在会上交流了经验，最高人民法院向大会发来了贺信。

4月22日　河北省高级人民法院院长李永进在河北省第七届人民代表大会上做《河北省高级人民法院工作报告》。报告中称：过去的一年，我省各级人民法院，充分发挥审判职能，全面开展审判工作，严厉打击刑事犯罪和经济犯罪，积极参加社会治安的综合治理，各项工作都取得很大成绩。

5月10日至12日　召开全省法院减刑、假释工作座谈会，参加会议的有各地、市中级法院主管庭庭长、省检察院监所检察处、司法厅劳改局、省公安厅预审处应邀派员参加了会议。会议主要是贯彻全国法院减刑、假释工作座谈会精神，回顾我省法院减刑、假释工作情况，肯定成绩，找出问题。

6月12日至16日　河北省法院院长会议在石家庄召开。出席会议的有省、地、市、县（区）人民法院院长和中院纪检组长，省院各庭、处、室负责人，石家庄铁路运输法院院长共230人。在会上李永进院长传达了邓小平同志6月9日接见首都戒严部队军以上干部时所作的重要讲话，与会同志致电省委和最高法院，表示坚决拥挤中央平息反革命暴乱的重大决策。李院长还传达了最高法院任建新院长在全国法院廉政建设工作会上的讲话，几个基层法院介绍了加强廉政建设的经验。会上还传达贯彻了全国刑事审判工作座谈会精神。

7月5日　河北省公安厅、检察院、法院联合发出《关于严厉打击拐卖人口犯罪活动的通知》。通知要求提高对拐卖人口犯罪严重性、危害性的认识，对以营利为目的，用欺骗、利诱等手段，拐卖妇女、儿童的犯罪行为要坚决打击，并要坚持实事求是，依法办案，注重一个“准”字。

7月8日　为了贯彻落实中共中央〔1988〕5号文件要求，保持法院机关廉洁，根据最高法院发布的“八不准”，结合本院实际，制定了《河北省高级人民法院干警十项守则》。

7月24日　省法院向省人大代表、省政协委员发出《征求意见书》1576份，希望他们对全省各级法院实行有效的监督，特别希望对省法院廉政建设方面的问题多提出批评、意见和建议，以帮助法院改进工作，提高严肃执法水平。

8月3日　省法院举行新闻发布会，会上韩根福副院长宣布，为了增强法院工作的公开性和透明度，取得广大群众和社会舆论对法院的了解、监督和支持，省法院决定建立新闻发言人制度，确定刘金刚同志为省法院新闻发言人。今后，将不定期举行新闻发布会，发布的主要内容是：全省法院审判工作情况；省法院做出的重大决定和政策措施，重大典型案件的审判情况等等。省委宣传部、省人大、新闻界17名编辑、记者出席了新闻发布会。

8月25日　省法院给“省编制委员会”的函中称：根据最高人民法院、国家机构编制委员会关于“各高、中级人民法院设监察室”的要求，决定设立河北省高级人民法院监察室。

9月14日至29日　省法院举办“行政诉讼法”培训班，培训对象为地、市、县（区）人民法院行政审判庭庭长或副庭长，未建行政审判庭的基层人民法院选派一名拟负责此项工作的同志参加了培训。

9月15日　省法院向各地、市、县(区)人民法院印发《关于审理刑事自诉案件的若干意见(试行)》的通知。

10月21日　为贯彻执行最高人民法院、最高人民检察院《关于贪污、受贿、投机倒把等犯罪分子必须在限期内自首坦白的通知》,省法院、省检察院在石家庄市第一工人文化宫礼堂召开处理贪污、受贿案大会。出席大会的有省委、省人大、省政府、省政协、省纪委、省法院、省检察院和石家庄地区、市委的领导吕传赞、郭志、白石、李海峰、宋叔华、徐纯性、黄岚、李永进、刘宗欣、王满秋等,省会干部群众代表2000多人参加大会,大会由河北省高级法院院长李永进主持,吕传赞书记讲了话,会上对六起重大贪污、受贿案件宣布了处理结果。

11月21日至23日　全省各中级人民法院司法行政工作座谈会在石家庄召开。出席会的有各中院主管司法行政工作的院长,办公室主任或司法行政科长。最高法院派员到会指导。李永进院长到会做了重要讲话,会议听取了部分中院工作汇报,研究今后改善和加强司法行政工作的意见。

山西省高级人民法院

1月中旬　省高级人民法院集中力量,组织审判人员分赴全省9个地、市的20多个县、区巡回办案,调查核实二审复核案件。

1月25日　省高级人民法院邀请司法厅律师处和省城6个律师事务所的9名律师进行座谈,听取对法院工作的意见和建议。省法院院长赵耀仁参加了座谈。

1月26日至28日　省高级人民法院和省农业银行在太原联合召开了依法收贷经验交流会。会议对依法收贷成绩显著的4个中级法院和27个基层法院进行了表彰。

1月30日　省高级人民法院举行首次新闻发布会。新华社、中央人民广播电台、法制日报驻晋记者站和山西日报、山西人民广播电台、电视台、人民代表报等新闻单位的记者参加了新闻发布会。省高级人民法院赵耀仁院长宣布省高级人民法院正式建立新闻发言人制度。

3月10日至11日　运城地区中级人民法院组织召开了由全区两级法院院、庭(室)负责同志近300人参加的全区法院系统清正廉洁讨论大会。

3月21日　省高级人民法院向全省法院发出了《关于加强全省法院宣传工作的意见》。

3月28日至31日　省高级人民法院同省司法厅劳改局在榆次市联合召开了全省减刑、假释工作座谈会。

4月11日　省高级人民法院举行第二次新闻发布会,省城12家新闻单位的记者参加了会议。省高级法院李玉臻副院长宣布:4月11日上午,我省大同、阳泉、晋城市和忻州、吕梁地区5个中级法院分别在9个市、县召开万人宣判大会,公开宣判一批严重刑事犯罪分子,并对其中罪大恶极的死刑罪犯执行了枪决。

4月17日　省高级人民法院副院长李玉臻列席山西省第七届人民代表大会第二次会议,并向大会作了《山西省高级人民法院工作报告》。

4月18日　省高级人民法院组织各庭、处、室负责同志到省七届人大二次会议各代表团听取对法院工作报告的意见和建议。

5月19日　省高级人民法院在太原市

中级人民法院召开了刑事二审案件开庭审判观摩会。各地（市）中级法院刑一庭庭长、省法院领导及有关庭、处、室部分同志参加了会议。

5月23日至25日　省高级人民法院在太原召开了由各地（市）中级法院院长、告申庭庭长、省法院各庭、处、室负责同志参加的告诉申诉工作座谈会。省法院副院长李玉臻、任峰、王世荣出席了会议。

6月20日　省高级人民法院发出了《关于及时依法审判进行反革命暴乱和制造社会动乱的反革命分子和严重刑事犯罪分子的通知》。

6月26日至29日　省高级人民法院在太原召开了全省法院廉政建设会议和中级法院院长会议。会议传达贯彻了全国法院廉政建设工作会议和全国高级人民法院院长座谈会精神，研究制定了进一步加强法院廉政建设和搞好刑事审判工作特别是及时依法审判在我省制造动乱的反革命分子和严重刑事犯罪分子的措施。最高人民法院派员以及山西省委、省人大领导王茂林、张邦应、张健民、刘砚青出席了会议。

7月31日　省高级人民法院发出《关于在全省各级法院进行执法执纪大检查的通知》，决定从8月至10月底，在全省各级法院进行一次执法执纪情况检查。

8月4日　省高级人民法院召开机关全体干警大会，动员和部署清查清理工作。

8月16日　省高级人民法院召开党组会议，研究安排贯彻落实最高人民法院、最高人民检察院联合发布的《关于贪污、受贿、投机倒把等犯罪分子必须在限期内自首坦白的通告》事宜，并向全省法院发出了《关于认真贯彻执行最高人民法院、最高人民检察院“8·15”通告的通知》。

8月21日　省高级人民法院制定出加强廉政建设八项措施。

8月23日　省高级人民法院院长赵耀仁就全省法院系统贯彻落实“8·15”《通告》精神在山西电视台发表电视讲话。

8月27日至29日　省人大法工委在组织55名省人大代表对晋中地区两级法院1988年以来的刑事审判工作和廉政建设的情况进行检查的基础上，召开了“省人大代表评议晋中中院工作会议”。

9月8日　省高级人民法院、省人民检察院、省公安厅联合召开贯彻“8·15”《通告》新闻发布会。省城11家主要新闻单位的记者参加了会议。省法院副院长李玉臻、省检察院副检察长雷铣、省公安厅副厅长梁艾如分别通报了1989年1月至7月开展打击经济犯罪活动和贯彻落实《通告》工作等有关情况。

10月5日至17日　省高级人民法院在太原市举办了全省法院系统《行政诉讼法》第一期培训班。全省7个地（市）两级法院的分管副院长、行政庭庭长、副庭长和告申庭庭长、副庭长共90余人参加了培训。

10月16日至19日　省高级人民法院在太原召开了全省中级法院院长会议，重点研究部署了抓好对动乱和暴乱中反革命犯罪和其他刑事犯罪案件的审理；进一步贯彻落实“两高”《通告》，打击经济犯罪活动；搞好全省法院执法检查工作。省人大副主任、省委政法委书记张健民，省法院院长赵耀仁，副院长李玉臻、任峰、王世荣出席了会议。

10月28日至31日　省高级人民法院在原平县召开了民事审判方式改革试点会议。全省各中级法院主管民事的副院长、民庭庭长和试点法院人民法庭的负责同志参加了会议。省法院王世荣副院长出席会议并讲了话。会议讨论通过了山西省高级人民法院《关于改进民事审判方式的意见》。

11月10日　省高级人民法院、省人民检察院、省公安厅、省司法厅联合召开新闻发布会。省法院院长赵耀仁、省检察院检察长户耀光、省公安厅厅长李俊虎、省司法厅厅长王希文分别通报了贯彻落实“两高”《通告》的情况和下一步引深全省打击贪污、受贿、投机倒把等经济犯罪斗争需要抓好的几件事。

11月下旬 在最高法院召开的全国法院系统声像作品观摩评比会上，山西省高级人民法院摄制的电视专题片《夕阳红似火》获三等奖。

11月21日至23日 省高级人民法院、省计委、省财政厅在高平县联合召开了人民法院“两庭”建设工作会议。会议总结交流了前段“两庭”建设的情况和经验，安排部署了下一步“两庭”建设任务。会议还表彰奖励了7个重视、支持法院“两庭”建设的先进单位和“两庭”建设成绩显著的2个中级法院、10个基层法院。

11月29日至30日 临汾地区中级人民法院在吉县召开全区思想政治工作经验交流会。省高级人民法院李玉臻副院长出席会议并讲了话。

12月14日 省法院首次举行向在法院工作满30年的老同志颁发由最高人民法院制作的荣誉证书的仪式。省委政法委书记张健民、副书记周文，省法院院长赵耀仁，副院长李玉臻、任峰、王世荣等领导出席了仪式。

内蒙古自治区高级人民法院

1月20日 自治区高院在巴盟临河市召开追记赵玉玺同志一等功庆功大会。巴盟盟委、公署的负责同志，盟政法系统负责同志及500多名干警参加了大会。会上宣读了《内蒙古自治区高级人民法院关于给赵玉玺同志追记一等功的决定》和《关于开展向赵玉玺同志学习的通知》，《中共巴盟盟委关于在全体党员中开展向赵玉玺同志学习的决定》。

2月28日至3月3日 全区中级人民法院院长会议在呼和浩特召开。会议主要任务是传达贯彻中央政治局第十五次会议、全国政法工作座谈会和全区政法工作会议精神，总结1988年的工作，部署1989年的任务。

4月3日 自治区高院经济庭在本院大法庭依法公开审理了内蒙古第二毛纺织厂诉呼和浩特昭君大酒店购销羊毛归还预付货款纠纷一案，诉讼标的金额达600多万元。这是高院首次公开审理一审经济纠纷案件。

4月15日至17日 高院在阿拉善盟巴彦浩特召开西片中级法院统计员座谈会；5月23日至25日，在赤峰召开东片中级法院统计员座谈会。会议学习贯彻了最高法院《现行法院司法统计报表的法律审查方法》，交流了司法统计工作的开展情况和经验，研究了今后如何进一步加强司法统计工作的意见。

4月18日至21日 全区法院减刑、假释工作座谈会在呼市召开。会议的主要内容是贯彻全国减刑、假释工作座谈会精神，总结我区减刑、假释工作情况，研究部署今后的任务。

4月24日 自治区人大召开第七届二次人民代表大会，杨达赖院长在会上作了《内蒙古自治区高级人民法院工作报告》。

5月4日 高院召开首批干部下派锻炼座谈会。与会同志一致认为，干部下派基层进行学习锻炼，是适应形势和任务的需要，在实践中培养提高干部两个素质的好办法。

5月5日 自治区高院民庭在巴盟临河市依法公开审理了翟忠元与巴盟运输公司宅基地使用权上诉案。

5月6日 受最高人民法院委托，自治区高院举办的“少数民族刑事审判干部培训班（蒙语班）”举行开学典礼，参加培训班的有来自全区各级法院和新疆法院系统的蒙古族刑 事审判干部共40人，他们将用40天的时间学习《刑法》、《刑事诉讼法》和《法律用语》等课程。

5月19日　高院发出《关于开展执法检查的通知》。根据自治区第七届人大常委会关于在全区开展执法检查的决定，结合人民法院工作的实际情况，为把这项工作抓好，切实解决当前执法工作中存在的问题，不断提高执法水平，自治区高院对全区法院系统的执法检查作出了具体安排。

6月2日　自治区高院成立监察室。监察室与纪检组一套人马，两块牌子。

6月15日至21日　自治区高级法院副院长、人民法庭工作指导小组组长赵建勋带领民庭、司法行政处负责人及研究室的同志，在乌盟中院院长的陪同下深入兴和、卓资县等地的9个人民法庭检查工作。

7月15日至20日　全区中级人民法院院长座谈会在呼市召开。会议的主要任务是认真学习贯彻十三届四中全会和自治区党委四届八次全委（扩大）会议精神，进一步统一思想，提高认识；认真学习贯彻全国高级人民法院院长座谈会精神，结合我区实际，研究部署依法及时审判进行反革命暴乱和制造社会动乱的犯罪分子，严厉打击严重刑事犯罪和严重经济犯罪的问题。

7月18日　召开全区法院廉政建设工作会议。会议的主要任务是传达贯彻全国法院廉政建设工作会议和全国法院纪检、监察工作座谈会精神，研究贯彻落实措施，交流工作经验。

7月28日　由内蒙古高级法院、内蒙古法学会联合举办的《行政诉讼法培训班》在内蒙古党校举行开学典礼。

8月1日　高院发出《内蒙古自治区高级人民法院保持廉洁从严治院的通告》和要求全区各级法院干警《保持廉洁秉公执法的若干规定》。

8月12日至9月12日　高院杨达赖院长一行3人深入乌盟、锡盟20多个旗县市的基层人民法院视察工作。视察期间，杨院长分别听取了中院和各基层院今年以来的全面工作汇报，重点了解了全区中院院长会议和全区法院廉政工作会议精神的贯彻落实情况，执法检查进展情况，队伍建设情况，人民法庭建设等方面的情况，并深入到人民法庭看望了工作战斗在第一线的干警。

8月14日至18日　全区第三次经济审判工作座谈会在赤峰市召开。会议围绕审判方式改革这一主题，交流了审判工作经验，讨论修改了高级法院经济庭草拟的《审理经济纠纷案件一审普通程序实施细则》，同时还传达了全国沿海地区涉外、涉港澳经济审判工作座谈会精神。

9月1日　我区法院系统举办的首期《法律（审判）专业证书》脱产班开学。这个班学制一年，开设8门课程。

9月5日至14日　全区中级法院档案工作座谈会在赤峰召开。会议的任务是：以党的十三届四中全会精神为指针，认真学习《档案法》和最高法院、国家档案局颁发的有关文件；传达贯彻最高法院祝铭山副院长在全国法院档案工作座谈会上的讲话；交流我区各级法院档案工作经验；安排部署今后一个时期全区法院档案工作任务。

10月10日至19日　按照自治区人大常委会关于在全区开展执法检查的决定精神和自治区高院《关于在全区法院系统开展执法检查的安排》，高院组织部分盟市旗县的9名审判人员，采取轮流阅卷，集体讨论的办法，抽查了今年上半年高院审结的52件刑事、民事、经济纠纷案件。

10月25日至27日　自治区高院召开《行政诉讼法》试点工作会议。会议期间，大家认真学习了最高法院的“通知”，深入讨论了高院制定的行政诉讼法试点方案。

10月28日至30日　全区中级法院政治处主任座谈会在呼市召开。会议期间与会同志认真学习了江泽民同志国庆讲话，围绕贯彻全区组织部长会议精神，就加强思想政治工作进行了座谈。

10月28日 全区政法系统先进集体和先进工作者表彰大会在自治区政府礼堂隆重召开。全区法院系统13个先进集体、137名先进个人受到了自治区党委的表彰。

10月31日 通过贯彻“两高”《通告》，全区打击经济犯罪斗争取得了重大进展。在《通告》限期的两个半月里，全区法院共受理各类经济犯罪案件82件111人，审结49件78人。其中从严惩处15人，从宽处理11人。

11月14日至15日 全区法院装备工作座谈会在呼市召开。会议以研究审判服装的加工制做为主要内容。

11月25日至29日 全区中级法院院长会议在呼市召开。会议传达学习了十三届五中全会文件、自治区党委常委（扩大）会议精神和最高人民法院《关于深入学习贯彻落实十三届五中全会精神的通知》；学习讨论了《任建新院长在全国部分省、市法院刑事审判工作会议上的讲话》、《全国部分省、市法院刑事审判工作会议纪要》、《对各地处理政治动乱和反革命暴乱案件中提出的一些政策法律问题的意见》、《关于继续抓紧严惩严重经济犯罪分子的通知》、《关于配合公安机关开展除“六害”工作的通知》等重要文件；分析了当前审判工作面临的形势和任务，重点研究了如何认真、慎重地审理暴乱和动乱案件、继续严惩严重经济犯罪、继续严厉打击严重刑事犯罪、积极配合公安机关开展除“六害”工作和进一步改革民事、经济审判方式等问题，部署了今冬明春的工作。

12月1日 高院开展“精神文明月”活动。主要内容是对全院干警进行一次共产主义、社会主义、爱国主义、集体主义和自力更生、艰苦奋斗的思想教育，用马列主义、毛泽东思想占领人民法院的思想阵地，引导全体干警自觉抵制各种错误思潮和腐朽思想的影响；结合整顿机关秩序和工作纪律，搞好安全保卫工作；开展爱国卫生运动，以整洁的面貌迎接1990年。

吉林省高级人民法院

1月24日 院长谢安山主持在德惠县召开第7次审判委员会，讨论李乃东爆炸案，使这一重大恶性案件得以从重从快审结。

2月11日 省院发出《关于执行诉讼时效制度有关问题的通知》。

2月28日 省院作出关于对刑二庭助审员梁洪伟举报重大盗窃案件给予记三等功奖励的决定。

3月1日至5日 省院在扶余市召开全省民事审判工作和人民法庭建设工作座谈会，总结部署了全省民事审判和法庭建设工作，传达了最高法院赤峰会议精神。省法院魏进发副院长作了会议总结。

3月7日至9日 省院在吉林市召开经济审判工作座谈会，总结部署了全省经济审判工作。李作善副院长主持会议并作了总结发言。

3月9日至14日 院长谢安山出席省七届人大二次会议，并向会议作了法院工作报告。

3月22日至24日 省院在四平市召开全省法院减刑假释工作座谈会，传达全国法院减刑假释工作座谈会精神，总结部署了工作。副院长魏进发参加会议并讲了话。

3月24日 院长谢安山主持召开第5次党组会，研究3%工资晋级方案；讨论通过全省法院系统先进集体、先进工作者名单；讨论通过《全省各级法院审判业务人员选拔任用实行考试考核的试行办法》。

3月28日　省院发出《关于表彰全省法院系统1988年度先进集体、先进工作者的决定》、《关于表彰文明法院、文明干警的决定》、《关于人民法院审判业务人员选拔任用实行考试考核试行办法》。

3月28日至4月1日　省院召开全省中级法院院长座谈会，传达学习中央和省委政法工作座谈会精神，部署全省法院工作，谢安山院长参加会议并讲了话。

4月18日至20日　省院在梨树县召开全省法院系统廉政制度建设座谈会。会上，梨树县法院等8个单位介绍了经验，副院长李作善主持会议并作总结讲话，院长谢安山同与会同志进行了座谈。

4月22日　省院发出《关于建立〈立案通知书〉和〈不予受理通知书〉制度的通知》。

4月25日　省院民事审判庭和经济审判庭派人赴天津等五省市考察民事、经济审判工作，历时1个月。

5月10日　省院开始实行院长接待日制度。

5月13日　副院长冯守理接待因长春市无线电二厂出售劣质东芝彩电而受害的20名集体上访人员。

5月13日至14日　省院在磐石县召开全省法院学习宣传行政诉讼法现场会，副院长李作善参加会议并讲了话。

5月16日　院长谢安山主持召开第9次党组（扩大）会议，传达最高法院召开的3个会议精神，研究贯彻落实措施。

5月16日至18日　省院在长春召开林业审判工作专题研讨会。

5月23日至24日　省院在长春召开长春、吉林片法院院长会议，院长谢安山传达最高法院3个会议精神。

5月24日　省院向最高法院发出电报，代表全省法院表示坚决拥护李鹏同志关于制止动乱的重要讲话。

5月24日至27日　省院在吉林市召开全省再审刑事案件公开审理现场经验交流会。会议听取了吉林市两级法院关于积极开展再审刑事案件开庭审理方面的经验介绍，副院长魏进发参加会议并作总结讲话。

5月30日至31日　省院在桦甸市召开全省法院法医工作座谈会，总结交流了法医工作经验，副院长冯守理主持会议并讲了话。

5月31日　院长谢安山主持召开院务会，学习关于反对动乱的文件，讨论了当前形势。

6月7日　省院向最高法院发出电报，表示坚决拥护党中央关于平息反革命暴乱的决策。

6月8日　省院召开全体党员大会，传达中央关于制止动乱、平息反革命暴乱的文件。

同日　省院发出《关于加强通讯联络，保障信息畅通的通知》。

6月12日至25日　省院组织全省三级法院对开展行政审判工作以来审结的全部行政案件（220件）进行了全面检查，研究讨论了26个典型案例。

6月13日　省院发出《关于认真学习邓小平同志重要讲话，依法从重从快惩处反革命暴乱分子和严重刑事犯罪的紧急通知》。

7月3日　省院发出《关于开展行政诉讼法试点工作的通知》，确定吉林、辽源两市为吉林省行政诉讼法试点地区。

同日　省院作出关于法警队指导员刘荣传、刑一庭审判员严治君防止一起火灾的发生给予记三等功奖励的决定，关于办公室法警王连成抓获重大盗窃犯的事迹给予记二等功奖励的决定，关于对刑一庭审判员宋祥办案严格把关，防止1起错杀案件的事迹给予记三等功奖励的决定。

7月5日至8日　省院在长春召开全省中级法院刑庭庭长会议，总结严打工作，研究打击动乱暴乱中的反革命案件和严重刑事犯罪案件的工作，副院长冯守理主持会议，院长谢安山到会讲话。

7月10日至14日 省院在浑江市召开全省法院宣传工作会议，交流全省法院开展宣传工作的经验，研究在新形势下如何加强法院系统的宣传工作。院长谢安山、副院长张建国参加会议并讲了话。

7月25日至30日 省院在延吉市组织召开东北、中南八省区经济审判专题讨论会。发起单位黑龙江、吉林、辽宁、河南、湖北、湖南、广东、广西等高级法院代表以及河北、天津、山东、山西、江苏、江西、陕西、内蒙、新疆等省市法院代表参加会议，最高人民法院派员到会指导。

8月7日 院长谢安山主持召开第5次院长办公会，听取关于标准化法庭验收情况和基建情况的汇报，通过业大分校校务委员会组成人员名单。

8月8日至19日 省院在长春召开全省民事审判工作研讨会，副院长魏进发参加会议并讲了话。

8月21日 省院发出《关于以贯彻落实〈通告〉为中心，深入开展打击经济犯罪活动的通知》。

8月21日至24日 省院在辽源市召开全省刑事诉讼证据理论与实践研讨会，副院长张建国参加会议并作会议总结。

8月24日 反映省法院廉政建设情况的电视专题片《公正执法，拒腐保廉》在吉林电视台播出。

8月29日 副院长李作善主持召开第53次审判委员会，讨论通过《吉林省高级人民法院收取案件受理费具体标准》。

同日，省院发出《关于人民法院贯彻执行〈中华人民共和国居民身份证条例实施细则〉具体规定的通知》。

8月29日至9月1日 省院在双辽县召开全省法院告诉申诉审判工作座谈会，总结交流了告诉申诉审判庭建立以来的工作情况，讨论了《吉林省高级人民法院告诉申诉审判工作暂行规定》，院长谢安山到会讲话，副院长魏进发作会议总结。

8月30日 省院发出《吉林省高级人民法院收取案件受理费具体标准》。

9月6日 省院发出《关于统一使用〈预交诉讼费通知〉的通知》。

9月15日至25日 省院在浑江市举办全省第一期行政诉讼法培训班。

9月18日 吉林省贯彻“两院”《通告》，公开处理经济犯罪分子大会在长春召开，谢安山院长在会上宣布对9名经济犯罪分子的判决结果。

9月22日至24日 省院召开全省法院业大工作会议，院长谢安山、副院长张建国、冯守理到会讲话。

10月4日 省院改进院长接待制度，实行院长预约接待。

10月5日至7日 省院和省林业厅联合在长春召开全省法院林业审判庭工作会议，研究林业审判庭工作范围，交流总结林业审判工作经验。院长谢安山、副院长张建国到会讲话。

10月5日至21日 省院分别在白城市、敦化市举办两期行政诉讼法培训班，白城、长春、吉林、延边两级法院主管院长及行政审判人员150余人参加了培训。

10月10日至11日 省院在长春召开全省中级法院院长会议，贯彻中央政法领导小组10月6日电话会议精神，总结了前段贯彻落实“两院”《通告》、打击经济犯罪情况，交流了经验，部署了下步工作。副院长冯守理参加会议并作总结讲话。

10月11日 省院在长春召开“全国先进工作者陈家祺同志报告会”。会上，副院长冯守理宣读了最高法院《关于开展向荣获全国先进工作者称号的陈家祺等十位同志学习的通知》和省院《关于全省法院向陈家祺同志学习的决定》。陈家祺同志报告了参加全国劳模及先进工作者表彰大会和北京国庆活动的盛况。为陈家祺同志补发了1986、1987年的一等功奖章及证书。院长谢安山到会作重要讲话。

10月12日 省院召开部分中级法院人事处（科）长会议，讨论研究如何进一步抓好思想政治工作及廉政建设问题。

11月3日 省院举行首次升旗仪式，由副院长魏进发主持，副院长张建国讲话，要求全体干警忠于祖国，忠于人民，忠于法律，为国旗增辉。

11月6日至9日 省院在通化市召开通化、浑江、辽源片刑事诉讼证据研讨会。

11月9日 省院及各庭处室廉政制度揭示板全部挂出，向群众公开。

11月13日 省院发出《关于诉讼案卷一律分正副卷的通知》。

11月15日至20日 院长谢安山列席省七届人大常委会第12次会议，向会议作《关于贯彻执行两院通告情况的报告》。

11月16日至18日 省院在吉林召开延边、吉林片刑事诉讼证据研讨会。

11月22日 省院发出《关于深入学习贯彻落实十三届五中全会精神的通知》和《关于人民法院大力支持税收征管工作的通知》。

11月23日 省院发出《关于转发司法部办公厅编印的〈法律服务秩序亟待清理整顿〉一文的通知》，要求各地法院按照最高法院院长任建新和省法院院长谢安山的批示要求，认真清理整顿不符合条件的法律服务机构。

11月24日 省院发出《关于建立人民法庭和执行工作指导小组的通知》。

11月25日 省院发出《关于进一步提高办案质量，配合劳改部门做好罪犯改造工作的通知》。

12月6日至9日 省院在农安县召开全省标准化人民法庭命名暨经验交流会，会上表彰了78个标准化人民法庭，有21个法院、法庭在会上介绍了加强人民法庭建设的经验，院长谢安山作了报告。最高法院民事审判庭和辽宁、黑龙江省民庭应邀派员出席会议并讲了话。

12月11日 省院发出《全省法院系统干警违法违纪重要案件报告制度》。

12月12日至14日 省院召开全省刑事审判工作会议，总结了全年的刑事审判工作，研究部署了今后的工作。院长谢安山到会讲话，副院长冯守理主持会议并作总结发言。

12月22日 省院召开院长述职报告会，全院处以上干部听取了院长谢安山、副院长张建国、冯守理、魏进发的年度述职报告。

12月23日至28日 院长谢安山列席省人大常委会第13次会议，在会上作了《关于对国家机关廉政建设的议案办理情况的报告》。

12月28日 省院召开年终总结表彰大会，会议由副院长魏进发主持，副院长冯守理宣布先进集体、先进工作者名单，副院长张建国作总结报告。表彰了1989年度先进庭室2个、先进科组12个、先进工作者41名。

同日，省院发出《关于开展对外法医鉴定工作的通知》。

黑龙江省高级人民法院

1月20日 省人大常委会主任孙维本、副主任王军到省法院视察，听取了讨论修改《中华人民共和国行政诉讼法（草案）》的情况汇报。

2月16日 省法院在哈尔滨市召开全省各中级法院院长座谈会。会议部署1989年全省法院工作，着重研究落实省委、省人大关于加强执行工作的指示和决定，解决“执行难”问题。

2月20日　省法院受最高法院委托在哈尔滨市隆重召开全国法院先进集体、全国法院模范表彰命名大会。最高法院马原副院长、省委、省顾委、省人大、省政府、省政协以及牡丹江市委、宁安县委领导出席了大会。最高法院马原副院长宣布了最高法院为宁安县人民法院记集体一等功的决定和授予金莹晚全国法院模范称号的决定，并颁发奖杯、证书和奖金。省法院唐兰亭院长宣读了《关于开展向全国法院先进集体宁安县法院和全国法院模范金莹晚同志学习活动的决定》，省委副书记周文华在会上讲话。

3月7日　唐兰亭院长出席省人大七届二次会议，向大会作黑龙江省高级人民法院工作报告。

4月1日　省委组织部、省法院党组向牡丹江市、鸡西市、绥化地区组织部、中级法院、基层人民法院党组转发中共中央组织部、最高法院党组《关于开展地方各级人民法院干部管理体制改革试点工作的通知》，并部署开展干部管理体制改革试点工作。

5月29日　省政协廉政建设工作视察团来省法院视察工作。唐兰亭院长汇报了全省法院廉政建设情况。

6月13日至17日　省法院在哈尔滨市召开全省法院廉政建设工作会议、中级法院院长座谈会。中级法院院长和纪检、政工部门负责人参加会议。省纪委、省委组织部、省委政法办、省人大法制办、省政协法制办、省监察厅派员出席会议。唐兰亭院长在会上讲话，部署开展“严打”斗争和加强廉政建设工作。

9月12日　黑龙江省高级人民法院召开贯彻“两高一部”《通告》宣判大会。宣判大庆石油化工总厂老年人服务公司总经理关文彬（副厅级）受贿2.7万元、大庆石化实业开发公司经理李克祥（副厅级）受贿1.25万元两起案件，依据《通告》精神从宽处理，对关文彬免予刑事处分，对李克祥从轻判处二年有期徒刑。省委副书记周文华作了重要讲话，对宣传贯彻《通告》提出要求。

10月12日　黑龙江省高级人民法院举行贯彻两高《通告》新闻发布会，唐兰亭院长通报了全省法院贯彻落实《通告》情况，宣传《通告》规定精神。

10月27日　省法院召开第三次人民法庭工作会议。唐兰亭院长讲话，提出在全省实现“二乡一庭”取得突破性进展的基础上，今后一个时期法庭建设要坚持全面提高的指导思想，建设成坚持四项基本原则，清正廉洁，文明执法，全心全意保护群众合法权益，为发展乡镇经济服务的人民法庭。

12月10日　唐兰亭院长列席省七届人大常委会第十二次会议，作了执法检查情况的汇报。

上海市高级人民法院

1月13日　市高级法院召开全市法院院长会议暨新闻发布会。全市各级法院院长参加会议，上海市及驻沪16家新闻单位的记者应邀出席。会上李国光副院长通报了上海法院1988年审判工作情况，部分区、县法院交流了实行公开办事制度的做法和体会，顾念祖院长对全市法院实施《诉讼须知》、《举证须知》、《接待来访人守则》三项公开办事制度作了部署。

1月21日　经市高级人民法院审判委员会讨论决定，依法驳回申诉人、原《民主与法制》社记者沈涯夫、牟春霖诽谤一案的申诉。市高级法院复查确认，原一、二审认定事实清楚，证据确凿，程序合法，定罪处刑恰当，申诉人的申诉理由不能成立，故依法驳回申诉，维持原判决和裁定。

元月　市高级法院创办了《上海审判实践》刊物。

2月17日　全国法院模范姒望山同志授奖大会在市高级法院礼堂隆重召开。最高人民法院副院长华联奎代表最高人民法院授予上海县人民法院执行庭庭长姒望山同志“全国法院模范”的光荣称号，并颁发了证书和奖金。中共上海市委副书记、市委政法领导小组组长杨堤出席会议并讲了话。市人大常委会、市政协、市检察院、市安全局等有关部门的领导和本市各级人民法院的代表以及各报刊、电台、电视台的记者400余人出席了会议。

4月4日　市高级法院向本市企业界和新闻界通报了当前本市经济纠纷案件反映的问题，介绍了审判工作的有关情况，为依法治厂、依法经营提供了法律服务。会议由市高级法院副院长沈宗汉主持，应邀参加座谈的有62家企业法人代表和本市及中央驻沪新闻记者。

4月5日　市高级法院邀请《人民日报》、《光明日报》上海记者站、新华社上海分社以及本市20多家主要报刊、电台、电视台总编就支持正当的新闻舆论监督，保护公民和法人名誉权问题进行座谈。

5月12日　上海法院首届学术讨论会在市高级法院礼堂召开。会议公布了本届论文评选的获奖名单，颁发了奖状和奖金，5位获奖作者宣讲了论文提要。

5月30日　市高级法院向市中级法院、海事法院、铁路运输中级法院，各区、县法院发出了《关于人民代表、政协委员旁听案件审理的通知》。全国人大常委办公厅编写的《工作通讯》（1989年10月11日第29期），刊登了《上海人大代表可凭代表证旁听法院审案》的简讯。最高法院任建新院长批示：“可以发个简报，供各地阅参。”

6月15日　市中级人民法院判决罪犯徐国明、卞汉武、严雪荣以破坏交通工具、交通设备罪死刑，剥夺政治权利终身。6月6日，在本市光新路铁路道口，徐国明等一伙歹徒制造了一起骇人听闻的严重骚乱事件，致使9节火车车厢、6辆警用摩托车和900余袋邮件被焚毁，50余件消防器材被抢被毁，几十名公安民警、消防人员被打伤，国家财产直接损失近300万元，造成沪宁、沪杭铁路运输被中断40多小时。6月20日，市高级法院依法作出二审终审裁定，确认原判决认定的事实清楚、证据确凿，定罪量刑均无不当，故驳回上诉，维持中级法院一审判决，核准死刑。

7月25日　上海碳素厂因不服中华人民共和国海关总署纳税争议复议决定，向中级人民法院提出起诉，以海关对该厂进口的碳纤维税则归类错误为由，要求撤销复议决定，这是上海市法院受理的第一起海关行政案件。

8月10日　市高级法院对上诉人（原审被告）日本国日欧集装箱运输公司（下称日欧公司）与被上诉人（原审原告）福建省宁德地区经济技术协作公司（下称宁德公司）预借提单侵权损害赔偿纠纷上诉案作出终审判决，判令日欧公司向宁德公司赔偿3801万余日元及人民币126万余元；宁德公司支付日欧公司集装箱租箱费1.4万余美元。宣判后，市高级法院召开中外记者招待会及有关专家座谈会，向新闻界介绍了本案的审理情况，听取了有关专家对二审判决的意见。

9月5日　市中级人民法院对原告周伟诉被告黄宗英返还财产一案作出判决如下：（一）被告黄宗英返还原告周伟钱款人民币53920.16元；（二）被告黄宗英赔偿原告周伟利息损失款人民币31459.2元；（三）以上二项总计人民币85379.36元，在本判决生效时给付。1989年5月起至本判决执行时的利息以53920.16元为本金，按中国银行上海分行原周璇户同种类存款利息计算累加，由黄宗英赔偿给周伟。

9月12日至14日 市高级法院召开全市法院系统队伍建设会议，全市各级法院院长人事干部共85人出席了会议，市高级法院党组书记、院长顾念祖主持会议并讲了话，上海市委副书记吴邦国出席会议作了讲话。会议紧密结合法院实际，对近两年来法院思想政治工作进行了反思和交流，提出了法院思想政治工作的任务、内容和方法，还提出加强廉政建设和党的建设的具体要求。

9月23日 上海铁路运输中级法院在杭州召开公判大会，大张旗鼓地公开处理李五乃等重大流氓集团案。遵照上海市高级法院下达的执行死刑命令，宣告对流氓罪犯李五乃、资春根、蒋传众、资富义执行死刑，立即执行；判处同案犯蒋传群等5人七年至十五年有期徒刑。1988年10月，李五乃、资春根、资富义伙同蒋传众等8人，窜上从广州开往杭州的210次旅客列车，设赌行骗，手持斧头、木棍追打仗义执言的旅客。之后，再次从上饶窜入201次旅客列车，寻衅滋事，恣意毒打旅客，阻挠乘警执行公务，还聚众围攻车站公安派出所，殴打公安干警、车站工作人员，致伤多人，严重扰乱了铁路上的治安秩序。这伙罪犯被严厉惩处后，在当地铁路部门和地区引起了强烈的反响，产生了良好的社会效果。

11月10日 本市公、检、法、司发布《关于对在押人员开展坦白检举争取从宽处理，立功赎罪活动的通告》。

江苏省高级人民法院

2月21日 省法院组织第三次刑事案件南北互查，检查灌南、江阴两县法院1988年的刑事案件。

3月12日至21日 省法院举办破产法培训班，全省各级法院经济庭负责人共115人参加。

中旬至下旬 省法院民庭在连云港召开全省民事审判活动改革经验交流会，有各中级法院和部分基层人民法院院长27人参加。天津市、山东省也派员参加了会议，省院徐影清副院长到会讲了话。

编印《建国以来经济犯罪案件的有关政策、法律规定（摘要）》发至全省各级人民法院。

向全省各市中级人民法院发出《关于中级人民法院刑二庭设置和工作职责问题的通知》。

制定《江苏省高级人民法院第二刑事审判庭职责范围》。

3月11日至25日 在省法院召开各市中级人民法院刑二庭庭长会议。主要讨论再审案件开庭审理的程序问题和研究对1988年以来处理的“严打”申诉案件的质量检查工作。

4月9日 对李自胜伤害致人死亡一案再审改判，宣告李自胜无罪。李自胜1983年11月10日经东海县人民法院以杀人罪判死刑，剥夺政治权利终身；判处同案被告人李自旺（李自胜胞弟）死刑，缓期二年执行，剥夺政治权利终身。连云港市中级人民法院于1983年11月19日驳回上诉，维持原判。案件报省法院复核后，由省委政法委员会组织的第四办案组承办，省法院于1983年12月28日裁定，改杀人罪为伤害致人死亡罪，核决李自胜死刑，李自旺死缓刑。李自胜于1983年1月22日被执行死刑。因李自胜之妻郑宗彩申诉，经最高人民法院调卷审查后指定省法院复查。经省法院与省检察院联合调查，查明原判认定李自胜的主要犯罪事实证据不足，应予否定，经报请最高人民法院审核同意，依法对李自胜改判宣告无罪，对李自旺维持原判。会同省检察院并和一、二审法院一起妥善落实了善后工作。

向全省各级人民法院发出《关于公开审理再审案程序的几点意见》。

5月22日　省法院在宁召开了江苏省十年经济审判工作经验交流会。

5月29日　省院在南通市召开了各中院刑庭庭长会议，讨论拟定了全省统一的刑事司法文书格式。

6月20日至23日　省法院召开全省法院廉政建设工作会议，各市中院院长，专职纪检组长、副组长及部分基层法院院长、政治协理员兼纪经检员和人民法庭庭长，共64人参加会议，传达学习全国法院廉政建设会议工作会议和纪检、监察工作座谈会的主要精神。李佩佑院长作了“狠抓廉政建设，保证严肃执法，建设一支清正廉洁、纪律严明、克己奉公的法院干部队伍”的报告，副院长、兼纪检组长徐影清作《在法院廉政建设中加强纪检、监察工作》的报告。省委副书记、省政法委书记曹鸿鸣、省人大副主任邢白、省纪委副书记张品华到会讲了话。

7月12日　滨海县法院院长张开宇等4人因徇情枉法受党纪、政纪处分。临海农场中学副校长刘训化，1973年因流氓罪被原滨海县公检法军管会判处有期徒刑二年。刘申诉曾经滨海县法院驳回，1987年6月刘再次申诉，刘的哥哥射阳县法院院长刘训侃趁张开宇到射阳处理公务之机，嘱请张对其弟刘训化申诉案抓紧处理。1988年3月刘训侃又写信请张开宇“帮忙到底”。在刘训化到滨海找张要求复查并坐等结果时，张对分管刑二庭的副院长胡高文说：“能弄（改）就替他弄（改）掉。”经胡向刑二庭庭长王理彪交办。同时，张又指示王理彪改掉、改轻原判认定的刘训化流氓犯罪主要事实，张签发了王理彪草拟的宣告刘训化无罪的判决书，并当即交刘本人。王理彪违反有关办案手续规定，不办理收、结案手续，判决书重复编号，不并卷，不归档，不列入统计上报，使该案成为“案外案”。经滨海县人大常委会决定盐城市人大常委会批准，撤销张开宇院长职务，盐城市委决定开除其中共党籍。给予刘训侃、胡高文、王理彪3人党内严重警告处分。行政上给予刘训侃行政降职处分；胡高文记大过，王理彪记过处分。

8月　省法院印发《江苏省高级人民法院关于加强廉政建设切实做好几件实事的决定》。几件实事是：①秉公执法，严禁徇私枉法；②严禁用公款请客吃喝；③严禁用公款送礼和收受礼品；④严禁用公款游山玩水；⑤严格执行干部住房标准；⑥从现在起，不再购买进口高级小轿车；⑦严格遵守党中央、国务院关于领导干部子女不得经商的决定；⑧严格查处违法违纪案件，支持监督。

法院业余大学省分校86级学员毕业，1986年共录取学员450名，3年届满毕业共421名。

10月24日　由华东地区6省、市高级人民法院联合发起的华东地区经济审判工作研讨会，协调会在张家港市召开，北京市、陕西、黑龙江、河南、四川等12个省、市高级人民法院，以及江苏省法学会，江苏经济研究会，江苏省法制报社等单位应邀派代表参加，最高人民法院经济庭庭长孙宗颙等到会指导。会议就审理联营合同纠纷案件中的若干法律问题进行了研究、探讨，并就开展司法协作情况进行了交流和磋商。

11月2日　省法院监察室成立，经最高人民法院批准纪检组专职副组长黄振息兼任监察室主任。

11月24日至30日　省法院在南京召开全省刑事审判工作会议，贯彻最高人民法院10月召开的全国刑事审判工作会议精神，讨论了本省当前严峻的治安形势及如何贯彻依法从重从快方针。

11月27日　对许浩明抢劫一案改判，

宣告许浩明无罪。原审被告人许浩明1982年10月25日被常州市中级人民法院以抢劫罪判处死刑，剥夺政治权利终身，并经省法院驳回上诉，核准死刑，于1982年11月21日被执行死刑。常州市中级人民法院因原判认定许浩明抢劫的犯罪事实失实，报送省法院审核。经省法院再审，依法对许浩明改判宣告无罪。善后工作由常州市负责落实。

12月2日 太仓县人民法院执行庭庭长张锁林在任职期间，挪用执行费35000元，借给个体承包经营的邢某进行经营活动，被依法以挪用公款罪判处有期徒刑二年缓刑二年。

12月8日 省法院民事审判庭开庭公开审理歌唱演员王虹诉《南京日报》及其记者陈文林、马龙侵害名誉权上诉一案。经过法庭调查、辩论，审判人员调解双方达成协议：《南京日报》1987年3月27日刊登的《歌星王虹为何匆匆离去?》《余音中的思考》两篇文章由于作者陈文林、马龙对事实核实不够，致使报道数处失实，客观上造成了对王虹名誉的侵害，《南京日报》及记者马龙、陈文林对此表示诚恳的歉意，并由上诉方（《南京日报社》、马龙、陈文林）在本调解书生效后十日内登报公开为被上诉人王虹消除不良影响，恢复名誉，上诉方负担王虹的直接经济损失和本案的诉讼费。来自省级有关新闻单位及南京大学法律系300多人旁听。闭庭后召开了由几家省级新闻单位记者参加的座谈会，就保障公民合法权益与舆论监督的关系问题进行了讨论。

12月17日至20日 在扬州市召开全省各中级人民法院刑二庭庭长会议，传达贯彻最高人民法院召开的再审开庭座谈会精神；交流各市再审开庭工作情况；总结交流今年以来刑事申诉工作及审理减刑、假释案件情况；研究有关处理流氓集团申诉案件的政策问题。

12月18日 对吴立功反革命杀人一案改判，宣告吴立功不负刑事责任。原审被告人吴立功因反革命杀人罪，1965年1月28日被原江苏省淮阴地区中级人民法院判处死刑，剥夺政治权利终身，并没收财产，经省法院审核于1965年3月1日判决驳回上诉，维持原判。其亲属不服提出申诉。经省法院再审查明，吴立功患有精神分裂症，在被迫害妄想的支配下作案，无责任能力。经报请最高人民法院审核同意，依法对其改判不负刑事责任。并与有关单位联系落实了善后工作。

浙江省高级人民法院

1月7日至8日 省法院在杭州召开全省法院"两打"刑事审判工作座谈会。省法院院长袁芳烈主持会议并讲了话。会议对去年11月以来开展"两打"刑事审判工作的情况和经验进行了总结交流，并对下一阶段的工作作了具体部署。各中级法院分管刑事审判的副院长出席了会议。

1月14日 省委保密委员会发文表彰保密工作先进集体和先进个人，其中授予永康县法院和衢州市柯城区法院为省级保密工作先进集体；授予宁海县法院张亚琴，永嘉县法院李一华，德清县法院唐剑琴，嵊县法院丁新民，舟山市普陀区法院王权川五位同志为省级保密工作先进个人。

1月24日 省法院副院长孙沧在省七届人大常委会第七次会议上作《关于打击严重经济犯罪情况的报告》，向会议汇报了1988年全省法院审判经济犯罪案件的情况。

2月18日至22日 全省中级法院院长会议在杭州召开。各地、市中级法院院长和省法院各部门负责人出席了会议。会议主要议程是：传达全国政法工作座谈会精神，回顾总结1988年工作，研究法院系统廉政建设问题和部署当前工作。省法院院长袁芳烈作了总结讲话。省委书记李泽民同志到会看望与会同志并讲了话。

2月28日至3月6日　省法院院长袁芳烈赴温州市检查、指导工作。在温州期间，袁芳烈院长深入到龙湾、苍南、平阳、瑞安等区、县的法庭和街道，听取群众对“严打”的反映，了解“两庭”建设、职称评定进度等情况，并向当地党政和人大部门提出建议，希望他们从各方面关心、支持法院工作。袁院长还就搞好“两庭”建设，抓好基层基础工作，加强廉政建设和提高公开审判水平等问题作了指示。

3月15日　省法院和省少管所联合召开了少年犯接茬帮教工作座谈会。杭州市上城区、余姚市、海宁市三个少年庭试点法院的副院长，省少管所领导和省法院有关人员参加了会议。会议认为，为了加强联系，互通情况，共同施教，进一步做好少年犯的审理、改造、矫治工作，有必要订立接茬帮教协议。在充分酝酿的基础上，省少管所与上述三个法院达成了接茬帮教协议。省法学会会长刘子正到会并讲了话。

3月29日　为贯彻中央组织部、最高法院法（组）发〔1988〕38号文件，省法院副院长刘焕之、人事处处长史吉英会同省委组织部二处副处长黄佩军等去绍兴市指导开展法院干部管理体制改革试点工作。浙江省是中央组织部、最高法院确定的法院干部管理体制改革试点省份之一。

3月30日　丽水地区中级人民法院对青田县张坤荣等人特大诈骗案一审宣判，判决认定被告人张坤荣同时犯有诈骗、行贿、赌博数罪，依法对其处以无期徒刑，剥夺政治权利终身。其余同案犯也分别被判处有期徒刑。特大诈骗犯张坤荣采取欺骗、行贿和请客、送礼等手段骗取青田县政府有关人员信任，然后借租赁公司之名，共诈骗了200万元贷款。在诈骗活动中，张犯多次向国家工作人员行贿，行贿总额达5万余元。张坤荣还多次混迹赌场参与豪赌，输赢额高达50多万元。一审判决后，张犯不服上诉。省法院1989年9月28日终审裁定：驳回上诉，维持原判。

4月2日至9日　省法院在杭州召开法制宣传工作座谈会。各中级法院分管法制宣传工作的同志和部分新闻单位代表参加了座谈。会议传达贯彻了最高法院法制宣传工作座谈会精神和省法院党组宣传工作会议精神，探讨了全国开展法制宣传工作和建立全省法院系统法制宣传工作网络等问题。与会同志还就开展法制宣传工作的情况进行了交流。

4月6日　省法院与省劳改局在杭州联合召开了减刑、假释工作座谈会。会议回顾分析了全省前几年减刑、假释工作的情况和存在问题，学习研究了“全国法院减刑、假释工作座谈会纪要”，提出了贯彻这个文件的意见。

4月11日　省法院举办的全省人民法庭庭长培训班第一期开始。参加首期培训的是绍兴市各人民法庭庭长。省法院院长袁芳烈在开班仪式上作了动员讲话。全省人民法庭庭长培训班共举办9期，每期半个多月，至1989年4月，轮训了513名人民法庭庭长，提高了法庭干部的政治、业务素质。

4月20日　缙云县法院受丽水地区中院指定管辖，在松阳县依法公开审理原松阳县法院经济审判庭副庭长周道匡挪用公款一案，当庭以挪用公款罪判处周犯拘役六个月，并处没收财产400元。被告人周道匡利用职务之便，挪用当事人转交款15000元，数额巨大，构成挪用公款罪。鉴于挪用时间短，案发前已归还赃款，依法从轻处罚。

4月23日　省法院接待以卡瓦鲁冈达院长为团长的卢旺达最高法院代表团访问杭州。

4月24日　省法院作出决定，为表彰全省法院系统1988年度作出突出贡献的先进集体和个人，给兰溪市人民法院等6个先进集体分别荣记集体二等功和三等功；给宁波市海曙区人民法院民庭副庭长盛仲飞等9名个人分别记一等功和二等功，并给与晋升一级工资的奖励。

4月28日　省法院召开党员干部紧急会议，传达中央、省委有关维护安定团结的重要指示。会议要求全院干警认真学习中央、省委的指示和4月26日《人民日报》社论，深刻领会中央的方针、政策，统一思想，充分认识当前这场动乱的性质，与党中央保持高度一致，旗帜鲜明地反对动乱。会议还要求全院干警严守职责，严守纪律，更积极地完成各项工作任务，以实际行动贯彻党的三中全会精神，作维护安定团结的模范。

4月30日　省法院院长袁芳烈在省七届人大第二次会议上作《浙江省高级人民法院工作报告》，向大会报告了全省法院1989年的工作情况。

5月8日　宁波市中级法院对管苏敏特大诈骗案进行宣判，以诈骗罪判处管犯无期徒刑，剥夺政治权利终身。被告人管苏敏（女），原系宁波市江东物资公司供销员。该犯利用担任供销员之机，以非法占有为目的，采取虚构事实，制造假象等手段，先后行骗21次，共骗取累计金额185万元，钢材170吨，本人实得55万元、钢材73吨。被诈骗的巨款除追回23万元外，其余均被挥霍殆尽。

5月9日至16日　省法院首次组织法医检案质量互查活动。由省法院和各中级法院法医技术人员组成的检查组，对温州、台州、丽水三个中院的法医学文证审查案件和部分活体检验鉴定案件进行了检查。检查结果表明，绝大多数案件的鉴定质量是好的和比较好的，为审判工作提供了科学的证据。通过检查，肯定了成绩，发现了问题，提出了进一步提高法医检案质量的措施。

5月22日　省法院举行全体党员大会。党组书记袁芳烈同志在会上讲了话，强调法院要为稳定大局开展工作，共产党员要起先锋模范作用。袁方烈同志代表院党组提出3点意见：（1）要认真学习李鹏、杨尚昆同志在中央党政军干部大会上的讲话和省委关于稳定局势的5条意见，正确领会精神，并贯彻到工作中去。（2）要坚守岗位，遵守纪律，有秩序地照常工作。（3）全省各级法院要在当地党委的领导下，积极配合公安、检察部门，维持社会治安，依法严厉打击严重刑事犯罪和严重经济犯罪活动。

6月17日至20日　省法院在杭州召开第二十一次全省法院工作会议。参加会议的有全省各级法院院长、省法院、各中级法院有关部门负责人共152人。会议学习了邓小平同志在接见首都戒严部队军以上干部时的重要讲话和中央、省委关于平息反革命暴乱、制止动乱的指示，贯彻最高法院紧急通知精神，统一思想，提高认识。会议还研究了加强刑事审判工作，严厉打击反革命分子和打、砸、抢、烧、杀等严重犯罪分子以及加强队伍建设等问题。会议期间，省委书记李泽民，省委常委夏仲烈，省人大常委会副主任杨彬等领导同志到会看望了全体代表并讲了话。

7月7日　省法院会同衢州市中级法院和开化县法院在省第一监狱联合召开宣判大会。在宣判会上，有148名原判死缓刑、无期徒刑和有期徒刑的罪犯得到了幅度不等的减刑。还有一名罪犯被依法假释。同时，有2名罪犯因在监内重新犯罪，被加刑惩处。宣判结束后，省法院副院长孙沧作了讲话。

8月4日　省法院在杭州召开审判经济犯罪案件座谈会。会议对全省审判经济犯罪案件的情况进行了回顾、交流和分析，并就如何进一步抓好这项工作作了部署。各中级法院主管刑事审判的院长参加了会议。省法院院长袁芳烈在会上讲了话，着重强调两个问题：一是要求把打击经济犯罪作为惩治腐败的政治任务来抓；二是狠抓大案要案，坚决、及时、有力地严惩严重经济犯罪。

8月9日　省法院政治部建立，并正式启用“浙江省高级人民法院政治部”印章。

8月25日　省法院召开贯彻最高法院、最高检察院《关于贪污、受贿、投机倒把等犯罪分子必须在限期内自首坦白的通告》的电话会议。全省各级法院正、副院长，刑庭庭长和办公室、研究室主任参加了会议。电话会议主要内容是通报两高“通告”发布10天来，全省法院的行动情况，部署进一步贯彻两高“通告”，把反贪污、受贿、投机倒把等斗争推向深入。

9月4日　宁波市中级法院对原慈溪县公安局治安科长胡干清受贿案作出判决，以受贿罪从重判处胡犯无期徒刑，剥夺政治权利终身。胡干清在审查办理“农转非”户口工作中，利用职务之便，收受当事人贿赂200余次，共受贿46083元。

同日　省法院依法核准，判处严重破坏农用电力设施的张善田死刑，剥夺政治权利终身。被告人张善田历史上曾多次因犯罪被判管制和有期徒刑。1988年7月至1989年4月间，张与同案犯周国英分别在诸暨县新乐乡、汤江乡等地作案11起，盗割正在使用的电力线2.15万米，使4个乡镇10个村的农用输电线路中断，严重影响了农业生产。省法院认为，张犯偷割农用电力线，造成严重后果，已构成破坏电力设备罪，又是刑满释放后重新犯罪的累犯，且是共同犯罪的主犯，应予严惩。

9月18日　湖州市城郊人民法院对重大贪污犯杜炳根作出免予刑事处分的判决。被告人杜炳根原系湖州市丝厂沙发综合车间主任。杜在任职期间，利用出售生产原料之机，贪污2.48万元，受贿6350元。案发前杜携带全部赃款主动到检察机关投案自首，并检举他人重大犯罪，经查证属实，有立功表现。湖州城郊法院依照两高“通告”规定，决定对杜炳根免除处罚。

9月19日至22日　省法院在杭召开了由温州、丽水等5个中级法院纪检干部参加的重大违纪案件汇报会。会上共汇报了16个案件。省法院党组成员、纪检组长钱建军在会上讲了话，指出纪检工作仍应把利用职权徇私枉法，索贿受贿，贪赃卖法等违法犯罪行为作为查处的重点。

9月20日　温州市中级人民法院集中宣判了一批严重经济犯罪案件，其中温州市龙湾区人民政府常务副区长张锡岳犯受贿罪被判处五年有期徒刑。1988年3月，龙湾区建筑安装公司经理张云福串通制作标底的人员，中标承建一项工程，后因有漏标嫌疑，合同被卡，张云福遂请张锡岳从中帮忙，张锡岳即向有关人员打了招呼。事后，张锡岳收受张云福贿赂的现金1万元。此外，张还收受他人现金1000元和鸭绒被一条。

10月9日　全省经济审判工作会议金华片会在金结束。会议分两片先后在杭州和金华两地召开。省法院副院长丁燮富在会上作了“大力加强经济审判工作，更好地为治理整顿深化改革服务”的讲话。会议对经济审判工作开展10年来的情况和经验进行了认真总结，并着重研究了当前经济审判工作中出现的新情况和新问题。

10月10日　针对“扫黄”斗争中对情节严重的制黄、贩黄犯罪分子量刑太轻，打击不力的问题，省法院会同省检察院通过调查研究，共同提出了《关于在“扫黄”斗争中适用法律条款如何掌握数额问题的意见》，解决了对黄案严不起来，打不下去的问题。

10月23日　最高法院发来电报，向浙江省受灾法院的全体干警表示亲切慰问。今年浙江省连续遭受三次强台风及百年罕见的特大洪水的袭击，部分法院和120个人民法庭受到了不同程度的损失。

10月至11月　为带动除“六害”斗争的全面开展，乐清、苍南和温州市鹿城区法院分别召开了大型宣判大会，大张旗鼓地惩处了一批制作、贩卖、传播淫秽物品的犯罪分子。其中为北白象镇“黄货”市场提供“黄源”的吴帮顺等30名制贩“黄货”情节严重或非法经营、获利数额巨大的犯罪分子，被以投机倒把罪判处了重刑。

11月3日至5日 省法院在温州市召开全省中级法院院长会议，传达贯彻全国法院刑事审判工作会议精神，研究进一步严厉打击严重刑事犯罪，部署今冬明春工作。会议要求各级法院认清当前社会治安严峻的形势，继续贯彻“严打”方针，依法从重从快惩处严重刑事犯罪分子，为促进“两个文明”建设顺利进行作出贡献。会议由省法院院长袁芳烈主持。温州市委书记张友余到会介绍了温州市开展“扫黄”斗争的情况。

11月8日 温州市中级人民法院和鹿城区人民法院在市人民广场联合召开万人宣判大会。省公检法和温州市党政军主要领导同志出席了宣判大会。会上对一批严重危害社会治安的罪犯进行了宣判，其中暴力抗税，打死税务干部的故意杀人犯景旭被依法判处死刑。宣判后，景旭等6名死刑犯被押赴刑场，执行枪决。

11月21日至23日 全省法院告诉申诉工作座谈会在杭州召开。会议认为，告诉申诉工作不是行政信访工作，而是法院诉讼活动的重要组成部分。各级法院都要更新观念，加强对告申工作性质、地位、作用的认识。会议要求尚未建立告申庭的法院应抓紧建立，并调配与任务相适应的力量，明确职责分工，理顺纵横关系。对于申诉，要认真贯彻分级负责处理原则；对于告诉，依法应立案的，不能推出不管。要抓重点、抓催办、抓结果。省法院院长袁芳烈在会上讲了话。省法院副院长孙沧作了题为“更新观念、转变职能，改进和加强告诉申诉工作”的总结讲话。

11月25日 金华市中级法院一审判处特大受贿犯李田民死刑，缓期两年执行，剥夺政治权利终身。省法院1990年2月13日依法核准原判。被告人李田民（女）原系北京市光学仪器厂离休干部，离休后受聘于北京市华农贸易公司。李在业务活动中，利用帮助一些公司联系家电产品和转让彩电之机，共收受财物和现金18万余元。同时，李还犯有行贿罪。

11月30日 乐清县“抬会”大会主李启峰在乐清县伏法。罪犯李启峰以“抬会”的形式，大肆进行金融投机倒把，获取非法暴利。李先后在温州市、乐清、平阳等地吸取会员1450余人，收入会款1.58亿元，支付会款1.18亿元，总发生额达2.76亿元，严重扰乱了温州市的金融市场，造成直接经济损失180万余元。李启峰还同时犯有行贿罪和流氓罪。1989年1月21日，温州市中级法院一审以投机倒把、行贿和流氓罪判处李启峰死刑，剥夺政治权利终身。李不服上诉，省法院1989年6月12日裁定驳回，并依法报请最高人民法院复核，同年11月2日最高人民法院裁定核准。

12月25日 嘉兴市中级法院对花红玲等诈骗一案作出判决，主犯花红玲被判无期徒刑，剥夺政治权利终身，其余同案犯分别被判处有期徒刑。被告人花红玲（女）伙同他人，采用伪造公章，假冒身份，虚构事实等手段，骗取公私财物70万余元，花个人实得13万余元及彩电等物。花犯的诈骗活动涉及江、浙、皖、沪3省1市70多个单位，订立假合同120份，标的1.1亿元，致使不少企业濒临倒闭或遭受严重损失，社会危害极大。

12月28日 报复杀害瓯海县“路线教育工作队”队员的凶手林仁娣在温州市被枪决。该犯因超计划生育被罚款而对“路教”工作队员怀恨在心，进而持刀行凶报复。林犯用杀猪刀连续刺杀3名“路教”工作队员，造成1人死亡，2人重伤的严重后果。温州中院对这起恶性大案快审快判，案发仅两天就审结宣判。该案上诉后，省法院抓紧二审，于12月28日裁定驳回上诉，核准了温州中院对林犯的死刑判决，并于当天执行。

安徽省高级人民法院

1月9日至14日　省院召开全省各地、市中级法院和部分基层法院主管刑事工作的院、庭长参加的刑事审判工作会议，会议检查总结了近两年来全省刑事审判工作情况，研究部署1989年的工作，更好地发挥刑事审判工作为治理、整顿和改革、建设服务的职能作用。王成乐院长、韩云萍副院长在会上讲了话。

1月下旬　院长王成乐等3人在合肥调查了合肥市的社会治安综合治理情况。

2月下旬　宣州市人民法院、合肥市中院刑一庭、蒙城县法院办公室、肖县黄口人民法庭等四个先进集体以及38名先进工作者受省政法委员会“双先”表彰会表彰。

3月2日　省院给全省各地、市、县（区）法院下发了贯彻中央（89）1号文件的通知，通知强调：①在刑事审判工作中，必须继续贯彻依法从重从快方针，严厉打击各种严重危害社会治安的犯罪活动；②在民事审判工作中大力加强调查研究工作；③在经济审判工作中要注意审理好治理整顿和改革中出现的各种案件；④在行政审判工作中要做好实施行政诉讼法的准备工作。通知还要求各级法院认真做好告诉、申诉，执行、队伍建设等各项工作。

3月9日至14日　副院长万玉康等赴长丰、肥西了解民事审判工作的情况。

3月9日至6月4日　省法院在省劳改警察学校举办全省法院1988年度军队转业干部培训班，120名军队转业干部参加了培训班学习。

3月初至4月底　省院告诉申诉庭分4个组赴全省16个地市中级法院及部分基层法院了解各地告申庭的组建情况。

3月22日至4月1日　副院长万玉康等赴滁县地区、蚌埠市、合肥市、肥东县等12个法院调查了解经济审判工作的情况。

3月24日至29日　副院长韩云萍等3人赴庐江县白湖农场了解审理减刑、假释案件的情况。

3月28日至4月9日　刑二庭派人赴阜阳地区中级法院和利辛县人民法院了解“两法”实施以来判处的刑事案件的申诉和复查情况。

3月至4月　省院民庭组织宿县地区、阜阳地区、淮北市、六安地区、巢湖地区、合肥市中级法院对阜阳地区的临泉县、阜阳市、亳州市3个基层法院和六安地区霍邱县、金寨县、六安市4个基层法院1988年度审结的民事案件质量进行检查，共检查各类民事案件549件。

4月4日至8日　省院在蚌埠市召开全省法院减刑、假释工作座谈会，各地、市中级法院分管院长、主管庭庭长、有关中院派驻劳改单位的法庭庭长、省劳改单位和有关地、市劳改单位负责管教工作的同志，省检察院及有关部门派员参加了会议，会议传达了全国法院减刑、假释工作座谈会精神，副院长韩云萍在会上讲了话，与会代表交流了减刑、假释工作经验、研究讨论了如何加强和做好减刑、假释工作问题。

4月8日至11日　院长王成乐等一行3人，根据省委政法委的部署，就贯彻全省政法工作会议和当前社会治安情况在合肥市进行了调查了解。

4月14日至25日　院长王成乐、原副院长齐振、政研室主任余云康等一行3人赴铜陵市对该市贯彻全省政法工作会议和当前的社会治安情况进行了调查了解。

4月中旬　副院长樊龙等3人赴安庆

市、池州地区中级法院协调解决两中院分家后的遗留问题和法院工改工作情况，并到怀宁县了解法庭建设的有关情况。

4月19日至26日 根据最高法院的要求，刑一庭和政研室组织人员对省法院89年1至4月份受理的上诉、复核案件质量进行了检查，检查中重点检查了合肥市中级法院1至4月份受理的属于重点打击对象的案件。

4月19日至21日 全省人民法庭建设现场会在凤台召开。各地、市中级法院的分管院长、办公室、司法行政科负责人以及部分基层法院院长、法庭庭长参加了会议，最高法院应邀派员出席了会议。与会同志听取了凤台县法院、宿县地区、马鞍山市中级法院和歙县、滁州市、无为县法院人民法庭建设的经验介绍，参观了凤台县6个法庭。会议研究了加快人民法庭建设的问题。

4月24日 王成乐院长在省七届人代会第一次会议上作了《安徽省高级人民法院工作报告》。

4月间 美国律师代表团到安徽高院考察了解司法工作情况，副院长万玉康等向代表团介绍了司法制度方面的情况。

5月10日 省高院副院长韩云萍、万玉康举行新闻发布会，安徽日报社、省电台、新华社安徽分社等新闻单位派员出席了新闻发布会。会上万玉康副院长通报了陈道伦故意杀人案的有关案情。

5月16日至20日 省院召开全省经济审判工作会议，各地、市中级法院分管院长、经济庭长、基层法院分管院长或经济庭长会议，出席会议共180人，会议总结交流了全省第一次经济审判工作会议以来开展经济审判工作的情况和经验，研究讨论了当前经济审判工作中的新情况、新问题和实现经济审判规范化、制度化、科学化的问题，王成乐院长和万玉康副院长在会上讲了话。

5月20日 省院召开全省法院系统“双先”表彰大会，会上对27个先进集体和159名先进个人进行了表彰，并给29名在工作中取得突出成绩的干警晋升了一级工资的奖励。

5月21日至22日 省院召开了全省各地、市中级法院院长会议，王成乐院长在会上传达了全国各级法院院长座谈会精神，会上学习了任建新院长在全国高级法院院长座谈会上的讲话和会议纪要。回顾并检查了全省法院学习贯彻中央(89)1号文件和前一阶段刑事审判工作情况，分析了我省当前社会治安形势，研究了进一步加强刑事审判工作和继续依法严厉打击严重刑事犯罪活动等问题。

5月24日 业大分校在合肥召开全省考试工作座谈会，各地、市中级法院业大分部专职副主任出席了会议，会议根据办学四年来考试工作的经验、教训，讨论修改了《安徽分校考试工作办法》，韩云萍副院长作了“严肃考风考纪，提高办学质量”的重要讲话。

5月28日至6月2日 刑二庭派人赴马鞍山市中级法院研究确定再审开庭的具体案件。

6月10日至14日 副院长韩云萍等一行6人赴霍山、舒城两县，对3起团伙抢劫案和3起故意杀人案进行公开宣判。

6月22日至26日 省院与省工商局联合召开了经济合同34件案件审理、仲裁工作协调会。全省各地、市中级法院经济庭庭长或分管院长，地、市工商分局仲裁委员会主任参加了会议。会议对经济合同34件案件当事人不服仲裁的起诉受理，案件管辖、执行等一系列问题统一了认识，并联合下发了文件。

6月30日至7月10日 最高法院业大总校在合肥召开《中国社会主义建设》教学研讨会，最高法院业大总校负责人出席了会议，中国人民大学主讲教授、副教授、讲师到会讲学，各省、直辖市、自治区高院业大分校均派教师参加了研讨会。王成乐院长在会议致了欢迎词，韩云萍副院长介绍了安徽省业大的办学情况。

7月2日至7日　刑二庭派人赴马鞍山市中级法院参加该院1起刑事再审案件的审理，并召开了座谈会。

7月10日至13日　最高法院业大总校负责人在韩云萍副院长等同志陪同下，到池州中院业大分部、芜湖中院业大分部、贵池、石台、青阳教学班检查办学工作。

7月15日至16日　最高人民法院刑二庭领导来安徽省检查刑事案件的再审工作。

7月17日至21日　省院在泾县召开部分中级法院、基层法院院长、刑二庭庭长座谈会，会议讨论了最高法院《关于刑事再审案件开庭审理程序的意见》和《关于刑事再审案件开庭审理若干问题的意见》。

7月至9月　省院在皖南医学院举办第三期法医培训班，有25名基层法院的法医参加了学习。

7月　安徽省法院有5名干部（省法院1名）经考试被录取为中国高级法官培训中心（第二期）学员。

7月20至22日　副院长韩云萍等一行5人赴凤阳县对蔡士林故意杀人案进行公开宣判。被告蔡士林于1988年9月20日为其侄子不守校纪被教师批评与教师柳支武争吵后，用一木棍将柳打死，滁县地区中级法院一审判决蔡士林死刑，省法院二审维持原判，核准死刑。

8月间　根据最高法院的部署，安徽省法院有3名审判人员先后被选送去苏联、美国进修和访问。

8月17日　省院举行新闻发布会。省、市部分新闻单位派员出席了会议，会上万玉康副院长就人民法院在审判活动中如何贯彻两高“通告”回答了记者们提出的问题。

8月22日　省院给全省各级法院下发了“关于认真贯彻两高通告的通知”，通知要求各级法院立即行动起来，认真学习，坚决贯彻执行最高人民法院、最高人民检察院发布的《关于贪污、受贿、投机倒把等犯罪分子必须在限期内自首坦白的通告》。

8月25日　省院举行新闻发布会。会上韩云萍副院长就人民法院在贯彻两高“通告”中，如何掌握宽、严幅度做到正确量刑等问题，回答了记者们的提问。

8月31日　为及时掌握全省法院系统审理动乱中犯罪案件的情况和两高“通告”的贯彻执行情况，省院召开全省中级法院研究室主任会议。副院长韩云萍、万玉康在会上讲了话。

9月8日至28日　省院举办第1期行政诉讼法干部班、全省法院150名行政审判庭庭长及行政审判干部参加了培训班。

9月13日　为配合宣传贯彻“两高”《关于贪污、受贿、投机倒把等犯罪分子必须在期限内自首坦白的通告》，副院长韩云萍等一行6人赴铜陵市，对黄财富、郭绍荣受贿、贪污案进行公开宣判。被告人黄财富、郭绍荣等人自1985年以来，在订购闸阀等水暖器材过程中收受被告人洪森泉贿赂230240元，其中黄受贿财物21138元，郭受贿财物13343元，此外黄还贪污公款2026.33元，黄犯被判处无期徒刑。郭能如实坦白罪行，积极退赃并协同抓获了同案犯，根据两高“通告”精神，从轻由原判有期徒刑十年改判有期徒刑五年。

国庆前夕　省院推荐怀宁县人民法院院长陈品一、东至县人民法院经济庭庭长唐贻发两同志为“全国法院模范”人选。

10月10日至12日　业大分校在合肥召开1988级第3次业大工作会议，各地、市中级法院分管业大工作的院长和分部专职副主任参加了会议。会议首先由崔志东副主任传达最高法院业大总校第3次工作会议精神。会议讨论通过了安徽分校《关于加强业大政治思想工作的决定》、《关于加强教师队伍建设的若干规定》等文件，会议决定，从1988级第三学期起，全省业大由音像授课改为试行面授教学。韩云萍副院长对会议进行了总结。

10月12至13日 省院在合肥召开了全省中级法院院长会议，院长王成乐、副院长韩云萍出席会议，并在会议结束时讲了话。会议回顾了全省法院前一段时间贯彻最高法院、最高检察院《关于贪污、受贿、投机倒把等犯罪分子必须在限期内投案自首坦白的通告》的情况，并就如何进一步贯彻两高《通告》，进行了研究部署。

10月14日至23日 告申庭庭长程东让、副庭长杜宝玉陪同最高法院的同志到阜阳、巢湖、黄山3地市中级法院及部分基层法院处理滞留在北京的上访老户问题。

10月上旬 省院与省农业银行在六安联合召开了依法收贷,协助执行经验交流会，全省各地市中级法院经济庭庭长、农业银行行长参加了会议。万玉康副院长出席会议并讲了话。

10月21日 省人大常委会批准省院《行政诉讼法施行前全省行政诉讼试点工作计划报告》，试点时间为1989年下半年至1990年10月1日，滁县地区中级法院和24个基层法院开始先行按照行政诉讼法审理行政案件。

10月24日 省院举行新闻发布会。会上樊龙副院长就如何敦促经济犯罪分子在“通告”规定的期限内投案自首，回答了记者们提出的有关问题。

11月7日至11日 省院副院长韩云萍等赴定远县，了解包增文故意杀人案的开庭审理情况。被告包增文构成以驾车撞人的危险方法危害公共安全致人死亡和故意杀人罪，致11人死亡，10人受伤（其中重伤5人），滁县地区中级法院依法以两罪分别判处其死刑，决定执行死刑，省院从重从快，仅用7天时间审结了此案，维持并核准了包增文死刑。

11月21日至26日 刑二庭派人赴省第三监狱及蚌埠橡胶厂了解减刑、假释工作情况。

11月26日至29日 省院与省工商银行在阜阳联合召开了依法收贷协助执行经验交流会，全省各地市中级法院经济庭庭长、工商银行行长参加了会议，会议总结交流了审理借款合同34件案件的经验；万玉康副院长出席会议并讲了话。

11月30日至12月1日 业大分校在合肥召开1986级学生毕业典礼暨1988级第一学年“三优二先”表彰大会，各地、市中院业大分部专职副主任、先进教学班、优秀辅导教师、优秀办学人员、优秀学生代表共计50人参加了会议。省法院院长兼分校校长王成乐、副院长樊龙、韩云萍出席了会议，王成乐校长讲话并向86级学生颁发了毕业证书。在毕业典礼会议上，全省各级法院共有483名86级学员毕业，这是业大分校为全省法院培养的第二批国家承认学历的法律大专生。同时会议还表彰了2个先进分部，16个先进教学班，19名优秀辅导教师，19名优秀办学人员，136名优秀学员。

11月下旬 人事处根据省人事局皖人字（89）30号文件规定组织进行了全省法院系统法警改干工作，全省法院参加改干考试238人，成绩合格226人。省法院有9名法警改为干部。

11月间 刑一庭审理了张怀甫贪污、投机倒把案，张系省政府驻北京办事处副主任。合肥市中级法院一审以贪污罪判处其有期徒刑十三年，以投机倒把罪判其有期徒刑九年，决定执行有期徒刑二十年，省院二审维持原判。

12月14日至17日 告申庭庭长程东让陪同最高法院告申庭的同志到临泉县法院处理最高法院交办的有关案件并了解告申庭的工作情况。

12月24日 副院长韩云萍等人赴淮南市旁听陈宏忠故意杀人案的开庭审理情况。陈犯残杀一幼童，并将其肉吞食之。淮南市中级法院当庭宣判，判处其死刑，省院就地审理了此案，该案仅用10日审结，维持并核准了被告人死刑。

12月下旬 省院刑一庭审结了吴徽海贪污、赌博案。吴徽海系歙县城关区粮油管理站会计，利用职务之便，私开现金支票14张，贪污公款93400元，其用贪污的公款作赌资，先后参与赌博28场，输赢额达193000元。黄山市中级法院以贪污罪判其死刑，以赌博罪判处其有期徒刑三年，决定执行死刑，剥夺政治权利终身，省院二审维持原判，并报最高法院核准。

12月28日 刑一庭派人赴南陵县，对朱建伟、崔春晓等贪污、挪用公款案进行公开宣判。朱建伟、崔春晓等人系银行工作人员，他们利用职务之便贪污、挪用公款近36万元，其中朱伙同他人贪污公款207000元，朱个人贪污86000元；其还挪用公款64000元；崔春晓伙同他人贪污公款113587.84元，崔个人贪污50587.84元。芜湖市中院审理后，省院二审维持原判以贪污罪判处朱建伟死刑，以挪用公款罪判其有期徒刑七年，决定执行死刑的判决，以贪污罪改判崔春晓死缓刑。其余被告人也被判处无期徒刑和有期徒刑，此案已报最高法院核准。

年前 省院根据最高法院明传电报通知，评选出合肥市中级法院、马鞍山中级法院、芜湖市中级法院刑一庭为全国法院系统制止动乱、平息反革命暴乱先进集体代表。

福建省高级人民法院

1月10日 省人大常委会第六次会议通过任免事项，任命何晓芳为省高级法院副院长，免去其刑一庭庭长职务，任命陈忠宝为省高院副院长，审判委员会委员，任命朱寿权为刑一庭庭长。省法院领导班子召开了院长办公会议，明确了院长、副院长分工。

4月25日 陈新秀院长在省人大二次会议上作法院工作报告。

4月28日 陈新秀院长主持省法院党组扩大会，认真学习人民日报4月26日社论《必须旗帜鲜明地反对动乱》。

5月29日下午 省法院党组收到最高人民法院关于完全拥护最近中央领导同志讲话，要求各级人民法院全体干警坚守岗位，遵守纪律的紧急通知后，当晚即召开党组扩大会进行认真学习讨论。

5月20日晨 党组同志又认真收听了中共中央、国务院19日晚在北京召开的首都党政军干部大会上李鹏和杨尚昆同志的重要讲话。并发出电传通知，要求全省各级法院和全体干警要认真学习，在政治上与党中央保持一致。

5月22日上午 省法院收到5月20日省委给中央的电报——《关于认真学习贯彻李鹏、杨尚昆同志在首都党政军干部大会上讲话的情况报告》，陈新秀同志立即召开党组扩大会进行认真学习讨论，大家完全拥护省委的态度。

8月15日 最高院、最高检发布《关于贪污、受贿、投机倒把等犯罪分子必须在限期内自首坦白的通告》，省法院党组即日组织学习讨论，并提出具体贯彻执行意见。

8月18日 省法院发出《关于贯彻执行中共中央3号文件，认真做好法院系统纯洁内部清理工作的意见》，对全省法院开展清查、清理、惩治腐败工作作出安排。

8月23日 省法院陈新秀院长与省检察院陆永和副检察长联合发表电视讲话，就两高《通告》中的有关问题回答了记者的提问。

8月24、25日 省法院召开全省中级法院院长会议，着重部署落实贯彻两高《通告》的措施。

9月7日 省院党组举行扩大会议，研究贯彻9月6日省委召开干部大会精神和进一步深入贯彻执行“两院一部”《通告》。

9月 《福建审判》(季刊)创刊，最高法院林准副院长为刊名题字，陈新秀同志写了《祝贺与希望》的发刊词。

10月6日 省法院就认真学习江泽民同志国庆讲话向全省法院发出通知。

10月8日上午 省法院党组召开会议，研究通过《关于开展向全国先进工作者、全国法院模范欧金淡同志学习的决定》和《关于给欧金淡同志记一等功的决定》。

10月6日至14日 陈新秀院长参加省委党委扩大会，听取中央工作会议和五中全会精神的传达。

11月5日至11日 陈新秀院长列席省人大常委会第十次会议，并向会议作《关于贯彻两高〈通告〉，审理经济犯罪案件情况的报告》。

11月3日至4日 省法院召开有各中院分管院长、刑庭庭长参加的刑事审判工作会议。

11月 经省政府领导同意，厦门海事法院筹建工作领导小组成立，陈新秀任组长，方忠炳副院长、省交通厅副厅长江德顺为副组长。

江西省高级人民法院

3月 省高级人民法院引进竞争机制，首次采取业务考试和政治考核的办法，择优晋升7名审判员和10名助审员。这一做法受到省委组织部的肯定。

3月11日至12日 省高级人民法院在南昌召开全省各中级人民法院院长会议，传达贯彻全省政法工作会议精神，研究审判工作更好地为治理经济环境，整顿经济秩序，全面深化改革服务问题。省高级人民法院院长李迎在会议结束时讲话，对当前全省法院工作提出了4项要求。

4月19日至25日 最高人民法院在庐山召开离婚标准、事实婚姻、举证责任、借贷、名誉权案件专题座谈会。出席会议的有上海、江苏、安徽、湖南、湖北、广西、海南、四川、江西九个省、市高级人民法院和部分中级人民法院的民事审判庭庭长共35人。最高人民法院副院长马原、民事审判庭庭长唐德华等出席会议。省高级人民法院院长李迎和九江市中级人民法院副院长李德志出席会议。

5月10日 省高级人民法院院长李迎向省七届人大第二次会议作《法院工作报告》。

5月30日 经省出版事业管理局批准、省高级人民法院编印的内部刊物《审判理论与实践》第一期出版。中共江西省委书记毛致用、副书记刘方仁、省人大常委会主任许勤、省顾问委员会主任赵增益、省委政法领导小组组长王昭荣、中共中央顾问委员会委员白栋材、最高人民法院副院长马原、省人大常委会副主任柳滨为该刊题词。省高级人民法院院长李迎作发刊词。

7月11日至14日 省高级人民法院在宜春召开全省第一次行政审判工作座谈会，参加会议的有全省各中级人民法院、部分基层人民法院的行政审判庭庭长和省法院有关庭、室的同志。与会同志认真学习党的十三届四中全会公报和邓小平同志的重要讲话，回顾两年来全省行政审判工作的情况，总结交流经验，分析存在的问题，联系审判实际，进一步学习《行政诉讼法》，讨论案例，着重研究行政审判实践中的具体问题和处理问题。会议开始，省法院行政审判庭庭长对全省开展行政审判工作的情况作了发言；结束时，副院长阙贵善就开展全省行政审判工作讲话。

8月19日　省高级人民法院和省人民检察院发出贯彻执行最高人民法院、最高人民检察院《关于贪污、受贿、投机倒把等经济犯罪分子必须在限期内自首坦白的通告》的通知。

8月15日至29日　省高级人民法院与省社会科学院联合举办首期全省经济司法联络员学习班，参加学习的有南昌、九江、景德镇市和赣州、吉安、上饶、抚州地区的企业厂长、经理、书记、业务科长、法律顾问等共41人。学习经济合同法、民法通则、专利法、商标法、破产法、企业法，并研究讨论违约责任、经济纠纷处理等问题。

8月26日至28日　中国高级法官培训中心和全国法院干部业余法律大学在北京举办首届学术讨论会。部分优秀论文作者出席首届学术讨论会。

9月20日　经中共江西省委批准成立的江西省法官培训中心，第一期在江西大学举行开学典礼。省高级人民法院院长、培训中心委员会主任李迎，副院长、培训中心委员会副主任阙贵善，副院长李修源，江西大学副校长、培训中心副主任陈正夫出席典礼；培训中心任课的副教授、讲师、工作干部和48名学员参加典礼。李迎就开办法官培训中心的目的、意义和教学要求等问题讲话。陈正夫致欢迎词。中共江西省委政法委员会、组织部、省人大、省人民检察院、省教委、省公安厅、省司法厅的负责同志到会祝贺。学员有省高级人民法院审判员1人、各中级人民法院副庭长23人和基层人民法院正副院长23人、庭长1人。

9月28日　高安县人民法院书记员丁早华，出差途经北京，在故宫博物馆内，勇擒向外国游客行凶的歹徒，受到北京市公安部门的赞扬。其后丁早华同志被省高级人民法院记二等功1次。

10月10日　省高级人民法院在南昌召开全省各中级人民法院院长会议，在汇报情况的基础上研究深入贯彻最高人民法院和最高人民检察院《关于贪污、受贿、投机倒把等经济犯罪分子必须在限期内自首坦白的通告》，从审判工作方面保证《通告》的切实执行。省高级人民法院副院长阙贵善主持会议并讲话。

10月11日　最高人民法院顾问曾汉周来我省视察工作，省高级人民法院院长李迎陪同视察了广昌、宁都、瑞金、于都、兴国、井冈山等县（市）人民法院的工作。

10月17日　省高级人民法院在南昌举行首次新闻发布会，向新闻界通报全省人民法院贯彻执行最高人民法院、最高人民检察院《关于贪污、受贿、投机倒把等经济犯罪分子必须在限期内自首坦白的通告》的情况。出席新闻发布会的有新华社、人民日报社、法制日报社、中新社、工人日报社、江西日报社等17个单位的新闻工作者。

10月31日　省七届人大常委会第十一次会议决定，任命郑臣镇为省高级人民法院副院长。

12月3日　上饶、乐平县人民法院分别召开一等功获得者蒋如泉、周学兰表彰大会，最高人民法院派代表出席。省高级人民法院院长李迎、副院长李修源分别出席。

12月20日　中共江西省高级人民法院党组决定成立院志编纂委员会。主任委员李迎、副主任委员郑臣镇、彭崇肖，委员16人。主编郑臣镇，副主编彭崇肖、黄善性、周心祺。院志编纂委员会下设编辑室，编辑室由14人组成。

山东省高级人民法院

2月28日 山东省高级人民法院告诉申诉庭宣布正式成立。

3月7日 山东省法院改革民事审判方式座谈会在青岛市召开。

3月15日 最高人民法院在济南举行授奖仪式。最高人民法院副院长马原宣布了给胶南县、昌邑县人民法院记集体一等功的决定，并颁发了荣誉证书和奖金。山东省高级人民法院作出了在全省法院深入开展向胶南县、昌邑县法院学习的决定，省委副书记、省长赵志浩等领导同志出席了授奖仪式。

3月18日 山东省法院各中院院长会议在济南闭幕，会议提出89年的工作安排：坚持审判工作、队伍建设、装备建设3项任务一齐抓，保证严肃执法，为治理整顿全面深化改革服务。

8月25日 山东省高级人民法院向省委提交了《关于审判处理在动乱期间发生的犯罪案件意见的报告》。

9月28日 山东省高级人民法院召开省法院机关制止动乱反对暴乱庆功表彰大会。

11月9日 山东省高级人民法院院长孟昭炬因病逝世。

12月7日 山东省法院第一次经济审判疑难问题研讨会在烟台召开。

12月26日至27日 全省法院首届审判理论与实践研讨会在章丘召开。

河南省高级人民法院

1月19日 最高法院法（司）行复〔1989〕5号批复，同意撤销邓县人民法院，设立邓州市人民法院。

1月21日 最高法院法（司）行复〔1989〕10号批复，同意撤销汲县人民法院，设立卫辉市人民法院。

1月17日 为了加强枪支管理，防止和避免枪支丢失、被盗和违纪事件的发生，省高级法院召开各中级法院主管副院长参加的枪支管理工作紧急会议。认真学习了最高法院《枪支管理办法》和省法院制定的《实施细则》，交流管好枪支的经验。副院长李道民就枪支管理工作中存在的问题讲了话，要求各级法院对枪支配发、保管和各项制度的落实情况，进行一次全面检查和整顿。

2月下旬 省高级法院组织调查组，对焦作市中院1988年审结的140件二审改判及部分再审民事案件和许昌市中院1988年第二、三季度审结的106件二审民事案件进行了检查。处理正确和基本正确的有205件，占检查案件246件的83.3%。杨聚章副院长参加了调查活动。

3月14日 省高级法院召开各中级法院司法统计员会议，总结1988年司法统计工作经验，表彰先进。省法院副院长杨聚章到会并向先进单位发了奖。会议认为，1988年，全省各级法院普遍加强了对司法统计工作的领导，重视司法统计业务建设，调动统计人员的积极性。统计工作的及时性、准确性有了明显的提高。中级法院各月的报表都在规定时间内如期报送。

3月16日 省高级法院召开院务会议，

传达贯彻全省政法工作座谈会精神。郑增茂院长传达了乔石同志在全国政法工作座谈会上的重要讲话，钱晔副院长传达了省委副书记姚敏学在全省政法工作座谈会上的讲话和省委 1989 年政法座谈会上的讲话和省委 1989 政法工作要点。会议就如何结合实际，贯彻全省、全国政法座谈会精神，搞好法院各项工作，统一了认识，研究了措施。杨聚章副院长和各庭、处、室的负责同志参加了会议。

3 月 20 日至 29 日　省高级法院刑一庭先后到信阳、南阳、开封等地、市对刑事案件公开审判的情况进行了调查，并观摩了基层法院公开审判的一审刑事案件 5 件 9 人。调查情况表明，庭审工作总的情况是好的，但也存在一些值得注意的问题：案件事实当庭未查明，罪责不明；在使用证据上存在一些问题；庭审前未能严格把关造成庭审中工作被动；审判中用语不规范，发问缺乏艺术性；控制指挥法庭的能力不高，不注意维持法庭秩序。

3 月 23 日至 27 日　省高级法院在南阳市召开全省刑事审判工作座谈会。这次会议主要是传达、贯彻最高法院“宁波会议”精神，最高法院副院长林准在全国法院审判经济犯罪案件座谈会上的讲话（要点）和全国法院减刑假释工作座谈会议《纪要》及祝铭山副院长的讲话。并汇报、交流了全省关于少年犯合议庭试点的情况和经验。会议由钱晔副院长主持并讲了话，杨聚章副院长传达了最高法院在宁波召开的全国法院审理经济犯罪案件座谈会精神。

3 月 25 日至 27 日　省高级法院召开中级法院院长会议，传达贯彻全国、全省政法工作座谈会精神，部署 1989 年全省法院工作。会上，传达了乔石同志的重要讲话，学习了中共中央〔1989〕1 号文件和省政法工作座谈会精神。郑增茂院长传达了中央文件和省政法工作座谈会精神。省政法委书记张志刚到会作了重要讲话。

3 月 25 日至 28 日　省高级法院在商城县召开全省经济审判工作会议，各中级法院和部分基层法院主管经济审判工作的副院长、经济庭庭长及省法院经济庭的部分同志参加了会。最高法院经济庭负责同志到会并讲了话。省法院副院长徐国红在会上讲了话，要求各级法院认清形势，明确任务，不断开创经济审判工作的新局面，为治理整顿、深化改革做出新贡献。会上，交流了一些单位经济审判工作的好经验。最高法院经济庭负责同志介绍了 1988 年全国经济审判工作情况。

4 月 1 日　省高级法院、省检察院、省公安厅、省司法厅发出《关于严厉打击抢劫、盗窃、流氓犯罪活动的联合通知》指出：为了维护社会治安秩序，保障治理经济环境、整顿经济秩序和全面深化改革的顺利进行，保护国家、集体和公民的合法权益，根据国家法律和有关规定、决定自本通告发布之日起，在全省城乡广泛发动群众，开展一次依法严厉打击抢劫、盗窃、流氓犯罪活动的斗争。

4 月 14 日至 17 日　省高级法院在驻马店市召开了全省告诉申诉审判工作座谈会。各中级法院主管副院长、告申庭长及部分县法院的告申庭长参加了会议。最高法院告申庭派员到会指导并讲了话。与会同志学习了最高法院副院长祝铭山在“成都会议”上的讲话和四川省高级法院做好告诉申诉工作的经验。驻马店中级法院和上蔡、确山县法院介绍了改进和加强告诉申诉工作的经验。省法院副院长杨聚章同志作了《大力改进和加强告诉申诉工作，为治理整顿和深化改革服务》的报告。

4 月 12 日　《河南法院简报》20 期登载：1988 年全省各级法院加强思想政治工作和廉政教育，收到较好效果。全省法院干警拒收贿金的 5800 余人（次），金额达 50 余万元，拒收礼品的有 6500 余人（次），礼品有收录机、毛毯、自行车、石英钟、手表等物，折款约 30 万元。涌现出许多秉公执法，廉洁自律的人民法官，受到人民的称赞。

4月26日　郑增茂院长在省七届人大二次会议上作了《河南省高级法院工作报告》。当天下午和27日全天，郑增茂院长，钱晔、杨聚章副院长和各庭、处、室的负责同志共30余人分别到各代表团听取对《报告》的审议意见。代表们认为，实事求是地总结各项工作，不说空话、套话，是这个《报告》的显著特点。同时，对社会治安状况和法院工作存在的问题，也提出了批评和建议。

5月4日至8日　省高级法院在信阳市召开土地纠纷案件研讨会，对处理土地纠纷案件的原则和有关政策、法律问题进行了探讨。参加会议的有各市、地中级法院民庭庭长（副庭长），省土地管理局，省政法管理干部学院、信阳地区土地管理局，信阳地区部分县法院民庭庭长和部分土地管理的负责同志。信阳地区政法委书记邵其政作了《依法管好用好土地是人民法院和土地管理部门的重要任务》的专题讲话。省法院副院长杨聚章参加了会议并在会议开始和结束时讲了话。信阳、驻马店地区中级法院和固始县、邓州市法院介绍了处理土地纠纷案件的经验和作法，并就省法院民庭总结的《处理土地纠纷若干问题的意见》和7个土地纠纷疑难案例进行了认真地研讨，明确了人民法院审理土地纠纷案件的一些原则。

5月18日至20日　省高级法院召开了全省行政审判工作座谈会。各中级法院主管行政审判工作的院长、行政庭长参加了会议。钱晔副院长主持会议并讲了话。会议对全省1987年初开始组建行政审判机构，试办行政案件情况作了估计：截止4月底，全省已有165个法院建立了行政审判庭，占全省176个地方法院的94%；审结了一批行政案件，初步显示了行政审判工作的作用，为进一步开展行政审判工作奠定了基础。

5月20日　省高级法院组织收看了李鹏同志代表党中央、国务院在中央、北京党政军负责同志会议上的讲话，并向全院干警传达了最高法院的紧急通知。接着又召开处以上干部会传达了省委关于认真学习李鹏同志讲话的通知和杨析宗同志代表省委提出的四点要求。全体干警一致表示，坚决拥护李鹏同志的重要讲话和省委的部署，旗帜鲜明地反对和制止动乱。

6月9日　省高级法院召开律师座谈会认真听取对刑事审判工作的意见。参加座谈会的有省第二、五律师事务所，郑州市第一、二、三律师事务所，经济律师事务所和郑州市司法局的同志等。座谈会由钱晔副院长主持。律师们就贯彻诉讼程序和审判制度、审判作风方面存在的问题，向省法院提了他们的看法和意见。

6月21日　省高级法院发出《关于表彰全省法院系统先进集体、先进工作者的决定》。对1988年全省各级法院、郑州各级铁路运输法院，在各级党委的领导下，坚持四项基本原则，坚持改革开放，坚持为治理整顿服务，为维护社会安定，促进我省经济建设做出突出贡献的39个先进集体和105名先进工作者，给予表彰。号召全省法院干警以他们为榜样，认真学习邓小平在接见戒严部队军以上干部时的重要讲话精神，在政治上、思想上、行动上同党中央保持一致，努力工作，秉公执法，为政清廉，为保卫社会主义经济建设做出新的贡献。

6月24日至28日　省高级法院召开了全省法院廉政建设工作会议和纪检、刑事、调研宣传工作座谈会。各中级法院院长、研究室（办公室）主任、纪检组长、人事科长、刑庭庭长和省法院庭、处、室负责的同志参加了会议。省直机关和新闻记者应邀出席了会议。与会同志认真学习了邓小平同志在接见首都戒严部队军以上干部时的讲话，传达了全国法院廉政建设工作会议精神，交流了我省法院系统廉政建设的情况和经验。郑增茂院长作了题为《坚持从严治院保持队伍廉洁》的讲话，要求认真落实廉政工作的各项措施，努力建设一支坚强的秉公执法的法院队伍。钱晔、徐国红、杨聚章副院长代表院党组分别讲了有关加强刑事、纪检和调研宣传工作的意见。会议结束时，省委常委、政法委书记张志刚到会作了重要讲话。

6月28日　省高级法院院长郑增茂发出“致全省干部群众的公开信”。提出，为了贯彻党的十三届四中全会精神，从严治院，清除腐败现象，建设一支全省人民信得过的清正廉洁的法官队伍，恳请广大干部、群众对我省法院干警的执法活动给予支持和监督。为了便于各界对各级法院审判工作的监督批评，还提出了7项具体措施。

8月20日　省高级法院、省人民检察院、省公安厅、省司法厅〔1989〕豫法字第21号文件发出《关于开庭审理再审刑事案件有关问题的通知》，要求各级法院对刑法、刑诉法实施后判决的刑事案件，按照审判监督程序重新审理时，凡条件具备的，均应依法公开审理。人民法院按照审判监督程序审理的案件，人民检察院必须派人出庭。对原审被告人决定再审的案件，一般应在一个月内审结，最迟不得超过一个半月。

8月21日至22日　省高级法院召开各中级法院刑庭庭长参加的经济犯罪审判工作座谈会。学习、宣传、贯彻中共十三届四中全会精神和“两高”《通告》。会议认为，全省法院经济犯罪审判工作在为治理整顿、惩治腐败服务的思想指导下，依法审结了一大批经济犯罪案件。1月至7月，新收各类一审经济犯罪案件2212件，审结1949件，分别比去年同期上升13.49%和13.05%。在审结的案件中，个人非法所得在万元以上的比去年同期上升56.78%。钱晔副院长主持座谈会并讲了话。

8月22日　“两高”《关于贪污、受贿、投机倒把等犯罪分子必须在限期内自首坦白的通告》发布后，省高级法院同检察院党组联合向省委提出了五条贯彻意见，并和省检察院、省公安厅联合召开新闻发布会，三机关的负责同志分别通报了元月至7月严惩严重经济犯罪活动的情况，提出了三机关贯彻执行《通告》规定的意见，并回答了记者提出的问题。省直有关厅局的负责同志和20多家新闻单位的记者参加了发布会。

9月1日　河南省人大常委会批准本院《关于在行政审判中开展实施〈行政诉讼法〉试点工作计划的报告》。试点计划确定郑州、南阳、信阳、驻马店四个中级法院和新郑、上蔡、泌阳、光山、南阳市、方城和郑州市的二七区、中原区八个基层人民法院为河南省的试点法院，并对试办案件中具体应用行政诉讼法的有关问题作了规定。

9月6日至7日　省高级法院召开了行政诉讼法试点工作汇报会。参加会议的有郑州、信阳、驻马店、南阳4个中级法院和新郑、光山、泌阳、上蔡、方城县及南阳市、郑州市二七区、中原区法院的主管院长。与会同志围绕试点情况，汇报了前段行政诉讼法试点工作和经验，探讨了进一步搞好这项工作的措施。李道民副院长在会上讲了话。他强调指出，要充分肯定试点成绩，增强搞好试点工作的责任感、使命感，试点工作既要坚持积极稳妥的方针，又要有大胆探索、勇于开拓的精神。

9月9日　全省法院系统首届法制新闻培训班结束，郑增茂院长、杨聚章副院长在学习班结束时看望了全体学员，并就如何搞好全省的法制宣传工作讲了话。要求法院的法制宣传工作必须坚持四项基本原则，树立为党的中心工作服务的思想，为治理整顿、深化改革服务，为保障和促进社会主义经济建设服务。并进一步发挥专、兼职宣传干部的作用，建立好宣传网络。参加这次培训班的有各中级法院和部分基层法院的38名专、兼职通讯员，历时5天。

9月13日　省高级法院分别在郑州铁路局武汉分局和沈丘县召开宣判大会，根据“两高”《通告》的规定，依法从宽判处贪污、受贿犯王建敏（女）无期徒刑；依法从严判处贪污犯刘俊峰死刑。15日，省长程维高就进一步贯彻落实“两高”《通告》发表电视讲话说：省法院公开宣判了两起重大经济犯罪案件，这是河南省人民法院贯彻执行“两高”《通告》的一个具体行动。对那些执迷不悟的犯罪分子是一个严重警告，敦促犯罪分子幡然悔悟，坦白自首，争取宽大处理。

9月17日至20日　省高级法院在郑州召开了全省告诉申诉审判工作座谈会。各中级法院告诉申诉庭长和省法院告申庭、刑二庭、研究室的有关同志参加了会议。李道民副院长出席会议并讲了话。这次会议的主要内容是，传达学习最高法院院长任建新在第十四次全国法院工作会议上的报告，明确告诉申诉审判工作的方针、任务和指导思想，汇报和交流各市地开展告诉申诉工作的情况和经验，讨论如何开展告诉申诉工作的具体意见。

10月18日　郑州市中原区法院院长刘士荣因收受巨额贿赂被逮捕后，省法院立即召开会议作了研究，并向全省各级法院发出通知，提出进一步加强全省法院廉政建设、保持法院队伍纯洁的五条意见。19日，又召开中级法院院长会，专题讨论了刘士荣腐化堕落的问题，还就一些法院办案让当事人出旅差费和让有关工厂、企业资助办公经费等问题，提出了批评和纠正的措施。

10月19日　省高级法院召开中级法院院长会议，贯彻全国部分省市高级法院刑事审判工作座谈会精神。参加会议的中级法院院长在认真学习座谈会精神的基础上，汇报了贯彻执行“两高”《通告》、集中打击严重刑事犯罪和处理动乱、暴乱中发生的刑事案件等情况，并就如何贯彻座谈会精神，推动刑事审判工作深入发展进行了认真研究。省法院领导及各部门负责人参加了会议，郑增茂院长和钱晔副院长讲了话。“两高”《通告》发布以后，全省法院一方面积极宣传贯彻“两高”《通告》，促使犯罪分子投案自首，另一方面抓紧对经济犯罪案件的处理。自《通告》发布至12月20日，全省法院共受理贪污、受贿、投机倒把案件345件545人。对这些罪犯的处理，依照刑法和《通告》精神，召开宣判大会，兑现宽严政策，促进了部分经济犯罪分子投案自首。

10月23日　中共河南省纪律检查委员会、省高级法院、省检察院、省公安厅以豫纪〔1989〕18号文件发出《关于转发中纪发〔1989〕7号文件的通知》，要求全省各级纪委、法院、检察院、公安机关按照中纪发〔1989〕7号文件规定，在查处案件过程中以认真负责的态度积极主动精神，互相协助、支持，加强配合，以利于更好地开展查案工作。

10月24日至26日　最高法院在平顶山市召开各省、市、自治区高级法院及部分中级法院参加的司法统计分析计算机软件推广应用会。会议由最高法院研究室统计处负责同志主持。平顶山市委副书记毛兴中、副市长马连兴、省法院副院长杨聚章等领导到会祝贺。经过几天学习，与会同志学会了软件的安装和操作使用技术。

10月25日至27日　业大河南分校召开分部专职副主任会议，传达贯彻业大总校第四次工作会议精神。会议认真学习了中共中央、国务院转发国家教委《关于当前高等学校工作中的几个问题的意见的通知》；传达了最高法院副院长、法律业大常务副校长祝铭山在法律业大第四次工作会议上的总结讲话和总校关于《加强领导、严格管理，切实办好专业证书教育》的要求，并汇报了工作、交流了经验，布署了工作。省法院副院长、分校常务副校长杨聚章在会议结束时讲了话。

11月8日至12日　省高级法院在郑州召开了全省法院审理房产、宅基案件研讨会。参加会议的有各市、地中级法院民庭庭长(副庭长)及部分基层法院的房、地产法庭庭长等22人。省土地管理局、省建设厅房屋住宅处负责同志应邀出席了会议。会议开始时，省高级法院杨聚章副院长、省土地管理局李庚局长先后讲了话。郑州市管城区、安阳市文峰区法院的房地产法庭庭长介绍了处理房、地产案件的经验。与会同志认真讨论了九个房产、宅基疑难案例和省法院民庭起草的《审理房产、宅基纠纷案件研讨会纪要》(讨论稿)。郑增茂院长到会看望了与会代表，并就如何搞好民事审判工作作了重要讲话。会议着重研究了以下几个问题：(1) 关于处理土改遗留的房屋案件问题。(2) 关于离婚案件中，婚姻、子女抚养、财产等问题处理问题。(3) 关于房屋典当回赎期限的计算问题。(4) 关于如何确定宅基地使用权问题。

10月24日至11月10日　省高级法院组织廉政工作检查团，由郑增茂院长带队，分6个组对全省18个中级法院和35个基层法院的廉政建设工作进行了全面检查。检查结果表明：全省绝大多数法院比较认真地贯彻了全国、全省法院系统廉政建设工作会议精神。普遍加强了对干警的思想教育，健全了廉政建设的各项制度、措施和监督体系，查处了一批违法违纪案件。并对存在的一些问题，提出了进一步抓好廉政建设的措施。

11月28日　《河南法院简报》70期载：全省各级法院认真贯彻平顶山"两庭"建设现场会(88年11月)精神，使"两庭"建设取得较大进展。截止10月底，全省55个未建设审判法庭的基层法院中，已有13个法院经省计委批准下达了基建计划，8个基层法院要求重建或改建审判庭的，省计委批准4个。1989年，全省计划建34个标准化人民法庭作为试点。10月底，已有38个达标，年底还有6个能够建成。此外，计划外扩建、改造人民法庭6个。

12月6日　河南省人民政府办公厅豫政办〔1989〕16号文件《转发省高级人民法院、省计经委〈关于全省法院审判法庭、人民法庭建设意见的通知〉的通知》，提出5条要求：(一) 各地应根据财力情况，积极支持审判法庭、人民法庭建设；(二) 审判法庭建设要列入地方基建计划，各地市县审判法庭建设所需的建筑材料，同级计委、物资部门应予解决；(三) 人民法庭建设是人民法院的基础建设，各地要根据实施情况统筹安排，纳入计划，县、乡两级财政大力支持，三年内完成；(四) 根据"实用、经济、庄严"的原则，审判法庭建设规模，可参照最高法院法(司)发〔1986〕18号文件执行；各级法院要搞好审判法庭和人民法庭的建设规划。

12月11日至15日　省高级法院召开全省经济审判业务工作会议。各中级法院、郑铁中院主管经济审判工作的副院长和经济庭长参加了会议(此会与全国经济审判业务工作会议同时进行)。与会同志列席听取了全国经济审判业务工作会议精神，座谈了当前经济审判工作中急待解决的问题，总结交流了经济审判工作经验。郑增茂院长和李道民副院长分别讲了话。

12月31日　最高法院发出《关于表彰全国法院系统制止动乱、平息反革命暴乱先进集体的决定》，授予北京市宣武区人民法院等73个单位为"全国法院系统制止动乱、平息反革命暴乱先进集体"称号，其中有郑州市中级法院、郑州铁路运输中级法院和焦作市解放区法院。

湖北省高级人民法院

4月　湖北省高级人民法院审判委员会议，对由省法院经济庭提出的《关于办理经济纠纷案件质量标准的意见》进行讨论修改。会议由李其凡院长主持，与会委员对《质量标准意见》从"事实清楚、证据确实、是非分明、责任明确、处理恰当、程序合法、文书齐全"七个方面，根据近几年来经济审判的实践经验作出了具体的标准规范是及时的必要的，对指导全省法院提高全省法院办理经济纠纷案件的办案质量是很重要的。会议对《质量标准意见》也提出了具体修改意见。会议决定原则通过，所提意见修改后，直接发往全省各级法院执行。

10月16日 湖北省高级人民法院首次举行新闻发布会。在汉新闻单位的记者出席了新闻发布会。湖北省高级人民法院副院长、新闻发言人吴家友，就全省法院从8月15日至10月14日贯彻执行最高人民法院、最高人民检察院《关于贪污、受贿、投机倒把等犯罪分子必须在限期内自首坦白的通告》的情况，通过新闻界向全省人民通报。在这期间正在审理和《通告》发布后受理的案件共952件，已结632件，这些经济犯罪案件犯罪数额共达3995000元。其中贪污、受贿、投机倒把、挪用公款的经济犯罪案件345件，已结224件。已发生法律效力的135件169人，其中贪污81件109人，受贿30件33人，挪用公款20件21人。

在审理上述案件时，各地法院对具有投案自首、检举立功，积极退赃情节的109名经济犯罪分子，坚决依照《通告》第七条和第二条第二款之规定，依法予以从宽处理。开庭公开审理或组织公开审判59场次，宣判经济犯罪分子173人，感召、震慑了有经济犯罪行为的人走自首坦白的道路。

广东省高级人民法院

1月12日至13日 省人大代表寇庆延、梁冀、陈杨钊、张良等来省高级人民法院视察工作，省法院负责同志向人大代表汇报了全省法院1988年各项审判工作概况和1989年的工作设想。

1月25日 省高级人民法院举行情况通报会，麦崇楷代院长向省、市新闻界和法律界知名人士通报了1988年全省法院工作情况和1989年工作的设想。

1月27日 省高级人民法院代院长麦崇楷等6人到政协广东省委员会，向在广州的省政协委员通报了1988年全省法院工作情况和1989年的工作设想。

1月11日至30日 省高级人民法院派出4个工作组，分别到江门、惠州、汕头、肇庆等4个市检查法院系统1988年刑事审判工作等情况。

2月25日 广东省七届人大常委会第六次会议任命彭春庭为广东省高级人民法院副院长。

3月2日至9日 省高级人民法院代院长麦崇楷参加广东省人民代表大会七届二次会议；6日，向大会作广东省高级人民法院工作报告；8日，选举麦崇楷为广东省高级人民法院院长。

3月15日 省高级人民法院作出《关于授予全省法院工作模范和优秀干部的决定》，授予15位同志为广东省法院工作模范称号，记二等功1次；授予91位同志为广东省法院优秀干部称号，记三等功1次。

3月20日至21日 省高级人民法院在广州召开全省中级法院院长会议，研究贯彻落实中央政法工作座谈会和广东省政法工作会议精神。

4月6日 广东省全省法院刑事审判庭庭长培训班结业。

4月11日 省高级人民法院举行新闻发布会，向新闻界发布本院处理许水纯等人伤害潮阳县工商管理人员一案的情况。

4月18日至25日 省高级人民法院经济庭、民庭、刑三庭负责同志组成赴港工作组，与香港最高法院经历司官员会晤，对

1988年粤港两地法院执行互相委托送达民商事案件诉讼文书协议的情况作了小结，并对需要进一步解决的问题进行了讨论。

5月2日至5日　省高级人民法院在新会县召开全省法院减刑、假释工作座谈会，传达了全国法院减刑、假释工作座谈会精神，研究了进一步做好减刑、假释工作等问题。

6月20日至25日　省高级人民法院在深圳市召开全省中级法院院长会议，传达贯彻最高法院召开的全国法院院长座谈会和全国法院廉政建设工作会议精神，研究加强刑事审判工作和廉政建设等问题，会议还总结推广了深圳市中级人民法院经济纠纷调解中心的经验。

7月18日至20日　省高级人民法院召开全省行政审判工作会议，贯彻落实最高人民法院《关于行政诉讼法实施前行政审判试点工作的通知》，研究了试点计划和工作意见。

8月　省高级人民法院创办的《法庭》杂志创刊号出版。

8月1日至18日　省高级人民法院举办全省法院调查研究干部培训班。

8月8日至15日　由省高级人民法院副院长张耀威、研究、办公室、刑二庭领导，广州、茂名、湛江市中级法院院长组成的考察组赴香港，考察香港经济司法制度，探讨如何为中资机构提供法律服务等问题。

8月16日　省高级人民法院举行新闻发布会，麦崇楷院长就贯彻执行最高人民法院、最高人民检察院《关于贪污、受贿、投机倒把等犯罪分子必须在限期内自首坦白的通告》发表了谈话。

8月29日　麦崇楷院长向广东省七届人大常委会第九次会议汇报了全省各级人民法院打击经济犯罪活动的情况。

9月1日　首期法官培训班，在广州开学。

9月2日　广东省、广州市法院、检察院联合在中山纪念堂召开广州地区反贪污、反贿赂宣判处理大会。省、市机关干部5000多人，省、市六套班子的领导同志出席了大会。

10月20日至28日　省高级人民法院副院长彭春庭等2人，参加在澳门举行的国际法官协会第七届大会。

11月3日　广东省七届人大常委会第十次会议任命朱士范为广东省高级人民法院副院长。

11月16日至18日　省高级人民法院在广州召开全省中级人民法院刑事审判工作会议，传达贯彻最高法院召开的刑事审判工作会议精神，研究加强我省刑事审判工作问题。

11月21日　省、市法院、检察院联合在中山纪念堂召开广州地区宣判处理贪污、贿赂罪犯大会。省、市、部、委、办、厅、局的机关干部3000多人，省、市六套班子领导同志出席了大会。

12月4日至9日　麦崇楷院长、周统平副院长一行4人，应香港最高法院首席按察司杨铁樑的邀请，出访香港。

12月19日　第17次院长办公会议决定，推荐广州市中级人民法院刑一庭、深圳市中级人民法院、长沙铁路运输法院为全国法院系统制止动乱、平息反革命暴乱先进集体，上报最高法院审批。

12月28日　省高级人民法院向广东省政协常委会通报了广东省法院1989年的审判工作情况。

贵州省高级人民法院

1月3日 为了配合银行、信贷部门开展“依法治贷”活动，省法院和省农行联合下发《关于依法清收农村信贷资金的联合通知》。各地法院根据文件精神，把“依法治贷”作为本年经济审判工作的重点。一年中，共审结借款合同案8584件，占全部经济纠纷案件审结数的57.45%；为国家追回逾期贷款资金8262.39万元，占全部经济纠纷案件诉讼标的金额的34.93%，使不少因资金收不回来，濒于关门的信用社恢复了正常的信贷活动，有力促进了经济领域的治理整顿。

1月17日至18日 省法院在贵阳召开全省法院减刑、假释工作座谈会议。各中级法院院长和刑二庭庭长、部分基层法院院长、省劳改局和部分劳改单位负责同志共30人参加会议。省法院张林春副院长主持会议并讲了话。会议传达全国法院减刑、假释工作座谈会精神，总结过去几年减刑、假释工作的成绩、经验和教训，结合我省实际，就如何贯彻全国减刑、假释工作座谈会精神，把握好减刑、假释的条件，减刑的幅度，应从严掌握的对象，特殊情节的假释，劳改积极分子和立功的标准，以及减刑、假释工作怎样与省“两院一厅”推行的《犯人思想改造、劳动生产每日百分考核试行办法》挂起钩来等一系列问题展开讨论，统一认识。

1月19日至21日 省法院在贵阳召开处理“严打”以来刑事申诉案件工作座谈会。各中级法院院长、刑二庭庭长和部分基层法院院长共25人参加座谈。会议认真学习最高法院任建新院长在第十四次全国法院工作会议上关于处理“严打”刑事申诉的讲话精神，介绍、交流处理“严打”申诉案件的情况和经验，研讨典型案例。省法院副院长张林春主持会议并讲了话，着重就处理“严打”申诉中如何坚持实事求是，慎重处理的方针，提出5条贯彻意见。

2月 《调查与研究》在走过艰难的初创阶段后，经省新闻出版局批准，更名为《贵州审判》，作为贵州省高级人民法院主办的内部刊物出版发行。《贵州审判》以“保障社会稳定，促进经济发展，加强队伍建设，提高执法水平”为方向，坚持四项基本原则，坚持理论与审判实践相结合，通过研讨审判工作中面临的实际问题，探索法院自身改革和建设的新路子，促进我省法院不断改善执法活动，提高执法水平，更好地为党的“一个中心、两个基本点”服务。《贵州审判》暂定为双月刊，在《调查与研究》基础上增加栏目，扩大容量，多角度、多侧面地反映贵州审判工作的特色。为了办好《贵州审判》，省法院成立由13人组成的《贵州审判》编辑委员会，原省法院院长石文礼担任顾问，省法院院长谢锦汉和研究室主任查英分别任主任委员和副主任委员；成立《贵州审判》编辑部，建立一支由各级法院共298名同志组成的通讯员队伍；定期公布全省法院调研参考课题，并加强指导协调和组织重点攻关。以此保证办刊工作组织落实，不断提高刊物质量。

3月1日 省法院院长谢锦汉向贵州省第七届人民代表大会第二次会议作1988年《贵州省高级人民法院工作报告》。谢锦汉院长在回顾一年来法院工作的主要情况时说：1988年，全省各级法院按照省七届人大一次会议的决议和第十四次全国法院工作会议的部署，继续依法从重从快打击严重危害社会治安和严重破坏经济的犯罪分子，全面开展各项审判工作，共审结各类一审案件56515件；积极推进法院自身的改革和建设，严肃执法，努力提高执法水平，为稳定社会治安、保障和促进深化改革和经济建设发挥了积极作用。4日，省七届人大二次会议批准了谢锦汉院长所作的报告。

3月8日　省法院在绥阳县公开审理陈志佐、胡建林、熊德龙伤害、流氓抗诉、上诉案。当地1000多名干部和群众到庭旁听。3名被告人于1987年12月29日晚在县城街上寻衅滋事，侮辱妇女，并蓄意挑起事端，殴打无辜，致使1人死亡。遵义地区中级人民法院以故意伤害罪、流氓罪判处陈志佐死刑，剥夺政治权利终身；胡建林、熊德龙死刑，缓期二年执行，剥夺政治权利终身。宣判后，省检察院遵义地区分院以对胡建林、熊德龙量刑失轻为由提出抗诉，3名被告人亦以量刑过重为由提出上诉。省法院审理认为，一审法院认定的事实清楚，但定罪不准，对胡建林量刑失轻、熊德龙量刑过重。为此于3月21日依法判决撤销原判的定罪和对胡建林、熊德龙的处刑部分，改为以流氓罪判处陈志佐、胡建林死刑，剥夺政治权利终身；熊德龙有期徒刑十五年，剥夺政治权利四年。4月1日，省法院在该县召开有2万多名干部和群众参加的宣判大会，宣判前，县委书记讲了话，省法院李太荣副院长就案讲法。宣判后，将罪犯陈志佐、胡建林押赴刑场执行枪决。

3月7日至10日　省法院在遵义市召开全省行政审判工作会议。各中级法院分管行政审判工作的院长（副院长）和行政审判庭庭长、部分基层法院行政审判庭庭长共46人参加会议。会议回顾全省法院开展行政审判两年来的情况，总结交流经验，研究面临的新情况新问题和解决的办法，讨论典型案例，探讨行政案件法律文书的制作。省法院张林春副院长主持会议并作了总结讲话，要求各级法院明确指导思想，进一步加强对行政审判工作的领导，积极、慎重、全面开展行政审判，不断总结和推广成功经验，争取受理案件有较大幅度增长，办案质量有明显提高，把行政审判工作向前推进一步，为行政诉讼法的颁布和实施作好思想上、组织上、工作上的准备。

3月24日至25日　为了认真贯彻执行全国人大常委会《关于惩治贪污罪贿赂罪的补充规定》，正确理解和积极探索新增设的挪用公款罪的有关法律问题，提高办案水平，省法院与省检察院联合在贵阳召开“办理挪用公款案件专题讨论会”。省法院刑二庭和省检察院刑检二处的同志，贵阳市中级、基层法院的主管院长、刑庭庭长和贵阳市市、区检察院主管检察长和起诉处（科）长共32人参加讨论会。省法院副院长李太荣、省检察院副检察长卢泰山到会并讲话。讨论会围绕办理挪用公款案件反映出来的新情况新问题和收集的10个典型案例，着重就如何正确理解和掌握《补充规定》，依法办好挪用公款案件的专题展开充分讨论，并对如何严格区分挪用公款罪与贪污罪的界限，如何确定相对统一的挪用公款罪的数额标准，如何正确理解“挪用公款数额较大，超过三个月未还的”规定，如何区分挪用公款罪与非罪的界限等问题达成共识。这是省法院与检察院首次联合召开的专题业务研讨会，对加强司法机关互相配合、互相制约，提高办案质量和办案效率起到了积极作用。

3月　根据最高法院有关文件规定，省法院监察室正式成立，刘应璋任监察室副主任。之后，各中级法院相继建立监察室，各基层法院设专职或兼职监察员。监察机构通过发挥对监察对象执行行政纪律情况的监督、检查，受理违纪行为的检举和控告，查处违法违纪行为，受理不服政纪处分的申诉，开展纪律教育，建议表彰先进等职能，进一步强化人民法院内部监督制约机制，推进法院廉政建设。

4月　省法院成立由冉茂元副院长任组长的全省法院执行工作指导小组，加强对执行工作的领导、指导和协调。8个月中，指导小组多次认真研究各级法院执行工作中遇到的重大、疑难问题，及时提出对策，并直接指导中级法院妥善处理4起党委、政府、人民群众和社会各界十分关注的案件。经过努力，促成全省法院执行工作初步形成执行庭与审判庭、人民法庭分工协助，互相配合的新格局。到年底，全省法院共执行一审民事案10649件、一审经济纠纷案5448件，一审行政案355件，比上年分别多1949件、3235件和248件。

5月16日至17日 省法院在贵阳召开调查研究与统计信息工作座谈会。各中级法院研究室（办公室）主任和统计人员及省法院研究室、办公室负责人共26人参加会议。省法院院长谢锦汉、副院长张林春、李太荣到会分别讲话。会议回顾近年来全省法院调查研究与统计信息工作的基本情况，着重研究进一步加强调研工作和办好省法院研究室主办的《调查与研究》刊物的措施。会议要求各级法院强化调查研究为审判工作服务的指导思想，切实加强领导，建立专职调研队伍，采取“三结合”的办法，有计划地推进全省法院调查研究工作。即：实现本院范围内的领导、专职研究人员与业务庭审判人员的结合，定纲目、定力量、定时间完成既定调研课题；实现法院与同级经济部门的横向结合，共同组织力量，深入治理整顿第一线调查研究，提出对策，提供法律咨询服务；实现上下级法院之间的纵向结合，加强协调，有选择地派员协助完成重点调研课题。

5月19日 贵州省第七届人民代表大会常务委员会第七次会议通过《贵州省人民法庭工作条例》。《条例》是省法院在调查研究，认真总结我省人民法庭工作经验的基础上，于1988年上半年起草的。同年7月和9月，曾分别将初稿拿到“全省人民法庭工作经验交流现场会”和“全省法院工作会议”上征求意见，后经几次修改，并经院审判委员会讨论通过，提交省七届人大常委会第七次会议审议通过。《条例》共14条，分别规定了人民法庭的性质、组织、设置、任务、办案原则、工作方法、审判纪律等。标志着全省人民法庭工作开始走上法制化、正规化的轨道。

6月1日 省法院以黔法〔1989〕第12号文件下发《贵州省高级人民法院审判委员会议事规则》。这是省法院为进一步完善审判委员会集体领导制度，提高决策机构工作效率，认真总结多年审判委员会工作经验，并经5月31日院审判委员会第52次会议讨论通过而产生的第一个审判委员会操作规程。《规则》共4章17条，着重对审判委员会的主要职责和工作制度作了具体规定。省法院在该文件通知中，要求各级法院结合本地实际，参考《规则》认真总结审判经验，制定行之有效的工作制度，尽快使各级法院审判委员会的工作走向程序化、制度化和规范化。

6月6日至10日 省法院在贵阳召开全省法院廉政建设工作会议和全省中级法院院长座谈会。各中级法院院长、纪检组长、刑庭庭长，省法院各庭、处、室负责人共44人参加会议。省法院常务副院长吴开荣传达全国法院廉政工作会议和全国高级法院院长座谈会精神，省政法委书记胡克惠、省法院院长谢锦汉分别讲了话。在廉政建设工作会议上，省法院常务副院长吴开荣总结了近几年来全省法院廉政工作的成绩和经验，肯定了全省法院队伍在制止动乱、平息反革命暴乱的政治斗争中表现出的良好政治、思想素质，指出并认真分析了工作中的薄弱环节，着重就加强廉政建设，保持队伍清正廉洁提出了6条措施。在中级法院院长座谈会上，省法院副院长张林春对前一阶段“两打”斗争情况作了回顾和估价，分析了当前我省社会治安的基本情况和突出问题，提出了下半年刑事审判工作的重点，要求各级法院采取五个方面的措施，坚定不移地贯彻执行党中央关于制止动乱，平息反革命暴乱，维护社会安定的重大决策，严厉打击反革命犯罪、进行打、砸、抢、烧、杀的严重刑事犯罪和严重经济犯罪活动，坚决地把犯罪分子的嚣张气焰打下去。

7月　省法院谢锦汉院长向贵州省第七届人民代表大会常务委员会第八次会议作《关于全省法院系统执法检查情况的报告》。报告说，遵照去年9月省七届人大常委会第四次会议通过的《关于全省开展执法检查的决定》精神，省法院及时进行研究部署，积极主动贯彻执行省人大常委会《决定》。各级法院普遍由院长或副院长负责组织力量，按照省法院制定的各项审判规范化、标准化要求，采取自查、互查、重点抽查的方式，对1987年1月至1988年9月审理的各类案件中的52558件（刑事案13145件，民事案33802件，经济纠纷案5451件，行政案160件，共占审理总数的56.33%）在实体法和程序法的执行上进行逐案检查，省法院和各中级法院还派出工作组重点抽查了一些法院的自查情况。检查结果，97.5%的刑事案件、95.4%的民事案件、97.5%的经济纠纷案件、95%的行政案件符合实体法要求，案件质量从总体上看是好的。但是，在程序法方面执法不严的现象不同程度地存在，有些问题还较为突出。对此，省法院要求各级法院加强五个方面的工作：(一) 抓好队伍建设，不断提高干警的政治素质和业务素质；(二) 严格依法办事，认真执行公开审判制度；(三) 建立健全各项规章制度和措施，实现审判工作的规范化；(四)进一步改进和加强执行工作；(五) 进一步保证法律的正确实施。此外，自觉接受党的监督、人大的监督、群众的监督和社会的监督，积极依靠党委、人大、政府逐步改善执法条件。

8月　最高人民法院、最高人民检察院于15日发布《关于贪污、受贿、投机倒把等犯罪分子必须在限期内自首坦白的通告》后，省法院采取具体措施贯彻执行“两高”《通告》，严厉打击经济犯罪。16日，省法院院长谢锦汉在省委召开的联席会议上，对人民法院如何贯彻执行《通告》提出具体意见；23日，又通过贵州电视台就敦促经济犯罪分子自首坦白及怎样正确理解和执行《通告》的有关政策法律问题发表电视讲话。根据省委以抓贵阳市为重点，带动全省开展打击经济犯罪的部署，省和贵阳市于30日联合召开打击经济犯罪动员大会。省委书记刘正威主持大会，省委副书记、省长王朝文作动员报告。省法院与贵阳市中级法院接着召开兑现宽严政策大会，对内外勾结、共同贪污银行资金143328元，携款畏罪逃往外国（被引渡回国）的罪犯邓安薇（女，原系中国农业银行贵阳市中心支行白云区沙文营业所主办会计）、宋顺文（男，原系贵阳市白云区个体户）依法判处死刑，剥夺政治权利终身；对坦白自首，积极退清全部赃款的陈竹、张波、周林、刘学兴4名贪污和投机倒把犯依法从宽处理。在省法院部署下，全省法院运用审判职能，向犯罪分子发起攻势，共召开兑现宽严政策宣判大会44次，宣判案犯136人，其中从宽处理87人，从严处理49人。8月15日至10月31日限期内，全省共有1328名经济违法犯罪人员到司法机关投案自首，351名已被采取强制措施的经济案犯和劳改、劳教人员以及463名在押犯坦白交待经济犯罪问题。

8月29日至9月2日　省法院在4月组建告诉申诉审判庭，并指导全省各级法院建庭和开展工作的基础上，在贵阳召开首次全省法院告诉申诉审判工作会议。各中级法院院长（副院长）和告申庭庭长、部分基层法院院长共25人参加会议。省法院院长谢锦汉，副院长吴开荣、张林春、李太荣、冉茂元到会。会议回顾建庭和开展工作情况，总结交流经验，着重研究告申工作制度化、规范化问题。会议结束时，张林春副院长作总结讲话，谢锦汉院长对做好告申工作提出要求。会后，省法院在充分吸收与会同志意见的基础上，制定《关于告诉申诉审判工作制度化、规范化的意见（试行）》，以黔法〔1989〕第25号文件下发各地法院试行。《意见》对告申工作职责范围，告诉、非诉来信来访的处理，申诉的处理，减刑、假释，法律文书等作了具体规定，为推动全省法院告申工作走上制度化规范化发挥了积极作用。

9月6日至11日 省法院在贵阳召开全省法院执行工作会议和民事疑难案件研讨会。各中级法院分管副院长，民庭、经济庭、执行庭庭长，部分基层法院分管院长（副院长）共48人参加会议。在执行工作会议上，省法院院长谢锦汉、副院长张林春、冉茂元分别讲话。会议回顾近年来执行工作情况，总结交流经验，针对工作中存在的问题，讨论省法院《关于加强执行工作的试行意见》。会后，省法院对该《意见》进行充实、修改，归纳为16条，以黔法〔1989〕第24号文件下发各地执行，推动我省执行工作向制度化、规范化轨道。在研讨会上，研讨了贯彻执行《民法通则》中遇到的10个疑难案例，统一认识和处理原则。会后，省法院将其中的6个案例印发全省人民法庭干部学习借鉴。

10月24日至28日 “云、贵、川三省第三届法院信访工作联席座谈会”在贵阳召开。云南、贵州、四川、湖北、湖南、广西六省（区）高级法院告诉申诉审判庭的负责同志、17个中级法院和6个基层法院主管告申工作的院、庭负责同志共37人参加会议。会议由贵州省高级人民法院副院长张林春主持。贵州省高级法院谢锦汉院长到会讲了话。会议根据告申庭的普遍建立，围绕加强和改进告申工作进行座谈，6省（区）高级法院告申庭和云南的昆明市、昭通地区，四川的成都市、重庆市等中级法院，以及四川的简阳、贵州的遵义等县法院作了发言交流。会议对目前各省法院在划分告申庭的职责范围上不尽一致而出现的多种模式进行认真研究和比较，认为告申工作采取“大包干”的形式（即统揽告诉、申诉、非诉、减刑假释、指定、管辖案件等）较之其他形式更为符合实际。会议还就告申工作的制度化、标准化；法院信访工作职能的转化；将信访工作纳入审判轨道；如何解决群众“告状难”等问题进行了研究和探讨。

10月 在省委、省人大的关怀和支持下，省法院确定遵义市、遵义县法院和贵阳市南明区法院为实施《中华人民共和国行政诉讼法》的试点单位。经过认真准备并报经当地人大批准，遵义市、遵义县法院于10月1日，贵阳市南明区法院于12月1日按照《行政诉讼法》的规定受理案件。截止年底，3个基层法院共受理一审行政案37件，审结36件，为《行政诉讼法》正式实施摸索、积累了经验。

10月31日至11月4日 省法院在黔西南州召开全省法院“两庭”建设现场会。各中级法院院长（副院长）和办公室主任、黔西南州各基层法院院长、省财政厅和省税务局代表共36人参加会议。省法院常务副院长吴开荣主持会议并讲话。会议总结全省法院“两庭”建设工作，听取黔西南州、毕节地区中级法院和毕节、普定两县法院的经验介绍，对黔西南州“两庭”建设情况进行实地考查。会议认为，我省“两庭”建设虽然起步较晚，但是进展快，形势好，全省97个法院中原建有审判庭的18个，1989年落实修建审判庭的47个，共计65个，占法院总数的67%。全省681个人民法院（不含厂矿法庭）中原有办公、审判、接待及生活配套用房的28个，1989年落实修建办公、审判等用房的142个，合计170个，占人民法庭总数的24.96%。1989年落实“两庭”建设投资总数为1471.6万元。其中县、区两级落实927.1万元，占落实投资总数的63%；地、州、市落实298.5万元，占落实投资总数的20%；省落实260万元，占落实投资总数的17%。省法院常务副院长吴开荣在总结讲话中，要求各级法院提高认识，加强领导，不怕困难，百折不挠，抓住有利时机，做好五项工作，争取三四年内使我省执法条件得到较大改善。

11月21日至24日 全省法院刑事审判工作会议在贵阳召开。各中级法院院长（副院长）、刑庭庭长和部分基层法院院长以及省法院有关庭、室负责人共40人参加会议。省法院院长谢锦汉、常务副院长吴开荣、副院长李太荣到会讲话。会议认真学习贯彻最高法院召开的全国部分省、市法院刑事审判工作会议精神，在回顾今年以来全省法院刑事审判工作的基础上，分析研究刑事审判工作面临的形势和任务，安排部署今冬明春的工作。

12月19日至22日　省法院在贵阳召开全省法院系统政治工作会议。各中级法院院长、政工科长、纪检组长、监察室负责人，省法院政治处处长，省委组织部同志共34人参加会议。省法院常务副院长吴开荣主持会议并讲话，会议结束时，省法院院长谢锦汉到会讲话。会议主要听取9个中级法院对基层法院院长换届选举工作准备情况的汇报，就如何依靠党委，主动与组织部门配合，协助党委做好向人大推荐基层法院院长的工作进行部署。同时还研究和提出了进一步加强廉政建设的措施。

云南省高级人民法院

1月25日至29日　省高级人民法院在澄江县召开全省法院系统减刑、假释工作座谈会。全省有减刑、假释工作任务的14个中级人民法院的主管院长和刑庭庭长参加了会议。省检察院、省劳改局、省一监、省二监的有关领导应邀参加了会议。这次会议的内容是传达全国法院减刑、假释工作会议的精神，结合我省实际，交流近年来减刑、假释工作的经验，讨论学习有关法律、政策规定。

2月24日　省高级人民法院根据省人大常委会〔1988〕26号文件《关于今冬明春在全省范围内开展执法大检查的决定》的要求，向省人大提交了《云南省法院系统执法大检查情况报告》。

3月6日　省高级人民法院邱创教院长在云南省第七届人民代表大会第二次会议上作法院工作报告。3月9日，会议经过认真审议，批准了邱创教院长所作的《云南省高级人民法院工作报告》。

3月27日　省高级人民法院刑二庭在云南省社会科学院开庭审理张跃煌、颜红盗窃上诉案，收到良好的社会效果。

4月5日至6日　由省人大常委会副主任余活力为组长、省人大法制委员会副主任欧山为副组长的省人大执法检查组到省高级法院进行执法检查。检查组在认真听取省高级法院邱创教院长、李树科副院长和各庭室有关负责人的汇报之后，充分肯定了法院系统所取得的成绩和工作经验，并对改进和加强包括法院工作在内的政法工作，提高执法水平提出了很好的意见和建议。

4月18日　为了在治理整顿和深化改革中增加法院审判工作的公开性和透明度，省高级法院决定在办公室成立宣传科，集中开展人民法院的宣传工作，并明确了职责和工作计划。

5月20日　省高级人民法院党组通电全省各级人民法院，重申法院干警不准以任何形式参加对动乱的“声援活动”，要求所有法院干警一定要站在反对动乱的立场，自觉维护社会稳定，法院干警务必坚守岗位，忠于职守，积极完成各项审判任务。

5月31日　云南省高级人民法院就已故国民党爱国高级将领杨杰遗产继承纠纷上诉案举行案情通报会，听取了各有关方面对杨杰遗产继承纠纷案的看法和意见。省委办公厅、省政法领导小组、省委统战部、省人大办公厅、省人大法制委、省政协、民革云南省委、云南日报、云南法制报等有关方面的人员出席了会议。省高级法院李春林副院长主持会议，并向与会者说明了会议的意图。承办人员向与会者介绍了案情以及省高院的倾向性意见。与会者普遍赞同省高级法院的意见，认为省法院的处理意见符合杨杰遗产继承案的历史和现实，既合情合理，又不悖于法律精神。

6月8日 云南省高级人民法院通电全省各级人民法院，重申了最高人民法院6月6日向全国各高级人民法院发出的《紧急通知》的全文要求。

6月26日至7月2日 省高级人民法院在昆明召开全省中级法院暨部分基层法院院长会议。会议以邓小平同志3次重要讲话和十三届四中全会精神为指针，统一思想，讨论研究抓紧抓好对制造社会动乱的反革命分子和严重危害社会治安的刑事犯罪分子的审判工作，同时，认真部署了法院系统的廉政建设工作。参加会议的有全省17个地、州、市中级人民法院、25个基层人民法院院长、中院刑一庭庭长和政工、纪检干部，以及省法院领导、各庭、处、室负责同志共100余人。省委政法领导小组、省人大法制委、省检察院、省公安厅、成都军区昆明军事法院以及云南日报、云南省广播电台、云南电视台应邀出席了会议。会议期间，省委副书记、省委政法领导小组组长尹俊同志专程到会看望了与会人员，并代表省委向与会人员及全体法院干警表示慰问，并特地转告与会人员，省委对法院工作是满意的。

7月1日 省高级人民法院李春林副院长在全省中级法院暨部分基层法院院长会议上提出，全省法院干警要严格执行办案纪律，并将法院的办案纪律归纳为6条，即“六条办案纪律”：1. 严格执行“八不准”规定；2. 不得委托当事人办私事；3. 审判人员不得在家里接待当事人；4. 不得为自已的和亲友的案件说情；5. 不得在当事人家里吃住；6. 不得替他人打听案情和帮人查阅卷宗，要严格执行法律规定的回避制度。会后，“六条办案纪律”被我省各级法院扩印后张贴于各审判场所。

7月18日 云南省高级人民法院通电全省各级人民法院，全文转发了最高人民法院《关于认真贯彻执行中发〔1989〕3号文件的通知》，要求各级人民法院按照通知的要求，结合本地实际，认真贯彻执行中央3号文件的精神，并将情况报告省高级人民法院。

7月28日 省高级人民法院召开全院机关干部大会，由李春林副院长作了廉政建设的动员报告。纪检组副组长王胜利同志传达了纪检工作会议纪要精神。会后，省法院成立了廉政建设领导小组，并设置了举报箱。

8月1日 省高级人民法院召开有机关党委委员、各党支部书记、廉政领导小组办公室成员和政治处有关同志参加的联席会议，研究部署了省高级法院的廉政建设工作。

8月8日 云南省高级人民法院在思茅召开依法处决重大贪污犯肖明星的宣判大会，当地党、政、军负责同志和干部群众1万多人参加了宣判会。省高级法院邱创教院长宣读了最高人民法院依法核准重大贪污犯肖明星死刑的裁定书和任建新院长签发的对肖明星执行死刑的命令。重大贪污犯肖明星当即被验明正身，押赴刑场执行枪决。这是我省1983年“严打”以后首例核准死刑的重大贪污案。宣判大会后当晚，云南省广播电台、昆明电视台进行了报道，省电台还以《惩治腐败，保卫改革》为题播发了评论。9日，《云南日报》发表消息，并以《严惩“蛀虫”》为题刊登了评论员文章。《昆明日报》也在一版显要位置辟出“严惩腐败分子，打击经济犯罪”专栏进行了报道。省电视台也及时播放了宣判大会录像及文字消息报道。

8月15日至18日 省高级人民法院经济庭在本院大法庭公开审理昆明市云雀联营公司联营纠纷上诉案。该案案情复杂、争议标的巨大，而且社会影响面大，曾经昆明市经济委员会多次调解无效才诉诸法院，社会各界极为关注。经省法院经济庭认真准备，精心审理，收到良好的社会效果。

8月21日至26日　省高级人民法院在玉溪市召开全省民事审判工作座谈会。17个地、州、市中级法院暨部分基层法院的民事审判庭、人民法庭庭长共78人参加了会议。省高级法院邱创教院长、李春林副院长到会作了重要讲话。会议认真讨论修改了省高级人民法院民庭起草的《关于审理债务纠纷案件应注意解决的几个问题》、《当前损害赔偿案件的特点和审理时应注意解决的几个问题》、《我省赡养、抚养、扶养案件情况分析及应注意解决的几个问题》等3个专题材料，并由11个单位作了大会发言，交流了民事审判工作经验。

8月24日　省高级人民法院通电全省各级人民法院，要求各级人民法院认真学习，贯彻执行最高人民法院《关于贯彻执行“两高”〈通告〉的通知》。

8月25日　我省丽江地区永胜县人民法院被中共云南省委、省政府命名为“省级文明单位”。这是继1987年丽江中院获此光荣称号以来我省法院系统的又一殊荣。

8月31日　昆明市中级人民法院、昆明市人民检察院联合召开“打击经济犯罪公处大会”。大贪污犯刘杰（原系省政府办公厅接待处汽车队服务公司电器经营部负责人）、贪污、受贿犯张世麟（原系昆明市五华区房地产开发经营服务公司经理）分别被判处死刑和死缓。省委书记普朝柱、副书记聂荣贵、尹俊、省纪委书记罗运通、省委常委、昆明市委书记王信田和正在昆明参加民族工作会议的各地、州、市领导同志、省级部、委、办、厅、局的领导以及市级机关干部共4000余人参加了宣判大会。

9月1日至11日　全省各中级人民法院按照省高级人民法院的要求，纷纷结合实际，对贯彻执行“两高”《通告》作出积极安排部署，部分中级法院院长发表了电视讲话或者举行了“答记者问”。

10月6日　省高级人民法院通电全省各中级人民法院，要求各中级人民法院组织广大法院干警认真学习、坚决贯彻执行江泽民总书记在首都各界群众庆祝中华人民共和国成立40周年大会上发表的重要讲话。

10月17日至20日　法律业大云南分校在昆明召开全省法律业大工作会，并表彰了业大工作取得优异成绩的先进集体和先进个人。

10月21日至25日　云南省高级人民法院在昆明召开全省告诉、申诉审判工作座谈会。会议以江泽民总书记国庆讲话精神为指导，总结交流了法院告诉申诉审判工作的情况和经验，讨论研究了告诉申诉审判工作碰到的问题和困难，并提出了改进措施。省高级人民法院申艺农副院长主持了这次会议。

11月1日至7日　全省经济审判工作座谈会在昆明召开，17个地、州、市中级人民法院、26个基层人民法院的主管院长、经济庭长参加了会议。会议交流了各地开展经济审判工作的经验，并讨论修改了省高级法院经济庭起草的《关于适用普通程序审理经济纠纷案件的基本工作方法(征求意见稿)》、《云南省边境贸易经济纠纷案件审理若干意见》和《在审理经济纠纷案件中碰到的若干问题的处理意见》等3个专题材料。

11月12日　中共云南省委主持召开全省开展扫除“六害”工作座谈会。省高级人民法院李树科副院长参加了会议，并在会上对法院开展该项工作做了部署，强调法院要从5个方面开展扫除“六害”工作。

11月15日　省高级人民法院向全省各级人民法院发出传真电报，转发了最高人民法院《关于配合公安机关开展“除六害”工作的通知》，号召全省各级人民法院积极行动起来，投身于“除六害”斗争的各项工作中去。

11月28日　省高级人民法院再次向全省各级人民法院发出通知，要求全省各级人民法院要在党委的统一领导下，按照省委〔1989〕27号文件和最高人民法院传真电报通知的要求，充分运用法律武器，严惩“六害”活动，并做出了具体部署。

12月13日 最高人民法院针对我省德钦县人民法院办公楼和宿舍所在地段发生严重滑坡的情况，向云南省高级人民法院发来慰问电。省高级法院及时将慰问电全文转发给迪庆州中级人民法院，并请中院再转发给德钦县人民法院。

12月29日 省高级人民法院召开机关干部大会，邱创教院长作《云南省高级人民法院一九八九年度机关工作总结》的报告。

西藏自治区高级人民法院

1月19日 拉萨市中级人民法院召开宣判大会，对1987年以来参与、策划、煽动和制造严重骚乱事件的4案26名被告人，依法宣布判决。其中犯有反革命宣传煽动罪索朗、雨路·达娃次仁等16名被告人分别判处有期徒刑；2名被告人被免予刑事处分，2名被告人被宣告无罪。对残杀执勤武警战士袁石生、毒打杨玉成致残的6名罪犯，也分别判处不同刑罚。

同日 拉萨市城关区人民法院对由拉萨市城关区人民检察院提起公诉的11名被告人，依法进行公开宣判。其中对在1987年以来拉萨骚乱事件中扰乱社会秩序、故意毁坏公私财物的6名被告人，分别判处有期徒刑，对5名被告人宣布无罪。

3月5至7日 拉萨市发生了严重骚乱事件。自治区高级人民法院干警，坚守岗位，保卫机关及其行政诉讼档案。

3月8日 国务院发布命令，对拉萨市部分地区实行戒严。自治区高级人民法院院长子成（兼自治区党委政法委副书记）出任自治区骚乱案件预审工作组组长，高级人民法院抽出10名干部参加这一工作。

5月15日 自治区高级人民法院举办行政法、行政诉讼法学习班，历时27天，于6月10日圆满结业，参加学习的有法院干部23人，拉萨地区各级国家行政机关干部12人。

7月21日 西藏自治区骚乱案件预审工作组召开总结表彰大会。区党委副书记江村罗布参加了大会，作了重要讲话。此项工作圆满结束，反分裂斗争取得了初步胜利。

11月8日 西藏自治区高级人民法院以藏法发〔1989〕29号向全区各级人民法院发出了《关于人民法院解决落实政策遗留问题的具体意见》，此项工作自此开始进行，并延续到1990年。

11月30日 拉萨市中级人民法院依法判处阿旺平穷、阿旺维色等10名组织反革命地下组织，进行分裂祖国，制造骚乱事件罪犯有期徒刑。阿旺平穷被判处有期徒刑十九年，剥夺政治权利五年。

宁夏回族自治区高级人民法院

1月14日 自治区高级人民法院以工作简报形式，向最高人民法院反映了全区各级人民法院五个月来贯彻第十四次全国法院工作会议精神的情况。指出：由于着眼落实，讲求实效，从宁夏的实际出发，方法比较得当，步骤比较合理，因而成效也比较显著，在改善执法活动，改进审判工作方面有新的进展。

1月16日　自治区高级人民法院在银川召开了有高、中级人民法院研究室主任和统计员参加的司法统计工作会议。会议主要是总结了1988年的统计工作的基本情况，评选表彰了先进。高院副院长杨振平参加了会议，给受表彰奖励的单位和个人授奖并讲了话。

3月10日　自治区高级人民法院举行了首次新闻发布会。参加首次新闻发布会有高院院长白振华、副院长邹献朝、马绍彬、黑有星，自治区党委宣传部副部长杨杭生、中央各新闻单位驻宁记者站和宁夏各新闻单位，高院各庭与各中级人民法院、部分基层人民法院研究室、办公室主任旁听了发布会。首次新闻发布会，由副院长黑有星主持，由高院研究室主任担任发言人，首先公布了自治区高级法院从今年起建立新闻发布会制度的决定，并通报了两个情况：一是十年改革全区人民法院审判工作的发展、变化情况；二是1988年全区人民法院的工作情况和1989年的工作要点，并回答了记者的提问。

4月17日至24日　自治区高级人民法院经济庭举办了全区经济审判干部第二次“三法”研讨会，结合审判实践，学习讨论了《经济合同法》、《民法通则》、《民事诉讼法(试行)》。

4月26日　白振华院长在自治区第六届人民代表大会第二次会议上作法院工作报告。

4月28日　自治区高级人民法院党组召开紧急扩大会议，组织处以上党员干部和总支、支部委员学习了“4·26”人民日报社论和自治区党委的通知。

5月19日　自治区高级人民法院领导同志与自治区政协举行座谈会，以座谈的方式向政协委员通报了法院工作情况，听取意见和建议。自治区高级法院院长白振华、副院长邹献朝、马绍彬、黑有星及各庭、室、处的主要负责同志到会听取了意见，约有120名政协委员参加了座谈会。会上副院长邹献朝和高院研究室主任向委员们通报了当前法院工作范围、任务和1988年至1989年第一季度全区人民法院执行依法从重从快和从严惩处的方针，打击严重危害社会治安和严重破坏经济犯罪分子，并对当前社会治安形势严峻、案件上升谈了看法。有8名政协委员在座谈会上发了言，对法院工作提出了一些很好的意见、建议和值得重视的问题。

5月16日至22日　最高人民法院副院长、业大总校常务副校长祝铭山到宁夏回族自治区视察工作，先后听取了自治区高级人民法院、银川市中级人民法院、城区人民法院、固原地区中级人民法院、泾源县法院、中卫县法院的工作汇报；与业大分校的同志和部分学员进行了座谈；看望了工作在第一线的一些基层人民法院与人民法庭的工作人员；察看了部分法院的办公用房、审判法庭和干部住房。自治区党委常委、高级法院院长白振华陪同祝副院长检查了银川市法院的工作。祝副院长离宁前对高级人民法院副处级以上干部讲了话。

6月5日　自治区高级人民法院机关党总支，在总支书记邹献朝的主持下，召开总支（扩大）会组织学习讨论了宁党办〔1989〕22号文件《关于尽快恢复正常秩序的通知》。6日至10日又先后召开全院处以上干部和全体党员、干部会议，传达了公安部电文、自治区领导同志的讲话、最高人民法院〔1989〕37号《紧急通知》(电传)、袁木同志在记者招待会上的谈话、中宣部《关于北京反革命暴乱的事实真相》，提高认识，统一思想，稳定秩序，坚持岗位，努力工作。

7月12日　自治区高级人民法院举行第二次新闻发布会。中央各新闻单位驻宁记者站、宁夏各新闻单位以及有关部门共15个单位派人参加。高级法院院长白振华主持了发布会并作了重要讲话；高院研究室主任向新闻界通报了1月至5月全区人民法院审判刑事犯罪案件，特别是与政法机关紧密配合在开展反撬盗专项斗争中兑现政策的情况。高院刑一庭庭长蒋发隆参加了发布会。

7月下旬 自治区高级人民法院召开了全区法院院长工作座谈会。这次座谈会以党的十三届四中全会精神和邓小平同志的重要讲话为指导，以最高法院召开的廉政建设工作会、纪检、监察工作会、全国高级法院院长座谈会为内容，根据宁夏法院的实际情况，研究安排了下半年的工作。

8月30日 根据中发（89）3号文件和宁党发（89）24号文件精神，自治区高级人民法院党组召开副处以上干部会议，对清查清理工作进行了动员；接着又于9月1日对全体党员、干部进行了动员。高院清查清理领导小组由副院长邹献朝、杨振平、纪检组长齐应才组成，齐应才任清查清理办公室主任。

9月8日 自治区公、检、法联合举行新闻发布会，向新闻界和党委、纪检委、人大、政府、政协等25个单位的负责同志通报了三机关贯彻“两高”《通告》情况。自治区高级人民法院副院长黑有星在会上介绍了人民法院贯彻《通告》精神，审判经济犯罪案件的情况。

10月5日至14日 为了加强人民法院法庭建设，适应形势发展的需要，自治区高级人民法院在灵武县举办了全区人民法庭审判人员培训班。参加学习的有人民法庭庭长、副庭长、审判人员以及中院民庭审判人员共48人。培训班开始时高院党组副书记、副院长邹献朝和副院长、人民法庭指导小组组长黑有星到会并讲了话，结束时高院副院长杨振平就廉政建设问题讲了话，民庭庭长马福作了总结。

10月16日至18日 自治区高级人民法院召开了中院院长会议。会议的主要内容是：以十三届四中全会精神和江泽民总书记在庆祝中华人民共和国成立四十周年大会上的讲话为指导思想，一是研究了基层人民法院院长换届选举的准备工作，加强领导班子建设问题；二是研究了进一步贯彻“两高”《通告》，做好《通告》限期届满前的审判工作；三是研究了继续深入抓好首次执法大检查的问题。各中院院长、研究室负责人和高院各庭、室、处的主要领导参加了会议。高院院长白振华、副院长邹献朝、杨振平、马绍彬、黑有星始终参加了会议。自治区人大法委副主任冯茂出席了会议。

10月18日 为了使全区广大干部、群众了解人民法院正在开展的执法大检查的情况，便于社会各界的监督、批评，并使法院全体干部以正确的态度，积极配合，虚心接受监督和批评，促使全院廉洁执法。自治区高级人民法院以院长的名义发出了《致全区广大干部、人民群众的公开信》和《致全区各级人民法院暨法院干警的公开信》。

11月17日 自治区高级人民法院在工作简报第46期中反映了自8月15日至10月31日全区人民法院贯彻“两高”《通告》精神，审理贪污、受贿、投机倒把等经济犯罪案件的情况，这期间全区法院共受理各种经济犯罪案件91件161人，审结62件110人。依据《通告》精神在审判工作中做到了宽严相济，认真体现了刑事政策。

11月20日至30日 自治区高级人民法院在银川举办了全区法院《行政诉讼法》首期培训班。参加培训的学员51人。认真学习了4月4日公布的《中华人民共和国行政诉讼法》，为促进行政审判庭的组建、开展行政审判工作奠定了基础。自治区党委常委、高院院长白振华、副院长邹献朝、马绍彬分别参加了开学和结业典礼，并作了讲话和总结。自治区人大法委办公室副主任丁占江参加了学习和指导。

11月30日至12月2日 自治区高级人民法院在银川召开了全区刑事再审案件公开审理工作座谈会。参加会议的有各中级法院主管院长和刑二庭庭长及部分基层法院院长或刑庭庭长；高院刑一、二庭、告申庭、研究室负责人；自治区检察院、司法厅、劳改局、银川铁路法院应邀人员。副院长邹献朝到会讲了话。最高人民法院刑二庭负责同志专程亲临指导并讲了话。这次会议主要传达贯彻了最高人民法院11月在北京召开的刑事再审案件开庭审理程序座谈会精神，认真学习和讨论了最高人民法院拟定的《关于刑事再审案件开庭审理程序的意见》(征求意见稿）和自治区高级人民法院草拟的《关于开庭审理再审案件有关问题的通知》。

12月1日至16日　自治区党委常委、高级人民法院院长白振华与二名副院长分别深入银南地区和银川市、石嘴山市3个地、市的13个市县、区人民法院及部分人民法庭对国务院电话会议部署开展除“六害”斗争情况进行了检查了解，从检查情况看，各地法院认真贯彻、积极参加和主动配合了这次统一行动，取得了斗争的初步胜利。

12月29日　自治区高级人民法院举行了第三次新闻发布会，自治区人大常委副主任冯茂、高级人民法院院长白振华、人大法委、政协、宣传部、检察院、公安厅、司法厅、法制局的领导和代表及各新闻单位记者共20余人出席了新闻发布会。新闻发布会由副院长杨振平主持，副院长邹献朝通报了全区法院开展执法大检查的情况。

第十一部分　司法统计资料

1989年全国人民法院一、二审、审判监督案件统计表

单位:件

	收案	结案
合　　计	3209593	3182733
一　　审	2913515	2882103
二　　审	196257	191132
审判监督	99821	109498

注:结案数中含上年旧存。

1989年全国人民法院各类一审案件统计表

单位:件

		收案	占合计比%		结　案	未结案	结案率%
合　　计		2913515	100		2882103	295333	90.71
刑　　事		392564	13.47		389597	16595	95.84
其中	严重危害社会治安案件	134809	占刑事%	34.34	134347	4903	96.48
	经济犯罪	76758		19.55	75904	3475	95.62
民　　事		1815385	62.31		1808538	174255	91.21
经济纠纷		690765	23.71		669443	103300	86.63
行　　政		9934	0.34		9742	1169	89.29
交通运输		4867	0.17		4783	1079	81.59

注:结案数中含上年旧存。

1989 年全国人民法院
刑事一审案件统计表

单位：件

	收　案	结　案
合　计	392564	389597
反革命	572	448
侵犯人身权利、民主权利	100265	99673
侵犯财产	224951	223321
危害公共安全	19008	18844
破坏社会主义经济秩序	7779	7785
妨害社会管理秩序	22438	22377
妨害婚姻家庭	11748	11668
渎职罪	5743	5406
其　他	60	75

注：结案数中含上年旧存。

1989 年全国人民法院审理
刑事十大案件统计表

单位：件

	收　案	占总收案%	结案
刑事总数	392564		389597
盗　窃	169039	43.06	168104
伤　害	47690	12.15	47140
强　奸	29969	7.63	29887
抢　劫	27543	7.02	27261
杀　人	13006	3.31	13002
贪　污	12367	3.15	12020
诈　骗	10982	2.80	11013
流　氓	10554	2.69	10538
重　婚	9226	2.35	9151
拐卖人口	4983	1.27	4986

注：1. 结案数中含上年旧存。

2. 伤害、杀人案件包括过失。

1989年全国人民法院审理严重危害社会治安案件统计表

单位:件

	收　案	结　案
合计	134809	134347
反动会道门破坏	13	12
反革命宣传	386	290
流　氓	10554	10538
杀　人	12054	12046
放　火	1730	1706
爆　炸	488	491
投　毒	129	123
贩　毒	2079	2102
强　奸	29969	29887
重大盗窃	31866	31939
抢　劫	27543	27261
拐卖人口	4983	4986
引诱容留强迫妇女卖淫	504	485
制作贩卖传播淫秽物品	613	608
故意重伤	11344	11331
非法制造买卖运输盗窃抢夺枪支弹药爆炸物	538	521
传授犯罪方法	16	21

注:结案数中含上年旧存。

1989年全国人民法院审理经济犯罪案件统计表

单位：件

	收　案	结　案
合　　计	76758	75904
盗窃公共财物	45188	44902
诈骗公共财物	4561	4613
贪　　污	12367	12020
投机倒把	1478	1485
走　　私	279	278
伪造国家货币	72	70
伪造倒卖票证	297	314
盗运珍贵文物出口	8	9
偷税、抗税	1221	1195
盗伐、滥伐林木	2424	2441
贩　　毒	2079	2102
受　　贿	4538	4250
行　　贿	246	232
其　　他	2000	1993

注：结案数中含上年旧存。

1989年全国人民法院对刑事案件被告人处理情况

单位:人

		判决发生法律效力	其中			给予刑事处分中				
			宣告无罪	免予刑事处分	给予刑事处分	死刑、死缓、无期徒刑	十年以上有期徒刑	五年以上不满十年	不满五年	拘役、缓刑、其他
刑事		482658	1582	6035	475041	16607	29377	119272	248981	60804
其中	严重危害社会治安案件	203542	300	1331	201911	15764	24748	88617	62901	9881
	经济犯罪	105818	289	1702	103827	1589	4888	25807	52993	18550

1989年全国人民法院审理青少年犯罪情况

单位:人

	有罪者	其中			
		不满18周岁	18至25周岁	青少年总数	占有罪者%
刑事	481076	42766	250669	293435	61
其中:严重危害社会治安案件	203242	22805	108573	131378	64.64
占刑事各项%	42.25	53.33	43.31	44.77	

1989 年全国人民法院民事一审案件统计表

单位：件

	收案	结案	结案中		
			调解	判决	其他
合　计	1815385	1808538	1253895	297999	256644
离　婚	745267	747047	502152	122604	122291
其他婚姻家庭	124605	124176	87751	18679	17746
房　屋	68229	70282	29628	28053	12601
继　承	23707	24669	12329	8472	3868
债　务	577121	568320	460406	46579	61335
赔　偿	172287	170791	103266	46484	21041
土　地	34180	34108	15694	12125	6289
林木、水利	6728	6577	3455	2141	981
知识产权	376	289	137	58	94
人身权	2803	2696	1468	610	618
特别程序	640	637	33	458	146
其　他	59442	58946	37576	11736	9634
附项	已结离婚案件中，	调解离婚 376729 件，		不离婚	125423 件
		判决离婚 88344 件，		不离婚	34260 件

注：结案数中含上年旧存。

1989 年全国人民法院经济纠纷一审案件统计表

单位：件

		收案	结案	结案中		
				调解	判决	其他
合计		690765	669443	513484	70140	85819
经济合同		634941	615778	473128	64614	78036
其中	购销合同	198632	192808	128836	29959	34013
	借款合同	258652	251582	223374	9105	19103
涉外、涉港澳台经济纠纷		378	277	106	125	46
经济损害赔偿		1116	990	513	235	242
劳动争议		491	416	223	134	59
其他		53839	51982	39514	5032	7436

注：结案数中含上年旧存。

1989 年全国人民法院行政一审案件统计表

单位：件

收、结情况 / 类别	收案	结案	结案中				
			维持	撤销	变更	撤诉	其他
合计	9934	9742	4135	1364	587	2966	690
治安行政	3336	3311	1856	496		839	120
土地行政	3347	3299	1181	438	306	1132	242
其他行政	3251	3132	1098	430	281	995	328

注：结案数中含上年旧存。

1989年全国人民法院
交通运输经济纠纷一审案件统计表

单位:件

	收案	结案	结案中			
			调解	判决	撤诉	其他
合　　计	4867	4783	3239	646	716	182
海事海商	725	633	274	138	160	61
铁路运输	475	476	275	73	106	22
航空运输	19	18	9	2	7	
公路运输	3648	272	207	29	31	5

注:结案数中含上年旧存。

1989年全国人民法院各类二审案件统计表

单位:件

	收案	结案	结案中				
			维持	改判	发回重审	撤诉	其他
刑　　事	51758	51294	37657	7410	3344	2393	490
民　　事	112500	109614	53393	25269	9547	7203	14202
经济纠纷	28959	27216	10961	7684	3171	1133	4267
行　　政	2908	2888	1875	227	229	127/撤销335	95
交通运输	132	120	52	31	15	5	17
合　　计	196257	191132	103938	40621	16306	11196	19071

注:结案数中含上年旧存。

1989年全国人民法院审判监督案件统计表

单位：件

	收案	结案	结案中			
			维持	改判	撤诉	其他
刑　　事	73717	85208	54053	20813	1634	8708
民　　事	22082	20658	12362	3321	1452	3523
经济纠纷	3431	3066	1673	523	201	669
行　　政	564	551	325	10	76/撤销 48	92
交　　通	27	15	9	3		3
合　　计	99821	109498	68422	24670	3411	12995

注：结案数中含上年旧存。

第十二部分 调查研究

一、调查报告

关于辽宁省缓刑情况的调查

辽宁省高级人民法院研究室

中发〔1989〕1 号文件指出："对于判处三年以下有期徒刑而又具备法律规定判缓刑条件的犯罪分子，在城市基层基础工作较强的地方，可以适当多判一些缓刑，放在社会上监督改造。"今年 3 月召开的全省政法工作会议也提出要总结这方面经验的要求。为认真贯彻中央一号文件精神，在刑事审判工作中，依法正确适用缓刑，根据省政法会议有关精神，我们于今年 6 月份开始对全省法院系统适用缓刑情况进行了调查。

一、全省法院适用缓刑的基本情况

自"严打"结束后的 1986 年至 1989 年的上半年，全省法院共判处缓刑罪犯 5433 人。其中 1986 年判处 1546 人，1987 年判处 1583 人，1988 年判处 1503 人，1989 年上半年判处 801 人。这三年半判处的缓刑罪犯的人数，占整个判刑罪犯人数的 8%。在抽样调查的 310 件三年以下有期徒刑案卷中，判处缓刑的罪犯占判处三年以下有期徒刑罪犯的 20%。从案件性质上看，伤害、盗窃、交通肇事等犯罪适用缓刑的比例较高，其中伤害犯罪居首位。以 1988 年为例，全省判处的缓刑罪犯当中，伤害犯罪的 519 人，占 34.5%；盗窃犯罪的 305 人，占 20.3%；交通肇事犯罪的 193 人，占 12.8%。因贪污、诈骗、受贿、责任事故、非法拘禁、重婚、虐待等犯罪被判处缓刑的 486 人，占 32.3%。从调查的情况看，我省各级法院判处的缓刑案件，不论在执行法律政策上，还是在社会效果上，总体是好的。各地法院基本上做到了以下几点：

（一）注意严格掌握适用缓刑的法定条件，依法正确适用缓刑。各级法院在审判工作中，普遍注意严格贯彻执行刑法第六十七条的规定，坚持适用缓刑的法定条件。对被判处拘役、三年以下有期徒刑的犯罪分子，根据其犯罪情节和悔罪表现，认为适用缓刑确实不致再危害社会的，依法宣告缓刑；对不符合缓刑法定条件的，依法不予缓刑。从我们查阅的缓刑案件看，判处缓刑重新犯罪的不到 5%，这说明我们在适用法律上是得当的，社会效果是比较好的。

（二）对适用缓刑的案件，注意在程序上严格把关。我省各级法院，为了严格掌握好法律尺度，确保适用缓刑案件的质量，对判处缓刑案件，均做到了由合议庭评议，经庭长和主管院长审核，然后提交审判委员会讨论决定。在程序上逐级审核，层层把关，因而较好地保证了缓刑案件的质量。

（三）对宣告缓刑的犯罪分子注意作好教育工作，落实监改措施。为充分发挥缓刑的作用，各地法院与公安机关互相配合，共同制定和落实监改措施，以保证缓刑犯罪分子在缓刑期间遵守法纪，接受监督，不再犯罪。很多法院，还对判处缓刑的犯罪分子，开展帮教考察工作，并制定了一些相应的制度。如制定“三见面”制度。即在宣判缓刑时，邀罪犯工作单位的领导、保卫部门的负责人和罪犯家属与被告人见面，共同做好罪犯认罪服法、重新作人的思想教育工作。还有的在判决宣告前，帮助被告所在单位，街道居民委员会、村民委员会等建立帮教组织，制定帮教措施。还有的法院对宣告缓刑的罪犯，实行“回访”制度。即采取定期或不定期地对缓刑犯罪分子的表现进行走访考察，了解有关情况，配合执行单位有针对性地做好缓刑罪犯的监改工作。

（四）积极开展调查研究，进一步明确正确适用缓刑的政策界限。为了保证缓刑案件的质量，充分发挥缓刑制度的作用，各地法院普遍注重了对适用缓刑情况的调查研究。对缓刑案件在适用法律、考验期的执行等问题，进行了专题调查，提出了许多有益的解决问题的建议，对人民法院掌握适用缓刑的法律政策界限、正确处理缓刑案件，对执行单位做好对被宣告缓刑的犯罪分子的考察工作，都起到了很好的作用。

在这次调查中，也发现我省在适用缓刑上，还存在一定的问题。具体表现在以下几个方面：

（一）从缓刑的适用法律方面看，一是在认识与掌握标准上不够统一。有的法院认为，对盗窃罪犯适用缓刑不再危害社会的把握不大，因此，对盗窃案件，不分具体情况，一律不判处缓刑。有的法院则认为可以判处缓刑。二是对适用缓刑的法定条件理解和掌握的不够全面、不够准确。有的法院认为，只要犯罪分子应判拘役、三年以下有期徒刑，就可以适用缓刑。是否再危害社会，只能靠实践去检验。因此，对犯罪分子适用缓刑忽视了不致再危害社会这一法定条件的认定。从而导致了个别案件适用法律不够妥当，有的该判缓刑没有判，不该判缓刑的却做缓刑处理。三是有的法院对中发〔1989〕1号文件精神理解片面，以为是放宽了缓刑政策，认为在实践中可以突破、放宽缓刑的法定条件。

（二）从缓刑的执行方面看，一是一些基层单位监改组织不健全，致使被宣告缓刑的罪犯闲散于社会，无人监督考察，个别的甚至重新走上犯罪道路。二是一些基层组织或罪犯所在单位，对宣告缓刑的罪犯没有建立必要的帮教考察制度；有的虽然建立了一些制度，但由于人员和措施不落实，致使帮教考察工作流于形式。这种情况在一些较大城市反映突出。三是公安机关无法掌握缓刑罪犯情况。有的缓刑罪犯在考验期内迁居时不向所在地的公安机关申报，有关单位也无人过问，或不向原审法院报告，使缓刑考验期名存实亡。

二、全面贯彻执行缓刑制度的几点意见

（一）提高认识，全面正确地理解中央文件精神，依法准确适用缓刑制度。我们认为，中央〔1989〕1号文件所提出的“在城市基层基础工作较强的地方，可以适当多判一些缓刑”，是从提高社会综合治理水平这个宏观角度提出来的，并不是对缓刑制度放宽了政策。所谓“适当多判”是有条件的，是在坚持法定条件的同时，在城市基层基础工作较强的地方，可以适当多判一些缓刑。在这些地方，对符合缓刑条件的犯罪分子适当多判一些缓刑，不仅可以减轻劳改部门的压力，也可以教育挽救一批失足者，使那些罪行较轻的犯罪分子在社会上得到监督改造，有利于他们更好地改过自新。中央这一指示，不仅有助于我们更好地依法正确适用缓刑制度，而且也有利于促进整个社会综合治理水平的提高，因此，各级法院必须认真学习中央文件，全面领会精神实质，防止各种片面认识。特别是要注意，从以下两个方面把握好文件的精神实质：一是要坚持缓刑的法定条件，不要片面追求多判或少判的数字，坚持实事求是，要以法律为依据，对符合适用缓刑条件的，要依法宣告缓刑，对不符合法定条件的，不应适用缓刑。二是要从当地的社会治安形势出发，在适用缓刑时，要注意考虑社会的综合治理情况和条件，要把“基层基础工作较强”作为适用缓刑的一个重要因素来考虑，综合社会诸方面的条件，正确地适用缓刑。

（二）严格掌握适用缓刑的法定条件。对什么类型犯罪，在什么条件下适用缓刑，我国刑法已有明确的规定，各级法院应严格遵照执行。为严格依法缓刑，保证缓刑案件质量，审判实践中应着重注意以下几个问题：

1. 把贯彻“从重从快”的方针与依法适用缓刑有机地结合起来。对严重的刑事犯罪分子从重从快地打击和对犯罪情节较轻、有悔罪表现，不予关押不致再危害社会的犯罪分子依法适用缓刑，二者的有机结合共同体现了我国刑法惩罚与改造犯罪的目的，不能把二者对立起来。对严重危害社会治安的犯罪分子，要绝不姑息、迁就，依法从重从快地打击，原则上不宜适用缓刑。同时，对一般刑事犯罪分子，该适用缓刑的也要依法适用缓刑。不能因为贯彻“从重从快”的方针，对那些判处轻刑的犯罪分子该适用缓刑而不适用缓刑。但适用缓刑要适当，要严格把关。防止重罪轻判，滥施缓刑。

2. 正确处理好“打”与“罚”的关系，防止“以罚代刑”。这次调查发现，有些地区对重伤害案件适用缓刑较多，其中有的“以罚代刑”，对一些不具有从轻、减轻情节的重伤害犯罪分子，由于通过经济赔偿满足了被害人的要求，本应判三年以上有期徒刑而判了三年以下有期徒刑，本应判实刑而判了缓刑，使犯罪分子没有得到应有的处罚。重伤害犯罪不论从性质还是后果上看，是一种严重的刑事犯罪，特别是有些伤害犯罪分子是属于全国人大常委会“九·二”决定严厉打击的对象。因此，对重伤害犯罪分子适用缓刑比例不宜过大，尤其不能“以罚代刑”。要区别不同情况，对那些带有流氓伤害性质或社会危害较大、影响较坏的，不能适用缓刑。对在单位内部，因一般矛盾激化引起的或因邻居、亲属间的民事权益纠纷酿成的重伤害，而且被害人有一定过错的，事后双方能够相互谅解，加害方又能主动积极赔偿被害方的经济损失，社会危害不大的重伤害案件，如果符合适用缓刑的法定条件，也可以适用缓刑。

3. 注意区别和考虑犯罪性质。一般地说犯罪性质不同，对社会危害程度也不同，反映罪犯的主观罪过的大小也不同，适用缓刑时应当予以注意。对交通肇事、责任事故等犯罪，对轻伤害、重婚、虐待等轻微刑事犯罪同其他危害较重的犯罪相比，依法可以多判一些缓刑。这里需要强调的是，对盗窃犯罪在适用缓刑时要从严掌握。这次调查中发现，在缓刑期重新犯罪的，盗窃犯所占比重较大。因此，对盗窃犯不宜多判缓刑。特别是对屡窃、流窜做案的盗窃犯罪分子，尽管盗窃数额不大，也不应适用缓刑。对盗窃的偶犯、初犯，尤其是哪些偶尔失足的青少年，符合缓刑法定条件的，可以依法宣告缓刑。

（三）从社会治安实际出发，注意缓刑的社会效果。在适用缓刑中，人民法院不仅要坚持适用缓刑的法定条件，而且要积极主动地同公安机关取得联系，及时了解掌握本地区的社会治安形势状况，注意研究适用缓刑的社会效果。适用缓刑不应搞一刀切，要从不同时期，不同地区各种犯罪的实际情况出发，具体问题，具体分析。要注意犯罪的动向和趋势，不要在某一类犯罪突出的地区或时期，一面严厉打击这种犯罪，一面放宽对这种犯罪的缓刑条件，过多地适用缓刑。对犯罪分子适用缓刑，还要考虑有无较好的监改条件和环境。犯罪分子的原所在单位或居住地的基层组织力量较强，基础工作比较好，又能积极主动承担监督改造和考察任务的，可以考虑适当多判些缓刑。对那些无业的犯罪分子，或基层组织力量较弱，工作较差，不具备监改条件的地方，应慎重适用缓刑。对犯罪分子的所在单位或被害人一方积极要求法院对犯罪分子判处缓刑的，人民法院对犯罪分子应否适用缓刑，应在符合法定条件的前提下，从有利于缓解社会矛盾，有利于改造罪犯为出发点，综合考虑因素，以正确适用缓刑。

（四）继续坚持对缓刑案件的严格把关制度。对判处缓刑的案件，应坚持经合议庭评议，由庭长、院长审核，审判委员会讨论决定的制度。这不仅可以有效地保证缓刑案件的质量，确保执法过程的严肃性和准确性，而且可以从程序上有效地防止或减少不正之风对我们的执法过程的影响。因此，各级法院在审判实践中要不断完善这一制度，保证缓刑案件质量，提高执法水平。

（五）积极参与社会治安的综合治理，认真做好缓刑罪犯的帮教改造和考察工作。对依法宣告缓刑的犯罪分子，加强监督考察工作，是搞好社会治安综合治理，预防、减少缓刑罪犯重新犯罪的重要措施。各级法院要严格执行刑法、刑事诉讼法，以及最高人民法院、最高人民检察院、公安部、司法部最近下发的《关于依法加强对管制、剥夺政治权利、缓刑、假释和暂予监外执行罪犯监督考察工作的通知》中的有关规定，对犯罪分子依法宣告缓刑后，应将生效的判决（裁定）书副本和执行通知书，一并及时送达执行地的县级公安机关和人民检察院，并积极主动地配合公安机关帮助被宣告缓刑的犯罪分子所在单位或基层组织落实好帮教措施，经常回访考察，发现问题和漏洞，及时会同有关部门加以解决，以防止和减少缓刑罪犯重新犯罪。

关于辽宁省法院公开审判情况的调查

辽宁省高级人民法院

为进一步贯彻落实公开审判制度，深化法院自身改革和建设，全面提高执法水平，1988 年 9 月，省法院发出了《关于开展公开审判情况调查的通知》。全省各中级法院分别对各地的公开审判情况开展了调查，并写出了调查报告。1989 年，省法院研究室分赴大连、锦州等 6 个中院、7 个县区法院，调阅了一审、二审和再审各类案卷 871 件，召开了 8 次座谈会，就地观摩了几类案件的开庭审理实况，并就调查的初步情况，征求了省院各业务庭的意见。现将这次调查情况报告如下：

一、辽宁省各级法院开展公开审判的基本情况和存在的主要问题

刑事诉讼法、民事诉讼法实施以来，我省各级法院为贯彻公开审判制度，做了大量工作，取得了明显成绩。主要表现在：不断提高对公开审判重要性认识，强化了公开审判意识；注意研究和解决公开审判中遇到的问题，推动了公开审判的深入开展；组织观摩庭、示范庭等项学习活动，提高了审判干部的开庭能力；采取就审就宣、以案讲法等形式，扩大了公开审判的社会效果；修建了一批审判法庭，为公开审判提供了初步的物质保障。特别是近两年来，各地法院都注意围绕以公开审判为重心，就如何改革审判方式，进行了研究与探讨，并就如何更好地贯彻最高人民法院制定的各项审判程序制度的细则，进行了大胆的实践，使公开审判活动不论从广度上，还是从深度上，都有了新的提高。

但是，从这次实地调查和阅卷审查看，在公开审判方面，还存在一些问题，主要表现在：

（一）公开审判的适用范围不够广泛

在查阅的 871 本案卷中，由于案件的类型、性质、审级不同，地区不同，公开审判率存在着明显的差异。从案件类型看，刑事、行政案件好于民事、经济案件。一审刑事案件公开

开庭率为90.9%，行政案件为100%。而民事、经济案件分别为45%和22.69%；从案件审级上看，一审好于二审，二审又好于再审。刑事、民事、经济案件的二审开庭率分别为24.5%、20.3%、22.86%，各类再审案件开庭仅为个别案件；从案件的性质上看，在刑事审判中，公诉案件好于自诉案件，抗诉案件好于上诉案件，重大案件好于普通案件；在民事、经济审判中，判决结案的好于调解结案的案件；从地区上看，经济文化发达的地区好于偏僻地区，城区法院好于县区法院。大连市一、二审民事、经济案件开庭率明显高于其他地区。

(二)公开审判的实施过程不够完善

一是庭审程序不完整，疏漏了必须具备的某些法定环节。如依法应当公告而不公告或不按法定期间公告；不认真向当事人交待诉讼权利；案件审理后，只送达裁判文书不宣判或不公开宣判等等。审查的871本案卷中，应当公告而没有公告和没有公开宣判的分别占50.68%和80.17%。二是运用证据不全面，对证据的审查与核实不符合法律要求。对应该到庭的证人不注意依法传唤。据调查，公开审判案件证人的出庭率不到5%。有的审判人员对当庭应当出示的证据不依法出示，或有选择性地出示。对当事人提供的证据或证据线索，不注意在庭审中调查核实。三是审判组织不健全，合议庭流于形式。由审判人员组成合议庭的，非承办案件的审判人员不了解案情，临时坐庭，坐而不审；由审判员和陪审员组成合议庭的，绝大多数陪审员法律业务素质不高，陪而不审，审而不议，只是起陪衬作用。个别的还有把闲杂人员拉进合议庭凑数应付。四是开庭场所不正规，办公室与法庭相混杂，办公与开庭相互影响。在查阅的871本案卷中，在办公室开庭的占开庭数的47.26%。五是庭审气氛不严肃。有的审判人员着装不整，庭审语言不文明规范，与法庭应有的气氛不协调。

(三)公开审判的某些内容不够真实

一是庭前调查与庭审调查互相重复。一些审判人员习惯于把大量的调查工作放到庭前进行，待事实全部查清后再开庭。但是，却不善于对主要证据进行当庭核实，这样，就不能通过公开审判，将调查核实证据，审查判断证据的工作再向前推进一步，使公开审判往往停留在庭前调查的水准上，使庭审流于形式。二是先入为主，主、客观相分离。一些审判人员庭前按个人的主观意志去进行调查，庭审中出示证据带有明显的主观偏见和倾向性，使庭审失去了应有的客观性和公正性。三是先定后审，审、判倒置。有的案件开庭前已有了处理意见，并经主管庭长、院长审核同意；个别案件开庭前，审判委员会已经讨论并做出了决定，甚至连判决书都打印完毕，这就使公开审判失去了应有的意义。

(四)公开审判的庭审技术不够全面

一是有些审判人员庭审的目标不明确，庭审调查反反复复，抓不住重点，缺乏分析能力；二是对法庭辩论所争执的问题，抓不住焦点，缺乏正确的引导能力；三是对庭审的各个环节及发展过程，安排处理得不够恰当，缺乏指挥和驾驭能力；四是有的审判人员对庭审当中出现的新情况不知所措，缺乏灵活的应变能力；五是庭审语言繁琐，不够简练、规范，缺乏逻辑思维能力。这些问题，不同程度地影响了庭审水平，影响了公开审判的质量。

二、障碍公开审判的主要原因

当前，障碍公开审判的原因是多方面的，归结起来，主要表现在以下几个方面：

(一)思想认识上的偏颇

这次调查中发现，很多审判干部在对公开审判的理解上，还存在着一定的片面性。主要表现在三个方面：一是对公开审判的基本意义理解偏颇。过去，我们偏重于强调公开审判原则的公开性、民主性和法制宣传等外部价值，对公开审判是人民法院的基本职能、基本工作制度、基本工作方法，是与其他国家机关相区别的一个根本标志等认识不够。反映在审判实践中，较普遍地存在着重结案率轻开庭率，重实体法轻程序法的倾向。二是对公开审判的有关法律规定理解偏颇。在一审程序中，有的认为，调解结案的案件，适用简易程序的案件，以及巡回审理的案件，可以不开庭；在二审程序中，有的审判人员把刑事诉讼法规定的二审程序"参照"一审程序、民事诉讼法规定的"迳行判决"的方式，都曲解为可以不公开审判的理由和依据。因此一些审判人员对刑事自诉案件，民事、经济调解和适用简易程序的案件，以及各类二审案件，缺少公开审判的自觉性。三是对公开审判的表现形式理解偏颇。有的认为，公开审判的规模越大越好，旁听群众越多越好，庭审时间越长越好，程序内容越复杂越好，法台法椅、灯光音响、囚车等物质条件越齐备越好，由此产生开庭太麻烦，费时、费力、费人、费财，影响结案率的片面认识，把公开审判与办案效率对立起来，能不开庭就尽量不开庭。

(二)旧习惯的束缚

调查中发现，旧习惯的束缚是障碍公开审判的重要因素。主要表现有两种：一是习惯于形式主义的开庭方式，忽略了公开审判的根本目的，即只注意开庭的形式，没有弄清审判程序是审判实体的根本保障。因此虽然开庭的各阶段步骤不少，但是由于不了解审判程序和审判实体的辩证关系，不懂得如何通过开庭审理去解决哪些实体问题，导致开庭目的不明确，形成了"认认真真"地走过场，使庭审程序失去了应有的生命力。二是习惯于"说教式"的审理方式。在刑事审判中有的审判人员习惯于用空洞的说教方式，让被告人认罪服法，不习惯于让控辩双方以辩论的方式辩明事实，分清是非，甚至于用"打态度"的方法，迫使被告人承认其不愿承认的事实，这样，即使被告人在法庭上认了罪，庭审后也容易出现反复。在民事、经济审判中，有的审判人员把调解与开庭对立起来，沿袭"不判决不开庭"的作法。习惯于单纯用说服教育的方式反复动员当事人互谅互让，不习惯于用庭审的方式辩明事理，习惯于让当事人庭前达成协议，不习惯依法进行庭审和裁判。其结果，混淆了法院与调解组织、审判员与调解员的本质区别。

(三)监督管理上的不得力

监督管理上的不得力主要表现为两方面：一方面管理措施不完善。从组织管理上看，有的法院领导没有真正地把公正审判作为审判工作的重心，形成管理机制，没有把公开审判作为岗位责任制的重要内容。有的片面强调结案率，追求调解率、限制上诉率，忽视开庭率，把结案率作为硬指标，开庭率作为软指标，使公开审判没有落到实处。从干部管理上看，对审判干部业务素质的考核，主要偏重于结案率，没有把开庭水平、能力纳入政绩考核以及晋升使用的标准之中，影响了审判人员开展公开审判的积极性。从责任制度上看，只重视实体责任，不重视程序责任。案件事实出现错误有人追究和承担责任，而程序错了的，没有人或很少有人追究和承担责任，使开庭程序不受重视。另一方面，监督机制不健全。各级人大和上级法院对审判工作的监督，一般都偏重于对案件事实和处理结果上的监督，对适用法律程序特别是对公开审判制度的监督不够严格。使贯彻公开审判制度缺少切实的监督保障。

(四)干部素质上的差距

近年来，审判干部队伍不断扩大，新成份逐渐增多。其中有相当一部分同志对审判业务没有完全熟悉，审判经验还不够丰富，有的甚至还不会开庭，不敢开庭。在多年从事审判工作的审判人员当中，也有一部分人怕出庇漏，影响声誉，对开庭有畏难情绪，甚至把开庭当成负担，回避开庭。

(五)客观条件的制约

一是各类案件倍增，审判力量不足。1980年全省法院收案65000余件，1989年增到173000余件，案件上升近2倍，而全省法院直接从事审判的人员仅有4983人，案多人少，审判任务繁重，难以适应。各地在形式上都选举了一定数量的陪审员。但绝大多数陪审人员不能招之即来,定期陪审。二是财力物力不足。多数法院办公经费短缺。为搞好公开审判工作所必需的物质装备费用(陪审费用、证人的误工费用等),法院自身承担不起,严重地限制了公开审判的开展。三是审判法庭奇缺。全省14个中级法院、3个专门法院、110个基层法院、477个人民法庭,尚有6个中级法院、51个基层法院、306个人民法庭无审判法庭。公开审判受到了审判场所的严重限制。有的基层法院不得不在办公室开庭,既不严肃,也严重影响了公开审判的效果。

三、关于进一步开展公开审判的意见

针对在公开审判方面存在的问题及原因,结合我省实际情况,提出以下几点意见:

(一)认真清除思想障碍,提高贯彻执行公开审判原则的自觉性

解决认识问题,是搞好公开审判的前提和基础。要组织干部认真学习关于公开审判的法律、法规和程序细则,不断提高对公开审判的认识。要深刻理解公开审判的立法意义,坚持贯彻实体法与贯彻程序法并重原则,保证实体法与程序法在执法过程中的统一;要深刻理解公开审判是整个审判活动的重心,确立庭审活动是审判活动的基本方式,开庭办案是法律对每个审判人员的基本要求的观念,提高审判干部开庭办案的自觉性;要进一步明确审判机关的职能作用,摆正法官在庭审中的位置,树立法官的正确形象,增强法官的裁判意识;要切实解决好公开审判对保证案件质量,提高办案效率,扩大办案效果的促进作用,把提高开庭率和开庭质量作为变革审判方式的重要内容。解决认识要从领导抓起,并要坚持不懈地抓下去。

(二)严格执行法律规定,努力提高公开审判的质量和水平

当前主要应注意抓好以下几个环节:

1.正确、科学地坚持公开审判的标准与程序要求,严肃认真地开展公开审判。

根据法律规定和最高人民法院的有关解释与要求,以及当前的实际状况,我们认为公开审判的主要特征是"公开",其基本要求是:(1)庭前依法公告;(2)庭审程序完整;(3)允许群众旁听;(4)宣判公开进行(适用简易程序时,上述(1)、(2)可灵活掌握)。只要我们在审理案件时坚持了上述程序,一般就应当视为公开审判。从总体上看,执行上述标准与程序,并不是十分困难的。因此,各级法院要努力克服各种畏难情绪,既要严肃认真又要实事求是地贯彻公开审判制度,使审判工作有一个程序上的严格约束,不断提高执法意识和执法水平。

2.规范公开审判过程,提高公开审判的质量。

目前各级法院要切实注意解决好以下几个问题:一是要解决好庭前公告过迟或不公告的问题。凡是公开审理的案件,一定要按法定时限及要求对外公告。二是要解决好开庭场所混乱的问题,凡是有法庭并且能在法庭进行审理的案件,就不要在其他不适宜开庭的场所进行。三是要解决好审判组织不健全的问题,合议庭的每个成员都要对案件认真负责,努力避免开庭前临时凑数的现象。四是要解决好交待诉讼权利不完整的问题,凡是开庭的案件,都要向当事人完整地交待诉讼权利(不开庭的案件也应这样做)。五是要解决好庭审调查不认真的问题。要把庭审调查作为查清案件事实的重要方法,即使是庭前认为已经调查了的事实,也要在庭审中询问,当事人有争议的事实、证据,更要认真当庭核对,对确保案件的事实清楚、准确。六是要解决好质证过程不全面的问题,凡是开庭审理的案件,都要主动通知证人出庭,如果证人确实不能到庭的,要向当事人讲清没有到庭的原因,然后才能当庭宣读证人证言。在宣读证据材料时,既要注意全面完整,又要认真听取当事人及诉辩各方对证据的意见。七是要解决好庭审辩论走过场的问题;要注意引导诉辩各方就证据的真伪,是否确实充分,以及案

件事实是否清楚等涉及案件处理结果的实体性问题，进行认真的辩论，确保庭审质量。八是要解决好先定后审的问题，对公开审理的案件，应在庭审后才能交付合议庭和审判委员会讨论决定处理意见；需要向上级法院请示的个别疑难案件应从严掌握，严格控制。九是解决好庭审中法官语言不规范的问题。要注意语言的文明、准确、规范，不得挖苦、训斥当事人，禁止与诉、辩各方进行辩论。十是解决好宣判场所不规范的问题。凡是进行宣判的案件，事先要公告并要选择适宜公开的场所进行宣判。特别是二审和再审实行委托宣判的案件，受委托的法院在宣判时，一定要注意选择在适宜公开的场所进行。

3. 努力提高公开审判案件的比例，缩小与法律要求的差距。

从调查情况看，我省各类一审案件中，除刑事、行政案件应依法公开审理的案件基本做到了公开审理外，其他类型的案件，公开审判的比例还很低。我们认为，(1)对于一审案件依法应当公开审理的，只要客观条件具备，应做到一律公开开庭审理。特别是民事和经济纠纷案件，无论是调解处理，还是判决处理，无论是适用普通程序还是适用简易程序，无论是法院内审理还是巡回就地审理，都应当依法开庭进行。少数案情简单，争议不大，且当事人双方已达成协议，确无开庭必要的，可以不开庭。(2)对于二审应当公开审判的案件，各地法院要根据本地区的实际情况，尽量依照要求做到公开审判，努力提高公开审判案件的比例。特别是对涉及到可能改判的案件，当事人对事实争议较大的案件，上级主管部门或有关部门干预较大的案件，原则上都应当开庭。(3)对各类再审案件，尤其是民事、经济再审案件依法应当公开审理的，要创造条件积极主动地公开开庭审理。对于刑事再审案件，要认真贯彻好《最高人民法院关于刑事再审案件开庭审理程序的意见》。此外，对二审或再审案件都要注意尽量进行实体审理，减少书面审理。

(三)积极创造和改善开展公开审判的物质条件

审判场所、相应的配套设施、开庭所需的经费、车辆等，是进行公开审判的物质保障。从我省实际情况看，公开审判的物质条件存在很多问题，并且在短时间内很难得到彻底解决。各级法院要发扬艰苦奋斗的精神，在现有的条件下挖掘潜力，积极创造公开审判的物质条件。当前，应该注意抓好以下四个方面工作：

1. 充分利用现有的审判法庭。从这次调查情况看，审判法庭不足在一定程度上束缚了公开审判活动。但是，有些审判法庭兼作他用或闲置不用的情况也是存在的，要严格强调和高度重视审判法庭的利用率。全省各级法院共有 234 个审判法庭，在这种远远不能满足审判工作需要的情况下，更要充分利用，以推动公开审判的开展。

2. 增设或调剂一批中、小审判法庭。从过去的经验和将来的趋势看，中、小审判法庭比大审判法庭更为实用。各级法院在规划和筹建审判法庭时，应以中、小审判法庭为主、为先。暂无力量修建的，可调剂一些办公用房作为小审判法庭，以缓解开庭与办公争地点的矛盾。

3. 走出法院，到社会上开庭。到发案地就审就宣，实行"人随案走、庭随厂(街、村)便、定点审判"等开庭方式，都是在法院外开庭的具体形式。这样做既可解决审判场所紧张的实际困难，又能吸引更多的群众，扩大法院办案的社会效果。

4. 采取对公开审判倾斜的财经政策。过去，由于对公开审判工作重视不够，所以，在经费投向上，对于审判法庭及法台、法椅等开庭的配套设施方面，欠帐较多，随着公开审判制度的不断完善实施，开庭次数会大幅度提高，并带来有关经费的大量增加。因此，各地法院在经费预算、使用上，应采取一定的措施，优先考虑和保证公开审判的需要。

(四)建立与贯彻公开审判制度相适应的

管理监督机制

在对公开审判管理监督的诸环节中，当前应注意以下几点：

1. 把公开审判列入议事日程。各级法院党组、审判委员会，应切实把公开审判作为审判工作的重心，列入议事日程。要建立起一套行之有效的管理监督机制，将公开审判纳入人民法院自身改革和建设的目标管理系统中来。要克服重结案率，轻开庭率的倾向，做到实体、程序并重，同样抓紧。对结案率、调解率、上诉率等各项指标要科学掌握，防止片面性和绝对化。

2. 把公开审判纳入岗位责任制。各级法院在制定审判人员岗位责任制时，既要有办案指标的要求，也要有开庭指标要求，同时，还要制订出开庭标准，从制度上防止开庭走过场和弄虚作假的现象，不断提高公开审判的质量和水平。

3. 加强干部培训和考核工作。各级法院要把培训工作重视起来，采用观摩庭、示范庭等多种形式，提高审判人员的开庭能力，消除畏惧开庭的各种心理障碍。同时，要把开庭能力作为考核审判员的标准之一。除对审判干部的开庭率进行检查外，还应对其在庭审中的指挥能力、应变能力、裁判能力等方面统一考查，全面提高审判人员的素质。

4. 注意推广典型经验。根据这次调查的情况看，近二年来，很多法院特别是基层法院，由于在办案中认真按照法律程序，实行开庭审理，不仅省时、省力、节省了办案经费，而且有效地减少了重复劳动和无效劳动，使办案效率和质量都有明显提高。如沈阳市新城子区法院、大连市沙河口区、西岗区法院、锦西市连山区虹螺岘法庭，在审理民、经案件时，注意抓了开庭审理，在增案未增人的情况下，结案率提高了一倍甚至几倍。其中虹螺岘法庭公开审判率达到85%。各地法院应认真借鉴这些典型经验，促进公开审判的开展。省法院可在适当时候，用适当的形式，总结交流这方面的经验。

运用法律手段　搞好治理整顿

——关于人民法院如何依法参与治理经济环境整顿经济秩序情况的调查

辽宁省高级人民法院

一、人民法院在治理经济环境、整顿经济秩序中面临的情况和问题

人民法院的审判工作历来与社会发展形势紧密相联。在当前治理、整顿的形势下，人民法院审理的经济纠纷案件、民事案件、刑事案件集中地反映了社会经济秩序、生活秩序、治安秩序方面的问题。

(一)在社会经济秩序中，各种违反经济法规、破坏经济秩序的现象比较严重

1988 年我省各级法院共受理各类经济纠纷案件 15，387 件，比 1987 年上升 47.7%。在这些经济纠纷案件中，突出的是购销合同、借款合同、建筑承包合同纠纷这三大类案件。

1. 流通秩序混乱，购销合同纠纷大量上升。全省去年共受理购销合同纠纷案件8，675件，比 1987 年上升 39.2%。这种情况反映出，“皮包公司”余患未除，投机、欺诈等违法经营的势头仍未减弱，买空卖空、诈骗预付款、以次充好、以假乱真、倒卖国家计划物资等现象还很严重。

2. 金融秩序矛盾突出，借款合同纠纷成倍增长。去年全省共受理借款合同纠纷案件2，124件，比前年上升4.6倍。沿海地区尤为突出，大连上升5倍，锦州上升7.25倍，丹东上升11倍。出现这种情况，一方面是金融部门对金融信贷秩序的管理在一定程度上出现了失控，信贷资金的投量和投向不尽合理，有的过于盲目，对资金的用途、偿还能力等缺乏严格审查和监督，致使贷款回收不上来。另一方面，有的贷款户发财心切，但因不懂经营，亏损后负债累累，无法偿还贷款；有的则是贷款后搞违法经营，甚至用贷款去购买有奖债券；还有的怀有侥幸心理，故意拖欠。从而造成我省逾期贷款逐年增多，使资金大量沉淀，不能发挥应有效益，加重了国家经济负担，恶化了经济环境。

3. 基本建设秩序管理紊乱，建筑承包合同纠纷显著增多。全省去年共受理建筑承包合同纠纷案件766件，比前年上升37.5%。主要原因是，近年来经济发展过热，基本建设项目过多，而建筑市场的管理又比较混乱，各式各样的施工队伍参差不齐，造成工程质量不合格，延误工期等一系列问题，浪费了大量基建资金，也产生了大量纠纷。此外，从生产秩序看，也出现了多年少有的以乡镇为规模大面积生产伪劣种子、大批生产假农药严重违法案件。

（二）在社会生活秩序中，因经济利益所产生的纠纷日益增多。1988年全省各级法院共受理各类民事案件69，428件，比1987年上升24.4%。

1. 从婚姻家庭关系看，财产关系在婚姻家庭中的地位更加突出。财产成为婚姻构成的重要因素。有些婚姻家庭关系的维系与离异受财产状况所决定，离婚案件中，财产分割成为双方争执的焦点。财产取代感情的趋向，已成为当前婚姻家庭关系中的突出特点。去年全省共受理离婚案件39，171件，比前年上升29.8%。

2. 从人们的经济交往关系看，由于商品经济的发展，人们相互间的经济交往增多，使民间债务纠纷连年上升。去年全省共受理债务案件10,336件，比前年上升34.9%。其原因是，进入商品经济后，城乡出现了经商热。为了获得经商资本，民间借贷活动非常活跃和普遍，绝大多数民间借款合同已不是为生活所需要，多是用于生产经营活动中，并出现了借大钱、经大商、赢大利现象。但由于很多人不了解市场，不具备经营条件，冒很大风险向个人借贷高息巨款，盲目经营，造成了亏损更加严重，导致了纠纷的加剧。

（三）在社会治安秩序中，围绕经济目的犯罪的突出

1. 侵犯财产犯罪显著增多。1988年全省共受理盗窃案件6，640件，比1987年上升26.1%。在盗窃案件中，盗窃公共财物的犯罪突出，1988年全省共受理这类案件2,298件，占整个盗窃案件的34.6%。比1987年上升21.4%。而且盗窃的数额大。其中一次盗窃在千元以上的1,796件，万元以上87件，盗窃公共财物案件主要表现为盗窃贵重金属和重要生产资料，特别是在工业企业集中的地区发案突出；一些盗窃犯罪具有公然性，出现了多人公然行窃和驾车盗窃的案件；盗窃“两户一体”、各类承包户的案件以及盗窃港、澳、台和外国人财物的犯罪增多。究其原因，一是在社会上高消费风气刺激下，一些人欲发大财铤而走险，以盗窃犯罪手段来满足个人欲望。二是有些企业只注重经济效益，忽视甚至削弱了安全防范，使犯罪分子有可乘之机。三是社会上销赃渠道广泛，既有国营收购单位，又有走街串巷的收购小贩以及地下销赃组织。甚至有些乡镇企业把收购赃物作为生产原料来源。从而为盗窃犯罪销赃大开了方便之门，并在一定程度上诱发了犯罪。此外，抢劫犯罪也呈上升之势，1988年全省受理1,137件，比1987年上升25.6%。其中一些抢劫银行或个体户等恶性案件都有明显上升。

2. 由经济原因酿成的伤害、杀人案件突

出。去年全省共受理伤害、杀人案件3,519件，比前年上升15.6%。在伤害、杀人案件中，80%是由于经济利益和民事权益纠纷激化而引起的。特别在农村，这类犯罪尤为突出，往往为了田头地垅，房屋地界、通风排水等经济利益而寸土必争、寸利必争、分文必争。矛盾激化，酿成伤害杀人案件。应引起注意的是，在伤害杀人案件中，一些地方发生了伤害、杀死企业负责人的案件。这反映出，在经济体制改革中，企业领导人处于矛盾的焦点，干群矛盾有了一些新的变化，应该引起重视。

二、人民法院在治理经济环境、整顿经济秩序中，应充分发挥审判机关的职能作用

党的十三届三中全会指出，在治理经济环境、整顿经济秩序中要运用五种手段，即"五管齐下"。其中法律手段尤为重要。人民法院作为国家重要执法部门，所处的地位与任务决定了必须在治理、整顿中担负起国家法律所赋予的职责，充分发挥自身的职能作用。

（一）要运用依法调节经济关系的职能，在改善经济环境、稳定经济秩序，全面深化改革中起保证作用

第一，要以法律手段治理经济环境，改善国家的金融状况。去年，针对国家资金紧张，通货膨胀，大量信贷资金沉淀在社会的现象，为了缓解和改善国家金融状况，全省各级法院普遍依法开展了清收逾期贷款活动。很多法院组成巡回法庭，深入基层，巡回审理借款合同案件。据不完全统计，去年全省通过诉讼程序回收的逾期贷款共1.5亿元，促使欠款户作出还款计划几亿元，效果十分明显。

第二，要以法律手段稳定经济秩序，加速经济流转。诉讼到法院每一件经济纠纷案件，当事人所争议的财产和资金，都处于不稳定状态和冻结状态中，少则几千、几万元，多则几十万、几百万元。同时，也影响着经济秩序和经济关系的稳定。去年全省受理的经济纠纷案件总额达115590万元。为使这些财产和资金从不稳定的状态和封冻状态中早日解脱出来，发挥它们在生产和流通中的经济效益，去年，各地法院在审理经济纠纷案件中提出了"决不能在诉讼期间加重经济损失"的口号，对直接影响到生产经营活动的案件和争议金额巨大的案件，优先审理，尽快解决纠纷。各地法院都制定了办案审限（法律未规定经济纠纷案件审限），及时审结了16000余件经济纠纷案件，把大量封冻的资金解脱出来，投入到生产、流通领域，促进了商品生产的发展。

第三，要以法律手段促进经济体制改革，增强企业活力。随着经济体制改革的深入以及所有权与经营权的分离，各地承包、租赁、股份、联营等经济组织和经营方式大量涌现，反映新的经济关系和改革发展趋势的新型案件开始摆在人民法院面前。去年，全省各级法院根据有关规定，积极受理了企业承包、租赁经营、股份经营和联营合同纠纷案件。在此基础上，今年要积极审理好企业破产及债务清偿案件，技术合同纠纷案件，商标、专利侵权纠纷案件，以及以合伙经营组织、私营企业为诉讼主体的经济合同纠纷和经济侵权纠纷等案件，以促进经济体制的改革。

第四，以法律手段保证辽东半岛外向型经济建设，审理好涉外纠纷和海事、海商纠纷案件。去年，国务院决定把辽东半岛列为经济开放区，省委、省政府作出了加速辽东半岛外向型经济建设的决定。为了实现我省沿海经济发展战略，地处对外开放地区的人民法院积极采取措施开展好涉外审判工作，主动调查了解本地"三资"企业和"三来一补"企业经济发展情况，提供必要的法律咨询和法律帮助。去年，全省审理的涉外及海事、海商纠纷案件，比前年上升33.3%。在治理、整顿中，要运用法律手段保障辽东半岛的对外开放。在涉外审判工作中，要坚持中外当事人在适用法律上一律平等原则，认

真依照我国法律及我国参加的国际条约，参照国际惯例，及时、公正、合法地处理对外经济贸易往来中发生的经济纠纷和海事、海商纠纷，保护中外当事人的合法权益，为促进辽宁经济走向世界，参与国际经济大循环提供法律保证。

(二)要运用保护公民和法人合法权益的职能，在建立社会主义商品经济新秩序中起服务作用。

第一，人民法院要充分保护公民、法人的财产权益。对于违背商品经济原则，侵害企业和公民合法财产权益的违法行为给予法律制裁。在民事审判工作中，要按照商品经济的发展规律，保护正当的买卖关系、租赁关系、典当关系、借贷关系、财产继承关系以及婚姻家庭关系，促使各种商品经济活动和社会生活秩序依法正常进行。

第二，在保护各类财产权益的同时，要依法保护公民的人身权利，包括人身健康权、姓名权、各称权、肖像权、名誉权、荣誉权、著作权等。这类案件从无到有，并呈现逐年上升的趋势。

第三，积极开展行政审判工作，保证公民民主权利。行政诉讼制度的建立，是社会主义民主政治和社会主义法制建设的重要发展，是促进和保障行政机关依法行政的一个重要手段。去年，我省各级人民法院共受理各类行政案件210件。在审理这类案件时，各级法院既依法维护了当事人的合法权益，又积极支持了行政机关依法行使职权。

(三)要运用对敌专政的职能，在安定社会治安秩序中，起打击犯罪活动，惩治犯罪分子的作用

1. 要严厉打击各类严重侵犯国家和集体、公民财产的犯罪活动，严惩这类犯罪分子。近年来，我省侵害财产犯罪案件明显增加，抢劫银行、商店、出租汽车、个体户的案件不断发生，有的地方甚至发生歹徒拦截长途客车、洗劫乘客等建国以来所罕见的案件。同时，重大盗窃犯罪活动也很猖獗，特别是盗窃企业单位的重要生产资料、贵重金属，以及正在生产、运输过程中的设备等等。

2. 要严厉打击各种严重经济犯罪活动。发挥审判职能，运用法律武器，严厉打击破坏经济环境，扰乱经济秩序的各种严重经济犯罪活动，是治理、整顿中不可缺少的重要手段，是当前人民法院的一项重要任务。各级法院要把从严惩处贪污、受贿、走私、投机倒把等严重经济犯罪分子作为贯彻落实三中全会精神的重要措施来抓，进一步提高认识，统一思想。要坚持生产力标准与法律标准的统一，不能把二者对立起来，割裂开来。一些所谓“能人”，通过各种违法手段，甚至是犯罪手段，可能为某个企业，其个局部带来暂时的经济效益，但是却使整个社会的生产力受到破坏，甚至起到恶化经济环境和经济秩序的作用。因此，对这类犯罪决不能姑息放纵。此外，要严厉打击故意伤害、杀死企业领导人或改革家，以及侵害“两户一体”的犯罪活动。特别是对一些影响面大的案件，要及时处理，公开宣判。

三、在治理经济环境、整顿经济秩序、深化改革中，应当引起注意的几个问题

在这次调查中，我们认为以下三个方面的问题应引起注意。

(一) 在执法工作方面，司法执法部门与行政执法部门在执法中不够统一协调，致使一些严重扰乱经济秩序的违法和犯罪行为得不到应有的制裁，主要表现为，人民法院受理的经济犯罪案件明显下降，行政执法部门处理的经济违法案件显著上升。去年，全省各级法院共受理经济犯罪案件（不包括盗窃公共财物犯罪）768件，比前年下降43.9%。而据了解，全省工商管理部门去年1月至9月份查处的倒卖重要生产资料的案件比前年同期上升18%。其中倒卖钢材上升37%，倒卖化肥上升58%，倒卖有色金属上升95%，倒卖油料上升3.6倍。在这些倒卖重要生产资料中，绝大多数都是法人组织。他们有的

一次获利几十万元，甚至上百万元，严重扰乱了社会经济秩序，但却没有一件被起诉到法院。此外，当前偷、漏、抗税现象严重，而去年全省法院受理偷、抗税案件仅14件，比前年下降48.1%。这些不正常现象，反映了行政执法部门与司法部门在执法标准上不统一、在执法过程中不协调。

（二）在经济秩序方面，企业债务危机加重，普遍存在着拖欠债的现象，已严重危及到企业生产经营。其原因是，很多企业为了暂时的、局部的利益，违犯工商管理法规，擅自扩大经营项目和范围。还有的企业的营业执照包罗万象，搞一些超越自身经济能力的经营。这些企业很多是靠预付款来维持自身经营，拖欠占用了大量其他企业的资金和银行贷款。而其他企业由于外债追不回来，为了本企业的资金周转，也利用同样的方法拖欠他人的贷款。这样就形成了企业之间连环拖欠，恶性循环的现象。严重地影响了国家的宏观控制，破坏了社会主义经济秩序。

（三）人民法院的判决、裁定难以执行的问题应引起重视。据统计，去年全省法院受理各类执行案件中，其中有4,199件没有执行，占应执行案件的24.5%。案件执行不了，裁判文书等于一纸空文，既无法体现国家的法律尊严，又使一些严重扰乱社会经济秩序、生活秩序、治安秩序的行为得不到应有的法律制裁，也使处于不稳定状态的经济关系得不到有效调整。

针对上述问题建议：

（一）要加强地方性立法工作。由于目前法律、法规、规章不够健全，造成一些空隙，不仅使犯罪分子有机可趁，也使执法部门在处理各类案件或纠纷时，缺少有关法律依据。为此，建议省人大应围绕治理经济环境、整顿经济秩序，结合我省政治、经济、文化发展的实际情况，多制定一些地方性法规。例如偷税、抗税的数额多少可以移送司法机关处理，法人偷税、抗税问题，法人拒不执行人民法院判决、裁定问题应如何处理等等。

（二）加强党委对执法部门的政治领导，加强人大对执法部门的法律监督工作。运用法律手段依法治理经济环境、整顿经济秩序，促进深化改革，不单是法院一家的工作，各执法机关要综合运用法律，以发挥法律的整体效能。建议各级党委要加强对国家执法机关在政治上领导，教育广大执法干部在治理整顿中，严格、严肃、严明地执行国家和地方的各项法律。同时，建议各级人大在法律监督过程中，既要监督司法机关的执法工作，也要监督行政机关的执法工作，并把二者的执法工作统一协调起来。

（三）各司法部门和行政执法部门在治理整顿中，要各司其职，各负其责。特别是经济执法部门，要严格执法，依法行政。例如：工商部门要严格审查和办理营业执照，银行部门要依法贷款，依法严格审查企业帐户的资信，避免以多设户头的手段来骗取贷款，逃避债务，抗拒人民法院的执行工作及其他规避法律的行为。同时，行政执法部门与司法执法部门要互通情况，勾通信息，注意协调，统一执法标准。行政执法部门在执法过程中，不能以罚代刑。发现构成犯罪的，要及时向司法机关移送。司法机关对各类经济犯罪要严肃对待，严肃执法，严肃处理。同时，也要严格区分罪与非罪的界限，正确适用法律、政策。

（四）加强对人民法院执行工作的支持和协助。首先建议各级党委、人大，在加强对法院工作的领导、监督的同时，要把法制宣传工作真正开展起来，使各有关部门切实增强法制观念，克服地方保护主义，为执法工作在治理、整顿中更好地发挥作用创造一个好的软环境。其次，对人民法院依法作出的判决，裁定有协助执行义务的部门和个人要积极地、认真地协助执行。对负有协助执行义务的单位或个人，拒不协助执行或者与被执行人（包括法人）串通，抗拒法院判决、裁定执行的，要依法严惩，对构成犯罪的，要追究刑事责任。应该行政处分的，也应严肃处理。

上海法院审理涉及“三资”企业经济纠纷案件的情况报告

上海市高级人民法院

对内搞活、对外开放是我国发展经济的一项基本国策，吸引外商在我国投资办企业是实行对外开放的重要内容。为了保护外商的合法权益，鼓励外商投资，国家先后颁布了一批有关管理“三资”企业的法律、法规，为吸引外资并妥善处理涉及外商的经济纠纷，提供了法律根据。1987年以前，本市各级法院受理的涉及“三资”企业的经济案件总数不到10件，而1988年至1989年7月份，已受理46件，相当于1987年以前受理案件总数的四倍半，呈逐年上升趋势。最近，我们对1988年以来受理的46件案件作了调查分析。

一、基本情况

从收案情况看，这46件经济案件中，“三资”企业与国内企业之间的经济纠纷有44件，涉外和涉港纠纷各有1件。原告为“三资”企业的有26件，本市“三资”企业23件，外地的“三资”企业3件，占56.5%。被告为“三资”企业的有20件，本市“三资”企业15件，外地的“三资”企业5件，占43.5%。这些案件的国外投资方除1件为外资独资企业外，其余均为中外、沪港合资、合作企业。涉及的国家和地区有美国、比利时、泰国、菲律宾、瑞典、瑞士、日本、波兰和香港。从案件类型看，购销合同纠纷26件，占56.5%，劳动争议纠纷6件，占13%，两者合计占70%强，此外还有加工承揽合同纠纷4件，建筑工程承包合同纠纷4件，侵权赔偿纠纷2件，借款合同，追索培训费，经济行政纠纷各1件。诉讼标的总金额为人民币1660余万元，美元152余万元。截止今年7月底，已审结30件，占收案数的65.2%。

涉及“三资”企业经济纠纷案件较大幅度增长的主要原因是：(1) 随着“三资”企业与国内外企业，经济组织之间的经济往来增多，发生经济纠纷的数量亦相应地增多。(2) 人民法院对此类案件及时受理，优先审理，公正处理，严肃执法，树立了良好的执法信誉。(3) 我国公民的法律意识增强，要求保护他们在“三资”企业中的合法权益。如6件“三资”企业内部劳动争议案件中，有5件是我国职工依法提起诉讼的。(4) 国家银根抽紧和企业自身资金偏紧，当事人迫切要求尽快解决拖欠货款等纠纷。这46件经济纠纷案件中，双方当事人签订合同的时间，除1983年、1984年、1985年和1986年各有一件外，其余均为1987年以后签订的，当年签约当年起诉的占相当比例。反映了当事人迫切要求运用法律手段保护自身权益，遇到困难和问题，就随时要求法院解决的愿望。

二、基本做法

本市各级法院依照法律规定，凡属有管辖权的涉及“三资”企业为诉讼一方当事人的经济纠纷案件，均依法审查予以受理，积极采取有效的法律措施，依法保护双方当事人的合法权益。

(一) 明确办案的指导思想。“三资”企业作为诉讼当事人是近年来新出现的诉讼主体，按照我国法律规定，它们虽然是中国法人，但由于它们是中外企业，经济组织共同组合而成的，案件处理结果涉及中外双方的利益，因此，正确及时合法地审理好这类案件，对切实保护“三资”企业合法权益不受侵犯，保障我国对外开放方针政策的实施，具有重要意义。为此，本市各级法院组织审判人员认真学习有关法律、法规、条例、规章和审理程序，明确办案指导思想，做到及时受理，优先审理，秉公执法。闸北区法院是受理此类案件最多的基层法院，到1989年7月底，已受理7件，该院根据这类案件诉讼主体新，适用法律、法规新，政策性强的特点，及时组织审判人员学习有关法律知识，提高思想认识，克服畏难情绪；并选派有丰富审判经验的审判人员承办，在组织上保证了精心审理案件，受到当事人的好评。

（二）坚持以事实为根据，以法律为准绳的原则，无论是调解还是判决，均坚持查明事实、分清是非责任，慎重下判。已审结的30件案件中，“三资”企业作为原告的15件全部胜诉，作为被告的有4件案件胜诉，计占已结案的63.3%，为“三资”企业追回被欠货款近34万元，挽回经济损失近11万元，具体做法是：

（1）贯彻对当事人适用法律一律平等的原则，依法保护“三资”企业的合法权益。如原告中美合资上海司太立有限公司诉被告江苏省张家港市热喷涂厂购销合同货款纠纷一案，原告按约如数向被告提供N160粉及各种规格气焊条计2万余元，被告收货后未按约付款。法院经审理确认被告故意拖欠货款，其逾期付款的违约金依法不能免除。经调解，被告偿还全部所欠货款并负担违约金3000余元。

（2）对制造、销售劣质商品，损害“三资”企业合法权益的行为依法予以制裁。如原告江苏省盐城市朝阳水产批发部诉被告中港合资上海城市酒家无效购销合同货款纠纷一案，双方在1988年9月签订购销合同，约定由原告供应被告价值13万余元的水产品，后原告实际仅供应价值6.7万元的河虾816.5公斤，经卫生防疫部门检验为劣质产品。同时又查明原告在未取得卫生许可证的情况下从事水产品经营活动，违反了食品卫生法的规定，系违法经营，法院判令原告承担全部责任，将其所提供的846.5公斤劣质河虾交当地卫生防疫部门监督处理，诉讼费由原告负担，依法制裁了原告出售劣质产品，损害被告合法权益的违法行为。

（3）维护“三资”企业管理秩序，促进企业劳动管理纳入法制的轨道。在审理“三资”企业与职工之间的劳动争议案件时，依照中外合资企业劳动人事管理法规规定，既保护我国公民的合法权益，也依法维护“三资”企业的正当权益。如原告韩晓华诉被告上海贝尔电话设备制造有限公司劳动争议案，原告于1985年7月为被告录用后违反劳动纪律，多次在上班时阅读与工作无关的书籍，并有完不成生产任务等情况。1987年6月，原告被派参加S1240系统软件培训班，又因主观不努力致专业考试成绩不及格。据此，被告按公司章程将原告列为编外人员。1988年5月间，原告多次纠缠被告要求重新安排工作而发生争执，影响公司的正常生产秩序，为此被告对原告作出除名处分的决定。原告不服，申请仲裁，市劳动争议仲裁委员会维持原处分决定。被告不服裁决，向法院起诉，要求撤销除名决定，并赔偿经济损失2000余元。法院经查明事实，确认原告在工作期间确实违反劳动纪律，被告按规定将原告列为编外人员并根据原告在编外期间的表现，按照公司章程，作出除名的处分决定并无不当，判决驳回原告诉请，依法维护了该公司的生产管理权和劳动人事管理权。对于侵犯职工合法权益的行为，则依法保护职工的合法权益。如原告王萍、蔡松、章再荣、蔡颂伟诉被告中港合资上海远洋宾馆劳动争议案，被告以四原告涉嫌手表被盗为由，解除了与原告所订的劳动合同，法院经审理认为，被告在没有确凿证据情况下，以原告涉嫌偷窃手表为由，而单方解除劳动合同，违反了劳动合同法规，应承担过错责任。经调解，被告撤销了原决定，恢复了与原告的劳动合同关系和原告职务，并赔偿原告经济损失1000余元。

(4) 促成当事人继续保持业务往来，积极支持国内企业的出口贸易。“三资”企业为进出口业务公司出口需要而生产的产品或受托加工品，一般都不再转内销。对于它们之间发生的纠纷，人民法院都按照实际情况，兼顾双方利益，积极予以调处。如原告中港合资东英电脑织唛刺锈有限公司诉被告中国纺织品进出口公司上海服装分公司加工承揽合同酬金纠纷一案，双方已有多年的业务往来，互有得益，后因原告为被告承制的一批唛头和胸标逾期交货，致使被告遭受经济损失，拒付酬金而涉讼。法院查明：双方都不愿因诉讼而断绝业务关系，便本着既合法合理地解决双方纠纷，又消除双方的隔阂，争取继续交往的精神，经多方疏导调解，使双方达成调解协议，由被告支付拖欠的全部酬金，原告赔偿被告经济损失8.5万元。双方对处理结果表示满意，从而圆满地解决了拖延一年之久的纠纷。

三、办案效果

本市各级法院在审理涉及“三资”企业经济纠纷案件中，由于坚持依法办案，秉公执法，公正处理，从而树立了较为良好的执法信誉。中美合资上海司太立有限公司已先后向法院起诉了三件经济纠纷案，是本市涉讼案件最多的“三资”企业，1987年该公司向法院起诉第一个案件，要求江苏省江阴市古塘农工商联合公司偿付货款13790元和违约金2297.05元。嘉定县法院及时审理后确认原告的诉请属实，判令被告如数偿还货款和承担全部违约责任。案件审结后，该公司美方经理认为中国法院处理案件是公正的。今年先后又起诉了两起经济纠纷。又如原告中港合资沪兴电子有限公司诉被告经济生活报服务部、杭州计算机外部设备研究所购销合同货款纠纷案，被告在收到原告提供的价值1万元的软磁盘后拒付货款。原告多次去函或派人协商催讨，均未解决。法院受理此案后抓紧查明事实，及时审结，促使被告履行了全部义务，使长达2年之久的纠纷得到解决。原告经办人感动地说，如果不是法院及时处理，我的包袱不知要背到哪年才能放下。再如原告香港戎氏工程有限公司诉被告上海远洋宾馆货款纠纷案，1985年双方经口头商定，由原告提供作接地用的紧缺材料铜棍，原告按约按期如数交货，由于有关部门不同意用铜棍作接地材料，故被告一直未付货款而涉讼。市中级法院确认双方口头合同成立，依法判决原告胜诉，原告的董事长兼总经理戎顺浩投书本市报社，赞扬法院秉公执法，说本来对在国内起诉此案有疑虑，担心司法机关会偏袒国内单位，但此案的判决，使我们改变了看法，证明人民法院严格按照法律，查明事实真相，主持正义，认真贯彻了中央的四化和开放政策，作出了公正审理，维护了港商的合法权益，保护了国家的良好声誉，体验到港商在国内发展业务，是有法律保障的。

四、几点建议

通过对案件的审理，我们认为“三资”企业在经营管理上应该注意以下几个问题：

(一) 签订经济合同应严格把关。在不了解对方资信、实力、经营范围的情况下，切忌轻信招牌，盲目签约，以免造成经济损失。如原告中美合资上海高仕香精有限公司看见江苏省大丰县裕华东方农副产品购销站招牌后，以为这是一家国家指定的农副产品收购部门，即与其签订定购价值80万元薄荷油的合同，并付清了货款。后“购销站”提供的薄荷油质量不合格，又无力退款，原告只得降价收购，但“购销站”仍以种种借口拒还原价与降价差额价款2万元。法院查明，该“购销站”实际上是一家个体的烟杂店，即依法判令被告偿还差价款。原告对法院的判决表示感谢，表示要从这起盲目签约的纠纷中吸取教训。

(二)签订劳动合同的条款内容应周详明确，防止疏漏。应当指出，有关的法律、法规只能作原则的规定，“三资”企业应当据此制订具体实施的规章；并在签订劳动合同时，应当把可能遇到而又容易发生争议的问题，在条款中作出具体规定，作为履行合同和解决争议的依据，否则，一旦涉讼，就很难分清责任。如原告中美合资上海凯斯特软件公司诉被告郑和中追索培训费纠纷一案，1986年11月原告派被告赴美国进行业务培训，双方约定，被告回国后应在原告处服务满2年，否则需退赔原告的培训费用。但协议对培训费包括的范围和数额未作规定，被告回国后在原告处工作未满2年，便提出自费出国留学请求。由于双方对培训费范围和数额各执已见，原告向法院起诉。根据《上海市中外合资经营企业劳动人事管理条例》第十八条规定：“合营企业出资培训的职工，在培训期满后工作未满劳动合同规定年限，辞退或自行离职的，须按照劳动合同的规定，赔偿企业一定的培训费用”。根据本案的实际情况，经法院调解，双方同意按往返机票加服装费计算培训费，由被告赔偿3500元。

(三)对违纪职工作出行政处分决定时，应严格按照法定程序办理手续。目前“三资”企业中容易引起劳动争议的突出问题是辞退，开除职工时，一是未按法定期限通知被辞退，开除职工；二是以口头通知代替书面通知，造成各持已见。如原告杨伟明诉被告中美合资上海福克斯波罗有限公司劳动争议一案，被告于1987年4月决定辞退原告。根据当时的《上海市中外合资经营企业劳动管理实施办法(试行)》和双方所订的劳动合同规定，辞退职工必须由公司正、副总经理联署辞退职工名单和列举理由，经工会讨论同意后，提前一个月用书面通知被辞退职工。而本案被告仅是临时口头通知原告对其辞退决定，造成了对本案审理的困难。

(四)鉴于大多数“三资”企业建立时间不长，管理基础较差。建议主管部门作些调查研究，促进“三资”企业改善管理，以充分发掘“三资”企业的经济效益。

为保障对外开放政策的顺利进行，本市各级法院将一如既往，坚持法律面前人人平等，依法及时公开地审理案件，不断总结审判经验，争取较好的办案效果。

关于江苏全省法院适用缓刑情况的调查

江苏省高级人民法院研究室

为了结合我省实际情况，贯彻1989年1月全国政法工作座谈会关于适用缓刑规定的精神，进一步提高适用缓刑的质量，我们对全省法院今年上半年适用缓刑情况作了总体了解，并赴南京、扬州、盐城三市部分基层法院及一些被宣告缓刑犯罪分子(以下简称“缓刑犯”)所在单位进行了调查。

一、基本情况

今年1至6月，全省法院判处刑罚宣告缓刑的犯罪分子共908人，占被判决人总数的7.9%，比去年同期下降0.5%。

从缓刑犯身份来看，国家工作人员占缓刑犯人数的4.2%，工人占18.3%，农民占32.5%，学生占5.1%，社会闲散人员占11.2%，个体劳动者占8.3%，其他占20.4%。

从地区来看，适用缓刑较多的有南京、扬州、镇江三市，缓刑犯占被判决人总数的比例分别为13.4%、13.3%、13.2%。适用缓刑较少的是徐州、无锡、盐城三市，缓刑犯占被判决人总数的比例分别为3.2%、4.4%、5%。全省11个市中，缓刑犯占被判决人总数比例超过10%的有4个市，低于10%的有7个市。

从缓刑犯的犯罪种类来看，主要有：1.盗窃罪。我省盗窃罪数量历来居各种犯罪之首，加之有一定比例的共同犯罪，所以，对轻微盗窃罪犯，特别是共同盗窃罪的从犯、胁从犯宣告缓刑较多。上半年盗窃罪缓刑犯366人，占缓刑犯人数的40.3%，占该罪被判决人数的5.6%。2.故意伤害罪。故意伤害罪中多数是激情式犯罪，也有不少属于自诉伤害案。对那些犯罪后能积极抢救、治疗被害人，赔偿医疗费，真诚悔罪的犯罪分子，法院比较注意依法适用缓刑。上半年故意伤害罪缓刑犯98人，占缓刑犯人数的10.7%，占该罪被判决人数的25.3%。3.贪污罪。很多贪污罪犯在案发后悔罪表现较好，能积极退赃、争取从宽处理。而且，有些贪污犯只要改变他们的工种后即可基本消除其再犯此罪的可能性，因此，对符合缓刑条件的贪污犯适用缓刑较多。上半年贪污罪缓刑犯86人，占缓刑犯人数的9.4%，占该罪被判决人数的36.6%。4.交通肇事罪。交通肇事罪是发生在交通运输过程中的职责性犯罪，行为人的主观恶性不深，对其适用缓刑后一般不致再危害社会。上半年交通肇事罪缓刑犯84人，占缓刑人数的9.3%，占该罪被判决人数的49.4%。5.重婚罪。由于重婚罪不属恶性犯罪，而且司法机关追究罪犯刑事责任时，经常遇到有的罪犯子女幼小无人抚养、老人无人赡养等情况，所以，对重婚罪犯，尤其是女性罪犯依法适用缓刑较多。上半年重婚缓刑犯共44人，占缓刑犯人数的4.8%，占该罪被判决人数的33.3%。

调查情况表明：我省法院适用缓刑的质量较高，效果较好。缓刑犯在考验期间重新犯罪的极少，据盐城城区、东台市、仪征市、南京浦口区等法院反映，至今尚未发现缓刑犯重新犯罪的情况。一些缓刑犯所在单位也反映，大多数缓刑犯在考验期间能积极劳动，遵纪守法，改过自新，有的已成了工作、生产上的骨干。

缓刑质量较高的原因是多方面的，其中重要原因之一是法院做了大量、细致工作。很多法院对犯罪分子确定缓刑时严肃、认真；在缓刑犯考验期间又花费许多精力组织或配合有关单位对其考察教育。南京栖霞区法院对每一个适用缓刑的犯罪分子，都预先逐一帮助有关单位建立考察小组(又称帮教小组、管教小组)，要求每个考察小组与缓刑犯本人及其亲属签订帮教协议书，规定各方的职责。缓刑犯每月向考察小组汇报自己的思想、工作、学习、生活等情况，每个季度用书面形式向法院汇报改造情况。该院每年向缓刑犯所在单位发放《缓刑人员调查表》，由单位填写缓刑犯的表现。还不定期地召开座谈会，走访缓刑犯及其所在单位，及时鼓励或批评教育缓刑犯。此外，针对目前缓刑犯外出务工经商，流动性大等情况，要求在外地的缓刑犯接受当地公安派出所或治保组织的监督，并请当地单位或组织每个季度对其表现作出书面鉴定，加盖公章寄至法院。这样通过几个渠道紧紧地把握缓刑犯的改造情况，从而巩固了审判效果。

二、存在问题

我们在调查中发现，法院适用缓刑时和缓刑犯在缓刑考验期间都存在一些问题，其中比较突出的应引起我们重视的问题有：

(一)个别法院没有严格依法适用缓刑

虽然刑法第六十七条第一款规定了缓刑的两个条件，但有的法院没有严格按照法定条件对罪犯适用缓刑。具体表现：(1)对依法应判处三年以上有期徒刑的罪犯判处了拘役、三年以下有期徒刑，从而不恰当地适用了缓刑。例如，1988年11月7日下午，司机张××与同事吵架后到饭店饮酒，然后驾车运送木料。在三岔路口将站在路边的妇女李

××及其女儿撞伤。李××母女经医院抢救无效死亡。根据“两高”《关于严格依法处理道路交通肇事案件的通知》的有关规定，对张××应处三年以上七年以下有期徒刑，但某法院判处张××有期徒刑二年缓刑三年。(2)迁就被告人亲属、所在单位领导对被告人适用缓刑的要求。有的被告人亲属甚至表示：宁愿重判至三年再宣告缓刑，也不要轻判一、二年实刑。个别法院在这种“攻势”下，对依法应判处实刑的罪犯，不恰当地宣告了缓刑。(3)过多考虑被告人的困难。有些罪犯如被送到劳改单位服刑，确实会给其家庭带来许多困难，也可能给单位的工作、生产带来影响。但是，这些困难和影响并不能说明罪犯是否不再危害社会。有的法院没有把这些因素与法定的缓刑条件结合起来考虑，而是偏重这些因素，不恰当地适用了缓刑。

(二)对缓刑犯的考察管理缺乏法律化、制度化

缓刑制度能否收效，除法律规定逐步完善和审判人员妥善运用之外，还必须对缓刑犯有完备的考察管理制度。刑法第七十条仅原则规定：缓刑“由公安机关交所在单位或者基层组织予以考察”。至于何人考察，如何考察，考察什么均无规定。我省迄今没有专设的机构和人员负责对缓刑犯考察管理，没有建立完整统一的考察管理制度。因此，实践中出现不少问题。(1)公安机关无暇顾及缓刑犯的考察管理，有的甚至对本辖区有多少缓刑犯，何时考验期满都不清楚。(2)有些单位得知被告人被司法机关追究刑事责任后，立即将其开除了事，以致有的被告人被宣告缓刑释放后，无人考察管理，学习、工作和生活均无着落。(3)有些单位关、停、并、转后，不可能再对缓刑犯考察管理。(4)有一定数量的缓刑犯是尚未工作的青少年、无业闲散人员和个体劳动者，他们在有的地方已处于放任自流状态。(5)随着经济体制改革和商品经济的发展，一些缓刑犯在政策法律允许的情况下，赴外地务工、经商，对他们的考察、管理成了一个亟待研究解决的新问题。

(三)缓刑犯的权利和义务不明确

关于缓刑犯在考验期间的权利问题，有关部门虽然有过一些规定，如最高人民法院《关于缓刑期间被告人是否有政治权利等问题的批复》，劳动人事部《关于被判处有期徒刑的退休人员的退休待遇问题的批复》，人事部《关于国家行政机关工作人员被判处管制、拘役及被判处刑罚宣告缓刑后的工作和工资问题的通知》等，但由于国家没有系统的统一规定，因此各地各单位做法不尽一致。据了解，没有被剥夺政治权利的缓刑犯基本上能享受政治权利(仅有个别单位不合法地限制缓刑犯的通信自由)，而生活待遇则差别甚大。有的单位每月只发40元、60元生活费；有的单位除几十元生活费外，其他补贴、福利费、奖金等一概没有；有的单位除奖金之外，其他职工享有的经济待遇，缓刑犯也都享有。

刑法具体规定了管制犯在执行期间必须遵守的事项，而对缓刑犯在考验期间应遵守的事项未作规定。缓刑犯所在单位难以对其进行具体考察、监督；司法机关没有评价缓刑犯的客观标准；缓刑犯更不知其必须遵守的事项。所以，实践中不免会出现两种偏向：一种是对缓刑犯置之不问，不作考察管理；一种是用对待管制犯、在押犯的方法严厉管束缓刑犯。

(四)有违法撤销缓刑的情况

根据刑法第七十条规定，撤销缓刑的条件是缓刑犯在考验期间再犯新罪。我们发现，有的法院撤销缓刑的做法不符合法律规定。例如，某法院对某被告人判处刑罚宣告缓刑并送达判决书后，发现该被告人在关押期间有通风报信行为，随即以悔罪态度不好为由，收回原判决书，重新判决，送至劳改单位服刑。我们认为，在判决书送达被告人之后，如果确有证据证明被告人在关押期间悔罪态度不好，不应适用缓刑，那完全应该按审判监

督程序撤销原判，改判实刑。随意收回和改变已送达的判决书，既有失法院审判的严肃性，也是违法的。

三、几点意见

针对上述基本情况和存在的问题，我们的意见是：

（一）依法适量使用缓刑，严格依照法定条件适用缓刑

我省今年犯罪案件上升势头一直较猛，重大恶性刑案不断上升。1至6月，全省法院受理各类初审刑事案件10539件，比去年同期上升34.5％。严峻的形势要求司法机关必须集中精力打击严重刑事犯罪，开展各种专项斗争。现在对缓刑犯考察的组织领导工作大部分由法院担负，而法院正面临“收案多、结案多、积案多”的状况，负荷相当沉重。如在其他方面投入过多精力，势必影响法院的审判质量。当前，有相当数量的犯罪分子没有学习或工作单位。今年上半年法院判决的犯罪分子中个体劳动者、社会闲散人员、退（离）休人员、被开除学籍的青少年占被判决人总数的18.6％。对这些罪犯如过多适用缓刑，则将使许多缓刑犯置于自流状态。他们在社会犯罪率不断上升的环境中极易重新犯罪。即使没有重新犯罪，其违法乱纪行为也不利于社会安定。缓刑犯在考验期间重新犯罪率不高（这与法院慎重适用缓刑很有关系），但在考验期满后重新犯罪和因违法受到劳动教养等行政处罚的并非个别。鉴于上述情况，我们认为目前不宜扩大缓刑适用面，应依法适量使用缓刑。

（二）正确理解和掌握缓刑条件

刑法规定了适用缓刑的条件，我们在理解和掌握缓刑条件时应注意几个问题：

1. 罪犯被判处拘役、三年以下有期徒刑是适用缓刑的前提条件，而根据罪犯的犯罪情节和悔罪表现，认为适用缓刑不致再危害社会，才是适用缓刑的决定性条件。能否正确认定罪犯不致再危害社会，是能否正确适用缓刑的关键。

2. 适用缓刑要考虑罪犯是否具有较好的社会改造环境。如果犯罪分子的家庭、所在单位、学校、街道、村镇等没有考察管理条件，则应慎重适用缓刑。反之，犯罪分子所在单位或基层组织具备考察管理条件，但不符合法定缓刑条件，也不得迁就被告人亲属、被告人所在单位领导的要求而滥用缓刑。

3. 犯罪分子的实际困难，如怀孕、哺乳、患病等以及业务、工作需要可以作为适用缓刑的因素，但必须把这些因素与法定条件结合起来考虑，确定缓刑时，不可偏重这些因素，而忽视法定条件。

4. 在审判实践中，拟判处拘役、三年以下有期徒刑罪犯属于下列类型的，应当考虑适用缓刑。（1）少年犯。少年犯可塑性大，主观恶性通常不深，易于教育改造。（2）轻罪犯。有些犯罪属于轻微犯罪，如非法搜查、妨害公务、销赃、诽谤、重婚等罪，这些犯罪社会危害程度极值大大低于重大恶性犯罪，而且其中的自诉案件依法可以调解、自行和解或撤回自诉。（3）共同犯罪的从犯、胁从犯。相对主犯而言，从犯、协从犯在共同犯罪中所起作用和应承担的刑事责任都比较小。（4）初犯、偶犯。有不少犯罪分子一贯表现很好，因偶然起意而犯罪，有的犯罪分子因一时激愤而犯罪，对他们适用缓刑更利于改造他们。（5）过失犯。一般来说，过失犯主观恶性不深，再危害社会的可能性也不大。

除反革命犯和累犯依法不适用缓刑外，其他罪犯属于下列类型的，也不宜适用缓刑。（1）惯犯、屡犯。有些犯罪分子虽不属累犯，但犯罪已成习性或历史上屡次犯罪，这些人主观恶性深，不容易改造，放在社会上难以防止他们重新犯罪。（2）主犯、教唆犯。由于共同犯罪中主犯、教唆犯的主观恶性较深，对社会危害较大，因此，即使有的主犯、教唆犯被判处轻刑，对他们也不宜适用缓刑。（3）严重罪犯。对杀人、抢劫、投毒、爆炸、

放火、强奸等严重危害社会治安和走私、贩毒、投机倒把等严重破坏经济的犯罪分子，一般不宜适用缓刑。个别案件具有法定从轻、减轻处罚情节并符合缓刑条件的，可以适用缓刑，但应从严掌握。（4）影响较坏、民愤较大的罪犯。有的犯罪分子虽符合缓刑条件，但如果在单位或基层组织因犯罪性质或本人品行等致使影响较坏、民愤较大，出于刑罚社会效果的考虑，对他们也不宜适用缓刑。

（三）加强综合治理，建立、健全考察管理制度

我们认为在缓刑犯的考察管理工作中要坚决贯彻综合治理的方针，各部门、各单位都应把缓刑犯的考察管理视为综合治理工作的一部分。要充分发挥党团组织和工会、妇联等各种团体以及缓刑犯亲属的作用。要强化群众的专政意识，强化社会的管理职能，改变那种把教育改造犯罪分子仅看成是司法机关职能，而不是全社会责任的错误观念。

我们建议：各市、县（区）综合治理办公室负责指导本地区考察管理缓刑犯的工作；缓刑犯所在单位或基层组织则负责具体的考察工作，并向综合治理办公室请示汇报遇到的各种问题。这样形成一个由综合治理办公室指导、监督，由有关单位、基层组织具体考察管理的缓刑考察体系。

目前，法律对缓刑犯应遵守事项没有规定。各地已有一些好的做法。例如，要求缓刑犯定期口头或书面汇报自己的改造情况；有关单位定期对缓刑犯各方面表现进行鉴定；司法机关定期或不定期召开座谈会，走访缓刑犯及其单位；等等。这些方法可以逐步完善，互相交流。必须指出，我们在考察管理缓刑犯时，应维护他们的合法权利。所谓考察是指对缓刑犯在工作生产等方面的表现进行了解，并对其进行政治思想教育和守法教育，不能用对待管制犯的方法来对待缓刑犯。就缓刑目的和意义而言，对缓刑犯采用过严的监督考察，规定过多的限制，是不恰当的，也是违背立法原意的。缓刑犯的生活待遇不能过低。因为有关文件规定对缓刑犯仅发给生活费，旨在与其他职工有所区别，并非作为对其经济惩罚手段。现在生活消费开支较大，如缓刑犯生活费过低，影响个人及其家庭生活，不利于缓刑犯的改造。

刑法规定管制期满，执行机关应即向本人和有关群众宣布解除管制，而刑法对缓刑犯考验期满未作类似规定。实践中，有的缓刑犯不清楚自己考验期满的准确日期；有的缓刑犯考验期满后涉及分配正式工作，重新确定职务和工资等级等问题。所以，缓刑犯在考验期满时，司法机关必须以适当方式向本人和有关群众宣布。最高法院、公安部1977年11月14日(77)法办研字第7号、公发〔1977〕44号《关于加强对监外就医、监外执行、假释、缓刑犯人管理工作的联合通知》规定："……原由法院判处的缓刑犯，由当地公安机关宣布缓刑期满，原判刑罚不再执行"。我们建议：缓刑犯考验期届满时，法院应书面通知公安机关，由公安机关向本人和群众宣布。

关于石狮市法院审理制售淫秽物品案件情况的调查

福建省高级人民法院研究室

石狮市一个时期以来"制黄"、"贩黄"犯罪活动十分猖獗，流毒全国，危害极大。为了清除精神污染，净化社会环境，建设一个文明、健康、整洁、繁荣的新石狮，今年初，石狮市委、市政府根据中央、省委的指示，积极"扫黄"，取得一定成效。

石狮市法院在这场“扫黄”斗争中，全院干警通过认真学习南方沿海四省“扫黄”会议精神和省、市委的指示，充分认识到“扫黄”是一场腐蚀与反腐蚀、渗透与反渗透、演变与反演变的严重斗争，提高了对开展“扫黄”斗争的重要性、紧迫性和艰巨性的认识。在石狮市委的领导下，集中力量及时审理和宣判了一批“黄”案。从5月20日至10月20日止，共受理制作、贩卖淫秽物品案件18件22人，到10月27日除1件1人正在审理外，已审结17件21人。其中贩卖淫书淫画案11件，制作、贩卖淫书淫画案1件，制作、贩卖淫书淫画兼投机倒把3件，投机倒把1件、退补1件2人。判处有期徒刑七年1人，有期徒刑三年至六年2人，三年以下有期徒刑16人，并处罚金16人，没收财产1人。10月27日召开宣判大会，集中宣判了一批犯罪分子，推动了“扫黄”斗争的深入发展。

调查组审阅了已审结的17个案件的案卷，并同石狮市法院的同志进行了座谈，总的来看，这些案件证据确凿，定性准确，量刑适当，也注意从经济上打击犯罪分子，办案质量基本是好的。但由于目前处理制作、贩卖淫秽物品案件的法律、政策和有关规定不够完备，在实践中遇到一些适用法律政策方面的问题需要研究解决，主要有：

一、制作、贩卖淫秽物品案件如何适用刑法第一百一十八条规定以投机倒把论处问题

1989年9月13日，省公安厅、省检察院、省法院“关于办理赌博、卖淫嫖娼、淫秽物品案件若干问题的意见第二条（二）项规定：“制作、贩卖淫秽录像、影片100盒（片）以上，或者其他淫秽物品200件（册、付）以上，或者非法经营数额在1万元以上，或非法获利数额在3000元以上，应以投机倒把罪论处。”这里规定的数额是属于“数额较大”应适用刑法第一百一十七条还是属于“数额巨大”应适用刑法第一百一十八条，未作进一步说明，因而在实践中产生了一些不同的看法。如石狮市施荣德贩卖淫秽录像带265盒一案。公安机关以贩卖淫画罪移送检察机关审查起诉；检察机关认为贩卖265盒淫秽录像带属于投机倒把罪中的“数额较大”因而根据刑法第一百一十七条的规定，以投机倒把罪向法院提起公诉；法院则认为施荣德贩卖淫秽录像带数额巨大，情节严重，构成投机倒把罪，依照刑法第一百一十八条的规定处罚。我们认为，对于以营利为目的从事淫秽书淫画、淫秽音像制品等淫秽物品的出版、印刷、发行和销售活动的，一般按刑法第一百七十条之规定，以制作、贩卖淫书、淫画罪定罪量刑。但由于刑法此条规定的刑罚较轻，若不分情节一律按此罪处罚，有悖于“罪刑相适应”原则，也不利于打击制作、贩卖淫秽物品的犯罪分子。因此，1987年11月27日“两高”《关于依法严惩非法出版犯罪活动的通知》第二条规定：“以营利为目的，从事淫书、淫画、淫秽音像的出版、印刷、发行、销售活动的，依照刑法第一百七十条制作、贩卖淫书淫画罪论处；其中非法经营或非法获利的数额巨大或情节严重的，不仅触犯了制作、贩卖淫书淫画罪，也触犯了投机倒把罪，应以投机倒把罪论处。”该规定的两层内容是递进关系，显然是采用牵连犯中“重罪吸收罪”的原则，由于刑法第一百七十条与第一百一十七条规定的法定刑相同，故对规定的第二层内容应理解为依照刑法第一百一十八条的投机倒把定罪处罚。

关于非法经营或非法获利数额巨大或者情节严重的问题。对于“数额巨大”的起点标准，我们认为，目前还是应该以“两高”的解释为依据。但是，由于淫秽物品不存在国家价格，暗中交易价格波动性较大，且“源头”与买主往往难于查清，经营数额确认难度大。另一方面，销售淫秽物品时，买卖双方大多互不认识，非法获利数额仅有被告人供述而缺少其他证据，不能认定。因此，可侧重于考虑情节是否严重的问题。认定情节是否严重，应以制作、贩卖淫秽物品的数量为基本内容，目前可根据省公、检、法三家“关于办理赌博、卖淫嫖娼、淫秽物品案件若干问题的意见”，淫秽录像、影片掌握在100盒（片）以上，其他淫秽物品掌握在200件（册、付）以上，作为情节严重的基本方面。同时结合考虑制作、贩卖淫秽物品时间的长短，销售的范围，扩散情况以及有无被处罚过等等加以认定。如上面提到的施荣德贩卖淫秽物品案。该被告人贩卖淫秽录像带265盒，数量大，销售省内外，扩散较广，贩卖的淫秽录像带达87种之多。对这种情况，可认定为情节严重，对被告人施荣德可以按刑法第一百一十八条投机倒把定罪判刑。

二、贩卖淫秽物品的同时，又贩卖一般非法出版物的案件的定性问题

对既制作、贩卖淫秽物品又制作、贩卖一般非法出版物（如擅自复制、贩卖武打片、生活片等）案件，法院在审理时有不同看法，一种意见认为，只定投机倒把一罪，贩卖的非法出版物数额较大的依照刑法第一百一十七条规定的投机倒把论处，数额巨大的依照第一百一十八条投机倒把罪论处，把贩卖淫秽物品作为一个严重情节考虑；另一种意见认为，既可构成制作、贩卖淫书淫画罪，对非法出版物部分数额较大或巨大的又构成投机倒把罪，应实行数罪并罚。

我们同意第二种意见。因为制作、贩卖淫书淫画是个独立的罪名，构成犯罪的，应依照刑法第一百七十条制作、贩卖淫书淫画罪论处。如果贩卖淫书淫画数额巨大或情节严重的，应依照刑法第一百一十八条规定的投机倒把罪论处，是属于“重罪吸收轻罪”。而制作、销售一般非法出版物构成犯罪的以投机倒把罪论处，并不是对制作、贩卖淫书淫画罪的吸收。因为贩卖淫书淫画与贩卖一般非法出版物是两个独立的行为，在两者都构成犯罪的情况下，应实行数罪并罚。

由于非法出版物和淫秽物品一样不存在国家价格等情况，难以准确认定非法经营或获利的数额，可经主管部门鉴定参照市场上合法经营的同类出版物的售价情况。经研究，拟将非法复制的录像带500—1000盒作为“数额较大”，1000盒以上作为“数额巨大”来认定。

如洪雪珍一案。被告人洪雪珍于1989年4月下旬租石狮镇大仑街89号铺面，贩卖非法复制的录像带。同年6月21日当场查获录像带863盒（其中淫秽录像带57盒）及作案工具彩色电视机一台、录像机一台。此案被告人贩卖淫秽录像带57盒，已构成贩卖淫画罪；非法贩卖一般录像带806盒，数额较大、情节严重，已构成投机倒把罪，其行为应以贩卖淫画罪和投机倒把罪数罪并罚。

三、正确认定坦白交待和立功表现问题

在审理蔡永胜贩卖淫秽录像带一案中，被告人蔡永胜向法院检举揭发了四个销售窝点。其中二处查到一些翻录工具、淫秽录像带标签等。对此，法院已建议公安立案侦查。对被告人这种行为，是坦白交待还是立功表现，审理时有不同看法。我们认为，应弄清是交待“源头”还是检举与其犯罪无关的他人。前者是交待自己的行为，后者是立功表现。根据被告人交待，自己所贩卖的录像带是从这四处销售窝点购买的。这四处窝点与被告人是“源头”与买主的关系，被告人揭发检举“源头”是如实交待自己行为的一部分，属于坦白交待，不是立功表现。

四、只有被告人交待，没有其他证据能否认定问题

对于一些被告人多次交待出售淫秽录像带，但是找不到源头和买主，能否定罪，实践中作法也不一致。公安机关予以认定，而检察机关、法院则不予认定。我们认为，审理淫秽物品案件必须严格依法办事。我国刑诉法第三十五条规定：只有被告人供述没有其他证据的不能认定被告人有罪。根据这一规定，在确实无法查到其他任何旁证的情况下，只能根据当场查获的淫秽录像带数量定案，不能仅根据被告人的交待来定案，以免出现差错。如许秀沦贩卖淫秽录像带一案。当场抓获292盒录像带（其中32盒淫秽录像带）。被告人许秀沦被捕后多次交待先后已出售300多盒，其中有十分之一是淫秽录像带，因查不到源头和买主，无其他证据能够证实，因此，对其自行交待出售300盒录像带不能作为定罪根据。

五、量刑与罚金问题

在省公、检、法三家“关于办理赌博、卖淫嫖娼、淫秽物品案件若干问题的意见”下发之前，由于对法律政策理解不同，审理的制作、贩卖淫秽物品案件在判刑和罚金上有些偏轻。如施安庆、施祖德、吴金赏贩卖淫秽录像带一案。三被告人于1989年3月间共同策划贩卖淫秽录像带，后由施安庆提供录像播放机，施祖德提供彩色电视机、吴金赏联系租房，从3月中旬开始，租用石狮镇新华四厝彦森旧房二间从事转手倒卖淫秽录像带活动，其中由施安庆为主操机试带播放、收款，施祖德协助及招揽买客，吴金赏望风。同年四月六日晚被公安机关查获，当场缴获淫秽录像带441盒。审理时以贩卖淫画罪分别处被告人施安庆有期徒刑二年三个月，施祖德二年，吴金赏一年六个月；并处罚金各人民币1000元。这样的定罪量刑和罚金显系偏轻。当前在审理制作、贩卖淫秽物品案件时，应看到淫秽物品的严重社会危害，构成犯罪的必须依法从重惩处。同时也应注意从经济上打击这类犯罪活动，该重罚的应重罚，该没收财产的应没收其财产，不能让其在经济上占便宜。省公、检、法三家“关于办理赌博、卖淫嫖娼、淫秽物品案件若干问题的意见”下发后，法院在量刑和罚金方面已经注意到了这个问题，依法从重惩处了一批犯罪分子，取得了较好的效果。

六、关于淫秽物品的鉴定问题

从已判处的17件淫秽物品案件来看，对淫秽物品（淫秽录像、书刊、扑克、药品等）的鉴定或认定均由省公安厅进行，法院审理时也作为定案的依据。其理由是：1985年8月5日省公、检、法三机关“关于对淫秽物品案件运用法律和行政处罚等有关问题的意见”第（四）项规定：“认定淫秽录像，以省公安厅审查的鉴定书为据。”此规定目前有不同的看法，一种意见同意此规定，另一种意见不同意，认为淫秽物品的鉴定或认定应由专门的鉴定委员会来进行，其理由是：（一）“认定淫秽录像，以省公安厅审查的鉴定书为据”，但淫秽物品不仅淫秽录像，还有淫书、淫画、淫药等等，认为淫秽物品一律应由省公安厅进行鉴定，理由不足。（二）1988年12月27日新闻出版署“关于认定淫秽及色情出版物的暂行规定”对淫秽物品的鉴定或认定问题作了明确的规定。如《暂行规定》的第五条规定：“淫秽出版物、色情出版物由新闻出版署负责鉴定或者认定。新闻出版署组织有关部门的专家组成淫秽及色情出版物鉴定委员会，承当淫秽出版物、色情出版物的鉴定工作。各省、自治区、直辖市新闻出版局组织有关的专家组成淫秽及色情出版物鉴定委员会，对本行政区域内发现的淫秽出版物及色情出版物提出鉴定或者认定意见报新闻出版署”。第六条规定：“本规定所称的出版物包括书籍、报纸、杂志、图片、挂历、音像制品及印刷宣传品。”根据该《暂行规定》，淫秽录像、书刊、扑克等淫秽物品的鉴定或认定问题应由新闻出版署负责。（三）1987年12月25日至28日，最高人民法院、最高人民检察院、公安部、新闻出版署、广播电影电视部、国家工商行政管理局在北京联合召开依法查处非法出版犯罪活动工作座谈会。会后，新闻出版署、公安部、广播电影电视部、国家工商行政管理局于1988年3月8日印发了《依法查处非法出版犯罪活动工作座谈会纪要》。1988年11月11日，最高人民法院、最高人民检察院摘要转发。该《座谈会纪要》第四条第4点讲到关于淫秽出版物的鉴定问题：与会同志一致同意对淫秽出版物，司法机关应委托当地的省、自治区、直辖市出版物主管部门组织具有专门知识和一定政治素质的人进行鉴定。淫秽出版物的鉴定，必须有三名以上出版物主管部门指派、经司法机关聘请的人进行。根据该《座谈会纪要》，司法机关不能自行鉴定，而必须委托当地的省、自治区、直辖市出版物主管部门进行鉴定。（四）由公安厅进行鉴定或认定，其专门力量也是不足的。对鉴定结论产生争议或者异议也不好申请复核。

我们意见，对淫秽出版物，司法机关应委托当地的省一级主管部门组织具有专门知识和一定政治素质的人进行鉴定，建议有关部门尽快协调解决。

关于连江县打击走私淫秽物品犯罪情况的调查

福建省高级人民法院研究室

全省"扫黄打丑"重点之一的连江县黄岐镇，全镇23000多人，镇上的四个街道16000人，其中从事渔业生产人员1556人，拥有渔船739条。由于该镇位居连江沿海突出部的黄岐半岛上，距台湾当局占据的马祖岛只有8000米，这一特殊的地理位置，使它成为我省的两大"黄源"集散地之一。为了坚决查禁"黄源"的流入，严厉打击走私淫秽物品的犯罪活动，连江县委于去年11月和今年8月两次向该镇派驻工作队，从该镇四个街道中查出涉及走私淫秽物品的渔船9条，人员109名，占从事渔业生产人员的7%。现已查清其中的8条船从1988年5月至1989年7月间，船上人员分别筹集资金从黑市购买美元，先后20次出海向台湾的特工船购买、赊购或以渔货换取淫秽扑克、书画97598付（本）、麻将3059付。已销往瑁头、浙江、上海等地的淫秽物品达86080付（本），其中淫秽扑克68180付、淫秽书画17900本；麻将2700付，销售金额达669596元。被公安、边防、安全机关当场查获没收的淫秽物品11518付（本），其中淫秽扑克10620付、淫秽书画898本；麻将359付。经审查，对109名走私淫秽物品人员，收容审查35人，行政拘留29人、罚款处理75人（其中有的同时处行政拘留）。但是，由于黄岐镇走私淫秽物品人员多、涉及面广这一特殊情况，决定对其中情节严重的7条船28人追究刑事责任；对另2条船及其他人员，因情节较轻，1988年12月给予行政处罚后未再犯的，县有关部门决定不予追究刑事责任。在要追究刑事责任的28人中，有8人外逃（其中一条船4人）、1人被决定免予起诉，19人分6个案件（即六条船）起诉到法院。法院经审理，已经于10月28日作出一审判决，处以十年以上有期徒刑3人（最高刑期十二年）、五年以上不满十年有期徒刑3人、不满五年有期徒刑11人，有期徒刑缓刑2人（其中1人并处罚金2500元）。同时召开了8000人的宣判大会，震动较大，收到了较好的社会效果。

以上情况表明，走私淫秽物品给社会带来了严重危害，走私淫秽物品人员之多、时间之久、数量之大、扩散面之广，都是前所未有的。这除了台湾敌特机关企图利用精神毒品对我进行渗透、腐蚀、搞和平演变，以及我部分群众贪财图利的原因外，我们的打击不力和没有严肃执法，也是使走私淫秽物品日趋严重的重要原因。主要表现在：

1. 在已查清的8条船中有7条船的走私

犯罪事实，去年县委工作队进驻后就查清，但当时并未引起足够的重视，尤其是对走私淫秽物品的严重性和危害性认识不足，致使对走私犯罪分子仅作行政处罚，没有一人被追究刑事责任。同时也没有依法追缴用于走私活动的全部资金和走私运输工具，以及走私的非法所得，向法院起诉的六案走私销售总金额653166元，查获后仅罚没162080元，只占24.81%。因此，在1989年1至7月间，又有3条船先后4次出海走私淫秽扑克14220付、淫秽书画898本、麻将359付，其中被销售扩散的淫秽扑克1800付，其余均被查缴。

2. 对走私淫秽物品案件的处理管辖不当。《海关法》第四十八条规定，走私行为应由海关处罚。安全机关或边防部门在海上查获的走私案件应移送海关依照《海关法》处理，安全、边防无权自行处理。第四十七条规定，构成走私罪的由人民法院依法判处。然而上述诸案的原行政处罚没有一件是由海关处理的，均是由当地公安机关、边防大队以及安全局依据《治安管理处罚条例》予以罚款处理。

3.上述诸案的行政处罚均没有办理法定手续。《海关法》第五十三条规定，当事人对海关的处罚决定不服的，可以向作出处罚决定的海关或上一级海关申请复议、或直接向人民法院起诉，收到复议决定书后仍不服的，也可以向人民法院起诉。但是，连江县公安、边防、安全等机关在对上述诸案走私分子作出处罚时，均没有处理决定书，罚款大部分仅出具收款收据，被处罚人员也没有签名或盖章，剥夺了被处罚人要求复议和起诉的权利（即使是依照《治安管理处罚条例》，也必须制作处罚决定书，保障当事人的诉讼权利）。尤为甚者，今年10月决定对6案19人追究刑事责任时，公安机关也没有作出撤销原处罚决定的决定书，通知被处罚人。仅在案件卷宗内附上原处罚机关的便函，说明撤销对被告人的原行政处罚。

4. 因赶时间，对向法院起诉的6案19人被告人均未办理批准逮捕手续，被告人上法庭受审时，仍处在收容审查或行政拘留之中。

5. 查缴的案件罪证没有拍成照片附卷，或保留少量罪证原物随案移送，同时除对淫秽书画有鉴定证明外，对淫秽扑克没有鉴定，致使有的被告人在开庭审理中提出走私的扑克是健美运动的图相，不是淫秽物品，无法当庭验证。

6. 向法院起诉的案件，赃款没有随案移送。上述六案中，该县公安、边防、安全机关共对被告人及同案人罚款107080元、没收走私非法所得55000元，没收走私运输工具折价84000元。这些款项在起诉之前就被上缴国库，各上缴单位均已从中提取30%，尤甚的是县安全局处理陈勇等人走私淫秽物品案的罚款14500元，县财政局根据县长批示如数回拔给安全局购买办公楼。这样，公安机关在决定起诉时，仅撤销原对被告人的行政处理，没有对罚没款办理退库，并随案移送（六案中仅林仁清等人走私淫秽物品案移送赃款2370元，而该案共罚没106580元，其中没收65000元）。基于这种情况，法院在判处各被告人刑罚时，对赃款赃物不能依法作出判处，同时，也不能依照全国人大常委会《关于惩治走私罪的补充规定》第三条的规定，对被告人并处罚金或没收财产。

根据上述情况，为了进一步搞好打击走私淫秽物品的斗争，我们提出如下几点意见：

一、处理走私淫秽物品案件的管辖问题。根据《海关法》和《海关行政处罚实施细则》等有关规定，凡属走私行为，其行政处罚由海关作出决定，构成走私犯罪的，由司法机关依法追究刑事责任。据此，公安、边防、安全查获的走私淫秽物品案件，均应移送海关处理，对构成走私罪的，由海关移送公安机关侦查起诉，由人民法院依法判处；对不构成走私罪的，由海关作出行政处罚。

二、关于起诉走私淫秽物品犯罪案件应随案移送少量罪证的问题。全国人大常委会

《关于惩治走私罪的补充规定》第十四条规定，“依法追究刑事责任的走私案件，查获机关应当将案卷和走私货物、物品的清单、照片等证据一并移送司法机关；走私货物、物品除不易长期保存的可以依照规定处理外，应当就地封存，妥善保管，司法机关可以随时查核。”鉴于走私的淫秽物品社会危害性大，为防止扩散，对构成犯罪的走私淫秽物品案件，查获机关必须及时查证，并按规定对淫秽物品作出鉴定，在随案移送淫秽物品清单、照片的同时，还应密封少量罪证原物随案移送，以便人民法院审理案件时，能够依法验证。并根据淫秽物品的内容确定其危害程度，结合其他犯罪情节，依法作出正确的处罚。

三、关于赃款赃物的追缴及随案移送问题。全国人大常委会《关于惩治走私罪的补充规定》第十二条规定：“对犯走私罪的，依法判处没收走私货物、物品、违法所得和属于本单位或者本人所有的走私运输工具。”第十三条规定：“处理走私案件没收的财产和罚金、罚款收入，全部上缴国库，不得提成，不得私自处理。”据此，我们认为在人大《补充规定》公布施行后发生的走私犯罪案件，查获机关必须依法及时追缴走私货物、物品（或其销货款），走私非法所得以及走私运输工具；案件起诉时追缴的全部赃款赃物（体积大不便移送的应制作清单、照片附卷）都必须随案移送，以便人民法院依法判处。对连江县法院受理的前述六案走私淫秽物品犯罪案件的赃款赃物问题，我们建议福州中院报告市委，责成连江县有关机关依法办理，即对已上缴国库的罚没款办理退库手续，移送法院后，由法院作出补充裁定。

四、关于依法并处罚金或者没收财产的问题。全国人大常委会《关于惩治走私罪的补充规定》第三条，对走私淫秽物品犯罪分子的处罚均规定了“并处罚金”、情节严重的“并处罚金或者没收财产”。据此，对走私淫秽物品的犯罪分子，除依法判处徒刑，没收走私物品、非法所得以及走私运输工具外，都必须依法并处一定的罚金或没收财产。这样，才能严格执行人大《补充规定》，更有力地打击走私犯罪活动。

五、对于走私淫秽物品构成犯罪的，是定走私罪还是定走私淫秽物品罪，在法律文书中是同时引用《刑法》和全国人大常委会《关于惩治走私罪的补充规定》的有关条款，还是单独引用《补充规定》的有关条款，对犯罪情节特别严重的，能否判处死刑？这个问题经我们研究并请示最高人民法院，据复：对于1988年1月21日全国人大常委会《关于惩治走私罪的补充规定》公布施行后发生的案件，依照《补充规定》办理。以牟利或者传播为目的，走私淫秽物品（如淫秽扑克、书画、录像带等）构成犯罪的，应根据《补充规定》第三条的规定定罪量刑，即《补充规定》可以在有关法律文书中直接、单独引用，作为定罪量刑的法律依据；罪名为“走私淫秽物品罪”，处刑依照《补充规定》第三条规定的量刑幅度分别不同情况予以决定。此罪最高刑为无期徒刑，不能判处死刑。

六、关于走私淫秽物品犯罪情节如何具体划分，量刑幅度如何掌握的问题。连江县法院受理的前述六案的被告人，在全国人大常委会《关于惩治走私罪的补充规定》公布施行之后的一年多时间内，向台湾特工船只走私淫秽物品近10万付（本），有80%多的淫秽物品被销售扩散，危害极大，应作为反颠覆、反渗透、反和平演变斗争的组成部分，给予从严惩处，以震慑犯罪，堵住黄源。但鉴于黄岐镇参与走私淫秽物品的人数多，数量普遍较大，并曾作过行政处罚这一特殊情况，为适当控制打击面，贯彻教育挽救方针，对前述几个案件在具体划分情节和掌握量刑幅度上，拟根据《补充规定》第三条规定的三个刑罚幅度，相应确定如下三个档次，即走私淫秽书画250—1500本或者淫秽扑克500—3000付的，视为情节较轻，处三年以下有期徒刑或者拘役，并处罚金；走私淫秽书画 1501—5000 本或者淫秽扑克 3001—10000 付的，视为情节一般，处三年以上十年以下有期徒刑，并处罚金；走私淫秽书画 5000 本或者淫秽扑克 10000 付以上的，属于情节严重，处十年以上有期徒刑或者无期徒刑，并处罚金或没收财产。对于走私淫秽书画 250 本（淫秽扑克 500 付）以下的，拟不予追究刑事责任，由主管部门依法予以法行政处罚。如同时走私淫秽扑克和淫秽书画的应累计计算。

关于部分联营、企业承包、企业租赁合同纠纷案件的检查情况报告

江西省高级人民法院经济庭

为总结我省审理联营、企业承包、企业租赁合同纠纷案件的经验，研究改革过程中经济审判工作出现的新情况、新问题，省院经济庭于 1989 年 2 月 22 日至 26 日，在南昌组织各地、市中院经济庭长，对各地报送的联营、承包、租赁 3 类合同纠纷案件进行了抽查，现将检查的情况和我们对检查中提出的一些问题的初步意见报告如后：

这次检查的 3 类案件，其中联营 36 件，承包 46 件，租赁 18 件，共 100 件。检查的方法是按联营、承包、租赁 3 类合同纠纷案件分类划组，分别检查，采取个人阅卷，小组讨论，疑难复杂的案件提交大组讨论的方式进行。提交大组讨论的案件 14 件。与会同志结合案件情况，就审理 3 类合同纠纷案件的有关问题进行了讨论。

通过 3 类案件的检查，从一个侧面反映了我省各级法院经济审判工作的全貌。总的来说，一年来，各级法院大力加强经济审判工作，认真贯彻党的十三大和第十四次全国法院工作会议精神，为治理经济环境，整顿经济秩序服务，成绩是可喜的，送检的案件无论在办案质量上，办案效率上都比较好，100 件案件中，合格的 51 件，基本合格的 42 件，基本不合格的 7 件，合格和基本合格的占 93%。这些案件办得比较好，主要表现在：

1. 坚持生产力标准，注重办案的社会效益，主动及时为企业和当事人提供优质服务。不少案件在处理上既依法办事，又注重社会效益，既保护当事人的合法权益，又尽可能地发挥现有厂房、设备、资金的作用，使之创造更多的社会财富。如洪城大厦诉台昌贸易公司租赁合同纠纷一案，二审法院在确认合同无效的基础上，没有机械地适用返还的原则处理，而是采取将设备作价由原告接收的办法，避免返还拆除设备所造成的损失，成功地调解了这一案件，取得了良好的社会效果。洪城大厦给二审法院送来一面题词“公正、热情、高效”的锦旗。第二天，就开始履行调解协议。

2. 精心审理，依法确认合同效力，分清是非责任。只有正确认定了合同的效力，分清是非责任，才能妥善处理好联营、承包租赁合同纠纷案件。所检查的 100 件案件，绝大多数都较好地区分了合同有效还是无效，其中认定合同有效的 75 件，无效的 15 件，部分无效的 3 件，未对合同效力予以认定的 7 件。萍乡市中院审理的市林业公司与青山镇大城村联营合同纠纷案，查明联营合同系林业公司下属单位源并林站（非法人单位）以虚设的“源并林站劳动服务公司”的名义与大城村签订的。因此，本案合同因一方不具有主体资格而无效。但合同的无效并不是导致联营企业亏损的直接原因，造成联营企业

亏损系由大城村挪用联营厂巨款，擅自转包的行为引起，萍乡中院正确区分了双方当事人在纠纷中的责任，判决由大城村继续办厂，亏损由林业公司承担 40%，大城村承担 60%。宣判后，联营厂在 7 天后即恢复了生产，2 个月产值就达 20 多万元。

3. 坚决兑现合同，秉公执法，切实保护承包（承租）人的合法权益，保障改革的顺利进行。景德镇中院审理的刘贤华诉景南运输公司承包合同纠纷一案，在确认承包合同合法有效的前提下，依法判决兑现合同，由景南运输公司付给承包人刘贤华超额奖金 11500 余元，给其晋升半级工资，付给承包厂职工超额奖金 69400 余元。该案的审理，对全市全面推行企业承包制起到了良好的作用。宣判后，法院进行回访时，不少当事人深感，今后承包租赁有了法律保障。

4. 注重了改进审判方式，重视了当事人的举证责任，把当事人举证与法院查证结合起来，简化了一些繁琐的办案手续，加快了办案进度。所检查的案件，3 个月以内审结的 65 件，占 65%，不少案件是在 1 个月以内审结的，有些甚至几天就圆满处理了。如铜鼓法院审理的铜鼓县电子仪器厂诉常昌林承包合同纠纷案，受案后，当即调查取证，第二天即开庭审理，在正确划分责任的基础上妥善地调解结案，使纠纷得到及时处理。

由于联营、承包、租赁合同纠纷是改革中出现的新类型案件，新情况新问题较多，省院近年来业务指导也很不力，因此，在办案中还存在一些这样那样的问题，亟待解决，归纳起来，有以下几个方面：

1. 法律关系没有理顺，对联营、承包、租赁的界线还把握不准确。送检的 36 件联营案件，真正属于联营的只有 25 件。承包的 46 件，属于企业承包的仅 26 件。18 件租赁合同纠纷，企业租赁只有 5 件。有的把水电安装工程承包当作企业承包，有的把财产租赁视为企业租赁，有的就事论事，只看合同名称不看合同实质来决定案件类型和确定案由，因而有不少案由定的不够准确，如有的定为“承包租赁合同纠纷”等。

2. 有的案件办的不够扎实，事实没有查清，证据还不确实，处理有失正确，有的欠款没有欠条，还款没有收据，凭当事人记忆口述；有的对诉讼主体资格审查不严，把原告当成第三人，把单位经办人列为当事人；有的对法人的经营范围没有进行审查，甚至有的对合同效力认定失误，把无效合同当有效合同处理；有的把不应该没收的符合国家规定的免税金，也判决上交国库；还有的当事人提出撤诉后，对当事人是否超越经营范围未加审理，当事人是否为规避法律尚未弄清，就准予撤诉。

3. 重实体处理，忽视法律程序，有的案件不办法律手续，随意增减当事人；有的当事人没有参加调解，不知其他当事人达成协议，法院就发出了调解书；有的调解书中，保证人不承担任何责任，事后发现被告无法全部履行时，又裁定保证人负连带责任；有的独任审判，但又有合议庭笔录，到底是哪个程序不清楚，有的案情很复杂，但独任审判，适用简易程序。

4. 在适用法律和法律文书上也存在不少问题。比如，有效合同适用无效合同条款，调解协议中没有支付违约金的内容，引用合同法关于给付违约金的条款，有的只引用程序法，而不引用实体法，有的应该引用程序法的，没有引用程序法。调解书条款与调解协议不一致，金额相差几百元，有的文书起诉的是被告，庭审笔录记的是自然人，但调解书却变成了单位，在法律文书中，笔录名称不统一，有的文书中用词不准确，等等。

以上问题的出现，原因是多方面的，既有对这 3 类新型案件了解不多，研究不够的问题，也有少数经济审判干部基本功还不扎实的问题。还有一个重要的原因是对法律、政策不熟悉。为此，会议要求，全省各级法院在审理好量大面广的购销合同纠纷案件的同时，要采取有力措施，搞好新类型案件的审判工作。一、加强学习，进一步学习《民法通则》以及各项经济法律、法规和政策，掌握好审理经济纠纷案件的基本功，这是研究处理新型案件的前提，要鼓励支持经济审判干部加强法律专业知识的学习，深入学习党中央关于改革的方针、政策和国务院颁布的有关联营、承包、租赁的法规，不断提高审判人员的业务素质；二、适应新形势的发展，更新观念，强化服务，积极受案，精心审理新型案件，对改革过程中出现的反映了新的经济关系和改革发展趋势的新型案件，要及时受理，及时通报上级法院；三、面向社会，深入实际，加强调查研究，及时了解改革中的新情况，研究改革中的新问题，掌握新类型案件的新特点；四、积极总结经验，摸索、探讨审理新型案件的新路子，上级法院要加强对新型案件审理工作的业务指导，帮助基层总结经验，提高办案效率，提高审判水平，扩大和增强办案的社会效果。

依法积极审理侵犯公民名誉权案件

——对29起公民名誉权纠纷案的调查

江西省高级人民法院民庭

人民法院依法审理侵犯公民名誉权案件是审判实践中一项全新的内容。民法通则实施以后，我省各级人民法院勇于实践，积极探索，依法审理了一批这类案件。为了总结经验，我们对赣州、九江、南昌市、萍乡市等地法院审结的29起侵犯公民名誉权案件进行了调查。

一、对案件基本情况的简要分析

1. 从案件的侵权行为来看，以散布或捏造一方有婚外性行为而引起诉讼的26件，占89.7%；以报纸批评稿失实，要求作者恢复名誉的1件，其它名誉权纠纷2件。

可见，以散布或捏造一方有婚外性行为而导致名誉权纠纷的居多。这是因为，我国民族的传统文化对人们的婚姻道德要求很严，一个人的婚姻道德如何？往往能决定其在整个社会的声誉和评价。一些人对他人有意见，出于报复动机，便挖空心思找对方在婚姻关系上的不贞行为，以把对方搞臭，常常是捕风捉影，抓住一点就添油加醋地无限夸大，导致名誉权纠纷的发生。

2. 从当事人的性别来看，以女性居多，其中女性为原告的22人，占原告总数71%；女性为被告的23人，占被告总数的69.7%。这种现象可能与女性对周围客观事物的高度敏感性有关。有的女性心胸过于狭窄，对不足挂齿的琐事爱计较，并对此设法报复对方；有的女性捕风捉影瞎猜疑，嫉妒心太强，刘石莲（女，27岁）对其丈夫看了原告李井娣（女，35岁）一眼都感到受不了，动辄当众侮骂李勾引她的丈夫；还有的女性热衷于议论东家长西家短，也容易挑起一些是非事端，女人骂女人，专骂对方生活作风是如何如何地差。

3. 从原、被告的关系来看。双方当事人为同事关系的19起，占65.5%；双方当事人为邻里关系的4起，占13.8%；双方当事人为亲属等其它关系的6起，占20.7%。由此看来，同事之间接触时间较多，如不注意处理，更容易引起纠纷。

二、审理侵犯公民名誉权案件的主要做法

九江、南昌等地法院在审理侵犯公民名誉权案件中，严格按照侵权损害民事责任的四个构成要件，一是认真审查其是否有精神损害的客观事实，即是否因被告捏造、散布流言蜚语而造成了受害人的痛苦，是否使受害人因精神痛苦无法上班而引起扣发工资、奖金，引起生病住院而造成医药费和误工工资等经济损失。对于一般的争吵，影响和后果都很小，对受害人精神损害也很小的公民名誉权纠纷，法院可不予受理，主要通过单位和调委会做思想教育工作来解决。二是认真审查侵权行为与精神损害事实有无因果关系。三是认真审查行为人的过错情况，是原告过错，还是被告过错；是一人过错，还是共同过错；是一方过错还是混合过错；是故意还是过失，从而根据当事人过错程度以确定行为人民事责任的大小。四是认真审查当事人的行为是否具有违法性，只有当事人实施了民事违法行为，才能承担精神损害的民事责任。如果被告的行为不具违法性，虽然给原告造成精神上的痛苦，也不应承担民事责任。例如，赣县人民广播站编采员钟志红将自己所遇到的事情写成“赣州华昌商店的两种服务态度”一文刊登在1987年2月17日的《江西日报》上，通过对比批评了李清萍（女，33岁）服务态度不好，粗暴对待顾客的恶劣经营作风，报社在发表前将稿件送李清萍单位进行了核实，并加发了编者按。李清萍以钟志红侵犯了其名誉权为由向法院起诉，赣县人民法院和赣州中院通过审理对李清萍的诉讼请求不予支持。

对于经审理确认构成侵害名誉权的案件的处理，他们的做法是：

1．坚持“停止侵害、恢复名誉，消除影响、赔礼道歉”为主，“赔偿损失”为辅的原则。

根据民法通则的规定，对侵犯他人名誉权的行为，承担民事责任的方式有停止侵害、恢复名誉、消除影响、赔礼道歉及赔偿损失五种。对于侵犯他人名誉，社会影响大并造成其物质损失的，应对侵权人同时决定其承担五种民事责任。对于侵犯他人名誉权，只造成受害人精神痛苦，并没有造成物质损失的，视案情具体情况，采用适当的承担民事责任的方式。

当公民的名誉权受到侵害时，民法通则首先规定“有权要求停止侵害，恢复名誉，消除影响，赔礼道歉”，同时又规定“并可以要求赔偿损失”。“并可以”三个字，从立法原意来理解，经济赔偿不是必须适用，而是可能适用。也就是说，只有严重损害他人人格、名誉只用恢复名誉、消除影响、赔礼道歉的方式不能解决问题，难以弥补受害人的痛苦，对侵权行为人也不能起到应有的教育作用时，才采用赔偿损失的方式。这是一种补偿性质的辅助手段。主要的应采取停止侵害，恢复名誉、消除影响、赔礼道歉等方式。侵犯名誉、人格造成物质损失的，可适用赔偿损失的方式；未造成物质损失而受害人要求经济赔偿的，是否予以经济赔偿，由人民法院根据侵权人的过错程度、侵害情节、损害后果，社会影响等具体情况，决定予以经济赔偿或不予经济赔偿。

（1）对停止侵害，赔礼道歉的适用。这是对侵犯他人名誉权案件，都必须适用的两种民事责任方式，但应该注意的是，停止侵害是针对正在实施的不法侵害行为而采取的措施，如侵权人在诉讼前已停止侵害行为，则不应再判令停止侵害。如果单独适用上述两种民事责任方式，则只限于法院民事收案范围内最轻的名誉权案件。

（2）对恢复名誉、消除影响的适用。如果侵害他人名誉权的行为，造成社会影响较大，影响面涉及到本单位的全体职工，全校师生，本村村民或街道居民，致使受害人的社会评价和人格尊严下降，精神损害较严重的，就不仅要责令侵权人停止侵害，赔礼道

歉，还必须采取适当的形式为受害人恢复名誉，消除影响。消除影响的范围做到与遭受损害的范围相适应或基本相适应。

从29件名誉权案件的处理情况来看，适用消除影响、恢复名誉的方式，有的由法院审判人员召集双方当事人及双方单位领导或部分群众开小型座谈会，批评侵权人的违法行为，再由侵权人在会上作自我批评，向受害人赔礼道歉，为受害人恢复名誉、消除影响。有的责成侵权人写出书面检查，张贴在影响范围内人们比较注目的地方，以达到为受害人恢复名誉、消除影响的目的。有的当事人双方为同一单位的，由单位领导用开会的形式，组织一定范围的职工群众对侵权人进行教育，促其认错改错。对拒不认错的，以法律强制性为后盾，责成侵权人以公开检讨的方式，在合适的范围内为受害人恢复名誉、赔礼道歉。

在29件名誉权案件中，我们发现，不少案件的法律文书主文部分也是笼统地写上"恢复名誉、消除影响"，这样表述是否妥当？值得探讨。我们认为，人民法院决定对侵权人适用"恢复名誉、消除影响"的民事责任方式，特别是判决结案的案件，应进一步阐明具体采用什么形式，是登报？公开检查还是其它形式？阐明适用范围和执行时间。否则，"恢复名誉、消除影响"就会变成抽象而没有实际意义的空话。

放鞭炮是我国人民较普遍的行为，有的受害人要求侵权人放鞭炮为其恢复名誉、消除影响，对此法院可否判决确认？我们认为，侵权人以放鞭炮的方式为受害人恢复名誉、消除影响，在农村和街道居民当中，效果较好。但以不写入判决文书中为宜，应在案卷中有所反映。

(3)对赔偿损失的适用。我们调查的29起侵犯公民名誉权案件，原告在诉状中都有经济赔偿的诉讼请求，最多的为1000元，最少的为100元，还有一些案件原告只是要求赔偿损失，未提具体数额。这说明我国公民的法制观念有了进一步的增强，当自己的名誉权受到非法侵害时，敢于诉诸法律请求保护。至于是否决定赔偿，赔偿的数额多少，则不是以原告的诉讼请求来决定，而是由人民法院通过审理，根据侵害人的过错程度，侵害手段和方法，损害后果，社会影响的大小，侵害人的经济状况及事后态度等具体情况来加以确定，赔还是不赔，赔多还是赔少。

在审判实践中，各地法院注意了克服两种倾向：一是注意消除旧的法律意识，防止把精神损害物质赔偿等同于"人格商品化"，而使公民的名誉权得不到有效的保护；二是注意抵制"金钱万能"的错误思想，防止不分案件情节轻重，一律予以经济赔偿，一赔了事的简单做法。

对于一些侵权行为情节较轻，损害不大，影响较小，事后侵权人又认错并表示悔改的，说服受害人放弃有关物质赔偿的诉讼请求，对侵权人只适用停止侵害，恢复名誉，消除影响，赔礼道歉。

对于一些侵权行为情节较严重，损害较大，影响范围较广的，可视案件具体情况决定予以经济赔偿。损害后果严重，社会影响大的要多赔，反之，要少赔。例如，宋银弟先后两次写信给吴中治，无事实根据地指责吴的妻子毛如玉与宋的丈夫吴子波有不正当两性关系，并对吴中治进行人格侮辱。导致吴中治多次打骂妻子毛如玉，后又发展到精神失常。1987年7月，毛如玉、吴中治向法院起诉，进贤县人民法院经审理，调解侵害人宋银弟对受害人毛如玉、吴中治的精神损害予以600元的经济赔偿。

我们认为，在决定适用经济赔偿时，考虑双方当事人尤其是侵害人的经济状况也是一个不容忽视的方面。首先，根据经济状况来决定赔偿数额，有利于判决后顺利执行；其次，我国实行的是夫妻财产共同所有制，在29起侵犯名誉权案件中，被告的年龄绝大多数为25岁至40岁之间。这个年龄层次的成年人，正担负着抚养未成年子女的职责，并且，我国实行的是低工资制，如果赔偿金额过大，大大超过了被告的家庭经济承受能力，势必造成其家庭经济困难。最后，我国民族传统文化历来重礼义，轻金钱，如果对精神损害的经济赔偿数额太大，超越了我国民众的社会心理承受能力，就会影响人民法院对精神损害进行经济赔偿的审判效果。

在适用了赔偿损失的8起名誉权案件中，赔偿金额最多的为600元，最少为10元，平均为97.5元，这样处理，与我省的社会经济发展水平和公民的收入状况是相适应的，这些案件已全部执行完毕。总的来说，法院在对精神损害进行经济赔偿时，对案件的损害后果，社会影响，当事人经济状况等因素进行了综合考虑，审结后，当事人满意或比较满意，社会效果是好的。

2.坚持着重调解的原则，重在说服教育。

侵犯公民名誉权纠纷同其它民事纠纷一样，都是人民内部矛盾，从动机上看，大都是由于同事之间、邻里之间因工作、生活上的一些矛盾而导致侵权行为。审理公民名誉权纠纷案件时，坚持着重调解的原则，用调解的方式解决此类纠纷，不伤和气，有利团结，有利生产，有利执行。审判人员在调解过程中，对当事人进行社会主义法制教育和思想教育，增强了当事人的法制观念，促使双方心平气和地达成调解协议，调解结案和经过做调解工作撤诉的共有20件，占67%，使纠纷得以解决，隔阂得以消除。

三、审判效果和作用

各地法院通过对侵犯公民名誉权案件的审理，其审判效果很好，作用很大。

第一，依法正确处理这类案件，有利于巩固和发展社会主义婚姻家庭关系。调查材料表明，因反映受害人有婚外性关系，致使这些人的夫妻关系紧张、不和。受害人的配偶因此而闹离婚的就有12起，甚至有的还气得当即吐血。通过对这些案件的立案审理，严肃批评和依法制裁了被告的侵权行为，为原告人消除了影响，恢复了名誉，从而改善了受害人的夫妻关系，受害人的配偶因之而要求离婚的，后来都撤回了离婚诉讼。

第二，依法正确处理这类案件，有利于宣传法制，教育群众，促进社会主义精神文明建设。过去，我国法律对公民的名誉权的保护是很不够的，特别是运用民事审判保护手段几乎是个空白，因而肆意侵犯他人名誉权的事件时有发生。人民法院依法审理侵犯公民名誉权案件，不仅教育了双方当事人，而且使广大群众受到生动、现实的法制教育。从而增强群众的法制观念。萍乡矿务局林场职工过去法律意识差，捕风捉影，捏造奸情，侵犯他人名誉权的事情每年都有六、七起，并由此引起斗殴，影响生产。自法院审理张淑兰、彭恒群诉杨志文名誉权纠纷一案后，至今这个林场再没有发生此类纠纷。

第三，依法正确处理这类案件，有利于防止民事纠纷矛盾激化，维护社会的安定团结。我们调查的29起案件中，因侵犯公民名誉而导致双方斗殴的有22件，有的毁坏对方的家俱或房屋，其中有28人的身体受到程度不同的伤害，人民法院如不及时立案处理当事人之间的名誉权纠纷，推诿不管，任其发展，事态势必进一步恶化，有的甚至酿成自杀、凶杀等恶性事件。调查表明，人民法院及时受理这类案件，事态立即得到了控制，有效地防止了矛盾激化。洪都机械厂蒋水苟当众侮辱袁保根是“王八”，使袁的名誉受到严重侵害，南昌市青云谱区人民法院及时审理了此案，避免了一起受害人自杀事件的发生。

第四，依法正确处理这类案件，有利于减轻和消除受害人精神上的痛苦，使之愉快地生活和工作。

侵权行为发生后，不仅使受害人陷入痛苦和烦恼之中，有的气得三、五天不上班，有的因此而病倒在床。许多人精神不振，无心生产，工作质量和效率明显下降。而且，受害人的配偶及父母子女的人格尊严也受损害，社会成员对他们的社会评价和信赖程度明显降低。

赣州四中徐玉珍（女，41岁）因丈夫出差，其婆母在晚上看到家门口停有一辆自行车，便怀疑儿媳偷人，将人将门反锁，引起争吵。同校教师及邻居林定中（男，50岁）与徐因住房问题积怨，第二天，林定中将此“桃色新闻”加以宣扬，很快使赣州四中师生员工无人不晓。受害人在诉状中谈到：“我是一个安分守法的公民，又是为人师表的教育工作者，让被告捏造出如此‘桃色新闻’，不仅使我的人格尊严受到莫大的侮辱，而且使我难于再去潜心教育好祖国的后一代。”人民法院通过积极审理这类案件，对侵害人给予适当的民事制裁，使受害人在精神上得到安慰，感受到正义和法制的力量，从而振奋精神，愉快地生活，案件审结后，许多人表示“今后要努力做好工作，为国家多作贡献”。

关于法院工作如何为社会稳定服务的调查报告

山东省高级人民法院调查组

根据中央、省委有关指示精神，省高级法院谢金城副院长于1989年4月份带领调查组，紧紧围绕法院工作如何为保障社会稳定，促进经济发展服务的主题，先后到潍坊、日照、临沂等市地中级法院、基层法院和派出人民法庭，进行了调查研究。从调查的情况看，全省各级法院围绕稳定这个全党工作的中心开展各项工作，主要有以下几个特点：

一、各级法院维护稳定的指导思想明确，措施有力，效果明显

各级法院把传达学习全国、全省第十五次法院工作会议精神同贯彻党的十三届六中全会决议紧密结合起来，自觉地把维护稳定摆在首位，作为各项工作的中心点、出发点和落脚点，做了大量工作。

一是明确人民法院在维护稳定中所肩负的重大职责。所到中院在全省十五次法院工作会议后，立即向地、市委作了汇报，及时召开区县法院院长会，认真传达、学习、贯彻全国、全省法院会议精神，进一步明确了为稳定服务的指导思想，这就是，紧紧围绕稳定这个中心，进一步改善执法活动，提高执法水平，全面开展审判工作，充分发挥人民法院的职能作用，为稳定政治、稳定经济、稳定社会、稳定人心服务。增强了为稳定而努力工作的自觉性、紧迫感和责任感，并就如何开展工作，联系实际进行了研究和部署。现在各地正结合贯彻全国政法会议精神，狠抓落实。

二是正确认识当前复杂的国际国内形势，强化敌我意识和忧患意识，居安思危，克服各种盲目乐观的思想。特别在四、五、六3个月政治敏感时期，为防止突发事件，治安工作放在重要位置，党委直接部署，政法部门具体抓。对治安形势，既看到基本稳定的方面，也看到相当严峻的一面，工作抓得都紧。被誉为“金城天府”的招远县，近几年金矿开采业蓬勃发展，全县经济形势很好。但是，县委及法院等政法部门，没有忽视各种社会不安定因素，及时开展了“五十天治安大会战”，广泛发动群众，打防结合，社会治安秩序在短时间内明显好转。

三是在党委的领导下，牢固树立政法机关“一盘棋”的思想。只要有利于社会稳定的事，政法机关之间不扯皮，不推诿，相互配合，齐力做好。如蓬莱、五莲县委提出，只要发现影响社会稳定的人与事，特别是在四、五、六月敏感时期，政法部门不能分份内份外，都要齐抓共管。

四是根据审判工作的特点和形势的需要，制定行之有效的各种措施和制度。如五莲县法院针对本县社会秩序较稳定，基层治保调解组织健全、素质较好等有利条件，进一步完善了信访、调解、治保等综合治理工作岗位责任制，大大减少了民事纠纷立案率和上访率。蓬莱、招远、临沂市法院制定了院领导分片包干，案件质量层层把关，创“四无”法庭（无上访、无积案、无帐外案、无矛盾激化）等制度和措施，把精力放在抓好法庭工作上，使法庭更好地发挥了前沿堡垒作用，“确保一方平安”。

五是积极排查不稳定因素，超前工作，把不安定苗头消灭在萌芽状态之中。如招远县蚕庄镇以金矿为主的镇办企业发展较快，但由于工业大量用水，加之天旱，农业生产严重缺水，影响了粮、油、水果的产量，更严重的是，已有30多个村的群众吃水困难，不少村要到外村挑水吃。该镇法庭分析认为，这样长期下去，群众情绪不稳，会有集体闹事的可能。对此，建议镇政府立即制定出减少采矿用水的紧急措施，保证农业生产和群众生活用水，使这一矛盾基本得到解决。蓬莱、蒙阴县的法庭，根据不同季节易发的案件，有重点地到村做好排查工作，对纠纷和矛盾抓早抓小、抓在萌芽之中。五莲县法院抓住“三个网络”（即纠纷信息、治安防范、防止矛盾激化）定期开会，汇报情况，总结经验，部署任务，并采取信访情况每月通报，对上访人跟踪工作等方法，加强了治安防范工作的严密性。

二、拓宽服务领域，全面、有效地发挥审判职能作用

首先，继续坚持依法从重从快的方针，抓紧审理严重刑事犯罪和严重经济犯罪案件，抓好“除六害”的专项斗争。潍坊市两级法院为进一步维护社会秩序，确保“国际风筝节”的顺利举行，七个区县先后召开了宣判大会，大张旗鼓地从重从快判处了一批严重刑事犯罪分子，震动很大，社会效果非常好。在打击犯罪活动中，各级法院严格执行法律和政策，按照一要坚决、二要务必搞准、三要体现政策的要求，突出打击重点，注意分化瓦解罪犯。

第二，抓好办案效率和办案质量。特别是对日趋增长的民事、经济案件，各地法院从减少不安定因素，促进社会稳定出发，力争多办案，办好案。同时，在实践中探讨出一些案件发生的原因和规律，总结出一些好的经验做法，提高了办案能力。为保证办案质量，在依法立案上注意了两个方面。一是当事人举证责任。如果应该举证而举不出，法院又无法查证的，依法不立案或及时驳回起诉。二是正确处理当事人确无执行能力的案件。从审判实践看，这类案件判决或调处后，法律文书兑现不了，当事人更有意见，影响法律的尊严，也给我们的工作带来麻烦。对这类案件应向当事人讲明道理，待对方有了执行能力后，法院再立案处理。

第三，抓治标与治本相结合，积极参与社会治安综合治理。这是各级法院一贯坚持的做法。目前，就地巡回办案，以案讲法、提司法建议、开展法制宣传等，已形成制度。如五莲县法院在公开审理县公路局局长、乡镇企业局局长、经济协作办公室主任三起贪污受贿案件时，组织全县科以上的干部参加，并随之召开新闻发布会，讲明这三名干部犯罪的原因，以及有的在《通告》规定期限内投案自首并退赃较好，受到从轻处理的法律政策依据，干部群众反映很好。人称“山东第一镇”的临沂市罗庄镇，八九年工农业总产值七亿多元。设在该镇的罗庄法庭每次依法为镇上要回外欠款后，都给镇上的有关部门提出司法建议，帮助他们改进工作。招远县法院在刑事审判中，做到了“两个坚持”，一是坚持对偶犯、轻微犯罪、社会危害不大确有悔罪表现的犯罪分子，大胆适用缓刑。经考察，八三年以来被判缓刑的一百二十多名罪犯中，只有一人重新犯罪。二是坚持“七大讲”，即讲犯罪事实、犯罪手段、犯罪社会危害、认罪态度、运用的法律和党的政策、改造出路，使犯罪分子认罪服法。去年处理的二百四十多名案犯，上诉的只有四人。

第四，跳出就案办案的圈子，拓宽服务领域，为稳定农村经济服务。在理顺农村经济关系中，法院拿出很大精力，深入到农村宣传党的方针政策和法律，支持乡镇党委政府开展工作，为农村经济秩序的好转做出了贡献，也赢得了当地干部群众的信任。如蓬莱县法院的院长、副院长亲自带领三十八名同志，包点到镇、村理顺经济关系，半个月就完成了县里规定的四十天任务，成绩显著，乡镇领导很感动，专程去北京请来法制日报社记者，报道县法院的工作。蒙阴县法院积极为农村理顺经济关系后，当地干部群众称誉法院干警是：哪里有纠纷，就出现在那里的“社会大夫”。

三、狠抓基层基础工作，促进了社会治安的持续稳定

稳定社会治安的关键在于基层基础工作。这是我们从五莲县得到的经验。五莲县位于山区，过去是比较贫困的县。党的十一届三中全会以来，这个县的县委始终坚持抓法制建设，舍得用人力物力强化基层基础工作，使社会治安秩序持续稳定，成为山东省首批社会治安综合治理先进县和普法教育先进县。

他们在抓基层基础工作中，除各级党委重视，指导思想明确，基层治保调解组织机构人员落实、任务落实、报酬落实等经验外，法院等政法部门的作用发挥得很好，是一个重要原因。如法庭都把加强对调解组织的指导工作，做为一项重要任务抓，采取各种方法，提高“两委”人员的法律水平和解决纠纷的能力，使他们能够处理较复杂的纠纷。街头镇共50多个自然村，去年35个村无纠纷诉讼到法庭。在民经案件普遍上升的情况下，潮河镇法庭的案件反而年年下降，去年只收了两件，全镇出现的140多起纠纷，都是各村自行解决的。对有些村里调处不了的纠纷，还及时通过“两委”中的信息员，迅速传到法庭，及时解决，有效地防止了矛盾的激化。

在基层，人民法庭愈加显示出举足轻重的作用。广大法庭干部长年战斗在第一线，在群众中间，密切了与群众的鱼水关系。工作中，他们不怕艰苦，勇于拼搏，除担负着百分之八十以上的民事、经济审判工作任务外，还配合当地党委、政府做了大量的群众政治思想工作和普法教育工作。广大法庭干警说的好“法庭要想站住脚，就得多为社会提供第一流的服务”。

四、抓好以廉政为中心的队伍建设，队伍的战斗力不断提高

去年动乱暴乱中，在艰苦繁重的工作任务面前，法院整个队伍政治上坚强，工作上能打善战，经受了严峻考验，证明是一支有战斗力的队伍。但各地也注意到，由于资产阶级自由化思想和社会不正之风的影响，由于思想政治工作薄弱和管理制度不够完善，队伍中的少数人也出现一些问题，如执法不严，吃喝现象仍然存在；有的审判作风恶劣，对当事人训斥，滥用警械；有的工作不负责任，丢失枪支；甚至有的违法乱纪，乱搞男女关系。因此，搞好以廉政为中心的队伍建设非常重要。这一点各地比较明确，也正在这样做。他们的做法是：

第一，认真学习马列主义、毛泽东思想基本理论，加强党的建设和党性教育，不断提高政治和理论水平，提高党组织战斗堡垒和党员的先锋模范作用。如临沂市法院把党支部设在法庭上，全市30个法庭分设六个党支部，市法院建立党总支，从而加强了党的领导，确保党的路线、方针、政策的贯彻落实。

第二，开展以廉政为主的各项教育，狠抓规章制度的落实。坚持对干警进行形势、任务、荣誉、艰苦奋斗和以“八个不准”、“十

项守则”为主要内容的职业道德和职业纪律教育，开展向雷锋同志学习的活动，强化秉公执法、勤政为民的观念和责任感。如临沂地区开展“六教育一活动”后，干警队伍政治素质明显提高，仅去年他们就拒贿拒礼价值达10万元之多。在加强教育的同时，抓好各项规章制度的落实。把墙上贴的、纸上写的各种守则、规定、制度、措施，真正落实在行动中。同时完善检查制度，及时奖勤罚懒，扬优惩劣，对违犯制度和纪律的人与事，该处理的处理，决不护短。

第三，坚持执法监督制度，积极主动地接受各级人大及常委会和人民代表的监督，保障正确行使审判权。五莲县法院八九年向县全体人民代表发出了执法监督公开信，并聘请了40名人民代表为法律监督员，促进了法院工作的开展。

第四，抓干警业务素质的提高。各地除继续办好法院业大外，还采取学习班、轮训班等短期、见效快的形式，提高干警的业务素质。去年烟台市中院已将法庭庭长轮训一遍。今年临沂地区也准备在七、八月份举办法庭庭长培训班，以学业务为主，推广几个典型法庭的先进经验。我们认为，这种学习、培训班的办法很好；各地都可以采纳。

关于武汉市中级法院二审民事案件开庭审理的调查

湖北省高级人民法院

武汉市中级法院今年以来围绕开庭审理这一重心，从深化和完善有关制度入手，对民事二审案件开庭审理进行了一些探索，取得了一定成效。现将调查情况报告如下：

一、基本情况

长期以来，民事案件一直为收案多、结案多、未结案也多的“三多”局面所困扰，且任务与力量不相适应的矛盾长期得不到解决，民事审判干部长期处于超负荷工作状态。尽管如此，仍未能扭转被动局面，且未能严格依照法律规定严肃执法，以至当事人不认真履行诉讼义务，反指责审判人员办事拖拉。去年八月份以来，根据市院党组的要求，他们以开庭审理为突破口对二审民事案件审理方式进行了一些探索，把二审开庭审理作为一项重要工作来抓。首先，认真组织学习第十四次全国法院工作会议精神及有关公开审判的法律规定和外地法院的审判经验，通过学习，使全庭同志充分认识到公开审判不仅是一项重要的诉讼原则，也是一项宪法原则，它是社会主义民主政治制度的一个重要组成部分，只有认真实行公开审判，才能真正做到严格执法，从而打消了不愿开庭和不敢开庭的顾虑，为开庭审理工作的顺利进行打下了思想基础；其次，把开庭审理指标纳入目标责任制，作为月工作小结和内容进行检查，促使审判员自觉进行开庭审理；其三，庭领导坚持参加旁听和合议庭评议案件，组织审判人员座谈总结开庭审判的经验体会，对存在的问题及时指出并提出改进措施，从而保证了开庭审理的质量。今年1至8月份，共开庭审结各类民事案件102件，占结案总数的26.6%，而去年同期开庭审结的案件只有2件。已结案件中，房屋产权11件，继承8件，离婚43件，租赁24件，其它案件16件。这些案件中，调解31件，维持原判31件，改判25件，撤诉4件，发回重审5件，其中当庭调解、撤诉和宣判的44件，占43.1%，定期宣判的58件，占56.9%。

二、基本作法

(一) 根据二审案件特点，把握庭审的几个主要阶段，搞好开庭审理

二审案件较之一审，有其自身的特点，表现在：一是二审是在一审基础上进行的，但不是对一审的简单重复，二审庭审的重点应放在对原审判决认定事实证据、适用法律，以及当事人争执焦点的审理上；二是二审法院在审理案件中，还负有对下级法院进行业务监督和指导的责任，应通过公开审理进一步查明案件事实，分清责任是非，对正确的予以维持，并促使当事人服判息讼；对原审中存在问题和错误的依法予以纠正，以体现有错必纠的原则；三是二审裁判为终审裁判，当事人对二审法院抱有希望，且经过一审审理，对有关法律有了一定了解，并会想尽一切努力使自己胜诉，他们对举证有更强的责任感。因此，应根据争执焦点，令当事人进一步提供或补充新的证据，而不能仅停留在已有证据上。针对以上特点，他们采取了如下几点做法：

1. 认真做好开庭前的准备工作，为搞好庭审打下基础。对合议庭决定开庭审理的案件，在庭前准备阶段做到三见面：一是与案卷材料见面。主办审判员在收到案卷后，对一审法院报送的案卷材料及当事人的上诉状、答辩状进行认真审阅，熟悉案情，列出有关证据材料，找准当事人争执的焦点，写出详细的阅卷笔录，草拟庭审提纲；二是与当事人见面。主要是告知当事人开庭的有关事项，如开庭时间、地点，询问当事人是否委托他人代理参与诉讼及应办的法律手续；讲明关于举证责任的法律规定，并根据阅卷情况，讲清本案的举证范围，令当事人及诉讼代理人就争执焦点提供必要的书证、物证、证人证言等证据材料及有关证据线索；三是主办审判员与合议庭其他成员见面，对案件进行初步评议，对草拟的庭审提纲进行研究，提出修改和补充意见，设想庭审中可能遇到的情况及其对策，并在合议庭的主持下由审判员补充调取必要的证据，主要是那些对案件结果有重要影响而当事人又不便提供的证据，如银行存款，房地产籍资料等。

2. 紧紧围绕诉争焦点，抓着法庭调查、法庭辩论、法庭调解三个主要环节，确保庭审质量。

庭审的目的就在于通过法庭调查、法庭辩论，查明事实，分清是非，从而促使当事人互相谅解，达成调解协议或服判息讼。在法庭调查中，他们注意把握三点：一是根据不同案情，选择不同的提问和质证方式。从开庭审理的案件看，主要采取了两种方式：一种是就案件的全过程一方一方地重点进行询问，集中出示证据，传询证人出庭作证；另一种是根据争执的焦点，就纠纷的不同环节，不同阶段，一个环节，一个阶段地进行询问，分别质证。前者适用于案情简单，请求单一的案件，后者则适用于那些案情复杂，请求众多的案件。二是引导当事人及其诉讼代理人就争执焦点，向法庭提供证据，对当事人提出的每一项主张，均要求其提出相应证据加以证明，并根据庭审进展，适时宣读有关证人证言，穿插证人出庭作证，以促使当事人据实陈述。如毛国森等5人与毛国煜等四人房屋继承上诉案，本案当事人系兄弟姐妹关系，其父母遗有房产一栋，1983年政府发还之前，毛文英、毛秀云等四姊妹均表示放弃继承，并在放弃继承声明书上分别加盖其所在单位公章以示证明，该房即由毛国森、毛国栋、毛国煜3兄弟继承，并办理了产权登记手续。在毛国栋去世后，因毛国森等人阻止毛国栋之妻进住而引起纠纷。一审中，毛文英等4人以放弃继承的声明非本人真实意思表示，提出翻悔，一审法院根据有关证据认定放弃继承声明有效，遗产由3兄弟共同继承。判后，毛国森、毛文英等5人不服，提起上诉。经过阅卷，发现本案的焦点就在于放弃继承的声明是否有效，庭审中，紧紧围绕这一焦点，从声明的提起、起草、签字盖

章等过程逐一进行质证，并适时宣读证人证言，经过反复质证表明，是当事人的真实意思表示，是自愿的，又不违反法律规定，是有效的民事法律行为，而要否定该放弃继承声明是缺乏事实依据的，遂作出了驳回上诉，维持原判的判决。三是发挥合议庭每个成员的作用，根据庭审当中出现的情况及时补充发问，使案件事实查得更清楚。如谢少臣与朱福堂房屋租赁案，本案争执的焦点在于业主要求收回房屋自住，而住户则以无房腾退而要求续租，庭前就此拟定了庭审提纲。庭审中，业主针对住户无房腾退的问题，提出其为朱找了两处住房并愿负担住户两年间新租金与原租金的差额，由于庭前没有掌握这一情况，故庭审提纲中没有对这一问题的询问。在法庭调查结束前，合议庭一成员就此问题对业主进行了询问，业主即当庭陈述了其为住户所找两处住房的地点、面积、结构、租金额及周围的交通状况，为法庭作出判决提供了依据。

在法庭辩论阶段，为了避免泛泛而谈和对事实的重复，他们注意根据当事人及诉讼代理人的不同情况，引导当事人就庭审已查明的事实和双方争执的焦点进行辩论。对文化素质不高表达能力较差的当事人，有意识地引导其围绕某一论点进行辩论，并告之必要的辩论方法；对当事人文化素质较高，有一定综合表达能力的，注意引导其就争执焦点从适用法律、认定证据效力等方面开展辩论；对当事人聘请律师作委托代理人的，注意多让律师参与辩论，并就适用法律提出意见，一方面为法院定案提供参考，另一方面用以规范当事人的诉讼请求，促使当事人自愿放弃过高的诉讼请求。

经过法庭调查，法庭辩论，使得案件事实已经清楚，是非已经分明，就及时转入法庭调解。在调解之前，为了便于当事人依法提出调解方案，先由审判长将通过法庭调查、法庭辩论已查明的事实及适用的法律作一简要归纳，便于当事人掌握。在调解中，坚持庭上调解与庭下调解相结合。在庭上征询双方当事人对调解的意向及其方案，如双方均有调解意向，且方案比较接近就当庭进行调解。若双方或一方有调解的诚意，但调解的方案不成熟，则休庭进行庭下调解。这样使调解有了基础，避免了压调、强调现象，充分体现调解的自愿原则，也防止了民事案件开庭时间过长的问题。

（二）通过庭审宣传法制，扩大庭审的社会效果

公开审判既是人民法院行使审判权的法定形式，也是人民法院进行法制宣传的最好形式。在开庭审理中，注意针对庭审中发现的问题，及时向有关单位提出司法建议或向旁听群众进行法制演讲，以扩大法制宣传，增强办案的社会效果。如程自炳诉程玉兰解除收养关系一案，此案在当事人住所地居委会进行公开审理，庭审结束后，审判员就赡养父母、尊敬老人是法定义务和社会主义道德规范及父母如何教育子女等问题向旁听群众进行了法制演讲。会后，居委会的书记说："听了今天的庭审和法制演讲很受教育和启发，欢迎你们经常来，运用具体案例对我们居民进行法制教育"。又如李林森与肖方炎返还财产案，在当地审理后，发现城委审批地基制度及当事人所在单位财会制度，借还款手续都存在一定问题。对此，审判长当庭进行了法制宣传，着重讲明了依据有关法律、法规，应如何申请办理地基使用手续及健全必要的财会管理制度的必要性，并且向单位提出司法建议，该单位领导当即表示接受法院的建议，完善手续，改进工作，避免类似纠纷的再度发生。

（三）建章建制，完善配套措施，保证庭审深入进行

为了保证庭审深入进行，在提高认识的基础上，又建立了一些规章制度，完善了一些配套措施。首先，院里增加了部分小法庭，为每个合议庭添置了一套审判座标牌，为开庭审理提供了场所和必要的物质条件；其次，

把开庭审理纳入目标责任制的范围，要求依法开庭审理案件达到30%以上，并将开庭审理质量的高低作为衡量审判水平高低的一个重要因素；其三，加强督促检查，确保开庭审理的落实，印制了结案目标责任统计表和办案期限登记表，逐月填报，进行考核。与此同时，他们还制定了二审案件开庭审理程序的规定，婚姻家庭、房屋等部分民事案件举证责任范围的规定，并且拟对每个审判员的开庭审理情况进行跟踪考核，及时发现问题，找出不足进行一次总结，使开庭审理工作更深入一步。

三、几点体会

经过半年多的开庭审理，他们的体会是：

1. 开庭审理可以全面落实民事诉讼程序和制度，充分保障当事人的诉讼权利，促进严格执法。我国《民事诉讼法（试行）》对民事案件的审理规定了具体的诉讼程序和制度。多年来，由于案多人少的矛盾突出，有许多具体的诉讼程序和制度都没有得到很好地贯彻执行。据统计1987年，全庭共审结二审民事案件575件，而进行开庭审理的仅2件，即使开庭审理，也是在庭前进行了大量调查工作，甚至已经作了结论，再开庭审理，实际上是先判后审。由于合议庭成员没有对案件共同进行调查和审理，只好一人办案，三人合议，一人审理，两人陪坐，审判合议制没有得到落实，以至有的当事人提出了只与一人见面，怎么法律文书上有四个人署名的疑问。由于许多案件没有公开开庭审理，当事人应享有的诉讼权利如申请回避，进行辩论，请求调解等，均未能得到很好行使。现在通过开庭审理，严格依照民诉法规定的程序进行，将法庭调查，法庭辩论，法庭调解溶为一体，从对案件事实的审查核实到实体法律的适用都在合议庭成员共同参加下进行，避免了庭审走过场，使案件审理真正体现合议庭成员集体审判、集体评议的性质。与此同时，也把当事人的诉讼行为纳入了法制轨道，从而保证了案件质量，提高了办案效率，也使当事人服判息讼。

2. 加快了办案节奏，提高了工作效率。通过开庭审理，将庭外调查和调解全部放在庭审过程中，减少了重复劳动，缩短了诉讼期限，主要体现在：由于强调了当事人的举证责任，调动了当事人及代理人的积极性，改变了以往由法院包揽取证的作法，对证据的审查，调解工作都放在庭审中进行，减少了调查、询问、调解工作的次数，缩短了审理时间。以前我们办理一件二审案件，一般都经过这样几个步骤，首先将当事人通知到庭询问基本情况，了解纠纷的经过及对一审判决的意见，然后根据与当事人谈话的情况，再到发案地或有关单位走访证人，查阅有关档案材料，收集证据，情况基本查明后，与当事人讲清调查及收集证据的情况，与当事人做调解或动员上诉人撤诉等工作，通过这些步骤，再经过评议、研究，对案件作出处理。进行开庭审理，由于庭前已告知当事人举证，就将询问、核实证据等工作放在庭上进行，简化了许多工作，由于庭前大多没作调查工作，为保证庭审效果，在开庭公告已出，合议庭成员就集中精力考虑如何搞好庭审，加快了工作节奏，避免了收了案看一看，调一调，放一放的情况。据统计，今年1至8月在减少一个合议庭，只有8人的情况下，共审结二审案件384件，较去年同期审结的373件，上升了2.9%，审判员月人均结案，较去年同期上升34.7%。

3. 提高了审判人员的业务素质，保证了办案质量。开庭审理的案件，大多是当庭要作出决定的案件，要在较短时间内，对一审法院在证据的运用，法律适用上是否正确作出判断，没有较强的庭控能力和熟练的法律知识是无法胜任的。通过开庭审理，对审判人员的逻辑思维，判断分析能力和法律知识、政策水平都是一个检验。审判员江启维同志是参加法院工作才两年的新同志，他担任审判长开庭审理案件后，较快熟悉了庭审的全部程序，较好地组织整个庭审活动，业务素质提高很快。另外，开庭审理的案件，合议庭成员对案件的全部经过都有了比较全面的了解，在作出决定时，提高了准确性，保证了办案质量。如前述谢少臣与朱福堂房屋租赁案，此案在开庭前进行了初步评议，在听取承办人对案情的汇报后，认为本案事实较清楚，证据较充分，原审判决无大问题。后开庭审理，上诉人当庭对自己要求明确腾退期限的上诉请求，提出新的证据。经质证，该证据是可成立的。且上诉人的委托代理人又引用最高法院关于贯彻执行《民法通则若干问题的意见（试行）》第一百一十九条的规定为依据。休庭评议中，合议庭认为上诉人及其诉讼代理人的意见有理，应予考虑，经研究对此案进行了改判，判决朱继续租住谢的私房三年，到期腾退。

关于宜昌县法院民事案件办案质量的调查报告

湖北省高级人民法院

湖北省高级人民法院会同宜昌地区中级人民法院，于1989年11月6日至14日，对宜昌县人民法院1989年1至11月审结的1234件民事案件，抽查了600件。其中，离婚201件，债务222件，赔偿106件，其他71件。我们重点从案件事实、适用程序、处理结果三个方面进行了检查，检查结果是：案件事实清楚的538件，占89.67%，基本清楚的62件，占10.33%；适用程序合法的467件，占77.83%，基本合法的132件，占22%，因程序上的问题导致实体处理错误的1件，占0.17%，处理结果正确的530件，占88.33%，基本正确的69件，占11.5%，不正确的1件，占0.17%。从检查的情况看，宜昌县人民法院今年1至10月审结的民事案件的质量是比较好的。

一、积极改善执法活动。认真贯彻全国第十四次法院工作会议精神，不断改变审判工作中存在的与法不符的习惯做法，全面准确地执行民事法律和政策，努力提高执法水平。一是抓好民事案件的公开审判。检查的600件案件中，依法应公开审判的479件，全部进行了公开审判，而且一次开庭结案的达到了90%左右。二是强调当事人的举证责任。检查的600件案件中，当事人举证2109份。平均每件3.5份，法院取证1365份，平均每件2.3份，当事人举证数高于人民法院调查取证数。三是严格执行民事诉讼程序的规定。从检查的600件案件看，执行《民事诉讼法（试行）》的情况是比较好的，实际审判工作中容易出现的一些与法不符的习惯做法得到了较好的纠正。从立案时间上看，法定期内立案的有563件，占93.83%，其中，当日立案的有268件，占44.67%，没有发现以结代收的现象；从案件的管辖来看，管辖正确的有596件，占99.33%，较好地克服了过去为追求办案数量，忽视管辖规定而不适当地扩大收案范围的现象；从审结时间看，一日以内结案的266件，占44.33%，一日以上半年以内结案的247件，占40.17%，半年以上一年以内结案的72件，占12%，一年以上结案的15件，占2.5%，较好地克服了久拖不决的现象；从调解情况来看，检查600件案件中，判决28件，占4.67%，调解477件，占79.5%，撤诉91件，占15.17%，调解和撤诉两项占94.67%。正确贯彻执行了“着重调解”的原则，除少数离婚案件需要冷处理的以外，其他案件能调则调，当判则判，较好地克服了久调不决和片面追求调解率的倾向。

二、正确适用《民法通则》及有关民事政策法律。一是在审理离婚案件时，正确掌握离与不离的原则，以及对夫妻共同财产分割和子女抚养问题。首先，他们坚持把感情是否确已破裂作为离与不离的标准，对因各种原因引起夫妻关系不和，但感情尚未完全破裂的，做好夫妻和好工作，检查的201件离婚案件中，女方提出离婚的有147件，占74.13％，其中，有相当一部分是由于丈夫打骂妻子或丈夫缺乏生产技能，不务正业引起的。表面上看是女方要离婚，实际上是想通过法院教育男方，使其改正错误，双方感情并未破裂。宜昌县法院能透过现象看实质，有的放矢的帮教男方，使其改掉恶习，取得女方谅解，夫妻重归于好。经过法院做工作，调解和好的83件，占41.3％；其次，对调解或判决离婚的案件，正确处理好子女抚养和财产分割问题。对子女抚养问题，坚持从有利于小孩成长出发考虑，不迁就无理要求。检查的201件离婚案件中，有未成年子女118名，其中，判决和调解随男方生活的50人，占42.37％，随女方生活的68人，占57.63％；子女抚养费的数额，本着以子女需要，根据当地生活水平和当事人给付能力等具体情况来确定，一般掌握在每月30元左右。在处理夫妻共同财产时，注意了保护妇女儿童的合法权利，照顾无过错一方的利益。二是在审理财物纠纷时依法保护国家、集体和个人的合法财产权益。对于因恋爱形成的财物纠纷，如确属双方自愿互赠、且数额不大，当事人提出要返还的，不予支持，如确属借婚姻索取财物的，应全部返还；对于双方互相非法占有对方财物，一方起诉后对方提出反诉的，合并审理，对于非法侵占他人财物并造成损失的，责令侵权人立即归还赔偿由此所造成的损失。三是处理损害赔偿案件时，准确把握了4个要件。检查的106件赔偿案件中，属于人身伤害的85件，占80.18％，属于财产损害的18件，占16.98％，属于既伤害人身又损害财产的3件，占2.84％。在审理赔偿案件时，注意掌握了以下几点：(1)坚持从损害事实的存在、行为人有过错、侵权行为与损害结果有因果关系、行为人的行为有违法性这4个方面认定是否构成侵权损害；(2)划清双方责任是非、明确各自过错大小。检查的106件案件中，属于单方有过错的27件，占25.47％，双方有过错的76件，占71.7％，双方均无过错的3件，占2.84％；(3)对人身损害赔偿做到正确确定赔偿数额和三个相符：即诊断书、处方、发票三证相符，医药费用与伤情相符，赔偿数额与过错责任相符。由于把握了以上几个方面，保证了办案质量。

三、审理民事案件中还存在有质量问题：一是错列、漏列当事人。如未成年人造成他人损害而将其父列为第三人，负有赡养义务的子女未追加为被告人参加诉讼等；二是适用撤诉不当。如离婚案件中，当事人双方经法院调解和好，应作为调和结案，而法院作了撤诉处理；三是开庭审判的水平还不高，没有严格按照《民事诉讼法（试行）》规定的程序开庭。针对上述问题，宜昌县法院打算采取以下措施：一是对民事工作进行一次全面总结检查，对检查出的问题要逐个进行讨论，提高认识，切实纠正；二是进一步抓好公开审判和当事人举证责任，先在点上取得经验，然后在面上推广，不断提高庭审水平；三是加强向上级法院请示汇报。凡是在政策法律上拿不准的或疑难案件，及时向上级法院报告；四是加强对人民法庭的指导工作；五是继续办好短期业务培训班，鼓励干部联系审判工作实际刻苦自学，抓好疑难问题的讨论研究，把案件质量提高到一个新的水平。

关于武汉等九个法院经济纠纷案件审理情况的调查

湖北省高级人民法院

1989年7月，湖北省高级人民法院经济庭对武汉、襄樊、黄石、黄冈、荆州、孝感六个中级法院和浠水、宜城、大冶三个基层法院在1989年上半年审结的经济纠纷案件进行了检查。通过听汇报、看案卷、座谈讨论、交换意见，对办案质量和执法情况作了认真分析。从检查的481件案件的情况看，办案质量和执法水平都有较大的提高，九个法院的案件合格率均达到90%以上，其中七个法院的案件合格率达到95%以上。现将九个法院审理经济纠纷案件的基本经验和存在的问题报告如下：

一、审理经济纠纷案件的基本经验

（一）指导思想明确，服务意识增强

从检查的情况看，这些法院认真贯彻治理整顿、深化改革的方针，强化运用法律手段调节各种经济关系，充分发挥了经济审判为经济建设和治理整顿服务的职能作用。一是扩大了收案范围。他们根据上级法院的有关规定，受理和审结了一批企业承包、租赁经营、联营、商标侵权、技术合同等新型经济纠纷案件，巩固了改革成果，促进了改革深化。二是调整、充实了经济审判力量，保证案件的及时审理。随着收案范围的扩大，经济纠纷案件大幅度增长，在各项审判任务都很繁忙的情况下，一些法院采取积极措施，调整和充实经济审判力量，依法受案，及时审判，较好地解决了“告状难”的问题。三是积极审理与治理整顿关系密切的经济纠纷案件。这些法院坚决贯彻治理整顿的方针，把治理整顿项目中发生的经济纠纷案件作为重点，根据国家的有关政策规定，为配合整顿商品流通领域的经济秩序，及时审理了大量购销合同纠纷案件，为配合压缩基本建设规模和投资，精心审理了一批建筑工程承包合同纠纷案件，为配合治理金融管理，集中力量审理了大批借款合同纠纷案件和为配合清理整顿公司，还积极慎重地审理了一些国营企业破产、集体企业和乡镇企业清产还债案件。为维护社会主义商品经济秩序，加快国家和集体资金的正常周转，促进企业的健康发展和生产，保障社会主义经济的稳步发展，发挥了积极的作用。

（二）正确适用法律和政策，严格依法办案

从检查情况看，这些法院在审理经济纠纷案件时，注意了正确适用政策、法律，严格依法办事，既保证了办案质量，又提高了执法水平。主要体现在：第一，认真执行程序法，从审判的各个环节上严格依法办事，纠正和克服了一些习惯做法和随意性。一是建立了审查立案制度，依法收案。对符合受案条件的及时立案，不符合受案条件的，分别情况，正确处理，在行使管辖权时，对不属自己管辖或不便审理的案件，及时移送有关人民法院。对当事人或法院之间因管辖权发生争议的案件，及时裁定或协商解决；二是依法审查和正确确定诉讼当事人。根据法律规定和案件所发生的权利义务关系，注意严格审查诉讼当事人的主体资格、正确确认当事人的诉讼地位，减少或避免了因错列、滥列、漏列诉讼当事人而造成的错误裁判；三是依法适用审判程序。适用简易程序独任审判的案件，较好地克服了自审自记，“独人”审判的现象。适用普通程序审理的案件，都组成了合议庭审理。对应当公开审理的案件，基本做到了一律公开审判；四是依法采取强制措施。在诉讼过程中，发现诉讼参与人或其他人严重妨害民事诉讼行为的，经院长批准，坚决依法采取拘传、罚款、拘留等强制措施，保证了诉讼活动的正常进行。第二，注意综合运用法律。一是根据案件的类型和性质，既引用民法通则和经济合同法的有关条款，又引用有关合同条例的具体条款；二是根据合同的效力和当事人应当承担的责任，既引用有关合同条例，又引用具体的实施细则和办法的条款；三是对虽无法律依据但有国家政策规定的某些新型、特殊案件的审理，严格依照国家政策的规定处理；四是对既无明确法律依据又无政策规定的某些新型案件的审理，注意走访和听取有关主管、职能部门的意见，主动向上级法院请示汇报，参照有关的政策法律规定，认真研究，慎重处理；五是对地方性法规的适用，既注意不违背国家法律的原则，又考虑与其他地方性法规不相抵触，力求搞准。

（三）认真改善执法活动，逐步实现经济审判制度化、规范化

所检查的九个法院狠抓了改善执法活动，积极进行了经济审判制度化、规范化的探索。第一，强调了当事人的举证责任。在审查立案和审判案件时，认真贯彻当事人举证和法院查证相结合的原则，当事人提出主张，要求其提供证据或证据线索，对能够举证而不举证或限期不举证的，则不予认定，对难以举证或者无法举证的则积极查证，既保证了办案质量，又提高了办案效率。第二，坚持公开审判制度，注重审判社会效果。一是对简易案件和按普通程序审理的一审案，凡是应当公开审理的，都公开进行了审理。独任审判员或合议庭组成人员，认真做好庭前准备工作，拟好庭审提纲，搞好法庭调查，质证、辩论，纠正了开庭走过场的做法。二是注意通过公开审判进行法制宣传，扩大审判社会效果，做到审判一案，影响一片。如浠水县法院通过对致富不还贷“钉子户”左远辉借款纠纷案公开审理，进行法制宣传，使被告当庭偿还了贷款本息，旁听的千余名群众受到教育，不少欠贷户主动到庭要求还贷，全县各银行短期内收回贷款近300万元。第三，充分发挥合议庭、审判委员会的职能作用。所检查的六个中院，对审理的一、二审案件都依法组成了合议庭，认真进行审理。审判的重要环节和案件中的主要问题都由合议庭认真研究讨论，重大疑难案件以及需要改判或者发回重审的二审案件，多数是经审判委员会讨论决定的。合议庭、审判委员会对案件的质量严格把关、切实保证了办案质量。第四，审判案件考虑执行。一是坚持以事实为根据，以法律为准绳的原则，确保案件的质量，使当事人各方服从法院裁判；二是审判案件的同时，开展法制宣传教育，做好耐心细致的思想疏导工作，促使当事人在结案后能自觉按生效的法律文书执行；三是针对案件具体情况，大胆、谨慎采取诉讼保全措施，严格依法进行查封、冻结、扣押，为结案后执行打下了良好基础。如宜城县法院审结的58件案件中，有31件（占有53.5%）是在审判过程中，经审判人员做耐心疏导工作，当事人表示认错服气当场执行完毕的。到期应执行的12件，由于依法采取了保全措施，已全部执行完毕。

（四）认真贯彻着重调解的原则

这些法院把着重调解原则贯穿到审判的全过程，依法进行调解，认真克服习惯作法，收到了明显的效果。一是在查清案件基本事实的基础上，认真分析当事人的思想状况，研究制订几种调解方案，抓住适当时机随时进行调解。二是正确处理调解与判决的关系。调解中，按民诉法规定的原则和最高法院对调解的要求，既着重调解，又不久调不决。在耐心细致的疏导工作、宣传法律，不能达成调解协议时，及时裁判。三是坚持自愿合法原则，对一方不愿调解或不接受协议内容的，不采取压制手段迫使当事人接受调解。对涉及罚没、追缴内容的案件，严格依法处理，不采用调解方式结案。四是耐心细致地做好思

想疏导工作，促使当事人提高认识，消除对立情绪，为解决纠纷奠定思想基础。

（五）切实转变审判作风，加强工作责任感

被检查的法院要求审判人员加强工作责任感，注意养成深入、细致、扎实的办案作风。一是围绕案件基本事实和当事人争议的焦点，全面、客观地收集证据，对认定的事实和定案的证据，当庭核实、质证。二是积极与有关部门联系，争取配合。在审理专业性、技术性较强的案件中遇有需要向有关部门请教才能搞清的问题时，不回避、不臆断，主动与有关部门联系，争取得到各方面的支持配合，力求将涉及的专业性、技术性问题弄清搞准。对涉及鉴定审计，作价，计息等具体问题，及时委托法定鉴定部门进行鉴定、审计、作价、结算，使所作结论和处理科学、合理、准确。

二、审理经济纠纷案件中存在的主要问题

通过检查，发现少数案件质量不高，甚至还有个别错案。存在的主要问题：一是错列诉讼主体，将不应承担责任的错列为诉讼当事人，遗漏了应当承担责任的当事人，造成错误裁判；二是争议的主要事实不清，证据不足，草率下判；三是卷宗材料不全，笔录简单潦草，不能反映案件审判情况，无法评判质量好坏；四是有些法院超越职权和职责范围滥收案的现象比较严重。有的法院把本应由行政部门处理的纠纷当作经济纠纷案件受理，有的法院刑庭、民庭、告申庭、行政庭、执行庭等单位自行收案，自行审理经济纠纷案件。

产生上述问题的主要原因，一是经济审判干部新手多，基本功不过硬，抓不住主要问题，搞不清法律关系；二是综合运用法律的能力不强。有些审判干部学习不够，法律法规不熟，不善于综合运用法律，只引用民法通则或经济合同法，不会引用单行法规；三是调研工作开展不力，对审判工作中出现的新情况、新问题未能认真研究，及时解决。

关于加强人民法庭工作
充分发挥审判职能作用的调查报告

湖南省高级人民法院　詹顺初

按照1989年5月全国法院院长会议的要求，最近一个时期，我就充分发挥人民法院审判职能作用的问题，进行了调查。总的感觉，要发挥好人民法院的职能作用，必须依靠各级法院共同努力，围绕治理整顿和深化改革来抓好刑事、民事、经济、行政等各项审判工作。但现在看来，基层基础工作是一个薄弱环节，已经影响到充分发挥审判职能作用的全局。因此，我认为，当前和今后一个时期，就是要把重点放在加强法庭工作上，充分发挥其职能作用。

一、人民法庭向“全方位、多功能”的“小法院”发展

这几年，在各级党委领导、人大监督和政府支持下，人民法院为加强法庭建设做了大量的工作。特别是从今年开始，各级法院在统一认识的基础上，采取加力量、定任务、改方法、创条件等有效措施，使法庭面貌发生了很大的变化。现在，80%左右的法庭已成为功能齐全、运转合法的基本审判单位。主要表现是：

1. 由单功能向多功能转化。六十年代初期，我省人民法庭恢复后，主要处理以拿摸为重点的治安案件，以后逐步发展到审理离婚案件、民事案件，指导调解组织。十一届三中全会以来，随着经济建设和改革开放的不断深入，在基层出现了许多新情况和新问题，各种经济纠纷和利益冲突不断增多。解决这些问题，更多地需要求助于法律手段。法庭的职能随之发生了很大的变化，由单功能向多功能、全方位转化。它不仅行使民事审判权，而且行使经济、行政、轻微刑事案件的审判权，还指导调解组织和开展法制宣传教育。法庭审结经济纠纷案件、轻微刑事案件、行政案件的比重在逐年上升，如经济纠纷案件的比重1987年为17.75％，1988年为34.15％，今年1至10月为36.25％。

2. 选点合理，群众诉讼方便。全省设有人民法庭948个，每个法庭管三四个乡镇，五六万人口，覆盖面半径七八公里。法庭一般设在区公所所在地、镇、中心乡等当地政治、经济、文化中心。群众打官司，来去较方便，一般当天就可以解决问题。特别是近几年出现了林业法庭、企业法庭、房产土地法庭等专业法庭。现在，从农村到城市，法庭基本形成网络。与1978年相比，全省法庭增加了近一倍，点更多了，面更广了，遍及社会的各个角落，为群众诉讼提供了方便。

3. 审判活动日趋正规化、规范化。建立之初，绝大部分法庭只有一、二人，处理简单案件，在很大程度上起着调解组织的作用。最近几年不断加强法庭力量，特别是今年各级法院选派精兵强将下法庭，使全省法庭干部总数已达3020人，平均每个法庭已超过3人。绝大部分法庭可以组成合议庭。现在，人民法庭已基本改变过去准司法组织的状况，向正规化、规范化发展。它既处理简单案件，又审理常规案件；既适用简易程序，又适用普通程序；即注重过细的思想政治工作和群众工作，尽可能调解结案，又可以及时判决，防止久调不决。

4. 作用越来越显著。人民法庭贯彻落实为社会主义现代化建设服务的指导思想，充分发挥审判职能作用，在经济建设和改革中，显示出越来越重要的作用。1987年以来，全省人民法庭共审结各类案件26万多件。尤其是推行巡回办案，抬起衙门就群众，把大量的纠纷解决在基层，党委欢迎，群众拥护。仅今年1至10月，全省法庭就巡回办案73061起，占法庭审结案件总数的72.8％。通过处理农村承包、山林水利、农副产品加工、乡镇企业纠纷等，解决诉讼标的12540.36万元，为国家和集体挽回了一大批经济损失，有力地促进了经济的发展。通过妥善调处人民内部矛盾，防止自杀、凶杀、械斗4989起，为综合治理社会治安作出了贡献。许多乡镇领导看到了法庭的作用，纷纷要求人民法院增设法庭。

二、当前制约法庭发挥职能的因素

法庭工作有了很大进展，形势总的是好的。但是，我认为，法庭职能作用还没有充分发挥出来，在一些方面还存在着严重影响法庭工作的制约因素。

因素之一：单纯的业务观点。在一些地方，为"一个中心、两个基本点"服务的指导思想还不明确。有的认为审判工作就是套法律，围绕党和国家的中心工作开展审判活动，容易使法律走样变形，影响严肃执法。有的处理案件不分轻重缓急，按部就班，结果使易案变成难案，纠纷激化成犯罪。有的只顾埋头办案，不注意发挥办案的社会效果，以案讲法、进行法制宣传教育没有很好开展起来。因此，一些法庭工作被动，在当地没有什么影响，办案经费、法庭建设以及干部待遇都不能很好解决。最为突出的是古丈县法院，原来在基层设了4个法庭，由于案件办得少，作用没有显示出来，加之其他原因，乡镇党委和群众不欢迎，这四个法庭被迫撤回机关。

因素之二：干部量少质弱。与繁重的审判任务相比，办案力量不足的问题显得相当突出。法庭受理的案件成倍增长，与1978年相比，1987年民事纠纷增长4倍，1988年增长近6倍，经济纠纷增长的幅度更大，应收而未收的案件还很多。法庭干部只增长1倍多，仍有少部分二人庭。加之文化程度、专业素质偏低，干部力量仍然适应不了法庭审判任务的需要，积压了一大批案件，群众“告状难”没有得到根本改变。同时，有的案件质量不高，强行调解，草率下判，当事人不服上诉到中院的现象普遍增加。现在，中院受理的民事二审案件每年有二三百件，成了当前审判工作中最紧张的一个环节。

因素之三：责权不相适应。近几年，人民法庭最显著的一个变化是职能扩大，任务加重。在这种新形势下，人民法院内部职与权的分离所带来的弊端日益暴露出来，经济纠纷案件越来越多，诉讼标的越来越大，而法庭不能采取相应的扣押、冻结、查封等诉讼保全措施，使案件难以审判和执行。法庭无权决定先行给付，不利于解决当事人生产、生活上的燃眉之急。有的伤害案件往往因此而使受害人贻误了治疗的时机。拘传、罚款、拘留必须经院长批准，法庭干部在遇到哄闹法庭、侮辱殴打法庭审判人员等妨碍民事诉讼的行为时往往束手无策。更为突出的是调解书要由院长签发，盖县法院印章，往返上百里，拖的时间长，浪费的人力多。由于这些权力集中在院长手里，使用时必须首先请示院长，然后由院长派人调查核实，再作出决定，往返奔波，往往花上三四天甚至一星期、半个月。这样，应该及时处理的没有得到及时处理。有个法庭在审理一起离婚案件时，几名群众哄闹法庭，肆意进行辱骂、围攻、殴打，使庭审活动无法继续下去。第二天，法庭庭长奔波近百里，到县法院作了汇报。院长派两名同志下去调查，又亲自下去核实，征求乡党委的意见，前后搞了一个星期，决定拘留两人。这样，即使最后处理了，但时过境迁，难以挽回损失和影响。对责权不相适应的现状，法庭干部反映强烈，要求上面适应形势发展的需要，将院长的一部分权力委托给法庭庭长行使。

因素之四：物资条件落后。人民法庭条件普遍很差，严重影响审判活动的正常开展。虽然这几年抓了法庭建设，但还有许多法庭是借住和租用房子办公。有的甚至设在破庙里。可以说，法庭的办公、住宿用房是乡镇所驻单位中最差的。群众说，法庭干部“出门雄赳赳，回家可怜虫”。出去办案，穿上制服，戴上大盖帽，威风凛凛。办案回来，常常吃不上饭，用不上热水，有的还要临时找地方睡觉，实在可怜。许多干部将只有一间房子的法庭戏称为“三室一厅”，即接待室、办公室、寝室和饭厅。不少法庭交通工具、通讯设备更是匮乏，经济待遇也低。

三、加强法庭工作的基本思路

根据四中全会、五中全会的精神和现在的实际情况，经与下面的同志讨论商量，今后法庭工作的奋斗目标，就是要在党的领导下，把人民法庭建设成为功能齐全、严肃执法、充满活力、优质高效的“小法院”，更好地为“一个中心、两个基本点”服务，为治理整顿和深化改革服务。为此，必须解决好以下几个问题：

第一，摆正位置。要从思想认识、工作部署、力量配备上摆正人民法庭的位置。大力加强基层建设，是我们党一贯的思想，是落实党的路线、方针、政策的关键，也是我们党的事业胜利前进的重要保证。作为国家审判机关的人民法院，同样必须大力加强基层建设。人民法庭部署了基层法院近一半的审判力量，担负着80%以上的审判任务，是人民法院贯彻服务指导思想的落脚点，是充分发挥审判职能作用的前沿阵地，是开创法院工作新局面的基石。法庭工作如何，关系到法院工作的全局。因此，在认识上最重要的是要看到法庭工作的重要性，改变“吼得多、干得少”的状况，真正做到重视基层，面向基层，加强基层，服务基层。在工作部署上，各级法院要把加强法庭工作提到更重要的议事日程，作为近几年工作的重点去安排、部署，精心指导，实行院长亲自抓，主管副院长具体抓。每年要专题研究一、二次。在组织上，成立法庭工作领导小组，设置法庭指导机构或者组织专门班子。要继续充实法庭，把基层人民法院50%的干部部署到法庭。具体来说，100人以上的基层法院应占60%，一般的50%，少的40%。

第二，增强活力。增强活力的根本出路在于改革审判工作方式。对已有的改革措施要坚持，并使之不断巩固、完善、提高、配套。巡回办案解决了基层纠纷多、矛盾突出的问题，方便了群众诉讼，是个好办法，要进一步深化、规范化，形成制度。公开审理和当事人举证，可以保证办案质量，提高工作效率，要不断总结经验，认真推行。在乡镇设立审判联络员，起了掌握纠纷情况、协助法庭办案和执行的作用，有条件的地方可以试行。从这些改革措施出台以来的情况看，明显增强了法庭的活力。当前要突出解决法庭责权不相适应的问题，将原来集中在基层法院的部分权力有限制地委托给法庭庭长行使。南县法院试行法庭庭长根据院长的委托决定5日以下拘留、100元以下罚款、拘传、诉讼保全、先行给付和审判人员的回避，效果很好，有力地扫除了诉讼障碍，维护了法律的尊严，保证了审判活动顺利进行，为案件的处理和执行打下了基础。我认为，这个改革影响比较大，要积极慎重，先试点后试行，并根据法庭庭长的素质，决定是否委托及委托的范围。诉讼保全、先行给付、调解书签发的权力，法律虽然没有明文规定由法院院长行使，但习惯上是院长包括副院长行使的，这应通过改革内部审批制度，让法庭庭长行使。但对拘留、罚款、拘传等法律明文规定由院长行使的权力，应持慎重态度。建议最高法院就此问题作出司法解释，以适应审判实践的需要。在条件成熟时，应修改法律，明确规定法庭应拥有一定的权力。

第三，提高水平。它包括政治水平、业务水平和领导水平。从实践来看，提高水平是非常重要的。不强调数量，有的一年只办几件案子。一讲数量，又忽视质量，办小案不办大案，办易案不办难案，重审结轻执行。这里面有思想问题，也有业务水平的问题，还有法庭庭长的领导能力问题。解决这个问题的根本办法是提高水平，把水平体现在办案的数量、质量、效果的统一上。一是训练法庭干部。中院每年要轮训一次法庭庭长，基层法院集训一次法庭干部，并坚持每月集中学习二三天，既学政治又学业务。有条件上业大的，要积极支持。上级法院应经常汇编、下发资料，为法庭干部准确理解法律、提高审判水平创造便利条件。二是推行岗位责任制。定计划要科学合理，要有数量、质量、效果的要求，把水平具体化、指标化。三是审判观摩。有计划地组织法庭干部开庭观摩学习，座谈讨论，熟练掌握各种审判技能。四是开展“优秀审判长”、“优秀书记员”评比活动。通过评比，激发法庭干部学文化、学知识的热情。总之水平提高了，案件就办得更多，质量更高，效果更好，党和国家交给审判机关的任务就能更好的完成。这应作为明年一项大的措施来抓，使法院的工作跃上新台阶。

第四，强化队伍。我们认为，首先是加强思想政治工作，坚持正确的政治方向，坚定不移地坚持四项基本原则，旗帜鲜明地反对资产阶级自由化。联系法院工作实际，应着重树立专政观念、服务观念、法制观念、党的观念、奉献观念。要加强法庭党组织的建设，把党支部建在法庭，充分发挥党组织在审判工作中的战斗堡垒作用和党员的先锋模范作用。法庭党员干部的组织关系可以放在区乡，实行双重领导，能够成立支部的成立支部，不能成立的要有党小组，保证党员参加组织生活，接受组织监督。要加强法庭廉政建设。法庭远离机关，活动分散，独立性较强，难于监督，法庭干部违法违纪的占了很大比例。要加强教育，建立健全制度，完善监督机制，杜绝腐败现象，保证严肃执法，清正廉洁。每年要把法庭的执法、廉政作为重点进行一次检查。

第五，改善条件。要工作好就要有一定的条件。现在的条件确实很差，到了非解决不可的时候了，中央发了文件，税务机关给予免税，这是一个很好的时机，我们一定要跟上去。法庭建设要从实际出发，我们拟定3年完成，保证每个法庭有400平方米以上的审判用房和宿舍。今年已开工300多个，明年再努一把力，后年基本扫尾。法庭的基本装备争取五年解决。法庭建设不是一个孤立的问题。只有充分显示作用，引起党委、政府的重视，才能解决好法庭建设资金、地基、建筑材料等问题。要完成这个任务很艰巨，经济紧张是一个难题，但只要各级挤一挤，是完全可以搞起来的，实践证明，法庭建设单纯依靠法院是难以奏效的，最基本的经验是党委领导，政府出面，法院做具体工作。我省许多地方的法庭建设就是这样搞起来的。

关于云南省“赡养、抚养、扶养”案件情况的调查报告

云南省高级人民法院民庭

近几年来，我省“三养”案件数量不断增多，新情况、新问题不断出现，给人民法院审理这类案件带来了不少困难。由于这类案件的审理关系到如何有效地保护妇女、儿童和老人的合法权益，因此，社会有关方面对此十分关注。我庭今年先后到昆明、红河、曲靖等地进行了调查，并总结分析了近年来“三养”案件的新情况、新特点，并就如何解决一些问题提出如下意见。

（一）基本情况及其新特点

1986年全省共受理“三养”案件1584件，1987年共受理1839件，比1986年增长16.1%；1988年共受理2113件，比1987年增长14.7%。从案件的分布情况看，“三养”案件在昆明、红河、玉溪、曲靖和楚雄等几个地区较多，昆明和红河最为突出。1988年这两个地区的“三养”案件共857件，约占全省总数的40.6%。从收案的情况看，抚养案件的增长率高于赡养案件和抚养案件的增长率，抚养案件多数发生在城市，赡养案件则多数发生在农村。“三养”案件虽然在整个民事案件中只占6%左右，但由于经济形势的发展，离婚案件的增加，加之社会其他诸因素的影响，案件受理总数呈逐年上升的趋势，随着社会经济情况的变化，新情况、新问题不断出现。由于“三养”案件的处理牵涉面广，情况复杂，直接涉及到公民的切身利益，尤其是涉及到妇女、儿童和老人的合法权益的保护，所以，在新形势下对“三养”案件的新问题进行深入的分析研究，对人民法院依法正确地处理案件，确保妇女、儿童和老人的合法权益等，都是十分重要的。

近两年来，我省“三养”案件主要有以下新的特点：

1. 赡养案件

（1）诉请增加赡养费的案件突出。这主要由于近年来公民经济收入增加，群众生活水平提高，市场物价上涨，原来给付的赡养费明显偏低，一些被赡养的老人诉请法院要求增加赡养费。

（2）子女争养女性老人而不愿养男性老人的现象较多。他们认为，女性老人比男性老人讲卫生，可以帮带小孩或做些家务等，赡

养女性老人划得来。

（3）老人诉请单独出来生活而由子女给付赡养费的案件增多，诉请子女进行精神抚慰的赡养案件也开始出现。

（4）在城市，老人因无住房而起诉的赡养案件不断出现。主要因为城市住房紧张，一些子女只愿出赡养费，不愿让老人随自己共同生活，致使老人的住处无着落。

（5）在农村，子女因对老人的承包田地耕管有异议而不尽赡养义务的案件不断出现；子女要求以分割老人的财产为前提方尽赡养义务的案件也时有发生。

（6）农村赡养案件判决后，执行难的问题比较突出。实行承包责任制前，人民法院判决后，通知生产队依照判决直接划拨给老人就行了。现在由于粮食是各户自种自收，经济来源等也相对独立，这样，法院判决后，如果义务人拒不履行义务，就只能强制执行，而许多义务人又无力一次履行全部义务，给执行带来了许多困难。

2. 抚养案件

（1）要求变更抚养是近两年来抚养案件的较为突出的问题。要求变更抚养的原因，有的是因负责抚养子女的一方对子女打骂、虐待或管教方法不当，子女或对方诉请变更抚养；有的是父母双方争要子女而要求变更抚养；有的是父母双方为子女前途考虑，如户口迁移等而要求变更抚养；有的是因继父母与继子女之间关系不和，难以继续在一起生活而诉请变更抚养等。

（2）诉请增加抚养费的案件在整个抚养案件中所占的比例较大，明显地呈继续增长趋势。这主要是由于近年来物价上涨、生活提高，原定给付的抚养费明显偏低，或子女因升学等原因，而要求父母增加抚养费。

（3）非婚生子女抚养案件增多。除了当事人道德水平差或法律知识欠缺等原因外，还受社会上其他种种因素的影响。

（4）执行期限订得短，累诉案件多。为了适应情况发展变化，有些法院在处理抚养案件时，将抚养费的给付期限暂订3年或5年，等期满后再商定。这样，原来处理过的抚养案件在暂定期满后，当事人纷纷诉到法院要求重新解决，这就形成了一大批累诉案件。

3. 扶养案件

（1）夫妻因感情不和分居后，一方不管对方的生活，对方因生活困难而诉请给付扶养费的案件增多。

（2）离婚时一方为了惩罚对方而要求对方给付扶养费的情况不断出现。

（二）存在的问题及处理意见

1. 处理“三养”案件时如何把握给付费用的标准

我省各地经济发展不平衡，地区间差异较大，生活水平高低不一，城市与农村之间、坝区与山区之间的情况不同，甚至各城市之间、各山区之间的经济收入和生活水平也有很大差异。因此，我们认为，在“三养”案件的给付数额上制定统一的标准是比较困难的。根据《婚姻法》和最高人民法院（84）法办字第112号文件的精神，给付数额应由当事人双方先行协议，协议不成时由法院判决。法院应尽量促成双方当事人协商解决，若双方当事人协商不成，再通过判决加以确定。判决时应根据被赡养、抚养、扶养人的实际需要并就双方当事人的经济状况、负担能力、当地生活水平和有无其他经济来源等综合地加以考虑，从而确定给付数额。总的原则是，义务人在给付了费用后，权利人的生活不低于义务人的实际生活水平。

2. 一方为达到离婚的目的而不要对方给付子女的抚养费，离婚后又提出要对方给付抚养费的要求，法院对此应否支持

我们认为，是否支持这种请求，应视子女的实际生活需要而定。《婚姻法》第十五条、第三十条规定，“父母对子女有抚养教育的义务”，“离婚后，一方抚养的子女，另一方应负担必要的生活费和教育费的一部或全部”。

也就是说，父母对子女的抚养义务是无条件的，父母有义务负担子女的抚养费的一部或全部。因此，如果子女生活确实需要，而对方也确有负担能力的，应从有利于子女健康成长出发，依法判令对方支付适当的抚养费。

3. 在处理“三养”案件时，当事人的经济收入应如何计算

目前，由于物价上涨，生活提高，职工的奖金和各种补贴也有不同程度的增加，一般情况下职工每个月基本工资以外的收入均占全月实际收入的三分之一左右。有些经济效益较好的企业单位仅奖金一项就是职工月基本工资的几个倍。有不少个体户的月经济收入忽高忽低。鉴于目前的这种实际状况，我们认为，在处理“三养”案时，若再以基本工资来衡量当事人的经济收入，显然是不妥的，将不利于儿童和老人合法权益的保护。因此，有固定收入的当事人的月经济收入，应以月实际收入计算；没有固定收入的当事人的月经济收入，则以年内月平均实际收入计算。如因义务人财产转移等因素，难以确定月实际收入的，可参照当地同种职业，收入大体相当的人的月平均实际收入计算。

4. 受赡养人本身有过错或未对子女全尽抚养义务，可否免除子女的赡养义务

《婚姻法》第十五条规定，“子女对父母有赡养扶助的义务”。可见，子女对父母的赡养扶助义务是无条件的，即使受赡养人本身有过错，或者由于种种原因而未对子女全尽抚养义务，子女的赡养义务也不能因此而免除。至于受赡养人本身有过错的，可以针对其错误给予批评教育。

5. 关于非婚生子女的抚养问题

近年来，法院受理的非婚生子女抚养案日益增多，这些案件多是因非婚生子女的生父拒付抚养费而引起的。《婚姻法》第十九条规定：“非婚生子女享有与婚生子女同等的权利，任何人不得加以危害和歧视”，“非婚生子女的生父，应负担子女必要的生活费和教育费的一部分或全部，直至子女能独立生活为止。”因此，法院在处理非婚生子女抚养案件时，不论其生父和生母的过错谁大谁小，均应判令其生父或生母负担必要的抚养费，以确保儿童的合法权益。

6. 父母对已成年子女的抚养问题

一般情况下，子女成年后独立生活，就不再需要父母抚养了。但成年子女，尚未独立生活或不能独立生活需父母继续抚养，诉请法院解决的案件仍然常见。《婚姻法》第十五条规定，“父母对子女有抚养教育的义务”，“未成年的或不能独立生活的子女，有要求父母给付抚养费的权利”。最高人民法院112号文件第二十三条规定，“父母对子女的抚养义务，到子女独立生活时止”。就是说，父母是否需要继续抚养子女，不能完全看子女是否已成年，而要看子女是否能独立生活。对已成年子女的抚养问题，我们认为应具体情况具体分析。如果成年子女因客观原因，如疾病、待业、读书等原因而不能独立生活，而义务人也有抚养能力的，应调解或判令义务人对已成年子女进行抚养；如成年子女仅仅因为懒惰、有业不就、游手好闲、不愿劳动等，没有生活来源而不能独立生活的，诉请给付抚养费的请求法院应不予支持。

7. 继子女对继父母的赡养问题

《婚姻法》第二十一条规定：“继父或继母和受其抚养教育的继子女间的权利义务，适用本法对父母子女关系的有关规定。”也就是说，继父母抚养教育过继子女的，他们之间的权利义务适用婚姻法对父母子女间权利义务关系的有关规定。因此，在处理继子女对继父母的赡养问题时，应着重考查继父母对继子女是否尽过抚养教育的义务，从而确定继子女是否有义务赡养继父母。凡继父母对继子女尽过抚养教育义务的，继子女对继父母有赡养扶助的义务；否则，继子女对继父母没有赡养义务。

8. 处理赡养案件能否附带“分家析产”

在处理赡养案件时出现有的义务人提出要以分割老人的财产为前提方尽义务的情

况。有的法院为了便于达成协议或便于结案后执行，往往将老人的财产分割与对老人的赡养问题合并审理，一并解决。我们认为这是不妥的。首先，义务人提出的这种请求并不是反诉，赡养与分割财产（属财产所有权）是两个不同的民事法律关系；其次，义务人对老人的赡养义务是无条件的，不应当是附条件的，法院如果支持了义务人提出的要以分割老人财产为前提才尽赡养义务的要求，既不合法，也与我国养老敬老的传统美德相悖；再者，老人的财产处分权属于老人，他人无权干涉，老人即使依法处分了自己的财产，子女的赡养义务也不能因此而免除。因此，法院在处理赡养案件时不能附带"分家析产"。当然，老人若在确定赡养的同时自愿处分自己的财产，将财产分给诸子女，法院不予干涉。若因此发生纠纷诉至法院的，应具体情况，具体分析，因赡养发生争议的，以赡养案件处理；因赠与发生争议的以赠与案件处理；对赡养、赠与同时发生争议的，分别审理。

9. 为适应情况变化而暂订3年或5年的执行期限的做法是否可行

目前，有的法院在处理"三养"案件时，为了适应情况变化的需要，将执行期限暂订3年或5年，等期满后又根据情况再作处理。这样做一方面人为地增大了工作量，造成了一些不必要的累诉案件；另一方面，暂订期满后当事人也以种种借口要求增加给付数额。有些要求往往脱离实际，双方当事人很难达成协议，这给法院对案件的审理和执行都带来了不少麻烦。我国现行的法律并不排除当事人提出超过原定数额的可能性，如《婚姻法》第三十条规定，"关于子女生活费和教育费的协议或判决，不妨碍子女在必要时向父母任何一方提出超过协议或判决原定数额的合理要求"。因此，我们认为在处理"三养"案件时，为适应情况变化而暂订3年或5年执行期限的做法在一般情况下是没有必要的。

10. 当事人要求增加给付费用或变更抚养、赡养的案件，作为申诉案处理还是作为新案处理

根据民事诉讼法（试行）第一百五十七条的规定，人民法院对已发生法律效率的判决、裁定进行审查后，发现确有错误的案件，才能作为申诉案处理。要求增加给付费用或变更抚养、赡养的案件多因客观情况的变化而引起，一般不存在原来的处理是否有错的问题。如果将这类案件作为申诉案件处理，势必出现既要对案件作新的处理又无法撤销原来的处理结果的矛盾。因此，我们认为对这类案件应作为新案来处理。当然，如果当事人是对法院原来的处理不服而提出申诉，那么就应作为申诉案来处理。

11. 赡养案件中，原告只告其中一个子女，其他子女应否追加为共同被告

有的法院对赡养案件中原告只告其中1个子女的，其他子女不追加为共同被告，认为这样做是尊重当事人的诉讼权利，认为把未告的子女都追加为共同被告，可能会影响父母与子女之间的关系，不利于案件的顺利审理，因此，把其他子女列为第三人。我们认为，这种做法是欠妥的。子女对父母都有赡养的义务，这种义务可以是相互独立的，但在原告提起赡养的诉讼后，当人民法院需要一并解决原告的赡养问题时，负有赡养义务的人对原告的赡养义务就是共同的，因为负有赡养义务的人是否尽了赡养义务，应当给付多少赡养费，人民法院需要一起查明，一并确定。人民法院处理民事案件应当合法、合情、合理，但合法是合情合理的基础，否则，难以保证案件的正确处理。民事诉讼法（试行）第九十一条规定，"必须共同进行诉讼的当事人没有参加诉讼的。人民法院应当通知其参加诉讼"。也就是说，人民法院有权而且应当根据案件的具体情况通知应参加诉讼的人参加诉讼，可以不受原告起诉的范围的限制。所以，在处理赡养案件时，应当将原告未告的其他子女也追加为共同被告。

12. 未成年子女诉请解决抚养问题，应否列为原告

有的法院在未成年子女诉请解决有关抚养的问题时，不将未成年子女列为原告，而将其法定代理人列为原告。我们认为，这种做法是错误的。民事诉讼法（试行）第四十四条规定："有诉讼权利能力的人可以作为民事诉讼的当事人。"民事诉讼权利能力是指享有民事诉讼权利和承担民事诉讼义务的能力，是民事诉讼主体的法律资格。民事诉讼权利能力以民事权利能力的存在为前提，有民事权利能力就有民事诉讼权利能力。自然人的民事权利能力始于出生，终于死亡，那么自然人的民事诉讼权利能力也就应该始于出生，终于死亡。就是说，未成年人具有民事诉讼权利能力，可以作为当事人。但民事诉讼行为能力是指民事诉讼主体以自己的行为行使诉讼权利、履行诉讼义务的能力，即亲自进行诉讼活动的能力。因此，有民事诉讼权利能力的人不一定都有民事诉讼行为能力，都能亲自进行诉讼活动。未成年人属于无民事行为能力人或限制民事行为能力人，所以，正确的做法应该是将未成年人列为原告，而由其法定代理人或指定代理人代为诉讼。

13. 在确定未成年子女归谁抚养时应否征求未成年子女本人的意见

有的法院在确定未成年子女归谁抚养时不征求未成年子女本人的意见；有的法院划定一个年龄标准，10岁以上的未成年子女征求其本人的意见，未成年子女不满10岁的，则不征求本人的意见等。我们认为，在未成年子女的抚养归属问题上的上述种种做法都是欠妥的。最高人民法院112号文件第二十二条规定："哺乳期内的子女，原则上应由母方抚养，如父方抚养条件好，母方同意，也可由父方抚养。哺乳期后的子女，由谁抚养发生争执时，应根据有利于子女身心健康成长的原则处理。子女有识别能力的，应征求子女本人的意见。"可见，法院在确定未成年子女的抚养归属问题时，有利于子女身心健康成长是一个基本原则；是否应征求子女本人的意见，不能以年龄大小来衡量，而应看子女是否有识别能力。凡是子女有识别能力的，都应征求其本人的意见。

（三）可供借鉴的几种做法

1. 如何解决农村赡养案件执行难问题

农村赡养案件执行难的问题，自农村实行生产责任制后全省各地反映都较为突出。安宁县法院在实践中进行了大胆尝试，农村赡养案件结案后，直接与当事人所在地的村委会取得联系，由义务人按判决的要求将粮食、油盐、赡养费等直接交到村委会，由受赡养人到村委会领取，整个执行过程由村委会负责监督。安宁县法院的做法，在一定程度上缓解了农村赡养案件判决后执行难的问题。

2. 如何扩大"三养"案件的办案效果

养老育幼是中华民族的传统美德，子女赡养老人、父母抚养子女，都是法律规定必须履行的义务，因此，在处理"三养"案件过程中加强对当事人进行法制和道德教育，促成当事人自觉履行义务，扩大办案效果是十分重要的。建水县法院在办理"三养"案件时尽量巡回审判，就地公开开庭审理，邀请当事人的亲属和当地有关组织的人员参加旁听，广泛吸收当地群众参与旁听；在庭审过程中有意识地进行道德教育，并有针对性地普及一些深入浅出的法律知识，让旁听群众明辨是非。这对争取当事群众和有关组织的支持，加强对当事人的舆论监督，促使当事人自觉履行义务等都起了积极的作用。

3. 如何确定父母双方各自应负担的抚养费

在实践中，子女的抚养费确定后，当事人经常因工资的增加而诉请增加抚养费，在增加的数额上难以达成协议，这就加大了法院的工作量，也给这类案件的顺利处理带来了困难。针对这一情况，思茅县法院采用给

父母双方确定抚养费的分担比例，凡以后工资增加，抚养费也按比例相应增长的办法，减少了当事人之间不必要的诉讼，减轻了法院的工作量，收到了较好的效果。具体办法是：如父方月工资是160元，每月负担抚养费40元，占25%，母方月工资是150元，每月负担抚养费25元，约占16.7%；如果父方月工资增至180元，那么他每月应负担的抚养费就是180×25%，即45元；如果母方月工资增至160元，那么她每月应负担的抚养费就是160×16.7%，即26.67元。若以后再增加工资，依此类推。

关于审理债务纠纷案件应注意解决的几个问题

云南省高级人民法院民庭

一、近年来我省审理债务纠纷案件的基本情况及存在问题

随着"改革、开放"的不断深入和商品经济的不断发展，人们的经济交往越来越频繁。公民之间、法人之间、公民与法人之间的经济纠纷日渐增多，反映在民事审判工作中，债务纠纷日趋突出。1987年至1988年，全省共受理一审债务纠纷案件6578件，占各类一审民事案件71893件的9.14%。其中借贷纠纷1422件，占债务收案总数的21.6%；买卖纠纷1233件，占18.74%；劳动报酬283件，占4.2%，代购代销、承揽加工、抵押等其他债务纠纷3640件，占55.33%。在案件增多，难度增大，新情况新问题不断出现的情况下，我省各级人民法院以全心全意为人民服务的精神，克服重重困难，依法保护公民、法人的合法权益，制裁民事违法行为，审结了一批债务纠纷案件。1987年至1988年，全省共审结各类一审债务纠纷案件6565件，占各类已结民事案件73681件的8.88%。为治理经济环境，整顿经济秩序，促进我省商品经济的发展做出了贡献。

通过对上述案件的审理，反映出近年来债务纠纷案件出现了一些新的情况和新的问题，给审判实践带来了一定的难度。主要是：（一）案件逐年上升，而且上升的幅度越来越大。1985年，全省收一审债务纠纷案件1029件，占当年各类民事案件28593件的3.5%，居各类民事案件的第六位。1988年，全省一审债务纠纷收案就达3696件，比1985年增加了2667件，上升了259.18%，占当年各类民事案件38747件的9.53%，居第三位。其中以借贷、买卖、劳动报酬等几类纠纷上升的幅度最大。（二）债的客体、内容发生了变化。表现在债的用途上，以前债务发生在生活领域，现已发展到生产流通领域。其次债的主体也发生了变化，原来债务纠纷多发生在公民之间，现已发展到公民与法人，法人与法人之间。（三）案件难度增大：1.标的增大。前几年债务纠纷案件的标的多为几十元、上百元，近年来一般都在千元以上，有的高达几万元。2.有相当数量的债务手续不完备。有的债务当事人只讲信誉，不办法律手续，致使一定数量的债务纠纷只有口头约定，没有书面合同或协议。还有一定数量的债务人为逃避履行义务而长期躲债。3.出现了高利贷。近年来，一些借贷，特别是公民之间的生产经营性借贷，多为有息借贷，而且借贷的利率已大大超过国家银行的借贷利率。如何处理此类问题，国家没有统一规定，最高法院的有关文件只作了原则规定。审判实践中不好掌握。4.执行难。主要有两种情况，一是有的债务人为逃避履行义务而下落不明；二是有的债务人将所借之款物挥霍用尽或者经营不善无力偿还而赖帐。

二、关于审理债务纠纷案件的几点意见

为了正确、合法、及时的审理债务纠纷案件，进一步提高办案质量，在总结审判实践经验和调查研究的基础上，根据《民法通则》、《最高法院关于贯彻执行〈民法通则〉若干问题的意见（试行）》、《中华人民共和国民事诉讼法（试行）》以及《最高法院关于贯彻执行民事政策法律若干问题的意见》等法律、法规、政策，结合我省的实际情况，我们提出如下意见，供我省各级法院在审判实践中参考。

（一）关于立案受理

民事诉讼法（试行）第八十一至八十三条对民事案件起诉的条件作了明确规定，人民法院审查债务纠纷案件的起诉，应严格根据上述条件办理。凡符合上述条件的应予受理，切实保护当事人的诉权；对不符合上述条件的，不予受理，并分别情况按民事诉讼法（试行）第八十四条的规定办理。其中应特别注意以下几种情况：

1. 符合起诉条件，但起诉时债务人下落不明，又未被宣告失踪，债权人起诉要求清偿债务的，人民法院应予受理。受理后可按《最高法院关于贯彻执行〈民法通则〉若干问题的意见（试行）》第33条的规定，可以在公告传唤后缺席判决或者按中止诉讼处理。

2. 符合起诉条件，但起诉时即知道债务人无偿付能力的，人民法院仍应受理。处理时债务人一次偿付确有困难的，可准许其分期分批偿付，若确无偿付能力的，可按民事诉讼法（试行）第一百八十二条第三项的规定，裁定中止执行，待造成中止的情况消失后，恢复执行。

3. 国家银行、信用社起诉要求追索贷款的，属于合法债务，人民法院应予受理。其中属生产流通领域贷款的，根据《经济合同法》的精神，系经济合同纠纷，不属民庭受理。人民法庭受理上述案件，不应列民事字号。系生活消费性贷款的，民庭应予受理。

4. 婚约财物纠纷不是债务，一般应由基层调解组织或有关行政部门处理。对个别数额大、争议大，不处理就会影响一方的正常生活或可能导致矛盾激化的，人民法院可以作为其他民事案件受理。但要严格控制收案。

5. 根据《经济合同法》第五十四条以及《最高法院关于人民法院经济审判任务和收案范围》（一）、（三）项的精神，下列合同纠纷系经济合同纠纷，不属债务纠纷案件，也不应由民庭受理。（1）农村承包合同案件；（2）法人与个体经营户、专业户、农民之间在生产、流通领域的经济合同案件；（3）个体户、专业户在农村发展商品经济中，他们之间在生产、流通领域中的经济合同纠纷案件。人民法庭受理上述案件，不应列民事字号；上述案件不服一审判决提起上诉后，二审法院亦不应作为民事案件受理。

（二）关于借贷利息的处理

根据最高法院关于“有息借贷，其利率可以适当高于国家银行的贷款利率”，“公民之间的生产经营性借贷的利率，可以适当高于生活性借贷利率”的精神，处理借贷利息，应本着既有利于发展生产、稳定经济，又要防止某些人乘人之危，利用借贷牟取高利的原则，实事求是，合情合理的予以解决。

1. 双方约定的有息借贷，处理时应区分生活性借贷与生产经营性借贷、农村借贷与城市借贷等几种情况。生活性借贷，农村可高于国家银行贷款利率的10—30%计息；地、州、市所在地以上城市可高于国家银行贷款利率的20—50%计息。生产经营性借贷，农村可高于国家银行同类贷款利率的30—70%计息；地、州、市所在地以上城市可高于国家银行同类贷款利率的50—100%计息。各地可根据当地的经济发展情况，合情合理的掌握。

（另一种意见：有息借贷，其利率可适当高于国家银行同类贷款的利率计息。但生活性贷款最高不得超过一倍；生产经营性贷款最高不得超过二倍。）

2. 双方约定到期不还另加罚息的，处理时可略高于国家银行同类贷款另加罚息率计息，但最高不得超过本金利息的50%。

3. 计息期内，因国家银行贷款利率及另加罚息率调整而分为不同利率段的，分别按各阶段国家银行同类贷款的利率及另加罚息率计息。

4. 结案时不能及时给付的贷款，未给付的贷款利息及另加罚息应计算到实际给付时。

5. 其他债务纠纷案件涉及利息问题的，可参照上述精神办理。

（三）关于合法债务与诈骗犯罪的区分

根据我国刑法的有关规定，构成诈骗罪，须具备以下4个要件：(1) 主观上是直接故意，并且具有非法占有公私财物的目的；(2) 客观上表现为使用了欺骗手段，即虚构事实或隐瞒真相骗取公私财物；(3) 侵犯的客体是公私财物的所有权；(4) 骗取的公私财物数额较大，即个人诈骗公私财物数额在500元以上；利用合同诈骗公私财物数额在1万元以上。凡同时具备上述4个要件的，即构成诈骗罪，应告知当事人向有关部门反映，或者由人民法院直接与有关部门联系，追究其刑事责任。反之，则应按债务纠纷处理。其中应注意区分以下几类债务纠纷与诈骗违法犯罪的界线：

1. 合法借贷与诈骗违法犯罪的界线。借贷后由于经营不善等造成长期拖欠不还的；或者编造谎言、隐瞒真情而骗借款物，到期不能偿还的，只要没有非法占有的目的，也没有挥霍一空，不赖帐，不再弄虚作假骗人，确实打算偿还的，仍属借贷纠纷，不构成诈骗罪。

2. 代人购物拖欠货款与诈骗犯罪的界线。以代人购买紧俏商品为名，取走货款，没买到东西，又擅自挪用货款拖欠不还的，应着重考察其真实目的，双方的关系，代买人的具体行为，拖欠的原因、情节、后果等等，从而判断其是否具有非法占有的意图。如果代买人确想代人购物，因故未能买到，挪用后仍打算归还的，不能以诈骗论处。如果以代购为名，行诈骗之实，骗取大量款物大肆挥霍，根本无意归还也无力归还的，应以诈骗论处。

3. 集资经商办企业因亏损躲债与诈骗犯罪的界线。如果确实是集资经商办企业，但因经营不善亏损负债，债务人为躲债而外出，仍属债务纠纷，应与以集资办企业为名，捞到钱财后就逃走，以实现其非法占有为目的的违法诈骗行为或诈骗罪严格区别。

4. 明知自己并无履行合同的实际能力或担保能力，以非法占有公私财物为目的，采取欺骗手段，与他人签订合同，骗取财物数额较大的，应视为构成诈骗罪；有部分履行合同的能力或担保能力，签订合同后，虽经努力，但由于某些原因不能完全履行合同的，应按一般合同纠纷处理。

5. 以骗取财物为目的签订虚假合同，一旦把钱、物诈骗到手，毫无履行合同之意，或大肆挥霍，或用于非法活动，或携款潜逃，应按诈骗处理。如果为了达到使对方同意签订合同的目的，而说谎造假，骗取信任，签订合同后能积极履行合同，发生纠纷后能弥补损失，偿还欠款的，应按合同纠纷处理。

（四）关于违法债务的处理

明知债务人是为了赌博、投机倒把、走私等犯罪以及进行其他违法行为而产生的债务，应认定为非法债务，法律不予保护。对债权人可根据具体情况收缴其部分甚至全部本金及利息；对债务人应建议有关部门依法予以行政处分，直至追究刑事责任。

（五）关于执行问题

1.《民法通则》第八十九条第一项规定："债务人不履行债务的，按照约定由保证人履行或者承担连带责任"。此处的"债务人不履行债务"，既包括债务人无力履行，也包括债务人因故不能履行。

2. 执行中债务人下落不明的，债务人有财产可供执行的，从本人财产中执行；本人无财产而有担保人的，由担保人履行或承担连带责任；本人既无可供执行的财产又无担保人的，裁定中止执行。

3. 家庭财产能否执行，关键看其债务系个人债务还是家庭共同债务。系家庭共同债务的，可以从其家庭共同财产中执行，但应为其家庭成员保留生活必需品和必要的生产工具；系个人债务的，只能从本人财产中执行。

四川省拐卖人口犯罪的特点、原因及对策

四川省高级人民法院　夏成福

新中国建立后，拐卖人口犯罪曾一度消声匿迹。四川从70年代起，由于多方面的原因，拐卖人口犯罪又死灰复燃，其蔓延之迅速，危害之严重，已引起全社会的普遍关注。为了同这类犯罪作斗争，预防和减少这类犯罪，笔者在对万县、绵阳等地、市调查的基础上，结合审判实践中掌握的情况，就近年来四川省拐卖人口犯罪作一初步分析。

一、情况——特点

拐卖人口犯罪的幽灵于70年代在社会上再现后，经几年治理，犯罪锐减。80年代初再次抬头，1982年特别是1983年严厉打击严重刑事犯罪，把拐卖人口犯罪作为重点打击对象后，这类犯罪又有所收敛。然而，时隔不久，又疯狂地蔓延开了。1987年7月17日，当时的中央政法委员会召开紧急电话会议，提醒各地注意抓好打击拐卖人口犯罪的工作。1988年全省判处拐卖人口案犯占10%强，仅次于盗窃案，居各类案件之第2位(1987年居第7位，1986年居第10位)，分别比1987年和1986年上升68.9%和87.7%。一些地方更为突出，有的占刑事案件总数的一半以上。据笔者对万县地区两级法院88年一个季度判处案件的情况调查，拐卖人口犯罪案占全部刑事受案总数的35.4%。其中，云阳县占44.4%，奉节县占44.9%，梁平县占48%，城口县占56.4%，巫溪县占66.6%。

近年来拐卖人口犯罪不仅发展快，发案率高，而且还出现了一些新变化。

（一）犯罪手段多样化

前几年，四川拐卖人口犯罪的手段主要是欺骗。近年来拐卖人口犯罪的手段开始呈多样化，犯罪分子狡猾诡谲，野蛮残暴，出现了偷、抢、劫持、绑架、药物麻醉或多种手段并用等拐卖人口的情况。绵阳市有3个犯罪分子在光天化日之下，身带绳索等作案工具，绑架在田间劳动的女青年，因女青年反抗呼救不逞，继而又在夜间撬墙掘洞进入该女青年卧室再行绑架，该女青年惊醒呼救才未遂。用药物麻醉进行拐卖人口的犯罪更有发展之势。江油县1988年一季度就发生四起用药物麻醉拐卖人口的案件。其中有的犯罪分子在车站等交通运输较方便的地方以贩卖饮料、设面摊等形式作掩护，吸引来往女青年、幼童，在饮料、面食里投放麻醉药物，将上当者麻醉后挟持乘车去外地贩卖。有一女青年本是准备去云南探望未婚夫，在江油县境内一火车站附近的面摊上食用了含有麻醉药物的面条后昏迷，被犯罪分子挟持卖到了安徽。

即使采用欺骗手段拐卖人口的，其行骗的手法也花样翻新。过去犯罪分子多是以外地生活好、地理环境优越、女子劳动强度低等相诱，以帮助介绍对象为名进行拐卖人口的犯罪活动。近年来，随着国家开放、搞活的逐步深入，农村劳务输出增多，犯罪分子

利用一些女青年渴望脱贫、渴望外出开眼界的心理，以招工或介绍到城市做生意、做保姆等对贫困地区女青年具有较强吸引力的许诺拐卖人口。据笔者对万县地区的云阳县1988年5个月办理的拐卖人口案件的调查，被拐卖的53人中，以上述欺骗内容拐卖的有29人，占54.7%；涪陵市1988年4个月内办理的案件中，被害者21人，以上述手段被骗拐卖的占57.1%。犯罪分子为了逃避惩罚，在作案前往往还要透使受害者或其亲属书写“保证书”、“协议书”，签订“合同”等，将商品经济流通中的契约关系利用于拐卖人口犯罪，妄想以此表明受害人是自愿出走、成婚的，与拐卖人口无涉。

（二）作案成员年青化、复杂化

如前所述，过去拐卖人口犯罪主要是假借介绍婚姻的方式进行。而当时的社会是一种封闭型社会，人员流动极少。因此，“介绍”跨越省界的“婚姻”，没有一定社会阅历的人不敢贸然行事，被害人也不易上当。因而干这种勾当的人大多是一些在当地被认为“见过世面”的中老年人。随着改革、开放、搞活经济的进行，南来北往的人特别是青年人越来越多，“见过世面”的有犯罪条件的青年人增多，使得拐卖人口的犯罪分子年青化。1988年全省判处的拐卖人口的犯罪分子中，25岁以下的占40.1%，加上25岁以上35岁以下的那部分罪犯，青年人占绝大多数。作案成员复杂化的突出表现是被害人的亲属增多。近年来经济发展，人们的商品观念、利益观念增强，这是好事。但也有一些人走向另一端，重利轻义，唯利是图，进而良知泯灭，背弃起码的伦理道德，只要有钱什么都可以干，以致不惜出卖自已的亲属以满足其金钱欲望。据调查，当前卖亲属的案件不少，且有发展之势。他们中远亲、近亲、姻亲、血缘亲都有。有表兄拐卖表弟妹的，有卖同胞兄妹的，更有甚者，丈夫卖妻子、子女卖母亲、父母卖子女的也不少。出卖亲生子女的案件中，多数是卖超计划生育的子女，也有卖独生子女的。如被告人石×，背着其妻伙同他人把不到两岁的独生儿子带至江苏，以2700元卖与他人为子。

（三）侵害对象低龄化

四川过去拐卖人口犯罪的受害者，多为已婚妇女和未婚女青年，85年以来拐卖少女、婴幼儿的迅速发展。据典型调查，近年来被拐卖的受害者中，婴幼儿占10%以上，有的市、县占的比例更大。中江县1987年以来的一年零四个月判处的94案中，拐卖婴幼儿的占32%。三台县1987年至1988年上半年判处的57起案件中，拐卖婴幼儿的占38.6%，拐卖少女的占31.6%，两项合计占70.2%，被拐卖的少女、婴幼儿共51名。还出现了专门拐卖婴幼儿的团伙犯罪。达县地区有一个14人的犯罪团伙，两年时间拐卖40人，其中婴幼儿37名（内有超生子女22名）。

（四）犯罪形式结伙化

拐卖人口犯罪的“拐、运、卖”整个过程都与人打交道，为了拐卖得逞，犯罪分子往往结伙作案，各有分工。1988年全省处理的拐卖人口案中，除去情节轻微不构成犯罪的人和检察机关免予起诉的人外，仅从法院判处的案犯看，平均每案1.8人。多数情况下犯罪分子2至3人结伙作案，有的甚至结伙10多人。

二、原因——相关因素

拐卖人口犯罪同其它犯罪一样，作为一种社会现象，原因是复杂的，单从犯罪者本身或社会某一些方面，都难获得正确的答案。总的说它仍然是一定社会条件作用于犯罪人的一种综合反映。当前拐卖人口犯罪的主要原因与相关因素有以下几点：

（一）高利诱惑

四川拐卖人口犯罪多发于贫困地区，这些地方拐卖一个人的获赃款物，无论是70年代还是今天都相当于一个农民一年以上甚至几年的收入。近年来，拐卖一人获赃二千元左右，有的高达五千到六千元，相当于一个农民两年以上以至几年的收入。面朝黄土背朝天，汗水换来的收获来得艰苦，拐卖人口“一本万利”、“无本万利”，买人方还要管吃管住，还能游山玩水。这种利差强烈地诱惑着那种尚不富裕又目无法制的农民，使一些素质差的人铤而走险，以致要钱不要命。

（二）社会控制弱化

社会控制弱化主要反映有二：1. 基层组织薄弱。目前，不少地方基层组织尚未进入角色，不知怎么管理社会，干部考虑自已致富多，发挥管理作用少，村、组干部甚至有名无实。有一些乡、村干部认为妇女多出走一些，计划生育工作好做，对拐卖人口犯罪视而不见，见而不闻。2. 超意图因果效应。我们有一种习惯作法，即什么问题突出了就建一个临时机构，不注意发挥职能部门的作用。四川在 1974 年建立打击拐卖人口的临时机构“31 号办公室”，82 年更名为“87 号办公室”，至今十多年，这不仅没有解决问题，相反却使公安部门的职能淡化（公安部制作的发破案件登记表，就一度取消了拐卖人口犯罪这一栏）。有能力、有侦查权、有技术装备的职能部门未能发挥作用，临时建立起来的机构无权无力侦破案件，这样就出现了与我们主观愿望相反的结果——想加强打击拐卖人口的工作，而实际则削弱了。

（三）惩戒手段单一、粗疏

70 年代处理拐卖人口案件，只判少数，对大多数则采取批判斗争的方法解决。后来我们否定了批判斗争的方式后，往往只采取一种手段——判刑。一方面扩大了判刑面，另一方面一些应该受到处理的未得处理。刑法关于拐卖人口罪的立法也有疏漏。按照刑法第一百四十一条的规定，构成拐卖人口罪必须同时具备“拐”和“卖”的行为。这就使实践中不少不“拐”而“卖”、社会危害性很大的案件得不到处理；“拐”的含意也不明确，政法部门之间以至同一政法部门内部认识常常分歧，也使一些案件得不到处理或及时处理。这些没有得到处理的行为人客观上对其他人又起了反面的示范作用。

（四）地区间经济差异

地区间经济发展的好坏过去也是存在的，但在封闭的社会条件下，这种差异对人的刺激小。改革、开放作为一种契机，使农民有充分的条件了解这种差异。南来北往的务工、经商和电视、广播、报纸等大众媒介的传播宣传，农民彼此了解了自己生活的环境。尽管有“父母在不远游”的古训，有“谁不说家乡好”的乡情，但是差异大到一定程度时，生活对人的吸引力就会大于“传统”的束缚。妇女想外出的多了，这种外向力给拐卖人口的犯罪分子以有利条件。

（五）封建旧习助长犯罪

据调查，买人的地方有两种封建落后习俗：一是男尊女卑，重男轻女，使一些地方男女比例失调；二是买卖和变相买卖婚严重。结婚男方费重金已视若自然。这些地方男青年结婚一般要花费四千至五千元，有的上万元，而买一个四川姑娘要省一大笔钱。因此，买四川姑娘成婚的人越来越多。据万县地区有关部门调查统计，1982 年至 1986 年全区累计出走妇女约 14000 名（大部分是被拐卖的），都是有去就有“留”，没有“供”大于“求”而回的。有这样广阔的“市场”，不能不助长犯罪的发生。

三、趋势——预测

从 70 年代拐卖人口犯罪死灰复燃至今，经过了几起几落的过程，今后情况怎样？大体可作如下预测：

——相当时期内拐卖人口犯罪的案件不会太少，更难以禁绝。主要依据：商品经济的发展，作为物资交换手段的货币在经济生活中出现的频率大大提高，钱在社会生活中的作用更为重要；社会主义按劳分配制度的逐步体现，“让一部分人先富起来”的政策的实施，相对的贫富差别使一部分人不安。其中不可避免地会出现一些欲壑难填的人铤而走险，不择手段，包括用拐卖人口去搞钱。因而，拐卖人口犯罪的存在就不会是短时间的。

——拐卖人口犯罪发展的过程仍然可能是起伏状态的，但波幅可能不会太大。主要依据：拐卖人口犯罪的原因和相关因素在短时间内难以消除，犯罪的土壤还是厚实的，但是，拐卖人口犯罪不同于其他犯罪，实施过程的制约因素多，拐骗、运输、出卖全过程都与人打交道。而且问题很容易向两极发展：各方面做好工作，犯罪锐减；反之，犯罪迅速发展。相对于其他犯罪，拐卖人口犯罪很容易呈起伏状，一旦犯罪突出，各方面抓紧工作，犯罪立即减少；弦稍一松驰，犯罪又迅速发展。这个过程可以作这样的表述：犯罪突出——治理——减少——再突出——再治理——再减少……

——拐卖少女和婴幼儿的案件占的比例会更大，其中卖超生子女的会更多。少女和婴幼儿相对于成年人来说，犯罪分子易得手，好控制，花费小，获利高，拐卖这类人获利往往比成年人高出一倍以上；婴幼儿没有远距离传递信息的能力，犯罪后不易暴露。这就决定了犯罪分子要把魔爪更多地伸向他们。目前，外出经商、务工的农村妇女比较多，管理一时跟不上，形成了计划生育的“死角”，超生子女多。由于钱的作用，今后会有更多的人出卖超生子女，既躲避了罚款，又获得大笔钱。

——作案成员中青年人占的比例将仍为多数。主要依据：目前外出务工、经商的年青人越来越多。其中一些人到了城市或异地，仰慕好的生活，联想自己的处境，“贫困感”会更强；钱对他们的诱惑力会更大；脱离了乡村传统道德观念和习惯以及家族等的约束，他们的行为便会更加放任，青年人比之中、老年人更强的攻击性和侵犯性更易暴露，因而他们进行拐卖人口犯罪会比中、老年人多。

——多人作案、结伙作案仍将是犯罪的主要形式。主要依据：拐卖人口犯罪的对象是人，人有思想，要行动，拐卖过程既要防止被拐卖人逃跑，又要管吃、住、行，多人结伙作案易于得逞；同时，拐骗、运送、“销售”各有分工，不易暴露，脱手快，获利快。

四、对策——治标与治本

拐卖人口犯罪是复杂的多因素作用的结果，采取的对策也应是多方面的。既治标，更要治本，着眼长远，防患未然。

对策之一：严厉惩罚犯罪。惩罚犯罪是社会对某一行为的最严厉的否定评价。拐卖人口严重侵犯人的人格、人身自由权利，妨害婚姻家庭关系，用刑罚方法给予严厉惩处是大多数人的意志所归。当前在这类犯罪还很猖獗的情况下，严厉打击犯罪活动是治理这类犯罪的重要手段。严厉打击除了体现从重处罚外，还应表现在两个方面：一是尽可能不使一个犯罪分子逃避惩罚，打消社会上不稳定分子的侥幸心理；二是及时处罚犯罪，增强犯罪与受罚的对比度，使可能犯罪者和犯罪分子消除犯罪心理、追悔犯罪后果。

对策之二：修改刑法，规定买卖人口罪。1983 年 9 月全国人大常委会《关于严惩严重危害社会治安的犯罪分子的决定》提高了刑法第 141 条的量刑幅度。这一修改是必要的，但仅仅如此修改是不够的，还应作以下修改：第一，修定该罪的构成。规定凡达到刑事责任年龄的人，以营利为目的把人当商品出卖即构成犯罪。第二，对情节严重的买人行为社会应给予最严厉的否定，规定用刑罚方法处罚。有鉴于此，建议刑法规定“买卖人口罪”，具体修改时可以就这类犯罪多列几条，分别用不同的条款规定不同情况、不同手段的犯罪的量刑幅度，以发挥刑罚的特殊预防作用。

对策之三：加强职能部门的工作。首先撤销临时办公室，发挥职能部门的作用。设临时办公室不仅浪费人力物力，更不利于强化公安部门的职能，失去或者削弱控制犯罪的能力。其次，强化公安部门的职能意识，使各级公安部门明确控制拐卖人口犯罪是本职工作，从而积极主动地加强这方面的工作。

对策之四：发挥基层党、政组织和群众自治组织的作用。充分发挥乡、镇特别是村民委员会、生产小组的作用，采取治安承包责任制的办法，乡、村干部既管经济又管治安，把治安工作的好坏与他们的经济利益挂钩，并列入政绩考核的内容之一。

对策之五：着力发展生产力。用急功近利的观点看这似乎有点不着边际或者说隔靴搔痒，殊不知这是一条根本性的措施。拐卖人口犯罪更多的是经济因素，下功夫解决这一问题，加上其他措施跟上，这类犯罪是可以控制的。

浅议对事实婚姻的认定及事实重婚的处理

贵州省高级人民法院　王玉玺　田永进

事实婚姻的效力问题，历来在法学界存在争议。近几年来，不少地方又出现了许多在事实婚姻基础上的事实重婚，即：前一个婚姻关系是事实婚姻，其中一方（绝大多数是女方）又在未进行结婚登记的情况下与他人以夫妻关系同居生活（俗称"逃婚改嫁"）。由此而引起的纠纷逐渐增多，并不断起诉到法院来。面临这样一种新情况，审判人员往往感到棘手。甚至因意见分歧而无所适从，影响了对案件的及时、正确处理。因此，正视现实，及时在审判实践中摸索和总结经验，认真研讨和解决对事实婚姻、事实重婚的认定和处理问题，无疑具有一定实际意义。对此，笔者结合对我省一些地方的调查情况，提出一些探索性的意见，并期望大家来共同讨论，以求得一个比较统一的看法和结论。

一、事实婚姻以及在此基础上的事实重婚的存在，是一个不容忽视的社会问题

事实婚姻作为一种不合法的婚姻形式，在我国长期、大量存在。贵州是一个多民族的省份，在边远、落后的农村，尤其是少数民族聚居地，至今仍沿袭着各种旧的婚姻习俗，通常以办酒请客，举行民间嫁娶仪式作为确立男女间婚姻关系的标志。因此，结婚不登记的现象相当普遍，例如惠水县人大常委会县与法院、民政局联合对该县金石、雅羊、下摆三个乡的调查，1986 年和 1988 年结婚的 465 对夫妇，有 447 对未办理婚姻登记手续，占结婚总数的 96.13％；三都水族自治县的中和区，1988 年和 1989 年，总共只办理了 3 件婚姻登记。大量事实婚姻的存在，给社会带来许多危害。它客观上助长了诸如包办、买卖婚姻、早婚、近亲结婚等不良社会现象的继续存在。尤其是近几年来，婚姻关系的随意性正在滋长蔓延，"逃婚改嫁"、娶小纳妾等重婚行为不断发生。据某县有关部门 1987 年的调查，1982 年以来，全县发生的重婚多达 170 余起。而该县人民法院在这几年当中以重婚罪判处的案件却仅有 10 余件。三都水族自治县中和、周覃两个人民法庭，1987 年元月至 1989 年 9 月审结的婚姻案件中，就有 30 件属于由"逃婚改嫁"引起的纠纷。其中，中和人民法庭在 1989 年元月至 9 月审结的 17 件婚姻案，就有 12 件涉及到"逃婚改嫁"问题。我们对这 30 起"逃婚改嫁"的婚姻纠纷案进行了剖析：60 名当事人中，水族 59 人，布依族 1 人（男性），身份均系农民；诉讼时年龄不满 20 岁的 3 人（女性），20 岁至 30 岁的 42 人，31 岁至 40 岁的 13 人，41 岁以上的 2 人；从文化程度看，文盲 47 人，初小文化 11 人，初中文化 2 人。这 30 件婚姻纠纷案均以男方（即原夫）为原告，指控女方重婚，控告第三者"拐夺人妻"。从

原婚姻状况看，均为按民族习俗举行结婚仪式的事实婚姻，都没有进行结婚登记。其中，属于由“父母之命，媒妁之言”而结合的包办婚姻22对；恋爱后结合的自主婚姻8对；结合时一方或双方未达法定婚龄的4对；三代以内旁系血亲（姑舅表）结合的1对；婚后共同生活时间不满1个月的3对，1个月以上不满1年的9对；1年以上不满3年的7对；3年以上不满10年的5对；10年以上的6对。从女方“逃婚改嫁”的直接原因看：①因不满包办婚姻而出走另嫁的5人。如杨密（女）16岁时在父母的逼迫下与潘勤成婚，因潘是哑巴，婚后建立不起感情。两年后，杨终于离家出走，与另一男青年潘基以夫妻关系同居；②婚后因受夫家歧视、虐待而出走另嫁的5人，如周覃区廷牌乡的莫其勇与王长妹于1985年12月由父母包办成婚，婚后男方家对王虐待，莫母常将粮食锁起，不给王吃饱。王不堪忍受，遂于1986年6月出走，与本乡潘赶同居，并生一小孩；③婚后初期感情较好，后因不生育或其他生活琐事发生矛盾，女方赌气出走另嫁，如周覃区杨拱乡潘九与潘水英于1975年6月按民俗结婚，婚后尚能和睦相处，但因结婚近10年未能生育，招致男方嫌弃，常发生吵打，潘水英产生离异思想。1986年4月，其到三洞乡赶场时遇到在场坝摆粉摊的潘研，交谈几句便留下与之同居；④草率结合，感情基础差，婚后不久即发生矛盾而逃婚改嫁的7人。如周覃区阳安乡女青年韦了，1987年2月到中和区赶场，与中和乡男青年陆芝伟“玩花”（水族男女青年的一种自由恋爱方式）时认识，几天后便草率结合。由于婚前了解不够，感情基础不牢，共同生活仅2个月，女方便逃到阳安乡与谢朝沙同居；⑤因喜新厌旧，见异思迁逃婚改嫁4人，如中和区安塘乡王国智与韦花于1970年按民俗结婚，婚后感情尚好。先后生育子女5个。后由于韦花生活不检点，受人挑唆，于1984年抛下子女逃婚到周覃区三洞乡与潘正来非法同居达3年之久。审理中韦花声称，坚决不回王家。如潘正来不要我，我又去嫁别家。这30起案件中，“逃婚改嫁”后又有生育的12人，逃婚后给人充当“小妾”的2人。先后与二人以上以夫妻关系同居的2人。例如九阡区农民潘继成与潘耐1971年自由恋爱结婚，先后生育子女四个。后因生活琐事发生矛盾，潘耐遂于1981年逃到中和区塘州乡与潘兆奎以夫妻关系同居，达6年之久，生育子女3个。1986年2月，潘兆奎病亡。潘耐又到周覃区山洞乡的潘玉胜家，两人以夫妻关系同居。同居不到一年，又逃到中和区塘州乡给一68岁的老翁潘有方做小老婆。据中和人民法庭的同志介绍，像这种多次“逃婚改嫁”的事时有发现，当地有一妇女，先后逃婚多达13次，嫁了14个男人。都没有进行结婚登记。

从以上对30起案件的归纳分析，我们对当前事实重婚现象的严重程度可见一斑。它不仅破坏了我国一夫一妻的婚姻制度，而且酿成大量纠纷，影响了社会的进步与安定，在一定程度上造成了婚姻家庭关系的混乱。因而，不能不引起我们的严重关注和进行必要的反思。党的十一届三中全会以来，随着社会主义商品经济的发展，城乡人民社会生活也发生了相应的变革。在婚姻家庭关系问题上，各种观念的产生与冲突，引发了一些新情况、新问题。在城镇以及一些经济、文化发展较快的农村，主要表现为离婚率上升，出现了追求以感情为基础婚姻的趋势。而这种趋势不能不或多或少地波及、影响到一些边远、落后的农村。由于这些地方存在着大量事实婚姻，摆脱了国家的婚姻法律规范的指导和监督。加之某些封建习惯势力的抬头，致使一些人不受法律的约束，或娶小纳妾，或逃婚改嫁，形成重婚。从其中一些案件的情况看，虽然当事人主观上确有摆脱封建包办婚姻，追求自主婚姻的愿望，但是，她们却不懂得通过法律途径去解决问题，而是采取一走了之，随意另行结合的违法做法。由此可见，婚姻法、婚姻登记办法等有关法律、法规的宣传和贯彻执行的深入程度还远远不够。基层基础工作显得薄弱。在人民法院这一方面，对于处理事实婚姻基础上的事实重婚，还缺乏比较明确的有效的审判对策。对有关界限问题以及处理原则仍是看法各异，往往因循自己一套习惯作法。例如以上分析的30起案件，均由人民法庭作民事纠纷处理。结果调解与原夫和好的只有2件，判决维持原婚姻关系的只1件，其余27件均调解或判决解除原婚姻关系。由女方及其娘家返还原定亲财礼和结婚时赠送的银项圈等财物，以平息纠纷。有的原婚姻关系长达十余年，解除时仍如数计算和返还财礼。这种不加区别，“和稀泥”的处理办法，显然是达不到维护一夫一妻制，遏制事实重婚现象，减少纠纷发生的目的的。有鉴于此，笔者认为，对于承认事实婚姻效力的条件，在事实婚姻基础上发生事实重婚时哪些追究刑事责任、哪种情况下可不追究重婚的刑事责任，作民事纠纷处理，如何处理等问题，能够定出一个比较明确的界限、尺度，以便于在审判实践中统一掌握，是很有必要的。

二、有关审判对策的探讨

如前所述，当前事实婚姻仍大量存在，事实重婚正不断增多。要使我们的审判工作变被动为主动，可采取以下几点对策：

(一)对事实婚姻的效力有条件地加以承认

按一般定义，事实婚姻，是指没有配偶的男女未进行结婚登记，便以夫妻关系共同生活，群众也认为是夫妻关系的两性结合。

笔者认为，以上概念是从广义上说的，严格地说，并不是所有的事实婚姻都可以承认其效力。根据我省婚姻家庭关系的实际状况和少数民族的婚俗特点，在处理婚姻纠纷案和重婚案时，符合下列条件之一的，则可对其事实婚姻的效力给予“既定”地承认，推视为是“已有配偶”：

1. 男女双方未进行结婚登记，按照民俗办酒请客，举行结婚仪式。之后便以夫妻关系共同生活。诉讼时已达法定婚龄。并具备结婚的其他实质要件的。

之所以这样提，是考虑到我省广大农村，尤其是少数民族聚居地，包办婚姻、早婚现象仍较为普遍。根据不同婚俗，从订亲到结婚，其间有不少“程序”和财礼过往。结婚时往往大办酒席，举行隆重仪式，宴请寨老乡亲，虽未进行结婚登记，但在群众心目中已公认其夫妻关系的确立。其中有一些夫妇在结婚时一方或双方未达法定婚龄，但共同生活一段时间后又已达到，故宜以诉讼时年龄为准。这类事实婚姻，只要不存在我国婚姻法禁止结婚的其他事实，如：原已有配偶，直系血亲和三代以内旁系血亲结婚；患有不应当结婚的疾病等，一般可承认其效力，如果我们一味强调其未履行婚姻登记手续的违法性，一概否定其婚姻效力，从群众法律意识和家庭伦理观念的现状来看，将是难以被接受的，而且也会给一些非法重婚者有空子可钻。

2. 男女双方既未进行结婚登记，又未按民俗举行婚礼，公开以夫妻关系共同生活时间达一年以上，或者共同生活时间虽不满一年，但已生育子女，其夫妻关系也为群众承认了的。

作为事实婚姻，既要有其“名”——男女双方以夫妻相称，群众也公认其关系；也应当有其“实”——即有终身共同生活的目的，双方以夫妻相待，具有夫妻生活的一切内容，形成为一个家庭。这里提出“共同生活在一年以上”，是考虑到夫妻感情的建立和巩固，需要经过一定时间，而在一般情况下，共同生活1年左右，会随之出现生育子女的情况。生儿育女，往往又是维系婚姻家庭的重要因素。故有一些事实夫妻共同生活虽不到一年，如已有生育，也应在被承认之列，这样来考虑，在一定限度上可以将事实婚姻与那些草率结合、聚散匆匆的“临时同居”加以区别开来。

我们提出以上两点，并不等于否认事实婚姻的违法性。毫无疑问，所有的事实夫妻都应当补办婚姻登记手续，但从现实情况看，这不是一下子就能办到的。因而从社会生活的实际出发，从审判工作的实际出发，在一定时期内有条件地对事实婚姻的效力加以承认，同时加强对当事人的法制宣传教育，进行引导，这在客观上有利于及时、妥善处理各种婚姻纠纷，防止和减少事实重婚的发生；对于维护我国社会主义的婚姻制度，促进婚姻家庭关系的稳定和社会安定，都具有一定积极意义。

（二）区别不同情况，正确处理事实婚姻纠纷

1984年9月，最高人民法院《关于贯彻执行民事政策法律若干问题的意见》中，提出了对事实婚姻纠纷的处理原则，即“起诉时双方都已达到婚姻法规定的婚龄和符合结婚的其他条件的，可按婚姻法第二十五条规定的精神处理。”根据这一规定精神，当事实婚姻的夫妻提起离婚诉讼时，在形式上一般应以“婚姻纠纷”立案。审理中，首先要对双方当事人未经结婚登记而同居的违法行为进行严肃的批评教育，同时，进行调解，根据具体情况区别对待：

1. 双方感情尚未破裂，经调解愿意和好或者撤诉的，应责令他们去补办结婚登记手续，使不完善的婚姻得到完善。

2. 调解无效，在查明婚后感情变化原因和夫妻关系状况后，认为应维持原婚姻关系的，法院亦不便作出“不准解除婚姻关系”的判决只能通过其他渠道继续做工作，如仍无效，可调解或判决解除。

3. 双方感情确已破裂，调解无效，可作出“准予解除婚姻关系”的判决。

4. 诉讼时一方或双方仍未达到法定婚龄或不符合结婚的其他条件的，应解除其非法的同居关系。

在实践中，对于因不满包办、买卖婚姻或者因受虐待而提出解除婚姻关系请求的，在查明其婚姻确无感情基础，无法长期共同生活的，法院一般应予支持；对于虽系父母包办，但婚后感情较好，并已生育子女，因喜新厌旧或者因女方不生育、未生男孩而提出解除婚姻关系的，应对其错误思想进行批评教育，尽量调解和好，调解无效时，方可判决解除婚姻关系。

发生在农村特别是少数民族聚居地区的事实婚姻纠纷，在调解或者判决解除婚姻关系时，往往要涉及返还订婚、结婚财礼的问题。据了解，过去在这方面各地作法不一，有的是把从提亲起，到结婚为止的财礼过往，一一列出清单，让女方如数清退，或用嫁妆折抵。我们认为，这种作法是不尽合理的，在这个问题上，亦应区别情况作不同处理。首先，应当明确，事实婚姻纠纷不同于一般婚约纠纷。婚前财礼并非一律都得返还。一般若共同生活时间不长，男方因送财礼和办结婚酒的花费而造成实际经济困难的，可酌情通过返还财礼给予适当补偿（切不可理解为赔偿）；共同生活时间较长，如几年，甚至十几年的，其婚前财礼应少退或者不退，其次，要注意分清婚前哪些财物是男方家主动赠送，哪些财物是女方家开口索要或者遵循民俗常规送的（如见面礼、水礼等），对于前者，一般不应要求退还。甚于某些少数民族在结婚时，男方按礼仪送给女家的银项圈、银手镯等物，在民间被视为是男女缔结婚姻的信物，相对说又较为贵重。既然婚姻关系已经解除，从情理上讲应予退还。如原物不在，可折价退还。再次，对于共同生活时间较长，生育子女的，应按照婚姻法有关规定精神，同居前各自所有的财产归各自所有；同居期间双方的所得财产，应根据保护妇女合法权益的原则酌情进行分割，同时要对子女抚养问题作出妥善安排。

（三）对事实重婚，亦应区别情况作出处理

有配偶而又与他人公开以夫妻关系共同生活的，即为事实重婚。

从审判实践中了解到，事实重婚发生的原因及形式是多种多样的。在表现形式上主要有下列几种：

1. 重婚关系中的一方或双方，原有一合法婚姻关系存在；

2. 重婚关系中的一方，或者双方原有一事实婚姻关系存在；

3. 原存在事实婚姻关系的女子多次逃婚改嫁，先后与数个男子形成事实婚姻关系的重复事实重婚；

4. 事实婚姻关系中的男方，公然娶小纳妾，以至在一个“家庭中”，事实婚姻与事实重婚关系同时并存。

如此种种，不论以什么形式出现，也不论其产生的原因如何，就客观后果而言，事实重婚的存在，直接违背了我国一夫一妻的婚姻制度，破坏了婚姻家庭关系的稳定，都是严重的违法行为。

对于事实婚姻基础上发生的事实重婚，即上述第2、3、4种情况，是否都要按重婚罪处理呢？笔者的看法是，仍然应从实际出发。从有利于社会安定团结，预防和减少矛盾纠纷激化的目的出发，根据不同情况，区别处理。从以往的司法实践看，对多数事实重婚者主要还是一个说服教育批评、训诫的问题。以重婚罪绳之以法的只是其中情节严重者。

具体来讲，下列情况之一的事实重婚，可视为情节轻微，不以重婚罪追究刑事责任，作为婚姻纠纷处理：

1. 因反抗强迫包办婚姻、婚后不久即逃婚改嫁的；

2. 婚后遭受夫家歧视、虐待，不堪忍受而发生逃婚改嫁的；

3. 因自然灾害等原因，生活困苦，基于另寻生活出路而改嫁他人的；

4. 受人胁迫、诱骗而出走与他人同居，形成事实重婚的；

5. 基于传宗接代封建思想而娶小纳妾，但非法同居时间短，经教育制止后，及时自动解除同居关系的。

上述不以重婚罪论处的案件，一般通过民事诉讼处理，审理中应态度鲜明，首先应对有事实重婚行为的当事人进行严肃批评教育，晓之以法，并依法解除其非法同居关系。然后对其原事实婚姻关系的纠纷，按前述有关处理原则和办法进行审理。以往一些法院在处理这类案件时，往往次序颠倒，一开始就按婚姻纠纷进行调解，而首先不触及事实重婚问题，这实际上是一种认识模糊，在保护什么，反对什么问题上态度是应该明朗的。

对于下列几种情况之一的事实重婚诉到法院后，应视为情节严重，按重婚罪追究刑事责任。

1. 公然娶小纳妾，非法同居时间达一年以上，群众反映强烈的；

2. 道德败坏，喜新厌旧，多次逃婚，先后与数人公开以夫妻关系非法同居的；

3. 因事实重婚引起纠纷，不听规劝，导致矛盾激化，造成严重后果的；

4. 事实重婚关系被人民法院依法解除后，仍然坚持继续非法同居，不听教育、制止的。

在处理这类案件时，对待事实重婚的双方在责任上亦应分清主次，如上述后三种事实重婚的对方确属不知另一方原已有配偶(包括事实婚姻)，则不按重婚罪论处。若明知另一方已有配偶而与之以夫妻关系公开同居的，应同案处理，但在量刑上可酌情从轻处理。

以上系我们的一管之见，如有不妥之处，敬请广大同仁不吝赐教。

对全区经济领域内违法犯罪和“以罚代刑”情况的调查

宁夏回族自治区高级法院调查组

当前我区经济领域内的各种违法案件和犯罪活动仍十分严重，自清理整顿公司以来全区共查出违法经营的公司221家，查出101家公司有偷漏税款金额达128.7万元，查出“官倒”大案40起，尽管经济案件数量不少，但是被移送到司法机关追究刑事责任的却极少。在清理整顿公司中，全区共收到群众举报170件，立案的有123件，已结案的有58件，罚没款总额达125.1万元，移交司法机关追究刑事责任和其他部门处理的案件仅占9件。这种现象与当前经济流通领域内各类犯罪活动仍十分严重的实际情况是否相符？让人质疑。为此，区高院根据白振华常委的指示，组成调查组对此问题进行了调查。

当前，一些执法部门在工作中，由于政策界限不清以及主客观等方面的种种原因，加之来自各方面阻力的影响，“以罚代刑”，“以政纪代刑”的问题仍然存在。比如税务部门给税收人员规定每年上交税收的具体数额，其超额部分按10—30%提成归己，这无形中就促使某些税收人员片面追求多征收税款，多提成，而使一些偷抗税构成犯罪的法人或个人被查出后，仅以补交应纳的税款，罚一些钱而了事，忽视了对构成犯罪案件的及时移送。全区清理整顿公司中查出的偷漏税高达128万元之多，而88年全区法院受理的偷抗税案件仅有5件。这种情况的出现与执法过程中存在的“以罚代刑”不能没有一点关系。再如一些行政执法部门与司法机关配合，协调行动，统一执法等方面尚存在一些问题，以至影响到严肃执法。两高法（研）字发〔1989〕5号文件规定：企业、事业单位、机关、团体进行投机倒把活动，牟取非法利益，数额特别巨大（本区标准，非法经营数额达到30万元，或者非法获利数额达到10万元）。对其主管人员和直接责任人员应依法追究刑事责任。一些行政执法部门在办案中，仅偏重案件的非法获利数额是否达到定罪标准，而忽略了非法经营数额，或者以主管人员和直接责任人员没有中饱私囊为由，致使一些本应追究刑事责任的犯罪案件，以违法案件罚没点款给予处理。这不仅影响了严厉打击经济犯罪活动，而且影响了执法队伍的严肃执法。我们在调查过程中接触到一些单位尽管承认本部门、本单位在执法中存在“以罚代刑”的问题，但是不愿涉及具体“以罚代刑”的案件，使我们的调查工作很难更深入一步。

我们在调查“以罚代刑”问题的同时，行政执法部门还向我们介绍了我区经济违法案件的一些特点，主要有下列几种：

一、“官倒”案件十分突出。这些“官倒”不仅倒卖重要生产资料、紧俏商品，而且倒卖金银及制品。如自治区经济技术开发咨询公司，88年3月至10月，先后从青铜峡铝厂、北京益德不锈钢商行等单位分别购进铝锭50吨，冷轧板5.6吨，不锈钢板22.7吨，聚乙烯20吨等，转手加价倒卖到广州、本区的一些企业，总销售额达100多万，从中牟利53126元。又如宁夏工艺美术公司从区副食品公司购白糖15吨，每吨价格为1970元，计款29700元，但该公司没有提货，直接将这批白糖以每吨3000元，就地加价转卖给本公司旅游产品服务部，从中牟利13647元，该服务部又转手以每吨加价200元，将全部白糖卖给银川糖厂供销公司家电经销部，家电经销部再以每吨加价200元，将白糖转卖给宁夏轻工包装印刷公司。15 吨白糖在自治区副食品仓库没挪窝，四次转手，层层加价，总值已达 51000 元，几乎翻了一番。再如区物资局协作办公室、生资服务公司一套人马两块牌子。88 年 8 月以铝锭同武钢协作串换镀锌板、冷轧板等金属材料，以解决我区钢材严重不足为名，从青铜峡铝厂订购铝锭 50 吨，每吨单价 8500 元，总货款 425000 元，后每吨加价 1150 元，倒卖到海南、江苏等地，总销货款 49 万余元，从中牟利 5.5 万多元。还有区物资运输公司经销部与永宁县经济技术协作开发公司，从北京首饰厂门市部通过私人关系，套购 24k 金项链 45 条，金戒指 133 个，红绿宝石戒指 115 个，总购货款达 29 万多元。除 85 个宝石戒指在非法销售中被工商部门查扣外，其余已高价出售，从中非法牟利近 2 万元。

二、偷税活动严重。一些单位或个人利用废旧发票或涂改发票，开大头小尾票等手段进行偷税活动。如中宁县鸣沙毛厂在收购羊毛中利用旧发票支付个人倒贩的羊毛收购款 22 万元，偷羊毛产品税 2.2 万元；中宁县畜产公司用一份旧发票支付羊毛款 42 万元，偷税 4.2 万元；平罗县个体户张凤兰、陈俊将发票第一联填写便饭 20 元，第二联则填开白布 16000 元，偷税 100 多元；宁夏五交化批发公司，涂改 7 份发票，涂改金额达 12.1 万元，造成对方单位进货成本增大，漏交所得税。

三、制造销售假冒劣质商品违法活动较为突出。由原来制造销售假冒的生活资料发展到制造销售假冒的生产资料。有些企业公司为了获取非法利润，不顾消费者利益，为制造销售假冒劣质商品的不法分子提供方便。如灵武朔方酒厂将所产白酒 5135 公斤，以每公斤 1.60 元出售给陕西凤翔酒厂推销员辛军等人，并提供场地和压盖机，辛军等人就地将这些白酒装入自己带来的西凤酒瓶中，制造假西凤酒 427 箱，准备高价出售，被工商部门查扣，中卫饲料公司从广州购进 107 吨假鱼粉，先后出售给 7 个单位，总经销额 18.8 万元，用户使用后，造成鱼池水质变混，鱼大量死亡，经化验，该饲料严重低劣，不能作为饲料使用。

四、涉及县处级以上干部经济违法案件增多。已立案的有 10 起，一些领导干部利用职权，进行违法活动，不仅严重地败坏了党的声誉，而且严重地影响了正常的经济秩序。如宁夏石化总公司机关党总支副书记关振华（副处级）参与倒卖聚乙烯，88 年 8 月，自治区乡镇企业局供销公司工业品科科长侯玉柱，通过关振华在宁夏电化厂套购聚氯乙烯 20 吨，每吨 6060 元，然后以每吨 6550 元和 7040 元转手倒卖，从中牟利 14700 元，关振华得好处费 7200 元。

以上只是我区经济领域中违法犯罪的一部分情况，而且尚不具体，尤其对“以罚代刑”有关人员不愿涉及具体案件。但从上述经济案件中足以看出经济领域内的违法活动是严重的，党中央提出治理经济环境、整顿经济秩序是非常及时和必要的，治理整顿的任务还很繁重，尽管初见成效，但存在的问题还很多，需要花大力才能实现治理经济环境，整顿经济秩序，全面深化改革的战略任务。

一个实干而有创新精神的领导班子

——对平罗县法院领导班子自身建设情况的调查

宁夏回族自治区高级法院　邹献朝

平罗县人民法院在1987年2月换届后，重新组建了领导班子。从一年多来的工作实践看，他们能坚持四项基本原则，坚持执行党的路线、方针和政策，严格依法办事，具有一定的专业知识水平和组织领导能力；年龄、文化和专业结构比较合理；团结协作，精力充沛，率领干警较好地完成了各项审判业务和其他工作任务，是一个能够开创人民法院工作新局面的领导核心。

一、基本情况

该院编制58人，实有56人，其中共产党员36人，占全体干警的62.07%；大、中专文化19人，占全体干警的33.93%；少数民族干部10人，占全体干警的17.85%；妇女干部8人，占全体干警的14.3%。全院共设8个庭、室，正、副院长3人，审判员20人，助理审判员4人，书记员24人。

院长刘瑞华同志，原任副院长，1987年2月换届时被选为院长，男，33岁，中共党员，法律专科毕业；他有较强的改革意识和开拓精神，有较好的民主作风，能够提出问题，解决问题，敢于领导，勇于开创人民法院工作新局面。副院长杨连杰同志，男，55岁，中共党员；他虽属初中文化，年龄偏高，但具有较丰富的审判实践经验，善于协作共事。副院长关维礼，男，41岁，中共党员，初中文化；他有较强的进取心，肯钻研学习，业务熟悉，积极肯干，团结同志。

平罗县有24万人口，1987年2月至1988年11月底，县人民法院共受理刑事、民事、经济等各类案件1127件，审结1054件，审结率为94.4%；执行率为92%。1988年在审结案件的质量和数量方面都比1987年有较大提高，尤其是在执行方面，比1987年上升30%左右。1987年2月至1988年11月，他们完成工作任务的主要情况是：1. 坚持以事实为根据，以法律为准绳，坚决贯彻执行依法从重从快方针，严厉打击严重刑事犯罪和严重经济犯罪活动。共计审理刑事犯罪和经济犯罪案件243件，其中自诉案件53件，全部在法定期限内得到了及时审结和执行。特别是刑事自诉案件，比1987年上升76.2%，连同刑事附带民事赔偿也都全部执行完毕。2. 以贯彻《民法通则》为中心，加强了民事审判工作。共受理各种民事案件608件，已审结566件，审结率为93.1%。3. 认真学习和执行了《经济合同法》以及其它经济法规和经济政策，加强了经济审判工作，共审理各种经济纠纷案件276件，诉讼标的为270万余元；审结255件，审结率为92.4%。4. 加强了申诉、信访工作。共接待来访1800人次，来信800件，其中院领导亲自接待群众800余人次、处理来信200余封。处理了部分简易纠纷，减少了诉讼。坚持实事求是，有错必纠的原则，依照法律和政策，慎重、稳妥地复查处理了刑事、民事、经济等申诉案件28件，其中维持原判的18件，改判处理的10件。5. 是狠抓了民事、经济纠纷案件的执行工作。审结的民事案件，已执行的518件，执行率为91.5%；经济案件已执行209件，执行率为90.5%（尚未执行的案件内有28件尚未达到执行期限）。6. 抓了人民法院办公设施的改善。他们本着勤俭节约、艰苦奋斗的精神，向上级有关部门反映人民法院开展审判活动的实际困难；采取请上级有关领导同志到人民法院听取汇报和检查、指导工作的方式；以实际行动努力工作，争取了县委领导同志和有关部门的积极支持。近两年来，他们先后对审判法庭内部进行了安装，给派出法庭维修了房屋，粉刷了办公楼，更换了大部分破旧的桌、椅，安装了暖气等，使法院工作环境得到了较大的改善，从而也改变了过去那种“脏、乱、差”的情况，为审判工作创造了良好的环境，鼓舞了干部的工作积极性。

二、领导班子的自身建设

平罗县人民法院之所以能够较好完成上述各项审判工作任务，首先，是加强了自身的改革和建设，首先注意了领导班子的自身建设，从根本上解决了一些长期困挠和严重影响审判工作的问题，革除在审判工作中存在的各种弊端，使审判工作正规化、规范化。他们的做法和体会主要是：

（一）重视政治理论和审判业务学习，不断增强领导同志的改革意识，提高全体干警的政治和业务素质，这是领导班子建设的根本和完成新时期各项审判任务的前提。

第一，重视领导班子和全体干警的政治理论学习。深入学习了十三大工作报告和有关开放、改革的政策和任务，启发教育干警解放思想，增强改革意识，树立改革观念。提出了八个方面的观念更新，即：①由审判工作间接服务的观念更新为直接服务的观念；②由单纯的审判观念更新为扩大社会效益的观念；③由兼顾国家集体和个人三者利益的观念更新为权益归属观念；④由一般的是非观念更新为法律责任观念；⑤由片面追求调解率的观念更新为适时依法裁决的观念；⑥由见诉状就立案的观念更新为依法立案的观念；⑦由只重审判人员调查询问观念更新为当事人依法举证的观念；⑧由只靠说服教育动员当事人执行的观念更新为依法执行的观念。他们通过学习、讨论和实践，增强了改革意识。这是该院领导班子自身建设的重要思想基础。

第二，重视领导班子和全体干警的审判业务学习。提高干警队伍的文化、业务素质，他们采取的办法是：①大力支持和鼓励在职干警参加函大、业大等各种法律专科的学习；②在本院建立了法律理论辅导小组，由院长亲自担任组长，亲自参加授课，近两年来，他们组织全体干警业务学习300多个小时，先后系统地学习了《刑法》、《民法通则》、《经济合同法》、《刑事诉讼法》、《民事诉讼法（试行）》等课程；③组织案例分析讨论会；④执行考核制度，定期进行考核；⑤组织开庭观摩和案卷评查等活动。通过上述办法，使全体干警业务能力和执法水平有了较大的提高，初步扭转了干警业务素质差，文化偏低的状况，基本上达到了最高人民法院提出的知识化比例要求。这是他们领导班子和队伍建设的业务基础。

（二）开展了理想道德纪律教育和思想政治工作，调动了全体干警的积极性、上进心和工作热情，这是领导班子抓队伍建设和完成新时期各项审判任务的保证。他们教育干警自觉地坚持四项基本原则，在政治上与党中央保持一致，锐意改革，积极进取，开创人民法院工作新局面，使审判工作更好地为“一个中心，两个基本点”服务。

第一，开展了以“四有”为主要内容的思想教育工作。他们在抓干警政治理论学习的同时，开展了以“四有”为主要内容的思想教育工作；把思想教育同执行岗位责任制结合起来。通过教育，使全体干警在思想上树立辩证唯物主义和历史唯物主义世界观，树立共产主义远大理想和全心全意为人民服务的思想，坚持实事求是的思想路线，认真贯彻执行党的路线、方针和政策。从而增强了共产主义信念，增强了全心全意为人民服务的观念，增强了全局观念，加强了纪律性。

第二，加强了思想政治工作。院领导成

员本着培养人、理解人、尊重人、关心人、爱护人的原则，开展谈心活动，关心群众生活，解决实际问题，以此加强思想政治工作。在具体做法上：首先对干部在思想上、工作上、纪律上严格要求。其次，解决实际困难，如，对一些干部住房困难，院领导主动与有关部门联系，积极争取解决，个别同志家属没有工作，生活困难，院领导知道后根据可能在本院内安排做临时工；本院干警因病住院或家庭发生不幸的事情，院领导、庭室负责人及同志们都主动看望，表示组织上的关怀和同志们的关心，增进了同志间的友谊和团结，调动干部的积极性；有的同志还带病坚持工作。

（三）改善执法活动，保证严肃执法，这是对人民法院领导班子建设的重要条件和推动各项审判工作的开展的关键。新的领导班子组建后，针对本院的工作实际和存在的问题，发动干警提意见，选准改革内容，确定改革目标，使审判工作正规化、规范化。

第一，严格依法分别履行审判委员会与合议庭的职责，使其充分发挥职能作用。他们根据《人民法院组织法》和《刑事诉讼法》、《民事诉讼法（试行）》的有关规定，改变了过去刑事案件的量刑和民事、经济纠纷案件的判决一律上审判委员会讨论决定的作法；规定审判委员会研究的案件：一是刑事、民事、经济方面的重大疑难案件；二是合议庭决定需要判处五年以上有期徒刑的案件；三是经济犯罪案件；四是合议庭决定需要判处拘役、缓刑、免刑和宣告无罪的案件。其它案件一律由合议庭决定，要求尽可能当庭宣判。为保证案件质量，他们内部还作了各类案件由副院长和院长的监督规定。

近两年的审判实践证明，依法分别履行审判委员会与合议庭职责的优越性：一是有利于发挥合议庭的职能作用；二是加强了审判人员的工作责任心，提高了审判人员的业务素质；三是提高了办案质量，减少了上诉；四是缩短了办案时间，提高了办案效率；五是减少会议，有利于领导集中精力调查研究，指导工作。

第二，坚持和完善公开审理案件的制度。为了增加审判工作透明度和提高执法水平，他们抓了如下三个方面的工作：一是各庭选择刑事、民事、经济等典型案件，就地公开审理，全院干警到现场观摩打分，当场评议，以提高办案质量和审判人员执法水平。二是对重大或有影响的案件，由领导带队并组织合议庭到发案地公开审理，这样既宣传了法制，又收到了良好社会效果。三是改变了过去对未成年人犯罪无人辩护和民事诉讼有生理缺陷的公民无人代理的违法情况，由人民法院指定律师为其辩护或代理诉讼，这样做，不仅保护了被告或当事人应享有的权利，而且有利于人民法院依法正确处理案件，同时也体现了法律面前人人平等的原则。

为改变长期以来“重刑轻民”的习惯作法，他们对于刑事自诉、民事和经济纠纷案件的审理期限规定为三个月内审结，特殊或疑难案件需要适当延长的，要报经主管院长批准。并将此规定纳入案件目标管理责任制。这样做，加快了办案速度，提高了办案质量和结案率，也受到了当事人的欢迎。

第三，实行《审判工作目标管理责任制》，改变了过去审判案件任务不明确，干多干少、干好干坏一个样的状况。要求每个办案组每年承办案件40件；各庭结案率和执行率均达90%以上。同时，规定了相应的奖罚措施，调动了审判人员的工作积极性，推动了各项审判工作。

第四，以集中执行的办法，重点解决了审判工作中的执行难问题。他们在执行工作改革方面大体分为三步：一是在1987年选择了一些典型案件为突破口，组织力量，有重点的强制执行，取得了一定的效果。二是把执行工作纳入审判目标管理责任制，取得了一些经验，并设立了执行机构。三是1988年10月份，他们在进行执法大检查中，翻阅了80年以来的各类案卷2762件，发现有84年以来尚未执行的案件128件，他们提出方案向党委、人大汇报，首先在全县进行法制宣传，同时有准备地集中时间、集中全院人力和物力搞了一次为期半月的集中执行。由于得到了县乡镇各级领导的支持，结果全部执行的有76件，部分执行的13件，执行总标的额19万余元。其余的多是找不到被执行人。这样做，既改变了该院执行难的局面，又保护了当事人的合法权益；同时，也维护了法律的尊严，受到了人民群众的欢迎。

第五，自觉接受人民群众的监督。为增加审判工作透明度，严肃执法，该院领导同志亲自到人民法庭所在地召开法庭司法工作座谈会，主动征求各地党委、政府有关部门和人民代表对人民法院审判工作的意见和建议，积极改进工作。

（四）建立、健全各项行政管理制度，强化岗位责任制和目标管理，这是领导班子建设的重要组成部分和完成新时期各项审判任务的有力措施。该院新的领导班子组建后，狠抓了各项行政管理制度的建立和健全，为促进人民法院自身改革和建设以及改善执法活动方面起了积极的作用。

第一，首先统一领导班子思想认识。他们通过个别谈心，征求意见和建议，总结过去的经验教训，使党组成员和审判委员会委员统一了思想；认为要把工作搞好，完成党和人民交给的审判任务，必须走群众路线，建立和健全各项规章制度。

第二，在领导班子思想统一的基础上，院党组召开了为期四天的庭长以上干部会议，并邀请部分老同志参加，发动大家提意见和建议，找问题，共同分析，共同研究，共同解决。对大家提的意见归纳了24个方面，除干部住房等问题暂时不能解决外，其余问题都当场拍板着手解决。根据同志们提的意见结合本院的实际情况起草和制定了《考勤请假制度》、《干部政绩和业绩考核管理》、《财务管理制度》、《车辆管理制度》、《枪支弹药管理制度》等八项规章制度，经全院干警讨论通过执行。这些制度的建立和完善，使该院的各项工作初步走上了制度化、规范化，收到了较好的效果。如实行干部上班下乡签到制度后，既掌握了干部的上班情况，又了解到干部是否及时下乡办案，同时对核实每月的补助费也有了依据，调动了干警的工作积极性。

（五）领导以身作则，充分发挥党团员的骨干作用，重用人才，这是领导班子建设的组织路线和完成新时期各项审判任务的重要条件。他们十分重视领导的表率作用，党团员的骨干作用和人才的重用。法院干警说：我们院的领导同志基本上作到了学习走在前，工作干在前，原则顶在前，荣誉让在前，带动了全院干警。

第一，建立了《党组工作制度》和《审判委员会工作制度》，实行定期开会，民主监督。具体作法：一是对领导同志，实行半年一次民主生活会和经常性的谈心活动，采取领导述职，群众民主评议；二是开展了对领导和审判委员会成员投信任票的活动，以达到了解和掌握干部的目的。通过民主监督，加强了领导和干警之间的思想、工作交流，关系更密切了，工作更协调了，积极性更高了。

第二，院党组要求领导同志严以律己，秉公办事，坚持原则，一视同仁。院长、副院长和各庭室负责同志除带头执行《八个不准》外，在工作作风上还坚持做到四点：一是凡自己职责范围内的事情，要敢抓敢管；二是凡事要讲究实干；三是对工作要有紧迫感；四是对己要高标准、严要求。以实际行动带动全体干警。

第三，在干部的培养和使用方面，他们坚持“五破五给”的用人办法。所谓五破，即是破除论资排辈的思想，破除嫉贤妒能的思想，破除无过便是功的思想；破除隔行如隔山的思想，破除使用“完人”的思想。五给指的是：对干警要给机会、给任务、给条件、给权利、给予正确的评价。这样做，使干警各尽所能，在工作中发挥应有的作用。近两年来，他们培养和发展了8名新党员，12名书记员分别晋升为助理审判员和审判员，调配了两名能干的青年担任办公室正副主任；改变了过去审判委员会习惯由院、庭（室）领导同志组成的作法，推选3名富有审判实践经验的审判员担任审委会成员，以更好地发挥审判委员会的职能作用。

（六）县委的领导，人大及其常委会的监督和关怀，人民政府的大力支持，有关各部门的配合与协调，这是领导班子做好法院工作，完成各项审判任务不可缺少的条件。该领导班子的重新组建，是县党委的认真考查、推荐和人大代表的讨论选举的结果。刘瑞华同志担任县院长后，县委、县人大和县人民政府对县法院领导班子十分关心爱护和支持，并加强了对刘瑞华同志的培养帮助。如：县人大常委会一位副主任说：刘瑞华同志被选举为院长后，我们亲自找他传授工作经验、交代工作方法。县人民政府对人民法院的基本建设给予了大力的支持。1987年总结工作时，县委副书记、人大副主任和副县长都到法院参加会议，并对该院的工作及其领导班子的自身建设讲了很好的指导性意见。县法院领导在工作中也很注意依靠县委的领导、人大的监督和政府的支持。他们还与县人民检察院和公安、司法等各部门取得联系，主动配合，互相制约，积极协作。1987年度被评为县上的先进集体，受到了表彰和奖励。

通过调查了解，听取意见在肯定平罗县法院近二年工作成绩的基础上，对该院的领导班子，主要是刘瑞华同志在今后工作中如何发扬成绩，总结经验，改进工作，提出了建议；刘瑞华同志表示一定要谦虚谨慎，再接再励，依靠群众，努力工作，巩固成绩，继续前进！

二、最高法院、各高级法院关于研讨会的综述

全国法院系统首届学术讨论会观点综述

中国高级法官培训中心和全国法院干部业余法律大学联合举办的首届学术讨论会，于1989年8月26日至28日在北京举行。在讨论会上，与会同志就坚持四项基本原则，清理资产阶级自由化思潮在法学领域的错误观点，进一步贯彻理论密切联系中国法制建设的实际，探讨法院工作在改革、开放的形势下面临的新情况、新问题，以及如何繁荣法学理论研究，促进法院审判工作等中心议题，进行了深入的讨论。现将讨论会部分学术观点综述于下。

刑事部分

一、单位（法人）能否成为犯罪主体

一种观点认为，应从宏观的高度来鸟瞰和研究单位（法人）犯罪问题，从整体上给予科学论证。①单位（法人）犯罪是时代的产物，近年来大量的经济犯罪事实表明，我国不仅确实存在法人犯罪，而且相当严重；②我国现阶段法人还有非社会主义性质因素，在某种条件下有产生犯罪的可能；③社会主义商品经济具有产生单位（法人）犯罪的客观条件，以商品货币关系的矛盾运动必然引

起国家与企业、企业与企业之间的物质利益冲突，进而容易产生单位（法人）犯罪；④承认单位（法人）能成为犯罪主体也符合法律面前人人平等的法制原则。

另一种观点认为，单位（法人）的性质和地位决定了单位（法人）不可能成为犯罪主体，犯罪的是代理单位（法人）进行活动的自然人：①法人是法律拟制的人，其权利能力是由法律规定的，法人代表人在代理权限范围的代理行为是法人自己的行为，超出代理权限和没有代理权的“代理”为无权代理行为。不能将法人与法人决策机构划等号。②惩罚单位（法人）违背了罪责自负原则。③法人的概念限制在民事责任的范畴，不能引进到刑法范畴来。

二、单位（法人）犯罪的主体

一种观点认为，单位（法人）犯罪的主体只能是企业、事业单位和社会团体法人，机关法人不能列为犯罪主体，因为各类各级机关法人是依其性质根据国家和政党授予的权限履行各自的职能的，并不直接从事商品经济活动，至于机关法人所办的企业、事业单位进行的违法犯罪则属于单位（法人）犯罪的范围。另外，单位（法人）犯罪并非共同犯罪，只能追究单位（法人）及其负有犯罪责任的工作人员的刑事责任，而不是宣告组成单位（法人）的每个人都有罪。

另一种观点认为，在同一个单位（法人）犯罪案件中，法人和法人的有关责任人员可以同时成为犯罪主体而不互相排斥。即单位（法人）犯罪时存在一个“双层犯罪机制”。第一层次是单位（法人）犯罪，犯罪主体是单位（法人），可称为“表层犯罪者”。第二层次是单位（法人）的决策者和执行者所构成的共同犯罪，犯罪主体是决策者和执行者个人，可称为“深层犯罪者”或“最终犯罪者”。在单位（法人）犯罪中之所以存在“双层犯罪机制”，根本原因在于单位（法人）的犯罪行为形式上是以单位（法人）的名义作出，但实际上却是由单位（法人）成员个人实施。

三、如何惩罚单位（法人）犯罪

持“双层犯罪机制”观点的同志认为，在单位（法人）犯罪中，不论是作为表层犯罪者的单位（法人），还是作为深层犯罪者的法人决策者和执行者，根据罪责自负原则，都应该因自己的犯罪行为而受刑罚。有关的决策者和执行者并非代单位（法人）承受刑罚，而是为自己的犯罪行为承担刑事责任。鉴于单位（法人）有可能将罚金计入成本转嫁到消费者身上，因此可以在“两罚制”的基础上，有限度地增加对单位（法人）的准人身刑，包括“准徒刑”——暂停营业和“准死刑”——解散法人。

另一种观点认为，由于单位（法人）的经济成份较复杂，因此对不同所有制的单位（法人）在量刑时应有所区别，即对公有制法人和具有公有制成份的法人实行有限制的量刑原则。特别是对它们适用没收财产时，要有所限制，应限于法人税后留利的范围内。

四、关于“官倒”的概念及其特征

一种观点认为，“官倒”就是有一定职权的党政干部投机倒把，即国家工作人员利用职权投机倒把。

另一种观点认为，“官倒”就是企事业单位、机关、团体的投机倒把活动。“官倒”即为单位投机倒把。

第三种观点则认为，“官倒”是指企事业单位、机关、团体，违反国家法律、法规以及国务院有关规定和政策，利用行政权力和职能，进行投机倒把，为本单位牟取非法利益的行为，其特征是：①“官倒”的主体是指享有一定行政权力和职能或可以利用一定行政权力、职能的国家机关、团体、企事业单位；②“官倒”必须是利用一定的行政权和职能；③“官倒”的目的是为单位牟取非法利益，其非法所得全部或主要归单位所有；

④"官倒"必须是违反国家有关法律、法规以及国务院的有关规定和政策，进行了投机倒把活动，扰乱了社会主义经济秩序。

五、关于经济犯罪的定义

一种观点认为，经济犯罪必然存在于商品经济的运行领域中，其行为结果直接破坏了社会经济秩序，这是经济犯罪的本质结构。经济犯罪违犯了经济法规，且造成了严重后果，以致触犯刑律，这是经济犯罪的违法结构。经济犯罪只能由故意构成，不能由过失构成，其故意内容表现为各种形态，这是经济犯罪的心理结构，这三种结构共同组成了经济犯罪的内在结构，揭示了经济犯罪的内涵和外延。据此，经济犯罪可定义为：在经济领域内，为谋取不法利益，违反经济法规，侵犯国家经济管理制度，依照法律应受刑罚处罚的，是经济犯罪。

另一种观点认为，经济犯罪并不是一个法律概念，而是相对于政治犯罪而言的社会用语，从有关的政策意旨和立法精神来看，是把有关经济方面的犯罪笼统地称为"经济领域的犯罪"或"破坏经济的犯罪"，法学理论和司法实践则简而言之为"经济犯罪"。在这个意义上，经济犯罪可定义为：在社会经济生活中，为获取非法经济利益，破坏社会主义经济生活秩序的犯罪行为。

六、关于受贿罪的客观条件

有同志认为，"利用职务上的便利"不应是构成受贿罪不可缺少的要件，而是从重或加重处罚的法定情节。其理由是：①立法上扩大了受贿罪主体，有的并没有"职务上的便利"可供利用。②新形势下受贿罪所侵犯的客体的转化，必然相应引起客观方面的变化。③经济体制改革进程中，存在不利用"职务上的便利"进行受贿犯罪的土壤和条件。④没有"利用职务上的便利"的受贿行为，同"利用职务上便利"的受贿犯罪二者对社会的危害性是一致的。⑤片面强调"利用职务上的便利"是受贿罪的构成要件，会束缚司法机关打击受贿犯罪的手脚。

七、如何认定国家工作人员与其家属共同受贿案件

有的同志认为，国家工作人员利用职务之便，为他人谋取利益，家属参与收受贿赂，这是当前受贿犯罪的新情况，认定这类案件应把握住是否有共同故意这一关键情节。下列情况可认定为具有共同故意：一是国家工作人员和家属事先合谋的，二是有的行为事先并未合谋，而是在犯罪过程中才进行了合谋：①家属事先接受了行贿人的财物并答应其要求的，事后才将全部情况告诉国家工作人员，并要求其为行贿人谋取利益而国家工作人员同意并照办的；②国家工作人员已答应行贿人的要求，着手或已经为行贿人谋取了利益，然后又将情况告诉家属，指使其索取或收受行贿人的贿赂。

要准确地判断此类案件行为人主观故意问题，还要考虑到：①分析国家工作人员和其家属是否连续为他人谋取利益，多次收受他人财物；②分析国家工作人员在为他人谋取利益时的态度变化；③分析国家工作人员在其家属收受他人财物后的行为；④分析国家工作人员对其家属所收受财物使用情况。

八、刑事附带民事诉讼问题

与会同志认为，各地法院在审理刑事附带民事诉讼案件时，存在下列问题：①提起刑事附带民事诉讼的主体范围过窄；②在过错分析上不合理，有的过多地考虑被告人的民事责任，也有的过多考虑被告人的赔偿能力，往往赔偿额与实际损失额相差太小；③赔偿范围过窄，一般只计算直接损失；④在适用法律上，有的参照了民法中的先行给付原则等，但判决书中未反映出来。在具体审理刑事附带民事诉讼时做法也不尽相同，有的在开庭前解决附带民事诉讼问题；有的在判决书中写"对调解予以认可"；有的在判决

书中写“对赔偿的问题另行处理”。针对以上情况建议最高法院制定一个统一的规定。

民事部分

一、有关民事诉讼法中当事人举证责任的问题

1. 如何认识当事人的举证责任

大多数同志认为，民事诉讼法规定的当事人举证责任，减轻了法院的工作负担，也有利于审判工作的顺利开展。但是根据我国实际情况，当事人的举证责任不可能象西方国家规定的那样完全由当事人自己提出。因此，民事诉讼法规定法院负有调查证据的责任，是周到的。

部分同志认为，法律规定当事人的举证责任，十分必要。但实践中很难做到。这是因为审判人员不相信当事人举证的传统观念很浓厚，当事人的举证能力还比较低，因此，实施当事人举证需要一个过程，不宜过急。

2. 当事人举证责任的性质

有的同志认为，当事人举证责任，既是当事人进行民事诉讼的一种权利，也是一种义务。法律应明确规定当事人举证要负风险责任。在实践中既强调当事人举证的权利又强调举证的义务很有意义。这样可以改变过去一些审判人员不相信当事人举证，或对当事人的举证置之不理的现象；改变法院大包大揽，浪费很多时间和人力而收效甚微的局面。

3. 当事人举证责任的效力

有同志认为，我国民事诉讼法没有明确这个问题。当事人举出证据，由法院调查，认定证据的真实性。当事人举伪证，要承担做伪证的责任。

4. 有关当事人举证责任的法律完善问题

①应明确当事人举证的期间。在一定期间内提不出证据，应败诉。

②应明确当事人举证的范围和界限，按当事人举证与法院查证的关系及案件的种类而设定。

③从过去的注重庭前调查证据为主原则，转变为庭审调查为主的原则。

二、民事诉讼法中有关调解的问题

1. 对民事诉讼法规定的“着重调解”的原则的不同看法

有的同志认为，这条原则应该修改。理由是：在实践中，执行这条原则导致调解结案率虽高但当事人事后反悔提出上诉率也较高的现象。还有许多案件久调不决，严重影响了法院的办案效率。在实践中容易产生用调解结案的方式搞不正之风、徇私舞弊的现象。

另一种观点认为，“着重调解”原则是对的，上述现象并不是这条原则本身造成的，而是与我国目前全民素质低、少数法院干部法制观念差有关。如果不提“着重调解”原则，同样也会有这些现象的发生。

2. 调解的性质

有同志认为，根据民事诉讼法第九十七条的规定，人民法院调解是建立在查明事实、分清是非的基础之上。这充分表现了国家干预主义的原则。但是我们应该看到商品经济的发展必然要求国家对于民事当事人的权利不宜干预过多。充分尊重当事人的自愿，促使双方当事人达成协议是法院的主要任务。因此，如果当事人自己达成了调解协议，法院就应该承认。

3. 调解是否单独成立一个程序

有同志提出调解应单独搞一个程序，法院规定一个细则，将可调解的案件与判决案件区别开来。对可调解案件单独成立一个庭进行审理；调解不成的再判决。不要所有的案件一来先调解。对那些应判决的案件应马上判，不要硬性调解，久调不决。

三、有关精神损害赔偿问题

1. 精神损害赔偿的性质

部分人认为，精神损害赔偿的性质是慰抚性的。部分人认为，精神损害赔偿的性质是既有慰抚性，又有制裁性，大部分同志认为，精神损害赔偿的性质是慰抚性、补偿性、惩罚性三者的辩证统一。这是因为补偿性是现实存在的、不可忽视的；惩罚性的提法不同于制裁性，制裁性是指国家司法权力的体现，惩罚性则是对精神损害尚无明确尺度、无法衡量的情况下的补偿。因此，补偿性是主要的，惩罚性是附带的。慰抚性则区分开了公民与法人，法人没有精神上的痛苦，也就不存在慰抚的问题。

2. 精神损害赔偿的范围

部分同志认为，民法通则规定的四种人格权并不能充分保护公民、法人的权利。如：现实中存在的抢婚现象，侵犯了妇女的贞操权；对人身伤害造成亲属的精神损害。对这些问题如何解决？德国、法国、瑞士等国法律都有规定，可资借鉴。另一部分同志提出，法律有关四种人格权的限制要保留，但对新问题可通过司法解释解决。

3. 精神损害赔偿的标准

大部分同志认为，对精神损害赔偿的具体数额不宜确定，要根据案件的复杂程度、受害人的知名程度，赔偿人的经济承受能力，造成损害的程度，以及受害人提出的要求综合考虑。如果在执行中完全由法官自由认定或完全由法律规定一个限额都行不通。因此，各省、市、自治区高级人民法院应根据本地区的情况定个框框。有以下三个办法：

①可以参照商标法、专利法的赔偿标准，适用于法人侵害法人、法人侵害公民、公民侵害法人的案件。

②外国人侵害中国公民的，可根据该国家损害赔偿的标准。

③一般公民间的损害赔偿，可以定个框框，根据双方过错的程度、受害程度、双方收入，双方年龄、地位及知名度在各地区确定一个幅度，分低、中、高三档。

4. 精神损害赔偿的主体

①对有些法人受到的并不是经济利益的损害，而是名誉上的，是否应给予精神损害赔偿？有同志认为，法人是精神损害赔偿的主体，应予赔偿，大部分同志认为，法人作为一个社会组织不存在精神上的损害问题，因此，不能成为精神损害的主体。

②对夫妻反目，一方控告另一方作风不好，侵犯了自己名誉的，是否应赔偿精神损害？如果双方在一起共同生活，钱财合用，又该如何判？

③对被伤亡者的赔偿费，是否包括家属的精神损害赔偿？实践中判的时候是包括了，但判决书上不写，这与间接受害人的请求权又有什么区别？

经济审判部分

在经济审判方面，与会同志主要就以下三个方面的问题展开了讨论。

一、关于经济审判中的先行给付问题

1. 经济审判中能否适用先行给付

与会同志一致认为，这一问题无论是从民事诉讼法（试行）第九十五条第（三）项的规定还是从审判实践中的做法看，结论都是肯定的。由于经济审判中的先行给付与民事审判中的先行给付相比，确有自身的特点，但是，与之相应的民事诉讼法（试行）的有关规定则不够明确、具体，因此需要通过立法尽早解决这一问题。

对于先行给付在经济审判中应如何适用，多数同志认为，应当从经济审判中先行给付的特点出发，在适用的条件上严格把握，防止滥用。具体来说，应限制在是为了解决权利人（主要是法人）生产经营上的困难，而不是解决其生活上的困难，同时这种困难必须达到不通过先行给付就会使权利人陷于困境的地步。

对于经济审判中哪些案件可以适用先行给付，一些同志认为，凡是属于最高人民法院规定的经济审判工作收案范围的案件，符合适用条件的，都可以适用先行给付。但是，也有同志认为，经济行政案件一般不适用先行给付。至于无效经济合同案件能否适用先行给付，存在两种截然不同的观点。

2. 经济案件中适用先行给付的条件

多数同志认为，应当同时具备三个条件：①必须是权利人请求人民法院判令义务人为一定行为履行义务；②权利人和义务人之间的法律关系必须明确、肯定，并且他们之间不互为权利人和义务人；③必须是权利人的生产经营因经济困难而无法正常进行下去。对此，多数同志还认为，第二个条件是最主要的或者是应着重强调的条件，但对法律关系明确、肯定应达到什么程度及是否会导致与案件实体判决相混淆，存在着观点分歧。另有一部分同志认为，第三个条件应当是最主要的条件。

除了上述三个条件以外，有的同志认为还应具备其他条件，比如，数额应适度，应提供担保，审理应及时，等等。

3. 经济审判中的先行给付权利人是否应当提供担保

多数同志倾向于一般需提供担保的观点，但认为应限定为“必要时”为妥。还有的同志认为，权利人提出先行给付申请已表明其生产经营上存在极大困难，若要求其此时提供担保恐不实际，这样先行给付也就失去了意义，并且也会使法院因有担保而滥用先行给付。

4. 经济审判中先行给付的性质

与会同志一致认为具有“假执行”的性质，带有预决性，因此裁定一经作出应立即执行，不准上诉；当事人申请复议时不影响执行的进行；义务人拒不执行时，可依法强制执行。大家还认为，先行给付的裁定与实体判决相比，主要是可以避免因审理案件时间较长而使权利人无法继续经营，并可以防止扩大损失，但应注意不能以先行给付裁定替代实体判决，同时在适用先行给付时应当慎重，避免执行回转的发生。

二、关于经济审判中的反诉问题

1. 反诉的诉讼时效

对于本诉开始时，诉讼时效期间尚未届满，但反诉提出时却已超过了诉讼时效期间的情况下，反诉是否成立，存在着不同意见。有的同志认为，由于反诉的提起已超过了诉讼时效期间，则提起反诉的被告丧失了诉讼权，故不应认为反诉成立。多数同志认为，实践中，若当事人双方都侵害了对方的合法权益，一方不起诉时，另一方一般也不要求追究对方的责任；一旦对方起诉，另一方也就要求追究对方责任。为此，有的当事人故意选择诉讼时效期间即将届满时起诉，以造成对方因诉讼时效期间届满而不能反诉。为了防止当事人利用法律规定钻空子，可规定在诉讼时效期间届满后的一定时间内提起的反诉仍可成立，以同时保护双方当事人的合法权益。

2. 当事人在第二审程序中提出反诉的应如何处理

与会同志认为，如果被告在一审程序中已经提出反诉，而一审法院未作审理的，二审法院应以原判事实不清为由将案件发回原审法院重新审判。由于这种情况下往往涉及到当事人对反诉处理结果的上诉权，二审法院不宜直接对一审判决改判。

对于被告在一审程序中未提出反诉，但却在二审程序中又提出反诉的，如何处理？一部分同志认为，鉴于这种情况既不属于一审事实不清而不应发回重审，又因涉及当事人对反诉处理结果的上诉权问题而不宜在二审程序中和本诉合并审理，所以，一般应按当事人不能再提出反诉处理，可告知反诉人将反诉单独作为一个诉向原审法院另行起诉。另有一部分同志认为，在这种情况下应根据反诉的不同类型分别处理：①反诉为确认之诉的，因确认之诉多涉及对法律关系的确认，而一审对此又未查明的，二审法院可以在查清事实后直接改判，也可以发回原审法院重新审判。②反诉不属确认之诉的，才可以告知反诉人向原审法院另行起诉。

三、关于经济审判中对可得利益损失的赔偿问题

有的同志提出，在经济审判中，对当事人一方违约造成对方财产直接损失的赔偿通常比较容易确定，但对受害人可得利益的赔偿却往往忽视，这是一个值得重视和研究解决的问题。

可得利益的损失，是指因当事人一方违反经济合同约定，使对方在正常情况下可以实现或者取得的财产利益不能实现或者取得，以及这种财产利益的减少。具体包括：①利润损失；②孳息损失；③其他收益损失，主要指工业产权方面的收益损失；④为消除潜在的损害后果而支出的有关费用。

确定可得利益损失的赔偿额，一般可采用下列方式：①对比法，即比照同类单位在同期内所得收益额；②估算法，即在上述缺乏可比对象的条件下根据具体情况估算大致相当的数额；③约定法，由当事人约定或者协商确定数额。同时，受害人对其可得利益损失负有举证责任。

行政诉讼部分

在行政诉讼法方面，涉及的主要论题有：行政诉讼法的颁布对社会主义民主建设的意义；行政诉讼中的具体行政行为；人民法院审理行政案件如何参照行政规章；行政诉讼中的举证责任问题；我国的行政赔偿诉讼；海峡两岸行政诉讼法的比较研究。讨论中争议比较激烈的是举证责任问题和行政赔偿诉讼问题。

关于举证责任的争议主要集中在以下几个方面：(一)关于行政诉讼举证责任原则的表述问题。有的同志主张将行政诉讼举证责任原则表述为举证责任倒置原则；有的同志主张表述为被告行政机关负主要举证责任原则；也有的同志主张表述为被告行政机关对被诉具体行政行为承担举证责任原则。(二)关于举证责任的分担问题。有的同志主张，被告负主要举证责任，原告负次要举证责任；有的同志则认为，应当全部由行政机关承担举证责任；也有的同志认为，应根据被诉行政行为的性质具体确定，例如控告行政机关不作为或者行政机关滥用职权或者显失公正的，应由原告一方承担举证责任。此外，与会同志还对被告行政机关在诉讼过程中补充证据的问题、行政机关举证时间和范围问题、设定举证责任制度的基点和目的问题、举证责任与提供证据的关系问题、在控告行政机关不作为的案件中举证责任的分担问题，以及在行政诉讼中如何切实贯彻举证责任原则的问题都进行了较充分地讨论。

关于行政赔偿诉讼的争议焦点主要是行政赔偿诉讼的性质问题。有的同志认为，行政赔偿诉讼在性质上属于民事诉讼，应当适用民事诉讼程序进行审理；有的同志认为，行政赔偿诉讼是行政诉讼的组成部分，应当适用行政诉讼程序进行审理；有的同志则认为，行政赔偿诉讼既不同于民事赔偿诉讼，也不同于行政诉讼，因而既不能完全适用民事诉讼法，也不能完全适用行政诉讼法。然而，大家对行政赔偿诉讼能否与民事诉讼、行政诉讼、刑事诉讼并列为四大诉讼体系感到有些拿不准。

大家一致认为，建立和完善行政诉讼制度是我国社会主义民主和法制建设的重要组成部分，是人民当家作主的社会主义政治制度的优越性的具体体现。行政诉讼制度的建立，对于协调官民关系，预防社会动乱，消除不安定因素，增强行政机关及其工作人员的自我约束机制，防止腐败现象的发生，激发人民群众建设社会主义的积极性，促进行政机关依法行政，保障行政管理相对人的合法权益，具有极为重要的现实意义和深远的历史意义。与会同志强调指出，行政诉讼制度与资产阶级的三权分立没有必然联系；保护行政管理相对人的合法权益与资产阶级自由化不可同日而语；监督行政机关依法行使

职权不仅是行政管理的障碍，而且是促进行政机关进行有效管理的必要条件。大家深信，随着改革的不断深化，社会主义民主和法制的不断加强，行政审判工作将愈来愈显得重要。

三、全国法院系统首届学术讨论会获优秀奖论文

刑事法学

试论非刑事法律中刑法规范的几个问题

内蒙古锡林郭勒盟中级人民法院 丁 荣

非刑事法律中的刑法规范，就是指除刑法典及其他单行刑事法律文件以外的法律、法规中规定的应该追究刑事责任的刑法准则。在我国，非刑事法律包括由全国人大及其常委会制定的非刑事的基本法律和其他法律，以及国务院颁行的行政法规。为了叙述方便，本文只就全国人大及其常委会制定的非刑事法律中的刑法规范进行论述。

一、非刑事法律中刑法规范的重要地位

非刑事法律中的刑法规范在法律范围内，无论从宏观上还是从微观上看，都应该有其一席之地。

法学基础理论认为，法的体系的具体结构是多层次的：它的最基本单位是法律规范；若干个相关的法律规范构成了法律制度；若干个法律制度又以一定的条件和方式结合起来组成法律部门；各个法律部门又构成法的体系的有机整体。在这四个层次中，虽然法律部门是法的体系的中心环节和最重要的组成部分，而法律规范却是构成法的体系的基础①。

就法律部门之一的刑法而言，它的具体结构也是多层次的，单独的一项刑事法律构不成刑法部门。具体说来，本文认为应该包括四个方面的内容：

其一，是刑法典，即《中华人民共和国刑法》。这是大树的主干，刑法部门的主体。

其二，是所有单行刑事法律文件。从目前立法机关颁布的单行刑事法律文件看，有三种表现形式：(一)"条例"式，有《中华人民共和国惩治军人违反职责罪暂行条例》；(二)"决定"式，有全国人民代表大会常务委员会《关于死刑案件核准问题的决定》、《关于处理逃跑或者重新犯罪的劳改犯和劳教人员的决定》、《关于严惩严重破坏经济的罪犯的决定》和《关于严惩严重危害社会治安的犯罪分子的决定》；(三)"补充规定"式，有全国人大常委会《关于惩治走私罪的补充规定》、《关于惩治贪污罪贿赂罪的补充规定》、《关于惩治泄露国家秘密犯罪的补充规定》和《关于惩治捕杀国家重点保护的珍贵、濒危野生动物犯罪的补充规定》。这一方面可以看成是刑法部门的重要枝干。

① 《法学基础理论教程》，孙国华主编，人民法院出版社1988年8月第1版，第240页。

其三，是一系列非刑事法律中的刑法规范。据粗略统计，全国人大及其常委会从1979年7月1日颁布《刑法》以后至1988年年底，有42项非刑事法律文件中规定了刑法规范。这些刑法规范既是对《刑法》的必要补充，也是刑法部门的有机组成部分。从与《刑法》的关系上论非刑事法律中的刑法规范的必要性，可从两个角度进行分析。一是《刑法》自身的必然要求。在《刑法》分则条文中，原来有17个条文是空白罪状，需要参照有关的非刑事法律规定，解决空白罪状规定的罪与非罪以及罪轻罪重的问题。二是实践不断发展对立法进一步提出了保护性要求。改革、开放以来，随着经济的发展，事物的变化，出现了许多超出原来《刑法》规定范围的严重破坏经济秩序、严重危害社会治安的新的犯罪情况，需要法律及时予以调整。除了以单行刑事法律的形式对《刑法》进行补充修改外，通过非刑事法律中的刑法规范形式对《刑法》加以完善也是合乎逻辑的结果。

其四，是最高人民法院、最高人民检察院在具体应用法律过程中，对《刑法》条文作出的所有司法解释。在法学理论界，关于刑法部门包括的范围，通常认为只有上列三个方面的内容，没有将刑法司法解释列入刑法部门的范畴。本文主张，作为刑法部门应该是刑事立法与刑事司法的有机统一，抛开刑事司法单纯以刑事立法划分刑法部门，是不全面的。何况，全国人大常委会在《关于加强法律解释工作的决议》中，对属于审判工作中具体应用法律、法令的问题和属于检察工作中具体应用法律、法令的问题，已经分别授权最高人民法院和最高人民检察院进行解释。因此，"两院"所作的司法解释，也就具有另一层次意义上的普遍约束力。换言之，只要授权的立法机关不加以否定，司法解释就具有"准法律"的效力。所以，把司法解释划入刑法部门是顺理成章的，有其法律依据。司法解释的形式不是单一的，也可划为多种层次，一般常见的是关于办理某种犯罪案件中具体应用法律的若干问题的解答或者答复，此外还有就个别问题作出的决定、通知、批复等。

即使从某一项非刑事法律本身体系看，其中规定刑法规范也是必要的，并不是"画蛇添足"。我们知道，非刑事法律的条文，基本上都是调整性规范，即规定主体的权利和义务以调整社会关系。而非刑事法律中的刑法规范属于保护性规范"法律责任"的内容之一，当主体者违背调整性规范所规定的义务时，根据情节轻重所应受到的制裁，如果构成犯罪了那就应承担刑事责任，以刑法规范论处。一项法律只有把调整性规范和保护性规范有机地结合起来加以规定，使之共同发挥作用，才能使一项法律严密完整，顺利贯彻执行。否则，没有保护性的法律规范只能是一纸空文而没有实际意义。

二、非刑事法律中的刑法规范的主要特征

由于非刑事法律中的刑法规范不是专门的独立的保护性规范，而是附属在非刑事法律调整性规范中规定的，因而非刑事法律中的刑法规范除具有保护性规范的一般特征外，还具有自身的一些特殊性。归纳起来，基本上有三点：

第一，规范的原则性。非刑事法律中的刑法规范，通常都是概括性加以规定的，有的点清了罪名，有的叙明了罪状，有的就更加原则化，只规定"构成犯罪的，依法追究刑事责任"。而且不管哪种概括性规定，都不明确规定刑罚的内容，其法定刑的确定，是根据罪刑相适应的原则，采用与《刑法》呼应的方式，由司法者去适用《刑法》的相关法条中的法定刑处罚犯罪。这种方法简便、灵活，行之有效，既避免了刑法规范的重复规定，又有利于保持刑法体制的统一和完整。

第二，适用的援引性。由于非刑事法律中刑法规范的原则性，在适用时就必然要援

引《刑法》的相关条文具体处理。鉴于这一点，在法学基础理论里又把这种刑法规范称为准用性规范。至于准用的表述方式，大体有两种类型。一是笼统式，以“构成犯罪的，依法追究刑事责任”的形式与《刑法》相呼应。二是具体式，或者点出《刑法》规定的具体罪名，或者标明适用《刑法》的具体条文，以与《刑法》相挂勾。进一步分析具体式的援引性刑法规范，又可分为两种情况。其一是单项呼应，常见的表述形式是“依照（或者比照）刑法第×××条追究刑事责任”，还有“以×××罪论处”和“按×××罪追究刑事责任”。其二是多项呼应，表述形式如《土地管理法》第五十四条：“在变更土地的所有权、使用权和解决土地所有权、使用权争议的过程中，行贿、受贿，敲诈勒索，贪污、盗窃国家的和集体的财物，或者煽动群众闹事、阻挠国家建设，构成犯罪的，依照《刑法》有关规定追究刑事责任。”又如《文物保护法》第三十一条：“有下列行为的，依法追究刑事责任”，以下列举了贪污、盗窃国家文物、盗运珍贵文物出口等七种犯罪行为。

第三，相应的补充性。非刑事法律中的刑法规范，除了与《刑法》密切相呼应外，立法机关还根据实际需要，在非刑事法律的刑法规范中对《刑法》的相关条文进行了必要的补充。这种补充规定的内容是相当广泛的，既有区分罪与非罪界限的，也有明确某一具体犯罪概念的；既有类推增加具体犯罪客体而创制新罪名的，也有补充扩大某种犯罪主体适用范围的；既有从犯罪客观方面进行补充的，也有从犯罪主观方面进行补充的。如果说，在非刑事法律中规定刑法规范从法律体系、从法律规范的逻辑结构上讲是必要的话，那么从这种刑法规范的内容上、尤其是从其对《刑法》内容的方方面面的补充性上看，就更为必要了。毫无疑问，这对于适应改革、开放形势的发展，进一步从立法上完善刑法体系，从司法上保证有法可依，从而有效地健全社会主义法制，充分地保障社会主义经济建设的顺利进行，都是不可缺少的。为了说明问题，我们不妨举例予以论证。

比如，关于走私罪无论在法学界还是在司法界都是有争论的概念之一。造成争论的原因是《刑法》第一百一十六条对走私罪规定为“违反海关法规，进行走私，情节严重的”行为，显得过于简单。虽然经过空白罪状的“转致”可以按照“海关法规”明确走私罪的内涵和外延，但是空白罪状所指引的主要海关法规——《暂行海关法》却是五十年代初期颁布施行的，有些陈旧了，不能满足现实的需要。适应经济发展的要求，1987年颁布施行了新的《海关法》，其中专条规定了走私罪的概念，对以往的争论作出了结论。过去，对构成走私罪争论较多的问题之一是主观方面的犯罪目的，一般都主张以牟利为目的是构成走私罪的必要条件。由高铭暄主编的《刑法学》和由林准主编的《中国刑法讲义》，都十分强调“以获取（或曰攫取）非法利润为目的”这一点。否则，即使“行为人出于故意，但不具有获取非法利润的目的，也不构成走私罪”。现在，根据《海关法》对走私罪概念的规定，我们可以明确“以牟利为目的”或曰“以获取非法利润为目的”，并不是走私犯罪构成中的必要条件，而只是选择性条件。

又如，关于犯罪主体的范围，是仅指自然人呢，还是也包括法人呢？对这个“热门”话题，我国法学理论界基本上是持否定态度的，认为“犯罪主体只能是自然人”，法人“不能作为承担刑事责任的犯罪主体”。前述“两本教材”是这样主张的，由高铭暄、王作富主编的《新中国刑法的理论与实践》就“法人犯罪”问题又作了专题论述，最后结论仍然是“不宜将法人作为犯罪主体”。应该承认，对“法人犯罪”问题有一个随着实践的发展而逐步认识的过程。自从1982年开展打击经济犯罪活动的斗争以后，法人犯罪才进入了人们的视野范围，引起了重视和争论。其实，按照我国法律的足迹考察，法律对“法人犯罪”也是逐渐明确的。1982年12月颁行的《宪法》第五条关于“一切国家机关和武装力量、各政党和名社会团体、各企业事业组织都必须遵守宪法和法律。一切违反宪法和法律的行为，必须予以追究”的规定，就包含了法人可以作为犯罪主体的基因。1986年4月颁布的《民法通则》第一百一十条规定，承担民事责任的法人构成犯罪的，对法人的法定代表 人依法追究刑事责任。这是我国立法第一次出现“法人犯罪”概念，是一个重要的突破性规定。1987年1月公布的《海关法》第四十七条，对法人作为犯罪主体规定的更为具体了：“企业事业单位、国家机关、社会团体犯走私罪的，由司法机关对其主管人员和直接责任人员依法追究刑事责任；对单位判处罚金，判处没收走私货物、物品、走私运输工具和违法所得。”此后，1988年1月全国人大常委会《关于惩治走私罪的补充规定》第五条进一步确认重申了这一点：企业事业单位、机关、团体犯走私罪的，“判处罚金，并对其直接负责的主管人员和其他直接责任人员”，依照本规定有关规定处罚。同时还区别规定了与法人犯罪有关的界限：“企业事业单位、机关、团体走私，违法所得归私人所有的，或者以企业事业单位、机关、团体的名义进行走私，共同分取违法所得，依照本规定对个人犯走私罪的规定处罚”。此外，对上述立法规定细加比较，还可以明确两点重要情况：(一) 法人犯罪承担刑事责任的对象具体化了，由自然人单独承担明确为法人和自然人共同且分别承担；就法人犯罪中应承担刑事责任的自然人，由“法定代表人”明确为“主管人员和直接责任人员”，进一步又明确为“直接负责的主管人员和其他直接责任人员”。(二) 对法人和自然人同时承担刑事责任的主从关系理顺了。《海关法》表述为“对其主管人员和直接责任人员依法追究刑事责任；对单位判处罚金，判处没收走私货物、物品、走私运输工具和违法所得”。而《补充规定》表述为单位犯走私罪的，“判处罚金，并对其直接负责的主管人员和其他直接责任人员”，依照本规定有关规定处罚。这些细节变动并不是无足轻重的，有其不可忽视的意义。

三、援引性刑法规范中的类推立法

众所周知，法律类推是我国的一项重要法律制度。在这项制度中包括两方面的内容，一是司法类推，二是类推立法。

司法类推，也称类推适用。《刑法》第七十九条就此作了明确规定：“本法分则没有明文规定的犯罪，可以比照本法分则最相类似的条文定罪判刑，但是应当报最高人民法院核准。”而类推立法并没有法律上的明文规定，它是立法机关通过具体的立法条文体现出来的。根据对《刑法》及其他刑事法律条文的分析，类推立法的形式可分为基本类型和变通类型两种。

基本型的表述术语是“比照……”式。这种类型在《刑法》条文中未见规定，但在全国人大常委会《关于严惩严重破坏经济的罪犯的决定》中出现了。该决定第一条（二）项规定：“对刑法第一百八十五条第一款和第二款受贿罪修改规定为：国家工作人员索取、收受贿赂的，比照刑法第一百五十五条贪污罪论处”。同条（四）项还规定：“对于本条(一)、(二)、(三) 所列的犯罪人员，有追究责任的国家工作人员不依法处理，或者因受阻挠而不履行法律所规定的追究职责的；对犯罪人员和犯罪事实知情的直接主管人员或者仅有的知情的工作人员不依法报案和不如实作证的，分别比照刑法第一百八十七条、第一百八十八条、第一百九十条所规定的渎职罪处罚。”

变通型的表述术语是“以……罪论处”或者“依照……罪处罚”和“按照……罪处罚”等形式。这种类推立法的情况，在《刑法》中有多处规定。如第一百三十六条刑讯逼供罪，“以肉刑致人伤残的，以伤害罪从重论处。”第一百五十三条“犯盗窃、诈骗、抢夺罪，为窝藏赃物、抗拒逮捕或者毁灭罪证而当场使用暴力或者以暴力相威胁的，依照本法第一百五十条抢劫罪处罚。”诸如此类，无需尽列。

上述类推立法的情况，在非刑事法律中的援引性刑法规范里，同样可以明显看到。《森林法》第三十六条“伪造或者倒卖林木采伐许可证的，由林业主管部门没收违法所得，处以罚款；情节严重的，比照《刑法》第一百二十条的规定追究刑事责任”的规定，就属于类推立法中的“比照……”式。《文物保护法》第三十一条第三款“将私人收藏的珍贵文物私自卖给外国人的，以盗运珍贵文物出口论处”的规定，就属于类推立法中的“以……罪论处”式。

需要注意的是，援引性刑法规范中的类推立法，主要侧重于对《刑法》分则有关的“最相类似的条文”进行补充性规定，即扩大了原条文的适用范围。“最相类似”，就是指类推立法要追究刑事责任的行为，基本上具备了《刑法》分则某一条款所规定的具体犯罪构成诸要件，只是还有个别要件不相吻合，通过类推立法的形式加以补充规定，并且要适用被比照的条文。根据立法实践看，除了犯罪客体不同不能类推，故意犯罪和过失犯罪之间不能类推，行为没有反革命目的不能以反革命罪类推外，其他情况都可以进行类推。比如，犯罪主体不同能不能进行类推？在过去是有争议的。有关类推立法的条文回答了这个问题，可以类推。《刑法》第一百八十八条徇私舞弊案规定的犯罪主体是“司法工作人员”。而《专利法》第六十六条规定：“专利局工作人员及有关国家工作人员徇私舞弊……情节严重的，比照刑法第一百八十八条的规定追究刑事责任。”这就通过类推立法扩大了徇私舞弊案的犯罪主体的范围，由原来法定的“司法工作人员”修改成了“国家工作人员”了。

根据司法类推的实践看，对适用类推的案件在确定罪名时，一般不是直接采用被比照条文中的罪名，而是按照行为的具体情况确定一个与被比照条文罪名有区别的新罪名。与司法类推不同，类推立法的条文一般是归属于被比照条文罪名之下的，也就是说比照规定一般不需要另行确定新罪名。只有在被比照条文的罪名不能容纳比照规定内容的时候，立法机关才创制与被比照条文罪名不同的新罪名。如《专利法》第六十三条：“假冒他人专利……情节严重的，对直接责任人员比照刑法第一百二十七条的规定追究刑事责任。”该条规定虽然比照《刑法》第一百二十七条假冒商标案追究刑事责任，但罪名立法机关却确定的是假冒专利罪。同样情况在《药品管理法》中也能看到，该法第五十一条第二款规定：“对生产、销售劣药，危害人民健康，造成严重后果的个人或者单位直接责任人员，比照刑法第一百六十四条的规定追究刑事责任。”《刑法》第一百六十四条规定的是制造、贩卖假药罪。“劣药”毕竟与“假药”不同。显然，立法机关在类推立法中又创制了一个“生产、销售劣药罪”的新罪名。

为了进一步认识援引性刑法规范中类推立法的意义，有必要对类推立法和司法类推再作一点比较研究。很清楚，这二者既相联系又相区别。说相联系，在于它们有一个基本的共同点，同属于法律类推制度的范畴。无论进行类推立法还是司法类推，前提条件必须是，在社会活动领域里出现了已有刑事法律没有明文规定的新的犯罪行为，又需要依法予以论罪科刑而类推。而且，二者在类推时都必须比照《刑法》分则最相类似的条文进行确定。它们之间的主要区别，也十分了然。前者是在特定条件下的立法活动，而后者却是在特殊情况下的司法活动。由此可以进一步看出二者之间的一些具体区别来：

（一）有权进行的机关不同。类推立法也是立法活动，自然是由有立法权的全国人民代表大会或者全国人大常务委员会在制定法律的过程中进行的。而司法类推只是司法机关在具体办案、适用《刑法》过程中的司法活动。因此，二者要解决的内容和所产生的程序也就不一样。

（二）具有规范的性质不同。类推立法的条款毫无疑问具有规范性法律文件的性质，即具有普遍约束力。而司法类推因为是针对具体案件进行的，即使经过最高人民法院核准后对司法实践有一定的指导作用，也是非规范性的法律文件，仅仅是对被核准的那个适用类推的案件具有法律效力而已。

（三）发生效力的时间不同。类推立法的法律文件一经立法机关颁布施行，即产生了法律效力，直到被新的法律规定取而代之。而司法类推的案件，除原审人民法院应在法定期限内审结并宣判外，还要逐级上报，直到最高人民法院裁定核准，才发生法律效力。

四、进一步完善非刑事法律中的刑法规范

法制应当是统一的。法制统一作为我国社会主义立法的基本原则，主要体现在统一立法思想，统一立法权力和统一法律效力诸方面上。除此而外，为了保证法制统一，在立法技术上既注意单项法律自身的和谐一致、严密完整，又注意整个法律体系的和谐一致、严密完整，也是不能忽视的一个重要问题。依此而论，我们可以发现非刑事法律中的刑法规范，尚存在一些技术性的缺陷。这些缺陷或因内容不明确，或因界限不严格，或因术语不统一，使某一非刑事法律与部门刑法或者与其他非刑事法律之间产生了不协调的现象，从而损害了法制统一，不利于严肃执法。这样的实例并不少见，如：

（一）《食品卫生法（试行）》第四十一条："违反本法，造成严重食物中毒事故或者其他严重食源性疾患，致人死亡或者致人残疾因而丧失劳动能力的，根据不同情节，对直接责任人员分别依照中华人民共和国刑法第一百八十七条、第一百一十四条、第一百六十四条的规定，追究刑事责任。"根据不同情节分别依照第一百八十七条玩忽职守罪和第一百一十四条重大责任事故罪论处，不发生什么问题。但是，《刑法》第一百六十四条规定的是制造、贩卖假药罪。"假药"和"有毒食品"显然是两种性质的概念，不能混同。把制造、贩卖有毒食品的犯罪行为直接"依照"制造、贩卖假药罪处理，只能导致定性不准，甚至出现罚不当罪、重罪轻判的现象。在审判实践中，对"有毒食品"案却是另行处理的。四川省李荣辉等三人用工业酒精兑成白酒出售一案，是依照《刑法》第一百零六条，以"以制造、贩卖有毒酒的危险方法致人死亡罪"论处的；黑龙江姜兴东等五人加工病害猪肉出售一案，也是依照第一百零六条，以"以病害猪肉加工食品出售的危险方法危害公共安全罪"处罚的。

（二）《环境保护法（试行）》第三十二条第二款："对严重污染和破坏环境，引起人员伤亡或者造成农、林、牧、副、渔业重大损失的单位的领导人员、直接责任人员或者其他公民，要追究行政责任、经济责任，直至依法追究刑事责任。"如此规定，既没有明确区分违法行为与犯罪行为的界限，也没有把法律责任依违法的种类科学地区分为行政责任、民事责任和刑事责任。而将行、民、刑三种法律责任中的经济制裁手段独立出来与行政责任和刑事责任等量齐观，也显得不伦不类。至于把行政责任、经济责任和刑事责任并列在一起作为选择性规范，让执法者去灵活掌握，其适用的任意性也太大了。不但会形成执法机关职责不清的局面，而且不可避免地会给"以罚代刑"留下活动的余地。

（三）《外国企业所得税法》第十五条第三款、《中外合资经营企业所得税法》第十四条第二款和《个人所得税法》第十二条第二款均有"偷税、抗税的，税务机关除追缴税款外，可以根据情节轻重，处以应补税款五倍以下的罚金；情节严重的，由当地人民法院依法处理"的规定。比较而言，这条规定与其他法律规范产生了多方面的冲突。本来，

"罚金"是《刑法》规范的内容，属于《刑法》规定的附加刑种之一。而且《刑法》第一百二十一条"违反税收法规，偷税、抗税，情节严重的，除按照税收法规补税并且可以罚款外，对直接责任人员，处三年以下有期徒刑或者拘役"的规定，也十分明白。现在，三部《所得税法》将刑法规范的"罚金"引进到行政规范且作为税务机关的职权范围，不是赋予了税务机关刑事处罚权，就是改变了"罚金"的性质和地位，与"罚款"混同了。这既与刑法规范相抵触，也与行政规范相矛盾。同时，"情节严重的"偷税、抗税案件，既不是民事案件也不是经济纠纷案件更不是刑事自诉案件，规定"由当地人民法院依法处理"也与有关法律相违背。当然，人民法院根据《刑事诉讼法》关于案件管辖的规定，在接受案件后可以再"依法"移送人民检察院侦查起诉，但如此绕弯子的作法似乎没有什么必要。此外，该条前半部分已明确规定税务机关对偷税、抗税的"可以根据情节轻重"处以"罚金"，接着在后半段又规定"情节严重的，由当地人民法院处理"，相互间也存在"打架"的痕迹。

（四）《海洋环境保护法》第四十四条："凡违反本法，污染损害海洋环境，造成公私财产重大损失或者致人伤亡的，对直接责任人员可以由司法机关依法追究刑事责任。"在法律范围内，"可以"是一个授权性规范，这就意味着司法机关也可以对如此严重危害行为不追究刑事责任，或者说其他非司法机关也有权处理如此严重且又应该追究刑事责任的案件了？马克思说："法律是肯定的、明确的、普遍的规范。"制定模棱两可、若明若暗的法律条文，就失去了它本身应有的规范性，似乎是对法律开玩笑。这中间，究竟是向谁网开一面呢？与该条规定类似的条文，还有《水污染防治法》第四十三条和《大气污染防治法》第三十八条，都有"对有关责任人员可以比照刑法第一百一十五条或者第一百八十七条的规定，追究刑事责任"的"可以"规定。这是不大严谨的。

（五）《文物保护法》第三十一条第一款："有下列行为的，依法追究刑事责任：（一）贪污或者盗窃国家文物的；（二）盗运珍贵文物出口或者进行文物投机倒把活动情节严重的；（三）故意破坏国家保护的珍贵文物或者名胜古迹的；（四）国家工作人员玩忽职守，造成珍贵文物损毁或者流失，情节严重的。"该条所列追究刑事责任的行为中疏漏了"走私文物"的行为，是不周全的。如果以《海关法》就此已有了专项规定为理由进行解释，也不能自圆其说。因为就该条所列追究刑事责任的"下列行为"原本都包含着保护文物的内容，再列出来不也重复了吗？此外还有《草原法》，连一条原则性的刑法保护性条款都未作规定，使该法自身也"头重脚轻"不协调，不能说不是一个缺陷。

当然，社会现象是繁杂的，实际情况又是不断变化发展的。立法者是人而不是神，对复杂的情况也有一个认识的过程，在一定历史条件下，不可能把每一种法律都制定的尽善尽美。因此，我们不能过于苛刻地要求。对立法中出现的一些不足，只要进一步提高立法质量，在今后的立法过程中加以改进和完善，不断做到规范化就是了。

五、适用援引性刑法规范需要注意的一些问题

前面讲过，非刑事法律中的刑法规范是刑法体系中的重要组成部分，是《刑法》内容的必要补充规定。因此，作为司法工作者，尤其是从事刑事司法工作的人员，在提高自己的业务能力，培养自己的专业素质过程中，不但应该熟悉《刑法》条文本身的内容，而且应该熟悉其他刑事法律的规定，同时还应该熟悉非刑事法律中的刑法规范以及有关的刑事司法解释。否则，进行刑事检察、刑事审判、刑事辩护等活动，就不能得心应手，准确、有效地执行法律，全面、有效地发挥刑事法律的职能作用。

要掌握非刑事法律中的刑法规范，除了应充分认识其在刑法体系中的地位和意义，以提高掌握它的自觉性外，还必须从其本身的特点出发，去熟悉运用。具体需要注意的问题，可考虑下述几点：

（一）注意其零散性。援引性刑法规范绝大部分散见于各项非刑事法律中，范围不但广泛，而且又不是一次性或者同一时间内颁布的。要掌握，难度比较大。这一特点要求司法工作者的视野要开阔，收集有关资料要及时，还要经常进行比较研究，才能准确全面掌握，做到融会贯通。

（二）注意其相关性。所谓相关性，包括两方面的含义，一是与《刑法》的关系，二是在非刑事法律之间的关系。非刑事法律中的刑法规范不能独立适用，都必须援引《刑法》的相关条文才能具体适用，这是明确的。就是掌握某一项非刑事法律中的刑法规范，在必要时还要掌握该规范所属法律中的其他条款，甚至还有对该所属法律的补充法规，才能做到适用法律准确无误。如《药品管理法》第五十条第二款和第五十一条第二款分别规定对生产、销售假药、劣药而依法追究刑事责任的情况。对生产、销售假药的，是“依照刑法第一百六十四条的规定追究刑事责任”；而对生产、销售劣药的，是“比照刑法第一百六十四条的规定追究刑事责任”。前者是直接适用，后者是类推立法。并且这两者的构成要件也规定的有所不同，生产、销售假药的，只要“危害人民健康”，就追究刑事责任；而对生产、销售劣药的，除危害人民健康还须“造成严重后果”，才能追究刑事责任。但什么是假药、劣药？上述两个条款并未说明，而在该法第三十三条和第三十四条分别作了立法解释。第三十三条不仅列举了属于假药的两种情形，还列举了应按假药处理的四种情况；第三十四条列举了属于劣药的三种情形。这些相关的规定必须全面掌握，统一适用，才能正确处理案件。

（三）注意其补充性。非刑事法律中的刑法规范对《刑法》的补充性是广泛的，也是十分重要的，这已如前面所述。鉴于这一特点，在处理刑事案件时，对这种补充性内容尤其应当加以注意，不可忽略不顾。否则，本有法律规定了，却还认为无法可依，或者争论不休，或者去类推适用，就会出现司法上的笑话。

（四）注意其适用性。在处理具体案件时，对有些非刑事法律中的刑法规范，特别是类推立法的“比照”规定，在判决书中应该具体加以引用。因为，有了类推立法的条文，就解决了对案件的司法类推程序，直接引用已经有法可依了。同时还要注意在判决书中引用的顺序，先引用类推立法的条文，后引用被比照的刑法条文。引用前者以确定案件的罪名，引用后者在于解决适用的法定刑罚。

（五）注意其模糊性。有一部分非刑事法律中的刑法规范，由于规定的过于笼统而处于模糊状态，比如《统计法》第二十六条：“对违反本法的构成犯罪的人员，由司法机关依法追究刑事责任。”究竟违反本法的行为在什么条件下就构成了犯罪？构成的又是什么犯罪？依照还是比照《刑法》的哪一条追究刑事责任？都是需要探讨的问题。规定本身的扑朔迷离，适用的难度就大。把这样的难题交给司法工作者去解决，虽然也是可以的，但还是越少越好。

刑事二审发回重审初探

北京市中级人民法院　姜京生　吴在存　李玉富

我国法律规定，人民法院审判刑事案件实行两审终审制。在第一审诉讼活动完结以后，因法定事由而开始的第二审诉讼程序，具有特定的诉讼监督职能。其目的就是通过对第二审刑事案件的全面审查，维持第一审人民法院所作的正确裁判，撤销其错误的裁判。以保障国家法律的正确实施，维护法律的尊严，最终实现刑法和刑事诉讼法所担负的任务。

我国刑事诉讼法规定，人民法院对刑事第二审案件依法审理后，应当按照不同情形，分别作出驳回上诉（抗诉），维持原判；予以改判或者撤销原判，发回原审人民法院重新审判等终审裁判。发回重审作为一种法定裁判方式，在刑事第二审诉讼程序中占有极为重要的位置。因此，对发回重审这一问题的深入探讨，无论是在理论上，还是在实践中，都有着非常积极的意义。

一、发回重审的法律依据和法律意义

第二审人民法院作出发回重审的终审裁定，所导致的直接后果，是使原已完结的第一审诉讼活动归于无效，使案件还原于第一审诉讼之初，需要按照法律规定的程序，重新开始第一审诉讼活动。这一法律后果明显有别于二审法院所作的维持原判或直接改判的终审裁判。毫无疑问，这是与发回重审的法定事由紧密相连的。根据我国刑事诉讼法第一百三十六条和第一百三十八条的有关规定，第二审人民法院作出发回重审裁定的法定事由有三种：（1）原判决事实不清的；（2）原判决证据不足的；（3）第一审人民法院违反法律规定的诉讼秩序，可能影响正确判决的。显然，发生了上述任何一种情形，都会使人民法院的裁判丧失真实性和合法性的要求，而这些又都是第二审人民法院不能直接予以弥补的，只能将案件发回第一审人民法院，重新开始诉讼。可以这样说，发回重审是法律赋予第二审人民法院针对特定情形而采取的具有特殊性质的诉讼活动。其特殊性是其他裁判方式所不具有的。

法律作出这样的规定，并非是出于偶然或者想当然，而是出于客观必然和法律必然。随着现代诉讼制度的确立，发回重审作为多级审级制的重要标志，已经被广泛规定于世界各国的刑事诉讼法典之中。1980 年 1 月 1 日新中国第一部刑事诉讼法典实施时，发回重审理所当然地被作为一种重要的诉讼制度而得到法律上的确认。

刑事诉讼法实施至今已近 10 年，社会主义法制建设也有了长足的进步，可以说，发回重审已不再是一项令人生疏的法律规定。然而，如果我们对此仅仅满足于一般化理解，则是远远不够的，只有从理论上明确发回重审的意义，才能够对此有深刻的认识。

首先，发回重审是严格依法办事的社会主义法制原则在刑事诉讼中的具体体现。我国刑事审判工作，历来遵循严格依法办事的社会主义法制原则。各个诉讼阶段都必须完善、合法，整个诉讼过程要正确、完备。不仅审判结论要正确，而且产生这一结论的诉讼程序也必须合法。否则，诉讼结论不能成立，诉讼活动也需重新进行。

在刑事诉讼活动中，由于案件事实的复杂性，揭露、证实犯罪的艰巨性和人们认识能力的局限性，公安部门、检察机关、审判机关在其相应的诉讼阶段中难免会出现错误。其中就有可能是有关案件主要事实和证据以及与实体内容相关的诉讼程序方面的问题。为了能够及时、有效地发现并纠正诉讼活动中以及裁判中的错误，保证诉讼当事人依法行使诉讼权利，准确惩罚犯罪，就必须在刑事第二审诉讼中确立撤销原判，发回重审的法律制度，以使错误裁判能够及时得以纠正，保证司法机关在刑事诉讼活动中依照事实和法律，作出公正裁判。发回重审制度正是基于这样的法律要求，把严格依法办事的社会主义法制原则定型化为具体的法律条文，以求保证第二审刑事诉讼中的监督、制约职能得以有效发挥。

其次，发回重审是刑事诉讼中制约原则的重要体现。在刑事诉讼活动中，公安部门、检察机关、人民法院各自担负不同的诉讼任务。因此，它们之间的关系，势必体现为各个诉讼阶段之间互相配合、互相制约的法律关系。

刑事案件一般要经历侦查、提起公诉、第一审裁判和第二审裁判等相互关连而又各自有别的诉讼阶段，其中，一个诉讼阶段不仅要完成自身所担负的法定任务，而且要为下一个诉讼阶段的正常进行提供坚实可靠的基础，从这个意义上讲，后一个诉讼阶段的正确、合法，有赖于前一个诉讼阶段的正确、合法。正因为如此，后一个诉讼阶段势必负有监督、检查前一个诉讼阶段正确与否的诉讼职能。这种诉讼职能，在人民法院的审判阶段表现得尤为突出。

第二审刑事诉讼作为普通程序中的最后阶段，其终审裁判一经作出，立即发生法律效力，并宣告普通刑事诉讼程序的完结。因此，第二审刑事诉讼阶段负有对以前各个诉讼阶段监督、检查的诉讼职能。如果发现已经完结的诉讼阶段在实体上或者程序上存在着错误，则必须予以纠正。但是，有些情况可以通过第二审诉讼直接予以改判；有些情况则需要撤销前一个诉讼阶段所作出的结论，宣告已经完结的诉讼过程归于无效，使案件回到某一诉讼阶段的初始状态，重新开始诉讼活动。

刑事第二审程序所负有检查、监督职能，是通过适用法定裁判方式得以实现的。撤销原判发回重审，无疑是其中的重要组成部分。它体现了刑事诉讼阶段间的正确联系，保证着刑事诉讼活动正常有序地进行，从而保证司法机关刑事诉讼活动的质量。

再次，发回重审是两审终审制原则的具体体现。我国刑事诉讼法规定，人民法院分级行使审判权。不同审级的人民法院依法享有不同的审判职能。一审不能替代二审，同样，二审也不能替代一审。对人民法院而言，两审终审是一种法律制度；对刑事案件的诉讼当事人来说，两审终审也是一种法律权利。

第二审人民法院对提起上诉、抗诉的刑事一审案件依法进行全面审理，如认为一审裁判确有错误，有权直接予以纠正。但是，第二审人民法院在行使这一法定权力时，不能违背两审终审制这一刑事诉讼的基本原则。例如，二审法院发现一审判决遗漏了被告人的犯罪事实，虽然这些事实证据确凿，但二审法院也不能对此径直做出判决。如若判决，实质上是使二审法院超越了法定职权，作出了本应由一审法院作出的判决，而这种判决是以第二审的名义作出的，这无疑等于取消了一审法院的法定职能。

同样道理，对一审判决存在的某些错误，二审法院如若径直判决，则有可能侵犯或剥夺诉讼当事人依法享有的诉讼权利。如直接判决认定未经一审法院审理认定的犯罪事实等，实际上都会导致该判决部分一审终审。尽管当事人对该判决部分持有异议，也无法提出上诉。这无疑是剥夺了当事人依法享有的上诉权利，使两审终审制流于形式。这种情况的出现是法律所不能允许的。因此，如果发现一审判决遗漏了被告人的犯罪事实等问题，二审法院只能作出依法撤销原判，发回重审的裁定，以此维护法律的尊严和当事人依法享有的诉讼权利。

二、发回重审在审判实践中的适用

根据我国刑事诉讼法第一百三十六条第三项、第一百三十八条的规定，撤销原判，发回重审的事由包括原判事实不清；原判证据不足；原判严重违反诉讼程序等三种情况。现根据审判实践，对这三种情况分述如下。

（一）原判事实不清楚

案件的事实是指犯罪的时间、地点、起因、行为的动机、目的；犯罪的方法、手段；犯罪所造成的损害后果和对于社会的危害程度；故意犯罪的不同犯罪形态等等。二审人民法院以事实不清发回重审的案件是指主要事实不清楚。也就是对于说明犯罪的性质、情节和对社会的危害程度等具有意义，对定罪量刑有直接影响，能够反映案件的真实和全部面目的客观事实不清楚。根据审判实践，下列几种情形应视为主要事实不清楚。

1. 被告人犯罪的重要情节不清楚。如侵犯财产罪中赃款、赃物的数额不清；认定犯罪形态的事实不清；当事人、证人、勘验、鉴定等所证明的事实之间有重大矛盾或含糊不清等。

2. 犯罪的危害结果不清楚。如犯罪造成的危害后果的具体程度不清；据以认定危害程度的事实根据相互矛盾，难以判别真伪的；一审认定的事实，不足以表明危害程度或不足以说明被告人的行为与危害结果之间具有刑法上的因果关系等。

3. 构成犯罪的主观方面和客观方面的基本事实不清楚。包括实施犯罪的动机、目的、手段，案件发生的时间、地点、起因不清；认定的事实不足以表明行为的性质（犯罪的性质）或与其它客观存在的事实相互矛盾，难以判别真伪的；认定罪过形式的事实不清等等。

4. 与定罪、量刑有关的被告人的个人情况和犯罪后的表现不清楚。如表明行为人刑事责任能力的事实不清；认定投案自首的事实不清楚。

5. 共同犯罪中，各被告人的罪责不清。如各被告人在共同犯罪中所起的作用，所处的地位不清；自诉案件中当事人的主要责任不清等。

6. 遗漏被告人的罪行或者同案中应当追究刑事责任的人未予追究。如原判遗漏在案被告人的重大罪行，以及应当判处刑罚的其它罪行，包括已起诉而未判决的；未起诉而一审发现后没有退回补充侦查的等等。

准确、及时地查明犯罪事实，是我国刑事诉讼法的首要任务，是正确适用法律和公正判决案件的前提与基础。如果案件的主要事实不清楚，判决的正确性便无从谈起。当然，每一个案件都有与其相联系的特定事实，同一事实在不同性质的案件中的作用往往并不相同。在此案件中为主要事实，在彼案中就可能成为次要事实；在此案中是影响定罪的事实，在彼案中就可能是影响量刑的事实。如犯罪的情节既是裁量刑罚的依据，也是某些罪的犯罪构成要件。但无论是哪种情况，只要是案件的主要事实不清，第二审人民法院都可以依法撤销原判，将案件发回原审人民法院重新查证、重新审判。

（二）原判证据不足

证据是指能够用来证明案件真实情况的，经过查证属实的定案根据。证据不足是指判决认定被告人有罪以及其它对定罪、量刑有意义的事实，没有充分、确实的证据加以证明，使得案件中的主要事实无据可依，无证可考。根据审判实践，原判证据不足，主要有四种情况。

1. 没有定案的证据或者证据材料本身有待核实。有的案件中只有被告人的供述，而且供述自相矛盾或者与其它证据矛盾；把一些与案件事实无关的，不能证实案件真实情况的材料作为证据来使用；伪证、违背科学或事实的鉴定结论、勘验检查笔录等。

2. 直接证据不足，又无间接证据佐证，或虽有间接证据，但未能形成完整的证明体系，不能起到证明的作用；无直接证据，而间接证据又缺乏排它性。

3. 重要证据之间相互矛盾，难以辨别真伪，影响对主要事实的认定。

4. 判决与证据相反，把无罪证据用于有罪判决，或者把有罪证据用于无罪判决等。

收集、判断、核实并运用证据，证明案件的真实情况是刑事诉讼活动的中心内容。司法人员对案件的认识是一个由不知到知、由知之甚少到知其全貌的认识过程，完成这一过程只能依靠证据。认识案情的正确程度，取决于掌握证据的准确程度。实践证明，证据不足往往导致事实不清楚，从而使判决失去或者缺乏依据。

刑事诉讼法第一百三十六条第三项规定，对于原判事实不清或者证据不足的案件，第二审人民法院可以在查清事实后改判；也可以裁定撤销原判，发回原审人民法院重新审判。二审人民法院如何确定直接改判还是发回重审，法律对此未作规定。直接改判和发回重审作为刑事第二审的两种裁判方式，直接服务于二审诉讼职能的实现。在审判实践中对这两种裁判方式的选择适用，离不开对具体案件所作的具体分析，也就是要因案而异。在确认原判事实不清，证据不足以后，第二审人民法院要据此作出决断，是自行查证清楚还是发回原审法院进行查证。如果第二审法院自行查证，则必须具备合法性、必要性和可能性等条件。第二审法院自行查证和依据查证的情况所作的裁判，都不能违反法律规定，如案件事实的查证需要动用侦查手段，则第二审法院只能撤销原判，由依法具有侦查权的司法机关进行侦查活动。又如查清案件事实以后，二审法院直接判决可能违背两审终审制原则，剥夺当事人的合法诉讼权利，则只能撤销原判，由一审人民法院重新查证和判决。当然，尽管第二审人民法院自行查证并不存在违法的情况，但是，二审法院考虑到自行查证的必要性或可能性以及其他一些因素，决定将案件发回原审法院重新查证审判，也是完全可以的。因为刑事诉讼法对此作了选择性的规定，同时将选择的权利赋予了第二审人民法院。

（三）原判违反诉讼程序，可能影响正确判决

刑事诉讼法和刑法关系密切，是内容和形式、目的和方法的统一，二者相互依存，缺一不可，违反刑法的裁判是不能成立的；同样，违反刑事诉讼法的诉讼活动也是不能成立的。所以，刑事诉讼法第一百三十八条规定："第二审人民法院发现第一审人民法院违反法律规定的诉讼程序，可能影响正确判决的时候，应当撤销原判，发回原审人民法院重新审判。"审判实践中，如何理解"可能影响正确判决"在认识上不尽一致。需要指出的是，法律规定为"可能影响"正确判决，而不是"必然影响"或者"实际已经影响"。刑诉法是保证实体法正确执行的程序法，不能离开程序合法这个前提去谈判决是否正确。一个正确的判决不但要实体合法，同时还要求作出判决的程序也必须合法。否则，就不能成为正确合法的判决。应当明确的是，违反法定程序，可能影响正确判决是发回重审的当然理由。只要违反了法定的程序，又存在着影响正确判决的可能性，就应当撤销原判，发回重审。也就是说，第二审人民法院一经发现一审诉讼（包括侦查、检察阶段）违反了法定程序，无需审查判决结果是否正确，而应当审查判断该违反法定程序的行为是否具有影响正确判决的可能性。

刑事诉讼法的每一条款都有其特定的内容和意义。有些条款对于正确判决具有实质性意义，起着决定性的作用，是正确判决的充分必要条件。刑诉法的基本原则是刑事诉讼所必须遵守的基本准则，它对正确判决具有决定性的意义。"以事实为根据，以法律为准绳"是刑诉法的一个基本原则，如果违反了这一原则，正确判决是根本不可能的。违反刑诉法的其它基本原则亦如此。

刑诉法的有些规定可以认为是一种辅助性的规定，它为一些实质性的规定提供保障，

并在一定的条件下对正确判决产生影响。如刑诉法第一百一十三条规定：开庭时，审判长宣布合议庭的组成人员，书记员，公诉人等的名单。这一规定从一个方面讲就是为当事人及其法定代理人切实行使申请回避的权利提供保证。如果一审法院开庭时违反了这一规定，没有宣布合议庭组成人员及其他人员的名单，导致当事人等无法及时行使申请上述人员回避的权利，这样，一种违法现象的结果成了一违法现象的原因，前一违法现象可能不会影响正确判决，但与其引起的另一违法现象相联系，就会影响正确判决。这种情况下，就应认为前一个违法行为可能影响正确判决。刑诉法中还有些规定是关于刑事诉讼法过程中的具体方法和形式上的一般规定。如诉讼过程中的有些活动应写入笔录，由审判人员和书记员签名。违反这类规定，不存在影响正确判决的可能性，不应作为发回重审的理由。所以，对于违反诉讼程序的现象要做具体的分析。应该承认，任何违反诉讼程序的行为都是违法行为，都应该予以指出和纠正，是否有必要采取发回重审的方式来纠正，则要看该违法行为是否有可能影响正确判决。审判实践中，凡违反以下诉讼程序的，应认为有可能影响正确判决，应当发回重审。

1. 违反刑事诉讼法基本原则的。主要是指：应公开审判的而未公开审判；不应公开审判的公开审判；审判人员应当回避而没有回避；剥夺或限制被告人行使辩护权利；诉讼过程中，采取刑讯逼供等非法方法收取证据等。

2. 违反法定审判组织。主要指合议庭组成人员不合法，按审判监督程序再审的案件没有重新组成合议庭审判；不属于轻微刑事案件但独任审判等。

3. 违反重要审判程序的。主要指开庭审判时，漏掉法定的重要审判阶段；控诉是由无权提起公诉或自诉的机关或人提起；未让或非法限制被告人自行辩护和最后陈述；合议庭评议结论违反少数服从多数原则；判决的罪行是未经起诉的等。

三、对适用发回重审所涉及的几个问题的探讨

审判实践中，第二审人民法院在刑事二审诉讼中适用发回重审这一法定裁决方式的时候，往往会遇到一些有关的法律问题，对这些问题，有必要做进一步的探讨。

（一）关于发回重审的效力问题

根据我国刑事诉讼法的规定，侦查、提起公诉、一审、二审作为整个刑事诉讼中循序渐进、环环相扣的诉讼阶段，彼此之间存在着互相配合、互相制约的法定关系。其中，由于第二审所处的一般刑事案件终审阶段的特殊诉讼地位，使其不可避免地更多负有制约职责。毫无疑问，刑事第二审诉讼阶段的制约效力，绝不仅限于第一审法院的诉讼活动，而是当然溯及侦查阶段和提起公诉。具体来说，如果第二审认为并指出一审裁决的错误是由于案件侦查阶段不完备或者不正确而造成的，那么，第二审裁定的效力溯及案件的侦查阶段；同样，如果一审裁决的错误是由于公诉阶段的错误造成的，那么，第二审做出的发回重审裁定的效力溯及公诉阶段。对此，许多国家的刑事诉讼法典中都做了明确的规定。

但是，审判实践中也曾发生过这样的情形，第二审法院根据案件侦查或者公诉阶段的错误，依法裁定撤销原判，发回重审。原审法院根据第二审指出的错误，将案件退回，重新开始诉讼，但是，有关的公安部门或检察机关却百般推诿，甚至采取不办理收发登记手续或函告退回法院等方式，拒绝接受案件。如某案的侦查阶段存在着询问证人违反取证原则、未查清共同犯罪人彼此之间关系和各自罪责等问题，在诉讼程序上存在着重大缺陷，第二审人民法院依法撤销原判，发回重审，并指明案件在侦查阶段的不完备之处，一审法院据此将案件退回检察机关，由

其退回侦查阶段。但负责该案侦查的公安部门却借口“再查也还是这样”，拒不接受案件，显然，这样拒绝收案的做法是违背刑事诉讼法制约原则的。

这样做的同志持有种种理由，核心的一条，就是认为第二审法院的裁定只对第一审法院有效，而对其他司法机关无效。在这里，他们把刑事诉讼各程序阶段之间的法律关系错误地理解为行政上下级的关系，因此，不承认后一个诉讼阶段根据制约原则享有的对前一阶段的裁决权威，而是认为“你不是我们领导，你管不着我”。这种观点，实质上是把各诉讼阶段之间的特定法律关系混同于各诉讼阶段承担者——司法机关之间的关系。

法院、检察、公安等司法机关，根据有关法律规定，各自拥有一定规模的组织机构，有的在本系统内部上下级之间，实行领导与被领导的行政管理关系。但是，不能将各系统内部的行政关系引伸、扩展到刑事诉讼各阶段之间。简言之，刑事诉讼的各个阶段之间，不是行政的领导与被领导的关系，而是刑事诉讼法所规定的互相配合、互相制约的关系。

根据制约原则的要求，后一个诉讼阶段以检查、监督形式表现出来的制约效力，当然溯及已经完结的各个诉讼阶段，不论这一阶段是否与其直接相连。所以，第二审人民法院依法作出的撤销原判、发回重审的裁定效力，溯及在此以前的所有诉讼阶段。

(二)关于利用发回重审的方式变相加刑的问题

对于原判量刑失轻的刑事二审案件（不包括抗诉或自诉人提出上诉的案件)，第二审人民法院审理后，应当根据“上诉不加刑”原则的要求，终审裁定驳回上诉，维持原判，以结束刑事案件的普通诉讼程序。然后，报告院长提交审委会讨论，提起审判监督程序对案件再审改判。但是，也有的同志认为，这样做太烦琐，可以利用二审发回重审的方式，由一审法院加重被告人的刑罚。从表面形式看，这样做好象没有违反“上诉不加刑”的规定，但实质上却是严重地破坏了这一法律原则。

众所周知，为了不使两审终审制流于形式，保障被告人依法行使上诉权，我国刑事诉讼法确立了“上诉不加刑”的重要诉讼原则，我们必须深刻理解这一规定的法律意义，在审判实践中自觉地严格依法办事，而不能对法律规定片面理解甚至采取规避的态度。如果借发回重审之名，行加重被告人刑罚之实，无疑使被告人因提起上诉而承担更为不利的裁判结果，这必然导致被告人明知或认为一审判决不公正，但由于惧怕二审发回加刑而不敢提出上诉。

再者，刑事诉讼法所规定的第二审人民法院可以裁定撤销原判、发回重审的三种事由，既是对第二审的要求，也是对第二审的约束。只有当原判出现事实不清、证据不足或者严重违反诉讼程序情形的时候，二审法院才能够裁定撤销原判，发回重审。如果原判并未出现上述情形，而仅仅是刑罚失轻，则不具备发回重审的法定条件，二审法院无权以此为由(不论假借什么理由)撤销原判，发回重审。

(三)关于二审对发回重审的案件指示判决结果的问题

所谓二审法院对发回重审的案件指示判决结果，是指二审法院在依法裁定撤销原判，将案件发回原审人民法院重新审判的同时，以函件或口头的方式，对案件发回后的定罪、量刑等实体判决结果，向原审法院作出具体、明确的指示，要求原审法院照此判决。审判实践中，二审法院宣告撤销原判，发回重审的终审裁定时，往往还要给原审法院发送内部公函。公函的内容和作用，是为了具体指出原判存在的错误，陈述二审的观点和理由，作为一审法院在案件重新审判时的参考。这种做法是正当的。但是，如果二审法院在发回重审的时候，向一审法院发号施令，指示一审法院必须按照二审的意见进行判决，这就不妥了。

我国法律规定，人民法院依法独立行使审判权。根据这一法律原则，人民法院在对受理的刑事案件依照法定程序审理以后，应当根据事实和法律，独立对案件作出判决。既不受其他司法机关、行政机关或社会团体、个人的干涉，也不应受其他法院包括上一审级法院的不正当干预。上级法院对下级法院所作的刑事判决的监督，是法律监督、审级监督，一般是通过对案件的上诉审程序来完成的，而不是采取案件判决前的行政式命令来监督的。否则，一审人民法院依法独立行使审判权就成为空话。

根据法律规定，第二审程序具有维持一审正确裁判、纠正一审错误裁判的诉讼职能，但没有取代一审的权力。案件发回重审后，对案件重新进行实体审理的是一审法院，而不是二审法院，对案件的判决，只能建立在依法对事实和证据进行重新审理的基础之上，并由一审法院的法定审判组织合议庭或审判委员会作出。如果在此之前，二审法院即对案件一审判决的具体结果作出指示，不仅超越了法定职权，影响和干涉了一审法院依法独立行使审判权，而且使两审制变成了一审制，使当事人在案件重新审判后再提起的上诉失去了实际意义，从而导致上诉审制度形同虚设。

由此可见，第二审法院依法做出撤销原判、发回重审的裁定以后，案件回到一审程序的初始状态。这时，二审法院只能就原判决存在的错误提出参考意见，而对案件的实体判决，则就由一审法院依法审理后，根据事实和法律独立作出。

（四）关于二审认为一审驳回不当的自诉案件应如何处理的问题

根据刑事诉讼法第一百二十六条的规定，人民法院对于一审自诉案件进行审查后，对缺乏罪证的自诉案件或者被告人的行为不构成犯罪的案件，可以裁定驳回。当然，当事人对驳回裁定可以在法定期限内提出上诉。那么，如果二审法院经过审理后，收集到了新的罪证，或者有证据证明被告人的行为已构成犯罪，一审裁定驳回显然不当，二审对这样的案件应当如何处理？是撤销原裁定，发回重审；还是由二审根据新证据直接判决？我们认为，在这种情况下只能选择前者。

一审驳回的自诉案件，一般有两种情况，一种是经过开庭审理，一种是未经开庭审理。不论哪种情况，一审所作出的驳回裁定都应视为是程序性的。也就是说，一审法院并未就被告人是否应负刑事责任和刑事责任的程度作出实体判决。在这种情况下，如果二审法院根据新的证据对被告人作出有罪或无罪，科刑或不科刑的实体判决，就会形成一个刑事案件只经过一次实体判决的结果，并且这仅有一次还是终审判决，当事人依法享有的上诉权利实际上受到了剥夺。

为了避免上述违背法律的情形出现，第二审法院经过审理，如果认为一审对自诉案件驳回不当，只能依法撤销原裁定，将案件发回重审。如二审收集到了新的罪证，应当告知并移送一审，供重新审判时使用。

（五）关于发回重审的案件一审是否应另组合议庭的问题

我国刑事诉讼法只规定按照审判监督程序进行审判的案件，应当另行组成合议庭，对于二审发回重审的案件一审是否应当另组合议庭进行审理，没有具体的规定。

我们认为，在刑事诉讼过程中，第二审程序裁定发回重审和审判监督程序决定再审，二者之间有许多不同之处，但就二者的本质而言，又有相同之处。发回重审和再审都是发挥审判监督职能，纠正原有的错误裁判。正因如此，法院对发回的案件重新审判时，应当从如何更有利于案件公正审理的角度来考虑确定合议庭成员。

一般说来，原合议庭成员对案件的情况比较熟悉，再由其对案件重新审理，有轻车熟路之利。但是，从另一方面来说，也正是因为他们已有原来的印象，又难以摆脱先入为主之弊。重新组成合议庭可以避免先入为主，片面行事，有利于保证办案质量。

（六）关于刑事附带民事的案件，附带民事诉讼当事人提出上诉，二审能否全案发回重审的问题

审判实践中，有的刑事附带民事案件经过一审判决后，刑事当事人在法定期限内未提出上诉，同级人民检察院也未提出抗诉，只是附带民事诉讼的当事人提出上诉。二审审理后，认为刑事部分确有错误，能否撤销刑事判决，将全案发回重审？有的同志认为，二审可以进行全案审查，审查发现一审刑事部分不当，可以撤销原刑事判决，发回重审。

我们认为，这样认识是不正确的。首先，二审诉讼的开始，是要符合法定条件的。刑事诉讼法对具有上诉权、抗诉权的主体和提出上诉、抗诉的期限都作了明确的规定，如果具有上诉权或抗诉权的主体未在法定期限内提出上诉或抗诉，则人民法院的裁判即发生法律效力，而生效的判决是不能成为刑事二审程序审理的对象的。法律规定，附带民事诉讼的当事人和他们的法定代理人只能对第一审判决中附带民事诉讼部分提出上诉，其上诉的效力不涉及一审刑事部分判决。在这种情况下，第二审法院实质上只能就一审所附带的民事诉讼部分进行审理。二审法院已经无权通过二审程序对原审刑事判决部分作出裁决。因此，尽管二审法院在审理附带民事部分的诉讼过程中，发现了一审刑事判决确有错误，也不能对此作出二审裁决，只能就原判附带民事部分作出裁决。总之，在一审刑事判决已经生效的情况下，二审法院认为其确有错误，只能依照审判监督程序予以解决。

论单位犯罪

浙江省宁波市中级人民法院　王德兴

随着我国经济体制改革的不断深化，改革、开放、搞活的实践使我国政治、经济、文化、社会生活等诸方面都发生了极其深刻的变化，出现了前所未有的振奋人心的新局面。但是在人们对商品经济意识迅速、普遍增强的同时，又不可避免地产生了一些新的矛盾和消极现象，突出地表现在经济领域中违法犯罪活动的增加。尤其是近几年来，一些国营、集体的企事业单位和社会团体，利用他们合法的组织地位和强大的经济实力，有的还与国家机关内部或社会上的不法分子相勾结，进行投机倒把、走私贩私、行贿受贿、偷税抗税、假冒商标、制造贩卖假药和有毒食品、印制销售黄色书刊和淫秽物品、利用经济合同诈骗巨额钱物、污染环境以及拒不执行法院的判决、裁定等犯罪活动，严重地扰乱和破坏了正常的社会、经济秩序。上述出现的大量社会丑恶现象，引起了我国法学界及政治、经济等社会各界，对建立在八十年代以前产品经济基础之上的单位不会犯罪的我国传统刑法理论的重新认识，并展开了热烈的讨论。不久，在全国人大常委会1987年1月22日通过的《中华人民共和国海关法》和1988年1月21日通过的《关于惩治贪污贿赂罪的补充规定》、《关于惩治走私罪的补充规定》等单行法律中，明确规定了有关单位犯罪及处罚单位犯罪的刑罚，从而使我国刑事立法迈出了新的一步。

一

综合有关单位犯罪问题的争论，尽管立论的角度和内容的侧重各有不同，互见长短，

但集中起来大多都围绕在犯罪构成与刑事责任二个方面。展开这方面的讨论毫无疑问是完全必要的，但如果仅仅局限于此，似乎仍然难以从根本上来解释我国单位犯罪现象的。笔者认为，我们应当首先从宏观的高度来分析和研究单位犯罪问题，从整体上给予科学论证，以期达到对单位犯罪问题有个较透彻的认识，并对单位犯罪的发展趋势有个较科学的预见。

1. 单位犯罪是时代的产物。历史唯物主义认为，犯罪产生刑法。刑法是客观犯罪实际的反映并给犯罪以否定的评价，同时又是预防和制裁犯罪的科学对策。由于社会的不断发展变化，侵害社会关系的犯罪形式也会发生新的变化。近几年来，从我国大量的经济犯罪事实中表明，我国不仅确实存在单位犯罪，而且相当严重。如福建晋江地区的假药案、哈尔滨正阳楼肉食品二厂长期用病害猪肉加工销售熟制品案、湖南汨罗市的假劣农药案以及全国各地愈演愈烈的偷税案和被人们称之为“官倒”的严重的单位投机倒把案等，都是典型的单位犯罪，影响之大，危害之深，触目惊心。它是我国社会主义商品经济发展过程中，由于社会关系的不断多样化发展所引起的新的犯罪形式，这种新的犯罪形式正以其巨大的消极作用，对社会主义社会关系发生着严重的破坏。对此，仅依靠民法、经济法和行政法的制裁，已不足以预防和减少单位犯罪的发生，还必须运用刑法来规范单位的活动。

因此，科学地认识客观存在的单位犯罪，对于制定惩罚单位犯罪的法律，维护社会主义经济秩序，保障全面深化改革，具有十分重要的现实意义。有的同志曾以没有法律规定为理由来否定单位犯罪，这实际上是用静态的刑法观去看待发展着的犯罪事实，用法律标准来代替客观的事实标准，显然是违背历史唯物主义要求的。衡量我国《刑法》是否科学，应以其是否反映了我国客观的犯罪实际以及解决客观犯罪问题的有效程度为标准。无庸讳言，我国《刑法》由于种种原因，至少未能反映客观存在的单位犯罪实际，因而也就谈不上对单位犯罪问题的有效解决办法。所以对《刑法》的修改，是时代的要求，势在必行。

2. 承认单位犯罪符合社会主义初级阶段的科学理论。研究我国现阶段社会主义条件下的犯罪包括单位犯罪，应当以社会主义初级阶段理论为依据，从我国的基本国情出发，坚持理论联系实际，来揭示社会主义社会存在和产生单位犯罪的本质原因。我国是处在初级阶段的社会主义社会，它一方面已具备社会主义本质属性的因素，并不断地发展和完善；另一方面在社会主义因素占主导地位的条件下还有非社会主义性质的因素存在。这种非社会主义因素在一定条件下会诱发犯罪，包括产生单位犯罪。剥削阶级作为整体在我国虽已不复存在，但阶级斗争仍将在一定范围内长期存在，仍将是产生犯罪的主要原因。单位犯罪，就是阶级斗争反映在经济领域中的一种特殊形式。有的同志认为，我国企业具有社会主义性质，不可能产生犯罪，承认单位犯罪，就会否定我国企业单位的社会主义性质。笔者认为这种认识的错误不仅在于把我国全民所有制和集体所有制企业单位看作纯而又纯的社会主义企业，还把资本主义性质的私营企业和外商独资企业，以及社会主义与资本主义相互渗透、作用的中外合资、合作经营的企业，也当作是完全社会主义性质的企业。从而掩盖了我国现阶段企业结构的多层次性和企业性质的多样性、复杂性，掩盖了我国企业还有非社会主义性质因素的一面，掩盖了多种经济成份之间的矛盾，看不到它们在某种条件下产生犯罪的可能性。其根本原因乃在于把科学意义上的社会主义制度与现实的社会主义社会等量齐观，不加区别地视为同一个概念；把社会主义的企业制度与社会主义社会中的具体的企业两种不同概念混为一谈；忽视了阶级斗争不仅是产生自然人犯罪的主要原因，也是产生单位犯罪的主要原因这一客观事实。这显然是不符合我国基本国情的，是与社会主义初级阶段科学理论相冲突的。

3.社会主义商品经济具有产生单位犯罪的客观条件。商品经济不是资本主义特有的经济范畴，它是社会经济发展到一定历史阶段的必然产物。它作为一种经济形态，既可植根于资本主义社会，也能生长在社会主义社会。建立在公有制基础上的社会主义商品经济与资本主义商品经济固然有着本质的区别，但社会主义商品经济仍然具有价值、价格、交换、利润、竞争等商品经济的一般形式，仍然存在个别劳动与社会劳动、需求与供给、价值与价格、生产与消费、所有权与经营权等商品经济的自身矛盾。由于上述商品经济一般特性的存在和作用，必然为单位犯罪提供了客观条件。商品经济是直接以交换为目的的一种经济形态，每个经济主体为实现商品交换，都必须以商品所有者的身份参与商品交换活动，以使自己的个别劳动在市场中接受价值法则的检验，从而得到社会的承认。由于我国社会主义商品经济同样无法避免地存在个别劳动与社会劳动之间的矛盾，存在着商品的价值与使用价值之间的矛盾，这种矛盾同样促使着每个商品生产者之间，无论是国营、集体还是私营的经济组织，为了追求自身的利益而展开激烈的竞争。竞争是商品生产者求生存图发展的有效手段，然而竞争的消极因素也会诱使一些商品生产者背离社会主义轨道。又由于我国现阶段还很缺乏良好的竞争外部条件，竞争机制很不完备。因此诸如偷税、走私、投机倒把、假冒商标、污染环境、制售伪劣商品等单位犯罪便应运而生。商品价格背离商品价值是商品经济中经常出现的普遍矛盾现象，这种矛盾现象在社会主义商品经济中也将长期存在，尤其在我国现阶段市场经济还很不发达，多种价格体制并存的条件下，价值规律的作用受到较大的限制，价格管理上的混乱和漏洞短期内还难以完全克服。又由于现阶段生产力水平不高，以及各地区之间的严重不均衡性，无论是生产资料还是生活资料的供求关系仍存在相当突出的矛盾。这就为一些单位提供了利用价格差别和供求矛盾以及他们的经济地位，进行诈骗、走私贩私、行贿受贿、投机倒把等犯罪的可乘之机。所有权与经营权相分离是商品经济关系中的普遍现象。随着我国经济体制改革的深入，企业作为相对独立的商品经营者地位不断确立，企业具有了相对独立的经济利益，这对于激励企业对自身利益的追求，充分发挥企业的积极性、主动性，促使企业的经济效益与经营成果直接挂钩，迅速发展社会主义商品经济具有十分重要的积极作用。但同时，财产所有者与财产经营者之间、经营者与经营者相互之间，以等价交换为基本特征的商品货币关系的矛盾也随之产生。这一商品货币关系的矛盾运动必然引起国家与企业、企业与企业之间的物质利益冲突。特别在我们对于“两权分离”的经济理论和实践还有待进一步探索，对“两权分离”后的企业的制约机制有待进一步完善的情况下，更容易产生单位犯罪。当前有些企业为了追求非法利益，不择手段地损害国家和其他企业的利益，所进行的违法犯罪活动，就是这种国家与企业、企业与企业之间在根本利益一致前提下的物质利益冲突的结果。

4.承认单位犯罪符合法律面前人人平等的法制原则。坚持在法律面前人人平等，不容忍任何特权，是我国社会主义法制的一项基本原则。只承认自然人犯罪而否认单位犯罪的传统刑法观，是与这一基本原则有悖的，至少是不彻底的。以公有制为主的多种所有制经济构成我国社会主义初级阶段法制的经济基础，初级阶段的社会主义法制要求对于全民的、集体的、个体的、私营的经济组织，以及中外合资、合作经营和外商独资经营的经济组织，都应一视同仁，对他们的合法权益都给予法律的保护，对他们的违法活动都给予法律的制裁，以真正体现他们在法律上的平等主体地位。如果说个体经济、私营经济偷税、走私的应当定罪判刑，而对全民、集体经济组织偷税、走私，那怕几十万、几百万甚至上千万元，因为它们是公有制经济，是出于本单位集体利益，则可以不受刑事追究。对自然人拒不执行法院的判决、裁定可以逮捕法办，但对单位公然藐视法院的判决、裁定，因为它们出于本单位集体利益而拒不执行，则奈何不得。那么法律面前人人平等原则将如何体现？法律又岂非承认和保护了公有制企业单位的特权？由此可见，把在产品经济时期因公有制经济组织缺乏犯罪条件情况下，建立起来的单位不会犯罪的产品经济刑法理论，用来解释和否定由产品经济向商品经济过渡、变革中的单位犯罪问题，显然是没有说服力的。所以只有承认单位犯罪，并给犯罪单位以相应的刑罚，才符合法律面前人人平等的社会主义刑法原则。

二

目前法学界对单位犯罪概念的提法颇不一致。笔者认为单位犯罪，是指企业、事业单位和社会团体的工作人员，在从事商品经济活动或与商品经济相联系的活动过程中，受单位委托并以单位的名义，为单位利益而实施的犯罪。因此单位犯罪必须具备4个基本要件：1. 实施犯罪行为的人必须是企业、事业单位和社会团体的工作人员，包括单位代表、主管人员和直接责任人员；2. 犯罪是在从事商品经济活动或与商品经济相联系的活动过程中实施的；3. 犯罪行为人是受单位委托（包括事后被接受或默认）并以单位的名义实施犯罪的；4. 犯罪是为了单位利益而实施的。

单位犯罪的主体，是企业、事业单位和社会团体。这里需要明确两个问题。一是主体范围，只能限于自主经营、自负盈亏为追求本单位的经济利益为目的，而从事商品经济活动或与商品经济活动相联系的企业、事业单位和社会团体。机关，包括国家的各级权力机关、行政机关、军事机关、检察机关、审判机关、政党机关，以及工会、妇联、共青团等群众团体机关，不能列为犯罪主体。因为各类各级机关是依其性质根据国家和政党授予的权限，履行各自的职能的，并不直接从事商品经济活动。有的虽也从事某种与商品经济相联系的活动，但主要是以行政管理为主，并不为自己谋取经济利益，因此不能把它们作为犯罪主体。假如国家机关和政党机关等能够成为犯罪主体，则同我国的国家机关、政党、军队及群众组织的性质是不相符的。同时，国家机关和政党机关、群众组织机关也不存在所有权与经营权相分离的情况，它们的财产所有权并不属于机关本身，而是属于国家、政党或群众组织。所以如果对机关处以刑罚，无异于国家自我处罚，或者是对某个政党组织和群众组织的处罚，这显然是不恰当的。如果机关中有人利用职权以机关的名义，为本机关牟取非法利益而进行违法犯罪活动，应以自然人犯罪论处，不能直接追究机关的刑事责任。至于由机关所办的企业、事业单位所进行的违法犯罪，则属于单位犯罪的范围，直接追究这些企业、事业单位的刑事责任。所以笔者认为目前立法把机关列为犯罪主体的规定是失之过宽的。二是把单位作为犯罪主体，是把单位作为一个整体。单位犯罪不同于共同犯罪，二者有着本质的区别。共同犯罪是二人以上的共同故意犯罪，无论以一般的共同犯罪形式还是以犯罪集团的形式实施犯罪，它们都是以犯罪为目的结合在一起的，从组成开始就是非法的，每个成员从一开始就具有犯罪的共同故意，给社会造成的损害都是他们共同实施犯罪行为的结果。单位犯罪则不具备共同犯罪的上述基本特征，只是宣告单位有罪，而追究单位及其负有犯罪责任的工作人员的刑事责任，而不是宣告组成单位的每个成员都有罪，更不是追究每个成员的刑事责任。有的同志认为单位犯罪实际上就是共同犯罪的观点是缺乏根据的。至于有的人为了共同的犯罪目的结合在一起，钻改革的空子，利用骗取的单位名号，暗地里专干犯罪的勾当，则不能把它们当作单位犯罪，而应按共同犯罪论处。

单位犯罪的主观方面，既可能由故意构成，也可能由过失构成。故意和过失是行为人对危害社会的结果所持的两种不同的心理态度。不同的罪过形式，反映行为人的主观恶性不同，它是研究和确定单位犯罪的刑事责任大小的重要依据之一。从理论和实践表明，只能由故意构成的单位犯罪，多见于走私贩私、行贿受贿、诈骗、投机倒把、假冒商标、偷税抗税、制售伪劣商品等犯罪。既可以由故意构成，也可以由过失构成的单位犯罪，多见诸危害环境等公害犯罪。

传统刑法观否定单位犯罪的理论依据之一，是单位没有自然人的思想意识，因而单位不具备犯罪的心理条件。笔者认为否定单位能够进行有意识的犯罪活动的观点，它一方面割裂了自然人与单位紧密的相互联系，忽视了单位是由自然人有目的、有意识组织起来的有机整体的客观事实；另一方面抹煞了自然科学与社会科学的区别。在自然科学范畴内，意识和意志的确是自然人所特有的心理现象。但在社会科学范畴内则不然，心理现象不只是自然人所独有，各种社会组织乃至阶级、国家都具有自己的心理现象，否则怎么解释被人们所普遍接受和理解的“民族意志”、“统治阶级意志”、“国家意志”等社会科学中的概念呢？其实所谓单位意志，即单位内在意志的外部表现这一法律概念，早已进入民事法律领域并得到无异议的肯定，然而这一概念却为什么不准许进入刑事法律领域中来呢？这显然是没有道理的。单位既然可以进行有意识有意志的民事活动（包括故意和过失的违法活动），当然也可能进行有意识有意志的刑事犯罪活动，因为民事违法活动与刑事犯罪活动之间并没有不可逾越的鸿沟。单位犯罪的内在意志固然是通过单位及其工作人员表示出来的，但对社会来说，并不仅仅反映他们个人的意志，而是单位整体意志的表示。因此，我们说单位既具有自然人意志的一面，又具有整体性意志一面的特征，具备单位产生犯罪的主观心理条件。

单位犯罪所侵犯的客体，可以是多种社会关系。如公共安全、社会主义经济秩序、社会管理秩序、财产权利、国家机关正常活动等。总之笔者认为，除了反革命犯罪、杀人、放火、强奸、抢劫、流氓、伤害、妨害婚姻家庭罪等只有自然人才能构成的犯罪外，凡是企事业单位和社会团体为追求自己的经济利益，在从事商品经济活动或与商品经济相联系的活动过程中，可能被其侵犯的各种具体的社会关系，都可以成为单位犯罪的客体。目前我国刑事立法将单位犯罪的客体规定过窄，是不利于预防和制裁单位犯罪的。

三

惩罚单位犯罪，既不违背罪责自负原则，又符合刑罚的目的。传统的刑法理论认为，单位的违法活动只是少数人的行为，因此追究单位的刑事责任，势必把单位当作共同犯罪而株连单位中的其他成员，是违背罪责自负原则的。如果需要追究，也只能追究行为人的个人责任。笔者以为不然，单位犯罪与共同犯罪是两个不同的概念，宣告某个单位犯罪，并不等于对其每个成员都宣告有罪。这与被评为先进集体的某个单位一样，其每个成员并不就是先进生产（工作）者。不错，单位的犯罪决策只是由单位领导（包括单位代表、主管负责人或者集体）作出的，对犯罪的实施，也只是由少数的直接责任人员进行的。但如果因此只能追究个别人的责任，那么由于单位领导的正确决策，以及有效的组织实施为单位带来重大的经济利益时，为什么却要由单位成员共同分享而不能由决策者和实施者独占呢？因此只有从整体上来追究犯罪单位的刑事责任，才真正符合罪责自负的原则。更何况由单位犯罪所造成的巨大经济损害，是个别人所无法弥补的。

惩罚单位犯罪的目的，是通过对单位适用刑罚，使其受到一定的惩罚而不再犯罪。同时也使其他单位受到震慑和教育，从而达到预防和减少单位犯罪的目的。传统刑法理论认为，我国刑法所规定的自由刑和生命刑无法适用于单位，财产刑对单位来说并无多大意义，因而达不到刑罚目的。这一理论的错误之处，不但在于只重视自由刑和生命刑，忽视财产刑作用的片面性；还在于这一理论的本身恰恰模糊了刑罚的目的性。我们对犯罪单位施以刑罚，既要看到刑罚的惩罚作用，更应充分认识刑罚对单位的威慑作用。宣告某一单位犯罪并处以相应的刑罚，它可以使犯罪单位遭受社会舆论谴责，降低单位的信誉，在经济活动中陷入困境，使其醒悟到因犯罪所遭到的损失远远超过其犯罪所获得的利益，从而压抑单位的再犯罪欲望，达到改邪归正的目的；可以促使单位成员提高对单位行为进行严格监督的责任性和自觉性，完善和加强单位内部的自我监督机制；可以教育其他单位学法、懂法、守法，严格依法办事；可以震慑、警诫其他企图犯罪的单位权衡利害得失，悬崖勒马，遵纪守法。

近年来我国刑事立法借鉴国外的通行方法，对犯罪单位采用两罚制的处罚原则，即对单位组织适用财产刑；对其负有刑事责任的工作人员适用人身刑，是正确的，也是可行的。这是因为单位是由自然人组成和控制的独立进行经济活动的组织实体，自然人在组织实体中属于决定性的因素并处于控制和支配的地位，所以单位的经济活动归根结底是依靠自然人来完成的。但是他们在经济活动中又必须依赖于实际存在的单位组织，不能以独立的个人身份进行，只能以从属于单位组织的成员身份进行活动。同样的道理，在单位犯罪时，具体的犯罪活动是通过自然人来决策和实施的，但他们的犯罪活动得以完成却又必须依赖于单位提供的组织和物质保证。这表明在单位犯罪中，自然人和单位是两个互相依存、不可分割，而又相对独立的犯罪主体。据此，单位的刑事责任分别由自然人和单位来承担是合理的，是与罪责自负原则相适应的。

单位是一个整体组织，不能适用人身刑，但可适用财产刑（包括罚金和没收财产）。另外，对单位的非法所得应予以追缴没收。对单位如何具体适用财产刑问题，因单位犯罪的性质、程度各不相同，情况纷繁复杂，目前立法又仅对个别罪作原则规定，司法实践尚缺乏经验的情况下，需要在理论和实践的结合上进行深入的探索和研究，故本文不作妄议。笔者仅就对不同经济成份的企业单位犯罪，在适用财产刑时是否适用同一量刑原则，谈点不成熟的意见。我国企业单位的经济成份较复杂，有私营的、集体的、全民的、外商独资的、中外合资的，还有不同经济成份企业之间联营的、个人与集体或全民企业合股的等等，但总起来可以分为三大类：私有制企业、公有制企业、公私合股制企业。笔者认为对不同所有制性质的企业，在量刑时应有所区别，即对公有制企业和具有公有制成份的企业实行有限制的量刑原则。特别是对它们适用没收财产时，要有所限制，不宜将国家和集体交由企业经营的那部分财产予以没收，应限于企业税后留利的范围内。这是因为交由企业经营的那部分财产的所有权不属于企业本身，而是属于国家或城乡集体经济组织的全体成员所有。如果将这部分财产没收，就会同我国刑法规定的只没收属于犯罪者自己所有财产的原则相抵触。

民事法学

应确立我国民事诉讼依法求实法官确信的证据制度

北京市西城区人民法院　蒋志培

长期以来，民事诉讼理论将我国民事诉讼证据制度归结为“实事求是”的证据制度。把“实事求是”既作为判断证据的原则，也作为整个民诉证据制度的原则。近几年来，有的同志对我国证据制度的命名提出质疑，并相应地提出“以实求实”、“充分确实”、“据法求实”等等新的命名。笔者认为，我国民事诉讼证据制度不仅仅是如何命名的问题，而且是要在辩证唯物论的指导下，确立我国民事证据制度诸项具体原则，从而建立和完善符合我国民事诉讼实际的证据制度的问题。笔者将我国民事证据制度归结为“依法求实的法官确信”，与以往的“神灵判”、“法律判”、“良心判”、“事实判”的证据制度相对应，简称为“依法求实判”，并试提出它的6项原则。以抛砖引玉，引起讨论，促进民事诉讼证据理论的发展。

一、对我国民事诉讼实事求是证据制度及理论的疑问

民事诉讼证据是民事诉讼活动的中心问题。从起诉到裁判，以至执行，一切诉讼活动都围绕着证据的提供、收集和判断展开。当事人凭借证据使法院确认其诉讼请求或反驳诉讼请求，以追求胜诉的目的。人民法院则凭借证据查明案情，以适用实体法律，作出正确的裁判。可以说，离开证据就谈不到诉讼。从某种意义上说，审判的艺术就是运用证据的艺术。民事诉讼制度特别是民事诉讼证据制度及其理论是否先进、完备、精巧、发达，常常是一个国家法制建设水平的显著标志。

但是，由于我国长期将计划经济与商品经济对立起来，否认社会主义商品经济存在的必然性，否认民法在国民经济及社会生活各个方面的重要作用，忽视公民和法人等主体民事权益的法律保护，使得民事诉讼的理论及立法、司法实践都十分薄弱。其中民事诉讼证据的理论和实践尤甚，与其在民事诉讼中所处的地位毫不相称。

近年来，这种状况大有改变，但面对十一届三中全会以来不断深入发展的经济体制改革，日新月异的社会主义商品经济发展形势，错综复杂的社会经济生活状况，以及大量民事、经济纠纷拥向法院的局面，仍仅把我国民事诉讼证据制度简单地概括为“实事求是”，而不深入地探求民事诉讼证据的特殊规律，已不能满足司法实践的需要，已不适应正确处理社会主义有计划商品经济形势下，以新的形态表现出来具有新特点的民事、经济纠纷的需要。我国民事审判工作中存在的一些长期不能摆脱的困惑和弊端，与民事诉讼证据制度及理论的现状不无密切的关系。实践已促使人们不得不对“实事求是”的证据制度及理论提出疑问。

（一）把实事求是作为诉讼证据的原则是以哲学的一般规律代替具体科学的个别规律，是降低实事求是思想路线的指导地位。从实际出发，实事求是，按客观规律办事，是马克思主义的根本观点和根本方法，是我党的思想路线，是毛泽东思想的活的灵魂。实事求是高度、精辟地概括了这一哲学思想，为我们认识世界和改造世界，为中国社会主义建设事业指明了方向，提供了锐利的武器。它理所当然地成为我们从事各项工作的指导思想，民事诉讼证据制度和理论也当然应以实事求是作为根本的指导思想。但是实事求是的思

想路线毕竟是从世界观、方法论的高度对各门具体科学，对人类自然知识、社会知识和思维的一种概括和总结，它揭示的是哲学范畴客观世界的普遍规律。它与作为民事诉讼证据理论的关系只能是一般与个别、普遍与特殊的关系。实事求是高度概括和抽象了证据理论，对证据理论具有世界观和方法论的指导作用。但两者只能相互作用和相互促进，而决不能互相代替。把民事证据理论标以实事求是，并作为其原则未反映出我国证据制度及理论的科学性和先进性，反而妨碍了以实事求是为指导思想对民事诉讼证据特殊规律的深入、具体研究。以一般代替个别，以哲学的结论包揽部门科学的原则，并不是尊重马克思主义思想路线的体现，而只能降低和削弱它的指导地位，使其束之高阁，成为僵死的教条。

（二）不承认对案件事实认定的盖然性（或称相对性），实质是否认人的认识的相对性（或称有限性）。忽视法官确信，实质是否认人的认识的主观作用，将人的正确认识与客观现实相混同。马克思主义哲学认为，正确与错误是人们对外部世界认识的一种属性。客观存在的事物本身既无所谓正确，也无所谓错误。只有人对客观世界的认识、知识，才可能有正确和错误的问题。因此，承认人的正确认识的客观性，决不能离开唯物主义反映论，也更不能得出人的正确认识就是客观事物本身的结论。所谓“客观”一词，只是意味着对象、认识的内容是不依赖于人、不依赖于认识的主体而客观存在的，人的认识是对它的反映。如果把人的正确认识不是理解为是主观对客观事物的正确反映，而是理解为客观事物本身，就是把人的正确认识当成了同主观无关的东西，这就离开了唯物主义反映论。人的正确认识是客观的，但却不是同主体认识无关的。在我们划清把人的正确认识看成是纯粹主观的唯心主义界限后，重要的不是简单地宣布人的正确认识就是客观事物本身，而是要善于在主观与客观的关系中，依据唯物主义认识论去探求正确的认识。在这里，主体的认识和认识的主体是丝毫不能忽视的一面。忽视它就包含着转化为唯心主义的可能，就意味着向唯心主义的迈步。用这种观点分析我国证据制度和理论，就会发现我们对“实事”和“是”是重视的，但对沟通、联系两者的“求”即主体的认识和认识的主体却重视不够：理论未对其作详细具体的阐发，制度未对其作完善细致的规定，并长期忽视法官在证据上的主观作用，视法官确信为禁区。仿佛一提法官确信就是主张“自由心证”，就等于唯心主义。其实法官在判断证据问题上的权力如何，是古今中外各种类型证据制度及其理论的中心问题，并以此区分其证据制度类别和决定其称谓。对此，立法者和证据学者都作过详尽的、连篇累牍的规定和论述。对这样一个不可回避的问题，我国的证据理论制度却显得格外“慎重”，以致于出现了以书记、长官的确信代替了法官的确信，以“实事求是”为借口，破坏了国家法律的尊严和统一。

马克思主义认为，人类获取对客观世界的正确认识是一个过程，要达到最终的毫无遗漏的绝对真理是不可能的。现实世界是无限发展的过程，它在人的头脑中的反映也是不断发展的过程。这两个过程在不断的发展中可以逐渐吻合，但不能最终地、完全地吻合。恩格斯指出：“人类的思维是至上的，同样又是不至上的，它的认识能力是无限的，同样又是有限的。按它的本性、使命、可能和历史的终极目的来说，是至上的和无限的；按它的个别实现和每次的现实来说，又是不至上的和有限的。”①“我们只是能在我们的时代的条件下进行认识，而且这些条件达到什么程度，我们便认识到什么程度。”②恩格斯认为人

① 《反杜林论》，人民出版社1970年版，84页。
② 《马克思恩格斯全集》第20卷，585页。

的认识的这种特性,“不仅在哲学的认识上是如此，就是在任何其他的认识上以及在实践行动方面，也是如此。”①正是由于人的认识的这种有限性或相对性，使人的认识不可能一下子穷尽客观现实，人们只能由相对真理逐渐地向绝对真理接近，但永远不能达到毫无遗漏的最终的绝对的真理。实际上，法官认定案件事实总是具有一定程度（法律规定的范围内）的盖然性或相对性，而不可能达到绝对的确实性。这种盖然性的存在，实质是人的认识的相对性或有限性的反映。我国证据理论中“一切用作定案根据的证据必须确实可靠，对案件事实的认定必须准确无疑地反映客观情况，经得起实践检验。”②的论述无疑是正确的。但是笔者认为，这里所说的“确实可靠”，“准确无疑”也仍然具有盖然性或相对性，它是在追求客观真实基础上达到的一种法律规定的标准或规格，而不是“绝对的客观真实”。我们应该在追求客观真实的基础上，严格依照法律的规定办事，任何违背实事求是指导思想，不依法办事的作法都是错误的，都不能保证案件质量，经不起实践的检验。但是也不能将承认对案件事实认定的盖然性，就武断称为“唯心论”、“不可知论”，并贴上资产阶级的标签。承认认定案件事实的盖然性无论在理论上还是在实践上都具有重要意义：只有承认它，才能在证据制度中引进依法的原则，才能使客观真实受到法律的保障，而不致变为任人玩弄的文字游戏。对依法不能认定的事实，在刑事诉讼中应严格推定无罪;在民事诉讼中,应确认所提出主张的当事人败诉，依法保护对方当事人的民事权益不受侵害。否认认定案件事实的盖然性，貌似正确，却可能导致不依法办事，任意拖延诉讼期限，使公民、法人民事权益和诉讼权利不能及时得到保护，甚至受到侵害的后果。

（三）否认与发达国家民事诉讼制度上的某些共性，实际上是不承认作为诉讼法律制度基础的社会主义商品经济存在的必然性，不承认不同所有制下商品经济基本规律具有的某些一致性。商品经济的存在和发展，是社会生产力发展的必然结果。商品经济的充分发展,是社会经济发展不可逾越的阶段。在社会主义制度下，商品经济存在的一般原因即其所依存的两个条件仍然存在，并且是社会主义生产方式本身的产物，并不是旧社会的遗迹。我国进入社会主义初级阶段，可以逾过资本主义阶段,但商品经济的充分发展，是社会主义发展不可逾越的阶段。不同社会制度下的商品经济性质是不同的，特别是社会主义有计划的商品经济与资本主义商品经济性质是决然不同的，但这并不能否认不同制度下商品经济最一般属性的共同性。民法、民事诉讼法是伴随着商品经济的发达而发展起来的。正如商品经济的存在，是整个社会主义经济必须采取的经济形式，决非旧社会遗留的痕迹和残余一样，反映商品经济一般规律的发达国家的某些民事、商事法律制度特别是一些先进的民事诉讼制度、法律手段，并不是资本主义的专利。我们不应一概排斥，而应借鉴利用。过去我们解放思想承认了法律的继承性，今天我们应在实事求是思想的指导下，以社会主义初级阶段，社会主义有计划商品经济理论为基础，如同使用资本主义先进的经济管理科学一样，更深层地借鉴和使用发达国家的某些先进的法律制度，跟上国际诉讼法学的新趋势。有的同志不注意分析现代资本主义发生的某些变化。在诉讼证据理论上，对资本主义以及以往类型的证据制度不加辩证分析的简单概括为“立法的专横”、“司法上的专横”、“帝国主义阶段被法西斯化”。近几十年来，资本主义发生了种种变化。发达国家的一个共同的主要变化，即

① 《马克思恩格斯文选》两卷集第二卷，359页。

② 《证据学》第63页。

建立了一个比较完善的法制体系，一个商品经济发展的稳定环境，使生产力尚能够得到进一步的发展。那种不顾国情一味崇洋媚外，无视社会主义有计划商品经济与资本主义商品经济的本质不同，追求资本主义法律政治制度是极端错误的。同时那种对社会主义有计划商品经济存在的必然性不理解，对党的改革开放政策存有疑虑，关上大门，拒绝借鉴发达国家某些先进的法律制度也是极其有害的。实际上资本主义制度包括其法律制度是人类文明的伟大创造，作为彻底的唯物主义者，应实事求是地吸取他们有益的经验和知识，为我所用，努力建设一个有利于社会主义有计划商品经济发展的良好法制环境。

（四）民事诉讼制度的主旨并不在于追求某个具体案件的绝对客观真实，达到扬善抑恶、排忧解难的目的，而在于以国家强制力保障民事、经济法律规范的普遍具体化，从而达到法律调整，建立和维护社会主义商品经济法律秩序的目的。法律是惩罚的手段，但更是建立正常秩序的工具。应强调法律的保护职能，但更应重视法律的调整职能。从法律是行为规范来说，法律凝结了人们的价值观，它通过评价、预测、警诫人们的行为，发挥指导人们行为的作用。法律作为一种社会调整器，它通过制裁或恢复被侵害权利以及确认权利义务关系的手段，发挥调整、保护社会关系的作用，从而建立一种法律的秩序。民事诉讼在发挥法律调整职能上具有重要的作用。民事诉讼证据制度则通过对证据的收集和判断，通过当事人的举证责任及其分担、转换，确认当事人的胜诉与败诉，发挥着规范人们行为，调整人们关系的特殊作用。众多民事、经济纠纷的发生，往往是由于人们从事商品经济的法律意识不强，以进行民事、经济交往中往往对民事行为的法定实质要件，特别是形式要件，以及票据、签字等法律规定不习惯、不重视造成的。人们习惯于“拍脑门”办事，“凭良心”算帐。发生纠纷进行诉讼，双方各执一辞，法院也无从可查。多年来，民事、经济审判工作包揽了证据的社会调查工作，大大加重了法院的负担（即国家负担）。而对公开审判，对证据在庭审中的调查、质证、辩论等却走了过场。不少定案的证据出于种种顾忌却不拿到法庭上公开。对一些查不清楚的案件也出现了拖延诉讼、违法调解、强迫撤诉的现象。是追求某一具体案件的“绝对客观真实”，尽管无证据法官也要大海捞针，否则就不是明镜高悬、排忧解难，而全然不顾处理纠纷的经济效益。纵容那些不依法进行民事活动的行为呢？还是从建立一个法律秩序出发，让那些不依法进行民事活动的公民或法人承担举证责任，在其举不出证据或所举证据不足以证明其主张，法院也无据可查的，即由其承担败诉的后果，并以此规范、调整人们的行为，稳定民事关系呢？人们从社会的、全体人民长远的利益考虑，会赞成后者。因为后者并不会使他们丢掉什么，而只能增强进行商品经济的法律意识——民法意识，得到一个良好的社会主义有计划商品经济的法制环境。

（五）实践证明，我国实事求是的证据制度不但未能在法律制度上切实保证实事求是思想路线的实现，而且也未给予法官在审判中正确运用证据的具体原则和明确办法，使诉讼实践中提出的大量问题未能得到解答。民事诉讼证据制度的核心问题，是解决证明案件事实的主、客观条件的统一问题，即如何使法官的主观认识与案件的客观真实情况趋于一致的问题。证据制度本应通过具体的原则，具体的法律规定解决这一核心问题。一些教科书中将我国证据制度的核心归结为实事求是原则，将这一原则在民事诉讼立法上的体现归结为：1. 重证据、重调查研究；2. 一切证据必须查证属实才能作为认定案件事实的根据；3. 必须忠实于事实真象。理论和立法如此的简单化、原则化导致了审判实践中的一系列问题。在民事、经济审判实践中，对具体案件的实事求是往往各有各的理解，法官有法官的理解，当事人有当事人的理解，各位法官之间以及职位、资历不同的法官也各有不同的理解。在审判的实际工作中，法官们投入大量的时间、精力进行收集证据的社会调查工作，他们往往相信、珍惜自己收集的证据，调查的材料，不相信当事人及其代理律师提供的证据及进行的辩解，将自己收集的证据不经过开庭调查、质证、辩论就作为定案依据的现象大量存在。在审结的大量民事、经济案件(调解结案方式占多数)中，有多少是客观真实的，有多少不够客观真实，有多少事实不清的，并没有科学的统计、概算和总结，而是任凭各位法官甚至书记官在各自确信着。而这一切都是在贯彻所谓实事求是证据原则下进行的。唯一把握案件质量的就是"层层把关"的案件审批制度。法官们为了解决实践中的问题，往往盲目地模模糊糊地运用着一些证据规则，但苦于过于简单的证据立法未作规定，过于大原则的证据理论未提供系统的指导，审判实践工作也缺乏总结提高。人民法院（国家）的人力、财力、物力是有限的，法官的精力、时间也是有限的，包揽证据调查势必出现了当事人给法官掏路费出差调查，有的法院无经费办案索性挂牌不收案的现象。实践证明，实事求是思想路线的实现，必须要有具体切实的可供法官实际遵循的证据理论原则和法律规定做保障。我国证据理论还应回答和解决审判实践中提出的迫切需要解决的问题。如：证据真实性的保障问题，举证责任问题，律师举证和收集证据的认可问题，依法推定及法官内心确信的地位问题，等等。

总之，我国以实事求是命名的民事证据理论，为我们探求民事证据的特殊规律指明了方向，但它未解决证据制度的具体原则，未解决法官在判断证据中的地位问题，也未体现依法办事的精神。从哲学的原则到法律的规定，从理论到实践都存在着一些问题。笔者对其提出疑义，并不是要全部否定它，而是在力求变革证据制度观念上作些尝试，从理论深层去研究证据的特殊规律问题。

二、应确立我国依法求实法官确信的证据制度

从促进生产力发展和建立一个社会主义商品经济新秩序的目标出发，结合我国国情和民事诉讼具体实际，借鉴国外有益的诉讼制度，我国应确立怎样的证据制度呢？笔者认为，我国应确立一个在辩证唯物论的指导下，人民法官依照法律规定的程序和规格，查明案件事实真象而进行的确信证据制度。简称为依法求实法官确信的证据制度。它应具有如下六项原则：

(1) 追求客观真实基础上的法律真实原则；(2) 当事人举证，并负担举不出证据，可能导致败诉后果的危险负担原则；(3) 人民法院在法律规定的范围内收集，调查证据的主动原则；(4) 依法推定原则；(5) 一切定案证据都必须经开庭向当事人公开的原则；(6) 在辩证唯物论指导下依法求实的法官确信原则。

确立我国民事诉讼证据制度的诸项原则，应达到三个基本条件：

(1) 确保对认定案件事实的真实；(2) 切实依法保护诉讼当事人的权利；(3) 有利于人民法院依法办案。以上述条件为标准，笔者将依法求实法官确信的证据制度的六项原则分述如下：

(一)追求客观真实基础上法律真实的原则。根据马克思主义辩证唯物论的观点，一切案件事实都是客观存在的，是完全可以被认识的。但这种认识是一个过程，而不能完全穷尽它。对客观存在的事实可以不断地认识下去，但作为每个具体案件不可能也不必要旷日持久地拖延下去，以追求客观和主观的完全重合。在许多情况下，由于主客观等条件的限制，即使客观已经发生过的案件事实，也并不一定能被完全证实，但案件总是要在一定期限内审结，民事法律关系也要求在一定时间内趋向稳定。因此诉讼法应对案件事实要达到的规格、程度作出一般的规定。

当法官在追求案件客观真实的基础上，达到了一种法定的原则规格，即通过开庭审理经法庭确认案件事实已经达到了民事诉讼法规定的“事实清楚，证据确实充分可靠”，即认定为达到法律真实（其中包括依实体法律推定成立的事实）。收集、调查、判断证据的任务就可以终止，法官可以进而适用法律解决当事人双方的实体争议。未达到法律真实的，就不能对案件事实轻易作出判断，不能停止查明案件真象的工作。对当事人所主张的事实和理由无确实证据证明真实可靠的，即认定达不到法律真实，应及时否定或不予认定，并相应保护对方当事人的民事权益。确立这样的原则可依法保证认定的案件事实建立在客观真实的基础上，使法官收集判断证据时有所遵循，同时又避免了将所追求的案件客观真实绝对化，以哲学概念代替法律标准，使法官花费不必要的精力。

（二）当事人举证、并负担举不出证据可能导致败诉后果的危险负担原则。民事诉讼一方当事人的胜诉，是以另一方当事人被迫履行义务为条件的，同时当事人主张权利的事实和理由如果无证据证明其败诉的诉讼后果不能由对方当事人、其他人或人民法院承担，只能由其自行承担。这是由于当事人与诉讼争议的标的具有直接利害关系而决定的。民诉法第五十六条规定了当事人的举证责任，但在法理上对举证责任的性质却有不同的理解。大体有五种观点，即权利说，义务说，权利义务说，实际需要说，危险负担说。笔者认为将举证责任概括为可能导致败诉的危险负担，是从当事人不履行举证责任的诉讼后果来分析的，抓住了问题的实质，较其他观点更为贴切。举证责任的含义应该是当事人对自己主张的事实和理由应当负责举证，如其提不出证据或提出证据不充分，法院经依法调查，也未能取得确凿证据证明其主张的，即负担败诉的后果。危险负担原则强调当事人进行民事诉讼首先要对自己的主张举证；其次举不出证据当事人即负担导致可能败诉的后果。我国民诉法应更加明确地规定当事人的举证责任及举证责任分担和转换的一般规则。确立当事人举证原则，可以充分调动当事人依法保护自己民事权利的积极性，有利于法院提高办案效率，发挥律师的积极作用；有利于减轻法院包揽调查的负担以及审判水平全面的提高，同时也使当事人的合法权益受到保护。

（三）人民法院在法律规定的范围内收集、调查证据的主动原则。由于人民法院追求的证明目的是案件的事实真相，因此法院在收集、调查证据中并不限于当事人举证，而是依职权主动发挥收集、调查证据的作用。这种作用是法院的一种职责，与当事人的举证责任不同，人民法院并不是举证责任的主体。由于民事诉讼从每个具体案件讲都是为着当事人各自的民事权益争诉，加之案件众多及当事人举证责任的存在，法院不能也不必要包揽证据的收集调查。人民法院的调查（指法庭调查以外的调查）即是主动的，不受限制的，又应带有补充的属性。对于当事人不便举证或举证困难等情况，法律明文规定法院必须进行收集调查证据的工作。笔者认为对以下六种情况法院应主动收集调查证据。(1) 必须由法院进行鉴定或勘验物证、现场的。(2) 根据有关制度规定当事人无法提供证据的，如：人事档案、房屋档案、银行存款以及涉及提取工商管理、医院等单位的某些证据的情况。(3) 当事人或证人有特殊情况举证不便的。如：年老体弱、残疾人、服刑人员等诉讼能力低的。(4) 当事人举证后，法官认为应当辨别真伪审查核实其效力的。(5) 涉及违法犯罪嫌疑必须进行调查的。(6) 依诉讼参加人申请或法院依职权依法进行证据保全的。主动原则的含义一是要求法官对证据的法庭调查要全面主动；二是法庭以外对证据的收集调查，要在法律规定的范围内，法院不大包大揽。但法院收集调取证据又不受当事人举证范围的限制。在民事诉讼法上应体现上述法院主动调查证据范围的立法条文，以改变目前法院包揽调查，以社会调查代替法庭调查的弊病。

（四）依法推定原则。所谓依法推定的原则，是指法院根据民事诉讼法依法推定原则和民事实体法律的具体规定，对案件某些事实所作的认定。推定以能否被证据推翻而区分为法律上的推定和事实上的推定。法律上的推定是指民事法律对当事人某种地位或意思表示的认定。事实上的推定是指民事法律对某种事实或责任所作的，允许当事人举证否认的认定。在推定中，除了依据法律外，还应具备已知事实成立的前提条件，只有已知事实和未知事实之间存在着法律、逻辑、经济关系的必然联系时，才能进行推定。依法推定与举证责任具有密切关系，依法推定成立的事实可免除当事人的举证责任。我国民法通则及其他一些民事法律规范中已明确规定了推定，但均散见于各个具体条文中。为了确定推定原则，民事诉讼法中应明确规定依法推定的原则，使之成为提高办案效率，免除举证责任，简便诉讼关系的武器。

（五）一切定案证据都必须经开庭向当事人公开原则。人民法院审理民事案件不论是依法公开审理还是依法不公开审理，都必须开庭进行法庭调查和辩论。由于多年来民事审判工作强调社会调查，否定“坐堂问案”，导致审判实践中，往往是开庭前法官进行社会调查已形成处理案件的倾向性意见，而使以后的开庭形成走过场。许多证据出于种种原因不能当庭出示、质证、辩论，就作为定案的根据。在证据形式的适用上，普遍采用法庭宣读证人证言的作法，而出于种种顾虑和困难不直接传唤证人出庭作证，使当事人得不到当庭向证人证言表示质疑的机会。对证人合法权利的保护和促使证人出庭作证的诉讼措施均不有力。由于证言是有思想能力的证人提供的，所以证人证言的准确性受着证人的思想品质、证人与案件或当事人有着某种利害关系，以及善意证人感知事实的主客观条件等多种因素的影响。证人出庭作证是保证事实真实可靠的重要措施之一。那种当庭不宣读或宣读而不公开证人姓名的证言，就无法辨别其真伪和准确程度。我国民事诉讼法应对证人出庭及保障证人合法权益作出更为具体的规定，教育引导公民自觉履行作证义务。定案证据公开原则的含义是一切证据都必须经开庭向当事人公开询问、调查、质证，并对证据的可靠程度，证据力大小、举证责任负担等进行辩论，由法庭查证属实后才能作为定案根据。确立定案证据公开原则对保证查明案件事实真象，保护当事人的实体权利和诉讼权利，促进民事审判工作科学化、民主化、规范化具有重要意义。

（六）依法求实法官确信的原则。所谓依法求实的法官确信是指人民法官在辩证唯物论的指导下，依照法定的程序和规格，查明案件事实真象，而对案件事实的真实可靠性所进行的确认。这项原则是最重要的一项原则，它的精神贯穿于收集、调查、判断证据的全过程，贯穿于其他五项原则之中。因此以该项原则的名称来命名民事诉讼整个证据制度。依法求实法官确信的原则首先肯定人民法官形成确信的根本指导思想是辩证唯物论世界观；其次是强调依法查明案件事实真象的确信基础；再次是肯定形成确信的主体只能是法官，而不能是书记、行政长官，也不能是非审判人员。法官确信的形成可以是由独任法官，也可以是由组成合议庭的法官等分层次的法官集合，即依人民法院组织法规定的审判组织或审判委员会等。法官个体和群体的素质是决定形成法官确信水平如何的主观因素。这些素质主要包括法官的政治素质和业务素质。政治素质主要包括：法官的社会主义法制立场、世界观、政治觉悟、民主观念、道德品质修养以及特有的心理品质。业务素质主要包括法律专业知识的深度和广度，相关学科知识的程度，业务能力，本人生活经验阅历情况，组织能力，文字口头表达能力等等。法官形成确信是一个不断深化交替进行的过程，而不是简单的一次完成。依法求实的法官确信与苏联审判员内心确信在范围上有很大区别。苏联的内心确信内容既包括对案件事实可靠性的认定，又包括适用实体法律进行裁判的正确性。依法求实的法官确信,仅包括对案件事实可靠性的确信,而不包括适用实体法律进行裁判正确性的确信。确立依法求实的法官确信原则对于调动法官的积极性，增强法官的责任心，改变管审的无权判，有权判的而又不参加直接审判以及“层层审批”的行政管理办法具有重要意义。

依法求实法官确信的证据制度与以往类型的证据制度相较具有如下特点：

（1）根本指导思想不同。依法求实法官确信的证据制度明确规定他的指导思想是辩证唯物论的世界观，无论在确立证据制度及其各项原则时，还是在法官调查、收集、判断证据时都必须以此作为指导思想。在世界观和方法论上划清与主观唯心主义、不可知论、独断论和形而上学的界限。

（2）证明的根本目的不同。在法定证据制度中,证明的目的是确定形式上的真实,在自由心证制度中，只要求达到“主观的确定性”,“高度的概然性”，均不将客观真实作为证明的根本目的。依法求实的证据制度虽然承认法官确信的地位，承认主观对客观的认识是一个过程，将依法引进收集、判断证据过程，但它主张证明的根本目的是查明案件事实真象、是追求客观真实基础上的法律真实。

（3）强调依照法律规定的程序和规格收集调查、判断证据，法定证据制度主张一切证据的取舍证明力大小都由法律预先规定，法官不能自已取舍和评判。只要求符合法律规定的各种规则，并不要求符合案件的客观真实情况。依法求实的证据制度虽然主张民事诉讼法上明确规定证据的调查收集及证明的一般规格,以保障追求客观真实的目的,但这种法定规格仅为一般原则的规格和取得证据的程序，并不是一切证据的取舍、证明力大小都由法律预先规定，法官毫无取舍和评判的权力。而其主张在追求客观真实基础上的法律真实（即达到一定法律规格），又明显区别于一切证据证明力大小及其运用一概由法官根据自已理性启示和良心感悟的自由判断和取舍的自由心证制度。

（4）既充分发挥当事人在证据上的积极性、又强调人民法院在收集调查证据中的主动作用。法定证据制度认为经过刑讯取得的被告人的坦白是“世界上最好的证据”，其主张举证责任主要由被告承担。自由心证制度英美法系采取“当事人主义”，即证据全部由当事人提供，法院则消极地依据当事人的举证和听取他们的辩论后进行裁判。大陆法系国家虽与英美法系国家略有不同，但也仅限法院认为证据不足时，可要求当事人补充证据并可以向当事人、证人、鉴定人发问。依法求实的证据制度规定当事人的举证责任，主张由负举证责任一方当事人负担可能败诉的危险。但是又强调法院在收集调查证据时的积极主动作用，以达到查明案件事实真象的目的。

依法求实的证据理论与实事求是的证据理论有着广泛的共同点，但是前者较后者的证据观念上有如下不同：

1. 实事求是的证据制度将实事求是作为证据制度的唯一原则，未进一步探求民事诉讼证据的特殊规律。依法求实的证据理论则将实事求是作为证据制度的根本指导思想，并提出诸项保证实事求是思想实现的具体原则。

2. 实事求是的证据制度否认案件事实的盖然性，未充分给予法官确信的地位。依法求实的证据理论承认法官收集调查证据追求客观真实的盖然性，并明确承认法官确信的地位。

3. 实事求是的证据制度对查明案件事实真象的程度未提出法律规定的标准，而依法求实的证据理论在追求客观真实基础上强调依法办事，要求立法上考虑规定查明案件事实的基本法律规格，以克服法官的主观臆断，保证客观真实的实现。

4. 实事求是的证据制度强调从国情和诉讼实践出发，对国外的一些可用的诉讼制度表现拘谨的态度。依法求实的证据理论认为应从我国社会主义初级阶段和建立社会主义商品经济新秩序的实际出发，充分借鉴学习发达国家的某些民事诉讼制度和方式，以完善我国的民事诉讼制度。

5. 依法求实的证据理论主张通过举证责任、依法推定以及各项证据归责原则发挥法律的调整职能作用，以建立一个适合商品经济发展的法律秩序。实事求是的证据制度囿于民事审判工作实践片面强调排忧解难，而忽视发挥这种调整职能。

此外，依法求实法官确信的证据理论还明确主张当事人的举证责任，以及举不出证据由当事人承担不利后果的可能性，法院侧重庭审调查，社会调查仅限法律规定的范围内，明确规定依法推定原则，将定案证据向当事人公开提到证据原则的高度等等，均明显区别于实事求是的证据理论。

总之，依法求实的证据制度和理论强调依法保障真实，肯定法官的主观因素，力图使实事求是的思想变成为人看得见、摸得着，便于遵循执行的证据原则。在这些原则的统领下建立起各项具体证据规则而形成完善的证据体系，这将会给民事诉讼证据理论及制度增添新意，对民事、经济审判实践中实现证据运用的科学化、民主化起到不容忽视的推动作用。

论侵权特别法及其适用

吉林省通化市中级人民法院　杨立新

全国人民代表大会及其常委会在其第五、六届任期的10年中，共制定了70多部法律。在其中24部非民事法律和新近通过的《行政诉讼法》中，创设了60个侵权损害赔偿的法律条文。这些法律条文的性质是什么？与《民法通则》“侵权民事责任”的规定是什么关系？在审判实践中应如何适用？这一系列问题，都是侵权特别法及其适用的问题。本文对此作如下探讨。

一

侵权特别法是侵权行为法特别法的简称，是指侵权普通法以外的国家立法中有关侵权行为的特别民事法律规范的总和 。

侵权行为法有广、狭义之分。广义的侵权行为法包括侵权普通法和侵权特别法。狭义的侵权行为法专指侵权普通法。侵权普通法是国家关于侵权行为的集中的、专门的立法，成文法国家多数规定在民法典中，少数规定在债法中，判例法国家则集中体现在国家司法机关的判例中。我国的侵权普通法规定在《民法通则》的“民事责任”一章，包括“一般规定”中的5个条文、“侵权的民事责任”中的17个条文和“承担民事责任的方式”中的1个条文，共计23个条文，还包括其他相关的若干条文。

侵权特别法的基本特征是：(1) 在表现形式上，是由民法典或债法以外的法律来规定，包括行政、刑事等非民事法律中设置的侵权法规范和专门的侵权单行法律。(2) 在具体内容上，与侵权普通法不同。(3) 在法律效力上，具有特定的范围。(4) 在适用程序上，不仅可以适用民事诉讼程序，还可以适用行政处理、行政诉讼和行政强制执行程序。侵权特别法与侵权普通法之间的关系，是特殊与一般的关系。侵权特别法上述四个基本特征，正体现了侵权特别法的特殊之处。

侵权特别法是广义侵权行为法的重要组成部分，它的作用是补充、修改、丰富侵权普通法。它既可以规定新的侵权行为，又可以对侵权普通法的一些原则规定进行修改和补充，是一种重要的立法形式，对于弥补侵权普通法的局限性和维护其稳定性具有重要意义。

二

侵权特别法包括实体法和程序法的内容。在现有的侵权特别法规范中，纯粹的实体法规范34条，纯粹的程序法规范18条，实体法与程序法编在一起的8条。

侵权特别法实体法的内容是规定特别侵权行为的构成及赔偿范围。特别侵权行为是指侵权特别法所规定的侵权行为，划分的标准是规定侵权行为所处的法律环境不同。特别侵权行为既包括《民法通则》规定的某些一般侵权行为和特殊侵权行为，也包括《民法通则》没有规定的某些侵权行为。

侵权特别法也包括为制裁特别侵权行为而规定的程序法。其理由是：(1) 从形式上看，非民事法律中侵权法规范的实体内容与程序内容密切相关。(2) 从实质上看，在侵权特别法规范中，程序法仅仅是为实现其实体法内容服务的。在近期的立法中，一些非民事法律的"法律责任"一章，将行政制裁程序与侵权损害赔偿程序分立，更清楚地表明了侵权特别法的实体法与程序法的实质联系。

我国侵权特别法实体法的内容主要包括5个方面：

1. 部分地修改了侵权普通法的内容，主要是指对《民法通则》规定的原则加以修订，但只限于该法适用范围的情况。有3部法律有这种情况。一是《水污染防治法》第四十二条"完全由于不可抗拒的自然灾害，并经及时采取合理措施，仍然不能避免造成水污染损失的，免予承担责任"的规定。二是《大气污染防治法》第三十七条与上述类似的规定。这两项规定，限制了《民法通则》规定的不可抗力免责原则的适用，在一定范围内有限度地修改了侵权普通法的这一原则。三是《邮政法》第三十四条规定的平常邮件损失免责，汇款和保价邮件不可抗力所致损失仍不免责的规定，分别修改了过错责任原则和不可抗力免责的原则。

2. 在侵权普通法的原则指导下，增加新的原则性规定，亦只限于该法适用的范围内使用。有2部法律这样规定。《海洋环境保护法》第四十三条第一款增设"负责灯塔或者其他助航设备的主管部门在执行职责时的疏忽或者其他过失行为"作为免责条件。该条第二款增加了"完全是由于第三者的故意或者过失造成污染损害海洋环境的，由第三者承担赔偿责任"的条文。这些在《民法通则》中均无明文规定。《邮政法》第三十四条第四项规定的"用户自交寄邮件或者交汇汇款之日起满一年未查询又未提出赔偿要求的"免责条款，是在《民法通则》诉讼时效原则指导下，新创设的一种时效规定。

3. 突破侵权普通法的约束，又创造新的原则性规定。这种情况有3部法律6个条文。《海洋环境保护法》第四十一条和四十二条关于海洋环境污染损害的双重权利主体的规定，《民法通则》并没有明文规定。《土地管理法》规定的"适当补偿"方法，也是对侵权普通法赔偿方式的发展。《邮政法》第三十三条规定邮件丢失、损毁、内件短少的"规定赔偿"制、"限额赔偿"制、"比例赔偿"制等①，都与侵权普通法的全部赔偿原则不同。该法第三十二条第二款规定了一种类似取得时效的制度②，显然是对民事立法的一个新发展。

4. 丰富了侵权普通法的具体内容。这是

①　②参见《试论邮政侵权行为》，《当代法学》1988年第1期。

指某一侵权特别法规范并没有超出与其相对应的侵权普通法规范的内容，但在其“假设”、“处理”和“制裁”中增加了具体内容，使该规范更易于在实践中执行和掌握的情形。最突出的是《商标法》和《专利法》，分别具体规定了商标侵权行为和专利侵权行为的构成、责任范围、赔偿数额计算等内容。属于这种情况的还有：《中外合资经营企业法》第五条，《食品卫生法（试行）》第三十九条，《海上交通安全法》第二十三条、四十条，《森林法》第三十七条，《草原法》第二十条，《计量法》第二十七条，《矿产资源法》第三十九条、四十条、四十四条，《义务教育法》第十六条，《档案法》第二十四条，《药品管理法》第五十六条。

5. 固定了侵权普通法的内容。这是指侵权特别法规范并没有规定新的内容，只是重新强调了在某一方面所出现的侵权行为，使之固定化，以适应该法律着重强调该种侵权行为的需要。包括：《环境保护法（试行）》第三十二条，《婚姻法》第十七条，《食品卫生法（试行》第四十条，《专利法》第六十一条，《水污染防治法》第五条，《森林法》第三十四条，《草原法》第十八条，《矿产资源法》第三十条，《土地管理法》第五十三条，《治安管理处罚条例》第八条、四十二条，《海关法》第五十四条，《大气污染防治法》第三十六条。

侵权特别法程序法的主要内容如下：

1. 管辖权问题，规定特别侵权行为在行政程序和诉讼程序上怎样分工、怎样衔接和怎样进行。

（1）各部法律规定特别侵权行为适用何种程序各不相同。除有7部法律没有程序规定和《刑事诉讼法》以外的16部法律中，《商标法》、《专利法》、《草原法》规定了4种程序：a. 行政处理程序，b. 行政诉讼程序，c. 行政强制执行程序，d. 民事诉讼程序。《海洋环境保护法》第四十二条、《水污染防治法》、《大气污染防治法》、《食品卫生法（试行）》、《土地管理法》、《邮政法》、《药品管理法》规定了行政处理、行政诉讼和民事诉讼3种程序；《海洋环境保护法》第四十一条、《矿产资源法》、《渔业法》、《水法》规定了行政处理、行政诉讼和行政强制执行3种程序。《治安管理处罚条例》规定了行政处理和行政诉讼两种程序。《环境保护法》只规定了1种行政处理程序，《森林法》虽然规定了3种程序，但只限于罚款，对赔偿损失只有1种行政处理程序。

（2）行政管辖和民事诉讼管辖的分工，分三种情况：a. 强制性行政管辖，即只由行政主管机关处理，未规定民事诉讼程序，如《环境保护法》、《矿产资源法》第四十一条，《治安管理处罚条例》和《草原法》。需要说明的是，《环境保护法》确立的这一强制性行政管辖原则已被各单行环保法的规定所动摇。b. 选择性行政管辖，即行政主管部门对于特别侵权行为的管辖权依当事人的申请、请求等意思表示而产生，即法律规定了行政管辖和民事诉讼管辖，由当事人选择。作这种规定的有《商标法》、《专利法》、《食品卫生法（试行）》、《药品管理法》、《邮政法》和《土地管理法》。c. 选择性行政调解管辖。《海上交通安全法》规定：“因海上交通事故引起的民事纠纷，可以由主管机关调解处理，不愿意调解或调解不成的，当事人可以向人民法院起诉。”这里，行政主管机关依当事人选择产生的管辖权只是调解权，没有处理权。

（3）行政程序与诉讼程序的衔接，主要是指行政处理决定宣告后，当事人不服可以提起行政诉讼程序的问题。多数法律都作了这种规定，只有《森林法》没有这种规定。此外，《矿产资源法》、《渔业法》、《水法》、《草原法》和《海洋环境保护法》第四十一条还规定了行政处理程序与强制执行程序衔接的问题。

2. 行政诉讼问题。《行政诉讼法》及其他10部法律对此规定：（1）公民、法人或者其他组织的合法权益受到行政机关或者行政机关工作人员作出的具体行政行为侵犯造成损害的，有权请求赔偿。《行政诉讼法》虽未明文规定可以在行政诉讼中附带对该民事诉讼加以审理，但在条文逻辑上可以推出这一结论。(2) 公民、法人或者其他组织单独就行政损害提出请求的，应当先由行政机关解决；对行政机关的处理不服，可以向人民法院提起诉讼。此种诉讼的性质，该法未明文确认，依法理，认为属于民事诉讼。(3) 赔偿诉讼可以适用调解，排斥行政案件审理不适用调解的原则。(4) 赔偿费用，从各级财政列支。(5) 行政诉讼的起诉时限问题，10部单行法与《行政诉讼法》规定的并不一致。其中规定为15天的是《商标法》、《海洋环境保护法》、《计量法》、《矿产资源法》、《水法》；规定为1个月或30天的是《草原法》、《土地管理法》和《渔业法》；规定3个月的是《专利法》；《治安管理处罚条例》规定为5天。《行政诉讼法》规定复议不服起诉期限为15天，直接起诉的期限为3个月，但均有"法律另有规定的除外"的规定，因此，上述单行法的规定均应分别执行。

3.规定诉讼时效，应当是实体法的内容，由于涉及到当事人的起诉与受理问题，权将其作为程序内容研究。《食品卫生法（试行）》和《药品管理法》规定为1年，《专利法》规定为2年。

4. 规定具体的执行办法，如《治安管理处罚条例》第三十八条规定了赔偿给付执行的具体办法。

5. 规定刑事附带民事诉讼的具体程序，《刑事诉讼法》用4个条文作了具体规定。

三

从以上列举的情况看，我国的侵权特别法补充、修改、丰富、发展了侵权普通法的原则规定，发挥了重要的作用。但是，由于以下两个原因，使侵权特别法存在着很多缺陷。(1) 在侵权普通法确立之前，已经制定了一些侵权特别法规范。在设有侵权特别法规范的24部法律中，在《民法通则》公布之前公布的有17部，同时或以后公布的7部，这就使先于《民法通则》公布的侵权特别法规范在制定时，没有也不可能对照侵权普通法的规定加以斟酌。(2) 侵权特别法散见于各单行法律之中，这些法律的立法倡议及法律草案多为各行政主管部门提出，缺少统一的严格的协调，致使规定相异的情况较为多见。因此，形成了侵权特别法存在诸如表述过于笼统，条款设置较乱，概念不够明确，程序不够统一，以及相互照应不了，经常出现矛盾等问题，有些影响到法律的正确实施。所以必须研究适用侵权特别法的原则。

适用侵权特别法，应坚持三条原则：

1. 特别法优于普通法原则。这是法律适用的基本原则。适用这一原则，关键在于掌握侵权特别法的适用范围，以防止强调侵权普通法的普遍适用而不执行侵权特别法和无限制地扩大侵权特别法适用范围这两种倾向。

侵权特别法规范的适用范围各不相同，一般应把握以下几点：(1) 有的侵权特别法规范的适用范围是以侵权行为的义务主体划分的，适用时应以侵权行为的义务主体为标准。如《邮政法》。(2) 有的是以侵权行为所侵害的权利划分的，适用时应以所侵害权利的类型所限定的范围为标准。如《商标法》和《专利法》。(3) 有的是以主管机关的管辖范围划分的，适用时应以其主管机关的管辖范围为标准。如《治安管理处罚条例》。(4) 有的法律开宗明义就规定了该法的适用范围的，该法所规定的侵权特别法规范只能与该适用范围相同。如《食品卫生法（试行）》。

2. 新法优于旧法原则。这是处理法律冲突时的另一原则，是指在法律适用中，对同一个问题，法律有前后两种或几种不同规定时，优先适用新法。适用侵权特别法时应用该原则，主要是由于前述侵权特别法缺陷、矛盾产生的第一个原因，以解决《民法通则》公布之前的那些侵权特别法规范中因照应不了而产生的立法缺陷和法律冲突。适用新法优于旧法原则也不是一概否定《民法通则》公布以前制定的所有侵权特别法规范的效力，而是要针对具体问题，进行分析，对于具有实质意义的侵权特别法规范，仍然要加以适用，只是对于那些只具有形式意义而不具有实质意义的特别法规范，才适用这一原则，以排斥其适用的效力。

3. 综合平衡原则。由于侵权特别法规范的分散性，就是侵权普通法颁布之后制定的侵权特别法规范，也有的不是有意修改、补充、丰富侵权普通法。为了避免由于分散制定的不符合侵权行为法原理的个别规范的错误适用，需要综合平衡原则作为补救原则。

所谓的综合平衡原则，就是依侵权行为法的基本原理和立法的基本精神，综合考察侵权普通法和特别法之间的差异，正确分析二者的矛盾，准确理解立法者的意图，确定适用特别法还是普通法，或者补充二者均未规定的“法律空白”。在侵权普通法、特别法都没有明确规定，或者规定都不明确的时候，可以依据政策，政策亦无规定的，可依据法理和习惯。

在研究侵权特别法程序法的适用问题时，除应依上述原则外，还应作一些具体的研究。

适用侵权特别法程序法的一般原则是：对于特别侵权行为，行政主管机关有一般裁决权，最终裁决权属于人民法院。其主要理由是，侵权特别法规定的特别侵权行为，同时受民法、行政法两个基本法的调整，在一个法律事实产生的法律关系上，既体现了行政法律关系的特点，又体现了民事法律关系的特点。行政主管机关对特别侵权行为人责以赔偿损失的制裁，是行政法律关系，而承担赔偿义务的行政违法行为人与被侵害人之间，又是一种民事法律关系。正因为如此，行政主管机关在行使行政管理权的时候，可以实施行政制裁附带作出民事制裁，而正由于它的实质又是一种民事权益争议，它的最终裁判权只能属于人民法院。具体方法是：

1. 行政管辖与诉讼管辖的分工，依单行法的特别规定。凡是规定强制性行政管辖的，行政主管机关直接行使管辖权。凡是规定选择性行政管辖的，依当事人申请、请求的意思表示决定，或由行政机关处理，或由人民法院审理，或放弃。

2. 行政处理程序与行政诉讼程序的衔接，应当有统一的理解和掌握。如果准许某些特别侵权行为可以通过诉讼程序解决，不准许某些特别侵权行为通过诉讼程序处理，这不仅不符合侵权行为法的基本理论、基本实践和民事诉讼原理，而且也限制以至剥夺了当事人合法的诉讼权利。就现行立法而言，有些法律虽然没有规定责令赔偿损失以后可以向人民法院起诉，但法律也没有规定不许向人民法院起诉，因而可以依照诉讼法的规定，准许当事人起诉；有的法律只规定“对行政处罚不服的”可以起诉，则可以把行政机关责令赔偿损失扩大解释为行政处罚，因而准许当事人起诉。因此，统一理解和掌握的原则是：当事人对行政处罚附带的损害赔偿制裁决定不服的，可以向人民法院起诉，或者引起行政诉讼程序，或者引起民事诉讼程序。提起何种诉讼程序，决定于两个因素，一是行政处罚与赔偿损失是否系一并作出，二是当事人选择。如果是一并作出的，可依行政附带民事诉讼程序审理；如果是单独作出，可依当事人的选择，或者径行按民事诉讼程序审理。

3. 提起行政诉讼规定有期限的，依单行法律的具体规定，没有规定期限的，依《行政诉讼法》的规定。

4. 是否可以提起强制执行程序，依特别法的规定。没有规定强制执行程序的，应视为法律未赋予该行政裁决以强制执行的效力；对损害赔偿没有规定强制执行程序而对行政处罚规定强制执行程序的，效力仅及于行政处罚本身。这一点与《行政诉讼法》第六十六条的规定并不矛盾。

5. 时效规定，依特别法的具体规定。无特别规定的，依《民法通则》的规定。需要强调的是，《食品卫生法（试行）》和《药品管理法》规定食品、药品致食物中毒、食源性疾患和药物中毒、损害人的健康的，诉讼时效为一年，这并无疑义；如果食品、药品致害牲畜等有生命的财产的，应当适用《民法通则》关于财产损害的二年的诉讼时效。因为这两部法律明文限定于人身损害赔偿的场合适用，并不包括财产损害。

论"巡回审理，就地办案"

——兼评马锡五审判方式

辽宁省大连市中级人民法院　葛行军

在中国革命法制建设的进程中，人民司法审判机关一直普遍推行着"巡回审理，就地办案"的工作方式。《中华人民共和国民事诉讼法（试行）》第七条又明确规定："人民法院审理民事案件，应当根据需要和可能，派出法庭巡回审理，就地办案"。各级法院的民事审判干部更是习惯巡回办案于田间、炕头。这样一来，民事审判工作的依法改革，如实行公开开庭审判、落实当事人的举证责任、建立法定的诉讼运行机制等，就面临着严重的理论障碍和实践阻力。近两年，全国一些高中级法院陆续对传统的民事审判方式进行某些变革，但大都首先碍于"巡回审理，就地办案"这个"基本原则"而步履艰难，进展迟缓。据此，按照邓小平同志的"在马克思主义指导下打破习惯势力和主观偏见的束缚，研究新情况，解决新问题"①的要求，有必要对"巡回审理，就地办案"进行再认识。

一

人民法院的民事审判方式，从形式到内容都当然地要全面贯彻民事诉讼法的各项基本原则；而审判方式自身却不可能同时也是该法的基本原则。这不仅因为在同一法域内不存在"一个基本原则贯彻另一个基本原则"的内在的逻辑联系，而主要的是因为审判方式自身不存在基本原则的一般特征。

任何构成法律体系的部门法，都有其独具的基本原则；而这些基本原则又都以国家法律的原则为指导，体现着法律的根本要求；同时，又具有其一般特征。我国民事诉讼法的基本原则，是体现社会主义法律的根本要求，保证民事诉讼法的正确实施，约束人民法院、当事人和其他诉讼参与人依法进行民事诉讼活动的行为准则。从立法、司法的实践看，我国民事诉讼法的基本原则的一般特征有三：一是具有立法的依据性；二是具有守法、执法的普遍约束性；三是具有填补"法律空白"的补充性。可见，我国民事诉讼法的基本原则是该法本质的最集中的体现，是观察处理民事诉讼问题的基本出发点和指导思想。

那么，"巡回审理，就地办案"是否也具有我国民事诉讼法的一般特征、从而也是该法的一条基本原则呢？答案是否定的。第一，它不具有立法的依据性。这道理极为简单：倘若以"巡回审理，就地办案"为依据之一制订现行的《民事诉讼法（试行）》，则不得不在该法的第二编的"第一审程序"中，单列出难以写出的"巡回程序"和"就地程序"两

① 邓小平《坚持党的路线，改进工作方法》（1980年2月29日）。

个章节来。但立法机关显然没有这样做；况且，在该法中除了单列的“巡回审理，就地办案”这一条外，其余的204个条文中，非但找不到能体现出这条“基本原则”的条款，而且，诸多条款的规定及其真正实施，又恰恰是对“巡回”、“就地”有着严格的法律限制。第二，它不具有普遍的约束力。如前所述，任何部门法的基本原则，都要求司法者须始终如一地贯彻执行，即使是该法本身也不能对其作出“弹性”规定。而我国《民事诉讼法（试行）》对“巡回审理，就地办案”的规定却具有明显的游移性。人民法院是否实行之，仅依法官“根据需要和可能”做出的主观决定，这里的“需要”和“不需要”、“可能”和“不可能”的客观条件与判断标准很难统一，因而即使无一实行“巡回审理，就地办案”，也不违法。这种立法本身对“巡回审理，就地办案”普遍约束力的否定，正是对其不具有“基本原则”一般特征的肯定。第三，它不具有司法的“参照”和“准绳”作用。我国《民事诉讼法（试行）》实施6年多，出现了由该法的规定解决不了的诸多民事诉讼问题，但没有一个问题是“参照”“巡回审理，就地办案”来做出司法解释的；也没有一个问题是在法无明文时，以“巡回审理，就地办案”为“准绳”来约束诉讼活动的。相反，倒是“巡回审理、就地办案”中的许多问题，需要在《民事诉讼法（试行）》中找到答案；而这些答案的共同点是：搞“巡回审理，就地办案”，难以严格实施程序法。

至此，可以得出这样的结论：“巡回审理，就地办案”不是我国民事诉讼法的基本原则。那么，它为什么竟被普遍地称为基本原则，且由部门法加以确认了呢？这是一个复杂的法制建设问题，涉及社会舆论导向、立法指导思想、立法技术和司法实践等诸多领域，不在此细述。但有一点是十分清楚的：“巡回审理，就地办案”源于抗日战争时期的边区，并被传颂为“马锡五审判方式”，因而又被说成是“我国司法审判工作的光荣传统”；于是，从“继承优良传统”的观念出发，便进而将“审判方式”上升为“基本原则”。应当说，这是一大误解。因此，重新认识马锡五审判方式，对于恰当估价“巡回审理，就地办案”，推进当前民事审判工作的改革进程，也是不无益处的。

二

马克思、恩格斯倡导唯物史观时指出：“这种历史观和唯心主义历史观不同，它不是在每个时期中寻找某种范畴，而是始终站在现实历史的基础上，不是从观念出发来解释实践，而是从物质实践出发来解释观念的东西。”① 运用这种唯物史观来观察事物，来认识马锡五审判方式，对其产生的社会背景，革命作用及历史意义，就不难得出公正的结论。

马锡五审判方式建立于抗日战争时期。当时，各抗日民主政府在中国共产党的领导下，围绕放手发动群众，壮大人民力量，打败侵略者，建立新中国的总路线，依据抗日民族统一战线的政策和各边区的战争环境的特点，“创造和建立了一系列‘适合于新民主主义政治和人民大众’的司法制度”②。审判方式也在适应民族解放战争需要的过程中发生了重大变革。

抗日战争爆发不久，陕甘宁边区政府就于1939年提出了“建立便利人民的司法制度”的任务；此后，山东省等抗日民主政府相继提出“各级司法机关办理民刑诉讼，应维护广大群众利益，动员全民参战为主旨，不得拘泥成法，致陷抗战于不利”，“诉讼手续务求简捷，凡不利于抗战之诉讼手续，应酌予变通和修改之”③等要求；并颁布了若干单行法规。于是，各抗日民主政府领导下的司

① 《马克思恩格斯全集》第三卷第43页。
② 张希坡、韩延龙《中国革命法制史（上）》，第423页。
③ 张希坡、韩延龙《中国革命法制史（上）》，第471页。

法工作的面貌焕然一新。就是在这种审判方式全面变革、借以适应抗日战争需要的新形势下，始于1943年担任陕甘宁边区陇东区专员兼边区高等法院陇东分庭庭长的马锡五同志，经常深入基层，依靠群众，详查案情，不拘形式，实事求是，公平合理地处理了一些长期缠诉不休的疑难案件，被当地人民誉为“马青天”。1944年1月6日，陕甘宁边区政府发出了“提倡马锡五同志的审判方式，以便教育群众”的号召；是年3月13日，《解放日报》以《马锡五同志的审判方式》为题，发表了社论。此后，马锡五审判方式广为传颂。

显而易见，马锡五审判方式是基于适应抗日战争的需要，方便人民诉讼，利于教育人民和壮大民族解放力量而“创造”出来的，因而具有鲜明的适应战争环境的特色。其经验概言之有四：一是简便手续，便利人民诉讼；二是就地审判，不拘形式，在群众参加下处理案件；三是深入基层，调查研究，彻底查清案件真相；四是动员和组织群众调解。马锡五审判方式在陕甘宁边区和其它抗日根据地的普遍推行，有力地荡涤了旧司法传统的不良影响，扫除了司法干部中脱离实际、脱离群众的主观主义思想作风，提高了人民群众的新民主主义法律意识。从而，“使人民司法工作更加适应特定历史环境的需要，并从自己方面更紧密地服务于抗日民族解放的神圣事业”①。所以，我们任何时候都应理直气壮地说：马锡五审判方式在中国革命法制建设史上写下了光辉的一页！为此作出杰出贡献的马锡五同志，永垂青史！

三

马锡五审判方式作为相对真理而存在，其社会价值就在于它只是一种“审判方式”。这里的“审判方式≠基本原则”，是显而易见的。因而有必要先就马锡五审判方式澄清三个问题：

（一）马锡五审判方式不是边区中唯一的审判方式。据有关史料记载，各抗日民主政府对于诉讼案件，采取多种审判方式，其中主要有四种：一是机关审判，即由司法机关组成审判庭，在司法机关内依照法定的一般诉讼程序进行的审判；二是就地审判，即初审机关派员携卷下乡，到案件发生地或有关处所进行的审判；三是巡回审判，即由上级司法机关派出审判人员到下级司法机关巡回进行的审判；四是人民公审，即对重大有影响的典型案件进行有人民群众广泛参加的审判②。马锡五审判方式实际上是后三种审判方式的交叉结合。这四种审判方式各有特点，各有所长。而且，其中的“机关审判”即“坐堂问案”的审判方式，在四十几年前的战争环境下尚能存在，在实施程序法、加强审判正规化建设的今天，难道不更值得“继承”、“发扬”吗？

（二）马锡五审判方式并不是“游击式”的审判方式。我们讲马锡五审判方式适应战争环境的需要，有人就由“战争”联想到“打游击”，以至于把马锡五审判方式也作了“游击式”的解释。且看这样的一段描写：“多年以来，人民法院审理民事案件，实行‘马锡五审判方式’，很受群众拥护。马锡五同志深入群众，依靠群众，在群众中办案，他每到一个地方，找个地方坐下，原告、被告，周围一群人。他听双方一说，问题弄清楚了，三言五语就判了，问有意见没有，大家拍手，案子就解决了。”③显然，这是对马锡五审判方式的曲解。当时，抗日民主政府立有《巡回审判办法》、《巡回审判实施办法》等法规，对司法人员在“巡回”、“就审”中的诉讼行为作了严格的规定。所谓“大家拍手，案子就解决了”的事例是有的，但这大多存在于

① 张希坡、韩延龙《中国革命法制史（上）》，第509页。
② 张希坡、韩延龙《中国革命法制史（上）》，第490页。
③ 柴发邦主编《民事诉讼法学（修订本）》，1987年6月第二版，第37页。

组织指导群众调解之中，一旦案件进入诉讼程序，就不会这么轻松。

脍炙人口的评剧《刘巧儿》的生活原型封捧儿反对父母包办、买卖婚姻案，就是马锡五“巡回”、“就审”的典型案例。看一看这一案件的审理程序，可以对马锡五审判方式略见一斑。封捧儿经其父封彦贵包办，于1928年与张金才次子张柏儿订下“娃娃亲”。1942年5月，封彦贵为多索聘礼又暗将封捧儿许与他人为妻，被华池县政府撤销此买卖“婚约”。封捧儿于1943年2月与张柏儿偶遇后，愿结为夫妻。是年3月，封彦贵又将封捧儿卖与朱某为妻；张金才知后即聚众将封捧儿抢回成亲。封彦贵状告县府。一审判处张金才徒刑、张柏儿和封捧儿的婚姻无效。当事人不服，提出上诉。去环县视察工作的专员马锡五路过华池县，收到封捧儿的上诉，随即依照《陕甘宁边区刑事诉讼条例草案》的规定，开始了二审的诉讼活动：首先，马锡五“详细询问当地区乡干部，了解了事件的真实情况”，“听取群众的意见，了解了一般的舆论趋向”；然后通过群众调查和亲自询问，得知封捧儿的意愿。于是，会同华池县司法处召开群众大会，将所有当事人传到会场，实行“人民公审”。马锡五主审时，依庭审程序逐项查证事实；事实查清后又听取旁听群众的意见；最后，依陕甘宁边区婚姻法等法规、政策，作出二审判决，并当庭当众宣判：撤销一审判决，改判张柏儿与封捧儿的自主婚姻有效、张金才徒刑、封彦贵苦役[①]。群众拍手叫好。显然，这种审判方式与人们观念中的“游击式”，是毫无共同之处的。当今，有些“巡回”、“就地”办案仍搞“游击式”的法官们，难道不应从中受到启发吗？

(三)马锡五审判方式不是尽善尽美的审判方式。抗日边区存在多种审判方式的事实本身就说明：马锡五审判方式存在着客观局限性。如果把马锡五审判方式当成标准的审判方式，强求一律地去照搬照套，便会使其走向反面。在各抗日边区内，推广马锡五审判方式一年多以后，部分司法工作者指导思想发生了忽视查清案件事实、偏重于追求“巡回”、“就地”的形式主义倾向。因此，陕甘宁边区于1945年12月召开的推事、审判员联席会议，重申了推行马锡五审判方式的宗旨在于贯彻群众路线，提高办案质量，并严肃地指出：陕甘宁边区高等法庭不可“拘泥在马锡五（审判）方式的形式方面”，“要学习他的群众观点和联系群众的精神，这是一切司法人员都应当学习的，而不是要求机械地搬用他的就地审判的形式。因为任何形式是要依具体情况和具体需要来选择的”[②]。可见，马锡五审判方式在四十多年前的推行之初就告诉人们：它不是完美无缺的审判方式；而且其推行中出现的形式主义，被及时地揭示出来。如果当今的法官还在“机械地搬用”“就地审判的形式”，难道不应从中引起深思吗？

四

传统的观念认为，马锡五审判方式具有实践意义的核心内容，在于它体现了便民原则。现在，恰好在这一点上，引起了人们历史性的深刻反思：“巡回审理，就地办案”在任何社会条件下都“便民”吗？

首先，应当充分肯定，在抗日战争时期，“巡回审理，就地办案”确实是最好的便民形式。这是因为各抗日边区有其特定的历史条件：一方面，文化落后，民众的法律意识薄弱，很少懂得依靠民事诉讼来维护自己的权益。这就需要司法人员“巡回”、“就地”，深入实际，主动去为民排难解纷。另一方面，经济落后，交通困难，广大农村既无长短途客运车，也极少有自行车，一条毛驴便是极好

① 赵昆坡、俞建平《中国革命根据地案例选》，1984年11月第1版，第177页。

② 《陕甘宁边区司法工作总结》（1945年12月29日），油印件。

的交通工具；而当时又是实行着三审终审制，初审机关的县司法处，又未下设人民法庭，人民群众诉累之苦急需解决。初建的人民政府中的司法干部体察此情，自然要“巡回”、“就地”，对一些发生在边远山村的案件的解决，舍此别无它途。为了便民，陕甘宁边区人民政府还“废除了国民党反动法院实行的形式机械、手续繁琐的诉讼程序和难以胜数的诉讼费用”①，并规定“司法机关从受理案件一直到判决，一切要便利于当事人”②。从而，结束了边区几千年的“衙门门口朝南开，有理无钱莫进来”的历史。在这样的历史条件下，人民司法干部“巡回审理，就地办案”，必能给人民群众带来极大的方便。马克思主义认为：“人们按照自己的物质生产的发展建立相应的社会关系。”③这里建立起来的人民司法干部与人民群众之间的社会关系，自然是与当时的“物质生产的发展”相适应的；自然也带有革命初创期的鲜明的阶级斗争的特征。

然而，这个体现便民的办案方式问世已近半个世纪，建国后积极推行四十年，而“群众打官司难”的怨声仍不绝于耳。这里，不是公民不懂得依法诉讼，仍需法官主动“登门”给他们排难解纷；不是人民共和国的程序法使公民“诉讼不便”；更不是交通困难，因为全国大部分城乡客运公路已四通八达，当事人乘坐公共汽车、轿车、摩托车打官司的，随处可见，自行车的普及也远远超过了陕甘宁边区的毛驴。那么，是什么原因呢？

这有必要首先就人民法庭的工作，剖析一下当今的“巡回审理，就地办案”在实践中的四大弊端：

（一）闭门“巡回”，“便”少“难”多。建国后，全国在巡回法庭的基础上，普遍建立了固定的人民法庭，截止1988年底，全国已设有17193个人民法庭。这本身旨在便于人民诉讼，让人民群众到人民法庭投诉应诉；人民法庭的干部在法庭办案就是“就地办案”。但法庭干部却还在辖区内“巡回”，去搞所谓“办案到田间、炕头”；而法庭却大门紧闭，锁头看庭。不知道法庭“接待日”或法官“就审日”的群众投诉到庭，自然是“告状无门”。有的群众气愤地说：“过去是‘衙门门口朝南开，有理无钱莫进来’现在是‘衙门门口很少开，有理有钱难进来’”。可见，人民法庭干部“巡回”、“就地”的结果是：便了少数人，难了多数人。

（二）高速度跑路，低效率结案。人民希望自己的法官多办案，办好案。这应是人民法官为人民服务的出发点。在投诉日增的今天，人民法官尤其应在保证办案质量的前提下，大力提高办案效率。但是，“长期以来，我们许多审判人员为了贯彻巡回审理，就地办案原则，不怕风吹雨打，酷暑严寒，跋山涉水，到纠纷发生地、当事人所在地”④办案，法庭干部的跑路时间占去工作时间的三分之二以上，而月结案一般只有三、四件，多的也不过六、七件，且大都处在高度紧张的状态中。特别是如今商品经济中的农民，日益脱离土地的束缚，甚至在全国范围内形成有规律的劳动力流通性的“人潮”，这使人民法官遇到了空前的“找人难”，往往为找一人，要多次重复跑路，苦不堪言。而此目的竟然是“为了贯彻巡回审理，就地办案原则”！

（三）公开性差，监督力弱。人民法院干部也食人间烟火，在“巡回”、“就地”办案中，总会有私人交往，对非公开场合谈及案情的，总是无法避开，因而，广泛地存在着影响办案质量的社会干扰；而“田间、炕

① 张希坡、韩延龙《中国革命法制史（上）》，第507页。

② 《陕甘宁边区高等法院对各县司法工作的指示》，载《抗日根据地政策条例汇集——陕甘宁部》（下册），1942年版。

③ 《马克思恩格斯选集》第1卷，第108页。

④ 王怀安主编《中国民事诉讼法讲义》，1988年2月第1版，第34页。

头”上的办案本身，又不具有公开性，更得不到人民群众在法庭公开审判中的强有力的监督；相当一部分法庭干部又长期“游击式”地“巡回”、“就地”，忽视程序法，专业不专，素质提高缓慢，有的竟然不会开庭。于是，难免办案质量不高，难免当事人提出这样那样“判决不公”的意见，难免有的被指责为“官官相护”。这也势必增多上诉、申诉，使由法官“巡回”、“就地”办案中方便了的部分当事人，又因之而增加了新的更大的不便。

（四）控制收案，告状不理。全国每年在基层法院审结的初审民事案件中，属人民法庭审结的占75%以上。其中收诉立案的决定权均在人民法庭。虽然上级乃至最高法院三令五申要“依法收案”，但这也是“将在外，军令有所不受”。因为人民法庭不得不“量力收案”，又难免其“择易而收”。加之习惯地搞“年底清理积案”、“年终总结评比”和“年初动员、学习”等，使每年十一月至次年二月，呈现出“收案低谷期”，有相当一部分民事诉讼被拒之门外。

至此再话归正题：一个在四十几年前有效推行的审判方式，为什么在今天就不那么便民了呢？这是因为与其相适应的社会“物质生产的发展”状况发生了根本变化。当今的中国与边区相比的特点是：全国统一，生产发展，经济繁荣，政治民主，法制健全，文化提高。与这种新的“物质生产的发展”相适应的社会关系，自然不能停留在原有的水平上，否则，它就要成为生产力发展的阻力。而在“巡回审理，就地办案”这种审判方式中，法官与当事人的这种社会关系（这里是民事诉讼法律关系），却没有多大变化，法官仍然处在“便民”、“多吃苦”的被动地位，但却又握有立案、审案的主动权。在这种畸型的社会关系下，“巡回审理，就地办案”的弊端便是不可免的了。而如果顺乎时代的潮流，服从生产力发展水平的客观要求，按照民事诉讼法的明确规定，代表审判机关的法官、当事人及其他诉讼参与人，在诉讼中形成的社会关系则是诉讼主体之间的法律关系，各有自己的权利和义务，当事人自己打官司的路自应由其自己来跑，而且，主要的诉讼活动应在法庭中公开进行。若能就此形成良好的诉讼运行机制，则必生“便民”的新局面。

五

至此，便涉及到又一个敏感的问题：坐堂问案。“文革”中错批了“坐堂问案”，使得人们如今还心有余悸。一本新出版的书还这样写道：“为了贯彻巡回审理，就地办案的原则，必须坚决克服单纯‘坐堂问案’的作风”。显然，这里又把“坐堂问案”指控为“旧衙门作风”了。

其实，把“坐堂问案”与“旧衙门作风”等同起来而加以否定，只是在抗日边区中才有进步意义。也许正是因此，有人才得以从历史的观念中找出解决现实问题的答案，才一言以蔽之曰：“坐堂问案搞不得”。这种观点至少是对社会历史条件的忽略。对“坐堂问案”的肯定或否定，不是根据某种观念，而是取决于社会条件。抗日边区与当今中国两个时期的有关审判工作的历史条件有什么不同呢？

第一，政治形势和要求不同。前者处在中国新民主主义革命时期，抗日民主政府辖区均为中国经济落后地区，又受到日本侵略军的严重威胁和国民党政府的困扰。抗日边区的一切工作为了抗战；而且，司法审判工作统归政府领导。1942年后，陕甘宁边区成立“边区政府审判委员会”，“国家机器”是在不配套中协调运行。为了动员人民力量投入民族解放斗争中去，司法审判工作责无旁贷地也承担着深入群众、发动群众的任务。而且，当时明文规定：“边区的司法工作要深入群众，要在群众中建立司法工作的基础”。因而，“巡回”、“就地”办案正符合这一政治要求。而后者是处在社会主义初级阶段，经过了近四十年的社会主义革命和建设，人民政权巩固发展，要求社会分工明确，各司其职，审判工作同政府工作分离，独成体系，实行依法独立审判，整个国家机器齐全，形成系统的运行机制，“坐堂问案”也成为国家机器正常运行中的不可缺少的重要环节。

第二，法制建设和条件不同。在实体法方面，前者处在旧新法律废立的交替过程中，又面临着错纵复杂的民族矛盾和阶级矛盾，体现统治阶级意志的成文民刑实体法很难制订出来，散见于法规、条例、政策中的实体法内容也很不全，许多案件的处理，不得不就地“体察民情”，“听取民众意见”。因为正如马锡五说的：“真正群众的意见比法律还厉害”。而后者则是人民共和国经过近四十年的法制建设，统治阶级的意志已在各个法域内上升为法律，诸如制订了《刑法》、《民法通则》、《经济合同法》等实体法。这使人民法院审案“以法律为准绳”成为可能。一般情况下，依据这些实体法的具体条款判处各类案件，远比“就地”去“体察民情”优越得多。在诉讼法方面，前者处于战争环境，“诉讼立法主要是指刑事诉讼立法而言的，因为在激烈的战争条件下，民事案件较少发生，而且大部分经过基层政府解决，很少进入司法程序，因而有关民事诉讼程序问题，在法律上没有得到确定的反映”①。陕甘宁边区仅制订了《刑事诉讼条例草案》。显然，对法院和当事人的民事诉讼活动的法律要求也就极不严格。后者是处在和平环境，民事案件大量发生，《民事诉讼法（试行）》也随之得以制订和实施。民事诉讼进入了“有法可依”的时代。而《民事诉讼法（试行）》非但不排斥“坐堂问案”，而且确实严格地按法定程序审理案件，“坐堂问案”恰是一个最基本的审判形式！

第三，法官队伍建设状况和法官个人权威不同。前者由于抗日解放区干部奇缺，审判干部人员编制少。陕甘宁边区政府辖三个专员公署，相应地设三个高等法院分庭，为高等法院派出的二审机构，每个分庭的干部编制仅庭长一人（由专员兼任）、推事一人、书记员一人或二人②。马锡五作为专员，“应亲自定期巡视各县”③；“视察”便是其主要工作方式，当然也就为其“巡回审理，就地办案”提供了极有利的机会和条件；当时的边区人民出于对共产党的信赖，对共产党干部的拥戴，身兼二职的分庭庭长，便具有很大的个人权威，其影响力、号召力往往超过法律的力量。这是马锡五“巡回”、“就地”办案得以顺利进行的一个重要因素。后者则是审判队伍扩大，法官权威降低。现在，全国法院干部已达23.5万人，一个设在乡镇的人民法庭的干部配备数，许多也超过了当年马锡五任庭长的分庭干部数。全国人民法庭干部已有5万余人，但人民法庭庭长职位低，个人权威弱；加之人民群众对国家干部的信任感降低，使如今的“就地办案”困难重重。人民法官在“巡回”中，被杀害的、被打伤的、被打掉大沿帽的、被撕破制服的、被谩骂威胁的、被诬告陷害的……这些当年在陕甘宁边区中难以想象得到的事情，竟时有发生。然而，这并不等于说审判队伍“今不如昔”。今天的优势是：审判干部人员多，文化素质好，法律专业水平高，又法律武器齐备。因而，整体作战力强，体现出的法制权威大。而这一权威的能动作用，只有在依法公开庭审即“坐堂问案”中，才能有效地发挥出来。

毫无疑问，历史上否定“坐堂问案”的社会条件已不复存在，而今肯定并实行“坐堂问案”的社会条件已经成熟。倘若还将

① 张希坡、韩延龙《中国革命法制史（上）》，第464页。

② 《陕甘宁边区高等法院分庭组织条例草案》，载于《陕甘宁革命根据地史料选辑（第一辑）》，第264页。

③ 《修正陕甘宁边区行政督察专员公署组织条例》，载于《陕甘宁边区革命根据地史料选辑（第一辑）》，第254页。

“巡回审理，就地办案”作为“基本原则”，还在盲目地用马锡五审判方式否定“坐堂问案”，则我国的民事审判工作的正规化建设必将寸步难行！

六

诚然，改变近半个世纪形成的民事审判工作的“巡回审理，就地办案”这一传统“习惯”，绝非易事。这是一项艰巨复杂的法制建设工程，也是新时期司法审判工作改革的战略任务。在坚持四项基本原则，坚持改革、开放的新形势下，我们有责任根据马克思主义的基本原则和基本方法，“不断结合变化着的实际，探索解决新问题的答案”①。综上所述，笔者认为当前应解决如下四个问题：

（一）转变观念。坚持以民事诉讼法为准绳，检查民事审判工作违反程序法的种种表现，以便从中搞清有关的理论问题，诸如：人民法官的天职是什么，怎样做才是“发扬艰苦奋斗精神”，审案“宁肯自己多吃苦，不让群众多跑路”，是不是法官为人民服务的指导思想，传统的审判方式是否不可变革，人民法庭干部驻庭收案、审案是否就会不便民，“坐堂问案”是不是“旧衙门作风”，实行当事人举证责任这一审判工作内容与“巡回审理、就地办案”这一审判工作形式能否统一，开展优质审判工作的最佳形式是什么，以及建立法制轨道上的民事诉讼运行机制的阻力何在，等等。弄清这类问题的是非，对于解放思想，推进民事审判工作的改革，至关重要。

（二）统筹安排。立法上需由立法机关在修改《民事诉讼法（试行）》时，对其“基本原则”作出新的确定；工作布局上需对各地区的不同政治（包括宗教信仰）、经济、文化状况作出分析，以分别不同情况，分期推行“坐堂问案”；审判实践上需解决好坚持“坐堂问案”与暂时不排除经济落后地区和部分案件仍实行“巡回审理，就地办案”的关系，以及需创造在“就地办案”中也能“坐堂问案”的必要条件，还需建立新的指导调解的工作机制。

（三）加强宣传。运用多种形式宣传法制，使全体人民增强“人民法院‘坐堂问案’的法律意识”，使当事人改变“坐等法官上门”的心理，强化“到人民法庭打官司”的观念。并通过庭审宣传，树立人民法官新的形象。

（四）艰苦奋斗。人民法官须继续发扬马锡五的工作精神，努力改变现存民事诉讼运行中的落后习惯，切实实行当事人举证责任，苦练庭审本领，大力提高审判专业素质，积极开展新形势下的优质审判活动。

可以坚信，只要我们坚定社会主义法制建设方向，坚持严格实施民事诉讼法，尽快培养出一支训练有素的审判队伍，人民法院“坐堂问案”的审判方式必将大放异彩！

关于民事诉讼中调解的几个问题

河北省廊坊市中级人民法院　周震宇

人民法院主持下的调解活动是民事诉讼中的重要组成部分。正确认识民事诉讼中的调解，从理论和实践上不断探讨、不断总结，从而进一步完善我国民事诉讼中的调解程序和制度，具有重要的意义。本文拟就“着重调解”的提法、调解的实体分类、不同诉讼阶段上的调解和调解的规范化等问题，谈一点粗浅的看法。

① 邓小平《在中国共产党全国代表会议上的讲话》（1985年9月23日）。

一、关于"着重调解"的提法

《中华人民共和国民事诉讼法（试行）》〔以下简称民诉法（试行）〕，把"着重调解"作为一项基本原则作了规定。那么，着重调解的提法如何？从笔者所看到的教科书和所接触到的一些实际工作者来看，多数持肯定的意见。认为它是我国民事审判工作的优良传统和成功经验，是我国民诉法的特点之一，体现了我国人民法院为人民服务、对人民负责、便利人民诉讼的本质特征。但也有的同志持否定的意见，认为着重调解与过去的"调解为主"一样，弊端很多。有"为主"就有"为辅"，有"着重"就有"不着重"，在理论上和实践上贬低了判决，造成"久调不决"、"和稀泥"、"强迫调解"、"老实人吃亏"等许多不良后果。

笔者认为，"着重调解"的"着重"二字在客观上的确有一些副作用，就是容易使人产生忽视或者轻视判决的倾向。有些该判不判、久调不决的现象的确与此有关。但着重调解的原则不应否定。其理由是：

第一，民事纠纷的性质决定了其绝大多数需要调解解决；并且以往发生的全部民事纠纷，也正是绝大多数调解解决的。1985年郑天翔院长在第六届全国人民代表大会第三次会议上作的法院工作报告中讲，"在人民法院办结的民事案件中，调解解决的占百分之八十五左右。"实际上每年大体如此。如果把每年诉讼外行政部门、民调组织和民间自行调解的民事纠纷算在内，那么调解的比例更大。这种在全国带普遍性的、大量的、长期的事实，决不是仅仅因为谁提了"着重调解"几个字才出现的，而是事物的自身矛盾运动规律决定的。民事纠纷本身的"弱矛盾性"、"矛盾者之间的地位平等性"和"权益的可忍让性"，决定了其必然是绝大多数要通过调和的方法来解决。我们提一个原则，作某项规定，不过要试图尽量反映事物的规律，让人们掌握规律，按规律办事。至于如何表述这个原则或规定，当然越贴切越好，但往往不可能贴切到毫无缝隙，这就要求人们按事物的本质去正确理解。民诉法（试行）提着重调解，本意是要审判人员用法律多做思想疏导工作，能调解解决的就不要用判决，以有利于彻底解决纷争，增进团结。而且民诉法（试行）第六条在写了"应当着重进行调解"之后，紧接着又补充了"调解无效的，应当及时判决"，这本来已经弥补了可能出现的片面性，但是有的人不作全面理解，片面地把着重调解理解为"唯一调解"，这就很难归咎于是立法上的问题。

第二，调解与判决比，从总体上说调解的效果要好。首先，用调解的方法解决民事讼争，多数情况下比用判决的方法简便易行、省时省力。特别是在结案后的执行上，由于调解协议是建立在双方当事人自愿的基础上的，一般均能自动履行，而且多数能当庭履行或短期内履行；其次，调解结案能更好地缓解矛盾，促进人民内部团结，防止民事纠纷激化为刑事案件；再次，调解可以把大量的民事纠纷解决在人民法院的最基层——人民法庭，可以减少上访申诉，减少人力物力的消耗。由于调解比判决有这样一些长处，所以在立法和司法中适当突出调解是必要的。

第三，调解中出现的一些问题不是调解独有的，而是整个审判中的问题在不同的审判形式中的反映。反映在调解中就是调解中的问题，反映在判决中就是判决中的问题，只不过表现形式不同罢了。比如"久调不决"，不过是审判人员工作效率低下或案件本身不好解决在调解中的反映；那么反映在判决中就可能是"久拖不判"。至于有些案件在事实和证据上似是而非，否不成，定不了，查不清，矛盾又可能要激化，究竟是经常做点调解工作以缓解矛盾好呢，还是速判好呢？如果速判，看起来快，但由于当事人很可能不服判，提起上诉，然后又提出申诉，使案件由一审到二审，又到再审，不一样也是"久判不决"吗？再如"和稀泥"、"老实人吃亏”问题，这不过是审判人员政治素质和业务素质不高在调解中的一种反映。“和稀泥”的实质就是是非不分，不能依法维护当事人的合法权益。那么这种情况反映在判决中就可能是责任不清，违法裁判。再如“强迫调解”,这也不过是审判人员不良审判作风在调解中的反映；那么反映在判决中就可能是剥夺一方当事人的申辩权，压制一方，袒护一方，等等。所以，我们不能简单地说调解中出现的问题就是调解自身固有的，或者就是“着重调解”带来的，也不能因此而否定“着重调解”的提法。

但是也应当说明，肯定“着重调解”的提法，并不是说这就是最科学的提法。因为事物在发展，人的认识也应当发展。如果有更恰当的提法，既能反映调解的重要性，又能不产生轻视判决之弊端,当然是很好的事。

二、关于调解的实体分类和“着重”的方向

“着重调解”应该往哪里“着重”？注意力应该往哪里放？需要对调解作实体分类。

所谓实体分类就是按照当事人处分民事权益的情况进行分类。按照这种分法，基本上可分为两大类：一类是“公平性调解”，一类是“让谅性调解”。

“公平性调解”，就是双方当事人均自愿按照案件事实和相应的法律承担应承担的义务，享有应享有的权利。也就是在实体处理上最后结果和判决一致，或基本一致。

“让谅性调解”,就是当事人一方忍让、谅解另一方,自愿放弃或让出自己的民事权益,从而达成调解协议。这类又可分为三种情况：一种是“有条件让谅”,即应承担义务的一方承认自己的过错，或虽无过错但态度积极主动，取得对方的谅解，使对方自愿部分或全部放弃应享有的民事权益,从而达成协议；一种是“无条件让谅”,即应承担义务方对自己的过错缺乏认识，享有权利方出于本人某种长远的潜在利益的考虑不予计较，自愿放弃部分或全部民事权益，从而达成协议；另一种是“超义务给付让谅”,即应承担义务一方出于某种自责或道义，自愿超义务给付，从而自愿达成协议。

从上述分类我们不难看出，“公平性调解”是最优调解。因为公平性调解既完全维护了当事人特别是无过错一方当事人的合法权益，使其所受的损失得到完全的补偿；又使当事人特别是有过错一方当事人受到较全面的法制教育，使他们从认识上和实践上看到了过错和责任相适应这一重要民法原则；同时缓解了当事人之间的矛盾，有利于社会的安定团结。“公平性调解”不存在当事人处分自己的民事权利问题,也不存在损害国家、集体和他人利益问题，因此也就不存在“老实人吃亏”之类的问题。其次是“让谅性调解”中的“有条件让谅”，由于这种调解是以应承担义务一方的真诚态度和实际困难为条件，因此效果也基本是好的。

我们讲“着重调解”，从“宏观”上说，强调在整个民事诉讼过程中重视调解，多做调解工作，只要能调解解决的就尽量调解解决——这无疑是对的，也是必要的。但当我们对调解作了如上“微观”分析后，我们就不能笼统地说，不管哪类调解都“着重”。也就是说，在“着重调解”中，除了讲“宏观着重”外，还需要研究“微观着重”。如何“微观着重”？笔者认为，应当明确和把握以下几点：

第一，要首先立足于“公平性调解”。特别是要求给付赡养费、抚养费等法定义务案件和一方当事人有严重过错又有给付能力的案件，要尽量实现“公平性调解”，亦即调解的结果与准备下判的结果基本相同。如果公平性调解无效，一般可作出判决。

第二，对于当事人履行义务确有一定困难的案件、矛盾有可能激化的案件和当事人之间有某种特殊关系（如近邻关系、亲戚关系）的案件等，在进行公平性调解无效的情况下，可进行“有条件的让谅性调解”。

第三，"无条件让谅调解"和"超义务给付让谅调解"，除特殊情况外，一般不宜采用。所谓特殊情况主要指纠纷确有可能激化为凶杀、械斗和当事人坚持自愿作出这种让谅又不损害社会公益的情况。

第四，在调解中"着重"做应承担义务一方特别是有过错当事人一方的工作，促其承认过错，自动履行义务；不能把调解的着重点放在让无过错方让步上。

第五，要着重维护民事权益受到损害一方当事人的合法权益，即使做他们的让谅工作，也要讲明利害关系，使他们经过权衡而慎重地处分自己的民事权益。

以上几点如果再加以概括可归纳为：着重公平性调解，着重做过错方工作，着重维护受害一方的合法权益。

三、关于不同诉讼阶段上的调解

把调解贯穿于民事诉讼的各个阶段，这在法学界和司法界一般都认为是必要的。也就是："人民法院在诉讼的任何阶段上，不论是在第一审普通程序的审理前的准备阶段、开庭审理阶段，还是在第二审程序；不论是按普通程序审理案件，还是按简易程序审理案件，都要进行调解工作，都要体现着重调解的精神。"①但这是不是就意味着在诉讼的任何阶段上都要一律突出调解，都要把注意力放在调解上？应该说不能这样理解。

从诉讼过程来看调解，也有个"宏观"和"微观"的问题。在宏观上，要强调把调解贯穿到各个诉讼阶段中去；但在微观上，也就是具体到每个诉讼阶段，究竟如何做调解工作，如何掌握调解与其他诉讼活动的关系，则要作具体分析。

笔者认为，在民事诉讼中，有两个阶段调解是第一位的。这两个阶段是：开庭前专门进行的试行调解阶段（叫"开庭前试行调解"）和一、二审开庭调解阶段。在其他阶段上，调解一般处在辅助性的地位。我们不妨从"起诉和受理"、"开庭前的准备"两个阶段来分析。

在起诉和受理阶段，人民法院的主要任务是审查起诉，决定是否立案。审判人员的具体活动首先是审查诉状，接待询问当事人，按审批制度在七日内作出是否受理的决定。这一阶段虽然也要做调解工作，但这种调解工作一般不是主要的，而是处于次要的、辅助性的地位。一是在接待当事人时结合询问当事人起诉的事实和理由，顺便做调解工作；二是调解一般不进入具体问题，主要是针对起诉讲解法律，为以后的调解打基础；三是审判人员的注意力不是调解，更不是急于调解达成协议，不得因调解而影响按期立案。

在开庭前的准备阶段，人民法院的主要任务是审阅诉讼材料，进行必要的调查研究、收集证据等，这一阶段的调解工作也是需要做的，但一般情况也处在次要的地位。这是因为：

第一，这一阶段的调解工作往往是结合收集调查证据进行。就是在收集调查证据过程中，视情况需要做调解工作时才进行，而不是离开调查取证去专门进行调解。

第二，所谓"视情况"，一般是指在收集调查证据中发现了新情况，比如发现了新的案件事实，碰到了当事人信任的"开锁人"，即能较好地协助法院进行调解的人，如及时开展工作，有利于对当事人说服疏导，也有可能使案件得到调解解决。所以，这一阶段的调解工作又是以调查研究活动为前提的，而不是走在调查研究活动的前面。

第三，在这一阶段，审判人员的主攻方向是通过审阅诉讼材料和必要的调查研究，掌握双方当事人争执的焦点，弄清案件的基本情况，为开庭审理打好基础。也就是审判人员的主要精力是放在仔细审阅诉讼材料和必要的调查取证上，而不是舍此去搞调解。特

① 见柴发邦主编《民事诉讼法学》修订本第85页。

别是当调查研究、判明案情遇到困难时，更不能避开难题走捷径去进行调解。

当然，这一阶段的调解工作一般要比“起诉和受理”阶段的调解要重要。其原因是由于这一段审判人员一般都要深入到发案地的群众中去作一些调查走访工作，结合调查走访就地进行调查，便于请当地组织和群众协助；同时结合调查走访进行调解，容易掌握当事人的思想活动和心理状态；另外这一阶段的调解毕竟是在做了相当多的工作的基础上进行，事实和法律依据都掌握得比较扎实。可见，在不同的诉讼阶段，调解的份量是不同的。不分阶段，不分情况，笼统地理解和适用“着重调解”，前后一般粗地去“着重”，不符合事物发展的客观情况。

四、关于调解的规范化

对于民事诉讼中的调解，从人民法院的审判实践看，笔者认为当前重要的是要使调解规范化。如何实现调解规范化？主要是要提高审判人员的政治素质和业务素质，但从立法上完善调解的程序和制度也是十分重要的。

我国民诉法（试行）对法院调解作了一些规定。这些规定虽然概括了调解的基本要求和方法，对民事审判也起了一定的积极作用，但很不适应审判实践的需要。一是“头重脚轻”。把“着重调解”作为一项基本原则加以规定，但如何着重？没有很好解决；二是对调解的规定在结构上不科学。把调解作为第十章普通程序中的一节（第四节）作了规定，但紧接着第五节规定的是“开庭审理”，那么调解在民事诉讼中究竟处于什么阶段？是不是开庭之前就可以调解结案？调解和开庭审理是什么关系？不明确；三是有的规定互相矛盾。比如第九十八条规定调解“也可以由合议庭主持”，说明调解就是人民法院在审判民事案件；而第一百零二条又规定，调解不成“应当进行审判”，好象调解又不属于审判案件；四是有些规定过于原则，任意性太大。

由于调解在我国民事诉讼中占有重要的地位，是我国社会主义民事诉讼的一个重要特色；调解工作和用调解解决的案件在民事审判中又占有绝大的数量，因此有必要把调解作为一个相对独立的程序在民诉法中加以较详尽的规定。所谓“相对独立”，就是用专章甚至专编规定“调解程序”。内容主要包括六大部分，即（一）一般规定；（二）调解的准备；（三）开庭前的调解；（四）开庭审理；（五）调解书的制作和送达；（六）二审和再审中的调解。关于这些内容具体如何规定，笔者无力详述，但根据审判实践中存在的问题，笔者认为有三点需要在修改补充民诉法（试行）时加以解决。

第一，要对民事诉讼中的调解作科学的严格的定义，使调解在概念上规范化。应当明确规定，人民法院主持下的民事诉讼中的调解，是人民法院依法审判案件的一种形式，是很严肃的审判活动，它与行政部门、民调组织主持下的行政调解、民间调解有质的不同，与人民法院参与下的诉讼外调解也不相同。调解程序是民事诉讼程序的重要组成部分，是重要的法律规范。

第二，要集中规定调解的基本原则，使调解在总体上有一个规范化的要求。内容包括：①合法的原则。法律规定能调解的才调解，调解时从程序到实体都要符合法律规定；②自愿达成协议的原则。双方当事人达成的调解协议必须全部是双方真实意思的表示，不得以强迫、欺骗等手段搞虚假调解；③处分受限原则。在调解中当事人所处分的民事权利必须是自己的民事权利，同时要以不损害国家、集体和他人合法权益为限；④批评过错的原则。在调解中要首先和重点做过错方的工作，进行必要的批评，不得撇开有过错方压无过错方让步；⑤法律效力原则。调解达成协议一经送达，就具有法律约束力，受国家强制力保护；⑥加快民事流转原则。对于调解无效的及时作出判决，不得久调不决。

第三，要对开庭前的调解与开庭审理的衔接作出规定，以使开庭前各个阶段上的调解转入开庭审判有一个明确的遵循。主要有四种情况：一是开庭前各个阶段上的调解如未成功要及时转入下一阶段的正常诉讼活动；二是如果调解成功，要拟出调解协议草书，经过开庭前必要的准备，适时开庭审理；三是开庭审理时除首先进行核对当事人，宣布案由、宣布审判人员、书记员名单，告知当事人诉讼权利和义务，询问当事人是否申请回避等事项外，主要是让双方当事人对庭前基本达成的协议发表意见，如无异议，即调解结案；如有异议，调解不成，则转入法庭调查，直至作出判决。在法庭调查和法庭辩论后，也可视情况再行调解；四是对于在起诉和受理阶段调解达成协议的，如果情节简单，争议不大，双方当事人又愿意在诉讼外解决的，可不予立案，作简易纠纷处理，登记记载即可。

论开庭审理

中国人民大学　江　伟　尹小亭

从目前审判实践中所出现的问题看，有两点应引起人民法院的注意：一是不重视开庭审理，二是不善于开庭审理。不重视开庭审理的原因，主要是由某些错误观念造成的。比如“重实体轻程序”，“重庭前调解轻开庭审判”、“重职权调查轻法庭举证”等等。不善于开庭审理的原因，除了观念上的原因之外，也与审判人员对开庭审理制度不熟悉、理解不透彻有关。同时，民事诉讼法本身的不健全、不完善也是原因之一。

本文拟从对开庭审理中可能出现的问题及理论上易混淆的问题，结合我国民事诉讼立法和审判实践，谈谈我们的一些粗浅看法。

一

开庭审理，是人民法院在当事人及其他诉讼参与人的参加下，在法庭对民事案件以言词形式进行实体审理的诉讼活动过程。

开庭审理在民事诉讼程序中占有十分重要的地位。第一，开庭审理是人民法院审理民事案件的中心阶段，民事诉讼的其他阶段都是围绕着开庭审理而展开的。第二，开庭审理是人民法院行使审判权，当事人行使诉讼权利的重要形式，民事诉讼法所规定的各项诉讼原则和诉讼制度也主要体现在开庭审理中。第三，开庭审理又是人民法院依法行使审判权，正确及时解决民事纠纷的重要保障。因而，开庭审理是否依法进行，与法院所审理的民事案件的质量直接相关。重视和改进开庭审理工作，是加强法制建设，促进审判民主化的重要内容。

开庭审理的主要内容为：审查证据，查明案情，分清是非，正确适用法律，确认当事人之间的权利义务关系，进行调解或作出判决，以制裁民事违法行为，保护国家、集体和个人的合法权益。对于开庭审理，我们不仅应当了解它的内容，我们还应当了解它的形式。而后者常被我们所忽视。开庭审理的形式可以从两方面理解。

首先，开庭审理采用法庭审理的形式。所以，开庭审理又可称为法庭审理。法庭有两层含义：其一，法庭是指开庭审理的审判组织形式。这是开庭审理的组织前提。审判组织又有合议庭和独任庭两种形式。合议庭是由三个以上审判人员或审判人员与陪审员组成的法庭，普通程序的开庭审理采取合议庭的组织形式。独任庭是由一个审判人员组成的法庭，简易程序的开庭审理采取独任庭的组织形式。其二，法庭是指开庭审理的场所。这是开庭审理的物质前提。法庭有院内法庭与院外法庭之分，院外法庭又称为巡回法庭。因此，人民法院开庭审理民事案件，不应只局限于法院之内。根据民事诉讼法第七条的规定，人民法院审理民事案件，应当根据需要和可能，派出巡回法庭，就地开庭审理。就地开庭审理时，除适用简易程序之外，审理的程序也应严格按照民事诉讼法有关开庭审理的规定办理。

其次，开庭审理采用言词审理的形式。所以，开庭审理还可称为言词审理。所谓言词审理，就是在开庭审理中，人民法院与诉讼参与人的所有诉讼行为均以言词（口头）的方式进行。

言词审理是法院审理民事案件的重要形式，因此各国民事诉讼法均将言词审理作为民事诉讼的一项原则加以规定。比如，苏俄民事诉讼法第一百四十六条规定，案件审理以言词进行。民主德国法律规定，法院审理民事案件，要根据并通过言词审理加以实现（民主德国法院组织法第三条和民事诉讼法第二条）。罗马尼亚民事诉讼法第一百二十七条规定，如果法律没有另行规定，审判案件用言词辩论进行。

在大陆法系国家，言词审理原则的内容，一般是指法院以当事人言词陈述的诉讼资料，为裁判的基础。言词审理原则具体体现在言词辩论之中。言词辩论有广狭二义。广义的言词辩论是指法院、当事人及其他诉讼关系人于言词辩论期日的一切诉讼行为所构成的程序之总称。可以这样说，广义的言词辩论实则为开庭审理。狭义的言词辩论仅指双方当事人之间的辩论。以言词辩论是否为法院裁判的必要基础，可将言词辩论分为必要的言词辩论和任意的言词辩论。言词审理只体现于必要的言词辩论之中。必要的言词辩论，有两方面的含义：一方面，法院的判决必须言词辩论为之；另一方面，法院的裁判必须以言词陈述的诉讼资料为基础。可见，大陆法系国家的言词审理与苏联和东欧国家的言词审理虽同为开庭审理的一种形式，但在具体内容上又有很大不同。

我国民事诉讼法没有将言词审理作为一项诉讼原则，但在开庭审理中，言词审理仍不失为开庭审理的必要的形式。这在现行民事诉讼法中也有体现。比如，开庭审理时，由审判长口头宣布开庭，并告知当事人的诉讼权利和义务，询问当事人是否申请回避。法庭调查中，一切证据均采言词调查，即当事人应当作口头陈述，证人应当口头提供证据，鉴定人应当宣读鉴定结论。证人和鉴定人对法庭的询问和当事人的发问，也应当口头回答。法庭对未到庭的证人的书面证言、其他书面证据及勘验笔录应当庭宣读。法庭辩论中，当事人之间的辩论为言词辩论，最后，人民法院的判决应当以言词形式公开宣告。言词审理的好处在于：便于当事人及时了解案件事实及所诤争的要点；便于法院直接审理案件；便于当事人行使辩论的权利；便于社会公众对审判活动的监督。

二

人民法院是国家的审判机关，代表国家行使审判权，人民法院在民事诉讼中的特殊地位，决定了它在开庭审理中必然起着重要作用。为保障开庭审理的顺利进行，人民法院应当拥有一系列具体的职权。从现行民事诉讼法的规定来看，法院在开庭审理中的职权范围，主要表现在两个方面：一方面是指挥法庭审理。另一方面是维持法庭秩序。指挥法庭审理的职权，本应是人民法院的一项重要权能（同时又是法院的责任）。根据民事诉讼法第七十七条的规定，法院有权对扰乱司法机关工作秩序的人，采取必要的强制措施。司法机关的工作秩序，当然包括法庭秩序，而且法庭秩序是司法机关工作秩序的重要内容。在目前情况下，明确法院维持法庭秩序的职权，也是改进开庭审理工作的一项内容。

世界上大多数国家的民事诉讼法对法院在开庭审理中的职权范围都作了明确规定。苏联和东欧国家，以苏联为例。根据苏俄民事诉讼法的规定：(1) 审判长在开庭审理中的主要职责为：一是领导审判庭，并保证完整、全面和客观地查明全部案情及当事人的权利和义务，保证审判程序的教育作用，从审理中排除一切与审理案件无关的因素。二是采取必要措施以保证审判庭上应有的秩序(苏俄民事诉讼法第一百四十五条)。(2) 案件参加人、代理人、证人、鉴定人、翻译员以及全体到庭的公民都必须遵守法庭秩序，必须无条件地服从审判长的有关命令（苏俄民事诉讼法第一百四十八条)。(3) 对于在审理案件时违反秩序的人，审判长应以审判庭的名义给予警告。当案件参加人、代理人、证人、鉴定人和翻译员第二次违反秩序时，可根据审判庭裁定令其离开审判庭，而对于审理案件时列席的公民，可根据审判长指示责令其离开审判庭。法院还有权对审理案件时列席的公民处以 10 卢布以下的罚金(苏俄民事诉讼法第一百四十九条)。但对审判长的行为，案件参加人、代理人、证人、鉴定人和翻译员有权提出异议（苏俄民事诉讼法第一百四十五条第二款)。

根据联邦德国和日本民事诉讼法的规定，审判长的权限主要有：(1) 行使指挥权，如联邦德国民事诉讼法第一百三十六条规定，审判长命令开始言词辩论并指挥其进行。审判长可以准许发言，并可以禁止不服从其命令的人发言。(2) 行使阐明权，阐明权即审判长向当事人发问，令其陈述事实声请证据的权利。日本民事诉讼法第一百二十七条称之为释明权。审判长为了明确诉讼关系，可以对当事人就有关事实上及法律上的事项进行发问或促其举证。根据联邦德国民事诉讼法第一百三十九条的规定，“阐明”既为审判长的权利，亦为审判长的义务。(3) 指定受令审判官及嘱托。

国外民事诉讼法关于法院在审理民事案件中的权限的规定，特别是苏俄民事诉讼法中关于审判人员应成为遵守法庭审理规则榜样的规定，对我国民事诉讼立法具有一定的借鉴价值。研究国外民事诉讼法的这些规定，有助于完善我国民事诉讼法的开庭审理制度。

三

为了搞好开庭审理，对与开庭审理相关的几个理论问题应予明确。为此，正确认识和处理以下几个关系是十分必要的。

（一）明确开庭审理与公开审理的关系

公开审判是民事诉讼法的基本原则。公开审判有两个基本内容：一为公开审理，二为公开宣判。公开审理，还是宪法和法院组织法的一个法制原则。公开审理与开庭审理有密切关系。公开审理是开庭审理的基本形式。根据民事诉讼法第一百零三条的规定，开庭审理有公开审理和不公开审理两种形式。公开审理是原则性规定，除法律的特别规定的情况外，开庭审理一律采公开审理的形式。所谓公开审理，就是开庭审理时，允许公民旁听，允许新闻记者采访的一种审理方式。根据最高法院 1979 年通过的人民法院法庭试行规则的规定，公开审理有两个内容：一是对群众公开。法庭试行规则第五条规定：“公开审判的案件，允许公民旁听。”“公民凭人民法院发出的旁听证进入法庭。”二是对社会公开。法庭试行规则第八条规定：“公开审判的案件，允许新闻记者采访。”“记者凭人民法院发出的采访证进入法庭，可以记录、录音、录相、摄影和转播。”法院只有在涉及国家机密、个人隐私或者法律另有规定的情况下，才可采用不公开审理的形式。离婚案件当事人申请不公开审理的，可以不公开审理。可见，公开审理必须是开庭审理。但不公开审理也有开庭审理的问题。不能认为只有公开审理才是开庭审理，不公开审理就不是开庭审理。对于不公开审理的案件，人民法院仍应严格按照开庭审理的规定进行。

各级法院首先在观念上应当对公开审理予以高度重视，并根据现有条件，尽可能做到公开审理。之所以强调公开审理，是因为公开审理能够更有效地完成开庭审理的任务，使审判工作在社会公众的监督下公正地进行。公开审理对加强审判人员的责任心，增加审判工作的透明度，提高审判质量均有一定意义。公开审理还可促使当事人及其他诉讼参与人依法行使诉讼权利，提高人们的法律意识。

（二）明确开庭审理与法院调解的关系

法院调解是我国民事诉讼法所强调的人民法院审理民事案件的重要方式。因此，法院调解必然与开庭审理发生一定关系。我国法院调解的特点之一是不受诉讼阶段的限制，贯穿民事诉讼的整个过程。而开庭审理则为诉讼程序的一个特定阶段。以法院调解是否经过开庭审理为标准，可将其划分为庭前调解和庭上调解（即法庭调解）两种形式。在司法实践中，庭前调解所占比重较大，有大量民事案件未经开庭审理，而在审理前准备阶段就以调解结案。庭前调解虽有及时结案的好处，但不区分案件性质一概进行庭前调解，则与民事诉讼法的规定相违背。民事诉讼法第九十七条规定，法院调解的应当在查明事实、分清是非的基础上进行。非经开庭审理，事实难以查明，是非难以分清，此时调解，根据何在？所以，从法律上说，庭前调解易形成无原则调解，这样既有损于当事人的权益，又不利于提高审判人员的业务素质。因此，对庭前调解，在法律上应予限制。我们认为，法院调解应当以庭上调解为主，尽量避免庭前调解。当然，对于事实清楚，情节简单，当事人双方有和解愿望的案件，法院可以主持进行庭前调解。

对于调解（或和解）是否必须在法庭审理中进行，各国民事诉讼法也有不同规定。法国民事诉讼法第一百二十七条规定，在诉讼进行的整个过程中当事人双方可以自动地或在法庭建议下进行和解。匈牙利民事诉讼法也规定，法院在诉讼的任何阶段都可以设法调解当事人的争议。日本民事诉讼法在“关于简易法院诉讼程序的特则”一章中规定，只有适用简易程序审理的案件，方可于起诉前进行和解（日本民事诉讼法第三百五十六条）。捷克斯洛伐克民事诉讼法规定了两种和解：一种是诉讼前的和解，即案件开始审理之前的和解；另一种是诉讼中的和解，即案件审理中的和解。苏俄民事诉讼法只规定了一种和解，即只有在开庭审理阶段，当事人方可达成和解协议（苏俄民事诉讼法第一百六十四条）。我国的法院调解制度与国外其他国家的调解（或和解）制度有很大不同。其中一个主要区别为，我国的法院调解更强调法院的干预作用，因此调解过程更多地体现了法院的意志。正是基于此，我国民事诉讼法方要求调解应当在查明事实、分清是非的基础上进行，而其他国家的民事诉讼法对此都未作规定。

实践中庭前调解的滥用，与我国民事诉讼法本身规定的矛盾不无关系。在体例编排上，民事诉讼法于“开庭审理”之前，规定了“调解”一节，而在开庭审理中又作了“法庭辩论终结，可以再行调解”的规定。这样易给人留下一种错误印象，似乎调解更侧重于开庭审理之前进行，而开庭审理之中的调解不过是“再行调解”而已。如此，又何谈“应当在查明事实、分清是非的基础上进行调解”呢？因此，如果“查明事实、分清是非”这一法院调解的原则不变，民事诉讼法有关调解的程序规定，就应作修改，以使调解制度在内容与形式上相协调。

（三）明确普通程序的开庭审理与简易程序的开庭审理的关系

简易程序是普通程序的一种简化程序，人民法院只有审理简单的民事案件时，才适用简易程序。普通程序有开庭审理的问题，简易程序也有开庭审理的问题。不能认为简易程序就可以完全不受开庭审理规定的约束，就可以任意简化。而且，简易程序的开庭审理也有一个公开不公开的问题。不能认为简易程序的开庭审理就可以不公开进行。除法律有特别规定外，简易程序的开庭审理也一律应当公开进行。

简易程序的开庭审理与普通程序的开庭审理，在内容上有所不同。普通程序的开庭审理是由一定诉讼阶段组成的，根据民事诉讼法的规定，它可分为四个阶段：庭前准备、法庭调查、法庭辩论和合议宣判。这四个阶段是相互衔接的。每个阶段又各按一定的顺序依次进行，各个阶段及各阶段的顺序由法律明确规定，人民法院和一切诉讼参与人必须严格遵守。而简易程序的开庭审理没有严格的诉讼阶段的划分，也不受每个阶段中法定顺序的限制。它相对于普通程序的开庭审理而言。是非常简便、灵活的。根据民事诉讼法第一百二十七条的规定，简易程序开庭审理的简化，主要表现在：它不受民事诉讼法第一百零五条、一百零七条（即法庭调查的顺序）、一百一十条（即法庭辩论的顺序）的限制。

由于简易程序与普通程序是特殊规定与一般规定的关系。因此，简易程序中有开庭审理简化规定的，适用于简易程序，没有开庭审理简化规定的，仍应适用普通程序开庭审理的规定。审判实践中，适用简易程序审理的案件，任意简化开庭审理的现象非常普遍，这应引起人民法院的足够重视。根据最高人民法院《关于贯彻执行〈民事诉讼法（试行）〉若干问题的意见》的规定，人民法院无论是适用普通程序审理，还是适用简易程序审理，都应当向当事人告知诉讼权利和义务，听取他们的陈述，出示必要的证据，允许双方辩论。对此，人民法院应当严格遵守。

（四）明确开庭审理与审理前准备的关系

开庭审理与审理前准备共同构成民事诉讼实体审理的两大诉讼阶段。但这两大诉讼阶段的目的和所要完成的工作内容是不同的。审理前准备的主要目的还在于保证开庭审理的顺利进行。围绕着这一目的，它应当完成以下三个任务：（1）查明案件的基本事实；（2）了解当事人双方各自的主张及争议的要点；（3）收集调查证据。至于审理前准备工作的内容，民事诉讼法已作了明确规定，这里不再赘述。

审理前的准备，就是开庭审理之前的准备，它本身虽为一个独立的诉讼阶段，但与开庭审理有着必然联系。民事诉讼法所规定的审理前准备的工作，只能在审理前准备这个阶段完成，只有这样案件才能从审理前准备阶段过渡到开庭审理阶段。但是，并不是所有的民事案件都必须经过审理前准备这个阶段，对于适用简易程序审理的案件，可以不经过审理前准备而直接开庭审理，或者将审理前准备与开庭审理结合在一起同时进行。因此，审理前准备只为普通程序开庭审理的必经阶段。

对于审理前准备与开庭审理的关系，各国民事诉讼法有不同规定。苏联和东欧各国民事诉讼法大多对审理前准备作了规定，并把它作为开庭审理前的一个独立阶段。

苏俄民事诉讼理论认为，不论案件是否复杂，在任何情况下，审理前的准备工作都是民事诉讼的一个独立阶段。苏俄最高法院全体会进而强调：对于所有民事案件，都必须在法庭审理前进行准备工作。但罗马尼亚是个例外。罗马尼亚民事诉讼法没有审理前准备的规定，在当事人接受诉讼状并完成院长批示中指出的各项措施之后，即可开始法庭审理。

西方有些国家虽有“准备程序”或“审前程序”的规定，但与苏联和东欧国家的审理前准备多有不同。

在联邦德国和日本，准备程序即为言词辩论的准备程序。准备程序终结后，言词辩论即为开始。准备程序的目的主要有两个：一是当事人双方阐明各个争点；二是法院对证据进行调查。在准备程序中，当事人应当提出全部诉讼资料。当事人于准备程序笔录中未记载的事项，在言词辩论中不得主张。即准备程序终结后，当事人不得再提出新的诉讼资料。

在美国，有“审前调查程序”的规定，这是美国民事诉讼程序中的一个重要制度。审前调查程序的主要目的是确保在审判时揭露全部事实。它有如下两个优点：(1) 审前发现案件的全部事实，消除不存在争辩的争点，从而能缩短审判的过程；(2) 该案事实真相大白，可促成该案和解，不须进行审判。根据联邦民事诉讼法规的规定，审前调查的范围非常广泛，可以涉及有关案件的任何问题。审前调查可由任何一方当事人提出。调查的方式大体有：当事人要求证人在法庭外提供证据；当事人一方向对方提出片面询问；当事人一方要求对方提供文件；当事人一方要求对方承认有关事项。

从国外民事诉讼法的上述规定看，在开庭审理之前规定一个“准备”阶段，已为通例。我国民事诉讼法采苏联的立法体例，也于开庭审理之前规定了准备阶段。但我国民事诉讼法的审理前准备阶段，与苏联的规定又有不同。在苏联，所有案件都必须经过审理前准备这个阶段。这样规定，未免过于机械。我国民事诉讼法则作了灵活规定，只有对适用普通程序审理的案件，才必须经审理前准备阶段。

审理前准备和开庭审理这两个诉讼阶段的关系处理不好，将不利于开庭审理的进行，最终会影响办案的质量。因此应当注意防止两个偏向：一个偏向是对审理前准备工作不予重视，造成开庭审理中由于准备不足而使法院的审理工作陷于被动，拖延诉讼时间。另一个偏向是以审理前准备代替开庭审理，将应当在开庭审理阶段完成的工作提前到审理前准备阶段进行。这样做的弊端是易使审判人员先入为主，使开庭审理流于形式，更严重的是会妨碍甚至剥夺当事人行使诉讼权利。这种偏向更应引起人民法院的重视。

四

我国民事诉讼法将开庭审理分为四个阶段，即庭前准备、法庭调查、法庭辩论和评议宣判。这四个阶段是随着开庭审理进程而划分的，每个阶段相互独立，又相互衔接，构成了一个统一的整体。

（一）庭前准备阶段

庭前准备，是开庭审理的最初阶段，该阶段法院应当完成三项工作：(1) 确立开庭审理日期后，于开庭前三日通知当事人及其他诉讼参与人（民事诉讼法第一百零五条）。三日，是法律规定的最短期间。审判人员在具体适用该条款时，应考虑到传票或通知书的在途期间和当事人的准备时间。(2) 开庭审理前，由书记员查明当事人及其他诉讼参与人是否到庭，并宣布法庭纪律。法庭纪律，民事诉讼法未加规定。根据人民法院法庭试行规则第4条规定，诉讼参与人应当遵守法庭秩序，不得喧哗、吵闹；发言、陈述和辩论，须经审判长许可。(3) 开庭审理时，由审判长核对当事人，宣布案由，宣布审判人员、书记员名单，告知当事人的诉讼权利和义务，询问当事人是否申请回避。此时，审判人员开始与当事人双方直接接触。在审理前准备阶段，审判人员与当事人接触的，为便于当事人行使诉讼权利，也应当告知其诉讼权利义务，并询问其是否申请回避。应当强调的是，在适用简易程序审理案件时，开庭审理中仍应当严格按照法律规定，完成此项工作，不能因为适用简易程序而对其有所忽视。另外，对文化水平较低又未委托代理人的当事人，审判人员应尽可能用通俗的语言对其所享有的诉讼权利与所承担的诉讼义务进行解释与说明。

（二）法庭调查阶段

法庭调查，是开庭审理的中心环节。法庭调查的任务主要有两个：一是调查案件事实，二是调查核实证据。对案件和证据的调查，从诉讼阶段上分，有两种情况：一种是审理前准备阶段中的调查，又称为庭前调查；另一种是开庭审理中的调查，即为法庭调查。这两种调查的方式与内容不尽相同。法庭调查采用开庭审理的方式进行，即在法庭上，在双方当事人参加的情况下，由审判人员对案件和证据进行直接调查，并对审理前准备阶段收集来的证据予以审查核实。而庭前调查只是审理前准备应当完成的工作之一，调查时，审判人员并不与当事人双方直接接触。可以说，庭前调查是法庭调查的基础，法庭调查是庭前调查的继续。

关于法庭调查，各国民事诉讼法大多根据直接审理的原则规定，应由受诉法院进行，只有在受诉法院不能直接调查时，方可委托其他法院调查。我国民事诉讼法没有将直接审理作为诉讼原则，但实践中法庭调查也是由受诉法院进行的。如需要调取新的证据或补充调查，而受诉法院对调取新证据或补充调查有困难的，根据民事诉讼法第八十九条的规定，也可委托外地法院调查。

如果证据在国外，调查的途径一般有两种：一是委托外国法院进行调查；二是委托本国驻外国的大使馆或领事馆进行调查。我国民事诉讼法第二百零二条对第一种情况作了规定，即根据我国缔结或者参加的国际条约，或者按照互惠原则，人民法院和外国法院可以互相委托，代为一定的诉讼行为。目前，我国已与法国和波兰等国签订了关于民事、商事司法协助的协定。根据中法关于民事、商事司法协助的协定第十二条的规定："缔约双方法院可以相互请求代为进行其认为必要的调查取证，例如，代为询问当事人、证人、鉴定人，代为调取证据，以及代为进行鉴定和司法勘验。"对于第二种情况，中法关于民事、商事司法协助的协定第十四条第二款作了规定："缔约一方可以通过本国的外交或领事代表机关，直接向另一方领域内的本国国民调查取证，但须遵守缔约另一方的法律，并不得采取任何强制措施。"根据国际惯例，受委托的外国法院调查证据时，适用其本国法律。如果受委托的外国法院认为委托调查的事项违反本国的公共秩序，或发现委托调查的事项不属于自己的职权范围，可以拒绝提供协助并将拒绝的理由通知对方。

经过审理前准备阶段，法院对于案件的基本事实，当事人争论的要点和有关证据，虽有所了解，但案件事实尚未查明，是非尚未分清，所以在法庭调查中，仍需要当事人提供证据，以协助法院查明案情。这样，就涉及到当事人提供证据与法院调查的关系问题。

我国民事诉讼法规定，证据可以通过两个并列的渠道取得，一方面当事人要对自己的主张提供证据，这通常被称为"举证责任"，另一方面法院应当"依照法定程序，全面地、客观地收集和调查证据"。民事诉讼法的这一规定，是我国证据制度中的一个特点。但是我国民事诉讼法关于当事人提供证据与法院依职权收集调查证据同时进行的规定，也存在缺陷，按此执行，有可能造成开庭审理中忽视当事人举证的后果。这样，既增加了法院的工作量，导致办案效率低，又未调动起当事人举证的主动性和积极性，阻塞了证据来源的一个重要渠道。因此，在法律上应当强调当事人主动提供证据。当事人提供证据，既可以在审理前准备阶段提出，又可以在法庭上提出。但对当事人提供的证据，不论是在哪个诉讼阶段提出的，法院都必须在法庭上予以审查。对法院依职权收集调查的证据，也必须在法庭中向双方当事人公开，与其他证据相印证并经过当事人质证。

当事人质证是法庭调查的一项重要内容。质证权是当事人的一项重要诉讼权利。质证权就是当事人在法庭上对对方提出的证据、证人证言、鉴定结论、勘验笔录及法院调查的其他证据，进行质疑和对证的权利。未经当事人在法庭上质证的证据，不得作为法院认定事实的根据。民事诉讼法第一百零八条第二款规定，当事人经法庭许可，可以向证人、鉴定人、勘验人发问。此规定虽具有当事人质证的含义，但未把质证作为当事人的诉讼权利来规定。现在看来，为有助于法院查明案件事实，正确审查判断证据，在民事诉讼法中明确当事人质证的权利，已实属必要。

（三）法庭辩论阶段

法庭辩论，是指在法院审判人员的主持下，双方当事人根据法庭调查的事实和证据，相互之间进行言词辩论的诉讼活动。民事诉讼法所规定的辩论原则主要体现在法庭辩论这个阶段上。

法庭辩论中，应当注意以下几个问题：

1.法庭辩论是在法院审判人员的主持下进行的。法院在法庭辩论这一诉讼阶段有两个主要职责：一是保障当事人充分行使其辩论权；二是指挥辩论。当事人之间的辩论应当围绕着本案事实有理有据地进行，法院也不能消极地听凭当事人辩论。对当事人的发言或答辩与本案无关或无理取闹、进行人身攻击的，审判长有权制止。对当事人违反法庭纪律情节严重，不听劝阻的，审判长有权责令其退出法庭或依法采取强制措施。

2.法庭辩论是在法庭调查的基础上进行的。正因为如此，所以当事人只能在法庭调查所确认的事实和证据的范围内，进行辩论。法庭辩论中，当事人提出的新事实和新证据，经审判人员审查认为与本案有关，应当停止辩论，恢复法庭调查。待新事实和新证据调查清楚后，继续法庭辩论。当事人提出的新事实和新证据不能当庭调查清楚的，法院可用裁定延期审理。

3. 法庭辩论是当事人双方之间的辩论，因为只有当事人才享有辩论权。因此，法院的审判人员和其他诉讼参与人不应当参与到当事人之间的辩论中去。但在司法实践中，审判人员与当事人辩论的现象较为普遍，这一点应当引起法院的注意。法院是国家的审判机关，在法庭中它是以公正的裁判者的身份出现，应当客观地听取双方当事人的陈述和辩论，并解决当事人之间的论争。法院虽然有权指挥辩论，有权引导辩论，但不能介入辩论之中，否则，不但与法院审判机关的地位相悖，又易使当事人产生某种疑虑，影响法院公正审判案件。

（四）评议宣判阶段

评议宣判是开庭审理的最后阶段。法庭辩论结束，合议庭退庭，进入评议室评议并根据评议的结果依法作出判决。

对合议庭评议，有两个问题应予强调：第一，评议应当是保密的，评议守密，是合议庭评议应当遵守的原则，许多国家的民事诉讼法对此都作了规定。法国民事诉讼法第四十四条规定，法官的评议秘密进行。日本的法院组织法第一百一十九条也有同样规定。苏俄民事法第一百九十三条规定，判决由审判庭在评议室内作出。在评议和作出判决的时候，只有参加本案审判庭的审判员才可以留在评议室内，不允许其他人进入评议室。审判员不得泄露在评议时提出过的意见。对于违反评议守密原则的，根据苏俄民事诉讼法第三百零八条第五项的规定，构成撤销法院判决的绝对理由。东欧国家的民事诉讼法大都也有类似规定。我国民事诉讼法没有关于评议保密的条款，但合议庭在评议时，对评议事项和评议结论必须严守秘密，不得对外泄露，以保证法院审判案件的独立性。非合议庭成员，均不得参加合议庭评议。第二，评议应当制作评议笔录。评议的意见和结论应详尽记入评议笔录，评议中的不同意见，必须如实记入评议笔录，并由合议庭成员签名。评议笔录不得公开，不论是当事人，还是作为委托代理人的律师均无权查阅。

法院的判决制作出来后，应当公开宣判。根据我国民事诉讼法的规定，公开宣判有两种方式：一种是当庭宣判，一种是定期宣判。当庭宣判的，一般是宣读判决主文，并应当在10日内发送判决书。宣读判决的主文应与发送判决书的主文在内容上相一致。定期宣判的，宣判后立即发给判决书。但对于定期宣判的期间，民事诉讼法未作规定。实践中，定期宣判的期间往往距开庭审理结束的时间较长。我们认为，对此民事诉讼法应作出明确规定。

通过以上分析，我们可以看出，开庭审理在整个民事诉讼中处于十分重要的地位，它涉及到民事诉讼法的许多重要原则和重要制度，而在审判实践中，开庭审理尚未得到足够的重视，民事诉讼立法也有不完善之处。因此，研究开庭审理这一诉讼制度，具有重要的理论和实际意义。应当提出的是，在研究开庭审理制度时，对于国外民事诉讼的立法经验，只要符合我国国情，能为我所用，我们应当予以借鉴、参考。

我国应建立取得时效制度

浙江省金华市中级人民法院　高洪宾

一

取得时效，又称占有时效，是指非财产所有人善意地、公开地占有他人的财产（动产或不动产）的事实状态，持续达到一定期间，而取得该财产所有权的一种法律制度。它具有以下特征：（1）非财产所有人是以自己所有之意思而占有他人的财产；（2）非财产所有人占有他人的财产必须是公开的，而不是隐蔽的；（3）非财产所有人占有他人的财产必须是善意的，不能有非法行为；（4）非财产所有人占有他人财产的事实状态必须达到法定期间，并在占有期间无第三人提出异议。

与取得时效相对应的是消灭时效（诉讼时效），即财产所有人对自己财产（动产或不动产）不行使权利的事实状态，持续达到一定期间，而丧失该财产请求权的法律制度。它的特征是：（1）财产所有人对自己的财产未行使权利；（2）财产所有人主观上可以是有意地放弃行使权利，也可以是无意地未行使权利；（3）财产所有人未行使权利的事实状态必须持续达到法定期间；（4）财产所有人因消灭时效丧失的是财产请求权，而不是财产所有权。

取得时效和消灭时效具有共同点，即都是一定的事实状态持续达到法定期间，而产生相应法律后果的法律制度。它们从两个不同的方面对稳定经济秩序和社会生活秩序产生作用。但两者不尽相同，其主要区别：（1）占有人的心理状态不同。取得时效的占有人是意图通过善意公开占有他人财产，而达到取得该物所有权的后果，一般对占有物比较爱护；而消灭时效的占有人因只能取得长时期的占有权、使用权，故一般对占有物存有掠夺性的心理状态。（2）适用的对象不同。取得时效是对财产所有权而言，涉及财产所有权的取得和丧失的问题；而消灭时效是对债权而言，涉及财产请求权的存在和丧失的问题。（3）存在的客观事实不同。取得时效是非财产所有人以自己所有之意思，善意地、公开地占有他人财产持续达法定期间；而消灭时效是财产所有人对自己的财产不行使权利持续达法定期间。（4）引起的法律后果不同。取得时效导致非财产所有人取得占有物的所有权，与此同时原财产所有人丧失该物的所有权；而消灭时效导致财产所有人丧失财产请求权，占有人不能因此取得占有物的所有权，只是取得抗辩权。（5）适用的程序不同。取得时效的适用，一般可由当事人自行协商或通过其他途径解决，并非必须经过法院确认；而消灭时效的适用，往往要经过法院才能认定，因为所谓财产请求权，就是指请求法院通过审判程序强制义务人履行义务的权利。至于当事人是否丧失该物财产上的请求权，一般就需要由法院来确认。尤其是对消灭时效的中止、中断和延长等问题，当事人是难以协商解决的。

从上可见，取得时效与消灭时效，其法律功能并不相同，两者既不能相互取代，也并不相互排斥，而应同时存在，互为补充。因此，自罗马法确立取得时效以来，世界上大多数国家的民法都同时规定了取得时效和消灭时效，只是由于对两者的性质认识不同，而形成了不同的立法例，例如：法国民法典、日本民法典把取得时效和消灭时效合在一起单列一章；德国民法典把取得时效视为物权取得方式放在物权篇内，而把消灭时效规定在总则篇内；我国台湾民法也把取得时效视为原始取得所有权的一种方式在物权篇中作出规定，而把消灭时效规定在总则中；瑞士民法是把取得时效编入物权法的有关章节中，而把消灭时效在债务法中进行规定。只有以苏俄民法典为模式的一部分社会主义国家认为取得时效是保护不义之财的法律制度，而予以否定，只确立消灭时效（诉讼时效）制度。

二

我国，由于受苏俄民法典的影响，也一直认为取得时效与社会主义制度相悖，而予以否定。尽管法学界对此有不同认识，曾建议确立取得时效，但仍未被立法者所重视，直至1986年通过颁布的民法通则也只确认了诉讼时效，而否定了取得时效。这不能不说是我国民事立法上的缺陷，笔者认为，为了更好地适应商品经济的发展，稳定经济秩序，我国应该建立取得时效制度，其主要理由：

一、建立取得时效制度是法律协调性的内在要求

法律协调性，是指法律本身及与其他法律之间，必须保持和谐一致，相互协调，体现主观意志性和客观规律性的统一。法律协调性是任何一部法律所必须具备的，否则就难以发挥其应有的作用。取得时效和消灭时效是两个独立而相对应的法律制度，同时存在是时效制度协调性的内在要求，肯定一个，否定一个，必然会使其失去协调性，而产生难以解决的法律矛盾。因为消灭时效（诉讼时效）只是解决债权问题的一种法律制度，它不能代替取得时效去解决物权问题。也就是说，财产所有人会因对自己财产持续地不行使权利达到法定期间而丧失财产请求权，但并不因此而丧失所有权。我国民法通则第一百三十八条规定“超过诉讼时效，当事人自愿履行的，不受诉讼时效限制”。苏俄民法典第四十七条也规定“债务人在时效届满后，仍然履行债务者，虽然在给付时不知已逾时效，亦无权要求返还”。可见，消灭时效届满后，财产所有人对其被他人占有的动产或不动产仍享有所有权。但这种财产所有人已不能再对自己的财产行使占有、使用、收益和处分的权利。而占有人虽因消灭时效的届满而取得抗辩权，可继续对占有物行使占有、使用、收益的权利，但因没有取得时效的规定，而永远也不能取得该物的所有权。这时，该占有物的所有权与其所有权的权能就完全相脱离，明显有悖于我国民法通则第七十一条“财产所有权是指所有人依法对自己的财产享有占有、使用、收益和处分的权利”之规定。如果再深究一步，当该占有物的占有人死亡，该物能否算其遗产呢？回答应该是否定的。因为我国继承法第三条明确规定“遗产是公民死亡时遗留的个人合法财产，而占有人生前并未取得该占有物的所有权，不能视为其个人合法财产，当然也就不能算其遗产。这样，占有人的继承人继续占有使用该物是否还属善意，就缺乏法律依据了。因为根据我国继承法规定，占有权、使用权是不能成为继承客体的。再次，如果该占有人是“绝户”，当他死后，该占有物又如何处理呢？是按“绝户”财产归集体或国家所有呢，还是承认原财产所有人的所有权，返还原物呢，两皆无法律依据。因根据消灭时效的理论，时

效届满后，原财产所有人并不丧失所有权，以此推理，当其死后，该占有物还属其"遗产"，但这种虚有的"遗产"并不能由其法定继承人继承，可望而不可即矣，这种法律上的不协调，必然导致财产权的不稳定。

有人认为，承认取得时效会助长不劳而获的不道德行为，有悖于社会主义道德。对此，笔者不敢苟同。首先，取得时效是以善意、公开占有他人财产为前提，这善意、公开的占有必然是事出有因，况且必须排除占有人占有行为的非法性。其次，取得时效是以达到法定期间为条件，而这法定期间是用法律公布于众的，既然财产所有人明知对自己财产不行使权利达法定期限会带来丧失所有权的后果，而仍不行使权利，这说明他已愿意或可视为其愿意放弃权利而所作的处分，怎么能说是不道德呢？再次，既然法律已规定了消灭时效，确认依法取消财产所有人的财产请求权是道德的，那末确认善意占有人取得已被财产所有人放弃的权利又未尝不可呢。难道让财产权长期处于不稳定状态才符合社会主义道德吗？这实际上是用形式上的道德来掩盖实质上的不道德，显然不是社会主义法律的本意。

二、建立取得时效制度是减少诉讼，保证人民法院正确、及时处理民事纠纷的需要

无数的实践证明，建立取得时效制度，将有效地促使财产所有人更精心地管理自己的财产，及时主张和行使权利，充分发挥财产效益，减少不必要的纠纷，从而促进商品交换，加速民事流转。十一届三中全会以来，人民法院受理的民事、经济案件有增无减，逐年上升，究其原因，既有开放搞活，经济发展的积极因素，又有以往政策多变，运动更叠，致使财产所有权不稳定的消极因素，其中没有取得时效制度也是重要原因之一，特别是一些陈年老案的出现更是如此。例如，张某因搬迁外县居住，于1943年3月将其原籍的一间房屋出租给王某，租期8年（契约已遗失）。土改时，张某被定为富农成份，对家乡出租的一间房屋未敢登记，而王某虽定为下中农成份，但当时他认为该屋不属自己所有，也未予申报登记。不过自土改后，王某未再向张某交纳租金，张某也未催讨。1956年，张病死，其子女对屋也未主张产权。王某于1970年病死，该屋仍由其妻及子女居住使用。1980年，张的儿子向王家提出要其归还房屋，并补交往年未交的租金。王家不从，并且否认租赁关系。为此，张的儿子向法院起诉。法院审理此案，遇到困难：一是查清事实难，由于土改时双方均未登记，加之租契遗失，缺乏书证，要确认租赁关系存在与否靠证人证言，但由于时过境迁知情人难找，加之人情关系复杂，证人难言，要查清案件事实确实不易。二是适用法律难。按现行民事政策"一般应以土改确权为准"，但该屋土改时确权不明，如承认租赁关系将房屋返还张家，似乎不合情理，因王家当时如不租住这间房屋，根据当地情况可能分到房屋，况且张家三十多年来一直未主张权利；但如果否认租赁关系，不返还房屋，又缺乏法律依据。要是我国有取得时效制度，该纠纷就可迎刃而解。又如浙江省义乌市稠城镇在土改时曾把一些五代以内的"小公常"（祠堂屋）分给贫下中农居住，有的在土改前夕就已居住在里面，但当时均未办理登记手续，后也未填发土地房产证。然而几十年来，他们（占有人）一直以自己所有之意思占有、使用着，有的甚至已作了处分。1980年后，上述"小公常"的后代（有的几个人、十几个人、甚至几十人）以房屋系他们共有财产，土改时未没收或征收为由，向占有人、当地政府、法院提出要归还房屋，引起纠纷。这类纠纷一是涉及面广，与该市相邻的市县也有类似情况，它关系的不是一、二户，而是十几户，几十户，甚至上百户。二是查事实难，最长的房屋距今已100多年，大部分知情人已离开人间，即使能取到证据，不少也是传来证据，较难定夺。三是处理无据，若否认已相安无事几十年，并以自己所有之意思居住的

事实，显然不妥，若按客观居住事实确认产权，又缺乏法律依据。也许有人会说，这类纠纷按诉讼时效处理即可，其实不然。因为按诉讼时效只能驳回原告的诉讼要求，并不能解决被告所需要的产权证，即使判了，也案了事不了。

有人认为，随着善意取得制度的建立，可代替动产的取得时效，随着物权登记制度的建立，不动产的取得时效也就无必要了。笔者认为，这种观点也是值得商榷的。所谓动产善意取得制度，是指无处分权人就动产权利标的物进行了处分，受让人因善意受让而取得其所有权，原所有人之所有权即消灭，不得向受让人请求返还的法律制度。但原所有人可以侵权行为或不当得利向无处分权人（转让人）请求赔偿。动产善意取得制度和动产取得时效虽然都是取得所有权的一种方式，但两者是不同的法律概念，并不能相互取代。其主要区别：（1）占有的前提条件不同，善意取得必须在商品交换中有偿取得，一般是通过买卖、互易或清偿债务而取得；而取得时效并不限于通过交换，既可因租赁、借贷而占有，也可因拾得而占有。（2）法律关系的主体不同。善意取得是善意受让人与无处分权的转让人之间的关系，受让人不直接与财产所有人发生关系；而取得时效是善意占有人与财产所有人之间的关系。（3）法律后果不同。善意取得的财产所有人在丧失所有权的同时取得了债权，即可向无处分权的转让人追偿；而取得时效的财产所有人因时效届满而丧失财产所有权的同时不能取得债权。（4）标的物所有权转移时间不同。善意取得也称即时取得，也就是说当受让人善意地有偿占有标的物时，所有权即转移归受让人所有，无需经过一定期间；而取得时效的占有人必须善意、公开占有他人财产持续达法定期间后，该物所有权才转移归占有人所有。（5）所有权取得的性质不同。善意取得是属于继受取得，而因取得时效的届满而取得所有权的是属于原始取得。

从上可见，动产的善意取得制度是不能代替取得时效的。那末不动产的登记制度建立后是否能代替不动产的取得时效呢？回答也应是否定的。因为：（1）不动产登记制度的建立和健全需要有一个过程，况且它也不能囊括无遗，建国四十年来的实践足以说明这一点。例如，土改时不动产登记就有不少漏洞，后遗症很多，更何况无法无天的十年动乱时期，对这些历史遗留问题，我们不可能视而不见，诉而不管。而根据最高法院《关于贯彻执行〈中华人民共和国民法通则〉若干问题的意见（试行）》第一百六十五条、第一百六十六条之规定，民事权利被侵害的事实发生在1966年底前的，诉讼时效都将过期，对这些问题的处理更需要取得时效来补充，以稳定财产所有权。否则，拥向法院的案件还会增多，尽管法院可以诉讼时效已过为由，驳回原告的诉讼请求，但这一张张判决书，不仅法院要做大量的工作，而且也难以使当事人心悦诚服，因为从法律上讲，这些原告并未丧失争议权利标的物的所有权，被告也未取得所有权。（2）从不动产登记制度的建立，到人们的自觉遵守和执行，也不是一个短时间就能解决的问题，尤其我国尚有2.5亿文盲及更多一些法盲，要他们自觉遵守登记制度也不是一件易事，诚然这不能全归责于他们，但也不能让他们全然不承担责任，为学法付出一定的代价也许比无代价的学法更深刻。尤其对那些把法律当儿戏，不能正确行使权利的人，适用取得时效加以惩罚也并非不必要。

三、建立取得时效制度是适应“一国两制”的需要

根据中英两国政府的联合声明和中葡两国政府的联合声明，香港和澳门先后将于1997年、1999年归回祖国，大陆和台湾的统一，也为期不远了。到那时候，我国将根据宪法规定实行“一国两制”，即在大陆仍实行社会主义，在台湾、香港、澳门仍实行资本主义。但应当肯定那时候“两制”中的公民、

法人交往会越来越频繁，在相互交往中会形成一系列的民事、经济法律关系，这就需要有一定的法律来调整。虽然因“两制”的法律体系不尽相同，会产生一些法律冲突，可通过区际冲突法来调整。但调整民事、经济法律关系的法律应该是趋同的，否则就不利于“两制”公民、法人间的交往，不利于商品经济的发展。例如，时效问题，台湾民法第七百六十八条规定“以所有之意思，五年间和平公然占有他人之动产者取得其所有权”，第七百六十九条规定“以所有之意思，二十年间和平继续占有他人未登记之不动产者，得请求登记为所有人”；第七百七十条还规定“以所有之意思，十年间和平继续占有他人未登记之不动产，而其占有之始为善意并无过失者得请求登记为所有人”。可见，在台湾是承认取得时效为原始取得财产所有权的合法方式，而大陆法律却不承认取得时效，这势必会出现一些难以解决的矛盾。如大陆的公民、法人在台湾的财产被他人善意、公开地占有达法定期间后，在台湾的善意占有人就依法取得了该物的所有权，在大陆的财产所有人也就丧失了该物所有权。反之，台湾的公民、法人在大陆的财产如被他人善意、公开地占有达法定期间后，大陆的占有人并不能取得该物的所有权，在台湾的财产所有人也不丧失该物所有权，而只是丧失了请求权。这显然是一种不平等的现象。又如根据台湾民法规定，遗失物拾得后六个月内所有人未认领者，有关机关应将该拾得物或其拍卖（因拾得物不易保管而拍卖）所得之价值，交与拾得人归其所有。也就是说，拾得人拾得遗失物，在履行通知（通知其所有人）报告（因失主不明或所在不明，应报告有关机关招领）交存（将拾得物交有关机关）等程序后，可因法定期间届满而取得该物所有权。而根据我国《民法通则》第七十九条第二款“拾得遗失物、漂流物……应当归还失主”的规定，遗失物归失主所有，并不会因遗失和时效届满而丧失所有权，拾得人及失主以外的任何人也不能因时效届满而取得所有权。同样是拾得行为，在“两制”中产生了不同的法律后果，显然也不尽合理。

四、我国现行法规和司法解释已承认取得时效，并为司法实践所证实是可行的

纵观我国建国以来的立法和司法实践，取得时效虽然未被公开确认，但在一些具体的法律和司法解释中承认取得时效，也非鲜见。例如：(1) 1952 年 7 月 31 日最高法院、财政部、司法部关于《为同意西南财政部规定的房地产期满后超逾十年未经回赎得申请产权登记的意见的联合通令》第一条规定“出典人及其继承人均不知下落者，可由承典人或承典人的继承人取具当地区、乡人民政府证明，连同原典当契约，向当地司法机关申请产权登记，经司法机关公告三月无异议后，即作产权确定的登记”。(2) 1979 年 2 月 2 日最高法院《关于贯彻执行民事政策法律的意见》中规定“土改遗留的房屋纠纷，一般的应以土改时所确定的产权为准，当时决定归谁所有，即归谁所有。土改时在外地的劳动人民，其房屋已分给应分得房屋的其他人所有，现在回到当地又确实需要房屋的，原则上不退给原房屋”。这里所指的“确定”和“分给”，就是指土改时房屋为谁登记即归谁有。这可视为是一种登记取得时效。(3) 1980 年 11 月 1 日中华人民共和国交通部《水路旅客运输规则》第二十八条、第二十九条规定“行李、包裹自运到日期起，寄存物品从客运站收到日期起，超过六十天无人领取，即确定为无法交付的物品”，“由客运站代为保管六个月，逾期无人领取即拨交国库”。(4) 1981 年 4 月 1 日中华人民共和国交通部《公路汽车旅客运输规则》第二十二条规定“行包自发出通告或公告后超过三个月无人领取时，按无法交付行包处理”，尔后“在六个月内仍无人领取时，上缴国库”。(5) 1984 年 4 月 1 日中华人民共和国铁道部《铁路旅客运输规程》第四十三条规定“无法交付的行李、包裹，旅客遗失物品和暂存物品，逾期无人领

取时，上交国库；属于事故行李、包裹作价剩余款项拨归铁路收入”。上述三个行政法规的规定就是基于取得时效的理论，否则，这些无法交付物品的所有权的转移就无法解释。因为无法交付的物品不应该是国家没收的对象，之所以将其缴国库，使国家原始取得该物所有权，不应是“没收”取得，而是因时效届满取得所有权。关于动产的取得时效早在1955年10月13日司法部（55）司普字第2320号《关于不明债权人住址的债款应如何处理的批复》中也有规定“债权人住址不明的债款应如何处理的问题，……可存入银行，登报候领，逾期不领，缴归国库”。(6)1984年8月30日最高法院《关于贯彻执行民事政策法律若干问题的意见》第五十八条第二款规定，房屋典当关系的“典期届满逾期十年或典契未载明期限经过三十年未赎的，原则上应视为绝卖”。这一规定也应视为是一种取得时效。众所周知，典价和典物本身价格是不相等的，按民间习惯“典半”，典价仅仅是典物本身价格的一半左右。根据1950年9月30日中央人民政府内务部内地151号《关于土地改革地区典当土地房屋问题的处理意见（草案）》第四条“凡应分得土地的农民，如有典出或典入的土地者，在分配土地时，应将典当地的数目在出典的农民和承典的农民双方原有土地数内各计一半”和第五条“房屋典当问题，亦按以上原则解决”的规定，也可得出典价和典物本身价格不相等的结论。而最高法院在这里规定出典人逾期不回赎即视为绝卖，说明已确认了承典人在善意、公开占有出典物达“逾期十年”或“经过三十年”后，即取得典物的另一半所有权，显属取得时效范畴。应该说这一规定在实践中也是可行的。一是有利于稳定当事人之间的财产关系，使现实存在的事实状态与法律上的权利义务相一致。二是有利于减少诉讼，促进社会安定。在这之前，法院的民事审判工作中曾常常为一些典期已逾几十年，甚至典期已经过上百年的房屋典当回赎纠纷而伤脑筋，欲调不成，欲判不能。如果考虑承典方已居住几十年的历史事实，判决不准回赎，又没有法律依据，出典方工作也难做；如果承认典当关系，允许出典方回赎，承典方往往无处搬迁，判决难执行。现在有了这一规定，纠纷就比较好解决。

三

综上所述，取得时效不应是资本主义国家所专有，它与社会主义制度并不相悖，尤其在实行“一国两制”的我国，建立取得时效更有必要，建议立法机关在修改民法通则或将来制定民法典时予以确认。当前，可先由最高法院作出相应的司法解释，对取得时效的条件、适用范围等作出具体规定，笔者就此也说点初浅的想法。

（一）关于取得时效的适用范围不宜过宽，主要适用公民个人的生产和生活资料，包括动产和不动产，而不动产只限于未进行产权登记的部分；法人的财产只限于动产，包括机器设备、货物、货款。但以身份关系为前提的财产权，如继承权、领取离退休金、扶养费等权利不能因时效取得；与人身权紧密相连的知识产权（专利权、商标权、著作权、发明权）不能因时效取得。

（二）关于取得时效的法定期间，为了切实保护财产所有人的合法权益不宜太短，参照各国立法情况及我国民法通则、继承法规定的诉讼时效和除斥期间，不动产以20年为宜，动产以5年为宜。但对那些不易保存，容易损坏的动产，为了加速财产流转，促进商品经济的发展，期限还可相对缩短，以3年左右为宜。

（三）关于取得时效的前提条件，应规定占有人必须是善意、公开持续地占有，并且在法定期间没有人提出异议。但对主观要件，即占有人是否必须“以所有之意思”为条件，则不宜苛求。因在实践中容易产生歧义，也比较难以确认，还是着重“善意”、“公开”、“持续”等要件为好。

（四）取得时效建立后应具有溯及力，即法律规定生效前已消逝的时间，凡符合法律规定的，应计入取得时效的期限。这样有利处理历史遗留问题，稳定现实的经济秩序。但鉴于台湾与大陆以往几十年来不相通的特殊情况，对去台人员在大陆的不动产，应作出特殊规定。

经济法学

论可得利益损失的赔偿

山西省高级人民法院　关中翔

当事人一方不履行合同、不适当履行合同，或者故意、过失地侵害他人财产或财产权利，不仅会给对方造成财产上的直接损失，而且也往往会使对方的可得利益蒙受损失。目前，在我国立法上对可得利益损失的赔偿还没有作出较为完整而明确的规定，理论界对可得利益损失如何赔偿，甚至应否予以赔偿还存在着不同的认识，司法实践中的做法也很不一致。因此，有必要对此问题进行探讨和研究。

一

民事违法行为在本质上是一种违反民事义务的行为，也可以说是一种民事损害行为。在客观上它的危害后果大体有三种：一是造成他人财产或财产权利的损害；二是造成他人人身的损害；三是造成他人人格（也即精神）的损害。其中给他人财产或财产利益所造成的损害，又表现为受害人财产上的直接损失和可得利益的损失。有时一个违法行为会同时造成两种财产 损害后果，有时则可能只是其中的一种。所谓直接损失，是指民事违法行为所造成的他人现存财物的毁损、减少、灭失或者支出的增加；所谓可得利益损失，是指当事人一方违反合同或者故意、过失地损害他人财产或财产权利，使权利人（也即受害人）在正常情况下本来可以实现和取得的财产利益未能实现和取得，或者由于损害行为而减少。

作为民事违法行为所造成的一种财产损害后果，可得利益损失具有如下特征：(1)它是受害人未来利益或者说预期利益的损失。在违法行为发生时，这种利益尚未为权利人（即受害人）所实际拥有，对权利人（受害人）来说，它属于正在期待或正在着手实施和取得的一种利益。(2) 可得利益损失是一种实际损失。这是因为，可得利益虽然在违法行为发生时尚未为权利人所实际控制，但是，第一，权利人已经为这种利益的实现和取得做了必要的准备，在客观上它已经具备转化为现实的基础和条件；第二，在正常情况下，也即只要不发生侵害行为，它就能够转化为现实利益。(3) 可得利益损失是一种财产损失。可得利益是权利人在原有财产的基础上所要取得的财产增殖利益，可得利益损失，是违法行为对增殖状态中的财产或财产关系侵害的结果，它的损失量无论在理论上，还是在实践中，都是可以用货币来衡量和计算的。因此，它的损失在本质上是一种尚未物化的物质性损失，也即财产损失。

从实践来看，可能造成他人可得利益损失的民事违法行为多种多样，包括 (1) 违约行为；(2) 损害他人财产或财产利益的行为；(3) 损害他人人身的行为，主要是造成他人人身伤残的行为；(4) 损害他人人格的行为，主要是损害法人或者其他经营者名誉、荣誉的行为。其中理论上分歧较大实践中最难解决而立法上尚未明确的则是违约行为和损害他人财产或财产权行为所造成的受害人可得利益损失的赔偿问题。本文也正是在违约和损害他人财产或财产权利的范围内讨论可得利益的损害赔偿问题的。违约和损害他人财产或财产权所造成的他人可得利益的损失在客观上表现为两种不同的形态：一是违法行为对权利人处于增殖状态中的现存财产实施或造成损害，从而使权利人丧失了实现财产增殖的前提和基础。在这种场合，该违法行为一方面造成了权利人财产上的直接损失(即财产本体的毁损、减少或灭失)，另一方面也造成了权利人可得利益损失。二是违法行为在客观上虽然未给权利人处于增殖过程中的财产本体造成损害，但却使权利人为取得一定的财产利益而依法设立的财产关系遭到破坏，从而也使得权利人在正常情况下能够获得财产增殖的条件破坏，并导致权利人未来利益也即可得利益丧失。无论哪种形态，在客观上都表现出这样的特点和规律，即：可得利益损失作为一种财产损害后果，它是由民事违法行为所造成的，其损失状况取决于违法行为的程度。

二

从目前的司法实践来看，一般地对权利人（即受害人）财产上的直接损失都能够注意保护，而对于可得利益的损失则往往保护不足。出现这种偏差，主观上的原因在于，有相当一部分同志认为，可得利益损失不是一种实际损失，在客观上无法准确地判定，有的甚至认为，赔偿可得利益对加害人过于苛刻，受害人则可能会因此获得不当得利。因此，要解决可得利益损失的赔偿问题，在理论上首先需要澄清可得利益及其损失的性质，正确认识可得利益是否属于权利人的实际利益；它的损失，对权利人来说，是否属于实际的财产损失。

民法上所说的可得利益，是指权利人(也即财产所有人或者经营管理人)以其所有的或者由其经营管理的财产为前提和基础，通过一定的行为（主要表现为生产经营行为）预期实现和取得的财产增殖利益。前已述及，这种财产利益具有未来性、延伸性和可得性的特征。所谓未来性，是指这种财产利益不是权利人现已拥有的，而是在未来过程中所要取得、所要实现的财产利益。所谓延伸性，是指它是以一定的现存财产为基础而产生的财产增殖利益。一方面，它需以一定的现存财产为依托，另一方面，它又是现有财产的扩展和增大。所谓可得性，是指这种财产利益已经具备了实现的条件，在正常情况下，它是完全可以转化为现实利益的。正因为如此，我们说，可得利益对权利人来说是一种实际的而不是假设的或者虚无飘渺的财产利益。可得利益损失尽管与现存财产的损失表现形态不同，但在对权利人的实际经济利益的影响上并无二致。这种影响表现在：(1) 它的损失致使权利人（即受害人）的财产在一定的时间内未能按预期获得增殖；(2) 这种损失使得受害人在一定范围或一定时期内的生产经营计划落空。(3) 它的损失使受害人蒙受不应有的负担。因此，否认可得利益损失是一种实际损失是没有根据的，对受害人来说也是不公平的。

可得利益损失赔偿与否，在法律上涉及对财产关系的保护程度和保护范围问题。在商品经济的条件下，生产经营者的财产利益，不仅表现为对一定的现存财产的占有，而且表现为以财产的所有权或经营管理权为基础进行商品生产和商品交换，去创造和实现财产的增殖利益。前者表现为静态的财产权利，后者则表现为动态的财产权利。反映商品经济关系的法律，既要保护现存的财产占有关系，同时也要保护以财产所有权或经营管理权为基础的商品生产和商品交换关系，保护当事人之间在商品生产和商品交换过程中所形成的权利义务关系。任何商品经济的正常发展都离不开这两个方面的保护；同样，任何反映商品经济关系的法律都必须把这两种保护统一起来。在我国社会主义条件下，要大力发展商品生产和商品交换，从法律的角度看，就是要不断完善各种必要的法律制度，从而为社会主义商品经济创造一个良好的法律环境和法律秩序。可得利益作为生产经营者在商品生产和商品交换中所预期实现的财产权益，理应获得应有的法律保护，对可得利益的损害，理应承担相应的法律责任。

可得利益的损害赔偿，不仅在理论上是完全成立的，而且从实践看也是十分必要的。从宏观上看，可得利益的损害赔偿，有利于维护社会主义财产关系和商品经济秩序。在微观上，赔偿可得利益损失的必要性在于，补偿受害人的经济损失，消除违法行为给受害人所造成的不利的财产后果。同时，建立可得利益损害赔偿制度，有利于健全和完善民事责任机制，强化当事人的法制观念和对社会对他人的责任心，杜绝或减少违法行为的发生。因为，可得利益的损害赔偿，作为一种民事责任，就其性质而言，具有补偿和惩罚两重性：对受害人来说，它可以填补违法行为所造成的财产损失，恢复被侵害的民事权利；对加害人来说，则是对其违法行为的惩戒，对其危害后果的清算。这一责任制度在法律上的普遍意义在于：在损害行为发生之前能够有效地进行抑制和预防；在损害行为发生后，能够使受害人的财产损失得到充分、合理的救济。

在我国，对民事违法行为人，既要求其赔偿受害人的直接损失，同时也要求赔偿可得利益损失，不仅是必要的，而且也是完全可行的。因为，第一，就企业来说，在经济体制改革以后，依照法律规定，它们是独立的经济实体，是以其所有的或经营管理的财产独立地行使权利和承担义务的法人，这就为它们对自己的行为所产生的损害后果承担全部责任提供了可靠的物质基础和法律保障。第二，赔偿可得利益损失，在法律上并没有加重违法行为人的责任。因为赔偿本身在于弥补受害人的实际损失，行为人承担这种损失，只是对其行为后果的一种清算，如果说它在量上有增加，那只说明行为人对其行为后果的清算更为彻底，而并不意味法律上的不公平。相反，如果加害人对自己的行为后果不清算，或者清算得不彻底，而由他人承担不应有的负担，那就不仅在法律上是不公平的，而且在情理上也是讲不通的。第三，强调对可得利益损失的赔偿，是要求对受害人实际存在的财产利益损失进行赔偿，这种损失的存在及其确定是有客观依据和标准的，而不是由当事人所臆造或设想的，因此，依法对这种损失的赔偿，并不会产生受害人获取不当得利的问题，同时，我们也无须担心或惧怕某些当事人在赔偿时可能会提出非份的要求。

从世界范围看，赔偿可得利益损失在立法上也不乏先例。如《法国民法典》第一千一百四十九条规定："对债权人应付的损害赔偿，……一般应包括债权人所受的损失和所丧失的可获得的利益。"《德国民法典》第二百五十二条规定："应赔偿的损失包含所失利益。依事物的通常过程，或依已进行的设备、准备或其他特别情形，可得预期的利益视为所失利益。"《苏俄民法典》第二百一十九条规定："所谓损失是指：债权人所花的费用，他的财产的灭失或损坏，以及他没有取得的那种如果债务人履行了债就可以取得的收益"。《罗马尼亚经济合同法》第二十条规定："其赔偿款不仅包括受到的实际损失，也包括没有完成的利润"。

三

从司法审判的角度看，解决可得利益损失赔偿问题，难点不在于应否赔偿的认识性问题，而在于如何进行赔偿的实践性问题，即赔偿的范围和方法的问题。

赔偿损失，作为一种民事责任，它的范

围以违法行为人给受害人财产和财产利益所造成的实际损失为限。对可得利益损失的赔偿也不例外。从司法实践来看，行为人造成他人财产上可得利益的损失主要有如下几种：

（一）利润损失

利润是经营者通过一定的生产经营活动所取得的财产收益，它一般以货币计算和衡量。在我国，利润产生于生产和流通领域。企业或其他各种经营者从事生产经营活动，是赚取利润的条件，而拥有或持有一定的财产则是取得利润的物质基础和凭借。无论违约还是侵权损害行为，都会在一定程度或一定范围内造成经营者生产经营活动的中断或从事该活动的基础（即财产）和条件的丧失，从而导致利润损失。利润损失是可得利益损失中最典型、最常见、数量也最多的一种形式。利润的性质决定了遭受利润损失的受害者只能是从事一定生产经营活动的企业法人、其他经济组织以及个体经营者和承包经营者等。

对利润损失，我认为不宜一般地强调全部赔偿。因为利润作为一种生产经营成果，它的产生需要一个各种生产要素结合的过程，在这个过程中，不仅需要一定的物质资料（即一定的财产），而且需要花费一定的人力、物力。尽管在客观上无论损害行为发生在生产经营的哪个阶段上都会造成或导致利润无法实现或不能全部实现，但是，由于违法行为所损害的往往只是生产利润所需要的各种要素中的一种或几种，而不是全部，并且在违法行为造成生产经营中断或一定程度受阻的情况下，经营者也相应地减少了人力和物力的投入，在这种情况下，如果对受害人因此而遭受的利润损失全部赔偿，显然不尽合理。举例来说，在一个购销生产设备合同中，由于供方原因逾期向需方交货，致使需方延期生产半个月，在这期间需方损失利润2万元。我们知道，在正常情况下，需方这2万元利润的取得除了必须具备供方所供的生产设备外，还需要投入一定的人力和物力，现在需方由于供方违约而未能正常生产，同时也就没有投入应有的人力和物力。在这里如果令供方对需方的2万元利润损失全部予以赔偿，显然有失公平，而如果考虑到需方在迟延的半个月中人力和物力没有作出必要的付出，由供方按利润损失的一定比例进行赔偿，当会使这种赔偿趋于合理，从而使当事人也易于接受。基于这种分析，我认为，对利润损失在总体上一般不宜强调全部赔偿，而应当根据损害行为对利润损失的影响程度，区别对待：（1）当违法行为发生在生产经营过程终了时，所造成的利润损失应当全部赔偿；（2）当违法行为发生在生产经营过程中，所造成的利润损失应当按一定比例赔偿；（3）当违法行为造成某种生产经营活动中断、延误的，应按中断延误期间利润损失的一定比例适当赔偿。

这里需要指出的是，在利润损失赔偿中，司法实践常常遇到当事人要求违约方赔偿逾期付款所造成的资金周转利润损失问题。根据经济合同法规及《银行结算办法》的规定，对企业及其他经济组织之间延期付款应处以延付金额每日万分之五但不低于五元的罚金。这种“罚金”在性质上应视为对延期付款所造成的对方可得利益损失的赔偿，因此，对资金的周转利润损失应据此办理。

（二）孳息损失

孳息是由原物所产生的收益。违法行为对正常情况下能够产生孳息的财产造成损害时，同时也会导致孳息的损失。从民法上看，孳息有自然孳息和法定孳息。由于自然孳息往往具有周而复始，甚至不断递增的特点，如母畜产仔，母鸡生蛋等，因此，对这种损失的范围应有必要的合理的限制。一般来说，自然孳息损失应限定为与财产本体直接相联或者处于同一生产周期的损失，也即只计算在违法损害行为发生时财产本体（原物）所带的孳息，如母畜死亡时所怀的仔畜，果树被损坏时所结的幼果等。至于受害人可能获得的以后循环周期中的孳息，由于在损害行为发生时尚没有具备足够的取得条件，而且其范围也无法客观地估量，所以一般不宜赔偿。法定孳息是随着时间进程以原物为基础按一定比率或一定数量增生的，如利息、租金等。这种损失的范围（损失量）较容易确定和计算，而且一般地说争议也较少。

（三）其他收益损失

主要指侵害工业产权，包括专利权和商标权而给权利人造成的可得利益损失。它的特点是侵权人并没有给权利人的财产造成直接损害，而是表现为未经权利人许可，非法制造、销售他人专利产品或使用他人注册商标，使得权利人依据该专利权和商标权可以获得的收益没有获得。

（四）为消除潜在的损害后果而支出的有关费用

在可得利益损失的赔偿中，还应当包括受害人在未来过程中为消除违法行为所造成的潜在的危害后果而支出的有关费用。以环境污染为例，造成农田污染，不仅使现有农作物减产、死亡，还会造成农田肥力减退、丧失。要使该污染农田恢复到原有的土质和肥力，必须经过一定时期的改良和追加肥料，而在恢复地力过程中，受害人不仅应当取得的收益减少，而且还需要增加大量的人力和物力。这种受害人为消除潜在的污染危害后果而必须耗费的人力和物力，也应视为可得利益损失，令加害方赔偿。

在可得利益赔偿中，不仅需要解决赔偿范围问题，而且还需要解决可得利益损失赔偿的量的确定问题。在司法实践中，确定可得利益损失的赔偿额一般可采用如下方式：

1. 对比法。也称比照法，是指人民法院采用类推或类比的方法，比照与受害人相同或相似的其他同类单位在同期内所获得的收益，作为实际应当赔偿受害人的可得利益损失。对比的参照对象一般应是与受害方条件相类似的单位，但在没有同类对象可以参照时，也可以受害人在损害发生前的同期收益为参照标准。这种方法适用于确定那些比较稳定持续的财产收益损失，如利润损失、法定孳息损失等；从受害对象上看，它适用于会计制度比较完善的核算单位。采用这种方法，首先应当确定参照对象，即比照对象。确定参照对象，应当注意与受害人之间的条件要基本相同，两者之间相同或相类似条件越多，对比也就越合理，准确程度也就越高；其次要确定比照对象在受害人受损害期间所取得的收益额。如果以受害人自身作为比照对象，则要以受害人在损失发生前较长时间内的平均收益（如利润率）为标准。

2. 估算法。也称估计赔偿法，是指人民法院在缺乏可比对象而难以准确确定受害人实际存在的可得利益损失的情况下，根据案件的具体情况，责令行为人支付一个大致相当的赔偿数额。这种方法适用于不能采用或不宜采用对比类推的可得利益损失的确定。比如对自然孳息损失，对消除潜在危害后果在将来需要增加的支出等可得利益损失的确定。

3. 约定法。是指人民法院根据当事人约定的或协商确定的损害赔偿范围或损失赔偿额的计算方法来确定行为人的赔偿责任。这种方法广泛适用于违约造成的可得利益损失赔偿。当事人约定或协商确定赔偿范围或损失赔偿额的计算方法，既可以在合同中事先订明，也可以在发生争议后协商确定。当事人有这种约定的，人民法院应依法根据其约定确定可得利益的损失赔偿额。

在司法实践中，对可得利益损失的赔偿，还应当与举证责任联系起来，令受害人对遭受的可得利益损失举证。如果受害人缺乏应有的证据，人民法院也难以认定其可得利益损失的，一般不予支持。

四

可得利益的损害赔偿，较之直接损失的赔偿要复杂得多，难度要大得多，而且也最容易引起当事人的争议。因此，人民法院在经济审判和民事审判中，对可得利益的赔偿要尤其严肃慎重，并注意把握如下原则。

（一）实事求是，全面保护当事人的合法权益

所谓实事求是，是指对可得利益损失的有无、大小的确定，要严格以事实为依据。这里所说的事实，主要是指受害人遭受可得利益损失的事实。确定可得利益损失是否存在，一般应把握两个条件：（1）受害人的未来利益是否具有实现的基础和条件。可得利益应当是具备了必要的条件，在正常情况下必然能够实现的未来利益。如果未来利益仅仅是一种设想或可能，而尚未具备实现的充分条件，则不宜以可得利益损失论；（2）这种未来利益的丧失，是否在客观上给受害人的经济生活包括生产经营活动造成了不良影响，使受害人承受了不应有的财产负担。所谓全面保护当事人的合法权益，是指对可得利益损失的赔偿，既要注意保护受害人的合法权益，使其因违法行为而实际遭受的财产损失能够得到应有的充分的补偿，同时也要注意保护加害人的合法权益，使其所承担的责任与所实施的违法行为基本相适应。如果损害后果完全是由加害行为所造成的，那么加害人应承担全部赔偿责任；如果受害人对损害后果也负有责任的，那么加害人只承担与自己过错相适应的损失部分，而不应全部赔偿；如果由于受害人没有及时采取有效措施，使得本来可以避免的损害结果发生的，那么加害人一般不予赔偿。

（二）依法限制

我们说，对违法行为所造成的他人可得利益的损失原则上应当全部赔偿，但这并不意味着对可得利益损失的赔偿可以不受任何限制，或者对任何可得利益损失都不加区别，一概予以赔偿。相反，在司法实践中，对可得利益损失的赔偿应当依法限制，做到既公平合理又适当可行。（1）有关法律、法规规定行为人赔偿损失的范围不包括可得利益损失的，则依法对可得利益损失不予赔偿。比如《经济合同法》第四十一条规定：承运人违反货物运输合同，造成“运输过程中货物灭失、短少、变质、污染、损坏的按货物的实际损失（包括包装、运杂费）赔偿”。《邮政法》第三十三条规定：邮政企业对于给据邮件丢失、损毁、内件短少的，保价邮件按照保价额赔偿或者按照短少、损毁比例对邮件实际损失予以赔偿；非保价邮件，按照邮件实际损失价值赔偿。这些规定中所明确的赔偿范围均不包括可得利益损失。在这种情况下，对违法行为所造成的可得利益损失均不给予赔偿。（2）对有关法律和法规明确规定了赔偿的方法和最高限额的，应当按照法律、法规规定的范围，或者依照规定的方法和限额进行赔偿。如《涉外经济合同法》第十八条规定：“当事人一方违反合同的赔偿责任，应当相当于另一方所受到的损失，但是不得超过违反合同一方订立合同时应当预见到的因违反合同可能造成的损失”。《技术合同法》第十七条也有这样的规定。再如《银行结算办法》第二十四条规定：“银行办理结算因工作差错，发生延误，影响客户和他行资金使用的，应按存（贷）款的利率计付赔偿金，因违反结算制度规定，发生延压、挪用、截留结算资金、影响客户和他行资金使用的，应按结算金额每天万分之三计付赔偿金”。在这种情况下，依照法律、法规规定的赔偿方法或赔偿 范围进行赔偿以后尚未弥补的可得利益损失，依法不再赔偿。（3）对于某些涉及面较广，损失过大，不宜赔偿或者无法进行赔偿的，也可以根据实际情况，对可得利益损失不予赔偿，或者不予全部赔偿。这种情况的特殊性在于，一方面，该场合的当事人一方甚至双方往往是在国计民生中占重要地位的单位，要它们承担可得利益损失的赔偿责任，很可能影响其正常的生产经营活动，进而影响国计民生；另一方面该场合的当事人其业务本身具有较广泛的涉及面，对损害后果往往无法承担责任，或者无法全部承担责任。

（三）适当考虑当事人的经济状况

对可得利益损失的赔偿，不仅要考虑必要性，而且要考虑可能性，即要考虑行为人的实际承担能力。在一般情况下，也就是说，在加害人有赔偿能力的情况下，我们强调对可得利益损失应当全部予以赔偿。但是，如果在某些特殊情况下，行为人确无能力全部赔偿，甚至没有任何偿付能力的，那么，也不宜一味地强调全部赔偿，否则会使赔偿失去可能性，而应当根据具体情况，适当减免其赔偿责任。这时应当注意如下几点：(1)首先应当肯定加害人负有赔偿责任。即要在查明事实，分清是非的基础上，明确行为人应当承担的责任。(2)要切实查清加害人的真实经济情况。只有在确无能力而且是在今后一定时期内也不会出现偿付能力时才可以减免；如果属于暂时无偿付能力，而在今后一段时间内可以偿付的，则不应减免；如果当事人造成的损害后果过大，而赔偿能力有限的，可以根据其偿付能力情况决定部分减免。(3)减免加害人的赔偿责任，应当做好受害人的工作，取得受害人的谅解。

经济诉讼中反诉的理论与实践

河南省高级人民法院　吴合振

我国《民事诉讼法（试行）》第四十六条、第一百零九条对反诉问题作了规定，由于反诉的情况比较复杂，而法律规定又比较原则，因此，有关反诉的一些问题，无论在理论上还是在审判实践中争议较大。尤其是经济诉讼，法律关系比较复杂，反诉问题更为突出。本文试就经济诉讼中反诉的几个问题谈点粗浅的看法。

一、关于反诉的概念

目前，我国大多数教科书认为反诉的目的是为了抵销或并吞原告的诉讼请求。对于反诉和本诉同为给付之诉时，这种表述是恰当的。但是，如果反诉与本诉同为确认之诉、变更之诉，或一为确认之诉，一为变更之诉时，这种表述就值得考虑了。比如，原告起诉要求法院确认合同未成立，被告反诉要求确认合同无效，这样的反诉很难认为能够抵销或并吞原告的诉讼请求。因此，我认为，反诉的实质在于对抗本诉，反诉的概念可以这样来表述：在已经开始的民事诉讼程序中，被告以本诉的原告为被告，向受理本诉的人民法院提出与本诉的诉讼标的和理由有牵连的一种独立的诉讼请求，其目的在于对抗、抵销或者并吞原告的诉讼请求，以维护自己的民事权益。

二、关于反诉的条件及特点

关于反诉的条件，世界上有的国家限制较少，主张反诉和本诉的诉讼请求或理由不必基于同一事实或同一法律关系，只要能抵销或并吞原告的诉讼请求，即认为构成反诉。我国也有人这样主张。本人认为这种主张值得商榷，因为如果把诉讼请求和理由毫无牵连，彼此完全独立的两个诉放在一起审理，尽管在有些情况下也能起到简化诉讼、方便当事人的作用，但更容易使案件复杂化，不利于案件的及时审结。

反诉作为一个特定的概念，具有特定的含义，须具备以下条件：

1. 反诉必须以本诉的存在为前提，反诉须由本诉的被告提出，并以本诉的原告为被告，双方当事人不增减不变动，只是诉讼地位互换。如果诉讼不是由被告提出，或者虽由被告提出，但不是以原告为被告提出，或者虽由被告提出，但不是仅向原告提出，还向原告以外的其他人提出，都不构成反诉。

2. 反诉与本诉的诉讼请求或者诉讼理由基于同一法律关系或者同一事实，如果二者没有这种牵连也构不成反诉。

3. 反诉只能向受理本诉的人民法院提出，如向其他法院提出，属于另外一个诉讼，也不属于反诉。

4. 反诉与本诉应适用同一程序，如果一个诉讼适用普通程序，另一个诉讼适用特别程序，不能按反诉处理。如甲诉乙要求支付租金，乙要求法院确认该租赁物属无主财产，这样的诉讼就不属于反诉，应作两个案件审理，先审理后者，再审理前者。

5. 反诉应在本诉起诉之后，案件审结之前提出。因为没有本诉就无所谓反诉，本诉已审理终结，反诉已无法与本诉合并审理。

综上所述，反诉具有以下特点：

1. 反诉与本诉当事人诉讼地位的双重性。反诉与本诉发生在同一对当事人之间，每一方都以对方为被告，但同时自己又是对方的被告。

2. 反诉请求的独立性。反诉请求与本诉请求虽有牵连，但二者又是彼此不同的独立的诉讼请求，不存在一个诉讼请求依附于或从属于另一诉讼请求。

3. 反诉与本诉的牵连性。反诉与本诉虽然是独立的，但二者是互相牵连的，这种牵连或者基于同一法律关系，或者基于同一事实。如果二者无牵连，则构不成反诉。如：甲诉乙要求支付货款，乙反诉甲，提出甲所交货物不符合合同规定，要求赔偿，这种反诉基于同一法律关系，即双方的合同关系。再如：甲诉乙要求返还错发的货物，乙反诉甲要求支付对这批货物的保管费，这种反诉基于错发货物这一事实。又如：甲诉乙要求履行货物购销合同，乙诉甲要求退还租赁的房屋，这两个诉既不是基于同一事实，又不是基于同一法律关系，不构成反诉。

4. 反诉与本诉的对抗性。反诉的目的是为了对抗、抵销或者并吞原告的诉讼请求，因此，反诉和本诉是对抗性的。这种对抗性，有时表现为不同类型的诉讼，如一方要求另一方交付货物，另一方则要求确认合同无效。而有时反诉和本诉也可属于同一类型的诉讼，如甲诉乙要求给付货款，乙反诉甲要求承担延期交货的违约责任，并赔偿因对方延期交货而给自己造成的经济损失，这时反诉与本诉同为给付之诉。

三、反诉与反驳的主要区别

由于反驳也是被告以原告为对象进行的，而且在反驳中列举的事实、证据和理由与原告起诉列举的事实、证据和理由有着密切的联系，与反诉有许多相似之处，因此，在审判实践中，反诉和反驳容易混淆，有的把反驳作为反诉对待，有的把反诉当成反驳，而未作为一个独立的诉讼请求进行处理。搞清楚反诉与反驳的区别，不仅有利于正确地处理本诉，也可以防止对反诉发生漏判，反诉与反驳的主要区别在于：

1. 反驳与反诉最根本的区别在于反驳没有提出新的独立的诉讼请求，其目的在于说明原告的诉讼请求不能成立；而反诉则提出了独立的诉讼请求。

2. 反驳只是一种诉讼行为，与原告形不成新的诉讼法律关系；而反诉则是起诉的一种特殊形式，其结果必然产生一种新的诉讼法律关系。

3. 反驳是对原告诉讼请求的否定，不具有承认原告诉讼请求的含义，否则就是认诺，不是反驳；而反诉则不影响对原告诉讼请求的认诺，被告可以在承认原告的诉讼请求的情况下提出反诉，也可以既反驳又反诉。

4. 反诉所列举的事实和理由一般仅限于实体上，而反驳所列举的事实和理由不仅可能是实体上的，也可以是程序上的，例如甲诉乙要求承担产品质量不符合同要求的责任，乙反驳说甲未在法定的期限内提出关于产品质量问题的书面异议，已丧失了请求赔偿的权利。

四、反诉与本诉的合并审理

我国《民事诉讼法（试行）》第一百零九条规定，被告提出反诉，可以与本诉合并审理。从该条法律规定看，反诉与本诉既可以合并审理，也可以分开审理。是分开审理还是合并审理，取决于案件的具体情况。我认为，当反诉是确认之诉时，反诉应当与本诉合并审理，在其它情况下，反诉应当尽量与本诉合并审理。反诉与本诉合并审理在实践中具有重要意义：

1.是对被告人的特殊保护。民事诉讼是当事人的权利义务之争引起的。在民事诉讼中，当事人的法律地位是平等的，一方认为自己的合法权益受到侵犯或与他人发生争议向人民法院提起诉讼成为原告，另一方也有权把已经向法院起诉的一方作为被告，请求法律保护自己的合法权益。

2.有利于促进本诉的正确审理和合理解决。民事、经济案件的情况是十分复杂的，许多案件往往双方均有责任，每一方常常只强调对方的责任，而对自己方的责任闭口不谈。把反诉和本诉合并审理，有利于全面了解案情，客观地分清责任，使案件得到正确解决。

3.可以避免在相关问题上作出互相矛盾的判决。反诉和本诉是互相关联的两个诉讼请求，由一个法院受理对案件通盘考虑，有利于帮助审判人员全面地、客观地分析问题、解决纠纷，可以防止审判人员的主观片面性，避免由于不同审判人员在认识上的差异，造成在相关问题上出现的互相矛盾的判决。

4.可以简化程序，做到既方便当事人诉讼，又便于法院办案，节省人力物力。反诉在许多情况下属于可分之诉，如果把互相关联的两个诉分开处理，势必造成处理完一案再处理另一案，不仅给当事人增加了讼累，也增加了人民法院的工作量，造成了人力物力财力的浪费。

当反诉不属于确认之诉时，如果出现下列情况，反诉与本诉应当分开审理：

1.被告提出反诉时，本诉已审理完结的；

2.反诉与本诉合并审理，可能导致本诉的审理过分迟延的；

3.反诉与本诉合并审理达不到简化诉讼的目的的。

反诉与本诉的合并审理，从诉讼理论上看，属于诉讼客体的合并。它与诉的主体的合并的区别是明显的。因为诉的主体合并发生在不同的当事人之间，只有当事人一方或双方为二人以上，诉讼标的是共同的，或属同一种类时才发生诉的主体的合并；反诉发生在同一对当事人之间，诉讼标的不同。反诉与本诉合并审理虽然属于诉的客体的合并，但它与其它诉的客体合并也有不同：反诉是本诉被告向原告提起的，其它诉的客体合并通常是同一原告向同一被告提起两个以上独立的诉讼请求，或者是第三人向原、被告提起的，有时虽然也是被告向原告提起，但两个诉之间没有多少牵连，不是基于同一事实或同一法律关系，只是因为原、被告是同一的，为了方便当事人，才纳入一个程序进行审理。

五、关于反诉的诉讼时效问题

民法通则实施以后，有时会发生这样的问题：当原告的诉状送达被告人时，被告人的诉讼时效期间尚未届满，而被告提出反诉状时已超过了诉讼时效期间，对此应当如何对待，实践中存在不同意见。本人认为，当原告起诉时，被告的诉讼时效期间尚未届满的，被告在合理的时间内提出反诉的，不能以被告提出反诉状时已超过了诉讼时效期间而不承认其反诉。这是因为在许多情况下，当事人一方均有侵犯对方合法权益的地方，当对方不起诉时，另一方也不打算追究对方，一旦对方追究，另一方也要追究。为了防止有的当事人利用诉讼时效期间的规定，故意选择诉讼时效期间即将届满时起诉，使对方不能反诉。因此，对法院受理案件时诉讼时效期间即将届满，被告在合理的时间内提出反诉的，应当允许。

六、一审人民法院受理反诉后的几个程序问题

1. 人民法院收到被告的诉讼请求，经过审查认为符合反诉的条件，决定与本诉合并审理，应书面通知反诉人，预交反诉案件受理费，并对自己的主张负举证责任。

2. 将反诉状副本送达本诉原告人，通知其收到后在规定的期限内进行答辩，不答辩不影响案件的审理。

3. 反诉与本诉适用同一程序进行审理，如果一个诉讼适用普通程序审理，一个诉讼适用简易程序审理，在对反诉合并审理时，适用普通程序一并审理。

4. 应明确反诉人的诉讼地位。在审理案件时，对反诉和本诉的诉讼请求和事实根据分别加以审查。在诉讼中，双方既为原告，享有原告的权利，也同时为对方的被告，享有被告的权利，承担被告的义务。在法律文书中，应在原告之后括弧注明系反诉的被告，在被告之后括弧注明系反诉的原告，并对双方各自的诉讼请求、理由，以及法院认定的事实和理由分别叙述，指明双方那些请求成立，那些请求不能成立。

5. 任何一人撤诉，不影响案件的继续审理。如果被告撤回反诉，对本诉的审理继续进行。如果本诉的原告撤回诉讼，如无其他违法情况，应当裁定予以准许，这时原诉的被告成为原告，原诉的原告经两次合法传唤，无正当理由拒不到庭，或者未经法庭许可中途退庭的，可以缺席判决。

七、在第二审程序中，当事人反诉或增加请求的问题

这里说的二审程序中当事人反诉或增加诉讼请求是指在一审程序中被告没有提出反诉，而在提出上诉或二审答辩中提出新的诉讼请求或一审原告在二审中增加诉讼请求。对于这两种情况如何处理，目前理论界和审判实践中争议较大。一种意见认为，在二审程序中当事人增加诉讼请求或提出反诉，因涉及当事人的上诉权，并可能造成案件管辖与审理的混乱，一般不宜合并审理；另一种意见认为，按照我国现行法律规定，上诉审法院既要对案件事实负责，又要对适用法律负责，当事人增加诉讼请求或提出反诉是当事人的权利，我国民诉法（试行）第一百五十五条规定："第二审人民法院审判上诉案件，除依照本章规定外，适用第一审普通程序"。由于二审程序对当事人反诉或增加诉讼请求未作规定，因此，应适用一审程序的规定。本人认为，由于案件的情况十分复杂，不能一概而论。人民法院审理案件，既要严格依法办案，切实保障各方当事人的诉讼权利，又要对各方当事人负责，因此，对待在第二审程序中当事人提出反诉或增加诉讼请求的问题应当具体情况具体分析。从我们接触到的情况看，在二审程序中，当事人反诉或增加诉讼请求大致有如下几种情况：

（一）在一审程序中，当事人就已经提出反诉或增加诉讼请求，一审法院对这部分诉讼请求没有处理。如农民王××诉村委会非法中止与其签订的承包合同，要求继续承包。村委会在答辩中认为中止该承包合同于法有据，同时提出反诉，要求本诉原告交纳承包期间的承包金。在法庭调解时，村委会曾提出如果原告撤诉，可以免于向其追交承包金。一审法院判决村委会中止合同是正确的，但对王××是否应交承包金的问题未作处理。王××不服原判上诉后，村委会又提出反诉要求判决王××交纳其承包期间应交纳的承包金。对于这样的反诉，二审应当合并审理。因为在一审中当事人已经提出，被告放弃反诉的前提是原告撤诉，原告没有撤诉，应当认为被告的反诉依然存在，一审法院对此未作处理是不对的。二审法院可以直接改判，也可以发还原审法院重新审判。

（二）在一审程序中被告未提出反诉，而在第二审程序中提出，第二审法院是否可以

与本诉合并审理，我认为应区分各种情况予以处理。

按照诉的分类，诉分为确认之诉、变更之诉和给付之诉。被告的反诉可能和本诉属于同一类型的诉讼，也可能不是同一类型的诉讼。如原告要求被告给付货款，被告要求原告因延期交货支付违约金并赔偿经济损失，反诉和本诉同属给付之诉。原告要求给付货款，被告也可能要求确认所签合同无效，这样本诉为给付之诉，反诉为确认之诉。对于原告提出的确认、变更、给付之诉的任何一种诉讼，被告的反诉也可能是三类诉讼中的一种，根据数学上的排列组合，共分九种情况：即原告提出确认之诉，被告反诉可能是确认之诉，也可能是变更之诉、给付之诉；原告提出变更之诉，被告反诉可能是确认之诉，也可能是变更之诉、给付之诉；原告提出给付之诉，被告可能提出确认之诉、变更之诉，也可能是给付之诉，对于以上九种情况又可分为反诉为确认之诉和反诉不是确认之诉两种情况。我认为：

1. 对于反诉为确认之诉的，无论被告在一审中提出还是在二审中提出，人民法院一般均应与本诉合并审理。因为给付之诉、变更之诉均以法律关系的有效存在为前提，无论当事人在一审中是否提出，法院在审理变更、给付之诉时都要首先把这个问题确定下来。当事人明确提出这个问题，并阐述理由，更有助于人民法院查明事实，正确予以确认和处理本诉。由于查明法律关系的有效存在是一审程序中本应搞清楚的基本事实，因此，二审法院将反诉与本诉合并审理后，可以在查清事实后改判，也可以事实不清发还原审人民法院重新审判。

2. 当反诉不是确认之诉时，二审不宜直接处理。因为反诉与本诉合并审理属于诉讼客体的合并，大部分属于可分之诉，合并审理不是必须的。由于一审中被告未提出反诉，如果二审法院把这一未经一审法院审理的诉讼请求与已经一审法院审理的部分合并审理并直接判决，这部分成了一审终审。实际上等于剥夺了当事人的上诉权利，不符合二审终审的原则。如果二审法院以此为理由，撤销原判发还原审法院重审是否可以呢？也不行。因为按照我国民事诉讼法（试行）的规定，二审法院撤销原判，发还重审的法定理由是原判决认定事实不清，证据不足，或者由于违反法定程序可能影响案件正确判决的，对当事人未提出的反诉，一审法院当然无从审理。既然二审法院不便直接判决，又不好发还重审，只有调解，调解不成便无路可走。因此，对于属于上述情况，如果一审中被告未提出反诉而在二审程序中提出的，二审法院不宜合并审理，可告知当事人另行起诉。

3. 关于一审原告在二审中增加诉讼请求的情况也时有发生，但从实际情况看，二审增加的诉讼请求基本上属于给付之诉，与原诉讼请求是可以分开审理的，因此，二审法院不宜合并审理，可告知当事人另行起诉。

论经济审判中先行给付（摘要）

江苏省无锡市中级人民法院　徐　懿

一、经济审判中先行给付的性质和意义

经济审判中的先行给付，是指人民法院在审理请求给付财物的经济纠纷案件时，因权利人（原告或债权人）确实难以维持生产、经营活动的正常进行，在作出判决之前，裁定义务人（被告人或债务人）先行给付权利人一定数额的款项或财物的一种制度。

先行给付是民事诉讼中的一种制度。这一制度使权利人预先实现了以后判决中可能确定的部分权利，也是强制义务人预先履行以后判决中可能确定的部分义务。先行给付具有实体权利、义务的内容。外国叫假执行，大陆法系国家普遍适用这个制度。

在审理经济纠纷案件中适用的先行给付与民事审判中的先行给付有着不同的特点：

首先，经济审判中先行给付的目的是为了解决权利人生产、经营上的经济困难，使权利人的生产、经营活动得以正常进行，而不是为了使当事人摆脱生活上的困境。人民法院审理经济纠纷案件，从受理案件到作出判决，需要经过一段时间。人民法院为了保护权利人的合法权益，使企业不致停产或者尽快恢复生产，在审理期间，及时作出先行给付的裁定，裁定义务人给付权利人一定数额的款项或财物，以解决权利人生产、经营上的困难。

其次，经济审判中先行给付的财物是大额的款项，大量的货物或生产中急需的关键设备等。少量的款项不能满足企业资金周转的需要，达不到使企业不致停产或尽快恢复生产的目的。必须裁定先行给付财物的数额要小于或等于将来判决中可能确定给付的财物的数额，不能超过，以免出现给付错误。

第三，经济审判中的先行给付一般应设立担保。如果先行给付错误，就会造成义务人的损失。按照法律规定，已经交付的财物虽然可以通过执行回转的办法返还义务人，对义务人遭受的损失也可以判令权利人进行赔偿。但是，由于经济审判中先行给付的内容是大额的款项或大量的货物，如果先行给付错误，必将给义务人造成严重损失，因而在适用先行给付时，也必须慎重考虑对义务人的利益的保护，在一般情况下，应由权利人在申请先行给付时，提供当事人以外的第三人出具的保函或权利人与第三人订立的保证合同，设立担保。在权利人申请错误，适用执行回转办法返还财物，赔偿损失时，由第三人负连带责任，以使义务人的合法权益能得到有效的法律保护。

在经济审判中贯彻执行先行给付制度，能有效地保护权利人的合法权益，使企业及时摆脱生产、经营上的困境，从而促进生产的发展，有利于经济建设和改革、开放的顺利进行。

二、经济审判中先行给付的条件和范围

在经济审判实践中，并不是所有的经济纠纷案件都可先行给付，而是必须具备一定的条件。根据《民事诉讼法（试行）》的规定和审判实践经验，经济审判中的先行给付必须具备以下条件：

1. 必须是权利人请求人民法院判令义务人为一定行为履行义务的案件。即必须具有给付内容，不具备给付性质的确认之诉、变更之诉不应有先行给付的问题。这类案件还必须是由义务人的积极行为来履行义务，包括请求返还、交付一定的财物，如偿还货款，交付合同标的物，赔偿经济损失等。由义务人的消极行为，如不得在通道上设置障碍等履行义务的，则不发生先行给付的问题。

2. 必须是权利人和义务人之间存在明确的、肯定的经济法律关系，同时当事人之间并无存在互为权利人和义务人的法律关系的案件。裁定义务人先行给付，必须以权利人和义务人之间的经济法律关系已是明确和肯定的为前提，诉讼中原告对被告并不存在对等给付的义务。先行给付与《民事诉讼法（试行）》第一百二十一条规定的部分先行判决不同，部分先行判决的经济法律关系是完全确定的。

3. 必须是权利人生产、经营活动中由于经济困难而无法正常进行的案件。如果没有这种紧迫需要，即使是法律关系明确的具有给付性质的案件，也不能先行给付。

以上三个条件相互联系，缺一不可，缺少其中任何一个条件都不能先行给付。

《民事诉讼法（试行）》第九十五条规定：

"人民法院对下列案件，必要时可以书面裁定先行给付，并立即执行（一）追索赡养费、抚养费、抚育费、抚恤金的；（二）追索劳动报酬的；（三）其他需要先行给付的。"以上规定是先行给付范围的一般性规定。经济审判中的先行给付的范围，必须根据以上规定和经济审判中先行给付的条件具体加以确定。

根据最高人民法院的规定，当前经济审判工作的收案范围是：（一）国内经济合同纠纷，包括法人之间，法人与个体工商户、农村承包经营户、农村村民之间的经济合同纠纷；（二）涉外的和涉港澳的经济、贸易、运输和海事纠纷案件；（三）农村承包合同纠纷；（四）企业联营合同纠纷、企业承包合同纠纷、企业租赁合同纠纷的案件；（五）法人之间或以法人为一方当事人，在生产、流通领域因侵权行为发生的损害赔偿案件；（六）经济法律、法规规定可以向人民法院起诉的法人之间或以法人为一方当事人的其他经济纠纷案件。上述案件中凡是具备先行给付条件的就是经济审判中先行给付的案件的范围，也就是"其他需要先行给付的"经济纠纷案件。具体地说有以下几类案件：（一）追索货款的；（二）追索赔偿费用的；（三）追索交付生产、经营活动中急需的图纸、资料、设备部件的；（四）追索交付生产上急需的原、辅材料的；（五）排除有可能危及正常生产、经营活动的妨碍的。

随着我国经济体制改革的深入发展，人民法院经济审判工作的收案范围将进一步扩大，经济审判中先行给付的范围也将随之扩大。

三、经济审判中适用先行给付应注意的几个问题

1. 人民法院作出先行给付的裁定必须十分慎重。资金周转和商品流通会带来利润和经济效益，权利人在诉讼中为了自己的利益往往提出先行给付的请求。人民法院对权利人的请求必须认真审查。认为符合先行给付的条件，确有必要先行给付的，就应当及时作出裁定，先行给付。如果不采取先行给付，权利人也能渡过暂时困难的，人民法院则不应作出先行给付的裁定，以免在判决作出后，出现给付不当的情况。

2. 不能用诉讼保全代替先行给付。经济审判中的诉讼保全与先行给付是根本不同的两种制度。诉讼保全的目的是为了保证判决的执行，或为了避免财产遭受损失；先行给付的目的是为了解决权利人生产、经营上的燃眉之急，使生产、经营活动得以正常进行。诉讼保全对当事人的财产和争议的标的物采取查封、扣押、冻结、责令提供担保及法律准许的其他方法，不发生交付给对方当事人的法律后果；先行给付是裁定一方当事人给付另一方当事人一定数额的款项或者其他财物，裁定后必须立即执行，如一方当事人拒绝履行，人民法院可依法强制执行。诉讼保全与先行给付是不能互相替代的，在经济审判实践中，审判人员必须严格按照它们各自适用的条件和范围加以适用。

3. 先行给付裁定一经作出，必须立即执行。先行给付的裁定作出后，即发生法律效力，当事人不得提起上诉，法律规定当事人不服先行给付裁定的，可以申请复议一次，但在复议期间，不停止裁定的执行。先行给付的裁定作出后，义务人如不自觉履行，人民法院应依法强制执行，有义务协助执行的单位和个人应依法协助，拒不执行或妨碍执行的应依法追究法律责任，以维护法律的严肃性。先行给付裁定的效力，随着判决的生效而消灭，同时，先行给付的裁定是在权利人生产、经营难以正常进行的紧迫情况下作出的。因此，在执行先行给付裁定时，一般不宜采用分期交付的办法，特殊情况下，确有必要分期交付的，期限不宜太长，否则同样失去先行给付的意义，也不利于及时有效地保护权利人的合法权益。

4. 作出先行给付的裁定必须考虑义务人的偿付能力。义务人无力偿付，或者偿付后

造成义务人生产、经营活动难以正常进行或职工生活无着的，不能裁定先行给付。先行给付不能给义务人造成困境，实行先行给付时，应考虑到义务人的承受能力。人民法院在收到权利人的申请后，应查明义务人的生产、经营活动情况，义务人确有偿付能力，应即作出先行给付的裁定；义务人有部分偿付能力，则在权利人请求先行给付的财物的数额内以不影响义务人的生产、经营正常进行为限，裁定先行给付。

先行给付是我国民事诉讼中的一种重要的制度，而不是一项措施、方法。在经济审判工作中，我们必须从这样的高度去认识问题，从而自觉地贯彻执行。

海商法学

浅谈海洋污染案的事实调查、认定及赔偿项目的确认

上海海事法院　薛介年　沈满堂

1984年5月11日凌晨3时，被告香港东方船务有限公司所属巴拿马籍“海利”轮(MV. SEA CARRIES)由天津驶往曼谷。在途经我国温州南麂列岛东南25海里处(北纬27°00′，东经121°13′)，与本案第三人山东省海运公司所属“金线泉”轮碰撞沉没。“海利”轮载有该船航行用20号燃料油176吨、柴油66吨、润滑油3640升。所载货物中有苯酚11.14吨、硫化钠51.34吨、氯化铵80.48吨以及其他化学物品200余吨。

事故次日，当地渔政部门遣船前往现场观察。在七星岛，镇霞关两处提取水样，经检验海水含油量超标5倍以上，并在北纬27°13′，东经121°53′处发现洋面油膜，直径约5海里。据温州市环保监测站5月21日报告，10个定点站位含油量均在0.09—0.30毫克/升之间。除一个站位超过国家标准0.05毫克/升的0.8倍以外，其余各站均超过渔业水质标准的3至5倍。经查，事故发生期间，该海区以东北风为主，其次是偏南风，风力3—5级，表面合成流流向西偏北，故溢油在南麂渔场附近漂逸。

南麂渔场南起北纬27°10′，北至北纬27°40′，西起温州市大陆海岸线，东至100米等深线。渔场面积约为9900平方海里。该渔场是我国多种经济鱼虾类（如带鱼、银鲳、大黄鱼、小黄鱼、长臂虾、对虾等）的越冬场，又是鱼类亲体的产卵场，卵的孵化场，幼体的索饵场，贝藻的养殖场，其经济意义十分重大。1981年4月，国务院为保护大黄鱼和带鱼的幼鱼生长繁殖，明令该渔区为幼鱼保护区。旺汛期间，渔场云集各类渔船5000余艘。一般年景年产量为7.5—8.5万吨，占温州市年捕捞量的70%，为浙南渔场捕捞总量的50%。南麂列岛的海水养殖业也较发达，品种繁多。有栉孔贝、海湾扇贝、杂鱼鲍、皱纹盘鲍、刺参、海带等，其中尤以海带养殖规模最大。

海事发生后，当地渔民要求赔偿经济损失，港监要求“海利”轮船东从速打捞沉船，清除污染源。为此，原告温州市渔民协会代表渔民以“海利”轮沉没于其生产渔场，造成污染损害为由，于1985年10月向上海海事法院提起诉讼，要求法院判令“海利”轮

船东赔偿其海水养殖、海洋捕捞、渔网渔具损失以及已发生的污染海域调查费和部分清污费等共计人民币1100余万元。另外原告要求被告提供每年监测费50万元，暂以三年为期，一次性支付150万元人民币，并保留对今后可能造成的一切损失的索赔权。

上海海事法院依法立案审理。被告“海利”轮船东旋即进行了书面答辩，并向法院提供了伦敦国际油轮船东污染联合会（THE INTERNATIONAL TANKER OWNERS POLLUTION FEDERATION LTD）的报告。该报告宣称：“‘海利’轮所载所有化学品都可溶于水，一旦暴露在水中，会完全溶解；所有化学品对海洋生物均非极毒品，并且不具有在海洋生物体内逐渐积存毒素的潜在可能，任何有毒的影响都是局部性的；苯酚具有对食用海洋生物引起临时性污染的潜在可能性，但其影响是非致命的，也不会持久；虽然可以预料从沉船中不断有油渗出，但对渔业资源或对海岸线不易产生明显的威胁。”且辩称，根据事故当时天气、水文情况，不会对南麂渔场造成污染。与此同时，原告也向法庭提供了温州市环保局关于“海利”轮沉没区域的污染报告，报告述称：1984年5月18日15：00时至19日15：40时，在“海利”轮沉船位置的周围海面，多次发现片状深兰色油膜，直径约20公分。原告还称，5月14日养殖场科研组目击该海区表层有一大片油污涌进岙口，长时间不退，并在鲍鱼人工育苗试验记录表中记载，5月13日至5月21日期间260万颗面盘幼虫在变态中死亡。南麂海带养殖，5月份正是收割前期，因海带粘上油污，成品有油臭，只能降价售给化工厂作工业原料。另外，“海利”轮沉没于水深55米的海底，影响了当地的传统拖网作业，事故发生以来，已多次发生网具挂扯事故，原告诉称经济损失严重。双方各执己见，证据似乎都十分充分，而观点几乎相反，针锋相对。

海洋污染案件是以污染损害赔偿为主具有海事特征的案件，同时又可能具有涉外因素。因此在审理过程中，除了会遇到法律适用的问题，还会遇到大量的专业技术问题和海损理算问题。环境保护本身是一门涉及多学科的边缘科学。在环境案件审理中，需从自然环境质量和社会环境质量两个方面进行评价、审理。自然环境、质量的评价要考虑包括物理的、化学的及生物的质量三个部分；而社会环境质量评价又包括经济的、文化的和美学的诸方面。各地区文化经济发展程度不同，社会环境质量又会表现出明显的差异。例如，在“海利”轮一案中的污染物既表现了化学的毒理性又有物理的障碍性，对海洋生物资源又有一定的损害；在经济损失的理算上有捕捞业和水产养殖业的损失，还有清污费、监测费等。面对这些纷繁复杂的情况，上海海事法院在审理“海利”轮污染案件中，根据原告的诉讼请求和原、被告双方争议的事实，首次把海洋环境评价制度引入司法领域作为我国司法部门调查审理海洋污染案件的重要方法和依据，这是运用科技进步和法律强制相结合的方法解决民事争议的一次尝试，是一次十分有益的探索和实践。

根据“海利”轮一案的审判实践，结合环境评价的基本理论，笔者愿就人民法院审理海洋污染案中如何调查评价海洋污染的主要程序问题发表如下浅识，目的是抛砖引玉，希望环境评价这一科学的方法论在审理环境污染案中得到广泛的应用。

一、海洋污染案的事实调查

根据《民事诉讼法（试行）》之规定，人民法院审理案件主要工作一是调查事实，二是适用法律。和其他案件一样，海洋污染案件的审理，事实调查同样是适用法律的前提。然而，由于海洋污染造成的后果通常是多元的，又涉及到自然和社会领域的许多方面，人民法院必须在当事人举证的基础上，进一步做好查证工作，而调查项目的选择、确定和方法的讲究，显得尤其重要。

海洋环境污染案件的调查项目从宏观上可分为三类：即自然状况、经济状况和社会状况。

自然状况调查主要包括：污染源调查、地理环境调查、海况调查、生物资源调查、本底值调查。

A、污染源调查。海洋污染案的事实调查通常都从对污染源的调查着手。首先要确定污染源的确切位置，是位于港口、航道还是海洋；其次要查清污染源来自陆地还是船舶、航空器；是一般货轮、油轮还是公务、军事船舶；污染物是油类还是其他化学品；是化学性污染还是物理性污染；污染物的数量、质量等，以便掌握造成污染的主要原因、类型。这是确定法律适用的前提。

B、地理环境调查。本项调查的内容主要是查清污染事故发生大致波及的范围。即查清整个范围是在外海、内海还是近海；在港口、航道、锚地、渔场、养殖场还是风景点、浴场，查清以上情况就可基本把握地理环境对环境质量的要求和事故可能达到的严重程度。同时，对某些案件查清事故发生地理位置的过程，也就是解决管辖权争议的过程，如“海利”轮案便是一例。

C、海况调查。本项调查的内容是调查清污染水域事故当时的风、潮、流情况，其中包括风力、风向、潮汐、温度、湿度、表面合成流流向、流速等，以掌握污染物的运动趋势，迁移、扩散、沉降、持续的情况，估计事故的影响范围并可在必要时采取各种防范治理措施。

D、生物资源情况调查。本项调查的内容主要是事故海域的主要海生动植物种类、数量，主要品种的生长周期及对环境的基本要求。一方面从直观上掌握污染物对主要水生动植物的损害程度，另一方面可在未污染的邻近海域中找得同类生物品种，以便进行必要的生物测定，通过生物效应检测，以确定评价因子，确定评价标准。生物检测有时可取得比化学、物理检测更为综合直观和可靠的检测效果。

E、本底值调查。本底值调查主要是对事故水域历年水质监测资料的调取和核实。在调查取证的过程中，特别要注重调取关于该区域已涉及的污染物的分项指标的本底值检测资料。查清本底值就是把事故前后的水质情况进行对比、分析，从而确定污染程度，对污染事故进行定性定量的分析。

经济状况调查主要包括渔业生产、工业交通生产与旅游服务，还包括防污、清污的实际支出。

F、渔业生产的调查。从整体上说，海域综合利用所产生的经济效益是多方面的，除渔业、工交和旅游之外，还有多种水上副业，如药材、手工艺原材料，原始建材等。但由于人类对海洋的开发利用，特别是我国在此方面的综合开发迄今还十分落后，因此污染对渔业生产的影响与其他生产相比就显得比较突出。海洋渔业生产目前的两大分支为海洋捕捞和海洋养殖。养殖生产的调查主要包括养殖水面、品种、历年产量、养殖商品的市场价格（包括残次品的残值、转值）。海洋捕捞生产的情况就比较复杂，因为不同地区的渔船对渔场的交叉使用，故很难就某海域污染对本年捕捞产量、产值的影响作出比较准确的计算。因此在调查时主要注意两个对比：一是事故当年品种、产量与历年同期同一海区的品种、产量相比；二是同期本区与同期邻区的品种产量的相比，扣去一个自然波动的幅度，以求得一个大致的下降数字。

G、工交生产和旅游服务业的调查。大部分污染很少涉及到工交生产的问题，但若污染发生在建有潮汐电站、盐场的近海则常包括固定资产损失和营利损失。在旅游点，由于海洋污染，可能会使浴场、海上竞技场乃至附近的旅馆、饮食服务业的收入一落千丈，做好这方面的经济调查，对最终确定损害也无疑是必要的。

H、防污、清污情况的调查。通常若发生感官所直接觉察的污染后，受污地区的人们甚至肇事人会采取十分积极的态度进行防污、清污工作，以避免事态及损害的扩大。由此往往会产生一笔较大的费用支出。为了确定经济损害，必须详尽仔细地调查防污、清污的各方面情况，不仅是已发生的费用，更要注重调查参加的人员、时间、地点、采用的方法等，以便确认所采取的措施的合理性和必要性。

I、防污、清污过程中引起的再损害。这一调查常常易被忽视。尽管世界科技不断进步，清污的综合效益不断提高，但迄今不少清污方法仍带有产生再损害的危险性。对此造成的损害，当事人也很难形成统一的认识。因此在审理海洋污染案时，切忌疏忽对此项目的调查。由于是二次损害，通常此项调查内容又会涉及到本文推荐的上述各调查项目。为此，可根据二次损害的大致程度及当事人的争议情况来决定采用综合估算或重点调查与综合估算相结合的方法。少数极端案件只能再逐项调查。

社会状况调查通常包括事故成因情况调查，肇事者经营情况调查，有关法规、制度的调查，受害地区居民心理调查等。

J、事故成因情况调查。本项调查包括污染物泄出的原因。即是由于船舶的碰撞、搁浅、翻沉、拆解、造成的泄漏；还是倾废、排污、弃置造成的污染。其中还要分清污染是当事人故意或过失造成的，因为上述多种情况将产生不同的行政、民事等法律后果。其次还要调查事故发生的经过，甚至当事人所在国政府或主管部门对事故发生的态度，从而为正确适用法律提供前提条件。

K、当事人经营情况调查。本项调查注重于肇事人的国籍、船籍或其他有关经营登记证明书，以查证经营的合法性。若油轮，还须查清所载是否属摊款油类，以便适用有关国际公约。

L、法规情况调查。此法规调查既包括有关国际政府间的公约、民间协议、国内基本立法，还包括受害地区特定的地方性法规。有时还需调查受害单位因其特殊的生产、科研对该海域环境所提出的特殊专业要求。某些案件的水质指标虽未超出标准限度但超出某些专业的特殊要求，并已引起损害，故这部分调查有时也必不可少。

M、居民心理调查。某些后果比较严重的污染，除了损害渔业、工农业和旅游服务之外，由于产生文化和美学上的损害，则可能引起社会心理损害。因此，对有些案件，有必要进行居民心理调查，后果严重的也可依法要求肇事者承担相应的民事责任。

二、海洋污染环境评价程序及事实认定

人民法院审理海洋污染纠纷案件，最终必然要对双方所争议的海事是否构成污染作出明确的结论。若认定构成，还必须判明污染程度及其造成的损害。海洋污染环境质量评价就是在查清事实的基础上，判明该海域环境质量的过去、现在，并对将来的发展趋势提出科学性预见。因此，海洋污染环境质量评价应包括回顾、现状和预断评价（即环境影响评价）。其中污染与否，污染程度的认定及近期利益的损害索赔，依赖于回顾评价与现状评价。远期利益的损害与否及索赔权的有无则依赖于预断评价。

然而，由于海洋污染案的审理在我国起步不久，因此理论界和司法界对此工作尚处于摸索阶段。除在法律适用方面有大量的实体问题，程序问题外，即便对事实调查，至今仍未有比较成熟的工作经验，也没有一套较完整的工作程序。上海海事法院通过对“海利”轮一案的审理，经过评议归纳，初步污染环境评价的系统性工作步骤，笔者附录在下，以引起同人的兴趣和关注，通过批评和探讨，使之逐步完善。

通过审阅以上工作程序示意图，不难看出海洋环境质量评价工作是一项较大的系统工程。单就调查工作而言，就有十几大项的内容，而每一项检测项目，其中所包含的科学实验就有几十项甚至上百项。工程之大，内

容之多，流程之复杂，也是其他海事案件审理中很少遇见的。在此，笔者愿就环境质量评价的一般流程，结合“海利”轮案的审判实践，对上述示意图中的难点、要点予以剖析、说明。

1. 评价因子选择。在海洋污染环境质量评价中，确定选用哪几个参数进行评价是关系到评价是否贴切成功的关键，在法律上也是认定是否构成污染及判断污染程度的要害。

评价因子选择的基本原则是源于海洋污染的基本定义：即“直接或间接地把物质或能量引入海洋环境，产生损害海洋生物资源、危害人体健康、妨碍渔业和海上其他合法活动，损坏海水使用素质和减损环境质量等有害影响”。因此在选择海洋环境污染的评价因子时，不单对污染环境的各要素分别进行甄别、筛选，而且要掌握污染物的扩散和积累，吸附和解吸，沉淀和分散，氧化和还原，分解和合成的过程，其中必有一个主要矛盾，并要尽力找出其主要矛盾和矛盾的主要方面作为基本的评价因子。“海利”轮的鉴定人，正是从这一基本原则出发，采用入海量大，含量高，毒性强，危害大的污染物作为评价因子。事故当时，“海利”轮装载多种有毒物质，有燃料油、苯酚及硫化钠等。鉴定人根据生物毒性检测、水产品的肉部腐味检验、毒物在水中稳定性试验和油膜扩散试验，综合分析后认为，该海事对南麂渔场危害最大的污染物应是20号燃料油。倘使将苯酚、硫化物也作为评价因子，势必会掩盖燃料油的影响程度，导致评价结果重大偏差。特别会使本起污染索赔案的索赔理由失去科学论证的支持。在评价因子的选择过程中，对几种可能导致污染的物质可以通过科学测试的方法选择，也可以用专家打分的方法进行加权处理，以便突出重点，抓住主要矛盾。

2. 评价标准。评价标准的制定和选择是评价工作中的一个重要环节，若评价标准选择不当，必不能反映出实际污染情况，从而得出偏离真实的结论。一般来说，标准是由政府（管理部门）所制定的强制性技术规范，是环境保护政策的决策的结果，是环境保护法的执法依据。标准的制定，有的从基准出发，具有严格的科学性。但与基准不同，标准较强调时、空范围，要考虑社会的、政治的、技术和经济的多方面因素；有的从最佳实用的技术经济出发，保证标准的切实可行。虽然标准是强制性的技术规范，但笔者认为，在某些污染案中评价标准也可根据具体情况定出具有特定意义的、有极鲜明的针对性的评价标准。比如，我国现有的水环境标准中关于海水，根据不同的用途可分为三类。中国渔业水域水质标准规定水中石油类含量不得超过0.05毫克/升。但石油是一个大类，它包括上千种理化及毒性不同的有机化合物。而一般来说，炼制油的毒性高于原油。即使同一种炼制油，它们的产地不同，标号不同，对海洋生物的毒性大小也有较大的差异。在“海利”轮一案中，鉴定人依20号燃料油对水产生物毒性的大小及着臭浓度，把20号燃料油含量是否超过0.02毫克/升作为污染与否的标准。合议庭在评议这个分级型指数时认为是科学的、合理的，予以支持。

3. 关于评价模式。对评价因子进行选择，制订了评价标准，对海洋环境的质量进行较为科学的评价，还需建立一个能客观地反映海洋环境质量状况的数学表达式，用这样的数学模式来评价水污染。我国国内提出的综合评价水质污染的方法或指数就有十几种以上。在“海利”轮一案中，鉴定人着重考虑溢油后一段时间的情况，便选用国外有关专家提出的瞬间源扩散模式，运用此公式，计算不同时间溢出燃料油的影响范围，并分别估算平均浓度，然后综合成油污影响总面积，制成了比较直观的示意图。对此结论，上海海事法院提交有关权威人士审定。对这份鉴定，专家审议结论是：“设计合理，内容丰富，数据可靠，应用海水生物测定法和溢油扩散数学模式相结合的方法，进行渔场环境影响的评价，在国内尚属首次。”

三、海洋污染损害赔偿的范围

参照《国际油污损害民事责任公约》的规定，油污损害索赔的项目大致包括（1）由油污造成的（各种）灭失和损害；（2）采用预防（扩散）（减轻损害）措施所开支的费用；(3)预防措施所引起的进一步灭失或损害。对此《基金公约》下的油污基金专家们从另一角度阐述了在油污理赔中应注意审查的三个方面，即：（1）索赔费用是否实际支出；（2）索赔费用与事件有无直接因果关系；（3）所支付的费用是否合理。笔者认为以上三个原则和三个方面也适用于其他非油轮污染引起的损害赔偿的处理。

注意到《责任公约》中“损失”一词的解释最终取决于各国国内法律的解释。我国又未参加《基金公约》。因此根据我国《民法通则》的规定，赔偿应以实际损害为前提，参照国际习惯做法。笔者认为，海洋污染案中下列项目可以确认。

1.通常由自然人、法人提起的赔偿项目。

A、渔业短期损失。该损失主要指捕捞和养殖业的损失。捕捞损失主要指捕捞产量损失，即因污染（主要是化学污染）引起当时该区域的鱼虾回避及贝藻类的繁殖停滞等造成的减产；其次表现为产值损失，即商业水产品的品质下降及市场供求关系的改变，导致市场价格下降。养殖业的损失除表现为产值下降外，还表现为再生产条件的恶化，但该损失引起的损害往往是潜在的。此外渔具的污染损耗也应列入本索赔项目。

B、工交生产损失。工业生产损失通常表现在生产成本提高和产品销售价格下跌。前者诸如设备遭受直接损害、工艺流程增加，后者主要指产品产量、质量下降。交通运输生产的损失主要由物理性污染引起，表现为停航损失或营运不便。

C、旅游、饮食服务业的损失。《责任公约》对油污引起的这方面损害能否得到赔偿，没有明确指明，但较大规模的化学污染，特别是油污，事实上破坏了旅游环境，使海洋和沙滩失去了诱人的魅力，造成旅游及赖以生存和发展的其他第三产业的营利损失。发生的浴场、海上体育场的重大物理性污染也会产生以上相同的损害后果。因此只要损害发生，应当予以确认。

D、其他海上副业。尽管对海洋资源的开发利用不足，但迄今已存在的多种海上副业，如药材采集、手工艺制作、原始建材的收集等等，经营开发这些业务的企业、个人若因海洋污染遭受损失，也有权提出合理的索赔。

E、防污、清污中产生的实际支出。包括人力、材料及防污清污中因该劳动直接引起的人身伤害。

F、防污、清污中引起的二次损害。

G、由污染直接引起的人身伤害（即致伤、致残、致死）。本项损害索赔，可以比照一般民事侵权中人身伤害的赔偿范围向污染加害人提起。

H、污染可能引起的对人身、财产的中远期损害。由于这一损害的索赔常依赖科学推断，所以在较多的场合，受害方仅以保留索赔权的形式向污染加害方提出，以便一旦发生实际损害，可以行使诉权。

2.只有国家可以提起的赔偿项目。国家行使民事权利，通常通过政府来实现。我国宪法规定，中华人民共和国的水域矿藏，土地等自然资源归国家所有。海洋污染除了直接侵害公民的人身权和公民法人的财产权外，还可能侵害国有资源。为此，政府有权代表国家，就资源损害提起索赔，要求海洋污染加害人给予赔偿。但通常资源损害的索赔数额巨大，且难以确定，加之加害人及其保证人毕竟赔偿能力有限，所以实践上有些案件常最终通过外交途径同有关国家的政府协商解决。从理论上说，若政府代表国家提起的海洋污染造成国有资源损害赔偿该项目应予确认。与此同时，对公民、法人从资源角度提起的损害赔偿请求应予驳回。

在“海利”轮案的索赔问题上，该案鉴定报告紧紧抓住了事故发生的时间这一要害问题。5月份是南麂渔场主要经济鱼虾类产卵期、幼鱼生长期。而卵和幼鱼对油类的污染特别敏感。因此5月份海水中的油污殃及鱼虾的卵、幼体的存活生长，从而必将损害水产资源。鉴定人认为这次污染事故至少要影响温州地区渔民在该渔场2—3年总捕捞量。指出了油污损害对渔业生产中远期的影响的可能性，确认了原告该项请求的合法性。

总之，“海利”轮案的鉴定人，从环境经济学的观点出发，对南麂渔场的经济损失和赔偿进行了估算：(1)油污对渔业短期损失：A. 海水养殖损失；B. 自然生长的贝藻类受污损失；C. 水产品沾污损失；D. 鱼类回避减产；E. 渔具沾污损耗及清污费用。(2)油污造成渔业中、远期的损失：A. 水产资源的损失；B. 作业渔区被占据；C. 渔具丢失。鉴定人认为损害总金额最大不会超过500万元，即500万元仅为上限可能性。从而对污染损害作出了基本定量的分析。

经法庭公开审理，原、被告以及第三人于1987年10月27日达成调解协议：“海利”轮海事造成了南麂渔场一定时期内，一定范围和一定程度的海域污染。被告和第三人均应对此海域污染损害承担赔偿责任。被告赔偿原告29万美元，第三人赔偿原告31.45万美元。

综上所述，对海洋污染案，从技术鉴定入手，进行自然和社会环境的评价，也即在环境影响鉴定评价的基础上对案件裁决，“海利”轮一案在我国尚属首例。同时审理中也没找到更多的国外资料。作为环境保护法律制度方面的环境影响评价制度，在工程建设中的应用在我国近几年刚刚起步。如何使环境影响评价工作，更好地为司法审判服务，我们仅提出一个基本的设想，还有待于在司法实践中进一步完善和改进。但可以预言，随着我国国民经济对外开放和对内搞活，社会主义精神文明和物质文明的不断提高，人们对环境的要求的认识也在不断深化。今后，污染案审理工作必然会大幅度增长，而科学地、客观地审理环境污染案，进行环境影响的鉴定评价，这一方法的运用将会变得日益重要和广泛。

论防止海运欺诈

最高人民法院　张进先

海运欺诈也称国际贸易欺诈。它是指在国际贸易和航运的过程中，一方或几方当事人根据其从表面上为另一方当事人履行的某项特定贸易、运输和财务义务而非法地从另一方当事人那里获取金钱、货物或船舶的行为。近些年来，海运欺诈案件时有发生，其范围之广，种类之多，危害之大，令人震惊。研究对策，采取有效措施同海运欺诈行为作斗争，是摆在世界各国特别是发展中国家面前的一个不容忽视的问题。本文试就海运欺诈活动产生、发展的主要原因和防止这类活动的必要性，以及如何有效地同海运欺诈行为作斗争等问题作一探讨。

一、海运欺诈活动产生和发展的主要原因及防止这类活动的必要性

海运欺诈活动在国际上由来已久，到了本世纪七十年代有了明显增加。海运欺诈给国际经济贸易造成了严重危害，尤其使发展中国家蒙受了巨大经济损失。它产生的原因是多方面的：

首先是它的历史原因。十六、十七世纪，

英国、荷兰等国家曾把海盗行为当作原始积累的一种手段加以鼓励，使这种海上暴行取得了合法地位。著名国际法学家惠特曼曾说过:“海上劫掠并不是在所有时代里都是不光彩的。某种海盗肯定曾被认为是当地的英雄，具有相当权力的政治实体授权他人从事海盗行为”。在当时世界商品经济不发达的条件下，鼓励海盗行为对这些国家聚积财富是有利的。随着国际贸易和海运事业的发展，海盗逐渐成为生产力发展的障碍，并受到各国法律的制裁。国际法也公认对海盗适用普遍管辖原则，任何国家都有权惩处。海盗成了众矢之的，不断受到沉重打击。这样，海上犯罪的主要方式便开始由海上劫掠转向欺诈。与海上武装劫掠相比，实施海运欺诈较易实现，毋须冒很大风险即可获取巨额财富，而且容易逃避法律惩罚。这对欺诈者具有颇大的诱惑力，使得海运欺诈活动在传统犯罪的基础上不断发展，欺诈的手段也随着世界经济和科学技术的发展而逐渐增多。

第二是它的经济原因。本世纪六十年代至七十年代，由于政府的大力支持和银行提供大量贷款，世界航运业得以迅猛发展，达到了鼎盛时期。然而，造船业发展过猛过快，使船舶的产量超出需要的20%，出现了船舶吨位过剩。1973年和1980年爆发了严重的世界经济危机，世界航运和造船业也遭到了沉重打击，大大膨胀起来的造船能力与航运市场的萎缩和停滞形成了尖锐的矛盾。航运市场长期不景气，使船舶过剩的问题更加突出，竞争加剧，运价下跌，成本上升，运力损失严重。船东经营艰难，负债累累，几百家中小公司纷纷破产，一些大公司也发生倒闭。与此相反，旧船和拆船市场却日渐兴旺。一些船东为了逃避债务，转嫁负担，通过多种方式，在租船、营运、卖船、抵押等各个环节上，不择手段地施展欺诈伎俩，坑蒙拐骗，牟取非法利益，导致了航运信誉的空前危机。世界经济危机也使不少缺乏经济实力，经营不善的企业陷入困境，走向经济崩溃的边缘。为了挽救自己破产的命运，有的人置商业道德和信誉于不顾，以伪造、假冒等方式制造种种骗局，买空卖空，坑害买主和船东，使其尔虞我诈、唯利是图的本性暴露无遗。此外，还有一些专门从事欺诈活动的人，他们利用世界经济危机，打着“公司”的招牌，混水摸鱼，骗取不义之财，起了推波助澜的作用。

第三是它的社会原因。和其他犯罪一样，海运欺诈作为国际社会的一种严重的痼疾，一产生就具有相对独立性，并在适当的社会环境里滋生和蔓延。人们知道，国际经济贸易活动中实行契约自由原则，在同样的条件下，由于发达国家有着丰富的预防欺诈的经验，能使自己免受或少受欺诈之害。而发展中国家则截然不同，他们大都对国际贸易不熟悉，往往只以国际商会规定的易于伪造的三种基本单证为议付条件。同时，他们买货多喜欢用投标（Tender）的方式来获得最低价，往往忽视了对卖方的认识和信用调查，给了欺诈者以可乘之机。此外，欺诈者总是随着科学的不断发展，使用先进的技术手段来作案，而商人或承运人自身的防欺诈措施有限。加上信息不灵，甚至互相封锁，更谈不上预防欺诈对策的研究。这对同欺诈作斗争是极为不利的。

第四是它的政治原因。海运欺诈无不与各国的进出口制度和所采取的打击与防范措施相关。在一些政局稳定、法制健全、管理严格的国家和地区，发生海运欺诈的案件相对就少。而在一些政权频繁更迭区和法制不健全、管理混乱的国家和地区，海运欺诈活动就较为突出。譬如海运欺诈多发区之一的意大利，该国政治危机频繁，战后45年已更换48届政府，从而为海运欺诈活动的发展创造了条件。由于各国政治制度不同，在较长时间内对具有国际性的海运欺诈活动，各国之间和国际上没有及时研究对策，采取共同行动来阻止它的发展，各国政府部门之间很少进行合作，并对其进行严厉打击，使海运欺诈活动愈演愈烈，危害越来越大。

随着海运欺诈活动的升级，所造成的损失日趋严重。据有关资料记载，世界航运业每年由此造成的损失高达130亿美元。1979年每月平均发生三起欺诈案件。到1980年，经各组织和调查人员审查的已知海运欺诈案已有100多件，这些案件造成的直接损失平均每件金额约达500万美元。该年发生的被称为百年来最大海运欺诈案的“塞勒姆(Salem)”号油轮沉没案，船货损失高达8400万美元。而已披露的这些案件仅是实际发案的一小部分，如1984年已知的109起案件，据信只占该年全部发案的2%。据今年五月美国保险人协会统计，远东地区每年发生欺诈案件133，000起，由此造成的保险赔款约达80亿美元。海运欺诈对国际贸易、航运、银行、保险等各界已构成严重威胁，受害方的间接损失和由此对国民经济产生的社会后果比直接损失还要大。尽管我国不是海运欺诈的多发区，但海运欺诈案件也经常发生，使我国深受其害。据不完全统计，近十年来仅在南中国海发生的欺诈案件就有50多起。其中1987年8月至1988年11月，我国作为受害方的案件共12起，损失金额达3000多万美元。我国海事法院已开始受理诸如预借提单、伪造单证、船舶确权、租船、随船债务转移等海运欺诈案件，有的国内受害者还被迫向外国法院起诉。实际上，有些案件的损失根本无法挽回。然而，那些从事海运欺诈的人决不会轻易罢手，他们将随着形势的变化而相应变换欺诈手法，利用一切可钻的漏洞继续作案，形形色色的欺诈交易和新的骗术更可能有增无减。若不采取有效措施加以控制，海运欺诈活动将会在国际国内继续蔓延，造成更大的危害。

当今世界处在一个较为和平稳定的环境里，各国都试图抓住这个有利时机进行经济建设，并利用国内和国际市场开展交换和竞争，国际间的经济贸易往来不断扩大。担负着80%以上国际贸易运输任务的海上运输业也从萧条走向复苏，为国际经济和贸易的发展发挥着日益重要的作用。我国实行改革开放以来，对外经济贸易和远洋运输事业有了长足的发展。中国远洋船队现已航行于160多个国家和地区的500多个港口，船舶总吨跃居世界第六位，成为当今世界海运大国之一。为加快我国经济建设的步伐，党中央提出了沿海经济发展战略，要求进一步扩大对外开放，加快发展沿海地区的外向型经济，积极参加国际经济大循环。然而，海运欺诈活动不仅成为国际贸易和国际航运的一种破坏力量，而且直接干扰着我国对外开放和沿海经济发展战略的实施，阻碍生产力的发展。因此，打击和防范海运欺诈活动，对于确保国际贸易和国际航运的安全，维护受害方的合法权益和世界经济秩序，促进国内、国际经济的发展具有十分重要的意义。

二、海运欺诈案件的种类、特点和规律

海运欺诈案件涉及国际贸易中的买方、卖方、船东、承租人、船长和船员、保险人、银行、经纪人和代理人等，不仅种类多，而且有其自己的特点和规律。

（一）海运欺诈的主要种类

从欺诈者实施欺诈的对象看，主要有：船东、承租人对货方实施的欺诈；船东对保险人、承租人、买船人、银行实施的欺诈；买卖一方对另一方、船东、承租人、银行或保险人实施的欺诈；承租人对船东实施的欺诈；保险人对货方实施的欺诈；银行与买方合谋对卖方实施的欺诈；卖方与船东合谋对收货人实施的欺诈。

从海运欺诈行为上看，主要有：单证欺诈，即欺诈者利用海运和国际贸易程序中的单证所进行的欺诈，包括预借提单、倒签提单，以及伪造跟单信用证所要求的提单、保险单、卖方发票、装箱单、厂家证书等；租船合同方面的欺诈，即卖方、船东或二船东利用租船合同进行的欺诈；保险方面的欺诈，包括船方和货方为获得高额保险费而故意将

船凿沉或炸沉，以及保险人对投保人实施的欺诈；船舶所有权方面的欺诈，包括卖船欺诈和非法将船舶转移占有；非法绕航方面的欺诈；其他方面的欺诈，诸如非提单持有人凭担保函骗取货物，船方发现货物包装破损会影响货物质量或明知货物质量、数量有问题，却凭发货人的担保函签发清洁提单，或使用“密封的信封圈套”（Sealed envelope trick）欺诈船东，等等。

（二）海运欺诈的基本特点

由于国际贸易和航运所处的特殊地位和环境，决定了海运欺诈所具有的某些基本特点。从许多有关材料表明的情况看，这些基本特点主要有：

国际性。国际贸易是在世界各国间进行的，而国际航运是以世界上的大洲大洋为活动场所，跨洋越界，涉及的范围极为广泛。就具体一宗贸易或一票货物的运输而言，至少要涉及两个国家，多数涉及两个以上的国家，若是转手贸易和转租船舶，则要涉及更多国家。由此发生的海运欺诈案件自然也会涉及两个乃至两个以上的国家，而且海运欺诈的实施者和受害者往往不在同一国度，诉讼必然带有涉外因素，涉及到法律冲突问题。由于海运欺诈案件始终带有国际性，受害方跨越国界保护自己的正当利益受到很大限制，有的甚至根本没有行使这种权力的可能。近年来的海运欺诈活动如此猖獗，在很大程度上就是利用了这一点。

复杂性。国际贸易和航运不仅涉及到众多国家，而且涉及到众多的环节以及法律和专业技术知识。这些环节不可避免地会存在一些漏洞。如进口一批货物，从签订合同到提货，涉及许多单证，以及租船、商检、配载、装卸、管理和交付，涉及到对船方资信、货物数量和质量、船舶状况、船员配备的了解和贸易程序、水文气象等知识。而一般商人或承运人要掌握所有这些知识和技术是有困难的。然而，国际贸易通商形式具有多变性，市场波动，行情起伏，出人预料。欺诈者往往乘虚而入，伺机作案，不测风云时常出现。海运欺诈的实施者多是精通国际贸易和航运业务的老手，所运用的欺诈手段越来越狡猾、隐蔽和专业化，并善于把多种手段交织在一起，以致有时受害方在被骗后还不知问题出在哪里，调查处理更是困难重重。

区域性。很久以来，世界上就存在着海运欺诈多发区。如目前的东南亚地区（包括菲律宾和印尼等）、南非、意大利、黎巴嫩和西非等。受地理条件和政治原因的影响，在这些区域内作案大都易于销赃藏匿，政府对此疏于管理，甚至任其泛滥，使这种非法活动得不到应有的制裁。然而，这种区域性是随着环境的变化而变化的。一旦铲除了海运欺诈赖以生存的土壤和条件，它便会寻找新的区域。过去希腊和塞浦路斯曾是单证欺诈的多发区，但当两国当局取缔不道德的营运人的业务资格时，欺诈活动便转向黎巴嫩和西非方面。

多重的非法性。一般说来，海运欺诈不仅具有民商法意义上的违约，而且具有侵权和传统犯罪的性质，构成了多重的非法性。由于海运欺诈的实施者多是利用合同作掩护，通过非法手段取得他人财产，丝毫没有履约的本意，其结果必然造成违约和侵权。尽管在理论上海运欺诈并非都涉及刑事，但从每一宗海运欺诈案件涉及的触目惊心的数额及危害后果看，几乎所有欺诈者都已构成犯罪。从这个意义上说，海运欺诈在法律上的违约、侵权以及犯罪是并存的。但是，海运欺诈案件既不同于刑事附带民事案件，也不同于一般经济合同纠纷或侵权纠纷案件。这是因为：当受害方所在国抓不到欺诈者时，当事人可先提起民事诉讼，向对方追偿经济损失。同时，民事诉讼中涉及的违约和侵权，两种经济纠纷又必须一并审理，而且多按侵权纠纷处理。经济纠纷的解决又往往使该案的刑事部分不了了之，使欺诈者容易逃避刑事制裁。

（三）海运欺诈的规律

与其他事物一样，海运欺诈活动也有其

规律性。只有认识和掌握它的规律，才能制定出切实可行的预防措施，取得明显的防范效果。海运欺诈的规律主要有：卖方总是以"表面上的便宜"货物或船舶来诱惑买方，买便宜货物或购买、租用便宜船舶的人在受骗者中居多；在政治动乱、经济危机及航运萧条时期，海运欺诈案件往往增多；载有实际上不存在的贵重货物的超值保险船舶沉没，具有较大的欺诈可能；船舶非法绕航或无故未到达往往是发生欺诈的预兆；当事船舶龄大都在十五年以上；大多数行骗的公司属于单船公司或皮包公司；他们在实施欺诈后有的宣告破产，有的逃之夭夭，容易逃避惩罚；不少船舶在欺诈发生前后变更所有权，并常常改变船名，有时几易其名，伴随而来的往往是船舶"失踪"；租船行骗一般为单程租船，而且是某船东拥有的唯一船舶；非入级登记的船舶在海运欺诈案件中占大多数；案件的发生常常受到地理特点的影响，并且不断发生变化。

三、防止海运欺诈的方针

鉴于海运欺诈活动的发展趋势及其特点，防止海运欺诈将是一项长期的任务。为确保这场斗争的顺利进行并最终夺取全面胜利，制定一条正确的方针来指导这项工作的开展是十分必要的。这一方针应当是"国际斗争与国内斗争相结合，防范与打击相结合，以防为主"。首先，它是针对海运欺诈的特点和规律提出来的，符合目前斗争的实际。强调国际斗争与国内斗争相结合，是因为国内斗争是国际斗争的一个组成部分，如果没有国际斗争的胜利，国内斗争就不可能取得彻底胜利，反之亦然。二者的关系是"点"与"面"局部与全局的关系。只抓"点"不抓"面"，只能是各自为战，斗争就不能协调发展，只抓"面"不抓"点"，总体计划和具体措施就会落空。只有把二者有机地结合起来，形成一个紧密的链环，才能统一思想，统一行动，分进合击，扎扎实实地开展防范工作。其次，海运欺诈活动的恶性发展是防范和打击不力的结果，这就决定了我们要坚持两手抓，一手抓事先的防范，一手抓发案后的打击。如果抓住一头而放弃另一头，就等于给海运欺诈的实施者留有退路。只有两手抓，才能对海运欺诈活动发动全面有力的攻击，达到防范的目的。再次，防范与打击是一个问题的两个侧面，是相辅相承的。防范的成功就是对欺诈活动的有力打击，严厉打击欺诈活动会收到良好的防范效果。实行防范与打击相结合，有利于调动各有关组织和部门的积极性，充分发挥他们的作用，互相配合，协同作战，共同与海运欺诈作斗争。

坚持防范与打击相结合，必须"以防为主"。一方面，由于海运欺诈具有国际性，欺诈者与受害者不在同一国度，超越国界打击罪犯困难重重，甚至没有可能。特别是目前国际上打击海运欺诈活动的法制不健全，各国之间几乎不存在协作关系，受害国运用"打击"这一手往往不能奏效，而提高国际贸易界和航运界的自身防护能力，效果则更明显；另一方面，从避免损失的角度来看，"防患于未然"胜过"亡羊补牢"，强调"以防为主"，可以消未起之患，治未重之疾，争取主动，避免被动，把损失减少到最低限度。实践证明，自身的防范措施得力，往往可以免受欺诈之害。然而，"打击"并不是消极被动的，它是防范的一个重要组成部分和一种重要手段。从广义上讲，不管如何防范，欺诈案件总会发生。没有"打击"这一手就会出现防不胜防。目前海运欺诈活动如此猖獗已证明了这一点。只有严厉打击，才能震慑犯罪，起到良好的防范作用。

四、怎样有效地防止海运欺诈

经过国际国内有关组织和部门的共同努力，防止海运欺诈的斗争取得了一定的成绩。联合国贸发会议航运委员会特设政府间小组会议的召开揭开了世界反欺诈斗争的序幕，伦敦海运咨询情报交换所的建立为各有关方面沟通信息提供了方便条件，这一国际合作的趋向将对防止海运欺诈产生积极的作用。但还应看到，由于国际上对如何防范海运欺诈活动的思想不统一，法制不健全，合作不协调，打击不得力，海运欺诈尚未得到有效控制。随着电子贸易的发展，传统的防止海运欺诈方式受到了新的挑战。我国迄今没有一个官方的权威性的专门协调机构来开展这项工作，面临的形势十分严峻。为了卓有成效地防范海运欺诈活动，有必要建立综合防范机制，制定总体治理方案，采取全面的防范措施，实行全方位防范，加强法制，健全机构，精诚合作，提高各有关方面的自防能力，改革国际贸易程序，广泛开展反欺诈研究和宣传，严惩欺诈者，不断总结经验，提高防范水平。

（一）制定防止海运欺诈的国际公约

加强国际合作是防止海运欺诈的一种必要手段，制定国际公约是实现国际合作的法律保证。目前由于无法可依，各国间未能形成积极合作的局面。虽然各国刑法对欺诈犯罪规定了刑事责任条款，但实际上海运欺诈者受到刑事处罚的甚少，因而大大影响了防范的效果。为实现国际贸易的长治久安，防止海运欺诈应该纳入法制的轨道，通过制定国际公约来统一协调行动，在反欺诈斗争中发挥强大威力。一些发达国家提出通过签定双边条约来代替制定国际公约，并企图以海运欺诈在法律上的多重性来否认制定公约的必要性，其实质是反对实现国际合作。海运欺诈活动遍及全球，不是发生在少数国家，由于各国的国情不同，受欺诈之害的程度不同，对防止海运欺诈的态度也不同。在这种情况下，世界各国间不可能都签定这种双边协定。根据国内外立法的经验，按照海运欺诈的特点制定国际公约不仅是必要的，而且是可能的。问题的关键在于发展中国家如何经过自己不懈的努力，并尽量与发达国家取得一致认识，使防止海运欺诈的国际公约早日出台。鉴于制定国际公约一般需要十年的努力才能生效，为解决燃眉之急，可先起草通过这方面的国际性决议，在执行中加以完善，最后形成国际公约。

（二）建立健全国内外防止海运欺诈的专门机构，加强彼此间的合作

建立健全专门机构是落实防范措施，开展专项斗争的组织保证。目前，国际的和国内的、官方的和民间的防止海运欺诈组织尚未普遍设立，且很不健全，发挥的作用也很有限。因而有必要建立健全这类专门机构，诸如在国际海事组织、贸发会议航运委员会和国际刑警组织中设立防止海运欺诈部门，各地区、各国政府也有必要设立相应的机构，建立世界范围内的防止海运欺诈网络，担负起研究对策，落实措施，协调关系，传递信息，宣传教育，缉捕案犯，总结经验，提供服务的任务。经过有关国际组织、地区组织、各国政府和民间组织的通力合作，密切配合，形成一个有机的整体，卓有成效地发挥防范作用。

（三）提高各有关方面的自身防护能力

加强有关业务部门的自身防护是主动防范的有效方法。国际贸易和海运部门应加强对业务人员的培训，提高他们的业务、法律和防止海运欺诈的知识水平，使他们熟悉国际贸易和航运程序，掌握一些基本的防止海运欺诈的方法，诸如：

1. 买卖双方在签订合同前要弄清对方的地位和信誉，坚持同那些在国际贸易和航运中建立了良好信誉的公司开展贸易往来，尽量不同那些皮包公司、单船公司和其他信誉不佳的公司打交道。

2. 了解国际市场行情，善于比较鉴别，摸清卖方意图，遵循经济规律，不要买那些大大低于市场价格的“便宜货”。

3. 进行必要的查询。查询应贯穿于贸易和航运的全过程。要注意利用大使馆商务部门及其他有关方面做好该项工作。安排货运前尽量鉴别承运船是否为转租船，还要核查该船在提单签发日期是否停泊在装货港，以

及该轮能否装载和运送提单所列货物，并且证实货物确实已装船，也可派员到启运港监装货物。为防止装假货，买主可找独立的检验人或可靠的代理对货物预检，出具证明。启航后还要掌握船舶动向，经常与船长保持联系，防止绕航卸货和其他意外事件发生。

4. 仔细选用和认真理解发运条件。若租外轮承运进口货物则应多用离岸价格(FOB)条件，尽量减少运输途中的风险。

5. 买方应增加信用证议付条件。除了卖方发票、提单、保险单、厂家证书外，还要附加一些不易被假冒的签定文件。

6. 船东应保证提单只由有权力的人签发，船长要保证他所签发的提单上的货物确实在船上，并坚持只签一份正本提单和凭正本提单提货。在凭保函提货的情况下，该保函应能保证支付两倍的CIF价格的货款，并由承运人能够接受的第一流银行或船东保赔协会提供。

7. 旧船交易的买方应坚持在合同中订明卖方对该轮所有权转移前所欠的债务负责，买方有权对由此而遭受的损失向卖方索赔，还应要求卖方提供可靠的担保，或以公示的方式买船。

（四）改革国际贸易程序

改革国际贸易程序直接关系到国际贸易的安全和效益，应作为一项长期的任务来抓，使其随着科技的进步和贸易的发展而不断完善，减少贸易环节中的漏洞。鉴于目前海运欺诈活动多出于单证，改革的重点应是怎样使贸易单证既安全可靠，又简便易行。有关部门正对此进行有益的尝试，如采用统一的海运单(Sea Bill)，使用特殊工艺和纸张印制并统一编号的安全提单等。应加强和扩大这方面的研究和尝试，积极加以引导，不断总结推广，运用改革的成果为国际贸易和航运服务。

（五）迅速缉拿并严惩欺诈者

及时严厉打击欺诈者是扼制海运欺诈活动的重要手段。针对目前国际上对欺诈者通缉不力和“以民代刑”的状况，国际刑警组织有必要号召各成员国乃至全世界警察部门，就象对付贩毒活动一样，把打击海运欺诈犯罪活动列为合作项目，不管这类犯罪分子在哪里出现，都能迅速抓获归案，并尽可能引渡或移交受害方所在国处理。各国警察、检察和审判机关有必要把打击海运欺诈活动作为共同打击的对象，互相配合，依法严惩欺诈者。即使该案的民事诉讼已经审结，也决不使欺诈者逃避刑事制裁，该判刑的一定判刑，以儆效尤。

（六）广泛开展防止海运欺诈的宣传

防欺诈的宣传是唤起世界各国同海运欺诈作斗争，提高防范艺术，扩大防范效果的重要途径，应在总结经验的基础上，广泛深入地开展起来。目前应着重宣传：海运欺诈的危害性；防止海运欺诈的必要性，以及经验教训、技术手段和研究成果；海运欺诈活动的最新动态及对策；惩罚欺诈者的案例等。还要大力开展商业道德宣传，抑恶扬善，形成强大的舆论压力，真正树立起重合同、守信用的风尚，净化社会环境。通过宣传，使各国政府真正意识到海运欺诈泛滥下去将后患无穷，使他们愿意下决心采取措施解决这个难题。同时增强贸易、航运和金融等各界的忧患意识，使他们居安思危，注意提高自防能力。

五、海事法院在防止海运欺诈方面应起的作用

作为一个海运大国和海运欺诈的受害国，我国应积极采取措施，严厉打击和防范海运欺诈活动。从民事侵权的角度审理海运欺诈案件是我国海事法院面临的重要任务之一。几年来的实践证明，海事法院在打击和防范海运欺诈方面发挥了积极作用，维护了受害人的合法权益。鉴于目前国际贸易和航运的形势，今后一段时期内海运欺诈案件仍有增多的趋势。为适应我国对外开放和沿海经济发展战略的需要，海事法院应进一步发挥这方面的审判职能作用。

(一) 积极受理海运欺诈案件，充分行使我国的司法管辖权，依法保护当事人的合法权益。

对欺诈者构成犯罪的，应实行刑事和侵权纠纷分开审理。这是因为：第一，海运欺诈的实施者往往在国外作案，我国同外国至今没有签订引渡条约，无法将其引渡到我国进行刑事审判，若按刑事附带民事处理，我国法院就无法行使管辖权，保护受害者的合法权益；第二，海运欺诈构成了民事上的侵权，以侵权纠纷来审理这类案件，符合我国民诉法（试行）和民法通则的有关规定；第三，我国已有把这类案件的刑事和侵权纠纷分开审理的实践。如今年第一期最高人民法院公报刊登的中国技术进出口公司诉瑞士工业资源公司侵权损害赔偿纠纷上诉案就是一例；第四，将刑事和侵权分开审理，既可对海运欺诈者给予严厉的经济制裁，挽回受损方的经济损失，又可追究其刑事责任，从而更加有力地打击海运欺诈犯罪活动。由于海运欺诈者的行为已超出履行合同的范围，构成了侵权，故应认定原合同仲裁条款和司法管辖权条款无效，按照侵权行为发生地、侵权行为连续进行地和侵权损害结果发生地原则进行管辖。并依法判定由加害方赔偿受害方因此而遭受的直接和间接损失。对于履行合同过程中的某些轻微的欺诈行为，应区分不同情况实事求是地加以处理。

(二) 充分运用诉前或诉讼保全措施。

在欺诈者实施欺诈的过程中，应正确及时地对其名下的财产实施扣押、冻结、查封、包括扣押船舶、货物、船舶备件、燃油、运费，冻结其在银行的款项，查封其在中国营业处所的财产等，勿使欺诈者将财产转出国外。若欺诈者拒不提供担保，则按最高人民法院的有关规定对扣押物予以拍卖，在判决后进行清偿。对实施欺诈后无法采取保全措施的，也应依法作出判决，尽可能通过司法协助予以执行，并为日后执行判决而扣押欺诈者的财产创造条件。

(三) 积极向有关部门提出司法建议，帮助他们吸取教训，改进工作，堵塞漏洞，提高他们的防欺诈意识和能力，防患于未然。

要积极开展这方面的法制宣传，运用典型案例，向有关部门及社会揭露欺诈者的欺诈手段，使人们认清海运欺诈的严重危害和防止海运欺诈的重要性，引起各有关部门的注意，扩大办案的社会效果。

(四) 充分发挥打击犯罪的作用。

办案中发现构成海运欺诈犯罪的人，应建议公安部门立案侦查，并向他们提供有关罪证材料和情况，协助他们缉捕欺诈者。若有可能，应直接将欺诈者押送公安机关，依照法定程序追究其刑事责任。对那些因玩忽职守而上当受骗，使国家蒙受重大经济损失的人，也要建议检察机关提起诉讼，依法予以惩处。

海事人身伤亡损害赔偿几个法律问题的探讨

大连海事法院　刘寿杰

海损事故引起的人身伤亡损害赔偿纠纷，以往主要由港务监督负责处理，因此，有关的赔偿规定，大都散见于交通部以行政法规形式颁布的具体规定和有关问题的批复（函）中，我国立法机构和司法机关对此未制定具体的法律和规定。这种状况给法院处理此类案件带来一些具体问题。完善和统一我国海事人身伤害赔偿理论，制定具体的规定，是海事审判目前亟待解决的问题。本文主要就审判中遇到的有关理论和实践问题进行粗浅的探讨，以期有益于对这些问题的解决提供几点参考意见。

一、损害赔偿的责任原则和赔偿范围

海事人身伤亡损害赔偿是指在海损事故中，侵权行为人（船舶所有人、承租人、经营人、船长、船员及其他受雇人）因过错侵害他人人身权利的违法行为造成受害人伤残、死亡时应承担的民事赔偿责任。造成人身伤亡的海损事故主要包括船舶碰撞、触礁、搁浅、浪损、火灾、爆炸、或船舶缺陷所引起的，以及与此有关的港口装卸作业过程中而发生的各类事故。因海损事故造成人身伤亡属侵犯除契约权利之外的侵权行为，一旦侵权行为构成，受害方便有权向加害方请求赔偿损失，双方由此便产生了损害赔偿的法律关系。海事人身伤亡损害赔偿责任原则包括以下三方面内容：首先因海损事故造成人身伤亡的损害赔偿责任基础应当是过错责任。这种责任是以侵权行为的发生为前提，实行有过错、有责任、无过错、无责任的原则。这一点有别于受害船东支付本船船员赔偿金的责任。从理论上讲，船东赔偿的此项费用是基于法定的无过错责任原则，依据有关劳动保险等法规的规定而赔付，尽管造成的伤害不是由本船船东的过失所致。认定侵权损害民事责任的主要包括四个要素：(一）违法行为；（二）损害事实；（三）损害事实和违法行为间的因果关系；（四）行为人的过错。其次，因海损事故造成人身伤亡的损害赔偿，负有过失责任的有关船舶应负连带责任。这一原则在“1910年布鲁塞尔船舶碰撞公约”中有具体规定。碰撞公约之所以对人身伤亡损害赔偿规定了过失方的连带责任，是从法律的角度保障受害人及家属的正当权益。过失方对人身伤害的连带之责任并不影响他们之间进行追偿的权利，但根据公约第四条四款的规定，此种追偿的权利要受制于各国国内法的有关规定，我国虽不是该公约的参加国，但实践中是承认公约此项内容，交通部《关于海损赔偿的几项规定》第四条就有具体规定。再次，因海损事故造成人身伤亡的损害赔偿，按我国目前的有关规定，其赔偿额不受船舶所有人责任限制中最高赔偿额的限制，并有优先受偿的权利。关于人身伤亡的优先受偿权世界上许多国家在法律予以明确规定。我国海商法草案也将其列为海事优先请求权求偿顺位中的第二项。但人身伤亡是否可享有船东责任限制各国法律规定则不完全一样，也比较复杂。尽管《1957年船舶所有人责任限制公约》和《1967年海事索赔责任限制公约》中船东可享有因人身伤亡而引起的限制性债权。我国目前的规定，对处理涉及我国船舶造成外籍人员伤亡时会处于不利的地位。因此，是否适用最高赔偿额限制的问题，宜采取内、外有别的原则。即国内可仍采取不受最高限制额的规定，涉外案件可明确规定，责任限制原则上适用船旗国法，如船旗国法的责任低于我国有关规定的，按我国有关规定处理。通过以上分析可以看出，在确定我国海事人身伤亡损害赔偿的责任原则上，坚持过失责任原则、连带责任原则是确定赔偿责任基础的关键。至于是否享有船东最高赔偿额限制原则上要分别国内外不同情况处理。同时在确定赔偿责任的同时还要考虑除外责任的情况。如因不可抗力、意外事件等原因造成的海损事故，有关责任方可以免除赔偿责任，但必须以法律有明确规定为限。

关于赔偿范围。由于损害赔偿具有明显的补偿性质，因此在确定海事人身伤害的赔偿中必须坚持赔偿实际损失的原则和合理赔偿的原则，这实际上是民事法律关系中等价有偿原则的体现。在赔偿范围的划分上，一般包括损害事实发生后受害人支付的各项现期费用损失。如医疗费，丧葬费等。以及由于损害事实的发生而给受害人造成的各项预期费用损失。如致残人丧失或减少劳动能力的损失，为增加生活的需要安装假肢，就医的交通费等，死亡人的无生活能力配偶的赔偿费、受扶养人的扶养费等。在以上两项范围里，现期损失的赔偿一般没有什么问题，以实际赔偿即可。但对预期损失的赔偿如何确定则是比较复杂的问题。在丧失或减少劳动能力的损害赔偿中，大陆法系国家理论上有“所得丧失说”和“劳动能力丧失说”①。“所得丧失说”认为，赔偿的目的是在于填补受害人实际所得的收益，并以发生实际损害后与损害前的收益有差额为基础。在计算上采取差额的办法，故也叫“差额说”。“劳动能力丧失说”认为，因受害人身体或健康受到损害，以至丧失或减少了劳动能力，这本身就是一种损害，至于是否有实际所得的损失并不考虑。两种学说中，前者以实际所得损失为前提，后者则并不要求有实际经济收入的损失，只要有丧失或减少劳动能力的事实即可确定赔偿额。在适用对象上，“所得说”适用于有固定工资收入的人，“丧失说”则包括无固定工作或暂时无固定工作收入的人。海事人身伤亡的损害赔偿中，受害人大都是从事海上运输或其他工作的固定从业人员（旅客运输的损害赔偿有些情况不属侵权的性质，如因海损事故造成人身伤亡则按侵权之债来处理）。侵权人设想的实际并未发生的损失不应包括赔偿之列。对待业人员及其他无工资收入者的赔偿，可以考虑以丧失或减少劳动能力的情况来核定赔偿额，可参照其所从事的工作，以同类人员的工资来确定赔偿。对死亡人生前扶养人的赔偿，受害人对于第三人有法定扶养义务的，加害人对该第三人也负有损害赔偿责任，并且受害人与被扶养人不以共同生活为必要条件。这样同我国《民法通则》一百一十九条的规定精神是一致的。英美法系对造成死亡人的赔偿还有“过失致死之诉”（Wrongful Death Action）理论②。“过失致死之诉”的赔偿项目主要是家属的扶养损失，包括配偶和未成年人。但主张赔偿的家属须证明，倘若死者在世，该家属可以从其收入中所取得的资助。在我国、如何确定受害人赔偿数额，划分致残人丧失劳动能力的程度。确定死亡人按正常情况能够继续生存的年限是首先要解决的问题。应该说，各国关于人身伤亡赔偿的具体标准和规定，实际上反映了一定社会的经济和文化条件，但无论标准如何均要达到具体社会公认的水平。实践中，对丧失劳动能力的程度可参照我国有关部门制定的标准。生存年限，最高法院在拟定的有关规定草案中 70 岁是比较合理的。

在确定赔偿范围问题上，笔者认为关于如何认定受害人参加诉讼活动的有关费用（不是按规定应付法院的诉讼费用，仅包括聘请律师费、交通、住宿等费用），也是有必要加以研究的。因海事人身伤害赔偿提起的诉讼，由受害人在得到的赔偿额中支付参加诉讼活动的各项费用是实践中的习惯做法。就此项诉讼费用的法律性质而言，应理解为因侵权行为而产生的一种债权，这理应由加害人承担。因为不发生损害赔偿，任何人也不会无缘无故来为打一场官司而花费这笔费用。《1974 年海上旅客及其行李运输雅典公约》十条二款中也有诉讼费用不应包括赔偿额之内的规定。笔者认为，从侵权的民事责任来分析，受害人为诉讼而支付的费用应该有独立的诉讼请求权，可由法院命加害人赔偿。具体数额要视具体情况酌情裁决。这里有几个条件要考虑：1. 仅限于人身伤亡损害赔偿之诉。2. 双方和解的不适用。3. 合理确定各项费用支出是否为必要。由法院裁决侵权行为人承担受害人的诉讼费用，这是海事审判中的一个新的理论和实践问题，是否必要，如何执行，都有待于进一步探索和研究。

① 《现代损害赔偿法论》——曾隆兴著。

② 《海事人身伤亡赔偿法研究》——大连海运学院学报 1986. 5。

二、适用精神损害赔偿原则问题

海事人身伤亡损害赔偿的范围，从理论上讲一般包括财产损失和非财产损失两项内容。由于我国法律对非财产损失中的精神赔偿实行有限制规定，所以目前海事审判中要求加害人赔偿精神损害没有具体的法律依据。笔者认为，确定在人身伤害赔偿中精神赔偿原则，不仅在理论上有探讨的必要，而且对建立或完善海事人身伤害赔偿的法律制度也有着实际意义。

在英美法系中有所谓的惩罚的损害赔偿金（Exomplary or Vindic-tive or Punitive)，对加害人有故意或重大过失时，法院得命其给付受害人超过实际损害的赔偿金。大陆法系国家中亦有主张对重大过失的侵权行为可以超过实际损害的数额确定赔偿金。在德国民法中，对于侵权行为而产生的损害赔偿范围，包括财产上的损害和非财产上的损害，并可广泛地请求财产上的赔偿。日本民法规定，不论侵害他人身体、自由、名誉或财产权利，均应负损害赔偿之责，对非财产的损害也应负赔偿责任。这种对非财产上的损害，通过给付一定数额的金钱，使受害人在不能填补和克服精神上的损害和痛苦时以金钱得到慰籍和满足的做法，实践中，一般称之为“安抚费”或“慰抚金”。安抚费作为广义范围的海事损害赔偿请求权，由于具有其独特的性质，不象财产损害有价值可以计算。所以，在法律上难以规定详细的确定的数额标准。因此，在实践中可参照我国在人格权方面的赔偿原则并考虑到海事人身伤亡损害赔偿案件的特点。尽管我国《民法通则》对精神赔偿的适用范围仅限于在人格权方面，对侵犯他人生命健康权，造成伤残、死亡的没有规定精神赔偿的责任。但在司法实践中有给付精神损害慰抚金的做法。如因车祸致人死亡，在给付死者家属的丧葬费和生活补助费中，包括慰抚的金额，只不过以丧葬费和生活补助费的形式给付而已。在海事审判实践中，对因海事造成受害人伤残、死亡的，在确定赔偿金额时，也大多根据案件的不同情况，适当地考虑由于损害的发生给受害方或其家属带来的精神上的损害，并以丧葬费或生活补助费形式给付。这种做法，不仅体现了对加害人的制裁性作用，也是对受害人及其家属的一种安抚。最高人民法院在拟定的海事人身伤害损害赔偿规定讨论稿中，在赔偿金的范围中列有“安抚费”一项内容。就此项“安抚费”的作用而言，当属于精神赔偿的性质。可以理解这是对我国《民法通则》关于精神赔偿规定的一种突破性的适用。应当承认，适用精神损害赔偿的原则，对海事人身死亡损害赔偿的处理有着实际的意义。特别是在涉外案件审理中实现与其他国家的对等原则，使法院在案件审理中留有一定的弹性裁量权，保护我国公民的合法权益，都有着积极的作用。当然，对国内案件和涉外案件的适用上，要考虑其各自的不同情况合理地加以规定。并且，以下几点情况在实践中要予以考虑：

1. 侵权人的过错程度。这主要对侵权行为人对自己行为所持的心理态度而言。确定赔偿数额的多少，要以过失的程度为依据，对过错大的要多赔，反之可少赔。

2. 受害人的精神损害程度和结果，因受害人生理素质的不同及案件发生时的不同情况，可能造成有些受害人精神上的抑郁、恍惚，影响了今后正常的工作和生活。对损害严重的要多赔，损害轻的应当少赔。

3. 考虑当事人的经济情况，尊重国际惯例。特别是涉外案件要考虑有关国家的具体规定，尊重国际惯例，做到公正处理。

4. 考虑对财产损害所承担的比例。海上人身伤亡赔偿一般情况下是以承担财产损害的比例为基础来确定赔偿比例。两者的责任基础相同，承担的比例要一致。

5. 考虑过失相抵的原则，英美法称之为共同过失（Contirbujry Negtigece）海损事故而发生的人身伤害赔偿，有时双方当事人过失的轻重与实际的损害大小并不一致，过失大的反而损害严重，这是海事案件的一个特点。对承担损害赔偿责任比例与实际损害不同的案件，坚持公平裁判原则，分清赔偿义务人的过失与赔偿权利人的过失。

三、一次性给付赔偿金扣除中间利息的计算方法

加害人给付受害人的损害赔偿金一般有定期赔偿与一次性赔偿两种方式。定期赔偿在实践中有诸多不便，如加害人出现倒闭及其他无法支付赔偿金时，被害人难以获得赔偿，如果加害人无故不履行赔偿义务，受害人还得申请法院强制执行。特别是遇有货币贬值的情形，双方的纷争也难免出现。因此，实际上一般均不采用定期赔偿的办法。如需采用，一般也要加害人提供担保（设定质权、抵押权、保证人等方式）。一次性赔偿则无定期赔偿的不足，一次性解决纠纷，对双方均有利，采用一次性赔偿办法在如何计算赔偿数额问题上各国立法上有不同的规定。为科学地解决商品经济中货币给付的法定孳息因素，符合当事人双方的利益，许多国家采用了扣除中间利息的办法，在理论上有加尔布律奥法（carpzowschenmethoae）霍夫曼法（hoffmannshen methode）赖布律司法（Leibnitzchenmetho ae）三种方式①。加尔布律奥法，是由将来取得的金额扣除期限利息为现在应得的赔偿额。霍夫曼法，是以将来所得金额用法定年利率单利扣除中间利息为实际可得赔偿额。此方法是假定现在额加上到期限止利息与将来取得金额一致为前提。有单式、复式和月别式三种。假设全部总收入为A，年数为n，年利率为i，可得赔偿额为X，单式公式为$X=\frac{A}{1+ni}$；复式是以每一年金额分别计算，假设一年纯收入为a，年利率为i，现在应得额为X，公式为$X=\frac{a_1}{1+i}+\frac{a_2}{1+2i}+\frac{a_3}{1+3i}\cdots+\frac{a_n}{1+ni}$；月别式是假设每月收益为m，年利率为i，公式为$X=\frac{m_1}{1+i/12}+\frac{m_2}{1+i/12\times 2}+\frac{m_3}{1+i/12\times 3}+\cdots+\frac{m_3}{1+i/12\times 3}+\cdots+\frac{m_{12}n}{1+i/12\times 12n}$。霍夫曼公式中，月别式最为精确，复式较为精确，单式因对一年后的收入也扣除劳动年数的全部利息，显得不够合理。赖布律司法与霍夫曼法为同一原理，有三种计算法，即单式、复式、月别式。运用以上三种计算公式是以物价稳定、个人收入所得无太大变动为基础。扣除未到期的中间利息计算，同时还有两点要注意：

1. 前提合理，即将多次性的给付作为现在的一次性给付，且必须有确定的期间；

2. r值确定合理，目前一般国家都均采用5%。

比较三种计算方法，加尔布律奥法利率计算上不合理，所以在实践中各国采用的不多。霍夫曼法与赖布律司法原理相同。而对受害人而言，霍夫曼公式则最为有利。但是在现今世界经济不断发展的情况下，以上计算方法的实际结果也有其不合理之处，因为各国为刺激经济的发展，需要适当上涨物价，这就产生货币贬值。而物价的上涨，货币的贬值必然要导致实际工资收入的降低。如仍以受伤亡时的工资为基数来计算，显然不合理。因此，霍夫曼公式对预期损失扣除中间利息额，并不能解决货币贬值带来的实际损失，在合理解决赔偿额同时也存在着固有的缺欠。

在我国，关于损害赔偿的计算方法采用的是规定在短期内分期赔偿和一次性赔偿的两种办法。但在一次性的赔偿中，是以累计的方式计算，不考虑扣除中间利息的问题。在海事审判实践中，目前也基本沿用了这种传统的计算方法。应该说，我国实行的计算方

① 《现代损害赔偿法论》——曾隆兴著。

法在计算的程式上比较简便，宜于计算。但从损害赔偿的性质以及按损益相抵的理论，也有研究改进之处。按照损益相抵理论，由于侵权行为造成受害人损害的，在计算损害赔偿额时，应依平衡之原则，由损害赔偿额中扣除加害人的利益额。这种利益额是由加害人日后按期给付的赔偿额，但却提前若干年支付而使赔偿额的利息损失而产生的。应该肯定，在一次性赔偿预期损失中扣除加害人应得的利息额，在理论上是公平合理的，所以被世界上许多国家所采用。在《1974年旅客及其行李运输雅典公约》十条二款中就规定了“不应包括损害赔偿金的利息”，即索赔人只能得到赔偿额，不应享受有利息额。笔者认为，在我国的海事人身伤亡损害中考虑适用“霍尔曼”计算法确定损害赔偿额是有必要加以研究的。以前交通部等有关部门对海事人身伤亡赔偿额的计算以累加的办法不扣除中间利息额的规定，对我国人均收入不高下有着保护作用。但随着我国经济的发展，从事海上运输生产人员的收入不断提高，以及在不断修改提高我国船员对外索赔标准的情况下，考虑适用霍夫曼计算公式，是制定我国海事人身伤亡损害赔偿法规中应予重视的理论和实践问题。虽然我国目前尚未有海事人身伤亡损害赔偿的具体规定，但根据海事审判的实际需要，依据我国有关的民事法律原则，参照其他国家的作法，确立在一次赔偿中适用霍夫曼公式是有积极意义的。考虑应用霍夫曼公式还应解决这样几个问题：1. 合理确定受害人的赔偿年限。国外一般都有在法律上适用的工作年限标准和人命余年标准。2. 确定因伤而致残所丧失劳动能力的比例及给付标准。3. 合理确定计算利率的r值标准。国外一般为5%年利率，我国海事处理通常采用6%年利率。4. 考虑受害人收入实际增长比例问题。前已谈及，霍夫曼公式是以物价稳定，不存在因货币贬值等因素影响下的合理计算方式，这在世界经济不断发展变化中，似乎不可能保持一直稳定的发展。在适用中，可以采取增添冲销因贬值而造成损失比率的项目，以补偿因经济发展中货币贬值而带来的受害人实际损失。

四、人身伤亡的诉讼主体法律地位问题

船舶碰撞造成的人身伤亡损害赔偿的审理，以往的处理中通常是受害方船东在一个案件中以船舶所有人的身份提起船舶损害、人身伤亡两个诉讼请求。这种做法对案件的审理有许多简便之处。但是，在理论上有两个问题需要研究解决：一是人身伤害赔偿是否构成一个独立的诉；二是诉讼主体应享有哪些诉讼权利。

根据我国民事诉讼理论，在一般情况下，民事诉讼主体中的当事人与权利主体是同一的。权利主体作为诉讼当事人，是因为自已的民事利益受到侵害或发生争议，以自己的名义进行诉讼，并接受法院裁决的约束。这种具有诉讼主体资格的当事人是以自身享有民事权利和承担民事义务的资格为前提而参加诉讼法律关系中。在以往的案件处理中，由受害方船东来行使本应由受害人或死亡者家属行使的诉权，在诉讼理论上有许多不当之处。首先，由劳动法规所调整的单位与职工的劳动法律关系不同于诉讼中受害人与加害人之间的诉讼法律关系，两者的权利义务内容是不相同的。在我国，不论全民所有制企业、事业单位与职工，还是集体所有制单位与其成员间，或是城乡个体劳动者与其聘用的帮手或学徒，以及涉外企业与职工间，都是由具体的劳动法规调整的一种具有经济内容的劳动关系。不能由此产生由单位代为行使受害人独自享有的人身权方面的诉权。受害人完全可以根据加害人的侵权事实独立地行使诉权。其次，根据劳动保险的有关规定，受害人在取得了保险补偿金，并未丧失了其独立的诉讼请求权。人身保险赔偿是基于法定的事由，只要保险事故发生，被保险人就可得到保险金。这与侵权损害事实发生的法律性质不同，不发生象财产损害中因支付保险金而产生代位求偿权问题。因此，因海事侵权行为造成的人身权利方面的损害，受害人或死者家属应享有完全的独立诉权。这种诉权只能由受害人本人或其家属行使，任何其他人无权代为行使。

受害人的诉讼权利除按民诉法的有关规定外，还包括以下两项内容：1. 受害人可对侵权有关方提起连带之诉，这是海事人身伤亡损害赔偿中特有的法律原则，也是世界上许多国家的实际做法。要注意的是此诉权对于造成第三人伤亡时适用。这与受害方船员向自己本船所有人要求赔偿必要的损失是不同的。连带责任制是根据过失责任原则为基础来最后决定赔偿金的。通常，在得到加害方的赔偿后，一般要返还本船船东支付的有关费用。2. 可诉请法院要求加害人合理赔偿损失，该赔多少就赔多少，不论加害方是本国船还是外国船。这也是我国法律对人身权保护的平等原则。如果说国内和涉外有所不同，主要是依据的法律及适用的原则不同，同时在计算方法和给付的货币种类上也有区别。以往，给付国内受害人的赔偿金，习惯的作法是不直接交付给受害人或死亡者家属。这实际上是对受害人权利的一种剥夺，也是同有关法律规定相悖的。当然海事人身伤亡，特别是涉外案件赔偿额高容易引起其他行业的非议，这是可以理解的。在具体处理中考虑可能影响国内其他事故的处理也是一种不必要的担心。当然，对特殊情况，可酌情考虑，但要从法律的角度真正保护受害人的合法权益。

行政法学

论行政诉讼的具体行政行为

北京大学　刘家兴

行政机关是国家行政事务的管理机关，根据法律的规定，行使职权和履行职责，从事行政管理活动，进行范围广泛与形式多样的行政行为。但从其作用范围分，不外是内部行为和外部行为，就其作用于对象的不同，又可分为抽象的行政行为和具体的行政行为。行政机关的内部行为，是指机构设置、人员管理、工作制度、奖惩制度等等。行政机关的外部行为，是指实现行政职能的行政行为，如制定法规、规章，发布决议、决定、公告、命令等等。不论是行政机关的内部行为，还是行政机关的外部行为，具有普遍拘束力的，属于抽象的行政行为。对特定对象有拘束力的，属于具体的行政行为。行政诉讼的具体行政行为，既区别于抽象的行政行为，又不同于行政机关内部的具体行政行为，也不是行政机关外部行为的一切具体行政行为，而是行政机关外部行为中，具有诉讼意义的具体行政行为，是指行政机关行使行政权力，针对特定的公民、法人和其他组织作出的关系该公民、法人和其他组织权利义务的单方行为。

一、行政诉讼的具体行政行为是对相对方的单方行为

行政机关的具体行政行为，总是针对一定的事，对一定的公民、法人和其他组织作出的，因此具体行政行为必定有相对方。行政机关的具体行政行为，又总是实现其行政管理的行为，是责令相对方应为某种行为的

行政行为，或者是制止相对方不为某种行为的行政行为，因此具体的行政行为是行政机关单方的行政行为。具体行政行为的针对性，决定了行为相对方的特定性。单方行政行为的必要性，决定于行政管理的特殊性，因此，具体行政行为既不同于某种单方民事行为，也不同于某种刑事事件的单方行为，而是行政机关基于行政管理的特殊性，针对特定对象作出的单方行为。

具体的行政行为，是行政机关行使职权与履行职责的法律行为，同其他法律行为一样，既包括作为，又包括不作为。前者如行政机关作出的某种处罚决定、处理决定；后者如行政机关拒绝为某种具体法定行为的行为。在不作为中，不论行政机关是明确表示拒绝为某种行政行为，还是虽无明确表示但不为某种行政行为。有人认为，具体的行政行为只应是行政机关的积极作为，而不包括行政机关的不作为。也有人认为，具体行政行为虽然包括一定的不作为。但应以明确表示拒绝者为限。前一种观点主要是以直接结果为基点的。认为只有作为才能形成直接的法律关系，发生法律上的效果；后一种观点主要是以意思表示为基点的，认为只有明确表示了作为或者不作为的，才能发生法律关系。这两种观点，从法律行为的一般原则来看，都有一定的道理，但以此来观察行政行为就不够全面。因为，行政行为是行政机关的管理行为，不仅有职权的管理行为，而且有管理职责的行为。就具体的行政行为分析，职权与职责往往是联系在一起的，比如为某种行为既是行使其职权，又是履行其职责；相反不为某种行为，如果违反法律规定，是既不行使职权，又未履行职责。行政机关应该行使的法定职权不行使，是失职行为，应该履行的法定职责不履行，也是失职行为。怎能认为应为某种行为而不为某种行为的行为，不是行政机关的具体行政行为呢？具体的行政行为，有是由行政机关主动进行的，也有经公民、法人和其他组织提出申请的。就后者而论，只要属于法定的事务，行政机关就应当作出准许或者不准许的决定，这就是有人说的明确的意思表示。但事实上有的行政机关对有些申请并不明确表示是否允准，这仍然是一种不作为，怎能将其排除于具体行政行为之外呢？如果我们从上述两种观点来认识行政立法，那就难于阐明某些具体行政行为的精神实质。如果我们从上述两种观点来从事行政诉讼立法，那就难于充分发挥行政诉讼制度对具体行政行为的维护和监督作用。

具体的行政行为，在某些情况下，不是一次性的行政行为，而是有层次性和可变性的行政行为。行政机关某些具体行政行为，法律、法规既未赋予相对方起诉权，也未赋予相对方申请复议权的，那只存在一次性的具体行政行为。但是，在诸多情况下则不然。比如，行政法律、法规赋予行为相对方申诉权的，复议机关的复议决定就是上级行政机关的具体行政行为。复议机关的复议决定，不论是撤销、变更下级行政机关的具体行政行为，还是认为行为相对方申请不符程序上的规定而予以驳回，都是变化了的具体行政行为。比如，行为相对方虽无申诉权，而有起诉权的，或者既有申诉权又有起诉权的，在行政诉讼中，未履行复议程序的具体行政行为，作出该行为的行政机关可以依法作出新的具体行政行为；已履行复议程序的复议决定，复议机关也可以依法作出新的决定。具体行政行为的层次性和可变性，体现了行政机关行政行为的主动性和连续性，反映在诉讼上，是作为争议的具体行政行为不限性和司法审查的有限性，即诉讼上只是以新的或最后作出的具体行政行为为争议对象，不受原先具体行政行为的限制，而司法审查则限于对具体行政行为的是否合法，以及有条件的判决变更。

二、行政诉讼的具体行政行为是可争议的行政行为

行政机关是国家的行政管理机关，行政机关的具体行政行为是行使行政权力的行为。国家行政机关行使行政管理权，原则上是不容争议的，否则就难于发挥行政管理的效能，保持行政行为的连续性。但是，任何行政机关都必须依法行政。其具体行政行为，既需要一定的保证，又需要一定的监督。对行政机关的具体行政行为，给予维护和实行监督，渠道是多种的，形式是多样的，其中主要的是行政机关自上而下的保证和监督，普遍的是人民群众的社会性的保证和监督，需要司法保证和监督的是少数，是法律、法规赋予行为相对方以起诉权的具体行政行为，即可以运用诉讼的方式进行争议的具体行政行为。

法律、法规赋予行为相对方以起诉权的具体行政行为，一是非国家的具体行政行为，如不属军事、国防、外交等方面行政行为，二是非国家最高行政机关的具体行政行为，三是非一般的普遍的具体行政行为。而是就特定事对特定公民、法人和其他组织所作出的，关系该公民、法人和其他组织具体权利义务的，基于该公民、法人和其他组织的事实、行为为条件的具体行政行为。正因为是特定的事有特别的事实需要印证，也正因为关系特定公民、法人和其他组织的权利义务问题需要正确判断，而列入可争议的具体行政行为，赋予行为相对方以起诉权，运用司法监督以保证依法行政。

对行政机关的某些具体行政行为，由法律、法规赋予相对方以起诉权，将其作为诉讼争议的对象，这是一致的认识。但是，只应由行政法律、法规来作出规定，还是也可由行政诉讼法加以规定，却有不同意见。前者的理由主要是，诉权只能由实体法所赋予，而且行政法律、法规是行政机关行使行政权力的规范，哪些具体行政行为可以作为诉讼上争议的对象，由行政法律、法规加以确定，既利于行政机关及时行政，又能保证程序法与实体法的一致性。后者的理由主要是，设立行政诉讼制度的目的，主要在于保障公民、法人和其他组织的合法权益，在我国行政立法尚不完备的情况下，由行政诉讼法适当赋予公民、法人和其他组织对某些具体行政行为以起诉权，在客观上是完全必要的。而且行政诉讼法是国家的基本法之一，实体法规定的它可以作出规定，实体法上未规定的它也可以作出必要的规定。这两种不同意见，既反映了理论上的不同观点，又反映了我国有关立法的发展过程。历来就有一种实体诉权说，从实体法的立场认识诉权，否认诉权可以是诉讼上的制度，至今某些人认为诉只是诉权的表现形式的观点，在某种程度上是实体诉权说的演变，他们不承认诉是一种法律制度，诉权是法律所赋予的权能，也不承认诉讼法可以规定当事人的起诉权。从我国有关立法的发展情况看，1982年颁布了《中华人民共和国民事诉讼法（试行）》，其中第三条第二款规定："法律规定由人民法院审理的行政案件，适用本法规定"。这里指的法律，是行政法律、法规。因为，在该法颁布之前，已有一些行政法律、法规赋予行为相对方以起诉权，但没有行政诉讼法律制度，民事诉讼法当时这样规定，一则是反映行政法律、法规已有的规定，再则是要求人民法院审判一定范围的行政案件。民事诉讼法颁布后，几年来，人民法院审理了一些行政案件，也取得了一定的经验，在民事诉讼法原有的基础上来建立行政诉讼制度，就不能不考虑当前行政立法的情况和保障公民、法人和其他组织合法权益的需要。随着改革的深入，近几年来制定了大量的行政法律、法规，逐步走向行政管理法制化。相应的要求行政机关严格依法行政，从而为我们提出一个问题，即从司法上如何加以保证，是局限于原定的行政法律、法规赋予行为相对方诉权的范围呢？还是适当扩大一点范围，在诉讼法上赋予当

事人某些起诉权？不论从保证依法行政的任务看，还是从促进行政管理法制化的作用看，可取的方案，应该是后者，而不是前者。即适当扩大人民法院的受案范围，加强对依法行政的维护和监督，保障公民、法人和其他组织的合法权益。

三、行政诉讼的具体行政行为是关系公民，法人和其他组织权益的行为

行政机关的任何具体行政行为，都是有相对方的单方行为，行政机关的任何单方行为都是权力行为，都是关系相对方权利义务的行为，或者确认其享有权利，或者责令其承担义务。但是作为诉讼上可争议的具体行政行为，必须是关系行为相对方合法权益的具体行政行为，即作为行为相对方的公民、法人和其他组织，认为行政机关侵犯其合法权益的具体行政行为。因为，行政机关的具体行政行为，是行政机关行使管理的职权行为，只要是依法行政，就属于它的权限范围，不应该成为诉讼上的争议，只有当其具体行政行为有侵犯相对方合法权益的情形，相对方的当事人才有权依法起诉，将其作为诉讼上可争议的具体行政行为。

行政机关的具体行政行为，在什么情形下是侵犯相对方的合法权益，在什么情况下没有侵犯相对方的合法权益呢？这既是一个理论问题，又是一个实际问题，需要根据行政行为的特点来进行研究和作出回答。具体行政行为是行政机关的职权行为，在其职权范围内的行为是合法行为，不论责令行为相对方承担什么义务，或者作出什么处罚决定，都不发生侵犯相对方合法权益的问题，这是其一。其二，根据法律、法规的规定，行政机关具有自由裁量权的，在某些具体行政行为中，即使不当，只要在其自由裁量权限范围内，也不存在侵犯相对方合法权益的问题。其三，行政机关的具体行政行为不符合法律的规定，甚至是违法的，也不一定就侵犯行为相对方的合法权益。比如违背某项法律规定，应该作为而不作为，或者不应作为而作为了，不一定就是侵权行为。因此，从理论上讲，只有当行政机关的具体行政行为，既是违法的，又是由此而造成相对方损失，或者给相对方形成损害的，才是侵犯相对方合法权益的行为。如果在实际生活中将行政机关违法的具体行政行为，等同于行政机关的侵权行为，那就既不了解行政行为的独特性，又不认识违法行政行为侵权的真实性，其结果可能形成某些不必要的争议，反而对事无利。

行政机关违法的具体行政行为，侵犯了相对方的合法权益，是属于什么性质的侵权行为呢？这不仅是需要从理论上进行论证的问题，而且是关系赔偿的责任和范围问题。有人认为，因具体行政行为的侵权，不论是侵犯的客体是人身的，还是财产的，仍属于违法行为侵权范畴，只不过是行政性的违法，在赔偿上有一定的限额而已。也有人认为，因具体行政行为的违法，侵犯了相对方的合法权益，是一种超越职权或滥用职权的违法行为，不同于一般的侵权行为，因此行为的特点是故意，虽然赔偿责任上是有限额的，但承担责任的方式是多样的。这两种观点，虽然都有可取之处，但对具体行政行为违法性的认识都有不足之处，因而对这种侵权行为性质的认定还限于一般化。行政机关的具体行政行为，因违法而侵犯相对方的合法权益，从本质上讲，是权力对权益的侵犯，不同于一般违法行为的侵权，而是一种独特的侵权行为，即违法而侵犯相对方权益的具体行政行为，是行政机关行使权力中的侵权行为，是以合法形式出现的侵权行为，是对地位不平等的相对方实施的侵权行为，是具有一定强制性的侵权行为。违法的具体行政行为可能侵犯的客体。虽然可用人身权和财产权加以概括，但其范围较民事侵权内容更为广泛，形式也更为多样。关于侵权责任问题，虽然与民事责任有一些共通性，但又有其自己的独特性。比如，赔偿责任和范围受国家赔偿法调整，一般只承担故意责任而不负某些过失责任。在某些情况下只是补偿而不是赔偿责任，在法定条件下行政机关和其工作人员实行分责原则。

四、行政诉讼的具体行政行为是受司法监督的行政行为

在我国一权带三权的政治体制下，行政机关行使行政管理权，司法机关行使审判权，是明确分工的，因此行政机关的行政行为原则上是不受司法监督的。但是，对行政机关的某些具体行政行为，为了保证其依法行政，保障公民、法人和其他组织的合法权益，在行政系统未设行政司法的机构的情况下，法律、法规规定某些具体行政行为，在相对方不服的情况下可以向人民法院起诉，列为可以争议的行政行为，将双方的争议置于司法监督之下。司法对双方争议的监督，主要是对具体行政行为合法性的审查监督，因为具体行政行为是根据相对方的行为或具有的事实作出的，因此是否应作这样的具体行政行为，就成了争议的重点，法院也是对此作判定。所以，如果行为相对方不服行政机关的具体行政行为，依法诉诸法院，该具体行政行为，就成为司法审查监督的对象。

对具体行政行为的司法审查监督，主要是确认其是否合法。合法的自然判决予以维持，不合法的，根据不同情况，依法判决予以撤销，要求行政机关重新作出具体行政行为，以及作出变更判决，这就是司法监督的内容和范围。人民法院审判行政案件，既不同于处理刑事案件，也不同于处理民事、经济案件，虽然审结后要作出判决，但在一般情况下不确定双方的实体权利义务，而是保证和监督依法行政。因为，根据行政法律、法规，行为相对方应享有什么权利，应承担什么义务，甚至应接受什么样的处罚，都属于行政执法的权限范围，应当由行政机关依法作出决定。同时，人民法院审判行政案件既然是维护和监督行政机关依法行政，当然应当发挥行政机关的职能作用。在诉讼中，可以要求行政机关重新作出具体的行政行为，而不代替行政机关行使职权。所以，在行政诉讼中，人民法院对具体行政行为审查后作出的判决，有撤销具体行政行为，要求行政机关重新作出具体行政行为的独特方式。但是，在行政诉讼中，行政机关是诉讼当事人的一方，又必须服从人民法院的判决，如果判决要求其重新作出具体行政行为而拒不作出时，经对方当事人的申请，人民法院就应有权依法作出判决，以终结诉讼，这同样是属于监督的一种特殊方式，而不是人民法院行使行政权。

有人认为，人民法院审判行政案件，只应是维护和促进行政机关依法行政，而不宜有监督的作用。其理由是，行政权与司法权同属国家权力，只受人民代表大会及其常务委员会监督，人民法院对行政机关不具有监督权，否则与我国的政治体制不符。这种观点所持的理由当然是正确的，如同行政权不能干预司法权一样，司法权也不能对行政权进行监督，但是，在行政诉讼中的司法监督，并不是对行政权的监督，而是对行政机关某些具体行政行为的监督，是对在诉讼上发生争议的具体行政行为实行监督。尽管具体行政行为是基于行政权作出的，行为体现行政权，但行为不等于行政权，只是行使行政权的表现形式，因此司法上监督的是执法的行为，而不是执法的权力。同时，司法监督并不排除对具体行政行为的维护，人民法院对依法行政的具体行政行为，判决予以维持，正是对行使行政权力的维护。至于人民法院审判行政案件，促进行政机关依法行政，这是客观效果，也是行政诉讼在一定程度上所发挥的作用，但这既不是诉讼上所要解决的问题，也不是只发挥司法的作用所能解决的问题。

试论行政审判中如何参照行政规章的问题（摘要）

最高人民法院　江必新

《行政诉讼法》规定："人民法院审理行政案件，参照国务院部、委根据法律和国务院的行政法规决定命令制定、发布的规章以及省、自治区、直辖市和省、自治区的人民政府所在地的市和经国务院批准的较大的市的人民政府根据法律和国务院的行政法规制定发布的规章。"这就是说，人民法院审理行政案件应当参照规章进行裁判。从立法学的角度来说，"参照"一词或许可以称作是立法者用来调和不同意见和观点的得意之作，但从司法的角度来看，"参照"一词则意味着一连串有待进一步求解的未知数。

我们面临的第一个问题是对"参照"一词到底应当作何理解？

笔者认为："参照"意味着行政规章从总体上说对人民法院不是有绝对的拘束力。一方面人民法院对违法的规章，有权拒绝适用，另一方面，人民法院对正确合法的规章可以而且应该作为裁判的依据。因为，从语义上说，参照应当是"参酌之后而决定是否依照"，不能认为参照本身就意味着全部肯定或全部否定，规章是法的一种渊源，但规章本身并不是具有创制的功能；从立法上讲，一方面，立法机关决不会要求人民法院拒绝适用所有合法的行政规章，另一方面，立法机关也不可能要求人民法院去执行违法的行政规章；从实践来看，如果一概否定行政规章的法律效力，势必使相当一部分行政管理领域失去规范控制，如果一概肯定行政规章的法律效力，又势必紊乱我国的法律体系，从而使法院根据错误的法律依据作出错误的裁决。

基于以上四个方面的根据，我认为，参照一词的实质意义是要求人民法院适用合法的行政规章，而拒绝违法的行政规章。

那么，合法的行政规章必须具备哪些条件，这是我们面临的第二个问题。根据我国宪法和法律的规定，结合行政法的一般规则，笔者认为，合法的行政规章至少应该同时具备以下三方面的条件。

第一，行政规章所涉及的内容必须在发布该规章的行政机关的权限范围之内，即权限合法。也就是说，制定和发布行政规章，必须有法律或法规的授权

能否将制定规章的权限范围解释为行政管理权的一项当然权能呢？或者说，能否认为仅仅依据宪法第九十条第二款的规定以及《地方各级人民代表大会和地方各级人民政府组织法》第五十一条第一项的规定，特定机关就当然地取得发布一切规章的权限呢？我认为应当作否定回答。理由是：如果行政管理权本身就意味着对制定规章的普遍授权或概括授权，或者仅仅依据宪法和政府组织法就取得发布一切规章的合法权限，那么，宪法、政府组织就没有必要设定"根据法律和国务院的行政法规、决定、命令"的要件了。因此，宪法和政府组织法只解决制定规章的可能性问题，特定的行政机关要具体地制定某一个规章，还必须有具体的法律和行政法规的依据。

第二，行政规章的内容不得与宪法、法律和法规相抵触

判断某一个规章是否与法律和行政法规相抵触，需要有一个基本标准。笔者认为，可以而且应当从以下两个方面加以分析：第一，规章所涉及的内容不得与更高层次的规范

（包括宪法、法律、行政法规、地方法规）相冲突，相矛盾；第二，规章必须与更高层次的规范的法规的目的合理地联系在一起，或者说必须与有关的法律、行政法规的目的和精神相一致。以上两个标准结合在一起的法律表现应当是：规章所设定的行政管理相对人的权利义务的范围与更高层次的规范所确定的范围应当一致；规章所设定的行政机关的职权范围不得大于更高层次的规范所确定的范围；规章所设定的职责范围不得小于更高层次的规范所确定的范围。

第三，行政规章的制定必须符合法定程序

目前，在制定规章的程序方面，笔者认为至少应当遵守以下几条：第一，规章的制定必须遵守行政机关已有的程序规定；第二，规章的发布必须经行政首长的签署；第三，规章必须公布。

权限、内容、程序是一个法治国家衡量规章是否合法的最起码的参数。从理论上说，除了以上三个方面的参数以外，规章还必须合理、适当，否则法院拒绝将其作为裁判依据。考虑到我国目前的实际情况，在确定判断规章合法性的标准时，可先以上述三个方面的条件作为"参考系"，并将违反法律、法规目的的规章纳入违法规章的范畴，作为规章内容与法律、法规相抵触的一个重要方面。凡违背上述三个方面的条件之一的规章，人民法院就不应将其作为裁判的依据。

在确定合法规章必须是具备的条件之后，我们面临的三个问题是如何判明行政规章的合法性。

判明行政规章的合法性，必须解决两个问题：一是由谁来判断行政规章的合法性；二是通过什么程序和方式来判断行政规章的合法性。关于第一个问题，我认为应根据不同情况作出了不同的规定。

第一种情况：人民法院认为地方人民政府制定、发布的规章与国务院部、委制定、发布的规章不一致的，以及国务院部、委制定、发布的规章之间不一致的，由最高人民法院送请国务院作出裁决或者解释。

第二种情况：赋予人民法院以"参照"权。人民法院如果认为行政规章与法不符（即违反宪法、法律或法规）有权拒绝适用；如果判明行政规章符合宪法、法律或法规，有权作为裁判依据。这种"参照权"在事实上是一种"选择适用权"，或者是一种"准确认权"。

关于第二个问题，行政诉讼法未作详细规定，我认为，应根据不同的情况采取不同的程序和方式：

凡是法院和当事人双方对案件所涉及到的行政规章的合法性(包括合法或不合法)认识相同的，或者说没有异议的，法院可以根据行政规章是否合法，直接决定是否作为裁判的依据。

凡是当事人双方对案件所涉及到的行政规章的合法性（包括合法或不合法）持有异议，但比该行政规章层次高的地方性法规、行政法规和法律等，对所争议的事项已有明确的规定时，人民法院可以直接适用地方性法规、行政法规和法律等来进行裁判。

凡当事人对行政规章的合法性持有异议，而又没有高层次的地方性法规、行政法规、法律等规范或者高层次的规范比较笼统、原则，需要有权利机关认可或者需要判定该高层次的规范的机关作出解释的，人民法院应当中止案件的审理，分别情况作如下处理：需要省、自治区或直辖市的人大常委会认可或解释的，应当通过所属的高级人民法院提请省、自治区或直辖市人大常委会认可或解释；需要国务院认可或解释的，由最高人民法院送请国务院作出认可或解释；需要由全国人大常委会认可或解释的，由最高人民法院报请全国人大常委会作出认可或解释。待上述机关作出认可或不认可的决定或者作出解释后，恢复案件的审理。

人民法院认为地方人民政府制定、发布

的规章与国务院部、委制定、发布的规章不一致的，由最高人民法院送请国务院作出解释或者裁决。

附：

全国法院系统首届学术讨论会参会论文获奖名单

刑事法学

优秀奖

1. 试论非刑事法律中刑法规范的几个问题……… 内蒙古锡林郭勒盟中级人民法院　丁　荣
2. 刑事二审发回重审初探…………………… 北京市中级人民法院　姜京生　吴在存　李玉富
3. 论单位犯罪…………………………………………… 浙江省宁波市中级人民法院　王德兴

纪念奖

4. 论刑事证据合法性及其意义………………………………… 江西省高级人民法院　沈德咏
5. 盗窃案件适用法律的几个问题…………………………… 甘肃省高级人民法院　把志先
6. 试论非法所得罪……………………… 内蒙古巴彦淖尔盟中级人民法院　韩建国　韦亚力
7. 晚近过失犯罪发展趋势研究…………………… 湖北省高级人民法院　王伊端　王　晨
8. 论“官倒”及其刑事责任……………………………………………………… 武汉大学　熊选国
9. 不当得利与犯罪界限的探讨………………………………… 湖南省高级人民法院　佘宏荣
10. 军事法院审理附带民事诉讼若干问题探讨 ………………… 济南军区军事法院　汤华中
11. 对有关附带民事诉讼的一些规定和问题的思考 … 河北省承德市中级人民法院　马　良
12. 略论回扣 ………………………………………………… 河北省唐山市中级人民法院　许东元
13. 关于青海藏族公民强奸妇女罪的探讨 …… 青海省高级人民法院　钱应学　星月　布松
14. 对增设缓予起诉制度的探讨 ………………… 黑龙江省牡丹江市中级人民法院　刘明生
15. 林木犯罪法定刑应当提高 ……………………………… 辽宁省凤城县人民法院　杨旭久
16. 略论刑事审判工作的社会效益 ………………………… 辽宁省高级人民法院　卜维义
17. 试论刑事案件再审中的几个问题 …… 北京市高级人民法院　袁　远　张予宪　陈　杰
18. 非刑事法律中的刑法规范问题探讨 ……………… 湖南省高级人民法院　刘先惠　宋凯楚
19. 对盗窃军用物资罪几个问题的探讨 ………………… 江西省南昌市中级人民法院　陆望东
20. 论共同犯罪中个别共犯的犯罪中止 ………… 黑龙江省哈尔滨市中级人民法院　李靖海
21. 经济犯罪问题反思 …………………………………… 福建省三明市中级人民法院　吴朝生
22. 论我国刑法中的短期自由刑 ……………… 安徽省高级人民法院崔志东　武家水　闻长智
23. 流动人口浪潮中的犯罪透视 ……………………… 上海市高级人民法院　刘宁书　朱　妙
24. 关于罚金刑适用的几个问题 ………………………………… 江苏省高级人民法院　周晖国
25. 完善刑事二审程序的初步探讨 …………………… 辽宁省朝阳市中级人民法院　朱春阳
26. 论强化刑事司法的意义和原则 …………………………………… 中国人民大学　赵秉志
27. 依法量刑是否应考虑“民愤” …………………………… 云南省高级人民法院　段贵荣
28. 关于减刑、假释的几个问题 ………………………… 最高人民法院　杨克佃　张新民

29. 论经济犯罪的内在结构 …………………………… 中国人民大学　赵国强　陈兴良
30. 对修改投机倒把罪名的思考 ……………………… 湖南省高级人民法院　莫家齐
31. 浅谈企业承包经营中贪污犯罪的构成 …………… 吉林省高级人民法院　孙崇珩
32. 谈谈对国家工作人员与其家属共同受贿案件的定罪量刑
………………………………………… 吉林省高级人民法院　田淑梅　郑永昶
33. 试论“受贿罪的客观要件” ………………… 江苏省扬州市中级人民法院　李成洪
34. 试论证人诉讼采用直接原则的必要性 ………… 福建省宁德市中级人民法院　刘炳荣
35. 青年死刑犯临刑前心理及犯罪特征刍议
………………………………… 山西省太原市中级人民法院　靳东祥　赵晋虎
36. 浅谈女性犯罪 ……………………………………………… 中国政法大学　巫昌祯
37. 十年来的刑法学研究 …………………………………… 中国人民大学　高铭暄
38. 单位犯罪主体问题研究 ………………………… 山东省高级人民法院　唐　明
39. 单位犯罪的双层犯罪机制与两罚制 …………… 陕西省高级人民法院　赵健民

民事法学

优秀奖

1. 应确立我国民事诉讼依法求实法官确信的证据制度…… 北京市西城区人民法院　蒋志培
2. 论侵权特别法及其适用…………………………… 吉林省通化市中级人民法院　杨立新
3. 论“巡回审理，就地办案” ……………………… 辽宁省大连市中级人民法院　葛行军
4. 关于民事诉讼中调解的几个问题………………… 河北省廊房市中级人民法院　周震宇
5. 论开庭审理…………………………………… 中国人民大学　江　伟　尹小亭
6. 我国应建立取得时效制度………………………… 浙江省金华市中级人民法院　高洪宾

纪念奖

7. 民事案由初探……………………………………… 四川省旺苍县人民法院　张新荣
8. 劳务补偿可成为一种民事责任方式……………… 江苏省海安县人民法院　陈　和
9. 经济体制改革与民事审判工作的矛盾及其协调的对策…… 最高人民法院　彭士翔　北京市高级人民法院　方晓梅
10. 试论着重调解原则 ……………………… 贵州省黔南州中级人民法院　王德尧　广西柳州市中级人民法院　黄成安
11. 试论侵权混合过错责任 ………………………… 江西省弋阳县人民法院　刘道华
12. 试论举证责任倒置原则的适用 ……………… 江西省高级人民法院　康为民
13. 民间利息之债及其法律适用 ……………………… 江西省高级人民法院　郭　斌
14. 试论涉台民事案件法律适用的基本原则 ……… 福建省高级人民法院　何　鸣
15. 第三人参加民事诉讼的几个问题 ……………… 北京市高级人民法院　何　昕
16. 试论善意取得 …………………………… 山东省潍坊市中级人民法院　张廷智
17. 浅析群体诉讼与共同诉讼之异同 ……………… 江苏省淮阴市中级人民法院　缪翠云
18. 公平责任原则应是独立的归责原则 …………… 江苏省无锡市中级人民法院　蒋颂平
19. 传统婚姻观刍议 ………………………………… 甘肃省兰州市中级人民法院　陶明顺
20. 排除地方保护主义的干扰，保障法院独立行使审判权

…………………………………………… 黑龙江省佳木斯市中级人民法院 勾传增 关 震
21. 区域所有权及其相关理论初探 …………………………… 天津市河东区人民法院 李宝明
22. 关于新闻媒介侵害名誉权问题的探讨
…………………………………………… 上海市高级人民法院 蒋福元 周水森 浦增平
23. 试论公平责任 …………………………………………… 北京市中级人民法院 张柳青
24. 论民间借贷的法律调整 …………………………………… 广东省高级人民法院 柯善芳等
25. 离婚诉讼当事人逆反心理初探 ……………………………… 山东省高级人民法院 苗文法
26. 关于精神损害若干问题的探讨 ……………………………… 广西高级人民法院 刘广新
27. 略论民事诉讼中的举证责任 ……………………… 内蒙古高级人民法院 王克强 唐联尧
28. 论马克思主义关于继承法律制的基本理论 ………………………… 吉林大学 龙斯荣
29. 精神损害赔偿问题研究 …………………………… 中国人民公安大学 柴发邦 靳宝兰
30. 论破产案件有关诉讼参加人的诉讼地位 ……………………… 最高人民法院 王东敏
31. 试探进一步完善我国民事诉讼中举证责任的立法问题 … 天津市高级人民法院 王宝发
32. 论民事诉讼中举证责任 …………………………………… 江苏省高级人民法院 刘天兴
33. 保护公民肖像权的几个问题 ………………………………… 北京市中级人民法院 李大元
34. 诉讼法更应充分地反映法律文书的制作要求 …………………… 中国政法大学 宁致远

经济法学

优秀奖

1. 论可得利益损失的赔偿……………………………………… 山西省高级人民法院 关中翔
2. 经济诉讼中反诉的理论与实践……………………………… 河南省高级人民法院 吴合振
3. 论经济审判中先行给付……………………………… 江苏省无锡市中级人民法院 徐 懿

纪念奖

4. 试论联营合同中法律责任的若干问题………………………… 浙江省高级人民法院 童兆洪
5. 法人型联营中的技术投资方如何承担联营债务……………… 安徽省高级人民法院 汪明照

海商法学

优秀奖

1. 浅谈海洋污染案的事实调查、认定及赔偿项目的确认
…………………………………………………………… 上海海事法院 薛介年 沈满堂
2. 论防止海运欺诈……………………………………………… 最高人民法院 张进先
3. 海事人身伤亡损害赔偿几个法律问题的探讨………………… 大连海事法院 刘寿杰

纪念奖

4. 海运提单批注的法律透视…………………………………… 广州海事法院 金正佳
5. 论我国海商法的船舶优先权制度……………………………… 大连海事法院 林钧鑫
6. 海事扣船、变卖及债务清偿初探……………………………… 上海海事法院 高长久

7. 论船舶海损"间接损失"的赔偿……………………………… 辽宁省高级人民法院 刘铁男

行政法学

优秀奖

1. 论行政诉讼的具体行政行为…………………………………………………… 北京大学 刘家兴
2. 试论行政审判中如何参照行政规章的问题……………………………… 最高人民法院 江必新

纪念奖

3. 浅谈关于在行政诉讼中实行举证责任倒置原则的问题
…………………………………………………… 福建省漳州市中级人民法院 兰万安 杨炳元
4. 论我国的行政赔偿诉讼…………………………………………… 广西柳州市中级人民法院 许扶首
5. 中华人民共和国行政诉讼法同台湾行政诉讼法的比较研究
……………………………………………………………… 湖北省高级人民法院 李钢 方世荣
6. 论行政诉讼法的颁布对社会主义民主建设的意义…………… 北京大学 张云秀 席晓燕

其 他

纪念奖

1. 树立与商品经济相适应的审判意识………………………… 湖北省武汉市中级人民法院 韩 凌
2. 审判中地方保护主义的成因及对策……………………… 江苏省南京市中级人民法院 史有勇
3. 中苏法院改革比较研究……………………………………………… 广西高级人民法院 吴在勤
4. 关于公开审判的思考………………………………………… 辽宁省锦州市中级人民法院 齐立荣
5. 论法庭调查…………………………………………………………… 山西省高级人民法院 刘冀民
6. 略论对审判职能的监督机制………………………………… 吉林省长春市中级人民法院 窦立民

《人民司法》1989年分类目录（摘要）

总 类

卷首语·写在公开发行时 本刊编辑部（1·1）
我的希望 任建新（1·3）
人民法院四十年 任建新（10·2）

言 论

充分发挥审判职能，为改革和经济建设创造安定的社会环境 本刊评论员（3·2）
要严肃执法切实维护法制权威 本刊编辑部（4·2）
认真学习和宣传行政诉讼法 全面开展行政审判工作 （5·2）
"告状难"之虞 本刊评论员（5·3）

审判业务

专　论

读者论坛

调查与研究

专　访

法院改革探索

案件实录

案例选登

一案一议

案例研究

办案札记

审判纪实

廉政建设

法苑新篇

行政诉讼法知识讲座

一法一介绍

国外司法

国外司法交流

人民法庭

怎样当好基层法院院长

怎样当好审判长

古案评介

法医知识

杂谈·随笔

读者·作者·编者

读者来信

司法信箱

文　摘

《学习与辅导》1989 年要目

1989年《审判工作通讯》论文索引（山西）

论文题目	作　者	单　位	论文类别	刊　期
浅谈著作权纠纷案件的审理	李德荣	山西省高级法院	著作权法	89年1期
谈谈对盗窃罪犯的缓刑适用	付伯明　关中翔　刘冀民	山西省高级法院	刑法	89年1期
流氓犯罪浅析	马捷生	山西省高级法院	刑法	89年1期
未成年被告人庭审心理及其对策	张庭保	太原市中级法院	司法心理学	89年1期
谈谈集团诉讼的几个问题	安贵虎	忻州地区中级法院	诉讼法学	89年1期
试论新增破坏计划生育罪	张忻如	忻州地区中级法院	刑法	89年1期
浅谈人民法院对土地争议案件的受理	葛进胜	翼城县法院	行政诉讼	89年1期
浅谈民事诉讼的当事人举证原则	王世荣	山西省高级法院	民诉	89年2期
经济审判贯彻“着重调解”原则刍议	梁贡华　罗四维	山西省高级法院	民诉	89年2期
谈谈刑事附带民事诉讼中的几个法律问题	张建龙	吕梁地区中级法院	刑诉	89年2期
论行政机关在行政诉讼中的地位	陈　铨	山西省高级法院	行诉	89年2期
这类案件应适用民事诉讼程序审理	袁保俊	山西省高级法院	行诉	89年2期
论对投机倒把犯罪的惩处	段奇耀	阳泉市中级法院	刑法	89年3期
非法所得罪法定刑质疑	郭民贞	山西省高级法院	刑法	89年3期
可得利益损失的赔偿范围及赔偿方法探讨	关中翔	山西省高级法院	民法	89年3期
当前刑事审判中常见的几个问题及其对策	郭民贞	山西省高级法院	刑法	89年3期
试论我国刑法增设卖淫罪的必要性和可行性	刘　力	山西省高级法院	刑法	89年3期
谈谈上级法院对下级法院的业务指导	张忻如	忻州地区中级法院	法院管理	89年3期
浅谈价格体系改革中被盗物品数额的计算问题	张庭保　郭　旗	太原市中级法院	刑法	89年3期

论文题目	作者	单位	论文类别	刊期
关于我国行政诉讼的审判原则	王世荣	山西省高级法院	行诉	89年4期
人身保险金受益纠纷中的几个问题	梁贡华	山西省高级法院	民法	89年4期
浅谈公、检、法三机关在宏观上的协调配合问题	罗四维	山西省高级法院	其他	89年4期
谈谈自首罪犯的量刑问题	仇拉锁	山西省高级法院	刑法	89年4期
对法医鉴定中“诈病”的识别	张建平	山西省高级法院	法医	89年4期
谈谈法医伤情鉴定中的几个问题	姚文萍	山西省高级法院	法医	89年4期
房屋典当回赎的诉讼时效期间应如何计算	刘吉堂	山西省高级法院	民法	89年4期
浅谈治理贪污犯罪的对策	韩广汉	太原市中级法院	刑法	89年4期

1989年《审判实践》论文索引（辽宁）

论文题目	作者	单　位	论文类别	刊期
浅谈死缓制度的适用	李祥武	辽宁省高院	刑事	89年1期
如何确定民事诉讼当事人之我见	薄五一	沈阳市中级人民法院	民事	89年1期
上诉途径应受保护	王惠忠	辽宁省高院	刑事	89年1期
处理一审民事案件应注意开庭审理	黄殿满	鞍山市中级人民法院	民事	89年2期
浅析既强奸妇女又强奸幼女的如何定罪	李平军 刘政文	辽宁省高院	刑事	89年2期
认清新形势，把调研工作提高到一个新水平	刘广明	辽宁省高院	其它	89年3期
执法尤须施廉政	郑小林	辽宁省高院	其它	89年3期
认真审查起诉确保案件质量	黄宝珉	锦西市人民法院	刑事	89年3期
当前经济审判中的程序问题	王跃先	辽宁省高院	经济	89年4期
行政案件办案质量谈	任国权	辽宁省高院	行政	89年4期
执行人员不能作为拒不执行判决、裁定罪的自诉人	杨　柳	台安县人民法院	刑事	89年4期
行政诉讼中人民法院的司法变更	孙谷源	辽宁省高院	行政	89年5期
企业租赁经营合同的法律适用	张春余 白德阳	辽宁省高院	经济	89年5期
浅谈偷税、抗税罪的认定与处理	严　实	大连市中级人民法院	刑事	89年5期

论文题目	作者	单位	论文类别	刊期
如何确定再审案件的管辖	申君贵	西南政法学院	刑事	89年5期
加强人民民主专政，搞好各项审判工作	张焕文	辽宁省高院	其它	89年6期
简论拒不执行判决、裁定罪的控诉主体	张传汉	辽宁省人大常委会法工委	刑事	89年6期

1989年《审判研究》论文索引（黑龙江）

论文题目	作　者	单　位	类别	刊期
从经济纠纷案件看当前治理经济环境整顿经济秩序中应当注意解决的几个问题	赫崇学	松花江地区中级人民法院	经济	89年1期
以非法占有为目的，是区别盗伐与滥伐林木罪的基本特征	阎永和	省法院农林庭	刑事	89年1期
对青少年盗窃犯罪心理若干问题的探讨	高文义	佳木斯市郊区人民法院	刑事	89年1期
民事执行能力探析	王志民　付　利　董志国	桦南县人民法院	民事	89年1期
审理承包、租赁、联营案件确定第三人应注意的几个问题	杨学文	哈尔滨市中院研究室	经济	89年1期
审理私人雇工伤亡损害赔偿案件遇到的几个问题及意见		桦南县人民法院	民事	89年1期
刑事附带民事被告人在审判阶段的心理特征初探	霍　岩	齐齐哈尔铁路运输法院	刑事	89年1期
此案可运用间接证据认定	勾传增	佳木斯市中级人民法院	民事	89年1期
搞好调查研究的几点浅见	张吉祥	牡丹江市中级人民法院	其它	89年2期
少年犯罪案件的特点原因及其所应采取的对策	张均先　佟宪文	哈尔滨铁路运输中院	刑事	89年2期
关于离婚案件中房屋问题处理情况的调查报告	孙国华　勾传增　关　震	佳木斯市中级人民法院	民事	89年2期
刑事附带民事诉讼赔偿原则之我见	张宏祖	松花江地区中级法院	刑事	89年2期
对19起二审改判或发回重审的经济纠纷案件原因的分析与反思	金莹晚	宁安县法院	经济	89年2期
浅谈婚姻案件中的聘金及处理	栾国文	牡丹江市爱民区法院	民事	89年2期

论文题目	作者	单位	类别	刊期
当前审理侵犯公民名誉权案件应注意的几个问题	岳　力　董桂英 关　震	佳木斯市中级法院	民事	89年2期
二被告不应承担连带之债	卢兆繁	省法院研究室	民事	89年2期
审判员组成合议庭是提高审判工作水平的有效途径	吕　岩	兰西县人民法院	其它	89年3期
“三大刑”案件一审管辖权之我见	杨建勋　邱继军	牡丹江市中级人民法院	刑事	89年3期
对民事诉讼反诉制度几个问题的探讨	刘洪霄	省法院经济庭	民事	89年3期
试论公诉案件的举证责任及其运用	王志华	巴彦县人民法院	刑事	89年3期
再谈刑事附带民事诉讼的几个问题	傅　强	哈尔滨中院	刑事	89年3期
审理放火案件附带民事诉讼之浅见	史穗平	佳木斯市中级法院	刑事	89年3期
浅析承包、租赁经营合同的法律特征	孙桂荣	哈尔滨市中级法院	经济	89年3期
试谈公民间借贷之债及其处理原则	郭成林	桦南县人民法院	民事	89年3期
对行政争诉增发因素调查分析	赵德玉	依兰县人民法院行政庭	行政	89年3期
离婚案件房产的分割与处理	郝继忠	讷河县人民法院	民事	89年3期
浅谈农村承包合同纠纷案件的特点及审理时应注意的问题	王东繁　姜　岳	肇东市人民法院	经济	89年3期

1989年《上海审判实践》论文索引（上海）

论文题目	作者	单　位	论文类别	刊期
关于新闻媒介侵害名誉权若干问题的探讨	蒋福元 周水森 浦增平	上海市高级人民法院	民事	89年第5期
流动人口浪潮中的犯罪透视	刘宁书 朱　妙	上海市高级人民法院	刑事	89年第4期
相邻权问题初探	郑　重 余红举	上海市虹口区人民法院	民事	89年第3期

1989年《福建审判》论文索引（福建）

论文题目	作　者	单　位	论文类别	刊期
试论如何区分假冒商标罪与投机倒把罪的界限	欧阳涛	中国社科院法学所	刑法	89年1期
盗窃三万元以上的罪犯是否一律判死刑	钟　婴	省高院	刑法	89年1期
关于退回补充侦查争论之我见	罗世椿	厦门中院	刑法	89年1期
经济犯罪立法的反思与重构	吴朝生	三明中院	刑法	89年1期
当前审理单位投机倒把罪案件的几个问题		省院研究室	刑法	89年2期
几种特殊形式自首的认定	刘才光	省高院	刑法	89年2期
对一万元以上三万元以下盗窃案件适用法律探讨	张如曦　陈联文	厦门中院	刑法	89年2期
关于司法拘留适用条件的证明	尹鲁先	江西省高院	刑法	89年2期
倒贷人民币牟取高利应定投机倒把罪	陈　文	福清县检察院	刑法	89年2期
陈某是否构成贪污罪	黄　炜	宁德中院	刑法	89年2期
财产型少年犯面面观	严　实	省高院	刑法	89年2期
庄梅龙不构成故意伤害(致死)罪	白金木　李少鹭	厦门开元区法院	刑法	89年3期
少年性犯罪透视	严　实	省高院	刑法	89年3期
台湾《少年事件处理法》初探	罗世椿	厦门中院	刑法	89年2期

1989年《审判理论与实践》论文索引（江西）

论文题目	作者	单　位	论文类别	刊期
谈谈同案被告互证问题	沈德咏	江西省高级法院	诉讼法学	89年1期
谈谈举证责任倒置原则的适用	康为民	江西省高级法院	诉讼法学	89年1期
谈谈故意杀人罪的量刑问题	段翊文	江西省高级法院	刑事法学	89年1期
经济审判应确立诉讼经济原则	毛端稚	江西省高级法院	诉讼法学	89年2期
从共同犯罪理论谈一般共同盗窃共犯刑法条款的适用	陈长生	景德镇市中级法院	刑事法学	89年2期

论文题目	作者	单位	论文类别	刊期
简析集团诉讼与共同诉讼及代理制度的关系	伍第斐	赣州地区中级法院	诉讼法学	89年2期
挪用公款不退还的后限应确定在哪个阶段	赖木森	赣州地区中级法院	刑事法学	89年2期
试论利用合同进行诈骗犯罪与一般民事欺诈行为的异同	陈有良	婺源县法院	刑事法学	89年2期
谈司法实践中哄抢案件的定性问题	周晓春	萍乡市中级法院	刑事法学	89年2期
浅谈对自首的认定	陶云泽	九江市中级法院	刑事法学	89年2期
附带民事诉讼案件的审查及处理		吉安地区中级法院	刑事法学	89年2期
谈谈刑事审判中的司法精神病鉴定问题	沈德咏 居国屏	江西省高级法院	诉讼法学	89年3期
人民法院独立审判与舆论监督的关系	张御诰	上饶地区中级法院	法学理论研究	89年3期
对律师担任公诉案件被害人代理人的几点认识	曹　琦 张国民	江西大学法律系 江西大学法律系	诉讼法学	89年3期
谈谈精神损害赔偿问题	陈阜东	赣州地区中级法院	民法学	89年3期
民间利息之债及其法律适用	郭　斌	江西省高级法院	民法学	89年3期
离婚案件当事人心理探讨	曹正象	九江市中级法院	婚姻法学	89年3期
完善诉、辩、审的制约机制提高公开审判质量	叶继周	九江市浔阳区法院	诉讼法学	89年3期
主动交代司法机关尚未发觉的同种性质的罪行应视为自首	简建敏	新余市渝水区法院	诉讼法学	89年3期
谈谈审理企业内部承包合同纠纷的几个问题	周重和 钱卫清	上饶地区律师事务所　上饶市法院	经济法学	89年3期
浅谈缓刑的适用及对缓刑犯的帮教	涂序勋	上饶地区中级法院	刑事法学	89年3期

1989年《山东审判》论文索引（山东）

论文题目	作者	单位	论文类别	刊期
高度危险作业侵权责任的归责原则	张佩霖	中国政法大学	民事	89年1期
行政案件审理中的调解与变更	陈守诚	烟台大学法律系	行政	89年1期
对刑事附带民事诉讼案件的调查分析	赵守泉	泰安市中级人民法院	刑事	89年1期
审理农村建房纠纷案件的探讨	周焕志	威海市中级人民法院	民事	89年1期
离婚诉讼当事人逆反心理初探	苗文法	山东省高级人民法院	民事	89年2期

论文题目	作者	单　位	论文类别	刊期
共同诉讼人与第三人的区别	于维兰	山东省高级人民法院	民事	89年2期
浅析复查案件时的证据审查	周立琦	济南市人民检察院	刑事	89年2期
试论民事代理中连带责任的认定	张文东	山东省广播电视大学	民事	89年2期
刑事庭审调查艺术初探	刁立山 徐光荣	聊城地区中级人民法院	刑事	89年3期
对当前审判委员会讨论案件制度的几点认识	赵风启	泰安市中级人民法院	其它	89年3期
适用遗嘱继承的两个问题	李仕武	山东社会科学院法学所	民事	89年3期
刑事撤回上诉的处理	张树峰	德州地区中级人民法院	刑事	89年3期
简论民事诉讼代理人的举证责任	李惠云	惠民地区中级人民法院	民事	89年4期
试谈民事拘传的适用	陈兆同	枣庄市中级人民法院	民事	89年4期
经济合同效力的确认和无效合同的处理	孙延禄	山东省高级人民法院	经济	89年4期
性格、子女、财产——对112件再婚离婚案的剖析	牟建民	济南市中级人民法院	民事	89年4期
适用简易程序中存在的若干问题	李云峰	惠民地区中级人民法院	民事	89年5期
犯罪故意与故意辨析	明廷强	曲阜师范大学	刑事	89年5期
析子女抚养费数额的确定依据	庄绍玲	济南市中级人民法院	民事	89年5期
浅议监护人诉讼地位的双重性	姜启波	山东省高级人民法院	民事	89年5期
当前行政案件诉讼少的原因		东营市河口区法院	行政	89年5期
论"罚金"刑罚的适用	开宗宝	泰安市中级人民法院	刑法	89年6期
先行给付在经济审判中的适用	宫恩全	山东省高级人民法院	经济	89年6期
"一个公开、三个为主"审判方式初探	于连法	苍山县人民法院	其它	89年6期
办理申诉案件一个不容忽视的问题——怎样写好驳回申诉通知书	段成钢	山东省高级人民法院	其它	89年6期
当前自诉附带民事案件调解工作中存在的问题及原因	王尹宗	荷泽地区中级人民法院	刑事	89年6期

1989年《湖北审判》论文索引（湖北）

论文题目	作者	单　位	类别	刊期
湖北法院工作四十年	陈学晏	湖北省高级人民法院	综合	89年4期
法院改革工作面面观	严　实	湖北省高级人民法院	综合	89年1期

论文题目	作者	单　位	类别	刊期
充分运用法律机制进行法院体制改革	刘富初	荆州地区中级人民法院	综合	89年2期
法院体制改革之管见	张耀光	黄冈地区中级人民法院	综合	89年3期
从借鉴刑法立法例谈我国刑法的修改	马克昌	武汉大学法学院	刑事	89年1期
经过加减刑后的刑事案件再审中的几个法律问题	孙应征 王　晨	湖北高级人民法院	刑事	89年1期
对未成年人适用刑罚的原则和方法初探		武汉中院刑一庭	刑事	89年1期
对利用合同进行诈骗的几点认识	罗国亮	仙桃市人民法院	刑事	89年1期
浅析“三无”型强奸案件的特点及审理	郭如松	天门市人民法院	刑事	89年2期
浅议教唆犯的犯罪未遂与中止及其刑事责任	姜正文	湖北省司法学校	刑事	89年3期
关于我省去年以来办理经济犯罪案件执行政策法律若干疑难法律问题综述	孙　竹	湖北省高级人民法院	刑事	89年4期
关于如何计算盗窃赃物价值的几个问题	严　实	湖北省高级人民法院	刑事	89年4期
共同盗窃定罪量刑的基本依据	王礼仁	远安县人民法院	刑事	89年4期
完善我国婚姻法的几点建议	薛红文	汉阳区人民法院	民经	89年3期
关于当前民事审判工作中几个问题的探讨	沈　民	湖北省高级人民法院	民经	89年4期
当前买卖合同纠纷的几个问题	李文华	湖北省高级人民法院	民经	89年1期
审理建筑工程承包合同纠纷案件应注意的几个法律问题	廖慕杰	咸宁地区中级人民法院	民经	89年4期
浅谈审理技术合同案件应注意的几个问题		青山区法院经济庭	民经	89年4期
关于办理税务案件适用法律程序问题的思考	刘新国	中南政法学院	诉讼程序	89年2期
对被告人宣告无罪的刑事诉讼能否提起附带民事诉讼	董荆建	湖北省高级人民法院	诉讼程序	89年2期
刑事审判工作对附带的民事诉讼应予充分重视	黄　鹏	湖北省高级人民法院	诉讼程序	89年3期
试论刑事诉讼中的法律退查	叶德武	宜昌市中级人民法院	诉讼程序	89年4期

1989年《湖南法医通讯》论文索引（湖南）

论文题目	作者	单　　位	论文类别	刊期
从一起伤害案件的审理看法医出庭工作的重要性		湘潭市中级法院	论坛	89年1期
人体伤害赔偿初探	毛善刚	怀化地区中级人民法院	论坛	89年1期
人体轻伤标准		湖南省高级法院	论坛	89年1期
审判中对法医、医学资料的审查、复核应制度化、规范化	熊继品	常德市中级人民法院	论坛	89年1期
试析法医学被鉴定人心理	田斌榜	常德市中级人民法院	论坛	89年1期
浅谈精神发育迟滞的评定	张经伟	湖南省高级人民法院	论文	89年1期
非典型性外伤性蛛网膜下腔出血的讨论	邹盼希	平江县人民法院	论文	89年1期
股骨颈骨折一例的暴力分析	万金华	湖南省高级人民法院	论文	89年1期
在押犯保外就医疾病鉴定14例报告	刘大清	武冈县人民法院	论文	89年1期
坐标比较法测耳廓面积	曾炳炎	湘潭市中级人民法院	论文	89年1期
腹壁无伤痕而肠破裂七例报告	肖　安	株洲市中级人民法院	论文	89年1期
急性硫化氢中毒致死一例报告	雷毓林	桃源县人民法院	案例	89年1期
诈伤鉴定一例	薛功世	邵阳市中级人民法院	案例	89年1期
浅谈亲子鉴定	宁　涛	湖南省高级人民法院	法医咨询	89年1期
重新鉴定33例分析	熊继品	常德市中级人民法院	论文	89年2期
如何搞好法医学鉴定文书档案管理	宁　涛	湖南省高级人民法院	论坛	89年2期
外伤后阳萎的法医学鉴定	曾英煌	湖南省高级人民法院	论坛	89年2期
行政审判中法医学鉴定有关问题之我见	薛功世	邵阳市中级人民法院	论坛	89年2期
脑震荡后遗症的法医学损伤程度评定初探	秦准怀	平江县人民法院	论坛	89年2期
外伤性癫痫的法医学讨论	邹盼希	平江县人民法院	论坛	89年2期
钝性外伤性延迟性脾破裂二例报告	周文奇	临湘县人民法院	案例	89年2期
冻死一例报告	肖录华	新宁县人民法院	案例	89年2期
颅脑外伤致尿崩症一例	杨新华	长沙市中级人民法院	案例	89年2期

1989 年《法庭》论文索引（广东）

题　　目	作者	单　　位	类别	刊期
谈私营企业主"容盛贪污案"的事实认定及法律适用	研究室	广东高院　湛江中院	论文	89 年创刊号
对免予起诉制度的思考	赖德贵	汕头中院	论文	89 年创刊号
承包、租赁企业的债务问题及其解决对策	廖豪斌	广州海珠区法院	论文	89 年 3 期
试谈民事审判中的公正原则	邱文宽	广东高院	调查研究	89 年 2 期

1989 年《广西审判》论文索引（广西）

论文题目	作者	单　　位	论文类别	刊期
经济组织工作人员构成贪污罪主体浅见	罗寿振	柳州市中级法院	刑法	89 年 1 期
谈谈关于"企业""公司"的诉讼主体资格及责任承担问题	罗汉标	梧州地区中级法院	经济法	89 年 1 期
处理坟山纠纷案件的原则初探		区高级法院研究室　玉林地区中院研究调查组	民事	89 年 1 期
当前刑事审判工作中几个值得注意的问题	张荣乾	自治区高级法院	刑事	89 年 2 期
关于经济纠纷案件执行难问题的思考		梧州市中院执行庭	经济	89 年 2 期
浅议建筑工程承包合同无效认定及处理		桂林市中院研究室	经济	89 年 2 期
刑事再审案件开庭审理程序几个问题初探	冯恩涛	自治区高级法院	刑事	89 年 2 期
对附带民事诉讼几个问题的看法	莫澄真	自治区高级法院	刑事	89 年 2 期
在民事审判中对证人证言的审查判断方法初探	姚佩衡	梧州地区中级法院	民事	89 年 3 期
刑事自诉案件的调解浅述	李旺道	昭平县人民法院	刑事	89 年 3 期
谈谈我国经济政策的溯及力	罗俊生	柳州地区中级法院	经济	89 年 3 期
再审刑事案件的几种限制	刘宝书	河池地区中级法院	刑事	89 年 3 期

论文题目	作者	单　位	论文类别	刊期
诈骗罪增加死刑的必要性初探	张家让 罗大庆	河池地区中级法院	刑事	89年3期
什么是社会主义民主	植向和	自治区高级法院	其他	89年3期
谈我国使用死刑的必要性	刘锷禄	梧州市中级法院	刑事	89年3期
中国走社会主义道路是历史发展的必然规律	陈仁琼	自治区高级法院	其他	89年3期
论故意杀人罪与故意伤害罪的区别	李　导	南宁地区中级法院	刑事	89年3期
恋爱、婚姻与凶杀犯罪	潘维燕	柳州市中级法院	民事	89年3期
谈谈在司法实践中适用数罪并罚应注意的问题	卢煜量	桂林地区中级法院	刑事	89年3期
充分发挥人民法院在社会治安综合治理中的作用	王祥旺	自治区高级法院	其它	89年3期
论公开审判	张作垂	梧州地区中级法院	刑事	89年3期
关于精神损害若干问题的探讨	刘广新	自治区高级法院	民事	89年3期
试论着重调解原则	王德尧 黄成安	贵州省黔南州中级法院 柳州地区中级法院	民事	89年3期
论我国的行政赔偿诉讼	许扶苜	柳州市中级法院	行政	89年3期
审判实践中认定主犯存在的问题及其解决意见	姚佩衡	梧州地区中级法院	刑事	89年3期
浅论审查判断证据的方法	雷添裕	柳州地区中级法院	其他	89年3期
谈谈受贿罪中“利用职务之便”		玉林地区中级法院研究室	刑事	89年3期
浅谈律师在刑事诉讼中的地位与作用	陈治滨	柳州市中级法院	刑事	89年3期

1989年《四川审判》论文索引（四川）

题　目	作者	单　位	类别	刊期
对正当防卫的思索	陈国庆	凉山彝族自治州中院	论坛	89年1期
对假冒名、优酒商标情节严重的应以投机倒把罪论处	晨　光	四川省高级人民法院	论坛	89年1期
盗用、假冒他人姓名、名称行为的异同	冯世名	自贡市中级法院	论坛	89年6期
试论侵害民誉权的构成及其民事责任	魏明星	成都市中级法院	论坛	89年4期

题　　目	作者	单　　位	类别	刊期
审查经济合同应注意的几个问题	吴星远	阿坝州中级法院	论坛	89年4期
试论情事变更原则的几个问题	姜联润	四川省高级人民法院	论坛	89年5期
继承权与所有权转化刍议	王绍华 张云平	黔江地区中级法院	论坛	89年6期
谈集团诉讼的几个问题	廖　凯	万县人民法院	论坛	89年1期
建议制定证人保护法规	松民冷夫	平昌县人民法院	论坛	89年1期
浅谈新形势下的人民法庭建设	孙　斌 杨明周	四川省高级人民法院	论坛	89年1期
试论人民法院的宣传工作	钟明昭	四川省高级人民法院	论坛	89年6期
增强接受权力机关监督的法律意识，提高接受监督的自觉性	刘家琛	四川省高级人民法院	论坛	89年4期
建立人民法庭工作管理委员会势在必行	李兴华	乐山市中级人民法院	论坛	89年4期
略论我国法官的庭前活动及其改革	左卫民 赵　勇	四川大学法律系 四川省高级人民法院	论坛	89年4期
加强新时期人民法院的思想政治工作	魏　彬	四川省高级人民法院	论坛	89年6期
改进刑事级别管辖初探	左淑贞	乐山市中级人民法院	立法建议	89年4期
从审理“6.27”烟案看法人犯罪刑事立法的完善	黄志林	成都市中级人民法院	立法建议	89年5期
刑法中应当增设坦白条款	谭昌华	成都市金牛区人民法院	立法建议	89年6期
浅谈精神病患者刑事责任问题	罗国权 杨周洪	凉山彝族自治州中级法院	立法建议	89年6期
应以何时的价格计算盗窃数额	陈明国	四川省高级人民法院	工作研究	89年1期
国家工作人员犯罪适用缓刑初探	曾　杨	眉山县人民法院	工作研究	89年2期
浅谈盗窃案件量刑中的几个问题	常　思	四川省高级人民法院	工作研究	89年3期
关于认定盗窃犯罪数额中值得研究的问题	李先来	重庆市中级人民法院	工作研究	89年4期
对于拘役期满又犯罪的应当从重处罚	李晓予	重庆铁路运输法院	工作研究	89年4期
正确适用剥夺政治权利	曾琼芳	雅安地区中级人民法院	工作研究	89年4期
小议“追缴”“没收”“没收财产”的应用	张朝华 林宗祥	遂宁市中级人民法院	工作研究	89年4期
盗窃偷割通讯电线案件的定罪量刑	常　思	四川省高级人民法院	工作研究	89年5期
漏诉的犯罪事实不应迳行判决	张晓夫	泸州市中级法院	工作研究	89年6期
正确理解劳改犯刑满释放后又犯罪从重处罚和刑法中累犯的规定	郭学庆	大竹县法院	工作研究	89年6期
析“第三者”的民事侵权责任	冯世名	自贡市中级法院	工作研究	89年3期
夫妻共同遗嘱无效	肖占虎	犍为县人民法院	工作研究	89年4期

题　目	作者	单位	类别	刊期
雕塑艺术品和音像作品的著作权主体探析	魏　彬	四川省高级人民法院	工作研究	89年5期
对执行《民法通则》若干问题意见第119条第2款之浅见	蒲先藻	合江县人民法院	工作研究	89年5期
法院对审查认为无罪的案件不宜商请检察机关撤诉	张晓夫	泸州市中级人民法院	工作研究	89年1期
附带民事诉讼应包括侵犯财产犯罪造成的经济损失	杨正律	合江县人民法院	工作研究	89年2期
提高刑事审判工作水平之我见	魏世华	自贡市中级人民法院	工作研究	89年3期
谈再审改判后执行原判刑罚中减刑的效力	龚　勇	泸州市中级法院	工作研究	89年3期
切实保障公诉案件被害人依法享有的诉讼权利	杨立建	乐山市中级人民法院	工作研究	89年4期
诉讼中止后，案件受理费应如何处理	胡运芳	万源县人民法院	工作研究	89年1期
从审判实践看当事人举证的法律后果	邹　华	乐山市市中区人民法院	工作研究	89年2期
对“无偿付能力”的经济纠纷案件应依法受理	陈立生	合江县人民法院	工作研究	89年5期
调解书送达的一些问题	熊邦庆	南充市法院	工作研究	89年6期
诉讼费速算表	刘仁华 任国军	长寿县法院	工作研究	89年6期
浅谈如何做好基层人民法院的档案工作	杜高友	乐山市中级人民法院	工作研究	89年1期

1989年《调查与研究》论文索引（贵州）

论文题目	作者	单　位	类别	刊期
审判实践中对事实重婚的认定及其处理	温福和	贵定县人民法院	刑事	89年1期
浅谈青少年盗窃团伙中初犯的从众心理	刘晓俊	松桃苗族自治县人民法院	刑事	89年1期
贵阳市未成年人盗窃犯罪的一些特点	梁少祝	贵阳市中级人民法院	刑事	89年2期
刑法理论中的偶然因果关系之管见	吴　楚	六盘水市中级人民法院	刑事	89年3期

论文题目	作者	单　　位	类别	刊期
从拐卖人口罪犯非法所得及退赃看应采取的对策	杨德明	黔南布依族苗族自治州中级人民法院	刑事	89年3期
贯彻执行“双从”方针遇到的一些问题	王学明	安顺地区中级人民法院	刑事	89年3期
当前我州拐卖人口案件中女性犯罪的特点	海学武	黔南布依族苗族自治州中级人民法院	刑事	89年3期
采用“取保候审”这一强制措施值得注意的几个问题	陈福文	息烽县人民法院	刑事	89年3期
对当前民间纠纷激化酿成刑事案件的浅析	唐纪新	黔西县人民法院	刑事	89年3期
必须慎用刑法第五十九条	唐光伦	遵义地区中级人民法院	刑事	89年5期
对采取以签订经济合同为手段进行诈骗的问题的探讨	吴　楚	六盘水市中级人民法院	刑事	89年5期
浅论重婚罪主体的刑事责任年龄	罗建华	册亨县人民检察院	刑事	89年5期
应当正视事实重婚现象	杨光信	惠水县人民法院	刑事	89年5期
当前我州破坏通讯设备罪的特点、原因及治理对策	余认生	黔南布依族苗族自治县中级人民法院	刑事	89年6期
民事强制措施要慎用	冉茂元	贵州省高级人民法院	民事	89年1期
我们是怎样搞好法院调解的		德江县人民法院	民事	89年2期
浅谈追索劳动报酬案件的定性		遵义市人民法院民庭	民事	89年2期
“奶妈钱”应否补偿之我见	麻明先	松桃苗族自治县人民法院	民事	89年2期
当前我市房屋纠纷产生的原因、特点及对策	胡粹勋	贵阳市中级人民法院	民事	89年4期
浅谈人民法院对房屋买卖纠纷的处理原则	金敬荣	六盘水市中级人民法院	民事	89年4期
切实保障当事人充分行使上诉权	陈志宏	都匀市人民法院	民事	89年4期
略论民事诉讼中的和解	张　建	贵州省高级人民法院	民事	89年5期
当事人应当全面承担举证责任	马振英	遵义市人民法院	民事	89年5期
浅议对事实重婚的认定和事实重婚的处理	王玉玺 田永进	贵州省高级人民法院	民事	89年6期
认真贯彻执行婚姻法是改革少数民族婚姻习俗的根本措施	赵国栋	镇宁布依族苗族自治县人民法院	民事	89年6期
谈谈宣告死亡与民事权利能力终止问题	王德尧	黔南布依族苗族自治州中级人民法院	民事	89年6期
如何提高民事二审结案率	王奇辉	遵义地区中级人民法院	民事	89年6期
略论股份制企业的兴起与实践中应注意的问题	周克勤	贵州省高级人民法院	经济	89年1期
浅谈“依法治贷”的几个问题	刘红霞 周鲁夫	遵义地区中级人民法院	经济	89年2期
试析对私营企业的法律保护	彭厚信	贵州省高级人民法院	经济	89年2期
经济、行政、法律手段三结合，综合治贷效果好	梁山钰 罗　刚	遵义县人民法院	经济	89年3期

论文题目	作者	单位	类别	刊期
浅析《经济合同法》的主体	周克勤	贵州省高级人民法院	经济	89年3期
保全措施在我国专利侵权诉讼中的适用	唐伟宁	贵州省高级人民法院	经济	89年6期
审理行政上诉、复核案件的作法和体会		贵阳市中级人民法院行政庭	行政	89年2期
对一起不服森林法处罚的行政案件的剖析	戴敬嘉	息烽县人民法院	行政	89年5期
对行政审判工作中几个问题的探讨	刘身修 朱仕芬 吴旭东	贵州省高级人民法院	行政	89年5期
谈行政诉讼不停止执行原则及例外规定	黄尚恒	六盘水市中级人民法院	行政	89年5期
行政赔偿之诉争议	林意琼	道真县人民法院	行政	89年6期
浅谈人民法院要全方位地参加对社会治安的综合治理	查　英 罗　宁	贵州省高级人民法院	其他	89年1期
司法建议书的制作应规范化	姚登云	三穗县人民法院	其他	89年2期
当事人在案件审理期间已履行义务，人民法院可不另行制作结案文书	王廷友	湄潭县人民法院	其他	89年2期
浅论人民法院人事制度的改革	黄尚恒	六盘水市中级人民法院	其他	89年2期
对遵义地区人民法庭现状的调查		遵义地区中级人民法院研究室	其他	89年3期

第十三部分　其　他

一、名　单

最高人民法院

1989年最高人民法院院长、副院长名单

院　长　任建新
副院长　华联奎　林　准　祝铭山　马　原
党组纪检组组长　项　华

1989年最高人民法院审判委员会委员名单

任建新　华联奎　林　准　祝铭山　马　原　张　懋　唐德华　周道鸾　费宗祎
宋雅亭　彭树华　李国堂

1989年最高人民法院审判员名单

（以姓氏笔划为序）

丁振东　于连泽　马孝樵　马　健
王玉琦　王永成　王春清　王观强
王永承　王茂琛　王　奇　方　磊
尹德政　文慧芳　孔淑华　毛维栋
井玉章　邓紫芳　付　刊　甘明秀
石同文　刘亚力　刘效柳　刘稚茗
刘淑琴　刘国宏　刘振寰　刘素琴
刘崇政　汤鸿沛　许孔敏　许丽生
许金怀　师惠芳　朱　富　孙宗灏
孙家平　孙奎元　孙泊生　孙宗湘
孙世光　江政杰　李玉成　李清友
李俊文　李逢春　李武清　李明惠
李梦陶　李国勤　李　僧　李天顺
李鸿铎　李沛成　李世敏　李　铎
李国堂　宋鑫春　宋雅亭　辛玉淮
沈　健　沈关生　张国栋　张宝臣
张　懋　张耀良　张志刚　张文学
张玉民　张　善　张　敏　张统桢
张　锟　张辛陶　何国勋　余齐兴
苏　庆　肖永真　肖凤云　时泽三
吴洵松　吴顺如　陈嘉宾　陈文浩
陈业珍　陈钦一　陈志明　杨洪逵

杨诗厚　杨　伟　杨金其　杨克佃
杨宝英　杨富年　杨学良　易陆恒
庞一村　周道鸾　周贤奇　郑恒顺
郑　敏　林惠农　林振新　岳齐德
胡久远　南　英　郭志文　郭振江
封　源　费宗祎　奚晓明　唐德华
唐国忠　秦　蛛　贾振江　贾建斌
徐沛然　阎承铸　黄　杰　黄仁贤
黄赤东　崔盛远　曹锡波　梁宝俭
梁书文　盖风歧　彭树华　彭士翔
董成钰　董清泽　蒋秉瀛　童振华
解士明　潘维煌　魏庆岳　籍树理

1989年最高人民法院各部门负责人名单

（排列不分先后）

刑事审判第一庭

庭长宋鑫春　副庭长陈嘉宾　王永成

刑事审判第二庭

庭长宋雅亭　副庭长张志刚　杨克佃

民事审判庭

庭长唐德华　副庭长周贤奇

经济审判庭

庭长孙宗灏　副庭长黄赤东　肖永真（兼）

告诉申诉审判庭

庭长（缺）　副庭长张玉民　文惠芳

交通运输审判庭

庭长李国堂

行政审判庭

庭长黄　杰

研究室

主任周道鸾　副主任梁书文　陈建国

人事厅

厅长项　华（兼）副厅长陈之玮　潘克靖

司法行政厅

厅长王连义　副厅长蒋福康

纪律检查组

组长项　华（兼）　副组长赵雪瀛　杨树庄

机关党委

书记马　原（兼）　副书记刘培勤　许金怀

老干部局

局长毛维栋　副局长顾元良

办公厅

主任李玉成　副主任张力理

机关事务管理局

局长闫承铸　副局长孙俊奇　刘　文

外事局

局长肖永真　副局长籍树理

人民法院出版社

社长、总编回沪明　副社长方成志
副总编殷惟德　童秀峰　娄必允

全国法院干部业余法律大学

校长任建新（兼）　副校长单长宗　陈肇彬

中国高级法官培训中心

办公室主任单长宗　副主任白　冰
李德仁　付旭梅

地方各级人民（专门）法院

北京市高级人民法院院长、副院长名单

院　长　刘云峰

副院长　孙常立　唐占蕴　傅志人

北京市中级、基层人民法院院长名单

北京市中级人民法院院长　**纪树翰**

东城区人民法院院长　贾致云

西城区人民法院院长　李养田

崇文区人民法院院长　李　涛

宣武区人民法院院长　陈桂林

海淀区人民法院院长　左　兵

石景山区人民法院院长　臧克诺

朝阳区人民法院院长　黄亚丽

门头沟区人民法院院长　晁秉荣

丰台区人民法院院长　吴金良

房山区人民法院院长　周智勇

通　县人民法院院长　熊国铎

昌平县人民法院院长　林永振

大兴县人民法院院长　张德隆

怀柔县人民法院院长　田广伶

密云县人民法院院长　李树清

延庆县人民法院院长　刘明耀

平谷县人民法院院长　王定武

顺义县人民法院院长　刘福田

北京铁路运输中级法院院长　**田今贵**

北京铁路运输法院院长　黄维三

天津铁路运输法院院长　时振河

石家庄铁路运输法院院长　刘　琦

大同铁路运输法院院长　葛文煜

太原铁路运输法院院长　刘　泾

临汾铁路运输法院院长　张俊卿

天津市高级人民法院院长、副院长名单

院　长　王永臣

副院长　徐脉岺　薛尚恩　乔宏起

天津市中级、基层人民法院院长名单

天津市中级人民法院院长　**王存山**

和平区人民法院院长　刘震远

河西区人民法院院长　宋振宇

河东区人民法院院长　袁振标

河北区人民法院院长　陈永德
红桥区人民法院院长　秦洪飞
南开区人民法院院长　邬子玉
东郊区人民法院院长　李维明
西郊区人民法院院长　兰瑞福
南郊区人民法院院长　冯子泉
北郊区人民法院院长　赵玉成
塘沽区人民法院院长　常守忠
汉沽区人民法院院长　邵云光
大港区人民法院院长　王国栋
武清县人民法院院长　张印亭
宝坻县人民法院院长　高永荣
蓟　县人民法院院长　张　怀
宁河县人民法院院长　王会友
静海县人民法院院长　刘振国
天津市海事法院院长　张玉福

河北省高级人民法院院长、副院长名单

院　长　李永进
副院长　王毓恭　马　达　韩根福　代瑞林

河北省各中级、基层人民法院院长名单

石家庄市中级人民法院院长　赵广玉
长安区人民法院院长　张廷元
桥东区人民法院院长　纪志平
桥西区人民法院院长　董建义
新华区人民法院院长　刘扶祥
郊　区人民法院院长　聂富珍(女)
井陉矿区人民法院院长　梁同桥
井陉县人民法院院长　张卫平
获鹿县人民法院院长　李建华
正定县人民法院院长　马鹤飞
栾城县人民法院院长　张中枢
唐山市中级人民法院院长　李　青
路南区人民法院院长　吴书先
路北区人民法院院长　于　忠
东矿区人民法院院长　赵景斌
开平区人民法院院长　于幼禾
新　区人民法院院长　于永志
丰润县人民法院院长　谷守三
丰南县人民法院院长　白庆龙
滦　县人民法院院长　陈秀英(女)
滦南县人民法院院长　田长站
乐亭县人民法院院长　李荫藩
迁安县人民法院院长　张凤廷
迁西县人民法院院长　赵万海
遵化县人民法院院长　刘凤岐
玉田县人民法院院长　吴成堡
唐海县人民法院院长　王继冬
秦皇岛市中级人民法院院长　孙志宏
海港区人民法院院长　孙盘柱
山海关区人民法院院长　曹洪祥
北戴河区人民法院院长　李奎三
青龙满族自治县人民法院院长　李悦堂
昌黎县人民法院院长　冯春甫
抚宁县人民法院院长　徐子良
卢龙县人民法院院长　贾庭润
邯郸市中级人民法院院长　米振翔
邯山区人民法院院长　李守高
丛台区人民法院院长　杨延岭
复兴区人民法院院长　柴　坚
峰峰矿区人民法院院长　俞振荣
邯郸县人民法院院长　李国献

武安市人民法院院长　刘化明
邢台市中级人民法院院长　赵其信
桥东区人民法院院长　田兆贵
桥西区人民法院院长　李万苏
邢台县人民法院院长　吴国光
保定市中级人民法院院长　殷宝柱
新市区人民法院院长　柴志民
北市区人民法院院长　杨春辉
南市区人民法院院长　赵同磊
满城县人民法院院长　宋景泽
清苑县人民法院院长　丛国栋
张家口市中级人民法院院长　侯德宝
桥东区人民法院院长　霍长寿
桥西区人民法院院长　张吉祥
宣化区人民法院院长　尹占元
下花园区人民法院院长　刘卫平
宣化县人民法院院长　王德山
承德市中级人民法院院长　汪志超
双桥区人民法院院长　王泽悦
双滦区人民法院院长　王俊山
鹰手营子矿区人民法院院长　杨佑生
承德县人民法院院长　宋志刚
沧州市中级人民法院院长　刘　学
新华区人民法院院长　周文海
运河区人民法院院长　刘景书
沧　县人民法院院长　王云起
青　县人民法院院长　刘树林
廊坊市中级人民法院院长　马汝山
安次区人民法院院长　关泽润
三河县人民法院院长　魏伟业
大厂回族自治县人民法院院长　李惠生
香河县人民法院院长　张殿相
永清县人民法院院长　焦建设
固安县人民法院院长　邓清海
霸州市人民法院院长　牛树勋
文安县人民法院院长　吴常秋
大城县人民法院院长　刘培基
邯郸地区中级人民法院院长　侯兴旺
大名县人民法院院长　曹树丰
魏　县人民法院院长　申全喜
曲周县人民法院院长　王长彬
丘　县人民法院院长　王振刚
鸡泽县人民法院院长　李振西
肥乡县人民法院院长　安学武
广平县人民法院院长　赵冠卿
成安县人民法院院长　柳英材
临漳县人民法院院长　杜德修
磁　县人民法院院长　李振河
涉　县人民法院院长　马以岭
永年县人民法院院长　朱　伦
馆陶县人民法院院长　李占朝
邢台地区中级人民法院院长　董增生
南宫市人民法院院长　马书印
沙河市人民法院院长　李双奇
临城县人民法院院长　王宪忠
内丘县人民法院院长　杨培珍
柏乡县人民法院院长　王建民
隆尧县人民法院院长　杨金锁
任　县人民法院院长　刘德凡
南和县人民法院院长　刘雪成
宁晋县人民法院院长　刘恒正
巨鹿县人民法院院长　刘再坦
新河县人民法院院长　曹中月
广宗县人民法院院长　乔春然
平乡县人民法院院长　刘存生
威　县人民法院院长　李书江
清河县人民法院院长　刘红臣
临西县人民法院院长　任习旺
石家庄地区中级人民法院院长　马振国
辛集市人民法院院长　曹藏栓
晋　县人民法院院长　赵双德
深泽县人民法院院长　高建文
无极县人民法院院长　王瑞生
藁城市人民法院院长　王吉庆
赵　县人民法院院长　姜欣河
新乐县人民法院院长　张凤和
高邑县人民法院院长　张田灵
元氏县人民法院院长　王学诗

赞皇县人民法院院长 杨成章
平山县人民法院院长 马经林
灵寿县人民法院院长 刘墨华
行唐县人民法院院长 朱惠保
保定地区中级人民法院院长 高俊国
定州市人民法院院长 史志福
易 县人民法院院长 陈贵智
徐水县人民法院院长 韦树贤
涞源县人民法院院长 孙 儒
定兴县人民法院院长 高洪涛
完 县人民法院院长 杨春生
唐 县人民法院院长 耿 倬
望都县人民法院院长 杜洪昌
涞水县人民法院院长 王连魁
涿州市人民法院院长 谢玉树
高阳县人民法院院长 张国兴
安新县人民法院院长 何忠俭
雄 县人民法院院长 李士春
容城县人民法院院长 刘平安
新城县人民法院院长 董志敬
曲阳县人民法院院长 刘国栋
阜平县人民法院院长 刘金琢
安国市人民法院院长 吕振杰
博野县人民法院院长 周方元
蠡 县人民法院院长 李洪楷
张家口地区中级人民法院院长 马 魁
张北县人民法院院长 黄 亮
康保县人民法院院长 赵 枝
沽源县人民法院院长 韩 彬
尚义县人民法院院长 段恩济
蔚 县人民法院院长 孙桂林
阳原县人民法院院长 李 明
怀安县人民法院院长 冯佃林
万全县人民法院院长 宋嘉业
怀来县人民法院院长 李有庆
涿鹿县人民法院院长 白俊英
赤城县人民法院院长 张树森
崇礼县人民法院院长 王中平
承德地区中级人民法院院长 王学志
宽城满族自治县人民法院院长 李 贵
兴隆县人民法院院长 苏世馥
平泉县人民法院院长 刘守卿
滦平县人民法院院长 王 太
丰宁满族自治县人民法院院长 李振国
隆化县人民法院院长 张喜朋
围场满族蒙古族自治县人民法院院长 陈志新
沧州地区中级人民法院院长 郭岱宗
泊头市人民法院院长 刘志国
任丘市人民法院院长 南天冷
河间县人民法院院长 高忠武
肃宁县人民法院院长 张学忠
献 县人民法院院长 陈卫东
吴桥县人民法院院长 曹坤祯
东光县人民法院院长 张树志
南皮县人民法院院长 李保景
盐山县人民法院院长 范金城
黄骅市人民法院院长 吴学和
孟村回族自治县人民法院院长 杨学普
衡水地区中级人民法院院长 王立铭
衡水市人民法院院长 曹玉顺
冀 县人民法院院长 都学功
枣强县人民法院院长 马奎波
武邑县人民法院院长 金海池
深 县人民法院院长 刘振峰
武强县人民法院院长 李庆书
饶阳县人民法院院长 李希凯
安平县人民法院院长 张玉轩
故城县人民法院院长 卢振忠
景 县人民法院院长 单继忠
阜城县人民法院院长 杨成栓

山西省高级人民法院院长、副院长名单

院　长　赵耀仁

副院长　李玉臻　任　峰　王世荣

山西省各中级、基层人民法院院长名单

太原市中级人民法院院长　韩保国
北城区人民法院院长　王世清
南城区人民法院院长　范增温
河西区人民法院院长　李　增
北郊区人民法院院长　李兆林
南郊区人民法院院长　周根忠
清徐县人民法院院长　张　骅
阳曲县人民法院院长　王树塘
娄烦县人民法院院长　张全生
古交市人民法院院长　温天祥
大同市中级人民法院院长　刘新康
城　区人民法院院长　管　通
矿　区人民法院院长　邸润楼
新荣区人民法院院长　李润科
南郊区人民法院院长　李　芬
阳泉市中级人民法院院长　高根楼
城　区人民法院院长　暴志祥
郊　区人民法院院长　侯　艾
矿　区人民法院院长　王立明
盂　县人民法院院长　张荣福
平定县人民法院院长　潘维田
长治市中级人民法院院长　罗庆田
郊　区人民法院院长　陈继志
城　区人民法院院长　武成尧
平顺县人民法院院长　王　刚
壶关县人民法院院长　阎有才
长子县人民法院院长　李保才
沁　县人民法院院长　王运忠
武乡县人民法院院长　梁新春
黎城县人民法院院长　王茂安
屯留县人民法院院长　张宝珠
襄垣县人民法院院长　张水贤
沁源县人民法院院长　郭德功
潞城县人民法院院长　张龙富
长治县人民法院院长　王成群
晋城市中级人民法院院长　史一大
城　区人民法院院长　魏浩富
郊　区人民法院院长　赵德锁
高平县人民法院院长　刘学斌
阳城县人民法院院长　宋培荣
陵川县人民法院院长　史光彬
沁水县人民法院院长　王秉诚
雁北地区中级人民法院院长　力大才
浑源县人民法院院长　王　瑜
广灵县人民法院院长　郑　伟
怀仁县人民法院院长　刘学文
灵邱县人民法院院长　曾　海
应　县人民法院院长　孙万羡
阳高县人民法院院长　曹　忠
大同县人民法院院长　杨永庆
左云县人民法院院长　左世忠
天镇县人民法院院长　冯汉喜
右玉县人民法院院长　兰　勇
朔州市中级人民法院院长　郑　福
朔城区人民法院院长　胡　清
平鲁区人民法院院长　温振宇
山阴县人民法院院长　吴明全
忻州地区中级人民法院院长　王德本
忻州市人民法院院长　赵科文
保德县人民法院院长　赵秉宽
五台县人民法院院长　张福章
静乐县人民法院院长　姚艾全

定襄县人民法院院长　张志彬
原平县人民法院院长　寇　敏
繁峙县人民法院院长　赵文理
代　县人民法院院长　孔庆德
神池县人民法院院长　赵　斌
五寨县人民法院院长　李富林
岢岚县人民法院院长　阎玉印
河曲县人民法院院长　贾栋梁
偏关县人民法院院长　刘　雨
宁武县人民法院院长　刘　崑

晋中地区中级人民法院院长　翟治銮

和顺县人民法院院长　李保仓
昔阳县人民法院院长　陈来喜
介休县人民法院院长　黄树福
太谷县人民法院院长　王联国
灵古县人民法院院长　边生堂
榆社县人民法院院长　张亮明
寿阳县人民法院院长　赵生瑞
平遥县人民法院院长　董清威
祁　县人民法院院长　王玉昌
左权县人民法院院长　常海亮
榆次市人民法院院长　张效先

吕梁地区中级人民法院院长　黄　杰

交城县人民法院院长　阎振书
交口县人民法院院长　杜贵清
中阳县人民法院院长　任俊元
柳林县人民法院院长　赵毓信
临　县人民法院院长　薛万民
方山县人民法院院长　阎维珍
岚　县人民法院院长　陈元田
石楼县人民法院院长　李怀有
离石县人民法院院长　李振耀
孝义县人民法院院长　宋　军
兴　县人民法院院长　宋贵桂
汾阳县人民法院院长　关正太
文水县人民法院院长　韩廷玉

临汾地区中级人民法院院长　杨端午

临汾市人民法院院长　孙进才
浮山县人民法院院长　刘维玉
汾西县人民法院院长　张长顺
洪洞县人民法院院长　高生贵
安泽县人民法院院长　王耀富
大宁县人民法院院长　张有宁
隰　县人民法院院长　陈德荣
霍　县人民法院院长　要振山
蒲　县人民法院院长　杜忍祥
吉　县人民法院院长　白奇章
曲沃县人民法院院长　梁　辉
乡宁县人民法院院长　刘益虎
襄汾县人民法院院长　王宏艾
翼城县人民法院院长　李文生
古　县人民法院院长　秦仰云
永和县人民法院院长　张维屏
侯马市人民法院院长　李文栋

运城地区中级人民法院院长　吕喜凤

运城市人民法院院长　董新力
闻喜县人民法院院长　石正民
永济县人民法院院长　杨芝敏
临猗县人民法院院长　杨得志
绛　县人民法院院长　王忠惠
芮城县人民法院院长　李同科
平陆县人民法院院长　畅教成
夏　县人民法院院长　李文先
稷山县人民法院院长　黄银效
河津县人民法院院长　任喜章
万荣县人民法院院长　党增民
新绛县人民法院院长　张因焕
垣曲县人民法院院长　冯道旺

内蒙古自治区高级人民法院院长、副院长名单

院　长　杨达赖

副院长　张　杰　赵建勋

内蒙古自治区各中级、基层人民法院院长名单

呼和浩特市中级人民法院院长　郝　民

新城区人民法院院长　云伟秀

回民区人民法院院长　唐　谦

玉泉区人民法院院长　贺希格

郊　区人民法院院长　姚希臣

土默特左旗人民法院院长　张永德

托克托县人民法院院长　魏福义

包头市中级人民法院院长　巴图仓

东河区人民法院院长　王仲良

昆都仑区人民法院院长　赵有成

青山区人民法院院长　席　俊

石拐矿区人民法院院长　周国全

白云矿区人民法院院长　曹振昌

郊　区人民法院院长　白来德

土默特右旗人民法院院长　王海仁

固阳县人民法院院长　李志荣

乌海市中级人民法院院长　贾广元

海渤湾区人民法院院长　张乃亭

海南区人民法院院长　杨培荣

乌达区人民法院院长　何德华

赤峰市中级人民法院院长　桃格图

红山区人民法院院长　齐开宇

元宝山区人民法院院长　陈际庄

郊　区人民法院院长　杨俊岐

阿鲁科尔沁旗人民法院院长　阿木尔

巴林左旗人民法院院长　刁占春

巴林右旗人民法院院长　鲍云铎

林西县人民法院院长　王震山

克什克腾旗人民法院院长　武希坡

翁牛特旗人民法院院长　嘎日布

喀喇沁旗人民法院院长　李德龙

宁城县人民法院院长　王国清

敖汉旗人民法院院长　杨雨宽

乌兰察布盟中级人民法院院长　马　泰

集宁市人民法院院长　安文义

武川县人民法院院长　王进文

和林格尔县人民法院院长　王　凯

清水河县人民法院院长　云　维

卓资县人民法院院长　李俊杰

化德县人民法院院长　常　军

商都县人民法院院长　张朝云

兴和县人民法院院长　孟祥多

丰镇县人民法院院长　冯世礼

凉城县人民法院院长　王尚政

察哈尔右翼前旗人民法院院长　李　俊

察哈尔右翼中旗人民法院院长　云成玉

察哈尔右翼后旗人民法院院长　桂　旺

达尔罕茂明安联合旗人民法院院长　沙楚鲁

四子王旗人民法院院长　李文明

锡林郭勒盟中级人民法院院长　那顺巴雅尔

二连浩特市人民法院院长　高　娃

锡林浩特市人民法院院长　陈国栋

阿巴嘎旗人民法院院长　陈显明

苏尼特左旗人民法院院长　那木吉拉其仁

苏尼特右旗人民法院院长　晨　阳
东乌珠穆沁旗人民法院院长　佟　山
西乌珠穆沁旗人民法院院长　塔海青
太仆寺旗人民法院院长　张镇山
镶黄旗人民法院院长　赛音格日勒
正镶白旗人民法院院长　崔建国
正兰旗人民法院院长　吉格木德
多伦县人民法院院长　郭第一
呼伦贝尔盟中级人民法院院长　山　虎
海拉尔市人民法院院长　梁双和
满洲里市人民法院院长　周自礼
扎兰屯市人民法院院长　丁振杰
牙克石市人民法院院长　吴炳新
阿荣旗人民法院院长　张玉卿
莫力达瓦达斡尔族自治旗
人民法院院长　德殿臣
额尔古纳右旗人民法院院长　辛德勇
额尔古纳左旗人民法院院长　王　凯
鄂伦春族自治旗人民法院院长　王纪祥
鄂温克族自治旗人民法院院长　涂金亭
新巴尔虎右旗人民法院院长　关格尔
新巴尔虎左旗人民法院院长　敖其尔
陈巴尔虎旗人民法院院长　色音敖其尔
哲里木盟中级人民法院院长　楚古拉
通辽市人民法院院长　白玉良
霍林郭勒市人民法院院长　郭玉忠
科尔沁左翼中旗人民法院院长　吴宝生
科尔沁左翼后旗人民法院院长　色　音
开鲁县人民法院院长　张启云
库伦旗人民法院院长　王金宝
奈曼旗人民法院院长　王玉琢
扎鲁特旗人民法院院长　尤　福
伊克昭盟中级人民法院院长　张世杰
东胜市人民法院院长　杨文华
达拉特旗人民法院院长　王建国
准格尔旗人民法院院长　李俊良
鄂托克前旗人民法院院长　黄殿臣
鄂托克旗人民法院院长　郝寿庆
杭锦旗人民法院院长　云朝克
乌审旗人民法院院长　敖日布
伊金霍洛旗人民法院院长　周新民
巴彦淖尔盟中级人民法院院长　王益三
临河市人民法院院长　李玉山
五原县人民法院院长　于凤吉
磴口县人民法院院长　毛守忠
乌拉特前旗人民法院院长　苗发旺
乌拉特中旗人民法院院长　通拉嘎
乌拉特后旗人民法院院长　朝格图
杭锦后旗人民法院院长　白清珍
阿拉善盟中级人民法院院长　恩　和
阿拉善左旗人民法院院长　陈德荣
阿拉善右旗人民法院院长　达　赖
额济纳旗人民法院院长　巴拉吉尔
兴安盟中级人民法院院长　赵宝音
乌兰浩特市人民法院院长　包振声
科尔沁右翼前旗人民法院院长　王文学
科尔沁右翼中旗人民法院院长　色　音
扎赉特旗人民法院院长　武　成
突泉县人民法院院长　韩　平
呼和浩特铁路运输中级法院院长　曹书龄
包头铁路运输法院院长　曲世茂
集宁铁路运输法院院长　陈胜才

辽宁省高级人民法院院长、副院长名单

院　长　张焕文
副院长　范方平　孙谷源　卜维义　刘广明

辽宁省各中级、基层人民法院院长名单

沈阳市中级人民法院院长　刘　实(代)
和平区人民法院院长　刘瑞林
铁西区人民法院院长　柴玉玺
沈河区人民法院院长　陶焕义
大东区人民法院院长　吕桂林
皇姑区人民法院院长　苏德全
东陵区人民法院院长　郭尚文
于洪区人民法院院长　李　丹
苏家屯区人民法院院长　孙文彬
新城子区人民法院院长　王景新
新民县人民法院院长　许汝骧
辽中县人民法院院长　许贵顺(代)
大连市中级人民法院院长　谷振春
中山区人民法院院长　刘玉兴
西岗区人民法院院长　刘延圣
沙河口区人民法院院长　吕　毅
甘井子区人民法院院长　王治亮
金州区人民法院院长　石善庆
旅顺口区人民法院院长　王承业
瓦房店市人民法院院长　杨家海
新金县人民法院院长　高文东
庄河县人民法院院长　于俊仕
长海县人民法院院长　石嘉任
鞍山市中级人民法院院长　王玉琴
铁东区人民法院院长　董精卫
铁西区人民法院院长　鞠远华
立山区人民法院院长　卢景山
旧堡区人民法院院长　金荣林
海城市人民法院院长　侯　芳
台安县人民法院院长　庞显德
抚顺市中级人民法院院长　张明学
新抚区人民法院院长　韩兴国
望花区人民法院院长　艾天合
露天区人民法院院长　王宝峰
顺城区人民法院院长　吴汉铮
抚顺县人民法院院长　张进之
新宾满族自治县人民法院院长　张景华
清原满族自治县人民法院院长　罗福才
本溪市中级人民法院院长　王德生
溪湖区人民法院院长　姜英才
明山区人民法院院长　王君臣
平山区人民法院院长　徐士利
南芬区人民法院院长　李俊清
桓仁满族自治县人民法院院长　徐延波
本溪满族自治县人民法院院长　梁学典
丹东市中级人民法院院长　李凌奎
振兴区人民法院院长　马富兴
元宝区人民法院院长　康福运
振安区人民法院院长　申永连
东沟县人民法院院长　王锦铠
凤城满族自治县人民法院院长　刘玉芳
宽甸满族自治县人民法院院长　王崇政
岫岩满族自治县人民法院院长　张永富
锦州市中级人民法院院长　刘占一
古塔区人民法院院长　王瑞璞
凌河区人民法院院长　杨树棠
葫芦岛区人民法院院长　陈克坚
太和区人民法院院长　张　文
南票区人民法院院长　郑国成
锦西市人民法院院长　袁守本
兴城市人民法院院长　李维国
绥中县人民法院院长　牛国枢
锦县人民法院院长　刘孝斌
义县人民法院院长　杨树庄
北镇满族自治县人民法院院长　陆万才
黑山县人民法院院长　苏永馥
营口市中级人民法院院长　凌宝石
西市区人民法院院长　戚长柱
老边区人民法院院长　李洪学
鲅鱼圈区人民法院院长　关恒勋

站前区人民法院院长　张运波
营口县人民法院院长　包国民
盖县人民法院院长　花荣清
阜新市中级人民法院院长　张永奇
海州区人民法院院长　孔繁魁
新邱区人民法院院长　吉树林
细河区人民法院院长　张克俭
清河门区人民法院院长　贾义杰
太平区人民法院院长　焦世贤
彰武县人民法院院长　王久田
阜新蒙古族自治县人民法院院长　齐耀中
辽阳市中级人民法院院长　王浩川
文圣区人民法院院长　张恩厚
白塔区人民法院院长　兰　涛
宏伟区人民法院院长　黎户生
太子河区人民法院院长　李景德
弓长岭区人民法院院长　王佳臣
辽阳县人民法院院长　白纯礼
灯塔县人民法院院长　尚惠春
铁岭市中级人民法院院长　关俊令
银州区人民法院院长　付熙栋
清河区人民法院院长　刘国清
铁法市人民法院院长　齐树太
铁岭县人民法院院长　邓永铁
开原市人民法院院长　佟文耀
昌图县人民法院院长　白金林
西丰县人民法院院长　赵吉弟
法库县人民法院院长　杨殿元
康平县人民法院院长　于万波
盘锦市中级人民法院院长　刘永祯
双台子区人民法院院长　李万杰
兴隆台区人民法院院长　修治文
大洼县人民法院院长　管凤翔
盘山县人民法院院长　冯国栋
朝阳市中级人民法院院长　李　玉
龙城区人民法院院长　朱绍友
双塔区人民法院院长　张健羽
北票市人民法院院长　祁献瑜
朝阳县人民法院院长　王　达
建平县人民法院院长　邓其林
喀喇沁左翼蒙古族自治县人民法院院长　刘桂林
凌源县人民法院院长　姜允臣
建昌县人民法院院长　闫殿义
大连海事法院院长　曲学雯
辽河油田中级法院院长　杨惠源
沈阳铁路运输中级法院院长　王卿义（代）
沈阳铁路运输法院院长　刘绍发
大连铁路运输法院院长　金木森
丹东铁路运输法院院长　傅连恩
锦州铁路运输法院院长　刘贵忠
长春铁路运输法院院长　任俊发
吉林铁路运输法院院长　李忠保
图们铁路运输法院院长　郭增富
通化铁路运输法院院长　何胜斌
通辽铁路运输法院院长　张　霖

吉林省高级人民法院院长、副院长名单

院　长　谢安山
副院长　李作善　张建国　冯守理　魏进发

吉林省各中级、基层人民法院院长名单

长春市中级人民法院院长 周澍澄
朝阳区人民法院院长 陈宝山
南关区人民法院院长 李占武
宽城区人民法院院长 贺继文
二道河子区人民法院院长 肖迎春
郊　区人民法院院长 肖瑞文
九台市人民法院院长 王运礼
榆树县人民法院院长 廉　欣
农安县人民法院院长 孙茂广
德惠县人民法院院长 张永年
双阳县人民法院院长 封文清
吉林市中级人民法院院长 黄友金
昌邑区人民法院院长 刘永和
船营区人民法院院长 张允海
龙潭区人民法院院长 王玉林
郊　区人民法院院长 刘　谦
桦甸市人民法院院长 朱常山
永吉县人民法院院长 车宝林
磐石县人民法院院长 王世和
舒兰县人民法院院长 张世录
蛟河市人民法院院长 董志远
四平市中级人民法院院长 王希安
铁东区人民法院院长 刘亚先
铁西区人民法院院长 刘莉杰(女)
公主岭市人民法院院长 王呈春
双辽县人民法院院长 崔振亚
梨树县人民法院院长 陈家祺
伊通满族自治县人民法院院长 蔡正华
通化市中级人民法院院长 李承楚
东昌区人民法院院长 牟心年
二道江区人民法院院长 崔兰成
通化县人民法院院长 葛吉林
集安市人民法院院长 孙文新
梅河口市人民法院院长 宋繁英
柳河县人民法院院长 牟振亚
辉南县人民法院院长 田吉善
白城地区中级人民法院院长 李　东
白城市人民法院院长 康锡福
洮南市人民法院院长 潘国栋
镇赉县人民法院院长 薛德茂
大安市人民法院院长 张广武
通榆县人民法院院长 邓治中
乾安县人民法院院长 许　葵
扶余市人民法院院长 王英三
前郭尔罗斯蒙古族自治县人民法院院长 格日勒图
长岭县人民法院院长 王喜芳(女)
延边朝鲜族自治州中级人民法院院长 尹寿范
延吉市人民法院院长 马青松
图们市人民法院院长 彭作声
敦化市人民法院院长 杨广海
龙井市人民法院院长 方金福
和龙县人民法院院长 李元范
珲春市人民法院院长 崔昌吉
安图县人民法院院长 张永龙
汪清县人民法院院长 吴殿臣
辽源市中级人民法院院长 穆立林
龙山区人民法院院长 李相林
西安区人民法院院长 姚庆宏
东丰县人民法院院长 林长发
东辽县人民法院院长 王选才
浑江市中级人民法院院长 修万增
八道江区人民法院院长 秦金城
临江区人民法院院长 宋庆余
三岔子区人民法院院长 程金耀
长白朝鲜族自治县人民法院院长 禹明善
靖宇县人民法院院长 旬生堂

抚松县人民法院院长 李演敦
浑江市中级人民法院分院院长 修万增(兼)
露水河林区基层法院院长 王克敏
泉阳林区基层法院院长 丁兆富
松江河林区基层法院院长 郭延忠
湾沟林区基层法院院长 台实禄
三岔子林区基层法院院长 刘学君
临江林区基层法院院长 朱纯玉
吉林市中级人民法院分院院长 周玉和
白石山林区基层法院院长 侯起林
红石林区基层法院院长 荆志强
延边朝鲜族自治州中级人民法院分院院长 朱昌积
和龙林区基层法院院长 李云发
八家子林区基层法院院长 申璇德
天桥岭林区基层法院院长 赵珠民
汪清林区基层法院院长 万盛魁
大兴沟林区基层法院院长 金锡基
敦化林区基层法院院长 李广真
黄泥河林区基层法院院长 刘　发
大石头林区基层法院院长 吴守田
白河林区基层法院院长 金春植

黑龙江省高级人民法院院长、副院长名单

院　长 唐兰亭
副院长 祁　哲　姚炳珠(女)　戴志强　李冠卿

黑龙江省各中级、基层人民法院院长名单

哈尔滨市中级人民法院院长 张英达
道里区人民法院院长 王永明
道外区人民法院院长 刘春阳
南岗区人民法院院长 刘士英
太平区人民法院院长 田振发
香坊区人民法院院长 杨学文
动力区人民法院院长 司志良
平房区人民法院院长 李绍仁
呼兰县人民法院院长 杨东周
阿城市人民法院院长 郭兴斌
齐齐哈尔市中级人民法院院长 王永泰
铁锋区人民法院院长 黄学文
建华区人民法院院长 姚文章
龙沙区人民法院院长 韩庆江
富拉尔基区人民法院院长 宋德恩
昂昂溪区人民法院院长 梁永祥
梅里斯区人民法院院长 刘汉良
碾子山区人民法院院长 李洪庭
龙江县人民法院院长 李福清
讷河县人民法院院长 刘占魁
依安县人民法院院长 (缺)
泰来县人民法院院长 邱成山
甘南县人民法院院长 朱洪文
富裕县人民法院院长 杜文明
林甸县人民法院院长 王殿龙
杜尔伯特蒙古族自治县人民法院院长 郭俊成
克山县人民法院院长 王喜林
拜泉县人民法院院长 李文尧
克东县人民法院院长 姚俊山
牡丹江市中级人民法院院长 孙文志
东安区人民法院院长 曹立柱
西安区人民法院院长 王树文
爱民区人民法院院长 栾国文

阳明区人民法院院长　齐　生
郊　区人民法院院长　于德泉
海林县人民法院院长　高　枫
虎林县人民法院院长　王海友
东宁县人民法院院长　姜　文
密山市人民法院院长　孙清义
宁安县人民法院院长　金莹晚
穆棱县人民法院院长　王振安
林口县人民法院院长　任延芝
绥芬河市人民法院院长　马贵君

佳木斯市中级人民法院院长　王生贵

东风区人民法院院长　孙清波
前进区人民法院院长　孙景和
向阳区人民法院院长　于士全
永红区人民法院院长　周贺玉
郊　区人民法院院长　石振彬
富锦市人民法院院长　李洪奎
桦南县人民法院院长　卢宝臣
依兰县人民法院院长　王守义
桦川县人民法院院长　于双民
宝清县人民法院院长　田明远
汤原县人民法院院长　刘长忠
同江市人民法院院长　马振国
饶河县人民法院院长　李允泰
抚远县人民法院院长　王洪昌
友谊县人民法院院长　姜士国

伊春市中级人民法院院长　杨国奎

伊春区人民法院院长　赵长山
南岔区人民法院院长　孙　庆
友好区人民法院院长　李志成
西林区人民法院院长　张振海
翠峦区人民法院院长　李广跃
新青区人民法院院长　蔡继武
美溪区人民法院院长　焦国太
金山屯区人民法院院长　周翠春
乌马河区人民法院院长　王世忠
汤旺河区人民法院院长　郭万春
乌伊岭区人民法院院长　梁维昌
上甘岭区人民法院院长　田　义
红星区人民法院院长　蔺思武
五营区人民法院院长　李学贵
带岭区人民法院院长　郝德生
铁力市人民法院院长　李　真
嘉荫县人民法院院长　孙秀利
郎乡林区基层法院院长　朱　英
桃山林区基层法院院长　张永庆
双丰林区基层法院院长　肖志广
铁力林区基层法院院长　李铁山

大庆市中级人民法院院长　詹世清

萨尔图区人民法院院长　吴长青
龙凤区人民法院院长　齐贵生
让胡路区人民法院院长　刘国璋
红岗区人民法院院长　秦殿文
大同区人民法院院长　周　太

鹤岗市中级人民法院院长　高士侠

向阳区人民法院院长　李立男
工农区人民法院院长　杨耀光
南山区人民法院院长　刘兰祝
兴安区人民法院院长　李宝玉
兴山区人民法院院长　羿士英
东山区人民法院院长　张克宁(女)
绥滨县人民法院院长　张沛所
萝北县人民法院院长　张全启

鸡西市中级人民法院院长　李永泰

鸡冠区人民法院院长　王树友
恒山区人民法院院长　刘凤勤
滴道区人民法院院长　张福水
梨树区人民法院院长　王刚吉
麻山区人民法院院长　孙英魁
城子河区人民法院院长　于洪武
鸡东区人民法院院长　周长海

双鸭山市中级人民法院院长　程显军

尖山区人民法院院长　周文明
岭东区人民法院院长　冯继臣
四方台区人民法院院长　于国军
宝山区人民法院院长　李守信
集贤区人民法院院长　王维克

七台河市中级人民法院院长　孙鹏飞

新兴区人民法院院长　孙明光
桃山区人民法院院长　李汉峰

茄子河区人民法院院长 张国华
勃利区人民法院院长 崔龙范
松花江地区中级人民法院院长 张文艳(女)
双城县人民法院院长 王树森
宾 县人民法院院长 詹 树
五常县人民法院院长 王安富
巴彦县人民法院院长 刘东源
木兰县人民法院院长 刘凤歧
通河县人民法院院长 王 彬
尚志市人民法院院长 韩树堂
方正县人民法院院长 姚海荣
延寿县人民法院院长 王凤翔
绥化地区中级人民法院院长 李冠云
绥化市人民法院院长 程振洲
海伦市人民法院院长 都兴业
庆安县人民法院院长 刘纯友
绥棱县人民法院院长 李业友
明水县人民法院院长 宿凤鸣
望奎县人民法院院长 李兴达
青冈县人民法院院长 尹 波
兰西县人民法院院长 吕 岩
安达市人民法院院长 王步余
肇东市人民法院院长 刘长亭
肇源县人民法院院长 崔兆荣
肇州县人民法院院长 高守志
黑河地区中级人民法院院长 姚锦峰
黑河市人民法院院长 常伟民
北安市人民法院院长 孙 彪
五大连池市人民法院院长 李 茂
嫩江县人民法院院长 门向阳
德都县人民法院院长 孙晋厦
逊克县人民法院院长 刘长源
孙吴县人民法院院长 纪贵仁
大兴安岭地区中级人民法院院长 关德信
呼中区人民法院院长 金 友
新林区人民法院院长 谭凤余
松岭区人民法院院长 宋德仁
加格达奇区人民法院院长 徐保林
呼玛县人民法院院长 孟昭田
塔河县人民法院院长 孙 军
漠河县人民法院院长 朱东祥
图强林区基层法院院长 王瑞强
阿木尔林区基层法院院长 白万华
十八站林区基层法院院长 王立青
松花江地区中级人民法院分院院长 王元恒
亚布力林区基层法院院长 宋德学
苇河林区基层法院院长 段恒德
兴隆林区基层法院院长 潘继增
清河林区基层法院院长 付 俊
方正林区基层法院院长 李 春
山河屯林区基层法院院长 许 生
通北林区基层法院院长 崔 志
沾河林区基层法院院长 毕少忠
绥棱林区基层法院院长 姜永泰
牡丹江市中级人民法院分院院长 邱洪泉
穆棱林区基层法院院长 王兴民
八面通林区基层法院院长 王玉琢
东方红林区基层法院院长 董 威
绥阳林区基层法院院长 和茂祥
东京城林区基层法院院长 解广义
海林林区基层法院院长 刘连生
柴河林区基层法院院长 杨雨山
林口林区基层法院院长 张德元
大海林林区基层法院院长 孙学连
迎春林区基层法院院长 王绪春
佳木斯市中级人民法院分院院长 谢 寻
桦南林区基层法院院长 陈希发
双鸭山林区基层法院院长 赵希华
鹤北林区基层法院院长 孙 峰
鹤立林区基层法院院长 张子祥
黑龙江省农垦中级法院院长 张广显
宝泉岭农垦法院院长 刘富久
建三江农垦法院院长 王福玉
红兴隆农垦法院院长 赵长青
九三农垦法院院长 宋跃宝
绥化农垦法院院长 武清华

嫩江农垦法院院长 洪龙久
牡丹江农垦法院院长 任万吉
北安农垦法院院长 王国栋
哈尔滨市铁路运输中级法院院长 张均先
哈尔滨市铁路运输法院院长 权宁珠
海拉尔铁路运输法院院长 陈宝贵
佳木斯铁路运输法院院长 于滕顺
牡丹江铁路运输法院院长 马学俊
齐齐哈尔铁路运输法院院长 夏德山
伊图里河铁路运输法院院长 魏世魁
加格达奇铁路运输法院院长 宋世中

上海市高级人民法院院长、副院长名单

院　长 顾念祖
副院长 李国光　惠熙荃

上海市中级、基层人民法院院长名单

上海市中级人民法院院长 姚赓麟
虹口区人民法院院长 沐本武
杨浦区人民法院院长 毛禹荻
闸北区人民法院院长 项振乐
普陀区人民法院院长 周力群
长宁区人民法院院长 曹加雄
徐汇区人民法院院长 乔宪志
卢湾区人民法院院长 李文池
南市区人民法院院长 戴殿科
黄浦区人民法院院长 范德芳
静安区人民法院院长 董瑞源
宝山区人民法院院长 蒋文魁
闵行区人民法院院长 郭景致
崇明县人民法院院长 尹在康
川沙县人民法院院长 范成元
南汇县人民法院院长 诸　平
奉贤县人民法院院长 陈寿容
金山县人民法院院长 谈林生
松江县人民法院院长 蒋方冰
青浦县人民法院院长 倪善德
嘉定县人民法院院长 周兆琪
上海县人民法院院长 张荣根
上海海事法院院长 谷正平
上海铁路运输中级法院院长 周胜奎（代）
上海铁路运输法院院长 张庆生
蚌埠铁路运输法院院长 张树武
南京铁路运输法院院长 刘世荣
杭州铁路运输法院院长 付向东
南昌铁路运输法院院长 王效华
福州铁路运输法院院长 林树屏（代）

江苏省高级人民法院院长、副院长名单

院　长　李佩佑

副院长　宋宝林　华加松　徐影清(女)

江苏省各中级、基层人民法院院长名单

南京市中级人民法院院长　黄顺生

玄武区人民法院院长　徐本兰(女)

白下区人民法院院长　黄伯超

秦淮区人民法院院长　肖　奇

建邺区人民法院院长　刘锡余

鼓楼区人民法院院长　姜谦成

下关区人民法院院长　刘练基

浦口区人民法院院长　尚玉刚

大厂区人民法院院长　贾永祥

雨花区人民法院院长　杨天祚

栖霞区人民法院院长　吴云炎

江宁县人民法院院长　张星原

江浦县人民法院院长　颜洪根

六合县人民法院院长　方正升

高淳县人民法院院长　毛万林

溧水县人民法院院长　朱健行

常州市中级人民法院院长　郭兴中

天宁区人民法院院长　袁龙法

钟楼区人民法院院长　蒋元兴

戚墅堰区人民法院院长　赵沛勇

郊　区人民法院院长　唐洪泉

武进县人民法院院长　朱庆惠

金坛县人民法院院长　蒋锡义

溧阳县人民法院院长　王永才

镇江市中级人民法院院长　李载华

京口区人民法院院长　周　英(女)

润州区人民法院院长　刘乐满

丹阳县人民法院院长　马锁柱

丹徒县人民法院院长　王立松

句容县人民法院院长　王良喜

扬中县人民法院院长　李荣福

淮阴市中级人民法院院长　尚　云

清河区人民法院院长　杜玉君(女)

清浦区人民法院院长　胡鹤鹏

涟水县人民法院院长　曹思奎

淮安县人民法院院长　纪照柏

盱眙县人民法院院长　陶安保

金湖县人民法院院长　韩兆春

泗阳县人民法院院长　丁华甫

淮阴县人民法院院长　王志发

洪泽县人民法院院长　严继福

沭阳县人民法院院长　王国泰

泗洪县人民法院院长　朱长庭

灌南县人民法院院长　周广德

宿迁县人民法院院长　胡建中

徐州市中级人民法院院长　张洪伟

鼓楼区人民法院院长　周永言

云龙区人民法院院长　朱德仁

矿　区人民法院院长　曹立章

贾汪区人民法院院长　杨　森

郊　区人民法院院长　郭凤桐

铜山县人民法院院长　董恒启

丰　县人民法院院长　李敬云

沛　县人民法院院长　刘兴远

邳　县人民法院院长　郭瑞玖

睢宁县人民法院院长　潘　力

新沂县人民法院院长　徐俊英
扬州市中级人民法院院长　吕立高
广陵区人民法院院长　杨　挥
郊　区人民法院院长　索洪才
邗江县人民法院院长　蒋玉光
仪征市人民法院院长　张玉林
江都县人民法院院长　朱　佑
泰州市人民法院院长　吴宝善
泰兴县人民法院院长　黄洪滨
泰　县人民法院院长　钱汉林
靖江县人民法院院长　孙学荣
兴化市人民法院院长　邓向明
高邮市人民法院院长　周　惠
宝应县人民法院院长　张德胤
苏州市中级人民法院院长　荀直中
沧浪区人民法院院长　徐桐炳
平江区人民法院院长　周曾铭
金阊区人民法院院长　陈希玉
郊　区人民法院院长　汪　涛
张家港市人民法院院长　辛元宝
吴江县人民法院院长　王泳生
昆山县人民法院院长　苏永堂
常熟市人民法院院长　苏宗德
吴　县人民法院院长　陈根兴
太仓县人民法院院长　倪忠旗
盐城市中级人民法院院长　李亚生
城　区人民法院院长　刘如亚
郊　区人民法院院长　刘伯民
响水县人民法院院长　岳效飞
滨海县人民法院院长　张开宇
阜宁县人民法院院长　王心远
射阳县人民法院院长　刘训侃
建湖县人民法院院长　曹　阳
大丰县人民法院院长　谭兴隆
东台县人民法院院长　徐存昌
南通市中级人民法院院长　徐　朋(女)
城　区人民法院院长　陈　熙
郊　区人民法院院长　汪树森
南通县人民法院院长　朱学飞
海门县人民法院院长　钱兰忠
启东县人民法院院长　徐沈黄
如东县人民法院院长　许荣发
如皋市人民法院院长　马道来
海安县人民法院院长　何克君
无锡市中级人民法院院长　徐　森
崇安区人民法院院长　牛　杰
南长区人民法院院长　王兆亭
北塘区人民法院院长　胡伯明
马山区人民法院院长　杨惠南
郊　区人民法院院长　穆冠生
无锡县人民法院院长　杨海石
江阴市人民法院院长　张洪兴
宜兴市人民法院院长　王金大
连云港市中级人民法院院长　周德音
新浦区人民法院院长　滕采勤(女)
海州区人民法院院长　李美年
云台区人民法院院长　黄守矩
连云区人民法院院长　黄松仁
赣榆县人民法院院长　刁金岭
东海县人民法院院长　邱永为
灌云县人民法院院长　王　军

浙江省高级人民法院院长、副院长名单

院　长　袁芳烈
副院长　刘焕之　孙　沧　丁燮富

浙江省各中级、基层人民法院院长名单

杭州市中级人民法院院长　林福民
上城区人民法院院长　钮洪奎
下城区人民法院院长　王自创
西湖区人民法院院长　汪登明
江干区人民法院院长　翁振明
拱墅区人民法院院长　曹文达
半山区人民法院院长　龚源良
余杭县人民法院院长　卢世英
萧山市人民法院院长　李纪祥
富阳县人民法院院长　汪锦汉
临安县人民法院院长　许永才
桐庐县人民法院院长　吴青红
淳安县人民法院院长　江德全
建德县人民法院院长　孙光清
宁波市中级人民法院院长　俞根法
北仑区人民法院院长　俞嘉民
海曙区人民法院院长　陈顺兴
江东区人民法院院长　朱大成
江北区人民法院院长　杜忠汾
镇海区人民法院院长　贺再梅
鄞　县人民法院院长　施伍盛
余姚市人民法院院长　陆福宝
慈溪市人民法院院长　张日堂
奉化市人民法院院长　丁阿运
象山县人民法院院长　陈玲娥(女)
宁海县人民法院院长　徐林光
温州市中级人民法院院长　陈志坚
鹿城区人民法院院长　张　林(代)
龙湾区人民法院院长　邹丽华(女)
瓯海县人民法院院长　王炳池
永嘉县人民法院院长　马宝善
瑞安市人民法院院长　吴坤弟
乐清县人民法院院长　万显哲
平阳县人民法院院长　朱思共
苍南县人民法院院长　李忠兴
泰顺县人民法院院长　吴用楠
文成县人民法院院长　王奎叶
洞头县人民法院院长　张美容
嘉兴市中级人民法院院长　赵均环
城　区人民法院院长　周富鹏
郊　区人民法院院长　刘长岚
嘉善县人民法院院长　王天明
平湖县人民法院院长　蒋明观
海宁市人民法院院长　高忠根
海盐县人民法院院长　张东良
桐乡县人民法院院长　吴迪修
湖州市中级人民法院院长　张志粟
城　区人民法院院长　余书泉
郊　区人民法院院长　王子荣
长兴县人民法院院长　方聚成
安吉县人民法院院长　夏家林
德清县人民法院院长　王洪益
绍兴市中级人民法院院长　王焕森
越城区人民法院院长　陈　英
绍兴县人民法院院长　张岳忠
上虞县人民法院院长　叶赤文
诸暨县人民法院院长　许根贤
新昌县人民法院院长　陶新民
嵊　县人民法院院长　温桃林
金华市中级人民法院院长　周岩芳
婺城区人民法院院长　丁炳富
金华县人民法院院长　屠荆璞
兰溪市人民法院院长　楼锡铮
东阳市人民法院院长　吴山海
磐安市人民法院院长　陈岩桂
义乌市人民法院院长　应仕赵
浦江县人民法院院长　杨品逸
永康县人民法院院长　朱岩溪
武义县人民法院院长　金德根
衢州市中级人民法院院长　卢锦良

柯城区人民法院院长　王贤达
衢　县人民法院院长　朱本武
龙游县人民法院院长　方荣根
开化县人民法院院长　王兴华
常山县人民法院院长　王英富
江山市人民法院院长　陈平水
丽水地区中级人民法院院长　陶谷宝
丽水市人民法院院长　杨宪英(女)
青田县人民法院院长　王祥连
云和县人民法院院长　吴　耀
缙云县人民法院院长　卢设坤
遂昌县人民法院院长　郑红炜(女)
松阳县人民法院院长　陈长康(代)
龙泉县人民法院院长　赖世荣
庆元县人民法院院长　吴易川
景宁畲族自治县人民法院院长　肖书凯
台州地区中级人民法院院长　沈德茂
临海市人民法院院长　卢立春
黄岩县人民法院院长　鲍保金
椒江市人民法院院长　钟　鸿
温岭县人民法院院长　孙　琦
天台县人民法院院长　周良宣
三门县人民法院院长　缪国强
仙居县人民法院院长　徐天福
玉环县人民法院院长　章学明
舟山市中级人民法院院长　赵正刚
定海区人民法院院长　张财丁
普陀区人民法院院长　翁继敏
岱山县人民法院院长　李崇伙
嵊泗县人民法院院长　李远东

安徽省高级人民法院院长、副院长名单

院　长　王成乐
副院长　樊　龙　韩云萍　万玉康

安徽省各中级、基层人民法院院长名单

合肥市中级人民法院院长　马建民
东市区人民法院院长　钟讲明
中市区人民法院院长　王锡俊
西市区人民法院院长　王文涛
郊　区人民法院院长　张培德
肥东县人民法院院长　杨尚勋
肥西县人民法院院长　李安稳
长丰县人民法院院长　郤治荣
芜湖市中级人民法院院长　唐新成
新芜区人民法院院长　孙志富
镜湖区人民法院院长　葛志江
马塘区人民法院院长　尹礼文
鸠江区人民法院院长　冯惠权
芜湖县人民法院院长　林书斌
繁昌县人民法院院长　金友华
南陵县人民法院院长　朱文辉
蚌埠市中级人民法院院长　徐政修
东市区人民法院院长　陈国庆
中市区人民法院院长　吴　渤
西市区人民法院院长　唐世俊
郊　区人民法院院长　李敬浩
怀远县人民法院院长　周玉和
蚌埠市五河县人民法院院长　张　岩

蚌埠市固镇县人民法院
院长　詹春恩
安庆市中级人民法院院长　程玉衡
大观区人民法院院长　陈守旺
迎江区人民法院院长　王定国
郊　区人民法院院长　汤昌南
潜山县人民法院院长　华心德
岳西县人民法院院长　储英高
望江县人民法院院长　方光文
太湖县人民法院院长　谢尚轩
怀远县人民法院院长　陈品一
枞阳县人民法院院长　王伯友
宿松县人民法院院长　黄振兴
桐城县人民法院院长　吴良生
淮南市中级人民法院院长　米丘兰
田家庵区人民法院院长　杜宗典
大通区人民法院院长　李才胜
谢家集区人民法院院长　陆明凡
八公山区人民法院院长　俞从贵
潘集区人民法院院长　张广斌
凤台县人民法院院长　丁祥山
淮北市中级人民法院院长　宋传国
相山区人民法院院长　崔义连
杜集区人民法院院长　陈作俊
烈山区人民法院院长　李守武
濉溪县人民法院院长　张化中
马鞍山市中级人民法院院长　蒋书曾
雨山区人民法院院长　武宏来
金家庄区人民法院院长　魏良华
向山区人民法院院长　曾恒宝
花山区人民法院院长　奚尚斌
当涂县人民法院院长　杨桂兰
铜陵市中级人民法院院长　张秉恒
铜官山区人民法院院长　杨辉宝
狮子山区人民法院院长　宋德田
郊　区人民法院院长　汤德寿
铜陵县人民法院院长　张文友
黄山市中级人民法院院长　张培田
黄山区人民法院院长　郑声满
中院屯溪区人民法院
院长　田绍文
徽州区人民法院院长　姚荣生
休宁县人民法院院长　俞益寿
歙　县人民法院院长　汪敬华
祁门县人民法院院长　江锡山
黟　县人民法院院长　吴忠之
阜阳地区中级人民法院院长　戴成信
阜阳市人民法院院长　郝祺祥
亳州市人民法院院长　施晓文
界首市人民法院院长　赵树堂
阜阳县人民法院院长　李东峰
颍上县人民法院院长　王冰清
阜南县人民法院院长　赵福胜
涡阳县人民法院院长　张维尧
临泉县人民法院院长　王好华
蒙城县人民法院院长　李学进
利辛县人民法院院长　张自民
太和县人民法院院长　尚　军
宿县地区中级人民法院院长　朱家云
宿州市人民法院院长　杜玉杰
宿　县人民法院院长　刘开斯
砀山县人民法院院长　房广德
萧　县人民法院院长　孙景信
灵璧县人民法院院长　戴文鹏
泗　县人民法院院长　裴　杰
六安地区中级人民法院院长　周方正
六安市人民法院院长　刘美南
六安县人民法院院长　马道才
寿　县人民法院院长　吴久扬
霍山县人民法院院长　陈昌友
金寨县人民法院院长　胡立基
霍山县人民法院院长　花圣茂
舒城县人民法院院长　蔡圣云
巢湖地区中级人民法院院长　马夫堂
巢湖市人民法院院长　邱克亮
和　县人民法院院长　汪新科
无为县人民法院院长　张宗明
含山县人民法院院长　程光源
庐江县人民法院院长　罗宏来

滁县地区中级人民法院院长 鹿立华

滁州市人民法院院长 马宗兴
全椒县人民法院院长 周存良
嘉山县人民法院院长 纵瑞来
定远县人民法院院长 石云南
天长县人民法院院长 何玉利
凤阳县人民法院院长 张传忠
来安县人民法院院长 李祖仁

宣城地区中级人民法院院长 张首先

宣州市人民法院院长 许圣仁
泾 县人民法院院长 吴玉才
郎溪县人民法院院长 岑玉鹿
广德县人民法院院长 王宗源
宁国县人民法院院长 任清水
绩溪县人民法院院长 冯家发
旌德县人民法院院长 铸则平

池州地区中级人民法院院长 姚鹤亭

贵池市人民法院院长 章新禧
石台县人民法院院长 刘建华
东至县人民法院院长 章志汉
青阳县人民法院院长 王家明

福建省高级人民法院院长、副院长名单

院 长 陈新秀
副院长 方忠炳 何晓芳

福建省各中级、基层人民法院院长名单

福州市中级人民法院院长 康 英（女）

鼓楼区人民法院院长 林忠夫
台江区人民法院院长 谢栋梁
仓山区人民法院院长 郑叔藩
马尾区人民法院院长 王克植
郊 区人民法院院长 姚德秋
闽侯县人民法院院长 林宝栋
闽清县人民法院院长 余祥烺
罗源县人民法院院长 黄新煌
连江县人民法院院长 邱光亮
福清县人民法院院长 王名金
平潭县人民法院院长 陈 荣
永泰县人民法院院长 陈康锐
长乐县人民法院院长 郑京水

厦门市中级人民法院院长 陈 进

开元区人民法院院长 张美璋
思明区人民法院院长 肖木生
鼓浪屿区人民法院院长 陈连和
集美区人民法院院长 陈思雄
杏林区人民法院院长 郑自力
湖里区人民法院院长 朱珍钮
同安县人民法院院长 陈炳发

泉州市中级人民法院院长 饶声严

鲤城区人民法院院长 徐汉宗
石狮市人民法院院长 李有才
晋江县人民法院院长 黄光坦
惠安县人民法院院长 黄汉龙
南安县人民法院院长 王庭木（代）
安溪县人民法院院长 许应能
永春县人民法院院长 洪长益
德化县人民法院院长 梁云基

漳州市中级人民法院院长 张从龙

芗城区人民法院院长 孙 坚（女）
龙海县人民法院院长 张海岸
长泰县人民法院院长 黄海下
南靖县人民法院院长 简长火

平和县人民法院院长　曾克阶
华安县人民法院院长　吴松桐
漳浦县人民法院院长　王全盛
云霄县人民法院院长　罗舜地
东山县人民法院院长　林　哈
诏安县人民法院院长　王象袜
莆田市中级人民法院院长　朱圣杰
城厢区人民法院院长　黄鋆武
涵江区人民法院院长　卓金澄
莆田县人民法院院长　陈永霖
仙游县人民法院院长　徐明池
三明市中级人民法院院长　冯开方
梅列区人民法院院长　蔡中仁
三元区人民法院院长　陈镇金
永安市人民法院院长　黄秋吉
清流县人民法院院长　吴家龙(代)
尤溪县人民法院院长　吴光森
大田县人民法院院长　范钦赞
明溪县人民法院院长　孙爱军
宁化县人民法院院长　邱魁生
沙　县人民法院院长　余乃光
泰宁县人民法院院长　范德玉
建宁县人民法院院长　刘可圆
将乐县人民法院院长　林宏模
南平地区中级人民法院院长　张盛权
南平市人民法院院长　何顺潭
邵武市人民法院院长　范仁善
顺昌县人民法院院长　陈金顺
光泽县人民法院院长　林克庄
建阳县人民法院院长　姚春霖
建瓯县人民法院院长　余炳根
浦城县人民法院院长　毛少坤
崇安县人民法院院长　陈文贤
松溪县人民法院院长　李锦才
政和县人民法院院长　周道坦
龙岩市中级人民法院院长　廖其俊
龙岩市人民法院院长　邱柏林
漳平县人民法院院长　刘世旺
上杭县人民法院院长　兰福兴
永定县人民法院院长　张琪照
武平县人民法院院长　徐信彬
长汀县人民法院院长　丘德荣
连城县人民法院院长　罗东娣(女)
宁德地区中级人民法院院长　李章岩
宁德县人民法院院长　林承威
福鼎县人民法院院长　张鼎华
霞浦县人民法院院长　林居雷
福安县人民法院院长　吴启坤
古田县人民法院院长　曾振让
屏南县人民法院院长　李广友
寿宁县人民法院院长　龚纯淮
周宁县人民法院院长　高良武(代)
柘荣县人民法院院长　吴石金

江西省高级人民法院院长、副院长名单

院　长　李　迎
副院长　阙贵善　李修源　郑臣镇

江西省各中级、基层人民法院院长名单

南昌市中级人民法院院长　刘汝舟
东湖区人民法院院长　胡国华
西　湖区人民法院院长　廖行先
青云谱区人民法院院长　赖愈鹏

湾里区人民法院院长	熊承俊
郊　区人民法院院长	万寿梅
南昌县人民法院院长	李日照
新建县人民法院院长	熊国文
安义县人民法院院长	陈敬平
进贤县人民法院院长	雷成立
景德镇市中级人民法院院长	**邓国良**
昌江区人民法院院长	刘梅开
珠山区人民法院院长	吴安国
浮梁县人民法院院长	徐哲鑫
乐平县人民法院院长	周学兰
萍乡市中级人民法院院长	**黄剑峰**
芦溪区人民法院院长	尹增任
城关区人民法院院长	温开云
上栗区人民法院院长	易自来
湘东区人民法院院长	钟辉先
九江市中级人民法院院长	**秦万福**
九江县人民法院院长	洪育旺
湖口县人民法院院长	王晓山
彭泽县人民法院院长	阳孟华
永修县人民法院院长	龚民德
武宁县人民法院院长	熊基良
星子县人民法院院长	郑兆兴
瑞昌县人民法院院长	何钟理
德安县人民法院院长	张世民
修水县人民法院院长	胡喜根
庐山区人民法院院长	秦钧銮
浔阳区人民法院院长	叶继周
都昌县人民法院院长	刘书凯
新余市中级人民法院院长	**余定伟**
分宜县人民法院院长	张振泉
渝水区人民法院院长	胡乃豪
鹰潭市中级人民法院院长	**蒋代梅**
月湖区人民法院院长	徐天学
贵溪县人民法院院长	叶沛祖
余江县人民法院院长	周祥兴
赣州地区中级人民法院院长	**宋焕文**
赣州市人民法院院长	肖开彬
赣　县人民法院院长	钟延新
南康县人民法院院长	谢　健
大余县人民法院院长	李孝懋
宁都县人民法院院长	王正常
信丰县人民法院院长	刘年苟
龙南县人民法院院长	樊临生
定南县人民法院院长	袁竹林
全南县人民法院院长	陈启标
崇义县人民法院院长	吴仰福
上犹县人民法院院长	李祖洪
寻乌县人民法院院长	刘荣棣
会昌县人民法院院长	陈德良
瑞金县人民法院院长	毛香洪
于都县人民法院院长	刘学逑
安远县人民法院院长	肖诗进
石城县人民法院院长	段标荣
兴国县人民法院院长	周元魁
宜春地区中级人民法院院长	**吴建疆**
宜春市人民法院院长	熊根如
樟树市人民法院院长	杨春根
丰城市人民法院院长	唐绍业
靖安县人民法院院长	曹一贵
奉新县人民法院院长	王纪文
上高县人民法院院长	李光春
宜丰县人民法院院长	李文恒
铜鼓县人民法院院长	闵秋萍
万载县人民法院院长	辛发庚
高安县人民法院院长	卢春龙
上饶地区中级人民法院院长	**方加初**
上饶市人民法院院长	于木助
上饶县人民法院院长	蒋如泉
广丰县人民法院院长	杨全麟
德兴县人民法院院长	戴关寿
弋阳县人民法院院长	王新元
横峰县人民法院院长	郑加生
波阳县人民法院院长	陈意平
余干县人民法院院长	钟蔚林
铅山县人民法院院长	王光辉
玉山县人民法院院长	陈光富
万年县人民法院院长	黄炳生
婺源县人民法院院长	陈德辉
吉安地区中级人民法院院长	**曾广廷**

吉安市人民法院院长　曾广生
井冈山市人民法院院长　黄克余
吉安县人民法院院长　刘义茂
吉水县人民法院院长　张祖智
遂川县人民法院院长　范诗鑫
宁冈县人民法院院长　黄祖远
莲花县人民法院院长　甘枫瑞
峡江县人民法院院长　曾庆国
安福县人民法院院长　李国强
永新县人民法院院长　陈火芳
泰和县人民法院院长　肖文质
万安县人民法院院长　肖英凉
新干县人民法院院长　杨　鸿
永丰县人民法院院长　钟进贤
抚州地区中级人民法院院长　王样生
抚州市人民法院院长　徐寿南
广昌县人民法院院长　张明友
金溪县人民法院院长　童汉云
崇仁县人民法院院长　黄敏孙
南城县人民法院院长　杨华明
南丰县人民法院院长　王文虎
宜黄县人民法院院长　王润平
乐安县人民法院院长　董华春
资溪县人民法院院长　罗木华
临川县人民法院院长　李金元
黎川县人民法院院长　陈金法
东乡县人民法院院长　陈换泉

山东省高级人民法院院长、副院长名单

院　长　孟昭炬
副院长　谢金城　蒋永昶　孟昭科

山东省各中级、基层人民法院院长名单

济南市中级人民法院院长　王景文
市中区人民法院院长　杨文祥
历下区人民法院院长　刘安邦
天桥区人民法院院长　姬广印
槐荫区人民法院院长　张礼裳
历城区人民法院院长　吉全寿
章丘县人民法院院长　石泽厚
长清县人民法院院长　程绪泉
平阴县人民法院院长　刘振江
青岛市中级人民法院院长　殷康生
台东区人民法院院长　孙广禄
四方区人民法院院长　王照民
沧口区人民法院院长　王学松
黄岛区人民法院院长　韩高桂
市南区人民法院院长　杨冠忠
市北区人民法院院长　姜智平
胶州市人民法院院长　迟焕江
即墨县人民法院院长　高泽奕
崂山县人民法院院长　杨维先
胶南县人民法院院长　任群先
莱西市人民法院院长　胡文德
平度市人民法院院长　李　鹏
淄博市中级人民法院院长　苏长荣
淄川区人民法院院长　周茂孝
张店区人民法院院长　苏　勇
博山区人民法院院长　徐　超
临淄区人民法院院长　王宗治
周村区人民法院院长　胡庆基
桓台县人民法院院长　蔡温普
枣庄市中级人民法院院长　寻玉超

市中区人民法院院长 王吉富
峄城区人民法院院长 王志贤
薛城区人民法院院长 冯维仁
台儿庄区人民法院院长 隋永泉
山亭区人民法院院长 赵学文
滕州市人民法院院长 侯以贵
东营市中级人民法院院长 闻祥德
东营区人民法院院长 袁法长
河口区人民法院院长 周华山
广饶县人民法院院长 杨书斋
利津县人民法院院长 张建华
垦利县人民法院院长 王传经
潍坊市中级人民法院院长 高新亭
潍城区人民法院院长 王金良
坊子区人民法院院长 邱自远
寒亭区人民法院院长 于之存
青州市人民法院院长 李安武
诸城市人民法院院长 于清江
安丘县人民法院院长 郑升才
昌邑县人民法院院长 隋明善
寿光县人民法院院长 杨德钧
临朐县人民法院院长 谭清花(女)
昌乐县人民法院院长 郭连林
高密县人民法院院长 张光庭
五莲县人民法院院长 岳奎文
烟台市中级人民法院院长 张英春(女)
芝罘区人民法院院长 栾志远
福山区人民法院院长 王其东
莱阳市人民法院院长 张春华
长岛县人民法院院长 叶开洪
蓬莱县人民法院院长 申开基
牟平县人民法院院长 王传庆
海阳县人民法院院长 王清梧
栖霞县人民法院院长 牟志南
招远县人民法院院长 王新令
莱州市人民法院院长 李志方
龙口市人民法院院长 田美春
威海市中级人民法院院长 华义明
环翠区人民法院院长 苗延堂
荣成市人民法院院长 刘殿安
文登市人民法院院长 王树范
乳山县人民法院院长 陶荣祥
泰安市中级人民法院院长 赵凤启
泰山区人民法院院长 裴敦文
郊 区人民法院院长 胡少军
新泰市人民法院院长 李万田
莱芜市人民法院院长 孙义礼
肥城县人民法院院长 李继阳
宁阳县人民法院院长 许崇汉
东平县人民法院院长 尹承芳
济宁市中级人民法院院长 史为政
市中区人民法院院长 刘知朋
郊 区人民法院院长 渠时廉
泗水县人民法院院长 王嗣珍
鱼台县人民法院院长 刘守增
兖州县人民法院院长 张灿华
邹 县人民法院院长 孙礼庭
金乡县人民法院院长 孔祥春
汶上县人民法院院长 房照炬
微山县人民法院院长 孟昭苏
嘉祥县人民法院院长 陈先珍
曲阜市人民法院院长 孙克勋
德州地区中级人民法院院长 刘爱贵
德州市人民法院院长 季 伟
陵 县人民法院院长 张家瑞
临邑县人民法院院长 布光玉
商河县人民法院院长 尹庆吉
济阳县人民法院院长 孙风林
宁津县人民法院院长 赵春云
乐陵县人民法院院长 靳同栓
平原县人民法院院长 王金岭
庆云县人民法院院长 丁君德
禹城县人民法院院长 张希泉
齐河县人民法院院长 张景田
武城县人民法院院长 张慎行
夏津县人民法院院长 王为魁
惠民地区中级人民法院院长 周镜福
滨州市人民法院院长 马春景
惠民县人民法院院长 崔国明
阳信县人民法院院长 王守义

无棣县人民法院院长　程学文
沾化县人民法院院长　刘明乾
博兴县人民法院院长　刘兆兴
高青县人民法院院长　高英江
邹平县人民法院院长　张笑云
临沂地区中级人民法院院长　张怀三
临沂市人民法院院长　赵恒吉
日照市人民法院院长　李建友
平邑县人民法院院长　魏永和
沂源县人民法院院长　张敬波
费　县人民法院院长　曹如卿
临沭县人民法院院长　卜光夫
沂南县人民法院院长　李守富
莒　县人民法院院长　宋宜秀
苍山县人民法院院长　于连法
蒙阴县人民法院院长　傅金峰
郯城县人民法院院长　张金平
莒南县人民法院院长　徐均田
沂水县人民法院院长　王润生
菏泽地区中级人民法院院长　许修堂
菏泽市人民法院院长　姜守新
曹　县人民法院院长　郭留轩
单　县人民法院院长　任兰亭
郓城县人民法院院长　王月增
巨野县人民法院院长　李广田
定陶县人民法院院长　苏敏波
成武县人民法院院长　胡慈亮
东明县人民法院院长　刘运志
鄄城县人民法院院长　孙宝元
梁山县人民法院院长　宋声武
聊城地区中级人民法院院长　刁立山
聊城市人民法院院长　刘泽民
临清市人民法院院长　姜玉才
东阿县人民法院院长　阎子元
茌平县人民法院院长　李泽民
高唐县人民法院院长　马来福
冠　县人民法院院长　宋一毫
莘　县人民法院院长　王其禄
阳谷县人民法院院长　楚泽鲁
济南铁路运输中级法院院长　王茂青
济南铁路运输法院院长　董立传
徐州铁路运输法院院长　段其明
青岛铁路运输法院院长　薛建武
青岛海事法院院长　王金鹏

河南省高级人民法院院长、副院长名单

院　长　郑增茂
副院长　钱　晔　李道民　徐国红　杨聚章

河南省各中级、基层人民法院院长名单

郑州市中级人民法院院长　李保山
中原区人民法院院长　刘士荣
邙山区人民法院院长　宋振东
上街区人民法院院长　耿国祥
二七区人民法院院长　徐云鹏
管城区人民法院院长　刘玉春
金水区人民法院院长　陈金雷
密　县人民法院院长　马丙寅
巩　县人民法院院长　任公典
中牟县人民法院院长　王运安
新郑县人民法院院长　李宗夫
登封县人民法院院长　孙顺来
荥阳县人民法院院长　张志安
洛阳市中级人民法院院长　赵文庭

老城区人民法院院长　宋素萍
西工区人民法院院长　雷龙森
涧西区人民法院院长　郝修凯
吉利区人民法院院长　何建斌
瀍河区人民法院院长　毛振文
郊　区人民法院院长　王化刚
洛宁县人民法院院长　韩生杰
伊川县人民法院院长　王殿英
嵩　县人民法院院长　周世欣
栾川县人民法院院长　莫彦明
汝阳县人民法院院长　（缺）
偃师县人民法院院长　许宪斌
新安县人民法院院长　张通敏
孟津县人民法院院长　孔松涛
宜阳县人民法院院长　张　钦
开封市中级人民法院院长　袁嘉祥
龙亭区人民法院院长　冯宪宽
顺河区人民法院院长　崔茂森
郊　区人民法院院长　于光荣
鼓楼区人民法院院长　苏林德
南关区人民法院院长　丁书臣
杞　县人民法院院长　张开选
通许县人民法院院长　付志广
兰考县人民法院院长　孟宪增
尉氏县人民法院院长　张喜成
开封县人民法院院长　李春官
平顶山市中级人民法院院长　冯全华
新华区人民法院院长　朱迎北
卫东区人民法院院长　宋建生
舞钢区人民法院院长　郭俊亮
郊　区人民法院院长　高忠礼
西　区人民法院院长　白全智
汝州市人民法院院长　李文俊
叶　县人民法院院长　樊金录
宝丰县人民法院院长　张志超
鲁山县人民法院院长　徐惠欣
郏　县人民法院院长　程子敬
襄城县人民法院院长　李起民
安阳市中级人民法院院长　索连清
文峰区人民法院院长　任光泽
北关区人民法院院长　张义慎
铁西区人民法院院长　杨玉甫
郊　区人民法院院长　李　勇
汤阴县人民法院院长　张文德
林　县人民法院院长　陈志学
滑　县人民法院院长　靳同顺
安阳县人民法院院长　雷生元
内黄县人民法院院长　侯东武
新乡市中级人民法院院长　李拴金
红旗区人民法院院长　师宪国
新华区人民法院院长　宋洪运
北站区人民法院院长　王志仁
郊　区人民法院院长　李振乾
辉县市人民法院院长　杜学义
卫辉市人民法院院长　李鸿瑞
新乡县人民法院院长　杜兴信
获嘉县人民法院院长　焦文贞
原阳县人民法院院长　张守玉
延津县人民法院院长　周乐河
封丘县人民法院院长　郎希文
长垣县人民法院院长　王雨田
焦作市中级人民法院院长　吴楫流
解放区人民法院院长　范红群
马村区人民法院院长　何宗杰
郊　区人民法院院长　王光华
中站区人民法院院长　申兴印
沁阳市人民法院院长　赵长春
济源市人民法院院长　徐振帮
孟　县人民法院院长　李和昌
博爱县人民法院院长　赵振余
温　县人民法院院长　张国瑞
武陟县人民法院院长　王建礼
修武县人民法院院长　马福义
鹤壁市中级人民法院院长　杨克信
鹤山区人民法院院长　王清华
山城区人民法院院长　裘后成
郊　区人民法院院长　王书楷
浚　县人民法院院长　郑治良
淇　县人民法院院长　马炳瑞
濮阳市中级人民法院院长　钱树东

市　区人民法院院长　何维远
濮阳县人民法院院长　宋荣臣
清丰县人民法院院长　邵根存
南乐县人民法院院长　王忠恩
范　县人民法院院长　王广春
台前县人民法院院长　翁洪俭
三门峡市中级人民法院院长　潘文魁
湖滨区人民法院院长　贾云禄
义马市人民法院院长　王强志
渑池县人民法院院长　林克森
陕　县人民法院院长　杨润泽
灵宝县人民法院院长　赵博理
卢氏县人民法院院长　杨锦田
许昌市中级人民法院院长　沈树萱
魏都区人民法院院长　李尚勇
禹州市人民法院院长　蒋海岑
许昌县人民法院院长　王申亭
鄢陵县人民法院院长　孟庆甫
长葛县人民法院院长　葛全来
漯河市中级人民法院院长　明近超
源汇区人民法院院长　王爱荣
郾城县人民法院院长　曹国志
临颍县人民法院院长　贺海金
舞阳县人民法院院长　吴建需
南阳地区中级人民法院院长　刘建秀
南阳市人民法院院长　刘道义
南阳县人民法院院长　王青山
南召县人民法院院长　黄廷年
社旗县人民法院院长　沈书德
方城县人民法院院长　贾振东
桐柏县人民法院院长　于文忠
唐河县人民法院院长　郑廷义
新野县人民法院院长　齐金旺
淅川县人民法院院长　苏聚才
内乡县人民法院院长　曹盈瑞
镇平县人民法院院长　肖海林
西峡县人民法院院长　梁永照
邓州市人民法院院长　张玉华
信阳地区中级人民法院院长　李鸿雁
信阳市人民法院院长　刘庚敏
信阳县人民法院院长　麻根柱
罗山县人民法院院长　张崇明
息　县人民法院院长　顾秀帮
淮滨县人民法院院长　陈道荣
潢川县人民法院院长　郑宏伟
固始县人民法院院长　王连山
商城县人民法院院长　杨允勤
光山县人民法院院长　李仕诚
新　县人民法院院长　彭作才
驻马店地区中级人民法院院长　（缺）
驻马店市人民法院院长　郭惠民
新蔡县人民法院院长　李振武
泌阳县人民法院院长　赵立仁
平舆县人民法院院长　王建文
确山县人民法院院长　祁吉堂
遂平县人民法院院长　张培乾
西平县人民法院院长　宋　根
上蔡县人民法院院长　王明臣
汝南县人民法院院长　郑全成
正阳县人民法院院长　张风云
周口地区中级人民法院院长　赵庭训
周口市人民法院院长　李刚臣
商水县人民法院院长　张建华
项城县人民法院院长　孟维忠
沈丘县人民法院院长　王尊美
淮阳县人民法院院长　豆尔玺
郸城县人民法院院长　陈正业
鹿邑县人民法院院长　潘德怀
太康县人民法院院长　万进山
西华县人民法院院长　冯铁山
扶沟县人民法院院长　王勇智
商丘地区中级人民法院院长　吴定明（代）
商丘市人民法院院长　冯平定
商丘县人民法院院长　李齐敏
虞城县人民法院院长　郭振旺
民权县人民法院院长　黄孝英
宁陵县人民法院院长　袁忠亮
睢　县人民法院院长　段洪海
夏邑县人民法院院长　彭　杰

柘城县人民法院院长　孙文正
永城县人民法院院长　辛文华
郑州铁路运输中级人民法院院长　蒋森林
郑州铁路运输法院院长　聂怀安
武汉铁路运输法院院长　谭向东
西安铁路运输法院院长　李寅虎
洛阳铁路运输法院院长　李　骥
襄樊铁路运输法院院长　杜挺辉
安康铁路运输法院院长　周培清

湖北省高级人民法院院长、副院长名单

院　长　李其凡
副院长　王启珠　樊后钧　吴家友

湖北省各中级、基层人民法院院长名单

武汉市中级人民法院院长　田忠木
江汉区人民法院院长　靳　黎
乔口区人民法院院长　许康杰
江岸区人民法院院长　侯　清
汉阳区人民法院院长　胡昌炎
青山区人民法院院长　葛宗荣
洪山区人民法院院长　苏传尉
东西湖区人民法院院长　童晓明
汉南区人民法院院长　李永荣
武昌区人民法院院长　林宝奎
汉阳县人民法院院长　李裕泉
武昌县人民法院院长　雷敬兴
黄陂县人民法院院长　谢正清
新州县人民法院院长　李江宁
黄石市中级人民法院院长　李贤义
大冶县人民法院院长　程瑞林
黄石港区人民法院院长　范先灿
石灰窑区人民法院院长　郭晓松
下陆区人民法院院长　周和平
铁山区人民法院院长　刘昌秀
十堰市中级人民法院院长　黄祥光
张湾区人民法院院长　张恩桂
茅箭区人民法院院长　王双宝
宜昌市中级人民法院院长　余庆富
西陵区人民法院院长　秦大常
伍家岗区人民法院院长　谭年成
点军区人民法院院长　王声元
沙市市中级人民法院院长　许长青
荆门市中级人民法院院长　李春桃（女）
东宝区人民法院院长　贺家长
沙洋区人民法院院长　蔡承虎
鄂州市中级人民法院院长　徐子诚
梁子湖区人民法院院长　宋志清
华容区人民法院院长　周求恩
鄂城区人民法院院长　廖体泉
襄樊市中级人民法院院长　王　勇
郊　区人民法院院长　张运道
樊西区人民法院院长　程俊豪
樊东区人民法院院长　王保惠
襄城区人民法院院长　陶利富
随州市人民法院院长　张绪业
枣阳市人民法院院长　管季卿
襄阳县人民法院院长　戴刚正
保康县人民法院院长　谢元录
南漳县人民法院院长　秦大荣
宜城县人民法院院长　李家全
老河口市人民法院院长　贺尚慈
谷城县人民法院院长　陈世炎

荆州地区中级人民法院院长　蒋金树

江陵县人民法院院长　薛阿路(女)
松滋县人民法院院长　周长茂
公安县人民法院院长　杨先才
石首市人民法院院长　刘泉源
监利县人民法院院长　平作辉
洪湖市人民法院院长　苏　涛
天门市人民法院院长　董传儒
潜江县人民法院院长　贺章新
仙桃市人民法院院长　张协才
沙　洋人民法院院长　易仁喜
京山县人民法院院长　王华清
钟祥县人民法院院长　孙正禄

黄冈地区中级人民法院院长　徐耀华

黄冈县人民法院院长　孙楚贵
蕲春县人民法院院长　宋冠明
罗田县人民法院院长　夏达生
浠水县人民法院院长　周德善
红安县人民法院院长　张国祥
英山县人民法院院长　张友信
武穴市人民法院院长　吕中强
黄梅县人民法院院长　王新全
麻城市人民法院院长　夏绍云

孝感地区中级人民法院院长　胡学明

孝感市人民法院院长　叶汉波
云梦县人民法院院长　伍贵松
应城市人民法院院长　肖发源
汉川县人民法院院长　王范元
安陆市人民法院院长　李绵清
应山县人民法院院长　唐友和
大悟县人民法院院长　杨余家

咸宁地区中级人民法院院长　黄华壁

咸宁市人民法院院长　徐尧夫
蒲圻市人民法院院长　肖紫清
嘉鱼县人民法院院长　邹恒升
崇阳县人民法院院长　冷育民
通城县人民法院院长　郭远祥
通山县人民法院院长　王健章
阳新县人民法院院长　梁勋灿

宜昌地区中级人民法院院长　向大钦

宜昌县人民法院院长　吴浩荣
枝城县人民法院院长　徐宏金
枝江市人民法院院长　刘先绪
当阳市人民法院院长　李泽林
远安县人民法院院长　徐运顺
兴山县人民法院院长　李祥焱
秭归县人民法院院长　姜崇官
长阳县人民法院院长　吕正模
五峰县人民法院院长　李显华

郧阳地区中级人民法院院长　蒋守身

郧　县人民法院院长　孙同兴
郧西县人民法院院长　陈必忠
竹山县人民法院院长　戴正美
竹溪县人民法院院长　张明喜
房　县人民法院院长　张咸斌
丹江口市人民法院院长　李雪先

鄂西土家族苗族自治州中级人民法院院长　汪精雅

鹤峰县人民法院院长　郭国清
利川市人民法院院长　苏　浩
宣恩县人民法院院长　曹焕然
建始县人民法院院长　刘乐顺
来凤县人民法院院长　李宗文
咸丰县人民法院院长　孙庆祥
巴东县人民法院院长　税世金
恩施市人民法院院长　于秉寿

神农架林区人民法院院长　庞　根

武汉海事法院院长　陈　明

湖南省高级人民法院院长、副院长名单

院　长　詹顺初

副院长　于益成　李鸿群　王松明　江绍恒

湖南省各中级、基层人民法院院长名单

长沙市中级人民法院院长　任祖武

东　区人民法院院长　蒋华贵

南　区人民法院院长　黄志良

西　区人民法院院长　刘少武

北　区人民法院院长　姜湘凡

郊　区人民法院院长　杨自永

长沙县人民法院院长　宁善夫

宁乡县人民法院院长　彭其初

望城县人民法院院长　杨奇林

浏阳县人民法院院长　周春亮

株洲市中级人民法院院长　宋炳仁

东　区人民法院院长　谭建成

南　区人民法院院长　谭定邦

北　区人民法院院长　朱乐盈

郊　区人民法院院长　蒋福君

株洲县人民法院院长　易延钢

醴陵市人民法院院长　刘文尧

攸　县人民法院院长　朱蔚起

茶陵县人民法院院长　彭冬汉

酃　县人民法院院长　刘英万

湘潭市中级人民法院院长　陈新民

韶山区人民法院院长　刘森甲

雨湖区人民法院院长　刘耀初(代)

湘江区人民法院院长　吴志勇

板塘区人民法院院长　向仁梁

岳塘区人民法院院长　章宏炎

郊　区人民法院院长　周春华

湘潭县人民法院院长　余镜秋

湘乡市人民法院院长　成培桂

衡阳市中级人民法院院长　刘炳炎

城北区人民法院院长　王发森

城南区人民法院院长　罗齐求

江东区人民法院院长　李祚炫

郊　区人民法院院长　夏忠和

南岳区人民法院院长　陈锡庆

衡南县人民法院院长　陈功元

衡东县人民法院院长　潘盛贤

衡阳县人民法院院长　刘良银

常宁县人民法院院长　杨传义

衡山县人民法院院长　王火荣

祁东县人民法院院长　旷章才

耒阳市人民法院院长　李育塘

零陵地区中级人民法院院长　刘良玉

冷水滩市人民法院院长　朱　刚

东安县人民法院院长　唐正笃

道　县人民法院院长　何敦金

江永县人民法院院长　周惠珍

江华县人民法院院长　石家发

宁远县人民法院院长　刘友城

蓝山县人民法院院长　曾长安

新田县人民法院院长　邓作长

双牌县人民法院院长　袁新辅

永州市人民法院院长　刘自温

祁阳县人民法院院长　彭开生

郴州地区中级人民法院院长　李彤兵

安仁县人民法院院长　李平章

永兴县人民法院院长　李匡国

郴　县人民法院院长　曾庆富

桂阳县人民法院院长　刘国雄
资兴市人民法院院长　李任山
宜章县人民法院院长　李衍寿
临武县人民法院院长　卢达廷
嘉禾县人民法院院长　胡佛生
桂东县人民法院院长　邓仁祥
汝城县人民法院院长　罗宗澄
郴州市人民法院院长　周孝忠

邵阳市中级人民法院院长　陆承贵

东　区人民法院院长　杨祚铭
西　区人民法院院长　王初谱
郊　区人民法院院长　胡国喜
邵阳县人民法院院长　袁振国
隆回县人民法院院长　刘建寅
洞口县人民法院院长　伍玉龙
武冈县人民法院院长　朱理喻
新宁县人民法院院长　陈湘达
邵东县人民法院院长　宁炳安
绥宁县人民法院院长　苏进德
城步县人民法院院长　刘承佳
新邵县人民法院院长　李永锡

娄底地区中级人民法院院长　李燕山

冷水江市人民法院院长　潘久怡
娄底市人民法院院长　吴志南
涟源市人民法院院长　李湘卿
双峰县人民法院院长　王建成
新化县人民法院院长　刘崇育

怀化地区中级人民法院院长　毛善刚

芷江县人民法院院长　杨天林
怀化市人民法院院长　曾凡金
黔阳县人民法院院长　王梅庄
会同县人民法院院长　黄　普
通道县人民法院院长　尹志坚
新晃县人民法院院长　吴廷玉
麻阳县人民法院院长　田良藻
辰溪县人民法院院长　贺方汉
沅陵县人民法院院长　钟深玉
溆浦县人民法院院长　田福生
靖州县人民法院院长　储昌治
洪江市人民法院院长　肖仕华

湘西土家族、苗族自治州
中级人民法院院长　吴廷安

永顺县人民法院院长　王永泉
凤凰县人民法院院长　麻秀贵
保靖县人民法院院长　向兴盛
花垣县人民法院院长　石仕泉
古丈县人民法院院长　张道华
泸溪县人民法院院长　李家文
吉首市人民法院院长　黄中琬
龙山县人民法院院长　田发桂

常德市中级人民法院院长　张维民

鼎城区人民法院院长　梁新权
武陵区人民法院院长　柳中秋
安乡县人民法院院长　罗永林
汉寿县人民法院院长　李　洁
临澧县人民法院院长　李健志
澧　县人民法院院长　赖　治
津市市人民法院院长　高绍启
桃源县人民法院院长　陈占保
石门县人民法院院长　丁玉桥

大庸市中级人民法院院长　周宏俊

桑植县人民法院院长　曹心阶
慈利县人民法院院长　杨树仁(代)
永定区人民法院院长　徐春林
武陵源区人民法院院长　彭昌爱

益阳地区中级人民法院院长　陈立清

益阳市人民法院院长　曹云庭
益阳县人民法院院长　李德斌
桃江县人民法院院长　孔荣华
安化县人民法院院长　刘和中
沅江县人民法院院长　黄天喜
南　县人民法院院长　黄汉初

岳阳市中级人民法院院长　甘俊贤

南　区人民法院院长　胡季盛
北　区人民法院院长　乔新潮
郊　区人民法院院长　陈光秋
岳阳县人民法院院长　陈心恒
临湘县人民法院院长　杨明秋
平江县人民法院院长　程道明
汨罗市人民法院院长　毛凤章

湘阴县人民法院院长　吴富荣

华容县人民法院院长　吴志芳

广东省高级人民法院院长、副院长名单

院　长　麦崇楷

副院长　周统平　张耀威　彭春庭　朱士范

广东省各中级、基层人民法院院长名单

广州市中级人民法院院长　邓国骥

东山区人民法院院长　谭　源

荔湾区人民法院院长　杨成俭

越秀区人民法院院长　陈植生

海珠区人民法院院长　陈国治

芳村区人民法院院长　李汉基

天河区人民法院院长　何炳汉

白云区人民法院院长　刘宝云

黄埔区人民法院院长　陈耀明

花　县人民法院院长　龚金城

从化县人民法院院长　刘植槐

增城县人民法院院长　阮珠发

番禺县人民法院院长　黎　添

韶关市中级人民法院院长　陈万德

北江区人民法院院长　何穗岐

武江区人民法院院长　古梅华

浈江区人民法院院长　陈钦欢

曲江县人民法院院长　张素韬

始兴县人民法院院长　张树生

南雄县人民法院院长　张振林

仁化县人民法院院长　冯显华

乐昌县人民法院院长　曾汉泉

翁源县人民法院院长　胡克胜

乳源瑶族自治县人民法院院长　曾伟贤

新丰县人民法院院长　谭国伟

深圳市中级人民法院院长　王常营

罗湖区人民法院院长　谢秋文

蛇口区人民法院院长　朱耀先

南头区人民法院院长　罗敬群

上步区人民法院院长　林良荣

沙头角区人民法院院长　朱　超

宝安县人民法院院长　游锦润

珠海市中级人民法院院长　肖时照

香洲区人民法院院长　李宝廉

斗门县人民法院院长　陈　荣

汕头市中级人民法院院长　陈成书

同平区人民法院院长　郭华枢

安平区人民法院院长　杨淑音(女)

公园区人民法院院长　黄让德

金砂区人民法院院长　黄海木

达濠区人民法院院长　许文杰

郊　区人民法院院长　郭松发

潮州市人民法院院长　陈剑虹

澄海县人民法院院长　陈云安

饶平县人民法院院长　郑惠亮

南澳县人民法院院长　柯汉深

潮阳县人民法院院长　吴钟健

揭阳县人民法院院长　林　友

揭西县人民法院院长　李火兴

普宁县人民法院院长　郑三赞

惠来县人民法院院长　林子裘

龙湖特区人民法院院长　章万多

佛山市中级人民法院院长　侯广山

城　区人民法院院长　林流奇

石湾区人民法院院长　苏其祥

三水县人民法院院长　原镜钊
南海县人民法院院长　蔡浩添
顺德县人民法院院长　蔡　牛
高明县人民法院院长　林镇城
江门市中级人民法院院长　李汉泉
城　区人民法院院长　聂国强
郊　区人民法院院长　关贺文
新会县人民法院院长　梁明光
台山县人民法院院长　叶耀洪
恩平县人民法院院长　余荣光
开平县人民法院院长　司徒基
鹤山县人民法院院长　李子灿
湛江市中级人民法院院长　曾　敏
赤坎区人民法院院长　李瑞荣
霞山区人民法院院长　尤举碧
坡头区人民法院院长　喻则兴
郊　区人民法院院长　林秋生
吴川县人民法院院长　钟林养
廉江县人民法院院长　罗康和
遂溪县人民法院院长　张志明
海康县人民法院院长　李　坚
徐闻县人民法院院长　戴英伟
茂名市中级人民法院院长　林　青
茂南区人民法院院长　李　槐
信宜县人民法院院长　张家政
高州县人民法院院长　梁庆才(代)
电白县人民法院院长　黎明源
化州县人民法院院长　钟英武
东莞市中级人民法院院长　邓安民
东莞市人民法院院长　李添俦
中山市中级人民法院院长　容显成
中山市人民法院院长　孙　敏
清远市中级人民法院院长　李国良
城　区人民法院院长　谢　强
郊　区人民法院院长　黄镇荣
连　县人民法院院长　邱伟钧
阳山县人民法院院长　李世友
英德县人民法院院长　罗道兴
连山壮族瑶族自治县人民法院院长　邓昌彪
连南瑶族自治县人民法院院长　胡炯燊
佛冈县人民法院院长　郑圣方
汕尾市中级人民法院院长　许　民
城　区人民法院院长　郑惠声
海丰县人民法院院长　林忠胜
陆丰县人民法院院长　庄　重
陆河县人民法院院长　范娘津
河源市中级人民法院院长　林德湖
城　区人民法院院长　李合来
郊　区人民法院院长　陈伟清
紫金县人民法院院长　赖德畅
和平县人民法院院长　曹树发
连平县人民法院院长　熊先求
龙川县人民法院院长　叶明开
阳江市中级人民法院院长　殷可忠
城　区人民法院院长　苏　湛
阳西县人民法院院长　冯权灿
阳春县人民法院院长　柯世田
阳东县人民法院院长　叶茂挺
梅州市中级人民法院院长　罗光伟
梅江区人民法院院长　曾光生
梅　县人民法院院长　钟群祥
大埔县人民法院院长　邹概贤
丰顺县人民法院院长　戴万生
五华县人民法院院长　张炳泉
兴宁县人民法院院长　练华鲜
平远县人民法院院长　林锦然
蕉岭县人民法院院长　陈兴龙
惠州市中级人民法院院长　毕其发
城　区人民法院院长　曾其文
惠阳县人民法院院长　吴伟光
博罗县人民法院院长　李　强
惠东县人民法院院长　林添好
龙门县人民法院院长　何新友
肇庆市中级人民法院院长　周树根
端州区人民法院院长　罗学朝
高要县人民法院院长　廖秋文
四会县人民法院院长　李少萍
广宁县人民法院院长　黄炳远

怀集县人民法院院长　黎国彦
封开县人民法院院长　李北生
德庆县人民法院院长　莫裕伟
云浮县人民法院院长　林木辉
新兴县人民法院院长　甘培源
郁南县人民法院院长　卢桂南
罗定县人民法院院长　邓炽昌
鼎湖区人民法院院长　张明贵
广州铁路运输中级法院院长　张　强
广州铁路运输法院院长　周少元
衡阳铁路运输法院院长　宋资才
长沙铁路运输法院院长　曾流芳
怀化铁路运输法院院长　王延生
广州海事法院院长　朱士范

广西壮族自治区高级人民法院院长、副院长名单

院　长　蒙　铎
副院长　黄建明　安秀莲(女)　杨济裕

广西壮族自治区各中级、基层人民法院院长名单

南宁市中级人民法院院长　王宴华
兴宁区人民法院院长　黄世英
新城区人民法院院长　潘竞文
永新区人民法院院长　张仲源
城北区人民法院院长　苏家政
江南区人民法院院长　梁洪源
郊　区人民法院院长　包福光
邕宁县人民法院院长　曾祥师
武鸣县人民法院院长　韦孟麟
南宁地区中级人民法院院长　潘宜乐
横　县人民法院院长　农湘鉴
宾阳县人民法院院长　黄健启
上林县人民法院院长　黄　勉
隆安县人民法院院长　韦志喜
天等县人民法院院长　赵德顺
扶绥县人民法院院长　梁惠佳
崇左县人民法院院长　农　汉
大新县人民法院院长　农绍益
龙州县人民法院院长　黄石宝
宁明县人民法院院长　何　洪
凭祥市人民法院院长　吴汉成
马山县人民法院院长　李大洲
柳州市中级人民法院院长　卢如宏
柳北区人民法院院长　杨　帆
柳南区人民法院院长　姚春俭
城中区人民法院院长　雷承善
鱼峰区人民法院院长　郭少雄
郊　区人民法院院长　周志刚
柳城县人民法院院长　汤年有
柳江县人民法院院长　覃文栋
柳州地区中级人民法院院长　莫英武
来宾县人民法院院长　沈源渊
三江侗族自治县人民法院院长　石成金
武宣县人民法院院长　杨长富
融安县人民法院院长　何文赋
忻城县人民法院院长　兰其盛
金秀瑶族自治县人民法院院长　韦绍明
合山市人民法院院长　罗文厚
象州县人民法院院长　林铭忠
鹿寨县人民法院院长　蔡连发
融水苗族自治县人民法院院长　贾文辉

桂林市中级人民法院院长 胡宗明

象山区人民法院院长 邓中星

叠彩区人民法院院长 廖新华

秀峰区人民法院院长 郑连锡

七星区人民法院院长 黄 培

郊 区人民法院院长 黎志文

临桂县人民法院院长 秦训忠

阳朔县人民法院院长 颜瑜明

桂林地区中级人民法院院长 **伍福庆**

资源县人民法院院长 杨 松

金州县人民法院院长 王喜修

永福县人民法院院长 秦有锡

平乐县人民法院院长 梁禄森

灵川县人民法院院长 陶燕基

恭城县人民法院院长 吴嗣炳

兴安县人民法院院长 郑德豹

荔浦县人民法院院长 林志纯

龙胜各族自治县人民法院院长 兰基椿

灌阳县人民法院院长 蒋百忠

梧州市中级人民法院院长 **钟善荫**

白云区人民法院院长 黄云飞

万秀区人民法院院长 潘汉钧

蝶山区人民法院院长 欧玉扶

郊 区人民法院院长 黄明清

苍梧县人民法院院长 陈明棣

梧州地区中级人民法院院长 **汪懋功**

岑溪县人民法院院长 李达明

藤 县人民法院院长 李伟基

蒙山县人民法院院长 黄庚才

富川瑶族自治县人民法院院长 李恩章

钟山县人民法院院长 钟辉宽

昭平县人民法院院长 雷裕金

贺 县人民法院院长 谢世鉴

玉林地区中级人民法院院长 **梁家汉**

玉林市人民法院院长 黄家文

贵港市人民法院院长 黄定维

平南县人民法院院长 韦德荣

桂平县人民法院院长 孔庆鸿

容 县人民法院院长 陈业贵

北流县人民法院院长 覃迪贤

陆川县人民法院院长 刘世龙

博白县人民法院院长 谭勋仁

百色地区中级人民法院院长 **黄永立**

百色市人民法院院长 农广丰

田阳县人民法院院长 陆肇仁

田东县人民法院院长 刘忠福

平果县人民法院院长 谭学祯

德保县人民法院院长 李景明

靖西县人民法院院长 杨恒谈

那坡县人民法院院长 黄荣新

凌云县人民法院院长 廖德彰

乐业县人民法院院长 韦大祥

田林县人民法院院长 陆瑞在

西林县人民法院院长 黄建荣

隆林各族自治县人民法院院长 梁禄昌

河池地区中级人民法院院长 **覃禄英**

河池市人民法院院长 吴禧振

宜山县人民法院院长 兰芝仁

罗城仫佬族自治县人民法院院长 刘红光

环江毛南族自治县人民法院院长 韦春流

南丹县人民法院院长 卢朝凤

天峨县人民法院院长 韦明干

凤山县人民法院院长 黄恩武

东兰县人民法院院长 黄勇康

巴马瑶族自治县人民法院院长 罗明豪

都安瑶族自治县人民法院院长 唐毓义

大化瑶族自治县人民法院院长 兰英扬

钦州地区中级人民法院院长 **杨正钧**

钦州市人民法院院长 陈登芳

灵山县人民法院院长 李茂辉

上思县人民法院院长 胡福海

浦北县人民法院院长　刘永革
防城各族自治县人民法院院长　蔡　胜
北海市中级人民法院院长　陈　枚
海城区人民法院院长　裙伟存
郊　区人民法院院长　梁文升
合浦县人民法院院长　许家发
柳州铁路运输中级法院院长　邓树国
柳州铁路运输法院院长　王毓祥
南宁铁路运输法院院长　徐　忠

海南省高级人民法院院长、副院长名单

院　长　丁　果
副院长　符气浓　林成瑞　杨富年

海南省各中级、基层人民法院院长名单

琼北中级人民法院院长　庞亚贵
海口市人民法院院长　何子景
琼山县人民法院院长　冯　山
定安县人民法院院长　王光祟
临高县人民法院院长　韩群峰
万宁县人民法院院长　翁育飞
儋　县人民法院院长　任永锡
澄迈县人民法院院长　曾金花(女)
东方县人民法院院长　杨信雄
屯昌县人民法院院长　梁振仕
昌江县人民法院院长　林建松
文昌县人民法院院长　张德桑
琼海县人民法院院长　王家政
琼南中级人民法院院长　贺伦麒
陵水黎族自治县人民法院院长　李世开
保亭黎族苗族自治县人民法院院长　林德魁
乐东黎族自治县人民法院院长　陈会逢
白沙黎族自治县人民法院院长　李秀淦
琼中黎族自治县人民法院院长　陈宏德
通什市人民法院院长　罗华汉
三亚市人民法院院长　李信义

四川省高级人民法院院长、副院长名单

院　长　任凌云
副院长　魏　彬(女)　刘家琛　敬瑞祥

四川省各中级、基层人民法院院长名单

成都市中级人民法院院长　杨光长
东城区人民法院院长　赖友明
西城区人民法院院长　王良志
金牛区人民法院院长　聂生堂
龙泉驿区人民法院院长　曾达田
青白江区人民法院院长　黄才源
双流县人民法院院长　李自信
金堂县人民法院院长　李兴禄
温江县人民法院院长　郑荣楼
郫　县人民法院院长　钟伦良
崇庆县人民法院院长　王　超
大邑县人民法院院长　康玉书(女)
邛崃县人民法院院长　叶启荣
蒲江县人民法院院长　李文全
新津县人民法院院长　候开潮
新都县人民法院院长　熊芳超
彭　县人民法院院长　高华金
都江堰市人民法院院长　廖清彤

重庆市中级人民法院院长　王　旭
市中区人民法院院长　朱鸿林
大渡口区人民法院院长　李庶成
江北区人民法院院长　程邦孝
沙坪坝区人民法院院长　李顺彬
九龙坡区人民法院院长　曾祥芳(女)
南岸区人民法院院长　夏吉朴
北碚区人民法院院长　鄢国胜
南桐矿区人民法院院长　徐天令
双桥区人民法院院长　洪代荣
长寿县人民法院院长　段占清
巴　县人民法院院长　王金兰(女)
綦江县人民法院院长　程先科
江北县人民法院院长　邓正德
江津县人民法院院长　蒲绍林
合川县人民法院院长　杨应吉
潼南县人民法院院长　梁仁昌
铜梁县人民法院院长　王桂英(女)
永川县人民法院院长　钱西元
大足县人民法院院长　罗觉生
璧山县人民法院院长　薛方贵
荣昌县人民法院院长　龙必全

自贡市中级人民法院院长　熊启义
自流井区人民法院院长　李淑清(女)
贡井区人民法院院长　王世良
大安区人民法院院长　黄禄亨
沿滩区人民法院院长　王行友
荣　县人民法院院长　余迅凡
富顺县人民法院院长　唐光才

攀枝花市中级人民法院院长　刘培元
东　区人民法院院长　郑晓生
西　区人民法院院长　卢太平
仁和区人民法院院长　冷　涛
米易县人民法院院长　王国明
盐边县人民法院院长　何　政

德阳市中级人民法院院长　李　谡
市中区人民法院院长　肖隆清
广汉市人民法院院长　刘克义
绵竹县人民法院院长　张治礼
什邡县人民法院院长　叶良伦
中江县人民法院院长　晏　勇

泸州市中级人民法院院长　方　坤
市中区人民法院院长　魏良臣
泸　县人民法院院长　梁炳奎
合江县人民法院院长　董良文
纳溪县人民法院院长　牟文明(代)
叙永县人民法院院长　刘伦光
古蔺县人民法院院长　张国才

绵阳市中级人民法院院长　敬道培
市中区人民法院院长　赵隆书
江油市人民法院院长　马发兴
三台县人民法院院长　胡昌永

盐亭县人民法院院长　张正强
安　县人民法院院长　陈永中
北川县人民法院院长　刘汉民
梓潼县人民法院院长　胡恒春
平武县人民法院院长　赵永华
广元市中级人民法院院长　王如德
市中区人民法院院长　杨忠敏
旺苍县人民法院院长　何光美
剑阁县人民法院院长　蒲新宝
苍溪县人民法院院长　张国安
青川县人民法院院长　黄承裔
遂宁市中级人民法院院长　董庆彪
市中区人民法院院长　陈谟均
蓬溪县人民法院院长　吴佑田
射洪县人民法院院长　唐永德
内江市中级人民法院院长　杨祖华
市中区人民法院院长　辜淑芬(女)
内江县人民法院院长　余和均
简阳县人民法院院长　杨永昌
资阳县人民法院院长　伍必荣
资中县人民法院院长　郑传学
乐至县人民法院院长　冷定均
安岳县人民法院院长　袁华成
威远县人民法院院长　陈朝金
隆昌县人民法院院长　王植荣
乐山市中级人民法院院长　王定一
市中区人民法院院长　王登域
五通桥区人民法院院长　庞化桂
沙湾区人民法院院长　辜正才
金口河区人民法院院长　王世隆
彭山县人民法院院长　谌泽松
眉山县人民法院院长　王世清
夹江县人民法院院长　吴德贵
青神县人民法院院长　宋德成
仁寿县人民法院院长　林俊文
洪雅县人民法院院长　翁昭礼
峨眉山市人民法院院长　李培良
丹棱县人民法院院长　刘学文
犍为县人民法院院长　柳初卓
井研县人民法院院长　李荣茂

沐川县人民法院院长　徐大荣
峨边彝族自治县人民法院院长　喻富华
马边彝族自治县人民法院院长　李维荣
涪陵地区中级人民法院院长　刁润生
涪陵市人民法院院长　廖光涵
垫江县人民法院院长　李　勇
丰都县人民法院院长　陈国彬
南川县人民法院院长　宋令友
武隆县人民法院院长　冉应合
黔江地区中级人民法院院长　陈大光
黔江土家族苗族自治县人民法院院长　张绍福
酉阳土家族苗族自治县人民法院院长　潘云彬
秀山土家族苗族自治县人民法院院长　谭顺国
彭水苗族土家族自治县人民法院院长　石本利
石柱土家族自治县人民法院院长　谭　满
万县地区中级人民法院院长　张成太
万县市人民法院院长　程思柱
万　县人民法院院长　廖志成
梁平县人民法院院长　扈先培
开　县人民法院院长　谭学刚
忠　县人民法院院长　袁天枢
云阳县人民法院院长　何定国
奉节县人民法院院长　邓远富
巫山县人民法院院长　朱宏伦
巫溪县人民法院院长　方光万
城口县人民法院院长　王吉祥
达县地区中级人民法院院长　屠元焕
达县市人民法院院长　何国治
达　县人民法院院长　卞庆林
大竹县人民法院院长　谭世宪
渠　县人民法院院长　段吉祥
邻水县人民法院院长　何绍初
万源县人民法院院长　梁远孝

开江县人民法院院长　彭会国
平昌县人民法院院长　王宗文
宣汉县人民法院院长　李永福
巴中县人民法院院长　赵应金
通江县人民法院院长　张述兴
南江县人民法院院长　郑开清
白沙工农区人民法院院长　何贻福

南充地区中级人民法院院长　欧晓东(代)

南充市人民法院院长　曹成理
南充县人民法院院长　唐光贵
西充县人民法院院长　袁生洪
南部县人民法院院长　王朝瑞
阆中县人民法院院长　郑天金
仪陇县人民法院院长　何大述
营山县人民法院院长　陈弟明
广安县人民法院院长　苏建成
蓬安县人民法院院长　谢天永
岳池县人民法院院长　何朝顺
武胜县人民法院院长　刘兴才
华蓥市人民法院院长　陈昌国

宜宾地区中级人民法院院长　冯自清

宜宾市人民法院院长　覃素贞(女)
宜宾县人民法院院长　郑汝月
南溪县人民法院院长　潘明富
江安县人民法院院长　苟帮培
长宁县人民法院院长　何体全
高　县人民法院院长　范良厚
屏山县人民法院院长　谌庆亨
珙　县人民法院院长　黄吉照
筠连县人民法院院长　厚　乐
兴文县人民法院院长　王天祥

雅安地区中级人民法院院长　解　峰

雅安市人民法院院长　李武民
名山县人民法院院长　牟泽君
芦山县人民法院院长　赵　康
汉源县人民法院院长　岑国寿
宝兴县人民法院院长　饶德海
天全县人民法院院长　吕春浓
荥经县人民法院院长　余家书
石棉县人民法院院长　晏盛清

凉山彝族自治州中级人民法院院长　罗伍达(彝)

西昌市人民法院院长　徐正忠
冕宁县人民法院院长　杨刚述
越西县人民法院院长　胡文湘
甘洛县人民法院院长　海来尔古(彝)
德昌县人民法院院长　边仕富
会理县人民法院院长　李文先
会东县人民法院院长　唐智新
宁南县人民法院院长　郭全先
盐源县人民法院院长　沙开文(回)
木里藏族自治县人民法院院长　卢永林
昭觉县人民法院院长　孙子查保(彝)
美姑县人民法院院长　阿于吉克日(彝)
金阳县人民法院院长　沙马古批(彝)
普格县人民法院院长　熊　华(彝)
布拖县人民法院院长　沙忠成(彝)
雷波县人民法院院长　张古批(彝)
喜德县人民法院院长　杨文美(彝)

甘孜藏族自治州中级人民法院院长　杨文有(藏)

康定县人民法院院长　扎西泽仁(藏)
泸定县人民法院院长　甘仕轩
甘孜县人民法院院长　吴伯康(藏)
炉霍县人民法院院长　贺长青(藏)
新龙县人民法院院长　林劲松(藏)
德格县人民法院院长　白马泽仁(藏)
石渠县人民法院院长　洪立新(藏)
稻城县人民法院院长　肖格绒(藏)
德荣县人民法院院长　易彭错(藏)
丹巴县人民法院院长　拥　忠(藏)
九龙县人民法院院长　海来木坡(藏)
色达县人民法院院长　丁桑扎巴(藏)
道孚县人民法院院长　杨光明(藏)
白玉县人民法院院长　旦　泽(藏)
理塘县人民法院院长　洛绒丹巴(藏)
乡城县人民法院院长　斯朗彭错(藏)

巴塘县人民法院院长 格桑朗杰(藏)
雅江县人民法院院长 李志清(藏)
阿坝藏族羌族自治州中级人民法院院长 **时旦真(藏)**
马尔康县人民法院院长 斯旦恩(藏)
松潘县人民法院院长 出　吾(藏)
南坪县人民法院院长 童庆元
金川县人民法院院长 杨世全(藏)
壤塘县人民法院院长 头　丹(藏)
阿坝县人民法院院长 若　巴(藏)
黑水县人民法院院长 黄代书(藏)
小金县人民法院院长 牟忠义(藏)
红原县人民法院院长 赵国辉(回)
汶川县人民法院院长 马福寿(羌)
茂　县人民法院院长 殷祝林(羌)
理　县人民法院院长 王治有(藏)
若尔盖县人民法院院长 郑　巴(藏)
成都铁路运输中级法院院长 **张成华**
成都铁路运输法院院长 王承志
重庆铁路运输法院院长 梁二小
西昌铁路运输法院院长 纪保东
贵阳铁路运输法院院长 金明强
昆明铁路运输法院院长 李成宝
开远铁路运输法院院长 李景昌

贵州省高级人民法院院长、副院长名单

院　长 谢锦汉
副院长 吴开荣(苗) 张林春 李太荣 冉茂元

贵州省各中级、基层人民法院院长名单

贵阳市中级人民法院院长 **邹聚梅**
南明区人民法院院长 付镜明
云岩区人民法院院长 吴　彦
乌当区人民法院院长 何学文
白云区人民法院院长 王道勋
花溪区人民法院院长 林　钢
六盘水市中级人民法院院长 **王福印**
六枝特区人民法院院长 孙人志
盘县特区人民法院院长 张忠志
钟山区人民法院院长 戴松厚
水城县人民法院院长 黄建中
遵义地区中级人民法院院长 **冯绅泽**
遵义市人民法院院长 陈文华
遵义县人民法院院长 梁山钰
湄潭县人民法院院长 陈前胜
仁怀县人民法院院长 谢尚文
赤水县人民法院院长 黄世泽
正安县人民法院院长 荣必永
绥阳县人民法院院长 谢照全
习水县人民法院院长 汤怀民
桐梓县人民法院院长 王贵生
余庆县人民法院院长 胡先智
凤冈县人民法院院长 孙惠民
道真仡佬族苗族自治县人民法院院长 夏明传
务川仡佬族苗族自治县人民法院院长 程伟民
铜仁地区中级人民法院院长 **李彦恩**
铜仁市人民法院院长 桂先孝
石阡县人民法院院长 代先焕
沿河土家族自治县人民法院院长 田永程
思南县人民法院院长 赵茂衡

印江土家族苗族自治县人民法院院长	周万贵
德江县人民法院院长	胡万春
松桃苗族自治县人民法院院长	龙　刚
玉屏侗族自治县人民法院院长	伍彦延
江口县人民法院院长	李永飞
万山特区人民法院院长	冉志敏
安顺地区中级人民法院院长	**王学明**
安顺市人民法院院长	白秀兰
普定县人民法院院长	张世祥
紫云苗族布依族自治县人民法院院长	班显和
开阳县人民法院院长	彭永华
息烽县人民法院院长	戴敬嘉
平坝县人民法院院长	程德明
镇宁布依族苗族自治县人民法院院长	罗登益
关岭布依族苗族自治县人民法院院长	罗应发
修文县人民法院院长	王作伦
清镇县人民法院院长	李家珍
毕节地区中级人民法院院长	**龚启镕**
毕节县人民法院院长	王武荣
威宁彝族回族苗族自治县人民法院院长	禄光华
织金县人民法院院长	周华岳
大方县人民法院院长	田应全
黔西县人民法院院长	吴学诗
赫章县人民法院院长	禄绍康
金沙县人民法院院长	朱正榜
纳雍县人民法院院长	杨维斌
黔东南苗族侗族自治州中级人民法院院长	**金培斋**
凯里市人民法院院长	吴崇荣
镇远县人民法院院长	陆世发
黄平县人民法院院长	张安邦
榕江县人民法院院长	王恩周
锦屏县人民法院院长	龙伯勇
剑河县人民法院院长	王秀贤
黎平县人民法院院长	石含信
麻江县人民法院院长	王文孝
雷山县人民法院院长	吴道降
岑巩县人民法院院长	吴国平
从江县人民法院院长	吴丕西
天柱县人民法院院长	龙开柱
三穗县人民法院院长	唐绵忠
施秉县人民法院院长	杨启贤
丹寨县人民法院院长	王启光
台江县人民法院院长	张世明
黔西南布依族苗族自治州中级人民法院院长	**乐光芳**
兴义市人民法院院长	张崇兰
兴仁县人民法院院长	杨天定
贞丰县人民法院院长	朱应祯
安龙县人民法院院长	杨仕忠
册亨县人民法院院长	杨　军
望谟县人民法院院长	王建新
晴隆县人民法院院长	潘家贵
普安县人民法院院长	卢顺亮
黔南布依族苗族自治州中级人民法院院长	**罗应学**
都匀市人民法院院长	蒙兴臣
独山县人民法院院长	孟德荣
三都水族自治县人民法院院长	蒙恩儒
长顺县人民法院院长	姚德渊
罗甸县人民法院院长	王治良
瓮安县人民法院院长	陈国强
贵定县人民法院院长	罗国臣
龙里县人民法院院长	杨承模
福泉县人民法院院长	兰少仪
平塘县人民法院院长	罗泰虎
荔波县人民法院院长	玉如敏
惠水县人民法院院长	陈芳菊

云南省高级人民法院院长、副院长名单

院　长　邱创教

副院长　李树科　申艺农　李春林

云南省各中级、基层人民法院院长名单

昆明市中级人民法院院长　**蔡国栋**

五华区人民法院院长　张石麟

盘龙区人民法院院长　武光祥

西山区人民法院院长　张功福

官渡区人民法院院长　胡青松

呈贡县人民法院院长　蔡富春

晋宁县人民法院院长　任学智

安宁县人民法院院长　李茂兴

富民县人民法院院长　赵建生

宜良县人民法院院长　布学书

嵩明县人民法院院长　王加寿

路南彝族自治县人民法院院长　昂志诚(彝族)

禄劝彝族苗族自治县人民法院院长　李德友(彝族)

东川市中级人民法院院长　**刘兴良**

东川市人民法院院长　和金锃

昭通地区中级人民法院院长　**周永福**

昭通市人民法院院长　浦恩宽

鲁甸县人民法院院长　姜锦明

巧家县人民法院院长　周达升

盐津县人民法院院长　张官友

大关县人民法院院长　夏世华

镇雄县人民法院院长　吉永申

威信县人民法院院长　李南全

永善县人民法院院长　龙万才

彝良县人民法院院长　李胜能(彝族)

绥江县人民法院院长　何宗贵

水富县人民法院院长　盛启伦

曲靖地区中级人民法院院长　**王东甫**

曲靖市人民法院院长　姜兴明(代)

马龙县人民法院院长　杨承光

寻甸回族自治县人民法院院长　毕发昌(回族)

会泽县人民法院院长　袁成林

师宗县人民法院院长　桂希昂(回族)

宣威县人民法院院长　王祥敏

富源县人民法院院长　唐　剑

陆良县人民法院院长　杨世怀

罗平县人民法院院长　杨维荣

楚雄州中级人民法院院长　**普桂和(彝族)**

楚雄市人民法院院长　王家楷

武定县人民法院院长　龚万美

永仁县人民法院院长　起有生(彝族)

元谋县人民法院院长　张乃文

大姚县人民法院院长　钱正忠

姚安县人民法院院长　郑建考

双柏县人民法院院长　张家祟(彝族)

牟定县人民法院院长　申顺富

南华县人民法院院长　李炳建(彝族)

禄丰县人民法院院长　王国全

玉溪地区中级人民法院院长　**赵贵荣**

玉溪市人民法院院长　晋宗文

江川县人民法院院长　王元科

澄江县人民法院院长　王云光

通海县人民法院院长　李发明

华宁县人民法院院长　吴树昌

易门县人民法院院长　高庆祖

峨山彝族自治县人民法院院长　王朝生(彝族)
新平彝族傣族自治县人民法院院长　普光明(彝族)
元江哈尼族彝族傣族自治县人民法院院长　白万友(哈尼族)

红河州中级人民法院院长　包哲君

个旧市人民法院院长　李安福
开远市人民法院院长　高益昌
泸西县人民法院院长　段朋生
弥勒县人民法院院长　马有昌(回族)
金平苗族瑶族傣族自治县人民法院院长　朱万明(哈尼族)
蒙自县人民法院院长　周新文
屏边苗族自治县人民法院院长　陶开良(苗族)
河口瑶族自治县人民法院院长　李开祥(瑶族)
建水县人民法院院长　余应禄
石屏县人民法院院长　张祖寿
红河县人民法院院长　李绍昌(哈尼族)
元阳县人民法院院长　卢正昌(哈尼族)
绿春县人民法院院长　白继沙(哈尼族)

文山州中级人民法院院长　杨继麟(苗族)

文山县人民法院院长　温世尧
砚山县人民法院院长　李家龙
邱北县人民法院院长　王海涛(壮族)
广南县人民法院院长　杨成贵
富宁县人民法院院长　陈安泰
西畴县人民法院院长　周德芳
麻栗坡县人民法院院长　张国汉
马关县人民法院院长　陈维禄

思茅地区中级人民法院院长　李　勤(彝族)

思茅县人民法院院长　汪　敏
孟连拉祜族佤族自治县人民法院院长　陶世元(傣族)
西盟佤族自治县人民法院院长　岩　兴(佤族)
江城哈尼族彝族自治县人民法院院长　李爱祥(彝族)
澜沧拉祜族自治县人民法院院长　吴汉昌
景东彝族自治县人民法院院长　李应林
普洱哈尼族彝族自治县人民法院院长　李　学(哈尼族)
镇源县人民法院院长　李发友
景谷傣族彝族自治县人民法院院长　李建忠
墨江哈尼族自治县人民法院院长　李增禄(哈尼族)

西双版纳州中级人民法院院长　罕华聪(傣族)

景洪县人民法院院长　岩　甩(傣族)
勐海县人民法院院长　岩　温(傣族)
勐腊县人民法院院长　刀铭贵(傣族)

大理州中级人民法院院长　许文英(女)

大理市人民法院院长　陈传禹
漾濞县人民法院院长　杨守智(白族)
祥云县人民法院院长　张万恭
宾川县人民法院院长　张自均
弥渡县人民法院院长　张尤声
永平县人民法院院长　李　昌
云龙县人民法院院长　苏绍章(白族)
洱源县人民法院院长　段　锦(白族)
剑川县人民法院院长　杨为栋(白族)
鹤庆县人民法院院长　曾万钟
南涧彝族自治县人民法院院长　熊开祥(彝族)
巍山彝族回族自治县人民法院院长　字凤祥(彝族)

保山地区中级人民法院院长　杨耀武

保山市人民法院院长　李玉跃
腾冲县人民法院院长　候其庆
施甸县人民法院院长　杨鸿翩

龙陵县人民法院院长 杨嘉梲
昌宁县人民法院院长 张乃积
德宏州中级人民法院院长 张正洪（傣族）
潞西县人民法院院长 李积庆（傣族）
畹町市人民法院院长 喻学明
瑞丽县人民法院院长 李新文（傣族）
陇川县人民法院院长 苏正贵（代）
盈江县人民法院院长 刀保荣（傣族）
梁河县人民法院院长 赵家斌（阿昌族）
丽江地区中级人民法院院长 赵元甲（白族）
丽江纳西族自治县人民法院院长 杨继秦（纳西族）
永胜县人民法院院长 唐美臣
华坪县人民法院院长 杨文清
宁蒗彝族自治县人民法院院长 杨立新（摩梭族）
怒江州中级人民法院院长 张相韩
兰坪县人民法院院长 骆秋凡
泸水县人民法院院长 王树成（白族）
福贡县人民法院院长 普　泽（傈僳族）
贡山独龙族自治县人民法院院长 杨志彪（白族）
迪庆州中级人民法院院长 马福铭（藏族）
德钦县人民法院院长 扎史德吉（藏族）
中甸县人民法院院长 倪文天（藏族）
维西傈僳族自治县人民法院院长 王华书
临沧地区中级人民法院院长 李枝盛
沧源佤族自治县人民法院院长 鲍光明（佤族）
双江拉祜族佤族布朗族自治县人民法院院长 陶应斗（布朗族）
镇康县人民法院院长 王金仓
永德县人民法院院长 鲁成枝
临沧县人民法院院长 谢达富
云　县人民法院院长 和忠吉（白族）
凤庆县人民法院院长 杨兴文
耿马傣族佤族自治县人民法院院长 洪金发（佤族）

西藏自治区高级人民法院院长、副院长名单

院　长 子　成（藏族）
副院长 巴桑平多（藏族、女） 益　桑（藏族） 宋皖生 尼玛占堆（藏族）

西藏自治区各中级、基层人民法院院长名单

拉萨市中级人民法院院长 罗布旺堆
城关区人民法院院长 云　登
达孜县人民法院院长 达娃顿珠
墨竹工卡人民法院院长 扎西顿珠
林周县人民法院院长 土登仁青
堆龙德庆县人民法院院长 中群佩
当雄县人民法院院长 李爱民
尼木县人民法院院长 洛桑曲扎
曲水县人民法院院长 周志安

昌都地区中级人民法院院长　丁真罗布
昌都县人民法院院长　四郎扎巴
江达县人民法院院长　张树新
贡觉县人民法院院长　洛　松
类乌齐县人民法院院长　革　生
丁青县人民法院院长　达　洛
察雅县人民法院院长　扎西尼玛
八宿县人民法院院长　泽仁四郎
左贡县人民法院院长　顿珠扎西
芒康县人民法院院长　索郎多吉
洛隆县人民法院院长　四郎旦增
边坝县人民法院院长　洛松扎西

山南地区中级人民法院院长　格桑多吉
乃东县人民法院院长　其米仁增
扎囊县人民法院院长　罗　布
贡嘎县人民法院院长　次仁郎杰
桑日县人民法院院长　索郎仁增
琼结县人民法院院长　白　玛
曲松县人民法院院长　白玛多吉
措美县人民法院院长　才旺多吉
洛扎县人民法院院长　索朗多吉
加查县人民法院院长　阿珠江村
隆子县人民法院院长　明　久
错那县人民法院院长　永　忠(副)
浪卡子县人民法院院长　罗布多吉

日喀则地区中级人民法院院长　达　瓦
日喀则市人民法院院长　穷　吉
南木林县人民法院院长　江央益西
定日县人民法院院长　明玛旺堆
萨迦县人民法院院长　拉　巴(副)
拉孜县人民法院院长　达　娃
昂仁县人民法院院长　晋美旺堆
谢通门县人民法院院长　央　吉
定结县人民法院院长　旺　加
仲巴县人民法院院长　强　巴
吉隆县人民法院院长　旺　拉
聂拉木县人民法院院长　多吉旺堆(副)
萨嘎县人民法院院长　普布塔吉
江孜县人民法院院长　勤绕旺姆
白朗县人民法院院长　边　巴
仁布县人民法院院长　次旦多吉
康马县人民法院院长　次仁平措
亚东县人民法院院长　多　吉
岗巴县人民法院院长　尼　玛

那曲地区中级人民法院院长　普　琼(代)
那曲县人民法院院长　嘎桑加
嘉黎县人民法院院长　桑　美
比如县人民法院院长　同　珠
聂荣县人民法院院长　索　郎
安多县人民法院院长　布　穷
申扎县人民法院院长　次仁占堆
索　县人民法院院长　多尔古
班戈县人民法院院长　卡　多
巴青县人民法院院长　旺　格

阿里地区中级人民法院院长　拉巴努布
普兰县人民法院院长　阿旺次仁
札达县人民法院院长　扎西旺久
噶尔县人民法院院长　强巴年扎
日土县人民法院院长　格桑郎加
革吉县人民法院院长　格桑顿珠
改则县人民法院院长　达　娃
措勤县人民法院院长　小尼玛

林芝地区中级人民法院院长　泽仁桑珠(副)
林芝县人民法院院长　才旺罗布
工布江达县人民法院院长　丁江措
米林县人民法院院长　达娃杰布
墨脱县人民法院院长　呷　阿
波密县人民法院院长　多　吉
察隅县人民法院院长　益西邓增
朗　县人民法院院长　边　巴

陕西省高级人民法院院长、副院长名单

院　长　焦朗亭

副院长　王发荣　刘　峻　殷延年　樊　拓

陕西省各中级、基层人民法院院长名单

西安市中级人民法院院长　**李　彬**

莲湖区人民法院院长　郝振业

新城区人民法院院长　王斌亭

碑林区人民法院院长　马新凯

灞桥区人民法院院长　宋智斌

雁塔区人民法院院长　高来济

未央区人民法院院长　狄希仁

阎良区人民法院院长　李九如

长安县人民法院院长　卓尔斌

周至县人民法院院长　刘崇博

户　县人民法院院长　张志超

兰田县人民法院院长　张秀兰

临潼县人民法院院长　姚志强

高陵县人民法院院长　韩生春

铜川市中级人民法院院长　**张开宏**

城　区人民法院院长　傅建民

效　区人民法院院长　郭克俭

宜君县人民法院院长　杨长青

耀　县人民法院院长　文云杰

宝鸡市中级人民法院院长　**成振兴**

渭滨区人民法院院长　贾安省

金台区人民法院院长　傅官军

宝鸡县人民法院院长　刘新成

凤翔县人民法院院长　朱生武

岐山县人民法院院长　张斌栋

扶凤县人民法院院长　张振岐

陇　县人民法院院长　陈森林

千阳县人民法院院长　张志新

凤　县人民法院院长　韩金忠

眉　县人民法院院长　黄锦荣

麟游县人民法院院长　吕世杰

太白县人民法院院长　赵海荣

咸阳市中级人民法院院长　**燕俊贤**

秦都区人民法院院长　段　毅

渭城区人民法院院长　王海占

杨陵区人民法院院长　付成宽

泾阳县人民法院院长　康宝奇

三原县人民法院院长　巨善福

淳化县人民法院院长　朱明哲

旬邑县人民法院院长　赵潮流

礼泉县人民法院院长　李学斌

乾　县人民法院院长　王文卿

永寿县人民法院院长　刘启寅

彬　县人民法院院长　徐志斌

长武县人民法院院长　孟开宇

兴平县人民法院院长　刘忠益

武功县人民法院院长　王德生

榆林地区中级人民法院院长　**王汉昌**

榆林市人民法院院长　薛士刚

神木县人民法院院长　郭子杰

府谷县人民法院院长　侯　明

定边县人民法院院长　刘志远

靖边县人民法院院长　郭万发

横山县人民法院院长　刘永俊

子洲县人民法院院长　曹钦业

米脂县人民法院院长　杜成胜

佳　县人民法院院长　乔存浩

绥德县人民法院院长　史建军

吴堡县人民法院院长	薛居源
清涧县人民法院院长	惠尊仁
延安地区中级人民法院院长	**李忠孝**
延安市人民法院院长	王忠孝
宜川县人民法院院长	罗文焕
志丹县人民法院院长	刘世贵
黄龙县人民法院院长	袁新华
安塞县人民法院院长	胡应泽
延长县人民法院院长	张怀一
富　县人民法院院长	孙孝义
黄陵县人民法院院长	刘忠仓
子长县人民法院院长	郝世清
洛川县人民法院院长	高润宏
甘泉县人民法院院长	王更民
延川县人民法院院长	高士荣
吴旗县人民法院院长	刘子林
渭南地区中级人民法院院长	**陈公让**
渭南市人民法院院长	刘三阳
韩城市人民法院院长	王有旺
潼关县人民法院院长	陈大勇
华阴县人民法院院长	王申年
合阳县人民法院院长	杨荣贵
华　县人民法院院长	曹建国
大荔县人民法院院长	张　军
蒲城县人民法院院长	王锐新
澄城县人民法院院长	高源承
白水县人民法院院长	党荣华
富平县人民法院院长	加森有
商洛地区中级人民法院院长	**田眠苏**
商州市人民法院院长	周忠让
洛南县人民法院院长	印存柱
丹凤县人民法院院长	刘为民
山阳县人民法院院长	何树政
商南县人民法院院长	吴兆南
镇安县人民法院院长	张怀骞
柞水县人民法院院长	翟宗珊
安康地区中级人民法院院长	**杨治平**
安康市人民法院院长	王荣礼
紫阳县人民法院院长	王洪波
白河县人民法院院长	崔　铮
旬阳县人民法院院长	陈守业
石泉县人民法院院长	刘　斌
汉阴县人民法院院长	陈先庆
宁陕县人民法院院长	李　秀
岚皋县人民法院院长	郑继红
平利县人民法院院长	刘明德
镇坪县人民法院院长	李述斌
汉中地区中级人民法院院长	**袁宏才**
汉中市人民法院院长	许瑞轩
西乡县人民法院院长	曹军民
镇巴县人民法院院长	高明杰
城固县人民法院院长	郑奠基
洋　县人民法院院长	武继忠
略阳县人民法院院长	徐敏锐
南郑县人民法院院长	张开桂
勉　县人民法院院长	喇炳权
留坝县人民法院院长	王崇礼
佛坪县人民法院院长	李马如
宁强县人民法院院长	刘正业

甘肃省高级人民法院院长、副院长名单

院　长　秦　炳

副院长　张鸿儒　胡慧娥(女)　张树兰　李纲德

甘肃省各中级、基层人民法院院长名单

兰州市中级人民法院院长　赵怀玺
城关区人民法院院长　金秀馥（女）
七里河区人民法院院长　孙　愚
安宁区人民法院院长　仲希荣
西固区人民法院院长　王振基
红古区人民法院院长　基有正
榆中县人民法院院长　李生文
皋兰县人民法院院长　陶立爱
永登县人民法院院长　王有忠
嘉峪关市人民法院院长　王景德

白银市中级人民法院院长　潘兴国
白银区人民法院院长　张爱民
平川区人民法院院长　袁显祖
会宁县人民法院院长　马文学
靖远县人民法院院长　刘宗儒
景泰县人民法院院长　高自宽

天水市中级人民法院院长　李永昌
清水县人民法院院长　高炜东
甘谷县人民法院院长　黄晋杰
秦安县人民法院院长　桑连岐
武山县人民法院院长　高怀义
北道区人民法院院长　张　圭
秦城区人民法院院长　何明武
张家川回族自治县人民法院院长　李翰林

金昌市中级人民法院院长　赵兴忠
金川区人民法院院长　杨世林
永昌县人民法院院长　董天生

甘南藏族自治州中级人民法院院长　刘永贤
夏河县人民法院院长　杜国安
临潭县人民法院院长　杨登元
卓尼县人民法院院长　何克敏
舟曲县人民法院院长　李　聪
迭部县人民法院院长　杨建光
碌曲县人民法院院长　柴克禄
玛曲县人民法院院长　祝志荣

临夏回族自治州中级人民法院院长　黄锦春
临夏市人民法院院长　宋　仁
临夏县人民法院院长　杨文秀
和政县人民法院院长　马福勇
永靖县人民法院院长　魏得昌
广河县人民法院院长　马进德
康乐县人民法院院长　马廷昌
东乡族自治县人民法院院长　唐绍基
积石山保安族东乡族撒拉族自治县人民法院院长　马维翰

定西地区中级人民法院院长　张丕义
定西县人民法院院长　秦贵仁
通渭县人民法院院长　祁建华
陇西县人民法院院长　王国杰
临洮县人民法院院长　李守元
渭源县人民法院院长　冯献瑞
漳　县人民法院院长　许兆南
岷　县人民法院院长　田法虞

庆阳地区中级人民法院院长　安　统
庆阳县人民法院院长　李　栋
华池县人民法院院长　刘晓利
合水县人民法院院长　张光辉
宁　县人民法院院长　孔存奎
正宁县人民法院院长　罗贵儒
镇源县人民法院院长　卢建秘
环　县人民法院院长　许世同
西峰市人民法院院长　杨天荣
庆阳林区基层法院院长　关照玺

平凉地区中级人民法院院长　高勋位
平凉市人民法院院长　宕甲科
华亭县人民法院院长　张宏新

崇信县人民法院院长　陈士贵
泾川县人民法院院长　何安民
灵台县人民法院院长　曹兴荣
静宁县人民法院院长　马子坤
庄浪县人民法院院长　赵鸿禄
陇南地区中级人民法院院长　刘玉章
武都县人民法院院长　盛兆吉
文　县人民法院院长　吴文钧
成　县人民法院院长　张建华
康　县人民法院院长　杨风奎
宕昌县人民法院院长　张荣正
西和县人民法院院长　陈森林
礼　县人民法院院长　张文学
徽　县人民法院院长　张　禄
两当县人民法院院长　赵星彦
武威地区中级人民法院院长　周述曾
武威市人民法院院长　赵长洋
民勤县人民法院院长　董永鉴
古浪县人民法院院长　蔡银山
天祝藏族自治县人民法院院长　任锡英
张掖地区中级人民法院院长　李尚武
张掖市人民法院院长　武居义
临泽县人民法院院长　韩政权
山丹县人民法院院长　李兴茂
民乐县人民法院院长　刘　浦
肃南裕固族自治县人民法院院长　索成文
高台县人民法院院长　张忠保
酒泉地区中级人民法院院长　傅景华
酒泉市人民法院院长　杜希贤
玉门市人民法院院长　何维修
金塔县人民法院院长　龚长才
敦煌县人民法院院长　赵永华
安西县人民法院院长　王泽元
肃北蒙古族自治县人民法院院长　蔡　仁
阿克塞哈萨克族自治县人民法院院长　夏别克
陇南地区中级人民法院分院院长　夏金荣
卓尼林区基层法院院长　徐世元
文县林区基层法院院长　（缺）
迭部林区基层法院院长　马家骏
舟曲林区基层法院院长　黄本同
甘肃矿区人民法院院长　杨建中
兰州铁路运输中级法院院长　徐忠廉
兰州铁路运输法院院长　邹志顺
西宁铁路运输法院院长　王怀义
武威铁路运输法院院长　苗润法
银川铁路运输法院院长　杨加强

青海省高级人民法院院长、副院长名单

院　长　马有功
副院长　多杰本　允习

青海省各中级、基层人民法院院长名单

西宁市中级人民法院院长　杜海平
城东区人民法院院长　穆　毅
城西区人民法院院长　李跃忠
城中区人民法院院长　蒋天顺
城北区人民法院院长　陈咸仲
大通回族土族自治县人民法院院长　张守仁
海东地区中级人民法院院长　邓长安

平安县人民法院院长　陶芳裁
湟中县人民法院院长　马文龙
湟源县人民法院院长　尹炳鑫
乐都县人民法院院长　余国勋
民和回族土族自治县人民法院院长　聂兴欣
互助土族自治县人民法院院长　胡尔钺
化隆回族自治县人民法院院长　祁有铭
循化撒拉族自治县人民法院院长　韩得功

海南藏族自治州中级人民法院院长　平才仁

共和县人民法院院长　申积德
同德县人民法院院长　才让先
贵德县人民法院院长　万德才让
兴海县人民法院院长　拉玛才让
贵南县人民法院院长　何生珍
龙羊峡人民法院院长　边治安

海西蒙古族藏族自治州中级人民法院院长　葛陆海

都兰县人民法院院长　唐寅生
天峻县人民法院院长　更　智
冷湖矿区人民法院院长　廖柏扬
乌兰县人民法院院长　李志英
大柴旦矿区人民法院院长　李承寿
茫崖矿区人民法院院长　赵玉清
格尔木市人民法院院长　武继孟
德令哈市人民法院院长　昝鸿起

海北藏族自治州中级人民法院院长　卓玛吉

门源回族自治县人民法院院长　王绍林
祁连县人民法院院长　边东海
海晏县人民法院院长　党平安
刚察县人民法院院长　王其昌

黄南藏族自治州中级人民法院院长　多　杰

同仁县人民法院院长　夏吾他
尖扎县人民法院院长　多杰才郎
泽库县人民法院院长　索南才旦
河南蒙古族自治县人民法院院长　旦　曾

果洛藏族自治州中级人民法院院长　公保才让

玛沁县人民法院院长　万玛龙珠
班玛县人民法院院长　科　保
甘德县人民法院院长　拉玛杰
达日县人民法院院长　党　热
久治县人民法院院长　傅日德
玛多县人民法院院长　格　拉

玉树藏族自治州中级人民法院院长　弋积元

玉树县人民法院院长　青　才
杂多县人民法院院长　阿　青
称多县人民法院院长　宋秋落
治多县人民法院院长　陈德杰
囊谦县人民法院院长　何全荣
曲麻莱县人民法院院长　雷海洋

矿区人民法院院长　田怀章

宁夏回族自治区高级人民法院院长、副院长名单

院　长　白振华

副院长　邹献朝　杨振平　马绍彬　黑有星

宁夏回族自治区各中级、基层人民法院院长名单

银川市中级人民法院院长 **解志义**
城　区人民法院院长 陈忠文
新城区人民法院院长 韩经文
郊　区人民法院院长 祁彦钧
永宁县人民法院院长 蒋守仁
贺兰县人民法院院长 杨　川
石嘴山市中级人民法院院长 **王文范(代)**
大武口区人民法院院长 任玉琼
石炭井区人民法院院长 苏绘库
石嘴山区人民法院院长 阮　淦
惠农县人民法院院长 贾文军
平罗县人民法院院长 刘瑞华
陶乐县人民法院院长 惠德全
银南地区中级人民法院院长 **冯玉炯**
吴忠市人民法院院长 何金贵
青铜峡市人民法院院长 沙执法
中卫县人民法院院长 姚宗堂
中宁县人民法院院长 陈延生
同心县人民法院院长 李茂林
灵武县人民法院院长 周富贵
盐池县人民法院院长 党治华
固原地区中级人民法院院长 **金光荣**
固原县人民法院院长 邓万钦
西吉县人民法院院长 马三刚
海原县人民法院院长 卢海涛
泾源县人民法院院长 马文海
隆德县人民法院院长 孙　康
彭阳县人民法院院长 宋元智

新疆维吾尔自治区高级人民法院院长、副院长名单

院　长 库尔班·肉孜
副院长 张九龄　尼牙孜·禾加　董　震　卓立德

新疆维吾尔自治区各中级、基层人民法院院长名单

石河子市人民法院院长 **黃忠智**
克拉玛依市人民法院院长 **王木成**
乌鲁木齐市中级人民法院院长 **鄢玉星**
天山区人民法院院长 周梦林
沙依巴克区人民法院院长 高登贵
水磨沟区人民法院院长 张连孝
新市区人民法院院长 周善志
东山区人民法院院长 赛买提
乌鲁木齐县人民法院院长 沈　思(女)
头屯河区人民法院院长 方法群
哈密地区中级人民法院院长 **艾买提·阿不都拉**
伊吾县人民法院院长 艾则孜·尼亚孜
巴里坤县人民法院院长 沙德胡力
哈密市人民法院院长 奴尔拉
昌吉回族自治州中级人民法院院长 **包文贵**
阜康县人民法院院长 杨联庆
呼图壁县人民法院院长 张兴文
昌吉市人民法院院长 郭景英
玛纳斯县人民法院院长 苏宝泉
米泉县人民法院院长 马德虎
奇台县人民法院院长 杜新合

吉木萨尔县人民法院院长	曹存祥
木垒县人民法院院长	胡斯满
阿克苏地区中级人民法院院长	**吾斯满阿吾提**
阿克苏市人民法院院长	买买提·尼亚孜
库车县人民法院院长	托乎提毛拉买提
新和县人民法院院长	阿丕孜要力达西
温宿县人民法院院长	买合木提
沙雅县人民法院院长	热合甫阿不都热衣木
阿瓦提县人民法院院长	买提尼牙孜色衣提
乌什县人民法院院长	吾斯满他瓦库力
柯坪县人民法院院长	吐的·沙比尔
拜城县人民法院院长	依不拉音阿吉
喀什地区中级人民法院院长	**肉孜卡斯木**
莎车县人民法院院长	吐拉甫吐地
疏附县人民法院院长	艾则孜吾拉引
塔什库尔干县人民法院院长	赛格力
巴楚县人民法院院长	哈斯木阿西木
喀什市人民法院院长	吐逊买买提
英吉沙县人民法院院长	玉素甫哈的
麦盖提县人民法院院长	麦海提色力木
岳普湖县人民法院院长	阿不都肉苏吐来克
叶城县人民法院院长	吐地司地克
泽普县人民法院院长	艾山艾买提
疏勒县人民法院院长	艾买提马木提
伽师县人民法院院长	玉素甫木沙
和田地区中级人民法院院长	**夏吾东·艾则孜**
和田市人民法院院长	买买提明尼牙孜
和田县人民法院院长	阿巴伯克
墨玉县人民法院院长	莫衣不拉吐地
皮山县人民法院院长	阿不来提
策勒县人民法院院长	阿不都热合曼
洛浦县人民法院院长	沙衣甫吾吉
于田县人民法院院长	买买提吾甫尔
民丰县人民法院院长	衣明肉孜
克孜勒苏柯尔克孜自治州中级人民法院院长	**阿不力孜·吾守尔**
乌恰县人民法院院长	阿不都克力木(代)
阿克陶县人民法院副院长	砍吉木沙
阿合奇县人民法院院长	艾衣提巴衣
阿图什市人民法院院长	阿不力米提玉素甫
巴音郭楞蒙古自治州中级人民法院院长	**陶木古提**
尉犁县人民法院院长	吐地阿不拉
博湖县人民法院院长	巴　生
且末县人民法院院长	阿不都维力·吐逊
和静县人民法院院长	桑格吉
焉耆县人民法院院长	杨发广
轮台县人民法院院长	吾守沙克
若羌县人民法院院长	沙的克库尔班
和硕县人民法院院长	铁木热
库尔勒市人民法院院长	哈哈肉孜
博尔塔拉蒙古自治州中级人民法院院长	**吾曲尔**
精河县人民法院院长	吐尔逊·依明
温泉县人民法院院长	铁克宝
博乐市人民法院院长	斯　满
伊犁地区中级人民法院副院长	**阿　汉**
新源县人民法院院长	艾迪力
伊宁县人民法院院长	马合麻提
昭苏县人民法院院长	沙特拜
伊宁市人民法院院长	艾比不拉
尼勒克县人民法院院长	杨德培(代)

巩留县人民法院院长　努尔兰
察布查尔县人民法院院长　文　良
特克斯县人民法院院长　阿吾别克
霍城县人民法院院长　肉孜马木提
新疆维吾尔自治区高级人民法院伊犁州分院院长　艾比丁·哈斯木
伊犁州分院直辖奎屯市人民法院院长　罗德俊
塔城地区中级人民法院院长　哈里毛拉
塔城市人民法院院长　多里肯
额敏县人民法院院长　别尔提汉
托里县人民法院院长　哈布勒·哈再孜
乌苏县人民法院院长　沙帕尔
沙湾县人民法院院长　王玉福
和丰县人民法院院长　巴特那生
裕民县人民法院院长　阿不都拉
阿勒泰地区中级人民法院院长　卡　肯
布尔津县人民法院院长　白斯汗
哈巴河县人民法院院长　木哈买提多拉
富蕴县人民法院院长　达合斯坦
福海县人民法院院长　沙都瓦哈斯
吉木乃县人民法院院长　禾力希汗
清河县人民法院院长　马　汉
阿勒泰市人民法院院长　木　海
吐鲁番地区中级人民法院院长　尼牙孜·依米提
吐鲁番市人民法院院长　阿不力米提热杰甫
鄯善县人民法院院长　吐尔地托乎提
托克逊县人民法院院长　阿不都热依木
乌鲁木齐铁路运输中级法院院长　马合木提（代）
哈密铁路运输法院院长　于连贵
库尔勒铁路运输法院院长　杨　良
乌鲁木齐铁路运输法院院长　刘希林

解放军军事法院院长、副院长名单

院　长　孟仲仁
副院长　张振民

大军区级及所属军级军事法院院长名单

北京军区军事法院院长　齐家琳
北　京军事法院院长　赵德海
石家庄军事法院院长　肖云鹏
太　原军事法院院长　丁德志
天　津军事法院院长　郭登选
张家口军事法院院长　申志峰
呼和浩特军事法院院长　郝维民
沈阳军区军事法院院长　刘世珠
沈　阳军事法院院长　左连壁
哈尔滨军事法院院长　吴兆田
长　春军事法院院长　张义军
大　连军事法院院长　孙忠恕
济南军区军事法院院长　赵胜一
济　南军事法院院长　郭读正
郑　州军事法院院长　宋纯喜
南京军区军事法院院长　刘传运

南　京军事法院院长	项举生
福　州军事法院院长	徐友根
杭　州军事法院院长	寿马校
上　海军事法院院长	方启明
合　肥军事法院院长	于建新
广州军区军事法院院长	**季聚兴**
广　州军事法院院长	彭火宝
长　沙军事法院院长	李名元
武　汉军事法院院长	曾凡铭
南　宁军事法院院长	蒙定业
海　口军事法院院长	王相本
成都军区军事法院院长	**（缺）**
成　都军事法院院长	荀正康
昆　明军事法院院长	姜维新
西　藏军事法院院长	王树林
兰州军区军事法院院长	**胡　威**
驻陕西军事法院院长	陈云博
驻甘肃军事法院院长	郝怀孝
驻宁夏军事法院院长	郭彦成
驻青海军事法院院长	李金生
驻新疆军事法院院长	李洪书
南疆军区军事法院院长	徐立文
国防科工委第二十试验训练基地军事法院院长	谷现书
国防科工委第二十一试验训练基地军事法院院长	张孝恭
海军军事法院院长	**刘万洲**
北海舰队军事法院院长	张道善
东海舰队军事法院院长	胡乾林
南海舰队军事法院院长	逯真林
直属军事法院院长	曹正国
空军军事法院院长	**徐文显**
北京军区空军军事法院院长	常本清
沈阳军区空军军事法院院长	阎国森
济南军区空军军事法院院长	朱进喜
南京军区空军军事法院院长	刘宝贵
广州军区空军军事法院院长	童世根
成都军区空军军事法院院长	任成宏
兰州军区空军军事法院院长	刘茂生
空军直属军事法院院长	张明范
解放军总直属队军事法院院长	**（缺）**

二、各高级人民法院刊物介绍

《审判工作研究》

《审判工作研究》是北京市高级人民法院的内部刊物，创办于1981年，初为不定期的油印刊物，自1982年4月起，改为铅印，16开本，每月一期，每期约5万字。至1989年12月，已出刊83期。每期发行2600册。

《审判工作研究》力求把法学理论与审判实践紧密结合起来，探讨审判实践中的新情况、新问题，总结、交流审判经验，指导审判实践，一案一议，一事一议，为审判实践服务。

《审判工作研究》辟有“领导讲话”、专题研究”、“学法与执法”、“改革与探索”、“经验体会”、“问题讨论”、“案例分析”、“法医之窗”、“司法统计”、“动态信息”等栏目。为宣传、学习新颁布的法律，又开辟了专栏介绍，如“技术合同法之窗”、“行政诉讼法之窗”等。

创刊以来，《审判工作研究》以它紧密联系审判实践的特色赢得了越来越多的读者。它除在北京市法院系统内部发行外，还与全国各省、自治区、直辖市的高级人民法院、部分中级人民法院、大专院校法律系、法律研究机关、法律宣传机构建立了交换关系。今后，《审判工作研究》将继续为贯彻执行党的改革、开放和治理、整顿的方针，为严格依法办事，为提高审判工作水平做出应有的贡献。

《审判研究》

《审判研究》创办于1989年6月，是由江苏省高级人民法院主办的具有地方特色的业务指导性内部刊物。每期正文64页，印数6500份。

《审判研究》在坚持四项基本原则的基础上，贯彻“百花齐放、百家争鸣”的方针，遵循理论联系实际的原则，深入研究审判工作中遇到的新情况新问题，着力探讨司法活动中存在的各种疑难课题及其解决办法，及时总结审判工作的成功经验，广泛宣传人民法官秉公办案、严肃执法的先进事迹。并力争成为审判机关与司法界、法学界沟通信息、密切联系的纽带。

在编辑方针上，《审判研究》力求以专业性和实用性为主，理论性、实践性、知识性和可读性兼备。辟有“专论”、“审判实务”、“专题研究”、“经验交流”、“调查报告”、“疑案探究”、“司法信箱”、“来稿摘登”、“动态与信息”等常设栏目，根据需要和来稿情况，酌设“法院建设”、“社会治安综合治理”、“人民法庭工作”、“争鸣”、“办案札记”、“少年法庭”、“文苑”等非常设性栏目。主要读者对象是广大法院干警、检察、公安、司法行政等战线上的实际工作者，以及法学理论、教育工作者。

《审判研究》杂志的主编是江苏省高级人民法院院长李佩佑，副主编是江苏省高级人民法院研究室主任范众。编辑部设于南京市鼓楼区宁海路75号。

《福建审判》

《福建审判》由福建省高级法院主办，创刊于1989年9月，是专门反映、研讨福建省法院工作的园地。该刊的办刊宗旨是“务实、求精、出新”，以法律为精神，审判为风骨，广收博采形形色色案件，反映案与法、人与法等社会众生百态，寻求法律的真谛，兼容并蓄各项审判工作及法院其他工作，总结经验，预测趋势，反映最新调研成果，集理论性、实践性、专业性、可读性于一体，内容丰富、思想深刻、庄重严谨、形式活泼，在众多的法制刊物中独树一帜，保持特色，不断创新，深得广大法律工作者和读者的喜爱。该刊辟有：“审判实践”、“审判纪实”、“案与法”、“人与法”、“办案札记”、“法官论坛”、“司法建议”、“人民法庭”、“海外法律瞭望”、“法官百花园地”等10多个固定栏目，并根据各个时期的需要开设各种专栏。

《审判理论与实践》

《审判理论与实践》是经江西省出版事业局批准，由江西省高级人民法院编印的内部机关刊物。该刊创办于1989年6月，16开本，铅印，季刊，每期约5万字。1989年出刊3期，每期发行2500册。该刊主要在全省法院系统内部发行，并与全国各高级法院、全国政法院校、法律研究机构、法制宣传部门进行交换。

《审判理论与实践》以马列主义毛泽东思想为理论基础，以党的十三大提出的社会主义初级阶段的理论和基本路线为指针，紧密结合改革开放的形势和审判工作实际，大力宣传、贯彻执行党的方针、政策和法律；注重反映新形势下审判工作中出现的新情况、新问题，交流、总结审判经验，指导审判实践。

《审判理论与实践》辟有“理论探讨”、“读者论坛”、“调查研究”、“审判业务”、“案例分析”、“法庭工作”、“业大教学”、“争鸣”等十余个栏目。

《湖北审判》

为适应人民法院全面开展各项审判工作，总结交流经验，研究探索审判实践中的新情况新问题，指导审判工作的需要。经湖北省新闻出版局以鄂内刊（1989）字第5号登记，湖北省高级人民法院主办《湖北审判》（季刊）16开本，每期32个页码。创刊号最高人民法院任建新院长、湖北省委书记关广富、省人大主任黄知真为其题词。全年编辑出版四期，刊登文章72篇（不包括题词、短文、短讯等）约20万字，共发行21500册。

《湖北审判》在编辑工作中坚持四项基本原则、坚持为审判工作服务的方针。在开辟的“法制论坛”，“审判实践”、“经验交流”、“案例分析”、“专题研究”等20多个栏目中，直接研究、探讨审判实践中新情况、新问题的文章有44篇，占刊发文章总数的61.1%。遵循了总结经验、研究问题，为审判工作服务的办刊宗旨，促进和激发了全省法院审判人员对审判应用法学的研究。在刊物的版面设计上，力求庄重、大方、简洁明快、灵活多样，力求在内容和形式上的统一。在全省法院系统形成一定的影响，受到审判人员的欢迎。

《湖南法医通讯》

《湖南法医通讯》创刊于1988年底，为正式省级内部刊物，注册号为259号。

1989年正式出刊两期杂志。

该杂志在交流法医工作经验，更好地为审判工作和社会综合治理服务上，也取得了良好的社会效益。在交流科技信息，开展学术研究，促进法医学，特别是临床法医学发展方面，做出了较大的贡献。

本年度发表论文及其它栏目文章共48篇，侧重于临床法医学内容，深受基层法医工作者的欢迎。理论紧密联系实际，为本刊的主要特色。

《法　庭》

《法庭》杂志是广东省高级人民法院的法学理论与司法实践相结合的法律专业性刊物,创刊于1989年8月。

《法庭》以马克思主义、毛泽东思想为指导,坚持"一个中心,两个基本点",坚持理论与实践相结合,紧紧围绕改革、开放的新形势,分析司法工作的新情况、新问题,推广各地司法工作的成功经验,探索加强社会主义法制与民主的途径和措施,研讨运用法律手段管理经济和司法工作为经济建设服务的问题。

《法庭》坚持面向基层、服务读者的方针,积极为司法工作服务,为工商企业、事业单位提供法律帮助。

《法庭》为双月刊,每期48页,开设以下栏目:"社会了望"、"经济与法"、"问题探讨"、"法官风貌"、"人物专访"、"法庭随笔"、"案例选登"、"海外法学"、"院长论坛"、"点将台"、"法学论坛"、"案例讨论"、"人民法庭"、"前车鉴"、"法律信箱"、"立法建议"、"文摘"、"信息"等,力求溶科学性、专业性、资料性、实用性、可读性于一刊。

《法庭》内部发行,面向各级党政部门、政法部门、人民团体、管理部门、工商企业、社会科学研究部门、律师事务所、大专院校、中等专业学校等,也适合中小学校法制教育。

《法庭》杂志订户由3000多发展到8000多户。

《法庭》杂志现已初步具有了对外发行的条件。首先,《法庭》创办后,得到各级法院领导的重视。省院各位院长都很重视杂志,经常关心杂志,既肯定杂志的成绩,又指出杂志的不足,指引改进的方向,推荐素材、稿件,并亲自写稿,还为编辑工作解决了不少困难;各庭处室领导也给予了大力支持,包括提供素材、组织稿件,为编辑部的各项工作提供便利等等。各中院和基层法院领导也对杂志的编辑发行工作给予了大力的支持。这是杂志迈上一级新台阶的重要条件。其次,《法庭》杂志已有了一定的影响,发行面除了省内政法系统外,还有不少党政机关、经济部门、企事业单位,同时还发行到了10多个省、市、自治区,这就为公开发行打下了一定的社会基础。第三,编辑队伍(包括编辑人员和通讯员)已较为成熟,积累了一些经验。这是进一步提高刊物质量,适应公开发行的重要因素。

《广西审判》

《广西审判》经广西壮族自治区新闻出版局1988年11月1日批准,从1989年1月1日创刊。由广西壮族自治区高级人民法院主办。

《广西审判》的办刊宗旨是,以马克思主义关于国家和法的原理、原则为依据,以党的十三大提出的社会主义阶段的理论和基本路线为指针,满腔热情地宣传党的十一届三中全会以来的路线、方针、政策,宣传社会主义民主和法制,培育法院干部忠实履行宪法和法律赋予人民法院的神圣职责,肩负起保护人民,惩治犯罪,促进改革,服务四化的光荣任务。

《广西审判》是广西法院系统的内部刊物,主要反映全区法院贯彻执行宪法和法律、全面开展审判工作的情况。刊物内容注重实际,讲求实效,立足于解决审判实践中遇到的新问题,坚持理论研究为审判实践服务的方向。发动广大法院干部和通讯员踊跃写稿。

本刊的主要栏目有："领导讲话"、"本刊专访"、"审判业务"、"调查报告"、"经验交流"、"专题研究"、"案例分析"、"法官风采"、"读者论坛"、"司法文书"、"审判信箱"等。

《广西审判》季度出刊，套色封面，16开本40页码。

本刊编委会主任委员黄建明，副主任委员周连生，委员有韦轩元、冯恩涛、伍辉宇、陈远琦、林云开、陶世典、黄廷杰、颜建焜。主编周连生，副主编伍辉宇。

《四川审判》

《四川审判》杂志系四川省新闻出版批准内部出版发行的四川省高级人民法院的机关刊物。《四川审判》杂志于1986年10月创刊。原刊名为《四川审判工作》。自1988年第6期起，改名为《四川审判》，为双月刊，16开本，48页。目前期印数为9000册。《四川审判》设有编辑部，现有专职编辑人员三人。

1986年10月，《四川审判工作》创刊号上，省法院任凌云院长以《祝贺与希望（代发刊词）》为题，明确指出刊物的宗旨是：坚持四项基本原则，发扬理论联系实际的学风，研究审判工作中的新情况、新问题，交流经验，传递信息，开拓干警的视野，活跃研究气氛；努力反映全省法院组织建设、思想建设和业务建设的成就。任院长还希望编辑人员走群众路线，依靠集体的智慧，群策群力，以严肃认真的态度办好本刊，并且真正办出自己的特色来，使之成为联系全省法院广大干警的桥梁和提高干警素质的学习园地。同时，任院长希望全省法院干警，特别是各级法院的领导同志，要大力支持，积极为刊物撰写稿件，希望兄弟部门和教学、科研单位的领导和同志帮助、指导，使这株刚刚破土的幼苗茁壮成长。

《四川审判》杂志自创刊以来，在院党组的正确领导下，在广大干警的大力支持下，全体兼、专职人员牢记办刊宗旨，以严肃认真的态度和勤奋上进的精神，圆满完成了编辑任务，使刊物质量逐步提高，发行数量直线上升。其社会效果主要反映在以下几个方面：(一)紧密围绕党的中心工作和法院工作的主要任务，起到了正确的导向作用。在整个办刊过程中，全体编辑人员坚持四项基本原则，在政治上同党中央保持一致，着力宣传党的十一届三中全会以来制定的路线、方针、政策，宣传国家的法律、法令，紧紧围绕人民法院在各个时期所担负的主要工作任务，认真探讨研究审判工作在具体应用法律、法令中遇到的新情况和新问题。在1989年春夏之交发生的政治动乱和反革命暴乱后，《四川审判》坚决按照党中央关于制止动乱、平息暴乱的一系列指示，从第四期起，及时开辟了"旗帜鲜明地平息暴乱、制止动乱"专栏，陆续刊登了《要把依法从重从快惩处打、砸、抢、烧犯罪分子作为当前审判工作的首要任务》、《社会主义初级阶段死刑问题再研究》、《成都市西城区人民法院在平息骚乱斗争中的事迹》、《达县地区中级人民法院判处一起反革命宣传煽动案件》、《对社会主义社会阶级斗争的再认识》等文章，集中反映了结合法院审判工作实际在制止动乱和平息暴乱中的态度和作法，对于在审判工作中认真执行党的各项方针政策和国家的法律法令，全面完成审判工作任务，起到了一定的推动作用和正确的导向作用。

（二）坚持理论联系实际，有效地指导审判工作。《四川审判》作为省高级法院的业务刊物，一个重要的任务就是指导审判实践，因此，在编采工作中，十分注意不论是业务较强的“工作研究”、“办案札记”、“经验介绍”、“司法信箱”、“案例探究”还是理论性较强的“论坛”、“立法建议”、“争鸣”以及文艺性较强的“文苑”等栏目，都尽可能地从内容到形式切合审判工作实际。其内容既涉及到刑事、民事、经济、行政等各个实体法内容，又涉及到相应的程序法内容，既涉及具体的审判业务，又涉及到与审判业务密切相关的其他工作，如档案、统计、法医、修志、两庭建设、队伍建设、法院工作改革等方面，对搞好法院工作起到了指导促进作用。

（三）繁荣法学理论研究，积极为完善立法和司法建议服务。创刊以来，每期都有一定数量的法学理论文章，其中有的文章观点新颖、论述充分、材料翔实，引起了有关领导机关的高度重视，对于完善立法和司法解释起到了一定的作用。如《对猎杀大熊猫及倒卖大熊猫皮犯罪活动的调查报告》（1987年第5期）、《关于运用法律手段处理赔偿问题的几点建议》（1989年第2期）、《一般共同盗窃犯的刑事责任探究》（1988年第3期）等文章，不仅观点正确，对审判实践具有普遍的指导意义，而且观点新颖，具有一定的理论深度，有的文章已被其他刊物转载或被收入法学理论研究报刊目录索引。

（四）发现和培养了一批人才。为了不断提高办刊质量，编辑部在全省各级法院设立了通讯员，并在中级法院设立了通讯组，现有通讯员近200人。编辑部通过编发稿件和通联工作，十分注意发现和培养作者队伍，对于有的稿件观点新颖、正确，但论述不够充分、有力的，则采取以“论点摘编”其精华或提出具体修改意见的方式，帮助其提高质量；对于有的作者投稿多次仍未达到刊登水平的，则采取书面或口头交换意见的形式，帮助其寻找原因和提出努力的方向。许多初学写作者现在已经成为所在法院的“笔杆子”，有的还被提拔为法院领导或中层领导。在编辑部的三次评选优秀文章活动中，均有名不见经传的作者获奖。

（京）新登字 051 号

责任编辑：于松波
技术编辑：姚家清
封面设计：乔　磊

人民法院年鉴·1989

《人民法院年鉴》编辑部
人民法院出版社出版
新华书店经销
人民卫生出版社印刷厂印刷
787×1092 毫米　16 开本　76.75 印张　4 彩页　1800 千字
1993 年 4 月第 1 版　1993 年 4 月第 1 次印刷
印数　00001—5000
ISBN 7-80056-178-X/D·352
定价：66.40 元